中国改革开放新时期
年 鉴

1988年

中国民主法制出版社

2015 · 北京

图书在版编目（CIP）数据

中国改革开放新时期年鉴 . 1988 年 / 王振川主编 . — 北京 : 中国民主法制出版社 , 2015.1

ISBN 978-7-5162-0739-0

Ⅰ . ①中…　Ⅱ . ①王…　Ⅲ . ①改革开放—中国—1988—年鉴 Ⅳ . ① D616-54

中国版本图书馆 CIP 数据核字（2015）第 029213 号

图书出品人：肖启明
图 书 策 划：刘海涛
责 任 编 辑：石　松　董　理

书　名 / 中国改革开放新时期年鉴（1988 年）
作　者 / 王振川　主编

出　版 · 发　行 / 中国民主法制出版社
地　址 / 北京市丰台区玉林里 7 号（100069）
电　话 / 63055259（总编室）　63057714（发行部）
传　真 / 63055259
http: //www.npcpub.com
E-mail: mzfz@ npcpub.com
经　销 / 新华书店
开　本 / 16 开　787 毫米 × 1092 毫米
印　张 / 63.625　**字数** / 1905 千字
版　本 / 2015 年 1 月第 1 版　2015 年 1 月第 1 次印刷
印　刷 / 涿州市星河印刷有限公司印刷

书　号 / ISBN 978-7-5162-0739-0
定　价 / 800.00 元

《中国改革开放新时期年鉴》编委会

日期索引

【一月】

【二月】

【三月】

【四月】

【五月】

【六月】

【九月】

【十月】

1月1日

《人民日报》发表社论《迎接改革的第十年》

今天，1988年1月1日，标示着中国人民跨进改革的第10个年头。

回首过去9年，在党的十一届三中全会路线指引下，建设有中国特色的社会主义的伟大事业所取得的巨大成就，我们豪情满怀。不久前，党的十三大深刻总结了历史经验，提出社会主义初级阶段的理论和党的基本路线，进一步解放了党和人民的思想，也将进一步解放生产力，更使全党和全国各族人民对未来充满信心。

1988年是十三大后全面贯彻大会路线的第一年。工作千头万绪，我们要抓住改革这个中心环节，带动其他工作。

新的一年最突出的特点是改革将在更深的层次和更广的领域展开。所谓“更深的层次”，就是说已经进行了几年的经济体制改革要向纵深发展，农村要深化第二阶段的改革，进一步调整城乡经济关系，使农业和乡镇企业都有更大的发展；在城市的经济体制改革中，重点是推行各种形式的经营承包，完善和发展企业经营机制，搞活企业，多出效益、商品、人才、经验；对外要更加开放，外贸体制改革要迈出一大步；教育体制、科技体制的改革也将继续推向前进。所谓“更广的领域”，就是说政治体制改革也将稳步展开，以今年3月将召开的七届人大一次会议为标志，政治体制改革将开始逐步实施；上层建筑的其他领域，如新闻、文艺等也都将进行改革。我们党的建设也将在科学分析的基础上把从严治党提到一个新高度，走上靠改革和制度建设来端正党风的新轨道。

总之，改革进入了一个新的阶段。这一方面意味着，前一阶段改革的重大成就和经验，使我们的党、政府和人民有充分的条件提出并解决一系列新的课题；另一方面也意味着，我们将为之付出新的更加艰苦的劳动。改革是一场深刻的革命。我们既信心百倍，勇于承担风险，又要对改革的长期性、艰巨性、复杂性有足够的认识，有克服各种新的艰难险阻的充分思想准备，谨慎从事。

1988年到来之际，世界形势给人以希望，又潜伏着危机。和平的力量在增长，和平的机会在增加，但是危害和平的各种因素都还存在，甚至有的还在加剧。经济困难和经济动荡以不同的形式出现于世界的这个或那个部分，它迫使人们去寻找改革、调整、完善、发展的新途径和新方式。中国是世界的一部分，中国的改革同世界的和平与发展息息相关。世界是否能够走向和平、稳定和发展，会对中国的改革和建设带来重大影响，同时中国的改革和建设也将在世界上产生影响。我们过去失掉的时间太多了。现在离本世纪末只有13年。每当我们想到要真正自立于世界民族之林，要为世界和平与人类进步事业献出应有的份额，紧迫感就油然而生。

扎扎实实做好今年的工作，进一步深化改革，进一步稳定经济，对于实现我们对民族、对人类承担的重任都有重要意义。祝愿全国各族人民在新的一年里，在党的基本路线的指引下，振奋精神，更加紧密地团结起来，坚持四项基本原则，坚持改革开放，励精图治，艰苦创业，为推进改革和建设大业作出新的更大贡献！

全国政协在北京举行新年茶话会

中共中央政治局常委、国务院代总理李鹏出席茶话会并致新年贺词。

全国政协主席邓颖超主持会议。她代表政协全国委员会向出席茶话会的各位同志、朋友恭贺新年。她说，岁月更新人增寿。祝大家在新的一年里身体健康、工作顺利、全家幸福。

中共中央政治局常委、国务院代总理李鹏代表中共中央、国务院，向所有民主党派、无党派民主人士和一切爱国人士，向全国各族人民，向台湾同胞、港澳同胞和海外侨胞，致以亲切的问候，祝大家新年快乐，工作顺利。

民盟中央主席费孝通代表各民主党派、无党派人士和全国工商联讲话。他结合在过去的一年里，东西穿梭，南北来回，奔走148天进行社会调查的所见所闻，阐述了逐步缩短我国中西部和沿海地区差距的战略考虑。他强调说，我们也应当发动各民主党派和爱国人士出力支边，开辟和沟通中西部和沿海地区交流的渠道，搭桥联系，为中西部早日赶上沿海地区，实现全国共同繁荣的局面而出力。

全国政协副主席赵朴初在会上满怀喜悦、有声有色地宣读了他于今晨写就的1988年元旦献词《调寄驻云飞》：“喜报春回，十三大先开岭上梅。开放风云会，改革洪波沸。飞！神龙起迅雷。澄清积痗。万里长空，四海光明被。十亿同心振国威。”

出席茶话会的还有姚依林、乌兰夫、田纪云、宋平、阎明复、温家宝、彭冲、朱学范、阿沛·阿旺晋美、班禅额尔德尼·确吉坚赞、周谷城、严济慈、荣毅仁、楚图南、杨静仁、康克清、胡子昂、钱昌照、陈再道、周培源、包尔汉、缪云台、王光英、屈武、马文瑞、钱学森、雷洁琼、汪锋、钱伟长，以及国务院秘书长陈俊生，全国政协秘书长周绍铮，各民主党派中央、全国工商联负责人。

国务院代总理李鹏在全国政协茶话会的新年贺词

主席、各位副主席、各位委员,朋友们,同志们:

今天是1988年的元旦。中共中央、国务院的一些负责同志,特地来向大家拜年。请允许我代表中共中央、国务院,向所有民主党派、无党派民主人士和一切爱国人士,向全国各族人民,向台湾同胞、港澳同胞和海外侨胞,致以亲切的问候,祝大家新年快乐,工作顺利!

在过去的一年里,我国社会政治生活中发生了一系列重大事件,其中最重要的就是胜利召开了中共第十三次代表大会。十三大对9年来我国在改革开放中建设社会主义的理论和实践进行了全面的总结和系统的阐述,提出了党在社会主义初级阶段的基本路线,选举了新的中央委员会及其政治局,产生了其他中央领导机构,使党的领导成员向年轻化、专业化迈进了一步,同时保持了老一辈革命家,特别是邓小平同志在重大问题上的决策作用,从而使十三大路线的贯彻执行从组织上得到了保证。总的来说,十三大是一次动员全党和全国人民加快和深化改革的大会,必将对我国社会主义现代化建设产生巨大的推动作用和深远的历史影响。

当前我们国家各方面的形势是好的,但我们面临的任务是艰巨而繁重的,困难和问题也不少。在新的一年里,我们要做的事情很多,首先要认真抓好三件大事:

一是稳定经济和深化改革。在深化改革方面,重点是进一步推行和完善各种形式的企业承包经营责任制,并引导企业把实行承包后所发挥出来的积极性和创造性用到开展技术革新,加强科学管理,增加生产,扩大流通,提高经济效益上来。1988年在经济体制改革的许多领域还要加快步伐,我们要继续推进计划体制、投资体制、物资体制、金融体制和外贸体制的改革。农业要继续挖掘生产潜力,增加粮食、棉花、油料和其他经济作物的生产,适当发展乡镇企业。沿海地区要在发展规模经营和创汇农业上下功夫。为了稳定经济,给改革创造更好的条件,要进一步控制建设规模、银行信贷和财政支出,深入开展双增双节活动。目前一些城市和地区副食品,特别是肉禽蛋供应偏紧,价格看涨。这是关系人民生活的大事,各级人民政府必须认真对待。解决副食品供应偏紧的根本出路在于发展生产、扩大流通,发展商品经济,同时必须下大力气加强市场管理和物价管理,以保证人民正常生活的需要。

二是进行中央机关的机构改革。党中央和国务院的机构改革方案中央已原则通过,国务院的机构改革方案要经七届人大审议批准后才能实施。机构改革的关键是调整结构、下放权力和转变职能,按照党政分开、政企分开的原则,设置政府工作机构。这件事牵涉面较大,需要周密地布置,有计划地实施,争取在机构改革中做到不断不乱,保持工作正常运转,人员有妥善安排。我们要建立国家公务员制度,以便造就一大批德才兼备的国家工作人员,从根本上提高各级政府的工作水平和工作效率。

三是要大力加强社会主义民主政治和精神文明建设。通过机构改革和各项制度的建设,各级领导机关要以全心全意为人民服务为宗旨,克服官僚主义,少说空话,多做实事,逐步完善社会协商对话制度,加强民主和法制的建设。中央希望新闻、出版、电影、电视、文艺、体育、卫生等单位,在新的一年里为建设社会主义精神文明作出新贡献。

在新的一年里,我们要继续完善共产党领导下的多党合作和协商制度,进一步发挥民主党派和无党派爱国人士在国家政治生活中的作用。

最近,台湾当局放宽对台湾同胞回大陆探亲的限制,我们对此表示欢迎,并为回大陆探亲的台湾同胞提供方便。我们一贯主张,海峡两岸人民应当自由往来,增进交流,尽早解除骨肉分离之苦。允许台湾同胞来大陆探亲,也应当允许大陆同胞到台湾探亲,有来有往,人之常情,希望台湾当局作出更为明智的抉择。

同志们,朋友们!我们的改革是前无古人的伟大事业,是十分艰巨复杂的社会系统工程。我们已经取得的成就是世人有目共睹的。但是,我们在改革中也遇到了一些困难。就经济领域来说,基建规模过大,消费基金膨胀,物价上涨较多,财政偏紧,还存在一些不稳定因素。这些问题,必须用深化改革的办法来解决。只有使改革不断取得实质性进展,才能带动各项工作更好地前进,后退是没有出路的。我们坚信,有十三大制定的党在社会主义初级阶段的基本路线指引,有十三大产生的新的中央委员会的领导以及老一辈革命家掌舵,有在座的各位朋友和各位同志以及全国广大干部群众的支持,我们一定能到达胜利的彼岸。在建设有中国特色的社会主义的道路上,让我们更加紧密地携起手来,"肝胆相照,荣辱与共",同心同德,群策群力,为完成祖国的统一大业,为实现祖国的繁荣昌盛而共同奋斗!

国务院代总理李鹏到珠江三角洲和深圳特区视察

1月1日至6日,中共中央政治局常委、国务院代总理李鹏在中共中央政治局候补委员丁关根、广东省省委书记林若等陪同下,考察了广东珠江三角洲和深圳特区,与当地干部和企业负责人一起研究发展外向型经济问题。李鹏希望大家重视国际经济动态,使经济适应国际市场的变化,力求取得更大的发展。

李鹏在深圳大亚湾察看了正在施工中的广东核电站。他反复强调，广东核电站是我国最大的合资经营项目之一，也是我国第一个大型核电站，一定要保证工程质量。施工现场要加强管理，严格要求。同时，要切实注意节省投资，保证施工进度。

李鹏在深圳期间，还先后参观了科技开发(蛇口)有限公司、新光奶品饮料公司、吉光电子有限公司等企业，详细了解了材料来源、产品外销、经济效益、外汇平衡等情况，肯定了他们在出口创汇、引进技术、开发新产品等方面取得的成绩与经验。他在听取深圳市经济发展情况汇报后指出，深圳这几年变化很大，投资、引进已经开花结果，发展外向型经济取得了很大成绩。作为“四个窗口”，作为改革试点，深圳出了经验，对国家作出了贡献。他希望今后继续在这些方面发挥作用。目前正在进行的各项改革，要坚持下去，搞好试点，使特区经济发展能够适应国际市场的变化。

李鹏在东莞市参观了发展水果生产成绩较大的附城区年丰山庄果园、大岭镇外贸出口水果基地，访问了一些农户，还考察了东英电脑织唛刺绣有限公司等合资企业。他对东莞市在开放改革中经济发展很快的形势表示满意，充分肯定了他们在大力发展创汇农业、开展来料加工等方面的成绩，勉励东莞的干部、群众要总结经验，积极开拓，争取在发展外向型经济方面取得更大的成就。

李鹏还在佛山、南海参观了一些外向型企业，与企业干部讨论了原材料国产化、扩大出口额、争取多创汇等问题。

北京天安门城楼首次向中外游人开放

中共中央书记处书记胡启立在山西阳泉看望煤矿工人

胡启立同志在山西省省长王森浩、山西省委副书记王茂林、阳泉市市委书记路正西等同志陪同下，来到了阳泉矿务局一矿。

胡启立对大家说，煤炭工业是关系到我国经济命脉的工业。我们的煤炭工人长年累月地在地层深处进行艰苦的劳动，给人民带来了光和热，给我们国家的经济建设提供了动力，社会尊重你们，人民感谢你们。

他勉励大家沿着十三大的路线，为建设有中国特色的社会主义多做贡献。

胡启立同志还与现场的工程技术人员、劳动模范交谈，询问了他们的工作和家庭生活情况。

全国政协六届五次会议以来提案基本办复

据《人民日报》报道，到1987年12月31日止，全国政协六届五次会议以来所收到的1800件委员提案已有1686件收到复文，占提案总数的93.7%。据了解，所剩的114件提案也正在积极办理中。

据全国政协提案办公室介绍，办理提案工作已得到各承办单位的普遍重视，许多单位建立、健全了办理提案的各项规章制度，使办理提案工作制度化、程序化。如公安部拟定了《公安部办理人大代表建议和政协委员提案的程序》，对办理提案的每个步骤都作了具体规定。一些承办单位还直接与委员对话，互通情况。在提案办复后，向委员们发征询意见表，及时了解他们对提案办理的意见。

民革六届五中全会第三次全体会议在北京举行

会议接受屈武关于辞去民革中央主席和中央委员职务的请求，一致选举朱学范担任中国国民党革命委员会第六届中央委员会主席，一致推举屈武担任民革中央名誉主席。

朱学范，1905年生，上海市金山县人。他30年代曾当选为国际劳工局理事、世界工联副主席。1948年1月民革成立时当选为民革中央常务执行委员，并被选为民革中央组织工作委员会主任委员。新中国成立后，历任邮电部部长，全国总工会第七、八、九届执委会副主席，第二、三、四届全国政协常委，第五、六届全国人大常委会副委员长，民革中央副主席。

会上宣读了以全会的名义给屈武的致敬信。朱学范在会上讲了话。

外经贸部 国家工商局发布《中外合资经营企业合营各方出资的若干规定》

第一条 为保护中外合资经营企业(以下简称合营企业)合营各方的合法权益，维护社会经济秩序，根据《中华人民共和国中外合资经营企业法》及其他有关法规，制定本规定。

第二条 合营各方按照合营合同的规定向合营企业认缴的出资，必须是合营者自己所有的现金、自己所有并且未设立任何担保物权的实物、工业产权、专有技术等。

凡是以实物、工业产权、专有技术作价出资的，出资者应当出具拥有所有权和处置权的有效证明。

第三条 合营企业任何一方不得用以合营企业名义取得的贷款、租赁的设备或者其他财产以及合营者以外的他人财产作为自己的出资，也不得以合营企业的财产和权益或者合营他方的财产和权益为其出资担保。

第四条 合营各方应当在合营合同中订明出资期限，并且应当按照合营合同规定的期限缴清各自的出资。合营企业依照有关规定发给的出资证明书应当报送原审批机关和工商行政管理机关备案。合营合同中规定一次缴清出资的,合营各方应当从营业执照签发之日起6个月内缴清。

合营合同中规定分期缴付出资的,合营各方第一期出资,不得低于各自认缴出资额的15%,并且应当在营业执照签发之日起3个月内缴清。

第五条 合营各方未能在第四条规定的期限内缴付出资的,视同合营企业自动解散,合营企业批准证书自动失效。合营企业应当向工商行政管理机关办理注销登记手续,缴销营业执照;不办理注销登记手续和缴销营业执照的,由工商行政管理机关吊销其营业执照,并予以公告。

第六条 合营各方缴付第一期出资后,超过合营合同规定的其他任何一期出资期限3个月,仍未出资或者出资不足时,工商行政管理机关应当会同原审批机关发出通知,要求合营各方在1个月内缴清出资。

未按照前款规定的通知期限缴清出资的,原审批机关有权撤销对该合营企业的批准证书。批准证书撤销后,合营企业应当向工商行政管理机关办理注销登记手续,缴销营业执照,并清理债权债务;不办理注销登记手续和缴销营业执照的,工商行政管理机关有权吊销其营业执照,并予以公告。

第七条 合营一方未按照合营合同的规定如期缴付或者缴清其出资的,即构成违约。守约方应当催告违约方在1个月内缴付或者缴清出资。逾期仍未缴付或者缴清的,视同违约方放弃在合营合同中的一切权利,自动退出合营企业。守约方应当在逾期后1个月内,向原审批机关申请批准解散合营企业或者申请批准另找合营者承担违约方在合营合同中的权利和义务。守约方可以依法要求违约方赔偿因未缴付或者缴清出资造成的经济损失。

前款违约方已经按照合营合同规定缴付部分出资的,由合营企业对该出资进行清理。

守约方未按照第一款规定向原审批机关申请批准解散合营企业或者申请批准另找合营者的,审批机关有权撤销对该合营企业的批准证书。批准证书撤销后,合营企业应当向工商行政管理机关办理注销登记手续,缴销营业执照;不办理注销登记手续和缴销营业执照的,工商行政管理机关有权吊销其营业执照,并予以公告。

第八条 本规定施行之日前已领取营业执照的合营企业,如合营各方或者任何一方未按照合营合同规定的出资期限缴付其出资的,应当在本规定施行之日起2个月内缴清按照合同规定应当缴付的出资。

在前款规定的期限内仍未缴清其出资的,可按照本规定第五条至第七条的规定办理。

第九条 在本规定施行之日前已领取营业执照的合营企业,如果合营各方未在合营合同中订明各自出资期限,并且未缴清出资的,合营各方应当在本规定施行之日起2个月内,按照本规定签订关于合营各方缴付出资期限的合营合同补充协议,报原审批机关审批,获准后,向工商行政管理机关备案。

前款合营各方在2个月内未签订缴付出资期限补充协议,又未缴清出资,致使合营企业自营业执照签发之日起无法筹建或者无法开业满6个月的,原审批机关有权撤销对该合营企业的批准证书。批准证书撤销后,合营企业应当向工商行政管理机关办理注销登记手续,缴销营业执照;不办理注销登记手续和缴销营业执照的,工商行政管理机关有权吊销其营业执照,并予以公告。

第十条 中外合作经营企业合作各方的出资参照本规定执行。

第十一条 本规定自1988年3月1日起施行。

1987年基建投资结构得到明显改善

据《人民日报》报道,我国极不合理的基本建设投资结构,在刚刚过去的1987年中得到了较大的调整。生产性投资、能源、原材料工业以及国家重点建设工程的投资比重都增长不少,投资结构有了近几年来最明显的改善。

据有关资料,去年在全民所有制单位完成的1340亿元基本建设投资中,生产性投资所占比重由1986年的60.6%上升到66.5%,比重比1986年增加5.9个百分点;非生产性投资则由1986年的39.5%下降到33.5%,所占比重下降6个百分点,接近"一五"时期水平。这一上一下11.9个百分点表明,去年花大力气调整投资结构取得了显著成效,这是基本建设中贯彻"三保三压"方针、大力压缩非生产性建设项目的结果,使国家宝贵的建设资金流向日趋合理。

1987年,基本建设领域集中财力物力加强了能源、原材料等国民经济中最突出的薄弱环节。这方面投资的增长大大高于加工工业投资的增长幅度。能源工业投资比重由上年的22.8%上升到25.2%。其中原油投资增长35.5%。原材料工业投资比重由12.8%提高到13.5%,其中钢铁投资比上年增长45.6%。

为了保证国家重点建设项目的完成,去年国家采取发行重点建设债券和重点企业债券的方式,引导部分建设资金流入重点建设渠道,使去年国家重点建设进度加快。各地也着力压缩非重点在建项目,保证重点建设项目。去年205个国家重点建设项目共完成投资350亿元,超过3年计划的6%。福建省前3个季度停、缓建103个在建项目,压缩基建投资近4亿元,使重点建设投资增加1.3倍,加快了重点工程建设速度,全省基建投资呈良性收缩。

全国煤炭产量连续6年持续增长

煤炭工业部宣布,1987年我国原煤产量达9.25亿吨,比上年提高4.4%。这是自1982年以来全国原煤产量连续第6年持续大幅度增长。目前,全国煤炭供求关系进一步缓和,部分地区已出现买方市场。煤炭行业在改革中自我发展能力逐渐增加,1987年投产新井27处,新增能力2100多万吨,是70年代以来煤炭工业基本建设成绩最好的一年。

计算机甲骨文信息处理系统在南京通过技术鉴定

据《人民日报》报道,以往编印一辑甲骨文书刊需要四五年,现在通过一个软件系统并与激光照排法结合,只用几天就可完成。由南京大学、河南大学和苏州大学合作研制的这个系统,日前在南京通过技术鉴定。

有关甲骨文的研究近年来方兴未艾。这次研制成的计算机甲骨文信息处理系统,为甲骨文研究现代化提供了可能。设计者通过对甲骨文字的深入分析,从中归纳出190多个部首,然后以义聚同类、以形别先后,将这些部首筛选合并为26个大类,使之与英语的26字母相对应,操作者只需在计算机键盘上敲击4个键,即可输入一个甲骨文字。

用计算机处理古文字信息,这在世界上还是第一次。

文化部部长王蒙接受《人民日报》记者采访展望新年文化艺术工作

有关文艺工作的争论要兴利防弊

王蒙在回顾当前文艺界的状况时,显得喜忧参半。他认为,改革开放给整个社会生活带来了活力,也同样使文艺界空前地繁荣,党的十一届三中全会以来9年间,文化艺术界确实是处在新中国成立以来最活跃、最好的时期,可以说是人才辈出,成果不少。第一届中国艺术节的胜利举行,便是证明。

但是,在日趋活跃的同时,有关管理体制、演出方针乃至文艺理论、作品评价等方面的争论也越来越多。争过了头,当然也有潜在的麻烦乃至危险。王蒙说:一般地说,文艺家都较敏感和易激动,文艺现象五花八门,加上历史上的尖锐的文艺论战“传统”,文艺历来是争论最多的一个领域。有争论,看上去有点不平稳,但只要调节得当,也就可以兴其利而防其弊,避免出现大的震荡摇摆。

他分析说,处于新旧体制交替情况下的文艺界,许多旧框框被突破了,很多新关系还没有理顺,一些制度还不健全,文艺团体的管理工作也增加了难度,这种暂时的“乱”也是必然的。至于学术上的争论,则要按照“百花齐放,百家争鸣”的方针加以引导。

王蒙表示,文化部今后也要增加“透明度”。他希望能有机会向人大代表、政协委员汇报工作,希望经常同艺术家和演员对话,也希望通过新闻界向广大群众介绍文化部的工作、想法和困难,争取社会各界的理解和支持。王蒙强调,要使文化部成为我国文化工作中一个健康、稳定的因素,摒除来自“左”和右的方面的干扰,使广大文化艺术工作者在社会主义初级阶段基本路线的基础上实现广泛与稳固的团结。

改革是文化部工作的主题

王蒙认为,文化体制的改革,关键要解决好两个问题:一是政府主管部门和一些文化机构包括文艺演出团体的关系;二是改革文化艺术从业人员的劳动人事制度。

王蒙说,现行的从文艺演出到“红白喜事”全由政府主管部门来管的体制,已经到了非改不可的地步。他设想,改革后的文化艺术团体作为艺术上和经营管理上相对独立的社会团体来进行活动,而政府主管部门则依法实行管理,并且通过舆论和财政扶持等手段引导文化事业的健康发展。

在谈到劳动人事制度时,王蒙认为,把演员、艺术家都放在“国家干部”的框子里套,容易造成演出和不演出、演好节目和坏节目、演出质量高和低、演员的黄金时代和非黄金时代、有突出才能的艺术家与一般从业人员的待遇没有区别,不利于调动艺术工作者的积极性。王蒙说,文艺领域是个充满竞争的领域,是不能容忍平均主义的。要通过改革,把竞争机制引进文艺界,改变端“铁饭碗”、吃“大锅饭”,人浮于事的状况,鼓励尖子演员的成长,扶持优秀作品的出现,促进优胜劣汰与合理流动,使整个文化艺术界出现蓬勃向上的繁荣景象。

管好文化市场　引导群众消费

面对从南到北随处可见的文化馆站音像放映点、书刊摊档、舞厅、游乐场等,王蒙表示:“既要放得开,又要管得好。”

他回顾了在如何对待营业性舞会问题上的几次反复。他说,这是一个“老大难”问题,本来从延安时期就跳,50年代也跳,可后来凡跳舞都“涉嫌‘修’、‘右’”了。这几年,营业性舞会在各地几禁几放,直到1987年5月才由文化部、公安部、工商行政管理局联合发通知,既放开,又管好。他介绍说,半年多来的事实说明,营业性舞会受到老、中、青各界的欢迎,并没有出什么问题。

王蒙说，我们应当尽量满足人民群众日益增长的物质文化需求。创设更高更丰富多彩的文化市场，还有一个引导群众增加文化消费，提高人民文化素质的意义。他表示，新的一年里文化部将进一步研究解决好文化市场的放开与管理问题。

既当部长又当作家　写小说有益工作

在谈到当部长后不能有更多时间搞创作时，王蒙坦言：“这对我个人是个巨大损失，但我还是尽量挤时间写点东西。”就任文化部长一年半来，他发表了一些短篇小说，出版一本诗集，还写了不少文艺评论和杂文。

王蒙说，坚持搞创作对他的公务来讲，如果搞得好，可以不成为妨碍，而且有4个好处：第一，迫使我提高工作效率，改进工作方法，不搞过分揽权，发挥其他同志的作用；第二，使我对生活、工作和艺术时时追求新的感受和思考，新的境界；第三，使我始终和读者及其他作家保持联系，并始终以文艺队伍的一员身份出现；第四，工作非常繁忙、劳累的情况下，静下心来写作，也是一种自我调整和超脱，说不定有助于避免工作中因焦躁和陷于日常矛盾而产生的失误。

王蒙透露，他有一个“功能”：可以很快进入创作境界。到外地出差，下了飞机40分钟，他就能开始写小说；下班回到家里，喝过一杯茶后，他可以连续写作2小时。这位“作家部长”向记者表示：我将永远以文化艺术工作者的同行和朋友的身份出现。

《中国轻工业报》更名为《消费时报》

由《中国轻工业报》更名的《消费时报》元旦正式出版，该报周四刊，星期一、三、五、六出版。

《消费时报》仍由轻工业部主办。该报在今后的报道中将对轻工业的生产加强指导性，并将报道领域扩展到乡镇企业、军工企业及其他一切生产轻工产品的系统、企业，并加强对消费者服务。

1月2日

国务院代总理李鹏在深圳会见香港知名人士安子介 霍英东 查济民

会见时，李鹏就新的一年世界经济发展趋势、世界经济形势对香港的影响，以及我国沿海如何发展外向型经济等问题，向3位知名人士征询了意见。安子介、霍英东、查济民在谈话中，对珠江三角洲开展“三来一补”、发展外向型经济的做法表示赞赏，认为珠江三角洲真正做到了对外开放，创造了良好的投资环境，经济发展形势很好。他们表示，香港要与珠江三角洲更好地配合，充分发挥各自的优势，今后两地经济将有更大的发展。

李鹏感谢香港3位知名人士提出了许多很好的意见，认为珠江三角洲实行开放政策、发展外向型经济的经验，值得长江三角洲及其他沿海地区结合自己的情况加以借鉴。他希望香港进一步密切与珠江三角洲的经济联系，并为促进我国其他沿海地区发展外向型经济作出贡献。

参加会见的有，国务院港澳办公室副主任李后，广东省副省长匡吉，深圳市市委书记、市长李灏等。晚上，李鹏代总理宴请了香港客人。出席宴会的还有国务委员张劲夫、铁道部部长丁关根等。

九三学社七届三中全会在北京闭幕

周培源当选为中央主席。全会接受许德珩辞去九三学社中央主席的请求，并推选他为名誉主席。全会向长期担任九三学社最高领导人和全国人大常委会副委员长的许德珩致以崇高的敬意。全会还决定今年第四季度召开第五次全国社员代表大会。

周培源，江苏宜兴人。他是我国著名的物理学家、中国科学技术协会名誉主席、中国科学院主席团成员。新中国成立以来，他先后担任过北京大学教授、副校长、校长，第五届全国人大常委，第五、第六届全国政协副主席，九三学社中央副主席等。

会议还通过了七届三中全会决议。决议要求全社同志认真学习、领会中共十二大文件精神，为完善和发展中共领导下的多党合作和协商制度，发展科学技术和教育事业，作出积极的贡献。周培源在会上讲了话。

国家地震局在无锡召开全国首届震前动物异常专业讨论会

地震前动物行为异常现象，古今中外早就有明确记载。但作为地震前预报研究领域中的一个课题，开始于1966年邢台地震。近十几年来，我国相继发生了多次强烈地震，广大地震工作者走专群结合的道路，通过调查和观察，证实了动物在震前行为异常现象是客观存在的，而且明确了它是与孕震过程有关的一种临震前兆现象。1975年海城地震的成功预报，不仅为我国的地震预报研究写下了光辉的一页，而且众多的震前动物行为异常现象，尤其是冬眠蛇出洞现象，在临震预报中所起到的作用，引起了国内外地震学家的关注和公认。

专家们在会上所作的学术报告表明：我国各地已广泛地饲养狗、兔、蛇、虎皮鹦鹉、鼠、鸡、鸽、火鸡、鱼等十几种动物，人们依据这些动物灵敏的振动感受器，接受来自地下的极微弱振动，使动物发生习性上的变异，从而来观测预报地震。

据不完全统计，全国各地已建立起多种动物在震前发生习性异常变化的观测点几百个。山东枣庄，河北沧州、乐亭，河南新乡，广东恩平等地还建立了震前动物习性异常试验场，运用动物临震前习性的变异来预测预报地震。

100多名专家、学者和地震工作者向讨论会提交了近50篇学术论文。这些论文从各个侧面来研究动物习性异常预测的理论和实践。

会议希望地震工作者和科技人员进一步开展动物行为异常与地震关系的机理研究和科学的观察研究，使人们避免因地震招致的惨重损失，以期造福于人类。

《梁漱溟问答录》出版

以问答形式勾勒爱国老人梁漱溟漫长坎坷一生的新著《梁漱溟问答录》，已由湖南人民出版社出版，即将同读者见面。

全国政协副主席赵朴初为这本书题写了书名。这本书记述了梁漱溟在各个重要历史时期的言论和活动，包括他同许多重要人物如毛泽东、周恩来、陈独秀、李大钊、蔡元培、黄炎培、梁启超、胡适、李济深以及蒋介石等人的交往情况，其中某些史料，对中国现代历史的研究有重要参考价值。书中关于梁漱溟在新中国成立后的言论和行动的记述，是作者汪东林根据现场的亲手笔录或收集珍存的原件写成的。

《老舍之死》出版

由老舍的儿子舒乙主编的《老舍之死》一书，正式出版发行。舒乙介绍说，1966年8月24日老舍投北京太平湖舍身后，最早的纪念文章出自日本作家之手，那是1967年。此后过了几年，中国作家们的纪念文章大量问世。本书所选，是其中的佳作。

《天津日报》开始自办发行

天津日报社在省市一级报纸中率先自办发行，是报刊发行工作的一项改革。它冲破了几十年一贯制的报刊邮发合一模式，在邮局这条发行渠道之外，另辟一条由报社减少环节办发行的新渠道，促使报纸更加迅速直接地送达订户。

上海福泉山考古发现“良渚”古墓有陪葬奴隶

上海考古队在西郊青浦县福泉山发现3座“良渚”古墓有陪葬奴隶，有关专家推论，夏王朝以前我国南方地区已经出现奴隶制。距今4500年前的“良渚文化”，先于被定论的我国第一个奴隶制社会夏王朝400年。据考证，这3座墓同为一个家族。

1月3日

国务院发出《关于完善粮食合同定购“三挂钩”政策的通知》

通知指出，1987年实行粮食合同定购同供应平价化肥、柴油及发放预购定金“三挂钩”政策，各级人民政府和有关部门做了大量工作，绝大多数地区落实较好，调动了农民种粮、售粮的积极性。但是，不少地方反映办法复杂，少数地方存在截留、克扣和挪用挂钩物资、预购定金问题，农民意见较大。为此，国务院决定，1988年度继续实行“三挂钩”政策，但具体办法要改革、完善，并进一步抓好兑现。

胜利油田原油产量连续5年居全国油田之首

据《人民日报》报道，原油产量连年大幅度增长的胜利油田，1987年又登上一个新的台阶。截至去年12月31日上午8时，年产原油达到3160万吨，比上年增产210万吨，超额完成国家原油生产计划，已连续5年居全国油田之首。

山东龙口电厂20万千瓦机组发电

据《人民日报》报道，我国第一座由中央和地方集资兴建的工程项目——山东省龙口电厂二期工程第一台20万千瓦机组，经试运行于今年元旦并网发电，比国家计划提前了3个月。在此之前，一期工程的两台10万千瓦机组已建成投产。

全国铁路第一个列车到发微机通告系统在天津研制成功

据《人民日报》报道，全国铁路第一个列车到发微机通告系统，最近在天津研制成功。经现场传输模拟试验，证明这个系统具有传输电平稳定、传输距离远、抗干扰性强等特点。

这个列车到发微机通告系统是由铁道部第三勘测设计院和天津市电子仪表局自动化研究所为天津新客站设计、研制的。它由一个中心发送装置、18个接收终端及传输线路组成，是一个由微机控制的一发多收、单向数据传输网络。

通过这个系统，车站值班员可以将各次列车的到发时刻、占用股道及变更情况同时通告客运、行包、机务、列检等部门。中心发送装置还可存储车站24小时列车到发资料，以备随时查对。采用这个系统后，可以从根本上避免目前人工电话通告产生的误传误听现象，减轻值班员工作强度，提高运输组织和车站管理水平。

中国农科院原子能研究所研制成功的5406细胞分裂素增产效果显著

中国农业科学院原子能研究所尹莘耘教授研制成功5406细胞分裂素，经过百万亩粮食、蔬菜、水果等各种作物的实验，均获得大幅度增产。1亩玉米，浸种只需花0.12元，却能增产玉米40公斤；每亩蔬菜喷洒分裂素液3—5次，平均增收50元至300元。在西瓜、柑橘、葡萄、烟草、茶叶、人参等作物应用，都取得显著增产效果。

《屈武文选》出版

为纪念中国国民党革命委员会成立40周年，由民革中央宣传部选编的《屈武文选》一书，已由团结出版社出版。邓颖超为该书题名，习仲勋作序。全书分为"肝胆篇"、"春秋篇"、"统一篇"、"缅怀篇"、"引玉篇"、"忆往篇"6辑、共24万字。

屈武从"五四"到现在，一直活跃在中国政治舞台上，现任民革中央名誉主席，是国民党元老于右任的女婿，也是蒋经国的同窗好友。

1月4日

中共中央书记处书记胡启立同山西文艺界人士座谈

中共中央政治局常委、书记处书记胡启立在山西省太原市同山西文艺界人士座谈时强调繁荣文艺要继续坚持贯彻"双百"方针。文艺界的同志要增强团结，深入生活，创作出更多更好的反映时代精神风貌的文艺作品。

胡启立是在河北、山西一些地区考察工作后来到太原的。4日上午，他约集山西省文艺界的马烽、胡正、西戎、孙谦、郑义等10余位同志座谈。大家在座谈中畅谈了学习党的十三大文件的体会和文艺界的大好形势，并且就文艺改革问题提出了一些意见和建议。大家强调要繁荣文艺必须保持长期稳定的文艺方针。

胡启立说，他同意这样一种看法，目前我国文化艺术事业正处在新中国成立以来最好时期之一。特别是十三大以后，大家对文艺工作的进一步繁荣充满了信心。他说，我们要坚决贯彻"百花齐放，百家争鸣"的方针，提倡不同题材、不同艺术流派、不同创作风格的文艺作品百花齐放，避免简单地用行政命令和行政手段加以干涉；要积极开展正常的文艺评论；我们党管文艺要遵循文艺创作的规律，管大事，管方向，要注意指导思想，为文艺工作的蓬勃发展创造一个良好的环境。

胡启立说，为了巩固和发展文艺战线的大好形势，保持长期稳定的文艺方针，我们要经常给两部分同志打点招呼，一部分是在改革开放中跟不上步子的；另一部分是容易说过头话，或者说"冒"一点的同志。他们都是好同志，只不过看一个方面多一点，另一方面少一点。要使他们认识到，"左"的积习是改革开放的主要阻力。从总体上说，克服"左"的积习、僵化的思想是相当长时期的主要任务。同时，对资产阶级自由化也不可掉以轻心。在我国还没有摆脱不发达状态之前，自由化还会有市场。在某种情况下，如果资产阶级自由化成了突出问题，我们就不得不集中力量进行解决。即使在这样做的时候，也决不能忽视克服僵化思想这个长期的主要任务。总之，要记住我们是"一个中心，两个基本点"。是两个基本点，不是一个基本点，丢了哪一个也不行。胡启立还勉励大家要认真学习和掌握马克思主义的立场、观点和方法，增强团结，深入到一日千里发展着的改革、开放的无限生动活泼的实践中去。要向前看，把握时代的脉搏，创造出无愧于我们伟大时代的作品，迎接随着经济建设高潮而必然到来的文化艺术高潮。

《人民日报》发表社论《坚持和发展马克思主义要在"结合"上下功夫》

近几年来，我国理论界对坚持和发展马克思主义的问题有过较多讨论，这种讨论现在仍在继续。学习了赵紫阳同志在十三大的报告，我认为我们的讨论应该有一个新的角度。

赵紫阳同志在论述"马克思主义是在实践中不断发展的科学"时指出："马克思、恩格斯的伟大历史功绩，在于把社会主义从空想变成科学。科学社会主义从学说到实践，从一国建设社会主义的实践到各国建设社会主义的实践，到当前世界社会主义国家改革的实践，都是对社会主义再认识的扩展和深化，都是科学社会主义理论同各国实践和时代发展的结合。在这个过程中，必然要抛弃前人囿于历史条件仍然带有空想因素的个别论断，必然要破除对马克思主义的教条式理解和附加到马克思主义名下的错误观点，必然要根据新的实践使科学社会主义理论得到新的发展。"紫阳同志的论述，高度概括了马克思主义自诞生以来将近一个半世纪中所取得的历史性胜利，同时精辟地阐明了，马克思主义的不朽的生命力在于同各国实践和时代发展相结合；这种结合既坚持了马克思主义，也发展了马克思主义。

从赵紫阳同志的论述中，我们得到一个重要启示：对于坚持和发展马克思主义的问题，不应该抽象地对待，即不应该把坚持和发展当作两个可以离开实践，并且可以彼此分开的过程来考察；而应该具体地对待，即同实践结合起来，并且把二者当作一个统一的过程来考察。马克思主义不是教条，而是行动的指南。坚持也好，发展也好，都是为了引导我们的革命和建设事业走向胜利。这就需要结合实践，即把马克思主义的基本原理和各国的实践联系起来。只有结合实践，才能坚持和发展马克思主义。离开了实践，坚持和发展都只能是空谈。因此我认为，坚持和发展马克思主义都必须在“结合”上下功夫。

坚持马克思主义，其意义有二：一是在思想理论上承认马克思主义的指导作用，一是在实际工作中按照马克思主义办事。两种意义上的坚持都不能脱离实践。在实际工作中按照马克思主义办事，这本身就是结合实践；这种意义上的坚持不能脱离实践是无须多说的。在思想理论上坚持马克思主义即承认马克思主义的指导作用，同样不能脱离实践。这一点人们在认识上还不很一致。有一种观点认为，在思想理论上坚持马克思主义，就要原封不动地固守马克思说过的所有结论，而不必顾及实践中是否出现了新情况，发生了新问题。这是一种误解。有这种误解的人，对于用马克思主义的立场、观点、方法去对探讨新问题，提出新结论，往往自觉不自觉地采取否定的态度，理由是马克思没有这样说过。这种情况，十一届三中全会以来，我们在探讨建设有中国特色的社会主义的种种问题尤其是有关改革开放的问题时，曾不止一次地遇到过。特别是在探讨一些抽象程度较高的理论问题时，这种情况更是屡见不鲜。在有些同志看来，抽象程度越高、普遍性越大的问题，越可以不顾实践和时代的发展，而只要重复马克思说过的有关的话就行了。应该说，这不是思想理论上坚持马克思主义，而是对马克思主义的教条式的理解。

思想理论上坚持马克思主义之所以需要结合实践和时代的发展，是因为我们并不是为承认马克思主义的指导作用而承认马克思主义的指导作用，而是为了在实践中真正发挥马克思主义的指导作用。脱离了实践，不能对马克思主义理论作出新的有针对性的解释和发挥，便既不能说服持有怀疑态度的人，更不能驳倒相反的理论观点，甚至也不能坚定自己的信念；特别是无从加以运用，不能实际地发挥马克思主义的指导作用。在这种情况下，所谓思想理论上坚持马克思主义，充其量不过是一种主观愿望或口头上的宣传。真正的坚持，只有在和实践的结合中才能做到。

坚持马克思主义，并不是要坚持马克思主义经典作家说过的每一句话和作出的每一个个别论断，而是要坚持马克思主义的基本原理，坚持由这些基本原理组成的科学体系。在这个问题上，最大的错误莫过于重视只言片语和个别论断，或者相反，借口不能拘泥于只言片语和个别诊断而轻视以至否定马克思主义的基本原理。这种情况并不是没有发生过。例如，几年以前，理论界曾试图根据生产力和生产关系的辩证法探讨我国社会主义的发展阶段问题，而有人却认为生产力和生产关系的原理只不过是马克思说过的“几句话”，言下之意是以此为根据来谈论我国社会主义的发展阶段是不正确的。这显然是把事情弄颠倒了。

发生这类颠倒的重要原因，就是脱离实践问题。离开了历史的和现实的实践经验，有时候确实不易对什么是马克思主义的诊断、什么是马克思主义的基本原理作出正确的判断。像生产力和生产关系的辩证法这样的原理之所以被确认为马克思主义的基本原理，不仅因为它在马克思主义整个科学体系中所占的有的重要地位，而且也因为以往人类历史的发展特别是马克思提出这个原理以后一百多年来人类历史的发展证明，它是一个具有普遍指导意义的原理。对于这类在马克思主义的科学体系中占据最高层次的基本原理，一般说来，是不应该也不大会发生误解的。可是，对于马克思主义体系中层次较低的基本原理，即马克思主义关于某一领域或某一问题的基本观点，离开了实践经验，要作出正确判断并不那么容易。例如，在第二国际时代，马克思、恩格斯关于社会主义革命只能在几个主要的文明国家同时胜利的论点，曾经被公认为马克思主义关于革命战略的一个基本原理。但是，随着帝国主义时代的到来，随着革命热点的东移，这个论点不再适用了，为此，列宁判定它是只适用于自由资本主义时代的个别论断。列宁的判断是正确的，而第二国际固守这个论点的那些人是不正确的。差别就在于：列宁考察了时代的发展以及无产阶级在不同时代的革命斗争的全部实践经验，而第二国际的首领们却没有这样做。从这个历史经验中可以看出，真正要在思想理论上坚持马克思主义基本原理及其所组成的科学体系，而不被只适用于一时一事的个别论断所局限，更不被附加到马克思主义名下的错误观点所束缚，只有结合实践，以实践作为检验真理的唯一标准，才能做到。

发展马克思主义，其主要意义也有两个，一个是提出新的原理，一个是丰富和进一步发挥已有的原理。发展马克思主义离不开同实践和时代的结合，这个道理是显而易见。离开了实践，所谓“发展”就成了无源之水，无本之木。赵紫阳同志在十三大报告中所概括的十一届三中全会以来，我们党在对社会主义再认识的过程中，在哲学、政治经济学和科学社会主义等方面所发挥和发展的一系列科学理论观点，都是在深刻总结社会主义建设的实践经验的基础上提出的，都是为了指导我们现在和今后建设有中国特色的社会主义的实践的。离开了实践，这一切都将无从谈起。

为了发展马克思主义，进一步完善我们的理论，赵紫阳同志指出，我们既不把书本上的个别论断当作束缚自己手脚的教条，也不把实践中已见成效的东西看成完美无缺的模式。不把书本上的个别论断当作束缚自己手脚的教条，这是不难理解的。教条主义不仅会束缚我们创造性的实践，而且会扼杀实践经验已经为之做好了准备的发展马克思主义的任何可能。可是，为什么又不能把实践中见成效的东西绝对化呢？这是因为任何具体的实践，都是在一定历史条件下进行的，所以对于实践中已见成效的东西，只能有条件地加以肯定。如果把它绝对化，看作完美无缺的东西，甚至看作超越实践范围的普遍的结论，其结果就不仅不能发展马克思主义，反而可能给马克思主义附加上错误观点。在这方面我们是有经验教训的。例如群众运动，那本是我们曾经行之有效的工作方法，但是把它绝对化，甚至在建设中一切都要"大搞群众运动"，结果吃了大亏。这使我们深知，实践是发展的，理论和实践的结合应该随之而发展。只要我们善于总结已有的实践经验，紧紧地跟上新的实践步伐，并作出相应的理论概括，我们就能扎扎实实地把马克思主义推向前进。

坚持和发展马克思主义只能在和实践的结合中实现。同时，坚持和发展马克思主义又必然在和实践的结合中统一。有一种观点认为，坚持是发展的前提，只有先坚持马克思主义，然后才能发展马克思主义。持这种看法的人，一听强调发展，就以为是要离经叛道，于是赶紧强调坚持以相压制。这又是一种很大的误解。如前所说，如果不把坚持理解为单纯的主观上的承认，而是在实际上真正发挥马克思主义的指导作用，那就不存在坚持对发展的单向的前提意义。如果说有前提的话，也只能是双向的，互为前提，互为条件。因为，无论在思想理论上还是在实际工作中，坚持马克思主义，都必须结合实践；而要结合实践，总得有所发展。没有发展，不提出新的原理，不丰富和发挥已有的原理，马克思主义的普遍真理就无法和具体实践相结合，就不能发挥指导作用，从而也就无从坚持。坚持和发展是统一在一起的，不存在孰先孰后，孰为前提孰为结果的问题。

赵紫阳同志在十三大报告中号召我们："摆在全党同志特别是高中级干部面前的一项重大任务，就是认真学习和掌握马克思主义的立场、观点和方法，把马克思主义同中国建设和改革的实际更好地结合起来，同各条战线和各个地区的实际更好地结合起来。"

搞好这个"结合"，不仅是党中央的任务，而且是全党的事情。搞好"结合"，既要学好马克思主义，还要进行系统、周密的社会调查。毛泽东在1941年说："我们要从国内外、省内外、县内外、区内外的实际情况出发，从其中引出其固有的而不是臆造的规律性，即找出周围事变的内部联系，作为我们行动的向导。而要这样做，就须不凭主观想象，不凭一时的热情，不凭死的书本，而凭客观存在的事实，详细地占有材料，在马克思列宁主义一般原理的指导下，从这些材料中引出正确的结论。"(《毛泽东选集》第三卷，第759页)我们调查研究工作的成绩大小，在很大程度上决定着我们把马克思主义基本原理与我国实际相结合的水平。历史和现实都告诉我们一个道理：谁想在"结合"上获得好成绩，谁就必须在学习马克思主义和调查研究上下功夫。

伟大的实践需要伟大的理论。马克思主义需要有新的大发展，这是现时代的大趋势，只要我们在马克思主义基本原理同中国社会主义现代化建设的结合上认真地下功夫，我们就一定能顺应这个大趋势，对马克思主义新的大发展作出应有的贡献。

全国统一实行法定计量单位

据《人民日报》报道，国家计量局说，改革市制、废除旧杂制、限制英制的工作，现在已由国营商业部门的试点发展到在国营、集体和个体企业以及集市上全面展开。

国家计量局称，在推行法定计量单位的工作中，上海市行动得最快，现在已成为我国第一个全面废除市制的大城市，已在商业贸易流通领域和贸易结算中不再使用市制计量单位。北京市则在5条主要商业街上率先使用法定计量单位。据介绍，截至1988年年底，北京将在全市完成包括个体、集市贸易在内的市制改革工作。

据统计，目前已有14个省、自治区、直辖市和大城市使用了符合法定计量单位的粮、油票证。国家新闻出版署则明确规定新出版的图书一律使用法定计量单位，对使用非法定计量单位出版的图书将依《计量法》进行处罚。报刊、广播、电视的许多编辑部门也基本使用了法定计量单位。

国务委员兼外交部部长吴学谦在北京参加缅甸独立日40周年招待会

吴学谦在招待会上对近年来中国和缅甸在经济、贸易和技术等方面的合作表示满意，并希望双方共同努力，进一步发展这一良好合作关系。

吴学谦和1986年7月来华任职的缅甸驻华大使吴丁貌敏回顾了中缅两国传统的"胞波"情谊，并表示愿意继续发展双方在各个层次的友好交往，包括领导人的互访。

公安部部长王芳和地质矿产部部长朱训也出席了缅甸独立日招待会。

最高人民法院副院长任建新在人民大会堂代表院长郑天翔会见并宴请意大利司法部部长朱利亚诺·瓦萨利一行

《人民日报》发表评论员文章《应是龙腾虎跃时——对文艺界的希望》

在改革的大潮中,我们进入了被称为“龙年”的1988年。中国人一向把“龙”看成吉祥之物,也常用“龙腾虎跃”、“生龙活虎”一类的话来形容威武雄壮、热气腾腾的局面。在新的一年里,全国人民将沿着党的十三大所指引的路线,在改革开放、建设具有中国特色的社会主义的道路上,生龙活虎地健步前进。在这寄托着人们美好愿望的蓬勃向上的时代,我们的文艺事业,也到了“应是龙腾虎跃时”,将出现更加繁荣的喜人局面。

党的十三大阐明的社会主义初级阶段的理论,对于我们的社会主义四化建设,对于繁荣社会主义文艺事业都具有十分深远的指导意义。怎样才能进一步繁荣我们的文艺事业呢?很重要的一点,就是要认认真真、扎扎实实地学习好党的十三大文件,提高对社会主义初级阶段理论的认识。十一届三中全会以来,我们党在对社会主义再认识的过程中,在哲学、政治经济学和科学社会主义等方面,发挥和发展了一系列科学理论观点。我们的文艺理论家要善于掌握运用这些理论观点,进一步研究文艺实践提出的问题,发展我们的文艺理论;我们的作家要掌握和运用这些理论,正确认识社会生活,把握生活发展进程,深刻反映生活。联系社会生活实际领会这些理论观点,对我们的文艺工作具有深刻的意义。我们要继续解放思想,勇敢地面对现实,在再学习中进行再认识,破除对马克思主义的教条式的理解和附加到马克思主义名义下的错误观点,根据新的社会实践,使马克思主义文艺理论在新的历史条件下得到新的发展。许多文艺工作者体会到,只有全面掌握和领会十三大所提出的社会主义初级阶段的理论,掌握“一个中心、两个基本点”的辩证关系,坚持四项基本原则,坚持改革开放,才能正确总结经验,回顾过去,展望未来,脚踏实地地向前看,向前进。

文艺事业要出现“龙腾虎跃”的局面,要求文艺工作者加强“参与意识”,积极投身到改革开放的实践中去。改革开放是推动我国社会主义事业,也是推动文艺事业发展的重要动力。改革开放冲破了僵化的经济体制,使经济活跃起来,发挥了广大群众的积极性,使生产力获得了新的解放。改革和开放也使民族精神获得了新的解放,长期窒息人们思想的许多旧观念,受到了很大的冲击,积极变革,勇于开拓,讲求实效,开始形成潮流。9年来,我们的改革开放取得了举世瞩目的成就,逐步奠定了具有开创意义的新体制的基础。文艺工作者认清这个大局,在积极参与社会改革的实践中,努力改革自身的意识。这样才能开阔我们的视野,更新我们的观念,抛弃陈旧的、腐朽的、阻碍社会前进的旧观念,顺应改革开放的历史潮流。我国10亿人民的伟大的、丰富的、生动的现代化建设和改革实践,为我们的文学艺术提供了取之不尽的创作源泉,也为我们的文艺理论的繁荣提出了更高的要求。

我们期望文艺上出现“龙腾虎跃”的局面,不是要重复过去那种“讲假话,讲大话,讲空话”,不是要重复过去“搞花架子”那一套,而是期望我们的文艺家,扎扎实实地潜下去,潜到生活的深层,到改革的洪流中搏风击浪,创作出优秀的文艺作品来。也就是说,要诚心竭力地去繁荣创作。我们要做的事很多,作家艺术家的本职工作就是拿出优秀作品来。目前,我们的改革正在深化,社会主义四化事业正在蓬勃发展,新事物层出不穷,这就要求我们的作家艺术家认真地潜到生活中去,开掘更深层的意蕴,创作出更有分量的、能够振奋民族精神的优秀作品来。这才是检验我们事业成败的标志。

要保持文艺事业长期稳定的发展,使创作不断繁荣,需要进一步创造有利于发展文艺事业的良好气氛与环境。这就需要坚定不移地贯彻“百花齐放,百家争鸣”的方针,鼓励探索和创新。同时,要加强文艺界的团结,提倡团结一致向前看,提倡互相尊重,特别是尊重那些在创作上、在研究上取得成就的同志。我们相信,在党的十三大精神指引下,加强团结,同心同德,我们社会主义文艺战线一定会出现“龙腾虎跃”的局面,我们的文艺一定会呈现出更加繁荣的新态势。

《中国企业报》创刊

国家经委和中国企业管理协会用于指导工作的报纸——《中国企业报》1月4日在北京创刊,面向全国发行。《中国企业报》以企业为服务对象,周二刊,每星期一、四出版。

《中国新闻年鉴》出版发行

由中国社会科学院新闻研究所主编、中国社会科学院出版社出版的1987年版《中国新闻年鉴》,现已发行。这部《中国新闻年鉴》是自1982年创刊以来的第六部。全书约120万字,记载了1986年我国新闻事业的发展状况,有关新闻改革的学术论文,报社、电台、电视台在新闻改革中的成功经验。

《中国美术全集》法文版出版

我国有史以来最大的美术丛书《中国美术全集》,将出版法文版。这套巨著包括绘画、雕塑、工艺美术、建筑艺术和书法篆刻5大类,共计60卷。目前已出版中文本16卷,计划1989年出完。

法文版《中国美术全集》将由我国5家出版机构与比利时范登出版公司合作,在10年内出齐。

内蒙古发现新石器文化遗址

近几年在内蒙古敖汉旗境内发掘的兴隆洼遗址和赵宝沟遗址,成为我国新石器时代文化系列中的两个新成员。经专家测定,产生于7000—8000年前的兴隆洼文化与黄河流域某些新石器时代文化遗址的时代相当,这证明我国东北地区的古代文明同中原地区是同步发展的。

医药行业持续稳定发展

据《人民日报》报道,与国计民生休戚相关的我国医药事业经过8年的持续、稳定发展,1987年医药工业总产值达到208亿元,商品销售额174亿元,出口创汇6.7亿美元,实现利税45亿元,医药产品结构趋向合理,品种增加,质量提高,已能基本保证全国人民防病治病、康复保健、计划生育和抢险救灾的需要。这是深化改革的结果。

首台急救人工呼吸器在山东制成

据《人民日报》报道,山东省医学科学院和兖州矿务局岗山医院共同研制的"急救人工呼吸器",最近通过省级鉴定。这种设备操作简单,非专业人员也能使用,易于进行间接口对口人工呼吸。导管前端设有"皮瓣",可防止胃肠内容物反流而造成误吸。它还设吸痰装置,能方便地吸出喉腔内的痰液。这种设备无毒,有弹性,不易造成器官损伤,能有效地用于抢救因溺水、触电、药物过量、创伤、心脏病猝死的患者。

1月5日

国务院同意扩大珠江三角洲经济开放区范围

经国务院同意广东省把珠江三角洲经济开放区的范围,从原来的"小三角"扩大为"大三角",同时在沿海开放城市汕头市、湛江市,以及茂名市和惠阳地区的部分市、县,贯彻"贸工农"的方针,列入经济开放区的范围,享受中央有关文件规定的优惠政策。

珠江三角洲经济开放区变为"大三角"以后,范围扩大至28个县、市。同时,把茂名市列为省辖市,汕头、江门、茂名、湛江市和惠阳地区沿海的18个县、市、区,划为沿海经济开放区,享受中央和省政府有关规定的优惠待遇。

根据中央关于开辟经济开放区,应由小到大,先"小三角",后"大三角",以点带面的精神,珠江三角洲经济开放区的"点",除中央已明确规定的佛山、江门和中山市的市区和按"贸工农"安排生产、发展出口的13个重点县的城关区之外,省政府又批准小榄镇等59个镇为珠江三角洲经济开放区第一批重点工业卫星镇,享受有关优惠政策。

搞好这些城市的市区、城关区和重点工业卫星城镇建设,是珠江三角洲经济开放区增加出口和创汇,引进外资和先进技术设备,提高科学技术水平,发展生产,繁荣经济的一项重大措施。省政府要求各有关市、县人民政府切实加强领导,正确执行中央和省政府规定的优惠政策,逐步形成"贸工农"型的生产结构,按出口贸易的需要发展加工工业,按加工的需要发展农业和其他原材料的生产,扩大鲜活商品和工业品的出口,把这些地区发展成为对外贸易的重要基地。同时要认真加强管理工作,贯彻执行中央和省政府的有关加强外经外贸和税收管理的有关规定,使各项工作做得更加扎实稳妥。

国家物价局提出稳定春节市场物价的5项措施

第一,要求各地区、各有关部门,从政治、经济全局出发,把稳定物价作为稳定经济的重点,采取措施,增加适销对路商品的生产,控制需求,切实抓好稳定市场物价的工作。

第二,稳定"菜篮子",重点是稳定蔬菜和肉类的价格。对大中城市的大路菜要加强计划管理,均衡供应,保持价格基本稳定。定量供应的肉,数量、质量要保证,价格力求稳定。对价格放开的细菜、水产品和大宗水果等,要规定合理的进销差价和批零差价,限制中间环节非法牟取暴利。

第三,加强对生产资料价格的管理,坚决制止工农业重要生产资料乱涨价,特别是国营企业一定要严格遵守物价纪律。

第四,国营商业要积极组织货源,增加市场商品供应量,推出适销对路的节日商品,有条件的商店可以举办商品展销等活动,丰富节日市场。

第五,春节前后,各级物价部门要在国务院和地方政府派出的税收、财务、物价大检查工作组领导下,组织有关方面力量,开展节日市场物价大检查。对查出的乱涨价、乱收费等违法案件,要及时,严肃地处理,保护国家和消费者的利益。

龙羊峡电站32万千瓦机组运行顺利

据《人民日报》报道,黄河上游龙羊峡水电站已安装的两台32万千瓦发电机组投产以来,运行顺利,证明我国自行设计制造的大型水轮发电机组性能稳定,安装质量可靠。龙羊峡电站设计共装机4台,总装机容量为128万千瓦。这是目前黄河上最大的发电站。

国家“七五”重点建设项目浙江北仑港发电厂破土动工

火力发电的北仑港电厂位于深水良港北仑港南岸,设计总装机容量为240万千瓦,是我国目前最大的火力发电厂之一,被称为“展望中的南方火力发电基地”。

目前破土动工的北仑港电厂第一期工程,包括2台单机容量60万千瓦的发电机组,以及50万伏输变电工程、3.5万吨运煤码头、专用淡水库等配套工程,总投资约20亿元。预计第一台机组将于1990年7月投产发电。整个一期工程投产后,年发电量可达78亿度。

中国专家发现宇宙线对人类有影响

湖北环境保护研究所工程师虞震东经过20多年的研究发现,宇宙线是引起人体某些疾病及地球严重自然灾害的一个重要原因。虞震东的这一新发现在不久前通过了国家环保局等部门主持的评审。

虞震东在60年代初期就在国内外率先提出了宇宙线是影响人类的一个因素的假说。1984年承担国家环保局下达的“宇宙线环境研究”的课题后,他对近半个世纪有记录的5次大的宇宙线地面增强事件作了周密的研究分析,发现这5次事件之后的一年间均出现了流感的大流行,证明是宇宙线异常造成流感病毒变异。他曾预报1984年年初世界范围内会出现一次中等的流感流行,结果被他言中。

与此同时,他还发现,在大的宇宙线地面增强事件发生后的两年中,我国都有较严重的干旱或洪涝灾害发生。本世纪我国已发生7次8级以上地震,其中至少有6次是在宇宙线异常后不久发生的。

虞震东认为,由于宇宙线粒子具有较高的能量,因此对地球生物圈、大气圈、水圈、岩石圈及人类本身会产生重大影响。

来自天文、医学、环保等学科的专家认为,虞震东的研究成果在国内属于首创,并具有国际水平。它为人们研究人体疾病及自然灾害的起因开拓了新的途径,对于预测预报疾病及重大自然灾害具有重要价值。

《世界新闻摄影展览》在北京中国革命博物馆举行

国家领导人万里、周谷城、张爱萍以及新闻界人士穆青、谭文瑞、冯锡良、陈砾等,荷兰首相吕贝尔斯的夫人和由团长湿德林率领的世界新闻摄影荷兰基金会代表团全体成员,出席了《世界新闻摄影展览》的开幕式。

展览由中国新闻摄影学会、中国日报社和世界新闻摄影荷兰基金会联合举办。它是在我国举办的第一个世界新闻摄影展览。世界新闻摄影荷兰基金会30年来坚持主办新闻摄影竞赛,在各国主办展览会和讨论会。

《民族文学》在北京举行颁奖大会

《民族文学》是我国唯一的全国性的少数民族文学月刊。此次评奖,阿云嘎(蒙古族)、张承志(回族)、扎西达娃(藏族)、赵大年(满族)、蔡测海(土家族)、韦一凡(壮族)、吉狄马加(彝族)、穆·巴格拉西(维吾尔族)等37名作者的36篇作品获奖。这些获奖者包括20个民族。

赛福鼎·艾则孜、杨静仁等出席了大会。

全国游泳 跳水“双十佳”运动员评选揭晓

在去年一系列国内外比赛中创造优异成绩的20名水上健儿,荣膺全国最佳游泳运动员和最佳跳水运动员称号。他们的现任教练和启蒙教练,也同时受到表彰,被授予优秀教练员证书。

游泳十佳是:黄晓敏(女,黑龙江)、钱红(女,河北)、王大力(河北)、庄泳(女,上海)、杨文意(女,上海)、阎明(女,黑龙江)、夏福杰(女,河北)、沈坚强(上海)、林来九(广东)、谢军(上海)。

跳水十佳是:谭良德(广东)、高敏(女,四川)、童辉(湖北)、许艳梅(女,江西)、李孔政(广西)、李巧贤(女,广东)、吕伟(女,江苏)、李德亮(广东)、关雪清(女,广东)、熊倪(湖南)。

中国游泳协会名誉主席薄一波为“双十佳”运动员颁奖。参加揭晓表彰大会的还有荣高棠、李梦华、袁伟民等有关部门负责人,以及已连续三届赞助这一评选活动的西安手表厂的代表。

1月6日

国务院副总理乔石在人民大会堂会见意大利司法部部长朱利亚诺·瓦萨利一行

外交部新闻发言人就中美 中苏关系问题答记者问

外交部新闻发言人在新闻发布会上回答记者提问时指出,在过去一年里,中美关系总的来说继续有所发展。

有记者问:“外电认为,1987年中美关系出现紧张。你能否对过去一年的中美关系作一评价?”

发言人回答说，1987年，中美关系总的来说继续有所发展。"但是，中美关系中也出现了一些问题。我们认为，只要双方严格遵循互相尊重主权和领土完整、互不干涉内政的根本原则，中美关系就能够不断克服消极因素，持续稳定地向前发展。"

当有记者提到不久前美国方面要求两名中国外交官离开美国一事时，这位发言人在重申了中国外交部新闻发言人就此事发表的谈话后，强调指出："我们反对任何恶化中美关系的气氛、损害两国关系的行为。"

有记者问："外电评称，1987年中苏关系有所改善。请你评价一下过去一年里中苏关系的状况。"

这位发言人说，在过去一年里，中苏在具体领域的交往有所增加。由于三大障碍没有消除，中苏政治关系没有进展。中国愿意与苏联改善关系，并希望苏联在消除障碍，特别是在促使越南从柬埔寨撤军问题上，能尽快采取切实行动。

劳动人事部部长赵东宛与西班牙劳工与社会保险大臣曼努埃尔·查韦斯以及国际劳工组织北京局钱伯斯局长在钓鱼台国宾馆共同签署苏州旅馆旅游高级培训中心合作项目协议书

中国210项重大国防科技成果首次宣布解密

据《人民日报》报道，在解密的国防科技成果中，获国家级奖的有73项；获部门级奖的有137项。解密的技术包括原子能、航空、电子、兵器、船舶制造和工程机械等方面的实验研究和装置、工程设计、加工工艺、新材料、新设备及测试等实用技术，对国民经济各部门和各地区的经济技术发展和技术改造均有较大的应用价值。

国防科技成果解密的目的是为了加速成果转移，推动技术进步，促进军工技术转民用，使国防科技成果在经济建设中发挥作用。

今后，国防科技成果管理部门将抓紧制定国防科技成果保密、降密及解密的条例和办法，做好国防科技成果解密工作。

《中国汽车报》出版发行

为适应汽车工业深化改革的需要，中国汽车报从今年1月起，在京出版发行。它是中国汽车工业联合会主办的一张综合性报纸。该报宗旨是：积极宣传中央有关汽车工业的战略思想、发展道路和政策方针等。每星期四出版，向国内外公开发行。

青海湖南岸湖滨阶地发现古人类遗迹

据《人民日报》报道，最近在青海湖南岸湖滨阶地上，首次发现距今约1.1万年的古人类遗迹。这些遗迹是中国学者与瑞士和澳大利亚学者合作研究青海湖古气候特征时，在湖畔的黑马河等地地表1米至1.5米以下的黄土层中发现的。

科学工作者在现场发现了10余件旧石器和大量炭渣、灰烬，还有几件骨器。室内鉴定结果表明，这批石器包括弧刀刮削器、雕刻器，钻贝、砍斫器、龟背状石器等器物。这批石器全部是用石锤将石片直接打制而成，器物原料有石英石、玛瑙石等。现场没有发现新石器时代的磨光石器和陶片，其文化遗物与华北旧石器时代晚期的文化遗物有许多共同之处。

这些科研人员在现场各点同时采样，分别进行年代测定，确认这些遗迹的形成年代为距今1.1万年左右。负责这次考察工作的中国科学院盐湖研究所研究员陈克造说，这些古人类遗迹均在高于青海湖现水位100余米的黄土阶地以上，周围散见少量贝壳。由此，陈克造断言，至少在距今1万年左右的时候，青海湖水比现在的水位要高出100余米，古人类寄居在湖岸以渔、猎为生。

1月7日

1987年中国新设城市30个

据城乡建设环境保护部透露：经国务院批准，1987年我国又设立30个新城市。至此，全国共有设市城市381个。

新批准的城市有河北省的沙河市，吉林省的洮南市、抚余市，黑龙江省的同江市、阿城市，江苏省的江阴市、淮安市、兴化市、宿迁市、丹阳市、东台市，浙江，市、阿城市，江苏省的江阴市、淮安市、兴化市、宿迁市、丹阳市、东台市，浙江省的舟山市、萧山市、江山市、瑞安市，安徽省的宣州市，福建省的石狮市，山东省的胶州市、莱阳市、诸城市，湖北省的洪湖市、天门市、安陆市、武穴市、枝城市，湖南省的涟源市、汨罗市，贵州省的铜仁市、兴义市，甘肃省的敦煌市。在新设的城市中除舟山市为地级市外，其余均是县级市。

去年，国务院还批准撤销了黑龙江省的镜泊湖市，安徽省的屯溪市和原县级黄山市，合并设立地级黄山市，批准江西省抚州市与临川县合并设立临川市，四川省渡口市更名为攀枝花市，山东省威海市和广东省三亚市由县级市上升为地级市。截至1987年年底，全国共有直辖市3个，地级市170个，县级市208个。山东和湖北省各有设市城市25个，是目前全国拥有设市城市最多的省。

我国大中型企业厂长 经理全国统考工作已基本结束

新华社报道，截至1987年年底，全国参加统考的厂长经理已达17.6万多人,其中大中型企业厂长经理有5.9万多人,占应参加统考总数的98%;预算内小型企业的厂长经理11.6万多人,占应参加考试人数的81%。

中国国际交流协会会长李一氓率中国国际交流协会代表团前往泰国进行友好访问

中美学者提出观察建材破裂的新方法

据《人民日报》报道,美国加利福尼亚大学伯克利分校学者内维尔·库克和中国学者郑子清,最近通过电子显微镜扫描成功地观察到建筑材料在三度空间的破裂情况,为建筑材料强度理论提供了有效的依据。

他们把混凝土块浸于液态金属中,在混凝土块各个端面施加每平方英寸1万磅压力,使液态金属渗入裂缝,待冷却后将混凝土切成薄片,用酸腐蚀留下金属骨架,即表示出材料的破坏状况。他们通过电子显微镜扫描,可以获得材料的三度空间破坏的图像,并能证实建筑材料强度的某些理论。

专家们认为,有关抗震工程、地下核废料贮存库和其他重要建筑工程,在设计时都要认真考虑建筑材料的强度。

《中国农牧渔业报》出版

由农牧渔业部主办的《中国农牧渔业报》在北京出版发行。它是一张综合性报纸,主要任务是及时传达党中央、国务院有关农业方面的方针政策及各时期的指导思想和工作部署;总结推广农村改革、开放、搞活和发展生产的典型经验;反映农村、农业战线尤其是广大农民的呼声,传递经济、技术信息,推广农牧渔业先进科技成果和实用技术。

1月8日

1987年我国农村储蓄突破1400亿元

据《人民日报》报道,1987年我国农村信贷业务又上新台阶。全国农业银行、信用社各项储蓄存款余额为1434亿元,比上年同期增长34.9%;农业银行、信用社全年累计发放各项贷款5522亿元,比上年同期增长37.47%,有力地支持了农村商品经济的发展。

1987年农业银行、信用社把增加储蓄存款作为首要任务来抓,由于措施得力,服务质量提高,农村人均储蓄存款达136.07元,创历史最高纪录。

我国军工企业去年工业总产值大幅度增长

据《人民日报》报道,我国军工企业去年加快了向军民结合型转变的步伐,从产品结构、经营方式、管理体制等方面进行了一系列改革和调整,对重点企业进行技术改造,使军工优势与潜力进一步得到发挥,生产与经济效益同步增长。核、航空、航天、兵器等部门去年超额完成年总产值计划的9%。与1986年相比,工业总产值增长22%,利润总额增长1.3倍,全员劳动生产率明显提高。

军工企业集中力量大力发展民品生产,去年完成民品产值比1986年增长25%。他们发挥军工技术特长,重点开发与军品结构相同、工艺相近、技术相通的民用飞机、工业机器人、同位素产品、集成电路、矿山机械等民用产品,并为能源、交通、纺织、医疗、建材、石油、化工等部门的技术改造提供大批性能精良的专用设备。军工企业生产的所流纺纱机、电冰箱压缩机、微型汽车发动机等近3000种民用新产品,逐步取代了进口的同类产品。

军工企业逐步成为我国机电产品出口的主力军之一。核、航空、航天工业部去年出口额比1986年增长65%,精密工量具、组合夹具、线切割机床、各类锻件等近200种机电产品出口量稳步上升。民用飞机、核工业产品、航天技术等开始进入国际市场。

经贸部向日本政府提出5点要求敦促妥善解决“东芝机械事件”

经贸部新闻发言人要求日本方面赔偿中国方面所遭受的损失。去年5月日本发生“东芝机械事件”后,由于日本政府对东芝机械公司实行停止对“共产党国家”出口的制裁措施,使我国无故受害。东芝机械公司对我出口的25个合同被禁止履行,其他日商同我签订的约9亿美元合同也因日本政府加强了“禁运”限制,拖延审批而不能按期履行。

由于我方多次交涉和敦促,日方陆续采取了一些措施,但是对东芝机械公司的25个未履行合同却强调要与有关国家协商,迟迟没有批准履行。直至去年12月8日,日本外务省事务次官和驻华使馆公使才分别在东京和北京向我驻日大使和经贸部正式提出日本政府对东芝机械公司同中国公司已签25个合同的处理方案。即大部分通过转换厂家、延期交货和撤约赔偿损失处理。对其余合同,日本政府将作为特别行政例外审批出口。

据介绍,去年12月31日,经贸部二局局长陈之孝约见日驻华使馆商务负责人时表示:“东芝机械事件”同我国毫无关系。中国同东芝公司签订的一些合同没有得到履行,纯属日方不遵守国际商业信誉。单方面毁约,使我直接和间接蒙受相当大的经济损失。中方要求日本政府批准东芝机械公司同我已签25个合同全部执行,是理所当然的。经我多次交涉和敦促,时过7个月之久,日方才于12月8日拿出方案来,而且当天就单方面对外公布。对这种做法我们很不理解。坦率地讲,这个方案我们是不满意的,并提请日方注意此事给中日贸易往来带来的消极影响。陈之孝当时指出,从中日友好大局出发,从长远考虑,中方可与日方协商处理此事,并要求日本政府做到:

一、对正在审批的合同积极抓紧全部批准放行;对日方已同意的顶替和延期交货合同尽快提供安排交货的时间表。

二、确保已同意顶替交货的产品在技术、性能等条件上不低于原合同规定。

三、对撤约、延误和推迟交货的合同,日本政府应指导日方有关企业赔偿我方企业的直接和间接经济损失。

四、对东芝机械以外的合同中尚未批准生效和发许可证的合同,应力争尽快审批完毕;对其他积压的对华出口合同也应抓紧审批。

五、切实实施已多次承诺的要在"禁运"方面对中国采取放宽限制措施,特别要防止这类人为影响中日贸易关系正常发展的事件再次发生。

中国专利局宣布台湾同胞来大陆申请专利的具体规定

为了方便台胞来大陆申请专利,增进海峡两岸的科技交流,中国专利局局长高卢麟在北京举行的新闻发布会中宣布了以下具体规定:

一、台胞与大陆同胞一样,可以依据《中华人民共和国专利法》就其发明创造向中国专利局申请专利,取得专利保护。

二、在办理专利申请过程中,为了保证中国专利局与台胞专利申请人的正常通信联系,台胞申请专利时可以委托在大陆的亲友代办,并使用其通信地址;在大陆委托亲友有困难且又是在大陆以外申请的,可全权委托设在香港的中国专利代理(香港)有限公司和香港永新专利代理有限公司办理;在大陆提交专利申请时,可直接向中国专利局提交或委托国内专利代理机构办理。直接向中国专利局提交申请的,应提供确切的大陆联系地址。

三、我国已参加《保护工业产权巴黎公约》,台湾与大陆同胞一样,可依照中华人民共和国专利法的规定,就其在中国专利局提出的第一次正规申请在规定的优先权期限内,办理向其他国家申请专利的优先权手续;台胞以在巴黎公约某一成员国提交的第一次正规申请为基础,向中国专利局要求优先权的,中国专利局予以受理。

四、台胞向中国专利局提交的专利申请文件不得使用"中华民国"字样,而应使用"中国台湾"。

五、台胞在大陆申请专利的费用,用外汇人民币(兑换券)支付。

文化部部长王蒙在全国文化厅局长电话会议上提出今年文化工作的中心任务

王蒙提出,今年文化工作的中心任务是加快和深化文化体制改革,特别是艺术表演团体的体制改革。

王蒙说:从远期目标上看,要建立起充满活力的艺术表演团体管理体制,把艺术表演团体变为相对独立的社会文化团体,艺术表演人员变为以演出合同收入为主的艺术从业者。这包括,形成以公有制为主体的多种所有制并存的结构;在国家的法律、法令、规章允许的范围内,在业务和经营活动中有充分的自主权;实行院、团长负责制;艺术表演人员实行聘任合同制等。从近期目标上看,就是要继续克服艺术表演团体吃政府文化主管部门的"大锅饭"、艺术工作者吃艺术表演团体的"大锅饭"的弊端。如适当下放政府文化主管部门在业务上、人事上、财务上的权力;在艺术表演团体试行责、权、利相结合的各种形式的责任制,改革不合理的业务制度、人事制度和财务制度;通过聘任、民主选举、合同承包、建立理事会或董事会或管理委员会等方法,进一步调整艺术表演团体的领导班子;在对艺术表演人员进行精简的基础上,艺术表演人员逐步实行聘任合同制,并实行部分奖金的浮动制等。另外,王蒙还对开放文化市场、进行政府文化管理机构改革等问题提出了一些设想。王蒙还宣布,在1月底或2月初,将召开全国性的艺术编创人员座谈会;在4、5月,召开全国文化厅(局)长会议,详细讨论文化体制改革问题。

王蒙强调,团结才能稳定,稳定才能改革。在新的一年里,要把加强文化队伍的安定团结放在重要的位置上。在文化队伍中,恩恩怨怨、门户之见之类的消极因素仍然存在,这对文化队伍的安定团结十分不利。因此,要提倡顾全大局、与人为善,提倡建设性的态度,以减少内耗。

最后,王蒙希望今后一个时间特别注意提高各个方面、各个层次的艺术作品的质量,力争推出一批正面展现建国40周年光辉历程的高质量的艺术作品。

广播电影电视部电影局在北京召开新闻发布会

会上,广播电影电视部电影局局长滕进贤把去年故事片创作的特征概括为:强化主旋律,走向多样化,趋于精细化。长影的《解放》以恢宏的气度正面反映改革，而西影的《老井》则深沉地思索着民族与人生。近年来崛起的青年导演在走向成熟，张艺谋执导的《红高粱》被誉为"新时期电影语言现代化探索的结晶"。对影片通俗性、娱乐性的探索取得长足进步，《最后的疯狂》等影片将既"叫好"又"叫座"。在重视改革主旋律和现实主义创作方法的同时，去年的影片在题材和表现手段上都实现了多样化。

去年我国参加了89个国际电影节，有12部(次)故事片、23部(次)短片在28个国际电影节上获奖。其中《老井》独占鳌头，在两次电影节上共获5项奖，成为中国电影达到世界水平的标志。

中国电影的行政主管机关计划在新的一年里坚持双百方针，按艺术规律办事，为艺术家创造良好的创作环境；推动电影制片和发行体制的改革；建立、健全电影法规；抓紧开发新技术电影，以利于与兄弟艺术的竞争。具体工作已经紧锣密鼓地展开。今年4月将召开电影发展战略研讨会，5月将评选颁发"政府奖"，9月将举办新时期电影回顾展。先行一步的西影、珠影厂已从今年年初开始实施体制改革。八一厂《巍巍昆仑》、西影厂《彭大将军》、广西厂《百色起义》等巨片将在年内摄制完成。类似的重大革命历史题材剧本已审查通过了11部，如《重庆谈判》《大决战》(描写解放战争三大战役)、《毛泽东与尼克松在1972》等，它们将成为新中国成立40周年的献礼影片。

广播影视部副部长陈昊苏在新闻发布会上希望旗帜鲜明地充分肯定中国电影界在过去约10年间取得的良好成绩，不应妄自菲薄。从1977年到1987年，我国共生产影片1102部，而在此之前的27年里，总共只生产影片600多部。而排在新时期影片第1000名的，恰好是《老井》，广播影视部将为此向该片颁发特别奖。陈昊苏说：有人认为《老井》是在向外国人展示中国的落后，也有人认为《迷人的乐队》是在以谎言粉饰现实，这两方面的批评都是不公道的。承认落后是一种真实，反映变革也是一种真实，应当都允许去表现，可以有所侧重，但不应有所偏废。

《第二次世界大战经验与教训》出版

国防大学的张海麟、韩高润、吴广权同志，继《第二次世界大战》之后，最近又撰写了《第二次世界大战经验与教训》一书，已由世界知识出版社出版。这是我国学者比较系统地研究第二次世界大战经验与教训的一部专著。全书包括5个部分：第二次世界大战的起源，国际反法西斯中统一战线，法西斯国家的开战方式，战争中的物质基础和对作战经验的探讨。

中国剧协和国际剧协中国中心在北京联合主办展览

由中国剧协和国际剧协中国中心联合主办名为"梨园在西方"的展览，第一次向中国观众展示了鲜为人知的中国戏剧在美国的早期活动情况。该展览是由外籍华人陈依范先生提供的资料。1976年，一位美籍华人青年无意中发现并购买了700多幅险些扔进垃圾堆的珍贵照片，后经陈依范先生考证、鉴定、甄选、编排和补充，曾在美国巡回展出。

我国儿童绘画作品获得第十五届里迪采国际儿童画展览优秀奖

捷克斯洛伐克驻华使馆参赞苏库普给获得第十五届里迪采国际儿童画展览优秀奖的7幅中国儿童作品颁发了奖章和证书。中国对外展览公司经理郝战代表获奖者接受了奖章和证书。

这7幅作品大多是版画和水墨画。它们是：《幼儿园的午睡》(王萌萌，6岁，沈阳)、《欢乐的溜冰场》(赵霞，8岁，天津)、《同路》(范文献，10岁，通辽)、《春天的信息》(王大海，10岁，南京)、《喂》(谈笑蓉，12岁，上海)、《雪夜》(李欣，13岁，通辽)、《牛的世界》(王力军，15岁，通辽)。其中李欣和王力军是聋哑儿童。

里迪采是捷克斯洛伐克的一个村庄。第二次世界大战中，德国法西斯杀了村里的人，并将村庄烧毁。为了纪念反法西斯战争的胜利，为了世界和平与儿童幸福，捷克斯洛伐克自1973年起，每年在这里举办国际儿童画展览。

藏传佛教宁玛派古典著作《大宝藏》重新行世

这是四川省民族研究所藏学研究室在四川甘孜藏族自治州收集到的。

《大宝藏》共分111部，2400多个篇章，集结了公元10世纪到19世纪间各教派170多位高僧所掘藏的典籍。内容除有旧密教约上千尊上师、本尊、空行母，以及护法的各种仪轨、灌顶和修法要诀外，还有不少有关医药方面的秘方。

马彦祥逝世

中国共产党优秀党员，第一、二、三届全国人大代表，第五、六届全国政协委员，著名戏剧理论家、教育家、活动家、导演、剧作家马彦祥同志，因病医治无效，于1月8日在北京逝世，享年81岁。

马彦祥原籍浙江鄞县，1907年生于上海。1928年冬毕业于复旦大学，随即和著名戏剧家洪深、田汉、欧阳予倩等从事进步戏剧活动，抗日战争爆发后，他率领抗日救亡演剧队到南京、武汉、开封、郑州等地演出，宣传抗日。后到武汉参加国民政府军事委员会政治部第三厅工作，并辗转于长沙、桂林、重庆之间，从事抗日宣传及教育工作。1948年由北京抵达石家庄，参加戏曲改革工作。新中国成立后，马彦祥长期担任文化部戏曲改进局、艺术事业管理局副局长。粉碎"四人帮"后，他任文化部顾问、中国艺术研究院顾问、研究员等职。

马彦祥一生奋斗在戏剧战线，曾编写、导演、演出过各类戏剧作品40余部，并撰写了大量戏剧和戏曲论文，为新中国的戏剧事业作出了卓越贡献。

1月9日

中共中央政治局第三次全体会议在北京召开

会议讨论并原则同意修改后的《中华人民共和国全民所有制工业企业法(草案)》。根据党的十三大报告的精神，在草案总则第二条第二款中增写了："国家对企业实行所有权和经营权分离的原则"。并增写一条："中国共产党在企业中的基层组织，对党和国家的方针、政策在本单位的贯彻执行实行保证监督"。"支持厂长依法充分行使职权"。会议提议，由国务院将这个草案提请全国人民代表大会常务委员会审议。

出席会议的有中央政治局委员15人、政治局候补委员1人，因公请假的政治局委员有2人。

民进中央在北京集会纪念王绍鏊百年诞辰

民进中央副主席陈舜礼主持了纪念会。

王绍鏊，江苏吴江县人，早年留学日本，辛亥革命后，曾担任过北洋政府的国会议员和宪法起草委员会委员，后来参加了讨袁护法和抵制曹锟贿选的斗争，并组织秘密团体准备策应国民革命军北伐。"九一八"事变后，他全力投入抗日救亡运动，屡遭挫折。在不断探索中，他认识到中国革命只有依靠无产阶级及其先锋队的领导才有光明的前途，因而在1933年加入了中国共产党。抗日战争开始后，他直接参加了组织领导苏南地区的敌后武装抗日活动，以后辗转香港、上海从事爱国民主运动。1945年12月，他与马叙伦先生等共同发起创建中国民主促进会，并成为主要领导人之一。他还是民盟、民建上海市组织的负责人。1949年，他以民进代表的身份参加新政协的筹备工作，并出席了全国政协第一届全体会议。

新中国成立后，王绍鏊被任命为中央人民政府财政部副部长，并先后任全国人大代表、全国人大预算委员会副主任、全国政协常委、民建中央常委、民进中央副主席等职。他于1970年3月31日因病在北京逝世，享年82岁。

民进中央主席雷洁琼在会上说，王绍鏊同志的一生，是不断革命、不断前进的一生。今天纪念王绍鏊同志，就是要学习他一贯忠于革命、忠于社会主义的精神，继承和完成他的未竟事业。

全国政协副主席马文瑞代表全国政协讲了话。他赞扬王绍鏊能顺应历史潮流，不断坚持进步，探索真理，经过曲折的道路，终于成为杰出的革命战士。

武连元代表中共中央统战部，叶笃义代表各民主党派也分别在会上讲了话。

在会上发言的还有孙晓村、吴荣、戎子和以及王绍鏊同志的亲属王佩容等。

全国政协、国务院有关部门、各民主党派和全国工商联负责人以及各界来宾200多人出席了纪念会。

内蒙古出土新石器时代冶铜模具

我国制作青铜器的最古老的一种模具——陶范，最近在内蒙古出土。考古专家认为，这种文物珍品产于5000年前，表明在新石器时代燕山以北就出现冶铜技术。

邵氏基金会宣布向内地高校捐款

邵氏基金会宣布捐款1.37亿港元，以支持内地、香港和新加坡发展高等教育和社会服务事业。

邵氏基金会是由香港知名人士邵逸夫于1973年设立的，14年来共捐款5亿多元，用于发展文化、教育事业。在今天宣布的捐款当中，1.16亿港元将捐给西安交通大学、中国科技大学、哈尔滨工业大学、北京中医学院等内地15所高等院校，用于建立科技中心、图书馆、发展计算机技术和中医研究。

我国肺音声学检测临床应用研究取得成功

据《人民日报》报道，肺音声学检测分析和临床应用研究，改变了以往靠听诊器和实践经验给患者作肺音检测、诊断的状况。

肺音是从人体呼吸道发出的各种声信息，将这种信息描绘记录下来，就能把主观诊断变为客观诊断，提高肺病确诊率，可以解决听诊器和X线所无法解决的难题。目前，世界上只有美国、日本等国家在肺音研究方面取得进展。自1984年以来，人民解放军三〇三医院和电子工业部第三研究所在林博夫医师研究的基础上，通过用语图仪测定肺部疾病患者和健康人的290例共570个肺音部位，分别得出各种声学参数，描绘出1500多张肺音图。经过参数比较分析，他们对各种肺音作出鉴别，为研究病理、生理，解释肺部疾病的病理变化提供了可靠条件。

1月10日

国务院全国工业普查领导小组在北京召开电话会议

领导小组组长、国务委员张劲夫及领导小组副组长、国家经委副主任袁宝华到会讲话。

此次全国工业普查，直接发表调查乡以上的工业企业近36万个，间接调查的工业生产单位约有480多万个，其中包括村办工业135万个，城镇个体工业335万户。全国动员了近200万人参加，联合国、世界银行、欧洲经济共同体及一些友好国家的人士对此都很关注。

张劲夫同志指出，一年多来，各级工业普查办公室和信息中心处理了大量普查数据，编辑出版了大量的普查资料，并广泛开展了分析研究，尤其是企业一级，写出了20多万篇分析文章，取得了不小的经济效益。他还代表国务院工业普查领导小组表彰了工业普查的先进单位和先进工作者。

袁宝华同志在布置1988年工作时指出，今年是全国工业普查进入最后阶段的一年，主要任务有：完成全部工业普查数据的处理；基本完成全部工业普查资料的编辑出版发行任务；搞好工普资料的宏观分析，为中央和省两级领导战略决策，长远规划和制定与改革开放有关的重要政策措施服务。他提出，各省工业普查在今年年底以前都要基本结束，并做好工普工作总结，为今后的工普提供经验。

500多名外国专家参加大西北开发

据《人民日报》报道，来自美、英、法、瑞士、加拿大等42个国家和地区的520多名专家汇集我国西北地区，为一批重要建设项目贡献才智。

1987年以来，西北各省区引进外资、引进技术设备、聘请外国专家的工作有了明显进展。正在建设的这批项目大多集中在能源、交通、通信、有色金属等国民经济重要部门。国家"七五"期间在西北建设的15个重点项目，都有外国专家在帮助工作。还有一部分外籍专家与中国科技人员合作，在西北进行盐湖、沙漠、冰川、草原生态、高原病防治等方面的考察研究。仅中国科学院与外国专家在西北合作开展的研究项目有40余个。

广东云浮硫铁矿通过国家验收

据《人民日报》报道，位于广东省云浮县的云浮硫铁矿于1979年动工兴建，日前通过国家验收。它是我国已探明的储量最大、含硫最高、质量比较好的大型硫铁矿床，平均含硫量达31.04%，储量仅次于世界最大的西班牙硫铁矿，居世界第二位。这一"六五"期间的国家重点工程，设计能力年产硫铁矿石300万吨，占全国化工系统硫铁矿产量的40%左右。总投资6.37亿元。

北疆铁路一期工程完成并开通运行

北疆铁路全长400多公里，东起乌鲁木齐，西达中苏交界的阿拉山口，是连接欧亚大陆的又一条重要通道，由国家和新疆维吾尔自治区共同投资兴建。第一期工程全长240公里，于1985年5月1日动工，去年9月底完成铺轨。

国务院副总理田纪云在北京会见苏联国家计划委员会第一副主席西塔良一行

盲文制版微机处理系统研制成功

据新华社报道：一种可自动将汉英两种文字转换成盲文，并自动控制排版制版的微机处理系统，最近在北京研制成功。

由中国盲文出版社和北京市计算机技术研究所联合研制成功的这一盲文微机处理系统，是对盲文制版传统工艺进行的重大变革。它能让不懂盲文的人轻松而迅速地操作使用，并提高了出书质量，缩短了出书周期。这一科研成果，已通过部级技术鉴定。

第四届全国中学生物理竞赛在兰州结束 99人获奖

来自全国28个省、市、自治区的101名优秀中学生参加了竞赛，99人获奖。

这次竞赛除西藏、台湾外，国内其他省、市、自治区都派选手参加。获奖者中来自中小城市和县级中学的选手约占2/3。竞赛期间，各地选手还参观了兰州大学、中国科学院兰州分院和我国第一台串联式重粒子加速器。

中学生物理竞赛是由全国物理学会发起的，每年举办一届。前三届分别在北京、上海、天津举行。

中国4名速滑选手在联邦德国举行的国际比赛中再创两项全国纪录

王秀丽和叶乔波分别以2分6秒73和2分8秒67的成绩，打破了女子1500米2分11秒49的全国纪录；张青和王晓燕在5000米比赛中分别以8分零秒34和8分4秒13的成绩，打破了该项8分5秒88的全国纪录。

中国羽毛球选手在1987年世界羽毛球系列大奖赛总决赛中荣膺男子单打 女子单打 男子双打和女子双打4项冠军

解放军所属医疗机构全部向社会开放

据《人民日报》报道,在改革开放中向社会敞开大门的人民解放军所属医疗机构已成为我国救死扶伤队伍中的一支重要力量。最近三年中,军队医院平均每年收治地方病人近百万,门诊地方病人1400多万。

从1985年开始,在确保部队伤病员收治的前提下,军队将医院的床位和技术、装备力量向社会开放,极大地缓解了我国"看病难"的问题。总后卫生部部长韩光介绍说,到1987年年底,全军所属的医院已全部开放,已经收治地方病人数百万人,其中绝大多数患者在军队医院转危为安。

目前,军队、地方医疗联合体、医疗协作区已遍布全国各大、中城市,许多军区与驻地形成了联合防治网络,促进了对这些地区疾病的防治。另外,各部队医疗机构去年还派出187个医疗队、1800多名医务人员深入老、少、边、穷地区为群众治病113万人次。

四川成都出现国内首家当铺——华茂典当服务商行

1月11日

六届全国人大常委会第二十四次会议在人民大会堂召开

经委员长会议研究,决定将《中华人民共和国全民所有制工业企业法(草案)》全文公布,广泛征求各界人士的意见,最后提请七届人大一次会议审议。

全国人大常委会副委员长陈丕显主持了会议。

会议开始时,全国人大常委会秘书长王汉斌就这次常委会议的议程草案作了说明。委员们通过了这个议程。根据会议议程,这次常委会议将审议《关于召开第七届全国人民代表大会第一次会议的决定》《中华人民共和国水法(草案)》《关于惩治走私罪的补充规定(草案)》《关于惩治贪污罪贿赂罪的补充规定(草案)》《中华人民共和国全民所有制工业企业法(草案)》《中华人民共和国中外合作经营企业法(草案)》《中华人民共和国保守国家秘密法(草案)》;听取有关情况汇报和一些出访报告;审议全国人大法律委员会、财经委员会、华侨委员会关于代表提出的议案审议结果的报告。

会上,全国人大法律委员会副主任委员宋汝棼、项淳一分别作了关于水法草案和关于惩治走私罪、惩治贪污罪贿赂罪两个补充规定草案的审议结果的报告。

会议还听取了国家经委副主任袁宝华作的关于全民所有制工业企业法草案修改情况的说明、经贸部副部长李岚清作的关于中外合作经营企业法草案的说明、国务院副秘书长张文寿作的关于保守国家秘密法草案的说明。

会上,全国人大法律委员会副主任委员雷洁琼、财经委员会副主任委员叶林、华侨委员会副主任委员何英分别作了关于第六届全国人大第五次会议主席团交付审议的代表提出的议案审议结果的报告。

会议还批准了人民解放军选举委员会人选名单。

全国人大常委会副委员长耿飚、彭冲、王任重、阿沛·阿旺晋美、赛福鼎·艾则孜、周谷城、严济慈、荣毅仁、廖汉生、黄华、楚图南出席了会议。

国务委员康世恩、最高人民法院院长郑天翔、最高人民检察院检察长杨易辰列席了会议。

国务委员谷牧在外资工作座谈会上发表讲话

国务委员谷牧在座谈会上说:"我们应遵照党的十三大提出的扩大对外开放的要求,让外商可以按照国际惯例在我国进行投资经营企业。以此为标准认真检查国务院关于鼓励外商投资的22条规定的落实情况。"

新年伊始,国务院即在北京举行这次会议具有重要意义。当前,国际经济形势出现新情况。随着世界市场汇率变动,国际游资正在寻求新的投资场所,大批劳动密集型产品开始向经济不发达国家和地区转移。能否抓住这一有利时机,吸引外资和劳动密集型产品加速向我国转移,在相当程度上取决于我国的投资环境能否尽快改善。

谷牧指出,吸引外资不仅要靠劳动力成本低和国内市场,更要靠良好的投资环境。总的讲,去年我国吸收外资工作进展是好的,改善投资环境的努力取得一定成效。但也要讲"两分法",外商至今对中国投资环境仍有许多抱怨。归纳起来,这些问题主要表现在三个方面:一是多窗口对外,办事效率低。二是外商投资企业自主权得不到保障,生产经营条件不够完备。三是对外商投资企业乱摊派、乱收费的现象仍然存在,有的地方还很严重。

谷牧指出,我国正在进行的经济体制和政治体制改革,有助于创建吸引外资的"大气候",但是需要一个过程。当前,各有关地区和部门应就目前全国已建成投产的4000多家外商投资企业所遇到的问题进行认真检查,帮助他们解决困难,迅速采取措施,在短时间内为外商投资提供适宜的"小气候"。

国务院发布《重要生产资料和交通运输价格管理暂行规定》和《计划外生产资料全国统一最高限价暂行管理办法》并发出通知

当前,全国政治经济形势很好,十三大确定的基本路线正在深入贯彻,增产节约、增收节支运动正向纵深发展,企业改革进入了一个新的阶段,国民经济稳步发展。

现在突出的是生产资料乱涨价、乱收费问题没有得到根本扭转,影响整个物价的平稳和经济的稳定。各级人民政府和各有关部门要清楚地认识到,稳定经济必须稳定物价,而稳定生产资料价格,特别是管住国营企业和垄断行业的价格,又是稳定物价的重要环节。为了刹住生产资料和交通运输乱涨价、乱收费的歪风,坚决与违反物价纪律的行为作斗争,现将《重要生产资料和交通运输价格管理暂行规定》和《计划外生产资料全国统一最高限价暂行管理办法》予以公布,请认真贯彻执行。有关全国统一最高限价的品种和价格水平,国务院授权国家物价局分期分批发布,并适时调整。任何地区、部门、单位、个人都必须严格执行,不得突破。

国务院

1988年1月11日

重要生产资料和交通运输价格管理暂行规定

第一条 为了加强对重要生产资料和交通运输价格的管理,保证改革、开放方针的贯彻执行,稳定市场,稳定物价,保障经济体制改革的顺利进行,根据《中华人民共和国价格管理条例》,特制定本规定。

第二条 本规定所称重要生产资料和交通运输价格是指在国内生产或流通的关系国计民生重要的生产资料价格和铁路、水路、航空的运输价格以及主要收费标准(详见目录)。

第三条 对石油、石化、铁道、民航、电力、冶金、有色金属、煤炭等垄断企业或垄断性行业生产的重要生产资料和交通运输价格、主要收费标准,由国家物价局统一管理、制定和调整。关系重大的要报经国务院批准。其他生产资料及交通运输价格仍按国家原有关规定管理。

第四条 凡国家规定的重要生产资料和交通运输价格、主要收费标准,一切生产、经营单位都必须严格执行。任何地区、部门、单位(包括企业、企业集团、行业协会)和个人都无权擅自变动。

第五条 生产企业必须按照国家和省、自治区、直辖市下达的指令性计划中规定的品种、数量生产,并按时调拨供应,严格履行经济合同,执行国家规定价格。企业只有在完成指令性计划、履行合同的情况下,才允许自销按规定留成和超产的产品。不准截留或变相截留计划内产品转计划外高价出售。

实行国家指导性计划的产品,凡国家基本上供应主要原材料的,必须执行国家规定的价格;未供应主要原材料、执行国家定价确有困难的,应按物价管理权限的规定,经过批准,其价格可在一定的幅度内浮动。

物资经营单位对计划内外生产资料品种规格的串换,需报经上级业务主管部门批准。

第六条 生产和经营企业(包括乡镇企业)销售、采购计划外重要生产资料,应按规定到国家和省、自治区、大中城市设立的生产资料交易市场或指定的经营单位成交,不准在场外交易。

第七条 进入生产资料交易市场成交的重要生产资料,其价格都要置于国家监督之下。凡国家规定有统一最高限价的,不得超过统一最高限价;国家没有规定统一最高限价的,由省、自治区、直辖市物价部门根据不同产品的供求情况,适时制定本地区最高限价。任何地方、部门、单位和企业都不准突破最高限价,也不准以任何名义在限价之外加价或收取费用。

第八条 重要生产资料的流通,必须贯彻少环节的原则,提倡产需双方直达供应,严禁倒买倒卖。重要工业生产资料和农用生产资料只能由经过批准的部门和企业按照规定的营业范围经营,不准其他企业及个人经营。企业经营的环节,要由有关部门及省、自治区、直辖市作出具体规定。

经营单位应严格执行国家规定的收费标准,不得以任何名义超过或额外收取其他费用。

第九条 各地物价部门要对重要生产资料临时价格进行清理和整顿。加强对临时价格的管理,控制临时价格的品种范围和提价幅度。大型重点企业重要生产资料制定临时价格,必须经地方物价部门和主管部门审核,国家物价局批准;其他企业制定临时价格,必须报经省、自治区、直辖市物价部门批准。

产地对同一生产资料不准实行本地和外地两种临时价格。

第十条 贯彻按质论价、优质优价的政策。优质产品必须经国家标准部门组织有关部门审查认可,才可以申请优质产品加价,加价幅度按物价管理权限由国家物价局或由省、自治区、直辖市物价部门核定。

第十一条 计划内进口的重要生产资料,国家规定实行国家定价的,执行国家定价;规定实行代理作价的,执行代理作价。计划外进口的重要生产资料,有最高限价的,执行最高限价;有浮动幅度规定的,不得突破;有困难的报经省、自治区、直辖市物价部门批准,可执行进口代理价。

第十二条 铁路、航空、交通等运输部门,必须严格执行国家规定的价格和收费标准。延伸服务的收费,应由当地业务主管部门提出,经省、自治区、直辖市物价部门审定后执行。取消计划外车皮加价、加费。

第十三条 国家禁止企业、行业垄断市场价格。凡是凭借垄断地位违反国家规定,哄抬市场价格,牟取暴利的,企业之间或者行业协会、联合会以及其他经济组织串通商定垄断价格的,均属违法行为,必须严格查处。

第十四条 不准生产、经营企业以提供重要生产资料为条件,串换生活资料;或者以购方"返利"的形式,变相提高生产资料价格;也不准在价外索取附加条件,变相哄抬价格,获取非法所得。

第十五条 未经国务院批准,任何地区、部门和企业不得以任何形式加价集资,已经加价集资的,按违反财经纪律从严查处,并由国家计委按隶属关系相应扣减国务院有关部门或省、自治区、直辖市下一年自筹基建指标。

第十六条 各级政府和各级业务主管部门都必须加强对生产资料价格和收费的管理、监督、检查。国务院授权国家物价局必要时派出物价督察员进驻大中型工商企业和交通运输企业,监督检查国家价格政策和国家定价的执行情况。企业应支持他们的工作,并提供工作上的方便。

第十七条 违反上述规定的,均属违法行为。对违法案件要依照《中华人民共和国价格管理条例》认真查处。在查处中,必须坚持使违法者在经济上受到惩罚的原则,情节严重的,还要追究主要负责人的行政、法律责任。对查处决定拒不执行的,由物价检查部门根据规定,通知银行强行划拨罚没款项,问题严重的,银行要停止其贷款,工商行政管理部门吊销其营业执照。任何地区、部门、单位和个人不得支持、纵容企业和单位乱涨价、乱收费及越权定价,也不得阻碍物价检查部门按照规定查处违法案件。

第十八条 鼓励检举揭发违法行为。对于揭发、检举者要给予鼓励和保护,有突出贡献的给予较高的奖励。

第十九条 本规定由国家物价局负责解释。

第二十条 本规定自发布之日起施行。以前规定与本规定有抵触者,以本规定为准。

附:重要生产资料和交通运价目录

1. 原油、汽油、柴油、煤油、重油。

2. 天然气。

3. 电。

4. 钢坯、钢材、生铁、废钢。

5. 铜、铝、铅、锡、锌。

6. 硫酸、烧碱、纯碱、橡胶、工业用原盐。

7. 尿素、硝铵、农膜、农药(敌百虫、敌敌畏乳油、乐果乳油、1605乳油)。

8. 北方木材。

9. 煤炭。

10. 国家铁路、航空国内客货运价,沿海、长江水运运价和港口收费。

(注:以上十类系指国家统一定价的部分)

计划外生产资料全国统一最高限价暂行管理办法

一、为了加强计划外生产资料价格的指导和管理,制止乱涨价、乱收费,特制定本办法。

二、实行全国统一最高限价的生产资料,是当前价格既高又乱,供求矛盾突出的能源、原材料和重要的加工产品。

三、全国统一最高限价的水平,原则上按略低于现行市场调节价水平制定。由国家物价局会同国家计委、经委、物资局和各主管部门定期研究限价的有关政策,检查限价的执行情况,适时公布和调整限价品种和限价水平。

四、为了控制出厂价格上涨,限制中间环节转手倒卖,层层加价,全国统一最高限价分为最高出厂限价和最高销售限价。

五、实行全国统一最高限价的生产资料,任何部门、企业都不得在最高限价基础上再加价。低于最高限价销售的不受限制。

六、凡仅规定全国最高出厂限价而未规定全国最高销售限价的生产资料,其最高销售限价在最高出厂限价基础上加经营费用、运杂费、利润和应纳税金确定,其中经营费用(包括利息)、利润两项综合费率一般不得超过百分之四,边远地区最高不得超过百分之五。由省(自治区、直辖市)物价局根据本地区实际情况确定,公布执行,并抄报国家物价局备案。

七、省、自治区、直辖市根据本地的供求情况,可在国家规定的品种规格以外,制定当地的最高限价,并报国家物价局备案。

八、计划外原油最高出厂限价按计划内高价原油出厂价格执行。

九、计划外高价汽油、煤油、柴油,省会和炼油厂所在地四十八个市场的最高批发限价及石油公司一级站的最高调拨限价,由国家物价局和石化总公司统一规定。其他市场限价,由省(自治区、直辖市)物价局参照中央统一定价市场的最高限价加合理地区差价制定。最高零售限价按当地最高批发限价加批零差率确定,汽油、柴油批零差率百分之八,煤油百分之八至十。

计划外成品油非标准品最高出厂限价,按标准品最高限价加计划内高价产品牌号差价额确定。

十、生产企业自销限价生产资料,应按规定到国家和省、自治区、大中城市设立的交易市场或指定的经营单位成交，直接销售给用户的，可以执行当地最高销售限价；生产企业销售给物资经营部门的，执行最高出厂限价。

经营计划外限价生产资料，不论经过多少环节，都不得超过最高销售限价。

十一、实行全国统一最高限价的生产资料价格，由各级物价部门监督执行，任何部门或企业超过最高限价销售，均属违法行为，物价检查机构应按《中华人民共和国价格管理条例》和《重要生产资料和交通运输价格管理暂行规定》严肃处理。对黑市交易，漏税逃税行为，物价部门要与工商、税务部门密切配合，发动群众，检举揭发，严厉打击。

十二、各部门、各地区已经制定的最高限价，凡不符合本办法的规定或与发布的全国统一最高限价有出入的，一律改按本办法执行。

十三、本办法由国家物价局负责解释。

全国司法厅局长座谈会在北京召开

会议明确提出，今年司法行政工作要在社会主义初级阶段基本路线指引下，以促进生产力发展为中心，以普及法律常识为重点，以加快、深化自身改革为动力，努力为经济建设、改革开放、国家的长治久安和保护人民的合法权益提供优质法律服务。

据了解，全国已有4.2亿人参加了普法学习，占普法对象的56%。广大干部、群众的法律意识明显增强，许多人开始懂得运用法律手段管理自己所从事的事业和维护自身的合法权益，敢于同违法犯罪行为作斗争。与会者认为，今年应把普法工作继续引向深入，要基本完成一般干部和全民所有制企业职工，以及解放军部队和人民武装警察部队的普法教育，扩大农村的普法教育工作面，并在全国大、中学校和党校、团校以及各类干部学校开设法制课。仍要抓紧领导干部学法用法这个重点，使各级领导人学会依法管理自己的事业，逐步实现依法管理各项工作。

会议认为，法律服务工作是司法行政部门法制职能的重要体现。应不断拓宽法律服务范围，主动热情地为改革开放中新兴的生产资料市场、投资市场、劳务市场、金融市场、技术市场，以及企业之间的横向经济联合提供法律服务。

此次座谈会，根据十三大的精神，就司法行政工作如何在民主与法制建设中发挥积极的作用，如何加强自身改革，加速法律人才的培养，深入普法教育，加强干警队伍的思想、组织、业务和作风建设，为改革开放和经济建设创造良好的社会环境，以及在提高劳改劳教工作的质量和经济效益等方面，进行了敞开思想的讨论。司法部部长邹瑜、副部长蔡诚等领导同志和厅局长们一起进行了讨论，并就有关问题讲了话。

全国卫星通信形成网络

据《人民日报》报道，不受地域、环境和气候限制的"全天候"卫星通信，近年来开始应用于我国国内、国际通信和电视传输，它标志着我国邮电通信现代化建设取得了重大进展。

据日前在杭州召开的国内卫星通信地球站技术要求国家标准审定会提供的情况，我国自70年代开发卫星通信技术以来，已形成以邮电部为主的公共卫星通信网和广播电视、气象、煤炭。石油等部门的专用卫星通信网，建立起一批卫星通信科研基地。这方面的成果还包括于1984年和1986年成功地发射了两颗同步通信卫星，以及利用国际通信卫星进行了传输试验。数以千计的卫星电视接收站和通信地球站也相继投入使用。

随着北京、乌鲁木齐、拉萨、广州、呼和浩特等地卫星通信地球站的建立，我国国内公共通信能力大为提高，特别是边远地区信息不灵的闭塞状况有所改善。

我国邮电、电子、航天、广播电视等部门还全力合作，加快卫星通信技术成果和商品化，以便尽快应用于通信和电视传输，不断提高我国卫星通信地球站设备的国产化程度。继第一个国产卫星通信地球站在内蒙古通辽市正式投入使用后，还有一批全部国产化的地球站正在建设中。

翻译家戈宝权获普希金文学奖

戈宝权从事俄国和苏联文学研究翻译工作50余载，共有译著30多种。他曾翻译过《普希金抒情诗集》，编译了《普希金文集》，并著有"普希金与中国"以及其他俄国和苏联文学家与中国的论述文章。

苏联驻华大使特罗杨诺夫斯基在苏联大使馆代表苏联文学基金会及苏联作家协会理事会向戈宝权授奖，以表彰他在翻译、研究和介绍俄国著名诗人普希金作品方面所做的杰出贡献。

纪念《新华日报》《群众》创刊50周年座谈会在北京举行

50年前，在全国人民奋起抗击日本侵略者的时候，《群众》周刊和《新华日报》先后在武汉创刊，后来迁到重庆出版。它们是中国共产党第一次向全国公开发行的党报党刊，也是第二次国共合作的产物，在国民党统治区出版的9年多岁月里，读者遍及海内外。在周恩来、董必武、叶剑英、吴玉章、博古、王若飞等领导下，这两份报刊与各解放区的党报、党刊遥相呼应，作出了卓越贡献，堪称坚持团结抗战的号角、爱国民主的旗帜。宋平、阎明复、胡子昂、钱昌照、张友渔、孔原等参加了座谈会。

《人民日报》意文版在意大利发行

这是与《人民日报》有合作关系的丹麦哥本哈根国际新闻出版社和罗马的BBM出版社首次合作在意大利出版发行的。发行量为30万份。

蔡元培教育 美育 史学论集由湖南教育出版社出版

湖南教育出版社最近出版了《蔡元培教育论集》《蔡元培美育论集》《蔡元培史学论集》。这3部论集精选辑录了蔡元培一生的重要论著、文稿和讲话，不少是国内外新近发现的，集中反映了蔡元培的教育思想、教育实践、治史成果及治学的方法与态度。

蔡元培诞辰120周年纪念集会在浙江绍兴举行

北大400余名师生和来宾集会纪念蔡元培先生诞辰120周年。

蔡元培民国初年主持制定了中国近代高等教育的第一个法令——《大学令》，1917年任北大校长后，实践了对中国教育制度民主性质的改革，后期又创立了中央研究院。今天，全国政协、中共中央统战部、国家教委、北京市政府、北京大学向蔡元培铜像献了花。全国政协副主席、九三学社主席周培源在讲话中指出，蔡元培是我国近代一位伟大的民主革命家、教育家和思想家，他把毕生的精力献给了我国的科学文化教育事业，为中国社会造就了一大批杰出人才。北大校园里今天弥漫着强烈的社会责任感、浓厚的学术气氛和活跃的思想，无不体现着蔡元培老校长的培育之功。他希望这种勇于探索真理的精神不断发扬光大，一代一代传下去。蔡元培的思想是属于全民族的，希望能与台湾和海外学者一起，进行蔡元培研究的学术交流与合作。蔡元培的女儿蔡睟盎女士也在会上讲了话。

1月12日

国务院批准22个市 县对外国人开放

经国务院批准，我国又有22个市、县被列入对外国人开放地区。根据《中华人民共和国外国人入境出境管理法》第四章第二十条规定，外国人持有效的签证或者居留证件即可前往这类地区旅行，无须申办旅行证件。此次对外国人开放的市、县是：

湖北省的孝感市、应城市、汉川县、云梦县、安陆市、红安县、蕲春县、黄梅县、武穴市、石首市、仙桃市、钟祥县、京山县、松滋县、天门市、潜江县、公安县；

新疆维吾尔自治区的库车县、莎车县、疏附县、塔什库尔干塔吉克自治县、阜康县。

民政部在北京举行新闻发布会表彰全国民政系统先进集体和模范个人

民政部副部长张德江在会上宣布了民政部的表彰决定。决定授予福建省晋江县第二福利厂厂长蔡建设、黑龙江省双鸭山市殡葬管理所所长赵俭、河南省新野县城郊乡民政助理员钮国山、湖北省竹溪县社会福利院院长童秀清、江西省民政厅副厅长吴曰生5位同志民政部最高荣誉奖——孺子牛奖和“全国民政系统劳动模范”称号；授予河北省邯郸市民政局等104个单位“全国民政系统先进集体”称号、北京市民政局张德宽等295名同志“全国民政系统劳动模范”称号。

民政部部长崔乃夫在会上讲了话。他说，我们这次表彰的先进集体和模范个人的孺子牛形象，是全国100万民政职工形象的缩影。他希望在新的一年里，各级民政部门认真贯彻落实党的十三大精神，扎扎实实地做好民政工作，努力为政治体制改革和经济体制改革创造良好的社会环境。

国务院副总理乔石在人民大会堂会见全国民政系统模范个人

中共中央政治局常委、国务院副总理乔石，在人民大会堂会见了获得民政部孺子牛奖的蔡建设、赵俭、钮国山、童秀清和去年获得民政部孺子牛奖的辽宁省辽阳县小屯镇民政助理员钟宝祺5位同志。民政部领导同志和民政部部分司局长参加了会见。

乔石和蔡建设等5位同志及民政部的负责同志一起照相后，同大家交谈了一个多小时。乔石肯定了这几年民政工作取得的成绩，并且说，民政工作非常辛苦，非常劳累，有时还不能被人理解，做好这项工作是非常不容易的。他请民政部的领导转达他对全国民政系统广大干部职工的敬意和对获得孺子牛奖而因身患重病住院治疗未能到会的吴曰生同志的问候。乔石还说，民政工作对于社会主义建设，对巩固安定团结的政治局面和人民民主专政，有很重要的意义。大家要依靠社会、依靠群众，做好这项工作。

中组部负责人就妇女干部选拔使用等问题答《中国妇女》杂志记者问

问：这次十三大选举产生的政治局委员、候补委员中没有一名女性。据我们了解，许多省市在去年县乡两级政府换届选举后，妇女干部的比例都有不同程度的下降，部分地区还出现县乡两级领导班子中没有一个女性的局面。您对这问题有什么看法？

答：在我们党、政各级领导机构中，领导成员的结构经常会有变化。某个机构的妇女干部有时多一些，有时少一些，这在民主生活中是常有的事。去年县乡两级政府换届选举后，有些省市的一些机构中妇女干部的比例有不同程度的下降，这可能同减少领导职数和实行差额选举有关。过去，曾规定妇女干部在领导班子中要占有名额，而且采用等额选举的办法，因而妇女干部在领导班子中的比例比较稳定。现在出现妇女干部比例下降的情况，无论如何是不好的，各级党委都要引起重视。但党的政策没有变。决不是像有些人所说的那样，是妇女地位下降了。

我们党历来是重视培养和选拔妇女干部的。无论是革命战争时期还是新中国成立以来，都有一大批有政治、业务水平和组织领导能力的妇女干部在各级领导岗位上发挥着重要作用。据我所知，从总体上来说，这几年妇女干部的人数不是减少了，而是增加了，在各级领导班子中妇女干部的比例呈上升的趋势。从1983年到1986年，国务院女正副部长由原来的10人增加到12人；女正副省长由原来的7人增加到10人；地、市、州、盟的女正副专员、市长、州长、盟长由原来的114人增加到133人；女正副县(市)长由原来的755人增加到805人。党委系统的女领导干部所占的比例，也呈上升趋势。省、自治区、直辖市党委正副书记、常委由原来的15人增加到24人；地(市)委正副书记、常委由原来的112人增加到146人；县(市)委正副书记、常委由原来的720人增加到808人。

应该看到，我国是一个封建社会历史比较长的国家，重男轻女的封建残余思想在一些人的头脑中还有比较深的影响，妇女受教育和参加社会实践的机会比较少，又肩负着人类再生产的任务，困难比较多。因此，各级党委要有意识地强调和重视培养选拔妇女干部，关怀帮助她们解决特殊困难，鼓励她们不断进取，要把这作为一项长期的工作去做。随着改革、开放的深入，各种旧思想、旧观念的破除，妇女在社会主义现代化建设中的作用，将会被越来越多的人所认识，大批优秀妇女干部一定能更快地成长起来。

问：随着政治体制改革和民主化进程的推进，选拔领导干部采用考任制、差额选举等做法，在这种情况下对妇女干部参加领导班子要不要规定一定的比例？请您谈谈对这个问题的看法。

答：我们选拔任用干部的原则是，任人唯贤，德才兼备。只要符合干部“四化”方针的要求，不论是男同志还是女同志，都应该根据工作需要培养选拔，男女机会均等。过去曾规定妇女干部在领导班子中要有一定的数额和比例，好处是可以在领导班子中保证妇女干部占有一定的数量，有利于培养妇女干部和发挥妇女干部的作用。但也有缺点，就是影响选举人的自由选择，不能充分体现选举人的意志。现在我们一般不作规定。

今后，为了既尊重选举人的意志，又保证妇女代表占有一定的比例。准备在代表大会代表的选举中，在按地区举行选举的同时，辅之以按界别选举的办法，加以解决。

我认为，问题的实质，不在规定不规定比例，而在我们领导思想上是不是真正重视，并在实际工作中加强对妇女干部的了解和培养，为提高她们的素质创造条件。只要各级党委真正重视了，就会有许多优秀妇女干部被选拔到领导班子中来。对于一些女同志比较集中的部门和行业，则更应注意选拔妇女干部进入领导班子。

问：有的同志反映，在选拔妇女干部中，有些地方出现这种情况：被推荐的妇女干部必须具备多种身份，如华侨、民主党派、少数民族等，以致真正有能力的妇女干部选不上来。您对这个问题是怎么看的？

答：在我们选拔任用干部的制度上并没有这样的规定。在人民代表或委员会的选举中，往往由于名额的限制，具有多种代表性的妇女干部，比较容易选上，这是很自然的。我们任用妇女干部，也同任用其他干部一样，一定要严格按照干部标准，而不要附加其他条件。

问：妇女干部参加领导班子，往往担任配角，很难充分发挥作用，您对这个问题有什么看法？

答：干部担任什么职务，是由干部本人的政治、业务素质和实际工作经验等条件决定的，男女干部同等能力，分配同等工作，有些妇女干部就担任了主要领导工作。问题的关键是要注意培养并把最优秀的妇女干部选拔上来。领导班子内部的分工，要根据工作需要和本人条件，从实际出发，要使她担任的职务同她本人的能力、水平相适应。不论是主角还是配角，只要任用得当，就能实实在在地发挥作用。

问：妇联组织作为党联系妇女群众的桥梁和纽带，在培养的推荐妇女干部中可以发挥什么作用？

答：我认为，培养选拔妇女干部，是全党的一项重要任务。妇联组织应该配合有关部门把发现和推荐妇女干部作为一项重要工作来做。妇联作为群众团体，广泛地联系着各界妇女，可以通过开展各项活动，积极发现妇女人才，向组织部门推荐，帮助组织部门扩大视野，把妇女中真正优秀的人才选拔出来；可以运用各种报刊等宣传工具，大力宣传那些在各条战线、各行各业的优秀妇女，促进她们的成长；妇联还要积极呼吁、促进家务劳动社会化，缓解妇女的后顾之忧，以利于妇女干部尽快成长。这些方面的工作，各级妇联组织应该努力去做。

加强对妇女干部的培养,最重要的是要从基础工作做起。只有下面的干部大批成长起来,高一层次才有较大的选拔余地。可以根据不同层次,通过不同渠道,采取不同方式,在培养干部中注意对妇女干部进行培训。妇联应有意识地推荐妇女干部到各级党校、干部学院学习、提高和通过考试进入大专院校深造,以及把有一定专业理论知识的妇女干部放到职能部门去锻炼,等等。

各级党委和组织部门都要掌握一批优秀的妇女后备干部,为她们更快成长创造更好的条件。对有培养前途的妇女干部,要下决心放下去,压更重的担子,使她们得到全面的锻炼和提高。在这个基础上,根据工作需要,把最优秀的妇女干部选拔到更高的领导层次上,发挥更大的作用。

我们殷切希望在各条战线上工作、学习的妇女干部,要努力站在时代的前列,奋发自强,树立崇高的理想,增强事业心,努力学习和掌握现代化科学文化知识,适应改革、开放的需要,为祖国的社会主义现代化建设事业作出优异的成绩。

中国首次在欧洲发行日元债券

中国国际信托投资公司在伦敦同18家国际银行签署了一项发行150亿日元(1.07亿美元)的欧洲日元债券协议。这是中国首次在欧洲金融市场发行日元债券,也是继中国银行去年10月发行2亿欧洲美元债券率先进入伦敦之后,第二家到达这里的中国主要金融机构。

中信公司发行的欧洲日元债券期限为5年,利率5.625%。但由于认购价格略高,所以,中信公司将偿付的实际利率为5.01%。据有关人士说,这批欧洲日元债券在正式签署发行协议前已经开始交易,“买卖情况很好”。根据协议,这批欧洲日元债券将在卢森堡股票交易所正式上市。

我国1987年农药产量比上年增加两成

据《人民日报》报道,我国农药产量去年达23.4万吨,比上年增长两成以上。去年农药企业注重调整产品结构,农业急需的杀菌剂、除草剂、杀鼠剂等品种均有较大发展,同时还有地乐胺、杀鼠醚等13个新的高效、低残留的农药品种投入生产。去年商业部门购进农药56.7万吨,销售77.8万吨,分别比上年增加28.6%和18.1%。

1987年度国家质量奖评选结果揭晓

国家质量奖审定委员会审定批准179种国家优质产品获得金质、银质奖牌,其中金质奖48块、银质奖131块。同时,有17个企业被授予1987年国家质量管理奖,有16个企业为1987年国家质量管理奖预评企业;有29项工程获1987年国家优质工程奖。

1987年评选工作,是按国务院新批准的《国家优质产品评选条例》的要求进行的,高标准,严要求,少而精。各部门申报产品的水平比过去有提高,机械、电子、部分轻纺产品的水平提高较为明显,有的达到国际先进水平。如哈尔滨汽轮机厂生产的21万千瓦汽轮发电机组,在有日本、苏联、法国、意大利等工业先进国家参加投标的情况下,击败对手,首次通过国际招标出口到巴基斯坦古杜电站。很多部门把出口创汇作为评优的一项重要依据。这次评上的6家电风扇厂,全部有出口;评选上的彩电,绝大多数有出口,有的还在国际博览会上得了奖。

国务院副总理田纪云在中南海会见由贸易部部长崔鼎根率领的朝鲜民主主义人民共和国政府贸易代表团

国务院副总理田纪云在中南海会见西班牙劳工和社会保险大臣曼努埃尔·查韦斯一行

中国第2号科技白皮书出版

系统公布国务院和国家科技部门近两年重大方针政策的第2号科技白皮书,已经由科技文献出版社出版。第2号科技白皮书与1986年8月出版的第1号白皮书内容相衔接,集中公布了1986—1987年度我国政府颁布实施的科技法规和改革措施,反映了这两年来科技体制改革所取得的历史性进展。

与第1号白皮书相比,这次出版的白皮书以大量篇幅详尽介绍了科技法制建设的进展,集中公布了科技方面的法律、法规和部门规章;同时,回顾了软科学研究在我国的崛起发展和成果。它展示了我国科技事业发展的概貌。

国务委员、国家科委主任宋健认为,用白皮书的形式公布科技方针政策,一是要求科技界深刻理解和贯彻执行,二是希望大家参与监督和讨论,为国家科技决策的正确执行和进一步完善而努力。

中国珍稀动物体外受精研究取得新突破

据《人民日报》报道,我国珍稀动物体外受精研究取得重要进展,大熊猫的冷冻精子在体外能神奇地获能并完成顶体反应,从而与地鼠卵的卵膜发生融合、最后穿入卵内实现体外异种受精。这项研究是在国家自然科学基金的资助下,由中国科学院动物研究所内分泌室和生殖生物学开放研究室副研究员陈大元负责的受精机理实验室于1987年10月完成的。这是我国在珍稀动物研究中的又一次新突破,使研究试管大熊猫成为可能。

由于各种动物精子获能条件不同,试管动物的研究也仅在有限的几种动物中获得成功。对于珍稀动物这方面的研究至今尚未见报道。1984年以来,动物研究所与成都动物园、四川大学合作,研究珍稀濒危动物的生殖生物学,几年来发表了有关大熊猫精子、卵巢、组织同功酶以及激素测定等10余篇论文,并探讨了大熊猫生育力下降的根本原因。在此基础上,他们将精子获能、体外受精等生物工程中的高技术运用于珍稀动物,获得了大熊猫精子体外获能和穿卵试验的成功。

《中国文化辞典》出版发行

由中、青年学者编写的这部辞典,共分30篇,收入9890条词目,计165.7万字,基本上反映了文化领域的各个方面,是我国目前最大的一部文化类型的工具书。

1月13日

国务院代总理李鹏在中南海分别会见赤道几内亚新任驻华大使欧罗希奥·奥约·里克萨 马里新任驻华大使纳昆特·迪亚基特和挪威新任驻华大使扬·图勒·霍尔维克

《人民日报》发表评论员文章《判断是非的标准》

最近一个时期,本报编辑部陆续收到一些来信、来稿,反映某些科技人员业余兼职或某些科技咨询服务机构走向市场获取收益以后,引起争议,有的甚至受到不适当处理。山西临汾市平阳技术开发公司的遭遇,就是个有一定代表性的案例。

改革意味着探索。党中央明确了改革的方向,制定了改革的蓝图,在实施过程中,在具体做法上,还需要千百万群众的创造。既然是群众的创造,就不可能事事按部就班。像平阳技术开发公司办的事那样,有的有"红头文件"为据,有的没有;有的有"上级指示"为凭,有的没有。这种情况是难以避免的。容易引起争议和非难的,主要是那些暂时无"红头文件"或"上级指示"的做法。那么,依据什么来评判其中的是非呢?

党的十三大报告中明确提出:"一切有利于生产力发展的东西,都是符合人民根本利益的,因而是社会主义所要求的,或者是社会主义所允许的。一切不利于生产力发展的东西,都是违反科学社会主义的,是社会主义所不允许的。"只要用这一"生产力标准"来衡量,一切是非自明。显然,平阳技术开发公司把各单位500多名科技人员组织起来,用其余力为地方经济和乡镇企业的振兴服务,创造了那么多社会财富,是有利于生产力发展、值得肯定的。如果一定要搬"红头文件"的话,党的十三大报告应当是最重要的"红头文件",是非不是已经很清楚了么?

当然,方向正确不等于每个具体做法都正确。但对于一个公司的经营活动来说,只有合法与非法之分,只要符合国家法规,就是允许的,任何上级部门都无权横加干预。既然临汾市工商局经反复审查,确认平阳技术开发公司的经营范围、经营方法、经营项目是合法的,那么,其他上级部门又有什么理由凭一己之见随意停止其业务呢?

贯彻十三大精神,要在全社会造成一个良好的环境:凡是群众在改革中的新创造,只要能促进生产力发展,只要是合法的,就得到保护,得到鼓励;而任何扼杀群众创造性的做法都应受到制止。

人们希望很快看到平阳技术开发公司复业,希望看到遭受类似不公正处理的科技人员和科技实业重新活跃在技术市场上。

各民主党派和工商联组织开展经济咨询服务和智力支边工作

据《人民日报》报道,国家民委负责人在召开的农工民主党全国咨询工作会议上透露:几年来,民革、民盟、民建、民进、农工、九三学社和工商联组织共组织4300多人次到青海、新疆、西藏、云南、内蒙古等18个省、自治区的156个少数民族地区,完成3700多个智力支边项目。

在经济咨询服务和智力支边活动中,各民主党派和工商联组织积极利用自己的便利条件进行工作。民革利用成员中有广泛的海外联系的便利条件,几年中协助有关部门引进外资3.9亿美元、1.7亿港元和22万多元人民币捐款;九三学社利用自己的科技力量,几年来为少数民族地区实施支边项目486项;农工民主党成员深入少数民族地区举办卫生培训班,组织卫生医疗讲座,做手术示范;民盟成员在西北、海南岛、广西作了大量的调查研究,写出宏观咨询报告;民进成员深入老、少、边、穷地区办学,组织讲座,把中小学教育的有关资料汇编成册,录制磁带,赠给少数民族地区的教育部门,并建立了音像出版社。

国家工商局颁布《中华人民共和国商标法实施细则》

第一章 总 则

第一条 根据《中华人民共和国商标法》(以下简称《商标法》)第四十二条规定,制定本实施细则。

第二条 商标注册申请人,必须是依法登记并能够独立承担民事责任的企业、个体工商户，具有法人资格的事业单位以及符合《商标法》第九条规定的外国人或者外国企业。

第三条 申请商标注册、转让注册、续展注册、变更注册人名义或者地址、补发商标注册证等有关事项，由申请人所在地县级以上工商行政管理机关(以下简称核转机关)核转，或者由国家工商行政管理局指定的组织代理。

外国人或者外国企业在中国申请商标注册或者办理其他商标事宜，由国家工商行政管理局指定的组织代理。

第四条 申请商标注册、转让注册、续展注册、变更、补证、评审及其他有关事项，必须按照规定缴纳费用。

第五条 国家工商行政管理局商标局(以下简称商标局)设置《商标注册簿》，记载注册商标及有关注册事项。

商标局编印发行《商标公告》，刊登商标注册及其他有关事项。

第六条 县级以上(含县级)行政区划名称和公众知晓的外国地名，不得作为商标。

使用前款规定名称已经核准注册的商标继续有效。

第七条 国家规定并由国家工商行政管理局公布的人用药品和烟草制品，必须使用注册商标。

国家规定必须使用注册商标的其他商品，由国家工商行政管理局公布。

第八条 国家工商行政管理局设立商标评审委员会，对依照《商标法》第二十一条、第二十二条、第二十七条、第三十五条和本实施细则第二十三条规定提出的评审事宜，作出终局决定、裁定。

第二章 商标注册的申请

第九条 申请商标注册，应当依照公布的商品分类表按类分别申请。每一个商标注册申请应当向商标局交送《商标注册申请书》一份、商标图样十份(指定颜色的彩色商标，应当交送着色图样十份)、黑白墨稿一份。

商标图样必须清晰、便于粘贴，用光洁耐用的纸张印制或者用照片代替，长和宽应当不大于十厘米，不小于五厘米。

第十条 商标注册申请等有关书件，应当使用钢笔、毛笔或者打字机填写。应当字迹工整、清晰。

商标注册申请人的名义、章戳，应当与核准或者登记的名称一致。申报的商品不得超出核准或者登记的经营范围。商品名称应当依照商品分类表填写；商品名称未列入商品分类表的，应当附送商品说明。

第十一条 申请人用药品商标注册，应当附送卫生行政部门发给的《药品生产企业许可证》或者《药品经营企业许可证》。

申请卷烟、雪茄烟和有包装烟丝的商标注册，应当附送国家烟草主管机关批准生产的证明文件。

申请国家规定必须使用注册商标的其他商品的商标注册，应当附送有关主管部门的批准证明文件。

第十二条 商标注册的申请日期，以商标局收到申请书件的日期为准。申请手续齐备并按照规定填写申请书件的，编定申请号；申请手续不齐备或者未按照规定填写申请书件的，予以退回，申请日期不予保留。

第十三条 两个或者两个以上的申请人，在同一种商品或者类似商品上，以相同或者近似的商标在同一天申请注册的，各申请人应当按照商标局的通知，如期交送第一次使用该商标的日期的证明。同日使用或者均未使用的，各申请人应当进行协商，超过30天达不成协议的，由商标局裁定。

第十四条 外国人或者外国企业申请商标注册或者申请办理其他商标事宜，应当使用中国文字，并交送代理人委托书一份。代理人委托书应当载明代理权限和委托人的国籍。

代理人委托书和有关证明的公证、认证手续，按照对等原则办理。外文书件应当附中文译本。

第十五条 商标局受理申请商标注册要求优先权的事宜。具体程序依照国家工商行政管理局公布的规定办理。

第三章 商标注册的审查

第十六条 商标局对编定申请号的申请进行审查，将初步审定的商标，刊登《商标公告》；驳回申请的，发给申请人驳回通知，并抄送核转机关。

第十七条 对驳回申请的商标申请复审的，申请人应当在收到驳回通知之日起15天内，将《驳回商标复审申请书》一份寄送商标评审委员会申请复审，同时附送原《商标注册申请书》、原商标图样十份、黑白墨稿一份和驳回通知，并将《驳回商标复审申请书》抄送核转机关。

商标评审委员会作出终局决定，书面通知申请人，并抄送核转机关。终局决定应予初步审定的商标移交商标局办理。

第十八条 对商标局初步审定予以公告的商标提出异议的，异议人应当将异议书一式两份寄送商标局，异议书应当写明被异议商标刊登《商标公告》的期号、页码及初步审定号。商标局将异议书交被异议人限期答辩，并根据当事人陈述的事实和理由予以裁定。期满不答辩的，由商标局裁定。

商标局将商标异议裁定通知有关当事人，并抄送核转机关。

第十九条 当事人对商标局的异议裁定不服的，应当在收到商标异议裁定之日起15天内，将《商标异议复审申请书》一式两份寄送商标评审委员会申请复审，并抄送核转机关。

商标评审委员会作出终局裁定，书面通知有关当事人，抄送核转机关，并移交商标局办理。

第四章 注册商标的变更、转让、续展、争议裁定

第二十条 申请变更商标注册人名义的，每一个申请应当向商标局寄送《变更商标注册人名义申请书》和变更证明各一份，并交回原《商标注册证》。经商标局核准后，将原《商标注册证》加注发还，并予以公告。

申请变更商标注册人地址或者其他注册事项的，每一个申请应当向商标局寄送《变更商标注册人地址申请书》或者《变更商标其他注册事项申请书》，以及有关变更证明各一份，并交回原《商标注册证》。经商标局核准后，将原《商标注册证》加注发还，并予以公告。

变更商标注册人名义或者地址的，商标注册人必须将其全部注册商标一并办理。

第二十一条 申请转让注册商标的，每一个申请应当向商标局寄送《转让注册商标申请书》一份，交回原《商标注册证》，由受让人所在地核转机关核转。受让人必须符合本实施细则第二条的规定。经商标局核准后，将原《商标注册证》加注发给受让人，并予以公告。

转让注册商标的，商标注册人对其在同一种或者类似商品上注册的相同或者近似的商标，必须一并办理。转让本实施细则第七条规定的商品的商标，受让人应当依照本实施细则第十一条规定，提供有关部门的证明文件。

第二十二条 申请商标续展注册的，每一个申请应当向商标局寄送《商标续展注册申请书》一份，商标图样五份，交回原《商标注册证》。经商标局核准后，将原《商标注册证》加注发还，并予以公告。

第二十三条 对商标局驳回转让、续展注册申请不服的，申请人应当在收到驳回通知之日起15天内，将《驳回转让复审申请书》或者《驳回续展复审申请书》一份寄送商标评审委员会申请复审，同时附送原《转让注册商标申请书》或者《商标续展注册申请书》和驳回通知。

商标评审委员会作出终局决定，书面通知申请人，抄送核转机关。终局决定核准转让注册或者续展注册的，移交商标局办理。

第二十四条 商标注册人对他人已经注册的商标提出争议的，应当在该商标刊登注册公告之日起一年内，将《商标争议裁定申请书》一式两份寄送商标评审委员会申请裁定。

商标评审委员会裁定撤销被争议的注册商标的，移交商标局办理，予以公告，并抄送核转机关。被争议人在收到商标争议终局裁定通知之日起15天内，应当将原《商标注册证》交由所在地核转机关寄回商标局。

第二十五条 对于注册不当的商标(争议已经裁定的除外)，任何人可以将《注册不当商标撤销裁定申请书》一份寄送商标评审委员会申请裁定。

商标评审委员会裁定撤销的，移交商标局办理，予以公告，并抄送核转机关。原商标注册人在收到撤销裁定通知之日起15天内，将原《商标注册证》交由所在地核转机关寄回商标局。

第五章 商标使用的管理

第二十六条 使用注册商标应当标明"注册商标"字样或者标明注册标记或®。在商品上不便标明的，应当在商品包装或者说明书以及其他附着物上标明。

第二十七条 《商标注册证》遗失或者破损的，必须申请补发，申请人应当向商标局寄送《补发商标注册证申请书》一份，商标图样五份。《商标注册证》遗失的，应当在省级或者省级以上报纸刊登遗失声明，并将报纸附送商标局。破损的《商标注册证》，应当寄回商标局。

第二十八条 对有《商标法》第三十条第(1)、(2)、(3)项行为之一的，由工商行政管理机关责令商标注册人限期改正；拒不改正的，由商标注册人所在地工商行政管理机关报请商标局撤销其注册商标。

第二十九条 对有《商标法》第三十条第(4)项行为的，任何人可以向商标局申请撤销该注册商标。商标局应当通知商标注册人，限期提供使用证明。逾期不提供使用证明或者证明无效的，商标局撤销其注册商标。

前款所指商标的使用，包括用于广告宣传或者展览。

第三十条 在同一种或者类似商品上申请注册与本实施细则第二十九条规定撤销的商标相同或者近似的商标，不受《商标法》第三十二条规定的限制。

第三十一条 对有《商标法》第三十一条、第三十四条第(3)项行为之一的，由工商行政管理机关责令限期改正；情节严重的，责令检讨，予以通报，并处以非法经营额20%以下或者非法获利两倍以下的罚款；对有毒、有害并且没有使用价值的商品，予以销毁；使用注册商标的，应当依照《商标法》的规定，撤销其注册商标。

第三十二条 对有《商标法》第三十四条第(1)、(2)项和本实施细则第六条规定行为之一的,由工商行政管理机关禁止其进行广告宣传,封存或者收缴其商标标识,责令限期改正,并可根据情节予以通报、处以非法经营额20%以下的罚款。

第三十三条 对违反《商标法》第五条规定的,由工商行政管理机关禁止其商品销售和广告宣传,封存或者收缴其商标标识,并可根据情节处以非法经营额10%以下的罚款。

第三十四条 任何人不得非法印制或者买卖商标标识。

对违反前款规定的,由工商行政管理机关予以制止,收缴其商标标识,并可根据情节处以非法经营额20%以下的罚款;销售自己注册商标标识的,商标局还可以撤销其注册商标;但属于侵犯注册商标专用权的,依照本实施细则第四十三条的规定处理。

第三十五条 商标注册人许可他人使用其注册商标,必须签订商标使用许可合同。许可人应当在规定期限内,将许可合同副本交送其所在地县级工商行政管理机关存查,由许可人所在地县级工商行政管理机关报送商标局备案。

违反前款规定的,由工商行政管理机关责令限期改正;拒不改正的,由许可人所在地工商行政管理机关报请商标局撤销该注册商标,并收缴被许可人的商标标识。

第三十六条 商标注册人许可他人使用其注册商标,被许可人必须符合本实施细则第二条的规定。

许可他人使用本实施细则第七条规定的商品商标的,在将许可合同副本交送存查时,被许可人应当依照本实施细则第十一条的规定,附送有关部门的证明文件。

第三十七条 商标局依照《商标法》第三十条、第三十一条和本实施细则第三十四条、第三十五条规定作出的撤销注册商标的决定,应当书面通知商标注册人,同时抄送原核转机关,由核转机关收缴《商标注册证》,并寄回商标局。

商标局对撤销或者注销的商标,予以公告。

第三十八条 商标注册人申请注销其注册商标,应当向商标局寄送《商标注销申请书》一份,交回原《商标注册证》。

第三十九条 商标注册人对商标局撤销其注册商标决定不服的,应当在收到撤销决定通知之日起15天内,将《撤销商标复审申请书》一份寄送商标评审委员会申请复审。

商标评审委员会作出终局决定,书面通知商标注册人,并抄送原核转机关。终局决定取消原撤销决定的,移交商标局办理。

第四十条 对工商行政管理机关依照本实施细则第三十一条、第三十二条、第三十三条、第三十四条和第三十五条的规定作出的处理决定(撤销注册商标的决定除外)不服的,当事人可以在收到通知之日起15天内,向上一级工商行政管理机关申请复议;上一级工商行政管理机关应当在收到复议申请之日起45天内,作出复议决定。对上一级工商行政管理机关依照本实施细则第三十一条、第三十二条、第三十三条和第三十四条的规定作出的罚款复议决定不服的,当事人可以在收到复议决定通知之日起15天内,向人民法院起诉。逾期不履行又不申请复议或者不起诉的,由工商行政管理机关申请人民法院强制执行。

第六章 注册商标专用权的保护

第四十一条 有下列行为之一的,属于《商标法》第三十八条第(3)项所指的侵犯注册商标专用权的行为:

(1)经销侵犯他人注册商标专用权商品的;

(2)在同一种或者类似商品上,将与他人注册商标相同或者近似的文字、图形作为商品名称或者商品装潢使用,并足以造成误认的;

(3)故意为侵犯他人注册商标专用权行为提供仓储、运输、邮寄、隐匿等便利条件的。

第四十二条 对侵犯注册商标专用权的,任何人可以向侵权人所在地或者侵权行为地县级以上工商行政管理机关控告或者检举。被侵权人也可以直接向人民法院起诉。

第四十三条 对侵犯注册商标专用权的,由工商行政管理机关责令立即停止侵权行为,封存或者收缴其商标标识,消除现存商品和包装上的商标,责令依法赔偿被侵权人的经济损失,根据情节予以通报,并处以非法经营额20%以下或者侵权所获利润两倍以下的罚款。

第四十四条 对工商行政管理机关依照前条规定作出的处理决定不服的,当事人可以在收到通知之日起15天内,向上一级工商行政管理机关申请复议;上一级工商行政管理机关应当在收到复议申请之日起45天内,作出复议决定。对上一级工商行政管理机关的复议决定不服的,当事人可以在收到复议决定通知之日起15天内,向人民法院起诉。逾期不履行又不申请复议或者不起诉的,由工商行政管理机关申请人民法院强制执行。

第四十五条 对假冒他人注册商标的,任何人可以向工商行政管理机关或者检察机关控告和检举。

向工商行政管理机关控告和检举的,工商行政管理机关依照本实施细则第四十三条的规定处理；其所控告和检举的情节严重构成犯罪的，由司法机关依法追究直接责任人员的刑事责任。

第四十六条　依照《商标法》第二十一条、第二十二条、第三十五条、本实施细则第二十三条规定申请复审和依照本实施细则第四十条、第四十四条规定申请复议的，当事人应当在规定的期限内办理。有特殊原因的，可以在期满前申请延期30天；延期后仍来不及办理的，还可以在第一次延期期满前，申请再次延期30天。

第七章　附　则

第四十七条　申请商标注册或者办理其他商标事宜的书式，由国家工商行政管理局制定、公布。

申请商标注册或者办理其他商标事宜的收费标准，由国家工商行政管理局依照国家有关规定制定、公布。

商标注册的商品分类表，由国家工商行政管理局公布。

第四十八条　本实施细则由国家工商行政管理局负责解释。

第四十九条　本实施细则自发布之日起施行。1983年3月10日颁发的《中华人民共和国商标法实施细则》同时废止。

第三次全国星火计划会议在广州召开

星火计划是从1985年开始试行的。两年来，它向农村播撒先进适用的科学技术，促使农村经济走上了一个新的台阶，在促进农村经济结构改革以及生产的商品化、社会化和现代化方面起了显著作用。大批科技人才为农村经济服务，也使各级科技部门的管理能力受到锻炼。由于财政、金融部门的支持，星火计划的资金渠道已初步疏通，开始具备自主发展的能力。

国家科委星火计划负责人杨浚在会议上报告：数字星火计划实施两年来，为国家增加产值73.9亿元，新增利税15.5亿元，投入产出比达到1∶5。这些数字来自对已完成的372个国家级项目、2500个省地市县级项目的不完全统计。据了解，目前还有近700个国家级项目、6100多个省地市县级项目正在进行中，预计在近两年内能够完成。

谈到今后星火计划的发展，杨浚说，要结合不同区域的经济发展特点，实行分类指导。东部地区应该重视星火技术的质量，提高档次，增加效益，把眼睛盯着国际市场。中部地区要充分利用当前形势，综合规划，迅速发展，提高质量，降低消耗，占领本地和国内市场，并为发展外向型经济打好基础。西部地区是星火计划潜力最大的地区，应首先着眼于开发千家万户的致富技术，同时加强与沿海、中部的合作，外引内联，开发有自己特色的商品。

杨浚强调，除国家重点项目或国家有明文规定需要保护的地区和行业外，各单位和部门对流向农村的科技人员应当放行，不准向科技人员索取任何不合理的费用，并采取户口留城、家属与子女优惠安排、住房不退，以及在酬劳、考核成绩、专业技术职务聘任、社会福利等方面的优惠政策。

杨浚还提出，要使星火计划的组织管理工作社会化，把竞争机制引入星火计划，对项目采取招标、承包的办法，尤其欢迎民办科技机构参加投标和承包。

国务委员、国家科委主任宋健在会上谈到深化科技体制改革的有关问题。他说，党的十三大以后，科技界面临着两个艰巨而又光荣的任务，一个是深化科技体制改革，另一个是把科学技术放在经济发展战略的首要地位。两者是相辅相成、相互支持的。

针对有些研究单位在科技和经济的结合上的观望与迟疑不决的态度，宋健说，改革需要开辟一条新的道路。目前，有些科研机构和高等院校在面向经济方面取得了突破性的进展。我们要动员和支持更多的研究所、高等院校以技术入股、办分支机构等方式到中心城市去投资、搞承包。尤其是面对着世界新兴产业和高技术产业的发展，一些大院大所要当仁不让、以我为主地联合地方企业，直接打入国际市场。

近些年来，作为科技体制改革产物之一的民办科技机构犹如异军突起。宋健说，像北京中关村一条街上的民办科技机构，是一批志同道合的科技人员办起来的。他们自负盈亏，打破"大锅饭"，个人贡献与收入直接挂钩。这些经验值得吸取。对民办科技机构应当一视同仁，同样支持，同样保护。

对于放活科技人员的问题，宋健说，一些人才密集的单位对于人才流动存在着种种束缚，比如收钱、收房等等，这些做法都阻碍着人才流动。应该进一步创造吸引人才、争夺人才的环境和气候，尤其是鼓励中青年科技人员勇敢地去创业。珠江、长江三角洲以及开放城市、经济开发区还要设法吸引国外的人才到新兴产业、高技术产业及国际市场开发等方面创业。

谈到星火计划，宋健认为这是一项方兴未艾的事业，在农村工业化和地方经济的商品化、社会化、现代化中起着很大的推动作用。

解放军总参谋长迟浩田在人民大会堂会见葡萄牙武装力量副总参谋长苏亚雷斯·卡尔内罗一行

全军装备工作会议在北京召开

据《人民日报》报道，近日召开的全军装备工作会议强调,军队的装备工作要加快和深化改革,走适合中国国情的武器装备发展道路。

会议认为,改革是我军武器装备实现现代化的必由之路。要在服从国家经济建设大局,花好、用好有限军费的同时,靠政策,靠改革,选择具有中国特色的武器装备建设的最佳方案,跟踪世界先进水平,努力缩小与发达国家的差距。

参加会议的同志认为,我军的武器装备与发达国家相比存在着一定的差距,但并不是全部落后。我军指战员使用国产的武器装备胜利完成了保卫祖国、反击外来侵略的任务。会议指出,武器装备是国力的综合体现,我军的装备必须与社会主义初级阶段的国力相适应,要认真贯彻中央军委关于艰苦奋斗、勤俭建军的指导思想,适应新时期军队建设指导思想的战略性转变,克服重用轻管、消极等待换装的思想,要像爱护眼睛一样,爱护好、管理好、使用好现有装备。

中央军委和三总部领导同志杨尚昆、洪学智、刘华清、迟浩田、杨白冰、赵南起会见了参加全军装备会议的同志。

中国第一艘专用布雷舰在大连造船厂建成并交付使用

这艘布雷舰排水量2000多吨,可在近海、海峡、水道执行紧急布设基本雷阵任务。舰上配有国内首次研制成功的布雷系统,从装雷、运雷、布雷到导航定位,全部实现了自动化。布雷精度高,时间短。有关专家认为,该舰与目前国外在役的同类舰相比,性能较为先进。它的建造成功并交付使用,可增强我海军的防御作战能力。

国外最新实用专利技术资料在国内面市

据《人民日报》报道,为了发挥专利技术在四化建设中的作用,经有关部门同意,国外最新实用专利技术资料最近整理成集,供国内交流推广应用。

专利法在我国实施两年多来,中国专利局已收到发明创造者的5万多件专利申请,其中国外申请占1/3。在已经批准的专利中,许多发明创造已在国内企业实施,取得了显著的经济效益和社会效益。为了更好地促进专利在我国的推广,北京实益技术开发咨询公司和中国专利局分类文献中心共同选编了一些适合我国国情的国外最新实用专利技术资料。这套资料包括各种专利160多项,大都是与日常生活密切相关的国内外市场上的短缺产品或空白产品,对我国中小企业,特别是乡镇企业开发新产品,具较大的实用和参考价值。

发明家王永民研究的“五笔字型”汉字输入技术获英国发明专利

由我国中年发明家王永民研究的“五笔字型”电脑汉字输入技术,继获得美国发明专利后,最近又经英国专利局批准,在英国获得了发明专利权。这是迄今为止我国在中文电脑应用领域内唯一获得两个外国专利的重大发明。

全国中小学将实行教材多样化

据《人民日报》报道,为了使教育更好地为经济建设服务,培养适合不同地区、不同层次的人才,全国中小学将在审定统一教学大纲的前提下,实行教材多样化,从而改变目前全国中小学教材单一化的现状。

专家认为,编写中小学教材要贯彻为当地经济建设服务的方针,着眼于提高基础教育质量和提高全民族素质,要紧密地理论联系实际,编写适合青少年身心发展特点和青少年认识事物的思维规律的好教材,使教材具有知识性、可读性、趣味性、启发性。

调查表明,全国同龄青年中每年只有5%的人考上大学,其余95%的青年将直接走上社会,参加当地经济建设。由于过去在学校学习的单一教材只是为升高一级学校而设置的,教材内容大部分与当地经济建设不适应,使这些人没有打好就业前的劳动技术知识基础。所以,教材改革,迫在眉睫。

卫生部有关负责人呼吁各地对地方病防治措施要长期坚持

据《人民日报》报道,我国地方病患者现在有6000多万人,其中300多万完全或部分地丧失了劳动能力。

卫生部有关负责人说,现在必须把地方病防治工作作为关系到民族振兴的大事来抓。他呼吁各有关部门密切配合,长期合作,对地方病进行综合治理;各省、市、自治区要进一步支持地方病防治工作,发动群众同地方病作斗争。

地方病是严重危害人民健康的常见病、多发病。我国是地方性疾病较多的国家。新中国成立后,我国政府重视地方病防治工作,30多年取得了显著的成绩。我国在1955年就基本控制了人间鼠疫,克山病发病县已有1/3达到基本控制,大骨节病病区病情稳定,有地方甲状腺肿瘤的县区有65%达到了基本控制。一些地区由于病区缩小,病情减轻,不同程度地减轻了病区人民的疾苦,促进了生产的发展。

但是,由于地方病防治工作规范化、科学化没有进入正常轨道,近年来一些地方病重新抬头。据介绍,由国家重点管理的11种地方性疾病的发病率均有上升。卫生部有关负责人就此指出，地方病防治工作是长期的，为了控制一些地方病而采取的诸如补碘、降氟等措施，必须坚持下去，一些疾病即使一段时间得到控制，如果预防措施不落实，也会出现反复。

蒋经国病逝

中国国民党主席蒋经国于今天下午3时50分因病逝世。

蒋经国，浙江奉化人，生于1910年。早年留学苏联，1937年回国后，曾任"三青团"中央干部学校教育长。国民党到台湾后，任国民党台湾省党部主任委员、"国防部总政治作战部"主任、"国防部"部长、"行政院"院长、"总统"等职。1975年4月担任国民党主席。

1月14日

中共中央致电中国国民党中央委员会吊唁中国国民党主席蒋经国病逝

电文如下：

台北

中国国民党中央委员会：

惊悉中国国民党主席蒋经国先生不幸逝世，深表哀悼，并向蒋经国先生的亲属表示诚挚的慰问。

中国共产党中央委员会

1988年1月14日

中央纪委书记乔石在中央纪委机关会见中央党校纪检干部进修班学员时发表讲话

乔石说，党的十三大对党的建设提出了更高的要求，对党的纪律检查工作也提出了更高的要求，党的纪检工作只能加强，不能削弱。他说，党政分开，不是削弱党的领导，而是使党更好地领导各方面的工作。只有加强党的领导，从严治党，才能适应新时期改革开放的需要，才能使党的工作做得更好。

乔石说，建设具有中国特色的社会主义现代化强国，检查监督工作不可缺少，党的纪律检查工作更应加强。我们首先要抓好4000多万党员的教育管理工作，提高党员的素质。如果我们4000多万党员都能做到有理想，守纪律，成为名副其实的共产党员，我们党一定能够建设好，党风也一定能够搞好。我们党治理好了，就可以带动整个社会风气的好转。

乔石说，全国20多万纪检干部多年来在党的领导下勤勤恳恳地做了许多工作，他们的成绩应该充分予以肯定。在新的时期，纪检工作的任务还很繁重，需要大家认真学习党的十三大文件，坚持原则，该查的查，该办的办，不怕得罪人，把工作做得更好。

中宣部和国家体改委联合发出《深入学习十三大文件有关经济体制改革的宣传提纲》的通知

通知要求，各地区各部门根据十三大文件精神，参考这个提纲；紧密结合本地区、本部门的改革实践和广大干部、群众的思想实际，采取各种切实有效的方式，进一步做好经济体制改革的舆论宣传工作。

据了解，这份宣传提纲共分6个部分：正确认识当前我国经济体制改革的形势、不断加深对我国经济体制改革的社会主义性质的科学理解、进行经济体制改革的根本依据和理论基础、十三大提出的当前经济体制改革的基本任务、1988年经济体制改革的方针和任务、全党动员起来为实现十三大提出的改革任务而奋斗。全文长5000多字。

通知指出，加快和深化全面改革，是十三大的主题。加强经济体制改革的舆论宣传，不仅是各级宣传部门的职责，也是各级体改部门的一项重要工作任务。各级宣传部门和体改部门要密切协作，互相配合，认真加强对经济体制改革宣传工作的领导和指导，广泛采取与群众对话等多种形式，充分依靠全社会的力量，共同搞好改革宣传工作，使改革宣传能够入耳入脑，收到实效。

1987年我国出口贸易创历史最高纪录

据《人民日报》报道，据海关对实际进出口货物全面统计，1987年我国进出口贸易总额为837.8亿美元，比1986年增长13.5%，其中出口399.2亿美元，比1986年增长29%，创历史最高纪录，进口438.6亿美元，比1986年上升2.2%，逆差较1986年大为缩小。

海关总署的一位负责人认为，出口增长幅度大，沿海地区出口发展较快，是1987年我国进出口贸易的主要特点。4个经济特区和14个沿海开放城市的出口额比上年增长40%。

这位负责人说，出口商品结构也已趋于合理。去年出口商品中，工业制成品的比重由1986年的63.6%上升到65.5%。进口商品适应了国家经济建设的需要。进口商品中数量最多、金额最大的是生产资料。进口的机电产品有较大幅度下降。

灵活贸易有较大发展。1987年来料加工、进料加工贸易进口料件和出口成品金额为191.9%亿美元，较上年增长55.8%。这不仅充分发挥我国劳动力资源丰富的优势，而且促进了我国工业技术、管理水平的提高。

据悉，去年我国的进出口贸易还多方位地开拓了国际市场，与179个国家和地区建立了贸易伙伴关系。

国家工商局发出必须使用注册商标的人用药品和烟草制品的通知

人用药品包括中成药(含药酒)、化学原料药及其制剂、抗生素、生化药品、放射性药品、血清疫苗,血液制品和诊断药品;烟草制品包括卷烟、雪茄烟和有包装的烟丝。

国家教委和农牧渔业部在北京召开新闻发布会

会上,国家教委有关负责人介绍:各地兴起的乡(镇)农民文化技术学校已成为现阶段我国农民教育的主要阵地。

截至 1987 年年底,全国已有 1/3 的乡(镇)建立了这类学校,总数达 2.9 万多所,每年有 1800 多万农民进校学习。国家教委、农牧渔业部、财政部向各地发出了《乡(镇)农民文化技术学校暂行规定》(以下简称《暂行规定》),要求有关部门进一步办好这类学校。

乡(镇)农民文化技术学校是应经济体制改革、农村经济全面发展和农民致富的需要而产生的,是农民自己要办的学校,它从本地实际出发,既开展文化、技术教育,又开展法律教育、人口教育等社会生活教育,具有灵活、多功能、周期短、见效快的特点,很受农民欢迎。

据介绍,由于乡(镇)农民文化技术学校大多是各地自发办起来的,办学中涉及很多政策问题,一直没有明确解决。

这次三部委联合发出的《暂行规定》,对乡(镇)农民文化技术学校的性质、任务、培养目标、教学工作、教师队伍、办学经费、领导管理及学校的审批都作了明确的规定,提供了政策依据。

对于各地反映的教师和办学经费这两个最紧迫的问题,三部委的这个文件规定:教师主要由乡(镇)招聘,教育部门要给这类学校配备必要的专职教师,教师的各种主要待遇要与同级普通学校教师相同;办学经费由乡(镇)从农村教育事业费附加中提取和采取自筹、收取学费、勤工俭学等办法解决。

卫生部等 7 部门联合发布《艾滋病监测管理的若干规定》并发出通知

关于《艾滋病监测管理的若干规定》,国务院于 1987 年 12 月 26 日国函〔1987〕209 号文批复,现予发布施行。

预防艾滋病的传入、发生和蔓延是我国卫生工作的一项重要任务。做好这项工作,除认真执行有关法规外,还应加强预防艾滋病知识的宣传教育工作。卫生部门要与新闻、宣传、出版等部门密切合作,积极开展预防艾滋病的宣传教育活动。

卫生部　外交部　公安部　国家教委
国家旅游局　中国民航　国家外国专家局
1988 年 1 月 14 日

艾滋病监测管理的若干规定

第一条　为预防艾滋病从国外传入或者在我国发生和流行,保障人民身体健康,制定本规定。

第二条　本规定所指艾滋病监测管理的对象是:

(一)艾滋病病人;

(二)艾滋病病毒感染者;

(三)疑似艾滋病病人及与第(一)项、第(二)项所指人员有密切接触者;

(四)被艾滋病病毒污染或可能造成艾滋病传播的血液和血液制品、毒株、生物组织、动物及其他物品。

第三条　各级卫生行政部门主管辖区内的艾滋病监测管理工作。

公安、外事、海关、旅游、教育、航空、铁路、交通等有关部门及企业、事业单位和群众团体,应协助卫生行政部门采取措施,防止艾滋病传播。

第四条　所有入境人员在入境时,必须如实填写健康申明卡,并交国境卫生检疫机关查验。

第五条　来中国定居或居留 1 年(或来华留学 1 学年)以上的外国人,在申请入境签证时,须交验所在国公立医院或经过所在国公证机关公证的私立医院的艾滋病血清学检查证明,并经中国驻外使、领馆认证,证明自签发之日起 6 个月内有效。

由于条件限制,未在本国进行艾滋病血清学检查的外国人,须在入境后 20 天内到指定的卫生专业机构接受检查。

第六条　属本规定第二条第(一)项、第(二)项所指的外国人不准入境。

属本规定不准入境但已到达我国国境口岸的外国人,应当随原交通工具或所在国交通工具尽快离境,必要时由我民航、铁路、交通部门安排其离境,离境前由国境卫生检疫机关采取隔离措施。

第七条　外国人在中国居留期间,如被发现属本规定第二条第(一)项、第(二)项所指人员,当地卫生行政部门可提请公安部门令其立即出境。

第八条　定居国外的中国公民和在国外居留 1 年以上的中国公民(含在外国轮船上工作的中国海员),回国定居或居留 1 年以上的,须在回国后 2 个月内到指定的卫生专业机构接受检查。

第九条　严禁任何单位和个人从国外进口或带入本规定第二条第(四)项所指物品,如确需进口,须报经卫生部审查批准。

第十条　艾滋病的毒株由卫生部指定的单位保

存、使用,未经卫生部批准,任何单位和个人不得自行在国内交换、传递和使用。

第十一条　血液和血液制品必须进行艾滋病病毒抗体监测。

禁止艾滋病病毒感染者献人体组织、器官、血液和精液。

第十二条　各省、自治区、直辖市卫生行政部门应当组织开展艾滋病监测工作。监测工作的主要内容是:

(一)疫情收集、整理、分析;

(二)重点人群的血清学检查;

(三)流行病学因素调查、分析。

第十三条　进行艾滋病血清学检查,必须使用一次性注射器,其他治疗器材应严格消毒,杜绝医源性感染。

第十四条　艾滋病为国家规定的报告传染病。

第十五条　民政、公安、司法行政等部门在执行公务时,发现有可能传播艾滋病者,应立即送卫生部门进行艾滋病检查。

第十六条　医疗单位要密切注意就诊病人,发现疑似艾滋病病人,应当立即诊断、报告和处理。

第十七条　从事预防、医疗和保健工作的人员确诊或疑诊艾滋病病人和感染者后,应立即向当地卫生防疫机构报告。卫生防疫机构在接到报告后,于12小时内向上级卫生行政部门报告疫情。

其他人员发现疑似艾滋病病人,就近向预防、医疗和保健机构报告。

任何单位和个人不得隐瞒、延迟疫情上报。

第十八条　有关单位和个人在接受卫生行政部门派出人员的调查时,有义务提供关于艾滋病发生、传播、转归等方面的情况和资料,并保证情况的真实与完整。

第十九条　卫生行政部门对上报的疫情应当立即进行核实,上报材料必须附有经指定的卫生专业机构出具的诊断证明书。

第二十条　全国艾滋病疫情由卫生部公布。

第二十一条　任何单位和个人不得歧视艾滋病病人、病毒感染者及其家属。不得将病人和感染者的姓名、住址等有关情况公布或传播。

第二十二条　任何单位和个人,必须执行卫生部门为预防和控制艾滋病流行所采取的预防措施。

第二十三条　卫生、医疗和保健机构发现本规定第二条第(一)项所指人员时,应立即采取隔离措施,并送其到卫生行政部门指定的医疗单位治疗。

第二十四条　卫生、医疗和保健机构发现本规定第二条第(二)项、第(三)项所指人员时,应当根据预防的需要,对其实施以下部分或全部措施:

(一)留验;

(二)限制活动范围;

(三)医学观察;

(四)定期或不定期访视。

第二十五条　艾滋病病人或艾滋病病毒感染者的尸体必须就地火化。

第二十六条　对艾滋病病人或感染者的分泌物、排泄物及其所接触过可能造成污染的用品和环境,卫生防疫机构应监督指导有关单位或个人进行消毒,必要时由卫生防疫机构实施消毒。

第二十七条　卫生、医疗和保健机构实施本规定第二十三条、第二十四条规定的措施时,公安等有关部门应给予协助。

第二十八条　对违反本规定,有下列行为之一的单位或个人,由卫生行政部门给予50元以上、3000元以下罚款,并强制采取预防、治疗和消毒措施:

(一)隐瞒病情不申报,逃避查验的;

(二)已知系艾滋病病人或感染者,有传播艾滋病行为的;

(三)瞒报携带本规定第二条第(四)项物品入境的;

(四)拒绝执行本规定第二十三条、第二十四条、第二十五条、第二十六条为预防和控制艾滋病流行所采取的措施的。

第二十九条　对违反本规定,引起艾滋病传播,或者有引起艾滋病传播严重危险的,由司法机关依法追究刑事责任。

第三十条　本规定用语的含义:

(一)"艾滋病"是指获得性免疫缺陷综合征;

(二)"艾滋病病人"是指艾滋病病毒抗体阳性,临床上出现条件性感染或恶性肿瘤者;

(三)"艾滋病病毒感染者"是指艾滋病病毒抗体阳性,无症状或尚不能诊断为艾滋病病人者;

(四)"外国人"是指依照《中华人民共和国国籍法》的规定,不具有中国国籍的人。

第三十一条　实施预防、治疗、检查措施时,按规定收取费用。

第三十二条　本规定由卫生部负责解释。

第三十三条　本规定自发布之日起施行。

1月15日

中国和葡萄牙两国政府在北京互换关于澳门问题的联合声明的批准书

批准书宣布联合声明自即日起生效。按照联合声明的规定,从这时开始,澳门进入过渡期。

国务院在北京召开第一次全国住房制度改革工作会议

这次会议将规划和部署今后的“房改”工作，以加快全国住房制度改革步伐。

国务院秘书长陈俊生在会上宣布：从今年开始，住房制度改革要正式列入中央和地方的改革计划，在全国分期分批展开。

会议上，陈俊生传达了中央领导同志关于住房制度改革的指示。中央领导同志最近指出，住房制度改革不仅可以正确引导和调节消费，促进消费结构趋向合理，在经济上有很大意义，而且在住房这个领域的不正之风可以大大减少，因此在政治上也有很大意义。

陈俊生强调说，各省、自治区、直辖市都要加强对住房制度改革工作的领导，特别是主要领导同志取得房改的直接经验对搞好今年以及今后几年的房改工作具有关键性的意义。这是搞好住房制度改革的组织保证。他还指出，各地的住房制度改革，可以在符合统一政策、宏观规划指导的原则下，选择适合自己情况的做法，不要孤立地推广某一种模式，也不要拘泥于某一种做法，以充分发挥各地的主动性、创造性和大胆探索精神。

出席会议的有建设部部长叶如棠、副部长储传亨、国家体改委副主任高尚全和各省、市、自治区以及国务院有关部门负责同志。

这次会议的召开，标志着我国住房制度改革已由试点转入分期分批全面实施的新阶段。这次会议，传达和学习了党中央、国务院领导同志的指示精神，总结交流了几年来“房改”试点城市的经验，经过讨论初步确定了一个在全国分期分批推行住房制度改革的实施方案。

会议期间，国务院专门召开办公会议，听取了会议情况汇报，并对在全国分期分批实施“房改”的规划方案进行了讨论。代总理李鹏主持会议，他同副总理姚依林分别作了重要讲话。

国务院秘书长陈俊生在闭幕会上传达了李鹏、姚依林同志在国务院办公会议上的重要讲话。

李鹏说，住房制度改革要在全国分期分批推行，要积极努力地去办。今年要迈出重要的一步，有的城市要进行住房的全面改革，有的城市可进行部分改革，经济条件好的大企业可以靠自己的力量先搞，新房要实行新办法。今年的主要任务是摸索经验，理顺路子。至于具体怎么搞，在全国统一政策下，各地可以根据自己的情况，因地制宜。

李鹏强调指出，住房制度改革搞好了，会有很大经济效益和社会效益。这是一件利国利民的大好事。有利于正确引导消费，克服住房领域中的不正之风，这对提倡勤俭节约精神，促进社会风气好转会起很大作用。

姚依林说，这项改革意义很大，是一件非常好的事情。党的十一届三中全会以后不久，国家计委就研究过，想搞住房商品化，但当时条件还不具备，现在企业有了一定的自有资金，条件好多了，要积极搞。企业要把生产基金与福利基金、奖励基金、建房基金经过核定，划分开，在银行立两个户头，互相不挤不占。

国家体改委副主任、国务院住房制度改革领导小组副组长高尚全作了会议总结。

高尚全指出，目前，住房制度改革已是大势所趋，成为不可逆转的潮流。我们要认真学习和贯彻执行党中央、国务院的指示精神，从思想上，组织上、工作上适应变化了的形势和新的任务，积极主动地担负起这一重要而又艰巨的历史使命。

他强调，对“房改”不但要有信心、有热情，还要有科学态度，有求实精神。要做到胸中有全局，把这项改革纳入总体改革中去，统筹规划，配套进行。今年经济体制改革的主要任务，是按照发展社会主义商品经济的总目标，以落实和完善企业承包经营责任制，深化企业经营机制改革为重点；同时，改革投资、物资、外贸、金融和财税体制，在住房制度改革方面迈出新的步伐。“房改”要服从这一总体改革的大局，跟上总体改革的步伐。

高尚全还就各省、市、自治区抓紧研究制定本地区的近期“房改”实施规划，“房改”资金来源等具体政策问题作了详细阐述。同时要求各地加强领导，加强宣传教育，争取全社会对房改予以支持。

城乡建设部副部长、国务院住房制度改革领导小组副组长储传亨部署了今后几年的“房改”工作。

会议讨论确定了今年“房改”工作的任务，主要是：

——改革方案已经出台的城市要继续做好工作，解决好新出现的问题，不断取得新的经验。

——原定的试点城市和各省(区、市)选的试点城市要进行住房制度的全面改革。

——省会城市一般都要起步，但不要求都进行全面改革，可在有限的范围内起步，先取得经验，为今后进一步改革打好基础。

——面上各城市，有些大企业可以先行一步；新房新租，旧房超标加租等单项改革，也可根据实际情况自行安排。

——各省(区、市)可选一两个县镇进行试点。

国务院经济技术社会发展研究中心总干事马洪在全国技术改造政策研讨会上发表讲话

国务院经济技术社会发展研究中心总干事、著名经济学家马洪，在贵阳召开的全国技术改造政策研讨会上就我国技术改造、技术进步应按什么原则来制定政策的问题，提出了看法。

马洪说，我国在技术改造上虽然已经取得了显著进展，但全国现在仍有2/3的企业技术装备未改造，有成百万乡镇企业需要用先进的技术去武装，消化吸收引进技术还亟待加强，许多先进的新材料、新工艺、新技术也需不失时机地加以运用。为此，在政策上要解决好以下几个方面的结合。

——技术改造、技术进步要与产业结构、产品结构的调整以及相应的产业政策相结合。推动短线产业和短线产品的发展，促进产品更新换代，促进出口创汇产品生产。

——与优化产业组织结构政策相结合。发展企业集团及各种形式的科研、生产联合体，实现研究、设计、生产、销售一体化。

——与技术政策相结合。要用技术政策引导技术改造和技术进步，发展具有国际竞争力的先进适用技术和产品。对落后的技术要给予限制或淘汰，做到有奖有罚，鼓励先进，限制落后。

——与发展对外经济技术交流和合作相结合。

——与企业经营机制的转换相结合。使企业真正成为自负盈亏、自我积累、自我改造、自我发展的经营和投资主体。

——与大力发展社会主义商品经济相结合。

——与改善国家宏观调控机制相结合。协调与技术进步相关的各项政策，形成有利于技术改造、技术进步的环境。

——与优化资金投向相结合。特别要优先改造关键性的薄弱环节，从整体上提高技术改造的宏观经济效益。

《人民日报》发表社论《稳定经济和深化改革》

稳定经济，深化改革，以改革总揽全局，这是今年经济工作的方针。执行这个方针，关键是正确处理稳定经济和深化改革的关系。

稳定经济和深化改革，这两个方面是相辅相成的，它们之间，互为条件，互为因果。经济的稳定，可以为改革的顺利进行提供有利的条件和环境；而改革的进一步深化，进一步推进，又有利于进一步促使经济的稳定。因此，我们在实际工作中，要处理好这两者之间的关系，既要积极推行和实施已经确定了的改革措施或试点方案，以改革带动其他工作，又能保持经济基本稳定。

稳定经济要做多方面的工作，如控制投资规模，控制货币投放，企业紧缩信贷，调整投资结构，增加农业投入，加强对一些重要生产资料价格的管理，等等，力争社会总供给和总消费的基本平衡。当前，在稳定经济方面，最突出、最紧迫的问题是保持物价基本稳定。物价问题，是全国上下、各级各界最关心的问题，是关系到全国安定团结的局面能否巩固和进一步发展的问题，也是关系到改革能否顺利进行的问题。国务院和各有关部门，已经采取了若干措施控制物价上涨，收到了一些成效，但是还不尽如人意。对这个问题仍然不能掉以轻心。各部门、各单位、各方面，在研究任何一项改革措施的时候，都要同时考虑物价问题、人民生活问题，如果不利于稳定物价，对广大人民生活影响太大，超过了人民的经济承受能力，就不要匆忙付诸实施。同样，在研究稳定经济措施的时候，也要考虑是否有利于进一步深化和推进改革，会不会把已经活跃了的经济搞死，会不会走回头路。稳定经济，从根本上来说，只能靠改革。用走回头路，把经济搞死的办法来稳定经济，是不可取的。

现在处在新旧两种体制交替时期，价格体系等方面也没有完全理顺，不同企业之间处于不平等的竞争地位。一些产品价格偏低的部门和单位遇到一些困难。从长远的发展来看，有些问题是应该解决的，但由于目前各方面条件的限制，一些不合理的情况不可能很快改变。这就需要这些部门和单位的同志从大局利益出发，着重从改善内部经营机制，从挖掘内部潜力方面去克服这些困难。决不可只从局部利益出发，作出不利于稳定经济的事情。特别是那些对全局影响大的企业和垄断性行业、企业，更应该注意这个问题。

司法部被指定为我国进行国际司法协助的中央机关

《论当代中国基本问题》由苏联政治书籍出版社出版

书中收入邓小平1982年9月到1987年6月发表的46篇文章。这些文章阐述了建设具有中国特色的社会主义的思想，涉及政治、经济、科技、文教、外交等各个方面。封面印有邓小平头像，在文集后面附有邓小平简历。

《二十世纪文库》丛书由华夏出版社出版

这套丛书反映二十世纪以来世界社会科学各领域具有较高学术价值的思想和理论，为推动中国社会科学研究的发展提供人类文明的精华。《二十世纪文库》的选题及编辑组织工作是由一批在学术上有一定造诣、具备较强的社会改革和参与意识的中青年组成编委会主持的。他们联系了在北京的200多位硕士、60

余名博士及其他科研人员，组成14个学科的分编委会，并聘请一些老专家、学者作顾问，保证了选题的精湛与书稿的质量。

《〈群众〉周刊大事记》由红旗出版社出版

《〈群众〉周刊大事记》一书，是《群众》的一部编年史。本书收录了《群众》12年办刊实践中的许多重要史料，记述了《群众》各个历史时期的编辑方针、中心任务、宣传内容，及其在艰难险恶环境下，坚持出版发行所进行的斗争和取得的卓越成绩，反映了《群众》在抗日战争、解放战争、国共两党关系、国内外形势发展变化和重大转折中所发挥的作用。

中国电影金鸡奖 百花奖评选结果揭晓

中国电影"金鸡奖"第七届评选结果：珠江电影制片厂的《孙中山》、上海电影制片的《芙蓉镇》并列最佳故事片。《孙中山》还获得最佳导演(丁荫楠)、男主角(刘文治)、摄影(王亨里，侯咏)、美术(闵宗泗)音乐(施万春)以及剪辑、服装、道具奖。《芙蓉镇》同时获得最佳女主角(刘蜣庆)、女配角(徐宁)、美术(余绮芬)奖。《血战台儿庄》获得最佳编剧(田军利、费林军)、化装和烟火三项奖。《山林中头一个女人》获最佳女配角(丁嘉丽)和录音奖，《T省的84、85年》获最佳剪辑奖。

《一瞬与十年》《鸮》《超级肥皂》《我和我的同学们》分获最佳新闻纪录片、科教片、美术片、少年儿童片奖。本届最佳戏曲片、男配角、照明、特技奖空缺。

《雷场相思树》和《紫禁城》被授予特别奖。

第十届《大众电影》"百花奖"获奖名单：最佳故事片《芙蓉镇》《血战台儿庄》《孙中山》，最佳男演员姜文(《芙蓉镇》中饰秦书田)，最佳女演员刘晓庆(《芙蓉镇》中饰胡玉音)，最佳男配角祝士彬(《芙蓉镇》中饰王秋赦)，最佳女配角张小敏(《非常大总统》中饰宋庆龄)。

骊山考古发掘重现唐华清宫和汤池的遗址

据《人民日报》报道，我国考古工作者经过5年多的考古发掘和研究证实，唐华清宫规模恢宏壮丽，汤池星罗棋布，是今日华清池游览区的10倍。

现已发掘清理的唐华清宫和汤池遗址约4200多平方米，为该宫的东南角遗存，出土了大量唐代莲花瓦当、方砖、条砖等建筑材料和器物，宫殿殿址排列整齐，保存基本完好。尤使人兴奋的是，泯失千年的"星辰汤"、"太子汤"、"莲花汤"、"贵妃汤"和"长汤"已重现姣容。

中国奥委会向国际奥委会确认参加第二十四届奥运会

中国红十字会四届三次理事会和全国工作会议在北京相继召开

中顾委副主任宋任穷、人大常委会副委员长耿飚、卫生部部长陈敏章等出席了开幕式。

会议还收到了国家副主席乌兰夫写来的贺信。

近年来，中国红十字会积极开展卫生救护、社会福利等项工作，社会和国际影响越来越大。现在，我国大陆29个省、自治区、直辖市都有了红十字会，约55%的地、市、州和约25%的县也成立了红十字会，基层组织达58000个，会员近500万人。

1月16日

国务院发布《森林防火条例》

第一章 总 则

第一条 为有效预防和扑救森林火灾，保护森林资源，促进林业发展，维护自然生态平衡，根据《中华人民共和国森林法》有关规定，制定本条例。

第二条 本条例所称森林防火，是指森林、林木和林地火灾的预防和扑救。除城市的市区外，一切森林防火工作，都适用本条例。

第三条 森林防火工作实行"预防为主，积极消灭"的方针。

国家积极支持森林防火科学研究，推广和运用先进科学技术。

第四条 森林防火工作实行各级人民政府行政领导负责制。

各级林业主管部门对森林防火工作负有重要责任，林区各单位都要在当地人民政府领导下，实行部门和单位领导负责制。

第五条 预防和扑救森林火灾，保护森林资源，是每个公民应尽的义务。

第二章 森林防火组织

第六条 国家设立中央森林防火总指挥部，其职责是：

(一)检查、监督各地区、各部门贯彻执行国家森林防火工作的方针、政策、法规和重大行政措施的实施，指导各地方的森林防火工作；

(二)组织有关地区和部门进行重大森林火灾的扑救工作；

(三)协调解决省、自治区、直辖市之间、部门之间有关森林防火的重大问题；

(四)决定有关森林防火的其他重大事项。

中央森林防火总指挥部办公室设在国务院林业主管部门。

第七条　地方各级人民政府应当根据实际需要，组织有关部门和当地驻军设立森林防火指挥部，负责本地区的森林防火工作。县级以上森林防火指挥部应当设立办公室，配备专职干部，负责日常工作。

地方各级森林防火指挥部的主要职责是：

(一)贯彻执行国家森林防火工作的方针、政策，监督本条例和有关法规的实施；

(二)进行森林防火宣传教育，制定森林防火措施，组织群众预防森林火灾；

(三)组织森林防火安全检查，消除火灾隐患；

(四)组织森林防火科学研究，推广先进技术，培训森林防火专业人员；

(五)检查本地区森林防火设施的规划和建设，组织有关单位维护、管理防火设施和设备；

(六)掌握火情动态，制订扑火预备方案，统一组织和指挥扑救森林火灾；

(七)配合有关机关调查处理森林火灾案件；

(八)进行森林火灾统计，建立火灾档案。

未设森林防火指挥部的地方，由同级林业主管部门履行森林防火指挥部的职责。

第八条　林区的国营林业企业事业单位、部队、铁路、农场、牧场、工矿企业、自然保护区和其他企业事业单位，以及村屯、集体经济组织，应当建立相应的森林防火组织，在当地人民政府领导下，负责本系统、本单位范围内的森林防火工作。

森林扑火工作实行发动群众与专业队伍相结合的原则，林区所有单位都应当建立群众扑火队，并注意加强训练，提高素质；国营林业局、林场，还必须组织专业扑火队。

第九条　在行政区交界的林区，有关地方人民政府应当建立森林防火联防组织，商定牵头单位，确定联防区域，规定联防制度和措施，检查、督促联防区域的森林防火工作。

第十条　地方各级人民政府和国营林业企业事业单位，根据实际需要，可以在林区建立森林防火工作站、检查站等防火组织，配备专职人员。森林防火检查站的设置，由县级以上地方人民政府或者其授权的单位批准。森林防火检查站有权对入山的车辆和人员进行防火检查。

第十一条　国家和省、自治区人民政府，应当根据实际需要，在大面积国有林区开展航空护林，加强武装森林警察部队的建设，逐步提高森林防火的专业化、现代化水平。

第十二条　有林的和林区的基层单位，应当配备兼职或者专职护林员。护林员在森林防火方面的具体职责是：巡护森林，管理野外用火，及时报告火情，协助有关机关查处森林火灾案件。

第三章　森林火灾的预防

第十三条　地方人民政府应当组织划定森林防火责任区，确定森林防火责任单位，建立森林防火责任制度，定期进行检查。

在林区应当建立军民联防制度。

第十四条　各级人民政府应当组织经常性的森林防火宣传教育，做好森林火灾预防工作。

县级以上地方人民政府，应当根据本地区的自然条件和火灾发生规律，规定森林防火期；在森林防火期内出现高温、干旱、大风等高火险天气时，可以划定森林防火戒严区，规定森林防火戒严期。

第十五条　森林防火期内，在林区禁止野外用火；因特殊情况需要用火的，必须严格遵守以下规定：

(一)烧荒、烧草场、烧灰积肥、烧田埂、烧秸稞、炼山造林和火烧防火隔离带等生产性用火，必须经过县级人民政府或者县级人民政府授权的单位批准，领取生产用火许可证。

经批准进行生产用火的，要有专人负责，事先开好防火隔离带，准备扑火工具，有组织地在三级风以下的天气用火，严防失火。

(二)进入林区的人员，必须持有当地县级以上林业主管部门或者其授权单位核发的进入林区证明。

从事林副业生产的人员，应当在指定区域内活动，选择安全地点用火，在周围开设防火隔离带，用火后必须彻底熄灭余火。

(三)进入国营企业事业单位森林经营区内活动的，必须持有经省级林业主管部门授权的森林经营单位核发的进入林区证明。

第十六条　森林防火期内，在林区作业和通过林区的各种机动车辆，必须安设防火装置，并采取其他有效措施，严防漏火、喷火和机车闸瓦脱落引起火灾。行驶在林区的旅客列车和公共汽车，司乘人员要对旅客进行防火安全教育，严防旅客丢弃火种。

在铁路沿线有引起火灾危险的地段，由森林防火责任单位开设防火隔离带，配备巡护人员，做好巡逻和灭火工作。

在林区野外操作机械设备的人员，必须遵守防火安全操作规程，严防失火。

第十七条　森林防火期内，禁止在林区使用枪械狩猎；进行实弹演习、爆破、勘察和施工等活动，必须由省级林业主管部门授权的森林经营单位批准，并采取防火措施，做好灭火准备工作。

第十八条　森林防火戒严期内，在林区严禁一切野外用火,对可能引起森林火灾的机械和居民生活用火,应当严格管理。

第十九条　各级人民政府应当组织有关单位有计划地进行林区的森林防火设施建设:

(一)设置火情瞭望台;

(二)在国界内侧、林内、林缘以及村屯、工矿企业、仓库、学校、部队营房、重要设施、名胜古迹和革命纪念地等周围,开设防火隔离带或者营造防火林带;

(三)配备防火交通运输工具、探火灭火器械和通信器材等;

(四)在重点林区,修筑防火道路,建立防火物资储备仓库。

开发林区和成片造林,应当同时制定森林防火设施的建设规划,同步实施。

第二十条　省、自治区、直辖市森林防火指挥部或者林业主管部门应当建立森林防火专用车辆、器材、设备和设施的使用管理制度,定期进行检查,保证防火灭火需要。

第二十一条　气象部门和林业主管部门,应当联合建立森林火险监测和预报站(点)。各级气象部门,应当根据森林防火的要求,做好森林火险天气监测预报工作,特别要做好高火险天气预报工作。报纸、广播、电视部门,应当及时发布森林火险天气预报和高火险天气警报。

第四章　森林火灾的扑救

第二十二条　任何单位和个人一旦发现森林火灾,必须立即扑救,并及时向当地人民政府或者森林防火指挥部报告。

当地人民政府或者森林防火指挥部接到报告后,必须立即组织当地军民扑救,同时逐级上报省级森林防火指挥部或者林业主管部门。

省级森林防火指挥部或者林业主管部门对下列森林火灾,应当立即报告中央森林防火总指挥部办公室:

(一)国界附近的森林火灾;

(二)重大、特大森林火灾;

(三)造成一人以上死亡或者三人以上重伤的森林火灾;

(四)威胁居民区和重要设施的森林火灾;

(五)二十四小时尚未扑灭明火的森林火灾;

(六)未开发原始林区的森林火灾;

(七)省、自治区、直辖市交界地区危险性大的森林火灾;

(八)需要中央支援扑救的森林火灾。

第二十三条　扑救森林火灾。由当地人民政府或者森林防火指挥部统一组织和指挥。接到扑火命令的单位和个人,必须迅速赶赴指定地点,投入扑救。

扑救森林火灾不得动员残疾人员,孕妇和儿童参加。

第二十四条　扑救森林火灾时,气象部门应当做好与火灾有关的气象预报;铁路、交通、民航等部门,应当优先提供交通运输工具;邮电部门应当保证通信的畅通;民政部门应当妥善安置灾民;公安部门应当及时查处森林火灾案件,加强治安管理;商业、供销、粮食、物资和卫生等部门,应当做好物资供应和医疗救护等工作。

第二十五条　森林火灾扑灭后,对火灾现场必须全面检查,清理余火,并留有足够人员看守火场,经当地人民政府或者森林防火指挥部检查验收合格后,方可撤出看守人员。

第二十六条　因扑救森林火灾负伤、致残或者牺牲的国家职工(含合同制工人和临时工,下同)由其所在单位给予医疗、抚恤;非国家职工由起火单位按照国务院有关当地人民政府给予医疗、抚恤。起火单位对起火没有责任或者确实无力负担的,由当地人民政府给予医疗、抚恤。

第二十七条　扑火经费按照下列规定支付:

(一)国家职工参加扑火期间的工资、差旅费,由其所在单位支付;

(二)国家职工参加扑火期间的生活补助费,非国家职工参加扑火期间的误工补贴和生活补助费,以及扑火期间所消耗的其他费用,按照省、自治区、直辖市人民政府规定的标准,由火灾肇事单位或者肇事个人支付;火因不清的,由起火单位支付;

(三)对本条第(二)项所指费用,火灾肇事单位、肇事个人或者起火单位确实无力支付的部分,由当地人民政府支付。

第五章　森林火灾的调查和统计

第二十八条　森林火灾分为:

(一)森林火警:受害森林面积不足一公顷或者其他林地起火的;

(二)一般森林火灾:受害森林面积在一公顷以上不足一百公顷的;

(三)重大森林火灾:受害森林面积在一百公顷以上不足一千公顷的;

(四)特大森林火灾:受害森林面积在一千公顷以上的。

第二十九条　发生森林火灾后,当地人民政府或者森林防火指挥部,应当及时组织有关部门,对起火的时间、地点、原因、肇事者,受害森林面积和蓄积,扑救情况、物资消耗、其他经济损失、人身伤亡以及对自然生态环境的影响等进行调查,记入档案。

本条例第二十二条第三款第(一)至(三)项所列的

森林火灾，以及烧入居民区、烧毁重要设施或者造成其他重大损失的森林火灾，由省级森林防火指挥部或者林业主管部门建立专门档案，报中央森林防火总指挥部办公室。

第三十条　地方各级森林防火指挥部或者林业主管部门，应当按照森林火灾统计报告表的要求，进行森林火灾统计，报上级主管部门和同级统计部门。森林火灾统计报告表由国务院林业主管部门制定，报国家统计部门备案。

第六章　奖励与处罚

第三十一条　有下列事迹的单位和个人，由县级以上人民政府给予奖励：

(一)严格执行森林防火法规，预防和扑救措施得力，在本行政区或者森林防火责任区内，连续三年以上未发生森林火灾的；

(二)发生森林火灾及时采取有力措施，积极组织扑救的，或者在扑救森林火灾中起模范带头作用，有显著成绩的；

(三)发现森林火灾及时报告，并尽力扑救，避免造成重大损失的；

(四)发现纵火行为，及时制止或者检举报告的；

(五)在查处森林火灾案件中作出贡献的；

(六)在森林防火科学研究中有发明创造的；

(七)连续从事森林防火工作十五年以上，工作有成绩的。

第三十二条　有下列第(一)项至(四)项行为之一的，处十元至五十元的罚款或者警告；有第(五)项行为的，处五十元至一百元的罚款或者警告；有第(六)项行为的，责令限期更新造林，赔偿损失，可以并处五十元至五百元的罚款：

(一)森林防火期内，在野外吸烟、随意用火但未造成损失的；

(二)违反本条例规定擅自进入林区的；

(三)违反本条例规定使用机动车辆和机械设备的；

(四)有森林火灾隐患，经森林防火指挥部或者林业主管部门通知不加消除的；

(五)不服从扑火指挥机构的指挥或者延误扑火时机，影响扑火救灾的；

(六)过失引起森林火灾，尚未造成重大损失的。

对有前款所列行为之一的责任人员或者在森林防火工作中有失职行为的人员，还可以视情节和危害后果，由其所在单位或者主管机关给予行政处分。

第三十三条　第三十二条规定的行政处罚，由县级以上林业主管部门或者其授权的单位决定。

当事人对林业主管部门或者其授权的单位作出的行政处罚决定不服的，可以在接到处罚通知之日起一个月内，向人民法院起诉；期满不起诉又不履行的，林业主管部门或者其授权的单位可以申请人民法院强制执行。

第三十四条　违反森林防火管理，依照《中华人民共和国治安管理处罚条例》的规定应当处以拘留的，由公安机关决定；情节和危害后果严重，构成犯罪的，由司法机关依法追究刑事责任。

第七章　附　则

第三十五条　本条例所指的林区，由各省、自治区、直辖市人民政府根据当地的实际情况划定，报国务院林业主管部门备案。

第三十六条　本条例由国务院林业主管部门负责解释。

第三十七条　省、自治区、直辖市人民政府，可以根据本条例，结合本地的实际情况，制定实施办法。

第三十八条　本条例自1988年3月15日起施行。

中央军委副秘书长洪学智在全军后勤工作会议闭幕会上发表讲话

1月6日开始举行的全军后勤工作会议16日结束。中央军委副秘书长洪学智在闭幕会上强调，军队后勤人员要忠于职守，廉洁奉公，遵纪守法，做一个全心全意为部队服务的“红管家”。

洪学智在讲话中肯定了军队后勤工作在过去的一年里取得的成绩。他说，在国防费比较紧，需要大大超过可能的情况下，各级后勤部门都能从大局出发，自觉做到局部服从全局，需要服从可能，在预算分配的经费范围内精打细算，合理安排，达到了“人少要把工作做好，钱少要把事情办好”的要求。

洪学智说，随着国家经济体制改革的深入，军队后勤工作面临着许多新情况、新问题，这就需要军队后勤人员积极主动地进行改革，看准一项改一项，抓出成效，不能求全责备，要求过急，更不能采取“叶公好龙”的态度，嘴上喊改革，一旦触及到自己的利益，就产生抵触情绪。后勤各项改革都要有利于调动积极性，激发生机和活力，提高效率和效益，增强后勤保障能力和部队战斗力。

洪学智说，后勤工作很实在，很具体，有些工作还很繁杂，关系到部队各项事业的发展，涉及广大干部、战士的切身利益。他要求后勤工作人员要牢固树立全局观念、战备观念、群众观念、政策纪律观念和勤俭节约观念，养成严、准、快、细的工作作风，讲真话，办实事，重成效，扎扎实实地为部队解决问题，全心全意地为部队建设服务。

三总部领导同志迟浩田、杨白冰、赵南起、刘安元等参加了闭幕式。

全国科技体制改革试点城市工作座谈会在黄石召开

会议表示,我国的科技体制改革今年将在巩固已有成果的基础上加快和深化,一系列改革的新政策新措施即将陆续出台。各地将以进一步放活科研机构和放宽放活科技人员的管理政策为重点,努力促进企业技术进步,促进发展以科技为支柱的农村商品生产。

关于放活科研机构。国家将在科研机构积极推进政研职责分开,进一步简政放权,将全面推行各种形式的承包经营责任制,实行所有权和经营管理权的分离。将鼓励科研机构面向社会公开招标,通过各类企事业单位、集体和个人的竞争选择确定经营者。科研单位内部可以分级承包,综合性大院大所可以划分成若干独立核算单位承包。对经营不好、效益很差的单位可以关停并转或向社会拍卖。国家将鼓励和支持科研机构以多种形式渗透并长入经济,发展成新型的科研经营实体。除了各种科研与生产联合、结合的形式外,科研机构还可以承包、租赁、购买企业。可以中心城市为依托,创办或联办各种所有制形式的分支机构等。将积极推广北京中关村电子一条街的经验,大力发展集体、个体、私营等民办科技机构,逐步形成国家、集体、个人一起办科技事业的新局面。

关于进一步放宽放活科技人员的管理政策。除了不久前已经报道的措施外,还要允许老少边穷和智力贫乏地区制定优惠政策吸引人才,沿海地区利用开放优势积极引进国内外智力。要完善专业技术职务聘任制,鼓励科技人员向改革倡导的、国民经济发展需要的方向流动。民办科技机构和乡镇企业可以实行单位内部的专业技术职务聘任制。

在增强企业技术开发和吸收能力方面,将把技术进步指标纳入企业承包经营责任制、厂长经理任期目标责任制和企业上等级的考核体系,逐步建立、健全企业特别是大中型企业的技术开发机构。厂办科研机构以本企业的技术进步作为中心任务,也可以向社会承揽各种开发和技术服务业务。具有一定规模的厂办科研机构经批准可以享受独立科研机构的待遇。

在农业科技体制的改革方面,国家将允许农村现有的各种技术推广服务机构开展有偿的技术服务,进行各种承包。允许他们"既开药方又抓药",经营与农业技术服务有关的农用生产资料。鼓励他们兴办或联办各种所有制的经济实体或技术服务组织,从事农产品加工、储运一类业务,以形成自我发展能力。

针板式万瓦二氧化碳激光器在华中工学院研制成功

据《人民日报》报道,华中工学院最近研制成功一台针板式万瓦二氧化碳激光器,这标志着我国在研制万瓦级连续波二氧化碳激光器方面已进入国际先进行列。研制针板式万瓦二氧化碳激光器是"七五"国家重点科技攻关项目。这种激光器可以在大型零件激光切割、深透焊接、表面合金化、特种合金的人工合成和高纯度高强度陶瓷冶炼等领域广泛应用,以解决常规工艺无法解决的技术难题,并能大大提高加工速度、工作效率和产品质量。目前,世界上只有美国、苏联、日本、加拿大和英国等少数技术发达国家能制造这种激光器。

中国第一台XJS—Ⅰ型无创性心功能自动检测仪通过部级鉴定

据《人民日报》报道,陕西省军区第35医院特诊科主任季志明在四医大教授臧益民的指导、协助下,研制出我国第一台XJS—Ⅰ型无创性心脏功能自动检测仪,并于最近通过部级鉴定。

这种新型仪器可在10分钟内快速检测人体心功能的27项指标,灵敏度高,特异性强,比人工测算提高功效40多倍。它对各类心脏病患者的诊断有重要价值,能对中老年健康人的心功能状况作出客观评价。军内外10多位专家教授认为:它准确、安全,填补了国内空白,部分指标达到了国际先进水平,是心功能检测的更新换代设备。

1月17日

中国水产业提前3年完成"七五"计划

据《人民日报》报道,在农牧渔业这个关系国计民生的大系统中,我国水产业率先提前3年实现了第七个五年计划的产量目标。去年,全国水产品产量达到940万吨,比1980年翻了一番多,比1986年增长14.1%。

我国水产品生产持续增长,突出反映在水产各业全面发展,生产结构日趋合理。淡水养殖面对着饲料、肥料等生产资料价格上涨、能源紧张、生产成本上升等不利因素,各地千方百计挖掘水域生产潜力,合理增加投入,走内涵扩大再生产为主的道路,调整品种结构,狠抓优质高产。全国养殖适销优质品种去年上升到50%左右,放养大规格鱼种数量比上年增加15%。海水养殖生产出现了以对虾为龙头,鱼、虾、贝、藻、海珍品一起上的可喜局面。全国对虾养殖面积和产量比上年又有大幅度增长。海洋捕捞产量也有增加。

回顾历史，我国水产品总产量继1984年突破600万吨、1985年突破700万吨、1986年突破800万吨，1987年突破900万吨，是第三次一年增长量突破100万吨。这样的发展速度在我国历史上是没有过的。成绩取得的关键是水产品购销政策放得比较彻底，水产经济体制综合改革继续在一些方面取得新的进展。

中国黑白电视产量居世界之首彩电居第三

据《人民日报》报道，1987年，我国电视机总产量1937万台，3年里产量翻了一番。其中彩电671万台，比上年猛增62.4%，彩色、黑白电视机比例首次突破1:3。

至此，我国城乡电视机拥有量突破1亿大关，达11200万台。在农村，每百户电视机拥有量已超过19台；城镇居民家庭的电视机拥有量超过83%。彩电成为我国最紧俏的耐用消费品之一，预计近两年内供不应求的状况难以解决。黑白电视机价格便宜，灵敏度高，在农村和边远地区仍受青睐，1987年的销量比上年猛增40%。

1987年全国城乡储蓄存款逾3000亿元

据《人民日报》报道，1987年我国城乡储蓄存款增长迅猛，储蓄存款余额首次超过3000亿元，达3075.31亿元。据统计，去年银行、信用社城乡居民储蓄存款比年初增加837.74亿元，相当于1949年至1983年的储蓄总额，增长幅度为36.2%。在银行、信用社当年增加的存款中，储蓄存款占的比重已由1986年的49.1%上升到57.7%。

我国城乡居民储蓄存款的增加，对扩大国家建设资金来源以及平衡市场起了积极的作用，但也反映出总供给与总需求的矛盾依然存在，一些居民要购买的商品供不应求，被迫将钱存入银行。

据金融界人士估计，目前我国城乡居民手中约有1200亿元的现金，这些人士指出，有关部门应根据居民消费结构和市场需求，调整产品结构和产业结构，增加适销对路产品的生产；与此同时，银行的储蓄形式更应多样化，特别是要给居民提供股票债券等可供选择的金融资产，以满足人民群众的不同需要。

1月18日

农牧渔业部部长何康在全国农业工作会议上提出今年农业生产全面发展的十项重要措施

在今日召开的全国农业工作会议上，何康提出今年农业生产全面发展的十项措施是：

一、深化改革，完善政策。要进一步完善家庭联产承包责任制，鼓励和支持农民进行兼业经营和专业经营，发展各种形式的专业性合作组织和联合经营。从落实国家和各地有关农业政策入手，进一步调动农民发展农业生产的积极性。国家规定：今年粮食继续实行“双轨制”和“三挂钩”；从今年到1990年，国家每年将增拨155万吨“议转平”饲料粮，扶持10个生猪主产省和京、津、沪三市的养猪生产。

二、保持粮食播种面积，稳定生猪存栏数，调整农业生产布局和结构。今年粮食播种面积要稳定在16.6亿亩左右。采取开发南方冬季农业，发展间作、套种以及在南方中稻区发展再生稻生产等措施，以弥补因经济作物扩种和耕地被占用而减少的粮食播种面积。棉花播种面积恢复到8200万亩。调整畜牧业生产结构，一要稳定生猪生产，二要积极发展饲料报酬高的家禽和牛、羊、兔等草食畜禽，三要努力提高优良畜禽的比重。

三、积极实施“丰收计划”，推广几项重大增产技术措施。在种植业方面，进一步推广高产、优质、抗病新品种和杂优新组合，继续扩大地膜覆盖栽培面积，加快普及各种作物的高产模式化栽培方法。在畜牧业方面，要大力推广优良畜禽、配合饲料、秸秆氨化饲料和青贮饲料、科学饲养、疫病防治等综合技术。

四、进一步深化农业科教体制改革。要大力兴办以服务为宗旨的经营实体，开展综合服务。要加强基层农业技术服务、经营管理等组织与农民专业技术协会、研究会的协作。

五、按照商品化、社会化、现代化的要求，大力推进商品基地建设。各类商品基地都要以增产、增调大量优质农产品为前提，逐步做到规模经营、增加物资技术装备，加快机械化步伐，成为农业科学技术和管理进步的示范区。

六、抓好开发农业、创汇农业。今年将首先抓好三江平原和黄淮海地区两个重点地区的开发。为了推动农业开发性建设，国务院已成立土地开发基金会，利用每年征收的耕地占用税，组织协调大片区域的开发性生产建设。今年要继续抓好农副产品出口生产体系建设工作，续建新建一批名特优创汇农产品生产基地。

七、积极参与流通体制改革，促进农产品产供销一体化。计划以京津沪为重点，配合地方探索如何建立大中城市副食品产供销一体化的管理体制，寻求解决大中城市副食品生产供应的有效办法。要继续抓好农工商、牧工商、渔工商等多种流通组织的建设。

八、抓好农业基础设施建设。要抓好良种、良畜的基础设施和基地的建设。

九、加强农业环境保护和农村能源工作。要继续抓紧农业环境监测网络的建设，力争“七五”末基本建成农业环境监测网。

十、以实事求是的精神和高度负责的态度，继续搞好贫困地区经济开发。各级农业部门要根据本地的实际，帮助选准解决温饱的突破口；优先建立一批优质农畜商品系列化生产基地。

中国职工思想政治工作研究会第四届年会在武汉召开

中共中央书记处书记芮杏文，以及来自全国各地、大中型厂矿企业的400余名思想政治工作者和代表，聚会江城武汉，共同探讨“党的十三大之后，如何改革、探索企业的思想政治工作新路子”。

国家经委副主任袁宝华在报告中，透露了党中央决定花两年或更长一点时间，有计划、有组织、有步骤地在全国各企业广大干部、职工中，开展党在社会主义初级阶段基本路线教育的这一信息。

袁宝华就企业党政分开问题、党组织如何对企业内部监督的问题作了分析。

如何搞好企业思想政治工作的自身改革，袁宝华同志认为，必须探索企业思想政治工作新格局、新路子，思想政治工作本身要向群众化、社会化、现代化、科学化、民主化方面发展。他说，“要从过去主要靠少数专职政工人员做思想政治工作，转变为专兼结合，靠大多数人做。这是一大改革。各个企业都应逐步建立起以行政干部、管理人员为主体，以专职政工干部为骨干，充分发挥党员、团员、劳动模范、积极分子带头作用的宏大思想政治工作队伍，逐步形成群众性的思想政治工作网络，使思想政治工作真正‘进车间、人班组、到人头’”。

他还提醒大家：“思想政治工作研究，需要科学的态度，求实的精神，使用行政办法，只会窒息这种精神，只有坚持‘双百’方针，在民主、平等的共同探讨中，才能增强研究工作的生机和活力。”

会上，中共中央宣传部、国家经济委员会、中华全国总工会表彰了97家1987年度全国思想政治工作优秀企业。

国办转发国家科委《关于科技人员业余兼职若干问题的意见》

意见指出，根据《中共中央关于科学技术体制改革的决定》的精神，已允许科技人员在完成本职工作和不侵犯本单位的技术权益、经济利益的前提下，业余从事科学技术工作。但是在如何处理本职和兼职的关系、合理分配劳动报酬以及维护单位、个人技术权益等方面也提出了新问题，需要明确具体政策界限。意见要求，在完成本职工作的前提下，可以在其他单位业余兼职。本岗位实行8小时工作制的，业余兼职应当在本职工作时间以外进行；不实行8小时工作制的，业余兼职应当在保证全面完成本职工作任务的情况下进行。

上海第二光学仪器厂王素丽研制的标准显微维氏硬度低块通过鉴定

《人民日报》报道，经上海市计量局测试，这项产品粗糙度、平行度、平面度、硬度均匀度、稳定度良好，合格率高。有关专家确认其主要技术指标已超过日本、美国同类产品的标准，达到80年代国际先进水平。标准显微维氏硬度块是显微硬度试验中必不可少的标准计量器具。

全国中小学教师职务评审工作会议在广西南宁召开

国家教委副主任何东昌在会上讲话说，首次中小学教师专业技术职务聘任工作不是“末班车”，今后要尽快将这项工作转入经常化、制度化。但是，评聘工作的改革方向不能变，一要有利于教师队伍建设；二要有利于教育方针的全面贯彻；三要有利于教师积极性的调动。这项工作既要克服平均主义，又要使教师感到合情合理、心情舒畅。为此，除了掌握好政策以外，大量的思想工作还要跟上。

国家教委副主任柳斌在肯定前段工作取得成绩的基础上，针对存在的问题强调了以下几点：

一、评聘工作要坚持改革的方向，一定要按政策办事，按民主程序办事，切实把这件好事办好，真正调动广大教师教书育人的积极性。

二、中小学教师高级职务的评聘与高等院校有不同特点，中小学教师的主要任务是教学工作和思想教育工作，不应片面强调科研论文。衡量教师任职资格的主要标准不应单纯看升学率，而应全面地看合格率、巩固率、差生转化率，以及教书育人的实绩。

三、对部分限额确实偏紧的地区和学校，各省、市、自治区可根据实际情况略增加一点中小学教师职务限额。兼任教学工作并符合标准的学校领导干部与教师在职务限额上有矛盾时，可由上级教育部门将指标划开，另行评审聘任。

四、评审工作是关键环节，因此对评审工作中的不正之风要坚决抵制。学校组建评审小组的教师比例不得少于2/3，教师职务评审名单都要由学校评审小组评议通过后才能向县级评委会推荐，任何人不得以个人名义向县评委会推荐，对评审小组通过的名单任何人不能扣压。上级评审委员会对基层评审工作中存在的问题，可进行检查，给予指导。

五、进一步下放权力,理顺工作关系。各省、自治区、直辖市职改领导小组要将中小学职改的权力下放给教育部门,放手让他们根据中小学的特点和实际情况开展工作。

全国少数民族文印刷字体评选授奖大会在北京召开

自1986年11月起,有关部门在全国范围内开展了对国务院批准使用的八种少数民族文印刷新字体的征集评选活动。此次评选,全国印刷新字体评委会注意从蒙古族、藏族、维吾尔族、哈萨克族、朝鲜族、壮族、彝族、傣族8种文字中征稿331件,评出一等奖11件、二等奖17件、三等奖23件。获奖作品90%出于各少数民族作者之手。

出席授奖会的有阿沛·阿旺晋美、赛福鼎·艾则孜、杨静仁等。

《经济大辞典·财政卷》出版

《经济大辞典·财政卷》是《经济大辞典》的一个分卷,又是一部相对独立的财政专科辞典。该书收词2366条,是目前我国收词最完备的一本财政辞典,已经出版的有农业经济卷、工业经济卷、商业经济卷、世界经济卷、金融卷和财政卷。

1月19日

中共中央书记处书记芮杏文在中国职工思想政治工作研究会第四届年会上发表讲话

芮杏文说,党的基本路线代表着人民群众的最大意愿和根本利益,当然也代表企业广大职工的最大意愿和根本利益。因此,企业思想政治工作的首要任务,是深入持久地进行党的基本路线的宣传教育,通过广泛讲解和阐释来统一认识、凝聚力量,动员和感奋职工,使党的基本路线变成职工的自觉行动。

他说,学习十三大报告精神,要把重点放在进一步解放思想,进一步发展生产力上。因为只有解放思想,才能更加提高执行十三大路线的自觉性。在我国,先进的生产力主要集中在城市,集中在企业,是和广大职工联系在一起的。企业职工积极性和创造性的发挥直接关系到改革开放的成败,关系到建设有中国特色社会主义的成败。现在,企业党的基本路线的学习和宣传已经取得一定成效。但是学习中也存在一些模糊的看法。研究和回答这些问题,是把学习和宣传党的基本路线引向深入的一个重要方面。

接着,芮杏文就物价问题,大城市中部分农副产品限量供应问题,党风问题和社会分配问题作了分析和解释。他说,物价问题已经受到党和各级政府的高度重视。物价上涨幅度较大的根本原因,是社会总需求大于总供给。但现在的情况同三年困难时期不同,现在的问题不是由于生产萎缩产生的,而是在经济不断增长中出现的。主要是由于基建投资过猛、消费增长过快引起的。如果用简单的行政手段把价格、工资都管死,是能够将物价控制住的,但多年的实践证明,这对生产不利,对搞活市场不利。在发展社会主义商品经济中,理顺价格体系是一项重要而极其复杂的任务。在这个过程中,物价的变动和调整势在必行,不以人的意志为转移。当然,又必须考虑群众的承受力,要有计划、有步骤地进行,尽量避免和减少物价上涨给群众生活带来的影响。至于市场上出现的投机倒把、哄抬物价等现象,则必须坚决反对和制止,同时加强对物价的监督和管理。对基建投资过猛、消费增长过快的问题,从根本上说必须靠建立、健全企业的自我约束机制和社会约束机制来解决。

芮杏文说,党风问题也要放在科学的基础上实事求是地分析。观察、分析党风问题不能离开改革开放,正确解决党风问题也不能离开改革开放。我们只有深入改革,增加透明度,增加开放程度,创造平等竞争的环境和机会,加强群众的民主监督和管理,才能逐步解决党内不正之风问题。如解决住房和人事方面的以权谋私问题,就与推行住房商品化,建立公务员制度的改革有很大关系。

他强调指出,改革中出现的问题要靠进一步深化改革来解决。他希望从事企业思想政治工作的同志在学习和宣传党的基本路线中,联系群众的思想实际,把十三大精神的学习不断引向深入,收到成效。

在谈到做好党政分开条件下企业的思想政治工作时,芮杏文说,根据党中央的部署,今年全党要重点抓好全民所有制工业企业领导体制的改革。在党政分开、实行厂长负责制的条件下,怎样做好企业的思想政治工作,是我们面临的一个新课题,需要全党认真研究。他着重谈了做好当前企业思想政治工作的四个问题:

第一,要解决思想认识问题。主要是正确理解企业党政分开、实行厂长负责制,进行企业领导体制改革的必要性和重要性。在这个问题上有了深刻的认识,思想统一了,才可能自觉地研究党政分开后思想政治工作的新格局、新路子,改进和加强企业的思想政治工作。

第二,企业的经常性思想政治工作,大体上有3个主要方面:首先,企业的思想政治工作要保证改革开放的顺利进行。企业的思想政治工作要贯彻以改革总揽全局的精神,通过思想政治工作,使广大职工加深对改革的理解,提高改革的自觉性,从而积极热情地投身改革。其次，企业的思想政治工作要围绕生产力的发展和企业经济效益的提高来展开，改变思想政治工作与经济工作相脱离的状况，保证企业生产、经营活动的顺利进行。最后，要培育出一支“有理想、有道德、有文化、有纪律”的职工队伍。要大力加强企业的社会主义精神文明建设，进行爱国主义、集体主义和社会主义的教育，提倡和培养积极进取的企业精神和职业道德，全面提高职工的素质，增强对封建主义和资本主义腐朽思想的抵御能力。

第三，要把“让人民知道”作为新时期思想政治工作的一条方针。这是我们党相信群众、依靠群众、走群众路线的光荣传统和历史经验在新时期的继承和发展。要在企业中建立民主协商对话制度，及时地让职工知道一个时期党和国家的重大事情，特别是重大改革政策、措施出台和决策的过程，从而自觉地投身到各项改革中去，使职工关心党和国家的重大事情，关心企业的重要事情，把自己的利益同国家利益、同企业利益紧密联系在一起。这样的思想政治工作就有生命力。

第四，探索和总结新时期企业的思想政治工作的新格局和新形式。各个地方和各个企业情况不同，要因地制宜，从具体情况出发，只要有利于生产力的发展，有利于两个文明的建设，有利于充分调动广大职工建设和改革的积极性，就允许探索和试验。

芮杏文最后说，在全民所有制企业中实行党政分开、厂长负责制，是我国今年的政治体制改革的工作重点，要坚定不移地积极推行。但不能一哄而起，要从实际出发，注意各项工作的衔接。同时要调动广大政工人员投入政治体制改革的积极性。广大政工干部是党的可信赖的队伍之一。他们不仅在历史上作出过很大的贡献，而且在党的十一届三中全会以来，积极宣传贯彻党的路线、方针和政策，为保证改革、开放的顺利进行，做了大量工作。许多同志长年埋头苦干，任劳任怨，工作是有成绩的。今后在进行党政分开的宣传时，特别要注意这个问题。既要充分肯定党委和政工干部的成绩和主流，又要讲清党政分开的道理，千万不要使他们感到灰溜溜的。要使大家能够更加自觉地、高高兴兴地转到思想政治工作的新轨道上来。

《中国：发展与改革》(1986 年卷)出版

《中国：发展与改革》年刊由中国经济体制改革研究所主编，由四川人民出版社出版。它是一本记载中国经济发展与体制改革进程的学术性年刊。它既包括对经济运行中的新趋势、新问题的反映，也包括对重大改革决策的思考与选择；既包括对国际经验的借鉴，也包括对中国经济、社会变革的回顾与展望。

西南航空公司一客机失事 机上 108 人全部遇难

中国民航西南航空公司 222 号伊尔 18 型客机从北京飞往四川重庆，北京时间 22 时 15 分时，在距重庆白市驿机场直线距离约 5 公里，大约东经 106 度 18 分，北纬 29 度 33 分处不幸坠毁。10 名机组人员、98 名乘客(其中有 3 名来自日本、1 名来自英国)全部不幸罹难。

空难发生后，重庆市政府及公安部门负责人立即赶到现场。国务院领导极为重视此次空难事件，李鹏代总理即派国务院副秘书长王书明飞抵重庆组织调查并处理善后事宜。

1月20日

国务院代总理李鹏重申计划生育国策不变

国务院代总理李鹏在听取了国家计划生育委员会、四川省、辽宁省的计划生育工作情况汇报后重申，计划生育作为我国一项基本国策是不会改变的，我国目前正处在人口生育高峰期，因此要继续提倡晚婚晚育，少生优生，一对夫妇只生育一个孩子，就是对农村中确有困难的家庭做些照顾，也要从严掌握。

各省、市、自治区的计生委主任和计划生育协会会长参加了汇报会。

李鹏肯定了十一届三中全会以来我国计划生育工作取得的成就。他说，我国人口自然增长率近年来有了大幅度下降，已经由 50—70 年代中期的 20‰下降到了 11‰—14‰的水平，已低于世界人口自然增长率的平均水平。如果不是计划生育，按 1970 年我国人口自然增长率推算，就会多生两亿人。李鹏指出，我国人口多，底子薄，经济发展不平衡，如果不从自己的国情出发控制人口的增长，发展生产所增加的财富就会被增长的人口抵消，国力不能增长，发展生产没有后劲，人民生活水平得不到提高。实践证明，我国的计划生育政策是正确的，成功的，对提高整个民族的素质、对民族兴旺发达发挥了巨大作用。

李鹏强调，计划生育工作是困难的、复杂的工作，是一项社会系统工程。既要克服社会上几千年遗留下来的传统观念的障碍，也会遇到群众在生产、生活方面存在的实际问题。所以，计划生育工作从根本上说是个群众工作，只能用宣传教育的办法，不能搞强迫命令，要靠人民群众自觉自愿，要充分发挥群众团体、民间组织的作用，群众的事情群众办，同时也需要各有关部门同心协力，共同支持。

在谈到加强党和政府对计划生育工作的领导问题时，李鹏说，在政治体制改革党政分开后，计划生育工作的重大问题仍然要由各级地方党委讨论决策，各级政府在执行方面负有更大的责任。要把计划生育工作的好坏作为考核各级政府政绩的一个重要方面。

在谈到今后的任务时,李鹏说,计划生育工作的重点在农村,难点也在农村。计划生育工作也要搞改革开放,随农村变化了的形势而开展工作。

财政部向各地发出《关于进一步搞好个人收入调节税征收管理工作的通知》

通知要求各级政府督促有关部门配合税务部门进一步搞好个人收入调节税的征收管理工作。

国务院颁布的《中华人民共和国个人收入调节税暂行条例》,自1987年1月1日起,全国除西藏外都已实施。但征收情况很不理想,全年收入仅完成年计划的39.2%。征收情况不好的原因主要是有些纳税义务人依法纳税观念淡薄,税务部门在征收过程中受到的干扰甚多。有不少已达到纳税标准的纳税义务人,不仅不主动申报纳税,而且采取种种手段偷税漏税;有的纳税义务人对税务部门催缴置之不理,甚至蛮横抗税。有些部门的领导同志,对开征个人收入调节税的意义认识不够,因而不支持税务部门的征收工作,也不支持代扣代缴单位的扣税工作,使税款流失。另外,税务部门人员少,征管力量薄弱,不能完全适应工作发展的需要也是一个重要因素。

征收个人收入调节税是对过高的个人收入进行调节所采取的有效措施,决不能放松管理。

为此,国务院责成财政部向各地发出通知,要求所有纳税人必须自觉依法申报纳税。对偷税逃税的,不管是什么人,都应按税法严肃处理。构成犯罪的,司法部门要依法查处。

外经贸部发布《中华人民共和国技术引进合同管理条例施行细则》

第一条 根据《中华人民共和国技术引进合同管理条例》(以下简称《条例》)第十二条的规定,制定本细则。

第二条 《条例》第二条规定的受方和供方签订的下列技术引进合同,不论供方国别和地区、受方资金来源和偿付方式,均应当按照《条例》和本细则的规定向审批机关申请办理审批手续。

(一)工业产权的转让或者许可合同。工业产权的转让或者许可合同是指涉及发明专利权、实用新型专利权、外观设计专利权以及商标权的转让或者许可的合同(仅涉及商标权转让的合同除外);

(二)专有技术许可合同。专有技术许可合同是指提供或者传授未公开过、未取得工业产权法律保护的制造某种产品或者应用某项工艺以及产品设计、工艺流程、配方、质量控制和管理等方面的技术知识的合同;

(三)技术服务合同。技术服务合同是指供方利用其技术为受方提供服务或者咨询以达到特定目标的合同,包括受方委托供方或者与供方合作进行项目可行性研究或者工程设计的合同,雇用外国地质勘探队或者工程队提供技术服务的合同,委托供方就企业技术改造、生产工艺或者产品设计的改进和质量控制、企业管理提供服务或者咨询的合同等(聘请外国人在中国企业任职的合同除外);

(四)含工业产权的转让或者许可、专有技术许可或者技术服务任何一项内容的合作生产合同和合作设计合同;

(五)含工业产权的转让或者许可、专有技术许可或者技术服务任何一项内容的成套设备、生产线、关键设备进口合同;

(六)审批机关认为应当履行审批手续的其他技术引进合同。

第三条 没有对外技术引进经营权的公司、企业、团体或者个人引进技术时,应当委托具有对外技术引进经营权的公司、企业对外签订技术引进合同,并出具委托书。

第四条 在中华人民共和国境内设立的中外合资经营企业、中外合作经营企业、外资企业(以下简称外商投资企业)从供方获得技术所签订的技术引进合同,应当按照本细则的规定办理审批手续。

外商投资企业的外国投资者以工业产权或者专有技术作为投资的,按照国家有关外商投资企业的法律和规定办理。

第五条 技术引进合同的审批机关是对外经济贸易部(以下简称经贸部)和经贸部授权的省、自治区、直辖市、沿海开放城市、经济特区和计划单列省辖市的对外经济贸易厅、委、局及其他管理机关(以下简称授权审批机关)。

第六条 技术引进合同,按照下列规定分级审批:

(一)由国务院各部、委和各直属机构批准可行性研究报告的项目,其技术引进合同由经贸部审批;

(二)由省、自治区、直辖市、沿海开放城市、经济特区和计划单列省辖市人民政府或者其授权主管机关批准可行性研究报告的项目,其技术引进合同由同级授权审批机关审批;如果该项技术引进合同系委托跨地区的其他公司对外签订的,在征得委托方所在地的授权审批机关同意后,可以由签约地的授权审批机关审批。合同批准后,签约地的授权审批机关应当将合同批准证书复印件送委托方所在地的授权审批机关备案。但是,跨地区委托设在北京的公司(不包括北京市

属公司)对外签订的技术引进合同,由经贸部审批;

(三)外商投资企业从供方获得技术所签订的技术引进合同,属于国务院各部、委和各直属机构批准的外商投资企业的,由经贸部审批;其他的分别由授权审批机关审批。

第七条　技术引进合同应当订明下列事项:

(一)合同名称;

(二)引进标的技术的内容、范围和要求;

(三)引进技术达标考核检验的标准、期限、措施及风险责任的承担;

(四)引进技术的保密义务,改进技术的归属和分享;

(五)价款或者报酬总价和各分项价格,以及支付方式;

(六)违约损失赔偿额的计算方式;

(七)争议的解决办法;

(八)名词和术语的解释。

与履行合同有关的附件资料,可根据当事人的协议作为技术引进合同的组成部分。

第八条　涉及在中国取得专利权或者商标权的转让或者许可的技术引进合同,应当写明有关专利号或者专利申请号、商标注册号和附具商标式样。属于专利权转让的,应当按照《中华人民共和国专利法》的规定,向专利局备案;属于商标许可的,应当按照《中华人民共和国商标法》的规定,向商标局备案。

第九条　供方应当保证所提供的技术或者文件资料完整、准确、有效,能够达到合同规定的技术目标。技术文件交付的时间应当符合受方工程的计划进度要求。

第十条　受方需要供方提供引进技术所需的原材料、零部件或者设备的,其价格不得高于国际市场上同类产品的价格。

第十一条　供方应当保证自己是所提供技术的合法拥有者,或者保证自己有权转让或者许可该项技术。受方使用转让或者许可的技术生产或者销售产品如被第三方指控侵权,应当由供方负责应诉;如被第三方指控的侵权成立,受方的经济损失由供方负责赔偿。

第十二条　在合同有效期内,改进技术的所有权,包括申请专利的权利,属于改进方。在受方向供方提供改进技术时,其条件应当与供方向受方提供改进技术的条件相同。

第十三条　对供方提供或者传授的专有技术和有关技术资料,受方应当按照合同约定的范围和期限承担保密义务。保密期限一般不得超过合同有效期限;因特殊情况需要超过合同有效期的,应当在合同中订明,并在申请办理审批手续时申明理由。

在受方承担保密义务期限内,由于非受方原因技术被公开,受方承担的保密义务即行终止。合同规定供方在合同在有效期内向受方提供其发展和改进技术的,受方可以在合同期满后继续承担保密义务,保密期限自供方提供该项技术之日起计算,但该期限不得超过原合同规定的期限。

第十四条　未经审批机关批准,合同中不得含有限制受方利用引进技术生产的产品出口的条款。但属于下列情况之一的除外:

(一)供方已签订独占许可合同的国家和地区;

(二)供方已签订独家代理合同的国家和地区。

第十五条　未经审批机关批准,合同中不得规定禁止受方在合同期满后继续使用技术的条款。合同期满时,引进技术所涉及的专利尚未期满的,应当按照《中华人民共和国专利法》的有关规定办理。

第十六条　供方应当按照中华人民共和国税法的规定纳税。

第十七条　技术引进合同的受方或者代理对外签约的公司、企业,应当在签约之日起三十日内,按照本细则第六条的规定向审批机关报送下列正式文件:

(一)合同报批申请书。申请书内容应当包括合同名称、供方国别及厂商名称、引进标的技术的内容和范围、项目可行性研究报告的批准机关及文号等;

(二)合同副本(如系外文本,应当附合同中文译本);

(三)签约各方的法律地位证明文件的复印件;

(四)经批准的可行性研究报告及资金落实情况。

为有助于合同审批,受方或者代理对外签约的公司、企业可以在谈判前或者谈判过程中,就合同主要内容或者某些条款向审批机关征求意见或者提请预审。

第十八条　本细则第十七条规定报送的技术引进合同及其他文件中有下列情况之一的,审批机关应当责成当事人限期修改,不修改的,不予批准:

(一)违反国家现行法律和法规、损害社会公共利益;

(二)损害国家主权;

(三)合同内容与批准的项目可行性研究报告不符;

(四)合同的基本条款和内容不完善;

(五)合同未对所转让或者许可的技术引起的产权争议及其他履约中出现争议的责任及其解决办法作出明确、合理规定;

(六)合同未对所转让或者许可的技术应当达到的技术水平、经济效益,包括对使用该项技术生产产品的质量保证作出合理规定;

(七)引进技术的价格和支付方式不合理;

(八)合同各方的权利、责任、义务的规定不够明确、对等、合理;

(九)合同规定有未经国家税务机关同意的税收优惠承诺。

第十九条　审批机关应当在收到申请之日起六十日内决定批准或者不批准。审批机关按照第十八条规定提出修改的合同,其审批期限自收到修改后的合同文本或者修改书之日起计算。

审批机关逾期未予答复的,视为合同获得批准。

第二十条　合同自批准之日起生效,由审批机关颁发经贸部统一印制和编号的《技术引进合同批准证书》。

第二十一条　技术引进合同超过《条例》第八条规定的十年期限或者含有《条例》第九条规定的限制性条款的,受方应当在按照本细则的规定办理审批手续时,向审批机关提交申请报告,详细说明理由。

第二十二条　修改经批准的技术引进合同的技术标的内容、价格、期限及保密期限条款,应当经签约各方协商一致并征得原审批机关书面同意。该项修改与原批准的技术标的内容不符或者超过原批准所需外汇金额的,应当按照《条例》第四条和第十一第以及本细则第六条的规定重新办理审批手续。

第二十三条　授权审批机关应当在批准技术引进合同之日起十日内,将《技术引进合同批准证书》的复印件及其他有关资料报送经贸部备案。

第二十四条　技术引进合同在执行过程中办理有关银行担保、信用证、支付、结汇、报关纳税等项业务时,应当按照规定向有关机关出示《技术引进合同批准证书》或者其复印件;不能出示的,银行、海关、税务机关有权拒绝受理。

第二十五条　本细则由经贸部负责解释,由经贸部自行修订。

第二十六条　本细则自发布之日起施行。1985年9月18日经贸部发布的《技术引进合同审批办法》同时废止。

中国与挪威两国政府关于海事地面卫星站赠款协议在北京签署

根据协议,挪威将向中国提供244.5万美元赠款,用于这座北京海事地面卫星站的建设。

同时签署的还有中国海洋石油总公司与挪威国家石油公司关于中国南海琼东南盆地52/26合同区初探井合同以及中挪合资北京华威大厦管理合同、设计和建筑合同。根据中挪两家石油公司签署的合同,挪方有义务钻一口初探井,之后再决定是否继续进行勘探。合同区面积为3740平方公里,水深90米左右。目前,挪方在中国海上两个合作区参有股份。这一合同的签署标志着两国海上石油合作进入了一个新阶段。

国务院代总理李鹏、挪威首相布伦特兰夫人等出席了签字仪式。

中国记协在人民大会堂举行成立50年纪念会

中国记协原名中国青年记协,1937年11月在周恩来同志的关怀和指导下于上海成立。在50年的漫长岁月里,中国记协团结全国新闻工作者,为中华民族的解放,民主革命的胜利和人民共和国的繁荣昌盛,作出了自己应有的贡献。现在,它已经成为在国内外新闻界享有声望的全国性人民团体,拥有地方记协、专业记协、新闻学会和团体会员150多个,会员人数达到40万人,还同世界上100多个国家和地区的新闻界朋友开展了友好往来。

胡启立、宋平、薄一波、耿飚、黄华、周谷城、荣毅仁、陈慕华、周培源、费孝通、雷洁琼等参加在人民大会堂举办的纪念会。薄一波、周谷城,以及中宣部部长王忍之、新闻出版署署长杜导正等到会发表祝词。他们的祝词期望全国新闻工作者,要坚定地站在改革开放和现代化建设的前列,以高度的政治热情和全部聪明才智,去宣传群众、组织群众、教育群众。要进一步解放思想,努力提高新闻工作的开放程度,注重社会协商对话,发挥舆论监督作用,积极审慎地把新闻改革推向前进。

中国记协主席吴冷西发表讲话表示,一定要继承中国记协的光荣传统,把中国记协的工作做得更好。

老一辈新闻工作者刘尊棋、陆诒,首都新闻界代表王晨、丁一岚在会上讲了话。顾执中、爱泼斯坦发表了书面讲话。

大型画册《宋庆龄伟大光荣的一生》出版

为纪念宋庆龄诞辰95周年,大型画册《宋庆龄伟大光荣的一生》已由中国和平出版社出版,新华书店发行。邓小平为画册题签。该画册共收录宋庆龄一生各个历史时期重要活动的图片292幅,其中"宋庆龄一家",1942年宋庆龄在重庆与蒋介石、宋蔼龄、宋美龄的合影,1965年10月5日宋庆龄在北京寓所会见李宗仁夫妇等127幅图片系首次刊行,十分珍贵。画册文字部分为中、英文对照。

1月21日

六届全国人大常委会第二十四次会议在人民大会堂闭会

会议决定中华人民共和国第七届全国人民代表大

会第一次会议于1988年3月25日在北京召开。

会议在彭真委员长、陈丕显副委员长主持下通过了各项议程。

会议通过了关于召开第七届全国人民代表大会第一次会议的决定。这项决定除定下了七届全国人大一次会议的召开日期外，还提出了这次会议主要议程的建议。

会议通过了中华人民共和国水法。水法共7章，53条，分为总则，开发利用，水、水域和水工程的保护，用水管理，防汛与抗洪，法律责任，附则。它将自1988年7月1日起施行。

会议通过了全国人民代表大会常务委员会关于惩治走私罪的补充规定、全国人民代表大会常务委员会关于惩治贪污罪贿赂罪的补充规定。

会议还通过了全国人大法律委员会、财经委员会、华侨委员会关于六届全国人大五次会议主席团分别交付这3个委员会审议的代表提出的议案审议结果的报告。

会议根据国务院代总理李鹏的提名，任命彭珮云为国家计划生育委员会主任；免去王伟的国家计划生育委员会主任职务。

经过本次会议第四次审议的中华人民共和国全民所有制工业企业法草案将提交七届全国人大一次会议审议。

这次常委会议期间，胡绩伟等16位委员提出了听取关于实施文物保护法情况汇报的议案，刘有光等45位委员提出了关于解决国防科工委驻边疆等艰苦地区部队职工离退休和补充问题的议案。由于这次常委会议来不及审议，这两项议案将根据常委会议事规则的规定，会后由委员长会议研究后再作安排。

出席今天会议的全国人大常委会副委员长有耿飚、彭冲、阿沛·阿旺晋美、赛福鼎·艾则孜、周谷城、严济慈、荣毅仁、叶飞、廖汉生、黄华、楚图南。

国务委员康世恩，最高人民法院院长郑天翔，最高人民检察院检察长杨易辰，列席了会议。

国家主席李先念签署第61号令公布《中华人民共和国水法》

《中华人民共和国水法》已由中华人民共和国第六届全国人民代表大会常务委员会第二十四次会议于1988年1月21日通过，现予公布，自1988年7月1日起施行。

中华人民共和国主席 李先念

1988年1月21日

中华人民共和国水法

第一章 总 则

第一条 为合理开发利用和保护水资源，防治水害，充分发挥水资源的综合效益，适应国民经济发展和人民生活的需要，制定本法。

第二条 本法所称水资源，是指地表水和地下水。在中华人民共和国领域内开发、利用、保护、管理水资源，防治水害，必须遵守本法。

海水的开发、利用、保护和管理，另行规定。

第三条 水资源属于国家所有，即全民所有。

农业集体经济组织所有的水塘、水库中的水，属于集体所有。

国家保护依法开发利用水资源的单位和个人的合法权益。

第四条 国家鼓励和支持开发利用水资源和防治水害的各项事业。

开发利用水资源和防治水害，应当全面规划、统筹兼顾、综合利用、讲求效益，发挥水资源的多种功能。

第五条 国家保护水资源，采取有效措施，保护自然植被，种树种草，涵养水源，防治水土流失，改善生态环境。

第六条 各单位应当加强水污染防治工作，保护和改善水质。各级人民政府应当依照水污染防治法的规定，加强对水污染防治的监督管理。

第七条 国家实行计划用水，厉行节约用水。

各级人民政府应当加强对节约用水的管理。各单位应当采用节约用水的先进技术，降低水的消耗量，提高水的重复利用率。

第八条 在开发、利用、保护、管理水资源，防治水害，节约用水和进行有关的科学技术研究等方面成绩显著的单位和个人，由各级人民政府给予奖励。

第九条 国家对水资源实行统一管理与分级、分部门管理相结合的制度。

国务院水行政主管部门负责全国水资源的统一管理工作。

国务院其他有关部门按照国务院规定的职责分工，协同国务院水行政主管部门，负责有关的水资源管理工作。

县级以上地方人民政府水行政主管部门和其他有关部门，按照同级人民政府规定的职责分工，负责有关的水资源管理工作。

第二章 开发利用

第十条 开发利用水资源必须进行综合科学考察和调查评价。全国水资源的综合科学考察和调查评价，由国务院水行政主管部门会同有关部门统一进行。

第十一条 开发利用水资源和防治水害，应当按流域或者区域进行统一规划。规划分为综合规划和专业规划。

国家确定的重要江河的流域综合规划，由国务院水行政主管部门会同有关部门和有关省、自治区、直辖市人民政府编制，报国务院批准。其他江河的流域或者区域的综合规划，由县级以上地方人民政府水行政主管部门会同有关部门和有关地区编制，报同级人民政府批准，并报上一级水行政主管部门备案。综合规划应当与国土规划相协调，兼顾各地区、各行业的需要。

防洪、治涝、灌溉、航运、城市和工业供水、水力发电、竹木流放、渔业、水质保护、水文测验、地下水普查勘探和动态监测等专业规划，由县级以上人民政府有关主管部门编制，报同级人民政府批准。

经批准的规划是开发利用水资源和防治水害活动的基本依据。规划的修改，必须经原批准机关核准。

第十二条　任何单位和个人引水、蓄水、排水，不得损害公共利益和他人的合法权益。

第十三条　开发利用水资源，应当服从防洪的总体安排，实行兴利与除害相结合的原则，兼顾上下游、左右岸和地区之间的利益，充分发挥水资源的综合效益。

第十四条　开发利用水资源，应当首先满足城乡居民生活用水，统筹兼顾农业、工业用水和航运需要。在水源不足地区，应当限制城市规模和耗水量大的工业、农业的发展。

第十五条　各地区应当根据水土资源条件，发展灌溉、排水和水土保持事业，促进农业稳产、高产。

在水源不足地区，应当采取节约用水的灌溉方式。

在容易发生盐碱化和渍害的地区，应当采取措施，控制和降低地下水的水位。

第十六条　国家鼓励开发利用水能资源。在水能丰富的河流，应当有计划地进行多目标梯级开发。

建设水力发电站，应当保护生态环境，兼顾防洪、供水、灌溉、航运、竹木流放和渔业等方面的需要。

第十七条　国家保护和鼓励开发水运资源。在通航或者竹木流放的河流上修建永久性拦河闸坝，建设单位必须同时修建过船、过木设施，或者经国务院授权的部门批准采取其他补救措施，并妥善安排施工和蓄水期间的航运和竹木流放，所需费用由建设单位负担。

在不通航的河流或者人工水道上修建闸坝后可以通航的，闸坝建设单位应当同时修建过船设施或者预留过船设施位置，所需费用除国家另有规定外，由交通部门负担。

现有的碍航闸坝，由县级以上人民政府责成原建设单位在规定的期限内采取补救措施。

第十八条　在鱼、虾、蟹洄游通道修建拦河闸坝，对渔业资源有严重影响的，建设单位应当修建过鱼设施或者采取其他补救措施。

第十九条　修建闸坝、桥梁、码头和其他拦河、跨河、临河建筑物、铺设跨河管道、电缆，必须符合国家规定的防洪标准、通航标准和其他有关的技术要求。

因修建前款所列工程设施而扩建、改建、拆除或者损坏原有工程设施的，由后建工程的建设单位负担扩建、改建的费用和补偿损失的费用，但原有工程设施是违章的除外。

第二十条　兴建水工程或者其他建设项目，对原有灌溉用水、供水水源或者航道水量有不利影响的，建设单位应当采取补救措施或者予以补偿。

第二十一条　兴建跨流域引水工程，必须进行全面规划和科学论证，统筹兼顾引出和引入流域的用水需求，防止对生态环境的不利影响。

第二十二条　兴建水工程，必须遵守国家规定的基本建设程序和其他有关规定。凡涉及其他地区和行业利益的，建设单位必须事先向有关地区和部门征求意见，并按照规定报上级人民政府或者有关主管部门审批。

第二十三条　国家兴建水工程需要移民的，由地方人民政府负责妥善安排移民的生活和生产。安置移民所需的经费列入工程建设投资计划，并应当在建设阶段按计划完成移民安置工作。

第三章　水、水域和水工程的保护

第二十四条　在江河、湖泊、水库、渠道内，不得弃置、堆放阻碍行洪、航运的物体，不得种植阻碍行洪的林木和高秆作物。

在航道内不得弃置沉船，不得设置碍航渔具，不得种植水生植物。

未经有关主管部门批准，不得在河床、河滩内修建建筑物。

在行洪、排涝河道和航道范围内开采砂石、砂金，必须报经河道主管部门批准，按照批准的范围和作业方式开采；涉及航道的，由河道主管部门会同航道主管部门批准。

第二十五条　开采地下水必须在水资源调查评价的基础上，实行统一规划，加强监督管理。在地下水已经超采的地区，应当严格控制开采，并采取措施，保护地下水资源，防止地面沉降。

第二十六条　开采矿藏或者兴建地下工程，因疏干排水导致地下水水位下降、枯竭或者地面塌陷，对其他单位或者个人的生活和生产造成损失的，采矿单位或者建设单位应当采取补救措施，赔偿损失。

第二十七条　禁止围湖造田。禁止围垦河流，确需围垦的，必须经过科学论证，并经省级以上人民政府批准。

第二十八条 国家保护水工程及堤防、护岸等有关设施,保护防汛设施、水文监测设施、水文地质监测设施和导航、助航设施,任何单位和个人不得侵占、毁坏。

第二十九条 国家所有的水工程,应当按照经批准的设计,由县级以上人民政府依照国家规定,划定管理和保护范围。

集体所有的水工程应当依照省、自治区、直辖市人民政府的规定,划定保护范围。

在水工程保护范围内,禁止进行爆破、打井、采石、取土等危害水工程安全的活动。

第四章 用水管理

第三十条 全国和跨省、自治区、直辖市的区域的水长期供求计划,由国务院水行政主管部门会同有关部门制订,报国务院计划主管部门审批。地方的水长期供求计划,由县级以上地方人民政府水行政主管部门会同有关部门,依据上一级人民政府主管部门制订的水长期供求计划和本地区的实际情况制订,报同级人民政府计划主管部门审批。

第三十一条 调蓄径流和分配水量,应当兼顾上下游和左右岸用水、航运、竹木流放、渔业和保护生态环境的需要。

跨行政区域的水量分配方案,由上一级人民政府水行政主管部门征求有关地方人民政府的意见后制订,报同级人民政府批准后执行。

第三十二条 国家对直接从地下或者江河、湖泊取水的,实行取水许可制度。为家庭生活、畜禽饮用取水和其他少量取水的,不需要申请取水许可。

实行取水许可制度的步骤、范围和办法,由国务院规定。

第三十三条 新建、扩建、改建的建设项目,需要申请取水许可的,建设单位在报送设计任务书时,应当附有审批取水申请的机关的书面意见。

第三十四条 使用供水工程供应的水,应当按照规定向供水单位缴纳水费。

对城市中直接从地下取水的单位,征收水资源费;其他直接从地下或者江河、湖泊取水的,可以由省、自治区、直辖市人民政府决定征收水资源费。

水费和水资源费的征收办法,由国务院规定。

第三十五条 地区之间发生的水事纠纷,应当本着互谅互让、团结协作的精神协商处理;协商不成的,由上一级人民政府处理。在水事纠纷解决之前,未经各方达成协议或者上一级人民政府批准,在国家规定的交界线两侧一定范围内,任何一方不得修建排水、阻水、引水和蓄水工程,不得单方面改变水的现状。

第三十六条 单位之间、个人之间、单位与个人之间发生的水事纠纷,应当通过协商或者调解解决。当事人不愿通过协商、调解解决或者协商、调解不成的,可以请求县级以上地方人民政府或者其授权的主管部门处理,也可以直接向人民法院起诉;当事人对有关人民政府或者其授权的主管部门的处理决定不服的,可以在接到通知之日起15日内,向人民法院起诉。

在水事纠纷解决之前,当事人不得单方面改变水的现状。

第三十七条 县级以上人民政府或者其授权的主管部门在处理水事纠纷时,有权采取临时处置措施,当事人必须服从。

第五章 防汛与抗洪

第三十八条 各级人民政府应当加强领导,采取措施,做好防汛抗洪工作。任何单位和个人,都有参加防汛抗洪的义务。

第三十九条 县级以上人民政府防汛指挥机构统一指挥防汛抗洪工作。

在汛情紧急的情况下,防汛指挥机构有权在其管辖范围内调用所需的物资、设备和人员,事后应当及时归还或者给予适当补偿。

第四十条 县级以上人民政府应当根据流域规划和确保重点兼顾一般的原则,制订防御洪水方案,确定防洪标准和措施。全国主要江河的防御洪水方案,由中央防汛指挥机构制订,报国务院批准。

防御洪水方案经批准或者制定后,有关地方人民政府必须执行。

第四十一条 在防洪河道和滞洪区、蓄洪区内,土地利用和各项建设必须符合防洪的要求。

第四十二条 按照天然流势或者防洪、排涝工程的设计标准或者经批准的运行方案下泄的洪水、涝水,下游地区不得设障阻水或者缩小河道的过水能力;上游地区不得擅自增大下泄流量。

第四十三条 在汛情紧急的情况下,各级防汛指挥机构可以在其管辖范围内,根据经批准的分洪、滞洪方案,采取分洪、滞洪措施。采取分洪、滞洪措施对毗邻地区有危害的,必须报经上一级防汛指挥机构批准,并事先通知有关地区。

国务院和省、自治区、直辖市人民政府应当分别对所管辖的滞洪区、蓄洪区内有关居民的安全、转移、生活、生产、善后恢复、损失补偿等事项,制定专门的管理办法。

第六章 法律责任

第四十四条 违反本法规定取水、截水、阻水、排水、给他人造成妨碍或者损失的,应当停止侵害,排除妨碍,赔偿损失。

第四十五条　违反本法规定，有下列行为之一的，由县级以上地方人民政府水行政主管部门或者有关主管部门责令其停止违法行为，限期清除障碍或者采取其他补救措施，可以并处罚款；对有关责任人员可以由其所在单位或者上级主管机关给予行政处分：

（一）在江河、湖泊、水库、渠道内弃置、推放阻碍行洪、航运的物体的，种植阻碍行洪的林木和高秆作物的，在航道内弃置沉船、设置碍航渔具、种植水生植物的；

（二）未经批准在河床、河滩内修建建筑物的；

（三）未经批准或者不按照批准的范围和作业方式，在河道、航道内开采砂石、砂金的；

（四）违反本法第二十七条的规定，围垦湖泊、河流的。

第四十六条　违反本法规定，有下列行为之一的，由县级以上地方人民政府水行政主管部门或者有关主管部门责令其停止违反行为，采取补救措施，可以并处罚款；对有关责任人员可以由其所在单位或者上级主管机关给予行政处分；构成犯罪的，依照刑法规定追究刑事责任：

（一）擅自修建水工程或者整治河道、航道的；

（二）违反本法第四十二条的规定，擅自向下游增大排泄洪涝流量或者阻碍上游洪涝下泄的。

第四十七条　违反本法规定，有下列行为之一的，由县级以上地方人民政府水行政主管部门或者有关主管部门责令其停止违法行为，赔偿损失，采取补救措施，可以并处罚款；应当给予治安管理处罚的，依照治安管理处罚条例的规定处罚；构成犯罪的，依照刑法规定追究刑事责任：

（一）毁坏水工程及堤防、护岸等有关设施，毁坏防汛设施、水文监测设施、水文地质监测设施和导航、助航设施的；

（二）在水工程保护范围内进行爆破、打井、采石、取土等危害水工程安全的活动的。

第四十八条　当事人对行政处罚决定不服的，可以在接到处罚通知之日起15日内，向作出处罚决定的机关的上一级机关申请复议；对复议决定不服的，可以在接到复议决定之日起15日内，向人民法院起诉。当事人也可以在接到处罚通知之日起15日内，直接向人民法院起诉。当事人逾期不申请复议或者不向人民法院起诉又不履行处罚决定的，由作出处罚决定的机关申请人民法院强制执行。

对治安管理处罚不服的，依照治安管理处罚条例的规定办理。

第四十九条　盗窃或者抢夺防汛物资、水工程器材的，贪污或者挪用国家救灾、抢险、防汛、移民安置款物的，依照刑法规定追究刑事责任。

第五十条　水行政主管部门或者其他主管部门以及水工程管理单位的工作人员玩忽职守、滥用职权、徇私舞弊的，由其所在单位或者上级主管机关给予行政处分；对公共财产、国家和人民利益造成重大损失的，依照刑法规定追究刑事责任。

第七章　附　则

第五十一条　中华人民共和国缔结或者参加的，与国际或者国境边界河流、湖泊有关的国际条约、协定，同中华人民共和国法律有不同规定的，适用国际条约、协定的规定。但是，中华人民共和国声明保留的条款除外。

第五十二条　国务院可以依据本法制定实施条例。

省、自治区、直辖市人民代表大会常务委员会可以依据本法，制定实施办法。

第五十三条　本法自1988年7月1日起施行。

国家主席李先念签署第62号令公布《全国人民代表大会常务委员会关于惩治走私罪的补充规定》

《全国人民代表大会常务委员会关于惩治走私罪的补充规定》已由中华人民共和国第六届全国人民代表大会常务委员会第二十四次会议于1988年1月21日通过，现予公布，自公布之日起施行。

中华人民共和国主席　李先念

1988年1月21日

全国人民代表大会常务委员会关于惩治走私罪的补充规定

根据《中华人民共和国刑法》和全国人民代表大会常务委员会《关于严惩严重破坏经济的罪犯的决定》中关于惩治走私罪的规定，作如下补充规定：

一、走私鸦片等毒品、武器、弹药或者伪造的货币的，处7年以上有期徒刑，并处罚金或者没收财产；情节特别严重的，处无期徒刑或者死刑，并处没收财产；情节较轻的，处7年以下有期徒刑，并处罚金。

二、走私国家禁止出口的文物、珍贵动物及其制品、黄金、白银或者其他贵重金属的，处5年以上有期徒刑，并处罚金或者没收财产；情节特别严重的，处无期徒刑或者死划，并处没收财产；情节轻的，处5年以下有期徒刑，并处罚金。

三、以牟利或者传播为目的，走私淫秽的影片、录像带、录音带、图片、书刊或者其他淫秽物品的，处3年以上10年以下有期徒刑，并处罚金；情节严重的，处10年以上有期徒刑或者无期徒刑，并处罚金或者没收财产；情节较轻的，处3年以下有期徒刑或者拘役，并处罚金。

四、走私本规定第一条至第三条规定以外的货物、物品的，根据情节轻重，分别依照下列规定处罚：

(1)走私货物、物品价额在50万元以上的，处10年以上有期徒刑或者无期徒刑，并处罚金或者没收财产；情节特别严重的，处死刑，并处没收财产。

(2)走私货物、物品价额在15万元以上不满50万元的，处7年以上有期徒刑，并处罚金或者没收财产；情节特别严重的，处无期徒刑，并处没收财产。

(3)走私货物、物品价额在5万元以上不满15万元的，处3年以上10年以下有期徒刑，并处罚金。

(4)走私货物、物品价额在2万元以上不满5万元的，处3年以下有期徒刑或者拘役，并处罚金；情节较轻的，或者价额不满2万元的，由海关没收走私货物、物品和违法所得，可以并处罚款。

二人以上共同走私的，按照个人走私货物、物品的价额及其在犯罪中的作用，分别处罚。对走私集团的首要分子，按照集团走私货物、物品的总价额处罚；对其他共同走私犯罪中的主犯，情节严重的，按照共同走私货物、物品的总价额处罚。

对多次走私未经处理的，按照累计走私货物、物品的价额处罚。

五、企业事业单位、机关、团体走私本规定第一条至第三条规定的货物、物品的，判处罚金，并对其直接负责的主管人员和其他直接责任人员，依照本规定对个人犯走私罪的规定处罚。

企业事业单位、机关、团体走私本规定第一条至第三条规定以外的货物、物品，价额在30万以上的，判处罚金，并对其直接负责的主管人员和其他直接责任人员，处5年以下有期徒刑或者拘役；情节特别严重，使国家利益遭受重大损失的，处5年以上10年以下有期徒刑，价额不满30万元的，由海关没收走私货物、物品和违法所得，可以并处罚款，对其直接负责的主管人员和其他直接责任人员，由其所在单位或者上级主管机关酌情予行政处分。

企业事业单位、机关、团体走私，违法所得归私人所有的，或者以企业事业单位、机关、团体的名义进行走私，共同分取违法所得，依照本规定对个人犯走私罪的规定处罚。

六、下列走私行为，根据本规定构成犯罪的，依照第四条、第五条的规定处罚：

(1)未经海关许可并且未补缴关税，擅自将批准进口的来料加工、来件装配、补偿贸易的原材料、零件、制成品、设备等保税货物，在境内销售牟利的。

(2)假借捐赠名义进口货物、物品的，或者未经海关许可并且未补缴关税，擅自将捐赠进口的货物、物品或者其他特定减税、免税进口的货物、物品，在境内销售牟利的。

前款所列走私行为，走私数额较小，不构成犯罪的，由海关没收走私货物、物品和违法所得，可以并处罚款。

七、下列行为，以走私罪论处，依照本规定的有关规定处罚：

(1)直接向走私人非法收购国家禁止进口物品的，或者直接向走私人非法收购走私进口的其他货物、物品，数额较大的。

(2)在内海、领海运输、收购、贩卖国家禁止进出口物品的，或者运输、收购、贩卖国家限制进出口货物、物品，数额较大，没有合法证明的。

前款所列走私行为，走私数额较小，不构成犯罪的，由海关没收走私货物、物品和违法所得，可以并处罚款。

八、与走私罪犯通谋，为其提供贷款、资金、账号、发票、证明，或者为其提供运输、保管、邮寄或者其他方便的，以走私罪的共犯论处。

九、全民所有制、集体所有制企业事业单位、机关、团体违反外汇管理法规，在境外取得的外汇，应该调回境内而不调回，或者不存入国家指定的银行，或者把境内的外汇非法转移到境外，或者把国家拨给的外汇非法出售牟利的，由外汇管理机关依照外汇管理法规强制收兑外汇、没收违法所得，可以并处罚款，并对其直接负责的主管人员和其他直接责任人员，由其所在单位或者上级主管机关酌情给予行政处分；情节严重的，除依照外汇管理法规强制收兑外汇、没收违法所得外，判处罚金，并对其直接负责的主管人员和其他直接责任人员，处5年以下有期徒刑或者拘役。

企业事业单位、机关、团体或者个人非法倒买倒卖外汇牟利，情节严重的，按照投机倒把罪处罚。

十、武装掩护走私的，依照本规定第一条的规定从重处罚。

以暴力、威胁方法抗拒缉私的，以走私罪和刑法第一百五十七条规定的阻碍国家工作人员依法执行职务罪，依照数罪并罚的规定处罚。

十一、国家工作人员利用职务上的便利犯走私罪的，从重处罚。

十二、对犯走私罪的，依法判处没收走私货物、物品、违法所得和属于本单位或者本人所有的走私运输工具。

十三、处理走私案件没收的财物和罚金、罚款收入，全部上缴国库，不得提成，不得私自处理。私分没收的财物和罚金、罚款收入的，以贪污论处。

十四、依法追究刑事责任的走私案件，查获机关应当将案卷和走私货物、物品的清单、照片等证据一并移送司法机关;走私货物、物品除不易长期保存的可以依照规定处理外,应当就地封存,妥善保管,司法机关可以随时查核。

十五、本规定所称走私货物、物品价额,按照犯罪查获时当地的国营商业零售价格计算。价格无法计算的,由有关主管部门估定。

十六、本规定自公布之日起施行。

国家主席李先念签署第63号令公布《全国人民代表大会常务委员会关于惩治贪污罪贿赂罪的补充规定》

《全国人民代表大会常务委员会关于惩治贪污罪贿赂罪的补充规定》已由中华人民共和国第六届全国人民代表大会常务委员会第二十四次会议于1988年1月21日通过,现予公布,自公布之日起施行。

中华人民共和国主席　李先念

1988年1月21日

全国人民代表大会常务委员会关于惩治贪污罪贿赂罪的补充规定

根据《中华人民共和国刑法》和全国人民代表大会常务委员会《关于严惩严重破坏经济的罪犯的决定》中关于惩治贪污罪贿赂罪的规定,作如下补充规定:

一、国家工作人员、集体经济组织工作人员或者其他经手、管理公共财物的人员,利用职务上的便利,侵吞、盗窃骗取或者以其他手段非法占有公共财物的,是贪污罪。

与国家工作人员、集体经济组织工作人员或者其他经手管理公共财物的人员勾结,伙同贪污的,以共犯论处。

二、对犯贪污罪的,根据情节轻重,分别依照下列规定处罚:

(1)个人贪污数额在5万元以上的,处10年以上有期徒刑或者无期徒刑,可以并处没收财产;情节特别严重的,处死刑,并处没收财产。

(2)个人贪污数额在1万元以上不满5万元的,处5年以上有期徒刑,可以并处没收财产;情节特别严重的,处无期徒刑,并处没收财产。

(3)个人贪污数额在2000元以上不满1万元的,处1年以上7年以下有期徒刑;情节严重的,处7年以上10年以下有期徒刑。个人贪污数额在2000元以上不满5000元,犯罪后自首、立功或者有悔改表现、积极退赃的,可以减轻处罚,或者免予刑事处罚,由其所在单位或者上级主管机关给予行政处分。

(4)个人贪污数额不满2000元,情节较重的,处2年以下有期徒刑或者拘役;情节较轻的,由其所在单位或者上级主管机关酌情给予行政处分。

二人以上共同贪污的,按照个人所得数额及其在犯罪中的作用,分别处罚。对贪污集团的首要分子,按照集团贪污的总数额处罚;对其他共同贪污犯罪中的主犯,情节严重的,按照共同贪污的总数额处罚。

对多次贪污未经处理的,按照累计贪污数额处罚。

三、国家工作人员、集体经济组织工作人员或者其他经手、管理公共财物的人员,利用职务上的便利,挪用公款归个人使用,进行非法活动的,或者挪用公款数额较大、进行营利活动的,或者挪用公款数额较大、超过3个月未还的,是挪用公款罪,处5年以下有期徒刑或者拘役;情节严重的,处5年以上有期徒刑。挪用公款数额较大不退还的,以贪污论处。

挪用救灾、抢险、防汛、优抚、救济款物归个人使用的,从重处罚。

挪用公款进行非法活动构成其他罪的,依照数罪并罚的规定处罚。

四、国家工作人员、集体经济组织工作人员或者其他从事公务的人员,利用职务上的便利,索取他人财物的,或者非法收受他人财物为他人谋取利益的,是受贿罪。

与国家工作人员、集体经济组织工作人员或者其他从事公务的人员勾结,伙同受贿的,以共犯论处。

国家工作人员、集体经济组织工作人员或者其他从事公务的人员,在经济往来中,违反国家规定收受各种名义的回扣、手续费,归个所有的,以受贿论处。

五、对犯受贿罪的,根据受贿所得数额及情节,依照本规定第二条的规定处罚,受贿数额不满1万元,使国家利益或者集体利益遭受重大损失的,处10年以上有期徒刑,受贿数额在1万元以上,使国家利益或者集体利益遭受重大损失的,处无期徒刑或者死刑,并处没收财产。索贿的从重处罚。

因受贿而进行违法活动构成其他罪的,依照数罪并罚的规定处罚。

六、全民所有制企业事业单位、机关、团体,索取、收受他人财物,为他人谋取利益,情节严重的,判处罚金,并对其直接负责的主管人员和其他直接责任人员,处5年以下有期徒刑或者拘役。

七、为谋取不正当利益,给予国家工作人员、集体经济组织工作人员或者其他从事公务的人员以财物的,是行贿罪。

在经济往来中,违反国家规定,给予国家工作人员、集体经济组织工作人员或者其他从事公务的人员以财物,数额较大的,或者违反国家规定,给予国家工作人员、集体经济组织工作人员或者其他从事公务的人员以回扣、手续费的,以行贿论处。

因被勒索给予国家工作人员、集体经济组织工作人员或者其他从事公务的人员以财物，没有获得不正当利益的，不是行贿。

八、对犯行贿罪的，处5年以下有期徒刑或者拘役；因行贿谋取不正当利益，情节严重的，或者使国家利益、集体利益遭受重大损失的，处5年以上有期徒刑；情节特别严重的，处无期徒刑，并处没收财产。

行贿人在被追诉前，主动交代行贿行为的，可以减轻处罚，或者免予刑事处罚。

因行贿而进行违法活动构成其他罪的，依照数罪并罚的规定处罚。

九、企业事业单位、机关、团体为谋取不正当利益而行贿，或者违反国家规定，给予国家工作人员、集体经济组织工作人员或者其他从事公务的人员以回扣、手续费，情节严重的，判处罚金，并对其直接负责的主管人员和其他直接责任人员，处5年以下有期徒刑或者拘役。因行贿取得的违法所得归私人所有的，依照本规定第八条的规定处罚。

十、国家工作人员在对外交往中接受礼物，依照国家规定应当交公而不交公，数额较大的，以贪污罪论处。

十一、国家工作人员的财产或者支出明显超过合法收入，差额巨大的，可以责令说明来源。本人不能说明其来源是合法的，差额部分以非法所得论，处5年以下有期徒刑或者拘役，并处或者单处没收其财产的差额部分。

国家工作人员在境外的存款，应当依照国家规定申报。数额较大、隐瞒不报的，处2年以下有期徒刑或者拘役；情节较轻的，由其所在单位或者上级主管机关酌情给予行政处分。

十二、贪污、挪用的公共财物一律追缴；贿赂财物及其他违法所得一律没收。

追缴的贪污、挪用财物，退回原单位；依法不应退回原单位的，上缴国库，没收的财物收入，一律上缴国库。

十三、本规定自公布之日起施行。

国务院代总理李鹏 副总理姚依林在中南海听取中国人民银行全国分行长会议的汇报并讲话

李鹏说，我国要发展社会主义有计划的商品经济，需要加强宏观控制。银行是国家进行宏观调控的主要手段，起着关键的作用。

李鹏说，去年我国的整个经济形势是好的。银行在支持改革开放、推动经济建设的发展中起了重要作用。银行在自身的改革方面也迈出了新的步伐，特别是在开拓资金市场，通过资金的拆借融通，支持了生产的发展。但是，在我们的经济生活中，也有一些不稳定的因素，社会总需求仍然大于总供给，最突出的是基建规模仍然过大，消费基金增长过快。基建规模过大又主要表现为预算外基建增长太快。李鹏说，银行应该在控制预算外基建上发挥自己应有的作用。

李鹏说，我国还是一个发展中国家，国力有限，因此还需要提倡勤俭节约、艰苦奋斗的精神。他说，近几年建了一些不应该建的楼堂馆所，造成不小的浪费，败坏了社会风气。今后必须加以控制，特别是国家机关应该带个好头，银行在贷款方面要严格把关。

李鹏指出，专业银行不仅要讲自身的经济效益，同时还要担负起宏观调控的职能，银行的信贷政策要服从国家的宏观经济政策，对国家急需发展的能源、交通、原材料等基础工业，银行要给予大力支持，对需要控制的一般加工工业，银行在信贷上要给予限制，以发挥银行调节经济的杠杆作用。李鹏说，目前社会各部门对资金的需求较大，资金供求矛盾突出，银行在工作中受到了种种压力，国务院将采取有力的措施来支持银行的工作。

姚依林在讲话中说，去年国家对信贷实行的适当紧缩的政策对稳定经济起了积极作用，但要使国民经济真正保持持续稳定的发展，还需要较长时间的努力，不能因为去年四季度信贷紧缩了一些，现在就可以放松了。姚依林说，今年既要把价格上涨限制在一定范围，把货币发行控制在一定量，同时又要保持国民经济的持续发展，任务很艰巨，因此要统一思想，千万不要盲目乐观。

姚依林说，当前一些地方的同志都希望把生产和建设的速度搞得快一点，这种想法可以理解，但不能只讲发展，要在稳定经济、稳定物价的前提下，加快经济发展的速度。

国务委员陈慕华、王丙乾也听取了汇报。

全国黄金工作会议在北京召开

会议表示，我国黄金企业今年全面推行承包经营责任制，以加快黄金生产的发展。

开放改革9年来，我国黄金行业走出了一条中央与地方、国营与集体、大中小矿一齐上，优先发展地方和中小企业的路子，已经形成具有地质、生产、科研、设计等专业配套，门类齐全的黄金队伍，黄金生产取得好的成绩，1987年全国黄金产量提前一个月完成了国家计划，大部分省区完成了增产计划。

为了加快黄金生产，今年，在黄金生产企业推行“两包一挂”承包经营责任制，包产量、包利润，职工工资与产量挂钩，实行超利润基数分成，以鼓励企业增强自我积累、自我发展的能力。

为尽快落实、完善承包制，中国黄金总公司总经理黄玉珩强调采取以下几项措施：一、运用法律手段，通过签订承包合同来确定相互间责权利关系；二、引入竞争机制，通过招标投标产生合格的经营者和确定合理的承包基数；三、实行矿长(经理)负责制，确定矿长在企业的中心地位，实行党政分开；四、在企业内部实行各项配套改革，改善劳动组织，改进分配制度和干部人事制度，充分调动职工的积极性。

电影《盗马贼》荣获第四届第三世界电影节的头奖

《盗马贼》是青年导演田壮壮1985年推出的力作，描述了几十年前一位年青牧民因生活贫困而沦为盗马贼的故事。

前法中友协主席、法国的中国电影专家雷吉·布热隆在电影节闭幕式上说，《盗马贼》和《黄土地》等影片虽然不能代表整个中国电影的现状，但它们是新一代电影导演进行探索的作品，在电影艺术上有很大的创新和突破。

西安发现中国最早的天象图壁画

据《人民日报》报道，西安交通大学院内发现一座罕见的西汉壁画墓。专家们认为，该墓表现28宿天象图的大型彩色壁画，是我国迄今发现最早、最完整的天象图壁画。壁画还使人看到我国最早的晕染法绘画技巧，从而打破了晕染法从印度传入中国的传统说法。此外，这座汉墓采用长方形条砖、楔形砖和楔形子母扣砖等砌合而成，不用粘料，这也十分罕见。

西安交通大学校址位于古周秦京畿之地、西汉上林苑东部和唐兴庆宫所在地。1987年4月，该校在基建时发现了这座砖砌券顶古墓。

国务院副秘书长王书明看望会见重庆空难部分死难者单位负责人

国务院副秘书长王书明、四川省副省长马麟、重庆市市长肖秧、中国民航总局副局长阎志祥在中共重庆市委办公厅看望、会见了空难一部分死难者单位负责人。

会见时，王书明等认真听取了死难者单位的意见和建议，并当场对死难者抚恤及接待工作作出了相应的决定。

当日晚上，李鹏代总理打电话给王书明，详细地询问“1·18”空难事故处理的进展情况，对参加调查和善后工作的解放军、武警、公安、医务、民政、民航及当地县、区、乡干部和群众表示慰问和感谢，并再次嘱咐各方面再接再厉，密切配合，努力做好善后工作。

1月22日

国务院代总理李鹏在中南海会见铁道部 交通部 民航局3个会议部分代表

会见时，李鹏表示，最近两次铁路事故、一次飞机空难事故，都给人民生命财产、交通正常秩序带来严重后果，引起社会各界的关注，我也感到心情沉重。交通运输的安全问题至关重要，所有交通部门都要坚决贯彻安全第一方针，树立安全第一思想，要把它作为精神文明和职业道德的一个重要标志。

会上，铁路、交通、民航的负责同志分别就本部门去年的工作情况及今年的安排作了汇报。

以大包干为主体的铁路经济体制改革逐步深入。去年年底，全国12个铁路局已实现全面承包，包运量，包基建，包投入产出，一包3年。铁路运输生产持续稳定发展，去年完成客运量11.15亿人次，货运量13.69亿吨；大包干两年来，货运量每年增长4000万吨以上，平均增长速度达30%。在基本建设方面，铁道部确定的“北战大秦、南攻衡广、中取华东”三大战役，进展也较顺利。

交通部按照政企分开的原则，转变职能，下放企业。原由部直接管理的沿海港口即将全部下放完毕。同时，加强了行业管理，重点加强了法制建设，全年颁布的交通法规63件。去年共建成投产35个泊位，其中深水泊位10个。新增吞吐能力近1000万吨。全年新建、改建公路共32000公里，其中一级公路590多公里，二级公路4400多公里，是历年来最多的一年。

去年民航运输生产实现两个历史性突破：一是运输总周转量突破20亿吨公里；二是旅客运输量突破1000万人，达到1280万人。去年民航增加各型飞机30架，净增座位3173个，使全民航客座上升到17953个。改革9年，民航事业发展很快。按运输周转量计算，现在的民航相当于改革前的6个民航。

汇报中，中国民航局局长胡逸洲心情沉痛，主动为“1·18”空难事故承担责任，请求国务院给予处分，并表示要积极工作，以弥补给国家和人民造成的损失。李鹏代总理对胡逸洲这种敢于承担责任的精神予以肯定。

李鹏说，今后交通部门发生事故，都要严肃对待，处理好善后工作，认真查清事故原因和责任，举一反三，接受经验教训。但不可灰心丧气，在事故面前无所作为，越在这时越要振奋精神，做好工作。

李鹏说，交通运输各部门在改革开放中迈出了新的步伐，成绩显著，发展很快，但仍不能满足国民经济发展需要，仍是国民经济中的一个薄弱环节。要发展有计划的商品生产，搞外向型经济，发展工农业生产，都离不开交通运输。交通运输要列入国家和地方投资重点。要大家办交通，不能把办交通只看作是国家的事情。

李鹏最后说，在即将进行的国家机关机构体制改革中，国家已经给予交通运输部门的各项优惠政策不会变动。各运输部门和企业要做到工作不断不乱，人员各司其职，有秩序有计划地进行改革。当前交通运输各部门要集中力量搞好春节运输，加强安全保卫工作，让广大人民群众高高兴兴过好春节。

国务院发出《关于加强铁路运输安全工作的紧急通知》

最近，铁路先后发生两起客车重大伤亡事故，给国家和人民的生命财产带来惨重损失。为确保铁路运输安全，特别是旅客运输的绝对安全，特作如下紧急通知：

一、铁路系统要立即对全路职工进行一次广泛深入的安全生产教育，使每个职工牢固树立安全第一的思想；严格执行规章制度，切实落实岗位责任制，重点落实“七防”（防机车冒进信号、防车站错办列车进路、防车辆断轴、防撞养路机具、防火、防爆、防破坏）措施。对违反规定的，要从严处理，并追究单位主管领导的责任。

二、抓紧检查行车设备，限期解决危及安全的问题，及时消除隐患。对已有的安全保障设施，要用好、管好、维修好。较大客运站要添置必要的检测设备。要普及事故救援知识，提高有关人员抢险应变能力。

三、要切实搞好春节旅客铁路运输工作。今年的春运，要提前安排，铁路部门要有计划地增加客运服务人员，多开售票窗口，延长售票时间，主动到高等院校和工矿企业预售车票。要控制客车严重超员，凡客流积压的区段，采取加挂客车、加开临时客车等措施及时疏散。客运和货运发生矛盾时，先客后货，统筹安排。

四、严格贯彻执行《国务院批转铁道部关于严禁旅客携带易燃、易爆危险品进站上车保证春运安全的紧急报告》的规定。广泛开展宣传工作，组织力量严格查堵，防止“三品”（易燃、易爆、有毒危险品）进站上车。各级人民政府和有关单位要加强对“三品”生产、销售、存放的管理。对违反规定生产、销售“三品”的厂家和个人，要坚决予以取缔。公安机关要配合铁路部门搞好“三品”查堵，在重点车站、列车和对重点对象实行开包检查。对携带“三品”进站上车的旅客，要处以拘留和罚款，直至追究刑事责任；同时，追查“三品”来源，追究有关单位主管领导的责任。

五、严禁非法拆卸和收购铁路器材，对违反规定的单位和个人，视情节轻重给予处罚，直至追究刑事责任；对盗窃、破坏铁路设备、器材的严重刑事犯罪分子，坚决依法惩处。要加强对铁路沿线城镇、乡村居民的爱路护路教育，同破坏铁路设施的违法犯罪行为进行斗争，保护国家财产安全。

六、春运期间，客流量较大，有些地方的铁路部门维护站、车秩序力量不足，各级人民政府和各有关部门有责任给予支持和帮助。新闻宣传机构和有关单位要广泛开展宣传工作，动员全社会支持和协助铁路搞好安全运输。

全国工商联在北京举行工作研讨会

全国工商联副主席黄凉尘在开幕词中说，中共十三大肯定了我国社会仍处在社会主义初级阶段，提出了在这一历史阶段的基本路线，这是我们开展一切工作的根本依据。运用社会主义初级阶段理论，根据改革开放的精神，联系实际，研讨工商联的性质、任务、地位和作用；组织形式；工商联与党政机关和其他社会团体的关系以及工商联今后的工作和发展问题，是这次研讨会要研讨的根本问题。

了解，目前，全国工商联已拥有56万多个新老会员，其中有6万多个是近两年来在进行吸收新会员试点当中发展的。

研讨会还进行了大会发言。天津市工商联主委乔维熊在发言中说，为了便于发挥工商联的职能和作用，使工商联工作有法可依，建议立法部门应尽快制定《工商联法》。

全国工商联副主席张敬礼、中共中央统战部秘书长胡德平等参加了今天研讨活动。

全国每年森林病虫害损失超过去年大兴安岭林火灾

据《人民日报》报道，目前全国森林病虫害发生面积比每年植树造林的总面积还多；一年造成的经济损失，相当于国家给林业的总投入，超过去年大兴安岭特大森林火灾的直接损失，被人们称为“不冒烟的森林火灾”。

各地林业部门反映，这样大面积的森林病虫害，已持续了几年，去年的来势更猛。一直未得到有效控制的松毛虫，现已遍及24个省、市、自治区，全国5亿多亩松林中，有4000多万亩发生松毛虫害，比1965年扩大了近1倍。原来经过防治灾情减轻的竹蝗、大袋蛾等虫害，由于近几年放松了监视防治，又有回头。竹蝗已危害竹林面积百万亩以上，大袋蛾危害华北、中原地区的泡桐达1亿多株，全国40%的杨树受到春尺蠖、杨毒蛾、光肩星天牛、黄斑星天牛、杨树溃疡病等侵害。

原来只在福建、广东两省小面积对湿地松危害的松针褐斑病，现已扩散到南方8个省、自治区，去年仅广东省受害面积就达11万多亩。

尤其严重的是，前些年传入我国的美国白蛾、松突圆蚧蔓延速度惊人。危害200多种农林植物的“森林蝗虫”——美国白蛾，1979年首次在我国辽宁省发现后，由于缺乏防治经验，现已扩散到山东、陕西两省的7个市、30个县。被称为松树“癌症”的松突圆蚧，1982年发现从港澳传进广东，1983年发生虫害面积为171万亩，1984年为260万亩，1986年为470万亩，1987年已发展到18个县(市)的650万亩。这种“松癌”，将威胁我国南方大面积松林。广东省为防治这种虫害的扩散，已成立了由省政府负责同志领导的指挥部。

林业部负责同志说，对森林病虫害的防治，虽然近几年来林业部门做了许多工作，但未控制灾害的蔓延。他认为，灾害发展到这样严重的状况，是长期以来多方面原因积累而成的。比如，造林工作粗放、森林植物检疫工作薄弱、防治手段落后和资金不足等。扭转森林病虫害严重局面，是今后几年林业工作的一项十分重要而又紧迫的任务。当务之急，要立即动员起来，采取一切可能的措施，力争在两三年内把美国白蛾、松突圆蚧和正在南京一带蔓延的松材线虫病危险性极大的3种病虫害，封锁在局部地区，以便彻底扑灭。

1987年中国外贸扭转逆差

据《人民日报》报道，1987年，我国外贸收支状况有较大改善，进出口贸易基本平衡并略有顺差，改变了连续三年外贸有较大逆差的状况，使国家外汇储备有所增加，同时，批准新建外商投资企业2230家，致使我国外资企业总数达到10008家。这是经贸部新闻发言人周可仁今天向中外记者宣布的。

去年我国对外贸易成绩显著，出口有较大幅度增加，进口得到适当控制，进出口商品结构进一步趋于合理，纺织、化工、轻工、工艺、土畜等制成品比重上升，机电产品出口和技术出口也有长足的发展。根据经贸部业务统计，去年我国进出口贸易总额达到673.38亿美元，比1986年增长12.1%，其中出口贸易额346.03亿美元，增长28.1%进口，贸易额327.35亿美元，减少1.1%。

1987年，投资结构进一步优化，在新批准的外资企业中，炼油、显像管、复印机、空调等生产型企业占85%，比重呈上升趋势，政府确认的先进技术型企业和出口型企业已达831家。

去年，国际承包市场日益困难的形势下，我国对外承包工程和劳务合作的合同金额达17.43亿美元，完成营业额11.05亿美元，比上年分别增加28.52%和13.53%，目前我在国外的劳务人员有6万余人。与此同时，我国还在国外开办了总投资额为13亿美元的合营企业124个，我方投资3.5亿元，占总额的27%。

大型电视系列片《西游记》摄制完成

据《人民日报》报道，由中国电视剧制作中心录制的大型电视系列片《西游记》，经过6年艰苦拍摄，现已全部完成，一共25集，2月1日开始在中央电视台从头播放。

这是第一次将古典名著《西游记》完整地搬上屏幕，规模宏大，制作比较精细，神话的故事和神奇的景色和谐地结合在一起，把观众引入色彩绚丽的神话世界中。剧组在18省、市、自治区采景拍摄，行程10多万公里，完成了1.2万个镜头，使用了1000个特技，把祖国的秀丽山川摄入画面并与神话世界融为一体。剧中角色众多，有名有姓的就有400个左右，演员达3000多人次，戏曲、电影、电视界著名演员上百人参加演出。

据导演杨洁介绍：已播过的前11集，这次在艺术上有所改动，主要是音乐风格统一了，故事情节更趋完整。

杨得志长篇新作《为了和平》出版

中央顾问委员会常委、前中国人民志愿军司令员杨得志回忆抗美援朝战争的长篇新作《为了和平》由长征出版社出版。徐向前元帅题写书名。

在38年前发生的这场战争中，杨得志同志担任过中国人民志愿军司令员，指挥过许多重大战役。这部回忆录以真挚的情感，朴实的文字，回顾了抗美援朝战争的全过程，描绘了中国人民志愿军和朝鲜人民军并肩作战，同敌人斗智斗勇，最终挫败敌人的军事进攻和在和平谈判中的种种阴谋。

中国佛教协会名誉会长班禅额尔德尼·确吉坚赞为两万多名信教群众摸顶

两万多名来自西藏各地和青海、甘肃、四川等省的信教群众，带着吉祥的哈达，双手合十，排队接受班禅大师的摸顶。

班禅大师来到大昭寺门前时，喇嘛们打着黄伞、提着藏香，以隆重的宗教仪式迎接他。班禅大师在大昭寺首先朝拜了释迦牟尼佛像，并同喇嘛们共诵“长寿经”。大昭寺的喇嘛向班禅大师敬献了哈达和佛教供品曼荼罗。有的教徒要求班禅大师为自己的婴儿取名，他为孩子取了吉祥的名字。

1月23日

国务院副秘书长常捷在全国政府部门对内接待工作会议上讲话

国务院副秘书长常捷在会上强调，要发扬艰苦奋斗、勤俭节约的优良传统，坚决制止和纠正接待工作中标准过高、铺张浪费的现象。

国务院秘书长陈俊生主持了会议。

常捷指出，党的十一届三中全会以来，政府部门对内接待工作同其他部门的工作一样取得了可喜的成绩，这是各级领导和接待服务部门的广大干部、职工共同努力的结果。同时，我们也应当看到，政府部门对内接待工作也还存在一些亟待解决的问题，最为突出的是接待标准过高、铺张浪费的现象比较严重。

常捷要求，在对内接待工作上要把大家的认识统一到十三大和中央、国务院领导同志讲话精神上来，把艰苦奋斗、勤俭节约作为政府部门对内接待工作的指导思想，长期坚持下去；认真贯彻执行中央、国务院的有关规定，各地区、各部门要按照中央、国务院的规定，清理、修订本地区、本部门对内接待工作的有关制度办法，对接待对象、范围、标准、审批权限、监督检查等作出明确的规定，并严格执行；贯彻改革的精神，转变思想观念，消除某些陈规陋习对接待工作的影响，改变那些不搞丰盛的宴请，就认为是不热情，不搞众多陪同，就觉得不够规格，不搞礼节性的迎送，就唯恐怠慢了客人等旧观念，深化改革，建立适合新情况的新制度。

常捷强调，我们一方面反对高标准、铺张浪费；一方面必须把接待工作搞好，服务热情周到，使客人感到满意。

全国安全生产委员会第十次全体会议在北京召开

全国安全生产委员会主任张劲夫同志在会议上听取了部分地区、部门关于去年安全生产情况的汇报。

去年6月，大兴安岭发生特大火灾后，国务院发出了《关于加强安全生产管理的紧急通知》。尔后，不少地区、部门采取了落实措施，收到了不同程度的成效，下半年安全状况有所改善。例如，去年1—11月份，全国发生火灾28027起，比前年下降19%，死亡人数下降13%；交通部直属运输船舶事故的件数，去年比前年下降9%，沉船数下降63.0%，死亡人数下降86.4%。

但是值得注意的是，若干方面的严重状况，仍未好转。据统计，去年全国共发生公路交通事故28万多起，死亡5万多人，比前年上升3.8%；铁路路外事故上升3.9%，死亡人数上升5.9%。绝大多数乡镇企业劳动条件很差，伤亡事故和职业病严重的局面仍然没有改变。

针对上述情况，张劲夫同志提出今年着重抓好以下几项工作：

——着重解决改革中的安全生产问题。在实行企业所有权与经营权分离，促进横向联合，发展多种所有制经济的同时，对安全生产工作需要采取有效措施，加强管理和监督。要研究新情况，解决新问题。例如企业承包后普遍存在的拼人力、拼设备的倾向等，都需细心研究，探索解决办法。

——建立地方政府的安全生产责任制。安全生产状况的好与不好，与当地政府有无责任制，领导同志是不是认真抓，有很大关系。去年，上海、北京、安徽、江苏等省市负责同志亲自过问了安全工作，安全生产状况就有了改观。

——加强行业安全管理。在政治体制改革中，加强行业的安全管理，在经济部门转变职能后，仍然是一项重要任务。去年，煤炭部、交通部、机械委抓了行业安全管理，收到了成效。

——要根据财力可能，有重点地对少数安全条件太差的单位给以政策支持，促其限期改善设施条件。逐步完善安全生产的法制。

全国邮电工作会议在北京召开

邮电部部长杨泰芳全国邮电工作会议开幕式上说，最近一个时期，沿海各省市正在就发展外向型经济，加入国际大循环问题进行研究和部署，这一形势将给基础仍很薄弱的邮电通信带来新的更大的压力和动力。

杨泰芳说，前几年由于改革开放，各地对邮电通信需求急剧增长，给邮电部门带来了压力，出现第一次冲击波；发展外向型经济，加入国际大循环，参加国际竞争，频繁的各种方式的信息交流，将对包括电信、邮政在内的整个农村通信、市话通信、长途通信和国际通信提出新的更高的要求，出现第二次冲击波。

去年邮电部在邮电通信能力、邮电业务总量和企业经济效益等方面都是历史上最好的一年。全年市话交换机增容95.5万门，长话电路增加7923条，邮电业务总量达到38.86亿元，通信企业业务收入达到50.45亿元，全行业实现利润14.37亿元，比上年增长56%。为迎接第二次冲击波的到来，除国家干线的建设，仍需争取国家投资外，对包括省内二级干线在内的地方通信设施，则主要靠地方支持和企业自筹资金解决。邮电部准备逐步改变单纯依靠国家拨款搞建设的模式，采取多方投资、联合建设、负债经营、利用银行贷款和外资等多种形式,不失时机地把通信能力搞上去。今年邮电部计划固定资产投资18.11亿元,其中技术改造7.5亿元。新增通信能力是:市话装机70万门,投产50万门,长途设备电路1万条,业务电路0.7万条,建筑邮电局房200万平方米。

中国武器装备研制将纳入有计划商品经济轨道

据《人民日报》报道,为适应国家经济体制改革的形势,克服我国武器装备研制存在的弊端,近年来,国防科工委与有关部门对武器装备研制的拨款办法、计划管理、经费管理以及实行合同制等方面进行了一系列重大改革和调整。武器装备研制已全面推行合同制,约有90%计划实行合同制的项目正式签订了合同。新的经费管理渠道和合同制度已经基本建立,大部分武器装备型号研制经费由国防科工委分配到军队使用部门。在国家指令性计划基础上,引入经济、法律手段,使我国武器装备研制和管理机制发生重大变化。

电影《末代皇帝》荣获第四十五届好莱坞外国记者协会"金球奖"

由中国、意大利和英国合拍的描写我国最后一个皇帝溥仪的影片《末代皇帝》,获第四十五届好莱坞外国记者协会"金球奖"。该片获得"金球奖"的最佳戏剧、最佳导演、最佳剧本和最佳配乐奖。

这次"金球奖"是由好莱坞外国记者协会91个委员投票评选出来的。电影界的这次角逐被视为4月11日奥斯卡金像奖颁发前的预示之一。

1月24日

全国卫生厅局长会议在北京召开

此次会议的议题之一,是我国发展卫生事业的方针,国家包得多好还是少好。有人认为国家包得多,是社会主义优越性的体现;有人则认为这个观念要转变,因为它助长了"等、靠、要"的依赖思想,压抑了卫生界的创新精神。

会议经讨论后提出:允许开办优价病房,允许通过价格的调整优先做手术,实行优质优价,优先优价,这是我国卫生改革为理顺医疗服务价格体系、制订合理收费标准而将要施行的新办法。会议还提出:在保质保量完成定额工作量的前提下,要支持和鼓舞医疗卫生保健人员利用业余时间开展业余服务,更好地体现按劳分配、多劳多得的分配制度。

总结会上,卫生部副部长何界生在讲话中强调了卫生工作的一些观念需要变革。

政协北京市第六届委员会第一次会议选举白介夫为市政协主席

《中国林业年鉴》出版

林业部组织编纂的我国历史上第一部林业年鉴——《中国林业年鉴(1949—1986)》,1988年1月开始出版发行。《中国林业年鉴》采用条目化编辑,154万字,由中国林业出版社出版。全书资料翔实,数据准确,极具权威性。

赵生才攻克节育技术重大难关

据《人民日报》报道,简便、安全、经济、高效,而且能恢复再通再育的男性输精管可复性注射栓堵法,避孕率、可复率都达到100%,已在我国20多个省、市推广。这种在国际上首创的非手术节育新法,是由"全国优秀科技工作者"、"五一"劳动奖章获得者、山西省人民医院院长、主任医生赵生才历经10余年攻关发明成功的。

这种方法的最大科学成就,是在国际上首次解决了可复性问题,使节育技术出现了一个重大的飞跃。长期以来,国内外创造的各种节育方法,都只能扎,不能恢复再通再育,使广大节育者产生恐惧心理,怕节育后孩子意外死亡而"断后",还怕影响性功能、影响劳动,因此推广不开。此法在需要再生再育时,可以随时到推广点上把栓子取出,恢复再通再育。经几批试验,栓堵者取出栓子后,精子迅速恢复正常,全部再通再育,可复率达100%。

1987年7月底,联合国卫生组织派出著名专家,对这一新型技术及实践效果进行参观考察,一致肯定这方法很完美,要求合作,尽快在全球推广。

昆沪客车发生颠覆事故

1月24日凌晨1时35分,由昆明开往上海的80次特快旅客列车,运行至昆明贵阳线的且午至邓家村间,发生严重颠覆事故,造成人员重大伤亡。到目前为止,已死亡90人,重伤66人。

国务院接到有关部门的报告后,对此十分重视。李鹏代总理立即指示国务院有关部门和当地政府,并商请部队:一、全力以赴抢救伤员,并做好善后工作;二、派部队和公安干警维持好秩序;三、尽快恢复通车。

铁道部部长丁关根会同有关部门负责同志乘机赶赴现场。云南省、贵州省和成都军区、云南省军区及当地政府和驻军负责同志带领救护人员已先期到达现场。

国务院秘书长陈俊生受李鹏代总理委托,于下午6时到达现场,看望了受伤旅客和参加抢救工作的人员。

陈俊生指出,这是一起重大的铁路客车颠覆事故,领导小组要认真做好事故的善后处理工作:抢救伤员;恢复交通运输;迅速查明事故原因和责任者,严肃处理。

1月25日

国务院副总理乔石在湖南考察

1月25日至2月8日,中共中央政治局常委、中央纪律检查委员会书记、国务院副总理乔石在湖南省委书记毛致用、省顾委主任万达、省纪委书记石新山等陪同下,到长沙、岳阳、益阳、常德、湘西、湘潭、株洲等地考察。

乔石说,党政分开不是削弱党的领导,而是要加强党的领导、改善党的领导,使各级党组织从繁重的日常行政事务中摆脱出来,通过加强党的自身建设,更好地贯彻执行党的路线、方针、政策,真正成为建设有中国特色的社会主义的坚强领导核心。党的领导,不是依靠地位、权力,不是依靠行政命令,而是要依靠党的正确的路线、方针、政策来引导群众,依靠党的强有力的思想工作和组织工作来团结群众,依靠好的党风和党员的先锋模范作用来影响群众。

他指出,在任何时候对共产党员都要严格要求,要从严治党。不能因为目前处于社会主义初级阶段,就认为可以降低党员的标准,放松对党员的要求。从严治党的关键在于提高党员的素质。

在谈到从严治党,要从领导干部抓起时,乔石说,这是由于领导干部处于领导岗位上,他们的言论、行动、表现对广大党员和群众的影响很大,也只有领导干部自身作风正,才能理直气壮地纠正党内不正之风,才能一级抓一级,一级带动一级,踏踏实实地抓到底,上上下下形成好的党风。因此,各级领导干部要严于律己,以身作则,处处起表率作用,忠诚地执行党在社会主义初级阶段的基本路线,发扬艰苦奋斗的精神,努力站在改革开放的前列,不说大话、空话,认认真真地为人民群众办实事。

加强党的建设,必须十分重视加强党的基层组织的建设。乔石说,只有把党的基层组织建设抓好,才能使党的路线、方针、政策落到实处。多年来,随着经济体制改革的发展,党的基层组织状况发生了很大的变化。各级党的领导机关要深入实际,认真调查研究,适应这种变化,要全面规划,有计划有步骤地花几年时间把基层组织建设工作抓上去,认真改变某些基层组织领导班子不健全,组织松弛,甚至处于涣散的状态。要在经常地普遍地对党员进行教育的基础上,严格制度,严格管理,严格纪律。

在湖南考察期间,乔石听取了有关经济、纪检和政法工作的汇报,参观了一些工厂、农村,看望了一些专业户和贫困户。他希望大家要结合湖南的实际情况,进一步解放思想,深化改革,加快湖南的经济发展。

中共中央书记处书记胡启立在全国宣传部长会议上讲话

中共中央政治局常委、书记处书记胡启立在全国宣传部长会议上说,1988年宣传工作的首要任务,是把十三大报告的学习、宣传引向深入。要把重点放在进一步解放思想上。宣传、思想工作要有力地保证社会的稳定发展和改革开放的顺利实现,推进社会主义的两个文明建设。

他说,1988年,经济要稳定,改革要深化,机构要改革,班子要换届,加之新旧两种体制并存,改革面临着复杂困难的情况。这就要求我们从事宣传工作的同志,一方面在对待改革、开放的态度上要满腔热情,坚忍不拔,锲而不舍;另一方面在具体的宣传工作中,特别是对某些敏感的问题,要头脑冷静,十分谨慎。

他强调,宣传工作者要有全局观念,要经常把保持安定团结放在考虑问题的重要位置,因为只有在安定团结的条件下才能顺利进行各项繁重的改革。宣传工作要努力防止片面性,绝对化。

他说,随着改革、开放的进一步深化,我们必须以马克思主义为指导,以极大的努力来建设社会主义精神文明。要发挥现代化的新闻和宣传工具的作用,努力形成有利于四化建设和改革、开放的舆论环境,要根据十二届六中全会关于精神文明建设指导方针的决议,同封建主义和资本主义的腐朽思想进行坚持不懈的斗争。全党、全社会都要十分重视对人民群众特别是对青少年进行综合的、系统的、长期一贯的思想教育,逐步摆脱那种临时性的、政治运动式的做法。必须结合改革、开放的实际,运用各种方法和手段坚定不移地、反复经常地进行时事政治教育、劳动教育、道德教育、革命传统教育、爱国主义和国际主义教育、法制教育、马克思主义世界观的教育等等,以有目的、有计划地培养有理想、有道德、有文化、有纪律的新人。

胡启立在谈到关于文化艺术领域的工作时指出,要保持一个长期、稳定的方针,最根本的是牢牢掌握住一个中心、两个基本点。党的宣传工作部门和从事宣传工作的领导同志要经常关心和帮助文艺战线上的同志既坚持四项基本原则,又热心于改革开放,引导他们面向现代化建设和改革的实际,面向世界,面向未来,并且在这个基础上团结起来,从事宣传工作的领导同志,还要注意兼听,要密切联系群众,多听听来自不同方面的声音,然后加以分析研究,以使我们在指导工作时更好地掌握住一个中心、两个基本点,克服思想认识上的片面性。

他说,随着政治体制改革的逐步展开和深化,实行党政职能分开,理顺党和群众团体的关系,党的宣传部门的工作方法和领导方式,也要随之有所改变。党委要把大的方面管住、管好,坚持正确的政治方向,对于一些具体的事情不要管得太多。文艺创作方面,要引导文艺工作者努力学习马克思主义,提高自己认识生活、分析生活、透过现象抓住事物本质的能力,力求把最好的精神食粮贡献给人民。对于写什么和怎样写,只能由文艺家在艺术实践中去探索解决。对于学术理论上的争议,某个作品、电影、剧目的评价等等,要积极展开正常的文艺评论和理论探讨,支持不同意见在民主、平等的气氛中进行讨论和争鸣。对于文艺创作方面不同的题材、风格、流派,我们更要坚决实行"双百"方针,尽可能避免用行政命令的手段直接干预。

他说,中央领导同志曾经强调要以改革统揽全局。我们的各级宣传部门必须贯彻这个指导思想。宣传工作中所遇的问题,只靠过去的传统的办法,往往是不够的,或者是解决不彻底的,从根本上讲,只有靠进一步深化改革。不改革,宣传工作也是没有出路的。他希望各级宣传部门和宣传工作者摸索经验,在改革开放的形势下,做好党的宣传工作,争取宣传工作有一个新的变化,出一些新的成果,形成一种新的气氛。

这次全国宣传部长会议是由中共中央宣传部1月23日至25日在北京召开的。会议主要讨论了1988年宣传工作要点。这个"要点"包括继续组织好十三大文件的学习,深入进行党的基本路线教育;开展社会主义初级阶段理论的研究;以经济建设为中心,配合各项改革措施的出台,切实有效地宣传改革;加强新形势下基层思想政治工作的研究和指导,继续搞好城乡精神文明建设;在改革开放中加强党员教育,促进党风建设;积极、审慎地推进新闻、出版工作的改革;贯彻落实繁荣文艺的方针政策,抓好文艺体制改革;适应进一步对外开放的需要,加强对外宣传和文化交流工作;加强宣传队伍建设,积极稳妥地进行宣传部门的改革等。

中宣部部长王忍之、副部长王维澄、李彦主持了这次会议。王忍之和朱穆之分别就1988年的宣传工作讲了话。

中央党校第四期宣传干部进修班全体学员今天也到会听取了胡启立同志的讲话。胡启立还分别同出席宣传部长会议的同志和党校宣传干部进修班学员一起照了相。

全国人大常委会法工委负责人就《中华人民共和国水法》有关问题答记者问

六届全国人大常委会第二十四次会议通过《中华人民共和国水法》后,记者就水法的有关问题,走访了全国人大常委会法制工作委员会负责人。

问:请你谈一下水法的重要意义。

答:这是我国第六部自然资源方面的法律。我国已经制定了森林法、草原法、矿产资源法、渔业法、土地管理法等自然资源方面的法律,水是一项重要的自然资源,有了这个法,我国关于自然资源方面的法律就基本齐备了。

对于水资源,既要合理开发利用,又要保护、涵养。为了达到这两个方面的目的,兴利除害,发挥水资源的综合效益,制定这个法十分必要。

问:请你谈一谈水法对水的所有权问题是怎样规定的?

答:水法对水的所有权问题专门写了一条,即第三条,在第三条中写了三款,包括三层意思。

第一款规定,水资源属于全民所有。这是根据宪法规定的。

第二款规定,农业集体经济组织所有的水塘、水库中的水,属于集体所有。农业集体经济组织所有的水塘、水库属于集体所有;同样,这些水塘、水库中的水也属于集体所有。这个规定同民法通则、渔业法的规定是一致的。正如有的常委委员在审议水法时指出的,水法对这个问题作出明确规定,有利于调动农村兴修水利的积极性,有利于农村的安定。

第三款规定,国家保护依法开发利用水资源的单位和个人的合法权益。这一款也是根据有些常委委员和地方、部门的意见而增加的。国家鼓励、支持各单位(包括个人)开发利用水资源,凡是依照法定的批准程序开发利用水资源的单位和个人,其合法权益都应受到法律保护。

问:水法关于计划用水和节约用水作了哪些规定?

答:我国的水资源总量不少,居世界第六位。但我国人均拥有水资源量只有2700多立方米,只有世界人均拥有量的1/4。一些缺水地区如河北、山西、北京,人均拥有水资源量更少,在这些地方,缺水已经成为国民经济发展的制约因素。同时我国目前工业用水重复利用率不足30%,万元工业产值耗水量远远高于工业发达国家,农业灌溉多数仍然是大水漫灌,节约用水的潜力很大。因此,节约用水、计划用水,是我国应当实行的重要政策。

针对以上情况,水法规定,各单位应当采用节约用水的先进技术,降低水的消耗量,提高水的重复利用率。同时,还规定了在水源不足地区,要采取节约用水的灌溉方式,以节约农业用水。这些规定,各地应当认真执行。

问:水法对取水许可制度是怎样规定的?

答：水法规定直接从地下或者江河、湖泊取水的（为家庭生活、畜禽饮用取水和其他少量取水的除外）需经过申请，取得许可。实行取水许可制度，是加强对水资源的管理的一项重要措施。

我国相当一部分地区，特别是北方和一些沿海城市，水资源日益紧缺，限制了国民经济的发展，甚至影响到人们的生活用水。由于缺水，一些地方过量开采地下水，造成地下水水位下降，地面沉降，后果很严重。为了使有限的水资源得到合理利用，有些城市已经对直接从地下或者江河、湖泊取水实行许可制度，严格管理。

这里所说的取水许可制度，是指直接从地下水或江河、湖泊取水的必须取得许可。使用自来水厂和水库等供水工程的水，在江河、湖泊中行船、养鱼，不需要申请取水许可。

我国水资源分布不均，南方、北方差别很大，据南方的同志反映，南方水多的地方不需要实行取水许可制度。还有一些同志提出，农村取水很分散，一律要求经过许可，目前可能难以行通。因此水法规定，实行取水许可制度的步骤、范围和办法，由国务院根据实际情况规定。当然，省、自治区、直辖市也可以根据水法和国务院的规定，在地方性法规中对这个问题作出更具体的规定。

问：水法对水事纠纷的处理程序是怎样规定的？

答：水法草案规定，地区、部门、单位之间发生的水事纠纷，都由人民政府或其授权的主管部门处理。在对这个法律案进行调查研究时，有些省、市和部门的同志提出，单位之间、个人之间、单位与个人之间发生的水事纠纷是民事纠纷，由政府作出最终决定不妥当，不利于保护单位和个人的民事诉讼权利，同其他法律的有关规定也不一致，应当规定允许水事纠纷的当事人向法院起诉。根据上述意见，常委会审议决定，水法区别不同情况，对水事纠纷的处理程序作不同的规定。

一是地区之间的水事纠纷，即县与县、市与市、省与省之间发生的水事纠纷，由上一级人民政府处理，不经过法院。这类纠纷历来是由上级人民政府处理的，由法院处理实际上有困难。这样规定，符合我国的实际情况。

二是单位之间、个人之间、单位与个人之间发生的水事纠纷，当事人可以请求县级以上地方人民政府或其授权的主管部门处理，当事人对地方政府或其授权的主管部门的处理不服的，可以向法院起诉，当事人也可以不经过地方人民政府，直接向法院起诉；这样规定，既有利于保护当事人的民事诉讼权利，又保持了法律规定的统一性。

国务院经济技术社会发展研究中心名誉总干事薛暮桥在全国工商联工作研讨会上发表讲话

我国著名经济学家薛暮桥认为，在政企分开，企业实行自主经营、自负盈亏后，有必要分行业组织民间的联合的经济团体，来处理企业内部、行业与行业之间的相互关系，协助处理企业与政府有关部门之间的关系，监督企业执行政府的有关法令，保护企业的合法权益。

薛暮桥说，资本主义经济为减少盲目性，组织同业公会、行业协会和工商业联合会来进行协商协调，起着相当大的作用。社会主义经济过去由国家通过指令性计划直接管理，经验证明效果不好。十一届三中全会以后逐步扩大地区、企业的自主权，使企业发展生动活泼；但也产生了一定的盲目性。由于削弱了国家直接的行政性的管理，又没有建立企业的自治体，由自治体来进行协商协调，以致盲目生产、盲目建设达到相当严重的程度。不久又要颁布企业法，实行政企分离，允许企业自主经营。如果企业不组织行业协会等来自己进行协商协调，帮助政府调整产业结构、产品结构，进行对内对外的有效管理，那么我们有可能产生比有行业自治组织的资本主义国家更大的盲目性。他说，在放松了国家对企业的直接管理以后，必须号召企业普遍建立民间的联合的组织，以便于国家对企业实行间接管理，真正做到管而不死，活而不乱。

薛暮桥说，这种中间组织的组织方式，可以考虑在工商联领导下恢复各行业的行业协会等，这种组织是企业自愿参加的民间团体，不是行政机关，也不是像公司那样进行业务经营的经济机构。他说，全国和各地工商联以及行业协会都是国家和企业之间的桥梁，都担负着协助政府推行政策法令，保护企业合法利益的作用。

薛暮桥说，新时期的工商联必须把重点转移到国营经济、集体经济上来，以公为主，才能发挥民间的对内对外商会的作用。

云南发现天然新矿物——西盟石

新华社报道：云南省发现的一种磷和铋的六方晶系矿物，最近被国际矿物协会新矿物和矿物命名委员会确认为新矿物，并定名为西盟石。这种以其产地西盟佤族自治县命名的新矿物，是云南省地质矿产局工程师施加辛发现的。

据了解，目前人类在地球上发现的天然矿物共3000多种，西盟石的发现，为矿物“家族”增添了一个新成员。

舞蹈史学家王克芬被收入《国际名人录》

对我国舞蹈史研究颇有建树的女史学家王克芬

最近被收入1987—1988年版的《国际名人录》,成为我国舞蹈史学界第一位载入这部权威性名人录中的学者。

《国际名人录》是一部具有国际影响的书籍,它由英国欧洲出版有限公司出版,发行于1935年,目前每年修订一次,主要收录世界各国杰出人物的生平事迹。

中国艺术研究院舞蹈研究所研究员王克芬,曾是我国著名舞蹈家戴爱莲的学生。

党和国家领导人为上海《文汇报》创刊50周年题词

邓小平同志为该报编辑的纪念专集题了词:"文汇报五十年"。李鹏同志的题词为"联系知识分子,沟通信息交流,促进改革开放,为社会主义现代化服务"。邓颖超同志也挥笔写下了"求实"两个大字。江泽民、芮杏文等同志也发来了贺信。

50年前,《文汇报》诞生于国难深重、沦为"孤岛"的上海。它积极宣传抗日,高举爱国、民主、进步的旗帜,因而解放前曾两度被迫停刊。《文汇报》的创业史,在中国新闻发展史上占有重要的一页。江泽民在今天庆祝《文汇报》创刊50周年座谈会上说,《文汇报》是一张有悠久光荣斗争传统、有鲜明特色的报纸。他期望《文汇报》在上海深化改革、加快发展外向型经济的过程中,充分发挥新闻媒介的作用。《文汇报》现发行130多万份,行销36个国家和地区。

《战略学》出版

叶剑英元帅生前提出写一部中国的战略学的设想,如今实现了。由军事科学院编写的《战略学》已经出版发行。这是我国第一部全面系统地研究国防战略的理论专著。

该书着眼于21世纪初期的发展,探讨了未来反侵略战争的特点和规律。它体现了现代条件下人民战争的思想,积极防御的战略思想,持久战的思想,以劣势装备战胜优势装备之敌的思想,既准备打常规战争又准备打核战争的思想。

1月26日

国务院代总理李鹏在全国农业工作会议闭幕会上讲话

李鹏强调指出,稳定经济首先要稳定农业,把发展农业切实摆到重要位置上。

国务院副总理万里、姚依林出席了会议。

李鹏说,1987年全国整个经济形势是好的。经济体制改革继续深入进行,增产节约、增收节支运动取得显著成效。农村经济保持了继续发展的好势头。种植业、畜牧业、水产业、农垦企业和乡镇企业的产值都是增长的。粮食超过4000亿公斤,比上年增加100亿公斤,棉花40亿公斤。而且收购情况较好,粮棉都已接近完成任务。

当然也要看到,农业生产也出现了一些不可忽视的新问题和新矛盾。主要农产品的需求大于供给。特别是粮食增长缓慢,而消费却大大增加。当前比较突出的是生猪生产下降,销售量上升,造成一些大中城市肉食供应紧张。今后如何促使农业生产有一个较大的发展,上到一个新的台阶,满足社会对粮食不断增长的需要,已成为国民经济全局中一个十分突出问题和迫切任务。

今年我国经济工作总的方针是稳定经济、深化改革。从国民经济全局看,稳定经济,首先要稳定农业,把发展农业切实摆到重要位置上。今年要努力使粮食棉花有较大的增产,糖料要扭转下降局面,生猪生产要有一个较大的发展。其他各项生产也要有新的增长。李鹏强调说,农业是国民经济中极端重要的基础产业。不能认为工业有了很大发展,农业的基础地位就变了;也不能认为温饱问题基本解决,农业就过关了。党的十三大明确指出:农业问题是关系建设与改革全局的极端重要的问题。农业,特别是粮食生产的稳定增长,是整个国民经济长期稳定发展的基础。历史的经验多次证明,农业上不去,就会影响整个国民经济的发展。为此,国务院各有关部门必须在实际工作中真正注意巩固和加强农业这个基础。地方各级政府必须把农业放在重要位置上,进一步加强对农业的领导,采取切实的有力措施,保证农业的持续稳定增长。

李鹏说,根据党的十一届三中全会以来的经验,解决农业问题,必须首先使农业本身具有活力。因此,我们要很好巩固和发展十一届三中全会以来农村改革已经取得的成果。在改革中出现的问题,只能用改革的办法解决,党中央和国务院正在研究农业的深化改革问题。比如,除粮棉等大宗关系国民经济全局的外,一些农产品逐步实行产供销一体化管理,这是农业生产和商品流通体制改革的一项重大措施。目前各级政府和商业部门都首先要认真抓好试点工作。

农业要有活力,必须研究农产品价格改革问题。但是这项改革涉及面大,需要从国民经济全局考虑逐步实施。今年国家对部分农产品价格做了一些微调,要把这项措施真正落到实处,使农民得到实惠。一定要坚决稳定农用生产资料价格。国家已经颁布了生产资料市场管理条例,对重要生产资料价格实行最高限价,其中也包括一些重要的农用生产资料。各级政府要加强对价格监督工作,对转手倒卖、哄抬物价的不法分子和不法行为要依法严厉惩处,坚决维护农民的经济利益。

农业和工业一样都是物质生产部门,要提高农业产量,必须有物质条件保证,有相应的投入。国务院已就增加国内化肥生产问题作出了具体部署,有关部门要抓紧实施。

李鹏最后说,农业的发展也必须强调依靠科学进步和提高农民素质。这几年"星火计划"和"丰收计划"的实施,效果很好,要坚持下去,逐步完善。要研究和制定鼓励科技人员下乡、开展科技承包服务的有关政策,尽快把现有的实用技术推广到生产中去。

中央农村政策研究室主任杜润生就目前农村形势等问题讲了话。

国务院代总理李鹏在中南海会见秘鲁外交部部长阿兰·瓦格纳·蒂松

李鹏说,中国对加强同秘鲁的合作持积极态度。

他说,目前两国的政治关系很好,但经济贸易关系还处在比较低的水平上。他希望双方本着平等互利的精神进一步发展两国经济贸易关系和科学技术合作。

瓦格纳也表示了加强两国在各个方面合作的愿望,并谈到秘鲁愿意在采矿、冶金、渔业等方面开展同中国合作的设想。

李鹏说,中秘两国在一些重大国际问题上的观点是一致的。他特别强调和平与发展问题。他说,中国对最近美苏《中导条约》的签署表示欢迎,但不能认为这一条约的签署就可以天下太平了。美苏两国还应该继续裁减核武器、化学武器和常规武器。

他说,从这个意义上说,世界人民应该走的路还很长。爱好和平的国家和人民还要继续努力,以推动美苏两国在裁减核武器和常规武器方面迈出新的步子。

瓦格纳对此表示赞同。他认为,裁减核武器不仅关系到美苏两国,而且关系到全人类。秘鲁在这方面愿意同中国加强团结,为维护世界和平与安全作出努力。

在谈到发展问题时,李鹏简要地向客人介绍了中国经济建设情况以及改革和开放政策。

全国人大常委会法工委负责人就《关于惩治贪污罪贿赂罪的补充规定》和《关于惩治走私罪的补充规定》答记者问

第六届全国人大常委会第二十四次会议通过《关于惩治贪污罪贿赂罪的补充规定》和《关于惩治走私罪的补充规定》以后,记者就这两个法律的有关问题,走访了全国人大常委会法制工作委员会负责人。

问:制定惩治贪污罪贿赂罪和惩治走私罪两个补充规定有什么重要意义?

答:我国《刑法》对贪污、贿赂、走私等犯罪作了规定。1982年,全国人大常委会又制定了《关于严惩严重破坏经济的罪犯的决定》,对打击严重破坏经济的犯罪活动,保障改革、开放和社会主义现代化建设的顺利进行,起了很大的作用。随着改革开放的深入发展,经济领域中的犯罪出现了一些新的情况和问题,全国人大常委会对此进行了反复的调查研究,总结司法实践的经验,制定了这两个补充规定。这次通过的两个补充规定,对刑法和《关于严惩严重破坏经济的罪犯的决定》的有关条文做了补充和修改,规定得更具体,使《刑法》和《关于严惩严重破坏经济的罪犯的决定》更便于执行。这两个补充规定是打击贪污、贿赂、走私等经济犯罪的有力武器,对打击犯罪,保障改革、开放和社会主义现代化建设的顺利进行,将会起到很大的作用。

问:对贪污罪是怎么规定的?

答:《刑法》对贪污罪处刑的规定,是很严的,最高可以判处死刑。但是,对贪污罪的量刑标准,没有具体数额规定。《关于惩治贪污罪贿赂罪的补充规定》总结几年来的审判实践经验,根据贪污数额及情节轻重,分别规定了4种不同的量刑标准。关于判处死刑的界限,规定个人贪污数额在5万元以上,情节特别严重的,判处死刑,并处没收财产。关于追究刑事责任的数额界限,规定个人贪污数额在2000元以上的,一般应当判刑。贪污数额不满2000元,情节较重的,可以判刑;情节较轻的,可以不判刑,由其所在单位或者上级主管机关给予行政处分。

对犯罪分子,我们历来采取"惩办与宽大相结合"的政策,《刑法》总则第六十三条规定,"犯罪以后自首的,可以从轻处罚。其中,犯罪较轻的,可以减轻或者免除处罚;犯罪较重的,如果有立功表现,也可以减轻或者免除处罚"。依照这个精神,关于惩治贪污罪贿赂罪的补充规定规定,贪污数额在2000元以上不满5000元,犯罪后自首、立功或者有悔改表现积极退赃的,可以减轻处罚,或者免予刑事处罚,由其所在单位或者上级主管机关给予行政处分。

问:对贿赂罪是怎么规定的?

答:贿赂罪包括受贿罪和行贿罪。什么是受贿罪呢?国家工作人员、集体经济组织工作人员或者其他从事公务的人员,利用职务上的便利,索取他人财物的,或者非法收受他人财物为他人牟取利益的,是受贿罪。什么是行贿罪呢?为牟取不正当利益,给予国家工作人员、集体经济组织工作人员或者其他从事公务的人员以财物的,是行贿罪。

关于惩治贪污罪贿赂罪的补充规定对行贿、受贿罪的量刑,分别作了规定。由于对国家造成危害后果的大小,不完全是由受贿数额决定的,因此,对犯受贿罪的,除规定根据受贿所得的数额及情节,依照对贪污罪的处罚规定处罚外,还规定,受贿不满1万元,使国家利益或者集体利益遭受重大损失的,处十年以上有期徒刑;受贿数额在1万元以上,使国家利益或者集体利益遭受重大损失的,处无期徒刑或者死刑,并处没收财产。对行贿罪,刑法规定处三年以下有期徒刑或者拘役,关于惩治贪污罪贿赂罪的补充规定提高了刑罚,规定犯行贿罪的,处五年以下有期徒刑;因行贿牟取不正当利益情节严重的,或者使国家利益或者集体利益遭受重大损失的,处五年以上有期徒刑;情节特别严重的,处无期徒刑,并处没收财产。因行贿而进行违法活动构成其他罪的,依照数罪并罚的规定处罚。

问:为什么规定,在经济往来中违反国家规定给予国家工作人员、集体经济组织工作人员或者其他从事公务的人员以财物,数额较大的,或者违反国家规定给予上述人员以回扣、手续费的,以行贿论处?

答:近几年,在经济往来中,以各种名义给经办人个人以回扣、手续费或者财物的现象发展很快。有些单位不顾国家的规定,采取给经办人以回扣、手续费或者财物的手段,使经办人为他们开方便之门,实行不公平的竞争,达到牟取不正当利益的目的。因此,《关于惩治贪污罪贿赂罪的补充规定》规定,在经济往来中,违反国家规定,给予国家工作人员、集体经济组织工作人员或者其他从事公务的人员以财物,数额较大的,或者违反国家规定,给予上述人员以回扣、手续费的,以行贿论处。

问:对挪用公款罪有什么规定?

答:《刑法》只在破坏社会主义经济秩序罪中对挪用国家救灾、抢险、防汛、优抚、救济款物,情节严重,致使国家和人民群众利益遭受重大损害的,规定为犯罪。对挪用公款归个人的,《刑法》没有规定。近些年来,挪用公款归个人的情况比较严重,有的挪用几万元、几十万元甚至上百万元,破坏社会主义经济秩序,使国家遭受严重损失,各地要求明确规定刑罚,关于惩治贪污罪贿赂罪的补充规定规定,国家工作人员、集体经济组织工作人员或者其他经手管理公共财物的人员,利用职务上的便利,挪用公款归个人的,应当追究刑事责任:一是,个人挪用公款进行非法活动的,例如用于投机倒把、赌博等,不管数额多少,也不管时间长短,都构成挪用公款罪;二是,挪用公款数额较大、进行营利活动的,不管时间长短,都构成挪用公款罪;三是,挪用公款虽然没有进行非法活动或者营利活动,但数额较大,超过三个月未还的,也构成挪用公款罪。对构成上述挪用公款罪的,处五年以下有期徒刑或者拘役;情节严重的,处五年以上有期徒刑。挪用救灾、抢险、防汛、优抚、救济款物归个人的,从重处罚。此外,还规定,挪用公款数额较大不退还的,以贪污论处。当然,所有挪用公款归个人的,都是违法的,不够追究刑事责任的,应当由其所在单位或者上级主管机关给予行政处分。

问:为什么对国家工作人员财产或者支出超过合法收入、差额巨大、不能说明合法来源的,规定刑事处罚?

答:这几年,国家工作人员中出现了个别财产来源不明的"暴发户",或者支出明显超过合法收入,差额巨大,有的相差几万元、甚至几十万元,而本人又不能说明财产的合法来源。对于国家工作人员中出现的这种情况,首先应当查清是否为贪污、受贿、走私、投机倒把或者其他犯罪所得,依照《刑法》的有关规定处罚。但是,有的往往经过认真工作也无法查清具体事实。对这种案件,过去因为没有法律规定,不能处理,使罪犯逍遥法外。为此,《关于惩治贪污罪贿赂罪的补充规定》规定,国家工作人员的财产或者支出明显超过合法收入,差额巨大的,可以责令说明来源。本人不能说明其来源是合法的,差额部分以非法所得论,处五年以下有期徒刑或者拘役,并处或者单处没收财产的差额部分。这样规定,是符合以事实为根据的原则的,因为国家工作人员的财产和支出明显超过合法收入,差额巨大,又不能说明其合法来源,这本身就是一种犯罪事实。只要查明确属于这种事实,就可以作为定罪的根据。一些国家的法律,对这种情况也规定为犯罪。这样规定,对于惩办罪犯,防止国家工作人员腐化变质,保持廉洁奉公,是十分必要的。

问:对走私罪如何处刑?

答:1982年3月,全国人大常委会通过的《关于严惩严重破坏经济的罪犯的决定》已规定,走私罪情节特别严重的,可以判处无期徒刑或者死刑。《关于惩治走私罪的补充规定》具体规定,对以下几种走私罪情节特别严重的判处无期徒刑或者死刑:第一,走私鸦片等毒品、武器、弹药或者伪造的货币,走私国家禁止出口的文物、珍贵动物及其制品、黄金、白银或者其他贵重金属的;第二,走私其他货物、物品价额在50万元以上的;第三,武装掩护走私的。对走私淫秽物品情节严重的,关于惩治走私罪的补充规定规定,最高可判处无期徒刑。除此以外,还根据走私其他货物、物品价额大小和情节轻重,分别规定了不同的处刑标准。对犯走私罪的,不仅规定要处无期徒刑,有期徒刑等剥夺人身自由的刑罚,而且规定要并处罚金或者没收财产,使其在经济上受到惩罚。

问:对单位犯走私罪作了哪些规定?

答:近几年,有的企业事业单位、机关、团体进行走私活动,往往数额很大,其危害十分严重,应当追究刑事责任。因此,关于惩治走私罪的补充规定明确规定,企业事业单位、机关、团体走私毒品、武器、伪造的货币、国家禁止出口的文物、珍贵动物及其制品、黄金、白银或者其他贵重金属或者淫秽物品的,除判处罚金外,对其直接负责的主管人员和其他直接责任人员,依照对个人走私这类物品的处罚规定处罚。企业事业单位、机关、团体走私其他货物、物品,如走私彩电、汽车等,价额在30万元以上的,对其直接负责的主管人员和其他直接责任人员,处五年以下有期徒刑或者拘役,情节特别严重,使国家利益遭受重大损失的,处五年以上十年以下有期徒刑。这里所说的单位走私罪,是指走私违法所得归单位所有的。至于对违法所得归私人所有的或者以单位的名义进行走私共同分取违法所得的,另有规定,依照个人犯罪走私罪的规定处罚。

全国侨联第三届委员会第四次全体会议在广州召开

目前,全国各级侨联组织已发展到8000多个。这些组织围绕改革、开放和两个文明建设,积极开展工作,作出了很大的成绩。随着同海外侨胞和港澳台同胞联系的日益增多,各地侨联加紧了接待基地的兴建和扩展工作,大力开展群众性的对外联络工作。仅据去年统计,全国和各地侨联应邀出访达20余批,出去探亲的归侨、侨眷达4万余人次。

此次会议要求各级侨联努力探索自身改革的路子,使侨联能够按照自己的特点独立自主地开展工作,在维护全国人民总体利益的同时,更好地表达和维护归侨、侨眷和海外侨胞的具体利益,真正成为党和政府的助手,联系、团结归侨侨眷和海外侨胞的桥梁和纽带,在社会主义民主生活中发挥应有的作用。会议拟定在明年第二季度召开第四次全国归侨、侨眷代表大会。柬埔寨归侨、现任澳门归侨总会副主席罗少荣,缅甸归侨、香港和昌集团董事总经理林惠被增选为侨联委员。

全国侨联副主席庄明理、洪丝丝、蚁美厚、郭瑞人、黄登保、黄鼎臣、庄世平、肖岗、廖灿辉、黄军军,全国人大华侨委员会副主任委员高登榜以及广东省、广州市的负责同志出席了此次会议。

首都各界人士在人民大会堂隆重纪念宋庆龄诞辰95周年

500名首都各界人士今天上午在人民大会堂聚首,隆重纪念国家名誉主席宋庆龄同志诞辰95周年。乌兰夫、宋任穷、阎明复、彭冲、阿沛·阿旺晋美、荣毅仁、黄华、杨静仁、康克清、钱昌照、马文瑞等领导人出席了纪念大会。

国家副主席乌兰夫在大会上发表讲话。他首先代表中国共产党、中国政府和全国各族人民,向已故国家名誉主席宋庆龄同志表示崇高的敬意和深切的怀念。

乌兰夫说,宋庆龄同志是积极推动中国历史向前、促进祖国进步发展和巨大变革的一位伟大的革命家。她把自己的毕生精力奉献给了中国人民的革命事业,奉献给了保卫世界和平、争取人类进步的事业。她不愧是中华民族的一位杰出的女儿,20世纪的一位伟大的女性。

乌兰夫在讲话中对宋庆龄同志伟大光荣的一生作了高度评价之后说,实现祖国统一大业,是宋庆龄同志生前为之奋斗的一个崇高目标。可以告慰宋庆龄同志和革命先烈的是,今天在"一个国家,两种制度"方针的指导下,中国政府已分别与英国和葡萄牙两国政府就香港和澳门主权归还中国的问题达成了协议,我们还要按照这个方针努力争取和平解决台湾问题。

民革中央名誉主席、宋庆龄基金会理事屈武,对外友协会长、宋庆龄基金会理事章文晋,卫生部顾问、宋庆龄基金会顾问马海德,农工民主党中央副主席、宋庆龄基金会理事沈其震,在纪念大会上也先后讲了话或作了书面发言。

全国律师协会第一届理事会第二次全体会议在北京召开

全国律师协会常务副会长陈卓在会上说,今年将积极而又慎重地进行律师体制的改革,在改革中不断加强律师队伍的组织建设和业务建设,提高律师素质,拓宽律协工作领域,充分调动广大律师的积极性,为社会主义经济建设和精神文明建设,为民主与法制建设作出应有的贡献。

陈卓在受常务理事会的委托作的工作报告中说,1980年重新恢复律师制度以来,我国的律师在社会主义经济建设、社会主义精神文明建设和民主与法制建设中发挥了重要作用。但是,随着社会主义商品经济新形势的日益发展,律师现行的领导体制、组织形式和工作方式都存在一些弊端。国家包办律师事务的现状,不利于发展律师队伍,不能满足社会主义经济建设、民主与法制建设以及广大人民群众的需要;缺乏竞争机制和活力,妨碍了律师积极性的发挥和律师业务的创新。同时,在处理涉外法律事务中也难以取得国外人士对我国律师的信赖。因此,全国律协在新的一年中,要把推动律师体制的改革放在首位,作为统揽全局的关键全力抓好。

他说,随着律师体制改革的不断深化和律师业务的全面发展,全国律协必须充分发挥行业管理的职能,把工作重点放在基层，充分调动各地律协和广大律师的积极性。要按照律师业务分类，逐步建立一些专业委员会。今年先试办刑事辩护、民事代理、经济非诉讼法律事务、涉外经济法律事务、法律顾问等业务委员会。各专业委员会的成员由具有各该方面业务专长的全国律协理事和各地律师若干人组成。今后组织指导律师业务的交流活动，主要的、大量的工作要靠这些专业委员会来承担。要建立各省、自治区、直辖市律协，视本地的条件积极地逐步地展开这方面的工作，更大地发挥自己的优势，从而不断提高律师的业务素质。

陈卓强调，改革现行律师体制是一项艰巨复杂的任务，必须紧紧依靠党和政府的领导，在司法行政机关的指导下，认真把它搞好。鉴于各地律师工作发展极不平衡，情况不一，条件不同，因而不能搞"一刀切"，在改革中既要积极组织领导，又要稳妥进行。

全国律师协会会长、司法部部长邹瑜主持了会议。

全国律协名誉会长刘复之和中国法学会名誉会长张友渔出席会议并讲了话。

国务院公布第三批全国重点文物保护单位

国务院新近公布了第三批全国重点文物保护单位258处，连同已公布的前两批，我国目前有全国重点文物保护单位500处。

国务院在关于公布第三批全国重点文物单位的通知中强调，望各地根据《中华人民共和国文物保护法》的规定，组织有关部门，对本地区内的全国重点文物保护单位划出保护范围，作出标志说明，并逐步建立科学记录档案。

1月27日

国务院批准财政部在湖南等10个省自治区设立中央企业财政驻厂员机构

据《人民日报》报道，财政部驻北京、江苏等18个省、市的中央企业财政驻厂员机构，帮助企业健全财务制度，取得显著成效。

去年，国务院决定在全国范围内开展增产节约、增收节支运动以后，各地中央企业财政驻厂员机构立即把此项工作列为重点，研究措施，帮助企业开展"双增双节"。一是利用财政部门联系面广，了解信息多的条件，及时组织企业交流"双增双节"经验；二是深入企业调查研究，协助企业找差距，定措施，加强经济核算；三是积极向企业主管部门反映情况，帮助企业解决资金困难，发展短线产品，各地中央企业财政驻厂员机构向财政部上报160多份企业经济效益方面的调查报告，对研究财政管理，促进企业增收节支起到了积极作用。

审查中央企业会计决算，是中央企业财政驻厂员机构的主要职能之一。去年，各地中央企业财政驻厂员对中央工交、外贸重点企业的1986年会计决算进行了审查，仅此一项，就增加中央财政收入和减少中央财政支出近4亿元。

中央企业财政驻厂员机构设立以来，初步改变了中央主管部门对各地所属企业在财务管理上"鞭长莫及"和地方财政部门监督无能为力的状况。最近，国务院批准财政部在湖南、山西、广西、青海、宁夏、新疆、贵州、内蒙古、云南、江西10个省、自治区也派设同样机构。这样，中央企业财政驻厂员机构将由原来的18个省、直辖市扩展到28个省、市、自治区。

中央7个部 委 署联合发出通知要求加强部门间协作做好个人收入调节税征收管理

财政部、中国人民银行、国家教委、国家科委、文化部、广播电影电视部、新闻出版署7个部、委、署最近联合发出通知，要求加强部门间的协作配合，进一步搞好个人收入调节税征收管理。

发出这个通知的目的是为了贯彻党的十三大报告指出的"对过高的个人收入，要采取有效措施进行调节"和国务院领导同志关于"个人收入调节税的问题需要认真地抓一抓"的精神，运用税收杠杆调节社会成员之间差距过大的收入，并从宏观上对消费基金进行控制，以适应加快和深化经济体制改革的需要。

这个通知指出：个人收入调节税的征税项目中如工资收入，劳务报酬收入，专利权的转让、专利实施许可和非专利技术的提供、转让取得的收入，投稿翻译取得的收入等，目前能达到纳税标准的支付单位和取得收入的个人，主要集中在文化艺术团体、演出主办单位、科研院所、大专院校、音像制作出版及技术转让、受让和中介部门，而应税的利息、股息、红利收入的支付单位，则主要集中在金融机构和厂矿、商店等各类企业。这个税实行支付单位源泉扣缴和纳税人自行申报纳税两种纳税方法，但目前，支付单位源泉扣缴是控制税源流失的主要方法。通知要求上述各部门要主动同当地税务机关加强联系，建立代扣代缴关系，认真履行代扣代缴义务。各有关主管部门要积极配合税务机关，对纳税义务人普遍深入地进行有针对性的政策宣传教育，使有关政策规定做到家喻户晓，人人皆知，增强纳税人自行履行纳税义务的观念；同时，代扣代缴义务人要加强对纳税义务人自行申报纳税的监督，并配合税务机关做好信息、资料传递工作。

通知强调，各级税务机关要进一步建立、健全机构和规章制度，充实征管力量，对代扣代缴义务人和纳税义务人都要加强检查监督,采取各种措施,堵塞漏洞,保证国家税款的及时足额入库。税务机关还要做好对代扣代缴义务人进行业务辅导的工作,提供必需的代扣代缴凭证,并进行监督、检查,对履行代扣代缴义务好的单位和有关人员,要给予表彰奖励;对不认真履行代扣代缴义务的,应按条例和施行细则的有关规定处理。

通知最后要求税务机关要加强同各主管部门和新闻宣传单位及政法机关的联系,动员各方面力量,揭露和惩治偷漏税行为,逐步形成依法纳税光荣、偷漏税可耻的社会风尚。

中国旅游外汇收入激增升至世界第 20 位

据《人民日报》报道,与改革开放国策同龄的旅游业,9 年来持续健康发展,已成为我国新兴的经济部门和非贸易创汇部门。

国家旅游局副局长何光玮在 1 月 26 日的新闻发布会上回顾说,1987 年我国旅游入境人数 2690.2 万人,是 1978 年的 14.8 倍,平均每年递增 34.9%,其中有组织的海外旅游者 375 万人,是 1978 年的 4.9 倍,平均年递增 19.3%;外国来华旅游者 172.8 万人,是 1978 年的 7.5 倍,平均年递增 25.1%;旅游创汇 18.4 亿美元,是 1978 年的 6.9 倍,平均每年递增 23.9%;旅游外汇收入方面由 9 年前占世界第 41 位上升为 1986 年的第 20 位。据计算,随着生活水平的提高,1987 年国内旅游人数已达 2.9 亿多人次,比 1986 年增加 8%。其中离开住地多日游的占 20% 以上,社会综合经济效益达到 140 亿元,而在 1978 年,国内旅游业特别是远足旅游几乎还是一项空白。

但是,我国旅游业毕竟起步晚,底子薄,同世界旅游业相比还有很大差距。当前突出问题是,旅游形式仍然失于单调,夜生活贫乏,接待设施不够完善;当我们注重饭店等基础建设的同时,出现了忽略中低档游客需求的倾向;当我们下大力气抓硬件建设的同时,旅游业的管理水平、服务水平以及从业人员素质等软件建设仍然亟待提高。

外交部新闻发言人表示美国防部将中国列为敌性国家不符合美政府公开表示的立场

外交部新闻发言人在新闻发布会上答记者问时说,中国注意到了有关美国国防部将中国列入敌性国秘密名单的报道。我们认为,把中国列为敌性国家不符合美国政府多次公开正式表示的立场。

全国高等教育工作会议在北京开幕

过去的 9 年间,我国高等教育事业有了很大发展。目前全国已有普通高校 1063 所,在校生达 196 万人,在校研究生已达 12 万名,9 年间共向社会输送了本、专科毕业生 270 万名,研究生 8 万名,共派出留学人员 5 万人。高校的科学研究也取得了可喜的成绩。在哲学、社会科学研究方面,由高校牵头或参加的国家"六五"和"七五"规划项目,超过了全部国家项目的半数,出版了专著 2 万余部,发表论文15 万篇。在国家颁发的自然科学研究成果奖中,高校获得的科技进步奖占获奖总数的 21%,获得的国家发明奖占获奖总数的 27%,获得的自然科学奖占获奖总数的 46%。高教改革也在许多领域逐步展开。但是,高教改革的步伐仍明显地落后于经济体制改革的步伐。

大会上,国家教委副主任朱开轩在报告中列举了高等教育不适应建设需要的问题:高等教育结构脱离经济和社会发展需要的问题仍未完全解决;人才培养的质量特别是学生的思想、政治、道德素质和实际工作能力同改革、开放新形势的要求还有距离,一部分学生学习积极性不高;管理体制上存在的问题没有根本解决,布局不够合理,办学效益不高,高等学校的活力远没有充分发挥;事业发展和办学条件之间的矛盾仍很尖锐,部分学校和专业师资水平低、办学条件差、教育质量难以保证。他指出这些问题要通过深化改革来解决。

如何深化改革?高教界提出过各种主张、各种建议。比较集中的意见是首先要使高校有充分的自主权,这是关键。朱开轩在报告中提出的深化改革的几个主要方面中,也把改革高等教育管理体制,加强中央和地方两级教育部门的宏观管理职能,扩大高等学校的办学自主权作为第一个方面,提出高校作为基本的办学实体,应当具有充分的自主管理权。

对于其他方面的改革,如招生制度、毕业生分配制度、教师职务聘任制等方面的改革,国家教委也向这次会议提出了初步的意见,供讨论、研究。

来自全国各省、市、自治区和国务院各部委的教育部门负责人及部分高校校长 400 多人参加了会议。

《中国经济年鉴》1987 年刊出版

国务院经济技术社会发展研究中心主编的《中国经济年鉴》1987 年刊,最近由经济管理出版社出版。该书共分 12 个部分。

与以往年的年刊比较,这本书充实了经济体制改革、城市经济等方面的内容和有关统计资料。

1月28日

国务院 1987 年制定各类法规 76 项

据国务院法制局 1 月 28 日在北京举行的新闻发

布会透露，1987年国务院共制定了76项行政法规，比1986年增加了30%。其中，由国务院发布的49项，由国务院批准、各部门发布的27项。在这些法规中，有关经济方面的达62项。

国务院法制局局长孙琬钟称，这些法规的发布施行，将有利于加快和深化改革，促进对外开放，提高政府对宏观经济活动的调节控制能力，保障经济、科技、教育、文化等各项事业发展。

据悉，例行的国务院常务会议，讨论和研究行政法规的制定已成一项重要内容。

近年来，国务院坚持一手抓改革、一手抓法制的原则，对改革中应兴应革的事情，尽力做到用法规或制度形式加以明确。据介绍，搞活企业和涉外经济方面的内容，已成为国务院制定经济法规的重点。在去年76件法规中，有关企业管理、搞活企业的达13项，占总数17%；涉外经济法规15件，占20%。据认为，这些法规的发布将进一步为促进企业管理、扩大对外开放、吸引外商来华投资创造良好的法律环境。

在回答记者提出的已发布的行政法规执行情况如何时，国务院法制局有关官员认为，执法情况良好。但是，他承认，相对立法工作而言，行政法规的执行仍是薄弱环节。有法不依、执法不严时有发生。据介绍，其间原因较多，主要是：一、一些机关和公众没有形成依法办事观念，而习惯于靠行政手段解决问题。再加上因某些行政法规本身的局限，使执行机关理解不一致，造成扯皮；二、法规发布、传播手段不够，相当一部分法规以文件形式下发，公众无法直接得知。一些应公告周知的法规作为文件放在保险柜里；三、监督检查执行工作的机构和人员缺乏，同时，有关监督检查执法工作本身的立法尚未及时跟上。

据称，国务院法制局已注意到这种情况，正着手加以解决。他们呼吁新闻传播媒介和有关执法单位，利用多种渠道公告周知已发布的行政法规。据悉，国务院正在编制的1988年立法计划中，制定监督检查执法方面的法规，已成为一个重要内容。

全国最大的人造柚木胶合板厂在山东东明投产

新华社报道，这个项目从1986年4月破土动工，1987年12月竣工投产，总投资648万元。每年可生产长1.8米、宽1.2米的胶合板20万张。

人造柚木胶合板以前全部依靠进口，国内目前只有南北两家厂生产，东明的生产能力比上海的大1倍。

青年作曲家叶小钢被选入《国际名人录》

我国青年作曲家叶小钢被编入伦敦欧洲出版公司新近出版的《国际名人录》。

叶小钢，中央音乐学院讲师，代表品作有《地平线》《西江月》等。

第五届全国短池游泳赛打破3项全国纪录

江苏队的林莉在女子200米个人混合泳比赛中，以2分17秒86的成绩打破2分19秒1的全国纪录。国家集训队仍显优势，由杨洋、杨青、李涛和谢军组成的男子4×50米自由泳接力队，在该项目比赛中，以1分35秒35的成绩改写1分35秒60的全国纪录。北京的孙春莅在女子50米自由泳比赛中，以26秒62的成绩破26秒7的全国纪录。

1月29日

中华全国律师协会成立5个专业委员会

这5个专业委员会是：刑事辩护、民事代理、非诉讼法律事务、涉外经济法律事务、法律顾问业务委员会。

据统计，目前全国共有8万多名律师。

商业部 国家计委 国家经委联合发出《关于加强棉花、棉短绒计划管理的通知》

《关于加强棉花、棉短绒计划管理的通知》（以下简称《通知》）说，近年来，在棉花购销工作中出现了一些值得担忧的问题：一些地区盲目发展计划外纱厂，超过了棉花资源的可供能力；有的地方和企业任意挖国家储备棉花；棉短绒分散流失，影响了国家重点行业企业的生产安排。

《通知》规定，棉花、棉短绒是国家指令性计划商品，凡国家加价和奖售收购的棉花（包括良种棉、等外棉）全部由国家掌握，纳入国家计划统一安排。没有出口任务的省（区、市）不得擅自向外贸部门提供棉花出口货源，不得以横向联合为名挖国家棉花资源。

《通知》强调，国家储备棉由商业部对国务院负责，委托各省（区、市）供销社代管，未经国务院批准，任何部门、单位和个人不得动用。国家年度计划核定的棉花库存，只能作周转之用，不得随意搞超供和超用。

《通知》要求控制计划外纱厂。集中产棉区在确保完成国家棉花调出计划的前提下，经省（自治区）计委批准于1987年底已建成投产的计划外纱厂，所需棉花纳入国家计划。村办、个体办的纱厂，以及非产棉区或虽产棉花但不能自给仍需调入棉花的省（区、市）的计划外纱厂，国家不供应棉花。

1987年我国有180多项产品（技术发明）获得国际奖

《人民日报》报道，1987年我国有180多项产品

(技术发明)获得近210项国际奖,其中获金质奖90多项。

全国高等医学教育工作会议在北京召开

高等医学专科教育培养周期短、投资少、实用性强,适合我国国情和广大农村的需要,毕业生也下得去、留得住,能够在农村服务,今后要大力发展。这是今天下午结束的全国高等医学教育工作会议传出的信息。

目前,我国农村地区平均每千人中只有医师0.32名,且缺乏技术骨干。卫生部部长陈敏章在会上提出,到20世纪末,如要求农村医师人数与人口之比达到0.5‰,10年之内就要增加医师18万人,加上自然减员,就需培养20多万人。而我们目前的培养能力是每年仅招收医科本、专科生4万人,毕业后真正做医师的不过两三万人,并且大部分是满足城市需求,分到农村的很少。事实证明,发展医学专科教育比较适合农村的实际需要。

为此,这次会议提出:今后一个相当长时期内不要把专科学校作为向本科院校过渡的层次,对部分已升格为医学院的专科学校,要坚持"本专结合、以专为主"的方针;在不削弱中等卫生学校发展的基础上,积极鼓励有条件的地区建设医学专科学校,继续办好现有医学院校;提倡本科院校开办面向农村为主的专科班或分校。

《世界知识》发刊1000期

《世界知识》由胡愈之创刊于1934年9月。一个杂志能有如此悠久的历史,这在国内外并不多见。

乔石发来祝词。吴学谦到会讲了话,赞扬该刊半个多世纪始终紧跟历史的巨轮和时代的步伐。黄华等各界人士出席了座谈会。赵朴初专门题了诗。

全国十佳运动员评选结果在北京揭晓

1978年全国十佳运动员评选结果在首都体育馆揭晓。举重名将、一人囊括52公斤级抓举、挺举和总成绩3项世界纪录的何灼强以最多票数荣登十佳榜首。

当选十佳的其他9名运动员是:楼云(体操)、黄晓敏(游泳)、聂卫平(围棋)、杨阳(羽毛球)、高凤莲(柔道)、江嘉良(乒乓球)、李玲蔚(羽毛球)、何英强(举重)和柳海光(足球)。

中共中央顾问委员会副主任薄一波、人大常委会副委员长阿沛·阿旺晋美以及荣高棠、李梦华等向十佳运动员颁发了奖杯。

第五届全国短池游泳赛刷新8项全国纪录

江苏女选手林莉在第3天比赛中,以4分48秒37的好成绩打破了4分50秒60的女子400米个人混合泳全国纪录,从而成为本届比赛中连续打破3项纪录的运动员。在全部32个比赛项目中,国家集训队获得13枚金牌,上海队夺得10项冠军,江苏队获6项冠军,北京队获2项冠军,浙江队获1枚金牌。比赛中共有6人1队破8项全国纪录。

中国农业环保基本形成网络

据《人民日报》报道,我国农牧渔业环保工作近几年进展迅速,科研和监测已基本形成网络。

到目前为止,全国绝大多数省、市、自治区和部分地县建立农业环保监测站110多个,有11个省、市、自治区和3个海域、4个水系建立了渔业环境监测站,共组织了200个环境保护项目的科学研究,其中80多项科研成果获得国家和部级奖励。他们还先后进行了污水灌溉、农药污染、水域污染和环境污染等几次全国范围的大型调查,初步摸清了农牧渔业环境质量状况,编报了《中国农业环境质量报告书》。

农业环保科技人员还在全国各地建立了200多个生态农业试点。这些试点单位普遍增强了抗御自然灾害的能力和农业生产后劲。

全国15万红军失散人员安度晚年

据《人民日报》报道,全国15万红军失散人员得到认定,受到党和人民政府的妥善照顾,安度晚年。

据民政部调查,我国第二次国内革命战争时期,由于战争环境极为恶劣,不少红军战士失散民间,目前健在的尚有15万人。他们长期以来在政治上没有得到应有的荣誉,生活上没有得到妥善照顾,成为优抚工作中的一个历史遗留问题。

近两年,随着党的各项政策的落实,民政部在全面调查摸底的基础上,会同财政部联合发出了《关于妥善解决红军失散人员生活困难问题的通知》,并拨出专项经费,解决红军失散人员的生活困难问题。各地认真贯彻《通知》精神,对在1937年7月6日以前正式参加中国工农红军(包括东北抗日联军),后来因伤因病或战斗失利而失散民间的人员,均已认定为"红军失散人员",并发给定期定量补助。

妥善解决红军失散人员的政治生活待遇问题,使这些革命老人的晚年生活有了保障。许多革命老人被认定为"红军失散人员"后,老泪纵横,深深感谢党和政府的关怀。

1月30日

国务院代总理兼国家教委主任李鹏在全国高等教育工作会议上发表讲话

李鹏说,今后一个时期,高等教育工作的主要任务就是贯彻十三大精神,加快深化改革步伐,以适应现代化建设对高级专门人才的需要。

李鹏指出,几年来,我国高等教育事业有了很大的发展,在社会主义建设中发挥了重要的作用。教育改革已经在许多方面展开,有些改革已收到了好的效果,取得了不少经验。在教育战线工作的广大教师、干部和职工勤勤恳恳,兢兢业业地工作,为培养社会主义建设事业的人才作出了贡献。党的十三大把教育事业提到了经济发展战略的首要位置,教育工作者在我国现代化建设中的责任更加重大。高等教育担负着培养高级专门人才和发展科学技术文化的任务,对社会主义建设有着直接的影响。但是,同全国改革开放的形势相比,高等教育工作还不能满足经济和社会发展的多方面的需求,不能很好地适应经济体制改革和政治体制改革的需要。

李鹏强调,要把培养社会主义建设需要的人才作为高等学校的主要任务。根据社会主义物质文明和精神文明建设的要求,高等学校要坚持培养德智体全面发展,有理想、有道德、有文化、有纪律的合格人才。在改革开放的形势下,为了适应我国社会主义有计划商品经济的发展,适应国际竞争和新技术革命的挑战,高等学校要注意培养学生具有改革开放的意识,具有实事求是、独立思考、勇于创造的科学精神。还要重视和加强学校的体育工作,使学生养成锻炼身体的习惯,使他们具有强健的体魄,将来能够承担各项艰巨任务。高等学校要培养大批素质优良的人才。衡量学校教育工作的标准,不仅要看培养学生的数量,更重要的是看培养学生的质量,看学生毕业后能否适应社会对人才的需要。现在,我国的高等学校已经具有一定的数量和规模,今后在一个时期内,要把工作精力更多地集中到搞好教育改革,提高人才的培养质量,提高办学的效益上来。

李鹏说,我们的青年大学生主流是好的。他们拥护改革开放,关心祖国的前途和命运,拥护党的十三大路线,愿意为国家富强、民族兴旺贡献自己的力量。近一两年来,通过参加社会实践,他们在了解国情,了解社会,面向实际,正确认识自己等方面都有显著的进步。建设一个富强的、民主的、文明的社会主义现代化国家,需要几代人的不懈努力。我们的事业归根到底是青年人的事业。对青年学生既要关怀爱护,又要严格要求。要教育培养他们脚踏实地,艰苦奋斗,具有为社会主义建设事业勇于献身的精神。

要引导和鼓励他们走与实践结合、与群众结合的健康成长的道路。培养青年学生是全社会的事,全社会都要积极支持高等学校的工作,特别是各企业事业单位要支持和帮助学校建立学生联系实际的基地。对新参加工作的大学生也要满腔热情地帮助他们在实际工作中锻炼成长。

把竞争机制正确地引入高校,是深化高等教育改革的重要环节。李鹏认为,高等教育改革的目标是逐步建立使学校具有主动适应国民经济和社会发展需要的有效机制。要根据教育的规律和特点,结合教育的实际,形成适合学校的制度和办法。高等学校毕业生分配制度的改革,不仅是国家人事制度改革的重要组成部分,而且是广大师生最关心的事情。在毕业生分配制度中,要为用人单位和学生创造在一定范围内互相选择的机会。要逐步建立学生选择职业,用人单位择优录用的“双向选择”制度。我们仍然提倡毕业生到经济不发达的地区和艰苦的行业去工作,但是要制定相应的鼓励政策。在学校工作的其他方面,也要适应改革的需要,在实践中逐步形成制度。

李鹏再次强调高等学校要根据社会的需要,在不同层次上办出各自的特色和水平。每个高等学校应当明确自己的任务,努力在各自的层次上办出特色,办出水平。请国家教委考虑,今后国家掌握的重点学校不应该只是高层次的学校,而且应该包括各个层次的学校。现在有一些学校不大安于本层次的教育任务,不顾社会实际需要,片面追求高层次。这种情况不纠正,高等教育结构不够合理的问题就不能解决。

李鹏对与会代表说,随着现代化建设事业的发展,国家对高级专门人才的需求还会增长,社会上要求接受高等教育的人也会越来越多。这就要求高等教育还要稳步地发展。目前高等学校的全日制学生的规模已经不小,不少学校办学条件很紧张,再发展全日制住校生的数量困难较大。在这种情况下,要满足社会的需要,高等学校就不能只搞全日制这一种形式。要在总结实践经验的基础上,举办招收应届高中毕业生的函授、夜大、电大以及招收走读生等多种形式的高等教育。一些有条件的高等学校,还可以举办分校,分校也可以是高等职业技术教育的性质。这样做可以较大地提高办学效益,收到事半功倍的效果。为了鼓励高等学校举办各种形式的教育,国家要制订一些相应的政策。在教育经费上要有相应的保证。对于教学质量的要求,不能降低标准。

李鹏提出:要积极开展各种形式的社会服务,进一步发挥学校的潜力。高等学校学科门类比较齐全,人才知识密集,也有一定的科学技术、装备,如果能把这个潜力发挥出来,就可以为社会主义建设作出更大的贡献。开展社会服务,包括有偿服务,形式是多种多样的,各学校可以根据自己的特点和优势加以选择。学校通过开展有偿服务所得的收入,不但可以用于改善教学条件,也可以用于改善教职员工的生活待遇。对此,国务院要研究制定有关政策。

李鹏在谈到高等学校要逐步实行校长负责制时说,搞好党政分开,实行校长负责制,是政治体制改革的重要内容。各高等学校要在总结试点经验的基础上,创造条件逐步实行。实行校长负责制以后,学校的思想政治教育工作怎样抓得更好,需要大家共同研究和探索。我们是社会主义的高等学校,任何时候都不能放松思想政治教育工作。他还指出这次会议上广泛讨论的教育管理体制问题是个重要问题,要经过慎重的研究。目前各高校的归属一般不作变动,以保证高校教学工作正常的进行。李鹏最后强调说,各级党政领导必须进一步提高对教育的战略地位的认识。各行各业都要树立社会主义建设必须依靠教育的思想,关心和支持教育事业。

解放军总政治部主任杨白冰在总政系统总结表彰大会上发表讲话

杨白冰提出,要把总政建设成风气正、团结好、作风实、业务精、效率高的政治工作领导机关,在新的形势下,以新的面貌出现在全军面前。

杨白冰说,总政作为全军政治工作的最高领导机关,要在全军有很高的威信,说话很灵。他认为要做到这一点,一靠卓有成效的工作,二靠良好的表率作用。他说,如果我们言行不一,表里不一,对下面要求严,对自己要求松,说话办事就没有号召力,就不可能建立自己的威信。

杨白冰在讲话中要求总政全体人员从 5 个方面发挥表率作用:一是认真学习马列主义理论和党的路线、方针和政策,坚决贯彻党的十三大精神,自觉坚持四项基本原则,拥护改革开放,严守政治纪律,做同党中央保持一致的表率;二是有高度的革命事业心和责任感,在工作中解放思想,勇于创新,埋头苦干,严谨细致,讲究效率,不断提高自己的业务能力,做艰苦奋斗、扎实工作的表率;三是深入调查研究,紧密联系群众,说真话,办实事,积极为部队解决问题,给干部、战士排忧解难,做全心全意为部队服务的表率;四是严格遵守党纪国法和军队的纪律,坚持原则,是非分明,办事公道,不谋私利,自觉抵制歪风邪气的侵蚀,做严于律己、端正党风的表率;五是增进上下之间、同志之间的团结,同总参谋部、总后勤部、军委纪委密切协作,同各部队互相信任、互相支持,主动与中央和地方有关部门搞好工作上的协商,建立良好的内部和外部关系,做顾大局、讲团结的表率。他希望总政每个部门、每个单位、每个同志都自觉地按这 5 条去做,在总政系统开展一个竞赛,看谁在这 5 个方面做得更好。

中国建成大型微量元素数据库用于动植物研究

我国第一个大型微量元素数据库系统,不久前在华中工学院建成。这一数据库收入 6.2 万多个微量元素数据,其中有国内外标准人发、人血和器官组织中的微量元素,多种疾病患者与健康人的微量元素值等。它的建成,将大大提高科研工作的效率,对于研究动植物,尤其是研究人的生老病死有很大意义。

国家教委提出关于高等学校深化职称改革工作和完善教师职务聘任制的意见

据《人民日报》报道,我国普通高校首次教师职务聘任工作已基本完成。在此基础上,国家教委提出了关于高等学校深化职称改革工作、完善教师职务聘任制的意见,主要是:

——教师职务的聘任与晋升转入教师管理的经常性工作。学校在经上级核定的职务结构比例和国家允许的增资幅度内,有计划地增聘与晋升一定数量的合格人员担任相应职务;学校因自然减员、人员变动等出现职务空额时,可以根据实际工作需要随时进行正常补缺。

——进一步健全教师考核制度。

——扩大学校择优聘用的自主权,增强学校适应体制改革和社会主义建设需要的活力。根据学校条件,将进一步下放教师高级职务审定权;允许不同类型学校根据所承担的不同任务对其教师规定不同要求。教师调离时,原任职资格只供参考。

——进一步改进和完善教师职务的评审和聘任工作,保证高等学校从队伍的最佳结构和最佳效益出发择优用人。

——教师职务的聘任与晋升应充分注意中青年的选拔。高校要积极创造条件,使工作中作出突出成绩的优秀中青年能及时进入高一级职务岗位;学校应注意保持教师队伍高级职务比例的弹性和活力,以利于吸引和补充优秀中青年骨干教师;国家教委建立优秀拔尖人才高级职务特别审批制度,对那些在教书育人、科学研究和为社会主义建设服务等方面作出重大贡献的优秀拔尖人才,将特别评审其任职资格,及时聘任他们担任高一级职务。

——加强高等学校教师高级职务比例的宏观控制。

——设立兼职教师职务。

全国有五百所各类特殊学校

据《人民日报》报道，1987年全国各类特殊学校已由新中国成立初期的42所发展到504所，在校学生由2200多人发展到52800多人，特殊学校的教职工已达14400多人。

特殊教育是我国社会主义教育事业的有机组成部分。为了使残疾儿童和广大青少年一样平等地参与社会生活，教育部门在民政、卫生以及有关社会团体的支持和配合下，使特殊教育出现了新的局面。1979年，我国开始试办弱智教育，截至去年年底，全国已有24个省、市、自治区兴办弱智学校90所，在普通小学附设弱智班578个。聋儿早期教育也开始创办，北京、天津、江苏、湖南、广东等地举办的聋儿早期听力语言训练已经取得初步成效。与此同时，一些高等院校还开始试办残疾学生大专班。近几年，全国高校招生也注意招收残疾考生，每年招收人数都在800人左右。

中国科技新闻学会在北京成立

学会将团结全体科技新闻工作者，组织学术交流，探讨工作规律，提高报道水平，创立有中国特色的科技新闻理论，促进科学技术的繁荣和科技与经济的结合。

严济慈、张爱萍、钱三强、吴阶平、曾涛、胡绩伟等，以及有关科技部门和新闻单位的负责人，同150多名科技新闻工作者代表一起出席了成立大会。

综合性月刊《声屏世界》在江西创刊

以探索创新之路、提高广播电视专业人员素质为宗旨的综合性月刊——《声屏世界》，1月在江西南昌创刊，并向全国发行。

《温州模式丛书》发行

由8个分册组成的《温州模式丛书》最近出版发行。其中，《温州模式的理论探索》汇集了费孝通、董辅礽、林子力、杜润生等数十位理论工作者和实际工作者的文章，从温州模式的总体评价和发展趋势等方面进行了理论探索。其他分册有《温州的市场》《温州的农民企业家》等。

1月31日

国家科委和安徽 湖北 河南共同出台《关于鼓励科技人员参加大别山地区重点贫困县经济开发的试行办法》

试行办法规定，科技人员到大别山重点贫困县承包、领办乡镇企业，以及兴办各种所有制形式的技术开发、服务、贸易机构，均实行有偿服务。重点贫困县各级政府保证按合同兑现科技人员的合法收入。鼓励科技人员在带领和帮助群众致富的同时，自己也富起来。

试行办法对解决科技人员的实际困难也作出了规定。对分配到县以下的大中专毕业生，在当地工作5年以上者，可解决直系亲属一人“农转非”。凡具有中级以上专业技术职务、在重点贫困县工作5年以上或工作满15年的科技人员，其子女在升学、招工、就业等方面也有相应的优待。

三省政府还将设立“大别山重点贫困县技术经济开发奖”，对扶贫中作出突出贡献的科技人员实行重奖。颁发荣誉证书和奖章，授予“先进科技工作者称号”，并将其事迹载入县志。对坚持在贫困县工作多年，成绩特别突出者，优先选拔为国家或省的有突出贡献科技人员，或授予劳动模范称号。

诗集《情海集》在朝鲜被评为优秀作品

中共丹东市委副书记牟心海创作的歌颂中朝友谊的诗集《情海集》，最近在朝鲜被评为优秀作品。

这次评奖活动是朝鲜对外文化联络委员会举办的，评选范围主要是外国人写朝鲜的各种作品，文章。在数百部作品中，《情海集》受到很高评价。

金日成去年访华时，读了《情海集》，在归国途经丹东时，对牟心海说：“你的《情海集》写得很好！把朝中友谊写得那么真诚，很感人，谢谢你！希望你写更多的诗，反映朝中友谊。”

2月1日

全国水利厅局长会议在北京召开

水电部部长钱正英在会议上指出，我国水利工作度过了调整时期，出现了新的转机。最近通过的《中华人民共和国水法》，使水利工作进入一个新的发展时期。

我国多年来兴建起来的水利工程对抗御水旱灾害，促进工农业发展，保障人民安全，发挥了重大作用。但是，80年代初以后的一个时期，有些地方和有些同志对水利的地位和作用有所忽视，水利资金大幅度下降，水利工程老化失修，效益衰减；北方水资源日益短缺，一定程度上影响了农业生产和城市经济建设的发展。近两年以来，水利问题引起了各级领导的重视，各省、市、自治区政府制定了一系列新政策，增加对水利的劳动和资金投入。两年来，全国投入劳动积累40多亿工日，改善、恢复和新增灌溉面积8500多万亩，改善和新增除涝面积3000万亩，解决了1600万人的饮水困难，开始扭转水利效益衰减局面。现有的水利设施经过整顿巩固，在抗御水旱灾害中进一步发挥了作用。全国治理水土流失面积4万平方公里，小水电共投产容量120万千瓦，完成投资近40亿元，对一些山区的脱贫致富起了重要作用。水费改革和水利综合经营有了新进展，水费和电费收入约20亿元，综合经营产值18亿元，改善了水利工程的管理。近两年，水利基本建设完成投资48.7亿元，在建的39项大中型工程均完成计划。

中国最大的硅砂基地在福建建成

据《人民日报》报道，我国目前最大的东山硅砂基地已在福建省东山县建成生产。硅砂是制造高级平板玻璃、光学玻璃和高级铸造型砂的重要原料。经过3年多艰苦奋战建成的这个硅砂基地，包括1个硅砂选矿厂和1个硅砂码头，年生产能力为30万吨优质玻璃砂和2万吨型砂，硅砂码头泊位年吞吐量为60万吨。从采矿、选矿到装卸，都是机械化作业。

解放军总医院首次将窥镜激光药头碎石技术用于人体

解放军总医院采用激光药头，为一患者击碎巨大胃石。窥镜激光药头碎石技术是北京工业学院、北京光电研究所和解放军总医院联合研制的一项成果，曾做过300余次动物体内碎石实验，用于人体，这还是第一次。到目前为止，国内外尚未见类似报道。

包兰铁路沙坡头地段科学治沙防护体系荣获3个部级科技进步奖

据《人民日报》报道，我国采取工程措施、生物措施综合治理流动沙区的成功尝试——包兰铁路沙坡头地段治沙防护体系，在获中国科学院、铁道部的成果奖后，最近又被评为林业部1987年科学技术进步一等奖。

包兰铁路穿过属于半干旱荒漠地带的高大、流动格状与新月形沙丘的宁夏中卫县沙坡头沙区。30多年来，这项根据风沙物理学和生态学原理而以生物措施为主的综合技术措施，增加了沙面的粗糙度，有效地控制了风沙流的活动，使原来流动沙丘处于固定或半固定状态。随着人工植被建立和地表结皮层的形成，这个年平均降水量为180多毫米的干旱沙区，渐变为人工、天然植被混合区，进一步加强了防风固沙的作用。

铁路部门认为，沙坡头地段铁路治沙防护体系的建立，保证了线路道床无积沙，使列车自1958年通车30年来畅通无阻，从而为国家避免了可能因风沙肆虐造成的20多亿元损失。

杂交水稻专家袁隆平获英国朗克奖金

著名的杂交水稻专家、湖南省农业科学院研究员、湖南杂交水稻研究中心主任袁隆平荣获英国朗克奖金基金会的2万英镑奖金。这是我国科学家首次获得这项奖金和荣誉。

这项奖金是以一位英国人朗克的名义而设立的，每两三年发奖一次，主要奖给在粮食食品和光学研究方面有突出贡献的世界各国科学家。

学术专著《台湾三十年》出版

《台湾三十年》是我国第一部完整地研究台湾当代历史的学术著作。该书较全面地向读者展现1949年后台湾的发展轨迹和社会面貌。

2月2日

国务院发出《关于加强民航安全工作的紧急通知》

通知说，1月18日，中国西南航空公司一架伊尔十八—222号飞机在重庆机场附近坠毁，给国家和人民生命财产造成重大损失。国务院要求民航系统要立即开展自上而下、全面深入的安全教育和安全检查，特别是飞行、机务、航行、通信、导航、气象、公安等直接保证安全的系统，要作为重点进行。要正确处理安全与生产、安全与服务的关系，真正把安全放在第一位，严防因生产繁忙而忽视安全，因飞行不正常和旅客积压而忽视安全的现象发生。还要立即对民航的运输飞机进行一次全面的适航性复查。检查结果要按规定的放行标准进行一次严格的评估,对其中不适航的飞机要坚决停飞。特别是对老旧飞机更要认真检查,从严掌握,不合格的要及时淘汰。

国务院提出对民航运营中的飞机,要严格规章制度,严格放行标准,严禁带危及安全的故障放行飞机,杜绝人为责任事故的发生。严格飞行技术管理和加强飞行管制。民用机场要加强统一管理,维护机场治安秩序。

国务院要求各级领导要深入现场,了解情况,督促检查,狠抓安全工作的落实。凡政企分开的地区,民航各管理局,要履行行政职能,对航空公司的飞行组织与实施,进行督促检查,发现违反规章制度的现象,要从严、从速进行处理。

国务院副总理姚依林在北京会见美国贸易代表克莱顿·尤特

中美在北京签署第三个纺织品贸易协议

对外经济贸易部部长郑拓彬和美国贸易代表克莱顿·尤特大使分别代表本国政府在协议上签字。

中国自行研制的迷彩服 迷彩睡帐开始装备部队

这些新型军用伪装品的试用结果表明,伪装隐蔽性能好,能防可见光、微光和近红外线夜视仪,防水防潮,色彩牢固,主要技术指标和性能达到某些发达国家同类产品水平。目前,这种新型伪装品已开始装备侦察部队和海军陆战队。

文化部艺术局局长方洁对文化界的人大代表和政协委员们提出艺术院团改革的设想

方洁说,这个全新的设想将突出体现文艺界的竞争机制;优胜劣汰将是最明显的特点。

按照这个方案,国家将集中组建国家级的文艺团体,如国家歌剧院、国家舞剧院和国家乐团。这些团体虽然只占改革后文化单位中的极少数,却是中国艺术领域的代表,能够反映当代艺术成就。

除此之外,方洁透露,正设想国家以招标投标形式组建一些直属团体,作为以上国家级院团的补充。这些直属团体的模式将不一而定。

方洁说,改革设想将把大部分现存文艺团体引入文化市场,以集体和自由组织形式进行竞争,自负盈亏。文化部对现存的剧团不会强行取消,也不会硬性扶植,"活死由之、自生自灭、铁饭碗再也没有了"。这种状况将大大解放文化生产力,增加从艺人员的创作热情。

方洁说,文化部对正在新旧体制交替时出现的诸如"走穴"等现象持客观态度,认为新的体制建立后,这些问题可望解决。

几十位人大和政协委员提出质询说,他们能够理解文化市场目前出现的一些不稳和混乱;但文化部过多寄希望于将来的"改革设想"而对目前的状况缺乏管理,应该"该奖的奖,该收的收"尽早解决。方洁对此解释说,文化部无意于坐等改革。

《公元前1500年至公元3000年月食典》编纂完成

该部《月时典》由中国科学院紫金山天文台研究员刘宝琳编纂。

将古代月食和未来将出现的月食编纂成典,对年代学研究、地球自转和月球运动轨道的研究都有重要科学价值。迄今为止,国际上只发表过奥地利天文学家奥波尔策的《日月食典》和比利时天文学家缪斯的《月食典》。与历史上的两部典书相比,这部《月食典》提高了数据精确性;增加了月食开始和结束时的切点方位角、初亏和复圆时的月下点经纬度等内容。

《世界导弹大全》出版

我国第一部《世界导弹大全》由军事科学出版社出版发行。国防部部长张爱萍题写了书名。

该书是由航天部组织100多名专家撰写的大型工具书,约200多万字,插图1000多幅,客观地介绍了世界各国导弹及其相关技术的发展概貌和未来发展趋势,分弹道导弹、巡航导弹、地对空导弹、空对空导弹、反舰导弹、反坦克导弹等部分。

大型木刻版丛书《道藏辑要》出版

新中国成立后印刷的最大木版书籍——巨型道教丛书《道藏辑要》已由四川巴蜀书社出版。

《道藏辑要》是一部完整的、大型的木刻版书。此书版是当今世界道教典籍的唯一存版,现藏于成都青羊宫二仙庵。它刻于清光绪三十二年丙午(1906)年,共用1.3万余块木板。这些木刻板全部用梨木雕成。重新出版的《道藏辑要》共分28集,收著作292种,合计531卷,装订成245册,并加函套包装。它比较完整地收集了道教重要的经典、诸子哲学著作、历代道教祖师的著述、道教的仪式戒律、道教的音乐唱本、诗词歌赋、碑刻、传记、年谱、游记,以及山水地志、医药著作、卫生保健、气功专著等。

中国最大的现代化制药企业——中原制药厂开始兴建

据《人民日报》报道,国家"七五"计划重点项目、投资5亿元的中原制药厂已进入基本建设阶段。在郑州西郊占地1300亩的工地已圈起红色围墙，通路、通电、通水、平整土地、生活区施工正紧张进行。这个项目是我国新中国成立以来医药行业投资规模最大的工程建设项目，将于1990年完成，次年投产。

中原制药厂是以玉米为主要原料进行系列化深加工的大型现代化联合企业，每年将加工玉米15万吨，生产药用商品淀粉3.2万吨、变性淀粉1万吨、口服葡萄糖1.5万吨、注射用无水葡萄糖1万吨、山梨醇1.02万吨、维生素C 0.5万吨。此外还有副产品玉米油和葡萄糖母液等5万多吨，计划年工业总产值3.3亿元，年实现税利1.56亿元，创汇3000万美元。

全国残疾人抽样调查第二次工作会议在北京召开

民政部部长崔乃夫在会议上指出，《全国残疾人抽样调查方案》规定的5类残疾标准是这次残疾人抽样调查的统一标准，不能作为国家各个部门的评残标准。《全国残疾人抽样调查方案》规定的5类残疾是：视力残疾、听力语言残疾、肢体残疾、智力残疾和精神病残疾。崔乃夫部长说，我国制定的这5类残疾的标准，是一个从无到有的突破，也是比较科学的。它是根据我国国情、参照世界大多数国家的标准情况和世界卫生组织的有关规定制定的。但是，它与国家各个有关部门制定的部门评残标准不一样。我国现有的残疾军人、交通事故、铁路职工等评残标准与这次抽样调查5类残疾标准比较，具有更具体、更适合本部门具体对象的特点。

崔乃夫指出，这次抽样调查制定的5类残疾标准与国家各部门的标准并行不悖，各部门要处理好残疾人抽样调查的残疾标准和现行政策的关系。

2月3日

国务院代总理李鹏在中南海紫光阁会见美国贸易代表克莱顿·尤特一行

应客人的要求，李鹏着重介绍了中国的改革。他说："中国的改革已经有了大的方向和蓝图，我们要在改革的大方向的指引下一边做、一边补充和完善，不断前进。"

李鹏说，最近有些外国朋友误认为中共十三大后，中国的改革步子放慢了。其实不然，最近我们除进一步完善企业承包责任制外还正在研究一系列的改革措施。

在回答客人们提出的美国能帮助中国做些什么时，李鹏说，美国拥有发达的技术和先进的企业管理经验，美国可以向中国传授企业管理经验和转让技术。这样做不会给美国构成危害。他说，中国沿海地区劳动力资源丰富、工人素质较好、工厂条件也好，可以为美国提供大量加工部件和产品，合作方式可以灵活多样，比如来料加工、订货、合资、合作生产等。

尤特说，美国和美国人民对中国和中国人民怀有友好的情意，这是美中关系的重要方面。美国愿意向中国介绍先进管理经验。

中央统战部在北京举行在京定居台湾同胞迎春宴会

中共中央书记处书记、统战部部长阎明复在宴会上说，他对台湾形势出现的有利于祖国统一的良好势头感到高兴。

阎明复说，过去一年里台湾形势发生了很大变化，台湾当局解除了38年之久的戒严令，放松了返乡探亲的限制，这符合两岸人民的根本利益，也是历史发展的必然结果。

他指出，我们希望台湾当局在两岸关系的缓和上，作出新的努力。同时，我们愿意与台湾各界人士共商国是，以促进统一祖国、振兴中华的大业。我们相信，随着两岸各个领域交往不断加深，台湾人民将进一步了解祖国大陆，了解和平统一、"一国两制"的方针，也将为祖国统一、"一国两制"的实现作出积极的贡献。

阎明复对在座的台湾台胞说，大家在国家经济建设和祖国统一的工作中付出了辛勤的劳动。在新的一年里，我们将更紧密地合作，为改革开放，为促进海峡两岸在各个领域更广泛、更深入地交往贡献力量。

全国人大常委会副委员长彭冲、全国政协副主席杨静仁和100多位台胞出席了宴会。

中华人民共和国政府代表与乌拉圭东岸共和国政府代表在纽约签署建交联合公报

中华人民共和国特命全权大使、常驻联合国代表李鹿野和乌拉圭东岸共和国特命全权大使、常驻联合国代表费利佩·保里约代表各自政府在纽约签署了两国建交联合公报。公报全文如下：

中华人民共和国政府和乌拉圭东岸共和国政府根据两国人民的利益和愿望，决定自即日起建立大使级外交关系。

乌拉圭东岸共和国政府承认中华人民共和国政府是中国的唯一合法政府。中国政府重申：台湾是中华人民共和国领土不可分割的一部分。乌拉圭东岸共和国政府注意到中国政府的这一立场。

两国政府同意在互相尊重主权和领土完整、互不侵犯、互不干涉内政、平等互利、和平共处的原则基础上发展两国之间的友好关系。

中华人民共和国政府和乌拉圭东岸共和国政府商定，将在尽短的时间内互派大使，并将在各自首都为对方建立使馆及其执行任务提供一切必要的协助。

中华人民共和国	乌拉圭东岸共和国
政府代表	政府代表
李鹿野	费利佩·保里约

1988年2月3日于纽约

1988年度全国地震趋势会商会在北京召开

根据国家地震局的监测统计，1987年我国共发生29次5级以上地震(其中台湾省9次)。在大陆发生的20次强地震中，西部地区占75%，华南、华北地区占25%。去年3次6级以上地震均发生在西北地区。这些中强地震的次数和强度虽略低于1986年，但与本世纪的年平均活动频次(每年14次)相比，显然处于相对活跃的状态。而西北地区地震活动增强趋势很突出，华南地区地震活动也有增强趋势。

参加会商会的专家评估，1988年地震活动不会少于去年。为此，会商会强调，各级地震单位要在思想上和工作中切实把震情监测放在首位，把科技骨干力量放到地震监测预报主战场上。

国家地震局的一位副局长说，中国的地震监测预报水平已非十几年前可比，中国已拥有世界上最广泛的国家监测系统。1987年发生在划定的重点监测区内地震的比例已有很大提高。国家地震局目前正在使用多种手段对地震活动进行密切监视。

国务委员宋健受李鹏代总理委托在会上说，中央领导很关心地震的科研、监测和预报工作。他希望地震系统的科技人员加强对地震成因和预报手段的探索研究，更新监测分析设备，对震情严密监视，及时分析，随时报告，争取对重大震情有所预测，为减轻地震灾害而努力。他还对长期艰苦奋斗在地震监测第一线的科技人员表示慰问。

会议于2月3日开幕，2月6日闭幕。

中国测绘事业得到快速发展

据《人民日报》报道，我国去年共测制各种比例尺地形图26700幅，成图面积约60万平方公里；出版地图140种，总印数8222万幅(册)，印量达111805千印张，其中蒙古、朝鲜、维吾尔、藏等少数民族文字地图近20万册。

据国家测绘局有关人士介绍，最近几年来，我国测绘部门坚持为经济建设服务的方针，把工作重点转向以提高经济效益和社会效益为中心的轨道上来，积极为全国土地资源详查、城市规划、经济特区和开放城市建设、能源交通建设、国土资源开发等建设项目做好前期测绘工作，提供测绘保证。

尤其可喜的是，微电子、计算机和激光测距等具有世界先进水平的新技术已在测绘部门较广泛的运用。现在只要按动键盘，就可以在计算机屏幕上显示出过去积累的大量国土基础信息资料。

国家教委1988年工作会议在北京召开

为期3天的会议将研究今后教育事业发展和改革的方针，以及今年的工作安排。

国家教委副主任何东昌在全体会议上发言说，现在的问题是如何推动教育在经济发展战略中首要位置的落实。他说，落实教育的“首要位置”，关键是各级领导干部要对教育的战略地位进行再认识，把认识提高到十三大的认识上来。同时，还必须通过立法，使教育的战略地位和保证教育事业发展的重大措施不因政府换届、领导人注意力的转移而受到影响。

谈到教育改革时，何东昌说，教育改革已在许多方面展开，并取得了一些经验，但是总的看来，教育与社会发展不相适应的矛盾仍然突出。培养各级专门人才的学校，在体制上还没有重大突破，学校主动适应经济和社会发展需要的有效机制还没有建立起来。面对经济体制改革的深化和政治体制改革的展开，如果不加快教育改革的步伐，“不相适应”的矛盾将会更加尖锐。他强调教育工作者要深入建设和改革的第一线，调查和了解经济、社会发展对教育的要求。坚持为以经济建设为中心的各项事业服务，通过深化教育体制改革促使教育同经济和社会发展的实际密切结合。他主张中等和中等以下的教育要同当地的经济建设紧密联系，以良好的基础教育为根基，使基础教育向职业技术教育延伸，使中等和中等以下教育主要面向当地建设服务。在遵循中央统一的方针、政策和国家的法律、法令前提下，加强地、市、县政府的统筹职能。专门人才的培养要适应有计划商品经济发展的需要，逐步改变由政府统一下达计划、学生由国家全部包下来分配、只面向全民所有制服务的体制。要根据教育的特点，把竞争机制引入这些学校，面向社会办学，毕业生要面向社会的选择。同时，要引导企业和社会各部门重视、参与专门人才的培养。何东昌指出，面向社会办学，寻求和建立学校主动适应社会需要的机制，是想建立宏观计划指导下新的专门人才培养体制。这是深化教育体制改革的重要课题。

国家教委副主任柳斌在会议上说，去年普及基础教育的工作克服困难，取得了显著进展；今年形势仍好，但面临着更为困难的局面，要取得进展，须作艰苦努力。1987年经省、自治区、直辖市验收合格的普及了小学教育的县，比1986年增加10%，使总数达到

1400个。全国学龄儿童入学率达到97.1%，比1986年提高0.7%，巩固率也有所提高。教师队伍的质量也提高了，1987年小学教师学历合格率比1986年提高2%，达到68.2%；初中教师学历合格率也提高2%，达到27%；高中教师学历合格率仍在下降，1987年为39.3%，而1978年为46%。师范教育继续发展，1987年师范院校招生数已占当年高校招生总数的35%。办学条件也有所改善。柳斌说，在过去的一年中，普及基础教育的工作成绩是显著的。

在谈到今年的形势时，柳斌说，党的十三大把发展教育事业放在首要的战略位置，这对教育的发展是很有利的条件，因此，总的形势是好的。但也面临着不少困难。今年教育经费虽然增加了，但学校的开支将会大幅度增加。一是物价涨了，二是中小学教师的工资增加10%，将使教育事业费中"人头费"所占的比重增加，直接用于教学的比重将下降。稳定教师队伍也是个问题。

柳斌指出，要解决经费问题，首先要坚定不移地实施中共中央关于教育体制改革的决定和义务教育法。中央的决定和义务教育法都规定把发展基础教育的责任交给地方，规定教育经费的增长要高于财政收入增长的幅度，按学生人数平均的教育经费要逐年增长，这要坚定不移地落实。柳斌介绍说，国家规定的教育事业费附加自去年下半年开始征收，半年收了8亿元，而近几年国家每年增加的普教经费为15亿元。因此，教育事业费附加如能认真征收，普教经费将会有一个稳定的来源。

中国女将黄晓敏 夏福杰在联邦德国国际游泳赛中连夺两枚金牌

黄晓敏在50米蛙泳比赛上，以33秒74的成绩为中国队夺得了第一枚金牌。夏福杰在女子100米蛙泳中夺冠。夏福杰和黄晓敏还参加了4×50米自由泳接力赛，她们与队友杨文意和庄泳合作，夺得了该项目的银牌，成绩为1分47秒04。

邹云翔逝世

我国著名中医邹云翔教授因病于2月3日在南京逝世，享年92岁。

邹云翔生于江苏省无锡县。他作为卫生部医学科学委员会委员、国家科委中医组成员、全国中医学会副理事长，为振兴我国中医事业做了大量工作。他医术造诣很深，尤其擅长治疗肾病，还认真总结自己临床经验，出版了我国第一本肾病专著《中医肾病疗法》，以及《中医验方交流集》《邹云翔医案选》等著作。

2月4日

全国人大常委会委员长彭真在人民大会堂会见由副议长霍贾特伊斯兰·穆罕默德·雅兹迪率领的伊朗伊斯兰议会代表团

会见时彭真说，中国人民和伊朗人民之间存在着传统的友谊，他希望中伊两国在平等互利的基础上进一步发展友好合作关系。他说，双方合作的基础是雄厚的，潜力很大，前景广阔。

在谈到两伊战争问题时，彭真对伊朗客人说："伊朗和伊拉克都是中国的友好国家，作为朋友，我们希望你们共同商议，找到双方都能接受的条件，通过和平方式，早日结束战争。这对两国的发展有利，对第三世界有利，对世界和平有利。"

公安部部长王芳就严禁携带易燃易爆危险品乘坐公共交通工具的问题答记者问

问：春运开始以来，一些旅客携带易燃易爆危险物品乘坐火车、汽车、船舶、飞机等公共交通工具的情况比较突出，甚至发生了爆炸、火灾事故，伤亡严重。请您介绍一下有关情况。

答：严禁旅客携带易燃易爆危险品乘坐火车、汽车、船舶、飞机等交通工具，在1984年1月发布的《中华人民共和国民用爆炸物品管理条例》，1987年2月发布的《化学危险物品安全管理条例》，以及交通运输的有关法规中都作了明确规定。这是因为在公共交通工具上，人员集中，在载运过程中，一旦发生事故，后果不堪设想。但是，有些旅客缺乏法制观念，不顾公共安全，非法携带易燃易爆危险物品乘坐公共交通工具的情况，比较严重。仅今年1月份，铁路、公安部门在车站和列车上，就查获非法携带易燃易爆危险物品的1.5万起，收缴炸药1268公斤，雷管1.2万枚，导火索6031米，烟花爆竹611.8万响，以及其他易燃易爆危险物品一大批。有的已造成严重后果，1月7日，在广州开往西安的272次列车上因一位旅客携带的油漆溢漏，遇明火导致火灾，造成34人死亡，30人受伤。类似事故在长途公共汽车上也发生过多起。对此，国务院领导同志十分关心，责成交通运输各部门和公安机关采取有效措施，严禁非法携带易燃易爆危险物品乘坐火车、汽车、轮船、飞机等公共交通工具，以保证交通运输和人民群众的安全。

问：看来，携带易燃易爆危险物品乘坐公共交通工具，确实妨害社会公共安全。那么，易燃易爆危险物品主要包括哪些？

答：按照国家有关法规，易燃易爆危险物品，是指容易发生燃烧、爆炸的物品，还有容易伤害他人的毒害品、腐蚀品和放射性物品。具体来说，易燃物品包括各种易燃液体、易燃固体、自燃物品和遇湿易燃物品。如汽油、煤油、桐油、香蕉水、酒精、电石、黄磷、氯酸钾等。爆炸物品包括各种炸药、雷管、导火索等爆破器材，以及黑火药、烟火剂、烟花爆竹等。

问：携带易燃易爆危险物乘坐公共交通工具的主要是哪些人？

答：据了解通常是三部分人：一部分是回家探亲过节的人，随身携带少量烟花爆竹准备赠送亲友和自用。一部分是通过各种渠道，从工厂、工地或部队拿取易燃易爆危险物品，以满足自身某些需要的人。一部分是贩运倒卖易燃易爆危险物品的人。

这三部分人携带易燃易爆危险物品的目的虽然不同，但一旦出事危害是一样的。

问：春运已进入高峰，如何制止有人携带易燃易爆危险物品乘坐公共交通工具呢？

答：对于少数旅客携带易燃易爆危险物品乘坐公共交通工具，威胁社会公共安全的问题，我们认为，首要的是向广大群众进行宣传教育。使群众认识到其危害性和可能产生的严重后果，以及一旦肇祸，当事人应负的法律责任。建议各机关团体、部队、企事业单位、街道办事处、居民或村民委员会，在春运期间，对干部、职工、战士和城乡群众，普遍进行严禁携带易燃易爆危险物品乘坐公共交通工具的宣传教育。其次，铁路、交通、民航等部门，也要在车站、码头、候机室等处，广泛开展宣传，晓以利害，号召非法携带者主动交出。凡不交出的，一经检查发现将依法给予惩处。并号召乘客互相监督，发现他人携带时，要及时报告以免酿成大祸。火车、汽车、船舶和飞机上的乘务员，要切实担负起旅客携带行李的检查，及时发现和排除隐患。

这里我要特别指出，生产、使用爆炸物品的单位，尤其是小煤窑、小矿山、小采石厂基建工地，一定要按照《中华人民共和国民用爆炸物品管理条例》，对爆炸物品进行严格的管理，防止丢失、被盗。现在制度不严、管理混乱的现象相当严重，爆炸物品流散社会和个人手中的现象十分突出。去年8月下旬至11月，据24个省、自治区、直辖市不完全统计即收缴炸药165.73万公斤，雷管346.87万枚，导火索314.4万多米。这是一个惊人的数字，如果这个口子堵不住，将会对社会造成极其严重的危害。

问：对此，公安机关准备采取哪些措施？

答：保证旅客的生命、财产安全和国家财产的安全，是公安机关的职责。为了绝大多数旅客的安全，公安干警在车站、码头、机场等地，要会同交通运输部门的工作人员，对有携带爆炸物品嫌疑的人实行开包检查，尽最大努力以使非法携带的易燃易爆危险物品，不致被带上车、船、飞机，确保广大旅客的安全。这一措施虽然会给旅客增加一些麻烦，但这是为了大家的安全。我们相信，对这种检查，广大旅客是能够理解并给予积极配合的。公安干警在执行这一任务时，必须做好宣传，注意文明执勤，礼貌待人。遇有旅客不理解时，要耐心细致地做好解释工作，决不能简单粗暴。希望旅客对我们的工作进行监督。

问：对于查获非法携带易燃易爆危险物品的人，公安机关怎么处理？

答：凡非法运输或携带炸药雷管等爆炸物的，均属违法行为，要根据不同情况，分别予以严肃处理。对于非法运输、携带少量易燃易爆危险品，尚未造成严重后果的，按《中华人民共和国治安管理处罚条例》第二十条的规定，予以没收、罚款、拘留的处罚，以资教育。同时还要通知其所在地公安机关，彻底查明来源，追查有关单位和个人的责任。对于非法运输、携带易燃易爆危险品，足以对社会造成危害或者已经造成严重后果的，根据具体情况，分别按照《中华人民共和国刑法》第一百一十二条、一百一十五条或全国人民代表大会常务委员会《关于严惩严重危害社会治安的犯罪分子的决定》第一条第(四)项的规定，依法追究刑事责任。

这里我还要强调的是：法律是严肃的。有法必依，违法必究。对触犯法律的人，必须绳之以法。公安机关执法必严，对于查获非法携带易燃易爆物品，足以对公共安全造成危害的人，予以先行拘留。根据其具体情节，分别依法制裁，决不宽贷。同时我也要警告那些只顾私利，置国家法律于不顾，置他人生命安全于不顾的人，不要以身试法。

国务院 中央军委决定将黑龙江 吉林 内蒙古武装森林警察列入中国人民武装警察部队序列

创建于1952年的森林警察部队是森林防火、灭火的主要专业武装力量。森林警察列入武警序列后，全部实行现役制，部队受各级人民政府森林防火指挥部统一指挥。这将有利于部队的革命化、现代化、正规化建设，使森林警察部队在防止和扑救森林火灾，保护森林资源中发挥更大的作用。

成都飞机公司生产的歼七M型飞机获国家金质奖

据介绍，歼七M型飞机是在歼七Ⅱ型飞机的基础上改型研制的。改装后的这种飞机，在攻击能力、导航、救生与续航性等方面有了较大的提高与发展。

教育领域开始部分实行督导评估制度

据《人民日报》报道，国家教育委员会有关部门的负责人介绍说，这个制度目前正在健全过程中，今后将要使之逐步系统化。

据介绍，所谓督导评估就是监督指导学校和下级教育行政部门贯彻落实国家有关的教育法规和政策，评估教学质量和教育管理水平，同时进行一些调查研究，把教育工作者的意见及时反馈到有关决策部门。

现在我国已有19个省、自治区、直辖市建立了督导评估机构，并开始在普通中小学、职业技术学校及相应的教育管理部门进行督导评估。督导评估的内容包括教育指导思想、办学方向、师资队伍、学校管理水平、办学条件、教学质量和片面追求升学率的倾向等方面。

当前对普通中学的督导评估将要以克服片面追求升学率为重点。不得为应付升学考试搞文、理科分班，或提前结束、砍掉、挤占某些课程；不得进行以升学为目标的模拟考试；让学生过好寒暑假，不得举办以升学为目标的补课；不得对学校下达升学指标等，都将被列为对普通中学和相关教育行政部门督导评估的内容。

国家教委发布《普通高等学校招收保送生的暂行规定》

《普通高等学校招收保送生的暂行规定》(以下简称《暂行规定》)提出，1988年有53所高等学校将面向全国或大区招收保送生，地方高等师范院校本科在当地招收保送生。

《暂行规定》提出了保送生的条件：一是德智体美全面发展和在劳动教育中表现一贯优秀的高中应届毕业生。在这部分学生中，应优先考虑三好学生或优秀学生干部中政治思想表现突出、学习成绩优秀、社会工作能力较强的学生。二是德智体美全面发展，学习成绩优秀，志愿献身教育事业，并确实具备从事教师工作素质的高中及中师的优秀应届毕业生。三是德智体美全面发展，各科成绩优良，并参加国际中学生各学科奥林匹克竞赛集训的优秀高中应届毕业生。

《暂行规定》还明确了高等学校招收保送生的比例，即面向全国或大区招收保送生的高等学校以及高等师范学校，招收保送生的数量分别控制在学校当年招生计划总数的3%和10%以内；各省、自治区、直辖市所属高等师范院校本科，其招收数量由各省、自治区、直辖市招生委员会确定，但最多不超过该院校当年招生计划总数的10%。

《暂行规定》要求保送的中学和中师，应是全面贯彻教育方针、办学思想端正、教学质量较好的学校。这些学校由各省、自治区、直辖市招生委员会会同普教部门和教育督导机构，在科学、公正的审核评估的基础上确定保送比例，中学原则上不应超过该校当年应届毕业生总数的5%，中师不应超过2%。保送生人选，由实行保送的学校依照科学、民主的程序确定。

《暂行规定》要求招收保送生的高等学校在尊重中学及中师推荐的基础上对保送生进行必要的考察。考察应经当地招生委员会的同意，在中学毕业考试后进行。保送生录取与否，由高等学校确定。

《暂行规定》强调，不准保送和录取不符合条件的学生，不许用请客送礼、许愿等不正当手段拉拢学生，不准招收不符合保送生条件的“体育尖子”，不准干扰中学的正常教学秩序，不得以奖励、赠送为名要求中学定向保送，不准在保送生人选以外点名录取。

中国残疾人福利基金会第四次理事会在北京举行

全国人大常委会副委员长阿沛·阿旺晋美、全国政协副主席康克清、中顾委常委黄镇、致公党中央主席黄鼎臣等出席了今天的会议。

中国残疾人福利基金会理事长邓朴方在会上作了题为《继往开来，为发展有中国特色的残疾人事业而奋斗》的工作报告。他说，三中全会后，特别是近几年来，我国残疾人事业出现了蓬勃发展的好势头：残疾人事业越来越受到党、国家和社会的重视；社会主义人道主义作为残疾人事业的旗帜得到了社会的承认；残疾人劳动就业开始向多渠道、多层次发展；残疾人康复事业起步较快；教育事业有了一定进步；残疾人自强自立，为社会奉献力量的意识逐步增强，在物质文明和精神文明建设中发挥着更大的作用。

据了解，中国残疾人福利基金会在残疾人事业发展的历史进程中，协助政府、动员社会、疏通渠道，做了许多开创性的工作。目前，全国已有21个省、自治区、直辖市，近80个地、市、县建立了残疾人基金会，中国残疾人福利基金会康复协会也已于1986年成立，先后举办了两次国际康复学术报告会，派出了6批专家医疗队深入山西大同、云南等地，为1600名小儿麻痹后遗症患者做了矫治手术。基金会还设立了残疾人教育专项奖励基金，3年中共表彰优秀特教工作者1350人，自学成才残疾人166名。目前，中专、中技学校招收残疾青年人学有新进展，在高等学校就学残疾青年近3000人。

邓朴方在报告中提出了残疾人工作的长远指导方针和奋斗目标：一是坚定不移地把协助政府、动员社会推进残疾人就业摆在中心位置，使大多数进入劳动年龄的残疾人经过自己适合的劳动，取得稳定的、保证温饱的收入；二是坚定不移地多渠道、多层次、以多种形式发展残疾人文化、技术教育；三是继续坚定不移地、多渠道、多形式地宣传社会主义人道主义，使社会主义人道主义成为社会主义社会的基础思想之一，成为处理社会主义人际关系的准则。

这次会议决定增补林用三、刘小成、周敬东为基金会副理事长。会上还一致通过了丁峤、陈昊苏、贺敬之等8位理事关于《开展“残疾人活动日”倡议书》。

2月5日

中央森林防火总指挥部第二次全体会议在北京召开

国务院副总理、中央森林防火总指挥部总指挥田纪云主持了会议。

会议总结了1987年秋季森林防火工作，会议指出，由于各级领导的重视和社会各方面的支持，加强了森林防火工作，全国绝大多数地区去年秋季森林火灾次数和受害森林面积都有了明显地减少。但是，必须充分看到，一些地区森林防火还存在薄弱环节，国务院关于加强森林防火工作的各项部署和措施有待进一步落实，特别是目前有此地区和单位的领导对森林防火存在盲目乐观和侥幸的心理。田纪云副总理指出，这些问题必须加以解决。他说，去年的大兴安岭特大森林火灾，以及最近陆续发生的民航、铁路等交通事故，充分暴露了一些地区和部门在安全生产上存在严重问题，工作上有很多漏洞。各级领导必须提高对安全生产和森林防火工作重要性的认识，对国家、对人民负责，把这项工作真正抓紧、抓好。不能把安全生产同提高经济效益对立起来，发展生产，讲速度、讲效益是对的，但不能忽视安全，两者不是矛盾的，是统一的，要把两者很好地结合起来。

田纪云针对目前森林防火工作中存在的问题，着重指出，今年春季的森林防火各个环节，都必须有严格的规章制度来保证；对重点林区，林业部和各省、自治区的领导要亲自巡视，对防火工作作出具体部署；要抓紧防火设施的建设，“样子城”和以煤代木等问题要尽早解决；专业防火、灭火队伍，一定要保证一定的数量，二要加强培训，提高他们的专业知识水平。他还要求黑龙江、内蒙古等省、自治区把森林防火和草原防火结合起来，统一部署。

去年大兴安岭火灾后，国家增加了森林防火专项资金，田纪云副总理强调，有关部门一定要管好、用好这项资金，把这些资金真正用到大兴安岭火烧木的采伐、恢复森林资源、加强森林防火项目上，一分一厘也不能挪作他用。他还对加快采伐大兴安岭火烧木的问题提出了具体要求。

田纪云最后希望充分利用各种现代化宣传工具，认真搞好安全生产和森林防火工作，做到家喻户晓，发动群众把森林防火和安全生产落实到基层。

中央森林防火总指挥部副总指挥、国务院副秘书长李昌安和林业部部长高德占在会上对今年春季森林防火的具体措施进行了安排。

最高人民法院副院长林准就严肃依法处理危害公共交通安全犯罪问题答记者问

问：目前，正值春运高峰，公共交通的安全十分重要，请您谈谈有关交通安全方面的犯罪问题。

答：公共交通安全不仅关系到国家和人民生命财产的安全，而且对于社会的安定有着直接影响。因此，对于这方面的问题，主要应当加强安全管理，预防这类犯罪的发生。同时还必须运用法律武器坚决地同各种危害公共交通安全的犯罪行为作斗争。这也是人民法院的职责。

问：当前主要有哪些危害公共交通安全的犯罪？

答：危害公共交通安全的犯罪表现形式是多种多样的，概括来说主要有三类：一是以危险方法危害公共交通安全的犯罪；二是破坏交通工具、交通设备方面的犯罪；三是造成交通重大事故的犯罪。具体来说如在铁路运输中，有些犯罪分子目无国法，破坏交通设备，造成行车事故；在铁路上设置障碍，颠覆列车；盗窃铁路枕木和正在使用中的专用电话线。水上客运的突出问题是无证无照、严重违章超载。有的乡镇运输船舶无合格船舶、船员证照，严重超载，违章操作，以致造成重大事故。还有些犯罪分子在飞机上制造事端，破坏正常航行。此外，有关部门曾三令五申地禁止携带易燃易爆危险物品乘坐公共交通工具，但仍有的人置若罔闻，我行我素，致使事故发生，有的造成了极为严重的后果。犯这类罪的人除少数别有用心，故意破坏者外，多数属于法制观念淡薄，放任自己违法犯罪，或者出于侥幸心理，逃避安全检查，以致造成事故，走上犯罪道路。

问；我国刑法对惩治危害公共交通安全的犯罪是怎样规定的？

答：我国刑法分则第二章专门规定了危害公共安全罪，其中许多条文是有关危害公共交通安全犯罪的规定，如破坏交通工具罪、破坏交通设备罪、交通肇事罪等。此外还规定有与交通安全有关的犯罪，如放火罪、失火罪、爆炸罪、违反危险物品管理规定重大事故罪等。这类犯罪的共同特点是危害多数人的生命健康和公私财产的安全。这类犯罪，有的是故意犯罪，也有的是过失犯罪。由于这类犯罪危害性很大，所以刑法规定，故意犯这类罪的，只要实施了刑法规定的足以危害公共安全的行为，就构成犯罪。也就是说，构成这类犯罪，不要求一定要发生严重危害社会的结果，只要实施了这种行为，可能给公共安全造成严重后果就构成犯罪。在刑罚的规定上，这类犯罪的法定刑规定的比较重，不仅规定了有期徒刑、无期徒刑，有的罪还规定了死刑。这些规定是人民法院处理危害公共交通安全犯罪有力的法律依据。

问：请您具体谈谈如何处理这类犯罪。

答：刚才讲过，危害公共交通安全的犯罪多种多样，刑法都作了具体规定。人民法院在处理这种犯罪时，要本着以事实为根据，以法律为准绳的原则，区别不同情况，严格依法处理。对于非法运输或携带炸药、雷管等爆炸物品，具有犯罪目的的，依其所犯之罪，按刑法有关条款处理；对于非法运输爆炸物，情节特别严重的，或者造成严重后果的，应当直接依照全国人大常委会《关于严惩严重危害社会治安的犯罪分子的决定》第一条第(四)项的规定定罪处刑。不属于情节特别严重的，或者尚未造成严重后果的，可依照全国人大常委会《关于严惩严重危害社会治安的犯罪分子的决定》第一条第(四)项的规定定罪，并按照刑法第一百一十二条的规定处刑。

处理破坏交通工具、交通设备的犯罪，不要忽略对那些尚未造成严重后果，但足以使火车、汽车、电车、船只、飞机发生倾覆、毁坏的犯罪分子追究刑事责任。不能只看到被破坏的具体交通工具、设备的物资损失价值上，如割断铁路专用电线、熄灭航道上的灯塔、移动飞机场的信号灯的方位。这些行为对具体交通工具、设备虽没有造成什么损害或者损害不大，但是，这种危害行为会造成或可能造成火车出轨、船只触礁、飞机遇险的严重后果，危害公共安全。另外，这些犯罪所使用的手段有的是秘密窃取，目的是将这些公共财物占为己有，如盗窃机场跑道灯、从交通运输安全的电器设备上偷拆电子元件等案件。似乎是盗窃罪，但实质上上述物资不是一般公共财物，而是正在使用中的交通设备器材，加以盗窃便破坏了交通运输的安全，应定破坏交通工具罪或者破坏交通设备罪，从严惩处。

交通运输部门要树立安全第一的观点，加强对职工的安全教育，建立、健全各项规章制度，完善安全管理，杜绝各种交通事故的发生。对于发生的交通事故，要严肃查处。凡违反安全规定，造成重大事故的，要分别按照刑法分则第二章的有关条款，追究直接责任人员的刑事责任。特别应当指出，有些事故的发生，往往与某些领导干部官僚主义作风有关，他们不仅平时不注重进行安全管理和教育，而且对工作极端不负责任，擅离职守，严重失职。因此，对于那些由于玩忽职守造成国家和人民利益重大损失的主管人员，也应分清责任，严肃处理。构成犯罪的，要追究其渎职罪的刑事责任。

全国地方性法规建设大有进展

据《人民日报》报道，1987年，各省、自治区、直辖市人大及其常委会围绕改革、开放，加强制定地方性法规工作。截至1988年1月底，共颁布实施法规210件，其中经济法规居冠，有85件，占法规总数的40.5%；地方政权建设类32件，占15.2%；教育科学文化卫生类36件，占17.1%；公安司法检察类22件，占10.5%；社会立法类18件，占8.6%；民族工作类17件，占8.1%。这是制定地方性法规最多的一年。

全国化工厅局长会议在北京召开

化工部部长秦仲达在会议上讲："今后化工部门的一项重要任务是，认真研究和制定化学工业发展战略，从宏观上指导全国化学工业的发展。"

秦仲达说，1987年化学工业扭转了前两年"生产增长、效益下降"的现状，走上健康发展道路，但从国民经济发展要求看，当前还存在三个"不适应"：发展速度不适应国民经济各部门对化工产品需求增长的需要，产品结构不适应产业结构变化的需要，产品质量不适应各部门技术进步的需要。

秦仲达还说，化学工业的发展战略，必须服从于和服务于国家宏观经济发展的大战略。第一，为保证农业稳定增长，化工必须把发展支农工业放在非常突出的位置，使化肥、农药和塑料薄膜生产，有一个更快的发展。不仅要求到2000年化肥产量上3个台阶，还要调整产品结构，增加高浓度复合肥料的比重。第二，大力发展化工原料，特别是基本有机原料，并积极发展基本无机原料、中间体、合成材料、精细化工、新型材料和橡胶制品。第三，充分发挥沿海地区化工加工行业技术强、能力大的优势，搞"三来一补"。第四，着重推进大规模生产的技术进步和装备现代化，加快化工新型材料的推广应用和研究开发，引进先进技术与国内科研开发密切结合，从总体上提高全行业的生产技术水平。

国务委员兼外交部部长吴学谦在北京会见由副议长霍贾特伊斯兰·穆罕默德·雅兹迪率领的伊朗伊斯兰议会代表团

中国科协第三届全国委员会第三次会议在北京召开

中国科协主席钱学森在会议上要求科技工作者振奋起来，充分意识自己的历史责任，发扬高度的科学精神和创造精神，投身到加速我国科技进步的历史潮流中去。

钱学森在报告中说，在为经济建设服务上，中国科协有很大优势：第一，包括理工农医各科，还有部分交叉学科，学科的覆盖面较广，涉及国民经济的广大领域;第二,提高和普及相结合,既包括自然科学和技术科学的广阔领域的优秀科技专家,又包括广大基层工厂、农村的技术能手和乡土人才。因此,我们可以在国民经济发展较为广阔领域的不同层次开展工作,为振兴经济服务。

钱学森在会上提到科协组织促进科技进步的四个主要任务:一、继续活跃科协组织的学会活动。二、加强对厂矿企业工程技术人员的工作,在企业技术改造和技术进步中发挥更大的作用。三、根据农村商品经济发展进一步改进农村的科技普及工作。四、高校科协的工作要开展到学生中去,进行新知识的交流和对话,改进学校教学的知识结构。

国务委员方毅出席了这次会议。他在讲话中赞扬中国科协做了许多有成效、有影响的工作,希望社会要理解和支持科技群众团体,重视科技群众团体的作用。他说,社会主义科技群众团体是促进我国科学技术进步的一支重要的社会力量。充分发挥他们联系科技工作者的纽带作用和发展科技事业的助手作用,这是党的群众路线在新时期的重要发展。

"长征二号"运载火箭获1987年国家优质产品金质奖

经国家质量奖审定委员会批准,闻名中外的"长征二号"运载火箭荣获1987年国家优质产品金质奖;"长征三号"的一、二级运载火箭,两种型号的战术导弹,用于"长征三号"运载火箭的氢氧发动机等获1987年国家优质产品银质奖。另悉,"长征二号"、"长征三号"运载火箭均已投入国际市场。

国务院发布《扫除文盲工作条例》及有关通知

《扫除文盲工作条例》(以下简称《条例》)规定,凡15周岁至40周岁的文盲、半文盲公民,除不具备接受扫盲教育能力的以外,不分性别、民族、种族,均有接受扫除文盲教育的权利和义务。鼓励40周岁以上的文盲、半文盲公民参加扫除文盲的学习。

《条例》指出,地方各级人民政府应当加强对扫除文盲工作的领导,制定本地区的规划和措施,按规划的要求完成扫除文盲任务。地方各级教育行政部门应当加强对扫除文盲工作的具体管理。

《条例》中说,扫除文盲与普及初等义务教育应当统筹规划,同步实施。已经实现基本普及初等义务教育,尚未完成扫除文盲任务的地方,应在5年以内实现基本扫除文盲的目标。

《条例》要求,扫除文盲教育的形势应当因地制宜,灵活多样。扫除文盲教育的教材,由省、自治区、直辖市教育行政部门审定。扫除文盲教学应当使用全国通用的普通话。在少数民族地区可以使用本民族语言文字教学,也可以使用当地各民族通用的语言文字教学。

《条例》规定,个人脱盲的标准是:农民识1500个汉字,企业和事业单位职工、城镇居民识2000个汉字;能够看懂浅显通俗的报刊、文章,能够记简单的账目,能够书写简单的应用文。

用当地民族语言文字扫盲的地方,脱盲标准由省、自治区人民政府根据规定制定。基本扫除文盲单位的标准和要求是:15周岁至40周岁人口中的非文盲人数,在农村达到85%以上,在企业、事业单位和城镇达到90%以上;组织脱盲人员继续学习提高,防止出现复盲现象;农村的乡(镇)、城市的街道还必须同时符合基本普及初等教育的要求。

《条例》还规定,扫除文盲实行验收制度。扫除文盲的学员由所在乡(镇)人民政府、城市街道办事处或同级企业、事业单位组织考核,对达到脱盲标准的,发给"脱盲证书"。

基本扫除文盲的市、县(区),由省、自治区、直辖市人民政府验收;乡(镇)、城市的街道,由上一级人民政府验收;企业、事业单位,由所在地人民政府验收。对符合标准的,发给"基本扫除文盲单位证书"。地方各级人民政府应当制定措施,督促基本扫除文盲的单位制定规划,继续扫除剩余文盲,使15周岁至40周岁人口中的非文盲人数,达到95%以上。

《条例》指出,扫除文盲工作实行行政领导责任制。扫盲任务应当列为县、乡(镇)、城市街道和企业、事业单位行政负责人的职责,作为考核工作成绩的一项重要内容。

《周恩来研究文选》出版

在周恩来诞辰90周年之际,由刘焱、米镇波合编的一本研究周恩来的学术著作——《周恩来研究文选》,已由天津南开大学出版社出版。收入书中的文章40篇,共46万余字,书后附有《周恩来研究论文和重要资料目录索引》。

这本书是我国学者近十年来研究周恩来的成果的荟萃,是从全国各报刊发表的700多篇文章中精选的。它从不同时期不同角度反映周恩来的光辉思想、崇高品德、优良作风和波澜壮阔的一生的战斗历程。

邓颖超为《中国老年》撰文《尊老敬贤是时代的风尚》

文章强调:应该大力提倡尊老敬贤的社会风气,让全社会的老人都能老有所养、老有所医、老有所乐、老有所学、老有所为。

邓颖超在这篇文章中说，党的十一届三中全会以来，数以百万计的老干部愉快地服从党的安排，陆续办理了离退休手续，开始了晚年的生活历程。社会上的其他行业，每年也有一批人进入晚年。他们为国家、为集体操劳了大半辈子，为我们的事业打下了坚实的基础。为使他们的晚年生活有个良好的社会环境和融洽的感情氛围，我们应该大力提倡尊老敬贤的社会风气。

邓颖超说，尊老敬贤是我们民族的优良传统。今天，我们不仅要继承这些优良传统，而且应该发扬光大，从而体现社会主义制度的优越性。

她指出，尊老敬贤是社会主义精神文明建设的重要组成部分。目前，我国60岁以上的老人有8900万名。其中70%以上的老人要靠子女来赡养。在社会上还没有条件为老年人提供更多服务的情况下，提高公民的道德水准，培养孝敬父母、自觉赡养老人的思想情操，显得尤其必要。

她认为，随着社会风气的好转，尊老敬贤的风尚受到人们的推崇，出现了不少敬重父母和义务赡养社会孤寡老人、热心维护老人合法权益的好人好事。但是，在有些地方，侵犯老人的利益，辱骂、殴打、囚禁以至迫害老人致死的事情仍时有发生。因此，全社会、尤其是老龄工作部门都要大力加强尊老、敬老、养老的教育，形成尊老光荣、养老有责的社会舆论。对于那些视父母为累赘、拒绝赡养的不道德行为，应该进行批评教育；而对那些任意侵犯老人权益的违法者，必须绳之以法，以形成强有力的舆论力量。对于那些在家庭中孝敬父母的好子女和重视并主动为老人服务的好同志都应给予热情的鼓励和赞扬。《中国老年》杂志发起的“敬老好儿女金榜奖”活动是很有意义的。这对于提高公民的道德水准，促进尊老敬贤的社会风气的形成，具有积极的作用，也是建设社会主义精神文明的需要。

邓颖超对于子女要关心父母晚年生活的问题特别强调。她说，一个人，从小长到大，父母是倾注了很多的心血的。子女知恩报德，赡养父母，关心他们的晚年生活，这是应尽的责任和义务。人老了，自己要同衰老作艰苦的斗争。客观上尤其需要子女的照顾、关怀和抚慰。子女要理解和尊敬老人的心理特点、生理变化，尊重他们的意愿，满足他们的需求，并通过自己的模范行动影响、熏陶下一代，不断为中华民族的传统美德增添新的光彩，使世界关注的中国家庭养老方式这一特色，得到更好的发展，使每个父母都有幸福美满的晚年。

军事医学科学院附属307医院采用自体骨髓移植法救治两例白血病患者

据《人民日报》报道，军事医学科学院附属307医院最近采用自体骨髓移植，治疗了两例急性非淋巴细胞白血病。两位患者现已治好出院。采用自体骨髓移植成功救治白血病患者，在国内尚无报道。这种方法为国内治疗白血病增加了新途径，也为超致死剂量放射病的救治提供了较理想的临床模型和经验。

2月6日

中共中央政治局在北京召开第四次全体会议

会议讨论了经济形势和当前的经济工作。会议认为，去年经济形势相当好，积累了宝贵经验；今年要根据十三大确定的加快和深化改革的要求，不失时机，积极进取，认真解决前进中的矛盾和问题，使整个国民经济继续稳定协调的发展。

会议认为，1987年全国的生产、建设、流通和外贸的情况都比预料好，经济体制改革有较大的进展。经济增长速度较高而又较为正常健康，效益比较好，企业活力明显增强，宏观控制有新的进步，经济生活中长期存在的某些不稳定因素正在趋于缓解。

去年经济工作有不少成功的经验。特别是全面推行企业承包经济责任制，不仅带来了巨大的经济效益，推动了企业内部的改革，而且又为整个经济体制改革提供了动力和条件。在微观搞活的同时，在投资、信贷、消费基金等方面的宏观控制，也发挥了较好的作用，既没有影响微观搞活，又促进了经济的稳定。在我国的经济生活中，出现了微观搞活和宏观控制相互促进的局面。

会议认为，1987年经济生活中存在的突出问题是物价上涨幅度过大。物价问题的焦点是食品涨价。解决这个问题，要研究新情况，采取新办法，关键是要按照价值规律办事，采取综合配套措施，既要有利于生产发展，又要使群众生活得到适当补偿。这样，人心可以进一步稳定，改革也可以进展得更为顺利。

会议强调指出，1988年的经济工作，要认真总结和运用去年的好经验，全面理解和正确掌握进一步稳定经济、进一步深化改革的方针，以改革总览全局。最近提出的沿海地区经济发展战略，不仅将把我国沿海开放地带推到国际市场上去参与国际交换和竞争，而且从根本上说，必将有力地促进我国中部和西部地区的经济发展。对于这样一个关系到我国四化建设全局的重大战略部署，必须坚决组织实施，决不能贻误时机。为此，必须加快和深化外贸体制改革。要大力推行企业承包经营责任制，使之配套、完善、深化和发展，发挥更大的效益。要采取坚决措施，严厉控制社会集团购买力以节约财政支出，缓和市场压力，改变奢侈浪费的不良风气。

出席会议的有政治局委员15人，政治局候补委员1人，政治局委员2人因公缺席。

中共中央政治局常委胡启立在北京会见出席中国科协全会的部分委员

胡启立指出，科协组织不仅是传播科技知识、促进科技进步、建设社会主义物质文明的大军，也是提高人们的思想觉悟、建设社会主义精神文明的一支生力军，要充分注意发挥科协在精神文明建设方面的作用。

胡启立说，我完全赞同钱学森同志关于现代科学技术是现代文化的重要组成部分的见解。科学与文化是分不开的，如何提高全民族的科学、文化水平，战胜落后和愚昧，这是我们经常要注意加强和改进的一个问题。

他说，这几年，科协以开发智力为中心，在两个文明建设中做了大量工作，这一成绩应该充分肯定。科协在精神文明建设中有两条战线。一是科协内部、协自身的思想建设，包括帮助广大科技工作者提高自己的思想道德素质和业务素质；二是科协外部的，包括对企业、学校、街道、乡镇，以至全社会的教育和提高。对象不同，工作的方式和内容也不同。要分层次、有区别地开展工作。

胡启立还着重讲了科协要在培养、教育青少年的工作中发挥作用的问题。他说，培养四有新人要从娃娃抓起，要通过传授科学文化知识对青少年进行理想和道德教育，进行爱国主义、民族文化、民族自豪感的教育，进行艰苦奋斗、发愤图强的教育，以及马克思主义世界观的教育。这些教育同传授科技文化知识结合起来，寓思想教育于科学知识之中，比较容易为青少年所接受。这种方式的教育要渗透到生产、教学的各个环节之中。工矿企业，农村和社会各方面都要充分重视和发挥科协在精神文明建设中的作用。这样，就扩大了我们的思想政治工作队伍。

他指出，科协组织是一支很大的队伍，中国科协的全国性学会会员有200多万；科普协会会员有400多万；各种学术、科普期刊出版6000万册。这么大一支力量发挥好了，那么科协必将在两个文明建设中发挥更大的作用。

国务委员兼财政部部长王丙乾在全国建设银行工作会议上发表讲话

王炳坤讲道，国务院确定，今年各地方、各部门用自有资金进行的基本建设项目，必须按规定购买重点企业债券之后才能安排；对去年没有完成国家重点建设债券任务的地区，要扣减今年的固定资产投资贷款；已经动工新建、改建、装修的楼堂馆所要进行清理，未经批准的一律停下来。

王丙乾说，今年经济工作的中心是进一步稳定经济，进一步深化改革，继续深入地开展增产节约、增收节支运动。围绕这个中心，各级财政部门和建设银行要会同有关部门，严格控制基本建设规模，贯彻“三保三压”方针，把计划内的重点建设项目搞上去，把计划外非重点非生产型的项目压下来。这是稳定经济、抑制投资膨胀的需要，也是提高投资效益的重要途径。他强调，一定要把预算外投资规模控制住，不许突破计划，对计划外新开工的项目，建成后能源、原材料没有保证的项目，计划内安排用自有资金建设的项目，银行一律不予贷款。

在谈到提高投资效益时，王丙乾说，现在不少地区、部门和单位，一方面争着上项目，喊资金不足，到处伸手要钱；另一方面有些项目效益并不好，而且到处盖楼堂馆所，铺张浪费，跑冒滴漏的现象也相当普遍。这说明提高经济效益的潜力很大。今后在确定项目前，要进行充分的可行性研究和论证，做好项目评估工作；建设项目批准后，要进行施工监督，帮助施工企业精打细算，缩短工期，降低造价；项目建成后，要认真组织验收。建设银行去年在这方面做了大量工作，为国家节约了50亿元投资，这是很大的功劳。

王丙乾说，目前国家级拨款改贷款项目有6680个，贷款余额440亿元，其中有2477个项目没有签订贷款合同或还款计划合同，金额达237亿元，占总额的54%。对这些项目要进行清理，补签贷款还款合同。王丙乾说，今后凡由建设银行贷款的项目，建设单位与建设银行都应签订贷款合同，严格按经济法办事。

王丙乾强调，国务院确定从今年起实行基本建设基金制，这是深化经济体制改革的重要内容之一，建设银行要认真办好这件事。

铁道部制定15条具体措施确保春节客运绝对安全

铁道部认真吸取客车重大伤亡事故教训，振作精神，采取果断措施，确保春节运输安全，让群众高高兴兴过好春节。他们连续召开紧急会议，要求全路320万职工紧急动员起来，采取坚决措施，确保安全运输，特别是旅客列车的绝对安全。为此，铁道部已成立了春运安全生产领导小组，并由五位部领导成员和数十名司局级干部组成了安全检查组。

铁道部研究制定了确保春运安全的15条具体措施和防止列车惯性事故的“卡死”制度，并对电气化铁路的10磷铜稀土钢铝接触线经常发生断裂危及行车安全的问题，作出了处理决定。

铁道部对控制列车超员的工作，做了具体部署：春运期间，根据客流需要，及时组织加开列车、加挂车辆，疏运旅客；还规定长途客车超员控制在30%左右，最多不得超过50%。

铁道部还组织力量，认真做好查堵旅客携带易燃、易爆和有毒危险品乘车的工作。在重点车站、列车实行开包检查，对违章携带"三品"进站上车的旅客，要依法严肃处理。

春耕生产资料可供货源比去年同期实际供应量有所增加

据《人民日报》报道，今春主要生产资料供应量，化肥为5600万吨，农膜25万吨，分别比去年同期实际供应量增加300万吨和3.5万吨。农用杀虫剂的某些品种供应量增加，其余保持去年同期水平。

据悉，1988年将继续实行粮食合同定购"三挂钩"政策，但具体办法要进一步完善。合同定购任务、挂钩标准、价格仍按去年规定不变。即每交50公斤贸易粮，供优质平价化肥3公斤，柴油1.5公斤，发粮食定购价款20%的预定金。

商业部提供的最新数字表明，1987年执行"三挂钩"政策的情况是好的，中央负责的合同定购挂钩化肥已在去年9月底前全部拨给地方，各省、区、市在中央专拨之外增加的挂钩化肥，在去年12月底，已有99.4%下拨到基层供销社。已经兑现给农民、并收回票证的占应兑现总数的94.3%。

国务院经济技术社会发展研究中心国际经济研究所在北京召开第一届学术年会

会上，近百名所内外专家就国际技术经济问题及其对我国的启示进行了交流与讨论，重点发言有：王剑的《科学技术进步对人类社会的影响和给我们的启示》、梁东升的《尤里卡计划与西欧联合》、杜祥琬的《我国核能新技术发展战略初探》、梅遂生的《国外光电子技术发展动态和我们的对策》、吕行健的《世界性的经济结构调整及其对我国发展战略的启示》、杨广耀的《对载人航天技术发展战略、目标体系和技术途径的思考》等。有关方面的领导与专家吴明瑜、张磐等还作了即席发言。吴明瑜说，我们现在面临着新的产业革命的挑战，现在新的产业层出不穷，所以提"新的产业革命"比提"新的技术革命"更为科学。

会上，该所人员还展示了他们的一部分研究成果及其与国际上的交往。

外交部发言人就中越边境地区情况答记者问

外交部新闻发言人说："鉴于目前中越边境地区的情况，显然还不具备双方就边民互访进行磋商的条件。"

在回答记者关于中国对越南声称已向中国提出关于春节停火和使两国边民互相探望的建议有何反应的问题时，这位发言人说，最近，越南外交部在给中国外交部的照会中曾建议中越双方实行"春节停火"，并要求就所谓两国边民互访问题同中方进行磋商。中国方面已通过外交途径向越方作了答复，指出，中国方面希望中越边界成为一条和平友好的边界，只是由于越南方面不断进行武装挑衅，才导致了两国在边境地区的军事对峙局面。

发言人说，中国方面一贯认为，只要越南停止武装入侵和挑衅，两国边境地区自然就会平静，两国边民也能在和平、安宁的环境中生活。

发言人指出："直到最近，越南军队还在继续向中国境内开枪、开炮，越南领导人也在继续发表攻击中国的言论。我们希望越南方面能为两国关系的改善做些实实在在的事情。"

解放军总后勤部部长赵南起在人民大会堂会见英国陆军军需总监查尔斯·哈克斯特堡上将

首批装备国产新机的空军部队已形成战斗力

据《人民日报》报道，首批装备国产最新型号高空高速歼击机的空军部队已经形成战斗力，开始担负保卫祖国领空的战斗值班任务。

这种新型歼击机飞行航程远、速度快、跨度大、机动性强，是空军目前最先进的战斗机。首批装备这种飞机的空军部队发挥装备先进的优势，正抓紧培养能飞善打的"全天候"飞行员。目前，飞行员们已经完成了战斗技术科目训练，具备了超音速攻击、截击能力，可拦截轰炸机和对歼击机、强击机施行攻击。

陈凯歌在第十七届荷兰鹿特丹电影节上获得未来电影导演奖

陈凯歌1982年毕业于北京电影学院导演系。1984年导演的处女作《黄土地》曾获瑞士洛迦诺国际电影节"银豹奖"和英国伦敦国际电影节最佳导演"萨特兰杯"。在本次鹿特丹电影节上，他1985年执导的影片《大阅兵》受到了观众的好评。他1986年推出的新作《孩子王》也使本届电影节的组织者很感兴趣。

全国环境保护厅局长会议在北京召开

会议透露，我国各级环境保护部门强化监督，推动了环境建设的发展。去年各级政府在环境保护方面，为社会办了2000多件比较大的实事，在工业和乡镇企业污染防治方面有新进展。

据对60个重点城市的初步统计,去年共建烟尘控制区190个,面积为758平方公里。上海、珠海两市基本达到烟尘控制市的要求,广州、天津、哈尔滨等20多个城市建成烟尘控制区的面积已占市区面积的30%以上。在水域污染防治方面,据27个省、自治区、直辖市统计,已治理河流147条,长度为968公里;有22个湖泊得到治理。许多城市还在治理噪声污染方面收到了好的成效。去年全国新建噪声达标区350个,面积约为710平方公里。北京市建成二环路以内、前门、天坛等6个低噪声小区;苏州市539个固定噪声源中489个达到标准,19个街道中有17个街道的噪声控制在国家规定的标准以下。

加强环境管理是社会的需要,人民的需要。去年27个省市区根据群众的要求和环境污染治理的规划,共搬迁转产污染严重的企业1083个,去年年底完成限制治理项目4535项,新增污水年处理能力近6亿吨,新增废气年处理能力1400多亿标立方米。辽宁省一年完成462个治理项目,削减硫化物等1807吨,回收工业粉尘、水泥、稀硫酸等物质46万吨。全国去年有304家工厂被评为环境优美工厂,调动了企业治理污染的积极性。现在,各省、自治区、直辖市的大中型建设项目与防治污染措施同时设计、同时施工、同时投产的“三同时”执行率达到96%,有效地控制了污染源的增加。

国家环保局局长曲格平在全国环保厅局长会议上透露,目前我国用于污染防治的每1元投资,能有6元的经济效益。例如,1986年环保投资47亿元,取得经济效益282亿元,投入产出比很高。

曲格平解释说,环境污染和生态破坏,绝大部分是由资源和能源的浪费和破坏造成的。国家强化环境监督管理,主要是监督企业降低原材料和能源消耗,提高综合利用的水平,最大限度地回收被排放出来污染环境的资源,因此,要纠正过去那种“抓环境保护会妨碍生产发展”的片面认识。环境保护工作能够而且必须为发展生产力服务。多年的实践也充分证实了这点。他强调,我们要树立强化环境监督管理就是为发展生产力服务的思想。通过环境监督管理服务,还可以改善农林牧生产环境,可以提高环境质量,保护劳动者的身心健康。

曲格平还提出,要加强环境管理部门的自身建设,更新旧的思想观念,改革不适应新形势的管理方式。要划清环境管理部门与其他从事环境建设部门的不同职责。各级政府的环境管理部门主要职责是监督,即按照国家颁布的政策法规、规划和标准要求开展督促监察活动,既不要包揽环境建设,也不要包揽其他部门的日常环境管理工作。实施监督管理,是国家赋予环境管理部门的权力和责任,要为保护人类生存环境严格执法。

国家科委主任宋健在会上指出,今后国家将大力加强环保机构的设置、监督和管理工作,让全社会都来重视、支持环境保护工作。

受国务院代总理、国家环境保护委员会主任李鹏委托,宋健听取了全国环保厅局长会议的汇报并同与会代表进行了座谈。宋健首先肯定了几年来环保事业取得的成就,他说,国家和地方制定了一系列符合我国国情的政策,把环境保护当作一项基本国策来抓,使环保工作逐步走上了科学的轨道。这几年我国经济发展很快,人民物质文化生活水平迅速提高,工业产值成倍增长,但主要排放物能够保持持平,并基本得到了控制,这是个了不起的成就。

在谈到今后环保事业的发展时,宋健指出,中国地大、人口多,环境保护工作尚有很大的复杂性艰巨性,各地要根据自己的情况因地制宜搞好环保工作,尤其是在乡镇企业发展快的地区、新的开发区及城市更应进一步增加机构的设置、加强对环保工作的领导,强化环保部门的监督管理作用。各级政府要进一步完善有关法律、政策;环保部门则要把执法作为一项主要工作,加强对执法的管理。

宋健还强调,要加强环境科学和技术的研究和普及宣传工作,让全社会都意识到环境保护工作的重要性、迫切性。今后还将建立一些奖励制度对优秀的科普、研究工作给予奖励。

芮杏文、叶如棠参加了座谈。

2月7日

胡启立 薄一波等党和国家领导人在人民大会堂会见出席全国编导创作人员座谈会的全体代表

他们同这些长期工作在文艺创作第一线的作家、艺术家一起畅谈国家大事,希望他们能进一步认识全局,解放思想,以精美的、高质量的艺术作品迎接新中国成立40周年大庆。

胡启立、芮杏文同志向代表们详细地介绍了党的十三大之后党中央作出的沿海地区经济发展的战略决策,分析了1987年我国经济发展的形势和未来的趋向。他们指出,我国的经济建设的形势会越来越好,从事文艺工作的同志们一定要认真学习党的十三大文件精神,进一步认识全局,解放思想,使我们的文艺创作有一个明确的方向。

胡启立同志还指出,社会主义是千百万群众生气勃勃的创造,现在改革开放的形势很好,新事物、新思想层出不穷,文艺界的同志们应该坚持深入生活;一旦深入了下去,就能强烈地感受到我们国家和人民跳动的脉搏。

由文化部召开的全国编导创作人员座谈会是2月5日在京召开的,来自28个省、自治区、直辖市的从事戏剧、音乐、舞蹈创作的200余名代表出席了会议。

王蒙、曹禺、高占祥、王济夫、英若诚、吴祖强等参加了会见。

1987年全民所有制独立核算工业企业总产值达6642亿元

据《人民日报》报道,1987年全国全民所有制独立核算工业企业新增加的产值中有七成多是靠提高劳动生产率实现的,只有不到三成是因增加职工人数实现的。这一比例在近几年是最佳的,表明工业企业在深挖内部潜力,强化劳动组织管理上取得了较好的效果。

据国家统计局提供的资料,1987年全民所有制独立核算工业企业总产值为6642亿元,比上年增长11%,全员劳动生产率达16889元,比上年提高7.6%,大大高于1986年提高2.5%的水平。每个季度,劳动生产率比上年同期的提高均保持在7%左右。

分地区看,有1/5的省、市全员劳动生产率在2万元以上。在全国29个省、自治区、直辖市中,北京、天津、上海、江苏、浙江、广东等在2万元以上,上海已超过3万元,达到33108元,居全国之首。从提高幅度上看,这些地区一直比较稳定,其中广东、江苏、北京等均保持在10%左右。

去年,重工业劳动生产率的提高幅度一直快于轻工业。据统计,重工业企业全员劳动生产率比上年提高8.7%;轻工业企业则提高5.8%。去年煤炭、冶金、化工、纺织、轻工等部门有4/5的实物劳动生产率指标呈提高的趋势;机制纸及纸板、合成洗衣粉生产由于原材料供应不足,生产效率继续呈下降趋势。

全国中小钢铁企业旧貌变新颜

据《人民日报》报道,全国一大批中小钢铁企业,坚持走内涵的道路,先"驴打滚",后"鸟枪换炮",由小到大,由弱变强,已成为钢铁工业一支不可缺少的重要力量。钢铁企业的"驴打滚",就是抓紧承包的有利时机,企业自我积累资金,把钱用在刀刃上,先上最容易见效的短、平、快项目,然后,"鸟枪换炮",由土到洋,到简易到复杂,滚动式前进,把企业逐步武装起来。

——昔日小高炉产量低、消耗高,而今换上了新设备,产量上升,消耗降低。全国中小钢铁企业钢的产量已由1978年的478万吨增加到1230万吨,增长1.57倍,占全国钢总产量1/4以上。生铁、钢材分别比1978年增长0.66倍和1.48倍,炼铁入炉焦比从763公斤下降到625公斤。

——昔日中小钢铁企业产品质量差,而今质量明显改善。生铁合格率普遍由98.49%提高到99.83%。1980年以来,先后有266个产品获得冶金部优质产品称号。据58个地方骨干企业统计,去年,按国际标准生产钢材的作业线已达117条。

——昔日中小钢铁企业亏损24亿元,而今,扭亏为盈,去年盈利达26亿元。一大批亏损大户,成了地方的盈利大户。

中国大纺织体制初步形成

据《人民日报》报道,到目前为止,全国已有24个省、市的服装行业完成了划归工作,从原料到成品的一条龙生产,推动了服装工业的发展,1987年,服装出口额达20亿美元,比上年增加30%。

一年来,纺织主管部门为此逐步解决了服装面料生产与服装加工的衔接问题。同时注意增加技改资金投入,加快了技术改造和加速培养服装设计人才。

中国芭蕾舞演员在法国第七届古典舞蹈比赛中摘金

法国乌尔加特市第七届古典舞蹈(芭蕾)比赛评委会宣布:少年组(13—15岁)的中国演员佟树声(男子)、专业组的中国演员吴畏、双人舞组的中国演员施惠和张莉及郭千平和曲滋娇分别夺得本组比赛的第一名,获得金奖。除法国演员埃斯巴纽尔与佟树声并列少年组的第一名外,中国演员几乎囊括了全部金牌。

2月8日

国家审计署重申中央国家机关不准搞公费过年

审计署在中央国家机关财务、审计负责人会议上,要求中央国家机关带头执行国家有关规定,坚决制止滥发钱物,不准再搞"公费过年"、"公费过节",并宣布了审计署对中央国家机关滥发钱物的审计处理办法。

审计署有关部门负责人强调指出,今后国家机关给职工发放钱物,必须按国家有关规定执行,否则要按违反财经纪律处理。对擅自提高发放标准、扩大发放范围的,必须按照有关规定纠正;自立名目的各种补贴、津贴、奖金,必须取消;严格禁止用公款给职工发放实物,严禁利用职权,低价购进实物,把补贴款转嫁到地方或者下属单位。

会议对单位滥发钱物问题明确了分类处理办法。

为了坚决制止滥发钱物,审计署还要求各部门、各单位对今年1、2月份违反规定发放钱物进行自查清理,并于3月10日前如实上报。如有隐瞒、遗漏,要追究责任。

据了解,审计署将于近日发出《关于对中央国家机关滥发钱物问题的审计处理规定》,并通过逐步对中央机关实行定期审计制度,以彻底改变目前存在的“撑死胆大的,饿死胆小的”现象,克服某些单位的侥幸心理。

我国日均钢产量15.9万吨

据《人民日报》报道,我国1949年全年的钢产量为15.8万吨。今年1月份,全国产钢达493.9万吨,平均每天产钢15.9万吨,比1949年全年的钢产量还多1000吨。

1987年全国汽车摩托车产量均创纪录

据《人民日报》报道,1987年我国汽车产量达44.5万辆,比上年增长27%;摩托车生产77万辆,比上年增长22%,都创造了历史最高水平。去年累计销售的国产汽车超过45万辆。

我国汽车行业出口创汇也出现增长势头,去年出口额达5120万美元,比上年猛增67%。经济效益去年也有明显提高。

中国推行全面质量管理取得显著成绩

据《人民日报》报道,截至去年年底,全国有49个企业获国家质量管理奖,3400多种产品荣获国家优质产品奖。

我国推行全面质量管理10年来,已有210万人参加了“全国质量管理基本知识”讲座,各省、市、自治区经委主管质量工作的副主任以及各部委的主管司局长也都参加了质量管理培训学习。目前,全国注册登记的质量管理小组已达到53万个,数百万专职或兼职质量管理人员活跃在生产第一线。据不完全统计,去年这些管理小组为企业增收节支90亿元。

据介绍,今年全国推行全面质量管理的大中型企业为2600个,总数将由前两年的3000个发展到5600个。国家经委负责人说,今后在推行全面质量管理中,要特别注意抓好引进技术的消化吸收和国产化工作,抓好出口产品的质量管理,提高出口创汇水平。还要注意在中小企业、乡镇企业以及交通运输、商业服务、卫生、金融等企事业单位中推行全面质量管理。

中国当选为国际交流发展计划政府间理事会副主席

国际交流发展计划政府间理事会第九届年会在巴黎闭幕。中国当选为本届理事会副主席。

以全国记协书记处书记、新华社外事局局长丁仰炎为首的中国代表团出席了这次会议。

中国电脑软磁盘达到国际水平

由美国硅谷引进的1986年最新电脑软磁盘生产设备已在珠海美达磁碟制造厂安装调试完毕,今年年初开始正式投产,年产高质量、高标准磁盘1800万片,从而使我国软磁盘的生产技术和产品质量达到国际水平。今年的产品80%以上已被外商订去。目前国内市场销售的美国名牌宝丽来软磁盘都是美达磁碟制造厂的产品。

中共中央书记处书记芮杏文在首都作家艺术家迎春联欢会上发表讲话

芮杏文在讲话中先谈经济形势,由国内而至国际。他以此作为“开场白”,是因为文艺界当前所面临的首要任务是,用“一个中心、两个基本点”来统一思想,端正文艺工作方向。他说,坚持为人民服务,为社会主义服务,在今天来说,就是要为代表全国各族人民根本利益的党的基本路线服务。他要求文艺家们解放思想,以进一步发展文化艺术生产力。

他对9年多来文艺形势的评价是:我国社会主义文艺繁荣、昌盛的时期之一。

他对作家、艺术家的估计是:许多人坚持马克思主义,坚持社会主义道路,从事创造性的艰苦劳动,写出一批富有时代气息,积极健康,为人民群众所欢迎的好作品。

在这近年最大型的文艺集会上,他重申:“百花齐放、百家争鸣”是经过几十年实践反复印证所得出的繁荣社会主义文化艺术的正确方针。一定要认真总结经验,把这个方针执行好,推向一个新水平。

对于如何改善和加强党对文艺工作的领导,芮杏文说,党要把大的方面管住,管好,坚持正确的政治方向,至于写什么,怎么写,只能由文艺家在艺术实践中去探索,去解决。

他提请各级领导,作品只要政治上不是反对党的领导和社会主义道路的,不是为了颠覆我们的政权的,不是违反宪法和法律的,不是传播淫秽色情的,就不要横加干涉。他希望经过共同努力,造成一种安定团结、民主和谐的环境与气氛,保证文艺工作者充分发挥自己的聪明才智。

他说,我们的国家正处在一个深刻变革,走向民族振兴和富强、民主、文明的伟大时代。作家和艺术家们完全有理由、有条件把我国的社会主义文化艺术推向一个新的繁荣发展时期。他强调指出:一切文化艺术的创作来源于生活。丰富多彩的社会实践和人民生活，是文艺创作的肥沃土壤。

芮杏文在讲话结束时希望作家、艺术家努力学习马克思主义，学习十三大精神，到实践中去，到人民中去，不断提高思想水平和创作水平，肩负起时代和人民赋予的崇高责任，为人民提供更多的、更加美好的精神食粮。

文联党组书记吴祖强在会上向人们通报了新春信息：已延期三年的第五次全国文代会正在积极筹备，可望于今年下半年召开。他称这一“并非轻易能完成的工作”，格外需要得到党中央的关心。站在讲台上的王蒙，今天多半是以作家的身份出现。他说：让我们专心致志，深入生活，搞好创作，攀登艺术高峰。

他这样解释道：由于历史的、社会的和目前风气等等原因，常常会使一些文艺家分心。现在，深化和加快改革的方针创造了稳定的环境，使我们能把心思真正用于艺术劳动之中。

胡启立、康克清、伍修权、鲍彤、王忍之等也特地前来向文艺界朋友恭贺新春之喜。

《中国武术大辞典》编纂完成

以通背拳闻名于国内外的武术家马贤达承担了《中国武术大辞典》的编纂任务，他和同事们经过两年多艰辛劳动，终于编成了一部140万字武术大辞典，受到武术界的好评。

这是一部前所未有的大型武术工具书，内容涉及武术史、武术基础理论、武术运动技术，以及与武术有交叉关系的近邻学科内容。在辞典学科的定性与分类，武术技术的古往今来等方面，需要做大量的查证工作，对常年从事武术工作的人来说是困难的。他翻阅了大量的史料，并从出土文物中进行考证，提出了一些新概念。

许涤新逝世

著名经济学家许涤新因病在北京逝世，享年81岁。

许涤新，1906年生，广东揭西人。曾用名声闻、方治平。1925年加入中国共产主义青年团。1933年加入中国共产党。曾任中国社会科学家联盟研究部副部长、宣传部部长、党团书记，中国左翼文化界总同盟组织部部长，汉口《群众周刊》主编，重庆《新华日报》编委。40年代曾负责筹建中国经济事业协会、中国民主建国会。新中国成立后，历任华东财经委员会副主任，上海市人民政府秘书长，中央工商行政管理局局长，国务院第八办公室副主任，中国科学院哲学社会科学部委员，中国社会科学院经济研究所所长、副院长、顾问，民建第三、四届中央副主席。著有《广义政治经济学》《论社会主义的生产、流通与分配》《中国国民经济的变革》，主编《政治经济学词典》《中国大百科全书·经济卷》等。

2月9日

国家主席李先念在人民大会堂设宴欢迎澳大利亚联邦总督尼尼安·斯蒂芬爵士和夫人一行

宴会上，李先念说，中国和澳大利亚是同处太平洋地区的两个友好国家，对国际事务有许多共同或相似的看法。两国都在致力于建设各自国家的崇高事业，希望有一个长期的和平国际环境。他说，中国政府赞赏澳大利亚在维护世界和平、缓和国际紧张局势以及在促进南北对话方面所做的积极努力。

李先念说，中澳建交以来，两国关系发展的事实表明，中澳友谊有着坚实的基础。两国在开展多渠道、多层次的友好合作和交流方面取得了许多新的实质性成果。两国领导人的互访和各个级别的政治磋商，使双方的政治关系日益密切。两国在钢铁、有色金属、毛纺、交通运输、农牧业和文化教育等方面的合作正在全面展开。去年年底，双方签署了合营恰那铁矿的协议，这标志着两国的经济技术合作进入了一个新的阶段。

斯蒂芬说，中国寻求同其他国家发展可以赖以与之在平等互利的基础上进行长期合作的伙伴关系。澳大利亚也在对本地区的变化所带来的挑战作出反应。所有这些使澳大利亚和中国认识到两国有着共同的目标，并建立起了友好睦邻合作式的伙伴关系。斯蒂芬说，他这次访问的一个主题就是为促进亚太地区的和平和稳定、发展两国的繁荣以及增进两国人民之间真诚的相互尊重而发展友好合作和伙伴关系。

他说，澳中两国是否能继续取得社会和经济的发展在很大程度上取决于两国是否有一个稳定、和平的国际环境。澳中两国都希望世界和平。两国在确保亚太地区日益成为和平与繁荣的典范上有着共同的利益。澳大利亚将继续积极促进这一地区及其他地区的和平与繁荣。

谈到两国关系时，斯蒂芬说，澳中建交以来，两国为建立经济伙伴关系奠定了坚实的基础。两国之间的互利贸易继续迅速发展。两国的企业界都认识到，在双方为本国的经济现代化建设进行合作上，两国在许多方面可以相互学习、借鉴。中国人力资源丰富，澳大利亚自然资源和技术资源丰富。这种互补性是建立长期经济伙伴关系的良好基础。

他表示相信，随着中国的现代化不断取得进展，澳大利亚和中国将会发现越来越多的机会扩大双方的经济伙伴关系。他希望在今后15年,澳中关系将在更广的范围内进一步增进人民之间的接触,以便进一步促进两国的相互理解和真诚的友谊。

出席宴会的有李先念主席的夫人林佳楣,国务委员兼外交部部长吴学谦,国务委员谷牧,劳动人事部部长赵东宛,冶金部部长戚元靖等。

中共中央书记处书记阎明复出席在北京召开的少数民族知识分子代表迎春茶话会并讲话

阎明复在会上提出,内地省份应该高度重视民族团结工作,利用经济技术优势,支持、帮助兄弟民族自治区发展经济文化、教育事业。他是在中央统战部召开的在京少数民族知识分子代表迎春茶话会上说这番话的。

阎明复指出,今后民族工作的主要任务,就是以经济建设为中心,全面发展少数民族的政治、经济和文化,不断巩固社会主义的新型民族关系,实现各民族的共同繁荣。他希望出席这次茶话会的少数民族知识分子,充分发挥自己的聪明才智,为家乡培养人才当参谋,出主意,通过各方努力,把少数民族地区的文化教育尽快搞上去,为振兴民族、振兴中华作出贡献。

阎明复透露,党中央和国务院已经批准,在今年4月底召开全国各民族团结表彰大会。

出席今天茶话会的130多位少数民族知识分子,分别来自21个民族,大多是高校、科研、新闻、文艺等部门具有高级职称的专门人才,是各兄弟民族的精英。

最高人民法院发出《关于严厉打击危害公共安全的犯罪活动的紧急通知》

最高人民法院向各省、自治区、直辖市高级法院、解放军军事法院发出关于严厉打击危害公共安全的犯罪活动的紧急通知,要求各级人民法院主动配合有关部门,运用法律武器同各种危害公共安全的犯罪活动进行坚决斗争。对于已经起诉到法院的这类案件,要依法抓紧审判。

最高人民法院的紧急通知要求,对故意放火、爆炸、破坏交通等危害公共安全的严重犯罪活动,不论是否造成严重后果,均应依法从重从快予以惩处。对于非法制造、买卖、运输(包括携带)或者盗窃、抢夺爆炸物,情节特别严重的,或者造成严重后果的,依照全国人大常委会《关于严惩严重危害社会治安的犯罪分子的决定》第一条第(四)项的规定定罪处刑;不属于情节特别严重的,或者尚未造成严重后果但已构成犯罪的,依照全国人大常委会《关于严惩严重危害社会治安的犯罪分子的决定》第一条第(四)项的规定定罪,依照刑法第一百一十二条的规定处刑。对于过失危害公共安全的犯罪案件,要严肃处理。对其中情节特别恶劣或者造成后果特别严重的直接责任人员,应当从重处罚。同时,对那些玩忽职守,致使公共财产、国家和人民利益遭受重大损失的主管人员,也必须追究刑事责任。

通知要求对公安机关根据《治安管理处罚条例》对实施妨害公共安全行为的人,依法予以行政处罚的,人民法院应予支持,受处罚人不服向人民法院起诉的,除公安机关的裁决在认定事实或者适用法律上确有错误的外,应予维持。

最高人民法院要求各级法院在审理这类案件时,应当选择一些典型案例,以适当形式进行法制宣传,震慑犯罪分子,教育广大干部和群众遵纪守法。

在审理中发现安全管理方面的问题,要及时向有关部门提出司法建议,以堵塞漏洞,消除隐患,预防犯罪。

中央森林防火总指挥部副总指挥李昌安在全国森林防火电话会议上发表讲话

李昌安在会议上说,今年春季的森林防火工作,难度很大,任务十分艰巨,切不可掉以轻心,不能有丝毫的松懈和麻痹。

李昌安受田纪云副总理委托对今年春季森林防火工作进行了具体部署:

一、地方各级人民政府要结合实际,开展“查火源、堵漏洞”的检查活动。对检查中发现的问题,要督促有关部门及时加以解决。要把森林防火的各项措施真正落实到基层,落实到户,落实到人。

二、地方的县以上人民政府要根据今春当地实际情况,适时规定森林防火期。对春节、清明节和春游期间群众在野外弄火、吸烟等,必须采取有效措施,严格管理。必要时,可以规定防火戒严期。

三、春防前,要逐级检查森林防火行政领导负责制的落实情况。今后对责任区内发生森林火灾的,除追究单位和部门领导责任外,起火单位要依法负担扑火支付的费用和赔偿火灾造成的损失,对火灾肇事者要依法追究责任。

四、国务院和地方各有关部门要继续支持森林防火工作。对春防中急需解决的问题,要优先安排,主动服务。

五、地方各级人民政府,要制定加强森林防火基础设施建设的规划。

六、要进一步改革东北航空护林体制。春防期间,东北航空护林局所属航站的飞机指挥权交所在地方省区,做到权责一致、地空统一。

七、各级森林防火指挥部办公室和林业主管部门,要明确职责,主动为领导当好参谋,搞好组织协调

1987年丝绸行业出口创汇13.4亿美元

据《人民日报》报道,1987年我国丝绸行业出口创汇比上年增长18%,这是在1986年我国丝绸出口首次突破10亿美元之后,又迈上的一个新台阶。

丝绸是我国传统的大宗出口商品,产量和出口数量均占世界首位。其中生丝产量占世界60%,在国际市场上的贸易量占90%;真丝绸的贸易占世界市场的40%以上。1987年我国丝绸服装和复制品出口比1986年增长了42%。

全国优抚工作逐步走向法制化制度化社会化

据《人民日报》报道,民政部负责人近日在北京分别慰问了人民解放军、武装警察部队的一些指战员和部分军烈属,并向他们通报了我国优抚工作的新发展。

民政部副部长范宝俊说,全国的优抚工作正逐步走向法制化、制度化、社会化。为了适应城乡经济体制改革的新形势,改革了优抚制度,提高了抚恤标准,扩大了定期补助面,初步建立和完善了具有中国特色的国家、社会、群众三结合的军人抚恤优待制度。截至1987年年底,得到国家定期抚恤和定期补助的优抚对象350万人。从1979年到1987年共发放优抚费51.9亿元,相当于1950年至1978年支出优抚费总和的1.13倍。

同时,安置工作适应军队和地方改革形势,由单纯安置向着开发使用方向发展。近年来,民政部门每年接收安置了70万退伍军人,为了充分发挥退伍军人在经济建设中的作用,全国有2000多个县、市建立了退伍军人两用人才服务机构,开发使用退伍军人的工作初步形成了育才、荐才、用才一条龙的体系。各级民政部门在政府支持和部队的协助下,还建立了1200多个军队离退伍干部修养所、服务站,安置军队离退休干部4万多人。

抗黄瓜花叶病毒烟草工程植株研制成功

这是国内首次将自己合成的单一基因,通过植物基因工程引入有经济价值的作物得到的抗病性工程植株。它的制成,标志着我国植物基因工程育种跨入世界先进行列。

有关专家认为,黄瓜花叶病毒是我国各主要烟草产区最重要的病毒。工程植株的抗病效果,可使烟叶产值增加10%到30%以上。

我国日耳曼语学家冯至获日耳曼学奖

我国著名日耳曼语学家冯至教授因其为建立和领导中国的日耳曼语言学研究所作的贡献,从而荣获西德达姆施塔特德国语言和文学研究院授予的弗里德里希一贡多尔夫日耳曼学奖。

2月10日

国务院代总理李鹏在钓鱼台国宾馆会见澳大利亚联邦总督尼尼安·斯蒂芬爵士

全国政协在北京举行春节茶话会

已故政协委员和知名人士的夫人近200人出席了茶话会。

邓颖超在茶话会上讲话说:"今天我是作为已故政协委员周恩来的夫人来参加这个茶话会的,同大家见面感到十分亲切。在这里,祝大家身体健康、精神愉快、阖家欢乐!"

胡启立代表中共中央向参加今天茶话会的各位老大姐表示新春祝贺。他说:"见到你们我就想到各位大姐在我们党漫长的岁月中,在艰巨的斗争中所贡献的心血和力量。现在你们中间许多人仍然在努力工作。在此,我向大家表示感谢和敬意。"胡启立还向大家分析介绍了我国目前面临的经济形势和党为更快地发展我们国家的经济所采取的战略方针。

全国政协副主席杨静仁在茶话会上致辞。全国政协副主席康克清、钱昌照、吕正操、周培源、屈武、马文瑞出席了茶话会。茶话会由全国政协秘书长周绍铮主持。

中顾委 中组部 解放军总政治部受党中央委托在北京联合举办迎春茶话会

2000多名在京老同志出席了迎春茶话会。出席茶话会的老同志中,有中顾委的常委和委员150多人,有退居三线的副部长、副兵团级以上的老干部1300多人,有已故老同志的夫人和亲属470多人。

李鹏、万里、李锡铭、杨尚昆、宋平、秦基伟、薄一波、宋任穷、阎明复、王平、李德生、杨得志、萧克、陈锡联、段君毅、黄华、黄镇、郑天翔、杨易辰、康克清、胡子昂、钱昌照、周培源、费孝通、汪锋、刘华清等领导同志,以及各部门的主要负责同志出席了茶话会。

各民主党派和全国工商联的负责人,无党派人士及在京少数民族代表,也应邀出席了茶话会。

薄一波同志主持了茶话会。

万里同志代表中共中央、国务院,向在座的老同志和全国所有的老同志拜个早年,祝愿大家春节愉快!他赞扬老同志是党和国家的功臣,并就今年的经济工作,向老同志作了通报。宋任穷、宋平、杨白冰三位同志分别代表中顾委、中组部、总政治部讲话。费孝通代表各民主党派即席致辞。

中共中央政治局委员 国务院副总理万里代表中共中央 国务院在在京老同志迎春茶话会上发表讲话

万里说,"龙"年的春节就要来到了。春节是我国人民最隆重的传统节日。今天,中央顾问委员会、中央组织部、解放军总政治部受党中央委托,在这里举行老同志迎春茶话会,大家欢聚一堂,喜气洋洋,辞旧迎新。我代表中共中央、国务院,向在座的各位同志和全国所有的老同志拜个早年,祝愿大家春节愉快!

我们的老同志,走过光荣而漫长的革命历程,是党的功臣,人民共和国的功臣。老同志在革命战争年代,为推翻"三座大山",创建新中国,英勇奋斗;建国以后,为巩固人民政权,建设社会主义,呕心沥血;十年动乱中,面对林彪、"四人帮"反革命集团的倒行逆施,刚正不阿,坚决抵制和斗争;十一届三中全会以后,又为拨乱反正、坚持四项基本原则、推进改革开放,作出了重大贡献。这些历史功绩将永载史册。中国有句古话:"吃水不忘打井人",我们党有今天,人民共和国有今天,是与千百万老同志的业绩分不开的。老同志受到全党、全军、全国人民的尊敬和爱戴,是理所当然的。党感谢你们,军队感谢你们,人民感谢你们!

辞旧岁,迎新春,回顾过去,展望未来,我的心情同在座的各位一样,感到格外高兴。十一届三中全会以来,我们总结了几十年建设的经验,认识到穷不是社会主义,要加快发展社会生产力,这是个关键性的问题。1987年我们紧紧把握住经济建设这个中心,坚持四项基本原则,坚持改革、开放、搞活经济的总方针,各条战线都取得了巨大的成就。我们及时排除了资产阶级自由化思潮和僵化思想的干扰,一个中心、两个基本点深入人心,安定团结的政治局面巩固发展。不久前召开的党的十三大,又全面总结了我国建设社会主义和改革开放的经验,首先肯定了我们九年来的路子走对了,进一步提出了社会主义初级阶段的理论和党的基本路线,选举产生了新的中央领导机构,同时保持了老一辈革命家,特别是邓小平同志在重大问题上的决策作用。全党和全国人民在十三大精神的指引下,思想进一步统一,对建设有中国特色的社会主义充满信心。

去年的经济形势相当好,积累了许多宝贵经验。全国的生产、建设、流通和外贸的情况都比预料好,经济体制改革有较大的进展。经济增长速度较高而又较为正常健康。去年工业增长速度达到14%,粮食和棉花获得丰收。基建规模有所控制,重点建设速度加快,电力、煤炭、钢材等供应趋向缓和。适销对路产品明显增多。经济效益比较好,上交利税和劳动生产率的增长,都完成了计划。外贸出口大幅度增加,进口有所控制,开始出现少量顺差。财政收支、银行信贷、货币发行也是比较好的。1987年经济工作有许多成功的经验,特别是全面推行企业承包经营责任制,不仅带来了巨大的经济效益,推动了企业内部的改革,而且也为整个经济体制改革提供了动力和条件。在微观搞活的同时,宏观控制也发挥了较好的作用。去年经济工作中存在的一个突出问题是物价问题,特别是食品涨价,主要原因是,这几年农村搞商品经济,农民按市场价格信息安排生产了,而我们没有完全学会运用价值规律同农民打交道,形成农副产品结构不大适应社会需要的状况。党中央、国务院对此十分重视,已经作过多次研究,正在制定措施,准备分步骤妥善地加以解决。关键是要按照价值规律办事,采取综合配套措施,既要有利于生产发展,又要使群众生活得到适当补偿。这样做,可以安定人心,保证改革的顺利进行。

同志们,当前形势对我们十分有利,我们要紧紧抓住这个有利时机,以改革总揽全局,扎扎实实地做好这项工作。十三大以来,党中央、国务院正在研究贯彻落实十三精神的部署,安排今年的工作。特别是制定了沿海地区经济发展战略,及时利用国际产业结构调整的机会,充分发挥沿海开放地带的优势,"两头在外",参与国际交换和竞争。加速发展沿海地区经济,同时也会促进内地经济的发展。小平同志完全赞成这个战略,要求放胆去干,加快步伐,千万不要贻误时机。这是关系到我国四化建设全局的重大战略部署。为此,必须加快和深化外贸体制改革,实行自负盈亏,放开经营,工贸结合,推行代理制的措施。今年我们还要紧紧抓住承包经营责任制的配套、完善、深化和发展的工作,切实把全民所有制企业搞活;要进一步放活科技单位和科技人员,加速科技转化为生产力的进程,逐步改善知识分子待遇;要进行党中央、国务院系统的机构改革;要采取坚决措施,严厉控制社会集团的购买力,以节约财政支出,缓和市场压力,改变奢侈浪费的不良风气。党的建设问题,大家都十分关心,中央和地方正在进行研究。我们相信,这些措施的逐步实施,必将使新的一年取得新的重大成就。改革开放的历史任务,要求我们进一步解放思想。小平同志最近指出:党的十三大进一步解放了党和人民的思想,也将进一步解放生产力。十一届三中全会以来,我们为什么能取得巨大的历史性成就,归根结底,就是有一条解放思想、实事求是的马克思主义的正确思想路线。中央最近制定的重大战略决策说明,贯彻十三大精神,研究和解决新问题,仍然需要从实际出发,进一步解放思想。不能用老观点看待新情况,用老办法解决新问题。只要是有利于发展生产力的,就放胆地干。

社会主义初级阶段是一个全民奋起、艰苦创业的阶段。在座的各位老同志具有长期艰苦奋斗的光荣传统。希望老同志们宣传艰苦奋斗的光荣传统,发扬艰苦奋斗的光荣传统,推动全党全国人民响应十三大的号召,艰苦创业,为完成我国社会主义初级阶段的历史任务英勇奋斗。

改革开放的历史任务,需要老同志继续作出新贡献。老同志们有很多优势,可做的事情还不少。希望老同志们量力而行,发挥自己的优势,多做促进工作。我们还希望老同志继续鼓励和支持年轻干部大胆工作,帮助他们在建设有中国特色的社会主义的道路上不断迈出新步伐,取得新胜利。许多老同志年事已高,有的已经积劳成疾,我们要为老同志健康长寿、晚年幸福,创造条件,多办实事。

最后,祝大家节日快乐,身体健康,家庭幸福!

全国人大常委会副委员长彭冲在钓鱼台国宾馆会见澳大利亚联邦总督尼尼安·斯蒂芬爵士

外交部新闻发言人在新闻发布会上就中印问题答记者问

问:一位印度领导人最近到"阿鲁纳恰尔邦"活动,并声称该"邦"是印度"最东面的边疆"和"战略边境邦",你对此有何评论?

答:所谓"阿鲁纳恰尔邦",基本上是印度在中印边界东段非法侵占的中国领土上建立的。中国政府多次严正声明,决不承认非法的"麦克马洪线"和所谓"阿鲁纳恰尔邦",决不承认印度对中国领土的占领。把中国领土说成印度的"边疆"是违背历史事实的,不利于中印边界问题的解决。

问:印度一些报纸最近报道,印国防分析研究所所长在一次公开演说中称中国是对印度的"主要威胁"。中国对此有何评论?

答:中国一贯奉行独立自主的和平外交政策,真诚希望同邻国友好相处。所谓中国对印度构成"威胁"的说法毫无根据,并不利于中印两国关系的改善。

中央人民广播电台除夕播出春节文艺晚会《你好,龙年!》

今年的春节文艺晚会《你好,龙年!》以主持人富于情趣的聊天话题为线,自然推出歌曲、戏曲、相声等艺术表演。听众可在各种特定音响的引导下,随主持人去寻找"龙"的踪迹,感受龙的故乡文化的深厚力量、改革开放中色彩斑斓的社会风情。其中,有引人入胜的知识趣谈,也有俗中见雅的文化欣赏;有笑声中的思索,也有妙趣横生的幽默。主持人王刚、笑林、李国盛、郑小川等人将巧使"包袱",营造聊天的独特气氛。

《维吾尔族历史》(上篇)出版

我国第一部由汉族学者用维吾尔文撰写的《维吾尔族历史》(上篇),最近由民族出版社出版。

这部相当于50万汉字的专著是我国第一部系统叙述、介绍维吾尔族历史的著作。作者刘志霄在新疆社会科学院工作。

朱东润逝世

我国著名的传记文学家、文学史家、教育家、书法家朱东润教授,因患癌症于2月10日逝世,享年92岁。

朱东润生于江苏省泰兴县,从事教育及学术研究工作达70年,其学术研究涉及众多的领域,取得了重大的成就,在国内外具有广泛的影响。他是我国现代传记文学的开拓者之一。他把我国古代传记文学的优秀传统与西方近代传记文学的创作手法相结合,先后创作了《张居正大传》《陆游传》等近10部传记著作。他的《中国文学批评史大纲》是中国最早的文学批评史专著之一。他在中国古代文学和上古史籍研究方面著述尤多,成就卓著。他还喜好书法,其书法艺术植根于秦篆汉碑,风格苍朴超逸,深为世人宝重。

2月11日

国办在中南海举行春节茶话会招待国务院参事和中央文史馆馆员

国务院代总理李鹏、副总理田纪云在茶话会前会见了参事和馆员们,同他们一起合影留念,并向他们亲切拜年,祝他们健康长寿,请他们对政府的工作多提宝贵意见。

茶话会上,国务委员宋健向大家介绍了我国当前经济和科技的形势与任务。他说,在座的各位学识渊博,经验丰富,对国家的重大事务和一些政策、法规,提出了许多很有参考价值的建设性意见。同时,在文史著述和促进祖国统一方面,也做了大量的工作,在此,向大家的辛勤劳动表示感谢。

全国政协举行龙年春节联欢会

全国政协副主席、在京常委、委员,各民主党派和全国工商联中央委员共2000多人参加了联欢会。

国家教委 中直机关党委 中央国家机关党委在北京召开1987届中央机关讲师团工作会议

据初步统计,由2800多名年轻知识分子组成的1987届中央机关讲师团,分布在全国23个省(区)的666个支教点上。仅第一学期培训中、小学师资6万人,中等专业技术人才2300多名,办一、二年制培训班

100个,举办各种专业技术知识讲座1200多次,听讲人次达11万多。

国家教委副主任柳斌在会上通报了今年全国教育工作会议精神,肯定了讲师团工作的成绩,并对1988届中央机关讲师团的组建问题提出了具体意见。

杜娟在日本大阪获国际室内田径赛女子60米跨栏比赛冠军

中国选手杜娟今天在日本大阪举行的国际室内田径赛中,以8秒30的成绩获得女子60米跨栏比赛第1名。

中央爱卫会副主任陈敏章在北京通报全国灭鼠工作情况

陈敏章指出:"农业部门1986年、1987两年对21个省区市的初步统计,发生鼠害的农田面积为9.9亿亩,而防治面积仅有4亿亩。由于鼠害,不仅损失粮食85.43亿公斤,而且易传播疾病。这表明,只抓城镇居民户内灭家鼠是不够的,还必须同时抓农田灭鼠。"

陈敏章说:"河南有关专家测算,该省通过灭鼠减少粮食损失约20亿公斤,价值相当于10亿多元;河北省1987年用于灭鼠的经费约为830万元,减少粮食损失价值3.3亿元。"

为此,陈敏章强调:灭鼠是属于人类征服与改造自然的内容之一。内蒙古总结创造的"一役达标"经验,是我国灭鼠工作的重大突破,具有省时、省药、效率高等优点,适合我国国情。各地结合实际应用内蒙古的经验,要创造更好的科学方法,改变以往年年灭鼠、年年不见鼠害减轻的局面。科学实验证明,达标后若不采取强有力措施巩固,鼠密度在一定时期还能恢复到灭鼠前水平,鼠害会重新抬头,甚至造成更严重损失。今后,中央及地方组织无鼠害单位考核验收时,一定要从严要求,以确保无鼠害单位的质量。

2月12日

国务院代总理李鹏在全国企业承包经营责任制座谈会上谈国务院对今年经济工作的部署

李鹏说,1988年经济工作的方针中央已经确定,这就是进一步稳定经济,进一步深化改革,以改革总揽全局。对今年的经济工作,国务院已经作出部署,要大力抓好几件大事:第一,稳定经济,必须稳定物价。在这方面要做大量的工作。解决这个问题,要研究新情况,采取新办法,关键要按价值规律办事,采取综合配套措施,既要有利于生产发展,又要使群众生活得到适当补偿;第二,必须坚决组织实施沿海地区经济发展战略。这对进一步加快改革开放具有深远意义,决不能贻误时机;第三,继续大力推行企业承包经营责任制;第四,采取坚决措施,严格控制社会集团购买力,以节约财政支出,缓和市场压力,转变奢侈浪费的不良风气。

李鹏指出,去年的经济形势是好的。全面推行企业承包经营责任制不仅带来了巨大的经济效益,推动了企业内部的改革,而且为整个经济体制改革提供了动力和条件。承包制的推行,在所有权与经营权的分离上迈出了突破性的一步。这几句话是中央对去年经济形势和经济体制改革总的评价,也是中央对推行企业承包经营责任制的充分肯定。他说,几年来,特别是去年的改革实践证明,承包制是适合我国国情和企业实际的。承包以后,企业、经营者和生产者的利益与企业的经济效益直接挂起钩来,大家都向经营效果使劲,从而推动了企业的挖潜改造、技术进步和产品结构调整。去年工业速度增长相当高,而大部分产品是适销对路的,没有出现严重的积压浪费,这是一个大进步。承包制也使双增双节落到了实处,挖掘了蕴藏在企业内部的潜力。

李鹏说,我们的整个经济体制改革,要紧紧抓住搞活企业特别是搞活大中型企业这个中心环节和提高经济效益这个根本目标。实践告诉我们,在我国现阶段,许多矛盾的解决,许多困难的克服,归根到底要靠工业效益的提高,而工业效益的提高,要靠承包经营责任制。大家要集中精力,精心指导,用两三年时间把企业承包制加以完善和配套。

李鹏说,全面推行承包制的时间还不长,发展也不平衡,还有许多问题和矛盾有待解决。1988年将是承包制发挥更大效益的一年,也是开花结果的一年,虽然任务很艰巨,但有利条件也很多。大家对改革的认识比较统一了,"企业法"、"承包条例"等一批法规、条例将要陆续通过和颁布实施,使承包的外部条件得到进一步改善,执行承包制重点是理顺了国家和企业的关系,但并不等于理顺了企业内部的关系。还需要扩大承包面,把竞争机制引入企业内部,全面推行厂长负责制,推进企业内部机构、人事、劳动和分配制度的改革,推进技术进步,增强企业后劲,有条件的企业要普遍推广"满负荷工作法"、"厂内银行"和其他行之有效的促进现代化管理的方法,没有条件的企业也应创造条件推广这些好的方法,使企业从粗放经营转变到集约经营。同时,也要探索租赁、转让、股份、合资、联营等多种经营形式。

李鹏说,做好这些工作,一个重要的问题是要有一批勇于改革、善于管理、具有较高素质的经营管理人才。要采取多种方式,加强人才的开发培训,以适应改革的需要。同时还要调动广大职工的积极性。只有经营者的积极性,没有广大职工的积极性,企业是搞不好的。从国家来说要加快计划、投资、物资、财政、金融、外贸等方面的配套改革,为企业实行承包制创造更为有利的条件。

李鹏最后说,我们已经取得很大的成绩和经验,但我们不能以此为满足。我们要进一步解放思想,开拓创新,把改革不断引向深入,走出一条具有中国特色的社会主义的管理企业、发展经济的新路子。

会议上,国家经委表彰了石家庄第一塑料厂厂长张兴让和首钢等7个企业。李鹏等领导同志向他们颁发了"企业改革创新奖"。

全国企业承包经营责任制座谈会是2月9日在北京举行的。会议在今天结束。姚依林、薄一波、张劲夫等出席了今天的会议。

广东佛山无线电8厂的"星河"音响在第五十九届波兹南国际博览会上荣获国际金质奖

广东佛山无线电8厂在两年时间里开发了4个档次的"星河"系列组合音响,受到市场的欢迎。其中"星河—880"远红外遥控组合音响还在第五十九届波兹南国际博览会上荣获国际金质奖。

目前"星河"系列音响已销往港澳和东南亚地区,成为我国单台价值最高的出口消费类电子产品。

民政部和解放军总政治部联合召开1988年春节拥军优属 拥政爱民座谈会

座谈会上,民政部副部长范宝俊和解放军总政治部副主任周文元分别代表地方和军队作了主要发言。

范宝俊回顾了解放军和武装警察部队去年在拥政爱民方面所取得的成绩。他说,在过去的一年里,全军各部队投入了大量人力、物力,积极参加国家和地方工程建设。为地方培训技术人员15万多人,帮助群众修理农机具75万多台件,为群众治病1700多万人次。广大指战员奋勇参加抢险救灾,用鲜血和生命保卫了国家财产和群众生命的安全,受到地方政府和全国人民的高度赞扬。人民解放军和武装警察部队还广泛深入地开展军民共建、警民共建社会主义精神文明活动,有力地推动了军地两个文明的建设。仅军民共建点就有3.5万多个,被评为文明单位,其中有1.6万多个受到县以上单位的表彰。

周文元热情赞扬了地方各级政府和广大人民群众对子弟兵的热爱。他说,近年来全国群众性的拥军优属活动蓬勃发展。广大群众除了积极做好传统性的拥军优属工作,还大力开展智力拥军优属活动,协助部队培养军地两用人才,帮助优抚对象提高科学文化技术水平和生产经营能力。为配合军队的精简整编,各地在接收安置军队转业干部和离退休干部方面,采取了许多优惠政策,做了大量的工作。国家在财政还比较困难的情况下,较大幅度地增加了优抚经费。十一届三中全会以来,用于优抚事业的经费达51.9亿元,相当于1950年至1979年优抚总金额的1.13倍。与此同时,各地政府还改革优抚工作。把过去着重解决优抚对象的生活困难,改为重点扶持他们发展生产,治穷致富。目前,全国累计扶持优抚对象400多万户,其中已有120万户成为专业户或富裕户。另外,调整和改革了抚恤办法;全面地有步骤地解决了红军老战士的待遇问题;进一步调整了在乡复员军人的定期定量补助标准,并扩大了补助面;优抚事业单位也在改革中得到发展。周文元说,以上这些工作,充分体现了中央、地方各级党委、政府和各族人民群众对子弟兵的深情厚爱,它对于稳定部队,加速军队的革命化、现代化、正规化建设,起了巨大的促进作用。

民政部部长崔乃夫、总政治部主任杨白冰在会上讲了话。

国务院有关部门、全国总工会、全国妇联、共青团中央、北京市和解放军三总部、武警总部等单位的负责同志150余人出席了会议。

系列照片《退下来以后的邓小平》在第三十一届世界新闻摄影比赛中获奖

我国"现代摄影沙龙"的杨绍明拍摄的彩色系列照片《退下来以后的邓小平》在荷兰首都阿姆斯特丹1988年第三十一届世界新闻摄影比赛中获得"新闻人物"系列三等奖。这是中国大陆摄影记者在世界新闻摄影比赛中首次获奖。

《中国店堂对联集成》出版

《中国店堂对联集成》是一部具有很高文学欣赏和实用价值的书。它汇集古往今来店堂佳联5000余幅,内容涉及200余个行业。该书由北方妇女儿童出版社出版。

中国第一幅半景画《七·七事变——卢沟桥抗日战争纪念馆历史画》绘成

这幅半景画高17米、宽50米,消耗油画颜料近1吨。画面是180度弧形,配以用程控电子计算机操纵的灯光、幻灯、声响、音乐、解说等辅助效果,使观众形象地看到从1937年7月7日深夜到次日清晨之间,我国将士英勇抗击日军的壮烈场面。

大型国画《圆明园全景图》在乌鲁木齐市展出

这幅巨型国画全长10米,再现了中国古代园林艺术之杰作——圆明园全部40景的面貌,其中亭台楼阁2000余座,集中了中国古代宫廷、园林、民舍、寺院等建筑形式之大全。作者精勾细勒,物景多而不繁、紧凑清丽。

作者张得翔同78岁的老人王劲枝用3年时间完成此画。

罗念生教授获希腊雅典科学院文学艺术奖

我国著名的希腊语言学专家罗念生教授是第一位荣获该奖的中国学者。

罗念生1929年毕业于清华大学,后赴美国、希腊留学,1934年回国,现任中国社会科学院外国文学研究所研究员,先后出版了40多部专著。

我国文学艺术1987年获各种国际奖200多项

据《人民日报》报道,1987年我国文化艺术在国际上共取得金奖、特别奖和其他各种奖励210多项。其中110多项奖励是在重要国际比赛中取得的。这些获奖项目包括音乐、舞蹈、戏剧、电影、杂技、绘画、雕刻、书法和文学作品等各个方面。

获奖次数和项目最多的是音乐。这一年,我国的音乐工作者在20多次重要国际音乐比赛中夺得了奖牌和名次。

中国杂技艺术精湛,在国际大奖赛上3次获得4项金奖。

电影方面,中国影片《老井》《末代皇后》和一些科教片、纪录片和儿童故事片等10多部影片获奖。

舞蹈方面,获国际金奖的有上海演员表演的《堂·吉诃德》芭蕾舞选段和民族舞蹈《牧马人》。其他获奖的项目中还有绘画《神气的小猫》、雪雕《阿福》、冰雕《戏狮》和诗作《扬子江——塞纳河》等。

2月13日

中共中央批转《中央组织部、中央直属机关党委、中央国家机关党委关于加强和改进中央党政机关党的工作的意见》并发出通知

中央同意《中央组织部、中央直属机关党委、中央国家机关党委关于加强和改进中央党政机关党的工作的意见》,现转发给你们。

为了适应改革开放的新形势,中央决定,将中共中央直属机关委员会和中共中央国家机关委员会分别改为中共中央直属机关工作委员会和中共中央国家机关工作委员会,作为中央派出机构,分别领导中央直属机关和中央国家机关党的工作。

我们党是执政的无产阶级政党,党政领导机关党的建设是整个党的建设中的一个重要组成部分。在当前的新形势下,机关党的工作必须加强和改善。各级机关党的组织主要任务是要按照十三大的精神,坚决贯彻执行党在社会主义初级阶段的基本路线和各项方针、政策,集中主要精力,切实搞好自身建设,加强党内监督和思想政治工作,为改革开放服务,保证党和政府各项工作任务的完成,努力开拓一条适应改革需要的机关党的工作的新路子。各级行政领导,要热情关心和支持机关党的工作。

中央党政机关各部门机关党委的机构设置、人员编制和干部配备问题,分别由有关主管部门会同中共中央直属机关工作委员会和中共中央国家机关工作委员会在机构改革中统筹解决。

各省、自治区、直辖市直属机关党组织的体制,各地可从有利于加强机关党的工作出发,根据实际情况来考虑,中央不作统一规定。

中央组织部、中央直属机关党委、中央国家机关党委关于加强和改进中央党政机关党的工作的意见

随着政治体制改革的不断深入,特别是实行党政分开,在政府各部门逐步撤销党组,推行行政首长负责制的情况下,中央直属机关和中央国家机关的党组织必须根据党的十三大精神,进一步明确自身的职能,转变不适应新形势的观念和工作方法,切实加强党的自身建设,认真做好党的工作。

多年来,中央、国家机关党的各级组织在思想、组织、作风建设等方面做了很多工作,发挥了一定的作用。但是,由于机关党组织在一些问题上职责不清,对机关党的建设的重要性认识不够,管了不少行政事务性的工作,因而自身建设比较薄弱,党组织的作用没有得到充分发挥。

本着改革的精神,遵照党政分开、党要管党、从严治党、提高效率、增强活力的原则,中央组织部、中央直属机关党委、中央国家机关党委就加强和改进中央直属机关和中央国家机关党的工作进行了研究,提出如下意见:

一、关于机关党组织的建制问题

在政治体制改革中,根据党政分开的原则,政府部门党组逐步撤销,机关党组织的工作将更为繁重。为了分清职责,理顺关系,减少环节,提高效率,加强机关党的自身建设,建议将中共中央直属机关委员会和中共中央国家机关委员会,分别改为中共中央直属机关工作委员会和中共中央国家机关工作委员会,作为中央派出机构,分别领导中直机关和国家机关党的工作。

两个工作委员会的主要职能是:提出中央、国家机关党的建设的规划,指导基层组织搞好党的思想建设、组织建设和作风建设,做好对党员的管理教育工作;负

责审批各部门机关党委和纪委书记、副书记；指导各级党组织实施对党员特别是党员领导干部的监督，及时向中央反映部、委、办、局领导班子、领导干部的情况；执行中央交办的其他任务。今后凡是中央有关部门明文部署的工作，工委不再做重复布置，主要加强督促检查，充分发挥各部门机关党委工作的主动性和积极性。

工委的领导成员由中央任命。工委下设精干的工作机构。经与中央纪律检查委员会商定，中直机关和中央国家机关纪律检查工作，为适应工委的体制，将作相应的调整。中央直属机关纪律检查工作由中央直属机关工作委员会领导，工委下设纪律检查办公室，承办具体工作；中央国家机关纪律检查委员会改为中央国家机关纪律检查工作委员会，受中央纪律检查委员会和中央国家机关工作委员会双重领导，领导中央国家机关各部门党的纪律检查工作。经与共青团中央商定，中央直属机关和中央国家机关团的工作分别受共青团中央和两个工委的双重领导，以工委领导为主。

中央直属机关和中央国家机关各部门设立机关党的委员会。委员会按照民主集中制的原则由所在机关全体党员或党员代表大会选举产生，分别接受中央直属机关工作委员会和中央国家机关工作委员会的领导，并对本单位全体党员负责。

中央直属机关和中央国家机关各部门所属的单位，应根据工作需要和党员人数多少，经上级党组织批准，分别设立党的委员会或机关党的委员会、总支部委员会、支部委员会。

二、机关党组织的主要任务

中央直属机关和中央国家机关各级党组织的主要任务是：

(一)组织党员认真学习、宣传和坚决执行党和国家的方针、政策，以党在社会主义初级阶段的基本路线统一全体党员特别是领导干部的思想和行动，排除僵化和自由化两种错误思想的干扰和影响，保证党的各项方针、政策的贯彻执行。

(二)从严治党，加强党的自身建设。抓好对党员的马克思主义基本理论教育和理想、纪律教育；有计划地培训专职、兼职党务工作干部和轮训党员；完善党内民主制度，严格组织生活，抓好基层建设；认真做好发展党员的工作；搞好党风，严格纪律，保持党组织的先进性。

(三)充分发挥党员的先锋模范作用，积极支持和协助行政领导保证完成部门的各项工作任务，关心并协助行政领导改善群众的物质文化生活。

(四)按照党章和《关于党内政治生活的若干准则》的规定，对党员特别是党员领导干部实行有效的监督。

(五)紧密结合改革、开放和部门业务工作的实际，配合行政领导做好职工的思想政治工作。

(六)协助行政领导管理机关党群组织的干部；配合人事部门对机关各级行政领导干部进行考核和民主评议；根据掌握的情况，对行政干部的任免提出意见或建议。

(七)结合部门的实际，配合行政领导做好统战工作。

(八)对本机关的群众组织实行领导，讨论研究他们的重大问题，支持他们独立负责地开展工作，鼓励他们围绕党和政府的中心工作积极开展适合各自特点的活动。

(九)承担上级党组织交办的任务。

三、关于党内监督问题

在改革、开放的条件下，特别是实行党政分开以后，机关党组织特别需要大力加强党内监督，并扎扎实实地做好监督的具体组织工作。

党内监督的目的，在于维护党章党规，保证广大党员贯彻执行党在社会主义初级阶段的基本路线。党内监督要严格执行党章、《关于党内政治生活的若干准则》以及中央纪律检查委员会《关于对党员干部加强党内纪律监督的若干规定》。中央直属机关和中央国家机关的党组织，应该对党员特别是党员领导干部在贯彻执行党的路线、方针和政策，遵纪守法，联系群众，反对以权谋私及其思想作风、工作表现和道德品质等方面进行监督，协助行政领导改进工作，提高效率，克服官僚主义，并把了解到的机关工作的缺点、问题通知行政负责人或报告党的上级组织。

机关党组织对党员特别是党员领导干部实施监督的具体做法：

第一，加强对党员领导干部民主生活会的管理。党组织主要做好五件事：(1)督促领导班子定期(半年一次)召开民主生活会；(2)会前收集党员群众对领导干部的意见，如实转告本人或在会上报告；(3)参加民主生活会；(4)督促党员领导干部根据党内外群众提出的主要意见，进行整改；(5)将领导干部执行民主生活会制度、开展批评与自我批评的情况和生活会上反映出的主要问题，如实地报告上级党的组织。政府部门党组撤销以后，党员领导干部民主生活会由担任行政主要领导职务的党员干部召集和主持。

第二，定期召开党员大会或干部会议，听取本部门党员行政负责人通报一个时期的主要工作情况，沟通领导干部与党员的联系。

第三，不担任部、委、办、局领导职务的党委书记或专职副书记列席部(局)的有关会议和其他重要会议，以便了解情况，更好地协助行政领导做好工作。

第四,机关党委对本部门干部的任免、调动和奖惩,有责任提出意见。

第五,纪律检查部门对党员违纪案件,要认真调查核实,耐心教育,严肃处理。对有打击报复行为者要严格执行纪律。

四、机关党的工作机构设置及干部配备

各机关党的委员会的组成,坚持精干、高效的原则。人数较多的委员会可设常委会。

机关党委委员和书记都应通过差额选举产生。机关党委书记应选举党性强、作风正,具备较高的思想、政策水平,较强的组织领导能力,并有一定的党务工作经验的同志担任。

经民主选举产生的各部门机关党委的书记、副书记,分别由中央直属机关工作委员会和中央国家机关工作委员会批准,任期内一般不要调动,因特殊情况必须调动时,应事先取得工委的同意。

各机关党委的组织设置、人员编制和干部配备另行规定。

按照党政分开的原则,目前机关党委承担的一些行政事务性工作,如机关保卫、保密、职工文化教育、精神文明建设协调、地区人大代表选举、植树造林、义务献血、计划生育等,分别交各部门的办公厅(室)、行政管理、人事、教育等职能机构办理,机关党委积极协助和配合,使机关党组织能够集中精力抓好党的工作和自身建设。

(注:对设置党组织问题,党的十四大修改通过的党章重新作了规定)

中宣部在人民大会堂举行迎春茶话会

宣传、理论、新闻、教育、文化、出版界的一些负责同志和专家近200人参加了迎春茶话会。

中央书记处书记胡启立代表党中央向出席会议的同志拜年。他对大家说,在新的一年里,宣传思想文化界肩负着重要责任,有大量工作要做:要深入进行社会主义初级阶段理论和党的基本路线的教育,坚持“一个中心、两个基本点”,要研究改革、开放中出现的大量新情况、新问题,要通过自己的工作,动员和鼓舞我们的人民,我们的青年,推进改革和现代化建设事业的发展。同时,要积极、稳妥地进行思想文化各部门自身的改革,使我们的思想文化工作在形成有利于社会主义现代化建设和改革开放的社会舆论和条件方面,发挥更加积极的作用。

胡启立在讲话中说,以马克思主义为指导的社会主义精神文明是社会主义社会的重要特征。改革开放的深入发展,对精神文明建设提出了新的更高的要求,既要形成有利于社会主义现代化建设和全面改革的舆论力量、价值观念、文化条件和社会环境,又要反对和抵制资本主义和封建主义的腐朽思想的影响。

胡启立在发言中强调,当前要突出抓勤俭办一切事业的教育。要把提倡节俭、反对奢侈提高到关系社会主义建设和改革事业成败的高度来认识。

胡启立说,思想文化战线今年将召开两个重要会议,一个是纪念党的十一届三中全会十周年理论讨论会,一个是第五届全国文代会。

中顾委副主任薄一波在茶话会上强调,当前应该大力提倡自力更生,勤俭建国,勤俭办一切事业的精神。

中宣部部长王忍之在会上致辞。王蒙等在茶话会上发了言。

参加茶话会的还有宋任穷、芮杏文、康克清等领导同志及有关部门负责人鲍彤、钱李仁、高扬、胡绳、穆青、艾知生等。

中国高级法官培训中心在北京成立

该培训中心由最高人民法院和国家教育委员会联合创办,最高人民法院院长郑天翔担任该中心委员会主任。培训中心的主要任务是:培训高级法官及高级法官的后备人才,使他们既具有较高的理论和法律专业知识水平,又有较强的司法实际工作能力,能够担任比较复杂案件的审判任务。

商业部 铁道部 交通部发出及时调运农业生资确保春耕春播的紧急通知

通知说,春耕春播即将来临,及时把春耕春播需要的农业生产资料和有关生活资料调运到广大农村,做到不误农时,是商业、供销、粮食、铁路、交通部门共同的重要任务。

通知提出三点具体要求:第一,各地商业、供销、粮食部门要认真做好种子、化肥、农药、农用薄膜、农业机具、铁丝、元钉、电池以及与春耕春播有关的生活资料等货源的组织和落实工作。同时,要及时向当地铁路、交通运输部门提出要车船计划,做好车(船)货和短途搬运的组织与衔接工作。

第二,各地铁路、交通运输部门对支农物资要作为运输的重点,从计划、进站港、调配车(船)、编组挂运、停靠站港、到装卸车(船)等,都要体现优先安排的原则,切实安排好车船,以适应农业生产的需要。

第三,各地商业、供销、粮食部门对支农物资的商品包装标志、标记要清晰,严禁破来破发、破来破转。铁路、交通部门对支农物资要根据其性能特点配备适用车(船),并按照规程进行操作,做到确保安全运输。

中国利用外资开发三江平原效益显著

据《人民日报》报道,我国首次利用外资大规模开发三江平原的“黑龙江农垦项目”已经取得显著效益,从1983年6月项目开始实施到1987年,共开垦荒地279万亩,累计生产粮食和大豆5.65亿公斤,盈利2107万元。去年生产粮豆2.47亿公斤,盈利1480万元,分别比上年增长55.2%和23.6%。

这个项目共利用世界银行贷款7000万美元,国内配套投资人民币2.6亿元,计划开荒300万亩,要求1991年达到年产粮豆3.75亿公斤,年盈利1500万元。到去年为止,开荒任务完成93%,粮豆年产量和年盈利额分别达到设计要求的66%和98.7%。

中国进出口商品检验工作在国内外树立良好信誉

据《人民日报》报道,国家进出口商品检验局(简称国家商检局)出具的检验证书已达世界170多个国家和地区,成为国际贸易中交接、结算、通关、计税、索赔、仲裁以及诉讼举证的重要依据。

去年一年,我国商检人员检验出不合格进口商品1.7万批,出具商检证书后,为国家索赔回1.1亿美元;同时,检验出不合格的出口商品1.5万批,经过生产单位返工整理,出口合格率有了显著提高。此外,各地商检部门登轮验船计重9500多船次,集装箱鉴定4.5万多箱次,签发普惠制产地证书27.5万份,签证金额达80亿美元,为扩大出口创汇作出了贡献。

北京电视机厂生产的牡丹彩色电视机荣获国家金质奖

在国家优质产品奖评选中,北京电视机厂生产的483P型14英寸彩色电视机荣获国家金质奖。

北京广播器材厂研制的高频发射机获得国家重大技术装备奖

北京广播器材厂研制的100千瓦高频发射机,为我国第一部正负电子对撞机提供了可靠的功率源,填补了国家空白,并荣获国家重大技术装备奖。

100千瓦高频机是电子对撞机的关键设备之一。该厂生产的这种产品全部性能均达到国际水平,而成本不及国外设备的一半,可为国家节约大量外汇。

ＣＷ中文语词处理系统通过部级技术鉴定

该系统在北京通过了电子工业部和国家语言文字工作委员会的部级技术鉴定。

这项研究成果是由北京大学和中国计算机发展公司所属昆仑公司合作研制的。该系统是国家“七五”科技攻关项目“中文字处理机”的组成部分,目前作为国产长城系列微机的系统软件推出。这套软件采用国际通用键盘,按照拼音规则进行输入;以按词输入为主,也可按字输入,还可以输入长篇汉语拼音文章,然后一次转变成相应的汉字文章。它具备学习记忆和一定的识别同音词的能力。拼音输入有时也需要笔画辅助。这个系统模拟小学生查字典的过程,不但可以帮助人们找到不会读音的汉字,还具有帮助人学习汉字和拼音的功能。

2月14日

国务院代总理李鹏代表党中央 国务院看望全国政协主席邓颖超

李鹏对邓颖超说:“我代表党中央、国务院向您拜年,祝您健康长寿!您对中国革命的胜利和社会主义建设事业的兴旺发达作出了重要贡献,我们感谢您。”邓颖超说:“这是我应该做的。一个共产党员所做的贡献应该是无止境的,不论有多少成绩,都不应该自满。”

邓颖超说:“我现在是一个老弱病残分子,只有点余力余光为人民服务,但是我有一条最重要的任务,就是拥护你们,支持你们的工作。”李鹏说:“您看到我们有什么做得不周全、不够的地方,要提出批评。”邓颖超说:“这一点我是不会放过我的责任的,我不能光说好的,不说缺点。”接着她又语重心长地说:“你们肩负着党和人民的重任,要谦虚谨慎,不骄不躁,把工作做得更好。”

中共中央办公厅副主任杨德中、全国政协副秘书长赵炜等看望时在座。

民政部副部长范宝俊和解放军总政治部副主任周克玉分别发表春节电视广播讲话

讲话希望全国各族人民和全军指战员发扬“双拥”光荣传统,进一步加强军政军民团结,为完成党的十三大提出的任务而努力。

范宝俊代表民政部,向解放军和武装警察部队全体指战员,向全国烈军属、革命残废军人、复员退伍军人和部队离退休干部致以亲切的慰问,并转达党中央、国务院的问候!范宝俊在发言中说,在新的一年里,我们要认真学习和广泛宣传十三大精神,进一步加强“双拥”工作,加强和改革优抚安置工作,推动这项工作向法制化、制度化、社会化方向发展。

周克玉代表中国人民解放军总参谋部、总政治部、总后勤部和全军指战员,向地方各级党政领导同志,向全国各族人民,向烈军属、革命残疾军人、转业退伍军人、军队离退休干部,向人民武装干警、预备役官兵和广大民兵,致以节日的祝贺。他说,新的一年,全军指战员要深入学习和宣传贯彻党的十三大精神，在搞好军队建设和改革的同时，坚决拥护、热情支持国家和地方的改革。

中国保险事业得到快速发展

据《人民日报》报道，我国国内保险业务自1980年恢复以来，到去年年底，中国人民保险公司承保的国内财产和人身保险金额达1.5万亿元，8年来共支付保险赔款83亿多元，为企业生产发展和人民生活的稳定提供了保障。

目前全国已开办了200多种保险项目，有50多万个企业和6000多万个家庭参加了财产保险，还有6000多万个城乡居民参加了人身保险。

中国飞行试验技术水平跃居世界先进行列

据《人民日报》报道，坐落在西安市郊区的中国飞行试验研究中心，在最近3年里先后完成我国自行研制的3种新型号共10架军用飞机的科研定型试飞任务。我国的飞行试验技术水平现已跃入世界先进行列。

飞行试验是对新型飞机在真实的大气环境中进行的飞行或模拟飞行，以验证飞机的各种技术性能指标和各种地面试验结果是否正确。它是新机研制过程中的最后总验证，具有很大的风险性。

中国空间技术取得重大进展

据《人民日报》报道，我国正加紧研制对国家具有重要意义的各种卫星，其中包括大容量通信广播卫星、不同类型的气象卫星、多用途的资源卫星和高性能的返回式卫星平台等；同时，还致力于永久性空间站和航天往返运输系统的预研工作。

中国空间技术研究院成立于1968年2月20日。全院的科技人员、工人、干部，发愤图强，闯出了一条发展我国空间事业的道路。从1970年4月24日研制并发射成功我国第一颗“东方红”人造地球卫星起，到1987年9月9日，相继成功地研制和发射了科学试验卫星、返回式卫星、静止轨道通信卫星等21颗人造卫星。从中掌握极其复杂、目前世界上只有少数几个国家具有的卫星返回、一箭多星、卫星同步定点等技术。标志我国的空间技术已跻身于世界先进行列。

党的十一届三中全会以来，以上所取得的空间技术成果，已在国民经济部门广泛推广应用：空间遥感技术已应用于地质、石油、水利、农林、环境监测、地图测绘、考古、铁路选线、地震预报等部门；卫星通信技术已应用于邮电、广播、电视传输等部门。它们都从中收到了明显的社会效益和经济效益。

《人民日报》转摘《理论月刊》钱学森的文章《自然辩证法要与科学技术同步发展》

对于自然辩证法的内容，我所知道的就是：自然辩证法是自然界客观世界中运动的最一般规律法则。不过后来有另外一种说法，说自然辩证法是大的部门。这样，我姑且把自然辩证法分成几个部分。如果自然科学本身的哲学概括就是自然辩证法，那么，自然辩证法的内容就是研究自然界客观世界的运动发展规律。

现在这方面的研究有个问题，就是：一百年来科学的发展是巨大的，内容非常丰富，对这一部分就需要我们来补充，写出新的《自然辩证法》，不能局限在恩格斯讲过的那些事情上。恩格斯所讲的东西，在他那个时代是对的，但现在就有很多问题了。

比如混沌（chaos）理论，近十年来是物理学界、数学界的热门。它的核心是说明在一个复杂的决定论的体系中可以出现混沌。混沌的表现好像是非决定论的，但它却不是真正的非决定论，而是决定性，只不过运动很复杂，变化很迅速。这一点很重要。

根据牛顿力学，如果假定所有物质的质点在空间中的位置和速度已知，那么它们以后的运动就可以预测。但是，问题在于你不可能知道世界上所有物质质点在某一时刻的速度和位置，因为它们太多了。所以，那时的问题是虽然在原理上是决定性的，但实际上却决定不了。19世纪末20世纪初，出现了统计物理。它干脆不考虑细节，只考虑物体整体的运动。这项研究结果与实际虽然相符，但理论上却解释不清。混沌理论就解决了这个问题。它指出分子运动看起来是非决定的，其实是决定的，是混沌。

现在有人提出，由于经典物理是决定性的，而在微观世界的量子力学却是非决定性的，经典力学的混沌能不能解释量子力学的非决定性呢？这又是一个很大的问题，应该研究，因为量子力学的非决定性始终是一个问题。

今天，如果我们要开自然辩证法这门课，不仅要讲课，还要研究，向学生指出：有许多问题今天不能讲清，但它们却是客观存在。这样能推动自然辩证法前进。现在已经是20世纪80年代，我们不能光限于现在看到的这本《自然辩证法》，而要努力编出第2本《自然辩证法》。

《社会主义精神文明建设手册》出版

该书由中国新闻出版社出版，陈云为该书题写了书名，宋任穷撰写了序言。

《社会主义精神文明建设手册》一书约60万字，条目1000余则。内容包括马列著作中和中央领导同志的有关论述，马克思主义文明观，基本指导方针和各项政策等15个部分及有关资料。

《中国风俗丛书》陆续出版

该书由陕西人民出版社陆续出版，已发行的第一批有《中国封建家礼》《中国古代饮茶艺术》《中国古代节日风俗》等。这套丛书是由西北大学的一些专家、学者主持编辑的，旨在系统、全面地介绍古往今来中国各民族风俗的形成、内容及特征。

第二军医大学附属长海医院治疗肝癌取得两项突出成果

肝胆外科博士研究生郭亚军、杨光顺经导师吴孟超教授指导，在肝癌免疫综合治疗和肝脏手术方法上取得两项突出成果。

博士生郭亚军在长海医院免疫室的协助下，在动物实验的基础上，先后对121例原发性肝癌患者的T细胞亚群等进行检测对比，还对67例原发性肝癌患者进行免疫治疗，这表明：肝癌患者存活率与其免疫功能密切相关，对肝癌病人手术后给予免疫治疗，能加快患者术后恢复提高存活率，对未手术的部分病人也能延长生存期。

博士生杨光顺创造性地设计了低温半导体肝切除法，使肝脏阻断血流时间可达1—2小时，为突破肝叶切除手术"禁区"创造了条件，有效提高了肝癌切除率、存活率，降低复发率。

国内著名专家对这两项成果予以高度评价，这在国内外尚属首次发现。

2月15日

国务院代总理李鹏 中央书记处书记胡启立代表党中央 国务院向中顾委主任陈云祝贺春节

李鹏向陈云汇报了党中央、国务院最近的工作。李鹏说，这一段党中央、国务院主要讨论了当前的经济形势，确定今年的工作方针是稳定经济、深化改革，以改革总览全局。当前比较突出的问题是物价问题，要靠改革和发展生产来解决好这一问题。陈云说，我们是个10亿人口的大国，革命成果来之不易，你们责任重大。

当李鹏谈到党中央确定的我国沿海地区经济发展战略问题时，陈云说，走国际大循环发展战略的路子，我拥护。胡启立说，赵紫阳同志已经向大家传达了陈云同志关于这一发展战略的意见："两头在外好。"陈云同志说，要贯彻好这一战略，也有一定的难度。李鹏说，我们的优势是劳务费用低，劳动力素质也不错。

李鹏说，我们都是新兵，希望陈云同志经常给我们指点、帮助，提出批评和意见。胡启立也说，我们深感责任重大，不敢稍懈。小平同志、陈云同志等老一辈革命家身体健康，是全党、全国各族人民的共同心愿。现在，大家同心同德，共同努力，我们的事业是大有希望的。

陈云同志说，你们年轻，有希望。工作可以搞得好，应该搞得好。

陈云同志最后请李鹏、胡启立转达他对全党、全国各族人民群众的节日祝贺。

国务院环境保护委员会第十二次会议在北京召开

会上，国务院代总理、国务院环境保护委员会主任李鹏同志指出，环境保护工作在改革过程中，不是削弱而是加强，要加强对环境的监督管理。

李鹏在会上说，我国已经把环境保护列为基本国策，要把这一工作做好，关键是要采取适合我国国情的政策和具体措施。我国处在社会主义初级阶段，经济实力还不强，不能照搬工业发达国家治理环境的做法。一定要同我国经济水平相适应，要求过高了就会落空。政策和措施提得实际，才能做得到。

李鹏强调，保护环境要强调管理。实践使我们认识到，我国的许多污染是由于管理不善造成的。在许多情况下，加强了管理，加强了监督，不用花多少钱，污染情况就能明显减少。要加强管理就得靠立法，靠法制。现在环境保护方面已经制定了一些法律、法规，这就要加强监督、严格执法，并使这方面的法制逐步完善起来。

国务委员宋健出席会议并讲了话。他说，环境保护工作任务艰巨，不仅要加强立法工作，还有必要制定一些具体的法规，让更多的人了解保护环境的重要性，发动群众来监督管理环境，保护国家在经济起飞时，不因污染遭受重大经济损失。

在这次会议上，国务院环委会办公室主任曲格平代表环委会，对1987年环境保护工作作了小结，对第二次全国环保会议以来的四年工作情况作了简要回顾，并指出了1988年环境保护工作重点。他提出，今年环保工作的指导思想是：认清形势，深化改革，转变环保领导部门的职能，强化监督，以控制大气污染为重点，把环境保护事业推向前进。

全国人大常委会副委员长阿沛·阿旺晋美 班禅额尔德尼·确吉坚赞代表西藏自治区人民政府为藏历土龙年新年举办招待会

国家物价局决定今年春耕以前在全国开展一次农用生产资料价格大检查

据介绍，这次检查以农用化肥、柴油和农膜等为重点，生产、流通、销售各个环节都要一查到底，一直查到农村基层供销社销售给农民的价格，以切实保证“三挂钩”的农用化肥、柴油按国家规定的价格供应到农民手里。

这次检查的法律和政策依据是《中华人民共和国价格管理条例》，国务院最近颁布的《重要生产资料和交通运输价格管理暂行规定》和《计划外生产资料全国统一最高限价暂行管理办法》，按照农用化肥、柴油和农膜调拨分配计划，顺着销售的方向，全面清查。坚决制止将计划内转计划外高价销售；制止擅自提价和乱收费用；制止非法经营，转手倒卖；制止借平议串换从中牟利；制止以劣充优或以联营返利为名变相涨价等非法行为。

国家物价局检查司负责人要求各级检查部门敢于碰硬，严格依法办事，做到边检查，边处理检查出来的问题，边收缴入库。并针对检查发现的问题，研究制定改善农用生产资料价格管理的办法和制度。

盲人聋哑人对话机在南京问世

南京大学中文系教师陈建文和苏州大学计算机系教师钱培德认为，语言信息的发出和接受，实际上是编码和解码的过程，只要健全人和盲聋哑人用同一个码本，就能解决任何两个人之间对话的难题。根据这一原理，两位教师共同设计了特殊的汉字编码，进而设计出了盲人聋哑人对话机。这种对话机由主机、键盘和显示屏构成，主机内增加语音合成器插件，操作者按键盘时，显示屏上出现文字，主机上的喇叭发出语音，使失明者听音，失聪者见字。

目前南京大学电子仪器厂正积极准备生产便携式盲人聋哑人对话机。

《地区经济开发信息》出版

这是我国第一部大型地区性经济丛书，目前已由经济日报出版社开始编辑出版。

丛书的内容包括地区简史、经济社会发展概况、资源优势、经济发展战略、地区经济技术协作和对外经济技术合作的意向、项目、优惠条件、产品产销动向及重点企业生产现状等。

这部大型丛书的总顾问是薄一波，主编是袁木。

首届中国麻风节联谊会在北京召开

中国麻风防治协会理事长马海德说，到1997年我国将基本消灭麻风病。

马海德说，新中国成立初期有50万麻风病人，现已有43万多人被治愈，剩下不足7万人。他说，根据我国麻风防治工作的现状，1981年提出的到20世纪末在我国基本消灭麻风病的奋斗目标可提前到1997年实现。

中共中央政治局常委胡启立、全国人大常委会副委员长黄华、全国政协副主席周培源、全国妇联主席康克清等参加了今天的联谊会。

国务委员陈慕华在会上说，搞好麻风病和地方病的防治，对提高中华民族的健康水平有极大的现实意义。麻风病的防治不仅是医学问题，也是社会问题，需要社会各阶层、各部门的通力合作。

她说，要提高社会各阶层人士对麻风病的认识，使全社会都来关心支持麻风病的防治工作。

“国际麻风节”1953年由法国发起，定于每年1月的最后一个星期日。目前世界上许多国家都在这一天举行各种形式的活动。我国去年将这一天同时确定为“中国麻风节”。

卫生部部长陈敏章在会上指出，由于历史的原因和旧观念的影响，现在社会上一部分人中还存在着对麻风病的恐惧和对麻风患者的歧视行为。他说要让广大群众了解麻风病可防、可治、不可怕的科学道理，消除对麻风病及其患者偏见和歧视。

会上，中央领导和社会各界人士还对马海德博士表示了由衷的敬意，高度评价了他在我国麻风防治工作中所作出的卓著贡献。

国家计生委新闻发言人梁济民称中国人口形势严峻

梁济民说：“1988年将是1986年开始的生育高峰的第3年。1986年，我国出生2100多万人，比1985年增加300多万，增加比例为18%；1987年预计出生2200万左右；1988年将继续回升。但由于计划生育工作取得了新进展，这次不会形成像60年代那样的人口高峰。这次高峰要一直持续到1995年以后才会逐步下降；从1998年开始，下降的速度才会加快。形势是严峻的，控制人口的任务是艰巨的。”

他强调当前我国计划生育工作的指导精神是以改革统揽全局，稳定政策，加强基层建设，抓好后进地区的转化。具体地说，要在全国推广计划生育承包责任制，保证人口控制指标的实现；把计划生育工作列为考核各级政府领导干部政绩的内容；基层组织同育龄妇女签订计划生育合同；实行计划生育方面的社会保险；提高一孩比例，从严掌握农村有实际困难的生育二胎安排；改进宣传和技术服务，依靠有些地方的计划生育协会和“中心户”等农民组织，提高节育率和避孕有效率，减少人工流产，提高节育手术质量；采取措施，减少早婚早育，在中学生中开展人口教育；拟定“基层计划生育管理办法”、“流动人口计划生育管理办法”等法规；加强对外联系与合作交流，引进先进技术等。

梁济民在通报由国家计生委、国家计委、国家统计局、公安部、财政部共同负责的全国生育节育抽样调查工作安排时说："我们将于1988年7月1日开始这项工作。通过查清我国人口避孕、节育状况，准确掌握全国及各省、自治区、直辖市近年人口出生和自然增长底数，可为研究人口政策、人口移动、经济文化等因素对生育的影响提供全面可靠的资料。这次调查的人数，在全国约有200多万，各省、自治区和直辖市将有4万至10万人，都有较好的代表性。"

2月16日

国家经委 商业部 铁道部就突击抢运棉花一事发出紧急通知

通知要求棉花调运集中的山东、河北、河南、新疆等省、区，利用春节前后客运量下降的空隙，突击抢运棉花。

通知要求这些地区供销社组织和落实好货源，及时向铁路部门提报旬间日历装车计划，进站、取送车、编组挂运、装卸等都要体现优先安排的原则，作为重点物资突击抢运。对有条件的地区，可组织直达快运列车或成组发运。如计划不足，按计划外批准权限，由发货单位和当地铁路部门共同协商解决。

通知说，各产地供销、铁路部门在组织棉花出库和上站、装车及沿途运行中，要切实采取有效安全措施，防止火灾及其他事故发生，保证调运安全。在发运后，发货单位要立即办理托收承付货款手续，并要在24小时内将发运时间、品种、数量、车号等电告收货单位。到达站要及时将车辆到达的预、确报通知收货单位。收货单位要加强装卸、搬运劳力和运具的组织安排工作，做到随到、随卸、随入库，不压车不压货场。

林业部新闻发言人提请各地严肃处理乱砍滥伐森林的行为

林业部新闻发言人提请各地在春节前后严防乱砍滥伐出现，对已经出现乱砍滥伐的要坚决按照去年中央20号文件精神，予以严肃处理。

发言人说，最近一些地方乱砍滥伐、偷运木材的情况有所抬头，顶风作案屡有发生，个别地方甚至发生了大规模哄抢国有林木、打伤林政人员的事件。如云南省江边林业局的国有林被抢砍林地达5000多亩，抢走木材1.1万立方米。犯罪分子无视国家法律，气焰十分嚣张。

发言人说，有些地方的领导把制止乱砍滥伐看成是林业部门的事，没有给予应有的重视。这种情况必须迅速改变。去年中央20号文件强调指出："坚决依法保护国有山林权属不受侵犯。任何单位和个人都不得以任何借口侵占、破坏。哄抢、盗伐国有林木是违法犯罪行为，必须坚决依法处理，该判刑的判刑，决不能手软。对挑动群众哄抢破坏森林、伤害护林人员的犯罪分子，必须从速从重依法惩办。"各地要认真查一查贯彻落实中央指示的情况，对顶风作案的一定要依法打击，对涉及领导人的案件更应依法严肃处理。

发言人说，各地要在加强思想教育的同时，加强林政管理和林业公、检、法建设，尽快充实各级森林资源保护和管理部门，建立、健全区乡林业站。加强检查监督，实行以法治林。当前正值农闲时节，也是森林采伐季节，乱砍滥伐往往在这个时候发生，对此各地要引起高度警惕。

中央军委和解放军三总部领导看望驻京部队基层战士

中央军委和解放军三总部领导同志洪学智、刘华清、迟浩田、杨白冰、赵南起，分别到驻京陆、海、空和战略导弹部队的基层单位看望慰问节日坚守岗位的干部战士。

军委和总部领导同志看望的部队有总参通信部通信三团、北京卫戍区警卫一师五团三连、战略导弹部队通信总站、海军直属机关汽车队和空军通信总站四营十五中队等单位。他们来到战士执勤的机房、车场、执勤点、指挥控制中心、战士的宿舍和连队俱乐部，代表中央军委和解放军三总部，热情向军营的年轻战士们祝贺春节。

全国优抚工作在改革中发展

据《人民日报》报道，党的十一届三中全会以来的9年间，国家在财政不太富足的情况下，用于优抚事业的经费为51.9亿元，1987年支出的优抚费比1978年增长两倍多。据不完全统计，已建起各种拥军优属服务组织55.2万多个，参加活动的有376万多人。他们帮助军人家属解决生活困难，仅解决和维修军属住房就达15.4万多间。

对于优抚对象，民政部门过去着重解决他们的生活困难，现在改为重点扶持他们发展生产，治穷致富。经过几年的工作，全国累计扶持优抚对象400多万户，其中已有120万户成为专业户或富裕户。

9年来，国家对军人死亡后的抚恤办法先后调整了5次，突出了烈士抚恤；对伤残军人抚恤金也进行了两次调整。目前，全国有84万伤残军人享受国家抚恤，每年国家支付此项抚恤费达2亿元。

国家还全面地有步骤地解决了红军老战士的待遇

问题。1979年,民政部会同财政部、商业部、卫生部、总政治部等单位,联合制定了退伍红军老战士政治和生活待遇的解决办法,使全国6000多名退伍红军老战士享受了公费医疗和定期定量补助。1984年,民政部与财政部、卫生部、总政治部联合解决了2000多名红军西路军老战士的称号和待遇问题。1986年,民政部与财政部又联合发出了《关于妥善解决红军失散人员生活困难问题的通知》,对全国15万因伤因病或战斗失利而失散在民间的红军战士,均已认定为“红军失散人员”,并发给定期定量补助,使这些老人的晚年生活有了保障。

几年来,优抚事业单位也在改革中得到发展。目前,全国有革命伤残军人休养院27个,复员军人慢性病疗养院28个,光荣院942个,床位24709张。全国还兴建烈士纪念建筑物4567所。

叶圣陶逝世

我国著名的教育家、作家、出版家和社会活动家叶圣陶同志,因病医治无效,于2月16日8时20分在北京逝世,享年94岁。

叶圣陶同志是江苏省苏州市人,曾从事教育工作和文学创作70多年。新中国成立后,叶圣陶同志曾担任出版总署副署长、教育部副部长、全国人大常委、全国政协常委、中国民主促进会主席等许多领导职务,为发展人民教育和出版事业,为巩固和发展爱国统一战线,为社会主义革命和建设事业,作出了卓越的贡献。

周传瑛逝世

我国著名昆曲表演艺术家、戏曲教育家周传瑛因患癌症,于2月16日在杭州逝世。

周传瑛1911年出生在江苏吴县一个贫民家庭。9岁入苏州昆曲传习所学艺,师承著名昆剧老前辈沈月泉。他参加整理、改编、演出的优秀昆剧《十五贯》,轰动全国剧坛。在68年的艺术生涯中,周传瑛精湛高超的表演技艺,饮誉海内外,他对昆剧艺术的新生有着不可磨灭的贡献。

2月17日

中共中央 国务院在人民大会堂举行春节团拜会

李先念、李鹏、邓颖超、胡启立、姚依林、乌兰夫等同志出席了团拜会。

国家主席李先念在喜气洋洋的气氛中宣布团拜会开始。“今天是中国龙年的新春佳节”,他说:“在这喜庆的日子里,我向大家拜个年,祝各位节日愉快,身体健康,合家欢乐。”

接着,中共中央政治局常委、国务院代总理李鹏发表了讲话。

万里、李铁映、李锡铭、吴学谦、宋平、胡耀邦、秦基伟、丁关根、薄一波、宋任穷、芮杏文、阎明复、王平、伍修权、李德生、杨得志、萧克、张劲夫、陈锡联、胡乔木、耿飚、姬鹏飞、黄华、黄镇、彭冲、阿沛·阿旺晋美、班禅额尔德尼·确吉坚赞、赛福鼎·艾则孜、严济慈、叶飞、廖汉生、楚图南、方毅、谷牧、陈慕华、王丙乾、宋健、郑天翔、杨易辰、杨静仁、康克清、胡子昂、钱昌照、杨成武、陈再道、周培源、包尔汉、王光英、屈武、马文瑞、钱学森、汪锋、洪学智、刘华清等,出席了团拜会。

在京的中共中央委员、候补委员,中顾委委员,中纪委委员,各民主党派负责人,六届全国人大代表和全国政协委员,中央党政军各单位和群众团体的负责人以及北京市有关方面负责人、各界知名人士、少数民族代表和帮助我国建设的外国专家等也出席了团拜会。

国务院代理总理李鹏在春节团拜会上的讲话

今天是我国人民的传统节日。我代表中共中央、国务院向出席今天春节团拜会的同志们和朋友们拜个年,向全国各族人民和人民解放军指战员,向各民主党派、无党派人士和一切爱国人士,向港澳、台湾同胞和海外侨胞,致以节日的祝贺!向帮助中国现代化建设的各国专家和在华友人,向一切维护世界和平的外国朋友们致以崇高的敬意!

借此机会,我想对1988年的工作提出一些意见,同大家一起商量,希望大家出主意,想办法,提建议,同心协力,争取在新的一年里把各项工作做得更好。

继续贯彻和落实党的十三大精神,坚持“一个中心,两个基本点”,加快改革开放,促进四个现代化建设,这是全国各项工作总的指导思想。进一步稳定经济,进一步深化改革,以改革总揽全局,是1988年经济工作的基本方针。这个方针是一个积极的方针,不是消极的方针。国民经济的稳定发展,是国家长治久安、社会不断进步的基础。稳定和改革都是为了发展生产力。不稳定经济,改革很难进行下去;不改革,经济也无法稳定和发展。必须用改革的办法稳定和发展经济。

去年我国经济工作取得了重大成就,工业有了显著的增长,农业取得好的收成,经济体制改革有较大的进展,社会总供给的增长相对加快,社会总需求的增长有所控制,财政收支,货币供求以及国际收支状况都有一定的改善,在微观搞活的同时宏观控制有新的进步,整个经济环境不是更加紧张而是向逐步好转的方向发展。总的形势是好的。但是在我们的经济工作中仍然存在着不少问题和不稳定的因素。当前突出的矛盾是物价上涨过多,尤其是食品价格上涨过多,使一部分城市居民的实际生活水平有所下降。为了进一步消除这些不稳定因素，巩固和发展当前的好形势，我认为各级人民政府今年要集中力量做好以下几件事：

第一，稳定经济，首先要保持物价的基本稳定。但解决物价问题决不能重走单纯依靠行政办法把价格管死的老路，必须适应商品经济发展的要求，遵循价值规律，采取综合配套措施。我们正在研究，在主要食品价格上涨时给以适当补偿的措施。这样做，既有利于进一步改革不合理的价格体系，促进社会生产力的发展，又能使群众生活不致因价格改革而受到大的影响。与此同时，我们还要进一步控制固定资产投资规模、社会消费基金、信贷规模和财政支出的膨胀，加强物价管理和健全群众性的社会监督，坚决制止一切违反国家规定的变相涨价和乱涨价行为，从多方面努力保持物价的基本稳定。

第二，必须下更大的力量抓好农业。农业特别是粮食生产的稳定增长，是整个国民经济稳定协调发展的基础。在对农业的指导上，要认真吸取前几年的经验，顺应农村商品经济发展的趋势，运用经济手段特别是价格杠杆，进一步理顺农业结构，推动农村经济协调发展。要继续深化农村改革，完善农村的各项政策以调动广大农民长期发展农业生产的积极性。国家要逐步增加对农业的投入，地方要把更多的财力用于发展农业，尤其要积极引导乡村合作组织、广大农户增加农业的投入。特别要增加对农业科技的投入，大力提高农业生产的科技水平，这是促进我国农业长期稳定发展的根本途径。

第三，大力推行企业承包经营责任制，使之配套、完善、深化和发展，并且同增产节约、增收节支运动紧密地结合起来，把企业中，特别是大中型国营企业中存在的巨大潜力挖掘出来。去年的实践证明，实行企业承包经营，能够进一步提高企业经营者与广大职工的积极性，提高企业的管理水平，促使大批优秀的经营管理人才涌现与成长，推进生产要素的优化组合，发挥出巨大的经济效益。为了进一步深化和完善企业承包经营责任制，一方面要积极进行企业内部领导体制和各项管理制度的改革；另一方面要从企业外部进行计划、投资、物资、金融、财政税收体制等方面的配套改革，为企业实行“独立经营、自负盈亏”创造良好的环境。

第四，坚决压缩社会集团购买力，狠狠刹住奢侈浪费之风。这几年社会集团购买力增长很快，大大超过生产增长的幅度，这不仅推动了物价上涨、造成供应紧张，而且也助长了社会上比阔气、讲排场、奢侈浪费的风气，广大人民群众对此深为不满。在新的一年里，我们要大力提倡和发扬勤俭节约，艰苦奋斗的优良作风，对一切社会集团购买力，既包括国家行政事业单位的，也包括企业单位的，都要采取严格的措施加以限制。国务院对此将作出具体规定，中央和国务院机关要带头作出表率，由各级政府、财政、银行、审计等部门监督执行。这样做，将有利于缓和市场供求矛盾，有利于物价的稳定，特别是有利于树立良好的党风、政风和社会风气。如果我们在这个问题上不下最大的决心，就将严重地脱离广大人民群众。

第五，落实紫阳同志提出的沿海经济发展战略。这个战略的顺利实施，不仅会推进沿海经济的发展，而且将带动我国中西部以至整个国民经济的发展。我们必须坚决地、适时地组织实施，不要贻误时机。国务院已确定的，按照“自负盈亏、放开经营、工贸结合、推行代理制”的原则进行的外贸体制改革，必须加快推进，并在实践中不断深化和完善。

总之，认真抓好以上5件事，抓出切切实实的成效来，必将能进一步解决前进中的矛盾和问题，使改革开放加快步伐，使经济继续稳定协调地向前发展。

在这里，我还想着重讲一下安全生产的问题。春节前发生的几起重大交通事故，给人民生命财产造成了很大损失。经过各方面的共同努力，目前事故的善后工作已基本得到妥善处理。我们一定要查明事故原因，分清责任，采取防范措施并作出必要的处理。企业生产不安全，不仅谈不上什么经济效益，而且还会给企业造成严重后果，影响社会安定。因此，各级政府，一切生产建设部门、交通运输部门和其他有关部门，都必须坚决执行安全第一、预防为主的方针，切实防止各种事故，特别是恶性事故的发生。

在新的一年里，我们将有计划有步骤地进行政府机构改革。这是我国政治体制改革的一项重要内容，我们一定要统一认识，顾全大局，同心协力，保证把这次改革搞好。我们还要进一步抓紧进行科技体制、教育体制和文化体制的改革，在促进科技进步、教育发展和文化繁荣方面作出新的努力。各级政府和部门要进一步开展社会协商对话，有事多与人民商量，取得群众的支持和理解。与此同时，在健全社会主义民主和法制方面，在加强社会主义精神文明建设方面，都要努力取得实质性的进展。

同志们、朋友们！党的十一届三中全会以来，我们坚定不移地奉行独立自主的和平外交政策，为我国社会主义现代化建设创造了有利的国际环境，也为维护世界和平作出了积极贡献。当前国际形势出现一定程度的缓和，这是值得欢迎的。但是，造成国际局势紧张、动荡的因素依然存在。从维护世界和平、谋求共同发展的根本目标出发，我们将一如既往，同一切爱好和平的国家和人民一道，坚持反对军备竞赛，争取实现大幅度裁军，谋求公正合理地解决地区冲突，推动国际局势进一步朝着有利于和平的方向发展。我们将继续在和平共处五项原则的基础上，加强与增进同世界各国的友好关系，发展经济贸易关系和科技交流，为促进世界各国的共同繁荣而努力。

同志们，朋友们！国家的统一，民族的振兴，是全中国人民的共同心愿。按照"一国两制"原则，中英、中葡已就香港和澳门问题达成协议。我们希望港澳同胞继续为港澳的繁荣稳定和政权的顺利交接贡献力量。我们高兴地看到，台湾当局从去年开始放宽了台湾民众到大陆探亲的限制，这是符合海峡两岸同胞的根本利益的。我们希望国民党新的领导人顺应大势，迈出新的步子，为早日实现祖国和平统一作出新贡献。我们将继续同港澳同胞、台湾同胞和海外侨胞一道，为最终完成统一祖国的大业而共同努力。

今天，我们欢聚一堂，互相拜年，共商国家大事，是很有意义的。我祝愿社会各界人士在新的一年里取得优异成绩，并祝大家春节愉快，身体健康，家庭幸福，工作顺利！

全国政协主席邓颖超向全国各族人民祝贺新春

邓颖超通过中央电视台发表了热情的新年祝词，向全国各族人民祝贺新春。

邓颖超说，今天是新春佳节，我以一个中国老年人的身份，向全国各族人民拜个年，向台湾同胞、港澳同胞、海外侨胞拜个年！她说，龙年是象征吉祥的。我祝你们阖家快乐、身体健康、生活幸福，祝你们在学习和工作上取得新进步、新的更大成绩。

拥军爱民 拥政爱民春节联欢晚会在人民大会堂举行

党和国家领导人同在京的党、政、军、群各部门的负责同志以及解放军、武警部队指战员、老红军、老干部、烈军属等各方面的代表两万多人，参加晚会。

黄文欢同志也参加了晚会。

电影《末代皇帝》获9项奥斯卡大奖提名

由意大利著名导演贝尔纳尔多·贝尔托鲁齐执导、由中国、意大利、美国合拍的描写中国最后一个皇帝溥仪的影片《末代皇帝》今晚在洛杉矶获得9项奥斯卡大奖的提名：最佳故事片、最佳导演、最佳摄影、最佳服装、最佳剧本、最佳配音、最佳音乐、最佳美工和最佳剪辑。

费孝通获大英百科全书奖

中国著名人类学家和社会学家费孝通教授荣获1988年大英百科全书奖，成为第一位获得这一荣誉的中国学者。

大英百科全书公司董事彼得·诺顿先生在颁奖仪式上说，费孝通教授在"恢复中国、美国及全世界的人类学与社会学原理之间的交流"方面作出了贡献。他的出色工作"为沟通世界科学界架设了一座桥梁"。

2月18日

中央统战部在人民大会堂举行宴会欢庆藏历新年

今天是藏历土龙年正月初一，同时班禅副委员长视察西藏胜利归来；明天是班禅的五十大寿，中共中央统战部特地举行宴会祝贺。

会上，藏族各界代表一致表示，要为建设团结、富裕、文明的新西藏，为建设富强、康乐的伟大祖国贡献力量。

胡启立、万里、阎明复、彭冲、阿沛·阿旺晋美、班禅额尔德尼·确吉坚赞、杨静仁、赵朴初等出席了宴会。

中共中央书记处书记、中央统战部部长阎明复在宴会上致祝词。他代表统战部向全国各族人民和全体藏族人民致以节日祝贺和亲切问候。他说，阿沛副委员长和班禅副委员长，是当今藏族人民的杰出代表，也是深受我国各族人民钦佩和爱戴的国家领导人。他们一贯坚持爱国立场，为西藏的和平解放和各项建设事业的发展，为维护祖国的统一，增强民族的团结，为我们伟大祖国的繁荣发展，为藏族和各民族的兴旺发达、人民的富裕幸福，作出了很大贡献。

阎明复说，前不久，班禅副委员长受党中央委托，去西藏视察工作。在一个多月的时间里，他视察了拉萨、日喀则等地，广泛接触了广大干部、僧俗群众和各界人士，深入宣传党的各项政策，准确地贯彻中央指示精神，果断地处理了一系列重大问题，得到广大僧俗群众的热烈拥护。在此，我再次向班禅副委员长表示衷心的祝贺。

阎明复说，当前，我国各族人民和西藏人民正在贯彻十三大关于在社会主义初级阶段建设有中国特色的社会主义的基本路线，为把我国建设成为富强、民主、文明的社会主义现代化国家而奋斗。中央对西藏工作历来十分重视。在当前形势下，中央将进一步加强对西藏工作的指导，为进一步贯彻执行好民族区域自治法，为促进西藏经济、文化、教育、科研等各项事业的发展，为不断改善人民生活，给西藏以多方面的支援和帮助。我们坚信，在西藏自治区党委和人民政府的领导下，在阿沛、班禅两位副委员长的指导下，西藏的广大干部和人民一定能更加紧密地团结起来，为维护祖国统一，增强民族团结，为建设团结、富裕、文明的新西藏，作出新的更大贡献。

班禅副委员长在宴会上讲了话。他说，我代表阿沛副委员长衷心感谢党和国家给予的信任和荣誉。他说，明天我50岁了。我从1949年起跟着共产党走，快39年了。我的结论是，跟着中国共产党走才有希望，才有民族的美好未来。这次我到西藏受中央的委托做了一点工作，事情是西藏自治区人民政府、西藏人民做的，成绩应归功党中央。

他说，多少年过去了，我坚信党。无数的事实证明，中国共产党是英明的，伟大的，全心全意为人民谋幸福的。

参加今晚宴会的还有有关方面代表、知名人士、负责干部平杰三、李贵、江平、武连元、平措旺杰、阿沛·才旦卓噶、扎喜旺徐、多杰才旦、尧西·古公才旦、尧西·索朗卓玛、赵延年、江家福、卓加、郑英、图道多吉等。

宴会后，胡启立、万里、阿沛、班禅等会见了西藏哲蚌寺、噶丹寺、色拉寺、大昭寺和扎什伦布寺派来的为班禅祝寿的代表。

黄淮平原农村经济结构发生新变化

据《人民日报》报道，随着农村改革的深入发展，黄淮平原约有3000个集镇正伴随着商品生产的发展而迅速崛起，农村商品率达到60%以上。

近几年，黄淮平原约有2000万农民从土地上脱离出来，从事非农产业。黄淮平原的农民不仅搞农业、林业、牧业、副业和渔业，还迈步跨入了养殖业、加工业、工业、商业、旅游业、运输业和服务行业等。黄淮平原农村涌现出50多万个专业户和上千个服装、药材、编织、粮油和牙刷等各类专业市场。乡镇企业也在这一地区蓬勃兴起。目前，黄淮平原已有1/5的劳动力进入乡镇企业，乡镇企业发展到200多万个。据统计，去年，黄淮平原乡镇企业的产值达到400多亿元。一些乡镇企业还把目光瞄准国际市场。鲁西北地区已有500多个乡镇企业的产品出口创汇，创汇额接近1亿美元。

上海市人民政府多方采取措施控制甲型肝炎疫情

本次疫情由上海部分市民食用不洁毛蚶引起，国务院对上海发生在疫情极为关怀。2月15日，国务院秘书长陈俊生、副秘书长张文寿根据李鹏代总理的指示，召集有关部门负责人举行会议，研究了上海市的疫情。会议对上海市进一步做好甲型肝炎的防治工作提出了具体意见，并对防治所需药品的生产作出了安排。会议强调，要动员全社会的力量，采取一切可以采取的措施，尽快控制疫情。

上海市从今年1月19日起甲型肝炎患者急剧增加。经流行病学调查、临床和实验研究，确认这次甲型病毒性肝炎的流行是由于食用不洁毛蚶引起的。最初十天传播较快；临床主要是轻型病人。

疫情发生后，上海市人民政府采取了一系列紧急措施部署防疫工作。各医院都积极收治甲型肝炎者，并开辟了一些临时医疗点，迅速增加了病床，使许多患者及时得到隔离。对部分易感人群进行了重点免疫保护。卫生部门还普遍加强了对饮食食品生产经营单位和从业人员的卫生监督管理，同时广泛开展卫生防病知识的宣传教育，动员群众搞好饮食卫生、环境卫生和个人卫生。最近几天上海甲型肝炎的发病人数比日发病数的最高点已有所下降。

2月19日

中国对外贸易运输业迅速发展

据中国外贸运输总公司总经理介绍，1987年外贸进出口货运量达1.6亿多吨，其中出口运量8000多万吨，比上年显著增长。去年空运进出口总量达到3.8万多吨，比上年增长14.8%，新开辟的航空快件进出口服务达40万件。

去年这家公司开展“门到门”的国际多式联运和国际铁路集装箱联运取得了好成绩，总运量分别达2万多箱和9300多箱。原来货主要多次托运，多次交费，现在一条龙运输，一票到底，深受货主欢迎。

目前，中国外贸运输总公司在深入改革中正努力开拓海外和国内合作业务，把优质服务提高到新水平，向综合性、多功能、国际化企业集团的目标迈进。

中国民族服饰展览在澳门开幕

这个展览是澳门春节活动的一部分。中央民族学院提供了我国56个民族的122套男女现代服装和200余件生活用具、工艺品和装饰品。这个展览将持续约3个月。

国家自然科学基金委员会副主任师昌绪纵谈中国基础科学发展战略

他向出席中国科协全委会议的科学家们指出，我国基础研究和应用研究的重点应当面向经济建设，同时对发展科学前沿也必须予以足够的重视，力争我国尽快跻身于科技发达的强国之林。

师昌绪认为，在本世纪内，我国科技工作的目标是为实现国民经济翻两番服务，着重推进传统产业的技术改造，促进农业和国防工业的发展，同时在学科前沿和高技术产业上重点突破有限的领先目标。在下世纪上半叶,着重使我国更多的学科处于国际领先地位。

在实现这个目标的进程中,基础研究和应用研究必须面向经济建设和四个现代化超前发展。必须从我国的国情和国力出发,坚持扬长避短,发扬中国特色。既要发奋图强,敢于突破,又要突出重点,量力而行,还要始终坚持科学研究的效益原则和竞争机制。在处理立足国情和放眼世界的关系上,应当坚持"人优则学,我优则创,相当则争,无力则缓"的原则。

根据这样的战略目标和指导思想,师昌绪认为今后两三十年我国基础科学的重点研究方向应是:

生命科学与生物技术;信息科学与通讯科学,特别是计算科学;材料科学与工程科学;发展具有我国特点的地球科学;重视基础科学的前沿和新的生长点,特别是能充分发挥我国智力优势的领域,如数学,理论物理、物理化学以及某些交叉学科,创建和发展有中国特色的软科学。

2月20日

中国司法行政工作改革迈出新步伐

据《人民日报》报道,司法部把改革法学教育作为提高司法干部素质的重要一环。今年,在总结西南政法学院进行校长负责制经验的基础上,其他几所部属院校逐步推开。

同时,各个院校积极进行招生制度、教学内容、教学方法等方面改革的探索,逐步增加招收有实践经验的人进入政法院校学习的比例,从实际工作部门聘请兼职教师,调整课程设置,加强教学中的实践环节,增加经济学和自然科学方面的教学内容,加大民法、经济法和国际经济法的教学比重。

加快和深化劳改、劳教工作的改革,是司法行政工作改革的重要内容,其中心内容是提高改造质量。几年来,各个劳改、劳教单位,贯彻党的"改革第一,生产第二"和"教育、感化、挽救"的方针,努力把监狱和劳教场所办成特殊学校,发动和联合社会各个方面共同做好对犯人和劳教人员的改造教育工作。同时大力推行和不断完善管教、生产双承包责任制,对表现好的犯人、劳教人员依法减刑、减期,调动了他们加速改造的积极性,使狱内、所内改好率有较大提高,放回社会后的重新犯罪率有较大下降,狱内、所内逃跑率和发案率都降到了历史最低水平。司法部要求各个劳改、劳教单位都要按照党政分开的原则。在试点的基础上,逐步实行监狱长、所长负责制。

对于现行的律师体制,司法部认为,它已经不适应改革开放的需要,不利于发展律师队伍,不利于调动律师人员的积极性。改革的方向是,改变国家包办律师事务的现状。从今年开始,试办由律师合作,不占国家编制、实行自收自支的律师事务所。组建这种事务所的人员经过司法行政机关考试取得律师资格,并经司法行政机关批准、注册、登记后即可开业,依法履行律师职责,受司法行政机关的监督。同时,在一定的范围继续保留"国家法律工作者"的律师体制,由司法部和各省、自治区、直辖市司法厅(局)直接管理一批高级律师,给各级政府担任法律顾问,承办政府交办的法律事务。律师体制改革是项重大改革,拟先行试点,待取得经验后报党中央、国务院、人大常委会批准,然后逐步推开。

目前,各级司法行政部门及其律师为4万多家政府和厂矿企业担任了法律顾问,为他们的决策提供法律服务,仅为厂矿企业挽回经济损失即近百亿元。乡镇法律服务站目前已有2万多个,积极为乡镇企业提供法律服务。

司法部正在总结推广河北、吉林、辽宁、山西、湖南、山东等省司法厅和武汉、石家庄、延吉等市司法局为政府担任法律顾问的经验。同时总结推广律师为厂矿企业担任法律顾问的经验,以进一步按照"巩固、提高、完善、发展"的方针,加强乡镇法律服务站的建设,健全机构,完善规章制度,充实工作队伍,增强人员素质,提高服务水平,以便为改革开放、为经济建设提供及时、有效、优质的法律服务。

中国铁路建设三大战役获决定性胜利

据《人民日报》报道,铁路运输紧张,是制约和影响国民经济发展的薄弱环节。为此,国家批准展开"北战大秦"、"南攻衡广"、"中取华东"的三大战役。

西起大同东至秦皇岛的大秦铁路,全长653公里,是我国第一条电气化复线、大吨位重载运煤专线铁路。分两期进行的"北战大秦"战役,第一期工程全长410公里,1984年破土开工,1987年年底已完成隧道总长度的94.5%,大中桥总长度的93.2%,铺轨总长度的90.7%,预计今年年底可以建成拉煤。

"南攻衡广"战役胜利在望。全长2300公里的京广线是纵贯我国南北的运输大动脉,其中北京至衡阳早已建成复线,而衡阳至广州间的520公里仍是单线,成为南北运输的"梗阻"地段。衡广复线于1985年开工建设后,去年年底已铺轨378.8公里,位居世界双线隧道第10位、我国长隧道之冠的大瑶山隧道也已单线铺通,预计今年下半年衡广复线建成开通后,全线运输能力将可提高一倍。

正在华东地区展开的铁路建设,首战告捷。这个地区的经济在全国举足轻重,而铁路拥有长度却只占全国铁路总长的1/10,全国铁路线上4个运输最紧张的卡脖子地段有3个在这里。为了解决燃眉之急,国务院批准"七五"期间投资70亿元,在华东建设17个大中型项目,修建新线473公里,复线740公里,电气化铁路513公里,主要包括:强化改造南北第一通道,使京沪线成为我国第一条中等水平的现代化铁路;开辟南北第二通道,即新建商(丘)阜(阳)线和宣(城)长(兴)线,改造长(兴)杭(州)线等;扩建东西第一通道,沪杭线全部建成复线,浙赣线修建部分复线;兴建东西第二通道,鹰(潭)厦(门)铁路实现电气化。现在,钱塘江第二大桥等重点工程已先后开工,符离集立交、南京—南京东三线等工程今年4月1日即可建成。1987年完成的投资相当于"六五"总投资的70%,其他一些工程也取得了良好的进展。

钛材料制作的盔甲式常压潜水器由广州救捞局海上援救装备研究所首次研制成功

据新华社报道,该项潜水器俗称"铁甲人",能够在保持一个大气压力的常压下,单人潜到300米深海作业较长时间,它对近海资源开发、海洋工程、海军军事等将起重要作用。该项国家重点科技攻关项目,是由广州、上海等地10多个单位的科研和制造部门,经过4年的艰苦努力,经过40多次试验而研制成功的。

在近日举行的鉴定会上,来自国家经委、交通部以及上海、烟台等市和海军某部等的专家教授认为,该项潜水器设备各个系统的研制,已达到国际上同类产品的水平。

一种可移动地面卫星接收站在塔里木盆地沙漠中试用成功

据《人民日报》报道,由新疆军区通信兵承建的这种机动卫星地面接收站可不受地理环境和气候条件影响,直接接收卫星传输的电视节目,接收的图像清晰、稳定,从而,为地质勘探、石油开采等野外作业人员看电视解决了一个技术上的难关。

这种机动卫星地面接收站是新疆军区通信兵某部,根据石油、地质部门的要求,以生活保障车为牵动工具,将汽车大梁作为底座而设计安装的。采用这种卫星站可随时接收卫星广播、电视讯号,无论在深山老林或一望无边的戈壁沙漠,只要将天线对准卫星便可收看电视节目。

《中国审计家》丛书出版

这套丛书首批出版的有《中国审计概要》《内部审计概论》《财政税务审计》《工业企业经营审计》《商业审计》《基本建设审计》《对外贸易审计》《中外合资经营企业审计》《经济责任审计》和《建筑企业审计》等。

乔良在第二届法国国际体操邀请赛跳马决赛中获跳马冠军

中国男子体操选手乔良以19.075分的成绩,与苏联名将弗·阿尔捷莫夫并列冠军。

郑作新获美国1987年自然资源保护成就奖

美国国家野生动物学会最近宣布,中国教授郑作新荣获美国1987年自然资源保护成就奖。中国鸟类学会理事长郑作新,在过去50年鸟类研究工作中作出了杰出的成绩,他发现了15种新的中国鸟类亚种,撰写了许多有关鸟类等动物学的书籍和文章。

2月21日

中国科学院决定投入精兵强将与地方联合承包综合治理低产田

中国科学院院长周光召、副院长李振声透露:经过3个月的调查研究,与省地领导同志多次共商后,中国科学院已作出重要决策,从今年起用5年至8年左右的时间,投入精兵强将,深入黄淮平原中低产地区,与地方联合承包,在地方政府统一领导下,和各兄弟单位密切协作,对冀、鲁、豫、皖4省的数千万亩中低产田进行综合治理,以期彻底改变这些地区的后进面貌,实现农、林、牧、副、渔各业大发展。

黄淮海地区涉及4省的5个专区(德州、聊城、惠民、菏泽、沧州)、3个市(新乡、濮阳、东营)和四个县(淮北地区的涡阳、怀远、亳州、蒙城),总耕地面积近8000万亩,约2/3为中低产田,其中包括盐碱地1000万亩,涝洼地590万亩,砂姜黑土地560万亩。

据悉,中国科学院拟在黄淮海工作区全面推广已有科技成果,采用水利、生物的配套技术整治风沙地;采用鱼塘台田工程和放淤种稻整治涝洼地;采用综合措施改善土壤物理化学性质整治砂姜黑土地,促进作物产量提高、农业生产全面发展和农村产业结构的改善。同时,科学院的一些科技成果如优良品种的推广、种苗快速繁殖、昆虫信息素治虫、长效肥料和可控光解地膜的生产和使用、水果保鲜、牛的胚胎移植等都将在治理区农业生产中发挥作用。

据测算,经过5年至8年的综合治理,上述黄淮海5地、3市、4县范围内的粮食年总产可增加50亿公斤,较目前水平提高32%,社会效益与生态效益亦将显著提高。

目前,中国科学院仅在黄淮海地区已组织25个研究所的400多名科技人员(其中包括百余名高级研究人员)参加综合开发治理工作。所需资金将采取农民自筹、省地县投资及国家贷款和拨款相结合的投资方式。

中央有关领导与冀、鲁、豫、皖4省领导对这一工作予以充分肯定并积极支持。

全国政协副主席杨静仁会见阿拉伯也门共和国穆夫梯艾哈迈德·扎巴拉长老

外交部部长吴学谦在钓鱼台国宾馆设宴欢迎伊拉克副总理兼外交部部长塔里克·阿齐兹一行

中央军委常务副主席杨尚昆在珠海会见驻地部队领导干部

杨尚昆会见了珠海警备区、海军基地、边防检查站、武警和边防部队等单位的领导干部。他说,你们驻守边海防,肩负着繁重的任务。他强调要教育干部战士适应对外开放的新形势,首先干部要过得硬,带出一个过得硬的队伍。

杨尚昆说,你们的军容、仪表、谈吐很重要。要教育干部战士树立光荣感。

杨尚昆谈到他1979年以来几次到珠海的观感。他说,没有改革开放,就没有珠海今天的变化。开放政策是邓小平同志提出来的,党的十一届三中全会确定的。开放九年来取得了很大成绩,总的形势非常好,特区更好。你们守卫边防,守卫特区,军民关系搞得好。希望你们今后为开放改革作出更多贡献。

中国第一台MGZ—1型高效振动磨机在西安研制成功

新华社报道,磨矿及粉磨历来是工程界一块难啃的"硬骨头"。100多年来,素有"傻、大、笨"之称的常规球磨机一直占领这个工程领域,使得粉磨工业的能耗占全世界整个工业能耗的3%—4%,每年磨损钢耗达500多万吨。为了扭转这种局面,西安冶金建筑学院青年教师王树林从联邦德国留学回国后,立即把全部精力投入高效振动磨机研究中。两年多时间里,他查阅了六七百万字的文献资料,进行了100多次试验,终于取得了成功,研制出我国第一台MGZ—1型高效振动磨机。

专家们认为,该机为国内首创,技术先进,参数合理,达到国际先进水平。

美术编辑刘效义进入《国际名人录》

在手编艺术上造诣颇深的中年美术编辑刘效义,最近被收入英国欧洲出版公司出版的1987—1988年度的《国际名人录》。

刘效义1970年毕业于中央工艺美术学院装潢系,现在中国青年杂志社农村青年编辑部工作。他的专著《中国手编工艺》即将由外文出版社出版。

《李公朴文集》出版

李公朴是我国现代史上著名的爱国"七君子"之一,前民盟中央执行委员、政治活动家、社会教育家,又是新闻出版界的前辈。

《李公朴文集》涉及政治、军事、文化、教育和经济等领域。文集展现了一个革命知识分子的思想发展过程,反映了他的主要革命实践活动,具有重要的史料价值。《李公朴文集》最近由云南人民出版社出版。全书共70多万字,编者方仲伯曾任李公朴的秘书。

邓颖超同志题写了书名。

2月22日

国务院代总理李鹏在中南海会见伊拉克副总理兼外长塔里克·阿齐兹一行

李鹏说,中国正以认真严肃的态度参加联合国安理会关于执行第598号决议的后续行动的磋商。一切有利于执行第598号决议、早日结束战争、恢复海湾地区和平与稳定的设想和倡议,都将得到中国的积极支持。

李鹏说:"我们一贯主张第三世界国家之间的分歧应该通过互谅互让、友好协商求得解决,而不应在战争中相互消耗。"

他说,中国政府对持续7年多的两伊战争、海湾局势和国际航道安全十分关切,希望两伊尽快实施安理会第598号决议,罢战言和。

李鹏对伊拉克接受第598号决议、和平解决两伊争端的立场表示赞赏。

阿齐兹表示,伊拉克高度评价伊中两国在各个领域里的悠久的良好关系,高度赞赏中国为结束两伊战争,特别是在参与制定和通过联合国安理会第598号决议方面所做的努力。

国务院代总理李鹏在中南海会见巴基斯坦外交国务部长扎因·努拉尼

李鹏说,我国政府非常重视阿富汗问题。我们一向主张,苏联必须全部从阿富汗撤军,阿富汗的内部事务应当由阿富汗人民自己解决。阿富汗问题是中苏关系中的三大障碍之一,如果苏联不彻底撤军,这个障碍就仍然存在。

李鹏在谈到苏联不久前宣布要从阿富汗撤军一事时说，我们要看苏联的实际行动，看它是真撤军还是假撤军。

关于中巴两国关系，李鹏说，我们两国在政治、经济、文化及其他领域都有着友好的关系。巩固并发展这种关系对于维护南亚地区以及整个亚洲的和平与稳定具有重要意义。

国务院批准唐山2000年的城市总体规划

国务院对这个总体规划的批复指出，1976年唐山地震后，在全国各地的支援下，唐山人民按照中央批准的震后复建规划重建家园，现已形成比较合理的组团式城市格局。唐山市能源、原材料工业发达，今后应利用重工业基地的优势，积极发展科技、文教事业及其他产业，调整产业结构，提高环境质量，充分发挥中心城市的多种功能作用，将唐山市建设成科技发达、经济繁荣、生活方便、环境优美的社会主义现代化城市。批复要求唐山市认真实施有关抗震防灾的各项规划措施。

轻工业部部长曾宪林在中国科协组织的座谈会上谈中国轻工业的发展战略

曾宪林向科学家们介绍了以科技为先导振兴我国轻工业的设想。提出必须用现代科学技术改造传统行业传统产品，发展新门类，开发新产品，才能够实现我国轻工业发展的战略目标。

他说，到本世纪末，我国轻工业产品的品种将由目前的10万种增加到30万种，质量和档次方面将有较大突破，在不断满足国内需求的同时大量进入国际市场。国家确定这一战略目标是以科学技术为后盾的。前几年，轻工业系统主要依靠科技力量，每年开发新产品新品种5000多种，去年达到8000多种，发展的速度明显加快了。但是，他认为目前轻工业科技力量与轻工业承担的历史任务很不适应。我国现在拥有400个科研机构、3万名科技人员的轻工业科技队伍是太薄弱了。今后轻工业科技进步的任务是很繁重的。

他展望2000年我国轻工业生产技术的平均水平将达到发达国家80年代初的水平，新兴行业和出口拳头产品的生产技术将达到或接近当时国际水平，并根据我国特点开发独创的技术。

在新增产值中，依靠技术进步的比重将由1980年的20%提高到60%以上。

实现这一目标的步骤主要有6个：

实现跳跃战略。直接采用最新科技成果改造和发展传统轻工业，加速微电子技术、生物技术和新型材料进入轻工业。

突破共性关键技术。重点是模具、表面处理、包装、节能、检测等技术。

采取“拿来主义”。鼓励从社会上广泛吸收先进科技成果和人才，借用移植军工重工的成熟技术，继续引进国外先进技术和装备。

新产品和零部件的研制开发做到系列化、标准化、通用化和适应化、多样化。

一手抓“今天”技术的应用，一手抓“明天”技术的研究开发，使轻工业的科技发展超前于生产。

解决出口拳头产品质量、品种和加工的关键技术配套技术，首先以食品、鞋类、革裘制品、陶瓷、轻工机电产品等行业为重点，组织力量具体落实。

外交部发言人就越南外交部无理指责中国派舰船到南沙群岛及其附近海域进行正常考察一事发表声明

全文如下：

2月20日，越南外交部发言人发表声明，公然对中国派舰船到南沙群岛及其附近海域进行正常的考察作业和巡逻进行指责，要求中国舰船撤离并扬言要中国对“所引起的一切后果承担全部责任”。

南沙群岛和西沙群岛、东沙群岛、中沙群岛一样，历来是中国领土，中国对这些岛屿及其附近海域拥有无可争辩的主权。中国政府的这一严正立场是举世周知的。中国方面派舰船到南沙群岛的一些岛屿及其附近海域进行考察作业和正常巡逻纯属主权范围内的事情，越南当局无权干涉，需要指出的是，正是越南当局非法侵占了中国南沙群岛的一些岛礁。越南方面必须从这些岛礁上撤出去。如果越南方面无视中国政府的一贯立场，阻挠我在上述地区的合法行动，它必须对由此而引起的一切后果承担全部责任。

外交部部长吴学谦和巴基斯坦外交国务部长扎因·努拉尼在钓鱼台国宾馆举行会谈

新型轧钢设备——900毫米异步单机连轧机在营口通过鉴定

用1架轧机可代替通常3架连轧机的新型轧钢设备——900毫米异步单机连轧机，日前在营口市轧钢厂通过鉴定。这种轧钢机，目前在世界上尚属首创。900毫米异步单机连轧机有6个轧辊，钢材能够在一台轧机上进行多次连轧。

全国儿童少年工作协调委员会在北京举办迎春联欢会

中顾委副主任宋任穷到会，他向全国的儿童少年工作者致以节日祝贺。

全国儿童少年工作协调委员会成立于1981年，由全国妇联、国家教委、团中央、文化部、卫生部、轻工部等23个单位组成。这个机构每年不定期召开会议,相互探讨儿童少年工作中的问题,制定相应措施解决困难,对全面推动这项工作发挥了积极作用。

据悉,目前全国已有各级少年宫(家、站)和活动中心8000多座、少年儿童图书馆和专用阅览室1899个、专业儿童剧团20个、少儿出版社25个、儿童报刊186种,各地成立关心下一代协会21个,有不同类型的"家长学校"11万所。儿童生活用品的专业厂家达130多个,这都与全国儿童少年工作协调委员会的努力分不开。严济慈在会上讲了话。康克清、杨静仁出席了联欢会。

《资本论》第一卷德文第一版首次翻译出版

中共中央马克思恩格斯列宁斯大林著作编译局根据德文第一版翻译的《资本论》第一卷,最近由经济科学出版社出版。这一版本的《资本论》由马克思亲自付印。马克思逝世后,恩格斯按照他遗留下来的资料,整理出版了第三版、第四版。第四版成为世界各国通行的版本。

我国这次翻译的第一版,与以后版本差别较大。它的出版,为读者提供了马克思最初写成的《资本论》第一卷的原貌。对照其他版本,可以清楚地看出马克思经济理论不断发展完善的过程,有助于更好地理解马克思经济理论的发展。

中国戏曲脸谱艺术展览在中国美术馆开幕

展览陈列了戏曲未形成以前的面具,戏曲形成过程中的代面、涂面,戏曲形成后的各式脸谱和现代流行的脸谱,以及由脸谱艺术发展而来的绘画、工艺美术等各类实物200余件,汇成琳琅满目、五色缤纷的艺术长廊。

宋任穷、李静仁、钱昌照等出席开幕式并参观了展览。

2月23日

国务院全体会议在北京召开

国务院代总理李鹏主持会议,由国务委员兼外交部部长吴学谦向会议作了关于当前国际形势的报告。会议还讨论了严格控制社会集团购买力问题,布置了各部委讨论国务院将向七届全国人大一次会议作的《政府工作报告(讨论稿)》。

会议讨论并通过了《国务院关于严格控制社会集团购买力压缩开支的紧急通知》(以下简称《通知》)。《通知》要求各级党政机关、人民团体、部队、全民和集体企事业单位以及基本建设单位1988年的社会集团购买力指标,一律在1987年实际支出的基础上压缩20%。这个任务必须层层落实,保证完成。《通知》指出,近几年来,国务院对控制社会集团购买力、压缩开支问题曾多次发出通知,但是,一些地方、部门和单位有令不行,不禁不止,集团购买力仍然增长过快。1987年实现的社会集团购买力,大大超过同期生产增长的幅度。这不仅扩大了供求矛盾,加重市场压力,增加财政开支,而且也助长了奢侈浪费之风。必须采取有效措施,坚决把社会集团购买力压下来。

国务院副总理姚依林、乔石,国务委员方毅、姬鹏飞、张劲夫、王丙乾、宋平、宋健,以及国务院各部委的负责人出席了会议。

中顾委副主任薄一波以及中央有关部门的负责人列席了会议。

国务院发出《国务院关于严格控制社会集团购买力压缩开支的紧急通知》

各省、自治区、直辖市人民政府,国务院各部委、各直属机构:

近几年来,国务院对控制社会集团购买力压缩开支问题曾多次发出通知,除少数单位取得了一些成效外,总的来看收效不大。一些地方、部门和单位有令不行,有禁不止,集团购买力仍然增长过快。1987年实现的社会集团购买力,大大超过同期生产增长的幅度。这不仅扩大了供求矛盾,加重市场压力,增加财政开支,而且也助长了奢侈浪费之风。必须采取有效措施,坚决把社会集团购买力压下来。为此,特作如下通知:

一、各级党政机关、人民团体、部队、全民和集体企事业单位以及基本建设单位1988年的社会集团购买力指标,一律在1987年实际支出的基础上压缩20%。这个任务必须层层落实,保证完成。

二、对党政机关、人民团体、部队、全民和集体企事业单位以及基本建设单位要根据上述要求,重新逐户核定社会集团购买力控制指标。各单位必须按照核定的指标执行,不得超过。如有超过,除按全国控办等部门(87)控购字10号文有关规定处理外,行政事业单位从经费包干结余或预算外资金中解决,一律不准在当年经费内报销,并按超过数额扣减下年度控购指标;企业用自有资金解决,不得挤入成本、费用,如有挤入的,在征收所得税时予以扣除。

对乡镇企业和城市街道企业的集团购买力也要管起来,控购指标如何下达,由各地区根据实际情况确定。

三、党政机关、人民团体、部队、全民和集体企事业单位以及基本建设单位，在 1988 年内，停止购买小汽车、大轿车、摩托车、沙发、地毯、沙发床、空气调节器、录音机和多用机、录像机、照相机和放大机、大型或高级乐器、家具、呢绒毛料及其制品、纯毛毯、彩色电视机、电冰箱、洗衣机、各种电取暖及电煮水设备和复印机 19 种国家规定的专控商品。对直接用于生产经营、科研、教学、医疗和因特殊原因必须购买上述商品的，必须经各级控制社会集团购买力管理机关逐项审查，从严审批。

四、国家确定的专项控制商品要实行定点供应，各级人民政府要责成有关部门尽快指定若干商店或专柜经营。各部门、各单位经过社会集团购买力管理机关审查批准购买的专项控制商品，必须在定点商店购买。非指定单位不得向社会集团供应专控商品，违者没收其违章销售的利润。

五、严格整顿小汽车和大轿车的价格和配车标准。对市场销售的汽车，由国家物价局会同国家物资局分车型制定最高限价。对倒卖汽车的不法分子，要依法处理。各级政府主管车辆编制的部门要组织有关单位重新制定配车标准，整顿车辆编制。各单位都不得借机更换高档车辆。中央各部门必须严格执行国办发〔1986〕32 号文件的规定，不得随意向下属单位分配车辆。严禁用公款买车上个人用车牌照，违者除没收车辆外，要追究单位领导人的责任。

六、对各类房屋，包括办公室、会议室、接待室、住房和其他场所，1988 年内一律不准改建、扩建、购置安装空调和其他装饰。

七、加强劳动保护用品的管理。劳动保护用品，应严格执行劳动部门规定的发放范围和标准，并在指定的劳保用品商店购买。严禁购买毛料服装、羽绒服、风雨衣等不符合劳动保护用的物品发给职工，严禁以发放劳动保护用品的名义发放各种“福利”物资。劳动部门要根据劳动保护需要，本着节约的精神，重新审查修订劳动保护用品的发放范围和标准。

国家规定统一着装的单位，一定要严格按标准执行，不许扩大范围，提高标准，违者要严肃处理。

八、严禁用公款购买实物和购货券发给职工，商业部门也不得向单位发行购货券。企业不准用产品调换生活用品发给职工。各部门、各单位今后不得以做广告名义向有关单位和个人赠送物品。

九、要坚决压缩各种会议，缩短会期，减少人员。各种非业务性的研讨会暂停一年。严禁以开会出差为名，搞公费旅游。组织老干部参观旅行等活动今年一律暂停，以后怎么办，另行研究。

十、要搞好清仓查库，修旧利废，充分利用库存积压物资。桌椅板凳等家具以及办公器材不再添置，千方百计节约经费开支。

十一、国务院各部门和各省、自治区、直辖市人民政府要加强对控制社会集团购买力工作的领导。各级政府要切实加强控购管理工作的力量，确保控购任务的完成。要组织银行、商业、物资、车辆管理等部门和各级控购管理机关相互配合，各司其职，共同做好这项工作。各级审计、监察、财政部门要加强监督检查，对违反规定的，要按《国务院关于违反财政法规处罚的暂行规定》和其他有关规定严肃处理。

十二、过去国务院或其他有关部门的规定，凡与本通知有抵触的，一律按本通知执行。

财政部发出通知对《中华人民共和国个人所得税法施行细则》作出修改

通知说，为了便于个人所得税的征收管理，经研究决定，对《中华人民共和国个人所得税法施行细则》作如下修改：

一、《施行细则》第二条第一款“税法第一条所说的在中华人民共和国境内居住满 1 年的个人，是指 1 个纳税年度内在中国境内居住满 365 日的个人。在纳税年度内临时离境的，不扣减日数”，修改为“税法第一条所说的在中华人民共和国境内居住满 1 年的个人，是指 1 个纳税年度内在中国境内居住满 365 日的个人”。

二、《施行细则》第五条第一款第一项“个人在中国境内工作、提供劳务的所得。但在中国境内连续居住不超过 90 日的个人，从中国境外雇主取得的报酬，免予征税”，修改为“个人在中国境内工作、提供劳务的所得。但在 1 个历年中连续或累计居住不超过 90 日的个人，从中国境外雇主取得的工资、薪金所得，免予征税”。

上述第二条中所说的“在 1 个历年中连续或累计居住不超过 90 日”，是指从 1 月 1 日起至 12 月 31 日止，在华居住日期，不论是连续还是累计计算都不超过 90 日。即中途离境（包括在签证有效期内离境）又入境，都准予扣除离境的天数，按在华实际居住天数计算其是否超过 90 日。在 1 个历年中在华居住连续或累计超过 90 日的个人，其个人所得税按在华实际居住期间应得的工资、薪金所得计征。其计算公式如下：

应纳税额 =（当月工资、薪金所得 × 适用税率 − 速算扣除数）÷ 当月天数 × 当月实际居住天数

按上述计算出的应纳税额减半征收。

如果外籍来华人员在华居住不足一个月，所取得的是日工资、薪金所得，应换算成当月全月的工资、薪金所得，按上述公式计算出的应纳税额减半征收。

财政部税务总局负责人就修改《中华人民共和国个人所得税法施行细则》中有关条款答《人民日报》记者问

问：为什么要修改《个人所得税法施行细则》？

答：原来的《个人所得税法施行细则》第二条第一款、第五条第一款第一项的规定，其纳税起点日期等方面计算方法比较复杂，所以做了修改。

问：在华居住连续或累计超过90日的个人，其应纳税款如何计算？

答：在1个历年中在华居住连续或累计超过90日的个人，其所得税按在华实际居住期间应得的工资、薪金所得计征。计算公式是：

应纳税额＝(当月工资、薪金所得 × 适用税率－速算扣除数)÷ 当月天数 × 当月实际居住天数

按上述计算出的应纳税额减半征收。

如果外籍来华人员在华居住不足1个月，所取得的是日工资、薪金所得，应换算成当月全月的工资、薪金所得，按上述公式计算出的应纳税额减半征收。

问：财政部关于在华连续或累计居住不超过90日的免税规定，不适用于哪些来华工作的外籍人员？

答：在1个公历年度内连续或累计居住不超过90日的个人，从中国境外雇主取得的工资、薪金所得，免予征税的规定，不适用于下列来华工作的外籍人员：

一、在中国境内企业(包括内资企业和外商投资企业)中任职的外籍人员。

二、其工资、薪金由外商在华的机构、场所(包括代表机构和承包建筑、安装、装配、勘探工程的场所)所负担的外籍人员。

除上述以外的外籍人员，都适用于在华连续或累计居住不超过90日的免税规定。

问：通知从何时起施行？

答：从1988年1月1日起施行。

国家统计局正式公布《关于1987年国民经济和社会发展的统计公报》

1987年，我国各族人民在中国共产党和国务院领导下，进一步贯彻执行改革和开放的方针，开展"增产节约、增收节支"运动，生产持续稳定发展，国内市场活跃，对外经济交流扩大，科技、文教、卫生、体育事业有了新的发展。初步计算，全年国民生产总值① 10920亿元，比上年增长9.4%。国民收入9153亿元，比上年增长9.3%。国民经济发展中的主要问题是：社会总需求仍然大于社会总供给，部分商品特别是主要副食品供应偏紧，物价上涨幅度较大。

一、农业

农业增产。1987年农业总产值4447亿元，比上年增长4.7%。

主要农产品产量中，粮食总产量40241万吨，比上年增产1090万吨，接近历史最高的1984年。棉花、油料生产扭转了连续两年下降的局面，茶叶、烤烟、蚕茧、水果增产，糖料和黄红麻减产。

主要农产品产量如下：

	1987年	比上年增长(%)
粮食	40241万吨	2.8
棉花	419万吨	18.4
油料	1525万吨	3.5
其中：油菜籽	673万吨	14.5
甘蔗	4685万吨	-6.7
甜菜	797万吨	-3.9
黄红麻	96万吨	-32.5
烤烟	164万吨	19.5
蚕茧	39.7万吨	7.6
茶叶	49.7万吨	8.0
水果	1551万吨	15.1

林业生产由于进一步调动了广大群众营林、护林的积极性，营林质量有所提高。平原地区的造林和西北、华北、东北的防护林建设取得新的成就，用材林、速生丰产林基地建设有所进展。但有些地方乱砍滥伐林木的现象仍有发生。森林防火工作薄弱，大兴安岭林区发生了特大火灾。

畜牧业生产中，草食牲畜稳步增长，大牲畜年末头数增加，羊年末存栏数继续回升。牛奶、绵羊毛、禽蛋增产。但生猪出栏数、肉产量、存栏数有不同程度的减少。

主要畜产品产量和牲畜头数如下：

	1987年	比上年增长(%)
猪肉	1780万吨	-0.9
牛羊肉	141万吨	16.9
牛奶	319万吨	10.0
绵羊毛	20.8万吨	12.4
肉猪出栏数	25513万头	-0.8
大牲畜年末数	12633万头	6.2
猪年末数	32640万头	-3.2
羊年末数	17835万只	7.31

渔业生产保持较快的发展势头。水产品产量940万吨，比上年增长14.1%；其中淡水产品产量增长17.8%，海水产品产量增长11.5%。

农业投入增加，农田水利建设开始加强，生产条件有所改善。1987年年末全国农业机械总动力达2472亿瓦特，比上年增长7.7%；大中型拖拉机88万台，增长2%；载重汽车56万辆，增长11.8%；排灌动力机械679亿瓦特，增长12.4%；化肥施用量2010万吨，增长

4.1%;农村用电量659亿千瓦小时,增长12.3%。但农业后劲不足的状况仍然存在,主要农产品生产不能适应国民经济发展的需要。

农村改革继续深入,农村经济发展较快。1987年农村社会总产值[②]9041亿元,比上年增长12.7%;其中农村办的工业、建筑业、运输业和商业总产值增长21.8%,所占比重由上年的46.9%上升到50.8%,首次超过农业总产值的比重。

二、工业

工业生产均衡增长。1987年工业总产值13780亿元,比上年增长16.5%;不包括村及村以下工业为11820亿元,增长14.6%。在工业总产值中,全民所有制工业增长11%,集体所有制工业增长25%,个体工业增长48%,中外合资、中外合作和外商独资经营的工业增长98%。

轻重工业协调发展。1987年轻工业总产值6560亿元,比上年增长16.8%;重工业总产值7220亿元,增长16%。电力工业和支农工业发展明显加快,钢铁、有色金属、化工原料等基础工业稳步发展。在消费品工业中,以非农产品为原料的工业,特别是名优耐用消费品增长更快。但工业生产结构不适应需求结构的矛盾仍然存在,能源和一些原材料供应紧张。

主要工业产品产量如下:

	1987年	比上年增长(%)
纱	432万吨	8.7
布	167亿米	1.4
呢绒	2.6亿米	3.0
机制纸及纸板	1008万吨	1.0
糖	511万吨	-2.6
卷烟	2881万箱	11.0
自行车	4091万辆	14.7
电视机	1938万部	32.8
其中:彩色电视机	672万部	62.1
录音机	1863万部	6.0
照相机	239万架	18.2
家用洗衣机	992万台	11.0
家用电冰箱	398万台	76.8
原煤	9.2亿吨	2.9
原油	1.34亿吨	2.6
发电量	4960亿千瓦小时	10.3
其中:水电	995亿千瓦小时	5.3
钢	5602万吨	7.3
钢材	4391万吨	8.2
水泥	1.8亿吨	9.2
木材	6843万立方米	5.2
硫酸	962万吨	26.1
纯碱	237万吨	10.5
化肥(折合有效成分100%)	1703万吨	22.0
化学农药	26万吨	27.9
发电设备	960万千瓦	32.9
机床	14.6万台	-10.6
其中:数控和高精度机床	4267台	6.4
汽车	47.2万辆	27.7
拖拉机	4万台	39.2
铁路机车	909台	11.1
民用钢质船舶	192万吨	12.7

工业企业产销衔接比较好,经济效益逐步改善。1987年预算内国营工业企业实现利润和税金1307亿元,比上年增长9.9%;定额流动资金周转天数由上年的109.1天缩短到105.4天;全员劳动生产率比上年提高7.6%;多数产品质量稳定提高;能源消耗下降,工业部门节约能源2000多万吨,节能率达4%。但产品成本超支,亏损企业的亏损额增长4.6%,少数滞销产品库存上升。

工业企业改革开始转向内部机制配套改革。据28个省、自治区、直辖市统计,国营工业企业中,已实行厂长负责制的企业占68%;大中型国营工业企业中,实行了多种形式的承包经营责任制的占82%;小型国营工业企业中,改成集体经营、租赁和个人承包的占46%。横向经济联合向纵深发展,范围越来越广,形式越来越多。到1987年年末,全国已有县以上工业企业为主的横向联合组织6780个,投入资金125.7亿元。联合组织的产值和实现利润分别比上年增长38%和38.1%,超过全国的平均水平。

三、固定资产投资和建筑业

固定资产投资增长速度趋缓。1987年全国固定资产投资完成3518亿元,比上年增加498亿元,增长16.5%,低于上年增长18.7%的速度;其中全民所有制单位2262亿元,增长14.4%;集体所有制单位480亿元,增长22.4%;个人投资776亿元,增长19.6%。但投资总规模仍然偏大,计划外在建项目和新开工项目过多。

各地贯彻基本建设"三保三压"方针,投资结构改善。全民所有制单位基本建设投资1324亿元,比上年增长12.6%。在基本建设投资中,能源工业部门309亿元,比上年增长25.5%;运输邮电部门204亿元,增长7.9%;原材料工业部门194亿元,增长31%;轻纺工业部门67亿元,增长15.9%。能源、原材料等基础工业投资比重由上年的33.5%上升到38%。

重点建设继续加强。国家按合理工期组织建设的206个重点项目完成投资362亿元。重点油田、电站、煤矿、铁路、港口建设的主要实物工程量都完成较好。

全国建成投产的大中型基本建设项目102个,大中型项目的单项工程193个。

全国基本建设新增加的主要生产能力有:发电装机容量810万千瓦,是新中国成立以来最多的一年;原煤开采1711万吨,原油开采1631万吨(包括更新改造和其他投资增加的能力),新建铁路交付运营里程272公里,铁路复线433公里,铁路电气化里程204公里,沿海港口吞吐能力984万吨,乙烯30万吨,水泥297万吨,平板玻璃390万重量箱。

企业技术改造稳步前进。1987年全民所有制单位完成更新改造投资743亿元,比上年增长19.9%。其中用于增加产品生产能力的256亿元,增长21.3%;用于增加品种的106亿元,增长8.3%;用于提高产品质量的42亿元,增长7.3%;用于节约能源的28亿元,增长24.4%。全年建成投产更新改造项目4.2万个,新增固定资产549亿元。

建筑业改革继续深化。全民所有制建筑施工企业实行各种经济承包责任制的工程达11.7万个,施工面积1.6亿平方米,占全部施工面积的83.9%;其中投标承包的单位工程为1.8万个,施工面积3693万平方米,占全部施工面积的19%。改革促进了生产的发展,1987年全民所有制建筑业总产值比上年增长7.7%,全员劳动生产率提高6.2%。

矿产资源勘查喜获丰收。1987年新发现矿产地366处,涉及64个矿种,新探明煤炭储量310亿吨,探明相当多的黄金储量,还探明了一大批金属、非金属和能源矿产资源。深海远洋地质调查的开展,取得了丰富的海洋地质资料,开辟了地质工作新领域。全年完成钻探进尺818万米。

四、运输邮电

运输部门深化改革,加强技术改造,提高运输能力。各种运输工具完成的运输量全面增长。

	1987年	比上年增长(%)
货物周转量	21909亿吨公里	9.2
铁路	9471亿吨公里	8.2
公路	2409亿吨公里	13.7
水运	9397亿吨公里	9.8
空运	6.6亿吨公里	37.5
输油输气管道	625亿吨公里	2.1
旅客周转量	5350亿人公里	11.0
铁路	2843亿人公里	10.1
公路	2129亿人公里	11.6
水运	192亿人公里	5.5
空运	186亿人公里	27.4
沿海主要港口吞吐量	3.97亿吨	3.3

邮电通信事业有较大增长。1987年全国邮电业务总量完成38.9亿元,比上年增长18.3%。年末全国城市市内电话用户达到293万户,比上年年末增长17%。全国有196个大中城市开展了国内邮政快件业务。

运输部门经济效益进一步改善。铁路部门大包干进入第二年,运输效率继续提高,平均日装车量突破7万辆,比上年增长1.6%;铁路货运机车平均日产量82.1万吨公里,比上年增长1.9%;铁路运输收入和实现利润,比上年分别增长8.7%和2.6%;铁路运输人员劳动生产率提高5.3%。交通部直属轮船货运吨船产量5.01万吨公里,比上年增长7.4%。集装箱运输业务有较快发展,全年铁路、海运集装箱运量达1438万吨,比上年增长27.7%。

运输能力扩大。铁路扩大旅客列车编组并增开旅客列车20对,同时改革乘务制度,部分直快列车减挂了宿营车、行李车,提高了旅客运输能力。公路运输部门积极开发长途客运,减轻铁路负担,全国跨省公路客运线已达2500条,汽车零担货运量比上年增长10.5%。但运输邮电不适应经济发展的状况,仍然比较严重。运输事故较多。

五、国内商业和物资供销

国内市场持续活跃。1987年社会商品零售总额5820亿元,比上年增长17.6%;扣除价格上涨因素,实际增长9.6%。在社会商品零售总额中,农业生产资料零售额705亿元,增长22.4%;消费品零售额5115亿元,增长16.9%。由于有些机关团体和企事业单位铺张浪费、公费请客旅游之风屡禁不止,社会集团购买力增长过猛,全年售予社会集团的消费品零售额达553亿元,比上年增长19.7%。

各种经济类型的商品零售额普遍上升,其中全民所有制增长15.6%,集体所有制增长15.4%,合营经济增长26.3%,个体经济增长24.2%,农民对非农业居民零售额增长24%。

各类消费品全面增销。吃的商品除猪肉、蔬菜、食糖等少数副食品供应偏紧外,大多数食品供应比较充裕,零售额比上年增长18.1%(扣除物价上涨因素,实际增长7.2%),穿的商品增长13.9%,用的商品增长16.7%。

商业体制改革继续向深度和广度发展。到1987年年末,大中型国营商业企业有60%以上实行了承包经营责任制,小型国营商业企业有80%改为集体经营、转为集体所有制和租赁给个人经营。供销合作社已有90%以上的企业实行了各种形式的内部承包经营责任制。城乡集市贸易点由上年的6.8万个增加到6.9万个;全年集市贸易成交额1100亿元,比上年增长21.3%。商业经济联合体继续发展,1987年年末达6792个,比上年末增长20.3%;全年营业额155亿元,利润6.5亿元。

国营商业和供销合作社的经济效益有所改善。1987年每销售百元商品开支的费用比上年下降1.4%,实现利润增长6.4%,流动资金周转天数由上年的220天缩短到203天。

生产资料市场进一步扩大,国家统一分配的物资所占比重下降。钢材由上年的53.1%下降为46.8%;水泥由16.2%下降为15.6%;木材由30%下降为26.2%。物资部门销售额1567亿元,比上年增长32.5%;其中物资贸易中心销售额268亿元,增长69.6%。

物价上涨幅度较大。1987年全年零售物价总水平比上年平均上升7.3%(其中12月份比上年同月上升9.1%)。分城乡看,城镇上升9.1%,农村上升6.3%。分商品看,食品类价格上升10.1%,其中肉禽蛋上升16.5%,鲜菜上升17.7%,水产品上升17%;衣着类上升3.5%,其中纯毛线上升18.1%;日用品类上升6.1%;药及医疗用品类上升4.6%;燃料类上升3.6%;农业生产资料类上升7%。

1987年全年职工生活费用价格总水平比上年上升8.8%,有些大中城市上升幅度已突破10%。

农副产品收购价格总水平比上年上升12%。

市场物价管理中的主要问题是:有些垄断性行业、企业擅自抬价争购和提价销售紧俏商品,中间转手倒卖牟取暴利等现象相当严重。不少商店和个体摊贩变相涨价、以次充好、短斤缺两现象,也屡见不鲜。

六、对外经济贸易和旅游业

出口大幅度增长,进口有所控制。据海关统计,1987年进出口总额达827亿美元,比上年增长12%;其中出口总额395亿美元,增长27.8%;进口总额432亿美元,上升0.7%。进出口逆差由上年的120亿美元缩小到37亿美元。

非贸易往来继续扩大。1987年全国非贸易外汇收入53.8亿美元,支出19.9亿美元,收大于支33.9亿美元。

1987年全国实际利用外资达75.7亿美元,比上年增长4.3%;其中对外借款53.3亿美元,增长6.4%;吸收客商直接投资22.4亿美元,基本与上年持平。

对外经济技术合作取得新进展。1987年新签对外承包工程和劳务合作合同金额17.4亿美元,比上年增长28.3%;完成营业额11.1亿美元,增长13.5%。

经济特区的经济实力增强,外向型程度明显提高。据深圳、珠海、汕头、厦门4个市统计,1987年工业总产值达到112亿元,比上年增长52%。出口货物总额27.4亿美元,比上年增长114%。引进外资的投向已逐步转向生产性项目,全年有100多家外资工业企业建成投产。全年实际利用外资金额5.1亿美元,比上年下降16%。

国际旅游业兴旺发达。1987年来自169个国家和地区的旅游、参观、访问以及从事各项交流活动的入境人数达2690万人次,比上年增长17.9%。全年旅游外汇收入18.4亿美元,比上年增长20.3%。

七、科技、教育和文化

科技体制改革继续深化,科技在经济和社会发展中的作用日益显著。1987年经国家批准的发明奖225项、技术进步奖807项;获得国务院有关部门和省、自治区、直辖市人民政府奖励的科技成果9902项。获得技术进步奖的微型中子源反应堆、国家激光波长标准系列、超精密轴系和超精密车床的研究等项目,达到了国际先进水平。为了跟踪世界高技术的发展,1987年在生物工程技术、信息技术、新能源技术和新材料技术等7个领域,落实课题近800个,总投资2亿元。“七五”期间,国家重点科技攻关计划,到1987年年底已落实近4000项专题合同。以支持基础研究和部分应用研究项目为主要对象的国家自然科学基金,全年批准各类资助项目2777项,资助金额1.3亿元。以振兴农村经济为宗旨的星火计划,取得一批可喜的成果,近两年共完成项目2800多项。群众性科技活动广泛开展。技术市场方兴未艾,全年成交各类技术合同13.2万项,成交额33.5亿元。

专利工作取得明显进展,全年受理专利申请26077件,被批准的有6811件,比上年增长1倍多。

气象、海洋部门对天气和海况作了比较及时、准确的预报,提供了大量的资料和信息,提高了社会经济效益。

测绘部门为了经济建设和资源开发,全年测绘了各种比例地图2.6万幅,出版公开版地图223种,总印数达8222万幅(册)。

科技队伍继续扩大。1987年全民所有制单位自然科学技术人员868万人,比上年增加43万人。年末县以上全民所有制独立的研究和开发机构5580个,职工人数105万人。

教育事业在改革中得到进一步发展。1987年全国招收研究生4万人,在学研究生12万人,毕业研究生2.8万人。普通高等学校招收本、专科学生61.7万人,在校学生193.9万人,比上年增长4.2%,毕业生53.2万人。成人高等学校招收本、专科学生49.8万人,在校学生185.8万人。

中等教育结构趋向合理。各类职业技术高中在校学生516.9万人(含技工学校学生104.6万人),比上年增加37.7万人,占高中在校学生总数1291万人的

40%,成人中等专业学校在校学生168万人,成人技术培训学校学生736万人。

基础教育进一步加强。全国初中在校学生4174万人,小学在校学生12836万人,学龄儿童入学率由上年的96.4%提高到97.1%。已有1240个县通过了普及初等教育检查验收。对弱智、残疾儿童的特殊教育也有较大发展。

文化事业日益繁荣。1987年生产电影故事片146部,发行各种新片(长片)195部。全国共有各类电影放映单位16.3万个,艺术表演团体3089个,文化馆2980个,公共图书馆2432个,博物馆826个,档案馆3238个。全国共有广播电台385座,广播发射台和转播台624座,电视台365座,一千瓦以上电视发射台和转播台719座。全国性和省级报纸全年出版206亿份,各类杂志出版26.4亿册,图书出版62.5亿册(张)。

八、卫生和体育

卫生事业进一步发展,医疗条件继续改善。1987年年末全国医院病床达到236.5万张,比上年年末增长3%。专业卫生技术人员360.9万人,比上年增长2.9%;其中医生148.2万人(含中、西医师77.7万人),增长2.6%;护师、护士71.8万人,增长5.4%。各种传染病、慢性病的预防控制取得新的成效,传染病的总发病数比上年下降20%。但城市"看病难"和农村缺医少药的现象仍较普遍,有12.2%的村无医疗点。

体育事业取得显著成就。1987年我国运动员共获得69个世界冠军;41次打破和超过22项世界纪录;392次打破171项全国纪录。第六届全国运动会取得历届全运会的最好成绩。

九、人民生活

城乡人民收入继续增加。1987年全国职工工资总额1866亿元,比上年增加206亿元,增长12.4%。据城乡住户抽样调查,1987年城镇居民平均每人可用于生活费的收入为916元,比上年增长10.6%;扣除价格上涨因素,实际增长1.7%。农民平均每人纯收入为463元,比上年增长9.2%;扣除价格上涨因素,实际增长5.3%。在农民纯收入中,平均每人生产性纯收入419元,增长11.7%。但城乡各阶层居民收入增长不平衡,有21%的城镇居民家庭由于物价上涨,实际收入水平下降;有8.2%的农民家庭平均每人纯收入在200元以下。

劳动制度改革不断深入,劳动就业增加。1987年全国城镇安置待业人员349万人。年末全国职工人数为1.319亿人,比上年年末增加381万人。其中全民所有制单位实行劳动合同制的职工达726万人,增加202万人。城镇个体劳动者为567万人,比上年年末增加84万人。

城乡人民储蓄大幅度增长。1987年年末居民储蓄存款余额达3075亿元,比上年年末增加838亿元,增长37.5%。

城乡居住条件进一步改善。1987年城镇新建住宅1.8亿平方米,农村新建住房8.6亿平方米。

社会福利事业继续发展。1987年全国社会福利事业单位有3.7万个,收养48.2万人。城乡由集体供养的社会散居孤老、残、幼233万人。城乡的贫困户得到了救济和扶持,残疾人就业学习的条件有了改善,老少边地区扶贫致富工作有较大进展。

十、人口

人口的自然增长率略有提高。据全国1%人口的抽样调查资料和下半年核查推算,1987年人口出生率为21.04‰,死亡率为6.65‰,自然增长率由上年14.08‰上升为14.39‰,年末全国总人口为10.8亿人,比上年年末增加1500多万人。

注:本公报各项数字是年度的初步统计,都没有包括台湾省的数字。公报所列国民生产总值、国民收入和各项总产值数字,都是按当年价格计算的;增长速度是按可比价格计算的。

①国民生产总值是指物质生产部门和非物质生产部门的增加值以及来自国外的净收入,不包括中间消耗的产品和劳务价值。

②农村社会总产值包括全部农业总产值,以及农村集体和个体工业、建筑业、运输业和商业总产值。

《人民日报》发表评论员文章《关键要按照价值规律办事》

去年的经济形势是相当好的。全国的生产、建设、流通和外贸的情况都比预料好。经济增长速度较高而又较为正常健康,效益比较好。经济改革特别是企业承包经营责任制有较大的发展,取得了不少成功的经验。在微观搞活的同时,投资、信贷、消费基金等方面的宏观控制,也发挥了较好的作用,出现了微观搞活和宏观控制相互促进的局面。

去年经济生活中存在的突出问题是物价上涨幅度过大,物价问题的焦点是食品涨价。据统计,1987年全国零售物价总指数上升了7.2%,其中约有65%是因农副产品涨价引起的。造成这个问题的基本原因是,在我国经济改革和经济发展的新形势下,我们没有按照价值规律的客观要求办事。所以最近召开的中共中央政治局第四次会议指出,解决这个问题,关键要按照价值规律办事。

价值规律是商品生产的普遍规律,也是商品生产的基本规律。这是马克思主义经济学的基本常识。在生产资料私有制的基础上,价值规律与资本主义的生产目的是统一的。在生产资料社会主义的公有制取代了资本主义的私有制后,价值规律与社会主义的生产目的——在发展生产的基础上,不断地满足人民日益增长的物质文化需要,也是统一的。这可以说是我国经济建设的实践所反复证明了的事实。

我国原有的经济体制的一个主要弊端,正如《中共中央关于经济体制改革的决定》指出的那样,就是忽视商品生产、价值规律和市场的作用,结果使本来应该生机盎然的社会主义经济在很大程度上失去了活力,使社会主义经济的优越性没有得到应有的发挥。在很长的一段时间里,我们在经济建设中虽然也强调社会主义的生产目的,甚至把它当作社会主义经济的基本规律,但是由于没有按照经济规律办事,因而也不能很好地实现这个生产目的,不仅如此,还受到价值规律的惩罚。

党的十一届三中全会以后,我国经济所以能够在短时间内蓬勃发展起来,并取得举世瞩目的成就,根本原因是我们的改革比较注意尊重价值规律的要求,从而推动了商品经济的发展,发挥了亿万人民群众巨大的积极性。这些年来,无论是提高主要农产品的收购价格,实行家庭承包经营责任制,放开农产品价格,促进农村产业结构调整,还是在城市中搞活企业,建立市场体系,以及采用以间接管理为主的宏观调节,所有这些改革,或者直接就是按照价值规律办事,或者是为更好地运用价值规律创造条件。

我国经济改革的目标,是建立社会主义有计划的商品经济的体制。现在我们正处在新旧体制交替时期。在这种新形势下,我们的改革要深化,我们的建设要发展,都特别需要我们研究新情况,进一步学会善于运用价值规律。否则,就会重新受到价值规律的惩罚。去年食品价格上涨,问题就出在这里。我们应当从中认真地总结经验,吸取教训。

在新形势下,学会善于利用价值规律,首先就要按照价值规律的要求,把改革深入下去。现在的农民作为独立的商品生产者,有了自主权,同时也有了利益比较意识。种粮不赚钱,农民自然就会减少对粮食生产的投入,甚至抛荒耕地。而我们没有适时地采取适当措施加以调节,改变农民种粮不赚钱的局面。因此,近年来粮食生产徘徊的主要原因,可以归结为:在农村商品经济发展起来的新形势下,我们没有很好地按照价值规律的要求,把改革深入下去,调动农民种粮的积极性。

现代商品经济发展,使生产、流通、分配、消费各环节日益成为一个完整的系统。在新形势下,学会善于利用价值规律,就要在每个环节上都按照价值规律办事。只有这样,整个社会化大生产才能顺利运行,社会再生产才能进入良性循环。当前我们面临的食品价格上涨问题,不仅仅是出在生产环节上,而且也出在流通、分配、消费诸环节上。譬如目前群众意见较大的蔬菜问题就是如此。蔬菜有大路菜和细菜之分。1985年我们在蔬菜生产方面放开价格后,城市的细菜供应状况从数量到质量都得到大大的改善,在北方,冬天人们也能吃上新鲜黄瓜、西红柿等,但大路菜的问题并没有得到很好解决。大路菜的生产成本高、价格低,只有大批量生产和供应才能赚钱,一旦卖不出去而烂掉,损失就很大。而我们现行的国营流通体制却没有及时作出相应的配套改革,没有按照价值规律的要求,来引导、调节大路菜的生产和供应。因而农民既不愿意也不敢生产和供应大路菜,导致部分城市大路菜既贵又缺。

在新形势下,学会善于利用价值规律,就要按照价值规律的要求,培育和建立发展商品经济所必需的新机制、新规范和调节手段,引导商品生产,保证商品经济的稳定发展。以当前猪肉价格上涨为例,经验表明,在缺乏有效的调节管理的市场条件下,生猪的生产和消费很难避免周期性波动。我国从1985年出现猪肉积压滞销,到去年凭票平价定量供应猪肉正好是一个周期。1985年年初,猪肉价格放开后,农民养猪积极性高涨,当年就宣告长期凭票吃肉的历史基本结束。但大体到1986年年初,便出现了全国性的卖猪难、肉价大幅度下降。这个信号告诉农民,养猪不赚钱了。我们也没有及时采取必要的措施。拖到1986年中,我国主要生猪产区都相继出现农民宰杀母猪的情况。结果,去年年初猪肉供应趋紧,价格上涨,到下半年许多城市恢复平价定量供应。试想,如果我们在放开猪肉价格的同时,就抓紧建立预防这种周期性波动所必需的条件,适时运用价格进行调节,那就可能避免生猪的周期性波动。

由此看来,为了保证食品生产的稳定发展,根本出路那就是学会善于运用价值规律,按照价值规律的要求,加快和深化改革。为此,要考虑进一步放开农副产品价格,理顺农副产品之间的比价关系,建立生猪、大路菜等副食品商品生产基地;要下大功夫改革目前国营流通体制,建立批发市场,实行期货贸易,设置风险基金;要积极创造条件,改暗补为明补,等等。尤其值得注意的是,中国人均一亩半耕地的基本国情,更需要我们在尊重价值规律要求的条件下,研究适合中国国情的食品结构和膳食方式,迅速在消费战略、体制、政策以及观念上作出调整和变革。

去年海峡两岸转口贸易增长近六成

据《人民日报》报道,1987年大陆经过香港与台湾的间接贸易总额达118.2亿港元,比1986年增长58.6%。

自1984年至1987年的4年间,海峡两岸经港转口贸易额平均每年增长40%。1987年大陆经港转口到台湾的商品中,鬃毛、羽毛等未加工动物原料占38%;纺织品占20%。其他商品有水产品、化工品、有色金属、玩具、珠宝原料等。台湾经港转口到大陆的商品主要有纺织品、轻工机械、通讯录音器材、摄影器材等。

中国技术市场日渐兴旺

据《人民日报》报道,随着科技体制改革和经济体制改革的深化,我国的技术市场在前几年持续发展的基础上,1987年又有进一步的扩大。据29个省、自治区、直辖市的统计,去年全国技术市场共签订合同13万多项,成交金额达33.5亿元,分别比1986年增长了51.13%和62.42%,这是前所未有的。

自1985年中共中央关于科技体制改革决定颁布以来,我国的技术市场开始从分散的萌芽状态向着有组织的较大规模技术成果商品化的方向发展。目前,它作为统一的社会主义商品市场的重要组成部分,已成为沟通经济与科技结合的渠道,科技成果进入物质生产领域的桥梁。据悉,1987年技术交易额超过1亿元的有辽宁、四川、上海、北京、山东、天津、宁夏、湖北、陕西、黑龙江10个地方。其中辽宁省达5.5亿元;四川省达4.9亿元。技术力量较薄弱的宁夏交易额也达到1.6亿元。

1987年我国技术市场的发展有以下几个特点:

一、研究开发机构和企业是技术商品的主要供方。据对1987年上半年成交金额的统计分析,研究与开发机构提供的技术商品占38%,所占份额最大;各类企业也逐步成为技术市场中技术输出的一个重要来源;而且发展速度很快。实践表明企业转让的技术一般说来成熟度较高,适用性强,经济效益比较好。从发展趋势看具有较大的潜力。而去年高等院校技术成果转让所占份额仅为4.4%。从科研实力来看,高等院校在科技成果推广、应用和发展技术市场方面应作出更大贡献。

二、技术市场上转让的技术成果主要运用于促进工业技术进步。1987年上半年成交的技术合同中,运用于促进工业技术进步的占69%以上。天津市全年的技术市场统计表明,应用于促进工业技术进步的技术合同占合同总数的80%。以上事实表明,我国技术市场上提供的技术商品从质量、配套程度等方面比以前更适用于各类企业。

三、企业已成为我国技术市场上的主要需求方。1987年上半年的技术市场成交额中,各类企业引进技术的份额占42%。其中大中型企业占各类企业成交额的53%,第一次超过小型企业。这表明大中型企业随着经济体制改革的深入,对技术成果需求的积极性正有所提高。

人们盼望着更多大中型企业积极进入技术市场,成为其主要买方和卖方。

中国综合原子时主要技术指标进入国际先进行列

据《人民日报》报道,由中国科学院和航天工业部所属的5个原子时实验室联合组成的综合原子时,已经建成一个更可靠、更稳定、更准确、更适用的统一的时间标准系统,技术指标进入国际先进行列,目前在西安临潼通过了中国科学院院级鉴定。

中国科学院陕西天文台、上海天文台、北京天文台、测量与地球物理研究所武昌时辰站和航空工业部无线电计量测试研究所5个单位,先后建立了地方的原子时和自动测量比对系统,多年来从事时频服务和研究工作。1985年10月综合原子时正式建立,并出版《综合原子时时间频率公报》。1987年1月起,正式加入国际时间局原子时系统,参加了国际合作。

综合原子时系统建成两年来,运转正常。根据1985年10月至1987年10月以国际原子时为参考的统计分析,综合原子时的主要技术指标,进入国际先进行列。

综合原子时系统为我国天文、大地测量、数字通信、卫星跟踪、时频计量和导航等各种实际应用和理论研究提供了一个比地方原子时更可靠、更稳定、更准确的时间和频率标准。

电影《红高粱》在西柏林国际电影节上获金熊奖

该影片由西安电影制片厂摄制,青年导演张艺谋执导,巩俐、姜文主演,反映的是抗日战争时期日本侵略者在中国的暴行。

中国运动员在第十五届冬季奥运会上破两项世界纪录

中国短跑道速滑选手李琰在女子短跑道1500米速滑表演赛中,以2分34秒85的成绩刷新了由日本选手狮子井英子保持的2分36秒92的原世界纪录,并在决赛中获得铜牌。

李琰还和队友李金艳、乔晶、张艳梅合作取得短跑道速滑表演赛3000米接力决赛权,而且成绩超过了世界纪录。

2月24日

国家主席李先念在人民大会堂设宴欢迎圣马力诺共和国执政官吉安·佛朗哥·泰伦齐和罗萨诺·扎费拉尼以及他们的夫人一行

李先念说:“中国一向认为世界上的事情,不应由少数大国包办垄断。国家不论大小,在涉及各国人民切身利益的和平与发展等重大问题上,都应有平等的发言权。”

李先念说,为了缓和国际紧张局势,维护世界和平,当务之急是超级大国停止一切领域的军备竞赛,并对各个热点问题寻求公平合理的解决办法。

他说:“我们对美苏达成中导协议表示欢迎,同时认为,这仅仅是裁军道路上的一个开端。我们希望美苏继续认真谈判,就大幅度裁减核武器、禁止化学武器和削减常规军备达成不损害第三国利益的协议。我们相信,只要世界上一切爱好和平的国家和人民联合起来,共同奋斗,和平是可以得到维护的。”

他说,中国和圣马力诺在许多重大国际问题上有着一致或近似的看法,两国都有进一步发展友好合作的真诚愿望。自1971年建交以来,中圣两国之间的政治磋商、文化交流和人员往来都得到了令人满意的发展。他表示相信,执政官一行这次访华,必将为进一步加深两国之间的相互了解,增进两国之间的友谊与合作作出重要贡献。

李先念在讲话中还高度评价圣马力诺所奉行的积极中立的外交政策以及在发展经济文化、维护世界和平方面所作的努力和所取得的成就。

泰伦齐执政官在讲话中回顾了圣中两国自1971年建交后友好合作关系不断发展的情况。他指出:“这些广泛和形式多样的活动证明我们双方都有加深了解的良好愿望,它是两国发展关系的基础。”

他说:“就当前复杂的国际形势交换看法和有益的信息,以及进一步发展双边关系,——这是我们的愿望和义务——证实了在国际方面我们的基本观点是一致的,我们之间存在着广泛合作的潜力。”

他说,圣马力诺正逐步扩大其在国际舞台上的活动。尽管圣马力诺意识到小国的局限性,它的目标仍在于实现各国人民的文明和社会的进步,消除不公正的差别,特别是贫富国家之间的差别,财富过剩的国家和连必需品都匮乏的国家之间的差别。他说:“我们的目标还在于制止干涉和限制,包括经济限制,反对进行威胁、使用武力和军事占领,主张各国人民有自决的自由,实现和维护和平。所有这一切只有通过信任,通过多次表态和反复的行动而臻于成熟和加深的信任,才能实现。”

他表示相信,中国这样一个世界大国同圣马力诺这样一个世界小国之间1971年以来建立和发展起来的关系能够充分地显示,友谊、尊重和理解是如何在培育信任和善意。这种诚挚关系能够成为其他国家处理国与国之间关系的出发点。

李先念主席夫人林佳楣、国务委员兼外交部部长吴学谦及有关部门负责人出席宴会作陪。

中国乱占滥用土地初步得到控制

国家土地管理局在1986年8月1日正式开始工作以来,与司法部、国务院法制局、中华全国新闻工作者协会以及各有关报刊配合,采取多种形式宣传《土地管理法》和制止乱占耕地的《通知》,使广大干部、群众知道土地管理有了法,使用土地要依法,违法占地要受处罚,从而唤起了更多的人对土地管理的关心和支持。

在广泛宣传的同时,各级土地管理机构开展了非农业建设用地的清查。到去年6月底,全国有20个省、市、自治区基本结束了清查工作,已进行清查的县约2000个。各地共查出违法占地案件528万多件,已处理315万多件,占案件总数的59.72%,收回了土地75.6万亩。对违法占地的人,分别给予追究刑事责任、没收房屋、罚款和行政处分。同时妥善处理了土地纠纷43.16万件。

在清查的基础上,国家土地管理局加强了对非农业建设用地的控制。采取的办法是确立和下达非农业建设占用耕地的指令性计划;严格非农业用地的审批工作。1987年下达的指标比1985年和1986年实际占地分别减少37%和19%。

《刘锡五传略》出版

郭庆祥主编的《刘锡五传略》,最近由吉林人民出版社出版发行。薄一波为这本书作序。

刘锡五是1925年入党的老党员,一生奋斗,忠贞不屈,“文革”中被迫害致死。《刘锡五传略》如实地记述了这位革命家的光辉业绩。

《古今图书集成》出版

我国现存规模最大的一部综合性巨型类书——《古今图书集成》新近由四川巴蜀书社重新出版。这是我国第一家地方出版社与中华书局联合影印出版的古代大型类书。

这套类书编纂于清康熙年间,雍正时编定付印,是由清人陈梦雷、蒋廷锡等编校而成的。全书1万卷,约1.6亿字,是世界罕见的巨型百科全书,字数比《大英百科全书》(第11版)还要多三四倍。它所收的古代典籍,上起先秦,下迄清初,内容十分广博,涉及了今天所有社会科学和大部分自然科学学科,有宝贵的资料价值。《古今图书集成》编成后,前后共刊印过4次,最后一次是1934年上海中华书局影印出版。这次巴蜀书社与中华书局联合影印重新出版,就是以1934年影印本为底本的。在1934年版基础上,巴蜀书社对全书进行统一编码,并新编了详明索引。这套大型古代类书为16开精装本,共分82册,已出版52册,今年3月全部出齐。

军医王育敏的研究成果"飞行对人体内分泌激素和铁营养影响"填补中国航空医学空白

空军兰州医院核医学室的军医王育敏,研究飞行员停飞常见病原因获得成功。经军内外18名专家、教授鉴定,认为这项"飞行对人体内分泌激素和铁营养影响"的研究成果,填补了我国航空医学的一项空白。

飞行人员在正常飞行中,由于受外界温度、大气压、加速度和振动等因素的影响,容易引起高血压、胃肠道疾病的发生,严重者可导致停飞。王育敏利用放射免疫检测方法,深入飞行现场,对79名飞行员在飞行前后的肾素活性、胃泌素、铁蛋白等8种激素水平的变化进行系统的测定,为航空医学提供了可靠的数据。这项成果不仅可以预防飞行员某些疾病的发生,而且可以为提高飞行员的耐力和体质水平提供有效措施。

2月25日

国务院代总理李鹏在中南海会见圣马力诺执政官吉安·佛朗哥·泰伦齐和罗萨诺·扎费拉尼一行

李鹏说,当前国际形势虽有些缓和,但仍存在许多不稳定的因素。

他说,为了维护世界和平,所有爱好和平的力量和国家都应当为争取和平作出贡献。

两位执政官表示,圣马力诺国家虽小,但反对大国干涉他国内政。在争取世界和平与稳定方面,圣马力诺从来都采取积极的态度,并在许多国际组织中进行了积极的活动。

李鹏在会见时代表中国政府和人民对圣马力诺贵宾的来访表示热烈的欢迎。他说,中圣两国虽然相距很远,但关系很好。圣马力诺已有1600多年历史,有自己的优势和长处,有许多值得中国学习的地方。

两位执政官对这次访华受到中国政府和人民的热情接待表示感谢。

国务院印发《关于在全国城镇分期分批推行住房制度改革的实施方案》

我国现行的住房制度存在着严重弊端。国家为城镇居民建房花了大量投资,但由于不能从经济机制上制约不合理的需求,城镇住房问题并没有得到缓和。住房分配上的不公正,已成为一个严重的社会问题。城镇住房制度改革,是经济体制改革的重要组成部分。搞好这项改革,不仅可以正确引导和调节消费,促进消费结构趋向合理,在经济上有很大意义,而且在住房领域的不正之风会大大减少,在政治上也有很大意义。几个试点城市的实践说明,住房制度改革可以取得很大的经济效益和社会效益,是一件利国利民的事情。要从1988年起,用三五年时间,把住房制度改革在全国城镇分期分批推开。

改革的目标与今后几年的任务

我国城镇住房制度改革的目标是:按照社会主义有计划的商品经济的要求,实现住房商品化。从改革公房低租金制度着手,将现在的实物分配逐步改变为货币分配,由住户通过商品交换,取得住房的所有权或使用权,使住房这个大商品进入消费品市场,实现住房资金投入产出的良性循环,从而走出一条既有利于解决城镇住房问题,又能够促进房地产业、建筑业和建材工业发展的新路子。

要实现这个目标,住房制度改革主要包括这样几个内容:(一)改变资金分配体制,把住房消费基金逐步纳入正常渠道,使目前实际用于职工建房、修房资金的大量暗贴转化为明贴,并逐步纳入职工工资。(二)改革现行的把住房作为固定资产投资的计划管理体制,确立住房作为商品生产的指导性计划管理体制。(三)通过财政、税收、工资、金融、物价和房地产管理等方面配套改革,在理顺目前围绕住房所发生的各种资金渠道的基础上建立住房基金,逐步形成能够实现住房资金良性循环的运行机制。(四)调整产业结构,开放房地产市场,发展房地产金融和房地产业,把包括住房在内的房地产开发、建设、经营、服务纳入整个社会主义有计划的商品经济大循环。

根据上述目标和改革内容,今后三五年内的任务主要是:调整公房租金,按折旧费、维修费、管理费、投资利息、房产税5项因素的成本租金计租,抑制不合理的住房需求,促进职工个人买房,并从政策、立法、社会舆论等方面采取措施,引导和调节居民消费,使消费结构趋向合理,为实现住房商品化奠定基础。

据统计,1987年年底我国有381个城市,1万多个县城和建制镇(统称县镇)。在改革步骤上,初步安排:今年,各省、自治区、直辖市都要选择几个城市(区县)先行改革,取得直接经验;明年,在总结经验的基础上，把步子迈大一点，争取大部分城市和县镇都进行改革；后年，除边远和经济落后地区一些城市和县镇可推迟一两年外，其他所有城市和县镇都要进入改革行列，使住房制度改革在全国范围内全面推开。在改革做法上，各地可以根据上述要求，从当地实际情况出发，在全国统一政策指导下，因地制宜，多种多样，不拘一格。可以空转起步，可以空实结合，可以实转一步到位，也可以实转分步到位；可以全市全面改革，也可以先在部分单位、部分地区起步，但所有这些城市，新房都要实转。暂时没有进入改革行列的城镇，要积极创造条件，先实行新房新租，旧房超标准加租，以及集资建房，组织建房合作社等单项改革。

分年度的安排如下：

1988年：从工作基础、经济承受能力等方面考虑，先选包括各省会城市在内的80个城市，把住房制度改革推开，为1989年大面积推开积累经验。

原来预定今年试点出台城市有14个，各省、自治区原计划今年试点出台城市有39个，共53个(加上1987年已出台的3个共56个)。这些城市工作有一定基础，一般应进行全面改革。

京、津、沪三大市和省会(自治区首府)城市，改革都要起步。这些城市由于问题比较复杂，可以采取分期分片改革的办法，或在一部分条件好的大企业、大单位先起步，或先在一个有代表性的区起步，一片一片地搞，逐步向全市推开。

各省、自治区、直辖市还要选一两个县镇进行试点，为明后年大量县镇投入改革积累经验，探索路子。

今年不实行改革的城市和县镇，都要认真抓好调查、测算工作，着手拟定改革方案，为明后年改革做好准备。同时，要积极创造条件，进行一些单项改革。

1989年：再有150个到200个城市和五六千个县镇，进入全面改革或在一定范围内起步的改革行列。

1990年：除边远和经济落后地区少数城镇外，住房制度改革在全国城市和县镇全面铺开，而且大部分城市和县镇都要实转，做到全部公房按5项因素计租，住房基金初步建立起来，给职工买房创造有利条件，使我国住房制度开始走上新的轨道。

这一步改革任务完成之后，下一步改革的主要内容是：随着工资调整，逐步把住房券理入工资，进入企业成本(机关、事业单位列入财政经费预算)；把住私房和家住农村的职工纳入住房制度改革范围；在逐步增加工资和住房由成本租金提高到商品租金的基础上，进一步实行住房商品化，推动住房的社会化、专业化、企业化经营，搞活房地产市场。

城镇住房制度改革的若干具体政策

从试点城市的情况看，住房制度改革是一项涉及面很广、政策性很强的重大改革，全国要有统一的政策，以加强宏观控制和指导。

一、合理调整公房租金

确定公房租金标准，是住房制度改革的重要环节。租金定得过高，国家、企业、个人三者都难承受；租金定得太低，难以吸引个人买房，不利于抑制不合理的需求，失去了改革的意义。租金标准应按住房的折旧费、维修费、管理费、投资利息和房产税5项因素计算，每平方米使用面积月租金(下同)全国测算平均约1元5角6分，目前，要定在1元以上。可以一步到位，也可以分步达到，但第一年起点不宜太低。

二、从实际出发确定发住房券(补贴，下同)的系数

公房租金提高后，需要相应给住公房职工发住房券。为了便于今后住房券逐步进入职工工资，特别是考虑到在住房、工资方面有关历史情况，发放住房券以采用比例法为宜。按全市职工平均使用面积、每平方米平均新增租金和职工平均发券工资基数，计算出住房券发券额占工资的比例，即发券系数。发券系数乘职工本人计券工资基数，就是职工应得的住房券金额。

由于各地住房水平差距较大，各地发放住房券系数会有高有低。为了使今后各地住房券进入工资数大致平衡，需要进行宏观控制。根据测算，发券系数应控制在25%以内。各个城市要按职工平均使用面积和职工平均发券工资基数的实际数据测定发券系数，坚持发放的住房券总额与新增加的租金总额持平。城市之间发券系数的差别，在今后住房券进入工资时，由国家作出统一规定，予以合理调整。

对职工发住房券，可采取转账结算的办法，不直接给个人发现金。住房券只能用于交纳新增租金，不得抵交老租金，如有结余可存入银行，作为个人购、建房基金，不得冲击其他消费品市场。

三、理顺住房资金渠道，建立住房基金

目前，每年国家和企业、事业单位用于新建职工住房的资金达200多亿元。加上为维修、管理现有的24亿平方米住房而支出的几十亿元，以及许多单位发给职工个人的住房补贴等，总数约300亿元左右。这些钱一直分散使用，只有投入没有产出，连住房的简单再生产都不能维持。住房制度改革所需资金要立足于现有资金的转化，就是要把围绕住房生产、经营、消费所发生的资金集中起来，在同级财政部门参与下分别进行核定，变无序为有序，使之合理化、固定化、规范化，建立城市(县镇)、企业事业单位、个人三级住房基金。

城市的住房基金，从市财政原来用于住房建设、维修和房租补贴的资金，当地提取的住房建筑税、房产税，以及出售直管住房回收的资金中筹集。

企业和事业单位的住房周转基金,可以从原来用于住房建设、维修、房租补贴资金,预算外收入按一定比例提取的资金,出售新建住房和旧房回收的资金中筹集。企业按规定提取的住房折旧费、大修理基金,以及从后备基金、福利基金、结余的奖励基金分离出来的部分,都要纳入住房周转基金。企业住房周转基金,要同其他专项基金划分开来,单立账户,互相不挤不占。

职工个人购、建房基金,从个人结余的住房券和企业用于职工其他消费支出的节余部分中筹集。

各级住房基金,只能定向用于住房的生产、经营和消费,不得挪作他用。要作为专项资金由城市相应的金融机构集中管理,监督使用,以保证住房制度改革和今后住房建设有一个固定的资金渠道。

城市和企业事业单位的住房基金是发放住房券的主要资金来源。不足部分,在改革起步时,可以少量进入企业成本(机关、事业单位列入财政经费预算)。改革由实转起步或由空转过渡到实转时,全市企业住房券进入成本要控制在20%以内(包括12%的房产税)。由空转起步时,全市企业住房券进入成本控制在发券额的5%以内,用于减、免、补助的统筹资金。进入成本以后,不能提高产品价格,由企业和各级财政分担。目前无力建立住房基金的亏损、微利企业,住房券资金可以从集体福利、奖金中挤一点,在成本中进一点,市住房基金贷一点(经济好转后偿还)。机关、事业单位发放的住房券,列入财政经费预算的部分一般以控制在50%以内为宜。新房实转的住房券资金来源,企业可进入成本,机关、事业单位可列入财政经费预算。

四、坚持多住房多交租和少住房可得益的原则

多住房多交租和少住房可得益,应当作为住房制度改革的一条基本原则。推行住房商品化,就要按商品交换原则办事。工资金收入高的人,领得的住房券也多,不能再在改革中沿袭过去某些等级制的做法。

对少数因为提高房租而增加支出较多的和生活困难户,可视其家庭人均收入和住房面积的不同情况,对新增加的租金实行一定时期内(如三年内)减、免、补助的政策。减、免、补助的支出额要严格控制,全市最多不得超过发放住房券总额的5%,其资金来源从城市住房基金中统筹。要求给予减、免、补助的职工,必须由本人提出书面申请,经单位批准。各单位减、免、补助的额度,由市核定。

对改革后进住公房的增支户,因为住房多少是本人根据自己的经济能力选择的,一律不实行减、免、补助政策。至于那些特殊困难户,可按正常的福利性补助的途径,由各单位自行解决。

对那些住非租赁公房和拆迁户的职工,在其不交纳住房租金期间,不予发券。

五、积极组织公有住房出售

住房制度改革的主要目的之一,是推动职工个人购买住房,把群众的购买力引导到改善居住条件上来,以便通过国家、企业和职工的共同努力,加快解决住房困难。

要合理确定住房售价。向职工出售新建住房,按标准价计算。新建住房的标准价包括:(1)住房本身建筑造价;(2)征地和拆迁补偿费。其他公共设施建设费用和建筑税、能源交通重点建设基金等不应摊入标准售价之内。住宅区内的公共建筑,凡属经营性设施(如商店、粮店、邮局、储蓄所等),应由使用单位购买或租赁,其他非经营性房屋及配套的市政设施投资,应逐步理顺渠道加以解决。

旧住房的标准价,按重置价成新折扣和环境因素等按质计价。砖混结构的单元套房,每平方米建筑面积售价一般不能低于120元。严格防止贱价出售,搞不正之风。

原来实行的补贴出售或有限产权出售的办法,应立即停止实行。今后出售公有住房的价格须经当地物价和房地产部门审定,按照有关规定办理各项手续。

要对职工买房采取优惠措施。一次付清房款的,产权单位应给予适当优惠;无力一次付清的,应先付不少于房价30%的现款,剩下部分可向银行申请长期低息抵押贷款。留利多的企业单位,可以根据条件给低收入的职工贴息。贷款期限根据职工的偿还能力和贷款金额而定,新房一般不超过15年,最长不超过20年,旧房最长不超过10年,并根据还款期长短,确定不同的贷款利率。购房户每月还本付息,除以住房券抵交外,还应拿出占家庭工资收入10%至15%的现金。

以上出售新、旧住房的标准价和各项优惠措施,不适用于年收入1万元以上的住房。

今后各单位的新建住房,要先卖后租,尽可能做到大部分出售,小部分出租,主要租给低收入者。旧住房要有计划优先出售给原住户。要尽可能把环境好、质量好的房子拿出来出售,以吸引职工买房。职工买到住房后,产权归个人所有,可以使用、继承和出售。出售的增值部分,本人只能分得相当于原来所付房价占当时综合造价比例的部分。

商品住房要按不同的档次建造,主体结构与内部装修可以分开搞,分别计算价格,以便购房户根据各自的需要和经济条件选购。从现在开始,不准再建大面积、高标准装修的住房低价出租。新建住房要以中小户型为主,设计上要为将来改造留有余地,尽可能方便住户。

县镇建设住房,要严格控制占用土地,提倡集资建楼房。不经批准,不准建平房。

六、配套改革金融体制，调整信贷结构

住房制度改革，要广泛而有效地筹集和融通资金，建立一套科学的结算办法，金融体制必须进行相应的配套改革。烟台、蚌埠两市，已成立住房储蓄银行，要切实办好，取得经验。其他城市可由当地政府委托银行设立房地产信贷部，专门办理有关住房生产、消费资金的筹集、融通和信贷结算等业务，实行单独核算，自主经营，自负盈亏，自求平衡，单独缴税。

人民银行要根据住房制度改革和住房商品化的实际进程，从今年开始逐年在计划上安排一块商品住房信贷指标，逐步把信贷结构调整过来。

七、对住房建设、经营在税收政策上给予优惠

住房建筑税和房产税，从当地全面推行住房制度改革时起三年内，留给城市作为城市的住房基金。经营单位向职工个人出售的商品住房，可免缴建筑税、营业税。职工个人第一次购买公有住房，免交契税。对房产经营部门能源交通重点建设基金的征收，按其收入总额扣除成本和税金后的数额计征。

八、加强房产市场管理

随着住房逐步商品化，要建立、健全房产交易机构，并置于当地政府主管部门的管理和监督之下，严禁非法买卖，投机倒把，牟取暴利。房产的买卖、转让，必须按照有关规定，到房产管理部门登记、取证。住房出售、出租价格，要纳入商品价格管理体系，物价部门和房地产管理部门要加强管理。商品住房出售后，要加强售后服务工作，方便住户，可由房屋修缮和经营单位，在住户自愿的基础上，统一管理和保养维修，提供各种社会服务，收取合理的费用。

首届全国优秀女企业家评选结果揭晓

这次评选活动是由全国妇联、农牧渔业部、中国企业管理协会、中国农村经营报、中国妇女报联合举办的。在全国范围内评选优秀女企业家，目前尚属首次。

这次当选的50名优秀女企业家，是从全国各地推荐上来的数千名女企业家中挑选出来的。她们的年龄从30岁至60来岁，其中既有国营企业、乡镇集体企业的负责人，也有个体企业的厂长、经理。她们来自全国27个省、自治区、直辖市的电子、轻工、纺织、财贸、化工、机械、医药、有色金属、服装、工艺品、玩具等十几个行业。

中国农科院主持的异常气候对农业生产影响及其战略对策的协作研究会议在北京举行

近年来，全球气候处于大幅度的变动状态，预计到2030年左右，地球表面平均温度将升高1.5摄氏度至4.5摄氏度。气候的重大变化，频繁的自然灾害，对农业生产的潜在威胁会长期存在，有可能给国民经济带来重大损失。因此，积极组织有关专家展开协作研究，作出战略对策，具有重要的现实意义和实用价值。

这个协作研究将发挥多部门、跨地区的优势，在农业发展战略、农作物种植业区划和农作物气候区划、作物产量、气象模式、农业气象灾害发生规律和防御措施等项研究的基础上，吸取农学、水利、土肥、农业经济、农业区划方法及电子计算机技术，提出对策供领导部门决策参考。

第三届环太平洋煤炭会议在北京召开

国务院副总理姚依林在人民大会堂会见了参加会议的代表。

这次会议是由中国煤炭进出口总公司、美国AER公司、香港环能贸易公司共同举办的。参加会议的有美国、日本、英国、加拿大、波兰、中国香港等30多个国家和地区从事煤炭经济、贸易、技术的160多位专家、学者。煤炭部部长于洪恩等出席了开幕式。会议将研究、分析国际煤炭市场供需情况和发展趋势；介绍世界各国煤炭勘探、开采、洗选等方面的最新技术及成果。会上还将介绍中国煤炭工业的成就和发展前景。

中共中央政治局常委胡启立在人民大会堂会见由总书记保罗·贝朗热率领的毛里求斯战斗运动代表团

全国青少年劳动技术和科技制作竞赛活动从今年起开始举办

国家教委中学教育司、中国科协青少年工作部、共青团中央宣传部等7单位决定，从今年起联合主办全国青少年劳动技术和科技制作竞赛活动。

这次竞赛活动主要参赛对象是中小学生和职业高中学生，也欢迎20周岁以下的其他青少年参加。竞赛以“开辟第二课堂，贯彻三个面向，增强实践能力，培养科技新苗”为宗旨，动员和吸引更多中小学生在学好主课的基础上，积极参加劳动技术课和课外科技活动，从小养成热爱劳动和注重科学实践的好习惯。

中顾委副主任薄一波担任竞赛委员会名誉主席。全国政协副主席周培源应邀出任顾问。此外有10个大型企业为竞赛提供了资助。

国家体委 国家教委联合发出《关于1988年普通高等学校体育专业招生工作的通知》

通知要求坚决杜绝招生工作中徇私舞弊、走后门、任意降低标准录取新生等不正之风。

通知指出，报考青年年龄不超过22周岁，教练员、体育教师、优秀运动员可放宽到28周岁。以培养优秀

运动员后备力量为主的中等体育学校的应届毕业生，可以报考高等学校体育专业。报考体育专业的考生除报考基础理论系体育管理专业、中医骨伤科专业的考生外，提前进行身体素质和专项技术考试。

通知说，体育专业的文化考试与全国普通高等学校理工农医类统考的考试科目和计分办法相同。体育学院本科文化成绩录取控制分数线一般不得低于本地区理工农医类最低控制分数线的70%；专科不低于60%。体育考试成绩不低于60分。高等师范院校和综合大学体育系本科的文化成绩录取控制分数线一般不低于本地区理工农医类最低控制分数线的80%；专科不低于70%。

体育学院基础理论系、体育管理专业、中医骨伤科专业文化录取分数线与本地区理工农医类最低控制分数线相同。凡获得二级运动员以上称号或体育成绩优秀，文化考试成绩略低于当地体育专业最低控制分数线的，体育院、系可以适当降分录取。

通知对报考体育系、运动系考生的体检标准作出补充规定，男子身高低于1.70米、女子低于1.60米者，一般不予录取；裸眼视力任何一眼低于0.5者，一般不予录取。

通知说，今年北京、上海体育学院运动系继续试行单独招生，文化、体育考试及录取办法由招生学校自定。

通知指出，在全国普通高等学校其他专业录取之前，体育院、系提前录取。凡已被体育院、系录取的考生，其他学校不再录取。

国际合作出版促进会在北京成立

该会是中国出版工作者协会领导下从事对外合作出版的民间团体，宗旨是扩大对外合作出版业务，加强我国出版印刷界与国际出版集团的交往，向外国介绍出版中国优秀的文学、科学和艺术作品，适当引进国外有价值的各类书籍，促进和发展文化交流。许力以任会长。

吴作人获比利时“王冠级荣誉勋章”

比利时驻华大使弗朗斯·巴克兰特授予中国著名画家、艺术教育家吴作人比利时“王冠级荣誉勋章”，以表彰他在绘画艺术方面的杰出成就和对沟通中、比两国文化艺术交流所做的贡献。

吴作人曾于30年代初在比利时皇家美术学院学习油画，并获得学院金质奖章和桂冠生称号。

两部龙凤文化专著将出版

《龙凤图集》《龙凤文化源流》将分别由朝花美术出版社和北京工艺美术出版社出版。这两部龙凤文化专著分别从美术考古学、古文字学、民族学等不同角度，对龙凤起源、演化，龙凤表现的民族心理、审美意识、中国龙凤艺术距今8000年前至前哥伦布时期在环太平洋地区的持续传播进行了综合研究，指出龙凤文化是上古中华文明的本质特征，美洲某些古印第安文明与中华文明同祖同源。

两书的作者王大有还从图腾文化的角度，对中国上古神话进行研究，揭示其与龙凤文化的关系，并对中国和美洲的扶桑图作了比较，证明中国与美洲古代文化交往源远流长。

中国选手李琰在第十五届冬季奥运会表演赛中破女子千米速滑世界纪录

李琰在决赛中以1分39秒的成绩，打破了一个半小时前由荷兰选手莫妮阔·弗尔泽布尔在预赛中创造的1分40秒58的该项新纪录，获得这个项目的金牌这个项目的原世界纪录为1分41秒80，是加拿大运动员玛丽塞·佩雷奥尔特于1986年创造的。

辽宁彰武县发生4.8级地震

据我国区域台网测定，今天13时59分(北京时间)在辽宁省彰武县(北纬42度24分，东经122度20分)发生4.8级地震。

2月26日

中共中央决定设立中共海南省(筹建)工作委员会

中共海南省(筹建)工作委员会书记由许士杰担任；副书记是：梁湘、刘剑锋、姚文绪。

中直机关负责同志会议在中南海召开

这次会议主要研究中直机关如何贯彻落实国务院关于严格控制社会集团购买力、压缩开支的紧急通知精神。

中共中央直属机关工作委员会书记、中共中央办公厅主任温家宝在会上指出，提倡艰苦创业、廉洁勤俭、反对奢侈浪费，是党的十三大确定的基本路线的内容之一。要进行四化建设，必须坚决贯彻党的基本路线，解放思想，深入改革开放，努力发展社会生产力。与此同时，还要艰苦创业、勤俭建国、勤俭办一切事业，树立良好的党风和社会风气。中直机关要把执行国务院紧急通知同贯彻党的基本路线联系起来，并把它作为本部门、本单位落实十三大精神的一个实际行动来对待。

温家宝要求中直机关带头反对奢侈浪费，提倡艰苦朴素，自觉执行中央指示和国务院规定，坚决压缩经费开支，为全党全国作出表率。温家宝强调说，最近几年，中直机关在节减行政经费方面是有成绩的，但是，有些单位领导同志和工作人员艰苦奋斗的观念淡薄，还存在着讲排场、摆阔气，花钱大手大脚、铺张浪费的不良现象，应引起足够重视，认真加以解决。中直机关对中央指示和国务院规定，必须令行禁止，严格执行，毫不含糊，决不允许敷衍塞责，自行其是，决不允许发生违反国务院紧急通知的事情。

会议公布了中直管理局为贯彻落实国务院紧急通知而提出的几条要求和措施。其中包括今年公用经费预算要比去年压缩20%，特别是设备购置费、业务费、会议费、邮电费、差旅费压缩的比例更大些；各单位今年的社会集团购买力指标，一律在去年实际支出的基础上压缩20%，专控商品除中央或国务院特批外，一律不批；在中央机关机构改革中，对于撤销、合并、划转单位的固定资产和物资，要认真按照有关规定办理；挖掘内部潜力，扩大有偿服务项目，合理组织收入，弥补行政经费不足；加强基建管理，提高投资效益；健全内审机构，加强审计监督；继续研究机关后勤工作改革，提高服务、管理、经营水平等。

中办 国办转发16省市信访工作座谈会纪要

16省市信访工作座谈会是去年12月中旬在北京召开的。会议认为，1986年全国信访工作座谈会以来，各地、各部门在信访工作方面围绕党和政府的各项任务做了大量工作，取得了明显成效，如加强了信访信息工作；积极配合有关部门解决了一批群众的实际问题；加强了信访工作建设，开展了文明接待和信访理论探讨活动等。通过这些工作，群众要求解决个人实际问题的来信来访数量有所下降，越级到中央和省、自治区、直辖市上访的有所减少。据中央办公厅、国务院办公厅信访局和参加座谈会的16个省、市统计，1987年1月至11月，群众来信来访数量比1986年同期下降14%左右。由于各地、各部门认真贯彻执行党中央、国务院对信访工作的指示，信访工作为贯彻执行党的各项政策，促进改革开放，维护安定团结，克服领导机关的官僚主义作风，调动群众的积极因素，起了很好的作用。但是，有些地方和部门对信访工作的认识还不尽一致，工作发展也不平衡。信访工作要进一步适应新形势的要求，还必须作出新的努力。

会议认为，十三大确定的党的基本路线的战略任务和作出的各项重大决策，特别是关于建立社会协商对话制度、完善社会主义民主政治的若干制度、加强社会主义法制建设等任务的提出，为信访工作明确了前进方向，提出了更高要求。

信访工作是党和政府加强同群众联系的一项重要工作，是各级领导机关和领导干部了解社情民意、汲取群众智慧、为民排忧解难的一个重要途径，也是各级领导机关和领导干部接受群众监督、同群众对话的一个重要渠道。当前正值新旧体制交替，法制尚不健全，各方面的管理和监督还跟不上形势的发展，认真做好信访工作，保证信访渠道畅通，做到下情上达，上情下达，彼此沟通，互相理解，使群众的正确意见得到支持，合法权益得到保护，思想上的疑虑得到疏导，对于动员和组织群众投身于加快和深化改革的事业，具有重要意义。今后的信访工作任务，不是减轻了，而是更重了。要从人民当家做主、建设社会主义民主政治、领导机关科学决策的高度，来认识信访工作的长期性和重要性。各级领导机关，首先是党政领导机关，要重视信访工作，把这件事摆到议事日程的适当位置，加强对信访工作的领导，形成制度，持之以恒。从事信访工作的同志要增强全心全意为人民服务的思想，发扬艰苦奋斗的作风，兢兢业业，勤勤恳恳，开创信访工作的新局面。

会议提出，信访工作要坚决贯彻执行党的基本路线，加强职业道德建设，健全规章制度，确保渠道畅通，维护安定团结，尊重群众的合法权益，为改革开放服务，为领导机关服务，为人民服务。为此，要着重抓好以下三个方面的工作：

一、结合改革开放和群众信访的实际，加强调查研究，强化信访信息工作，及时准确地向领导机关反映重要的情况、问题和建议；

二、主动配合有关部门做好疏导、协调工作，正确处理人民内部矛盾，维护安定团结；

三、尊重群众的合法权益，积极配合有关部门按照法律和政策，帮助解决群众的实际困难。

会议认为，党的十一届三中全会以来，经过拨乱反正、平反冤假错案和落实党的各项政策，特别是改革开放政策的贯彻执行，目前信访的内容、对象、范围等方面都发生了明显变化，涉及经济方面的问题、城镇方面的问题和涉外的问题多了。为使信访工作适应新的形势，要本着实事求是、兴利除弊的原则，搞好信访工作的改革。

会议要求各级信访部门牢固树立人民当家做主的思想，文明接待，认真办信，保证信访渠道畅通，为群众提建议、诉委屈和实施民主监督创造方便条件；要坚持分级负责、归口办理的原则，完善实施办法；切实做好信访信息工作，拓宽信息渠道，加强综合研究，努力提高信息质量；逐步健全信访规则，要从实际出发，研究对上访群众的教育和管理措施，加强综合治理，建立良好的信访秩序；提高信访干部的素质，以提高政治素质和增强改革意识、懂得经济工作、学会依法办事为主要内容,采取多种形式、多种层次培训信访干部等。

第八次全国检察工作会议在北京召开

根据会议提供的情况表明,我国各级检察机关已具较大规模。目前,全国已建立3491个检察院,拥有14万余人的检察队伍。

上一次全国检察工作会议是在1978年12月召开的。据悉,9年来全国各级检察机关认真履行法律监督职责,共纠正历史上遗留的冤、假、错案41.9万多件,批准逮捕各类刑事犯罪分子300.6万多人,决定起诉的案犯295万多人,出庭支持公诉230万余起,直接受理和自行侦查贪污、受贿、偷税抗税等经济犯罪案件21.3万多件,追回赃款赃物18亿多元。

各级检察机关在保护公民合法权益方面的作用引人注目。最高检察院的人士说,检察机关一成立,就重视了同国家工作人员中的违法犯罪行为作斗争。特别是近两年来,各级检察机关排除各种阻力和干扰,依法查处了一批严重侵犯公民民主权利、玩忽职守等犯罪案件。据悉,9年多来各级检察机关依法办理非法拘禁、刑讯逼供、诬告陷害、玩忽职守等案件5万余起,起诉2.8万余件。同时,检察机关通过法律监督,对公安机关提请逮捕、移送起诉的案件,认真审查,严格把关,不批准逮捕32.7万余人,退回补充侦查54万余件,不起诉3.9万余件。在审判监督中,对法院判决确有错误的案件,提出抗诉1.7万余件,提出纠正违法1.8万余件(次)。另外,在监管改造工作的监督中,对管教人员中的违法行为提出纠正意见49.9万多次,办理监管改造场所干警犯罪案件2000多件。

来自全国各地的检察长和中央有关部门的代表300多人参加这次会议。在这次为期7天的会议上,将重点研究检察体制改革的问题。据悉,为适应经济体制和政治体制改革的要求,人民检察机关将由过去主要对刑事法律的实施进行监督逐步转变为不仅进一步完善对刑事法律的实施进行监督,而且将对民事、行政诉讼活动进行监督。按照党政分开的原则,在检察机关内部将实行检察长负责制,并逐步建立相对独立的检察机关的领导体制。

农牧渔业部 水电部在北京联合召开全国春耕生产电话会议

农牧渔业部部长何康、水电部部长钱正英分别在会上作了讲话。

何康说,去年整个农业形势比预料的要好,但面临的问题仍然是严峻的。当前存在的一个突出问题是,部分地区夏收粮油作物由于连续遭受渍涝、干旱和冻害影响,目前长势不理想;西北和黄淮海地区以及广东、广西、云南部分地区的旱情在发展,春旱的威胁愈来愈明显。因此,要夺取夏季丰收,必须做艰苦的努力。

一、及早组织、动员群众加强越冬作物的田间管理。据林业部门统计,去年冬播粮食作物43700万亩,比上年扩大900多万亩,油菜7760万亩,增加近100万亩,但因自然灾害影响,目前不仅苗情长势不够理想,预计实收面积也将会减少。因此,及早组织群众采取切实可行措施,加强田间管理,已成为当前一项十分紧迫的任务。各地一定要打破常规,针对不同作物、不同苗情,浇水、施肥、抗旱防涝、除草治虫,力争提高单产,对受冻严重的油菜要及早补苗、改种,加强培育管理。

二、抓紧落实各项政策和生产计划。今年国家对粮食购销继续实行"双轨制",继续执行"三挂钩"的政策;棉花奖售化肥实行专项安排;糖料收购实行价外补贴和"吨糖吨粮"的调出政策。这些政策的实施将有利于调动群众的积极性,各级农业部门应积极协同有关部门,大力宣传,落到实处。要妥善安排好作物布局和种植面积,在保证粮食面积的前提下,适当扩大棉花、糖料面积,稳定油料、蔬菜面积,因地制宜安排好其他作物生产。

三、扎扎实实抓好备耕备播工作,确保春耕生产顺利进行。一是要抓好种子、种苗的调剂与供应,保质保量保时满足春播的需要;二是要协同有关部门抓好化肥、农药、柴油、地膜等农用生产资料的供应;三是要与农行、财政部门协调一致安排和管好用好农业的各项资金;四是东北等部分地区要组织好机械、畜力投入春翻整地,保质保量完成春播任务。五是大力推广适用农业技术,开展"丰收计划"活动。

水电部部长钱正英说,去冬以来,我国北方部分地区雪雨偏少,旱情比较严重。南方部分地区也出现旱象,值得警惕。

当前,要抓好去冬今春建成的各类农田水利工程的收尾验收工作,尽快形成生产力,投入使用。没有竣工的要分类排队,区别轻重缓急,抓紧建筑物配套和工程扫尾。对当年能见效的工程要集中人力、物力,力争在春播前竣工,在今年农业生产中发挥作用。

钱部长还要求各地水利部门充分发挥现有水利设施的作用,抓好春灌。同时要求各级电力部门把农业用电作为一件大事来抓好。南方对防洪、防涝、排灌设施要进行一次全面检查,对危险堤坝等要及时加固处理。

国务院各部门加强企业管理工作会议在北京召开

会议提出,今年是全面搞好工业企业升级工作的关键一年,各地区、各部门要认真修订企业升级标准,做好今年国家级企业申报审定的准备工作。

这次会议为今年的企业升级工作提出了时间表：一季度主要是做好企业升级标准的复查修订工作；二季度集中力量做好国家二级企业的申报审定工作；三季度在工业部门选择少数企业进行国家一级企业的审定试点，同时有条件的行业要着手制定国家特级企业标准；四季度主要是总结交流经验，部署下一步工作。

会议提出当前做好企业升级工作要注意抓好三件事：一是认真搞好国家级企业升级标准的复查、修订工作。二是做好国家级企业申报审定的各项准备工作，一定要把好申报关、考核关、审批关。三是把企业升级工作和完善承包经营责任制与推广满负荷工作法结合起来。通过企业升级工作，引导企业加强管理，提高企业的素质，为承包经营责任制的配套、完善、深化、发展、奠定坚实的基础。

建设部副部长储传亨在首次全国住房制度改革工作会议上讲话

储传亨提出，城镇住房制度改革的总目标是按照社会主义有计划商品经济的要求，实现住房商品化。

他说，实现住房商品化，就是将现在的实物分配逐步改变为货币分配，由住户通过商品交换，取得住房的使用权或所有权，使住房这个大商品也进入消费品市场，实现住房资金投入产出的良性循环，从而走出一条具有中国特色的，既有利于解决城镇住房问题，又能够促进房地产业、建材工业和建筑业发展的新路子。

储传亨指出，为实现这个总目标，住房制度改革的内容至少应当包括以下4点：

——要改变分配渠道，把现在实际发生的住房消费基金逐步纳入正常渠道，将大量暗贴转化为明贴，并逐步纳入职工工资。

——要确立住房作为商品生产的指导性计划管理体制。

——要在理顺现在围绕住房所发生的各种资金的基础上建立住房基金，并相应建立能够实现住房资金良性循环的运行机制。

——要调整产业结构，开放房地产市场，发展房地产业。

他说，根据上述总目标和改革内容，今后几年的房改任务，主要是改革公房低租金(租、住私房职工暂不参加)，促进职工个人买房，并从政策、立法、社会舆论等方面采取措施，引导居民消费结构趋向合理，为实现住房商品化奠定基础。

储传亨说，在改革的做法上，可以根据总的目标，从当地实际情况出发，在全国统一政策下，因地制宜，多种多样，不拘一格。在全面改革方案出台之前，也可以先实行新房新租，旧房超标准加租，以及集资建房预售、组织建房合作社等单项改革。

中国机电产品出口大幅增加

据《人民日报》报道，在1986年实现新的起步的基础上，去年我国机电产品出口发展势头比预想的要好，出口额达到38.54亿美元，比1986年净增13.7亿美元，增长55%，比1985年翻了一番多。机电产品出口额在全国出口总额中所占比重，由1985年的6.1%上升到1987年的9.6%。

去年，我国机电产品出口有如下特点：

——产品结构开始有所变化，一批拳头产品正在形成。按海关统计，手表、收录机、收音机、手工具、日用五金、电视机、船舶、建筑五金、电话机、成套设备等10种产品出口额已超过1亿美元(包括来料加工)。技术比较密集的产品，出口也有所增加。

——在对传统市场出口继续增加的同时，对北美、西欧市场出口开始较快增长。据机械、机械设备、船舶3个公司统计，对北美市场出口增长67.8%，对西欧市场增长近3.5倍。

——贸易方式向多样化发展。来图、来样、来料加工，来件装配等方式有一定发展，有的企业开始探索在国外设厂。

在机电产品出口发展中，一批省市、总公司和生产企业作出了较大贡献。上海、广东两省市机电产品出口超过5亿美元，各地还出现了50多个出口额在500万美元以上的出口生产企业。

国家明确了机电产品出口在不突破各机电外贸、工贸总公司核定的综合换汇成本的前提下，不封顶，允许超计划出口。这项规定对1987年机电产品出口较快增长起了关键作用。全国多数省、区、市为加强机电产品出口的组织领导，成立了精干的专门机构。

中国核科技工业"军民结合 以核为主 多种经营"布局初步形成

据《人民日报》报道，经过几年的改革，我国核科技工业体系基本实现了原定的调整方案，一个"军民结合，以核为主，多种经营"的布局已经初步形成。

随着国际国内形势的变化，我国核科技工业在党的十一届三中全会以后在服务方向、产业结构、工业布局、运行机制、管理方式等方面开始调整和改革。1981年，中央提出了原子能工业逐步转到为国民经济建设服务，军民结合，以核为主，多种经营的发展方针。根据这一方针，我国限制了核军品的生产，只进行必要的核试验，并从1985年起，停止了大气层核试验。

与此同时，我国大力加强核技术的和平利用。这包括核能开发、同位素和辐照技术的应用,以及与核工业相关技术的开发和应用。

发展核电是我国核技术为国民经济服务的主要方向。目前,我国已经开始建设大、中、小3种类核电站。浙江秦山的30万千瓦核电站的安全壳焊接和混凝土施工质量复验合格,安全壳的筒体部分将于3月份封顶,并进入主设备与主系统的安装阶段。由国外引进的广东大亚湾两座90万千瓦反应堆的主体工程已经开工。秦山二期60万千瓦双堆核电站已经国家批准立项,开始前期工作,它将成为我国批量生产的第一个商业化核电站。

同位素辐射技术在工、农、医药方面广泛应用。全国已建成大小辐照装置160个,总装源能量300万居里。这在食品保鲜、消毒灭菌、改变物品理化性质等方面取得良好效果。

把核工业相关的技术运用于其他民用工业的技术改造和工艺改进,有的已生产出一批有特色的产品。核工业部把萃取、离子交换等技术应用于稀土和黄金的勘探和冶炼,为国家提供了数量可观的稀土产量和黄金储量。锂盐锂材、火灾报警器等22种民用产品的单项产值接近或超过1000万元。

根据核工业部今天提供的材料,这个部的民品开发已由普遍开花、上短平快项目过渡到开发企业支柱产品的新阶段。1987年全部民品产值4.4亿元,从事民用建筑和安装的总产值5亿元,技术转让、咨询及技术服务的收入达5000万元。

核技术科研方面,在核武器研究取得新进展的同时,着重于核动力堆、民用核燃料技术及放射性"三废"处理的研究。为了能够在20世纪内掌握核电技术,完成了秦山核电站的350项科研工作。

大型画册《邓小平》在人民大会堂举行发行仪式

展示邓小平同志波澜壮阔的革命生涯、折射出中国革命辉煌历程的这部大型画册的出版,受到首都各界的重视。参加发行仪式的有:胡启立、宋平、秦基伟、丁关根、薄一波、宋任穷、芮杏文、阎明复、温家宝、伍修权、胡乔木、段君毅、黄华、黄镇、周谷城、严济慈、康克清、周培源、费孝通、洪学智、刘华清等。

中共中央文献研究室主任、画册主编李琦向大家介绍了画册从酝酿到编辑出版的经过。他说,这本画册通过照片和文字,反映了邓小平同志的革命业绩和理论贡献,展现出他在不同历史年代经历的胜利和曲折,构成一个以中国革命为背景的生动连贯的历史画卷。他认为这本画册不仅具有文献价值,而且具有艺术欣赏价值。

周谷城、黄华、钱三强、王蒙、薄一波、胡乔木先后登台发言。他们认为,通过画册向国内外读者介绍邓小平同志是一件十分有意义的事,它有助于中外读者了解邓小平,了解当今的中国。薄一波认为,《邓小平》画册对我们研究党史也有重要的参考作用。胡乔木预言,画册用多种文字出版发行,一定会受到各国读者的欢迎。

《邓小平》画册是由中共中央文献研究室和新华通讯社编辑,中央文献出版社出版的。画册的主编是李琦、穆青、逄先知,副主编是杨绍明、潘荣庭。编入画册的500多幅照片,是从数以万计的照片中遴选出的,其中50%以上的照片没有公开发表过。画册中还第一次发表了20000字的系统介绍邓小平的传记性文章。画册已用中、英文出版,法、德、日等文字的版本也将陆续问世。

关心支持画册编辑出版工作的老同志,首都文学、艺术、摄影、教育、科技、新闻、出版等界的知名人士以及人民解放军的负责同志等,共250多人出席了仪式。

美术大师刘海粟获多项国际奖

刘海粟近日陆续收到美国、英国、意大利等国寄来的各项荣誉奖品和证书。

刘海粟是我国现代美术教育的奠基人之一。"杰出成就奖"是英国剑桥国际传略中心授予刘海粟的。海粟老人一生的成就和事迹已被收入这家中心出版的《国际成功传略专集》《国际知识界名人录》《国际传略辞典》。中心还授予刘海粟一枚纯银钥匙。这种钥匙在英国仅有1001件,专授予国际名人。

美国传略研究所已聘刘海粟为其终身会员和名誉终身副董事,并授予刘海粟"伟大成功大使"的称号。这家研究所将海粟老人的事迹收入其出版的《国际著名人士光荣集》内。

刘海粟收到的荣誉奖品和奖状还有:意大利欧洲学院授予的"欧洲棕榈金奖",美国世界议会颁发的"金焰奖"等。

2月27日

中共中央决定成立中共中央政治体制改革研究室

新华社报道:中共中央决定,成立中共中央政治体制改革研究室,中央书记处农村政策研究室改为中央农村政策研究室。

第三次全国台湾同胞代表会议在北京开幕

党和国家领导人乔石、阎明复在开幕式前来到人民大会堂,亲切会见全体会议代表和工作人员,并与他们合影留念。

由全国各地台联推选的256位代表出席了开幕式,其中有20位代表是新近回祖国大陆定居的人员。

李辰同志在开幕词中说,第三次全国台湾同胞代表会议是在海峡两岸关系开始出现良好势头的形势下召开的,这次会议要在全面深入总结过去三年工作的基础上,明确台联今后的工作任务和方向,并将审议和通过全国台联第二届理事会工作报告和《全国台联章程》,选举第三届全国台联理事会。

中共中央书记处书记、中共中央统战部部长阎明复代表中共中央向会议表示热烈的祝贺。他说,全国台联为祖国的和平统一,为中华民族的振兴,做了许多卓有成效的工作,很好地发挥了双向沟通作用,起到了党和政府联系台湾同胞的桥梁作用。

阎明复说,我们党和政府和平统一祖国的方针和政策是明确的、一贯的。争取和平解决台湾问题,我们寄希望于台湾当局,更寄希望于台湾人民。台湾人民有着爱国的光荣传统,盼望统一,反对分裂。我们愿与台湾各界人士共商国是,完成祖国统一、振兴中华的大业。还指出,去年,台湾当局在内外压力下放宽了台胞到大陆探亲的限制,今后双方的交往将会越来越多。我们希望这种趋势继续发展,使两岸之间的单向探亲发展成为双向来往。这是两岸人民的迫切愿望。

林丽韫同志代表全国台联第二届理事会作三年工作总结报告。报告回顾了全国台联上届理事会以来三年的各项工作,总结了坚持"一个团结,两个联络",重视做好大陆台胞的工作,努力沟通两岸民间交往,运用台联民众团体的特点,在国内外台胞中做了大量的工作,取得了很大的成绩。

国务院批转《国家体改委关于一九八八年深化经济体制改革的总体方案》

党的第十三次全国代表大会,系统阐述了我国正处于社会主义初级阶段的理论,明确了我国经济发展的战略,为经济体制改革规定了正确的原则和方向。

1987年,全国经济建设和改革都取得了很大成绩,生产、建设、流通和外贸的情况比预料要好,经济体制改革有较大进展,整个经济形势是好的。根据党的十三大的精神,从当前的实际情况出发,1988年经济工作总的方针是:经济要进一步稳定,改革要进一步深入。经济体制改革,要从这一全局出发,立足于解决当前经济运行中亟须解决的矛盾和问题,把经济体制改革同经济发展和政治体制改革紧密结合起来,有重点、有步骤地深入进行。主要任务是:按照发展社会主义商品经济的总目标,以落实和完善企业承包经营责任制,深化企业经营机制改革为重点;同时,改革计划、投资、物资、外贸、金融、财税体制和住房制度,加强对固定资产投资、消费基金和物价的管理,更好地促进国民经济持续稳定增长。

深化企业改革

1. 搞好企业承包经营责任制的配套、完善、深化和发展。深化企业改革的方向,就是要解决全民所有制企业政企分开和所有权与经营权分离的问题,在不改变所有权的情况下,把资产占有权、使用权、支配权交给企业,强化企业在经营上的责任,建立起既有激励、又有约束的企业经营机制,逐步把企业推上市场竞争、自主经营、自负盈亏的轨道。承包经营责任制,是促进企业机制合理转化的一条重要路子,要锲而不舍,长期坚持下去。1988年,深化企业改革主要是通过推广和完善承包经营责任制,进一步解决全民所有制大中型企业经营机制问题,增强企业活力,促使企业积极挖掘潜力,增加社会供给。对全民所有制小型企业,可根据行业的不同情况,继续推行租赁和承包制,有的也可以拍卖。

2. 积极引入竞争机制,采用招标等多种形式确定承包经营者。承包经营者是企业法人的代表,在企业中处于中心地位,对企业负全面责任。承包经营者可以在本企业范围内或同行业中选聘,也可以面向全社会招聘。各地可根据需要,逐步建立有利于统一协调的企业发包机构和不同形式的企业经营者组织,为发包、承包双方以及承包者之间的广泛接触创造条件。通过竞争,促进人才脱颖而出,尽快形成一支适应社会主义商品经济发展的企业经营者队伍。承包合同,期限不能太短,一般不应少于三年,在有效期内双方不得随意变更;特别是各级政府部门要注意维护合同的严肃性,保护企业经营者的合法权益,不要随意以行政命令进行干预。新签合同的企业,要在总结经验的基础上选择好承包形式,既能有效调动企业的积极性,又便于同今后深化改革的措施相衔接。

3. 进一步完善企业的约束机制。承包合同应当规定,企业必须严格执行国家物价政策,不得乱涨价或变相涨价,损害国家和消费者的利益。企业增加的留利,大部分要用于发展生产和技术进步,职工平均实际收入的增长速度要低于劳动生产率的增长速度。随着留利的增加,要逐步建立企业风险基金,在完不成上缴任务时,用包括风险基金在内的企业自有资金补足,做到既负盈又负亏。新承包企业承包后的固定资产投资贷款,原则上由税前还贷改为税后还贷。承包前的老贷款,可在核定承包基数时专项列出,纳入合同,分年还清。对于一些社会效益好、还款能力差的项目,经审核同意,可予以贴息支持,或采取适当延长还款期和其他办法照顾。

4. 进一步促进企业内部管理制度的改革。要结合推广承包经营责任制,全面推行厂长(经理)负责制,任期目标责任制和任期终结审计制。并且按照责、权、利相结合的原则,积极推广“满负荷工作法”和“厂内银行”结算制,逐步形成企业内部的目标管理体系和经济责任制网络体系。进一步改革和完善企业劳动工资制度,扩大劳动合同制范围,大力推行企业内部劳动择优组合、计件工资、定额工资和岗位工资,推广各种形式的工资总额与经济效益指标挂钩浮动的办法,并严格考核和奖罚制度,全面提高管理水平,推动双增双节运动持续发展。要积极推行全员承包,加强民主管理,发挥职工主人翁的作用。

5. 进一步促进企业技术进步和结构调整。在有关产业政策指导下,对不同行业、不同企业采取不同的承包形式。对于那些符合技术改造规划要求、亟须技术改造的重点企业,可以实行“双包”,即既包上缴所得税和调节税,又包完成技术改造、生产经营能力增长和国有资产增值的任务。已实行部门承包的,要把承包的责、权、利进一步落实到企业。鼓励企业承包企业,特别是对一些长期亏损、没有发展前途的企业,提倡由技术先进、竞争力强、效益好的企业进行承包,或实行产权有偿转让,促进产业结构、企业结构和产品结构的合理调整,发展集约化经营。

6. 继续推动横向经济联合,积极发展企业集团。特别是要鼓励生产企业和科研单位实行联合,逐步形成一批科研、技术、资金、设备等力量强大的竞争性的企业集团或企业联合体。发展横向联合,在承认相互利益的基础上,可以不受原规定“三不变”(企业所有制形式不变、隶属关系不变、财政体制不变)原则的限制。重要的大型企业集团,经过批准可以在国家计划中单列,相应扩大其在固定资产投资、新产品开发、经营销售范围、自销产品定价、外贸进出口、用自有外汇引进技术等方面的权限。在集团之间和集团内部,都要鼓励竞争,防止垄断。在横向联合的企业群体、企业集团和新组建企业中,应积极推行股份制。

投资体制改革

7. 1988年投资体制改革,主要是对国家预算内基本建设投资,开始实行基金制管理,使重点建设有稳定的资金来源,同时也约束基本建设投资膨胀。中央基本建设基金,由国家确定的几项中央预算收入和定额拨款构成,并在财政预算中列收列支,专款专用,年终结转,周转使用。其中,经营性建设的投资实行有偿使用,并着手建立严格的投资管理、使用和回收的责任制;非经营性建设的投资,仍暂按原方式进行。基金主要是用于“七五”计划内的重点工程。同时,制定必要的政策,引导和组织各级地方政府的自筹资金和社会资金,投向能源、原材料、交通等基础工业和基础设施的建设。

8. 搞好对中央基本建设基金的管理。1988年,先组建少数竞争性的专业投资公司,如能源、交通、原材料和农业投资公司,主要承担本行业中央投资的重点建设任务,也可以跨行业投资。公司作为经济实体,负责基金的使用、回收,并努力使基金增值。相应取消各经济部门直接管理投资的职能。中央基本建设基金,由财政部按照纳入基金的项目的收入进度,划转建设银行,按国家计划进行管理。建设银行与投资公司的关系是经济关系,不是行政隶属关系。投资公司不得经办金融业务。

9. 促进投资结构合理化,提高投资效益。运用必要的税收手段,合理调节投资方向。制定合理的规模经济标准,限制那些达不到规模标准、技术工艺落后项目的建设。全面推行建设项目的招标投标制,从项目选定、设计、施工到设备供应和设备进口,都要打破地区、部门和军工、民用的界限,通过招标,择优选定中标单位。尽快制定建设项目招标、投标的法规,禁止营私舞弊、保护落后。

物资、商业体制改革

10. 1988年物资体制改革的主要内容是,着手将国务院各部门管理物资的机构,区别不同情况,有步骤地并入国家物资部门,逐步取消国务院各部门分配和管理物资的职能,为发展国家指导管理下的生产资料市场,实现政府机构改革和职能转变创造条件。国家计划分配的物资,逐步改为由计划部门和物资部门直接将指标分配到使用企业。在推进这一改革时,有关部门必须搞好各方面物资供应的衔接,防止中断或脱节。物资部门与物资经营单位,要坚持政企分开的原则,为生产建设服务,切实转变官商作风。

11. 加强国家分配资源的管理,清理部门、地方管理的物资。对无故不完成国家计划分配调拨任务的生产企业,要按照国家有关法规予以处罚。对各部门现在管理的物资,要进行认真清理,以不同方式进行管理。属于关系经济建设全局的少数紧缺物资,确需继续分配的,经国家计委审查批准,由国家物资部门实行指令性计划分配;属于国家重点生产建设需要的重要机电产品,实行合同订购;供求基本平衡的重要原材料和协作配套产品,实行指导性计划,由国家组织好产需衔接,双方协商订购;其他物资取消分配,放开流通。地方管理分配的物资,也要参照上述原则进行清理。

12. 进一步发展和完善生产资料市场。这是搞好物资体制改革的方向和工作重点。1988年,要继续推广石家庄市对计划内外物资实行同一销价、价差返还、逐步放开、发展市场的经验。研究制定对统配钢材、有色金属、水泥等重要物资,实行由生产企业按国家规定的最高出厂限价销售,国家向生产企业收回价差,并对使用单位给以相应补偿的办法。同时,进一步完善各地的物资贸易中心,发展以城市为中心,国家指导管理下的开放式、竞争性的生产资料市场。坚持按照政企分开的原则,把市场的管理者和经营者分开,经营者不管理市场,管理者不参加经营。

13.进一步深化商业体制改革,发展和完善消费品市场。主要是进一步发展各种形式的联合,逐步建立一批跨行业、跨部门、跨地区和跨所有制的大型企业集团和综合商社,使国营商业和供销社在稳定市场、平抑物价中更好地发挥主导作用。同时,要逐步建立和发展期货市场,完善市场行政法规,加强对市场和社会商业的管理,严厉打击假冒、伪造行为,有效维护市场秩序。按照改官办为民办的方向,继续深化供销合作社的体制改革,完善为农村商品生产服务的体系和农副产品合同定购制度,积极推行联合经营和代理购销,进一步搞活城乡商品流通,促进农村经济发展。

外贸体制改革和对外开放

14.积极发展对外贸易,是扩大对外开放的重要组成部分,外贸体制改革必须适应对外开放和实施沿海地区经济发展战略的要求。要全面推行外贸承包经营责任制,逐步实行自负盈亏,放开经营,工贸结合,推行代理制。1988年改革的主要任务是,实行外贸出口以1988年出口计划为基础,确定出口收汇、上交外汇和经济效益任务,由省(区、市)和计划单列市包干落实到外贸经营企业和出口生产企业,超出口收汇任务的部分,主要留在各承包单位。已确定的轻工、工艺、服装行业继续进行试点。同时,进一步完善鼓励出口的各项政策,积极推行进出口代理制,建立外汇调剂市场,为外贸企业全面实行企业化经营和自负盈亏创造条件。

15.出口方面。主要是实行全面退税,即对出口的商品,由中央财政退还产品税、增值税和营业税。轻工、工艺、服装3个行业,实行退税后外汇留成,自负盈亏。电子、汽车行业中的若干企业集团,实行全额留成,自负盈亏。留成外汇可以用于进口物资或按规定参加外汇调剂市场调剂。

出口商品按照少数商品统一经营、多数商品分散经营的原则,实行分类管理。对少数大宗资源性和在国际市场上比较敏感、国外有配额的商品,实行指令性出口计划,统一经营或统一联合经营;其余大部分商品实行指导性计划,放开经营。大力推行代理出口,促进工贸结合,发展横向联合。

16.进口方面。主要是进一步推行进口代理作价办法。对使用中央外汇进口,国内价格已基本放开的大多数商品,实行进口代理作价。根据产业政策,合理调整进口结构。搞好进口替代。要坚持技贸结合、工贸结合和进出口结合。

17.改进外贸行政管理,贯彻执行国家统一的外贸政策。明确各级外贸行政管理部门的职能。改进和加强进出口许可证和配额管理制度,试办行业性的进出口商会,负责对外贸企业统筹协调,推动各方面联合。但商会一律不得参与经营活动。

18.加快对外开放的步伐。主要是坚持把对外开放的重点,放到发展生产力、推动技术进步、增加出口创汇上。加强引进资金、技术的宏观管理,合理确定重点发展的产业,使外资投向符合我国经济建设和重点发展的要求。逐步建立对外贸易、利用外资、引进技术、发展旅游、对外承包业务和劳务合作等方面互相促进、有机结合的对外经济联系体系。面向世界各国和地区,开展多元化的经济技术合作,提高我国参与国际竞争的灵活性与应变能力。在珠江三角洲、长江三角洲、闽南三角地区和海南岛,采取更加灵活的政策,大力发展"三来一补"(来料加工、来件装配、来样加工、补偿贸易),发挥乡镇企业的优势,使沿海经济开放地带在发展外向型经济方面,取得更大的进展。

金融、财税体制和住房制度改革

19.加快金融体制改革的步伐。主要是,在适当收紧信贷、控制货币发行量、搞好社会资金综合平衡和有效宏观调控的前提下,进一步发展和完善金融市场,搞好资金融通,加速资金周转,调节资金结构,提高资金使用的效益。

积极发展同业融资业务,在有条件的城市,建立由人民银行领导的,跨系统、综合性、开放型的融资市场,打通银行系统间、地区间的融资渠道。

对同业资金的融通实行分类管理,按不同期限,把资金拆借与弥补年度资金缺口的资金借贷分开,消除短期资金用于长期投资的弊病。年度资金缺口,可通过发行同业债券、金融债券和扩大吸收存款来弥补。同时,大力推广商业票据,健全商业票据贴现和再贴现制度。

允许企业特别是一些重点建设项目和重点企业,经过人民银行批准,发行中长期债券,向社会筹集资金。计划和企业主管部门,可以用贴息、担保的方式,引导资金投向。

建立在人民银行领导下的证券公司、短资公司和企业资信评议组织等机构,积极发展有价证券的流通市场,增加企业直接融资比重。制定有关法规和条例,搞好证券市场管理。

改革利率体系,调整不合理的利率结构,逐步建立以中央银行贷款利率为基准的浮动利率体系,发挥利率杠杆对资金供求的调节作用。

积极推进专业银行企业化的改革，有计划地加强交通银行的力量，逐步改变专业银行对内吃“大锅饭”和对外垄断的局面。

20. 进一步强化中央银行的宏观管理职能。主要是：

严格控制货币发行量和信贷总规模。坚持货币供应量的增长幅度，低于经济增长与物价上升幅度之和；对固定资产投资贷款总规模，实行严格的指标控制。

财政赤字的弥补，逐步改为通过向社会包括各专业银行和其他金融机构，发行国债解决。对各种债券的发行，应严格按照规定履行审批手续，加强控制和管理。

完善存款准备金制度。对不同企业银行、不同种类以及不同期限的存款，逐步实行不同的上缴比例。

减少人民银行对专业银行的信用放款，增加中央银行再贴现、抵押贷款和通过票据、债券融通资金的比重。

加强中央银行对专业银行、集体金融组织和其他非银行金融机构的监督检查和资产与负债的管理，并促使其建立呆账准备金，保证金融机构的清偿能力。

加强银行对企业的监督。银行对开户企业的信用，要定期进行评价，对不同信用的企业逐步实行不同的贷款利率。对产品不符合社会需要和经营不好，经提出仍无改进的企业，银行可拒绝贷款。

加强对外债、外汇的统一管理。进一步明确归口管理部门的责任，严禁非国家批准的单位随意向外借款，并相应加强还债的责任制。进一步健全出口收汇的核销制度。

21. 进一步改进和完善财政税收制度。主要是：把1987年中央向地方借的钱，通过调减地方支出基数，划归中央财政。研究划分中央、地方事权和财权的办法，试编中央和地方两级财政预算。结合投资体制改革，试编复式预算。加强审计监督。同时，认真搞好税收征管工作，把一些分散的小税种，划为地方的固定收入，基数抵顶支出，增长部分全部留给地方。整顿现行减免税规定，严格执行国家税法，控制减免税的范围，对偷税漏税的给以重罚，发挥税收对经济的调节作用。

22. 加快城镇住房制度改革的步伐。今后三五年内，在全国范围分期分批全面推开住房制度改革。主要任务是：改革公房低租金，提租发券，促进职工个人买房，并且从政策、立法、社会舆论等方面采取措施，合理引导居民消费，克服住房分配中的不正之风，为实现住房商品化奠定基础。

1988年，从工作基础、经济承受能力等方面考虑，计划选80个城市(包括京、津、沪和各省会城市)率先起步，为1989年大面积推开积累经验。大城市可以采取分批分片改革的办法，逐步向全市推开。各省、自治区、直辖市要选一两个县镇进行改革，为明后年大量县镇投入改革探索路子。所有今年不起步的城市和县镇，可先进行新房新租和旧房超标准加租，以及集资建房等单项改革，同时认真做好调查、测算，着手拟订方案，为明后年改革做好准备。

加强固定资产投资、消费基金和物价管理

23. 按照深化改革的要求，逐步建立新的有效的宏观经济管理制度。1988年，主要是有效运用各种经济、行政和法律手段，控制固定资产投资规模和消费基金增长的幅度。计划、财政、银行和税务等部门，要密切合作，加强约束，抑制膨胀，促进社会总供给与总需求的平衡，保持市场物价基本稳定。

24. 加强投资总额的控制。对全社会的固定资产投资，国家计划部门要进行综合平衡，并分别采取不同的办法管理。为了加强各级政府控制投资规模，特别是有效控制预算外投资膨胀的责任，投资指标要分别规定到省、自治区和直辖市，超过规定规模的，下一年如数扣减。对固定资产投资的贷款规模，未经批准，不许突破。各级领导人和政府部门，要支持银行行使自主权，杜绝超指标贷款。建立严格的、科学的投资决策制度，防止在项目不经过论证、资金和物资不落实的情况下，增加项目，提高标准，扩大投资。

25. 加强消费基金的管理。总的原则是，坚持在生产发展的基础上，从总体上使人民的实际生活水平，继续有所提高。但城乡居民实际收入总量的增长，不能超过国民收入的增长速度；职工实际平均工资和收入水平的增长幅度，必须低于劳动生产率的增长幅度。具体要从以下5个方面合理控制：

一是加强对消费基金的宏观统一管理。国家计委要加强消费基金的管理和计划平衡工作。计划确定后，凡涉及扩大消费基金的重大政策措施，应由国家计委商有关部门进行审查、协调、平衡，报国务院批准后方能生效，各部门、各地区一律无权擅自决定。着手清理整顿各种补贴，分别不同情况，严格控制补贴的范围。

二是对企业职工工资总额实行分级管理。按照企业工资制度与行政事业单位工资制度脱钩的原则，在有条件的省、区、市和部门，实行所属企业工资总额同上缴利税、实现利税等经济指标挂钩浮动，分级控制的制度；暂不具备条件的省、区、市和部门，实行基本工资总额包干，奖金随企业经济效益浮动的办法。凡是超过规定多支出的工资，要如数扣减；奖金超过规定的，要征收奖金税。

三是严格控制社会集团消费。主要是进一步压缩机关企事业单位的行政费开支，把会议费、招待费、外事活动经费和高档消费品购置费等开支，压缩到最低

限度。严禁公费旅游。

四是对个体户、专业户、租赁承包经营者、私人企业主,以及其他各类人员的过高收入,坚持依法征收所得税和个人收入调节税。对于个体、集体、乡镇企业和租赁、承包经营企业一定期限的税收减免,要严格按照国家的规定办事。奖金税和工资调节税,除国务院有特殊规定的外,不得减免。

五是对国家合同定购的农副产品,要严格执行国家规定的价格政策,不得随意提价和压价。

26.关于价格改革。1988年要在采取综合配套措施、控制物价总水平上升幅度、坚决制止乱涨价行为的同时,继续深入进行价格体系和价格管理体制的改革。

生产资料价格要严格控制。主要是管住计划内物资的价格,不准随意提价或变相涨价。计划外的重要能源、原材料,由物价部门规定最高限价;对铁路运输服务收费,不许搞计划外加价。同时,整顿几个垄断行业的价格,凡属乱涨价或变相涨价的,必须坚决降下来,并按违反价格管理条例论处。

农副产品的价格。主要是适当调整少数农副产品的收购价格。同时,切实搞好稳定价格的工作。对已经放开的某些紧俏产品,要合理规定最高收购价格,避免国营商业、外贸部门、供销社等单位互相抬价抢购。大力发展副食品生产,扩大大中城市的农副产品批发市场,加强产地与城市间的代销、联销业务,减少流转环节,尽可能使城市主要副食品价格保持基本稳定。

工业消费品价格要区别对待。基本生活必需品的价格控制要严,属于国家定价的商品,应严格执行国家定价,小商品价格要放活。对某些紧俏商品,可采取经济和行政手段,平衡供求,引导消费,禁止倒买倒卖活动。继续加强物价的监督检查,逐步建立、健全对物价的群众监督制度。

改革试点工作

27.进行综合配套改革的试点。总的原则是:突出重点,分类指导。一是在沿海少数省,建立改革开放的试验区,组织实施沿海地区经济发展战略,加快发展外向型经济,进行全面综合配套改革。二是在沈阳、重庆、大连、武汉、南京等城市,进一步推进开放,进行以深化企业经营机制改革和理顺财产关系为重点,相应建立市场体系和宏观间接调控制度以及精简政府机构等主要方面的综合配套改革,为逐步理顺各方面的关系,探索形成有计划商品经济的新体制积累经验。

28.进行一些重要改革的试点。主要是,选择少数省、市,根据改革发展的需要,有侧重地分别进行企业降低所得税,实行税利分流,税后还贷,所得税后承包经营责任制;探索建立新的国有资产管理体系,理顺国有资产关系;实行专业银行企业化,发展证券买卖市场和外汇调剂市场;开放劳务市场、房地产市场、职工退休费统筹等改革的试点。

改革政府管理机构,发挥中心城市作用,加强体改工作领导

29.适应经济体制改革和政企分开的要求,进行政府管理经济机构的改革。1988年,主要是按照转变职能,下放权力,精简人员,提高工作效率的方针,调整和精简中央一级的专业管理部门和一些综合部门的内部专业机构。

进一步发挥中心城市的作用。城市是一定区域经济活动的中心,是实现国家组织领导经济职能的重要环节,各地区、各部门要作一次认真检查,坚决把中央和国务院已经决定下放给城市的权力,尽快全部放给城市;同时,还要按党的十三大的要求,逐步把适宜城市办的事情,都交给城市去办,为更好地发挥城市经济的吸引力和辐射力创造条件。城市本身也要向企业放权,向区、县放权,转变政府职能,实行政企分开,并继续推进和完善市领导县的体制。特别是各个试点城市,要结合本地区的具体情况,按照本方案的要求,因地制宜,率先推进改革,充分发挥示范的作用。

30.经济体制改革正处在从旧体制向新体制转换的阶段,要把改革放在总揽全局的位置上。各级政府必须切实加强对改革工作的领导,把体改工作列入经常性的议事日程。要进一步充实和加强各级体改机构,不断提高体改工作人员的素质,积极发挥体改部门的参谋和助手作用。同时,要加强经济法制建设,抓紧全民所有制企业法、承包经营条例、租赁条例、股份制条例、国有资产管理条例和私人企业条例等经济法规的研究拟定,运用法律手段,来保证和促进改革的顺利进行。

各部门、各地区一定要相互配合,通力合作,认真制定出有关具体办法,并尽快付诸实施。

国务院发布《全民所有制工业企业承包经营责任制暂行条例》

第一章　总　则

第一条　为发展和完善全民所有制工业企业(以下简称企业)承包经营责任制,转变企业经营机制,增强企业活力,提高经济效益,制定本条例。

第二条　承包经营责任制,是在坚持企业的社会主义全民所有制的基础上,按照所有权与经营权分离的原则,以承包经营合同形式,确定国家与企业的责权利关系,使企业做到自主经营、自负盈亏的经营管理制度。

第三条　实行承包经营责任制,必须兼顾国家、企

业、经营者和生产者利益，调动企业经营者和生产者积极性，挖掘企业内部潜力，确保上交国家利润，增强企业自我发展能力，逐步改善职工生活。

第四条　实行承包经营责任制，应当按照责权利相结合的原则，切实落实企业的经营管理自主权，保护企业的合法权益。

第五条　实行承包经营责任制，按照包死基数、确保上交、超收多留、欠收自补的原则，确定国家与企业的分配关系。

第六条　实行承包经营责任制，合同双方必须遵守国家法律、法规和政策，接受人民政府有关部门的监督。

第七条　实行承包经营责任制，由国家审计机关及其委托的其他审计组织对合同双方及企业经营者进行审计。

第二章　承包经营责任制的内容和形式

第八条　承包经营责任制的主要内容是：包上交国家利润，包完成技术改造任务，实行工资总额与经济效益挂钩。

在上述主要内容的基础上，不同企业可以根据实际情况确定其他承包内容。

第九条　承包上交国家利润的形式有：

(一)上交利润递增包干；

(二)上交利润基数包干，超收分成；

(三)微利企业上交利润定额包干；

(四)亏损企业减亏(或补贴)包干；

(五)国家批准的其他形式。

第十条　上交利润基数一般以上年上交的利润额(实行第二步利改税的企业，是指依法缴纳的所得税、调节税部分，下同)为准。

受客观因素影响，利润变化较大的企业，可以承包前二至三年上交利润的平均数为基数。

确定上交利润基数时，可参照本地区、本行业平均资金利润进行适当调整。

上交利润递增率或超收分成比例，应当根据企业的生产增长潜力并适当考虑企业的技术改造任务确定。

第十一条　上交利润的方式为：企业按照税法纳税，纳税额中超过承包经营合同规定的上交利润额多上交的部分，由财政部门每季返还80%给企业，年终结算，多退少补，保证兑现。

第十二条　技术改造任务，应当根据国家的产业政策、市场需求、技术改造规划和企业的经济技术状况确定。

第十三条　实行工资总额与经济效益挂钩，其具体形式，可根据国家的规定和企业的实际情况确定。

第三章　承包经营合同

第十四条　实行承包经营责任制，必须由企业经营者代表承包方同发包方订立承包经营合同。

发包方为人民政府指定的有关部门，承包方为实行承包经营的企业。

第十五条　订立承包经营合同，合同双方必须坚持平等、自愿和协商的原则。

第十六条　承包经营合同一般应当包括下列主要条款：

(一)承包形式；

(二)承包期限；

(三)上交利润或减亏数额；

(四)国家指令性供应计划和产品生产计划；

(五)产品质量及其他主要经济技术指标；

(六)技术改造任务，国家资产维护和增殖；

(七)留利使用，贷款归还，承包前的债权债务处理；

(八)双方权利和义务；

(九)违约责任；

(十)对企业经营者的奖罚；

(十一)合同双方约定的其他事项。

第十七条　承包期限，一般不得少于三年。

第十八条　承包经营合同依法成立，即具有法律效力，任何一方均不得随意变更或解除。

第十九条　国务院对税种、税率和指令性计划产品价格进行重大调整，合同双方可按国务院规定协商变更承包经营合同。

因不可抗力或由于一方当事人虽无过失但无法防止的外因使企业无法履行承包经营合同时，合同双方可协商变更或解除承包经营合同。

第二十条　由于承包方经营管理不善完不成承包经营合同任务时，发包方有权提出解除承包经营合同。

由于发包方违约使承包方无法履行承包经营合同时，承包方有权提出解除承包经营合同。

第二十一条　合同双方发生纠纷，应当协商解决。协商不成的，合同双方可以根据承包经营合同规定向国家工商行政管理机关申请仲裁；也可以根据承包经营合同规定直接向人民法院起诉。

第四章　承包经营合同双方的权利和义务

第二十二条　发包方有权按承包经营合同规定，对承包方的生产经营活动进行检查、监督。

发包方应当按承包经营合同规定维护承包方和企业经营者的合法权益，并在职责范围内帮助协调解决承包方生产经营中的困难。

第二十三条　承包方享有国家法律、法规、政策和承包经营合同规定的经营管理自主权。

承包方必须按承包经营合同规定完成各项任务。

第二十四条 由于发包方没有履行合同,影响承包经营合同完成时,发包方应当承担违约责任,并视情节轻重追究发包方直接责任者的行政责任和经济责任。

第二十五条 承包方完不成承包经营合同任务时,应当承担违约责任,并视情节轻重追究企业经营者的行政责任和经济责任。

第五章 企业经营者

第二十六条 实行承包经营责任制,一般应当采取公开招标办法通过竞争确定企业经营者或经营集团。也可以按国家规定的其他方式确定企业经营者。

招标可在本企业或本行业中进行,有条件的也可以面向社会通过人才市场进行。投标者可以是个人、集团或企业法人。集团或企业法人中标后,必须确定企业经营者。

国家鼓励企业法人投标经营其他企业,以促进产品结构和企业组织结构的调整。

第二十七条 地方各级人民政府应当积极创造条件,逐步建立承包市场,为企业承包经营提供招标投标信息,为企业经营人才提供平等的竞争机会。

第二十八条 由发包方组织有承包企业职工代表参加的招标委员会(或小组),对投标者进行全面评审,公开答辩,择优选定。

第二十九条 企业经营者必须具备下列条件:

(一)国家规定的厂长(经理)条件;

(二)招标规定的其他条件。

第三十条 企业经营者是企业的厂长(经理),企业的法定代表人,对企业全面负责。

第三十一条 企业经营者可根据需要,按国家有关规定聘任一定数量的人员,组成企业领导班子。承包期满后,原企业领导班子即告解散。

第三十二条 企业经营者必须履行承包经营合同规定的有关义务;在承包期间,按年度向发包方和企业职工代表大会提交承包经营合同执行情况的报告。

第三十三条 企业经营者的年收入,视完成承包经营合同情况,可高于本企业职工年平均收入的一至三倍,贡献突出的,还可适当高一些。企业领导班子其他成员的收入要低于企业经营者。

完不成承包经营合同时,应当扣减企业经营者的收入,直至只保留其基本工资的一半。企业领导班子其他成员也要承担相应的经济责任。

第六章 承包经营企业的管理

第三十四条 实行承包经营责任制的企业,试行资金分账制度,划分国家资金和企业资金,分别列账。

承包前企业占用的全部固定资产和流动资金,列为国家资金。

承包期间的留利,以及用留利投入形成的固定资产和补充的流动资金,列为企业资金。

承包期间利用贷款形成的固定资产,用留利还贷的,划入企业资金;税前还贷的,按承包前国家与企业的利润分配比例,折算成国家资金和企业资金。

承包期间所提取的固定资产折旧基金,按固定资产中国家资金和企业资金的比例,分别列为国家资金和企业资金。

企业资金属全民所有制性质。

第三十五条 企业资金作为承包经营企业负亏的风险基金,承包期满后转入下期承包的企业资金。

企业完不成上交利润,先用企业当年留利抵交。不足时,用企业资金抵交。

第三十六条 承包经营企业必须合理核定留利中的生产发展基金、福利基金和奖励基金分配比例,并提取一定比例的福利基金和奖励基金用于住房制度改革。承包后新增的留利应当主要作为生产发展基金。

第三十七条 实行承包前的贷款,由国家承担的部分,要在承包经营合同中规定还款额度和期限,分年还清,然后按规定调整承包基数。实行承包后的贷款,原则上要用企业资金偿还。

第三十八条 承包经营企业必须严格遵守国家物价政策,不得擅自涨价或变相涨价。企业发生价格违法行为时,按国家有关规定追究企业和企业经营者的责任。

第三十九条 承包经营企业应当搞好企业内部领导制度改革,实行厂长(经理)负责制。

第四十条 承包经营企业应当加强民主管理,健全职工代表大会制度,充分发挥工会的作用,切实保障职工的民主权利。

第四十一条 承包经营企业应当按照责权利相结合的原则,建立和健全企业内部经济责任制,搞好企业内部承包。

第四十二条 承包经营企业应当贯彻按劳分配原则,确定适合本企业的工资形式和分配办法,积极推行计件工资制和定额工资制,使职工的劳动所得同劳动成果紧密挂钩。

第七章 附 则

第四十三条 交通、建筑、农林、物资、商业、外贸行业的全民所有制企业实行承包经营责任制的,可参照本条例执行。

实行行业包干的部门和国家计划单列的企业集团的承包,按国家有关规定办理,不适用本条例。

第四十四条 各省、自治区、直辖市人民政府可根据本条例制定实施办法。

第四十五条　本条例自1988年3月1日起施行。

国家机关第二次扶贫工作汇报会在中南海召开

国务院副总理田纪云到会讲话。

国务院秘书长、国务院贫困地区经济开发领导小组组长陈俊生主持会议,并简要介绍了国家机关扶贫工作的情况。到目前为止,国家机关中已有40多个部门加入了扶贫工作行列,或派出工作团(组)重点帮助一片贫困地区,或发挥本部门、本系统的优势,千方百计为贫困地区办实事。与前年相比,扶贫的单位更多了,范围更大了,效果更好了。

6个部门负责同志的口头发言和20多个部门书面发言表明,从单纯分散的生活救济向经济开发的转变,是国家机关一年来扶贫工作的主旋律。中国科学院对全国各贫困地区,共计400个县的自然、经济、社会状况进行了综合调查与分析评价,提出10万多字的报告。中国农业银行1987年对中央和省确定的625个贫困县发放贷款232亿元(比1986年增长32%),重点扶持了6900多个经济实体,安排贫困户劳力23万多人就业。农牧渔业部帮助武陵山区40个贫困县推广科技示范样板田400多万亩,使粮食单产增长50公斤至150多公斤。化工部为太行山区3个县的工业企业进行配套技术改造,使企业经济效益明显提高。对外经济贸易部利用外援在16省区安排52个扶贫项目,已建成22个。

国务院通报表扬了28个部门和驻贫困地区的人民解放军在扶贫工作中的突出成绩。

国务院贫困地区经济开发领导小组向各民主党派、工商联发出感谢信。对各民主党派和工商联根据各自不同的特点和优势开展科技扶贫、智力支边,为贫困地区经济开发作出的重要贡献表示衷心感谢。

国务院副总理田纪云在国家机关第二次扶贫工作汇报会上的讲话

同志们:

在去年春节后召开的国家机关扶贫工作汇报会上,国务院曾经提出帮助支持贫困地区开发建设、脱贫致富是社会各界义不容辞的光荣任务和历史责任,国家机关要起模范带头作用。一年时间过去了,从今天会上几个部门的发言和其他部门的汇报材料看,扶贫工作已经初步形成为较大规模的社会经济活动。国家机关的许多部门和人民解放军、民主党派、群众团体以及一些大专院校、科研单位、发达地区、工商企业,积极行动起来,千方百计为贫困地区经济开发尽责出力,做了大量艰苦细致的工作,促进了贫困地区的经济发展和社会进步,同时也进一步加深了同人民群众的感情,锻炼了干部,改进了机关作风,受到了贫困地区广大干部、群众的欢迎和称赞。去年扶贫工作所取得的成绩,是与国家机关、部队、群众团体及其他部门作出的努力分不开的。今天,国务院召开会议,通报表彰在扶贫工作中成绩突出的28个部门、单位和驻贫困地区的人民解放军,是很有意义的事情。这对深入贯彻党的十三大精神,进一步搞好扶贫工作,将会起到积极的推动作用。在这里,我代表国务院向受表彰的部门和单位表示祝贺,向所有为贫困地区脱贫致富作出贡献的部门、单位和同志致以亲切的慰问。

同志们,近两年来,在党中央、国务院的领导下,由于各地、各部门及社会各界的重视和努力,扶贫工作有了较大进展,取得了很大成绩。一部分贫困地区的面貌发生了较大变化。贫困地区的一部分群众的温饱问题得到了解决。一部分贫困地区已初步实现了由单纯生活救济向经济开发的转变,进入了新的发展阶段。这些可喜的成绩,要充分加以肯定。但是,同时我们也必须充分认识和看到扶贫工作的任务还是相当繁重和艰巨的。党的十一届三中全会以来,在改革、开放的推动下,我们国家发生了巨大的历史性变化,许多方面有了重大进展和突破,一些长期困扰中国的社会经济问题开始得到解决,特别是基本上解决了10亿多人口的温饱问题。这确实是一件十分了不起的事情。紫阳同志在党的十三大报告中指出,从党的十一届三中全会到下个世纪中叶,我国的经济建设的战略部署大体分三步走。从全国的整体情况看,第一步解决人民温饱问题的目标已经基本实现,现在最重要的是走好第二步,即到本世纪末,使国民生产总值再增长一倍,人民生活达到小康水平。但大家都会注意到,第一阶段的任务讲的是基本实现。就是说,10亿多人民中的绝大多数已经过上了温饱生活,但还有部分地区群众的温饱问题尚未完全解决。虽然这占全国人口比例很小,但不解决这部分群众的温饱问题,就不能说已经最后地彻底地解决了10亿多人民的温饱问题。从这个意义上讲,帮助贫困地区群众解决温饱问题,是关系最终实现国家经济发展战略部署第一步目标的一项艰巨的历史性事业。同时还要看到,现在的贫困地区多数是在民主革命时期为中国革命作出过重大牺牲和贡献的老革命根据地和少数民族地区。中华人民共和国的建立和发展,各族人民的团结与和睦,边防的巩固和安全以及社会的安定、经济的发展都与这些地区人民的贡献有密不可分的关系。我们不仅要尽快解决贫困地区群众的温饱问题,而且从长远考虑,还必须在经济开发过程中,使贫困地区形成依靠自己力量发展商品经济的自我发展能力,使区域经济有一个较大发展,逐步彻底改变贫困落后面貌。所以,帮助支持贫困地区开发建设、脱贫致富,这决不是一件小事,而是一件大事,不仅是一个重要的经济问题,而且是一个重要的社会问题、政治问题。我们必须加深对这项工作的认识,提高进一步做好这项工作的自觉性。

我们提出的扶贫工作近期基本目标是,在“七五”期间解决贫困地区大多数群众的温饱问题。今年已经是执行“七五”计划的第三年了,距离实现这个目标只有两年多时间,这是关键的时刻。我们一定要下最大的决心,采取强有力的措施去实现这一目标。实现上述目标,做好今年的扶贫工作很重要。下面,我根据国务院“七五”期间对贫困地区经济开发总的工作部署和各部门扶贫工作的经验,对今年国家机关的扶贫工作提几点希望。

第一,领导干部要起带头作用,切实加强对扶贫工作的领导。国家机关的扶贫工作搞得好不好,关键在于部门的领导。只要领导重视了,摆上议事日程,事情就好办了。扶贫济困,帮助和支持贫困地区开发建设,决不是国家机关的额外负担,是分内的事情。国家机关各部门的领导同志,一定要重视这项工作,切实加强对这项工作的领导。这两年,有的领导同志亲自带队下去抓扶贫工作;有的领导同志深入到贫困地区跋山涉水,调查研究,有针对性地制订扶贫方案;有的领导同志不定期地到贫困地区检查、指导扶贫工作。这些做法都很好,值得提倡。希望各部门的领导同志尽可能地多深入贫困地区,调查研究,发现问题,及时解决,指导搞好扶贫工作。今年国家机关要搞机构改革。国家机关无论如何精简、调整,但扶贫工作一定要抓,而且一定要下功夫抓好。历史赋予我们这样的历史使命,我们必须以高度负责的精神去完成这项责无旁贷的任务。

第二,继续坚持国家机关重点帮助一片贫困地区的做法。应该明确,解决贫困地区的问题必须坚持贯彻分级负责、重点支持的原则,即零星插花的贫困乡、村由地、市、县帮助,集中连片的贫困地区由所在省、自治区集中力量帮助,同时国家给予积极的支持。近两年来,国家科委、商业部、地质矿产部、民政部、化工部、农牧渔业部、国家教委、国家科协、林业部等一些部委和部门率先行动,纷纷派出工作团、工作组,分别联系帮助一片贫困地区,取得了很大成绩,创造了很好的经验。人民解放军的各级领导机关对扶贫工作是很重视的。特别是驻在贫困地区的部队,怀着高度的政治责任感,广泛开展了军民共建、扶贫济困活动,为贫困地区脱贫致富作出了重要贡献。实践证明,这些都是行之有效的扶贫做法,要坚持下去。希望有更多的部门采取这种形式帮助贫困地区开发建设,特别是一些经济部门,更要以积极的态度参与这项工作。现在还有一部分贫困地区没有部门或单位去重点帮助,请大家回去后研究一下,凡有条件的部门都应重点联系帮助一片贫困地区。当然,联系帮助的形式不强求一律。能派人常驻更好,有困难的也可以不定期地派人下去指导、帮助。不论采取什么方式,关键是要坚持下去,作出成效。在表彰扶贫工作做得好的部门和单位的同时,对少数随意挪用扶贫资金盖办公大楼、买小汽车等,不搞扶贫,而是“吃贫”的单位和个人,要给予揭露和批评,情节严重的,要给予处分。

第三,要点面结合,发挥本系统的优势,为整个贫困地区开发建设服务。国家机关是为全国服务的。在“七五”期间以及国民经济长期发展过程中,国家机关有关部门,不仅要帮助一片贫困地区解决温饱问题,脱贫致富,而且要更多地考虑运用全系统、全行业、整个部门的力量帮助支持全国各片贫困地区开发建设。要以点带面,点面结合,切实搞好这项工作。一种办法是,利用本行业的优势,有计划地为贫困地区安排开发项目。如地矿部、冶金部、有色金属工业总公司可以扶持有资源的贫困地区开发矿业,农牧渔业、林业、商业、经贸等部门可以帮助贫困地区发展商品生产基地,交通部门可以帮助贫困地区修路,建材局可以帮助贫困地区发展建材工业,以及大量使用农民合同工、轮换工的部门可以考虑多吸收贫困地区的劳动力等等。另一种办法是,组织本系统发达地区的先进单位,本着扶贫济困的精神,在互利互惠的基础上,通过联合的方式帮助贫困地区开发建设。现在已经有许多部门这样做了。如化工部组织全国一部分先进的化工企业帮助贫困县化工企业搞技术改造,国家教委组织大专院校到贫困地区承包亏损企业,总工会组织能工巧匠到贫困地区开展技术服务,团中央组织的“东西互助”活动,民主党派的智力支边等,都创作了成功的经验。所有这些,并不要花很多钱,但有相当高的效益。更重要的是在开放过程中,通过平等互利的联合,贫困地区与发达地区可以逐步做到协同发展,共同前进。因此,有关部门都要发挥本系统的整体力量扶贫,帮助贫困地区走出一条效益高、速度较快的脱贫致富之路。

第四,要把农业资源开发、各种商品基地建设同扶贫工作很好地结合起来。紫阳同志在党的十三大报告中提出,要把发展农业放在十分重要的地位。促使我国农业、特别是粮食生产进一步发展,爬上一个新的台阶,除了要深化改革,完善有关政策,逐步理顺农业同其他各业以及农业内部各业之间的关系,增加对农业的投入外,在“七五”期间和今后一个较长时期,要集中力量认真搞好农业资源开发和商品基地建设。这是发展我国农业的一项大的措施。有些贫困地区就在开发范围之内或邻近开发地区。要把农业资源开发、基地建设同扶持贫困地区脱贫致富结合起来。在确定重点开发地区和基地建设时,要考虑到贫困地区,通过开发带动一批贫困地区的经济发展,脱贫致富;在开发中搞招标、承包时,要注意吸收贫困地区的劳务;在开发项目和产品加工扩散方面,要适当照顾贫困地区。这样做,对贫困地区的经济发展和面貌的改变必将起到积极的促进作用。

第五,要建立一个有利于贫困地区经济开发的宏观政策体系。党的十三大报告中提出,要进一步研究和制定符合贫困地区实际情况的政策,增强它的发展活力,促进这些地区的经济繁荣。近几年,在这方面党中央、国务院和各级地方政府以及国家机关有关部门已经制定了一些相应的政策,并且收到了较好的效果。去年10月份,国务院又在反复调查研究、认真总结实践经验的基础上,发出了《关于加强贫困地区经济开发工作的通知》,提出了扶贫措施、效益落实到户;兴办扶贫经济实体,试办开发公司;实行项目公开招标,请发达地区、科研单位等到贫困地区承包开发;按开发效益分配使用扶贫资金等新的深入改革扶贫方式和工作的措施。这是扶贫方面的又一个重要的指导性文件,各地一定要认真贯彻执行。需要指出,对贫困地区的政策和对发达地区的政策,应该有所区别。没有区别,就没有政策。国家机关有关部门在制定和实施一些全局性政策时,应与扶持贫困地区的政策相协调,充分考虑到贫困地区的特殊情况,切忌采取"一刀切"的办法,要区别对待,分类指导。在这里,还要强调一下,一定要抓紧解决影响贫困地区经济开发的几个尖锐问题。目前,贫困地区的人畜饮水、库区移民、地方病,以及人才"分不来,留不住",交通不便,电力缺乏等问题十分突出。这是造成这些地区贫困的"综合征"。这些问题,无论靠哪一个部门都无法单独解决。希望国家机关有关部门都认真研究一下,分别提出解决上述问题的方案,尽快找到解决问题的途径,协同地方逐步加以解决。

第六,要千方百计帮助贫困地区培养人才。贫困地区这个贫困,那个贫乏,最大的问题是人才缺乏。所谓投资效益低,商品经济不发达等等,固然有多种原因,但很重要的一条是缺乏人才。因此,在扶贫工作中,一定要注意帮助贫困地区解决人才缺乏的问题。解决这个问题,当然需要引进一些人才,但更重要的是一定要下决心、花气力帮助贫困地区培养本地人才,特别是办好职业教育、技术教育,提高劳动者的素质。去年,交通部利用交通系统的专业学校,采取短期培训等办法,为12个省区的205个贫困县培训了2000多名专业技术人员。农牧渔业部所属的八所农业院校向贫困地区定向招收了1000多名本科生。这种办法很好。建议各部门研究一下,充分利用自己现有的条件,通过多种途径尽可能地帮助贫困地区多培养一些人才。这是从根本上改变贫困地区落后面貌的长远大计。

同志们,当前我们国家的政治、经济形势都是很好的,扶贫工作的形势也是很好的。让我们进一步行动起来,扎扎实实地工作,为贫困地区脱贫致富作出新的更大的贡献。

1987年煤炭出口量和外汇收入均创历史最高水平

据中国煤炭进出口总公司的最新统计,1987年,全国出口的动力煤、炼焦煤、烟煤数量达到1313万吨,创汇4.64亿美元,分别比上年增长36%和16%。这些煤炭销往日本、英国、意大利、法国、巴西、伊朗和中国香港等20多个国家和地区。

在欧洲煤炭市场,我国的煤炭销量激增,出口量从1986年的85万吨上升到去年的200万吨。同时,铁路、交通部门积极配合,改善出口煤的铁路运输和港口设施,为煤炭出口创汇提供了保证条件。

我国首台两足步行机器人问世

我国第一台能像人一样两足步行的机器人KD—1号,近日在国防科技大学校长张良起等的主持下研制成功,标志着我国机器人研制技术跨入世界先进行列。

这个具有80年代中期国际先进水平的机器人重16公斤、高75厘米,外形像人的两腿,有胯、膝、脚腕等关节。它由谐波减速器、直流电机、同步齿行带、传感器4大部分组成。其机电器件全部由我国自己制造。它的"两腿"能像人的腿一样自由伸屈和行走,装上"手"和"眼睛"后,能胜任人所能做的某些工作,能完成人力所不能及的危险任务,如维护核反应堆、排雷引爆等。

全国十佳新闻摄影记者评选结果揭晓

由中国青年报社、中央电视台和青岛崂山花边厂联合主办的"1987年度全国十佳新闻摄影记者"评选日前揭晓。中国青年报社的郑鸣、解放军画报社的袁学军、中国青年报社的刘占坤、新华社山东分社的李锦、解放军报社的乔天富、中国妇女报社的陈炼一、山东大众日报社的钱捍、体育报社的郭延民、法制日报社的王毅、天津日报社的仇伟军荣获十佳桂冠。

这些获奖者敢于直面社会,直面人生,对改革、开放中出现的种种现象给予深刻的思考,努力挖掘新闻的深度和广度。

程人乾被收入《世界名人录》

在东欧史研究和国际共产主义运动史研究方面卓

有成绩的我国历史学家程人乾,被收入1988年版的《世界名人录》。

程人乾是山西大学历史系教授,从1981年起先后担任山西大学副校长、校长。

2月28日

中共中央向全国人大常委会提出关于修改《中华人民共和国宪法》个别条款的建议

全国人民代表大会常务委员会:

根据几年来经济体制改革和对外开放进一步发展的实践,中国共产党中央委员会提出修改《中华人民共和国宪法》的个别条款的建议:一、在宪法第十一条的原文后增加一款:“国家允许私营经济在法律规定的范围内存在和发展。私营经济是社会主义公有制经济的补充。国家保护私营经济的合法的权利和利益,对私营经济实行引导、监督和管理。”二、宪法第十条第四款:“任何组织或者个人不得侵占、买卖、出租或者以其他形式非法转让土地。”修改为:“任何组织或者个人不得侵占、买卖或者以其他形式非法转让土地。土地的使用权可以依照法律的规定转让。”请全国人民代表大会常务委员会审议决定提请第七届全国人民代表大会第一次会议审议。

中国共产党中央委员会

1988年2月28日

中组部 中央直属机关党委 中央国家机关党委向中共中央提出《关于加强和改进中央党政机关党的工作的意见》

意见说:“随着政治体制改革的不断深入,特别是实行党政分开,在政府各部门逐步撤销党组,推行行政首长负责制的情况下,中央直属机关和中央国家机关的党组织必须根据党的十三大精神,进一步明确自身的职能,转变不适应新形势的观念和工作方法,切实加强党的自身建设,认真做好党的工作。”

“多年来,中央、国家机关党的各级组织在思想、组织、作风建设等方面做了很多工作,发挥了一定的作用。但是,由于机关党组织在一些问题上职责不清,对机关党的建设的重要性认识不够,管了不少行政事务性的工作,因而自身建设比较薄弱,党组织的作用没有得到充分发挥。”

中央组织部、中央直属机关党委、中央国家机关党委本着改革的精神,遵照党政分开、党要管党、从严治党、提高效率、增强活力的原则,对加强和改进中央直属机关和中央国家机关党的工作进行研究后,就机关党组织的建制、机关党组织的主要任务、关于党内监督、机关党的工作机构设置及干部配备共4个问题,向中央提出了建议。

关于机关党组织的建制问题,中央组织部、中央直属机关党委和中央国家机关党委提出:在政治体制改革中,根据党政分开的原则,政府部门党组逐步撤销,机关党组织的工作将更为繁重。为了分清职责,理顺关系,减少环节,提高效率,加强机关党的自身建设,建议将中共中央直属机关委员会和中共中央国家机关委员会,分别改为中共中央直属机关工作委员会和中共中央国家机关工作委员会,作为中央派出机构,分别领导中直机关和国家机关党的工作。

两个工作委员会的主要职能是:提出中央、国家机关党的建设的规划,指导基层组织搞好党的思想建设、组织建设和作风建设,做好对党员的管理教育工作;负责审批各部门机关党委和纪委书记、副书记;指导各级党组织实施对党员特别是党员领导干部的监督,及时向中央反映部、委、办、局领导班子、领导干部的情况;执行中央交办的其他任务。今后凡是中央有关部门明文部署的工作,工委不再做重复布置,主要加强督促检查,充分发挥各部门机关党委工作的主动性和积极性。

中央组织部、中央直属机关党委、中央国家机关党委对这两个工委的领导成员的产生、两个工委的工作机构以及中直机关和中央国家机关纪律检查工作的体制也提出了具体意见,同时规定,中央直属机关和中央国家机关各部门设立机关党的委员会,分别接受中央直属机关工作委员会和中央国家机关工作委员会的领导,并对本单位全体党员负责。

中央组织部、中央直属机关党委和中央国家机关党委提出,中央直属机关和中央国家机关各级党组织的主要任务是:

(一)组织党员认真学习、宣传和坚决执行党和国家的方针、政策,以党在社会主义初级阶段的基本路线统一全体党员特别是领导干部的思想和行动,排除僵化和自由化两种错误思想的干扰和影响,保证党的各项方针、政策的贯彻执行。

(二)从严治党,加强党的自身建设。抓好对党员的马克思主义基本理论教育和理想、纪律教育;有计划地培训专职、兼职党务工作干部和轮训党员;完善党内民主制度,严格组织生活,抓好基层建设;认真做好发展党员的工作;搞好党风,严格纪律,保持党组织的先进性。

(三)充分发挥党员的先锋模范作用,积极支持和协助行政领导保证完成部门的各项工作任务,关心并协助行政领导改善群众的物质文化生活。

(四)按照党章和《关于党内政治生活的若干准

则》的规定,对党员特别是党员领导干部实行有效的监督。

(五)紧密结合改革、开放和部门业务工作的实际,配合行政领导做好职工的思想政治工作。

(六)协助行政领导管理机关党群组织的干部;配合人事部门对机关各级行政领导干部进行考核和民主评议;根据掌握的情况,对行政干部的任免提出意见或建议。

(七)结合部门的实际,配合行政领导做好统战工作。

(八)对本机关的群众组织实行领导,讨论研究他们的重大问题,支持他们独立负责地开展工作,鼓励他们围绕党和政府的中心工作积极开展适合各自特点的活动。

(九)承担上级党组织交办的任务。

关于党内监督问题,中央组织部、中央直属机关党委、中央国家机关党委提出:在改革、开放的条件下,特别是实行党政分开以后,机关党组织特别需要大力加强党内监督,并扎扎实实地做好监督的具体组织工作。

党内监督的目的,在于维护党章党规,保证广大党员贯彻执行党在社会主义初级阶段的基本路线。党内监督要严格执行党章、《关于党内政治生活的若干准则》,以及中央纪律检查委员会《关于对党员干部加强党内纪律监督的若干规定》。中央直属机关和中央国家机关的党组织,应该对党员特别是党员领导干部在贯彻执行党的路线、方针和政策,遵纪守法,联系群众,反对以权谋私及其思想作风、工作表现和道德品质等方面进行监督,协助行政领导改进工作,提高效率,克服官僚主义,并把了解到的机关工作的缺点、问题通知行政负责人或报告党的上级组织。

机关党组织对党员特别是党员领导干部实施监督的具体做法:

第一,加强对党员领导干部民主生活会的管理。党组织主要做好5件事:(1)督促领导班子定期(半年一次)召开民主生活会;(2)会前收集党员群众对领导干部的意见,如实转告本人或在会上报告;(3)参加民主生活会;(4)督促党员领导干部根据党内外群众提出的主要意见,进行整改;(5)将领导干部执行民主生活会制度、开展批评与自我批评的情况和生活会上反映出的主要问题,如实地报告上级党的组织。政府部门党组撤销以后,党员领导干部民主生活会由担任行政主要领导职务的党员干部召集和主持。

第二,定期召开党员大会或干部会议,听取本部门党员行政负责人通报一个时期的主要工作情况,沟通领导干部与党员的联系。

第三,不担任部、委、办、局领导职务的党委书记或专职副书记列席部(局)的有关会议和其他重要会议,以便了解情况,更好地协助行政领导做好工作。

第四,机关党委对本部门干部的任免、调动和奖惩,有责任提出意见。

第五,纪律检查部门对党员违纪案件,要认真调查核实,耐心教育,严肃处理。对有打击报复行为者要严格执行纪律。

关于机关党的工作机构设置及干部配备,中央组织部、中央直属机关党委、中央国家机关党委提出:各机关党的委员会的组成,坚持精干、高效的原则。人数较多的委员会可设常委会。

按照党政分开的原则,目前机关党委承担的一些行政事务性工作,如机关保卫、保密、职工文化教育、精神文明建设协调、地区人大代表选举、植树造林、义务献血、计划生育等,分别交各部门的职能机构办理,机关党委积极协助和配合,使机关党组织能够集中精力抓好党的工作和自身建设。

建设部要求各地落实抗震防灾措施

城乡建设环境保护部副部长周干峙在部分地区抗震防灾会议上提出,各地要研究制定并组织落实抗震防灾措施,做好抗震防灾工作。国家地震局分析预报中心主任梅世蓉在会上作了震情分析报告。

据国家地震部门分析,继1976年唐山地震之后,我国地震已经历了不到10年的相对平稳期,现在又开始了一个新的活跃期。据记录,全国5级以上的地震,1985年有17次,1986年有32次,1987年有29次,今年头两个月已发生5次。

周干峙强调,要加强对抗震防灾的领导工作,进一步建立、健全各级抗震管理机构,实行抗震责任制。他要求各地加快抗震加固工程的进程,使更多的加固项目发挥抗震效益。对原定的国家和省、部抗震加固重点项目,已经完成但还未验收的,要组织竣工验收;尚未完成的要查明原因,限期完成。对城镇邮讯、电力、给水、医院、消防、主要桥梁等"生命线"工程、重要指挥系统、有可能发生严重次生灾害的设施等关键要害建筑物,要再进行一次鉴定,不符合要求的要优先列入抗震加固计划,抓紧完成。国家补助的抗震加固经费,首先要保证重点地区和抗震管理机构比较健全的地区,不能平均分配;分配给各省、部的国家补助经费,首先要用在急需完成的抗震加固重点工程上。另外,要组织力量对新建和在建重点工程的抗震设施从设计到施工进行一次全面的质量检查,严格把关,杜绝隐患。周干峙还要求各地加快抗震防灾规划的编制工作。

2 月 29 日

国家主席李先念在人民大会堂会见并宴请赞比亚总统卡翁达和夫人一行

会见中，李先念主席说，卡翁达总统将中国人民形容为赞比亚人民的“全天候”朋友，是对我们两国关系很好的概括。李先念说，这几年两国友好关系不断发展，我们感到非常满意。双方对国际问题的看法也是一致或相似的。

李先念对卡翁达总统说，阁下现在还担任非洲统一组织主席和非洲前线国家主席，责任重大。赞比亚在卡翁达总统领导下，在政治、经济、文化、科技等各方面都取得了很大成就，对此中国政府和人民表示赞赏。

会见中，李先念谴责南非种族主义政权最近的镇压行动，并重申了中国政府支持南非人民、纳米比亚人民和前线国家人民正义斗争的一贯立场。同时他强调指出，非洲国家应该团结起来，用谈判、协商的方法消除各种分歧。

卡翁达向李先念介绍了南部非洲最近的形势，并回顾了赞中两国的友好关系。

在晚上的欢迎宴会上，李先念说，中国和非洲团结合作的道路将越走越宽，中非友好合作关系必将不断得到加强。

李先念重申，巩固和加强同非洲国家的团结合作，是中国和平外交政策的重要组成部分。在双边经济、技术合作方面，中国政府在继续保持同非洲国家的传统合作方式的同时，愿根据平等互利、讲求实效、形式多样、共同发展的原则，努力探索合作的新领域和新途径。

李先念指出，近几年来，非洲经济形势恶化，债务负担加重，引起世界各国的关注。他说，要实现非洲经济形势的根本好转，除了依靠非洲国家自身的努力外，还必须创造有利的外部条件。在这方面，国际社会，尤其是发达国家负有义不容辞的责任。中国希望它们认真考虑非洲国家的合理主张，增加对非洲国家的发展援助，合理解决非洲国家的债务，改善对非洲的贸易条件，增加对非洲国家的资金流入，不断改善各种信贷条件。

李先念重申，中国将一如既往，坚决支持南部非洲地区人民的正义斗争。他强烈谴责南非当局顽固坚持种族歧视和种族隔离制度、竭力拖延和阻挠纳米比亚独立、肆意侵扰邻国的政策。

李先念说，卡翁达总统作为非洲著名的政治活动家，一向致力于非洲的团结和统一，重视促进非洲经济的发展，积极谋求实现南部非洲地区的和平与稳定，坚决维护第三世界国家的权益，赢得了广泛的赞誉。

李先念说，中国和赞比亚一向有着亲密的关系。双方建立在相互信任、相互合作基础上的友谊，经历了长期的考验，具有强大的生命力。

卡翁达在宴会上发表了讲话，在谈到南部非洲形势时，他说，赞比亚已多次呼吁国际社会采取迅速、有效的行动摧毁南非现行的种族隔离制度。这一罪恶制度不仅是造成南非国内、而且是造成整个南部非洲地区不稳定和暴力的根源。他强调，确实可以将南部非洲的形势比作一个定时炸弹，它不可避免地要爆炸，除非国际社会能找到及时去爆的办法。

卡翁达在揭露南非当局镇压南非人民的罪行以后指出，比勒陀利亚当局向前线国家和其他邻国采取了公开制造不稳定、威胁和赤裸裸的侵略政策。南非种族主义也正是本着这一可憎的政策继续保持对纳米比亚的控制。他说，种族主义南非对邻国制造不稳定和进行侵略的行径，已经造成了巨大的损害。

卡翁达要求比勒陀利亚政权做到以下几点，以便使南非国内局势得到改善：宣布种族隔离灭亡并加以埋葬；结束现行的紧急状态；取消对非洲人国民大会(非国大)和其他政治组织的禁令；释放纳尔逊·曼德拉和其他政治犯和被拘留者；允许奥利弗·坦博和其他所有流亡的黑人群众领袖返回南非；为建立公正、民主和单一国家的代议制政府，同被压迫人民的真正代表开始对话。

卡翁达呼吁国际社会，“尤其是那些对南非有影响的西方国家，和我们一起为消灭种族隔离而努力”。

宴会上，卡翁达总统和在座的赞比亚客人一起，即兴演唱了一首同种族主义斗争的歌曲，赢得了全场的热烈掌声。

李先念的夫人林佳楣、全国人大常委会副委员长荣毅仁、国务委员兼外交部部长吴学谦等出席了宴会。

国务院代总理李鹏在人民大会堂同赞比亚总统卡翁达及其随行人员举行会谈

卡翁达介绍南部非洲最近的形势时说，南非当局仍然坚持种族隔离政策，对南非人民进行血腥镇压，非法占领纳米比亚，武装进攻安哥拉，破坏邻国的安宁。因此，南部非洲的局势依然是很严峻的。他呼吁国际社会采取有效步骤改善这一地区的形势。

李鹏在会谈中强烈谴责南非当局最近的暴行，表示中国政府坚决反对南非的种族歧视，并对这一地区的动荡感到不安。李鹏说，中国政府支持卡翁达总统作为前线国家主席为缓解南部非洲地区紧张局势所做的努力，对他作为非统组织主席在非洲团结事业中作出的贡献表示钦佩。

在谈到两国关系时，卡翁达说，这次访华的目的是为了在两国现有良好关系的基础上，把两国关系推向更新的阶段。李鹏表示深信通过卡翁达总统的这次访问，中赞关系会有更大的发展。双方就发展两国今后的合作关系，进行了具体的商讨。

会谈中，宾主双方还就共同关心的国际问题，广泛、深入地交换了意见。

全国妇联和陕甘宁三省区妇联在人民大会堂举行陕甘宁边区各界妇女联合会成立50周年纪念会

原中共中央妇委曾志、帅孟奇、罗琼等6位委员、陕甘宁边区各级妇联主任等和其他解放区的老妇女工作者40多人应邀出席了纪念会。

全国政协主席邓颖超，全国政协副主席、全国妇联主席康克清出席了纪念会。康克清讲了话。她说，1938年3月8日成立的陕甘宁边区各界妇女联合会标志着抗日根据地妇女运动发展到了一个新阶段。陕甘宁边区妇联曾广泛团结了边区妇女支援抗战，保卫和建设根据地，帮助妇女解除封建束缚，改善和提高妇女的地位，培养了一大批妇女干部。陕甘宁边区妇联的成立，不仅对其他抗日根据地建立妇女抗日统一战线组织起了带头作用，而且对促进全国各族各界妇女团结抗日作出了贡献。

我国妇女运动的老前辈邓颖超特地为纪念会写了贺信，赞扬陕甘宁边区各族妇女在抗日战争和解放战争中作出的重要和难能可贵的贡献。同时缅怀那些为民族解放事业而牺牲的有名的烈士和无名的英雄。她说："我们今天幸存的人，将努力工作！"她希望妇女工作要继承革命的光荣传统，在新的历史时期，作出新的贡献。

出席纪念会的还有全国政协副主席马文瑞、中顾委委员郭洪涛、张邦英等当年陕甘宁边区的负责人。

国家审计机关审计结果表明扶贫支农资金在使用上存在违纪问题

据《人民日报》报道，1987年，各级审计机关审计了21个省、区、市995个县市的扶贫支农资金。审计结果表明，这些资金对贫困地区农民解决温饱、发展经济，起了很好的作用，但也有相当一批钱没有管好用好。这次共查出1985年和1986年违反财经纪律支出1.78亿元，占审计总金额的6%。而这次大规模的审计涉及17000多个单位，审计金额30.2亿元，只占同期投放资金总额的大约一半。审计署的同志说，实际的违纪金额要大大高于查出的数字。

在扶贫、支农资金使用上的违纪问题，大都发生在通过财政渠道层层下拨的资金上，主要表现为：

——一些地方挤占扶贫、支农资金，用于机关盖办公楼、建宿舍、买汽车，或转为预算外据为单位自有，总额达1.33亿元。宁夏回族自治区盐池县两年共挪用老区建设资金90多万元(占拨款总数的42.9%)，建宿舍、招待所和电影院等。湖南省保靖、花垣、永顺、吉首、桑植、凤凰、大庸7县市，共动用扶贫支农款49万余元，购买小汽车及其他交通车22辆。湖北通山县水利、农牧系统两年挤占扶贫支农专款57.9万元用于行政事业经费开支。

——有些部门"雁过拔毛"，以各种手段克扣扶贫款。陕西省地、县财政部门在分配扶贫、支农资金时，擅自按1.5‰的比例收取"资金占用费"。山东省费县财政局在下拨支援不发达地区发展资金中，收取管理费1.6万元，用以购买摩托车、收录机和照相机。有些地方的粮食、商业部门将国家供应的"以工代赈"的粮、棉、布，采取按平价折款给农民发钱，自己按议价出售的办法牟利。湖北省鄂西土家族苗族自治州粮食部门两年间用此法赚钱620多万元。

这次审计还查出110多人贪污扶贫、支农资金33.7万元。

2月21日，国务院贫困地区经济开发领导小组负责人就上述问题对记者发表谈话强调指出，国家在资金不足的情况下，每年挤出大笔资金支援老、少、边、穷地区，体现了党和国家对这些地区人民的关怀。少数地方和单位挪用、克扣、浪费扶贫资金，性质是非常恶劣的。决不能批评一下了事，必须依法严肃处理，必须如数追回资金。各地应进一步发挥审计机关的作用，监督、检查扶贫资金的使用，不能只搞突击检查，而要尽快形成制度。

这位负责人还说，从根本上解决这个问题要靠深化改革。过去一直是按行政系统由上而下地分钱分物，资金使用效益不高，也给挪用、克扣、浪费以可乘之机。今后，将从三方面实行改革：一是按项目分配管理使用扶贫开发资金，实行资金随着项目走。去年已开始这样做，今年将更加严格地实行这项办法。二是改变按行政系统分钱、分物的老办法，积极创办扶贫经济实体，通过招标吸引能人承包项目，创造就业机会，也就是把资金放在能人身上，效益放在贫困户上，不让无关的机关沾钱。三是改变按人口分钱的办法，按经济效益投放资金，效益好的多给钱，效益差的就少给或不给钱。这一系列重要改革将有助于彻底杜绝挪用、浪费扶贫开发资金的现象。

全国人大常委会副委员长彭冲在人民大会堂会见由澳中友好小组主席霍利斯率领的澳大利亚联邦议会澳中友好小组代表团

大规模集成电路计算机辅助设计系统研制成功

该项目是我国“六五”和“七五”科技攻关项目之一、国家经委 1985—1987 年重大技术开发项目,今天在北京通过国家级鉴定。这是我国集成电路工业的一个重大突破,为国家填补了一项技术空白。

在该系统的研制过程中,电子工业部组织清华大学计算机系、复旦大学电子工程系、中国科学院微电子中心、北京半导体器件三厂等 10 个单位成立高校、科研单位和工厂的联合体。近百名专家和技术人员经过 3 年的艰苦努力,完成了共有 24 个软件、190 个可执行程序、60 万条语句总程序量的系统工程。

这种系统属于高技术产品,在国际上价格昂贵,而且往往只转让过时产品。我国的这个系统诞生以后,引起国内外的普遍关注,现已送到欧洲共同体贸易周举行的比利时布鲁塞尔国际博览会展销。

《炎黄子孙》将在北京创刊

中央党史资料征集委员会下属春秋出版社主办的综合性双月刊《炎黄子孙》,以介绍中国革命史和改革开放中的优秀人物为主,同时兼及中国历史长河和现实生活中的多种人物。

邓小平为这家杂志题写了刊名。薄一波、周谷城、楚图南、杨静仁出席了这家刊物举办的座谈会。

他们在讲话中指出:创办这份刊物,对弘扬民族精神、振兴四化大业、推进改革进程、促进祖国统一有着积极的意义。

3月1日

中共中央总书记赵紫阳在钓鱼台国宾馆会见并宴请赞比亚联合民族独立党总书记卡翁达

中央军委主席邓小平在人民大会堂会见赞比亚总统卡翁达

邓小平在会见时说,目前霸权主义仍然存在。超级大国奉行霸权主义,威胁着世界和平。现在美苏达成了中导协议,这仅仅是缓和的起步。我们欢迎这样的起步。但是美苏裁减核武器问题仍有待进一步解决,在地区问题上美苏也还没有解决它们该解决的问题。因此,世界真正的缓和仍然需要全世界人民为之奋斗若干年。

邓小平指出,争取和平与发展,是我们共同面临的两大任务。中国的发展非常重要。因为中国占世界人口的1/5;中国摆脱了贫困,就意味着全世界1/5的人口摆脱了贫困,世界和平也就有了更好的保证。因此,我们从来都把中国的发展看作是中国对人类应尽的责任。

卡翁达对此表示赞同。他说,赞比亚非常赞赏中国关于和平与发展是当今世界两大根本问题的论断,在这方面我们两国确实面临着共同的任务。

全国政协六届常委会第十七次会议在北京召开

会议决定:中国人民政治协商会议第七届全国委员会第一次会议于1988年3月24日在北京召开。建议会议的主要议程是:选举中国人民政治协商会议第七届全国委员会主席、副主席、秘书长、常务委员;列席中华人民共和国第七届全国人民代表大会第一次会议;听取中国人民政治协商会议第六届全国委员会常务委员会工作报告。

全国政协副主席杨静仁主持了会议。

全国政协主席邓颖超出席会议并讲了话。她说,这次常委会是六届全国政协常委会最后一次会议。这次会议要决定召开政协第七届全国委员会第一次会议的会期,审议六届政协常委会工作报告(初稿),协商决定政协第七届全国委员会的参加单位,同时,还要对即将提交七届人大一次会议审议的政府工作报告(讨论稿)进行讨论,提出修改意见和建议。特别应当指出的是,把政府工作报告拿到政协来讨论,是党和政府重视政治协商的具体表现。她希望各位常委本着对人民负责的精神,对各项议程进行认真地、充分地讨论,积极地提出意见和建议,把这次会议开好。

全国政协秘书长周绍铮介绍了六届全国政协常委会工作报告(草稿)的起草过程。他指出,起草这个报告,考虑了三点。一是必须以十三大精神为指导,实事求是地回顾全国政协5年来的工作情况。二是不仅对5年来的各项工作有交代,而且对工作中的经验、体会也认真地总结出来,提供下届政协参考。三是按照邓颖超主席多次讲的,不把常委会工作报告写成流水账,比较集中地讲了政协的政治协商、民主监督的基本职能,还讲了全国政协和各级地方政协为此作出的努力。

出席会议的全国政协副主席还有刘澜涛、陆定一、康克清、胡子昂、钱昌照、杨成武、陈再道、吕正操、周培源、包尔汉、王光英、邓兆祥、费孝通、赵朴初、屈武、马文瑞、刘靖基、王恩茂、钱学森。

国务院代总理李鹏在国务院口岸领导小组扩大会议上发表讲话

李鹏要求全国各级口岸机构提高效率,文明服务,加强协作,支持外贸体制改革和沿海地区参加国际大循环。

李鹏说,1987年全国口岸工作成绩显著,外贸进出口运量和出入境旅客数均超过历史最高水平。前些年严重的压船压港现象,也得到缓解。

李鹏指出,口岸工作涉及许多独立的业务部门,实践证明,建立各级口岸机构,对协调各方面工作,提高工作效率很有必要。李鹏要求口岸管理要制度化、规范化,提高工作人员的素质。各级口岸部门要总结经验,适应新形势的要求,保持口岸发展的好势头,为对外贸易的发展、加入国际大循环及现代化建设作出贡献。

解放军总政治部印发《社会主义初级阶段理论和党的基本路线教育提纲》并发出通知

通知指出,深入学习、贯彻党的十三大精神,是1988年和今后一个时期全军政治工作的首要任务。根据中央军委的部署和总政治部《1988年全军政治工作要点》的要求,在前一段传达学习的基础上,全军要有组织、有计划、有步骤地系统进行社会主义初级理论和党的基本路线的教育。进行这一教育,重点应放在进一步解放思想上。要紧密联系实际,组织干部战士认真学习赵紫阳同志在十三大所作的报告,选学邓小平同志有关建设有中国特色的社会主义的论述,使大家较为系统地了解和掌握党的基本路线的内容。特别要搞清楚我国正处于社会主义的初级阶段,坚持“一个中心、两个基本点”,加快和深化改革,从严治党等几个根本性问题,教育大家自觉坚持实事求是的思想路线,从中国的国情出发,坚持用生产力标准看问题,明确一切不利于生产力发展的东西都是违反科学社会主义的，是社会主义所不允许的，一切有利于生产力发展的东西都是社会主义所要求或允许的。这些根本的认识问题解决了，才能使干部战士真正把思想和行动统一到十三大精神上来，提高贯彻执行党的基本路线的自觉性。

通知强调，进行社会主义初级阶段理论和党的基本路线教育，要讲究实效，从基层干部战士的实际文化水平、理论基础和接受能力出发，务必做到突出重点，简明易懂，由浅入深，循序渐进。对教育中反映出来的一些思想认识问题，要细致地加以分析，实事求是地给予回答和解决。教育中，要重视抓好加强理论指导和了解改革实践这两个环节。各级领导干部要在有准备的基础上深入下去，通过宣讲、座谈等方式解难释疑。同时，要积极创造条件，使大家更多地了解改革的实际情况，增加感性知识。要把这一教育过程作为推进基层政治教育改革的过程，大胆探索，总结新的经验。

由总政宣传部编写的《社会主义初级阶段理论和党的基本路线教育提纲》包括11个专题，每个专题有若干要点，内容比较丰富。这些专题是：(一)坚持实事求是的思想路线，进一步解放思想。(二)我国正处在社会主义的初级阶段。(三)党在社会主义初级阶段的基本路线。(四)社会主义社会的根本任务是发展生产力。(五)深化经济体制改革，大力发展社会主义商品经济。(六)改革政治体制，建设社会主义民主政治。(七)对外开放是我国长期的基本国策。(八)建设社会主义精神文明。(九)建设现代化国防。(十)共产党的领导是社会主义现代化建设的根本保证。(十一)努力学习马列主义、毛泽东思想，自觉贯彻党的基本路线。

通知最后强调，学习社会主义初级阶段理论和党的基本路线，既是当前政治教育的中心任务，又是一项基本的思想理论建设，各单位要精心组织、指导，把这一教育切实搞好。

中国产业经济技术研究联合会在北京成立

这个以中央各部和省、自治区、直辖市所属产业经济技术及政策研究机构为主体组成的全国性横向联合组织的建立，标志着我国横向联合已从生产领域扩展到软科学领域。

目前参加“中国产经联”的已有机械、电子、化工、煤炭、冶金、水电、轻工、纺织、地矿、交通、邮电、核工业等近20个产业部门、50多个单位，拥有各类研究人员3000多人，集结了全国产业经济研究的主要力量，占全国软科学研究队伍的1/7以上，是一个实力雄厚、专业齐全、人才配套的多学科、多功能的联合组织。

中国第一个淡水藻种库在武汉建成

新华社报道，我国藻类资源十分丰富，仅淡水藻类就有数千种，但过去保存的绝大多数为药物固定或干制标本，活的保存较少。这个淡水藻种库的建成，研究时可以随用随取，还可同其他国家进行交流。这在我国是第一个，而且在国际上也具有一定地位。

“香玉杯”艺术奖基金会在郑州成立

由著名豫剧表演艺术家常香玉发起的“香玉杯”艺术奖基金会，日前在郑州成立。“香玉杯”艺术奖从1988年起每年评选一次，每次评出优秀地方戏曲人才10名。

《化石宝库》在第十五届贝尔格莱德国际科教片电影节上获得科学纪录片金奖

该片介绍了山东省临朐县山旺村1800万年前古生物化石群形成及其意义。贝尔格莱德国际科教片电影节是由南斯拉夫“尼·特斯拉”科学知识普及协会组织的，每两年举办一次。参加这次电影节的有中国、美国、苏联、法国、日本和南斯拉夫等23个国家以及联合国教科文组织的100多部科教片。

3月2日

公安部向各地公安机关发出《关于改革城市公安派出所工作若干问题的意见》的通知

通知指出，派出所工作的改革，关系到整个公安工作的全局，具有战略意义。各级公安机关要高度重视，深入调查研究，采取具体措施，真正从职责范围、力量部署、勤务制度、工作方法等方面，强化派出所的治安管理职能。公安派出所要按属地原则，以块块为主，切实担负起辖区内的治安管理任务，由原来的以户口管理为主，转变为以治安管理为中心，以户口管理为基础；扩大派出所的职权；改革派出所民警的分工和勤务制度，等等。通过改革，使公安派出所成为多功能的综合性的战斗实体。

中宣部部长王忍之在河北涿州调研时指出农村党的基本路线教育要讲究实效

3月2日至3日，王忍之同中宣部常务副部长王维澄到涿州市调查了解农村进行党的基本战线教育的情况。王忍之、王维澄充分肯定了涿州市委的经验和做法。并鼓励他们继续探索、创新，在讲究实效上花力气，不搞空洞的说教，不搞“大呼隆”和形式主义。要通过党的基本路线教育，促进思想政治工作和宣传工作的改革，从内容到形式上都能创造出新的、群众喜闻乐见的形式，总结出一套新鲜的经验，以改变党的思想政治工作的形象。

王忍之特别强调在进行党的基本路线教育中一定要搞好调查研究。他说，不抓调查研究，不了解省情、县情、乡情、村情，不知道党员想什么，干部想什么，农民关心什么，渴望什么，有些什么疑虑，教育就无从谈起。只有把实际情况搞清楚了，才能做到有的放矢，收到好的效果。比如，农村经过9年多的改革，取得巨大成就，但对这个形势究竟怎么看，改革怎样深化，当前有各种各样的说法。在怎样引导农民完善家庭联产承包制，怎样增加农业投入，怎样组织好社会化服务，怎样正确处理农民同国家的关系，怎样创造条件积极发展商品经济，等等，各地情况千差万别，都应通过调查研究，有针对性地通过党的基本路线教育，把人们的思想和行动统一起来，找出正确解决问题的办法。

王维澄在谈到党的基本路线教育要同农民切身利益相结合时指出，要认真调查、总结本地区农民发展商品经济、勤劳致富的经验，用这些生动具体的经验开阔广大农民的视野，积极开拓勤劳致富的门路，让农民尽快富裕起来。

王忍之、王维澄同志都强调，在农村进行党的基本路线教育的重点要放在解放思想、解放生产力上。要通过党的基本路线教育，把农村干部、党员和农民群众的思想和行动统一到党的十三大精神上来，正确理解、接受已经出台和将要出台的改革措施。要把是否能充分调动农民的社会主义积极性和创造精神，有力促进改革、促进生产力的发展，作为衡量进行党的基本路线教育成败的唯一标准。

第十四届中国地毯交易会在河北涿州开幕

参加这届地毯交易会的有59个国家和地区的200多名外商和31个出口口岸的100多名内宾。河西地毯总厂生产的东方毯和金丝挂毯受到客商普遍欢迎。

中国和赞比亚在北京签署经济技术合作协定

国家主席李先念和赞比亚总统卡翁达出席了签字仪式。

对外经济贸易部副部长吕学俭、赞比亚驻华大使迈因扎·乔纳分别代表本国政府在协定上签字。

国务院副总理万里在中南海紫光阁会见由澳中友好小组主席霍利斯率领的澳大利亚联邦议会澳中友好小组代表团

国务委员兼外交部部长吴学谦将出访美国 英国

应美国国务卿乔治·舒尔茨和英国外交大臣杰弗里·豪的邀请，国务委员兼外交部长吴学谦离京，前往美国和英国进行访问。吴学谦将于3月2日至9日访问美国，并将于3月10日至15日对英国进行正式访问。

中科院物理所获得迄今为止世界上转变温度最高的超导体

据《人民日报》报道，物理所的有关人士说，这种超导新材料的成分是铊钡钙铜氧。它的零电阻温度为114K，在117K时出现明显的抗磁效应。有关专家指出，这种新的不含稀土的超导材料，性能稳定，工艺可以重复。

国家语委和国家教委联合发布《现代汉语常用字表》

据《人民日报》报道，该表分常用字(2500字)和次常用字(1000字)两个部分。常用字表拟定后，有关部门利用计算机进行抽样统计，以检测选收常用字的使用频率。检测结果表明，常用字的覆盖率达97.97%，次常用字的覆盖率为1.51%，总覆盖率达99.48%。1952年我国曾公布过一个2000字的常用字表，1979年增订至2500字。据介绍，社会用字与社会发展关系密切，不同时期用字情况有所不同。这次的常用字表中科技方面用字明显增多。语文出版社最近出版了《现代汉语常用字表》一书，它分别按笔画、部首、汉语拼音字母顺序编排，字后附有词例。

大型画册《周恩来的青年时代》由文物出版社出版

画册共分中学时代、留学日本、五四运动、旅居欧洲和亲切关怀、深切怀念5部分。画册中有首次发表的周恩来的照片40余幅。

3月3日

中共中央政治局第五次全体会议在北京召开

会议决定，中国共产党第十三届中央委员会第二次全体会议于3月15日在北京召开。

会议讨论同意赵紫阳同志代表中央政治局《在中国共产党第十三届中央委员会第二次全体会议上的工作报告》，讨论同意中央政治局向七届全国人大推荐的国家机构领导人员人选名单和向七届全国政协推荐的全国政协领导人员人选名单，决定就上述名单同各民主党派、无党派爱国人士和有关人民团体协商，并提请党的十三届二中全会审议。

出席会议的有中央政治局委员15人，中央政治局候补委员1人,中央政治局委员2人因公缺席。

国务院代总理李鹏 中共中央政治局常委胡启立等在中南海会见全国厂矿企业工程技术人员讲理想比贡献竞赛活动表彰会议的部分代表

李鹏、胡启立以及国务委员兼国家科委主任宋健同“讲比”竞赛活动的18名先进集体、先进个人代表一一握手问好,赞扬这项活动取得了可喜的成果,赞扬它为改革的顺利进行、国民经济的发展和科学技术的进步起到了推动作用。

李鹏在会见后同代表们座谈时说,1982年,党中央明确提出了“经济建设必须依靠科学技术,科学技术工作必须面向经济建设”的方针,党的十三大上,中央进一步强调要把发展科学技术和教育事业放在首位,这在当前深入进行的经济体制改革中有突出的意义。改革的目的是解放生产力。改革一要搞活经济机制;二要促进科技进步,使生产力得到高速度发展。

李鹏指出,科研成果转化为生产力的过程是不断完善提高的过程,需要工程技术人员、技术工人做大量艰苦的工作。企业要维持简单再生产,进而要提高产品质量,增加品种,降低成本,提高经济效益,也需要技术进步。工程技术人员还要与工人相结合,理论要与实践相结合,在实践中要注意发挥工人的聪明才智。工程技术成果也要得到生产实践的检验。

胡启立首先向在座的代表和工作在全国厂矿第一线的工程技术人员表示敬意。他认为,讲理想、比贡献竞赛活动已经取得物质文明和精神文明两方面的可喜成果,在创造显著的经济效益的同时,涌现出了一批作出突出贡献的优秀工程技术人员。希望这项活动能继续开展下去。

李鹏、胡启立希望,全社会都要重视广大工程技术人员的作用,要理解他们,宣传他们的成绩。这对两个文明建设具有重要意义。

中国细胞工程研究控制外植体形成性器官首获成功

据《人民日报》报道,中国科学院植物研究所副研究员陆文梁用风信子的花被切块做外植体实验材料,在控制植物形态发生方面连获三项重要成果:一、直接培养出大量花芽;二、直接培养出大量雄蕊、胚珠;三、使雄蕊、胚珠在培养基上发育成熟。这些成果经有关方面多位著名专家评审,被确认它使我国控制形态发生的研究在国际上处于领先地位。

国务院印发《高等教育自学考试暂行条例》并发出通知

各省、自治区、直辖市人民政府、国务院各部委、各直属机构:

现将《高等教育自学考试暂行条例》发给你们,请遵照执行。

国务院

1988年3月3日

高等教育自学考试暂行条例

第一章 总 则

第一条 为建立高等教育自学考试制度,完善高等教育体系,根据宪法第十九条“鼓励自学成才”的规定,制定本条例。

第二条 本条例所称高等教育自学考试,是对自学者进行以学历考试为主的高等教育国家考试,是个人自学、社会助学和国家考试相结合的高等教育形式。

高等教育教学考试的任务,是通过国家考试促进广泛的个人自学和社会助学活动,推进在职专业教育和大学后继续教育,造就和选拔德才兼备的专门人才,提高全民族的思想道德、科学文化素质,适应社会主义现代化建设的需要。

第三条 中华人民共和国公民,不受性别、年龄、民族、种族和已受教育程度的限制,均可依照本条例的规定参加高等教育自学考试。

第四条 高等教育自学考试,应以教育为社会主义建设服务为根本方向,讲求社会效益,保证人才质量。根据经济建设和社会发展的需要,人才需求的科学预测和开考条件的实际可能,设置考试专业。

第五条 高等教育自学考试的专科(基础科)、本科等学历层次,与普通高等学校的学历层次水平的要求应相一致。

第二章 考试机构

第六条 全国高等教育自学考试指导委员会(以下简称全国考委)在国家教育委员会领导下,负责全国高等教育自学考试工作。

全国考委由国务院教育、计划、财政、劳动人事部门的负责人,军队和有关人民团体的负责人,以及部分高等学校的校(院)长、专家、学者组成。

全国考委的职责是:

(一)根据国家的教育方针和有关政策、法规,制定高等教育自学考试的具体政策和业务规范;

(二)指导和协调各省、自治区、直辖市的高等教育自学考试工作;

(三)制定高等教育自学考试开考专业的规划,审批或委托有关省、自治区、直辖市的高等教育自学考试机构审批开考专业;

（四）制订和审定高等教育自学考试专业考试计划、课程自学考试大纲；

（五）根据本条例，对高等教育自学考试的有效性进行审查；

（六）组织高等教育自学考试的研究工作。

国家教育委员会设立高等教育自学考试工作管理机构，该机构同时作为全国考委的日常办事机构。

第七条　全国考委根据工作需要设立若干专业委员会，负责拟订专业考试计划和课程自学考试大纲，组织编写和推荐适合自学的高等教育教材，对本专业考试工作进行业务指导和质量评估。

第八条　省、自治区、直辖市高等教育自学考试委员会（以下简称省考委）在省、自治区、直辖市人民政府领导和全国考委指导下进行工作，省考委的组成，参照全国考委的组成确定。

省考委的职责是：

（一）贯彻执行高等教育自学考试的方针、政策、法规和业务规范；

（二）在全国考委关于开考专业的规划和原则的指导下，结合本地实际拟定开考专业，指定主考学校；

（三）组织本地区开考专业的考试工作；

（四）负责本地区应考者的考籍管理，颁发单科合格证书和毕业证书；

（五）指导本地区的社会助学活动；

（六）根据国家教育委员会的委托，对已经批准建校招生的成人高等学校的教学质量，通过考试的方法进行检查。

省、自治区、直辖市教育行政部门设立高等教育自学考试工作管理机构，该机构同时作为省考委的日常办事机构。

第九条　省、自治区人民政府的派出机关所辖地区（以下简称地区）、市、直辖市的市辖区高等教育自学考试工作委员会（以下简称地市考委）在地区行署或市（区）人民政府领导和省考委的指导下进行工作。

地市考委的职责是：

（一）负责本地区高等教育自学考试的组织工作；

（二）指导本地区的社会助学活动；

（三）负责组织本地区高等教育自学考试毕业人员的思想品德鉴定工作。

地市考委的日常工作由当地教育行政部门负责。

第十条　主考学校由省考委遴选专业师资力量较强的全日制普通高等学校担任。主考学校在高等教育自学考试工作上接受省考委的领导，参与命题和评卷，负责有关实践性学习环节的考核，在毕业证书上副署，办理省考委交办的其他有关工作。

主考学校应设立高等教育自学考试办事机构，根据任务配备专职工作人员，所需编制列入学校总编制数内，由学校主管部门解决。

第三章　开考专业

第十一条　高等教育自学考试开考新专业，由省考委组织有关部门和专家进行论证，并提出申请，报全国考委审批。

第十二条　可以实行省际协作开考新专业。

第十三条　开考新专业必须具备下列条件：

（一）有健全的工作机构，必要的专职人员和经费；

（二）有符合本条例第十条规定的主考学校；

（三）有专业考试计划；

（四）有保证实践性环节考核的必要条件。

第十四条　开考承认学历的新专业，一般应在普通高等学校已有专业目录中选择确定。

第十五条　国务院各部委、各直属机构和军队系统要求开考专业系统所需专业的，可以签托省考委组织办理，或由全国考委协调办理。

第十六条　全国考委每年一次集中进行专业审批。省考委应于每年6月底前将申报材料报送全国考委，逾期者延至下一年度重新申报办理。审批结果由全国考委于当年第三季度内下达。凡批准开考的专业均可于次年接受报考，并于首次开考前半年向社会公布开考专业名称和专业考试计划。

第四章　考试办法

第十七条　高等教育自学考试的命题由全国考委统筹安排，分别采取全国统一命题，区域命题、省级命题3种办法。逐步建立题库，实现必要的命题标准化。

试题（包括副题）及参考答案、评分标准启用前属绝密材料。

第十八条　各专业考试计划的安排，专科（基础科）一般为3至4年，本科一般为4至5年。

第十九条　按照专业考试计划的要求，每门课程进行一次性考试。课程考试合格者，发给单科合格证书，并按规定计算学分。不及格者，可参加下一次该门课程的考试。

第二十条　报考人员可在本地区的开考专业范围内，自愿选择考试专业，但根据专业要求对报考对象作职业上必要限制的专业除外。

提倡在职人员按照学用一致的原则选择考试专业。

各级各类全日制学校的在校生不得报考。

第二十一条　报考人员应按本地区的有关规定，到省考委或地市考委指定的单位办理报名手续。

第二十二条　已经取得高等学校研究生、本科生或专科生学历的人员参加高等教育自学考试的，可以按照有关规定免考部分课程。

第二十三条　高等教育自学考试以地区、市、直辖市的市辖区为单位设考场，有条件的，地市考委经省考委批准可在县设考场，由地市考委直接领导。

第五章　考籍管理

第二十四条　高等教育自学考试应考者取得一门课程的单科合格证书后，省考委即应为其建立考籍管理档案。

应考者因户口迁移或工作变动需要转地区或转专业参加考试的，按考籍管理办法办理有关手续。

第二十五条　高等教育自学考试应考者符合下列规定，可以取得毕业证书：

(一)考完专业考试计划规定的全部课程，并取得合格成绩；

(二)完成规定的毕业论文(设计)或其他教学实践任务；

(三)思想品德鉴定合格。

获得专科(基础科)或本科毕业证书者，国家承认其学历。

第二十六条　符合相应学位条件的高等教育自学考试本科毕业人员，由有学位授权的主考学校依照《中华人民共和国学位条例》的规定，授予相应的学位。

第二十七条　高等教育自学考试应考者毕业时间，为每年的6月和12月。

第六章　社会助学

第二十八条　国家鼓励企业、事业单位和其他社会力量，根据高等教育自学考试的专业考试计划和课程自学考试大纲的要求，通过电视、广播、函授、面授等多种形式开展助学活动。

第二十九条　各种形式的社会助学活动，应当接受高等教育自学考试机构的指导和教育行政部门的管理。

第三十条　高等教育自学考试辅导材料的出版、发行，应遵守国家的有关规定。

第七章　毕业人员的使用与待遇

第三十一条　高等教育自学考试专科(基础科)或本科毕业证书获得者，在职人员所在单位或其上级主管部门本着用其所学、发挥所长的原则。根据工作需要，调整他们的工作；非在职人员(包括农民)由省、自治区、直辖市劳动人事部门根据需要，在编制和增人指标范围内有计划的择优录用或聘用。

第三十二条　高等教育自学考试毕业证书获得者的工资待遇；非在职人员录用后，与普通高等学校同类毕业生相同；在职人员的工资待遇低于普通高等学校同类毕业生的，从获得毕业证书之日起，按普通高等学校同类毕业生工资标准执行。

第八章　考试经费

第三十三条　县以上各级所需高等教育自学考试经费，按照现行财政管理体制，在教育事业费中列支，地方各级人民政府应妥善安排，予以保证。

第三十四条　各业务部门和军队系统要求开考本部门、本系统所需专业的，须向高等教育自学考试机构提供考试补助费。

第三十五条　高等教育自学考试所收缴的报名费，应用于高等教育自学考试工作，不得挪作他用。

第九章　奖惩和处罚

第三十六条　有下列情形之一的个人或单位，可由全国考委或省考委给予奖励：

(一)参加高等教育自学考试成绩特别优异或事迹突出的；

(二)从事高等教育自学考试工作，作出重大贡献的；

(三)从事高等教育自学考试的社会助学工作，取得显著成绩的。

第三十七条　高等教育自学考试应考者在考试中有夹带、传递、抄袭、换卷、代考等舞弊行为以及其他违反考试规则的行为，省考委视情节轻重，分别给予警告、取消考试成绩、停考1至3年的处罚。

第三十八条　高等教育自学考试工作人员和考试组织工作参与人员有下列行为之一的，省考委或其所在单位取消其考试工作人员资格或给予行政处分：

(一)涂改应考者试卷、考试分数及其他考籍档案材料的；

(二)在应考者证明材料中弄虚作假的；

(三)纵容他人实施本条(一)、(二)项舞弊行为的。

第三十九条　有下列破坏高等教育自学考试工作行为之一的个人，由公安机关或司法机关依法追究法律责任：

(一)盗窃或泄露试题及其他有关保密材料的；

(二)扰乱考场秩序不听劝阻的；

(三)利用职权徇私舞弊，情节严重的。

第十章　附　则

第四十条　国家教育委员会根据本条例制定实施细则。

省、自治区、直辖市人民政府可以根据本条例和国家教育委员会的实施细则，制定具体实施办法。

第四十一条　本条例由国家教育委员会负责解释。

第四十二条　本条例自发布之日起施行。

1981年1月13日《国务院批转教育部关于高等教育自学考试试行办法的报告》和1983年5月3日《国务院批转教育部等部门关于成立全国高等教育自

学考试指导委员会的请示的通知》同时废止。

国务院就80次列车颠覆事故的抢救工作圆满完成致电慰问云南 贵州省政府 成都军区

全文如下：

1月24日，滇黔线昆沪80次列车颠覆事故发生后，你们迅速组织有关人员和指战员抢救人民的生命财产；在妥善处理善后工作中，积极地组织有关部门，抢救伤员、保护遗体、热情周到接待遇难者的家属、亲友，做了大量工作。你们顾全大局，密切配合，组织严密，指挥得当，措施得力，使这次事故的抢救和善后处理工作圆满完成。

在这次事故抢救和善后处理工作中，无论党政机关、医院、工厂、商店，无论领导干部、职工、医生、农民，都积极主动，不畏困难，任劳任怨，有效地完成了抢救、运输物资和保证通信等任务，发扬了救死扶伤的革命的人道主义精神。

人民解放军、武警部队、公安干警广大指战员，在抢救工作中发挥了主力军和突击队的作用，哪里有困难，哪里最艰苦，哪里就有他们，不愧为人民的子弟兵。

国务院谨向你们，并通过你们向所有参加抢救和善后处理工作的机关、部队、单位和个人，表示衷心的感谢和慰问！

在救援工作中，涌现出了许多先进单位和个人，有许多感人的事迹，这充分地体现了我国社会主义制度的优越性，充分体现了一方有难，八方支援的良好风尚。望你们认真总结，大力发扬，在社会主义物质文明和精神文明建设中，取得更大成绩。

3月4日

国务院代总理李鹏在中南海会见美中友协会长弗雷德·普塔什尼等客人

在谈到国际问题时，李鹏说，中美两国关系的发展，总的来说是好的，比较平稳，这是符合两国人民利益的。中美两国虽然社会制度不同，但并不妨碍两国人民友好相处。

他说，两国关系中也出现了一些令人不不愉快的事情。美国一小部分人总想干涉中国的内政。如果有人想从中来影响中国的社会制度，这是不可能的。中美两国只有在平等互利的基础上发展相互间的友好关系。

他说，两国友好关系的发展，光有官方的渠道还不够，还需要有民间的渠道，这样两国关系才有坚实的基础。

中国人民对外友好协会的有关负责人对记者说，美中友协是美国最大的民间对华友好组织，1974年成立以来，曾为促进中美关系正常化、增进中美人民之间的了解和友谊，做过大量工作。普塔什尼等美国朋友多年来一直是美中友协的积极分子和地方分会领导人，并于去年9月在美中友协第十一届年会上当选为全国领导成员。

全国政协六届常委会十七次会议全体会议在全国政协礼堂举行

会议审议了中国人民政治协商会议第七届全国委员会参加单位、委员名额和人选名单草案。

中共中央书记处书记、中央统战部部长阎明复受中共中央的委托，在会上就七届全国政协委员名单草案和有关问题作了说明。

阎明复说，人民政协是我国最广泛的爱国统一战线组织，是我国政治生活中发扬社会主义民主的重要形式。为使七届政协在建设具有中国特色的社会主义的宏伟事业中充分发挥自己的作用，中共中央和各民主党派、各有关人士团体，经过反复协商，共同确定了这次政协委员提名的原则：七届全国政协委员的总人数，为2070名左右，仍维持六届一次会议的规模；界别设置仍维持六届的31个。

阎明复说，统筹兼顾，全面安排，是这次政协人事安排的基本方针。七届政协委员的名单草案，是根据人民政协的性质和任务，兼顾党内外、民族、地域、界别、性别、年龄、历史等情况，从有利于调动各方面的积极因素，有利于巩固和促进安定团结，有利于改革、开放、建设社会主义民主政治，有利于推动统一祖国的事业出发，经全盘考虑而提出的。

阎明复介绍说，这个名单草案，比六届一次会议的实际人数略有增加，其中，六届委员留任的约占60%，新提名的约占39%，中共党员约占40%，民主党派成员及其他各界的非共产党人士占60%，妇女和少数民族委员人数比六届有不少增加。

阎明复在谈判七届全国政协委员名单草案特点时说，这个名单草案，从整体格局看，体现了党的十三大精神，进一步强化了民主党派在人民政协中的地位，委员的代表性更加广泛，委员的地区分布更趋合理。他说，在名单草案所列的2000多名委员中，新提名的有800多名，他们平均年龄不到60岁；整个七届政协委员的平均年龄也比上届委员的平均年龄有所降低。这标志着我们的事业兴旺发达，后继有人。

常委会由全国政协副主席刘澜涛主持。

国务院在北京召开沿海地区对外开放工作会议

会议从3月4日至8日为期5天。国务委员谷牧在会上讲了话。他首先回顾了9年来沿海地区对外开放走过的历程。他说:一个多层次、有重点的对外开放格局,即经济特区——沿海开放城市——沿海经济开放区——内地的格局,为沿海地区转向外向型经济,参加国际大循环,积累了经验,创造了条件。对外开放不但给我国的社会主义现代化建设增添了新的活力,促进了国民经济的发展,而且在政治上扩大了我国的对外影响。现在来访的外宾,一般都要到深圳、厦门和沿海开放城市看看,从那里了解我国的现状,预测我国的发展。对外开放也增强了港澳同胞、台湾同胞和海外侨胞对祖国的向心力,其作用不可低估。

1979年对外开放之初,我国对于如何同国际资本打交道,知之极少,现在知之渐多了。谷牧谈到,如果说,50年代我们在如何建立独立自主的国民经济体系上,实现了一次经济思想的飞跃的话,那么,这9年可说是在如何把国内建设与国际经济联系起来这个问题上,又一次实现了经济思想的飞跃,而且后者比前者意义更大。经济思想的更新,国际经贸知识的普及,一支宏大的对外经济活动干部队伍的成长,为贯彻执行沿海经济发展战略,作了思想上和组织上的准备。

沿海地区发展外向型经济,实行"两头在外,大进大出",参加国际大循环,很不简单,谷牧说,要作长期艰苦的努力。各有关方面对此要有坚定不移的决心和强烈的紧迫感,既不能松松垮垮,丧失良机,也不能急于求成,一哄而起,要做好通盘规划,制定有力措施,扎扎实实地办实事。

为了贯彻落实沿海地区发展外向型经济的战略设想,谷牧强调要进一步改善投资环境,特别是"软环境"。对已经投产和运营的4000多家外商投资企业,每一家都是我国投资环境的一个"橱窗",要切实帮助它们办好,获得好的效益,使外商有钱可赚。上海、天津等大中工业城市和经济特区,在发展外向型经济中要走在前头。在政策上,国家准备进一步给予支持,包括扩大利用外资项目的审批权限,放宽外汇调剂范围,设立保税仓库,简化人员、货物进出手续,搞活金融市场,还有深圳、厦门实行计划单列,珠海特区的范围作点调整等等。

在闭幕会议上,国务院副总理田纪云强调各有关地区和部门一定要以对中国历史发展负责的态度,下定决心,抓住当前有利时机,精心组织,加紧工作,坚定不移地把沿海地区经济发展战略付诸实施。

田纪云说,贯彻执行沿海地区经济发展战略,关键必须把出口创汇抓上去。要"两头在外",大进大出,以出保进,以进养出,进出结合。只有扩大出口,才能换取发展经济需要的国外资源、资金和技术;只有扩大出口,才能通过国际市场激烈竞争,推动科技进步。否则都是空谈。他说,现在有相当多的出口产品生产企业,基本还处在国际市场相隔离的状况,阻碍着出口的发展。要按照外贸体制改革方案推行多种形式的工贸结合,把一大批生产企业推向国际市场。

田纪云指出,沿海城市的工业企业,是拓展出口的主力,要十分重视科技进步,加强现有企业的技术改造。大力发展劳动密集型产业及劳动密集与知识密集相结合的产业,与重视科技进步、加强科技开发,这两方面并不矛盾,是完全一致的。国际市场的竞争说到底就是技术的竞争。劳动密集型产品同样需要立足于科学技术进步,注重提高质量档次。要把吸收外商直接投资和老企业改造结合起来,这是促进老企业达到或接近国际水平的有效途径。当前,应尽快选择一批有外向潜力的工厂,采取国际招标办法,吸引外商投资进行改造。此外,中外合作生产、合作科研设计、融资租赁、补偿贸易、吸收国外技术投资、聘用国外专家指导,都是引进技术改造老企业的方式。

田纪云说,要从多方面扶持沿海地区异军突起的乡镇企业,扩大劳动密集型产品的出口;发挥其优势。外贸部门可以采取参股、合作、联营等方式与乡镇企业联合,从经济信息、产品外销上加以支持;城市科研单位可以组织多种形式的技术下乡,帮助培训技术,促使产品升级;城市大中型企业可和乡镇企业组织专业化协作,以城带乡。乡镇企业要有计划地开展中外合资经营、合作经营,引进国外资金和先进适用技术,提高生产能力和技术水平。他强调,要大力发展创汇农业,并根据国际市场要求,生产一些高、精、尖、稀、优、偏品种,提高质量档次,增强竞争能力。外商投资企业产品出口,是扩大出口的一个重要方面。他要求各有关方面都为其开"绿灯"。

田纪云还要求沿海地区在发展主导的外向型产业和开展对外经济合作上,要从实际出发,发挥各自优势和特殊功能。

会议建议国务院适当扩大沿海经济开放区范围。据悉,会上研究酝酿扩大的范围,大体相当于过去9年开放范围的总和。

第三次全国台湾同胞代表会议在北京闭幕

会议讨论通过了《中华全国台湾同胞联谊会章程》和《第三次全国台湾同胞代表会议关于全国台联二届理事会工作报告的决议》。林丽韫当选为中华全国台湾同胞联谊会第三届理事会会长。

会议通过的决议指出,台联三年来认真贯彻中央"和平统一、一国两制"的方针政策,努力体现"更寄希望于台湾人民"的精神,为推动海峡两岸民间接触、沟通,发挥了积极作用,作出了应有的贡献。

决议说,目前形势正在向着有利于祖国和平统一的方向发展,今后海峡两岸的交往会越来越多,台联要以奉献的精神为乡亲们服务。

决议号召居住在祖国大陆的台湾同胞,以党的十三大精神为指导,进一步广泛团结联络岛内、海外台湾同胞,为按照"一国两制"的原则实现祖国的和平统一,为建设富强、民主、文明的社会主义现代化国家,为增进台湾人民的福祉而努力奋斗!

会议上,全体代表还一致通过了《致台湾父老兄弟姐妹信》。

中国与保加利亚经贸科技合作委员会第三次会议在北京开幕

双方回顾了委员会第二次会议以来双边贸易、生产技术合作和科技合作的进展情况,并都表示愿意进一步扩大和发展这种合作关系。据悉,中国、保加利亚1987年贸易额比1986年有一定增长,预计1988年的双边贸易额还将有所增加。

中保经贸科技合作委员会中方主席曾宪林部长在会议上说,中保两国间生产技术合作已有了良好的开端。他认为,生产技术合作是一项很有发展前途的合作形式,将在两国经济贸易关系中发挥越来越重要的作用。

他说,双方的科技合作也取得了可喜的成果。在上次会议期间召开的科技合作分委员会第一届会议上,双方商定的合作项目大部分都执行得很好。

委员会保方主席赫·赫里斯托夫部长在会议上说,自第二次会议以来,双方交换产品的品种和合作形式都有所增加。他强调,双方在政府间发展经贸科技合作的同时,还要在省、市、大企业之间直接开展各方面的合作。

他希望保中在纺织、机电和食品加工等领域里扩大合作,并欢迎中国同保加利亚在保建立中、小型电器方面的合资企业。

国务院副总理姚依林在人民大会堂会见美国国际商用机器公司副董事长克撒尼一行

国务委员兼外交部部长吴学谦在新奥尔良欢迎美国实业界来中国投资

吴学谦说,中国的投资环境将会有新的改善。在中国投资,风险小,收益大。中国政局稳定,中国政府恪守信用;中国的投资环境正在不断完善。

吴外长告诉新奥尔良市工商界和其他各界的朋友:"我们在经济特区、沿海开放城市和沿海经济开放区内,对外商投资企业实行了比本国其他地方更加优惠的政策,在海南岛将要实行全面开放的政策。我们加强了交通、能源、通信等方面的基础设施建设,改善了公共服务和供应。我们已经制定了70多项涉外经济法律和法规。1986年10月,我们颁布了《关于鼓励外商投资的规定》,随后又公布了13个具体实施细则。现在,在保障外资企业的自主经营权力,降低劳务和土地使用费用,降低生产经营成本,以及在简化审批手续,提高办事效率,提供良好服务等方面的情况都有了积极的变化。我们采取切实可行的办法,帮助外资企业实现外汇收支平衡。我们正着手检查已建成投产的4000多家外资企业遇到的问题,并采取措施解决它们在生产和经营中的实际困难。我们还将努力做到让外国企业家能够按国际惯例在中国办企业。我们将在沿海地区采取中外合资的方式,改造现有企业,即由中方出工厂、地皮、设备作投资,外方的投资用来增加企业技术改造需要的关键设备。这种合作方式投资少、周期短、收益快,是很有前途的。总之,我们要通过实实在在的工作向外国实业界传递一个新的信息:中国的投资环境将要有新的改善。"

吴外长在谈到中美贸易现状时说:"近年来,由于我们双方的共同努力,中美两国的经贸关系发展很快。双边贸易由建交时的不到10亿美元,增加到去年的近80亿美元,增长了近7倍。美国已成为中国的第三大贸易伙伴。美国在中国的私人投资协议金额已达31亿美元,项目总数为367个。投资金额为各国之首,项目总数占据第二。中国在美国设立的独资、合资经营企业也已有73家。相互投资活动比较活跃。双方合作的广度几乎遍及所有经济领域,并不断在向新的深度发展。

他接着说:"中美两国发展经贸关系具有巨大的潜力和广阔的前景。中国作为世界上最大的发展中国家,有丰富的人力、物力资源和广阔的市场,但缺乏建设资金、先进的技术和管理经验;美国作为最大的发达国家,拥有雄厚的资金、先进技术和丰富的管理经验,但需要市场和较低的劳动费用。两国都有比较完整的国民经济体系和具有相当基础的工业及科技力量。双方开展互利合作的领域十分广阔。中美经济结构的这种互补性和合作领域的广泛性,可以使我们双方相互补充,取长补短,成为长期合作的良好伙伴。但是,目前中美经贸关系的发展水平与两国合作所拥有的上述优势还不相称,需要双方共同努力,克服困难和障碍,使两国的经济贸易科学技术合作获得更大的发展。"

吴外长说:"新奥尔良市在美国经济中占有重要的位置。它不仅在交通、运输、商业、旅游等方面十分发达,而且在医疗、石油、化工、宇航等领域拥有相当的实力。我高兴地看到,新奥尔良市的工商界朋友们已经在积极地参与同中国的经济技术合作。去年4月，新奥尔良世界贸易中心在贵市成功地举办了'与中华人民共和国做生意'的研讨会，增进了美国中南部地区企业界对中国的了解，为促进中美经贸关系的发展做了一件很有意义的事。我希望有更多的类似研讨会在美国举行，更欢迎路易斯安那州和新奥尔良市工商界的朋友到中国去投资建厂。"

周恩来研究学术讨论会在人民大会堂开幕

首都各界人士和来自全国各地理论界、史学界及有关部门的同志共500多人，出席了开幕式。大家在发言中表达了一种共同的感情和心愿：周恩来同志是中国人民忠实的儿子。他一生勤勤恳恳，任劳任怨，把自己的一切无私地奉献给中国人民的解放事业。他从不宣传自己，是一个"从不希望为自己竖立纪念碑的人"。但是，他的形象和业绩已经深深地刻在10亿人民的心里。深入研究周恩来同志的一生，对于把我国建设成为社会主义现代化强国的伟大事业，是有十分重大的意义。

邓颖超同志应邀到会与大家见面。她在讲话中认为，举办这样的学术讨论会很好，很有意义，她表示祝贺。她说，我因为身体的关系，不能到会听各位的论文，但我是会拜读的。她走下主席台，同许多同志亲切握手，致以问候。大家向邓大姐表达了对周恩来同志的深切怀念，并衷心地祝愿邓大姐健康长寿。

宋平、萧克、段君毅、黄华、黄镇、王任重、荣毅仁、杨静仁、康克清、杨成武、吕正操、周培源、屈武、钱学森等领导同志以及各界知名人士李强、冯文彬、郭洪涛、李葆华、荣高棠、周子健、高扬、钱正英、杨波、罗青长、黄鼎臣、侯镜如、孙起孟、爱新觉罗·溥杰、曹禺、魏巍、胡絜青、钱三强、王淦昌、汪德昭、张文裕、朱光亚、吴冷西、梅益、刘大年、马海德、吴蔚然、傅学文等出席了开幕式。

中共中央文献研究室主任李琦在会上致开幕词。他说，周恩来同志是中国共产党人的优秀代表。他参与过党中央在各个历史时期的许多重大决策，领导过多方面的工作。像他这样在中央工作时间之长，工作方面之广，在我们党的领导人中间也是少有的。他一生走过的道路可以说是中国共产党历史的一个缩影。

童小鹏、章文晋、薛暮桥、周培源、陈荒煤，在开幕式上分别就周恩来在统一战线、外交、经济、科技和文教等方面的思想和活动作了专题发言。屈武作了书面发言。

中共中央文献研究室常务副主任逄先知主持了今天的开幕式。

这次讨论会将于3月7日结束。

国务院就西南航空公司伊尔—18型222号客机失事善后处理工作完成向重庆市四川省人民政府和成都军区发了慰问电

全文如下：

1月18日，西南航空公司伊尔—18型222号客机失事后，你们迅速组织力量进行善后处理。在工作中，你们顾全大局，组织严密，措施得力，很好地完成了任务。

各有关部门和单位做了大量工作，热情周到地接待了遇难者家属和亲友。各级干部、工人、医务人员和当地农民团结协作，密切配合，不辞辛苦，日夜工作。人民解放军、武警部队、公安干警广大指战员，发挥了主力军和突击队的作用，不怕苦、不怕脏，连续几天在泥水中清理现场。在整个善后处理工作中，涌现出许多感人事迹，充分体现了军民一致、干群一致，团结战斗的高尚风格和社会主义制度的优越性。

国务院谨向你们，并通过你们向全体参加善后处理工作的机关、部队、单位和个人，表示衷心的感谢和慰问！

希望你们在深化改革，搞活经济，对外开放中，继续认真贯彻党的十三大精神，为社会主义物质文明和精神文明建设作出更大的成绩。

3月5日

国务院代总理李鹏参观纪念周恩来诞辰90周年书画展

今天是周恩来同志诞辰90周年纪念日，李鹏来到设立在毛主席纪念堂内的周恩来纪念室。在花篮围着的汉白玉雕刻的周恩来胸像前，李鹏恭恭敬敬地鞠了一躬。他说："周总理的一生，忠于革命事业，热爱人民，值得我们大家永远怀念、敬仰和学习。"

六届全国人大常委会二十五次会议在人民大会堂举行

这次常委会议的主要任务是为即将召开的七届全国人大一次会议做准备。全国人大常委会委员长彭真主持了会议。

会议开始时，全国人大常委会秘书长王汉斌就这次常委会议的议程草案作了说明。委员们通过了这个议程。

根据会议通过的议程，这次常委会议将审议中共中央关于修改《中华人民共和国宪法》个别条款的建议，审议通过《中华人民共和国宪法》修正草案、审议《中华人民共和国全民所有制工业企业法草案》、审议《中华人民共和国中外合作经营企业法草案》、审议《国务院关于提请审议建立海南经济特区的议案》、审议《全国人大常委会工作报告草稿》,决定将上述法案、议案、报告提请七届全国人大一次会议审议。

根据议程,这次常委会议还将审议《关于七届全国人大代表的代表资格的审查报告》,公布七届全国人大代表名单;审议七届全国人大一次会议主席团和秘书长候选人名单草案,提请七届全国人大一次会议预备会议选举;审议《七届全国人大一次会议议程草案》,提请七届全国人大一次会议预备会议审议。

会议上,全国人大法律委员会副主任委员宋汝棼、项淳一分别代表法律委员会作了关于全民所有制工业企业法草案的修改建议的说明和中外合作经营企业法草案的修改建议的说明。宋汝棼谈到,从全国广泛征求到的意见看,大家普遍认为全民所有制工业企业法是一部重要的基本法律,草案基本成熟,也对草案提出了很多很好的修改意见。

国务院代总理李鹏向这次会议提出了关于提请审议建立海南经济特区的议案。议案中说,国务院1987年8月24日关于提请审议设立海南省的议案,已经人大常委会审议提请第七届全国人民代表大会第一次会议议决。海南建省后,最重要的任务是发展生产力。必须大力加强基础设施建设,开发利用丰富的自然资源,逐步建立具有海南特色的产业结构。海南经济建设,要积极吸收利用外资,引进国外先进技术,面向国际市场,拓展对外贸易,发展外向型经济,在国际大循环中加快经济的发展。为此,建议:(一)划定海南岛为经济特区,实行特殊的经济政策和新的经济管理体制。(二)为了使海南经济特区的经济管理充分适应开发建设的需要,授权海南省人民代表大会及其常务委员会,根据国家有关的法律、法令和政策规定,按照海南经济特区的具体情况和工作需要,制定特区的各项单行经济法规,并报全国人民代表大会常务委员会和国务院备案。

受国务院委托,国务委员谷牧今天向委员们作了关于提请审议建立海南经济特区的议案的说明。

全国人大常委会副委员长陈丕显、耿飚、彭冲、王任重、朱学范、阿沛·阿旺晋美、班禅额尔德尼·确吉坚赞、赛福鼎·艾则孜、周谷城、严济慈、荣毅仁、叶飞、廖汉生、黄华、楚图南出席了会议。

最高人民法院院长郑天翔列席了会议。

国务院代总理李鹏主持召开国务院常务会议听取民航222号客机空难事故和80次特快列车颠覆事故调查委员会调查情况汇报

铁道部部长丁关根、中国民航局局长胡逸洲分别在会上作了检查。丁关根提出引咎辞职;胡逸洲请求国务院给予处分。

会议经过讨论,为了严肃政纪,教育干部,维护国家和人民的利益,决定接受丁关根辞去铁道部部长职务的请求,提请全国人大常委会审议决定;决定给予胡逸洲记大过处分。

会议对两起事故发生后在救援和善后工作中作出贡献的人民解放军指战员、公安干警、医务人员、职工、农民以及各有关党政军机关,表示高度的赞扬和崇高的敬意;对这两起重大事故中的不幸罹难者表示沉痛的哀悼;对罹难者家属和受伤人员表示深切的慰问。

这两次重大事故发生后,国务院决定成立由国务委员、全国安全生产委员会主任张劲夫主持的调查委员会,负责查清事故的原因、责任和提出处理意见。

会议上,张劲夫代表调委会作了关于这两起重大事故调查情况的报告。80次特快列车颠覆事故调查组组长叶青、222号客机空难事故调查组组长李伯勇分别作了说明。

张劲夫说,从1月下旬起,事故调查委员会的两个调查组通过对事故现场和当事人的调查、取证、计算、化验和分析论证,一致认为这两起重大事故的性质都属责任事故。关于80次特快列车颠覆事故的直接原因,一种意见认为是列车在下坡弯道上超速行驶,受到前方瞬间重大阻力所造成的;另一种意见,认为是电力机车的接触导线自然断落后缠绕车体造成的。222号客机空难事故,是由于第四发动机内起动电机的零件,因维修、使用不当,引起电机起火,导致第四发动机坠落,进而使飞行失控造成的。

张劲夫说,222号客机空难事故原因已基本查清,80次特快列车事故调查工作也获得初步成果。由于对肇事具体原因尚有分歧,建议由铁路、公安、监察等部门派员参加进一步查明事实。

李鹏代总理在会上说,民航222号客机空难和80次特快列车颠覆两起重大事故发生后,全国人民极为关心。当时,国务院确定了对这两起事故处理的方针:妥善处理善后工作;尽快恢复正常交通秩序;稳定情绪,振奋精神,保证春节运输安全;认真调查事故原因和责任,从中吸取教训,对有关责任者作出必要的处理,总结经验,采取措施,整顿和改进交通运输工作。经过这一个多月的认真工作,事故善后工作得到了妥善处理,交通运输恢复畅通,较好地完成了繁重的春运任务。这证明我们确定的方针是正确的。

李鹏说,两起重大事故调查委员会特别是参加调查的各方面的专家做了大量的调查工作。他们的工作是认真负责和卓有成效的。这是一项严肃的工作,我们作出的结论是要对历史、对人民负责任的。这两起事故的性质已经查清,都是责任事故。这些事故暴露了铁路、民航部门存在着管理不善,规章制度执行不严,劳动纪律松弛,人员素质差,设备管理、维修跟不上等问题。这是酿成这几起重大事故的根本原因。为了严肃政纪,本着对人民高度负责的精神,这次会议就丁关根、胡逸洲同志领导责任作出的处理,是必要的,也是恰当的。鉴于事故尚未彻底查清,国务院责成全国安全生产委员会继续工作,在有关部门配合下进一步查明事故原因、分清责任,以便对事故其他责任者作出正确的处理。

李鹏指出,我国铁路、民航担负的运输任务十分繁重,广大干部、职工努力工作,辛勤劳动,对促进改革、开放和国民经济的发展作出了很大的贡献。他希望铁路、民航系统各级干部和全体职工从事故中吸取教训,振作精神,进一步做好自己肩负的工作。他要求各部门,特别是交通、电力、化工、煤炭、冶金、纺织等部门,一定要坚持"安全第一,预防为主"的方针,以对国家和人民高度负责的精神,改善领导,提高职工队伍的素质,努力加强管理,严格纪律,遵守制度,同时要加强对设备的维修和管理,保证设备在良好状态下运行,以确保安全生产。

李鹏代总理宣布,丁关根辞职后,铁道部的工作由副部长李森茂主持。

国务院副总理万里、姚依林、田纪云,国务委员陈慕华、姬鹏飞、王丙乾、宋平、宋健,国务院秘书长陈俊生出席会议并发了言。他们认为,国务院对这两起重大事故的处理是严肃认真的,充分体现了对人民和国家的利益、对人民的生命财产高度负责的精神。他们指出,丁关根、胡逸洲同志的检查是诚恳的,国务院对丁关根、胡逸洲的处理是实事求是的、是恰当的。中顾委副主任薄一波、中共中央政治局委员李铁映、书记处候补书记温家宝列席了会议。

国务院关于80次特快旅客列车颠覆事故的处理决定

1988年3月5日,国务院常务会议讨论了1月24日昆沪线80次特快旅客列车颠覆事故的处理问题。

会议认为,这是一起重大责任事故,这起事故连同1月份发生的另外两起重大铁路运输事故,给人民的生命财产造成了重大损失,铁道部部长丁关根同志有失职守,对这3起重大事故负有领导责任。

会上,丁关根同志作了检查,并提出引咎辞职。会议经过讨论,为了严肃纪律,教育干部,维护人民和国家的利益,决定接受丁关根同志辞去铁道部部长职务的请求,提请全国人大常委会审议决定。

会议责成全国安全生产委员会在有关部门配合下,进一步调查造成这起重大事故的具体原因,对负有直接责任的人员进行严肃处理。

会议希望,铁路系统各级领导干部及全体职工,要认真吸取80次特快旅客列车颠覆事故的教训,以对国家和人民高度负责的精神,改善领导,加强管理,严格纪律,遵守制度,不断加强基础工作,提高人员素质,以切实保障铁路运输安全、正点,适应日益繁重的铁路运输任务,继续为我国的社会主义建设事业贡献力量。

国务院关于民航222号客机空难事故的处理决定

1988年3月5日,国务院常务会议讨论了对民航"1·18"空难事故的处理问题。

会议认为,由于机械故障而发生的这起空难事故,是一起重大责任事故,给人民的生命财产造成了重大损失。民航局局长胡逸洲同志有失职守,对这起空难事故负有领导责任。

会上,胡逸洲同志作了检查,并请求给予他纪律处分。会议经过讨论,为了严肃纪律,教育干部,维护人民和国家的利益,决定给予胡逸洲同志记大过处分。

会议责成全国安全生产委员会对客机发生机械故障的原因进一步调查,对负有直接责任的人员作出严肃处理。

会议希望胡逸洲同志及民航系统各级干部和广大职工,从"1·18"空难事故中认真吸取教训,改善领导,健全制度,加强管理,严格纪律,并逐步改善必要的设施,切实保障空中交通安全,使我国民航事业适应改革、开放和经济发展的需要。

据新华社报道拉萨市少数分裂主义分子利用祈祷大法会在拉萨市蓄意制造严重骚乱

商业部发出通知要求各地认真贯彻《国务院关于严格控制社会集团购买力压缩开支的紧急通知》

商业部的通知规定,在1988年内停止供应党政机关、人民团体、部队、全民和集体企事业单位以及基本建设单位19种国家规定的专控商品。对直接用于生产经营、科研、教学、医疗和因特殊原因购买上述商品的,各定点供应商店或专柜在供货时,必须严格按审批机关审批件供应。非定点供应单位一律不得以任何形式向社会集团供应专控商品,违者没收其销售利润。对非专控商品,也要优先供应城乡居民的基本需要。

各地商业企业一律不准向社会集团发行购货券,也不准为社会集团用公款购买实物滥发提供方便。

通知要求各级商业部门和企事业单位,做好本部门及所属单位购买消费品的控制工作。深入开展"双增双节",大力发扬艰苦创业、勤俭建国、勤俭办一切事业的优良传统和作风,严格按照有关部门核定的控购指标执行,不得超过。

国家外汇管理局发布《金融机构代客户办理即期和远期外汇买卖管理规定》

第一条　为了防范汇率风险,稳定进出口贸易(包括其他对外经济活动)成本,开展即期和远期外汇买卖业务,制定本规定。

第二条　中国银行可以接受中国境内的机关、团体、企业、事业及其他单位(以下简称客户)的委托,代理买卖即期和远期外汇。

其他金融机构经营前款规定的业务,须经国家外汇管理局批准。

第三条　本规定所称外汇买卖系指各种可兑换货币之间的买卖。

第四条　客户委托中国银行或者经国家外汇管理局批准的其他金融机构(以下简称指定的金融机构)代理买卖即期和远期外汇,须经国家外汇管理局或者其分局批准,但下列两种情况除外:

(一)获准经营外汇业务的专业银行和金融机构以及外商投资企业,对其自有和自筹的外汇资金,可以自行在国际金融市场上买卖即期或者远期外汇,也可以委托指定的金融机构代理买卖;

(二)前项规定以外的其他客户向中国境内外筹借的现汇和获准接受的捐赠外汇,经批准在中国境内金融机构开户存储现汇的,可凭其对外签订的贸易合同或者其他经济协议径行委托指定的金融机构代理买卖即期或远期外汇。

第五条　买卖即期和远期外汇必须坚持自愿原则。

第六条　指定的金融机构代理客户买卖即期和远期外汇,应当以客户对外签订的贸易合同或者其他经济协议为依据,但代理经营外汇业务的金融机构和外商投资企业买卖的除外。

第七条　指定的金融机构受客户委托代办即期和远期外汇买卖时,客户应当提供履约担保。履约担保可以使用外汇额度抵押,也可以使用现汇预交履约保证金。

使用外汇额度进行抵押担保的,必须同时提供由开户银行出具的等值人民币保函。

使用外汇额度提前结成现汇预交履约保证金的,仅限于结成美元。

第八条　客户办理远期外汇买卖时,应当按照第六条规定向当地外汇管理部门提交申请书和贸易合同或者经济协议的副本,经外汇管理部门审核同意后,凭外汇管理部门的批件委托指定的金融机构代购远期外汇。

第九条　使用外汇额度提前结汇预交履约保证金的,由外汇管理部门在客户开出的外汇额度支付通知书上签注日期、盖章并扣减用汇指标。同城客户必须在签注之日(异地客户在七个工作日)内买成美元存入指定的金融机构的“专项保证金存款”账户。

使用外汇额度抵押方式的,外汇管理部门应将客户用于抵押的外汇额度过户到指定的金融机构的外汇额度账户。

委托代办期权业务的,只能使用外汇额度抵押担保,但成交时需付的期权保险费可以提前结成现汇。

第十条　指定的金融机构代办即期和远期外汇买卖时,凡客户使用外汇额度提前结汇和预交远期外汇买卖履约保证金的,必须通过“专项保证金存款”账户进行核算。但客户使用原持有的现汇预交远期外汇买卖履约保证金的,仍通过“存入保证金”账户进行核算。

第十一条　进口付汇晚于交割期时,使用外汇额度提前结成现汇的,指定的金融机构应将交割所得的货币头寸复入“专项保证金存款”账户暂存;使用原持有的现汇的,指定的金融机构应将交割所得的货币头寸复存入“存入保证金”账户。

第十二条　本规定由国家外汇管理局负责解释。

第十三条　本规定自发布之日起施行。

国家外汇管理局就《金融机构代客户办理外汇买卖管理规定》答《人民日报》记者问

问:为什么当前要发布这个规定?

答:中国对外经济贸易往来一般使用外国货币结算。在浮动汇率制度下,由于各国之间的经济发展和国际收支的不平衡,通货膨胀的差异,外国货币汇率经常波动。进出口贸易从成交到结算,对外借款从借入到清偿,都需要有一段相当长的时间。在此期间如遇汇率剧烈波动,有些从事对外经济贸易往来的企业就会遭受经济损失。这两年来美元汇率不断下跌,日元、西德马克汇率相对上升,给中国的企业带来了困难和风险,他们要求金融机构开办即期和远期外汇买卖业务,帮助他们防范汇率风险。这个规定就是应此要求而产生的。它是放宽外汇管理的一项措施。

问:金融机构代客户买卖即期和远期外汇,对外贸体制改革和沿海地区对外经济发展有什么作用?

答:今年我国将加快和深化外贸体制改革,全面推行对外贸易承包经营责任制。沿海地区经济实施“两头在外,大进大出”,参加国际大循环的发展战略。各地方都将在自负盈亏的基础上,放开经营,加强经济核算,发展对外贸易。可是当前国际经济金融动荡不定,汇率波动频繁,要加强经济核算,做到自负盈亏,除必须密切注意国际货币汇率的变动和趋势,进行分析和预测外,还应采取必要的避免汇率风险的防范措施。金融机构代客户买卖即期和远期外汇,就为他们防范汇率风险提供条件,使外贸经营企业和生产出口商品的企业能够核算成本,保障其预计的利润。《规定》的公布,有利于外贸体制改革和沿海经济发展战略的实施。

问:哪些金融机构可以代客户办理即期和远期外汇买卖业务?

答:经营这种外汇交易的金融机构须有广泛的代理行关系,信誉卓著,信息网络完善,并要有经验丰富的交易人员等。中国银行是国家外汇外贸专业银行,也是国际上大银行,可以代客户买卖即期和远期外汇。其他经批准经营外汇业务的专业银行和金融机构,具备条件的,经过国家外汇管理局批准后,也可经营此项业务。

问:客户买卖即期和远期外汇需要注意什么问题?

答:金融机构代客户买卖即期和远期外汇的目的是固定进出口贸易(包括其他对外经济活动)成本、保本和有利于进出口贸易的发展,不允许客户用来搞投机活动。凡请金融机构代办的,需提供对外签订的贸易合同或其他经济协议,没有的不予办理。

我国华北及中原地区初步形成点网带片结合的农田防护林体系

据《人民日报》报道,华北、中原两个地区的 422 个县(市),已有 156 个达到林业部颁发的平原绿化标准。河南、山东等省发展农林间作,建设农田林网,突破了一个县甚至一个地区的界限,初步形成了点、网、带、片结合的农田防护林体系。一些过去靠国家调配木材的地区,实现了木材自给或半自给,有些林产品打入了国际市场。我国平原面积最大、最集中的华北、中原地区已建设农田林网 1.6 亿亩,农林间作面积 4765 万亩,分别占耕地总面积的一半左右,林木覆盖率由建国初期的 2%提高到 10.7%。

中国检察学会在北京成立

最高人民检察院副检察长王晓光任会长,张友渔、杨易辰、刘复之被推举为名誉会长。

张友渔在书面讲话中指出,检察学会的成立,标志着我国检察学的研究进入了一个新的发展阶段。据了解,全国已有山西、广州等 6 省、9 市成立了本地的检察学会。

中国新闻学会联合会第二届会员代表会暨第二次学术年会在广州开幕

来自全国 51 个新闻学会(研究会)的 180 名学者、专家和老一辈新闻工作者出席了开幕式。

中国新闻学会联合会会长胡绩伟致开幕词。他说,新闻理论工作者要鼓起勇气,深入研究,大胆探索,勇敢创新,形成民主活跃的政治空气,积极开展平等的、说理的、不同意见的讨论和研究,加快和深化新闻改革,克服理论落后于实践的状况,促进改革和开放的发展。

这两个会议的中心议题是,学习贯彻党的十三大精神,研究社会主义初级阶段新闻学,加快和深化新闻改革。会议已收到各地推荐来的论文 125 篇。

中国记协决定成立范长江新闻奖基金会

范长江同志是我国杰出的无产阶级新闻战士。他在青年时代就是闻名全国的进步新闻记者。基金会的宗旨是发扬范长江献身新闻事业的精神,奖励有贡献的中青年新闻工作者,培养中青年高级新闻人才,并支持各种有利于中青年新闻工作者成长的新闻和文化事业。基金会欢迎国内外新闻单位、社会团体、个人及范长江生前友好给予关心、支持。

《周恩来书信选集》等 3 本书出版

在纪念周恩来诞辰 90 周年之际,新编辑出版的《周恩来书信选集》《周恩来手迹选》和一本回忆文集《不尽的思念》,将从 3 月 5 日起,陆续在全国各地新华书店与读者见面。

《周恩来书信选集》,收入 1918 年 4 月至 1975 年 7 月,周恩来写给党内外、国内外人士和亲朋故旧的信 300 封,并有 900 多条注释,约 34 万字。

《周恩来手迹选》由中共中央文献研究室和中央档案馆合编,文物出版社出版。书中收入周恩来的题词手迹 78 件,书信手迹 36 件。

由陈云同志题签书名,李先念同志作序的回忆文集《不尽的思念》,收入 60 篇文章、13 幅照片,约 44 万字。绝大多数文章都是专为纪念周恩来诞辰 90 周年新撰写的。其中,有聂荣臻、薄一波、王任重、钱学森等几十位党内外老同志的回忆,还有邓颖超同志的怀念。他们都是根据自己与周恩来共事的亲身经历写成的。这本书由中共中央文献研究室《不尽的思念》编辑组编辑,中央文献出版社出版。

党和国家领导人祝贺《北京周报》创刊 30 周年

李鹏等同志分别送来贺信或题词。宋平、芮杏文、黄华、陈慕华、王忍之、王蒙、朱穆之、章文晋等同志出席了会议。李可染等40余位书画家也送来佳作助兴。

《北京周报》是中国目前唯一的外文时事政策性周刊。1958年3月,在周恩来总理的倡导支持下,《北京周报》应运而生,当时只有一个英文版,现已有6种版本。

周恩来纪念馆在江苏淮安奠基

周恩来纪念馆奠基典礼,在周恩来的故乡江苏省淮安市隆重举行。邓小平同志为周恩来纪念馆题写了馆名。纪念馆预计1990年3月5日建成开放。

广西选手在1988年广西壮族自治区青少年女子举重比赛中连超两项世界纪录

不满17岁的何丽霜以68公斤的成绩超过52公斤级抓举67.5公斤的世界纪录。李婵和廖桂仙分别以75.5公斤和76公斤的成绩超过60公斤级抓举75公斤的世界纪录。

3月6日

全国政协六届常委会十七次会议在全国政协礼堂举行全体会议

会议通过了七届全国政协的参加单位、委员名额和人选名单。

中共中央书记处书记、中央统战部部长阎明复在会上就常委会分组讨论名单草案的情况作了说明。他说,现在列入七届全国政协的委员共2081名,其中中共党员832名,占39.98%;民主党派成员及其他各界的非共产党人士1249名,占60.02%。

会议还通过了六届全国政协常委会向七届政协一次会议的工作报告,并推举了报告人;通过了六届政协提案工作委员会关于提案工作情况的报告。全国政协秘书长周绍铮在会上就常委会工作报告的修改稿作了说明。

全国政协副主席马文瑞主持了常委会。

中共中央书记处书记阎明复向新华社记者发表谈话指出七届全国政协的组成反映了中国民主生活的新发展

阎明复介绍说,政协七届全国委员会2081名委员的名单是中共中央及各省、自治区、直辖市党委和各民主党派中央、各人民团体经过半年多时间的反复协商、综合平衡后提出的。

他说,这个2081人的名单,比六届一次会议时的人数增加42名。其中,六届委员留任的有1261名,占60.6%;新提名的820名,占39.4%;中共党员832名,占39.98%,民主党派成员及其他各界的非共产党人士1249人,占60.02%;各民主党派成员701名,占33.7%。

阎明复说,为使七届政协在建设具有中国特色的社会主义的宏伟事业中充分发挥自己的作用,中共中央和各民主党派、各有关人民团体,经过反复协商,共同确定了这次政协委员提名的原则,主要是:七届全国政协委员的总人数,仍维持六届一次会议的规模;界别设置仍维持六届的31个界别。他说,统筹兼顾、全面安排,是七届政协人事安排的基本方针。七届政协的组成是根据人民政协的性质和任务,兼顾党内外、民族、地域、界别、性别、年龄、历史情况等,从有利于调动各方面的积极因素,有利于巩固和促进安定团结,有利于改革开放、建设社会主义民主政治,有利于推动统一祖国的事业出发,来全盘考虑的。

他分析说,七届政协的新委员中,主要有民主党派中的领导骨干和民族宗教界的代表人物,在改革开放和两个文明建设中作出突出贡献的知识分子代表人物,对台湾、港澳有影响的人士,台湾同胞、港澳同胞、国外侨胞中拥护祖国统一并有较大影响的人士,适合做政协工作的党内老同志及其他方面的代表人物。他认为七届全国政协委员名单有4个特点:

——体现了党的十三大精神。在七届全国政协的2081名委员中,新提名的820名,他们平均年龄不到60岁;2081人平均年龄也比六届一次会议委员的平均年龄有所降低。60岁以下的625名,占总数的30%,比六届一次会议的360余名,增加了260多人。这标志着我们的事业兴旺发达、后继有人。

——进一步强化了民主党派在人民政协中的地位。共产党领导下的多党合作,是我国政治制度的一个重要特点和优点。各民主党派在我国政治生活中起着重要作用,这在七届政协的人事安排中得到了体现。据统计,在2081名的名单中,有民主党派成员701名,占总数的33.7%,比六届一次会议的629人增加了72人,增加10%以上。民革、民盟、民建各由六届的50名增加到60多名,民进、农工党、九三学社各由六届的25名增加到30多名,致公党、台盟各由六届的12名增加到20名。

——委员的代表性更加广泛。七届政协委员中妇女、少数民族、宗教界人士、港澳同胞等各方面的代表人物也都有所增加。七届的妇女委员共288名,比六届增加了30多名;少数民族委员共222名;比六届增加了46名;宗教界人士62名,比六届增加17名;港澳人士67名,比六届增加了23名。还有国外华侨、"三资"企业、私营企业的代表人物以及台湾上层人士在大陆的亲属等等。

——委员的地区分布更趋合理。七届政协委员名单对六届委员人数较多的地区做了适当压缩,原来委员人数较少的省市适当增加了一些名额。

阎明复说,当然,在新的历史时期,各条战线、各个领域都涌现了一批新的代表人物,限于政协的规模,不可能把所有的代表人物或有重大贡献的人才都包括进来,也不可能满足各方面提名的要求,我想这是大家都能理解的。

阎明复最后说,在这里,要特别提到六届政协委员中有600多位同志和朋友不再继续担任委员。除一部分同志因工作变动外,主要是由于年龄和健康的缘故。他们中间有些是我们党久经考验的老同志,有些是同我们党长期合作的老朋友,有些是国内外著名的专家和学者。长期以来,他们以极大的热情参加了祖国的建设,参与了国家大事的协商,以丰富的政治经验、卓越的专业知识和对人民事业的崇高的责任心,为祖国的兴旺发达和统一大业,为统一战线的巩固和扩大,作出了自己的贡献。他们虽然不当政协委员,但他们的影响和威望依然存在,还一样受到人们的崇敬。他们将继续对我国的政治生活,对爱国统一战线的发展,对社会主义现代化建设和祖国的统一事业,作出新的贡献。党和人民对他们的贡献是不会忘记的。

最高人民检察院检察长杨易辰在第八次全国检察工作会议上发表讲话

杨易辰指出,我国检察机关要积极地进行检察体制改革,增强法律监督职能,建立完备的领导体制和工作制度,保证检察机关在国家的政治、经济生活中发挥更大的作用。

杨易辰说,检察体制的改革,最根本的在于增强法律监督的职能,保证依照法律独立行使检察权。各项改革的内容和措施都要紧紧围绕有利于全面发挥检察机关的职能作用来考虑。他说,要完善法律监督的程序和手段,增强法律监督的效力;要扩大法律监督的职权范围,除了对刑事法律的实施进行监督外,还应参与民事、行政诉讼,对民事、行政审判活动进行监督。只有解决好这些问题,才能使检察体制改革富有成效。

杨易辰谈到改革检察机关内部领导制度时说,为了增强法律监督职能,更好地适应领导方式和活动方式的转变,检察机关将要实行检察长负责制。检察长在实施领导工作中要根据民主集中制的精神,走群众路线,实现领导决策的民主化、科学化。

杨易辰还谈到了要完善检察系统的领导体制,加强上级检察机关对下级检察机关的领导;建立起一套符合检察机关特点的、科学的干部管理体制等其他几项检察体制改革的设想。

杨易辰强调说,检察工作在今后一个相当长的时期内的基本任务就是充分发挥法律监督的职能,进一步全面开展各项检察业务,坚持不懈地打击经济犯罪和其他刑事犯罪,更好地为改革、开放服务。

国务委员兼国家科委主任宋健在钓鱼台国宾馆会见并宴请澳大利亚工商技术部部长约翰·巴顿参议员一行

3月7日

中共中央邀请出席国务院沿海地区对外开放工作会议的代表在中南海怀仁堂开座谈会

首都各界妇女在人民大会堂集会纪念三八节

胡启立、阎明复、陈慕华及倪志福等领导同志同各界妇女一起欢度节日。全国妇联主席康克清特地托人捎信向大会表示热烈的祝贺。

全国妇联副主席、书记处第一书记张帼英主持大会。

国务委员陈慕华受党中央、国务院委托,向所有为建设祖国、保卫祖国,为祖国的统一和世界和平作出积极贡献的全国各族各界妇女,向港澳、台湾同胞姐妹们,海外侨胞姐妹们,向全世界的劳动妇女姐妹们致以亲切的问候和节日的祝贺;对在深化改革中奋发自强,锐意进取,不畏艰险,努力奉献作出了显著成绩,为国争光的姐妹们,表示衷心的祝贺和崇高的敬意。她说,实践证明,改革为妇女自身解放开辟了广阔天地,中国妇女是一支不可忽视的强大生力军。

她指出,广大妇女在改革开放中要创造新的业绩,为四化多做贡献,就必须进一步提高自身的素质。不要保守要创新;不要懒惰要勤奋;不要空谈要求实;不要拖拉要效率;不要松垮要纪律;不要自满要谦虚。广大妇女要带头发扬自力更生、艰苦奋斗精神,抵制比阔气、讲排场、奢侈浪费的不良习气,坚持勤俭建国,勤俭办一切事业,以自己的模范行动和业绩,打破世俗偏见,获得社会对妇女力量的承认。

她要求妇女在家庭文明建设中发挥特殊重要的作用。要为国教子,精心培育后代;要与丈夫相互关心、支持;要敬重父母,赡养老人;还要带头实行计划生育,改革婚丧嫁娶中的陈规陋习。

她还希望各级妇联搞好自身的改革和建设,起到党和政府的纽带和桥梁作用。

陈慕华呼吁全社会都要尊重妇女,理解妇女,要克服轻视妇女的偏见,改变对妇女人才求全责备的不公正做法,使男女在平等的起跑线上参与竞争。

沈阳市木兰实业总公司总经理张桂琴，代表全国“三八”红旗手和优秀女企业家在会上发了言。

全国妇联书记处书记王庆淑代表全国妇联，宣布授予荣获“首届全国优秀女企业家”的关广梅、徐英莲等50位女性为全国“三八”红旗手称号。

会上还宣读了出席全国女科技工作者代表座谈会的代表致全国女科技工作者的一封倡议书。

中组部和全国妇联在北京共同召开三八节妇女领导干部座谈会

中共中央组织部副部长赵宗鼐今天上午说，近两年来，我国有些地区在县和基层领导干部中，妇女干部的比例有下降的趋势，应引起充分重视。他同时指出：对这种情况要作实事求是的分析，针对不同情况，研究具体措施加以解决，但不能据此认定妇女干部的政治地位下降了。

中组部提供的材料表明，党的十一届三中全会以来，越来越多的优秀妇女干部被选拔到各领导岗位上，发挥着重要的作用。妇女干部在省、部级领导干部中所占的比例呈上升趋势。其中，女同志在国务院各部委正副部长中的比例已由“文革”前的1%增长到5%；在省级领导干部中的比例，由“文革”前的0.5%增长到10%。在最近20个省、自治区、直辖市的人大、政协换届选举中，又有一批女干部走上省级领导岗位。

但是，“重男轻女”的思想在我国还有一定的市场，社会招工、学校招生、女大学生分配，以及培养、选拔女干部工作中，轻视女性的现象还时有发生。对此，赵宗鼐希望各级党委组织部门加强同妇联的联系，经常沟通情况，听取意见，做好培养和选拔女干部工作。

随着改革的深化，竞争机制将逐步引入到整个干部人事管理制度中来。赵宗鼐要求妇女干部进一步增强改革意识、竞争意识，不断提高自己的政治、业务素质，进一步提高自己的组织、管理能力，努力奋进，自强不息，成为各条战线的骨干、各个行业的专家。

全国妇联副主席、书记处第一书记张帼英也在会上讲了话。她呼吁社会各方面为妇女成才创造条件，通过各条渠道、各种形式宣传先进妇女的事迹；要给妇女提供更多的学习、提高的机会；要为女干部减轻家务劳动和抚育子女的负担。她还要求各级妇联为女干部成才做好服务工作。

全国民委主任会议在北京召开

会议从3月7日至9日共3天。这次会议的中心议题是学习贯彻十三大精神，部署1988年的工作，讨论落实国务院决定的于今年4月下旬在北京召开的全国民族团结进步表彰大会的筹备事宜。

与会同志以党的十三大精神为指导，实事求是地分析了我国少数民族和民族地区的历史和现状，认为从社会生产力发展水平看，目前我国还有相当多的少数民族只能说是进入了社会主义初级阶段的“低层次”，商品经济还很不发达。民委工作的重点是要根据少数民族地区不同的社会生产力发展的情况和特点，按照分类指导的原则，协助少数民族制定符合本地区实际情况的政策和措施，积极而又稳妥地进行改革，进一步解放思想，大力发展生产力，始终不渝地把发展商品生产经济摆在一切工作的中心位置。这是摆脱贫困，实现各民族共同繁荣的根本途径，也是增强民族团结，巩固国防的物质基础。最近中央关于进一步开发沿海地区，参加国际大循环的战略，也给西部少数民族地区的开发建设提供了机遇。少数民族地区应抓住时机，充分利用自己的资源和原材料的优势，发展加工工业，开拓国内市场，积极而慎重地开展对外经济技术交流与合作，大力发展边境贸易和边民互市。

会议认为，在我们这个统一的多民族国家里，加强民族团结，维护祖国统一，是关系各民族共同利益的头等重要的大事。

近年来，随着改革、开放和发展商品经济，各民族间互相学习的机会增多了，交往更密切了，社会主义新型的民族关系充实了新的内容，民族团结进一步加强。但是，由此也带来一些民族关系上的新的矛盾，特别是还存在着民族分裂势力的捣乱破坏。因此，民族团结的工作是长期的任务。即将召开的全国民族团结进步先进集体、先进人物表彰大会，是新中国成立以来第一次。要全力做好这次大会的准备工作，并以这次大会为契机，在全国范围内广泛深入地开展一次民族团结的宣传教育活动，促进我国平等、团结、互助的社会主义民族关系向新的广度和深度发展，使1988年成为发展各民族大团结的一年。

中共中央书记处书记、统战部部长阎明复在闭幕会议上说，将于今年4月下旬召开的全国民族团结表彰大会，是对我们执行民族政策、进行民族团结教育的一次大检阅。

他说，在社会主义现代化建设过程中，各民族只有亲密团结，情同手足，相互学习，相互支援，才能把各方面的事情办好，才能把我国的社会主义现代化建设搞好。如果我们各民族之间不团结、社会不安定、整天闹摩擦，闹纠纷，那就不可能集中精力去进行改革，四化建设也就成了一句空话。因此，维护祖国统一，加强民族团结，是关系到全国各族人民的根本利益和前途的至关重要的大局，我们任何时候都要维护这个大局。解放以来，随着新中国的建议，在全国范围内废除了民族压迫制度，实行了各民族一律平等的政策，推行民族区域自治制度,帮助少数民族发展经济文化建设,使我国各民族走上社会主义的康庄大道。特别是十一届三中全会以来,党的民族政策重新得到恢复和发展,各地在增强民族团结的工作方面又创造了许多丰富的经验。我国各民族之间的关系总的主流是好的。但是,也应该看到,在民族关系方面还经常发生一些问题,其原因既有一些同志不懂民族政策的问题,也有由于民族之间历史上的隔阂和“文革”时期“左”的影响所造成的裂痕尚未完全消除的问题;既有经济文化建设和改革中出现的新问题,也有少数民族分裂主义分子进行民族分裂活动的问题。在民族关系方面出现的这些问题,无论在任何时候,我们都不能够掉以轻心。

这次全国民族团结表彰大会的召开,对于进一步增进我国各民族之间的大团结,是一次极大的推动,对我国社会主义民族关系的发展必将发生深远的影响。民族团结、民族政策教育今后应做到经常化、制度化。不仅要在少数民族地区进行,更重要的是要在汉族地区,在全国范围内都要进行,要使全国各族干部、各族人民都能增强民族团结的思想,牢固树立起汉族离不开少数民族,少数民族离不开汉族的观念。

外交部部长吴学谦在美国国务卿舒尔茨为举其行的欢迎宴会上发表讲话

吴学谦说,中美两个大国友好相处,互利合作,符合两国人民的根本利益,也有利于世界和平与稳定,中国方面期望:两国关系在第二个十年里,将会得到更大的发展。

吴学谦说:“今年是中美两国建交的第十个年头,回顾过去,展望未来,我对两国关系的进展怀有信心。建交以来,中美关系取得显著的进展。高级领导人的互访,经济合作关系,两国人民之间的来往,以及其他领域的交流与合作不断增加和扩大。实践证明,地处太平洋两岸的中美两个大国友好相处,互利合作,符合两国人民的根本利益,也有利于世界和平与稳定。我们一贯认为,国家关系的亲疏好坏,不取决于社会制度和意识形态的异同。如果双方严格遵循互相尊重主权和领土完整、互不干涉内政的基本原则,在平等互利的基础上加强往来与合作,那么,我们之间在各个领域发展友好关系是完全可能的。”

吴学谦认为,总的说来,近10年中美两国关系的发展是顺利的,但也出现过起伏和波折;两国关系既蕴藏着巨大的发展潜力,也存在着障碍和困难。他指出:“我们没有理由满足于现状。我们应当在已经取得成绩的基础上继续前进,使中美关系充满活力。我们相信,只要双方恪守中美间三个联合公报共同确立的指导原则,不断扩大两国关系中的积极因素,克服和消除消极因素,中美关系的航船就一定能够绕过暗礁险滩,持续向前行进。”

吴学谦告诉美国朋友:中国人民正在一心一意地为建设具有中国特色的社会主义现代化国家而努力。正是从这一点出发,我们希望有一个长期的国际和平环境。

他强调:“我们一贯坚持、并将继续坚持独立自主的和平外交政策。我们反对侵略扩张政策,反对强权政治,反对干涉别国内政的言行,主张通过和平谈判解决国际争端。我们欢迎美苏对话,希望东西方关系缓和,希望南北关系得到改善,也希望世界上一切存在战争和冲突的地区都能早日实现公正合理的政治解决。”

吴学谦表示,中国愿意在平等互利的基础上,继续扩大同世界各国的经济技术合作和贸易往来。“我们已经确定沿海大约1.6亿人口的地区的外向型经济发展战略,正在采取措施,进一步改善投资环境,使外商能够按照国际惯例在我国经营企业。我们热烈欢迎美国企业家到中国投资办厂,在那里是有利可图的。”

吴学谦说:“今年,中美关系将走完邦交正常化第一个十年的旅程。我们期望:两国关系在第二个十年里,将会得到更大的发展。”

吴学谦说:“我相信,我的这次访问是成功的。因为我们双方都抱有发展中美关系的愿望。通过开诚布公的会谈和会晤,将加深我们之间的了解,这是增进友谊和合作的基础。我期待,我们在这个基础上,推动中美关系更加健康、稳定地向前发展。”

舒尔茨也在宴会上发表了讲话。他说,过去几年中,美中两国的经济关系和政治关系有了令人注目的发展。他指出,与此同时,两国也在一系列问题上存在分歧。他认为,问题不在于是否出现分歧,而在于双方如何对待这些分歧。他说:“只要我们在指导我们关系的几个公报所包含的原则的基础上对待这些问题,那么我深信,我们的关系将会继续变得成熟和得到加强。”

舒尔茨在谈到台湾问题时重申,美国关于只有一个中国的政策是“坚定不移的”。他说,台湾的前途应由海峡两岸的中国人,而不是由美国来决定。

舒尔茨还说,在解决世界上的地区性争端的努力中,中美两国都可以发挥自己的作用。他认为,两国在这些问题上保持对话,“对于维持世界和平和安全是至关重要的”。他说:“美中之间健康而牢固的关系是和平的保障。”

中国又一颗实用通信卫星发射成功

20时41分,我国成功地发射了一颗实用通信卫星。

这颗卫星是根据国内卫星通信的需求由我国自行

设计、制造的。它的性能和通信容量,与1986年我国发射的实用通信广播卫星相比,有新的改进和提高。这颗卫星是在西昌卫星发射中心用我国自行研制的“长征三号”运载火箭发射的。这是我国第四次用“长征三号”运载火箭发射卫星。

李鹏在国防科工委指挥中心观看了卫星发射实况。他在卫星准确进入大椭圆轨道之后,高兴地鼓掌,代表党中央、国务院向参加研制、生产和发射这颗卫星的技术专家、干部、职工和解放军指战员表示热烈的祝贺,并勉励大家再接再厉,认真做好通信卫星的同步定点测控工作,为促进我国航天事业的发展和通信事业的现代化作出新的贡献。

中央军委副主席杨尚昆通过国防科工委领导向参与这项工作的全体同志表示慰问。

我国3月7日发射的实用通信卫星上的远地点发动机,按预定计划,3月9日9时48分在地面站的控制下点火成功,将卫星由大椭圆轨道顺利推入准同步轨道。这颗实用通信卫星将在4月初定点于东经87.5度赤道上空。

我国3月7日发射的实用通信卫星,于3月22日13时02分准确定点于东经87.5度赤道上空。星上仪器设备工作正常。目前,卫星通信应用指挥部正在组织国内有关卫星地球站进行在轨测试、信号传输、开通试验等验收工作,不久可投入正式使用。

解放军总政治部发出《关于重申坚持新闻真实性原则坚决纠正失实报道的通知》

通知说,坚持新闻真实性,是社会主义新闻事业的重要原则,是新闻工作者的党性和职业道德的重要体现。总的看,我军广大新闻工作者在这方面做得是好的。但也存在一些问题,主要是有的单位的领导和极少数从事新闻报道的同志,贪图虚名,作风不实,致使失实报道时有发生,在军内外产生了很不好的影响,损害了部队的作风和声誉,损害了报纸的威信。这方面的问题,应当引起各级领导机关和全体从事新闻工作的同志的高度重视。

通知指出,防止和纠正失实报道,必须端正领导的思想作风,提高新闻队伍的基本素质,严格宣传纪律和规章制度。为此,特重申和强调:

一、把端正新闻报道作风作为加强党风建设、改进领导同志和领导机关思想作风的重要内容来抓。

各级领导同志和领导机关要坚持实事求是的思想路线,把精力和功夫下在扎扎实实搞好工作上。既要重视新闻报道工作,又不能单纯以见报多少来评定单位工作的成绩。各级机关不得给所属部队下达年度见报指标。对作出突出成绩的新闻工作者,要按照纪律条令给予奖励,但不能只凭刊稿篇数或稿件刊登版面的位置而滥施奖励。对因报道工作获得奖励事后又查出报道有严重失实的,要撤销奖励。对失实报道的责任者要批评教育。对有意造假、影响很坏的要给予必要的纪律处分。

二、要严格审稿制度。团以上机关、单位要进一步健全审稿制度,认真履行稿件送审手续。发出稿件除加盖团以上机关、单位的公章外,审稿人要签名,切实对所审稿件负责。凡经审稿人同意发出的稿件出现严重失实的,审稿人要承担责任。报道师以上单位或师以上干部的重大典型的事迹,要经军区、军兵种等大单位政治部或党委审核批准。报道军以上单位或军以上干部的重大典型的事迹,要经军区、军兵种等大单位政治部或党委审核后报总政治部批准。

三、军队各新闻单位编辑部要建立和健全各项制度,认真把关,做好稿件复核工作,尽一切努力防止失实报道。要教育编辑人员坚持以质量为标准选编稿件。各部队不得派人到编辑部送稿。

四、把坚持新闻真实性原则作为加强新闻工作者思想作风建设和业务培训的重要内容。要经常对新闻工作人员进行党的宣传纪律和新闻职业道德教育。对那些作风正派,坚持实事求是,严格遵守纪律,勇于创新,勤奋工作,作出显著成绩的新闻工作人员,要大力进行表彰。

《改革与发展(1983—1987)》出版

该书由邓小平同志题写书名,目前已由中国计划出版社出版。

这是一部用文字和图片翔实、系统地介绍六届全国人大主要工作成就的文献资料。它忠实地记录了中国政府制定的各项方针政策和所作的重大战略选择。编辑出版全面介绍一届人大和政府任期工作成就的文献资料,这在新中国成立以来还是首次。李先念、陈云、彭真、邓颖超同志为这部书题了词。

《华夏妇女名人词典》出版

该词典选收古往今来、海内海外各方面有一定贡献和影响,有一定代表性和知名度的华夏妇女3380余人。入选名人除每人有简要生平经历介绍外,大多配有本人照片与签名。该书由华夏出版社出版。

该词典顾问、主编、编委、编写和美术设计人员全是妇女。

3月8日

国务院代总理李鹏在中南海会见澳大利亚工商技术部部长约翰·巴顿参议员

李鹏对两国关系的良好发展表示满意。他说,这些关系不仅表现在政治方面,而且表现在经济、技术、文化等领域。

李鹏认为,中澳经济贸易关系有广阔的前景,他希望这些关系在平等互利的基础上继续向前发展。李鹏欢迎澳大利亚企业家来中国投资。

李鹏说,今年正值澳大利亚建国200周年。建国时间虽然不算长,但澳大利亚在建设方面取得了令人瞩目的成就,我们对此表示祝贺。

巴顿参议员一行今天参加了中澳部长级经济联委会第二次会议。他对李鹏说他对这次会议取得的积极成果表示满意。他说,澳中两国建交10多年来,双边关系在各个领域都取了很大进展。两国在国际事务中也合作得很好。

国家经委主任吕东会见时在座。

全国政协六届常委会十七次会议在全国政协礼堂闭幕

全国政协主席邓颖超出席会议并讲了话。

会议通过了七届全国政协一次会议主席团和秘书长名单草案,七届全国政协提案工作委员会名单草案和七届全国政协一次会议分组办法和小组召集人名单草案。这三个名单草案将提请七届全国政协一次会议预备会议审议。

会议还通过了七届全国政协一次会议列席名单。在有126人的列席名单中,有全国政协的副秘书长及各工作机构负责人,政协文史资料研究委员会专员,中央社会主义学院负责人,中共中央统战部顾问、秘书长、主任、局长等,国务院参事室副主任、参事,国务院宗教局负责人,政协大会秘书处有关方面负责人以及各省、自治区、直辖市政协主席、统战部长等。

全国政协副主席杨静仁主持了今天的闭幕会。全国政协副主席刘澜涛、陆定一、程子华、胡子昂、钱昌照、杨成武、陈再道、吕正操、周培源、包尔汉、邓兆祥、费孝通、赵朴初、屈武、马文瑞、刘靖基、王恩茂、钱学森、雷洁琼、钱伟长出席了会议。常委会闭幕后,邓颖超和即将退出政协的老同志一起合影。

全国政协主席邓颖超在全国政协六届常委会十七次会议闭幕会上发表讲话

各位副主席、各位常委:

中国人民政治协商会议第六届全国委员会常务委员会第十七次会议,经过大家紧张的工作,圆满地完成了各项议程,今天闭幕了。

这次会议通过了召开政协第七届全国委员会第一次会议的决定,提出了七届一次会议的主要议程;各位常委对六届政协的工作进行了全面的回顾和总结,讨论通过了六届常委会的工作报告;经过充分的认真的协商,决定了七届全国政协的参加单位、委员名额和委员人选名单,并提出了七届一次会议主席团名单(草案),为召开政协第七届全国委员会第一次会议做了比较充分的准备。这次会议中,我们所进行的一项重要工作,是对政府工作报告(讨论稿)进行了认真的讨论,并且本着“肝胆相照、荣辱与共”的精神,对政府工作报告(讨论稿)提出了许多中肯的意见和建议,发挥了政治协商、民主监督的作用。这不仅有利于改进政府的工作,而且也将对社会主义民主制度的完善产生积极的影响。

六届全国政协的工作即将结束了。五年来,全国政协的各项工作都做出了一定的成绩,这是中共中央的正确领导,全体政协委员和全体政协工作人员努力工作的结果。我因身体的关系,工作做得很少。在这里,我要向各位常委、委员和机关工作同志表示衷心的感谢!

我和一部分常委要退下来。人总是要老的,这是自然规律。我们这些同志退下来,让比较年轻的同志来接替我们的工作,有利于政协组织保持旺盛的活力,有利于统战和政协工作的不断发展,也有利于我们自身的健康。我们的年岁虽然大了,但是我们的思想决不能老化。三国时曹操曾在一首诗中说过:“老骥伏枥,志在千里。烈士暮年,壮心不已。”宋朝大诗人苏东坡也在一首词中写道:“谁道人生无再少,门前流水尚能西。”古人尚能从槽头老马和门前流水中激起老来的青春壮志,我们这些以振兴中华为己任的老同志,更应该保持革命的朝气,为我国的社会主义现代化建设发出余光余热。所以,我希望退下来的同志,要继续关心和支持政协的工作。由于退下来的同志同政协保持着亲切的感情,我也希望下一届政协与退下来的同志继续保持一定联系,有些报告会和委员活动日可以请他们参加,使政协工作继续得到他们的支持。最后,祝各位身体健康,精神愉快!

全国妇联在人民大会堂举办招待会纪念三八节

应邀出席全国妇联举办的这次招待会的有:民柬主席西哈努克亲王的夫人莫尼克公主、各国驻华使节夫人、驻华女外交官、来华帮助工作的女专家和专家夫人、女新闻工作者等。

中共中央政治局常委、国务院副总理乔石,国务委员陈慕华等来到中外妇女中间,向她们祝贺节日。

全国妇联副主席、书记处第一书记张帼英发表了热情洋溢的讲话。她代表全国妇联和中国各族妇女向各国姐妹们表示热烈欢迎和祝贺,向支持和帮助我们的各国姐妹、朋友表示诚挚的感谢!

张帼英说，在改革开放进程中，我国广大妇女充分显示了她们的才华和作用。在改革的潮流中涌现出一大批优秀的女企业家、女科学家、女先进生产者和工作者。她们以自己的聪明才智和坚忍不拔的顽强精神为国家创造了大量财富，受到全国人民的尊敬和好评。

张帼英说，中国妇女十分珍惜与各国妇女的友谊，并为我们之间友好合作关系的不断发展而欢欣鼓舞。她祝愿各国妇女的友谊和团结与日俱增，祝愿全世界妇女在维护世界和平，争取妇女进步和平等权利的事业中取得更大进展。

美国总统里根在白宫会见外交部部长吴学谦

双方在友好的气氛中就共同关心的国际问题和进一步发展中美关系交换了看法。吴外长表示，总的说来，中美关系自建交以来发展顺利。他说，里根总统1984年的访华对促进两国关系的稳步发展起了重要作用。吴外长还向里根总统介绍了中国的经济形势和深化改革、扩大对外开放的政策。

里根总统表示，美国政府十分重视美中关系，他本人对近年来两国关系的显著进展感到十分高兴。他说，美国的对华政策坚定地基于只有一个中国的原则。美国欢迎去年以来台湾海峡两岸人员的往来，希望这一趋势继续下去。他表示，美国政府将努力促成有利于上述趋势发展的环境。

当天上午，吴外长还先后会见了美国商务部部长维里特和总统国家安全事务顾问鲍威尔，并出席了美中关系全国委员会为他举行的工作早餐。

外交部部长吴学谦同美国国务卿舒尔茨举行第二轮会谈

双方着重就双边关系问题交换了意见。

舒尔茨告诉吴外长，美国方面已经恢复审议放宽对中国的出口管制的问题。美国是在去年10月宣布中止审议工作的。

双方认为，他们的会谈是有益的，将有助于促进两国关系的稳定发展。

国办发出通知坚决制止向军队乱摊派

通知说，近年来，部队多次呼吁和反映有些地方和部门向部队乱摊派，而且名目繁多，如不满足就出难题或制造障碍，这不仅使部队难以应付，而且也增加了不少困难，对此党中央、国务院十分重视。

通知说，为解决地方向军队乱摊派，造成军队负担过重的问题，中共中央、国务院曾三令五申。1985年7月27日，中共中央、国务院下发了《关于尊重、爱护军队积极支持军队改革和建设的通知》；国务院办公厅1985年10月10日发了《关于坚决制止向部队摊派钱物的通知》，明确提出："各级政府部门、社会团体、厂矿企业、商店、学校等一切单位，不得以任何借口向部队的单位和个人摊派钱物。"总的看，这几年各地、各部门执行情况是好的，但也有不少地区和部门令不行、禁不止，不断向军队乱摊派、而且有发展的趋势。

通知指出，军费是国家用于军队建设的专项经费，特别是在当前军费不足的情况下，向部队乱摊派，不仅加重了军队的负担，势必影响军队的正常建设，也不利于军政军民关系。为此，现再次重申：一、各级政府部门、社会团体和厂矿企业、商店、学校等一切单位，不得以任何借口向部队的单位和个人摊派钱物。二、各地在规划和组织市政建设及城市公用设施建设时，要考虑到当地驻军的需要，但不准以此为理由向军队单位摊派建设费用和其他钱物。三、任何地方单位或部门不得强行索要和擅自占用军产、房地产和军用设施。对强占军产、房地产和军用设施及其他财产的单位和人员，要严肃处理。四、不论国家投资还是地方集资修建的桥梁、隧道、公路，军用车辆均免费通行。

通知要求，各地区、各部门接到本通知后，要进行一次认真的检查。凡拒不执行上级规定，任意摊派的要追究责任；被摊派的部队一律拒付，并向上级报告。如对拒付的部队进行要挟、刁难，有关领导机关要严肃处理，不得姑息迁就。各地区、各部门要广泛进行尊重、爱护、支持人民军队的宣传教育，增强全民的国防观念，搞好军政军民关系。

国务院在北京召开全国科技工作会议

国务委员、国家科委主任宋健在会议上说，当前科技工作必须要把深化改革放在首位，着重在继续改革科技工作的运行机制。深化科技体制改革的目标是振兴国民经济，进一步建立科技与经济紧密结合的机制，充分发挥科技优势，落实党中央的沿海经济发展战略，推动各个经济领域的技术进步，促进新技术、高技术产业的形成，提高我国的科技水平。

上一次全国科技工作会议是1985年3月召开的。那次会议集中研究科技体制改革的问题，揭开了科技工作全面改革的序幕。宋健谈到，3年来在改革推动下，科技工作在逐步实现历史性转变，开始转向适应社会主义商品经济发展的轨道，但是科学技术的优势和巨大潜力远未充分发挥出来。

宋健说，深化科技体制改革，除了以前采取的措施外，还要抓好几个方面工作。最主要的是进一步放活科研机构和科技人员的政策。

在科研机构方面，切实引进竞争机制，在从事技术开发和应用工作的科研机构,推行各种形式的承包经营责任制,实行科研机构的所有权和经营管理权分离,使科研机构和科技人员能够通过为社会创造财富和对科技进步作出贡献来改善自身的工作条件和物质条件;鼓励和支持科研机构、高等院校以各种形式直接长入经济领域,建立和发展面向国内外市场的新型科研生产经营实体;进一步简政放权,使科研机构向自主、开放、竞争的方向发展;支持和促进全民、集体、个体、私营等不同形式科研机构的发展。

关于进一步放活科技人员政策,这位国务委员说,要采取切实措施,保证科技人员在有偿服务和技术承包中的合法收入;各地可以制定因地制宜的政策,促进人才流向老少边穷和人才缺乏的地区;重视从工人、农民和其他劳动者中选拔科技人才和各种专业技术人才,充分发挥他们的作用。

宋健认为,关于改革企业机制,以利于依靠科技进步;逐步改革农业技术推广服务机构的运行机制和尽可能地增加科技投入,也是当前深化科技体制改革需要做的工作。

宋健在讲话中还对加快科技进步,实现党中央提出的沿海发展战略做了部署。

国务委员方毅在讲话时着重谈了科技人才问题。他说,发展科技,人才是关键。我国现有自然科学技术人员868万人,这支宏大的科技大军,无论从数量还是质量上讲,在发展中国家里占据很大的优势。但现在取得的科技成就与拥有的科技力量不相称,问题的症结在体制上。

这位多年领导科技工作的国务委员指出,还要花大力气为人尽其才、才尽其用做几件事。

他认为要引入竞争机制,让科技人才通过招标、技术合同等方式参与技术竞争。同时鼓励一部分科技人员直接创业,做又懂科技、又懂经营的新一代企业家,到国际交换和国际竞争中大显身手。

方毅指出,要进一步在全社会倡导尊重知识、尊重人才的风气,创造一个高度民主和学术自由的环境和气候,以利科技人员无所畏惧地追求真理,心情舒畅地致力发明创造,毫无顾忌地走创业之路。

方毅还提出,要加快关于科技人才和智力劳动的立法,通过法律形式,建立科技人员的教育、培养、使用制度,建立科技人员招聘、就职、兼职、辞职和流动制度,建立相应的专业职务聘任制度,科技奖励和授予荣誉勋章及称号制度,以及分配制度。

来自国务院各部委、各省市自治区的近400名主管科技的负责人和有关专家出席了会议。会议于3月10日结束,这是历次全国科技工作会议会期最短的一次。

中央绿化委员会第七次全体会议在北京举行

会议指出,植树造林绿化祖国是一项基本国策,各级领导,各个行业、部门和单位,都要从国家建设、社会发展和人类生存的大局出发,增加紧迫感和责任感,坚持不懈地把绿化工作抓紧抓好。

国务院副总理、中央绿化委员会主任万里主持会议并作了讲话。

中国人民解放军总后勤部副部长刘明璞,广东省副省长、省绿化委员会主任凌伯棠,江苏省副省长、省绿化委员会主任凌启鸿,分别汇报了解放军、广东省和江苏省去年在义务植树和绿化工作中取得的成绩和主要经验,受到会议的重视。

中央绿化委员会副主任、林业部部长高德占在汇报了去年全民义务植树和绿化工作的主要情况后,提出了今年绿化工作的安排意见。他说,今年要通过深化改革,加强管理,从深度和广度上进一步把全民义务植树运动搞好。要集中力量加强全民义务植树的宣传教育工作,使各级领导和广大群众进一步认清义务植树运动的全民性、义务性和法定性,当前要特别注意加强对农村义务植树的领导。省、地、市、县、乡要层层制定义务植树造林的规划,各行业、各系统和各个单位也要有自己的规划。要加强科学管理,提高植树造林的实际效益,提高成活率和保存率。要从上到下,层层明确任务,建立各种形式的责任制。要从实际出发,以树为主,以绿为主,以扩大绿色植被,提高绿化覆盖率为目标,对植树、美化环境等统筹加以考虑。

中央军委副秘书长洪学智、国务院副秘书长李昌安等有关部门负责人参加了会议。

国务院副总理万里在中央绿化委员会第七次全体会议上发表讲话

同志们:

刚才,高德占同志汇报了去年全民义务植树和绿化工作的主要情况,提出了今年绿化工作的安排意见,讲得很好,我都同意,各地各部门要根据这些要求,结合实际情况加以贯彻执行。人民解放军和广东省、江苏省绿化委员会的负责同志在发言中介绍了他们很好的经验和做法。总之,去年的绿化工作取得了很大成绩,今年要在过去工作的基础上,把全民义务植树运动深入持久地开展下去,抓出新水平,取得新成绩。为实现这个要求,根据当前情况,我讲几点意见。

一、绿化祖国是一项基本国策,一定要坚持不懈地抓紧抓好

1981年全国五届人大四次会议作出了《关于开展全民义务植树运动的决议》。为了贯彻这个决议,国务院制定了《关于开展全民义务植树运动的实施办法》。

1984年，党中央、国务院又专门发出了《关于深入扎实地开展绿化祖国运动的指示》。各省、自治区、直辖市和各部门也大都先后制定了一些具体政策和法规。全国县级以上政府、部队军级以上单位、各系统、各部门和很多大型厂矿企业，都成立了绿化委员会。由于各级领导的重视，通过广泛宣传，深入发动，义务植树和国土绿化工作取得了显著成绩，创造了很多好的经验，涌现出一批先进典型。解放军一直走在义务植树运动的前列。共青团、工会、妇联等群众团体，都根据各自的特点，作了大量的宣传发动和组织工作。团中央组织的一批绿化工程活动，激发了亿万青少年绿化祖国的热情。许多地方的群众，通过栽纪念树，植纪念林，对移风易俗起了推动作用。实践证明，通过开展全民义务植树运动，来加快祖国绿化进程，能够做到投资少、收效快、确实是符合我国国情的好办法，有利于促进社会主义的物质文明和精神文明建设。

但是，现在的绿化速度和已取得的成效，与国家的四化建设和改善生态环境的需要还很不适应。地区之间、部门之间、单位之间，绿化工作的发展也不平衡。不少地方由于缺少森林保护，水土流失和沙化面积在增加，水旱风沙等自然灾害频繁，已直接影响到农业生产和国计民生。因此，总体上来看，今后植树造林、绿化国土的任务还是十分艰巨的。

我国历史上遗留下来的森林本来就不多，现在还在下降，已经出现了森林资源危机。据“五五”森林资源清查，森林面积比“四五”时期减少了近1亿亩，森林覆盖率由12.7%降到12%。1985年全国森林蓄积消耗量3.98亿立方米，消耗量大于生长量，资源赤字1亿立方米左右。这种采的多、造的少的状况如果继续下去，其后果是十分严重的。随着国民经济的发展，木材需要量将不断增加，供需矛盾更加尖锐。为缓解矛盾，国家每年不得不花大量外汇进口木材。应当反复强调，发展森林资源，是直接关系到国家建设和人民生活的大事。

森林是陆地生态系统的主体，改善生态环境最根本的办法是种树种草，增加绿色植被。绿化工作搞不上去，不可能有个好的生态环境，必须要拖四化建设的后腿。为此，中央把植树造林绿化祖国作为一项基本国策。各级领导，各个行业、部门和单位，都要从国家建设的大局、社会发展的大局、人类生存的大局出发，真正把绿化工作摆上重要议事日程，增加紧迫感和责任感。要克服松劲和畏难情绪，坚持不懈地抓紧抓好。我国国土总面积中，山地、丘陵和高原占很大比重，目前还有大量宜林荒山荒地没有造林绿化。在我们十亿人口的大国里，劳动力资源充足，在发展林业上为安排农村剩余劳动力找门路，是一项大有可为的伟大事业。小平同志早在1983年就曾指出：“植树造林，绿化祖国，是建设社会主义，造福子孙后代的伟大事业，要坚持20年，坚持100年，坚持1000年。”对这个重要指示，我们要深刻领会，认真贯彻，脚踏实地做好工作，把全民义务植树运动深入扎实地、持久地开展下去。

二、深化改革，加强管理，加速国土绿化进程

党的十三大报告指出：改革是振兴中国的唯一出路。全民义务植树运动和绿化工作，要通过深化改革，深入健康地向前发展，使义务植树的数量有所增加，质量有所提高，积极开展各种形式的横向联合，联合起来搞绿化，进一步加快国土绿化进程。也就是说，必须实行集约经营，科学管理，注重实效，逐步做到科学化、规范化、制度化。当前，要抓好以下几项工作。

(一)建立严格的检查验收和统计上报制度。

国务院实施办法第九条规定：对全民义务植树，各单位每年都要进行检查，并将完成情况据实上报。检查验收的组织领导，应以各基层单位自查为主，由上级单位进行抽查，并把自查和抽查结合起来。检查验收的内容，主要是义务植树的数量和质量，成活率和保存率等情况。要根据农村、城镇和部门、单位的不同情况，制定具体的检查验收办法。验收的结果要如实反映，并按规定上报，不得虚报浮夸。要登记造册，建立义务植树档案。

(二)多渠道筹集绿化资金。

义务植树也需要一定数量的资金。几年来，各地在筹集绿化资金方面，积累了不少经验。广东、江苏等省多方筹集绿化资金的做法都很好，要从各地实际情况出发加以推行。对全民义务植树和绿化工作，各级财政要给予积极支持，在资金上加以妥善安排。煤炭、造纸等部门，要把提取的育林费，用于建设专用林基地。水电部门，公路、铁道部门，都要从本部门的收入中，拿出一定比例的资金用于绿化。旅游部门，也要拿出一点钱，用于风景区和名胜古迹的绿化建设。各地要制定绿化资金管理办法，管好用好这些资金。财政部门和银行要进行监督。

(三)严格执行有关政策和法规，切实加强管理。

巩固绿化成果，不断扩大绿化面积，必须加强管理，这是一条很重要的经验。近几年来，我国先后颁布了《森林法》《草原法》《环境保护法》等重要法规，不少省、自治区和直辖市也制定了相应的实施细则或具体条例。这些法规，对森林、草原和环境的保护都有明确的规定。要广泛进行宣传，做到家喻户晓，认真贯彻执行。对各种破坏林草植被的违法案件，一定要严肃处理，做到有法必依，执法必严。对无故不履行植树义务的单位和个人，按规定要进行批评教育，限期补植，或给予处罚。各地要发动群众，因地制宜，建立、健全

管护制度,做到责任落实,措施落实。乡规民约,对保护林草植被起了很好作用,各地要认真总结经验,加以推广,并把执行法规与乡规民约结合起来。目前,乱砍滥伐林木,侵占和破坏绿地的现象,在一些地方还时有发生,必须引起高度重视。要认真贯彻中央〔1987〕20号文件,坚决制止乱砍滥伐,严格控制森林资源消耗。认真执行森林采伐限额和"一本账"采伐计划,不许突破。严格按证进行采伐、运输和销售。对森林和草原防火,森林病虫害防治工作,都要引起高度重视,采取有力措施,切实抓好。

(四)实行集约经营。

由粗放经营为主转到集约经营为主,这是党的十三大提出的经济发展战略。当前,我们的林业还未摆脱粗放经营的传统模式。因此,集约经营要作为林业发展的方向和必须实行的战略,无论是林业生产建设,还是全民义务植树,都要逐步实行集约经营,科学管理,注重实效。绿化祖国是一个世世代代持续进行的伟大事业,不能图形式,做表面文章。不能只讲植了多少棵,不讲活了多少棵。过去许多地方,每年统计绿化面积不少,但实际保存下来的并不多。根本原因是经营粗放,管理不严。就全民义务植树来说,搞好集约经营,主要应当抓住全面规划、科学造林、检查验收、科学管理等方面,全面地、系统地抓好。总之,要把培育、管护和利用森林资源的全过程,都要纳入依靠技术进步,实行集约经营的轨道。

三、进一步提高认识,切实加强对绿化工作的领导

多年的实践证明,凡是全民义务植树运动不断深入,绿化工作搞得好的地方,首先是那里的干部群众,对绿化工作的重要意义认识明确,主要领导同志把绿化工作摆上重要议事日程,亲自抓,带头干。目前,有些地方对绿化工作的重要性认识不足,重视不够,存在着松劲和畏难情绪,这是必须认真加以纠正的。因此,要进一步提高对全民义务植树的认识,各级党政机关,都要把义务植树和绿化工作真正作为一件大事来抓,按照全国人大决议和国务院实施办法规定,组织符合条件的公民履行每年每人植树3—5株的义务。主要领导同志要亲自过问,部署安排,督促检查。特别是县级领导,要针对农村开展义务植树过程中的认识问题,反复深入地进行宣传教育工作,使农民群众真正懂得参加义务植树,既是法定的职责,也是治穷致富振兴农村经济的重要内容之一。要把义务植树的社会效益和农民的切身利益结合起来,合理安排营造用材林、防护林、经济林和薪炭林,做到以短养长。各地要从实际情况出发,可以组织干部、群众到国营林场、乡村集体林场植树造林;可以在村屯附近的荒山荒地建立固定的义务植树基地;也可以参加国家、集体兴办的绿化工程和基地造林,还可以用义务投工的办法联合造林。

全国城市的义务植树和绿化工作,要向深度和广度方面发展。要加快沿海开放城市和中小城镇的绿化进度,在搞好重点地段绿化的同时,要加快居民区、厂区、小街小巷的绿化进度。要把绿化任务落实到单位、街道、庭院。要发扬艰苦奋斗、勤俭建国的精神,要十分珍惜有限的空地,见缝插针,努力扩大绿地面积。

要把绿化工作作为考核干部政绩的一项重要内容。党中央和国务院在1984年发布的绿化指示和去年中央20号文件中,强调要把植树种草、绿化祖国,保护和发展森林资源的责任放在各级党委、政府和所有单位领导干部肩上,要进一步建立和完善任期绿化目标责任制,层层明确任务,实行责任承包。各级领导还要亲自抓一项或几项绿化工程,以推动整个绿化工作的开展。各系统、部门和单位的绿化工作,也要实行责任承包。今年,中央绿化委员会要对县以上领导任期绿化目标责任制的执行情况,组织一次检查评比。

开展全民义务植树,推进国土绿化,是我们的一项长期任务,任重道远。各级绿化委员会,要树立长期作战的思想,坚持不懈地抓下去。几年来的实践证明,由绿化委员会统一领导本地区的义务植树和绿化工作,是一个比较好的组织领导形式。因此,要注意加强各级绿化委员会的建设。各级绿化委员会办公室是各级绿化委员会的办事机构,应配备精干的专职工作人员,抓好日常工作,其编制和经费由各级政府妥善加以解决。

春季植树造林种草正在全国各地由南向北逐渐展开,各地要认真传达贯彻这次会议精神,按照今年绿化工作总的部署和要求,抓住时机,深入动员,及早部署,狠抓落实,把今年的绿化工作推向新的、更高的水平。

3月9日

中共中央政治局在北京召开第六次全体会议

会议讨论并原则同意李鹏同志代表国务院将向第七届全国人民代表大会第一次会议作的《政府工作报告(讨论稿)》。建议在进一步征求意见修改后,提请第七届全国人民代表大会第一次会议审议。

出席会议的有中央政治局委员12人,候补委员1人;中央政治局委员5人因公缺席。

国务院印发国务院住房制度改革领导小组《关于在全国城镇分期分批推行住房制度改革实施方案》

国务院要求各地区、各部门在全国统一政策指导下,从实际情况出发,因地制宜,选择适合自己情况的做法,充分发挥主动性和创造性,切实把住房制度改革

搞好。

国务院指出,住房制度改革是经济体制改革的重要组成部分,在经济上和政治上都具有重要意义。从烟台市等几个试点城市的情况来看,这项改革可以取得很大的经济效益和社会效益。国务院决定,从1988年起,用三五年时间,在全国城镇分期分批把住房制度改革推开。

国务院印发的《实施方案》对我国住房制度改革的目标与今后几年的任务,以及城镇住房制度改革的具体政策都作出了具体规定。

国务院发布《中华人民共和国道路交通管理条例》

第一章 总 则

第一条 为了加强道路交通管理,维护交通秩序,保障交通安全和畅通,以适应社会主义现代化建设的需要,制定本条例。

第二条 本条例所称的道路,是指公路、城市街道和胡同(里巷),以及公共广场、公共停车场等供车辆、行人通行的地方。

第三条 本条例所称的车辆,是指在道路上行驶的下列机动车和非机动车:

(一)机动车是指各种汽车、电车、电瓶车、摩托车、拖拉机、轮式专用机械车;

(二)非机动车是指自行车、三轮车、人力车、畜力车、残疾人专用车。

第四条 凡在道路上通行的车辆、行人、乘车人以及在道路上进行与交通有关活动的人员,都必须遵守本条例。

第五条 机关、军队、团体、企业、学校以及其他组织,应当经常教育所属人员遵守本条例。

对违反本条例的行为,任何人都有劝阻和控告的权利。

第六条 驾驶车辆、赶、骑牲畜,必须遵守右侧通行的原则。

第七条 车辆、行人必须各行其道。借道通行的车辆或行人,应当让在其本道内行驶的车辆或行人优先通行。

遇到本条例没有规定的情况,车辆、行人必须在确保安全的原则下通行。

第八条 本条例由各级公安机关负责实施。

第二章 交通信号、交通标志和交通标线

第九条 交通信号分为:指挥灯信号、车道灯信号、人行横道灯信号、交通指挥棒信号、手势信号。

第十条 指挥灯信号:

(一)绿灯亮时,准许车辆、行人通行,但转弯的车辆不准妨碍直行的车辆和被放行的行人通行;

(二)黄灯亮时,不准车辆、行人通行,但已越过停止线的车辆和已进入人行横道的行人,可以继续通行;

(三)红灯亮时,不准车辆、行人通行;

(四)绿色箭头灯亮时,准许车辆按箭头所示方向通行;

(五)黄灯闪烁时,车辆、行人须在确保安全的原则下通行。

右转弯的车辆和T形路口右边无横道的直行车辆,遇有前款(二)、(三)项规定时,在不妨碍被放行的车辆和行人通行的情况下,可以通行。

前两款规定亦适用于列队行走和赶、骑牲畜的人员。

第十一条 车道灯信号:

(一)绿色箭头灯亮时,本车道准许车辆通行;

(二)红色叉形灯亮时,本车道不准车辆通行。

第十二条 人行横道灯信号:

(一)绿灯亮时,准许行人通过人行横道;

(二)绿灯闪烁时,不准行人进入人行横道,但已进入人行横道的,可以继续通行;

(三)红灯亮时,不准行人进入人行横道。

第十三条 交通指挥棒信号:

(一)直行信号:右手持棒举臂向右平伸,然后向左曲臂放下,准许左右两方直行的车辆通行;各方右转弯的车辆在不妨碍被放行的车辆通行的情况下,可以通行。

(二)左转弯信号:右手持棒举臂向前平伸,准许左方的左转弯和直行的车辆通行;左臂同时向右前方摆动时,准许车辆左小转弯;各方右转弯的车辆和T形路口右边无横道的直行车辆,在不妨碍被放行的车辆通行的情况下,可以通行。

(三)停止信号:右手持棒曲臂向上直伸,不准车辆通行,但已越过停止线的,可以继续通行。

第十四条 手势信号:

(一)直行信号:右臂(左臂)向右(向左)平伸,手掌向前,准许左右两方直行的车辆通行;各方右转弯的车辆在不妨碍被放行的车辆通行的情况下,可以通行。

(二)左转弯信号:右臂向前平伸,手掌向前,准许左方的左转弯和直行的车辆通行;左臂同时向右前方摆动时,准许车辆左小转弯;各方右转弯的车辆和T形路口右边无横道的直行车辆,在不妨碍被放行的车辆通行的情况下,可以通行。

(三)停止信号:左臂向上直伸,手掌向前,不准前方车辆通行;右臂同时向左前方摆动时,车辆须靠边停车。

第十五条 车辆、行人必须遵守交通标志和交通标线的规定。

第十六条　车辆和行人遇有灯光信号、交通标志或交通标线与交通警察的指挥不一致时，服从交通警察的指挥。

第三章　车　辆

第十七条　车辆必须经过车辆管理机关检验合格，领取号牌、行驶证，方准行驶。

号牌须按指定位置安装，并保持清晰。号牌和行驶证不准转借、涂改或伪造。

第十八条　机动车在没有领取正式号牌、行驶证以前，需要移动或试车时，必须申领移动证、临时号牌或试车号牌，按规定行驶。

第十九条　机动车必须保持车况良好、车容整洁。制动器、转向器、喇叭、刮水器、后视镜和灯光装置，必须保持齐全有效。

自行车和三轮车及残疾人专用车的车闸、车铃、反射器以及畜力车的制动装置，必须保持有效。

自行车、三轮车不准安装机械动力装置。

第二十条　机动车必须按车辆管理机关规定的期限接受检验，未按规定检验或检验不合格的，不准继续行驶。

第二十一条　汽车、拖拉机拖带挂车时，只准拖带一辆。挂车的载质量不准超过汽车的载质量。连接装置必须牢固，防护网和挂车的制动器、标杆、标杆灯、制动灯、转向灯、尾灯，必须齐全有效。

第二十二条　机动车的转向器、灯光装置失效时，不准被牵引；发生其他故障需要被牵引时，必须遵守下列规定：

(一)须由正式驾驶员操作，并不准载人或拖带挂车；

(二)宽度不准大于牵引车；

(三)用软连接牵引装置时，与牵引车须保持必要的安全距离；

(四)制动器失效的，须用硬连接牵引装置。

第二十三条　起重车、轮式专用机械车；不准拖带挂车或牵引车辆；二轮摩托车，轻便摩托车不准牵引车辆或被其他车辆牵引。

第二十四条　机动车的噪声和排放的有害气体，必须符合国家规定的标准。

第四章　车辆驾驶员

第二十五条　机动车驾驶员，必须经过车辆管理机关考试合格，领取驾驶证，方准驾驶车辆。

第二十六条　机动车驾驶员，必须遵守下列规定：

(一)驾驶车辆时，须携带驾驶证和行驶证；

(二)不准转借、涂改或伪造驾驶证；

(三)不准将车辆交给没有驾驶证的人驾驶；

(四)不准驾驶与驾驶证准驾车型不相符合的车辆；

(五)未按规定审验或审验不合格的，不准继续驾驶车辆；

(六)饮酒后不准驾驶车辆；

(七)不准驾驶安全设备不全或机件失灵的车辆；

(八)不准驾驶不符合装载规定的车辆；

(九)在患有妨碍安全行车的疾病或过度疲劳时，不准驾驶车辆；

(十)驾驶和乘坐二轮摩托车须戴安全头盔；

(十一)车门、车厢没有关好时，不准行车；

(十二)不准穿拖鞋驾驶车辆；

(十三)不准在驾驶车辆时吸烟、饮食、闲谈或有其他妨碍安全行车的行为。

第二十七条　机动车学习驾驶员和教练员，除遵守第二十六条规定外，还必须遵守下列规定：

(一)学习驾驶员和教练员，分别持有车辆管理机关核发的学习驾驶证和教练员证；

(二)在教练员随车指导下，按指定时间、路线学习驾驶，车上不准乘坐与教练无关的人员。

学习驾驶员违反本条例的行为或者造成交通事故的，教练员应负一部分或全部责任。

第二十八条　机动车实习驾驶员可以按考试车型单独驾驶车辆。但驾驶大型客车、电车、起重车和带挂车的汽车时，须有正式驾驶员并坐，以监督指导。

实习驾驶员不准驾驶执行任务的警车、消防车、工程救险车、救护车和载运危险物品的车辆。

第二十九条　驾驶非机动车，必须遵守下列规定：

(一)醉酒的人不准驾驶；

(二)丧失正常驾驶能力的残疾人不准驾驶(残疾人专用车除外)；

(三)未满十六岁的人，不准在道路上赶畜力车；

(四)未满十二岁的儿童，不准在道路上骑自行车、三轮车和推、拉人力车。

第五章　车辆装载

第三十条　机动车载物，必须遵守下列规定：

(一)不准超过行驶证上核定的载质量；

(二)装载须均衡平稳，捆扎牢固。装载容易散落、飞扬、流漏的物品，须封盖严密；

(三)大型货运汽车载物，高度从地面起不准超过四米，宽度不准超出车厢，长度前端不准超出车身，后端不准超出车厢二米，超出部分不准触地；

(四)大型货运汽车挂车和大型拖拉机挂车载物，高度从地面起不准超过三米，宽度不准超出车厢，长度前端不准超出车厢，后端不准超出车厢一米；

(五)载质量在一千公斤以上的小型货运汽车载

物，高度从地面起不准超过二点五米，宽度不准超出车厢，长度前端不准超出车身，后端不准超出车厢一米；

(六)载质量不满一千公斤的小型货运汽车、小型拖拉机挂车、后三轮摩托车载物，高度从地面起不准超过二米，宽度不准超出车厢，长度前端不准超出车厢，后端不准超出车厢五十厘米；

(七)二轮摩托车、轻便摩托车载物，高度从地面起不准超过一点五米，宽度左右各不准超出车把十五厘米，长度不准超出车身二十厘米；

(八)载物长度未超出车厢后栏板时，不准将栏板平放或放下；超出时，货物栏板不准遮挡号牌、转向灯、制动灯、尾灯。

第三十一条　非机动车载物，在大、中城市市区或交通流量大的道路上，必须遵守下列规定：

(一)自行车载物，高度从地面起不准超过一点五米，宽度左右各不准超出车把十五厘米，长度前端不准超出车轮，后端不准超出车身三十厘米；

(二)三轮车、人力车载物，高度从地面起不准超过二米，宽度左右各不准超出车身十厘米，长度前后共不准超出车身一米；

(三)畜力车载物，高度从地面起不准超过二点五米，宽度左右各不准超出车身十厘米，长度前端不准超出车辕，后端不准超出车身一米。

第三十二条　车辆载运不可解体的物品，其体积超过规定时，须经公安机关批准后，按指定时间、路线、时速行驶，并须悬挂明显标志。

第三十三条　机动车载人，必须遵守下列规定：

(一)不准超过行驶证上核定的载人数；

(二)货运机动车不准人、货混载。但大型货运汽车在短途运输时，车厢内可以附载押运或装卸人员一至五人，并须留有安全乘坐位置。载物高度超过车厢栏板时，货物上不准乘人；

(三)货运汽车挂车、拖拉机挂车、半挂车、平板车、起重车、自动倾卸车、罐车不准载人。但拖拉机挂车和设有安全保险或乘车装置的半挂车、平板车、起重车、自动倾卸车，经车辆管理机关核准，可以附载押运或装卸人员一至五人；

(四)货运汽车车厢内载人超过六人时，车辆和驾驶员须经车辆管理机关核准，方准行驶；

(五)机动车除驾驶室和车厢外，其他任何部位都不准载人；

(六)二轮、侧三轮摩托车后座不准附载不满十二岁的儿童。轻便摩托车不准载人。

第六章　车辆行驶

第三十四条　车辆必须按照下列规定分道行驶：

(一)在划分机动车道和非机动车道的道路上，机动车在机动车道行驶，轻便摩托车在机动车道内靠右边行驶，非机动车、残疾人专用车在非机动车道行驶；

(二)在没有划分中心线和机动车道与非机动车道的道路上，机动车在中间行驶，非机动车靠右边行驶；

(三)在划分小型机动车道和大型机动车道的道路上，小型客车在小型机动车道行驶，其他机动车在大型机动车道行驶；

(四)大型机动车道的车辆，在不妨碍小型机动车道的车辆正常行驶时，可以借道超车；小型机动车道的车辆低速行驶或遇后车超越时，须改在大型机动车道行驶；

(五)在道路上划有超车道的，机动车超车时可以驶入超车道，超车后须驶回原车道。

第三十五条　机动车遇道路宽阔、空闲、视线良好，在保证交通安全的原则下，最高时速规定如下：

(一)小型客车在设有中心双实线、中心分隔带、机动车道与非机动车道分隔设施的道路上，城市街道为七十公里，公路为八十公里；在其他道路上，城市街道为六十公里，公路为七十公里。

(二)大型客车、货动汽车在设有中心双实线、中心分隔带、机动车道与非机动车道分隔设施的道路上，城市街道为六十公里，公路为七十公里；在其他道路上，城市街道为五十公里，公路为六十公里。

(三)二轮、侧三轮摩托车在城市街道为五十公里，公路为六十公里。

(四)铰接式客车、电车、载人的货运汽车、带挂车的汽车、后三轮摩托车在城市街道为四十公里，公路为五十公里。

(五)拖拉机、轻便摩托车为三十公里。

(六)电瓶车、小型拖拉机、轮式专用机械车为十五公里。

但是机动车遇有高于或低于上述规定的限速交通标志和路面文字标记时，高于上述规定的，准许按所示时速行驶；低于上述规定的，应按所示时速行驶。

第三十六条　机动车行驶中遇有下列情形之一时，最高时速不准超过二十公里，拖拉机不准超过十五公里：

(一)通过胡同(里巷)、铁路道口、急弯路、窄路、窄桥、隧道时；

(二)掉头、转弯、下陡坡时；

(三)遇风、雨、雪、雾天能见度在三十米以内时；

(四)在冰雪、泥泞的道路上行驶时；

(五)喇叭、刮水器发生故障时；

(六)牵引发生故障的机动车时；

(七)进、出非机动车道时。

第三十七条　同车道行驶的机动车，后车必须根据行驶速度、天气和路面情况，同前车保持必要的安全距离。

第三十八条 机动车转向灯的使用：

(一)向右转弯、向右变更车道、靠路边停车时，须开右转向灯；

(二)向左转弯、向左变更车道、驶离停车地点或掉头时，须开左转向灯。

第三十九条 机动车在夜间路灯照明良好或遇阴暗天气视线不清时，须开防眩目近光灯、示宽灯和尾灯；夜间没有路灯或路灯照明不良的，须将近光灯改用远光灯，但同向行驶的后车不准使用远光灯；雾天须开防雾灯。

第四十条 机动车在非禁止鸣喇叭的区域和路段使用喇叭时，音量必须控制在一百零五分贝以内，每次按鸣不准超过半秒钟，连续按鸣不准超过三次。不准用喇叭唤人。

警车、消防车、工程救险车、救护车安装警报器和标志灯具，须经公安机关核准，并只准在执行任务时按规定使用。

第四十一条 车辆行经人行横道，遇有交通信号放行行人通过时，必须停车或减速让行；通过没有信号控制的人行横道时，须注意避让来往行人。

第四十二条 车辆通过有交通信号或交通标志控制的交叉路口，必须遵守下列规定：

(一)机动车须在距路口一百至三十米的地方减速慢行，转弯的车辆须同时开转向灯，夜间须将远光灯改用近光灯；

(二)在划有导向车道的路口，须按行进方向分道行驶；

(三)遇放行信号时，须让先被放行的车辆行驶；

(四)向左转弯时，机动车须紧靠路口中心点小转弯；

(五)向右转弯遇有同车道前车正在等候放行信号时，机动车须依次停车等候，非机动车在本车道内能够转弯的，可以通行；

(六)遇有行进方向的路口交通阻塞时，不准进入路口；

(七)遇有停止信号时，须依次停在停止线以外；没有停止线的，停在路口以外。

第四十三条 车辆通过没有交通信号或交通标志控制的交叉路口，必须遵守下列规定依次让行：

(一)支路车让干路车先行；

(二)支、干路不分的，非机动车让机动车先行，非公共汽车、电车让公共汽车、电车先行，同类车让右边没有来车的车先行；

(三)相对方向同类车相遇，左转弯的车让直行或右转弯的车先行；

(四)进入环形路口的车让已在路口内的车先行。

让行车辆须停车或减速瞭望，确认安全后，方准通过。

第四十四条 车辆通过铁路道口，必须遵守下列规定：

(一)遇有道口栏杆(栏门)关闭、音响器发出报警、红灯亮时或看守人员示意停止行进时，须依次停在停止线以外；没有停止线的，停在距最外股铁轨五米以外；

(二)通过无人看守的道口时，须停车瞭望，确认安全后，方准通过；

(三)遇有道口信号两个红灯交替闪烁或红灯亮时，不准通过；白灯亮时，准许通过；红灯和白灯同时熄灭时，按前项规定通过；

(四)载运百吨以上大型设备构件时，须按当地铁路部门指定的道口、时间通过。

第四十五条 车辆行经渡口，必须服从渡口管理人员指挥，按指定地点依次待渡。机动车上下渡船时，须低速慢行。

第四十六条 车辆行经漫水路或漫水桥时，必须停车察明水情，确认安全后，低速通过。

第四十七条 机动车行驶中，供油系统发生故障时，不准人工直接供油；下陡坡时不准熄火或空挡滑行。

第四十八条 机动车行驶中发生故障不能行驶时，须立即报告附近的交通警察，或自行将车移开；制动器、转向器、灯光等发生故障时，须修复后方准行驶。

故障车须移至不妨碍交通的地点，并须在车身后设警告标志或开危险信号灯，夜间还须开示宽灯、尾灯或设明显标志。

第四十九条 机动车会车，必须遵守下列规定：

(一)在没有划中心线的道路和窄路、窄桥、须减速靠右通过，并注意非机动车和行人的安全。会车有困难时，有让路条件的一方让对方先行；

(二)在有障碍的路段，有障碍的一方让对方先行；

(三)在狭窄的坡路，下坡车让上坡车先行；但下坡车已行至中途而上坡车未上坡时，让下坡车先行；

(四)夜间在没有路灯或照明不良的道路上，须距对面来车一百五十米以外互闭远光灯，改用近光灯；在窄路、窄桥与非机动车会车时，不准持续使用远光灯。

前款(二)(三)项的规定，也适用于非机动车。

第五十条 机动车超车，必须遵守下列规定：

(一)超车前，须开左转向灯、鸣喇叭(禁止鸣喇叭的区域、路段除外，夜间改用变换远近光灯)，确认安全后，从被超车的左边超越，在同被超车保持必要的安全距离后，开右转向灯，驶回原车道；

（二）被超车示意左转弯、掉头时，不准超车；

（三）在超车过程中与对面来车有会车可能时，不准超车；

（四）不准超越正在超车的车辆；

（五）行经交叉路口、人行横道、漫水路、漫水桥或遇有本条例第三十六条规定的情形，不准超车。

第五十一条　机动车行驶中，遇后车发出超车信号时，在条件许可的情况下，必须靠右让路，并开右转向灯，不准故意不让或加速行驶。

第五十二条　机动车在铁路道口、人行横道、弯路、窄路、桥梁、陡坡、隧道或容易发生危险的路段，不准掉头。

第五十三条　机动车倒车时，须察明车后情况，确认安全后，方准倒车。铁路道口、交叉路口、单行路、弯路、窄路、桥梁、陡坡、隧道和交通繁华路段，不准倒车。

第五十四条　机动车驶入或驶出非机动车道，须注意避让非机动车；非机动车因受阻不能正常行驶时，准许在受阻的路段内驶入机动车道，后面驶来的机动车须减速让行。

第五十五条　警车及其护卫的车队、消防车、工程救险车、救护车执行任务时，在确保安全的原则下，不受行驶速度、行驶路线、行驶方向和指挥灯信号的限制，其他车辆和行人必须让行，不准穿插或超越。

遇有交通警察出示停车示意牌时，任何车辆必须停车接受检查。

第五十六条　洒水车、清扫车、道路维修车作业时，在保证交通安全畅通的情况下，不受行驶路线、行驶方向的限制。

执行任务的邮政车辆，凭公安机关核发的通行证，可以不受禁止驶入和各种禁止机动车通行标志的限制。

第五十七条　履带式车辆，需要在铺装路面上横穿或短距离行驶时，须经市政管理部门或公路管理部门同意，并按公安机关指定的时间、路线行驶。

货运机动车通过桥梁，其总质量超过桥梁的负荷量时，按前款规定办理。

第五十八条　自行车、三轮车的驾驶人必须遵守下列规定：

（一）转弯前须减速慢行，向后瞭望，伸手示意，不准突然猛拐；

（二）超越前车时，不准妨碍被超车的行驶；

（三）通过陡坡、横穿四条以上机动车道或途中车闸失效时，须下车推行。下车前须伸手上下摆动示意，不准妨碍后面车辆行驶；

（四）不准双手离把、攀扶其他车辆或手中持物；

（五）不准牵引车辆或被其他车辆牵引；

（六）不准扶身并行、互相追逐或曲折竞驶；

（七）大中城市市区不准骑自行车带人，但对于带学龄前儿童，各地可自行规定；

（八）驾驶三轮车不准并行。

第五十九条　畜力车的驾驶人必须遵守下列规定：

（一）不准使用未经驯服的牲畜驾车，随车幼畜须拴系；

（二）不准驾驶并行；

（三）不准在车上躺卧或离开车辆；

（四）行经繁华路段、交叉路口、铁路道口、人行横道、弯路、窄路、窄桥、陡坡、隧道或容易发生危险的路段，不准超车，赶二轮畜力车须下车牵引牲畜；

（五）夜间在没有路灯照明的道路上行驶时，必须燃灯；

（六）停放时，须拉紧车闸，拴牢牲畜。

第六十条　驾驶人力车，不准并行、滑行、连串或曲线行进。

第六十一条　车辆停放，必须在停车场或准许停放车辆的地点，依次停放。不准在车行道、人行道和其他妨碍交通的地点任意停放。机动车停放时，须关闭电路，拉紧手制动器，锁好车门。

第六十二条　车辆在停车场以外的其他地点临时停车，必须遵守下列规定：

（一）按顺行方向靠道路右边停留，驾驶员不准离开车辆，妨碍交通时须迅速驶离；

（二）车辆没有停稳时，不准开车门和上下人，开车门时不准妨碍其他车辆和行人通行；

（三）在设有人行道护栏（绿篱）的路段、人行横道、施工地段（施工车辆除外）、障碍物对面，不准停车；

（四）交叉路口、铁路道口、弯路、窄路、桥梁、陡坡、隧道以及距离上述地点二十米以内的路段，不准停车；

（五）公共汽车站、电车站、急救站、加油站、消防栓或消防队（站）门前以及距离上述地点三十米以内的路段，除使用上述设施的车辆外，其他车辆不准停车；

（六）大型公共汽车、电车除特殊情况外，不准在站点以外的地点停车；

（七）机动车在夜间或遇风、雨、雪、雾天时，须开示宽灯、尾灯。

第七章　行人和乘车人

第六十三条　行人必须遵守下列规定：

（一）须在人行道内行走，没有人行道的靠路边行走。

（二）横过车行道，须走人行横道。通过有交通信号控制的人行横道，须遵守信号的规定；通过没有交通信号控制的人行横道,须注意车辆,不准追逐、猛跑。没有人行横道的,须直行通过,不准在车辆临近时突然横穿。有人行过街天桥或地道的,须走人行过街天桥或地道。

(三)不准穿越、倚坐人行道、车行道和铁路道口的护栏。

(四)不准在道路上扒车、追车、强行拦车或抛物击车。

(五)学龄前儿童在街道或公路上行走,须有成年人带领。

(六)通过铁路道口,须遵守本条例第四十四条(一)、(二)、(三)项的规定。

第六十四条 列队通行道路时,每横列不准超过二人。儿童的队列须在人行道上行进,成年人的队列可以紧靠车行道右边行进。

列队横过车行道时,须从人行横道迅速通过;没有人行横道的,须直行通过;长列队伍在必要时,可以暂时中断通过。

第六十五条 乘车人必须遵守下列规定:

(一)乘坐公共汽车、电车和长途汽车须在站台或指定地点依次候车,待车停稳后,先下后上;

(二)不准在车行道上招呼出租汽车;

(三)不准携带易燃、易爆等危险物品乘坐公共汽车、电车、出租汽车和长途汽车;

(四)机动车行驶中,不准将身体任何部分伸出车外,不准跳车;

(五)乘坐货运机动车时,不准站立,不准坐在车厢栏板上。

第八章 道 路

第六十六条 任何单位和个人未经公安机关批准,不准占用道路摆摊设点、停放车辆、堆物作业、搭棚、盖房、进行集市贸易和其他妨碍交通的活动。

市政、公路管理部门为维修道路,需要占用、挖掘道路时,除日常维修、养护道路作业外,须与公安机关协商共同采取维护交通的措施后,再行施工;其他单位需要挖掘道路时,须经市政管理部门或公路管理部门同意后,由公安机关办理手续。

挖掘道路的施工现场,须设置明显标志和安全防围设施。竣工后,须及时清理现场,修复路面和道路设施。

第六十七条 不准在道路上打场、晒粮、放牧、堆肥和倾倒废物。

第六十八条 除公安机关外,其他部门不准在道路上设置检查站拦截、检查车辆。有关部门确需上路进行检查时,可派人参加公安机关的检查站进行工作。没有公安检查站的地区,有关部门如需要设置检查站时,必须经公安机关批准。

第六十九条 开辟或调整公共汽车、电车和长途汽车的行驶路线或车站,须事先征得公安机关同意,如妨碍交通时,须予改变或迁移。

第七十条 在道路上种植的行道树、绿篱、花木,设置的广告牌、横跨道路的管线等,不准遮挡路灯、灯光信号、交通标志,不准妨碍安全视距和车辆、行人通行。

第七十一条 铁路道口的瞭望视距、宽度、平台长度和铁路道口两侧道路的坡度须符合要求,并设置道口标志和必要的安全防护设施;交通流量较大或重要的道口,须设专人看守。

第七十二条 新建、改建大型建筑物和公共场所,须设置相应规模的停车场(库)。停车场(库)由城市规划部门审核,并商得公安机关同意后,方准施工。

第九章 处 罚

第七十三条 违反本条例规定的行为,除依照《中华人民共和国治安管理处罚条例》的规定处罚外,均按本条例的规定处罚。

第七十四条 机动车驾驶员有下列行为之一的,除依照《中华人民共和国治安管理处罚条例》的规定处罚外,可以并处吊扣六个月以下驾驶证;情节严重的,可以并处吊扣六个月以上十二个月以下驾驶证:

(一)醉酒后驾驶机动车的;

(二)把机动车交给无驾驶证的人驾驶的;

(三)挪用、转借机动车牌证或驾驶证的。

第七十五条 机动车驾驶员有下列行为之一的,处二百元以下罚款或者警告,也可以并处吊扣六个月以下驾驶证;情节严重的,可以并处吊扣六个月以上十二个月以下驾驶证:

(一)涂改、伪造、冒领机动车牌证、驾驶证或者使用失效的机动车牌证、驾驶证的;

(二)学习驾驶员不按指定时间、路线学习驾驶或者单独驾驶车辆的;

(三)不按规定超车或让车的;

(四)不按规定停车或车辆发生故障不立即将车移开,造成交通严重堵塞的。

第七十六条 机动车驾驶员有下列行为之一的,处一百元以下罚款或者警告,可以并处吊扣四个月以下驾驶证:

(一)驾驶与驾驶证准驾车型不相符合的车辆的;

(二)不按规定参加驾驶员审验或者审验不合格仍驾驶车辆的;

(三)用人工直接供油驾驶车辆的;

(四)驾车穿插、超越警车及其护卫车队的。

第七十七条 机动车驾驶员有下列行为之一的,

处五十元以下罚款或者警告，可以并处吊扣三个月以下驾驶证：

（一）逆向行驶的；

（二）驾车下陡坡时熄火、空挡滑行的；

（三）驾驶未经检验或者经检验不合格的车辆的；

（四）驾驶转向器、制动器、灯光装置等机件不合安全要求的车辆的；

（五）饮酒后驾驶机动车的。

第七十八条　机动车驾驶员有下列行为之一的，处三十元以下罚款或者警告，可以单处吊扣二个月以下驾驶证：

（一）驾驶后视镜、刮水器不合安全要求的车辆的；

（二）进入导向车道后，不按规定方向行驶的；

（三）向右转弯，遇同车道内有车等候放行信号时，强行转弯的；

（四）行经交叉路口、铁路道口，不按规定行车或者停车的；

（五）不避让执行任务的警车、消防车、工程救险车、救护车的；

（六）不按规定申领和使用机动车临时号牌、试车号牌或移动证的；

（七）在禁行的时间、道路上行驶的。

第七十九条　机动车驾驶员有下列行为之一的，处二十元以下罚款或者警告，可以单处吊扣一个月以下驾驶证：

（一）不按规定会车、倒车或掉头的；

（二）货运汽车不按规定载人的；

（三）实习驾驶员不按规定驾驶大型客车、电车、起重车或带挂车的汽车的；

（四）驾驶噪声和排放有害气体超过国家标准的车辆的；

（五）不按规定拖带挂车或牵引车辆的；

（六）不按规定驾驶履带式车辆的。

第八十条　机动车驾驶员有下列行为之一的，除依照《中华人民共和国治安管理处罚条例》的规定处罚外，可以并处吊扣一个月以下驾驶证：

（一）违反交通信号、交通标志、交通标线指示的；

（二）违反车速或装载规定的；

（三）不按规定使用警报器或标志灯具的；

（四）在公安交通管理机关明令禁止停放车辆的地方停放车辆的。

第八十一条　机动车驾驶员有下列行为之一的，处五元以下罚款或者警告：

（一）不按规定安装车辆号牌的；

（二）不携带驾驶证、行驶证的；

（三）驾驶和乘坐二轮摩托车，不戴安全头盔的；

（四）驾驶轻便摩托车载人或驾驶二轮、侧三轮摩托车后座附载不满十二岁儿童的；

（五）驾车没有关好车门、车厢的；

（六）穿拖鞋驾驶机动车的；

（七）驾车时吸烟、饮食或有其他妨碍安全行车行为的；

（八）不按规定使用喇叭或喇叭音量超过标准的；

（九）不按规定临时停车的。

第八十二条　非机动车驾驶人、行人、乘车人违反本条例规定的，处五元以下罚款或者警告。

第八十三条　未向公安机关办理手续，挖掘街道或胡同路面的，处二百元以下罚款或者警告。

第八十四条　未征得公安机关同意，占用道路影响车辆通行的，处五十元以下罚款或者警告。

第八十五条　违反本条例造成交通事故的处理规定，另行制定。

第八十六条　对违反交通管理行为的处罚，由县或市公安局、公安分局或者相当于县一级的公安交通管理机关裁决。

警告、五十元以下罚款、吊扣二个月以下驾驶证，可以由交通警察队裁决。

第八十七条　受罚款处罚的人当场未交罚款的，公安机关对机动车驾驶员，可以暂扣驾驶证或行驶证；对非机动车驾驶员，可以暂扣车辆；对其他人员，无正当理由不交纳罚款的，可以按日增加罚款一元至五元。

受吊扣驾驶证处罚的人，无正当理由不按规定时间交出驾驶证的，迟交一日增加吊扣期限五日。

公安机关或者交通警察收到罚款或吊扣的驾驶证后，应当场给被处罚人开具收据。

罚款全部上交国库。

第八十八条　交通警察必须秉公执法，对违反本条例规定的人，应根据情节轻重，给予批评教育或适当处罚，不得徇私舞弊、索贿受贿、枉法裁决。交通警察违反上述规定的，给予行政处分；构成犯罪的，依法追究刑事责任。

第十章　附　则

第八十九条　省、自治区、直辖市可以根据本条例制定实施办法。

第九十条　高速公路的交通管理办法，由公安部另行制定。

第九十一条　上道路行驶的专门从事运输和既从事农田作业又从事运输的拖拉机安全技术检验、驾驶员考核、核发全国统一的道路行驶牌证等项工作，公安机关可以委托农业（农机）部门负责，并有权进行监督、检查。

军队和人民武装警察部队车辆的检验、驾驶员考核及核发牌证，由军队、人民武装警察部队负责。

第九十二条　本条例由公安部负责解释。

第九十三条　本条例自1988年8月1日起施行。1955年公布的《城市交通规则》同时废止。

国务院副总理田纪云在北京会见日本日中贸易扩大协议会访华团

国务院副总理田纪云在人民大会堂会见前来参加中国保加利亚政府间经济贸易科技合作委员会第三次会议的保加利亚代表团

外交部部长吴学谦离开华盛顿前往英国访问

3月10日

六届全国人大常委会二十五次会议在人民大会堂举行全体会议

会议听取关于七届全国人大代表资格审查报告的说明和国务院关于80次列车颠覆事故、222号飞机空难事故的汇报。

彭真委员长出席了会议。会议由王任重副委员长主持。

会上，宣读了全国人大常委会代表资格审查委员会关于七届全国人大代表资格的审查报告。代表资格审查委员会主任委员廖汉生对这个审查报告作了说明。

廖汉生说，各地选出了七届全国人大代表2975名(应选2978名)。代表资格审查委员会对2975名代表资格进行了审查，审查结果认为，有2970名代表的选举，符合法律规定，代表资格有效。有5名代表在选举中得票数不足法定票数，当选无效。缺额的8名，待以后依法另行选举。

受国务院委托，国务委员张劲夫向会议作了关于昆沪线80次特快旅客列车颠覆事故和处理情况的汇报、关于伊尔十八—222号飞机“1.18”空难事故和处理情况的汇报。

在今天的会议上，印发了陈丕显副委员长关于全国人大代表团访问泰国的情况的书面报告。报告中说，应泰国国会的邀请，以全国人大常委会副委员长陈丕显为团长、全国人大华侨委员会副主任委员何英为副团长的全国人大代表团于1988年1月29日至2月6日对泰国进行了友好访问。访问获得了圆满成功。

出席会议的全国人大常委会副委员长有耿飚、彭冲、朱学范、阿沛·阿旺晋美、赛福鼎·艾则孜、周谷城、严济慈、荣毅仁、叶飞、黄华、楚图南。

国务委员张劲夫向全国人大常委会汇报80次特快列车颠覆事故和处理情况

张劲夫说，80次列车是由昆明开往上海的特快旅客列车，列车编组15辆，由内燃机车牵引。1月24日约1时22分，当列车运行到贵昆线且午至邓家村站间，发生颠覆事故。机后第2至第7位车厢颠覆于铁轨外侧，第8至13位车厢脱线，第14位车厢一根轴脱线，只有第15位车厢保持正常，机车和连挂于其后的行李车与后部车辆脱开后继续运行了一段距离。这次列车颠覆事故，造成88人死亡，62人重伤；客车报废7辆；大破硬座车2辆，中破硬座车2辆，小破硬座、行李、邮政车各1辆；损害线路225米，钢轨报废20根，枕木报废460根。线路经抢修于1月25日21时55分开通，中断正线行车44小时33分。这次事故是新中国成立以来罕见的交通事故，给人民生命财产造成了重大损失，引起了国内外各界的极大关注。

张劲夫说，对昆沪线80次特快列车颠覆事故，国务院极为重视，李鹏代总理当即作了4点指示：(一)全力以赴进行抢救，并做好善后工作；(二)请部队和公安干警维持好秩序；(三)尽快恢复通车；(四)组成事故处理小组，负责善后工作。随后，又派国务院秘书长陈俊生赶赴事故现场，协调有关工作，并慰问伤员。云南、贵州两省和成都军区顾全大局，通力合作，积极组织救援，做了大量工作。人民解放军、武警部队、公安部队广大指战员，在抢救工作中发挥了主力军和突击队的作用。当地机关干部、企业职工、医务人员、农民，纷纷投入抢救和善后工作，发扬了一方有难、八方支援的高尚风格。在各方面的努力下，顺利地完成了善后处理工作。

他说，1月26日，国务院常务会议听取了关于这起重大交通事故的汇报，决定由全国安全生产委员会作为事故的调查委员会，负责查清事故的原因和责任。为了做好调查工作，由国家经委、机械委、劳动人事部、公安部、监察部、铁道部、全国总工会、云南省以及铁道科学院、北方交通大学、铁道部第二设计院、成都铁路局、上海电缆厂、上海钢铁研究所等单位的27人组成了调查组。调查组到事故现场详细查看了地形地貌和存留的车辆、接触网等实物的损坏情况；在昆明、水城、宣威等地听取了有关单位对事故情况的介绍和意见，看了有关的录像；并向部分伤员和列车的有关人员了解了事故发生前后的情况；还派人赴上海向列车乘务人员进行了调查、取证。还邀请铁道设计部门的有关专家进行了座谈。

张劲夫说，调查组本着尊重事实，尊重科学的原则，认真进行了研究，一致认为这起事故不是人为的破坏事故，也不是不可抗拒的自然灾害造成的，而是一起责任事故。

他说，对具体肇事原因，调查组内部有两种不同的意见。第一种意见，也是多数同志的意见，认为这次事故是由于列车超速，又受到一个比较大的阻力而造成的。第二种意见，也是少数同志的意见，认为列车颠覆事故是由于电气化接触网导线（已安装好，还未验收使用）自然断落挂套车辆引起的。

为了进一步查清肇事的具体原因，国务院决定进一步取证，以便对事故的最终定性。

张劲夫说，昆沪线80次特快列车颠覆事故，这在新中国成立以来是罕见的。这次事故暴露了铁路部门基础工作薄弱，劳动纪律松弛，制度不严，有章不循，违章不究，管理不善，职工队伍素质差等问题，这是造成事故的根本原因。3月5日，国务院常务会议听取了80次特快旅客列车颠覆事故调查情况的汇报，并进行了严肃认真的讨论。会议认为，虽然事故的具体原因还需要进一步调查，但这起事故是责任事故，多方面意见一致，可以据此对负有领导责任的人员进行处理。事故发生后，铁道部部长丁关根曾多次承担责任，请求给予处分。在这次会上他又作了检查，并提出引咎辞职。会议经过讨论，为了严肃政纪，教育干部，决定接受丁关根辞去铁道部长职务的请求，请人大常委会审议决定。

张劲夫说，国务院认为，这起重大事故的教训是极其深刻的，铁路部门和有关方面都应当引以为戒。

（一）铁路运输必须把安全放在首位。要把安全工作和铁路大包干结合起来，从严管理，狠抓落实。铁路的各级领导干部必须把主要精力放在抓安全生产上，经常检查落实安全措施，使每个职工都牢固树立对国家对人民极端负责的主人翁责任感，严格遵守劳动纪律，坚决执行岗位责任制，一丝不苟地贯彻各项操作规程和规章制度。对于玩忽职守，违章指挥，违章操作，发生重大伤亡事故的，必须严肃处理。

（二）提高职工队伍素质。当前要狠抓基础工作和基本功的训练。对司机、运转车长等职工要普遍进行严格的技术考试，不合格的坚决调离。新职工都要经过必要的技术培训和安全教育，经过实习并考试合格，方可上岗操作。

（三）要广泛开展一次技术安全大检查。凡是危及行车安全的设施，要立即修复。要查安全生产责任制的落实情况，查安全防护措施，查设备安全技术状况，查事故隐患等。铁路各种技术设备的制造修理，必须保证质量。

（四）目前检车、乘务人员工作任务重，比较辛苦，铁路的各级领导一定要注意关心和改善乘务人员的生活，下力量办好乘务人员公寓和食堂等，在发展生产的基础上逐步改善职工的生活。

（五）各部门、各行业都必须十分重视安全问题，从这起事故中吸取教训，引起警惕。特别是公用事业单位和电力、煤气、石油、化工、冶金等行业，都要把安全生产放到第一位，消除事故隐患，防止各类事故的发生。

国务委员张劲夫向全国人大常委会汇报西南航空伊尔十八—222号飞机空难事故和处理情况

张劲夫说，1988年1月18日，中国西南航空公司伊尔十八—222号飞机执行北京—重庆航班任务。19点05分由北京起飞，预计21点58分到达重庆白市驿机场。飞机由北京起飞后，经2小时42分临近合川，飞行正常。21点50分，机组报告，第四发动机故障，要求通过白市驿机场去成都降落。因飞机难以操纵，2分钟后，机组报告还是到重庆本场落地。21点57分左右，第四发动机坠落在距重庆白市驿机场34公里处。此后，机组连续报告，飞机严重抖动，操纵不了。22点17分，飞机终因保持不住高度，撞土坡而坠毁。机上旅客98人和机组10人全部遇难。

张劲夫说，对这起重大事故，国务院十分重视。李鹏代总理指出，这是民航近年来少有的特大事故，必须严肃认真查处，总结经验，吸取教训，并妥善做好善后工作。同时，李鹏代总理要求重庆市协助民航处理好善后工作，并派国务院副秘书长王书明和民航、公安等有关部门的负责同志立即赶赴现场处理善后工作。事故发生后，重庆市和有关部门的领导同志立即赶到现场，并抽调100多名医务人员，对发现的遇难者逐个进行了检查，没有发现生存者。公安干警、武警和当地驻军1300多人对现场进行了保护，并参加了寻找遗体、遗物和飞机残骸等项清理工作。同志们白天黑夜在泥水中连续工作，不怕脏、不怕累、不怕冷，到21日23点，108名遇难者遗体全部找到。重庆市抽调60多名外科医生协助殡仪馆对遗体进行了整容、整形。经过八天八夜的紧张工作，在民政、公安、医务部门的同志和殡仪馆全体工作人员的努力下，到30日，遇难者的遗体处理工作基本结束。由于各方面的共同努力，整个善后工作进展比较顺利。

他说，1月26日，国务院常务会议听取了关于222号飞机空难事故的汇报，决定由全国安全生产委员会作为事故调查委员会，负责查清事故的原因和责任。随后，由劳动人事部、民航局、国家经委、监察部、公安部、全国总工会和中国劳动保护科学技术学会、重庆市等单位组成事故调查领导小组，并由民航、空军、航空工业部及北京航空学院等单位的工程技术人员组成专家组，到事故现场及222号飞机维修单位进行了详细的调查。

他说，调查组仔细地研究和分析了所有能得到的残骸、飞行记录器译码、空地通话录音、照片、录像、各种有关技术文件和管理方面的资料、各种实验数据、记录证词。在此基础上确认，这次飞行事故不是人为破坏，也不是不可抗拒的自然灾害造成的，而是由于第四发动机右起动发电机故障烧毁，导致第四发动机失火后坠落而造成的。

张劲夫说，3月5日，国务院常务会议听取了事故调查情况的汇报，并进行了认真的讨论。会议认为，222号飞机空难事故是一起责任事故，对负有领导责任的人员应作出处理。事故发生后，民航局局长胡逸洲曾多次承担责任，请求给予处分，在这次会上再次作了检查。为了严肃政纪，教育干部，国务院已决定给予胡逸洲同志记大过处分。

他说，国务院会议认为，近年来我国民航事业发展很快，有些方面不能完全适应需要。这起事故是机械故障造成的。民航和各有关部门要从这次事故中吸取教训，采取有力措施，确保飞行安全。

国务院代总理李鹏在全国科技工作会议闭幕式上发表题为《发挥科技优势为振兴经济作出更大的贡献》的讲话

这次全国科技工作会议是继1985年全国科技工作会议之后，科技界的又一次重要会议。它对贯彻落实党的十三大精神，加快和深化改革，推动科技与经济结合，实现国民经济的技术进步，必将起到重要的促进作用。下面，就如何发挥科技优势为经济建设作出更大贡献，讲几点意见。

（一）科技进步的战略意义

党的十三大提出，把发展科学技术放在经济发展战略的首要位置。这是从社会主义现代化建设事业的全局出发，根据国际经济和科技发展的实际情况，作出的正确决策。我们现在正处在一个新技术迅速发展的时代，科学技术（包括现代化管理）的进步决定着生产力发展的水平和速度。在开放的竞争的国际环境中，离开了科技进步，我国社会生产力就不可能迅速发展，同发达国家的差距将会越来越大，我们就不可能自立于世界民族之林。我们是在经济比较贫穷、技术比较落后的基础上进行现代化建设的。我们国家人口多，底子薄，人均资源相对不足。目前，我国国民生产总值的单位能耗和原材料消耗都比发达国家高出许多，劳动生产率、固定资产增殖率、人均国民生产总值以及出口总额占国民生产总值的份额等，与发达国家相比，差距就更大了。这就说明，我们的浪费很大，生产的潜力也很大。只有依靠科学技术进步，包括先进的科学的管理，我们才能大幅度地提高经济效益，增加生产，比较迅速地改变贫穷落后的面貌。我们确实面临这样一种严峻的挑战形势，全国人民，首先是全体科技工作者，要充分认识科技进步在实现我国四个现代化艰巨任务中所占据的战略地位，增强紧迫感。

加速我国科技进步既是十分紧迫的，也是完全可能的。党的十一届三中全会以来，我们坚持四项基本原则坚持改革开放，国民经济持续稳定地发展，取得了世界瞩目的成就，积累了宝贵的经验，扩大了国际科技交流，引进了一批先进技术和管理经验，为进一步推动科技进步打下了良好的基础。加速科技进步，我们还有自己的优势。我国有一支800多万的科技大军，其中高、中级科技人员就达300多万。科学技术在国民经济的各个领域，甚至在一些新兴科技领域中已有相当的基础，在某些研究领域，我们已经接近或达到了世界先进水平。事实说明，只要我们下决心集中力量攻某个项目，严格按照科学规律办事，就能发挥很强的开发、攻关能力。与其他发展中国家相比，我们的科技力量是比较强的。但是应该指出，由于体制和某些政策等方面的原因，这种优势在很大程度上还没有充分发挥出来。一旦我们解决好这些问题，充分发挥科技队伍的优势和潜力，我国科学技术事业将会以更快的速度向前发展，经济建设也会迈出更大的步伐。

最近紫阳同志提出沿海地区经济发展战略，已经过中央讨论决定，国务院也做了部署。这是一件对我国经济发展有重大意义的大事。我国科技工作要为发展沿海经济战略服务。目前，国际经济结构出现了一种调整的趋势，这种形势为我国参加国际大循环提供了有利条件。我们要抓住有利时机，把科技优势同沿海地区劳动力优势结合起来，同乡镇企业灵活机动的体制优势结合起来，加上沿海地区有信息比较灵通、对外交通比较方便的有利条件，大力发展劳动密集型产业，发展劳动密集与知识密集相结合的产业，首先使沿海地区参加国际交换。这样做，不仅可以加速发展沿海地区经济，而且可以通过沿海地区把从发展外向型经济获得的先进技术和管理经验引向内地，带动内地经济的发展和经济效益的提高。

（二）加快和深化科技体制改革

科技要进一步面向经济建设，经济建设要进一步依靠科技进步，都离不开深化改革。科技体制改革的中心问题，是如何使科技与经济建设密切结合。我们知道，经济、社会的需求是科学技术发展的强大推动力量。只有同经济密切结合，科学技术的价值和作用才能充分显示出来。也只有在密切结合中，科学技术自身才能迅速发展。随着经济体制和科技体制改革的逐步深入，科技同经济发展相互脱节的状况已经有了一定程度的改变。但是,科技同经济密切相结合的机制问题还未解决。我们必须遵循社会主义初级阶段的基本路线,从发展社会生产力这一中心任务出发,加快改革的步伐,逐步建立起与社会主义商品经济相适应的、科技同经济密切结合的新体制。

加快和深化科技体制改革,必须紧紧抓住转变机制这一核心。科研机构也要试行承包责任制,把竞争机制、市场机制引入科技工作,实行优胜劣汰;对科研项目要进一步推行基金制、招标制和技术合同制,继续推动技术市场的发展;技术开发活动,要以商品为龙头,到市场竞争中去接受检验,真正转变到为发展商品经济服务的轨道上来。通过这些机制的转变,把科研单位、科技人员的实际利益同他们所创造的经济、社会效益挂起钩来,从而增强科研单位和科技人员为经济建设服务的内在动力和压力,从根本上克服科技工作中吃"大锅饭"的弊端。基础研究和高技术研究是科研的重要组成部分,关系到科学技术的长远发展,应给予足够的重视。但也要引入竞争机制,其研究题目要有重点,要结合未来市场的需要。同时,还要不断补充和交流人才,保持一支精干的高水平的研究队伍。

这几年来,一批民办科技机构和科技型企业蓬勃兴起。这些机构自筹资金,自主经营,自负盈亏,以市场为导向,开发新产品,实行技工贸一体化,在人事上实行择优选聘,在分配上,与经济效益挂钩。这些机构的出现,使得单一的国家办科研的局面开始改变,加快了科研成果向生产力的转化,同时,使一批既懂技术又会经营管理的企业家和实业家脱颖而出。这对于如何搞活全民所有制科研机构,提供了有益的经验。我们不少大院大所、高等学校和大中型企业,至今科技人才积压的现象仍然比较严重。鼓励和组织更多的科技人员从人才积压的地方走出来,到社会上去创建科技先导型企业或民办科技机构,应当成为深化科技体制改革的一项重要内容,成为发挥我国科技优势的一条重要途径。同时,还可以采取与经济密切结合的多种形式,如科研单位承担企业开发项目,带着成果到企业去,成立科研与企业的联合体,建立科技为龙头的技工贸、技农贸联合体等等。

当然,建立科技同经济密切结合的新体制,只靠科技体制改革还不行,还有赖于经济体制改革的深化。在经济体制改革的过程中,在企业实行承包经营责任制时,都必须把依靠科技进步作为一项重要内容。总之,我们要在加快和深化改革的过程中,逐步建立起一个依靠科技进步的经济体制和面向经济的科技体制,使我国的科技优势在经济建设和社会的发展中充分发挥出来。

(三)要充分发挥科技人员作用

要使科技工作为经济建设作出更大贡献,就必须充分发挥科技人员的积极性和创造性。科技人员不仅担负着科技攻关的重任,也担负着把科技成果转化为生产力的重任。厂矿企业的科技队伍是一支重要的力量,他们在保证企业正常运行,提高产品质量,开发新品种,降低消耗,采用新技术,乃至进行革新创造中发挥着重要的作用。这些年来,广大科技人员在各个方面做了大量的工作,取得了显著的成绩。党和人民感谢他们。历史已经证明,科技人员只有把自己的事业同国家和民族的命运紧密联系在一起,才能大有作为。希望同志们继续努力,以高度的责任感和献身精神,投身到发展经济的事业中去,建功立业,大显身手。

我们要切实建立民主、团结的政治环境,继续倡导"尊重知识,尊重人才"的社会风尚,使他们能心情舒畅地工作。我们要继续放宽、放活对科技人员的管理制度,鼓励在原单位不能发挥作用的科技人员向需要他们的地方流动。允许他们兼职、从事第二职业。科学技术人员获得了科学技术知识,有责任向工人、农民和其他劳动者传授,提高他们的水平和素质。战斗在经济建设主战场上的科技工作者要加强与工人、农民的团结合作,吸取他们的实践经验,在生产实践中检验自己的科技成果。

近年来,国家在财力紧张的情况下,对改善科技人员的工作条件和生活条件作出了一定努力,今后还要继续做下去。但是,就全局来说,只能在深化改革,发展生产的前提下,使知识分子待遇得到逐步改善。同时,我们将进一步放宽政策,鼓励科技人员挖掘潜力,扩大社会服务领域。使科技人员在创造经济、社会效益的同时,改善自己的工作条件和生活条件。

(四)加强对科技工作的领导和支持

促进科技进步,这不单单是科技部门的工作,也是各级政府的一项重大任务。我们的各级政府一定要切实把科学技术工作放在经济发展战略的首要位置,充分重视科学技术与经济的密切结合,并为这一结合创造有利的环境和条件。各级政府、各行各业、企业和农村都要逐步增加对科技进步的投入,银行和其他金融机构要给予积极支持,促进科技成果迅速转化成新的生产力,转化为商品,以加速国民经济的进步。经济比较不发达的地区,要采取有力措施,制定能吸引人才和培养本地科技人才的政策,充分发挥他们的作用。要特别注意培养和造就一批懂技术、会经营的企业家,他们是新生产力的组织者。吸引和造就这样一批企业家,是各省、自治区、直辖市今后经济发展的重要条件。

各级领导同志都要以满腔热情学习科学技术知识,熟悉本部门、本地区的科技工作情况,成为积极倡导科学技术的带头人。只有这样才能取得领导全局工作的主动权。

同志们！在党中央的领导下，在科技界和经济界的共同努力下，我国的科技工作一定能为实现党的十三大提出的宏伟战略目标，作出更大的贡献！

《人大代表法律常识手册》出版

由全国人大常委会法制工作委员会研究室编写的《人大代表法律常识手册》即将出版。彭真委员长为该书题词。彭冲副委员长题写了书名。

这本手册对现行宪法和第五届、第六届全国人大和全国人大常委会制定的法律作了扼要介绍，并对一些法律名词作了简要解释。全书约20万字，由中国青年出版社出版。

中国残联筹备领导小组负责人就成立中国残疾人联合会的有关事宜答《人民日报》记者问

问：我国目前已经有两个全国性的残疾人社会团体，即中国盲人聋哑人协会和中国残疾人福利基金会，那么，为什么还要成立中国残疾人联合会？

答：1960年成立的中国盲人聋哑人协会是代表盲人、聋哑人利益的群众团体。中国残疾人福利基金会成立于1984年，它是为残疾人服务的福利团体。随着形势的发展和改革的深入，目前这两个残疾人社会团体的组织形式已不适应工作的需要。这主要表现在三个方面：第一，体制不顺，机构重叠，力量分散；第二，组织不完善，功能不健全，如占五类残疾人总数一半的肢体残疾、智力残疾、精神病残疾者等，都还没有相应的代表组织；第三，组织制度、职能和活动方式也不适应推进社会化管理的要求。

为了进一步做好残疾人工作，适应社会发展的需要，根据广大残疾人的要求和改革的精神，本着精简、效能和统一的原则，理顺关系，健全功能，提高效率，增强活力，经国务院批准，在中国残疾人福利基金会、中国盲人聋哑人协会和联合国残疾人十年中国组织委员会秘书处的基础上，组建中国残疾人联合会，简称中国残联。

问：中国残联是什么性质的组织？它的宗旨是什么？

答：中国残联是中国政府批准的全国性残疾人事业团体。"事业团体"这个名称在我国首次采用，它不同于政府机构，又不同于一般的群众团体。而是一种半官半民性质的综合性社会团体。中国残联将代表功能、服务功能、社会化管理功能融为一体。它既代表各类残疾人的共同利益，又为残疾人服务，还承担政府委托的任务，推行社会化管理，发展残疾人事业。它的宗旨是：适应社会主义现代化建设的需要，发展有中国特色的残疾人事业。动员社会发扬社会主义人道主义精神，理解、尊重、关心、帮助残疾人，促进残疾人平等参与社会生活；鼓励残疾人坚持爱国主义和乐观主义，自尊、自信、自强、自立，为社会贡献力量。

问：请谈谈中国残联的主要任务有哪些？

答：中国残联的任务可以概括为以下几项：第一，关心残疾人的生活、学习和工作，并做好舆论宣传工作，为残疾人创造良好的社会环境；第二，团结残疾人，遵纪守法，履行社会义务，做有理想、有道德、有文化、有纪律的公民；第三，促进和发展残疾人的康复、教育、就业、文体、科研、社会服务和福利事业，推动残疾的预防工作；第四，推进残疾人事业的社会化管理，沟通政府、社会和残疾人之间的联系，为政府决策提供咨询和建议，承担政府委托的任务；第五，协调残疾人社会团体的工作，发展国际间残疾人组织的联系，开展残疾人事业的交流和合作，并承担"联合国残疾人十年中国组织委员会"的日常工作。

问：为完成这些任务，中国残联将设置哪些组织机构？它们各自的职能是什么？中国残联成立以后，中国残疾人福利基金会和中国盲人聋哑人协会是否还存在，它们与中国残联的关系又是怎样的？

答：中国残联分为三个系统：一个是决策系统，一个是执行系统，一个是监督系统。决策系统是残疾人代表大会和主席团，重大的方针、规划、计划、领导人选等都由这个系统决定。执行系统是执行理事会，残联的日常工作由这个系统执行。监督系统是评议会，它的职责是对执行理事会进行监督和咨询。

为更好地反映和研究不同类别残疾人的工作，中国残联内设盲人协会、聋人协会、肢残人协会、智残人和精神病人亲友会等专门协会。它们的日常工作由残联的办事机构办理。中国残联主席团中的残疾人委员，按残疾类别，分别组成各专门协会委员会。

中国残疾人福利基金会的理事会将保持它的独立地位，以广泛联系社会各界，继续发挥为残疾人事业谋福利和募集资金的作用。它的日常工作由中国残联的办事机构办理。

问：中国残联的成立，对于进一步做好残疾人社会保障工作，推进我国残疾人事业的发展，有什么重要意义？

答：组建中国残联，在政府、社会和残疾人之间起纽带作用，一方面，便于加强政府对残疾人事业的领导和宏观协调；另一方面，中国残联得到政府的支持，具有相应的职能工作条件和手段，以民间的灵活多样的方式开展工作，更具有活力，有利于联系群众，动员和组织社会力量。这对形成部门管理与社会化管理相结合的新的工作体系,发展残疾人事业,是一种有益的尝试。

大陆首例试管婴儿诞生

上午8点56分,北京医科大学第三医院的医生和助产人员以特殊的喜悦为我国大陆首例试管婴儿做完了接生手术,一个体重3900克、身长52厘米的女婴诞生了。

据了解,从1978年世界第一例试管婴儿在英国出生至今,全世界已有6000余例试管婴儿出生。我国的台湾、香港也已有试管婴儿出生。北京医科大学生殖工程组是从1984年12月才开始有计划地开展这项研究课题的。

潘念之逝世

我国著名法学家、原上海社会科学院顾问潘念之,因患癌症,于3月10日在上海逝世。

潘念之,是浙江省新昌县人。潘念之同志对法学、政治学造诣很深,对马克思主义法学理论建设卓有建树。多年来,他结合我国现代化建设和改革、开放的需要,撰写了大量有关民主与法制的论文,主编了有关的论著,对一些重大法律的制定提出了很有见地的意见和建议。他还曾主编《法学》杂志、《辞海(政治法律分册)》《政治与法律》和《国外法学知识译丛》,参加并领导编写《法学词典》和《中国大百科全书·法学卷》,为我国法学与政治学基本理论的建设和普及做了大量工作,在学术界享有很高的声誉。

3月11日

全国各种成分工商企业和商标广告事业发展迅速

据《人民日报》报道,1987年全国各种成分的工商企业和商标、广告事业获得了较快发展。

——国营、集体工商企业继续增加。截至1987年年底,全国工商企业已有482.8万户,比1986年增加52万户。从业人员1.69亿人,注册资金15540亿元,分别比上年增长9.2%、13.5%。在工商行政机关登记的外商投资企业8546户,比上年增长29.7%,其中外商独资企业201户,增长35.8%。

——个体工商业和私营企业增加较快。截至去年年底,全国雇工8人以上的私营企业已有11.5万户,比1986年增长93%;从业人员184.7万人,增长84.7%。全国城乡个体工商业有1372.5万户,从业人员2158.3万人,资金236亿元,分别比上年增长13.3%、16.9%和31.4%。

——商标、广告事业有很大发展。截至去年年底,我国注册商标累计总数已有18.76万件,其中,外国商标(包括52个国家和地区)2.86万件,占15.3%,分别比上年增长近20%。广告经营单位截至1987年年底全国已有8225户,比上年增长18.4%;全年广告营业额11.12亿元,增长31.6%。

——城乡集市贸易和各类专业市场继续发展。截至去年年底,全国城乡已有6.97万个集市,比上年增加2000多个,集市贸易成交额突破千亿,全年达到1157.89亿元,比上年增长27.7%。

国家工商行政管理局局长任中林要求各地工商行政管理机关,在新的一年里,将支持改革、促进经济稳定发展,加强监督管理,维持市场正常秩序作为主要任务,做好企业法人登记工作,进一步发展集市贸易,继续鼓励和扶持个体经济和私营经济发展,严厉打击制造、销售假冒商品的不法行为,打击投机倒把活动。

国务院农村发展研究中心在北京召开1987年度委托研究优秀成果汇报会

中心主任杜润生说:"社会科学研究工作要面向改革和发展的实践来进行,在搞好中长期探索性研究工作的同时,要把大部分的力量集中到回答当代改革实践中提出的迫切问题上来。面向改革与发展,部署和进行有组织的研究工作。"

杜润生说,科研体制改革也要随着整个改革的进程而深化,要坚持走开放式的道路,首先在学科、知识体系上不能搞封闭,要搞多学科的综合研究;其次,在科研人员的组合上也不能搞封闭,要坚持合理的流动,还要形成良好的分工协作和适度的研究规模,发挥群体的优势。研究机构要与经济操作单位进行一体化研究,相互交换信息,提高研究水平。

国务院农村发展研究中心从1982年成立以来,一直坚持组织、委托社会各种科研力量对农村改革与发展中的重大问题进行研究的办法,取得了较好的成效。

在今天的汇报会上,根据成果评议委员会的评议结果,向6项委托研究成果颁发了1987年度农村发展科技进步奖。国务院农研中心发展研究所的《国民经济新成长阶段和农村发展》、中国社会科学院农村发展研究所的《2000年中国产业结构的研究》、中国农业科学院农业经济研究所的《中国合作经济的几个问题》获得本年度二等奖;水电科学院的《2000年我国灌溉水发展研究》、中国林科院的《我国林业发展的综合研究》、商业部商经所的《2000年中国农产品商品流通研究》获得本年度三等奖。

在研究优秀成果汇报会上,还对这个中心委托研究成果中获1987年度国家科技进步奖的项目颁了奖。

这些项目是获二等奖的、由中国农科院粮食和经济作物发展研究组主持的《2000年中国粮食和经济作物发展综合研究》；获三等奖的、由国家气象局气象科学院农气研究室主持的《中国粮食产量气象预报研究》和由中国科学院系统科学所主持的《中国农业投入产出模型的研究》。

美国前副总统蒙代尔在北京谈美中关系

沃尔特·蒙代尔指出，尽管中美之间存在一些分歧，但两国关系是"健康的、成熟的"。

蒙代尔认为，中美两国奉行不同的外交政策，因而有分歧是很自然的。他说，"我能够开诚布公地谈论我们之间的分歧恰好说明中美关系是成熟的。""这些分歧并没有压倒我们之间更为重要的共同利益。"

蒙代尔说，中美关系正常化10年来，两国关系取得了"惊人的进展"。他认为，随着两国关系在过去10年中的广泛、深入发展，中美关系的重点现在已转向经济领域。1987年中美贸易额突破了100亿美元。在中国的外国投资者中，美国投资者已名列前茅。美国商人对中国的经济前景充满信心。

他对吴学谦外长与里根总统和舒尔茨国务卿的会谈结果表示称赞。他说，这次会谈导致了美国政府取消了向中国扩大出口技术的限制。

在台湾问题上，蒙代尔认为目前台湾海峡的紧张局势处于"历史的最低点"。现在是大陆和台湾和解的有利时机。

蒙代尔还谈到了当今相互依存的世界经济关系。他指出，这种依存关系日益加强。他说，10年前他没有料到中国会以今天这样的速度和规模对外开放。他说，中国正在成为世界经济的一个重要成员，世界经济也正在成为中国经济中越来越重要的因素。

约400名中国外交界人士、学者、新闻记者以及美国驻华使馆的官员出席了演讲会。蒙代尔还回答了听众提出的关于美国政治经济形势、苏联的外交政策、两伊战争以及中美洲局势等问题。

中英联络小组第九次会议在香港结束

自8日开始举行的这次会议今天结束，中英双方代表在更加合作、友好、融洽的气氛中就拟议的问题交换了意见，会议取得了积极成果并发布会议新闻公报。

会议新闻公报说，在国际权利和义务常设专家小组工作的基础上，这次会议就香港继续参加世界卫生组织西太平洋区域委员会、国际海道测量组织和国际原子能机构的活动问题达成了协议。双方继续讨论了关于香港防务和治安的问题并就进一步工作的实际安排取得了一致意见。

会议还讨论了几个方面的问题：关于未来香港与有关国家移交逃犯的安排问题，双方达成了初步谅解，有关问题将由双方专家继续讨论；讨论了签订香港民用航空运输协定所取得的新进展；讨论英方介绍的关于香港设立终审法院的建议，决定交专家进行研究；就海员旅行证件的过渡性安排，双方初步交换了看法；回顾了双方专家讨论法律本地化问题所取得的进展，并同意就此问题继续交换意见。

为实施中英联合声明附件二中关于中英联合联络小组自1988年7月1日起以香港为主要驻地的规定，这次联合联络小组会议就双方在香港设立常驻机构等有关安排进行了讨论，并取得了一致意见。双方首席代表将于7月1日在香港会晤。中方首席代表柯在铄在记者招待会上补充强调，联合联络小组不是权力机关，也不是监督机关，联合联络小组在港设立常驻机构，不会干预香港政府的内部事务。联合联络小组的性质和任务没有什么变化。设立常驻机构，能够更多地了解香港实际情况，提高工作效率。

《当代世界政治经济和国际关系》出版

为了适应改革开放和高等学校、党校开设新课程教学的需要，由华南师范大学和中共广东省委党校部分教师合作编写的《当代世界政治经济和国际关系》一书，已由海南人民出版社出版。该书以我国对外政策为指导，分析第二次世界大战结束以来的国际形势和国际格局的演变，介绍世界各主要国家和地区的政治、经济、军事、外交等方面的状况和政策、资本主义国家的政治制度、当代西方政治思潮、世界新技术革命与国际政治，以及我国在新的历史时期对外政策的基本原则等。

该书由黎克明任主编，骆鉴华、黄守成、王荣武任副主编。

中国残疾人联合会首届全国代表大会在中南海怀仁堂召开

来自包括台湾省在内的全国各省、自治区、直辖市、解放军的500多位残疾人代表，参加了开幕式。

党和国家领导人李鹏、乔石、田纪云、李铁映、阿沛·阿旺晋美、宋健等出席了会议。中国残疾人福利基金会名誉理事长王震从外地给大会发来了贺电。

中共中央政治局常委、国务院副总理乔石在今天的大会上讲了话。他在讲话中首先代表中共中央、国务院向大会表示热烈的祝贺，并向全国的残疾人和他们的亲属表示亲切的慰问。

乔石说，在各级政府、有关部门和广大残疾人的共同参加之下，我国残疾人事业正在全国城乡很有生机地开展起来,为物质文明和精神文明建设作出了积极的贡献。使越来越多的人认识到,发展残疾人事业,发扬社会主义人道主义的精神,是推动社会进步和人类文明发展的重要内容。搞好残疾人工作,使残疾人能够同健全人一样,以平等的权利和机会,共同参与创造社会物质文明和精神文明,分享社会主义文明的成果,是社会主义优越性的体现。发展残疾人事业,既有利于调动社会各方面的积极因素,发展社会生产力,又有利于巩固安定团结的政治局面,有利于改革开放的顺利进行。搞好这项工作,是各级政府和全社会义不容辞的责任。

他说,我国正处在社会主义初级阶段,残疾人事业是我国社会主义建设事业的重要组成部分。残疾人事业的发展必须与我国经济的发展相适应,不可能超越当前的现实条件,也不应当对那些能争取办到的事不积极去办。把残疾人工作同国家的整个发展作全盘考虑,这既是对联合会的希望,也是对各级政府的希望和要求。

现在的状况是残疾人事业的发展还落后于社会经济发展的水平。5000多万残疾人是我国社会中困难最多的一个部分,需要各级政府和全社会给予更多的关心和支持,切实帮助他们解决在康复、教育、就业、参与社会生活等等方面存在的问题。同时,要动员残疾人向他们中间的先进人物学习,自强不息,通过自己的努力,逐步摆脱贫困,摆脱落后,与健全人一道,共同为实现我国社会主义现代化建设事业作出贡献。

乔石在讲话中指出,我们的国家地域辽阔,各方面的发展也很不平衡。中国残疾人联合会作为一个全国性的事业团体,在加强政府、社会和残疾人之间的联系,承担政府委托的任务,推进和协调残疾人事业的发展等方面,可以发挥重要的积极的作用。希望大家在工作中多争取各级政府的支持和帮助,充分动员社会各方面的力量,紧密依靠残疾人群众,解放思想,勇于实践,通过自己创造性的工作,开拓和发展具有中国特色的残疾人事业,探索我国社会事业社会化管理的途径。通过你们的工作,将使5000万残疾人进一步感受到党和国家对残疾人事业的关怀和支持。

在今天的开幕式上,中国残疾人联合会筹备小组组长邓朴方受中国残疾人联合会筹备领导小组的委托,向大会作了题为《团结奋斗,开创残疾人事业的新局面》的报告。他指出:我国残疾人的命运和祖国的命运是紧紧连在一起的。解放后,在党和政府的领导、关怀下,我国残疾人事业逐步发展;党的十一届三中全会以来,随着改革开放方针的实行,给国家的发展带来了新的生机和活力,残疾人事业也出现了蓬勃发展的新局面。

邓朴方说,目前,我国正由温饱向小康水平过渡。残疾人能不能跟上社会发展的步伐,和10亿人民一道前进,共同富裕,这不仅涉及5000多万残疾人,影响到数以亿计的亲属,而且牵动着社会的各个方面,是关系到国家发展和社会稳定的重要问题。改革给国家带来勃勃生机,也给残疾人事业带来希望。国家的繁荣富强,是包括残疾人在内的全国各族人民的根本利益所在。改善残疾人的状况,取决于国家的发展和社会的进步,需要一个长期的艰苦奋斗的过程。我们的事业任重而道远。

大会由中国残疾人联合会筹备小组副组长刘小成主持。

团中央第一书记宋德福代表全国总工会、全国妇联、共青团中央在会上讲了话。国际康复协会前会长方心让向大会致了贺词。首都少年儿童代表还向李鹏等敬献了红领巾。

3月12日

六届全国人大常委会二十五次会议在人民大会堂闭会

全国人大常委会委员长彭真出席了会议。

根据中共中央关于修改宪法个别条款的建议提出的全国人大常委会关于中华人民共和国宪法修正案草案,已经经过分组会和联组会的审议。今天的会议通过了这个草案,并决定将草案提请七届全国人大一次会议审议。

中华人民共和国全民所有制工业企业法草案经过全国人大常委会五次审议和广泛征求全国各地、各界人士的意见,多次作了修改。今天经过委员们表决,决定将草案提请七届全国人大一次会议审议。

会议决定,将中华人民共和国中外合作经营企业法草案提请七届全国人大一次会议审议。会议通过国务院关于提请审议建立海南经济特区的议案,提请七届全国人大一次会议审议。

会议通过了第六届全国人民代表大会常务委员会代表资格审查委员会关于第七届全国人民代表大会代表资格的审查报告,通过了关于公布第七届全国人民代表大会代表名单的公告。

六届全国人大常委会工作报告草稿,经过委员们的审议、表决,决定予以原则通过,并授权陈丕显副委员长根据委员们的审议意见进行修改,经委员长会议审定后,提请七届全国人大一次会议审议。

会议还通过将七届全国人大一次会议主席团和秘书长候选人名单草案,提请七届全国人大一次会议预备会议进行选举;通过将第七届全国人民代表大会第一次会议议程草案，提请七届全国人大第一次会议预备会议审议。

会议经过表决，同意国务院接受铁道部部长丁关根引咎辞职的请求，决定免去丁关根的铁道部部长职务。

根据国务院代总理李鹏的提名，会议决定任命中国社会科学院57岁的副秘书长丁伟志为中国社会科学院副院长。

会议还通过了其他任免事项。

会议由彭冲副委员长主持。陈丕显、耿飚、王任重、朱学范、阿沛·阿旺晋美、班禅额尔德尼·确吉坚赞、赛福鼎·艾则孜、周谷城、严济慈、荣毅仁、叶飞、廖汉生、黄华、楚图南副委员长出席了会议。

列席会议的有国务委员张劲夫，最高人民法院院长郑天翔，最高人民检察院检察长杨易辰。

国务院代总理李鹏在中南海会见美国前副总统沃尔特·蒙代尔

李鹏认为，国务委员兼外交部部长吴学谦刚刚结束的美国之行对进一步加强两国友好合作关系作出了贡献。李鹏说，里根总统在会见吴学谦时重申了坚持只有一个中国的立场，我们希望美国政府长期坚持下去。我们也高兴地看到，美国决定重新放宽向中国出口技术的管制。李鹏说，我对中美关系的发展前景是乐观的。他说，当然，今后还可能出现波折或分歧，但只要两国政治家都从两国的根本利益出发，问题也是不难解决的。

蒙代尔也对两国的经济关系不断扩大、加深，双方在政治上的相互了解逐步增进表示高兴。

蒙代尔现在是美国多西尔·惠特尼法律事务所的负责人，这个法律事务所担任了中国长城工业公司为国外用户发射卫星服务的法律顾问。

会见时，李鹏感谢蒙代尔和他的同事们为中国发射卫星进入国际市场所做的努力。他希望双方共同努力，把这件事情办好。李鹏说，中国的航天技术在世界上虽然不是最先进的，但很实用、很可靠。李鹏还对蒙代尔提出的有关中国改革开放政策、经济建设等方面的问题作了回答。

国家主席李先念签署第65号主席令免去丁关根的铁道部部长职务

根据中华人民共和国第六届全国人民代表大会常务委员会第二十五次会议的决定，免去丁关根的铁道部部长职务。

中华人民共和国主席　李先念

1988年3月12日

《人民日报》发表社论《全社会都来关心残疾人事业》

中国残疾人联合会首届全国代表大会胜利召开了。这是我国各族残疾人、残疾人亲属和残疾人事业工作者代表首次汇聚一堂，共商残疾人事业发展大计的盛会。这次会议，宣告了中国残疾人联合会的诞生。从此，我国各类残疾人有了自己统一的组织，标志着我国残疾人事业进入了一个新的发展阶段。这是我国5000多万残疾人的大喜事，也是国家政治生活中的一件大事，我们表示热烈祝贺！

解放后，在党和政府的领导、关怀下，我国残疾人事业逐步发展，办起了盲、聋哑学校、社会福利院、福利工厂，残疾人状况有了改善。十一届三中全会以来，改革开放方针的实行，给国家发展带来了新的生机和活力，残疾人事业也出现了蓬勃发展的新局面。社会主义人道主义作为社会主义的基础思想之一，作为社会主义人际关系的准则之一，深入人心；残疾人劳动就业开始向多渠道、多层次发展；残疾人教育有了进步；康复工作有了好的开端；残疾人文体活动活跃；进行了大规模的全国残疾人抽样调查，为残疾人事业的发展提供了依据；广大残疾人渴求为社会奉献力量的意识增强，他们自强不息，顽强奋斗，在两个文明建设中发挥了积极作用；残疾人的各种组织相继建立，工作日趋活跃。中国残疾人福利基金会和中国盲人聋哑人协会，协助政府，动员社会，为发展残疾人事业做了大量工作。

中国残疾人联合会的诞生，表明我国残疾人在全面参与社会生活的道路上，又迈出了坚实的一步。

中国残疾人联合会是全国性残疾人事业团体。它将代表功能、服务功能、社会化管理功能融为一体，代表各类残疾人的共同利益，为残疾人服务。同时，它承担政府委托的任务，动员社会力量，推进社会化管理。中国残疾人联合会的成立，将为进一步做好社会保障工作，发展有中国特色的残疾人事业起到积极作用。

尽管我国残疾人事业取得不少成就，但是，由于历史的原因和生产力水平的限制，当前我国残疾人事业仍落后于社会经济的发展。残疾人受教育机会少；已经就业的，还不够稳定、合理；相当一部分残疾人没有劳动就业，还没有得到稳定的维持温饱的收入；在社会生活中和某些环节上，对残疾人依然存在不同程度的歧视与偏见。

我国平均每五个家庭就有一个残疾人。在社会正由温饱向小康水平过渡阶段，残疾人能否跟上社会前进的步伐，和全国人民共同富裕，这不仅涉及5164万残疾人，而且影响到数以亿计的亲属，牵动着社会的各个方面，是关系到国家发展和社会稳定的重要问题，必须引起极大关注。

自有人类就有残疾人。残疾人问题，任何社会都无法回避。残疾人有参与社会生活的愿望，绝大多数残疾人具有参与社会生活的能力。残疾人同样是物质文明和精神文明的创造者。历史和现实生活表明，许多残疾人为社会发展作出了贡献。由于残疾人的存在和影响，残疾人是特殊困难的一个群体。为他们平等参与社会生活创造必要的条件，是全社会不可推卸的责任，是社会进步、人类文明以及生产力彻底解放的标志。社会主义制度要求我们，高举社会主义人道主义的旗帜，维护残疾人的合法权益，树立理解、尊重、关心、帮助残疾人的社会风尚。

残疾人事业是社会主义建设事业的一部分。有必要把残疾人事业摆进国家发展大局，列入社会经济发展规划，整体研究，统一安排，协调发展。劳动就业、教育和康复，是当前亟待抓好的三个环节。劳动福利型是我国残疾人事业的特色。劳动就业是残疾人平等参与社会生活的关键所在。要按照“普及、稳定、合理”的要求，推进残疾人劳动就业。从根本上改善残疾人状况，最终取决于残疾人科技文化素质的提高。要对残疾儿童实施九年义务教育，抓好扫盲和职业技术培训，尽快扭转残疾人教育的落后局面。科学技术的进步，给残疾人恢复和补偿功能带来了希望。要不失时机地开展小儿麻痹后遗症矫治、白内障手术复明和聋儿听力语言康复等残疾人急待解决的康复工作。

残疾人参与社会生活，有赖于社会的帮助，也取决于自身的奋斗精神。残疾人应当以爱国主义和乐观主义精神激励自己，热爱生活，热爱事业，自尊、自信、自强、自立，履行公民义务，努力为祖国贡献力量。

我们热忱希望，通过政府、社会和残疾人的共同努力，创造良好的物质、精神条件，使残疾人和健全人一样，在事实上成为社会平等的一员，享有全面参与社会生活的权利，履行公民义务，共享由于劳动和社会经济发展所带来的物质文化成果。

中国残疾人事业是社会主义人道主义的事业，是文明的事业，进步的事业。愿社会每一个成员都伸出热情的手，扶残助残，为这一崇高事业的发展作出应有的贡献。让社会主义人道主义的春风扑面而来，温暖千家万户，温暖每一位残疾兄弟姐妹的心田。

国务院发展研究中心 国家体改委 建设部在北京召开会议研讨中国房地产产业政策

会议从3月7日至10日，探讨在我国建立房地产市场，以及社会主义初级阶段房地产产业的有关理论与基本政策等问题。

房地产作为一个生产要素，涉及经济领域的各个方面。随着我国经济体制改革、特别是住房制度改革的深入，改革我国原有的房地产政策及管理体制，使之与整个经济改革配套，已成为急待解决的问题。这次会议就有关问题进行了充分讨论，并将向有关领导部门提出工作建议。

国家加快对中低产田的开发和综合治理

据《人民日报》报道，参加农业科研“黄淮海战役”的各科研单位、大专院校以及地方政府，在总结前段工作的基础上，纷纷提出“战斗升级”的作战方案——增派科技人员，加大资金和物质投入，实行分区承包，加快科学技术向经济建设主战场的战略性转变和黄淮海平原中低产田开发和综合治理的速度。

“黄淮海战役”，是人们对我国科技战线在黄河、淮河、海河下游平原地区进行的多学科、多部门的大规模农业开发治理工作的称谓。黄淮海平原包括冀、鲁、豫、皖、苏5省和京、津2市的27个地区、298个县，总面积为30多万平方公里，有耕地2.7亿亩。该地区地势平坦，交通发达，人口稠密，光照充足，资源丰富，农业潜力大。但是由于受季风多变气候的影响，这里长期受盐、碱、旱、涝的危害，成为吃“南粮”的“缺粮户”。从50年代起，我国就有小批科技人员来这里进行改良土壤、合理种植的农业科学试验。自从“黄淮海平原中低产田地区综合治理”课题被列为国家“六·五”和“七·五”科技攻关项目，这项科学试验发展成“大型战役”。在国务院黄淮海领导小组指挥下，由农牧渔业部具体落实综合治理措施。参加攻关的主要单位有：北京农业大学、中国农业科学院、中国科学院和水利、林业系统的有关单位，以及5省2市的农科院、农业院校、畜牧、气象等单位。

多年来，国家在该地区投资250多亿元，修建了一批大型排灌工程。党的十一届三中全会以来，这个地区开始不吃“南粮”，并逐渐向国家提供商品粮。1983至1985年，每年向国家提供商品粮20亿至50亿公斤。近年来，参加攻关单位不断增加。农科院、北农大、中科院以及5省2市的科研单位和高等院校等200多个科研所、1.5万科技人员参加了攻关，取得科研成果59项。该地区农产品虽有了大幅度的增长，但仍然有很大的增产潜力可以挖掘。

现在各参战单位已作出决定，在搞好原有试验区、示范区工作的基础上，进一步扩大改造中低产田的范围，掀起开发和治理的新高潮。春节过后，农科院负责人分赴山东、河南两省，共商治理中低产田的措施。经过协商，计划以山东陵县、禹城为重点，向德州、惠民地区扩散，河南以商丘、周口、开封、郑州4个地市的29个县为重点工作地区，并由农科院分期派出科技骨干担任技术副县长。安徽以宿县为基地向宿州地区辐射。河北设任丘、冀县粮棉基点,向冀中开发,总面积约5000万亩。中科院准备从今年起,利用5年至8年的时间,投入精兵强将,与兄弟单位密切协作,通过承包办法,加快中低产田的综合治理,实现农、林、牧、副、渔各业协调大发展。

3月12日,农牧渔业部、北京农业大学联合召开新闻发布会,透露他们近日即将增派干部和科技人员"下海参战"。北京农业大学将有450人组成两个分团,分三批"下海"。

国家经委发布1987年质量抽查第4号公报

据《人民日报》报道,去年第4季度国家监督抽查876个企业生产的61类1156种产品(国内销售),合格953种,样品合格率为82.4%,比上季度提高10.6%。其中大型企业生产的289种产品,合格261种,样品合格率为90.3%;中小型企业生产的867种产品,合格692种,样品合格率为79.8%。另外抽查了81个乡镇企业生产的109种产品,合格76种,样品合格率为69.7%。

在抽查的61类产品中,有丙烯腈、防毒面具、工业硅、医用诊断X线机、农药、汽车大梁板等14类产品的样品合格率为100%;样品合格率在80%—99%的有载货汽车、水泥、坯布、牛黄解毒片、糖水桃罐头、注射硫酸链霉素等22类产品;清水笋罐头、丝绸被面、电冰箱、电刷、链条、雪花膏等16类产品,样品合格率为60%—79%;样品合格率在60%以下的有收录机、电熨斗、石油液化气钢瓶、电焊机、冲击电钻、电泳仪、圆环链、建筑卷扬机、轴承9类产品。

雪花膏在这次抽查时被判为不合格的7种产品中,有5种是由于细菌总数超标。特别是吉林化妆品厂生产的"思美得"人参美容霜,细菌总数高达67万只/克,质量最差。

电冰箱,抽查35个定点企业的35种产品,合格23种。石油液化气钢瓶,抽查9个企业的9种产品,只有3种产品合格。哈尔滨建成机械厂的国优产品不合格。

国家烟草专卖局发出紧急通知要求加强烟草行业的专卖管理

紧急通知指出,今年以来,少数地区的烟草公司,不顾国家烟草专卖局的三令五申,有的利用职权和工作之便与不法烟贩内外勾结,或者直接参与倒买倒卖;有的不执行《烟草专卖条例》,继续向系统外无经营许可证单位提供货源;有的以串换物资的形式倒买倒卖卷烟;还有的为系统外单位提供便利条件,进行违章中转;此外,在外汇烟、寄售烟的专卖管理上也存在一些漏洞,致使违章案件屡有发生,在社会上造成了不良影响,严重破坏了烟草专卖的声誉。

国家烟草专卖局为此要求各级烟草专卖局立即从整顿内部入手,对各级烟草公司的业务经营活动认真组织检查,发现问题立即纠正。同时,要立即停止向系统外无证单位提供货源,坚决制止各种形式的违章中转,严禁向任何系统外单位和个人以串换物资为名进行倒买倒卖提供便利条件。此外,各地要加强对外汇烟、寄售烟的管理,针对存在问题,制定可行措施。

烟草专卖局说,对出现问题的单位,除追究当事者的责任外,同时必须追究其所在单位领导人的责任。

《发展社会主义民主 健全社会主义法制(有关重要论述摘编)》出版

该书是由全国人大常委会办公厅研究室编辑的我国第一本党和国家领导人关于社会主义民主与法制的言论专集,已由法律出版社出版,即将同读者见面。

这本书采取编年体例,从一个侧面反映了我国民主与法制发展演进的历史过程,是党政司法干部、大专院校师生和社会科学研究人员一本有价值的参考读物和各级人民代表大会代表、人大常委会委员参政、议政的工具书。

《末代皇帝》获法国电影恺撒奖

由意大利著名电影导演贝尔托鲁奇执导,中国和意大利等国联合摄制的影片《末代皇帝》,在巴黎获得第十三届法国电影恺撒奖中的外国影片奖。

全国中医工作厅局长会议在北京召开

这次会议是国家中医管理局成立以来召开的第一次全国性工作会议。

国家中医管理局局长胡熙明在会上指出:中医工作虽处在新中国成立以来最好时期,但仍困难重重。如按照目前的速度发展,预计到2000年,也只能达到每千人有中医0.26人,还低于新中国成立初期每千人有中医1人的水平。

胡熙明说:"国家中医管理局的成立正值国家精简机构的大环境中,加上其他因素,各省、自治区、直辖市成立相应机构的工作进展一直不顺利,形成机构建设上的'高位截瘫',使得工作难于开展;财政经费没能单列,1987年中医医疗机构的床位仅占全国床位总数的6.7%,中医经费仅占整个卫生经费的8%,是远远满足不了发展需要的;中医人才数量不足,尤其是高层次、高水平的中医人才更加缺乏;科学管理水平不高,管理经验不足,法规也不健全。这些因素在客观上都加重了中医工作开展的难度。”

他指出：“另一方面，中医药学的学术价值和地位已为世界所公认，中医药学正在走向世界。作为我国整个卫生事业中一个带有特征性的事业，不仅必须保存其特色，而且还要加速发展，必须积极利用现代化手段和先进科学技术强化发展速度。中医管理工作任重道远。”

3月13日

《改革与发展》专集发行仪式在北京举行

作为礼物献给第七届全国人民代表大会的一部大型文献资料专集《改革与发展(1983—1987)》，将赠送七届全国人大每一位代表。宋平、李铁映、芮杏文、阎明复、彭冲、王任重、荣毅仁、杨静仁、周培源等今天出席了在人民大会堂举行的专集出版发行仪式。

这部专集受到党和国家领导人的关注。邓小平同志题写了书名，李先念、陈云、彭真、邓颖超同志为本书题了词。

中共中央政治局委员、国务委员宋平在发行仪式会上说，过去的五年是不平常的五年，是在党的十一届三中全会正确路线指引下顺利发展的五年。我们按照中国自己的方式进行了农村和城市的经济改革和政治改革，各方面的工作，已开始在一个新的轨道上运行。这五年中改革促进了发展，发展又巩固了改革的成果。

他说，《改革与发展》如实记录了这五年的辉煌成果，它的编辑、出版、发行是一件很有意义的工作。

彭冲副委员长说，《改革与发展》这部大型综合文献，抓住改革与发展这一当代中国的主题思想，记载了六届人大期间的改革和建设重大成就，实事求是地反映了我们国家面貌所发生的深刻变化。它对七届全国人大代表认真审议七届人大一次会议的议案，特别是讨论和审议政府工作报告，提供了系统的、有价值的参考材料。对代表们更好地履行自己的职责，将会发挥很好的作用。同时，对海内外人士全面了解中国的改革和发展事业，也是有帮助的。

本书主编张寿、有林在发行仪式上，介绍了专集的编辑目的和编纂过程。这部专集是由全国人大常委会办公厅、国家计划委员会、国家经济信息中心联合编辑的，除台湾省外各省、自治区、直辖市人民政府和国务院所属61个部委均以最新的资料、数据、经验，撰写了综合性文章。

出席本书出版发行仪式的有全国人大常委会、中央和国务院有关部门主要负责同志近50人。中共中央政治局委员、国家体改委主任李铁映、中央书记处书记阎明复、人大常委会法律委员会副主任张友渔等也在会上讲了话，表示热烈祝贺。

乙型肝炎基因工程疫苗研究获重大进展

据《人民日报》报道，上海和北京的科学工作者通力合作，已经成功地研制出“乙型肝炎重组痘苗病毒疫苗”的试验性疫苗。动物试验和科学检定已经确认此疫苗的安全有效性。可以预料，依靠基因工程疫苗控制乙型肝炎在我国的发病与流行为期不远了。

中国科学院上海生物化学研究所研究员李载平领导的“乙型肝炎基因工程疫苗研究”课题组，从1980年开始在实验室里分离、提取乙型肝炎病毒并进行克隆，以期获得研制疫苗所必需的病毒基因。这一工作成功后，他们选用牛痘病毒作为载体，用基因工程技术将乙型肝炎病毒基因植入牛痘痘苗，试图重组乙型肝炎痘苗病毒株。经过无数次试验和探索，中国第一例这样的病毒株于1985年在上海生物化学研究所诞生。

1986年年初，上海生物化学研究所和北京生物制品研究所、中国药品生物制品检定所正式合作，开始运用已经获得的病毒株研制疫苗。短短2年时间，研究工作取得重大进展：到1987年年底，已先后研制出4批试验性疫苗，并且顺利通过了动物试验和科学检定。科学工作者正加紧完善研究工作。

3月14日

国家主席李先念在人民大会堂会见联合国亚太经社会曼谷协定成员高级代表团

中共中央在人民大会堂举行民主协商会

会议就七届全国人大和七届全国政协的人事安排问题进行协商。

中共中央总书记赵紫阳在协商会上说，对国家大政方针和重大问题，同各民主党派、各人民团体和各个方面协商，是我们党的传统，也是统一战线的一项基本原则。

在京的部分全国人大常委会副委员长、全国政协副主席，各民主党派中央负责人和无党派爱国人士，少数民族、宗教界代表人士，其他人士，有关部门负责人，出席了会议。

中共中央政治局委员、中央组织部部长宋平就中共中央关于七届全国人大和七届全国政协人事安排的建议作了说明。

到会人士畅所欲言，发言热烈。朱学范、费孝通、班禅额尔德尼·确吉坚赞、孙晓村、周培源、周谷城、林盛中、雷洁琼、程思远、胡子昂、黄鼎臣先后发表了意见、提出了建议。

发言的人士谈到,中共中央关于七届全国人大和七届全国政协的人事安排建议比较周到,提出的人选名单有广泛的代表性,从各个方面看都比较合适,他们都表示赞同。发言的人士认为,早在去年中共十三大之前,中共中央就将七届全国人大和七届全国政协的人事安排问题同各界人士进行协商,广泛听取意见,现在又对人事安排再次进行充分协商。这一届全国人大和全国政协的人事安排问题协商得比前几届时间早、内容更丰富、意见听取得更广泛更充分。这充分体现了中国共产党同各界人士肝胆相照、荣辱与共,同各民主党派长期共存、互相监督的精神,说明了我国社会主义民主政治的建议正一步一个脚印地前进,说明我国在共产党领导下的多党合作和政治协商制度的不断健全和完善。这对各民主党派、各人民团体和其他各界人士的工作也是一个激励。

发言的人士对主动从领导岗位上退下来的老同志表示钦佩和敬意。

有些发言的人士提出,国家应进一步注意和加强对民族干部、妇女干部的培养和选拔。

从明天起,会议将分组进一步讨论中共中央提出的人事安排建议。

最高人民法院 最高人民检察院关于不再追诉去台人员在中华人民共和国成立前的犯罪行为的公告

公告全文如下:

台湾同胞来祖国大陆探亲旅游的日益增多。这对于促进海峡两岸的"三通"和实现祖国和平统一大业将起到积极的作用。为此,对去台人员中在中华人民共和国成立前在大陆犯有罪行的,根据《中华人民共和国刑法》第七十六条关于对犯罪追诉时效的规定的精神,决定对其当时所犯罪行不再追诉。

来祖国大陆的台湾同胞应遵守国家的法律,其探亲、旅游、贸易、投资等正当活动,均受法律保护。

1988 年 3 月 14 日

全国玩忽职守重大失职案件增多

据《人民日报》报道,全国各检察机关去年立案查处玩忽职守和重大责任事故案件 4600 余件,比 1986 年增加 15.7%。这是记者近日在最高人民检察院了解到的情况。

据高检法纪检察厅介绍,近年来,玩忽职守、重大责任事故案出现了一些值得引起重视的新情况、新特点:

一、发案数逐年上升。1985 年立案查处的这两类案件比 1984 年上升 56.2%,1986 年又比上一年增加 108.6%,1987 年上升 15.7%。

二、重大、特大案件突出。1986 年以来,查处死亡 3 人以上、直接经济损失 10 万元以上的重大案件和死亡 10 人以上,直接经济损失 50 万元以上的特大案件 2000 多件,占立案查处这两类案件总数的 31%。

三、经济损失触目惊心,人身伤亡惨重。1985 年至 1987 年查处的玩忽职守和重大责任事故案件,给国家造成直接经济损失 14 亿元,死亡 11700 多人。

为什么会出现上述情况?最高检察院的一位检察官告诉记者:不能排除这其中有政治、经济、社会形势等多方面的因素,但是对这两类案件的犯罪分子执法困难、打击不力是一个重要原因。虽然进行了全国范围内的普法教育,而有些部门和企事业单位的领导仍然缺乏对那些严重官僚主义、渎职行为追究有关人员刑事责任的法律意识,于是,有的案件大事化小、小事化了,甚至隐瞒不报,草率处理;有的案件领导出面"以言代法"、"以权压法",干扰办案,往往造成这类案件取证难、定案难、干扰大,拖延时间长。

当然,也有少数检察院的领导和检察人员,由于上述问题的存在,对查处这两类案件存有畏难情绪,怕办案得罪领导、影响关系,不积极主动地查办,处理时不够严肃,量刑偏轻等。另外,目前有些问题政策法律界限不够明确、统一,检察人员担心把握不准,犯阻碍改革的错误。

最高人民检察院最近呼吁各机关、企事业单位支持检察机关工作,凡属玩忽职守和重大责任事故案件,发案单位和有关部门必须及时申报、移送检察院,不得隐匿或拖延,要积极协助检察机关调查取证,不得以任何理由为罪犯开脱罪责、循情护短。应当追究刑事责任的,决不能以党纪、政纪处分代替。

化工部部长秦仲达在化工安全生产电话会上强调安全工作必须实行首长负责制

秦仲达说,不管什么单位发生重大事故,首先要追究第一把手的责任,其次才是主管负责人的责任,当然直接责任者也有自己的责任。

秦仲达说,当前企业的安全工作仍然存在不少问题:一是劳动纪律松弛,脱岗、睡岗的情况相当普遍;二是管理混乱,有章不循,违章指挥,违章作业情况仍很严重;三是企业的设备状况不好,隐患较多。他要求各省厅(局)和企业的第一把手和主管安全工作的领导同志要把去年以来本部门、本单位发生的事故统统摆出来,认真地分析研究,提出切实的改进措施,对危及安全生产的设备要坚决停下来,进行处理或更换,特别要重视锅炉、压力容器、储运容器和剧毒化学危险品的安全管理。

元谋发现人猿超科化石

这一头骨化石，是由云南省博物馆、楚雄彝族自治州文管所和元谋人陈列馆组成的联合发掘队，在一个山头地表下2.4米深的紫红色砂土层中发掘到的。

头骨化石的面颅上的额骨、眉间骨、眼眶、鼻骨、颧骨、上颌骨，以及附着在颌骨上的8枚牙齿化石，清晰可辨。从化石的牙齿形态和结构观察，这一头骨化石属于人猿超科，时代为上新世，距今大约有三四百万年。元谋人猿超科头骨化石的发现，填补了我国上新世纪地层中这类头骨化石的空白，为人类起源研究增添了新的珍贵资料。这一成果再次证明：滇中高原是人类起源的关键区域。

3月15日

中共十三届二中全会在北京开幕

中央政治局常委赵紫阳、李鹏、乔石、胡启立、姚依林主持了会议。

赵紫阳总书记代表中央政治局向全会作了工作报告。

中央政治局委员、中央组织部部长宋平受中央政治局委托，就政治局提出的拟向七届全国人大推荐的国家机构领导人员人选名单和拟向七届全国政协推荐的全国政协领导人员人选名单作了说明。

出席会议的有中央委员168人，中央候补委员106人。

中央顾问委员会委员183人，中央纪律检查委员会委员68人，有关负责同志36人，列席了会议。

出席会议的同志从今天下午起分组讨论赵紫阳同志的报告和中央政治局提出的拟向七届全国人大推荐的国家机构领导人员人选名单、拟向七届全国政协推荐的全国政协领导人员人选名单。

这次中央全会于3月19日闭幕。

中共中央总书记赵紫阳在中共十三届二中全会上作工作报告

赵紫阳在报告中谈了中央政治局4个多月来的主要工作和今后进一步贯彻十三大精神的思路和布局。他着重指出，党的十三大以后，全党的中心任务是，以改革总揽全局，组织实施十三大的决议。

报告分6个部分，即：一、关于人大和政协的换届；二、关于经济形势；三、关于加快沿海地区经济发展；四、关于《企业法》的制定和实施；五、关于党的建设；六、关于社会协商对话。

国家主要领导人选推荐名单适当　国务院机构改革重点是转变职能

在谈到人大和政协的换届时，赵紫阳说，政治局经过充分酝酿，并同各民主党派、无党派爱国人士、各人民团体和其他各界人士协商，提出了国家主席、副主席，全国人大常委会委员长，国务院总理，国家军委主席，全国政协主席的拟推荐人选名单；对人大常委会副委员长、国务院副总理、军委副主席、政协副主席、最高人民法院院长、最高人民检察院检察长和国务委员的人选，也提出了推荐名单。政治局认为，上述人选是适当的，请全会审议。

十三大对人事的安排，党内党外反映都很好，认为这个安排符合党和人民的根本利益，为全面实现十三大提出的各项任务提供了组织保证；国际上反映也很好，认为这个安排充分体现了中国政局的稳定和执行改革、开放政策的连续性。国家主要领导人选的推荐名单，是安排十三大人事时经过长期酝酿、全盘考虑提出来的，实际上是十三大人事安排总格局的重要组成部分。鉴于这是一个关系全局的问题，政治局认为有必要提请全会讨论通过。政治局要求，参加这两个大会的全体党员同志正确审慎地行使民主权利，积极发挥党员的作用和影响，同党外的代表或政协委员一道，把这两个大会开好。

这次人代会将审议批准国务院机构的改革方案。这个方案，已经政治局第二次全体会议讨论，李鹏同志将在政府工作报告中专门作出说明。机构改革是十三大确定的政治体制改革的一项重要任务。这次改革仍然带有过渡性质，重点不是撤减机构，而是转变政府机构的职能。无论是新组建的机构，还是继续保留的机构，都要着重解决好转变职能、权力下放、精简机构和人员、克服官僚主义、提高效率的问题。政治局要求在国务院工作的全体共产党员特别是党的高级干部，认真做好机构改革的各项工作，努力创造政府工作的新气象。

经济保持较快持续增长具备条件　要运用价值规律来促进经济发展

关于经济形势，赵紫阳说，去年我国的经济形势是好的。建设和改革都取得了重大进展。增长速度比较高，也比较正常健康。过去在传统体制下，往往是要稳定就只好减低速度，要速度就盲目扩大建设规模，出现不稳定。去年在我国的经济生活中开始出现了增长与稳定相统一的新情况，这是坚持改革的结果，有很多成功的经验值得总结和继续应用。最宝贵的经验是：以改革总揽全局，整个经济生活就会出现微观搞活与宏观控制相互促进，速度与效益相互统一，改革、发展与稳定相互推动的局面。

今后的趋势如何？今年以至今后若干年内，我国经济有没有可能在注重效益、稳定协调的前提下，保持一种较快的、持续增长的势头？政治局认为，这种可能是存在的。因为第一，经济体制改革的深化，将继续推动经济的顺利发展。特别是企业承包制的推行，使速度与效益的统一有了较好的基础。第二，我国正处在温饱型向小康型的过渡期，随着经济结构的变动和乡镇企业的崛起，大批农业劳动力陆续向工业转移，有条件出现工业生产以至整个国民经济持续增长的强大势头。第三，当前国际产业结构正在进行又一次大的调整，劳动密集型产业由发达国家向劳动力素质较好而费用较低的发展中国家转移，这对开发和利用我国的劳动力资源十分有利，给我国经济增长提供了难得的机遇。第四，随着对外开放的扩大，使我们有可能利用国际市场，互通有无，调剂长短，来平衡经济，有利于改善过去那种受某些短线产品的制约而影响经济发展的状况。第五，尽管我们遭受了"文革"十年破坏，但十一届三中全会以来近十年的准备，为今后十年的持续发展创造了一些好的条件。"六五"期间完成的能源、交通等重点建设项目和技术引进项目，开始发挥效益。近几年来在建设和改革中积累的经验，也增强了我们工作的预见性和驾驭复杂局面的能力。总之，今后我们应该而且有可能把工作做得更好。我们要进一步解放思想，进一步稳定经济，进一步深化改革，使我国的生产力获得更大的解放。

我们是个发展中国家。经济的增长和稳定，都是必需的。经济不稳定，无法保持经济持续增长和整个社会的安定；没有一定的增长速度，许多矛盾会更尖锐。总之，经济要稳定，又要增长；要有较好的效益，又要有较好的速度。两者要统筹考虑，适当安排。要允许各地从实际出发，因地制宜，探索和掌握这两者的最佳结合。要运用价值规律来稳定经济，也要运用价值规律来促进经济发展，按照价值规律的客观要求来分析和处理经济生活中的新问题。发展社会主义商品经济，要上好价值规律这个大学校。在传统体制下，想学也无从学起。现在正处在新旧体制交替中，必须向全党特别是从事经济工作的党员负责干部，郑重地提出这个问题：在商品经济的海洋中游泳，学会我们过去最不熟悉的东西。

当前经济形势中突出的问题是物价上涨幅度过大。物价的焦点是食品价格。这是城市居民最关心的大问题。去年全国零售物价总指数上升 7.2％，其中 65％是农副产品涨价引起的。解决食品价格问题，根本出路在于发展农业生产，增加农副产品供应。在我们这样一个发展中的大国，单纯依靠国家投资来发展农业是行不通的。最重要的是学会运用价值规律来同农民打交道，把可以动员的人力、物力、财力广泛地吸引到农业生产上来。农村正在走上商品经济的道路，价格是指导农业生产的最有效的信息。对扭曲的价格，该调的不调，该放的不放，或者忽而抬价抢购，忽而杀价停收，就会给农民以错误的信息，导致某些农产品生产和供应的忽上忽下，造成结构性的供需失调和价格失控。所以，必须消除把稳定物价等同于冻结物价的误解。我们在价格改革和物价工作上要采取这样的方针：一是对那些阻碍生产发展的不合理价格，要自觉地有步骤地加以调整，使物价的起伏有利于产业结构和产品结构的合理化，同时坚决制止乱涨价的行为。二是在主要食品价格上涨时，给职工以适当的补偿，以免使群众生活受到大的影响。如何做到既保护生产者的利益又保护消费者的利益，我们的经验还不足，要积极在实践中探索。把食品价格问题解决好，可以为整个价格体系和价格管理体制的改革创造条件。

加快沿海经济发展是全国性战略　要充分发挥科学技术的巨大作用

报告的第三部分是关于加快沿海地区经济发展。赵紫阳说，最近政治局提出的加快沿海地区经济发展的战略，不只是地区性战略，而且是全国性战略。实施这一战略，能够促进沿海的发展和带动内地的发展，并将有力地推动外贸、科技、财政、金融、价格等方面体制的改革和企业内部的改革，是我们落实十三大提出的建设和改革任务的一个重要环节。近两个多月来，国务院召开了一系列会议布置落实，一些部门和地方也已行动起来，围绕这个战略的实施，主动提出本部门、本地区的改革方案和改进工作的措施。

实施沿海地区经济发展战略，我们有利条件很多，但难度也很大。特别是做到销售在外，进入国际市场，要进行多方面的巨大努力。现行外贸体制、企业管理水平、劳动者素质、科技与经济的结合等方面存在的严重不相适应的状况，必须加以改变。实施这一战略，关键在改革。

外贸体制要大刀阔斧地改革。海关、进出口和外汇管理等方面，都要主动创造条件，改进工作作风，为大进大出、随时进出服务，以适应国际市场瞬息万变的激烈竞争。不适应这个要求的规章制度和工作作风都要抓紧改。这次外贸体制改革，要迈出实质性的步伐。改革的基本内容是，全面推行对外贸易承包经营责任制，从根本上解决吃"大锅饭"的问题。能够做到在自负盈亏的基础上放开经营，工贸结合和推行代理制就都好办了。同时，宏观的统筹协调不可忽视。

要充分发挥科学技术在发展外向型经济中的巨大作用。同其他许多发展中国家相比，科技力量较强是我国的一大优势。问题是科技与经济的结合没有解决好，科技成果转化为生产力的周期太长。科学技术一经与乡镇企业灵活的机制相结合，情况就迅速改观。

在今后一个时期内，应该把乡镇企业作为推广运用已有科研成果的一个重要基地，鼓励科技人员直接到生产第一线，通过科研成果的有偿转让，技术入股，以及经营承包等多种形式，大力创办一批高素质的外向型乡镇企业。毫无疑问，大中型企业应当在实施沿海经济发展战略中起骨干作用。在大中型企业进一步搞活和科技体制进一步改革后，科技与经济结合的问题将会解决得好一些。从目前实际条件出发，沿海地区要大力发展高质量的、有竞争力的劳动密集型产品以及劳动密集同技术密集相结合的产品出口；从长远看，必须积极发展技术先进的产业，力争有较多的高技术产品出口。沿海发展战略的成功，归根到底寄希望于科技。我国的科技力量应为此多做贡献。

我们欢迎更多的外商到中国来投资。要更多地鼓励外商来兴办独资企业，也要更多地以中外合资来改造老企业，把先进的技术、管理和销售网“嫁接”过来，从几年来的实践看，按照国际惯例，外资独资企业由外商直接管理，中外合资、合作企业由外商来管理或以外商为主管理，好处很多。认为让外商依法管理我们的企业就是“丧失主权”，这种观念是不正确的，必须加以转变。现在我国的不少企业，经营管理水平远远落后于发达国家。硬要将这些落后的管理方法引入“三资企业”，势必把这些企业搞得非驴非马，不死不活，外商赚不了钱，对我们自己也毫无好处。真要振兴我国经济，就应该把“三资企业”办成培养管理人才的学校。把国外的先进管理经验真正学到手，我们自己企业的管理水平也可以提高。现在，我们的企业不论是先进的还是落后的，都有很大潜力。管理搞好了，劳动力素质和工作效率都会提高，经济效益就能较快地增长。

我们国家，总的来说，必须立足于广大的国内市场，但沿海地区确有发展外向型经济的条件。实施沿海发展战略，决不意味着内地在发展外向型经济方面无所作为。沿海搞“两头在外”也不是绝对的，而且有个发展过程，内地能够提供的资源仍然要用，沿海与内地应继续大力发展横向经济联系，积极开发内地资源。内地许多“三线”企业，技术力量比较雄厚，应充分发挥他们的潜力。这些问题，都要全面地看，实事求是地分析和处理。

最近，邓小平同志指出，实施沿海发展战略，要放胆地干，加快步伐，千万不要贻误时机。他在谈到经济改革和发展问题时，再一次指出：时机有利时，要坚决些。这是小平同志近几年来一贯的、正确的主张，他总是鼓励我们要勇于改革，勇于开拓，不要怕担风险。他担心的是我们犹犹豫豫，过于谨慎，贻误时机。小平同志这些考虑，是建立在对当前国际国内经济政治形势科学分析基础上的。当着经济振兴的重大机遇到来的时候，很需要这种马克思主义的胆识和勇气，很需要紧迫感。在今后的改革、开放和经济建设中，我们应当认真贯彻这个精神。

颁布和实施企业法时机已成熟　搞好企业党政分开是核心问题

关于《企业法》的制定和实施，赵紫阳说，今年1月中旬，政治局第三次全体会议讨论了《全民所有制工业企业法(草案)》。全国人大常委会已把这个草案交付全民讨论，广泛征求意见，并做了修改，即将提请七届人大一次会议审议批准。

为什么现在要制定《企业法》？因为我们面临这样的情况：近几年企业改革的实践有了很大发展，十三大报告从理论上阐明了许多问题，各方面的认识已趋一致。这是一。二是已有的企业改革成果，需要得到法律保护；企业改革要再上一个新台阶，使企业真正成为自主经营、自负盈亏的法人，也需要法律提供依据。三是几年来在改革企业内部领导体制方面虽有一定进展，但各种关系并未完全理顺。企业扩权以后，政府与企业之间、企业与企业之间都必须严格依法办事，在这种情况下，厂长(经理)的法人代表地位就非确立不可了。因此，颁布和实施《企业法》的时机已经成熟。

《企业法》的灵魂，是所有权与经营权的分离。第一，不改变所有权，全民所有制企业的所有权仍然属于全民，但经营权必须交给经营者掌握。第二，下放给企业的应当是广义的经营权，即对企业资产的占有权、使用权和处分权。企业如何经营，如何发展，企业资产如何依法转移，包括相互参股，相互投资，相互组合，相互转让，都可以而且应该由企业依法自行决定。企业的一切生产经营活动，只要不违背《企业法》及有关的法律，都是合法的。这应当成为检验是否认真执行《企业法》的一个标准。

贯彻《企业法》，必须紧紧抓住企业承包制的配套、完善、深化和发展。企业承包制是我国现阶段实行两权分离的普遍可行的有效形式。这是经过反复实践得出的经验。当前要把引入竞争机制作为推行企业承包的一个重点，抓紧落实。通过竞争和承包，将造就一批又一批精明强干、具有开创精神而又善于依靠广大职工的优秀企业家，这是中国工人阶级的根本利益所在。企业承包企业，是最近企业承包的又一具有深刻意义的新发展，体现了我们多年来提倡的“优胜劣汰”和“扬长避短、保护竞争、促进联合”的原则，有利于用经济办法打破地区封锁、条块分割。企业要以实行承包制为契机，大力推行“满负荷工作法”和企业内部的各种经济责任制，使责、权、利层层落实到全体职工，把蕴藏在企业中巨大的人力、物力和财力的潜能发挥出来。

调动广大职工的积极性和创造性，是贯彻《企业法》的一个重要内容。十三大已经明确指出，无论企业实行哪种经营责任制，都要着眼于发挥职工的积极性和创造性。当前基层民主制度的建设，重点要放到改善企业职工代表大会制度和改进企业工会的工作上来。既要保证企业经营者能够独立行使经营权，具有管理权威；又要保证工人能够充分行使民主权利，发挥主人翁的作用。这是办好社会主义企业必须遵循的基本原则，是厂长、职代会和工会的共同任务。关于工会在企业中的地位、作用等，中央正在研究并制定文件，待实践中完善后再提请立法机关形成有关法律。

搞好企业的党政分开，是贯彻《企业法》的一个核心问题。《企业法》规定，厂长是企业的法定代表人，在企业中处于中心地位，对企业负有全面责任。《企业法》体现了现阶段党对企业改革的主张。企业党组织贯彻《企业法》，首先必须保证监督落实厂长负责制。企业党组织必须严格按照十三大通过的党章修正案办事，也就是说，不再像过去那样起统一领导的作用，而是行使保证监督职能，通过支部的战斗堡垒作用、党员的模范作用和党的群众工作、思想政治工作，带动全体职工，保证党的路线、方针、政策和国家法令、计划的贯彻执行，保证企业各项任务的全面完成。

党政干部要廉洁奉公　对腐败分子必须清除

关于党的建设，赵紫阳说，政治局在作出若干加速改革开放重要决策的同时，把加强党的建设问题提上了重要议事日程。政治局第一次全体会议通过了中央政治局、中央政治局常务委员会和中央书记处的工作规则。中央领导机构新的工作制度的建立，有助于加强集体领导和实行党政分开的原则。

去年12月间，中央书记处开了两次座谈会，专门讨论了当前党风建设问题。总的看法是，正确认识党风问题，离不开改革开放；正确解决党风问题，也离不开改革开放。通过经济体制改革来发展社会主义商品经济，通过政治体制改革来建设社会主义民主政治，就能从根本上减少产生不正之风的土壤。这是治本的办法。我们要有意识地把制度改革同从严治党结合起来。要从群众意见最多、制度改革的条件又比较成熟的问题入手，逐项认真解决。要抓紧建立国家公务员制度，给人们创造平等竞争的机会，这样人事方面的不正之风就会减少。要配合《企业法》的实施，把企业人事制度改革搞好。要坚持实行差额选举制度，使干部在生动的民主生活中受到教育和监督。要结合机构改革，克服官僚主义，提高工作效率，改进工作作风，尽可能地开放政府各部门的办事制度，便于群众监督。住房商品化的改革，也应加快步伐，以减少住房分配中的不合理现象。

随着商品经济的发展，如何使党政机关干部继续保持全心全意为人民服务的思想和廉洁奉公的作风，是个必须认真解决的新问题。经济要繁荣，党政机关要廉洁。为此，必须加强对党政机关干部的教育，提高他们的素质；健全相应的规章和法制，加强经济监督部门的建设和对公职人员的监督；随着生产的发展、国家财力的增加，还要逐步改善公职人员的待遇。制度建设要抓紧，但总要有一个过程。一切共产党员，都必须起共产党员的作用，先天下之忧而忧，后天下之乐而乐。对于弄权勒索、贪污盗窃、出卖国家利益等严重违法行为，必须严格按照法纪、政纪查办。对党内的腐败分子，必须清除出党。这是一个原则问题。在繁荣经济和保持廉洁奉公优良传统这两件事情上，沿海开放地区都应当走在前面，为全国创造经验。这也是政治体制改革的一项重要内容。

严厉压缩社会集团购买力、狠刹奢侈浪费之风的问题，这里还要再强调一下。现在不少机关、企事业单位奢侈浪费、摆阔气成风，群众很不满意，不狠刹不得了。这样做，不仅是为了节约资金，更重要的是为了改变风气，联系群众，振奋人心，艰苦创业。从中央到地方、到基层，所有的机关和企事业单位，都要发扬勤俭建国、艰苦创业的优良作风，在这方面作出显著成效。

必须大力加强党的基层组织建设。十三大对基层党组织提出了7个方面的经常工作，即“经常地进行教育，经常地加强监督，经常地开展批评自我批评，经常地整顿纪律，经常地清除腐败分子和妥善地处置不合格分子，经常地吸收优秀分子，经常地发扬正气和抵制歪风”，这对加强党的建设有着重大意义。较长时期以来，不少基层党组织忙于行政事务，无暇顾及这些极其重要的经常工作。随着经济体制改革和政治体制改革的发展，基层党组织职能发生很大变化，应当把主要精力用于抓好党的自身建设，当前要着重抓好健全党的组织生活制度。党的领导机关有责任指导基层组织转变职能，做好党的各项经常工作。

应该以党的建设来推动整个社会主义精神文明的建设。改革和开放，要求我们进一步解放思想，进一步繁荣理论研究、文艺创作和其他精神产品的生产，使整个社会保持一种有理想、有道德、有文化、有纪律的良好风气。近几个月来，政治局和书记处已经作了若干部署，包括拓展和深化社会主义初级阶段理论的研究，筹备纪念十一届三中全会十周年的理论讨论会和第五次全国文代会，积极而审慎地推动新闻、出版、文艺领域的改革，以及加强对基层思想政治工作的研究和指导。所有这些工作，都要扎扎实实抓出成效来。

政治局建议，各级党委把党的建设包括党的思想理论建设、干部队伍建设、党风党纪建设和基层组织建设等问题摆到重要议事日程上来，切实抓好，并深入调查研究，做好准备，以便在适当的时候由中央召开会议，专门讨论这些问题。

协商对话为改革顺利实施服务　重大事件向全国人民说明真相

报告的最后一部分是关于社会协商对话。赵紫阳说，十三大以来，许多地方、部门和单位举行了多种形式的协商对话活动，一般都取得了积极的效果。

协商对话的总题目是正确处理人民内部矛盾。在社会主义制度下，人民内部仍然存在着不同利益集团的矛盾。正确的方针，不是激化矛盾，也不是回避矛盾，而是及时地恰当地处理矛盾或缓解矛盾。许多社会矛盾可以通过改革得到解决；但在改革过程中也必然会产生新的利益调整和摩擦。因此，在当前和今后相当长的时期内，社会协商对话要为保证各项改革措施的顺利实施服务，为协调社会矛盾服务，为巩固安定团结服务。

社会协商对话应分层次进行。

全国性的协商对话不宜过多。重点应放在重大改革问题上。前面提到《企业法(草案)》的全民讨论，可以说是一次全国性的对话。今后，这一类涉及重大改革的法律草案，以及重大改革的方案，如物价的调整、劳动工资制度的改革等，也应在事前或事后与群众协商，认真听取各有关方面的意见，共同分析利弊，商议对策。关系到社会安定的重大事件，要及时向全国人民说明真相，解释政策，通过广泛的对话，争取群众的支持和合作。有关国家政治生活中重大问题的协商对话，要充分发挥人民政协、民主党派和工会、妇联、共青团的作用。

地方性的协商对话目前可主要以城市为单位进行。着重讨论与群众利益休戚相关的市政问题，如公共交通，住宅建设，国民教育，社会治安，社会保障，商业服务，环境卫生等，推动这些社会问题顺利解决。

基层单位的协商对话是基层民主制度建设的重要内容，应围绕本单位群众最关心的问题进行。本单位的改革问题，制度建设和劳动纪律问题，安全生产问题，以及其他涉及群众利益的重大事项，基层单位的领导必须同群众认真协商。基层单位福利基金的使用，住房分配，以及生活设施(如食堂、小卖部、浴室、托儿所等)的管理，应该由群众自己讨论，按照群众认可的程序进行管理。基层的民主生活，干群关系，对干部的监督，应成为基层对话的重要内容。总之，基层协商对话应该成为群众充分表达自己意见的渠道和学习自我教育、自我管理、自我服务的学校，进一步健全和完善基层的社会主义民主制度。如何使协商对话生动有效地开展起来和坚持下去，如何逐步形成一定的规范和制度，也应该同群众一起商量决定。各基层单位的领导应该学会通过协商对话，提高群众的积极性和责任感，同心协力解决本单位的矛盾，推动和改进本单位的工作，切不可使矛盾积累起来，波及社会。

协商对话不仅是领导与群众之间的沟通方式，也是各社会集团之间的沟通方式，这对在人民内部形成自我调节和约束的机制，保持安定团结的政治局面，十分重要。上面讲的几个层次的协商对话，都要注意吸收各群众团体和各方面代表参加。行业间、单位间的协商对话，现在还很不普遍，要认真加以提倡。

今后，应进一步提高党务和政务活动的开放程度。这是开展协商对话活动的前提。建议尽快地把人大、国务院及其各部的发言人制度健全起来，定期举行有实质性内容的新闻发布会。

随着政治体制改革的逐步展开，社会协商对话的内容和形式肯定会有许多新的发展。要使各级领导和各方面的群众都懂得：一切协商对话活动，必须有利于维护而不得妨碍正常的社会秩序和生产秩序；都应当提倡顾全大局，平等协商，增进相互间的理解和谅解，找出解决矛盾的途径，而不应扩大和激化矛盾；都必须有充分准备，讲实话，办实事，办不到的事情不能开空头支票，办得到的事情务必抓紧落实，不能敷衍搪塞。应当牢牢掌握党的基本路线即坚持“一个中心、两个基本点”，牢牢掌握正确处理人民内部矛盾的宗旨和建设社会主义民主政治的方向，爱护群众参加社会协商对话的积极性，在实践中探索规律，提高实效，总结经验，逐步使社会协商对话形成制度。

全国人大常委会委员长彭真会见挪威议会代表团

彭真说：“全国人大很快就要换届了，我可以肯定地说，七届人大将继续努力发展社会主义民主、健全社会主义法制。”

他对代表团团长、挪威议会议长尤·班柯夫说，发展社会主义民主、健全社会主义法制，使民主法律化、制度化，使这种制度不因领导人的改变而改变，不因领导人的看法和注意力的改变而改变。这里很重要的一条是使10亿人民熟悉掌握法律，学会自觉运用法律武器。

谈到中国的社会主义现代化建设时，彭真说，建设我们的国家，第一是靠自力更生、自己努力；第二是实行开放、学习外国先进的科学技术和管理经验，所以中国的改革、开放方针不会变。必须改革开放，对内对外都开放。他强调说，中国的社会主义制度也不会变。改革、开放正是为了更好更快地建设有中国特色的社会主义。

彭真委员长对挪威客人的来访表示热烈欢迎，感谢他们带来了挪威人民对中国人民的友谊。他还对两国建交以来各方面友好合作关系的不断发展表示高兴。

全国人大常委会副委员长王任重等参加了会见。

1987年全国县级以上行政区划变更情况

河北省

一、撤销沙河县，设立沙河市(县级)。

二、撤销保定市郊区，将原郊区的南大园、焦庄、杨庄3个乡划归南市区；金庄、韩庄两个乡划归北市区；韩村、南奇、颉庄、富昌4个乡划归新市区。

辽宁省

撤销金县，设立大连市金州区。以原金县的行政区域为大连市金州区的行政区域。

吉林省

一、东辽县人民政府驻地由辽源市迁至东辽县白泉镇。

二、撤销洮安县，设立洮南市(县级)。

三、撤销扶余县，设立扶余市(县级)。

黑龙江省

一、撤销同江县，设立同江市(县级)。

二、撤销阿城县，设立阿城市(县级)。

三、将佳木斯市的集贤县划归双鸭山市管辖；双鸭山市岭东、岭西两区合并为岭东区；将佳木斯市的萝北、绥滨两县划归鹤岗市管辖。

四、撤销镜泊湖市，将其行政区域划归宁安县。

江苏省

一、撤销江阴县，设立江阴市(县级)。

二、撤销宿迁县，设立宿迁市(县级)，由省直辖。

三、撤销丹阳县，设立丹阳市(县级)，由省直辖。

四、撤销东台县，设立东台市(县级)，由省直辖。

五、撤销兴化县，设立兴化市(县级)，由省直辖。

六、撤销淮安县，设立淮安市(县级)，由省直辖。

七、设立无锡市马山区，以马山镇的行政区域为马山区的行政区域。

浙江省

一、撤销舟山地区和定海、普陀两县；设立舟山市(地级)和定海、普陀两区，市人民政府驻定海区；将原舟山地区的岱山、嵊泗两县划归舟山市管辖。

二、撤销瑞安县，设立瑞安市(县级)。

三、宁波市滨海区更名为北仑区。

四、撤销萧山县，设立萧山市(县级)。

五、撤销江山县，设立江山市(县级)。

安徽省

一、撤销宣城县，设立宣州市(县级)。

二、撤销铜陵市铜山区，将其行政区域并入铜陵市郊区。

三、撤销徽州地区、屯溪市和黄山市(县级)。

四、设立黄山市(地级)，市人民政府驻原屯溪市。

五、设立黄山市屯溪区，其行政区域包括原屯溪市、歙县篁墩乡和休宁县梅林乡。

六、设立黄山市黄山区，以原黄山市(县级)的行政区域为其行政区域。

七、设立黄山市徽州区，其行政区域包括歙县岩寺镇和潜口、呈坎、罗田、西溪南、洽舍、富溪、杨村7个乡和郑村乡的瑶村。

八、黄山市管辖歙县、休宁、黟县、祁门4个县。

九、将石台县划归安庆地区；旌德、绩溪两县划归宣城地区。

福建省

一、厦门市设立湖里区；郊区更名为集美区。

二、设立石狮市(县级)，以晋江县石狮、永宁、蚶江三镇和祥芝乡为石狮市的行政区域，石狮市由省直辖。

江西省

撤销临川县和抚州市，设立临川市(县级)，以原临川县和抚州市的行政区域为临川市的行政区域，市人民政府驻原抚州市赣东大道。

山东省

一、撤销胶县，设立胶州市(县级)。

二、撤销莱阳县，设立莱阳市(县级)。

三、撤销诸城县，设立诸城市(县级)。

四、撤销滨县，将其行政区域并入滨州市。

五、撤销济南市郊区和历城县，设立历城区，以历城县和郊区的洪家楼镇、华山镇、王舍人镇的行政区域为历城区的行政区域。将郊区的北园镇划归天桥区管辖；七贤镇划归市中区管辖，段店镇、吴家堡镇划归槐荫区管辖；姚家镇划归历下区管辖。

六、东营市牛庄、东营两区合并为东营区，以原牛庄、东营两区的行政区域为东营区的行政区域。

七、威海市升为地级市，设立环翠区；将烟台市的荣成、文登、乳山三县划归威海市管辖。

河南省

一、撤销郑州市新密区、金海区、郊区，设立邙山区；将原新密区的行政区域划归密县管辖。

二、撤销濮阳市郊区，恢复濮阳县，以原郊区的行政区域为濮阳县的行政区域，县人民政府驻城关镇。

湖北省

一、撤销洪湖县，设立洪湖市(县级)。

二、撤销天门县，设立天门市(县级)。

三、撤销安陆县，设立安陆市(县级)。

四、撤销广济县，设立武穴市(县级)。

五、撤销宜都县,设立枝城市(县级)。

六、撤销鄂州市黄州区,将原黄州区恢复为县辖镇,划归黄冈县。

七、设立鄂州市梁子湖区,该区辖沼山、公友两乡和东沟、太和、涂家瑙、梁子四镇。

八、设立鄂州市华容区,该区辖临江、蒲团、大湾三乡和庙岭、胡林、葛店、华容、段店五镇。

湖南省

一、撤销涟源县,设立涟源市(县级)。

二、撤销汨罗县,设立汨罗市(县级)。

三、撤销邵阳市桥头区。

四、撤销靖县,设立靖州苗族侗族自治县。

广东省

一、广州市郊区更名为白云区。

二、佛山市汾江区更名为城区。

三、撤销海南黎族苗族自治州;设立保亭、琼中两个黎族苗族自治县;设立白沙、陵水、昌江、乐东、东方5个黎族自治县;三亚市升为地级市。

广西壮族自治区

一、将钦州地区的合浦县划归北海市管辖。

二、设立大化瑶族自治县,以都安瑶族自治县的大化、六也、百马、江南、都阳、雅龙、七百弄、板升8个乡和巴马瑶族自治县的板兰乡全部,东山、凤凰、羌圩3个乡的17个村以及马山县的古感(镇)、贡川、永州3个乡镇的22个村为大化瑶族自治县的行政区域,县人民政府驻大化镇。

三、将都安瑶族自治县的福龙乡划归宜山县管辖。

四川省

一、渡口市更名为攀枝花市。

二、阿坝藏族自治州更名为阿坝藏族羌族自治州。

三、撤销茂汶羌族自治县,恢复茂县,以原茂汶羌族自治县的行政区域为茂县的行政区域。

贵州省

一、撤销铜仁县,设立铜仁市(县级)。

二、撤销兴义县,设立兴义市(县级)。

三、撤销水城特区,设立六盘水市钟山区和水城县;以原水城特区的水城、大河、汪家寨、大湾、老鹰山、观音山6个镇和城关、教场、麒麟、德坞、凤凰、白腻、月照、煤厂,以德、艺奇、纳福、三合、二塘13个乡为钟山区的行政区域;其余的98个乡为水城县的行政区域,县人民政府驻钟山区。

云南省

撤销兰坪县,设立兰坪白族普米族自治县。

西藏自治区

噶尔县人民政府驻地由噶尔新村迁至狮泉河镇。

甘肃省

撤销敦煌县,设立敦煌市(县级)。

宁夏回族自治区

一、撤销石嘴山市郊区,恢复惠农县,县人民政府驻马家湾。

二、青铜峡市市址由小坝镇迁至立新乡。

新疆维吾尔自治区

设立乌鲁木齐市东山区,以乌鲁木齐县芦草沟乡及乌鲁木齐市水磨沟区卡子湾办事处的行政区域为东山区的行政区域。

中国700城市举行咨询服务纪念国际消费者权益日

这是我国消费者协会加入国际消费者联盟后第一次全国性的纪念活动。

这些城市的主要街道和商场挂起了维护消费者权益,为消费者咨询服务的大幅标语,各级消费者协会的理事们走上街头和市场,以广播、散发宣传材料等形式,宣传党和国家有关保护消费者利益的法规以及消费者的权利,并现场接受消费者投诉。一些生产厂家还到现场进行维修服务活动。

中国消费者协会会长李衍授首都王府井大街向消费者发表广播讲话,他号召10亿消费者起来勇敢地维护自身权益。据上午半天的统计,中国消费者协会和北京市消费者协会在王府井散发4.5万份宣传材料,提供咨询服务1200人次,接受投诉150件。

外交部部长吴学谦在英国皇家国际事务研究所发表题为《今日世界上的中国》的演讲

演讲会由英国前首相、皇家国际事务研究所主席詹姆斯·卡拉汉勋爵主持。

吴学谦外长在演讲中阐述了中国为集中力量进行现代化建设而实行的两项基本国策:一是实行改革、开放,以促进我国经济的持续发展;一是奉行独立自主的和平外交政策,为我国现代化建设顺利进行争取一个长期稳定的国际和平环境。

吴外长首先谈到了9年来中国的改革开放所取得的显著成绩。他说,这9年:“我国国民生产总值以平均每年9.2%的速度递增;国民生产总值、工农业总产值和国家财政收入都大体上翻了一番。随着生产的发展,人民生活有了较大的改善,初步解决了10亿人口的温饱问题。我国安定团结的政治局面也得到了进一步巩固和发展。”

他接着说,去年10月召开的中国共产党第十三次全国代表大会,“总结了过去9年来改革开放的实践,确定了加快改革、深化改革和全面开放的方针。大会提出了中国处在社会主义初级阶段的理论,确认中国是在生产力水平低下和商品经济不发达的条件下建设社会主义的。我们必须把大力发展生产力作为全部工作的中心,作为考虑一切问题的出发点和检验一切工作的根本标准。我们这个认识上的重大变化将有力地推动改革和开放的进程"。

他说,最近,我们决定采取两项重大措施。第一,在巩固和发展已有的不同层次的经济特区和开放城市的基础上,将我国沿海地区进一步对外开放,使中国沿海地区形成一条有1.6亿人口、32万平方公里土地的广阔的开放地带,作为全国对外开放的基地。第二,我们要进一步改善投资环境,吸收外资,兴办更多的中外合资企业、合作经营企业和外商独资企业,并欢迎外商以投资或入股方式来参加我国老企业的技术改造。

吴学谦透露,到目前为止,已经签订合同的外国在华投资总额达228亿美元,实际投入生产经营的外资有85亿美元,已经批准的中外合资、合作和外商独资企业已超过1万家。

吴外长在演讲中指出:"近几年来,国际局势发生了明显的积极变化。东西方关系出现了一定程度的缓和。然而,我们也看到,造成国际局势动荡的因素依然存在,超级大国之间的军备竞赛远未停止,'热点'问题还有待于解决。国际形势要真正实现缓和,还要经历一段艰难、曲折的道路,还需要各国人民进行坚持不懈的努力。"

他重申,中国奉行独立自主的和平外交政策。这一政策的根本目标,是反对霸权主义,维护世界和平,发展同各国的友好合作,促进世界经济的共同繁荣,使我国的现代化建设有一个长期稳定的国际和平环境和良好的国际经济环境。

他强调说,我们不屈从于任何大国的压力,而是根据问题本身的是非曲直来决定自己的态度和对策。我们愿意在和平共处五项原则的基础上同世界各国建立和发展友好关系,而不以社会制度和意识形态的异同来决定国家关系的亲疏、好坏。目前中国国力还很有限,但作为一个幅员辽阔、人口众多的国家,我们意识到自己在国际事务中的责任和分量。中国不同任何一个超级大国结盟或建立战略关系,有利于世界的稳定与和平。

在裁军问题上,吴外长说,"我们认为,拥有世界最大武库的美苏两家对核裁军和常规裁军负有不可推卸的特殊责任。美苏签署的《中导条约》作为第一个削减核军备的协议,是有积极意义的,是值得欢迎的。我们希望美苏继续就其他更重要领域的裁军问题进行认真谈判,达成协议,并切实付诸实施。美苏不仅应率先在数量上大幅度地削减各种类型的核武器,而且应停止试验、生产和部署一切核武器,在质量上停止核军备竞赛。美苏如能做到这一点,就将为召开由所有核国家参加的、具有广泛代表性的核裁军国际会议创造必要的条件。裁军问题关系到各国的安全,美苏应当尊重其他国家的正当权益,他们之间达成的任何裁军协议都应有助于增进世界各国和地区的安全,而不应损害别的国家或地区的安全利益。我们理解欧洲国家对美苏裁军进程的关注。欧洲国家在涉及这一地区裁军问题上的意见理应得到充分的尊重"。

吴外长在演讲中着重地谈到了中国与西欧国家,特别是中英两国之间的关系。他说,"在维护世界和平、加强经济合作的基础上,同包括英国在内的西欧国家发展长期稳定的友好合作关系,是我国对外政策的一个重要方面。西欧是制约战争、维护和平的重要力量,并在国际经济关系中有着举足轻重的影响。我们赞赏西欧国家推进联合的努力和增加同东欧国家的往来,愿意看到欧洲国家在国际事务中发挥更多的积极作用。在当今世界上,中国同西欧国家没有根本的利害冲突,而在许多重大国际问题上有着一致或近似的观点"。"中国和西欧加强友好合作,符合双方的利益,也有利于世界的和平稳定和繁荣发展。"

接着,吴外长在谈到中英关系时说,"近些年来,特别是1984年中英关于香港问题的联合声明签署以来,中英关系有了很大的发展,进入了一个崭新的阶段"。"中英双方本着友好合作的精神,认真贯彻执行关于香港问题联合声明,无论在广度和深度上都取得了有意义的进展。这表明,中英不仅在通过和平谈判解决国与国之间争端方面在国际上树立了典范,而且在严守信誉、履行国际协议方面,也正在为世界其他国家创造一个新的范例。近几年来,中英经贸关系在持续发展。双方贸易额不断增长。经济技术合作日益扩大。英国在中国的协议投资额已占西欧各国在华投资的首位。两国的科技文化教育交流和合作也更加活跃"。

吴外长最后强调,中国政府十分重视中英关系的发展。"巩固和发展中英友好合作关系是中国政府的一项长期政策。中国不仅在香港过渡期间需要同英国密切合作,过渡期后仍然需要同英国长期友好合作。长期稳定地发展中英关系完全符合两国人民的利益,也有利于世界的和平与发展"。

第三次国家自然科学奖揭晓

国家自然科学奖励委员会公布,179项基础研究和应用基础研究项目获得第三次国家自然科学奖。如果没有异议,这将使新中国成立以来获得国家自然科学奖的项目增加到338项。

据介绍,这次获奖项目包括一等奖11项,二等奖39项,三等奖89项,四等奖40项。

国家自然科学奖励委员会的公告说,任何个人和单位如对公布的奖励项目有异议,可在两个月内向国家自然科学奖励委员会办公室投诉异议书。

从公布的获奖项目看,中国科学院和国家教委系统在基础研究和应用基础研究方面具有较强的实力。这两个系统在这次评奖中的获奖率分别达到43.4%和40.3%。其中北京大学独占鳌头,共获1个一等奖,5个二等奖,6个三等奖和1个四等奖。

这次获奖项目表明,中年科技人员是目前我国科学研究中的骨干。据对这次获奖项目的874名主要研究者统计,46—55岁的中年科技人员占到一半。有关人士认为,这固然说明我国中年科技人员的重要作用,但从世界各国获得科学奖励的科技人员年龄结构看,我国出成果人才年龄明显偏高。

国家自然科学奖是我国科技领域的3个国家级奖励之一。我国曾在1956年和1982年分别颁发过这项奖励。同前两次一样,这次所有的获奖项目都属于世界科学发展前沿的优秀成果,凝聚着科学家们多年研究的心血,具有国际水平。有些项目,如北京大学廖山涛教授的"微分动力系统稳定性研究"、中国科学院上海生化所王德宝等人的"酵母丙氨酸转移核糖核酸的人工合成"等等,在科学理论上取得突破性的进展,开拓了新的研究领域,为世界科学界所瞩目。有的成果具有重大的应用前景或广泛的应用价值,将对人类社会进步或国民经济发展产生巨大的推动作用。

据了解,今年7月将给获奖项目发奖。这项奖励今后将每两年评定一次。

香港《大公报》庆祝复刊40周年

该报今天刊登了邓小平、李先念、彭真、邓颖超、杨尚昆等的题词。

应邀前来香港参加庆祝活动的内地嘉宾有:全国政协副主席、社会学家费孝通,全国政协副主席、力学家钱伟长,中华全国新闻工作者协会主席吴冷西,《人民日报》总编辑谭文瑞,中国社会科学院政治学研究所所长严家其,《人民文学》主编刘心武等。

《大公报》今天发表《复刊四十周年献辞》,介绍了该报数十年来的历程和办报方针。《大公报》于1902年在天津创刊,抗日战争爆发后,先后在上海、汉口设馆出版。上海沦陷,设在上海的报馆迁到香港出版。随着战火蔓延,天津、汉口、香港各版相继停刊,一同转入重庆出版。抗战胜利后,天津、上海版先后恢复,并曾合并在北京出版。香港版于1948年复刊。

《当代中国的航空工业》编纂完成

该书是国内第一部系统、详细、完整、准确记叙中国航空工业建设和发展的著作。薄一波为本书写了序言。

该书记叙了中国航空工业从创立到发展壮大的历程,首次披露了过去鲜为人知的重要资料。它详尽记述了教练机与歼击机、轰炸机、强击机、无人机、运输机、直升机与轻型航空器的发展情况和水平,记述了航空发动机、机械设备、战术导弹的发展情况和水平,按专业系统介绍了航空科研的发展成就。

《党建》杂志向全国发行

《党建》杂志由中共中央宣传部主管,今年1月创刊的,每月5日出版。邓小平同志最近为这本杂志题写了刊名,李先念、陈云、彭真、徐向前、聂荣臻、杨尚昆等同志题了词。

3月16日

国务院代总理李鹏在中央国家机关党的工作会议上发表讲话

由中央国家机关党工委召开的这次工作会议,于3月16日开始19日结束。中央国家机关各部门机关党委负责人参加了会议。会议主要讨论和研究了如何贯彻落实中央2月13日发出的关于加强和改进中央党政机关党的工作的通知。

李鹏在会议上说,在新的形势下,机关党的工作只能加强,不能有丝毫的削弱。中央国家机关各级党组织要紧紧围绕党的十三大精神和政府今后一个时期工作的基本方针开展工作,站在改革和建设的前列,成为勇于改革开放、忠实执行党的路线和方针政策的党组织,成为纪律严明、公正廉洁的党组织,成为密切联系群众、全心全意为人民服务的党组织。

李鹏在讲话中指出,中央决定把中央直属机关和中央国家机关两个机关党委改为党中央的派出机构,即党的机关工作委员会,目的是分清职责,理顺关系,减少环节,提高效率,进一步做好工作。在实行党政分开以后,国务院各部委的党组将逐步撤销,大量的党务工作将由各机关党委承担,这就使机关党的工作不仅任务增加了,而且更加重要了。

李鹏说,中央国家机关中党员占有很大的比例,特别是绝大部分领导职务是由党员担任的。因此,广大党员的素质如何,特别是党员领导干部的表现如何,关系着党和政府在人民群众中的威信和形象,关系着党的方针政策是否能顺利贯彻执行,关系着能否建设好一个廉洁、高效的政府,关系着改革和建设的进程。所以,机关党的建设不但是整个党的建设的重要组成部分,而且是国家机关能否真正成为代表人民行使权力的、强有力的国家机器的一个核心问题。

李鹏认为，中央国家机关党的队伍主流是好的，但是确实也存在不少问题，党的工作还不能完全适应改革开放新形势的需要。李鹏认为，我们的国家正处在加快、深化改革，经济稳步发展，新旧体制交替以及与之相适应的思想观念转变的时期，经受执政和改革开放的双重考验，是摆在我们各级党组织和每个党员面前的重大任务。他向大家提出，要学会在改革开放的环境中，在发展社会主义有计划的商品经济的条件下，在实行党政分开的形势下，加强党的建设。

李鹏说，党的建设同其他工作一样，也必须进行改革。这就需要在指导思想、思想观念、组织形式、工作方法、活动方式等方面不断研究新问题，总结新经验，探索新路子。他说，作为改革的方向，国家机关要实行公务员制度，直属企事业单位要逐步与国家机关脱钩，实行政企分开。机关党委要逐步把工作重点放到机关本身，用主要精力把机关党的建设抓好。

李鹏指出，要顺利进行建设和改革，加强精神文明建设是重要保证。而精神文明建设需要靠各级党组织、各级行政领导坚持不懈地做工作，需要靠富有吸引力、凝聚力的思想政治教育工作，才能取得应有的效果。他说，我们党历来十分重视思想政治教育工作，在几十年的实践中，形成了优良的传统，积累了丰富的经验，这是我们的优势。这个优势一定不能丢，应该使它适应新的形势并不断得到发扬。现在有一种片面的理解，似乎实行党政分开，思想政治工作就不重要了，党的工作就不重要了。实际上，我们实行党政分开，恰恰是为了加强党的领导，在国家机关则是要使党组织更好地发挥保证监督作用，而不是忽视、贬低甚至取消思想政治教育工作。

李鹏要求从事机关党务和政治工作的同志振奋精神，认清责任，开拓进取，努力做好自己的工作。他说，多年来，中央国家机关各级党组织在完成机关各项工作任务中发挥了十分重要的作用。中央国家机关已基本形成了一支素质较好的党务和政工干部队伍。他们和广大业务、行政干部一样，做了大量的工作，应该充分肯定他们的成绩。我们要关心和支持他们的工作，帮助他们解决一些实际问题，要为他们积极开展工作创造条件。

李鹏提出，目前国务院正处在机构改革的前夕。在这次机构改革中，各部委领导要重视机关党委的机构设置和干部配备，工作机构要精干，干部要称职。

李鹏在讲话中最后强调，各部门行政领导一定要大力支持机关党的工作，要把机关党的工作作为本部门工作的重要组成部分，多关心，多支持，多帮助。这是做好机关党的工作的重要条件之一。党员行政领导干部要把自己当成普通党员，置身于党组织之内，自觉接受监督，要在各方面起表率作用。机关党委的同志遇事要多与行政领导商量解决。李鹏表示相信，经过大家共同努力，机关党的工作一定能够开创一个新的局面，取得更大的成绩。

全国海关关长会议在北京召开

全国海关深入改革监督管理制度，扭转过去以“防范为主”的倾向，实行以“促进为主”的方针，充分发挥“把关服务”的职能，为促进对外经济贸易和科技文化交流提供种种方便，推动了沿海经济发展战略的实施，不久前受到了中央领导同志的表扬。

改进监督方式，简化手续，为出入境货物和旅客提供方便，是实行对外开放9年来海关工作的一项重要改革。随着对外开放的扩大，各地出入境货物、旅客行李物品，运输工具成倍或五六倍地增加，面对这种形势，海关根据需要和可能，积极推行昼夜24小时接受申报、船边验放、先放行后征税等制度；对遵守国家法规，经营管理好的企业，在办理海关手续时给予更多的方便；对暂时进口货物、保税货物、特定减免税货物实行“后续管理”制度。管理方法上采取以海关管理为主，海关有关部门和企业自主管理相结合的多层次管理方法。采取这些措施，大大加快了货物验放速度。多年来没有发生一起由于海关工作效率低而造成压港的现象。

促进企业发展进出口业务，加速建设外向型经济，保证大进大出，这是各地海关当前改革中的一项紧迫任务。为支持进料加工和“三来一补”等业务的开展，各地海关帮助出口企业建立保税工厂、保税仓库，落实国家优惠政策，提高了企业出口创汇的积极性。

对经济特区等特定地区、外商投资企业特定企业，以及特定用途的进出口货物，各地海关严格贯彻国家的优惠政策，按规定给予减征或免征关税，尽量为这些企业创造良好的发展外向型经济环境。在深圳等特区，海关还对外商投资企业试行“驻厂监管制”，由驻厂监管员在厂内直接办理报关、查验手续，就地解决问题。

海关在“予人方便”的同时，也严守祖国经济门户，对少数违法分子和违法活动，严格把关，把工作重点放在打击对我国政治、经济、文化、道德危害较大的走私犯罪活动上。

海关总署署长戴杰在会上指出：国务院领导同志多次指出，海关要为实现沿海地区经济发展战略、搞大进大出大开方便之门；又要防止大进不大出，防止走私。

三年来我国以工代赈修路成绩大

据交通部门统计，这项工作开展3年来，共修建公路、驿道等12.1万公里，其中新建等级公路5万多公里；整治航道2600多公里，还修建了一批码头和船闸。

我国从1984年开展以工代赈活动，目的是在国家适当的物质帮助下，动员广大贫困地区群众通过自己的劳动，改善当地交通运输条件，发展商品经济，尽快脱贫致富。3年来，国家先后动用价值27亿元的库存粮、棉、布支持这项活动，范围遍及全国25个省、自治区，不仅帮助贫困地区修建了大量交通运输设施，而且整修了一批水利工程。

据了解，各贫困地区通过以工代赈建成大批公路和内河工程，大大改变了当地交通运输条件，增强了“造血”功能。贵州省安顺、毕节、黔东南、六盘水等地采取以工代赈办法修建50多条公路，建成后已运输煤炭、矿石、木材等物资100多万吨，增加了当地群众的收入。

公安部部长王芳就台胞来大陆后的安全等问题答记者问

最近，来大陆探亲旅游的台胞中有人问：“曾在大陆犯有历史罪行的人回来探亲旅游时，政府是否会追究其刑事责任？来大陆探亲旅游台胞在大陆的安全是否有保障？”记者就上述问题访问了公安部部长王芳。

王芳首先就台胞来大陆后的安全问题回答说：“党的十一届三中全会以来，大陆安定团结的政治局面得到了巩固和发展，社会治安状况总的来说比较平稳。目前，大陆的发案率是世界上发案率最低的地区。当然，大陆也有犯罪活动，也有危害社会秩序的不法分子。但是，政府对少数不法分子的犯罪活动历来是坚决打击的。台胞在大陆探亲旅游期间从事的各种正当活动，理所当然受到中华人民共和国法律的保护。如人身财产受到他人侵害，政府有关部门将依法行事，保护台胞人身及财产的安全，依法追究犯罪分子的刑事责任。当然，来大陆的台胞也应遵守国家法律，不做有碍社会秩序的事。台胞来大陆探亲旅游，政府将尽量提供各种方便，保证来去自由。据统计，1987年11月2日以来，大陆共接待探亲旅游台胞3万余人次。这些台胞都实现了自己来大陆探亲、访友、旅游、经商等愿望，并且已经或正在平安离开大陆。事实证明，台胞来大陆探亲旅游，其人身财产的安全是有可靠保障的。”

当记者问到“那些曾在大陆犯有历史罪行的人回来后，政府是否会追究其刑事责任”时，王芳说：“不会的。政府的政策是‘爱国一家’，‘既往不咎’。对他们历史上的问题，我们既不会追究，也不会处罚。”

“台湾当局允许台湾一般民众来大陆探亲后，犯有历史罪行的人也有来大陆的，并到家乡探望了亲朋好友。他们不但没有受到报复或歧视，而且亲身感受到了家乡人民群众捐弃前嫌、以礼相待的热情。这样的事例很多。这说明人民群众和当年受害者的亲属是按照政府的有关政策办事的。”

“今天，为了国家的统一，民族的振兴，我们不计历史旧账，‘化干戈为玉帛’。我们诚心欢迎这部分去台人员来大陆探亲旅游。他们和其他台胞一样，是受法律保护的。”

国务院副总理姚依林在北京会见由议长尤·班柯夫率领的挪威议会代表团

外交部发言人在新闻发布会上就越南当局在南沙群岛海域挑起武装冲突一事发表谈话

全文如下：

3月14日外交部致越南驻中国大使馆的照会已经表明了中国政府的严正立场。南沙群岛向来是中国领土的一部分。中国有关部门最近派出一些船只前往南沙海区进行科学考察作业和巡逻，这完全是中国主权范围内的事情。我们的活动完全出于和平目的。

然而，越南当局却别有用心地在这一地区制造紧张局势。近来，它们连续不断地向南沙海区增派大量舰船，加紧侵占中国南沙群岛的一些岛礁，越南空军也相配合，加强在该地区的活动；同时又在全国上下掀起反华浪潮，动员各界群众支援越南在南沙群岛的行动。3月14日的武装冲突完全是越南方面一手挑起的。越南海军向在赤瓜礁上考察的中国人员挑衅，越南舰船首先向我礁上人员和停泊在附近的中国舰船开火，打伤中方人员。在此情况下，中国方面被迫进行有限的自卫还击。我们对越南当局蓄意在南沙群岛海域挑起武装冲突深感遗憾，希望今后不再发生类似事件。据了解，自3月14日冲突后，没有发生新的冲突。

新闻出版署 国家工商局联合签发《关于报社期刊社出版社开展有偿服务和经营活动的暂行办法》

《关于报社期刊社出版社开展有偿服务和经营活动的暂行办法》(以下简称《暂行办法》)指出，报社、期刊社、出版社可以根据有关规定和本身的条件，发挥其联系面广以及信息、人才、技术、知识、设备器材等方面的优势，开展国家政策允许的、与本身业务有关的有偿服务和经营活动。

《暂行办法》对报社、期刊社、出版社经营活动的范围作了较为具体的规定：可以兼营广告业务；可以利用经济、科技、文化、教育、法律、卫生、生活等方面的信息，为社会提供有偿咨询服务；可以举办有关的文化交流活动或文艺活动；可以同企业或企业的主管部门联合举办新闻发布会、信息发布会，以及技术交流推广活动;可以面向社会开展摄影、复印、影印、洗(扩)印、制版等有偿服务业务;可以成立读者服务部;可以举办各种讲座、培训班、辅导班、函授学校等文教活动。

《暂行办法》还规定报社、期刊社经主管机关批准,可以结合本身业务和社会需要,举办经济实体(如造纸厂、印刷厂等)。报社、期刊社举办的公司、企业,均不得从事与本身业务无关的纯商业经营。

《暂行办法》强调,报社、期刊社、出版社的经营活动,应由经营部门负责。编辑、记者可提供信息,但不得从所提供的信息服务中提取个人报酬,不得参加经营活动。

《暂行办法》要求报社、期刊社、出版社在开展经营活动中,应坚持正确的经营方向,遵守国家的法规政策,执行财经纪律。

电影《末代皇帝》获9项奥斯卡奖

由中国、意大利和英国合拍、意大利导演贝尔纳多·贝托卢奇执导、美国哥伦比亚公司在美国发行的故事片《末代皇帝》今晚在洛杉矶举行的奥斯卡金像奖授奖大会上获最佳影片奖、最佳导演、最佳改编剧本、最佳服装、最佳作曲、最佳剪辑、最佳音响效果、最佳摄影和最佳美工9项大奖。

扬州马可·波罗馆正式对外开放

新华社报道,展现700年前中、意两国人民友好交往历史的马可·波罗馆,日前在江苏省扬州市建成并正式对外开放。

马可·波罗是著名的意大利旅行家,1271年到东方旅行,1275年至元上都,得元世祖忽必烈信任,曾仕元17年,足迹几遍中国。其中约于1282—1284年,在扬州做总督3年。

3月17日

全国人大常委会委员长彭真在人民大会堂会见由议长纳瓦·拉杰·苏贝蒂率领的尼泊尔全国评议会代表团

彭真说,中国奉行独立自主的和平外交政策,坚持和平共处五项原则,主张国家不分大小、强弱、富贫一律平等,都按五项原则处理相互关系。这是中国的国策,已经载入宪法。他说,中国高度赞赏尼泊尔宣布为和平区的主张。

苏贝蒂感谢中国在尼泊尔经济发展中提供友好合作和帮助。彭真说,中尼两国都是发展中国家。在尼泊尔建设发展中,中国提供了一些帮助,但这是有限的。朋友之间的帮助是相互的。尼泊尔也给了中国很大帮助。他认为,中尼两国进一步在各个方面发展友好合作关系的潜力很大,前景是广阔的。

全国人大常委会副委员长班禅额尔德尼·确吉坚赞会见时在座。

国务院副总理田纪云在人民大会堂会见出席全国海关关长会议的代表

田纪云指出,这几年海关工作取得很大成绩。目前,海关系统在实施外贸体制改革方面担负着重要的任务,一定要适应形势发展需要,进一步深化自身改革,发挥优势,加强监管职能。

田纪云说,1980年海关体制改革以来,海关在支持改革、开放,促进和保障社会主义现代化建设方面,做了大量工作,作出了积极贡献。各方面认为,海关适应改革开放形势需要,主动改进工作,搞好服务,很有成效。

田纪云指出,现在改革开放形势发展很快。最近刚刚闭幕的沿海地区对外开放工作会议酝酿沿海地区新增加的经济开放区范围相当于过去9年开放地区范围的总和。为了适应沿海地区的对外开放和进一步发展我国外贸的需要,国务院对加快外贸体制改革做了部署。形势要求海关要积极促进外贸改革方案实施,同时要充分发挥监管职能,保障国家方针、政策、法律和法规的有效实施。

田纪云强调,海关要切实加强自身建设,着重做好两方面的工作:一是促进与监管相结合。海关要继续解放思想,转变观念,改革不适应形势发展要求的规章制度,简化手续,提供便利,积极支持开放政策实施,大力促进沿海地区发展外向型经济。海关还要尽快健全法规,加强监管工作,坚决防范和打击走私违法活动。二是要进一步加强海关机构设施建设,特别要加强先进技术装备,建设现代化海关,提高工作效率。田纪云还希望海关戒骄戒躁,进一步提高素质。

交通部负责人谈发展沿海地区交通

交通部负责人透露,为发展沿海地区外向型经济,沿海地区交通建设将以港口和港口城市为中心,加快建设两个运输扇面(与海洋运输船队建设相配套的对外运输、与各种疏港线路相配套的同经济腹地相连接的对内运输)。沿海港口将逐步从单一的装卸功能向多功能转变,发挥港口在流通、仓储、加工等方面的作用,以适应"大进大出"外运物资的需要。

交通部要求,"七五"期间的沿海港口建设,必须按计划建成200个大中小泊位。"八五"期间,将进一步调整全国港口布局,增辟一批对外贸易口岸。

疏港公路建设要加快,并提高路网技术等级。除已安排的京塘、广深珠高速公路,沈大、青烟、济青一级公路，沪宁、沪杭、榕鹭、南(宁)北(海)二级公路以及海南岛环岛公路等按期建成外，"八五"期还将开辟沪杭甬、沪宁、鹭泉(州)高速公路，连(云港)徐(州)、深(圳)汕(头)、连(云港)洛(阳)汽车专用路，使沿海地区形成一个标准较高的公路网络骨架。

扩大沿海地区内河航运能力，重点抓好三角洲地区的内河航运建设。长江三角洲的重点是抓好京杭大运河江南段等6条内河航道及内河疏港线的建设；珠江三角洲的建设重点是陈村等5条水道。同时，改善内河港口码头装备，增加装卸站点，扩大沿海地区内河综合运输能力。

调动各方面的积极性，发展海运船队。进一步放宽政策，具备条件的中央、地方、大、中、小船队都将允许直接对外。与此同时，加强宏观管理控制，逐步改善船队结构，提高船舶技术构成，发展各种专用船舶，增开班轮航线，适应小批量物资及时、快速外运的要求。还要进一步开放运输市场。

建立正规的集装箱运输体系，完善各个配套环节建设。水路、公路运输要协同各有关方面，建设好港口集装箱泊位、集装箱船队和有关配套设施。沿海主要城市要进一步发展集装箱车队，组建国际集装箱中转站。

大力发展岛屿之间、陆岛之间、海湾海峡两岸之间的客货运输。先抓好大连与烟台、长山列岛与山东半岛、宁波与上海、海南岛与大陆之间的客货滚装运输。

国家计委 财政部 商业部 农牧渔业部 石化总公司联合发出《关于国家对收购调拨棉花分别实行奖售柴油、粮食办法的通知》

通知说，为鼓励农民发展棉花生产，安排好市场供应，经国务院批准，从1988年新棉上市起，国家实行收购棉花奖售柴油和省间调拨棉花奖售粮食的办法。这一办法的具体内容是：

一、国家每收购50公斤皮棉奖售棉农平价柴油2.5公斤，由商业部和石化总公司按国家定购任务，参照上年度棉花收购量，在秋收、春耕分两次拨给有关地区。财政部将高转平差价款(每吨370元)补给石化销售部门。所需柴油由国家在高价柴油总资源中统一安排，商业部提出分配意见，石化销售公司负责调拨和组织供应。对棉农的兑现办法，由省、自治区、直辖市自定。

二、国家对省(自治区、直辖市)间调拨棉花实行吨棉吨粮的奖励办法，即按国家计划净调出量，每吨奖售粮由中央财政补贴差价款128元，财政部根据全国棉花调拨计划，分季预拨给有关省、自治区、直辖市财政部门；年度结束后，按实际调拨量结算。差价款的使用办法，由各省区市人民政府作出规定，必须用于扶持棉花生产，专款专用，不得挪作他用。

三、对中央财政负担的收购棉花奖售柴油差价款和省间调拨棉花奖售粮食差价款的具体拨补与结算办法，由财政部另行制定下达。

中国国家科学基金会与英国皇家学会建立合作关系

这两个机构在北京签署了标志关系开始的谅解备忘录。在此之前，英国皇家学会已先后同我国的4个有关科技机构建立了合作交流关系。这次国家科学基金会同它建立关系，是为了加强两国在基础科学领域的交流。

首届软件技术市场交易会在北京召开

我国现有微型计算机20多万台，大中小型计算机8000余台，但是计算机的利用率仅有20%左右。造成这种计算机浪费的主要原因就是软件没有商品化，每台计算机所有者手中的软件有限，计算机的应用功能大部分没有发挥。这次软件技术市场交易会打破行业、部门之间的界限，来自全国各地和中央各部委的研究院所、大专院校、企业的486个项目参加交易。这次交流交易会软件的成交额为886395元，硬件的成交额为1747780元。

文化部和工商局联合发出通知要求各地放手搞活管好文化市场

通知就当前正在全国范围内蓬勃兴起的文化市场的管理问题，首次明确地作出若干规定。通知指出，文化市场作为社会主义精神产品的生产和消费的中介，对繁荣我国文化事业、丰富人民群众的文化生活有着积极的作用，必须在坚持改革开放，促进文化市场活跃繁荣的同时，加强管理使其健康发展。

通知指出，凡以商品形式进入流通领域的精神产品和文化娱乐服务活动，都属于文化市场管理范围。当前需要加强管理的是：国家文化事业单位作为自己业务的延伸和非国家文化单位(全民所有制)作为副业从事的文娱服务活动，集体所有制企事业单位、个体工商户和外商投资企业等兴办的文化娱乐业的经营活动，如舞会(厅)、音乐茶(餐)座、录像带发行放映、音像制品销售、报刊书摊(店)、字画裱贴销售、游艺活动、业余和民间职业剧团(艺人)演出、时装健美表演、业余文化艺术培训等。上述活动，均须报所在地的区、县以上文化主管机关批准，向当地工商行政管理机关申请登记，领取营业执照，售票、收费的价格标准须经当地物价部门核准。

通知认为，文化市场同物质商品市场相比，有其自身的特殊性。要本着"开放搞活，扶持疏导，面向群众，供求两益"的方针，对文化娱乐业的经营活动，健康有益的要支持，无害的允许存在，低级庸俗的要抵制，反动淫秽的应予取缔。

3 月 18 日

国家主席李先念在北京会见挪威议会代表团

李先念说，在当前，中国要集中力量搞四个现代化，集中力量发展生产力。他强调说，中国在搞"四化"建设的时候，不能忘记党的四项基本原则。如果放弃这些原则，就会偏离社会主义的方向。

李先念对代表团团长、挪威议会议长尤·班柯夫说，世界经济是一个整体，关起门来自己搞就太笨了，所以中国要实行对外开放。他说，从现在来看，中国走的改革、开放、搞活的路子是对的，但不可能保证有 10 亿人口的大国不出一点问题。他说，中国现在执行的路线实际上是中共八大路线的发展。"我相信，现在的党中央、全国人大常委会和国务院是能够领导好我们这样的国家的。"

会见中，李先念应客人的要求，阐述了鸦片战争后，中国人民浴血奋战建立社会主义社会的革命经验，以及社会主义时期的中国革命和建议情况。

在回答班柯夫议长提出的有关如何看待中国历史进程的问题时，李先念说，中国经历了封建社会、半封建、半殖民地社会和社会主义社会各个不同的阶段。在这个漫长的历史长河中，中国是多灾多难的。他说，中国搞社会主义快 40 年了，成绩是主要的，但错误也不少。

全国人大常委会副委员长王任重参加了会见。

国务院代总理李鹏在中南海会见香港上海汇丰银行董事长浦伟士一行

李鹏说："汇丰银行在香港的经济发展中发挥了重要作用。我们对这家银行把业务扩大到英国和欧洲表示理解，但希望不要因此对香港的业务有任何放松。"

他说："香港是一个自由港，也是个金融中心。我们希望在 1997 年后，香港的金融界包括汇丰银行能继续对香港的繁荣和稳定发挥作用。"

李鹏说："最近，中国政府制定了沿海地区的经济发展战略，我们希望汇丰银行能在促进中国四化建设和这些地区的发展方面作出贡献。"

浦伟士说："在北京期间，我们同陈慕华、姬鹏飞进行了非常有意义的会谈。我们以钦佩的心情关注中国经济的发展。"他对于李鹏希望他们在 1997 年后在香港继续发挥作用表示非常高兴。

双方还就关心的问题进行了交谈。

国务院副总理乔石在人民大会堂会见由议长纳瓦·拉杰·苏贝蒂率领的尼泊尔全国评议会代表团

我国应用遥感技术速报海况获得成功

我国科技人员已能应用遥感技术向渔业部门迅速、准确地速报东海、黄海海况，测报中心渔场位置。这项由国家海洋局第二海洋研究所承担的国家"七五"重点攻关项目——"东海、黄海渔海况速报"成果，通过了部级鉴定。宁波、上海、大连、舟山等海洋渔业公司采用海洋二所的"渔海况速报图"，大大提高了捕捞成功率。

中学课程改革研究与试验开始进行

据《人民日报》报道，国家教委中学司主持的"普通中学课程改革研究与试验"已展开。最近，有关人员在广东番禺县召开研讨会，提出：课程改革是中学教学改革的中心环节。

新中国成立以来，我国中学课程内容虽有所变化，但是现行课程结构基本上仍沿袭原来的一套。这与当前我国经济、科技和社会发展的需要很不适应。

课程改革涉及面广，要求高，难度大。有关人员认为，中学课程改革的研究与试验项目必须精心设计，立足国内，借鉴国外，进行周密的调查研究。争取经过若干年的努力，提出一个适合我国国情的比较科学合理而又切实可行的课程改革方案。

这项研究，得到了华夏基金会的资助。

《世界知识大辞典》出版

该辞典是由研究人员、专家和知名人士集体编撰的综合性辞书。全书共收 9000 个词条，其中包括国际政治、军事、外交、经济、贸易、法律、文化、体育等各方面的基本知识。它是从事国际问题研究者、涉外工作者及国际问题爱好者的必备工具书。

该书由世界知识出版社出版。

首例配子输卵管内移植男婴在北京诞生

据《人民日报》报道，我国大陆首例配子输卵管内移植的男婴，今日 9 点 17 分在北京医科大学第三附属医院降生。男婴出生时体重 2900 克，身长 49 厘米。这是北医大张丽珠教授、刘斌副教授领导的生殖工程组继试管婴儿之后获得的又一成果。

配子输卵管内移植术是"试管婴儿"派生的一种新方法。它们之间的区别是：试管婴儿主要是解决有排卵能力而输卵管堵塞的不孕症；配子输卵管内移植法则适用于患子宫内膜异位症、严重宫颈疾患及不明原因而输卵管完好的不孕症，它是将手术取出的卵子连同已经处理的其丈夫的精子一起注入输卵管壶腹部，待卵子在输卵管内受精后再移向子宫着床。由于授精、着床在体内，因而更利于胎儿的生长发育。

3月19日

国家主席李先念在人民大会堂会见由议长纳瓦·拉杰·苏贝蒂率领的尼泊尔全国评议会代表团

李先念说，拉萨和在国外的极少数藏人闹事，想把西藏从中国分裂出去，这是包括西藏人民在内的全体中国人民决不会同意的。

李先念说："我们是非常尊重达赖喇嘛的，但他不尊重自己的国家——中国。他实际上是在分裂中华人民共和国。"

李先念说，中国有一万多名西藏同胞在尼泊尔，他们在尼泊尔政府的教育下没有闹什么事。中国对尼泊尔政府表示感谢。苏贝蒂议长说，"尼泊尔政府决不会让在尼泊尔的西藏人干任何有损于、有害于中国的事情"。

李先念说："我相信这样一条真理，对宗教问题和民族问题，无论如何不能采取粗暴政策，而要采取团结的方针。""文革"中采取的粗暴的、"左"的政策已经纠正。中央的方针是要彻底改变过来，在民族问题上要采取团结、相互帮助的政策。中央的另一条方针是，中国的几十个民族是统一的，而不能不统一。

在谈到当今世界上所面临的和平与发展两大问题时，李先念高度评价尼泊尔为南亚地区国家间的团结、合作所做的许多工作。他希望南亚地区和平稳定，南亚各国平等相待、加强团结、共同发展。他说，只有保持南亚地区的和平和团结，南亚各国才能进行建设。

苏贝蒂说，中国一贯主张和平，尼泊尔对此非常赞赏。尼泊尔也是热爱和平的国家，尼泊尔国王比兰德拉和政府一贯主张南亚7国之间友好合作，主张保持南亚地区的和平。

在一个多小时的亲切交谈中，李先念还对尼泊尔在比兰德拉国王和政府的领导下，在发展经济和提高人民生活水平方面所取得的成就表示祝贺。

全国人大常委会副委员长班禅额尔德尼·确吉坚赞会见时在座。

中共十三届二中全会在北京闭幕

会议通过了十三届二中全会公报。

中央政治局常委赵紫阳、李鹏、乔石、胡启立、姚依林主持了闭幕会。

中央委员、中央候补委员出席了会议。中央顾问委员会委员、中央纪律检查委员会委员和有关负责同志列席了会议。

中共十三届二中全会公报

中国共产党第十三届中央委员会第二次全体会议，于1988年3月15日至19日在北京举行。

出席这次全会的有，中央委员171人，中央候补委员107人。中央顾问委员会委员、中央纪律检查委员会委员和有关负责同志列席了会议。

中央政治局常委赵紫阳、李鹏、乔石、胡启立、姚依林同志主持了这次会议。

全会审议通过了中共中央总书记赵紫阳同志代表中央政治局在中国共产党第十三届中央委员会第二次全体会议作的工作报告。全会一致认为，中央政治局以改革总览全局，在组织实施十三大决议，落实经济发展战略，推进经济体制改革和政治体制改革，加强党的建设等方面进行了卓有成效的工作。

全会审议通过了中央政治局提出，并经党内外广泛协商，拟向七届全国人大推荐的国家机构领导人员人选名单和拟向七届全国政协推荐的全国政协领导人员人选名单。全会决定，将上述两个名单分别向七届全国人大一次会议主席团和七届全国政协一次会议主席团推荐。

全会期间，与会同志在民主、团结和生动活泼的气氛中，就上述议题进行了充分认真的讨论。

全会号召，全党同志要继续贯彻十三大确定的党的基本路线，加强党的自身建设，紧密团结全国各族人民，进一步解放思想，进一步深化和加快改革，扩大对外开放，持续稳定地发展国民经济，为建设富强、民主、文明的社会主义现代化国家，进行坚忍不拔的努力！

中顾委第二次全会公报

中国共产党第十三次全国代表大会选举产生的中央顾问委员会，1988年3月19日下午在北京举行第二次全体会议。出席会议的中央顾问委员会委员有173人。

会议由中央顾问委员会副主任宋任穷同志主持，中央顾问委员会副主任薄一波同志在会上讲了话。

全会赞同中共中央总书记赵紫阳同志代表中央政治局在中国共产党第十三届中央委员会第二次全体会议上作的工作报告，赞同十三届二中全会审议通过的向七届全国人大一次会议主席团推荐的国家机构领导人员人选名单和向七届全国政协一次会议主席团推荐的全国政协领导人员人选名单。

国务院副总理田纪云在1987年税收财务物价大检查总结会上讲话

国务院部署的1987年税收、财务、物价大检查已经基本结束。田纪云肯定了去年大检查工作的成绩。他指出，去年的大检查无论在广度和深度上，在工作的部署和质量上，都好于往年。投入检查工作的力量比较强，许多企业和单位自查的自觉性和自查质量比过去增加和提高；重点检查比较深入，不少地区和部门十分注意抓好对重点企业、重点问题和利税大户的检查；政策掌握得也比较好，对违纪问题的处理，基本上做到了实事求是，宽严适度。

田纪云说，这次大检查主要是在去年第四季度进行的，尽管规模和声势较大，涉及的面较广，但是，在整个第四季度，工业生产、商品流通和外贸出口继续保持较高的增长速度，经济体制改革进展较快。这些情况充分说明，大检查不仅不会妨碍改革工作和建设事业的发展，而是对改革和建设起到了积极的促进作用。

田纪云指出，去年大检查从实际出发，搞得比较扎实，重点突出。一是把对中央企业的检查放到了突出的位置。中央企业是国民经济的主导力量，也是国家财政收入的重要源泉，这次中央企业的自查和重点检查都比过去搞得扎实，成效显著。二是集中力量检查了中央经济主管部门的违纪问题。中央经济主管部门既是国家政府机关，又是行业的管理部门，这次分期分批地对中央各经济主管部门本身的业务收支和集中掌握的资金普遍进行了检查，对查出的问题，按有关规定严肃认真地处理，没有迁就。三是财税部门查人又查己，一视同仁，不搞例外。这些做法，体现了1987年大检查工作的新特点。目前，我国正处在新旧体制交替之中，经济形势发展很快，面临的问题不断变化，大检查也不能墨守成规，千篇一律，也应根据变化了的情况，确定新的检查内容和检查方法。去年的大检查这样做了，取得了较好的效果。这是一条很好的经验，应当认真总结，以进一步提高大检查工作水平。

田纪云要求继续做好大检查的遗留工作，善始善终，巩固和发展大检查的成果。对于查出来的各类违纪问题，凡是没有核实定案的，要抓紧核实定案；没有收缴入库的，要有专人负责催缴，争取在3月底以前全部交清。要针对大检查中暴露出来的问题，提出今后的防范措施，做好整改建制工作，堵塞漏洞，加强管理。特别是对一些重大违法违纪问题，一定要抓住不放，搞个水落石出，并且按照有关规定严肃处理。对国务院大检查办公室委托地方检查和地方确定需要进行检查的中央企业，一定要坚持查完，不受时间限制。要抓好对地方财政收支的重点检查。这项工作目前刚刚起步，要继续进行下去。

国务院派出的大检查工作组成员300多人参加了这次总结大会。国务院副秘书长白美清向29名先进个人颁发了奖状。

1988年中波体育合作议定书在北京签订

波兰人民共和国青年体育委员会主席亚·克伐希涅夫斯基和中华人民共和国体育运动委员会主任李梦华分别在议定书上签了字。双方对迄今进行的体育运动方面的合作表示满意，并商定了1988年互换体育团队和专家的计划。根据协定，中国1988年将派出9批运动队和专家去波兰进行友好访问、比赛和学术交流；波兰方面也将派出5批人员来华比赛、交流。

双方还确定，双方工作小组将于1988年12月在华沙商定并签署1989年体育交流计划。

外交部部长吴学谦在北京同阿拉伯国家联盟七方委员会代表团举行会谈

中国标准化工作成绩斐然

据《人民日报》报道，改革开放9年来，我国标准化工作基本上改变了标准数量少、水平低、制定速度慢的状况。

我国的国家标准已达到11356个，9年来增加了9656个，还有专业(部)标准16000多个，各省、自治区、直辖市发布的地方标准13万余个，使国营工业企业基本解决了无标生产问题。

在标准数量增加的同时，我国标准水平不断提高。目前，国家标准中采用国际标准和国外先进标准达3903个；此外，还有一批国家标准达到了国际上70年代末80年代初的水平，两者合计约占国家标准总数的59%，基本上适应了我国现阶段生产技术水平的要求。

采用国际标准，提高了标准化水平，有力地促进了企业的技术进步，提高了产品质量，增强了出口创汇能力。据对74个采用国际标准的企业调查统计，采用国际标准的产品投入695万元，年产出额2274万元。当前，还要扭转乡镇企业标准化覆盖率较低的局面。

全国新闻出版局长会议在北京举行

此次会议以改革为主题，会议从3月15日至19日共召开5天。

中宣部部长王忍之到会讲话时提出，要进一步探索将出版物的社会效益同经济效益统一起来的路子，改变不好不坏的图书出得又多又快的现状。

他说，时代产生巨著，巨著推动时代。向时代和人民奉献高质量的图书，已成为出版工作者义不容辞的责任，也是检验出版社成绩大小的主要标志。目前高质量的出版物还不够多。加快和深化出版改革，其根本目的是为了多出好书。他希望各地出版社要大胆探索，在实践中不断总结经验。

王忍之提出，当前出版工作要防止两种倾向，一方面思想保守、僵化，人为地把弦绷得紧紧的，使该出的好书出不了；另一方面是对一些腐朽、落后的东西缺乏清醒认识，出版不利于人们身心健康和社会安定团结的书。

如何将出版物的社会效益同效益经济统一起来，是这次会的热门话题。一些地区已取得较成功的经验。王忍之建议，各地出版社要积极改善经营管理，开展多种经营。他提醒大家不要忘记中国这句老话："君子爱财，取之有道。"

谈及新闻改革时，王忍之说，党的十三大以来，新闻报道在增加开放程度，开展协商对话，发挥舆论监督作用方面都有了进步。中央关于新闻改革的方针是明确的，即一定要改，同时一定要谨慎。

5天来，与会代表认真讨论了关于出版社改革和图书发行体制改革的若干意见，并就如何优化选题，调整和完善出书结构，提高图书质量等问题交流了经验。新闻出版署署长杜导正在会上作了题为《今后工作设想和有关思想政策问题》的工作报告。中宣部副部长李彦在会上讲了话。

会议期间，胡启立、芮杏文同志会见了出席会议的代表。

《中国语言地图集》出版

中国社会科学院历经5年的调查、研究和编绘，在澳大利亚人文科学院合作下，将一部大型表现中国复杂语言状况，包括汉语的分区和各种少数民族语言分布的《中国语言地图集》，摆在了中外读者面前。

这部语言地图集，有中文和英文两种版本。整个地图集共包括35幅彩色地图。每种版本都分两个分册。地图集主要用线条和彩色表现中国复杂的语言状况，包括汉语方言的分区和各种少数民族语言的分布。采取地图这种一目了然、通俗易懂的形式全面介绍中国9种汉语方言和78种少数民族语言，这在中外语言学史上是从未有过的。

《文学艺术新术语词典》出版

由鲍昌主编，姜东赋、夏康达任副主编，有20多位学者、专家、教师集体编纂的《文学艺术新术语词典》，最近由百花文艺出版社出版。该词典收有文艺领域14类(文艺学新学科、文艺研究新方法论、现代文艺理论、现代文艺批评、现代文艺思潮、文学、戏剧、电影电视、音乐、舞蹈、美术、建筑、摄影、杂技)，术语2495条。本书对从事文学艺术研究、文艺创作、文艺教学的工作者和文艺爱好者获得新知识有所增益。

3月20日

中共中央纪律检查委员会第二次全体会议在北京开幕

这次会议的中心议题是，研究如何进一步贯彻党的十三大精神，在改革开放的条件下做好纪律检查工作，并作出相应的部署。

中共中央政治局常委、中央纪律检查委员会书记乔石在会上作了题为《认真贯彻党的十三大精神、努力做好纪律检查工作》的报告。

这次会议共3天，与会同志将讨论乔石同志的工作报告和纪检体制改革的方案。

出席今天会议的有中央纪律检查委员会委员，有关纪检机关的主要负责同志列席了会议。

中央纪委书记乔石在中共中央纪律检查委员会第二次全体会议上作题为《认真贯彻党的十三大精神、努力做好纪律检查工作》的报告

同志们：

今天，我们举行中央纪律检查委员会第二次全会。这次会议的中心议题是，研究如何进一步贯彻党的十三大精神，在改革开放条件下做好纪律检查工作，并作出相应的部署。我们这次会议是紧接着党的十三届二中全会召开的。二中全会开得很好，审议通过了向七届全国人大一次会议推荐的国家机构领导人员人选名单和向全国政协一次会议主席团推荐的全国政协领导人员人选名单，并且就进一步贯彻十三大精神提出了重要意见。会议强调要进一步解放思想，稳定经济，深化改革，使我国的生产力获得更大的解放，同时要加强党的自身建设。我们要认真组织好二中全会文件的学习，使十三大精神在纪检工作中得到更好的贯彻。

一、增强全党的纪律观念

党的十三大，是我们党历史上一次极为重要的会议。正如邓小平同志所指出的，十三大进一步解放了党和人民的思想，也将进一步解放生产力。这次大会，阐明了关于我国社会主义初级阶段的理论，提出了我们党建设有中国特色的社会主义的基本路线，确定了今后经济建设、经济体制改革和政治体制改革的基本方针；同时还确定了在改革开放中加强党的建设的基本方针，强调必须从严治党，严肃党纪。

我们党从来是一个有伟大理想和严明纪律的党。党的纪律，是实现党的路线、方针、政策的可靠保证，是维护党的团结、统一的有力武器，是保持党的先进性和纯洁性的重要条件。在我们党的中心任务、活动方式和所处的社会环境发生重大变化的时候，加强党的纪律尤为必要。在新民主主义革命取得全国胜利前夕的重大历史转折关头，党中央突出地抓了党的纪律，采取了一系列加强统一纪律的措施。毛泽东同志当时曾鲜明地提出："军队向前进，生产长一寸，加强纪律性，革命无不胜。”这样把增强党的纪律观念作为关系大局的问题提到全党的面前，有力地保证了党顺利实现由各根据地被分割、独立作战的状况到领导全国政权的伟大历史转变。十一届三中全会以来，我们党进入了一个新的历史发展时期。目前，党已经拥有4600多万名党员，领导着10亿人口的大国，正从事改革开放和社会主义现代化建设空前伟大而艰巨的事业。在这种新的历史条件下，党中央多次向全党提出增强党的纪律观念的问题，是具有特殊重要意义的。

增强纪律观念，当前说来就是要求党的各级组织和全体党员，在政治上同党的十一届三中全会以来的路线保持高度的一致，坚决贯彻党的十三大精神，坚决执行党在社会主义初级阶段的基本路线，坚持“一个中心、两个基本点”。这是党的政治纪律对各级党组织和全体党员的根本要求。没有严格的纪律做保证，再好的路线也不可能得到正确的贯彻执行。党在政治上高度一致，组织上紧密团结，工作方法各具特点，这样我们就能克服各种困难，继续沿着十一届三中全会以来的马克思主义路线胜利前进。

增强纪律观念，就是要求广大党员时刻牢记自己是个共产党员，一切按共产党员的标准要求自己，一切以党纪国法为准绳。作为一个执政党，我们已经经受了30多年执政的考验，还将继续长期地经受这种考验。特别是当前我们党正领导着改革开放，又面临着改革开放这种新的严峻考验。毫无疑问，改革开放已经并将继续给我们党的建设增添新的生机和活力。但是，随着对外开放的扩大，商品经济的活跃，资本主义腐朽思想和封建残余思想对我们党的队伍的腐蚀和影响会有所增加；社会上一些原来已经绝迹的丑恶现象沉渣泛起，也会侵蚀党的肌体。在这种情况下，必须加强党内外的监督，加强党的纪律约束，使广大党员增强反腐蚀能力，从而胜利地经受执政和改革开放的考验。最近赵紫阳同志指出：经济要繁荣，党政机关要廉洁。而要做到这一点，就必须健全法制，加强纪律。

增强纪律观念，就是要求广大党员带头维护和发展安定团结的政治局面。在改革开放这场深刻的社会变革过程中，由于新旧体制的交替，各种利益的调整，再加上政策不配套、法制不完善、管理工作跟不上，出现这样那样的不协调、矛盾和乱子，是难以完全避免的。在这种情况下，加强党的纪律，坚持民主集中制原则，使全党意志统一，步调一致，极大地增强各级党组织的战斗力，扶正压邪，使我们党进一步成为具有强大凝聚力的政治领导核心，才能引导整个社会生气勃勃地前进。

党的纪律，是对党员在自觉基础上带有约束性的行为规范。这些行为规范的具体内容和要求，当然要随着实践的发展，随着经济体制改革和政治体制改革的深入，而不断地有所发展。墨守成规是不对的，以为改革开放就可以放松纪律更是不对的。一切为建设有中国特色的社会主义而勇于探索的同志，都应把创新精神同纪律观念统一起来，坚决地、创造性地执行党的路线、方针和政策。

十一届三中全会以来，我们党曾采取了一系列重要措施，包括整党在内，来整饬纪律，十年动乱造成的那种党纪废弛的现象有了根本改变。但是，目前在为数不少的党组织和党员中，包括某些领导机关中，纪律观念淡薄、纪律松弛的现象还比较普遍，有的还比较严重。因此，增强党的纪律观念，加强纪律性，对于党的各级组织来说，是一个十分重要和现实的问题。广大党员，特别是相当一部分入党较晚的新党员，很有必要认真学好党的基础知识，加强纪律观念。即使是入党多年的老同志，也要在新的历史条件下，继续保持和发扬模范遵守党纪的好传统。只有这样，才能使党适应十三大以后加快和深化改革的新形势、新任务。

二、集中力量管好党纪

党的十三大报告指出：“党的纪律检查委员会不处理法纪和政纪案件，应当集中力量管好党纪，协助党委管好党风。”这对实现党政职能分开，加强和改善党的纪检工作，使之适应新形势，具有重要的意义。各级纪委必须坚决贯彻执行。

新时期党的纪律检查工作，必须保证党的基本路线的贯彻实施，坚持四项基本原则，促进改革开放。陈云同志指出：“党的各级纪检部门，要从纪检工作上保证、促进社会主义经济体制改革、政治体制改革的健康发展。”这个重要指导思想，要进一步体现到各级纪检机关的工作中去。改革开放是我们的总方针总政策。纪检工作必须立足于支持和保护改革，促进改革开放和社会主义现代化建设的健康发展。

党的纪律检查委员会的一个基本任务是维护党规党法。纪检机关应该依照党章规定继续发挥以下职能：保护党员的民主权利，使之不受侵犯；惩处违反党纪的党员，清除党内腐败分子；监督党的各级组织特别是领导机关、领导干部执行党的路线、方针、政策、决议和贯彻民主集中制的情况；教育党员遵纪守法，履行义务，发扬党的优良作风，增强反腐蚀的能力。上面所说的保护、惩处、监督、教育等方面的工作，是纪检机关经常性的工作，都应该抓紧做好。

纪检工作必须根据党章规定，切实保护党员应享受的各种民主权利。这是维护和发扬党内民主，保证广大党员的积极性、主动性和创造性得以充分发挥的一个极为重要的条件。随着经济体制改革的深化和政治体制改革的展开，健全党内民主生活，保护党员的民主权利，将具有更加重要的意义。必须重申，侵犯党员的民主权利，就是违反党的纪律，应该受到严肃处理。各级纪委要把保护和支持党员正确行使民主权利作为一项经常性的重要工作摆在自己的议事日程上，认真做好。即使对那些犯了错误的同志，在严肃检查、处理其错误的同时，仍应依照党章保护他们应享有的民主权利，而决不能有所忽略。

认真查处党内违纪案件，是严肃党纪的中心环节。查处违纪案件，要按照干部管理权限，采取分级负责的办法，一级管好一级。当前查处案件应着重注意以下几个方面：利用职权谋取私利，侵犯群众利益，严重官僚主义，奢侈浪费和挥霍国家、集体的财物，破坏党的民主集中制，侵犯党员民主权利等。特别是对那些弄权勒索、贪污盗窃、出卖国家利益等严重违法乱纪的腐败分子，应坚决清除，决不能心慈手软，姑息养奸。查处违纪案件必须坚持原则，严格按照党规党法办事，敢于项住说情风，不受任何干扰，务必做到党员在党章和党纪面前人人平等。对于纵容、包庇党内违纪行为的人，要追究其责任。邓小平同志早就指出："谁也不能违反党章党纪，不管谁违反，都要受到纪律处分，也不许任何人干扰党纪的执行，不许任何违反党纪的人逍遥于纪律制裁外。"我们要提高纪检工作的开放程度，鼓励广大党员和人民群众对纪检工作进行监督。在立案、调查、审理和处分的过程中，要始终本着对组织、对当事人高度负责的精神，严肃认真地进行工作。对于群众反映和揭发的违纪问题，要认真对待。经调查属实的，要按党纪严肃处理；确属不实的，要及时予以澄清。

多年来，在查处违纪案件过程中，中央和地方各级纪委积累了不少好的经验。特别是坚持实事求是的原则，严格按照事实清楚、证据确凿、定性准确、处理恰当、手续完备的要求办案，使案件的处理扎实可靠，经得起历史的检验。我们准备在调查研究和总结各地区各部门经验的基础上，制定纪检工作条例和量纪标准，切实做到立案有程序、量纪有标准，逐步实现纪检工作的规范化。

党政分开以后，纪检机关和司法机关、行政监察机关既要明确分工、各司其职，又要主动互相协调、互相配合。要在实践中努力探索，总结经验，逐步把关系理顺。

三、在新的历史时期搞好党风建设

陈云同志曾一再指出：执政党的党风问题是有关党的生死存亡的问题。我们应该从这样的高度来对待党风问题，搞好党风建设。

纪委的一项重要任务是协助党委管好党风。去年12月，中央书记处召开了两次党风建设座谈会。会议提出，要把党风问题放在科学的基础上进行分析，从改革、制度建设和从严治党入手加强党风建设。这对纪委做好这方面的工作具有重要的指导作用。

我们党历来重视党风建设。在长期的革命斗争实践中形成了理论联系实际、密切联系群众、批评和自我批评这三大优良作风。十一届三中全会以来，在新的历史条件下，我们党恢复了三大作风，在不少方面有新的发展。我们党坚持马克思主义的思想路线，实事求是，科学地总结了建国以来的历史经验，尊重群众的实践经验和首创精神，制定了建设有中国特色的社会主义的路线、方针和政策。这代表了广大人民群众的根本利益，推动了生产力的发展，是深得人心的。在逐步实现那种又有集中又有民主，又有纪律又有自由，又有统一意志又有个人心情舒畅、生动活泼的政治局面的努力中，也取得了进展。大多数党员积极地、忠实地为人民服务，在两个文明建设中表现了很大的实干和创新精神。近几年来，在改革开放中，出现了一批思想解放、勇于探索、廉洁奉公、不计较个人得失的优秀党员；在保卫祖国、抢险救灾、维护国家统一、保障社会安定团结的斗争中，涌现出很多富有理想、英勇奋斗、先人后己、不怕牺牲的模范党员。所有这些，是我们党风的基本方面。

同时，我们也应该清醒地看到，确有少数党员，包括一些党员领导干部，经不起执政和改革开放的考验。有的以权谋私，假公济私；有的讲排场、摆阔气，奢侈浪费；有的弄虚作假，报喜不报忧；有的敷衍塞责，玩忽职守；有的任人唯亲，搞关系网；有的压制民主，打击报复；有的甚至敲诈勒索，索贿受贿，贪污盗窃，道德败坏。所有这些，都危害了国家、集体和群众的利益，干扰了改革开放，损害了党的形象。对这些群众议论多、意见大的突出问题，我们必须引起足够的重视。邓小平同志两年多以前就强调指出："经济建设这一手我们搞得相当有成绩，形势喜人，这是我们国家的成功。但风气如果坏下去，经济搞成功又有什么意义？会在另一方面变质，反过来影响整个经济变质，发展下去会形成贪污、盗窃、贿赂横行的世界。"我们对这个问题决不能掉以轻心，必须采取有力措施予以解决。

搞好党风建设，一方面要靠加快和深化改革，建立、健全各种制度，逐步减少产生不正之风的土壤；另一方面要靠从严治党，严肃党的纪律。两者要紧密结合起来，相互促进。从改革和制度建设入手解决党风问题，二中全会已经作了一些安排和部署。例如，抓紧建立国家公务员制度，制定和实施《企业法》，推行住房制度改革等。这些措施都有助于从制度上防止和克服不正之风。在从严治党方面，二中全会也提出了重要的意见和措施。

从严治党，除了严格执行党的纪律、坚决清除腐败分子外，必须着重加强党内教育，提高党员素质。必须明确，在社会主义初级阶段，决不能降低党员标准，放松对党员的要求。共产党员必须认真履行党章规定的义务，当前要特别强调做到：克己奉公，不谋私利，密切联系群众，全心全意为人民服务；解放思想，勇于探索，致力于改革开放；艰苦创业，清正廉洁，勤俭建国，勤俭办一切事业；坚持原则，公道正派，敢于同违法乱纪行为作斗争。

搞好党风建设是全党的任务，关键在于领导。各级党委要按照二中全会的要求把党风建设放到重要的议事日程上来，从上到下，认真抓，坚持抓，形成全党抓党风的局面。领导干部首先要以身作则，严于律己，带头遵守《党章》和《关于党内政治生活的若干准则》等党规党法，自觉接受党内外群众的监督，欢迎来自群众的批评和建议。凡是要求下面做到的，领导必须自己首先做到。领导干部只有这样做了，才能理直气壮、旗帜鲜明地反对和抵制一切不正之风，带动全党建设起好的党风。

纪检机关要在党委的统一领导下，配合做好加强党员教育的工作。要注意表彰模范遵守党纪，勇于同违法乱纪行为作斗争的先进个人和集体。要结合具有典型意义的案例，进行党纪教育，增强党员的纪律观念。同时，要协助党委健全党内监督制度。上级纪委应视情况派人参加下级党组织的民主生活会。地方纪委对同级党委的监督，主要是监督其执行党的路线、方针、政策和贯彻民主集中制的情况，以及党员领导干部思想作风方面的情况。

党风建设是一项长期而艰巨的任务，需要全党进行坚持不懈的努力。纠正不正之风要贯穿改革、开放的全过程。各地区、各部门应从自己的实际情况出发，有什么问题解决什么问题。应在调查研究的基础上，在一个时期内，抓住危害严重的倾向性问题，集中力量认真加以解决。党风建设必须持之以恒，作为经常工作，不采取搞运动、搞突击的办法。

四、以改革精神加强纪检队伍建设

我们的纪检队伍，从总体上说，素质是好的。他们埋头苦干，克服种种困难，做了大量工作，为党的建设事业作出了贡献。同时我们也要看到，一些同志在思想观念、政策水平、工作方法方面，还有同新形势、新任务不相适应的地方。我们必须采取得力措施，使整个纪检队伍的水平不断提高，努力建设成为一支坚决执行党的路线、秉公办事、富有才干、深受广大党员和群众信赖的队伍。

纪检干部要联系实际，深入学好十三大和二中全会文件。各级纪委要鼓励和组织纪检干部到改革开放第一线调查研究，了解新鲜事物，正确认识经济政治形势，进一步解放思想，振奋精神，增强做好纪检工作的信心。是否有利于发展生产力，是我们考虑一切问题的出发点和检验一切工作的根本标准。纪检干部深刻理解和认真掌握这个根本标准，就会把坚持党性原则同执行现行政策很好地统一起来，对于那些勇于改革、勇于探索的同志，就会满腔热情地给予支持；对于因改革缺乏经验而出现失误的同志，就会诚恳耐心地帮助他们总结教训，鼓励他们继续前进；对于那些破坏改革开放、违法乱纪的人，就会毫不留情地予以严肃处理。纪检干部的培训工作应继续抓好。除了认真学好马克思主义基本理论和党的十一届三中全会以来的路线方针政策外，还要学一点经济管理、法律和科学文化知识。要大胆放手地鼓励纪检干部到基层、到实践中去经受锻炼，开阔视野，丰富经验，增长才干。

要搞好纪检机关的体制改革。制定纪检系统的编制序列和职务序列，是搞好纪检队伍建设的一项重要工作，要认真抓好。为适应党政分开和机构改革的需要，中央和地方纪检机关派驻政府各部门和国家有关部门的纪检组要逐步撤销，同时要适当充实有关机关纪委、地方纪委的力量。各级纪检机关要在机构调整中做好干部的思想工作，并会同组织、人事部门对有关人员做好妥善安排。

要改进领导作风和工作方法，组织力量加强对纪检工作政策和理论的研究。中央纪委和省、自治区、直辖市纪委要在方针、政策和重大原则问题上，加强对下级纪委的领导和指导，不断增强纪检工作的预见性和科学性。

党的纪律检查委员会是各级党委加强党的建设、管好党风的重要助手。各级党委要加强对纪检工作的领导，定期讨论纪检工作，关心纪检队伍建设。要在政治上、工作上和生活上关心纪检干部，尤其是要帮助纪检干部排除办案中的困难和阻力。对坚持秉公办案而遭受打击的纪检干部，党委应给予必要的保护和支持。

纪检机关的权威是靠坚持原则、秉公执纪树立起来的。各级纪检机关和纪检干部在执纪工作中，要讲真理，不讲面子，坚持按原则办事，不怕得罪人。要以求实的勇气、扎实的作风、廉洁的品德、辛勤的工作，赢得全党的信赖。

同志们！新时期纪检工作任务艰巨，责任重大。我们相信，在党中央和各级党委的领导下，有广大人民群众的支持，依靠全体纪检干部的努力，一定能够克服困难，把纪检工作提高到一个新水平，为在改革开放中加强党的建设、为建设有中国特色的社会主义作出新的贡献。

我今天就讲这些，请同志们审议。这次会上还发了1988年纪检工作的要点(草稿),也一并请大家讨论,提出宝贵的意见。

我国以进入世界技术出口国行列

据《人民日报》报道,对外经贸部提供的消息表明:我国技术已出口到美国、日本、联邦德国、法国等20多个国家和地区,我国已经成为世界技术出口国之一。

新中国成立以来,我国的技术贸易基本上是只进不出。党的十一届三中全会以后,随着改革开放的深入发展,技术出口开始成为我国对外贸易的一个重要项目。据不完全统计,1979年至1985年我国出口技术39项,合同金额为7000万美元;1986年技术出口项目达20个,合同金额2000万美元;1987年出口技术项目比上年翻了一番,合同金额增加到8500万美元。加上在香港举办的工业技术出口交易会成交的7000万美元,全年技术出口金额达1.55亿美元。

在这些出口技术中,既有成熟的工业技术,也有技术服务项目;还有高等院校、科研机构的研究成果和工业企业的新工艺、新方法;既有独特的新技术,也有专利技术转让;既有中国的传统技术,也有处于世界领先地位的高技术。我国的杂交水稻、淡水鱼养殖、高炉喷煤粉、维生素C两步发酵法、计算机软件、医疗卫生保健、印染法彩色电影制造等技术,就已向一些发达国家出口。为其他国家提供发射卫星服务,标志我国的高技术服务也已进入国际市场。

中国又有8个市县对外国人开放

公安部新闻发言人宣布,为了适应对外开放的需要,经国务院批准,从即日起,我国又有8个市、县被列入对外国人开放地区。

根据《中华人民共和国外国人入境出境管理法》第四章第二十条规定,外国人持有效的签证或者居留证件即可前往这类地区旅行,无须申办旅行证件。

此次对外国人开放的市、县是:

河北省:南宫市、辛集市、沙河市、冀县、易县;

四川省:万县、雅安市、遂宁市。

解放军副总参谋长徐信在钓鱼台国宾馆会见并宴请挪威国防部国务秘书阿尔纳·卡尔斯塔德一行

《台湾研究》杂志创刊

该刊由中国社会科学院台湾研究所主办。著名学者梁漱溟先生题了刊名。《台湾研究》是一个反映对台湾政治、经济、法律、社会、文史哲及祖国统一等问题研究成果的综合性学术刊物,将在国内外公开发行。

该刊创刊号发表了李慎之、资中筠《今后十年的台湾》、包遵信《儒家思想与后现代化》、李永旺《论国民党的"政治革新"》等十几篇文章。

中国选手获1988年全英羽毛球赛3项冠军

在5个单项的决赛中,中国选手获得女子单打、男子双打和混合双打3项冠军。

在女子单打决赛中,24岁的中国湖北选手辜家明以11:2的相同比分,轻取南朝鲜对手李英淑两局,第一次在这个有影响的国际大赛中夺得冠军。

世界冠军王朋仁/史方静在混合双打决赛中,以2:0(15:9、18:17)战胜了丹麦的耶·克努德森/内·尼尔森。

男子双打决赛中卫冕冠军李永波/田秉毅对马来西亚的西德克兄弟,以15:6和15:7击败对手。

张锡均逝世

著名生理学家张锡均3月20日因病在北京逝世,享年89岁。

张锡均是中国共产党党员、中国科学院学部委员、中国医学科学院研究员、中国协和医科大学教授。他从事生理学教学和研究60多年,在神经化学递质研究方面成就突出,是神经内分泌研究的先驱者之一。他非常重视中西医结合的基础理论研究,60年代初即提出大脑皮层—内脏—经络相关学说,获得国内外学术界关注。

3月21日

国务院代总理李鹏致电声援联合国消除种族歧视国际日

李鹏致电联合国反对种族隔离特别委员会主席加尔巴,强烈谴责南非当局的种族歧视和种族隔离制度,并对以加尔巴为主席的特委会为动员国际社会支持南非人民的正义斗争而进行的不懈努力表示赞赏。

电报指出,南非当局顽固坚持种族歧视和种族隔离政策,践踏和剥夺广大黑人的基本权利,肆无忌惮地违反联合国通过的决议,禁止南非国内反种族隔离群众组织和南非工会大会进行任何政治活动。南非当局的上述倒行逆施是"对非洲人民和整个国际社会的严重挑战"。电报强调:"坚决彻底根除罪恶的种族歧视和种族隔离制度是广大南非人民和全世界人民的共同的迫切任务。"

电报说:"中国政府和人民强烈谴责南非当局的种族歧视和种族隔离制度,坚定不移地支持南非人民争取基本人权和种族平等、纳米比亚人民争取民族解放和独立以及非洲各国人民反对南非种族主义、维护国家独立和主权的正义斗争。”

商业部就做好1988年度棉花合同定购工作发出通知

通知要求各地切实加强领导，引导农民有计划地发展生产，完成国家棉花定购任务。

通知说，1987年度全国棉花产量、收购量较上年度有较大幅度增长，但仍不能满足各方面的需要，国家要求今年的棉花产量必须达到450万吨以上。国家计划规定今年全国棉花定购数量仍为438.75万吨，中央分配各产棉省、自治区、直辖市、计划单列市的合同定购数量也不作调整。收购棉花仍按“倒三七”比例加价，每交售皮棉100公斤奖售优质标准化肥70公斤、柴油5公斤，同时实行调棉奖粮，对调出的省、自治区按国家计划净调出数量(不包括调往本省计划单列市部分)每100公斤皮棉补贴粮食议转平差价12.8元。

通知说，各级供销合作社要在当地人民政府领导下，在春播前后集中一段时间，将棉花合同定购任务分解到基层，在尊重棉农意愿的基础上，落实到植棉户和生产单位，签订定购合同。适宜种棉的地方，如棉农要求多种棉花，可以增加合同定购数量。要努力为棉花生产提供优质服务，做好化肥、农药、农膜、柴油等生产资料供应。

国家科委发布经国务院批准的《技术合同管理暂行规定》

为了进一步深化科技体制改革，推动科学技术进步，保证《技术合同法》的贯彻实施，现就技术合同的管理作如下规定：

一、技术合同是我国技术成果商品化的基本法律形式，涉及科技、经济、工商行政管理、财政税收等各个方面，各级科委、工商行政管理局和其他行政管理部门应当按照社会主义商品经济的特点和要求，协同做好技术合同管理工作。

各级科委应当会同有关部门研究制定加强技术市场宏观管理的有关政策，指导《技术合同法》的正确实施。

各级工商行政管理局应当加强对技术合同的监督、检查。

凡订立技术合同的企业、事业单位应当建立技术合同管理制度。

二、为了正确贯彻执行国家扶植技术市场的政策和规定，各地区应当建立技术合同登记制度。技术合同的认定登记工作，由国家科委和各省、自治区、直辖市、计划单列城市科委或其委托的机构负责。其中，转让专利申请权或者专利权的，当事人还需向中国专利局登记；许可他人实施专利的，由专利权人在合同生效后三个月内向中国专利局备案。

经技术合同登记机关认定并登记的技术合同，有关部门应当按照国家的有关规定，在信贷、税收和奖励等方面给予优惠。

三、技术合同属于《技术合同法》第二十一条所列情况之一的，当事人或者利害关系人可以请求工商行政管理局宣布技术合同无效，工商行政管理局也可以进行查处。在处理过程中，凡涉及非法垄断技术，妨碍技术进步，侵害他人技术权益的，工商行政管理局应当委托当地科委或者专利管理机关作出结论后，再行处理。

四、技术合同发生争议，当事人不愿协商、调解或者协商调解不成的，可以依据合同订立的仲裁条款或者事后达成的仲裁协议，向工商行政管理局仲裁机构或者其他仲裁机构申请仲裁。其中涉及发明权、发现权、技术成果权或者专利申请权、专利侵权争议的，仲裁机构应当委托当地科委或者专利管理机关作出结论后，再行处理。

五、本规定由国家科委负责解释。

六、本规定自发布之日起施行。

中央军委召开关于加快和深化军队改革的座谈会

中央军委常务副主席杨尚昆主持了会议，中央军委第一副主席赵紫阳出席会议并讲话。

参加座谈会的有人民解放军各总部、国防科工委、各军兵种、各大军区、军事科学院、国防大学等单位的主要领导同志。与会同志发言踊跃，联系军队实际，提出了许多改革的意见和建议。

《陈布雷日记》出版

陈布雷是蒋介石的最高幕僚，职掌蒋介石“机要”达十六七年之久。从1935年3月至1948年11月，他所记的《畏垒室日记》，是研究中华民国史不可多得的重要资料，原件保存在中国第二历史档案馆。即将由江苏古籍出版社出版的《陈布雷日记》，共分三个部分：第一部分为学生时代及寓居沪上时日记；第二部分为《畏垒室日记》，记载了陈布雷从事政务活动及自杀前“忧伤国事”的情况；第三部分为陈布雷自撰《回忆录》，分年追述了1890年至1939年陈布雷的“个人经历并及家庭事”。

3月22日

国家主席李先念在人民大会堂会见4国新任驻华

大使

这4位大使是：赤道几内亚大使欧洛希奥·奥约、加拿大大使狄鄂、澳大利亚大使沙德伟和巴布亚新几内亚大使诺埃尔·利瓦伊。

李先念同他们进行了友好的谈话。他说，世界各国人民、政府和议会，都希望和平，不需要战争，厌恶战争。现在世界上还存在着核武器、化学武器、生物武器，它们毁灭性很大。美苏应率先裁减武器库，尤其是核武器，常规武器应裁减到最低限度。在裁军问题上，国家不论大小都应有发言权。

国务院代总理李鹏在人民大会堂会见著名作家韩素音

中共中央纪律检查委员会第二次全体会议在北京闭幕

全会一致通过了《中国共产党中央纪律检查委员会第二次全体会议公报》，表示坚决响应党的十三届二中全会的号召，进一步解放思想，加快和深化改革，坚定地、创造性地贯彻执行党的路线和方针政策，把创新精神与增强纪律观念统一起来，集中力量管好党纪，协助党委管好党风，以改革的精神加强纪检队伍建设，为实现党的十三大提出的各项任务，作出新的贡献。

中共中央政治局常委赵紫阳、李鹏、乔石、胡启立、姚依林今天上午会见了与会全体同志。

全会审议通过了乔石同志代表中央纪律检查委员会常务委员会作的《认真贯彻党的十三大精神，努力做好纪律检查工作》的报告。

乔石同志报告第一部分重申了增强全党的纪律观念的问题。他说，增强纪律观念，当前说来就是要求党的各级组织和全体党员，在政治上同党的十一届三中全会以来的路线保持高度的一致，坚决贯彻党的十三大精神，坚决执行党在社会主义初级阶段的基本路线，坚持“一个中心、两个基本点”。这是党的政治纪律对广大党员的根本要求。没有严格的纪律作保证，再好的路线也不可能得到正确的贯彻执行。

乔石同志报告第二部分谈到集中力量管好党纪的问题。他指出，党的纪律检查委员会的一个基本任务是维护党规党法。纪检机关应该依照党章规定继续发挥以下职能：保护党员的民主权利，使之不受侵犯；惩处违反党纪的党员，清除党内腐败分子；监督党的各级组织特别是领导机关、领导干部执行党的路线、方针、政策、决议和贯彻民主集中制的情况；教育党员遵纪守法，履行义务，发扬党的优良作风，增强反腐蚀的能力。上述保护、惩处、监督、教育等方面的工作，是纪检机关经常性的工作，都应该抓紧做好。

乔石同志报告第三部分是关于党风建设问题。他强调，搞好党风建设，一方面要靠加快和深化改革，建立、健全各种制度，逐步减少产生不正之风的土壤；另一方面要靠从严治党，严肃党的纪律。两者要紧密结合起来，相互促进。

乔石同志报告第四部分提出了以改革的精神加强纪检队伍建设。他对全国20万纪检干部明确要求，是否有利于发展生产力，是我们考虑一切问题的出发点和检验一切工作的根本标准。纪检干部牢固地树立和掌握了这个观念，对于那些勇于改革、勇于探索的同志，就会满腔热情地给予支持；对于因改革缺乏经验而出现失误的同志，就会诚恳耐心地帮助他们总结教训，鼓励他们继续前进；对于那些破坏改革开放、违法乱纪的人，就会毫不留情地予以严肃处理。

全会还讨论了《党的纪律检查机关体制改革方案》。

中共中央政治局常委、中央纪律检查委员会书记乔石主持了这次会议。

中央纪律检查委员会委员出席了会议。有关省、自治区，国务院部门和军队纪检机关的主要负责同志列席了会议。

中国共产党中央纪律检查委员会第二次全体会议公报

中国共产党中央纪律检查委员会第二次全体会议，于1988年3月20日至22日在北京举行。

出席这次全会的中央纪律检查委员会委员68人。有关省、自治区，国务院部门和军队纪检机关的主要负责同志列席了会议。

中共中央政治局常委、中央纪律检查委员会书记乔石主持了这次会议。

会议期间，中共中央政治局常委赵紫阳、李鹏、乔石、胡启立、姚依林，会见了与会全体同志。

全会一致赞同中共中央总书记赵紫阳代表中央政治局在中国共产党第十三届中央委员会第二次全体会议上作的工作报告；一致赞同党的十三届二中全会决定向七届全国人大一次会议主席团推荐的国家机构领导人员人选名单，和向七届全国政协一次会议主席团推荐的全国政协领导人员人选名单。

全会审议通过了乔石同志代表中央纪律检查委员会常务委员会作的《认真贯彻党的十三大精神，努力做好纪律检查工作》的报告。一致认为，这个报告从加强新时期党的建设出发，进一步明确了纪律检查工作的指导思想和方针任务，强调全党要增强纪律观念，发扬党的三大作风，坚持从严治党，加强纪检工作，搞好党风建设，对保证党的基本路线的贯彻执行，具有重要的指导意义。

全会还讨论了《党的纪律检查机关体制改革方案》。

全会表示,要坚决响应党的十三届二中全会的号召,进一步解放思想,加快和深化改革,坚定地、创造性地贯彻执行党的路线和方针政策,把创新精神与增强纪律观念统一起来,集中力量管好党纪,协助党委管好党风,以改革的精神加强纪检队伍建设,为实现党的十三大提出的各项任务,作出新的贡献。

民政部发布1987年民政事业统计公报

公报指出,去年各级民政部门在党和政府的领导下,坚持四项基本原则,坚持改革、开放,经过广大民政职工的积极努力,各项民政事业在国民经济持续稳定发展的基础上有了新的发展,在努力为政治经济体制改革创造良好的社会环境,促进社会安定团结方面发挥了积极作用。

公报公布的民政事业主要统计数字如下:

1987年城乡各种社会福利院达37368个,比上年增加2370个;床位达到65万张,收养能力比上年提高10.8%,完成国家计划的105.7%;收养51.8万人。优抚休(疗)养院向社会开放,去年为社会病员门诊25万人次。

1987年社会福利企业单位达27793个,拥有职工113.9万人,其中残疾人员43.3万人,占职工总数的38%;社会福利企业产值114.7亿元,利润9.2亿元,分别比上年增长67%和46%。社会福利企业主要出口产品有140多种,为国家创汇6000多万美元。

1987年确认了15万红军失散人员的政治身份,落实了定期定量补助。去年国家发放抚恤费和群众优待金额共计17.6亿元。

1987年是个轻灾偏重年,成灾农作物面积3亿亩,受灾人口1亿多,国家拨发救灾款9亿多元,救济补助4300万灾民。民政部门共扶持贫困户1065万户,当年脱贫311万户。全国贫困户人口比上年减少926万人。

1987年全国申请登记结婚的有970.1万对,符合《婚姻法》,准予登记结婚的有924.7万对,每千人口结婚率为17.2人。向婚姻登记机关、法院提出的离婚的有102.7万对,调解无效,准予或判决离婚的58.1万对,每千人口离婚率为1.1人,比上年增加0.1人。

1987年国家用于抚恤、社会救济的支出比上年略有增加,约占国家财政支出的1.53%。

公报还指出了我国人民群众在婚、丧方面存在的问题。婚姻方面,有些地方早婚早育、不登记就以夫妻关系同居、婚事大操大办等婚姻陋习相当严重,在婚姻家庭里,改变旧的传统观念和抵制资本主义思想影响,任务还很重。在丧葬上,大操大办、封建迷信的习俗有所抬头,要动员社会力量,树立丧事简办的文明新风。

中国国民生产总值升至世界第7位

据《人民日报》报道,在六届人大召开以来的5年中,我国经济始终保持着稳定增长的好势头,我国国民生产总值在世界各国中的位次已由1982年的第9位上升到1987年的第7位。农业生产位居榜首,工业生产居美国、苏联、日本、联邦德国之后列第5位。谷物、猪牛羊肉、棉花、油菜籽、布、水泥、原煤产量均居世界首位,化肥、硫酸居第3位,钢、发电量居第4位,原油居第5位,进出口总额由第19位上升到第12位。

5年来,我国的经济实力有了巨大增长。这期间全国共建成投产大中型基建项目529个。一批骨干项目投入生产,新增加的主要生产能力有:发电装机容量2938万千瓦,原煤开采9750万吨,原油开采7049万吨,新建铁路交付营运里程3389公里,铁路复线里程2204公里,港口吞吐能力1.3277亿吨。

中共中央书记处书记胡启立在北京同捷克斯洛伐克共产党中央主席团委员瓦西尔·比拉克举行会谈

中国报协在北京成立

其宗旨是发挥报社同党、政府之间,报界同读者之间的桥梁和纽带作用,增进与社会各界的联系和协作;维护报社行业及会员单位的合法权益,全心全意为各报服务,促进行业的经济技术进步,加快各报社经营管理体制的改革。报协实行团体会员制,首批入会的有126家报社。

成立大会上,钱李仁、杜导正、李彦、杨子才等讲了话。经过民主讨论,中国报协选举出56名理事、15名常务理事。钱李仁、杜导正、李彦为名誉会长,邓岗、郭渭等5人为顾问。会长是保育钧、张国良、舒野、王秉德、刘耀名。

国际排联和中国排球协会在北京举行举办1990年世界女排锦标赛的议定书签字仪式

国际排联主席阿科斯塔和中国排球协会副主席魏纪中在议定书上签了字。1990年世界女排锦标赛将在北京、上海、沈阳等4个城市举行。

3月23日

全国政协七届一次会议在人民大会堂举行预备会

第六届全国政协主席邓颖超主持了预备会。当邓颖超和第六届全国政协的副主席登上主席台时,委员们以热烈的掌声,对他们领导第六届全国政协工作五年来取得的巨大成绩表示衷心感谢。

会议通过了全国政协第七届第一次会议主席团和秘书长名单。主席团由307人组成,秘书长是周绍铮。根据全国政协章程规定,全国政协第七届第一次会议由会议主席团主持。

会议还通过了全国政协第七届第一次会议议程。这次会议的主要议程是:听取并审议政协第六届全国委员会常务委员会工作报告;审议政协第六届全国委员会提案工作情况的报告(书面);审议通过政协第七届全国委员会提案委员会主任、副主任、委员名单;列席中华人民共和国第七届全国代表大会第一次会议;选举中国人民政治协商会议第七届全国委员会主席、副主席、秘书长、常务委员等。

预备会议的议程结束后,邓颖超说:“我们六届全国委员会常务委员会到此完成了任务,我对应邀参加第七届全国政协的委员们表示欢迎,并预祝第七届全国委员会第一次会议顺利召开,圆满成功。祝第七届全国政协的工作比第六届做得更好。”

预备会上在主席台前排就座的有:杨静仁、刘澜涛、陆定一、康克清、帕巴拉·格列朗杰、胡子昂、钱昌照、杨成武、陈再道、吕正操、周培源、包尔汉、王光英、邓兆祥、赵朴初、屈武、马文瑞、刘靖基、王恩茂、钱学森、雷洁琼、钱伟长、周绍铮。

全国政协七届一次会议主席团第一次会议在人民大会堂举行

李先念等29人今天被推选为全国政协第七届第一次会议主席团常务主席。

中共中央书记处书记阎明复就中共中央关于全国政协第七届第一次会议主席团常务主席建议名单作了说明。他介绍说,在主席团常务主席名单中,有中共党员14名,民主党派、无党派、有关人民团体及民族、宗教界代表人士15名。他说,全国政协领导人选包括以上建议名单,是经过3月2日中共中央委托乔石、宋平等同志邀请各民主党派中央、有关人民团体的主要负责同志和无党派爱国人士协商会,3月14日中共中央邀请各界人士举行民主协商会,3月21日中共中央委托我邀请各民主党派中央、有关人民团体和无党派爱国人士协商会共同协商提名的。

在主席团常务主席李先念的主持下,会议通过了全国政协第七届第一次会议日程,政协第七届全国委员会提案委员会主任、副主任、委员名单草案,全国政协第六届常委会工作报告的报告人,全国政协第七届第一次会议分组办法和小组召集人名单。

会议还决定陆平、罗涵先、叶至善、赵伟之、孙轶青为大会副秘书长。

全国政协七届一次会议主席团常务主席名单

(共29人)

李先念　王任重　阎明复　方　毅　谷　牧　杨静仁
康克清(女)　帕巴拉·格列朗杰　胡子昂
钱昌照　周培源　缪云台　王光英　邓兆祥　赵朴初
屈　武　巴　金　马文瑞　刘靖基　王恩茂　钱学森
钱伟长　胡　绳　孙晓村　程思远　卢嘉锡
钱正英(女)　苏步青　司马义·艾买提

全国工交生产办公电话会议在北京召开

国家经委副主任叶青在会上再次强调了双增双节运动的意义,并提出了今年的具体任务。

今年以来,头两个月,全国工业总产值完成1683亿元,按可比口径计算,增长速度为16.2%,一季度可达16.4%。市场情况也比较好。但是,经济运行中也存在一些不稳定因素,重大恶性事故频繁发生,生产、流通等方面都有不少困难。当前突出的问题是,部分原材料短缺,外汇不足;运输同生产增长的比例也不协调;不少地方出现流动资金紧张。解决问题的根本办法,就在于进一步深化改革,配套、完善、深化发展企业承包制,更扎实地开展群众性的增产节约、增收节支运动。

叶青说,双增双节运动是去年经济工作中的一件大事,今年增产节约的总任务是以提高经济效益为中心,具体要求是,全民所有制工业企业全员劳动生产率比去年实际最高4%,产品质量稳定提高率高于去年,产品更新率达到10%以上,其中轻纺产品花色品种更新率达到20%经以上,工业总产值综合能耗比去年降低3%,原材料消耗要有较多下降,流动资金周转天数加速5.8%,亏损企业损额减少20%。

中央军委纪律检查委员会第四次全体会议在北京召开

会议于3月23日到24日召开,研究了如何做好新形势下的纪律检查工作。这次会议是为贯彻党的十三届二中全会、中纪委第二次全会和军委举行的军队改革座谈会精神召开的。

总政治部主任杨白冰到会讲话,强调军队纪检工作要自觉地服从和服务于军队的中心工作,要把反腐蚀作为纪检工作的一项重要任务抓紧抓好。中纪委常委、军委纪委书记郭林祥向全会作工作报告,回顾了军委纪委一年来的工作,部署了今后的任务。

会议分析了在改革开放的新形势下,军队党风党纪方面出现的新情况、新问题。认为,改革开放给部队党的建设注入新的活力,促进了党组织战斗力和党员素质的提高,这是主流。但也不可避免地出现了一些消极因素,资产阶级腐朽思想乘隙而入,影响到部队,侵蚀一些党员的思想,诱发一些人违法乱纪;随着搞活经济和部队生产经营的发展,行贿受贿、贪污盗窃等经济案件相对也多了;随着改革的深化,社会各方面利益的调整,一些党员干部不能正确处理个人与党组织的关系;还有的人钻改革的空子,趁机捞一把,等等。

3月24日

全国政协七届一次会议在人民大会堂开幕

主席团常务主席李先念、王任重、阎明复、方毅、谷牧、杨静仁、康克清、帕巴拉·格列朗杰、胡子昂、钱昌照、周培源、缪云台、王光英、邓兆祥、赵朴初、屈武、马文瑞、刘靖基、王恩茂、钱学森、钱伟长、胡绳、孙晓村、程思远、钱正英、苏步青、司马义·艾买提,秘书长周绍铮,在主席台前排就座。

赵紫阳、李鹏、彭真、乔石、胡启立、姚依林、乌兰夫、万里、田纪云、李铁映、杨尚昆、宋平、秦基伟、丁关根、宋任穷、王震、习仲勋、芮杏文、温家宝等同志出席了开幕式,并热烈祝贺全国政协七届一次会议的召开。

李先念主持了开幕式。他说,政协第七届全国委员会第一次会议是在中共十三大召开后的新形势下召开的,是一次很重要的会议。会议将选举政协第七届全国委员会主席、副主席、秘书长和常务委员,听取政协第六届全国委员会常务委员会工作报告;会议的另一个重要议程,就是要列席七届全国人大一次会议,听取和讨论政府工作报告及其他报告。

第六届全国政协副主席钱学森在会上作了政协第六届全国委员会常务委员会工作报告。他在报告中回顾了六届全国政协的工作后说,5年来,全国政协在广泛开展各项活动的过程中,把发挥政治协商、民主监督基本职能作用作为中心环节,把事关国计民生的重大问题作为政治协商、民主监督的主要内容,并在实践中逐步推动政治协商、民主监督向经常化、制度化的方向发展。他说,全国政协的政治协商、民主监督已深入到政治、经济和社会生活的各个领域,形式和方法更加灵活多样,效果也更为显著。这正是我国社会主义民主建设不断发展,人民政协的作用不断加强的具体体现。

钱学森在报告的最后说,5年来,全国政协围绕改革、开放和两个文明建设,努力开展工作,取得了一定的成绩,但还不能适应形势发展的需要,存在一些不足,许多方面的工作尚需继续改进。现在,政协第六届全国委员会已经完成自己的历史使命,更光荣、更艰巨的任务将由第七届全国委员会承担。我们相信,通过新一届全体委员的团结奋斗,人民政协必将为实现我国社会主义初级阶段的基本路线,为振兴中华、统一祖国作出新的更大的贡献。

会议审议并通过了政协第七届全国委员会提案委员会主任、副主任、委员名单。提案委员会主任是卢嘉锡,副主任是彭友今、孙孚凌、郑孝燮。

前来向大会祝贺的还有:王平、王首道、伍修权、刘澜涛、江华、李德生、杨得志、张劲夫、陆定一、陈丕显、陈锡联、胡乔木、段君毅、黄华、黄镇、彭冲、朱学范、阿沛·阿旺晋美、班禅额尔德尼·确吉坚赞、赛福鼎·艾则孜、周谷城、严济慈、荣毅仁、叶飞、廖汉生、楚图南、陈慕华、王丙乾、宋健、郑天翔、杨易辰、杨成武、陈再道、吕正操、包尔汉、费孝通、雷洁琼、汪锋、洪学智、刘华清等。

列席今天开幕式的有全国政协机关负责人、中共中央统战部负责人、国务院参事室参事、国家宗教局负责人、全国政协文史资料研究委员会专员等。中共中央、中央国家机关各部委负责人旁听了会议。

外国驻华使节应邀旁听了会议。

《人民日报》发表社论《使命 优势 活力——祝贺政协七届一次会议开幕》

中国人民政治协商会议第七届全国委员会第一次会议,今天在北京隆重开幕。我们谨向大会表示热烈的祝贺!

在这次会议上,委员们将对政协六届一次会议以来的工作进行认真的总结,将选出全国政协新的领导成员,还将列席第七届全国人民代表大会第一次会议,就有关国计民生的重大问题畅抒己见。这是人民政协历史上又一次重要的会议。正当全国各族人民在党的十三大路线指引下胜利前进的时刻召开的这次会议,必将进一步调动各方面人士的积极性,为振兴中华的大业作出新的贡献。

中国人民政治协商会议,是有广泛代表性的爱国统一战线组织。它是马克思主义统一战线原理与我国具体实践相结合的产物,是具有中国特色的政治组织,在我国社会主义的革命和建设事业中曾经发挥了重要的作用。从1978年政协恢复工作到今天的10年间,我们国家实现了历史性的伟大转折,在党的十一届三中全会路线指引下,社会主义的各项事业欣欣向荣,生机勃勃。我国的爱国统一战线也进入蓬勃发展的新的历史时期。从邓小平同志为主席的五届政协到邓颖超同志为主席的六届政协,人民政协紧密围绕国家的中心任务,根据政协组织的特点,为推动改革、开放和两个文明建设,健全社会主义民主和法制,促进祖国和平统一,做了大量工作,成效卓著,世所共睹。人民政协的工作已经开创出一个新的局面。

10年的经验证明,在新的历史时期,人民政协有着强大的生命力,人民政协活动的舞台更加广阔,人民政协的作用大大增强。在建设有中国特色的社会主义民主政治的过程中,人民政协能够发挥其他组织无法代替的重要作用。如果用党的十三大所阐明的社会主义初级阶段的理论来观察问题,这个结论更是不容置疑的。把我国建设成为富强、民主、文明的社会主义国家,实现祖国和平统一,是十分艰巨、复杂、长期的历史任务,在完成这一历史任务的进程中,我们必须始终高举社会主义旗帜和祖国统一、振兴中华的爱国主义旗帜,巩固和发展最广泛的爱国统一战线,团结一切可以团结的人共同奋斗。人民政协肩负着光荣而艰巨的历史使命。

共产党领导下的多党合作和政治协商制度,是我国社会主义政治制度的特点和优势之一。进行政治体制改革,要进一步突出这一特点、发挥这一优势。人民政协拥有密集的、多学科的、高水平的、经验丰富的人才,是综合性人才库;人民政协在国内外有非常广泛的、密切的社会联系,是团结的纽带、友谊的桥梁。这些优势在过去10年中已经充分显示出来,并且得到较好的发挥,今后进一步发挥这些优势还大有文章可做。人民政协的基本职能是对国家的大政方针和群众生活的重大问题进行政治协商,并通过建议和批评,对宪法和法律的实施,对国家机关的工作进行民主监督。赵紫阳同志在十三大报告中论述建立社会协商对话制度时指出:“对全国性的、地方性的、基层单位内部的重大问题的协商对话,应分别在国家、地方和基层三个不同的层次上展开。各级领导机关必须把它作为领导工作中的一件大事去做。要进一步发挥现有协商对话渠道的作用,注意开辟新的渠道。”人民政协理所当然是现有的协商对话渠道中重要的渠道,应当充分发挥它的作用。今后人民政协在广泛开展各项活动的过程中,将把发挥政治协商、民主监督的基本职能作用作为中心环节,把事关国计民生的重大问题作为政治协商、民主监督的主要内容,并在实践中逐步推动政治协商、民主监督向经常化、制度化的方向发展。

多年来,政协全国委员会都和全国人民代表大会同时召开全会,而且政协委员列席全国人大会议,共商国是,这已经形成不成文的制度。在我国,凡是关系到国计民生的重大问题,一方面由人民代表大会行使国家权力,作出决定,一方面经过人民政协讨论协商,广泛听取各民主党派和社会各方面代表人士的意见,对于建设社会主义民主政治,实现决策的民主化、科学化,具有十分重要的意义。

人民政协的光荣使命,不仅落在整个组织上,而且落在每个政协委员的肩上。“难得是诤友,当面敢批评。”敢于直言,敢讲真话,敢作诤友,是政协委员最可宝贵的品格。在历届政协委员中,不乏这样的有胆有识之士。这正是人民政协生机勃勃、充满活力的原因所在。在七届政协委员中,六届委员留任的占60.6%,新提名的占39.4%,政协委员的代表性更加广泛,特别是民主党派成员增加,占委员总数的33.7%。在这次会议上,新老委员亲密团结,共同努力,切实贯彻人民政协“长期共存,互相监督,肝胆相照,荣辱与共”的方针,发扬敢于直言,敢讲真话的风格,一定能把这次大会开得民主、热烈、生动活泼。

七届全国人大一次会议在人民大会堂举行预备会议

六届全国人大常委会委员长彭真在会上宣布:七届全国人大一次会议的各项准备工作已经就绪,会议于3月25日开幕。

预备会议选举了七届全国人大一次会议主席团和秘书长,通过了七届全国人大一次会议议程。

六届全国人大常委会组成人员出席了会议。在主席台上就座的有:彭真、陈丕显、韦国清、耿飚、彭冲、王任重、朱学范、阿沛·阿旺晋美、班禅额尔德尼·确吉坚赞、赛福鼎·艾则孜、周谷城、严济慈、荣毅仁、叶飞、廖汉生、黄华、楚图南、王汉斌。

会议由彭真委员长主持。他首先代表六届全国人大常委会对七届全国人大代表表示热烈欢迎,并祝愿七届全国人大和即将选举产生的七届全国人大常委会在各项工作中取得辉煌成就。

彭真委员长说,各省、自治区、直辖市和人民解放军共选出七届全国人大代表2975名。经六届全国人大常委会代表资格审查委员会审查和全国人大常委会通过,认为2970名代表的选举符合法律规定,代表资格有效;有5名在选举中得票数不足法定票数,当选无效。七届全国人大一次会议应到代表2970人,已经报到的代表2920人。出席今天预备会议的代表2803人,符合法定人数。

彭真委员长说,七届全国人大一次会议的会期预计约18天。会议邀请中共中央领导同志,六届全国政协主席、副主席,各民主党派中央主要负责人和无党派爱国人士代表参加开幕式、闭幕式。按惯例,会议邀请出席七届全国政协一次会议的委员列席会议,邀请不是七届全国人大代表的六届全国人大常委会组成人员列席会议。

彭真说,按照过去的做法,七届全国人大一次会议将通知各国驻华使节旁听几次大会,还有港澳地区的记者和外国记者采访大会新闻。

在彭真委员长主持下,代表们以举手表决的方式,选举了七届全国人大一次会议主席团和秘书长,通过了七届全国人大一次会议的议程。

七届全国人大一次会议主席团和秘书长候选人名单草案是有关方面经过一个多月的反复协商,由六届全国人大常委会委员长会议讨论决定提出,经六届全国人大常委会讨论通过的。

选举的大会主席团由162人组成,其中包括党和国家领导人、现任或曾任党和国家重要领导职务的老同志27人;各民主党派中央、全国工商联负责人和无党派爱国人士15人;中央党政军机关有关负责人和人民团体负责人34人;在改革开放和社会主义现代化建设中有显著成绩的企业家、劳动模范、英雄人物和知识分子等各界代表人物39人;人口在一百万以上的少数民族的代表15人;各省、自治区、直辖市、人民解放军代表团负责人32人。

通过的七届全国人大一次会议议程共23项。根据这个议程,七届全国人大一次会议主要是选举和决定国家领导机构的新一届领导人员;听取和审议国务院、全国人大常委会等国家领导机构的几个报告;审查和批准1988年我国国民经济和社会发展计划,审查和批准1988年国家预算;审议国家一些重要法案和议案等。

七届全国人大一次会议主席团在人民大会堂举行第一次会议

会议推选出了主席团常务主席,通过和决定了开好七届全国人大一次会议的若干事宜。

会议首先在六届全国人大常委会委员长彭真主持下推选主席团常务主席。

彭真说,六届全国人大常委会委员长会议成员参加今天的会议,就是一项任务,提出七届全国人大一次会议主席团常务主席的建议人选,请主席团会议推定。

彭真说,七届全国人大一次会议主席团成员已经预备会议选出,共162人。处理大会的一些日常工作,不可能都召开主席团会议,因此,按照过去的做法,从主席团成员中推选主席团常务主席,处理大会的日常工作。

彭真说,常务主席建议人选名单是六届全国人大常委会委员长会议提出的,在3月23日召开的七届全国人大一次会议各代表团召集人会议上征求了意见。这个建议人选包括三部分同志:七届全国人大一次会议主席团中的六届全国人大常委会副委员长、被提名为七届全国人大7个专门委员会主任委员的主席团成员、需要主持大会主席团工作的几位同志。

接着,主席团成员们以举手表决方式推选出万里、习仲勋、乌兰夫等17人为主席团常务主席。

彭真说,主席团常务主席已经推定,我的任务已经完成。祝七届全国人大一次会议圆满成功。彭真请主席团常务主席主持主席团首次会议。这时,主席团成员们以热烈的掌声向彭真和六届全国人大常委会委员长会议的成员们表示感谢和敬意。

当彭真和不是七届全国人大一次会议主席团成员的六届全国人大常委会委员长会议的成员们退场时,万里同彭真热烈握手、紧紧拥抱,会场上再次响起热烈掌声。

随后,主席团会议在常务主席万里主持下,通过和决定了8项议程:

——通过了大会执行主席分组名单。

——决定了大会副秘书长人选。

——通过了关于确认赵紫阳辞去国务院总理职务请求的决定草案,提请大会通过。

——通过了七届全国人大一次会议通过议案和七届全国人大各专门委员会组成人员人选办法,提请大会通过。

——通过了七届全国人大民族委员会、法律委员会、内务司法委员会、财政经济委员会、教育科学文化卫生委员会、外事委员会、华侨委员会等7个专门委员会主任委员、副主任委员和委员人选的提名,提请大会通过。

——通过了七届全国人大一次会议日程。

——决定了七届全国人大一次会议列席人员。

——决定4月1日下午6时为代表提议案的截止时间。代表对各方面工作提出建议、批评和意见,不受时间的限制。

在通过七届全国人大7个专门委员会组成人员人选的提名这一议程之前,主席团常务主席彭冲就设立专门委员会和人选问题作了说明。

彭冲说,按照宪法规定,六届全国人大一次会议决定全国人大设立民族、法律、财政经济、教育科学文化卫生、外事、华侨6个专门委员会。宪法还规定,全国人大可以设立其他需要设立的专门委员会。根据六届全国人大的工作情况,经过反复研究,为了完善全国人大的组织制度建设,加强对司法工作的监督,建议增设内务司法委员会。这样,七届全国人大共需设立7个专门委员会。

七届全国人大一次会议主席团常务主席名单

万　里　习仲勋　宋　平　乌兰夫　彭　冲　韦国清
朱学范　阿沛·阿旺晋美　班禅额尔德尼·确吉坚赞
赛福鼎·艾则孜　周谷城　严济慈　荣毅仁　叶　飞
廖汉生　陈慕华(女)　王汉斌

七届全国人大一次会议议程

(1988年3月24日第七届全国人民代表大会第一次会议预备会议通过)

一、审议关于确认第六届全国人民代表大会常务委员会同意赵紫阳辞去国务院总理职务的决定的决定草案

二、听取和审议国务院代总理李鹏关于政府工作的报告

三、听取和审议国务院副总理兼国家计划委员会主任姚依林关于1988年国民经济和社会发展计划草案的报告

审查和批准1988年国民经济和社会发展计划

四、听取和审议国务委员兼财政部部长王丙乾关于1988年国家预算草案的报告

审查和批准1988年国家预算

五、审议中华人民共和国宪法修正案草案

六、审议《中华人民共和国全民所有制工业企业法(草案)》

七、审议《中华人民共和国中外合作经营企业法(草案)》

八、审议关于成立中华人民共和国澳门特别行政区基本法起草委员会的决定草案

九、审议关于设立海南省的议案

十、审议关于建立海南经济特区的议案

十一、审议通过第七届全国人民代表大会第一次会议选举办法

十二、审议通过第七届全国人民代表大会第一次会议通过议案和第七届全国人民代表大会各专门委员会组成人员人选办法

十三、听取和审议全国人大常委会副委员长陈丕显关于全国人民代表大会常务委员会的工作报告

十四、听取和审议最高人民法院院长郑天翔关于最高人民法院的工作报告

十五、听取和审议最高人民检察院检察长杨易辰关于最高人民检察院的工作报告

十六、选举中华人民共和国主席、副主席

十七、选举第七届全国人民代表大会常务委员会委员长、副委员长、秘书长、委员

十八、决定国务院总理的人选和国务院副总理、国务委员、各部部长、各委员会主任、审计长、秘书长的人选

十九、选举中央军事委员会主席

二十、决定中央军事委员会副主席、委员的人选

二十一、选举最高人民法院院长、最高人民检察院检察长

二十二、通过第七届全国人民代表大会各专门委员会主任委员、副主任委员、委员的人选

二十三、其他

国务院代总理李鹏在北京会见世界银行行长科纳布尔

李鹏说,中国目前正在进行大规模的现代化建设,我们需要资金,当然这要靠我们自己筹措,但也要利用外国资金。我们目前实行的开放政策,其中一个重要的内容就是吸收国外的资金、国外的技术和国外的先进管理经验。

李鹏向客人们介绍了我国在今后一段时期内建设的重点。他说,在今后5年或更长一段时期内,我们将着重解决农业、水利建设、能源和交通等问题。他希望世界银行在这几个方面能够给予积极的合作。

李鹏说,过去世界银行和我们的合作是富有成效的,他希望这种合作能够继续下去并且能够得到发展。

科纳布尔表示,他们将认真地考虑这些问题,并将作出积极的响应。他说,目前我们的合作已经到了这样的阶段,可以搞各种形式的贷款。他希望这些贷款能够有助于中国经济重点的建设。

国务委员兼财政部部长王丙乾会见时在座。

《国务院1988年立法计划》开始实施

这项计划共列入了37项法律草案,176项行政法规草案。

在37项法律草案中,今年内拟报全国人大审议的有12项,主要有:进出口商品检验法、标准化法和游行集会法等。此外,今年内争取报全国人大审议的法律草案有12项,继续进行调查研究的有13项。

在176项行政法规中,今年内拟由国务院发布或批准的有72项,包括:全民所有制工业企业承包经营责任制条例(已发布)、全民所有制工业企业租赁经营暂行条例、有限责任公司条例、股份有限公司条例、城镇集体企业暂行条例、乡村集体企业暂行条例、私营企业暂行条例、私营企业所得税条例、禁止向企业摊派暂行条例、禁止不正当竞争暂行条例、国有土地使用权出让和转让暂行条例、国有土地使用费暂行条例、控制社会集团购买力办法、基金会管理暂行办法、国家行政机关工作人员贪污贿赂行政处分暂行规定、特别重大事故调查处理程序暂行条例等。另外,今年内争取由国务院发布或批准的行政法规有54项,继续进行调查研究的有50项。

国家物价局向各地物价部门印发今年物价监督检查工作安排意见的通知

通知要求今年物价监督检查工作以稳定市场物价

为重点,切实加强对同人民生活密切相关的蔬菜、肉、蛋等“菜篮子”价格、紧俏工业消费品和节令性商品价格及非商品收费的检查。要扩大检查覆盖面,强化经常性的检查,坚决制止一切乱涨价和变相涨价的行为,稳定市场物价,保护消费者利益;深入开展农用生产资料价格大检查,春耕前对农用化肥、柴油、农膜等主要产品从生产、经营、销售各个环节的价格执行情况进行一次全面检查,一直查到基层供销社和农民见面的零售价格,对查出的违法案件要严肃处理,坚决保护农民的利益;继续加强对重要生产资料和交通运输价格监督检查,下半年各地要在全国范围内对石油、电力、重要轻纺工业原材料和化工原料等督促按规定日期执行并抓紧进行严格检查,制止将计划内转计划外高价销售、计划外转手倒买倒卖和乱收费以及价外加价等变相涨价行为。

这个通知要求各地加强价格法制建设。今年国家物价局将颁布《关于对价格违法行为的处罚规定》和其他一些与《条例》配套的规章。各地因地制宜,制定一些地方性的法规、规章。要切实加强执法工作,搞好社会价格监督和企业内部价格监督工作,形成强大的群众价格监督网络。通知最后要求各地加强物价检查干部培训工作,提高干部政治和业务素质,严肃纪律。

全国工业生产5年跃上新水平

据《人民日报》报道,最近5年来,我国工业生产以平均每年增长15.3%的速度发展,去年工业总产值已达13780亿元,工业内部比例协调,轻重工业发展速度大体接近,展示了良好的前景。工业生产实力增强,主要产品产量达到新水平。工业生产技术水平在近5年来也有了很大提高。

外交部亚洲司司长杨振亚向越南驻华大使阮明芳递交中国外交部致越南外交部的照会

照会主要内容如下:

一、中国对西沙群岛和南沙群岛拥有无可争辩的主权。一九七四年以前,越南发表的政府声明、正式照会和公开出版的地图中,均一直承认这个事实,从未提出异议。

二、中国方面一贯主张和平解决国与国之间的争端。在越南非法侵占中国南沙群岛部分岛屿后,一九七五年九月,中国领导人邓小平副总理曾向正在中国访问的越南领导人黎笋指出,中国方面有充分的材料证明西沙群岛和南沙群岛自古以来就属于中国领土。本着通过友好协商解决分歧的原则,邓小平副总理当时作了“以后可以商谈”的表示。遗憾的是,在此之后,越南当局不仅没有改变其错误做法,反而变本加厉地派兵抢占中国南沙群岛岛礁,企图长期霸占。最近以来,越南加快了抢占中国岛礁的步伐,并在南沙海域制造紧张局势,向中国船只进行武装挑衅。在这种情况下,提出所谓谈判建议,只能再次暴露它的虚伪面目。

三、南沙群岛海域目前的紧张局势完全是越南方面一手造成的。越南必须从非法侵占的中国南沙群岛岛礁撤出去,停止在这一海域的挑衅活动,否则,越南方面必须承担由此引起的一切后果。

上海发生列车正面相撞事故

14时20分,在距离上海真如站7.3公里的外环线匡巷车站,由南京开往杭州的311次旅客列车,与迎面开来正要进站的长沙开往上海的208次列车正面相撞。事故造成旅客死亡28人(其中日本旅客27人),重伤11人(其中日本旅客9人),轻伤88人(其中日本旅客24人),日本旅客多为学生。

3月25日

七届全国人大一次会议在人民大会堂开幕

大会执行主席、主席团常务主席万里宣布会议开幕。

大会首先以举手表决的方式,通过了七届全国人大一次会议通过议案和各专门委员会组成人员人选办法。这个办法确定,七届全国人大一次会议通过议案和通过七届全国人大各专门委员会组成人员的人选,采用举手表决的方式,以全体代表过半数通过;通过宪法修正案采用无记名投票的方式,以全体代表2/3以上的多数通过。

1987年11月24日,六届全国人大常委会第二十三次会议通过了关于同意赵紫阳辞去国务院总理职务,报请七届全国人大一次会议确认的决定,同时,决定同意赵紫阳的建议,在七届全国人大一次会议决定国务院总理的人选以前,由国务院副总理李鹏任国务院代总理,行使总理职权,领导国务院的工作。今天,代表们以举手表决的方式,通过了关于确认赵紫阳辞去国务院总理职务的请求的决定。

李鹏代总理向大会作政府工作报告。

大会由主席团常务主席担任执行主席。

在大会主席台前排就座的执行主席还有习仲勋、宋平、乌兰夫、彭冲、韦国清、朱学范、阿沛·阿旺晋美、班禅额尔德尼·确吉坚赞、赛福鼎·艾则孜、周谷城、严济慈、荣毅仁、叶飞、廖汉生、陈慕华、王汉斌。

大会主席团其他成员、党和国家各方面的领导人、各民主党派负责人在主席台上就座。他们中有:赵紫阳、邓小平、李先念、彭真、乔石、胡启立、姚依林、田纪云、李铁映、李瑞环、李锡铭、杨尚昆、吴学谦、胡耀邦、秦基伟、丁关根、薄一波、宋任穷、王震、芮杏文、阎明复、温家宝、刘澜涛、杨得志、张劲夫、张爱萍、陆定一、陈丕显、姬鹏飞、康世恩、王任重、楚图南、方毅、谷牧、王丙乾、宋健、郑天翔、杨易辰、杨静仁、康克清、帕巴拉·格列朗杰、胡子昂、钱昌照、杨成武、陈再道、吕正操、周培源、包尔汉、王光英、邓兆祥、费孝通、赵朴初、屈武、马文瑞、刘靖基、王恩茂、钱学森、雷洁琼、钱伟长、洪学智、刘华清、黄鼎臣、林盛中等。

中央党政军群各部门负责人列席了大会。

出席全国政协七届一次会议的委员和其他有关人员,列席了大会。

各国驻华使节旁听了大会。

国务院代总理李鹏在七届全国人大一次会议上作政府工作报告

各位代表!

我代表国务院,向大会作政府工作报告,请予审议。

过去五年国内工作的基本总结

第六届全国人民代表大会期间,国务院在赵紫阳总理主持下,认真执行中国共产党的路线和全国人民代表大会的决议,在各项工作中取得了举世瞩目的成绩。全国各族人民团结一致,奋力开拓,使我国社会主义现代化建设充满了生机与活力,国家面貌发生了深刻的变化。

五年来,在改革开放的推动下,我国国民经济持续发展,总的形势是很好的。

——国家经济实力继续得到显著增强。国民生产总值1987年达到10920亿元,按可比价格计算平均每年增长11.1%。经济发展速度比较高,波动幅度比较小。国民收入1987年达到9153亿元,按可比价格计算平均每年增长10.7%。国内财政收入1987年达到2243.6亿元,平均每年增长12.9%;预算外资金1987年达到1930亿元,平均每年增长19.2%。粮、绵、钢、煤、电、石油、化肥、水泥、化纤、纱、布等主要产品的产量,以及交通运输量,都有较大幅度的增长。全民所有制企业新增加的固定资产达到5854亿元,为我国经济的进一步发展提供了物质技术基础。

——国民经济的重大比例关系进一步趋于协调,宏观经济效益有了提高。工业企业的全员劳动生产率平均每年增长6.5%。固定资产产值率、流动资金周转率和固定资产交付使用率,都比过去有所提高。工业产品的花色品种增加,主要产品质量有了改善。工业生产中物质消耗水平有所下降,五年节约能源折合标准煤1.6亿吨。宏观经济效益的改进,为国民经济逐步走上良性循环创造了有利条件。

——城乡人民生活进一步改善。农民人均纯收入,1982年为270元,1987年提高到463元,扣除物价上涨因素,平均每年增长8.6%;城镇居民人均生活费收入,1982年为494.5元,1987年提高到9.6元,扣除物价上涨因素,平均每年增长6.3%。城乡市场繁荣兴旺,消费品供应明显增多。城市新建职工住宅8.5亿平方米,农村新建住房39亿平方米,城乡人民居住条件有了改善。全国城镇共安排3700多万人就业,基本解决了长期积累的城镇待业青年就业问题。贫困地区摆脱贫困面貌的工作取得了较大的进展。

五年来,经济体制改革从农村到城市全面展开,取得了重大进展,积累了丰富经验。

——农村改革继续深入。在完善家庭联产承包责任制的同时,乡镇企业和各项社会化服务业,以及各种兼业经营,得到了很大的发展。农副产品统购派购制度的初步改革,调动了广大农民发展商品经济的积极性。在经济比较发达的地区和大城市郊区,种植业和养殖业的适度规模经营有了发展,开始出现现代农业的集约化经营方式。

——城市改革紧紧围绕增强企业活力这个中心环节展开。在扩大企业自主权的基础上,积极推行承包、租赁等多种形式的经营责任制,试行股份制,促使企业逐步成为相对独立的商品生产者和经营者。在企业内部,推行厂长负责制和厂长任期目标责任制,加强定额管理和经济核算,改革劳动制度和分配制度,企业开始形成有利于发展商品经济的经营机制。

——在搞活消费品市场的同时,逐步发展生产资料市场,开拓金融、技术、劳务和房地产市场,对价格体系改革进行了有益的探索和尝试,大力发展了企业、地方和部门间的横向经济联合。社会主义市场体系正在逐步形成,市场机制在国民经济运行中开始显示出重要作用。

——积极推行宏观经济管理的改革。在计划、投资、物资、财政、税收、金融、外贸等体制方面都进行了不同程度的改革,开始从直接调控为主向间接调控为主过渡。在所有制方面,在大力发展全民所有制经济、城乡集体经济和合作经济的同时,鼓励发展个体经济、私营经济以及中外合资经营、中外合作经营和外商独资企业,逐步形成以公有制为主体的多种成分、多种形式的所有制结构。在加强经济法制方面,在加强财政、税收、物价、银行、审计、海关和工商行政的管理与监督方面,也做了大量的工作。

五年来,在经济体制改革带动下,改革逐步在科技、教育、文化、政治等领域展开,日益显示出重大作用。

——通过科技体制的改革,开始把竞争机制引进科技领域,激发了广大科技工作者的积极性,促进了科学技术的发展。专利制度已经建立,技术市场蓬勃兴起。科研机构、高等学校与企业之间的联合有了新的发展。各种自负盈亏、技工贸结合的科技型企业和民办科研机构不断涌现,开始改变了单一的国家办科研的局面。过去五年中,全国共取得重大科技成果5万多项,其中一部分达到了世界先进水平。

——通过教育体制的改革,促进了各类教育事业的发展。基础教育实行地方负责、分级管理的体制,调动了地方、部门、企业办学的积极性。随着义务教育法的实施,中小学办学条件有了改善,教师素质有了提高。职业技术教育发展很快。高等教育改革逐渐展开,促进了教学和科研的发展。派出了大批的各类留学人员,加强和改进了对留学生的管理和服务工作。成人教育初步形成体系,在职职工的岗位培训得到加强。幼儿教育、残疾人教育和扫盲工作,有了较大发展。文学艺术、新闻出版、广播电影电视等各项文化事业和卫生、体育事业欣欣向荣,在改革中不断取得新的成就。

——社会主义民主和法制建设逐步加强。各级政府在执行人民代表大会决议和接受人民代表大会监督方面有了进步,并在工作中努力体现人民的意志和要求。许多企事业单位逐步加强民主管理,调动了职工群众的主动性和创造性。农村实行政社分开,建立乡政权,许多村民自治组织逐步发挥群众自我教育、自我管理的作用。各级政府和有关部门为加强法制建设做了很大努力。五年内国务院提请全国人大常委会审议通过的法律有30项,国务院制定和颁布的行政法规有255项。各个领域的法律体系正在逐步完善,执法工作和司法行政工作有了加强。通过普及法律知识,人民群众的法制观念和公民意识逐步增强。

——军队的改革取得重大成效。国防建设的指导思想实现了战略性转变。人民解放军实现革命化、现代化、正规化的进程加快。军队裁员100万的任务已经完成,官兵素质有了提高,国防装备有了改善。国防科技和工业部门认真执行军民结合的方针,取得了显著成绩。人民解放军为保卫和支援国家的社会主义建设,作出了重大贡献。

五年来,不断扩大对外开放,积极发展对外经济技术交流与合作,进一步改变了过去的封闭半封闭状态。

——沿海开放地区和经济特区的开发和建设取得显著成绩,积极发展了外向型经济,出口创汇能力不断增强。它们在吸收外资、引进先进技术和科学管理经验方面,在了解国际市场、传递经济信息和培养人才方面,发挥了重要的窗口作用。

——对外贸易有了很大发展。1987年全国进出口总额达到827亿美元,平均每年增长14.7%。对外贸易市场日趋扩大,同发达国家和发展中国家的贸易都有增加。出口商品结构的调整取得较大进展,工业制成品的出口比重不断上升。

——技术引进工作取得了重大成绩。五年间为改造现有企业而引进的先进技术和设备有1万多项,用汇近100亿美元。许多企业技术落后的状况逐步得到改变,增强了开发能力。与此同时,我国技术开始进入国际市场,改变了只从国外引进技术的局面。

——利用外资取得显著成效。五年间全国通过各种方式使用国外贷款153.8亿美元,吸收外商直接投资87.8亿美元。在1万多个中外合资经营、合作经营和外商独资企业和建设项目中,生产性企业、出口型企业和先进技术型企业所占比重上升,已经涌现出一批办得比较好的企业和一些对经济建设有较大影响的项目。

——对外承包工程、劳务合作和国际旅游业迅速发展。五年间对外承包工程和劳务合作在100多个国家和地区展开,完成营业额近40亿美元。1987年来华旅游入境总人数达到2690万人次,创汇18.4亿美元,分别为1982年的3.4倍和2.2倍,增进了国际社会对中国的了解和中国人民同各国人民的友谊。

五年来,改革和建设的实践有力地推动着人们思想观念的更新,加强了社会主义精神文明的建设。

——封建思想、小生产习惯势力和一些落后于形势发展的陈旧观念受到冲击,适应现代科学进步和发展社会主义商品经济要求的新思想新观念得到传播和增强。集中力量发展生产力的思想,日益成为考虑各种问题的出发点和检验一切工作的标准。广大干部和群众积极参加改革,形成了不可逆转的潮流。

——在坚持四项基本原则和推进改革开放的过程中,加强了社会主义精神文明建设。广大人民群众参加国家和企事业管理的积极性日益提高。群众性的精神文明建设活动不断发展。为建设和改革积极创新、辛勤劳动、作出可贵贡献的先进人物大量涌现。社会科学理论研究工作取得可喜成果,对建设和改革中的许多重要问题提出了有益的见解。

这里还要着重指出的是,在刚刚过去的1987年,我国国民经济的发展继续保持了良好势头。全国工业总产值增长14.6%(不包括村办工业),适销对路的产品大幅度增加,企业经济效益进一步提高。农村社会总产值增长12.7%,粮食总产量增加109亿公斤,达到4024亿公斤。外贸出口增长27.8%,国家外汇结存上升。经济环境仍然比较紧张,但同上年相比,长期存在的某些不稳定因素正朝着缓解的方向发展。去年的情况说明,全面推行企业承包经营责任制,正确发挥国家的投资、信贷和消费基金等方面的调控作用,把稳定经济和深化改革结合起来,就有可能逐步实现速度和效益的统一,实现微观搞活和宏观控制的统一。沿着这条路子走下去,经济的长期稳定发展是很有希望的。

各位代表!第六届全国人民代表大会期间,我们较好地完成了第六个五年计划,第七个五年计划前两年的执行情况也是好的。五年来我们国家在各方面取得的成就,是全国各族人民在中国共产党领导下团结奋斗的结果。我代表国务院,向全国工人、农民、知识分子、解放军指战员、广大干部和各界人士表示崇高的敬意,向全国各族人民对政府工作的支持表示衷心的感谢!

当前我国经济和社会生活中存在的突出问题是物价上涨过多,使人民生活的改善受到一定影响,部分城市居民的实际生活水平有所下降。应该看到,我国农副产品和初级工业产品的价格长期偏低,价格体系很不合理。在由产品经济向商品经济转化的过程中,必须改革价格体系,适当提高农副产品和初级工业产品的价格。因此,物价总水平有所上升是改革过程中不可避免的,也是促进商品经济发展的要求。这几年尤其是去年的物价上涨幅度过大,是同某些不正常因素分不开的。这里有货币发行偏多,基本建设规模过大,消费基金增长过快,社会总需求超过总供给的原因,也有一些国营工商企业利用自己的垄断地位擅自涨价和变相涨价,以及商品流通领域中间环节过多,市场物价管理不严,投机倒把分子乘机扰乱市场的因素。在农村商品经济迅速发展的条件下,没有能够及时地和正确地运用价值规律来指导农业生产,致使粮食、生猪和其他一些农副产品的生产出现波动,造成某些食品供应紧张,是食品价格上涨过多的一个重要原因。这些因素的产生,也是同我们在工作指导上的缺点和失误分不开的。当然,如何正确运用价格杠杆来调节生产和消费,对我们来说还是一个需要继续研究和探索的课题。国务院最近经过多次认真讨论,决定在物价问题上采取以下的综合配套措施:一、继续坚持有计划有步骤地改革不合理的价格体系,逐步调整农副产品价格,理顺工业品与农副产品的比价以及农副产品内部的比价,以利于促进生产的发展;二、从增加供给和抑制需求两方面入手,适当控制物价上涨幅度,使物价总水平保持相对稳定,努力做到不超过各方面的承受能力;三、对主要食品定量供应部分,各地根据价格上涨的不同情况,要给职工以适当补贴;四、积极发展生产资料市场,对重要生产资料实行最高限价;五、加强物价管理和工商行政管理,建立和健全群众性的社会监督制度。对投机倒把和违反价格管理规定的单位和个人,都要严加管束和依法惩处。为了向代表们进一步说明物价和价格改革的情况,将由国家物价局向大会作一专题汇报。

五年来我们在各方面工作中取得的成就是巨大的,但前进中仍然存在不少困难和问题,工作中也还有不少缺点。经济工作中急于求成、忽视经济效益的倾向依然存在。经济结构还不合理,特别是能源、原材料供应、交通和通信仍然很紧张。国家财政还有较多的赤字。不稳定因素虽有缓解,但尚未根本消除。在新旧两种体制并存的条件下,在改革旧体制和探索、完善新体制的过程中,面临许多新的矛盾。中央与地方、国家与企业、集体与个人、计划与市场等基本经济关系尚未完全理顺,很多方面的工作还不能适应社会主义有计划商品经济发展的要求。随着市逐步开放和商品货币流通日益扩大,许多法规和制度有的尚未建立,有的不够健全,有的执行又不够严格,管理监督也没有跟上,偷税漏税、行贿受贿、敲诈勒索、假冒伪造等恶劣行为时有发生;一些干部以权谋私,甚至贪污腐化;一些政府机构官僚主义严重,一些部门、地方和企事业单位奢侈浪费惊人;在交通运输和生产建设中,由于领导不力、管理不善、劳动纪律松弛和规章制度执行不严等原因,恶性事故多次发生。所有这些,给改革和建设事业以至人民生命财产带来了重大损失,必须引起我们的高度重视,认真加以解决。

回顾过去五年建设和改革的历程,我们从实践中获得了不少有益的经验,其中最值得在今后工作中认真吸取的有以下几点。

一、牢固树立建设要依靠改革,改革要促进建设的指导思想,坚持把改革放在总揽全局的位置上。加快社会主义现代化建设,集中力量发展社会生产力,是社会主义社会尤其是社会主义初级阶段的中心任务。要实现这个任务,不改革长期形成的不适应生产力发展的旧体制,是不可能的。因此,建设必须依靠改革,改革必须促进建设。政府工作千头万绪,只有以改革总揽全局,才能高屋建瓴,驾驭复杂局势,带动各方面的工作。五年来的实践还告诉我们,由于我国是一个经济文化落后而又发展极不平衡的发展中国家,改革只能在经济环境还不宽松的情况下进行。我们必须坚持从实际出发,遵循客观规律,不断解决社会经济生活中的矛盾,促进经济建设的稳定协调发展。对于改革进程中出现的问题,必须通过深化改革加以解决。只有这样做,才能使建设和改革相互促进,沿着有利于发展社会生产力和完善社会主义制度的方向前进。

二、无论建设还是改革,都必须坚持从实际出发,解放思想,尊重实践。我们的建设和改革,既不能照搬书本或照搬外国的做法,也不能从主观愿望出发,脱离实际，随心所欲，必须立足于我国国情，坚持实践是检验真理的标准，努力探索自己的道路。中国共产党十一届三中全会以来，各项正确的建设方针和改革方案都是解放思想的产物；今后建设和改革的顺利发展，仍然必须以进一步解放思想为先导。解放思想，就要敢于破除阻碍生产力发展的传统观念和条条框框，摆脱僵化思想的束缚。对有利于生产力发展的事情，必须坚决支持；对不利于生产力发展的事情，必须坚决革除。只有这样做，社会生产力才能得到进一步解放，现代化事业才能蓬蓬勃勃发展。

三、建设和改革都要以提高经济效益为中心，不断推进科技进步和加强现代化管理。随着改革的深入和各方面经济关系的逐步理顺，我国生产建设的经济效益逐步有所提高，但经济效益差的落后状况还远远没有改变。这个问题不解决，我国经济就不可能实现现代化。当前经济建设需要大量资金，体制改革和人民生活的改善都需要财力物力的支持，这些都只能从发展生产和提高经济效益中寻求出路。我们的建设和改革，必须以提高经济效益为出发点和落脚点，并以此来衡量它们的得失成败。我们必须在不断提高经济效益的前提下，求得结构合理的比较高的发展速度。而要实现经济效益的大幅度提高，逐步由粗放经营转到集约经营的轨道上来，必须大力促进科技进步，不断加强科学管理。我们一定要锲而不舍地在这方面作出成绩，否则的话，我们在经济上和技术上同发达国家之间的差距就会进一步扩大，在国际上就会没有我们应有的地位。

四、正确处理建设和改革中目标和步骤之间的关系，保证建设和改革的顺利发展。中国共产党第十三次全国代表大会确定了到下个世纪中叶分三步走的经济发展战略，确定了经济体制改革的目标，以及其他方面体制改革特别是政治体制改革的总体设想。实践已经并将继续证明，这些建设和改革的目标是正确的。但是也必须看到，这些目标毕竟还是粗线条的，需要在实践中不断加以充实和完善。实现这些目标的具体步骤，也只能在实践中不断探索。过去五年的情况说明，为了实现建设和改革的目标，有的时候往往需要采取迂回的方式前进。我们既要坚持建设和改革的目标和方向，鼓舞斗志，提高信心，又要对前进道路上可能遇到的困难有足够的思想准备，充分考虑国家、企业和群众的承受能力，把量力而行和尽力而为结合起来，既积极又稳妥地前进。经济关系错综复杂，我们的国家又这么大，情况千差万别，不论是建设规划还是改革方案，都不可能一下子就设计得尽善尽美，总要经历一个不断完善、不断提高的过程。目标确定后，必须精心设计方案，确定实施步骤，搞好试点，取得经验后再加以推广，努力做到稳步前进。

五、妥善处理各方面的利益关系，充分调动广大干部和群众的积极性。我国的改革能否顺利进行下去，在很大程度上取决于广大干部和群众对改革的理解和支持，取决于充分调动广大干部和群众的积极性。从根本上说，改革将极大地解放生产力，给人民带来新的利益和更高的生活水平，必然得到人民的拥护。但是，改革是一个长期的复杂的实践过程。新体制的诞生和完善，改革的成功，是需要付出辛勤的劳动甚至巨大的代价的。那种希望不花费什么力气就能把改革推向成功的想法，是不现实的。改革最终会给全体人民带来极大的好处，但改革的每项具体措施不可能都立即给大家带来实际利益，甚至有可能在一定时期内使一些人的利益受到影响。我们必须正视这个问题，密切注意改革过程中出现的各种摩擦和漏洞，认真研究解决。我们坚决保护一切按劳取酬、勤劳致富、合法经营的收入，但对过高收入也要依法通过税收等办法进行适当调节。对违法乱纪、非法牟取暴利的，必须坚决依法制裁。同时，要大力加强关于改革的舆论宣传，帮助广大群众弄明白改革措施的内容、意义和必要性，增强对改革的理解，自觉支持改革，参加改革。各级干部特别是领导干部肩负着领导改革的历史重任，必须在改革中走在前列，率领群众前进。无论建设或改革，都要妥善处理国家、集体、个人三者之间，中央与地方之间，城乡之间，各部门之间，沿海地区、内地和边远地区之间等各方面的利益关系，使它们能够得到较好的统筹兼顾。

今后五年建设和改革的目标、方针和任务

中国共产党第十三次全国代表大会规划了我国社会主义现代化建设的宏伟蓝图。今后的五年，是落实十三大精神，实现新旧体制转换和第二步经济发展战略的关键性五年。在这五年里，我们要加快和深化改革，推动生产力发展，实现第七个五年计划，制定和实行第八个五年计划。到1992年，力争在不断提高经济效益的基础上，使国民生产总值达到15500亿元左右，平均每年增长7.5%左右。这个增长速度，大体相当于第七个五年计划规定的增长速度。根据目前我国经济的发展情况和趋势，实现这个目标是完全可能的。实现了这个目标，我国国民生产总值将比1980年增长1.7倍，这样就可以为在本世纪末实现国民生产总值翻两番、人民生活达到小康水平打下牢固的基础。

坚定不移地贯彻执行党在社会主义初级阶段的基本路线，坚持以经济建设为中心，坚持四项基本原则和改革开放，是实现我国经济和社会发展目标的根本保证。在今后五年的政府工作中，必须充分体现这个总的指导思想，并牢牢把握以下的方针：以改革总揽全局，把改革和发展更加紧密地结合起来，使两者能够更

好地相互配合和相互促进；认真执行长期稳定发展经济的战略，更加突出地抓好科学技术和教育事业的发展和改革，加快发展沿海地区外向型经济，进一步促进全国经济的繁荣和现代化水平的提高；在加快和深化经济体制改革的同时，积极而又稳妥地推进政治体制改革，加强社会主义民主和法制建设，巩固和发展安定团结的政治局面；围绕着经济建设并为经济建设提供思想保证和智力支持，大力加强社会主义精神文明建设，逐步造成适应社会主义要求的良好社会风尚。国务院各部门、各地方和各企业事业单位，都要按照上述要求树立全局观念，同时在自己的工作中充分发挥主动性、积极性和创造性，使我国社会主义现代化建设更加充满生机与活力，使我国社会主义社会更加协调稳定地向前发展。

根据上述的奋斗目标和工作方针，国务院要在今后五年里努力实现以下的十项主要任务。

一、大力发展农业生产和加强基础工业、基础设施的建设，以保持国民经济的持续稳定增长。

农业特别是粮食生产的稳定增长是整个国民经济长期稳定发展的基础。在实现我国经济现代化的过程中，任何时候都要注意防止和纠正忽视农业的倾向。到本世纪末，我国粮食生产必须争取达到5000亿公斤，平均每年增产80亿公斤。同时，必须积极发展棉花、油料、糖料等经济作物，发展畜牧业和水产业。我国人均只有一亩半耕地，要适应国家建设和人民生活对农副产品的需要，实现从温饱向小康的转变，任务很艰巨，但必须努力完成。我国农村正在从自给半自给经济向商品经济转化，对目前农业生产中出现的新情况和新问题，应当在发展商品经济的过程中，按照价值规律加以引导和解决。这是在农村工作中必须牢固确立的一条重要指导思想。

今后五年，一定要大力巩固和发展农村改革的成果，继续推进农副产品收购制度的改革，逐步理顺价格关系，搞活流通，加强产前、产中和产后服务，以充分调动广大农民发展农业特别是粮食生产的积极性。必须增加对农业的投入，改善农业的物质技术条件，增强农业发展后劲。要加强农田水利建设，认真进行大江大河的治理，努力增加森林植被，提高防治水、旱、风、虫等自然灾害的能力，并采取有力措施坚决制止乱占滥占耕地的现象。北方干旱地区要积极推广耐旱高产作物，开辟旱地农业高产稳产的途径。进一步扶持贫困地区脱贫致富，努力取得更加切实的成效。国家要随着国力的增强逐步增加农业投资，地方财力要更多地用于农业，特别要积极引导乡村合作组织和广大农户增加对农业的积累和投入，增强农业的自我发展能力。为此，要在坚持和完善家庭联产承包责任制的基础上，制定进一步调动农民积极性的政策，提高农民对政策的信任感和稳定感，使农民树立长期经营发展的观念。通过改建和扩建一批化肥厂，五年内使化肥生产能力增加标准肥1500万吨。这是增强农业发展后劲的一项重要措施。同时，要推广科学施肥，提倡增施农家肥，提高土地肥力。还要积极增加农用柴油的供应，增加农用薄膜、农药以及优质农机具的生产和供应。

近几年来，乡镇企业发展很快，已经成为农村经济的主要支柱和国民经济的重要组成部分。这不但为农村剩余劳动力提供了就业机会，而且有利于农业的集约经营和现代化，为实现有中国特色的工业化开辟了一条新的路子。我们决不能因为调整农村产业结构而放松农业特别是粮食生产，也不能因为强调粮食生产又放松了农村产业结构的调整。今后农村产业结构的调整要向两个方面发展：一是资源的开发，要向滩涂、水面、丘陵、山区、庭院和中、低产田进军，加强草原建设，坚决保护和合理利用森林资源，开展内陆水域和沿海滩涂养殖，全面发展农林牧渔业；二是根据当地的资源特点和社会条件，继续发展乡镇企业和社会服务业，使之成为支持农业生产发展的重要力量。总之，要把农村丰富的劳动力资源和自然资源结合起来，把发展城市经济和乡村经济、内向型经济和外向型经济结合起来，使我国农村经济长期保持兴旺发达的局面。

我国农业的根本出路在于由传统农业向现代农业转变。近年来在一些经济发达地区、大城市郊区开始出现的以集约经营为标志的适度规模经营，是我国农村经济发展的必然趋势和方向。只有适度规模经营，才能更好地使用科技成果，实现劳动者与土地、技术、装备的合理组合，取得最佳经济效益。推进适度规模经营，必须同生产力的发展水平相适应，以农业剩余劳动力转移的状况，农业机械化的程度，以及社会化服务体系的发展为条件，决不能一哄而上，不能强迫命令和拔苗助长。

基础工业和基础设施是我国经济的薄弱环节。加强基础工业和基础设施的建设，要在改善经营管理，充分发挥生产潜力，注重资源合理利用和资金节约的基础上，进行必要的技术改造、扩建和新建。

基础工业的建设，首先要加快以电力为中心的能源建设。要充分发挥中央、地方和企业各方面办电的积极性，争取每年平均装机900万千瓦以上，并相应进行输电、变电的配套建设，在五年内使电力供应紧张状况得到明显缓和。煤炭工业要在逐步扩大煤矿建设的同时，继续抓好统配煤矿、地方和乡镇煤矿的技术改造和配套完善工作，努力提高煤炭质量，保证每年增产原煤3000万吨以上。石油工业要加强陆地和海上的普查勘探，争取尽快拿到一批新的油气储量；老油田要积极挖掘潜力,继续保持稳产,同时加强新油田的开发建设,争取每年增产原油300万吨。加快原材料工业的发展,提高自给能力,增加品种和提高质量,充分重视原材料的节约和合理使用。通过技术改造和挖潜扩建,努力做到每年增产钢250万吨以上,有色金属、化工原料和建筑材料也要有较大增加。

必须加快交通运输和邮电通信事业的发展。积极发展综合运输,把铁路、公路、水路、航空和管道等运输设施有机结合起来,适当分工,合理分流,努力提高运输的综合效率。铁路建设要以增强晋煤外运能力和某些限制口的通过能力为重点,积极改造老线,建设急需的新线,保证每年增加运力4000万吨以上。继续加强沿海港口和公路的建设。充分利用我国海岸线长、江湖通航水道多的优势,使国内水运事业有一个较大的发展,同时进一步扩大远洋运输,为发展对外贸易服务。民用航空是现代化的交通工具,要进一步扩大运输能力,搞好在建机场的建设和现有航空设施的改造。加快邮电事业的发展,使大中城市市内电话的紧张状况有所缓和,长途通信和国际通信能力进一步提高。

要大力振兴机械和电子工业,推进横向联合和专业化协作,为整个国民经济的技术改造和扩大出口提供更多的先进技术装备。轻纺工业要努力提高产品档次,增加花色品种,满足人民消费需要,并争取更多地进入国际市场。

不论是交通运输,还是工业生产和基本建设,都必须执行"安全第一、预防为主"的方针,高度重视安全生产,切实改进管理,严格劳动纪律,提高劳动者素质,认真执行规章制度,加强设备维修,采用先进的技术手段,努力防止恶性事故的发生。

为了保持国民经济持续增长,必须长期实行稳定发展经济的方针。经济的稳定发展必须努力实现速度和效益的统一,保持适当的增长速度,过快了不行,慢了也不行。近年来基本建设规模过大,社会集团购买力和个人消费基金增长过快,货币过量发行以及财政支出膨胀,是影响经济稳定发展的重要原因。因此,必须从控制需求和增加供给两个方面继续进行努力,争取实现社会总需求和社会总供给的大体平衡。国务院在经济工作中将尽最大的努力,开辟新的财源,增加财政收入,控制财政支出,务使财政赤字不突破计划规定的数额。要严格控制货币发行,合理安排信贷规模,使货币供应量同经济的增长相适应。严格控制投资规模,合理调整投资结构,坚决压缩计划外投资,压缩一般性建设和非生产性建设,以保证必要的重点建设和技术改造。为了在发展生产和提高经济效益的前提下改善人民生活,对消费基金的增长也要作相应的控制。在发展农业生产和增加农副产品供应的同时,大力增加日用工业消费品的生产,特别是增加优质名牌产品和市场紧俏商品的生产。商业部门要积极组织好市场供应,发挥国营商业在平抑物价中的作用。去年以来在全国范围内开展的增产节约和增收节支运动,取得了明显的成绩,但发展很不平衡,潜力还很大,必须广泛深入持久地开展下去。

二、加快科学技术和教育事业的发展和改革,把经济建设切实转到依靠科技进步和提高劳动者素质的轨道上来。

实现四个现代化,科技是关键,教育是基础。我国生产力的发展,经济效益的提高,以至整个社会的进步,都离不开科学技术和教育事业的发展。因此,促进科技进步,加强智力开发,决不仅仅是科技界、教育界的事情,而是全社会的一件大事。各级政府、各地方各部门和各行各业,都必须坚持把发展科学技术和教育事业放在首要位置上,以极大的热情,采取正确的政策措施,努力办好这件大事。

根据中国共产党第十三次全国代表大会的建议,国务院已责成国家科委和有关部门尽快制定出中长期科学技术发展纲领,明确科学技术发展的战略目标、重点和措施,以便动员和组织全国各方面的力量,切实有效地推进整个国民经济的技术进步。

促进科技进步,必须从深化科技体制改革入手,鼓励越来越多的科技人员直接为经济建设服务,缩短科学技术成果转化为生产力的时间。要不断完善技术市场,加快科技成果商品化的过程,引导和推动科研单位同生产企业之间的联合。进一步放宽放活对科技人员的政策,支持和鼓励更多的科技人员到工农业生产第一线,特别是到城镇、农村、边远地区和贫困地区搞技术承包,开展技术服务。集中必要的财力、物力、人力,围绕农业、能源、交通运输、邮电通信和原材料工业、机械和电子工业等国民经济发展重点,进行重大科技课题的攻关以及工业性试验,用先进的工艺、技术和设备改造企业特别是大中型企业。积极组织社会集资,大力推行星火计划。保持一支精干的高水平的研究队伍,继续加强基础研究和应用研究,推动新兴技术和高技术的发展,为国民经济向更高水平前进准备条件。认真贯彻执行专利法,鼓励和保护发明创造,把科技人员和广大职工的群众性技术革新活动广泛深入地开展起来。

我国教育事业的根本任务是为社会主义建设培养合格的劳动者和各类专门人才。各级各类学校要努力使学生在德、智、体、美各方面得到发展,并适当加强劳动教育。各级政府要更加关心和重视教育事业,像抓经济工作那样抓好教育工作。教育发展计划应当成为经济和社会发展总体规划的重要组成部分。随着经济的发展，国家和地方都要逐步增加教育经费，提倡和鼓励社会力量集资办学、捐资办学，以加快我国教育事业的发展。

大力加强基础教育，因地制宜地实施九年义务教育，是提高教育水平和全民族素质的基础，应当成为教育工作的重点。必须继续加强教师队伍的建设，提高中小学教师的社会地位，改善办学条件。各级政府和教育部门要采取切实措施，引导学校端正办学思想，努力纠正片面追求升学率的倾向。还要充分重视家庭教育，以便同学校教育相配合，帮助青少年健康成长。为了满足社会多方面的需求，要在城市和乡村进一步开展职业技术教育和成人教育，扩展专业培训的内容，提倡继续教育，鼓励自学成才。在企业里要坚持职工岗位培训制度，提倡干什么学什么，不断提高劳动者的技术水平和工作能力。在农村中，必须继续抓紧扫除青壮年文盲的工作。把农村教育与普及科学知识和推广农业先进技术结合起来，对促进农村经济的发展具有重要意义。

高等教育体制改革的目标，是逐步建立起能够适应社会对专门人才需要的有效机制。要进一步改革教学内容和教学方法，还要对招生制度、毕业生分配制度等逐步进行改革，把竞争机制恰当地引入高等学校，以提高教学质量，激发学生的学习积极性和主动性。这些原则也同样适用于各类职业技术学校。向国外派遣留学人员是我国现代化建设的需要，也是执行对外开放政策的具体体现，要长期坚持下去。对留学人员的派遣和管理工作要不断加以改进。

高等学校有一支强大的科技队伍，应当在完成教学任务的同时，引导他们主动与经济建设相结合，鼓励他们开展各种形式的社会服务。我国高等教育已有一定的规模，在今后的一段时期内，发展的重点是提高教育质量，调整层次和结构，而不是扩大学校规模和增加学校数量。

各类学校都要在改进和加强业务教学工作的同时，认真改进思想品德和政治课程的教学，加强对学生的思想政治工作。这几年高等学校和一些中等学校组织学生参加各种形式的社会实践活动，收到了良好效果，应当坚持下去，并不断总结经验，加以完善，社会各方面要积极给予支持。

奋战在科技、教育战线和其他战线上的广大知识分子，是社会主义现代化建设大军的一支骨干力量。他们同广大工人、农民一道，辛勤劳动，积极奉献，涌现出许多先进事迹和模范人物。我们一定要进一步造成尊重知识、尊重人才的社会风尚，继续改善知识分子特别是广大教师和在农村或边远地区工作的科技人员的生活条件。要正确引导和鼓励高等院校、科研和医疗等单位的工作人员在努力完成本身工作和统筹兼顾的前提下，积极开展多种形式的包括有偿形式在内的社会服务，在为国家和社会创造财富的过程中逐步改善自身的工作条件和生活条件。要注意从工人、农民和其他劳动者中发现和培养专门技术人才和能工巧匠。各级政府都要关心知识分子，倾听他们的意见，为他们解决一些实际困难，鼓励他们更好地发挥自己的聪明才智，为社会主义现代化建设作出更大的贡献。

三、以深化企业改革为中心进行综合配套改革，逐步确立新经济体制的主导地位。

我国经济的长期稳定发展，从根本上说，必须依靠经济体制改革的顺利推进。要通过分阶段、有重点的综合配套改革，加快经济运行机制和管理体制的转换，促进生产力发展。

深化企业改革，增强企业特别是全民所有制大中型企业的活力，是整个经济体制改革的核心。当前改革的关键是根据企业所有权与经营权分离的原则，实行多种形式的承包经营责任制。实践证明，企业实行承包经营，是增强城市经济活力的重要手段，并能为其他方面的改革创造条件。我们要根据配套、完善、深化、发展的方针，把以承包经营责任制为主要内容的企业经营机制改革不断推向前进，使企业逐步走上自主经营、自负盈亏的道路。

深化企业改革，一要积极引入竞争机制，采用招标、选聘和民主选举等多种形式，择优选任企业的经营者或经营者集团，逐步造就一支宏大的善于进行科学管理的企业经营者队伍。二要加强企业各项基础工作，全面推行厂长负责制，完善厂内经济核算，结合各厂具体情况推广满负荷工作法和其他行之有效的管理制度和方法。加强和改善企业内部的民主管理，健全职工代表大会制，充分发挥广大职工在企业中的主人翁作用，调动他们的积极性和创造性。这是管理好企业不可缺少的条件。三要积极促进企业间的横向联合，大力发展企业集团。在自愿互利的基础上，鼓励企业承包企业、企业租赁企业或相互参股，继续试行股份制，促进企业组织结构和产品结构的合理调整。四要实行企业产权有条件的有偿转让，使闲置或利用率不高的资产得到充分利用。

在深化企业经营机制改革的同时，认真进行有关方面的综合配套改革。继续发展社会主义市场体系，发挥城市的综合经济功能，基本理顺计划、财政、银行之间的关系，逐步建立起以间接调控为主的宏观管理体系。

计划体制的改革，重点是转变国家计划机关的职能，逐步缩小指令性计划，扩大指导性计划，重视中长期产业政策的制定和搞好各项经济比例关系的综合平衡，配套运用经济手段，逐步形成“国家调节市场，市场引导企业”的新的经济运行机制。

投资体制的改革，重点是通过建立和完善固定资产投资基金制，全面推行项目设计施工的招标制，以达到提高工程质量，节约投资，缩短工期，改善投资结构，提高投资效益，合理控制固定资产投资规模的目的。今后建设资金要从多种渠道筹集，并实行有偿使用。要逐步做到国家只掌握关系全局的基础设施和基础工业的投资，并配合财政金融体制的改革，把经营性投资的主体逐步转向企业。

财政体制要在企业实行承包经营责任制的基础上，逐步转向税利分流，理顺国家与企业之间的分配关系。在统一领导、分级管理、划分事权的基础上，调整各级财政的收支范围，实行不同形式的财政包干制。逐步完善税制，适当调整税种税率，积极创造条件，向分税制和税后还贷制过渡。加强税收的征收和管理工作，发挥税收对经济的调节作用。要抓紧建立国有资产的管理体制。

在金融体制的改革方面，要进一步完善中央银行的调控体系，发挥它在宏观经济调控中的重要作用。既要控制货币发行，避免通货膨胀，又要保证货币的合理供应量，以保持经济稳定增长。今后财政发生赤字，将主要通过发行政府债券解决。通过专业银行企业化和开放金融市场，积极筹集社会资金，择优贷款，以利于合理调整产业结构，支持重点建设、工农业生产和出口创汇。

价格改革要继续走“放、调、管”相结合的路子，逐步理顺价格体系和价格管理制度，促进商品经济的发展。逐步调整少数关系国计民生的重要商品的不合理比价，继续放开一般商品价格，同时加强对市场的引导和管理。重要原材料和能源价格，指令性计划部分实行国家定价，其余部分实行地区之间或企业之间协商定价。对协商定价，必要时可规定价格浮动幅度或最高限价，予以指导。坚决防止行业内价格垄断，严格制止乱涨价和变相涨价。

加快商业体制改革，积极发展各类批发贸易市场，探索期货交易。在发挥市场调节作用的同时，必须加强市场管理和监督。加快农村供销社改革，促进农村商品经济的发展。加快物资体制改革，减少统配物资的品种和数量，加强对重要物资的管理，逐步建立和发展各种形式的生产资料市场，搞活物资流通。

深化劳动工资制度的改革，继续推行劳动合同制，把招工用工权真正交给企业，优化企业劳动组合。发展劳务市场和技术市场，促进人才合理流动。逐步实行工资总额按地区和部门的分级管理。有条件的企业，可实行工资总额与经济效益挂钩的制度。企业内部的工资形式和考核奖罚办法，由企业自行决定，国家通过税收调节企业工资增长幅度，逐步使企业工资制度与党政机关、事业单位的工资制度分离。企业要普遍建立风险基金制度。

加快城镇特别是中大城市住房制度的改革，逐步实行住房商品化。这有利于合理调整城镇居民消费结构，转变消费观念，克服住房分配中的不正之风，是利国利民的好事。各级政府要在国家的统一政策指导下，根据各地具体情况，积极研究和制订方案，分期分批地推进这项改革。结合住房制度的改革，发展房地产市场，实行土地使用权的有偿转让。

要加快社会保障制度的改革，建立和健全各类社会保险制度，进一步发展社会福利事业，继续做好优抚和救济工作，逐步形成具有中国特色的社会保障制度。

必须强调，在进行各项管理制度改革的同时，一定要加强经济立法和经济司法工作，健全税务、工商行政管理、审计和监察体系，加强经济管理和监督，以保障社会的正常秩序和国民经济的健康发展。

四、不失时机地加快实施沿海地区经济发展战略，进一步扩大对外开放。

当今世界各国在经济方面的相互合作、相互依赖和相互竞争日益增强。发达国家经济结构的调整和对外投资的扩大，为我们进一步进入国际市场提供了良好的机遇。我们必须继续扩大对外开放，加快发展沿海地区外向型经济，积极参加国际交换和竞争，以沿海经济的繁荣带动整个国民经济的发展。

我们要继续巩固和发展已经形成的对外开放格局，充分发挥现有经济特区、沿海开放城市和经济开放区的作用，同时在这个基础上对广东、福建和海南岛实行更加开放的政策，建立改革开放综合试验区，为进一步深化改革和扩大对外开放积累经验。根据海南岛独特的历史、地理和资源条件，国务院建议成立海南省，把海南办成全国最大的经济特区，实行比现有经济特区更加优惠的政策。海南岛开发建设的任务很艰巨，工作要扎扎实实地进行。必须立足本地资源优势，坚持全面规划、突出重点、分片建设的方针，从改善投资环境入手，逐步建立起更加开放的外向型经济结构。

沿海经济比较发达的省市要进一步扩大开放地区，立足于本地优势，充分利用劳动力资源丰富和成本较低的优势，实行“两头在外”(即原材料来源在外和产品销售市场在外)，积极扩大劳动密集型产品和劳动与技术密集型产品的加工出口，参加国际交换。在发展外向型经济中，沿海工业城市和经济特区要走在前头，发挥国营大中型企业在增加出口创汇中的骨干作用。要特别重视利用沿海农村劳动力的优势和现有乡镇企业的基础，发展外向型企业和创汇农业。大力发展沿海和内地的横向经济联合,积极向内地转让技术、管理经验和输送人才,带动中部和西部地区的经济发展,进一步发挥沿海地区在对外开放中的重要作用。实施沿海地区经济发展战略必须有紧迫感,决不能贻误时机,但也要有坚忍不拔的艰苦创业精神,踏踏实实地做好基础工作。在实施沿海经济发展战略的同时,必须按照生产力合理配置的原则,统筹规划全国的经济发展。内地要利用沿海地区发展外向型经济的机会,促进本地经济发展,并从自己的实际情况出发,在对外开放中迈出新的步伐。

适应对外开放和对外经济发展战略的需要,进一步加快和深化外贸体制的改革。外贸体制改革要坚持"自负盈亏、放开经营、工贸结合、推行代理制"的方针,打破"吃大锅饭"的体制。从今年起,在全国全面推行外贸承包经营责任制,实行外贸出口创汇、向国家上缴外汇包干,适当调整外汇留成比例,给地方创造良好的经营条件。除少数关系国计民生的重要商品的进出口仍由国家统一经营外,大多数商品的经营权下放到地方,并相应下放经营机构。必须把承包经营责任制落实到外贸企业和出口生产企业,以调动它们的积极性。全国性的外贸、工贸进出口公司,要逐步向综合性、多功能和国际化方向转变,有计划地把工作重心转移到努力开拓国际市场上来,积极为国内的外贸企业提供服务。加速推行进出口代理制,进一步发展横向经济联合,推动外贸事业的全面发展。

增加出口创汇是扩大对外开放和发展对外经济贸易的基础。按照择优出口的原则,逐步调整出口商品结构,发展出口生产基地,扩大和完善国际市场的销售和服务网络。努力做好国内市场需要和外贸出口的统一平衡,加强出口贸易的协调管理工作,发挥外贸、物价、财政、税务、银行、海关、商检、外汇和工商行政等部门的管理职能,审计和监察等部门的监督职能,外贸商会的协调职能,以保证对外贸易的健康发展。积极开拓国际承包劳务市场,加强管理和协调,进一步发展对外承包工程和劳务合作。大力发展旅游事业,积极开发旅游资源,提高旅游从业人员的素质和服务质量,改善经营管理。根据讲求经济效益、促进科技进步和增强自力更生能力的原则,进一步调整进口商品结构。技术引进的方式要多样化,防止盲目性,加强对引进技术的消化和创新,发展进口替代,加快国产化进程。

利用外资要广开渠道,根据偿还能力和国内资金与物资的配套能力,保持适当的规模和合理的结构,正确引导投资方向,提高使用外资的综合效益。重视吸引外资直接投资,大力发展中外合资企业、合作经营企业和外商独资企业。注重利用现有企业同外商进行合作,加快技术改造的步伐。进一步改善投资环境,加快基础设施建设,提高办事效率,保障外商投资企业的经营自主权,使外商能够按照国际通行方式在我国投资和经营。

五、切实搞好政府机构改革,努力克服官僚主义、提高工作效率和严肃政纪法纪。

改革政府工作机构是政治体制改革的重要组成部分,是下届政府的中心工作之一。现在,国务院的机构改革方案已提交大会,国务委员宋平将对此作专门说明,请各位代表审议。我现在主要讲一讲政府机构改革的目标、方针和重点。

政府机构改革的长远目标,是根据党政分开、政企分开的精简、统一、效能的原则,逐步建立具有中国特色的功能齐全、结构合理、运转协调、灵活高效的行政管理体系。实现这个目标,需要经过长期的努力。在今后五年内,要努力创造条件,逐步理顺政府同企事业单位和人民团体的关系、政府各部门之间的关系以及中央政府同地方政府的关系。国务院这次的机构改革方案,着重考虑了以下几点。

第一,这次机构改革主要着眼于转变职能。经过几年来的经济体制改革,现有政府机构不适应改革要求的情况已经暴露得比较明显,政府在怎样管理经济的问题上也取得了一些新的经验。这就使得我们有可能根据深化改革的要求,按照加强宏观管理和减少直接控制的原则,转变职能,划清职责范围,配置机构。该撤销的撤销,该加强的加强,该增加的增加,不搞简单的撤并机构和裁减人员,使改革后的机构能够比较适应经济体制改革和发展社会主义商品经济的要求。

第二,这次机构改革的重点是同经济体制改革关系极为密切的经济管理部门,特别是其中的专业管理部门和综合部门内的专业机构。对于新组建的部门,要按新的职能配置机构,搞好定职能、定机构、定人员的工作。对于要撤销的部门,要有妥善的过渡措施,以保证工作的连续性。对于保留的部门,也要根据机构改革的精神,转变职能,下放权力,调整机构和精简人员。

第三,这次机构改革要同经济体制和政治体制改革的总进程相适应。现在的机构改革方案,全面衡量了改革的需要和现实的可能,既迈出了具有决定意义的一步,又考虑到了社会的承受能力;既对传统管理模式有所突破,又带有一定的过渡性。

机构改革是很复杂的工作,既要坚定不移地进行,又要审慎稳妥。国务院这次机构改革的实施步骤是:改革方案经本次大会审议通过后,三个月内把新部委组建起来并投入运行;其余部委的内部调整和人员精简,要求在半年内完成。地方政府的机构改革要有领导有计划地、自上而下地逐步展开。除国务院批准的试点城市外，各省、自治区、直辖市政府机构的改革，拟从1989年开始。县和乡政府的机构改革，拟再晚一些进行。国务院各部门要支持地方政府的机构改革，不要强求地方政府机构同中央政府机构上下对口。

在改革政府机构的同时，抓紧建立和逐步实施国家公务员制度。尽快制定《国家公务员条例》，研究制定《国家公务员法》，开办行政学院，培养行政管理人员。今后各级政府录用公务员，要按国家公务员条例的规定，通过考试，择优选拔。

政府机构和干部人事制度的改革，是我国政治生活中的大事。政府工作人员特别是各级领导干部，一定要转变观念，顾全大局，以积极的态度搞好改革。在具体工作上，要周密制订改革方案，精心组织实施，做好深入细致的思想工作和组织工作，把机构改革和干部人事制度改革搞好。

改革机构的一个重要目的是克服官僚主义，提高工作效率，树立良好政风。随着机构精简和管理职能的转变，各级政府要在思想作风和工作作风上有一个大的转变。各项工作不能停留于一般号召，必须注重落实，加强督促检查。全体干部特别是各级领导干部都要想人民所想，急人民所急，坚决反对以权谋私、假公济私、行贿受贿的腐败作风，坚决刹住大吃大喝、公费旅游、铺张浪费的奢侈之风，发扬为政清廉、艰苦朴素、忠诚积极、勤勤恳恳为人民服务的优良作风。国务院和各级地方政府要起模范带头作用。这直接关系到社会风气，关系到建设和改革的成败，应当引起高度重视。我们必须时刻牢记，我国是一个发展中国家，人民生活还不富裕，又在进行大规模的建设，资金短缺，物资紧张，任何挥霍浪费都是极大的犯罪。必须兢兢业业，克勤克俭，才能带领人民群众，经过长期的艰苦努力，逐步改变我国的落后面貌而达到现代化的目标。对那些有令不行，有禁不止，肆意挥霍浪费和违反政纪法纪者，必须严厉制裁。各级审计、监察、财政部门都要加强监督检查，并热诚欢迎舆论机关和人民群众加强公开的社会监督。

六、进一步加强社会主义民主和法制建设，维护民族平等和民族团结，巩固和发展全国安定团结的政治局面。

社会主义民主政治的建设首先要着眼于调动基层和群众的积极性，扩大基层民主，使基层民主生活制度化，保证工人、农民、知识分子和广大群众当家做主。为了促进农村基层民主和农村建设，各级政府都要认真贯彻执行《中华人民共和国村民委员会组织法》，以保障村民实行自治，由群众依法管理自己的事情。

民主协商对话制度，是各级政府正确处理人民内部矛盾，同人民群众沟通思想，加深理解，消除隔阂的有效途径。它既是进行生动活泼的思想政治工作的有效方法，也是实现社会主义民主的新形式，给政府工作注入了新的活力。各级政府及其有关部门的负责干部要经常通过直接平等的协商对话，倾听群众呼声，关心群众疾苦，接受群众的合理建议和正确批评，改进工作，克服各种不正之风。

各级政府要加强同人民政协、各民主党派和无党派爱国人士的联系，倾听他们的意见，尊重他们的建议。要依靠工会、共青团、妇联等社会群众组织，加强社会主义民主政治的建设。要把协商办事和民主议政进一步制度化，使各方面的民主监督进行得更加经常和有效。

我国是统一的多民族国家。加强民族团结，维护祖国统一，是全国各民族的共同利益。各级政府在自己的工作中，要充分注意保障少数民族的平等权利和民族自治地方的自治权利，尊重少数民族的风俗习惯。要认真实施《民族区域自治法》，贯彻执行民族政策，大力培养少数民族干部和各种建设人才，进一步完善民族区域自治制度。深入进行民族团结的教育，发展社会主义平等、团结、互助的新型民族关系。国家和经济发达地区要努力支援少数民族地区加速发展经济和文化建设事业，促进各民族共同繁荣。全国各民族要更加紧密地团结起来，为维护祖国统一而共同奋斗。最近，极少数分裂主义分子在拉萨制造暴力骚乱，这是违反法律、破坏祖国统一的严重事件，必须严肃惩处。西藏是中国神圣领土不可分割的一部分，任何企图把西藏从祖国分裂出去的言论和行动，都是违背全国各族人民包括西藏人民的根本利益的。

国家尊重公民宗教信仰自由的权利，保护正常的宗教活动。宗教活动必须在宪法和法律规定的范围内进行，任何人不得利用宗教进行危害国家统一和破坏社会秩序的活动。

我们一贯重视和保护海外华侨的正当权益，保护归侨和侨眷的合法权益。要注意听取他们对政府工作的意见和建议，广泛团结他们为发展我国对外经济技术文化交流和合作，为增进同各国人民的友谊，为振兴中华，作出更大的贡献。

社会主义民主需要社会主义法制加以保障。现在，我国以宪法为基础的社会主义法律体系初步形成，国家政治生活、经济活动和政府工作正逐步纳入法制轨道，无法可依的局面已经有了很大的改变。今后，我们要进一步健全和完善社会主义法制，将法制建设贯穿于改革和建设的全过程。随着经济搞活、改革深化和对外开放的扩大，及时提出各项法律草案，制定行政法规，组织实施法律和行政法规。加强政法队伍的建设，进一步做好执法工作，坚决克服有法不依、执法不严、违法不究的现象，坚定不移地维护在法律面前人人平等的原则。一切政府工作人员都要学法懂法，增加法制观念，加强工作纪律，坚决依法办事，做遵纪守法的模范。对国家工作人员的违法违纪、失职渎职行为，都要依法严肃处理。公安、安全、司法行政部门和广大人民警察，要以身作则，严肃纪律，改进作风，不断提高政治素质和业务素质，廉洁奉公，执法如山，尽心尽力为人民排忧解难。必须依照法律，制裁破坏社会主义制度的敌对分子，打击危害国家安全的间谍活动，惩处各种刑事犯罪和经济犯罪，禁止一切扰乱社会秩序的活动。继续执行人大常委会的决议，完成在全体公民中普及法律常识的任务。认真做好经常性的法制宣传教育，增强公民的法律意识，正确调解和处理民间纠纷和其他社会矛盾，努力做好社会治安的综合治理，保障改革开放、经济建设和各项工作的顺利进行，保障社会的安定团结和国家的长治久安。

七、大力进行社会主义精神文明建设，促进改革开放和现代化事业的顺利发展。

在建设物质文明的同时，不断把社会主义精神文明建设推向前进，是我们的一贯方针。各级政府和各基层单位要全面负起两个文明建设的责任，采取切实有效的措施，包括提供必要的财力和物力条件，积极推进本地区本单位的精神文明建设。

加强富有吸引力、凝聚力的思想政治教育工作，是改革开放的迫切需要，也是我国社会主义建设的重要保证。各级政府、人民团体和社会各方面都要按照培养“有理想、有道德、有文化、有纪律”的社会主义新人的要求，积极加强和改进基层思想政治工作。要深入持久地宣传党在社会主义初级阶段基本路线，继续贯彻解放思想、实事求是的方针，努力形成有利于现代化建设和改革开放的舆论环境。提倡自力更生、艰苦创业，正确处理国家、集体和个人的关系，把做好思想政治工作同贯彻物质利益原则恰当地结合起来，进一步激励人们的社会主义积极性和创造性。发扬爱国主义，激励奋发向上的民族精神。积极探索在改革开放环境中和在实行厂长负责制的条件下，做好企业思想政治工作的新途径新办法。在职工中要加强热爱本职工作的教育，培养良好的职业道德，增强基层群众自我教育、自我管理、自我服务的观念和能力。继续开展群众性的精神文明建设活动，发扬团结互助的社会风尚。文明单位、文明村镇建设和军民共建精神文明等活动，要从需要办而又办得到的事情做起，提高质量，注重实效。移风易俗特别是农村的移风易俗，应当作为精神文明建设的重要内容，认真抓紧抓好。对扰乱社会秩序，危害人民身心健康的封建迷信和赌博活动，要依法取缔。

在社会主义精神文明建设中，必须坚持为社会主义服务、为人民服务的方向，进一步贯彻“百家争鸣、百花齐放”的方针，执行稳定的文化政策，促进各项文化事业的发展和繁荣。社会科学工作者要继续解放思想，紧密结合改革和建设的实际，开展创造性的理论研究，深化和完善社会主义初级阶段理论。作家艺术家要深入生活、深入群众，反映改革和建设的伟大潮流，鼓舞人民志气和民族奋进精神，创作更多无愧于时代的优秀作品。在总结经验的基础上，积极推进文艺表演团体和社会文化事业管理体制的改革。要关心图书馆、博物馆、科技馆和文化馆(站)等群众性文化事业，丰富人民的精神生活。努力发扬我国优秀文化传统，积极开展对外文化交流，吸收世界文明成果。逐步健全文化领域的法制建设，切实加强文化市场管理，依法保护健康的文化事业，取缔反动的和淫秽的东西，抵制封建主义和资本主义的腐朽思想的侵蚀。各级政府要十分重视广播、电视、电影、新闻、出版事业的发展，充分发挥各种传播工具在宣传政策、联系群众和开展社会协商对话中的积极作用。要发挥新闻媒介的舆论监督作用，支持它们对官僚主义和违法乱纪等腐败现象进行实事求是的公开批评和揭露。出版改革要着眼于优化选题、调整图书结构和提高图书质量，加快发行体制改革的步伐。以生产和传播精神产品为主要任务的新闻、出版和各种文化事业，应当积极改善经营管理，提高经济效益，但是一定要使经济效益和社会效益统一起来，坚持把社会效益放在首位。

卫生工作要积极贯彻预防为主、中西医结合的方针，努力发展现代医药和我国传统医药，加强对传染病、地方病和各种严重危害人民健康疾病的防治。改进医药事业的管理，重视食品卫生。坚持开展爱国卫生运动，加强基层初级保健制度的建设和基层医疗卫生人员的培训，保护人民健康。要加强对老年人的医疗保健工作。体育是增强人民体质的积极因素和建设精神文明的重要手段，各级政府应充分重视。在全社会支持下，开展体育运动，增强青少年体质，提高全民族身体素质；建立多种形式的竞争体制，选拔和培养体育人才，使更多的运动项目达到世界水平。积极做好准备，努力办好1990年将在我国举行的第十一届亚洲运动会。各级政府和全社会应当重视残疾人事业，发扬社会主义的人道主义，关心和帮助残疾人，使他们的医疗、保健、教育、劳动就业和生活状况逐步得到改善。

八、既立足现实又面向未来，认真贯彻实行计划生育和加强环境保护这两项基本国策。

实行计划生育，控制人口增长，提高人口素质，是我国的一项基本国策。各级政府以及广大计划生育工作者为了贯彻这一国策，做了大量的艰苦工作，成绩是显著的。但是,由于我国人口基数大,现在正处于生育高峰,加上传统观念的影响很深,在改革中又出现了许多新情况和新问题,使计划生育工作难度增大,决不可掉以轻心。为了实现在本世纪末把我国人口控制在12亿左右的目标,必须严格执行现行政策,继续提倡晚婚晚育,提倡一对夫妇只生育一个孩子。即使在农村中对少数确有困难的家庭作些照顾,也必须从严掌握。大力提倡优生、优育、优教,在控制人口数量的同时,注重提高人口素质。这是关系我国现代化建设和民族未来的大事,各级政府务必加强领导,使人口增长同经济增长相协调。要努力健全各级计划生育管理机构,加强计划生育的科学研究,认真做好宣传教育和节育服务,把计划生育特别是农村的计划生育工作抓紧抓好。各有关部门和各群众团体要密切配合,为贯彻这一国策而共同努力。

加强环境保护也是我国的一项基本国策。环境保护工作近几年来取得了一定进展,但从总体上来看,环境污染和生态破坏还很严重,环境保护工作的任务还很艰巨。必须从我国的国情出发,坚持经济建设、城乡建设和环境建设同步规划、同步实施和同步发展。要十分珍惜和保护土地、水源、森林、草原、海洋和野生动植物等自然资源,合理开发和有效利用各种矿产资源。特别要严厉制止乱占耕地和破坏森林的行为,大力提倡植树种草、绿化城乡的有益活动。积极开展城乡环境的综合治理,着重控制大气、水源污染,改善对固体废弃物的处理,加强环境保护的管理工作,发挥环境保护部门的监督职能,为逐步实现生态系统的良性循环而进行长期的努力。

九、在发展生产的基础上继续增加城乡人民收入,改善人民的物质文化生活。

社会主义建设的出发点和归宿,是满足广大人民群众的物质文化生活需要。各级政府将一如既往地致力于人民生活的改善。第七个五年计划所规定的城乡居民人均实际消费水平的增长目标要力争实现。我们的各项建设事业需要大量资金,十亿以上人口的生活又要不断改善,这是很不容易处理好的一个重大课题。我国经济还比较落后,要实现国家富强和人民富裕,必须经过长时期的艰苦奋斗,人民生活的改善只能是逐步的。必须坚持"一要吃饭,二要建设"的原则,把眼前利益和长远利益结合起来,既反对片面强调生产而忽视人民消费的倾向,又反对脱离国家经济发展水平追求过高消费的倾向,使生产建设和人民生活互相适应、互相促进地向前发展。

当前,就总体上来说,我国人民的消费正在由温饱型向小康型过渡,更需要注意处理好经济建设和人民生活的关系。一要妥善处理积累和消费的比例关系,探索控制消费膨胀的有效方式,使消费水平的提高同生产的发展和劳动生产率的提高相适应。二要制定正确的消费政策,积极引导和调节消费,形成具有中国特色的生产结构和消费结构。我国人口众多,资源相对不足,必须长期坚持勤俭节约的优良传统,消费结构应该是资源节约型的。在今后相当长的时期内,由于受到人均粮食占有量的制约,不可能大幅度增加肉、禽、蛋等动物食品的供应,食物结构必须适应我国的国情。这也要作为一项长期的重大政策加以重视和研究。三要改善国民收入的分配,继续克服平均主义,坚持让一部分靠诚实劳动和合法经营的人先富起来的政策,同时坚持共同富裕的目标。根据我国目前的生产发展水平和今后的发展趋势,只要保持国民经济稳定增长,经济效益不断提高,生产结构和消费结构趋于合理,人民生活水平的逐步提高是有保证的。

十、随着经济建设的发展,进一步加强国防建设。

在今后的五年里,要在国家经济稳定发展的基础上,进一步加强国防建设,增强国防实力。国防建设要顾全国家经济建设的大局,纳入国家经济建设和社会发展的总体规划。人民解放军要加强军事训练、政治工作、后勤工作和军事科学研究,不断提高部队的素质,增强防卫作战能力。军队的改革要在已经取得重大成效的基础上,拟定加快和深化改革的总体规划,继续有步骤地、积极而又慎重地进行。建立、健全和认真实施军队的条令条例和各种法规,并认真做好军人优抚、转业干部安置等工作。国防科技和工业部门要继续贯彻军民结合、平战结合的方针,在完成军品生产任务和不断改进部队技术装备的同时,努力发展民品生产,为国家经济建设和国防现代化服务。在人民群众中广泛进行国防教育,增强国防观念,形成热爱和尊重军队,关心和支持军队改革和建设的良好风尚。进一步密切军政关系,加强军民团结。继续加强民兵和预备役建设。人民解放军全体指挥员、战斗员要以高度的责任感和积极性,加速军队的革命化、现代化、正规化建设,为保卫祖国和建设祖国不断作出新的贡献。

关于外交工作

在过去五年里,我们坚决执行独立自主的和平外交政策,同时根据国际形势的发展变化和我国社会主义现代化建设的需要,对某些具体政策继续进行了正确的调整,从而在外交工作中取得了重大成就,开创了新的局面。

五年来,我国主要领导人访问了46个国家,足迹遍及五大洲。我们接待了来自89个国家的元首和政府首脑。领导人的互访增进了相互了解,加强了我国同各国的友好合作关系,促进了我国同各国人民的友谊。我们同世界各国在经济、科技、文化、教育、卫生、体育等方面的合作与交流日益扩大。从1983年以来，我们先后同安提瓜和巴布达、安哥拉、科特迪瓦、莱索托、阿拉伯联合酋长国、玻利维亚、格林纳达、尼加拉瓜、伯利兹、乌拉圭等10个国家建立了外交关系。现在，同我国建交的国家已经达到135个，有经济贸易关系的国家和地区178个。我国对外关系的发展，为我们的改革开放和现代化建设事业创造了更好的国际条件。

当前的国际形势，既出现了值得欢迎的趋势，也包含着令人不安的因素，总的说来，是朝着有利于世界人民的方向发展的。

近来，东西方关系有了某些改善，国际局势出现了一定程度的缓和。美苏经过多年谈判，终于在去年12月签署了销毁中程和中短程导弹的条约。这是朝着削减核武器迈出的第一步，我们同许多国家一样，给予它应有的评价，希望它能得到认真实施。但是，应当指出，苏美《中导条约》规定要销毁的核武器，只占它们两国核武器库的极小一部分，远不足以使人类摆脱核战争的威胁，世界人民有充分的理由要求美苏在裁军问题上作出更大的努力。

中国从不参加军备竞赛，历来主张全面裁军。全世界都看到，当国际形势许可的时候，我们就主动地、果断地把军队裁减了100万人。中国是发展中国家，我们拥有少量的核武器，完全是为了自卫。中国政府多次向全世界宣布，在任何时候、任何情况下决不首先使用核武器，并已在1986年春宣布今后不再进行大气层核试验。中国政府一再声明，并且仍然认为，拥有世界核武器总量97%以上的美苏两国应该率先停止试验、停止生产和停止部署核武器，并且大幅度裁减它们的核武器。做到了这些，就将为召开所有核国家参加的、具有广泛代表性的核裁军国际会议创造必要的条件。现在美苏两国还在改进它们的核武器，军备竞赛正在向外层空间和其他高技术领域扩展。美苏即使削减了50%的战略核武器，它们拥有的核武器仍然占全世界核武器的90%以上，裁军任务仍然是繁重的。中国将一如既往，同一切爱好和平的国家一道，为制止军备竞赛，为全面禁止和彻底销毁核武器、化学武器和其他大规模毁灭性武器，为大幅度裁减常规军备而继续努力。

外国对弱小国家的军事入侵，旷日持久的地区冲突，使人民遭受苦难，并威胁着世界和平。近来，有关各方围绕着地区冲突的政治解决，进行着频繁的活动。为了公正合理地政治解决地区冲突，公认的国际关系准则必须得到遵守，有关国家的主权应该得到尊重，外来的侵略必须制止。

越南侵略柬埔寨已经进入第十个年头。越南当局应该看到，军事入侵征服不了柬埔寨人民，反而使自己陷入了极大的困境。我们坚决支持柬埔寨人民反抗越南侵略的斗争，并且一贯认为，公正合理地政治解决柬埔寨问题的关键在于越南军队尽早从柬埔寨全部撤走，让柬埔寨有关各方通过协商解决他们的内部问题。现在，越南方面说它要撤军，但是事实表明它并无诚意。越南作为当事者，要撤军就应该痛痛快快地撤；要谋求政治解决，就应该同西哈努克亲王去谈，同民主柬埔寨联合政府去谈。我们尊重西哈努克亲王和国际社会为公正合理地解决柬埔寨问题，使柬埔寨重新成为一个独立、和平、中立和不结盟的国家所做的努力。

最近，阿富汗问题的政治解决有了某种进展。国际社会早就强烈要求结束苏联对阿富汗的军事占领，恢复阿富汗的独立、中立和不结盟地位。苏联已宣布将从阿富汗撤出他们的全部军队，我们希望这能够成为现实，并希望看到有各方参加的阿富汗联合政府早日成立，看到数百万阿富汗难民能够安全地返回家园，重享和平生活。

海湾地区的紧张局势受到各国的关切。去年联合国安理会通过的第598号决议，为和平解决伊朗和伊拉克之间的冲突提供了良好基础。我们支持联合国秘书长所进行的调解活动。凡是有利于实现安理会第598号决议、早日结束两伊冲突的措施，中国都积极支持。超级大国的军事介入，孕育着冲突升级的危险，我们是不赞成的。伊朗和伊拉克都是中国的友好国家、我们希望它们罢战言和。我们一贯主张通过和平谈判解决国际争端。相互冲突只能给发展中国家带来损害，友好相处才能给各方带来利益。

我们支持阿拉伯国家和巴勒斯坦人民反对以色列侵略扩张的正义斗争，谴责以色列当局在约旦河西岸和加沙地带残酷镇压巴勒斯坦人民的暴行。我们支持在联合国主持下召开中东问题国际会议，全面公正地解决中东问题。

我们支持南非人民反对种族歧视，纳米比亚人民争取民族独立，南部非洲各国人民维护国家安全、反对南非侵略的正义斗争。

我们支持中美洲各国争取实现本地区和平与稳定的努力。我们对目前这一地区出现的紧张局势表示关切，反对超级大国插手干涉别国事务。

近年来，世界经济形势的动荡加剧，引起各国的普遍关切和不安。发达国家的经济虽然还保持着低速增长，但它们相互间的摩擦加剧，新的经济衰退阴影又在逼近。许多发展中国家的出口收入减少，债务负担加重，经济也遇到了困难。在这种形势下，发达国家正在谋求协调它们的经济政策，稳定金融。许多发展中国家为了振兴经济，正在探索适合本国国情的发展道路，并且采取了一些措施，推动南南合作。应当指出，在世界经济联系日益密切的情况下，需要南北双方本着互利的原则，共同设法克服困难，才能找到出路。历史造成了南北之间的贫富悬殊，而世界发展到今天，发达国家越来越难以在发展中国家普遍贫困、落后的基础上保持自己的繁荣和稳定。南北对话应该继续，不合理的国际经济秩序应该改变。我们支持第三世界国家反对贸易保护主义、提高初级产品价格、减轻外债负担的正当要求和合理主张。我们希望发达国家能奉行有远见的政策，在金融、贸易、技术转让方面，特别是在解决第三世界国家的沉重债务负担方面，采取有效步骤，为第三世界的发展创造有利的国际环境和条件。也只有这样，才能更好地解决发达国家的商品市场、资金出路、原料供应等问题，从而促进世界各国的共同繁荣。

中国正在致力于本国的发展，希望在和平共处五项原则的基础上同世界各国友好合作。

中美、中苏关系，是大家关心的问题。众所周知，我们坚持独立自主，不依附于任何大国，也不同它们结盟或建立战略关系。中国作为一个幅员辽阔、人口众多的发展中社会主义国家，奉行这样的政策，不仅符合中国人民的利益，而且有利于世界的和平和稳定。

在过去的五年里，中美关系大体平稳，双方保持着高层接触，经贸关系、科技交流和人员往来有进一步发展。但是，美国有些人总是企图以种种借口干涉中国的内政，特别是在台湾问题上不执行美国政府公开宣布的只承认一个中国的政策。这种违背中美建交原则的言论和行动，势必损害中美关系。我们希望美国政治家们能够认识到，中美之间的正常关系不仅符合中国的利益，也符合美国的利益。中美关系只有在严格遵守中美三个公报的基础上，才能稳定发展。

近几年来，中苏两国之间的贸易、科技和人员往来有所增加。中苏国家关系正常化的磋商和边界谈判都在进行。实现中苏关系的正常化符合两国人民的愿望和根本利益。我们注意到，苏联方面也表示社会主义国家之间应该严守和平共处的原则。但是，众所周知的三大障碍的存在，是同和平共处原则相违背的。为了推动问题的解决，中国领导人早就表示愿意同苏联领导人会晤，必要的条件是，苏联停止支持越南侵略柬埔寨，促使越南尽早从柬埔寨撤军。只要苏联这样做了，就会大大推动中苏关系正常化的进程，并会受到国际社会的普遍欢迎。

中国一向重视同周边各国保持和发展睦邻关系，特别关心亚洲的和平与稳定。朝鲜民主主义人民共和国是我国的亲密邻邦，我们支持朝鲜政府自主和平统一祖国的合理主张和缓和朝鲜半岛局势的努力。我们同东盟、缅甸和南亚各国保持着良好的关系。中蒙关系有了发展。我们同老挝的关系近来有了改善。我们同印度的关系近年来也在逐步改善。我们希望中印双方能够本着互谅互让的精神，通过友好协商解决边界问题，使中印关系获得进一步发展；在边界问题解决之前，应该保持边境地区的和平与安宁。我们谴责越南对我国南沙群岛一些岛礁的非法侵占和在南沙群岛海域进行军事挑衅活动。越南当局自己进行扩张侵占活动，反而对中国进行诬蔑和攻击，企图挑拨中国同东盟国家的友好关系，这是不能得逞的。

日本是我国的近邻，两国经济贸易关系密切，人员来往频繁。中日友好符合两国人民的根本利益。在日本发生的某些不利于中日关系正常发展的事件，是中日两国人民都不愿意看到的。我们相信，在中日联合声明、中日和平友好条约的基础上，两国关系中出现的问题可以得到解决，中日睦邻友好关系将会继续发展。

近几年来，我们同欧洲社会主义国家的关系有了很大发展。我们同罗马尼亚、南斯拉夫保持着全面的友好合作关系。我们同波兰、德意志民主共和国、捷克斯洛伐克、匈牙利、保加利亚等国家实现了关系正常化。我们将本着相互尊重、平等互利的精神，同这些国家交流社会主义建设和改革的经验，推动各方面友好关系的进一步发展。

我们同西欧各国和加拿大、澳大利亚、新西兰的关系是好的。这些国家在许多重大国际问题上同我们有着一致或近似的看法。我们满意地看到，这些国家对于同中国发展经贸关系和科技交流采取积极的态度。我们同它们在这些方面的合作有广阔的前景，愿意同它们一道，为进一步发展互利合作而努力。

加强同第三世界国家的团结与合作，是中国对外政策的基石。我们赞赏第三世界的各种地区合作组织为维护本地区的安全、促进本地区的发展所作的努力。我们愿意和第三世界各国在发展经济、建设国家的事业中交流经验，互相学习。中国作为第三世界的一员，理解和同情发展中国家的困难，并且在力所能及的范围内向一些发展中国家提供了援助。但是，我们的国家底子薄、人口多，提供援助的能力有限。我们将继续本着“平等互利、讲求实效、形式多样、共同发展”的原则，积极发展同它们的经济贸易关系和科学技术合作。我们认为，这是发展南南合作的一条有效途径。

我们赞赏和支持不结盟运动的宗旨，高度评价不结盟运动在国际事务中所起的重要作用。

中国广泛参加各种国际组织，积极开展多边外交活动。我们将继续同各国朋友一道，在联合国和其他国际组织中，为促进和平与发展而共同努力。

我们的全部外交工作，都服务于和平与发展两大目标。中国作为一支反对霸权主义、维护世界和平、促进共同发展的重要力量,活跃在国际舞台上,日益受到各国的重视,赢得了普遍的赞誉。实践证明,我国的外交政策是正确的,我们将坚定不移地继续贯彻执行。

各位代表!

国家的统一,民族的振兴,是全中国各族人民的共同心愿,是历史赋予我们这一代人的光荣使命。因此,我在这里还要着重讲一讲实现祖国统一大业的问题。

在第六届全国人民代表大会期间,按照“一个国家,两种制度”的原则,中国政府同英国政府和葡萄牙政府经过友好谈判,圆满地解决了历史遗留下来的香港和澳门问题。这是中国和世界现代史上的重大事件,得到了包括港澳同胞在内的全国人民的热烈拥护和国际社会的广泛欢迎。中英联合声明签署三年来,香港社会安定,经济繁荣,中英双方为贯彻执行联合声明进行了良好的合作,在许多方面取得了积极的成果。中葡联合声明签署以来,澳门各方面的情况也是令人满意的。

中国政府对香港、澳门的方针政策是不会改变的。香港特别行政区基本法正在拟订。澳门特别行政区基本法需要着手起草,建议这次大会审议决定成立澳门特别行政区基本法起草委员会。这两个基本法,把中国政府对港澳的方针政策用法律的形式规定下来,必将对港澳今后几十年的发展起十分重要的作用。祖国的进一步改革开放和现代化建设的发展,将为港澳的繁荣和稳定提供有力的支持,港澳的发展也必将对祖国的建设发挥更大的作用。现在,香港、澳门已经进入一个新的历史时期,希望港澳同胞和全国人民携手共进,继续为港澳的繁荣稳定和政权的顺利交接、平稳过渡贡献力量。

各位代表!

尽早实现台湾与大陆的统一,现在已经十分突出地摆在所有中国人的面前。多年来,我们一直主张海峡两岸应当实现通邮、通航、通商,人民自由往来,增加交流,促进了解,最终按照“一国两制”的方式实现国家统一。我们高兴地看到,台湾当局在去年放宽台湾民众到大陆探亲的限制以后,最近又进一步扩大了允许探亲的范围,两岸文化、学术、经济等民间交流也有新的发展,这是符合海峡两岸同胞的根本利益的。我们欢迎有更多的台湾同胞来大陆探亲和参观访问,欢迎有更多的商人和企业家来大陆做生意,到经济特区或其他地方投资设厂,在经济上携手互助。当前,包括台湾同胞在内的十亿中国人民迫切盼望国家早日统一,富强昌盛。这是大势所趋,人心所向。我们愿意同台湾当局和各界人士共商祖国统一大计。凡是有利于统一的主张,我们都是支持的;凡是不利于统一的主张,我们都是不赞成的;对于任何分裂国家的行为,无论来自岛内还是岛外,我们都坚决反对。我们期望台湾当局以国家和民族利益为重,为实现两岸的直接“三通”、祖国的和平统一采取积极步骤。我们期望广大台湾同胞、港澳同胞、海外侨胞和大陆各族人民更加紧密地团结起来,同心同德,群策群力,共同推动祖国统一的进程。

各位代表!

当前的国内形势和国际形势,对我国的建设和改革都很有利。我们一定要在中国共产党的领导下,紧紧把握有利时机,励精图治,埋头苦干,齐心协力,团结奋斗,沿着有中国特色的社会主义道路奋勇前进。

《人民日报》发表社论《十亿人民的期望——祝贺七届全国人大一次会议开幕》

今天,第七届全国人民代表大会第一次会议在北京隆重开幕。2900多位代表,肩负着全国各族人民的重托,齐集一堂,讨论并决定国家大事。这是全国人大历史上的又一次重要的会议。我们谨向大会表示热烈的祝贺!

七届全国人大一次会议的召开是党的十三大以后我国人民政治生活中的又一件大事。四个多月前召开的中国共产党第十三次全国代表大会,系统阐明了社会主义初级阶段的理论,提出了党在初级阶段的基本路线,规划了改革、开放的宏伟蓝图。那次会议开得非常好,非常成功,给全党和全国各族人民以极大的鼓舞。七届全国人大一次会议将沿着十三大指引的方向,完成各项既定的任务。全国各族人民对这次会议同样抱有很大的期望,希望这次会议开得好,开得成功。

首先是希望这次会议把改革、开放的事业进一步推向前进。从六届全国人大一次会议到七届全国人大一次会议的五年,是我国人民在党的十一届三中全会路线指引下继续胜利前进的五年,是建设有中国特色的社会主义的伟大事业蓬勃发展的五年。改革、开放,大大解放了社会生产力,形势变化、发展之快,出乎人们的意料,也提出一系列新的问题,很多旧的规章必须修改,很多新的法律亟待制定。如果上层建筑领域的改革跟不上,民主与法制的建设跟不上,势必拖整个现代化建设的后腿。提交这次会议审议的宪法修正案草案、全民所有制工业企业法草案、中外合作经营企业法草案、国务院机构改革的方案以及建立海南省及经济特区的议案,反映了形势发展的迫切要求,都同经济体制改革、政治体制改革和对外开放有极为密切的关系。经过认真审议,通过这些草案和议案,必将给改革、开放的事业开辟更广阔的天地。

其次是希望这次会议为推进社会主义民主政治的建设作出新的贡献。没有社会主义民主,就没有社会主义现代化。社会主义民主政治的核心,是人民当家做主,真正享有各项公民权利,行使管理国家和企事业的权力。人民行使国家权力的机关是全国人民代表大会和地方各级人民代表大会。建设社会主义民主政治,首先就应当充分发挥人民代表大会的作用;而人民代表大会也应当把捍卫社会主义民主、发展社会主义民主作为自己最神圣的职责。近十年来,全国人大和人大常委会为发展社会主义民主,健全社会主义法制,使民主法律化、制度化,做了大量卓有成效的工作。人们希望这次会议对社会主义民主政治的贡献将不仅表现在它所审议通过的各项重要草案、议案上,而且表现在整个会议进程,充分发扬民主,增加开放程度,体现十三大提出的重大问题经人民讨论,重大情况让人民知道的精神。这次会议开好了,如同党的十三大一样,将为地方各级人民代表大会,为我国的社会主义民主建设树立一个良好的范例。

第三,全国各族人民还希望,在这次会议上选出让全国人民满意的新的国家机构的领导人。选举和任命国家机构新的领导人员,是全国人大换届以后第一次会议极为重要的议程,也是全国人民最为瞩目的大事。七届全国人大的人事安排,实际上是十三大人事安排总格局的重要组成部分。在这次会议召开前夕,中共中央已经召开民主协商会,就七届全国人大和七届全国政协的人事安排问题广泛征求了意见,党的二中全会已经通过了向两个会议主席团推荐的领导人员人选名单,为这次会议的选举做了充分的准备。相信在这次会上,全体代表受全国人民委托,经过充分发扬民主,反复酝酿协商,行使庄严的选举和决定任命新的国家机构领导人员的民主权力,这个事关大局的问题一定能够完满的解决。这是改革、开放和社会主义现代化建设不断取得新胜利的重要的组织保证。

人民代表大会制度,共产党领导下的多党合作和政治协商制度,按照民主集中制的原则,在民主基础上的集中,在集中指导下的民主,是我国政治制度的特点和优势。开好七届全国人大一次会议,必将使我们的特点和优势焕发出新的光彩。预祝大会圆满成功!

七届全国人大一次会议关于确认赵紫阳辞去国务院总理职务的请求的决定

(1988年3月25日第七届全国人民代表大会第一次会议通过)

第七届全国人民代表大会第一次会议确认1987年11月24日第六届全国人民代表大会常务委员会第二十三次会议关于同意赵紫阳辞去国务院总理职务的请求的决定。

国务院代总理李鹏致电日本国内阁总理大臣竹下登向在上海附近发生的3·24列车事故中遇难和受伤的日本学生等家属表示深切慰问

电文如下:

3月24日,日本高知市修学旅行团一些学生等在上海附近发生的列车事故中遇难和受伤。对发生这样意外的不幸事故,我深感悲痛,谨向死伤者家属致以深切的慰问。我已指示中国有关方面竭尽全力抢救受伤人员,做好善后工作,接待好来华日方官员和家属。我将委派专人到上海处理此事。

外交部部长吴学谦打电报给日本外务大臣宇野宗佑向在3·24列车事故中遇难日本学生的家属表示衷心慰问

铁道部布置抢救上海3·24事故中伤员和善后工作

此次事故中,死亡增至28人,其中日本旅客27人;重伤17人,其中日本旅客5人。损坏两台机车、6辆客车及部分线路。据初步分析,事故原因是311次旅客列车制动失灵。

事故发生后,李鹏代总理非常关切,多次打电话询问情况,并作了三点批示:一、要妥善处理善后,不论是中国伤员还是外国伤员都要全力抢救,由上海市协助;二、事故现场要取证,以便对事故原因作出正确分析;三、认真接受教训,通报全路,提高警惕,搞好当前运输,不得有丝毫松懈和麻痹。

铁道部副部长罗云光在电话会议上心情沉重,要求全路紧急动员起来,认真贯彻李鹏同志的重要批示。

铁道部主要负责同志表示,“3·24”事故是一次惨重的血的教训,造成了不良的政治影响,部领导有着不可推卸的责任,请求中央和国务院给以处分。他们对“3·24”事故中死亡的中外旅客表示哀悼,对死难者家属和受伤人员表示慰问和歉意,并向参加事故抢救工作的有关人员表示感谢。

3月26日

七届全国人大一次会议在人民大会堂举行第二次全体大会

大会听取国务院副总理兼国家计划委员会主任姚依林作关于1988年国民经济和社会发展计划草案的报告、国务委员兼财政部部长王丙乾作关于1987年国家预算执行情况和1988年国家预算草案的报告。

大会执行主席习仲勋宣布大会开始。

大会的其他执行主席是韦国清、阿沛·阿旺晋美、严济慈、陈慕华、丁光训、毛文书、叶林、吕培俭、任继愈、江中·扎西多吉、巫致中、杨文贵、吴贻弓、迟浩田、张承先、陈宗基、林丽韫、赵鹏飞、宦爵才郎、浦洁修、常香玉、董寅初、廖晖。

国务院副总理姚依林在七届全国人大一次会议上作关于1988年国民经济和社会发展计划草案的报告

各位代表：

我受国务院的委托，向大会报告1987年国民经济和社会发展计划的执行情况和1988年计划的安排意见，请予审议。

一、1987年计划的执行情况

1987年，我国的建设和改革都取得了新的成就。国民经济和社会发展计划的完成情况比较好，经济工作积累了一些新的经验。

——社会生产稳定增长。1987年，国民生产总值由上年的9460亿元增加到10920亿元，增长9.4%，超过了计划要求增长6.4%的速度。工业生产以较高的速度协调发展，全年工业总产值比上年增长16.5%，不包括村及村以下的工业增长14.6%。原煤产量达到9.2亿吨，石油产量达到1.34亿吨，发电量达到4960亿千瓦小时，钢产量达到5602万吨，都比上年有较多的增加。支农工业发展明显加快，化肥、农药产量增长22%以上。消费品工业中以非农产品为原料的产品，特别是名优耐用消费品增长更快。工业生产的经济效益有所提高。交通运输和邮电通信超额完成了国家计划。农业取得好的收成。粮食总产量达到4024亿公斤，比上年增加109亿公斤。棉花总产量达到419万吨，比上年增产65万吨。除糖料、黄红麻、猪肉减产外，其他农副产品的产量也都有程度不同的增长。非农产业产值在农村社会总产值中的比重超过一半，农村产业结构的调整和商品经济的发展取得了新的进展。

——固定资产投资膨胀的势头得到抑制。全国固定资产投资完成3518亿元，比上年增长16.5%；其中，全民所有制单位固定资产投资完成2262亿元，增长14.4%，都比上年的增长速度低。投资结构继续有所改善。在全民所有制单位基本建设投资中，生产性建设投资的比重由上年的60.6%上升到65.9%；能源、原材料等基础工业投资的比重由上年的33.5%上升到38%。重点建设的进度加快。全国建成投产的大中型基本建设项目102个、大中型项目的单项工程193个。新增加的发电装机容量810万千瓦，是历史上新增最多的一年。企业技术改造进一步加强，全民所有制单位完成更新改造投资比上年增长19.9%，超过基本建设投资增长12.6%的速度。

——国内市场购销两旺。社会商品零售总额达到5820亿元，扣除物价上涨因素，实际增长9.6%。吃、穿、用商品和农业生产资料的销售额全面增长。由于生产供应不足，部分大中城市对猪肉、食糖等实行了限量供应，但是这种限量是为了保证一定数量的平价供应，在市场上用议价和市价仍可买到所需的食品。

——对外经济贸易和技术交流扩展。据海关统计，1987年进出口总额827亿美元，比上年增长12%；其中，出口总额395亿美元，增长27.8%；进口总额432亿美元，增长0.7%。进出口逆差由上年的120亿美元缩小到37亿美元。出口商品中，工业制成品所占比重由上年的63.4%上升到66.4%；进口商品中，机电产品特别是高档消费品的进口大幅度下降。国家现汇结存和黄金储备有所增加。全年利用外资75.7亿美元，比上年增长4.3%。经济特区外向型经济的发展取得了较大进展。旅游事业也作出了新的成绩。

——科学、教育、文化、卫生、体育事业进一步发展。贯彻执行经济建设依靠科技进步、科技工作面向经济建设的方针取得了初步成效。科技成果商品化的速度加快。1987年获国家批准的发明奖和技术进步奖的科技成果1032项，获国务院有关部门和省、自治区、直辖市人民政府批准的科技成果奖9902项。"七五"计划中重点科技攻关项目已落实3700个专题合同，全面展开了工作，在农作物育种、大型成套技术装备等重要领域有了较好的进展。在生物工程技术、信息技术等七个高技术领域，落实研究开发课题近800个。"星火计划"的推行取得一批可喜成果。教育事业在改革中得到进一步发展。基础教育有所加强，学龄儿童入学率由上年的96.4%提高到97.1%。中等教育结构趋向合理，各类职业技术学校在校学生数已占到高中阶段在校学生总数的40%。高等教育在调整科类结构和提高教育质量上有了新的进展。新闻出版、广播、电影、电视、文学、艺术等各项文化事业，都有新的发展。人民群众的卫生医疗条件继续得到改善。体育事业取得显著成就。

——城乡人民收入进一步增加。据统计部门对住户的抽样调查，城镇居民年平均每人可用于生活费的收入为916元，比上年增长10.6%；扣除价格上涨因素，实际增长1.7%。农民年平均每人纯收入为463元，比上年增长9.2%；扣除价格上涨因素，实际增长5.3%。1987年年末居民储蓄存款余额达3075亿元，比上年年末增长37.5%，是近几年来增长最多的一年。劳动就业增加，城乡居住条件继续改善。老少边地区扶贫致富工作有了较大进展。

——以搞活企业为中心环节的经济体制改革不断深入，经济活力进一步增强。多种形式的企业承包经营责任制大面积推开，促进了企业经济效益的提高。金融体制改革取得明显成效，银行同业拆借和融资数额增加，资金市场有所发展。钢材等重要生产资料市场进一步扩大。劳务、技术、信息和房地产市场有了新的扩展。住宅商品化改革的试点也取得了经验。这些改革，有力地推动了经济和社会的发展。

上述情况表明，1987年全国经济总的形势是好的。经济发展和改革中，有一些好的经验和新的特点值得总结。一是工业生产以比较高的速度增长，是在原材料进口减少，流动资金贷款总额有所压缩的情况下实现的，产品基本上适销对路，基础比较扎实。财政收支、货币供求以及国际收支等状况都有所改善。社会总供给的增长加快，社会总需求的增长有所控制，整个经济环境虽然还很紧，但是同上一年比较，不是更加紧张而是向着逐步好转的方向发展。这说明，近几年所采取的稳定经济、逐步缓解矛盾的方针是正确的，有效的；说明只要有正确的方针政策，经济的稳定与增长是可以求得统一的。二是企业承包特别是招标承包责任制的推行，增加了大中型企业的活力，加上增产节约、增收节支运动的开展，扭转了年初财政收入下降的趋势。改革需要一个比较稳定的环境，但只有从实际情况出发，通过改革缓解矛盾，才能逐步改善经济环境。这是把改革与发展结合起来的现实选择。三是在微观搞活的同时，宏观控制有新的进步。在控制总需求的时候，注意经济结构的调整，做到紧中有活，有保有压，从而使微观搞活和宏观控制出现了相互促进的局面。这几点，是1987年经济工作中很值得重视的经验。

以上各方面成就和经验的取得，是全国各族人民在中国共产党领导下，团结一致，共同努力奋斗的结果，是各级人民政府认真执行党中央、国务院确定的正确方针政策，以改革总览全局，充分发挥主动性、积极性的结果。

在看到好的经济形势和经济工作成绩的同时，也要看到经济生活中仍然存在着的不稳定因素和有待进一步解决的问题。最突出的是物价上涨幅度过大，使人民生活的改善受到一定影响，一部分城市居民家庭实际生活水平有所下降。1987年物价问题的焦点在食品。全年全国商品零售物价总水平比上年平均上升7.3%，其中65%是农副产品涨价引起的。全年食品类价格上升10.1%，其中肉禽蛋上升16.5%，鲜菜上升17.7%。生猪市场价格有所上涨，是由于粮食价格上涨了，没有及时提高生猪收购价格，致使生猪的生产有所下降，供应不足，市场波动。蔬菜价格上涨，主要由于播种面积不够，有些地方有灾情。当然，物价上涨幅度过大也与社会集团购买力增长过多，市场管理不严，以及前几年货币发行多了一些有关。我们必须努力改进工作，运用价值规律来促进经济发展，来稳定经济，按照价值规律的要求来分析和处理经济生活中的新问题。

二、1988年计划的主要目标和任务

1988年是贯彻落实党的十三大精神和执行“七五”计划的重要一年。今年经济工作的基本方针是，进一步解放思想，进一步稳定经济，进一步深化改革，以改革总览全局。这是一个积极的方针。稳定和改革都是为了发展生产力，提高国力和人民生活水平。不稳定经济，改革很难加速进行；不改革，经济也难以稳定和发展。必须用改革的办法来稳定和发展经济。

遵循上述方针，1988年国民经济和社会发展总的要求和部署是，通过深化和加快改革，努力增加和改善供给，同时继续控制投资和消费需求扩张，以促进社会总供给和总需求的平衡，在提高经济效益的基础上，保证国民经济继续以较快的速度稳定增长。今年计划的具体目标是：

国民生产总值比上年增长7.5%。农业生产增长4%；工业生产在降低物质消耗、减少资金占用、提高产品质量、保证适销对路的前提下增长8%。

全社会固定资产投资总规模3300亿元；其中，全民所有制单位固定资产投资2060亿元，略低于上年的实际水平。

货币增发量和信贷规模控制在适度水平，既要有利于币值的稳定，又要有利于经济的增长。

财政赤字控制在80亿元，维持上年的水平。除了工资奖金、价格补贴、科学文教卫生事业、国内外债务还本付息等支出适当增加外，基本建设拨款、行政费和其他事业费等支出都低于或大体维持上年水平。

城乡人民的收入在扣除物价上涨因素之后，要比上年水平有所提高。

根据上述要求和目标，1988年国民经济和社会发展的主要任务，有以下几个方面：

第一，大力增加农副产品和轻纺产品的生产与供应，安排好国内市场和人民生活。

努力增加社会供给，繁荣国内市场，改善人民生活，是1988年计划安排的重点。

首先，下更大的力量抓好农业生产，保证粮食、棉花、肉类、糖料和蔬菜等重要农副产品生产的稳定增长。要稳定粮食合同定购数量，继续完善合同定购粮食与供应平价化肥、农用柴油、预购定金的“三挂钩”政策，适当提高小麦、北方稻谷、南方玉米和油菜籽的收购价格，以调动农民的生产积极性，争取今年粮食产量达到4.1亿吨。适当扩大主要产棉区的棉花种植面积，建立一批稳产高产的棉花生产基地，争取棉花产量达到450万吨。要重视饲养业。今年国家拿出了一部分平价粮，采取猪粮挂钩的办法，扶持养猪业的发展。

努力办好国营、集体养猪场和养鸡场，积极扶持专业饲养大户，讲求规模效益，同时重视千家万户的分散生产。采取价外补贴方式，适当提高糖料收购价格，以调动农民种植糖料的积极性。大中城市要继续实行市长负责制，保证蔬菜种植面积，抓好蔬菜生产，对大路菜要有计划地组织生产和供应。统筹安排农副产品的外贸出口和国内市场销售，凡是国内市场紧缺的主要农副产品，要控制出口。

为了保证农业生产的持续稳定增长，必须对农业建设有一个长远的考虑，采取一些根本性的措施。(一)进一步深化农村改革，按照价值规律办事，有计划有步骤地适当调整某些农副产品的收购价格，让农民有利可图。这要纳入国民经济长远发展规划。对主要食品定量供应部分，各地根据价格上涨的不同情况，要给职工以适当补贴。(二)多方筹集资金，增加对农业的投入。国家要逐步增加对农业的投资，地方机动财力应当主要用于农业建设。已经开征的耕地占用税，从今年起作为中央和地方的扶持农业生产的专项基金。同时，动员广大农民的力量，增加对农业的投入。在有条件的地方，要逐步实行适度规模经营。(三)加强农业科学技术的研究和科技成果的推广，特别是要抓好良种的繁育和推广。要加强工业对农业的支援，努力增加化肥、农药、柴油和农用薄膜的生产与供应，并坚决制止农业生产资料的乱涨价。要加强饲料工业的配套建设，以适应饲养业发展的需要。(四)继续合理调整农村产业结构，进行多种资源的开发，根据资源特点和社会条件，积极发展乡镇企业，并使之成为支援农业生产的重要力量。

在增加农副产品生产和供应的同时，要加快轻纺工业的发展，特别是努力增加优质名牌产品和市场紧缺的日用消费品的生产，研制和开发一批新产品、新品种，以适应城乡市场不同层次的需求。计划要求，1988年轻纺工业总产值比上年增长8%以上。

必须严格市场的物价管理。要认真贯彻执行国务院最近颁布的一系列价格管理办法，坚决制止乱涨价、变相涨价和乱收费，严厉惩处哄抬物价、扰乱市场的不法行为。各级工商行政、物价、税收部门，要履行自己的职责，同时要组织社会各方面的力量和广大群众，加强物价的监督和检查，以维护市场的正常秩序。

要采取正确的分配政策。国营企业要积极推行工资总额同经济效益挂钩的办法，推行计件定额工资制，使职工多劳能够多得。积极采取措施，逐步改善知识分子的生活待遇。除了进一步解决知识分子中突出不合理的工资问题外，要对可以创收的知识产业放宽政策，鼓励和支持教育、卫生、科研单位的知识分子通过开展有偿服务，从事兼职活动，来增加收入，改善生活条件。要坚持让一部分靠诚实劳动和合法经营的人先富起来的政策，同时，对过高的个人收入也要依法通过税收进行适当调节。在生产发展的基础上，要继续增加城乡居民的收入和提高人民的生活水平；同时，适当控制居民消费需求增长的幅度，并运用各种手段，特别是价格杠杆，正确地引导消费，使之与生产发展和劳动生产率提高的速度相适应，与我国的国情相适应。

第二，继续加强基础工业和基础设施的建设，以充分发挥现有生产能力作用和增强经济发展的后劲。

能源、原材料、交通、通信等基础工业和基础设施是我国经济的薄弱环节，必须进一步加强这些方面的建设与开发。基础工业和基础设施建设的主要方针，是在着力改善经营管理，充分发挥生产潜力，注重资源和资金节约的基础上，实行适度的投资倾斜政策，进行必要的扩建新建。1988年计划安排，在国家预算内和特别贷款投资总额中，用于能源和交通运输部门的投资达到51.3%，比上年提高三个百分点；并首先把按合理工期组织建设的大中型项目和收尾、投产项目安排好，打足所需投资。同时，国家还采取一些措施，引导预算外资金更多地用于基础工业和基础设施的建设。

能源的开发和建设，坚持以电力为中心。计划要求，今年全国新投产的发电装机容量750万千瓦以上(不包括小型电站)。为了加快电力的建设，国家采取了一些重大的政策和改革措施，动员各个方面特别是地方的力量办电。在加快电力开发的同时，加强煤炭、石油和天然气的开发与建设，使这些方面的生产能力继续有所增加。

发展原材料工业，重点是加快钢铁、有色金属、化工原料工业的建设。钢铁工业，主要安排续建宝钢、武钢、攀钢等9个项目。有色金属工业，主要安排山西铝厂、青海铝厂、金川镍工程、江西铜业公司等15个续建项目。化学工业，主要安排续建山西化肥厂和潍坊、唐山、连云港三大纯碱厂等11个重点项目。石化工业，主要安排扬子、齐鲁、大庆、金山乙烯等续建项目。原材料工业，要努力增加品种，提高产品质量，改善技术装备水平。

交通运输业方面，着眼于发展综合运输体系，把铁路、公路、水路、航空和管理运输设施有机结合起来。铁道，主要加强晋煤、黑龙江煤炭和云贵地区煤炭、磷矿外运的线路建设。计划安排，全国铁路新增运营里程590公里。港口，主要安排秦皇岛、青岛港煤码头等续建工程。同时，继续加强公路、航空、管理的建设，加快邮电、通信业的开发。

在继续加强能源、原材料、交通运输和通信业建设的同时，积极促进机械、电子工业的振兴，使之为整个国民经济的技术改造提供更多的先进技术装备。

加强基础工业和基础设施等重点建设，决不意味着要扩大投资总规模。从目前来看，投资总规模仍然偏大，战线过长，必须继续贯彻“三压三保”的方针，严格控制投资总规模。今年，要从严控制新上项目，在建项目也要进一步清理。对于计划外新形式的项目，建成后能源、原材料和运力没有保证的项目，一律不予以贷款、拨款。地方、部门用自有资金进行的建设，必须按国务院规定购买重点企业债券之后才能安排。对去年没有完成国家重点建设债券任务的地区，要扣减今年的固定资产投资贷款。已经动工进行新建、改建、翻修、装修的楼堂馆所，未经批准的，必须一律停下来。

第三，加速科技进步和智力开发，促进各项文化事业的发展。

党的十三大确定，把发展科学技术和教育事业放在首要位置。为使这一重大决策得到落实，从现在起，必须采取更加有力的措施，加快科学技术和教育事业的发展。

1988年，国务院将着手制定中长期科学技术发展纲要，明确发展战略目标、重点和措施，以利推动和加速科技进步。今年计划要求，抓紧进行重大项目的科技攻关，着重抓好复合肥料、煤化工等20个大型成套技术装备、100项新工艺、400项新产品的攻关，搞好一批以科研为先导，科研、工业中间试验和生产密切结合的基地建设。认真推行星火计划，大力推广普遍适用的科技成果。加速企业的技术改造。进一步做好引进技术的消化、吸收工作。继续加强基础研究和应用研究，加强高技术的研究和开发。要从深化科技体制改革入手，进一步密切科学技术与经济建设的结合，缩短科技成果转化为生产力的周期。

积极发展各级各类教育事业。进一步加强基础教育，因地制宜地、分阶段有步骤地实施九年制义务教育。有针对性地发展不同层次、多种形式的职业教育，继续合理调整中等教育结构。稳定发展高等教育，1988年计划普通高等学校招收本、专科学生64万人，比上年增加23000人；招收研究生45000人。所有学校都要重视提高教育质量，加强和改善思想政治工作，把培养德、智、体全面发展的人才作为主要任务。

进一步发展文学艺术、广播、电影、电视、新闻出版等各种文化事业和体育事业，大力促进社会主义精神文明的建设。

卫生事业要深入贯彻预防为主的方针，加强对传染病、地方病和各种严重危害人民健康疾病的防治。

1988年在国家财政支出普遍紧缩的情况下，继续增加用于科学、教育、文化事业的经费。基本建设投资总规模比上年压缩，但用于科技、教育方面的重点建设投资不减少。地方用于这些方面的投资和经费也要有所保证。同时，还要广开渠道，提倡和鼓励社会各方面集资、捐资，兴办各类教育文化事业。

第四，积极组织实施沿海地区经济发展战略，促进整个对外贸易和技术交流的全面发展。

党中央最近提出的加快沿海地区经济发展战略，是落实党的十三大确定的建设和改革任务的重大部署。实施这一战略，不仅能够促进沿海地区经济的迅速发展和带动内地经济的发展，而且将有力地推动各方面体制的改革。这对于加快我国现代化进程，胜利实现到本世纪末的奋斗目标具有极为重要的意义。

1988年计划要求，把组织实施沿海地区发展战略作为一件大事，摆在突出位置。国务院有关部门和沿海地区的地方政府，要按照“两头在外”，即原材料在外和市场在外，发展外向型经济的原则，统筹考虑和调整沿海地区进出口商品结构，以及引进技术和利用外资的方向与重点，使沿海地区更多地利用国外资源、资金和技术，开展多元化的经济技术合作与交流。

贯彻执行沿海地区经济发展战略，关键在于必须把出口创汇抓上去。只有切实增加出口，才能放手从国外进口原材料，形成进口——加工——出口的良性循环。除城市和大中型骨干企业要发展外向型经济、增加出口创汇外，目前更重要的是，应该把乡镇企业作为推广运用已有科研成果的一个重要基地，鼓励科技人员直接到生产第一线，通过科研成果的有偿转让、技术入股以及经营承包等各种形式，创办一批高素质的外向型乡镇企业。从目前实际条件出发，沿海地区要大力发展高质量的、有竞争力的劳动密集型产品以及劳动密集同技术密集相结合的产品出口；从长远看，必须积极发展技术先进的产业，力争有较多的高技术产品出口。要特别注意充分发挥科学技术在发展外向型经济中的巨大作用，我国科技力量应为此多做贡献。要更多地鼓励外商兴办独资企业，也要更多地利用外资改造老企业，更加放手地利用国外的技术和管理经验。

实施沿海地区经济发展战略，要处理好沿海地区和内地的关系。沿海地区适合于用内地资源的仍然要继续用，内地资源仍然要有计划地继续开发。在沿海地区发展外向型经济的同时，内地要从自己的实际出发，采取多种方式发展本地经济。要进一步组织沿海和内地发展多种形式的横向联合，特别是在沿海地区发展战略转移的初期，要切实保证这些地区所需能源、原材料的稳定供应。

我们必须对实施沿海地区经济发展战略有紧迫感。同时，也必须从现实可能出发，有计划有步骤地向前推进，不能不顾条件一哄而起。有关部门和地方要认真地做好规划、协调和调节工作，防止只大进不大出、盲目铺新摊子等现象的发生。同时,贯彻执行沿海地区经济发展战略,要与全国稳定经济结合起来。全国稳定经济要考虑到沿海进一步开放的需要,沿海经济的发展也要照顾全国经济的稳定,使二者相互促进,相辅相成。

1988年计划还要求,在大力推进经济建设的同时,继续加强人口控制和环境保护。坚持推行计划生育的基本国策,认真做好优生、优育、优教工作。积极防治环境污染,保护和改善生态环境。

继续加强国防建设。进一步发展国防技术,改善部队装备。

三、深化和加快改革,继续开展"双增双节"运动,顺利实现1988年计划

1988年计划的安排,统筹兼顾了发展与改革的要求,是积极的,经过努力也是可以做到的。全面实现计划确定的目标和任务,最重要的,一是深化和加快经济体制改革,进一步调动各方面的积极性;二是继续广泛深入地开展增产节约、增收节支运动,充分挖掘各方面的潜力,并使二者密切结合,相互促进。

深化和加快改革,既是1988年经济工作的重大任务,也是完成1988年国民经济和社会发展计划的根本保证。国务院确定今年经济体制改革的主要任务是:按照发展社会主义商品经济的总目标,以落实和完善企业承包经营责任制,深化企业经营机制改革为重点;同时,改革计划、投资、物资、外贸、金融、财税体制和住房制度,加强对固定资产投资、消费基金和物价的管理,更好地促进国民经济持续稳定发展。下面,仅就与计划工作和计划体制密切相关的几个方面讲一些意见。

——首先,继续大力推行企业承包经营责任制,使之配套、完善、深化和发展。1987年的实践证明,实行企业承包经营,能够进一步提高企业经营者与广大职工的积极性,提高企业的管理水平,推进生产要素的优化组合,发挥出巨大的经济效益。今年要进一步深化和完善企业承包经营责任制。为此,要增加长期承包企业的数量,并要把竞争机制引入承包作为一个重点,抓紧落实;全面推行厂长负责制,健全企业内部经济核算制度,推进企业内部分配制度和人事制度的改革;鼓励探索租赁、参股、合资、联营、产权有偿转让等多种经营形式和其他有生命力的联合形式;把承包、发包双方的权利和责任纳入法制规范。与此同时,积极配套地推进企业外部各方面体制的改革,逐步使绝大多数企业在市场竞争中走上自主经营、自负盈亏的道路。以承包经济责任制为主要内容的企业经营机制改革搞好了,经济就会更加生机勃勃,蕴藏在各方面的潜力就会日益充分地发掘出来。

——改革固定资产投资管理体制。这方面改革的重点,是解决中央包揽过多、资金来源不稳定、按条块分配投资和吃"大锅饭"的问题。1988年将主要从以下方面进行改革:(一)建立基本建设基金制,保证重点建设有稳定的资金来源。建立基金制以后,严格根据资金的可能安排建设项目,并按照合理工期,一次确定投资,分年稳定供应,克服投资忽多忽少,项目安排过多,工期拉长的弊端。(二)改变用行政办法分配投资的体制,组建国家专业投资公司,建立严格的投资和项目承包责任制。实行资金有偿使用,并负责资金的保值和增值。国务院确定,成立能源、原材料、交通、农业、机电轻纺五个国家专业投资公司,负责经营性项目的投资管理和经营。(三)推行招标投标制,在建设项目的选定、工程设计、设备选购、施工等各个环节,充分发挥市场和竞争机制的作用。这些改革,可以合理、有效地使用建设资金,有利于抑制投资膨胀,改善投资结构,提高投资效益。

——改革物资管理体制。按照逐步建立起"国家调节市场,市场引导企业"的经济运行机制的目标,物资体制改革的方向是:在加强重要物资宏观平衡的基础上,有步骤地缩小指令性计划,主要运用经济手段调节物资供求关系,依托大中城市,逐步建立起有领导、有组织的生产资料市场。1988年改革的主要内容:一是着手将国务院各部门管理物资的机构,区别不同情况,有步骤地并入国家物资部门,逐步取消国务院各专业部门分配和管理物资的职能;二是在减少指令性计划的同时,继续推广石家庄市对计划内外物资实行同一销价、差价返还、逐步放开、发展生产资料市场的经验;三是在一些城市,进行物资体制改革的试点。通过改革,改变条块分割、用行政办法层层分配物资的机制,增强企业活力和国家对生产资料市场的调控能力。

——改革对外贸易体制。要实施沿海地区经济发展战略,进一步扩大对外开放,发展对外经济技术交流与合作,关键是要加快和深化外贸体制改革。改革的基本方向,是要有利于促进外贸企业自负盈亏、放开经营、工资结合、推行代理制,打破统负盈亏的吃大锅饭的外贸体制。从1988年起,在全国全面推行外贸承包经营责任制,实行以省、自治区、直辖市、计划单列市和外贸、工贸进出口总公司为单位,对出口收汇、上缴中央外汇和财务盈亏三项指标承包,一定三年不变。同时,取消用汇控制指标,进一步改进留成外汇调剂的措施。除少数关系国计民生的商品进出口仍由国家统一经营或联合成交外,大多数商品的进出口实行放开经营,并相应地下放经营机构。要把承包经营责任制落实到外贸企业和生产企业,逐步促使他们自负盈亏、自主经营。地方外汇收支计划,自求平衡。这次外贸体

制的改革,涉及面广、政策性强,必须精心组织、精心指导,注意搞好宏观的统筹协调。

此外,还要深化和加快财政、金融、商业、劳动工资以及城镇住房制的改革,以使各方面改革综合配套地前进。

1987年“双增双节”运动取得了明显成绩,但是发展还是不平衡,潜力还很大,今年要更加广泛和扎扎实实地开展下去。从当前看,特别要抓好以下几点:

第一,大力提高生产、建设、流通等领域的经济效益。必须强调,在各项承包改革和增产节约运动中,都要始终把主要注意力和工作重点放在提高经济效益方面,在这个基础上求得社会生产的增长。一定要致力于产品的适销对路,注重提高产品质量,增加短线产品的生产。进一步开展清仓利库,挖掘现有资金的潜力,努力降低物质消耗和劳动消耗,提高资金和资源使用的效益。要通过加快商业体制改革,促进市场发育,大力降低流通费用,加速资金周转。缩短建设周期,降低工程造价,提高工程质量,增进投资效益。总之,各行各业要更好地依靠科技进步,切实加强管理,在提高经济效益上进行富有实效的工作。与此同时,必须十分注意搞好安全生产,采取有力措施,防止各种事故的发生。

第二,节省一切可以节省的开支,特别是坚决压缩社会集团购买力。近几年财政开支膨胀,社会集团购买力大幅度增加,不仅浪费了许多宝贵的资金,而且助长了奢侈浪费之风。广大群众对此深为不满。国务院曾经多次发出通知,要求严格控制社会集团购买力,压缩开支,但总的看,收效还不大。今年,我们必须在提高思想认识的基础上,采取严厉的措施,下决心解决这个问题。最近,国务院已经发出紧急通知,要求各级机关、人民团体、部队、全民和集体企业事业单位以及基本建设单位,把1988年的社会集团购买力指标,在1987年实际支出的基础上一律压缩20%,并停止购买小汽车、沙发、地毯等19种国家专控商品。这个任务必须层层落实,保证完成。严厉制止机关、团体、企事业单位乱发钱物的现象,严禁用公款大吃大喝和随意赠送礼品,精简压缩各种会议,并认真执行国家规定的会议食宿标准。总之,必须千方百计节约经费开支。应当指出,用公款请客送礼、大吃大喝,已经成为一种严重的社会公害。一餐千金,慷国家之慨,不仅引起国内人民的不满,也引起了国外人士的非议。现在要造成这样一种社会舆论:用公款大吃大喝的行为,是侵占和损害人民利益的行为。各方面都要自觉地抵制这种行为。各级领导机关和领导干部要带头刹住这股歪风。必须时刻牢记,我国现在经济还很不发达,百业待举,而资金和物资都很紧张。我们一定要发扬艰苦朴素、忠诚积极、勤勤恳恳为人民服务的优良作风,坚决反对任何铺张浪费的现象,并以此教育和带领广大人民群众,树立艰苦创业、勤俭建国的良好社会风尚。

第三,严格财经纪律,健全管理制度,加强监督检查。这既是加快改革开放的内在要求,也是“双增双节”运动深入发展的重要保证。近几年,计划外投资增长过快,社会集团购买力增加过猛,物价上涨过多,铺张浪费之风越来越大;各种跑冒滴漏严重,不是小跑小冒,而是大跑大冒;生产效率不高,各种事故增多。出现这些现象的一个重要原因,是财经纪律和劳动纪律松弛,法制观念淡薄,不按规章办事。这种状况,对经济发展和改革开放都极为不利。因此,在深化改革和“双增双节”运动中,必须加强企业管理,整顿财经纪律和劳动纪律,强化经济监督和法制。各级领导干部要身体力行,模范地执行国家财经制度,并加强对广大干部和群众进行纪律和法制教育。如果我们在严肃纪律、强化监督和法制方面有切实的进步,改革开放和“双增双节”运动就会更加顺利地进行,并取得应有的成效。

各位代表!当前我国经济、政治形势都很好,国际环境对我们也有利。尽管在前进中还存在着一些矛盾和问题,但是只要我们统一认识,同心协力,坚决贯彻执行党中央、国务院确定的各项方针、政策和措施,兢兢业业,扎扎实实地做好各方面的工作,1988年计划一定能够胜利实现,国民经济一定能够持续稳定地向前发展

财政部部长王丙乾在七届全国人大一次会议上作关于1987年国家预算执行情况和1988年国家预算草案的报告

各位代表:

我受国务院的委托,现在向大会提出1987年国家预算执行情况和1988年国家预算草案的报告,请予审查。

一、1987年国家预算执行情况

1987年国民经济的发展形势是好的。全国各族人民在中国共产党和人民政府的领导下,认真贯彻第六届全国人民代表大会第五次会议的各项决议,坚持四项基本原则,坚持改革开放,广泛开展增产节约、增收节支运动,取得了很大成绩。这一年全国的生产、建设、流通和外贸的情况都比预料的好,经济增长速度较为正常;经济体制改革有较大的进展,企业活力明显增强,宏观控制有新的进步。在国民经济发展的基础上,1987年国家预算的执行情况是好的,财政收入和支出都完成了国家预算,从资金供应上保证了原定的生产建设和文教科学事业发展的需要,支持了经济改革措

施的顺利实现。

根据现在的预计数字，1987年国家财政总收入为2346.63亿元，国家财政总支出为2426.92亿元，收入和支出相抵，财政赤字为80.29亿元。这些预计数字，在将来国家决算编成以后，会略有变化，但估计赤字数额不会突破预算。

在上述国家财政总收入中，国内财政收入为2243.63亿元，完成预算100.5%；国外借款收入为103亿元，完成预算的70.5%。国外借款比原定预算减少，主要是有些建设项目的准备工作来不及，有一部分国外借款推迟了使用时间。国内财政各项主要收入的完成情况是：各项税收2134.82亿元，完成预算的97.3%；企业收入41.56亿元，完成预算的117.5%；国库券收入62.87亿元，完成预算的104.8%；征集能源交通重点建设资金收入174.76亿元，完成预算的98.7%；其他各项收入205.11%亿元，完成预算的161.9%。此外，这一年还拨付了企业亏损补贴375.49亿元。企业亏损补贴在财政上是按冲减收入处理的，已在国内财政收入中扣除。

在1987年国家财政总支出中，用国内资金安排的支出为2323.92亿元，完成预算的100.5%；用国外借款安排的支出为103亿元，完成预算的70.5%。各项主要支出的完成情况是：基本建设支出612.04亿元，完成预算的112.5%；支援农村生产支出和各项农业事业费134.2亿元，完成预算的107.8%；文教科学卫生事业费405.57亿元，完成预算的104.6%；城市维护建设支出84.42亿元，完成预算的118.4%；国防费209.77亿元，完成预算的102.9%；行政管理费179.73亿元，完成预算的115.2%；价格补贴支出294.05亿元，完成预算的87.2%。此外，国库券还本付息支出23.14亿元，国外借款还本付息支出52.07亿元。

在1987年国家预算的执行过程中，国务院为实现预算收支任务，采取了若干政策措施，并在先后召开的两次全国省长会议上进行了部署和落实。各级人民政府和各有关部门在发展生产，开辟财源，增加收入，节减支出方面，在推进财税改革，加强财政管理，执行财经纪律方面，都做了大量的工作，取得了显著成效：

（一）广泛地开展增产节约、增收节支运动，实现了增产增收。各地区、各部门在增产节约、增收节支运动中，提倡艰苦奋斗、勤俭建国、多做贡献、严守纪律的社会风气，并发动群众，学先进，找差距，挖潜力，抓效益，取得了明显成效。这一年，国民生产总值比上年增长9.4%，国民收入比上年增长9.3%，工业部门全员劳动生产率比上年增长7.6%，社会商品零售总额扣除物价上涨因素，比上年增长9.6%，外贸进出口总额比上年增长12%。在生产发展和流通扩大的基础上，国内财政收入比上年增长2.7%；如果扣除减税让利等不可比因素，按可比口径计算，财政收入则增长6%左右。

（二）积极推进以承包经营责任制为主要内容的企业改革，增强了企业活力。这一年，各级财政、税务部门把推行企业承包经营责任制同增产节约、增收节支运动紧密结合起来，积极会同有关部门制订承包方案，合理确定企业承包基数和承包任务，参与签订承包合同，监督承包合同的执行，并做好年终清算、兑现工作，效果是显著的。截至去年12月底，全国实行承包的预算内国营大中型工业企业已达10826户，占全部大中型国营工业企业户数的78.1%；这些承包企业的产值、销售收入、实现税利和上缴税利的增长幅度一般都高于没有实行承包的企业。同时，去年国家还对部分国营企业提高了固定资产折旧率，调减了调节税，并对电力、森工、纺织、轻工等企业采取了若干减税让利的措施，使企业的自有财力显著增加，企业活力大为增强。

（三）增加农业投入和调整农副产品收购价格，增强了农业发展的后劲。这一年，国家预算内用于支援农村生产和各项农业事业的支出共134.2亿元，比上年增长8%；财政部门在预算外还发放了支援农业周转金共16亿元；银行和农村信用社发放的农业贷款比上年增长30.2%。同时，为了改进粮食、棉花、油料等农副产品的合同定购制度和逐步理顺农产品之间的比价，国家还调减了对农民的粮食合同定购任务，适当提高了部分粮食、油料、棉花的收购价格。上述措施对保证农业生产，特别是粮食生产的稳定发展，增强农业发展后劲，起了很好的作用。

（四）认真贯彻执行国务院《关于严肃税收法纪加强税收工作的决定》，加强了税收的管理和监督。现在依法纳税、依率计征的观念有了加强，越权减免税的状况也有了改变。据不完全统计，从去年4月国务院发布这个《决定》开始，到年底为止，全国共查补偷税、漏税款17.8亿元；另外，还清理出一些地方越权减免税的规定，已区别不同情况，进行了处理和纠正。

（五）大力压缩和节减财政支出，初步扭转了前两年支出大幅度增长的状况。1985年和1986年财政支出增长很快，分别比上年增长20.1%和12.4%，而且连续两年突破预算较多。为了把过度膨胀的支出盘子压缩下来，1987年国务院下决心紧缩财政支出，对基本建设实行“三保三压”的方针，并分配下达了有关控制指标。各地区、各部门顾全大局，承担困难，努力紧缩和节减各项开支，执行情况是好的。这一年，国内财政支出仅比上年增长3%，只超过预算的0.5%，这是几年来少有的，对缓解收支矛盾，控制财政赤字，起了重要的作用。

（六）开展税收、财务、物价大检查，严肃了财经纪律。在认真总结前几年工作经验的基础上,去年国务院派出许多干部,由副部长级干部带队,深入各地区、各部门督促开展大检查工作,并从各地抽调了一批财政驻厂员到中央各经济部门协助进行检查;各地区、各部门认真组织企业开展自查活动,并派出大批工作组,狠抓这项工作,从而使这次大检查无论在广度和深度上都比往年做得好一些,不仅严肃了财经纪律,纠正了某些不正之风,而且也清理收回了一部分财政资金。截至去年12月底,查出应当上缴财政的款项共70多亿元,大部分已收缴入库。

我们在肯定成绩的同时,也要看到目前在预算管理中还存在着一些问题:(一)在年初安排预算时,收支指标都打得比较紧,执行中又陆续增加了一些同推进改革、稳定经济有关的开支,这虽然是必要的,但给平衡当年预算增加了困难。(二)为了开辟财源、增加财力,国务院决定开征耕地占用税和扩大能源交通重点建设基金的征收范围。由于这些措施出台时间较晚,再加上征收力量不足,具体措施没有及时跟上,使这两项收入没有完成任务。(三)压缩地方自筹基建投资和行政管理费是去年控制和节减财政支出的重点,尽管这两项支出有所节减,但由于缺乏严格的控制措施,再加上受物价上涨的影响,以致执行中突破预算较多。对这些问题,需要认真总结经验,切实加以改进。

二、1988年国家预算草案

根据当前我国经济建设和经济体制的进展情况,国务院确定1988年经济工作的基本方针是:进一步解放思想,稳定经济、深化改革,并以改革总览全局,努力保持整个国民经济的持续稳定发展。1988年国家预算就是根据这一基本方针安排的。我们要进一步深入开展增产节约、增收节支运动,努力提高经济效益,培养与开辟财源,确保财政收入的稳定增长;要收紧财政、信贷,切实节减和控制财政支出,并做到紧中有活、有保有压、继续把某些过高的开支和费用压缩下来;要在生产发展和劳动生产率提高的基础上,继续改善城乡人民生活;要通过改善宏观控制和加强财政管理,把财政赤字控制在预算确定的数额之内。

现在提请审议的1988年国家预算草案,财政总收入为2554.5亿元,财政总支出为2634.5亿元,收支相抵,支出大于收入80亿元。

在上述国家预算总收入中,国内财政收入为2426.5亿元,国外借款收入为128亿元。国内财政收入主要项目的安排情况是:各项税收2334.34亿元,企业收入45.7亿元,国库券收入90亿元,征集能源交通重点建设资金收入180.7亿元,其他各项收入182.7亿元。此外,企业计划亏损补贴406.94亿元,财政上仍按冲减收入处理,已在国内财政收入中扣除。

在1988年国家预算总支出中,用国内资金安排的支出为2506.5亿元,用国外借款安排的支出为128亿元。各项主要支出的安排情况是:国家预算内基本建设支出632.67亿元,企业挖潜改造资金和新产品试制费122.08亿元,支援农村生产支出和各项农业事业费153.79亿元,文教科学卫生事业费446.76亿元,城市维护建设支出88.7亿元,国防费215.26亿元,行政管理费180.56亿元,价格补贴支出358.27亿元,国库券还本付息支出35.07亿元,国外借款还本付息支出53.04亿元。此外,总预备费编列25亿元,其中,中央预备费为10亿元,地方预备费为15亿元。

在编制1988年国家预算草案过程中,资金的需要与供应之间矛盾比较突出,一方面,经济的进一步稳定和改革的进一步深化,为今年财政扩大财源、增加收入提供了有利条件;另一方面,也对国家财政提出了许多新的要求,增加了一些新的减收增支因素,加大了今年财政平衡的压力。为了确保各项建设事业发展和改革所必不可少的资金需要,并把财政赤字控制在国家可以承受的范围之内,国务院确定了若干有关财政收支的政策性措施,已在国家预算中作了安排。主要的措施是:

(一)开辟新的税源,扩大发行债券,增加财政资金。为了合理利用城镇土地,调节级差收入,加强土地管理,拟从今年起,对使用城镇土地的单位和个人,开征城镇土地使用税;同时,为了适应我国社会主义商品经济的迅速发展,加强各种经济凭证的管理,确定对一些经济凭证开征印花税。这两种税收,由于出台时间较晚,而且又属于新开征的税种,因此当年收入不会很多。鉴于开征这两种税,需要摸索经验,拟由国务院发布暂行条例或试行办法执行,待条件成熟后,再正式拟定税法,提请全国人民代表大会常务委员会审查批准。

为了适当集中各方面的财力进行社会主义现代化建设,今年将发行国库券90亿元,比去年增发30亿元,并在发行办法上作了一些改进。主要是还本付息期限由原来的五年缩短为三年,实际利率也有所提高,并允许国库券在发行后的第二年进入金融市场流通,可以买卖,也可以到银行贴现。这样,有利于群众认购,也有利于推销,是会受到群众欢迎的。另外,为了稳定经济、控制计划外基建规模,确定各专业银行和金融机构用今年增加的储蓄存款,购买财政专项债券40亿元,用于生产建设事业。发行国库券和财政专项债券,无疑是国家的一项债务,将来是要还本付息的。但是,通过债券形式,吸收社会闲散资金,把一部分消费基金转化为积累基金,不仅有利于弥补财政资金的不足,加快国家四化建设,而且有利于控制货币发行。这是目前许多国家通常采用的一种做法,我们可以借鉴和运用。

（二）增加农业投入，促进农业生产发展。今年国家预算中安排支援农村生产支出和各项农业事业费153.79亿元，比去年增长14.6%；银行安排农业贷款237亿元，比去年增长10.3%。此外，中央和地方财政还安排扶贫专款26亿元，用于支援贫困地区发展农业生产。为确保农业生产的资金来源，确定从今年起，把原来由国家财政统一安排使用的农村耕地占用税收入全部用于扶植农业生产。其中，归中央支配的20亿元，已列入国家预算的有关科目；归地方支配的部分，尚未列入国家预算，但也要按支农专项资金管理，全部用于农业。希望各级地方政府加强对这项税收的征收管理和资金分配工作，使它更好地发挥效用。同时，为了增加粮食、肉类、糖料等重要农副产品的供应，调动农民的生产积极性，拟在基本稳定农副产品收购价格总水平的情况下，适当调高小麦、油菜籽、北方稻谷、南方玉米的收购价格，对糖料实行价外补贴，对农民养猪拨付议转平饲料粮60亿斤。采取这些措施，财政上需要相应增加价格补贴24.6亿元，已在预算中作了安排。

（三）建立基本建设基金制，保证国家重点建设。今年国家预算中安排基本建设支出632.67亿元，比去年增长3.4%，其中用国内资金安排的基本建设支出504.67亿元，比去年减少0.9%；用国外借款安排的基本建设支出128亿元，比去年增长24.3%。为了使能源、交通、通信、原材料等重点建设和基础设施建设有稳定的资金来源，并提高资金的使用效益，确定从今年起，改革基本建设投资体制，建立中央基本建设基金制，由中国人民建设银行按计划负责管理。今年国家预算中由中央财政用国内资金直接安排的基建支出为304.45亿元，即以此数作为中央基本建设基金的基数，然后从国家预算的中央财政收入中划出若干收入项目，作为基金的固定来源，抵顶基数，不足部分为80.88亿元，由中央财政定额拨款。这样，今后随着这些项目的收入逐步增加，可以相应增加基本建设基金的来源。基建基金实行专款专用，每年在国家预算中列收列支。今后中央预算内基建投资和对银行基建贷款的贴息，包括经营性的和非经营性的，都在基金中统筹安排。此外，为了加快电力工业的发展，确保电力投资的稳定增长，从今年起，由各省、自治区、直辖市对企业用电每度征收2分钱，作为电力建设的专项资金，放在国家预算之外进行管理。过去经批准每度电已加收2分钱的地区，这次不再加收；有些未经批准自行加收的地区，一律改按国务院统一规定的办法执行。根据测算数字，采取这项措施，将增加用电企业的成本，相应地减少财政收入25亿元。

（四）适当增加智力投资，保证文教科学卫生事业发展必不可少的开支。近几年，我国文教科学卫生事业费增长很快，“六五”期间，平均每年递增15.2%，1986年增长20%。去年在对各项财政支出进行大幅度压缩的情况下，这部分开支仍增长了6.7%，超过了同期财政收入和财政支出的增长幅度。这说明，中央和地方各级政府对加强智力投资、促进这项事业的发展是十分重视的。今年的文教科学卫生事业费安排了446.76亿元，比去年增长10.2%，其中教育经费安排253.9亿元，比去年增长12.2%，都超过国内财政收入和财政支出的增长幅度。在当前国家财政困难、财政收入增长有限的情况下，国家预算对文教科学卫生事业费的安排已做了很大的努力。当然，同这些事业发展的要求相比，经费还是相当紧的。为了进一步调动文教事业和其他事业单位增收节支的积极性，国家将进一步完善预算经费包干办法，并鼓励有收入来源的单位，通过扩大有偿服务项目，积极组织收入，增加本单位的事业发展经费。

（五）适当增加职工收入，改善职工生活。为了进一步调动职工的积极性，解决由于物价上涨给职工生活带来的困难，根据国家财力的可能，确定采取必要的措施，适当增加职工的收入：一是从去年第四季度起，已提高了中小学校教师的工资，并进行了专业技术职务的评定和聘任工作，去年只增加一个季度的开支，今年需支付四个季度的开支，已在国家预算中作了安排；二是从今年起，适当增发行政事业单位的奖金，并相应提高企业奖金税和工资调节税的免税限额，适当增加企业职工的收入；三是对主要食品的定量供应部分，各地根据价格上涨的不同情况，要给职工以适当的补贴。采取上述几项措施，国家财政约需拿出70亿元左右。

（六）实行紧缩政策，严格控制各项支出。去年国家对各项支出进行了压缩，使近几年财政支出增长过猛的势头得到了一定程度的控制，成绩是显著的。但是，财政支出的总规模仍然过大，超过了国家财力的承受能力，因此，国务院决定，今年除部分职工工资（奖金）、价格补贴、国内外债务还本付息支出和某些必须保证的事业发展经费适当增加外，基本建设拨款、其余各项事业费和行政费都必须低于或大体维持去年的水平。今年中央财政用国内资金直接安排的基本建设投资已作了压缩，各地方动用机动财力安排的自筹基建更要从严控制。今年国家预算中编列地方用机动财力安排的自筹基建投资为78亿元，按照国务院的规定，去年地方财政自筹基建投资超过预算的23亿元，应当从今年的预算指标中扣除，这样，今年地方财政自筹基建投资实际只有55亿元。今年行政机关的经费支出安排为128.4亿元（公检法支出不在内），比去年预计执行数减少2.2%。为了严格控制这两方面的支出，国家将专门下达控制指标，各地区、各部门一定要按下达的指标进行控制。

各位代表：1988年国家预算草案是经过反复测算和调整后拟定的，尽管收入打得比较积极，支出安排得比较紧，但是收支相抵，仍有赤字80亿元。为什么今年国家财政赤字压不下来呢？主要是因为经济效益的明显提高需要有一个过程，今年的财政收入中已经考虑了目前能够增收的各种因素，难以更多地加上去；而农业生产、重点建设、智力投资都需要国家安排大量资金，经济体制改革和人民生活改善也需要国家财力支持，经常性的经费开支又不可能做过多的压缩。因此，财政赤字还难以消除。在1988年国家预算的执行过程中，我们将尽最大努力，开辟新的财源，增加财政收入，控制财政支出，加强财政管理，严格财经纪律，努力把财政赤字控制在预算确定的数额之内。

三、为完成1988年的国家预算任务而奋斗

为了确保1988年国家预算的圆满实现，必须在提高认识、统一思想的基础上，继续开展增产节约、增收节支运动，并把它同深化改革紧密结合起来，取得更大的成效。

(一)要通过增产节约、燕收节支运动，提高企业经济效益，确保财政收入的稳定增长。今年财政收入能否稳定增长，国家预算能保持基本平衡，在很大程度上取决于增产节约、增收节支运动开展的深度和广度。各地区、各部门、各单位都要进一步树立艰苦奋斗、勤俭建国的思想，克服讲排场、比阔气、奢侈浪费的不良习气。所有国营企业，都要以提高经济效益为中心，以完善企业承包经营责任制为重点，全面推广厂长(经理)负责制，积极引入竞争机制，完善厂内经济核算制，推广“满负荷工作法”，加强和改善企业内部民主管理，并优化劳动组合，千方百计把企业的经济效益抓上去。要努力增产适销对路的产品，调整产品结构，提高产品质量，降低物质消耗，挖掘内部潜力，并把工作的效果真正反映到增加财政收入上来。今年国家要求工业企业可比产品成本降低1%，企业和车间管理费用降低10%，工业企业亏损减少20%；要求商业企业流通费用降低1.2%，商业企业亏损减少20%；要求工商企业流动资金的周转加速3%。各地区、各部门都要把这些指标层层落实到企业，有些指标要层层分解到车间、班组和个人。指标下达后，要加强考核，经常督促检查，严防走过场。在抓好企业增产节约、增收节支工作的同时，各级财政、税务部门要加强组织收入的工作，充实征收力量，把一切该收的钱都收上来。企业要严格执行《成本管理条例》《会计法》和国家的有关法令，如实申报生产、销售、成本、利润情况，依法缴纳税款和其他各项收入。

(二)要节减各项开支，压缩社会集团购买力，把财政支出控制在国家财力许可的范围之内。在努力提高经济效益，增加财政收入的同时，要继续节减和控制财政支出。特别是地方用机动财力安排的自筹基建投资和各级的行政管理费，一定要按国家预算进行控制，不能突破。地方财政自筹基建投资超过国家下达预算控制指标的，继续实行不列当年支出，并从下年指标中扣减的办法。行政管理费要结合机构改革进行控制和调整，要重新核定人员编制和经营指标，并进一步完善行政经费的包干办法。要维护国家预算的严肃性，国家预算经过审查批准后，中央和地方都不要开减收增支的口子，也不能随意追加支出。

压缩社会集团购买力是今年控制和节减支出的重点。这几年，社会集团购买力增长很快，1983年至1987年，平均每年增长21.2%，去年总额已达553亿元。社会集团购买力的大幅度增长，不仅扩大了供需矛盾，推动了物价上涨，而且也不利于扭转社会的不良风气。因此，国务院于今年2月23日发出《关于严格控制社会集团购买力压缩开支的紧急通知》，要求今年各单位的社会集团购买力，一律在去年实际支出的基础上压缩20%，并层层落实，不得突破。各地区、各部门都要加强对这项工作的领导，充实控购管理工作的力量，确保压缩任务的完成。

(三)要进一步推进财政税收改革，正确处理国家与企业、中央与地方之间的分配关系，调动增收节支的积极性。各级财政税务部门要积极会同有关部门，根据“配套、完善、深入、发展”的方针，进一步把以承包经营责任制为主要内容的企业经营机制的改革不断引向深入，使企业在市场竞争中逐步走上自主经营、自负盈亏的道路。同时，为了给企业创造在公平税负的条件下开展平等竞争的外部环境，我们将在总结前两步利改税和承包经营责任制的基础上，对国营企业所得税、调节税作必要的调整，以完善税收制度。要适应企业经营机制改革后的新情况，制定承包企业、租赁企业和股份制企业有关的财务会计制度，要在划分事权的基础上，根据统一领导、分级管理的原则，逐步建立分税制的财政管理体制。在尚未实行分税制的财政体制以前，从今年起，把税源比较分散的十几种地方性税收下放到地方管理，今后增长的部分全部留归地方使用。同时，对于收入上解比例较大的地区，拟采取各种形式的包干办法，并尽快落实下去，以进一步调动这些地区的积极性，集中力量把财政收入抓上去。要积极支持沿海地区发展外向型经济，对某些同这一发展战略不相适应的规章制度进行修改和补充。要在总结国营企业实行职工待业保险制度和职工退休养老保险制度经验的基础上，逐步改革社会保险和社会保障制度。此外，财政部门还要配合有关部门，积极做好基建投资、

物资供应、外贸体制和金融体制以及城镇住房制度等改革。

(四)要加强财政管理和监督,严肃财经纪律,堵塞各种漏洞。从去年进行的税收、财务、物价在检查和贯彻国务院《关于严肃税收法纪加强税收工作的决定》的情况来看,偷税漏税,截留利润,虚报亏损,滥发奖金、补贴、实物等现象,在一些地区、部门和单位仍然相当突出。有的已发展到以权谋私,变相敲诈勒索,以及造假账、编假决算等严重违法乱纪的地步。这些错误行为和违法乱纪现象,不仅导致财政收入大量流失,财政支出严重浪费,而且破坏党的方针、政策,妨碍改革和建设的顺利进行,损害人民的根本利益。国务院已经采取了各种措施,下决心用经济的、行政的、法律的手段,制止和纠正这些不正之风和违法乱纪行为。各地区、各部门一定要高度重视这个问题,坚决贯彻执行国务院的有关规定,坚持有法必依,执法必严,违法必究。要继续加强对广大干部的思想教育和法纪教育,使他们自觉地坚持社会主义的根本原则,做到遵纪守法,廉洁奉公,并且要领导带头,以身作则。各级财政、税务、审计、银行、物价、工商行政管理等部门,在各级党政领导的支持下,要进一步要发挥自己的职能作用,切实加强检查工作,坚决同各种违法乱纪的行为作斗争,克服目前某些软弱无力、不敢碰硬的现象。税收、财务、物价大检查,今年要继续进行,并把年终检查与经常性检查结合起来,做到认真检查,及早发现。对于检查出来的重大违纪问题,一定要追究单位领导人和有关人员的责任,并依法进行来严肃处理。

各位代表:今年1、2月份,在国民经济持续发展的基础上,由于各方面的共同努力,财政收入比去年同期增加,支出有所控制,国家预算的执行情况是好的。我们将抓紧各项工作,努力把这一好的势头保持下去,为圆满实现1988年的国家预算而奋斗。

国务院代总理李鹏在中南海紫光阁会见意大利外交部长朱里奥·安德雷奥蒂一行

中共中央政治局常委胡启立在中南海会见由总书记阿托斯·法瓦率领的阿根廷共产党代表团

第一届中意医疗卫生合作科学讨论会在北京开幕

中、意两国300多位医学专家分别就两国的卫生保健状况、急救医学、传统医学、医药领域的潜力、卫生系统的分析、营养状况的改善和劳动卫生等问题进行了交流。中国卫生部长陈敏章在开幕式上发言。

3月27日

由农牧渔业部主办的首届全国农业电视节目“神农奖”评选结果揭晓

湖南省农业技术推广总站摄制的《养鸭大王——傅乐安》被评为一等奖;二等奖有《玉米螟的发生与防治》(莱阳农学院)、《岩洞贮藏甜橙》(西南农大)、《稻萍鱼共生体系》(福建省农科院)、《水田半旱耕作技术》(湖北省农牧业厅);还评出10个三等奖、1个特别奖、7个优秀单项奖。

这些获奖节目,是从农牧渔业系统各声像和电教部门的600多部电视节目中筛选出来的。今后,将每隔一到两年评选一次,以促进农业电视事业的发展。

《海南岛发展战略研究资料集》出版

中国人民大学书报资料中心为配合海南岛的开发建省工作,新近出版了60万字的《海南岛发展战略研究资料集》。该书汇集了方针政策性文稿及有关经济论文近百篇,是研究开发海南的重要参考资料。

3月28日

国务院代总理李鹏到七届全国人大一次会议北京代表团听取意见并发言

代表们认真地审议政府工作报告,各抒已见。北京市大兴县长子营乡党支部书记张占林说,应重视农业的良性循环,首先抓好种植业,才能发展养殖业,粮、猪、蛋、菜都是互相关联、互相促进的。北京第二毛纺厂女副总工程师魏庭棣建议,要努力发展畜牧业,力争毛纺工业多用“国产毛”原料。中国京剧院二团团长李维康和北京新新时装公司经理钱秀珍分别就文艺改革和商业改革工作发表了意见。

李鹏同志对上述代表的发言认真记录,时而点头表示赞同。

代表发言后,李鹏同志说道:“我是北京代表团的成员,来报个到。我以北京代表的身份,也发个言。”他说,北京各界代表对政府工作报告提出不少意见,有的过去知道,有的不知道,有新意。李鹏说:“《报告》吸收了各方面的意见,是‘集体创作’,凝聚了大家的心血,衷心希望大家提出补充、修改意见。”

李鹏同志在发言中谈到物价问题时指出,物价问题是人民关心的问题,这个问题只有通过深化改革、通过发展生产才能解决。李鹏说,北京的鲜蛋解决得比较好。解决蔬菜问题的难度比较大。蔬菜的一个重要问题是要保证种植面积,巩固和稳定蔬菜基地。北京要向远郊和北京市以外地区发展。大路菜的供应能得到保证,大家就会比较满意。

李鹏同志还讲到,近几年北京盖了不少新宾馆、饭店。但是,高档宾馆、饭店的建设要控制。宾馆要多种化,高、中、低档要统筹安排。因为来旅游的,有的是"背包旅游",不都希望住高档宾馆,住中档、低档也可以。

李鹏同志最后说,国家财政要靠工业等各方面生产发展来解决,要靠提高经济效益来解决。

七届全国人大一次会议主席团常务主席彭冲在主席团第二次会议上作关于成立中华人民共和国澳门特别行政区基本法起草委员会的决定草案的说明

七届全国人大一次会议主席团在人民大会堂举行第二次会议。主席团常务主席万里主持了会议。他说,主席团会议应到162人,今天有139人出席会议,符合法定人数。

主席团常务主席彭冲在会上作了关于成立中华人民共和国澳门特别行政区基本法起草委员会的决定草案的说明。

彭冲说,《中华人民共和国宪法》第三十一条规定:"国家在必要时得设立特别行政区。在特别行政区内实行的制度按照具体情况由全国人民代表大会以法律规定。"中国和葡萄牙两国政府关于澳门问题的联合声明第二款及附件一,确定在1999年我国对澳门恢复行使主权时,成立澳门特别行政区。中葡关于澳门问题的联合声明已于1987年6月由六届全国人大常委会根据六届全国人大五次会议的授权予以批准,并于今年1月15日由两国政府互换批准书正式生效,起草《中华人民共和国澳门特别行政区基本法》的工作也应随即提到议事日程。李鹏代总理在向本次全国人大会议所作的政府工作报告中提出:《澳门特别行政区基本法》需要着手起草,建议这次全国人大审议决定成立澳门特别行政区基本法起草委员会。

他说,按照"一个国家,两种制度"的方针,我国在对澳门恢复行使主权后,将采取一系列特殊政策,以保持澳门的社会稳定和经济发展,联合声明第二款及附件一已就此作了阐明。澳门特别行政区基本法,将以法律的形式来规定我国对澳门的基本政策,并在50年内不变。考虑到基本法的起草工作需要较长时间才能完成,主席团常务主席根据李鹏代总理的建议,建议主席团提请本次大会审议并通过关于成立中华人民共和国澳门特别行政区基本法起草委员会的决定,以便早日进行起草工作。

彭冲说,《澳门特别行政区基本法》与《香港特别行政区基本法》一样,是我国的一项重要法律,是未来澳门特别行政区的基本法律,在起草过程中将要广泛听取包括澳门同胞在内的各方面的意见。因此,建议澳门特别行政区基本法起草委员会由包括澳门同胞在内的各方面人士和专家组成,具体组成人员名单因为还需要同各方面酝酿和协商,建议在这次大会以后由全国人大常委会决定并公布。

他说,大会秘书处根据李鹏代总理的建议,起草了关于成立中华人民共和国澳门特别行政区基本法起草委员会的决定草案,建议提交各代表团审议、修改后,再由主席团审议决定提请大会审议通过。

在彭冲说明后,会议通过了关于成立中华人民共和国澳门特别行政区基本法起草委员会的决定草案,决定将这个草案印发各代表团审议,提请大会通过。

七届全国人大一次会议在人民大会堂举行第三次全体大会

大会听取国务委员宋平关于国务院机构改革方案的说明,通过七届全国人大各专门委员会组成人员名单。

大会执行主席乌兰夫宣布大会开始。他说,出席今天大会的有2857名代表。

宋平受国务院委托向大会作了关于国务院机构改革方案的说明。

随后,大会在另一位执行主席彭冲主持下,以举手表决的方式,分别通过了七届全国人大民族委员会、法律委员会、内务司法委员会、财政经济委员会、教育科学文化卫生委员会、外事委员会、华侨委员会等7个专门委员会的主任委员、副主任委员、委员名单。

大会的执行主席还有班禅额尔德尼·确吉坚赞、周谷城、马万祺、巴图巴根、田寿延、年景林、刘夫生、许士杰、李宁、杨代蒂、何英、张玉环、张树德、陈舜礼、郁文、费孝通、陶力、符浩、蒋一苇、颜龙安。

国务委员宋平在七届全国人大一次会议上作政府机构改革方案的说明

国务委员宋平受国务院委托向大会作了关于国务院机构改革方案的说明。他说,政府机构的改革是政治体制改革的重要组成部分。国务院机构改革的方案是在中共中央领导下,经过一年多的调查研究、反复讨论、听取各方面的意见后,逐步形成的。

宋平从7个方面对国务院机构改革的方案作了阐述。这7个方面是:国务院机构改革的必要性,机构改革的目标和要求,机构改革的基本特点,国务院机构改革方案的基本内容,关于人事的安排,实施步骤,对国务院机构改革方案的认识问题。

这次改革的基本要求是：转变职能，下放权力，调整结构，精简人员，减少政府机构干预企业经营活动的职能，增强宏观调控职能，初步改变机构设置不合理和行政效率低下的状况。

宋平谈到了国务院机构进行改革的必要性。他说，建国以来，国务院的机构经历了几次较大的调整，1982年机构精简后，形成了现在的格局。党的十一届三中全会以来，由于经济体制改革的全面展开，现有机构的弊端愈益突出起来，主要表现在：政企不分，结构不合理，在职能上微观管得过多，宏观调控不力；机构臃肿、层次过多、职责不清、相互扯皮，工作效率不高；政府工作人员的素质和结构不适应经济的、法律的间接管理方式，等等。经济体制改革的进一步深化和政治体制改革的展开，要求相应地转变政府机构的职能和管理方式，调整机构设置的总体格局及其职责权限。机构不改革，经济体制改革就难以深化，已经取得的成果也难以巩固，政治体制改革的许多措施也难以落实。所以，必须下决心对政府机构自上而下地进行改革。

宋平说，李鹏代总理在政府工作报告中指出：机构改革的长远目标，是要建立一个符合现代化管理要求，具有中国特色的功能齐全、结构合理、运转协调、灵活高效的行政管理体系。要达到这个目标，需要经过长期的努力。今后五年机构改革的目标是，理顺关系、转变职能，精干机构、精简人员，提高行政效率，克服官僚主义，增强机构活力。要创造条件，逐步理顺政府同企事业单位和人民团体的关系、政府各部门之间的关系以及中央政府同地方政府的关系。今年国务院的机构改革，要迈出重要的一步，为实现今后5年机构改革的目标打下基础。

他说，这次机构改革是按照政治体制、经济体制改革进程的要求，以转变政府管理职能为关键，与政府内部的制度化建设相配套，并结合推行国家公务员制度进行的。与1982年精简机构相比，这是最大的不同点。所以，这次机构改革不是搞简单的撤减、合并，而是转变职能，按政企分开的原则，把直接管理企业的职能转移出去，把直接管钱、管物的职能放下去，把决策、咨询、调节、监督和信息等职能加强起来，使政府对企业由直接管理为主逐步转到间接管理为主。同时，把原来行政机关的部分职能转移到各种协会去承担。

宋平说，根据对各部门具体职能的分解和转移，这次要按新的职能设置相应的机构：把承担相同业务或相近业务的部门予以撤销，其业务由一个部门承担；综合经济部门一般不设对口专业机构，行政管理工作由主管部门承担；部委内部只设司、处两级，以减少部门内部管理工作的层次。对政法、文教、社会事务等部门，目前不作大的变动，但都要按这次改革的总要求，转变职能，下放权力，调整内部结构，精简人员。

宋平在谈到对这次机构改革的估量时说，有的同志认为这次机构改革同建立现代化行政管理体系的要求还有差距。他解释说，建立一整套现代行政管理体系，需要具备许多条件。从以直接管理企业为主转到间接管理为主，要有一个过程；政治体制和经济体制改革正在深入开展，在新旧体制交替过程中，机构职能的转变、工作方式的改变以及新的工作秩序的形成，不可能一下子完成，机构改革也不可能“毕其功于一役”，只能随着经济、政治体制改革的深化和完善而逐步展开，分步进行。因此，这次机构改革带有一定的过渡性。

他说，这次机构改革虽然撤销的机构不是很多，但衡量机构改革的成果，不单纯是看撤销了多少机构和减少了多少人员，而是看机构职能转变的状况。该增的增，该撤的撤，不搞简单合并。就是保留的机构，也要按照政企分开的要求，转变职能，下放权力，调整内部结构和精简人员。从这个意义上说，这次机构改革的步子并不算小，可以说是一次全面性的改革，这个改革方案是符合实际的，是可行的。实现这个方案，对增强机构活力、提高工作效率、减少工作中职能交叉和机构重叠状况，将是一次不小的推动，也为以后政府机构的进一步改革打下良好基础。

宋平还说，有的同志担心这次改革后，会出现1982年精简机构后又膨胀的局面，这种担心也是有道理的。但我们这次机构改革是以转变职能为关键的。我们汲取了以往几次精简机构、裁减人员的教训，从一开始就要求各部门特别是新组建部委的筹备组认真制订本部门定职能、定机构、定人员编制的方案。要求各部门按新确定的职能设置机构，确定人员编制，不搞机构的简单合并和按比例裁减人员。同时，新组建的人事部，要加强对国务院各部门及各级政府机构设置和编制的法律管理，逐步探索对机构变动和人员编制实行预算约束、法律约束的管理办法。因此，这次机构改革有可能避免重复过去“精简——膨胀——再精简——再膨胀”的不良循环。

宋平指出，需要注意的是，新机构组建后，在新旧机构交替的过程中，工作任务的转换不可能截然割断，现行工作秩序、工作方式和习惯的转变也需要时间。可以预见到，在实施改革方案的过程中，将会出现新旧机构暂时并存的局面，将会产生一些工作上的摩擦和矛盾。这些问题只有在推进改革的过程中，才能进一步得到解决。对此，我们也要有思想准备。

首届文学批评学研讨会在武汉举行

由中国作协鲁迅文学院、武汉大学、华中师范大学和中国社会科学出版社联合举办的“全国首届文学批评学研讨会”,3月28日至31日在武汉召开。来自北京、上海、天津及其他省市的近40位著名中青年评论家、教授、学者参加了会议,就文学批评学的性质、标准、方法以及批评界现状等问题进行了热烈地探讨。

关于文学批评的性质和特征,与会代表大致形成三种观点:一种观点认为,作为审美调节机制的文学批评,处在科学与艺术、功利与审美之间,是一种语言和逻辑参与下的鉴赏,因而具有中介性质;另一种观点认为,文学批评并非中介,而是以文学为触媒的对现象世界的把握;也有人认为批评是对作品作的价值判断或者说是对作品意义的阐释;还有人反对给批评下定义,认为建立文学批评体系是一个异常艰巨的任务,因此不可能有一个统一天下的原则和模式,不是任何一个定义能够准确规范的。

关于批评的标准和新时期文学批评的走向,与会者取得了基本一致的看法。他们认为,传统的“政治加文艺”、“真、善、美”的标准不可能对作品形成统一的、一致性的判断,对如何看待近年来出现的“我批评的就是我自己”、“批评即选择”等批评观念,代表们的意见存在着分歧。

关于文学批评的方法,与会代表对近年来由“方法热”而带来的多向性发展的新局面给予了充分的肯定。他们基本赞同创立文学批评学的构想,认为任何方法,诸如原型批评、精神分析批评、形式主义批评、接受美学和阐释学理论都只能是诸方法中的一种,并非方法的全部,它们都具有一定的合理内核,不能打倒旧的“一尊”,另立新的“一尊”,因此多种方法互补,使文学批评走向系统化、科学化轨道,形成诸流派的多向式、互补式结构,势在必行。切实可行的办法是“在实践中竞争”、“实行优化选择”。

在讨论到批评家的素质时,一些年轻同志对当前批评界的某些现象提出了批评。他们认为:新时期多数批评家缺乏与生命统一的内在激情,也缺乏直面现实人生的勇气,因此思维方式上的雕琢、理论形式上的更新,都无法掩盖其内在的冷漠。

3月29日

国家主席李先念在中南海和各民主党派主要负责人无党派爱国人士和全国工商联代表座谈

李先念同各民主党派、无党派爱国人士和全国工商联的主要负责人,就如何开好政协会议、如何发挥政协的作用、如何加强在中国共产党领导下多党的合作,诚恳地听取大家的意见和建议。

民盟中央主席费孝通说,从第一届政协起我就是政协委员,几十年了,很有感情,这次离开政协,真有点恋恋不舍。我很想留在政协,觉得在政协比较容易说话,熟人熟面孔。到人大真有点像到婆家去似的。他还谈道,民盟参加“两会”的人员有300多人,其中政协就有200多,我们鼓励大家在会上畅所欲言,充分行使民主权利。可喜的是一批新人进入人大和政协,他们年富力强,富有朝气,虽然我们之间的看法不尽相同,只要互相取长补短、相互谅解,一定能发挥更大的作用。

民建中央主席孙起孟回顾和总结了政协的工作和经验后指出:政治协商是处理人民内部矛盾的极好方式。政协还应强调民主监督作用,民主监督最早是小平同志提出来的,希望在执行“长期共存、互相监督、肝胆相照、荣辱与共”16字方针上,人民政协应该起表率作用。

农工民主党中央主席周谷城阐述了政协工作要把目的和手段统一起来的重要性。

民进中央主席雷洁琼对这次大会的民主空气十分赞赏。

全国工商联副主席荣毅仁和王光英结合自己的经历谈到发扬民主和振兴中华的关系。荣毅仁说:“五七年以前我敢讲真话,有时周总理还来听取我们的意见。五七年以后,没人敢讲话,要讲也只是讲一点芝麻大的事。七八年以后,好的传统才逐步得到恢复。”他说:“越是发扬民主,我们这个国家就越有希望。”王光英说,现在有一个好形势让我们开展国际交往活动,我们应加倍珍惜,更好地发挥作用。

台盟中央主席团主席林盛中说:要使台湾回归祖国有两件事要做。一是要好好地搞经济建设,一是要好好地抓民主建设,他希望政协中的各民主党派积极发表不同意见。

民革中央主席朱学范说,更好地实行中国共产党领导下的多党合作,是人民政协的一项重大工作。现在中共中央与各民主党派、各界知名人士的协商已成制度,各民主党派应该加强自身建设,提出更多的建议、意见。

九三学社中央主席周培源说,各级政协组织有2800多个,政协委员有35万人,调动他们的积极性,为四化建设服务,是人民政协发挥作用的大课题。他认为,当前当务之急是发扬民主,实事求是。

无党派民主人士程思远在发言中建议人民政协珍惜大好时光,团结一切可以团结的人,调动一切积极因素,使祖国统一大业早日实现。

致公党中央副主席伍觉天在会上介绍了一些群众反映强烈的不正之风问题。他说:“对不正之风,我们要狠下决心,认真加以解决。”

李先念总结说,大家的意见集中起来,就是要发扬社会主义民主。他特别加重语气说:“发扬民主,国家才有希望。不民主,国家就没有希望。”

李先念还告诫大家要多谋善断。他说,即使再有学问的人,也要善于听取不同意见。顺耳的听起来很舒服,不同意见听起来很难受,这就要硬着头皮听不同意见。不同意见也不一定正确,那就要解释、等待。共产党也好,各个民主党派也好,各族人民也好,就是要服从真理,在真理面前人人平等。当然,中央的同志他们了解的情况更多一些,他们的意见更完善一些,但是也总有看不到的地方,欢迎大家多提意见。

参加座谈会的各民主党派、无党派爱国人士和全国工商联主要负责人还有:屈武、钱昌照、贾亦斌、楚图南、钱伟长、高天、孙晓村、万国权、赵朴初、陈舜礼、沈其震、方荣欣、黄鼎臣、董寅初、严济慈、孙承佩、苏子蘅、蔡子民、李铁铮、胡子昂、刘靖基。

全国政协七届一次会议主席团常务主席王任重、阎明复、方毅、谷牧、杨静仁、康克清、帕巴拉·格列朗杰、邓兆祥、马文瑞、王恩茂、钱学森、钱正英、苏步青、司马义·艾买提,参加了座谈会。全国政协、中共中央统战部的负责同志周绍铮、沙里、李定、宋堃等也参加了座谈会。

国务院代总理李鹏主持总理办公会听取国务院秘书长陈俊生关于上海3·24列车相撞事故处理情况的汇报

李鹏在会上说,这次事故的发生是一起很大的不幸事件。我再次代表中国政府向中日双方在事故中的死难者表示哀悼,向死难者家属和中日双方的受伤人员表示慰问,并祝愿受伤人员早日康复。李鹏说,上海铁路系统、公安系统、医疗系统、当地驻军、武警部队、政府部门和人民群众,在事故的善后处理中做了大量工作,我们对此表示感谢。日本政府、死难者和受伤人员的亲属给予了很好的合作,对此我们也表示感谢。

李鹏指出,在继续做好善后工作的同时,国家安全生产委员会事故原因调查组要抓紧工作,尽快找出事故原因,以便接受教训,改进工作。

李鹏强调,当前铁路运输任务很重,各级领导干部和广大职工要振奋精神,努力工作,保障运输安全。李鹏说,国务院和有关部门在经过认真的充分的准备之后,要在近期内召开以铁路系统为重点的交通运输安全生产会议,制定出保障交通安全的治本措施。

国务院副总理姚依林、田纪云,国务委员吴学谦、陈慕华等,出席了会议。

国务院代总理李鹏参加七届全国人大一次会议吉林代表团分组讨论会

一些代表首先就农业方面存在的问题发表了意见。吉林农业大学马宁教授说,现在生猪的生产和消费之间的差距很大,原因是多方面的,其中最主要的是管理问题。她建议成立一个专门的指导委员会,统筹安排猪肉的产、供、销工作。四平市人大常委会主任孙述昌代表说,现在农业生产资料涨价幅度太大,农民负担不起,影响农业生产发展的速度。他建议各级领导干部要学会用价值规律指导农村工作,促使农业再上一个新台阶。

李鹏对代表们的意见认真作了记录。他认为,我国当前农村改革需要进一步完善和深化,可以考虑实行适度规模经营,提高农业生产效益,重点是把粮食生产搞上去。粮食多了,生猪生产也就不愁了。他说,吉林有发展农业生产很好的条件,可以继续建立一批重点商品粮基地。另外,还要考虑扩大一些耕地面积。

接着,科技、教育、文艺等行业的代表相继发言。中科院长春地理所研究员范正一说,近几年,知识分子政治待遇和物质待遇有了很大提高,但与社会其他行业比还是偏低,政府应该采取措施改变这一不合理状况。东北师大附中校长李硕代表说,现在教育经费紧缺,要增加经费拨款,国家确有困难,建议政府从政策上提供一定的便利条件,放手让中小学校兴办校办企业,靠自己的努力克服困难。长春电影制片厂导演于彦夫说,社会主义当代电影事业要为改革大潮服务,要做到这一点,就要由懂行的人来领导。他建议,把目前电影事业由广播电影电视部领导回归文化部领导。

上述代表发言时,李鹏不时插话,具体地询问有关问题的细节,并就一些问题发表了意见。在回答有关放宽、放活科技人员政策的问题时,他说,任何一项政策一开始不可能十全十美,需要在实践中不断探索。现在的问题是确有研究的课题与当前国民经济发展结合不够。因此,我们现在引导和鼓励科技人员开展多种形式的技术服务,不仅是为了增加他们的收入,更重要的是希望科技人员把科研成果尽快转化为生产力,为当前国民经济服务。从长远讲,国家还必须重视基础科学研究。但当前要适当调整应用、开发和基础研究的比例,以更好适应改革和建设的需要。今后,无论是应用研究、开发研究,还是基础研究都要实行招标制,不能再吃“大锅饭”。

当来自吉林市的一位代表提出现在松花江的工业污染十分严重时,李鹏说,去年我到过吉林市,吉林市这几年确实发生了很大变化,但工业污染严重。吉林市的城建费在全国中等城市中算比较高的,建议市政府要拿更多的钱来改善环境。

快散会时还有不少代表要求发言。李鹏代总理希望代表们不断提出意见，帮助政府做好工作。

国务院副总理乔石参加七届全国人大一次会议上海代表团分组讨论会

会议开始后，乔石听取了复旦大学教授徐鹏、人民大学博士生导师吴大琨、广播电影电视部政策研究室副主任周海婴关于大学教育等问题的发言，他是第四个发言者。

乔石说，听了代表的发言，了解了不少上海的情况，目前各个行业都面临许多亟待解决的问题，但关键还是要发展社会生产力，把经济搞上去，经济上不去会影响各项事业的发展。他希望上海各界解放思想，大胆实践，在最近5年至10年内以经济振兴带动各个方面，取得更大的发展。

乔石说，新中国成立以来，上海上交国家财政累计达4000亿元，上海对全国的贡献有目共睹，成绩不可磨灭。上海的一些优势消失了，但潜力还在。上海各方面基础不差，把经济、文化、科技搞上去的能力还是有的。关键是思想要解放，不能僵化，事在人为。有些问题，上海可以先试验，先实践，成功就继续搞下去，不成功再另搞。

上海市委副书记朱镕基代表很赞同乔石的意见。他说，上海要重振雄风，思想解放确实最重要。上海在大学教育、医疗卫生等方面存在的问题都应大胆着手解决，该改的就改、权该放的就放，错了的我们作检讨，对了的就创出了一条路子。

商业部发出《关于认真做好春耕农业生产资料供应工作的通知》

通知要求各地各级供销社在当前春耕农业生产资料供应旺季，要把支援春耕物资供应工作放在第一位，加强领导，切实把每个环节工作组织好。通知的主要内容是：

——要继续贯彻国务院“多生产、早到货、压库存、保春耕，促进全年农业增产”和供应数量要多于去年，服务质量要好于去年的要求。

——要千方百计地组织货源，不误农时地把农业生产资料调运到第一线。对化肥，要积极协助工厂解决原料、包装等困难，支持工业增产。同时做好进口化肥的接运工作。对已生产和进口的农药要及时收购、调运和储备，以适应救灾急需。对农膜，要及时报请当地政府帮助解决原料、货源不足，搞好余缺调剂和旧膜维修利用。

——要认真贯彻1987年11月3日国家6部委文件精神。凡是决定实行综合价的地区要及时制定综合价，不要因此影响供应，更不得以平价、综合价化肥转议价销售。同时要严禁伪劣商品进入流通渠道。

——要把货源情况、供应方法、供应政策向农民讲清楚。

《西方现代艺术辞典》出版

在外国文学研究所郑克鲁教授的指导下，经武汉和北京地区的大专院校、研究单位、文艺团体的30多位专家、教授和有关科研、教学人员通力合作编纂的《西方现代艺术辞典》，最近由四川文艺出版社出版。

这部辞书选目范围，涉及西方现代艺术的各个门类，包括美学、文论、小说、诗歌、戏剧、音乐、舞蹈、绘画（含雕塑）、摄影等；各类又分列思潮流派、人物作品、名词术语，收辞目1700条，近百万字。

3月30日

国务院代总理李鹏在中南海会见联合国大会第四十二届会议主席彼得·弗洛林一行

在谈到即将召开的联合国第三届裁军特别联大一事时，李鹏重申“凡是有利于世界和平的事，中国都支持”的这一立场。

李鹏说，中国注意到在第四十二届联大期间世界形势发生了可喜的变化，东西方关系有所缓和，和平力量在发展。但是，战争的威胁并没有消除。他说，即使美苏签署削减50%的进攻性战略核武器的条约，它们两家还拥有能毁灭世界多次的核武器，仍然威胁着世界和平。他说，为了持久和平，世界人民还需要做很大的努力。

李鹏还赞扬了联合国组织和本届联大为解决世界上的热点问题所进行的积极努力。他希望联合国组织和联合国大会在这方面发挥更大的作用。

弗洛林说，本届联大对国际形势的转变和美苏会谈的进程都产生了积极的影响。他说，世界和平和国际安全不仅是美苏两个大国的事情，而且是世界上所有国家的事情。他认为，为了世界和平和国际安全，应该加强国际合作，增进谅解。

国务院代总理李鹏参加七届全国人大一次会议新疆代表团讨论

李鹏强调指出，新疆各民族的团结是好的。少数民族地区的经济和教育事业的发展，是民族团结的基础。少数民族地区要发挥本地优势，适当发展外向型经济。

代表们比较集中地提出了对民族区域自治法实施的意见。他们认为，这个法很好，对少数民族地区的经济发展提出了20多条支持措施，但实行起来还有些困难。

新疆代表们还提出,实施沿海地区经济发展战略,是一个战略性的决策。但是东部和西部经济发展的差距是历史上形成的,国家要考虑这个差距,希望不要拉大这个差距。

李鹏说,我国是一个多民族国家,民族团结政策是我们党和国家的一项基本政策,也是国家统一和兴旺发达的一项根本保证。民族不论大小,不论经济、文化发展情况如何,在政治上是一律平等的。汉族离不开少数民族,少数民族也离不开汉族。民族区域自治法在执行中存在的一些具体问题,需要进一步调查研究加以解决。

李鹏说,国家将根据改革、开放和沿海地区经济发展战略实施后出现的一些新情况、新问题,制定一些具体政策,促进少数民族地区经济的发展。沿海地区经济的发展,最终必将带动少数民族地区经济的发展。

李鹏说,新疆地大物博,资源丰富,发展农业、畜牧业、石油和石化等工业有很好的前景。新疆各族人民加强团结,充分利用当地有利条件发展经济,新疆是大有希望的。

3月31日

七届全国人大一次会议在人民大会堂举行第四次全体会议

会议审议中华人民共和国宪法修正案草案,听取几个法案、议案的说明和六届全国人大常委会工作报告。

经中共中央建议、六届全国人大常委会第二十五次会议审议提出的中华人民共和国宪法修正案草案,今天正式提请大会审议。中共中央关于修改宪法个别条款的建议和全国人大常委会关于宪法修正案草案两个文件,会前已印发给代表们,今天的大会上宣读了这两个文件。

经过近年来较长时间的酝酿、调查、试点之后产生的中华人民共和国全民所有制工业企业法草案,今天正式提请大会审议。这个8章68条的法律草案经过六届全国人大常委会前后五次会议的审议,并曾在各报上公开发表征求全民意见,征得各方面对草案提出的修改意见和建议1800多条。今年3月,六届全国人大常委会第二十五次会议根据全国人民的讨论情况,进行审议修改,形成了提交这次大会审议的草案。

受国务院委托,国家经委主任吕东今天向大会作了关于中华人民共和国全民所有制工业企业法草案的说明。他介绍了这个草案的起草过程、立法宗旨和指导思想、草案的基本内容。

自1980年开始起草、经六届全国人大常委会第二十四次、二十五次会议审议的中华人民共和国中外合作经营企业法草案,今天也正式提请大会审议。草案共28条。

对外经济贸易部部长郑拓彬受国务院委托,向大会说明了中华人民共和国中外合作经营企业法草案的起草过程和起草时着重考虑的几个问题。

会上宣读了关于成立中华人民共和国澳门特别行政区基本法起草委员会的决定草案。这个草案连同彭冲在主席团第二次会议上关于这个决定草案的说明已在今天的大会前发给代表们,请代表们审议。

关于设立海南省和关于建立海南经济特区的两项议案,也提请大会审议。

1987年8月六届全国人大常委会第二十二次会议审议了国务院提请设立海南省的议案,决定将这一议案提请七届全国人大一次会议审议、批准,同时授权国务院成立海南建省筹备组。现在海南建省的筹备工作已经就绪。民政部部长崔乃夫受国务院委托向大会作了关于设立海南省的议案的说明。

国务院关于提请审议建立海南经济特区的议案是今年3月国务院代总理李鹏向六届全国人大常委会提交的。这个议案建议划定海南岛为经济特区,实行特殊的经济政策和新的经济管理体制。六届全国人大常委会第二十五次会议审议了这项议案,决定提请七届全国人大一次会议审议。国务委员谷牧在会上代表国务院就这一议案作了说明。

六届全国人大常委会副委员长陈丕显受六届全国人大常委会和彭真委员长委托,今天向大会作了六届全国人大常委会工作报告。他说,5年来,常委会在彭真委员长的主持下,在地方人大及其常委会的支持下,严肃认真地履行宪法所赋予的职责,坚持按民主集中制原则办事,充分发扬民主,集体决定重大问题,在上届人大常委会工作的基础上,各方面的工作都取得了新进展,更有效地发挥了最高国家权力机关的作用,促进和保证了社会主义现代化建设的顺利进行。

大会的执行主席还有:赛福鼎·艾则孜、叶飞、王汉斌、王光中、甘苦、田富达、朱世保、刘延东、许勤、李吉林、杨白冰、何郝炬、张再旺、陆文夫、陈锦华、罗天、胡传治、贾志杰、陶大镛、章文晋、霍英东。

民政部部长崔乃夫向七届全国人大一次会议作关于设立海南省议案的说明

崔乃夫说,海南岛有很大的发展潜力,建省后能使各项优势充分得到发挥。目前建省筹备工作已经就绪。

崔乃夫说,海南岛是我国的第二大岛,连同南海诸岛,面积34000多平方公里,气候温和,海洋水产和旅游资源得天独厚。全岛现有605万人口，其中少数民族99万人。

他说，海南建省后简称“琼”，省人民政府驻海口市。海南省管辖海口市、三亚市、通什市；琼山县、琼海县、文昌县、万宁县、屯昌县、定安县、澄迈县、临高县、儋县；保亭黎族苗族自治县、琼中黎族苗族自治县、白沙黎族自治县、陵水黎族自治县、昌江黎族自治县、乐东黎族自治县、东方黎族自治县；西沙、南沙、中沙群岛的岛礁及其海域。

崔乃夫说，目前，经过海南建省筹备组多方面富有成效的工作，建省筹备工作已经就绪。国务院建议批准设立海南省。

国务委员谷牧向七届全国人大一次会议作关于提请审议建立海南经济特区议案的说明

谷牧说，国务院建议把海南岛建设为我国最大的经济特区，对外商投资可以给予比其他经济特区现行规定更加放宽的政策，经济管理体制也可以更为灵活。

谷牧指出，海南单独设省后，最重要的任务是发展生产力。

谷牧说，香港地区的和外国的许多客商都表示有参与开发建设海南的意向。因此，国务院建议把海南岛建设为我国最大的经济特区，对外商投资可以给予比现有其他经济特区现行规定更加放宽的政策，经济管理体制也可以更为灵活，以便创造对外商有较大吸引力的投资环境，加速开发建设。

谷牧说，国务院建议授权海南省人民代表大会及其常务委员会，根据国家有关法律、法规、政策规定的原则，按照海南岛实行经济特区政策的实际需要，制定各项有关的单行经济法规，使海南经济特区的经济管理充分适应开发建设的需要。

全国人大常委会副委员长陈丕显在七届全国人大一次会议上作全国人大常委会工作报告

各位代表：

我受六届全国人民代表大会常务委员会和彭真委员长的委托，向大会报告本届常委会五年来的主要工作。

党的十一届三中全会以来，我国进入了一个新的历史发展阶段。党和国家领导全国人民深入总结建国以来的历史经验，坚决实行拨乱反正，在把工作重点转移到社会主义现代化经济建设的同时，强调发展社会主义民主，健全社会主义法制，使民主法律化、制度化。五届全国人大五次会议通过的宪法，为完善人民代表大会制度作出了一系列重要规定。九年来，我国的民主和法制建设逐步发展，人民代表大会制度在国家政治生活中发挥了越来越重要的作用。

六届全国人大常委会是按照1982年宪法选举产生并行使职权的。五年来，常委会在彭真委员长的主持下，在地方人大及其常委会的支持下，严肃认真地履行宪法所赋予的职责，坚持按民主集中制的原则办事，充分发扬民主，集体决定重大问题，在上届人大常委会工作的基础上，各方面的工作都取得了新的进展。特别是立法工作加快了步伐，制定了一批重要法律；审议决定了一批重大事项，包括人事任免事项；加强了监督工作；改进了代表联系工作；进一步开展了外事活动；常委会的组织制度建设和工作机构建设也有所加强。从而更有效地发挥了最高国家权力机关的作用，促进和保证了社会主义现代化建设的顺利进行。

一、立法工作取得重大进展

六届全国人大及其常委会任期五年内，审议通过了37件法律，10件补充修改法律的决定，16件有关法律问题的决定，共63件。其中有52件是常委会审议通过的。同时，常委会还经过认真审议，决定将宪法修正案草案以及《全民所有制工业企业法》《中外合作经营企业法》两个法律草案提请这次大会审议。立法工作的重大进展，使我国在国家政治生活、经济生活、社会生活的基本方面，已经不再是无法可依，而是有法可依。以宪法为基础的社会主义法律体系已经初步形成。

适应社会主义四化建设、经济体制改革和对外开放的需要，常委会一直把制定有关经济方面的法律作为立法工作的重点。在已经制定的37件法律中，有关经济方面的法律22件，有关对外开放的法律10件。这些法律对于促进社会主义有计划的商品经济的发展，对于肯定改革的成功经验、巩固和发展改革的成果。对于吸引外资、发展对外经济技术交流与合作，提供了法律依据和保障，发挥了重要作用。同时，为各方面经济关系的互相协调，改善对国民经济的宏观调节控制和统一监督管理，维护经济秩序、推动经济的协调发展，为加强对自然资源的保护、开发和利用，保护和改善生活环境和生态环境，提供了法律手段。为了妥善地解决改革、开放中许多新问题亟待作出法律规定，而立法又缺乏成熟经验的矛盾，六届全国人大第三次会议还通过了常委会提出的关于授权国务院在经济体制改革和对外开放方面可以制定暂行的规定或者条例的决定。这是从我国当前实际出发加强法制建设的一项重要措施，可以积累经验，为制定或者修改、补充法律作准备，有利于加快经济立法工作。

适应政治体制改革和建设民主政治的需要，常委会的立法工作在发展社会主义民主、健全社会主义法制方面迈出了新的步伐。主要是：改进和完善选举制度,保证选民按照自己的意愿行使民主权利;加强地方各级人大的组织和工作,扩大较大的市制定地方性法规的权力;制定全国人大常委会议事规则,促进常委会民主决策的制度化、法律化;制定村民委员会组织法(试行),加强基层群众性自治组织的建设,发展基层直接民主;制定加强法制教育维护安定团结的决定和修改补充惩治犯罪的法律,维护宪法和法律的尊严,进一步保障公民的合法权益,以利于改革和现代化建设的顺利进行。特别是制定了民族区域自治法,用法律形式把我国民族区域自治制度固定下来,体现了充分尊重和保障各少数民族管理本民族内部事务的民主权利的精神,对发展平等、团结、互助的社会主义民族关系,加速少数民族地区的发展,促进各民族的共同繁荣,巩固国家的统一和独立,具有重大的作用。根据六届全国人大三次会议的决定,常委会还决定成立了香港特别行政区基本法起草委员会,基本法的起草工作正在抓紧进行。

我们在立法工作中注意了以下几点:第一,坚持以宪法为准则,紧密围绕着经济建设这个中心,坚持四项基本原则,坚持改革开放,使制定的法律能够有力地促进和保证我国的现代化建设沿着有中国特色的社会主义轨道顺利地向前发展。第二,从我国的实际情况出发,总结我们自己的实践经验,同时借鉴古今中外好的、有益的东西,制定出适合我国实际情况和需要的法律,并根据实践中的新情况、新问题加以修改补充。第三,立法工作在马克思主义关于国家和法的理论指导下,同法理研究紧密结合进行,使制定的法律既符合我国的实际,又符合马克思主义的基本原理。彭真委员长一贯强调,我们制定法律离不开正确的理论指导和对实际情况的了解。为了系统地研究法律和法理,常委会加强了这方面的研究机构和工作。第四,采取积极、慎重的方针,严肃立法,成熟一个,制定一个,不成熟或没有把握的,不勉强制定,避免束缚改革的手脚,或因仓促制定,被迫频繁修改,使制定的法律具有稳定性和权威性。第五,法律要简明扼要,明确易懂,不能太繁琐。一些具体问题或细节问题,可以另行制定实施细则等行政法规。这样做符合我国地域大、各地发展不平衡的国情,也便于群众掌握。第六,依靠各地方、各部门、各方面的集体智慧和集体经验,实行立法工作者、实际工作者和理论工作者三结合,集思广益,在高度民主的基础上集中各种正确意见,使制定的法律尽可能符合实际,切实可行。

为了做到严肃立法,常委会在实践中逐步建立了一些审议、制定法律的制度。在通常情况下都是:常委会对报请审议的法律草案先听取说明,经初步审议后,交由法律委员会和有关专门委员会审议修改;同时,把法律草案发给各地方、各部门,广泛征求意见;对一些重要的或者意见较多的法律草案,进行深入调查研究,召开专门会议讨论修改,然后再交常委会进一步审议。在审议法律草案时,认真按照民主集中制原则,展开充分讨论,特别注重听取不同意见,对一些重要条款争论较大,有较多委员持不同意见时,暂不付表决,不勉强通过,经进一步调查研究、修改补充,大多数赞成后,再提请会议审议表决。有些重要法律,常委会多次进行审议。如企业法是关系到促进经济体制改革、保障全民所有制经济的巩固和发展的重要法律,常委会先后进行了五次审议修改。还将该法草案在报上全文发表,公开讨论,以便更广泛地集中广大干部、群众的意见,使制定的法律更加严密、周到。总之,审议法律的过程是充分发扬社会主义民主的过程,它反映出常委会代表人民的利益和意志,认真行使国家权力的负责精神。

我们的立法工作取得了很大成绩,但是,还跟不上改革和建设形势发展的要求,今后立法的任务还很繁重,不少重要法律尚待制定。应当根据中国共产党第十三次代表大会提出的加快和深化改革的精神,进一步加强立法工作。当前立法工作的重点,一是继续有计划地抓紧制定一批重要的经济法律和对外经济合作方面的法律,如私营企业法、海商法、投资法、公司法、劳动法、乡镇企业法等,以适应经济体制改革和对外开放的要求。二是继续抓紧制定适应政治体制改革、建设民主政治需要的一系列法律,特别是加强行政立法,如制定行政诉讼法、国家公务员法等,为行政活动提供基本的规范和程序,使行政管理逐步法制化。三是抓紧制定新闻、出版、结社、集会、游行等方面的法律,建立人民申诉制度,使宪法规定的公民权利和自由得到保障,同时依法制止滥用权利和自由的行为,更好地巩固和发展安定团结的政治局面。

二、按照宪法赋予的职权加强监督工作

人大及其常委会的监督工作,包括法律监督和工作监督。几年来,常委会在抓紧对宪法和法律实施监督的同时,逐步扩大工作监督,并在实践中不断探索和改进。

加强对宪法实施的监督是常委会监督工作的首要职责。我国现行宪法是各族人民坚持四项基本原则、坚持改革开放、顺利进行社会主义现代化建设的根本法律保障。一切国家机关和武装力量、各政党、各社会团体、各企事业组织以及每一个公民都必须以宪法作为根本活动准则。新宪法公布后,在全国范围内进行了广泛的宣传教育工作,并对一些不符合宪法的规定和做法,进行了检查和纠正。常委会第十九次会议针对当时社会上出现的一些违背宪法的言行,及时作出了《加强法制教育维护安定团结的决定》,重申了宪法的有关规定，这对于增强广大干部和群众的宪法观念，维护宪法的尊严，保证宪法的实施，维护安定团结的政治局面，起了重要的作用。我们在维护宪法的权威性、稳定性和严肃性的同时，也充分考虑到我国目前正在进行的政治体制改革、经济体制改革和对外开放，已经和将会出现许多新情况新经验，为了保障和促进改革、开放的深入发展，对宪法个别条款作必要的适当的修改是符合客观规律的。正因为这样，本届第二十五次常委会会议决定向大会提出宪法修正案草案。

常委会和各专门委员会还对一些法律的实施情况进行调查研究和检查。如组织有关人员会同国务院有关部门，就义务教育法、民族区域自治法、文物保护法、药品管理法、食品卫生法(试行)、环境保护法(试行)等法律的实施状况进行调查研究，并提出了进一步贯彻实施的建议。常委会还支持和督促一些地方对不符合宪法和法律的做法，及时作出必要的处理，严格依法办事，并通过处理人民来信的渠道，纠正了一些违法现象。常委会法制工作委员会和办公厅还对各地提出的有关法律实施中的问题，作出认真的研究和答复，对保证依法办事起了应有的作用。

我们现在还处在从主要依靠政策到不仅依靠政策，还要依靠法律管理国家的转变时期。要做到十亿人口的国家人人注意遵守法律，依法办事，需要有一个过程。根本的问题是教育人，将法律交给广大人民掌握，使人民群众和干部知法、守法，树立法制观念，学会运用法律武器同一切违反宪法和法律的行为作斗争，保障公民的合法权益，维护宪法和法律的尊严。为此，常委会作出了在公民中基本普及法律常识的决议，并经常检查普法工作的进展状况，推动普法教育在全国范围内展开。广大群众特别是各级干部通过普法教育，不但懂得了较多的法律常识，更重要的是增强了法制观念，提高了依法办事的自觉性。这项工作还很艰巨，需要进一步提高认识，采取切实有效措施，坚持不懈地长期抓下去。

听取和审议政府、法院、检察院的工作报告，是常委会进行工作监督的基本形式。五年来，全国人大常委会围绕社会主义现代化建设和改革开放中的重大问题，先后听取和审议了有关方面的一些工作报告，特别是经济发展情况、农业生产情况、工业产品质量状况和改进措施的报告，人民群众十分关心的物价改革、劳动制度改革情况的报告，教育工作情况、改善知识分子待遇情况的报告，打击严重经济犯罪情况的报告等等。在审议这些报告时，常委会委员以对国家和人民高度负责的精神，敞开了思想，畅所欲言，既充分肯定成绩，又严肃指出问题，积极提出建议。这是对政府、法院和检察院工作的有力支持和督促。

五年来，常委会还经过认真审议，先后作出了50多项决议、决定。包括根据全国人大的授权审议批准国家财政年度决算以及设立国家监察部、确定教师节等。

常委会在决定重大问题和实行监督中，始终注意了以宪法和法律为准绳，一切从实际出发，实事求是，以最大多数人民共同的根本利益为标准。常委会的法律监督，主要是监督宪法的实施，工作监督主要是抓根本性的重大问题。对于法律规定由政府、法院、检察院行使的职权，不进行干涉；属于人大常委会职权范围的事情严格依法办事，认真履行职责，努力做到既不失职，又不越权。

全国人大常委会在行使监督权方面，这几年做了许多工作，但是距离宪法的规定、人民的期望以及政治体制改革和经济体制改革的要求还有相当大的差距，在常委会工作中监督工作还是一个薄弱环节。从法制建设上说，我国立法工作取得了显著进展，但是，已经制定的法律没有得到充分的遵守，有法不依、执法不严的问题还相当突出，引起群众不满。今后需要进一步加强人大及其常委会的监督，特别是法律监督。要从政治体制改革和建设社会主义民主政治的高度，进一步提高对人大监督工作的认识。全国人大及其常委会的监督是代表人民的利益和意志进行的具有国家权威的监督，它是国家机制正常运转所不可缺少的。正确的监督，有利于健全决策体系，减少失误，保证社会主义现代化建设和改革开放的顺利进行。随着党政分开、政府职能的加强，人大及其常委会的监督职能就更为重要。从人大来讲，需要认真总结这几年来开展监督工作的经验，建立监督工作的专门机构，制定监督工作条例对监督的内容和范围、监督的程序和方式作出更加明确的规定，使监督工作逐步制度化、规范化。而监督问题的根本解决，则有待于政治体制改革的深化。

三、改进和完善选举制度

不断改进和完善选举制度，逐步提高选举的民主程度，是社会主义民主政治建设的一个重要内容，也是发展和完善人民代表大会制度的重要环节。

1979年以来，在全国范围内进行了三次县乡人大代表直接选举，两次县级以上换届选举，选举工作一次比一次搞得好。特别是最近一次选举，全国人大常委会根据政治体制改革的精神，对选举法和地方组织法进行了重要补充和修改，地方人大常委会也相应修改了选举法实施细则，使我国在改进和完善人民代表大会的选举制度，提高选举的民主程度方面，取得了比较大的进展。主要是：

改进代表候选人的提名方法。修改后的选举法和地方组织法规定，各政党、团体可以联合或单独提出候选人,选民或者代表10人以上联名也可以提出候选人,并具有同等的法定地位,都必须列入初步候选人名单,经过充分酝酿、协商,根据较多数选民或代表的意见,确定正式候选人。多数地方在执行中注意了切实尊重选举人的意愿,让选民或代表放手依法提名推荐代表候选人或国家机关组成人员候选人,不划框框,不定调子,更不要求保证某人当选。因而这次提名推荐候选人比较广泛、活跃。

改进代表候选人的介绍办法。选举委员会和推荐候选人的政党、人民团体和选民、代表,采取多种形式介绍候选人的情况。一些地方还组织候选人与选民或代表见面和对话,回答选民或代表提出的问题和意见,使选民或代表能够较充分地了解候选人。

坚持差额选举。实行差额选举是政治体制改革的一个重要内容。1979年制定的选举法和地方组织法,把等额选举改为差额选举,但是在选举地方国家机关领导人员时可以经过预选进行等额选举。1986年修改选举法和地方组织法,进一步明确规定选举各级人大代表和地方国家机关组成人员,必须依法实行差额选举,不能经过预选进行等额选举。各地在选举人大代表和地方国家机关组成人员中注意严格按照法定的比例进行差额选举,让选民或者代表根据自己的意愿,在较大范围内挑选候选人,选出自己比较满意的代表或领导成员。实践证明,这样做有利于发扬社会主义民主,有利于人民行使当家做主的权利,同时这也是对干部的一种有效的监督。

适当减少各级人大代表的名额,提高代表的素质。为了使各级人大能够有效地行使宪法赋予的职权,便于开会和讨论决定问题,这次选举,各省、自治区、直辖市人大常委会都对适当减少地方各级人大代表名额作出了规定。乡级人大代表名额一般减少了三分之一左右,县级人大代表名额一般减少了五分之一左右,省级人大代表名额也有不同程度的减少。同时,各级人大重视提高代表的素质,逐步改善代表的知识结构和年龄结构。因而,这次新选出的人大代表,文化程度普遍比上届提高,年龄结构更趋合理,社会活动能力和议政能力有所提高,为更好地履行代表职责提供了有利条件。

在换届选举中,全国人大常委会和地方各级人大常委会做了大量工作:切实加强了对选举工作的领导;严格依法办事,对不民主、不符合法律规定的做法,及时加以纠正;坚持以安定团结为前提,正确引导选举工作健康发展,既充分发扬民主,依法保障选民自由地行使民主的权利,又依法制止滥用权利和自由的行为。因而选举工作进展比较顺利,广大群众对此比较满意。但是,也有少数地方,由于一些干部对有关法律不熟悉、不了解,或者民主与法制观念不强,怕麻烦、图省事,发生了一些不民主、不依法办事的现象。此外,在一些地方,出现了代表中党政干部比例偏高,党外人士、妇女比例下降的问题,这主要是在酝酿、协商时不够造成的。

我们的选举制度有了较大的改进,但还不够完善,工作中也出现一些新情况、新问题,应该随着我国政治、经济、文化的发展和政治体制改革的进行,进一步采取各种切实步骤,继续改进和完善我国的选举制度,进一步提高选举的民主程度。

四、做好同代表和地方人大常委会的联系工作,认真办理代表议案和建议

加强同全国人大代表的联系,充分发挥代表的作用,是做好全国人大常委会工作的基础。五年来,常委会把同全国人大代表联系的工作作为重要任务之一,不断研究改进,在总结经验的基础上,制定了《关于全国人大常委会加强同代表联系的几点意见》,使代表联系工作逐步走上制度化轨道。

代表联系工作的根本目的,是为了深入了解广大群众的意见和要求,了解社会主义现代化建设和改革开放,以及宪法和法律的贯彻实施的情况和问题,使全国人大及其常委会通过的法律和作出的决议、决定更加符合人民的愿望和要求,更加符合实际。同时,也是为了使常委会更好地接受代表的监督,代表更好地接受人民的监督。

全国人大常委会同代表的联系采取了多种形式。首先是坚持全国人大常委会同各省、自治区、直辖市人大常委会共同联系全国人大代表的原则。这样做,既加强了全国人大常委会同地方人大常委会的联系,又及时地了解到代表和群众的意见和要求,对全国人大常委会审议议案起到了积极的作用。其次是扩大同代表的直接联系。几年来,全国人大常委会组成人员外出视察工作、调查研究,大都有目的、有重点地召开代表座谈会,直接听取代表的意见。常委会在审议重要议案以及作出重大决议或决定前,都根据需要,将草案印发有关代表征求意见。常委会从第二十一次会议起,邀请对会议议题比较了解情况的代表列席会议,已形成制度。常委会和各专门委员会,还组织有关的全国人大代表围绕常委会审议的议案进行专题调查。此外,各省、自治区、直辖市人大常委会在联系全国人大代表方面,也做了大量工作。如协助组织代表视察和专题调查,建立代表小组定期开展活动等,取得了较好效果。

为了便于全国人大代表联系群众、了解情况,更好地发挥管理国家事务的作用,常委会办公厅还根据一些地方的经验,先后发出《关于改进全国人大代表视

察办法的意见》《关于全国人大代表持视察证视察的意见》,对代表的视察工作作了以下改进:(1)每次全国人大会议前,围绕大会即将审议的议题,采取集中与分散相结合的办法,组织代表视察;(2)经常采取小型、分散、灵活多样的方式,利用业余时间或结合工作就地就近进行视察;(3)视察的具体内容、时间和单位,由代表自行确定;(4)代表一般到基层单位视察,由对工作比较熟悉的干部介绍情况,不搞层层陪同。讲究实效,不搞形式主义。视察办法的改进,使代表能深入基层调查研究,直接听取人民群众的意见和要求,了解实际情况,更好地行使职权。同时,由于代表选定的项目大都是自己比较熟悉的,可以对被视察单位的工作提出一些中肯的意见,受到被视察单位的欢迎。

五年来,全国人大常委会还不断加强同地方人大常委会的联系。每次常委会都邀请各省、自治区、直辖市人大常委会负责人列席会议。彭真委员长多次召开各省、自治区、直辖市人大常委会负责人座谈会,多数专门委员会分片召开地方人大专门委员会或工作委员会负责人座谈会,研究和交流人大工作经验。全国人大常委会办公厅还多次邀请各省、自治区、直辖市人大常委会机关负责同志,座谈改进选举、代表联系和信访等工作。通过同地方人大常委会的联系,互相沟通了情况,交流了经验,推动了各级人大常委会的工作和建设。

认真办理代表提出的议案和建议,这是尊重代表行使职权的一个重要方面。同时,也便于国家机关更好地听取群众意见,改进工作,五年来,代表在全国人大会议上共提出议案830件,各种建议、批评和意见14215件,内容涉及国家政治生活、经济建设、体制改革、教育科学文化和思想作风建设等各个方面。全国人大各专门委员会以及有关方面对这些议案进行了认真处理,采纳了许多重要意见,有的已由常委会通过了相应的法律或决定。对于代表提出的建议,许多单位以认真负责的态度研究办理,这对改进国家机关的工作,克服官僚主义,发挥了积极作用。

五年来,常委会在加强同代表的联系,同地方人大常委会的联系,办理代表议案、建议方面做了许多工作,但也存在不少的缺点和问题。如同地方人大常委会的联系需要经常化;办理代表议案和建议的方式有待改进,要切实克服互相推诿、应付了事的现象;如何发挥代表参政、议政、管理国家事务的作用,也有许多问题亟待解决。需要尽快制定代表工作条例,从法律上进一步明确代表的权利和义务,以便更好地发挥代表的作用。

五、积极开展议会外交活动

外事工作是全国人大常委会的一项经常性的重要工作。随着我国对外工作的日益开展和对外开放政策的进一步贯彻执行,全国人大及其常委会同外国议会和国际议会组织的交往逐年增多。五年来,以全国人大常委会名义接待了66个国家的议会代表团来访,全国人大代表团出访了60个国家。从1984年起,全国人大参加了各国议会联盟,并派团出席了该组织的历次大会及其理事会。全国人大常委会还积极参加了亚洲议员人口与发展论坛的活动,并受委托在北京主办了该论坛的第二次大会。

在开展议会外交活动中,首先注意了紧密围绕现在国际交往的中心问题,即发展经济和反对霸权主义、维护世界和平两大主题,交换看法,增进了解,努力为我国在和平的条件下进行四化建设创造有利的国际环境。其次,注意了活动的广泛性。这几年我们加强了同第三世界国家和近邻国家议会的友谊;恢复和发展了同绝大多数社会主义国家议会之间的关系;同发达国家议会之间的关系也有所加强。我们还开始同少数未建交的国家的议会进行了友好往来。再次,采取灵活多样的形式,开展多层次多渠道的议会外交活动。除了全国人大及其常委会进行重要的国际交往外,各专门委员会、各对外双边友好小组,以及常委会的工作机构也根据不同情况,开展对口的交往。还在各国议会联盟等国际会议上,广交朋友,建立和发展友好关系。常委会和有关的专门委员会还针对有的外国议会干涉我国内政问题,发表严正声明,予以驳斥。最后,在我国外交总方针的指引下,还同有关部门密切协作配合,使议会外交与政府外交、对外经济合作等方面的工作有机地结合起来。

五年来,全国人大及其常委会的议会外交工作取得了明显的效果。通过交往,我们介绍了我国的政治、经济发展形势,改革开放的总方针以及取得的效果;阐述了我国独立自主的和平外交政策以及对一系列重大国际问题的原则立场,增进了外国议会和许多朋友对我国的了解和友谊,促进了国家之间友好关系的发展。这对于维护世界和平、发展我们同外国的经济、科技、文化、教育等领域的合作,都起了积极的作用。通过对口交往,增进了我们对外国议会情况的了解,沟通了我国人大同更多的外国议会的联系。一些国家议会工作的有益经验,也可供我们学习和借鉴。

实践证明,全国人大常委会的外事工作是我国整个外交工作的一个重要组成部分,也是我国国际交往中的一条不可缺少的渠道。今后,需要进一步总结经验,加强调查研究,既掌握原则,又注意灵活性,使各种形式的交往活动更符合议会外交的特点,努力把全国人大常委会的对外工作提高到一个新的水平。在外事活动中,要强调严格遵守外事纪律。

六、加强常委会的组织制度建设和工作机构建设

加强常委会的组织制度建设和工作机构的建设，是提高常委会的议事效率，完善常委会职能的重要措施，也是做好人大工作的一项重要基础建设。

宪法规定，全国人大设立民族、法律、财经、教科文卫、外事、华侨和其他需要设立的专门委员会，人大常委会的组成人员不得担任国家行政机关、审判机关和检察机关的职务，这是加强人大及其常委会的工作，发挥最高国家权力机关职能的重要组织保证。这一届全国人大常委会委员大部分是专职的。为了更好地发挥委员的作用，六届人大四次会议又增补了40名委员进入各专门委员会，使常委委员参加专门委员会工作的人数占到委员总数的63%，这是加强常委会组织建设的一个重要步骤。委员们参加常委会的活动越来越多，如有不少委员参加法律的起草、研究和修改工作。所有这些做法都推动了委员的专职化。

五年来，各专门委员会在调查研究、拟定和审议有关议案、开展外事活动等方面，做了大量工作，积累了一些好的经验。各专门委员会还听取了行政、司法等部门的工作汇报，这是协助常委会进行监督工作的有效形式。今后要逐步形成制度。实践证明，设立专门委员会对加强全国人大及其常委会的工作，发挥常委会作为国家权力机关的作用，是非常必要的。今后需要进一步发挥专门委员会的作用，加强专门委员会的工作。

经过五年的摸索，常委会初步形成了一套既有利于发扬民主，又注意提高效率的工作制度。常委会第二十三次会议制定了议事规则，对常委会会议的召开、会议的形式、议案的提出和审议程序、听取工作报告和质询的程序、发言和表决等都作了比较明确的规定。这是五年来常委会工作经验的总结，是常委会自身的一项重要制定建设，对常委会民主决策的制度化、法律化，很有好处。

全国人大机关的工作机构的建设正在逐步加强。首先，进一步明确了常委会的办公厅、法工委以及各专门委员会的办公室都应紧紧围绕着一个中心两个基本点，为发展社会主义民主、健全社会主义法制服务；为开好全国人大会议、常委会会议、委员长会议服务；为全国人大代表和常委会委员依法行使职权服务。近几年来，围绕审议的议案，特别是法律议案，开展了对各方面实际情况和法学理论的研究，提供的资料、信息和调查报告大大增加。如为常委会审议法律草案，提供大量基本资料，包括介绍国外有关法律规定，反映关于法律草案的主要问题和主要不同意见等。其次，为了加强调研工作、新闻宣传工作、选举工作、代表联系工作、信访工作、外事工作、人事工作和行政管理工作等，建立或充实了相应的办事机构，特别是加强了研究机构。并且按照干部“四化”要求和精干的原则，适当充实了机关干部，选调了一些有实际工作经验和研究能力的骨干，进一步提高了干部的素质。今后，需要进一步健全人大机关的工作机构，充实干部队伍；制定和完善工作制度，加强对各部门的统一领导或协调，使之相互配合、步调一致地开展工作。

各位代表：

六届全国人大常委会已经胜利地完成了自己的历史使命。五年来，应该做又能够做的，常委会努力做了。有些事情条件还不成熟，常委会也积极创造条件努力去做。有些事情没有最后办成，这有个客观条件，也有个认识的过程，也有工作问题。总的来说，常委会努力履行宪法赋予的职责，努力做到不辜负全国人民代表大会的委托。当然，由于政治体制改革刚刚开始，人民代表大会制度的建设和各方面的工作如何做得更好，还需要探索，我们的工作也还存在不少缺点和不足之处。我们相信，今后人大及其常委会的职能将会进一步健全，人民代表大会制度的作用将进一步发挥，社会主义民主和法制建设将进一步加强，七届全国人大常委会的工作将会做得更加出色，更富有成效，从而为坚持四项基本原则，坚持改革开放，建设具有中国特色的社会主义作出新的更大贡献。

以上报告，请各位代表审议。

解放军有关负责人向新华社记者披露3月14日南沙中越武装冲突真相

这位负责人首先指出，这次武装冲突，完全是越南方面一手挑起的。3月13日，中国海军舰船来到南沙群岛的九章群礁海域对部分岛礁进行考察。下午2时25分，我海军舰船在赤瓜礁附近海区停泊抛锚，随后，组织人员登上赤瓜礁考察，并建立观察点。

3月14日6时25分，越南海军604、605运输船和505登陆舰突然窜到我赤瓜礁海区进行挑衅活动。他们派出43名武装人员携带轻机枪，冲锋枪，强行登上赤瓜礁。我考察人员立即向登礁越军喊话，声明这里是中国领土，越南武装人员必须离开。越南武装人员不仅不撤离赤瓜礁，反而在14日8时47分首先使用冲锋枪向我礁上人员开枪，打伤我考察人员杨志亮。与此同时，越南海军604运输船上的多艇轻机枪也一齐向我礁上和舰船人员射击。随即，越南海军的其他舰船也使用舰炮向停泊在赤瓜礁附近海区的我海军舰船开炮。在这种情况下，我海军舰船才被迫进行了自卫还击。

战斗持续28分钟，越方604运输船被我击沉，605运输船和505登陆舰被击成重伤。我方舰船未再追击。

事件发生后,我海军舰船本着人道主义精神积极营救、打捞越方落水人员;同时,允许越南船只悬挂红十字会旗帜,前来营救。

这位负责人说,越南方面采用制造谎言的惯用伎俩,在国内外大肆进行歪曲事实真相的宣传。他们污蔑中国海军舰船首先打伤了他们的运输船,枪杀落水人员,并阻挠他们营救,完全是别有用心的。值得指出的是,营救活动结束后,越南舰船依然打着救援的旗号,千方百计地继续对我方在南沙海域的正常活动进行侦察、监视。

4月1日

中共中央总书记赵紫阳在中南海会见以总书记拉吉什瓦尔·拉奥为首的印度共产党中央代表团

七届全国人大一次会议主席团在人民大会堂举行第三次会议

会议由主席团常务主席万里主持，139名主席团成员出席了会议。会议再次讨论并通过七届全国人大一次会议选举办法草案。

3月28日举行的主席团第二次会议原则通过了七届全国人大一次会议选举办法草案，决定将这个办法草案印发各代表团审议、修改，提请大会通过。在审议中，有些代表对这个办法草案提出了一些修改意见和建议。根据代表的意见，对选举办法草案做了一些修改。

会议宣读了修改后的选举办法草案。常务主席彭冲作了关于代表对选举办法提出的意见的说明。

有的代表提出，委员长、副委员长、秘书长，国家主席、副主席，中央军委主席，最高人民法院院长，最高人民检察院检察长的人选，建议同地方选举一样，代表也可以联名提出候选人。彭冲在对这个问题作说明时说，全国人大组织法13条规定，上述人选由大会主席团提名，经各代表团酝酿协商后，再由主席团根据多数代表的意见确定正式候选人名单。没有规定代表可以联名提名，这与地方组织法20条对地方领导人的人选由大会主席团或者10人以上代表联合提名的规定不同。虽然代表不能联名直接提名，但在酝酿协商中，可以对候选人充分表示意见，主席团在确定正式候选人名单时要尽可能地吸收代表的意见。

彭冲就有的代表提出关于总理、副总理、国务委员、部长实行差额选举的意见作了说明。他说，根据宪法规定，总理由国家主席提名，副总理、国务委员、部长由总理提名，大会决定，这个程序与选举的程序不同，因此应按宪法规定，分别由国家主席和总理提名，大会决定，不实行差额选举的办法。对总理、副总理、国务委员、部长的人选，如果出现多数代表不同意的情况，应当由国家主席或总理依照法律规定的程序另行提名。

有的代表建议，全国人大常委会委员的差额应规定上限。对此，彭冲说，七届全国人大常委会组成人员共155人，其中中共中央建议，经各民主党派和各方面协商提出的委员长、副委员长、秘书长人选20人，实行等额选举；提名委员人选144人，实行差额选举，选出135人，差额数9人。选举办法草案已做了修改。

彭冲说，有些代表要求对选举时间做好安排，把选举和决定的人选在程序以及在时间上加以隔开，这个意见是对的，我们已在日程上做了调整。

他说，有些代表提出，在选举办法上应当规定，选举或者表决的人选得票数没有超过全体代表的半数时，应依法另行提名。这个意见已被采纳，选举办法已做了相应的修改。

会议听取了彭冲的说明后，有些主席团成员发言，提出了一些修改意见。

经过讨论，会议通过了修改后的选举办法草案，决定今后将这个草案印发各代表团，提请大会通过。

接着，彭冲又作了关于增补全国人大各专门委员会委员的说明。

中国银行将发行10亿债券

据《人民日报》报道，中国银行自4月1日起，将陆续向国内居民发行10亿元人民币金融债券。

金融债券面额分为100元、500元和1000三种，采取浮动期限(一至三年)、累进计息的方法。债券利率第一年为9%，第二年为10%，第三年为11%。一年期满后，开始兑付，按年累进计息。此债券不记名，不挂失，但可以转让或抵押，购买债券的个人利息收入，免征个人所得税。

中国银行发售人民币债券是该行在体改中开辟人民币资金来源、加强国内服务的新尝试。

符离集铁路立交桥按期建成通车

据《人民日报》报道，“七五”期间我国铁路建设三大战役之一的华东战场京沪铁路的咽喉工程——符离集立交桥，按期建成通车，从而使华东路网的最大“限制口”得到疏通。立交桥通车后，可使京沪线该区段平行通过能力提高13%，每昼夜可增开列车20对以上，年运量增加1500万吨。

中国和马来西亚政府贸易协定在北京签署

这是两国建交14年来签署的第一个贸易协定。

外经贸部部长郑拓彬和正在这里访问的马来西亚贸工部部长拉菲达分别代表本国政府在协定上签了字。

双方在协定中表示，要在平等互利的基础上进一步发展两国的经贸关系。协定规定，双方将在关税方面相互给予最惠国待遇。

国务院副总理田纪云在北京会见由马来西亚贸工部部长拉菲达率领的马来西亚政府贸易代表团

第二届北京国际液压气动技术展览开幕

该展览由国家机械委、北京国际科技服务中心和香港加里福贸易展览有限公司赞助和主办。来自联邦德国、美国、日本、意大利以及中国等国的不少著名液压气动公司和厂家参加了展览会。展览于4月6日结束。

第五届《中国戏剧》梅花奖评比揭晓

包括10个剧种的13个省、市的21名演员获此殊荣。

他们中的戏曲演员有：冯玉萍、石小梅、杨至芳、武俊英、马玉璋、宋丹菊、刘芸、蔡瑶铣、赵葆秀、霍俊萍、戴春荣、马少良、高翠英、刘秀荣、王奉梅；话剧演员有：奚美娟、宋国锋、野芒、韩童生、张秋歌；歌剧演员有：刘维维。

首届少数民族儿童书画展览在北京开幕

参展的246件作品，出自30个少数民族儿童之手。全国政协副主席杨静仁、赵朴初为开幕式剪彩。

山东潍坊市被公推为世界风筝都

在山东潍坊市举行第五届潍坊国际风筝会主席团会议，选定潍坊市为世界风筝都。

会议由潍坊风筝协会主席宋希焕介绍了潍坊风筝会的情况，美国西雅图风协主席大卫·切克利先生向主席团会议提出了潍坊为世界风筝都的建议。各国代表以热烈的掌声通过并在签名簿上签了字。

4月2日

七届全国人大一次会议在人民大会堂举行第五次全体会议

大会由执行主席朱学范主持。出席大会的2794名代表，听取了最高人民法院院长郑天翔作的最高人民法院工作报告和最高人民检察院检察长杨易辰作的最高人民检察院工作报告，通过了七届全国人大一次会议选举办法。

在宣读七届全国人大一次会议选举办法草案之后，黄顺兴代表对选举办法发表了自己的看法。他认为，在选举全国人大常委会组成人员时，应当先选出委员，再由委员选举委员长、副委员长、秘书长。他援引中共十三大的选举办法说，十三大就是先选出中央委员后，再由中央委员选举中央领导人的。

黄顺兴还建议，大会应设立一些秘密写票点，以保证代表毫无顾忌、从从容容地行使自己的权力。

执行主席宋平说，大会的选举办法都是根据我国宪法和法律规定的。大会已准备了一些秘密写票点。

会议以举手表决的方式通过选举办法。

在主席台上就座的大会执行主席还有廖汉生、杨尚昆、王光宇、艾有勤、史来贺、朱镕基、刘华清、孙起孟、李振、杨初桂、何德尔拜、张有隽、阿木冬·尼牙孜、陈鹤桥、罗平义、侯宝林、夏茸尕布、黄知真、章师明、韩维先、霍明光。

最高人民法院院长郑天翔在七届全国人大一次会议上作最高人民法院工作报告

现将人民法院工作的主要情况报告如下：

一、关于刑事审判工作

1987年，全国各级法院审结刑事案件292136件，比上年减少6155件，下降2.06%；判处人犯326374名，比上年增加0.27%。1983年8月，根据中共中央的部署和全国人大常委会的决定，开展了严厉打击严重危害社会治安的犯罪活动的斗争，到1987年年底，全国各级法院共审结刑事案件1692955件，判处人犯2047839名。在被判处的全部人犯中，处五年以上有期徒刑、无期徒刑直至死刑(包括死缓)的，占38.18%；处五年以下有期徒刑、拘役、管制和免予刑事处分的，占61.12%；宣告无罪的，占0.7%。

在审结的全部刑事案件中，属于杀人，强奸、抢劫、爆炸、流氓犯罪集团等7个方面的严重刑事犯罪案件684945件，占40.46%；人犯931093名，占45.47%。人民法院对重点打击的7个方面的严重犯罪分子坚决执行了依法从重从快的方针，在判处无期徒刑和死刑(包括死缓)的罪犯中，90%以上是属于7个方面的。

1987年，全国法院审结严重经济犯罪案件60691件，判处人犯75912名。五年来，全国法院共审结严重经济犯罪案件288064件，判处人犯351376名。1986年，我们根据中共中央的指示和全国人大常委会讨论的精神，加强了对严重经济犯罪活动的打击。这一年，审结严重经济犯罪案件77386件，比上年增加54.37%，对贪污、行贿受贿、走私、投机倒把、诈骗等严重经济犯罪分子判处10年以上有期徒刑、无期徒刑、死刑(包括死缓)的，比上年增加123.91%。这些主要是发生在1984年下半年和1985年上半年的案件。1987年收案比1986年虽然有所下降，但大案仍然不少。这一年对以上几类严重经济犯罪分子判处10年以上有期徒刑、无期徒刑、死刑(包括死缓)的，仍比1985年增加61.72%。

五年来，全国法院对在服刑中的罪犯(包括“严打”以前判处的)，确有悔改或者立功表现，依法予以减刑、假释的，有495057人；对在服刑期间又犯罪，依法加处刑罚的，有37862人；对原判在认定事实上或者在适用法律上确有错误，按审判监督程序改判（包括改轻、改重和宣告无罪）的，有78109人。五年来，检察院抗诉案件10006件，法院经过审理，认为原判确实不当，依法改判4370件，占抗诉案件的43.67%。

人民法院在办案中坚持了质量第一的方针，注重一个“准”字，对依法应当从重从快的就从重从快；对依法不该从重从快的就不从重从快；对有法定从轻、减轻情节的就依法从轻、减轻；对不构成犯罪的就依法判决无罪。人民法院执法是严肃的，从总体上看，办案质量是好的。

“严打”扭转了对严重危害社会治安、公共安全的犯罪活动打击不力的局面，社会治安较“严打”前的非正常状态有了明显好转，刑事发案率从1981年的万分之八点九和1982年的万分之七点四降了下来，1983年为万分之六，1984年为万分之五，1985、1986、1987年均为万分之五点二。但是，有些地方的犯罪活动仍然很严重。大案、恶性案件上升的趋势还没能控制住。图财害命、抢劫和重大盗窃等案件相当突出，流窜犯作案仍然相当严重；有的地方，流氓犯罪集团重新抬头；有些犯罪集团已经形成一种具有黑社会性质的势力。在有些地方，人民群众还缺乏安全感。从经济犯罪方面看，虽然一大批严重破坏经济的犯罪分子依法受到惩处，但是，在一些地方，一些方面，犯罪活动仍然严重，当前的特点也是大案增加。需要特别注意的是，内外勾结盗窃公共财物、内外勾结倒买倒卖、行贿受贿和制售假冒伪劣商品已经成为引起广大人民义愤的公害，影响社会安定，严重地妨害了社会主义建设、改革和开放。

当前，“以罚代刑”，即对一些应该依法追究刑事责任的没有依法追究，而仅给以行政处罚的问题，虽然有些改进，但在一些方面仍然相当严重。据有关材料，1987年，全国在主要黄金产区查获倒卖、走私黄金案件3055起，而这些地区的法院受理的这类案件仅16件，只占5.24‰；有的地方主管部门给护林机构规定的任务不是护林，而是上交罚款指标，结果对一些严重的盗伐林木案件不移送检察院、法院追究刑事责任。全国查办走私案件的情况，我们不掌握。以我们所知道的部分情况看，有一些十分严重的走私案件，也没有移送司法机关依法追究刑事责任。有的主管部门对一些严重破坏社会主义经济秩序、扰乱市场的严重犯罪分子，没有移送检察院和法院依法追究刑事责任。这种“以罚代刑”的情况造成了对一些严重犯罪活动打击不力并且继续泛滥的局面。

这几年审理的刑事案件中还反映出几个很值得注意的问题：一是在严重经济犯罪分子中，国家机关、企事业单位工作人员所占比重高达10%至15%，工人高达22%到28%，内外勾结的犯罪活动愈来愈严重，危害愈来愈大。二是对一些直接参与走私、投机倒把等严重犯罪活动的国家机关、企事业单位，追究法律责任的很少。三是对给国家和人民造成严重损失和危害的玩忽职守者，严格追究其渎职罪的还不多。四是旧社会和资本主义世界的一些丑恶现象在不少地方蔓延，混杂着并且诱发了许多严重犯罪，但是由于一些单位和个人见利忘义，屡禁不止。

在我国，阶级斗争在一定范围内还会长期存在。由于国内的和国外的原因，犯罪也会长期存在。人民民主专政必须坚持，对敌视和破坏我国社会主义制度的国内外的敌对势力和敌对分子，必须进行斗争，国家的专政职能还不能取消。对极少数严重危害社会治安和人民生命财产严重破坏社会主义经济的犯罪分子和危害国家安全的特务、间谍实行专政，正是为了保障我国最大多数人民的自由和权利。在当前犯罪活动还很严重的情况下，我们各级法院要继续坚持对严重危害社会治安的犯罪分子依法从重从快惩处和对严重破坏经济的犯罪分子依法从严惩处的方针。在深化改革、扩大开放的同时，必须加强对严重危害社会治安和严重破坏经济的犯罪分子的打击，这是把我国建设成为富强、民主、文明的社会主义现代化国家的最重要保证之一。在打击犯罪的同时，还需要加强行政管理，加强社会治安的综合治理，加强以马克思主义为指导的社会主义精神文明建设。

二、关于民事审判工作

1987年，全国法院审结民事案件1196494件，比上年增加217504件，上升22.2%。五年来，全国法院共审结民事案件4634822件，包括涉外民事案件3126件；此外，全国基层法院及其派出的人民法庭还指导人民调解委员会调处了3000多万件民间纠纷。

近几年来，民事案件中债务案件增长最快，而且逐年增长。1987年，全国法院受理的债务案件达到256432件，比1983年增长了7倍多。商品经济的迅速发展，使民间借贷日趋活跃，这有利于加速社会资金的流转，补充国家信贷资金的不足。但从已发生的债务案件来看，大量的民间借贷处于自发状态：利息一般都很高，有的高得惊人；许多借贷没有书面契约；缺乏担保制度。这样，往往容易发生纠纷，有的债务纠纷甚至激化成伤害、凶杀等刑事案件。我们建议：国家早日制定有关民间借贷的法规，对借而不还的规定恰当的制裁措施，把民间借贷纳入法制轨道。

1987年，全国法院受理婚姻案件547794件。五年来，婚姻案件一直是增长的，始终居民事案件总数的第一位。当前婚姻案件出现了两种新的情况：一种是妇女在商品经济发展中取得了经济上独立的地位，不愿继续忍受包办婚姻的束缚或男方封建夫权思想的歧视和虐待，要求离婚。这有进步意义，人民法院依法予以支持。另一种是由于资产阶级腐朽思想的侵蚀，有些暴发户以金钱诱惑等手段玩弄妇女，把妇女当作商品，甚至有“纳妾”的。对这种腐败、丑恶现象，希望社会各界和公众舆论给予谴责；对触犯刑律的，人民法院依法给予制裁。

当前，社会上出现一种“万元离婚”的现象，引起一些议论。法院对任何离婚案件，一律依照婚姻法进行审理，反对以高价买离婚，也反对以离婚要高价。对依法准予离婚的，坚持夫妻双方平等分割共同财产的原则，该分多少就分多少，这不是以高价买离婚，也不是以离婚要高价，而是体现了我国社会主义制度下的男女平等。

1987 年，全国法院受理赡养案件 38780 件，赡养案件不断上升。当前的主要问题是，一些有赡养义务的人自己富裕了，却不愿赡养老人，有的甚至虐待或遗弃老人，而争遗产的纠纷却愈来愈多。1987 年，全国法院受理继承案件 24319 件，也是逐年上升的。当前的主要问题是，剥夺寡妇和出嫁女儿合法继承权的现象还相当普遍。许多妇女不了解继承法，不懂得依法捍卫自己的继承权。因此，宣传和贯彻继承法还是一个重要任务。在办理赡养和继承案件中，人民法院坚决保护老人和妇女的合法权益，同时希望社会各方面一起努力，建立尊重老人、保护妇女合法权益的良好风尚。

著作权、肖像权、名誉权等纠纷已不断起诉到法院。这些纠纷往往很复杂，而有关的法律还在制定中。各级法院依照民法通则规定的原则，努力保护当事人的合法权益。

这五年，在被判处重刑的杀人罪犯中，70%以上是因为民间纠纷激化引起的。其中，绝大多数是年轻人干的。为什么因恋爱、家庭和邻里纠纷等一些普普通通的问题，动不动就捅刀子、杀人？这主要是十年动乱的遗毒同外来的“污秽文化”污染相结合的恶果。这是一个需要全社会从各方面进行综合治理的社会问题。从法院来说，我们强调要把防止矛盾激化摆在重要的日程上来，要主动与其他组织密切配合，进行深入细致的调查研究，把工作做到前头，及时教育、疏导、调解，该判决的就及时判决，并且把执法和宣传法制密切结合。为此，我们强调要加强基层，面向基层，特别是加强基层人民法院的派出机构——人民法庭的建设。

当前，我们一些法院干部对民法通则的深入学习和熟练运用还很不够。我们要继续加强对民法通则的学习和掌握，把贯彻民法通则作为整个审判工作的重要任务，正确地调整民事关系，促进社会的安定团结，促进社会主义精神文明建设，更好地为改革、开放服务。

三、关于经济审判工作

1983 年全国地方法院普遍建立了经济审判庭后，审理的经济纠纷案件逐年成倍地增长，1987 年，达到 365848 件，比上年增加 18.63%，比 1983 年上升 8 倍多。五年来，全国法院共审结经济纠纷案件 994302 件。随着经济体制改革的深化，经济纠纷的种类愈来愈多。人民法院逐步扩大收案范围，依法审理。

随着对外开放的发展，涉外经济纠纷案件和海事，海商案件也在增多。人民法院在审判工作中，对中外当事人在适用法律上平等对待，依照我国法律、我国参加的国际条约，参照国际惯例，保护中外当事人的合法权益。

对国外侨胞、港澳同胞、台湾同胞来祖国大陆经商贸易、投资办厂的，人民法院依法保护其合法权益。

在经济合同纠纷中，购销合同纠纷始终居第一位，而且数量逐年上升。相当普遍的问题是一些人在经营活动中不依照经济合同法办事，不遵循诚实信用原则，不尊重社会公德；不少人利用无效合同、假合同进行欺诈甚至诈骗。这样，就有相当多的合同不能履行。付了款拿不到货或只能拿到一小部分货，或者拿到的是质量低劣的货甚至是假货，以及交了货拿不到款或只能拿到一小部分款的现象，相当普遍。有些连环合同，一个不执行，就会引起一连串纠纷，使一些企业陷入困境，甚至倒闭。这种经济活动中的不正常状态，严重地损害了社会主义商品经济的发展。

农村承包合同纠纷案件 1984 年到 1986 年成倍上升。1987 年比 1986 年下降 41.56%，这主要是由于农村联产承包责任制逐步完善。许多地方的人民法院主动配合当地政府修改、完善承包合同，理顺农村承包合同关系，使纠纷大幅度下降；人民法庭在宣传法制，调处经济纠纷方面也发挥了很重要的作用。但目前有些地方在农村承包合同的签订、履行等方面，还存在一些问题，以致这些地方的农村承包合同纠纷仍在继续上升，需要继续理顺合同关系。

当前，经济审判工作中最突出的问题是判决难以执行。据不完全统计，经济纠纷案件判决后未能执行的，1985 年、1986 年均为 20%左右，1987 年上升到 30%左右，有的省高达 40%以上。对这个问题，1987 年的全国法院工作会议进行了专门讨论，指出了法院工作中重审判、轻执行的缺点，强调了要加强执行力量，对有些案件要及时采取诉讼保全措施、为执行创造条件，在必要时强制执行，大力扭转执行难的局面。各级法院确实做了许多工作，取得了一些成效。但执行难的状况仍在继续发展，这主要是因为，第一，地方保护主义和本位思想严重，使法院判决的执行受到阻挠和干扰；第二，一些依法应予协助执行的单位不予协助；第三，由于管理工作上的一些漏洞，使有些纠纷在法院判决后无法执行。

1984年下半年以及1985年上半年，许多“四无公司”一哄而起，一些党政机关和事业单位也纷纷经商办企业。这些“公司”、企业有不少负债累累。1985年8月，国务院发出关于进一步清理和整顿各类公司的通知；1986年2月，中共中央和国务院又发出关于进一步制止党政机关和党政干部经商办企业的规定。经过整顿，一些“四无公司”的执照被取消了，党政机关与所办企业脱钩了，但这些“公司”、企业遗留下的债务纠纷很多，起诉到法院后，有的找不到被告；有的“要钱没有，要命一条”；有的主管机关不负责清偿债务。对这样的纠纷，法院判决后，无法执行。我们认为，党政机关和事业单位开办的企业停办或脱钩后，应当按照中央、国务院有关规定，承担其开办企业的经济责任和法律责任。

现在的问题是，旧账未了，新账又来。国家对“四无公司”虽然多次进行了整顿，但又有一些不具备法人资格或开业条件的，用不正当手段取得开业执照；有相当数量的无效合同或假合同得到鉴证和公证；利用合同进行欺诈甚至诈骗的活动，仍在不断发生。尽管法院对执行问题尽了很大努力，但相当多的判决仍是难以执行。这种情况严重扰乱了社会主义经济秩序，妨碍了改革、开放的顺利实施，有的甚至影响了社会安定。对此，除了法院要继续加强执行工作外，我们希望能引起有关部门的重视，加强对公司的开办及其活动的审查和管理；希望有关部门按照法律规定，协助执行法院的判决。我们建议国家对挥霍浪费以致负债累累的和欠账不还的制定制裁和惩罚的法规，追究基法律责任；建议对制售质量低劣产品的单位和个人，严格追究其经济上和法律上的责任。

各位代表，至1987年年底，我国已有120多个法律和法规规定不服行政机关处理的案件可以起诉到法院来。这是社会主义民主和法制的重要发展。我们正在各级法院逐步建立行政审判庭，加强这项审判工作。行政审判有不少难点，我们也缺乏经验，希望能早日制定行政诉讼法。

四、关于在审判工作方面落实政策的工作和处理申诉信访的工作

1983年前的五年，全国各级法院基本完成了复查纠正林彪、江青两个反革命集团在十年动乱中造成的冤假错案的工作。在此基础上，五年来，全国法院按照中共中央在十一届三中全会以来的有关规定，对应当由法院解决的一些历史遗留的政治性问题，重点是对“文革”前判处的涉及起义投诚人员、侨属侨胞、少数民族、知识分子等方面的案件和其他政治性案件进行了复查和检查；同时还对“文革”期间判处案件的遗留问题进行了处理。到去年10月，全国法院共审结了这类刑事案件789020件。其中改判了286512件，占36.31%。这些改判的案件，有些是原判不当，有些是根据中央放宽了的政策规定改判的。维持原判的492949件，占62.48%。因申诉人撤诉或虽经多方调查但无法证实而中止审理的9559件，占1.21%。在审判工作方面落实政策的任务，已经按照中共中央的要求，在党的十三大召开前完成。

解决历史遗留问题，是一项非常艰巨、细致、复杂的工作。我们严格按照中共中央有关政策的精神，制定了处理历史遗留问题的具体政策界限，坚持了历史唯物主义观点，坚持了对具体问题具体分析的态度。各级法院都积极负责、严肃谨慎，确保办案质量。同时，各级党委加强了对这项工作的领导，保证了任务的胜利完成。

这项任务的胜利完成，在国内外都产生了良好的影响。一些当事人反映，共产党确实贯彻了实事求是、有错必纠的方针，为民族团结、祖国统一做了实实在在的工作，这表明了共产党光明磊落的态度。一些当事人在落实政策以后，大大激发了为社会主义祖国多做贡献的积极性。落实政策使许多港澳台同胞、国外侨胞感到了国家形势的安定和祖国的温暖，回到大陆旅游观光、探亲访友、讲学或做生意，有的还主动捐资帮助家乡建设。

台湾同胞来祖国大陆的日益增多。这对于促进海峡两岸的“三通”和实现祖国和平统一大业将起到积极的作用。最高人民法院和最高人民检察院于今年3月14日联合发出公告：对去台人员中在中华人民共和国成立前在大陆犯有罪行的，根据《中华人民共和国刑法》第七十六条关于对犯罪追诉时效的规定的精神，决定对其当时所犯罪行不再追诉。

处理申诉信访是人民法院一项十分繁重的工作。五年来，全国法院每年都要接待来访430多万人次，处理来信400多万件。全国各级法院设有专门处理信访的机构，通过工作，确实发现和纠正了一些冤错案件，解决了许多老大难问题，充分保护了宪法和法律规定的公民对法院的判决、裁定提出申诉的权利。

目前，主要的问题是需要建立正规的申诉制度。有些法院干部以官僚主义态度对待申诉，对来信来访中提出的问题，不做认真细致的调查研究，而是敷衍应付，以致本来可以解决的问题，没有解决，可以早日解决的问题，久拖不决。这是错误的，我们要努力改正。同时，也有些人滥用申诉权利，对人民法院已作出的正

确裁决“无理搅三分”,有的甚至在人民法院经过反复调查,多次处理后,仍然纠缠不休。由于以上两方面的原因,也由于申诉、信访量确实太大,法院人力不足,应接不暇,以致重复申诉的在基层法院平均为30%左右,在中、高级法院平均为40%左右。当前,有的罪犯或其亲属对证人、受害人威胁利诱,让他们作假证、搞翻案的违法活动,在一些地方相当多。有的明显是无理申诉的人长期滞留大城市,有的人借上访为名进行违法犯罪活动,有些流窜作案分子就混杂其中,严重影响社会治安。

为了改变这种局面,我们对处理申诉信访工作不断地进行了改革。在1983年,确定了对建国前判处案件的申诉原则上不再受理;调整了处理申诉信访的机构及其职能,设置了告诉申诉审判庭;规定了处理申诉信访的程序。这些都是为了尽可能地从大量重复的无效劳动中抽出手来,集中力量解决那些应该解决的问题。但这还不能从根本上扭转申诉信访的不正常状态,需要继续改进。我们认为,向法院提出的申诉,只能限于应由法院受理的诉讼问题,并且应当向法院正式提出,不能托人情、发传单、贴海报。我们建议全国人大和人大常委会早日制定申诉法,“建立人民申诉制度,使宪法规定的公民权利和自由得到保障,同时依法制止滥用权利和自由的行为。”

五、关于对下级法院审判工作的监督和我们工作的缺点

我们对下级法院审判工作的监督,主要做了以下几个方面的工作:

(一)把监督贯穿于审判工作的全过程。最高法院、上级法院对下级法院的审判工作,在重大问题上,不仅在判决发生法律效力后进行监督,而且在审判过程中就及时有效地实行监督。对一些影响大、审理难度大的大案要案,我们与高、中级法院及时研究案情、政策和适用法律问题,及时交换意见,并且及时查问审理的进展情况。

(二)对审判实践中出现的新情况如何适用法律问题,进行司法解释。五年来最高人民法院共下发刑事、民事、经济审判等方面的司法解释文件114件,其中与最高人民检察院联合下发了56件。“严打”斗争开始不久,为了正确执行法律和全国人大常委会决定,我们会同最高人民检察院对审理流氓、流氓犯罪集团、强奸、拐卖人口等案件中适用法律的问题,作了解释;针对严重经济犯罪案件情况复杂的特点,我们会同最高人民检察院就审理贪污、受贿、诈骗、投机倒把等案件的适用法律问题,作了解释;为了严厉打击某些特别猖獗的犯罪活动,我们发了或者会同最高人民检察院发了打击盗窃、走私珍贵文物和盗挖古墓,打击倒卖、走私黄金,打击盗伐、滥伐林木,打击猎杀大熊猫、倒卖和走私大熊猫皮,打击非法出版物等犯罪活动的司法解释文件。我们还就审理农村承包合同纠纷案件、继承案件、海事案件、专利案件和涉外案件等方面的适用法律问题,作了80多件解答。

(三)五年来,最高人民法院正式发布了293个案例。主要是对一些重大的、复杂的刑事案件统一量刑标准;对一些新出现的刑事案件的定罪量刑问题提供范例;对审理一些在改革、开放中新出现的民事、经济案件提供范例。

(四)采取“解剖麻雀”的方法检查办案质量。我们每年都派出大约1/3的审判人员,会同有关法院对一个时期审结的一类或几类案件,逐件阅卷评查,进行“三堂会审”或“四堂会审”,发现问题,纠正错误,总结经验,改进工作。

五年来,全国各级法院共审理了各类案件(包括二审、再审案件)9561967件,完成了大量的、艰巨的、复杂的审判任务。我们紧紧地围绕着发展社会主义民主,加强社会主义法制这个主题,不断地改革我们的工作。根据宪法赋予的职能,坚持严肃执法,坚持以事实为根据、以法律为准绳的原则,坚决反对有法不依、执法不严、违法不究。我们始终要求各级法院坚持实事求是的思想路线,反复强调重证据,重调查研究,不管出现什么情况,遇到多少困难,都要坚持真理,依法办事。对改革、开放中出现的新情况、新问题,我们强调要慎重对待,对具体情况进行具体分析。凡是触犯刑律,构成犯罪的,不管打着什么旗号,只要证据确凿,就坚决依法制裁;对在改革、开放中因为缺乏经验和其他原因犯了这样那样的错误,但不构成犯罪的,就作无罪判决。在审判民事、经济案件方面,注重分清是非和责任,明确权利和义务,制裁违法行为,保护当事人的合法权益。我们反复强调坚持办案质量第一的方针,注重一个“准”字。在全国规模的“两打”斗争中,我们要求各级法院做到既要坚决,又要冷静,既要抓紧,又要稳重,严肃谨慎,把工作做得扎扎实实,对死刑判决特别要严格把关。我们注意了在新的历史条件下发扬我国政法工作的优良传统,坚持党的领导,坚持群众路线,进一步克服“衙门作风”,变单纯“等案上门”为深入实际,深入群众,主动服务;变“关门办案”为联系各方,综合治理,扩大效果;变“孤立办案”为服从全局,服务全局。把执法与讲法,依法办案与思想教育,审判工作与群众工作密切结合。

为了适应新的形势和任务,我们在去年提出了全面提高审判工作水平的要求:第一,熟练地掌握和运用法律武器,进一步普遍提高办案质量和效率;第二,及时地反映改革、开放中的新情况、新问题,提出解决的

办法或建议；第三，根据客观形势的发展，改革法院的工作；第四，大力加强基层，进一步发挥基层法院特别是人民法庭在健全社会主义法制中的作用。

我们履行了宪法赋予的职责。但我们的工作还有不少缺点，在一些方面还不能适应改革、开放新形势的要求。

第一，我们对下级法院审判工作的监督还不够及时有力，对全国法院工作的实际情况，不能及时地系统地掌握；对改革、开放中的一些新情况、新问题系统地调查研究不够，在有的问题上不能及时作出反应，及时提出解决的办法或建议。

第二，我们对全国各级法院干部学习马克思主义基本理论和党的路线、方针、政策，抓得不深入；对一些基本的和新颁布的法律的学习，抓得也不够深入。因而在一些地方，执法的水平还不高，对一些法律的掌握和运用还不熟练，有些案件办得质量不高。

第三，我们对基层的具体帮助不够，对基层工作中的一些新经验、好作风，系统地总结和推广不够。

以上是我们主观上不能适应新形势的三个主要方面。我们要根据党的十三大的精神，进行法院工作的改革。改革的主题是进一步做到严肃执法，做到有法必依，执法必严，违法必究，更好地为党在社会主义初级阶段的基本路线的顺利实施服务。

我国的社会主义民主和法制建设有了很大的发展，尤其在立法方面取得了很大的成绩。当前的主要问题不是无法可依，而是一些已经制定的法律和法规得不到普遍地遵守和执行。在一些地方和部门，或者在一些问题上，有法不依、执法不严、违法不究的状况，还严重存在。我们希望对已经制定的法律和法规的执行问题，能够得到更多的注意和更多的监督。

六、关于法院建设和存在的困难

到1987年年底，全国共有法院3435个，其中，军事法院、海事法院等专门法院131个。干警195469人。

1983年9月，全国人大常委会总结了新中国成立以来的经验，修改了法院组织法，人民法院的司法行政工作由法院管理。五年来，我们坚持了一手抓工作、一手抓建设的方针，努力加强法院的建设，特别是队伍的建设。

最高人民法院于1985年创办的全国法院干部业余法律大学已招生三次，现有学员41196人；有了从最高法院到基层法院的教学管理体系，有专职教师1000多人，兼职教师700多人；编写了刑法、民法、经济法等十来门教材。在办学中，我们坚持理论联系实际和质量第一的方针。今年秋季将有2万多名学员毕业。目前，全国法院有1/3以上的干部正在通过业大、电大、函大、党校、政法管理干部学院等各种途径学习，形成了一种奋发向上的良好风气。在当地党政领导的支持下，在新疆、西藏办了专门培养少数民族法院干部的培训班。最高人民法院同国家教育委员会联合创办的高级法官培训中心，已筹备就绪，今年秋季开始招生。边工作、边学习，不断地补充和更新知识，提高水平，是提高法院队伍素质的基本途径。我们决心克服一切困难，坚持下去，并且通过人事制度的改革、法官制度的建立，使法院干部的思想政治水平和执法能力不断提高。

全国法院干部队伍总的来说是好的，是一支遵守纪律、秉公执法、经得起考验、有战斗力的队伍，是坚决拥护和执行党的十一届三中全会以来的路线、方针、政策的，在坚持四项基本原则，反对资产阶级自由化，坚持改革、开放方面，立场是坚定的，旗帜是鲜明的。在人员少、条件差、任务重的情况下，法院干警以全心全意为人民服务为宗旨，艰苦奋斗，保证了审判工作和其他各项任务的完成。1987年，全国各级法院干警立功、受奖的有4858人，涌现出不少文明、先进单位。从“严打”以来到1987年年底，法院干警为执行任务而光荣牺牲的有87人，还有不少人在执行任务中被打伤。但是，也有少数法院干警经不起改革、开放的考验，违法乱纪，甚至执法犯法。五年来，全国法院干警因违法乱纪，受到党纪政纪处分的1941人；触犯刑律，被依法追究刑事责任的230人。我们坚持“从严治院”的方针，对干警违法犯罪的，一经查明，决不姑息迁就。

五年来，在地方党委、政府的支持下，地方各级法院的物质条件有了明显改善。全国地方法院中，有审判法庭的，1983年仅占当年法院数的12%，1987年年底达到了一半。湖北、湖南各级法院有审判法庭的已达到90%以上。有的省还为人民法庭兴建了办公用房和宿舍，湖北省已达到70%以上。目前全国有88%的地方法院配置了囚车。交通、通信状况有了明显的改善。法院管理的现代化开始起步。

五年来，人民法院的人力有了增加，物质条件有了很大的改善，但是，人力和经费方面的困难仍然不少。

从人力方面看，全国法院的人数从1982年到1987年增加了35.8%，但受理的各类案件却增加了89.75%，这还不包括每年800多万件的申诉信访。从这几年的情况看，案件增长的趋势还会继续，经济审判力量、行政审判力量和执行力量十分薄弱，全国大多数需要建立人民法庭的地方还没有建立。中央批准法院系统1987、1988两年增编55000人，这将使法院人力严重紧张的状况有所缓解，但离实际需要仍有很大距离。考虑到国家财政状况，我们现在不好再提增编的要求了，而主要着眼于提高干部素质。因此，我们要求这次增编的人必须一个顶一个用。我们希望，根据改革的精神，法院也能有用人的自主权。无论是社会招干，还是单位调配的或转业军人，都坚持标准，公开招考，择优录用，不合格的坚决不要。我们在去年规定，这次进人由各高级法院统一管理，对不合格的，有权拒绝接收。最高法院将进行检查，如发现有通过“指令”、“条子”、“搭配”和“关系”等途径进来的不合格者，坚决清退。我们殷切希望各级党委、各级人大和政府支持法院保证进人质量，希望组织、人事部门帮助法院把好进人关。

从经费方面看，除少数地区外，许多法院特别是基层法院和老少边穷地区的法院经常处于困难之中。有些民事、经济纠纷案件该收未收，有些案件需要到远地多处调查取证，由于缺少经费不能去，以致久拖不决，或者办得质量不高。目前全国还有一半的法院没有审判法庭。人民法庭在交通工具、办公用房和作房等方面，困难更大。这种状况与发展社会主义民主，加强社会主义法制的要求很不相称。

党的十三大提出了政治体制改革的构想。根据这个构想和法院的实践经验，法院需要进行一些重要的改革，最高人民法院正在研究。为了建立具有中国特色的社会主义的法官制度，我们正在起草法官法。对于法院办案经费、法庭建设、交通工具等方面的困难状况，我们希望能有一个大的改变。用行政机关经费包干的办法，不可能解决法院的经费问题。把办案经费和罚没收入挂钩或者变相挂钩，不能解决问题，反而会产生很多流弊。我们建议全国人大、人大常委会和国务院从加强社会主义的民主和法制建设出发，定出一个系统的解决办法，把法院的经费和基本建设费用，在国家的、地方的国民经济和社会发展计划之中，单独列项，给予保证。

各位代表，我国政治经济形势的发展对人民法院的工作提出了愈来愈高的要求。我们希望，全国人大及其常委会、地方各级人大及其常委会加强对全国各级法院的监督和支持。全国各级法院将努力通过自己的工作，为发展社会主义民主，加强社会主义法制，作出更多的贡献，更好地为经济建设，为坚持四项基本原则，为坚持改革、开放服务。

以上报告，请审议。

最高人民检察院检察长杨易辰在七届全国人大一次会议上作最高人民检察院工作报告

现在，我就五年来的检察工作向大会作报告，请予审议。

（一）

第六届全国人民代表大会第一次会议以来，我国的改革和建设取得了巨大成就，社会主义民主和法制建设不断发展和完善。五年来，最高人民检察院和地方各级人民检察院、各级专门检察院坚持四项基本原则，严格执行法律和政策，认真履行法律监督职责，积极开展各项检察业务，打击严重经济犯罪和其他刑事犯罪活动，保障公民的合法权益，为促进社会主义经济建设和改革的顺利进行发挥了积极的作用。

1.打击严重刑事犯罪活动，促进社会治安的好转。六届人大一次会议以来，根据中共中央的指示和全国人大常委会的决定，各级检察机关始终把打击严重刑事犯罪作为重要任务，与公安、法院等有关部门密切配合，依法从重从快打击了一大批杀人、强奸、抢劫、爆炸、重大盗窃等严重破坏社会秩序和严重危害人民生命财产安全的犯罪分子。1987年，各级检察机关针对社会治安中存在的突出问题，积极参加专项集中打击和区域性集中治理，巩固和发展了“严打”斗争的成果。五年来，检察机关共批准逮捕各类刑事案犯221万多人，依法起诉216万多件，有力地打击了各类刑事犯罪活动，为社会治安的好转作出了很大努力。

2.严惩严重经济犯罪活动，保卫改革、开放的顺利进行。六届人大一次会议以来，检察机关十分重视打击经济犯罪的工作。特别是1985年下半年以后，我们把打击经济犯罪作为主要任务，进一步加强了经济检察工作。各级检察机关适时地调整了工作部署，采取狠抓大案要案和“系统抓、抓系统”等有效方法，沉重打击了经济犯罪分子的嚣张气焰。1987年，针对偷税抗税、假冒商标、制造销售伪劣商品等违法犯罪活动一度相当严重的情况，最高人民检察院及时召开电话会议进行部署。各级检察机关有计划地开展了专项打击，使查处经济犯罪工作不断深入开展。五年来，检察机关立案侦查贪污、贿赂、偷税抗税和假冒商标等犯罪案件15.5万多件，追回赃款、赃物折价共计16.3亿多元。其中贪污、受贿万元以上的大案30651件，贪污3万元、受贿2万元、走私贩私10万元、诈骗10万元、投机倒把30万元、个人非法所得10万元以上的特大案件4200件。如原福建省海丰贸易公司职员林旭贪污美元17万元、人民币307万元案；原江苏省武进县化肥厂财务科长蒋正国贪污129万元案；原广东省南海县毛纺厂副科长邱国杰受贿20万元、贪污8万元案；原福建省裕丰实业公司副董事长杜国桢投机倒把金额1.9亿余元案。五年来，各地检察机关冲破阻力，排除干扰，依法查处了一批领导干部犯罪的案件，其中县团级以上干部1500多人。如原海南行政区党委组织部长林桃森，原广州市东方宾馆总经理杨献庭，原上海市委办公厅副主任余铁民，原湖北省委办公厅副主任金辉，原黑龙江省军区参谋长赵志立，原安徽省委常委兼秘书长洪清源等，均因贪污或受贿罪被依法判刑。通过办案，维护了社会主义经济秩序，促进了改革、开放的顺利进行。

3.依法查处侵犯公民民主权利和玩忽职守等犯罪案件,维护社会主义民主和社会主义法制。六届人大一次会议以来,各级检察机关都注意同国家工作人员中的违法犯罪行为作斗争。近两年来,一些地方非法拘禁、非法搜查等违法犯罪仍然突出;少数国家工作人员玩忽职守比较严重,重大责任事故不断发生,在政治上、经济上造成严重后果。针对这种情况,各级检察机关进一步加强了法纪检察工作,坚持法律面前人人平等的原则,依法查办了一批民愤大、影响坏、危害严重的案件。五年来,检察机关共查处侵犯公民民主权利、人身权利和玩忽职守、重大责任事故等犯罪案件3.5万多件,起诉2.17万多件。其中玩忽职守、重大责任事故造成经济损失50万元以上、死亡10人以上的特大案件840件。例如:原安徽省冶金厅副厅长朱宾仑、原马鞍山市黄梅山铁矿矿长王玉生强令工人违章冒险作业,造成矿库溃坝的重大责任事故,致使19人丧生、11人重伤,直接经济损失达300多万元。原宁夏回族自治区石嘴山市水电局局长田根成在山洪暴发时,玩忽职守,贻误工作,造成26人死亡,直接经济损失1000多万元。原河南省博爱县青天河水库水电管理处主任王春生等人玩忽职守,超载冒险起航,致使游船沉没,游客113人丧生。原黑龙江省漠河县县长高保兴、县委副书记李永庆等人,在大兴安岭林区火灾中,玩忽职守,给国家造成严重的经济损失。五年来,检察机关秉公执法,敢于碰硬,依法查处了309名县团级以上干部的犯罪案件。如原云南省大关县副县长兼公安局局长曹崇勋非法拘禁案,原南京市副市长丁永安泄露国家重要机密案,原江西省省长倪献策徇私舞弊案等。通过办案,打击了犯罪分子,增强了干部的法制观念,维护了社会主义民主和法制,保障了国家机关和企事业单位工作的正常进行。

4.认真处理公民的控告、申诉,保护公民的合法权益。六届人大一次会议以来,各级检察院把办理公民的控告申诉作为健全社会主义民主政治的重要内容来抓,以对人民高度负责的精神,热情接待,认真处理群众的来信来访,及时掌握犯罪动向,查处犯罪,保护无辜,纠正错案。有的地方还开展了群众检举揭发犯罪的举报活动。五年来,检察机关共受理群众来信来访497万多件,向有关部门提供各种违法犯罪线索149万多件,查处控告申诉案件48万多件,纠正新中国成立以来的冤假错案3.1万多件。如原甘肃省优等劳动模范文炳衡,因检举县委书记唐风仪(已死亡)违法乱纪问题,1958年被定为反革命诬告陷害罪,处以死刑。多年来,文的亲属不断申诉控告,由于"左"的影响,长期没有得到纠正。去年,最高人民检察院接到申诉后,会同有关部门进行了认真复查,终于查清事实,由法院依法作了改判,使这起沉冤30多年的错案得以昭雪。

5.积极开展侦查监督、审判监督和监管改造工作的监督,维护法律的正确实施。五年来,检察机关正确履行法律监督职能,既依法打击犯罪分子,又注意保护无罪的人不受追究。在侦查监督活动中,对公安机关提请逮捕、移送起诉的案件进行严格审查,除依法批准逮捕、决定起诉了一大批案犯外,还不批准逮捕23万多人,不起诉2.6万多件,追捕追诉犯罪分子7万多人;在审判监督活动中,对法院判决的案件提出抗诉1万多件;在监管改造监督活动中,共查处"两劳"人员中的犯罪案件6.4万多件,办理管教干警犯罪案件1000多件。同时,对侦查、审判、监管改造工作中的违法行为,及时提出了纠正意见。通过上述监督活动,保证了刑法、刑诉法的正确实施。

6.加强司法解释,保障法律的准确实施。五年来,改革开放中出现了许多新情况、新问题。针对这种情况,最高人民检察院加强调查研究,及时分析经济领域和其他领域犯罪的新特点,根据法律的规定,制定了一些司法解释文件。例如,1986年,最高人民检察院会同最高人民法院制定的《关于办理当前经济犯罪案件中具体运用法律的若干问题的解答》,对贪污、挪用公款、行贿受贿、投机倒把、诈骗犯罪作了具体规定。这对于正确适用法律,严格区分罪与非罪的界限,及时打击经济犯罪和其他刑事犯罪,保护无辜的公民不受法律追究起了重要作用。

7.积极参加综合治理工作,预防和减少犯罪。五年来,各级检察机关把综合治理的各项内容寓于法律监督活动之中,结合办案,针对有关单位工作上、制度上存在的问题,及时提出"检察建议",督促有关单位堵塞漏洞,建立、健全规章制度,改善经营管理,发展生产。据12个省、自治区、直辖市检察院统计,去年通过办案,促使300多个濒临倒闭的企业摆脱困境,帮助1400多个企业扭亏为盈。在劳改、劳教场所协助有关单位加强和落实监管改造措施,搞好文明管理,促进罪犯和劳教人员的改造。协助一些单位认真落实对免诉人员的帮教措施,有重点地进行回访考察,使大多数人走上了自新之路。深入企业、机关、学校、农村,采取多种形式,开展法制宣传和法律咨询活动,增强了干部群众的法制观念。在检察活动中,注意妥善处理群众之间的纠纷,防止矛盾激化,避免恶性案件发生。有的检察院还协同有关部门实行各种与经济承包责任制相适应的安全保卫承包责任制,依靠群众,开展群防群治,预防和减少犯罪,取得了显著的社会效果。

六届人大一次会议以来的五年,是检察机关坚持为经济建设和改革服务,开拓前进的五年。在过去的五年里，广大检察干警在任务繁重、工作条件极其困难的情况下，坚持了正确的政治方向，保持了良好的精神状态，忠于职守，勤奋工作，秉公执法，为我国法制建设作出了贡献。

五年来的成就，是中国共产党正确领导的结果，是国家权力机关实施监督和支持的结果，是各级检察机关坚决执行党的十一届三中全会以来路线、努力实施法律监督的结果。实践证明，检察制度是我国政治制度中不可缺少的重要组成部分，检察机关是维护社会主义民主和法制，保卫社会主义经济建设不可缺少的重要力量。

我们虽然取得了很大成就，但是还存在着许多问题和困难。突出的是：作为国家的法律监督机关，在依法实施法律监督方面做得还很不够。在过去的五年里，我们用较多的精力抓了打击犯罪，也注意通过办案实施法律监督。这是当时的具体情况决定的，是正确的。但是，法律监督的职能作用发挥还不充分。主要原因：一是对法律监督重要性和意义认识不足；二是我们的领导工作跟不上形势发展的需要，对新情况、新问题研究不够，提出解决问题的办法不多；三是法律监督的程序、手段不完善，法律监督的效力不强；四是干部力量不足，素质不高；五是技术装备落后，办案经费严重短缺，行使职权缺乏有力的物质保障。在今后的工作中，我们要把法律监督作为检察机关活动的主线，围绕法律监督开展各项检察业务，把法律监督贯穿到办案过程中去。我们不能把法律监督与抓打击犯罪、抓办案割裂开来，而是要同打击犯罪、同办案结合起来，通过法律程序和手段实施监督。同时要不断提高干部素质，改善执法条件，切实把法律赋予的职责认真地、全面地担负起来。

（二）

回顾五年来的检察工作，我们取得了不少好的经验，集中到一点，就是坚持四项基本原则，坚持改革开放的总方针，严格依法办事，正确履行法律监督职责，为社会主义经济建设服务。具体有以下五点：

1.坚持党的领导，接受人民代表大会的监督，依法独立行使检察权。坚持党的领导，接受人大的监督，其基本点就是正确贯彻党的政策，严格执行法律。五年来，各级检察机关始终把检察工作置于党的领导下，正确贯彻执行党的路线、方针、政策，自觉接受国家权力机关的监督，主动向各级人大和人大常委会汇报工作。各级党委、各级人大和人大常委会都很关心、重视检察工作。许多地方的人大常委会还组织人大代表到检察院视察，听取汇报，有的还作出决定，帮助检察机关排除阻力和干扰，支持检察机关依法办案。同时，对检察机关工作中存在的问题也提出了批评和意见，监督检察机关纠正错案。实践证明，检察机关只有依靠党的领导，接受人大的监督，才能强有力地同违法犯罪行为作斗争，才能依法独立行使检察权。

2.坚持从保卫经济建设和改革、开放出发，确定检察工作的重点。1983年8月，当社会治安出现非正常状态，中共中央和全国人大决定在全国开展打击严重刑事犯罪的斗争时，我们提出“念一本经，唱一台戏”，全力以赴地投入了这场斗争。1985年下半年，我们针对1984年下半年至1985年上半年期间经济领域的犯罪十分猖獗的状况，提出了在决不放松打击刑事犯罪的同时，把打击经济犯罪作为主要任务，及时调整部署，集中力量，沉重打击了经济犯罪分子的嚣张气焰。实践证明，检察机关只有把保卫经济建设和改革、开放的顺利进行作为自己的目标，认真开展各项检察活动，才能在国家的政治、经济生活中发挥作用。

3.坚持严格依法办事，正确实施法律监督。五年来，检察机关按照法律赋予的职责，认真贯彻实事求是的思想路线，坚持有法必依，执法必严，违法必究的原则，同违法犯罪和干扰依法办事的行为进行了斗争。在打击犯罪的活动中，我们从实际出发，依法开展检察活动，严格区分罪与非罪的界限，该严的则严，该宽的则宽，正确地执行法律。在办理各类案件中，我们坚持了公检法三机关分工负责，互相配合，互相制约，不搞“联合办案”，避免职能上互相混淆，互相代替。对侦查、审判、监管改造活动中有违法制的行为，都依法予以纠正。这些做法说明，只有严格依法进行法律监督，才能维护法律的正确实施。

4.坚持检察工作与群众路线相结合，把检察活动建立在依靠群众的基础上。在检察活动中，我们坚持依靠群众，调查案情，收集证据，揭露和打击犯罪，教育改造犯罪分子；依靠群众，与有关单位相互配合，开展综合治理工作，预防犯罪。在工作中，注意倾听群众的呼声，认真对待群众的批评意见，接受人民的监督和舆论监督，及时纠正工作中的缺点和失误。经验证明，只有相信群众，发挥群众的智慧和力量，把检察工作同群众路线密切结合起来，才能更好地同犯罪作斗争，维护国家和人民的利益。

5.建立一支忠于职守、秉公执法的检察队伍，是正确地履行法律监督职责的组织保证。五年来，各级检察机关十分重视队伍建设，采取一系列措施，提高检察干警的政治素质和业务素质。在组织上，始终注意抓好领导班子建设，把一些优秀中青年干部选拔到领导岗位上来。在政治上，教育干警坚持四项基本原则，认真执行党的路线和国家的法律，自觉地为改革开放服务。在思想上，加强“四有”教育，倡导干警树立一身正气，两袖清风，刚正不阿，秉公执法的职业道德，开展

"争行创优"活动，表彰了一批秉公执法的检察官。对于极少数经不起考验，违法乱纪，徇私枉法的干警，进行了严肃处理。在业务上，有计划有步骤地培训了一批干部，提高了干警的业务能力和执法水平。实践证明，只有建立一支政治上、思想上、作风上过硬的队伍，才能真正担负起党和国家赋予检察机关的任务。

（三）

中国共产党第十三次代表大会制定了党在社会主义初级阶段的基本路线，确定了我国经济发展的战略目标。根据这次会议的精神，今年2月，我们召开了第八次全国检察工作会议，总结了检察机关重建以来的经验，讨论了检察机关的今后任务，研究了检察体制的改革，以增强法律监督职能，进一步发挥检察机关在国家政治生活、经济生活中的作用。

这次会议，在总结经验的基础上，确定了检察工作今后一个时期的基本任务，就是坚持党在社会主义初级阶段的基本路线，坚持"一手抓建设和改革，一手抓法制"的方针，以保卫和促进经济建设和改革开放为中心，以搞好自身的改革为动力，紧紧围绕法律监督这个主线，全面开展各项检察业务，坚持不懈地打击刑事犯罪和经济犯罪，切实保护公民的合法权益，保证法律的正确实施，更好地为改革、开放服务，推进社会主义民主和法制建设，促进社会生产力的发展。

依法严厉打击刑事犯罪和经济犯罪活动，是检察机关长期的重要任务。这既是履行法律监督的重要途径，也是为改革、开放服务的具体内容。在社会主义初级阶段，不安定的因素甚多，阶级斗争在一定范围内还会长期存在，社会主义事业的敌对分子还会进行各种破坏活动；商品经济的大发展、人财物的大流动必将冲击传统的生活方式和价值观念，必将促进生产力的大发展，同时也不可避免地产生某些消极影响，增加诱发犯罪的因素；在改革、开放过程中，新旧体制的交替，也会出现一些漏洞和空隙，使不法分子有机可乘。经济犯罪和其他刑事犯罪将会长期存在，犯罪的形式、手段也会发生新的变化。如果我们不能及时有力地打击这些严重犯罪活动，不仅改革、开放不能顺利进行，清正廉明的党政作风和良好的社会风气也难以形成。因此，人民民主专政不能削弱，打击刑事犯罪和打击经济犯罪的斗争不能放松。各级检察机关一定要密切注意犯罪活动的新情况、新特点，树立长期作战的思想，继续坚持依法从重从严惩处严重经济犯罪和依法从重从快惩处严重刑事犯罪的方针，把"两打"斗争深入进行下去。

检察体制的改革是政治体制改革的一个组成部分。我国现有的检察体制是具有中国特色的，基本的方面是好的。但是，国家政治体制中的一些缺陷在检察体制中也不同程度地存在，检察制度还不够完善，影响了法律监督职能的发挥。当前，在发展社会主义商品经济和社会主义民主政治的形势下，要求进一步健全和完善包括法律监督在内的监督和制约机制。因此，必须进行检察体制的改革，以充分发挥人民检察机关的职能作用。

根据政治体制改革的总目标和总要求，检察体制改革的目标是：建立具有中国特色的、法律监督功能完备、富有效力的，与整个社会主义法制建设相协调的检察制度，充分发挥检察机关在健全社会主义民主政治和法制建设中的作用，更好地为社会主义物质文明和社会主义精神文明建设服务。近期的改革要本着党政分开的原则，理顺内外关系，上下关系，明确各级检察机关的职责、权限，健全工作制度，增强活力，提高效率。

检察体制的改革，最根本的在于增强法律监督职能，保证依照法律独立行使检察权。这次会议，对检察体制改革的意见主要是：

1.增强法律监督职能，健全法律监督程序。1979年颁布的检察院组织法规定，检察机关的职权主要是对刑事法律的实施进行监督。这无疑是正确的。随着社会主义民主的健全和法制建设的不断完善，检察机关要进一步履行法律监督的职责，要继续完善对刑事法律实施的监督措施，规定侦查监督、审判监督、执行监督的具体程序和手段；根据有关法律的规定，还要参与民事、行政诉讼，制定民事、行政审判监督的具体程序，以保障国家法律的统一实施。

2.完善检察系统的领导体制，加强上级检察机关对下级检察机关的领导。宪法和检察院组织法规定，上级检察院领导下级检察院。但是，由于没有规定实施领导的具体程序和制度，目前上下级检察院之间的领导关系没有充分体现。在实行党政分开之后，应对上级检察院领导下级检察院作出具体规定。同时，要明确划分各级检察机关的职责、权限，既加强上级检察院对下级检察院的领导，又要下放权力，调动下级检察院的主动性和积极性。

3.改革人事工作制度，建立检察干部管理体制。检察机关干部人事管理制度改革的目的是调动积极性，增强活力，提高效率。当前存在的主要弊端是管人与管事脱节，管理方法陈旧，管理制度不健全。今后应根据依法分类管理和管人与管事相结合的原则，建立起一套符合检察机关特点的、科学的干部管理体制。要按照类似国家公务员的管理制度，制定《国家检察官法》，从法律和制度上保障检察人员依法行使职权。

4.改善执法条件，为实施法律监督提供经费和物质保障。根据检察机关的工作性质，它除了一般行政经费外，还需要相当数量的办案费、技术装备费、干部培训费等。这些业务经费，在不少地区的基层检察院长期得不到解决，工作受到严重影响。建议按照国家的财政体制，对检察机关经费的列支和管理作出相应的规定，实行计划单列和预决算制度。一般行政经费由同级财政列支；检察业务经费最好由各省、自治区、直辖市财政列支。对于一些特别困难的地区，可考虑由中央财政拨给补贴，由最高人民检察院视情分配，以保证检察机关进行工作所必需的条件。

5.增设派出机构，加强基础工作。法律规定，检察机关的基层组织是县级检察院。随着改革、开放的深入开展，乡镇工作和企业和生产有了很大发展，许多检察机关在重点乡镇和大型厂矿进行了设置派出机构的试点，收到了很好的效果。从各地的经验看，在一些重点乡镇设置派出机构，是必要的，有利于检察工作的开展。

这些意见，有的需要同有关部门协商研究，有的需要提请全国人大立法。因此，我们将根据中共中央的统一部署，有计划有步骤地积极稳妥地进行改革。同时也希望全国人大监督和支持检察机关的改革，以逐步完善和建设具有中国特色的检察制度。

各位代表，党的十三大的召开，标志着我国社会主义现代化建设进入了一个新的历史发展时期。当前，我国的政治、经济形势都很好。在党的十三大精神指引下，改革、开放正在进一步深化，经济在稳定发展，政治体制改革已经开始，法制建设也在进一步加强，社会主义民主政治更加富有生气。在新的形势下，检察机关一定要以改革为动力，进一步加强和健全法律监督机制，把检察工作推向一个新的阶段。

第七届全国人民代表大会第一次会议选举办法

一、第七届全国人民代表大会第一次会议，根据《中华人民共和国宪法》的规定，选举中华人民共和国主席、副主席；选举第七届全国人民代表大会常务委员会委员长、副委员长、秘书长、委员；决定国务院总理的人选；决定国务院副总理、国务委员、各部部长、各委员会主任、审计长、秘书长的人选；选举中央军事委员会主席；决定中央军事委员会副主席、委员的人选；选举最高人民法院院长和最高人民检察院检察长。

二、根据《中华人民共和国全国人民代表大会组织法》的规定，中华人民共和国主席、副主席的人选，全国人民代表大会常务委员会委员长、副委员长、秘书长、委员的人选，中央军事委员会主席的人选，最高人民法院院长和最高人民检察院检察长的人选，由主席团提名，经各代表团酝酿协商后，再由主席团根据较多数代表的意见确定正式候选人名单。

根据《中华人民共和国宪法》的规定，国务院总理的人选由中华人民共和国主席提名，国务院副总理、国务委员、各部部长、各委员会主任、审计长、秘书长的人选由国务院总理提名，中央军事委员会副主席、委员的人选由中央军事委员会主席提名。

三、第七届全国人民代表大会常务委员会组成人员的名额与第六届相同，为155人。

委员长、副委员长、秘书长提名20人，实行等额选举。

委员实行差额选举，应选名额135人，提名144人，差额9人。

四、中华人民共和国主席、副主席，中央军事委员会主席，最高人民法院院长，最高人民检察院检察长，实行等额选举。

五、根据《中华人民共和国全国人民代表大会组织法》的规定，第七届全国人民代表大会第一次会议进行选举和决定的人选，除通过各专门委员会人选外，采用无记名投票方式。

六、选举全国人民代表大会常务委员会组成人员的选票分为“全国人民代表大会常务委员会委员长、副委员长、秘书长选举票”“全国人民代表大会常务委员会委员选举票”两张。

七、本次会议进行选举和决定的人选，需投票9张，分别在三次全体会议上进行投票。

第一次全体会议，选举中华人民共和国主席、副主席；选举全国人民代表大会常务委员会委员长、副委员长、秘书长和委员；选举中央军事委员会主席。

第二次全体会议，根据中华人民共和国主席的提名，决定国务院总理的人选；根据中央军事委员会主席的提名，决定中央军事委员会副主席、委员的人选；选举最高人民法院院长；选举最高人民检察院检察长。

第三次全体会议，根据国务院总理的提名，决定国务院副总理、国务委员、各部部长、各委员会主任、审计长、秘书长的人选。

八、在选举和表决时，参加选举和表决的代表必须超过全体代表的半数；收回的选票或者表决票等于或者少于发出的选票或者表决票，选举或者表决有效，多于发出的选票或者表决票，选举或者表决无效，应重新进行选举或者表决。

每张选票所选的人数，等于或者少于应选人数的为有效票，多于应选人数的为废票。

选举或者决定的人选得票数超过全体代表的半数，始得当选或者通过。

中华人民共和国主席、副主席的选举，全国人民代表大会常务委员会委员长、副委员长、秘书长的选举，中央军事委员会主席的选举，最高人民法院院长、最高人民检察院检察长的选举，如有的候选人得票数超过不全体代表的半数时，依法由主席团另提人选，进入选举。

全国人民代表大会常务委员会委员的选举，获得全体代表过半数选票的候选人的人数超过应选委员的名额时，以得票多的当选；如遇票数相等不能确定当选人时，应当就票数相等的候选人重新投票。如获得全体代表过半数票的当选委员的人数少于应选委员的名额时，不足的名额由主席团在没有当选的候选人中得票较多的另提候选人(差额数不低于缺额委员名额的5%)，在第二天进行补选；如果获得全体代表过半数选票的候选人的人数仍然少于应补选的委员的名额时，不足的名额留待第七届全国人民代表大会第二次会议补选。

表决国务院组成人员的人选和中央军事委员会其他组成人员的人选，如有的人选得票数不超过全体代表的半数时，依法另提人选，再进行投票表决；如得票数仍不超过全体代表的半数，则暂不决定任命，在大会结束以后，再依法另提人选，提请第七届全国人民代表大会第二次会议或者全国人民代表大会常务委员会审议决定。

九、对选票上的候选人，代表可以表示赞成、反对或者弃权，也可以另选他人。

对表决票上的人选，代表可以表示赞成、反对或者弃权，但不能另提人选。

十、本次会议的6张选票和3张表决票采用电子计算机计票。代表需严格按照规定的办法写票和投票。如计票系统出现意外故障，投票继续进行，改由大会工作人员计票。

十一、选票和表决票用汉文和蒙古、藏、维吾尔、哈萨克、朝鲜、彝、壮7种少数民族文字印制。选举全国人民代表大会常务委员会组成人员的选票，决定国务院副总理、国务委员、各部部长、各委员会主任、审计长、秘书长人选的表决票，因票面的限制，只印汉字，不能印7种少数民族文字，对常务委员会组成人员候选人姓名、国务院各部委名称和人选姓名，另印少数民族文字对照表，与选票和表决票同时发给少数民族代表，以便对照写票。

十二、大会设监票人31名(每个代表团推选1名)，总监票人2名；总监票人由主席团在监票人中指定。总监票人和监票人在主席团的领导下，对发票、投票、计票工作进行监督。

计票工作人员由大会秘书处指定。

十三、会场共设票箱25个，代表按座区分别到指定的票箱投票，不设流动票箱，不能委托投票。

十四、投票时，监票人首先在自己的座区投票，随后主席团和其他代表按座区依次投票。

十五、投票结束后，当场打开票箱取出选票或者表决票，并由总监票人将电子计算机计算的实际投票张数报告大会执行主席，由大会执行主席宣布选举或者表决是否有效。

十六、计票完毕，总监票人向大会执行主席报告选举或者表决结果，由执行主席向大会宣布。

十七、本选举办法，经第七届全国人民代表大会第一次会议全体会议通过施行。

首届全国优秀企业家评选揭晓

以姓氏笔画为序，这20位优秀企业家是：武汉汽轮发电机厂厂长于志安，石家庄市造纸厂厂长马胜利，杭州第二中药厂厂长冯根生，上海彭浦机器厂厂长齐心荣，烟台港务局局长朱毅，天津自行车厂厂长兼天津自行车二厂、天津摩托车厂厂长邢起富，湖南醴陵国光瓷厂厂长邹凤楼，国营南京无线电厂厂长陈祥兴，第二汽车制造厂厂长陈清泰，青岛第九橡胶厂厂长汪海，西北国棉五厂厂长应治邦，鞍山钢铁公司经理李华忠，首都钢铁公司工厂委员会主任周冠五，山西潞安矿务局局长尚海涛，黑龙江省佳木斯造纸厂厂长孟祥海，广州铁路局局长杨其华，沈阳电缆厂厂长徐有泮，成都无缝钢管厂厂长殷国茂，大连石油化工公司经理黄春锷，吉林化学工业公司经理霍荣华。

全国规模最大的邮品拍卖大会在沈阳举行

参加这次拍卖的邮品种类齐全，数量达1万多枚，总价为10万余元。在历时6小时的拍卖大会上成交额达到2.5万元，成交各类邮品近5000枚。

4月3日

北京—多伦多正式通航

中国民航北京—多伦多航线首航班机今晨抵达加拿大东部城市多伦多的皮尔逊国际机场。这次首航成功标志着中国民航第32条国际航线的正式通航。

目前，中国民航在北美已有5个通航城市：美国的纽约、旧金山、洛杉矶和加拿大的温哥华、多伦多。北京—多伦多航线的通航，开辟了远东地区至加拿大东部的第一条航线。

全国中小学幼儿教师奖励基金会第二次理事在北京召开

理事长王震在会上说，中小学幼儿教育，是社会主义教育事业的最基础部分，今天的中小学学生和幼儿，都将成为开创我国21世纪大业的生力军。我们党和国家，十分重视我国的基础教育事业的发展。

王震指出，随着我国改革、开放的深入和生产力的发展，国家将逐年增加教育经费。但是，我们国家还不很富裕，还需要通过多种渠道，动员社会各方面的力量献资出力。我们基金会成立的目的，就是要表彰我国优秀的中小学幼儿教师的功绩，提高他们的社会地位，鼓励他们终身从事社会主义基础教育事业，推动全社会关心和支持教育。

他说，千万名中小学幼儿教师，肩负着培育全国两亿多青少年、儿童的重任。广大教师在比较清苦的工作和生活条件下，为祖国的教育事业含辛茹苦、呕心沥血，默默无闻地奉献着自己的一切，并决心以教书育人为终身光荣的职业，赢得了全国人民的尊敬。

王震希望社会各部门乃至全体公民一定要真正重视教育，继承和发扬我们中华民族尊师重教的优良传统，为发展我国的基础教育事业踊跃地献资出力。

基金会自去年成立以来，已收到62个单位3600多人次的捐款。从国家领导人到普通工人、农民、战士，以及许多港澳同胞、海外侨胞、国际友人都纷纷热情捐助。

出席今天理事会的还有周谷城、周培源、雷洁琼、钱伟长、霍英东、马万祺等基金会领导及特邀理事。

宝鸡发现仰韶文化早中晚三期遗址

据《人民日报》报道，陕西省考古工作者不久前在宝鸡市西郊福临堡发现了新石器时代仰韶文化的早、中、晚三期遗址，为仰韶文化中期向晚期的过渡提供了少见的新资料。

遗址内涵丰富完整，包括了距今6000多年的仰韶文化早、中、晚三个连续发展阶段。在此之前，仰韶文化中期的文化遗存发现较少，中到晚期过渡的文化遗存更为少见。福临堡遗址的发现，填补了它们之间的重要缺环，考古工作者据此提出了仰韶文化的新类型——福临堡二期类型。

4月4日

全国政协七届一次会议主席团第二次会议在全国政协礼堂举行

会议由主席团常务主席李先念主持。会议审议通过了政协领导人选草案和选举办法。

据了解，列入这个候选人名单草案中的有七届全国政协主席、副主席、秘书长30人，常务委员309人。

选举办法规定，全国政协七届一次会议的选举将采用无记名投票方式；主席、副主席、秘书长和常务委员采用等额选举办法产生；候选人均以得到超过全体委员(2081名)半数的赞成票为当选。

中共中央书记处书记、中央统战部部长阎明复在会上就七届全国政协主席、副主席、秘书长和常务委员候选人名单草案的酝酿协调过程以及名单组成人选情况作了说明。

他说，中共中央向七届全国政协一次会议推荐的全国政协主席、副主席、秘书长和常务委员人选名单，是经过长期酝酿，充分协商，广泛听取各方面意见，并通盘研究后提出来的。

他说，这次提出的建议名单，是十三大人事安排大格局的重要组成部分。在中共十三大以后，中共中央广泛征求各民主党派、无党派爱国人士、各人民团体和其他各界人士对国家和全国政协主要领导人选的意见；中共中央十三届二中全会又进行了认真的讨论，对人选做了个别调整和补充，使人事安排的总体方案更合理了。

阎明复说，在中共十三届二中全会上，赵紫阳同志说："上一届中共中央政治局特别是小平、陈云、先念等老一辈革命家，为了实现党和国家领导核心的年轻化，为了从组织上保证十一届三中全会路线的连续性，为了破除领导职务的终身制并在这方面给今后留下好的榜样和制度，殚精竭思，深谋远虑，在广泛协商的基础上，作出了'三老'——邓小平、陈云、李先念集体商定半退，'四老'——彭真、邓颖超、徐向前、聂荣臻全退，相应地提出了接替的人选。这是一个关系到党和人民全局利益，关系到国家长治久安的战略决策，得到了党内外的普遍拥护。海外侨胞和世界舆论也给以很高的评价，认为用这样的方式顺利妥善地解决党和国家领导人的交替问题，在社会主义国家还是没有先例的。"

阎明复说，中共中央认为，现在提出的关于全国政协主要领导人选的建议，体现了在中国共产党领导下的多党合作和全国各族人民的大团结，有利于安定团结，有利于促进和平统一祖国，有利于推动改革、开放和两个文明建设，有利于健全社会主义民主和法制，巩固扩大爱国统一战线。

他说，七届全国政协主席、副主席、秘书长人选拟提30人，常务委员人选拟提309人。他说，六届全国政协主席、副主席的调整面为47%。从目前全国政协的实际情况出发，这样安排是合适的。副主席人选中，中共党员13人，民主党派、全国工商联和无党派爱国人士15人，还有少数民族和妇女的代表。

对七届全国政协常委会组成人员人选组成，阎明复说，七届全国政协常委会组成人员人选建议名单共提出300多人中，有中共党员109人，占35.3%；民主党派、全国工商联和无党派爱国人士200人，占64.7%。少数民族共46人，占14.9%，100万以上人口的15个少数民族都有人选。妇女30人,占10%。他认为,总的看,构成比例基本合理。

大会副秘书长、选举组组长赵伟之就选票办法作了说明。

会上主席团成员们还就大会选举时要不要设弃权票问题,展开了热烈讨论。最后在3名委员反对的情况下,会议通过这次大会选举只设同意与不同意项目,不设弃权项目。

主席团常务主席王任重、方毅、谷牧、杨静仁、康克清、帕巴拉·格列朗杰、胡子昂、钱昌照、周培源、王光英、邓兆祥、赵朴初、屈武、马文瑞、刘靖基、王恩茂、钱学森、钱伟长、胡绳、孙晓村、程思远、钱正英、苏步青、司马义·艾买提,秘书长周绍铮,参加了会议。

中共中央书记处书记乔石在人民大会堂同德国统一社会党中央书记赫尔曼·阿克森举行会谈

乔石向阿克森通报中国共产党十三届二中全会的情况,并介绍了中国的政治、经济体制改革和对外政策。

乔石说,十三届二中全会一致认为,中央政治局以改革总揽全局,在组织实施十三大决议、落实经济发展战略、推进经济体制改革和政治体制改革、加强党的建设等方面进行了卓有成效的工作。

谈到国际共产主义运动形势时,乔石说:“对于已经执政的共产党来说,最重要的问题是,要严格从本国实际情况出发制定自己的内外政策,领导本国人民进行社会主义建设,这是我们新中国成立以来得出的最重要的经验。”

他说,今年以来,中国和民主德国在各个方面的友好合作关系有了很好的发展。民主德国和德国统一社会党在经济、科技、文化等方面有许多经验值得中国学习、研究和借鉴。他表示相信,通过阿克森的访问,两党、两国和两国人民之间的友好关系将会进一步得到发展。

阿克森对能亲身了解中国共产党所积累的新经验和所面临的新问题表示高兴。他说,中国最近9年来所取得的成就不仅对中国而且对世界社会主义和和平事业都具有重大意义。他向乔石介绍了民主德国经济建设迅速稳定发展的情况和德国统一社会党为实现党的十一大任务所做的努力。

双方还就当前国际形势、加强两党来往及共同感兴趣的其他问题交换了意见。

陕西陇县发现春秋早期古墓群

据《人民日报》报道,考古工作者最近在陕西陇县边家庄发掘清理出完整的春秋早期墓葬群,出土陶、青铜礼器、兵器等文物2000多件,发现了迄今我国最早的铁器和“辇车”遗迹。专家们认为,这是我国先秦考古的又一重要发现。

4月5日

国家主席李先念在人民大会堂会见孟加拉国陆军参谋长阿蒂克·拉赫曼中将一行

李先念说,孟加拉国同中国是老朋友,两国关系非常好。他请阿蒂克·拉赫曼回国后转达他对艾尔沙德总统的良好祝愿。阿蒂克·拉赫曼向李先念转达了艾尔沙德总统对他的问候。宾主在谈话中一致表示要进一步发展中孟两国的友谊和合作。

国务院代总理李鹏在中南海会见毛里求斯政府副总理萨特卡姆·布莱尔率领的毛里求斯工党代表团

会见时,李鹏向毛里求斯客人介绍了中共十三大和正在进行的中国七届人大第一次会议的情况,概要介绍了中国今后5年的经济和教育发展计划。布莱尔说,中国是有10亿人口的国家,搞建设是一件很不容易的事情。中国现在所走的道路是正确的。

李鹏说,国家不分大小,都各有自己的优势。中毛两国近年来在经济和科技方面的合作有很大的发展,两国在许多领域可以互相学习、交流经验、进行合作。他希望中毛两党的友好关系和两国的经济科技合作进一步得到加强。

七届全国人大一次会议主席团在人民大会堂举行第四次会议

会议由常务主席万里主持。140名主席团成员出席了会议。会议通过了提请大会审议的一些决议、决定草案,通过了国家机构领导人员候选人名单草案。

中共中央政治局委员宋平受中共中央委托,将中共中央有关人事安排的建议向主席团作了说明。

他说,中共中央向七届全国人大一次会议推荐的国家主席、副主席以及全国人大常委会、国务院、军委领导人的人选名单,是经过长期酝酿,充分协商,广泛听取各方面意见,通盘研究提出来的。他就中共中央推荐的国家机构各方面的领导人员人选名单作了具体说明。

宋平作说明后,会议通过了中华人民共和国主席、副主席候选人名单草案,七届全国人大常委会委员长、副委员长、秘书长、委员候选人名单草案,中央军事委员会主席候选人名单草案,最高人民法院院长候选人名单草案,最高人民检察院检察长候选人名单草案,作为主席团提名,交各代表团酝酿讨论。

宋平在会上还就代表讨论国务院机构改革方案的情况作了说明。

他说，各代表团对国务院机构改革方案草案进行了认真的讨论。一些代表建议，对于国务院机构改革方案应单独由大会作出决定。《国务院组织法》第八条规定："国务院各部、各委员会的设立、撤销或者合并，经总理提出，由全国人民代表大会决定，在全国人民代表大会闭会期间，由全国人民代表大会常务委员会决定。"据此，建议主席团采纳代表们的上述意见，单独增列一项议程，于4月8日上午大会进行表决。

宋平说，各代表团审议国务院机构改革方案时，代表们基本上同意这个方案，但也提出一些具体意见。主要是对于设立运输部、撤销铁道部、交通部有不同意见。国务院充分考虑了代表们的意见，同意不组建运输部，保留铁道部、交通部和中国民航局。

他说，有些代表认为这次机构改革步子不够大，也有的认为设立若干部属公司是多了一层。这次机构改革的关键是转变职能，重点是经济管理部门，逐步解决政企分开，减少直接控制，加强宏观调控职能。总的说，现在的改革方案，带有过渡性质，由于经验不足，还要在实践中总结经验，使之不断完善。

宋平说，有些代表提出，要精简、撤销非常设机构。这是个好意见。现在国务院有75个非常设机构，共500多人。这次准备撤销40个，确因工作需要但不设办事机构的有13个，共53个，占70%。保留机构又设办事人员的有22个，占总数的30%。因为这些机构都不是国务院的常设机构，所以上次没有作具体说明。

他说，有的代表提出，撤销城乡建设环境保护部会削弱环保工作。实际上，撤销城乡建设环境保护部后，保留国务院环保委员会，把环保局独立出来，升格为国务院的直属局，是加强了对环保工作的领导。

主席团会议决定将关于政府工作报告的决议草案印发各代表团讨论，然后根据各代表团讨论意见修改后，再由主席团审议通过，提请大会审议；决定大会单独增列通过关于国务院机构改革方案的决定的议程。

会议通过了关于国务院机构改革方案的决定草案、关于1988年国民经济和社会发展计划的决议草案、关于1987年国家预算执行情况和1988年国家预算的决议草案，决定将这些草案印发各代表团讨论，提请大会审议。

全国人大财政经济委员会主任委员陈慕华在会上作了财政经济委员会关于1987年国家预算执行情况和1988年国家预算草案的审查报告。

主席团会议上，宣读了中共中央关于对班禅额尔德尼·确吉坚赞平反的通知，并根据中共中央建议，宣布了对班禅额尔德尼·确吉坚赞的平反结论。

全国人大财经委主任委员陈慕华在七届全国人大一次会议主席团会议上作财经委关于1987年国家预算执行情况和1988年国家预算草案的审查报告

陈慕华说，七届全国人大第一次会议于1988年3月26日听取国务委员兼财政部部长王丙乾所作的《关于1987年国家预算执行情况和1988年国家预算草案的报告》以后，各代表团分组进行了审议。七届全国人大财政经济委员会研究了代表们的意见，于4月1日、4日先后两次召开全体委员会议，对这个报告进行了审查。

陈慕华说，全国人大财政经济委员会建议全国人民代表大会批准国务委员兼财政部部长王丙乾所作的《关于1987年国家预算执行情况和1988年国家预算草案的报告》，批准国务院提出的1988年国家预算，并建议在1987年国家决算编成以后，授权全国人民代表大会常务委员会批准。

陈慕华报告了财经委员会审查王丙乾报告时提出的意见是：

——国务院提出的1987年国家预算执行情况是：国家财政总收入为2346.63亿元，财政总支出为2426.92亿元，收支相抵，财政赤字为80.29亿元，大体上控制在批准的数额以内。这是全国人民在中共中央、国务院的领导下，坚持改革开放，开展增产节约、增收节支运动的结果，也是各级财政部门努力工作的成就。

这一年财政工作的主要缺点，是预算约束不严，有些该收的钱没收上来，有些不该花的钱花掉了，特别是在压缩自筹基建投资和行政管理费工作方面，缺乏有力的、严格的措施，以致这两项支出突破了预算。这些问题，应在今后预算执行中加以改正。

——国务院提出的1988年国家预算草案，财政总收入为2554.5亿元(其中，国内财政收入为2426.5亿元，比上年预计执行数增长8.2%)，财政总支出为2634.5亿元(其中用国内财政收入安排的支出为2506.5亿元，比上年预计执行数增长7.9%)，财政收入与财政支出相抵，支出仍大于收入80亿元。

这个预算，是依据进一步稳定经济、深化改革的方针，认真分析当前国民经济状况，经过反复研究之后编制的，体现了下列几项基本要求：

(一)继续开展增产节约、增收节支运动，全面贯彻企业承包经营责任制，大力提高经济效益，确保上缴。同时采取一些必要和可行的措施，扩大财政资金来源。

(二)今年新增的收入，主要用于(1)支持农业生产的发展，提高了部分农产品收购价格，增加了农业方面的支出；(2)增加文教科学卫生事业经费，增支的这部分费用占到今年新增收入的1/5以上,其中,新增支的教育经费,占全部新增收入的15%。

(三)适当增加职工收入,重点是解决由于物价上涨给职工生活带来的困难。一是适当增发行政事业单位职工的奖金,提高企业奖金税的起征点和调减工资调节税;二是对主要食品的定量供应部分,各地将根据价格上涨的不同情况,给职工以适当补贴。

(四)继续节减和控制财政支出,除物价补贴、国内外债务还本付息支出和某些必须保证的事业发展经费等适当增加外,基本建设拨款,其余各项事业费和行政费都低于或大体维持1987年的水平。

1988年的预算仍然有80亿元的赤字。应该说,这是在新旧体制转换过程中兼顾改革与发展出现的。要通过深化改革,发展生产,厉行节约,提高经济效益,力求控制住,并争取逐步缩小。

陈慕华说,为了顺利地实现1988年的国家预算,要认真地处理好以下几方面的问题:

(一)以改革促进发展,以改革提高效益。坚持从发展国民经济来增加财政收入,是财政工作的根本方针。实现今年财政收入的增长,要在加强和完善企业承包经营责任制上狠下功夫。推动企业建立与健全企业内部的各项管理制度,充分调动广大职工群众的积极性和创造性。同时,要强调树立全局观点,严格依法办事,加强财政监督,克服某些企业损害国家利益的行为。今年还要继续进行财政体制的改革,在改革预算管理制度的同时,开始试编中央与地方两级预算。

(二)各地方、各部门、各单位必须把双增双节的任务落到实处。企业要努力提高经济效益,提高劳动生产率,降低产品成本和商品流通费用,加速流动资金周转,有经营性亏损的企业必须限期扭转亏损。

各级政府要支持财政税务部门按照国家财政税收法规办事,充实征收力量,提高人员素质,把一切该收的钱都收上来。要广泛开展依法纳税的教育,对一切偷税漏税的行为,要依法处理。国家要求节减的财政支出,特别是地方用机动财力安排的自筹基建投资和各级行政管理费,各地方、各部门要认真对待,努力压缩。要防止截留收入,随意减免税收,追加支出。

(三)发扬艰苦奋斗、勤俭建国的优良传统,认真压缩社会集团购买力,坚决反对奢侈浪费之风。近几年,铺张浪费,用公款请客送礼之风盛行,败坏了社会风气,成为一大社会公害,引起了广大人民群众的不满。必须采取严格的行政措施和必要的经济手段坚决予以制止。

(四)现在经济工作中急于求成的倾向依然存在,某些不稳定的因素尚未根本消除。因此,必须注意在经济的发展过程中实现增长与稳定、速度与效益、微观搞活与宏观控制的统一。对前几年影响经济稳定发展的因素,如固定资产投资规模过大,社会集团购买力和消费基金增长过快,货币发行偏多等现象,必须从控制需求和增加供给两方面继续努力,逐步实现社会总需求和社会总供给的基本平衡。为此,必须严格控制预算外固定资产投资规模,控制消费基金的增长幅度,控制信贷规模,防止货币超计划发行,严禁非法涨价,控制财政支出,控制财政赤字。必须重申,在国家预算执行过程中,如遇重大问题需要调整年度预算时,要报告相应的一级人民代表大会常务委员会审查批准。

陈慕华说:实现国家预算,不仅是财政部门的任务,也是各地方、各部门、各个企业事业行政单位的共同责任。国务院要责成各级政府和部门负责人,依靠人民群众,同心协力,增产节约,增收节支,领导带头,以身作则,坚决遵守财政制度,严格财政纪律,保证国家预算的顺利实施。

国务院发出《关于试行主要副食品零售价格变动给职工适当补贴的通知》

为了在价格改革过程中,使城市职工的基本食品消费支出,在价格变动时得到适当补偿,决定试行主要副食品零售价格变动按定量计算给职工适当补贴,以利于促进农业生产,调节消费,保持社会安定。为此,特通知如下:

一、列入补贴范围的品种只限于:猪肉(禁食猪肉民族为相应数量的牛羊肉)、大路菜、鲜蛋和白糖4种。

为适应地区之间消费水平、食品结构的差异,各省、自治区、直辖市人民政府可因地制宜,对上述品种做个别调整。计算补贴的定量标准,应按当地现行的定量供应标准,没有实行定量供应的按当地中等收入户的月平均购买量掌握。

对城市居民凭证定量供应的粮食、食油,仍按现行办法供应,不提高价格。经营部门的亏损,继续由财政补贴。

大中城市对职工的补贴,原则上是把暗补改为明补。为避免地区之间的补贴标准差距过大,各地确定的品种及定量,按人均购买值计算,要控制在当地中等收入户人均消费支出额的20%至25%的范围之内。中等收入户人均月消费支出额在60元以下的城市,可稍高于25%。各省、自治区、直辖市人民政府驻地城市对职工的补贴标准,开始出台时,每个职工每月不得超过10元,其他城市应当再低一些。

二、要合理确定计算补贴金额的基期价格。猪肉、食糖以暗补改明补前的价格为准,大路菜、鸡蛋等有季节差价的食品,以1987年的同期价格为准。如同期价格极不正常,可适当调整。对过去已经涨了价的,不能追算补贴。

三、各大中城市对职工的补贴金额标准,在开始实行时,可由省、自治区、直辖市人民政府规定,并从主要副食品价格暗补改明补起向职工发放。以后根据当地主要副食品价格变动情况进行调整。

四、补贴对象为国营和集体的企业、事业单位以及机关、部队的干部职工。他们赡养的家属,原则上按1987年各省、自治区、直辖市的职工平均赡养人口系数,计入对职工的补贴金额中。补贴款由职工所在单位发放。离退休人员的补贴标准,按在职干部职工对待。解放军和武警部队的战士伙食费标准也要相应提高。大中专学校的在校学生要给予适当的补贴。城镇优抚救济对象,也要适当考虑安排。

五、补贴资金按现行财政体制分别承担。企业职工的补贴,原则上由企业消化。承包企业一律不得以此为由调整承包基数。确有困难的企业,经当地人民政府批准(中央企业经财政部批准),对职工的补贴款可以部分进入成本,但要从严掌握,具体办法由各省、自治区、直辖市人民政府制定。事业单位尽可能从创收中解决。或解决一部分,不足部分财政承担。行政机关、部队、大中专学生、城镇优抚救济对象等的补贴款,属于中央单位支付的,由中央财政负担;属于地方单位支付的,由地方财政负担。

六、各级人民政府对主要副食品,要采取有效措施,大力发展生产,减少中间环节,改善供应,平抑价格,加强对价格的指导和管理。食糖实行国家定价,大中城市的猪肉和大路菜实行国家指导价。大中城市的蔬菜种植面积、生产安排、市场供应都要加强计划管理。

各级物价部门要加强监督检查。对趁发放主要副食品价格补贴之机,随意涨价、乱涨价的,要及时依法处理。

七、实行本通知后,列入补贴范围的品种,随着价格的逐步提高,原则上相应取消对国营经营单位的价格补贴。

为了防止主要副食品价格剧烈波动,在大中城市要建立平抑副食品价格基金,生猪产区要建立保护养猪的调节基金。基金来源可根据当地情况,多渠道筹集,具体办法由当地人民政府规定。

八、主要副食品零售价格变动按定量给职工补贴,先在大中城市试行。各省、自治区、直辖市人民政府接到本通知后,在充分做好各项准备工作的基础上,于5月以后出台。猪肉等暗补改明补的出台时间,要尽可能避开供应短缺的季节,减少对市场物价的冲击。小城市和县城是否实行补贴,由各地根据财力情况、物价水平和消化能力自行决定。

九、主要副食品零售价格变动按定量计算给职工适当补贴的办法,是关系广大群众切身利益的大事,是在价格改革时期,稳定经济,安定职工生活,保持社会安定的一项重要措施。各级人民政府必须切实加强领导,组织有关部门通力协作,积极而稳妥地贯彻实施。要通过广播、电视、报刊等做好宣传工作,组织社会对话,取得群众的理解和支持。

外交部部长吴学谦在钓鱼台国宾馆会见由德国统一社会党中央书记赫尔曼·阿克森率领的德国统一社会党中央委员会代表团

外交部发言人对新华社记者发表谈话正告越方立即停止侵占中国南沙岛礁

谈话全文如下:

越南当局自3月14日在中国南沙群岛挑起武装冲突以来,一面进行欺骗宣传,诽谤中方阻挠越方的所谓营救工作,一面继续加紧进行侵占南沙岛礁的活动。

正如中国方面所指出,对越南海军向我在南沙群岛赤瓜礁进行正常考察作业人员进行袭击的事件,中国方面采取了十分克制的态度,只作了有限的自卫还击。3月16日越南外交部向中国驻越南大使馆提出派悬挂红十字旗的船只前往出事海区从事营救活动,中方立即答复同意了越方的请求。中国有关方面一直严格执行中方的承诺,为越方的营救活动提供了方便,根本不存在什么中国舰船对越方营救船进行炮击和扫射。中方本着人道主义精神,在发生冲突后已经营救了越南落水军人。

然而,越南方面却以进行营救工作为名,继续抢占中国岛礁。越方把派往鬼喊礁、琼礁等其他岛礁的舰船都挂上了红十字旗。这些舰船活动的目的是对中国在上述海区的岛礁和船只进行侦察和监视。越方在那里的各类舰船从冲突事件前的10余艘增至目前的30多艘。越军事人员在今年年初侵占的大现、六门、无乜、南华和东礁等岛礁正在赶修军事设施,并且又侵占了舶兰和奈罗两个海礁。

越南当局以营救为名采取的上述行动,严重违犯了1949年日内瓦公约关于营救船不能用于军事目的的规定,是对国际法的公然践踏。

值得注意的是,越南空军加强了在越南南方的军事部署,频繁出动飞机,增加了对中国南沙群岛空域的侦察和战备活动。越南当局公然叫嚣已做好一切准备,可随时参加战斗。

中国方面再次正告越南当局,必须立即停止以任何方式侵占中国南沙群岛岛礁的活动,必须从其非法侵占的中国岛礁撤走。如果越南方面一意孤行,胆敢进行新的军事挑衅,就必须承担由此引起的一切后果。

中国驻美国大使韩叙在华盛顿西德威尔学校发表题为《巩固中美两国人民友谊的纽带》的演讲

韩大使在演讲中回顾了前总统尼克松访华以来中美关系的发展并指出,两国高层人士的互访已成惯例,而民间交往的增加尤为突出。他举出了一系列数字和事实来说明这一令人印象深刻的发展:去年30万美国人到中国旅游,同年大批中国人访美;23个省、州,33个城市已互结友好关系;文化、艺术交流日益频繁;过去10年在教育方面的交流增加最为迅速。他说,1978年美国还没有一名来自大陆的留学生,今天已发展到2万多名,分布于50个州的700多所大学。去中国的美国学者、学生去年也达8000多名。这种交流促进了互相学习对方语言的兴趣。韩大使特别提到西德威尔学校在华盛顿向大批中学生开中文课方面取得的成果。

韩大使还谈到两国在科技、经济合作方面的成果。他指出双方已签署了29项科技协议和议定书,贸易额从1972年的零发展到去年的78亿美元,美国已成为中国第二大贸易伙伴和最大投资者。

在谈到中美关系中存在的问题时,韩叙认为,台湾问题仍然是两国关系发展的主要障碍。他希望美国政府在促进中国和平统一中起到自己的作用。他还指出,贸易保护主义、向中国转让技术的控制僵硬都是有损两国利益的。韩叙大使强调,确保中美关系顺利发展的重要原则是互相尊重、互不干涉内政。遗憾的是,去年美国国会数次通过议案,干涉中国的内部事务,严重伤害了中国人民的感情。

韩大使最后说,他对中美关系的未来充满信心。他说,1989年1月1日,我们将纪念中美建交十周年,当我们进入中美关系第二个十年时,我们两国人民都期待我们两国的关系有一个更美好的明天。

约翰·蔡德曼基金会是约翰·蔡德曼的父母亲为纪念约翰·蔡德曼在1982年设立的。约翰·蔡德曼是西德威尔学校1979年的毕业生。1981年他在中国北师大就读时,不幸得病毒性脑炎去世。他身前坚信,如果美国中学生在上大学以前就学习中国语言、历史和文化,将有助于促进中美关系。

纪念约翰·蔡德曼基金会在西德威尔学校开设中文班,鼓励学生学习中国语文、历史。很多中文班的毕业生考入美国的名牌大学,继续攻读中国语言、文学。目前,这所学校还同北师大交换学生。

国务院向在3·24列车相撞事故中积极参加抢救和善后处理工作的军民发出慰问电

上海市人民政府并南京军区:

3月24日,上海境内沪杭外环线发生311次列车和208次列车相撞事故后,你们迅即组织有关部门抢救伤员、保护遗体,热情周到地接待遇难者和伤员的家属、亲友,做了大量工作,顺利地完成了任务。

在救援和善后处理工作中,党政军机关及各界、各方面密切配合,人民解放军和武警部队指战员、公安干警、医务人员、饭店服务人员,外事、卫生、民政、邮电、海关、民航等单位的职工,积极主动,克服困难,任劳任怨,救死扶伤,表现了崇高的人道主义精神。

国务院谨向你们,并通过你们向所有参加抢救和善后处理工作的机关、部队、单位和个人表示衷心慰问和感谢!

国务院

1988年4月5日

朱丹逝世

中国共产党优秀党员、著名美术理论家、书画家、文学家朱丹,因病于4月5日在北京逝世,享年72岁。

朱丹是徐州市人,曾任人民画报社总编辑、人民美术出版社副社长兼总编辑、文化部艺术局副局长、文化部美术研究所所长、中央美术学院副院长等职。几十年来,朱丹还在文艺的众多领域里发挥了自己的才华。他在文艺史方面的著述及精辟的杂文、随笔,早为我国学术界所推崇。

4月6日

全国人大常委会委员长彭真在人民大会堂会见德国统一社会党中央书记赫尔曼·阿克森和由他率领的党的中央委员会代表团

彭真说,中国和民主德国人民之间的友谊源远流长。两党之间的友好关系也有着悠久的历史。中国在长期的革命斗争中,得到了德国工人阶级的支持。两国在社会主义建设过程中相互学习、相互支持。现在,两国和两党的关系都是很好的。他对近年来两国、两党和两国议会的关系的发展表示高兴。

他说,现在世界上大多数的共产党都认为,各个国家的党首先要独立自主地处理自己的内部事务,对自己的人民负责。各个党要相互尊重、相互信任,在独立、平等的基础上进行交往。现在,各个党之间的关系也有了发展。

彭真说,现在,和平的力量一天天壮大,战争力量相对削弱。他希望全世界各国人民进一步联合起来,为阻止战争、维护世界和平而奋斗。

阿克森说："我们两党经历了很长的路程，取得了巨大的成就，但也有过困难和曲折。我们两党都从中学到了很多东西，并都前进了。"他说："我们对中国共产党和中国的发展感到由衷的高兴。我们现在同中国共产党和中国有如此密切的关系是一件十分了不起的事情。"

阿克森说，在这次访问中，他同中国同志的会谈是兄弟般的、友好的、建设性的。他表示，民主德国和民主德国人民将和中国、中国人民一起，在维护世界和平与建设社会主义的道路上共同前进。

国家统计局和国家物价局负责人就去年国内市场物价的变动情况以及物价指数编制方法等问题回答部分全国人大代表的询问

问：1987年市场物价涨势如何？

答：1987年经济生活中的一个比较突出的问题是物价上涨。主要表现有三点：

一是物价的上涨，不是某一年度的个别现象，而是连续较大幅度地上涨。同上年相比，全国零售物价总水平1985年上涨8.8%，1986年上涨6%，1987年上涨7.3%，3年累计比1984年上涨23.7%，平均每年递涨7.3%。虽然生产发展较快，没有发生商品匮乏现象，但人们的精神压力较大。

二是城镇物价上涨的幅度较大。去年城镇零售物价总水平上涨9.1%。其中大中城市上涨幅度更高一些，京、津、沪三大直辖市和26个省会城市平均上涨9.7%，有些城市的上涨幅度超过10%。占全国总人口22%的城镇人口要负担由于物价上涨而增加的总支出中的41%，这对于主要依靠工资收入生活的人，无疑是一副重担。

三是食品价格上涨较多。去年食品零售价格比上年上涨10.1%，其中副食品上涨13.8%。由于我国是一个发展中的国家，消费品中食品所占比重较大，食品特别是副食品涨价对人民生活的影响较大，群众反映也较为强烈。

问：市场物价上涨对人民生活的影响程度有多大？职工家庭生活水平是不是因物价上涨而下降了？

答：去年因物价上涨使城乡居民购买商品多支出了396亿元，也就是说，物价指数每上升1%，城乡居民就要多支出54.2亿元。其中，城镇居民因城镇零售物价水平比上年上涨9.1%而多支出163.8亿元，如果再加上非商品服务项目价格比上年上涨6%所增加的支出10.7亿元，共多支出174.5亿元，平均每个城镇居民全年增加支出72元，每月增加支出6元。按平均每个城镇职工负担1.8人计算，因物价上涨每个职工全年增加支出129.6元，每月增加支出10.8元。

职工家庭生活水平是不是因物价上涨而下降了呢？1987年，城镇居民平均每人生活费收入916元，比上年增长10.6%，剔除职工生活费用价格上涨8.8%的因素，实际收入仍然增长1.7%；平均每人全年生活费支出885元，比上年增长10.7%，剔除价格上涨因素，实际消费水平仍然提高1.8%。这说明，从总体上看，职工家庭生活水平并没有因物价上涨而下降。但是，具体来看，也确实有一部分职工家庭的实际收入水平比上年有所下降，而这并不完全是因为物价上涨引起的。例如，人口增加、就业人口减少、休假学习、奖金减少等，都会使实际收入减少。这种情况每年都会发生，基本上属于正常现象。去年纯因物价上涨而使实际收入下降的户占总户数的21%。实际收入下降的户数中，有一部分高收入户并没有因为物价上涨而引起生活的困难，真正因物价上涨而引起生活困难的只占总户数的9.6%。

问：国家统计局公布的物价指数是怎样编制、计算出来的？

答：物价指数的编制过程比较复杂，几句话难以讲清楚，这里只能概括地介绍一下情况。

我国编制零售物价总指数的方法和工作步骤大体可分为4个方面：

(一)选择代表商品集团并确定其代表规格品。

市场上的商品有几百万种，不可能对每种商品的价格变动情况都逐一进行调查统计并加以汇总。通常是在科学分类的基础上，选择有代表性的商品集团，并在每一种商品集团中确定具体规格、等级的商品作为代表规格品，用来编制价格指数。所谓商品集团，是指使用价值相同的某种商品的集合或总体，如籼米、面粉、猪肉等。所谓代表规格品，是指某种商品集团中，按某种规格、等级规定的具体商品，如一级籼米、标二面粉、猪肉去骨统肉等。全国共选了366个商品集团6000多种代表规格品，代表性是十分广泛的。

(二)确定编制价格指数的典型地区和代表性基层市场。

编制价格指数的典型地区，是将全国市、县排队按等距随机抽样原则抽选的。全国共抽选了420个市、县。在被选中的市、县中，全国又选择了14000多个有代表性的商店及农贸市场作为代表性基层市场。这种规模在世界范围内也是比较大的，可以保证价格指数的代表性。

(三)采集、计算平均价格。

由物价专职调查员和辅助调查员，每月以消费者身份定时、定点到14000多个基层市场直接调查登记价格，一般每月调查登记6至8次，按次数平均，分别计算牌价、议价、市价的月平均价格，然后按住户调查提供的居民以各种价格购买的某种商品的数量作为权数,第一次加权计算出该种商品的全社会综合平均价格。

(四)计算全国总指数。

国家统计局审核各地区的物价调查资料后,按地区权数第二次加权计算出每种商品的全国平均价格和个体指数(或叫单项商品指数),然后使用全国商品权数第三次加权计算出全国类指数,之后,再第四次加权计算出总指数。

概括上述,全国物价指数是从420个市、县,14000个基层市场采集价格,通过四次加权平均计算出来的。计算方法是比较科学的。

问:为什么人们对物价变动的具体感受常和物价指数不一致?

答:国家公布的物价指数和人们的感受不一致是一个世界性的现象。不过,由于我国统计科技知识不普及,人们感受的差异就更为强烈些。这种情况从认识论的根源看,主要是人们个别的直观的具体的感受同经过高度抽象的综合平均概念的不一致造成的。由于人们没有把二者区分开来,因而容易认为国家公布的物价指数不反映实际,甚至说:“这是官方数据,不可信。”我们认为,这个问题是不难解决的,只要把二者的区别讲清楚了,人们也就理解了。二者的差异主要表现在以下几个方面:

一是物价总水平和个体水平之间差异。零售物价总指数是反映各类零售商品价格变动的综合性指标,是各类商品价格上升和下降的平均概念,单用某类商品和1987年食品零售价格上升10.1%,甚至用其中的某些具体商品,如鲜菜上升17.7%、鸡蛋上升21.4%、鲜带鱼上升28%和总水平变动作比较,当然差异就大了。

二是全国物价总水平和地区物价水平的差异。1987年全国零售物价总水平比上年上升7.3%,是城镇上升9.1%、农村上升6.3%的平均概念。因此,城镇居民就会感到总指数低了。如果再用个别市的物价指数和它相比,就会感到总指数更低了。

三是报告期(年、季、月)的平均价格和时点价格之间的差异。价格指数是报告期的平均数,如果用某种商品在某地某涨价时刻的时点价格去比较,当然就低了。

四是全部商品和涨价商品的差异。人们对涨价商品印象较深,而对价格基本平稳、甚至降价的商品却印象淡薄,比较时也就容易忽视。

五是近期比较和远期比较的差异。日常统计部门公布的物价指数一般是和上年或上年同期比较的环比指数,而人们习惯用当年价格和70年代、60年代或50年代作远期比较,这种情况造成的不一致感受就会更大。

外交部部长吴学谦 副部长钱其琛就外交方面的有关问题答中外记者问

在七届全国人大一次会议发言人曾涛举行的中外记者招待会上,吴学谦和外交部副部长钱其琛回答了记者们提出的有关外交方面的问题。

我国外交政策有五方面内容

有关我国外交政策进行了哪些调整的问题,是中央电视台记者在会上提出的。吴学谦回答说,在战争与和平问题上,我们认为,和平的因素大于战争的因素,和平力量的发展对战争力量起着越来越大的制约作用。他说,核武器已经发展到目前这样一个状况,即两个超级大国已经拥有全世界95%以上的核武器。如果爆发核战争,就没有胜利者。

“所以,我们执行一条独立自主的和平外交政策,在和平共处五项原则的基础上,发展与各国的关系。”他概括起来说,我国外交政策有以下几个方面的内容:

——反对霸权主义,维护世界和平;

——不依附任何大国,也不屈服于任何大国的压力,而根据事物发展本身的是非曲直来决定自己的政策;

——不同任何大国结盟或建立战略关系;

——加强同第三世界的团结与合作,这是我们外交政策的立足点;

——同世界上一切国家,包括发达国家和发展中国家,在平等互利的基础上发展经济、贸易和技术合作关系。

吴学谦接着补充说:“我们处理国与国关系时,仍然坚持和平共处五项原则,在和平共处五项原则的基础上发展与各国的友好关系。”

本月下旬将公布香港基本法草案

香港电台一位女记者问:“今年7月中英联合联络小组进驻香港后,会不会成香港的第二个权力中心?”

吴学谦说,1997年6月30日以前的过渡时期,香港的行政事务仍由港英当局处理。他说,中英两国联合联络小组今年7月进驻香港是按《中英联合声明》的规定进行的。它的任务是讨论中英两国在移交香港主权的过渡时期可能出现的问题。

吴学谦向中外记者透露:本月下旬将召开第七次香港基本法起草委员会全体会议,会上将公布基本法草案,以征求各方面,特别是香港各界人士的意见,尔后再根据各方的意见进行修改。

只要越南不挑衅,南沙就不会有战争

香港《文汇报》记者提问:“中国的南沙和西沙群

岛很多岛屿被外国占领，请问这是不是事实？能不能介绍一下具体的数字？”

“这位记者的提问有一点不确切，那就是西沙群岛一直是在我们的控制之下的。”钱其琛纠正这位记者的提问后说，越南侵占中国的南沙群岛的一些岛礁，其真相是越南要实现它的领土扩张野心。

钱其琛说：“南沙群岛历来是中国的领土。在1974年以前，越南的官方声明、官方照会、外交文件、出版的地图及教科书，都说南沙是中国的领土。但是到了1975年，一夜之间就全变了。越南为了实现它的扩张野心，一方面入侵柬埔寨，一方面又在南沙抢占我岛礁，进行扩张。”他建议记者自己去查一查越南在此前后的文件、地图、教科书。

钱其琛还说，1975年以后，越南占领了南沙的10多个岛礁，其后，这种侵占活动并没有停止。他指出，越南在中国挑起武装冲突后，向国际红十字会、联合国“控诉”，说它要“救援”，中国进行“阻挠”，而且它把侵占岛礁的舰船全部打上红十字会的旗。在这种情况下，越南提出要进行谈判完全是虚伪的。

在回答美联社记者提出的关于“中国是否就南沙问题与越南展开一场战争”问题时，钱其琛说，中国目前在南沙海域进行正常的科学考察，考察的目的是为了世界和平，同时为了完成联合国的一项决定，在南沙设立科学观察站。只要越南不挑衅，停止侵占行动，并撤走军舰，那个地区不会有战争。

一个记者又问：“如果越南不撤走，是不是要发生战争？”

钱其琛说：“只要越南不挑衅，就不会有战争。我们进行科学考察时，那里也有军舰，因为越南在南沙集结了军舰，我们不得不预防越南的挑衅。”

苏美应率先大幅度裁减核武器

在回答苏联塔斯社记者的提问时，吴学谦希望苏美这两个拥有世界上绝大多数核武器的国家能够率先大幅度地裁减自己的核武器。他对苏美签署的《中导条约》表示欢迎。他同时希望苏美就裁减50%进攻性核武器的谈判能够达成协议。但是即使达成了这项协议，还不等于苏美这两个核大国实现了大规模裁减核武器。他说：“我们的基本立场是，苏美两国应当停止生产、试验、部署一切核武器，停止军备竞赛，同时大规模地销毁它们各种类型的核武器。”他说，在这种情况下，中国作为有核国家，愿意参加有代表性的关于进一步裁减核武器的国际会议。

中美之间消除了一些不好气氛

《中国日报》记者问：“今年3月吴外长在美国访问时西藏发生骚乱，请问这是否给访问带来麻烦？这次访美取得了什么成果？如何估计中美关系发展的前景？”

吴学谦说，去年他去美国参加联合国大会和今年3月访美时，恰好西藏都发生闹事。但是，他说：“两次骚乱都没有影响我在美国的访问。”他回顾说：“上次骚乱，我在纽约参加联合国大会。这一次骚乱时，我是应国务卿舒尔茨的邀请正在美国进行访问。第一次骚乱时，美国国会里有些人大叫大嚷，粗暴地干涉中国内政。第二次骚乱时，又有一些人小叫小嚷。不管是大叫大嚷还是小叫小嚷，都是美国一些议员对中国内政的粗暴干涉，我们坚决反对。”

谈到中美关系时，吴学谦说，他上个月的美国之行取得了一些成果。访美期间，通过与国务卿舒尔茨的会谈以及会见里根总统和其他美国政府官员，增加了中美之间的相互了解。尽管在有些问题上仍有分歧，但通过多次接触，我们消除了去年下半年以来出现的一些不好的气氛。

吴学谦说，在他访美期间，美国方面主动提出了要重新审议放宽对中国的技术转让。他说：“我希望美国尽早付诸行动。”他还说，他与里根总统会谈时，里根表示，在台湾与大陆之间的人员交往问题上，美国将尽力促成这种交往所需的环境。吴学谦说：“我们认为，美国方面在促进大陆与台湾之间实现‘三通’是可以起些作用的。”

吴学谦还透露，美国有关方面多次提出，愿意派一些志愿人员到中国来进行社会服务；美国一些主张中美发展友好关系的人，也愿意来中国从事英语教学。但是，他指出，目前双方仅就此事达成原则协议，关于具体细节，还要进行讨论。

希望苏联实现从阿撤军诺言

苏联《消息报》记者在提问中希望吴外长对苏联从阿富汗撤军问题发表评论。吴学谦说，苏共总书记戈尔巴乔夫曾承诺在9个月中从阿富汗撤军，我们希望苏联实现自己的诺言。

他说：“目前阿富汗的局势是由于外国军队侵占8年造成的。我们希望苏联撤军后，阿富汗成立一个由各派力量组成的中立的不结盟的联合政权，并希望流浪在国外的阿富汗难民，如在巴基斯坦的300万阿富汗难民，能够安全返回自己的国家。”

有香港记者问，中国在统一的问题上为什么一直没有放弃武力攻台，是不是担心外国的干涉？吴学谦外长说，和平统一祖国是我们的大政方针，我们力争用和平的方式解决台湾问题。统一祖国是我们自己的事，我们不能向任何外国作出任何承诺。

不同南朝鲜发展双边关系

香港《文汇报》记者问及中国同南朝鲜的关系。钱其琛副外长回答说，我们的政策很明确，就是不同南朝鲜发展双边关系，这是为了促进朝鲜半岛的统一，稳定朝鲜半岛的局势。

钱其琛说，我们参加汉城奥运会是按照奥林匹克的章程办事。中国同朝鲜民主主义人民共和国有着友好的关系，双方都理解对方的政策。

一位外国记者问："对于北朝鲜爆炸南朝鲜客机一事，中国为什么不谴责北朝鲜？"

吴学谦重申，中国谴责一切形式的国际恐怖活动。他接着说，去年发生了南朝鲜客机爆炸事件后，南朝鲜指责朝鲜民主主义人民共和国参与其事，而朝鲜民主主义人民共和国坚决否认与这件事有关，并就此事谴责了南朝鲜。因此，在这个具体问题上中国没有采取任何立场。

柬问题解决的基础是越南全部撤军

钱其琛副外长在回答记者问时重申了中国对柬埔寨问题的一贯立场。他说，只要越南继续侵占柬埔寨，我们就给柬埔寨抵抗力量以坚决的支持。柬埔寨问题政治解决的基础是越南全部从柬埔寨撤军。他说，中国支持以西哈努克亲王为首来实现四方联合，并愿意参加国际保证，保证柬埔寨成为一个中立、独立、不结盟和和平的国家。钱其琛说："我们认为，苏联在这方面是可以有所作为的。因为没有苏联的支持，越南不可能把侵略柬埔寨这场战争进行下去。"

妥善解决沪郊火车相撞事故赔偿问题

钱其琛回答《人民日报》记者提出的有关上海火车相撞事故后的对日赔偿问题时说，3月24日发生的火车相撞事件，中日两国都很重视，已妥善处理了有关善后问题。

在这次事件中，有26名日本学生和1名日本教师遇难，并有多名日本学生受伤。钱其琛说，日本外务次官和中国外交部副部长朱启祯也去上海帮助处理此事。他说："现在剩下的问题是赔偿问题，双方有关方面正在协商，两国外交部门也将通力协作。他表示，这个问题可以得到妥善解决。"

外交部部长吴学谦在会见中外记者时指出中国在出售武器问题上的态度是严肃和负责任的

在七届全国人大一次会议新闻发言人曾涛举行的第五次中外记者招待会上，美国广播公司记者问吴学谦外长：中国已成为世界上第五大武器出口国，中国出口武器的原则是什么？

吴学谦回答说：新中国成立以来，我国国防工业部门同一些友好国家建立了贸易关系，应一些发展中国家的要求，向它们提供了用于加强防御能力的常规武器。我们在出口武器问题上的态度是严肃的和负责任的。

吴外长指出，现在世界上出售武器的国家很多，但一些舆论总是对着中国，中国每出售一些武器，就变成世界新闻。现在，在海湾上空飞来飞去的许多导弹，如毒刺导弹、飞鱼导弹都不是中国武器。他质问道："为什么总是在中国出售武器问题上纠缠不休呢？"

当美国《洛杉矶时报》记者问及中国向伊朗出售武器一事时，吴学谦回答说，中国没有向伊朗或伊拉克出售过任何武器，并从一开始就主张尽早结束两伊战争。

吴学谦又说，当然，伊朗或伊拉克可能从国际军火市场得到中国的武器。关于蚕式导弹问题，他说，中国很早就采取了严格的措施，防止包括蚕式导弹在内的中国武器进入伊朗，只是中国很难完全控制国际军火市场。

他接着说："这个问题，我已经回答了几十遍了，而提出这个问题的大多数是美国朋友。"

美国《时代周刊》记者的问题是：有报道说中国向沙特阿拉伯出售了导弹，而中国一直说支持中东的和平和正义，对这两个问题如何解释。

吴学谦说，我们根据沙特阿拉伯政府的要求提供了一些非核的常规武器，包括地对地导弹。同时沙特阿拉伯作出了不首先使用、不转让这些武器、只用于防御目的的承诺。我们相信他们的承诺。我们这样做，是有利于沙特阿拉伯和中东局势的稳定的。

吴学谦接着说，我要指出的是，以色列扬言要采取军事行动进行威胁。以色列的这种威胁遭到了绝大多数阿拉伯国家的反对，我们支持阿拉伯国家的这一立场。

新华社记者就外交部副部长齐怀远最近访问沙特阿拉伯一事提问：是否意味着两国将要建交？吴外长答道，最近几年来，中国和沙特阿拉伯在许多领域的关系都有了发展。就中国方面来讲，我们希望尽早地与沙特阿拉伯建立外交关系。齐副外长在沙特阿拉伯受到友好的接待，他预定今天回到北京，我还不知道双方谈得怎样。

4月7日

七届全国人大一次会议主席团在人民大会堂举行第五次会议

会议由主席团常务主席万里主持，136名主席团成员出席了会议。

主席团常务主席彭冲在会议上就有些代表对各项候选人名单草案提出的建议和意见，对国务院机构改革方案提出的建议和意见，作了说明。主席团一些成员发言后，主席团常务主席宋平又作了补充说明。

会议通过了中华人民共和国主席、副主席、七届全国人大常委会委员长、副委员长、秘书长、委员，中华人民共和国中央军事委员会主席，最高人民法院院长，最高人民检察院检察长 5 项候选人名单，决定将这五项候选人名单提请大会选举。

为了保证大会各项选举工作的顺利进行，各代表团推选出监票人 31 人。会议通过了这个监票人名单草案，并建议顾二熊、戴保兴两代表为总监票人，决定会后将总监票人、监票人名单草案印发各代表团，提请大会通过。

万里在会上说，关于国务院机构改革方案的决定草案，上次主席团会议通过并经各代表团讨论，准备提请 9 日召开的大会通过。

全国政协七届一次会议主席团第三次会议举行

会议通过了政协第七届全国委员会主席、副主席、秘书长和常务委员候选人名单，这个名单将提交全体会议选举。

大会主席团常务主席李先念主持会议并讲了话。他说，这次政协会议，是团结的会议，民主的会议。中共中央关于国家领导人的人事安排，是和各党派、人民团体充分协商酝酿后确定的，是得体的、合理的；我们政协常委的安排也是恰当的，对此我表示完全赞同。

李先念说，近 40 年来，人民政协在毛泽东、周恩来、邓小平、邓颖超几任主席的领导下，做了很多工作，取得了很大成绩。我们七届政协要团结一致，把工作做得更好。

受大会主席团常务主席的委托，阎明复在会上汇报了各小组讨论候选人名单的情况。他说，委员们在分组讨论中对名单草案进行了认真审议，提出了很好的意见。一些委员认为现在的候选人结构不尽合理，年龄也偏高。他认为委员们的意见可以考虑，并建议七届政协常委会逐步加以改进，常务主席会议根据委员们的建议，同意增 1 人为常委候选人。这样提交大会选举的常委候选人共为 310 人。

会议还通过选举监票人、总监票人名单。监票人是：王运华、王钧祥、王淑玲、毛增滇、巴岱、厉志成、白大华、刘亦铭、刘柏年、杜宪、李峰、李家明、杨国桢、邱国义、汪慕恒、张士勋、张良志、张瑞芳、张鹤镛、尚德俊、胡鸿烈、段成桂、袁龙蔚、徐少甫、翁曙冠、高锡朋、黄天明、黄世明、滕颖、颜捷先、潘复兰。总监票人是白大华、杜宪。

会议通过了政协七届一次会议政治决议草案和政协七届一次会议提案审查情况的报告草案，并决定将这两个草案提交全体会议通过。大会秘书长周绍铮、提案委员会副主任彭友今分别就政协决议草案、提案审查情况等问题作了说明。

主席团常务主席王任重、方毅、谷牧、杨静仁、康克清、帕巴拉·格列朗杰、胡子昂、钱昌照、周培源、邓兆祥、赵朴初、屈武、马文瑞、刘靖基、王恩茂、钱学森、钱伟长、胡绳、孙晓村、程思远、钱正英、苏步青、司马义·艾买提出席了会议。

全国耕地占用税工作会议在北京召开

国务院副总理田纪云在全国耕地占用税工作会议上强调，为了保证我国国民经济发展和人民生活不断提高的需要，必须加强农业资源的开发和建设。

田纪云说，应当清醒地看到，促使我国农业进一步发展，是一项艰巨的任务，必须作出极大的努力。他特别强调要集中力量搞好农业资源的开发和建设。他说，实现农业持续稳定发展，达到本世纪末我们的奋斗目标，光靠现有资源吃老本不行。我国地域广阔，资源丰富，未开垦的荒山、荒坡、荒地、荒水及滩涂很多，中低产田面积很大。农业开发方面的潜力很大。要有计划有步骤有重点地去搞。从今年起，国家将侧重抓黑龙江的三江平原开发，黄淮海平原开发，胶东沿海滩涂开发，广西、云南、新疆糖料基地及有关省区肉类基地建设，以后根据条件的可能逐步展开。

田纪云指出，征收耕地占用税是发展农业的一项重要资金来源，必须把这项工作抓好。要依法办事，把应征收的耕地占用税全部收上来，不能随意越权减免，不能无理拒交。要管理好这笔资金，真正做到取之于农，用之于农，不能挪作他用，更不能搞集团购买、建楼堂馆所。要采取专款专用、择优扶持、投入产出挂钩的办法，使用好这项资金。

财政部副部长项怀诚在会上说，耕地占用税将按照“取之于土、用之于土”的原则全部用于发展农业生产。今年征收的耕地占用税中央和地方对半分成，上交中央部分将实行包干办法，超收全部留给地方。

项怀诚说，《中华人民共和国耕地占用税暂行条例》颁布已一年，但各地征收任务完成不好。主要原因是一些地方和部门的领导对征收耕地占用税重视和支持不够。

项怀诚指出，为保证农业、特别是粮食生产稳定增长，需要有计划、有步骤、有重点地开发农用土地资源。中央通过集中耕地占用税款来重点保障这一资金需要。各级领导要增强全局观念，带头执行国家税法，支持财政部门依法征税，督促所属单位依法履行纳税义务，不要干扰、阻挠征税。国务院已决定对 1988 年耕地占用税征收实行包干的办法，超收全部留给地方，短收部分由地方财政补足。对 1987 年应征未征的耕地占用税，今年要继续征收。任何地区和部门不得自行降低征税标准，扩大减免税范围；对超越管理权限下达的减免税文件,财政部门有权拒绝执行。仍征收垦复费的地区,应立即停止征收,不搞税费并存,增加占地单位的负担。

项怀诚强调,耕地占用税金必须管好用好,不得挪作他用。中央集中的耕地占用税款将按照“统筹规划集中使用”的原则,用于重点地区的土地开发和商品粮基地建设项目,目前主要用于东北三江平原和黄淮海流域。留给地方的也主要用于开垦宜耕土地和整治改良现有耕地,做到专款专用,先收后支。

4月8日

七届全国人大一次会议在人民大会堂举行第六次全体会议

会议上,大会执行主席宋平说,有的代表提出,七届全国人大常委会组成人员候选人名单中,有同志担任着国家行政机关的职务,根据宪法关于“全国人民代表大会常务委员会的组成人员不得担任国家行政机关、审判机关和检察机关的职务”的规定,投这些同志的赞成票是否合适?

宋平说,对于这个问题的处理要按照宪法的规定办理。七届全国人大常委会组成人员候选人中担任着国家行政机关、审判机关和检察机关的职务的同志,一旦当选,就要按宪法规定,辞去或免去其所担任的国家行政机关、审判机关和检察机关的职务,所以,投票人可以按自己的意愿投这些同志的赞成票。

会议首先通过了31名监票人名单。顾二熊、戴保兴为总监票人。

按照前次全体会议通过的选举办法,今天,国家主席、副主席,全国人大常委会委员长、副委员长、秘书长,中央军委主席,实行等额选举;全国人大常委会委员是差额选举。委员候选人共144人,按规定选委员135人,差额9人。

执行主席宋平宣布:根据总监票人报告,国家主席、副主席的选举票发出2883张,收回2883张;全国人大常委会委员长、副委员长、秘书长的选举票发出2883张,收回2883张;全国人大常委会委员的选举票发出2883张,收回2883张;中央军委主席的选举票发出2883张,收回2883张。收回票与发出票张数相符,本次投票有效。

宋平宣布选举结果:

杨尚昆当选为中华人民共和国主席,王震当选为中华人民共和国副主席;

万里当选为七届全国人大常委会委员长,习仲勋、乌兰夫、彭冲、韦国清、朱学范、阿沛·阿旺晋美、班禅额尔德尼·确吉坚赞、赛福鼎·艾则孜、周谷城、严济慈、荣毅仁、叶飞、廖汉生、倪志福、陈慕华、费孝通、孙起孟、雷洁琼、王汉斌等19人当选为全国人大常委会副委员长,彭冲当选为秘书长;

丁光训等135人当选为全国人大常委会委员;

邓小平当选为中华人民共和国中央军事委员会主席。

大会的执行主席还有万里、彭冲、王庭栋、石玉珍、白立忱、伍禅、刘念智、孙敏初、李桂英、杨明、邹瑜、张兴让、陈光毅、陈邃衡、周礼荣、侯宗宾、倪志福、黄炳新、尉健行、雷洁琼等。

中华人民共和国全国人民代表大会公告第一号

第七届全国人民代表大会第一次会议于1988年4月8日选出:

中华人民共和国主席　杨尚昆

中华人民共和国副主席　王　震

现予公告。

中华人民共和国第七届全国人民代表大会
第一次会议主席团
1988年4月8日于北京

中华人民共和国全国人民代表大会公告第二号

第七届全国人民代表大会常务委员会委员长、副委员长、秘书长和委员由第七届全国人民代表大会第一次会议于1988年4月8日选出:

委员长

万　里

副委员长

习仲勋　乌兰夫(蒙古族)　彭　冲　韦国清(壮族)
朱学范　阿沛·阿旺晋美(藏族)
班禅额尔德尼·确吉坚赞(藏族)
赛福鼎·艾则孜(维吾尔族)　周谷城　严济慈　荣毅仁
叶　飞　廖汉生(土家族)　倪志福　陈慕华(女)
费孝通　孙起孟　雷洁琼(女)　王汉斌

秘书长

彭　冲(兼)

委员(按姓氏笔画排序)

丁光训　马万祺　马木托夫·库尔班(维吾尔族)
马　洪　马腾霭(回族)　王永幸　王　伟
王秉鋆(布依族)　王金陵　王厚德　王润生　王　猛
王耀伦(苗族)　扎喜旺徐(藏族)　区棠亮(女)
邓家泰　厉以宁　平措汪杰(藏族)　叶叔华(女)
叶笃正　史来贺　冯之浚(回族)　朱　荣　朱德熙
伍觉天　任新民　刘大年　刘东生　刘有光　刘　伟
刘延东(女)　刘念智　江　平　许家屯　许嘉璐
孙敬文　阴法唐　李学智　李　朋　李　贵　李剑白

李宣化 李桂英(女,彝族) 李崇淮 李 清 李 琦
李瑞山 杨立功 杨纪珂 杨 明(白族)
杨初桂(女,侗族) 杨 波 杨烈宇 杨海波 杨 浚
杨 铿 吴大琨 吴仲华 何 英 何浣芬(女)
邹 瑜 宋一平 宋则行 宋汝棼 宋承志 张再旺
张有隽(瑶族) 张 忱(女) 张承先 张 挺
陈 先 陈宗基 陈舜礼 陈邃衡 林兰英(女)
林丽韫(女) 林涧青 郁 文 周占鳌 孟连昆
赵复三 赵 修 郝诒纯(女) 胡代光 胡克实
胡绩伟 胡德华(女) 蚁美厚 段苏权 姚 广
姚 峻 贺进恒 贺敬之 秦 川 袁雪芬(女)
莫文祥 顾 明 钱 敏 徐运北 徐采栋 徐起超
爱新觉罗·溥杰(满族) 高 修 高登榜
郭力文(女) 郭秀珍(女) 陶 力 陶大镛
陶爱英(壮族) 黄玉昆 黄志刚 黄顺兴
曹龙浩(朝鲜族) 曹思明 符 浩 章文晋 章师明
章瑞英(女) 清格尔泰(蒙古族) 梁灵光
彭清源 董建华 董耐芳(女) 董辅礽 董寅初
傅奎清 曾 涛 谢怀德 谢铁骊 楚 庄 蔡子民
熊 复 颜金生 潘 焱 霍英东

现予公告。

中华人民共和国第七届全国人民代表大会
第一次会议主席团
1988年4月8日于北京

中华人民共和国全国人民代表大会公告第三号

第七届全国人民代表大会第一次会议于1988年4月8日选举邓小平为中华人民共和国中央军事委员会主席。

现予公告。

中华人民共和国第七届全国人民代表大会
第一次会议主席团
1988年4月8日于北京

国务院决定进一步扩大中国沿海经济开放区的范围并发出通知

国务院向各省、自治区、直辖市和国务院各部门发出通知说,为贯彻实施沿海地区的经济发展战略,充分发挥沿海地区的优势,积极发展外向型经济,促进我国的社会主义现代化建设,国务院决定适当扩大沿海经济开放区。

国务院决定扩大的沿海经济开放区范围

天津市:静海、宁河、宝坻、武清、蓟县。

河北省:唐山市及所辖的丰南、滦南、乐亭、唐海、滦县;沧州市及所辖的沧县、青县;黄骅县、海兴县;秦皇岛市所辖的昌黎、抚宁、卢龙县。

辽宁省:丹东市及所辖的东沟、凤城县;营口市及所辖的营口、盖县;盘锦市及所辖的盘山、大洼县;锦州市及所辖的锦西、兴城市、锦县、绥中县;鞍山市及所辖的海城市;辽阳市及所辖的辽阳、灯塔县;大连市所辖的瓦房店市、新金、庄河县及由金县改成的金州区;沈阳市。

江苏省:南京市及所辖的江宁、六合、江浦县;镇江市及所辖的丹徒、丹阳、扬中、句容县;扬州市及所辖的泰州、仪征市、邗江、江都、靖江、泰兴、泰县;盐城市及所辖的射阳、东台、大丰、响水、滨海县;南通市所辖的南通、海门、启东、如东、如皋、海安县;连云港市所辖的赣榆、东海、灌云县。

浙江省:杭州市及所辖的萧山市、余杭、富阳、桐庐、临安县;绍兴市及所辖的绍兴、上虞、嵊县;嘉兴市所辖的平湖、海盐县;湖州市所辖的长兴县;宁波市所辖的余姚市、慈溪、奉化、宁海、象山、鄞县;温州市所辖的瓯海、乐清、瑞安、平阳、苍南、永嘉县;椒江市、临海市、黄岩县。

福建省:宁德、霞浦县。

山东省:威海市所辖的荣成、文登、乳山县;潍坊市及所辖的诸城、青州市、昌邑、昌乐、高密、五莲、寿光、安丘县;淄博市及所辖的桓台县;青岛市所辖的胶州市、平度、崂山、即墨、胶南、莱西县;烟台市所辖的龙口、莱阳市、牟平、蓬莱、招远、海阳、栖霞县;莱州市;日照市。

广西壮族自治区:梧州市及所辖的苍梧县;北海市所辖的合浦县;玉林市、钦州市、防城县。

国家农业土地开发建设基金管理领导小组与黑龙江省政府就联合开发黑龙江省三江平原农业商品生产基地项目在北京签订协议书

国家农业土地开发建设基金管理领导小组副组长、农牧渔业部部长何康、黑龙江省省长侯捷分别在协议书上签了字。

国务院副总理田纪云出席了签字仪式。

把竞争机制引入土地开发建设,实行招标承包经营,是三江平原农业综合开发建设项目的主要特点。国务院决定把黑龙江三江平原地区列为国家重点农业综合开发区,在统一规划部署下,建设以生产商品粮豆为主的国家级农产品生产基地,以保障长期稳定地向国家提供商品粮豆以及其他农副产品。三江平原农业综合开发建设项目,将由黑龙江省向国家承包开发,省人民政府负责组织领导,国家农业土地开发建设资金管理领导小组予以指导和支持。这个开发项目除国家、地方投资外,还吸收省外,国外投资,动员企业、集体、个人投资金、投物资、投设备、投技术、投劳动力,进行

开发承包。

这项开发建设项目,以种好现有耕地,改造低产田,扩大水田面积,提高单位面积产量为主;同时,随着农田水利基本建设的进展,适当开垦荒地,扩大耕地面积。计划从今年到1995年,把三江平原建成农林牧副渔全面发展、土水田林路综合治理的商品生产基地。

三江平原农业综合开发建设协议书还在生产开发与技术开发结合、国家提供物资条件及有关优惠政策等方面,都作了明确的规定。

叶挺将军摄影作品展览在北京开幕

展出的作品约400件,主要是叶挺将军1938年到1940年任新四军军长期间在皖南的作品,也有他为抗战奔波于武汉、重庆、上饶、金华和韶关等地的摄影作品。

4月9日

七届全国人大一次会议主席团在人民大会堂举行第六次会议

132名主席团成员出席了会议。会议由常务主席万里主持。

会议通过了关于政府工作报告的决议草案,通过了中华人民共和国宪法修正案草案,决定将这两个草案提请大会通过。

全国人大法律委员会主任委员王汉斌代表法律委员会在会上作了关于中华人民共和国全民所有制工业企业法草案和中华人民共和国中外合作经营企业法草案审议结果的报告。

会议通过了王汉斌所作的这个报告,决定会后将这个审查报告印发全体代表。

这次大会期间,代表们对全民所有制工业企业法草案和中外合作经营企业法草案进行了审议,提出了一些修改意见和建议。根据代表们提出的这些意见和建议,对这两个法律草案又做了修改。

会议上,刘延东、孙鸿烈、黄知真、廖晖、班禅额尔德尼·确吉坚赞、林兰英、蒋一苇、王淑贤、李瑞环、倪志福、叶飞等发言,就全民所有制工业企业法草案中应规定共青团、妇联、科协等群众组织的地位和作用,企业法与国务院有关规定的关系,少数民族职工的培养,职工群众在企业中的地位和作用,女职工的特殊困难,发挥职工中青年、妇女的作用等方面的问题,发表了意见。

常务主席彭冲建议,大家的意见可以在会后找有关方面的负责同志议一次,提交主席团常务主席研究。大家同意彭冲的这个建议。

会议原则通过了全民所有制工业企业法草案,提请大会通过。

会议决定将修改过的中外合作经营企业法草案印发各代表团审议,提请大会通过。

会议通过了关于成立中华人民共和国澳门特别行政区基本法起草委员会的决定草案、关于设立海南省的决定草案、关于建立海南经济特区的决议草案、关于全国人大常委会工作报告的决议草案、关于最高人民法院工作报告的决议草案、关于最高人民检察院工作报告的决议草案,决定将这些决定、决议草案提请大会通过。

会议还通过了大会秘书处关于代表提出的议案和建议的处理意见的报告。

全国人大法律委员会主任委员王汉斌在七届全国人大一次会议上作关于全民所有制工业企业法草案和中外合作经营企业法草案审议结果的报告

王汉斌会议上说,法律委员会认为全民所有制工业企业法草案和中外合作经营企业法草案的修改稿基本可行。

王汉斌说,出席七届全国人大一次会议的代表,从3月31日到4月5日,对中华人民共和国全民所有制工业企业法草案、中华人民共和国中外合作经营企业法草案进行了认真的审议,提出了许多很好的意见。代表们认为:全民所有制工业企业法是一个重要的基本法律,草案总结了改革的成功经验,对企业的若干重大问题作出了法律规定,体现了党的十三大精神,必将对深化改革起重要的推动作用。中外合作经营企业法是一部重要的涉外经济法律,草案总结了几年来举办中外合作经营企业的成功经验,体现了对外开放的方针,必将促进中外合作经营企业的进一步发展。代表们认为,这两个法律草案基本成熟,建议本次大会修改后通过颁布。

他说,法律委员会于4月5日、6日召开会议,根据各代表团的审议意见和六届全国人大常委会第二十五次会议的审议意见,对两个法律草案逐条进行了审议。法律委员会认为,这两个法律草案经过较长时间的调查研究,广泛征求了各方面的意见,并且经过多次审议修改,基本可行。同时,建议根据代表和常委会委员的意见做一些修改,并在主席团常务主席会议上作了汇报和讨论修改。

一、关于《中华人民共和国全民所有制工业企业法(草案)》的修改建议:

草案第四十五条规定,"厂长在企业中处于中心地位,依法对企业负有全面责任""厂长领导企业的生产、经营管理工作和精神文明建设"。有些代表提出,厂长对企业的精神文明建设应当负责，但是企业的精神文明建设包括的范围很广，规定都由厂长领导有困难，这样也不利于厂长集中精力抓好企业的生产经营管理工作。因此，建议将上述规定修改为："厂长在企业中处于中心地位，对企业的物质文明和精神文明建设负有全面责任"。

草案第五十六条规定，政府有关部门"运用经济、法律和必要的行政手段对企业实行管理和监督"。有些代表提出，政府有关部门应当依照法律、法规对企业实行管理和监督，运用"必要的行政手段"的提法，容易给政府部门随意干预企业的生产经营活动留下口子。因此，建议将上述规定修改为，政府有关部门"依照法律、法规的规定对企业实行管理和监督"。

草案第四十四条第三款规定，"政府主管部门委任或者招聘的厂长，由政府主管部门免职、解聘"。有些代表提出，政府主管部门免除厂长职务，也应当征求职工的意见。因此，建议将上述规定修改为："政府主管部门委任或者招聘的厂长，由政府主管部门免职或者解聘，并须征求职工代表的意见"。

草案第十九条第(二)项规定，企业由"政府主管部门决定解散"而终止。有些代表提出，解散企业，应当由政府部门依照法律、法规的规定作出决定，不能随意决定。因此，建议将"政府主管部门决定解散"修改为"政府主管部门依照法律、法规的规定决定解散"。

有些代表提出，企业法应当增加关于加强国防教育的内容。因此，建议将草案第四十二条修改为："企业应当加强思想政治教育、法制教育、国防教育、科学文化教育和技术业务培训，提高职工队伍的素质"。

草案第六十七条规定，"国务院有关主管部门根据本法制定实施条例，报国务院批准施行"。有些代表提出，企业法是一个重要的法律，应当由国务院制定统一的实施条例。因此，建议将这一条修改为，"国务院根据本法制定实施条例"。

有些代表提出，应规定民族自治地方可以根据本法制定变通规定。因此建议增加规定，"自治区人民代表大会常务委员会可以根据本法和《中华人民共和国民族区域自治法》的原则，结合当地的特点，制定实施办法，报全国人民代表大会常务委员会备案"。

二、关于中外合作经营企业法(草案)的修改建议：

草案第五条规定，"申请设立合作企业，应当将中外合作者签订的协议、合同、章程等文件报国务院对外经济贸易主管部门或者国务院授权的机关(以下简称审查批准机关)审查批准。审查批准机关应当在接到申请之日起60天内决定批准或者不批准"。有些代表提出，应当明确规定国务院授权的机关包括地方政府，同时，审批时间应当缩短。因此，建议将草案这一条修改为："申请设立合作企业，应当将中外合作者签订的协议、合同、章程等文件报国务院对外经济贸易主管部门或者国务院授权的部门和地方政府(以下简称审查批准机关)审查批准。审查批准机关应当自接到申请之日起45天内决定批准或者不批准"。

草案第七条规定，"中外合作者在合作期限内协商同意变更合作企业合同，应当按照规定报审查批准机关批准；变更内容涉及法定工商登记项目、税务登记项目的，应当向工商行政管理机关、税务机关办理变更登记手续"。有些代表提出，合作企业合同的变更，如果不是重大的变更，就没有必要一律报审查批准机关批准。因此，建议将草案这一条修改为："中外合作者在合作期限内协商同意，对合作企业合同作重大变更的，应当报审查批准机关批准；变更内容涉及法定工商登记项目、税务登记项目的，应当向工商行政管理机关、税务机关办理变更登记手续"。

草案第十二条第二款规定，"合作企业成立后改为委托第三者经营管理的，应当经董事会或者联合管理机构一致同意，报审查批准机关备案，并向工商行政管理机关办理变更登记手续"。有些代表提出，合作企业成立后改为委托中外合作者以外的他人经营管理的，属于合作企业合同的重大变更，应当报审查批准机关批准。因此，建议草案第十二条第二款修改为："合作企业成立后改为委托中外合作者以外的他人经营管理的，必须经董事会或者联合管理机构一致同意，报审查批准机关批准，并向工商行政管理机关办理变更登记手续"。

草案第十五条规定，"合作企业必须在中国境内设立会计账簿，按照规定报送会计报表，并接受财政税务机关的监督"。有些代表提出，对拒绝在中国境内设置会计账簿的合作企业应当规定处理办法。因此，建议在草案第十五条中增加一款，作为第二款："合作企业违反前款规定，不在中国境内设置会计账簿的，财政税务机关可以处以罚款，工商行政管理机关可以责令停止营业或者吊销其营业执照"。

他说，代表们还对两个法律草案提出了不少好的意见，考虑到有的可以在实施细则中规定，有的可以在其他法律中规定，有的可由有关部门在工作中注意解决，因此，在这两个法律草案中未作规定。王汉斌说，法律委员会对这两个法律草案已按照上述意见做了修改，建议主席团审议后提请大会审议通过。

七届全国人大一次会议在人民大会堂举行第七次全体大会

大会执行主席万里宣布会议开始。2877名代表出席了会议。

会议首先以举手表决的方式通过关于国务院机构改革方案的决定，决定原则批准国务院机构改革方案。

接着，大会宣读了国家主席杨尚昆提名国务院总理人选的信和中央军委主席邓小平提名中央军委副主席、委员人选的信。

根据宪法规定，国务院总理人选由国家主席提名，中央军委副主席、委员人选，由中央军委主席提名，因此，代表们对国务院总理人选、中央军委副主席和委员的人选，在表决票上可以赞成，可以否决或弃权，但不能另提他人。最高人民法院院长、最高人民检察院检察长是选举票，代表们可以另选他人。

执行主席万里宣布：根据总监票人的报告，决定国务院总理人选的表决票发出2877张，收回2877张；决定中央军委副主席、委员的表决票发出2877张，收回2877张；选举最高人民法院院长的选票发出2877张，收回2876张；选举最高人民检察院检察长的选票发出2877张，收回2875张。本次投票有效。

经过监票人和计票工作人员计票，大会执行主席万里宣布：

李鹏为中华人民共和国国务院总理。

赵紫阳、杨尚昆为中华人民共和国中央军事委员会副主席，洪学智、刘华清、秦基伟、迟浩田、杨白冰、赵南起为中华人民共和国中央军事委员会委员。

任建新当选为最高人民法院院长。

刘复之当选为最高人民检察院检察长。

大会执行主席还有宋平、彭冲、王淑贤、平措汪杰、召存信、伍精华、刘复之、孙鸿烈、李瑞山、杨辉、沈祖伦、张茂忠、陈先、林月琴、赵南起、姜圣阶、爱新觉罗·溥杰、曹龙浩、解峰。

七届全国人大一次会议关于国务院机构改革方案的决定

（1988年4月9日第七届全国人民代表大会第一次会议通过）

第七届全国人民代表大会第一次会议审议了国务院机构改革方案和国务委员宋平关于国务院机构改革方案的说明，决定原则批准国务院机构改革方案。

国务院机构改革方案

根据政府机构改革要建立一个符合现代化管理要求，具有中国特色的功能齐全、结构合理、运转协调、灵活高效的行政管理体系的长远目标，以及党政分开、政企分开和精简、统一、效能的原则，今后五年改革的目标是，转变职能、精干机构、精简人员，提高行政效率，克服官僚主义，逐步理顺政府同企事业单位和人民团体的关系、政府各部门之间的关系以及中央政府同地方政府的关系。这次国务院机构改革的基本要求是：减少政府机构直接干预企业经营活动的职能，增强宏观调控职能，初步改变机构设置不合理和行政效率低下的状况。这个改革方案，适当裁减一些专业管理部门，完善或新建一些综合和行业管理机构。

具体变动情况如下：

一、拟撤销的部、委12个

1. 中华人民共和国国家计划委员会
2. 中华人民共和国国家经济委员会
3. 中华人民共和国劳动人事部
4. 中华人民共和国煤炭工业部
5. 中华人民共和国石油工业部
6. 中华人民共和国核工业部
7. 中华人民共和国城乡建设环境保护部
8. 中华人民共和国航空工业部
9. 中华人民共和国航天工业部
10. 中华人民共和国水利电力部
11. 中华人民共和国国家机械工业委员会
12. 中华人民共和国电子工业部

二、新组建的部、委9个

1. 中华人民共和国国家计划委员会
2. 中华人民共和国人事部
3. 中华人民共和国劳动部
4. 中华人民共和国物资部
5. 中华人民共和国能源部
6. 中华人民共和国建设部
7. 中华人民共和国航空航天工业部
8. 中华人民共和国水利部
9. 中华人民共和国机械电子工业部

三、保留的部、委、行、署32个

1. 中华人民共和国外交部
2. 中华人民共和国国防部
3. 中华人民共和国国家经济体制改革委员会
4. 中华人民共和国国家教育委员会
5. 中华人民共和国国家科学技术委员会
6. 中华人民共和国国防科学技术工业委员会
7. 中华人民共和国国家民族事务委员会
8. 中华人民共和国公安部
9. 中华人民共和国国家安全部
10. 中华人民共和国监察部
11. 中华人民共和国民政部
12. 中华人民共和国司法部
13. 中华人民共和国财政部
14. 中华人民共和国地质矿产部
15. 中华人民共和国冶金工业部
16. 中华人民共和国化学工业部
17. 中华人民共和国轻工业部

18. 中华人民共和国纺织工业部
19. 中华人民共和国铁道部
20. 中华人民共和国交通部
21. 中华人民共和国邮电部
22. 中华人民共和国农业部
23. 中华人民共和国林业部
24. 中华人民共和国商业部
25. 中华人民共和国对外经济贸易部
26. 中华人民共和国文化部
27. 中华人民共和国广播电影电视部
28. 中华人民共和国卫生部
29. 中华人民共和国国家体育运动委员会
30. 中华人民共和国国家计划生育委员会
31. 中国人民银行
32. 中华人民共和国审计署

四、转为事业单位的1个

新华通讯社

五、改革后的国务院组成部委41个

1. 中华人民共和国外交部
2. 中华人民共和国国防部
3. 中华人民共和国国家计划委员会
4. 中华人民共和国国家经济体制改革委员会
5. 中华人民共和国国家教育委员会
6. 中华人民共和国国家科学技术委员会
7. 中华人民共和国国防科学技术工业委员会
8. 中华人民共和国国家民族事务委员会
9. 中华人民共和国公安部
10. 中华人民共和国国家安全部
11. 中华人民共和国监察部
12. 中华人民共和国民政部
13. 中华人民共和国司法部
14. 中华人民共和国财政部
15. 中华人民共和国人事部
16. 中华人民共和国劳动部
17. 中华人民共和国地质矿产部
18. 中华人民共和国建设部
19. 中华人民共和国能源部
20. 中华人民共和国铁道部
21. 中华人民共和国交通部
22. 中华人民共和国机械电子工业部
23. 中华人民共和国航空航天工业部
24. 中华人民共和国冶金工业部
25. 中华人民共和国化学工业部
26. 中华人民共和国轻工业部
27. 中华人民共和国纺织工业部
28. 中华人民共和国邮电部
29. 中华人民共和国水利部
30. 中华人民共和国农业部
31. 中华人民共和国林业部
32. 中华人民共和国商业部
33. 中华人民共和国对外经济贸易部
34. 中华人民共和国物资部
35. 中华人民共和国文化部
36. 中华人民共和国广播电影电视部
37. 中华人民共和国卫生部
38. 中华人民共和国国家体育运动委员会
39. 中华人民共和国国家计划生育委员会
40. 中国人民银行
41. 中华人民共和国审计署

中华人民共和国全国人民代表大会公告第四号

第七届全国人民代表大会第一次会议于1988年4月9日根据中华人民共和国主席的提名，决定李鹏为中华人民共和国国务院总理。

现予公告。

中华人民共和国第七届全国人民代表大会

第一次会议主席团

1988年4月9日于北京

中华人民共和国全国人民代表大会公告第五号

第七届全国人民代表大会第一次会议于1988年4月9日根据中华人民共和国中央军事委员会主席的提名，决定：

赵紫阳、杨尚昆为中华人民共和国中央军事委员会副主席；

洪学智、刘华清、秦基伟、迟浩田、杨白冰、赵南起(朝鲜族)为中华人民共和国中央军事委员会委员。

现予公告。

中华人民共和国第七届全国人民代表大会

第一次会议主席团

1988年4月9日于北京

中华人民共和国全国人民代表大会公告第六号

第七届全国人民代表大会第一次会议于1988年4月9日选举任建新为中华人民共和国最高人民法院院长。

现予公告。

中华人民共和国第七届全国人民代表大会

第一次会议主席团

1988年4月9日于北京

中华人民共和国全国人民代表大会公告第七号

第七届全国人民代表大会第一次会议于1988年

4月9日选举刘复之为中华人民共和国最高人民检察院检察长。

现予公告。

中华人民共和国第七届全国人民代表大会
第一次会议主席团
1988年4月9日于北京

国家主席杨尚昆签署第1号令任命国务院总理

根据中华人民共和国第七届全国人民代表大会第一次会议的决定，任命李鹏为中华人民共和国国务院总理。

中华人民共和国主席　杨尚昆
1988年4月9日

中国乡镇一级财政迅速建立

据《人民日报》报道，截至1987年年底，已有91.4%的乡(镇)建立了乡(镇)一级财政，配备乡(镇)一级财政人员18.1万人。不少地区开始执行乡(镇)年度预算、决算提请乡镇人代会审查的制度。

乡(镇)财政的建立，进一步完善了乡(镇)政权的财政经济职能。据统计，1987年由乡(镇)财政组织的预算内收入已达210亿元，分别占同期全国地方财政收入和县级财政收入的14.3%和41.4%，还组织预算外收入11.3亿元。

国家教委颁布《成人高等学校设置的暂行规定》

第一章　总　则

第一条　为加强成人高等教育的宏观管理，保证成人高等学校的质量，促进成人高等教育协调发展，制定本规定。

第二条　本规定所称的成人高等学校，是指以在职在业者为主要培养对象的教育学院(含成人教育学院)、管理干部学院、职工高等学校、农民高等学校及独立设置的业余大学、函授学院。

中央和地方广播电视大学以及高等教育自学考试机构的设置和管理，另按国家其他有关规定执行。

第三条　成人高等学校的设置，由国家教育委员会或它委托的机构审批。

第四条　成人高等学校的主要任务是：结合经济建设和社会发展的需要，对在职、在业而又达不到岗位要求的高等文化程度和专业水平的人员，进行相应的文化和专业教育；对中等以上层次的从业人员，进行相应的岗位培训。对具有大学专科以上学历或中级以上技术职务的在职专业技术人员、管理人员，进行继续教育。

第五条　设置成人高等学校，应当根据经济建设和社会发展的需要及办学条件的可能，统筹规划，合理布局，处理好发展成人高等教育同发展普通高等教育、职业技术教育的关系，处理好各类成人高等教育之间的关系，讲求办学质量和办学效益。

第六条　凡通过现有成人高等学校的扩大招生、增设专业、联合办学、发展普通高等学校函授或夜大学教育及发展广播电视教育等途径，能够基本满足人才需求的，不另行增设成人高等学校。

第七条　正式建立的成人高等学校可根据实际需要和师资、设备等条件，在其服务地区或行业所辖县或县级以上机关和企事业单位，设立校外直属教学机构(以下简称校外教学班)。

校外教学班的主要任务是开展岗位培训。

第八条　设置成人高等学校，按照隶属关系，由省、自治区、直辖市、计划单列市人民政府或国务院有关部门领导。其中设在地、市一级的教育学院，由省、自治区、直辖市人民政府和学校所在地人民政府双重领导。

国务院有关部门设置成人高等学校，在学校布局、专业设置、招生、办学形式、教学、制定长远规划和年度专科或本科招生计划等方面，应当接受学校所在地的省、自治区、直辖市、计划单列市教育行政部门的指导。

第九条　设置成人高等学校，应根据成人工作、学习的需要和办学条件的可能，确定办学形式。

成人高等学校各类培训的办学形式为业余、半脱产、脱产三种。

提倡成人高等学校之间、成人高等学校与普通高等学校之间以多种形式开展联合办学。

第二章　设置标准

第十条　设置成人高等学校，应当配备具有较高政治素质和管理成人高等教育工作的能力，达到大学本科文化水平的专职校(院)长和副校(院)长。同时，还应当配备专职的思想政治工作和科(室)、专业的负责人。

第十一条　成人高等学校在正式建校招生时，须按下列规定配备与学校的任务相适应的合格教师。

(一)成人高等学校的兼任教师人数，应当不超过本校专任教师的2/3。其中专科或本科专业的兼任教师人数，应当不超过本专业专任教师的1/3。

(二)本科专业必修的各门基础课和专业基础课，至少应分别配备具有讲师或相当于讲师以上专业技术职务的专任教师二人；各门必修专业课至少应分别配备具有讲师或相当于讲师以上专业技术职务的专任或兼任教师一人。

(三)专科专业必修的各门基础课和专业基础课，

至少应分别配备具有讲师或相当于讲师以上专业技术职务的专任教师二人,各门主要专业课程,至少应分别配备具有讲师或相当于讲师以上专业技术职务的专任或兼任教师一人。

(四)岗位培训或者继续教育,各门课程的教师来源应有切实的保证。除由专任教师任课外,应聘请具有丰富实践经验和技术专长的专家担任兼职教师。

(五)具有副教授或相当于副教授任职资格以上的专任教师人数,应当不低于本校专任及兼任教师总数的5%。

成人高等学校的级别和教职工的编制标准,根据学校不同类别,按其他有关规定执行。

第十二条 成人高等学校应当根据其服务地区和行业对人才的需要,合理设置专业和课程;学校建成时,专业数应当在三个以上。

第十三条 设置成人高等学校的计划规模,包括专科或本科、岗位培训及继续教育等各类在校学生数,总计应达到800人以上。

第十四条 成人高等学校在正式建校招生时,须具有与学校规模和任务相适应的专用校舍、图书资料、仪器设备及教学实习基地,保证教学、生活及学校长远发展的需要。所需校舍的占地面积和教学、生活用房设施的定额标准,根据成人教育的特点,参照国家关于新建普通高等学校校舍建筑面积、用地面积的定额办理。

成人高等学校的校舍可分期建设,但其可供使用的校舍面积,应当保证各年度招生的需要。

第十五条 设置成人高等学校所需的基本建设投资和教育事业费须有稳定的来源,学生人均经常费开支标准及使用办法,应区别不同培训目标的规格、要求和办学形式,按国家有关规定执行。

第三章 学校名称

第十六条 设置成人高等学校,应根据其办学任务、领导体制、行业类别和所在地方等,确定名实相符的、规范的学校名称。

第四章 审批验收

第十七条 国家教育委员会每年第三季度办理设置成人高等学校的审批手续。设置成人高等学校的主管部门,应在每年第三季度以前提出申请,逾期则延至下一年度审批时间办理。

第十八条 设置成人高等学校的审批程序,一般分为审批筹建和审批正式建校招生两个阶段。具备建校招生条件的,也可直接申请正式建校招生,举办专科或本科学历教育。

第十九条 设置成人高等学校,实行必要性和可行性的论证制度及论证责任制。

设置成人高等学校,应当由学校的主管部门邀请教育、计划、人才预测、劳动人事、财政、基本建设等有关部门和专家共同进行论证,并提出论证报告。

论证报告应包括下列内容:

(一)拟建学校的名称、校址、学科类别、专业设置、规模、领导体制,以及专科或本科、岗位培训、继续教育招生的地区、行业;

(二)人才需求预测、办学效益、成人高等教育与普通高等教育以及职业技术教育的布局;

(三)拟建学校的师资、经费、基本建设投资的来源;

(四)参加论证的单位名称、法定代表人的姓名和职务,论证参加人的姓名、专业技术职务。参加论证的单位和个人均应在论证报告上盖章或签字。

第二十条 凡经过论证,确需设置成人高等学校的,按学校隶属关系,由省、自治区、直辖市及计划单列市人民政府或国务院有关部门向国家教育委员会提出筹建成人高等学校的申请书,并附交论证报告、本规定所附的《筹建成人高等学校申请表》及其他有关保证性文件。

国务院有关部门申请筹建成人高等学校,还应附交学校所在地的省、自治区、直辖市及计划单列市人民政府的意见书。

第二十一条 成人高等学校的筹建期限,从批准筹建之日起,应当不少于一年,最长不得超过三年。

成人高等学校在筹建期间,经学校的主管部门同意,可开展适量的岗位培训。

第二十二条 经批准筹建的成人高等学校,凡具备本规定第二章设置标准规定的,按学校隶属关系,由省、自治区、直辖市及计划单列市人民政府或国务院有关部门向国家教育委员会提出正式建校招生的申请书,并附交筹建情况报告、本规定所附的《正式建立成人高等学校申请表》及其他有关保证性文件。

第二十三条 国家教育委员会在接到筹建成人高等学校申请书,或正式建校招生申请书后,应组织论证审查,并作出是否准予筹建或正式建校招生的决定。

第二十四条 经批准正式建立的成人高等学校,专科专业的设置,须按隶属关系,由学校报省、自治区、直辖市及计划单列市或国务院有关部门的教育行政部门审批,并报国家教育委员会备案;本科专业的设置,由学校报请省、自治区、直辖市及计划单列市或国务院有关部门的教育行政部门审查,报国家教育委员会批准。

正式建立的成人高等学校年度专科或本科招生计划,须纳入国家本年度招生计划;岗位培训和继续教育招生的审批,按国家有关规定执行。

第二十五条　按第七条规定，校外教学班的设置，须按所属学校的隶属关系，经省、自治区、直辖市及计划单列市或国务院有关部门的教育行政部门批准，并报国家教育委员会备案。

成人高等学校设立校外教学班，须符合下列三项条件：

(一)服务地区或行业的在职、在业人员岗位培训需求量大，学校本部校舍容纳困难，确有必要设立校外教学班的；

(二)已培养有一届以上专科(本科)合格毕业生；

(三)具有必要的师资、教学设备及管理人员，能够承担校外培训任务。

第二十六条　为保证新建成人高等学校的办学质量，实行考核验收制度。由国家教育委员会或它委托的机构，对新建成人高等学校的第一届专科(本科)毕业生进行考核验收。

新建成人高等学校开展岗位培训和继续教育的质量考核，按国家有关规定执行。

第五章　检查处理

第二十七条　凡违反本规定有下列情形之一的，由国家教育委员会区别情况，责令其整顿、停止招生或停办：

(一)不按本规定擅自筹建或建立成人高等学校的；

(二)在筹建期间擅自招收专科(本科)学生的；

(三)超过本规定第二十一条的筹建期限，仍未具备正式建校招生条件的；

(四)从批准正式建校招生之日起五年内，生源缺乏或达不到正常的教师配备标准和办学条件的；

(五)第一届专科(本科)毕业生经考核达不到国家规定要求的；

(六)校外教学班不符合本规定第二十五条规定，办学质量低劣的。

第六章　附　则

第二十八条　本规定施行前的有关规定，凡与本规定相抵触的，以本规定为准。

第二十九条　对本规定施行前设置的成人高等学校，应当参照本规定的要求进行整顿。整顿办法，由国家教育委员会另行制定。

第三十条　中国人民解放军编制序列的干部学校，中国共产党的各级党校，其设置办法，按国家其他有关规定执行。

第三十一条　本规定由国家教育委员会负责解释。

第三十二条　本规定自发布之日起施行。

国家教委发出通知要求各地办好所有初中逐步取消重点学校

据《人民日报》报道，国家教委最近发出通知，要求各地在办好所有初中的过程中逐步取消重点初中。国家教委同时转发了天津、大连、济南等市加强初中教育，改革初中招生制度的经验。

通知要求已经普及初中教育的地方，要认真贯彻国家教委关于改革初中招生办法的通知精神，取消小学升初中的升学考试，实行就近入学。要处分认识改革初中招生办法的重要意义，以高度负责的精神，采取切实措施，进一步完善改革，真正使小学从片面最求升学率的压力下解脱出来，减轻学生过重的学习负担，使广大学生在德、智、体、美诸方面都能够生动活泼地、主动地得到发展，是青少年一代的素质得到普遍的提高。各地要继续采取措施，加强小学建设，改善办学条件。要注意防止因取消初中生招生考试而放松对学生学习的基本要求。

通知要求各地切实加强薄弱初中的建设，做好规划，动员社会各界力量，采取有效措施，争取在两三年的时间内，使这些薄弱初中的校舍、办学经费、师资水平、教学仪器设备等办学条件，有个根本的改善。

中国首次发现藏族工艺百科全书

中国科学院自然科学史研究所硕士生王工在察雅香堆寺住持高僧强巴的帮助下，找到了一部珍贵的藏族工艺百科全书。这部藏族古代技术专著，汉语译为《灿烂光照下能满足一切欲望的各种制作技术》。该书用纸为藏区特有的狼毒原料纸，纸色深黄，红粗布包面，全部为竹笔黑墨写成。要点处以朱砂写就，字迹仍很清楚。全书149页，约26000词。书中详细记载了制造纸、墨、香、陶器、宝石，加工金、银、铜、铁、珠宝、象牙，铸造金属以及保存火种、密写、腐蚀等技术7大类、80种，提供了工艺配方126种，其中一些是已失传多年的生产技术。

经4位藏族学者鉴定，此书作者为古代藏族著名学者丹增彭措。此书写成应在1702年至1717年之间，即比著名的《天工开物》晚60—80年。在浩如烟海的藏文典籍中，这是今天所能见到的唯一一部关于古代藏族技术的专门著作。

李梅素 黄志红双破女子铅球亚洲纪录

中国河北选手李梅素和浙江运动员黄志红，分别把4公斤重的铅球推到了21.08米和21.01米处，打破了女子铅球亚洲纪录。

4月10日

全国政协七届一次会议第七次大会在人民大会堂举行

出席全国政协七届一次会议的1800多名委员，以无记名投票方式选举李先念为七届全国政协主席，还选出28名七届全国政协副主席、1名秘书长和280名常务委员。

新当选的28名副主席是：王任重、阎明复、方毅、谷牧、杨静仁、康克清、帕巴拉·格列朗杰、胡子昂、钱昌照、周培源、缪云台、王光英、邓兆祥、赵朴初、屈武、巴金、马文瑞、刘靖基、王恩茂、钱学森、钱伟长、胡绳、孙晓村、程思远、卢嘉锡、钱正英、苏步青、司马义·艾买提；秘书长是周绍铮。

上午9时，大会执行主席阎明复宣布选举开始。他说，七届全国政协委员总数为2081人，今天到会参加选举的委员是1839人，超过委员总数的半数，符合法定人数。

阎明复宣布投票结果：截至投票前，实到委员1839人，发出选票各1839份，计算机收回选票各1838份，本次选举有效。接着，监票人、工作人员开箱取票，统计另选人票数。

选举大会的执行主席还有康克清、屈武、程思远、钱学森。

全国政协七届一次会议在人民大会堂闭幕

新当选的七届全国政协主席李先念在闭幕词中赞扬这次会议是一次民主的大会，团结的大会，成功的大会。

会议由七届全国政协副主席王任重主持，副主席阎明复、方毅、谷牧、杨静仁、康克清、帕巴拉·格列朗杰、胡子昂、钱昌照、周培源、缪云台、王光英、邓兆祥、赵朴初、屈武、马文瑞、刘靖基、王恩茂、钱学森、钱伟长、胡绳、孙晓村、程思远、钱正英、苏步青、司马义·艾买提，秘书长周绍铮，在主席台前排就座。

赵紫阳、杨尚昆、李鹏、万里、彭真、邓颖超、乔石、胡启立、姚依林、王震等同志出席会议，热烈祝贺政协七届一次会议闭幕。

会议原则通过了全国政协七届一次会议政治决议。决议要求人民政协各级组织充分发挥自己的特点和优势，团结一切可以团结的力量，调动一切积极因素，同心同德，群策群力，维护与发展安定团结的政治局面，为推进中国的社会主义现代化建设事业作出不懈的努力。

会议原则通过了全国政协七届一次会议提案审查情况的报告。报告说，截至4月8日，提案委员会共收到委员提案1734件，内容涉及经济建设、教育、科技、文化、卫生、政法、劳动人事等许多方面。报告认为，委员们提出大量提案，表现了强烈的参政议政意识和为振兴中华贡献力量的政治热忱。

在通过政治决议和提案审查情况报告时，10名委员对决议和报告提出了修改意见。

李先念在会上致闭幕词。

出席会议的还有：田纪云、李铁映、李瑞环、吴学谦、宋平、秦基伟、丁关根、薄一波、宋任穷、芮杏文、温家宝、王平、王首道、伍修权、刘澜涛、李德生、杨得志、陆定一、陈丕显、陈锡联、段君毅、黄镇、康世恩、习仲勋、乌兰夫、彭冲、韦国清、朱学范、阿沛·阿旺晋美、班禅额尔德尼·确吉坚赞、周谷城、严济慈、荣毅仁、叶飞、廖汉生、倪志福、陈慕华、费孝通、孙起孟、雷洁琼、王汉斌、宋健、任建新、洪学智、刘华清、楚图南、郑天翔、杨易辰、杨成武、陈再道、吕正操、包尔汉、汪锋等。

全国政协主席李先念在全国政协七届一次会议上致闭幕词

各位委员，各位同志：

全国政协七届一次会议，经过全体委员的努力，完成了预定的议程和任务，今天就胜利闭幕了。这是一次民主的、团结的、成功的大会。

这次会议听取并讨论了六届政协常委会的工作报告，肯定了过去五年中的巨大成绩，并对今后工作提出了许多中肯有益的意见。委员们列席了全国人大七届一次会议，听取了李鹏代总理所作的政府工作报告和其他重要报告。经过讨论，大家都表示赞同。委员们对许多问题，包括对物价问题，共产党的党风问题，教育、科技和文化发展问题，改革和开放问题，提出了一些批评和很多好的意见及建议。会议确定了本届政协的任务，提出了新的要求；经过充分协商，选出了常务委员、主席、副主席和秘书长。我代表当选的各位同志感谢大家对我们的信任。我们将同委员们一起，积极努力完成本届政协所承担的各项任务。

人民政协是中国各族人民经过长期的革命斗争，在新中国成立前夕，由中国共产党和各民主党派、无党派民主人士、各人民团体共同创立的。这一广泛的爱国统一战线组织，在毛泽东、周恩来同志先后担任主席期间，为建立新中国，巩固人民民主政权，进行社会主义革命和社会主义建设，发挥了重要的历史作用。由邓小平、邓颖超同志相继担任主席的五届和六届全国政协，在拨乱反正、巩固和发展安定团结的政治局面中，在推进改革开放和两个文明建设中，在发扬社会主义民主、健全社会主义法制中，在发展爱国统一战线、促进祖国统一和对外友好活动中,都作出了重大的贡献,开创了政协工作的新局面,使具有中国特色的多党合作和政治协商制度日趋完善。对历届政协的优良传统和成功经验,对历届政协主席、副主席、常务委员和委员们为国为民、辛勤工作的崇高精神,我们应当继承并发扬光大。

去年召开的中国共产党第十三次全国代表大会,提出了我国社会主义初级阶段的基本路线。这就是:领导和团结全国各族人民,以经济建设为中心,坚持四项基本原则,坚持改革开放,自力更生,艰苦创业,为把我国建设成为富强、民主、文明的社会主义现代化国家而奋斗。这条路线符合全国各族人民的要求和利益,能够使我们的社会主义祖国尽快地繁荣昌盛起来。在这条基本路线的指引下,人民政协要充分发挥自己的作用,调动一切积极因素,团结一切可以团结的力量,同心同德,群策群力,同舟共济,奋发图强,为不断推进我国社会主义现代化建设事业而不懈努力。

人民政协是我国政治体制中发扬社会主义民主的重要组织形式。我们无论是在困难的时候,还是在顺利的时候,都要始终不渝地坚持“长期共存、互相监督”,“肝胆相照、荣辱与共”的方针,不断充实与完善共产党领导下的多党合作和政治协商制度,充分发挥民主党派和无党派爱国人士在国家政治生活中的重要作用,对国家大政方针、两个文明建设和人民生活的重大问题进行协商、讨论,实行民主监督。这对于建设社会主义民主政治,改善和加强共产党的领导,改进和支持政府的工作,实现重大决策的民主化、科学化,具有重要的意义。在国家生活中,我们一定要贯彻民主协商的精神。人民政协要采取各种形式,为委员参政议政创造良好的条件,使各方面人士能够直言不讳地把各种意见、要求、批评和建议充分反映出来,并且经过必要的程序,使大家所关心的问题得到合理的解决。同时也欢迎各方面人士对政协的工作提出批评和建议,以利加强政协的自身建设。要以改革的精神,建立和健全各种必要的规章制度,逐步实现政治协商和民主监督的经常化、制度化。

人民政协具有广泛的社会基础,有中国共产党和各民主党派、无党派爱国人士、各人民团体、各少数民族、港澳同胞、台湾同胞、国外侨胞和社会各界的代表参加,体现了全国各族人民的大团结。我们一定要高举社会主义和爱国主义的旗帜,更广泛地团结各方面人士,为振兴中华、统一祖国贡献力量。现在,历史遗留下来的香港问题和澳门问题已经得到圆满解决。在中华人民共和国恢复对香港和澳门行使主权后,不在那里实行社会主义的体制和政策,而保持原有的资本主义制度和生活方式,五十年不变,这是我国政府的坚定不移的政策。按照“一国两制”的原则实现台湾与大陆的统一,这是不可抗拒的必然趋势,也是海峡两岸人民的共同心愿。去年以来,台湾当局容许台胞来大陆探亲,受到海峡两岸人民和港澳同胞、国外侨胞的广泛欢迎。我们主张尽快实现台湾与祖国大陆的直接通邮、通航、通商,人民自由往来,增进经济、科技和文化交流,最终实现国家统一大业。我们希望国民党领导人,从中华民族的根本利益出发,审时度势,顺应民心,排除干扰,为早日结束国家的分裂局面,实现和平统一采取积极的措施。我们希望台湾各界人士、广大台湾同胞,继续发扬爱国主义和民族团结的精神,同港澳同胞、国外侨胞和大陆各族人民一起共同努力,推动祖国和平统一的进程。

解放思想,实事求是,一切从实际出发,是马克思主义的思想路线。历史经验证明,凡是按照这条思想路线办事,我们的事业就兴旺发达。反之,脱离实际,违背客观规律,我们的事业就一定要受到挫折。在人民政协的工作中,一定要坚持这条思想路线。随着改革开放的逐步深化、四化建设的不断发展和祖国统一事业的前进,人民政协的责任加重了,工作要求更高了。面对新形势、新任务和新问题,我们要本着实事求是的精神,加强调查研究,勇于探索,不断创新,扎扎实实地把工作做好。

人民政协拥有巨大的智力优势,可以说是人才济济,有许多专家、学者和各种专门人才,对我们国家的社会主义建设事业作出了重要贡献,受到了人民的尊敬和热爱。大家要再接再厉,更充分地发挥自己的才能和智慧,为我国科学技术、文化教育和卫生体育事业的发展,为加强农业这个国民经济的基础,为加速工业的技术改造和技术进步,为进一步发展对外经济技术交流和沿海地区的外向型经济,为加快和深化经济体制和政治体制改革,为提高一切企业、事业的经济效益和社会效益,为实现社会主义现代化,献计献策,尽心尽力,作出新贡献。

各位委员,各位同志:中华民族是一个伟大的民族,有光辉灿烂的历史文化,有前仆后继、不屈不挠的奋斗精神。我国各族人民是有雄心壮志的人民。从鸦片战争以来,经过一百多年英勇顽强、艰苦卓绝的斗争,无数革命志士流血牺牲,终于建立了社会主义的新中国。我们的胜利是来之不易的。新中国成立以后,我们尽管经历了较大的曲折,付出了不小的代价,但是毕竟取得了社会主义革命和社会主义建设的巨大成就。历史证明,中国人民有能力建立自己的国家,也一定有能力管理好、建设好自己的国家。我们应该有这样的志气和信心。我们要在自力更生、艰苦奋斗的基础上，充分重视并善于学习外国的先进经验和现代科学技术，大力发展社会生产力，沿着有中国特色的社会主义道路胜利前进。让我们各族人民、各民主党派、无党派爱国人士、各人民团体和各界人士，在中国共产党的领导下，更紧密地团结起来，同港澳同胞、台湾同胞和国外侨胞一起，夺取新的更大的胜利！

这次大会期间，所有为大会服务的同志，积极工作，日夜操劳，我代表大会主席团向他们表示感谢！同时，也向热情报道本次大会的国内外新闻界的同志们和朋友们，表示感谢！

现在宣布：中国人民政治协商会议第七届全国委员会第一次会议胜利闭幕！

全国政协七届一次会议通过的全国政协七届一次会议政治决议

中国人民政治协商会议第七届全国委员会第一次会议于1988年3月24日至4月10日在北京举行。这次会议是在全国各族人民贯彻中国共产党第十三次全国代表大会精神，进一步深化与加快改革的形势下召开的。来自我国各政党、各人民团体和各方面的委员们，怀着高度的责任感，积极参政议政，共商国家大事，对我国的改革开放、经济建设和各项事业的发展提出许多好的建议，对不正之风和物价、教育等方面存在的问题提出了尖锐的批评，对改进政协工作提出了意见。会议始终充满民主、团结、奋发、活跃的气氛。

会议经过充分讨论，作出如下决议：

一、会议同意钱学森同志代表政协第六届全国委员会常务委员会所作的工作报告。会议认为，政协第六届全国委员会在邓颖超同志主持下，认真履行政治协商、民主监督基本职能，广泛团结各方面人士，积极发展爱国统一战线，为推动改革开放和社会主义物质文明、精神文明建设，为促进祖国统一和发展对外友好关系，进行了卓有成效的工作，并为七届政协提供了宝贵的经验。

二、会议赞同李鹏代总理在第七届全国人民代表大会第一次会议上所作的政府工作报告。会议认为，李鹏代总理的报告，对过去5年政府工作的总结是实事求是的，提出的今后5年建设和改革的目标、方针与任务是切实可行的。会议指出，坚定不移地贯彻社会主义初级阶段的基本路线，以经济建设为中心，坚持四项基本原则和改革开放，以改革总览全局，发扬自力更生、艰苦奋斗精神，采取切实有效措施，完成政府工作报告中提出的各项任务，对于建设具有中国特色的、富强、民主、文明的社会主义现代化国家，意义至为重大。

会议希望国务院充分重视委员们提出的物价、社会风气、教育、知识分子待遇、农业、民族和妇女等方面存在的问题，并有计划、有步骤地加以解决。

三、会议要求人民政协的各级组织，充分发挥自己的特点和优势，团结一切可以团结的力量，调动一切积极因素，同心同德，群策群力，维护与发展安定团结的政治局面，为推进我国的社会主义现代化建设事业作出不懈的努力。

(1)要紧密联系政协工作的实际，继续深入学习、贯彻中共十三大精神，进一步完善共产党领导下的多党合作与政治协商制度，始终不渝地坚持“长期共存，互相监督”、“肝胆相照，荣辱与共”的方针，切实履行人民政协的基本职能，发挥民主党派、无党派爱国人士和人民团体在我国政治生活中的作用。要建立与完善各种必要的制度和规则，逐步实现对国家大政方针和群众生活重大问题的政治协商和民主监督经常化、制度化。

(2)要把推动改革开放和社会主义物质文明、精神文明建设的各项活动搞得更加深入，更有实效。全国政协常委会对本次会议上提出的重要问题，要认真调查研究，向中央党政领导机关提出积极的建议，推动尽快解决。

(3)要继续高举社会主义和爱国主义两面旗帜，发展壮大爱国统一战线，增强全国各族人民的大团结，促进海峡两岸人民的联系与交往，争取早日按“一国两制”原则实现祖国和平统一。

(4)要努力推进社会主义民主政治建设和社会主义法制建设，充分发挥人民政协作为社会协商对话重要渠道的作用，及时反映广大人民群众和各方面人士的要求和呼声，反对官僚主义，同各种不正之风作斗争。

(5)要以改革的精神，加强自身的思想建设和组织建设，发扬优良传统，改进工作作风，调整组织机构，提高机关干部的素质，以适应新形势下政协工作发展的需要。

(6)全国政协要进一步开展人民外交活动，增进我国人民同世界各国人民的相互了解和友好往来，为维护世界和平，创造有利于我国改革开放和现代化建设的国际条件作出贡献。

会议号召各级政协组织和委员振奋精神，开拓进取，在中国共产党的领导下，团结各族人民，为振兴中华、统一祖国而努力奋斗。

4月11日

全国政协主席李先念在人民大会堂会见卢森堡大

公储亨利亲王及其夫人一行

李先念说，我国目前形势总的来说是比较好的，但也有不少问题。在全国政协七届一次会议上，有些委员进行了尖锐的批评。他们的话说得不好听，但目的还是希望把国家搞好，把社会主义搞好。

会见中，李先念还向客人介绍了中国的语言和历史方面的一些情况。

在谈到西藏问题时，李先念说，我们尊重西藏的文化传统和风俗习惯。但达赖喇嘛要搞“独立”或“半独立”，这是绝对不能允许的。不仅中央政府不答应，人民也不答应。

李先念接着说，在中国历史上，凡是统一时，国家就繁荣昌盛，分裂时就会打仗。我们国家没有完全统一，还有个台湾问题。我们希望和平统一祖国。

李先念还赞扬了卢森堡在钢铁、金融和广播电视方面取得的成就，并对卢森堡给予中国的帮助表示感谢。亨利亲王说，我们能对中国的发展作出微薄贡献感到高兴。他还对李先念主席的会见及在中国受到的热情接待表示感谢。

参加会见的还有外交部副部长周南及比利时驻华大使。

全国政协主席李先念到参加七届全国人大一次会议的湖北代表团驻地看望代表并就农业教育党风等问题同代表们进行座谈

李先念在谈话中首先肯定了湖北省这几年在发展农业方面取得的成绩，但他认为，湖北应注意改良土壤，不能耗尽地力。他还谈到科学技术对发展农业的作用。他指出，由于农业方面防治虫害不力，每年害虫吃掉的粮食就有很多。他说：“农业只能上，不能下，这是过硬的东西，是关系吃饭的大问题。”

李先念强调要重视教育，尊重知识分子。他说，现在一下子要提高教师的待遇比较难，国家没有那么多的钱，但是知识分子应当受到尊重。

在讲到党风问题时，李先念说，党风不正必定引起社会风气不正。他强调，共产党员应当不为名、不为利，做老实人，说老实话，办老实事，勤勤恳恳为人民服务。对社会上那些违法乱纪的事情，要依照党纪国法严肃处理。

致公党第八届中常会在北京召开

中国致公党中央主席黄鼎臣在会议上正式辞职，原致公党中央副主席董寅初接替了这一职务。会议同时推举黄鼎臣任该党中央名誉主席。

这次会议还通过了致公党中央关于学习和贯彻全国人大、全国政协七届一次会议精神的决议，要求各级组织领导成员和干部带头学好文件，关注和研究经济建设工作，从而取得在这方面参政议政献计献策的发言权，更好地为经济建设这个中心服务。

出席全国人大和全国政协的致公党成员以及在京的致公党中委、候补中委和中央机关部门负责人列席了会议。

全国工商联第五届常委会第八次会议在北京召开

荣毅仁当选为全国工商联主席。这次会议接受了胡子昂同志辞去主席职务，推举他担任名誉主席。

会议特地向卸任的前主席胡子昂发了致敬信。

会议还决定设立工作组以加强该会日常工作和第六届会员代表大会的筹备工作，工作组由孙孚凌、马仪、黄凉尘、经叔平、叶宝珊组成。会议决定今年11月下旬在北京召开全国工商联第六届会员代表大会。

会议要求各级工商联及全体成员，在全国人大、全国政协七届一次会议闭幕后，认真学习两个大会文件，紧密联系工作实际和思想实际，为进一步开创工商联工作新局面而奋斗。

7城市首办国库券转让业务

据《人民日报》报道，从本月起，沈阳、上海、重庆、广州、武汉、哈尔滨、深圳7城市有关金融机构将正式办理国库券转让业务。

目前，允许上市转让的国库券仅限于1985年、1986年向个人发行的，其他年度发行的国库券将通过试点摸索，逐步上市。上述试点城市的个人、保险公司和其他非银行的金融机构，以及经批准成立的基金会组织，都可到当地人民银行指定的信托投资公司、证券公司办理国库券转让业务。农村持券者可通过农村信用社、农业银行的有关机构办理转让手续。允许上市转让的国库券价格原则上随行就市，必要时中国人民银行将采取措施使价格保持合理水平。

待条件成熟，开放国库券转让市场的试点工作拟扩大到全国54个中心城市，预计年内可在全国推开。

外交部副部长刘述卿在联合国亚太经社第四十四届年会上讲话

刘述卿说，中国高度重视同亚太地区各国开展经济合作，并相信这种合作的前景是很广阔的。

刘述卿在回顾1987年亚太国家的经济形势时说，1987年，亚太国家经受住了国际经济动荡的影响，经济取得了不同程度的进展，使这一地区继续保持了高于世界其他地区的增长速度。但是，他指出，亚太地区的经济还面临着种种困难和消极因素。要克服消极因素,保持发展的势头,除了各国自身的努力外,改善外部经济环境、加强彼此间的经济合作是不可或缺的条件。这就需要亚太经社会的成员为此共同努力。

刘述卿接着就贸易、资金和技术三个领域的问题发表了看法。

他说:"发达国家应减少或消除针对发展中国家的贸易壁垒,最大限度地开放国内市场,首先是农产品和劳动密集型产品的市场,为发展中国家的发展创造良好的外部条件。"

他希望资金盈余国应增加对本地区发展中国家的资金转移,并主张公正合理地解决债务问题。

刘述卿强调说:"亚太发展中国家要在当前世界经济变化中加速发展进程,关键在于及时掌握先进适用的技术,提高工业化水平,推动国民经济向更高的层次发展。"他还认为,发达国家应该采取更加开放的政策,加速向本区域发展中国家转让适用的技术。

刘述卿指出,亚太地区经济的发展需要亚太地区的和平与稳定。

亚洲大专华语辩论比赛复旦台大分获冠亚军

亚洲大专华语辩论比赛总决赛上,上海复旦大学队击败台湾大学队,获亚洲大专辩论会冠军荣衔。

获全场最佳辩论员的是新加坡国立大学的女队员吴裕佳。

4月12日

七届全国人大一次会议在人民大会堂举行第八次全体大会

会议有两项议程:决定国务院组成人员,表决宪法修正案。

会上宣读了国务院总理李鹏提名国务院组成人员人选的来文,经大会投票选举,新一届国务院组成人员经大会表决产生:姚依林、田纪云、吴学谦任副总理,国务委员是李铁映、秦基伟、王丙乾、宋健、王芳、邹家华、李贵鲜、陈希同、陈俊生。秘书长和41个部、委、行、署的部长、主任、行长、审计长也表决通过。

《中华人民共和国宪法修正案》获得2/3以上票数通过。

大会执行主席有彭冲、万里、宋平、韦钰、叶如棠、吕叔湘、任建新、关山月、孙维本、李慎之、宋汝棼、张国基、陈作霖、林兰英、赵梓森、洪学智、唐达成、常宗琳、董建华、蔡子民。

七届全国人大一次会议通过《中华人民共和国宪法修正案》

第一条 宪法第十一条增加规定:"国家允许私营经济在法律规定的范围内存在和发展。私营经济是社会主义公有制经济的补充。国家保护私营经济的合法的权利和利益,对私营经济实行引导、监督和管理。"

第二条 宪法第十条第四款:"任何组织或者个人不得侵占、买卖、出租或者以其他形式非法转让土地。"修改为:"任何组织或者个人不得侵占、买卖或者以其他形式非法转让土地。土地的使用权可以依照法律的规定转让。"

中华人民共和国全国人民代表大会公告第八号

《中华人民共和国宪法修正案》已由中华人民共和国第七届全国人民代表大会第一次会议于1988年4月12日通过,现予公布施行。

中华人民共和国第七届全国人民代表大会

第一次会议主席团

1988年4月12日于北京

国家主席杨尚昆签署第2号令任命国家工作人员

根据中华人民共和国第七届全国人民代表大会第一次会议的决定:

任命姚依林、田纪云、吴学谦为国务院副总理;

任命李铁映、秦基伟、王丙乾、宋健、王芳、邹家华、李贵鲜、陈希同、陈俊生为国务委员;

任命

陈俊生为国务院秘书长(兼)

钱其琛为外交部部长

秦基伟为国防部部长(兼)

姚依林为国家计划委员会主任(兼)

李鹏为国家经济体制改革委员会主任(兼)

李铁映为国家教育委员会主任(兼)

宋健为国家科学技术委员会主任(兼)

丁衡高为国防科学技术工业委员会主任

司马义·艾买提(维吾尔族)为国家民族事务委员会主任

王芳为公安部部长(兼)

贾春旺为国家安全部部长

尉健行为监察部部长

崔乃夫为民政部部长

蔡诚为司法部部长

王丙乾为财政部部长(兼)

赵东宛为人事部部长

罗干为劳动部部长

朱训为地质矿产部部长

林汉雄为建设部部长

黄毅诚为能源部部长
李森茂为铁道部部长
钱永昌为交通部部长
邹家华为机械电子工业部部长(兼)
林宗棠为航空航天工业部部长
戚元靖为冶金工业部部长
秦仲达为化学工业部部长
曾宪林为轻工业部部长
吴文英(女)为纺织工业部部长
杨泰芳为邮电部部长
杨振怀为水利部部长
何康为农业部部长
高德占为林业部部长
胡平为商业部部长
郑拓彬为对外经济贸易部部长
柳随年为物资部部长
王蒙为文化部部长
艾知生为广播电影电视部部长
陈敏章为卫生部部长
李梦华为国家体育运动委员会主任
彭珮云(女)为国家计划生育委员会主任
李贵鲜为中国人民银行行长(兼)
吕培俭为审计署审计长

中华人民共和国主席 杨尚昆

1988 年 4 月 12 日

国家主席杨尚昆在七届全国人大一次会议解放军代表团驻地要求部队贯彻大会精神加强军队建设

国家主席、中央军委副主席杨尚昆来到解放军代表团驻地,在各小组召集人、各大单位领导同志参加的会议上,就如何传达贯彻大会精神,加强军队建设问题作了重要讲话。

杨尚昆说,这次大会开得很好,是一个开放的大会,民主的大会,团结的大会,胜利的大会。这次大会对国家和军队今后的建设都有很重大的意义。大会期间,代表们认真听取和审议了李鹏的《政府工作报告》和其他有关文件,严肃郑重地行使了自己的民主权利,对新一届国家领导机构的人事安排表示衷心拥护。通过参加大会,大家亲身感受到了民主生活的进步。

杨尚昆说,代表们不仅对国家的建设,也对军队的建设提出了许多好的意见。这些意见也是军委目前正在考虑的。军队建设要服从国家建设的大局。军队的改革是一个系统工程,要做好充分论证,一件一件抓落实。要发扬艰苦奋斗的精神,把军队的各项工作做好。

参加会议的有军委委员洪学智、刘华清、迟浩田、杨白冰、赵南起。解放军代表团副团长洪学智主持了会议。

代表团秘书长杨白冰就全军如何传达学习这次会议精神讲了话。他说,这次会议内容很丰富,要以传达学习《政府工作报告》和加深对新的国家领导机构人事安排意义的理解为重点,区别情况,对干部战士提出不同要求,引导大家用会议精神很好地统一思想认识,避免泛泛议论和一般表态。

全国政协七届常委会一次会议在北京举行

会议审议通过了政协第七届全国委员会设置专门委员会的决定;审议通过了政协第七届全国委员会委员增补名单;审议通过了政协第七届全国委员会副秘书长名单。

会议由全国政协主席李先念、副主席王任重主持。全国政协秘书长周绍铮、全国政协副主席阎明复先后在会上作了关于政协第七届全国委员会设置专门委员会的决定的说明。

周绍铮说,实行委员会制,更符合政协的性质和活动方式,有利于发扬民主和贯彻协商一致、合作共事的原则;改变以前委、组并存的局面,有利于加强领导,协调关系,便于工作。

这次会议决定设置的 13 个专门委员会是:提案委员会,学习委员会,文史资料委员会,经济委员会,教科文委员会,医卫体委员会,法制委员会,民族委员会,宗教委员会,妇女、青年委员会,华侨委员会,祖国统一联谊委员会,外事委员会。这些委员会将作为全会闭会期间委员经常活动的工作机构。

在这次会议上,北京中国国画研究会名誉会长、荣宝斋顾问、山西省美协名誉主席董寿平、甘肃省政协原主席杨植霖被增补为政协七届全国委员会委员;罗涵先、叶至善、方荣欣、宋德敏、邵恒秋、赵伟之、沙里、赵炜(女)、朱作霖、张治、林用三被任命为全国政协副秘书长。

全国政协副主席方毅、谷牧、杨静仁、康克清、帕巴拉·格列朗杰、胡子昂、钱昌照、周培源、王光英、邓兆祥、赵朴初、屈武、马文瑞、刘靖基、王恩茂、钱学森、钱伟长、胡绳、孙晓村、程思远、钱正英、苏步青、司马义·艾买提,出席了今天的会议。

全国烟草专卖局长会议在长沙召开

国家烟草专卖局副局长马尔赤指出,对烟草实行专卖是一项长期的政策;强化专卖管理是我国烟草行业的当务之急。

马尔赤说,我国自 1982 年实行烟草专卖制度 6 年多来,关停并转了300多家计划外烟厂,有效地制止了烟厂的盲目发展和重复建设;整顿了流通渠道,市场供应得到了一定的改善。马尔赤提出,当前需要从4个方面加强烟草专卖管理:

一、坚持专卖制度。有的同志认为,现在实行改革开放,发展商品经济,就不需要搞专卖了。这种认识是极其错误的。在烟草专卖法公布之前,我们在业务经营中必须严格遵守《烟草专卖条例》和其《施行细则》。

二、必须对内部在专卖管理上进行改革,各级专卖部门在领导分工上要加强专职副局长负责专卖管理的业务,不再兼任公司的职务;要制定加强专卖管理的各种规章制度。

三、加强综合治理。一方面要狠抓卷烟流通领域中的专卖管理,还要抓烟叶、卷烟、烟机、辅助材料等生产和流通的专卖管理。

四、要健全专卖机构,提高专卖人员素质。

国务院副总理田纪云在北京会见爱尔兰工商部部长阿尔伯特·雷诺尔兹

靳羽西拍成电视片《中国新气象》

该片透过娱乐、体育、音乐、节日及深入城乡的访问,向美国观众介绍一个美丽而富有传奇色彩的民族。该项节目采用电视杂志形式,每一节由一项在中国享受的乐趣为例。这部长达1小时的电视片是由美国运通国际股份有限公司资助的。

第三届亚洲游泳锦标赛结束中国队获得29枚金牌

历时8天的第三届亚洲游泳锦标赛结束。中国队共获得29枚金牌,其中游泳24枚,跳水4枚,水球1枚。在4月12日进行的最后6个游泳项目决赛中,16岁的上海姑娘杨文意以24秒98的成绩夺得女子50米自由泳金牌,破了该项目的世界纪录。

4月13日

七届全国人大一次会议在人民大会堂闭幕

大会号召全国各族人民在中国共产党的领导下,同心同德,群策群力,埋头苦干,艰苦奋斗,沿着有中国特色的社会主义道路奋勇前进。

杨尚昆主席在大会上讲话说,我们只要振奋起民族精神,坚定不移地沿着有中国特色的社会主义道路前进,就一定能够创造出光辉灿烂的业绩,实现中华民族的伟大复兴。

万里委员长讲话,希望各位代表回到各自工作岗位后,积极宣传和贯彻执行大会的各项决议、决定,为使我国社会主义现代化建设取得新的更大进展努力奋斗。

大会由七届全国人大常委会委员长和副委员长担任执行主席。他们是万里、习仲勋、乌兰夫、彭冲、韦国清、朱学范、阿沛·阿旺晋美、班禅额尔德尼·确吉坚赞、赛福鼎·艾则孜、周谷城、严济慈、荣毅仁、叶飞、廖汉生、倪志福、陈慕华、费孝通、孙起孟、雷洁琼、王汉斌。

赵紫阳、邓小平、杨尚昆、李鹏、李先念、彭真、邓颖超、乔石、胡启立、姚依林、王震等在主席台上就座。

会议以举手表决方式,通过了关于政府工作报告的决议、关于1988年国民经济和社会发展计划的决议、关于1987年国家预算执行情况和1988年国家预算的决议。

中华人民共和国全民所有制工业企业法草案在主席团会议原则通过后,有的地方又做了修改。中华人民共和国中外合作经营企业法草案修改稿在主席团会议通过后,各代表团进行了审议。今天,代表们以举手表决方式,通过了这两个法律。

会议还以举手表决方式,通过了关于成立中华人民共和国澳门特别行政区基本法起草委员会的决定、关于设立海南省的决定、关于建立海南经济特区的决议。

代表们前些天审议了六届全国人大常委会工作报告、最高人民法院工作报告、最高人民检察院工作报告。今天,代表们以举手表决方式,分别通过了关于这3个工作报告的决议。

大会主席团其他成员、党和国家各方面其他领导人、部分老同志、各民主党派负责人在主席台上就座。他们中有:田纪云、李铁映、李瑞环、李锡铭、吴学谦、宋平、胡耀邦、秦基伟、丁关根、薄一波、宋任穷、芮杏文、阎明复、温家宝、杨得志、陈丕显、王丙乾、宋健、王芳、邹家华、陈俊生、任建新、刘复之、王任重、方毅、谷牧、杨静仁、康克清、胡子昂、钱昌照、王光英、邓兆祥、赵朴初、屈武、马文瑞、刘靖基、王恩茂、钱伟长、胡绳、孙晓村、程思远、钱正英、苏步青、司马义·艾买提、洪学智、刘华清、楚图南、黄鼎臣、林盛中等。

中央党政军群各部门负责人列席了大会。

各国驻华使节旁听了大会。

国家主席杨尚昆在七届全国人大一次会议闭幕会上的讲话

各位代表:

我衷心感谢代表们对我的信任,选举我担任中华人民共和国主席。我深深地感到，出任我们这样一个大国的国家主席，责任十分重大，履行这一崇高的职责，需要付出认真的努力。既然党推荐了我，人民选举了我，我一定竭尽全力，恪尽职守，正确行使宪法所赋予的权力，不负党和人民的重托。

李先念同志在担任国家主席期间，以其丰富的经验，勤勉的精神，进行了卓有成效的工作，赢得了全国人民的尊敬和国际上的赞誉。在他离任之际，请允许我代表大家，向先念同志表示由衷的敬意和感谢！

各位代表：

我们聚集一堂，共商国是，都有这样的切身感受：一方面，为我们国家在短短十年间发生的巨大变化而自豪；另一方面，又为我们国家面临的种种问题和世界性挑战而警醒。历史的发展要求我们，必须奋起直追，加快、深化改革，推进经济、科技、文化、教育等项事业的发展，摆脱贫穷和落后。只有这样，国家才有出路，民族才有希望。党的十一届三中全会以来的各项政策，反映了全国各族人民彻底改变我国面貌的强烈愿望，已经深入人心，化为亿万人民的自觉行动，形成不可逆转的历史潮流。

要改变我国的落后面貌，使之跻身于世界先进国家行列，需要几代人，首先是我们这一代人，励精图治，艰苦奋斗，开辟一条前人从未走过的道路。每一个中国公民，都应该不怕困难、埋头苦干、勇于开拓、自强不息，在各自的岗位上，干出一番事业，作出一份贡献。各级政府、领导干部和工作人员，都必须清正廉明，讲实话，办实事，密切联系群众，坚决纠正官僚主义和各种腐败现象。在我们国家中，要大力提倡热爱祖国、关心集体的精神，提倡尊重知识、爱护人才的风尚，提倡艰苦朴素、勤俭节约的美德，努力建设好社会主义精神文明，激发起亿万人民的创造热情和献身精神，把全民族的力量凝聚到振兴中华的伟大事业中来。

我国是一个多民族的国家。各族人民和睦相处，紧密团结，是国家繁荣昌盛的根本保证。我们要进一步发展平等、团结、互助的社会主义民族关系，反对任何分裂的言论和行为，巩固和发展安定团结的政治局面。

近年来，香港问题、澳门问题相继得到圆满解决，台湾海峡两岸间的关系也日趋缓和，这完全符合全国人民的共同愿望和根本利益。我们对台湾实行"和平统一、一国两制"的方针是坚定、明确的，也是不会改变的。我们真诚希望台湾领导人，认清历史发展的趋势，在统一问题上要有紧迫感，及早作出明智的抉择。我们真诚希望台湾同胞、港澳同胞、海外侨胞和我们一道，继续作出不懈的努力，共同推动祖国和平统一的进程。

坚持独立自主的外交政策，是我国对外活动的基本原则。我们从未介入别国的内部事务，也不允许别人干涉我国的内政；我们不要别国的一寸土地，也不允许别人染指我国的领土。中国将继续加强与各国的交往，进一步扩大对外开放，发展相互间的经济、文化交流和科学技术合作。中国是一支重要的和平力量，我们愿意同各国人民一起，维护世界的和平与安宁。

各位代表：

我们中华民族是一个优秀的民族，蕴涵着巨大的凝聚力和创造力，为世界文明作出过、并将继续作出卓越的贡献。我们应当有这样的信念：只要振奋起民族精神，坚定不移地沿着有中国特色的社会主义道路前进，就一定能够创造出光辉灿烂的业绩，实现中华民族的伟大复兴！

全国人大常委会委员长万里在七届全国人大一次会议闭幕会上的讲话

各位代表、各位同志：

七届全国人大一次会议，经过全体代表的共同努力，已经胜利地完成了预定的各项任务。

这次大会自始至终贯彻了民主集中制的原则，体现了民主、开放、求实的精神。来自全国各地的2900多位代表，认真行使人民赋予的民主权利，审议各项议题，积极提出各项议案和建议，使大会作出的各项决议和决定，充分体现了人民群众的意愿和利益。全体代表民主选举和决定了新的一届国家领导人，为进一步推进改革开放和社会主义现代化建设提供了可靠的组织保证。李鹏同志所作的《政府工作报告》，明确地提出了今后5年建设和改革的目标、方针和任务。我相信这次大会必将对我国的政治生活、经济生活、文化生活和整个社会生活产生深远的影响，进一步鼓舞全国各族人民满怀信心地实现中国共产党第十三次全国代表大会和这次大会提出的各项任务。

大家选举我担任全国人大常委会委员长，这是各位代表和全国人民对我的信任，我表示衷心的感谢。我一定同各位副委员长、全体常委会委员和各位代表一道，在全国人民的支持、监督下，努力把人大的工作做好。

六届全国人大及其常委会在任期的5年内，为发展社会主义民主，健全社会主义法制，完善人民代表大会制度，做了大量卓有成效的工作，积累了新的经验，在国家政治生活中发挥了重要作用，有力地促进和保证了改革、开放和社会主义现代化建设的顺利进行。彭真同志长期担任全国人大常委会的领导工作，特别是在担任第六届全国人大常委会委员长期间，对民主法制和人民代表大会制度建设作出了重大贡献，促进了我们国家民主化的进程。在这个庄严的大会上，请允许我以在座的全体代表的名义，向彭真同志致以崇高的敬意！第六届全国人大代表和常委会副委员长、委员在任职期间，作出了应有的贡献。所有这些，全国人民是不会忘记的！

第七届全国人大任期的5年，是我国社会主义建设和改革进程中至关重要的5年。七届全国人大要在上一届工作的良好基础上，继续认真履行宪法和法律赋予的职责，根据中国共产党在社会主义初级阶段的基本路线，坚持以经济建设为中心，坚持四项基本原则和改革开放，进一步发挥最高国家权力机关的作用。

改革和开放是使我们国家兴旺发达、人民文明富裕的必由之路。本届人大必须把保证和促进改革作为自己的首要职责。要从我国社会主义初级阶段的基本国情出发，支持和保护一切有利于发展社会生产力的新思想、新事物、新制度。要围绕发展社会主义商品经济和建设社会主义民主政治这两个改革的主题，推进我们的民主、法制建设和各项工作。

发展社会主义民主，健全社会主义法制，是我们国家的一项根本任务。邓小平同志曾经指出，没有民主就没有社会主义，就没有社会主义现代化。同时也必须看到，社会主义民主和法制建设必然会受到当前社会物质文化条件的制约。我们应当通过改革，一步一步地使我国社会主义民主政治走向制度化、法律化。本届人大必须把加强社会主义民主和法制建设作为自己的中心任务。要通过加强民主和法制建设来巩固和发展安定团结的政治局面；要不断完善各项民主制度，克服官僚主义和各种不正之风，充分调动广大人民群众的社会主义积极性；要加强立法工作，用法律来巩固改革的成果，保障改革和建设的秩序；要加强宪法赋予人大的法律监督职能，保障国家审判机关、检察机关依法独立行使职权。

人民代表大会制度是我国的根本政治制度。宪法规定，一切权力属于人民。人民行使国家权力的机关是全国人民代表大会和地方各级人民代表大会。本届人大必须把加强自身建设放在重要位置。要按照民主集中制的原则，通过改革和制度建设，继续健全全国人大及其常委会的各项职能。要进一步提高代表大会和常务委员会活动的开放程度，加强人大代表，常委会委员与选民的联系，改进代表视察办法，使人大更好地代表人民，并接受人民的监督。要加强人大常委会和各专门委员会的组织制度建设，切实提高议事效率和水平，努力做好各项工作，不辜负人民的重托和期望。

各位代表，本届人大担负的任务是光荣和艰巨的。在走向社会主义现代化的道路上，我们已经有了举世公认的良好开端，但我们面前还会有这样那样的困难和问题，改革开放中还有许多新的课题需要探索。这就要求我们万众一心，坚忍不拔，更加兢兢业业，扎扎实实地工作。希望各位代表回到各自的工作岗位以后，积极地宣传和贯彻执行这次大会的各项决议和决定，同全国各族人民一起，为深化和加快改革，为发展社会主义民主、健全社会主义法制，为使我国社会主义现代化建设取得新的更大进展，努力奋斗！

现在宣布：中华人民共和国第七届全国人民代表大会第一次会议胜利闭幕！

七届全国人大一次会议通过各项决议

关于政府工作报告的决议

第七届全国人民代表大会第一次会议，认真审议了李鹏代总理代表国务院所作的《政府工作报告》，认为报告既肯定了政府工作在广大人民支持下所取得的成绩，也指出了前进中存在的困难和问题，以及工作中的缺点和失误，是实事求是的。报告提出的今后五年我国建设和改革的目标、方针和任务，是可行的。会议决定批准这个报告。

会议认为，上届政府在组织和领导全国各族人民进行社会主义现代化建设的各项工作中，特别是在改革、开放工作中，取得了显著成就，使我国的经济、政治和社会面貌发生了进一步的变化。会议对上届国务院的工作表示满意。

会议要求，国务院和地方各级人民政府在今后五年的工作中，一定要坚定不移地贯彻执行中国共产党在社会主义初级阶段的基本路线和全国人民代表大会决议，加快和深化改革，扩大开放，把改革和发展更加紧密地结合起来，以保证到1992年在提高经济和社会效益的基础上，使国民生产总值达到15500亿元左右，从而为在本世纪末实现国民生产总值翻两番、人民生活达到小康水平的目标打下坚实的基础。

会议认为，国务院和地方各级人民政府，应充分重视这次会上代表们提出的意见和建议，认真研究并采取切实有效的措施，努力解决好广大人民普遍关心的农业、物价、教育、社会风气和社会治安等问题，保证我国社会主义事业更加稳定协调地向前发展。在当前我国的社会主义现代化建设中，必须把农业真正置于国民经济基础的地位，力争农业特别是粮食生产稳步增长；严格控制基本建设规模、社会集团购买力和货币发行量，进一步实现国民经济的稳定发展；价格改革要注意保持物价总水平的相对稳定，充分考虑各方面的承受能力；要加快科学技术和教育事业的发展和改革；要把计划生育特别是农村的计划生育工作抓紧抓好；切实搞好政府的机构改革，克服官僚主义，密切联系群众，提高工作效率；通过经济和政治体制改革，加强社会主义民主、社会主义法制和社会主义精神文明的建设，端正社会风气，巩固和发展安定团结的政治局面。

会议认为，统一祖国，振兴中华，是全中国各族人民的迫切愿望和根本利益。会议希望台湾当局以国家和民族利益为重，为实现台湾与大陆的和平统一进一步采取积极步骤；希望广大台湾同胞、港澳同胞、海外侨胞和大陆各族人民更加紧密地团结起来，共同推动祖国和平统一的进程。

会议强调，我国将坚决贯彻执行独立自主的和平外交政策，反对霸权主义，维护世界和平，在和平共处五项原则的基础上，进一步发展同各国的友好合作关系，为促进世界的和平与发展继续作出应有的贡献。

会议号召：全国各族工人、农民、知识分子、广大干部、人民解放军和人民警察，各民主党派、人民团体和无党派爱国人士，一切热爱社会主义祖国的劳动者和爱国者，在中国共产党的领导下，同心同德，群策群力，埋头苦干，艰苦奋斗，沿着有中国特色的社会主义道路奋勇前进！

关于今年国民经济和社会发展计划的决议

第七届全国人民代表大会第一次会议批准国务院提出的1988年国民经济和社会发展计划，批准国务院副总理兼国家计划委员会主任姚依林所作的《关于1988年国民经济和社会发展计划草案的报告》。

关于去年国家预算执行情况今年国家预算决议

第七届全国人民代表大会第一次会议经过审议并根据财政经济委员会的审查报告，决定批准国务院提出的1988年国家预算，批准国务委员兼财政部部长王丙乾所作的《关于1987年国家预算执行情况和1988年国家预算草案的报告》。会议授权全国人民代表大会常务委员会审查和批准1987年国家决算。

关于成立澳门特别行政区基本法草委会的决定

第七届全国人民代表大会第一议会议决定成立中华人民共和国澳门特别行政区基本法起草委员会，负责澳门特别行政区基本法的起草工作。

澳门特别行政区基本法起草委员会向全国人民代表大会负责，在全国人民代表大会闭会期间，向全国人民代表大会常务委员会负责。澳门特别行政区基本法起草委员会由包括澳门同胞在内的各方面的人士和专家组成，具体组成人员名单由全国人民代表大会常务委员会决定并公布。

关于设立海南省的决定

第七届全国人民代表大会第一次会议审议了国务院关于设立海南省的议案，决定：

一、批准设立海南省，撤销海南行政区。海南省人民政府驻海口市。

二、海南省管辖海口市、三亚市、通什市、琼山县、琼海县、文昌县、万宁县、屯昌县、定安县、澄迈县、临高县、儋县、保亭黎族苗族自治县、琼中黎族苗族自治县、白沙黎族自治县、陵水黎族自治县、昌江黎族自治县、乐东黎族自治县、东方黎族自治县和西沙群岛、南沙群岛、中沙群岛的岛礁及其海域。

关于建立海南经济特区的决议

第七届全国人民代表大会第一次会议审议了国务院关于建立海南经济特区的议案，决定：

一、划定海南岛为海南经济特区。

二、授权海南省人民代表大会及其常务委员会，根据海南经济特区的具体情况和实际需要，遵循国家有关法律、全国人民代表大会及其常务委员会有关决定和国务院有关行政法规的原则制定法规，在海南经济特区实施，并报全国人民代表大会常务委员会和国务院备案。

关于六届全国人大常委会工作报告的决议

第七届全国人民代表大会第一次会议批准陈丕显副委员长代表第六届全国人民代表大会常务委员会所作的工作报告。

会议认为，第六届全国人民代表大会常务委员会在彭真委员长主持下，认真履行宪法赋予的职责，坚持以经济建设为中心，坚持四项基本原则和改革、开放，为发展社会主义民主、健全社会主义法制，使民主法律化、制度化，做了卓有成效的工作，尤其是适应改革开放和社会主义现代化建设的需要，制定了一批重要法律，加强了全国人民代表大会常务委员会的组织建设和制度建设。会议对第六届全国人民代表大会常务委员会的工作表示满意。

第七届全国人民代表大会常务委员会要遵照宪法，继续健全全国人民代表大会常务委员会的各项职能，特别是加强立法工作和法律监督，进一步密切同人民群众的联系，充分发挥最高国家权力机关常设机关的作用，为进一步加强社会主义民主与社会主义法制建设，为促进政治体制改革、经济体制改革和社会主义现代化建设的顺利进行，作出新的更大的成就。

关于最高人民法院工作报告的决议

第七届全国人民代表大会第一次会议批准郑天翔院长所作的《最高人民法院工作报告》。

关于最高人民检察院工作报告的决议

第七届全国人民代表大会第一次会议批准杨易辰检察长所作的《最高人民检察院工作报告》。

七届全国人大常委会一次会议在人民大会堂举行

全国人大常委会委员长万里主持会议，这是他就任这一职务后第一次出席并主持全国人大常委会议。

会议开始时，全国人大常委会副委员长兼秘书长彭冲就本次常委会的议程草案作了说明。委员们通过了这个议程。

中央军委主席邓小平向本次人大常委会议提交了关于提请审议、批准《中华人民共和国中央军事委员会关于授予军队离休干部中国人民解放军功勋荣誉章的规定》《中国人民解放军军官军衔条例(草案)》和确认1955—1965年期间授予的军官军衔的议案。

受中央军委的委托,中央军委委员、总政治部主任杨白冰在今天的常委会上,分别就这三项议案作了说明。

根据会议议程,这次会议对上述议案只听取说明,不作决定,留待常委会第二次会议再继续审议决定。

会议经过表决,通过了第七届全国人民代表大会常务委员会代表资格审查委员会主任委员、副主任委员、委员名单,通过增补任命全国人民代表大会教育科学文化卫生委员会委员、华侨委员会委员名单,任命了第七届全国人大常委会副秘书长。

全国人大常委会副委员长习仲勋、乌兰夫、韦国清、朱学范、阿沛·阿旺晋美、班禅额尔德尼·确吉坚赞、周谷城、严济慈、荣毅仁、叶飞、廖汉生、倪志福、陈慕华、费孝通、孙起孟、雷洁琼、王汉斌,出席了会议。其中有8位是新任副委员长,9位是连任。

国务委员、中央军委委员秦基伟,最高人民法院院长任建新,最高人民检察院检察长刘复之,列席了会议。

全国政协主席李先念在全国政协礼堂主持召开各省自治区直辖市政协主席工作座谈会

李先念对几十名出席会议的地方政协负责人说,我们全国政协与地方政协不是领导关系,而是指导关系,其目的都是为了搞好政协的工作,帮助政府把工作搞好。希望地方政协的同志认真地提意见,以利我们改进工作。

李先念说,毛主席当年提出,没有调查研究就没有发言权,这话说得很好。没有了解情况就大发一通议论是不负责任的。我们政协必须加强调查研究工作,只有这样才能真正做好"政治协商、民主监督。"一句话,只有调查研究,才能参政议政。

参加座谈会的地方政协负责人畅所欲言,就政协的各方面工作提出了意见和建议。河南省政协主席阎济民代表中南区几位省政协主席提出应当对现行的政协章程进行修改。他认为,1982年制定的政协章程随着时间的推移,特别是在党提出了社会主义初级阶段理论、进一步改革开放的新的形势下,有些内容已不适应形势的需要,出现了许多新问题、新现象,有必要对政协的章程做一些补充和修改。

北京市政协主席白介夫在代表华北地区省、市政协主席发言时提出,政协的年龄结构要注意年轻化,要以是否能搞好政协工作的标准来衡量和安排、选拔干部,而不能把政协当成是照顾干部待遇的组织,要研究制定一部政协的组织法,对干部的年龄、工作任务等各方面予以明确规定,使政协能真正起到参政议政的作用。辽宁省政协主席徐少甫也提出,政协的法制建设工作十分迫切。他说,政协如何改革、改革的措施和目的都不明确,组织也不够健全,上下缺少正常的联系,工作不够稳定,存在一些不安定的因素,不少地方"政治协商、民主监督"流于形式,所有这些问题都需要有一系列法律法规来予以解决,使政协工作真正做到民主化、经常化、制度化。

四川省政协主席廖伯康、安徽省政协主席史钧杰、陕西省政协主席胡景通分别代表西南区、华东区、西北区的省政协主席就如何加强全国政协与地方政协的联系、提高政协干部素质、改进政协机关工作和加强与民主党派的联系等问题发表了看法。

全国政协副主席王任重、阎明复、方毅、杨静仁、康克清、胡子昂、钱昌照、周培源、赵朴初、屈武、马文瑞、刘靖基、王恩茂、孙晓村、程思远、钱正英、司马义·艾买提等出席了会议。

国务院总理李鹏 副总理姚依林 田纪云 吴学谦在七届全国人大一次会议记者会上答记者问

国务院总理李鹏和副总理姚依林、田纪云、吴学谦出席七届全国人大一次会议新闻发言人曾涛举行的记者招待会,回答了记者们提出的问题。

这是李鹏和3位副总理就职后首次会见记者。400多名中外记者出席了这次记者招待会。

中国记者首先提问:这次会议的代表和委员们就增加教育经费、提高教师待遇等问题提出了很多尖锐的意见,国务院是否准备根据这些意见制定加强教育工作的新措施。

李鹏对这次会上代表和委员就教育工作提出的意见,包括那些很尖锐的意见表示欢迎。他说,国务院和党中央准备在这次会后就这次会议提出的大家关心的几个问题进行研究,并制定相应的措施。

李鹏说,当然,搞好教育事业需要增加教育经费,但是增加教育经费不能光靠中央财政和地方财政,还需要发动更多的社会力量来资助教育工作。今天上午人大会议已经通过1988年度的预算,在新增加的经费里,教育占了很大的比重,大体上占增加总额的15%。我们将尽一切努力争取这个预算的实现,并力争有所超出。

法国电视台一台记者问,现在在中国要解决的主要问题是什么。

李鹏回答说，在我的《政府工作报告》中提出了十项任务。我认为这十项都是重要的。概括起来说，当前中国要继续改革开放并且要稳定经济，以改革总揽全局。

香港远东经济评论记者就赵紫阳总书记在十三大上谈到党的作用是在所有领域里制定重要决策包括对经济领域的决策向李鹏提问说：这是否意味着总理的作用仅只限于贯彻执行党中央所制定的政策，还是可以制定政策？

李鹏说，国务院的主要作用是执行党中央的政策和人大所制定的法律。对我个人来讲，我本人也是政治局的成员和政治局常委里的一员，所以我也参与了决策工作。

中央人民广播电台记者提出，这几个月铁路上连续出了一些事故，相当一部分群众认为一个部长的去职不能从根本上解决问题，请问今后准备采取什么措施改进铁路工作。

李鹏说，接受丁关根同志辞去铁道部部长的请求，是为了进一步严肃政纪，因为他应该承担领导责任。本届政府成立后首先要抓的工作之一是整顿交通秩序，改善管理，加强纪律，提高设备的完好程度。李鹏指出，铁路连续发生事故的主要原因还是内部管理的问题。但最近几年随着改革和建设事业的发展，铁路每年要增加5000万吨的运输量，这客观上也给铁路工作带来了困难。我们介绍这些客观上的困难，是要说明铁路职工工作还是努力的，而不是说不需要再改进工作。

美国《时代》周刊记者问：在中国经常听说存在着裙带风，一些人提升得快是因为他们有很好的社会关系或者是由于他们有好的家庭出身。一些人还举例说你和已故的受人尊敬的周恩来先生有特殊关系，你对此有何评论吗？

李鹏回答说，周恩来总理在中国人民乃至世界人民中都是一个非常伟大的形象。他以大公无私著称。我的提升与他没有什么关系。我想借这个机会对大家作点背景介绍。有人说我是周恩来总理的养子，受他们夫妇的抚养，我和他们的关系是一种封建关系。我认为这是不确切的。我父亲是一位革命烈士。在战争的环境里，周恩来夫妇对烈士子弟表现的关心和爱护不只是对我一个人，而是对一批人。我当时在延安的学校里学习，过的是半军事化的集体生活，在一年中只有个别机会能见到周恩来总理和邓颖超同志。当然，应该说，他们的思想、品格以及他们的非凡的才智对我的成长产生了深刻的影响。当时在延安对一些烈士子女的照顾不仅限于周恩来同志夫妇，许多老一辈的革命家也是这么做的。这是当时的一种社会风尚，与封建关系毫无相同之处。

苏联塔斯社记者问：苏联和阿富汗领导人就政治解决阿富汗问题发表了联合声明，明天，在日内瓦，巴基斯坦和阿富汗将就解决阿富汗问题达成协议。中国对此持何态度？

李鹏说，我们注意到了这个消息。中国政府一贯主张苏联军队从阿富汗撤军，因此，对明天巴阿双方即将签署的协议表示欢迎，并希望能够付诸实施。

美国广播公司记者问：最近中国的一些领导人对知识分子采取了压制、镇压态度，不让方励之先生公开谈论自己关于如何搞好中国事情的一些想法。李鹏总理，你是不是允许他公开地谈论他自己的思想？

李鹏说：我不认为中国政府对方励之采取了压制政策，我们允许方励之先生，允许中国的一切公民，在法律许可的范围内发表自己的政见。

香港《明报》记者问：1997年香港主权将归还中国，有一些香港居民要移民外国，请问对此有何看法。

吴学谦副总理回答说：香港有些人员外流，我并不认为这是一个严重问题，像香港一些报纸所夸大的那样。有些人出去了还要回来。根本的问题在于，中英两国政府执行联合声明三年来，香港的经济是繁荣和稳定的。我相信中英两国政府认真严肃执行声明规定的各项原则，保持香港的繁荣和稳定，移民问题是不会影响香港的局面的。

联邦德国《明镜》周刊记者问：人民和人民代表最关心的是物价增长。请问人民群众接受的最高物价增长率是多少？

姚依林副总理回答说，中国人民所能承受的物价增长能力主要要看收入的增长，这没有一个死的公式。在今后几年中间，在体制改革过程中，物价每年还会继续上涨一些。这有两个方面的原因，一方面是由于我们发展农业生产特别是粮食生产的需要，我们是大国，10亿多人口要吃饭，粮食要有相当大幅度的增长，就要不断提高农民对种粮的积极性。另一方面是由于发展基础工业的需要，有些工业品价格很低，为发展基础工业，有些物价也要逐步增长。想物价不上涨是不现实的、不可能的。问题在于，第一，每年物价的上涨要控制在一定幅度之内，成为单位数的增长，今年能不能做到这一点，我不敢肯定，但是我们要争取做到每年增长不超过10%。第二，每年使国民收入能够达到或超过这个数目字，包括价格补偿。在这种情况下，人民就不会感到这是一种沉重的负担。

有记者问：这届政府机构人员中有一半是科技人员，李鹏总理这样来组成政府班子是出于什么考虑。

李鹏说，我们的方针是要实现各级领导班子的革命化、年轻化、专业化、知识化。我们让一些比较年轻的、有学历的同志、从事过科技工作的同志进入政府班子，是符合这个原则的。

香港《南华早报》记者请李鹏总理"不带政治味"地谈谈人生信条。

李鹏说，我信仰马克思主义，但这要和中国的实际相结合。我非常欣赏实事求是这句话，希望做事情不做则已，一旦要做，就要把它做到底。我还喜欢读书，读书可以增加许多知识。

英国广播公司记者问：北京有一些大学出现大字报，批判马克思主义，也批评了你本人。你是不是谈谈你是否反对这些大字报？

李鹏说，大学生的意见我们是欢迎的，他们有很多意见是正确的，对政府工作有帮助。但这并不是说我们对每个意见都赞成。有些大学生不信仰马克思主义，但我可以告诉你们，更多的人是信仰马克思主义的。作为政府首脑，有个别人反对，这并不是什么新鲜事，世界各国都是这样。

苏联《消息报》记者问：在中国，风险这个字眼越来越与改革联系在一起。在当前形势下，中国各阶层人士如何看待这一问题？不喜欢承担风险的人对改革会造成什么障碍？

李鹏说，进行改革就要付出代价，也会遇到风险。总的来说，中国的改革是比较顺利的，已经取得明显效果，当然也存在一些困难和问题，但只要我们正视它，这些困难和问题是可以解决的。

香港《文汇报》记者说，台湾当局有位要员表示，台湾准备参加大陆沿海经济发展计划。他问李鹏对此有何评论，并将采取什么优惠政策。

李鹏说，你说的台湾一位要员的表示，我不知道，不能作具体答复。中国政府一贯主张海峡两岸通商。我在《政府工作报告》中说过，欢迎台湾商人和企业家到大陆来投资，我们将对这些投资者实行优惠政策。台湾是中国的一部分，我们仍要给其特殊的优待，他们将享受与外国投资者同样的待遇。

《南德意志报》记者说，原计划 3 个有关运输部门要合并，后来又放弃了，你是否觉得遗憾。

李鹏说，我不感到遗憾。我们所以改变了方案，并不是说这个方案不好，正如大家知道的，中国的铁路、民航最近不断出了一些问题，要让这些部门集中精力来研究解决安全问题。如果一方面搞机构改革，一方面研究解决安全问题，就会分散精力，顾此失彼，所以我们决定不成立运输部。这次政府机构改革重点是转变职能，对企业由直接管理变为间接管理。这件事我们还没有经验，首先在能源部试验，等到取得经验后，再考虑是否加以推广。

有记者提出，现在在报刊上开展批评很困难，政府将采取什么措施来保证舆论监督的顺利进行。

李鹏重申政府欢迎新闻舆论界对政府各级领导干部进行批评。他说，目前这一工作还存在一些问题，但我相信，随着政治民主的进一步推进、法制的进一步健全，情况会好起来。

加拿大电视台记者问：上星期日有一些大学生和教师在天安门广场静坐示威，要求增加教育经费，但是警察并没有把他们撵走，和 1986 年 12 月与 1987 年 1 月的情况完全不一样。这是否表明中国政府默许这种和平示威。

李鹏指出，学生和中国公民都有表达自己意见的自由，但要在法律和地方政府的有关规定的范围内。

《人民日报》记者问：赵紫阳同志在十三大报告中提出，重大情况让人民知道。为什么这次选举统计选票的时候，让记者退场？据我所知，这在中外记者中引起了不满。请问这届政府将如何增加透明度？

李鹏说：统计选票时让记者退场是大会秘书处的规定，本人作为政府首脑没有必要回答你的问题。但是，我作为《人民日报》的读者，可以谈谈我的看法。一个国家有一个国家的情况，各个国家的做法也不一样。民主也有一定的承受程度问题。这次会议比过去开放多了，至于是否已经开放到理想程度，也还不能这么说。今后会进一步开放。

匈牙利通讯社记者问：以前曾有评论，说你是亲苏的，最近又有人说你和赵紫阳在改革问题上有分歧，对此你有何评论？

李鹏说：我与赵紫阳同志在政策上没有分歧。无论是党的十三大报告、紫阳同志在二中全会上的报告以及我这次作的《政府工作报告》，都是经过集体讨论、一致同意的。

李鹏说：某些外国报纸有这样的评论：是否赵紫阳同志主张改革开放，我主张稳定经济。事实上，这是一种误解。改革开放与稳定经济是完整的、不可分割的。改革开放目的是为了使经济得到发展，而经济稳定持续增长又为改革的顺利进行提供出条件。顺便告诉大家，关于经济要持续稳定发展的主张，应该说首先是赵紫阳同志提出来的，请你阅读一下六届全国人大五次会议赵紫阳同志的《政府工作报告》，关于这一问题他有很长一段论述。

至于说到我"亲苏"的问题，如果有其他记者还愿意问，我乐意回答。

一位记者接着问：你提出的内阁成员名单中很多是留学苏联或东欧的，请问你是怎么考虑的？

李鹏说：第一，这是历史条件所形成的。现在进入政府的组成人员，大体在 50 岁到 60 岁之间。在 50 年代，我们向苏联、东欧派了大批留学生，现在有一些进入了领导岗位，当时，我们没有向美国、英国等国家派留学生。

第二，是否在苏联留学就一定亲苏，在民主德国留学就一定亲民主德国？我想是得不出这样的结论的。进入政府的这些同志都经过了长期的锻炼，是忠实地执行党的政策的，是会贯彻执行独立自主的和平外交政策的。

李鹏笑着说：如果按这位提问者的这个逻辑来推断，那么现在中国在美国有两万多名留学生，二三十年后，中国的政府将是亲美的政府？如果有人存在这个想法，肯定是会落空的，因为中国的留学生首先是爱国者。

《解放军报》记者问：你在政府工作报告中提到要提高公民的国防意识，使公民尊重军人、关心军队改革，请问这届政府将采取哪些措施来提高这种意识？

李鹏说，举两个例子吧，我们在大学生、中学生中开展军事训练，在公民中实行民兵预备役制度，还开展了军民共建精神文明活动，这都是为了提高公民的国防意识。

招待会进行到这里，李鹏说：看来主持人要结束这个会了。我替你们说说情，让你们再提三个问题。

记者们热烈鼓掌。

一位中国记者问：以前机构改革是精简之后又膨胀，这次机构改革如何避免精简之后再膨胀？

李鹏说，1982年的机构改革还是取得了很大成绩的，那次机构改革实现了领导班子年轻化。这次机构改革的重点是转变职能。

《北京日报》记者问：北京物价上涨，蔬菜、副食品价格之高在全国名列前茅，您是否感受到了？可北京仍然是第6类地区，国务院是否打算采取什么具体措施予以调整？

李鹏说：我是一个北京市民。北京物价上涨，我也感受到了，因为我也吃蔬菜。这次人代会期间，我与北京市市长商量过开辟蔬菜生产基地问题，会后田纪云副总理要专门召集有关方面开会研究，采取措施控制物价上涨。关于对北京待遇是不是公平的问题，应该说，是够公平的了，中央给北京的照顾多于其他城市。

最后一位提问者是法新社记者。他问道：班禅喇嘛说过，如果达赖喇嘛宣布放弃"西藏独立"的主张，他可以回到中国并且居住在西藏。你是否能确认这一点？

李鹏说：在维护祖国统一、反对分裂的前提下，我们欢迎达赖喇嘛与我们会谈。在哪儿居住不是一个重要的问题，重要的是他必须放弃"西藏独立"、分裂祖国的主张。

国家主席杨尚昆签署第3号主席令公布《中华人民共和国全民所有制工业企业法》

《中华人民共和国全民所有制工业企业法》已由中华人民共和国第七届人民代表大会第一次会议于1988年4月13日通过，现予公布，自1988年8月1日起施行。

中华人民共和国主席　杨尚昆

1988年4月13日

中华人民共和国全民所有制工业企业法

第一章　总　则

第一条　为保障全民所有制经济的巩固和发展，明确全民所有制工业企业的权利和义务，保障其合法权益，增强其活力，促进社会主义现代化建设，根据《中华人民共和国宪法》，制定本法。

第二条　全民所有制工业企业（以下简称企业）是依法自主经营、自负盈亏、独立核算的社会主义商品生产和经营单位。

企业的财产属于全民所有，国家依照所有权和经营权分离的原则授予企业经营管理。企业对国家授予其经营管理的财产享有占有、使用和依法处分的权利。

企业依法取得法人资格，以国家授予其经营管理的财产承担民事责任。

企业根据政府主管部门的决定，可以采取承包、租赁等经营责任制形式。

第三条　企业的根本任务是：根据国家计划和市场需求，发展商品生产，创造财富，增加积累，满足社会日益增长的物质和文化生活需要。

第四条　企业必须坚持在建设社会主义物质文明的同时，建设社会主义精神文明，建设有理想、有道德、有文化、有纪律的职工队伍。

第五条　企业必须遵守法律、法规，坚持社会主义方向。

第六条　企业必须有效地利用国家授予其经营管理的财产，实现资产增值；依法缴税金、费用、利润。

第七条　企业实行厂长（经理）负责制。

厂长依法行使职权，受法律保护。

第八条　中国共产党在企业中的基层组织，对党和国家的方针、政策在本企业的贯彻执行实行保证监督。

第九条　国家保障职工的主人翁地位，职工的合法权益受法律保护。

第十条　企业通过职工代表大会和其他形式，实行民主管理。

第十一条　企业工会代表和维护职工利益，依法独立自主地开展工作。企业工会组织职工参加民主管理和民主监督。

企业应当充分发挥青年职工、女职工和科学技术人员的作用。

第十二条 企业必须加强和改善经营管理，实行经济责任制，推进科学技术进步，厉行节约，反对浪费，提高经济效益，促进企业的改造和发展。

第十三条 企业贯彻按劳分配原则。在法律规定的范围内，企业可以采取其他分配方式。

第十四条 国家授予企业经营管理的财产受法律保护，不受侵犯。

第十五条 企业的合法权益受法律保护，不受侵犯。

第二章 企业的设立、变更和终止

第十六条 设立企业，必须依照法律和国务院规定，报请政府或者政府主管部门审核批准。经工商行政管理部门核准登记、发给营业执照，企业取得法人资格。

企业应当在核准登记的经营范围内从事生产经营活动。

第十七条 设立企业必须具备以下条件：

(一)产品为社会所需要。

(二)有能源、原材料、交通运输的必要条件。

(三)有自己的名称和生产经营场所。

(四)有符合国家规定的资金。

(五)有自己的组织机构。

(六)有明确的经营范围。

(七)法律、法规规定的其他条件。

第十八条 企业合并或者分立，依照法律、行政法规的规定，由政府或者政府主管部门批准。

第十九条 企业由于下列原因之一终止：

(一)违反法律、法规被责令撤销。

(二)政府主管部门依照法律、法规的规定决定解散。

(三)依法被宣告破产。

(四)其他原因。

第二十条 企业合并、分立或者终止时，必须保护其财产，依法清理债权、债务。

第二十一条 企业的合并、分立、终止，以及经营范围等登记事项的变更，须经工商行政管理部门核准登记。

第三章 企业的权利和义务

第二十二条 在国家计划指导下，企业有权自行安排生产社会需要的产品或者为社会提供服务。

第二十三条 企业有权要求调整没有必需的计划供应物资或者产品销售安排的指令性计划。

企业有权接受或者拒绝任何部门和单位在指令性计划外安排的生产任务。

第二十四条 企业有权自行销售本企业的产品。国务院另有规定的除外。

承担指令性计划的企业，有权自行销售计划外超产的产品和计划内分成的产品。

第二十五条 企业有权自行选择供货单位，购进生产需要的物资。

第二十六条 除国务院规定由物价部门和有关主管部门控制价格的以外，企业有权自行确定产品价格、劳务价格。

第二十七条 企业有权依照国务院规定与外商谈判并签订合同。

企业有权依照国务院规定提取和使用分成的外汇收入。

第二十八条 企业有权依照国务院规定支配使用留用资金。

第二十九条 企业有权依照国务院规定出租或者有偿转让国家授予其经营管理的固定资产，所得的收益必须用于设备更新和技术改造。

第三十条 企业有权确定适合本企业情况的工资形式和奖金分配办法。

第三十一条 企业有权依照法律和国务院规定录用、辞退职工。

第三十二条 企业有权决定机构设置及其人员编制。

第三十三条 企业有权拒绝任何机关和单位向企业摊派人力、物力、财力。除法律、法规另有规定外，任何机关和单位以任何方式要求企业提供人力、物力、财力的，都属于摊派。

第三十四条 企业有权依照法律和国务院规定与其他企业、事业单位联营，向其他企业、事业单位投资，持有其他企业的股份。

企业有权依照国务院规定发行债券。

第三十五条 企业必须完成指令性计划。

企业必须履行依法订立的合同。

第三十六条 企业必须保障固定资产的正常维修，改进和更新设备。

第三十七条 企业必须遵守国家关于财务、劳动工资和物价管理等方面的规定，接受财政、审计、劳动工资和物价等机关的监督。

第三十八条 企业必须保证产品质量和服务质量，对用户和消费者负责。

第三十九条 企业必须提高劳动效率，节约能源和原材料，努力降低成本。

第四十条 企业必须加强保卫工作，维护生产秩序，保护国家财产。

第四十一条 企业必须贯彻安全生产制度，改善劳动条件,做好劳动保护和环境保护工作,做到安全生产和文明生产。

第四十二条 企业应当加强思想政治教育、法制教育、国防教育、科学文化教育和技术业务培训,提高职工队伍的素质。

第四十三条 企业应当支持和奖励职工进行科学研究、发明创造,开展技术革新、合理化建议和社会主义劳动竞赛活动。

第四章 厂 长

第四十四条 厂长的产生,除国务院另有规定外,由政府主管部门根据企业的情况决定采取下列一种方式:

(一)政府主管部门委任或者招聘。

(二)企业职工代表大会选举。

政府主管部门委任或者招聘的厂长人选,须征求职工代表的意见;企业职工代表大会选举的厂长,须报政府主管部门批准。

政府主管部门委任或者招聘的厂长,由政府主管部门免职或者解聘,并须征求职工代表的意见;企业职工代表大会选举的厂长,由职工代表大会罢免,并须报政府主管部门批准。

第四十五条 厂长是企业的法定代表。

企业建立以厂长为首的生产经营管理系统。厂长在企业中处于中心地位,对企业的物质文明建设和精神文明建设负有全面责任。

厂长领导企业的生产经营工作,行使下列职权:

(一)依照法律和国务院规定,决定或者报请审查批准企业的各项计划。

(二)决定企业行政机构的设置。

(三)提请政府主管部门任免或者聘任、解聘副厂级行政领导干部。法律和国务院另有规定的除外。

(四)任免或者聘任、解聘企业中层行政领导干部。法律另有规定的除外。

(五)提出工资调整方案、奖金分配方案和重要的规章制度,提请职工代表大会审议决定。

(六)依法奖惩职工;提请政府主管部门奖惩副厂级行政领导干部。

第四十六条 厂长必须依靠职工群众履行本法规定的企业的各项义务,支持职工代表大会、工会和其他群众组织的工作,执行职工代表依法作出的决定。

第四十七条 企业设立管理委员会或者通过其他形式,协助厂长决定企业的重大问题。管理委员会由企业各方面的负责人和职工代表组成。厂长任管理委员会主任。

前款所称重大问题:

(一)经营方针、长远规划和年度计划、基本建设方案和重大技术改造方案,职工培训计划,工资调整方案,留用资金分配和使用方案,承包和租赁经营责任制方案。

(二)工资列入企业成本开支的企业人员编制和行政机构的设置和调整。

(三)制订、修改和废除重要规章制度的方案。

上述重大问题的讨论方案,均由厂长提出。

第四十八条 厂长在领导企业完成计划、提高产品质量和服务质量、提高经济效益和加强精神文明建设等方面成绩显著的,由政府主管部门给予奖励。

第五章 职工和职工代表大会

第四十九条 职工有参加企业民主管理的权利,有对企业的生产和工作提出意见和建议的权利;有依法享受劳动保护、劳动保险、休息、休假的权利;有向国家机关反映真实情况,对企业领导干部提出批评和控告的权利。女职工有依照国家规定享受特殊劳动保护和劳动保险的权利。

第五十条 职工应当以国家主人翁的态度从事劳动,遵守劳动纪律和规章制度,完成生产和工作任务。

第五十一条 职工代表大会是企业实行民主管理的基本形式,是职工行使民主管理权力的机构。

职工代表大会的工作机构是企业的工会委员会。企业工会委员会负责职工代表大会的日常工作。

第五十二条 职工代表大会行使下列职权:

(一)听取和审议厂长关于企业的经营方针、长远规划、年度计划、基本建设方案、重大技术改造方案、职工培训计划、留用资金分配和使用方案、承包和租赁经营责任制方案的报告,提出意见和建议。

(二)审查同意或者否决企业的工资调整方案、奖金分配方案、劳动保护措施、奖惩办法以及其他重要的规章制度。

(三)审议决定职工福利基金使用方案、职工住宅分配方案和其他有关职工生活福利的重大事项。

(四)评议、监督企业各级行政领导干部,提出奖惩和任免的建议。

(五)根据政府主管部门的决定选举厂长,报政府主管部门批准。

第五十三条 车间通过职工大会、职工代表组或者其他形式实行民主管理;工人直接参加班组的民主管理。

第五十四条 职工代表大会应当支持厂长依法行使职权,教育职工履行本法规定的义务。

第六章 企业和政府的关系

第五十五条 政府或者政府主管部门依照国务院规定统一对企业下达指令性计划,保证企业完成指令性计划所需的计划供应物资,审查批准企业提出的基本建设、重大技术改造等计划；任免、奖惩厂长，根据厂长的提议，任免、奖惩副厂级行政领导干部，考核、培训厂级行政领导干部。

第五十六条　政府有关部门按照国家调节市场、市场引导企业的目标，为企业提供服务，并根据各自的职责，依照法律、法规的规定，对企业实行管理和监督。

（一）制定、调整产业政策，指导企业制定发展规划。

（二）为企业的经营决策提供咨询、信息。

（三）协调企业与其他单位之间的关系。

（四）维护企业正常的生产秩序，保护企业经营管理的国家财产不受侵犯。

（五）逐步完善与企业有关的公共设施。

第五十七条　企业所在地的县级以上地方政府应当提供企业所需的由地方计划管理的物资，协调企业与当地其他单位之间的关系，努力办好与企业有关的公共福利事业。

第五十八条　任何机关和单位不得侵犯企业依法享有的经营管理自主权；不得向企业摊派人力、物力、财力；不得要求企业设置机构或者规定机构的编制人数。

第七章　法律责任

第五十九条　违反本法第十六条规定，未经政府或者政府主管部门审核批准和工商行政管理部门核准登记，以企业名义进行生产经营活动的，责令停业，没收违法所得。

企业向登记机关弄虚作假、隐瞒真实情况的，给予警告或者处以罚款；情节严重的，吊销营业执照。

本条规定的行政处罚，由县级以上工商行政管理部门决定。当事人对罚款、责令停业、没收违法所得、吊销营业执照的处罚决定不服的，可以在接到处罚通知之日起十五日内向法院起诉；逾期不起诉又不履行的，由作出处罚决定的机关申请法院强制执行。

第六十条　企业因生产、销售质量不合格的产品，给用户和消费者造成财产、人身损害的，应当承担赔偿责任；构成犯罪的，对直接责任人员依法追究刑事责任。

产品质量不符合经济合同约定的条件的，应当承担违约责任。

第六十一条　政府和政府有关部门的决定违反本法第五十八条规定的，企业有权向作出决定的机关申请撤销；不予撤销的，企业有权向作出决定的机关的上一级机关或者政府监察部门申诉。接受申诉的机关应于接到申诉之日起三十日内作出裁决并通知企业。

第六十二条　企业领导干部滥用职权，侵犯职工合法权益，情节严重的，由政府主管部门给予行政处分；滥用职权、假公济私，对职工实行报复陷害的，依照《中华人民共和国刑法》第一百四十六条的规定追究刑事责任。

第六十三条　企业和政府有关部门的领导干部，因工作过失给企业和国家造成较大损失的，由政府主管部门或者有关上级机关给予行政处分。

企业和政府有关部门的领导干部玩忽职守，致使企业财产、国家和人民利益遭受重大损失的，依照《中华人民共和国刑法》第一百八十七条的规定追究刑事责任。

第六十四条　阻碍企业领导干部依法执行职务，未使用暴力、威胁方法的，由企业所在地公安机关依照《中华人民共和国治安管理处罚条例》第十九条的规定处罚；以暴力、威胁方法阻碍企业领导干部依法执行职务的，依照《中华人民共和国刑法》第一百五十七条的规定追究刑事责任。

扰乱企业的秩序，致使生产、营业、工作不能正常进行，尚未造成严重损失的，由企业所在地公安机关依照《中华人民共和国治安管理处罚条例》第十九条的规定处罚；情节严重，致使生产、营业、工作无法进行，造成严重损失的，依照《中华人民共和国刑法》第一百五十八条的规定追究刑事责任。

第八章　附　则

第六十五条　本法的原则适用于全民所有制交通运输、邮电、地质勘探、建筑安装、商业、外贸、物资、农林、水利企业。

第六十六条　企业实行承包、租赁经营责任制的，除遵守本法规定外，发包方和承包方、出租方和承租方的权利、义务依照国务院有关规定执行。

联营企业、大型联合企业和股份企业，其领导体制依照国务院有关规定执行。

第六十七条　国务院根据本法制定实施条例。

第六十八条　自治区人民代表大会常务委员会可以根据本法和《中华人民共和国民族区域自治法》的原则，结合当地的特点，制定实施办法，报全国人民代表常务委员会备案。

第六十九条　本法自1988年8月1日起施行。

附：刑法有关条文

（一）第六十二条涉及的刑法条款：

第一百四十六条　国家工作人员滥用职权、假公济私，对控告人、申诉人、批评人实行报复陷害的，处二年以下有期徒刑或者拘役；情节严重的，处二年以上七年以下有期徒刑。

（二）第六十三条涉及的刑法条款：

第一百八十七条　国家工作人员由于玩忽职守，

致使公共财产、国家和人民利益遭受重大损失的，处五年以下有期徒刑或者拘役。

(三)第六十四条涉及的刑法条款：

第一百五十七条　以暴力、威胁方法阻碍国家工作人员依法执行职务的，或者拒不执行人民法院已经发生法律效力的判决、裁定的，处三年以下有期徒刑、拘役、罚金或者剥夺政治权利。

第一百五十八条　禁止任何人利用任何手段扰乱社会秩序。扰乱社会秩序情节严重，致使工作、生产、营业和教学、科研无法进行，国家和社会遭受严重损失的，对首要分子处五年以下有期徒刑、拘役、管制或者剥夺政治权利。

国家主席杨尚昆签署第4号主席令公布《中华人民共和国中外合作经营企业法》

《中华人民共和国中外合作经营企业法》已由中华人民共和国第七届全国人民代表大会第一次会议于1988年4月13日通过，现予公布，自公布之日起施行。

中华人民共和国主席　杨尚昆

1988年4月13日

中华人民共和国中外合作经营企业法

第一条　为了扩大对外经济合作和技术交流，促进外国的企业和其他经济组织或者个人(以下简称外国合作者)按照平等互利的原则，同中华人民共和国的企业或者其他经济组织(以下简称中国合作者)在中国境内共同举办中外合作经营企业(以下简称合作企业)，特制定本法。

第二条　中外合作者举办合作企业，应当依照本法的规定，在合作企业合同中约定投资或者合作条件、收益或者产品的分配、风险和亏损的分担、经营管理的方式和合作企业终止时财产的归属等事项。

合作企业符合中国法律关于法人条件的规定的，依法取得中国法人资格。

第三条　国家依法保护合作企业和中外合作者的合法权益。

合作企业必须遵守中国的法律、法规，不得损害中国的社会公共利益。

国家有关机关依法对合作企业实行监督。

第四条　国家鼓励举办产品出口的或者技术先进的生产型合作企业。

第五条　申请设立合作企业，应当将中外合作者签订的协议、合同、章程等文件报国务院对外经济贸易主管部门或者国务院授权的部门和地方政府(以下简称审查批准机关)审查批准。审查批准机关应当自接到申请之日起四十五天内决定批准或者不批准。

第六条　设立合作企业的申请经批准后，应当自接到批准证书之日起三十天内向工商行政管理机关申请登记，领取营业执照。合作企业的营业执照签发日期，为该企业的成立日期。

合作企业应当自成立之日起三十天内向税务机关办理税务登记。

第七条　中外合作者在合作期限内协商同意对合作企业合同作重大变更的，应当报审查批准机关批准；变更内容涉及法定工商登记项目、税务登记项目的，应当向工商行政管理机关、税务机关办理变更登记手续。

第八条　中外合作者的投资或者提供的合作条件可以是现金、实物、土地使用权、工业产权、非专利技术和其他财产权利。

第九条　中外合作者应当依照法律、法规的规定和合作企业合同的约定，如期履行缴足投资、提供合作条件的义务。逾期不履行的，由工商行政管理机关限期履行；限期届满仍未履行的，由审查批准机关和工商行政管理机关依照国家有关规定处理。

中外合作者的投资或者提供的合作条件，由中国注册会计师或者有关机构验证并出具证明。

第十条　中外合作者的一方转让其在合作企业合同中的全部或者部分权利、义务的，必须经他方同意，并报审查批准机关批准。

第十一条　合作企业依照经批准的合作企业合同、章程进行经营管理活动。合作企业的经营管理自主权不受干涉。

第十二条　合作企业应当设立董事会或者联合管理机构，依照合作企业合同或者章程的规定，决定合作企业的重大问题。中外合作者的一方担任董事会的董事长、联合管理机构的主任的，由他方担任副董事长、副主任。董事会或者管理机构可以决定任命或者聘请总经理负责合作企业的日常经营管理工作。总经理对董事会或者联合管理机构负责。

合作企业成立后改为委托中外合作者以外的他人经营管理的，必须经董事会或者联合管理机构一致同意，报审查批准机关批准，并向工商行政管理机关办理变更登记手续。

第十三条　合作企业职工的录用、辞退、报酬、福利、劳动保护、劳动保险等事项，应当依法通过订立合同加以规定。

第十四条　合作企业的职工依法建立工会组织，开展工会活动，维护职工的合法权益。

合作企业应当为本企业工会提供必要的活动条件。

第十五条　合作企业必须在中国境内设置会计账簿，依照规定报送会计报表，并接受财政税务机关的监督。

合作企业违反前款规定,不在中国境内设置会计账簿的,财政税务机关可以处以罚款,工商行政管理机关可以责令停止营业或者吊销其营业执照。

第十六条 合作企业应当凭营业执照在国家外汇管理机关允许经营外汇业务的银行或者其他金融机构开立外汇账户。

合作企业的外汇事宜,依照国家有关外汇管理的规定办理。

第十七条 合作企业可以向中国境内的金融机构借款,也可以在中国境外借款。

中外合作者用作投资或者合作条件的借款及其担保,由各方自行解决。

第十八条 合作企业的各项保险应当向中国境内的保险机构投保。

第十九条 合作企业可以在经批准的经营范围内,进口本企业需要的物资,出口本企业生产的产品。合作企业在经批准的经营范围内所需的原材料、燃料等物资,可以在国内市场购买,也可以在国际市场购买。

第二十条 合作企业应当自行解决外汇收支平衡。合作企业不能自行解决外汇收支平衡的,可以依照国家规定申请有关机关给予协助。

第二十一条 合作企业依照国家有关税收的规定缴纳税款并可以享受减税、免税的优惠待遇。

第二十二条 中外合作者依照合作企业合同的约定,分配收益或者产品,承担风险和亏损。

中外合作者在合作企业合同中约定合作期满时合作企业的全部固定资产归中国合作者所有的,可以在合作企业合同中约定外国合作者在合作期限内先行回收投资的办法。合作企业合同约定外国合作者在缴纳所得税前回收投资的,必须向财政税务机关提出申请,由财政税务机关依照国家有关税收的规定审查批准。

依照前款规定外国合作者在合作期限内先行回收投资的,中外合作者应当依照有关法律的规定和合作企业合同的约定对合作企业的债务承担责任。

第二十三条 外国合作者在履行法律规定和合作企业合同约定的义务后分得的利润、其他合法收入和合法企业终止时分得的资金,可以依法汇往国外。

合作企业的外籍职工的工资收入和其他合法收入,依法缴纳个人所得税后,可以汇往国外。

第二十四条 合作企业期满或者提前终止时,应当依照法定程序对资产和债权、债务进行清算。中外合作者应当依照合作企业合同的约定确定合作企业财产的归属。

合作企业期满或者提前终止,应当向工商行政管理机关和税务机关办理注销登记手续。

第二十五条 合作企业的合作期限由中外合作者协商并在合作企业合同中订明。中外合作者同意延长合作期限的,应当在距合作期满一百八十天前向审查批准机关提出申请。审查批准机关应当自接到申请之日起三十天内决定批准或者不批准。

第二十六条 中外合作者履行合作企业合同、章程发生争议时,应当通过协商或者调解解决。中外合作者不愿通过协商、调解解决的,或者协商、调解不成的,可以依照合作企业合同中的仲裁条款或者事后达成的书面仲裁协议,提交中国仲裁机构或者其他仲裁机构仲裁。

中外合作者没有在合作企业合同中订立仲裁条款,事后又没有达成书面仲裁协议的,可以向中国法院起诉。

第二十七条 国务院对外经济贸易主管部门根据本法制定实施细则,报国务院批准后施行。

第二十八条 本法自公布之日起施行。

民主德国出口商品展览会在北京开幕

民主德国外贸部部长格哈德·拜尔、化工部部长京特·维朔夫斯基、外贸部副部长约亨·施泰埃尔和中国国务委员宋健、经贸部部长郑拓彬、化工部部长秦仲达等参加了开幕式。

在开幕式上,民主德国外贸部部长格哈德·拜尔和中国贸促会会长贾石分别讲了话。格哈德·拜尔和宋健为开幕式剪了彩。

展览会有64家联合企业和38家外贸企业参加,展出交通、能源、机械、电子、轻纺、农林等方面的先进产品800多种,科技成果2500项。展出期间,还将举行40多项技术座谈。

4月14日

《人民日报》发表社论《以改革总揽全局——热烈祝贺七届人大一次会议和政协七届一次会议胜利闭幕》

第七届全国人民代表大会第一次会议历时二十天,于昨天胜利闭幕了。在此之前,中国人民政治协商会议第七届全国委员会第一次会议,也已经胜利闭幕。

七届全国人大一次会议和政协七届一次会议承担着重大的使命,两会的召开,是全国人民瞩目的大事。七届全国人大一次会议根据宪法的规定,选举产生了新的国家领导人,其中既有德高望重、治国经验丰富的老一辈无产阶级革命家,又有年富力强、勇于改革务实的新一代社会主义建设领导者,继党的十三大之后,为振兴中华的大业进一步提供了切实的组织保证。会议审议通过的李鹏代总理所作的政府工作报告以及《中华人民共和国宪法修正案》《全民所有制工业企业法》《中外合作经营企业法》等法案和决议，对于进一步改革、开放，建设有中国特色的社会主义，必将产生重大的影响。政协七届一次会议选举产生了新的全国政协领导人，人民政协的工作在今后将有新的发展，可以更好地发挥"政治协商，民主监督"的作用。

龙年之春召开的这两个大会，以其前所未有的民主气氛和开放程度，赢得国内外的普遍赞誉和高度评价。从审议、讨论到表决、选举，代表和委员们以高度负责的精神，既充分肯定政府工作的成绩，又直率地批评缺点，对国家大政方针发表了许多中肯的见解，对现存的社会积弊进行了恳切而尖锐的抨击。物价和教育，党风、政风和社会风气，知识分子待遇等等很多所谓"敏感问题"，在两个会议上都得到充分的讨论。"直言不讳，议政参政"，成为人民代表的新风；"讲真话，做诤友"，成为政协委员的座右铭。会议和新闻媒介进行了一系列改革，部分小组讨论对外国记者开放了，发言主要内容第二天就与读者见面了，过去只能看到少量镜头的电视观众可以更详细地知晓会议的进程了。这些都大大增加了政治透明度，缩短了两会与人民的距离。党的十三大提出的"提高领导机关活动的开放程度，重大情况让人民知道，重大问题经人民讨论"，得到生动的体现。对于建设社会主义民主政治的长远目标来说，今天的进步只是初步的。重要的是，老框框开始打破，新办法显露生机，民主集中制有了新的发展，社会主义民主的大趋势是不可逆转的。洋溢着民主、改革、开放精神的盛会，为伟大的社会主义祖国增添了春色，10亿人民对建设社会主义民主政治增强了信心。

改革呼唤民主，民主推动改革。今后的五年，是落实十三大精神，加快和深化改革，实现新旧体制转换的五年，是实现第二步经济发展战略，使人民生活从温饱型向小康型过渡的关键性五年，也是民主将不断扩大的五年。要实现我们的奋斗目标，必须继续坚定不移地贯彻执行党在社会主义初级阶段的基本路线，坚持以经济建设为中心，坚持四项基本原则和改革开放的总方针。人大代表和政协委员们盛赞在今后五年中以改革总揽全局，使改革和发展更紧密地结合起来的方针，认为这是富有远见的正确方针。过去九年的经验证明，成就来自改革，希望在于改革，要取得新的更大的成就，必须加快改革、深化改革。以改革总揽全局，整个经济生活就会出现微观搞活与宏观控制相互促进，速度与效益相互统一，改革、发展与稳定相互推动的局面，政治、教育、科技、文化等各项事业也将获得蓬勃发展的强大动力。随着各项改革措施的陆续出台，社会各方面的利益关系需要调整，新旧体制的并存呈现出更加错综复杂的局面，出现了许多新的矛盾、新的困难。这些矛盾和困难都要靠加快改革、深化改革，并从全局出发，统筹兼顾，合理安排才能解决。现在看来，由于历史和社会条件的制约，建立有计划商品经济新体制的基本框架，需要的时间比原来估计的要长一些；建立高度民主、法制完备、富有效率、充满活力的社会主义政治体制，更需要长期的努力才能实现。不管改革的道路多么艰难，我们都充满必胜的信心。在中国共产党领导下，全国各族人民团结一致，同心同德，坚忍不拔，开拓前进，一定能够胜利地到达彼岸。若干年后，我们回头看今天遇到的种种艰难险阻，就会想起杜甫的诗句："会当凌绝顶，一览众山小！"

良好的党风、政风，是搞好改革和建设的重要保证。我们党是执政党，党风与政风密不可分。七届全国人大一次会议提出树立良好的政风，是完全正确的。在两个会议上，很多代表和委员披肝沥胆，慷慨陈词，就这个问题提出了感人肺腑的忠告。尖锐的批评、深沉的忧患感和紧迫感，反映了人民群众的巨大期待。要树立好的党风、政风，必须严肃党纪、政纪、法纪，坚决纠正有法不依、执法不严的软弱状态。要树立好的党风、政风，还必须坚定不移地推进改革，从体制上、制度上铲除不正之风赖以滋生的条件。国务院机构改革方案业经七届全国人大一次会议原则批准，即将付诸实施。这只是机构改革的第一步。随着政治体制改革的进一步展开，政府机构、干部人事制度、选举制度等将进行更加彻底的改革，这将大大推动党风、政风的建设。在社会主义商品经济日益发展的今天，所谓良好的政风，最重要的就是政府要廉洁，决不允许奢侈之风、腐败之风滋长。各级党政领导干部，要坚决按照党的十三大和七届全国人大一次会议的要求，从严治党，从严治政，带头发扬清正廉洁、艰苦朴素、勤勤恳恳、励精图治的优良作风，不负时代的重托，当好人民的公仆。

"十亿同心振国威"。在世界民族之林重振中华民族的雄风，是我们这几代人神圣的历史使命。改革，是实现这一共同理想的必由之路。每一个中华儿女，都应当认清自己对民族的责任。每一个有识之士，都应当站到改革的前列。让我们在党的基本路线指引下，以愚公移山的精神，向着宏伟的目标扎扎实实地前进！

全国控购工作会议在北京召开

国务委员兼财政部部长王丙乾指出，控制社会集团购买力是一项长期的任务，应该使之经常化，不能紧一阵松一阵。

王丙乾说，控制社会集团购买力不仅有重要的经济意义，而且有重要的政治意义。它不仅对节省开支、提高效益、平衡预算、缓和市场供应有好处，而且有利于端正党风和社会风气，促进政府廉洁。他说，国务院要求今年社会集团购买力要压缩20%，各地一定要严肃法纪、认真对待，坚决执行，扎扎实实把这项工作抓紧抓好。

会议提出，今年要花大气力检查一些花钱大手大脚，铺张浪费，挥霍国家资金的单位，对有禁不止、明知故犯、情节严重的单位和有关责任人要严肃查处，发扬正气，严肃法纪。

会议认为，控购工作任务繁重，矛盾很多，必须有各级政府的支持和各部门的密切配合才能顺利开展。各级人民政府一定要加强领导，各有关部门要密切配合，共同把关，群策群力，为反对浪费，反对腐化，促进改革和建设作出贡献。

4月15日

中共中央政治局在北京先后举行第七次和第八次全体会议

会议就七届全国人大一次会议、七届全国政协一次会议期间人大代表、政协委员提出的重要意见和建议，进行了认真讨论。会议高度评价两个大会取得的重大成果，并认为这标志着我国的社会主义民主和法制建设又前进了一步。

15日上午举行的第七次中央政治局会议，着重讨论了人大代表、政协委员反映强烈的教育、物价和党风政纪等方面的问题。为了使这些问题得到切实解决，会议确定组成若干小组，对上述问题分别进行研究，提出意见和措施。27日上午举行的中央政治局会议，认真讨论了这些小组经过充分调查、酝酿提出的建议。会议认为，这些小组就解决教育、物价和党风政纪等方面问题而提出的意见是正确的，措施是基本可行的，应认真落实。其中有关党的工作部分，由党中央及其有关部门负责落实；有关政府工作的部分，建议国务院及其有关部门负责落实。

会议要求党政军各部门党组织、全体共产党员特别是党员领导干部，必须带头做到廉洁奉公，严守法纪，提高工作效率，全心全意为人民服务。

会议强调指出，中央政治局第四次会议和十三届二中全会关于我国经济形势的分析是正确的，关于今年经济工作的方针和国务院的部署也是正确的。今年第一季度整个国民经济发展的态势良好。但是也必须看到，前进道路上还存在不少矛盾和困难。在这种情况下，特别需要强调遵守纪律，顾全大局，强调个人利益服从集体利益、局部利益服从整体利益、暂时利益服从长远利益。只要认真贯彻执行中央和国务院既定的方针和部署，就能够顺利地克服各种困难和矛盾，使我国经济、政治形势继续健康发展。

会议还指出，我国正处在改革和四化建设的关键时期，需要全党和全国人民极大地振奋精神，增强凝聚力。在经济体制改革和政治体制改革中，要重视解决为政清廉的问题，必须改进和加强思想政治工作。要通过加强理想教育和纪律教育，激励广大党员、干部和群众励精图治，艰苦奋斗，齐心协力，把改革、开放和整个社会主义现代化建设事业继续推向前进。

出席会议的有中央政治局委员15人，中央政治局候补委员1人；中央政治局委员2人因公缺席。有关方面的负责同志列席了会议。

国家主席杨尚昆在人民大会堂设宴欢迎菲律宾总统科拉松·阿基诺夫人

杨尚昆在宴会上说："维护和平与发展经济，是我们当前面临的共同任务。去年12月，总统阁下主持召开的第三次东盟国家首脑会议，为维护东南亚地区的和平与稳定，促进东盟国家的经济合作作出了积极贡献。"

他说："我们衷心希望，在维护地区和平与促进共同发展的事业中，中国同菲律宾和其他东盟国家的友好合作关系得到进一步巩固和发展。"

他说："总统阁下的访问是中菲关系史上的一件大事。阁下来华前曾表示希望，这次中国之行将有助于增进两国永久和真正的亲密关系。我深信，这个目标一定能够实现。"

全国人大常委会副委员长彭冲、陈慕华，国务院副总理吴学谦，外交部部长钱其琛，中国政府陪同团团长、纺织工业部部长吴文英，农业部部长何康，外经贸部部长郑拓彬，福建省省长王兆国，江苏省省长顾秀莲及其他有关部门负责人出席宴会作陪。

国务院总理李鹏在人民大会堂同菲律宾总统科·阿基诺夫人进行会谈

双方一致表示要进一步加强两国在经济、贸易、科技和文化艺术等方面的友好合作与交流，并就柬埔寨问题等一系列重大国际问题取得相同或相似的看法。

李鹏说，中菲两国建交以来一直保持着友好关系。科·阿基诺总统组成菲律宾新政府以来，两国友好合作关系取得了新的发展。他指出，中菲两国都致力于和平与发展。两国的社会制度和意识形态虽然不同，但这并不妨碍我们发展友好合作关系。中国主张把国与国之间的关系建立在和平共处五项原则基础上，主张积极发展南南合作。李鹏说，中菲都是发展中国家，两国各有长处。多年以来我们在各个领域，特别是农业技术方面的合作,已经取得了很好的成果,这对双方都有益处。

科·阿基诺总统在会谈中重申了菲律宾政府关于坚持中华人民共和国政府是代表中国的唯一合法政府的立场。她强调说,菲律宾政府非常重视发展同中华人民共和国的友好合作关系,愿意在已经取得的成果的基础上,同中国发展全面的、协调的、富有活力的友好合作关系。她还指出,我们的关系纽带是牢固的、持久的。这种关系对双方有利,也有利于这一地区的稳定与和平。

在谈到柬埔寨问题时,科·阿基诺总统说,菲律宾一贯主张越南应尽快从柬埔寨撤军,并将继续支持民柬联合政府关于政治解决柬埔寨问题的8点建议,支持西哈努克亲王为解决柬埔寨问题所做的努力。她还表示赞赏中国对柬埔寨人民抗越救国斗争的坚定支持。

李总理对科·阿基诺总统的上述观点表示赞同。他说,政治解决柬埔寨问题的关键是越南从柬全部撤军。李鹏强调指出,中国在柬埔寨问题上不谋求任何私利,越南撤军后柬埔寨问题应由柬埔寨人民自己解决。两位领导人一致认为,未来的柬埔寨应该成为独立、和平、中立、不结盟的国家。

会见中,双方还相互通报了各自国家的情况。科·阿基诺总统邀请李鹏总理访问菲律宾,李鹏愉快地接受了邀请。具体时间将通过外交途径协商。

全国政协主席李先念在人民大会堂会见菲律宾总统科·阿基诺

第六十三届广交会在广州开幕

广交会是我国经济发展的一个橱窗。我国实施沿海经济发展战略的成果,外向型经济的蓬勃发展的大好形势,反映到这届广交会上来了:提供的出口商品货源充足,新的花色品种有较大数量的增加,产品质量进一步提高,包装装潢也有所改进。在各个展馆,各种商品琳琅满目。

这届广交会邀请世界各地客商3万多人,比去年同期增加15%。本届交易会的17个交易团,热情地接待来自世界五大洲的宾客,贸易洽谈活跃,展示出令人鼓舞的前景。新时代交易团透露,本届交易会的出口成交将出现3个明显增加:一是机电产品出口明显增加;二是出口飞机、精密机械、人造卫星及运载工具、微型反应堆、各种微电脑等技术密集的产品和商科技产品明显增加;三是“三来一补”与合作、合资等贸易明显增加。

这届“广交会”以扩大影响、广交朋友、交流信息、推动出口成交为目的。

国务院副总理田纪云在开幕式上,勉励我国外贸工作人员团结一致,齐心协力,积极工作,把本届交易会办得更好,使我国外贸事业更上一层楼。

田纪云说,党中央、国务院提出的沿海经济发展战略和外贸体制改革的深化,极大地调动着各地方、部门、企业发展外贸的积极性。国际经济仍然是有利于扩大我国商品出口的形势。机不可失、时不再来,我们一定要抓住难遇的机遇,充分利用广交会的有利形势,积极扩大出口成交,为争取我国外贸事业的更大发展作出认真不懈的努力,争取超额完成今年的出口计划,并且要实现更大的突破。

财政部副部长项怀诚在全国住房制度改革财务工作会议上讲话

项怀诚低租金分配住房的制度必须彻底改革,要实现住房商品化。

他说,多年来国家对职工住宅建设基本上是采取包下来的做法,用实物形式分配给职工使用,收取低租金。这种低房租、高补贴政策带来许多弊端。

项怀诚说,要改变目前的住房资金分配体制,把目前实际用于职工建房、修房资金的暗贴变为明贴,并逐步纳入职工工资。同时开拓各种资金渠道,建立住房基金,逐步实现住房资金的良性循环,使住房商品化。

项怀诚说,住房制度改革是一项涉及面广、政策性强的重大改革,必须按照国务院有关规定办事。目前一些城市在住房制度改革中出现了某些问题,有的地方把向职工发放的住房券完全当作一个新增的补贴项目,企业的发券资金大部分甚至全部打入成本,行政事业单位的发券资金全部靠财政增拨预算经费解决,而不是立足于原有住房资金的转换,增加了财政和企业的负担。有些城市住房券发放偏高,使得所发住房券有相当一部分不能通过租金收回来,影响住房资金的良性循环。还有一些城市在公房出售中定价不合理。

项怀诚指出,这次住房改革的基本原则是,在将低租金提高为成本租金的同时,将暗补转为明补,以住房券形式发给职工,用以抵交提高的那部分租金,由此实现资金的良性循环。在由暗补变明补的过程中,国家和各级地方政府应做到住房补贴总量保持不变,国家和企业在总体上应不增加新的负担。

项怀诚强调:企业住房资金进成本的比例必须按照国务院的规定,不得超过20%;行政事业单位也应当首先立足于原有住房支出的划转,不能全部由财政包下来。住房的发券额应当等于提租额,发券系数应控制在25%以下。

项怀诚说,住房制度改革将会对财政收支产生重大影响，为此他要求各级财政部门要积极参与和配合住房制度改革，尽快制定有关财务办法，管好各项资金，积极开辟资金来源，以促进住房制度改革工作的顺利进行。

中共中央政治局常委胡启立在中南海会见阿根廷激进公民联盟代表团

外交部部长钱其琛同菲律宾外长曼格拉普斯在北京举行会谈

双方首先讨论了贸易、人员往来等双边关系问题。

钱其琛说，中国和菲律宾是友好邻邦，两国间存在着相互信任的友好关系。

曼格拉普斯表示，菲律宾政府对菲中关系表示满意，并认为这一关系有着良好的发展前景。

双方还就共同关心的地区问题和国际形势交换了意见，取得了广泛的一致。

钱其琛向客人介绍中国对柬埔寨问题的基本立场时强调指出，关键是越南必须尽快从柬埔寨全部撤军。对于政治解决方案，越南不能作为局外人，应当参加这一进程，同西哈努克亲王和民柬联合政府直接谈判。

外交部发言人就日内瓦协议的签订发表谈话

全文如下：

中国一贯坚持苏联从阿富汗撤军是政治解决阿富汗问题的关键。日内瓦协议的签订是积极的事态发展，我们表示欢迎。这是阿富汗人民反对外来侵略、长期英勇斗争的最大胜利，也是世界各国为维护国际关系准则和主持国际正义进行不懈努力的胜利。我们赞赏联合国和巴基斯坦为政治解决阿富汗问题作出的贡献。我们希望苏联在协议规定的时间内从阿富汗撤出全部军队，以早日恢复阿富汗的独立、主权、中立和不结盟地位，使阿富汗难民得以尽早返回家园，重享和平生活。

中国冶金专家在国际上获奖

4月11日至15日在美国圣地亚哥市召开的第九届国际真空冶金会议对自1961年至1988年世界上在特种冶金方面作出重大贡献的72个单位和个人发奖。我国在电渣冶炼技术方面取得杰出成就的朱觉、林宗棠、傅杰、李正邦、刘海洪5人和北京钢铁学院、冶金部钢铁研究总院以及上海重型机器厂3个单位获奖。

12家经济报协作会在武汉成立

该协作会是由《市场报》《经济信息报》《江苏经济信息报》《粤港信息报》等12家经济报社自愿组成的跨地区、跨系统的横向联合体。

这个经济报协作会贯彻中央“对外开放、对内改革”的方针，探讨新形势下的经济报刊如何适应改革开放的需要。加强各地区经济报社之间的横向联系，发挥优势，交流宣传报道和经营管理经验，取长补短，开展经济领域里的学术讨论，提高报纸质量。同时，以经济报刊的联合为纽带，举办多种活动，促进地区之间的经济协作与交流。

4月16日

中央军委主席邓小平在人民大会堂会见菲律宾总统科·阿基诺

宾主落座并稍事寒暄后，邓小平坦诚地对科·阿基诺总统说，你当选总统执政以来，我们知道你的处境并不轻松。但你处理得很好，使菲律宾由动乱走向现在的比较稳定。对此我们很欣赏。邓小平强调说，中国希望有一个稳定和繁荣富强的菲律宾。

对于中菲关系，两位领导人一致表示要积极努力地进一步发展两国友好合作关系。邓小平说，中菲之间也有一些疙瘩，但不难解决。双方高度评价了和平共处五项原则，认为它是富有生命力的。科·阿基诺表示，看到中国的改革取得了很大成功，希望能从中汲取经验。邓小平说，中菲两国都应该抓紧利用和平的环境发展自己的经济。

在谈到一些国际问题时，邓小平说，中国希望世界和平、地区和平，特别希望同包括东盟国家在内的亚洲国家发展友好关系，成为更好的朋友。他指出，国际上的问题，最好都能采取和平的方式，合情合理地加以解决。

国务院总理李鹏在中南海紫光阁会见美国著名基督教福音派领袖葛培理牧师

李鹏在会见时指出：“中国要富强，光有物质条件是不行的，一定要有精神方面的力量。”

在回答美国客人提出的宗教在中国起什么作用的问题时，李鹏说，中国有信天主教、基督教的，但目前信教的人不算多。对于宗教信仰问题，我国宪法保证宗教信仰自由，过去这方面有的地方做得不够，现在纠正了。他还说，尽管我们的信仰不同，但有一点是共同的，中国人认为要有崇高的道德品质。我们在经济建设中，不只是强调物质文明建设，同时还强调精神文明建设，使它在四化中化为巨大推动力。

在谈到文化教育事业时，李鹏指出，文化教育非常重要。由于过去贫穷落后，地区发展不平衡，现在教育方面还有很多事情要做。教育工作要从孩子做起，要在青年中提倡,树立一些先进人物,作为他们学习的模范和表率,使他们成为有理想、有纪律、有道德、有文化的一代社会主义新人。

全国政协主席李先念到河北省石家庄市及栾城县农村视察

李先念在栾城县农村的麦田里察看了苗情。他说,我们的土地资源十分宝贵,一定要十分珍惜土地,农村盖房也不要乱占耕地,应该向空中发展。

中共河北省省委书记邢崇智、省长解峰、省政协主席尹哲等省市领导向李先念汇报了情况。

李先念称赞河北省工作是有成绩的,勉励河北省要继续努力。他说,农业是国民经济的基础,农业搞不上去,别的什么都不好办,10亿人口的大国粮食靠进口是不行的,一定要重视农业发展。李先念对河北省遇到的旱情十分关心。他说,发展农业离不开水,要解决华北的干旱,需要尽快实现南水北调。发展农业还要重视有机肥料,增强地力,才能保证稳产高产。

李先念还说,全社会要形成尊师重教的气氛,大家都来关心教育,解决教育工作中的问题,以提高全民族的文化素质。

国家统计局对春耕准备工作进行调查

通过对全国28个省、自治区、直辖市172个县的10580户农户的春耕生产准备情况进行调查,农户对农用生产资金和物资的需求量显著增加,但化肥等主要农用生产资料供需矛盾仍很突出,价格仍呈上涨趋势。

被调查的10580户农户,春耕生产所需资金平均每户276元,比1987年实际投入的资金增长9.1%。但到2月底,所准备好的资金仅占资金需要额的65.1%。

这些农户今年需要化肥、地膜分别比上年实际用量增长9.5%和22.8%,但到2月底,已备量仅占需要量的30.2%和33.9%。而且其中有1/3以上是议价购买的。

据反映,今年的农用油价格依然是上涨趋势,供求矛盾难以缓解。目前有些农用生产资料紧缺的原因,主要不是货源问题,而是供应渠道堵塞,有相当一部分生产资料还存放在仓库中,需抓紧调运,搞好预拨。例如,河北省今年化肥、柴油的可供量分别为需要量的87.5%和75%,但被调查的300农户实际购进的化肥、柴油只占需要量的36.8%和23.2%。

南水北调东线江水穿黄工程输水试验隧洞开通成功

这个隧洞在山东省东平县解山村和东阿县位山村间黄河河底70米深处,洞长488米,高2.6米,宽2.9米。承担设计和试验工作的为原水电部天津勘测设计院。1985年6月开工,今年2月完工,有关专家、学者进行考察和检查后认为,这项科学试验是成功的。

把长江水引到黄河以北的南水北调工程,是五届人大确定兴建的,1983年国务院批准了这一方案一期工程可行性研究报告。承担这项科学试验单位的专家和工程技术人员经过周密勘测、设计,在广泛听取有关人士意见的基础上,选定了在黄河河底建大型隧洞输水的方案和洞址。

中国政府和菲律宾政府1988年进出口商品议定书和中国政府和菲律宾政府贸易谅解备忘录在人民大会堂签署

国家主席杨尚昆和菲律宾总统科·阿基诺出席了签字仪式。

外经贸部部长郑拓彬和菲律宾贸易和工业部部长小何塞·康塞普西翁代表各自政府分别在文件上签字。

根据贸易谅解备忘录,双方表示愿意通过共同努力,使双边贸易额在今后5年内逐步增长。

中国外交部部长钱其琛,中国政府陪同团团长、纺织工业部部长吴文英,随同科·阿基诺总统来访的外交部部长劳尔·曼格拉普斯及其他菲律宾贵宾也出席了签字仪式。

首届军品采购研讨会在北京召开

在改革开放、发展商品经济的条件下,为了合理开支装备购置费,提高经济、军事效益,需要对现行军品采购计划和体制,以及军品价格体系、采购方式进行探索和改革。来自军品采购工作第一线的70多篇论文,提出了许多有创见的新经验和新观点。主办单位北京国防经济研究会,成立于1987年3月4日。该研究会从宏观角度探讨了增值型国防发展战略、新时期人民军队建设方向和建立军民兼容体制等问题。

国家教委负责人同首都新闻界进行座谈

国家教委副主任何东昌、刘忠德与首都新闻记者座谈时强调,国家提倡高等学校开展有偿社会服务,可以缓解教育经费不足的困难,有利深化高校教育改革。与此同时,国家将在经济发展的基础上继续增加教育经费和教师的工资。

据何东昌透露,近几年来,许多高校开展有偿社会服务的收入逐步增加。国家教委直属的36所学校统计表明,1986年开展服务的收入为5.05亿元,相当于当年计划内事业费的72%,纳入由校长支配的学校基金为1.28亿元。1987年,服务收入上升到6.93亿元,相当于计划内事业费的97%,纳入学校基金为1.61亿元,用以改善教学科研条件的为3.5亿元,实际用于教职工奖酬金的7700万元,成为国家教育经费的一个重要补充。

何东昌介绍说,高校开展有偿社会服务,已有一段时间。1980年,华东师范大学提出建立"学校基金",把对外服务和校办工厂的纯利润作为自己掌握的财源,用以改善办学条件,发放奖酬金,提高教职工福利待遇。在历史上,学校进行智力服务、技术转让等等,是不要报酬的。随着商品经济的发展,社会服务中有一部分实行有偿形式,这是观念上的积极变化,是合理的。当时的教育部和财政部总结了这些经验,决定加以支持和推广,发出了相应的文件。这件事逐步扩大到了大多数高等学校。回顾这8年来的经验,有几方面的好处:一是使学校在完成国家教学任务、科研任务的前提下,挖掘潜力,直接为社会主义建设作出贡献;二是加强了学校与社会的联系,促进了高校的改革;三是学校有了一定的改善办学条件和教职工生活待遇的自主权。

在座谈中,何东昌告诉记者,这几年大陆普通高等学校的规模有了相当快的发展,1987年,本专科学生和研究生已达210万人,成人高等教育入学学生185万人,总数已近400万人。目前,我国高等教育的发展进入了一个以提高质量为主和进一步调整结构的阶段,其中教育经费不足,是一个很大的矛盾,从我国的情况看,办好高等学校,国家经费仍是主要的,但目前大幅度增加高教经费是有困难的,开展有偿社会服务,在为社会多做贡献的同时,增加学校的资金,何乐而不为?当然,这种服务工作,一定要在保证完成教学、科研任务,并有利于全面提高教育质量的前提下,有步骤地进行。从已有的经验看,不能号召高校人人都去搞,而是要加强管理,有组织地进行,统筹考虑收益分配,注意调动全体教职工的积极性。

何东昌还提出这样一个看法:开展有偿社会服务,主体是高校的教师,学生主要是开展勤工助学活动。中小学不提倡,主要是继续搞好勤工俭学。目前,国务院正在制定高校开展有偿社会服务的政策,国家教委正在考虑具体实施条例。总的想法是,政策上再放宽一点,把自主权交给学校。谈到这里,刘忠德补充说,对学校的创收,希望社会其他部门、行业少拿点,给学校多留点,留给学校的部分,希望给教职工个人多分点。

《生命的摇篮》获国际摄影大赛最高奖

《长春日报》记者齐润辉拍摄的照片《生命的摇篮》在世界卫生组织成立40周年的国际摄影大赛中获最高奖——大使奖。最近卫生部部长陈敏章代表中央爱卫会、卫生部和中国摄影家协会向他颁发了奖状和奖金。这次大奖赛是由世界卫生组织和国际摄影艺术协会联合举办的。以"健康为人人,人人要健康"为主题。在参赛的127个国家、11500幅作品中共有105幅作品获奖。其中6幅作品获最高奖。

《中国大百科全书·化工》出版

该书由我国老一辈化工专家、中国科学院学部委员和当代学者、教授、高级工程师等共480余人参加编纂。该书系统地阐明了化工基本理论、基本概念和有关化工产品以及与之相关的化工标准化、化工防腐、安全技术、环境保护的基本知识,并简明地介绍了当代化学工业和石油炼制工业等各部门技术经济发展的现状和国内外最新成就。全书共215万字,收容1370个条目、6000余牵引词、480余个中外企业,全面整理了中外化工发展历史并发表了化工大事387件。

全国首届怀燕杯食品雕刻大奖赛在北京揭晓

内蒙古包头市二机厂招待所厨师单成林的萝卜雕《秋实》作品,名列榜首,还有8件作品分别获得二、三等奖。这次食品雕刻赛,是由中国烹饪杂志、中国食品报、中国消费者报、北京市厨具餐具公司和北京怀柔康乐厨具厂等单位联合举办的。

4月17日

国务院原则批准福建省《关于进行综合改革,加快外向型经济发展的请示》

福建将进行金融、经贸、计划、价格、劳动、工资、财政、企业、科技、教育和房地产等方面的配套改革,在改革开放中继续先行一步,以加快全省外向型经济的发展,实施沿海经济发展战略。

国务院批准的福建金融改革包括信贷资金从今年起实行"切块"管理,发展金融市场;允许福建按照外汇自求平衡、自担风险的原则,编制对外借款和发行债券计划;批准福建筹建区域性、股份制的金融机构;改革银行财务管理体制,加快专业银行、保险公司企业化的步伐。

为使福建对外经贸工作发展得更快一些,国务院扩大了福建利用外资项目审批权。福建省审批项目的权限为3000万美元,外商办独资企业可由省审批。扩大出口管理和经营自主权,放宽进口审批和经营权。省可批准把来料、进料加工及外贸业务的成交权下放给有条件的企业。

在计划改革方面,国务院同意福建按全国经济发展战略和宏观计划要求,制订全省国民经济和社会发展计划。省内以指导性计划为主,综合运用经济杠杆进行宏观调控。固定投资项目总额在两亿元以下的,由省自行审批。

关于价格改革,国务院要求福建发挥市场调节作用,改革价格管理体制,逐步理顺主要商品价格。

在财政体制改革方面,福建实行“划分收支,定额补助,五年不变”的财政大包干体制。

对福建人事、劳动、工资制度改革,国务院允许福建有计划地试行国家公务员制度,开放劳务市场,逐步实行劳动合同制,把用人权交给企业,把择业权交给劳动者。国家对福建工资总额的增长采取与全省经济增长综合指标挂钩浮动的办法,进行总的控制。企业职工工资总额实行与经济效益挂钩,由企业自主分配,机关、事业单位的工资,允许根据经济发展、企业工资水平及物价变动相应调整。

关于科技、教育改革,福建将全面推行科技攻关项目的招标、投标制,推行科技成果商品化,扩大市场交换。根据外向型经济发展的需要和办学的可能,福建可自行调整省属高校招生计划和专业设置。

从今年起,福建拟用3年至5年分期分批进行住房改革,实行新房租体制,推行住宅商品化,鼓励私人建房、买房,开拓房地产市场,实行国有土地有偿转让制度。

在加快经济体制改革的同时,福建将相应进行政治体制改革。近期内,要加快转变政府机构职能,减少层次、简政放权,加强和完善政府的决策、执行、监督、咨询、信息系统,建立有效的政府运行机制,以提高办事效率。

国务院副总理吴学谦在钓鱼台国宾馆会见并宴请日本首相特使伊东正义一行

《南北少林》在第四十三届都灵国际体育电影节上获一等奖

首次残疾人活动日在北京举行

“残疾人活动日”是由丁峤、陈昊苏、张百发、贺敬之等8位人士在中国残疾人福利基金会第四次理事会上倡议的。届时,首都将出现声势浩大的义演、义卖、义展、义赛、义诊、义捐等助残活动。

1988年夏时制今日开始

根据国务院办公厅通知,1988年夏时制定于4月17日(星期日)凌晨2时开始,届时将钟表从2时拨到3时;9月11日(星期日)凌晨2时结束,届时将钟表从2时拨回到1时。

国务院办公厅要求各地方和铁道、民航、交通、邮电、广播电视、气象等部门,提前安排好各项工作和生产活动;各新闻单位应在夏时制起、止之前,提前提醒人们在时间转换时注意拨表,各地应在总结前两年实行夏时制情况的基础上,按照充分利用日光,节约电能,方便人民生活的原则,妥善调整好作息时间。

4月18日

全国人大常委会委员长万里在人民大会堂会见日本首相特使伊东正义

万里说,今年是《中日和平友好条约》签订10周年,希望中日友好在现有的基础上得到进一步加强。他指出,中日友好有利于亚太地区的和平与稳定。

伊东正义首先转达了竹下登首相以及他本人对万里和中国其他新领导人的祝贺。他说,此次来北京前,竹下首相请他向中国领导人重申,进一步发展日中友好关系是日本外交的重要支柱之一,日本将继续对中国的现代化给予协助。他还表示,作为日本国会各种议员联盟中最大的日中友好议员联盟的会长,他将继续为日中友好作出努力。

全国政协主席李先念到河南信阳地区视察

视察时李先念指出,一定要重视发展农业,发展支农工业,发展乡镇企业,保证粮食稳定增产,改善革命老根据地人民的生活。

大别山区是李先念在革命战争年代长期工作战斗过的地方。这次他在大别山区革命老根据地之一的信阳地区沿途高兴地看了生长旺盛的小麦,询问了耕地占用情况。他对河南省和信阳地区的党政领导干部说,一定要十分珍惜土地,要移风易俗,控制人口,农村宅基地、坟地不要乱占耕地。

中共河南省委副书记、副省长胡笑云、河南省政协主席阎济民和信阳地区及罗山县的党政负责同志向李先念汇报了情况。李先念对革命老区工作有所改进表示高兴。他怀着对老区先烈和人民的深厚感情说,要关心老红军、关心革命烈士家属的生产和生活,关心他们后代的成长。

国务院召开第一次全体会议

会议宣布了国务院工作规则和国务院总理、副总理、国务委员的分工,对当前几项工作提出了要求。

国务委员兼秘书长陈俊生宣读了国务院工作规

则。这个规则包括国务院职权，总理、副总理、国务委员的职责，会议制度，文件审批制度，社会协商对话制度5个方面的内容。规则根据宪法、国务院组织法的有关规定和国务院的工作要求，规定国务院实行总理负责制，副总理、国务委员协助总理工作。总理、副总理、国务委员在工作中，要认真贯彻执行党的路线、方针、政策，接受全国人民代表大会及其常务委员会的检查监督；充分发挥国务院各部门和地方各级人民政府的作用；注重调查研究，一切从实际出发，按客观规律办事；要密切联系群众，倾听群众的意见，发扬为人民服务的优良传统；努力提高工作效率，改进机关作风，克服政府工作中的官僚主义。国务院实行全体会议、常务会议和办公会议制度。国务院工作中的重大问题，必须经国务院常务会议或者国务院全体会议讨论决定。

李鹏总理宣布了总理、副总理、国务委员的分工。

国务院工作规则和国务院总理、副总理、国务委员的分工，是4月14日国务院总理李鹏主持召开新的一届政府第一次国务院常务会议讨论通过的。

李鹏在会上讲了话。李鹏说，新的政府要以改革统揽全局，推动各方面的建设和工作。新的政府要继承和发扬好的传统和作风，同时应该有新的作风，这个新的作风主要是三条：

第一条，为政要清廉。要从国务院开始，从各部委开始，严格要求自己，给全国人民作出表率。当前，要坚决控制楼、堂、馆、所的建设，吃喝风要坚决刹住，从群众最有意见的事情上改起。

第二条，要加强组织性、纪律性。我们欢迎大家对国务院的工作提出意见和建议，对国务院作出的决定，大家都要严格执行，有令不行、有禁不止的坏风气必须坚决改变。

第三条，要克服官僚主义，提高工作效率。能办的事就明确答复能办，不能办的事就明确答复不能办。现在下面最伤脑筋的是该办的事情也拖，不能办的事也不给明确答复。新的政府要提高工作效率，但是提高工作效率不等于有求必应。必须按原则办事。

李鹏对当前几项主要工作提出了要求。李鹏说，这次全国人代会和全国政协会议，民主气氛很浓，对政府工作提出了很多好的意见，国务院要认真对待。机构改革要抓住转变职能这一关键搞好定职能、定机构、定人员的工作，要按照人大通过的方案尽快组织实施，在机构新老交替中要搞好衔接，防止脱节。要抓好当前农业生产，搞好农用物资供应。对物价问题，各地要按政府工作报告的要求，根据实际情况，落实具体措施。要着手交通秩序的整顿，在调查研究的基础上提出方案，国务院要开会专门研究。

李鹏最后说，上届政府在赵紫阳同志领导下，取得了显著成绩，现在有些副总理、国务委员担任了新的工作，我们向他们致以敬意，希望他们今后继续关心和支持国务院的工作。今天各位新任的部长、委员会主任都参加会议了。我们要共同努力，使新的政府有一个新的气象，工作有所改进，以不辜负人民的希望。

姚依林、田纪云、吴学谦、乔石、康世恩也讲了话。

国务院副总理、国务委员、各部部长、各委员会主任出席了今天的会议。

上届政府的副总理乔石，国务委员方毅、谷牧、康世恩、陈慕华、姬鹏飞、宋平，中央书记处候补书记温家宝参加了会议。

国务院办事机构、直属机构等负责人列席了会议。

国际艺术管理研讨会在北京举行

来自美国、英国、香港地区以及我国近200名艺术管理专家、学者，将围绕着“西方艺术管理的经验及其在中国的参考及借鉴”这一课题进行广泛的交流和讨论。

艺术管理是20世纪初国际上兴起的一门崭新学科。它涉及文化艺术活动的推广及宣传；市场的研究及分析；活动经费的来源及筹措；剧团、剧场的管理及最佳使用；策划大型艺术节以及在多元传播媒介中如何建立形象等诸多问题。

研讨会是由文化部艺术局和香港中华文化促进中心联合召开的。周谷城、英若诚等出席了开幕式。

中国队在第二届亚洲男子20岁以下击剑锦标赛中获重剑团体赛冠军

海军417医院牛骨植入人体获得成功

据《人民日报》报道，去年7月，浙江临海县的6岁男孩蔡森由他父母背着，来到海军417医院接受植骨治疗。

经临床诊断，蔡森患有股骨颈囊肿，右腿股骨有7厘米已腐朽，需做植骨手术。目前国内外尚未解决异骨移植的排异问题。417医院根据孩子父母的请求，大胆采用了一块7厘米长的小黄牛骨移植，经一系列化学处理并除去有机质后，植入孩子股骨中。术后3个月，孩子便能下地行走，7个月后能单腿站立、蹦跳，经X光检查，发现移植部位已长出新骨，人骨牛骨已浑然一体。手术获得成功。该手术开创了解决目前国内外尚未解决异种骨排异的问题，具有重要的医学价值。

全国工业污染源调查新闻发布会在北京举行

国家环境保护局于1985年至1987年会同国家

经委、统计局、科委、财政部,对全国工业污染源进行了大规模调查。大量事实和科学数据证实,我国环境污染主要来自工业,当前工业污染状况相当于发达国家五六十年代的严重时期。

全国现有工业企业40多万个,这次调查了有污染的企业16.8万家,年排工业废水为291.8亿吨,约占全国废水总排放量的80%;年排废气7.16亿万标立方米,约占全国废气总排放量的81%;年排工业固体废弃物3.02亿吨,约占全国总固体废弃物的88%;据初步统计,全国共有工业噪声源53万多个,强度大多超过允许标准的分贝数。

我国工业废气中,主要污染物是烟尘和二氧化硫。被调查的工业污染源,年排放烟尘为1204万吨,年排放二氧化硫为974万吨,致使许多城市大气污染十分严重。

工业废水中主要污染物是有机物和重金属类。被调查的污染源废水中化学耗氧量为892万吨,重金属中的汞、镉、六价铬、铅3794吨,90%进入我国七大水系和四大海域,4.7万多公里的河段受污染,城市河流局部河段受污染更为突出。

在所统计的53万多个工业噪声源中,超过标准和严重扰民的有28万多,已经构成了社会问题。

国家环境保护局局长曲格平在新闻发布会上强调:"治理老污染,防止新污染"是今后环保工作的两项严峻任务,近期则着重控制烟尘污染、提高大气质量。曲格平分析了造成工业污染的主要原因。他说,我国工业企业80%集中在城市,工业布局很不合理。随着工业建设规模的扩大,许多城市忽视调整工业布局,环境工程又没跟上,欠账越来越多,使城市环境问题复杂化。另外,我国企业大部分是50年代到70年代发展起来的,半数以上的企业生产工艺和技术装备处于落后水平,能源资源浪费严重,"三废"排放量大。

在谈到如何治理工业污染时,曲格平强调,必须逐步调整不合理的工业布局,对那些污染危害严重又难于治理的企业,要下决心采取关、停、并、转、迁等措施。对于工艺技术落后的老企业,要从工业技术改造入手,通过技术改造,最大限度地把工业"三废"消除在生产过程之中。他要各级环境管理部门切实履行国家赋予的监督管理权力,把环境保护工作做好,希望新闻界加强环保方面的宣传,不断提高全民族的环境意识。

樊弘逝世

著名经济学家、北京大学经济学院一级教授因病于4月18日在北京逝世,享年88岁。

樊弘同志系四川江津人,经历了长达62年的教学生涯。在多年的教学工作中,他培养了大量人才,为党的教育事业作出了很大的贡献。曾著有《工资理论之发展》《现代货币学》《西山农业合作社调查》《凯恩斯就业理论批判》等。在剑桥大学《经济评论》杂志上曾发表《关于马克思与凯恩斯的资本积累、利息率和货币理论的比较研究》的论文,是最早研究马克思主义与凯恩斯主义异同的文章,在国际上有很大的影响。

4月19日

中央军委主席邓小平在人民大会堂会见日本首相特使伊东正义

伊东正义向邓小平转达了竹下登首相的问候,并说竹下首相为了进一步发展日中关系,准备于8月份访华。邓小平表示,我们期待着他的来访。

邓小平指出,中日两国关系一般来说是正常的。但是近几年来从教科书问题开始,不断出现一些麻烦。值得注意的是,你们称为右翼势力的极少数人,他们的活动应当引起警惕。如果对这些活动处理得过分软弱,就会助长他们的气焰。这些事情看起来并不大,但积累起来就代表一种倾向,成为破坏中日友好的一种力量。同时,邓小平说,我知道,绝大多数日本人民也是不赞成这些事情的。而且逐步采取一些妥善措施加以解决。我们是感谢的。他说,今后再发生一些有损于中日友好的问题时,希望能够按照中日联合声明与和平友好条约的原则,并根据两国建交十几年来友好关系发展的经验,及时、妥善地加以处理。

邓小平强调说,请转告竹下首相,中国老一代的领导人毛主席、周总理,包括我本人在内,都是十分关心中日长期和平友好的。现在当政的一代以及今后的领导人,也都会热心于中日友好事业的。

伊东正义表示,他对日本极少数人的所作所为也感到非常遗憾。他说,绝大多数日本国民都认为发展日中友好非常重要,都不允许日本成为过去那种极端国家主义的国家。他还表示理解中国方面对日本右翼破坏分子的活动感到很不愉快,并说日本方面将为不再发生此类事情作出努力。

在介绍中国国内情况时,邓小平说,从去年召开十三大到最近闭幕的七届人大一次会议,我们做了两件大事:一是进一步确定了改革开放政策;二是完成了党和国家领导人的换届工作。

这是邓小平第6次会见伊东正义。邓小平称伊东为可以交心的朋友,认为双方见解有着广泛的一致。

国务院总理李鹏在北京会见日本首相特使伊东正义

伊东正义向李鹏总理转交了竹下登首相的亲笔信。信中祝贺李鹏正式就任总理,并邀请他访问日本。

李鹏对此表示感谢,愉快地接受了邀请。

李鹏在会见中说,我们注意到竹下首相就任以来多次表示要发展日中友好,对此我们表示赞赏。他指出,中日邦交正常化以来两国关系总的来看是好的,近年来发生了一些不愉快的问题,但只要双方领导人和政治家以两国友好大局为重,就不难解决。

在谈到中日经济合作问题时,李鹏认为,中日两国经济发展阶段不同,双方互有长处,可以在互助互利、取长补短的基础上共同促进经济发展。李鹏说,日本在东芝事件后不久又发生对两家从事对华贸易的公司强行搜查的事件,对此中国经济、科技界人士感到迷惑不解。他希望日方能够慎重处理此事,并在对华技术转让方面实行更开放政策。李鹏还表示欢迎有更多的日本企业家来华投资。

伊东正义表示,东芝事件确实给中国带来了意想不到的损害,这是事实。今后日本方面要在放宽对华技术转让限制问题上作出努力。他还介绍说,最近日本对民间企业的投资意向进行了调查,结果最集中的投资对象是美国、中国和泰国,这三个国家的比例差不多。伊东衷心希望中国进一步改善投资环境,同时日方也将尽力促使企业家对华投资。

双方在会谈中还谈到了上海“3·24”列车事故的处理问题。李鹏表示,这是一次不幸的意外事故,中国方面将负起责任,予以妥善处理。他说,前一阶段中日双方在此问题上合作得不错,希望继续配合,把下一步的善后事宜处理好。

国家主席杨尚昆在人民大会堂设宴欢迎希腊总统赫里斯托斯·萨采塔基斯和夫人

杨尚昆首先在宴会上讲话。他说,中希两国人民之间的交往可以追溯到两千多年前。“今天,我们两个文明古国都在致力于振兴民族经济和文化,建设自己的国家。传统的友谊和新的共同的奋斗目标把我们紧密联系在一起。”

杨尚昆说,一些时候以来,国际形势出现了一些积极的变化,东西方关系较前有所缓和。这是世界各国政府和人民不断努力的结果,是值得欢迎的。但是,超级大国之间的军备竞赛并未停止,热点地区问题尚有待解决。

他强调指出,中国愿同希腊及世界各国共同努力,为维护世界和平的崇高事业作出自己应有的贡献。

他说,不久前,巴尔干国家本着友好协商、求同存异的精神,举行了第一次外长会议,取得了积极的成果。这不仅有助于这一地区的安全与稳定,而且有利于欧洲与世界和平。

萨采塔基斯在讲话中说:“我们的确属于两个不同的民族,但有着几乎相同的悠久历史,并对人类文明作出了同样的贡献。”

他指出,最近,尽管在国际缓和方面迈出了前进的步伐,但是国际形势并不令人鼓舞。因为很多问题几十年来一直未能解决,很多地区的局部战争仍未缓解,由于外来干涉而酿成的国内流血冲突也屡见不鲜。阻挠实现人们所期望的解决办法的因素,是非法的利益和违背公理道德的政治考虑,是缺乏相互谅解而又相互猜疑,简言之,就是缺乏信任。他说:“我们大家都有义务来克服这种缺乏信任的状态。不管各国人民选择了怎样的社会——经济及政治制度,人类和平的道路要求各国之间必须互相尊重,要求尊重别国的领土完整和民族独立,要求避免包括间接方式在内的对别国内政的任何干涉;当然,也要求坚决谴责使用武力解决国际争端的做法。”

随同萨采塔基斯总统访华的国民经济部部长帕纳约尔蒂斯·罗迈利奥蒂斯、教育和宗教部部长安东尼斯·特里齐斯及其他希腊贵宾应邀出席了宴会。

全国人大常委会副委员长习仲勋,国务院副总理吴学谦,外交部部长钱其琛,中国政府陪同团团长、文化部部长王蒙,外经贸部部长郑拓彬,及其他有关部门负责人出席宴会作陪。

公安部部长王芳谈公安工作

王芳日前接受采访时称,全国社会治安基本稳定,但某些地区的治安问题比较突出,盗窃、抢劫、凶杀等重大案件发案率有所上升。为此,继续严厉打击严重刑事犯罪和经济犯罪活动仍是今后公安机关的首要任务。

王芳披露,1987年全国发生大案要案12万起,比1986年上升25%。某些地区,如黑龙江、河南、陕西等,抢劫、报复以及流氓滋扰案件增多。由于有些案件未能及时侦破,犯罪分子一度嚣张,影响了群众的安全。

在分析大案、要案增多原因时,王芳说,随着商品经济的发展,人、财、物大流动,诱发犯罪因素增多,是主要原因,其次,刑满释放和解除劳动教养人员就业问题不落实,闲散于社会上,易重新犯罪。据统计,去年重新犯罪作大案者占“两劳”人员的30%。再次,经济搞活后,一些厂矿企业、机关团体放松政治思想工作,只管活不管乱,只管物不管人,忽视安全防范工作,给犯罪分子可乘之机。另外,公安机关装备落后,体制和人员素质不能适应新形势的要求,对犯罪分子打击不力,也是重要因素之一。

适应深化改革需要,加快公安体制改革,是公安机关的当务之急。王芳说,必须克服现行体制弊端,建立一个统一、高效、符合公安工作性质特点的人民警察体制。据了解,公安体制的现状一是不统一,二是管理不顺,机构设置重叠,交叉职责不明,以致办案工作中互相扯皮、推诿,削弱了公安工作的效力。

此次酝酿已久的公安体制改革,本着转变职能、下放权力、调整机构、精简人员的精神,第一步从公安部做起,理顺关系。改革后的公安部主要加强宏观指导和管理,具体业务工作职权下放下级部门。此项改革预计今年年内完成。

与此同时,基层公安部门的改革重点是派出所。目的是推行以户口管理为基础、治安管理为中心,把派出所建成多功能的作战实体,以保一方平安。据悉,派出所改革已取得一些初步经验,正在向全国推广。

王芳最后强调,今后公安机关的首要任务仍是严厉打击严重刑事和经济犯罪,但在工作方法上,不采取全国性的统一行动,而是各省、市、自治区根据本地区具体问题,因地制宜,采取有效措施。

铁道部部长李森茂提出扭转铁路运输安全不好的局面需要抓好5个方面的工作

第一,坚决贯彻"安全第一,预防为主"的方针。全国铁路每日开行客车1000对,运客320万人次,开行货车10000列,运货380万吨,跨越千山万水,联系千家万户,一切都在动中,只要一个关键部位瞬间疏忽,就会酿成意想不到的灾祸。在运输生产中凡与安全发生矛盾的,必须服从安全。

第二,以最大努力尽快弥补设备欠账,不能老是拼设备、超负荷运转。目前,仍超期使用的钢轨1.2万公里,还有不少机车、客车、货车需要大修,应尽快加以解决。

第三,加速铁路运输现代化进程,通过科技攻关加大安全系数。对已研制成功的机车"三大件"(无线电话、机车信号、自动停车装置)以及其他先进设备要加快安装,有利于运输安全的别的项目也要组织攻关,早出成果。

第四,全面提高职工队伍素质。铁路职工的主体素质是好的,但由于近年来退休顶替,人员大进大出,有相当数量的新工人未经正规训练就上岗顶班,思想文化和技术业务素质明显不适应,要加强培训。

第五,要说实话,办实事,求实效。铁路规章上万条,安全措施也很多,关键是落实。

铁路发生几起事故后,社会上有人对铁路大包干议论较多。李森茂为此指出,大包干是从改变铁路落后面貌的目的出发,改变过去统收统支旧体制搞起来的,方向正确,成效明显,必须坚定地搞下去。铁路加快发展,实现安全运输,应当继续以扩大运输能力为中心,搞好大包干。

国家主席杨尚昆根据全国人大常委会的决定任免驻外大使

一、任命蔡再杜为中华人民共和国驻科特迪瓦共和国特命全权大使;

免去祝成才的中华人民共和国驻科特迪瓦共和国特命全权大使职务。

二、任命谢佑昆为中华人民共和国驻乌干达共和国特命全权大使;

免去金伯雄的中华人民共和国驻乌干达共和国特命全权大使职务。

三、任命杨一怀为中华人民共和国驻黎巴嫩共和国特命全权大使;

免去吴顺豫的中华人民共和国驻黎巴嫩共和国特命全权大使职务。

四、任命张大可为中华人民共和国驻德意志民主共和国特命全权大使;

免去马叙生的中华人民共和国驻德意志民主共和国特命全权大使职务。

五、任命王行达为中华人民共和国驻捷克斯洛伐克社会主义共和国特命全权大使;

免去张大可的中华人民共和国驻捷克斯洛伐克社会主义共和国特命全权大使职务。

六、任命朱祥忠为中华人民共和国驻秘鲁共和国特命全权大使;

免去杨迈的中华人民共和国驻秘鲁共和国特命全权大使职务。

七、任命于立暄为中华人民共和国驻芬兰共和国特命全权大使;

免去林蔼丽(女)的中华人民共和国驻芬兰共和国特命全权大使职务。

八、免去杜易的中华人民共和国驻刚果人民共和国特命全权大使职务。

九、免去胡洪范的中华人民共和国驻委内瑞拉共和国特命全权大使职务。

解放军文艺出版社举办的首届"优秀长篇小说奖"(1977—1986年度)最近揭晓

《最后一个冬天》(马云鹏著)、《两代风流》(刘亚洲著)获特别奖;《山菊花》上、下集(冯德英著)、《战将陈赓》(寒风著)、《幕,在硝烟中拉开》(欧阳文彬、费金三著)、《绿血》(严歌苓著)、《大风口》(肖玉著)获优秀奖。

中国剧协和中国剧协广东分会在广州共同举办全国话剧改革题材新作研讨会

来自全国各地的评论家、剧作家和编辑共60余人参加了研讨会。

会议讨论了由《剧本》月刊推荐的《行星启事》《搭积木》《人间喜剧》《幽灵在黎明前聚会》《吕家大院》《喧闹的夏天》《冰棍败火》《弄潮》和《赤脚外交馆》9部话剧新作,并围绕着如何继续解放思想写好改革题材话剧作品、创作与生活的关系等问题发表了意见。特别值得提到的是,研讨会借鉴了美国奥尼尔戏剧中心的办法,邀请女导演陈坪、娄乃鸣执导,在中山大学业余话剧队、广州军区战士话剧团和广东省话剧院的大力支持下,将《行星启事》和《搭积木》两部不同风格的新剧本搬上舞台,通过简排,供与会者研讨,取得了良好的效果,走出了讨论剧本的新路子。

胡可、张颖、王正、颜振奋、李钦、李门、陈仕元、赵寰等出席了会议。

4月20日

中共中央总书记赵紫阳在中南海会见希腊总统赫里斯托斯·萨采塔基斯

国务院总理李鹏在钓鱼台国宾馆会见希腊总统赫里斯托斯·萨采塔基斯

宾主双方对中国和希腊两国关系的良好发展一致表示满意,并认为通过此次访问,必将有力地推动两国和两国人民之间友好关系的深入发展。

党和国家领导人在中南海怀仁堂向中国企业界精英颁奖

在中国企业管理协会第九次年会、中国企业家协会成立大会的开幕式上有一项特别议程:党和国家领导人赵紫阳、李鹏、姚依林、田纪云、薄一波等为首届全国优秀企业家和1987年度全国企业管理优秀奖获得者颁发奖品。

20名首届全国优秀企业家走上领奖台,他们是:于志安、马胜利、冯根生、齐心荣、朱毅、邢起富、邹凤楼、陈祥兴、陈清泰、汪海、应治邦、李华忠、周冠五、尚海涛、孟祥海、杨其华、徐有泮、殷国茂、黄春萼、霍荣华。他们从党和国家领导人手里接过的是金球奖,金色的翅膀、金色的世界,象征着企业家的胸怀。接着,北京光华木材厂、上海江南造船厂、上海第五钢铁厂、天津肉类联合加工厂、河北秦皇岛耀华玻璃厂、大连冷冻机厂、大连机车车辆工厂、常州东风印染厂、山东新华制药厂、兰州炼油厂的代表,领取了1987年度全国企业管理优秀奖:一匹奔腾的金色马。

国务院副总理田纪云在中央防汛总指挥部工作会议上提出要求

田纪云要求各地必须牢固树立"安全第一"的观念,克服麻痹思想和松劲情绪,采取有力措施,认真抓好今年的防汛工作。

他说,我国江河纵横,遍及全国。新中国成立以来,虽然大规模地进行了江河整治,建了水库,修了堤防,江河防洪能力有了不同程度的增强,但有些江河的防洪标准还较低,一些地区仍然受到洪水的威胁。因此,防汛工作必须加强,决不能削弱。他指出,当前有些地方在防汛工作中存在着麻痹思想。这是错误的,必须纠正。去年全国各地扎扎实实地抓了防汛工作,结果汛情不大,但不能因此就说去年的防汛工作白搞了,成绩要肯定。我国幅员辽阔,气候复杂,水旱灾害频繁。防汛工作必须贯彻安全第一、预防为主、防重于抢、有备无患的方针。各地要树立常备不懈的思想,防汛工作要常年抓,长期抓,做到正规化,规范化,并坚持防汛、抗旱两手抓。

田纪云在会上对今年的防汛工作提出了明确要求,做了具体部署。他说,防汛工作要认真贯彻落实各级责任制。地方各级政府对这项工作必须有专人负责,责任要明确。如果由于工作不力,出了问题,要追究责任。清除河道障碍物的工作要加强。各级政府要从大局出发,统筹解决清障中存在的问题,巩固清障的成果。障碍物清除了又设置的,必须继续坚决清除。

他说,要加强"联防"工作。人民解放军在历次防汛抢险中都是骨干力量,为人民立下了功劳,在今后的防汛抢险中,解放军一定会一如既往,为人民立新功。但是,群防工作也必须加强,有关地区要把群众性防汛抢险组织恢复和建立起来,并建立必要的专业队,形成群众、解放军、专业队"三结合"的防汛抢险队伍。

他还指出,防汛工作,要抓好重点和薄弱环节。特别是对重点地区、重点江河和病险水库以及城市、油田、工矿企业等地区的防汛,一定要抓好。对于山区滑坡、泥石流灾害,也要加强预防工作,尽量做到减轻灾害损失。为了搞好防汛工作,他提出,各地要建立防洪基金,积极开展防洪保险。首先要把水利基建和维修费用恢复到1980年的水平,以后要逐步增加。同时,要坚持依法治水,并加强水利系统的公安工作。

田纪云强调,各地区、各部门在防汛中要顾全大局,加强协作,增强组织性、纪律性,服从命令,听从指挥。他说,防汛是各行、各业的事情,需要动员各方面的力量,各部门要发挥主动精神,共同做好这项工作。在防洪抢险中,必须服从命令,听从指挥,决不能只从本地区、本单位的利益出发,各行其是。要坚决排除一切人为的障碍,反对本位主义和不顾全局的思想、错误行为。否则,出了事,必须追查责任,严肃处理。

经国务院批准全国总工会在"五一"期间新命名10名全国劳模

为了表彰在四化建设中有突出贡献的人物,国务院已经批准在今年"五一"期间新命名张兴让、李守堂、赵乃刚、杜德顺、顾诵芬、路寅娟、朱菊儿、王永民、魏书生、聂卫平10人为全国劳动模范。

中共中央政治局常委胡启立在人民大会堂会见南斯拉夫共产主义者联盟 中央主席团执行书记斯塔尼斯拉夫·斯托扬诺维奇

外交部发言人在新闻发布会上重申西沙和南沙群岛历来就是中国领土

有记者问:4月13日,越南外交部就中国七届人大通过关于设立海南省的议决发表声明,称中国将西沙、南沙群岛划归新成立的海南省管辖是"非法和无效的"。中方对此有何评论?

发言人回答说:"西沙群岛和南沙群岛自古以来就是中国的领土,且历来在中国广东省政府的管辖之下。将这两个群岛划归新设立的海南省管辖,完全是中国的内部事务,越南当局根本无权干涉。"

他说,越南应当回到它1975年以前的正确立场上去,放弃对中国西沙群岛和南沙群岛的领土要求和无理纠缠,停止一切侵占中国南沙群岛岛礁的活动,并从非法侵占的中国岛礁上撤出去。

还有记者问:4月15日越南外交部就一家报纸报道中国将对南海进行考察事发表声明,声称中国拟对南沙群岛海域进行考察是所谓"践踏越南国家主权"。中国方面对此有何评论?

发言人回答说:"中国对南沙群岛拥有无可争辩的主权,中国在南沙群岛及其附近海域的活动完全是我国主权范围内的事情,越南当局根本无权干涉。"他指出,至于海洋科学考察,中国自1984年以来曾多次对西太平洋海域及南中国海进行了科学考察。这种科学考察完全是出于和平目的,是无可非议的。

乌鲁木齐地球站建成通信卫星进入实用化阶段

乌鲁木齐地球站二号站是为了配合我国实用通信卫星的使用而建设的。这个地球站除少数几个放大器是从国外引进外,其余设备都是由我国研制生产的。为了便于现有的电视接收站进行天线的技术改造,以适应接收我通信卫星的技术要求,邮电部决定将3套电视节目向东经66°的国际卫星和东经87.5°的国内卫星同时播发,并发时间延长到今年年底。

我国研制成功微型无人驾驶飞行器

一种被命名为"蜂王—1型"的微型无人驾驶飞行器在我国研制成功,今天通过部级技术鉴定。

由国防科技大学研制的这种无人驾驶飞行器,重10公斤。专家们认为,无人驾驶飞行器已达到国外同类产品的先进水平。

国家版权局作出进一步规定依法保护台湾同胞作品版权

规定的内容包括:

一、台湾同胞对其创作的作品,依我国现行有关法律、规章,享有与大陆作者同样的版权。

二、凡大陆发表、转载、重印、翻译或改编出版台湾同胞的作品,均需取得作者或其他版权所有者授权,并签订版权转让或许可使用合同。

三、经授权出版台湾同胞作品,出版者应按国家出版局1980年制定的《关于书籍稿酬的暂行规定》和文化部1984年颁发的《书籍稿酬试行规定》,向作者或其他版权所有者支付报酬和赠送样书;报酬均以人民币支付。

四、台湾同胞向大陆转让版权或授权使用作品,可以自行办理,也可以委托亲友或代理人办理。可以直接同大陆出版者签订合同,亦可同版权代理机构中华版权代理总公司签订合同。

五、受台湾同胞委托,为其办理向大陆转让版权或授权使用作品的代理人,必须持有经过公证的作者或其他版权所有者的委托书。

六、1988年3月1日后,大陆出版者或其他人如侵犯台湾同胞的版权,版权所有者可请求侵权者所在地的版权管理机关进行处理,亦可向当地人民法院提起诉讼。

七、为了保障台湾作者的权益,凡在大陆经营对台版权业务的代理机构,必须经国家版权局批准,未经批准,任何单位和个人不得代理对台版权业务。同时,不论大陆出版台湾作者的作品,还是台湾出版大陆作者的作品,大陆作者和出版者必须将与台湾出版者、作者或其代理者签订的合同报国家版权局审核登记,否则不受法律保护。

潍坊杨家埠木版年画博物馆建成开馆

与天津杨柳青、苏州桃花坞齐名,并称为中国三大木版年画之乡的潍坊杨家埠村,木版年画创作、生产源起于明代中叶,极盛于清代乾隆年间。其中最具代表性的是形态各异的"门神"、"灶王"。

1979年成立的杨家埠年画研究所致力于木版年画的挖掘、整理、研究和创新,现已收集传统画版500

余种,创作、印制新年画40余种。

我国选手在第十一届突尼斯国际体操赛中获两块金牌

我国选手夺得男子个人全能铜牌(并列),邝树伦以18.65分摘得自由体操金牌,李建华同苏联选手并列鞍马冠军。

4月21日

国务院总理李鹏在听取旅游局长会议汇报时确定国务院将成立旅游委员会

李鹏指出,旅游事业是一项发展中的、很有前途的综合性事业,需要交通、商业等部门的支持,希望各级政府进一步重视旅游工作,各有关部门大力协同、配合,做好旅游工作。

李鹏说,国务院一直很重视旅游工作。近年来在旅游系统职工的努力和全社会的支持下,旅游事业持续稳定发展,基础设施初具规模。最近国务院已分工吴学谦副总理分管旅游工作,国务院还将成立一个旅游委员会,由吴学谦担任主任,协调各部门工作。

这次全国旅游局长会议重点研究了旅游体制的改革,对此,李鹏说,通过改革,国家旅游局要成为名副其实的管理部门,面向全行业进行宏观管理。

他说,要研究我们的优势和劣势,要借鉴国外发展旅游业的经验。制订旅游计划要切合实际。旅游开发要讲究经济效益,进行可行性研究,考虑当地的具体情况。

李鹏说,旅游队伍的职业道德问题应引起高度重视,要发扬我们民族的优良传统,杜绝不正之风,建立一支具有社会主义精神文明的、有较高素质的队伍。

全国政协主席李先念重访大悟红安谈老区治穷致富

大悟和红安是大别山革命根据地的摇篮和中心,这里曾先后发生过有名的"黄麻暴动"和"中原突围"。李先念沿途察看了茶场、麦田、秧田和山林,拜访了老红军战士和老农民,向各村县详细询问了当地经济发展状况。他指出,要尽快改变老区仍然贫穷的面貌,国家当然要大力扶持,但重要的是群众不能丢掉艰苦创业的精神,基层干部要充分调动并保护群众的积极性。同时要教育青少年,把艰苦奋斗的传统一代一代传下去,无论在什么时候,丢掉了这个精神和传统就什么事情也干不成。

李先念强调说,老区经济建设要上台阶,关键是要发展生产。这些老区都是山区,就应该靠山吃山,因地制宜,发展多种经营。大别山区的木梓、茶叶、板栗等历史上就很有名,现在更要发挥这个优势,把开发经济林作为农民脱贫致富的一条途径来抓。同时,不能放松粮食生产,农民要脱贫,粮食是基础。

李先念还指出,山区建设尤其需要科学技术,要大力提倡科技扶贫的做法。要指导农民合理施肥,这几年有些地方眼睛只看着化肥,把农家肥丢掉了,这不行。要教育农民把种地和养地结合起来,防止出现农业生产上的"短期行为"。

钱塘江第二大桥全面动工

钱塘江第二大桥被列为"七五"期间我国重点建设工程,这是新中国诞生以来,继武汉长江大桥、南京长江大桥、长东黄河大桥之后,我国又一项重要的大桥工程。

总投资为2.4亿元的钱塘江第二大桥是一座公路、铁路两用桥,铁路桥全长2860.8米,公路桥为1792.8米。钱塘江第二大桥由铁道部大桥局实行设计和施工总承包。预计于1990年年底建成铁路桥,于1991年第一季度建成公路桥。

中共中央政治局常委胡启立出席全国社科院院长联席会并讲话

胡启立说,改革开放与现代化建设需要社会科学的支持和指导,社会科学只有在改革开放与现代化建设中才能得到发展。胡启立希望广大社会科学工作者发扬中国知识分子爱国忧民、以天下为己任的传统,增强使命感、责任感、紧迫感,迎接新形势,实现新任务。

胡启立认为,10年来,我国社会科学战线同其他战线一样,取得了巨大的成绩,这一时期是社会科学研究发展最快,思想最活跃,成果最多的时期。

胡启立说,社会科学界在拨乱反正和建设有中国特色的社会主义的理论探索中作出了积极的贡献:

——系统地批判了"四人帮"歪曲、篡改马克思主义、毛泽东思想的极左谬论,帮助我们党完成了从思想上、理论上正本清源、拨乱反正的任务。

——积极开展了实践是检验真理唯一标准的大讨论,推动了规模宏大、意义深远的思想解放运动的兴起和发展。

——围绕经济、政治体制改革,民主、法制建设,经济和社会发展等重大问题进行了活跃的理论探讨,为党和政府的决策提供了许多有价值的咨询意见。

——围绕社会主义精神文明建设,探讨了现实生活提出来的许多思想的、理论的、学术的问题,对于培养有理想、有道德、有文化、守纪律的社会主义新人发挥了积极的作用。

——促进了社会主义初级阶段理论和党的基本路线的形成，并对这一理论的各个方面进行了初步的探讨，加深了我们对于社会主义社会发展规律性特别是一个中心、两个基本点的认识。

他指出，经过多年的调整和充实，我国社会科学研究的机构和队伍已初具规模。一批敢于和善于把马克思主义科学原理同中国具体实际相结合的理论工作者已经脱颖而出，正在实践中成长、进步。中国社会科学院作为全国社会科学研究的中心，在科研组织协调方面发挥了重要的作用。现在，全国各省(市)、自治区都成立了社会科学院，加上党政机关中的研究机构、高等院校、各级党校、军事院校中的社会科学研究和教学机构，全国的社会科学战线就有了5大方面军，专职研究人员约2.5万人，加上有研究能力的高校文科教师，总人数在10万以上。这是一支有战斗力的、经过考验的、同党和人民共命运的力量，一支完全可以信赖和依靠的力量。

胡启立在谈到社会科学面临的形势时说，同不断发展的形势比，同党和人民的要求比，社会科学事业还存在着明显的不适应。这主要表现在对现代化建设和改革、开放的理论研究和宣传教育落后于我们的伟大实践。我们的理论队伍既存在着对马克思主义学习和掌握不够的问题，又存在着对我国的国情及改革、建设的实际知之不多、知之不深的问题。

他说，我们国家现在正处在一个关键时期。社会科学作为认识社会与改造社会的工具，有责任对现实生活中提出的种种问题作出理论上的回答，并指导我们的行动。社会科学应该转向主要研究建设问题，用关于建设和改革的理论武装人民群众的思想，促进两个文明建设的发展，进一步解放生产力。在我国现代化的进程中，应该充分发挥社会科学的认识、论证、预测、调控等社会功能，以便为党和政府的决策提供科学的依据。

他指出，当前的改革开放与现代化建设迫切需要社会科学的支持和指导。这突出表现在以下四个方面：

第一，改革是一场深刻的革命。如何按照十三大的要求加快和深化改革，是一个极其重要的研究课题。我国的改革无论是经济体制改革，还是政治体制、科技体制、教育体制、文化体制或其他方面的改革，每前进一步都有赖于正确的决策。改革的决策及其实施过程，是一个深入了解情况、作出正确的判断和选择并不断进行反馈与调整的动态过程。我们不仅要研究决策过程中每一改革措施的科学性、合理性与可行性，而且还应该研究决策实施后的社会效应，及时提出兴利抑弊的措施，以减少损失，保证改革健康顺利的发展。

第二，我们党已经为经济社会发展制定了明确的战略目标，规划了大致的实施步骤。但要按照这样的步骤实现既定目标，仍然有大量的理论问题和实际问题需要研究。当前特别要着重研究沿海地区如何实现外向型经济的战略，相应地也要研究内地和西部地区发展的战略；要研究如何以经济建设为中心，促进社会、政治、科技、教育、卫生、人口、环境等方面的整体协调发展。在发展研究中，我们不仅要面向实际，深入了解我国的国情，而且要面向世界，密切注视国外的动态，以便国家、地区和企业作出迅速灵活的反应。

第三，如何在发展商品经济的条件下切实加强社会主义精神文明建设，是一个亟待解决的重大课题。在社会主义社会，既要自觉利用商品经济的规律促进商品生产的发展和社会的进步，又要注意防止与克服在商品经济发展过程中产生的社会弊病与社会问题。在对外开放的条件下，我们面临着西方文化和各种思潮空前猛烈的冲击。如何从外来文化中吸取有益的成分，同时又保持本民族文化的优良传统，形成一种健康、科学的文化结构和思想道德观念；如何做到在发展经济的同时保持干部队伍的廉洁，如何加强综合治理、减少社会犯罪，如何加强对青少年的思想和道德品质教育，培养有理想、有道德、有文化、守纪律的社会主义新人等等，这些问题，都有待社会科学工作者去调查，去研究，提出有效的对策，促进社会的良性运行与协调发展。

第四，生动活泼、安定团结的政治局面，是保证改革与现代化建设，特别是社会主义民主政治建设正常进行的必要条件。社会从温饱型向小康型过渡的时期，是一个特别容易发生动荡的时期。在这个时期中，各社会阶层利益多元化，人民内部矛盾错综复杂，新旧体制转换中各种摩擦时有发生。随着改革的不断深入，各种利益关系需要调整，各种思想问题和社会心理问题需要得到正确的回答与解决。我国社会科学工作者应该深入了解和认真研究那些可能影响社会安定团结和民主政治正常发展的种种社会因素，寻求调节社会利益冲突的有效办法，并在各种社会思潮涌来时给青年以正确的引导，以利于维护安定团结的政治局面和扎扎实实地推进民主政治建设。

胡启立还指出，在民主法制建设、教育建设、文化建设以及国际问题等方面都有许多紧迫的课题需要研究。还有一些同改革开放和现代化建设关系不密切或没有关系的学科和课题的研究，也不能忽视和取消。

他说，改革开放和现代化建设不仅要求社会科学对现行政策作论证、作说明，而且要求为政策设计进行超前性的研究。广大社会科学工作者应该通过深入研究，认真思索，贡献出自己的真知灼见，并就重大的政策课题设计出几套方案供有关部门选择，以减少宏观决策的失误,满足实践对理论的要求。

胡启立指出,我们现在的情况是,改革、开放的社会实践热烈地呼唤着理论,寻求理论的支持,期待理论的指导。不仅各级党政机关对充分发挥社会科学的作用寄予了殷切的希望,而且,许多企业也表现出空前的热情。一个国家、一个民族产生如此强烈的理论意识和理论要求,这是十分可喜的现象。

胡启立说,现在是社会科学家提出新理论、形成新学派、取得新成果的大好时机,也是不断完善和深化社会主义初级阶段理论研究,促进马克思主义有一个新的大发展的有利时机。

他指出,为了实现社会科学的进一步繁荣和发展,应着重注意以下几条:

第一,要认真学习和研究马克思主义。现在有必要向全党的高中级干部和理论工作者尤其是大批中青年领导干部和理论工作者提出认真、系统地学习和研究马克思列宁主义、毛泽东思想的任务,学会运用马克思主义的立场、观点和方法分析和解决中国的实际问题。

第二,要进一步端正学风。我们提倡广大干部和社会科学工作者眼光向着实际,认真进行调查研究,以求得对社会主义初级阶段的中国国情逐步有个全面而不是片面的、系统而不是零碎的、深刻而不是表面的认识。只有通过切实、深入地调查研究,在占有大量丰富材料的基础上,再进行分析和综合,才能找到事物的内部联系,获得规律性的认识,取得科学的成果。中国社会科学院在这次会上提出了展开县情、市情的调查的倡议,选择若干点进行系统的调查,这是一项重要的基础工作。各级党委要积极支持,搞好这次调查。

第三,要共同创造一种民主、团结、和谐、融洽的环境。党的十三大之后,我们在文化、学术领域正在发展这样一种良好的环境。这里一个重要条件,就是大家都比较自觉地坚持党的基本路线,坚持一个中心、两个基本点。十三大报告指出,不能以僵化的观点看待四项基本原则,也不能用自由化的观点看待改革开放。只要我们大家都注意防止这两种错误倾向的干扰,我们就能避免大的折腾和反复,而保持一种长期稳定发展的局面。

按照"双百"方针的要求展开学术争鸣,是宪法规定的科学工作者应当享有的民主权利。为了使这种民主权利得到普遍的尊重,还需要逐步制定一系列具体法律来保障。

正确贯彻"双百"方针,必须坚持真理面前人人平等的原则。人人都有寻求真理、发现真理的权利,人人也都有尊重真理、服从真理的义务。评判学术是非的唯一的标准是社会实践。

正确贯彻"双百"方针,还要正确对待研究工作中可能出现的失误。人们在认识世界、探索真理过程中出现某些失误是难以避免的。我们不应向社会科学工作者提出不切实际的苛刻要求,只许正确,不许失误。意见统一不起来也没关系,完全可以从容地进行讨论,应该允许保留自己的观点。应该重申:学术研究的成果反映的只是学者们个人的意见,并不代表党和政府的观点。

正确地贯彻"双百"方针,既要坚持学术自由的原则,又要讲求社会效果。科研应该没有禁区,但宣传要有纪律。目前,我国正处在急剧变革时期,各种矛盾和困难甚多,群众心理上的承受能力也有一定的限度。社会科学工作者要增强自己的社会责任感,充分考虑社会的承受能力,把维护学术自由与关心社会效果很好地结合起来。

第四,要积极推进科研体制的改革。社会科学事业要进一步繁荣和发展,关键在于改革。改革措施要有利于调动广大社会科学工作者的积极性,增加科研部门的生机和活力,创造优秀人才脱颖而出的局面。

胡启立希望各级党委认真改善和加强对社会科学工作的领导,帮助社会科学工作者解决工作中的困难。希望广大社会科学工作者倾听时代的呼声,振奋精神,解放思想,勇于探索,大胆创新,在为改革开放与现代化建设服务中作出新的贡献。

中共中央书记处书记芮杏文,全国政协副主席、中国社会科学院院长胡绳和有关部门负责人出席了今天的会议。

中国发明家在第十六届日内瓦国际发明和新技术展览会上获得18块奖牌和1座奖杯

参加本届日内瓦国际发明和新技术展览的中国发明共20项。由来自北京的治秃名医赵章光研制的章光牌"101毛发再生精"获得本届发明展览会的金牌奖和"1988年奥斯卡发明奖"。

中国纺织大学教师陈美华发明的新颖抗菌防臭纤维及织物获金牌奖和由中国发明协会颁发的人类保健奖杯。吉林省任宝昌研制的长白山新开河人参产品系列获金牌奖。其他14位中国发明家分别获镀金牌奖、银牌奖和铜牌奖。

"101毛发再生精"是赵章光综合多年行医经验,采用多种名贵中药精制而成的,对治疗斑秃、全秃有效率达97.5%,治愈率达84.8%。本届展览会评委会认为,赵章光的发明疗效显著,是众多的毛发稀薄人士的一大福音。

陈美华发明的新颖抗菌防臭纤维及织物对10多种细菌有抑制作用,完全无毒,对人体无过敏、无刺激作用,其抗菌性能达到国际先进水平。

4月22日

国家主席杨尚昆 副主席王震和国务院总理李鹏在人民大会堂会见各国驻华外交使节

3位领导人同外交使团长、摩洛哥大使哈尔凯特和其他使节以及巴勒斯坦解放组织驻京办事处主任一一握手。各国驻华使节对杨尚昆、王震、李鹏担任新的领导职务表示祝贺。双方祝愿中国同各国的友好关系继续向前发展。

新任外交部部长钱其琛也参加了会见。

国家主席杨尚昆在人民大会堂接受瑞士新任驻华大使舒爱文递交的国书

国家主席杨尚昆根据全国人大常委会的决定任免驻外大使

任命马叙生为中华人民共和国驻南斯拉夫社会主义联邦共和国特命全权大使;

免去田曾佩的中华人民共和国驻南斯拉夫社会主义联邦共和国特命全权大使职务。

中国5项发明在南斯拉夫第十六届发明技术进步和革新国际博览会上荣获金奖

中国发明协会在本届博览会上共展出33项发明和技术革新成果。其中荣获金奖的5个项目是:藏筱青和耿子蕃发明的激光医疗技术,王克起的多功能静电演示仪,孙振英的超声多普勒牲畜妊娠检诊仪,张湘的窄脉冲原子吸收光谱仪组机线路,以及张连昆、马运昌、赵焕金和孙德东4人发明的反应型腈纶抗静电纤维等。

国家教委全国妇联在北京召开座谈会

会议强调:重视女儿童教育,采取措施解决她们入学难的问题,是普及义务教育的重要任务。

据了解,目前全国适龄儿童入学率为97.1%;未入学的适龄儿童有273万人,其中,女儿童225万人,占83%。有些地方女儿童的入学率更低,甚至有少数地方没有女童入学。

与会者在分析女童入学难的根源时说:“三从四德”、“男尊女卑”等传统观念是影响女童入学的最大原因。在农村,不少人认为,女孩子迟早要出嫁,不愿花钱送女孩上学。生产力落后和经济贫困也是制约女童入学的一大因素。实行生产承包责任制后,一些人考虑到女孩是家庭中的“不稳定”成员,便把她们束缚在家务和农活上,成了“小保姆”。

国家教委副主任柳斌在会上指出,我国普及教育工作的重点在农村,而难点是女儿童的教育问题。如果不能解决这个问题,就不可能普及教育。小学教育不普及,相当一部分儿童不能入学,提高民族思想道德和文化科学素质就不能完全实现。他强调,要加强宣传教育,形成重视女儿童教育的良好风尚,同时,运用法律手段,解决女儿童的教育问题;针对女儿童就学的实际困难,采取多种形式办学;针对女儿童教育的特殊困难,在经济上采取一些特殊政策,以保障女儿童享受教育的权利。

全国妇联书记处书记范崇嬿在会上要求各级妇联都要把关心女儿童入学问题,当成一项重要任务,切实解决女儿童入学中的具体问题,保障她们享受法律赋予的权利。

吴学谋教授被列入国际学术界名人录

吴学谋教授是武汉数字工程研究所研究员,是泛系理论与逼近转化论创建人,先后发表过论文150多篇,涉及理工文哲医多种专题。1985年他被评为“国家级有突出贡献的中青年科学家”。

英国剑桥国际传记中心是有50多年历史的权威性机构,它给予多才多艺的人物以一种国际性永久性的承认。

亚邮联执委会议在北京开幕

亚洲集邮联合会是亚洲、太平洋地区的国际集邮组织。中国于1983年8月参加这一组织。参加会议的有13个国家和地区的39名代表和观察员,他们将在会上进行集邮学术交流。

4月23日

农业部等5个部门联合召开电话会议

鉴于当前农村生产资料供应的紧张状况,农业部、化工部、商业部、铁道部、物价局5个部门,在这里联合召开了有各省有关方面负责人参加的电话会议,要求各地立即采取措施,搞好农业生产资料供应工作,制止乱涨价现象,支持春耕生产。

农业部部长何康首先在会议上讲了话。他说,当前农业生产形势总的来说是好的,但也存在着一些不可忽视的问题,化肥、农用薄膜等生产资料供应矛盾突出。一是价格失控。很多地方化肥、农膜销售价仍处于失控状态,价格普遍大幅度上涨,有的涨到农民不愿买和买不起的程度,严重影响了有效增产措施的推广。二是供需缺口很大,农民反应强烈。他说,最近党中央、国务院的领导同志反复强调,要把农业生产作为当前的重点工作之一抓紧抓好,要采取一些根本性措施,促进农业发展。对于当前存在的上述问题,国务院领导极为重视,指示有关部门和各级政府迅速采取行动,尽快予以解决。

化工部副部长谭竹洲在会议上说,尽管支农化工产品的生产形势比较好,还是满足不了农业特别是当前春耕生产的需要,相当一些地区化肥仍然十分紧缺,影响农民的生产积极性。他要求本系统的同志设身处地为农民想一想,尽可能多地生产质量好的化肥,坚决执行合理的出厂价格,尽可能减轻农民负担。他要求各地化工部门和企业,特别是各级领导同志把增加支农产品生产和制止乱涨价,作为紧急任务摆到重要议事日程上来,当作一件大事来抓。

商业部副部长何济海指出,当前商业部门的当务之急是把库存化肥、农膜不失时机地供应到农民手中。他要求各级供销社一定要把春耕供应工作放在第一位,切实把每个环节的工作组织好。

物价局副局长王兴家在会议上就农用生产资料价格大检查工作做了进一步部署,要求通过检查,切实保证"三挂钩"化肥、柴油按照国家规定的价格供应到农民手里。

国务院 中央军委办公厅转发解放军总参谋部《关于1987年征兵工作情况和做好今后征兵工作的意见》

解放军总参谋部的《关于1987年征兵工作情况和做好今后征兵工作的意见》(以下简称《意见》),充分肯定了1987年的征兵工作,对当前和今后一个时期的征兵工作提出意见,要求各地进一步加强全民国防教育,提高公民的国防观念;进一步落实优抚、安置政策,调动青年应征的积极性;进一步搞好征兵工作改革,逐步实现制度化、规范化、科学化;加强对新兵的教育和管理,使他们较快地由一名老百姓转变成一名合格的军人。

总参谋部的《意见》指出,进行国防教育,靠征兵时搞突击不行,靠哪一个部门也不行,需要依靠全社会共同努力。各级人民政府和各级军区、县(市)人武部要把国防教育作为社会主义精神文明和普法教育的组成部分,统一规划,统一部署,常抓不懈,形成制度。经过长期坚持不懈的努力,使干部群众都懂得加强国防建设,依法履行兵役义务的重要性,正确认识和处理建设祖国和保卫祖国、国家利益和个人利益的关系,形成人人关心国防建设,自觉履行兵役义务,奋发向上、自强不息的民族精神。

总参谋部的《意见》指出,随着经济的发展,要逐步提高军属的优待金标准,保障他们的生活不低于当地群众的平均生活水平,并扶持他们勤劳致富。要妥善安排好退伍军人的生产和生活,充分发挥他们在社会主义物质文明和精神文明建设中的积极作用。各地要建立和逐步完善拥军优属服务网络,动员社会各方面的力量,为烈军属排忧解难,造成拥军优属的良好社会风尚。要进一步加强兵役法规建设,做到有法可依,有章可循。要改革传统的征兵方法,按照规定,在平时认真搞好适龄公民的兵役登记,摸清应征公民的数量、质量和分布状况,选定预征对象,并对他们加强依法服兵役的教育,打好思想基础,为征兵工作做好充分的准备。

《国情研究》杂志创刊

该刊由湖南大学出版社出版。该刊将集中、系统地发表有关我国国内情况及国际环境的研究论述,分析、总结我国现代的治国、建国经验教训,探讨适合我国国情的现代化发展途径及政策体系,引荐成功、可行的改革及管理经验,寻求"中国问题"的解决办法,介绍可资借鉴的国外"中国学"的研究成果及动态。

4月24日

中国农业科技体制改革取得明显成效

据《人民日报》报道,国务院科技领导小组、国家科委等有关部门最近对12省市165个农业科研单位的调查结果表明,我国农业科技体制改革健康发展,广大农业科技人员正积极投入农村商品经济建设,发挥着日益重要的作用。

从1979年到1987年,我国农牧渔业系统科技人员获国家和部门奖励的科技成果共有1400多项。农业科技工作已开始在大型农业经济建设项目中卓有成效地发挥作用。如黄淮海中低产田改造试验示范区已扩大到150万亩。1987年粮、棉单产均比1982年增加一倍以上;黄土高原米脂试验区提供的技术措施和综合治理模式,已在榆林地区全面推广。对虾的育苗养殖和放流增殖,使东海、南海自然海区已出现对虾种群,1987年产量比1980年增加60倍。在国家优质棉基地建设及湘、吉、甘、浙等省商品粮基地建设项目中,组织科技单位参加服务,为基地建设作出较大贡献。去年,在全国范围组织实施的"丰收计划",当年就使项目承担地区的粮食、皮棉、橡胶、牛奶、肉、鱼等大幅度增产,总计增加经济效益约16亿元。

在农业科技体制改革中,许多农业科研单位在加强服务农民、服务社会的同时,不断探索前进,走出了一条自我积累和自我发展的道路。他们通过建立科技生产联合体和经营实体、有偿转让科技成果、综合利用科技成果进行地区开发、接受国内外委托研究、开展技术性承包、咨询、培训等,既为社会创造了巨大的经济效益,又增加了自身的经济收入。据中国农科院统计,仅1987年获国家科技进步奖的11项成果,就产生社会经济效益达32亿元,同时也使农科院创收超1000万元。原农牧渔业部所属6个研究院所,去年创收共达2200多万元。各级农业科研单位还鼓励科技人员,到基层搞技术承包或兴办经营实体,允许科技人员在帮助农民致富的同时,取得合法收入。

全国经济技术信息协作交流大会在北戴河召开

来自全国各地的500多位经济界、企业界、科技界、理论界、新闻界的同志参加了这次会议。会议共宣读论文10多篇,签订各种协议数百项。大会由中国市场信息杂志主办,并决定由中国经济记协、中国市场信息杂志在北京建立一个常设机构——中国信息交流中心。

全国少数民族用品暨少数民族地区名特优产品展销会在北京举行

参加展出的产品有全国28个省、自治区、直辖市的10大类1400多个品种,既有民族地区的传统产品,又有改革开放以来少数民族地区将资源优势转化为经济优势的新产品。

国务院农村发展中心将实行课题招标委托大学生研究生进行调查研究

据《人民日报》报道,国务院农村发展研究中心拟于1988年度公开招标,委托全国各大专院校、科研院所的本科生、研究生进行农村社会经济调查,并资助部分硕士生、博士生进行专项课题研究。

委托本科生、研究生的调查,采取结合其暑期回乡的方式进行。此项工作由在校或在院所的学生根据国务院农村发展研究中心公布的招标题目,对调查项目、内容、方法、成果形式等进行设计,向国务院农村发展研究中心联络室投标,中标者由委托方给予指导资助并提供调查方便。委托调查投标工作从1988年6月初开始。调查从7月初开始,9月15日前提交调研报告。经过评审,将对优秀调研报告予以荣誉和物质奖励。

资助硕士生、博士生的专项课题研究,采取结合其毕业论文的方式进行。凡从事或涉及农村改革发展研究的硕士生、博士生均有资格提供其研究专题意向和设计方案,向国务院农村发展研究中心联络室申请指导、资助,进行投标。此项工作1988年6月开始投标,7月底结束。

《电子导报》中文版出版

该报是美国卡纳斯出版公司出版的高技术杂志,在世界电子工业界享有盛誉。由美国卡纳斯出版公司和中国电子工业技术情报研究所合办的中文版,日前在北京出版。

该杂志内容涉及电子工业、半导体工业、计算机工业,以及电信及数据通信领域。它着重介绍国际电子技术的最新发展和电子市场的动态,旨在沟通中外电子科技与工贸信息,促进中外科技与经济交流。

中国体操队在联邦德国汉诺威举行的国际博览会杯体操比赛中获得团体冠军

按规定,每队由一名男子自由体操运动员、一名女子体操运动员和一名女子艺术体操运动员组成,以合计总分决出各队名次。中国队参赛的是李宁、吴仁英和何晓敏。

4月25日

国家主席杨尚昆在长城饭店会见美国西方石油公司董事长哈默博士

杨主席说,哈默博士是我们的老朋友,对中国的国家建设和经济合作作出了很大贡献。希望这次来,进一步推进经济合作,推进中美两国友好。

国务院总理李鹏回信开滦矿小朋友

从去年开始,开滦矿务局26000多名少先队员开展了"争做矿山安全小卫士"活动,他们提醒爸爸、妈妈注意安全生产,给矿工叔叔写安全信,送安全警句,为矿里的安全生产作出了贡献。4月16日,孩子们给李鹏总理写信,汇报了他们开展的活动,表达了希望"祖国四化建设年年、月月安全生产,我们的父兄天天高高兴兴上班,平平安安回家"的真挚感情。

4月25日,李鹏同志给孩子们回了信。信中说:接到你们的来信我很高兴。生产安全和社会安全十分重要,你们开展了"争做矿山安全小卫士"活动,这很好。少先队在祖国的社会主义现代化建设事业中有许多事情可做。希望你们努力学习,关心社会,在为祖国,为人民服务的具体活动中受教育,做有理想,有道德,有文化,有纪律的一代新人。

李鹏向所有少先队员问好。

《中国少年报》刊登了这两封信的全文。同时发表了北京铁路局、开滦矿务局、上海宝钢地区全体少先队员向全国小朋友发出的倡议:开展红领巾安全活动,做爸爸妈妈的安全小卫士。

全国民族团结进步先进集体先进人物表彰大会在北京开幕

党和国家领导人赵紫阳、杨尚昆、李鹏、万里、乔石、胡启立、姚依林等出席了大会。

在这次被表彰的565个先进集体和601名先进个人中，有为民族之间和民族内部的团结作出显著成绩的，有为改革、开放、勤劳致富作出表率的，有为民族地区的经济、文化、教育事业的发展作出突出贡献的，有为保卫祖国边疆、抗击外来侵略和反对分裂祖国、维护国家统一进行英勇斗争，立下功勋的。

国家民委主任司马义·艾买提主持大会并致开幕词。

参加今天开幕式的还有田纪云、李铁映、宋平、秦基伟、阎明复、温家宝、江华、习仲勋、乌兰夫、彭冲、韦国清、阿沛·阿旺晋美、班禅额尔德尼·确吉坚赞、周谷城、廖汉生、倪志福、费孝通、孙起孟、雷洁琼、王丙乾、陈俊生、任建新、杨静仁、赵朴初、王恩茂等同志，以及中央国家机关干部、首都各界人士、驻京部队官兵、在京工作学习的少数民族代表。

《人民日报》发表社论《团结进步共同繁荣——热烈祝贺全国首次民族团结进步表彰大会》

全国首次民族团结进步表彰大会今天在北京开幕了。来自各民族的先进代表，荟萃首都，总结交流经验，共商推动民族团结进步事业的大计，这对于进一步巩固祖国统一，加强民族团结，促进民族地区的物质文明和精神文明建设，意义重大。我们表示热烈的祝贺！

我国是一个有56个民族的统一的多民族国家，各民族共同创造了中华民族光辉的历史和灿烂的文化，缔造了中华人民共和国，全国民族自治地方面积占全国总面积的60%以上，资源十分丰富；大多数少数民族居住在边疆贫困地区，有20多个民族与国外同一民族相邻而居。这是我国的一个基本国情。维护祖国统一，坚持民族平等、民族团结和促进各民族的共同繁荣，是关系到国家命运和兴旺发达的重大问题。党和国家一贯重视加强各民族的大团结，促进少数民族的发展进步，使少数民族和汉族一起，在祖国的怀抱中茁壮成长，走向繁荣。尤其是党的十一届三中全会以来，党和国家制定了一系列帮助少数民族发展的方针政策，经过少数民族人民和汉族人民的共同努力，民族地区的经济文化建设获得了显著的成绩，人民的物质文化生活有了很大的提高，平等、团结、互助的新型的社会主义民族关系日益紧密和发展。

我国相当大一部分少数民族在解放以前经济文化很不发达。新中国成立以来，这些民族地区虽有很大发展，但相对来说发展比较缓慢；在广大农牧区，生产力水平仍然相当低下。在这种状况下，要发展民族团结进步事业，少数民族与民族地区必须坚持以经济建设为中心，集中力量发展社会生产力，发展社会主义商品经济，加速生产的商品化、社会化、现代化的进程，使经济能有一个较快的发展。少数民族和民族地区人才奇缺，严重制约着经济的发展，因此，各级党政机关必须把发展教育事业、培养各方面的建设人才作为战略方针，采取有力措施，制定发展民族教育的长期规划和具体实施办法，在人力、财力、物力各方面给予支持。

为推动民族团结进步事业，少数民族和民族地区要进一步解放思想，以改革总览全局，从本地区的实际出发，采取稳妥的步骤推进政治体制、经济体制和教育体制、科学体制等各方面的改革。实行对内对外开放。改革要结合各个民族的实际情况，坚持以是否有利于发展生产力为标准，以是否有利于民族的发展繁荣为标准，积极而又谨慎地进行。要防止机械照搬不适合本地的做法，要避免在政策措施上搞“一刀切”。

民族团结进步事业是全国各族人民的共同事业，全党、全国都要关心这个事业的发展，要在政治、经济、文化、人力、物力、财力等各个方面，继续给少数民族和民族地区以大力的帮助和支援。各级党政机关都要把民族团结进步事业放到重要的议事日程上来，广泛、深入、持久地向各族干部和群众进行民族团结、民族政策和马克思主义民族观的教育，不断完善民族区域自治制度。国家机关的各个部门都要认真贯彻执行民族区域自治法，并在各自实际工作中认真予以落实。少数民族地区经济发展的根本出路在于增强自身的内在活力和自我发展能力，走改革、开放之路，运用并发挥本地区的优势，加强同其他地区的经济技术合作，奋力进取，在全局的发展中求得较快的发展。

在社会主义制度下，人民内部仍然存在着不同利益集团的矛盾。在新时期，随着改革开放的深化，我国各民族的联系日益增多，横向经济联合的范围、项目和规模不断扩大，团结友爱、互助合作的关系日益紧密，同时，也在经济利益、风俗习惯、宗教信仰以及民族心理素质等方面出现一些新的问题，产生一些新的矛盾。这类矛盾属于人民内部矛盾，要以协商对话的方式，正确地加以处理和解决，务使矛盾得到缓解和消除。对于少数分裂主义分子，企图利用民族、宗教的名义，进行分裂祖国的活动，则必须依法坚决予以打击。

中国共产党十三大和全国七届人大制定了我们国家社会主义现代化建设事业的发展战略和大政方针，为我们描绘出一个发展的远大目标和宏伟蓝图，激励着全国各族人民投身于振兴中华的大潮中去。让我们各民族更加紧密地团结一致，同心同德，甘苦与共，全力以赴，为把祖国建设成富强、民主、文明的社会主义强国而共同努力。

1988年大兴安岭灾区恢复家园建设第一期工程开工

今年灾区复建投资总额度近2亿元,有房舍建筑面积40万平方米,防火公路149公里,以及大中型桥涵、瞭望塔、气象站等199个建设项目。第一期工程施工的共15万平方米,有民宅、公共设施、防火设施等。全部工程将于今年9月完工。

国务委员兼国家科委主任宋健出席全国气象局长会议并讲话

宋健在会议上强调,气象工作尤其要把科学技术放在首位。气象工作是个知识、科技密集型领域,离开了信息的采集、传输和处理等现代化技术,就没有现代化气象技术。他要求气象部门加强现代化建设,加强理论研究,努力为中长期气象预报打下巩固的科学技术基础。

宋健建议气象部门扩大经营服务范围。比如,计算机处理信息管理、表报系统等,完全可以转移到物资管理、土地管理、政府事务管理等其他领域,不要完全受"气象"这两个字的限制。扩大气象服务,可以创收,增加气象部门的经费,但更重要的是,通过综合经营,扩散科学技术,推动经济的发展。

他说,中央对外开放的政策,使全国科技工作受益很大,但还只是刚刚起步。对外开放应该有进有出,不仅是吸收别人的东西,还有一个重要任务,就是推动我国的技术、装备、劳务输出。我国气象方面的技术、设备近几年发展较快。如果能有重点地让区域和地方台站的领导和科技人员接触到先进的管理方法,对改进气象工作大有好处。在搞好国内服务的同时,能否在技术、服务、劳务等方面也搞些输出。

这次全国气象局长会议,将深入讨论气象部门加快和深化改革的主要目标及指导思想。

国家教委在无锡召开1988年全国中小学勤工俭学工作会议

会上公布的一些数字令人兴奋:1987年全国中初等学校勤工俭学总收入达19亿元,比1986年增加了4.2亿元,增长28.8%,其中9.9亿元用来补充教育经费。

会议透露,1987年全国中小学新办校办工厂5654个,目前全国中初等学校开展勤工俭学的学校有65.2万所,总产值达89.9亿元。由于校办企业注意了设备更新改造和投资,到1987年年末固定资产净值19.8亿元,为今后企业扩大再生产打下了良好的基础。

1987年中小学勤工俭学收入投资1.85亿元,修建教学用房676万平方米;用于教学设备投资1.5亿元;解决公用经费2.4亿元;投资0.7亿元修建职工宿舍165万平方米;用于教职工个人福利1.7亿元,为改善办学条件和解决职工集体福利作出了贡献。还向国家上交税金2.9亿元,为国家财政增加了收入。

事实证明,勤工俭学收入已经成为解决中小学教育经费的重要渠道之一,同时促进了教育改革的开展和教师队伍的稳定,从而加速了学校教育结构的改革和教学质量的提高。但是,全国的勤工俭学发展还很不平衡,特别是老、少、边、穷地区,这一工作还很薄弱,需要各地因地制宜地展开。

陶守正被英美列为世界名人

对气象气候学研究作出了一定贡献的山东师范大学教师陶守正被英国收入《国际名人传词典》;被美国收入《名人册》,列为国际科学发现领先名人之一。

30年来,陶守正获得了3项研究成果。他撰写的《大气—海温—天文效应季旱涝可预报性》论文,被专家们认为在热机主件控制论上提出了创造性的见解,发表于《科学通报(国际版)》,这项成果对粮食大面积稳产高产有一定作用。他的《大气密度平流与临震机制》论文,多次在学术会议上宣读并在我国首次运用于临震预报的尝试。他还提出了"农业气象系统工程增产效应"的研究设计,对增产粮食、提高经济效益具有重要意义。以上3项成果引起英国剑桥大学和美国名人传记研究所专家们的重视,被这两个国家列入世界名人范畴。

第三届工艺美术艺人代表会在北京开幕

轻工业部部长曾宪林在大会上提出,要进一步提高艺人、专业技术人员的社会地位,改善他们的工作条件和物质条件,采取保护措施,解决工艺美术行业后继乏人的现象。

这次大会旨在研究改革开放对工艺美术事业发展的影响,研究保护传统工艺美术的政策和措施。各地有声望、有贡献的500多位工艺美术专业人员出席了大会。

在会上,62位贡献卓著、身怀绝技的工艺美术技师将被授予"中国工艺美术大师"荣誉称号。曾宪林提出,制定中国工艺美术大师统一标记,用在本人作品上,以提高他们作品的身价,并为他们的作品举办展览,提高他们在国内外的知名度。

国家有关部委的负责人出席了大会。文化部副部长英若诚讲了话。

在此次代表大会上,共有62名有突出贡献的工艺美术艺人被授予“中国工艺美术大师”称号。全国政协副主席方毅同志到会表示祝贺,并为他们颁发了证书和奖金。150名优秀工艺美术专业技术人员同时受到了表彰。

会上还宣布,1979年我国评授的第一批34位“中国工艺美术师”改称为“中国工艺美术大师”(其中有5位已去世)。这样,在我国77万工艺美术职工中,获得大师称号的已有近百人。轻工业部决定,评授大师的工作今后要经常化、制度化,除全国每三年评一次外,各省、市、自治区每年评一次,使具备条件的专业人员都能获得应有的荣誉。轻工业部还决定,对从事工艺美术工作30年以上的职工,颁发荣誉证书。

全国统一急救电话

北京急救中心将试开通全国统一使用的急救电话“120”。它将为北京市民及在京国外朋友突发急症和意外事故时,提供呼叫方便。

4月26日

国务院总理李鹏在中南海紫光阁会见南斯拉夫外交部部长迪米尔·隆查尔

会见中,双方各自介绍了国内的政治经济情况,并就进一步发展双边关系问题交换了意见。

李鹏总理说,中南不仅在国际问题上,而且在其他许多方面的观点和立场都是一致的或接近的。中南关系很好。我们都是社会主义国家,都在进行改革,又都在建设社会主义的过程当中寻求适合本国国情的道路。南斯拉夫是最先摆脱高度集中计划经济模式的国家,因此值得我们借鉴的东西很多。

在谈到发展双边经济关系时,李鹏说,我们除了继续发展双边贸易,在技术方面可以取长补短。在平等互利的基础上,发展我们的技术合作。

隆查尔外长说,南斯拉夫和中国的友好关系具有很深的历史基础。今后,两国在继续保持最高级别接触的同时,还需要进一步加强在其他领域的合作。他还衷心祝贺李鹏在七届人大上当选为国务院总理。

国务院总理李鹏在钓鱼台国宾馆会见并宴请美国西方石油公司董事长哈默博士一行

全国政协主席李先念到荆江大堤视察

李先念登上了荆江大堤沙市段,详细询问了堤防保护和大堤的御洪能力等情况后,指出要确保这条亿万人民的生命线的安全;同时,全省都要加强防大汛的准备工作,消除隐患于未然。

随行的湖北省委领导对李先念说,湖北今年有可能受到特大洪水的威胁:一是气候异常,两次出现“雷打雪”等灾前征兆;二是水情异常,江、河、水库目前水位偏高。李先念关切地说,长江上的防洪,荆江大堤是关键,它联系着湖北、湖南、安徽、江西、江苏等省几亿人民的安危,如果这里出了问题,人民就要遭殃,国家经济建设也要受到影响。所以,要总结近两年来国内发生的几次大事故的教训,千万不能麻痹大意。

李先念还说,在汛期到来前一定要把人民群众严密地组织好,要像过去一样,一声令下,立即上阵。防洪的器材如木料、草包、麻袋、电机等也要有充分的准备。李先念还询问了荆江大堤和水库大坝的白蚁防治情况,省里领导回答说各地都有白蚁防治队,这些年来共挖掉了几十万个白蚁“据点”。

香港特别行政区基本法起草委员会第七次全体会议在人民大会堂开幕

香港特别行政区基本法起草委员会主任委员、国务院港澳办公室主任姬鹏飞在会上讲话。姬鹏飞说,基本法起草委员会成立至今,已经两年又10个月了。按照第一次全体会议确定的规划和步骤,我们的起草工作,已经取得很大的进展。近3年来,在座各位为举世瞩目的香港特别行政区基本法的诞生付出了辛勤的劳动,大家和衷共济,反复研讨,不辞劳顿,5个专题小组总共举行了57次会议,终于字斟句酌地拟出了基本法各章条文的草稿,接着又经过去年12月份第六次全体会议后总体工作小组的努力,整理出了摆在我们面前的基本法(草案)征求意见稿。

姬鹏飞说,这个基本法(草案)征求意见稿是我们共同努力的一个可喜的初步成果。也正因为是初步的,所以它未臻完善,有些问题尚并列着几种方案,有待于在广泛征询各方面的意见的过程中取得共识,把有关条文修改得更好。

姬鹏飞谈到这次全体会议的主要议题,一是讨论并决定公布基本法(草案)征求意见稿,二是讨论和通过在香港和内地征询意见的办法。

姬鹏飞指出,与起草委员会的工作进展同步,香港基本法咨询委员会一直给予了真诚、有力的协助。两年多来,咨委会向我们提供了各种研究报告,转达了大量意见和建议,不少已经被采纳。我们希望这种融洽的合作和沟通,在今后得到保持和发展。在下一阶段开展征询意见的工作中,更希望咨委会给予全力的支持和协助。

会议上,基本法起草委员会副主任委员、香港基本法咨询委员会主任安子介介绍了咨委会半年多以来的工作情况。基本法起草委员会副主任委员、全国政协副主席胡绳作了关于总体工作小组的工作报告。

中共海南省委员会和海南省人民政府正式挂牌

海南省人民政府驻海口市。

海关总署发布《中华人民共和国海关对经济技术开发区进出境货物的管理规定》

第一条　为了促进经济技术开发区的建设和发展,加强海关管理,根据《中华人民共和国海关法》和国家对经济技术开发区的有关法规,特制定本规定。

第二条　本规定适用于经国家批准的沿海港口城市兴办的经济技术开发区(以下简称开发区)。

第三条　开发区内从事进出口业务的外贸企业、生产企业、应持国家主管部门的批准文件和工商行政管理部门颁发的营业执照,向所在地海关办理注册登记手续。

第四条　开发区进出口货物应当由收、发货人或其代理人填写进、出口货物报关单向海关如实申报,并按照国家有关规定交验许可证件和其他有关单证,上述货物如从开发区以外的口岸进出境,应按海关对转关运输货物监管办法办理。

第五条　开发区内享受进出口货物优惠待遇的企业,应建立专门账册,定期向海关书面报告进口物资使用、销售、库存以及出口等有关情况,由海关进行核查,海关有权随时进入企业检查货物情况和调阅有关账册。

海关认为确有必要时,可以在有关企业中派驻海关人员进行监管,办理海关手续,有关企业应当免费提供办公场所和必要的方便条件。

第六条　开发区内企业和机构,经国家规定的主管部门批准,进口供本开发区内使用货物,其关税、进口调节税和工商统一税(产品税或增值税)按以下规定办理:

(一)建设开发区基础设施所需进口的机器、设备和其他基建物资,予以免税;

(二)区内企业进口自用的建筑材料、生产和管理设备、生产用燃料,合理数量的生产用车辆、交通工具、办公用品及上述机器设备、车辆所需进口的维修零配件,予以免税;

(三)开发区内的行政机关、事业单位等机构进口自用合理数量的建筑材料、交通工具、办公用品、管理设备,比照本条第(二)项的规定办理;

(四)区内企业进口专为生产出口产品所实际耗用的原材料、零配件、元器件、包装物料,旅游饮食业营业用的餐料,利用外资养殖出口产品所需进口的饲料,予以免税;

(五)开发区进口本条第(一)(二)(三)(四)项规定范围以外的其他货物,照章征税。

第七条　含有免税进口料件的制成品,经批准从内地运往开发区销售、使用的,按第六条的规定分别免征或补征税款。

第八条　开发区内企业出口开发区生产的产品,免征出口关税。

使用内地料件或半成品,在开发区内加工出口应征出口关税的产品,凡经实质性加工,增值百分之二十以上的,可视为开发区产品,海关凭有关主管部门的证明文件,免征出口关税。

开发区企业代理或收购区外产品出口,应按国家有关规定办理;出口应征出口税的产品,照章征收出口关税。

第九条　开发区进口的减免税货物只限在区内使用,未经批准,并办结海关手续,不得移作他用,不得擅自转让、销售、租赁区外。

第十条　开发区内单位更新下来的原免税进口的机器、设备、公用物品运往内地,以及在开发区内承包工程的内地单位施工结束后,将上述物资运往内地,均应向海关交验有关主管部门的批准文件,经海关审核认可,酌情予以补税验放。

第十一条　开发区内经营进料加工业务企业,其进出口有关物资分别按照《中华人民共和国海关对外商投资企业履行产品出口合同所需进口料件管理办法》和《中华人民共和国海关对进料加工进出口货物的管理办法》办理。

开发区内企业使用免税进口料件生产、装配的制成品,经有关主管部门批准内销时,有关企业应向海关补办进口手续,海关对其所含进口料件补征税款;在开发区内销售、使用的,按本规定第六条规定的原则免征或补征税款,对需补征税款的制成品,如货物所有人或其代理人对所含进口料件的品名、数量、价值申报不清的,海关按制成品的税率补征税款。

第十二条　开发区内企业如需将进口的料件运往开发区外加工,应凭开发区主管部门的批准文件和与内地加工企业签订的加工合同向海关登记,由海关核发《登记手册》,加工后的成品,应按合同规定期限运回开发区,并在合同执行完毕后的一个月内,持《登记手册》向海关办理核销手续。

第十三条　开发区以外的进口货物临时运往开发区使用时,应向海关申报,有关货物退回内地时,经海关查验确系原货的,可准予退回;未向海关申报的,有关货物退运内地时,按开发区进口货物运往内地的规定办理。

第十四条　凡违反本规定或海关其他规定的，由海关按《中华人民共和国海关法》和其他有关法规的规定进行处理。

第十五条　本规定自一九八八年五月十五日起施行。

国务院副总理吴学谦在人民大会堂会见南斯拉夫外交部部长布迪米尔·隆查尔

国务院副总理吴学谦在人民大会堂会见以董事长卡玛为团长的印度报业托拉斯代表团

中国民主同盟和波兰民主党1988—1990年往来议定书在钓鱼台国宾馆签署

民盟中央副主席钱伟长、波兰民主党中央委员会副主席马莱克·维乔莱克分别在文件上签字。

民盟中央主席费孝通及由马莱克·维乔莱克率领的波兰民主党代表团成员出席了签字仪式。

根据议定书，双方将派代表团互访，交换各自出版物，努力促进两国科技、教育、文化、卫生、生态、环保等领域的有关专家学者的交流，并在其他方面进行交流与合作。

据民盟有关人士介绍，波兰民主党代表团是民盟邀请来访的第一个外国政党访华团。

成人高教将试行《专业证书》制度

国家教委、劳动人事部现已联合制定了“关于成人高等教育试行《专业证书》制度的若干规定”，并将于近日下发各地。

《专业证书》制度是根据我国实行专业技术职务和担任其他职务任职资格的要求建立的。目前，我国有相当数量在专业技术岗位或专业性较强的管理岗位上工作的具有高中毕业文化程度的在职人员，他们通过长期的工作实践已具有了一定的专业知识和实践能力，但未达到现行任职资格所要求的大专毕业文化程度。对其中具备一定条件的人不必要求他们再接受系统的学历教育以获得大专毕业证书，而应以学习和掌握其从事专业技术和管理工作所需要的专业知识为主。这部分人可通过《专业证书》制度，经过有针对性的专业知识学习，达到岗位所要求的大专学历层次的专业知识水平。《专业证书》就是学员经过学习，考试合格表明已达到岗位所要求的大专层次专业知识水平的一种证明。它可在本行业本专业的工作范围内，在专业知识水平上，作为评定、聘任专业技术职务、管理职务和其他职务的任职资格的依据。《专业证书》获得者若转换其他专业岗位，则应再接受新的专业知识教育，取得新的《专业证书》。

《专业证书》教育的对象是从事专业技术工作或专业性质较强的管理工作，确属本系统、本单位工作需要而尚未达到岗位所要求的大学专科毕业文化程度的在职人员。学员须具高中毕业文化程度，和5年以上本岗位专业工龄，年龄一般应在35岁以上。学习专业应与所从事工作对口。

《专业证书》教学班，由国家教育委员会审定备案的普通高等学校和成人高等学校承办。举办《专业证书》教学班一般由省、自治区、直辖市及计划单列市有关业务主管部门或中央直属企事业单位向承办学校所在省、自治区、直辖市及计划单列市教育主管部门提出申报，经批准后方可招生。

魏敬先瓯绣画展在北京展出

在国内外工艺美术界享有盛誉的“绣花郎”魏敬先水彩、瓯绣画展，在中国艺术家画廊开始展出，其中15幅中外文化名人瓯绣肖像，尤其受到观众和同行们的好评。

魏敬先是浙江省温州市美术研究所的画家，他的瓯绣人物肖像作品，神形兼备，惟妙惟肖，融绘画技巧于传统瓯绣工艺之中，为国内所首创。

《当代杂文选粹》出版

该丛书由湖南文艺出版社出版。《当代杂文选粹》丛书每辑10本，每本收有一位杂文作家的作品6万至9万字。已出版的有巴金、邓拓、严秀、黄秋耘、冯英子、邵燕祥、谢云、蓝翎、舒展、牧惠等集。

我国第一个私营企业工会——辽宁沈阳私营希贵运输公司工会在沈阳成立

4月27日

外交部发言人重申中国对解决中印边界和对南沙群岛问题所持的一贯立场

这位发言人说，关于中印边界问题，中国政府曾多次声明决不承认非法的“麦克马洪线”，也不承认所谓的“阿鲁纳恰尔邦”。但中国愿意通过友好协商，根据互谅互让的原则公平合理地解决中印边界问题。

他说，在中印边界问题解决之前，中国希望保持边界地区的稳定和安宁。同时，中国愿意同印度发展经济、贸易、文化和人员等方面的往来。

发言人说，中国对南沙群岛拥有不可争辩的主权。

3月14日在南沙发生的冲突完全是由越南一手挑起的。事件发生后,中国政府本着人道主义的精神,允许越南派船挂上红十字旗去进行营救工作。但越南当局滥用中国的好意,甚至把军用船只全部挂上了红十字旗,继续强占中国的岛礁。

他说,事情非常清楚,越南应立即停止军事挑衅,从非法占领的岛屿上撤出其人员。

有记者问,美国和伊朗最近发生冲突后,中国在联合国有关磋商武器禁运问题上的立场是否有变化?发言人回答说,关于中国在这一问题上的立场有所变化的报道是不正确的。他强调说,中国的立场没有变化。一切有利于执行第598号决议、有利于早日结束两伊战争的设想和倡议都将得到中国的支持。

又有记者问:在阿富汗问题达成协议后,中国是否准备继续向阿富汗抵抗力量提供援助?

发言人回答说,一切主持正义的国家和人民支持阿富汗人民进行反对外来侵略的正义斗争是理所当然的。我们希望苏联能够根据《日内瓦协议》规定的期限从阿富汗全部撤出军队。

外交部发言人对日本国土厅长官奥野诚亮无视历史事实的行为表示非常遗憾

这位发言人在新闻发布会上回答记者提问时说,奥野的这种言论不仅会伤害中国人民和其他遭受过侵略的亚洲国家人民的感情,而且对日本在国际上的形象也很不利。

4月22日,奥野以内阁成员的公职身份参拜靖国神社,并明目张胆地为日本的侵略战争翻案。他还指名道姓地对我国领导人说了一些很不礼貌的话。

当有记者问到竹下登担任日本首相后,中国对他采取的政策是否满意的问题时,发言人说:“发展中日友好合作关系是中国的既定政策。我相信,只要中日双方都根据《中日联合声明》和《中日和平友好条约》的原则来办事,中日友好关系一定会得到进一步发展和加强。”

中央军委颁发《中国人民解放军文职干部暂行条例》

暂行条例规定,文职干部是军队编制定额内不授予军衔的干部,由现役军官改任的文职干部保留军籍。

许忠在国际音乐演奏大赛中夺魁

中国青年钢琴家许忠在第三十四届玛丽亚·卡纳尔斯国际音乐演奏大赛中荣获第一名。这是中国选手首次在欧洲音乐演奏大赛中获最高名次。

4月28日

国务院总理李鹏在人民大会堂会见日本松下电器公司代表团

日本松下电器公司代表团是前来参加北京·松下彩色显像管有限公司工程奠基仪式的。北京·松下彩色显像管有限公司由北京市和松下公司合资经营。李鹏在会见中说,在双方的合作中,中方除了要引进日本的技术外,还要学习日本先进的管理经验。中日合资建立这样规模的企业只有按世界先进经验来管理才能提高效率。

他希望这个企业的产品能在国内外市场上具有竞争力,把这家企业办成两国合资企业的典范。

代表团团长、松下电器公司最高顾问山下俊彦说,中国的投资环境比前几年有很大改善。他表示,日方将尽力把这个企业搞好,并努力向中国转让技术。

中共中央调整江西 湖南 吉林 安徽4个省委的主要领导干部

原中共湖南省委书记毛致用调任中共江西省委书记。中共湖南省委书记职务由原中共湖南省委副书记熊清泉担任。原中共江西省委书记万绍芬调任全国总工会党组副书记。

中共中央还决定,何竹康任中共吉林省委书记,免去他的中共吉林省委副书记职务;调高狄任中央党校副校长,免去他的中共吉林省委书记职务。

由于李贵鲜已在七届全国人大一次会议上被决定为国务委员兼中国人民银行行长,中共中央决定免去他原任的中共安徽省委书记职务,中共安徽省委书记一职由原中共安徽省委副书记卢荣景担任。

香港特别行政区基本法起草委员会第七次全体会议在北京闭幕

会议决定公布《基本法(草案)征求意见稿》,同时通过了公布《基本法(草案)征求意见稿和开展征询工作的决定》和《基本法(草案)征求意见稿的征询意见办法》。

3天来,与会的全体委员对本次会议的两项主要议题进行了认真、热烈的讨论,提出了很多好的意见和建议。会期虽短,但由于全体委员的共同努力,会议完成了预期的任务。

香港特别行政区基本法起草委员会主任委员、国务院港澳办公室主任姬鹏飞在会上致闭幕词。他说,根据委员们提出的意见,主任委员会议已对基本法(草案)征求意见稿做了若干必要的调整和修改,并且已在今天的分组会上得到了委员们的同意。对于委员们在讨论中提出的其他许多意见和建议，将由草委会秘书处整理成意见汇编，供各专题小组和总体小组进一步修改基本法(草案)条文时考虑。

姬鹏飞说，我们这次会议之后，围绕基本法(草案)征求意见稿的征询工作将要全面展开。我们热诚地欢迎各方面人士对基本法(草案)征求意见稿提出修改意见和建议。

安子介主持了全体会议。黄丽松、司徒华、谭惠珠、李福善、廖瑶珠、邬维庸、李柱铭、黄保欣、肖蔚云9位委员在会上发了言。

香港特别行政区基本法起草委员会关于公布《香港特别行政区基本法(草案)征求意见稿》和开展征询工作的决定

香港特别行政区基本法起草委员会第七次全体会议决定公布《香港特别行政区基本法(草案)征求意见稿》，在香港和全国其他地区广泛开展征询意见的工作。征询期为5个月。基本法起草委员会热诚欢迎各方面人士对《香港特别行政区基本法(草案)征求意见稿》提出意见和建议。

香港特别行政区基本法起草委员会关于《香港特别行政区基本法(草案)征求意见稿》的征询意见办法

一、《香港特别行政区基本法(草案)征求意见稿》公布后，香港特别行政区基本法起草委员会将用5个月的时间在香港和全国其他地区广泛征询意见。

二、基本法起草委员会委托香港基本法咨询委员会在香港地区开展征询意见工作。香港各界人士可以将有关的意见或建议向咨询委员会提出，也可以直接向基本法起草委员会提出。

三、基本法起草委员会的部分内地委员将应咨询委员会的邀请分批赴港，和香港委员一道，采取多种形式，听取各界人士的意见和建议。

四、内地的征询意见工作，主要在全国人大常委会委员、全国政协常委会委员、中央和地方的各有关部门、民主党派以及有关团体中进行。

五、基本法起草委员会热诚欢迎各方面人士对《香港特别行政区基本法(草案)征求意见稿》提出意见和建议。意见和建议可以书面形式寄交香港特别行政区基本法起草委员会秘书处。

六、基本法起草委员会秘书处将对各种意见和建议分类整理，于今年11月交起草委员会各专题小组和总体工作小组研究，作出修改或调整。总体工作小组负责完成基本法草案稿，送主任委员会议审议后，于明年1月提交基本法起草委员会第八次全体会议讨论和审议。

香港特别行政区基本法起草委员会第七次全体会议公报

中华人民共和国香港特别行政区基本法起草委员会第七次全体会议于1988年4月26日至28日在北京举行。53名委员出席会议，5名委员因事、因病请假。

全体会议听取了胡绳副主任委员关于基本法起草委员会总体工作小组的工作报告和安子介副主任委员关于香港基本法咨询委员会半年多来工作情况的介绍。委员们就《香港特别行政区基本法(草案)征求意见稿》和关于《香港特别行政区基本法(草案)征求意见稿》的征询意见办法进行了讨论。会议通过了基本法起草委员会关于公布《香港特别行政区基本法(草案)征求意见稿》和开展征询工作的决定和关于《香港特别行政区基本法(草案)征求意见稿》的征询意见办法。

会议认为，公布《香港特别行政区基本法(草案)征求意见稿》，是基本法起草工作中的重要一环。基本法起草委员会热诚欢迎各方面特别是香港各界人士对《香港特别行政区基本法(草案)征求意见稿》提出意见和建议。

会议责成基本法起草委员会秘书处在征询意见工作结束后对各方面提出的意见和建议加以整理，交各专题小组和总体工作小组研究，以便对基本法(草案)条文做进一步修改。

会议决定，1989年1月9日至1月15日在广州召开基本法起草委员会第八次全体会议。主要议程是讨论、审议经过征求意见后修改的基本法(草案)稿。

国家主席杨尚昆 副主席王震致电朝鲜主席金日成深切哀悼林春秋不幸逝世

唁电全文如下：

平壤朝鲜民主主义人民共和国主席金日成同志：

惊悉朝鲜劳动党中央政治局委员、朝鲜民主主义人民共和国副主席林春秋同志不幸逝世，我们代表中国人民，向您，并通过您向兄弟的朝鲜人民和林春秋同志的家属表示深切的哀悼。

林春秋同志为朝鲜的社会主义建设和祖国的自主和平统一事业长期工作，贡献出了自己的一切。他生前热心于中朝友好事业，是中国人民尊敬的战友和同志，中国人民将深切怀念他。

中华人民共和国主席　杨尚昆

中华人民共和国副主席　王　震

1988年4月28日于北京

中共中央发出关于贯彻执行《中华人民共和国全民所有制工业企业法》的通知

（一）

《中华人民共和国全民所有制工业企业法》(以下简称《企业法》)已由七届全国人大一次会议通过，这是我国经济体制改革和政治体制改革中的一件大事。国内国外的经验都证明，搞商品经济，没有法制不行。《企业法》的制定，结束了全民所有制企业(以下简称企业)法律地位不明确的状况，确立了现阶段具有中国特色的企业制度。

《中共中央关于经济体制改革的决定》指出，搞活企业，是整个经济体制改革的中心环节。几年来，围绕这一中心环节所进行的各项改革，在一定程度上扩大了企业自主权，初步调动了企业经营者和广大职工的积极性，保证了国民经济的持续增长。但是，企业内外许多关系还没有完全理顺，企业中蕴藏的巨大潜力也远未发挥出来。企业强烈要求成为自主经营、自负盈亏的商品生产经营者，并得到法律的保护。《企业法》正是适应这一要求制定的。它的贯彻和实施，必将有力地推进企业改革，使我国企业体制走上法制的轨道。各级党组织和全体党员，都要认真学习《企业法》，自觉维护《企业法》的权威，带头贯彻执行《企业法》。

（二）

《企业法》的灵魂，是国家在保持企业财产全民所有权的条件下，使企业对国家授予其经营管理的财产享有占有权、使用权和依法处分权。这就是说，企业如何经营，如何发展，企业财产如何转移，包括相互投资、相互持股、相互转让、相互组合等，都应当由企业依法自主决定。企业的一切生产经营活动，只要不违背《企业法》及有关的法律，都是合法的、允许的。这应当成为检验是否执行《企业法》的一个标准。

以企业承包制为主的多种经营责任制，是实行两权分离的有效形式。国务院最近发布了《全民所有制工业企业承包经营责任制暂行条例》，各级党组织应保证这一条例在本地区、本单位的实施。当前，必须紧紧抓住企业承包制的配套、完善、深化和发展。一是要把竞争机制更广泛地引入承包，通过招标、选聘，择优选择经营者。二是要改进企业承包的组织工作，适当延长承包期和丰富承包内容，并以具有法律效力的契约加以确定，克服企业的短期行为。三是要支持和鼓励企业与企业之间、企业与科研单位之间的承包。这类承包，可以是跨地区、跨行业的，也可以是不同所有制之间的，以促进技术、人才、资金、物资的合理流动和优化组合。四是要完善企业内部的经济责任制，严格科学管理，加强劳动纪律，精简行政机构和人员，积极推行“满负荷工作法”等全面经济核算和定额管理的有效形式，提高工时、设备和资金的利用率，降低各种物资消耗。五是要认真探索调动全体职工积极性的承包形式，逐步做到由全体职工共同承担风险和分享利益。

（三）

实现《企业法》所规定的企业权利，很大程度上取决于企业从事商品经济活动的外部环境。目前，政企不分仍然是增强企业活力的主要障碍。贯彻《企业法》的过程，应当成为以政企分开为核心的配套改革过程。

要以转变职能为中心内容，坚决而又稳妥地进行各级政府机构的改革。无论是新建立的政府部门，还是继续保留的部门，以及承担部分政府管理职能的公司，都要严格执行《企业法》，尊重企业依法享受的各项权利，并按照政企分开的原则，转变职能，精简机构和人员，克服官僚主义，提高办事效率，做好服务工作。

要加快健全以间接管理为主的宏观经济调节体系。计划管理工作应当把重点转到研究制定经济、科技、社会发展战略，研究制定产业政策和中长期规划上。财税体制改革应当有利于贯彻产业政策和增强企业发展后劲，调节利益分配，逐步实行公平税负，促进公平竞争。金融体制改革必须在加强中央银行宏观调控的条件下，促进专业银行的企业化经营，自主运用信贷资金，为企业提供多种信用服务，充分发挥银行的调节作用。外贸和科技体制改革必须有利于促进工贸结合和技贸结合，使越来越多的企业直接面对国际市场，提高进入国际市场的竞争能力。

要加快社会主义市场体系的形成。应当继续深化价格体制改革，为企业参与市场竞争提供平等的条件；逐步减少指令性计划的比重，减少重要物资的计划分配份额，扩大市场调节的比例；积极扩大资金、技术、信息和房地产市场，逐步发展劳务市场，并形成正常的市场秩序，使企业能够通过市场来谋求发展。实行自负盈亏和参与市场竞争，将使企业形成有效的自我约束机制，有了这种机制，加上政府依法管理，企业的行为就会趋于合理化。

《企业法》实施后，《破产法》将开始生效。因此，必须进一步改革劳动制度和福利制度，尽快建立起符合我国国情的社会保障体系。

近年来的实践反复证明，运用法律手段推进改革，不仅要重视立法工作，而且要加强执法活动和法律监督。一切企业都必须严格依法行事。财政、银行、审计、税务、工商行政管理等部门，都应依照《企业法》，完善管理和监督职能。司法和监察机关，也应严格执行《企业法》，查究一切违法行为，保护国家、企业、经营者和全体职工的合法权益。当前必须把反摊派和打击弄权勒索作为贯彻《企业法》的一项重要工作来抓。

（四）

《企业法》明确规定，厂长是企业的法定代表人，在企业中处于中心地位，对企业的物质文明和精神文明负全面责任。企业的经营决策权、生产指挥权和人事决定权，应统一由厂长依法行使。目前，在不少企业中，厂长应有的上述职权仍没有落实或没有完全落实，部分厂长的合法收益缺乏应有的保障，这种状况必须切实改变。企业中的党组织、职代会以及工会等群众组织，都要按照《企业法》的要求，积极支持厂长行使职权，保证厂长负责制在本企业的实施。今后，还应当不断完善厂长任期制，包括任期目标责任制、任期终结审计制，改进企业管理委员会议事制，健全决策程序和监督机制。

企业的物质文明建设和精神文明建设都由厂长负责。是一个新的问题。应根据这样的要求，选配领导干部，合理安排成员结构，调整职能机构。精神文明建设是企业行政、党组织、工会、共青团的共同任务。党组织和群众组织都应协助厂长做好这项工作。

实行厂长负责制，要改革企业人事制度。企业经营者的产生，要体现竞争、公开、择优和民主的原则，一般应采取公开招标办法通过竞争确定，并征求职工代表的意见。企业副厂长、中层行政领导干部，都应由厂长依法提名或委任、招聘。为了促进企业人事管理体制的转变，党和政府对企业干部的管理制度，也必须相应进行改革。

（五）

充分调动职工的积极性和创造性，是企业活力的源泉。职工参与企业民主管理，是我国基层民主制度建设和企业经营管理体制的重要组成部分。既要保证经营者能够独立行使经营权，具有管理权威，又要保证职工群众能够充分行使民主权利，发挥主人翁作用。这是办好企业必须遵循的基本原则，是厂长、职代会和工会的共同任务。

《企业法》规定了职工代表大会的基本职权，厂长必须保证这些职权的实现，积极支持职代会和工会的工作。要改进和完善企业的职代会制度，包括职代会的代表产生办法、成员结构、活动方式以及车间、班组的民主管理形式等，逐步做到职代会在行使权力时，程序可行，规章有效。

企业工会是职代会的工作机构。全国总工会将提出工会改革的方案。要切实搞好企业工会的组织建设和制度建设，努力实现群众化、民主化，更好地组织职工参加企业民主管理和民主监督，表达和维护职工的利益，赢得职工群众的信任。

随着改革的深入，企业职工的利益将日益与本企业的兴衰联系在一起。企业的经营状况，直接决定和影响包括经营者在内的全体职工利益的实现。要通过加强企业民主管理，使企业的全体职工与企业共命运，树立“厂兴我荣，厂衰我耻”的主人翁意识，培植企业精神，使企业发展具有强大的动力和广泛的群众基础。

（六）

在贯彻《企业法》的过程中，要切实转变企业党组织的职能。必须明确，企业不是政权组织，企业中党组织的作用，与中央和地方党委承担政治领导的作用不同。根据十三大的决定，企业党组织不再对本单位实行“一元化”领导，而应行使保证监督职能。企业党组织要以主要精力加强党的建设，发挥党支部的战斗堡垒作用和党员的先锋模范作用，做好思想政治工作和群众工作，支持厂长按《企业法》充分行使职权，并对重大问题提出意见和建议。通过做好上述各项工作，保证监督党的方针政策和国家法律政令的贯彻执行，促进企业各项任务的完成。《企业法》体现了现阶段党对企业改革的意志和主张，当前，企业党组织要把保证监督《企业法》的贯彻执行，作为自己的重要政治责任。

今后，企业党的各级委员会委员和书记，都应通过差额选举产生。党委专职人员和办事机构要少而精，承担行政职能的部门应划归行政序列。大型企业的党委可设专职书记、副书记和精干的专职机构；小型企业党组织的干部原则上实行兼职，不设专职机构；中型企业的党组织是否设专职干部和机构，由企业根据具体情况自行决定。随着企业领导制度的改革，企业将有相当数量的专职党务人员转而从事生产、技术、管理和经营工作，党组织应当积极主动协助厂长进行调整。

企业实行党政分开后，职工思想政治工作将由厂长负责。但是，这丝毫不意味着党组织可以忽视这项工作。过去，企业党组织在这方面做了大量工作，今后还要继续发挥基层组织和全体党员的作用，做好职工思想政治工作。党不是国家的权力机关，运用说服、示范、吸引的方式实现自己的主张，是党组织特别是基层党组织的基本工作方式。专职党务干部有责任做思想政治工作，兼职党务干部和全体党员同样有责任做思想政治工作。我们应当在企业改革过程中，逐步探索出一条党组织同行政组织、群众组织密切配合，专职同兼职党务干部密切配合，依靠全体党员和全体职工做好思想政治工作的新路子。

随着企业党组织职能的转变，过去由上级行政部门党组织垂直领导的企业党组织，要逐步改由所在地方党委领导。各地要从实际情况出发，积极创造条件，进行试点，有领导有步骤地实施。

本通知发布后，各级党组织要认真组织学习。过去党的文件中同《企业法》及本通知不一致的政策规定，一律以《企业法》及本通知为准。

第四次中日民间人士会议在人民大会堂开幕

国家副主席、中日友协名誉会长王震出席了今天的开幕式。在中日友协会长、中日民间人士会议中方委员会代表孙平化主持下，中方委员会代表、国际问题研究中心总干事长宦乡和日方委员会代表、自民党总务会长伊东正义分别作基调报告。会上还宣读了中方委员会和对外友协顾问邓颖超发来的贺词。

宦乡在基调报告中首先指出，在迎接中日和平友好条约缔结10周年之际举行这次会议，具有更重要的意义。他充分肯定了中日民间人士会议对增进两国人民的相互了解和友好合作，以及对推动中日关系健康、顺畅地发展所发挥的积极作用。

在谈到当今的国际形势时，宦乡认为，近两年的主要变化是：东西方关系出现了一定程度的缓和；热点和危险点依然存在，并有增加之势；多极化趋势进一步发展。他概括说，经过战后40多年的风云变幻，一种新的国际关系总格局已露端倪。即：政经多极，竞争共处。

宦乡指出，近两年来中日关系发展的主流是好的，但也存在一些影响两国友好的突出问题，如政治关系中的光华寮问题和是否记取历史教训的问题，以及贸易领域出现的人为障碍和经济技术合作方面的问题等。前几天，日本一位国务大臣公然为侵略战争翻案，又是一个典型的例子。

宦乡说，我们深切感到两国民间人士有必要推动双方政府早日妥善解决中日关系中现存的问题。他表示相信，只要双方切实遵循中日联合声明和和平友好条约的原则，中日友好事业就必定会迎来更加光明的前景。

日方代表伊东正义在讲话中说，日中邦交正常化16年来，双方人员往来比正常化前增加44倍，贸易额增加13倍，还结成了106对友好省、县和友好城市，友好合作关系获得了划时代意义的发展，堪称不同社会制度国家间共处的典范。

伊东重申，正如日中邦交正常化时联合声明所指明的那样：日本痛感并深刻反省通过战争给中国人民造成重大损失的责任；日本政府理解、尊重中华人民共和国政府是中国唯一的合法政府，台湾是中国领土不可分割的一部分。他强调说，这是针对过去侵略战争历史进行反省而言。同时日方进而承认，日本同台湾的关系仅仅限于民间交往。

伊东补充说，前几天日本一位国务大臣关于过去战争性质的发言，使日中两国间出现了不和谐的声音，实在令人遗憾。他表示，这与日本政府和大多数国民对日中建交联合声明的认识毫无关系。

在提到日中间存在的悬案时，伊东说，对光华寮问题，他曾向日本政府指出，如法院征求政府的意见，政府应说明根据邦交正常化时的联合声明，中华人民共和国政府是中国的唯一合法政府，台湾是中国领土的一部分。他还指出，对于"巴统"问题和贸易不平衡问题，日方也应尽量作出努力，使"东芝机械事件"给中方造成的无端的麻烦减到最低限度，并扩大从中国进口产品；同时也希望中国利用日本调整经济结构和开放市场的好机会，努力提高产品质量，增加对日出口。

对于日本防卫问题，伊东说，由于日本最近增加防卫费用，贵国和其他一些国家担心日本会成为军事大国。但是从日本和平宪法、专守防卫、非核三原则已经深入人心的现状来看，我国国民决不容许再次陷入过去那种军事大国、极权国家的泥坑。

在谈到国际问题时，伊东指出，苏联在侵略阿富汗9年后开始撤军，这是世界舆论的胜利，霸权主义的失败。但是，苏联却在支持越南侵略柬埔寨。我们要支持在联大也受到大多数国家支持的民柬联合政府，并与东盟各国的努力密切合作，尽快使柬埔寨恢复和平。

邓颖超在贺词中指出，在中日两国发展的历程中，一个突出的特点是中日民间广泛的友好交流在各个阶段都产生了重要的影响，作出了巨大的贡献。她表示相信，中日两国民间人士携起手来，紧密配合，共同努力，一定会使中日关系在中日联合声明和中日和平友好条约的基础上取得进一步的发展，实现两国人民世世代代友好下去的美好理想。

出席开幕式的还有有关方面的负责人：楚图南、周培源、赵朴初、刘述卿、张香山等。日本驻华大使中岛敏次郎也出席了开幕式。

冯予蜀硕士论文在欧洲获奖

东北财经大学外贸系86届硕士毕业生冯予蜀在校学习期间所做的毕业论文《中国与欧洲自由贸易联盟——试析中国加入关税与贸易总协定后欧洲自由贸易联盟进入中国市场的前景》，最近被欧洲自由贸易联盟授予1986—1987年度"贸易政策研究奖"，这是我国首次荣获此项国际学术奖。

4月29日

国家副主席王震在人民大会堂接受布基纳法索新任驻华大使阿马·阿尔巴·迪亚洛递交的国书

全国民族团结进步先进集体先进人物表彰大会在人民大会堂闭幕

国务院总理李鹏、全国人大常委会委员长万里、国家副主席王震、中央书记处书记阎明复出席了闭幕式。

主持闭幕式的国家民委副主任江家福首先宣布，为了祝贺全国民族团结进步表彰大会的胜利召开，党和国家领导人为大会题了词。邓小平同志的题词是："热烈祝贺全国民族团结进步表彰大会的召开"。为大会题词的还有杨尚昆、李鹏、李先念、陈云、彭真、邓颖超等同志。

在欢快的乐曲声中，中央领导同志向受到表彰的565个先进集体和601名先进人物中的部分代表颁发了奖状和荣誉证书，并向他们表示祝贺，勉励他们为民族团结进步事业作出更多的贡献。

中共中央书记处书记、统战部部长阎明复致闭幕词。阎明复说，这次全国民族团结进步表彰大会，是对我国民族团结进步事业的一次检阅，又是我国民族团结进步事业的一个新的起点。赵紫阳同志在开幕式上的重要讲话，以社会主义初级阶段理论为指导，深刻分析了我国民族问题的特点，指出了民族问题在社会主义时期的长期性、重要性，阐述了党和国家对民族工作的基本方针和任务，是我们今后做好民族工作的指南。阎明复指出，维护和增进民族团结是我国各族人民的共同利益所在，是一个大局。各族人民要互相尊重，平等对待，互相学习，互相帮助。对于民族之间发生的问题，要互相谅解，运用协商对话、批评和自我批评的方法去处理。他要各地必须认真落实国务院关于做好新时期民族工作、发展少数民族地区经济文化、少数民族地区改革开放、全面落实民族区域自治法以及加强民族政策教育的要求；要为少数民族的进步发展，为各民族的共同繁荣，多办好事，多办实事。阎明复还就如何传达好、贯彻好这次大会精神的问题，提了4点要求：一、要认真学习赵紫阳同志和国务院领导同志的讲话精神，深入进行民族政策和民族团结的教育；二、各省、自治区、直辖市和各有关部门，应当把开展民族团结进步活动同检查和推动民族政策的贯彻落实结合起来；三、各级统战、民族工作部门必须努力做好自己的本职工作；四、民族团结进步先进集体和先进人物要以自己的模范行动带动更多的干部和群众积极开展民族团结进步活动。

出席今天闭幕式的还有：江华、习仲勋、乌兰夫、阿沛·阿旺晋美、班禅额尔德尼·确吉坚赞、周谷城、廖汉生、倪志福、费孝通、孙起孟、雷洁琼、陈俊生、任建新、杨静仁、赵朴初、王恩茂、司马义·艾买提。

这次大会还拟定向全国各族人民发倡议书，以推动全国民族团结进步事业的发展。

香港工会联合会庆祝成立40周年

香港工会联合会为庆祝成立40周年举行酒会。工会联合会会长李泽添在酒会上说：工会联合会自1948年成立以来，所属工会已由22个增加到目前的81个，会员由2万名增加到目前的17万名。

以方嘉德为团长的中华全国总工会代表团，出席了酒会。

解放军总政治部主任杨白冰出席总政生产经营工作会议并讲话

杨白冰在会议上首先回顾了这几年总政生产经营发展的情况。他说，近几年来，总政的生产经营取得了显著的成绩。1981年以前，总政只有3个企业化工厂和两个规模不大的生产经营单位，现在已经发展成为拥有8个行业、30个门类、127个场(点)的生产经营体系，生产逐步朝着由零散到配套、由单一到综合方向健康发展。生产经营的发展，促进了总政机关和直属单位的集体福利事业，改善了干部、战士和职工的物质文化生活。

杨白冰说，党和国家制定的改革、开放政策，促进了商品经济的发展，为我们军队的生产经营创造了良好的环境，开辟了广阔的道路。军队从事生产经营是在新形势下加强军队建设的一项重大措施，具有十分重要的意义。军队建设必须服从和服务于国家经济建设这个大局。由于国家的经济状况和现代化建设的艰巨任务，决定了在近期内国防费用不可能有较大的增加。鉴于这种情况，军委邓小平主席从顾全国家经济建设这一大局出发，提出了军队要"忍耐"的思想。我们理解，忍耐不是消极的忍耐，而是积极的忍耐。积极忍耐的重要办法，就是大力发展生产经营。赵紫阳总书记对军队从事生产经营给予了肯定和支持，并提出了"自我完善、自我发展"的总政策。生产经营既然是中央、国家、军委所允许和提倡，而又被实践证明是正确的决策，我们就要适应改革的新形势，把这方面的工作做得更有成效。

杨白冰在讲话中强调，在新的形势下生产经营要注意处理好4个关系：一是要正确处理好发展生产经营与加强部队建设的关系。发展生产经营说到底是为了加强部队建设，解决部队经费不足的问题，因此收入的主要部分应该用在部队建设急需的项目上，不能简单地理解为仅仅是给干部、战士和职工谋福利。同时要解决只顾抓生产经营，忽视部队建设，或只抓部队建设，不重视抓生产经营的倾向。二是要正确处理好放手大胆干与遵守法纪的关系。凡是国家和军队的政策、法令允许的，我们就放开手脚，广开门路，把劲使足，把力用够；凡是国家和军队的政策、法令不允许的，我们就坚决不干，比如买空卖空、投机倒把的事，部队是绝对禁止的。总之，一要放手干，二要守规矩。各级常委和主管部门要加强政策研究和政策指导,及时解决生产经营活动中出现的新问题。三是要正确处理好发展生产与开源节流的关系。由于部队从事生产经营的时间短,经验不足,应当很好学习和借鉴地方管理的经验,通过不断改革和完善经营管理制度来解决部队生产经营中存在的一些问题。生产越发展,越要加强管理。不能一面生产在发展,一面浪费在增加。四是要正确处理好生产与消费的关系。在这个问题上,我们不能只顾眼前,不考虑长远建设。随着生产收益的增加,消费的比例可以适当增加,但是必须拿出相当数量的资金用于扩大再生产。杨白冰最后希望从事生产经营的同志扎实工作,廉洁奉公,一身正气,甘作奉献,为发展总政的生产经营再立新功。

国务院8部委作出政策性规定推进农业中专不包分配改革

由原农牧渔业部、国家教委、国家计委、财政部、商业部、原劳动人事部、公安部、林业部联合发出的文件规定,农业中专不包分配班的招生工作必须面向农村,贯彻招生来源与毕业去向、培养与使用紧密结合的原则,招收立志务农的初、高中毕业生。对于有一定生产实践经验的往届毕业生,年龄可适当放宽。招生指标纳入国家招生计划,并实行单独招生。

地方财政部门纳入国家指令性统一招生计划内不包分配的学生,均按在校学生计算,统一核拨经费。不包分配的学生在校学习期间和统招统分班学生享受同等待遇。

关于户口和粮食关系,文件规定凡纳入国家指令性统一招生计划内的不包分配的农业户口学生,在校学习期间登记临时户口,不转粮食关系,其食用粮、油由粮食部门按当地中等专业学校学生的定量标准和品种平价供应。具体手续办法由各省、自治区、直辖市粮食、商业部门规定。学生在上学期间,实行两田制的地区在承包期内,应保留其口粮田。学生的责任田、场、林、塘等可根据本人意愿,自我经营或转包,土地不得抛荒,以利于学生安心学习,利于学生在学习期间结合家庭经济,加强实践环节和毕业后回家乡发挥示范带头作用。

《徐霞客家传》出版

该书是根据新近发现的《梧塍徐氏宗谱》与地方志对照整理而成,介绍了徐霞客先祖十六世及子孙二世计48人的生平小传。书中大部分资料是首次发表,为徐霞客研究提供了大量的第一手材料。书前还附有介绍徐氏宗谱源流的文章。本书由吉林文史出版社出版。

4月30日

国务院总理李鹏在人民大会堂会见中日民间人士会议日方委员会代表伊东正义 冈田春夫 向坊隆及日方代表团其他成员

李鹏首先肯定了中日民间人士会议的积极作用。他说:“我认为这种定期会晤是很有好处的。因为中日两国是一衣带水的友好邻邦,而两国情况又互有不同,需要相互理解。”

在听取了日本朋友介绍的会议情况和提问后,李鹏就中日经济合作问题指出,目前主要是个投资问题。他说,中国的投资环境正在逐步好转。当前最大的问题是办事效率低,今后我们要集中解决这个问题。李鹏说,现在有的日本企业还在观望,希望有远见的日本企业家能够不失时机地来华投资。

对日本近年来增加军费的问题,李鹏表示,坦率地说,我们对此是很关注的。他说,虽然占国民生产总值1%多一点的比例并不很大,但由于日本国民生产总值基数大,所以军费的绝对数额是相当可观的。

伊东正义表示,我们日本国民一定要记取以往战争的教训,日本不可生产核武器,国民也不会允许日本走向军事大国的道路。

谈到中国留学生问题时,李鹏说,派留学生是中国开放政策的一部分,不会改变。最近我们在政策上做了一些调整,目的是能够与国内建设的需要结合起来。今后要多派高层次的留学生,减少大学本科生的派遣,因为中国的高等教育已经初具规模。李鹏强调说,这里指的是公派、公助留学生。至于自费留学生,只要他们的经费来源有保证,我们同意他们出去读书,学成回国后享受公费留学生同等待遇。

会见中,日本诺贝尔奖获得者江崎玲于奈说,公元1800年时中国的生产总值曾占世界的1/3,希望有一天中国能恢复到原来的水平。

李鹏说,我们的目标要低得多。本届政府希望把增长速度保持在平均每年递增7.5%,这样到2000年就可以实现翻两番;再过30至50年,可以达到中等发达水平。那时我们的社会主义初期阶段就基本完成了。

中方委员会代表宦乡、章文晋和孙平化参加了会见。

全国总工会在人民大会堂召开全国劳动模范五一劳动奖章 五一劳动奖状授奖大会

李鹏、胡启立、姚依林、王震、秦基伟、阎明复、温家宝、倪志福、陈俊生、刘华清等领导人出席大会。会前,中央领导同志会见了10位全国新劳模和部分获奖者代表，并同他们合影留念。

3时整，全国人大常委会副委员长、全国总工会主席倪志福宣布大会开始，全体起立高唱国歌。国务委员、国务院秘书长陈俊生宣读国务院关于授予张兴让、李守堂、赵乃刚、杜德顺、顾诵芬、路寅娟、朱菊儿、王永民、魏书生、聂卫平同志全国劳动模范称号的决定。决定号召全国各条战线广大职工，向张兴让等10位同志学习，在建设有中国特色的伟大社会主义事业中，以改革总揽全局，励精图治、埋头苦干、齐心协力、团结奋斗，在各自的岗位上作出优异的成绩。全国总工会副主席陈秉权宣读全总关于授予北京长城风雨衣公司等106个单位全国先进集体称号，颁发五一劳动奖状；授予王新春等1012名职工全国先进个人称号，颁发五一劳动奖章的决定。

会上，10位全国劳模和五一劳动奖状、五一劳动奖章获得者中的31名各地进京代表，及北京市的全体获奖者，在欢快的乐曲声中依次走到主席台前，由党和国家领导人向他们授奖。

在热烈的掌声中，中共中央政治局常委、国务院副总理姚依林代表党中央和国务院发表重要讲话。

全国劳模代表、石家庄市第一塑料厂厂长张兴让和五一劳动奖章获奖代表、北京市第一建筑工程公司青年突击队队长杨桂云也在会上讲了话。他们表示，改革的时代是人才竞争的时代，劳动的竞争，工作的竞争，智慧的竞争，经营的竞争，都要求我们增强竞争意识，不但要与国内的对手竞争，还要与国外的对手竞争。在竞争中学习，在竞争中提高，顽强拼搏，勇攀高峰，为振兴中华作出新的更大的贡献。

参加授奖大会的还有香港工会联合会"五一"代表团、澳门工会联合会"五一"代表团。

中国公证制度重建工作初步完成

据《人民日报》报道，1979年，我国开始恢复重建公证制度。当时，仅在部分大中城市和侨乡地区设有为数不多的几个公证处，公证人员不但数量少，而且大部分是兼职的。经过多年努力，截至1987年年底，已经发展到2820多个公证处，全国每个县、市均设有公证处。有的市辖区也设了公证处。公证人员已发展到1.3万多人。

据悉，由于公证业务全面开展，各地办证数量不断增加。1980年仅办14万件，1987年已达到288万件，年办证量增加19倍。

司法部有关负责人说，我国公证方面的立法也比50年代有明显发展。近年来，先后制定了规定公证的证据效力和强制执行效力和公证机关的性质、业务范围、人员条件的《民事诉讼法》和《公证暂时条例》。根据这两个重要立法，司法部还相继制定了有关办理几项主要公证行为的试行办法、公证收费标准、公证程序细则等规章。在有关行政法规和地方法规中也出现了大量有关公证的规定，据介绍，这类法规已达120多项。

一项统计数字表明，我国最近7年的时间里共办理了各类经济公证890.5万件，仅17个省、自治区、直辖市在这两年半的时间内就制止违法行为21608件，涉及金额55亿元。经公证的合同履约率达98%以上。

据了解，7年中，办理的有关国内公民权益方面的公证业务已达349万件，主要涉及遗嘱、遗赠扶养协议、继承权、财产分割、收养子女、房屋买卖、宅基地使用权、委任书等。

司法部有关负责人说，我国公证工作的开展，将会推动整个国家对外交往的顺利进行。据悉，随着我国与外国和港澳台的民事，经济交往日益增多，各地公证机关为我国公民出国学习、探亲、就业，继承财产办理了学历、经历、婚姻状况、继承权、亲属关系等公证，协助有关部门调回非贸易外汇10亿元。同时，为我国公司到外国承包工程和引进外贸办理了法人资格、公司章程、公司履历、公司资产负债、投标招标、中外合资合同、抵押贷款等公证。有效地维护了我国主权、保护我国公司、华侨、港澳台胞以及外国人的合法权益。

国务院副总理田纪云率领中国政府代表团前往墨西哥 美国和加拿大进行正式友好访问

田纪云在机场对记者说，他这次访问的目的是增进了解、加强同这三国的友好关系，探讨扩大经济技术合作和贸易的途径。代表团主要成员有：对外经济贸易部副部长吕学俭、田纪云副总理特别助理袁木、国务院特区办公室主任何椿霖。

前往机场送行的有：国务院副秘书长李昌安、外交部副部长朱启祯，对外经济贸易部副部长李岚清。

墨西哥驻华大使福斯托·萨帕塔、美国驻华大使洛德和加拿大驻华大使狄鄂也到机场送行。

田纪云是应墨西哥政府、美国副总统布什和加拿大政府的邀请对这3个国家进行为期3周访问的。

外交部部长钱其琛在北京和巴西外交部部长罗贝托·德阿布雷乌·索德雷就双边关系和当前国际形势的广泛问题交换意见

我国选手在中国杯国际体操赛上获8个单项冠军

中国队有3名选手各得两项冠军。李春阳获男子自由体操和单杠第一名，国林显获鞍马和双杠第一名。

樊迪连续参加了女子全部4个单项的决赛,结果,高低杠和平衡木的成绩排在第一位,跳马和自由体操均获第二名。她在高低杠上的出色表演,获得了中国杯国际体操赛全部3天角逐中的最高分——9.925分。中国队国林显今天在双杠上取得了本次比赛男选手中的最高分——9.9分。

分别取得男、女跳马冠军的是中国队的王崇升和王晓燕。

5月1日

《人民日报》发表社论《我们播下汗水 才能收获现代化——五一节致劳动者》

又在这万物生长的季节迎来了我们劳动者自己的节日。

对自然界来说,有播种而后有收获;对我们来说,有劳动然后有富足。在努力推进现代化建设的进程中纪念五一国际劳动节,很自然便让人想起这个浅显的道理。搞社会主义现代化,迅速发展生产力,提高人民的生活水平,这是我们全民族最热切的愿望。而要发展生产力,最关键的还是要提高劳动生产率。现代化不是从天上掉下来的,也不是什么人可以奉送我们的,而是要靠我们全体人民的辛勤劳动去创造。

那么,怎样才能提高劳动生产率呢? 这取决于许多因素。首先要进行经济体制的改革。过去僵化的经济体制,严重妨碍着劳动者积极性的发挥和经济效益的提高,我们现在正在打破这个旧框子。又比如说,要注重技术改造,包括更新设备等等,这是提高劳动生产率的重要途径。又比如说,还要进行政治体制的改革,这也是调动人民群众积极性、激发劳动者主人翁精神、从而提高劳动生产率的必由之路。这些方面的努力,已经给我们的经济注入了新的活力。

特别需要强调的是,劳动者的劳动热情是提高劳动生产率的重要动力。由于我们的劳动者在生活与工作中都遇到一些困难,不免也有怨言;在改革中,也出现了诸如新的社会分配不公正等问题,不同程度地挫伤着劳动者的积极性。这些都只能通过深化改革来解决。目前,我们民族正处于一个富有开创意义的时期。这个时期的特点有如负重上坡,既有跋涉的艰难,又有攀登的喜悦。每一步都带来成功,每一步也伴有辛劳。这是我们分析形势的最基本的着眼点。在这样的形势下,全体劳动人民的坚忍不拔、奋力拼搏,是民族的生命线。没有改革,没有我们的辛勤劳动,困难永远是困难。我们不能等到改革好了再努力劳动,而要用劳动来推进改革,改善生活。这种劳动热情就是对旧体制的挑战,是生产力发展与民族振兴的希望之光。

要提高劳动生产率,还要提高劳动者的素质,加强管理,严格纪律。劳动生产率的提高,最终要落实在劳动者身上与劳动过程之中。因此,劳动者的素质如何,劳动生产过程怎么组织、管理,实际上是提高劳动生产率最直接、最关键的一环。与先进国家相比,我们的技术固然落后,但是我们的管理更落后。甚至可以说,我们还欠缺适应现代工业生产的观念与素质,许多源于小生产的习气与作风在侵蚀着劳动者的队伍,影响着管理。懒懒散散、松松垮垮是做不成事情的,一个人是这样,一个国家、一个民族更是这样。

中国工人阶级与劳动人民是有吃苦耐劳的美德与传统的。多少年来,由于僵化体制的束缚与扭曲,这种美德和传统没有得到很好的发扬。我们进行体制改革,就是要建立一种新的机制,特别是有利于促进生产力发展的利益机制,协调和维护与全国人民总体利益相一致的各社会利益群体的具体利益,使人们力气有处使,干劲有处用,这就为劳动生产率的提高和生产力的发展提供了动力。与此同时,我们不能不加强管理,严格纪律,这就是要建立一套规范,让人必须出力使劲,从而为劳动生产率的提高与生产力的发展创造条件。因此,管理不能不重视,纪律不能不加强,劳动者的素质不能不提高。否则,改革的成果就不可能具体体现到劳动生产率的提高上来,生产力就不可能大幅度进步。

中国一切问题的答案都在改革事业之中,一切蓝图的描画尽在劳动者的汗水之中。让我们以更高的热情、更为严肃负责的态度,投入到劳动中去吧。对劳动者来说,春天,是鸟语花香的季节,更是耕耘播种的季节。我们播下汗水,才能收获现代化。

秦始皇1号铜车马修复完毕在西安展出

据《人民日报》报道,继举世闻名的秦始皇2号铜车马修复公展之后,最近1号铜车马又修复完毕,与广大观众见面。同出土于一个陪葬坑之内的这两乘铜车马珠联璧合,再现于世,使人犹闻2000多年前"车辚辚,马啸啸"的壮阔场景,昭展了秦始皇万里出巡、威加海内的勃勃雄姿。

这两乘铜车马,是陕西省考古工作者于1980年在秦始皇陵西侧的一个车马坑中发现的,出土了一前一后两辆铜车、八匹铜马、两尊御官。1号铜车马为前车,2号铜车马为后车。由于木椁坍塌,车舆破碎,铜马腿断身残,各种零件、碎片约3000多件。2号铜车马于1983年6月修复完工,同年10月1日展出。

1号铜车马经过一年多准备,于1987年6月开始修复工作。负责修复工作的专家说,修复后的铜车马长约2.3米,高1.65米,宽1.25米,制造中采用了金银错、子母活扣等先进工艺,通车有五颜六色的彩绘,上面平刻浮雕出方、棱、流云以及夔龙、夔凤等纹饰,十分精美;伞面为素面铸造,上涂彩绘以减少铸造工艺、保护铜质以防氧化,以达到表达制作意图、天衣无缝的效果。看到这辆新修复的铜车马,人们再次惊叹我国2000多年前秦代高超的铸造和制作工艺。

5月2日

国务院总理李鹏在钓鱼台国宾馆会见巴西联邦共和国外交部部长罗贝托·德阿布雷乌·索德雷

李鹏表示,中国欢迎同巴西开展技术合作,进一步发展两国的贸易关系。

李鹏说,中巴两国虽然相距遥远,但是有很多相同之处,土地辽阔,资源丰富,对许多问题的观点和政策是一致的。他说,我们都是发展中国家,两国的合作是南南合作,是建立在平等互利、互相尊重的基础上的。中国欢迎同巴西开展技术合作。

在谈到双方贸易关系时,李鹏表示,他注意到了1985年以后双方的贸易情况。他说,两国的贸易必须建立在双方都能提供为对方所需要的货物品种的基础上,为此,他希望两国政府、有关部门要加强相互了解,寻求彼此感兴趣的东西,使贸易有所回升。索德雷外长表示同意李鹏总理的看法。他说,目前两国存在着进一步发展贸易的有利条件,只要有创造性,就可以找到增加两国贸易的形式。

全国妇联国家教委共青团中央等17个单位发出《关于1988年庆祝"六一"国际儿童节的联合通知》

通知要求各有关部门和社会团体把儿童少年工作提高到"为了明天,为了未来"的高度来认识,继续贯彻"爱护儿童、教育儿童、为儿童做表率、为儿童办实事"的指导思想,在各级党和政府的领导下,积极主动地协调、做好庆祝活动组织工作,面向基层,面向农村,面向全体儿童,使庆祝活动富有教育性、知识性、趣味性和儿童特点,使全国城乡各族儿童少年安全愉快地欢度自己的节日。

通知希望各级政府要把儿童少年工作作为社会主义精神文明建设的重要组成部分,加强对儿童少年工作的领导,对儿童少年工作给予足够的重视。各部门、社会团体、企事业单位以及每个公民、特别是教育工作者和家长,要积极行动起来,为孩子们创造良好的社会环境,端正教育思想,改进教育方法,树立正确的人才观和教育观,以最大的热情、实实在在的行动,保护儿童少年的合法权益和人格尊严,确保下一代身心健康的全面发展。

通知要求广大家长克服"六一"期间只管孩子吃穿玩乐,忽视思想品德教育的现象,加强对儿童少年进行热爱祖国和艰苦朴素等方面的教育。

通知提出,各地在开展"六一"庆祝活动时,要为儿童少年办实事,做好事,切实丰富庆祝活动的内容。要提供一批对儿童少年健康成长有益的节目和影片;提倡文艺团体、影视剧场(院)为儿童少年节日义务演出或减免收费。建议公园、动物园、博物馆、科技馆、体育场、游泳场等娱乐场所,"六一"全天为儿童少年免费开放。要面向基层,面向农村,面向全体儿童少年,广泛组织庆祝"六一"活动,引导他们进行集体性的自我教育、自我娱乐。

通知要求各地在"六一"期间,慰问和表彰对儿童少年健康成长有贡献的同志,鼓励他们作出新的成绩,不断推动儿童少年事业的发展。

我国图书发行体制改革取得显著成绩

据《人民日报》报道,我国图书发行体制已打破新华书店一统天下的局面,一个以国营书店为主体,多种流通渠道,多种经济成分,多种购销形式,流通环节少的格局已初步形成。

据初步统计,截至1987年年底,全国共有出版社467家,出版了60000多种图书,印数达62亿册(张),发行图书593500多万册。各种书市、书展的出现,活跃了图书市场。9年间,全国的图书销售额增长3.5倍,国营书店网点增加一倍多,集体、个体售书点从无到有达28000多处。

在图书购销形式上,改变了几十年单一的征订包销制度,逐步推行了寄销、初版分配试销、重版征订包销、发样订货等多种购销形式。

在产销形式方面,改变了过去靠新华书店统购统销的单一发行渠道,图书发行出现了出版社自办发行,出版社与部分城市书店或专业书店实行特级经销、代销等方式,多渠道的发行增加了发行量。据1986年统计,出版社自销和其他渠道发行的图书总计为6亿多元。

所有制形式也发生了变化。在发展国营书店为主干的同时,大力扶持和发展了集体、个体书店(书摊、书贩),从而改变了过去单靠国营书店发行,忽视集体、个体书店发行作用的状况。

企业经营管理得到改善和加强。各级新华书店相继建立了责权利紧密结合的各种形式、类型的经营责任制,部分书店还实行了各种形式的承包责任制,竞争机制开始引入到书店管理中。

新华书店内部机构和职能的转变也发生了可喜变化。一些省市书店把经营权和管理权分离,从而使书店工作变得灵活自如。

5月3日

国务院总理李鹏主持国务院常务会议讨论国务院行政机构设置

会议宣布了各有关部、委的副部长、副主任和直属机构、办事机构的主要负责人。

国务院的机构设置,包括:已经第七届全国人民代表大会第一次会议通过的41个部委,国务院办公厅,国务院直属机构和国务院办事机构。同时根据工作需要,设若干个由部委归口管理的国家局和若干个事业单位。

经过这次机构改革,调整后的国务院直属机构共19个:国家统计局、国家物价局、国家建筑材料工业局、国家医药管理局、中华人民共和国海关总署、国家技术监督局、中华人民共和国国家工商行政管理局、国家环境保护局、中国民用航空局、中华人民共和国国家旅游局、国家海洋局、国家气象局、国家地震局、国家土地管理局、中华人民共和国新闻出版署、国家档案局、国务院宗教事务局、国务院参事室、国务院机关事务管理局;国务院办事机构共5个:国务院法制局、国务院外事办公室、国务院侨务办公室、国务院港澳办公室、国务院特区办公室;部委归口管理的国家局共16个:国家税务局、中国专利局、国家外国专家局、国家中医药管理局、国家语言文字工作委员会、国家烟草专卖局、国家国有资产管理局、国家黄金管理局、国家核安全局、国家测绘局、国家矿产储量管理局、国家文物局、国家保密局、国家外汇管理局、中华人民共和国国家进出口商品检验局、国家版权局;事业单位共5个:新华通讯社、中国科学院、中国社会科学院、国务院经济技术社会发展研究中心、国务院农村发展研究中心。

会议还讨论了国务院非常设机构的清理、整顿问题。原来共有非常设机构82个,经过清理整顿,保留和新设置的有国家机构编制委员会、全国绿化委员会、国家防汛指挥部、中央森林防火指挥部、中央爱国卫生运动委员会等43个非常设机构。

会议宣布的各有关部副部长、各有关委员会副主任和直属机构、办事机构主要负责人名单,将由国务院总理任命公布。

国务院总理李鹏致电第四十一届世界卫生大会主席和世界卫生组织总干事马勒祝贺世界卫生组织成立40周年和第四十一届世界卫生大会开幕

国务院总理李鹏在钓鱼台国宾馆会见土耳其总理塞姆拉·厄扎尔一行

全国人大常委会委员长万里在人民大会堂会见由众议院国防委员会主席何塞·叶率领的菲律宾众议院议员团

万里对客人们说,菲律宾总统科·阿基诺上个月对中国的访问非常成功,是中菲两国友好关系发展史上的一个重要事件。

他说,中菲两国是友好邻邦,有着亲戚般的关系,两国人民有着悠久的友好交往历史。两国在政治、经济、科学、技术等各个领域的合作都在不断发展,两国发展友好合作关系有着很大的潜力。

万里说:"我们非常高兴地看到,菲律宾的政治局势趋于稳定,经济稳步发展。中菲两国都需要一个和平的国际环境来发展经济。"

全国人大常委会副委员长叶飞等参加了会见。

国务院副总理吴学谦在中南海紫光阁会见由众议院国防委员会主席何塞·叶率领的菲律宾众议院议员团

外交部部长钱其琛在钓鱼台国宾馆同日本外务大臣宇野宗佑举行会谈

这是宇野任日本外务大臣后首次访华,也是同中国新任外长钱其琛首次会晤。双方就发展双边关系和共同关心的国际问题交换了意见。

钱其琛对宇野在中日和平友好条约缔结10周年之际前来中国进行正式访问表示欢迎。他希望宇野外相的来访能对中日两国友好关系的健康发展起到推动作用。

在会谈中,宇野强调发展日中友好关系是日本外交的重要支柱之一,并重申日本的对华基本政策是遵循日中联合声明和日中和平友好条约以及日中关系的四原则,继续加强日中两国的友好合作。

钱其琛对此表示赞赏,并表示中国政府的对日政策是在中日联合声明、中日和平友好条约以及两国已经达成的各项原则协议的基础上,继续努力同日本发展长期稳定的睦邻友好关系。钱其琛说:"我们注意到竹下登担任首相以来多次表示日本愿意加强同中国的友好合作关系,对此,我们给予高度评价。"

钱其琛重申了中国政府对光华寮问题的基本立场。宇野表示,日本对这一问题是重视的,也充分认识到中国方面的基本态度。日本政府在这一问题上将理所当然地坚持一个中国的立场。

在近3个小时的会谈中,双方还谈及最近发生的一些不利于中日友好的事情。钱其琛说,最近日本一位内阁大臣就发表了一些很不礼貌的讲话。我们希望日本方面对此加以注意,予以妥善处理。宇野表示,对于如何看待中日间过去的那段历史,日本政府坚持日中联合声明中所阐明的观点和立场。

宇野还表示,去年以来发生的一些破坏周恩来总理石碑和枪击中国驻福冈总领事馆等事件是非常可耻的事情。他对此表示非常遗憾。

双方还就中日经贸关系问题交换了意见，并一致认为，双方在这方面的合作取得了进展。双方认为目前正是进一步扩大深化两国经贸合作关系的有利时机，并一致希望通过努力尽快签署中日投资保护协定。

会谈中，双方还就柬埔寨问题和其他共同关心的国际问题交换了意见。

国务院作出《关于深化科技体制改革若干问题的决定》

党的第十三次全国代表大会把发展科学技术放到我国经济发展战略的首要位置。经济、政治体制改革的发展也对科技体制改革提出了新的要求。当前，科技体制改革必须从社会主义初级阶段的实际出发，适应有计划商品经济的需要，发挥科技优势，以发展生产力为目标，进一步建立科技与经济紧密结合的机制，促进传统产业技术改造和新技术、高技术产业的形成，提高我国科学技术水平，推动经济和社会发展。要在继续贯彻执行已公布的各项改革措施的同时，以积极推行各种形式的承包经营责任制为重点，进一步加快和深化科技体制改革。为此，特作如下决定：

一、鼓励科研机构切实引入竞争机制，积极推行各种形式的承包经营责任制，实行科研机构所有权和经营管理权分离。

实行承包经营责任制，要明确规定科研机构为经济、科技发展所必须达到的承包指标，要使科研机构和科技人员的利益，与对社会和经济发展的贡献挂起钩来。

技术开发为主的科研机构，确定承包指标要有利于提高社会经济效益、科技水平和确保科研后续发展。

要逐步推行在科研机构内部或面向社会公开招标，通过竞争来选择并确定经营管理者。对经营管理不好、效益很差的科研机构，可以转向、被兼并或撤销。

科研机构的承包指标应逐级进行分解，按责、权、利统一的原则，落实到基层。要充分发扬民主，调动广大职工的积极性。综合性大院大所可以划分成若干独立核算单位实行承包。

在实行承包经营责任制过程中，科研机构要统筹兼顾各类任务的安排，搞好收益的合理分配。要抓住实行承包经营责任制这一转机，对职工按在岗不在岗，编内编外等不同情况给予不同的工资、奖励、福利待遇，以解决目前比较普遍存在的人员结构不合理、人浮于事、劳动效率低等问题。

二、鼓励和支持科研机构以多种形式长入经济，发展成新型的科研生产经营实体。科研机构可以和企业互相承包、租赁、参股、兼并，实行联合经营，或进入企业、企业集团，或发展成科研型企业等；可以充分利用中心城市、沿海开放地区、智力密集区的优势，面向国际市场，创办或联办多种所有制形式的分所、公司、企业、企业集团等，积极开发和组织生产新产品、高技术产品，进行引进技术的消化、吸收、创新，促进外向型经济的发展和新技术产业的形成；也可以直接在国外布点，建立各种独资、合资机构。智力密集的大城市，可以积极创造条件试办新技术产业开发区，并制定相应的扶持政策。

位于内地和三线的科研机构、高等院校及大中型企业，应积极为本地区经济振兴服务，有条件的可以本地区为依托，组织和引导科技力量，在沿海开放地区设立窗口，为发展外向型经济搭桥，与沿海地区建立多种形式的联合，互相支持，互相促进，带动本地区科技与经济的发展。

为加强国际科技合作交流，发挥科研机构在发展外向型经济中的作用，要扩大科研机构的外事自主权，简化外事审批手续。自1988年起，科研机构出口创汇以1987年为基数，新增部分在3年内全额留成，用作单位的发展基金，自主使用。科研机构与企业联合创汇，按先分后税的原则处理，科研机构所得，享受上述待遇。

各级金融机构应进一步开辟和疏通科技信贷渠道，增加科技信贷额度。鼓励、支持各级科技主管部门和金融机构，联合创办旨在促进科研成果转化为商品的科技信贷和创业投资机构。

三、鼓励科研机构和科技人员通过为社会创造财富和对科技进步作出贡献，来改善自身的工作条件和物质待遇。

科研机构奖金税的起征点，一律放宽为人均四个半月基本工资。科研事业费部分自给的科研机构，实行奖励福利基金比例与事业费减拨比例挂钩。科研事业费完全自给的科研机构，在切实保证事业发展的前提下，其纯收入由单位自主分配和使用。为鼓励科研事业费拨款制度改革，对科研事业费部分自给和完全自给的科研机构，要根据自立程度给予不同的奖励，具体办法另行制定。

目前实行科研事业费包干的科研机构，要按不同情况区别对待。具有创收能力的，在保证完成国家任务的前提下，应积极挖潜创收，向科研事业费自给或部分自给的方向过渡。基础研究和社会公益性科研机构，在定编定员的基础上，实行科研事业费和基本工资总额包干，增人不增钱，减人不减钱，节余归单位自主使用；其创收部分除提留一定比例的发展基金外，归单位自主分配。

各类科研机构都要实行全面经济核算。应减拨的科研事业费要在1990年基本减完。

四、为了确保科技和经济长远发展,必须切实保证基础研究持续稳定地发展,国家对基础研究经费的投入要随着财政收入的增长不断增加。

基础研究要面向世界,重点选择有优势、有重要应用前景的领域和项目。在基础研究领域的改革中,要进一步引入竞争机制,继续实行和完善科学基金制,不断探索新的管理方式,择优支持基础研究方面的高水平课题和设施建设,支持优秀人才的研究工作。要加强基础研究、应用研究、开发工作的相互联系和转化,促进人才交流和知识扩散。鼓励科研机构、高等院校和企业之间人员互相兼职,合建共用设施。国家重点实验室要打破部门所有,向国内外开放;要压缩固定编制,采取鼓励措施,招聘客座研究人员。要通过人才的竞争和流动不断精干基础研究队伍,提高研究水平,增强在世界科学前沿的竞争能力。要充分利用国际环境和条件,积极开展国际合作交流,提高我们的研究起点,为我国科技和经济的长远发展储备知识和人才。

五、在行政管理体制改革中,各级政府部门要积极简政放权,使科研机构自主地向开放、联合、竞争的方向发展。要鼓励科研机构跨部门、跨地区、跨行业与生产、科研、设计单位联合;鼓励建立科研与设计、工艺与设备、制造与使用等紧密结合的综合性、成套性开发生产经营实体。对科研机构的各种横向联合,主管部门和有关方面应积极支持,不得阻挠。

六、在深化全民所有制科研机构改革的同时,积极支持和促进集体、个体等不同所有制形式科技机构的发展。要充分发挥民办科技机构自筹资金,自主经营,自负盈亏,以市场为导向,以技术为依托,技工贸、技农贸一体化运行机制等方面的优势,逐步形成国家、集体、个人一起兴办科技事业的新局面。

七、各级政府部门要充分发挥现有科技人员的作用。鼓励有计划地组织科技人员或支持科技人员以调离、辞职、停薪留职、兼职等方式,创办、领办或承包、租赁中小企业和乡镇企业,或到农村进行有偿服务和技术经济承包。各地政府可以按法律程序,选派既懂经济又具有经营管理能力的科技人员到基层政府挂职或兼职。各有关方面要保证他们的合法收入和待遇,并切实采取措施解决他们的后顾之忧。

八、各地区要因地制宜地制定政策,促进人才合理流动。"老少边穷"地区和艰苦行业,可以制定特殊优惠政策吸引人才。沿海地区要充分利用开放优势,积极吸引国内外智力。各地还可以使用一定限额的专业技术职务流动专项指标,促进科技人员向经济发展急需的方向流动。

有条件的城市,要积极探索科技人员管理制度的综合性改革,在社会保障等方面积极创造条件,逐步实行用人单位有权聘用和辞退科技人员,科技人员有权应聘和辞职的双向选择用人就业制度。

九、要充分重视从工人、农民及其他劳动者中培养选拔科技人才和各类专业技术人才,并充分发挥他们的作用。要有步骤地实行工人技师职务制度。在乡镇企业中也应逐步建立技术职务聘任制度。要切实加强对群众性技术革新、技术发明活动中各项成果的评价和推广应用工作,对成就突出者应大力表彰和奖励。

在鼓励各类人才为振兴经济献计献策的活动中,要发展技术市场和劳务市场,为他们的竞争创造机遇。要注重培养造就大批企事业家,各有关方面要关心他们的成长,对他们的经营活动要加强指导,正确对待他们在改革中所出现的问题,使他们有取得经验和锻炼成长的机会。

十、企业经营机制改革必须有利于企业依靠技术进步。要把技术改造、产品更新、提高产品质量、降低消耗等技术进步指标纳入企业承包经营责任制、厂长(经理)任期目标责任制和企业上等级的考核指标体系。企业经营者、生产者的利益要与企业技术进步程度直接挂钩。

企业特别是大中型企业和企业集团,应在改革中建立、健全技术开发和技术管理体系,通过各种联合,加强技术开发和吸收能力。企业技术开发工作可以实行单项承包,或开发、试制、投产、销售一条龙承包。在厂长负责制条件下,可对厂办科研机构实行所长负责制,允许独立核算,鼓励承包。厂办科研机构和企业科技人员要以本企业的技术进步为中心任务,在完成本企业任务的前提下,可以有组织地面向社会承接各种技术开发和技术服务任务。其技术性收入的税收办法应进一步放宽。

企业要采取有力措施调动科技人员的积极性,充分发挥他们在促进技术进步中的骨干作用。部分企业存在的科技人员在奖励、福利等方面待遇较低的状况,应通过放宽搞活管理,实行承包经营责任制,鼓励多做贡献的途径尽快加以改变。

十一、改革现有农业技术推广服务机构的运行机制,大力发展多种所有制形式和多层次的科技推广、经营服务实体,逐步形成适应农村商品经济发展的技术推广服务网络。

基层技术推广服务机构,应根据当地产前、产中、产后生产的需要,发展成独立的技术经济实体,通过有偿技术服务、技术经济承包和经营与技术服务有关的农用生产资料等业务,改变单纯依赖政府拨款的状况,逐步形成自我发展能力,以更有效地从事农业科技的试验、示范、培训、推广等。

大力支持农村各种专业合作组织、技术协会、研究会，以及村办、联户办、户办等多种形式的民间科技推广服务组织。鼓励农民通过集资、入股等方式，兴办各种所有制的农业技术服务组织或技术经济实体。

要充分利用现有办学条件，积极培养农村本地人才，对具有高、初中文化水平的农村青年，要使他们尽快掌握一两门实用的生产技能和管理知识。

科研机构、高等院校、企事业单位应积极面向农村，创办、联办各种技术经济实体，发展以科技为支柱的农村商品经济。

十二、发展科学技术是关系到我国现代化进程和民族兴衰的大事。各级人民政府要十分重视科技工作，必须以高于财政经常性收入增长的速度增加对科技的投入。要积极组织计划、经济、科技、财政、金融、税收、工商、人事等有关部门，研究和制定支持政策，充分运用税收、信贷等经济杠杆，促进科技与经济的紧密结合，为科技事业的发展创造良好的社会环境。

各级科技主管部门要管好、用好科技经费。对现行科技三项费用、科研基本建设投资、科研事业费等各种科技经费的管理，必须引入竞争机制，采用建立基金、匹配投资、贴息贷款等拨款方式，运用招标、合同、承包等办法，提高科技投资效益，以保证科技和经济发展目标的实现。

十三、国务院各有关部门和各地区可根据本决定精神，从实际情况出发制定实施细则。关于企业科技体制改革的某些特殊问题，科技主管部门可会同有关部门另行研究制定解决办法。

十四、过去有关规定与本决定有不一致的，以本决定为准。本决定由国家科学技术委员会负责解释。

国家新闻出版署署长杜导正 副署长宋木文就出版书刊要对青少年成长负责等问题向新华社记者发表谈话

宋木文说，一本好书对青少年的成长影响很大。记得1952年，《钢铁是怎样炼成的》刚刚出版，青年们抢着读。这部书不知教育了多少人。他认为，坏书的作用也不可低估。“一颗子弹只能打死一个人，一本坏书却能腐蚀一大片。”安徽省少年犯管教所抽查了30名性犯罪少年，他们几乎都看过淫秽图书。

群众反映，近来社会上又出现了色情淫秽读物。杜导正说，这种情况是存在的。有的出版社出的书，充斥色情淫荡内容。这是鸦片，危及青少年的身心健康。

杜导正强调，“淫秽读物”是一个很严肃的概念，有特定的内容。对此种书定性要十分严肃、十分审慎，一定要依法处理。1985年国务院就明确规定淫秽物品的范围：“具体描写性行为或露骨宣扬色情淫荡形象的录像带、录音带、影片、照片、图画、书籍、报刊等等。”

他进一步解释道，许多国家对淫秽读物也是要坚决取缔的，且有不少严格的规定。《中华人民共和国刑法》第一百七十条也对此作出了明确规定：“以营利为目的，制作、贩卖淫书，淫画的，处三年以下有期徒刑、拘役或者管制，可以并处罚金。”

为严厉打击淫秽出版物，新闻出版署最近作出以下规定：

第一，对于淫秽读物，要依照刑法规定，诉诸法律，坚决取缔，对于出版者，要依照法律，进行法律制裁。

第二，各出版社要认真检查准备撰写或出版的图书选题，如发现淫秽读物的选题，必须坚决撤销；代制品要立即停止，如发现正在发行、出售的淫秽书刊要禁止发行销售，收缴所有书刊，并写明重要情况，上报新闻出版署审定。

第三，要组织社会舆论谴责以色情文学，诲淫读物毒害青少年的犯罪行为。

第四，目前，应按有关政策和法令，对一切非法出版活动继续予以严厉打击。

对那些够不上淫秽读物，但格调低下的出版物怎么办？

宋木文说，这类书刊虽不属取缔惩办的范围，但对青少年的身心健康不利，要通过各种方式加以疏导。署里准备以适当的经济政策限制这类书的出版。

杜导正认为，取缔坏书只是一方面，更重要的是积极组织多出好书。过去他们和团中央、国家教委联合举办读书活动，仅去年就向孩子们推荐了100多种优秀少儿读物。一些省、市的出版部门也搞了类似活动，反响很好。

他披露，新闻出版署拟设立国家图书奖，评选优秀少儿读物是其中的重要方面。近日，他们还将会同有关部门共同评选近几年的优秀少儿读物。

出版界如何处理好社会效益与经济效益的关系？

杜导正和宋木文指出，应该在改善经营管理上寻求经济效益，决不可为了赚钱，不顾后代。倘若二者发生矛盾，经济效益一定要服从社会效益。

6项全国文学评奖结果在北京揭晓

本次评选由中国作协主办。第四届全国优秀中篇小说评奖评出《桑树坪纪事》等12篇作品，第八届全国优秀短篇小说评奖评出《五月》等19篇作品，第三届新诗诗集评奖评出《二重奏》等10部诗集，首届全国优秀儿童文学奖评出《荒漠奇踪》等41篇（部）作品，第四届全国优秀报告文学评奖评出《中国农民大趋势》等22篇作品，首届全国文学优秀编辑奖评出优秀编辑88人。

这次获奖作品在题材、体裁、风格、形式等方面呈现出多样性,显示了百花齐放的局面。多数作品贴近现实,反映改革大潮带来的社会生活和心理变化。其中报告文学获奖数量较大。据悉,这些获奖作品将由作家出版社结集出版。

中国儿童画在西班牙获奖

在马德里举办的第十二届国际儿童画展上,中国江苏9岁儿童王婷的《自然考察》获得少年一等奖,北京6岁儿童康妮的《大雁带我去旅行》获国际三等奖。

1988年版《吉尼斯世界纪录大全》出版

该书收录人类、社会、自然一切领域内的"世界之最",所收纪录无奇不有,妙趣横生。它自1955年问世以来,每年修订再版,及时收录最新的世界纪录。到1987年它已被译成35种文字,累计出版262个版次,总发行量为5700万册。该书由旅游教育出版社出版。

国际人口方案管理委员会1988年双年度会议在北京召开

中国计划生育委员会主任彭珮云在开幕式上重申:"中国政府把实行计划生育,控制人口增长,提高人口素质作为一项基本国策。这是依据我国人口众多,经济落后这一基本国情决定的。认真贯彻实行这项基本国策,使人口的增长与社会和经济发展相适应,同资源利用和生态环境相协调,以求迅速摆脱贫困状态,这是关系到我国社会主义现代化建设的全局和中华民族未来的大事。"

彭珮云强调,提倡晚婚晚育、少生优生,提倡一对夫妇只生育一个孩子,在农村有困难、希望生两个孩子的夫妇在间隔几年以后有计划地生育第二个孩子,避免计划外的第二胎和多胎生育,对少数民族采取适当的灵活措施,是根据中国人口基数大,当前又面临一次长达10余年的新的生育高峰而采取的一项政策。尽管我国在人口和计划生育工作方面取得显著的成绩,但我们面临的任务仍然艰巨。

彭珮云说,人口问题是当今世界各国共同关注的重大问题。我们愿意进一步加强国际交流与合作,为稳定世界人口作出应有的贡献。

会议于5月6日闭幕。在闭幕式上,新当选的国际人口方案管理委员会主席卢什旺教授代表委员会授予中国国家计划生育委员会人口奖,以表彰我国在人口控制、计划生育工作方面取得的显著成就。

蒋南翔逝世

忠诚的共产主义战士、无产阶级革命家、马克思主义教育家、我国青年运动的著名领导者蒋南翔同志,5月3日在北京逝世,享年74岁。

蒋南翔同志1913年9月7日出生于江苏省宜兴县,是"一二·九"运动的重要领导人之一。在全国第一次团代会上当选为团中央副书记,后任书记处书记,主持创办了《中国青年报》,为新中国成立初期团的组织建设和思想建设作出了重要贡献。蒋南翔同志在教育部、高教部担任领导职务期间,主持起草了"高教60条"、"中学50条"、"小学40条"3个工作条例,系统地总结了新中国成立以来学校教育建设正反两方面的经验,具有鲜明的中国社会主义教育的特色,为我国社会主义教育体系的建立打下了基础。

蒋南翔同志是党的"七大"候补代表、八届中央候补委员,第十一、十二届中央委员,第一届全国政协委员,第一、二、三届全国人大代表,五届全国人大常委。

5月4日

中共中央总书记赵紫阳在人民大会堂会见日本外相宇野宗佑

国务院总理李鹏在中南海紫光阁会见日本外务大臣宇野宗佑

李鹏说,中国新一届政府刚刚成立,日本新一届内阁也组阁不久,希望双方在发展中日关系方面能有所作为,使老一辈政治家建立起来的中日友好局面得到新的发展。

会见开始时宇野重申了日本要同中国友好的既定政策。他强调说,今后要在遵守日中和平友好条约和发展日中关系"四原则"的基础上,把日中友好关系永远推进下去。

李鹏表示,中国政府也把发展对日友好作为对外政策的重要组成部分。他指出,中日关系中还有些问题,但总的趋势是好的。只要双方有远见的政治家在处理中日关系问题上,都能从长远角度和大局出发,两国间出现的问题就不难解决。

李鹏希望中日经济合作能取得重要成果,并早日签订中日投资保护协定。他还表示殷切期待着竹下登首相于8月访华,愿意同竹下首相就今后中日关系的发展交换意见。

在谈到光华寮问题时,李鹏说,这实质上是个政治问题。我们不愿看到在日本也有支持搞"两个中国"的行为。他希望日本方面妥善处理这一问题,不要因此影响中日友好的大局。

对此,宇野外相再次表示,日本政府是重视这一问题的,并将继续坚持一个中国的立场。同时他也重申了日方对这一问题的基本看法。

会见中，李鹏还介绍了中美、中苏关系的情况，并阐述了中国对台湾问题的一贯立场。

国务院总理李鹏在人民大会堂会见卢旺达外交合作部部长弗朗索瓦·恩加卢基英特瓦利一行

共青团第十二次全国代表大会在人民大会堂开幕

党和国家领导人赵紫阳、杨尚昆、李鹏、万里、乔石、胡启立、姚依林、王震等到会祝贺，受到代表们的热烈欢迎。

中共中央政治局常委胡启立发表了讲话。

宋德福代表共青团第十一届中央委员会作了工作报告。

大会通过了共青团十二大选举办法。

彭真、徐向前、聂荣臻、薄一波等老一辈革命家为团的十二大写了贺信和寄语。全国总工会、全国妇联、中国科协、全国文联、全国侨联、全国台联和中国残疾人联合会联名写了祝词。

出席大会的还有：李铁映、李锡铭、吴学谦、宋平、秦基伟、薄一波、阎明复、温家宝、习仲勋、乌兰夫、彭冲、班禅额尔德尼·确吉坚赞、邹家华、王任重、康克清。

大会的执行主席是：宋德福、刘延东、李源潮、张宝顺、李克强、洛桑、刘奇葆、冯军。

中共中央政治局常委胡启立在共青团第十二次全国代表大会上发表题为《希望在青年》的祝词

同志们：

共青团第十二次全国代表大会在光辉的“五四”青年节开幕了。我受党中央的委托，向大会表示热烈的祝贺！向全体共青团员、各族青年和青少年工作者致以亲切的问候！

今年是党的十一届三中全会十周年。这是我们国家经历伟大变革的十年。在这个历史进程中，广大青年团结在党的周围，积极站在改革和建设的前列，以自己的辛勤劳动和聪明才智，在我国新时期的编年史上留下了光荣的记录。对千千万万在为建设祖国和保卫祖国的光荣事业中创造英雄业绩、贡献宝贵青春的优秀儿女，党感谢你们，祖国和人民感谢你们！

今天，我们在这里聚集一堂，共商青年运动的方针大计，不仅为十年来国家面貌的深刻变化而倍感自豪，同时也为历史赋予当代青年的神圣使命而深感责任重大。不久前召开的党的十三大，提出了社会主义初级阶段的理论，确立了党在这个阶段的基本路线。这个理论和这条路线是建设有中国特色社会主义的根本保证，也是今后共青团全部工作的指南。党的十三大指出：“中华民族的振兴，美好未来的创造，社会主义现代化事业的胜利，要靠全体人民的努力，归根到底，要靠广大青年继往开来，脚踏实地，艰苦奋斗。”我们应该用实际行动响亮地回答党的召唤：以四化为己任，与改革共命运，在振兴中华的伟大事业中奋斗、成长。

在光荣的历史使命和重大的历史考验面前，党中央对你们寄托着殷切的希望。

青年一代要坚持正确的政治方向和崇高的理想，始终保持旺盛的爱国主义热忱，为建设有中国特色的社会主义建功立业。小平同志指出：“我们一定要经常教育我们的人民，尤其是我们的青年，要有理想。为什么我们过去能在非常困难的情况下奋斗出来，战胜千难万险使革命胜利呢？就是因为我们有理想，有马克思主义信念，有共产主义信念。”国有国魂，民有民气。中华民族曾以不灭的理想火炬和强大的精神内聚力凝结在一起，战胜种种外侮内患，屹立于世界。今天，我们要以新的觉醒和奋起，跻身于世界民族之林，就比任何时候更需要强有力的精神力量和自强不息的理想追求。当代青年的共同理想，就是同全国人民一道，自力更生，艰苦创业，把我国建成富强、民主、文明的社会主义现代化国家。热爱祖国，是中国各族人民世世代代的共同感情，也是青年运动长盛不衰的光荣传统。今天我们要发扬爱国主义精神，以对社会主义现代化建设的强烈责任感和紧迫感，把个人的命运同祖国的命运紧密联系起来，为中华民族的振兴顽强奋斗。

青年一代要把改革作为自己的事业，支持改革，参与改革，为深化、加快改革出力献策。青年是整个社会中一部分最积极最有生气的力量，是改革的积极拥护者和生力军。改革作为一场深刻的革命，是一个长期、艰巨、渐进的过程。我们应当现实地而不能理想化地看待改革。改革不仅需要勇敢和热情，还需要清醒和实干。改革已经促进了社会生产力的发展，最终一定会使全体人民达到普遍的富裕和幸福，但限于现实的经济、社会条件，又不可能每项措施同时使每个人都得到同等的好处，有时还会影响一些人的暂时利益。党和政府当然要科学决策，不断解决改革过程中出现的问题。青年也要以主人翁的姿态，正确认识、对待改革深化引起的矛盾和各方面利益关系的调整，以及不可避免要付出的代价，在新旧体制交替、转换中积极促进新体制的成熟和完善。

青年一代要树立长期艰苦创业的思想，为发展社会生产力勤奋劳动。勤劳勇敢，不畏艰难，是中华民族的优良传统，是永远需要保持和弘扬的极其宝贵的民族精神。我们国家人口多、底子薄，经济、文化还很落后，工作中的困难和社会矛盾很多，世界范围的竞争和挑战十分紧迫、严峻。历史注定了我们这一代和今后几代人都将处在创业的年代。创业,就必须艰苦奋斗。不仅在经济落后的时候,需要艰苦奋斗,即使在比较富裕以后,仍然需要发扬这种精神,这不但因为我们距离国际上发达先进的目标还很远,而且因为国家的进步和人类的进步永无止境,优胜劣汰,不进则退。为了追求新的进步,就永远需要顽强地克服一切自然的和人为的障碍,永远需要艰苦奋斗。各条战线的青年都要热爱本职工作,提高经济效益,提高工作效率,争创第一流成绩;都要热爱劳动,热爱科学,做到自立、自强,用自己诚实的劳动去创造美好的生活;都要有新一代创业者的襟怀,造福社会,造福后人,为国家和民族利益作出奉献。

青年一代要带头树立文明、健康的社会新风,在社会主义精神文明建设中发挥积极作用。社会主义精神文明建设关系到社会主义事业兴衰成败和青年一代的健康成长。改革开放要求建立同社会主义商品经济发展相适应的新秩序。每个青年都应当增强公民意识和法制观念,反对官僚主义和各种腐败现象,自觉遵守纪律,维护安定团结。要尊重社会公德,讲究职业道德,提倡"我为人人,人人为我,相互理解,相互服务"。积极参加移风易俗的活动,倡导文明健康科学的生活方式,抵制封建愚昧和资本主义腐朽思想。要大力发扬见义勇为、扬善除恶的社会正义感,勇敢地同违法犯罪活动作斗争。

为了实现党的希望,担负起时代的重任,青年一代要更加勤奋地学习,炼就健康的体魄,全面提高自己的思想道德和科学文化素质,做到德智体全面发展。努力学习马克思主义的基本理论,学习科学文化知识,钻研本行业务和技能,除了学习书本知识,还应当向社会实践学习,向工人、农民、解放军和专家们学习,从沸腾的现实生活中吸取营养,增长才干。

同志们!共青团作为党领导的先进青年的群众组织,作为广大青年在实践中学习共产主义的学校,几年来做了卓有成效的工作,发挥了党的助手和后备军的作用。当然,在深化改革、更加开放的新形势面前,团的工作也有许多不适应的方面。党中央期望,这次大会深入总结新时期青年工作的经验,进一步解放思想,团结、动员全国各族青年,为完成党的十三大和七届人大一次会议确定的各项任务而奋斗。

共青团当前的任务,就是带领青年投入改革和四化建设的伟大实践,并引导青年在这个实践中,经受锻炼,成为一代"四有"新人。党中央相信共青团一定能出色地完成这个光荣的任务。为此,团组织应该以改革的精神做好自己的工作,特别要精心地研究、改善对团员、青年的思想教育工作。改革开放的环境和意识形态领域里各种思潮的冲击,在青年面前提出了许多新的问题。这就使思想教育工作显得更为迫切,更应成为全团工作的中心环节。一定要以提高全体团员的政治水平和社会主义觉悟为目标,积极探索团的思想工作的新路子,增强凝聚力、吸引力、说服力,提高团员青年吸收有益的思想文化和抵制错误思潮的本领,更自觉地坚持"一个中心、两个基本点"。

共青团要积极地有步骤地进行团的体制改革,积极参与社会协商对话、民主管理和民主监督,把工作重点放在基层,克服脱离青年的行政化倾向。要更好地代表和维护青年的切身利益和合法权益,活跃团的生活,严格团的纪律,努力改变许多基层团组织松散的现象。团的一切工作和活动都要从实际出发,体现青年特点,使共青团组织真正成为青年之友和团员之家。

各级党委应该认真研究新形势下青年和青年工作的新情况、新特点,进一步加强和改善对团组织的领导,要放手让团组织独立自主地开展工作,为他们提供必要的工作条件和活动条件。要有计划地加强青少年教育设施和活动阵地的建设。运用好大众舆论工具和音像传播手段,发挥其教育、引导青少年的积极作用。青年的成长离不开社会各方面的关心和帮助,离不开长辈们的正确指点和言传身教。全社会都要积极行动起来,采取措施,优化青少年成长的环境。我们希望党和国家工作人员,退下来的老同志、教育工作者、文艺工作者、新闻出版工作者和所有热心于社会主义精神文明建设的人们,都来关心青少年的健康成长,多给他们办一些实实在在的事情。

同志们!我们的事业是走向未来的事业,党和人民总是把最大的希望寄托在代表未来的青年身上。我们的事业又是开创性的事业,党和国家比以往任何时候都更期望富有开拓精神的青年一代,投身改革、艰苦创业。我们完全相信,当代中国青年一定会在改革开放的历史丰碑上刻下自己创造的不朽功勋!中国共产主义青年团一定会在建设中国特色的社会主义的征途中,建立更加光辉的业绩!

祝大会圆满成功!

共青团中央书记处第一书记宋德福在共青团第十二次全国代表大会上作题为《在建设有中国特色社会主义的伟大事业中继往开来艰苦奋斗》的工作报告

我代表中国共产主义青年团第十一届中央委员会,向大会作工作报告,请审议。

青年运动的历史性发展

党的十一届三中全会以来,我国各族人民在中国共产党的领导下,以经济建设为中心,坚持四项基本原则,坚持改革开放,坚定地向着社会主义现代化的宏伟目标迈进,国民经济持续稳定发展,人民生活逐步改善，安定团结的政治局面日益巩固，社会主义精神文明建设得到加强，国家面貌发生了举世公认的深刻变化。

我国青年是推进改革开放的一支积极力量。党的十一届三中全会以来，改革开放的蓬勃发展为青年健康成长创造了有利的社会环境，给青年就业、成才、施展个人抱负提供了良好的时机。青年们由衷地认识到，改革开放是中华民族走向腾飞的必由之路；改革使青年受益，青年尤须为改革奋斗。积极投身改革已逐渐成为青年的自觉行动。人们欣喜地看到，我国青年正在改革开放的实践中发愤学习，锐意进取，逐步成长为一代社会主义新型人才。

我国青年是建设四化、保卫祖国的一支突击力量。活跃在生产第一线的两亿七千万青年劳动大军，脚踏实地，奋发进取，踊跃争当新长征突击手，展现了新一代建设者的风采。百万大学生踊跃参加社会实践活动，了解国情民情，起作用，长才干，推动了学校教育与经济建设相结合。文教、科研、财贸、卫生、体育、政法战线的青年，刻苦学习专业知识和技能，在各自的岗位上作出了成绩。人民解放军和武装警察部队的青年指战员浴血戍边、抢险救灾、参加四化建设、共建精神文明、培养军地两用人才，赢得了社会各方面的赞誉。这一切表明，为国家振兴而矢志奋斗的我国青年是大有作为的，建功立业已成为这一代青年高擎的火炬。

我国青年是倡导新风、建设社会主义精神文明的一支先锋力量。在改革开放的崭新环境中，广大青年积极参加读书演讲、立志达标、学史建碑、普法教育等活动，争做四有新人，为精神文明建设贡献青春和力量。一亿三千万少先队员参加的以基础共产主义教育为内容的创造性活动，促进了德、智、体、美、劳的全面发展。尤其值得自豪的是，各种类型的先进青年典型和青年英雄群体不断涌现，集中地展示了中华民族的优秀品质，生动地体现了当代青年奋发向上的精神风貌。

在改革开放形势下，全团工作也有新的发展，主要标志是：

——确立了“以四化为中心全面活跃团的工作”的指导思想，使团的工作摆脱了“以阶级斗争为纲”的“左”的思想束缚，实现了工作重心的历史性转变。

——坚持在四化建设实践中培养四有新人，团的思想政治工作努力克服单纯灌输和空洞说教的弊病，进一步明确了共青团育人树人的目标和途径。

——主动在改革全局中探索自身发展的新途径，使团的自身改革在许多方面取得进展，团的基层建设得到一定程度的加强，团员队伍壮大到5600万人。

——多方筹资，艰苦创业，新建和扩建了一批青少年活动阵地，恢复和新办了一批青少年报刊、出版社，改革和加强了团校教育，创办和发展了青年旅游事业，等等，使青年工作在一定程度上增加了物质依托。

近十年来我们所走过的路，是一条在改革中发展、在适应中创新的路，是一条不断克服困难、开拓前进的路。在新的历史条件下，党和人民更加关怀青年一代的成长，社会各有关方面对青年工作给予了积极支持，全团各级干部为青年一代的成长倾注了心血。在这里，请允许我以大会的名义，向热心关怀青年一代的党中央和老一辈无产阶级革命家，表示崇高的敬意！向积极支持青年工作的有关部门和团体，表示诚挚的感谢！

在回顾过去工作的时候，我们也清醒地看到了青年和共青团工作中存在的问题。在新旧体制交替的特殊历史时期，社会上各种矛盾交织，青年的思想不可避免地呈现出多样性和复杂性。青年常见的弱点是缺乏政治经验和社会生活经验。这比较突出地反映在：有些青年有时不能准确地把握两个基本点，受到资产阶级自由化思潮影响时，思想上容易产生片面性；有些青年法纪观念淡薄，不能正确处理民主和集中、自由和纪律的关系；还有些青年，对改革开放缺少长期艰苦奋斗的思想准备。

青年思想上产生这些问题，除了自身的原因外，还有复杂的社会原因、历史原因。从青年工作的角度看，一方面，共青团组织在体制上存在弊端，从中央到地方各级团的领导机关不同程度地存在行政化倾向，不能很好地代表和维护青年的具体利益，一定程度地脱离了青年；团组织的吸引力、战斗力不强，相当一部分基层团组织不适应改革开放的要求，缺乏活力，有的甚至处于工作停顿状态；一些团员、团干部发挥模范带头作用不够。另一方面，青年工作缺少应有的法律地位和必要的物质条件；青少年社会教育目前还未能列入社会发展计划；一些地方和单位对共青团工作重视、关心不够，例如，许多地方至今未执行党章关于县以下团委书记是党员的可以列席同级党委会和常委会的规定，有的单位常年不讨论、不研究团的工作，长期不配齐专职团干部，随意撤并团组织，还有的单位对涉及团内重大工作和青年具体利益的问题不与团组织协商等，也是不容忽视的重要因素。在这里，我们热切希望社会各有关方面，都来重视和关心青年工作，切切实实为青年工作解决一些困难，提供一些支持。我们将通过推进团的体制改革，更好地团结、带领青年为实现党在社会主义初级阶段的任务而奋斗。

改革开放时期共青团工作的基本经验

一、必须正确地认识和引导青年。正确地认识青年，是共青团开展工作的基本前提。我们必须用全面的、发展的、联系的观点看待青年，既肯定青年的主流，相信他们有能力肩负起历史的重任，又客观地指出他们的不足，及时地加以引导，这样才能深切而准确地了解青年，理解青年，团结青年，帮助他们健康成长。

二、必须服从、服务于改革和经济建设的全局。在社会主义初级阶段，发展生产力是考虑一切问题的出发点，是检验一切工作的根本标准。共青团既然是党的助手和后备军，就应当在党和国家的全局工作中找准自己的位置。全团各级组织只有在改革和经济建设中施展身手，有所作为，才能在全社会扩大影响、赢得地位。

三、必须紧密结合社会主义实践培养四有新人。在现阶段，建设有中国特色的社会主义是当代青年最基本的社会实践，它包括物质文明建设、精神文明建设和民主政治建设等方面。我们在社会实践的课堂中，要善于把起作用、建功业和受教育、长才干结合起来。这是共青团培养四有新人的主要方式。

四、必须代表和维护青年利益。在维护全国人民总体利益的同时，代表和维护青年的具体利益，是共青团的重要社会职能之一。只有表达青年的意愿，才能紧密联系青年群众；只有真正代表青年的利益，才能赢得青年的信任。因此，我们的工作必须适应青年的特点，满足青年的合理需求，维护青年的正当权益，动员和协调社会各方面的力量，为青年的全面发展创造良好环境。这样，才能使青年真正把共青团当成自己的组织，自觉地团结在团组织周围。

五、必须坚持面向基层，从实际出发，求实务实。基层是共青团工作最广阔的天地。衡量团的工作做得如何，要看是否在基层取得了实实在在的效果。实践证明，坚持"基层第一"的思想，求实务实，是共青团作风建设的重要内容，是争取最佳工作效果的重要保证。我们要进一步贯彻"工作到支部，全团抓落实"的方针，努力克服团内一定程度上存在的形式主义和机关工作浮在上面的不实之风，坚决把工作重点放在基层，努力使基层组织充满生机和活力。

六、必须始终不渝地接受党的政治领导。接受党的领导是保证青年运动前进方向的首要条件。在改革开放的新时期，由于经济体制、政治体制的深刻变革，各种利益关系的调整，传统意识与现代文明的碰撞冲突，将不可避免地出现某些复杂情况，因此，党的领导十分重要。我们要在党的领导下独立自主、积极负责地开展工作，更好地发挥党的助手和后备军作用。

党的十三大科学地阐明了社会主义初级阶段的理论，为建设有中国特色的社会主义指明了发展远景和现实途径，也为改革开放时期我国青年运动和共青团工作的更大发展提供了理论武器和行动指南。总结团的工作的历史经验，使我们愈益深刻地认识到，在改革开放的条件下，共青团工作必须确立和坚持的指导思想是：贯彻党的基本路线，改革和活跃团的工作，代表和维护青年利益，努力培养四有新人，为建设有中国特色的社会主义英勇奋斗。

带领青年为发展生产力艰苦创业

第一，引导青年积极参与改革开放。

引导青年支持和参与改革，首先要帮助他们更全面、更深刻地理解改革。改革将最终给人民带来根本的长远的利益，但并不是每一项改革措施都能立刻给所有的人带来实惠。各种不同利益之间的冲突和摩擦是不可避免的。因此，我们不应以平均主义的眼光看待新的经济生活，更不能以个人得失的多寡评价改革的利弊。这种实事求是的态度和良好的心理素质，是一种更深沉、更成熟的改革精神。它将激励我国青年自觉地把个人命运同改革事业联系在一起。

带领青年促进沿海经济发展战略的实现，是共青团面临的一项新任务。我们要积极引导沿海地区的广大青年，抓住历史机遇，适应发展外向型经济的要求，勇于在世界经济的浩瀚海洋中搏击风浪，为实现对外开放的总体战略发挥突击作用。内地和少数民族地区的广大青年，在大力发展商品经济的同时，也要勇于参加国内市场和国际市场的竞争，为促进对外开放作出积极的贡献。

第二，组织青年站在推动科技进步的前列。

站在推动科技进步的前列，最迫切的任务就是掌握和运用一切先进的生产技术，大力开展发明创造。我国青年是发展社会生产的最基本、最活跃的力量，要刻苦钻研新技术，运用新工艺，掌握新设备，推广新成果，围绕降低能源、原材料消耗和提高产品质量开展技术攻关，针对设备、工艺、产品的薄弱环节进行技术革新和技术改造，促进企业的技术进步和产品更新换代。

广大青年科技人员，要勇敢地迎接世界新技术革命的挑战，努力搞好基础理论和应用技术的研究，要提倡到边远、落后地区去，到乡镇企业中去，到一切能发挥自己聪明才智的岗位上去，为发展国民经济作出贡献。

第三，带领青年在一切劳动岗位上艰苦创业。

我们的前辈发扬艰苦创业精神，在摆脱压迫和奴役的斗争中，在奠定我国工业化基础的劳动中，创造了可歌可泣的业绩。我们今天提倡艰苦创业精神，最基本的体现形式就是在各自岗位上诚实劳动。

在改革开放的环境中造就一代四有新人

不断提高青年的思想道德素质和科学文化素质，把他们培养成有理想、有道德、有文化、有纪律的一代新人，是关系到党和国家未来的根本大计，是中国走向现代化的重要条件。致力于现代化建设的当代青年，在改造客观世界的同时，一定要自觉地改造主观世界，不断提高自身素质，朝着四有的目标迈进。

在深刻的社会变革中坚定对党和社会主义的信念。

共青团组织应当在广大青年中深入进行党在社会主义初级阶段的基本路线和建设有中国特色的社会主义理论的宣传教育，进行四项基本原则和改革开放总方针的正面教育；积极引导青年学习马克思主义基本理论，逐步树立辩证唯物主义和历史唯物主义的世界观，学会运用马克思主义的立场、观点和方法认识中国的国情，解决中国的问题，在改革开放的实践中经受考验，多做贡献。

在建设社会主义民主政治中强化民主、法制、纪律观念。建设社会主义民主政治符合全体人民包括青年的意志和愿望。要在民主政治建设实践中，逐步提高自己的民主素质，学会按照民主程序和法律程序处理工作和生活中有关问题，并善于运用法律武器维护自己的正当权益，同一切损害国家和人民利益的行为作斗争。长期保持安定团结的政治局面，不但有利于社会的稳定、持续发展，而且有利于青年个人的成长和进步。青年对官僚主义不满，对不正之风深恶痛绝，是富有正义感的表现，应该支持和保护他们这种宝贵精神，引导和帮助他们通过正常的渠道，采取正确的方法，向党和政府反映情况，协助党和政府解决这些问题，使青年在实践过程中受到民主和纪律的教育。共青团应当成为我国青年学习和实践社会主义民主的大学校。

在转变社会风气的艰巨斗争中陶冶高尚的道德情操。社会主义商品经济的发展，必然引起道德领域的深刻变化，推动全社会的道德进步。但也应看到，商品经济在发展过程中出现的某些消极因素也将对青年产生不良影响。此外，封建迷信、赌博、卖淫等丑恶现象在一些地方重新抬头，正在诱使少数青年走向堕落和犯罪。因此，引导青年自觉抵制资本主义和封建主义的腐朽思想侵蚀，仍然是青年思想教育工作中的重要任务。我们要在青年中广泛开展社会主义道德教育，引导和帮助青年确立社会主义职业道德，自觉维护社会公德，发扬社会主义的人道主义，提倡共产主义精神，使之成为激励青年奋发向上的精神力量。

在发展社会主义商品经济的过程中树立新的思想观念。观念变革是社会变革的先导。广大青年应当适应发展社会主义商品经济的需要，敢于破除阻碍生产力发展的陈腐观念、惰性心理和保守意识，努力克服多年僵化体制养成的平均主义、不讲效率、不计效益等不良习惯；要大力倡导与商品经济发展相适应的平等竞争观念、效率效益观念、风险观念、人才观念，等等；努力破除封建落后习俗，倡导文明、健康、科学的生活方式。

在社会主义现代化建设实践中努力提高科学文化水平。一切社会主义现代化建设所需要的知识、技能、广大青年都应当努力钻研。一切祖国和人民所需要的劳动岗位，都应当成为青年奋发成才的地方。

在广泛的国际交流和中外比较中形成新的民族意识和国际眼光。随着对外开放在广度和深度上的发展，中国在走向世界，中国青年在走向世界。我们古老民族的新一代人，将通过观察世界重新认识自己，同时也立足于本民族的发展去广泛地认识世界。我们一方面要发扬爱国主义，激励开拓进取的民族精神；另一方面要虚心地学习其他国家包括资本主义国家的先进科学技术、管理经验和有益文化，为现代化建设事业服务。那种夜郎自大、故步自封的态度，或者崇洋媚外，丧失国格人格的行为，都应当为广大青年所反对。当代中国青年在国际交流中的正确态度应当是：实事求是地宣传我们的成就和长处，实事求是地承认我们的差距和不足，善于博采天下之长为我所用，始终保持高度的民族自尊心和自信心。

当我们在这里提出青年成长的方向以及共青团的责任时，不能不看到与此相关的一个重要课题，这就是如何进一步改革和加强团的思想政治工作。我们处在现代化建设时期，决不能脱离改革和生产力的发展去空谈教育，思想政治工作只有与改革开放保持同向，在现代化建设事业中发挥服务、保证、激励作用，才能真正显示其价值。当前，不断发展的社会生活使青年面临着一个又一个新问题，广泛的国际交流和日益开放的社会生活，使青年接触到五花八门的外来思潮。我们的思想工作必须立足于改革开放的环境，进行开放式的教育，充分发挥青年的主观能动作用，更多地进行民主讨论、平等对话，增强青年自我教育、自我管理、自我服务的观念和能力。要照顾青年成长中的不同层次与合理差异，避免用同一模式要求所有青年，鼓励青年健康地发展个性。要把讲道理同解决实际问题结合起来，切实关心青年的具体利益。要寓教育于活动之中，寓引导于服务之中，使思想教育真正深入人脑。改革和加强团的思想政治工作是一项长期的任务，各级团组织一定要在继承优良传统的基础上，加强调查研究和理论建设，坚持不懈地探索和创新，为造就现代化建设需要的大批人才作出应有的贡献。

进一步加强共青团的队伍建设

加强团的队伍建设，就要坚持团的先进性与群众性的辩证统一。在社会主义初级阶段，团的先进性主要表现为，贯彻执行党的基本路线和各项方针、政策，带领团员为实现共产主义的远大理想和统一祖国、振兴中华的共同理想英勇奋斗，在社会主义现代化建设和民主政治建设中发挥模范带头作用。团的群众性主要表现为，在努力维护全国人民整体利益的同时，积极代表和维护青年的具体利益，团的组织制度和活动方式更加民主化、群众化，积极开展适合青年特点的活动，发挥党联系青年的桥梁和纽带作用。团的先进性和群众性互为条件，相辅相成。坚持先进性与群众性的统一，是共青团自身建设的基本理论和基本实践。

加强团的队伍建设，就要抓好团员的思想教育和管理。团的先进性与群众性都必须通过团员去体现，团员队伍的质量最终决定团的战斗力和团的工作效率。当前，团员教育的主要任务是帮助团员提高思想觉悟，强化团员意识。要对团员进行马克思主义基础理论、党的基本路线、党团基本知识、形势政策、爱国主义和法制纪律等方面的教育，使广大团员真正了解坚持四项基本原则、坚持改革开放的重大意义，了解共同理想与远大理想之间的区别和联系，从而增强政治责任感，保持坚定正确的政治方向。

加强团的队伍建设，就要提高团干部队伍的素质。共青团工作是关系到青年成长和祖国未来的光荣事业，需要大批具有强烈历史责任感和崇高献身精神的工作骨干为之奋斗。团干部要坚持党在社会主义初级阶段的基本路线，把握青年工作的正确方向，代表和维护青年的具体利益，勇于开拓，不断进取，逐步成长为党和青年所信赖的、经得起任何风浪考验的青年马克思主义者。要用自己的青春年华，点燃青年心中理想和追求的火把；用适应现代社会经济生活、政治生活的崭新风貌，投身经济建设和改革开放实践；用自己的模范行动团结、带领青年共同前进。

积极稳妥地搞好团的体制改革

把共青团建设成为社会职能和法律地位明确，民主生活健全，基层充满活力，能够代表青年利益，真正赢得青年信任的先进青年的群众团体，是共青团体制改革的目标。

(一)明确共青团的社会职能。共青团作为先进青年的群众组织，应具有三种主要的社会职能，这就是：团结、教育和引导青年在建设有中国特色的社会主义的实践中建功成才；组织青年参与社会主义民主政治建设；代表和维护青年的具体利益。

(二)确立青年工作的法律地位。随着我国民主政治和法制建设的不断发展，青年和青年组织在社会生活中的作用将会进一步增强，青年工作也需要纳入社会主义法制体系。要促成有关青年及青年组织的法律法规的制定和实施，把青年的权利、义务和社会各方面对青年成长所担负的责任，以及共青团的地位和参政议政、民主监督的渠道，用法律形式确定下来。

(三)理顺团与社会各方面的关系。共青团应当在党的政治领导下，独立自主地开展工作，并通过团组织中的青年党员使党对团的领导得到落实和保证。同时，共青团要积极主动地与各级政府和行政部门建立联系，紧密配合，通力协作。

(四)参与社会协商对话。共青团要积极参与社会协商对话，协助党和政府处理、协调社会上各种与青年有关的利益关系，在政府行政部门和青年之间架起相互理解、相互信任的桥梁，促进社会的政治安定和经济繁荣，促进青年的健康成长。

(五)努力扩大团内民主。必须加强团内的民主决策和民主监督，充分尊重团员的民主权利，保证团员能够及时了解团内事务，主动参与决策，民主选举干部。团中央委员会的工作要改革，班子要精干，职能要加强，要健全各种议事规则和工作程序，建立委员活动小组。要按照民主、公开、机会均等和平等竞争的原则，完善团内民主选举制度。今后，基层团委的委员和书记，要视团员数量的多少和分布情况，由团员直接选举或由团员代表选举产生，不得由任何一级组织或个人指定。基层团组织的重要工作和活动，凡是要求全体团员参加的，一般应由团员和团员代表讨论、表决。

(六)改革团的组织制度与活动方式。为适应经济体制和政治体制改革的要求，在城市要逐步按属地原则设置组织，并扩大市、区、街道团委的管理职能。在农村要适应劳动组合方式和经营管理方式的变化，在青年相对集中的地方灵活设置团组织。要逐步建立以团员证为媒介的团员管理制度。各级团组织的办事机构和专职干部都要本着精干的原则设置和配备。要在加强对基层团组织工作考核的同时，扩大基层的工作自主权，使之在贯彻团的决议，实现团的任务的前提下，逐步做到“干部自选、工作自主、活动自决”，从内部运转机制上切实焕发出蓬勃的活力。

(七)改革团的干部人事制度。要克服现行团干部制度中不利于优秀人才脱颖而出的消极因素，把科学评价和竞争机制引入团内，完善团干部民主选拔制度，摸索、总结和逐步推广团干部选聘制和招聘制的经验，实行团委负责人任期制，改革团干部管理体制。

(八)扩大团的活动经费来源。活动经费的严重短缺，已成为制约共青团独立负责地开展工作的重要因素。今后，我们要按照国家有关法令、政策的规定，本着拨款和自筹相结合的方针，通过各种渠道，努力扩大活动经费来源，为团的工作提供可靠的物质保证。

同志们！建设富强、民主、文明的新中华，这是一百多年来无数仁人志士梦寐以求的崇高理想，是包括港澳、台湾同胞在内的全国各族人民根本利益之所在。海峡两岸俱为祖国热土，炎黄子孙同怀爱国之心。祖国强盛统一，骨肉团聚，是海峡两岸人民和青年的共同心愿。一国两制构想的提出，为早日实现祖国统一大业开辟了新的途径。在这里，我谨代表祖国大陆的各族青年，真诚地邀请台湾各界青年来大陆探亲访友、旅游观光、通贸经商、交流学术。我们要在爱国主义旗帜下，为祖国统一、振兴中华共担道义。

我国是一个统一的多民族国家。56个民族唇齿相依，荣辱与共，共同支撑着人民共和国的大厦，谁也离不开谁。各族青年要做团结的模范，反对一切分裂祖国、破坏民族团结的言行，为民富国强的千秋功业携手并进。

人类的生存与发展离不开和平安宁的国际环境，而和平安宁的国际环境需要各国人民的共同努力。我国青年将和世界各国青年一道，为制止侵略扩张和军备竞赛、维护世界和平而奋斗。我们要为促进第三世界各国的发展、推动南南合作和南北对话、建立合理的国际新秩序作出自己的贡献。我们愿意在“和平友好、独立自主、相互尊重、平等合作”的基础上，进一步发展同世界各国青年的友好关系。我们将一如既往，积极支持和声援各国青年反霸、反殖、反对种族主义的斗争，为建立平等、民主的新型国际政治关系，为世界和平的光明前途而努力。

《人民日报》发表社论《在改革开放中造就一代新人——热烈祝贺共青团第十二次全国代表大会召开》

今天，是“五四”运动69周年，适逢共青团第12次全国代表大会在北京隆重开幕。我们谨向大会表示热烈的祝贺，并向全国各族青年致以节日的问候！

69年前的“五四”运动，是我国历史上一次反帝反封建的伟大革命运动，在中国革命史上揭开了崭新的一页。“五四”精神一直鼓舞着我国青年奋勇前进。党的十一届三中全会以来，广大青年在各级党、团组织的领导下，积极投身改革开放的伟大实践，为振兴中华勤奋劳动、努力学习、开创新风，在社会主义精神文明和物质文明建设中发挥了先锋作用和突击作用，在我们社会主义祖国的创业史上留下了值得铭记的光辉业绩。

在改革开放不断深化的今天，建设富强、民主、文明的社会主义现代化国家的光荣使命对青年一代提出了更高的要求。怎样在投身于四化建设的过程中，不断提高自身素质，努力使自己成为有理想、有道德、有文化、有纪律的一代新人，是广大青年面临的重大课题。

培育“四有”新人，体现了党和人民在新的历史时期对青年一代的希望和要求。青年要做到有理想，就要把个人理想同统一祖国、振兴中华的共同理想结合起来，积极投身到改革开放的时代洪流中去，为建设有中国特色的社会主义英勇奋斗。诚然，青年个人的理想和追求，也是激励自己的一种精神力量，但其真正的价值在于个人的追求和奋斗符合于时代前进的需要。青年只有使个人的理想与民族的兴旺、国家的富强相融合，才能使自己的奋斗和追求植根于祖国的沃土之上，保持坚定正确的方向，让青春闪烁出璀璨的光芒。青年要做到有道德，就要在发展社会主义商品经济的过程中，正确处理国家、集体、个人三者的利益，既要讲求经济效益，又要遵守职业道德规范；既要敢于勤劳致富，又要提倡团结协作，助人为乐，做到致富不忘国家，不忘集体，不忘他人。同时，还应当“从我做起，影响社会”，为转变社会风气，建设社会主义精神文明作出新的贡献。青年要做到有文化，就要面向现代化，面向世界，面向未来，发愤读书，刻苦钻研，掌握先进的科学文化知识，特别要注重向蓬勃发展的社会实践学习，向丰富生动的群众经验学习，切实学到适应现代化建设需要的硬功夫，真本事。青年要做到有纪律，就要正确处理民主与法制、自由与纪律的关系，不断增强法制、纪律观念，学会按照民主程序和法律程序行使自己的合法权利，认真贯彻执行党和政府制定的各项政策、法令，自觉维护安定团结的政治局面。

积极教育和引导青年成为“四有”新人，是共青团在历史新时期的基本任务。共青团是学习和实践共产主义的大学校，在实践中教育和引导青年健康成长，是团组织育人树人的根本途径。当前，改革开放和四化建设是最基本的社会实践，也是青年锻炼成长的最好课堂。我们应当引导和帮助青年，在深刻的社会变革中进一步坚定对党和社会主义的信念，逐步树立辩证唯物主义和历史唯物主义的世界观，学会运用马克思主义的立场、观点和方法认识中国的国情，解决中国的问题；在建设社会主义民主政治中强化民主、法制、纪律观念，增强公民意识，提高民主素质，养成遵纪守法的良好习惯，按照民主和法律程序处理各种问题；在转变社会风气中陶冶高尚的道德情操，自觉遵守职业道德，维护社会公德，发扬社会主义的人道主义，提倡共产主义精神；在发展社会主义商品经济中树立与之相适应的新的思想观念，努力破除封建落后习俗，倡导文明、健康、科学的生活方式；在社会主义现代化建设中努力提高科学文化水平，为大批优秀青年人才的涌现创造条件；在广泛的国际交流和中外比较中形成新的民族意识和国际眼光，既注意认真学习其他国家包括资本主义国家的先进科学技术、管理经验和有益文化，善于博采天下之长为我所用，又始终保持高度的民族自尊心和自信心，使我国青年真正成为跨越世纪的一代，成为走出中国、走向世界的一代。

培养和造就“四有”新人，不仅是共青团的任务，也是全社会的共同职责。青年一代的健康成长,需要良好的社会环境。现在,党和人民比以往任何时候都更期望青年一代奋发向上,建功成才。我们应当在全社会形成这样一种风气:大家都来关心下一代的健康成长,都来支持青少年教育工作,为青年工作排难解忧,多办实事。这样,青少年教育和青年工作就一定会富有成效,形成新的发展格局。我们相信,在改革开放的伟大实践中,广大青年一定能够站在历史的潮头,把自己造就成为有理想、有道德、有文化、有纪律的一代新人!

中宣部在北京召开全国干部理论教育工作会议

会议决定在全国县级以上党政机关的党员干部中,深入进行社会主义初级阶段理论和党的基本路线的学习。

会议期间,中共中央政治局常委胡启立邀请参加会议的各省、市、自治区党委宣传部负责同志座谈,听取了他们的意见,并讲了话。他说,思想政治工作,包括党政机关干部的理论学习,要加强,要改革,要走出新路子。完全照老办法去做,不但不能加强,可能反而削弱。希望大家注意总结和推广一些单位和地方创造的改革思想政治工作的好经验。

中宣部部长王忍之、副部长王维澄、李彦,以及王惠德同志在会上讲了话。会议认为,半年来在全党干部中广泛进行的对十三大文件的学习,已经收到良好效果。当前的任务是把这一学习引向深入,关键是要使县级和县级以上党政机关的党员在职干部,比较透彻地理解和掌握十三大文件所阐明的我国社会主义初级阶段的理论,以及依据这一理论制定的党在这个历史阶段的基本路线,从而带动党外干部、基层干部和广大群众的学习。

中宣部副部长龚育之对中宣部关于这一学习的意见(讨论稿)作了说明。他说,这一学习要以进一步解放思想、进一步解放生产力为重点。这是中央提出的明确要求。学习过程应当成为解放思想的过程,成为提高马克思主义水平,深刻领会党的基本路线,解决实际问题,开创物质文明和精神文明建设新局面的过程。

会议指出,各地在如何深入学习社会主义初级阶段理论和党的基本路线方面已经创造了一些好的经验,提出了一些好的意见。有的准备集中一段时间讨论生产力标准问题。有的准备结合本地区经济社会发展战略(沿海地区则是结合发展外向型经济的战略)进行研究和讨论。有的准备结合党的建设和精神文明建设进行研究和讨论。有的分别举办不同对象的学习班(如厂长学习班、党委书记学习班,等等),针对各部分干部的思想问题和工作问题进行学习和讨论。这样进行学习,比较容易深入,比较容易取得切实的效果。

会议认为,各地区、各部门的情况不同,在干部中如何深入进行这一学习,请各省、市、自治区和中央各部委的党政领导根据各自的情况、需要和工作部署来确定。在基本路线教育这个总的题目下,在遵循中央对学习十三大文件精神的根本要求和指导方针的前提下,深入这一学习的着手处、着重点、方式、方法,完全可以多种多样,充分发挥各省、市、自治区和中央各部委的主动性和创造性。

会议要求党政机关的党员领导干部和宣传、思想工作干部带头学好,并把指导学习的责任担当起来。同时要充分发挥干部理论教育讲师团的作用。讲师团的工作也要适应现代化建设和改革的要求,不断加以改进。

国务院发布《国务院关于鼓励投资开发海南岛的规定》

第一条 为了吸收境内外投资,加快海南岛的开发建设,特制定本规定。

第二条 国家对海南经济特区实行更加灵活开放的经济政策,授予海南省人民政府更大的自主权。

第三条 国家鼓励境内外的企业、其他经济组织或者个人(以下简称投资者)投资开发海南岛,兴办各项经济和社会事业。

第四条 国家依法保护投资者的合法权益,对投资者的资产不实行国有化和征收,在特殊情况下,为社会公共利益的需要,对投资者的资产可以依照法律程序实行征收,并给予相应的补偿。

投资者必须遵守中国的法律、法规。

第五条 投资者可以下列方式在海南岛投资经营:

(一)投资举办中外合资经营企业、中外合作经营企业、外资企业(以下简称外商投资企业)以及法律允许的其他类型的企业。各类企业的经营期限,由投资各方在合同中约定或者经有关主管部门批准;

(二)购买股票、债券等有价证券;

(三)购买、参股经营或者承包、租赁经营企业;

(四)采用其他国际上通行的投资方式投资经营,开展经济技术合作和交流。

第六条 海南岛国家所有的土地实行有偿使用。

海南省人民政府可依法将国家所有土地的使用权有偿出让给投资者,土地使用权出让一次签约的期限根据不同行业和项目的具体情况确定,最长期限为70年;期满后需要继续使用的,经批准期限可以延长。

投资者可以依照国家有关规定将取得的土地使用权有偿转让。

第七条　海南岛的矿藏资源依法实行有偿开采。国家规定的特定矿藏资源开采应报经国家主管部门批准,其他矿藏资源开采,由海南省人民政府批准。允许投资者以合资经营、合作经营和独资经营的方式进行勘探开采。

第八条　投资者可以合资、合作方式在海南岛投资从事港口、码头、机场、公路、铁路、电站、煤矿、水利等基础设施建设,也可以独资经营专用设施,并可依照国家有关规定投资经营与上述设施相关联的各类企业和服务事业,实行综合经营。

第九条　根据经济发展的需要,经中国人民银行批准,可以在海南岛设立外资银行、中外合资银行或者其他金融机构。

第十条　在海南岛投资兴办各项经济和社会事业,由海南省人民政府审查批准。但投资范围和投资总额超过国家授权海南省人民政府审批范围的,应当按照国家规定程序报批。

第十一条　获准举办的企业作为投资进口的建设物资、生产设备和管理设备,为生产经营进口的原材料、零配件、包装材料和其他物料以及自用的交通工具、办公用品,由海南省人民政府自行审批。

第十二条　在海南岛举办的企业(国家银行和保险公司除外),从事生产、经营所得和其他所得,均按15%的税率征收企业所得税,另按应纳税额附征10%的地方所得税。其中:

(一)从事港口、码头、机场、公路、铁路、电站、煤矿、水利等基础设施开发经营的企业和从事农业开发经营的企业,经营期限在15年以上的,从开始获利的年度起,第1年至第5年免征所得税,第6年至第10年减半征收所得税;

(二)从事工业、交通运输业等生产性行业的企业经营期限在10年以上的,从开始获利的年度起,第1年和第2年免征所得税,第3年至第5年减半征收所得税,其中被海南省人民政府确认为先进技术企业的,第6年至第8年减半征收所得税;

(三)从事工业、农业等生产性行业的企业,在按照规定减免企业所得税期满后,凡当年企业出口产品产值达到当年企业产品产值70%以上的,当年可以减按10%的税率缴纳企业所得税;

(四)从事服务性行业的企业,投资总额超过500万美元或者2000万人民币,经营期限在10年以上的,从开始获利的年度起,第一年免征所得税,第2年和第3年减半征收所得税。

对海南岛内的企业征收的地方所得税,需要给予减征或者免征所得税优惠的,由海南省人民政府决定。

第十三条　境外投资者在海南岛内没有设立机构而有来源于海南岛的股息、利息、租金、特许权使用费和其他所得,除依法免征所得税者外,均按10%的税率征收所得税。需要给予减征或者免征所得税优惠的,由海南省人民政府决定。

第十四条　在海南岛举办的外商投资企业和外商持有25%以上股份的企业均享有进出口经营权,其他企业经海南省人民政府批准也可以享有进出口经营权,进口本企业生产、经营必需的货物,出口本企业的产品。

第十五条　海南岛内的企业进口本企业建设和生产所必需的机器设备、原材料、零配件、交通运输工具和其他物料,以及办公用品,均免征关税、产品税或增值税。

海南岛内的企业进口供岛内市场销售的货物,减半征收关税、产品税或增值税。

第十六条　国家鼓励海南岛内的企业生产的产品出口。对企业生产的出口产品免征出口关税,除原油、成品油和国家另有规定的少数产品外,退还已征的产品税或增值税。

第十七条　海南岛内的企业生产的产品在岛内市场销售的,除矿物油、烟、酒和海南省人民政府规定的其他少数产品减半征收产品税或增值税外,其余免征产品税或增值税。含有进口料件的,按照第十五条的规定,免征或者补征进口料件的关税、产品税或增值税。

企业生产的产品销往境内其他地区,除国家限制进口的产品需按国家有关规定审批外,其余产品均可自主销售,但应照章征收产品税或增值税;含有进口料件的照章补征进口料件的关税、产品税或增值税。

海南岛内的外商投资企业的产品内销,符合国家以产顶进办法规定的,可以申请以产顶进。

第十八条　海南岛内的企业出口产品和从事其他经营活动取得的外汇收入,均可保留现汇,按当地中国人民银行的规定管理。

企业可以在海南岛或者境内其他地区的外汇调剂市场调剂外汇余缺、平衡收支。

第十九条　境外投资者从在海南岛投资举办的企业获得的利润,可以从企业的外汇存款账户自由汇往境外,免缴汇出额的所得税。

境外投资者将从海南岛内的企业获得的利润,在境内再投资,期限不少于五年的,退还其再投资部分已缴纳所得税税款的40%;如果投资用于海南岛内的基础设施建设和农业开发企业、产品出口企业和先进技术企业,全部退还其再投资部分已缴纳的所得税税款。

境内投资者从海南岛内的企业获得的利润,可以自由汇往境内其他地区。汇往境内其他地区的利润,从开始获利的年度起十年内不再补缴所得税。

第二十条 凡与我国有外交关系或者官方贸易往来的国家或地区的外国人,到海南岛洽谈投资、贸易,进行经济技术交流、探亲、旅游,停留时间不超过15天的,可临时在海口或三亚口岸办理入境签证手续;如有正当理由需要延长在海南岛内的停留期限或者转往境内其他地区,可按有关规定申请办理签证延期或加签手续。

在海南岛常驻的外国人、投资举办企业或者参加开发建设工作的外国人及其随行眷属,海南省人民政府有关部门可根据其申请,签发前往海南岛的多次入境签证。

第二十一条 香港、澳门、台湾同胞和华侨,凡持有国务院主管部门及其授权机关签发的有效护照或其他有效证件,前往海南岛及转往境内其他地区或者出境,无须办理签证。台湾同胞可以直接在海南岛的口岸申领《台湾同胞旅行证明》。

海南省的国内单位向境外派出经济、贸易、旅游机构,到境外举办企业,其人员出国,除国家另有规定者外,授权海南省人民政府审批。

第二十二条 本规定未尽事项,海南省人民政府可按照国家有关经济特区的规定办理。

本规定的实施办法,由国务院有关主管部门会同海南省人民政府制定。

第二十三条 本规定自发布之日起施行。

国务院印发《关于深化物资体制改革的方案》并发出通知

《关于深化物资体制改革的方案》(以下简称《方案》)提出,当前物资体制改革的重点是:逐步取消国务院各部门管理物资的职能,将物资供应、销售机构并入物资部;在减少指令性计划的同时,全面推广石家庄市发展生产资料市场的经验;组织一些城市,根据各自情况进行物资体制改革试点工作。

据悉,我国物资体制改革将按照发展有计划商品经济的目标和“国家调节市场,市场引导企业”的机制模式,在加强重要物资宏观平衡的基础上,有步骤地缩小指令性计划,扩大指导性计划和调节,积极促进短线物资的生产,逐步建立有领导有组织的生产资料市场,保证国家重点需要,增强企业活力,促进有计划商品经济的发展。但由于物资体制改革牵涉面广,制约因素多,需要同计划、投资、价格、企业管理等体制的改革相配套,当前的改革将主要着眼于国务院各部门物资管理职能的理顺和地方生产资料市场试点工作。

由国务院物资体制改革领导小组提出的这一方案就改革物资计划管理、调整物资供销机构、发展有领导有组织的生产资料市场、增强物资企业的活力及加强物资部管理职能等问题做了详尽的阐述,并对各工业部门的物资销售机构和物资的供销办法等具体问题提出了设想。

国务院在印发《方案》的通知中指出,物资体制改革是深化经济体制改革的重要内容,对改变我国以产品分配调拨为主要形式的物资体制和条块分割的经济格局,发展有领导有组织的生产资料市场具有重要意义。国务院要求各部门、各地区积极支持,密切配合,坚决而又稳妥地把这项改革推向前进。

国家教委部署实施“燎原计划”

“燎原计划”的主要任务是,在做好普及教育工作的基础上,充分发挥农村各级各类学校智力、技术的相对优势,积极开展与当地建设密切结合的实用技术和管理知识的教育,培养大批新型的农村建设者;并积极配合农业与科技等部门,开展以推广当地适用技术为主的试验示范、技术培训、信息服务等多种形式活动,促进农业的发展。

北京大学庆祝建校90周年

党和国家领导人胡启立、李铁映、费孝通、雷洁琼、王汉斌以及屈武、周培源等参加了庆祝大会。

北京大学建立于1898年,以后又陆续汇入中法大学、燕京大学等校的师生。新中国成立以来,北大已为国家培养出52700多名大学毕业生和近4000名毕业研究生。目前全校有29个系、31个研究所和18个研究中心;有教师和科研人员3000多人,教授、副教授占1/3;有各类学生2万多名,其中研究生有2700多名;有外国留学生513人。北大与世界上21个国家和地区的78所大学建立了校际联系。经过最近10年来的建设和改革,北大已建成为包括自然科学、技术科学、人文科学、社会科学、管理科学、教育科学等多学科的新型综合性大学。

中共中央政治局委员、国务委员兼国家教委主任李铁映受李鹏总理委托,代表国务院和国家教委在庆祝大会上发表讲话。他热烈祝贺这所著名大学建校90周年,对于北京大学为我国革命和建设所作出的积极贡献表示衷心的感谢,向北京大学全体师生员工和在北大工作的外国专家,向应邀出席大会的各高等院校的领导同志和教育界的老前辈表示深深的敬意和亲切的慰问。他希望北大师生认真总结自己90年办学经验,希望北京大学在高等教育改革中更加发挥积极作用,进一步解放思想,勇于实践,培养出大批德智体全面发展、具有改革开放意识、实事求是、独立思考、勇于创造的合格人才。

庆祝大会还收到不少贺电、贺信。国际法院院长辛格博士在贺信中称赞北京大学对世界文化发展起了重要作用。北大“五四”时期的校友95岁的许德珩在病中给大会写来了贺信,并为北大题写了“科学园地,民主先锋”8个字。彭真也为庆祝活动题词,勉励北大师生继续奋进。

我国人工心脏研究首项成果通过鉴定

据《人民日报》报道,上海第二医科大学讲师钱坤喜等研制的“左心室辅助小型驱动装置”日前通过鉴定。专家们一致认为,这个装置体积小、重量轻、噪声低,能够有效地驱动气动人工心脏左心室辅助泵,适合于临床应用,特别是该装置采用直线电机—汽缸活塞组合一体的结构,有创新。这是我国人工心脏研究的首项成果,达到了国际先进水平。

5月5日

中共中央政治局常委乔石在北京同出席共青团十二大的浙江代表座谈

乔石勉励青年们在建设有中国特色的社会主义的伟大事业中继往开来,艰苦奋斗。

乔石回顾了我们党前仆后继、奋勇向前的历史。他说,推翻“三座大山”,创建新中国,来之不易,这是无数革命先烈流血牺牲和大批革命先辈经过漫长的艰苦卓绝的斗争换来的。无数事实说明,只有社会主义才能救中国,中国人民只有搞好社会主义建设才有出路,中国青年要把建设社会主义作为自己的崇高职责。

乔石说,中国人民要建设四化,只能在现有的条件下艰苦奋斗,勤俭建国。中国人要有骨气,要有民族的自豪感。否则,就不可能自立于世界民族之林,就不可能把中国建设好。

乔石在讲话中希望青年们继承革命传统,脚踏实地,埋头苦干,夺取新的胜利;希望社会各方继续关心、支持共青团的工作,使青年一代健康成长。

中共陕西省第七届委员会第一次全体会议选举张勃兴为省委书记

国务院副总理姚依林在人民大会堂会见日本通产大臣田村元

国务院副总理吴学谦在钓鱼台国宾馆会见缅甸外交部部长吴耶贡

国家教委 解放军总政治部就1988年军事院校从地方招收高中毕业生的问题联合发出通知

通知说,中国人民解放军48所军事院校124个专业1988年从地方招收5400余名应届高中毕业生,均从参加1988年全国普通高等学校招生统一考试的考生中录取。招生工作按国家教委的统一部署进行,严格执行《普通高等学校招生暂行条例》的有关政策。考生参加全国统一考试,提前单独录取。符合军事院校招生条件,志愿为国防建设服务的考生,可在所在中学报名,填写《报考军事院校志愿表》。凡第一志愿报考军事院校的考生,其成绩在当地最低控制分数线以上,各省、自治区、直辖市招生委员会应将他们的全部档案材料,提供给军事院校。

通知规定,凡地方中学推荐的优秀学生干部和三好学生,可优先录取。报考海军舰艇(潜艇)部门长或基层指挥专业的考生,体检合格,成绩达到当地最低控制分数线的也可优先录取。国际关系学院、外国语学院主要招收文史类的外语生,同时可兼录文史类的非外语考生和理工类考生,数量各占10%。政治学院可兼录理工类的考生,数量占25%,其中文史成绩突出的,可优先录取。

国家教育委员会、总政治部要求军事院校和地方有关部门,要密切配合,通力协作,搞好招生宣传教育,积极鼓励应届毕业生报考军事院校。所有招生人员都要坚持原则,秉公办事,杜绝不正之风。

社会主义初级阶段农村教育改革研讨会暨15省区农村教育管理研究会第一届年会在安徽青阳召开

会议召开时间为5月5日至9日。与会代表热烈探讨了我国农村教育改革的趋势、实施“燎原计划”的构想以及农村教育整体改革、职业教育发展模式等问题。

国家教委副主任王明达在会上指出,提高劳动者的素质是我国农村教育的主要任务。农村教育要像企业培养工人那样,培养既有扎实的文化基础知识,又有一定劳动技能的新型农民。各地要建立技术教育的网络和专门的基地,把提高劳动者的素质落到实处。

《将帅诗词选》(续集)出版

该书将由辽宁人民出版社出版发行。党和国家领导人李先念、徐向前、聂荣臻、萧劲光等欣然挥毫为该书题词。

该书载有在中国人民革命战争中建立赫赫战功的322位将领的585首诗词,并附有作者的生平简历,全书近百万字,绝大多数诗词是第一次刊出。诗词从不同侧面记述了这些战将们的理想追求、生活情操和战斗友谊。

《敦煌》在北京举行首映式

广播电影电视部副部长陈昊苏和该片总指挥德间康快都不约而同地指出："由中、日双方共同投资，中方协助拍摄的大型历史故事片《敦煌》上映了，这是中、日两国艺术家献给中日邦交正常化10周年的礼物，它向世界人民展示了中日文化交流的美好前景。"

出席首映式的还有文化部部长王蒙，中国对外友协会长章文晋，日本驻华大使中岛敏次郎先生和日本著名作家井上靖先生。

中国 日本 尼泊尔3国联合登山队双跨珠峰成功

联合登山队12人全部成功登顶，其中6人在人类登山史上首次成功进行了南北大跨越。并且首次有计划地实现了人类在珠峰顶上会师的目标。国务院和我国领导人向3国健儿表示祝贺。

5月6日

国务院总理李鹏在中南海会见缅甸外交部部长吴耶贡

中共中央政治局常委乔石在安徽考察

5月6日至17日，乔石在中共安徽省省委书记、省长卢荣景等同志的陪同下，到安徽省的合肥、马鞍山、芜湖、铜陵、黄山、安庆等地、市以及皖南山区的一些农村进行了考察研究。

乔石在考察时指出，抓好党的自身建设必须引起足够的重视。在改革、开放的新形势下，尤其要重视抓紧抓好党的思想建设、组织建设和作风建设。他说，党的十三大提出从严治党，这就要求我们各级党政领导特别是主要领导同志必须花大力气抓好党自身建设。我们要像抓经济建设那样，把党的建设经常放在议事日程上，扎扎实实地坚持抓下去，使我们的党不仅能经受住执政的考验，而且能经受住改革、开往的考验。

谈到党风建设时，乔石说，党的十一届三中全会以来，党风状况总的说是好的，绝大多数党员的基本素质也是好的，当然，也面临一些新的问题，群众议论较多。他指出，搞好党风建设是全党的一件大事，党政各级领导干部必须以身作则，做好表率，深入基层，深入群众，艰苦奋斗，扎扎实实地为群众办实事。领导干部党风好，才能影响和带动广大党员坚持与发扬党的优良作风。但是，从领导做起，并不意味着普通党员可以放松对自己的要求，每个党员都必须从自身做起，才能使我们党的优良作风发扬光大。

乔石说，我们要继承和发扬党的理论联系实际、密切联系群众和批评与自我批评的三大作风以及其他一些优良传统。党的十一届三中全会以来，这些优良传统和作风又有了新的发展。比如从农村经济体制改革开始的很多重大的改革措施，都是马克思主义同当前中国实际相结合，密切联系群众，尊重群众首创精神的优良作风的新发展。乔石说，发扬党的优良作风，在改革、开放的新形势下，要有新的标准、新的要求。要围绕党的十三大提出的"一个中心"，"两个基本点"，抓好党性教育和党风建设。

乔石说，我们不能采取搞运动的办法抓党风，而应当靠扎实有效的理想教育、纪律教育，使广大党员都能牢记共产主义理想，增强纪律观念，严守党规党法，做有理想、有道德、有文化、有纪律的模范。要大力表彰和宣传这样的优秀党员。乔石说，经济要搞活，为政要清廉。党政机关的党员干部都要保持廉洁奉公、艰苦奋斗的作风。对经不起改革开放考验而违犯党纪国法的，必须严肃处理。对腐败分子，则必须坚决清除出党。

中央政法部门在公安部联合召开全国治安工作电话会议

会议要求广大干警充分认识当前社会治安形势，采取切实有力的措施，严厉打击严重刑事犯罪活动，遏止刑事大案增加的势头，以保障人民正常的生活和工作秩序，保障改革、开放的顺利进行。

公安部副部长俞雷在会上通报了今年以来全国治安情况。他说，今年第一季度，全国共破获刑事案件86400多起，其中重大刑事案件23300多起；查处治安案件257700多起，保持了全国治安形势的基本稳定。但是，今年以来全国重大刑事案件继续大幅度上升，一季度全国大案立案比去年同期上升31.6%，各种社会治安问题也普遍增多，有些方面的问题还相当严重。

俞雷指出，随着天气转热，一些带有季节特点的刑事案件和治安问题也会随之增多。公安部要求全国公安机关继续坚持依法从重从快的方针，深入开展切实有效的严厉打击严重刑事犯罪活动的专项斗争和专项治理。要紧紧抓住那些干部群众反映强烈、对安全感影响最大、犯罪分子气焰嚣张的犯罪活动，予以有声势、有威力、有成效的专项打击。对于那些明火执仗抢劫于街头，公然横行霸道于乡里的流氓团伙和犯罪分子，要依法从重从快惩处。对严重暴力犯罪及拦路抢劫、拦路强奸等夏季多发案件，要时刻保持高度警惕，增强预防、紧急处置和快速侦破的能力，及时严厉惩处。对于流氓滋扰、哄抢公私财物等犯罪活动，要坚持露头就打的方针，坚决打击。

俞雷说，公安部要求全体公安干警在工作中严格依法办事，不断提高执法水平，主动接受检察、监察机关和人民群众的监督。要特别注意继续坚持从严治警的方针和走群众路线的优良传统，加强自身队伍建设，密切警民关系。

最高人民法院副院长林准、最高人民检察院副检察长冯锦汶，司法部部长蔡诚也先后在电话会议上讲话，要求各地法院、检察院、司法部门与公安部门密切配合，针对当地治安的突出问题，严厉打击各种犯罪活动。

国务委员兼公安部部长王芳主持了此次电话会议。最高人民法院院长任建新、最高人民检察院检察长刘复之，国家安全部部长贾春旺等出席了电话会议。

全国各省、市、自治区县以上政法机关的负责人参加了电话会议。

共青团中央负责人就团员证制度问题答新华社记者问

问：团员证制度是怎样产生的？

答：团员证制度是改革开放条件下产生的对团员进行管理的一种有效方式，是共青团组织制度的一项重要改革。农村经济体制改革初期，一些基层团组织为了解决在实行家庭联产承包责任制后，团员流动分散给管理带来的困难，制作团员卡片或团员证，注明姓名和团内职务，以此证明团员身份，这样全国相继出现了多种类型的团员证。随着农村改革的深入和城市用工制度改革的实行，流动团员日益增多。为了加强对流动团员的管理，1984年团员证制度便被纳入全团基层工作改革的日程。经过4年有计划、有步骤的试验，这种制度已初步形成。现在，在全国实行团员证制度的条件已经基本成熟。

问：团员证制度包括哪些内容？

答：团员证制度是共青团组织以团员证为媒介对团员进行管理的一项组织工作制度，由团员证和《中国共产主义青年团团员证管理暂行条例》构成。团员证的内容包括：团员的自然情况、团籍注册、团的组织关系转接、团员荣誉记载、超龄离团、备注，并附有团费收缴卡。团员证的主要功能有：证明团员政治身份；转接团员组织关系；进行团员年度团籍注册；记载团员获得的团内奖励；方便团员参加团内活动；作为团员参加团内民主选举和表决的资格证明；作为团员超龄离团的永久纪念。

问：实行团员证制度意义是什么？

答：团员证是团员政治身份公开的、法定的证明。团员在上级指定的范围内，可以持团员证参加团内的政治、文化、科技、娱乐等方面的学习和活动。团员在外出期间凭团员证与所到单位团组织取得联系，可以到指定的团组织参加活动。通过团员证对团员实行证件管理，取代战争年代延续至今的团员组织关系介绍信，有助于打破旧的团员管理地区分割、条块分割的格局，使团员在商品经济环境中参加团内和社会活动更具有主动性、灵活性。

中日经济知识交流会第八届年会在大连召开

参加本届年会的中日双方成员，围绕当前世界经济形势和中日经济技术合作两个议题，提交了21篇有价值的论文。双方对今后世界经济形势的短期和中长期前景进行了预测，重点对当前世界经济结构调整过程中出现的有利和不利因素交换了意见；对两国国内经济发展和政策的调整，也相互通报了情况。对中日经济技术合作中存在的问题，进行了比较深入的分析，坦率地交换了各自的见解。

中日经济知识交流会是从1981年开始举办的，每年开一次年会，分别在中日易地进行。

全国人大常委会在人民大会堂宴请由副议长何塞·安东尼奥·费尔南德斯·古斯曼率领的洪都拉斯国民议会代表团

全国人大常委会副委员长习仲勋在宴会上讲话时说，虽然中、洪两国意识形态和社会制度不同，但都是发展中国家，没有根本的利害冲突。中国愿意按照和平共处五项原则，发展同洪都拉斯的友好合作关系。

习仲勋还对中美洲的局势表示关切。他说，中国赞赏并支持中美洲五国政府和人民为实现地区和平所进行的努力，希望同该地区冲突有关的各方能够尊重中美洲人民的和平意愿，使这个地区的人民早日享受到和平与安定的生活。

费尔南德斯在讲话中说，洪都拉斯国民议会代表团来访的目的是深入了解中国人民的思想和习俗，了解中国在今天的伟大的经济发展和现代化的工作中所取得的成绩，了解中国的文化；尤其是要建立友好联系，搭起沟通双方的桥梁，开拓人员交往的渠道，交换思想和意见。

国务院副总理吴学谦在人民大会堂会见20位捷克斯洛伐克老专家访华团

吴学谦说，50年代至60年代，340多位捷克斯洛伐克专家曾经在中国许多经济部门工作，为帮助中国的社会主义建设贡献了自己的力量和青春，对此，中国人民是永远不会忘记的。他说："我们衷心地感谢捷克斯洛伐克专家在帮助中国进行社会主义建设中作出的努力。"他对来访的专家说："请你们回国后，向那些在中国工作过而这次没有来的老专家们转达衷心的问候。"

这次来旅行的老专家中年龄最大的72岁，最小的59岁。他们曾在中国的机械、石油、水电等部门工作过,回国时,大都荣获了周恩来总理授予的“友谊纪念章”,有的还荣获中国“社会主义劳动突击手”的称号。工程师拉基斯拉夫·切什卡说,30年来,他梦想过来中国,今天这种梦想终于实现了,他感到很高兴。他说:“访问中他看到了中国发生了巨大的变化。”

第六届大众电视“金鹰奖”评选结果揭晓

《西游记》等8部电视剧获优秀奖,孙悟空饰演者章金莱(艺名六小龄童)、严凤英饰演者马兰分获最佳男女主角奖。

同时获得优秀奖的有电视连续剧《雪城》《便衣警察》,单本剧《军魂》《血染的风采》《动物王国窃案》,儿童电视剧《跑跑的天地》,戏曲电视剧《西厢记》。

获最佳男女配角奖的是:《乌龙山剿匪记》中“钻山豹”的饰演者申军谊、《雪城》中“姚玉慧”的饰演者倪萍。《爱新觉罗·浩》和《秋白之死》同获特别奖。据评选办公室透露,参加这届“金鹰奖”评选的国产电视剧140部,全国数万名电视观众的投票意向表明:对电视剧的要求和兴趣正在转向娱乐性。

5月7日

中共中央政治局常委胡启立在人民大会堂会见由保共中央政治局委员潘乔·库巴丁斯基率领的保加利亚祖国阵线代表团

胡启立说,保加利亚祖国阵线和中国的政协是两个具有广泛代表性的组织。这两个组织建立友好关系对促进两国间的合作和两国人民的友谊、增进相互间了解都有重要意义。他祝愿这两个组织间已经建立的密切友好关系继续发展。

库巴丁斯基说,代表团有机会同中国各级领导和人民群众进行了接触,并就两国的改革等问题举行了座谈。他说:“我们双方对于改革中的一些问题的看法是一致的。”

全国政协副主席阎明复、秘书长周绍铮以及保加利亚驻华大使顿切夫等参加了会见。

全国人大常委会委员长万里在人民大会堂会见由副议长何塞·安东尼奥·费尔南德斯·古斯曼率领的洪都拉斯国民议会代表团

双方一致认为,中国和洪都拉斯两国虽然尚未建立外交关系,但是这并不妨碍两国议会之间加深了解,建立友好合作关系。

万里说,中国作为一个发展中国家,全面发展经济,把中国建设成现代化国家,需要国际上有一个和平的环境。因此,中国一贯主张独立、和平的外交政策。中国愿意同所有爱好和平的国家建立友好合作关系,加强相互之间的了解,建立友谊。

费尔南德斯说,历史上,洪都拉斯同中国有着共同的遭遇,因此,洪都拉斯人民对中国人民有着强烈的好感。

费尔南德斯表示,洪都拉斯人民愿意同中国人民一道为维护世界和平和进步而努力。

他认为,这次洪都拉斯国民议会代表团作为官方的第一个代表团访问中国,标志着两国人民和两国政府之间交往的开始,并相信这次访问对加强两国人民的相互了解、促进两国之间经济、技术合作有着重要的意义。

会见中,万里委员长还向客人们概要介绍了中国经济发展的情况,并一一回答了客人们提出的问题。

习仲勋副委员长会见时在座。

中国人民银行发出发行新版人民币的通告

根据1987年4月25日《中华人民共和国国务院关于发行新版人民币的命令》,我行将发行第二批新版(1980年版)人民币。现通告如下:

一、自1988年5月10日起在全国陆续发行壹佰元、贰元、壹元和贰角券新版人民币。

二、第二批发行的新版人民币的主要特征:

壹佰圆券:使用固定毛泽东浮雕侧面头像水印纸印制。幅长165毫米,宽77毫米。主色调为蓝黑色。正面中央主景是多色图案衬托的毛泽东、周恩来、刘少奇、朱德浮雕侧面头像,左上方印有“中国人民银行”字样,左下角和右上角分别印有“100”字样,右下角是面值“壹佰圆”字样盲文面值符号以及冠字号码。背面中央主景是井冈山主峰,中央上方是“中国人民银行”的汉语拼音字母,下方印有“1980”字样,左侧上方以古典图案托出中华人民共和国国徽,国徽下面是用汉语拼音书写的面值,左下角和右上角分别印有“100”字样,右下角印有蒙、藏、维、壮4种民族文字的中国人民银行字样和面值。

贰圆券:用满版古钱水印纸印制。幅长145毫米,宽63毫米。主色调为深绿色。正面右侧主景是维吾尔族、彝族人物头像。中间偏左在多色图案衬托下印有“贰圆”字样,左侧上方印有“中国人民银行”字样,左上角为中华人民共和国国徽,左下方是盲文面值符号。背面中央主景是南天一柱,上、下方分别印有“中国人民银行”和面值的汉语拼音字母,下方还印有蒙、藏、维、壮4种民族文字的“中国人民银行”字样和面值,右上、左上、左下角分别印有面值“2”字样,右下角印有“1980”字样。

壹圆券：用满版古钱水印纸印制。幅长 140 毫米，宽 63 毫米。主色调为深红色。正面右侧主景是瑶族、侗族人物头像，中间偏左是多色图案衬托的面值“壹圆”字样，左侧上方印有“中国人民银行”字样，左上角印有中华人民共和国国徽，左下方印有盲文面值符号。背面中央主景是长城，上、下方分别印有“中国人民银行”和面值的汉语拼音，下方还印有蒙、藏、维、壮 4 种民族文字的“中国人民银行”字样和面值，右上、左上、左下角分别印有面值“1”字样，右下角印有“1980”字样。

贰角券：用无水印钞票纸印制。幅长 120 毫米，宽 55 毫米。主色调为蓝绿色。正面左侧主景是布依族、朝鲜族人物头像，右侧是面值“贰角”二字，上方印有“中国人民银行”字样。背面中央主景是多色图案托出的中华人民共和国国徽，上方印有“中国人民银行”的汉语拼音，下方印有“1980”和蒙、藏、维、壮 4 种民族文字的“中国人民银行”字样和面值，左下和右上方分别印有面值“2”字样。

特此通告。

行　长　李贵鲜

1988 年 5 月 7 日

国家语言文字工作委员会和新闻出版署发布新近制定的《现代汉语通用字表》

收入 7000 个汉字的《现代汉语通用字表》，是现代汉字规范化的一项基础工程。有关方面专家在制定这个字表的过程中，曾参阅了有字频统计的多达 7000 万字的资料，并应用了计算机进行统计工作。专家认为，这个字表参阅和统计的资料是国内外此类工作中规模最大的，可靠性强，能满足出版印刷、信息处理等方面工作的需要。这个字表是在 1965 年发布的《印刷通用汉字字形表》的基础上增删制定的，字形标准未作新的调整。今后，印刷通用汉字字形即以这个字表为准。

首届海内外梅派艺术大汇演在上海举行

今年是梅兰芳先生诞辰 95 周年，为纪念这位杰出的艺术家，增进海内外梅派艺术家之间的合作交流，上海海外联谊会发起海峡两岸演员在大陆舞台联袂献演梅派名剧。

这次汇演名家荟萃，有老一辈艺术家杜近芳、童芷苓、杨荣环、张春秋，也有中青年优秀演员李维康、李炳淑、马小曼、夏慧华等，台湾的罗吟梅、美国的童小苓等艺术家也兴致勃勃参加了这次盛会。

10 天的汇演均系梅派传统名剧，如《贵妃醉酒》《霸王别姬》《宇宙锋》《洛神》等。引人注目的台湾第一梅派名票罗吟梅女士首次在大陆观看了梅派演出，她也是第一个在大陆演戏的台湾人。罗女士希望这次汇演成为大陆与台湾间文化艺术交流的一个良好开端。

国家教委 国家体委 卫生部 国家民委和国家科委在北京联合举行新闻发布会公布中国学生体质与健康状况调查及研究结果

调查表明，新中国成立以来，我国青少年儿童生长发育水平有显著提高。从 16 个省市省会汉族学生的调查资料看，1979 年以来按每 10 年折算，7 至 18 岁城市男生身高增长平均 3.13 厘米，体重平均增长 2.17 公斤；城市女生（同年龄组）身高平均增长 2.45 厘米，体重平均增长 1.43 公斤。农村学生提高幅度更大，男生身高平均增长 4.58 厘米，体重平均增长 2.98 公斤；女生身高平均增长 3.33 厘米，体重平均增长 2.33 公斤。少数民族学生生长发育水平同样有较大幅度的提高，其中藏族学生尤为突出：1965 年至 1985 年的 20 年间，7 至 17 岁的男生每 10 年身高平均增长 5.69 厘米，体重平均增长 2.5 公斤；女生身高平均增长 4.57 厘米，体重平均增长 1.94 公斤。

这次调查是 1985 年至 1986 年间进行的，共有 8000 名专业人员和 2000 名志愿人员参加。他们按照科研的要求，对 29 个省、自治区、直辖市 28 个民族的 7 至 22 岁大、中、小学学生的身体形态、机能、素质共 20 项指标及 9 种疾病进行统一的抽样检测，在全国建立了长期观测点 1279 个，检测人数达 98.4872 万人，共获得原始数据 1477.9341 万个。调查人员和专家们对这些数据和资料进行了大量的计算、分析和研究，最后由国内著名专家鉴定。这次调查具有较高的科学价值。国家教委已授予这项成果科研一等奖。

调查结果表明，我国学生体质、健康状况还存在不少问题，一是形态、机能的增长速度虽然较快，但这些指标的实际平均值仍低于日本。例如，12 岁和 22 岁两组的身高、体重、胸围，除 22 岁女生身高比日本平均高 1.75 厘米外，其余指标均低于日本。我国学生体型继续向细长型（豆芽型）发展，体重不足的问题比 1979 年的调查结果更为突出，肥胖并不带普遍性。二是身体素质指标增长不明显，例如，10 至 22 岁男、女生 50 米跑速度分别比日本慢 0.45 秒和 0.62 秒。三是视力不良问题非常严重。7 至 22 岁汉族学生平均视力不良率达到 34.26％，大学生视力不良率最高年龄组达 74.67％。龋齿也很严重。四是地区、民族、城乡之间发展不平衡，差别较大。

在新闻发布会上，国家教委副主任邹时炎说，学生体质健康状况调查将形成制度，长期坚持下去。从明年起，每年要检测10万人。10年作一次全面调查，总样本为100万人。他希望各有关部门和单位充分利用这一资料信息。

中国红十字总会在北京集会纪念世界红十字运动125周年

班禅额尔德尼·确吉坚赞、赵朴初等出席会议。

红十字会创立于1863年10月。为纪念创始人(瑞士)亨利·杜南，国际红十字组织1948年决定把他的生日——5月8日定为国际红十字日。现在，这个组织已拥有145个国家的2.5亿会员和数以万计的专职工作者，是世界上最大的群众性卫生救护和社会福利团体。

中国红十字会成立于1904年5月29日，是国际红十字运动的一个成员。到去年5月，我国大陆所有省、自治区、直辖市全部建立了红十字会，已拥有基层组织5.85万多个、会员485万多人。中国红十字会对内积极协助卫生部门开展救护、救灾和社会福利工作，对外加强多边联系增进各国人民的友谊和了解。近两年，为消除我国海峡两岸间的隔阂，增进骨肉同胞情感，中国红十字会还为查询失散的亲人，做了大量辛勤的工作。

1987年年底我国有城市381个人口达2.6亿人

据公安部统计，我国城市人口占全国总人口的24.5%(此统计未包括台湾省)。

去年我国新设城市32个，撤销4个，新设、撤销相抵后比1986年年底的353个增加28个市。

据公安部统计，1987年年底我国城市总人口(不包括市辖县，下同)已达26210万，比1986年上升0.1%。市总人口中非农业人口为12986万，占市总人口的49.5%，比1986年下降3.1%，其主要原因是新建市划入的农村地区较多。

1987年是近3年来城市人口增加最多的1年，比1986年的23324万人增加2886万，年增长率为12.4%，比1986年的10.1%上升2.3%。增加的原因主要是行政区划变动所致，共增加2344万人，占增加人数的81.2%；其次是自然增加273万，占增加人数的9.5%；还有机械增加269万，占增加人数的9.3%。

齐齐哈尔和南昌市的非农业人口首次超过100万，使我国非农业人口100万以上的城市由23个增加到25个。

城市数目最多的省是山东、湖北，各有25个，其次是湖南，有24个。1987年城市增加最多的省是江苏，共增加6个，现有城市21个，由1986年的第13位跃居为第4位。

非农业人口在100万以上的特大城市有25个。其中200万以上的仍然是1986年的北京、上海、天津、沈阳、武汉、广州、哈尔滨、重庆8个市，100万至200万的17个，50万至100万的大城市有30个，20万至50万的中等城市有103个，20万以下的小城市有223个。

城市总人口超过1000万的省有山东、湖北、辽宁、江苏、四川、广东、黑龙江、浙江、湖南、河北10个，比1986年增加了一个浙江省。其中山东、湖北城市人口已逾2000万。

14个沿海开放城市非农业人口在100万以上的有5个。深圳、珠海、汕头、厦门4个经济特区内1987年年底总人口分别为28.7万。

5月8日

共青团第十二次全国代表大会在人民大会堂闭幕

中共中央书记处书记阎明复出席了闭幕式。

1943名各族代表以无记名投票方式选举产生了165名十二届团的中央委员和70名候补中央委员。

大会在充分听取代表意见的基础上，通过了关于宋德福同志代表第十一届中央委员会所作的工作报告的决议；通过了关于实行团员证制度的决议；通过了关于确定《光荣啊，中国共青团》为代团歌的决议。

大会以多数票同意通过了团章部分条文修正案决议。

大会充分肯定了十一届团中央委员会的工作，认为我国青年运动在党的领导下取得了历史性发展。大会在认真总结共青团基本经验的基础上，提出了改革开放条件下共青团工作的指导思想。这就是贯彻党的基本路线，改革和活跃团的工作，代表和维护青年利益，努力培养四有新人，为建设有中国特色的社会主义英勇奋斗。

大会执行主席李源潮主持了会议。

大会的执行主席还有：宋德福、刘延东、张宝顺、李克强、洛桑、刘奇葆、冯军、李志伦、李学举、赵喜明、丁耀民、马文学、王小娟、王东华、王儒林、巴特尔、龙忠志、叶小文、叶保存、白合提亚尔·阿皮孜、江海燕、刘鹏、刘少杰、吉炳轩、李占永、李建国、宋秀岩、茅临生、杨传堂、佟立军、陈少勇、陈永康、张天理、张祖桦、郑牧民、罗保铭、金银焕、洛桑江村、胥昌忠、栗战书、黄树贤、黄跃金、覃彦瑞、鲍志强、强卫、蒲长城、缪合林。

共青团第十二次全国代表大会关于第十一届中央委员会工作报告的决议

中国共产主义青年团第十二次全国代表大会，批准宋德福同志代表十一届中央委员会所作的《在建设有中国特色社会主义的伟大事业中继往开来艰苦奋斗》的工作报告。

大会充分肯定了十一届中央委员会的工作。大会认为,党的十一届三中全会以来,在中国共产党的领导下,我国青年运动取得了历史性发展,共青团工作也取得了新的进展。

报告提出了改革开放条件下共青团工作的指导思想,这就是:贯彻党的基本路线,改革和活跃团的工作,代表和维护青年利益,努力培养四有新人,为建设有中国特色的社会主义英勇奋斗。大会认为,这个指导思想建立在认真总结共青团工作基本经验的基础上,符合党的十三大精神和青年工作实际,是正确可行的。依据这个指导思想提出的“带领青年为发展生产力艰苦创业”和“在改革开放的环境中造就一代四有新人”,是新时期共青团担负的重要历史使命。努力完成这两项任务,共青团将在社会现实生活中发挥愈益重要的作用。

大会指出,要积极稳妥地搞好团的体制改革。当前,团的体制改革要着重围绕扩大团内民主、改革组织制度、克服行政化倾向、转变活动方式、增强基层活力、参与民主政治等方面来进行。要通过坚持不懈的努力,把共青团建设成为社会职能和法律地位明确,民主生活健全,基层充满活力,能够代表青年利益,真正赢得青年信任的先进青年的群众团体。

大会号召,全国各族青年和全体共青团员,在走向未来的征途上,在十二届中央委员会的领导下,更加坚定地跟着中国共产党,为建设有中国特色的社会主义的宏伟事业继往开来,脚踏实地,艰苦奋斗!

共青团第十二次全国代表大会关于实行团员证制度的决议

中国共产主义青年团第十二次全国代表大会决定,本次大会之后在全国逐步实行团员证制度。

团员证是团员政治身份公开的、法定的证明。实行团员证制度,有助于加强团员与团组织之间的联系,建立起科学的团员管理机制;有助于启发团员意识,督促和保障团员履行义务,行使民主权利;有助于加强团组织之间的联系协作,促进团的工作社会化。大会认为,实行团员证制度,改革现行团员管理方式,对于团的组织建设适应改革开放和商品经济发展的社会环境具有积极意义。

大会要求,团的各级领导机关和团的基层组织要把实行团员证制度作为团的组织工作改革和团的基层建设的一项重要任务,从实际出发,因地制宜地确定工作步骤,保证团员证制度的顺利实行。

大会考虑到我国地域经济文化发展的差异,认为在少数条件尚不具备的地区,可以暂不实行团员证制度。

共青团第十二次全国代表大会通过《中国共产主义青年团章程部分条文修正案》

中国共产主义青年团第十二次全国代表大会,确定对《中国共产主义青年团章程》部分条文做如下修改:

(一)第一条第二段“团员年满28周岁,如果没有担任团内职务,应该办理离团手续。”改为“团员年满28周岁,如果没有担任团内职务,应该办理离团手续。团员年满25周岁,如果提出离团要求,也可以办理离团手续。”

(二)第十四条中“团的各级代表大会的代表和委员会的产生,要体现选举人的意志。选举采用无记名投票的方法,候选人名单要充分酝酿讨论。可以经过预选产生候选人名单,然后进行正式选举。也可以不经过预选,采用候选人数多于应选人数的办法进行选举。”改为“团的各级代表大会的代表和委员会的产生,要体现选举人的意志。选举采用无记名投票的方式。候选人的产生要广泛发扬民主,候选人名单要充分酝酿讨论。可以直接采用候选人数多于应选人数的差额选举办法进行选举,也可以采用差额选举办法进行预选,产生候选人名单,然后进行等额正式选举。”

第十四条增加一段“团的中央和地方各级委员会委员、候补委员中的专职团干部,调离团的岗位后,其委员或候补委员的职务自行卸免。委员缺额由候补委员按得票多少依次递补,卸免和递补须经全会确认。”

(三)第十五条中“团的中央和省、自治区、直辖市委员会,在两次代表大会之间,认为有必要时可以召集代表会议,讨论和决定需要由代表大会解决的某些重大问题。”改为“团的县级和县级以上委员会在必要时可以召集代表会议,讨论和决定需要由代表大会解决的重大问题。代表会议可以增选委员会的部分成员。增选委员会委员和候补委员的数额,不得超过该级代表大会选出的委员和候补委员总数的1/3。”

(四)第十八条第二款“讨论和决定全团的工作方针和任务。”改为“讨论和决定全团的工作方针、任务和有关重大事项。”

(五)第十九条第二段“中央委员会全体会议每年召开一次。”改为“中央委员会全体会议每年至少召开一次。”

(六)第二十条第一段“团的省、自治区、直辖市代表大会每五年举行一次。”改为“团的省、自治区、直辖市、省辖市、自治州代表大会每五年举行一次。”

第二十条第二段“团的自治州、县(旗)、自治县、市、市辖区代表大会每三年举行一次。”改为“团的县(市、旗)、自治县、市辖区代表大会每三年举行一次。”

(七)第二十一条第二款“讨论和决定本地区团的工作任务。”改为“讨论和决定本地区团的工作任务和有关重要事项。”

(八)第二十三条“中国人民解放军中团的工作,是军队政治工作的一个重要组成部分。军队中的团的组织在党委员会和政治机关的领导下,根据团中央委员会和中国人民解放军总政治部的规定和指示进行工作。”改为“中国人民解放军和中国人民武装警察部队中团的工作,是军队和武警部队政治工作的一个重要组成部分。军队和武警部队中团的组织在党委员会和政治机关的领导下,根据团中央委员会和中国人民解放军总政治部或中国人民武装警察部队政治部的规定和指示进行工作。”

(九)第二十四条第一段“工厂、商店、学校、机关、街道、人民公社、合作社、农场、乡、镇、人民解放军连队和其他基层单位,根据工作需要和团员人数,经上级团的委员会批准,建立团的基层组织。”改为“工厂、商店、学校、机关、街道、合作社、农(林、牧)场、乡、镇、村、人民解放军连队、武警部队中队和其他基层单位,根据工作需要和团员人数,经上级团的委员会批准,建立团的基层组织,其设置可以不完全与行政和党组织建制对应。”

第二十四条末“基层委员会由团员大会或代表大会选举产生,每届任期两年。”改为“基层委员会由团员大会或代表大会选举产生,每届任期两年。下设团委的基层团委每届任期可为两年到三年。”

(十)第二十五条第二款“宣传、执行党和团组织的指示和决议,充分发挥团员的模范作用,团结、带领青年努力完成党交给的任务。”改为“宣传、执行党和团组织的指示和决议,参与民主管理和民主监督,充分发挥团员的模范作用,团结、带领青年努力完成党交给的任务。”

(十一)第二十八条第一段中“主动向党委和上级团委提出团干部任免、调动的建议。”改为“主动向有关党委和团委推荐下级或同级团组织负责人人选,对团干部的调动提出建议。”

第二十八条第二段“团的各级组织要关心团干部的工作、学习和生活,努力帮助他们解决实际问题。”改为“团的各级组织要关心团干部的工作、学习和生活,努力帮助他们解决实际问题,积极为他们的成长和转业创造条件。”

(十二)第八章“团旗、团徽”改为“团旗、团徽、团歌、团员证”。

(十三)增加第三十四条“中国共产主义青年团代团歌为《光荣啊,中国共青团》”。

(十四)增加第三十五条“中国共产主义青年团团员证封面为墨绿色,象征着青春和朝气蓬勃的青年运动;封面上方印有红色烫金团徽,象征着共青团是团结教育青年的核心。团员证的作用是:证明团员资格和政治身份;转接团员组织关系;记载团员获得的团内奖励;进行年度团籍注册;作为团员超龄离团的纪念。”

国家副主席王震在人民大会堂会见罗马尼亚国防部第一副部长兼总参谋长斯特凡·古沙少将一行

中央军委主席邓小平签署命令授予空军试飞团团长黄炳新“试飞英雄”荣誉称号

黄炳新是河南省南阳县人,1964年入伍,历任飞行员、试飞员、大队长、副团长等职。

中央军委的命令说,黄炳新同志从事科研试飞工作16年来,牢记自己肩负的光荣使命,刻苦钻研,顽强拼搏,不畏艰险,奋勇攻关,出色地完成了科研试飞任务,为发展我国的航空事业作出了重要贡献。他先后在我国16种型号的歼击机和教练机上飞行2000多架次,保证了安全;他从事科研飞行800多架次,参加过4种新机的定型试飞,在12种机型上完成科研试飞任务110多项,全部取得数据;他主动承担了60项复杂、风险课目,冒着飞机可能失速、解体的危险,飞出了新型飞机的最大速度和最高升限;他先后14次正确处置空中重大险情,挽救了价值上亿元的国家财产和珍贵科研资料。1985年他担任团长后,带领全团苦干实干,创造了该团历史上完成科研试飞任务和飞行安全的最好成绩,连续3年被兰州军区空军评为先进团,个人先后9次荣立三等功。

中央军委的命令指出,黄炳新是我军现代化建设中涌现出来的突出典型。全军同志都要向他学习,学习他热爱本职、献身国防的崇高思想;不怕艰难困苦、不怕流血牺牲的英雄气概;勇于探索、对技术精益求精的工作作风,认真贯彻执行党的十三大和七届全国人大一次会议精神,切实搞好部队的各项建设和改革,为我军现代化建设作出新的贡献!

中央军委主席邓小平签署命令授予兰州军区防化学某团二连保障科研模范连荣誉称号

中央军委的命令说,兰州军区防化学某团二连,自1964年至1986年3月,先后数十次执行核试验下风保障作业任务,为国防科研事业作出了重要贡献。

中央军委的命令指出,二连党支部重视加强思想政治工作,努力把干部战士培养成为有理想、有道德、有文化、有纪律的革命军人。他们在极其艰难险恶的条件下,发扬英勇顽强、艰苦奋斗的革命精神,冒着生命危险,克服重重困难,胜利地完成了各项测量任务。他们牢记我军全心全意为人民服务的宗旨,先后24次参加地方抢险救灾,从险境中救出群众1400多名,抢救出物资价值200多万元。他们注重连队全面建设,干部战士以连为家,艰苦创业,自己动手,使连队的各种基本设施和物质文化生活得到全面改善。连队组建20多年来,曾26次被评为先进单位,14次受到军区通报表彰。

中央军委号召全军指战员向防化学某团二连学习,学习他们不畏艰难困苦,坚决完成任务的英雄气概;学习他们牢记我军宗旨,处处关心人民群众的崇高品质;学习他们热爱军队,献身国防现代化事业的主人翁责任感;学习他们严守法纪,令行禁止的过硬作风。中央军委命令要求全军部队要认真贯彻落实党的十三大和七届全国人大一次会议精神,改革创新。全面加强基层建设,为建设现代化、正规化的革命军队而努力奋斗!

中国选手在1988北京国际蹼泳邀请赛中破4项世界纪录获9枚金牌

江西发现一棵稀世红花檵木

据《人民日报》报道,生长在江西省萍乡市金山乡白鹤村的一棵四季开红花的檵木,最近经中国林业科学院专家鉴定,确认属目前世界尚未发现的新树种,是我国植物王国中的"国宝"。

檵木,亦称"檵花"、"纸末花",属金缕梅科,开白色花,每4至8朵集成头状花序,在我国南方到处可见。而这棵檵木开的却是世间少有的红花,且一年开4次。每当开花时节,绿树红花,如彩虹悬天。据称,这棵树已生长300多年,树高8.7米,胸围1.43米,是一棵生机盎然的特大檵木。

5月9日

国家主席杨尚昆在人民大会堂会见爱尔兰总统帕特里克·希勒里一行

会见时,杨尚昆主席说,当前中国面临的一个重大任务就是把我国建设得好一些。我们要达到这个目的,还要走很艰苦的路,要在主观上不犯错误,也希望同世界合作。

在会见开始时,杨尚昆主席对希勒里总统的访华表示热烈欢迎,并相信通过希勒里总统的访问,中爱两国友好关系会得到进一步的发展。希勒里总统表示,他能来中国访问是实现了一个梦想。他说,自从他担任总统以来,所听到的有关中国的信息,一个是和平,一个是友好,爱尔兰愿意同中国合作,为发展经济、维护世界和平而努力。

在谈到双边关系时,杨主席说,我们同爱尔兰的关系是好的,两国没有利害冲突,希望更进一步地发展同爱尔兰在各方面的关系。希勒里总统表示,爱尔兰一直密切关注着中国经济发展的进程,并对中爱两国双边关系的不断发展表示赞赏。他期待中爱文化、经济和贸易的交流能够更活跃地进行,希望中国在发展中一切顺利。

在谈到当前国际形势时,杨主席认为,世界大战在一段时期内不会发生,虽然美苏间的军备竞赛包含了一定的战争危险,但我们认为总的发展趋势是和平力量发展超过战争危险。中国的发展本身是一种和平力量,欧洲包括爱尔兰在内也属于和平力量。

参加会见的有:全国人大常委会副委员长廖汉生、中国政府陪同团团长、化工部部长秦仲达及外交部副部长周南等。

国家主席杨尚昆在人民大会堂会见由副议长何塞·安东尼奥·费尔南德斯·古斯曼率领的洪都拉斯国民议会代表团

杨尚昆对费尔南德斯说,我们国家目前正在发展、改革中,要把我们国家搞好,需要两个方面的因素,一方面要自己努力,力求不犯大的错误,力求比较顺利的发展;另一方面需要国际上各界朋友的合作,不论是大国还是小国,这种合作都是珍贵的。他说,中国的发展,没有国际间的合作是困难的,甚至是不可能的,这就是我们提出对外开放的根据。

杨尚昆说,我们的对外开放政策,不仅仅是对经济发展水平较高的国家,对经济发展水平不高的国家,我们也需要合作。

在谈到中洪两国关系时,杨尚昆说,中国同洪都拉斯两国虽然没有正式的外交关系,但是像议会这样的组织来中国沟通关系,起一个桥梁作用是很有意义的。他希望这个桥梁更加坚固。

费尔南德斯说,国民议会代表团访问中国的目的是了解中国,同中国建立联系,建立友谊。他说,中国人民的友好态度和克服困难的勇气给我们留下了很好的印象,中国政府实行的独立自主的、和平的外交政策使我们放心。他表示希望这次访问对两国友好合作关系的进一步发展产生积极作用。

全国人大常委会副委员长习仲勋会见时在座。

国务院总理李鹏在钓鱼台国宾馆会见爱尔兰总统帕特里克·希勒里

李鹏总理向客人介绍了我国的情况,他说,这一届中国政府将要进一步执行改革开放政策,改革将从原来传统的、高度集中的经济模式转变到有计划的商品经济,更多地发挥市场作用,同时保持国家的宏观控制,同时也将在物价、工资和财政间找到一个平衡点。

希勒里总统说,我们很欢迎中国的开放政策,中国由于国家大,影响也大,其重要性越来越明显。别的大国的话听来有着火药味,而中国的话却充满友谊与和平。

李鹏总理在会见中阐述了中国独立自主的和平外交政策。他对美苏达成中短导协议、谈判削减50%的战略核武器及世界出现一些缓和的形势表示欢迎。但他指出,我们不能因此而对战争危险产生麻痹情绪。即使美苏达成削减50%战略核武器协议,美苏核武库仍占全世界核武库的90%以上,仍然可以毁灭人类若干次。而且,美苏间的军备竞赛正在向高科技和外空发展,这对人类的威胁更大。所以,全世界仍然要为和平而奋斗。

李鹏说,欧洲、包括西欧和东欧是一支和平力量,中国愿意看到一个联合的强大的欧洲,欧洲是中国在经济和科技方面的一个合作伙伴,希望东、西欧加强接触与合作。他还向客人介绍了中美、中苏关系的现状。

全国人大常委会委员长万里在人民大会堂会见匈牙利最高检察长希亚尔托·卡洛伊

万里说,中国是社会主义国家,一定要有健全的民主与法制。七届全国人大的重要任务是进一步发扬民主,加强和完善立法工作,加强法律监督,同时要改善选举工作。

万里说,中匈两党两国有着良好的关系。两国的检察机关加强交往、交流经验是很有意义的。

希亚尔托·卡洛伊说,今天上午他同中国最高检察院检察长刘复之举行了会谈,双方就两国检察机关的工作情况和面临的任务交换了意见。他认为,这对双方都是有益的。

国务院委托公安部在北京召开全国居民身份证工作电话会议

会议上,公安部副部长俞雷介绍了全国发证工作的情况:截至今年3月底,全国有1548个城市和县开展了发放居民身份证工作,319个市县基本完成了发证任务。累计发证件两亿份,占应集中发证总人数的23%。

俞雷在电话会上介绍说,发证工作开展以来,一批市县通过使用、查验居民身份证,进一步提高了广大人民群众对身份证作用和意义的认识。实践证明,居民身份证的使用,有利于公民证明身份,有利于维护社会治安,有利于社会有关部门顺利开展业务工作,适应开放、搞活的形势需要。

国务委员兼公安部部长王芳在会上说,居民身份证是经国家最高权力机关正式立法的唯一法定的个人身份证件。这种证件在全国各地都可使用,具有广泛的社会性,又有较好的防伪性。因此,办好居民身份证是对我国现行户口管理制度的重大改革,是在改革开放新形势下,加强治安行政管理的重要措施,是我们国家行政管理体系的一项重要建设。他要求各省、自治区、直辖市人民政府将颁发居民身份证工作纳入工作日程,领导和协调政府有关部门,按照国务院的规定解决人员、经费等具体问题,确保明年中华人民共和国成立40周年大庆前夕5亿发证任务的完成,在全国实施居民身份查证查验制度。

主持电话会议的国务院副秘书长王书明指出,颁发居民身份证是政府管理社会事务的一项重要工作,仅靠公安部门是不可能顺利完成任务的。他希望各级政府的主要负责同志予以重视,社会各有关部门积极配合公安机关搞好这项工作。

国务院副总理田纪云在华盛顿与美国副总统乔治·布什举行会谈

布什表示,美国十分重视美中关系。不论美国今年大选的结果如何,对华友好都将是美国共和党与民主党的一致政策。

田纪云副总理在会谈中指出,中美关系的稳步发展不仅给中美两国人民带来了好处,而且成为维护世界和平与稳定的重要因素。

《世界新闻史纲》出版

该书由福建人民出版社出版,作者陈力丹。这是新中国成立以来我国大陆研究者出版的第一本世界新闻史专著作,内容包括世界新闻史发展概述和16个主要国家的新闻史,涉及约60个国家的共运新闻史。

国务院发出通知公布第二批国家级森林和野生动物类型自然保护区名单

通知说,国务院同意林业部提出的第二批国家级森林和野生动物类型自然保护区(共计25处),现予公布。望各地根据《中华人民共和国森林法》及国务院批准的《森林和野生动物类型自然保护区管理办法》规定,落实保护范围和保护对象,采取各种有效措施,防止乱砍滥伐森林,制止乱捕滥猎珍贵稀有野生动物,做好保护区的管理和建设工作。有关保护区的机构、人员编制和经费由地方政府解决。

通知中公布的第二批国家级森林和野生动物类型

自然保护区名单如下：

雾灵山自然保护区（河北省）；历山自然保护区（山西省）；大青沟自然保护区（内蒙古自治区）；白石砬子自然保护区（辽宁省）；双台河口自然保护区（辽宁省）；丰林自然保护区（黑龙江省）；呼中自然保护区（黑龙江省）；古牛绛自然保护区（安徽省）；梅花山自然保护区（福建省）；鄱阳湖候鸟自然保护区（江西省）；长岛自然保护区（山东省）；鸡公山自然保护区（河南省）；宝天曼自然保护区（河南省）；坝王岭自然保护区（海南省）；内伶仃岛——福田自然保护区（广东省）；车八岭自然保护区（广东省）；茂兰自然保护区（贵州省）；白马雪山自然保护区（云南省）；哀牢山自然保护区（云南省）；周至自然保护区（陕西省）；牛背梁自然保护区（陕西省）；兴隆山自然保护区（甘肃省）；祁连山自然保护区（甘肃、青海两省交界处）；贺兰山自然保护区（宁夏回族自治区）；六盘山自然保护区（宁夏回族自治区）。

这批保护区大多是从1980年以来由各省、自治区人民政府陆续批准建立的。这些保护区有丰富的野生动植物资源和典型的地貌、植物景观，栖息着华南虎、金丝猴、猕猴、长臂猿、金钱豹、白唇鹿、白鹤、大灵猫等国家重点保护动物。

5月10日

中共中央总书记赵紫阳在中南海会见爱尔兰总统帕特里克·希勒里一行

国务院副总理姚依林在钓鱼台国宾馆会见联邦德国退休专家沃纳·格里希

全国人大常委会委员长万里在人民大会堂设宴欢迎由议长弗朗西斯科·博丁·恩加洛率领的赤道几内亚人民代表院代表团

万里说，中国和赤道几内亚都是发展中国家，都面临着发展经济、改善人民生活的共同任务，两国应进一步密切友好合作关系。

他说，恩加洛议长这次率代表团对中国的访问，是两国关系中的一件大事，将增进两国议会和人民之间的相互了解和友谊，为推动两国关系的继续发展作出积极的贡献。

万里高度赞扬赤道几内亚政府和人民在奥比昂总统的领导下，为维护民族独立和国家主权，为振兴经济建设国家所做的不懈努力。

恩加洛说，他和他的代表团的访华证明了中国和赤道几内亚之间的友好关系。以奥比昂总统为首的赤道几内亚政府正致力于发展同全世界一切友好国家包括中国在内的友好关系。他感谢中国在赤道几内亚独立初期，对它在道义和物质上的支持。

全国人大常委会副委员长陈慕华等出席了宴会。

美国总统里根在白宫会见国务院副总理田纪云

里根说，他对近时期来台湾海峡局势的新发展和海峡两岸的交往表示欢迎。他还表示美国将努力促进这种发展的环境。

里根对田纪云说，美国重视同中国的关系，并对中美关系的积极发展充满信心。美国对华政策的坚定基础是只有一个中国，这一政策得到美国共和、民主两党广泛一致的支持。美国将忠实地执行中美之间的三个联合公报。里根说："我们高兴地注视着去年以来，特别是最近几个月以来台湾海峡局势的新发展，欢迎中国大陆与台湾之间进行的交往。这有利于缓和海峡两岸的气氛。我们希望这一进程能够继续发展下去。美国将努力促进这种发展的环境。美国的这一政策是始终如一的，坚定不移的。"

田副总理对里根总统关于美国将努力促进有利于台湾海峡两岸来往的环境表示赞赏，并希望美国能进一步采取切实措施推动台湾海峡两岸早日实现"三通"。他说："我们相信，美国在推动中国实现和平统一方面是可以有所作为的。"

田副总理说："今年是中美建交的第十个年头。建交以来，中美关系得到了显著的发展。中国政府历来重视中美关系，并把发展中美关系置于我国对外关系的一个重要位置。中美之间具有发展友好合作关系的巨大潜力。我们真诚希望，中美关系能够在三项联合公报所确定的原则基础上得到健康、长期、稳定的发展。"

田副总理还说："前不久成功地召开的七届人大一次会议进一步肯定了改革、开放的路线，并确定了一系列深化改革和扩大开放的方针和政策。这对中美两国关系的深入发展，特别是扩大两国间的经济技术合作和贸易往来，提供了良好的机会。当今，中美两国贸易有了显著发展，但这与中美两个大国的地位仍很不相称。"他希望美国工商企业界能到中国投资，积极参加与中国的经济合作，这对双方都是有利的。

地震对策国际学术讨论会在北京召开

据《人民日报》报道，本世纪以来，全世界因地震灾害死亡260多万人的严酷事实，以及目前尚不能准确无误地进行预报的现状，使得今天在北京召开的的内容，涉及地震前后各个方面，诸如学生恐震跳楼事件的探讨。

专家们论及的不少地震对策，都颇有参考价值。

地震未发，却仓皇跳楼，这是江苏省地震局研究人员提供的例证。1984年5月21日，中国南黄海发生6.2级地震。震后，在震区附近的南通、扬州、镇江、南京、无锡等地大学生中引起恐慌。他们常将一些非地震声响误以为发生了地震，相继出现了数百人次的跳楼事件。研究人员对58个经历过跳楼事件的人进行调查后认为，要避免人们重蹈无震跳楼的悲剧，有效对策是组织必要的预震演习，普及地震知识，提高群众对地震灾害的心理承受能力。

意大利政府在这方面就有可资借鉴的经验。意大利学者在论文中提供情况说，这个位于欧洲亚平宁半岛的国家，自70年代末期，已为中学生制定并安排了地震教育课程，主要包括什么是地震？地震在哪里发生？我们如何保护自己等内容。

成功地预报地震会大大减轻地震灾害，虚报地震呢？近年来我国山西、陕西都曾发生这样的问题。山西某县一次虚报地震，仅3天时间，就损失电16万度、化肥150吨、煤1800吨。不少群众人心惶惶，仿若死期将至，卖掉口粮、大吃大喝。与会研究人员认为，地震预报是件严肃的事情，必须按有关规定办事，否则后患无穷。

与会的地震专家认为，大震爆发前的瞬间，部分人逃生是可能的，关键是在发现大震前的初期震动，以及地声、地光自然预警现象后，尽快应急避震。河北省地震部门有关专家通过对千余名亲身经历过唐山地震幸存者的调查，估算出唐山地震的自然预警时间在10至20秒之间。在这样的瞬间，如能保持镇静，是有可能应急躲避或减轻地震伤害的。

来自中国、美国、日本、苏联、南斯拉夫、澳大利亚和中国香港的18个国家与地区的近400名代表参加了这次会议。他们在以后3天的会议中，将就地震预报、工程抗震、震前准备与救灾3个方面探讨抗震对策。

中国首家服装学院在北京成立

王震、廖汉生等领导同志，同2000名师生员工一道，共同庆祝北京服装学院的诞生。

新建立的北京服装学院除原有的纤维材料工程等4个系外，增设了服装和工艺美术两个系，将办成以服装为龙头，以纤维材料科学为基础，兼具艺术、理工、经济管理的综合性院校。纺织工业部部长吴文英在命名典礼上勉励全体师生员工，接受这一光荣的历史任务，把学院早日办成一座现代化的、具有中国特色的服装高等学院。

董锡玖和刘恩伯被列入《世界名人录》

中国艺术研究院舞蹈研究所对唐、宋、元舞蹈史、敦煌石窟乐舞有所研究和贡献的研究员董锡玖(女)和研究汉画像石乐舞、民间舞蹈的副研究员刘恩伯，已被列入美国《世界名人录》第9版。他们作为我国舞蹈研究工作者，被列入这部著名的名人录还是第一次。

第二届“和平杯”中学生歌手大赛在北京民族宫礼堂举行

全国政协副主席、中国人民争取和平与裁军协会会长周培源、民革中央副主席、政协常委侯镜如、宋庆龄基金会秘书长江敬文等领导同志为获奖小歌手授了奖。

本届大赛是由中央电视台、和平音像出版社、北京市东城区少年宫和中国人民争取和平与裁军协会等6个单位联合主办。著名诗人艾青和作曲家谷建芬特意谱写了歌曲《祝愿》，与青少年共同祝愿世界的和平。北京的425所学校2200名小歌手参加了本届大赛。

中国当代话剧文学学术讨论会在烟台召开

会议召开时间为5月10日至5月18日。来自全国20余所高校及16家研究院(所)、报刊、出版社编辑部从事话剧文学研究的专家、学者、研究人员约60人与会。会议认真研讨了新时期话剧文学的发展规律，认为从1977年以后，话剧经历了复杂的发展过程。他们探讨了探索话剧立足中国戏剧文化，具有包容西方戏剧文化的大文化观和大戏剧观的总体特色。并就话剧如何争取观众，走雅俗共赏的道路等问题进行了热烈讨论。

第二届全国烹饪技术比赛在北京举行

全国人大常委会副委员长习仲勋、陈慕华等以及中央、北京市有关部门的领导出席了开幕式。

参加本届烹饪技术比赛的共34个代表队，是由商业、旅游、铁路、解放军、工交企业以及中央国家机关的企事业单位中经过严格认真选拔推荐的。参赛选手达200人，比第一届多了1倍。在国内外享有盛名的广东特级厨师黄振华，江苏特级面点师徐永珍以及荣获卢森堡国际烹饪大赛金牌奖的北京冷菜厨师张志广等，都将参赛献艺。

比赛于5月18日在人民大会堂闭幕。通过全国各地选手们奋力拼搏和精彩表演，共决出金牌81块，银牌130块，铜牌205块，3项全能奖杯10个，特别奖5个。浙江、解放军、上海、天津、辽宁、北京、江苏、广东等8个代表队荣获团体优胜奖杯。

沈从文逝世

著名文学家沈从文先生，于5月10日晚因病在北京逝世，享年86岁。

沈从文，1902年年末出生在湖南凤凰县一个中医之家。著有《边城》《长河》《从文自传》《湘行散记》等名作。他曾任第二、三、四、五届全国政协委员，第六、七届全国政协常委。

5月11日

邓小平入选美国《世界报》评选的十年风云人物

美国《世界报》月刊5月号评选出中国领导人邓小平和英国首相撒切尔夫人为1978—1988年十年风云人物，认为他们两人是“最代表时代精神的社会人士”。

文章说，邓小平的革命“可能使这个世界上人口最多的国家在21世纪变成前所未有的繁荣和强大的国家”。

该刊国际部负责人、曾在3位美国总统手下当过内阁成员的埃利奥特·理查德森在投邓小平的票时说：“他(邓小平)以自己的远见、魄力和技巧发动了一场新型的革命。他逐步放下了权力，这种做法是前所未有的，其潜在的影响同样空前深远。”

共青团第十二届中央委员会第一次全体会议在北京举行

全会再次选举宋德福为团十二届中央书记处第一书记，刘延东、李源潮、张宝顺、李克强、洛桑、刘奇葆、冯军为书记处书记。

出席会议的团十二届中央委员以无记名投票方式差额选举产生了25名团十二届中央常务委员会委员，他们是冯军、刘鹏、刘延东、刘奇葆、李刚、李冰、李克强、李学举、李建国、李源潮、宋德福、张宝顺、张祖桦、陈海燕、罗保铭、柳斌杰、赵喜明、洛桑、胥昌忠、徐永光、徐祝庆、黄跃金、覃志刚、强卫、鲍志强。

中共中央书记处书记阎明复出席了全体会议。他就共青团十二大和十二届一中全会的圆满成功向大家表示祝贺。他说，胡启立同志在团十二大开幕式上代表党中央致的祝词集中表达了党中央和老一辈无产阶级革命家对全体共青团员和各族青年的深厚感情和殷切希望。希望确实在青年。

宋德福在全会上讲了话。

全会通过的公报号召全团各级组织、全体共青团员和各族青年，积极落实团十二大提出的各项任务，紧密团结在党中央的周围，在建设有中国特色的社会主义现代化强国的伟大事业中贡献自己的全部力量。

共青团十二届中央委员会委员162人，候补中央委员64人出席了全会。

全会还就如何改进和加强团中央委员会的工作进行了讨论。

国务院总理李鹏出席在西安举行的全国10城市蔬菜体制改革会议并讲话

李鹏说，蔬菜在我国人民的食品结构中占有重要位置，而蔬菜供应是一件非常复杂的工作。按照我国人民的习惯，差不多每人每天平均要吃8两到1斤菜。因此，蔬菜供应的好坏，直接影响着人民的生活，甚至影响到社会的安定，已经成为当前城市工作中的一个突出问题。

解决蔬菜问题的出路何在？李鹏指出，出路就是继续坚持改革开放的方针。只有改革，才能进一步调动菜农生产蔬菜的积极性，才能搞好蔬菜的供应和流通环节，进而稳定蔬菜价格。改革的基本方向是放开，更多地用价值规律来指导蔬菜生产和供应。在供销体制方面，实行国家、集体、个体多种渠道，进一步活跃蔬菜市场。但是，要达到价格放开这样一个目的还需要有个过渡。在过渡阶段中，我们的方针应该是管和放相结合。至于管多少、放多少，应因地制宜，根据各个城市的不同情况，包括自然条件、蔬菜生产、供应情况、人民的生活习惯，特别是商品经济的发展程度来确定。但是，总的目标应该是逐步增加放的成分，向商品经济过渡。当然，在确定放的程度时，还必须充分考虑当地群众的承受能力。

谈到蔬菜经营管理体制时，李鹏说，各地的经营体制不必强求一致。可以是产供销一条龙的方式，也可以采取各口分管，市政府设点协调组织的方式。但有一个问题要注意，这就是解决蔬菜问题上小生产和大需求的矛盾。蔬菜市场是个大需求，但生产基本上以菜农家庭联产承包为主，规模小，且生产分散。怎么按照商品经济的原则来解决这个矛盾，是搞好蔬菜生产需要解决的一个突出问题。有些城市组织蔬菜公司对菜农进行产前产后服务，包括种子、生产资料的供应，合同订购，提供贮运设施、工具等。这些做法，既符合现代化生产的特点，又符合我国现阶段商品经济还不很发达的具体情况；既保留了菜农包产到户后的生产积极性，又适应了市场的需要。

李鹏谈到，在蔬菜生产中要降低成本，提高抗御自然灾害的能力，推广新技术，保证水利设施，就需要扩大蔬菜的规模经营。在我国，要提倡和扶持蔬菜专业户、专业村，或适当地实行集体生产等。因为适度的规模经营，不仅能够提高劳动生产率，而且有利于解决小生产同大需求的矛盾。目前，许多城市蔬菜供应紧张的一个原因，就是蔬菜种植面积减少。因此，保证一定的蔬菜种植面积，是改善城市蔬菜供应的一个基本环节,要用“菜园子”来保“菜篮子”。城市要采取有效措施严格保护城市郊区的蔬菜种植面积。同时,城市的蔬菜基地要从近郊向远郊以至邻近的县延伸,甚至向外地延伸。今后,近郊区的菜田,可以尽量种些细菜,以满足较高层次的消费;远郊区将来要作为生产大路菜的基地,还要发展一些邻近的县作为补充。

怎样处理好蔬菜供应中几个必须引起重视的问题,如春淡、秋淡、冬贮以及保证生产蔬菜所需要的生产资料,如薄膜、化肥、农药等,李鹏提出了解决的构想。他说,解决淡季蔬菜供应的一个办法,就是在本城市以外,利用季节差,建立补淡蔬菜基地。从长远看,补淡基地离本城市相对近一点比较经济,从最南方到最北方长途贩运不是一条路子。补淡,还要提倡我国人民长期以来形成的补淡的传统办法。北方城市冬贮大白菜的生产和供应是关系到半年蔬菜供应是否稳定的大事,必须作为重点抓紧抓好。

为保护菜农的积极性,让他们放心地种菜,李鹏提出除继续给予优惠的政策外,还要建立蔬菜风险基金。他说,在遭受到自然灾害的时候,要能够给菜农一定的补贴、补助,在出现一些难以预料的供大于求的时候,要提供保护价格。国家和地方还要采取一系列优惠政策,对菜农给予扶持,增加投入。特别是农用生产资料,要采取措施直接供应到农民和菜农手中。

李鹏最后说,蔬菜的生产、供应牵涉到城市的各个环节,因此除了由主管的副市长抓这件工作外,市长必须亲自动手,协调各方面的矛盾抓好蔬菜的生产工作,以做到供应比较充分,价格比较稳定,品种比较多,市场管理比较好,使市民比较满意。一个城市工作的好坏,要由群众来评价。在群众评价的时候,蔬菜供应的好坏将成为考核市长及市政府政绩的一个重要标准。

全国公证工作会议在北京开幕

会议从5月11日至15日共5天。国务委员王芳代表国务院讲话,他说,这次会议标志着公证制度的建设和公证工作的开展取得了很大的进展,进入了新的阶段。

王芳说,国务院希望各级政府要进一步提高公证机关在社会主义经济建设和法制建设中的地位,充分发挥公证机关的职能作用,并要尽力帮助解决他们在工作中遇到的困难,为他们创造必要的工作条件。同时也要求各有关部门尊重和支持公证处的工作。各级司法行政部门,要采取有效措施,增强公证处的活力,调动公证人员的积极性。

司法部部长蔡诚在会上回顾了9年来我国公证工作的情况后认为,公证工作的开展在我国现代化建设中发挥了不可忽视的积极作用,产生了良好的社会效果。

据介绍,在目前的公证工作中,涉外业务已占相当大的比例。其中,为外国公民在中国发生意外事件和处理法律事务办理了死亡、清点遗产等公证。在重庆、上海等地发生空难、车祸事件后,公证机关几天内就为死难的外国人、港澳同胞办齐了所有公证,受到了外国驻华大使馆和有关方面的好评。

但是,蔡诚认为,由于我国公证制度重建时间不长,公证部门的职能作用还没有完全被人们认识,有的部门和领导对公证工作的重要性认识不足,公证工作开展过程中遇到的一些困难和问题得不到及时解决。同时,我国公证立法不健全,也在一定程度上影响了公证工作的开展。

蔡诚特别强调,随着对外经济技术交流与合作的不断发展,尤其是沿海经济发展战略的实施,涉外公证数量必将大大增加。他要求把为改善投资贸易环境而做好公证工作作为一项重要任务来抓。除办好中外合资、中外合作经营、三来一补、贷款、租赁、技术转让和设备引进合同、担保书的公证外,还要为我国企业到国外承包工程、投资、成立公司等提供服务,办好公司章程、资产负债表、营业执照、法人资格、委托书及劳务出口的有关公证。

最高人民法院副院长祝铭山在会上表示,公证工作是我国司法制度的一个重要方面,和法院审判工作有密切关系。他再次明确指出,人民法院在民事、经济审判中,对于经过公证机关证明了的法律事实和文书,只要没有相反的证据足以推翻公证的证明,就确认其有效。他说,事实上,公证往往具有无可争辩的证明力,成为人民法院认定案件的重要依据。

我国广告事业健康发展

据《人民日报》报道,10年前还是空白的我国广告事业,目前已成为沟通产销、引导消费的重要媒介。国家工商局广告司提供的数字表明,1987年,全国广告经营单位已有8200多家,广告营业额达11亿多元,广告业从业人员逾9万,分别比上年增长18.4%、31.6%和13.6%。

据了解,去年在各类广告经营单位中,广告公司增加最快,已近800家,营业额仅次于报纸,达2.8亿多元。兼营广告的报纸、电台、电视台分别增加13%—15%。其中,电视台广告营业额1.7亿元,增长47%;报纸3.55亿元,增长39%;广播电台4700万元,增长32%。

从广告内容看,用于宣传生产资料、日用工业品的仍占鳌头,占总营业额50%以上;宣传文化、教育、体育的约6000万元,占总营业额3.5%左右。广告司有关负责人说,随着有关法规的颁布实施,目前中央、省级广告媒介刊播的广告,已基本杜绝前几年令群众头疼的虚假现象。

全国人大常委会副委员长彭冲在人民大会堂会见侨居日本的海外著名专栏作家李嘉先生

国务院副总理吴学谦在北京设宴欢迎由朝鲜政务院副总理金福信率领的朝鲜党政代表团

中国不丹第五轮边界会谈在北京举行

外交部举行新闻发布会驳斥日本内阁国土厅长官奥野诚亮再次为日本侵略战争所进行的辩护

5月9日,奥野在众院决算委员会会议上说,日本当年并没有侵略的意图。

外交部发言人就此评论说,今年以来,日本一再出现这种言论,说明在日本确实有些人,甚至是担任国务大臣的人对过去日本的侵略战争并无反省之意,这不能不引起一切爱好和平的国家和人民的警惕。

有记者问到,前不久日本外相宇野宗佑访华时中日双方是否提及奥野一事。

发言人说,宇野外相在中国访问期间,双方就双边关系和共同关心的国际问题友好、坦率地交换了意见。

双方表示要按照中日联合声明和中日和平友好条约的原则来处理中日间存在的问题,继续发展两国的友好关系。

外交部举行新闻发布会指出越南所谓谈判建议是为掩盖侵略扩张

外交部发言人在回答记者提问时指出:"颠倒黑白、欺骗世界舆论是越南当局的惯用伎俩。越南在挑起'3·14'冲突事件之后,仍在继续非法抢占中国南沙群岛岛礁,在这一地区制造紧张局势。"发言人说,只要越南停止挑衅,停止抢占中国南沙群岛的岛礁,并从它侵占的中国岛礁上撤出去,冲突就能避免。

在回答记者提出的有关南沙群岛目前局势的问题时,发言人说,现在连越南外交部官员都承认,越南到目前为止已非法侵占了中国南沙群岛的20多个岛礁。他说,至于中国派船只到南沙海域进行科学考察,这完全是中国主权范围内的事情,越南方面根本无权干涉。由于中国在南沙海域一直采取十分克制的态度,3月14日以后,双方没有发生新的武装冲突。

发言人再次要求越南从它非法占领的中国南沙群岛的岛礁上撤出去。

中央军委主席邓小平签署命令授予老山地区防御作战有功单位及个人荣誉称号

命令说,老山地区防御作战部队在防御作战期间,发扬高度的爱国主义和革命英雄主义精神,不畏艰险,机智果敢,团结奋战,沉重打击了敌人的嚣张气焰,保卫了边境的安全,维护了祖国的尊严,涌现了一批功绩突出的英雄模范。中央军委决定:

授予步兵某团4连"老山作战坚守英雄连"荣誉称号;授予某炮兵团5连"老山作战神炮连"荣誉称号;授予某炮兵团2连"老山作战神炮连"荣誉称号;授予步兵某团4连班长孔德年"战斗英雄"荣誉称号;授予步兵某团8连战士向小平"战斗英雄"荣誉称号;授予步兵某团工兵连排长尤建华"排雷英雄"荣誉称号;授予步兵某团8连排长张茂忠"战斗英雄"荣誉称号;授予步兵某团8连政治指导员朱厚良烈士"模范政治指导员"荣誉称号。

中央军委希望受奖单位和个人保持荣誉,戒骄戒躁,认真总结经验,为国防事业作出新的贡献。全军指战员都要向他们学习,学习他们忠于祖国、勇于献身的革命精神;学习他们生死相依、团结奋战的崇高思想;学习他们执行命令、严守纪律的优良品质;学习他们不畏艰险、英勇顽强的战斗作风。全军各部队要认真贯彻落实党的十三大和七届全国人大一次会议精神,勇于开拓,锐意进取,切实搞好我军的各项改革,扎扎实实抓好基层建设,为完成保卫祖国、建设祖国的光荣任务,为加强现代化、正规化革命军队建设而努力奋斗!

中央军委主席邓小平签署命令通令嘉奖老山地区防御作战部队指战员

嘉奖令说,担负老山地区对越防御作战任务的部队,坚决贯彻执行中央军委的作战方针和指示,从部队和战区实际情况出发,以崭新的精神风貌,严明的组织纪律,顽强的战斗作风,圆满完成了作战任务,经受了全面锻炼,加强了部队建设。在防御作战中,指战员们灵活机动地打击敌人,粉碎了越军的偷袭和袭扰,以小的代价取得了较大的战果,沉重地打击了挑衅者的嚣张气焰。

嘉奖令说,他们紧紧围绕既当胜利之师,又当文明之师这个奋斗目标,深入进行爱国主义和革命英雄主义教育,广泛开展讲传统、学英雄活动,全体指战员始终保持了高昂的战斗士气。他们在作战中加强了部队全面建设,把工作重点放在基层,放在一线,结合战区条件和部队需要,积极培养军地两用人才。注意利用作战间隙为边疆人民办实事、办好事,抢险救灾,发展生产,以实际行动赢得了地方党政领导和边境各族人民的热情赞扬。

中央军委希望参加老山地区对越防御作战的全体指战员谦虚谨慎，不骄不躁，珍惜祖国和人民给予的荣誉，认真总结经验，深入贯彻落实党的十三大和七届全国人大一次会议精神，努力推动部队建设和各项改革，为全面提高部队战斗力，建设有中国特色的现代化、正规化革命军队作出新的贡献。

中国数学家将外推技术用于高层次科学计算

据《人民日报》报道，中国科学院系统科学研究所发布新闻说，寂寞了几十年的计算数学中的“外推技术”，近年来由于我国应用数学家林群等人创造了一种新的方法和理论，将外推技术开拓到高层次科学计算，从而突破了多年来被国际数学界认为“不可能用于高层次问题”的悲观结论，使这项研究开始形成一个国际性课题，为计算机用于高层次科学计算提供了高精度低费用算法。

中国发现最早本草古籍《万物》

据《人民日报》报道，一种我国最早的本草类古籍《万物》在残存的阜阳汉简中发现。经过文物工作者的精心整理和初步研究，有关考证成果已在最近出版的《文物》杂志上发表。

负责整理《万物》的国家文物局古文献研究室研究人员胡平生说，阜阳汉简是 1977 年在安徽阜阳出土的一批简牍，为西汉开国功臣夏侯婴的儿子夏侯灶墓里的随葬品。出土时被压成一个大竹块，后由文物工作者精心揭剥分离，才把竹简一片片取下来。虽然竹简已破碎不堪，但却从中发现许多珍贵古籍。目前所知我国最早的本草性质的古籍《万物》就是其中一种。

据胡平生介绍，本草即我国药物学著作，在这以前公认的最早的是《神农本草经》。据考证它的成书年代在南北朝以后。而目前所发现的材料，可以证明《万物》编纂成书在春秋战国时期，到西汉初年抄成。也就是说，从《万物》到《神农本草经》经历了秦和两汉 400 多年时间。

据悉，中国在以前的考古发掘中，尚未发现过类似的古籍。70 年代，甘肃武威曾出土汉代的医简，马王堆出土过医书，江陵汉简中有《脉书》等。但这些材料偏重于医方和针灸经络，只有《万物》才是属于本草类的药物学古籍。文物工作者在阜阳汉简的整理工作时，还从残存的简片里发现了《吕氏春秋》等书的内容。

六部一委发出文件就《中华人民共和国食品卫生法(试行)》实施 5 周年纪念活动一事作出布置

卫生部、农业部、中央爱国卫生运动委员会、化工部、司法部、轻工业部、商业部近日发出文件，就《中华人民共和国食品卫生法(试行)》实施 5 周年纪念活动一事作出布置。

六部一委的文件指出，目前我国食品卫生的水平仍然较低，监督管理工作仍较薄弱，食品污染尚不能得到很好的控制，食物中毒和食源性疾患时有发生，食品安全还缺乏可靠的保障。当前，几个带有倾向性的问题是：1. 不法分子在食品中掺杂、掺假和伪造食品的活动猖獗；2. 单纯从经济利益出发，非法在食品中加入药物，并进行夸大和虚假的疗效宣传，欺骗消费者；3. 利用新资源生产食品、食品添加剂以及引进不符合我国法律规定的食品、食品添加剂后，又不按法定程序报批，即生产并投放市场销售；4. 畜、禽屠宰卫生检疫不严及不法分子故意将病害肉类上市销售，造成人间囊虫病、旋毛虫病等一些人畜共患疾病大幅度增加。

六部一委要求各地方值食品卫生法实施 5 周年之际，做好以下几方面的工作：

——严格查禁和打击掺杂、掺假、伪造食品的非法活动。各级卫生行政部门及食品生产经营企业的主管部门要密切配合，在 6 月底以前进行一次普查、登记，摸清情况，对违反食品卫生法者要提出限期改进的期限，情节严重、危害较大者，应立即禁止并给予必要的处罚。对其他掺杂、掺假、伪造食品的非法活动，要发动群众清查，对违法者严厉打击，决不姑息。

——切实做好预防食物中毒和肠道传染病的工作。要加强对集市贸易、公共饮食业和集体食堂以及其他易造成食物中毒及肠道传染病的行业的卫生管理，切实做到只有经过批准的屠宰场、点才可以屠宰。食品卫生监督机构要加强监督，禁止出售未经检验或检验不合格的肉类。

经协商，决定：今年 6 月 20 日至 26 日为全国食品卫生法规和食品卫生知识宣传周。

5月12日

民建举行四届中常会八次全会在北京举行

这次民建中央常委会议将着重讨论民建第四届中央委员会工作报告；讨论《中国民主建国会章程(修改草案)》；讨论有关“五大”组织事项和人事任免等事项。

民建中央委员会主席孙起孟主持会议，并且以如何进一步发挥民主建国会在社会主义经济、民主建设中的作用为主题讲了话。中央执行局主任万国权就第七次常委会以来关于参政议政、“五大”的筹备工作、中央机关建设、与全国工商联协作的咨询和海外联谊活动等 6 个方面的工作向大会作了报告。民建中央副主席冯梯云也讲了话。

中国民航局局长胡逸洲就中国民航厦门航空公司客机被劫持一事致电台湾民航局局长

电报全文如下：

台湾台北民航局局长先生：

5月12日北京夏令时20时20分，中国民航厦门航空公司2510号波音737—200型客机，在从厦门飞往广州途中，于22时30分左右被劫持到台湾清泉岗空军基地降落。请保证全体乘客、机组人员和飞机的安全，协助机组人员及全体乘客迅速飞回厦门，并同时将劫机分子交回。盼复。

中国民航局局长 胡逸洲

1988年5月12日

国家主席杨尚昆根据全国人大常委会的决定任免驻外大使

一、任命林蔼丽(女)为中华人民共和国驻塞浦路斯共和国特命全权大使；

免去骆亦粟的中华人民共和国驻塞浦路斯共和国特命全权大使职务。

二、任命金伯雄为中华人民共和国驻尼日利亚联邦共和国特命全权大使；

免去王瑀生的中华人民共和国驻尼日利亚联邦共和国特命全权大使职务。

三、任命梅兆荣为中华人民共和国驻德意志联邦共和国特命全权大使；

免去郭丰民的中华人民共和国驻德意志联邦共和国特命全权大使职务。

四、任命卢秋田为中华人民共和国驻卢森堡大公国特命全权大使；

免去刘山兼任的中华人民共和国驻卢森堡大公国特命全权大使职务。

五、任命吴顺豫为中华人民共和国驻刚果人民共和国特命全权大使。

六、免去郑剑英的中华人民共和国驻孟加拉人民共和国特命全权大使职务。

七、免去施乃良的中华人民共和国驻喀麦隆联合共和国特命全权大使职务。

外交部发表关于西沙群岛南沙群岛问题的备忘录

全文如下：

最近，越南当局接二连三地发表外交部声明及其他官方文件，一再声称中国的西沙群岛和南沙群岛是越南的“领土”，硬说中国在1987年以前从未在南沙存在过，攻击中国不愿和平解决争端等等，并极力为其在西沙群岛、南沙群岛归属问题上出尔反尔的立场辩解。然而，历史事实不能伪造，国际法原则不容践踏。越南当局随心所欲拼凑的“材料”和对中国进行的种种诬蔑攻击，丝毫改变不了中国对西沙群岛、南沙群岛无可争辩的主权。

西沙群岛和南沙群岛自古以来就是中国的领土，这不仅有古今中外的大量史料、文件、地图和文物可作证明，而且也为世界上许多国家和广泛国际舆论所承认。中国外交部1980年1月30日发表的文件已对此作了全面的、具有充分说服力的阐述。早在公元前二世纪的汉武帝时代，中国人民就先后发现了西沙群岛和南沙群岛，并陆续来到这两个群岛，辛勤开发和经营。唐、宋以后，中国人民就已经在西沙群岛和南沙群岛生活和从事捕捞等生产活动，当时的中国海军也进行过相应的巡海活动。宋、元时代，中国已将这些岛屿命名为千里长沙和万里石塘。明、清时代，中国政府已明确将西沙群岛和南沙群岛划归广东省琼州府(今海南省)管辖。

在本世纪三四十年代，西沙群岛和南沙群岛曾一度为外国列强所侵占，但侵略不能产生主权，这是国际法的一条基本准则。1945年日本投降后，当时的中国政府于1946年11月、12月先后指派高级官员分赴西沙群岛和南沙群岛接收，在岛上举行了接收仪式，并立碑纪念，派兵驻守。日本政府也于1952年正式表示“放弃对台湾、澎湖列岛以及南沙群岛、西沙群岛之一切权利、权利名义与要求”，从而将西沙群岛和南沙群岛正式交还给中国方面。中国在抗日战争胜利以后收复西沙群岛和南沙群岛，世界上没有任何国家提出过任何异议。直到今天，南沙群岛中最大的太平岛仍一直由中国台湾方面派军队驻守着。越南当局置最起码的事实于不顾，硬说中国在1987年以前从未在南沙存在过，这岂不是弥天大谎吗？

必须强调指出，针对外国对西沙、南沙主权的侵犯，中华人民共和国政府曾多次发表声明，重申中国对这两个群岛拥有无可争辩的领土主权；中华人民共和国出版的所有地图都标明西沙群岛和南沙群岛属于中国领土；早在1959年3月，中国海南行政区就在西沙群岛永兴岛设立了“西、南、中沙群岛办事处”，1969年，该办事处改称“广东省西沙、中沙、南沙群岛革命委员会”；1974年1月，中国人民解放军和民兵驱走了入侵西沙群岛的南越军队，捍卫了中国的领土主权；长期以来中国军队、渔民及科学工作者对西沙群岛和南沙群岛及其附近海域的巡逻、考察和进行渔业生产的活动从未间断过。

与中国的有效管辖的情况相反，越南方面过去不仅从未在南沙群岛存在过，而且直至1974年以前它所发表的政府声明、正式照会和公开出版的地图和教科书中，都一直正式承认西沙群岛和南沙群岛自古以来就是中国的领土。例如，1956年6月15日，越南民主共和国外交部副部长在接见中国驻越南大使馆临时代办时曾郑重表示："根据越南方面的材料，从历史上看，西沙群岛和南沙群岛应当属于中国领土。"当时在座的越南外交部亚洲司代司长进一步具体介绍了越南方面的材料，指出："从历史上看，西沙群岛和南沙群岛早在宋朝时就已经属于中国了。"1958年9月4日，中华人民共和国政府发表声明，宣布中华人民共和国的领海宽度为12海里，并且明确指出："这项规定适用于中华人民共和国的一切领土，包括……东沙群岛、西沙群岛、中沙群岛、南沙群岛以及其他属于中国的岛屿。"同年9月14日，越南政府总理范文同照会中国国务院总理周恩来，郑重表示："越南民主共和国政府承认和赞同中华人民共和国政府1958年9月4日关于领海决定的声明。"越南1960年、1972年出版的世界地图及1974年出版的教科书都承认西沙群岛、南沙群岛是中国的领土。所有这些都是白纸黑字、有案可查的。人们注意到，1988年4月25日越南外交部公布的文件也不得不承认上述事实。然而越南方面却公然编造谎言为其出尔反尔的立场进行诡辩，说什么越南过去之所以这样做是出于寻求中国支持越南抗美斗争的需要等等。这种自欺欺人的解释恐怕连越南当局自己也是难以相信的。事实上，越南当局很清楚，当年中国支援越南，完全出于正义的目的，从未向越方提出过任何要求和条件。稍有国际常识的人都知道，对任何一个国家来说，领土主权都是神圣不可侵犯的，不可能拿来做"交易"。更何况1956年和1958年越南方面向中国方面确认西沙群岛和南沙群岛属于中国领土的时候，在越南还根本没有发生什么抗美战争。越南当局在西沙群岛和南沙群岛问题上所采取的不顾事实、背信弃义的态度，只能使人们进一步看清它为了实现领土扩张野心，已经到了何等不择手段的地步。

中国一贯主张和平解决国与国之间的争端，在南沙问题上也是如此。正是本着这种精神，中国主张将南沙群岛问题暂时搁置一下，将来商量解决。对于越南，就在它刚刚开始对中国西沙群岛和南沙群岛提出领土要求的时候，1975年9月中国领导人邓小平向正在中国访问的越南领导人黎笋指出，中国方面有充分的材料证明西沙群岛和南沙群岛自古以来就属于中国领土，但本着通过友好协商解决分歧的原则，表示"以后可以商谈"。令人遗憾的是，越南当局野心膨胀，把中国方面的善意视作软弱可欺，在此后十几年时间里，有恃无恐地派兵侵占中国南沙群岛岛礁，并在上面修筑各种军事设施，企图造成既成事实，长期霸占。特别是今年以来，越南当局进一步加快了抢占南沙岛礁的步伐，先后又侵占了中国的9个海礁。同时，越南还不断向南沙海域增派舰船，对中方的科学考察活动进行骚扰，并蓄意挑起了3月14日的武装冲突事件。上述事实充分说明，多年来一直在中国南沙群岛诉诸武力、非法侵占别国领土，制造紧张局势的，不是别人，恰恰正是越南当局自己。

中国一贯奉行和平友好的外交政策，主张在和平共处五项原则基础上发展同各国的友好合作关系。中国政府严正要求越南当局彻底改变穷兵黩武的侵略扩张政策，停止一切侵占中国领土和制造紧张局势的活动，赶快从非法侵占的中国南沙群岛岛礁撤走，以恢复本地区的和平与稳定。

1988年5月12日

中国医学科学院肿瘤研究所和肿瘤医院胸外科教授黄国俊被接纳为英国皇家外科学院荣誉院士

中华杯中国画大奖赛在北京揭晓

大奖赛由北京人民广播电台和中国美术家协会联合主办。158件获奖作品今起在中国美术馆同观众见面。

这次大奖赛被一些美术界人士称之为是一次对中国画创作的检阅。全国29个省、自治区、直辖市的数以千计的专业和业余画家参加了这次活动。

花鸟画《清音》、山水画《晓意萌动人声喧》和人物画《海这边》荣膺这次比赛的大奖，15名画家的作品获得了二等奖，此外还评出37幅三等奖和103幅佳作奖作品。习仲勋、黄华、方毅等同首都美术界人士、观众一道参观了展览。

大型历史电影故事片《松赞干布》在北京试映

大型历史电影故事片《松赞干布》由西藏电视台拍摄完成。全国人大常委会副委员长阿沛·阿旺晋美、班禅额尔德尼·确吉坚赞同首都新闻界、文艺界人士一起，在北京欣赏了这部西藏自治区自己拍摄的第一部故事影片——《松赞干布》。

《朱光潜全集》出版

《朱光潜全集》共分20卷，由安徽教育出版社陆续出版，著作和译著约700万字。前10卷为朱先生所著，其中论著6卷，单篇论文4卷；后9卷为译著，其中包括1卷单篇论文；最后1卷是附卷。全书力争在1990年年底出齐。

5·12国际护士节表彰暨纪念会在北京举行

在纪念大会上，有750名护士受到卫生部的表彰，获"模范护士"的光荣称号。中国振兴护理事业基金会也在会上宣告成立。

"模范护士"是新中国成立后首次在全国范围内颁发的表彰护士的光荣称号。

据介绍,我国目前拥有的护士总数为71.8万人。

由中华护理学会等单位主办的这次国际护士节表彰纪念大会是首届天使艺术节的一部分。李铁映、习仲勋、赵朴初、屈武等出席大会。

中国振兴护理事业基金会是非营利性的社会公益组织,它的宗旨是发动和依靠各方面的力量,协助政府和有关部门兴办和发展护理事业。基金会的名誉主任委员是周培源、赵朴初,主任委员是王琇瑛、林菊英。

据介绍,全国政协副主席赵朴初将自己的1万元稿酬捐献给了这个基金会。

中日学者在放射线治疗癌症的增感剂分子设计和合成研究上取得世界上的首次成功

据《人民日报》报道,1987年3月以来,中国医学科学院肿瘤研究所研究人员汪俊和4名中国留日女学生开始参加这一攻关课题。研究人员详细研究了增感剂对白鼠等动物肿瘤和脑的化合性与毒性及增感活性的关系,发现脑内增感剂浓度越低,急性毒性也越低;肿瘤内增感剂浓度越高,增感活性越高。

这一研究成果于今年3月在巴黎召开的第6次癌症治疗化学修饰剂国际会议上获得高度评价。苏联、澳大利亚、阿根廷、埃及等国已提出供给它们这种增感剂的要求。

王遵明逝世

我国著名冶金家和铸造学家、清华大学教授王遵明因病于5月12日逝世,享年74岁。

王遵明1939年获美国麻省理工学院博士学位,从1946年起一直担任清华大学教授。1950年他在我国首先制成"球墨铸铁",使我国铸造新材料进入了当时的国际先进行列。他长期从事球墨铸铁、蠕墨铸铁、可锻铸铁、铸钢等方面的研究工作,为国民经济建设作出巨大贡献。

5月13日

国家主席杨尚昆在人民大会堂设宴欢迎阿根廷总统劳尔·阿方辛一行

杨尚昆在宴会上讲话时赞扬阿根廷为维护和平和促进发展进行着不懈的努力。杨尚昆说,近年来,在阿方辛总统领导下,阿根廷政府和人民对内不断巩固民主进程,努力恢复和振兴经济;对外坚持独立自主和不结盟的外交政策,为解决中美洲冲突和拉美债务问题、促进拉美国家的团结合作和一体化发挥着积极作用。阿根廷作为"六国和平与裁军倡议"发起国之一,为推动世界裁军进程做了大量有益的工作。

杨尚昆在谈到中国同拉丁美洲关系时说,中国政府和人民一向同情和支持拉美国家和人民捍卫国家主权、发展民族经济的努力,重视同拉美国家发展友好合作关系。中国和拉美国家都拥有丰富的资源,经济技术上也各有所长,可以互相学习,取长补短,互利合作,共同发展。在这方面中、阿之间的友好合作关系就是一个范例。

阿方辛在宴会上讲话时指出,近年来,中国和阿根廷的关系在稳步发展。阿根廷十分重视同中国的关系。他认为,应加强两国在各个领域的合作与交流。双方应该建设并确立牢固的、高效率的、互为补充和范围广泛的经济技术交流关系。

全国人大常委会副委员长王汉斌、国务院副总理吴学谦、政协全国委员会副主席钱正英,以及随同阿方辛总统来访的阿根廷高级军政官员出席了宴会。

全国人大常委会委员长万里在人民大会堂会见欧洲委员会议会议长路易·戎一行

万里说,加强同西欧各国的友好合作关系是中国外交政策的重要组成部分。中国同西欧在经济、文化、科技等方面合作的潜力是很大的。他希望加强这些方面的合作,以求得共同的发展。一个联合、强大的西欧,一个独立自主、繁荣富强的中国,将对维护世界的和平与稳定起到重要的作用。他说,这些年来,欧洲委员会议会同中国方面的关系发展得很好。这表明双方都有加强往来、增进了解的愿望。万里对欧洲委员会议会对中国经济发展的支持表示赞赏。

路易·戎说,他和他的同事们同意万里的看法,即加强西欧同中国的合作是非常重要的。他表示相信,欧洲和中国之间增加了解、加强合作对稳定世界局势和维护世界和平是至关重要的。

在谈到南北问题时,万里说,南北问题是中国非常关注的一个问题。他希望大家为建立国际经济新秩序而共同努力。路易·戎认为,在当今的世界上,发达国家应该也有责任帮助不发达国家和发展中国家,以便使大家共同富裕起来。

国务院决定将重点防治长江上游水土流失问题

国务院新近同意了全国水土保持协调小组的建议,决定将长江上游列为全国水土保持重点防治区。

长江干流在宜昌以上统称上游,涉及西藏、青海、云南、贵州、四川、甘肃、陕西、湖北等8个省、自治区、总土地面积100.5万平方公里。

据1985年各省统计，上游水土流失面积35.2万平方公里，占总土地面积的35%。水土流失使广大山丘区有限的土地很快丧失农业利用价值。金沙江两岸、贵州高原、三峡库区，有些县一年就有数百亩甚至上千亩土地变成光石板，群众丧失土地后被迫搬迁的事例时有所闻，其后果较之黄河更为严重。此外，泥沙对支流水库和航运也带来不利影响。

80年代以来，长江上游各省虽然做了一些水土保持工作，但规模很小，进度缓慢。特别是近几年，有关管理措施没有跟上，陡坡开荒乱伐林木未能有效制止，交通、矿业、建筑、水电等部门在开采、修路、基建等作业中，又造成新的水土流失。

根据当前情况，全国水土保持工作协调小组已将长江支流的金沙江下游及毕节地区、陇南地区、嘉陵江中下游、川东鄂西的三陕库区等水土流失较严重的四片，列为第一批治理的重点。

民航局局长胡逸洲电慰全体乘客和机组人员并电谢台湾台北民航局局长

胡逸洲致电曾被劫持、现已安返厦门的厦门航空公司一架客机的全体乘客和机组人员，表示慰问。

电报全文如下：

厦门航空公司转2510号客机全体乘客和机组人员：

5月12日晚，获悉厦航2510号客机被劫持，李鹏总理十分关怀。经过各方面的努力，你们已于今晨安全、顺利地返回厦门。我谨代表中国民航局向你们致以亲切的慰问。

中国民航局局长　胡逸洲

1988年5月13日

在被劫到台湾的中国民航厦门航空公司客机安全返回厦门后，中国民航局局长胡逸洲致电台湾民航局局长，表示谢意。

电报全文如下：

台湾台北民航局局长先生：

承蒙先生及贵局协助，被劫持的中国民航厦门航空公司2510号波音737—200型客机，已于5月13日北京夏令时5时许在厦门机场安全降落，机组11人及乘客105人均无恙。我代表中国民航局及厦门航空公司谨向先生及贵局致以谢意。

中国民航局局长　胡逸洲

1988年5月13日晨

国务院副总理吴学谦在北京会见由国大党全国委员会委员巴加特率领的印度国大党(英)代表团

徐国祥发明无弧互补开关解决灭弧难题

据《人民日报》报道，百余年来，国内外专家致力攻关的电器开关“灭弧”难题，已被我国青年科技人员徐国祥攻克，并在北京中关村光机电系统工程公司投产。专家们认为，我国首创的这种新型无弧互补开关是混合式开关领域的重大技术突破，具有世界先进水平。

全国文化工作会议在北京开幕

会议重点讨论目前正在进行的文艺表演团体体制改革的指导思想和一系列方针政策问题。

文化部部长王蒙在开幕式上提出：如何在党的十三大精神指导下，加速深化文艺团体体制改革，使之与国家的经济、政治改革有相应相称的发展，这是目前全国文化系统工作的一个重点。

王蒙以“调动积极性、解放生产力”概括了文艺团体体制改革的基本指导思想。他指出：解放艺术生产力，调动社会上一切可以调动的力量兴办文化事业，发挥文艺团体和从业人员的积极性、主动性，发挥文化艺术设施的潜力，使社会主义文艺事业更加繁荣，使人民精神生活更加丰富多彩，使社会更加安定、团结、民主、和谐，这些就是改革的中心出发点。

王蒙认为，要改变大锅饭，铁饭碗的状况，改变把文化经费变成人头费，改变文艺供需不平衡的不正常状况，必须引进竞争机制，激发从业团体和艺术工作者的活力。然而，对竞争机制简单地理解为票房收入、利润的竞争，是片面性。文艺团体的这种竞争，主要指的是不同层次上艺术成就的竞争。

王蒙指出，进行改革要实行坚决和审慎相结合的方针，讲究领导艺术，不搞一哄而起。要“规划轮廓，分散决策，试验推广，组织研讨，逐步转轨，随时调整，力求健康，避免失误”。

各省、市、自治区分管文化工作的领导，文化厅局长等负责人200余人出席了会议。

《在历史的转折中》由三联书店出版

收在这本集子里的是作者龚育之在党的十一届三中全会以来撰写的一批文章。这些文章主要是围绕着党的一系列重要决议和新发表的历史文献，围绕着贯串在这些决议和文献中的实事求是的思想路线写的。作者在前言中，还就理论研究与遵守党的决议、宣传和阐发党的决议之间的关系谈了自己的看法。

5月14日

中共中央总书记赵紫阳在中南海分别会见以朝鲜

政务院副总理金福信为团长的朝鲜党政代表团和阿根廷总统劳尔·阿方辛一行

国务院总理李鹏在人民大会堂同阿根廷总统劳尔·阿方辛举行会谈

李鹏说,为了维护世界和平与促进发展,两国应该加强合作,发挥各自的作用。他对阿根廷和6国集团为争取世界和平和裁军所做的努力表示赞赏。

李鹏总理说,美苏的核裁军谈判有进展,当前国际形势出现了一定的缓和,但军备竞赛并没有停止。即使美苏就削减50%战略核武器达成协议,世界形势总的说还是严峻的,因为它们还将拥有全世界90%以上的核武器。这些武器足够毁灭世界若干次。他说,特别令人不安的是,美苏正在发展高质量的外空新武器。李鹏总理重申了我国对裁军问题的原则立场。

阿方辛总统说,尽管两个核大国的会谈离我们的要求还很远,但是它们进行会谈是一条正确的道路。

阿方辛总统专门向李鹏总理介绍了拉美当前的政治、经济形势。他说,拉美国家当前面临的共同问题是经济困难和外债问题。外债已经不仅仅是经济问题,而且带来了巨大的社会和政治问题。拉美国家想通过实行一体化来解决面临的经济和贸易条件恶化等问题。拉美国家有着共同的文化,面临着共同的问题,也抱有共同的希望。

李鹏总理同意阿方辛总统对外债的看法。他说,外债问题是不合理的国际经济秩序造成的。中国一贯支持发展中国家对发达国家就解决外债问题提出的合理要求。中国也借了外债。我们主要把外债用于国家的基本建设。同时,我们在借外债时还考虑到偿还的能力。他说,世界的发展是整体性的,任何一个地区的极端贫困都会带来动乱,其结果就会影响世界和平和地区和平。他强调,在解决债务问题上,债权国负有更大的责任。

会谈中,双方都表示了进一步加强友好关系的愿望,并就加强各个领域的合作,特别是经贸方面的合作广泛具体地交换了意见。

宾主一致认为,双方在很多问题上观点是一致或相近的。李鹏总理最后对阿根廷在我国建立南极科学考察站过程中给予的支持表示感谢。

国务院总理李鹏在中南海会见由贸易和工业部副大臣奥姆·普拉丹率领的参加中国不丹第5轮边界会谈的不丹代表团

李鹏说,中不两国之间的一点边界问题,完全可以通过双方协商解决。

奥姆·普拉丹说,由于中国方面表现出的理解和友谊,这次会谈进行得非常好,获得了很大的成功。

李鹏对此表示祝贺。他说,中国一贯认为国家不论大小,民族不论大小,都各有自己的长处,应该互相交流、互相学习,增进了解、加强友谊、共同进步。

奥姆·普拉丹说,不丹政府和人民非常赞赏中国支持不丹的独立、主权和领土完整,十分钦佩中国本着平等和和平共处五项原则的精神同其他国家,特别是同像不丹这样的小国进行交往。在亲切的交谈中,奥姆·普拉丹转达了不丹国王吉格梅·辛格·旺楚克对李鹏的良好祝愿和对李鹏担任总理这一崇高职务的祝贺,并向李鹏转交了不丹国王给杨尚昆主席的一封信。

中共中央政治局常委胡启立在人民大会堂会见由国大党全国委员会委员巴加特率领的印度国大党(英)代表团

国家物价局发布《关于价格违法行为的处罚规定》

这项根据《中华人民共和国价格管理条例》制定的规定,国家物价局要求国务院各有关部门和全国各地予以贯彻执行。这一规定是针对当前对乱涨价等价格违法行为监督检查和制裁不力的状况而制定的,基本原则是要使违法者在经济上受到惩罚,其主要内容是:

属于一般价格违法行为的,处以2000元以下的罚款;属于一般价格违法案件、重大价格违法案件的,处以非法所得金额3倍以下的罚款;情节特别严重的,经上一级物价检查机构批准,可处以非法所得金额3倍以上10倍以下的罚款;对有非法所得的价格违法单位的直接责任人员和主管负责人员,物价检查机构可根据情节,处以相当于本人3个月基本工资以下的罚款,从其工资中扣缴。还可建议有关部门给予行政处分。

对业务主管部门越权定价的,由同级物价检查机构负责检查处理;对地方人民政府或物价部门越权定价的,由上一级物价检查机构负责检查处理。除纠正其价格违法行为外,并追究决策人的责任,可处以相当于本人3个月基本工资以下的罚款;并可建议监察部门给予行政处分;对泄露价格机密的,由物价检查机构追究泄密者的责任,可处以500元以下的罚款,并建议有关部门给予行政处分;构成犯罪的,由司法机关依法追究刑事责任;对抬级抬价抢购农副产品或者紧俏商品的,按其抬价金额,由物价检查机构对抢购者处以3倍以下的罚款;情节特别严重的,经上一级物价检查机构批准,可按其抬价金额处以3倍以上10倍以下的罚款,并建议有关部门对决策人给予行政处分;对不按规定执行明码标价的,可处以1000元以下的罚款;对价格违法单位或个人的罚款和不应退还或无法退还的非法所得,统一由物价检查机构收缴国库。

另外,对于屡查屡犯的;弄虚作假以及其他性质恶劣,后果严重的情节,除没收非法所得外,还应从重罚款。对拒缴罚没款的单位或个人,经县(含县)以上物价检查机构负责人的批准,由物价检查机构书面通知其开户银行予以划拨。

《关于价格违法行为的处罚规定》自1988年5月14日起施行,国家物价局1985年制定颁发的《对违反物价纪律实行经济制裁的暂行规定(修订)》《关于划分各级物价检查所处理违反物价纪律行为和案件审批权限的通知》同时废止。

中国不丹第五轮边界会谈联合公报在钓鱼台国宾馆签署

联合公报全文如下:

1988年5月10日至14日在北京举行了中国和不丹之间第五轮边界会谈。中国代表团团长为外交部副部长刘述卿,不丹王国代表团团长为贸易和工业部副大臣奥姆·普拉丹。

中华人民共和国国务院总理李鹏会见不丹代表团。奥姆·普拉丹副大臣向李鹏总理转达了不丹国王吉格梅·辛格·旺楚克陛下对李鹏总理和其他中国领导人的良好祝愿和问候。李鹏总理请副大臣转达中国领导人对不丹国王吉格梅·辛格·旺楚克陛下的良好祝愿和问候。不丹代表团还会见了中华人民共和国外交部部长钱其琛。

第五轮会谈是在十分亲切、友好和合作的气氛中进行的。通过友好协商,双方就解决边界问题的指导原则达成如下协议:(一)信守互相尊重主权和领土完整、互不侵犯、互不干涉内政、平等互利、和平共处的五项原则;(二)平等相待、友好协商,在互谅互让的基础上以求达成公平合理的解决;(三)既考虑基于传统、习惯、使用和行政管辖的有关历史背景,又照顾两国人民的民族感情和两国的国家利益;(四)在边界问题最后解决之前,保持边境安宁,维持1959年3月以前的边界现状,不以单方面行动或使用武力改变边界现状。

双方根据上述指导原则,就划定中不边界问题交换了意见。双方重申了保持一条和平友好边界的愿望,并表示决心作出一切努力,争取早日划定边界。双方对会谈的结果表示满意。

两国代表团就共同感兴趣和关心的国际问题交换了意见,并认为这是有益的。双方还通报了各自国家为经济发展所作的努力,并赞扬对方取得的成就。

双方同意,第六轮会谈将于1989年在廷布举行,会谈的具体日期将通过外交途径商定。

不丹代表团对在中国期间受到的热烈的欢迎和盛情的款待向中华人民共和国政府表示衷心感谢。

外交部部长钱其琛在北京同阿根廷外交和宗教事务部部长丹特·卡普托举行会谈

会谈中,双方就美苏裁军谈判、中美洲局势等国际问题以及双边关系交换了意见。

在谈到中美洲问题时,钱其琛表示中国希望中美洲地区取得和平与稳定,中美洲问题应由中美洲各国人民自己解决。中国反对任何大国干涉中美洲的事务。

双方还就两国建立政治磋商制度达成谅解。

中国科学院物理所科学家在国际上首获铁磁性准晶体材料

据《人民日报》报道,中国科学院物理所科技人员在对含稀土新型准晶体材料的研究中,首次在国际上获得了铁磁性准晶体铝铁铈合金。

1984年,科学家宣布发现准晶体,人们称其为固体第三态,它已成为当今凝聚态物理领域中瞩目的前沿课题之一。据了解,迄今对准晶体的研究大都在结构方面,而对其物性研究不多。仅就磁性上讲,目前能测到的只是磁性很弱的顺磁性准晶体。美国麻省理工学院和日本物性研究所的科学家,都试图找到具有强磁行为的铁磁性准晶体,但尚未成功。

1986年,物理所研究员冯国光研究组和副研究员赵见高研究组开展了准晶体的合作研究。他们曾在北京电镜实验室用电子显微方法进行试验,观察到铝铁合金中的10次对称相,其结果曾在美国《物理评论快报》上发表。此次,赵见高研究组在与冯国光研究组合作的基础上,对获得的铁磁性准晶体铝铁铈合金进行研究表明,这种准晶体材料在非晶态时呈顺磁性,准晶态时为铁磁性(居里温度约340 K),而晶态下则多呈反铁磁性。对这一磁性研究结果将有助于对准晶体结构进一步了解,因此引起了同行们的兴趣,不少国家的有关学者要索取样品,开展合作研究。

第九届全国好新闻评选在辽宁本溪揭晓

此次评选共评出1987年度好新闻作品227篇(幅),其中特等奖三篇(幅)、一等奖61篇(幅)、二等奖74篇(幅)、三等奖87篇(幅)。

这届获奖作品,在一定程度上,反映了我国去年在改革开放中前进的现实。不少作品在内容上有新的开拓,在表现方法上有新的突破。中国新闻学会联合会会长胡绩伟在评选结束时说,从1980年开始的全国好新闻评选活动是有成绩的,但还做得不够,要努力改进,提高评选好新闻工作的知名度,扩大它的影响。本届评委任期将满，希望今后新成立的评委在评选工作上有新的发展。

1987年全国最佳邮票在南京揭晓

T123《水浒传》获金质奖，T114《猛禽》获银质奖，J136《徐霞客诞生四百周年》、T122《曾侯乙编钟》获铜质奖；《猛禽》第2枚、《曾侯乙编钟》小型张获最佳印刷奖。评选活动共收到选票30多万张。

《中国人口》丛书基本完成

国家哲学社会科学规划"六五"重点研究项目、我国第一部区域人口科学著作《中国人口》丛书正陆续出版。《中国人口》是在国家教委、国家计生委和国家统计局领导下组织编写的。

这部大型人口科学著作共分32册，约1200万字。它以介绍近40年全国和各省、自治区、直辖市的人口现状为主，并适当回顾历史和展望未来，全面分析全国及各个地区人口发展的过程和问题。丛书的出版，为我国各地区编制经济发展规划、制定人口政策、深入进行计划生育工作等，提供了可靠的资料。

国家计生委公布1987年计划生育统计数字

1987年大陆实际出生人口数为2258万，出生率21.04‰，自然增长率14.39‰，年末总人口为10.8亿。出生婴儿中第一孩占51.7%，第二孩占31.5%，第三孩及以上占16.8%。计划生育率为71%，计划外生育比例为29%。

1987年大陆女性初婚人数942万，晚婚率为39%。

大陆已婚育龄妇女人数为2.0亿。1987年采取避孕措施的人数为15467万，节育率为77.3%。全年做男扎、女扎、放置宫内节育器手术2182万例。

1987年年末，全国共有3230万对夫妇领取了独生子女证，领证率为16.2%。

国家计划生育委员会有关部门负责人介绍了1987年计划生育统计数字分析情况。1987年是我国新的生育高峰的第二年，人口增长的形势比预料的稍好一些。1986年比1985年出生人数增长14.8%；1987年比1986年出生人数增长3.6%，各省、自治区、直辖市中，出生人数增加的有23个。有15个省农村出生人数减少，其中山西、江西、福建、湖北、广西5个省、区，农村连续两年出生人数减少。

该负责人说，1987年出生婴儿构成比中一孩率比1986年略有上升，二孩率与1986年持平，多孩率略有下降。

该负责人说，近两年女性初婚人数的增长趋势有所减弱。1985年女性初婚人数比上年增加80万人，1986年比上年增加56万人，1987年比上年增加8万人。这预示1988年出生婴儿中一孩人数在正常情况下可能同1987年持平或稍高。1987年全国晚婚人数比上年增加7万人，城市晚婚率比上年略有增加，镇和农村的晚婚人数和晚婚率都比上年减少。为了有效控制人口，还要大力提倡晚婚晚育。

在分析1987年全国落实节育措施的情况时，该负责人说，去年做"三术"（男扎、女扎、放置宫内节育器）人数比1986年有较大幅度增长，增长幅度为40.7%，这表明各地在抓紧抓好工作中，着重加强了避孕节育措施的落实工作。

在谈到独生子女领证情况时，该负责人说，全国已有3230万对夫妇领取了独生子女证。1987年领证人数比上年增加180万，城市领证率上升，镇和农村则呈下降趋势。

该负责人最后强调说，从统计分析看，1987年工作取得一定成绩，但不可掉以轻心。还有许多薄弱环节，如流动人口管理，早婚早育，有些地方的计划外二胎和多胎生育还相当高。我们要根据党中央"统一思想、稳定政策、抓紧工作"的指示精神，努力把1988年的计划生育工作做好。

庄希泉逝世

第六届全国政协副主席、原全国侨联主席庄希泉在北京逝世。庄希泉生于1888年，福建厦门人。

5月15日

中央军委主席邓小平在人民大会堂会见阿根廷总统劳尔·阿方辛

邓小平说，过去我们曾经对战争有较大的忧虑。70年代以后，我们改变了观点，发现和平力量超过了战争力量。现在出现了对话代替对抗的新潮流。和平解决国际争端的趋势正在发展。

接着，邓小平发表了他对某些国际问题的看法。他说："现在人们都在议论21世纪是太平洋世纪。我认为这句话说得太早了，我们还需要50年的努力。"他说，看来，争取较长时间的和平是有希望的。我们至少需要50年的和平。这是我们的最大愿望。我们现在面临的问题有两个，就是和平与发展。中国、阿根廷都应该利用这段时间，搞好自己的发展和建设。他说，阿根廷是拉美的大国，拉美的作用在国际事务中越来越重要。他相信，将来也会出现拉美的世纪。

阿方辛完全赞同邓小平的讲话。他说，客观形势使拉美国家感到必须搞一体化，必须团结起来。只有这样,才能在国际上有更大的发言权。拉美国家,特别是阿根廷,愿意同中国合作,共同为实现世界和平而努力。

邓小平说,我们在地理上相距遥远,但是在感情上却很近,因为我们都属于第三世界国家。我们的政治处境、要求和目标都是一致的。我们没有任何的分歧,包括对国际问题的看法。两国建交以来,关系一直很好。我们应该长期地友好合作下去。

阿方辛说,我们的关系是良好的,特别是赵紫阳总理在1985年访问阿根廷以后,两国的关系就更加深了。我们感到离中国很近。中国在国际上具有相当大的重要性,而且将会发挥更大的作用。

邓小平还向阿方辛介绍了中国的改革开放情况。他说,10年来,我们所执行的政策是正确的。我们坚持改革和开放的政策,现在不是收,而是更进一步放。这是有风险的,其中会有波折,甚至可能犯错误。但是我们要迎着风浪向前走,力求避免犯大错误。我们的改革开放看来有希望。

在谈到党的十三大和七届人大时,邓小平说,这两次大会取得了两个稳定:第一是保证政策的稳定;第二是保证领导班子的稳定。他说:"我对此感到非常愉快!"

国务院批准信息技术发展政策要点

据《人民日报》报道,经国务院批准,国务院办公厅最近转发了国家科委等部门制定的信息技术发展政策要点,要求各地认真贯彻执行。

新制定的信息技术发展政策要点认为,信息技术是当代世界商品经济发展中的最活跃的生产力。应用信息技术提高工业和服务业的效率,促进管理和决策的科学化,促进社会主义商品经济发展,是我国在新的历史时期的重大任务。

《要点》指出:我国信息技术和信息产业的发展,已具备了一定的规模和基础。但是远远不能适应社会主义现代化建设的需要。当前存在的主要问题是投资长期不足,人才紧缺,技术手段落后,研究开发与生产严重脱节,多数企业的劳动生产率和经济效益低,缺乏自我发展能力,尚未形成具有竞争力的高技术产业。

《要点》提出,必须在总结历史经验和分析世界潮流的基础上,按照社会主义商品经济的规律和高技术及其产业发展的特点,探求新的出路。

《要点》着重阐明信息技术发展的总体政策。这项政策的主要内容是:以市场和效益为目标,大力发展信息技术的商品生产;在国际竞争的环境中,我国的信息技术和产业要面向国内、国外两个市场。引进适合国情的先进技术,采用质优价廉的国外元器件、零部件以至部分系统,大幅度提高信息产业出口创汇能力。同时,要有选择地实行适当保护措施,做到既有利于信息技术应用的发展,又有利于信息技术和产业自身的发展;选择信息技术和产业的优先发展领域,集中力量,快速推进。当前,我国信息技术的优先发展领域是:具有汉字处理功能的微型计算机和微型化小型计算机系统、数字程控交换、光纤通信和卫星通信技术及设备、硅模拟集成电路、硅大规模数字集成电路的设计和制造技术、软件工程化技术等;要统筹兼顾,做到微电子、通信、计算机和软件技术的协调发展;实现信息产业的规模经济和生产合理化。在一定期限内,国家在税收、信贷、折旧等方面对信息产业中的企业和企业集团,采取特别的和健全的优惠政策;要加强信息技术的研究开发,推动技术创新。信息技术的研究开发分为面向现实和面向未来两个层次。前者是信息技术发展的主战场,与产业紧密相连;后者的研究开发要在超大规模集成电路、超高速集成电路、综合业务数字网络技术、人工智能等重要领域建立必要的技术储备。

《要点》提出,要将信息技术推广应用到经济和社会发展的各个领域。《要点》对发展信息技术服务业;提高信息产业出口创汇能力;鼓励顶替进口,普及信息技术知识;加强人才培养;正确处理信息共享与安全保密的关系等都制定了相应的政策。

国办发出紧急通知要求各地各部门加强税收工作保障国家的财政收入

通知说,今年国家财政收入任务很重,各地区、各部门要增强全局观念,按国家税法组织财政收入,严格控制财政支出,保证1988年国家预算任务的实现。各地区都要以大局为重,不得人为地制造收入滑坡,影响国家财政收入。如发生违反财经纪律的情况,要追究有关领导的责任。

通知强调,不论采取对地方财政实行包干,或者对企业实行承包经营责任制,都必须执行全国统一的税收政策、法规,严格按照国家税法办事,不得自立章法。在国务院尚未作出新的规定以前,各地区、各部门都应当严格按照国务院批转的《关于税收管理体制的规定》和国务院《关于严肃税收法纪加强税收工作的决定》办事。

通知说,流转税(产品税、增值税、营业税)是国家对经济进行宏观调控的重要杠杆,也是国家财政收入的主要来源,不能把流转税承包给企业。企业承包的范围,应严格按照国务院发布的《全民所有制工业企业承包经营责任制暂行条例》执行,不允许把流转税列入企业承包范围;已经列入企业承包范围的,要纠正。要严格控制减税免税。对税收减免一定要从严掌握,按国家规定的减免权限办事,不得层层下放减免税批准权,擅自作出减免税规定。对于新建的各类公司,除按税法规定允许给予减税免税,或者经国务院批准给予减税免税的以外,都应及时向税务部门办理纳税登记,依法纳税。

通知说,当前国家正在进行机构改革,地方税务机构今后如何设置和管理,要按中央统一部署执行。在地方机构改革前,税务机构的设置和管理,应当按照国务院现行规定办理,一律不得下放和撤并。税务所要坚持按经济区划设置,不得下放到乡。

通知要求各级税务部门要严格执行税收政策、法令,加强征收管理,把该收的税款及时足额地收上来。各级政府要加强对税收工作的领导,支持税务部门依法征税,采取切实措施,制止偷税漏税,严肃处理有关税收事件。并要求各地区、各部门要根据通知的精神,对执行税法的情况认真进行检查,凡有违反国家税法规定的,都必须坚决纠正。

中国铁路长距离载运特长桥梁成功

我国目前最长的铁路桥梁——长40.6米,单片重136吨的钢筋混凝土梁,被平稳地运到了目的地津浦线曹庄火车站。

运梁专列从京广线田心火车站始发,它途经湘、鄂、豫、冀、鲁、津6省市,及广州、郑州、北京3个铁路局的5个分局,行程计1759公里。这次运输成功不仅为天津铁路枢纽改造,今年10月1日建成投产解决了一大难题,而且为铁路今后运输超级、超限的大型货物摸索出了经验。

国家教委 公安部 建设部和卫生部在北京联合召开全国学校安全工作电话会议

国家教委副主任何东昌在会上介绍说,从去年1月到今年4月,仅据14起中小学、幼儿园校舍倒塌事故统计,共死亡64人,伤168人;江西省近3年连续发生轮渡沉船、小学厕所和中学校舍倒塌三起恶性事故,中小学生共死亡85人,伤15人;去年12月28日,陕西省山阳县城关小学因教学楼楼梯堵塞,学生互相拥挤践踏,使28名学生死亡,59人受伤;河南省博爱县青河水库发生一起沉船事故,溺死春游师生96人;鞍山市旧堡小学发生438名学生食用发霉面包中毒事件等。

他指出,各地教育部门在地方党委和政府领导下,积极采取措施保护师生安全,做了许多工作,但问题远远没有很好解决,恶性伤亡事故仍时有发生。最近,江西省万安县棉津中学校舍倒塌造成学生伤亡事故,国务院有关领导十分重视,各地都要从这次事件吸取教训。为此,国家教委提出几点意见:师生安全必须引起各级党委、政府和全社会高度注视,要把学校安全问题列入各级领导议事日程,并采取有力措施。各级教育部门和学校要对师生进行安全教育,对校舍、交通、食品卫生和维护集体活动安全等方面工作进行一次检查,完善有关制度。今后,凡对师生安全敷衍塞责、玩忽职守、酿成严重事故的,要按党纪国法惩处。

建设部副部长叶如棠、公安部副部长俞雷、卫生部防疫司司长戴志澄分别就学校校舍建筑、公共安全、公共卫生等问题发表谈话,对各有关部门提出具体要求,并呼吁全社会关注师生安全问题。

5月16日

国家主席杨尚昆在人民大会堂设宴欢迎莫桑比克总统若阿金·阿尔贝托·希萨诺一行

杨尚昆主席在欢迎宴会上说,一年多来,在总统阁下的领导下,莫桑比克政府对内采取有效的政策和措施,对外大力发展同各国的友好关系,在恢复和发展经济、保卫国家安全等方面取得了可喜进展。杨尚昆主席接着说,莫桑比克处于反对南非种族主义斗争的前线。莫桑比克政府和人民不畏强暴,坚持正义,同南非当局的种族隔离政策和倒行逆施进行了坚决的斗争,并为缓和地区紧张局势、谋求和平解决南部非洲问题进行了不懈的努力。对此,我们表示赞赏,并完全支持你们根据本国情况为维护独立与安全所采取的政策和行动。杨尚昆说,我们将一如既往积极发展同世界各国的友好关系,不断加强同第三世界的团结合作,扩大同各国的经济、文化和科学技术交往。

他接着说,中莫两国人民有着传统的友谊和对和平与发展的共同追求。我们高兴地看到,近几年来,中莫两国间的相互了解和各个领域的合作又有了新的增进和发展。继续巩固和加强两国的友好合作关系,符合我们两国人民的共同利益。中国政府和人民愿同你们一道,为这一关系的进一步开拓和发展而努力。

希萨诺总统说,多年来,中国对莫桑比克人民的正义斗争和建设事业给予了极大的支持。为了帮助我们进行建设,你们派去了许多专家。他们在我们的农业、卫生、贸易和国民经济的很多领域作出了重大的贡献。他说,我们对中国为非洲统一取得实际结果,特别为非洲的解放所作出的贡献表示赞赏。

希萨诺总统说,南部非洲的和平仍然是该地区人民最关心的问题。倒退的、好战的南非种族主义势力为了达到他们的政治目的,在继续诉诸暴力。根除南非的种族隔离是历史的要求。出席欢迎仪式和宴会的有叶飞、钱其琛、林汉雄、曾宪林等。

国务委员兼国防部部长秦基伟在人民大会堂设宴欢迎朝鲜人民武装力量部部长吴振宇次帅率领的朝鲜政府军事代表团

秦基伟在宴会上祝酒时说，中朝两国间有着传统的友好关系，我们的友谊经受了历史的考验。两国军队始终相互支持和紧密团结，共同走过了胜利和光荣的道路。今后，中国人民和中国人民解放军将一如既往为巩固和发展中朝两国人民和军队间用鲜血凝成的战斗友谊和团结而继续努力。我们坚决支持朝鲜自主和平统一祖国的伟大事业。我们相信，不管前进道路上有多少障碍，朝鲜人民实现祖国和平统一的愿望一定能够实现。

秦基伟表示相信，朝鲜政府军事代表团的访问将为两国人民和军队友谊的进一步巩固和发展作出新的贡献。

吴振宇在祝酒时说，通过历史和现实生活，我们深深感受到朝中友谊的宝贵。世代巩固和发展这一友谊是朝鲜劳动党坚定不移的政策。我们要为维护和发展朝中友谊竭尽一切努力。吴振宇指出，缓和世界局势和裁军是当代世界潮流，是世界爱好和平人民的一致愿望。他感谢中国党、政府和人民对朝鲜人民自主和平统一祖国正义斗争的支持。

中国人民解放军总参谋长迟浩田，总政治部主任杨白冰等出席了宴会。

第五届《中国戏剧》梅花奖在北京授奖

芮杏文、朱学范、曹禺等将刻有腊梅的奖盘和证书授予 21 名获奖的戏曲、话剧、歌剧演员。

授奖仪式结束后，本届“梅花奖”获得者武俊英、杨至芳、刘秀荣、马少良分别演出了蒲剧《苏三起解》、京剧《祭江》、评剧《乾坤带》、京剧《观阵》等精彩剧目。

老舍文艺基金会在北京成立

著名作家、戏剧家曹禺任会长，副会长有廖沫沙、老舍夫人胡絜青等。

老舍文艺基金会将向海内外各界人士募集资金，以颁发“老舍文艺奖”、资助北京市老舍研究会的研究工作，推动北京市文学艺术创作的繁荣发展。

会上，胡絜青女士表示将 15 卷本的《老舍文集》的全部稿酬捐赠给老舍文艺基金会。

5月17日

中共中央总书记赵紫阳在中南海会见莫桑比克总统若阿金·阿尔贝托·希萨诺

国务院总理李鹏在中南海会见日本海外经济协力基金总裁山口光秀一行

日本海外经济协力基金是日本政府向国外提供贷款的执行机构。从 1979 年至 1987 年，这个基金会已向中国提供了两批贷款，总金额约合 64 亿美元。现双方正就第三批贷款项目交换意见。李鹏在会见时对日本客人说：“我们之间的合作很好。总观过去，合作项目是比较成功的。”他说，过去的日元贷款主要用在基础设施的建设上。如果今后能继续获得贷款的话，仍将主要用在基础设施方面。因为中国的基础设施是个薄弱环节。

山口光秀表示，基金会愿继续对在中国经济发展中处于优先地位的项目给予合作。

他说，今年日本对中国出口基地建设的贷款及项目贷款的总额将达 1600 亿日元左右，这个数额在日本对国外同类贷款中是最大的。

李鹏还扼要地向日本客人介绍了中国经济体制改革等方面的情况。山口光秀说，中国进行改革的决心和具体考虑使他很受鼓舞。

国务院总理李鹏同莫桑比克总统若阿金·阿尔贝托·希萨诺在人民大会堂举行会谈

李鹏总理对莫桑比克在同南非斗争中所起的重要作用表示赞赏，并对前线国家日益加强团结表示由衷的高兴。他说：“团结起来就有力量。”李鹏总理重申了中国政府和人民反对南非种族主义政策，支持南非人民、纳米比亚人民、前线国家和人民正义斗争的一贯立场。

希萨诺总统向李鹏总理详细介绍了莫桑比克的国内情况。他说，近一年多来，莫桑比克在各方面都进行了有效的调整和改革，对战胜自然灾害和发展经济作出了各种努力，对南非及其支持的反政府武装的侵扰和破坏进行了坚决的斗争，使莫桑比克国内局势趋向更加和平和稳定，国民经济得到恢复和发展。

他接着说，莫桑比克经历了严峻的困难时期，现在正在实行“经济复兴”计划，进一步推行各种改革，并加强同各国的经济联系。

李鹏总理对莫桑比克近年来从本国实际情况出发，调整内外政策，为逐步实现国内的和平与稳定，恢复和发展国民经济所做的努力表示敬佩。他说，莫桑比克是有希望的。

宾主双方还就进一步加强和发展两国的友好合作关系广泛而深入地交换了意见。

国家主席杨尚昆在北京会见由议长弗朗西斯科·博丁·恩加洛率领的赤道几内亚人民代表院代表团

杨尚昆说，中国和赤道几内亚相互支持，相互帮助，都奉行独立自主的和平外交政策。

两国在国际问题上有着相似的看法。他对赤道几内亚的内外政策表示赞赏。

恩加洛表示相信，代表团的这次访问将推动两国关系的发展。他说，赤道几内亚高度评价两国的合作，非常重视中国的改革和发生的变化。两国在国际问题，特别是在维护世界和平等问题上，有着一致的看法。

杨尚昆请恩加洛转达他对奥比昂总统的问候。

全国人大常委会副委员长陈慕华会见时在座。

中国工业经济协会首届年会在北京开幕

中国工业经济协会会长吕东在讲话中谈到协会的当前工作时说，最近，赵紫阳同志提出：我们国家整个经济最关键的还是企业效益问题，中国工业技术改造很重要，管理更重要。要大声疾呼，加强纪律性，严格管理。只讲物质利益、奖金不行，企业的思想政治工作必须走出一条新路子。

中国工业经济协会名誉会长薄一波也出席了大会并作了讲话。薄一波勉励协会一要务实，二要精干。大家要扎扎实实干事，为企业、为行业组织服务、为加强宏观管理服务。

中外合作消费品检测中心协议在人民大会堂签署

该协议是由中国进出口商品检验总公司和瑞士日内瓦通用公证行(SGS)及日本三井物产株式会社三方经过近一年时间的磋商后达成的。SGS 总裁李曙、日方副社长水民护郎专程来到北京签署协议。

协议规定，中国进出口消费品质量检测中心由中国商检总公司在上海现有的实验室基础上扩充建立，并由商检总公司管理和开展检验业务。

SGS 应为"中心"提供有关检验和测试的技术咨询服务，帮助制定标准检验操作程序；日方应在国外业务活动中，为"中心"招揽业务并转让其本身的检验业务，还为"中心"提供筹资及后勤服务。

这是一个三方共同合作的项目。也是我国商检部门与国外有关机构进行的一种新型的业务合作，将标志着我们同国外检验机构、厂商的合作进入一个新的阶段。

亚洲女新闻工作者研讨会在北京召开

这次研讨会是由首都女新闻工作者协会在联合国教科文组织的合作下主持召开的。

来自孟加拉、印度、日本、马来西亚、尼泊尔、巴基斯坦、菲律宾、新加坡、斯里兰卡、泰国、土耳其等 11 个国家的代表和观察员以及我国的女新闻工作者 20 多人参加了研讨会。

全国人大常委会副委员长、全国妇联副主席雷洁琼、联合国教科文组织负责妇女交流项目官员玛西内·谢屯在开幕式上讲了话。她们希望这次研讨会能够增进亚洲女新闻工作者的了解和友谊，推动双边和多方交流。与会者将对亚洲女新闻工作者所取得的成就、经历的挫折、面临的挑战、今后如何适应形势，以及女新闻工作者对亚洲和各自国家的经济和社会发展作出更大贡献等问题，进行自由探讨。

5月18日

中央军委主席邓小平在人民大会堂会见莫桑比克总统希萨诺

邓小平说，搞社会主义首先要弄清楚什么是社会主义。贫穷决不是社会主义。

邓小平说，我们建国三十九年，头八年好，后十年也好，当中二十年受到"左"的干扰，情况不好。我们对近十年来的发展是比较满意的。党的十三大以后，进一步改革，进一步开放。按照现在的方针政策搞下去，我们相信是会有更大成就的。当然也有些问题，就是物价上涨问题。但我们必须走改革的道路。有问题要及时妥善解决，不能停滞，停滞是没有出路的。他说，同时，建设一个国家不能搞封闭式，要重视国际交往。所有这些概括起来就是对外开放，对内也开放。

邓小平接着说，我们提倡解放思想，独立思考，一切从本国的实际情况出发，紧紧抓住本国的具体情况来制定自己的政策。制定经济政策如此，制定政治上的政策也是如此。

他对希萨诺执政一年多来取得的明显成就表示赞赏，并且回答了客人提出的若干国内和国际问题。

希萨诺总统说，莫桑比克解放阵线党明年要召开第五次代表大会。邓主席的谈话对我们很有启发，我们将很好地加以研究。

国家主席杨尚昆在钓鱼台国宾馆会见以朝鲜人民武装力量部部长吴振宇次帅率领的朝鲜政府军事代表团

全国人大常委会委员长万里在钓鱼台国宾馆会见由总书记伊拉里翁·卡多索率领的美洲基督教民主组织代表团

万里说，美洲基民组织是拉美的一支重要力量，在促进和平、发展、民主以及改善人民生活方面起了重要作用。

万里对美洲基民组织在促进拉美一些尚未同中国建交的国家的政党、议会和人民同中国方面的友好往来所起的积极作用表示感谢。他说,同第三世界国家发展友好合作关系是中国外交政策的重要方面。

万里还扼要地向客人们介绍了中国共产党执政近40年来的经验教训以及中国的改革、开放政策。

伊拉里翁·卡多索说,中国在开放的同时保持了自己传统文化的根基。他说,中国和拉美都有权利争取发展,在国际上保持独立的立场,不受自认为能主宰世界的那些人的支配。

国务院在北京召开第五次常务会议

会议讨论并原则通过了《全民所有制小型工业企业租赁经营暂行条例》(以下简称《条例》)。《条例》经补充修改后将于最近发布施行。

《条例》是在总结近年来深化企业改革、试行租赁经营方式的经验的基础上制定的。该《条例》共分8章40条,具体规定了实行租赁经营的基本原则、适用范围和应有的程序、步骤,对租赁经营合同的签订、变更、解除,出租方与承租方的权利和义务,收益分配及债权、债务的处理,承租方与承租人的收入等,也都作了明确的规定。国务院有关部门的同志认为,这个《条例》的实施将进一步推动全民所有制小型工业企业的租赁经营方式健康发展。

全国已发布涉外经济法律法规120多件

据《人民日报》报道,根据在北京召开的国际投资与金融法律问题讨论会提供的材料表明:为适应对外开放的步伐,我国经济立法加快,投资环境不断改善。

据统计,目前,我国已发布涉外经济法律20多件,国务院发布的涉外经济法规100多件,国务院各部门和地方人大、政府也发布了大量的涉外经济法规。到1987年年底,已有37个国家和地区的外商来我国投资,兴办的企业已有10000多家。这些企业分布在能源、交通、冶金、电子、化工、机械、建材、通信、轻工、纺织、医药、农牧渔业、旅游服务等国民经济各主要行业。其中包括一批在行业发展和社会经济发展中起重要作用的项目。

近年来,随着涉外经济立法工作的加快,我国的投资环境正在逐步完善。

——目前,从中央到地方政府建立了管理外商投资的机构,去年,我国批准的外商投资企业2230多个,按合同规定的外商投资总额达36亿美元,分别比1986年增长49%和30%。一批已投资建厂的外商将分得的利润用以再投资。

——外资投向趋于合理,产业结构有了较大改善,生产性企业所占比重明显增加。除宾馆、饭店等服务性项目外,先进技术企业和产品出口企业明显增加。到1987年年底,全国有先进技术企业和产品出口企业831家,其中产品出口企业有605家。

——企业的外汇收支平衡有了较大的改善。北京、天津、上海的外商投资企业外汇收支在总体上做到了平衡有余。全国出现了一批年出口创汇上千万美元的企业。由于国家采取了灵活措施,一批企业的外汇收支不平衡的问题得到了缓解。

——外商投资企业的经济效益普遍有了提高,全国各地还出现了一批办得很成功的企业。

这次讨论会是由中国经济法研究会、香港经济与法律出版社、中国新闻社联合举办的。

中国同莫桑比克在钓鱼台国宾馆签署经济技术合作协定

国家主席杨尚昆、莫桑比克总统希萨诺等出席了签字仪式。两国政府还签署了关于中国向莫桑比克提供一艘客货两用轮船的换文。

外经贸部部长郑拓彬和莫桑比克外交部部长莫孔比代表本国政府在文件上签字。

芬兰总理哈里·霍尔克里在赫尔辛基接见国务委员兼国家科委主任宋健

中国建成全国性卫星多普勒网

据《人民日报》报道,中国已成为当今世界大国中第一个建立全国性卫星多普勒网的国家。它对发展空间技术、开展地学领域研究和国防建设具有重大意义。

这项科技成果在北京通过鉴定。专家们认为,这标志着我国卫星多普勒定位技术达到了国际80年代先进水平。

卫星多普勒定位技术,是现代世界上一种快速定位方法。在地面的某一点放一台多普勒机,接收在太空与赤道成直角运行的子午卫星发射的频率,就能迅速确定这个点在地球上的精确坐标。据了解,美国和加拿大目前已在本国部分地区建立了卫星多普勒网,欧洲的几个发达国家联合在较大地区范围内建立了这种网。

中国文联主席团会议在北京召开

会议就今年下半年召开第五次文代会和中国文联体制改革等问题进行了认真讨论。

因周扬主席患病住院,会议由夏衍副主席主持,阳翰笙、林默涵、陶钝、康巴尔汗副主席出席了会议。会前征询了因病因事不能到会的巴金、谢冰心、吴作人、傅钟、贺绿汀、俞振飞副主席的意见。中共中国文联党组全体成员、中国文联正副秘书长列席了会议。中共中央宣传部王忍之部长、王维澄副部长参加了会议。王忍之在会上讲了话。

会议原则同意《中国文联体制改革的初步设想(草案)》,决定提交中国文联全委会审议,并通过了第五次文代会筹备组名单。

出席会议的同志还就当前文艺形势和如何开好第五次文代会广泛地交换了意见。大家热切期望第五次文代会能体现深化改革精神,开成一个促进文艺界广泛团结的大会,更好地为改革和四个现代化建设服务。

陕西乾县发现秦甘泉宫和梁山宫遗址

据《人民日报》报道,最近,在陕西乾县进行的文物普查中,文物考古工作者发现了秦代两处著名的大型宫殿遗址。经考证,初步认为,一处为与秦咸阳宫、阿房宫齐名的甘泉宫遗址,一处为规模恢弘的梁山宫遗址。这是我国秦代考古的又一重要发现。

秦甘泉宫遗址位于驰名中外的唐高宗与武则天合葬陵——乾陵东北的注泔乡南孔头村,总面积为10万平方米,是秦始皇巡幸饮泉之地和其母居住之所。梁山宫遗址位于乾陵西北处的瓦子岗上,总面积24万平方米,是秦始皇的行宫。

秦甘泉宫的发现,不仅使著名的三大宫殿全部找齐,而且为研究秦宫前殿"双阙如翼,左右环峙"的结构布局和秦咸阳宫、阿房宫整体布局提供了新的资料。而地处丘陵地带的秦梁山宫遗址,由于时代单一,内涵丰富,保存较好,至今地形地貌仍基本如故,具有很高的考古价值。专家们预言,随着下一步考古发掘和清理,将会有更加丰硕的收获,泯灭2000多年的这两座秦宫将会得到更充分、准确的认识。

国务院发布《防止拆船污染环境管理条例》

第一条　为防止拆船污染环境,保护生态平衡,保障人体健康,促进拆船事业的发展,制定本条例。

第二条　本条例适用于在中华人民共和国管辖水域从事岸边和水上拆船活动的单位和个人。

第三条　本条例所称岸边拆船,指废船停靠拆船码头拆解;废船在船坞拆解;废船冲滩(不包括海难事故中的船舶冲滩)拆解。

本条例所称水上拆船,指对完全处于水上的废船进行拆解。

第四条　县级以上人民政府环境保护部门负责组织协调、监督检查拆船业的环境保护工作,并主管港区水域外的岸边拆船环境保护工作。

中华人民共和国港务监督(含港航监督,下同)主管水上拆船和综合港港区水域拆船的环境保护工作,并协助环境保护部门监督港区水域外的岸边拆船防止污染工作。

国家渔政渔港监督管理部门主管渔港水域拆船的环境保护工作,负责监督拆船活动对沿岸渔业水域的影响,发现污染损害事故后,会同环境保护部门调查处理。

军队环境保护部门主管军港水域拆船的环境保护工作。

国家海洋管理部门和重要江河的水资源保护机构,依据《中华人民共和国海洋环境保护法》和《中华人民共和国水污染防治法》确定的职责,协助以上各款所指主管部门监督拆船的防止污染工作。

县级以上人民政府的环境保护部门、中华人民共和国港务监督、国家渔政渔港监督管理部门和军队环境保护部门,在主管本条第一、第二、第三、第四款所确定水域的拆船环境保护工作时,简称"监督拆船污染的主管部门"。

第五条　地方人民政府应当根据需要和可能,结合本地区的特点,环境状况和技术条件,统筹规划、合理设置拆船厂。

在饮用水源地、海水淡化取水点、盐场、重要的渔业水域、海水浴场、风景名胜区以及其他需要特殊保护的区域,不得设置拆船厂。

第六条　设置拆船厂,必须编制环境影响报告书(表)。其内容包括:拆船厂的地理位置、周围环境状况、拆船规模和条件、拆船工艺、防污措施、预期防治效果等。大中型拆船厂的环境影响报告书(表),报所在地的省级环境保护部门批准;小型拆船厂的环境影响报告书(表),经所在地的县级环境保护部门审查,报上一级环境保护部门批准。未经批准者,不得设置拆船厂;拆船公司不得对其提供废船。

环境保护部门在批准环境影响报告书(表)前,应当征求各有关部门的意见。

第七条　监督拆船污染的主管部门有权对拆船单位的拆船活动进行检查,被检查单位必须如实反映情况,提供必要的资料。

监督拆船污染的主管部门有义务为被检查单位保守技术和业务秘密。

第八条　对严重污染环境的拆船单位,限期治理。

对拆船单位的限期治理,由监督拆船污染的主管部门提出意见,通过批准环境影响报告书(表)的环境保护部门,报同级人民政府决定。

第九条　拆船单位应当健全环境保护规章制度,认真组织实施。

第十条　拆船单位必须配备或者设置防止拆船污

染必需的拦油装置、废油接收设备、含油污水接收处理设施或者设备、废弃物回收处置场等,并经批准环境影响报告书(表)的环境保护部门验收合格,发给验收合格证后,方可进船拆解。

第十一条　拆船单位在废船拆解前,必须清除易燃、易爆和有毒物质;关闭海底阀和封闭可能引起油污水外溢的管道。垃圾、残油、废油、油泥、含油污水和易燃易爆物品等废弃物必须送到岸上集中处理,并不得采用渗坑、渗井的处理方式。

废油船在拆解前,必须进行洗舱、排污、清舱、测爆等工作,经港务监督检查核准后,方可拆解。

第十二条　在水上进行拆船作业的拆船单位和个人,必须事先采取有效措施,严格防止溢出、散落水中的油类和其他漂浮物扩散。

在水上进行拆船作业,一旦出现溢出、散落水中的油类和其他漂浮物,必须及时收集处理。

第十三条　排放洗舱水、压舱水和舱底水,必须符合国家和地方规定的排放标准;排放未经处理的洗舱水、压舱水和舱底水,还必须经过监督拆船污染的主管部门批准。

监督拆船污染的主管部门接到拆船单位申请排放未经处理的洗舱水、压舱水和舱底水的报告后,应当抓紧办理,及时审批。

第十四条　拆下的船舶部件或者废弃物,不得投弃或者存放水中;带有污染物的船舶部件或者废弃物,严禁进入水体。未清洗干净的船底和油柜必须拖到岸上拆解。

拆船作业产生的电石渣及其废水,必须收集处理,不得流入水中。

船舶拆解完毕,拆船单位和个人应当及时清理拆船现场。

第十五条　发生拆船污染损害事故时,拆船单位或者个人必须立即采取消除或者控制污染的措施,并迅速报告监督拆船污染的主管部门。

污染损害事故发生后,拆船单位必须向监督拆船污染的主管部门提交《污染事故报告书》,报告污染发生的原因、经过、排污数量、采取的抢救措施、已造成和可能造成的污染损害后果等,并接受调查处理。

第十六条　拆船单位关闭或者搬迁后,必须及时清理原厂址遗留的污染物,并由监督拆船污染的主管部门检查验收。

第十七条　违反本条例规定,有下列情形之一的,监督拆船污染的主管部门除责令其限期纠正外,还可以根据不同情节,处以一万元以上十万元以下的罚款:

(一)未持有经批准的环境影响报告书(表),擅自设置拆船厂进行拆船的;

(二)发生污染损害事故,不向监督拆船污染的主管部门报告也不采取消除或者控制污染措施的;

(三)废油船未经洗舱、排污、清舱和测爆即行拆解的;

(四)任意排放或者丢弃污染物造成严重污染的。

对未持有经批准的环境影响报告书(表),擅自在第五条第二款所指的区域设置拆船厂并进行拆船的,除依据前款规定予以罚款外,按照分级管理的原则,由县级以上人民政府责令限期关闭或者搬迁。

第十八条　违反本条例规定,有下列情形之一的,监督拆船污染的主管部门除责令其限期纠正外,还可以根据不同情节,给予警告或者处以一万元以下的罚款:

(一)拒绝或者阻挠监督拆船污染的主管部门进行现场检查或者在被检查时弄虚作假的;

(二)未按规定要求配备和使用防污设施、设备和器材,造成环境污染的;

(三)发生污染损害事故,虽采取消除或者控制污染措施,但不向监督拆船污染的主管部门报告的;

(四)拆船单位关闭、搬迁后,原厂址的现场清理不合格的。

第十九条　罚款全部上缴国库。

拆船单位和个人在受到罚款后,并不免除其对本条例规定义务的履行,已造成污染危害的,必须及时排除危害。

第二十条　对经限期治理逾期未完成治理任务的拆船单位,可以根据其造成的危害后果,责令停业整顿或者关闭。

前款所指拆船单位的停业整顿或者关闭,由作出限期治理决定的人民政府决定。责令国务院有关部门直属的拆船单位停业整顿或者关闭,由国务院环境保护部门会同有关部门批准。

第二十一条　对造成污染损害后果负有责任的或者有第十八条第(一)项所指行为的拆船单位负责人和直接责任者,可以根据不同情节,由其所在单位或者上级主管机关给予行政处分。

第二十二条　当事人对行政处罚决定不服的,可以在收到处罚决定通知之日起十五日内,向人民法院起诉;期满不起诉又不履行的,由作出处罚决定的主管部门申请人民法院强制执行。

第二十三条　因拆船污染直接遭受损害的单位或者个人,有权要求造成污染损害方赔偿损失。造成污染损害方有责任对直接遭受危害的单位或者个人赔偿损失。

赔偿责任和赔偿金额的纠纷,可以根据当事人的请求,由监督拆船污染的主管部门处理;当事人对处理决定不服的,可以向人民法院起诉。

当事人也可以直接向人民法院起诉。

第二十四条 凡直接遭受拆船污染损害,要求赔偿损失的单位和个人,应当提交《污染索赔报告书》。报告书应当包括以下内容:

(一)受拆船污染损害的时间、地点、范围、对象,以及当时的气象、水文条件;

(二)受拆船污染损害的损失清单,包括品名、数量、单价、计算方法等;

(三)有关监测部门鉴定。

第二十五条 因不可抗拒的自然灾害,并经及时采取防范和抢救措施,仍然不能避免造成污染损害的,免予承担赔偿责任。

第二十六条 对检举、揭发拆船单位隐瞒不报或者谎报污染损害事故,以及积极采取措施制止或者减轻污染损害的单位和个人,给予表扬和奖励。

第二十七条 监督拆船污染的主管部门的工作人员玩忽职守、滥用职权、徇私舞弊的,由其所在单位或者上级主管机关给予行政处分;对国家和人民利益造成重大损失、构成犯罪的,依法追究刑事责任。

第二十八条 本条例自1988年6月1日起施行。

5月19日

中央军委主席邓小平在人民大会堂会见由朝鲜人民武装力量部部长吴振宇次帅率领的朝鲜政府军事代表团

邓小平指出,中国的物价改革是一个大胆行动,要冒一定的风险,但是中央有信心把这件事办好。

邓小平说,4天前北京放开4种副食品价格后,人们议论纷纷,这中间不满意的话也不少。但是广大的人民群众理解中央这个决心是应该下的。他说,多年来,物价问题是国家的沉重负担。旧的价格制度不符合价值规律,国家每年都要拿出财政收入的很大一部分用于物价补贴,给经济建设增加了很大的包袱。要轻装前进,物价问题非解决不可。不走这一步,中国就不可能在下个世纪中期达到中等发达国家的水平。

邓小平说,我们很清楚,价格改革每前进一步都有不小的风险,会遇到困难。要让全党和全国人民懂得,这是很艰苦的工作。中国现在是个巨大的试验室,我们面临的是新事物、新问题,经验靠我们自己创造。这要求我们兢兢业业地工作,决策时既要大胆又要细心,要经常总结经验。我还告诉同志们:胆子要大一点,不要怕风险。如果前怕狼后怕虎,那就走不成路。

邓小平接着说,中央有一定的信心和把握搞好价格改革。10年来中国有了可喜的发展,人民生活有所改善,对风险的承受能力有一定的增强。他说,搞好食品价格改革以后,还要解决原材料价格问题。今后我们还要迎着风险前进,但国家经济发展的速度还会是比较快的。

在近两个小时的长谈中,邓小平对朝鲜客人说,我们党的十三大和不久前召开的七届全国人大一次会议除了决定深化改革和加快对外开放外,还对中央领导班子做了很大的调整,实际上完成了新老接替。这样的安排对保证中国局势的稳定和政策的连续性是十分重要的。

邓小平说,搞好领导班子的新老接替是很不容易的。但是我们全党认识一致,这个问题顺利解决了。外国人老说中国有改革派和保守派。事实上,中国没有什么保守派,大家都是赞成改革开放的。当然,具体怎么改,怎么开放,有不同意见是正常的。如果没有不同意见,倒是不正常。改革开放的一个重要步骤是,沿海地区要加快对外开放,使这个拥有两亿人口的广大地带较快地发展起来,从而带动内地更好地发展。

会见时,邓小平和吴振宇还就朝鲜半岛形势交换了意见。邓小平重申,中国共产党、政府和人民支持金日成主席和朝鲜政府提出的自主和平统一祖国的方针。他说,中国希望看到朝鲜半岛的局势稳定。他请吴振宇回国后转达他对金日成的问候。吴振宇表示,发展朝中友谊是朝鲜劳动党和政府坚定不移的方针。他还转达了金日成对邓小平的问候。

全国政协主席李先念在武昌会见由保共中央政治局委员潘乔·库巴丁斯基率领的保加利亚祖国阵线代表团

李先念说,潘乔·库巴丁斯基是中国人民熟悉的老朋友,曾参加过中国共产党的第八次全国代表大会。32年后的今天,又率领代表团来中国访问,这是一件很有意义的事情。

他说,保加利亚祖国阵线是季米特洛夫根据列宁的革命同盟军思想,结合保加利亚的实际情况而创建的统一战线组织,在革命战争年代和社会主义建设时期作出了重要贡献。

库巴丁斯基说,代表团在中国访问了两周,看到了新的改革高潮正在中国蓬勃兴起,人民群众正在研究新问题,探索新的道路。他说:“我们在同中国领导人会见时,双方对一系列改革的看法是一致的。”

中共中央书记处书记胡启立到福建考察

5月19日至25日,胡启立考察了福建实施沿海经济发展战略的情况,研究在新形势下如何改进思想政治工作。

在福建期间，胡启立同志考察了厦门和福州部分企业，调查了三明市的社会主义精神文明建设，听取了省委和福州、厦门、三明市委的汇报，分别召开了企业、大专院校、区街干部参加的座谈会，听取他们在改革开放新形势下如何做好思想政治工作的意见和建议。他还深入工厂、机关职工宿舍，同工人、干部谈心，了解他们的工作、生活和思想情况。

中央关于沿海经济发展战略，给福建的改革、开放带来了新的动力。胡启立同志所到之处，对人们想“外向”、议“外向”、干“外向”的热情和行动，留下了深刻的印象。他认为，福建的经济正朝着外向型转变，广大干部改革开放的意识和工作水平有了新的提高。只要干部群众把握机遇，开拓进取，不断解决前进中的困难和问题，就会出现一个新的局面。

胡启立说，外向型经济和商品经济的发展，必然对传统的体制、观念、思想产生猛烈的冲击。新旧体制的转换势在必行，许多难题终究是绕不开、拖不过去的，拖得越久，矛盾越多，解决的难度越大。物价改革就是一关，这一关我们非过不可。他了解到，福建物价放开之前，人们顾虑不少，议论很多。由于措施适当，物价放开之后，许多人开始理解物价改革和必须按价值规律办事的道理，议论也就少了。他说，这个情况可以使我们增强放胆改革、闯过难关的勇气和信心。他要求地处改革、开放前沿的福建，思想要更解放一点，看准了的事情就要果断决策，通过实验，争取快步到位，加快新旧体制的转换。

胡启立在座谈时指出，在以往的革命和建设时期，党的思想政治工作起过重要作用。我们的政工队伍集中了一批优秀的同志，他们做过很大贡献，是党的宝贵财富。在新的历史条件下，思想政治工作仍然是我们党的一项光荣、重要的工作。在贯彻厂长负责制的同时，要注意妥善安排好专职政工干部的工作，爱护他们，继续发挥他们的作用。思想政治工作面临着改革的问题，思想政治工作者也面临重新学习的任务。随着改革的不断深入，随着沿海经济发展战略的实施，要求我们充分发挥思想政治工作的优势，帮助人们提高认识，消除疑虑，增进相互理解，使大家同心同德，把改革推向前进。

在谈到如何建立思想政治工作的新格局时，胡启立说，思想政治工作不是一个简单加强的问题，还有一个改造的问题。思想政治工作不改造，就不可能加强。我们搞思想政治工作的同志，应当围绕如何发展生产力、提高经济效益这个中心，来探索新事物，研究新方法，推广新经验。要从体制、观念、内容、方式方法方面进行变革和更新，更好地适应社会化大生产和商品经济发展的需要，更好地加强社会主义精神文明建设。

国务院总理李鹏 副总理姚依林在中南海紫光阁会见出席全国化肥矿山工作会议的代表

李鹏代表国务院，向化肥战线上全体职工致以亲切慰问。他说，全国对化肥的需求量很大，农民迫切需要化肥，国家需要粮食和其他农业物资，这些都离不开化肥。他希望大家深化改革，加强管理，开展技术革新，提高效益，为完成今年8500万吨化肥生产任务而努力。

当前，化肥问题已经成为全国上上下下的热门话题，有些地区化肥紧缺，加上流通环节的问题，农民在施肥季节买不到化肥，提出了非常尖锐的批评，少数地方甚至又出现抢买化肥的现象。四川一个县召开人大会议，代表们议论最多的是柴油和化肥，有的代表说，谁给我们解决化肥，我们就选谁当县长。可以说，化肥问题已成了当前党和政府与农民关系的一个焦点，也成了工农联盟的一个焦点。

造成当前化肥供不应求的原因是多方面的，但最根本的还是化肥生产能力不足，产量不够，满足不了农业发展的需要。化工部部长秦仲达认为，化肥生产成为今天的热门话题，还仅仅是开始，如不采取坚决有力的措施，今后矛盾会越来越严重。

为摆脱目前被动局面，一方面要发挥现有企业的潜力；另一方面要大力发展化学矿山工业。矿山是化肥工业的基础，化肥要上去，矿山必须先行。秦仲达说，化肥企业要继续推行和完善承包经营责任制，把经营机制搞好。化肥企业的经营承包，主要不是为了多上缴，而是为了调动企业积极性，让企业更好地进行技术改造，以增强其自我发展能力。同时，为了及时把化肥送到农民手中，应提倡产销直接见面，减少流通环节，避免转手倒卖和层层加价，保护农民利益。

政协天津市第八届委员会第一次会议选举谭绍文为市政协主席

全国东西联合开发贫困地区座谈会在北京召开

此次会议从各地上报的大批项目中初步筛选出141个由发达地区和贫困地区联合开发的项目。有计划有组织地东西部联合开发贫困地区的工作已拉开序幕。

为解决我国贫困地区群众的温饱问题，国务院决定在“七五”期间每年增加10亿元专项贴息贷款。这项贷款已进入第三个执行年度。但由于贫困县县办工业落后，县财政困难，自我发展能力弱的状况相当突出，为此经国务院批准，从1988年起，中国人民银行和中国工商银行分别为贫困地区新增一笔县办企业专项贷款帮助贫困县发展工业。这笔贷款今年共安排7亿元。为了使这笔专项贷款更好地发挥效益，在使用、管理贷款方面进行一系列改革，其中最重要的一点就是开发项目应有发达地区的企业参加。这次会议就是为用好管好这笔专项贷款而召开的。

会议根据国务院关于改革传统扶贫办法、探索新的投资方式的精神，着眼于利用贫困地区富饶的资源、优惠的政策和投入的资金，吸引和组织东部发达地区到中西部贫困地区去承包开发项目，发展大跨度、多层次的横向联合，提高资金的使用效益。从初步结果看，这种设想和具体改革措施得到了贫困地区的理解和发达地区的热情支持。贫困地区的代表说，此举是扶贫工作上的一个突破，对贫困地区的经济开发具有重大意义。发达地区的代表认为，与贫困地区发展横向联合不仅义不容辞，对发展沿海经济也至关重要，绝非权宜之计。大家认为，东西部大跨度横向联合，能使人才、技术和资源、劳力实现双向流动，生产要素重新优化组合，势将推动东西部经济共同发展。

会议强调，这一工作刚刚起步，还有大量的后续工作要做。各地不要一哄而起，要扎扎实实地选准项目，选好干部，做好工作，使第一批项目真正发挥扶贫的示范作用。

会议于5月21日闭幕。

5月20日

国家副主席王震在人民大会堂会见索马里国防部部长阿旦·阿卜杜拉·努尔少将

王震说，中国和索马里建交后，两国在各个领域的合作关系得到了令人满意的发展。两国都面临着和平与发展的问题，都需要一个和平的国际环境，来进行经济建设。

王震重申，加强同第三世界的团结与合作是中国对外政策的基石。中国将一如既往地加强同非洲国家和其他第三世界国家的团结合作，促进各自国家的经济发展和繁荣。

阿旦表示，索马里愿意同中国继续发展友好合作关系。阿旦转交了索马里革命社会主义党总书记穆罕默德·西亚德·巴雷致赵紫阳总书记的一封信。

国务委员兼国防部部长秦基伟会见时在座。

全国评选出144名内河安全明星船长

为了推选优秀驾引人才，促进水上航行安全，全国内河航运安全明星船长"金帆奖"评选揭晓，共评出安全明星船长144名，日前，在武汉市举行了授奖仪式。

航行安全，船长肩负直接责任。从1986年年底起开展的这一评选活动取得了较好成效，涌现出一批安全生产的优秀船长，有力地推动了水上航行安全，不少省区去年的海损事故比以往明显下降，江西省有2000名驾驶员去年全年无事故。

从24个省、市、自治区几万名船长中评选出来的这些明星船长共同的特点是，安全第一的思想牢固，责任心强，技术熟练，重视培养新人。他们从1983年至1987年5年内，在本省、市、自治区的船长中，是在船工作天数、安全航行时间和里程最高的。陈家琪船长从1978年任船长至今没发生一起责任事故，安全航行49.2万公里，曾3次避免重大船只碰撞事故发生。航行在松花江上的女船长刘秀琪连续安全航行28万公里，培养了4名驾驶员，还绘制了一些引航图。这些安全明星船长半数以上还是该省(区)、市的劳动模范。

交通部副部长林祖一到会讲了话。

王码繁体汉字电脑系统问世

据《人民日报》报道，该系统是由今年被国务院命名的十名全国劳动模范之一、北京科理高技术集团副董事长王永民研制成功的。中国科学院邀请来鉴定的专家、教授认为，这是一项在国内外首创的重大科研成果，具有国际先进水平。

王永民依据自己创造的"五笔字型"编码，创造了繁体汉字的"五笔画"、"五笔桥"、"五笔型"3种繁体形码体系。王永民的简体汉字输入技术和繁体汉字输入技术完全相容。整个王码繁体汉字电脑系统还包括词语输入功能、联想输入功能和强大的字、词新造功能。考虑到有些汉字在拆分上可能发生歧义，还有容错功能，即一个字允许有几种打法。

全国人大常委会副委员长严济慈亲自到鉴定会祝贺。

全国文化工作会议在北京召开

为期8天的全国文化工作会议，使一份拟议中的艺术表演团体体制改革方案渐趋周密和完善。与会者就改革方针及其细则进行探讨、切磋，分量不轻的"一纸公文"正有待付诸实现。文化部副部长王济夫称这是一次"解放思想、坚持改革、放宽政策"的会议。

除各省、市、自治区文化厅局长之外，主管文化的党委和政府部门负责人也作为代表出席了会议。这一多年来未见的现象不难看出，在新的历史时期，文艺体制改革已显出它的重要性和紧迫感。

中宣部部长王忍之在会上就文艺问题作了专题报告。他重申了十三大以来赵紫阳、李鹏对改善党对文艺的领导、改革文艺体制等问题作过的重要讲话，再联系胡启立等中央领导人会间与代表们座谈，李铁映专程到大会的讲话，我们得出这样的结论：文艺领域里的这场改革，已列入到我国经济、政治体制改革的大的系统工程中。

王忍之进而指出，加快、深化文艺体制改革，首先是文艺领导体制的改革。他说，对文艺工作管得过多和过于具体，是领导体制的弊端。今后，党只管大事，把握文艺的方向和方针政策等，而对文艺创作、演出、争鸣活动中的具体问题，应当尽可能少管、少介入。

对改革中各地如何分散决策，代表们议论多，意见也多。记者观察到，一些开放地区往往要求更加"宽松"一些，而内陆省、市则希望改革有明细的规定与框框。

王济夫在讲话中解释道，幅员广大的我国，经济、文化发展不尽平衡，情况千差万别，用一种具体模式来规范，用一种具体方案来统一，显然是行不通的。

那么，这是否将矛盾下交？他以为这样做，是实事求是地处理矛盾，不把复杂的问题简单化。近年来各地剧团的改革尝试，便是分散决策，好经验与办法也由此推广。王济夫强调，"总轮廓"是要有的，各地要在明确改革方向和原则的前提下各显神通，而不是随心所欲地各行其是。

中国棋手张文东在东京举办的第十届世界业余围棋锦标赛上荣获冠军

全国体委主任座谈会在北京召开

国务委员李铁映在座谈中指出，我国要实现在本世纪末成为世界体育强国的目标，不能仅仅停留在口号上，重要的是从现在起就要建立一个能实现奋斗目标的体育体制。这个体育体制应是一个充满活力，富有竞争力的体制。

李铁映说，这几年体育战线取得很大的成就，在国内外受到好评，产生很大影响，振奋了民族精神。现在的问题是，我们的体育体制要适应整个改革的发展。

民政部部长崔乃夫出席全国民政厅局长座谈会并作总结报告

崔乃夫说，1983 年第八次全国民政工作会议以来的 5 年，是民政工作改革的 5 年，开拓前进的 5 年。5 年来，在救灾救济工作方面，改变了单纯救济观点，发展了扶贫事业；在社会福利事业方面，改变了包揽过多的现象，发展了多渠道多层次的福利生产和城乡福利事业；在安置退伍军人工作上，改变了单纯安置方法，把安置与开发使用两用人才结合起来；优抚工作，改变了单纯的国家抚恤和群众优待，形成了国家、集体和个人"三结合"的体制；行政区划改变了建市、镇的标准，促进了小城市和建制镇的发展。另外，还做了许多属于开拓性的工作，如：农村的救灾合作保险、救灾扶贫经济实体、互助储金会、基层社会保障、红白理事会，城市的社区服务，有奖募捐，以及民政教育、民政理论研究等。崔乃夫说，成绩是来之不易的，是民政系统广大干部职工的极其困难的条件下，发扬孺子牛精神，艰苦奋斗得来的。

崔乃夫指出，在社会主义初级阶段，我们面临着许多与民政工作紧密联系的社会问题：随着改革、开放，地区间、人与人之间的贫富差距将会进一步拉大；随着计划生育政策的推行，人口结构的变化，老年人问题将更加突出；随着人口的增加，资源的发现，边界争议也会增多；随着民主政治的推进，社会团体组织将有一个大的发展，支持社团组织的发展，加强社团组织的管理也是一个重要问题；随着开放，人们道德观念将起新的变化，家庭、婚姻、赡养、残疾人、婚丧嫁娶，都会出现一些新的问题。积极参与解决这些新的社会问题，就是民政部门面临的新形势。

崔乃夫说，在社会主义初级阶段，民政部门的任务主要是调节人际关系，缓解社会矛盾，为社会主义现代化建设创造一个安定和谐的社会环境。具体说，就是通过基层政权建设，去推进政治民主，增强群众组织的凝聚力；通过救灾救济、扶贫济困、福利生产、福利事业等工作，保护生产力，促进社会安定团结；通过各项行政管理，促进社会主义精神文明建设；通过优抚安置的特殊社会保障，加强军政军民团结，促进军队和国防现代化建设。

关于今后民政工作的指导方针，崔乃夫强调要以改革总览全局，转变观念，开拓前进。

中国将于 2000 年步入老年型国家

据《人民日报》报道，目前我国大陆 60 岁以上的老人已有 9000 万，约占总人口的 8.4%。据预测，到 2000 年，全国老年人口将达到 1.3 亿人，占总人口的 11%，开始进入"老年型"国家(联合国确认 60 岁以上老年人口占全国人口 10%以上为老年型国家)。这是中国老龄问题全国委员会负责人在记者招待会上透露的。

世界上 57 个进入"老年型"国家的经历表明，人口老龄化是社会进步的象征，也对社会经济发展产生一系列影响。我国老年人口迅速增加，劳动结构发生变化，各种老年人问题相继出现，为适应这种形势，现在全国已有 27 个省、自治区、直辖市，95%的地(市)，65%的县，建立了老龄委员会。全国还成立了中国老年学学会、中国老年基金会、中国老年书画研究会，不少地区也建立了上述组织。各级老龄委员会都有一批专职干部。许多城市和农村基层单位,还成立了老年人协会,这是老年人自愿组织起来的群众组织,他们在维护老年人合法权益,参加各项建设事业,为居民排忧解难等方面起了很好的作用。

我国人民有尊老、爱老、养老的优良传统,为了发扬这个优良传统,维护老年人的合法权益,北京、天津、湖北等省市制定了有关地方性法规或决议。

许多地方规定了“敬老日”、“敬老周”或“老人节”。各地老龄组织支持和协助司法部门,对虐待和迫害老年人的案件及时进行严肃处理。

5月21日

国家主席杨尚昆在北京会见参加北京军区中高级指挥员教学法集训的全体同志

国家主席、中央军委副主席杨尚昆强调,全军上下要共同努力,搞好改革,把军队建设得更加强大。

他说,现在全军总的形势是很好的,但问题也不少,主要是个“严”字不够,管理上、纪律上有些松弛。在商品经济发展的形势下,出现了很多新问题,这是我们过去没有遇到过的。这方面军委在想办法解决。军队需要改革,不改革就没有出路。但是怎么改,军委正在研究,军区也在研究,希望同志们都要参加这些大的问题的研究,共同把我军的现代化、正规化搞得更好。

杨尚昆在北京军区司令员周衣冰和政治委员刘振华陪同下,参观了自动化指挥系统和战役模拟系统,观看了我军现有武器装备展示和效应表演的实况录像。他称赞这次集训搞得好,希望大家努力学习掌握现代军事科学知识,提高指挥和管理部队的能力,提高教育和训练部队的能力,把部队建设好。

秦基伟、刘华清、迟浩田、杨白冰、刘安元等陪同杨尚昆同志参观。

中组部 人事部联合发出《关于全民所有制工业企业引入竞争机制,改革人事制度的若干意见》的通知

通知指出,当前,全国预算内全民所有制工业企业实行各种经营责任制的已达80%以上。其中,企业租赁经营、资产经营和股份制等也有了新的发展。这项改革给企业人事管理工作提出了不少新的课题,迫切需要解决。为了从组织上保证企业改革的深入发展,推动各种形式经营责任制的落实,对改革企业人事制度提出如下意见:

必须把竞争机制引入企业人事管理

近来,许多实行各种形式经营责任制的企业,积极引入竞争机制,通过公开招标、差额选举、直接聘任等方式产生企业经营者,并逐级聘用内部各级管理人员,使企业人事制度发生了一场深刻的变革,有力地冲破了长期沿用管理党政机关干部的办法管理企业干部的传统模式,有利于克服干部能上不能下的弊端和用人上的不正之风,为大批精明强干、勇于开拓的企业经营人才在市场竞争的风浪中脱颖而出创造了前所未有的条件。竞争机制的引入,使企业经营者和职工的利益同企业的兴衰紧紧联在一起,调动了他们振兴企业的主动性、积极性和创造性,进一步增强了企业的活力,促进了社会主义商品经济的发展。

企业引入竞争机制,改革人事管理,有多种形式。其中招标选聘是一个切实有效的好办法。前一段搞招标的多数是中小企业,已经承包的大中型企业中,也有一部分实行了招标,效果都不错。这项改革有利于搞活企业,可以在实行各种经营责任制的企业中逐步推广。

推行招标选聘企业经营者,要区别不同类型的企业:中小企业可以放开搞;大型企业应在试点的基础上逐步推开;特大型企业暂不实行招标选聘办法。已经承包、租赁的企业仍按经营合同执行。

通过公开招标选聘企业经营者

选聘企业经营者,是落实各种形式经营责任制的重要环节。招标选聘要本着公开、平等、民主、择优的原则,拓宽选才视野,根据企业的具体情况确定招标范围,形成多个(多组)对手平等竞争。有条件的应面向本行业以至社会公开招标。对所有投标者,招标单位要一视同仁,为他们提供方便条件,帮助他们了解招标企业的有关情况。不适宜公开招标的企业,也应在确定国家与企业之间、企业所有者与企业经营者之间的契约关系的同时,采取其他办法竞争产生企业经营者。

选聘企业经营者应坚持以下基本条件:贯彻执行党的基本路线,坚持社会主义经营方向,能够对企业国有资产增值负责;懂得有关法律、法规和经济政策;熟悉本行业的生产经营业务,善于经营管理,有组织领导能力,大中型企业的经营者必须具有一定的企业管理经历和工作实绩;具有相应的文化程度和专业知识;有较强的商品经济观念和开拓创新精神,廉洁奉公,作风民主,身体健康。

改善对企业经营者和各级管理人员的管理工作

按照管人与管事既紧密结合又合理制约的原则,对企业经营者的管理由企业主管部门负责。其管理主要是体现履行合同规定的职责,即根据合同为企业经营者创造必要的工作条件,进行相应的培训,考核、监督经营者,保护经营者的利益,协调经营者与职工的关系等,并有权根据合同解聘不称职的经营者。

为了维护合同的严肃性,在合同正常履行期内,不得变动企业经营者。特殊情况必须变动时，应征得经营合同双方同意，并对履行合同的善后事宜作出妥善处理。

企业内部各级管理人员的任用，也要充分体现平等竞争的原则，采取招聘、选聘、考聘或直接聘任的方式，逐级聘用，择优而任。

实行各种经营责任制的企业，其行政副职(包括总工程师、总经济师、总会计师)除特大型企业外，均由企业经营者聘任，并向企业主管部门备案。

企业行政副职和中层管理人员的管理由其聘任者负责。聘任者对被聘者实行考核，根据考核结果实施奖惩，并决定续聘或解聘。

企业管理机构的设置，应本着精干、高效的原则，由企业经营者自主决定。任何部门无权要企业设什么机构，不设什么机构，不得以任何借口在机构设置上对企业施加压力、制造障碍。

通知最后希望各省、自治区、直辖市党委组织部、人事厅(局)，国务院各部门注意解决好几个问题：

要加强对企业人事制度改革的宣传，破除旧的观念，增强竞争意识；要着重宣传那些竞争中标的企业经营者抢挑重担、大胆改革、办好企业的事迹，让群众了解他们、支持他们，使他们放手创业，逐步形成一种有利于企业各种经营管理人才不断涌现的良好的社会环境。

要积极支持和促进人才的合理流动。实行招标竞争，必须坚决打破人才单位所有，对中标被聘的人员，原则上都要放行。允许人才跨城市、跨地区、跨行业流动。对竞争中涌现出来的优秀人才，要逐步建立起人才库，形成承包市场，开辟人才交流渠道，以利于造就一支宏大的企业经营管理者队伍。

要坚持能上能下，打破干部领导职务终身制。企业经营者及各级管理人员受聘什么职务，就享受什么待遇；解聘或辞聘后一律不保留聘用期间的待遇。对竞争中落标和未聘人员，应做好思想工作，并量才使用，发挥好他们的作用，也允许其合理流动。

要妥善处理好企业经营者同企业党组织和职代会的关系。

要转变职能、下放权力，坚持政企分开，保证企业经营者行使职权，支持企业的各项改革。政府部门要按法规政策为企业服务并实行监督。凡是规定下放给企业的权力，各中间层次一律不得截留。

中国人民争取和平与裁军协会和联邦德国艾伯特基金会共同主办的国际安全讨论会在北京召开

德国社会民主党著名政治家巴尔和埃姆克一行以及中国和裁会会长、全国政协副主席周培源，中共中央委员、人民日报社社长钱李仁，和裁会副会长区棠亮等参加了讨论会。

周培源会长首先致开幕词，他表示希望双方超越意识形态，各抒已见，畅所欲言地讨论至关重要的世界和平与国际安全问题。艾伯特基金会驻京代表葛德里茨对中方筹办会议的努力表示感谢。

钱李仁首先发言，他就目前国际形势和趋向，促进实现真正的裁军，推动消除地区冲突，和平与发展的关系阐述了看法。他表示，现在和平力量超过了战争力量，出现了对话代替对抗的新潮流。中国愿为维护世界和平，促进国际局势缓和及争取实现真正的裁军作出自己应有的贡献。

德国社民党主席团成员巴尔在发言中对国际安全形势表示了谨慎乐观的态度，他认为核时代的安全必须通过各国共同努力才能实现。人类应该用和平与经济合作取代军事对峙，把精力转向环境、人口、第三世界发展等紧迫问题上。

两国学者就共同关心的国际安全问题各抒已见，进行了热烈的讨论。讨论会于 5 月 22 日结束。

全国博士后工作会议在北京召开

会议透露，自从国务院 1985 年批准试办博士后科研流动站、试行博士后研究制度以来，全国已有 81 个高等院校和科研机构共设立博士后流动站 122 个，进站工作的博士后研究人员共 210 名。3 年来已基本完成 18 个研究项目，取得阶段性成果 50 个。

所谓“博士后”研究工作指的是“博士后研究人员”独立地、创造性地开展高层次科研工作。

迄今为止，国家为试行博士后研究制度，制定出 17 个政策性文件，还拟订和发布了 11 种突破现行政策的暂行规定。国家已批拨基建投资 1000 万元，用于建设博士后专用公寓。有关部门还进行了 3 次博士后科学基金资助金的评审工作，共有 72 名博士后获得此项资助，总计人民币 61 万元，外汇 12.2 万美元。

博士后研究制度在我国的试行，促使一批在国内外获得博士学位的中青年科技人员脱颖而出，迅速取得研究成果。据统计，去年年底以前进站的 90 余名博士后研究人员，共承担和参与了 147 个科研项目，其中有国家“七五”科技攻关项目 13 项，高技术研究项目 6 项，国家自然科学基金项目 20 项。

从博士后人员的年龄来看，1986 年平均为 34.5 岁，1987 年为 32.2 岁，今年头 4 月平均为 31.5 岁。

中国著名学者冯至荣获德国语言文学科学院 1988 年弗里德里希—贡多尔夫外国日耳曼学奖

授奖仪式在卡塞尔市市政厅举行。

弗里德里希—贡多尔夫外国日耳曼学奖始于1964年。该奖主要授予在日耳曼学研究中取得卓越成就的外国日耳曼学学者。每年颁发一次,奖金额为15000马克。冯至教授是亚洲第二个、也是中国第一个获得此项荣誉的学者。

冯至教授致力于德语文学教学和研究工作,著述和译作甚丰。鉴于他的卓越贡献,联邦德国曾先后授予他"歌德奖章"、"国际交流中心艺术奖"和"大十字勋章"。

5月22日

国务院总理李鹏在钓鱼台会见并宴请巴基斯坦总理穆罕默德·汗·居内久

李鹏总理说,巴基斯坦人民在齐亚·哈克总统和居内久总理的领导下,在建设和保卫自己国家的事业中不断取得新的成就,经济持续而稳定发展,人民生活不断提高,国力日益增强。在国际事务中,巴基斯坦坚持原则,主持正义,发挥着显著的作用,特别是为寻求公正合理地解决阿富汗问题作出了不懈的努力和重要的贡献,赢得了国际社会广泛的赞誉。

在谈到两国关系时,李鹏总理说,不断加强中巴友好合作是中国政府坚定不移的政策。他说,中巴两国山水相连,两国人民情深谊长。两国领导人和人民之间的密切交往推动两国的友好合作关系不断向前发展。李鹏总理表示相信,居内久总理这次在华的短暂停留,是两国领导人之间在今后工作中密切合作的良好开端,必将进一步增进中巴两国人民之间的相互了解和友谊。

居内久总理对李鹏总理说,我第一次有机会同您见面,感到特别高兴。1985年我曾访问过中国,中国人民对巴基斯坦人民的深情厚谊给我留下了深刻的印象。居内久总理说,30年来,巴中两国关系发展得很好,我完全相信我们之间的友好关系将得到进一步的加强。居内久总理还祝愿中国沿着自己选定的现代化与经济改革的道路继续取得更大的进步。

天津市第十一届人民代表大会第一次会议选举吴振为市人大常委会主任 李瑞环为市长

全国国营蔬菜公司经理会议在甘肃兰州召开

会上,全国各省、市、自治区和中心城市的蔬菜公司经理认为,在当前蔬菜购销体制逐步放开的形势下,国营蔬菜公司对蔬菜市场的主导作用决不能削弱。

经理们认为,国营蔬菜公司发挥主导作用,关键要有经济手段。国家实行暗补改明补的政策后,还应继续采取行政和经济的手段扶持蔬菜生产。应逐步建立"生产风险基金"和"蔬菜价格调节基金",用于蔬菜受灾损失和平抑市场菜价补贴,以保持市场供求的相对均衡,保护菜农和消费者利益。

蔬菜生产受季节、气候影响很大,加上农村产业结构调整,近郊种植面积缩小,造成蔬菜供应波动大,价格不断上涨。在这种情况下,完全放开蔬菜市场还要有个过程。在这个阶段,应实行管放结合的办法,对大路菜要加强计划生产,计划购销,确保群众基本生活需要。

许多地区在管放结合上进行了积极的探索,并取得一些比较成功的经验。沈阳市蔬菜公司以经济手段和行政手段相结合,对大白菜等6个主要品种实行计划生产、合同收购、灵活掌握购销价格,做到菜价基本平稳。上海市在科学、严密的计划基础上,强化合同管理,完善价格体系。去年大灾之年,蔬菜供应仍很稳定。这些经验受到了与会代表的肯定。

国家教委针对青少年健康成长颁发两项规定

针对片面追求升学率之风久禁不止、小学生课业负担日重的状况,国家教委决定加强对普通中学的督导评估,于最近颁发了《关于全日制普通中学端正办学方向纠正片面追求升学率倾向的督导评估的几点意见》,还颁发了《关于减轻小学生课业负担过重问题的若干规定》。

国家教委要求各地教育督导机构,专门就端正办学方向问题对普通中学进行督导、评估,根据评估意见对学校进行表扬或批评以至处分。

国家教委提出了督导评估的重点:学校要按照规定的学制年限对全体学生完成教学计划规定的教育和教学任务,不得擅自改变学制;从1987年9月入学的高中学生起,不得为应付升学考试而搞文理科分班教学或提前结束课程,或任意砍掉、挤占某些课程、任意增减课时;必须关心全体学生,对于思想品德或学业后进的学生不得歧视或无故迫使他们退学、转学、提前结业;要保证时事政策学习和班团队活动时间,并按规定组织学生参加劳动和社会实践活动;减轻学生过重的学习负担,保证学生的睡眠、休息和课外体育、文娱、科技活动时间;要纠正测验、考试过于频繁的现象,除了期终考试之外,一般不得进行事先通知的测验考试,除了省级教育行政部门规定外,不得进行以升学为目标的模拟性考试;寒暑假应主要让学生休息,不得举办以升学为目标的补课;除经省级教育行政部门的审定和批准以外,学校和教师不得编印或引导学生购买和使用对付升学考试的习题集、练习册、复习资料;不得以任何借口和任何形式举办全日制升学复习班,不得举办复读班或吸收插班复读生，不得让他们以应届毕业生名义报考学校，严禁伪造或涂改学生的学籍、档案材料。

国家教委颁发的《关于减轻小学生课业负担过重问题的若干规定》(以下简称《规定》)有10条，要求小学校严格按照教学大纲、教学计划组织教学，控制课外作业量，一年级不留书面课外作业，二、三年级课外作业量不超过30分钟，四年级不超过45分钟，五、六年级不超过1小时；对小学生的课外活动、考试次数也作了规定，并规定在基本普及初中教育的地方，初中招生应实行小学毕业生就近入学，不再进行招生考试。《规定》强调要控制各种竞赛的次数，要热情帮助后进生，对他们不得歧视、厌弃、排斥，不得将他们单独编班，也不得强迫他们退学、转学、提前结业。

北方城市青少年思想教育研讨会在北京召开

黑龙江、辽宁、长春、河北、湖南、山西、安徽、北京8个省市在广泛征集的基础上，推荐出200多篇论文，经专家、学者评选，有5篇获一等奖，10篇获二等奖，20篇获三等奖。

评委们认为，这次征集的论文质量比较高，既有从宏观上对社会主义初级阶段德育理论体系的思考，也有对家庭教育、青春期教育、早恋、中学生出走、非正式群体、差生团伙、大中小学德育衔接等难点问题的探讨。许多论文在实事求是地评价传统德育理论和方法的同时，对更新教育观念表现了强烈的热情和可贵的探索精神，并总结了大量行之有效的新方法。人大附中团委书记靳忠良所写的《破译学生秘密，练就德育新招》就是这样一篇令人耳目一新的论文。研讨会由北京青年报社、北京市教育局等共同举办。

文化部 广电部联合主办1988年新时代杯京津汉穗群众文化系列大赛

这次群众文化系列比赛由北京、天津、武汉、广州4市文化部门发起，高占祥、陈昊苏担任大赛组委会主任委员。

大赛范围涉及11个门类、22项，包括摄影、集邮、书画、中国象棋、声乐、器乐、京剧、舞蹈、现代舞厅舞、灯谜等。系列大赛设300多个等级奖及团体奖，初赛和复赛在北京、天津、武汉、广州分别进行。决赛在北京举行，9月份全部结束。

中国古都学会常务理事会在河南安阳召开

会议本着实事求是的学术思想为古城安阳“落实政策”，确认中国有七大古都，安阳位居首位。

安阳是中国最重要的古都之一。按建都先后次序排列，比周代开始建都的西安、洛阳还早，安阳的殷墟是商代270多年的都城。从公元14世纪至公元6世纪的2000年间，中原王朝层多次建都于安阳。但几十年来，人们只称中国有五大古都或六大古都，始终将安阳置于古都之外，这是违反历史事实的。近年来，考古学界、历史学界围绕安阳是否应列入古都之列进行探讨，反响强烈。中国古都学会名誉会长、复旦大学教授谭其骧于1987年呼吁：“将安阳排除在外，这只能说是偶然的疏忽，极无理由可言。”此后，学术界的同志们开始为安阳古都历史进行实事求是的阐述和评议，此次理事会将安阳定为七大古都之一并列它为七大古都之首，是符合历史事实的。

5月23日

中共中央总书记赵紫阳在人民大会堂同捷共中央总书记米洛什·雅克什举行会谈

中共中央总书记赵紫阳在中南海会见巴基斯坦总理穆罕默德·汗·居内久

中央纪委印发《共产党员在涉外活动中违犯纪律党纪处分的暂行规定》

第一条　为了维护党和国家的利益，同涉外活动中的一切违犯纪律的行为和腐败现象作斗争，根据党章和国家有关的法律法规，制定本规定。

第二条　在涉外活动中，共产党员必须模范地遵守纪律。一切严重违犯纪律的行为，必须受到党的纪律处分。

第三条　在涉外活动中，触犯我国刑律被依法判刑的，一般给予开除党籍处分。属于过失犯罪，判处较轻刑罚，平时表现较好的，可以给予留党察看处分。

第四条　为外国情报机关或敌特机关服务的；出卖党和国家秘密的；叛逃的；参加敌视我国的反动组织的；对外发表反对四项基本原则的言论的，给予开除党籍处分。

第五条　在涉外活动中，其行为在政治上造成恶劣影响，损害党和国家尊严和利益的，给予撤销党内职务或留党察看处分。情节严重的，给予开除党籍处分。

第六条　在国外、境外期间，触犯驻在国家、地区法律、法令，或不尊重驻在国家、地区宗教习俗，造成不良影响，损害我国利益的，给予党内警告或严重警告处分。情节严重的，给予撤销党内职务处分。

第七条　在涉外活动或国际间通讯中，泄露党和国家秘密的；丢失秘密、机密级文件，造成或可能造成严重后果的，给予党内警告、严重警告或撤销党内职务处分。泄露绝密级党和国家秘密的；丢失绝密级文件，造成或可能造成特别严重后果的，给予撤销党内职务直至开除党籍处分。

第八条　以不正当的方式和手段，谋求个人或亲友出国、出境的，给予党内警告或严重警告处分。为了谋求个人或亲友出国、出境，弄虚作假，伪造证件，或利用工作、职务之便，在经济或其他方面损害国家利益的，给予留党察看或开除党籍处分。

拒不服从组织决定，擅自临时或短期出国、出境的，给予党内严重警告或撤销党内职务处分。

第九条　在出国、出境审批工作中，由于失职造成严重后果的，对主要责任者，给予党内警告或严重警告处分。情节严重的，给予撤销党内职务处分。

第十条　临时出国、出境团(组)或人员擅自提前出国、出境，延长在国外、境外期限或变更路线，造成不良影响或经济损失的，给予主要责任者党内警告或严重警告处分。情节严重的，给予撤销党内职务处分。

第十一条　驻外机构或临时出国、出境团(组)中的共产党员，擅自脱离组织，行动失控的；从事外事、机要、军事等工作的党员、违犯规定，擅自同外国机构、外国人联系和交往的，给予党内警告或严重警告处分。在国外、境外失控期间以及在国内与外国人、外国机构交往中，犯有其他错误的，按照有关条款，给予党纪处分。

第十二条　在涉外活动中，参与嫖娼卖淫、吸毒贩毒的，给予开除党籍处分。

在国外、境外淫秽下流场所寻欢作乐的；与外国人搞不正当两性关系的，给予撤销党内职务或留党察看处分。情节严重的，给予开除党籍处分。

参与赌博活动的，给予撤销党内职务或留党察看处分。情节严重的，给予开除党籍处分。

第十三条　在国外、境外期间，多次观看淫秽影视书画的，给予党内警告或严重警告处分。对批准或组织观看者，从重处理。

携带(包括托他人携带)淫秽影视书画及其他淫秽物品入境，以及进行复制、传播的，给予撤销党内职务以上的处分。

第十四条　在涉外活动中，有索贿受贿、贪污、盗窃、投机倒把、走私贩私、逃汇套汇、挪用外汇等行为的；为了谋取个人私利行贿的；在对外经济活动中，损害国家利益的，按《关于共产党员在经济领域中违法犯罪的党纪处理暂行办法》的有关条款从重处理。

依照国家规定应交公的礼品不交公的，以贪污论处。

第十五条　犯有本规定所列两种以上错误的，合并处理。即在应受最高处分基础上加重处理，或按应受最高处分处理。

犯有本规定未列举的其他违犯纪律行为的，按其所犯错误的性质、情节及造成的后果，比照本规定有关条款处理。但须按批准权限报上一级纪委备案。

第十六条　本规定自1988年7月1日起生效。

全国最大跨度的桥梁——子牙河大桥主体工程竣工

由铁道部十八工程局负责施工的这座大桥，全长1615.3米，桥墩高14米，共52个桥墩。其中两个桥墩建在7米多深的河中，其桥梁跨度达40米，是我国目前最大跨度的桥梁。

子牙河大桥的建设，不仅为天津铁路枢纽改造工程开通了道路，也为桥梁深水施工摸索了成功的经验。

中国国际信托投资公司董事长荣毅仁夫妇在人民大会堂宴请正在北京举行的美国大通银行国际咨询委员会会议全体成员

大通银行国际咨询委员会由17个国家和地区的一些大公司董事长、总裁、实业家知名人士及大通银行的高级负责人组成。大通银行前董事长戴维·洛克菲勒任主席，美国前国务卿基辛格任顾问。该委员会每4年在国外举行一次会议。1988年会议在北京举行。由中国国际信托公司协助举办。在今晚的欢迎宴会上，荣毅仁和美国大通银行现任董事长威拉德·布彻分别讲了话。戴维·洛克菲勒和基辛格等来自14个国家和地区的贵宾在座，这些国家的驻华使节也应邀出席。

客人们还分别拜会了国务委员、财政部部长王丙乾，外交部部长钱其琛，外经贸部部长郑拓彬，国家计委副主任甘子玉和中国国际信托投资公司领导人。

西藏抢救藏文古籍取得成果

据《人民日报》报道，藏文古籍是指西藏和平解放前的手抄本、木简、木刻、石刻、钟刻等原始文献。但是，藏文古籍的抢救、整理长期以来没有得到足够的重视，加之“文革”期间又受到破坏，致使一些藏文古籍濒于失传。

1985年，西藏社会科学院开始筹建藏文古籍出版社，同时，深入民间，广泛查找、搜集藏文古籍。现已搜集到300部具有较高学术价值的藏文古籍，内容涉及西藏历史、经济、宗教、哲学、语言、文学、医学、天文历算、地理风土、工艺美术等方面，并进行了初步的整理。从这些古籍中精选出10部共11册已由西藏人民出版社出版。

5月24日

国家主席杨尚昆在人民大会堂会见捷共中央总书记米洛什·雅克什一行

杨尚昆主席说,现在我们的改革已经取得了很大成绩,但是,改革是会遇到一定风险的,我们要迎着风险前进,不能后退。后退的结果可能使改革全部失败。

杨尚昆主席说,中国的改革是从农村开始的,促进了生产力的解放,取得了显著成绩。现在我们搞工业改革,难度要比农业改革大得多,最大的困难就是平均主义,发挥不了职工的积极性。但我们一定要闯关。我们的困难一定会克服的。

在谈到中捷两国关系时,杨尚昆说,中捷两国的友谊有着历史的传统。在50年代,我们两国之间曾有过很好的关系,这几年,通过很多领导人的互访,中捷两国、两党的友谊进入了一个新的时期。他说,捷克斯洛伐克在经济上比我们发展的程度要高,我们两国可以彼此在社会主义建设中,在其他的各个方面互相学习、互相补充,这个前景是很好的。

米·雅克什总书记对杨主席说,我们非常高兴地看到这几年捷中两国各方面的关系都正常化了,并且得到了顺利的发展。中国是一个大国,有着悠久的文化和传统,无论是过去、还是现在,在世界上都起着重要的作用。中国发生的事,不仅对中国,而且对世界都有影响,捷克斯洛伐克十分重视同中国的关系,这不仅有利于我们两国的发展,而且有利于整个社会主义事业。在谈到捷克斯洛伐克国内正在进行的改革时,雅克什说,我们在不同程度上遇到同中国类似的问题,我们两国都在为克服这些问题和困难而努力,而且我们解决的办法也都有类似的地方。因此,我们两国相互交流经验是很重要的。

国务院总理李鹏在中南海会见美国大通·曼哈顿银行国际咨询委员会代表团全体成员

会见时李鹏说,30多年来,中国实行的是计划经济。现在的经济模式有了较大的变化,就是用价值规律指导经济。但我们实行的并不是没有计划的经济,而是有计划的商品经济,使价值规律起更大的作用。有计划的商品经济既不同于资本主义国家的经济,也不同于传统的社会主义国家的经济。现在市场经济中有一个问题,就是价格问题,价格不合理是实行市场经济的一个很大障碍。

他在谈到最近提高4种副食品价格的措施时说,这是一次大的行动。理顺价格的工作需要相当长的时间,每走一步都需要周密的计划。他说,提高4种副食品价格的目的是为了调动农民的生产积极性。国家在价格问题上保持一定的手段,掌握价格的上涨幅度,这样做是困难的、也是必要的。

大通·曼哈顿银行前董事长戴维·洛克菲勒说,中国开放政策有了惊人的结果,也使我们有了在中国投资的机会。

国务院副总理姚依林在钓鱼台国宾馆同捷共中央主席团委员拉·阿达麦茨举行会谈

外交部部长钱其琛致电阿曼苏丹国外交国务大臣优素福·阿拉维·阿卜杜拉祝贺中国和阿曼建交10周年

电报说:“中阿两国建交开始了中阿友好史上的新篇章。在两国领导人的关怀下,我们两国之间建立在和平共处五项原则基础上的友好合作关系取得了令人满意的发展。我们两国对许多重大国际问题上的立场有着广泛的一致;在经济贸易方面,我们也开始了卓有成效的合作。”

电报表示相信,在双方共同努力下,中阿友好合作关系必将得到进一步加强和发展。据悉,阿曼外交国务大臣阿卜杜拉也在本月25日两国建交10周年之际向钱其琛部长发来贺信。

5月25日

中央军委主席邓小平在钓鱼台国宾馆会见捷共总书记米洛什·雅克什一行

邓小平向雅克什同志谈到干部年轻化的问题。他说,我们的目标是要真正建立党和国家干部的退休制度,使比较年轻的人担任领导职务,不仅中央是如此,各级也是如此。党和国家各级领导人逐步年轻化,能使党和国家充满活力。年轻人经验不够,但精力充沛,比较容易接受新的事物,新的知识水平也比较高。

在谈到中捷两党关系时,邓小平说,我们两党恢复关系以来,两党、两国和两国人民的友好关系发展是好的。旧账都不算了,没有味道,让我们在新的基础上发展友好关系。

在向雅克什谈到国内正在进行的改革时,邓小平说,我们的方针是正确的,我们上下对于改革开放的认识是一致的,没有什么保守派。这一点要归功于“文革”十年。“文革”十年灾难性的教训对我们是太深刻了,大家都要求改革,所以我们的改革是顺利的。改革开放要贯穿中国整个发展过程。

邓小平还说,建设“具有中国特色的社会主义”,就是要坚定社会主义的发展方向,肯定社会主义的根本内容是发展社会生产力，逐步摆脱贫困。社会主义不是贫穷，而是富裕，这种富裕是共同富裕。

邓小平说，中国还有个台湾问题要解决。中国最终要统一。能否真正顺利地实现大陆和台湾的统一，一要看香港实行“一国两制”的结果，二要看我们的经济能不能真正发展。中国解决所有制问题的关键是要靠自己的发展。

国务院总理李鹏在中南海紫光阁会见捷克斯洛伐克共产党总书记米洛什·雅克什

双方各自通报了本国的经济情况，并就两国经济合作关系的进一步发展交换了意见。

李鹏说，中捷两国之间经济关系的发展是不错的。我们有一个从1986—1990年的科技合作纲要和长期贸易协定，执行的情况是好的，我们可以共同探讨，在这个5年计划的后几年中如何做得更好。

雅克什说，捷克斯洛伐克对与中国的经济合作特别感兴趣。两国之间的合作是一种互利的合作，可以进一步采取新的合作方式。希望中国能够成为捷克斯洛伐克更好的经济合作伙伴。

在谈到捷国内经济情况时，雅克什说，现在捷克斯洛伐克正在更广泛地参加国际分工，国民经济中的基本问题是使经济转向集约化，并广泛利用科技革命的成果。因此，必须进行经济机制改革，同时扩大社会政治生活的民主化，使人民群众更好地参与管理和决策。

李鹏向雅克什介绍了我国目前正在进行的经济体制改革。他说，最核心的问题是要从过去高度集中的计划经济过渡到有计划的商品经济，使价值规律发挥更大的作用。他说，我们现在价格的不合理是历史上形成的。改革最核心的是要进行价格改革，但价格改革时要十分谨慎，每次改革都要在人民群众的承受能力之内，总的来说要使人民的收入的增加略高于物价的上涨。当然，在社会的各个成员之间，差别是不可避免的。李鹏还向客人们介绍了中国政府的机构改革和政企分开的情况，并谈到提高农业生产是当前一个严峻的问题。

中国政府和捷克斯洛伐克政府在北京签署《关于长期经济和科学技术合作基本方向的协定》和《航空运输协定》

外交部发言人在新闻发布会上否认中国向泰国提供扫雷艇和潜艇

他说，尽管中国和泰国有着良好的关系，但是两国并没有这方面的贸易往来。

有记者问中国是否帮助巴基斯坦发射导弹。发言人回答说，这一说法“毫无根据”。

在回答别的问题时，这位发言人指出，在阿根廷总统劳尔·阿方辛访华期间，中阿双方并没有谈及有关中国向阿根廷提供导弹技术的事情。

他还否认中国帮助美国的军事专家把在阿富汗获得的苏联武器运往美国进行研究。

他说，有关以色列帮助中国改进出售给沙特阿拉伯的导弹这一说法纯系毫无根据。

当记者问及中国对即将举行的美、苏首脑会晤有何期望时，发言人说：“中国欢迎美、苏首脑继续对话。至于对话的结果，要过几天才能知道。”

在回答另一问题时，这位发言人要求越南停止对南沙群岛岛礁的非法侵占活动，并从侵占的岛礁撤走。他强调，中国对南沙群岛拥有无可争辩的主权。

河北隆化群众隆重集会纪念董存瑞牺牲40周年

聂荣臻、张爱萍、洪学智等为纪念董存瑞烈士牺牲40周年题词。聂荣臻的题词是：“舍己为国，人之楷模”。张爱萍的题词是：“为国勇捐躯，万代颂英雄”。中共隆化县委书记张振存在会上讲话，号召广大党员和群众发扬董存瑞的献身精神，搞好改革，加速经济发展，振兴隆化，创造出无愧先烈、无愧后人的业绩。

在纪念会上，为重建的董存瑞烈士纪念碑揭幕，碑文是朱德写的“舍身为国永垂不朽”。解放军总政治部、民政部、河北省、北京军区和沈阳军区等单位负责人出席纪念会并讲了话。

5月26日

国家主席杨尚昆在人民大会堂接受英国新任驻华大使艾伦·尤恩·唐纳德递交的国书

国家主席杨尚昆在人民大会堂接受欧洲共同体委员会首任驻中国代表团团长杜侠都递交的委任书

国务院总理李鹏在中南海紫光阁会见美国哥伦比亚大学教授李政道和夫人

纪念中共中央和中国人民解放军总部移驻西柏坡40周年大会在西柏坡村举行

受党中央委托，中顾委、全国人大和全国政协的领导同志薄一波、刘澜涛、胡乔木、朱学范、康克清等，同河北省、石家庄地区、平山县的领导同志参加了纪念大会。

薄一波同志在纪念大会上讲话，指出我们进行纪念的目的是通过回顾过去的革命历程，激励我们未来的宏伟建设。他要求全党同志必须坚持马克思主义实事求是的思想路线,正确地认识中国的实际,不断地对社会主义进行再认识,继续解放思想,勇于探索,勇于创新,使中国社会主义的发展道路越走越宽广。必须坚持党在社会主义初级阶段的基本路线,进一步深化改革,扩大开放,集中力量发展生产力,推动社会的全面进步,实现两个文明的共同发达昌盛。

薄一波同志特别强调,必须坚持发扬党的优良传统和作风,同各种消极、腐败现象进行坚决斗争。党的七届二中全会曾号召全党同志保持"两个务必",坚持"五不",即不做寿、不送礼、少敬酒、少拍掌、不以领导人的名字作地名。毛泽东同志又对周围工作人员说:我们进北京,可不是李自成进北京,他们进北京就腐化了,我们共产党人进北京要继续干革命。我们党保持并发扬了这种优良传统和作风,在人民中赢得普遍赞誉。可是,这种状况没有能一直坚持下来,特别是经过"文化大革命"的动乱,我们的党风党纪受到严重破坏。十一届三中全会以来,党中央以很大力量进行整顿,但至今仍存在不少问题,人民群众对此很不满意。赵紫阳同志在党的十三大报告中指出,我们党处于执政地位,必须经得起执政的考验;我们党正在领导改革开放,必须经得起改革开放的考验。这是新时期党的建设必须解决的重大课题。中国共产党是"立党为公"、"执政为民"的。"执政为民"就必须为政清廉,决不能搞以权谋私。每一个共产党员,都必须清正廉明,艰苦奋斗,同一切危害人民利益、危害经济发展的以权谋私和违法乱纪现象作斗争,在任何时候任何情况下,都应当作促进生产力发展的模范,做促进社会公正和社会进步的模范。中共河北省委书记邢崇智也讲了话。

国务院同意审计署在有关部门设置派出机构

国务院最近同意审计署在国家计委、国家教委、能源部、冶金部、化工部、机械电子部、航空航天部、纺织部、轻工部、铁道部、交通部、邮电部、物资部、建设部、地矿部、商业部、经贸部、农业部、林业部、水利部、外交部、文化部、卫生部、广播影视部、国家体委、海关总署、中国民航局、国家旅游局、中国科学院设立审计局。

国务院为此事给审计署的批复说,审计局受审计署和驻在部门双重领导,以审计署领导为主。

国务院其他部门和金融、保险机构,由审计署负责审计。各有关部门和大中型企事业单位的内审工作,由审计署负责指导。

国务院副总理吴学谦在钓鱼台国宾馆会见并宴请缅甸副总理吴吞丁一行

中国军事科学院举行纪念会纪念《论持久战》发表50周年

与会者认为,《论持久战》的许多思想,对于今天建设社会主义现代化强国也具有重要指导意义。中共中央宣传部副部长龚育之,中国人民解放军总政治部宣传部部长邵华泽出席了会议,于光远作了书面发言。

《希望的火花》由中国人民大学出版社出版

中央书记处书记芮杏文为这本书作了序。

由中央办公厅调研室和国家科委等7个单位组成的联合调查组,今年年初在中关村电子一条街作了为期两个多月的调查,写出十几篇调查报告和有关企业、人物的介绍材料,对我国科研单位和高等学校如何把科技优势应用于创办科技企业、科学技术如何进一步与经济结合、如何发挥科技人员作用等问题,提出了看法。中央领导在对调查作的批示中说,"这篇调查报告很值得一读"。

5月27日

国务院在北京召开第六次常务会议

会议讨论了在京楼、堂、馆、所建设项目的清理问题,决定停建一批,缓建一批,以利压缩首都基本建设规模,树立勤俭节约的社会风尚。

据北京市人民政府汇报,目前在京楼、堂、馆、所建设项目,包括饭店、宾馆、公寓、写字楼、办公楼和各种中心、招待所、疗养院等,共有174项,建筑面积693.7万平方米。其中,属于中央单位的有80项,309.2万平方米;属于北京市的有94项,384.5万平方米。这些项目,有的正在施工,有的准备开工,有的还在规划设计或筹集建设资金。

会议经过讨论,决定停建24个项目,其中中央单位的14个,北京市的10个,建筑面积共76.5万平方米;缓建9个项目,其中中央单位的4个,北京市的5个,建筑面积共37.5万平方米。停建项目,取消立项;缓建项目,保留立项,可以继续做前期工作,但一般在"七五"期间不准开工。这批停缓建项目,要予以公布,接受群众监督。铁道部所属中国土木工程公司违反国家规定,挪用生产发展基金,占用地方集体基建指标,以铁道部机关劳动服务公司名义建设的莲花饭店项目,国务院予以没收,另案处理。会议还决定,经过批准正在施工的86个项目,要争取尽快竣工交付使用,使之发挥效益;对其余55个准备开工的项目,要重新逐个审查,该停建的停建,该缓建的缓建,合乎建设条件的也要推迟到明年或明年以后开工。

会议认为,近年来,北京市的建设任务一直很繁重，每年施工和开工面积达2500万平方米，竣工900万平方米，其中住宅竣工500万平方米。这对改善首都面貌和群众居住条件是必要的。为适应旅游事业发展的需要，近年来北京建成交付使用的一批饭店、宾馆等旅游设施，效益也是好的。但是，包括饭店、宾馆在内的各种楼、堂、馆、所的建设，数量过多，有些项目标准太高，不符合我国的国情。我国处于社会主义初级阶段，必须勤俭办一切事业，决不能在建设上不顾条件地向发达国家看齐。旅游设施的建设，高、中、低档要有恰当的比例，要考虑交通、能源等配套条件，根据城市总体规划有计划有步骤地进行，不能一哄而起，不能单项突出。

会议指出，人民群众对于大量建设楼、堂、馆、所项目意见较多，各级政府应予高度重视，认真对待，采取坚决措施进行清理。这件事要从国务院做起，从北京做起。全国清理楼、堂、馆、所建设项目的工作，有关部门要继续抓紧抓好。

为了严格地、有效地控制楼、堂、馆、所的建设，会议提出，今后领导者个人不能批条子上项目，上项目必须严格按基建程序办事。有关部门要尽快制定楼、堂、馆、所建设管理条例，以便使各地有所遵循。

会议要求，各省、自治区、直辖市和计划单列市以及省辖市人民政府，都要根据这次会议的精神，对所在城市的楼、堂、馆、所建设项目进行一次认真的清理。无论是中央单位的项目还是地方的项目，都要逐项分析，严格审查，坚决地停建一批，缓建一批，并对今后如何控制楼、堂、馆、所建设作出具体部署。

国家主席杨尚昆和副主席王震在北京分别会见缅甸副总理吴吞丁一行

杨尚昆说，中国和缅甸的关系是睦邻关系的典范。这种友好关系是缅甸领导人和我国老一辈领导人建立起来的。王震说，中缅两国人民有着历史悠久的胞波情谊。

杨尚昆说，我们有共同的利益，互相帮助，我们没有什么利害冲突，不存在任何争端。

杨主席向客人介绍了我国的情况。他说，十一届三中全会后，我们找到了一条符合中国实际情况的发展中国经济的道路。我们还顺利解决了新老领导人交替的问题，这样就可以保持政策的连续性。他表示，中国是个大国，又是个穷国，我们面临的最大问题就是加速经济发展。这样，我们对内就要改革，对外就要开放。当然，改革有困难，也有风险，但正如邓小平同志最近所说，要迎着风险上，要有很大的决心，也要有好的政策。我们在摸索中前进，也避免不了出现错误，但我们要尽量不犯大错误。

吴吞丁副总理说，杨主席的讲话非常重要，希望两国在和平共处五项原则基础上继续发展友好关系。

国务院总理李鹏在中南海紫光阁会见缅甸副总理吴吞丁

李鹏总理向客人介绍了中国的改革情况。他说，我们政府部门进行了合并，有所减少，主要是转变政府职能，更好地发挥企业的自主权，把生产搞好。在谈到价格改革时，他指出，这是改革的关键，要发挥价值规律的作用。我们的粮食和猪肉收购价格低，农民生产没有积极性，这就不能刺激生产。所以，我们要调价，调价可能影响一部分人的利益，我们要用补助和提高工资的办法加以解决。物价改革是有风险的，但我们要坚持做下去。

他还说，我们对外宾的接待标准也要降低，对外国客人的接待要热情、诚挚，但不能浪费。

吴吞丁副总理表示，最近几年，缅中关系发展得很好，进入了一个更高的阶段。我们要在和平共处五项原则的基础上，把缅中两国的关系世世代代发展下去。

国务院总理李鹏在中南海紫光阁会见澳门总督文礼治一行

李鹏说，我们实行"一国两制"的构想，保持澳门的社会制度50年不变，不是随便说的。我们用这个指导思想解决了香港、澳门问题，同样要用这个指导思想解决台湾问题，实现祖国的统一大业。他说，中国对澳门的政策像对香港一样不会改变。

文礼治总督说，葡中关于澳门问题的联合声明为澳门的稳定、发展奠定了基础。他说，葡萄牙领导人和他本人都十分重视这个声明，并将认真执行声明的各项规定，为政权的顺利交接作出努力。在这方面，他希望多同中国方面磋商和密切合作。

李鹏对文礼治说，你是中葡关于澳门问题联合声明签署后的第一任澳门总督。在这个新的历史时期，你的担子比较重，不但要管好澳门地区，而且要为政权的顺利交接打好基础。文礼治总督表示，希望今后多同中国领导人进行接触，就澳门过渡时期的问题交换意见。

中顾委 中组部 全国老龄委 共青团中央联合在人民大会堂召开关心下一代工作座谈会

会议探讨和交流各地关心下一代协会在教育青少年活动中积累的经验和体会，并号召更多的老同志能为青少年的健康成长发挥"余热"。

中共中央政治局常委乔石，中央政治局委员宋平，中顾委常委伍修权、黄华，全国人大常委会副委员长习仲勋,中顾委秘书长李力安和荣高棠、帅孟奇等,参加了座谈会。

宋平同志在座谈会上发表了题为《关心下一代是老干部的崇高职责》的讲话。

中顾委常委伍修权以一个老同志的身份在讲话中提出,老同志要为下一代作出榜样,作出表率,这对促进教育事业的发展,促使党风的好转有着积极的作用,也有助于树立优秀共产党员的形象。同时在教育下一代中也可以使自己受到教育。

1984年,一批退居二线的老同志自发组织成立了河南省安阳市关心下一代协会。这个民间组织在教育青少年中卓有成效的工作引起了社会各界的高度重视。现在全国已有21个省、自治区、直辖市相继建立了近10万个关心下一代协会,参加这一组织的老同志达几十万人。河南省安阳市、湖南省、黑龙江省直属机关离休干部、江苏省如东县关心下一代协会的负责人介绍了各自所在的协会的工作体会。

国务院同意监察部在中央国家机关设派出机构

监察部前不久向国务院提出了关于中央国家机关行政监察机构设置和人员编制方案的报告。国务院在批复中说,国务院同意,监察部在国家计委、国家教委、外交部、公安部、安全部、司法部、财政部、中国人民银行、商业部、经贸部、农业部、林业部、水利部、建设部、地矿部、冶金部、机械电子部、能源部、航空航天部、化工部、纺织部、轻工部、铁道部、交通部、物资部、邮电部、文化部、卫生部、广播影视部、国家体委、海关总署、中国民航局、国家旅游局,设立监察局;在国家科委、国家民委、民政部、审计署、人事部、劳动部、国家物价局、国家建材局、国家工商局、国家海洋局、国家医药局、国务院机关事务管理局、国务院侨务办公室,设立监察专员办公室。

国务院的批复中说,监察局和监察专员办公室受监察部和驻在部门双重领导。监察业务工作,以监察部领导为主;局级干部的任免、调动、奖惩,由监察部经与驻在部门协商后负责办理。

国务院的其他部门,由该部门主管干部、人事工作的机构负责履行行政监察职能。监察部对他们进行监察业务指导。

国家外汇管理局将加快外汇体制改革

据《人民日报》报道,今年国家外汇体制改革的主要内容是:国家外汇管理局将允许海南省、深圳市和已完成外汇挂账任务并保证完成上缴中央外汇任务的个别沿海城市进行现汇留成的试点;允许沿海城市用留成外汇同内地企业联合经营出口产品生产的试点;允许沿海省市选择一两个地区进行居民个人外汇参加调剂的试点。为促进国内深加工产品出口,国家外汇管理局将逐步放宽对国内用外币计价结算的审批条件并将适当增加短期对外借款指标。

与此同时,国家外汇管理局在近期内将把留成外汇的核拨权下放给部分有条件的分局,对周转外汇的审批、出国团组用汇的核销工作以及对专业银行经营外汇业务和企业单位开立现汇账户审批权也将下放。

国家烟草专卖局发布公告对销售进口卷烟有新规定

国家烟草专卖局公告宣布,自今年7月1日起,没有印刷"由中国烟草总公司专卖"字样的进口卷烟不得在市场上批发和零售。

这份公告说,根据国务院发布的《烟草专卖条例》有关规定,进口卷烟由中国烟草总公司统一经营管理。为加强进口卷烟的专卖管理,打击走私贩私进口卷烟活动,国家烟草专卖局决定:从1988年1月1日起,所有进口并依法纳税的卷烟,外商都必须在纸箱、条包装及小盒包装物上印刷标明"由中国烟草总公司专卖"的汉字字样。已印有"向中华人民共和国出口"字样的进口卷烟可继续进口和销售。1988年1月1日以前已经进口的卷烟,凡无"由中国烟草总公司专卖"字样的,必须在1988年6月30日前销完。

公告说,通过政府间贸易协定换货进口的卷烟不在此列。中外旅客携带进境的自用卷烟不得在国内出售。境内的任何商业机构均不得收购旅客进境携带的免税自用香烟。

公告还说,凡违反上述规定经营进口卷烟者,烟草专卖局有权没收其违章经营的全部卷烟和非法所得,并处以罚款。

国家主席杨尚昆根据全国人大常委会的决定任免驻外大使

一、任命胡立鹏为中华人民共和国驻安哥拉人民共和国特命全权大使;

免去赵振魁的中华人民共和国驻安哥拉人民共和国特命全权大使职务。

二、任命曹元欣为中华人民共和国驻利比里亚共和国特命全权大使;

免去项仲圃的中华人民共和国驻利比里亚共和国特命全权大使职务。

三、任命施乃良为中华人民共和国驻毛里求斯特命全权大使;

免去陈端的中华人民共和国驻毛里求斯特命全权大使职务。

四、任命梁枫为中华人民共和国驻老挝人民共和国特命全权大使。

五、免去黄国材的中华人民共和国驻塞舌尔共和国特命全权大使职务。

六、免去吴甲选的中华人民共和国驻牙买加特命全权大使职务。

七、免去曹元欣的中华人民共和国驻西班牙王国特命全权大使职务。

臧莜青激光医术在南斯拉夫荣获金奖

据《人民日报》报道，辽宁省抚顺市激光医院副院长臧莜青用激光做手术的高超技艺，轰动了今年4月在南斯拉夫召开的第十六届发明、技术进步和革新国际博览会。

臧莜青从1985年开始用激光做手术，至今已与同行合作做了上万例痔疮和妇科宫颈糜烂、盆腔炎等手术，成功率很高。一位70岁的患者脱肛30多年，十分痛苦，经她一次手术，就解除了病痛。这次她去南斯拉夫试展手艺，很快就赢得了人们的赞扬。她为南斯拉夫班严鲁卡高等师范学院一位教授用激光手术顺利摘除了长在牙床上的肉瘤。这位老知识分子高兴得跳了起来，在留言中写道："只用喝一杯凉水的功夫，去掉了20多年的肉瘤，中国医疗技术使我终生难忘。"

5月28日

国家主席杨尚昆在人民大会堂接受巴基斯坦国家电视台记者的采访

杨尚昆说，中国将本着平等互利和共同发展的精神，努力同第三世界国家开展多种形式的经济技术合作和交流；此外，中国还将继续在力所能及的范围内向第三世界国家提供多种形式的援助。我们将同其他发展中国家一道，为改革不公正、不合理的旧的国际经济秩序、建立新的国际经济秩序而努力。

关于中巴两国关系，杨尚昆说，我们常用"睦邻友好的典范"这句话评价中巴关系，这是不过分的。我们两国是山水相连的亲密邻邦。自1951年建交以来，两国关系在和平共处五项原则基础上不断发展。现在我们两国在国际事务中互相信任、互相支持；在建设各自国家的事业中进行平等互利的密切合作。事实证明，中巴友好完全符合两国人民的利益，也有利于亚洲与世界的和平。我相信，经受了时间考验的中巴友谊，在未来岁月中必将进一步巩固和发展。两国领导人的互访在促进双边关系的发展中起着重要作用。可以肯定，哈克总统阁下这次对我国的访问将对发展中巴友谊作出新的宝贵贡献。

在谈到如何加强双边合作时，杨主席说，中国为巴基斯坦的经济发展尽了一点绵薄之力，这是义不容辞的。我们历来认为，援助是相互的。多年来，巴基斯坦在各方面给我们提供了许多帮助和广泛的合作，对我们的建设事业是宝贵的支持。我愿借此机会向贵国表示诚挚的谢意。中巴两国都是第三世界发展中国家，和平和发展是我们的共同目标。在国际事务中，我们有着广泛一致的观点；在建设自己国家和事业中，我们有许多领域可以互相支援、学习和合作。两国的友好合作关系有着广阔的发展前景。中国现在执行对外开放政策，对第三世界的开放是这一政策的重要组成部分，我们愿在"平等互利，讲求实效，形式多样，共同发展"四项原则基础上大力发展同巴基斯坦的经济合作，同时努力扩大贸易、科技、文化等各个领域的交流，同巴基斯坦朋友一道努力，推动中巴友好合作不断向新的深度和广度发展，并为发展南南合作作出有益的贡献。

当记者问到如何看待巴基斯坦为解决阿富汗问题所做的努力时，杨主席说，在这方面巴基斯坦作出了突出的贡献。我们对巴基斯坦坚持原则立场，支持阿富汗人民的正义斗争，为数百万阿富汗难民提供慷慨的人道主义援助，并为谋求公正解决阿富汗问题所做的不懈努力表示高度赞赏。苏联全部撤军后，我们希望在阿富汗早日建立一个基础广泛的能为各方接受的政府，实现国内和平，以使难民安全体面地返回家园。我们希望阿富汗能恢复其独立、主权、中立和不结盟地位，对包括邻国在内的各国都友好。

杨主席指出，发展与第三世界国家的团结与合作，是我国独立自主的和平外交政策的根本立足点。

国务院总理李鹏在中南海紫光阁会见联邦德国总体经济发展鉴定专家委员会主席施奈德教授一行

李鹏同施奈德就政府如何对经济进行宏观控制和调节等问题交换了意见。

李鹏说，中国的经济正在向有计划的商品经济过渡。

李鹏认为，一些西方国家虽然实行的是市场经济，但政府还是在用不同的方式对经济进行干预的。不管是"凯恩斯主义"，还是"货币主义"，都是这样，政府通过中央银行的利率、国家预算和税收等手段对社会经济进行宏观控制。七国首脑会议经常讨论的也是政府如何对经济进行宏观控制等问题。施奈德认为李鹏的看法是对的。他说，从外部看，实行市场经济的国家，经济似乎是非常乱的、没有计划的。实质上不是这样，而是将宏观控制同微观控制非常和谐地结合起来。只有这样才能使经济获得稳定地发展。

最高人民检察院检察长刘复之就湖南汨罗市发生的被正当防卫致死者胡文华家属聚众闹事事件接受《人民日报》记者采访

刘复之指出：这是一起严重的违法犯罪案件，对以身试法、构成犯罪的首要分子必须严惩，以维护法律的尊严和正常的社会秩序。

谈到农村青年杨建新依法大胆行使正当防卫的权利，将流氓胡文华刺伤致死后汨罗人民检察院作出不予起诉的决定时，刘复之说：我国刑法是保护人民，打击犯罪的有力武器。根据《刑法》第十七条规定，农村青年杨建新在女青年受到流氓的不法侵害，自己的生命安全受到严重威胁时，为了他人和本人的合法权利不受侵害，挺身而出，与流氓分子胡文华作坚决的斗争。杨建新在行使正当防卫权利时，将流氓分子刺伤致死的行为属于合法的正当防卫的性质，是应当受到法律保护的。广大干部和群众都应像杨建新那样见义勇为。

谈到如何看待胡文华的家属聚众闹事、冲击检察机关、殴打干警的严重事件时，刘复之说：流氓分子胡文华的家属策划冲砸检察机关的行为，是对社会主义法制的粗暴践踏，严重触犯了我国刑法的有关规定，是严重的犯罪行为。我国《刑法》第一百三十七条规定："严禁聚众'打砸抢'。因'打砸抢'致人伤残、死亡的，以伤害罪、杀人罪论处。毁坏或者抢走公私财物的，除判令退赔外，首要分子以抢劫罪论处。"这伙不法分子的行为已构成犯罪，公安司法机关应迅速查处，对构成犯罪的首要分子依法严惩。

刘复之强调说：这起事件显然是少数不法分子煽动一些不明真相、法制观念淡薄、纪律性也很差的部分群众所为。任何当事人对公安、司法机关处理的案件，如果有不同意见，可以依法上诉或者申诉，这也是法律赋予公民的权利。但是，胡文华的家属聚众冲砸司法机关的行为，任何时候、任何情况下都是法律绝对不允许的，对这一事件的违法犯罪分子决不能宽容。当然，司法机关要处理的只是少数构成犯罪的首要分子，对那些不明真相的群众，要进行批评教育，增强他们的法制观念，使他们认识自己行为的严重性。

刘复之最后说，这一事件说明，加强法制教育，提高全体公民的法律意识，提高自觉遵守国家法律的自觉性，仍是一项十分紧迫而艰巨的任务。司法机关要采取多种手段和措施，广泛宣传法制，提高全体公民的法制观念和组织纪律性，养成依法办事的良好习惯，维护正常的社会秩序，为改革开放创造一个安定的社会环境。

外交部副部长周南与澳门总督文礼治在钓鱼台国宾馆举行会谈

双方就如何贯彻中葡联合声明的问题，充分地、详尽地交换了意见，并取得了广泛的一致。

周南说，中葡两国签署联合声明一年来，澳门政治稳定，经济繁荣，事实证明，"一国两制"的构想是正确的，是解决香港和澳门问题的最佳方案。澳督文礼治说，他和葡萄牙的领导人十分关注澳门问题。在澳门过渡期将严格执行联合声明的规定，按照联合声明办事。他表示，在过渡期为保证澳门经济发展，计划建设一些大的项目，希望得到中国的支持和合作。

周南对澳督的设想表示赞赏，同时指出，凡是有利于澳门经济发展，有利于澳门的社会稳定，符合联合声明的，我们都将给予支持和合作。

周南表示，我们将严格恪守中葡联合声明的规定，保证澳门的制度50年不变。为贯彻落实联合声明的各项条款。双方必须共同努力，密切合作，多来往，多磋商。他说，双方的磋商渠道除了通过中葡联合联络小组外，还可以采取通常的外交途径、总督的来访等形式。

周南表示欢迎澳督以后每年来访一次，有问题及时磋商解决，以保证澳门在过渡时期经济发展和政治稳定，平稳顺利地实现政权交接。

中国和印度政府间的第一个文化合作协定在北京签署

中国文化部副部长刘德有和印度文化官员代表团团长、人力资源部主管文化秘书瓦拉达拉坚在协定书上签字。

根据协定，中国和印度将在文化艺术、教育、社会科学、体育、卫生、新闻出版、广播、电影电视等领域内建立和发展更密切的关系。

协定规定，中印两国将派艺术团体进行互访并尽可能为对方的留学生学习和研究提供奖学金和方便。

文化部部长王蒙出席了签字仪式。

1987—1988年度力美乐杯全国冰雪项目十佳评选揭晓并在哈尔滨举行授奖大会

今年评选出的10名运动员是：李琰（黑龙江　女子短跑道速滑）、王秀丽（黑龙江　女子速滑）、叶乔波（解放军　女子速滑）、李金艳（吉林　女子短跑道速滑）、乔晶（吉林　女子短跑道速滑）、张艳梅（吉林　女子短跑道速滑）、吕树海（黑龙江　男子速滑）、刘奕飞（新疆　男子速滑）、张述滨（黑龙江　男子花样滑冰）、刘亚丽（黑龙江　女子滑雪）。

我国冰雪运动从1953年第一届全国冰上运动会只有3个项目14小项的比赛，到去年第六届全国冬季运动会已有8个项目47小项，各项运动水平普遍提高，个别项目接近和达到世界先进水平，从总体上看，目前我国冰上项目处于世界中下游地位，雪上项目处于下游水平，就是在亚洲也是落后的。要尽快提高我国冰雪运动水平，需要得到社会各界的广泛重视和支持。

中国防治艾滋病研究基金会在北京成立

乌兰夫、周培源等担任基金会名誉理事长。

在中国，迄今仅发生过3例传入的艾滋病患者，但我国政府仍十分重视艾滋病的防治，并加强了中西医各种防治措施的研究。为积极寻求预防和治疗艾滋病的科学答案，除政府投资外，经国务院批准，特设立中国防治艾滋病研究基金会，向中外各界募捐资金，以资助应用现代医学和中国传统医学对艾滋病的防治和科研工作。新当选的世界卫生组织总干事中岛宏博士等外国朋友应邀出席了大会。

国际地圈生物圈计划中国全国委员会在北京成立

所谓"国际地圈、生物圈计划（IGBP）"，是近年来由国际科学联盟理事会动议组织的、以研究全球变化为中心的重大的前沿性国际科学计划。经过可行性研究，这个计划的提案已于1986年在国际会议上通过。

我国是这个计划的积极支持者，并成为组织者之一。

国际地圈、生物圈计划中国全国委员会是由中国科协组织领导，由科协、中国科学院、国家科委、国家教委等20多个单位出人组成，著名气象学家叶笃正当选为主席。

5月29日

国务院总理李鹏致电世界粮食计划署执行干事英格拉姆祝贺该机构成立25周年

国家统计局抽样调查数据表明中国儿童接受教育情况基本良好

主要表现为：

一、有92.9%的儿童与父母生活在一起。在被调查的23.47万名儿童中，有92.9%与父母生活在一起，由双亲抚养。这对儿童身心健康成长具有重要作用。据对1.45万名14岁儿童家长的意向调查，有82.5%的家长比较注意培养儿童独立生活能力，有72.3%的家长关心儿童学习，有51.3%家长期望孩子将来能上大学。这反映大部分儿童有一个较良好的家庭环境。

二、托幼事业有一定发展，入托儿童比重增加。在被调查的9.31万名0—5岁儿童中，有22.6%入了托儿所、幼儿园。在城市有51.7%的0—5岁儿童接受学前教育。农村0—5岁儿童入托（园）率为14.9%。同1983年年底抽查相比，入托入园儿童比例都有了较大幅度的增长。

三、约3/4的学龄儿童在校学习。在被调查的14.16万名6—14岁儿童中有10.85万人在中、小学学习，在校率为76.7%，较1983年年底的75.7%略有增加。

四、绝大部分行政村和街道辖区内设有完全小学或初级小学。这次抽查了1062个农村的行政村和城市的街道居委会，其中966个辖区内设有完全小学或初级小学，为绝大部分儿童就近上学创造了条件。

这次抽样调查是由国家统计局会同卫生部、公安部、民政部、全国妇联和共青团中央进行的。

5月30日

中共中央政治局在北京召开第九次全体会议

会议召开时间为5月30日至6月1日。会议就当前全国改革和经济发展的形势问题，进行了讨论。

会议认为，目前我国的改革进入了关键阶段。9年来，我们的改革有很大进展，成效是显著的。随着改革的深化，现在一些难度很大而又不能绕开的问题摆在我们的面前。国际的经验和国内的实践表明，改革的难题拖得越久，解决起来难度就越大。改革会有风险，但不进则退，退是没有出路的。我们必须抓住历史给予的有利条件，进一步贯彻党的十三大提出的加快和深化改革的方针，迎着风浪前进，坚决而又稳妥地把改革中不可回避的问题解决好。

会议指出，价格和工资制度改革需要有全盘的考虑和系统的方案。发展社会主义商品经济，要按价值规律办事，理顺原来很不合理的价格关系。工资问题同物价问题紧密联系。要主动地理顺物价，就必须相应地解决工资问题。价格和工资制度的改革，既要理顺关系、促进生产，又要使大多数群众生活水平逐步有所提高。达到这个目标，最终取决于经济效益特别是工业效益的提高。为此，必须深化企业改革，提高管理水平，促进技术进步。要制定配套的改革措施，创造良好的经济环境。

会议认为，为了保证改革开放的顺利进行，必须创造一个稳定的社会环境。党和国家机关要把保持廉洁的问题提上重要议事日程，依法惩处贪污、受贿、弄权渎职、敲诈勒索等犯罪活动。要坚持从严治党，加强基层党组织建设。要改造和加强思想政治工作。要加强法制建设，保证社会的安定。总之，要通过深化经济体制改革和政治体制改革，逐步建立起与社会主义商品经济相适应的新秩序。

会议号召，全党和全国人民统一思想，统一步调，振奋精神，艰苦奋斗，坚定不移地把我国的改革开放和社会主义现代化建设推向前进！

出席会议的有中共中央政治局委员15人，中央政治局候补委员1人。中央政治局委员2人因公缺席。中共中央总书记赵紫阳同志主持了会议，并作了关于建立社会主义商品经济新秩序的讲话。有关方面负责人和部分省、自治区的党委书记列席了会议。

中共中央作出关于委托中共中央党校创办《求是》杂志的决定

一、为适应改革开放新形势的要求，根据马克思主义的原理、原则，结合我国经济和社会发展的具体情况，开展理论上的探索和研究，促进马克思主义理论的新发展，中共中央决定委托中共中央党校创办全党的理论刊物《求是》杂志。

二、总的指导思想：以党在社会主义初级阶段的基本路线为指针，全面地宣传一个中心、两个基本点，以改革总揽全局，防止僵化和自由化。

具体要求：

——坚定地按照实践是检验真理的唯一标准的要求，在研究十三大报告精神和十一届三中全会以来的实践经验上多下工夫，把马列主义、毛泽东思想的基本原理同中国社会主义初级阶段的实践紧密结合起来；

——认真研究我国社会主义初级阶段的理论和实践问题，特别是改革开放和建设中的实际问题，以及新形势下党的建设问题，贯彻理论与实际相结合的方针，有的放矢地探求客观事物的发展规律；

——坚决实行“百花齐放、百家争鸣”的方针，活跃理论探讨，防止片面性，要在坚持两个基本点的基础上增进理论队伍的团结，特别要注意团结在探讨过程中持不同意见的同志，扩大作者面；

——改进文风，把刊物办得生动活泼，使读者喜欢看。

三、刊物的读者对象是县以上干部和理论、宣传工作者。

四、《求是》杂志可以在各省、自治区、直辖市和解放军总政治部设立联络员；根据需要，可同外国有关共产党和工人党的理论刊物保持友好往来。

五、《求是》杂志总编辑、副总编辑由中央任命。

六、希望全党积极支持，有关部门要提供必要的工作条件，把《求是》杂志办好。

国务院总理李鹏在中南海紫光阁会见参加“90年代的中国与世界”国际会议的50多位中外代表

李鹏首先代表中国政府对参加会议的外国学者、专家和知名人士表示欢迎。

他说，中国的开放政策和经济发展同世界形势分不开。开放政策意味着中国需要了解世界，世界也需要了解中国。

他说，中国政府对这次会议寄予期望，希望会议对中国经济改革和发展提出建议。

李鹏在回答外国朋友提出的问题时阐述了中国到本世纪末经济发展的目标，并介绍了中国改革情况。

他说，实现四个现代化，是全中国人民的奋斗目标，也是团结的基础。

在谈到科学发展对经济发展的意义时，李鹏说，中国重视基础科学研究，更重视和鼓励应用科学研究，并使它们的成果尽快转化为生产力，发挥更大的经济效益。

荷兰前首相、欧洲共同体驻日本代表安德烈亚斯·范阿赫特在发言中讲到欧洲保护主义抬头对欧洲和中国经济发展不利时，李鹏说，中国注意到这一情况。他希望欧洲市场能对中国产品更开放一些，这对双方都有好处。

李鹏说，中国愿意看到一个联合的、强大的欧洲。中国同欧洲在许多方面有很好的关系。欧洲是中国经济贸易合作的重要伙伴。

李鹏告诉外国朋友，中国正在努力改善投资环境，对外方来华投资提供的优惠条件与其他国家的相比并不差，在交通、电力等方面近几年已有较大发展和改进，中国还要努力提高办事效率。

日本电器公司董事长小林宏治、美国哈佛大学肯尼迪政府学院科学技术与公共政策中心主任布兰斯科姆、瑞士联邦前主席福格勒等就欧洲经济、信息社会、科学技术发展同中国经济的联系谈了自己的看法和观点。

会议由国务院经济技术社会发展研究中心主办。参加会议的有中国、英国、美国、瑞士、日本、秘鲁、尼日利亚等10个国家的代表。会议将就科技发展的主要趋势及前景、世界经济目前的结构性变化及其影响、90年代的能源及环境变化和国际政治关系等议题进行讨论。

中方参加会议的有国务院经济技术社会发展研究中心总干事马洪、中国国际问题研究中心总干事宦乡、农业部部长何康、中国康华发展总公司董事长唐克等。

全国农村普法工作会议在成都召开

中宣部副部长王维澄在总结讲话中说，现在普及法律常识进入了在全国农村普遍推开的阶段，普法的重心将转移到农村。他号召各级领导在今后3年内扎扎实实地抓好农村的普法工作，为全面完成普法任务作出努力。

会议总结、交流了一批有特色的农村普法经验，讨论了如何在全国农村搞好普法工作、促进农村深化改革和两个文明建设的问题，并对今后普法工作做了部署。

王维澄说，农村普法是加强农村社会主义民主和法制建设的重要组成部分，因此，应把它同贯彻党的十三大精神、同党的基本路线教育结合起来。农村普法要围绕"以经济建设为中心，坚持两个基本点"，促进农村深化改革，推进农村社会主义民主政治建设，促进生产力的发展和建设社会主义的新农村。

在谈到农村社会主义商品经济新秩序需要法制保证时，王维澄在会上传达了中央领导同志的重要意见：我们发展社会主义的商品经济，要求有一整套相适应的法律、制度和监督机关、执法机关来保证整个社会经济的正常发展，也就是说，必须建立起社会主义商品经济的新秩序。王维澄说，根据中央领导同志的意见，在不断完善经济立法的同时，需要加强法律的宣传、执行、监督和管理，逐步确立一个新的经济秩序和良好的社会环境，使农村的社会主义商品经济得以正常、健康地发展。

王维澄指出，进行普法教育的根本目的，是要把法律交给人民，让人民依法管理国家，做国家的主人。从农村来说，要把帮助农民树立社会主义公民意识，破除封建思想和小生产落后意识的束缚，进一步确立和增强当家做主的观念，作为农村普及法律常识的一个基本内容。

王维澄说，整顿社会风气是当前农村普法的一项重要任务，必须组织广大农民群众学习宪法、刑法和治安管理处罚条例，使他们懂得公民的权利和义务，弄清社会生活中违法、犯罪的界限和处罚规定，用法律规范和约束自己的行为，增强同扰乱社会秩序的违法犯罪行为作斗争的自觉性。同时，要把法制教育同农村司法、执法实践结合起来，严格依法管理，做好民事调解工作和法律咨询、服务工作，落实对重点青少年的帮教工作，坚决制裁违法犯罪活动，提高全体公民的遵纪守法观念。

8种蜂产品荣获1987年第三十一届国际养蜂会议"蜂疗产品创新和成就"特别金质奖

为展示和宣传我国丰富多彩的蜜蜂产品及其制品，提高知名度和创汇能力，1987年中国养蜂学会经过国内评选，首次将26种优质蜂产品推荐到华沙第三十一届国际养蜂会议养蜂博览会上陈列展出。其中别具中国特色的营养保健品，以其制剂新颖、包装精美、功能齐全等特点，荣获了大会授予的特别金奖。

全国民间美术工作会议在西安召开

会议于5月30日至6月5日召开。这是新中国成立以来由文化部召开的专门讨论民间美术工作的第一次全国性会议。

代表们对十一届三中全会以来民间美术发掘、收集、整理、研究工作取得的成绩进行了回顾和总结。这次会议还讨论制定了《传统民间文化保护试行办法》《授予杰出的民间美术、民间文学传承者"民间艺术家"称号的试行办法》《民间美术普查提纲》等文件。

会议期间还成立了"中国民间美术学会"。文化部社文局局长焦勇夫同志当选为会长。

广播电影电视部1986—1987年优秀影片奖发奖大会在北京举行

受到奖励的14部故事片是：《孙中山》《芙蓉镇》《血战台儿庄》《老井》《珍珍的发屋》《红高粱》《T省的84、85年》《雷场相思树》《解放》《最后的疯狂》《买买提外传》《钢锉将军》《屠城血证》和《闪电行动》。儿童片《我只流三次泪》《我和我的同学们》，外国译制片《罗马假日》《两个人的车站》和《斯巴达克思》，舞台艺术片《倒霉大叔的婚事》，以及《黑猫警长》（第5集）等3部美术片、《中国面向未来》等9部纪录片、《轰击原子核的大炮——粒子加速器》等12部科教片也同时获奖。故事片《苏禄国王与中国皇帝》获特别奖。

授奖仪式主持人陈昊苏在幕间致辞中，呼吁领导人和观众对我国电影艺术家的劳动给予理解和支持。他说，这次获奖的某些影片，在观众中存在一些争议，虽然以"政府奖"的形式得到了肯定，但这并不妨碍广大观众继续百家争鸣，展开讨论。

中央书记处书记芮杏文出席了颁奖大会。

国际健美联合会在上海向娄琢玉教授颁奖

国际健美联合会主席本·韦特和亚洲健美联合会秘书长崔帕尔先生，在上海体院分别向该院的娄琢玉教授颁发了国际和亚洲金质奖章，以表彰他为中国健美运动作出的贡献。

本·韦特还向上海体院和院长陈安槐分别授予国际健联特制的"杰出贡献奖"奖状。这一奖状曾授予里根和萨马兰奇。上海体院聘请本·韦特为学院顾问教授。

5月31日

国办发出《关于改进行政法规发布工作的通知》

通知说，制定与发布行政法规，是宪法赋予国务院的一项重要职权，也是国务院推进改革开放，组织经济建设，实现国家管理职能的重要手段。为了提高行政法规的权威性，使行政法规能够及时为社会和公众知晓，便于国家机关、社会团体、企业事业单位及全体公民执行和遵守，国务院决定改变现行的用文件形式发布行政法规的办法。为此，特通知如下：

一、从现在起，国务院发布行政法规，由国务院总理签署发布令；经国务院批准、部门（含部、委、行、署、直属机构、国家局）发布行政法规，由部门主要领导人签署发布令。

二、发布行政法规的令，包括发布机关、序号、法规名称、通过或者批准日期、发布日期、生效日期和签署人等项内容。

三、经国务院总理签署公开发布的行政法规，由新华社发稿，《国务院公报》《人民日报》应当全文刊载，国务院不另行文，国务院各部门、地方各级人民政府及其所属机构都应遵照执行。

中国代表团向联合国第三届裁军特别大会提出一份工作文件

文件指出当前美、苏两个超级大国之间的军备竞赛出现了转向提高质量和向外层空间扩展的新趋势，强调拥有最大核和常规武库的国家对停止军备竞赛和裁军负有特殊责任，应率先采取大幅度裁军的实际行动。

文件还强调，裁军问题不应由少数大国包办垄断，大小国家都应享有参与讨论和解决裁军问题的平等权利。

第三届裁军特别联大在联合国总部开幕。中国代表团的工作文件就裁军原则及核裁军、常规裁军、制止外空军备竞赛、禁止化学武器、关于海军军备与裁军、信任措施、核查等问题提出了具体的主张和建议。

文件指出，自1982年第二届裁军大会以来，世界各国人民为反对战争、维护世界和平进行了不懈努力，推动国际形势朝着有利于和平的方向发展，在国际双边和多边裁军领域取得了进展。但是，超级大国之间的军备竞赛仍在继续，战争的危险依然存在。因此，制止军备竞赛、维护世界和平与安全仍然是一项迫切而艰巨的任务。

在核裁军方面，文件要求美苏率先停止试验、生产和部署一切类型的核武器，大幅度裁减和销毁各自部署在其国内外任何地区的各种类型的核武器，所有核国家应当承担义务，在任何时候、任何情况下都不首先使用核武器，并不对无核国家和无核区使用或威胁使用核武器，并在此基础上，缔结一项所有核国家参加的禁止使用核武器的国际公约。

文件还指出，两个超级大国对裁减常规军备也负有特别责任，他们之间应早日达成大幅度裁减常规军备的协议。同时，各国的常规军备应只用于自卫目的，不应用来对他国进行武装侵略和干涉。

文件要求把制止外空军备竞赛列为一个新的优先项目，两个超级大国应承担义务，不试验、不发展、不生产和不部署外空武器，并销毁现有的一切外空武器。

文件呼吁早日缔结一项全面禁止和彻底销毁化学武器的国际公约，美国、苏联以及所有拥有化学武器的国家都应保证不使用这种武器。

文件最后强调应加强联合国和多边裁军机构在裁军领域内的作用，促进和鼓励所有单边、双边和多边的裁军措施。

外交部部长钱其琛在美国对外关系委员会发表题为《使世界变得更美好》的演说

钱其琛就世界形势、裁军、地区冲突、世界经济及中美关系等问题阐述了中国的对外政策。

钱其琛说，当前，“和平解决国际争端的趋势正在发展”。《中导条约》的签署，战略核武器谈判的继续，使裁军取得进展成为可能。

钱其琛认为，世界正在走向多极化。从军事上看，美国和苏联所拥有的实力，是世界上任何一个国家都无法比拟的。它们拥有的核武器足以把世界毁灭多少次，而世界绝大多数国家根本没有核武器。人们常说有5个核大国，实际上另外3个国家的核武器，加在一起也不到世界核武器的5%，同美苏两国根本不成比例。但是，如果换一个角度来看，情景就有些不同了。美国在世界经济中所占的比重正在下降。苏联在经济上本来就有很多困难，现在同美国的差距在进一步拉大。现在苏联领导人也承认，苏美都不能指挥世界。

钱其琛说，“世界多极化趋势是一个积极的发展。世界是属于世界各国的。世界上的事情，应该由国际社会共同商量着办”。

他强调，中小国家的意见和利益应当受到尊重。他说：“这么大的一个多样化世界，由一两个国家说了算，不好。由少数几个国家说了算，也不好。美国人喜欢讲民主、讲人权。在我们看来，国际关系很需要民主化，在国际社会中需要尊重各国主权。这样才能使我们的世界变得更美好些。”

在谈到裁军问题时，钱其琛说：“裁军事业尽管已经有所进展，但是军备竞赛还远未停止。武器的更新换代正在加紧进行，高技术正被广泛地运用于各种新型武器的研制。现有的战略武器还没有裁减，新型的战略武器又已出现。地球上的军备竞赛还没有停止，外空领域的军备竞赛已经开始。常规军备的裁减还没有着落。裁军谈判如果越谈武器越多，当然不好；越谈武器越精，也无助于世界和平。要实现裁军的理想，还需要作出坚持不懈的努力。"

他说，世界的和平与稳定也不能建立在为数众多、旷日持久的地区冲突的基础上。他对苏联终于开始从阿富汗撤军表示欢迎，并指出，还有一系列的地区冲突有待解决。钱其琛说："特别是越南，至今还无视国际社会的强烈要求，顽固地赖在柬埔寨不走。""中国认为实现政治解决的基础是制止侵略，外国军队必须撤走，各国的主权必须得到尊重。"

钱其琛认为世界的和平与稳定不能建立在南北贫富差距越来越大的基础上。他呼吁北方采取有远见的政策，帮助南方的发展。他说，推行贸易保护主义，最终结果很可能是损人又不利己。

钱其琛说，中美关系在中国对外关系中占重要的位置。中美之间在各个领域的交流正在稳定发展，并有广阔的前景。保持和发展两国的友好合作关系，对双方都有利，而不只是对一方有利，而且也有利于世界的和平与发展。但是，他指出，中美关系的发展，"还存在着障碍和困难，不时地受到干扰"。美国有些人，"总想要干涉中国的内部事务。企图把中美关系的发展放在中国接受美国价值标准的基础上，显然是行不通的"。钱其琛呼吁美国各界人士"破除不符合时代的陈旧观念，顺应不可阻挡的历史潮流"，使中美关系今后发展得更加顺利。

人类干扰素基因在植物中的表达首先在中国取得突破

据《人民日报》报道，这一成果是中国科学院遗传研究所24岁的硕士研究生陈炬在其导师李向辉研究员指导下于近日完成的。

像借助火箭发射卫星一样，将人类基因转入植物细胞，也需要一种载体系统，我国学者成功地构建了带有人干扰素的嵌合质粒。在此基础上将人α-干扰素的互补DNA，用植物中能起作用的启动信号和终止信号修饰后转移到农杆菌的质粒上，然后用该农杆菌感染烟草叶片，获得了遗传转化的植株。进一步经干扰素生物活性检测，结果表明，转化后的烟草可以产生有活性的人α-干扰素，这在世界上还是第一次。

干扰素是人体内一种高活性、多功能的蛋白质。体外实验表明，人α-干扰素具有抑制某些植物病毒的能力，这一研究成果将意味着，人类有可能通过基因工程技术培育出抗某些植物病毒的新品种，进而制造含有人体蛋白的食品，同时还可以通过植物来生产廉价的干扰素。

6月1日

中共中央发出《关于党和国家机关必须保持廉洁的通知》

我们的党是全心全意为人民服务的党,我们的政府向来是廉洁的政府。这是主流,必须予以肯定。但确有少数国家机关工作人员和党的干部,弄权渎职,敲诈勒索,贪污受贿,直接损害国家和群众的利益。对此,必须有清醒的认识。

中央认为,必须把保持廉洁的问题尖锐地提到党和国家机关的全体共产党员和工作人员面前。现在,我国的改革已进入一个关键阶段,若干重大改革措施将陆续出台。党和国家机关能否保持廉洁,关系到人心的向背和改革的成败。否则,即使问题出在少数人身上,也会玷污党和国家机关的形象,败坏改革的声誉,引起群众的不满,人为地增加改革的难度。因此,在整个改革开放的过程中,我们必须做到:改革开放,繁荣经济,要坚定不移;保持廉洁,防止腐败,也要坚定不移。

党和国家机关保持廉洁的基本要求是,党和国家机关工作人员要正确运用人民赋予的权力来为人民办事,切实做到:严守法纪,不贪赃枉法;秉公尽责,不以权谋私;艰苦奋斗,不奢侈浪费。在党和国家机关工作的全体共产党员,特别是担任领导职务的共产党员,理所当然地要在这方面起表率作用。

必须依法惩处索贿、受贿、贪污、弄权渎职、敲诈勒索等违法犯罪行为,必须坚决刹住受礼送礼、大吃大喝等不良风气。解决这些问题,重点是党和国家的各级机关,包括基层执法部门、行政管理部门和公用事业单位。把党和国家机关整顿好了,社会风气就会为之一振,企业中存在的问题也就不难解决。

党和国家的各级领导机关,必须把廉政工作作为一件大事摆到重要议事日程上,严肃认真、扎扎实实地抓。各地区、各部门、各机关单位要从自己的具体情况出发,确定廉政工作的重点和部署。当前抓什么,今后抓什么,都要有相应的安排和措施,并且每年检查几次。对当前群众反映强烈的问题要采取坚决果断的措施,切实加以解决。机关各级党组织要加强对党员的教育和管理,健全党内民主监督,严肃党的纪律。

廉政工作是经常性的工作,应充分发挥国家监察机关、审计机关、司法机关和党的纪检机关的作用,不另设办事机构。要同建立和健全各项制度结合起来,通过法律和制度来保证党和国家机关的廉洁。制定制度要切实可行,执行制度必须严格。要在改革中逐步使党和国家机关走上依法办事的轨道,逐步确立适应社会主义商品经济的新秩序。要建立并逐步健全人民检举制度,在各级监察机关和检察机关设立举报中心,以及时揭露党和国家机关工作人员利用职务之便进行贿赂、贪污、偷税、抗税、挪用公款、出卖国家秘密以及其他违法违纪行为。立案、受理和销案,都要有明确的法定程序。同时,要加强对监督部门的制约监督。

总之,要在经济体制改革和政治体制改革中重视并解决党和国家机关保持廉洁的问题,使党和国家机关成为廉洁、高效、遵纪守法的机关。

中共中央书记处在中南海怀仁堂召开儿童少年工作者座谈会

来自全国儿童少年工作先进地区的代表和各个方面的儿童少年工作者代表100余人参加了座谈会。

李铁映、康克清等参加座谈会。中共中央书记处书记阎明复主持会议。

全国儿童少年工作协调委员会副主任胡德华代表康克清宣读了全国儿童少年工作协调委员会、中国儿童少年基金会关于第二次颁发“热爱儿童”荣誉奖章的决定,中央领导同志向获奖者颁发了奖章。孙毅、陈伯吹、张挺、姚淑平、高士其、袁文蔚、康瑛、薛沁冰8位个人和北京海淀区、天津河西区、河北保定市、山西原平县、内蒙古包头市、辽宁本溪市、吉林延边朝鲜族自治州、黑龙江哈尔滨市、上海长宁区、江苏无锡市、浙江海宁市、安徽合肥市、福建福州市郊区、江西分宜县、山东莱州市、河南安阳市、湖北沙市市、湖南东安县、广东江门市、广西柳州市、海南海口市、四川重庆沙坪坝区、贵州都匀市、云南玉溪地区、西藏山南地区、陕西西安碑林区、甘肃定西县、青海湟源县、宁夏平罗县、新疆莎车县、第二炮兵工程学院、沈阳铁路局等32个单位分别荣获“热爱儿童”荣誉奖章。

受奖的个人和集体代表在座谈会上发了言,讲述了他们个人献身儿童事业或自己那个地区、单位各个方面努力做好儿童工作的经验和体会。

中共中央政治局委员、国务委员兼国家教委主任李铁映代表党中央向获得“热爱儿童”荣誉奖章的个人和集体表示热烈的祝贺,向全国各行各业的少年儿童工作者和热心这项事业的同志们致以崇高的敬意。

国家教委主任李铁映在“六一”儿童少年工作者座谈会上发表题为《造就新人必须从小抓起》的讲话

同志们:

今天的座谈会很有意义,既是表彰先进的会,也是一次谈心会。大家谈得很好,你们的经验充分反映了少年儿童工作需要无私的奉献精神。你们荣获全国儿童少年工作协调委员会、中国儿童少年基金会颁发的荣誉奖章，是当之无愧的！我代表党中央向你们表示热烈的祝贺，并通过你们，向全国各行各业的少年儿童工作者和热心这项事业的同志，致以崇高的敬意！

当前，我国正进行着一个前所未有的建设和改革的伟大事业，改变我们的落后面貌，实现我们党所提出来的宏伟目标，跻身于世界先进国家之林，需要几代人持续不断地奋斗。希望在青年一代身上，希望也在少年儿童身上。小平同志在1985年就指出："现在小学一年级的娃娃，经过十几年的学校教育，将成为开创21世纪大业的生力军。"紫阳同志在党的十三大报告中指出："科技的发展，经济的振兴，乃至整个社会的进步，都取决于劳动者素质的提高和大量合格人才的培养。"的确是这样，百年大计，育人为本。造就一代新人，是一项具有战略意义的根本任务。少年儿童工作是培养人才的基础部分，这个时期的抚养和教育，对他们未来的发育成长影响很大，十分重要！古人说："合抱之木，生于毫末；九层之台，起于累土；千里之行，始于足下。"这话说明了一个哲理：万事的起始阶段，具有定性、奠基、定向的重要意义。造就人才的工作，同样要从基础抓起，从小抓起，为他们成为社会主义建设的有用之才，奠定良好的基础。

少年儿童工作是一项综合性的事业，包括学校教育和校外教育；家庭教育和社会教育；卫生保健和生命安全的监护；儿童文化艺术事业和生活用品的供应等等。在这些方面，我们已经做了大量的工作，各种条件也正在不断完善。我们的下一代，在党和政府、社会、学校、家庭的关怀下，生活是幸福的，发育是良好的，正在健康茁壮地成长。

但是，时代在发展，社会在前进，未来的事业既宏伟又艰巨，对每个公民的要求是严格的。当前儿童少年工作还有不适应的地方，为了使少年儿童成长得更健壮，更能适应社会主义现代化建设的需要，各级党政领导部门必须重视少年儿童事业的规划，纳入议事日程，从各自的实际情况出发，积极协调好对下一代的抚育、培养、教育等工作，既要为孩子们提供丰富的物质条件，又要提供良好的社会环境。要认真学习"儿童少年工作先进市(县)"的经验，不断促进社会和家庭教育同学校教育协调发展，把少年儿童工作作为社会主义精神文明建设的重要组成部分，给予足够的重视，采取有效的措施，履行我们这一代人对下一代应尽的职责。

我们要不断地向社会宣传少年儿童工作的重要性，宣传造就一代新人是全社会和全民族的责任，是每个家庭义不容辞的天职，也是每个公民应尽的义务。只有在全社会树立起"爱护儿童、教育儿童、为儿童做表率、为儿童办实事"的公民意识，才能使少年儿童工作取得更大的发展。希望全国人民和所有的家庭，进一步增强教育后代的责任感，重视早期教育，重视孩子们的全面发展，要特别重视对他们进行爱国主义和集体主义教育，培养共产主义道德品质。对毒害少年儿童的影视音像、图书、报刊，要坚决予以取缔，依法制裁编写者和出版发行者；要制止危害少年儿童身心健康的现象；坚决打击引诱和教唆他们犯罪的行为，认真保护他们的合法权益。

同志们，少年儿童工作是一项既光荣又艰巨的事业，荣获"热爱儿童"荣誉奖章的同志和单位，为了下一代的健康成长，做了很多工作，既是孩子们的表率，又是全体少年儿童工作者和全体人民的表率。我们要像他们那样，把这项工作提高到为了明天，为了未来的高度来认识，为把孩子们真正培养成有理想、有道德、有文化、有纪律的新人而努力奋斗！

中央军委主席邓小平为设在北京官园的中国儿童少年活动中心题名

这个活动中心是6年前中共中央书记处决定赠送给全国少年儿童作为校外活动场所的。

国家主席杨尚昆在人民大会堂会见美国知名人士阿曼森夫人及其亲属

在交谈中，杨尚昆赞扬了阿曼森夫人为发展中美两国友好关系和两国人民之间友谊作出的贡献。阿曼森夫人自70年代初从事美中友好事业以来曾多次访华。她是"洛杉矶—广州友好城市协会"的创始人之一。对外友协会长章文晋会见时在座。

全国政协主席李先念在北京参观全国玩具新产品展销会

由轻工业部主办的这个展销会共展出工艺、电子、金属、木制、布绒、塑料、皮毛及童车八大类玩具几千种。同过去相比，这些玩具的款式、花色品种和质量都有了相当大的进步，特别是近年来开发出来的一些有教育意义的新型智力玩具更为广大少年儿童所喜爱。

国家标准物质研究中心在北京成立

据中国计量科学研究院负责人介绍，这座中心是中日两国政府合作建设的。实验楼在去年10月开始投入使用。360台产自日本、美国、联邦德国和英国的精密仪器设备，都由日本政府无偿援助。有了这些80年代国际水平的仪器，研究人员可以用多种方法研究制备标准物质、分析痕量和超痕量化学组分、测定物质结构及物理化学特性。这样规模的实验楼在亚洲属于第一流。

这位负责人还说，中心作为国家法定的计量技术机构,目前已经研究制备了国家级标准物质261种。

此外,中心还将研究高准确度的分析测量方法、标准数据,开展测试服务和技术仲裁,制定有关标准物质文件,对化验室和产品质量检验中心进行计量认证等工作,以发挥它的国家技术监督作用。

外经部副部长沈觉人和日本驻华大使中岛敏次郎为大楼落成剪了彩。

国际计算物理会议在北京举行

最近10多年来,特别是超级计算机出现以后,物理研究中采用了一种新的方法,用计算机研究物理规律。现在计算在物理研究中已成为和实验、理论相辅相成的第三种手段。为了交流各国计算物理学所取得的成就,研究计算机科学及计算机在计算物理各领域的应用,北京应用物理与计算教学研究所和美国德列克赛大学共同组织,于6月1日至4日在北京召开国际计算物理会议。

为了使计算物理学得到进一步发展,专家学者十分重视人才的培养。这次会议邀请了许多青年研究人员和研究生参加。

会议期间,美国和中国的学者还向北京市300多名重点中学的高中学生介绍了计算物理的科普知识。

全国中小学德育工作会议在北京举行

会议召开时间为6月1日到6月5日。来自全国各地的代表和首都中小学德育工作者共1100人参加了会议。

胡启立、王震、李铁映、芮杏文、严济慈等领导同志出席开幕式,并为国家教委宣布表彰的115个德育先进集体和1000名德育先进工作者颁了奖。在鼓号声中,少先队员们向受表彰的老师致敬、献花。

国家副主席王震在开幕会上作题为《播美德良种,育时代英才》的讲话。

国家教委副主任滕藤在开幕会上作了《切实加强和改革中小学德育工作》的报告。

国家教委主任李铁映受党中央和国务院的委托在闭幕会上讲话。

李铁映说,社会主义精神文明建设的根本任务,是适应社会主义现代化建设的需要,培育有理想、有道德、有文化、有纪律的社会主义公民,提高整个中华民族的思想道德素质和科学文化素质。在培育"四有"新人方面,中小学德育工作起着奠基作用,居于不可忽视的重要地位。目前,我国有中小学91.3万多所,在校生1.8亿多人,占全国部人口的1/5以上。青少年是我们的未来,将来都要成为我国社会主义现代化建设的生力军。他们的思想道德素质、科学文化素质和身体素质如何,直接关系到今后一个相当长的时期各方面劳动者的素质的提高。所以,德育在中小学教育中占有特别重要的地位。德育渗透于智育、体育、美育和劳动教育之中,它与智育、体育、美育和劳动教育有着相辅相成的关系,在促进学生全面发展,保证人才培养的正确方向和学校的社会主义性质方面起着主导的决定性的作用。

李铁映说,近几年来,中小学德育工作的改革,取得了新的成就,积累了相当的经验,学生的思想道德面貌主流是好的,但在理想抱负、道德情操、文明教养等方面也存在着一些十分值得重视的问题。有些教育工作者对当前社会上出现的一些现象也感到不理解、不适应,分不清哪些是社会变革中出现的新事物,哪些是泛起的沉渣。他指出,要适应改革形势,加强中小学德育工作。他说,在社会主义阶段,中小学德育工作必须坚持以马克思主义为指导。中小学德育工作必须适应新时期对劳动者和人才素质的要求,适应中小学生的年龄特征、心理发展的规律,适应中小学生现阶段的思想实际。在小学,主要是进行以"爱祖国、爱人民、爱劳动、爱科学、爱社会主义"为基本内容的社会公德教育、行为规范教育、纪律教育和社会常识教育;在中学,应当重点进行社会主义初级阶段的共同理想教育、道德教育和法律教育,同时使学生了解共产主义是我们党最崇高的理想。他说,虽然我国目前还处于社会主义初级阶段,还存在以公有制为主体的多种经济成分,但在教育工作中,仍要以崇高的道德准则去启迪他们,引导他们把个人利益与国家和集体的利益联系起来。教育他们热爱和学习全心全意为人民服务、大公无私的人,鄙视只顾自己的极端个人主义者。把教育的现实性和超前性有机地结合起来。

李铁映提出,要以有理想、有道德、有文化、有纪律为中小学德育的培养目标。这4条里面,理想和纪律特别重要。当前,要把爱国主义教育作为理想教育的起点,把以培养爱国情感、振奋民族精神为核心的爱国主义教育,放在突出的重要地位,培养学生具有强烈的国家意识和民族自尊心、自信心和自豪感。切实加强劳动教育,从小教育学生懂得劳动光荣,懒惰可耻;要尊重各行各业的劳动者,尊重他人劳动;培养学生的劳动观点和劳动习惯以及勤俭节约、艰苦奋斗的精神。加强以社会主义集体主义为主要内容的道德教育和文明礼貌教育。教育学生逐步树立"心中有他人、心中有集体、心中有人民、心中有祖国"的观念,具有关心热爱集体、讲文明、懂礼貌、遵守纪律和社会的公德、爱护公共财物等社会主义道德品质。大力加强法制的教育,这是中小学德育的新问题,也是薄弱环节,今后必须重视和加强。

他指出，中小学德育要同知识教育结合起来，寓德育于多种多样的活动和劳动、社会实践之中，这是中小学实施德育的重要途径，也是中小学德育工作改革的一个重要课题。

他说，学校教育、家庭教育、社会教育要相互配合，协调一致，创造良好的社会环境。

李铁映要求，要造成强大社会舆论，动员和组织社会各个方面，从不同的角度，为青少年健康成长创造良好的社会环境。

他指出，各级党政部门要将加强中小学德育工作作为精神文明建设的一件大事来抓。共青团和少先队组织是加强中小学德育工作的一支重要力量，要充分发挥共青团少先队组织的作用，配合学校做好工作。他要求，宣传、文化、出版、艺术等一切从事精神产品生产的部门和单位，要把为广大中小学生提供充分的健康的精神营养作为义不容辞的责任。各地出版发行部门、公安部门，要在党委和政府的领导下，坚决按规定依法查禁和收缴淫秽物品，整顿内容不健康的报刊，严惩违法行为，刹住这种歪风。他希望各报刊、电台、电视台给广大群众讨论教育问题提供一个园地，把"全社会都来关心青少年的健康成长"的宣传落到实处。中小学所在地的公安部门，有保护学校、教师和学生安全的义务，对滋扰学校的违法行为要严厉打击。

李铁映说，中央许多老同志对下一代的教育培养十分关心，做了很多工作。他希望大家进一步争取各地老同志的支持、帮助。他还希望全体从事德育工作的同志们，发扬艰苦奋斗的精神，勇于实践，努力探索，使中小学德育工作取得新的、更大的成绩。

国家副主席王震在全国中小学德育工作会发奖仪式发表题为《播美德良种，育时代英才》的讲话

同志们：

让我向今天受到表彰的同志们表示热烈的祝贺！向所有在德育这块园地辛勤耕耘、为青少年茁壮成长作出贡献的同志们表示崇高的敬意！

中小学德育工作是一项十分重要的工作。它不但关系着我国青少年的素质，而且关系着整个中华民族的素质；不但关系着党的前途和命运，而且关系着人民共和国的今天和未来。中小学生都是几岁、十几岁的娃娃。这个年龄是他们成长的重要时期。这个时期的德育效果如何，将影响他们一生的发展。因此青少年时期，不但是他们一生成长的重要时期，也是施教的最好时期。在这个时期，不但容易纠正他们积习不深的缺点，而且美德的种子易于生根发芽。所以，我希望同志们深刻领会小平同志"从娃娃抓起"、"从中小学生抓起"的思想，不失时机地做好中小学生的思想品德教育工作，为他们一生的发展打下坚实的基础。如果能这样，同志们便是立下了盖世之功，人民将永远铭记着你们的功绩。

同志们，为了青少年的茁壮成长，你们付出了心血和汗水，作出了巨大贡献。党和人民感谢你们。我热切地希望广大德育工作者继续在德育这块园里耕耘，不断将美德的良种撒向青少年的心田，为祖国培养更多的优秀人才。桃李芬芳日，园丁欣慰时。当大批"小苗"成长为栋梁之才时，当他们建功立业的捷报佳音频频传至时，你们将得到他人无法得到的欣慰和荣幸！

谢谢大家！

民主德国儿童画在北京展出

正值"六一"国际儿童节，德意志民主共和国儿童画展在中国儿童少年活动中心艺术厅开幕。此活动由中国人民对外友好协会、中国民主德国友好协会等单位联合主办。

这次展出的几十幅儿童画作品，如《教堂》《暴风雨》等，大都富有想象力，生活气息很浓，反映了民主德国少年儿童热爱生活、酷爱艺术的美德。

《体育法》起草研讨会在北京召开

这表明中国的体育也将纳入法制轨道，以促进体育运动健全而迅速地发展。

国家体委副主任张采珍在会上指出，我国要实现建成世界体育强国的艰巨任务，必须加速和深化体育改革，并制定出一部体育法，进一步调动各方面办体育的积极性，为体育事业的发展提供法律依据。

6月2日

国务院总理李鹏 副总理姚依林在中南海听取中国人民银行全国分行长会议的情况汇报

李鹏在讲话中首先对银行前阶段在支持改革开放、发展生产、稳定经济方面所做的大量工作予以充分肯定。

李鹏说，目前我国的经济体制正由过去高度集中统一的经济体制向社会主义有计划商品经济体制过渡，在这个过程中以及在我国以后的经济工作中，需要加强宏观控制。银行是国家对经济进行宏观调控的重要手段，它在宏观调控的诸多手段中越来越起着关键作用。因此银行必须积极努力，加快改革，尽快转变职能，以便更好地发挥银行调节经济的杠杆作用。

李鹏说，目前由于社会各部门对资金的需求较大，资金供求矛盾突出，因而银行在工作中受到了种种压力，国务院将采取有力措施来支持银行的工作。李鹏说，中国人民银行是国务院的一个组成部分，贯彻执行国家的宏观经济政策。各级人民银行和专业银行在体制上是相对独立的，在业务上不应该受地方和部门的干预。地方和部门不应强迫银行贷款，地方和部门一般不再开办金融机构。各级银行要认真负起责任来，对各地方或部门不符合政策要求的贷款要抵制，不能讲情面。

李鹏说，银行对自己也要严格要求，不能自己掌握资金，就不按政策乱用资金，要根据国家的产业政策制定金融方针、政策，要服务于、服从于国家的发展战略和中长期计划。

李鹏最后说，目前我国总的形势是好的，改革已进入了关键阶段。他要求银行、财政、计划部门加强配合，使银行能在国家整个经济生活中发挥更大的作用。

姚依林在讲话中指出，当前银行工作不能放松，要继续贯彻执行从"紧"的方针。

姚依林说，贯彻执行从"紧"方针目的是促进改革，发展经济，避免出现过度的通货膨胀，因此不能把它看作是消极的方针。

姚依林说，从"紧"方针并不意味着消极的收缩，而是要在控制总量的前提下，扶优限劣，区别对待。对农业、出口创汇行业及国家急需发展的能源、交通、原材料等基础工业，银行仍要给予积极支持；而对需要控制的部分加工工业和楼堂馆所，银行则在信贷上要给予坚决限制和压缩。

姚依林说，现在所有的资金矛盾都已集中到了银行，各地方部门都在向银行伸手要钱，但又不注意资金的使用效益，这主要是目前的资金价格过低。因此一方面银行要通过深化改革、大力发展资金市场，逐步改变银行"包"资金的状况；另一方面，要通过利率杠杆来调节社会各方对资金的需求。

姚依林说，当前在我国经济生活中，一些地方在发展速度上存在着相互攀比的现象，这种相互攀比会带来许多不良的后果。姚依林说，不能用经济发展速度来评价地方工作的好坏，速度高不等于工作做得就好，速度低也不是说那个地方工作做得不好。因此各级地方政府一定要从自身条件出发，不要盲目攀比发展速度。

国务委员王丙乾、李贵鲜、陈俊生同时听取了汇报。

我国耕地急剧减少的局面开始得到控制

据《人民日报》报道，1987年是我国首次对非农建设用地实行指令性计划管理的第一年，由于土地管理制度上这一重大变化，我国近年耕地急剧减少的严重局面已经开始得到控制。

在新中国成立后实行了近40年的计划经济体制中，长期不含土地利用计划，导致土地利用宏观失控，土地尤其是耕地被乱占滥用，面积锐减。这一问题在"六五"期间达到高峰，年均减少耕地700多万亩，1985年竟达1500万亩。

1987年，国家计委和国家土地局联合下达的非农建设占用耕地计划指标为307万亩，执行情况良好。这一数字，比1985年的建设占地少178万亩，比1986年少72万亩。经过一年实践，对建设用地实行宏观控制已初见成效。按国家统计局可比统计指标，1987年非农建设占用耕地实际为299.6万亩，节约计划指标7万亩。东部沿海地区乱占滥用土地的状况得到初步扭转。全国除个别省外，绝大部分省、区、市都没超过下达计划。虽然减少了建设用地，但没有影响同年的国家建设；在实践中，为有关部门搞好以后的土地计划管理积累了经验。

在去年的建设用地计划管理工作中，还存在一些问题。目前，全国仍有20%以上的地市，30%以上的县还没有建立土地统管机构，城乡土地管理的统一与协调也未很好解决，致使部分地方仍存在建设用地失控现象。

1988年，全国建设占用耕地计划指标为300万亩，不仅比去年减少7万亩，用地计划的内容也由非农业建设扩大到包括农业建设，同时，也对非耕地占用首次实行计划管理，指标为181万亩。

国务院副总理吴学谦在北京会见前来参加中日尼友好登山队胜利跨越珠穆朗玛峰庆祝活动的日本客人樱内义雄和小林与三次等

国务院副总理吴学谦在人民大会堂会见日本第15次东海号友好之船访华团的代表

中国新型海洋遥测浮标结成网络

据《人民日报》报道，海洋遥测浮标是由国家海洋局组织的国家"七五"重点科技攻关项目之一。这种海洋环境监测工具，可在无人情况下，长期、定点、全天候进行海洋环境监测和预报，提供与海洋工程和渔业生产密切相关的海上气压、温度、风速，以及海水流速、波浪、海流等数据。

以往，我国海洋环境监测预报系统不完善，一次台风过境，由于预报欠准，南海某石油平台因不必要的撤离而浪费300万美元。某海洋工程因缺乏最大风速的准确数据而额外增加1000万美元的投资。

新近研制成功的小型海洋遥测浮标投放东海，提供了大量海洋环境的精确数据。

有关专家认为,从回收的数据看,浮标性能良好,主要技术指标已达国际先进水平。尤其是航空航天部502所研制的微机控制和微波传送数据系统,居世界领先地位。

第二届国际体育仪器器材展览会在北京开幕

我国自行设计和生产的一批体育仪器器材参加展出,受到与会的国内外有关人士和同行的好评。来自澳大利亚、西德、日本、英国、美国等十几个国家和地区的体育仪器器材也参加展出。

6月3日

中央军委主席邓小平在北京会见参加“90年代的中国与世界”国际会议的中外代表

邓小平说,中国的改革没有万无一失的方案,问题是要搞得稳妥一些,选择的方案和时机要恰当。

谈到物价改革问题时,邓小平说:“这是要冒很大风险的事情,但我们是可以完成的。这是乐观的预言,不是没有根据的。同时,我们要把工作的基点放在出现较大的风险上,也准备好对策。这样,即使出现了大的风险,天也不会塌下来。”

他说:“我们的第一目标,也就是实现温饱的目标已经实现。如果现在不全面搞好物价和工资改革,不理顺关系,到本世纪末达到小康水平实现第2个目标虽然没有问题,但要实现第3个目标,也就是在下个世纪的50年内达到中等发达国家的水平就困难了。所以,我们现在要下决心冒这个风险。”

他指出,一个一个地改革不行,要综合治理。改革也要付出代价,但“长痛不如短痛”。

他说:“现在我们有条件去冒全面改革物价和工资的风险。首先我们已有10年的发展,社会和人民都有一定的承受能力。另外,我们有60年代克服严重困难的经验。现在的物质比那时要丰富得多。”

他说:“只要我们向人民讲清楚,人民是会接受政府的决定的。即使出现了比较大的风险,克服起来也比60年代初期要容易得多。”

邓小平感谢各国朋友在这次国际会议上对中国的发展提出了许多积极的建议。他说:“各位不辞辛苦到北京来开会实际上对中国是个帮助。通过这次讨论会,我们听到许多有益的意见,这些意见对我国政府的决策会起很好的作用。”

他希望各国企业家放胆到中国来投资,进行技术转让,以帮助中国的发展。他说,中国的改革会有风险,但外国的投资者不会有风险,中国人虽然穷,但是讲信用的。

会见时,邓小平重申了中国政府对香港问题的一贯立场。他说:“中国政府对香港问题的方针政策不会改变。我们承诺1997年后,香港的现行制度50年不变,这个承诺是不会改变的。”

邓小平说:“好几位外国朋友曾问我,你们为什么说50年不变?有什么根据?我说,有根据。因为,我们说,50年不变不是为了安定香港人心,而是考虑到香港的繁荣和稳定同中国的发展战略有着密切的关联。”

他说:“中国发展战略所需要的时间是下个世纪50年。现在不仅有个香港,我们在内地还要造几个香港。”

邓小平说:“我们讲50年实际上是一种形象的语言,实际上50年后也不会变。因为那个时候,中国大陆本身已发展到中等发达国家的水平,人均国民收入达到4000美元,香港即使超过1万美元,那也接近了。因此,我们讲50年不变,50年后也不变,是不需要变,不是信口开河。”

瑞士联邦委员会前主席库尔特·福格勒说,在过去几天的会议中,代表们同中国朋友进行了对话,中国领导人对改革和开放表示了勇气和决心,他对中国的改革留下了深刻的印象。他说,外国朋友们都表示愿意同中国开展合作。

本次会议主席马洪等参加了会见。

国务院总理李鹏签署第1号令公布《中华人民共和国企业法人登记管理条例》

《中华人民共和国企业法人登记管理条例》已经1988年5月13日国务院第4次常务会议通过,现予发布,自1988年7月1日起施行。

总 理 李 鹏

1988年6月3日

中华人民共和国企业法人登记管理条例

第一章 总 则

第一条 为建立企业法人登记管理制度,确认企业法人资格,保障企业合法权益,取缔非法经营,维护社会经济秩序,根据《中华人民共和国民法通则》的有关规定,制定本条例。

第二条 具备法人条件的下列企业,应当依照本条例的规定办理企业法人登记:

(一)全民所有制企业;

(二)集体所有制企业;

(三)联营企业;

(四)在中华人民共和国境内设立的中外合资经营企业、中外合作经营企业和外资企业;

(五)私营企业;

(六)依法需要办理企业法人登记的其他企业。

第三条 申请企业法人登记,经企业法人登记主管机关审核,准予登记注册的,领取《企业法人营业执照》,取得法人资格,其合法权益受国家法律保护。

依法需要办理企业法人登记的,未经企业法人登记主管机关核准登记注册,不得从事经营活动。

第二章 登记主管机关

第四条 企业法人登记主管机关(以下简称登记主管机关)是国家工商行政管理局和地方各级工商行政管理局。各级登记主管机关在上级登记主管机关的领导下,依法履行职责,不受非法干预。

第五条 经国务院或者国务院授权部门批准的全国性公司、企业集团、经营进出口业务的公司,由国家工商行政管理局核准登记注册。中外合资经营企业、中外合作经营企业、外资企业由国家工商行政管理局或者国家工商行政管理局授权的地方工商行政管理局核准登记注册。

全国性公司的子(分)公司,经省、自治区、直辖市人民政府或其授权部门批准设立的企业、企业集团、经营进出口业务的公司,由省、自治区、直辖市工商行政管理局核准登记注册。

其他企业,由所在市、县(区)工商行政管理局核准登记注册。

第六条 各级登记主管机关,应当建立企业法人登记档案和登记统计制度,掌握企业法人登记有关的基础信息,为发展有计划的商品经济服务。

登记主管机关应当根据社会需要,有计划地开展向公众提供企业法人登记资料的服务。

第三章 登记条件和申请登记单位

第七条 申请企业法人登记的单位应当具备下列条件:

(一)名称、组织机构和章程;

(二)固定的经营场所和必要的设施;

(三)符合国家规定并与其生产经营和服务规模相适应的资金数额和从业人员;

(四)能够独立承担民事责任;

(五)符合国家法律、法规和政策规定的经营范围。

第八条 企业办理企业法人登记,由该企业的组建负责人申请。

独立承担民事责任的联营企业办理企业法人登记,由联营企业的组建负责人申请。

第四章 登记注册事项

第九条 企业法人登记注册的主要事项:企业法人名称、住所、经营场所、法定代表人、经济性质、经营范围、经营方式、注册资金、从业人数、经营期限、分支机构。

第十条 企业法人只准使用一个名称。企业法人申请登记注册的名称由登记主管机关核定,经核准登记注册后在规定的范围内享有专用权。

申请设立中外合资经营企业、中外合作经营企业和外资企业应当在合同、章程审批之前,向登记主管机关申请企业名称登记。

第十一条 登记主管机关核准登记注册的企业法人的法定代表人是代表企业行使职权的签字人。法定代表人的签字应当向登记主管机关备案。

第十二条 注册资金是国家授予企业法人经营管理的财产或者企业法人自有财产的数额体现。

企业法人办理开业登记,申请注册的资金数额与实有资金不一致的,按照国家专项规定办理。

第十三条 企业法人的经营范围应当与其资金、场地、设备、从业人员以及技术力量相适应;按照国家有关规定,可以一业为主,兼营他业。企业法人应当在核准登记注册的经营范围内从事经营活动。

第五章 开业登记

第十四条 企业法人办理开业登记,应当在主管部门或者审批机关批准后三十日内,向登记主管机关提出申请;没有主管部门、审批机关的企业申请开业登记,由登记主管机关进行审查。登记主管机关应当在受理申请后三十日内,作出核准登记或者不予核准登记的决定。

第十五条 申请企业法人开业登记,应当提交下列文件、证件:

(一)组建负责人签署的登记申请书;

(二)主管部门或者审批机关的批准文件;

(三)组织章程;

(四)资金信用证明、验资证明或者资金担保;

(五)企业主要负责人的身份证明;

(六)住所和经营场所使用证明;

(七)其他有关文件、证件。

第十六条 申请企业法人开业登记的单位,经登记主管机关核准登记注册,领取《企业法人营业执照》后,企业即告成立。企业法人凭据《企业法人营业执照》可以刻制公章、开立银行账户、签订合同,进行经营活动。

登记主管机关可以根据企业法人开展业务的需要,核发《企业法人营业执照》副本。

第六章 变更登记

第十七条 企业法人改变名称、住所、经营场所、法定代表人、经济性质、经营范围、经营方式、注册资金、经营期限,以及增设或者撤销分支机构,应当申请办理变更登记。

第十八条　企业法人申请变更登记，应当在主管部门或者审批机关批准后三十日内，向登记主管机关申请办理变更登记。

第十九条　企业法人分立、合并、迁移，应当在主管部门或者审批机关批准后三十日内，向登记主管机关申请办理变更登记、开业登记或者注销登记。

第七章　注销登记

第二十条　企业法人歇业、被撤销、宣告破产或者因其他原因终止营业，应当向登记主管机关办理注销登记。

第二十一条　企业法人办理注销登记，应当提交法定代表人签署的申请注销登记报告、主管部门或者审批机关的批准文件、清理债务完结的证明或者清算组织负责清理债权债务的文件。经登记主管机关核准后，收缴《企业法人营业执照》《企业法人营业执照》副本，收缴公章，并将注销登记情况告知其开户银行。

第二十二条　企业法人领取《企业法人营业执照》后，满六个月尚未开展经营活动或者停止经营活动满一年的，视同歇业，登记主管机关应当收缴《企业法人营业执照》《企业法人营业执照》副本，收缴公章，并将注销登记情况告知其开户银行。

第八章　公告、年检和证照管理

第二十三条　企业开业、变更名称、注销，由登记主管机关发布企业法人登记公告。未经登记主管机关批准，其他单位不得发布企业法人登记公告。

第二十四条　企业法人登记管理实行年度检验制度。企业法人应当按照登记主管机关规定的时间提交年检报告书、资金平衡表或者资产负债表。登记主管机关应当对企业法人登记的主要事项进行审查。

第二十五条　登记主管机关核发的《企业法人营业执照》是企业法人凭证，除登记主管机关依照法定程序可以扣缴或者吊销外，其他任何单位和个人不得收缴、扣押、毁坏。

企业法人遗失《企业法人营业执照》《企业法人营业执照》副本，必须登报声明后，方可申请补领。

《企业法人营业执照》《企业法人营业执照》副本，不得伪造、涂改、出租、出借、转让、出卖和擅自复印。

第二十六条　企业法人办理开业登记、变更登记、年度检验，应当按照规定缴纳登记费、年检费。开业登记费按注册资金总额的千分之一缴纳；注册资金超过1千万元的，超过部分按千分之零点五缴纳；注册资金超过1亿元的，超过部分不再缴纳。登记费最低额为50元。变更登记费、年检费的缴纳数额由国家工商行政管理局规定。

第九章　事业单位、科技性的社会团体从事经营活动的登记管理

第二十七条　事业单位、科技性的社会团体根据国家有关规定，设立具备法人条件的企业，由该企业申请登记，经登记主管机关核准，领取《企业法人营业执照》，方可从事经营活动。

第二十八条　根据国家有关规定，实行企业化经营，国家不再核拨经费的事业单位和从事经营活动的科技性的社会团体，具备企业法人登记条件的，由该单位申请登记，经登记主管机关核准，领取《企业法人营业执照》，方可从事经营活动。

第十章　监督管理

第二十九条　登记主管机关对企业法人依法履行下列监督管理职责：

(一)监督企业法人按照规定办理开业、变更、注销登记；

(二)监督企业法人按照登记注册事项和章程、合同从事经营活动；

(三)监督企业法人和法定代表人遵守国家法律、法规和政策；

(四)制止和查处企业法人的违法经营活动，保护企业法人的合法权益。

第三十条　企业法人有下列情形之一的，登记主管机关可以根据情况分别给予警告、罚款、没收非法所得、停业整顿、扣缴、吊销《企业法人营业执照》的处罚：

(一)登记中隐瞒真实情况、弄虚作假或者未经核准登记注册擅自开业的；

(二)擅自改变主要登记事项或者超出核准登记的经营范围从事经营活动的；

(三)不按照规定办理注销登记或者不按照规定报送年检报告书，办理年检的；

(四)伪造、涂改、出租、出借、转让、出卖或者擅自复印《企业法人营业执照》《企业法人营业执照》副本的；

(五)抽逃、转移资金，隐匿财产逃避债务的；

(六)从事非法经营活动的。

对企业法人按照上述规定进行处罚时，应当根据违法行为的情节，追究法定代表人的行政责任、经济责任；触犯刑律的，由司法机关依法追究刑事责任。

第三十一条　登记主管机关处理企业法人违法活动，必须查明事实，依法处理，并将处理决定书面通知当事人。

第三十二条　企业法人对登记主管机关的处罚不服时，可以在收到处罚通知后十五日内向上一级登记主管机关申请复议。上级登记主管机关应当在收到复议申请之日起30日内作出复议决定。申请人对复议决定不服的,可以在收到复议通知之日起30日内向人民法院起诉。逾期不提出申诉又不缴纳罚没款的,登记主管机关可以按照规定程序通知其开户银行予以划拨。

第三十三条 企业法人被吊销《企业法人营业执照》,登记主管机关应当收缴其公章,并将注销登记情况告知其开户银行,其债权债务由主管部门或者清算组织负责清理。

第三十四条 主管部门、审批机关、登记主管机关的工作人员违反本条例规定,严重失职、滥用职权、营私舞弊、索贿受贿或者侵害企业法人合法权益的,应当根据情节给予行政处分和经济处罚;触犯刑律的,由司法机关依法追究刑事责任。

第十一章 附 则

第三十五条 企业法人设立不能独立承担民事责任的分支机构,由该企业法人申请登记,经登记主管机关核准,领取《营业执照》,在核准登记的经营范围内从事经营活动。

根据国家有关规定,由国家核拨经费的事业单位、科技性的社会团体从事经营活动或者设立不具备法人条件的企业,由该单位申请登记,经登记主管机关核准,领取《营业执照》,在核准登记的经营范围内从事经营活动。

具体登记管理参照本条例的规定执行。

第三十六条 经国务院有关部门或者各级计划部门批准的新建企业,其筹建期满一年的,应当按照专项规定办理筹建登记。

第三十七条 本条例施行前,具备法人条件的企业,已经登记主管机关核准登记注册的,不再另行办理企业法人登记。

第三十八条 本条例由国家工商行政管理局负责解释。行细则由国家工商行政管理局制定。

第三十九条 本条例自1988年7月1日起施行。1980年7月26日国务院发布的《中外合资经营企业登记管理办法》,1982年8月9日国务院发布的《工商企业登记管理条例》,1985年8月14日国务院批准、1985年8月25日国家工商行政管理局发布的《公司登记管理暂行规定》同时废止。

赫尔辛基到北京的航线正式开通

这条直接航线比原来芬兰到中国的飞行时间缩短一半。

以芬兰议会议长马蒂·阿赫德为团长的芬航首航代表团一行18人乘首次班机到达北京。

全国人大常委会副委员长陈慕华会见了芬兰客人。她说,芬中航线开通将促进两国经贸、文化和旅游事业的发展。

国务院副总理田纪云在人民大会堂设宴欢迎苏联部长会议第一副主席尤里·马斯柳科夫一行

田纪云在祝酒时指出,中苏两国在经济、贸易、科技、文化等领域的合作目前在不断发展。去年签订的两国交换货物和付款议定书的执行结果令人满意。两国的边境贸易也有了迅速发展。双方正在实施中苏关于在中国建设和改造工业项目的经济技术合作协定规定的项目,并准备在新的领域以新的方式开展经济贸易合作。中苏经济贸易科技合作第三次会议期间,双方将签署关于两国地方间建立和发展经贸联系的协定和关于成立中苏合营企业的协定。田纪云表示相信,这两个文件的签订将进一步促进两国及其地方、部门间经贸关系的发展。

田纪云说,中苏两国都在进行改革。双方根据本国的实际情况,相互交流和借鉴改革方面的某些经验,这对两国的社会主义建设是很有益的。

他重申,中国政府和人民十分珍视中苏两国人民之间的传统友谊,愿意在和平共处五项原则基础上进一步改善与苏联的国家关系,争取早日实现两国关系正常化。

马斯柳科夫在祝酒时对苏中两国经济、贸易、科技、文教方面合作的顺利发展表示满意。他认为这对双方在物质生产领域和人文方面继续进行互利的合作奠定了坚实的基础。他说,在委员会第三次会议上,双方将研究落实已经商定的合作项目,并探讨扩大合作的途径。马斯柳科夫介绍了苏联的改革情况和对一些国际问题的立场。

他说,苏联怀着很大的兴趣注视着中国的社会主义建设情况。他认为,苏中关系沿着睦邻友好的道路前进并在各方面开展合作,这符合两国人民的根本利益,也有利于亚洲和世界的和平与稳定。

外交部部长钱其琛在联合国总部会见联合国秘书长佩雷斯·德奎利亚尔

钱外长和佩雷斯·德奎利亚尔就本届联大所面临的一些重大问题,特别是地区性冲突问题交换了意见。钱其琛对联合国在解决地区性冲突方面所做的努力表示赞赏。双方都认为在当前形势下应进一步发挥联合国的作用。

中国科学院麝香细胞工程研究取得突破

据《人民日报》报道,中国科学院动物所最近成功地利用无血清培养和传代的技术,在世界上首次使麝的香腺细胞在保持上皮形态特征的情况下多次传代，取得了麝香细胞工程研究的关键性突破。

麝香俗称香料之王，不仅是名贵香料，而且又有重要的医用价值。世界市场需求甚大，其价格已超过黄金。由于杀麝取香，麝的种群逐年减少，有关国际组织已制定禁用天然麝香的公约。

《当代中国的天津》出版

该书由中国社会科学出版社出版。《当代中国的天津》是《当代中国》丛书地方卷中发稿最早的一卷。绪论简述了天津现况和历史；总论用5章分5个阶段综述天津解放后37年的历程；分论设经济编(上、下)、科教文建设编、政治建设编，共22章；结束语主要是总结经验和展望未来。书中插有图片400余幅，全书82万字，分上、下两卷。

双跨珠峰庆功表彰会在北京举行

庆功会前，国务院总理李鹏分别会见了中国登山健儿和三国登山队的官员、运动员，向他们表示热烈祝贺和崇高敬意。李鹏在会见中国登山健儿时说，三国登山队攀登珠峰，第一次实现了双跨和在顶峰会师，这一壮举极大地鼓舞了全国人民的斗志，也激励着其他体育项目的运动员取得更好的成绩。我们的改革、开放和建设同样也需要克服很多困难，只要我们经过努力、奋斗和拼搏，是能够获得成功的。李鹏在会见三国登山队时说，中、日、尼三国登山队员从两边登顶，实现珠峰会师、双跨，并通过电视向全世界直播，是一个创举。它将鼓舞三国人民进一步在其他体育领域攀登高峰。

国家副主席王震出席庆功会，并会见了登山英雄。王震关切地询问了登山队员们的身体情况后说，中日尼三国以至全世界人民将会记住登山队员们的贡献，并从中得到鼓舞。他说，这次登山活动为亚洲以及全世界各国人民的友好合作树立了良好的榜样，祝愿三国登山运动更加蓬勃地发展。

三国登山队首席总队长、中国登山协会主席史占春在讲话中说，这次成功不仅为世界登山史增添了光辉的一页，也是登山运动跨国界合作的范例。他说，从中国老一辈革命家周恩来、邓小平、贺龙同志提出跨越珠峰的设想，到由中、日、尼三国领导人及登山界促成这一活动的实施，经历了29年，终于使登顶、会师、双跨变成了现实。它意味着在团结坚强、勇往直前的人类面前，任何恶劣环境和困难都将被克服。

国务委员李铁映、中国登山协会名誉主席杨得志参加了庆功会和会见。庆功会上，王震、李铁映和杨得志向三国登山队24人颁发中华人民共和国体育运动荣誉奖章，中国登山协会向三国登山队员颁发登顶证书。杨得志还向三国登山队后援团体颁发纪念奖牌。

参加庆功会和会见的还有三国登山队总顾问中方的李梦华、日方的樱内义雄、尼方的穆罕默德·穆辛，后援总顾问、日本读卖新闻社社长小林与三次，以及日本和尼泊尔驻华大使。曾在1960年和1975年先后征服珠峰的中国登山运动员王富洲、贡布、潘多等也参加了庆功会。6月13日，三国登山队将在日本举行庆贺活动。

中国选手关雪清 许艳梅在汉城举行的国际跳水赛上获得女子跳台跳水冠亚军

我国动物园有数十种珍稀动物繁殖成功

中国动物园协会在新闻发布会上透露：大熊猫、金丝猴、扭角羚、黑颈鹤等国内外几十种珍稀濒危动物已在我国的动物园内繁殖成功，并处于国际领先地位。

新中国成立以来，我国各地动物园在繁殖珍稀特产野生动物方面取得了明显的成绩，特别是大熊猫的繁殖获得了丰收。1963年9月北京动物园采用自然交配方法，繁殖成活了第一只大熊猫，在世界上开创了人工饲养条件下繁殖大熊猫的纪录。1978年9月北京动物园又第一次成功采用人工授精的方法繁殖成活了大熊猫。自1963年到1986年的23年中，各地动物园共繁殖大熊猫50胎，生产86仔，成活28只。

我国动物园也从国外动物园引进世界珍稀动物。大猩猩、山魈、狒狒、象、白熊、黑天鹅等都在我国动物园中繁衍了后代。

中国环境战略研究中心第三届年会暨同美国世界资源研究所学术座谈会在人民大会堂召开

会议召开时间为6月3日到6月8日。

国务委员、国家科委主任宋健会见了美国世界资源研究所访华团。该中心顾问黄华出席开幕式，并讲了话。

该中心本届年会的主题是，讨论“中国大气环境的现状，2000年、2050年的大气污染防治目标与措施”。我国已从今年6月1日起实施《大气污染防治法》。这次中美双方座谈的议题是，总结中美以往合作研究项目——资源价格与环境；讨论中美今后合作研究项目——能源政策与环境，以及商谈中美长期合作意向。

开幕式上，国家环保局局长、研究中心执行主席曲格平宣布，聘请美国世界资源研究所所长史贝斯教授为中国环境战略研究中心荣誉研究员，并向他颁发聘书。

6月4日

全国人大常委会委员长万里在人民大会堂会见由芬兰议会议长马蒂·阿赫德率领的芬兰航空公司首航北京代表团

万里在会见客人们时说,芬航开航北京架起了加强两国传统友谊的桥梁,将促进两国在各个领域的合作。他对芬航开航北京表示祝贺。

万里说,中芬建交以来,两国各方面的关系都有了很好的发展。1985年芬兰议长皮斯蒂宁和1986年芬兰总理索尔萨访华对加强两国友好合作起了非常重要的作用。他说,中国期待着芬兰总统科伊维斯托访华。

阿赫德说,芬航开航北京在芬兰被视为是一个重大历史性事件,因为它将为两国人民的交往提供更多的可能性,将使两国政治、经济、文化方面的合作与交流取得进一步的发展。

中国民航局局长胡逸洲会见时在座。

国务院在中南海召开全国交通安全工作会议全体会议

会议要求各地区各部门紧急动员起来狠抓严格管理,努力开创交通运输安全的新局面。

党中央和国务院对交通安全工作十分重视和关心。出席会议的有国务院总理李鹏,副总理姚依林、吴学谦,国务委员秦基伟、王丙乾、王芳、邹家华。国务委员兼国务院秘书长陈俊生主持了会议。

国务委员邹家华在会上讲了话。

国务委员邹家华在全国交通安全工作会议发表题为《紧急动员起来狠抓严格管理努力开创交通运输安全的新局面》的讲话

同志们:

这次以铁路为中心,包括交通、民航的全国交通安全工作会议,是李鹏总理亲自提议召开的。多年来他对交通安全工作十分重视和关怀。今年以来,曾多次主持国务院常务会议专门研究交通安全工作,国务院也为此连续发出过文件,提出了要求。参加这次会议的有各省、自治区、直辖市主管交通安全工作的领导同志,铁路、交通、民航、公安系统的负责同志,总参、总政、总后、海军、空军的有关负责同志。像这样主管交通运输工作的铁路、交通、民航、公安等部门,还有地方以及军队主管交通运输工作的负责同志,聚集一堂,共同商讨全国交通安全工作大计,新中国成立以来还是第一次。这是一次十分重要的会议,它必将在全国引起强烈的反响,对促进交通运输的发展和进一步搞好交通安全将会产生重要的作用和影响。

这次会议的指导思想是总结经验,深化改革,振奋精神,严格管理,整顿秩序,努力开创交通运输安全的新局面。我们要以求实的精神,通过对典型事故的分析和大量交通运输事故的数字对比,透过事故现象,分析不安全的本质,检查交通安全的隐患,进而统一思想,端正对安全生产的态度,制定有针对性和切实有效的措施,尽快扭转当前交通运输安全状况不好的被动局面,使交通运输进一步适应改革、开放的要求,保证国民经济持续稳定地发展。

党的十一届三中全会以来,我国交通运输事业取得了显著的成绩。九年来,铁路客、货运量分别增长38%和27.3%,总运输量平均每年递增7.5%,营业里程增加4000公里,复线率达到21.3%,布局得到改善,铁路牵引动力开始了以电力、内燃机车为主的新阶段。新增公路9万公里,全社会民用机动车辆达到1100万辆(其中,含上路运输的拖拉机450万辆),海洋运输船舶载重量从1978年世界的第14位上升为第8位,公路和水路的客、货运输量分别增长224.8%和86.1%。民航航线增长一倍,完成旅客运输量增长4.6倍,运输总周转量增长5.7倍。这些成绩是交通运输战线广大干部和职工,在任务十分繁重,技术、设备落后,工作环境相当艰苦的条件下,积极工作,辛勤劳动,克服种种困难所取得的。这是全国人民有目共睹的。我谨代表国务院向日日夜夜奋战在交通运输战线上的全体干部、职工以及维护交通安全的公安干警,表示衷心的感谢和亲切的慰问!

下面我讲三个问题。

一、充分认识交通运输在国民经济发展中的战略地位和交通运输安全的重要性

交通运输业是国民经济和社会发展的重要前提和支柱,也是国防建设的必要保障,有着重要的战略地位。不论是铁路、航空,还是道路、水路,都是一切生产过程和广大人民群众物质、文化生活不可缺少的组成部分;是物质生产的一个重要部门,涉及生产、流通、消费、社会生活的各个领域,是城乡之间、工农业之间、各地区、各行业之间经济联系的重要物质基础和纽带;是国民经济的先行行业。社会越进步,国民经济越发展,就越离不开发达的交通运输业。否则,国民经济的发展将受到很大的制约。世界发达国家经济发展的历史经验表明,在工业化初期,都曾密集投资优先发展交通运输,形成四通八达的交通网,才为以后经济的迅速发展提供了保证。没有交通运输的超前发展,经济发展就没有后劲。我国疆域辽阔,人口众多,又处于社会主义初级阶段,资源配置、国土开发、经济发展相当不均

衡,对交通运输的需求就更大。摆在我们面前的重要任务是要建成与国民经济发展需要相适应的,以铁路、水运、公路、航空、管道等运输方式协调发展的四通八达的综合运输体系,以保证和促进本世纪末国民经济发展战略目标的实现。

改革开放以来,随着社会主义有计划商品经济的逐步发展,随着对外经济技术合作不断扩大、进出口贸易大幅度增长和旅游业的蓬勃兴起,随着人民群众物质、文化生活需要的日益提高,商品的流通量大幅度增加,人员往来更加频繁,速度要求加快;横向经济联合的发展,地区之间、行业之间、企业之间的商品交换,沿海开放地带的扩展、农村产业结构调整和乡镇企业异军突起,大量农村劳动力向城市流动,加上个体工商业户迅速增加,都使客、货运量急剧猛增。交通运输战线出现了新的、更加复杂的局面,任务更加繁重和艰巨。在新形势下,交通运输的战略地位更加重要,更加突出。

但是,长期以来交通运输一直是我国国民经济的突出薄弱环节,严重制约着国民经济的发展。当前,则面临着更加严峻的形势。以铁路为例,一般地讲,工业产值每增长1%,铁路货运量必须相应增长0.5%,二者之比为1:0.5,这样才能比较适应国民经济发展的需要。而我国“六五”以来,工业产值与铁路货运量增长速度之比,实际只有1:0.3。由于多年积累的欠账较多,铁路不仅没有先行,相反严重滞后。主要表现为:铁路主要运输设备的增长落后于运输量的增长;以低水平的装备完成高强度的运输任务;线路弱结构与运输高强度的矛盾日益突出;运输能力超负荷,储备能力吃光,设备陈旧落后,失修严重,得不到喘息机会。具体地说,铁路主要干线运输能力严重不足,通路不畅,大体只能满足社会需要的70%左右。京广、京沪等线的一些困难区段只能满足50%左右。近5年,晋煤外运以每年1000万吨的数量递增,仍满足不了需要,有煤拉不出来。东北的原煤、木材,西南的原煤、磷矿石也由于运输能力不足,大量积压待运。华东的电力设备又因原煤运输供应不足不能充分发电,造成许多加工企业处于半开工状态。据初步测算,如果从山西增运1000万吨煤到华东,增加发电量,工业产值就可以增加200多亿元。可见,发展交通运输是多么重要、多么紧迫。

应当特别指出的是,就是目前这种与国民经济发展需要很不适应的运输能力,也是在严重超负荷的状况下实现的。在铁路全路的400个区段中有1/3超负荷,38个主要编组站有23个超负荷。旅客列车超员也越来越严重,许多长途旅客列车超员50%以上。总之,货不能畅其流,人不能便其行。公路、水路、民航的情况也同样如此。我国大城市人均占有道路面积是世界最低的,仅为国外发达城市的1/3—1/4,许多公路干线的交通流量超过设计能力1至2倍,汽车平均行驶速度仅为发达国家的一半。港口吞吐能力不足,装卸设备陈旧,工艺落后,船龄老,船舶构成、技术状况很不适应社会经济和对外贸易的需要。航空运输是新兴的交通运输产业,对促进对外开放,发展旅游事业,沟通沿海与内地的联系,发挥着越来越重要的作用。近几年虽然发展很快,但在整个交通运输体系中所占比重仍然很小,远不能满足需要。通信导航、空中交通管制、维修的基础设施等方面都比较落后,很不适应。面对如此严峻的形势,我们各级领导对于交通运输在国民经济发展中的战略地位,应当予以高度的重视。

搞好安全在实现交通运输战略地位上具有特别重要的意义。安全为了生产,生产必须安全,安全是生产的必不可少的前提。今年以来,全国交通事故接连发生,给国家和人民的生命财产造成了重大的损失。交通运输不安全,后果极其严重。一是不仅生产不能正常、顺利进行,而且会造成巨大的经济损失。坠毁一架飞机或翻沉一艘大型船舶会造成几百万元至几亿元的直接经济损失,相当于毁掉一个大中型企业,社会间接经济损失则更大。据测算,间接经济损失,一般为直接经济损失的10倍。1987年,道路交通事故的直接经济损失约为13亿元,间接经济损失约占国民生产总值的1%。二是危及人民生命、财产,直接影响社会安定。三是损害国家声誉,影响对外开放。搞好交通运输安全的重要意义还在于,在当前运力极其短缺的情况下,安全运输本身就是最现实的生产力。我国财力有限,不可能一下子拿出很多钱来加大投入。即使进行投资,也需要相当的时间,不能立即形成生产力。应当说,搞好安全运输是最有效的挖潜扩能。例如,贵昆线是西南煤炭磷矿石的重要外运通道,运输能力已经不足。今年1月,80次旅客列车颠覆事故使贵昆线中断行车44小时,直通货物列车全部停运,全路经过事故地段的装车停装7天,少装1300多车。可见,努力改变交通运输落后面貌,当前最迫切的任务就是扭转安全不好的状况。搞好交通安全,已经到了刻不容缓的地步。

搞好交通运输安全,从某种意义上讲,比其他行业更为重要,难度更大,也更为紧迫。交通运输安全有其特殊性。各种交通运输工具跨越千山万水,联系千家万户,情况千变万化,加上人员多,工作分散,只要有一个关键人员瞬间疏忽,一个要害部件意外故障,就会酿成意想不到的灾祸。因此,我们必须牢牢树立安全第一的思想,坚决贯彻预防为主的方针,确保交通运输安全。

总之,我们必须统一思想。充分认识交通运输在国民经济发展中的战略地位和交通运输安全的重要性，大家动手，齐心协力，挖掘潜力，本着长远和近期相结合的原则，采取各种有力措施，提高交通运输安全水平，把交通运输搞上去。

二、当前交通运输安全不好的状况和原因

近几年来，交通运输安全工作取得了一定成效，安全第一的认识有提高，安全管理有改善，安全设施有所加强，增添了一些比较先进的技术手段，不少单位积累了一套行之有效的安全管理经验，涌现出一批交通安全好的先进集体和个人。1987年以来，铁道部全路56个分局都实现过百日无责任行车重大事故和大事故，有11个铁路分局获得"千日安全"奖杯。截至今年4月底，仍然保持千日以上无责任行车重大事故和大事故的有12个铁路分局。北京铁路局临汾分局，1980年以前行车安全情况不好，他们经过认真总结事故教训，摸索出"三、四、四"安全工作法，扭转了安全状况不好的被动局面，实现连续无责任行车重大事故和大事故2700天以上，居全路各分局之首。"三、四、四"安全工作法的内容是："三"是构成安全生产的三大要素，即铁的纪律、思想教育和全方位安全责任制；"四"是安全生产必须抓好的四项基础工作，即强化"一长"，突出两全(全面质量管理和技术管理)，严格"三控"(自控、他控、互控)，落实"四标"(上标准岗，用标准语，干标准活，交标准班)；第二个"四"是搞好安全生产的四大保证体系，即后勤服务保证体系、培训教育保证体系、技术设备保证体系、路内外联防保证体系。沈阳铁路局小东车站，以严治路，坚持"一点不差，差一点也不行"的精神，自建站以来，连续39年无行车事故。郑州铁路局新乡机务段转变干部作风，调动职工搞好安全运输的积极性，加强综合治理，狠抓基础工作，严把质量关，保持2200多天无险性以上事故。四川省政府和交通部共同以涪陵市为试点，并逐步在全省推广，建立、健全各级政府的交通安全管理责任制，以责任书形式将乡镇船舶管理责任落实到县、乡政府，取得显著效果。今年第一季度，水上交通事故死亡人数比去年同期减少了82.2%。青岛远洋公司450天无大小事故，获得国家经委授予的"设备管理优秀单位奖"。北京、天津等一些大中城市的公安交通管理机关，在市政府的领导下，经过艰苦努力，使道路交通事故死亡人数连续两年下降。北京市1987年死亡人数比1986年减少128人，市交通部门受到市政府和公安部的嘉奖。黑龙江省甘南县运输公司客运站，平均每天发送旅客3000人(次)，建站33年来，从未发生旅客死亡事故，安全运行3341万车公里，被交通部和省政府授予"交通安全先进集体"称号。民航系统30个飞行大队中，安全飞行10年以上的有16个，涌现出356名连续安全飞行1万小时以上的飞行员。第一飞行总队担负着繁重的国际航线、国内干线和专机飞行任务，曾在世界100多个国家和地区机场起降，已连续32年保证了飞行安全。

但是，必须清醒地看到，当前交通运输安全的状况是不好的。今年以来，连续发生多起重大恶性事故，是新中国成立以来我国交通运输史上从未有过的。据不完全统计，1987年铁路共发生路内重大事故39件。今年以来发生路内重大事故17件。1987年全国共发生大小道路交通事故约20万起。今年第一季度发生事故5万多起。1987年全国共发生水上交通事故4000多起。总的来看，我国因交通运输事故死亡的人数和万车死亡率，都是很高的。分析交通运输安全状况，关键不在于事故的总数多少，也不在于事故率百分比的升降，重要的是要看重大恶性事故的多少及其原因，必须坚决杜绝这类事故的再次发生。令人担忧的是，当前还存在相当严重的隐患，如不迅速采取有效措施，加以排除，更为严重的事故还会继续发生。

交通运输安全状况是人员素质、管理水平、设备能力和社会环境状况等多种因素的综合反映。当前交通运输安全不好的原因也是多方面的。有主观原因，也存在客观原因。从我们的工作上来看主要是：

1. 领导不力，管理不严，责任制不落实。

"安全第一，预防为主"的方针，在相当一部分领导干部和职工中还没有牢固树立起来。出了事故讲安全，不出事故忘安全，存在短期行为和侥幸心理。有"三重三轻"的倾向：一是重生产轻安全，或者说重效益轻安全；二是重经营轻管理；三是重经济手段轻思想教育和组织处理。这个倾向反映出放开搞活的新形势下，我们某些单位及某些领导干部放松了安全工作，对国家和人民缺乏高度的责任感。领导不力、管理不严突出表现在，领导贯彻规章不严，执行纪律不严，处理违章事故不力，好人主义严重，不敢抓，不敢管。作风不扎实，说得多，做得少，措施订得多，落实抓得少，安全检查流于形式，对查出的事故隐患视而不见，久拖不决，或者强调客观原因，上推下卸，大事化小，小事化了。有的关心职工生活不够，出售乘务员的休息卧席，直接影响他们的休息。有的为了发奖金，"上下一条心，一起瞒事故"，把个人利益、局部利益放到了国家利益和整体利益之上。有的领导干部在住房、奖金、招工、人事等方面搞不正之风，致使干群关系紧张，职工队伍思想波动。职工之间互相斗殴、打骂旅客的现象屡有发生。有的利益手中掌握运输工具的权力，以各种劳动服务公司的名义，用车皮、车辆进行垄断经营、非法经商、刁难用户，谋取小单位和个人私利。这种情况决不是个别的，带有一定的普遍性，在社会上造成了极其恶劣的影响。有的干部甚至执法犯法。最近发生了保定地区交通局长周志远及其儿子(公安交通民警),在京石公路绑架执行任务的女收款员的案件,引起了社会各界的愤慨。另外,个体、联户车辆和乡镇船舶大量增加,失管失控,交通法规不完善,安全监督监察机构不健全,力量薄弱,缺乏应有的权威性,机构改革时往往被作为精简对象。必须看到,以上领导不力、管理不严的种种表现,问题出在下面,但是,我们交通主管部门,铁道部、交通部、民航局、公安部等都有不可推卸的领导责任。加强领导,整顿作风,严格管理,首先应该从主管部门的部长、局长们自身做起。只有严于律己,才能严格要求下面,起到领导和表率作用。

2. 劳动纪律松弛,违章违纪严重。

据统计,1987年到1988年4月份,铁路发生的68件行车重大事故和大事故中,由于违章违纪造成的有29件,占42.6%。今年第一季度,在道路车祸死亡人数中,由于驾驶人员责任心不强,违章操作造成事故死亡的人数,占死亡总数的82.5%。在水上交通责任事故中,因违章违纪发生的占90%以上。铁路今年一季度连续发生四起重大恶性事故,都是由于管理不严、纪律松弛造成的。3月24日,上海局311次旅客列车司机违反行车规定,冒进出站信号,进入区间与208次旅客列车正面相撞,造成28名中外旅客死亡,中断行车23小时,在国内外造成极为恶劣的影响。没过几天,4月14日,又发生了北京局4982次单机,因司机值乘中打盹睡觉,将机车自动停车装置保险拔掉,致使机车冒进进站信号,与077次货物列车正面相撞。河南省卢氏县一名个体户,由于层层管理不严,在没有准运证,无驾驶执照,严重超负荷的情况下,驾驶一辆已经淘汰的大客车,刹车失灵,翻入深沟,酿成惨祸,死亡42人,伤28人。1987年1月25日,浙江省椒江市一个体渡船,载客定员50人,实载119人,因严重超载沉没,死亡97人。1986年12月3日,"漫海"号与"绵竹海"号两艘万吨海轮,在视线良好、开阔的海面上,两船驾驶员严重玩忽职守,违反规定,用无线电话聊天,疏忽瞭望,直到碰撞前一分钟才放下电话,采取避让措施,为时已晚,两船相撞,造成直接经济损失680万元。以上这些骇人听闻的事例充分说明,劳动纪律松弛,违章违纪行为是造成交通事故最主要的原因,是危及交通运输安全的大隐患。

3. 设备管理维修跟不上。

目前设备失修欠账较多。重要原因之一是不少单位设备的管理、使用、养护、维修制度执行得不严格,维修无记录,原始技术数据资料不完整,检验责任制不落实,设备维修费用被挤占。今年1月18日,中国西南航空公司伊尔十八222号飞机在重庆失事,机上旅客98人,机组人员10人,全部遇难。就是由于飞机发动机内起动发电机维修、管理不当,发生故障,导致发动机起火引起的。调查证明,西南航空公司航修厂在起动发电机的检修方面,技术文件不全,工作卡(单)填写不认真,缺乏必要的检测手段和质量保证系统。1987年8月23日,因钢轨疲劳损伤没有及时更换,造成1818次货物列车在天兰线的十里山二号隧道内脱轨,油罐车起火,死亡2人,损坏货车27辆,中断行车201小时。

4. 培训抓得不够,职工技术业务水平下降。

70年代招收的工人,由于"文革"的影响,文化水平低;前几年,由于退休顶替,人员大出大进,新工人未受正规培训,就陆续到关键岗位上独立作业;先后购置了一批先进的交通运输工具和新技术,一些老工人、技术人员知识老化,适应不了新的要求;加上几年来提拔了一大批新干部进入各级领导岗位,缺乏安全管理工作的专门培训。这些情况使得职工队伍技术业务水平明显下降。相当一部分干部和职工对规章制度不熟悉,操作水平低,应变能力差。据统计,在交通运输企业工人中,初中以下文化水平的占60%左右。1987年6月10日,郑州铁路局1726次货物列车,由于司机不懂列车分割运行时信号灭灯应停车再开的规定,连续闯过两架灭灯的信号机,与停车等待进站的1724次货物列车追尾相撞,造成大事故。1987年6月15日,沈阳铁路局赤峰工务段养路工长盲目抬高股道,致使1370次货物列车脱轨颠覆,造成重大事故,中断行车28小时。

5. 与地方联合抓好社会交通治安秩序不够。

近年来,反映在交通运输方面的刑事犯罪活动突出,偷盗运输物资、交通信号标志、铁路器材、航标灯具、通信导线等现象非常严重,有的地方十分猖獗,有的甚至内外勾结。据12个铁路公安局统计,1987年全路发生重大、特大盗货案件919起,比1986年上升93.9%。从破获的893起案件来看,其中内外勾结的有106起。旅客携带易燃、易爆、危险品情况越来越多。还有的在运输线路上打谷晒场、摆摊设点、设置障碍,在铁路路基边坡上种菜、种粮,危及行车安全。1987年至今年4月份,因社会治安秩序原因,造成铁路行车重大和大事故的占10.3%。

客观原因主要是运输能力不足,长期超负荷运行,大修、维修的时间往往被挤占;铁路、公路、航道建设欠账太多,与车船增长速度不协调;大量道路、桥梁严重失修,繁忙铁路干线的钢轨伤情急剧恶化;相当多的运输工具和设备落后陈旧,超期使用情况严重;新建和技术改造项目中安全设施不配套;公路、水路交通管理力量严重不足,大量路面、水域失管失控;交通运输运价低,成本高,积累少,投入少,交通运输总需要与基础设施不相适应的矛盾十分突出。

总起来看,客观原因对于安全不好确有影响,也是我们要进一步努力解决好的工作内容。但是,应当看到,再好再新的设备,管理不好照样会出事故。相反,虽然设备落后一些,狠抓严格管理,加强维护工作,使设备处于良好的状态,就有可能避免重大事故的发生。今年发生的多起重大恶性事故都是责任事故,也就是说都是由于主观原因造成的。这充分说明,对待当前交通运输重大事故原因的分析,要求我们着重眼睛向内,主要从安全思想,经营作风,内部管理,工作纪律松弛,执行规章制度不严,设备维修跟不上等方面来认识。

三、扭转安全运输被动局面应该抓好的几项工作

七届人大会议期间,李鹏总理曾给铁路代表题词:"铁路一定要把安全运输放在第一位。"这也是对整个交通运输战线全体干部、职工的殷切希望和要求。我们要在实际工作中,认真贯彻落实这一重要指示。

要扭转当前安全运输不好的状况,必须进行综合治理。我们的奋斗目标是:紧急动员起来,加强领导,深化改革,狠抓基础,以对国家和人民高度负责的精神,认真贯彻"安全第一,预防为主"的方针,建立科学的管理体系,完善必要的技术设备和监控手段,建设一支思想好、作风硬、基本功扎实、纪律严明的交通运输职工队伍,坚决杜绝重大恶性事故,最大限度地减少一般事故,安全、优质、高效地为社会主义现代化建设服务。

实现上述奋斗目标,要坚持"科学分析、综合治理、基础入手、远近结合"的原则。当前应眼睛向内,严字当头,着重抓好以下几方面的工作。

1. 提高认识,严格作风,加强管理。

各级领导一定要提高对交通运输安全的重要性和紧迫性的认识,一定要把安全放在第一位。不仅要教育交通运输战线广大干部和职工牢固树立安全第一的思想和预防为主的方针,而且要在全社会大造舆论,大张旗鼓地开展交通运输安全的宣传教育。各宣传部门要运用各种宣传手段,宣传和总结在改革开放中搞好交通运输安全的新鲜经验,大力表彰对交通安全工作作出贡献的先进单位和人物,毫不留情地揭露和批评交通安全工作中的问题和矛盾,动员全社会都来重视、维护、监督交通运输安全工作。抓交通运输安全要实行领导负责制,各单位主要负责同志对安全要负第一位的责任,要有一名负责同志专门管理安全工作,并建立安全管理网。

要转变领导作风,坚持严格管理,执行铁的纪律。周总理生前提倡的"严肃、认真、周到、细致"的工作作风,在新形势下我们应当坚持和发扬。领导干部要树立对国家对人民高度负责的精神,反对官僚主义、小团体主义和好人主义。要深入调查研究,采取有力措施,狠抓落实工作。严格管理首先要从领导干部严起,领导干部要严于律己,做到敢抓敢管,不护短,不迁就,不准隐瞒和迟报事故。对违章操作、有章不循而造成事故的要坚决处理,要坚决纠正各种不正之风,反对以权谋私和各种腐败现象。要坚决克服和制止利用手中掌握运输工具的权力,搞垄断经营、非法经商、刁难用户,谋取本单位和个人私利的恶劣行为。要坚决整顿和克服劳动纪律松弛、违章违纪、服务质量不好、粗暴对待旅客等不良作风。严格管理就是要有严格的要求、严明的纪律、严密的组织和赏罚分明。通过严格管理,使广大职工养成遵章守纪的自觉性,真正保证铁的纪律得以执行。各项规章制度都是多年实践经验的总结,特别是有关安全的规章制度更是用血的教训换来的,广大职工应当自觉地、严格地、一丝不苟地执行。只有上下共同努力,才能实现运输安全、人身安全。

要正确处理安全与生产、安全与效益、安全与效率的关系,坚决做到在运输生产中,生产与安全发生矛盾时,必须服从安全。要在保证安全的前提下挖潜扩能,发展生产。要明确规定,今后在新建和更新改造项目中,要有相应的安全设施专项投资,必须实行安全设施与主体工程同时设计、同时施工、同时验收的原则。对不符合安全要求的,不准投资,不准施工,不准投入使用,以切实保证安全不留后患。

各单位要把设备和线路的养护维修放在重要位置。要严格执行有关的使用、维护和检修制度。物资部门要保证供应设备维修所需的原材料和配件。不准扣减计划内的维修费,不准挤占维修材料,不准抽调定编的维修力量,确保按质、按量、按时完成修理任务,使运输设备和线路始终处于良好状态。

总之,加强管理,保证安全,最关键和最核心的问题是要突出一个"严"字。认识再高,规章制度再完整,办法再好,如果不严,都实现不了,统统成为空话,结果什么也搞不成。

2. 深化改革,强化法制,加强安全监督监察工作。

一是要进一步完善承包经营责任制。交通运输部门实行承包经营责任制取得了明显的成果。铁路实行大包干以后,改变了财政上吃国家"大锅饭"的局面,自我改造、自我发展的能力明显增强,客货运输创造了历史最好水平,机车车辆工业、基本建设和技术改造的步伐加快。但是,还需要不断深化和完善。特别要进一步完善保障安全的措施,要坚决克服重效益轻安全的短期行为,要把安全指标作为重要内容列入承包经营责任制之中。凡是没有列入的,要立即列入,不完善的要尽快加以完善,实践证明行之有

效的要恢复,不符合安全要求的要取消。二是要认真贯彻《企业法》,实行行政领导负责制,任期目标责任制中要有安全指标。企业党组织要做好职工的思想政治工作,保证运输安会,工会、共青团等群众团体要密切配合。三是要把安全措施纳入企业内部经济责任制,按级负责。加强班组安全管理,层层落实到每个岗位和职工。要奖惩分明,把安全指标与企业和职工个人经济利益挂起钩来。要明确规定,在生产与安全发生矛盾、企业升级、干部考核任免、职工晋级、评选先进单位、个人和发放奖金时,安全指标具有否决权。四是要加强立法,强化管理和监督监察工作。要逐步建立完备的安全法规体系,完备的安全监督监察系统,完备的安全技术标准。国务院准备尽快研究和颁布有关的劳动安全法规,有关部门要抓紧制定“航空法”、“特别重大事故调查处理程序暂行条例”、“道路交通事故处理规定”、“个体运输安全管理规定”和“机动车管理办法”。有了法就要严格执法,做到有法必依,执法必严,违法必究。对危害交通运输安全造成重大事故和破坏交通运输设施的犯罪行为要依法给以惩治和打击。安全管理人员依法执行公务,任何人不得干预,对执法犯法的人员要从严处理。各地区、各部门要选派熟悉业务、善于联系群众、敢于坚持原则的人员充实安全监督监察机构。一方面要赋予它们必要的职权,加强依法管理和监督;另一方面安全监察部门要公正、权威地履行职责,把主要精力放在预防事故的工作上,见微知著,防微杜渐。各地区、各部门以及各级领导都要大力支持安全监察工作。从目前的实际情况出发,要充分发挥全国安全生产委员会在交通运输安全方面的综合协调和指导作用,由该委员会重点负责组织交通运输安全的综合法规、政策的研究制定,安全状况的评估和在国务院授权下组织专家对重大交通运输事故进行调查,制定措施,防止类似事故的发生。从改革管理体制和明确业务分工入手,抓紧解决港航监督、船舶检验政出多门的问题。拖拉机上路,也要按照民用汽车管理办法进行管理。

3. 加强思想教育工作,全面提高队伍素质。

各单位要根据新时期思想工作的新特点,结合自己的实际,采用生动活泼、群众喜闻乐见的形式,教育广大职工加强主人翁责任感和职业道德,发扬艰苦奋斗的精神,顾全国家大局,克服和防止“一切向钱看”和互相攀比的思想,以对人民高度负责的精神,自觉遵章守纪,做好本职工作。要狠抓培训,特别要重视对生产第一线的班组长和操作人员的培训,提高广大职工的技术业务素质。首先把住招工关,招工时对不同工种要有相应的文化知识要求,并经过严格考核。关键岗位,要培训合格后再上岗。上岗后,根据情况变化、业务发展,对职工实行定期轮训考核。平时要大练基本功,通过签订师徒合同、开展技术表演赛等方式,不断提高职工的技术业务水平。要改善培训条件,办好技工学校和职工学校。对领导干部特别是新担任领导职务的同志,要加强安全管理方面的专门培训。有条件的大专院校要开设安全教育课程,使学生在校时就受到系统的安全知识教育,增强安全意识。通过各种形式的培训,努力实现干部职工思想、文化、技术业务素质和职业道德的全面提高。

各级领导要关心交通战线广大职工和交通民警生活,主要依靠自己的力量,努力解决他们的实际困难。要抓紧解决边远地区职工的吃水、供电、子女上学就业、医疗卫生等问题,做好职工家属工作,特别是海员家属的工作。对重点工种主要职务工人要适当增加收入。要为运输第一线职工的休息创造必要的条件,特别要保证司机的充分休息,解决他们操劳过度的问题。

4. 依靠技术进步,优化运输结构,调整某些具体经济政策。

要加强交通运输安全方面的科学技术研究和新技术的运用,加大安全系数。对于已经研制成功有利安全运输的控制、检测、事故预防和处理的装置和设备,要加速安装,完善配套,并管好、用好、维修好。对于安全上有要求、尚未解决的课题,要加快攻关速度,力争早出成果。有的要列入国家重点攻关项目。有关部门和地区要认真落实这方面的科研经费。要积极引进、消化国际先进的管理方法、手段,提高安全管理水平。

要优化运输结构,建立合理的综合运输体系。充分利用水路、公路的运输能力,充分发挥各种运输工具的作用,节约运输力。要用经济和行政手段,促使铁路与水路、铁路与公路的合理分流,能走水路的尽量走水路,宜走公路的由公路负担,缓解铁路严重超负荷状况。由国家计委牵头,组织铁道、交通、民航、公安及其他有关经济综合部门,尽快提出具体方案。

加强交通运输安全,当前主要应从强化管理入手。同时也应看到,要从根本上改变交通运输安全不好的状况,增加投入,扩大能力,更新设备,增添安全设施和现代管理手段,同样是不可忽视和十分必要的。各地区、各部门首先要依靠自己的力量,采取积极措施,增加投入,进行补欠。

根据国家目前条件,国务院拟采取以下措施:

(1)适当调整部分运价。长期以来,运价偏低,加上能源、原材料涨价,成本上升,交通运输部门缺乏自我积累、自我发展能力。当然,调整运价是一件涉及面广,影响大的工作,要在物价改革中全盘考虑,并且有领导有计划地进行。调价增收的运费,除按规定缴纳税费外,原则上留给交通运输部门。主要用于技术改造、购置设备、增添保障交通安全的技术装备，扩大运输能力，以逐步缓解超负荷运输状况。

(2)鉴于铁路事故隐患较多，许多线路、机车、车辆急需更新大修，同意将铁路大修折旧率适当提高。新增大修基金重点用于加强线路、桥隧、机车、车辆、通信、信号等主要运输设备的大修和路基、桥隧的病害整治。不允许将大修基金挪用于基本建设。铁道部要制定出扭转运输设备失修的规划，有计划有步骤地予以实施。

(3)民航局关于技修、航行管制、通信导航等技术骨干跨省调动不受户口限制的问题，请劳动部商有关部提出建议并报批。

(4)根据经济发展和交通流量的实际需要，在主要公路干线的乡镇，设置交通管理机构，相应增加人员编制，是必要的，但经费要由地方解决。具体事宜由公安部与人事部、财政部等部门协商办理。

(5)对于用于保障交通运输安全的贷款，请银行优先安排。

5. 全面开展安全检查整顿工作。

为了深入查清交通运输的事故隐患，必须采取相应的有效措施。会后，在加强教育、提高认识的基础上，根据这次会议的精神，立即开展一次安全检查整顿，抓好四查：查思想，查管理，查纪律，查隐患。查出问题后，凡是能够解决的要立即解决，不能马上解决的，也要采取临时措施加以补救，并订出措施，限期解决。对不符合安全要求的规定要及时修订，对过去隐瞒的和久拖不决的事故要依照现行有关规章制度抓紧处理。检查整顿要层层进行，落实到每个部门、每个单位、每个岗位、每个职工。这次安全检查整顿切记一定不要走过场，不可搞形式主义，要重在落实，注重实效。要充分相信和依靠各单位的领导和广大职工。检查整顿之后，要使这些工作形成制度，把安全检查列入日常生产管理工作的议程。

6. 对地方政府的几点要求。

搞好交通运输安全涉及方方面面，不是哪一个地区，哪一个部门的事情，也不是靠哪一个地区，哪一个部门单独能够完成的。有关部门之间，地区和部门之间，部门、地方和军队之间，必须互相支持，密切配合。保证交通运输安全，地方政府也负有重要的责任，也应当建立安全责任制。当前，各级地方政府除了要认真贯彻落实上面所说的5个方面工作之外，还应抓好以下工作：(1)做好交通治安工作，对哄抢运输物资、盗窃交通安全器材、破坏交通安全等刑事犯罪活动要坚决依法予以打击。(2)认真组织工商、供销、商业、公安等有关部门，对铁路沿线废品收购站(点)和翻砂冶炼企业进行认真的检查，发现非法收购铁路器材的废品收购站(点)，要坚决取缔；以收购铁路器材为原料的企业，要令其停产或转产。(3)地方公安机关和交通运输公安机关，要继续抓紧收缴散失在个人手中的爆炸物品，严禁非法买卖，严禁携带易燃品、爆炸品、危险品乘车、乘船、乘机。对明令禁止生产拉炮、摔炮、发令纸但仍生产和经销的个体、集体企业，要坚决取缔，产品要就地销毁，并追究有关人员责任。对未经批准，非法生产烟花爆竹的，也应予以取缔。(4)重要铁路区段，要由军队、地方和铁路建立护路制度，整顿铁路沿线治安。要加强对铁路道口的管理。(5)对农村个体、集体车船要由乡镇政府管起来，尽快扭转失管失控的状况。(6)加强对本地区道路交通安全工作的领导，统筹协调各部门工作，层层落实道路交通安全责任制，把交通安全管理推向全社会。(7)要根据国务院文件和《中华人民共和国道路交通管理条例》的规定，对非法设立的公路检查站要坚决撤销。(8)按照国发〔1987〕98号文件要求，对在水上收费单位和名目进行清理，凡滥收费、滥罚款的要求予以取缔。(9)继续认真贯彻国务院关于加强民航安全工作的紧急通知，协同有关部门，维护好机场秩序。在城市规划和建设中，要严格执行保护机场净空条件的有关规定。

同志们，交通运输安全是关系国计民生的一件大事，各地区、各部门一定要十分重视。这次会议，对于搞好交通运输安全的目标和措施都提出了明确的要求，希望大家振奋精神，变压力为动力，动员和依靠广大群众，结合自己的实际情况，坚持一个“严”字，认真加以贯彻落实。我们相信，在党中央、国务院正确方针的指引下，经过全国人民特别是交通运输战线上广大干部、职工的努力，当前交通运输安全状况不好的局面一定能够扭转，交通运输事业和交通运输安全一定能够达到一个新的更高的水平。

全国物资体制改革工作会议在北京开幕

物资部部长柳随年在会上说，今年头4个月，原物资局系统物资销售总额达673亿元，比去年同期增长44.6%，从市场采购物资382亿元，增长73%，较好地保证了工业生产的持续增长。

柳随年说，物资体制改革的方向是，在加强重要物资宏观平衡基础上，有步骤地缩小指令性计划，扩大指导性计划和市场调节，积极促进短线物资的生产，主要运用经济手段调节物资供求关系，依托大中城市，逐步建立起有领导、有组织的生产资料市场，保证国家重点需要，促进有计划商品经济的发展。其中要把握住搞好重要物资的综合管理和发展生产资料市场这两个重点。

在谈到今年下半年的物资工作时，柳随年说，各地区、各部门在物资计划分配和供应上要优先保证重点生产建设需要，要尽快落实进口，努力增产短线物资。同时要挖掘库存潜力，限制不合理的消费。

柳随年还强调，物资部门要坚决反对以权谋私、以权卡人、行贿受贿等腐败现象。

国家主席杨尚昆根据全国人大常委会的决定任免驻外大使

一、任命杨振亚为中华人民共和国驻日本国特命全权大使；

免去章曙的中华人民共和国驻日本国特命全权大使职务。

二、任命王建邦为中华人民共和国驻布隆迪共和国特命全权大使；

免去申连瑞的中华人民共和国驻布隆迪共和国特命全权大使职务。

三、任命陈德和为中华人民共和国驻委内瑞拉共和国特命全权大使。

四、免去郑耀文的中华人民共和国驻津巴布韦共和国特命全权大使职务。

五、免去原焘的中华人民共和国驻玻利维亚共和国特命全权大使职务。

外交部副部长朱启祯在北京会见美国总统和国务卿军备控制问题特别顾问爱德华·罗尼

外交部副部长田曾佩在北京会见苏联外交部副部长罗高寿

云南边防民兵严惩入侵越军

据《人民日报》报道，近几天，云南边防护寨护耕民兵英勇机智，三战连捷，毙伤敌10余名，自己无一伤亡，严惩了入侵越军特工队。

6月4日至7日，我边防民兵接连打了3个漂亮仗。6月4日，4名越军特工人员潜入河口县桥头区碉堡寨。我巡逻民兵发现敌踪后，勇敢追歼，4名敌人死的死，伤的伤。

6日19时，一股越军侵入我金平县隔界村附近，向正在田头劳动的群众逼过来。我方11名民兵立即操枪开火狙击，掩护群众疏散转移。村里的民兵也迅速支援，经过激烈的战斗，越军死、伤4名，其余乘夜色降临之机，狼狈逃窜。我方民兵缴获了越军冲锋枪、子弹、匕首、地图和几顶军帽等一批物资。

7日15时左右，5名越军再次潜入该地，企图实施偷袭，结果遭到百倍警惕的边防民兵的迎头痛击。战斗中，隔界村民兵又取得了毙敌1名、伤敌3名的胜利。

陕西临潼发现战国时代竖穴砖室墓葬

据《人民日报》报道，最近，陕西省考古文物工作者在临潼发现一座战国时代竖穴砖室墓葬，出土了一批印有文字的战国青砖以及陶器和漆器，不仅为研究春秋战国的历史提供了新的实物资料，而且把我国用实心砖砌墓、错缝筑墙的历史推前两个世纪。

这是迄今发现的我国最早的实心砖砌墓葬；同时，墓砖上发现大量的印文和符号，这也是空前的，有着较高研究价值。

中国羽毛球队分别获得世界羽毛球尤伯杯和汤姆斯杯

女队实现了尤伯杯三连冠。

国家环保局在北京举行六·五世界环境日纪念大会

国务委员、国家环保委员会主任宋健在会上强调说，“中国人民的环保意识有待增强，执法和监督机构有待强化”。

宋健指出，近几十年来，全人类都面临着人口、发展和环境这三大问题的挑战。在我国，党的十一届三中全会以来，党中央和国务院对这些问题一直给予高度的重视，全国人民代表大会制定了环境保护法、水法、海洋法、大气法、森林法、矿产法等一系列法律，国务院还制定了一些法规和制度以保障在合理利用资源的同时，能够保护自然资源和环境不受破坏，使社会和经济得以持久稳定发展。但是，应该看到，在环境保护方面我们面临的任务还相当重，已经颁布了的法律，由于监督机构和执法机构不健全，尚未得到全面的贯彻，因而执法和监督机构还有待强化。

今年国务院决定把国家环保局独立出来，列为国务院直属机构，正是体现了这一意图，这表明了党中央、国务院对环保战线的巨大期望。他希望从事环保工作的同志要和科学界、法学界密切结合，进一步提高全民的环保意识，共同奋斗，解决中国在发展过程中保护环境不被破坏这个重大战略问题。

联合国亚太经济和社会委员会环境协调处处长贾拉尔到会并讲了话。

李夫克逝世

人民解放军优秀的指挥员和军事教育家李夫克同志，于6月4日病逝，享年73岁。

李夫克同志是从基层成长起来的我军优秀指挥员，有丰富的实战经验和组织指挥才能。长征路上，参加了著名的遵义战役，参加了瓦窑堡等著名战斗。在抗日战争时期，率部参加了震惊中外的百团大战，并协助贺龙同志参与指挥了晋中、绥远等战。解放战争时期，在彭德怀同志的领导下，历经大战，为解放西北、建设兰州作出了贡献。新中国成立后，在西南军区协助贺龙、邓小平同志为恢复和发展西南地区的生产和部队建设作出了贡献。

李夫克同志是我军杰出的军事理论工作者。著有《毛泽东军事思想与军事辩证法》一书。临终前，还在主持编写毛泽东同志胜利指挥四渡赤水、南渡乌江和巧渡金沙江的“得意之笔”。

6月5日

国务院总理李鹏签署第2号令公布《全民所有制小型工业企业租赁经营暂行条例》

《全民所有制小型工业企业租赁经营暂行条例》已经1988年5月18日国务院第5次常务会议通过，现予发布，自1988年7月1日起施行。

总 理 李 鹏

1988年6月5日

全民所有制小型工业企业租赁经营暂行条例

第一章 总 则

第一条 为完善企业租赁经营，增强企业活力，提高经济效益，制定本条例。

第二条 本条例适用于全民所有制小型工业企业(以下简称企业)。

企业划分标准按照国家有关规定确定。

第三条 本条例所称租赁经营，是指在不改变企业的全民所有制性质的条件下，实行所有权与经营权的分离，国家授权单位为出租方将企业有期限地交给承租方经营，承租方向出租方交付租金并依照合同规定对企业实行自主经营的方式。

第四条 实行租赁经营必须兼顾国家、企业、职工和承租方的利益。

第五条 出租方和承租方必须执行国家的方针政策、法律法规，接受人民政府有关部门的监督。

第二章 出租方与承租方

第六条 国家授权企业所在地方人民政府委托的部门为出租方，代表国家行使企业的出租权。

第七条 按照本条例规定承租经营企业的为承租方。

承租方可以采取下列形式承租经营企业：

(一)一个人承租经营企业(以下简称个人承租)；

(二)2至5人合伙承租经营企业(以下简称合伙承租)；

(三)本企业全体职工承租经营企业(以下简称全员承租)；

(四)一个企业承租经营另一个企业(以下简称企业承租)；

(五)国家允许的其他租赁经营形式。

第八条 租赁期限每届为3至5年。承租方不得将企业转租。

第九条 承租经营者是指承租经营企业的个人，或者合伙承租、全员承租确定的厂长，或者承租企业派出的厂长。承租经营者是企业租赁期间的法定代表人，行使厂长职权，对企业全面负责。

第十条 承租经营者必须具备国家规定的厂长条件。

第十一条 承租方必须提供下列担保：

(一)个人承租的，必须出具与租赁企业资产成一定比例的个人财产(其中应当有一定比例的现金)作为担保，现金必须专款存入银行，并有不少于两名有相应财产可资担保的保证人；

(二)合伙承租、全员承租的承租成员必须出具与租赁企业资产成一定比例的个人财产(其中应当有一定比例的现金)作为担保，现金必须专款存入银行；

(三)企业承租的，必须出具与租赁企业资产成一定比例的留用资金作为担保，并存入银行。存入银行后，除征得出租方同意可作为流动资金参加周转外，不得挪作他用。

前款各项担保财产与租赁企业的资产的具体比例，由出租方所在地方人民政府根据具体情况确定。

第三章 租赁招标

第十二条 出租方在企业出租前必须会同有关部门对企业进行清产核资、清理债权债务、评估资产(包括有形资产和无形资产)，根据行业和本企业资金利润率确定标底。

第十三条 出租方选择承租方的步骤：

(一)公布招标通告，进行招标登记，对招标登记者进行资格审查，确定投标者；

(二)组织投标者进厂考察，由投标者编制投标书，提出治厂方案；

(三)组织投标者公开答辩，对投标者进行综合考评，征求职工代表大会(职工大会)的意见，确定中标者。

第十四条 企业、事业单位的干部或者职工按照国家有关规定参加租赁企业投标的，其所在单位应当允许，并支持中标者到租赁企业任职。

第十五条 出租方选定承租方后，出租方与承租方必须订立租赁经营合同，按照国家有关规定办理法人变更登记手续。

第十六条 租赁期满，出租方同意承租方继续承租的，必须重新订立合同并按照国家有关规定办理法人变更登记手续。

租赁期满前6个月，出租方和承租方应当互相明确是否继续租赁关系。

第四章 租赁经营合同

第十七条 租赁经营合同应当采用书面形式。订立租赁经营合同的双方必须坚持自愿、平等、协商的原则。

租赁经营合同依照本条例订立，即具有法律约束力。

第十八条 租赁经营合同应当具备下列条款：

(一)标的；

(二)租赁经营合同的生效条件和有效期限；

(三)租赁期内经营总目标及年度经营目标；

(四)租金数额、交付期限及计算办法；

(五)承租方的收益及企业各项基金的分配比例；

(六)企业租赁前债权债务及遗留亏损的处理；

(七)租赁双方的权利和义务；

(八)担保的形式和要求；

(九)合同的变更、解除及合同纠纷处理办法；

(十)违约责任；

(十一)租赁期满后资产返还和验收；

(十二)租赁双方约定的其他条款。

第十九条 未经协商同意，任何一方不得擅自变更、解除租赁经营合同。

第二十条 有下列情况之一，使租赁经营合同无法履行时，允许变更或者解除合同：

(一)由于不可抗力，或者由于一方当事人虽无过失但无法防止的外因；

(二)由于承租方经营管理不善达不到合同规定的年度经营目标；

(三)由于一方违约；

(四)由于合同规定的其他变更或者解除合同的条件出现。

第二十一条 租赁经营合同一方要求变更或者解除合同时，应当及时以书面形式通知对方，双方未达成书面协议以前，原合同仍然有效。

租赁经营合同一方接到另一方要求变更或者解除合同的书面通知后，应当自收到书面通知之日起15日内作出书面答复，逾期未作出答复的，即视为默认。

第二十二条 租赁经营合同双方发生纠纷，应当协商解决。协商不成的，可以根据合同规定向工商行政管理机关申请调解或者仲裁。租赁经营合同任何一方对仲裁机关的仲裁决定不服的，可以在接到仲裁决定书之日起10日内向上一级仲裁机关申请复议。上一级仲裁机关作出的决定，即为终局裁决。逾期未申请复议，发生法律效力的仲裁决定，即为终局裁决。

租赁经营合同任何一方可以根据租赁经营合同规定直接向人民法院起诉。

第五章 权利与义务

第二十三条 出租方的权利：

(一)监督承租方遵守国家方针政策、法律法规，完成国家下达的计划；

(二)监督租赁企业的财产不受损害；

(三)收取承租方按照合同规定交付的租金。

第二十四条 出租方的义务：

(一)按照合同规定保障承租方的经营自主权，依法维护企业租赁前享有的各项优惠待遇；

(二)为租赁企业的生产发展提供必要的服务；

(三)根据承租方的要求，会同有关部门协助租赁企业解决经营活动中的困难。

第二十五条 承租方的权利：

(一)享有国家规定的厂长权利；

(二)任免厂级行政副职，并报有关部门备案；

(三)决定企业脱产人员编制；

(四)根据市场需求，调整企业的经营方向，并按照国家有关规定办理变更登记手续。

第二十六条 承租方的义务：

(一)履行国家规定的厂长职责；

(二)执行价格政策，维护用户和消费者的利益；

(三)维护职工的合法权益；

(四)维护租赁经营企业资产，保证设备完好，办理企业财产保险；

(五)按期交付租金。

第二十七条 承租经营者作为承租方的代表享有和履行本条例第二十五条、第二十六条规定的权利和义务。

第六章 收益分配及债权债务处理

第二十八条 出租方可视企业技术改造任务情况，将承租方交付租金的全部或者一部交给企业，用于生产发展和技术改造，或者清偿企业租赁前的债务及遗留亏损。

第二十九条 租赁经营企业实现的利润依法纳税后，分为承租方的收入(含租金)、企业生产发展基金、职工集体福利基金、职工奖励基金四部分，按照合同规定的比例进行分配。

第三十条 租赁经营企业可以在规定的工资总额(包括奖励基金)范围内，自主确定企业内部分配的制度、形式和方法，并依法纳税。

第三十一条 企业租赁经营前的债权债务及遗留亏损的处理办法，按照租赁经营合同规定办理。

第七章 承租收入

第三十二条 自租赁经营合同生效之日起,停发承租经营者及合伙承租成员的工资、奖金,预支生活费。承租经营者及合伙承租成员的收入可以按照本条例第三十三条的规定分年度结算或者租赁期满一次结算。

承租经营者及合伙承租成员的原工资和租赁期间按照国家规定应当调整的工资,计入档案,作为承租期满后恢复工资的依据。

全员承租的承租成员的工资收入,企业承租的收入,由租赁双方协商确定。

第三十三条 承租经营者的收入,原则上不超过本企业职工平均工资(含奖金)的五倍。其他承租成员的收入应当低于承租经营者的收入。

承租方个人所得收入按月平均超过个人收入调节税起征标准的部分,应当照章纳税。

第三十四条 承租方按照租赁经营合同规定的比例取得的收入,在交付租金和实际支付给承租成员以后仍有余额的,应当作为企业的风险保证金留存。

第三十五条 租赁经营合同解除时,出租方应当会同有关部门对承租方经营成果进行审查。凡达到租赁经营合同规定的经营总目标并按照租赁经营合同规定交付租金的,出租方应当根据企业的经营情况,商得职工代表大会(职工大会)的同意,从企业的风险保证金中按照承租方担保现金数额的一至五倍支付给承租方。承租方在租赁期内达不到租赁经营合同规定的经营总目标或者欠交租金时,应当以企业的风险保证金、预支的生活费(或承租成员的年度收入)抵补;不足部分,由承租方、保证人提供的担保财产抵补。保证人以其保证财产抵补后,有权向承租方追偿。

第三十六条 个人承租的承租经营者对保证人的风险补偿,应当从个人收入中支付并订立书面协议。

第八章附则

第三十七条 租赁经营企业的劳动、财政管理办法,由国务院有关部门根据本条例制定。

第三十八条 集体所有制工业企业实行租赁经营的,可参照本条例执行。

第三十九条 各省、自治区、直辖市人民政府可以根据本条例制定实施细则。

第四十条 本条例自1988年7月1日起施行。

中国交通运输发展战略与政策研究学术交流及研讨会在北京开幕

会上,专家们提出建议:要加快发展我国的交通运输事业,关键在于转变观念,加强宏观调控。

专家们通过大量的调查、研究、统计证明:我国的交通运输业,无论在数量上还是在质量上都严重落后于国民经济和人民生活改善的需要,处于全面紧张状态。目前危机已经暴露,乘车难、运货难以成为普遍现象。最为突出的是,运输能力不足,运输结构不合理,基础设施薄弱,设备失修,事故严重。我国以铁路运输为主力,1987年与1950年相比,客货换算周转量增长19.3倍,而铁路营业里程只增加1.4倍,机车、客车、货车又分别增加2倍、3.6倍和5倍,导致运能与运量的矛盾非常突出。我国公路运输新中国成立后虽有较大发展,但现有98万公里通车里程,只相当于美国1926年的水平。我国内河航道和港口基本处于自然状态,多年来没有多少发展。民航机场少、等级低,干线飞机紧缺,导航设备和空中交通管理设施落后。

专家们分析我国交通运输严重落后的原因,认为最主要原因是对交通运输的战略地位和先行作用认识不足,因而在战略部署和宏观调控上出现一系列问题。

专家们分别从转变观念、筹集资金、调整运价、组织联运、发展水运、改进管理等10多个方面进行了论证。

参加会议的共有130多位各有关方面专家,准备进行5天研讨,然后将汇总意见提供给决策部门。

中顾委副主任薄一波在人民大会堂会见由国际商会仲裁院主席古德率领的国际商会代表团

中西文兼容多任务操作系统在北京推出

据《人民日报》报道,中国科学院计算所公司、中国科学院北京软件实验室和北方交通大学计算所合作开发出中西文兼容多任务操作系统CCOS/2。该系统可以解决目前国内普遍使用的单任务系统汉化操作系统,不能实现多任务并发处理,且信息存贮量有限的难题。

该系统可在国内大部分高档微机上使用,可同时运行13个任务,信息贮存容量较单任务系统扩大20多倍。CCOS/2具有处理6000多汉字的能力,可在同一打印文件中混合使用。

马永峰在1988年全国田径锦标赛上创男子铅球亚洲新纪录

国产人工骨研制与临床应用成功

由北京军区263医院、北京积水潭医院和原航空部621研究所联合研制生产"人工骨"——羟基磷灰石获得成功,现已通过技术鉴定和临床应用观察,结束了治疗骨缺损只能用人体骨或靠进口的历史,填补了国内一项空白。

太原钢铁厂职工李双良被联合国环境规划署评为“全球500佳”之一

在曼谷召开的“世界环境日”纪念活动会上,泰国皇后亲自给李双良授奖。

太钢有一座占地约两平方公里、高几十米的大渣山,既影响生产,又污染环境。1983年,临近退休的李双良提出治渣承包方案,他带领百余职工经过5年的奋战,终于将3/4的渣山搬掉了。共处理废渣1070万吨,回收废钢铁42万吨,拣回价值81万元的废旧物资,创产值5297万元,盈利1913万元。昔日被称为一大公害的渣场,现在已成为有花有亭、小而美丽的“钢渣公园”。

联合国环境规划署执行主任穆斯塔法·托尔巴专门致电李鹏总理,称赞李双良在保护和改善环境中作出了出色成绩。

1988年世界环境日中国大型演唱会在北京举行

6月6日

国家主席杨尚昆在人民大会堂会见波兰统一工人党中央政治局委员 波兰部长会议主席兹比格涅夫·梅斯内尔

杨主席说:“中波关系很好。两国之间没有任何利害冲突,不存在任何问题。反之,我们在建设社会主义和维护世界和平的伟大事业中有许多共同点和共同语言。”

杨主席强调,中波在许多领域可以加强合作,对改革的经验可以相互借鉴。

在介绍国内情况时,杨主席说,中国目前正面临改革的关键时刻,有些问题正在探索中。“我们相信,只要我们的方针是正确的,步骤是稳妥的,我们就可以解决改革中的困难和问题。我们的改革事业只能前进,不能后退;前进固然会遇到一些困难,但后退只会前功尽弃。”

杨主席说,波兰同志这几年来勇于改革,克服了许多困难,把改革不断引向深入。正是在这个意义上,我们特别欢迎波兰同志的来访。

梅斯内尔强调,波中对国际形势发展方向的看法基本是一致的。两国在各个领域中的合作是活跃的,富有成效的。他说,波兰对中国的改革经验高度重视。中国改革的经验有许多可供借鉴的地方。梅斯内尔还转达了波兰国务委员会主席雅鲁泽尔斯基同志对杨尚昆主席的问候,并对杨主席对波兰改革的积极评价表示感谢。

国务院总理李鹏在人民大会堂同波兰统一工人党中央政治局委员 波兰部长会议主席兹比格涅夫·梅斯内尔举行会谈

李鹏说,中国的改革已进入了关键时刻。当前改革的关键在于处理好物价和工资的关系。

他说,我们要积极稳妥地处理好这些问题,同时又要积极稳妥地推行政治体制的改革。我们还要通过一系列法规和法律,建立社会主义商品经济的新秩序。

会谈中,双方就当前国际形势广泛交换了意见。梅斯内尔认为,当前国际局势出现了一些积极的迹象。东西方关系有一定缓和,但仍然存在着不少危险紧张的因素。因此,世界各国必须为和平与合作继续努力。

李鹏指出,两国对国际形势的看法是一致或相似的。他说:“目前,国际形势既出现了值得欢迎的趋势,又包含着令人不安的因素。”但总的说来,国际形势正朝着有利于世界人民的方向发展。

宾主双方对两党、两国关系的全面发展表示满意。双方强调,两国都正在进行政治和经济方面的改革。交流改革的经验具有特别重要的意义。宾主还对今后两国在经济、贸易、科技、文化等各个领域里的友好合作进行广泛而具体的商谈,并深信两党、两国的友好合作关系将继续、持久、稳定、深入、全面地发展下去。

梅斯内尔还向李鹏通报了波兰国内情况。他说,波兰自1981年开始的经济体制改革和社会主义政治民主化的扩大都取得一定的成就。第二阶段的经济改革虽遇到一些困难,但波兰党和政府已采取相应的有效措施,增强经济活力和改善市场供应,推动改革继续前进。

全国政协七届常委会二次会议在北京开幕

会议听取了政协全国委员会副主席、香港特别行政区基本法起草委员会副主任委员胡绳关于《中华人民共和国香港特别行政区基本法(草案)征求意见稿》的说明;听取了全国政协秘书长周绍铮关于《政协全国委员会常务委员会工作规则(草案)》的说明;听取了全国政协副秘书长罗涵先关于《政协全国委员会专门委员会组织通则(草案)》和各专门委员会主任、副主任、委员人选(草案)的说明。

胡绳在说明中提到,香港特别行政区基本法草案征求意见稿体现了一国两制、高度自治的精神。周绍铮在说明中说,提出《工作规则(草案)》的目的,一是对政协章程的一些规定进一步具体化;二是对常委会的活动进一步经常化和规范化,从而使“政治协商、民主监督”这个政协的基本职能发挥得更好。罗涵先在说明中指出,七届全国政协设置的专门委员会,将作为大会闭会期间组织委员经常活动的工作机构,在实现“政治协商、民主监督”经常化和配合实施决策民主化、科学化的过程中发挥重要作用。《专门委员会组织通则》强调要按照精简原则设置办事机构。14个专门委员会成立以后，政协机关的机构将不增加，编制也不扩大，仅在内部做适当调整。除几个专门委员会设立专门办事机构外，大多数专门委员会将只设立联合办公室，办理专门委员会的日常事务。

会议由全国政协副主席王任重主持。出席会议的全国政协副主席还有：阎明复、谷牧、杨静仁、康克清、胡子昂、钱昌照、周培源、王光英、屈武、刘靖基、钱学森、孙晓村、程思远、钱正英、苏步青、司马义·艾买提。

中组部副部长赵宗鼐就党政领导干部交流的意义问题向《人民日报》记者发表谈话

赵宗鼐说，我们国家尚处在社会主义的初级阶段，各地的政治、经济发展不平衡，为干部提供的实践机会也有很大差异，在全国或一省一市一县范围内，党政领导干部实行适当交流，对于改善领导班子的群体结构、加强领导班子建设，有着明显的促进作用。他介绍说，有些领导班子知识结构、专业结构不合理，难以适应当地建设和改革的需要，通过适当交流，这个问题大多能够得到较好的解决。河北省通过适当交流，90%以上县、市、区的领导班子结构得到改善和加强。

赵宗鼐说，实行干部交流，可以打破干部长期固守一地的状态，为他们扩大视野，在更加广阔的范围内经受锻炼，增长才干，创造很好的条件。干部交流无论是横向的还是纵向的，都是一种双向的流动：既有从基层交流到领导机关，从一般岗位交流到比较重要的岗位的；也有从领导机关到基层、从比较重要的岗位到一般岗位的。属于前者的交流，一般易于为人们接受，而对后一种情况，有些同志则往往产生这样或那样的想法，有的甚至产生“组织上是不是不信任”之类的疑虑。应当使这些同志明白，一个干部只有经历不同层次以及同一层次不同岗位的实际磨炼，才能更好更快地成长。要引导我们的同志看得远一些，珍惜这样的机会，不辜负党和人民的希望。

他认为，干部长期在一地工作，容易产生一些复杂的人事关系，在一个地区工作一段时间后交流一下，换个环境，有利于干部摆脱许多复杂关系的羁绊，放开手脚干工作，充分施展才能，杜绝不正之风。有的同志担心，干部交流后，人生地疏，会影响工作。这种担心不能说毫无道理，然而更重要的一面，是干部新到一地，唯其不熟悉，担心稍有失误可能影响工作，往往会更加自觉地深入实际、了解情况，兢兢业业地努力工作，加之对人对事没有成见，思想上的框框较少，有利于及时发现和正确解决问题，可能使那里的工作做得更好。现在，许多地方正在改变单靠脑记手写，依赖“活字典”进行工作的状况，代之以科学的现代化的工作手段和档案制度，前任的同志可以胜任，换个新人同样可以做得很好。这是实施现代管理的必然趋势。保证工作的连续性，应当更多地寄希望于制度，而不能死守“熟人熟地”式的旧模式。

赵宗鼐说，干部交流，实质上也是工作经验的交流、科学文化的交流。这几年，不少经济、文化比较落后的地区，通过干部交流，面貌有了很大变化。就区域而言，干部交流也是双向的：既包括有计划地组织经济文化落后地区的干部到商品经济发达的地区任职锻炼，也包括经济文化发达地区的干部到经济文化落后的地区去任职，为振兴那里的经济文化贡献聪明才智。当前，尤其需要提倡和鼓励后一种交流。组织上要教育干部切实树立为党和人民的事业自觉地牺牲个人利益的观念，在实践中展现共产党人存在的价值，认识干部交流也是和平建设时期对党政领导干部的一种考验，经不起考验的，不是党和人民欢迎的领导者。同时，也要实事求是地帮助干部解决因为工作变动所带来的实际困难。

赵宗鼐指出，党政领导干部的交流近几年取得了初步成效，各地应在总结经验的基础上，不断完善交流制度，并在执行中加强计划性，注意工作的衔接和连续，保证干部交流工作正常进行。

目前，全国有9个省、直辖市和一些地区初步建立了党政领导干部交流制度。

据了解，自1982年机构改革以来，在中央的倡导下，河北、山西、山东、陕西、四川、贵州、北京等省、直辖市，以及广东、广西、江西、湖南、江苏、河南、黑龙江等省、自治区的部分地区，结合调整领导班子和任期换届，有计划、有步骤地对县、地两级领导干部实行了异地交流。山东等省和一些县、市党政主要领导已基本交流了一遍。前不久，中央对4个省的主要领导干部又进行了调整交流。

中共黑龙江省省委六届一次全体会议选举孙维本为省委书记

国务院发出通知要求各地采取有力措施防止抬价抢购蚕茧

国务院通知中指出：今年春茧收购已经开始，据了解，浙江、江苏、安徽、四川等蚕茧生产区的人民政府已采取一些制止抬价抢购的措施，但仍有一些地方、部门和单位采用种种不正当手段，到蚕茧产区擅自抬价抢购，如不及时制止，将有重演“蚕茧大战”的危险。通知要求，蚕茧收购由省、自治区、直辖市政府指定一个业务部门负责,实行统一经营,统一收购,其他任何部门、个人一律不得插手收购经营。对现有的非法收购站、点和未经登记批准的商贩,一律予以取缔。各省应按照国家规定的价格水平,制定最高收购限价,不许突破,违者没收其全部所得金额,并根据情节轻重给予行政处分和经济罚款。毗邻省区要加强协调,各级工商、税务、审计部门要加强监督。

国际数据集团年会在北京召开

年会召开时间为6月6日到6月11日。

中国、美国、英国、苏联、中国香港等26个国家和地区的代表参加了年会。美国国际数据集团是一家信息技术公司,我国是该集团早期成员之一。8年来,合资双方分得红利为各自投资额的7倍。

中宣部部长王忍之在"国外社会文化思想与我国当代青年学生"系列讲座会上发表讲话

王忍之强调,引导青年学生吸收世界文明的优秀成果,正确对待国外社会文化思想,抵制其中有害成分,应成为当今思想政治教育工作一个重要课题。

王忍之认为,新中国成立以后相当一个时期,我们在建设社会主义的过程中,对于西方先进的经济管理、社会文化和学术思想,基本上采取了排斥和简单否定的做法。大学也大体是在封闭的环境中培养学生,这使得我们的青年知识面较窄,知识结构陈旧,思想不够活跃,鉴别能力较差。

他说,在党的十一届三中全会确定了对外开放的方针后,我们加强了同世界各国的科学、文化交流。事实证明,这对于拓宽广大青年学生的视野,活跃学术空气,启发人们思考,是很有益处的。

王忍之指出,在对外文化交流上,虽然我们已做了不少工作,但不是说开放已经很够了。今后,无论在经济建设方面,还是在精神文明建设方面,都要更加开放。

他解释说,随着科技的高速发展,大众传播媒介的日益现代化,民族之间、国家之间、不同社会制度之间的壁垒已经打破。文化的开放与交流是人类社会趋于文明和进步的表现;而封闭与禁锢,只能导致愚昧和落后。从我国发展社会主义商品经济,建设社会主义现代化的现实来看,我们迫切需要开放和交流。

王忍之强调指出,我们应当下大力气,把一切有益的东西学到手,并在实践中加以检验和发展,同时继承和发扬中华民族的优秀文化,形成有中国特色的社会主义文化体系。

王忍之在充分肯定近十年来外来思想文化和社会思潮给青年学生带来积极影响的同时,也指出有些国外思想、文化给一些青年学生带来了一些消极影响。他说,对此,我们不能熟视无睹,但也不必惊慌,应该相信我们广大的青年通过实践,通过比较鉴别,会得出正确的结论,择其善者而从之。

王忍之认为,在鼓励和支持青年学生接触国外社会文化思想的同时,我们必须在政治、思想、学术上加强引导,避免他们走不必要的弯路。

他认为,为了引导青年学生正确对待国外社会文化、社会思潮,我们政治理论教育工作者,都有一个自己首先学习的任务。我们必须努力掌握马克思主义基本原理,及时了解和研究国外重要的文化思想和社会动态。要改造和加强思想政治工作,采取协商对话等有效形式,做好工作。王忍之希望全社会都来关心青年的成长,注意为青年一代提供健康的精神产品,在实践、研究、学习中,逐步找到一条在开放中培养社会主义新型人才的路子。

这个讲座是中宣部教育局和北京市市委教育工作部主办的。共有十讲,主讲人都是来自各个大学和研究单位的专家学者。

我国作曲家吕远获国际和平与友谊金奖

日本国际传统文化交流协会日前把国际和平与友谊金奖授予中国作曲家吕远,以表彰他为纪念日中和平友好条约签订10周年创作的歌剧《歌仙——小野小町》,先后在中日两国公演,为促进日中文化交流作出了积极的贡献。国际和平与友谊金奖是该协会的最高荣誉奖。

该协会致函我国文化部部长王蒙,感谢中方的友好合作。

6月7日

中央军委主席邓小平在人民大会堂会见波兰统一工人党中央政治局委员 波兰部长会议主席兹比格涅夫·梅斯内尔

邓小平说:"在改革中,我鼓励我们的中央领导同志一是胆子要更大,步骤要稳妥,并及时总结经验,及时纠正不足之处;二是在整个改革过程中要保持生产有较好的发展。只要生产有较大的发展,改革的风险就会小得多。"邓小平说:"我认为,我们的改革事业是很有希望的。"

他说,目前,中国在改革,波兰也在改革。两国都在改革中遇到一些问题。因此,彼此可以交流经验。但解决问题必须根据本国国情,独立思考。国情不一,问题也不尽相同,解决的方法也不能照搬。

梅斯内尔说,波兰党和人民非常尊敬邓小平同志。

现在正在翻译、编辑《邓小平文选》,不久即将公开出版。我们高度评价这部著作。他说,波兰非常重视波中友谊,也非常重视中国在各个方面的经验。邓小平同志今天的谈话很重要,对波兰的改革很有启发。

国务院总理李鹏在全国交通安全会议上对交通运输事业及安全工作的改革和综合治理提出七点意见

一、要充分肯定交通运输部门几年来的成绩。

几年来,交通运输部门认真执行改革开放方针,为国民经济的发展作出了很大贡献,这一点应当充分地加以肯定。当前交通事故严重,交通战线的领导干部和广大职工感到有压力,是理所当然的,也是可以理解的。但是,不要灰溜溜的,要认真总结经验,吸取教训,变压力为动力,振奋精神,尽快扭转交通安全状况不好的被动局面,把交通运输搞上去,为改革开放,为四化建设作出更大的贡献。

铁路实行全行业经济承包责任制(即大包干),调动了全路职工的主动性、积极性、创造性,依靠全路经营的积累和挖掘潜力,加快了铁路的改造和建设。应当肯定,铁路大包干的方向是正确的,成效也是显著的。两年来,铁路换算周转量年平均增长,比"六五"期间高出29%。基建投资和机车车辆购置费比大包干前增长24.1%。新线、复线、电气化建设总里程年平均增长比前两年高出18%。特别是在加快晋煤外运通路的建设和改造方面成绩更为突出。

各省市根据国务院的决定,基本完成了公路交通管理体制改革工作。各级公安部门在地方政府的领导和交通等部门的支持下,坚持贯彻"安全第一、预防为主"的方针,对城乡道路交通秩序集中进行了整顿,广泛深入地宣传交通法规,清理违章占道,取得了良好的效果。实践证明,由公安部门管理道路交通具有权威性,效果是好的,这项改革应当坚持,并继续深化完善。公路交通部门通过改革、实行政企分开、转变职能、推行承包责任制以后,面貌发生了比较深刻的变化。打破了独家经营的格局,实行了港口下放,开拓了多方集资办交通的路子,交通基础设施的建设速度大为加快,使道路堵塞、港口压船、压货现象有所缓解。去年以来,民航系统开始了管理体制改革,已将原来的成都、上海、北京三个管理局实行政企分开,并将航空公司与机场分设。改革试点基本是顺利的,是有成绩的,按新体制运转也是正常的。

交通运输战线广大干部、职工和公安干警,是一支好队伍,他们的辛勤劳动应当受到全国人民的尊重、理解和支持。要认真总结和宣传他们的先进经验,大力表彰好人好事。

二、对当前交通事故严重的状况要有足够的认识。

在充分肯定成绩的同时,我们也应看到,当前交通运输事故十分严重,主要表现在恶性事故有上升的趋势,特别是接连发生重大恶性事故,这是新中国成立以来没有过的。这些特大恶性事故,影响很坏,它不仅造成惨重的人身伤亡和巨大的经济损失,更为严重的是造成人们心理紧张,缺乏安全感,从某种意义上说也会影响社会安定。总之,搞好交通运输安全确实到了刻不容缓的地步。各级领导一定要充分重视这个问题,把交通运输安全作为一件大事来抓,并且要尽快扭转这种被动局面。

三、各交通运输部门要根据自己的实际情况,制定搞好安全运输的措施。

要扭转当前交通安全不好的状况,切实搞好运输安全,光治标不行,必须要治本。治本,一方面国家、地方和企业要增加对交通运输业的必要投入,弥补欠账,增添设备,采用新技术,扩大运输能力,提高现代化水平,以适应不断发展的社会经济生活对运输的需求。投入是重要的,也是必不可少的。但是,增加投入只能根据国家和地方现有财力、物力条件,逐步地进行。而且投入的效果,也要经过相当时间才能发挥出来。另一方面,更为重要、更为现实的是,各级领导,包括政府和交通运输部门企业的领导,要在加强领导,严格各项管理,做好精神文明建设和职业道德的教育工作,抓紧职工培训工作,提高职工素质等方面去下功夫。也就是说,只要大家都眼睛向内,严字当头,切实搞好内部管理,特别是解决好纪律涣散和违章违纪问题,就能够扭转当前事故频繁发生的状况,促使安全情况改善,发挥运输潜力。

1. 关于铁路问题。

一是铁路大包干应当肯定,要继续搞下去,但是必须深化和完善。铁路是高度集中的企业,是国家的大动脉,具有半军事化的特点。承包制应当适应这一特点的要求。铁路局和铁路分局可以实行全面承包,既包运输任务,又包运输收入和上缴积累,基层站段则应采取综合指标管理和考核的办法,不宜提倡把站段所得和职工个人收入直接挂钩的办法。这样有利于全路的统一调度指挥。要特别强调,铁路一定要保证国家计划内重点物资的运输,因为这是关系到国民经济的全局问题,全路上下对此要有一个统一的认识,决不能因为小单位利益、局部利益影响国家利益、整体利益。

二是大修折旧率要适当提高,经费由铁路大包干所得中解决。新增大修折旧基金重点用于加强主要运输设备的大修和路基、桥隧的病害整治,不允许将大修折旧基金挪用于基本建设。宁可少修一点新线、新站,也要保持现有线路的健康运转。

三是要研究改革劳动和工资制度,解决吃"大锅饭”的问题，拉开重点工种主要职务职工和一般职务职工的收入差距。

2. 关于道路交通管理问题。

道路交通交给公安部门管理的效果是好的。这样做的结果普遍减少了扯皮，加强了法制观念，促使道路通畅，车速加快，运力提高。希望各省市、各部门特别是交通部门要大力支持公安部门的工作。

要解决好道路混合行车问题。我国目前的公路运输为混合交通结构。各种机动车和非机动车在同一个车道内混合行驶，严重降低了道路的服务等级，也是公路交通事故多的重要原因。交通部门应认真研究，提出改革的措施。

3. 关于水运问题。

水运安全这两年有好转。但是，乡镇船舶失管失控仍然十分严重，事故不断发生。各地要推广四川省的经验，以责任书的形式，将乡镇船舶的管理责任落实到县、乡政府。要制定管理条例，对船舶是否合格要进行检验，人员超载问题要坚决控制和制止。随着航运的发展，交通部门要注意大江大河撞船问题，采取措施加以解决。

四、必须树立大交通观念，充分发挥各种运输工具的作用。

目前我国的运输结构很不合理，一方面铁路严重超负荷；另一方面公路还有潜力，水路运力还有闲置，特别是1万多公里沿海航道利用率很低。解决铁路、水路、公路分流问题，要运用价值规律和信贷、税收等经济杠杆，推动运输结构的合理调整，引导煤炭、矿石、木材等大宗货物下江、下海、上公路；促进现有各种运力的合理分流，促进新增运力的合理布局，逐步建立起结构合理的综合运输体系。

五、地方政府要建立严格的安全责任制。

保证交通运输安全，地方政府负有义不容辞的责任。一方面要支持和配合交通运输部门的工作，抓好本地区的交通运输安全工作；另一方面要搞好交通治安。现在交通治安情况不好，有些地方问题还相当严重，无票强行上车，在车上作案行凶，严重干扰交通运输和安全行车，地方政府应责成公安部门和有关部门互相配合尽快扭转这种局面。一些地方、部门在道路上乱设卡、滥罚款的现象十分严重，而且越演越烈，屡禁不止。许多地方的工商、财税、城管、环保、农机、煤炭、烟草专卖、林业、卫生防疫等部门，甚至一些乡镇级单位、治安联防、村民组织，也都自行在城乡道路上拦车检查、收费、处罚，导致关卡林立，交通梗阻，不仅败坏社会风气，危及交通安全，给运输经营者在经济上造成损害，而且严重影响了生产和流通的发展。地方政府要根据国务院的有关规定，对现在各种检查站，进行清理整顿，乱设关卡的混乱现象要限期加以纠正。

六、加强交通安全法制建设。

要从根本上搞好交通运输安全，必须把它纳入法制建设轨道。当前要着重抓好三方面的工作：一是要抓紧制定有关保证交通安全的法规，做到有法可依。二是要严格执法，做到有法必依，执法必严，违法必究。现在执法不严、甚至违法不纠的情况还很严重。各级政府和公安司法部门要共同配合，创造严于执法的环境。三是提高广大人民群众的法制观念，广泛开展交通安全法规的宣传，使群众知法、懂法、守法。

七、正确处理客观条件和主观努力的关系。

这是个很重要的问题，认识问题不解决好，要想从根本上搞好交通运输安全是不可能的。发生交通事故的原因是多方面的，设备陈旧落后、运力不足的确是一个重要因素，应该加以解决。但是，当前交通安全不好的主要原因是内部管理不严、队伍素质不高，今年接连发生的重大恶性事故，绝大部分不是因为设备落后、运力不足造成的，而是纪律松弛、违章违纪的责任事故。多年来，各交通运输部门涌现出一大批安全先进单位，与发生重大事故的单位相比，它们的运输任务也不轻，它们的设备也并不特别先进，关键是抓好了内部管理。因此，要扭转交通安全不好的状况，严格管理是当前最主要、最有效的措施。这里讲的“严”，不是严在文件上、口头上，而是真正要严在行动上，严在落实上。严格管理，一是要干部带头，严于律己，奖惩分明；二是要调动广大职工积极性，自觉严格要求；三是要有具体的要求和标准。

李鹏最后说，只要交通运输战线上的广大干部、职工共同努力，认真贯彻落实这次会议提出的奋斗目标、要求和措施，交通运输安全一定会出现新的面貌，交通运输一定能够进一步搞上去，为保证改革开放的顺利进行，为国民经济的持续稳定发展，作出新的贡献。我们相信，交通运输战线上的广大干部、职工一定会振奋精神、努力工作，不辜负党和人民对你们的期望和信任。

劳动部 财政部和全国总工会联合发出通知要求各地区和各部门适当提高城镇职工生活困难补助标准

通知指出，经国务院批准，各地可以适当提高职工，包括离退休职工的生活困难补助标准，并对家庭人均生活费收入低于困难补助标准的职工给予补助。

通知指出，各地可以在现行困难补助标准的基础上，参考本地区职工家计调查和职工家庭生活必需品消费支出中的人均最低生活费用水平加以确定。鉴于当前财政困难，补助标准要从严掌握，不宜提高过多。具体补助标准和补助办法，由各省、自治区、直辖市规定。

通知说，提高困难补助标准所增加的经费，属行政事业单位在职职工的由福利费开支；离退休人员的由原渠道开支；企业单位在职职工的由职工福利基金解决，福利基金不足则由企业其他自有资金解决。微利企业，政策性亏损企业自有资金负担确有困难的，可由同级财政部门酌情予以补助。通知要求各企业、事业单位和国家机关对低收入职工进行困难补助时，应由本人申请，领导批准，注意走群众路线，发挥群众的监督作用。

中国和波兰在北京签署4个文件

国务院总理李鹏和波兰部长会议主席兹比格涅夫·梅斯内尔在北京签署了中国和波兰关于经济、科学技术长期合作发展纲要。

中波两国政府还签署了3项协定，它们是：关于相互鼓励和保护投资协定，关于对所得避免双重征税和防止偷漏税的协定，关于互免公务旅行签证的协定。

全国人大常委会副委员长陈慕华在人民大会堂会见意大利海运部部长波朗迪尼一行

纪念冯白驹将军诞辰85周年在海口举行

中共海南省工委、省人民政府在海口人民公园举行冯白驹将军雕像揭幕仪式。

邓小平为雕像题字"冯白驹将军"。

冯白驹将军出生在海南岛琼山县云龙镇长泰村。他领导海南人民坚持长期艰苦卓绝的武装斗争，"孤岛奋战，23年红旗不倒"，为海南岛的解放事业和社会主义建设事业贡献了自己的一生。海南岛解放后，冯白驹先后担任海南区和广东省的领导职务。1957年，冯白驹被诬为"地方主义反党集团头子"，受到错误的处分。"文革"期间，他更遭受到批判斗争。1973年，冯白驹因心脏病复发在北京逝世。

1983年中共中央作出决定，撤销对冯白驹原处分的决定，恢复了他的名誉。

中共海南省工委书记许士杰在冯白驹将军雕像揭幕仪式上讲了话。

我国著名翻译家戈宝权在莫斯科被授予苏联各国人民友谊勋章

苏联作家协会理事会主席马尔科夫代表苏联最高苏维埃主席团向戈宝权颁发了勋章。他在讲话中对戈宝权半个世纪来翻译了大量俄罗斯和苏维埃文学作品以及在促进苏中两国人民友谊方面所做的贡献给予了高度评价。

戈宝权对苏方给他授勋表示衷心感谢，并将他近年的新译作高尔基的《我怎样学习和写作》和亚·勃洛克的《十二个》等书赠送给马尔科夫。

浙江杭州首次发掘南宋皇城遗迹

杭州市宣布：南宋皇城建筑遗迹最近被首次发掘出土。这处遗迹位于杭州凤凰山脚路中段，离南宋皇城北城墙100余米。遗迹南北宽13米，东西长14米，面宽5间，分为明间、次间、梢间、廊檐等。遗迹现在出土一半，一半还沉睡在马路下面。

中国大陆首例异体试管婴儿诞生

我国首例异体试管婴儿在湖南医科大学附属第二医院呱呱坠地。他也是我国大陆第一例男性试管婴儿。

这项科研课题是由湖南医科大学生殖工程研究室徐立礼副教授、卢光琇副研究员和张志胜教授主持的。1987年9月，他们为湖南常德皮鞋厂的女工罗世刚施行了异体胚胎移植术，使她受孕。同我国大陆的前三例试管婴儿相比，异体移植的试管婴儿难度更大一些。婴儿出生时体重为3000克。

中国异体胰岛移植走在世界各国前列

据《人民日报》报道，我国目前已有30多家医院能独立开展人胎异体胰岛移植治疗胰岛素依赖型糖尿病，具有完整资料的总例数达369例，高于世界其他国家开展这项手术的总和，而且移植效果较好。

1981年11月，上海市第一人民医院在国内首次将有生命的细胞移植到糖尿病患者的腹腔内，揭开了我国医学史上新的一页。至今，这家医院已做了73例异体胰岛移植手术，其中有2例手术停止使用胰岛素已4年多。

1985年3月，这项研究成果在日本筑波举行的国际科技博览会上展出。

在已完成的异体胰岛移植手术的369例病例中，有12例较长时间停止使用外源性胰岛素。其余平均减少胰岛素用量50%左右。

6月8日

国务院总理李鹏在人民大会堂会见苏联部长会议第一副主席尤里·马斯柳科夫

会见时李鹏说，我们积极评价最近举行的美苏首脑会晤，同时希望美苏双方就削减战略核武器问题进行认真的谈判并取得成果。他表示，中国对军备竞赛向高技术和向空间发展感到不安。

李鹏说，中国政府对日内瓦协议的签署给予肯定的评价,同时希望苏联按照协议从阿富汗撤军。我们还希望苏联在促使越南从柬埔寨撤军,以解决柬埔寨问题方面发挥更大的作用。我们认为,苏联是可以有所作为的。

马斯柳科夫是中苏经济贸易科技合作委员会的苏方主席。李鹏对今天上午在此间结束的委员会第三次会议取得的成果表示祝贺。他指出,中苏两国在经济贸易科技等领域的合作有了不小的发展,边境贸易也开始活跃起来。但是双方的合作还有很大的潜力。

李鹏在谈到改革问题时说,社会主义国家的情况千差万别,但是许多国家都在进行改革,目的是更好地把社会主义的优越性发挥出来。他说,中国政府和人民很关心苏联的改革,并希望苏联的改革取得成功。

马斯柳科夫说,苏中经济贸易科技合作委员会第三次会议为两国扩大合作开辟了新的可能性。他祝愿中国在改革和社会主义建设中取得更大的成就。

合作委员会中方主席、国务院副总理田纪云会见时在座。

会见后,双方签署了中苏经济贸易科技合作委员会第三次会议纪要、中苏两国政府关于建立合营企业及其活动原则的协定和两国政府关于中国的省、自治区、市同苏联的加盟共和国、部、主管部门、联合公司、企业之间建立和发展经济贸易联系的协定。李鹏出席了签字仪式。田纪云和马斯柳科夫代表各自的政府在3个文件上签了字。

国务院副总理姚依林出席全国物资体制改革工作会议并讲话

姚依林提出,要加快物资体制改革步伐,办好生产资料市场;要有严厉办法,认真解决物资流通中中间环节过多、一些人从中捞一把的问题。

姚依林说,国务院各部委的物资供销机构要严格按照国务院关于物资体制改革方案的要求,在7月底以前办好交接工作,真正把物资部及其所属的物资供销机构组建好。他指出,目前这一工作进展得还不快,有些部门还在拖。为什么拖?无非是观望犹豫,看你还变不变;无非是感到目前工作中还有些困难,考虑本部门多,考虑全局少;无非是顾虑眼前可能影响一点生产,没有想到一味拖下去会贻误大事。请各部门要当机立断,不要再拖了。

姚依林指出,明年的物资改革,主要是价格改革。价格改革必须进行,要用三五年时间初步理顺价格,其中生产资料价格是重要一环。现在的问题是明年如何起步。无非是两类商品:一类是可以放得开形成市场调节的;一类是放不开的,即生产很少,需求很大,国际市场买不到,长期解决不了的。前者是多数,后者是极少数。要逐步把前者放开,形成市场调节,后者要下决心实行专营分配,主要是解决轻重缓急,但价格要活,要使生产者有较大利润,有利于发展生产。石家庄市场物资改革的经验是好的,但它是前一段两种价格并存下的产物,在价格改革进程中,要研究怎样突破它。

在谈到外贸出口问题时,姚依林说,有些物资出口多了,引起国内紧张,要设计紧急制动的办法。

姚依林最后强调,要解决物资流通中中间环节过多,一些人从中渔利的问题。这个问题的出现不在小商小贩,不在投机倒把分子,它是同党内的腐败现象联系在一起的,同有些企业实质上是党政机关的机关生产、机关商业联系在一起的。这个问题非解决不可,不解决是要把我们的党搞垮的。我们有决心有信心解决这个问题。

全国拥有人防地下商场1000多万平方米

据《人民日报》报道,近几年来,我国人防部门开始从经济效益出发经营管理人防工程,场地向外界开放。除用作地下商场、种植场、养殖场、仓库等外,还采取国家、集体、个体联合投资,社会集资和吸收外商投资等形式,在全国许多城市繁华地段、车站、广场等处新修了一大批地下商场。哈尔滨市秋林地下商场租给集体和个体户经商,市人防办每年收租金就达110多万元。

被誉为"城下城"的我国最长的成都地下商业街,全长2.1公里,总面积2万多平方米,实行"一家管理,百家经营"的原则,容纳近1000多个商店,经营上万种商品,去年营业额近1亿元,实现税利近1000万元。株洲市火车站地下商场和衡阳市雁峰地下商场,吸引了来自湖南、福建、浙江、江苏、四川、武汉等省市的个体商户,商品琳琅满目,生意兴隆。

为增强人防商业竞争力,全国人防系统建立了经济信息网,开展了省与省、市与市、单位与单位之间的商业联网经营。

全国政协在北京设宴欢迎由副主席巴谷·符达信率领的泰国枢密院代表团

政协全国委员会副主席王任重和巴谷·符达信副主席先后在宴会上讲话。

王任重说,中泰两国是友好邻邦,两国有着长期友好交往的历史,结下了亲戚般的情谊。1975年中泰建交后,两国人民真诚相待,和睦相处,传统友谊与日俱增。他说,实践证明,建立在和平共处五项原则基础上的中泰友好关系是富有生命力的。进一步巩固和加强这种关系,不仅符合两国人民的利益,而且有助于维护亚洲和东南亚的和平和稳定。

王任重说，全国政协愿意积极开展同世界各国人民，特别是同中国的亲密邻邦——泰国的有关机构和社团的友好往来，为增进中国人民同世界人民的相互了解和友谊，为维护世界和平作出积极的贡献。他表示相信，代表团这次访华一定会增进两国之间的了解和友谊，为发展两国的友好关系作出积极的贡献。

巴谷·符达信在讲话中指出，泰中两国建交以来，两国关系不断得到加强和发展。他说，泰中两国关系就像兄弟之间的关系一样，虽然也有可能存在一些不同点，但这不会妨碍两国成为真正的朋友。

杭州市与英国利兹市结为友好城市

利兹市政府代表团与杭州市签署了缔结友好城市关系协议书，并就两市开展经济、贸易、文化、旅游等方面的交流与合作进行了商谈。

中国陆军集团军整体防护能力提高

据《人民日报》报道，解放军总参谋部近日组织的考核表明，我陆军集团军对核、化学、生物武器的整体防护能力正在不断提高。

首次组织的集团军规模的整体防护能力考核在北京军区某集团军进行。参加者上至军长、师长，下至士兵，包括步兵、装甲兵、炮兵、工兵、雷达兵、防化兵等兵种。他们面对假设的大规模核、化学、生物武器袭击，考核了首长、司令部组织指挥防护的能力，合成军群众性防护能力和防化兵专业保障能力。考核表明，我陆军集团军的整体防护能力，即部队全体人员与所编配的武器装备协调一致地对核、化学、生物袭击的防护能力提高了，一是可以起到遏制敌人使用大规模杀伤破坏性武器的作用；二是可以避免或减少敌人使用大规模杀伤破坏性武器时的损失；三是在和平时期可更好地参加核化事故应急救援。

总参谋部防化部门负责人认为，集团军对核、化学、生物武器的整体防护能力的不断提高，是和平时期我军正规化训练的重要内容，是现代条件下合成军队整体作战特别是战场生存能力的一个重要组成部分。

中国计算机世界出版公司从1988年起设立计算机世界奖学金

该奖金奖励在高等院校攻读计算机专业，学习成绩优异，富有创造能力和开拓精神，德智体全面发展的优秀大学生。这项奖励到2000年为止，在清华、北大等42所院校试行。每年奖励一次，由各校学术委员会提名二人，经奖学金评委会评选后，报国家教委和机械电子部教育司备案。

中国数学家攻破偏微分方程中等熵气流拉克斯—弗立德里希差分格式的收敛性问题

参加这项研究的是中国科学院武汉数学物理所所长丁夏畦、系统所副研究员罗佩珠和数学博士陈贵强。国际著名数学家认为他们作出了“任何一个数学家都会为之感到自豪”的贡献。

等熵气流是一种典型的气体流动，它往往出现不连续波的现象。研究这一问题对水利、航空、军事和气象观测都有重要意义。该课题被国际数学界公认为是具有代表性的研究方向之一。近30多年来，世界上许多数学家为之花费大量心血，终因难度太大，堡垒难以攻破。我国是从50年代开始进行研究的。为了解决长江三峡不稳定流的涌波计算和原子弹爆炸中的冲击波计算，1958年中国科学院数学研究所吴新谋教授在丁夏畦的协助下倡导并组织了这一研究。后来由于种种原因几经中断。到1983年，丁夏畦等才集中全部精力向这道对人类智慧挑战的难题进攻。他们在研究中广开思路，把有关的经典理论和最新理论成果创造性地结合起来运用，到1985年秋这项研究终于得到突破。他们关于《等熵气动力学方程组整体解》方面的一系列论文在国内外有关刊物和学术会议上发表后引起强烈反响。许多著名数学家向他们索取资料，认为他们的工作处于世界领先地位。

美国科学院院士、柯朗数理科学研究所计算机科学系主任格林姆在致中国科学院武汉数学物理所学术委员会的信中指出：“丁夏畦等解决了数学中一个主要的长期未获解决的著名难题。从整个数学领域衡量，这也是一个主要的进展。”美国马里兰大学数学系教授刘太平说：“丁夏畦等有关非线性偏微分方程以及数值分析领域的论文是这一领域中最重要的贡献之一。”

中共中央书记处书记芮杏文在北京与电影工作者座谈

16家电影厂厂长和12个省市电影方面负责人参与交谈。

对褒贬不一的中国电影事业当作何评价？芮杏文肯定地说，党的十一届三中全会以来，电影与其他事业一样发展很快。多样的题材和新的艺术流派使银幕上显得很活跃。当然，争论也难免，新事物的涌出必会有各种各样的看法。这包括社会上的，也有领导人的个人看法。芮杏文把这些统称为是“电影观众的意见”，他以为，对于艺术，人都各有自己的观赏角度、爱好和口味。“争论争论没什么坏处”，他对此的态度是明朗的：当前电影事业中出现的某些困难，并不表明“电影的萎缩，而是事业的发展和预示着它的欣欣向荣”。

他进而谈到了正处于关键时刻的改革形势，坦率指出,搞艺术的一定要把握国家大局,在当前面对的种种难题中只有前进,而精神产品的生产者要把目光放开去,越在遇到"关卡"的时候,越需要团结、协作,以自身的改革去推动形势的发展。

广播电影电视部副部长陈昊苏上前与芮杏文握手致谢。他说:在党的事业中,电影工作者永远是一支忠诚的队伍。

在座的还有广播电影电视部部长艾知生,电影局局长滕进贤等。

青年社会主义改革研究会在北京成立

该研究会是以青年理论工作者为主体,联合社会各界热心于改革的理论工作者,专门研究社会主义改革问题的群众性学术团体。共青团中央书记处书记李源潮任该会会长。

据悉,青年社会主义改革研究会成立之后,将通过形式多样的学术活动和社会活动,广泛拓展社会舞台,为有志于改革的青年参与社会、交往沟通、成才创业,提供机遇和服务。

《文学新论系列》出版

由洁泯主编的《文学新论系列》丛书由上海三联书店出版。丛书专收当前活跃于文学论坛上的作者们的专著和文学批评文集。已出书的有许子东的《当代文学印象》,南帆的《小说艺术模式的革命》等。陆续出书的将有谢冕、鲁枢元、陈伯海、李陀、李子云、滕云、张德林、叶维廉、刘思谦等人的论著。

6月9日

全国政协七届常委会二次会议在北京闭幕

会议审议并通过了《政协全国委员会常务委员会工作规则(草案)》和《政协七届全国委员会专门委员会组织通则(草案)》,决定了政协七届全国委员会14个专门委员会主任、副主任、委员人选。会议期间,委员们还分组讨论了《中华人民共和国香港特别行政区基本法(草案)》。

根据与会常委的意见,会议对常委会工作规则、专门委员会组织通则进行了修改,对专门委员会人选进行了调整。在今天下午的会议上,秘书长周绍铮、副秘书长罗涵先对此分别作了说明。周同善、关梦觉、吴克泰、胡如雷、方荣欣、李毅、郑守仪、梁家、孙越崎、丁轸宇、葛志成、苏赫、冯友兰等常委还就物价、工资、社会风气、精神文明建设、对台工作和政协建设等问题在大会上发了言或提交了书面发言。

会议由全国政协副主席阎明复主持。阎明复说,在这次会议上,大家都很认真负责地提出了许多很好、很积极的意见和建议。不仅针对两个文件和人选提出了具体意见,而且对今后如何加强和活跃常委会的工作,如何发挥专门委员会的作用等都提了很好的建议。我们在实际工作中将认真执行这次常委会通过的工作规则,发挥各专门委员会的作用,使政协工作逐步更加活跃,在政治协商、民主监督方面发挥更好的作用。

全国政协副主席王任重、方毅、谷牧、杨静仁、康克清、胡子昂、钱昌照、周培源、赵朴初、屈武、刘靖基、钱学森、胡绳、孙晓村、程思远、钱正英、苏步青、司马义·艾买提等出席了会议。

国务院发出《关于授权省、自治区、直辖市、经济特区和计划单列市人民政府审批外资企业的通知》

通知指出,设立的外资企业投资规模在国务院规定的限额以下,建设条件和生产经营条件不需要国家综合平衡的,由省、自治区、直辖市、经济特区和计划单列市人民政府审批,并发给批准证书。设立的外资企业投资规模在国务院规定的限额以上的,以及虽在限额以下,但建设和生产经营条件需要国家综合平衡的,其申请由企业所在的省、自治区、直辖市、经济特区和计划单列市人民政府提出意见后,报对外经济贸易部审批和发给批准证书。

全国16个农村改革试验区进行8个试验项目改革

据《人民日报》报道,我国13个省、市、自治区的16个农村改革试验区围绕着改革难点,设计试验方案,进行了一系列组织和制度创新的探索,使改革开始转入以建立社会主义商品经济新秩序为中心的轨道,为走出新旧体制的僵持局面提供了新的思路。

1985年以来,农村改革和城市改革融为一体,出现了两种体制并存、新旧矛盾交织的复杂局面。中央农村改革试验区办公室主任卢迈对记者说,目前农村改革面临3个方面的问题:一是政府宏观调控行为的规范化;二是以粮食为基础的农副产品由国家制定价格向市场形成价格机制的转换;三是基层组织和制度的建设。这些问题牵扯面广,难度很大,不能像改革初期那样单纯靠"放权让利"取得突破。但是不解决这些难题,新的体制就无法建立。办试验区就是要从这3个方面进行一些探索,搞清一些预期的改革目标能否实现,有多大风险,为下一步全局的改革做好政策准备。

试验区正在进行的8个试验项目包括:土地制度、规模经营、合作经济组织建设、粮食购销体制改革、乡镇企业制度建设、金融体制改革、农产品商品基地建设、国营、集体林区和国营农场体制改革试验。

土地是中国农村最重要的资源,由于土地的所有权和使用权仍较模糊,使农民对土地的使用权缺乏稳定感,造成了土地经营行为的短期化。同时由于缺乏法律依据,土地市场难以形成。贵州湄潭试验区制定地方性法规,明确土地所有权,维护农民的土地使用权,使土地有偿转让公开化、合法化,有效地增强了农民对土地的稳定感,提高了土地利用率。

粮食购销体制改革是当今改革中最敏感的问题之一。现行的粮食购销价格偏低,既抑制生产,又刺激消费,国家要补贴供需双方,财政负担越来越重。河南新乡和广西玉林试验区,在调整粮食购销价格的同时,相应调整农业生产资料价格和农业税,实行"价税连动、购销连动、暗税改明税、暗补改明补",为逐步建立粮食购销中的等价交换关系进行了有益的探索。

在乡镇企业制度建设方面,安徽阜阳试验实行公司法和乡镇企业破产条例,进行农村工业小区建设,帮助各类企业建立、健全内部规章制度,为其他企业提供了示范选择。

《人民日报》发表评论员文章《改革有险阻,苦战能过关》

一个多月来,一些大城市先后调整了肉、蛋、菜、糖等四类主要副食品的零售价格,同时给职工适当补贴,变暗补为明补。这样,本来就为广大群众所瞩目的物价问题,更加成为千家万户议论的热点。应当如何正确地认识和对待物价改革,已经成为能否把改革顺利地推向前进的重要问题。

中国的改革发展到今天,已经到了一个关键性的阶段,到了非解决物价问题不可的时刻。我们的目标是打破产品经济的模式,建立社会主义商品经济的新秩序,促进社会生产力的大发展,为此,中心问题是必须理顺价格体系,坚决按价值规律办事。离开这一点,所谓社会主义商品经济就是一句空话。在过去9年中,我们进行了多方面的改革,取得了显著的成就,但是大体说来,那些都是放权让利性质的改革,是浅层的、比较容易做的改革,也能较快地给群众带来实惠。而更深层次的、更起决定作用的经济关系,还没有很好地触动。随着改革的深入发展,价格体系不合理的问题愈益突出,价格改革成为制约、影响经济体制改革的其他很多方面的关键问题。

在过去很长一个时期,由于实行产品经济而忽视价值规律以及其他原因,我国的价格体系很不合理:主要农副产品价格偏低,并且购销价格倒挂,销价低于国家购价;在工业方面,不同商品之间的比价不合理,特别是某些矿产品和原材料价格偏低;同类产品的质量差价没有拉开。这就严重压抑了生产者的积极性,束缚了社会生产力的发展。过去9年,我们也曾进行过一些价格改革,例如农副产品提价、改革购销体制等,取得了一定成效,但是价格体系不合理的基本状况并没有根本改变。而且由于很多商品实行牌价与议价并行的双轨制,使经济生活和社会生活中的许多矛盾更加复杂、更加尖锐。因为价格不合理,背离了产品真实价值,盈利多的企业,不一定是经营管理特别好的结果;盈利少甚至有亏损的企业,也不一定是经营管理特别差造成的(通常说的政策性亏损就往往是价格偏低造成的)。农村和企业有了一定的自主权,初步搞活以后,这种状况不能继续下去了。根本的出路就是下决心对价格体系进行大的改革,总的方向是,除了少数重要商品的价格由国家管理外,其他大量商品的价格完全放开,实行市场调节。非如此,价格体系就永远理不顺;为企业和生产者创造一个平等竞争、发展商品生产的市场环境,也永远不会出现。

当然,物价改革是要冒风险的。这一方面是因为物价问题在整个社会经济生活中处于中心的位置,它一头连着生产和流通;一头连着工资和消费,牵一发而动全身。另一方面它直接影响着数以万计的企业和数以亿计的消费者的切身利益。我国广大居民过去长期在产品经济的模式下生活,对物价变动的心理承受力还不高。但是,较之过去来说,现在物价改革的条件是比较有利的,经过过去九年的改革,我国经济有很大发展,人民生活水平也有较大提高,对物价改革带来的波动有相当的承受力。如果坐失良机,把物价改革推到以后再进行,势必积聚的矛盾更多,改革的难度更大,风险也就会比现在大得多。

很多群众对物价改革最大的顾虑,在于害怕降低自己的生活水平。这是完全可以理解的。我们的党和政府充分考虑到群众的利益、群众的愿望。党的十三大明确指出:"进行价格改革要同调整收入政策相配合,保证人民群众的实际生活水平不致在改革中下降,并随着生产的发展逐步提高。"这一点是确定无疑的。我们的党和政府是把物价改革同工资改革联系在一起考虑的,并不是理顺物价之后再调整工资,而是在理顺物价的同时相应地理顺工资。这次四类副食品调价,给职工以适当补助,初步体现了这一原则。在今后的物价改革中,将更好地体现这一原则。总之,要坚信这样一条:我们党和政府所领导的改革是为全国人民谋利益的,即使在改革的过程中,某些人的利益暂时受到一些影响,最终总是会得到妥善解决的。

物价改革是经济体制改革这个大的社会系统工程中的一项关键性工程,是整个改革进程中难度最大的一个"陡坡"。要胜利地闯过这道难关,既要靠党中央、国务院的决策正确、部署得当,又要靠全国人民同心同德、艰苦奋斗。物价改革是所有社会主义国家改革中都遇到的难题,没有现成的经验可循,要靠我们自已在实践中探索前进,在改革中学会改革。在物价改革中,要求不出一点纰漏,没有任何失误,是不现实的。问题在于出了一点毛病之后,绝对不要惊慌失措,更不可打退堂鼓,走回头路。广东的经验证明,即使物价改革的措施正确,也不可避免地会出现一定的风浪,但只要咬咬牙,坚持下去,就会出现"山重水复疑无路,柳暗花明又一村"的新境界。全国的物价改革当然要更加复杂,但广东的经验可以给人重要的启示。要坚信我们的党和政府是有水平、有能力领导全国人民闯过物价改革这道难关的。目前,党和政府正密切注视物价改革中出现的新情况、新问题,以便进一步充实和完善价格和工资制度改革的系统的方案。

最近,党中央政治局第九次全会指出,目前我国的改革进入了关键阶段,一些难度很大而又不能绕开的问题摆在我们面前,我们必须抓住历史给予的有利条件,进一步贯彻党的十三大提出的加快和深化改革的方针,迎着风浪前进,坚决而又稳妥地把改革中不可回避的问题解决好。邓小平、赵紫阳、李鹏等中央领导同志也就这个问题多次发表重要讲话,表明了党和政府搞好物价改革的决心和信心。这些都是值得认真学习、深刻领会的。只要全党同志、全国人民统一思想,统一步调,振奋精神,艰苦奋斗,那么,展现在我们面前的图景就必然是:改革有险阻,苦战能过关!

青海石油管理局在柴达木盆地东部新发现5个天然气构造

去年已在这里发现台南构造并钻探一口井获得高产工业气流。新近发现的5个天然气构造总面积达214平方公里。石油部已组织有关专家与青海石油管理局的科研人员共同研讨,决定"七五"期间盆地以勘探气田为主。

我国访问学者与意大利专家合作获超短激光脉冲新成果

中国访问学者刘玉璞与意大利科研人员合作,用线形腔激光器实现50个毫微微秒(10的负15次幂秒)的超短激光脉冲,创造了意大利最短激光脉冲纪录,属国际先进水平。

刘玉璞是中国科学院上海光学精密机械研究所助理研究员,1986年9月作为访问学者来到米兰工大物理研究所量子电子学中心,参加超短激光脉冲的研究工作。他与研究组组长西尔维斯特里教授及其他意大利科研人员密切合作,在今年4月底,以若丹明6G(染料名)作激活染料,以DODCI(染料名)作可饱和吸收体,用线形腔染料激光器,作出了50个毫微微秒的超短激光脉冲。

超短激光脉冲的科研成果,对正在发展的微电子技术(超速电子技术)、光纤通信等方面具有重要的应用价值。他们获得的上述结果,属国际上同类系统的最佳结果。

中国儿童发展中心培训工作研讨会在北京开幕

来自基层的家庭教育的骨干、托幼园所的保教人员、主管儿童工作的妇女干部、保健人员等30个民族的学员共2937人次参加了培训。其中举办少数民族班14个,占办班总数的41%。

培训班促进了在全国范围的科学育儿知识的普及,河北省仅以咨询形式向家长进行宣传、培训,接待了近70万人。四川省广播家长学校,注册学员70万人,遍及全省各个角落,成为世界上最大的一所学校。黑龙江等地组织各种科学育儿知识的智力竞赛、大奖赛吸引了几十万家长。这种普及办法省时、低耗、覆盖面大,使一些传统的不科学的育儿方式得以改变。

目前全国一半以上的省份建立了培训中心、培训基地,这种专职的培训机构将构成为培训工作的核心,为中、高级及示范性培训提供了基地。不少省份还建立了三级培训网。经过培训绝大部分学员取得了优异成绩,成为本地区、本民族的儿童工作骨干。

由中国 法国 英国 意大利合拍的电影《末代皇帝》获联邦德国电影艺术协会授予的金协会奖

6月10日

国务院总理李鹏在河北调研

6月10日至16日,李鹏总理和国务委员兼国务院秘书长陈俊生、中央农村政策研究室主任杜润生、农业部部长何康、物资部部长柳随年以及国家体改委、商业部、冶金部、国家物价局、中国科学院、中国农业科学院等部门的负责同志先后到石家庄、邯郸、衡水的一些农村、工厂、乡镇企业,对农业和钢材市场的改革等进行调查研究。中共河北省省委书记邢崇智、省长岳岐峰同李鹏等同志一起进行了调查研究。

李鹏总理先后考察了辛集市马兰村的小麦良种试验场、新乐县的沙荒地改造、曲周县的盐碱地综合治理项目和冀县的乡镇企业。

李鹏总理说,粮食生产始终是关系到中国经济发展的一个大问题,我国粮食生产的增长速度如何适应人口的增长速度,是我们现在面临的重要问题。我们的土地增产潜力还很大,这方面是大有可为的。像我们看到的新乐县改造沙荒、曲周县治理盐碱以及其他地方,采取综合措施改造中低产田,就是我们的潜力所在。我们要艰苦努力,扎扎实实地工作。

李鹏总理说,科学技术对促进农业发展作用甚大。他对北京农业大学师生在曲周县15年如一日,进行盐碱地综合治理,和石家庄地区农科所科技人员培育小麦高产抗旱新品种——“冀麦26”,给予了高度评价。他说,如何把广大科技人员吸引到农村来是个重要的问题。除了对有贡献的科技人员实行奖励外,从根本上来说,还应当有个好的机制,把科技人员的成果、效益,同他们的报酬挂起钩来。科技投入不能是无偿的,应该是有偿的。中国是有8亿农民的国家,现在农业科技人员太少了,工作条件差,待遇也不高。只有建立科技有偿投入机制,才可能吸引更多的科技人员到农村来。要把科学技术成果从试验室、试验田推广到农户中去,都需要技术指导。

李鹏总理在谈到农业规模经营问题时说,在有条件的地方,例如农业劳动力有了较大的转移,要实行适度规模经营。规模经营要因地制宜,采用多种类型,多种形式。新开发的荒地,应由农民有偿承包、投标承包,实行规模经营。

他说,要改革农业投资体制,实行国家、地方、集体、个人多渠道投入,鼓励农民增加对农业的投入。从根本上讲,要用价值规律来引导投入。贷款要讲投资效益。新乐县改造沙荒地基本不要国家投资,由农民进行承包,效果很好。要学习他们的经验。

李鹏总理强调指出,华北平原水资源匮乏,是影响农业进一步发展的一个大问题。要下功夫研究投资少又节水的中国式灌溉方法,发展节水型农作物,培育抗旱品种。

李鹏总理还先后到上安电厂、石家庄市钢材市场、邯郸钢铁总厂等单位就物资购销体制改革集资办电等问题进行了调查研究。

上安电厂是华能国际电力开发公司和河北省联合筹集国内外资金建设的坑口电厂,第一期工程为两台35万千瓦燃煤机组,设备由美国、加拿大、意大利有关公司进口,建设进度比较快。李鹏总理在上安电厂建设工地详细了解情况后,认为这个电厂的建设有五条经验,一是集资办电;二是利用外资,引进技术;三是招标承包,引入竞争机制;四是按价值规律办事,价格高来高去;五是以进带出。他说,这是一个改革,改革换来了电力建设速度。要继续推广华能公司集资和利用外资办电的经验。

李鹏总理在调查石家庄市钢材市场等情况后说,生产资料市场调剂了余缺品种,保证了生产,减少了中间环节,减少了企业库存,也减少了物资流通领域中的不正之风,社会效益是好的。物资市场的“三定一送”(定点、定时、定量,送货上门)是一项非常有前途的事情。与农业上的产前产后服务一样,企业的产前产后服务也是一个有待解决的大问题,特别是产前的原料供应。如果产前服务搞好了,可以减少企业很大压力,是解决企业库存的有效办法。当然,现在的生产资料市场还不算发育的市场、完整的市场。要研究一下怎样进一步扩大范围。如果降低手续费,就可能把更多的部属企业和省属企业吸引过来,从不发育的市场向发育的、完整的市场发展。

李鹏总理在询问了钢材由出厂到用户手中的价格变化过程后说,要进一步改革钢材购销体制,中间环节的费用应不断降低。中央和省都要搞点调查研究,跟踪到用户。目前钢材计划供应和市场供应比例究竟有多大?中间被克扣的环节,在哪里?必须把情况弄清楚。这是进行原材料价格改革所必需的。

李鹏总理对石家庄市市委、市政府为发展生产资料市场而提出的领导干部要“自我剥夺,自我解放”表示赞成。他说,我们各级领导,从国务院做起,从上到下,都要有这种精神。要自我剥夺手中乱批条子、乱批项目的权力。要腾出时间多做点调查研究,多提点建议,这样才能转变职能,消除在物资分配上的一些不正之风。

邯郸钢铁总厂是1958年建设投产的,当时主要以炼铁为主,现已发展成为中型钢铁联合企业。李鹏总理赞扬这个钢铁厂为国家做了贡献。他说,我国的钢铁工业已初具规模,钢铁的发展主要靠的是政策,实行承包制以后,把钢铁企业生产力解放出来了。钢铁企业改造挖潜大有可为,投资省,见效快。要把引进国外先进技术、引进关键设备与充分发挥国内力量结合起来。还要加强管理,这样,中小企业,技术比较落后的企业,同样能达到比较好的水平。

国务院总理李鹏签署第3号令公布《中华人民共和国河道管理条例》

《中华人民共和国河道管理条例》已经1988年6月3日国务院第7次常务会议通过,现予发布施行。

总 理 李 鹏

1988年6月10日

中华人民共和国河道管理条例

第一章 总 则

第一条 为加强河道管理,保障防洪安全,发挥江河湖泊的综合效益,根据《中华人民共和国水法》,制定本条例。

第二条 本条例适用于中华人民共和国领域内的

河道(包括湖泊、人工水道、行洪区、蓄洪区、滞洪区)。

河道内的航道,同时适用《中华人民共和国航道管理条例》。

第三条　开发利用江河湖泊水资源和防治水害,应当全面规划、统筹兼顾、综合利用、讲求效益,服从防洪的总体安排,促进各项事业的发展。

第四条　国务院水利行政主管部门是全国河道的主管机关。

各省、自治区、直辖市的水利行政主管部门是该行政区域的河道主管机关。

第五条　国家对河道实行按水系统一管理和分级管理相结合的原则。

长江、黄河、淮河、海河、珠江、松花江、辽河等大江大河的主要河段,跨省、自治区、直辖市的重要河段,省、自治区、直辖市之间的边界河道以及国境边界河道,由国家授权的江河流域管理机构实施管理,或者由上述江河所在省、自治区、直辖市的河道主管机关根据流域统一规划实施管理。其他河道由省、自治区、直辖市或者市、县的河道主管机关实施管理。

第六条　河道划分等级。河道等级标准由国务院水利行政主管部门制定。

第七条　河道防汛和清障工作实行地方人民政府行政首长负责制。

第八条　各级人民政府河道主管机关以及河道监理人员,必须按照国家法律、法规,加强河道管理,执行供水计划和防洪调度命令,维护水工程和人民生命财产安全。

第九条　一切单位和个人都有保护河道堤防安全和参加防汛抢险的义务。

第二章　河道整治与建设

第十条　河道的整治与建设,应当服从流域综合规划,符合国家规定的防洪标准、通航标准和其他有关技术要求,维护堤防安全,保持河势稳定和行洪、航运通畅。

第十一条　修建开发水利、防治水害、整治河道的各类工程和跨河、穿河、穿堤、临河的桥梁、码头、道路、渡口、管道、缆线等建筑物及设施,建设单位必须按照河道管理权限,将工程建设方案报送河道主管机关审查同意后,方可按照基本建设程序履行审批手续。

建设项目经批准后,建设单位应当将施工安排告知河道主管机关。

第十二条　修建桥梁、码头和其他设施,必须按照国家规定的防洪标准所确定的河宽进行,不得缩窄行洪通道。

桥梁和栈桥的梁底必须高于设计洪水位,并按照防洪和航运的要求,留有一定的超高。设计洪水位由河道主管机关根据防洪规划确定。

跨越河道的管道、线路的净空高度必须符合防洪和航运的要求。

第十三条　交通部门进行航道整治,应当符合防洪安全要求,并事先征求河道主管机关对有关设计和计划的意见。

水利部门进行河道整治,涉及航道的,应当兼顾航运的需要,并事先征求交通部门对有关设计和计划的意见。

在国家规定可以流放竹木的河流和重要的渔业水域进行河道、航道整治,建设单位应当兼顾竹木水运和渔业发展的需要,并事先将有关设计和计划送同级林业、渔业主管部门征求意见。

第十四条　堤防上已修建的涵闸、泵站和埋设的穿堤管道、缆线等建筑物及设施,河管主管机关应当定期检查,对不符合工程安全要求的,限期改建。

在堤防上新建前款所指建筑物及设施,必须经河道主管机关验收合格后方可启用,并服从河道主管机关的安全管理。

第十五条　确需利用堤顶或者戗台兼作公路的,须经上级河道主管机关批准。堤身和堤顶公路的管理和维护办法,由河道主管机关交通部门制定。

第十六条　城镇建设和发展不得占用河道滩地。城镇规划的临河界限,由河道主管机关会同城镇规划等有关部门确定。沿河城镇在编制和审查城镇规划时,应当事先征求河道主管机关的意见。

第十七条　河道岸线的利用和建设,应当服从河道整治规划和航道整治规划。计划部门在审批利用河道岸线和建设项目时,应当事先征求河道主管机关的意见。

河道岸线的界限,由河道主管机关会同交通等有关部门报县级以上地方人民政府划定。

第十八条　河道清淤和加固堤防取土以及按照防洪规划进行河道整治需要占用的土地,由当地人民政府调剂解决。

因修建水库、整治河道所增加的可利用土地,属于国家所有,可以由县级以上人民政府用于移民安置和河道整治工程。

第十九条　省、自治区、直辖市以河道为边界的,在河道两岸外侧各十公里之内,以及跨省、自治区、直辖市的河道,未经有关各方达成协议或者国务院水利行政主管部门批准,禁止单方面修建排水、阻水、引水、蓄水工程以及河道整治工程。

第三章　河道保护

第二十条　有堤防的河道,其管理范围为两岸堤防之间的水域、沙洲、滩地(包括可耕地)、行洪区,两岸堤防及护堤地。

无堤防的河道，其管理范围根据历史最高洪水位或者设计洪水位确定。

河道的具体管理范围，由县级以上地方人民政府负责划定。

第二十一条　在河道管理范围内，水域和土地的利用应当符合江河行洪、输水和航运的要求；滩地的利用，应当由河道主管机关会同土地管理等有关部门制定规划，报县级以上地方人民政府批准后实施。

第二十二条　禁止损毁堤防、护岸、闸坝等水工程建筑物和防汛设施、水文监测和测量设施、河岸地质监测设施以及通信照明等设施。

在防汛抢险期间，无关人员和车辆不得上堤。

因降雨雪等造成堤顶泥泞期间，禁止车辆通行，但防汛抢险车辆除外。

第二十三条　禁止非管理人员操作河道上的涵闸闸门，禁止任何组织和个人干扰河道管理单位的正常工作。

第二十四条　在河道管理范围内，禁止修建围堤、阻水渠道、阻水道路；种植高秆农作物、芦苇、杞柳、荻柴和树木(堤防防护林除外)；设置拦河渔具；弃置矿渣、石渣、煤灰、泥土、垃圾等。

在堤防和护堤地，禁止建房、放牧、开渠、打井、挖窖、葬坟、晒粮、存放物料、开采地下资源、进行考古发掘以及开展集市贸易活动。

第二十五条　在河道管理范围内进行下列活动，必须报经河道主管机关批准；涉及其他部门的，由河道主管机关会同有关部门批准：

(一)采砂、取土、淘金、弃置砂石或者淤泥；

(二)爆破、钻探、挖筑鱼塘；

(三)在河道滩地存放物料、修建厂房或者其他建筑设施；

(四)在河道滩地开采地下资源及进行考古发掘。

第二十六条　根据堤防的重要程度、堤基土质条件等，河道主管机关报经县级以上人民政府批准，可以在河道管理范围的相连地域划定堤防安全保护区。在堤防安全保护区内，禁止进行打井、钻探、爆破、挖筑鱼塘、采石、取土等危害堤防安全的活动。

第二十七条　禁止围湖造田。已经围垦的，应当按照国家规定的防洪标准进行治理，逐步退田还湖。湖泊的开发利用规划必须经河道主管机关审查同意。

禁止围垦河流，确需围垦的，必须经过科学论证，并经省级以上人民政府批准。

第二十八条　加强河道滩地、堤防和河岸的水土保持工作，防止水土流失、河道淤积。

第二十九条　江河的故道、旧堤、原有工程设施等，非经河道主管机关批准，不得填堵、占用或者拆毁。

第三十条　护堤护岸林木，由河道管理单位组织营造和管理，其他任何单位和个人不得侵占、砍伐或者破坏。

河道管理单位对护堤护岸林木进行抚育和更新性质的采伐及用于防汛抢险的采伐，根据国家有关规定免交育林基金。

第三十一条　在为保证堤岸安全需要限制航速的河段，河道主管机关应当会同交通部门设立限制航速的标志，通行的船舶不得超速行驶。

在汛期，船舶的行驶和停靠必须遵守防汛指挥部的规定。

第三十二条　山区河道有山体滑坡、崩岸、泥石流等自然灾害的河段，河道主管机关应当会同地质、交通等部门加强监测。在上述河段，禁止从事开山采石、采矿、开荒等危及山体稳定的活动。

第三十三条　在河道中流放竹木，不得影响行洪、航运和水工程安全，并服从当地河道主管机关的安全管理。

在汛期，河道主管机关有权对河道上的竹木和其他漂流物进行紧急处置。

第三十四条　向河道、湖泊排污的排污口的设置和扩大，排污单位在向环境保护部门申报之前，应当征得河道主管机关的同意。

第三十五条　在河道管理范围内，禁止堆放、倾倒、掩埋、排放污染水体的物体。禁止在河道内清洗装贮过油类或者有毒污染物的车辆、容器。

河道主管机关应当开展河道水质监测工作，协同环境保护部门对水污染防治实施监督管理。

第四章　河道清障

第三十六条　对河道管理范围内的阻水障碍物，按照"谁设障，谁清除"的原则，由河道主管机关提出清障计划和实施方案，由防汛指挥部责令设障者在规定的期限内清除。逾期不清除的，由防汛指挥部组织强行清除，并由设障者负担全部清障费用。

第三十七条　对壅水、阻水严重的桥梁、引道、码头和其他跨河工程设施，根据国家规定的防洪标准，由河道主管机关提出意见并报经人民政府批准，责成原建设单位在规定的期限内改建或者拆除。汛期影响防洪安全的，必须服从防汛指挥部的紧急处理决定。

第五章　经　费

第三十八条　河道堤防的防汛岁修费，按照分级管理的原则，分别由中央财政和地方财政负担，列入中央和地方年度财政预算。

第三十九条　受益范围明确的堤防、护岸、水闸、圩垸、海塘和排涝工程设施，河道主管机关可以向受益的工商企业等单位和农户收取河道工程修建维护管理费,其标准应当根据工程修建和维护管理费用确定。收费的具体标准和计收办法由省、自治区、直辖市人民政府制定。

第四十条　在河道管理范围内采砂、取土、淘金,必须按照经批准的范围和作业方式进行,并向河道主管机关缴纳管理费。收费的标准和计收办法由国务院水利行政主管部门会同国务院财政主管部门制定。

第四十一条　任何单位和个人,凡对堤防、护岸和其他水工程设施造成损坏或者造成河道淤积的,由责任者负责修复、清淤或者承担维修费用。

第四十二条　河道主管机关收取的各项费用,用于河道堤防工程的建设、管理、维修和设施的更新改造。结余资金可以连年结转使用,任何部门不得截取或者挪用。

第四十三条　河道两岸的城镇和农村,当地县级以上人民政府可以在汛期组织堤防保护区域内的单位和个人义务出工,对河道堤防工程进行维修和加固。

第六章　罚　则

第四十四条　违反本条例规定,有下列行为之一的,县级以上地方人民政府河道主管机关除责令其纠正违法行为、采取补救措施外,可以并处警告、罚款、没收非法所得;对有关责任人员,由其所在单位或者上级主管机关给予行政处分;构成犯罪的,依法追究刑事责任:

(一)在河道管理范围内弃置、堆放阻碍行洪物体的;种植阻碍行洪的林木或者高秆植物的;修建围堤、阻水渠道、阻水道路的;

(二)在堤防、护堤地建房、放牧、开渠、打井、挖窖、葬坟、晒粮、存放物料、开采地下资源、进行考古发掘以及开展集市贸易活动的;

(三)未经批准或者不按照国家规定的防洪标准、工程安全标准整治河道或者修建水工程建筑物和其他设施的;

(四)未经批准或者不按照河道主管机关的规定在河道管理范围内采砂、取土、淘金、弃置砂石或者淤泥、爆破、钻探、挖筑鱼塘的;

(五)未经批准在河道滩地存放物料、修建厂房或者其他建筑设施,以及开采地下资源或者进行考古发掘的;

(六)违反本条例第二十七条的规定,围垦湖泊、河流的;

(七)擅自砍伐护堤护岸林木的;

(八)汛期违反防汛指挥部的规定或者指令的。

第四十五条　违反本条例规定,有下列行为之一的,县级以上地方人民政府河道主管机关除责令其纠正违法行为、赔偿损失、采取补救措施外、可以并处警告、罚款;应当给予治安管理处罚的,按照《中华人民共和国治安管理处罚条例》的规定处罚;构成犯罪的,依法追究刑事责任:

(一)损毁堤防、护岸、闸坝、水工程建筑物,损毁防汛设施、水文监测和测量设施、河岸地质监测设施以及通信照明等设施;

(二)在堤防安全保护区内进行打井、钻探、爆破、挖筑鱼塘、采石、取土等危害堤防安全的活动的;

(三)非管理人员操作河道上的涵闸闸门或者干扰河道管理单位正常工作的。

第四十六条　当事人对行政处罚决定不服的,可以在接到处罚通知之日起十五日内,向作出处罚决定的机关的上一级机关申请复议,对复议决定不服的,可以在接到复议决定之日起十五日内,向人民法院起诉。当事人也可以在接到处罚通知之日起十五日内,直接向人民法院起诉。当事人逾期不申请复议或者不向人民法院起诉又不履行处罚决定的,由作出处罚决定的机关申请人民法院强制执行。对治安管理处罚不服的,按照《中华人民共和国治安管理处罚条例》的规定办理。

第四十七条　对违反本条例规定,造成国家、集体、个人经济损失的,受害方可以请求县级以上河道主管机关处理,受害方也可以直接向人民法院起诉。

当事人对河道主管机关的处理决定不服的,可以在接到通知之日起,十五日内向人民法院起诉。

第四十八条　河道主管机关的工作人员以及河道监理人员玩忽职守、滥用职权、徇私舞弊的,由其所在单位或者上级主管机关给予行政处分;对公共财产、国家和人民利益造成重大损失的,依法追究刑事责任。

第七章　附　则

第四十九条　各省、自治区、直辖市人民政府,可以根据本条例的规定,综合本地区的实际情况,制定实施办法。

第五十条　本条例由国务院水利行政主管部门负责解释。

第五十一条　本条例自发布之日起施行。

全国电信工作会议在北京召开

国务委员邹家华在会上说,发展邮电通信不能慢慢来、走小步,而是要加快步伐。邮电职工要有“紧迫感”,要抓住新机遇,迎接新挑战。

中共十一届三中全会以来,邮电工作取得了令人瞩目的成绩。据悉,9年来邮电固定资产增长1.3倍,市内电话交换机和长途电路都增长了近两倍,有50多个城市开通了程控电话交换机112万门,有330多个城市实现长途电话自动和半自动拨号,80%以上的省会城市安装公众电报自动转报设备。国际国内四通八达,业务门类比较齐全,基本保证了社会对通信的各种需要。

邹家华认为,把农业、能源、交通、通信、轻纺等摆在战略地位来考虑是很正确的。实践表明,交通、通信越来越成为经济发展的制约因素。他说,无论是吸引外商投资办厂,还是发展外向型经济,参与国际交流和竞争,了解国际市场信息,没有灵活方便的通信手段是不行的。现在不仅沿海开放城市、经济特区,而且中西部地区和乡镇企业,对通信的认识和发展通信的主动性、积极性都有极大的提高,形成了"第二次冲击波"。

如何加快邮电通信的发展?邹家华说,李鹏同志曾明确提出,发展邮电通信,一靠政策;二靠技术进步;三靠社会各方面的支持。实践证明这三条完全符合实际,应当继续贯彻执行。

邹家华要求邮电部抓好全国通信网的统筹规划,抓好国际通信,抓好中央到省的通信,特别是几个主要大城市通信干线的建设,抓好整个电信新技术的推广、普及和标准化工作。

他说,发展邮电事业必须坚持国家、地方、集体、个人"四个一起上"的方针,尤其要注意保护和调动地方的积极性。

农业部 水利部 林业部在北京联合举行记者招待会介绍农村能源建设取得的成就

截至去年年底,全国农村已有8373万户用上了省柴节煤灶,463万户建起了家用沼气池,使用了太阳灶;建起太阳能采暖房12万平方米;拥有太阳能热水器35万平方米,小型风力发电机5万多台。有231万农户用上了电炊、液化石油气、天然气等优质生活燃料。据初步估算,每年节省的能源相当于3000万吨标准煤。同时,减轻了环境污染。

水利部的同志重点介绍了全国100个电气化试点县发展的成绩。目前,小水电的发电量占全国发电总量的1/9。有800个县主要靠小水电供电。

1983年国务院决定在10个省建设100个农村电气化试点县(南方85个,北方15个)。现在,这100个县小水电的总装机容量已达202万千瓦,已有24个县经过省级验收,达到了电气化的初级标准(通电面达90%,每年人均用电量200千瓦,包括工农业用电)。100个县中,有600多万户用上了电,通电户从1982年的60.6%增加到85%,54个县超过90%。

林业部的同志介绍说,过去我们一直对薪炭林的发展重视不够,致使大量好材被填进灶膛。"六五"期间,发展薪炭林被列入国家计划。7年来已发展薪炭林4223万亩,部分地区已经砍收过一两次,每年可增加薪柴1000多万吨。北京密云县农民过去常为打柴与邻省农民闹矛盾,发展薪炭林后,农民再也不为烧柴发愁了。

为了展示农村能源发展的成果和推销产品,中国农村能源行业协会筹备组于6月10日—30日在北京农展馆举办第二次全国农村能源科技成果和产品展销会。李鹏总理为展览题了词:"大力开发农村能源。"

全国人大常委会委员长万里在人民大会堂设宴欢迎日本众议院议长原健三郎一行

万里重申,在中日联合声明、中日和平友好条约及中日关系四项原则的基础上,争取长期稳定地发展两国睦邻友好关系是中国的既定方针。万里表示相信,原健三郎议长这次对中国的友好访问必将进一步增进两国人民和两国议会间的相互了解和友谊,促进两国友好合作关系健康、顺利的发展。

他说,中日邦交正常化以来,在两国政府、议会及两国人民的不懈努力下,中日关系有了很大的发展,在许多方面都取得了可喜的成果。历史已经证明并将继续证明,中日两国的友好合作不仅符合两国人民的共同愿望,而且有助于亚太地区的和平与稳定。他说:"毋庸讳言,在两国关系的发展过程中,也出现了一些不利于中日友好的问题,值得引起我们的重视。我相信,只要中日双方都严格遵守并切实履行双方已达成的各项原则协议,问题是不难解决的,两国友好合作关系将会继续向前发展。"

他说:"中国全国人大和日本国会在维护和发展两国友好合作关系上负有崇高的责任。让我们进一步加强合作,为实现中日两国人民的世代友好作出不懈的努力。"

万里说,中国将坚持对外开放,在平等互利的基础上,不断发展同包括日本在内的世界各国的经贸、科技交流和合作。

原健三郎在讲话中说,日中两国的交流有着悠久的历史。他说:"在近代史上,我们两国间曾有过一段给双方国民都带来了不幸的时期,这是令人遗憾的。但是,可喜的是自1972年两国邦交正常化以来,我们两国切实走上了友好的道路,并且日益加深着相互间的亲密关系。"

他说,日本国民深切地认识到没有世界的和平和繁荣就没有日本的和平和繁荣。因而,战后43年来,日本一直遵循着"和平主义"原则。这一原则也明文写进了日中联合声明和日中和平友好条约中。他说,"我们希望在日中联合声明、日中和平友好条约及日中关系四项原则的基础上,两国的友好合作关系今后能够进一步得到加强。”

他说，去年，当迎来日中邦交正常化15周年之际，众议院通过了为进一步增进日中友好关系而作出最大努力的决议。这项决议表达了日本国民的意愿，同时也激励了政府。

原健三郎说，今年是日中和平友好条约签订10周年，也是两国议会建立交往关系的第10年。他说，今年5月日本宇野外相访问中国，这次，他代表国会访问中国。今年8月，竹下首相还将访华。在这值得纪念的1年里，日本领导人相继来访，以此加深两国相互间的友情，真是令人高兴的事。他希望以此为开端，使两国关系更加飞跃发展。

外交部部长钱其琛在北京同博茨瓦纳外长豪西特韦·切佩女士举行会谈

钱其琛重申了中国政府和人民支持南部非洲人民的立场。他赞扬博茨瓦纳政府和人民不畏强暴，坚持反对南非种族主义、并根据本国实际采取了灵活的、有效的斗争策略，赢得了国际社会的普遍赞誉。

切佩表示希望当前在国际上围绕安哥拉和纳米比亚问题的4方会谈能取得成果。

钱其琛和切佩对中博关系的发展表示满意。他们认为自1975年两国建交以来，双边关系顺利发展，两国应进一步发展友好合作关系。

切佩对中国在农业、医疗卫生和运输等方面对博茨瓦纳的援助表示感谢。

钱其琛说，中国政府和人民将一如既往，积极发展同非洲和其他第三世界国家的团结合作，扩大经济、文化和科技交往。钱其琛对博茨瓦纳政府的内外政策和经济建设成就表示赞赏。

切佩说，博茨瓦纳一直关注着中国的改革，中国的改革是建立在中国人民利益基础上的。

钱其琛还简要地向切佩通报了联合国第三届裁军特别大会的情况。

中国科协和国家统计局在北京联合举行新闻发布会首次发表全国科技社团的统计资料

据统计资料显示，中国科协有146个全国性学会。其中理科35个，工科58个，农科12个，医科19个，交叉学科及科普等22个。截至1987年年底，持有全国性学会会员证的约有171.88万人。全国性学会所属分科学会1555个。有80个全国性学会作为团体会员参加149个国际学术组织，有397人在336个国际学术组织中任职。

广泛地开展学术交流活动，是中国科协的重要工作内容。1987年，全国地(市)以上科协、省以上学会共计开展学术交流活动44750次。其中学术报告16554次，国内学术会议19271次，国际学术会议1782次。共约有359万人次参加，交流论文与发表科技文章366713篇。全国性学会共举办学术报告292次，国内学术会议1854次，发表论文115070篇。

中国科协系统是较早开展咨询服务的组织。近年来，中国科协系统科技咨询服务共完成科技咨询合同81374项。合同总金额6.96亿元。科技咨询服务净收入为1.7亿元。

全国群众性的科普网络已初步形成。现在全国98%的县建立了科协，在85%的乡镇建立了46560个科普协会。科普装备进一步改善，全国已有科普宣传车1870辆。

中国科协系统在全国各省、市、县有188座科学会堂、科技馆等。

1987年中国科协系统编辑出版学术期刊818种，学术论著1000种，论文集1753种，科技报192种，科普期刊974种，科普读物1515种。

国家教委发言人就中小学应积极健康地开展勤工俭学活动发表谈话

发言人说，对中小学开展勤工俭学活动，1983年国务院颁发了有关规定。许多中小学校在这方面积累了不少好的经验。实践证明，把这项活动组织好，有利于教育与生产劳动相结合，使中小学生通过参加适当的劳动，从小培养起热爱劳动、尊重劳动人民的思想感情和优秀品质；也有利于增加学校的收入，用以改善办学条件和教职工的生活条件，促进教育质量的提高。因此，国家教委正在进一步研究制定有关政策，以促进勤工俭学的发展。各地也要积极扶持中小学校，把这项活动更好地开展起来。他强调指出，由于各地、各学校条件不同，开展勤工俭学活动不能不顾条件地搞“一刀切”，一时不具备条件的学校不要勉强。

发言人说，中小学和大学的情况不同。改善中小学办学条件和教职工的生活条件，主要是靠政府不断增加教育经费和社会各方面力量的集资。有关部门正在研究和制定相应的政策和措施。

中小学教师的职责是教书育人，工作辛勤繁重。因此，一般不宜提倡中小学教师个人去搞有偿服务或从事第二职业。现在个别地方不是采取有力措施扶持学校开展勤工俭学，而是采取向学校压创收指标的做法，致使有些教师去做生意、搞买卖，甚至向学生推销商品，造成很不好的影响。这不利于教师履行自己的神圣职责，也有损于教师的形象，应当及时加以纠正。

发言人说，中小学校的校办企业属于校产，但应实行“两权分离”的办法。主要靠少数会经营的教师去管理，组织专门的工人去生产，收益归学校。这样有利于把学校领导的精力集中在搞好教学，提高教育质量上。同时，随着校办企业的发展，还应逐步把它建设成为学生参加劳动和接受劳动技术教育的基地。

21所高等院校与机械行业的百余家企业研究所就定向招收培养研究生问题在南京华东工学院举行洽谈会

会议表明：理论性人才饱和，应用型人才匮乏，定向招生培养是解决研究生分配难的良方。

在这次高级专门人才定向培养和信息交流会上，供需双方共签订了1500多份定向招生培养协议书，比原机械委下达的1989年各类研究生招收定额总数多200余名。这一出乎意外的结果，使人们对时下研究生分配难的问题有了新的认识：目前社会并不是不需要研究生，而是育人单位在研究生培养方向上没有很好地适应社会的需求。

有关人士认为，现在我国高校研究生培养工作偏重于为高校培养师资力量，为科研机关培养研究人员。这些学生理论水平相对较高，而实际应用能力不足。而高校师资和科研机关研究人员近年来经过大批补充基本趋于饱和，这样就出现招生和分配脱节，专业不能对口，人才浪费严重。此外，从研究生自身来看，一些人向往大机关，不愿到边远地区和条件较差的地方去创业，出现了要人的地方没人去，不要人的地方争着去的现象。

定向招生、定向培养为解决这一问题提供了一个有效途径。所谓定向招生，就是由用人单位推荐具有两年以上实际工作经验的优秀本科毕业生报考研究生，学成后回原单位工作；同时，学校也动员应届本科生报考按用人单位要求培养的研究生，学成后到既定单位服务。这样，培养研究生就不单是学校一方的事情了，而是必须“两厢情愿”。

从这次洽谈会上获益的不仅是高校，那些来自边远地区和国家重点支持的企业，在会上发出的“远山的呼唤”得到了高校的积极响应。在已签订的1500多份定向招生协议书中，2/3就是这些企业和高校签订的。

我国仅存野生东北虎不足30只 野生华南虎40至50只

据《人民日报》报道，近年来，森林减少，老虎栖息环境恶化，加上盗捕现象严重，我国现有老虎数量锐减。1974—1976年林业部普查估计东北虎尚有150只左右，十年后东北林业大学调查表明已不到30只。另据有关部门调查，野生华南虎也只有40—50只左右了。如果不尽快采取有力措施，十年内野生老虎就会在中国绝迹。

“全社会要像保护大熊猫那样保护老虎。”发出热切呼吁的专家们建议，在全国发起救救老虎的运动，设立虎类保护基金，加强对老虎繁殖的研究，尽快建立保护区。

6月11日

国家副主席王震在北京会见以副主席巴谷·符达信博士为团长的泰国枢密院代表团

王震说，中泰建交13年来，两国的友好合作关系和两国人民的传统友谊得到了深入和迅速的发展。我们对此感到满意。

他表示相信，在两国政府和人民的共同努力下，两国之间亲密友好合作关系一定会进一步巩固和发展。

王震高兴地回忆了1986年5月对泰国的访问。他说，泰国经济发展的成就给他留下了十分深刻的印象。

他说，泰国在吸收外国先进技术和资金中积累了许多成功的经验，对中国很有参考价值。

王震希望两国增加往来，互相学习和交流经验，以促进两国的经济繁荣和社会进步。

巴谷·符达信说，中国近几年在各个方面都发生了很大变化。特别是在农村，农民生活得到了很大提高。这是中国政府实行经济改革的结果。他认为，随着改革的发展，中国国家经济和人民生活水平都将会进一步提高。

国务院副总理吴学谦 全国人大常委会副委员长陈慕华在北京先后会见博茨瓦纳外交部部长豪西特韦·切佩博士一行

国家教委主任李铁映在北京主持召开国家教委全体委员扩大会议

会议分析了当前高等学校的形势，就加强学校思想政治教育、整顿学校秩序、加强学校管理提出了重要意见。

会议指出，几年来高等学校的工作有很大成绩，形势是好的，但是，也存在着一些不容忽视的问题。有些同志对改革的形势缺乏正确的认识，少数人在一政治原则问题上是非不清，有的甚至公开散布反动观点。少数学校管理不严，秩序混乱，社会上的不良分子随意出入学校，或破坏治安，或蛊惑人心，煽动闹事。有的学生不努力学习,与当代社会主义大学生的道德风貌很不相称。这些现象严重影响了安定团结,妨碍了教学、科研工作的正常进行。广大师生和人民群众对此是不满意的,必须迅速采取有力措施加以整顿。

会议提出,高等学校的根本任务是培养有理想、有道德、有文化、有纪律的专门人才。我们的大学生应当拥护党的领导,拥护社会主义,拥护改革,支持改革,为实现四化,振兴中华努力学习。要按照这个要求加强学校各方面的工作,特别是思想政治教育工作。会议强调,教书育人是学校领导和全体教师的共同职责,必须贯穿在学校的教学和其他一切活动中。现在,我国正处于改革的关键阶段,要引导广大师生充分认识10年来坚持改革开放所取得的巨大成就,坚定改革的信心;要使广大师生懂得,只有维护党的坚强有力的领导,加强纪律,团结一致,才能共渡难关,夺取改革的新胜利。任何损害党的领导、损害纪律、损害安定团结的言行都是对改革的干扰,都是违背全国人民根本利益的。

会议要求各高等学校要针对当前存在的问题,集中力量整顿学校秩序,严格校纪校规,加强管理。要进一步增强广大师生的法制观念和纪律观念,提高维护安定团结的自觉性。对违反校纪校规的,要及时严肃处理。要通过整顿树立起良好的校风和学风。会议要求地方政府和中央部委切实负起责任,加强对所属高等学校的领导。各级领导干部要深入基层,密切同广大师生的联系,加强对话,旗帜鲜明地进行思想政治教育,并帮助学校解决实际问题。

国务院有关部委和北京市的负责同志出席了会议。

第一届全国广播电视学术论文评奖结果在湖南长沙揭晓

在各地广播电视学会推荐的101篇论文中,评选出获奖论文35篇。广播电视学术论文评奖活动,以后将每2年举行一次。

我国选手王克尉在第二十五届巴尔的摩国际声乐比赛中获第一名

刘晓逝世

原中共中央顾问委员会委员、全国政协常委、外交部顾问刘晓同志,因病医治无效,于6月11日下午1时38分在北京逝世,享年80岁。

刘晓同志是湖南省辰溪县人。他1926年参加革命,同年加入中国共产党,历任江苏省省委书记,上海局书记等职。新中国成立后历任上海市市委第二书记,驻苏联、阿尔巴尼亚大使,外交部副部长等职。他还是七届中央候补委员、八届中央委员。

6月12日

中国将扩建新建11个钢铁项目

国务院最近批准利用外资,扩建新建5个钢铁工业项目,加上早些时候批准的6个同类项目,到1992年将增加900万吨的生产能力。这将为下一个十年我国钢铁产量继续稳步增长打下基础,使本世纪末达到9000万吨的目标更有把握。

这些新建扩建的项目,分别分布在鞍山、太原、马鞍山、武汉等老钢铁基地和湄州湾、珠江等新的钢铁基地。目前,这些项目的可行性研究等前期准备工作正在展开。

我国还将引进一批国际先进实用技术和设备,主要增产板材和无缝管合金钢的比重,低合金钢也将稳步增加,这对改变我国钢材品种结构将起重要作用。

《当代企业家名典丛书》出版

由"延安鲁艺校友会"组织,全国30余位著名学者、作家和编辑、出版家组成的中国《当代企业家名典丛书》编委会,正在编纂一套大型企业家丛书。该《丛书》采用传记、报告文学、通讯、摄影、书画等艺术样式,形象地向读者展现企业家们的成功经验、开创精神和生活故事。

由工人出版社出版的这套《丛书》拟出25卷,计划两年内全部出齐。第一批即将出版《山东卷》《河北卷》《河南卷》《江苏卷》《天津卷》《北京卷》。《丛书》名誉总编辑由李庄、金紫光担任。

亚足联第十三届代表大会选举霍英东连任代表亚洲的国际足联执委

亚足联主席哈姆扎在会上讲了话。他说,近年来,亚洲足坛活动大幅度增加,今明两年将有20多个会员协会参加世界杯外围赛、亚洲杯赛、亚青杯赛、亚洲俱乐部冠军杯赛和亚洲少年锦标赛,600多名年轻教练接受培训,并创办一所亚洲足球教练学校。哈姆扎说,亚足联已宣布今年为亚洲青年足球年,希望唤起并保持尽可能多的年轻人对足球运动的兴趣。他要求大家抵制在青年比赛中贿赂裁判和运动员、谎报年龄的风气,克服不道德行为。

本届代表大会还决定成立新闻委员会,作为亚足联常设机构。

国际足联主席阿维兰热和秘书长布拉特出席了大会。

6月13日

中国福利会成立50周年庆祝会在人民大会堂举行

1938年6月14日,正当中华民族灾难深重之时,中国福利会的前身——保卫中国同盟在香港成立。它联合海内外的热心人士,为抗日战争和人民解放战争的胜利作出了特殊贡献。全国解放后,中国福利会致力于妇幼保健和儿童文化教育事业,并通过《中国建设》杂志和其他途径,向国外广泛介绍中国的情况,显示出这一人民团体的活力和独特作用。

邓小平、邓颖超、康克清等老一辈革命家为中国福利会题写了贺词。陈丕显、黄华、彭冲、朱学范、倪志福、康克清、赵朴初等到会祝贺。中国福利会新一任执委会主席黄华发表讲话,他表示中国福利会将学习宋庆龄的伟大品格和崇高精神,坚持全心全意为妇女儿童服务的宗旨,办好这一事业。全国人大常委会副委员长彭冲也讲了话,他希望中国福利会在新的历史时期里,继承光荣传统,推动我国妇女儿童工作达到新的水平。

宋庆龄生前挚友爱泼斯坦等国际友人在会上深情地回顾了他们同中国福利会的深厚情谊。

会上还颁发了第四届"妇幼事业樟树奖"。著名女作家谢冰心、科普作家高士其、少先队工作者吴芸红、妇产科专家严仁英和幼儿教师周静获得这一殊荣。

国务院港澳办公室主任姬鹏飞在澳门会见澳门各界人士

姬鹏飞说,实行"一国两制",保持澳门的现行制度50年不变,是中国政府既定的方针。澳门也将制定一部符合澳门实际情况的基本法,从法律上予以保障。澳门的前途充满着光明。

姬鹏飞主任称赞澳门各界人士为澳门和内地的共同发展做了许多有益的工作。他说,澳门与内地,特别是与珠江三角洲之间,有着长期密切的关系,内地在各方面给澳门以支持,澳门也为内地建设作出了贡献。随着祖国进一步改革开放和现代化建设的发展,内地与澳门的关系会越来越密切。他希望并相信澳门各界人士将为促进内地和澳门的共同繁荣作出更大的贡献。

第三次计划单列城市体制改革研讨会在陕西西安召开

会议透露,我国6个沿海开放城市和4个内陆特大城市实行计划单列、赋予省级管理权限并进行综合改革试点,极大地增强了这10个城市的吸引力,辐射力和多功能作用,使其蕴涵的巨大能量得以释放。

据统计,这10个计划单列城市人口约占全国381个城市总人口的1/4,拥有的大、中型工业企业约占全国城市大、中型企业总数的1/3,工业总产值和地方预算内财政收入分别占全国的13%和9%。

1983年以来,党中央、国务院先后批准,对重庆、武汉、沈阳、大连、广州、西安、哈尔滨、青岛、宁波、厦门等10个大、中城市实行计划单列,并在不改变省辖市行政隶属关系的情况下,赋予这些城市省级经济管理权限。实践证明,这一改革带来了勃勃生机:

第一,加快了城市经济体制改革,大大解放了城市生产力。这些城市普遍开展了综合改革试点,为全国城市经济体制改革探索了新路,同时为企业深化改革提供了前提和条件。据率先实行计划单列的7个城市统计,1987年工农业总产值达1209.4亿元,比1984年的881.8亿元增长37%;工业总产值达1096亿元,比1984年780亿元增长了40.5%。上交中央和省财政都比单列前有大幅度提高。仅西安市近两年每年上交省财政就比计划单列前年增长一倍多。

第二,减少了管理层次,提高了办事效率,扩大了城市管理自主权,加快了城市基础设施建设以及投资和生活环境的改善。

据了解,重庆计划单列后的4年城建投资已超过单列前30年总和;西安市3年用于城建投资达3.04亿元,年平均投资是1978年前29年投资总和的12倍。武汉市计划单列前机动财力每年仅1400万元左右,30年只修了长江大桥一项重点工程。单列之后,不仅自筹资金8000万元根治了武汉的"超级龙须沟"黄孝河,而且依靠自己的力量,着手进行武汉长江二桥、武汉飞机场等10多项重大建设工程,武汉每年可用于城建的资金达2亿多元。

第三,增强了中心城市的吸引力和辐射力,使城市的中心作用在对内对外开放和横向经济联合中日益得到发挥。目前,已形成以重庆为中心的西南5省(区)6方的经济协作区,以武汉为中心的武汉经济区,以沈阳为中心的辽宁中部7城市联合群体等。

广州市计划单列以来,已同全国27个省(区)市建立了经济协作关系,达成协议3564项,外地在穗办厂办店达2400多家,设立办事机构216个,每天流动人口110多万。

参加计划单列城市体制改革研讨会的同志们在报"喜"的同时,还谈到计划单列城市面临的"忧",与会同志呼吁:要进一步深化城市经济体制综合改革,及早确立计划单列城市的法律地位并赋予他们制定地方法规的权力。

国务院发出通知要求各级政府做好夏季粮油收购工作

通知说,去冬以来,各种自然灾害较多。在各级人民政府的领导下,广大农民积极抗灾,虽然今年油菜籽比上年有所减产,但是夏季粮食总产量可能接近或达到去年水平。因此,在收成好的地方,多收购一些粮油,对安排好全年粮油供应工作尤为重要。

通知重申粮油合同定购既是经济合同,又是国家任务,必须保证完成;完成合同定购是农民应尽的义务。这是国家规定的政策,要理直气壮地广泛宣传,认真贯彻执行。

通知强调在完成小麦合同定购任务和议转平收购计划以后,还要随行就市,以略低于市价的标准积极组织议购。对超额上交中央的小麦,中央给各省照补加价款和差价款(每公斤1角2分8厘)。全年的粮食合同定购任务要在秋季如数完成,完不成任务的省要用议价粮补上。对需求较大的非定购品种,如蚕豆、豌豆等,也应积极开展议购议销。

通知说,油菜籽要按照今年国家新调整的比例价敞开收购,同时要认真贯彻购料返饼政策。为了鼓励主产区多调菜油,从今年7月1日起,对调出的菜油在现行调拨价的基础上,每公斤增加补贴2角,补贴款由调入省的财政负担。各地对计划内食油销售要保证供应,对计划外的食油销售要严格控制。

通知还要求各有关部门要加强协作,保证收购资金的供应,抓紧兑现挂钩的化肥、柴油,加强粮油市场管理,及时解决存在问题,保证完成夏季粮油收购计划。

中央军委授予兰州军区某防化团二连"保障科研模范连"荣誉称号命名大会在兰州举行

会上,兰州军区司令员赵先顺宣读了中央军委的命令,并与政委李宣化一起,向二连颁发了奖旗和奖品。

防化二连从1964年到1986年的22年间,在几十万平方公里的戈壁沙漠地区执行核试验下风保障任务。作业地区无人无水无路,监测任务又苦又累又险,干部战士以大无畏的英雄气概,战胜艰难困苦,建立了上千个作业点,取得了几十万个效应数据,为国防科研、医学研究和作战训练提供了重要依据。

国家教委发言人就滥办学 乱收费 乱发文凭等问题发表讲话

这位发言人说,几年来,社会上的一些团体和企事业单位采取多种形式举办了各种类型的学校和短训班。其中绝大部分是按国家和教育部门有关规定举办的,在促进教育事业发展,弥补国家办学不足等方面发挥了积极的作用。但也确有一些办学单位和个人,在不具备基本办学条件、教学质量难以保证,甚至未经教育行政部门批准的情况下,就随意办学,并许诺颁发大中专文凭;有的脱离当地政府和教育行政部门的管理,跨省市设校招生,又缺乏保证教学质量的相应措施,个别的办学质量低劣;有的以营利为目的,高额收取学费,甚至牟取暴利,中饱私囊。极个别单位和个人,聘请不知情的社会知名人士担任名誉职务,利用这一点来招徕学生,带来了严重后果。

发言人说,最近,有个别未经政府和教育行政部门批准的专修班的少数学生,来京要求国家承认他们的学历文凭,甚至不听劝阻,采取静坐等错误做法,干扰了政府的工作。

发言人强调指出,国家和地方政府已经制定了一系列教育法规,凡依照这些法规举办的学校和培训班,国家和地方政府保护其合法权益。违反规定办学,出了问题的,谁作了许诺,由谁负责,该负法律责任的,应负法律责任。

发言人说,国家教委要求各地政府和教育行政部门加强对教育法令、法规的宣传和对各种办学的领导。他还希望广大求学者对各种办学招生广告的内容,要辨别真伪,以免上当受骗;同时,有关部门应依法加强对办学招生广告的管理。

《法学新学科手册》出版

该书由何勤华、徐永康编,浙江人民出版社出版。

《法学新学科手册》是我国第一本比较系统地介绍近年来出现的各门法学新学科的著作。该书对基础法学、宪法行政法学、民法经济法学、刑事法学、国际法学和技术法学等6个部门的135个法学新学科,作了较为全面的介绍。书中不仅对各学科的概念、内容、研究对象和体系作了系统的说明,而且通过丰富的资料,对每一种学科的历史沿革以及当前的发展和研究状况,也都作了详细的阐述。全书融科学性与知识性为一体,并具有相当的学术价值。因此,本书不但可以使一般读者对当前各门法学新学科的研究状况和基本问题有较为系统、完整的了解,对于较高层次的专业人员也有一定的参考价值。

第二届全国少数民族题材电视艺术骏马奖评选结果在昆明揭晓

中国电视剧制作中心、沈阳市文联和中国新闻社联合录制的《努尔哈赤》,新疆电视台录制的《西部畅想曲》,湖南电视台录制的《春漫瑶山》分别摘取了连续剧、艺术片和纪录片最佳奖的桂冠。

《红高粱》在第三届津巴布韦国际电影节上获3项奖

中国影片《红高粱》荣获本届电影节所设6项奖中的3项奖:“最佳影片奖”(最高奖)、“杰出导演奖”(张艺谋)和“最新颖创作奖”。

津巴布韦新闻部部长曼格文德代表本届电影节评委会向获奖的影片颁发了奖杯。中国驻津巴布韦大使馆临时代办吉佩定代表中国领取了3项奖。

赵守一逝世

原中共中央顾问委员会委员、原劳动人事部部长、中共十二届中央委员赵守一同志,因患心脏病医治无效,于6月13日在北京逝世,享年71岁。

赵守一是陕西省渭南县人,1933年参加革命,1936年10月加入中国共产党,历任中共中央西北局宣传部副部长,中共陕西省省委第二书记,中共安徽省省委书记,中央宣传部副部长,原劳动人事部党组书记、部长等职。他是中共八大代表、五届全国人大代表。

6月14日

国家主席杨尚昆在人民大会堂接受老挝人民民主共和国新任驻华大使蓬沙瓦·布法递交的国书

中共中央政治局常委胡启立代表党中央到人民日报社看望报社同志祝贺《人民日报》创刊40周年

胡启立在讲话中引用邓拓“平生赢得豪情在,举国高潮望接天”的诗句说,我们今天终于迎来了“举国高潮”的大好形势。在《人民日报》进入第五个10年之际,我们国家的改革也进入了一个关键时期。怎样更好地肩负起历史的重任,这个问题摆在我们面前。我相信《人民日报》的全体同志,是能够更成熟、更奋发地迎接这个挑战,一定能够把党交给的任务完成得更好,把报纸办得欣欣向荣,成为国内外广大读者喜爱的报纸;办成我们党团结人民、教育人民、反映人民呼声、沟通信息、繁荣理论、促进改革这样一个真正的大众舆论的工具;办成为我们党的一面旗帜,引导人民前进。

上午9时,胡启立同志来到充满节日气氛的《人民日报》大院,在《人民日报》社长钱李仁、总编辑谭文瑞的陪同下,参观了《人民日报》新近引进并安装调试的先进新闻电脑编排系统、报史展览室等,并看望了编辑部的部分工作人员。“同志们辛苦了,谢谢你们!”胡启立同志向大家表示亲切问候。

为纪念《人民日报》创刊40周年,赵紫阳、邓小平等中央领导同志和许多老同志给《人民日报》题了词;《人民日报》还收到国内外新闻机构和友好团体、个人的许多贺信、贺电。胡启立同志认为,这说明党和人民对《人民日报》极为重视和关怀。他说:过去40年来,我们国家发生了深刻的变化。在这段时间内,尽管我们党曾经犯过“文化大革命”的错误和在这以前的“左”倾错误,但是,我们党既没有被错误所压倒,也没有因挫折而沉沦。相反,在克服错误和战胜挫折中,我们党获得更大的生气和活力。《人民日报》也是这样,在总结历史经验教训的基础上更趋成熟、壮大。这几十年中的风风雨雨,《人民日报》与党同呼吸、共命运,在历史上留下自己的足迹,贯彻了党的方针政策,反映了人民群众的呼声,沟通了信息,开展了理论研究,加强和改善了报社的自身建设,做了大量的工作,受到党和人民的高度评价,为海内外广大读者所喜爱。胡启立同志高度赞扬《人民日报》的工作人员几十年尽心竭力、兢兢业业为党、为人民忘我工作的精神。

胡启立同志还就当前改革的形势、改革所处的关键阶段、改进报纸宣传工作等问题,同《人民日报》编委会成员和有关部门的领导同志广泛交换了意见。

国务院和中央统战部在北京联合召开全国参事室工作座谈会和全国文史馆工作座谈会

会议召开时间为6月14日至6月19日。

阎明复在会上说:参事室、文史馆是新中国成立初期在党中央、政务院和毛泽东、周恩来等老一辈无产阶级革命家的直接关怀指导下成立的,是党的统一战线的一个阵地。党的十三大以后,统一战线工作的形势越来越好。在新的形势下,参事室、文史馆在扩大爱国统一战线方面,在推进社会主义民主政治建设和弘扬民族文化、促进社会主义精神文明建设方面,在开展海外统战工作、实施“一国两制”方面,将继续发挥积极的作用。各级人民政府要切实加强对参事室、文史馆的领导,创造条件让参事、馆员多知情、多出力,充分发挥他们在政府工作中的参谋、咨询作用。他强调,统战工作是政府工作的职能之一。随着党政分开,各级政府的统战工作也更加加重了。做参事室、文史馆工作,实际上是政府直接做统战工作。各级人民政府要从强化政府统战工作出发,切实加强参事室、文史馆工作。

阎明复还就党政分开以后,如何做好统战工作发表了意见。他指出,实行党政分开,也是统战部门进行改革的重要指导思想。从全国来讲,统战部门不是当前实行党政分开的重点,但也要着手改革。作为党委的职能部门,各级统战部不应该、也没有可能把大量的时间和精力耗费在办理本应由政府部门办理的行政事务上。实行党政分开,对统战部门来说,要求不是低了而是高了,责任不是轻了而是重了。党政分开后,各级统战部门的领导同志要根据上述基本职能,多思考一些全局性、宏观性的问题。也就是说,要在改革开放和社会主义现代化建设的大环境中,研究统一战线工作;要把主要力量集中在统一战线的理论、方针、政策的调查研究和监督执行上;要从正确处理社会矛盾的高度调整同民主党派、非党知识分子以及其他党外人士的关系;要把握社会主义初级阶段统一战线的战略格局,做好党外代表人物的统筹安排。属于政府的业务工作和日常事务,统战部门不要过多去干预。

国务委员、国务院秘书长陈俊生在闭幕会上讲话。关于参事室工作,陈俊生说,在省、自治区、直辖市和部分省辖市人民政府设立参事室,主要由民主党派、无党派人士担任参事,是贯彻党的统一战线政策的需要,是做好政府工作的需要。参事室成立30多年了,这期间有经验也有教训。面对新的形势,必须从参事室的实际出发,搞好改革。改革的主要内容:一是今后遴选参事的主要对象,应当是有影响、有代表性的民主党派、无党派人士,同时是有参政议政能力的各方面的专家,特别是懂经济、懂法律、懂行政管理的专家;二是现在各地的参事大都年逾古稀,力不从心,因此,新遴选的参事要求年龄低一些;三是将参事的任命制改为聘任制;四是要规定新聘参事任职的最高年龄上限,不搞终身制。

关于文史研究馆的工作,陈俊生说,文史研究馆是政府领导下的一个事业单位,是带有统战性、荣誉性的文史研究机构。设立文史研究馆,由政府领导人聘任社会上有名望、有文史专长的老年知识分子为馆员,是党的统一战线政策的需要,是建设社会主义精神文明的需要。在新的形势下,文史研究馆也要有所改革。当初设立文史研究馆主要是着眼于安置旧社会过来的老而贫的知识分子。现在情况不同了,社会上没有职业、生活贫困的老年知识分子已为数很少了。这样,馆员的聘请条件要做相应的改变。要考虑吸收一些从工作岗位退下来,在统战工作上能发挥作用,又有文史专长的非共产党员老年知识分子为馆员。这里必须强调,馆员一定要有文史专长,这样才能保持它的荣誉性。

陈俊生希望各地政府要重视参事室和文史研究馆的工作。他说,参事的基本职责是参政议政。因此,各地政府要善于发挥参事的作用,积极为他们参与政事创造条件,使他们能够对国家大事和关系群众切身利益的问题发表意见。但是,参事室与一般政府机构不同,它是一个统战性、咨询性的机构,实际上是一个处于二线的机构。所以,各地不重视发挥参事的作用不对,但提出过高的要求也是行不通的,应当是量力而行,尽力而为,因人而异,各展所长。文史研究馆可以在继承和发扬中华民族的优秀文化方面,发挥自己的优势,成为建设社会主义精神文明的一支力量。不少文史研究馆在这方面已经做了不少工作。希望各地政府要关心和支持文史研究馆的工作。

中央人民广播电台制订广播节目调整总体方案

据《人民日报》报道,中央台这次节目调整的重点之一是新闻节目,强调以丰富内容、提高质量为重点,以提高新闻时效为突破口,改革新闻节目。调整后的新闻节目布局是,第一套节目以新闻为主,基本上做到整点有新闻,次次有更新,有的全部更新,有的部分更新,时效性强的重要新闻随时插播,重大报道,全台统一调度,安排播出,逐步增加新闻节目的直播。

第一、二套节目新闻的次数由23次增加到28次。今后听众只要整点打开收音机,就可以听到最新消息。

中央台的调频立体声广播现在每天播出7.5小时(节假日增播4.5小时)。为满足听众日益增长的欣赏高质量文艺节目的需要,7月4日起,将增到18小时,增加节目内容和品种。这样,中央台第三套节目就成为一套比较完整的以播送音乐为主的立体声节目。除覆盖北京地区外,还用微波传送到全国各大城市,供地方电台收转。

中央台的《青年之友》和《星星火炬》是对青少年广播的节目。针对当代青少年的特点,将推出新的青少年节目《青春年华·少年时代》。

《法制园地》节目将调整为15分钟,丰富其内容,逐步办成为法制建设服务的一个主要阵地。

《科学知识》节目改名为《科技与社会》,增加科技与社会发展,新学科、新技术等方面的内容。根据听众要求,《午间半小时》节目增加一次重播时间。文艺节目中新开办了评书节目。

另外,适应发展变化的新形势,中央台的对台湾广播节目作了变动,节目方针也作了相应的调整。

新的节目时间表将于7月4日播音。

中国选手在广州举行的国际乒乓球公开锦标赛中获4个单项冠军

男子单打冠亚军分属两名中国横拍选手许增才和滕毅。女子单打世界冠军何智丽在决赛中以3:1战胜香港选手齐宝华夺冠。男子双打世界冠军陈龙灿/韦晴光获冠军。中国队刘伟/林志刚、陈静/谢超杰分获混双冠亚军。

6月15日

党和国家领导人及老一辈革命家题词祝贺《人民日报》创刊40周年

《人民日报》创刊40周年,党和国家领导同志及老一辈革命家分别题词或写来贺信,勉励《人民日报》的工作人员发扬实事求是、开拓创新的精神,办好《人民日报》。

杨尚昆:"期望《人民日报》办得更好"

李鹏:"宣传改革开放 鼓舞人民志气"

陈云:"实事求是,全心全意为读者服务"

万里:"祝贺《人民日报》创刊四十周年。希望你们进一步解放思想,发扬实事求是、联系实际、联系群众的优良传统,不断分析新情况,研究新问题,促进新闻事业的改革,把报纸办得更有生气,更加为人民所喜爱,为建设有中国特色的社会主义发挥更大的作用!"

李先念:"实事求是"

彭真:"实事求是坚持不懈地使上情下达下情上达国内信息灵通是关系社会主义建设事业的大事"

邓颖超:"开拓创新 实事求是"

徐向前:"努力办好党报 促进四化建设"

聂荣臻:"继续发扬党报的优良传统,正确宣传党的路线方针政策,真实、及时、鲜明、尖锐地进行新闻报道。"

乔石:"在创刊四十周年之际,希望《人民日报》发扬优良传统,努力改革创新,为党和人民的事业作出新的卓越贡献。"

胡启立:"《人民日报》作为党中央的机关报已经四十年了。这是艰苦奋斗的四十年,也是不断总结正反两方面经验走向成熟的四十年。我希望,在改革开放的新时期,在十三大制定的党在社会主义初级阶段的基本路线指引下,《人民日报》能够办得更有生气,更有时代特色,更受人民群众欢迎,为我国的社会主义现代化事业作出更大的贡献!"

姚依林:"热烈祝贺《人民日报》创刊四十周年。望《人民日报》在党的十三大路线指引下,进一步解放思想,坚持实事求是,密切联系群众,努力改革创新,作出新的更大的贡献。"

王震:"《人民日报》是建设具有中国特色的社会主义四化的坚强阵地"

李瑞环:"推进宣传改革 搞好改革宣传"

薄一波:"祝贺《人民日报》创刊四十周年"

陆定一:"党报办得好不好,同党的是否成熟不可分。《人民日报》四十年,经历了战争时期与和平建设时期,'文革'前、'文革'中、'文革'后三个时期。望总结经验,找出一些规律,教育记者,同心同德,为实现我国的'四化'而努力。"

胡乔木:"坚持党的建设有中国特色的社会主义的基本路线,担当党和人民的喉舌。"

乌兰夫:"各族人民之友"

《人民日报》发表社论《认清形势 认清责任——纪念〈人民日报〉创刊四十周年》

今天,1988年6月15日,标志着《人民日报》走过了40年难忘的历程。站在历史与未来的交接点,放眼中国与世界发展的大趋势,我们兴奋的心情是言语难以表达的。

40年的风风雨雨,40年的艰难坎坷,40年的成功与挫折,40年的痛苦与欢乐,党经历了,人民经历了,《人民日报》也经历了。历史在《人民日报》上投下了自己的影子,《人民日报》在历史上留下了自己的足迹。《人民日报》的命运同党的命运、人民的命运息息相通。更好地为党的事业、人民的事业服务,是我们最大的心愿。

当本报即将步入第五个10年之际,我们的国家又处在一个重要的历史关头。作为党和人民的喉舌,作为党中央机关报的工作人员,我们深知,要办好《人民日报》,仅凭良好的愿望是很不够的,必须对时代的脉搏有准确的把握,对形势的发展有正确的估量。正确地认识形势,才能更好地肩负起历史的重任。

在改革开放、实现四化已经成为时代的主旋律的今天,看形势主要就是看改革的形势。当前我国改革的形势到底怎么样?经过10年的改革,是改好了,还是改糟了?经济是发展了,还是倒退了?国力是增强了,还是削弱了?社会是繁荣了,还是萧条了?人民生活水平是提高了,还是降低了?对这些基本问题作出正确的回答,不仅是对改革得失的评估,更是对未来走向的标定。没有比较就没有鉴别。不必去翻历年的政府工作报告,也不必列举国家统计局公布的数字,只要将今天本地、本单位经济发展和其他各项事业发展的状况,以及大多数家庭的生活状况同10年前做个客观的比较,就会发现,尽管还有这样那样的问题和困难,但是改革确实给我们国家命运带来了根本的转机,给大多数人带来了实惠。

那么,改革今天处在什么阶段呢?改革已经发展到一个紧要关头,必须闯过物价改革、工资改革等难关。如果说前9年的改革难度比较小、风险比较小,那么眼前的改革难度就大得多,有相当不小的风险。要实现从封闭、僵化的产品经济的模式向开放的、充满活力的社会主义商品经济新秩序的过渡,这一关绕不过去,非闯不可。正如邓小平同志指出的:"如果现在不全面搞好物价和工资改革,不理顺关系,到本世纪末达到小康水平实现第二个目标虽然没有问题,但要实现第三个目标,也就是在下个世纪的50年内达到中等发达国家的水平就困难了。"有了前9年改革打下的基础和积累的经验,就为闯过物价改革、工资改革等难关创造了有利的条件。

应当怎样看待当前党政机关和社会上的种种消极现象呢？首先，我们当然必须旗帜鲜明地揭露和反对党政机关工作人员中的某些腐败现象和社会上的不良风气，依照法纪严肃处理那些违法乱纪分子，要从严治党，要为政清廉。同时，我们也要清醒地认识到，在社会大变革，新旧体制交替的时期，法律上、政策上、制度上以及实际工作上，总会有这样那样的漏洞，给以权谋私者和各种不法分子以可乘之机。这类消极现象难以完全避免。决不能因为出现这些消极现象就重新回到封闭僵化的体系去，这不符合广大人民的利益和要求。只有坚持改革、加快改革、深化改革，才是克服种种消极现象的根本途径。随着社会主义商品经济新秩序的确立，随着社会生产力的大发展，经济发达了，这些消极现象一定能够得到根本的解决。

总之，当前我国的改革正处在一个关键时刻。越是关键时刻，越是困难大、矛盾多的时刻，越是容易产生思想动荡、纪律涣散的时刻，越需要我们加强思想政治工作，加强理想、纪律教育，进一步发扬民主、健全法制，坚决维护安定团结的政治局面。我们国家这样大，人口这样多，经济文化基础又是这样落后，要搞好改革这样前无古人的极其艰巨复杂的社会系统工程，没有党和政府的坚强领导，没有全国人民团结一致的奋斗是不可能的。我们必须坚决维护党和政府的权威，坚决维护全国人民的团结，坚决维护社会的安定，为加快和深化改革创造良好的环境。中国的未来系于改革，民族的振兴系于改革，人民的幸福系于改革。一切言行的是非都要以是否有利于改革，是否有利于“振兴中华、实现四化”为最高标准。

承担改革风险，闯过改革难关，历史的重担落在党和政府的肩上，也落在每个党员、每个公民的肩上，“天下兴亡，匹夫有责”。在向四化进军的行列中，每个单位、每个个人都占有一定的位置，都扮演一定的角色。《人民日报》作为党中央机关报，10年来一直坚定地站在宣传改革、维护改革、推动改革的前列，作出了自己的努力，得到党和人民肯定的评价。《人民日报》创刊40周年，中央领导同志题字、题词，全国各地来函、来电，是对我们巨大的关怀、殷切的期望、有力的鞭策。这使我们深受鼓舞，也使我们更加认清自己的责任。

纪念光荣的历史，是为了创造美好的未来。

我们要保持和发扬实事求是的优良传统，进一步解放思想，更好地宣传改革开放，鼓舞人民斗志。

我们要大胆探索，勇于创新，积极而又稳妥地搞好新闻改革，加强舆论监督，准确、及时地使上情下达，下情上达，更充分地发挥党中央机关报应有的功能。

我们要更紧密地依靠人民，忠实地反映人民的心声，全心全意为读者服务，把报纸办得可读、可信、可亲，真正成为他们的益友和知音。

在党的十三大精神指引下，我们有决心、有信心，把《人民日报》办得更好，更有生气，更加为人民所喜爱，为建设有中国特色的社会主义发挥更大的作用！

中共中央政治局常委乔石到西藏考察

6月15日至29日乔石在西藏自治区党委副书记、自治区主席多吉才让、区党委副书记江村罗布等陪同下，先后到拉萨市和日喀则、山南、林芝等地区的农村、工厂、学校、机关和拉萨市八廓街市场进行了考察。

乔石指出，西藏和平解放30多年来，取得了翻天覆地的伟大胜利。西藏广大农牧民对党有很深的感情，拥护党对西藏工作的各项现行政策，旗帜鲜明地维护祖国统一，反对分裂，珍惜来之不易的好生活和安定团结的政治局面。这是西藏政治形势好的决定性因素，也是我们分析西藏形势的基本立足点。

在谈到西藏形势时，乔石说，新中国成立以来，西藏和平解放，实行了民主改革，推翻了封建农奴制度，使百万农奴得到翻身解放；实行了民族区域自治，在经济建设等方面取得了翻天覆地的伟大胜利。特别是党的十一届三中全会以后，中央对西藏实行了一系列特殊政策，使西藏人民的生活有了明显的提高。这些都是有目共睹的。他说，我们这次到西藏，深深感到广大农牧民和其他劳动群众对党有很深的感情，他们真心拥护党的十一届三中全会以来的路线、方针和政策，拥护党对西藏工作的各项现行政策，思想稳定，生产积极性高，旗帜鲜明地反对分裂祖国的活动，反对骚乱闹事，维护祖国统一和民族团结。正因为这样，尽管去年9月以来极少数分裂主义分子连续在拉萨市区制造了几次骚乱事件，但并没有能够对全区造成多么了不起的影响，全区的局势基本上是稳定的。总之，我感到当前西藏的政治、经济形势是好的，是大有希望的，我们应当有充分的信心把西藏建设好。

乔石在各地强调了加强民族团结的重要性。他赞扬了班禅额尔德尼·确吉坚赞副委员长一贯坚持爱国立场，为维护祖国统一，反对分裂，增进民族团结所做的积极贡献。乔石说，西藏有很大的特殊性，加强各民族间的团结，是做好各项工作，发展各项建设事业，取得反分裂斗争胜利的基本保证。维护祖国统一，建设有中国特色的社会主义，这是我们团结的共同政治基础，我们的思想和行动，都要服从这个大目标。他说，汉藏民族在长期的历史发展中早就形成了不可分割的亲密关系，现在的根本利益完全一致，应更加紧密地团结起来，汉族干部和藏族干部都要互相尊重，互相学习，互相帮助，互相照顾，互相支持，共同进步，共同做好工作。

在谈到西藏经济工作时,乔石指出,西藏要稳定,要发展,要把各项工作推向前进,根本一环是要从发展社会生产力出发,扎扎实实地抓好经济建设工作。他希望西藏的经济工作,要根据党在社会主义初级阶段的基本路线,从西藏实际出发,摸索出一条发展生产力,在现在基础上逐步发展社会主义商品经济的路子。

在谈到基层建设时,乔石说,现在我们经常在群众中做工作的,每时每刻同群众接触的就是基层党支部和基层政权。基层党组织、基层政权不健全,就不可能很好地率领群众实现党的方针、政策。他希望各级领导把这件事作为基础工作的关键一环,认真抓起来,切实做好。

乔石希望各级干部特别是党政领导干部经常深入实际、深入基层,密切联系群众,倾听群众的意见和呼声,关心他们的生产和生活,解决他们的实际问题和困难。

国家副主席王震到湖南岳阳考察

6月15日至19日,王震在岳阳出席了岳阳宾馆的开业典礼和第四届全国“屈原杯”龙舟赛的开、闭幕式,视察了这里的工厂、农场和旅游设施等。在这期间,他听取了湖南省岳阳市领导人的汇报,同一些企业领导人进行了交谈。

王震在谈话中指出:党的十一届三中全会以来,我国的改革开放政策取得了很大的成绩。面对这新的形势,我们一定要坚定不移地坚持四项基本原则,进一步加快和深化改革,积极而又稳妥地解决好工资、物价等这些难度较大而又不能回避的问题,把我国社会主义现代化建设的宏伟事业搞得更好。王震强调,改革开放与我们中华民族的传统美德、我们党的优良传统并不矛盾。我们仍要强调艰苦奋斗精神,要努力加强思想政治工作,加强职业道德教育,切实搞好社会主义精神文明的建设。

王震对岳阳市这几年的工作感到比较满意。他认为这里的发展潜力很大。他强调指出,地处洞庭湖区的岳阳市,是我国的商品粮、棉、麻基地,切不可放松农业生产,要坚决制止乱占耕地的行为。

新的国家计划委员会正式成立

国务院副总理姚依林在成立大会上强调要从观念上工作上彻底转变职能,集中力量抓好当前3项主要工作,切实改进机关作风。

负责常务工作的副主任房维中首先宣布了新计委委员名单。经国务院批准,新计委委员由国家计委主任、国家体改委主要负责人、国家科委主任、财政部部长、中国人民银行行长、物资部部长、劳动部部长、国家物价局局长、国家统计局局长和国家计委副主任、专职委员担任和兼任,共19人。在组成人员上体现了高层次的、名副其实的委员会制,以加强宏观调控,提高办事效率。

姚依林说,机构改革必须抓住转变职能这个关键。能否很好地转变职能,这是衡量这次机构改革成败的一个重要标志。因此,新的国家计委要切实按照经济体制改革和发展有计划的商品经济的要求,逐步实现职能转变。新的国家计委的职能,主要是进行宏观调控、平衡、协调、服务。包括:研究提出经济、科技、社会发展战略和重大的经济技术政策;从经济总量和结构上做好计划综合平衡与宏观调节和控制;对经济决策和经济运行提供服务和必要的协调。

他指出,履行上述职能,并根据建立“国家调节市场,市场引导企业”的经济机制目标,计划工作需要实现一系列重大的转变。主要是:

——由过去分投资、分物资、批项目和管理企业大量具体活动为主,转向研究发展战略、产业政策和基本经济技术政策为主。

——由对全民所有制的经济活动管理为主,转向对全社会经济总量和结构的管理与调节为主。

——由指标性、直接计划管理为主,转向政策性、间接计划管理为主;由年度计划为主,转向中长期计划为主。

——由依靠行政手段管理经济为主,转向运用经济调节手段和经济法规管理经济为主,综合配套地运用各种手段。

姚依林说,这就要求新计委不仅从机构设置、计划工作方法上实行改变,而且首先要在思想观念上来个彻底转变。下决心只管大事,不管小事,这样才能做好新时期的计划工作。

谈到当前工作时,姚依林强调要以改革总览全局,把改革和发展结合起来,主要抓好三项:一是根据中央和国务院部署,集中时间、集中力量,参与研究物价、工资改革方案。二是结合物价、工资改革,抓好“七五”后两年安排和“八五”计划设想以至2000年规划的制订工作,首先把1989年计划搞出来。三是密切注视当前生产、市场动态,进行宏观监测,搞好下半年重大生产建设和内外贸易中的协调工作,及时协助有关部门、地区处理它们相互间自行协商解决不了的问题。

同已经撤销的原国家计委、经委相比,新计委司局级职能机构从原两委66个减少到26个,减少60%,机关干部减少40%多。新机构即将按照转变职能的要求开始正常运行。

这次机构改革同以往的机构改革的最大不同,不是单纯精简、合并,而是着重转变职能,以适应有计划的商品经济发展的需要。根本性的转变是,国家对企业的管理,由直接管理为主逐步转到以间接管理为主。按照新的职能和精简、统一、效能的原则,重新确定机构设置和人员编制,加强和充实了综合性机构,裁并精简了专业机构。

据计委有关部门负责人介绍,新计委今后的工作重点将转向研究制定国民经济和社会发展战略、产业政策和重大技术经济政策,转向编制中长期计划,作好社会总需求和总供给的平衡;转向综合运用各种经济杠杆和经济法规,以及国家直接掌握的一部分物资和资金,对经济活动进行宏观调节和控制;并指导经济活动中的重要协调工作。

新计委是国务院管理国民经济和社会发展的最大综合部门,是一个高层次的宏观管理机构,确定实行委员会制。据悉,委员会成员除计委正副主任外,还包括国务院综合部门的主要负责人。有关国民经济与社会发展中的一些重大问题,将由委员会协商讨论和决定。这样,有利于加强宏观管理,提高工作效率。

计委有关负责人说,裁减下来的人员都有所安排。有的将调整到其他部门。新计委要加强研究工作,成立研究中心,一部分人员将充实到这里。还有一部分要到几个专业投资公司,加强咨询工作。

国务院港澳办公室主任姬鹏飞答《人民日报》记者问

问:姬主任,您先后到香港和澳门访问参观,请谈谈此行观感。

答:香港这个地方,我在1986年年底来过,这次重访,通过参观、考察和接触多方面人士,使我深深感到中英联合声明正式签署以来,总的来说,香港社会安定,经济繁荣,形势一直朝着令人乐观的方向发展。香港有不少达到国际先进水平的东西,有值得我们借鉴的经验。香港今天的繁荣,是香港居民用智慧创造的。

我这次有机会首次访问澳门,留下许多新鲜印象。中葡联合声明签署以来澳门各方面的情况是很好的。中国政府对澳门的政策,同对香港一样不会改变,我们要实现“一国两制”的构想,澳门现行的社会制度50年不变,也将制定一部符合澳门实际情况的“基本法”,从法律上予以保障。澳门的前途充满着光明。

问:在香港和澳门现在都有人担心:“一国两制”和“50年不变”是不是短暂的策略,是权宜之计。

答:实行“一国两制”,保持香港的繁荣稳定,是中国整个发展战略的重要方针之一。我国政府之所以在全世界面前公开作出“50年不变”的承诺,决非信口开河,而是郑重的决策。提出“50年不变”,既是考虑了国情,也考虑了港情,考虑了澳门的实情。

现在一些国际问题专家正在探讨资本主义与社会主义的关系,认为既有对立的一面,还有共存的一面。两者之间的共存和竞争关系,将要维持相当长的一段时间。放在这样一个大的历史背景面前来看香港、澳门的“50年不变”,那更是顺理成章的事情。

有人担心承诺会不会落空?这点可请大家放心,我们正在制定的“基本法”,就是要把实现“一国两制”方针和“50年不变”的承诺,用法律形式规定下来,我们此行,也正是为未来香港特别行政区的繁荣安定和居民的安居乐业,谋求切实可行的法律保证。

问:您访问香港期间,倾听了多方人士对基本法(草案)征求意见稿的意见有什么要说吗?

答:我离开北京时,曾经讲过“只带耳朵,不带嘴巴”,主要意思是想多听听香港各界人士对“草案”的意见。我们这个态度是真诚的。我们在香港10天,会见了基本法咨询委员会的委员,会见了各界的老朋友和新朋友,参加了一些座谈会,听取他们对基本法(草案)征求意见稿提意见,大家感到,这对今后修改基本法(草案)很有帮助。

像这样一件关系香港千家万户的前途的立法大事,我们要采取各种方式积极鼓励香港居民发表自己的看法。听取意见要虚怀若谷,各阶层的人士的意见都要听,持各种不同意见的人士的意见都要听,说不赞成的话也要听。古话说“道不同不可与谋”。我看,也“可与谋”。一时求不到“大同”,先求得“小同”也好,七谈八谈,总可以互相靠拢,取得共识。制定这样一部大法,非得集思广益不可。“泰山不让土壤故能成其大,河海不择细流故能就其深。”我经常和同事们共勉,办这样的大事情,应当有这样的气度。

大家知道,现在提交公众讨论的还只是基本法(草案)的征求意见稿,听了各方的意见,当然需要继续修改。制定“基本法”,无前例可循,难度很大,还得走一段艰苦的路。我希望香港各界人士都能以大局为重,通过协商对话,沟通思想,互相妥协,取长补短,谋求共识。这几年,我们的起草工作正是这样走过来的。继续沿着这条路子走下去,相信基本法的条文会越改越好、越符合实际。

我同香港各界人士一样,决不希望征询工作“走过场”。这次我们到香港来听取各界人士对基本法(草案)征求意见稿的意见,香港的舆论也认为我们的态度是认真的、真诚的。今后几个月内,我们热诚希望香港居民继续发表对(草案)征求意见稿的意见和建议。内地草委今秋还要来港听取意见。在内地,我们要向全国人大和政协的成员征求意见,还将在北京、上海、广东和福建等地进行座谈,听取内地人士的意见。可以预期,一部经得起实践检验、经得起历史考验的基本法定能制定出来。

在此,我也预期,经过澳门各界人士的共同努力,将来也必定会产生一部符合澳门实际情况的基本法。

问:您对港澳与内地的经济合作有什么希望?

答:这几年内地与港澳的经济联系有很大的发展。现在,我们正在进一步贯彻改革开放的政策,建设沿海地区的外向型经济,推动全国现代化建设的发展。内地和香港的经济是互相补充、互相促进的。祖国的进一步改革开放和现代化建设的发展,将为港澳的繁荣和稳定提供有力的支持,而港澳的繁荣和发展也必将对祖国的建设发挥更大的作用。我们希望港澳与内地进一步加强合作,发挥各自的优势,为港澳和内地的繁荣和发展作出贡献。

王森然学术研究会在北京成立

王森然生于1895年,参加过五四运动,从教70年,在教育学、史学、文学等许多领域均多创见,留下了数百万字的学术著作以及讴歌民主与革命的诗文和情趣独特的绘画,被某些外国行家称之为"研究中国近代史的活化石"。

被推选担任王森然学术研究会会长的刘澜涛在会上讲了话。他说,成立这一组织,是为了促进对我们民族自己的学者的成长道路和思想体系的风气,是对历史前进有过推进作用的知识分子的再认识。

正在外地的习仲勋同志送来书面发言。

到会发言的还有王首道、刘海粟、武连元、英若诚、周巍峙、董纯才、李希凡、徐文伯、平杰三、启功、张仃、杨子才等。

李宗浩获联邦德国空中急救中心荣誉会员称号

在国际急救领域里享有"救命星辰"声誉的联邦德国空中急救中心,日前授予北京急救中心副主任李宗浩"荣誉会员"称号,以表彰他对促进中德两国急救医学交流作出的贡献。这是该中心成立15年来首次授予一位外国医生这种荣誉。

6月16日

全国政协宗教委员会在全国政协礼堂召开第一次委员会议

会议讨论了宗教委员会工作简则和宗教委员会1988年度工作计划(草案)。

全国政协副主席、宗教委员会主任赵朴初主持会议。

宗教委员会是全国政协常委会和主席会议领导下,组织委员就宗教方面的问题开展经常活动的工作机构。它将贯彻宪法规定的"宗教信仰自由"和坚持"长期共存、互相监督","肝胆相照、荣辱与共"的方针,充分发扬社会主义民主,平等协商,增进团结。它的任务是,学习、宣传和贯彻改革、开放、搞活的方针及有关政策、法律;密切联系宗教界代表性人士,听取和反映他们对中央和地方大政方针的意见和建议;组织宗教界委员调查了解国家宗教政策的贯彻执行情况并就存在的问题进行研究,向国家机关和其他有关组织提出建议;加强同港、澳、台宗教界人士的联系,为和平统一祖国做贡献;开展同各国宗教界人士的友好往来,增进相互了解和友谊。出席会议的还有宗教委员会副主任安士伟、宗怀德、黎遇航等。

民建第五次全国代表大会在京西宾馆礼堂开幕

民建的这次会议将根据当前的形势,修改章程,决定今后的方针和任务,选举新的中央领导机构,进一步推进新老合作,加强自身建设。

中共中央书记处书记、统战部部长阎明复在会上宣读了中共中央的贺词。

贺词说,民建会是同中国共产党长期合作的亲密友党。民建会自上次代表大会以来,在各方面卓有成效地进行了大量工作,赢得了人民的称赞,为实现国家的总任务,为巩固我国多党合作的政治制度,为发展社会主义民主和法制建设,为扩大爱国统一战线,发挥了重要作用。

贺词指出,我国的社会主义现代化建设事业,正在继续稳步前进。但是随着改革的深化,现在一些难度很大而又不能回避的问题摆到我们面前,我国的改革进入了关键阶段。我们必须抓住历史给予的有利条件,进一步贯彻加快和深化改革的方针,迎着风浪前进,坚决而又稳妥地把改革中面临的问题解决好,通过经济体制改革和政治体制改革,逐步建立起与社会主义商品经济相适应的新秩序。这就要求全国工人、农民、知识分子、其他劳动者和一切爱国者更加紧密地团结起来,统一思想,统一步调,振奋精神,同心同德,艰苦奋斗,坚定不移地把我国的改革开放和社会主义现代化建设推向前进。

贺词希望各民主党派同我们党一道从各方面加强工作,为造成一个保证改革顺利进行的稳定的社会环境而共同努力。

民盟中央副主席叶笃义代表民革中央、民盟中央、民进中央、农工中央、致公中央、九三中央和台盟中央,向大会致以最热烈的祝贺。

中华全国工商业联合会主席荣毅仁代表全国工商联向大会致了贺词。

本次大会主席团常务主席、民建中央主席孙起孟受民建第四届中央委员会的委托，向大会作了题为《加强自身建设，发挥政党职能，为实现本会现阶段的总任务而团结奋斗！》的工作报告。报告共分三部分：一、过去五年的发展与变化；二、加强自身建设的基本指导思想；三、今后五年的主要工作。

他说，中国民主建国会有责任在中国共产党领导下，发扬风雨同舟、荣辱与共的传统，同全国人民一道坚持改革，接受考验，廉洁奉公，艰苦创业，实现民族的复兴。

本次大会主席团常务主席汤元炳受民建章程修改委员会的委托，向大会作了关于《中国民主建国会章程(修改草案)》的说明。

参加开幕式的大会主席团常务主席孙晓村、浦洁修、吴志超、陈邃衡、陈铭珊、万国权、冯梯云、黄大能。

国务院向各省自治区直辖市人民政府发出关于清理楼堂馆所建设项目的通知

通知说，为了严格控制楼堂馆所的建设，今年3月国务院批准国家计委印发了《关于清理楼堂馆所项目的通知》，5月27日，国务院常务会议决定，停建、缓建一批在京楼堂馆所建设项目，北京市已经先走了一步。

为了切实做好这项工作，国务院的通知要求：

一、各地要充分认识清理楼堂馆所建设项目的重要意义，把这项工作列入议事日程，省长、自治区主席、直辖市市长要亲自抓，务求抓出成效。

二、对在建项目、准备建设项目和规划设计项目(包括旅游宾馆，下同)要全面、认真地进行清理，一个项目、一个项目地讨论，不得走过场，要坚决停一批，缓一批。停建项目要撤销立项；缓建项目可保留立项，但“七五”期间一般不得开工；经清理确实需要的在建项目，要尽快建成，早日发挥效益。对于弄虚作假严重违纪的工程，由当地政府予以没收，另行处理。凡是停建、缓建和予以没收的项目，要在省级报纸上公布项目名称、批准单位、建筑面积，接受群众监督，并将清理结果书面报国家计委，《人民日报》将酌情分批公布。

三、从现在起，楼堂馆所建设项目的投资，不论筹资渠道如何，一律先存入建设银行，接受监督，不得存入其他银行。

四、今后审批楼堂馆所建设项目，必须按基建程序办理，不准各级领导者个人批条子上项目。

我国大力建设养殖基地水产品供应范围扩大

据《人民日报》报道，我国水产品养殖基地的建设近年来取得很大成绩，基地所产的鱼虾从供应京、津、沪三大城市，扩大到供应全国46个大中城市，并有部分外销。

从1977年以来，中央和地方投放资金32亿多元，连同群众自筹资金，共建成水产品养殖基地868万亩，苗种场468个，饵料加工厂358座，冷库181座。加上农渔民分散自养，海水和淡水养殖总面积达到6343万亩。1987年全国海水养殖产量达110.06万吨，淡水养殖产量348.41万吨，两者共458.47万吨，占全年水产品总产量955.32万吨的48%。

我国新建的水产品养殖基地，多数建设在土地资源潜力大、养鱼基础差的新区。这就使淡水养鱼由珠江三角洲、长江三角洲，发展到江西鄱阳湖、湖南洞庭湖、湖北洪湖和梁子湖、安徽巢湖和泊湖、山东微山湖和东平湖，以及黄河两岸、海河流域、东北三江平原、四川都江堰灌区和新疆、云南、贵州等地区。海水养殖则从无到有、从小到大，在沿海各重点县都已形成一定的规模。海、淡水养殖基地的兴起，从根本上改变了原有的布局，开创了我国水产品养殖事业的新局面。

纪念《西行漫记》发表50周年学术讨论会在北京大学开幕

斯诺是第一位采访苏区的西方记者。他的著作《西行漫记》于1937年出版。第二年，该书中文版问世。50年来，《西行漫记》已被译成近20种文字，多次再版，在国际上受到广泛重视。为缅怀斯诺并纪念这部不朽作品，我国组成纪念委员会，陈云、李先念、邓颖超、聂荣臻、王震等37人担任荣誉委员。

会上，宣读了邓颖超、聂荣臻为纪念会写的贺词、题词。邓颖超的贺词说：“50年前，《西行漫记》发表后，曾激励了千千万万的中国有志之士投身于抗日战争和中国革命的洪流，也帮助世界上大批读者开始认识中国革命，其中不少人为支持中国革命和建设事业作出了无私的奉献，同中国人民结下诚挚深厚的友谊。在这个纪念的日子里，我十分怀念我们的忠实朋友、《西行漫记》的作者埃德加·斯诺。”

中顾委常委、中国三S研究会会长黄华在讲话中，热情洋溢地评价了斯诺及《西行漫记》在中国革命事业发展进程中的重要作用。

出席纪念会开幕式的，还有黄镇、程子华、雷洁琼、爱泼斯坦和美国纪念斯诺基金会主席格雷·戴蒙德等。

中国电视歌舞片《金舞银饰》在第二十五届金色布拉格国际电视节上获得音乐片传统和民间音乐电视节目奖

《藏传佛教艺术》发行

该书的发行仪式在北京民族文化宫举行。这部画册是天津人民美术出版社出版。

这部画册全面、系统地介绍藏传佛教艺术，具有“深、巨、博、美”的特点，其中有精印照片666幅，分建筑、雕筑、绘画、文物等，还有《藏族佛寺里寻奇探胜》《藏族佛教源流概说》等文字材料10余万字。有关学者、专家认为，这部画册具有较高的艺术价值和学术价值，内有许多稀世珍品。其中有第一世班禅克主杰绘制的两幅壁画、历代班禅的画像、历代皇帝赐给殿宇的金册和玉印等，是被列为珍贵的藏族艺术品。这次的天津版画册在国内发行时，增印了《藏、汉文对照文本》，便于藏族读者阅读。这部画册还将出版英文、法文版，向国外发行。

阿沛·阿旺晋美、班禅额尔德尼·确吉坚赞、赵朴初、司马义·艾买提和有关方面负责人平措旺杰、江平、热地、多杰才旦、武连元、张再旺、桑结加、卓加等出席了发行仪式。

班禅额尔德尼·确吉坚赞为发行仪式剪了彩。

我国首次举办医生评药活动——百病克星大赛

这一活动是由《中国医药报》等单位主办，并由《人民日报》(海外版)、《经济日报》等7家新闻单位协办。目前我国共有近3000家药厂，共生产8000多种中西药品。担任这次活动的评委是协和医院、友谊医院、中日友好医院、北京医院等各大医院的著名临床医生，并由吴阶平、关幼波、张晓楼等著名专家担任顾问。对参评药品按主治病分类评选最佳良药，设金牌奖1名，银、铜牌奖各若干名。大赛定于11月中旬结束。

6月17日

国务院总理李鹏到山东禹城县视察

6月17日至18日，李鹏在山东省省委书记梁步庭、省长姜春云等陪同下对山东省禹城县进行了调查研究。李鹏在调查研究时指出，黄河淮河海河流域平原开发要建立资金和科研的投入新机制。

禹城县实验区始建于1966年，当时这里旱涝碱沙等自然灾害严重，国家科委原副主任范长江根据周恩来总理的指示，带领100多名科技人员来到禹城县南北庄创建实验区，进行低产田和旱涝盐碱沙待开垦地的治理试验。经过22年的努力，实验区内的13万多亩旱涝碱沙地得到了综合治理，旱能浇，涝能排，田成方，林成网，粮棉大幅度增产。1987年与建区时的1966年相比，粮食平均亩产由180斤提高到1250斤，棉花亩产提高到150斤以上，农民人均纯收入由40元提高到650元，林木覆盖率也由3%提高到18%。建区前，这里群众每年吃国家统销粮300万—400万斤，现在每年向国家贡献商品粮800万斤左右，商品棉6万多担。

李鹏同志在对禹城实验区实地调查后高兴地说，由于中国科学院、中国农业科学院等科研单位的科技人员与当地广大干部群众的共同努力，已使实验区的面貌发生了根本性的变化，这里取得的成果，对整个黄淮海平原的开发，乃至对全国农业的发展都提供了有益的经验。他说，在黄淮海平原2.9亿亩耕地中，80%的耕地是中、低产田，还有可垦宜农荒地1000多万亩。通过开发治理，使粮、棉、油、肉、菜大幅度增产是可能的。中国农业的发展将寄希望于黄淮海平原。李鹏同志还视察了近年来新改造的沙荒地和渍涝地试验区，这些实验区在较短时间内取得了好成绩。

李鹏同志说，要搞好黄淮海平原的开发，就得建立资金投入的新机制，用经营办法搞好治理和开发。开发资金要国家、地方、集体、个人多渠道筹集，包括利用部分外资。投入的资金要实行有偿使用，滚动周转，逐步形成良性循环体系。禹城县在这方面做得比较好，几年时间就回收农业利用外资总额的67%，除部分偿还债务外，部分滚动使用于新区开发。

李鹏同志还强调指出，科技对综合治理旱、涝、盐碱、沙的作用很大，没有科技先行与引导，要搞好黄淮海平原的开发是不可能的。在这方面要有一系列综合配套政策，把更多的科技人员吸引到农村来。科技成果要和科技人员的报酬、职称评定和晋升挂钩。对取得重要科技成果者，应给予荣誉和物质奖励，造成尊重知识、尊重人才的风气。在吸引科技人才的同时，还要使科研单位得到收益，把他们的积极性调动起来。各级政府和科研单位都要鼓励科技人员到农业生产第一线进行试验和推广工作，使他们树立为国效力的责任心、荣誉感。

李鹏同志还指出，在吸引外地科研人员来本地参加开发的同时，还应重视本地人才的使用与培养。县里的学校要端正办学思想，应该主要为当地的生产建设培养人才。如果这条做不到，今后农业科技成果是很难推广开的。

李鹏同志说，黄淮海平原的开发要重视总体的开发布局，先搞投资少、见效快的项目，做到先易后难，以短养长，使农民从开发中不断得到实惠，以调动他们参加开发的主动性和积极性。因为开发计划能否成功，归根到底要取决于农民的积极性。

邮电部有关部门负责人就对台邮政业务回答记者问

为了响应全国人大常委会《告台湾同胞书》中提出的“通邮”倡议，邮电部门早在1979年上半年就率先开办了寄往台湾的平信和挂号信业务，并试行开办了大陆对台湾的电话、电报业务。现在开办的对台邮政业务主要有：平常函件和挂号函件，其中包括信函、明信片、印刷品（暂不办理印刷品专袋）、小包、盲人读物、保价信函。电信业务有：电报、电话和用户电报。各项业务均比照对港澳特殊资费标准收费。

寄往台湾的邮件封面书写可以只用中文，按中文格式书写，但不能书写“中华民国”字样。同时，要使用国家邮政主管部门发行的邮资凭证。对台电信业务的收费标准是：电报每字1.60元，电话每分钟6元。

亚洲卫星公司与长城工业公司在北京签约

该协议保证“亚洲卫星一号”能于1989年年底前发射。该通信卫星将为亚洲各国提供电信服务。

亚洲卫星公司是由中国国际信托投资公司所属的中信技术公司、英国大东电报局公共有限公司以及香港和记通讯有限公司合资组建的。它委托中国长城工业公司发射的“亚洲卫星一号”将是用我国“长征三号”火箭送入轨道的第一枚商业通信卫星。星体将购买美国制造的卫星。

签约时，中国长城工业公司副总经理乌可力说，有些西方人士最近对中国的卫星发射服务政策提出种种非难，个别人不惜采用造谣的办法中伤长城工业公司的发射服务。他们说什么中国的发射服务是靠政府“补贴”、是在搞“低价倾销”，是“不公正的竞争”。这些人士还想利用美国国会和巴黎统筹委员会来限制中国的发射服务进入国际市场。为此，中国长城工业公司认为有必要重申：

一、经过30多年的发展，我国的航天事业取得了重大成就，研制出“长征”系列运载火箭及科学实验卫星、回收卫星和通信广播等卫星，还拥有两个发射场及测控跟踪网。更重要的是，培养出一支研究、设计、生产和试验的技术力量。我们现在已经具备了向国际市场提供发射服务业务的能力。1985年10月，中国航天工业部负责人向全世界公开宣布了中国运载火箭进入国际发射服务市场。此后，中国长城工业公司同世界上十几个国家的几十个公司就发射服务问题进行接触，并取得了不小的进展。这次定座协议的签订，是我们发射服务业务中取得的又一进展。

二、中国是一个发展中国家，生产能力有限。目前“长征二号”和“长征三号”运载火箭每年可向国外用户提供11次左右的发射服务机会。因此，中国进入国际发射服务市场，对外提供发射服务，并不构成与外国发射服务机构的竞争，更谈不到对他们有什么“威胁”。前几年由于美国航天飞机的失事、欧洲阿丽亚娜火箭的失败，国际上一时面临火箭短缺的局面。中国以其有限的能力走向世界发射服务市场，不但不构成对外国发射服务机构的竞争和威胁，而且恰恰是对国际发射服务市场的一种补充，同时也是给用户提供一种新的选择。这样将会促进国际航天事业包括卫星通信事业的发展。这将是中国对人类文明和世界科技进步所作出的贡献。

三、我国提供发射服务，与卫星或火箭技术的转让是两个截然不同的概念。外国卫星运到中国发射，就像一个旅客从任何一个国际机场换乘飞机那样，属于“过境”性质，不属于技术出口的范围，不是用户的卫星技术向中国转让。同样，我们向外国用户提供发射服务，也不是向国外转让火箭技术。要用中国的火箭发射的外国卫星运进中国国境后，直到在发射场起飞的整个过程中，我国愿意按照“过境”概念来处理各种事务，乐于帮助用户的卫星在进入中国时简化入境手续，包括免检。卫星从入境至发射期间可以自始至终在用户人员的控制和监护之下。中国无意通过发射服务谋取国外卫星的任何技术专利和秘密。现在，西方少数人士一面指责我们进行“不公正的竞争”；一面又向美国国会和巴黎统筹委员会游说，以限制向共产党国家技术输出为借口，企图阻止中国发射服务走向世界市场，而发射服务只能由他们永远垄断。这难道是公正的竞争吗？这是国际贸易中的一种霸权主义。对此，我们坚决反对。

四、现在我们发射服务的报价一般低于欧美运载火箭的报价。这是因为中国的劳动力费用较低，同时我们也不追逐高额利润。西方少数人以此指责我们“享受政府的高额补贴”、“搞低价倾销”，这是毫无道理的。现在，中国在企业中实行承包制，自负盈亏，中国长城工业公司也不例外。国家对我们的发射服务不但不给予补贴，相反，我们还必须按规定向国家缴纳利税。如果我们没有利润，怎么能完成纳税任务，又怎么能养活我们的众多员工呢？

乌可力说，一种新型运载火箭刚刚投入市场时，有一种推销价格。欧洲阿丽亚娜火箭刚刚投入国际市场时，就先以极低的价格销售，甚至免费提供发射。美国在发射服务中也采取过这种政策。我们对于新研制出来的运载火箭也采取国际上的这一惯例，对最初的两三次发射机会实行推销价格政策。这几次机会用掉之后即开始实行正常的价格政策。

我国首台舰船避碰雷达模拟器通过鉴定

海军广州舰艇学院自行研制的我国首台舰船避碰雷达模拟器通过技术鉴定。来自全国13个科研单位的专家教授一致认为该成果结构合理，具有突出的军事、民用实用价值和经济效益，填补了我国该项技术空白。目前，舰船避碰雷达模拟器只有少数几个发达国家能够研制。

《地球的红飘带》出版

这本由老作家魏巍创作的长篇小说，由人民文学出版社出版。

《地球的红飘带》是我国第一部描写红军二万五千里长征的长篇小说。作家以诗人的激情和历史学家的严肃精神，真实地、艺术地再现了这一人类历史上的壮举。

小说在《当代》增刊上一发表，就引起了广泛的注意。聂荣臻同志为此书作序说，"这是用文学语言叙述长征的第一部长篇巨著，写得真实、生动、有味道，寓意深刻，催人奋进……"

6月18日

国务院副总理田纪云在北京主持召开国家防汛总指挥部全体会议

田纪云要求各级防汛机构从现在起进入临战状态，各地、各部门要克服麻痹思想，切实做好一切准备，提高警惕，严阵以待，通力协作，夺取今年防汛和抗旱工作的胜利。

国家防汛总指挥部副总指挥、水利部部长杨振怀汇报了各地、各部门的防汛工作和当前的防汛形势。他说，国家防汛总指挥部第一次会议以后，各地普遍落实了防汛责任制，对防汛重点和薄弱环节进行了检查，并采取了相应措施，防汛工作的正规化建设取得了进展，应急度汛经费和特大防汛经费已经下达，各种防汛物资已经落实。但也存在一些不可忽视的问题需要解决。

在听取了有关部门负责人的汇报之后，田纪云副总理指出，当前，防汛工作主要是克服麻痹思想和松劲情绪，要层层狠抓落实工作。他说，那种认为年年喊防汛、年年做准备、不来水是白费劲的思想是错误的，也是十分危险的。洪水突发性强、破坏性大，直接威胁人民生命财产安全，防汛工作必须坚持"安全第一、预防为主"的方针。不能有任何侥幸心理，一定要做到"有备无患"。他指出，防汛是各界义不容辞的责任和义务，各部门、各地区不要在防汛救灾方面扯皮，必须尽职尽责，全力以赴。各地、各部门主要领导必须亲自抓防汛，层层落实责任，做到有奖有惩、奖惩分明。

田纪云在会上再三强调要依法治水，依法办事。他说，我们已经颁布了《水法》《河道管理条例》等法律法规，现在不是无法可依，而是要认真解决有法不依、执法不严的问题，清障工作要坚定不移地进行，这是维护法律的正当行为。没有清障的必须实行清障，清了以后又恢复的必须继续清除，要巩固清障成果。各地要抓紧病险水库的治理，研究制订相应的调度方案，落实抢险措施、队伍、物资和通信报警设施，确保安全度汛。

田纪云要求各地要防汛、抗旱两手抓。他说，由于受气候影响，我国旱灾每年都发生，常常是旱涝交替，对农业生产影响很大。国务院已决定，今后抗旱工作并入国家防汛总指挥部。因此，各级防汛抗旱指挥机构在指导思想上，一定要坚持防汛抗旱两手抓，要把防汛抗旱工作很好地结合起来，不能对立起来，这样，才能立于不败之地。各项抗旱措施要落实。要妥善处理防汛与蓄水抗旱的关系，根据实际情况，把握时机，做好蓄水保水工作。

国家防汛总指挥部副总指挥李昌安、叶青等有关方面负责人出席了会议。

我国生产资料将由国家的垄断性分配转向全面商品化

据《人民日报》报道，近年来，我国在物资体制改革中主要采用的是生产资料价格双轨制这样一种过渡性办法，即实行计划内和计划外两种价格的体制。随着时间的推移，这种办法的弊病越来越突出。由于两种价格悬殊，有些生产企业不执行国家分配调拨计划和订货合同，竞相卖高价；投机倒把、牟取暴利的现象也很严重，推动价格不断上涨，给生产建设和市场管理带来很大困难，企业的反映尤其强烈。

物资部部长柳随年在展望物资改革的前景时指出："生产资料流通的改革，最后就是价格放开，实行市场调节，即实现真正的生产资料市场，变双轨制为单轨制。价格放开后，对紧缺而又重要的生产资料，可以按市场价格实行国家统配制度，即定量不定价，以保证国家重点建设和重点生产的需要。"他认为，为适应改革的需要，物资部门必须从主要搞计划分配调拨，转向商品经营，建设好生产资料市场。

据了解，各省、市、自治区物资流通体制的改革进度明显加快。石家庄市对计划内外物资实行同一销价、价差返还的办法，使计划分配物资通过价值补偿的形式转向市场；江苏、浙江、四川、辽宁等省根据自己的实际情况，运用石家庄经验，创出了各具特色的改革新套路；许多地方还在积极研究，力图突破石家庄模式，使生产资料的流通尽快真正归位于市场。尽管各地物资体制改革方法、路径各有不同，但其中心都围绕着一个"放"字。

虽然目前物资体制改革只是初步的，但效果却十分明显。在各地已开办的生产资料市场上，物资量比以前丰富了,价格基本上稳住了,用户有了货比三家,择优选购的条件,投机倒卖、哄抬物价的现象大为减少,用户对此十分满意。一位经济界人士就此评论说,从各地“放”的初步实践中,我们已可以看到生产资料商品化、物资流通市场化是一条通路。现在中央对物资体制改革有决心、有部署,各地又有许多鲜活的经验,看来,三五年内理顺物资流通体制是完全有可能的。

我国发明的二氧化碳激光治疗机在第十六届萨格勒布国际博览会上获发明金奖

该种治疗机由中国激光医疗仪器研究所所长耿子蕃发明。

近年来,激光技术在医疗上应用最广的是二氧化碳激光器。它以光代刀,器械不直接接触手术部位,不会引起肿瘤转移,出血少、痛苦小、愈合快。这种治疗机既可进行大功率凝固止血、烧灼汽化和切割,又能小功率针灸美容,一机多用。位于北京前门大街的全国激光医学中心,已有近3000例肛肠、妇科、疣痣等病的患者用这种治疗机得到满意的治疗。

《外向型经济》丛书出版

该套丛书由山东人民出版社出版。由经济学家季崇威主编的这套丛书,全面论述了中国式开放经济体系、中国对外贸易的现状和前景、中国涉外经济法规和国际贸易惯例、外资的利用、技术进出口实务、三资企业的经营、企业进入国际市场要略等若干问题,为我国涉外经济管理人员提供了一套较为系统的教材。

6月19日

全国人大常委会委员长万里在北京会见由参议院主席霍维托·萨隆加率领的菲律宾国会代表团

万里说,中国实行改革、开放政策的10年,发展是空前的。在这10年中,中国经济稳步发展,人民文化和物质生活水平得到了提高。

万里说,1978年十一届三中全会后,中国确定了对外开放、对内搞活经济的政策。也就是要全力发展经济,搞好安定团结。

他说,在政治体制改革方面,中国还有许多工作要做,要进一步完善民主和法制。

在谈到中菲关系时,万里说,中菲两国是近邻,两国人民之间有着悠久的传统友谊。今年4月,科·阿基诺总统对中国进行了成功的访问,进一步推动了两国关系的发展。

他还说,我们高兴地看到,在科·阿基诺总统的领导下,在菲律宾国会和人民的共同努力下,菲律宾局势进一步走向稳定,经济得到了新的发展。

万里表示,中国愿意在和平共处五项原则基础上继续发展同菲律宾长期稳定的睦邻友好关系。他说,和平与发展是我们的共同愿望。两国都需要国内的安定团结和国际和平环境。他对科·阿基诺总统坚持一个中国的政策表示赞赏。

萨隆加说,菲律宾国会支持政府的一个中国政策。

中央纪委在成都召开西南川藏滇黔四省区座谈会

会议指出,几年来西南四省(区)各级纪委在党委和行政领导重视下主动发现案件线索,认真查处大案要案,坚持原则,实事求是,在案件检查工作方面取得显著成绩:1985年至1987年,四省(区)共立案检查党内各类违纪案件5.02万件,处分党员3.89万人,其中,县团级以上党员干部885人,为党和国家机关保持廉洁作出了积极贡献。

会议认为,当前案件检查工作中存在的比较突出的问题有:执纪不严,失之于宽;在改革探索过程中的失误与违纪的界限难以区分;涉及领导干部的案件立案难、调查难、处理更难等。

会议认为必须抓好以下几个环节:

——党委和纪委领导要重视和支持案件检查工作。要注意保护办案人员。对因办案而受到错告的,要及时查清事实,予以澄清;对确属诬告、打击办案人员的,要严肃处理,以解除纪检工作人员的后顾之忧。

——要敢于碰硬,善于碰硬。办案人员要刚直不阿,秉公办案,敢于冲破“关系网”,顶住“说情风”,搞个水落石出。

——要加强学习,提高政策水平。凡是现阶段政策允许的,要旗帜鲜明,支持保护。对一时难以划清政策界限的,要持慎重态度,不盲目以违纪论处。对明显违纪的,要坚决查处。

——要抓住重点。当前应着重检查党员,尤其是党员领导干部以权谋私,侵犯群众利益,严重官僚主义,奢侈浪费和挥霍国家、集体财物,破坏党的民主集中制等案件,特别是对那些索贿、受贿、贪污、弄权渎职、敲诈勒索、出卖国家利益等严重违法乱纪的腐败分子,一定要严肃处理,坚决清除出党,以保证党政机关的廉洁。

——要贯彻党政分开,分级管理的原则。纪委要集中力量管好党纪,抓好党内违纪案件的查处工作。对违纪案件要分级立案检查。如果哪一级纪委对自己所管辖的违纪案件长期不查不问,要追究其责任。

中国第一代杂技大学生在沈阳毕业

6 月 20 日

国家主席杨尚昆根据全国人大常委会的决定任免驻外大使

一、任命王英范为中华人民共和国驻菲律宾共和国特命全权大使；

免去陈嵩禄的中华人民共和国驻菲律宾共和国特命全权大使职务。

二、任命郑剑英为中华人民共和国驻伊拉克共和国特命全权大使；

免去张俊华的中华人民共和国驻伊拉克共和国特命全权大使职务。

三、任命陈嵩禄为中华人民共和国驻孟加拉人民共和国特命全权大使。

四、任命申连瑞为中华人民共和国驻喀麦隆共和国特命全权大使。

五、任命宋国清为中华人民共和国驻津巴布韦共和国特命全权大使。

六、任命陈东声为中华人民共和国驻玻利维亚共和国特命全权大使。

七、任命原焘为中华人民共和国驻西班牙特命全权大使；

免去胡岗的中华人民共和国驻马来西亚特命全权大使职务。

国务院总理李鹏代表杨尚昆主席在人民大会堂设宴欢迎埃塞俄比亚总统门格斯图·海尔·马利亚姆等贵宾

李鹏说，中国坚决奉行独立自主的和平外交政策，加强同第三世界国家的团结与合作是这一政策的基石。中国愿意同第三世界各国在发展经济、建设国家的事业中交流经验，互相学习，并愿本着"平等互利，讲求实效，形式多样，共同发展"的原则，积极发展互相之间的经济贸易关系与科学技术合作。他指出，包括中国和非洲各国在内的广大第三世界国家的繁荣与发展，对维护与巩固世界和平有着重要的意义。

门格斯图说，埃中两国人民之间的接触并不是近期才开始的，与两国的历史和文化一样，我们的接触已有悠久的历史。他说，在近代，我们两个民族捍卫了自己的独立。今天，历史又赋予我们并肩前进的使命。我们希望我们两国将继续加强和发展在各个领域的合作。

全国人大常委会副委员长廖汉生等出席了宴会。

中共中央政治局常委胡启立在中南海会见由政治局委员穆罕默德·穆夏里克率领的摩洛哥进步与社会主义党代表团

胡启立说，中国共产党对摩洛哥进步与社会主义党在反帝、反殖、争取国家独立的长期斗争中所作出的贡献表示钦佩，对摩洛哥进步与社会主义党在为维护国家独立、争取发展民族经济、改善人民生活等方面所进行的努力表示赞赏。

他说，中摩两党在很多重大国际问题和地区问题上的观点是一致的。他表示相信，代表团访华将促进两党友好合作关系的发展。

胡启立说，中摩 1958 年建交后，两国在经济、贸易、文化等方面的合作取得了令人满意的发展。

穆夏里克说，代表团通过访问对中国执行的政策和取得的成就有了广泛的了解。他认为这次访问必将进一步加强摩中两党业已存在的密切关系。

国家教委发言人就高校毕业生分配问题对新闻界发表谈话

发言人特别声明：今年毕业的大学生，以及目前在校的大学生，除入学时就明确过就业方式的以外，凡合格的，只要服从国家分配，都要安排适当工作。

这位发言人透露，今年全国共有 45.7 万多名高等学校毕业生。目前，除个别难分配的专业尚在协商中外，整个分配计划已基本落实。一些试行供需直接见面、用人单位来校招聘毕业生的学校，毕业生已知道自己的去向。

这位发言人说，去年夏季分配大学毕业生时，出现了少数用人单位退学生的现象，尽管其中的原因是多方面的，但一些学生和家长对应届毕业生能否找到工作有些担心。为此，归口分管大学生毕业分配工作的国家教委，对做好今年的调配和接收工作，提出了四项要求。

第一，各高等学校和用人单位要从全局出发，认真执行通过协商落实的分配计划。在派遣过程中，任何一方不得任意改变计划。地方调配部门要把好计划关，毕业生报到时必须持有统一分配工作报到证，否则任何单位不得接收。对未经协商同意就不执行计划或截留毕业生的，要按有关规定严肃处理。

第二，各高等学校要集中一段时间搞好毕业生思想教育工作。要采取多种形式对毕业生进行就业指导，教育、引导他们从国家建设的需要和自身的具体条件出发，实事求是地选择工作志愿，鼓励他们到最需要人才、最能发挥作用的地方去。

第三，各级领导干部和负责分配工作的人员，都要坚持原则，秉公办事，坚决抵制不正之风。要把国家的分配方针和政策,有关专业的社会需求情况,以及经过供需见面后分配计划的落实情况告诉学生,增加分配工作的透明度。同时应公布分配工作纪律,让群众进行监督。进行“双向选择”试点的学校,要注意总结经验,努力为毕业生创造公开、平等竞争的条件。

第四,各用人单位要认真做好毕业生的接收工作,安排好他们的工作和生活。对毕业生提出的合理要求,要积极加以解决;对不切实际或难以办到的要求,要说明情况,讲清道理,做好思想工作。有的单位难以结合毕业生的专业分配工作,地方或上级调配部门可以就地调整这些毕业生的工作单位。任何单位不得无理拒绝接收女毕业生。各地方、各部门要采取有力措施,坚决制止无故退回按计划派遣的毕业生的现象。

这位发言人说,今年高校毕业生分配工作形势是好的。毕业生供不应求的状况虽有所缓解,但绝大多数专业供不应求的矛盾仍很突出。特别是中小城市、中小企业、基层单位、比较偏远的地区和条件较为艰苦的行业,更急需毕业生。这种人才需求方向的变化,是国民经济全面发展和教育事业发展的必然结果,它为实现供需见面、协商落实分配计划提供了有利条件。各部门、地方和学校都要注意贯彻统筹兼顾、合理使用、加强重点、面向基层的分配原则。总的来看,今年毕业生分配计划的落实是比较顺利的。极少数专业社会需求量不多,但只要这些专业的毕业生适当拓宽服务面,处理好工作志愿和国家需要的关系,工作安排也是不成问题的。

内蒙古石棚山原始图画文字得到破译

位于内蒙古东南隅的翁牛特旗石棚山,1977年秋冬之交在清理新石器时代古墓群时,发现出土陶器上刻画一些神秘的文字符号。内蒙古自治区文物考古研究所副研究员陆思贤,运用大量史料对石棚山原始图画文字加以考证,终于解开了这些古文字之谜。

陆思贤认为,石棚山原始文字证明了内蒙古东部乃至辽宁西部这一片红山文化区与商代文化有着密切联系,商民族先祖可能发祥于红山文化区。

第二十届亚洲举重锦标赛在石龙结束

中国队获得团体总分第一。中国选手何灼强和何英强先后打破52公斤级抓举、总成绩和56公斤级抓举3项世界纪录。

6月21日

国务院总理李鹏在钓鱼台国宾馆设晚宴款待民主柬埔寨主席诺罗敦·西哈努克亲王和夫人

李鹏说,中国新的一届政府和他本人都将一如既往继续为支持柬埔寨人民的抗越救国正义斗争,为进一步巩固和发展中国领导人同西哈努克亲王共同缔造和培育的中柬两国和两国人民兄弟般的友谊作出努力。

西哈努克亲王在讲话中表示将为巩固和加强柬埔寨人民、民柬联合政府同中国人民和中国政府之间的兄弟般的伟大友谊和团结而努力。

他说,目前柬埔寨的形势很好。尽管有些人预言说,柬埔寨三方联合政府的寿命是不会很长的,但这个政府成立已经6个年头了,我们三方联合政府现在仍然是团结的,在政治、外交、行政,特别是在军事方面进行了很好的合作。

他说,越南目前是非常困难的。一方面是由于我们在战场上狠狠地打击了越南侵略者;二是因为世界上,以及中国和联合国对柬埔寨正义事业的支持越来越有力、越来越多;三是因为越南在国内和国际上困难越来越严重;四是因为柬埔寨人民总是支持抵抗战士,而不支持越南的仆从。

他强调指出,正是因为越南遇到了这么多困难,它现在改变了态度,在言辞上才有些变化,表示愿意同我们在7月份在雅加达会晤。他说,他现在对会晤的成果很难预测,会晤是否能解决问题也很难说。

他强调指出,尽管这样,我的原则是坚定的,对谈判的政策坚持两条:一是要柬埔寨人民重新和解,恢复到在我当元首的时期一样;二是必须使柬埔寨获得100%的独立。

他在讲话中还对中国给予柬埔寨人民正义斗争的无条件的支持表示感谢。

李鹏总理的夫人朱琳出席了宴会。出席宴会的还有全国人大常委会副委员长阿沛·阿旺晋美、外交部部长钱其琛、民主柬埔寨驻华大使江裕朗等。

中共中央政治局常委胡启立在中南海会见由总书记契塔·巴苏率领的全印前进同盟代表团

胡启立高度赞扬全印前进同盟为印度独立、发展民族经济、维护国家主权、改善人民生活和维护世界和平作出了不懈的努力。

他说,中印两国人民有着悠久的传统友谊,历史上有共同的遭遇,都进行过反帝反殖的斗争,并在斗争中互相支持。他衷心感谢全印前进同盟创始人苏巴斯·钱德拉·鲍斯在担任印度国大党主席期间派遣印度援华医疗队来华支援中国人民的抗日斗争。

胡启立强调指出,中印两国应该恢复和建立睦邻友好关系。他希望通过中国共产党和全印前进同盟的联系,促进两国和两国人民的友谊。

巴苏说,这次访问意义重大,最大的收获是建立了全印前进同盟与中国共产党的关系。

宾主双方一致认为,中印之间的边界问题应通过谈判来解决。在这一问题解决之前,两国可发展经济、贸易、文化、科技等领域的交流。

当代高等教育改革政策国际学术讨论会在北京召开

此次学术讨论会为期5天。会议由国家教育发展与政策研究中心主办。

国家教委主任李铁映向与会专家介绍了我国10年来经济、政治体制改革的情况和目前面临的形势后说,中国高等教育在理论、管理和体制等方面现在都还不能适应改革开放和社会发展的需要,高等教育改革的任务非常紧迫。在我们这个有10亿人口和数千年传统文化的大国,建立一个能适应当前社会发展需要的高等教育体系是个大课题。

参加会议的有来自中国、保加利亚、联邦德国、法国、印度、日本、泰国、英国、美国、苏联、南斯拉夫等国家和地区的教授及政府教育部门研究高等教育发展和改革战略问题的专家60多人。会议的中心议题是在交流与会各国高等教育改革的基本政策及其主要经验的基础上,集中讨论高等教育面向经济、科技、文化和社会发展的政策与措施,并探讨了未来高等教育发展与改革的趋势。联合国教科文组织的代表出席了会议。

《中华老年报》创刊

该报由中国老龄问题全国委员会和山东省老龄委联合主办。

《中华老年报》面向全国老年,以广大离退休干部、老年知识分子、老年职工,以及从事老龄事业的工作者为主要对象。同时,也兼顾其他社会读者。

该报为周刊,每期对开四版,星期二出版。该报在改革开放的形势下创办,受到党和国家领导人以及社会知名人士的关怀和支持。彭真为该报写了报头。邓颖超、乌兰夫、王任重、康克清等题了词。聂荣臻还特地为该报写了题为《全心全意为老年人服务》的发刊词。该报社长为全国老龄委主任王照华,总编是邢方群。

环球皮肤病 性病 艾滋病基金会在广州成立

中顾委常委、国务院港澳办公室主任姬鹏飞,全国人大常委会副委员长朱学范、荣毅仁、费孝通任名誉会长;知名人士王光英、陈敏章、霍英东、马万祺、韩光、吴阶平、周鼎任高级顾问;中顾委委员、前卫生部长钱信忠任会长。

这个基金会经政府有关部门批准,为具有法人地位的非牟利性的公益性的民间组织,其宗旨在民间募集基金,用于研究防治皮肤病、性病和艾滋病。基金会将筹建皮肤病、性病和艾滋病综合研究基地和中西医结合的临床研究中心。

目前,基金会总部设在重庆第三军医大学,并拟在北京建立总部办事处。

6月22日

中央军委主席邓小平在北京会见埃塞俄比亚总统门格斯图·海尔·马利亚姆

邓小平在会见时说:1978年以来,我们开辟了建设有中国特色社会主义的全新的事业。形势逼人,迫使我们进一步改革开放。还需要过好几个关,现在碰到的最大的关是价格制度和工资制度的综合改革。前进的道路并不平坦,但是我们相信这十年好的形势能够继续发展下去。现在国际形势看来会有个比较长时间的和平环境,即不爆发第三次世界大战的环境。我们都是第三世界国家,要紧紧抓住经济建设这个中心,不要丧失时机。

十一届三中全会以来中共发展1200多万名新党员

据《人民日报》报道,党的十一届三中全会以来的9年中,全国共发展新党员1285万多名。这些新党员绝大多数是在改革和建设中涌现出来的优秀工人、农民和知识分子。

据了解,在发展党员时,大多数党组织注意在坚持党员标准的前提下,逐步改善党员队伍的文化结构和年龄结构。在每年发展的新党员中,35岁以下的和具有高中以上文化程度的都分别占2/3以上。到1987年年底,在全国4700万名党员中,35岁以下的占27.3%,具有高中以上文化程度的已由1978年的12.8%上升到28.5%。

经过几年的努力,由于历史原因造成的优秀知识分子"入党难"问题已经基本得到解决。党员的十一届三中全会以后,共有230万名各类专业技术人员入党。

据中组部介绍,近几年来,要求入党的人数逐年增多,去年全国就有800多万人要求加入中国共产党。为了保证党员质量,大多数党组织重视研究新时期如何坚持党章规定的党员标准;一些党组织在发展党员工作中对要求入党积极分子认真进行培养、教育、考查,建立了一套比较完整的制度。

中组部有关部门负责人对记者说,这几年,发展党员工作存在两个方面的问题。一是不够注意在生产第一线的工人、农民中发展党员；二是有些地方和单位存在着忽视质量、片面追求数量的倾向。有的未能全面把握党员标准，发展党员着重看名气、业务水平、富裕程度、文凭等，忽视对政治觉悟、思想品质的严格考查；有个别党员干部甚至利用发展党员搞不正之风。这些问题严重影响党员队伍的质量，损害党在群众中的威信。这位负责人强调，今后发展党员要把质量放在第一位，要重视从在生产和工作第一线的优秀工人、农民和知识分子中发展党员，重视在先进青年中发展党员，同改革、开放的需要相适应。

中共中央政治局常委胡启立在中南海会见由总书记葛斯·霍尔率领的美国共产党代表团

胡启立说，“由于大家都知道的原因，中国共产党同美国共产党的关系中断了20多年。通过霍尔总书记这次访华，两党恢复了关系，我们感到非常高兴。”

他说，中美两党、两国人民有着传统的友谊。两党恢复关系有助于增进两国人民的相互了解，符合两国人民的根本利益，有利于维护世界和平。

霍尔说，这次访问是非常有意义的。虽然时间很短，但了解到很多中国的情况。

中国驻美大使馆发言人在华盛顿发表声明批驳达赖讲话

发言人指出，达赖喇嘛最近在法国斯特拉斯堡的讲话其实质是否定中国政府对西藏拥有神圣主权，并企图使所谓西藏问题国际化。

中国驻美使馆新闻参赞郑万珍说：达赖喇嘛去年9月在美国众议院“人权小组委员会”上就所谓“西藏地位”问题提出了“五点计划”，今年又在法国斯特拉斯堡记者招待会上散发讲话。我们注意到此次讲话的一些提法同“五点计划”中的调子相比有所变化，但其实质依然是篡改历史，歪曲现实，否定西藏是中国领土不可分割的一部分，否定中国政府对西藏拥有神圣主权。

郑万珍说：达赖喇嘛的讲话完全歪曲了西藏解放30多年来的历史。了解西藏历史的人都知道，西藏是在1951年5月中央人民政府同西藏地方政府在北京签订了和平解决西藏办法17条协议之后和平解放的。西藏从此结束了遭受外国侵略的历史。达赖喇嘛本人曾于1951年10月24日致电毛泽东主席：“西藏地方政府及藏族僧、俗人民一致拥护，并在毛主席及中央人民政府领导下，积极协助人民解放军进藏部队，巩固国防，驱逐帝国主义势力出西藏，保护祖国领土主权的统一，谨电奉闻。”

郑万珍指出：“中国对西藏的主权不容否定。西藏‘独立’不行，半独立不行，变相独立也不行。”

在谈到中国政府对达赖喇嘛回国所持态度时，郑参赞说：“我们曾多次向达赖喇嘛表示，欢迎他本人或由他派代表来北京同中央政府商谈问题；除了西藏‘独立’问题不能商谈，其他任何问题都可以谈。达赖喇嘛同中央政府接触的渠道始终是畅通的。”

达赖喇嘛派驻纽约的所谓“西藏办事处”最近向美国的许多新闻机构散发了达赖在法国斯特拉斯堡的讲话稿。中国大使馆发言人的声明是对美国记者提问的正式答复。

国家能源部正式成立

国务委员王丙乾代表国务院在成立大会上讲了话，他强调指出，新成立的能源部要很好地分析能源形势，加快能源的发展；要彻底转变职能，搞好政府部门的改革试点。

新上任的能源部部长黄毅诚说：能源部要按照政企分开，转变职能的改革方向，把搞能源开发的部门有机地集中组织起来，加强宏观管理和统筹规划，推进内部联合，发挥综合优势，使一次能源和二次能源能够得到同步开发、合理使用、协调发展，从而更好地适应国民经济和社会发展的需要。

今后的基本任务就是要努力实现两大目标：一是依靠改革和政策，促进能源各行业有较快的发展；二是依靠改革和政策，不断提高能源企业的劳动生产率和经济效益。围绕实现这两大目标，今后重点要抓好以下六个方面的工作：一、加快电力建设，缓解供需矛盾；二、采取必要措施，保证煤炭持续稳定增长；三、多方增加投入，促进石油增产；四、落实资金来源，加快核电起步；五、实行扶持政策，加快水电开发；六、根据国情，制定能源合理政策，优化能源结构。黄毅诚说：要下决心实行政企分开，搞好职能转变，要抓大事，力求管得“虚”一点，基本做到“四管三不管”：一不直接管理企业，二不直接管钱，三不直接管物资。今后主要管好四件事：一管政策，包括技术、基建、生产和能源消费方面重大政策的制定和实施；二管行业规划；三管监督，监督国家有关政策、法令和计划的执行；四管服务。

中国统配煤矿总公司在北京召开全国煤炭工业局长会议

会议召开时间为6月22日至27日。会议部署了今后的改革工作，安排下半年生产、建设任务和经营工作。

今年上半年，全国煤炭生产形势很好，预计可完成原煤产量4.44亿吨，比去年同期增长1200多万吨，提高2.8%。但是，值得注意的是，随着工农业生产不断地发展,从去年年底以来,我国一些地区已出现了煤炭供需紧张状况。去年年末,全国煤炭社会库存量已由上年的1.39亿吨下降到1.28亿吨。东北三省煤炭正常社会库存量是2000万吨,去年年末由上年的3000万吨下降到1500万吨。近来不少地方特别是广东、上海、江苏、辽宁等省区煤炭供应已偏紧。针对以上情况,会议认为当前要抓好以下工作:

——充分认识煤炭工业所处的地位和形势,加强紧迫感和责任感。今年,煤炭产量要达到9.5亿吨,本世纪末,预计要达到12亿吨以上。现在,乡镇煤矿增产势头已减缓,电力建设已大规模展开,钢铁生产正在上升,对煤炭需要量很大。因此,在新旧体制交替中,各级煤矿领导不能有任何松劲情绪,一定要抓好煤炭的改革和生产。

——企业的一切生产经营活动,都要以发展生产力和提高经济效益为中心。在生产建设上,要优化生产力布局和产品结构,在运销上,要使销售工作起到龙头作用;在物资供应上,要做到合理采购,合理布局,在资金使用上,要树立有偿使用观念、投入产出观念。

——继续完善统配煤矿总承包,改善经营机制,增强企业活力,煤炭部虽然撤销了,但总承包要继续搞下去,要继续执行总承包的各项政策,层层兑现,层层落实,不得改变。

——认真贯彻沿海经济发展战略,促进多种经营的发展与产品结构的改变。沿海省份共有30个矿务局,产量有1.5亿多吨,这些矿务局要随着沿海经济的发展而发展。

——加强思想政治工作,建立思想政治工作新格局。

世界第一部世界语教学电视系列片《希望》在青岛首映

国际世界语协会主席,中国、美国、法国、日本等国世界语协会发来了贺电。

这部教学片是由青岛市对外文化交流学会、青岛市世界语协会和青岛电视台联合摄制的。全片共24集,每集半小时。

《文艺美学丛书》推出新篇目

北京大学出版社出版的《文艺美学丛书》继1984年前后第一批9种著作包括金开诚的《文艺心理学论稿》、叶朗的《中国小说美学》、伍蠡甫的《中国画论研究》等问世后,最近又有9种先后出版,其中有宗白华的《艺境》、肖驰的《中国诗歌美学》、佛雏的《王国维诗学研究》、日本学者笠原仲二的《古代中国人的美意识》、美国学者布斯的《小说修辞学》等。这套丛书着力于古典美学和当代美学的相互贯通,中国美学和西方美学的相互融合,视野开阔,立论严谨。

丛书计划于1990年前后出齐50种。

由中国戏剧家协会主办的第四届全国优秀剧本奖在北京揭晓

共有16部作品获奖。新闻发布会上,评奖办公室负责人介绍说,得奖作品中有《南唐遗事》《风流寡妇》等7部戏曲,《深宫欲海》一部歌剧,《黑色的石头》《狗儿爷涅槃》等8部话剧。这些作品在题材的开拓、人物的塑造、表现形式的创新等诸多方面受到专家及社会各界的普遍好评。

农民艺术家张振海复活夹纻造像艺术

在龙年的洛阳牡丹花会上,农民艺术家张振海捧出的《红楼梦》《西游记》等夹纻艺术人物造像,令游客们叹为观止。

发源于洛阳的夹纻造像艺术,属于中华夹纻干漆工艺,以夹纻织品为原料,技法和配合药物独特,东周时即出现,曾被奉为“绝品”。为使这种轻、美、坚、真的人物造像艺术复活,张家工艺的第五代传人、47岁的张振海改革了古老工艺。从1979年以来,出自他手的夹纻造像赢得了新生,大放异彩。

萧军逝世

著名现代小说家萧军,因病长期医治无效于6月22日零点48分逝世,享年81岁。

这位辽宁籍的作家以雄浑、深沉的艺术风格,曾长期活跃在中国文坛,他的长篇小说《八月的乡村》《过去的年代》《五月的矿山》等在中国文学史上熠熠发光。萧军生前曾任全国政协委员、中国文联委员、中国作协顾问、北京作协副主席等职。

6月23日

七届全国政协经济委员会第二次全体会议在北京举行

会议原则通过了经济委员会工作简则,并确定1988年度工作重点放在研究当前我国经济建设中的重大问题上,尤其是物价、工资问题。

根据工作简则规定,政协经济委员会的任务主要是学习、宣传和贯彻改革、开放、搞活的社会主义现代化建设总方针及其有关政策、法律,广泛联系政协委员和各界人士,就国家经济生活中的重要问题,开展座谈讨论、专题调查等活动,向国家机关及其有关组织提出建议。经济委员会的活动实行议事民主、平等协商、广开言路的原则。

这次全体会议还通过了经济委员会分组名单。委员会下设工业交通、财政金融贸易、农村发展、体制改革和城乡建设环境保护5个常设组,以及物价工资和三峡工程问题两个专题研究组。会议确定1988年度常设组工作要点是研究国营企业亏损及提高企业效益、基建规模过大、交通运输业发展、贫困地区扶持和环保与生态等问题。

全国政协副主席兼经济委员会主任谷牧主持了全体会议。委员们在讨论时,就能源交通、流通体制、控制计划外基建项目和三峡工程等问题发表了意见。

中国现有私营企业22万余户产值约占全国工业总产值1%

据国家工商行政管理局局长任中林宣布,以企业资产归私人所有、雇工8人以上为标准,我国现有私营企业22.5万户,雇工360万人。它们的产值约占全国工业总产值的1%。

近几年迅速发展起来的这些企业,普遍利用社会闲散人力、资金、技术、设备,形成新的生产经营能力,在我国日益搞活的经济生活中已成为一个特别活跃的因素。福建省晋江县目前6000多家乡镇企业,大都是股份集资为主的私营企业,生产门路涉及食品、服装、建材等10多个行业,产品1万余种。其中不少独具特色的产品畅销海内外。

我国私营企业多源于个体工商业户或私人租赁承包的乡镇企业。随着生产经营领域不断拓展,多方寻求经济联合业已形成私营企业新的发展趋势。据有关专家和研究者分析预测,我国私营企业产值即使占到全国工业总产值的10%,也不会动摇公有制经济占主体的经济结构。

按照国家既定方针政策,我国私营企业在相当长的时期内还将继续发展。

北方大白菜生产会议在北京召开

国务院副秘书长白美清在会上强调,目前改革正处在关键时期,要做到保证工资、物价改革顺利出台,做到绝大多数人实际生活水平不降低,且略有提高,做好蔬菜生产、供应,保持蔬菜价格平稳具有特殊的重要意义。他说,今后五年,搞好蔬菜生产,就是对改革的最大支持,就是对物价、工资改革的极大促进。各地政府以及农业、商业等有关部门要互相支持,互相配合,下大气力抓好蔬菜生产、供应工作。

从这次会议反映的情况看,今年各省、市政府都比较重视秋菜生产,不少城市已制订了今年大白菜的产销计划和增产措施。因去年冬季大白菜价格偏高,今年各地农民种大白菜的劲头很大。据对北京、天津、沈阳等16个城市的统计,今年秋菜播种面积达155.4万亩,预计产量38.93亿公斤,分别比去年增加4%和9.3%;其中大白菜计划面积57.96万亩,预产20.33亿公斤,分别比去年增加5%和18.7%。实种面积可能还要多一些。

白美清指出,为配合改革,今后几年对蔬菜工作的要求,还是两句话,即改善蔬菜的供给,保持蔬菜的合理价格。具体来说,一是不论在淡季或者旺季,在平时还是在节日,都要保持城市人均每天有8两菜的水平。每个月不仅要有几个品种的"当家菜"摆得出,放得住,不断档,不脱销,并且还要有其他品种的精菜、细菜供应市场。二是价格要保持在合理水平,即大路菜价格必须稳定在国家控制的水平上,精菜、细菜价格也不要发生暴涨现象。

农业部部长何康、副部长刘江就大白菜生产做了部署。刘江要求农业部门首先管好用好菜地基金,加强蔬菜基地的开发建设,组织高产协作活动,推动大面积增产,提高大白菜品质。同时,要积极参与流通,帮助农民定好产销合同,疏通销售渠道,推广贮藏经验,鼓励他们多贮藏一些大白菜。

外交部发言人李肇星驳斥美国《华盛顿邮报》的报道

外交部发言人李肇星在新闻发布上指出,美国《华盛顿邮报》前几天关于"中国同意波尔布特到中国来避难"的报道是"极不严肃的,毫无根据的"。

在回答记者提问时,李肇星说:"最近我们注意到《华盛顿邮报》发表过一篇报道。这篇报道说,一旦有关各方就解决柬埔寨问题达成协议,中国愿意接受波尔布特到中国避难。"

这位发言人说:"当前解决柬埔寨问题的关键是越南尽快从柬全部撤军。越南撤军后,柬内部的问题应由柬人民自己协商解决。我们赞成在西哈努克亲王领导下的柬埔寨四方联合,不赞成任何一方独家掌权,也不赞成排除任何一方。中国的上述立场是众所周知的。"

马属动物流行性淋巴管炎菌苗制成

该菌苗由中国农科院兰州兽医研究所研究员张文涛研究成功。参加鉴定的专家、教授们一致评价:这是国内外流行性淋巴管炎免疫上的重大突破。

马流行淋巴管炎是马属动物的一种真菌性传染病。自1399年发现以来,该病给世界养马业带来了严重危害。病原真菌生物特性复杂,主要免疫表达困难,国外至今未拿出一个能在生产上应用的菌苗。许多科学家认为该真菌没有免疫原性，因此，在直至菌(疫)苗成为疫病防治主要手段的今天，对其防治仍停留在依靠药物的水平上，一直得不到控制。

张文涛针对这个难题，经过15年的艰苦努力，终于成功对马匹进行一次性免疫性注射，免疫率为84%，免疫期长达27个月，攻毒效验保护率为75%。菌苗在4℃环境中保存8个月仍有效。在2省、区5个旗、县、市老疫区对4万余匹马、骡、驴实际预防应用后，无一发病。

该菌苗具有重大的实用价值，目前，我国约有马、骡、驴2.44亿匹，按平均发病率为1%算，普遍注射此菌苗，全部控制该病后，每年可减少损失1400万元。

梁漱溟逝世

全国政协常委、著名的爱国民主人士梁漱溟于6月23日11时40分在北京逝世，享年95岁。

梁漱溟是当代我国文化名人。他祖籍广西桂林，生于北京，早年应蔡元培之邀执教北京大学。

随后，他与黄炎培等发起组织民主同盟。他致力于哲学研究，主要著作有《印度哲学概论》《东西方文化及其哲学》及《中国文化要义》等。

"文化大革命"后，梁漱溟重新活跃于学术界，年过90后，还出版了《人心与人生》等著作。

6月24日

七届全国人大常委会在人民大会堂举行第一次新闻发布会

全国人大常委会办公厅新闻发言人张虎生在会上宣布，全国人大常委会将建立新闻发布会、记者招待会制度，一般两个月举行一次，同时将设立旁听制度。

明天召开的七届全国人大常委会第二次会议将在新的会议厅里举行，新会议厅的面积比原会议厅扩大约两倍。据悉一些群众团体的代表将被邀请出席旁听，一些不是人大常委的专门委员会的委员也可列席会议。

审议中央军委关于提请审议、批准《中国人民解放军军官军衔条例(草案)》的议案将成为此次会议的一项主要议程，张虎生介绍说，其他主要议程有：审议中央军委关于提请审议、批准《中华人民共和国中央军事委员会关于授予军队离休干部中国人民解放军功勋荣誉章的规定》的议案；审议中央军委关于提请审议、批准确认1955年至1965年期间授予的军官军衔的议案；审议国务院、中央军委关于提请审议《中国人民解放军现役军官服役条例(草案)》的议案；审议国务院关于报请审议海南省筹备组筹备召开海南省人民代表会议的请示；听取和审议关于1987年国家决算的报告；听取关于教育工作的汇报；听取委员长会议关于七届全国人大常委会工作要点的建议。以上议程需经全国人大常委会会议通过后才能成为正式议程。

张虎生在介绍人大常委会工作要点时说，人大常委会将恢复接待人民来访制度，设立全国人大代表接待室，健全和完善公民申诉、控告和检举制度。这个工作要点是征求了各方面的意见拟出的，目的在于加强人大常委会工作的计划性，适应改革、开放的需要。

张虎生介绍说，此次会议会期约为1周。

我国干部增长减慢结构趋合理

据《人民日报》报道，全国干部统计年度报表表明，1987年国家实行干部计划管理之后，干部增长速度由"六五"期间的每年增长6.98%下降到年增长5.11%，控制在国家下达指标之内，干部队伍的总体分布也随之趋向合理化。

对干部实行计划管理，主要是控制干部员额增长和对新增干部进行合理调配。这项决策是党中央和国务院针对过去较长时间内，我国干部队伍出现的盲目增长、急剧膨胀、部门配置严重比例失调和行政经费逐年增长的状况作出的，并于1987年付诸实施。

这项工作展开后，国家人事部门根据不同地区和不同部门的需要有计划地下达增长指标，并对干部计划执行情况加强监督检查，在宏观上加强了控制。各地方人事部门严格手续，对无计划增干或超计划增干，有的地区财政、银行不支付工资，公安、粮食部门不办理户口、粮油关系，职称改革办公室不纳入专业技术职称聘任范围，工资改革办公室不予改定工资级别，有效地限制了干部的盲目增长。与此同时，各地还对用人制度进行了改革，乡镇机关和企事业单位除接受统配人员外，实行了聘任制。去年聘任干部占新增干部的35.7%，这些干部能进能出，能上能下，使干部队伍流程加快，减少了人员膨胀的现象。

去年我国部队转业干部量大，大中专毕业生较多，但由于采取了上述措施，缩减了从社会上招收干部数量，促进了离退休制度正常化，使干部增长数控制在计划之内。

实行干部计划管理，使干部队伍的总体分布也趋向合理。去年，我国行政机关干部只增加19万名，增长率为3.6%，大大低于"六五"期间年均增长9.8%的速度，其中中央和省级机关分别下降了3.3%和3.2%，与之相应的是乡镇机构、事业单位和教育部门的干部得到充实和加强，增长率分别为7.1%，6%和6%。部门干部的增长也得到了合理调配。在党政机关增加的干部中，需要加强的政法和经济监督调节部门所增干部占76%，而专业经济管理部门干部得到有效控制，下降了4%。这是前所未有的。另外，由于指标和政策的控制，还使新增干部的流向得到了疏导，过去大中专毕业生和部队专业干部大都愿分配在城市，使"热门单位"人满为患，实行计划管理后，各地采取了相应对策，使干部指标使用做到了优先考虑边远区县，加强了边远艰苦地区的干部队伍力量。

人事部有关人士认为，实行干部计划管理，是人事制度的一项改革，效果是明显的。但在管理体制和制度上还存在着薄弱环节，需要进一步完善。

共青团中央和国家体改委公布全国优秀青年企业家评选结果

获得全国优秀青年企业家称号的共有10名青年，他们是化工部兰州化工机械研究院化学清洗总公司总经理任建新，辽宁沈阳光达集团总公司总经理李闯，上海市上海县紫江皮塑制品公司经理沈雯，广东江门市自行车工业公司总经理何伟文，湖北天门市车湾村东方红服装厂厂长欧阳德平，天津气体压缩机厂(原第二空气压缩机厂)厂长耿世和，山东烟台木钟厂厂长秘波海，江苏南通第二棉纺织厂厂长高春和，山西太原华杰电子合营公司总经理崔晋宏，吉林石岘造纸厂厂长薛景文。

此外，还有90名年轻人获得全国优秀青年厂长(经理)称号。

主办这次评选活动的共青团中央和国家体制改革委员会的负责人宋德福、冯军、高尚全、张彦宁在新闻发布会上称，参加全国评选的150名候选人是各省(自治区、直辖市)从约2000多名预选人员中挑选出来的。

世界首例男性生殖器畸形切除移植手术在上海市第九人民医院获得成功

6月25日

七届全国人大常委会二次会议在人民大会堂举行

全国人大常委会委员长万里主持了会议。

会议开始时，全国人大常委会副委员长兼秘书长彭冲就这次常委会会议的议程草案作了说明。会议通过了这个议程。

根据议程，这次会议将审议中央军委关于提请审议、批准《中华人民共和国中央军事委员会关于授予军队离休干部中国人民解放军功勋荣誉章的规定》的议案；审议中央军委关于提请审议、批准《中国人民解放军军官军衔条例(草案)》的议案；审议中央军委关于提请审议、批准确认1955—1965年期间授予的军官军衔的议案；审议国务院、中央军委关于提请审议《中国人民解放军现役军官服役条例(草案)》的议案；审议国务院关于报请审议海南建省筹备组筹备召开海南省人民代表会议的请示；听取财政部关于1987年国家决算的报告；听取国家教委关于教育工作的汇报；听取全国人大代表团访问英国的情况报告；审议关于出席各国议会联盟第79届大会和顺访危地马拉的情况报告；听取委员长会议关于七届全国人大常委会工作要点的建议；听取全国人大各专门委员会关于工作规划的汇报；通过任免事项和其他事项。

会上，委员们听取了中央军委对《中华人民共和国中央军事委员会关于授予军队离休干部中国人民解放军功勋荣誉章的规定》的修改意见。在此之前，全国人大法律委员会已对修改意见作过审议，并建议全国人大常委会对经过修改的规定予以审议、批准。

会上，全国人大法律委员会副主任委员项淳一作了法律委员会对《中国人民解放军军官军衔条例(草案)》审议结果的报告。报告认为，制定军官军衔条例，实行军衔制度，有利于军队的指挥和管理，增强军官的责任心和荣誉感，是军队革命化、现代化、正规化建设的需要。法律委员会对草案基本同意，同时提出了一些修改意见。

会议还审议了《全国人民代表大会常务委员会关于确认1955年至1965年期间授予的军官军衔的决定(草案)》《国务院关于报请审议海南建省筹备组筹备召开海南省人民代表会议的请示》和《全国人民代表大会常务委员会关于海南省人民代表会议代行海南省人民代表大会职权的决定(草案)》。

会上，委员们还听取了中央军委委员杨白冰受国务院、中央军委委托所作的关于提请审议《中国人民解放军现役军官服役条例(草案)》的说明；听取了财政部副部长迟海滨作的关于1987年国家决算报告；听取了国家教委副主任何东昌所作的关于教育工作的汇报。

会议还向委员们印发了全国人大常委会副委员长荣毅仁关于全国人大代表团访问英国的情况的书面报告、宦乡作的关于出席各国议会联盟第七十九届大会及顺访危地马拉的情况的书面报告。

全国人大常委会副委员长习仲勋、韦国清、朱学范、阿沛·阿旺晋美、班禅额尔德尼·确吉坚赞、赛福鼎·艾则孜、周谷城、严济慈、荣毅仁、叶飞、廖汉生、倪志福、陈慕华、费孝通、孙起孟、雷洁琼、王汉斌出席了会议。

国务委员、国家教委主任李铁映，最高人民法院院长任建新，最高人民检察院检察长刘复之，列席了会议。

财政部副部长迟海滨在七届全国人大常委会二次会议上作关于 1987 年国家决算报告

迟海滨说,根据正式编成的 1987 年国家决算,总收入为 2368.9 亿元,总支出为 2448.49 亿元,收入和支出相抵,财政赤字为 79.59 亿元。同我们上次向第七届全国人民代表大会第一次会议报告的预计执行数比较,财政总收入增加 22.27 亿元,财政总支出增加 21.57 亿元,财政赤字减少 0.7 亿元。

他说,在 1987 年财政赤字 79.59 亿元中,按现行财政体制的有关规定计算,地方财政结余 17.19 亿元,按规定应留归地方支配使用;中央财政赤字 96.78 亿元,国务院已决定不再向中国人民银行透支来弥补,改由财政部向各专业银行和社会发行债券来解决。在 1987 年国家决算总收入中,国内财政收入为 2262.42 亿元,完成预算的 101.3%;国外借款收入为 106.48 亿元,完成预算的 72.9%。国外借款没有完成预算,主要是因为有些建设项目准备工作来不及做,有一部分国外借款推迟了使用时间。

迟海滨说,国内各项主要收入的完成情况是:各项税收 2140.36 亿元,完成预算的 97.6%;企业收入 42.86 亿元,完成预算的 121.2%;国库券收入 63.07 亿元,完成预算的 105.1%;征集能源交通重点建设资金收入 180.18 亿元,完成预算的 101.8%;企业亏损补贴 376.43 亿元,完成预算的 104.6%。

他说,1987 年的国家财政收入完成预算,比上年增长 3.6%,主要是工农业生产稳定发展和商品流通扩大的结果。

他说,在 1987 年国家财政总支出中,用国内资金安排的支出为 2342.01 亿元,完成预算的 101.2%;用国外借款安排的支出 106.48 亿元,完成预算的 72.9%。各项主要支出的完成情况是:基本建设支出 628.12 亿元,完成预算的 95.8%;挖潜改造资金和新产品试制费 124.93 亿元,完成预算的 111.8%;支援农村生产支出和各项农业事业费 134.16 亿元,完成预算的 107.8%;文教科学卫生事业费 402.75 亿元,完成预算的 103.9%;国防费 209.62 亿元,完成预算的 102.9%;行政管理费 179.33 亿元,完成预算的 114.9%;价格补贴支出 294.6 亿元,完成预算的 87.4%。

他说,1987 年国家财政支出的分配和使用情况总的说是比较正常的。但是,也有一些问题需要引起重视。

国家教委副主任何东昌向七届全国人大常委会二次会议汇报教育工作情况

何东昌汇报时说,党的十一届三中全会以来,中央和国务院为发展我国的教育事业制定了一系列正确的方针、政策,解决了教育发展在指导思想和实际工作上的许多重大问题。经过 10 年的努力,我们基本改变了由于"十年动乱"所造成的各条战线人才青黄不接的局面。教育事业的发展和改革,使教育严重落后于经济和社会发展的状况得到了明显的改善。

他说,普及 9 年制义务教育正在有计划、有步骤地实施。到 1987 年,相当一部分大中城市已实现了 9 年制义务教育,1240 个县普及了初等教育,占全国总县数的 60%。过去十分薄弱的中等职业技术教育有了很大发展。目前,中等职业技术学校学生数占全国高中阶段学生总数的比例,已从 1979 年的 5%提高到 40%。我国高、中级人才的培养比例日趋合理。初中阶段的职业技术教育也在各地农村开展起来。各种形式的成人教育迅速发展,继对 3000 多万职工进行了初中文化和初级技术补课后,又开展了大规模的岗位培训。我国独创的高等和中等专业教育自学考试制度实施以来,有 780 万人应考。高级专门人才的培养规模已接近 400 万人,其中普通高等学校的培养规模达 270 万人(含研究生和普通高校办的函授、夜大学生)。10 年来,仅普通高等学校向社会输送的毕业生就有 270 万人,相当于建国后前 30 年的总和。同时,高等教育内部科类层次比例失调的状况已经初步扭转,国家建设急需的短缺、薄弱学科专业得到了补充和加强。到 1987 年,我国各级各类教育的总规模已有 2.28 亿人。

他说,总的看来,这 10 年是我国教育事业蓬勃发展和进行改革的 10 年。各级政府和社会各方面对教育从来没有像今天这样重视,教育工作所取得的成就为今后进一步发展奠定了重要的基础。

他说,目前我国有 69%的小学毕业生能够升入初中。我们认为,经过努力到本世纪末全国绝大部分地区是可以普及初中教育的。但要真正在全国实现 9 年制义务教育,可能要到下世纪初,少数经济很不发达的人口很分散的地区,还要再推迟一些。他说,1987 年,国家财政预算内支出的教育经费(含基建投资,也包括各部委支出的办学经费 20 亿元)计 274.62 亿元,比 1978 年增长 2.6 倍,年平均增长率为 15.3%,高于财政收入 6.75%的增长率,也高于财政支出 6.23%的增长率。再加上厂矿企业办学经费 20 亿元,征收教育费附加 26.4 亿元,预算外基建投资 28.85 亿元,1987 年教育经费共计 349.87 亿元。不计企业办学经费也达 329.87 亿元。这说明 10 年间政府对教育事业的拨款确实有了大幅度的增加。同时,各地在多渠道筹措教育资金方面也做了很大努力。中小学开展勤工俭学、高等学校开展社会服务的收入也补充了教育经费。1987 年,多渠道筹措的教育资金约 58 亿元。实践表明,从我国的实际出发,提倡和鼓励社会力量集资办学、捐资助学,是增加教育投资的重要渠道。此外,在教育经费的使用安排上基本是合理的。目前高等教育经费所占的比例也是基本合适的。

何东昌说,几年来我国教师队伍建设有了加强,师范教育发展较快,高等师范院校招生已占整个普通高等学校招生的35%。“六五”期间各级各类学校增加教师70万人,1987年,仅中小学校就新增教师35.2万人,缓和了师资不足的矛盾。同时,通过实行职务考核任命、教师资格考试等制度以及业务培训,促进了教师业务素质的提高。特别是1986年卫星电视教育开通并建立了电视师范学院后,各地已建接收站900多座,收转站370多座,放像点1万多个,为培养新师资和提高现有师资的水平创造了有利条件。广大教师的工作和生活条件有了一定的改善。教师的工资进行了几次调整,并设立了教龄津贴和班主任津贴。1986年,经国务院批准,用20万劳动指标从民办教师中选招公办教师,各地也拿出了7万指标。这些措施对稳定教师队伍起到了积极的作用。

何东昌说,这几年勤工俭学活动的发展健康,取得了显著的成绩。到1987年,全国已有65万多所中小学开展了这一活动,占全部中小学校数的72%。全国中小学的校办工厂达到5.7万多个,小型农(林、牧、渔)场36万多个,第三产业网点5.3万多个。勤工俭学总产值达到89.9亿元,纯收入19亿元。几年来的实践证明,组织好勤工俭学活动有利于教育与生产劳动相结合,有利于培养学生从小热爱劳动、尊重劳动人民的思想感情,也确实也可以增加学校的收入。但是,我们认为,增加中小学的教育经费和提高教师待遇,主要是靠国家不断增加对教育的拨款。开展勤工俭学更重要的意义不在于“创收”。

关于我国教育工作一些情况,何东昌说,当前影响我国教育发展的主要问题,一是教育经费不足,办学条件较差,特别是中小学问题更为突出。据1987年统计,全国中小学缺校舍7500万平方米,尚有危房4500万平方米,按教学要求配齐实验仪器的中小学还不到10%。二是教师生活待遇较低。一些地方教师队伍存在着不够稳定的状况。三是教育体制改革还不适应经济体制改革的要求,教育还存在着脱离实际和片面追求升学率的倾向,思想品德和思想政治教育亟须改造和加强。这些问题已经引起政府和社会各界的关注,国家教委将认真对待,努力在改革中寻求解决的办法。

关于教育经费问题,他说,对教育经费问题,从两个方面分析看,一方面,这些年来教育经费有很大增长;另一方面,教育经费与教育发展的需求还很不适应。我国用于高等教育的经费约占全部经费的20%,低于世界各国22%至25%的平均水平,也低于发展中国家22%至24%的平均水平。还应说明的是,高等教育中的师范教育是为基础教育服务的,如扣除师范教育的经费,其他高等教育经费的比重将在15%以下。为了保证和提高我国在激烈的国际竞争中的地位,实现四个现代化,必须保证高级专门人才的培养质量。这就要求高等教育经费应维持在一定水平之上。

他说,10年间,我国教育经费有了较大增长,但随着教育的普及,教育规模也越来越大,再加上历史上欠账较多和物价上涨等因素,教育经费的缺口仍然很大。这两年的教育经费扣除人员经费后,实际用于教学的公用经费呈现出下降的趋势。对教育经费问题,最近国务院组织有关部门多次进行了研究。初步想法是,随着经济的发展,教育经费要超前增长提高教育经费的总水平。要制定政策和措施,争取多渠道筹措办学资金,继续鼓励社会力量集资捐资办学。要进一步深化教育改革,确定合理的教育布局和结构,加强对教育经费使用的管理,提高教育的投资效益。我国高等教育已有一定的规模,在今后的一段时期内,发展的重点是提高教育质量,调整层次和结构。要控制学校的规模和新增学校的数量。原计划中预定的研究生招生规模偏大,在实际执行中已做了压缩。同时,国家教委已提出按需招生的原则,正在逐步落实。

关于中小学教师队伍,何东昌说,由于教师原工资起点较低,加上物价的调整,教师特别是中小学教师的待遇仍然偏低。目前一些地方教师队伍中存在着的不稳定因素,同这个问题有直接的联系。如果这一问题不能及时有效地解决,将难以吸引优秀人才补充教师队伍,影响义务教育的实施。关于采取措施稳定教师队伍的问题,国家教委根据中央和国务院的指示,同有关部门进行了研究。由于解决教师待遇问题实际上是增加教育经费的问题,而今年的财政已作了安排,难以有较大的调整,因此今年首先要抓好中小学教师增加10%工资的落实工作。另外,人事部同财政部、国家教委等部门,正在就部分教师的工资调整问题,研究和制订方案。同时,也在进一步研究明年以至更长远的解决方案。

关于学生的思想品德和思想政治教育,何东昌说,我国教育事业的根本任务是为社会主义建设培养合格的劳动者和各类专门人才。在新的历史条件下,改革开放政策的实施和社会主义商品经济的发展,为社会主义建设事业带来了生机和活力,人们的思想观念正在发生着积极的变化,为我们培养有理想、有道德、有文化、有纪律的人才提供了新的有利条件。同时,也不可避免地带来一些消极影响。一个时期以来,在少数青年学生中出现的问题,集中反映了学校思想品德和思想政治教育还很不适应新时期的需要。改革和加强这方面的工作,是教育战线面临的迫切任务。

他说,青年学生的思想主流是好的。绝大多数青年学生是拥护党的基本路线和支持改革开放的。青年学生中发生的问题更多的是社会问题的反映。特别是在新旧体制交替过程中,由于对社会主义建设和改革的形势缺乏全面、正确的了解,对改革进程中的困难和问题缺乏足够的思想准备,对商品经济发展和对外开放中出现的某些消极现象缺乏科学的分析,在青年学生中出现这样或那样一些模糊认识和偏激情绪是难以避免的。问题的关键是对他们进行正确的教育和引导。学校是造就"四有"新人的基地。教书育人是学校领导和全体教师的共同职责,必须贯穿在教学和其他一切活动中。针对当前学校师生的思想状况,要加强对改革形势的教育和宣传,引导他们充分认识十年来坚持改革开放所取得的重大成就,坚定改革的信心。要使他们懂得只有维护党的坚强有力的领导,加强纪律、团结一致,保持安定的社会环境,才能共渡难关,夺取改革的新胜利。要使他们清醒地认识到,任何损害党的领导、损害安定团结的言行,都是对改革的干扰,是违背全国人民利益的。

他说,加强青少年的思想品德和思想政治教育,是学校、家庭和社会的共同责任。学校教育必须与家庭和社会教育结成一个整体,才能取得良好的教育效果。宣传、文化、出版、艺术等一切生产精神产品的部门和单位,要把为广大青少年提供丰富的、健康的精神产品,作为义不容辞的责任。各地出版发行部门、公安部门、工商行政管理部门要坚决依法查禁淫秽录像和出版物。为了保证青少年健康成长,还要加强立法工作。国家教委将会同有关单位抓紧拟订《未成年人保护法》。最近,国家教委专门召开了中小学思想品德教育工作会议,就进一步改进和加强中小学德育工作提出了意见。

国务院总理李鹏签署第4号令发布《中华人民共和国私营企业暂行条例》

《中华人民共和国私营企业暂行条例》已经1988年6月3日国务院第七次常务会议通过,现予发布,自1988年7月1日起施行。

总　理　李　鹏

1988年6月25日

中华人民共和国私营企业暂行条例

第一章　总　则

第一条　为鼓励、引导私营企业健康发展,保障私营企业的合法权益,加强监督管理,繁荣社会主义有计划商品经济,制定本条例。

第二条　本条例所称私营企业是指企业资产属于私人所有、雇工8人以上的营利性的经济组织。

第三条　私营经济是社会主义公有制经济的补充。国家保护私营企业的合法权益。

私营企业必须在国家法律、法规和政策规定的范围内从事经营活动。

第四条　私营企业职工依法组织工会。职工的合法权益受国家法律保护。

第五条　私营企业可以成立私营企业协会。

第二章　私营企业的种类

第六条　私营企业分为以下三种:

(一)独资企业;

(二)合伙企业;

(三)有限责任公司。

第七条　独资企业是指一人投资经营的企业。

独资企业投资者对企业债务负无限责任。

第八条　合伙企业是指二人以上按照协议投资、共同经营、共负盈亏的企业。

合伙企业应当有书面协议。

合伙人对企业债务负连带无限责任。

第九条　有限责任公司是指投资者以其出资额对公司负责,公司以其全部资产对公司债务承担责任的企业。

有限责任公司应当符合下列规定:

(一)公司名称标明有限责任公司或者有限公司的字样;

(二)有符合本条例规定的公司章程;

(三)投资者为二人以上三十人以下;

(四)注册资金取得合法的验资证明;

(五)投资者转让出资应当取得其他投资者的同意,投资者为三人以上的,需要取得半数以上的投资者的同意;

(六)不得减少注册资金;

(七)不得向社会发行股票。

有限责任公司投资者超过三十人的,应当向工商行政管理机关作专项申报,经同意后始得办理登记。

第十条　有限责任公司依法取得法人资格。

第三章　私营企业的开办和关闭

第十一条　下列人员可以申请开办私营企业:

(一)农村村民;

(二)城镇待业人员;

(三)个体工商户经营者;

(四)辞职、退职人员;

(五)国家法律、法规和政策允许的离休、退休人员和其他人员。

第十二条　私营企业可以在国家法律、法规和政策规定的范围内，从事工业、建筑业、交通运输业、商业、饮食业、服务业、修理业和科技咨询等行业的生产经营。

私营企业不得从事军工、金融业的生产经营，不得生产经营国家禁止经营的产品。

第十三条　申请开办私营企业应当具备下列条件：

(一)与生产经营和服务规模相适应的资金和从业人员；

(二)固定的经营场所和必要的设施；

(三)符合国家法律、法规和政策规定的经营范围。

第十四条　有限责任公司章程应当包括下列事项：

(一)公司名称和住所；

(二)开办公司的宗旨和经营范围；

(三)注册资金和各个投资者的出资数额；

(四)投资者的姓名、住所及投资者的权利、义务；

(五)公司的组织机构；

(六)公司的解散条件；

(七)投资者转让出资的条件；

(八)利润分配和亏损分担的办法；

(九)公司章程的修改程序；

(十)需要订明的其他事项。

第十五条　申请开办私营企业，必须持有关证件向企业所在地工商行政管理机关办理登记，经核准发给营业执照后，始得营业。

第十六条　私营企业分立、合并、转让、迁移以及改变经营范围等，应当向工商行政管理机关办理变更登记或者重新登记。

第十七条　私营企业歇业，应当在距歇业三十日前向工商行政管理机关提出申请，经核准后办理注销登记。

私营企业歇业，应当进行财产清算，偿还债务。

第十八条　私营企业破产，应当进行破产清算，偿还债务，具体办法另行制定。

第十九条　具备法人条件的私营企业办理开业登记、变更登记和注销登记，依照《中华人民共和国企业法人登记管理条例》的规定执行。

第四章　私营企业的权利和义务

第二十条　私营企业投资者对其财产依法享有所有权，其财产可以依法继承。

第二十一条　私营企业在生产经营活动中享有下列权利：

(一)核准登记的名称在规定的范围内享有专用权；

(二)在核准登记的范围内自主经营；

(三)决定企业的机构设置，招用或者辞退职工；

(四)决定企业的工资制度和利润分配形式；

(五)按照国家价格管理规定，制定企业的商品价格和收费标准；

(六)订立合同；

(七)申请专利、注册商标。

第二十二条　私营企业按照国家法律、法规的规定，可以同外国公司、企业和其他经济组织或者个人举办中外合资经营企业、中外合作经营企业，可以承揽来料加工、来样加工、来件装配，从事补偿贸易。

第二十三条　私营企业在生产经营活动中应当履行下列义务：

(一)遵守国家法律、法规和政策；

(二)依法纳税；

(三)服从国家有关机关的监督管理。

第二十四条　私营企业应当在银行或者其他金融机构按照国家有关规定开立账户。符合规定条件的，可以申请贷款。

第二十五条　除国家法律、法规规定者外，任何单位不得以任何方式要求私营企业提供财力、物力、人力。对于向私营企业的摊派，私营企业有权拒绝提供，工商行政管理机关有权予以制止。

第二十六条　私营企业的《企业法人营业执照》或者《营业执照》，除工商行政管理机关依照法定程序可以扣缴或者吊销外，不被扣缴或者吊销。

第五章　私营企业的劳动管理

第二十七条　私营企业招用职工必须按照平等自愿、协商一致的原则以书面形式签订劳动合同，确定双方的权利、义务。

私营企业劳动合同应当向当地劳动行政管理机关备案。

第二十八条　劳动合同应当包括下列内容：

(一)对职工劳动的质量和数量要求；

(二)合同期限；

(三)劳动条件；

(四)劳动报酬、保险和福利待遇；

(五)劳动纪律；

(六)违反劳动合同应当承担的责任；

(七)双方议定的其他事项。

第二十九条　私营企业发生的劳动争议，参照《国营企业劳动争议处理暂行规定》处理。

第三十条　私营企业必须执行国家有关劳动保护的规定，建立必要的规章制度，提供劳动安全、卫生设施，保障职工的安全和健康。

私营企业对从事关系到人身健康、生命安全的行业或者工种的职工，必须按照国家规定向保险公司投保。

私营企业有条件的应当为职工办理社会保险。

第三十一条 私营企业实行八小时工作制。

第三十二条 私营企业不得招用未满十六周岁的童工。

第三十三条 私营企业工会有权代表职工与企业签订集体合同,依法保护职工的合法权益,支持企业的生产经营活动。

第六章 私营企业的财务和税收

第三十四条 私营企业必须在领取《企业法人营业执照》或者《营业执照》之日起三十日内,向当地税务机关申报办理税务登记。

第三十五条 私营企业必须按照国家财务会计法规和税务机关的规定,健全财务会计制度,配备财会人员,建立会计账簿,编送财务报表,严格履行纳税义务,接受税务机关的监督检查。

第三十六条 私营企业厂长(经理或董事长)的工资,可以在本企业职工平均工资十倍以内确定。

第三十七条 私营企业所得税,按照《中华人民共和国私营企业所得税暂行条例》和有关规定执行。

第三十八条 私营企业税后利润留作生产发展基金的部分不得低于50%。由于特殊原因,提取比例低于50%的,须经税务机关批准。

私营企业的生产发展基金可以用于本企业扩大再生产、向其他企业投资、偿还贷款或者弥补本企业的亏损。用于其他用途,须经税务机关批准。

第三十九条 私营企业投资者的工资收入和税后利润分配所得应当依法缴纳个人收入调节税。

第七章 监督与处罚

第四十条 工商行政管理机关应当加强对私营企业的行政管理和监督,保护合法经营,查处违法经营活动。

各有关行业主管部门应当按照国家规定,对私营企业的生产经营活动进行业务指导、帮助和管理。

第四十一条 私营企业有下列行为之一的,由工商行政管理机关根据情节,分别给予警告、罚款、没收非法所得、责令停业整顿、吊销《营业执照》的处罚:

(一)登记中隐瞒真实情况、弄虚作假或者未经核准登记注册擅自开业的;

(二)超出核准登记的经营范围从事经营活动或者不按规定办理变更登记、重新登记、注销登记的;

(三)伪造、涂改、出租、转让、出卖或者擅自复印《营业执照》的;

(四)从事非法经营活动的。

取得法人资格的私营企业违反登记管理规定,按照《中华人民共和国企业法人登记管理条例》的规定处罚。

第四十二条 私营企业有下列行为之一的,由劳动行政管理机关根据情节,分别给予警告、罚款的处罚:

(一)不按国家关于劳动保护的规定从事生产经营的;

(二)招用童工的;

(三)侵犯职工合法权益的。

第四十三条 私营企业违反本条例第三十八条规定的行为,由税务机关根据情节,分别给予警告、罚款的处罚。

第四十四条 私营企业对管理机关按照本条例第四十一条、第四十二条的规定作出的处罚决定不服时,应当在收到通知之日起十五日内向作出处罚决定机关的上一级机关申请复议。上一级机关应当在收到申请之日起三十日内作出复议决定。申请人对复议决定不服的,可以在收到通知之日起三十日内向人民法院起诉。

逾期未申请复议或者未向人民法院起诉的,处罚决定生效。

第四十五条 私营企业违反国家有关税收、资源、工商行政、价格、金融、计量、质量、卫生、环境保护等法律、法规的行为,由有关机关依法予以处罚。

第四十六条 管理机关的工作人员违反本条例规定,滥用职权、徇私舞弊、收受贿赂或者侵害私营企业合法权益的,有关主管机关应当根据情节给予行政处分、经济处罚;触犯刑律的,依法追究刑事责任。

第八章 附 则

第四十七条 本条例由国家工商行政管理局负责解释;施行办法由国家工商行政管理局会同有关部门制定。

第四十八条 本条例自一九八八年七月一日起施行。

国务院总理李鹏签署第5号令发布《中华人民共和国私营企业所得税暂行条例》

《中华人民共和国私营企业所得税暂行条例》已经1988年6月3日国务院第七次常务会议通过,现予发布,自1988年度起施行。

总 理 李 鹏

1988年6月25日

中华人民共和国私营企业所得税暂行条例

第一条 凡从事工业、建筑业、交通运输业、商业、饮食业以及其他行业的城乡私营企业,都是私营企业所得税的纳税义务人(以下简称纳税人),应当依照本条例缴纳所得税。

第二条　纳税人每一纳税年度的收入总额，减除成本、费用、国家允许在所得税前列支的税金和营业外支出后的余额，为私营企业应纳税所得额。

纳税人计算缴纳所得税的列支项目和标准，由税务机关规定。

第三条　私营企业所得税依照35%的比例税率计算征收。

第四条　纳税人有下列情况之一的，可由省、自治区、直辖市人民政府确定，在一定期限内减征、免征所得税：

(一)利用废水、废气、废渣等废弃物为主要原料进行生产的；

(二)遇有风、火、水、震等灾情，纳税确有困难的；

(三)纳税人因特殊情况需要减税、免税的。

第五条　除本条例第四条规定者外，其他需要减税、免税的，由财政部确定。

第六条　纳税人在纳税年度发生亏损，经税务机关批准，可以从下一年度的所得中提取相应的数额加以弥补；下一年度的所得额不足弥补的，可以递延逐年提取所得继续弥补，但连续弥补期限不得超过三年。

第七条　私营企业所得税，由纳税人向当地税务机关缴纳。

第八条　私营企业所得税按年计算，分月或者分季预缴，年终汇算清缴，多退少补。具体纳税期限由县、市税务机关确定。

第九条　纳税人必须按照税务机关的规定建立账簿和保存凭证，并按规定向当地税务机关编送财务报表和进行纳税申报。对未按照规定执行的纳税人，税务机关可处以5000元以下的罚款；情节严重的，经省、自治区、直辖市税务机关批准可处以三万元以下的罚款。

第十条　私营企业所得税的征收管理，依照《中华人民共和国税收征收管理暂行条例》的规定执行。

第十一条　本条例由财政部负责解释；施行细则由财政部制定。

第十二条　本条例自一九八八年度起施行。

国务院总理李鹏签署第6号令发布《国务院关于征收私营企业投资者个人收入调节税的规定》

《国务院关于征收私营企业投资者个人收入调节税的规定》已经1988年6月3日国务院第七次常务会议通过，现予发布，自1988年度起施行。

总　理　李　鹏

1988年6月25日

国务院关于征收私营企业投资者个人收入调节税的规定

第一条　为调节私营企业投资者的收入，鼓励私营企业投资者发展生产，制定本规定。

第二条　对私营企业投资者参加企业经营取得的工资收入，依照《中华人民共和国个人收入调节税暂行条例》的规定，征收个人收入调节税。

第三条　对私营企业投资者从私营企业税后利润取得的收入，按下列规定征收或者免征个人收入调节税：

(一)私营企业投资者将私营企业税后利润用于生产发展基金的部分，免征个人收入调节税；

(二)私营企业投资者将私营企业税后利润用于个人消费的部分，依照40%的比例税率，计算征收个人收入调节税；

(三)私营企业投资者不论以何种方式撤回生产发展基金或者转让企业资产用于个人消费的，依照前项规定，补征个人收入调节税。

第四条　本规定由财政部负责解释。

第五条　本规定自一九八八年度起施行。

中共中央组织部在北京召开全国组织工作会议

中共中央政治局委员、中央组织部长宋平在会议上说，组织战线在新形势下要解决的主要问题，概括起来，一是要从严治党，把党的基层组织和党员队伍建设好；一是要深化干部人事制度的改革，加强干部队伍和领导班子的建设，在宏观管理上下功夫，以保证党的基本路线的贯彻执行。

283名各省、自治区、直辖市主管组织工作的党委负责人、组织部长和中央国家机关干部部门的负责人出席了这次会议。

宋平在报告中指出，1983年召开全国组织工作座谈会以来，组织战线取得了很大成绩。我们的工作也存在许多不足，某些方面还不能适应形势发展的要求，有一系列新问题急需认真研究解决。最近，党中央指出，我国的改革到了一个关键时刻。全党全国要统一思想，统一步调，同心同德，闯过难关。在这种情况下，各级党组织更要重视党的建设，从严治党，加强组织性、纪律性，提高党组织的战斗力，充分发挥党员的先锋模范作用，在中央的统一领导之下，同全国人民一道，把改革推向前进，逐步建立起社会主义商品经济新秩序。

宋平的报告，从党员队伍建设、党组织建设、领导班子建设、实行干部分类管理和加强宏观指导、提高干部工作的民主化程度、干部交流等6个方面，着重阐述了组织战线面临的任务和实际工作中一些需要研究解决的问题。

宋平说，现在，全党已有4700多万党员，论数量，不算少。宋平强调，从严治党，坚决清除党内的腐败分子，妥善处置不合格党员，保持党员队伍的纯洁性和先进性。目前党内有一小部分党员不合格或不那么合格。特别是极少数党内腐败分子，贪污受贿，敲诈勒索，腐化堕落，依仗手中的权力为非作歹，严重侵害国家和群众的利益，破坏党的改革开放政策，对党的事业危害极大。对这类腐败分子，必须采取坚决清除的方针，发现一个清除一个。不合格党员同腐败分子性质是有区别的。处置不合格党员，要采取“坚持标准，立足教育，区别对待，综合治理”的方针。宋平说，从现在起，就要着手进行这项工作。县以上党委可以分别在农村、工厂、机关、学校进行试点，取得经验后逐步推开。用两三年的时间，集中力量，作出成效。

宋平就农村基层党组织、企业党组织、机关党组织和地方党委在新形势下如何发挥作用，分别提出了意见。宋平说，加强农村党的基层组织建设，是个十分迫切的问题。他指出，农村基层党组织的主要任务应当是，从本地实际情况出发，组织和带领群众发展农业生产，发展商品经济，逐步实现共同富裕，同时，加强精神文明建设，引导农民建设富裕、文明的社会主义新农村。农村党组织要按照这个要求，提出明确的奋斗目标，每年办成几件实事。他说，机关党组织要切实搞好党内民主制度建设，加强对党员的监督。要按照中央提出的“经济要繁荣，党政机关要廉洁”的要求，教育和监督每一个党员遵纪守法、为政清廉，促使他们自觉地同各种不正之风和弄权渎职、官商勾结、贪污受贿等腐败现象作斗争。要严格党的组织生活，开展认真的批评和自我批评；定期考评党员，监督党员特别是党员领导干部，认真贯彻党的方针政策，提高工作效率。

宋平说，干部工作中长期存在的一个问题，是往往只由少数人选人和只在少数“熟面孔”中选人，民主化不够，有些神秘化。解决这个问题的关键，一是增加干部工作的透明度，选拔什么人，根据什么条件选拔，要向群众公开，受群众监督；二是要坚持机会均等，择优选用人才，使更多的人能以自己的工作实绩参与竞争。这是我们改革干部选拔工作总的思路。必须根据不同类型干部的特点，采取民主选举、民主推荐、民主评议、民主考核、公开招聘、公开考试等不同方式，在选用人才上，大大提高民主化程度。以减少人事工作中的不正之风。

宋平最后说，现在，党的建设面临许多新的课题。他希望组织部门的同志，从实际出发，理论联系实际，对一些重要问题进行实事求是的探讨。

据会议公布的统计数字显示，近几年国务院授予的全国劳动模范称号的15名同志都是共产党员；全国总工会授予的4304名“五一劳动奖章”获得者中，党员占97%；全国妇联等单位最近表彰的50名女企业家，有48名是共产党员；国家科委评选的1341名“有突出贡献的科技管理专家”中，党员占64%；国家教委授予的1000名“人民教师奖章”获得者中，党员占80%。1983年到1987年五年中，全军授予各种荣誉称号的255人中，党员占93%，其中军委授予荣誉称号的23名全是党员。

各地情况也类似。例如：河北省1987年省级以上劳动模范是党员的占94%；辽宁近两年来评选的劳模、标兵、先进生产者等先进人物中，党员占85%。

在改革开放中，各条战线涌现了一大批具有时代特点的优秀共产党员。6月24日，团中央和国家体改委在北京表彰的10名全国优秀青年企业家和90名全国优秀青年厂长(经理)中，有93名是共产党员。中国企业管理协会和中国企业家协会授予“金球奖”的20名首届全国优秀企业家，都是共产党员。全国优秀农民企业家中，共产党员占87%，其中10名最佳农民企业家都是共产党员。

随着党的工作重心的转移，广大共产党员把共产主义理想同四化建设中的本职工作结合起来，把全心全意为人民服务的崇高思想体现在带领群众贯彻执行党的路线、方针、政策的实际行动之中，他们积极投身改革，为发展社会生产力作出了突出贡献。近几年，许多共产党员大踏步地进入商品生产和流通领域，积极带领群众致富。在生死关头和关键时刻，共产党员的先锋模范作用更为突出。在老山前线作战中，共产党员冲锋在前，牺牲的烈士中大多数是共产党员。在重大工程建设中，共产党员临危不惧。群众反映，关键时刻还是共产党员行。

16个省、直辖市、自治区最近对党员队伍状况的调查表明，大多数党员在改革开放和四化建设中表现了共产党人的本色，许多成为各条战线的先进人物。但是，也有一部分党员觉悟低，素质差，纪律松弛，作风不正，有的党员领导干部以权谋私，官僚主义严重，脱离群众。宋平在会议上强调指出，从严治党，坚持党员标准，提高党员素质，使党员经得起执政和改革开放的考验，是在新的历史时期加强党员队伍建设的首要问题。

民建第五次全国代表大会选出新一届中央委员

170人当选为中央委员，30人当选为候补中央委员。此外，还选举产生了由81位民建老成员组成的中央咨议委员会。

这一届中央委员平均年龄60.02岁，比上一届下降了8.46岁，其中60岁以下的占全部人数的46.47%，61岁以上的占53.53%。有68人首次当选中央委员，占全部人数的40%。民建的这一届中央委员，有131

人持有大专以上文凭，知识结构明显高于上几届。30名候补中央委员，70%是中青年，除一名中专毕业生外，其余的都具有大学或大专学历。

民建中央宣传部长熊大方在选举揭晓后告诉记者，当选的中央委员，除了四届民建中央领导人孙起孟、万国权、吴志超、汤元炳、陈铭珊、陈邃衡、黄大能、冯梯云以外，还有著名实业家荣毅仁、王光英，著名经济学家吴大琨。全国政协委员、46岁的长春汽车制造厂底盘分厂副厂长白大华，全国人大常委、71岁的武汉大学教授李崇淮，有突出贡献的专家、52岁的江苏纺织研究所化纤研究室主任陈日藻等新人的当选，也十分引人注目。

前民建中央副主席孙晓村、浦洁修，这次被选入中央咨议委员会。这个委员会是民建中央的咨询和参议机构，成员都是1956年以前入会，目前已从中央委员会退下来的老一辈成员。

中国加强司法行政律师公证工作为外向型经济发展创造法律环境

据《人民日报》报道，司法部部长蔡诚日前约见《人民日报》记者时说，该部最近派员赴沿海省、市调查研究，并就司法行政机关贯彻沿海发展战略提出了新的措施和意见。他说，发展沿海经济战略不能只讲“硬件”(物质方面的)，还要注意“软件”，即创造良好的投资环境和法律环境。他说，如果一些外商长期关注的法律保障问题得不到解决，那么，“大进大出”只能是一厢情愿。目前，中国司法行政机关在进行普法教育中，已把对外向型企业的法制教育作为普法重点，以促进企业依法经营和生产，同时也使外商进一步了解我国的投资环境，更加大胆地前来投资。律师工作已从重点办理刑事案件转向重点办理经济、民事案件，受理非诉讼法律事务大量增加。律师为沿海企业和外商担任法律顾问日见增多。到1987年年底，江苏、浙江、广东三省律师已应聘担任“三资”企业、“三来一补”企业常年法律顾问700多家。广东律师通过参与涉外经济合同草拟、审查、修改、谈判等活动，帮助引进外资23亿元，相当于广东五年来实际利用外资总额1/2。这3个沿海省还接受“三资”企业委托，代理诉讼和非诉讼法律事务，办理各类涉外经济法律事务4.1万多件，挽回与避免经济损失26亿多元。公证工作涉外领域也在不断开拓，目前已发展到20多项。

据悉，近年来沿海乡镇法律服务机构的大量涌现，正在为乡镇“三来一补”等出口创汇企业提供法律服务显示自己的优势。江苏、浙江、广东三省有50%—60%乡镇已建立法律服务机构。这些乡镇法律服务机构与市、县律师共同担任外向型企业法律顾问，参与企业经营决策，为企业办理非诉讼法律事务，协助公证机关办理公证，调解经济纠纷，减少劳务矛盾等等。

蔡诚认为，司法行政机关目前在为沿海经济发展提供法律服务中面临的最大问题是法律服务人才缺乏，编制不足，已有的法律人才素质尚待提高，尤其是“三懂”(懂法律、经济、外语)人才奇缺，急需加强培训工作。他说，司法部已决定采取措施强化已建成的涉外经济法律培训中心。司法部还将通过多渠道的社会办学方法，大量培养法律人才。

蔡诚特别强调，根据沿海经济发展战略的要求，目前不仅律师人数缺乏，而且现行律师体制也已不适应新的形势。他说，司法部已提出了改革律师体制，改变国家包办律师事务的现状的基本设想。改革的目的，是建立国家法律工作者律师、合作制律师与个人开业律师各种体制并存，而以合作制律师为主的格局，以满足国家生活、社会生活和人民生活多方面的需要。其中，个人开业目前仅在深圳和海南省等地进行试点，不全面铺开。

蔡诚指出，无论是搞试点，还是全面推行，凡成立新的律师事务所，都必须按照国家有关规定，报经司法行政机关批准，决不能自行其是，盲目滥建。他表示要坚决禁止“全社会办律师”、“全民皆律师”的做法。

纪念第一个国际禁毒日座谈会在北京举行

卫生部部长陈敏章指出，随着我国社会主义经济建设的发展和改革、开放方针的深入贯彻，我国将继续采取有力措施，加强防毒和禁毒工作，决不允许国外麻醉品祸害侵袭我国。

近几年来，一些国际贩毒集团利用我国的声誉，以我国一些省市作为过境运输渠道，将毒品经我国运到其他国家和地区。吸食毒品的恶习也通过边界往来和旅游活动而渗透进来，现已发现少数边民染上了吸毒嗜好。同时医疗上也发现有少数因使用麻醉药品和精神药物不当而造成药物依赖性的病例。

为此，我国政府采取了严格的防范和管理措施。1983年人大常委会作出决定，制造、贩卖、运输毒品，情节特别严重者，可判处无期徒刑以至死刑。1984年我国颁布的《药品管理法》将麻醉药品和精神药物列为特殊管理的药品，实行出口准许证制度。1987年，国务院又发布了《麻醉药品管理办法》。去年3月，成立了由卫生、海关等部门组成的麻醉药品管理和禁毒协调会议，以加强各有关部门间的协调工作。

据了解，1981年以来，我国公安、海关共缉获过境贩运鸦片233公斤、海洛因92公斤，海关破获20起过境贩运海洛因毒品案件，40多名外籍罪犯已被判刑。

我国在加强国内管理、防止滥用的基础上，还加强了国际双边或多边合作。我国与国际麻醉品管制局、联合国禁毒基金等国际麻醉品机构和国际刑警组织、海关合作理事会等国际组织建立了良好的合作关系，并与美国、法国等有关国家开展了有效的双边合作。

卫生部发布全国出生缺陷监测结果

该结果向人们敲响了警钟：我国现在每出生1000个婴儿，就有13个是出生缺陷儿。这说明优生优育工作必须引起全社会的高度重视。全国出生缺陷监测结果是国家“七五”重点科技协作攻关项目之一，它由华西医科大学设计，全国各省、市、自治区参加了这项工作。从1986年10月1日零时起至1987年9月30日24时止，全国945所医院同步进行了12个月的监测，取得了大量重要成果：

——全国监测的124万多例围产儿中(包括死胎、死产)，其出生缺陷总发生率为13.07‰，最高省份20.5‰，最低省份8.8‰，男性高于女性。

——出生缺陷不同种类发生率的顺序为(前5位)：无脑儿、脑积水、开放性脊柱裂、唇裂合并腭裂、先天性心脏病。

——围产儿死亡率，全国平均为26.65‰。其死因构成顺序为：畸形、脐带因素、宫内窘迫、胎盘因素、新生儿窒息等。

——足月出生儿中，低体重儿所占的比例为35.7%。

——绘制出了全国及各省、市、自治区出生缺陷种类和发生率的区域分布图集。

卫生部部长陈敏章称这次出生缺陷监测工作填补了我国这一领域的空白，指出这对于摸清和提高我国人口素质，促进我国优生优育事业发展具有十分重要的意义。

陈敏章说，随着医疗卫生事业的发展，传染性疾病与营养性疾病正在逐步得到控制。相形之下，先天畸形与遗传疾病的比重将相对增高。目前我国先天性畸胎和弱智儿童占出生率和人口比例较高，劣生多育现象在一些地区，特别是一些老、少、边、穷地区仍严重存在，必须引起我们的重视。

据介绍，我国这次出生缺陷监测工作，其规模和完成速度在国际上也是少有的。

6月26日

国务院批准建设部《三定》方案

为组建新的建设部，建设部筹备组用3个月时间研究和拟订了《三定》方案，即定职能、定机构、定编制。在“三定”过程中，筹备组广泛地听取了各方面意见，走访了十几位原在国家建委、建设部门工作过的老同志，和国务院10多个有关部门对话、协商，反复修改，五易其稿。5月3日，李鹏同志主持总理办公会议，审议并原则批准了这一方案。方案明确指出，建设部不是一个专业部，而是国务院领导下主管全国建设工作的一个综合职能部门，管理范围包括4个方面：即对全国各部门、各地区工程建设的标准定额、勘察设计、建筑施工进行综合管理和监督；规划和指导全国城市建设和村镇建设；归口管理全国建筑业和房地产开发经营；组织开拓国外建筑市场，归口管理全国对外工程承包和有关的劳务合作业务，带动建筑材料和机械设备出口。

新建设部通过强化综合性职能部门和弱化专业管理部门，使司局级单位减少25%，人员编制减少20%。

对于新的建设部今后的工作怎样进行，林汉雄说，概括起来是围绕一个中心，抓好八项任务：一个中心是通过改革调动各方面的积极因素，逐步把建筑业办为国民经济一大支柱，成为积累资金、回笼货币的一大产业。八项任务是：推进住房制度改革，加速以住宅为主的民用建筑产品商品化进程；积极开展城市房地产的开发和经营，为城市建设提供资金；加强城市建设，发挥城市多功能的辐射作用，使其真正成为经济建设的枢纽；根据不同的经济发展水平，不同民族的风俗习惯，不同的气候条件，建设具有中国特色、各民族风格的城市与村镇；加速进行设计和施工体制的改革，引入竞争机制，增强设计、施工单位的活力和竞争能力；开拓国外建筑市场，参与国际工程承包，并逐步向设计施工总承包方向发展，带动材料设备出口，为国家多创汇；创建新的建筑体系，广泛使用新材料和轻质墙体材料，推动建材工业的更大发展；加强人才开发，搞好干部培训，提高干部队伍素质。上述工作思路和工作重点，已经得到党中央、国务院领导同志的赞同，要求建设部放手地工作。

我国最长的光纤通信工程验收合格

这是我国第一条最长的光纤通信线路——武汉至荆州、沙市架空光缆通信工程。

汉—荆沙架空光缆工程全长244.8公里，采用全套国产光纤通信设备建成。全线用计算机监控，其中部分中继站无人无电，用太阳能备用油机供电，这在国内均属首次。目前已经开通武汉至荆州直达电路120路，终期容量可达480路。工程从1987年8月动工，到年底全线竣工，仅用4个半月就打通了全程。权威人士指出，这项工程不仅缓解了这一地区打长途电话难的矛盾；更重要的是为我国各省二级干线技术改造起到示范作用，找到了一条新路。

目前我国通信网络中,省内二级干线因容量严重不足而成为薄弱环节。而利用原有线路杆路加挂光纤缆,开放光纤通信系统,具有投资省、见效快、电路容量大、通信手段先进等优点。邮电部已决定向全国推广。

外交部部长钱其琛在钓鱼台国宾馆设宴欢迎巴基斯坦外交部部长雅各布·汗一行

外经贸部部长郑拓彬在北京会见并宴请基里巴斯共和国贸易工业和劳工部部长拉伊昂·巴萨罗马一行

宁夏海原发现窑洞之祖

据《人民日报》报道,一座建于4000多年前的新石器时代窑洞式房址,最近在宁夏海原县西安乡菜园村的山坡上被发现。这是我国迄今为止发现的年代最早、规模最大、保存最好的古窑洞遗址。宁夏考古研究所和中国历史博物馆的有关人员参加了这一发掘活动。

这座原始社会窑洞式房址背山临沟,避风向阳,又接近水源,这表明先民已注意选择居址。中国古建筑专家杨鸿勋认为,这座窑洞式房址,是现存黄土地带窑洞民居的"直系祖先"。

6月27日

国务院总理李鹏在中南海紫光阁会见巴基斯坦伊斯兰共和国外交部部长雅各布·汗

全国政协法制委员会召开第一次全体会议

会议讨论了法制委员会工作简则(草案)和1988年度工作要点。

全国政协法制委员会1988年度的工作要点有:组织讨论全国人大和国务院送交讨论的法律、法规;就律师体制改革、审判制度和检查制度以及监察工作中的一些问题,进行专题研讨;就野生动物保护、劳动立法等问题进行专题调查等。

全国政协副主席、法制委员会主任马文瑞主持了会议。

全国政协副秘书长朱作霖向委员们介绍了法制委员会筹备过程以及成员组成情况。六届政协法制组成员,法制委员会副主任林亨元、李文杰介绍了六届政协法制组的工作情况。

全国人大教科文卫委员会和国家计划生育委员会在北京联合举办的新闻发布会

会上宣布:中国积极响应亚洲议员人口和发展论坛倡议,自1988年7月1日起,举办"亚洲30亿人口日"活动。

据预测,今年7月1日亚洲地区人口将达到30亿。这就是说,亚洲人口将占世界人口的60%,成为地球上人口最稠密的地区。亚洲大多数国家面临着人口和发展问题。开展"亚洲30亿人口日"活动,将向亚洲国家的各家各户宣传解决人口问题的必要性、紧迫性和重要意义,以唤起人们对人口问题的认识和重视。

中国是世界上人口最多的国家,到1987年年底,中国人口已达10.8亿。举办"亚洲30亿人口日"活动,对我国人口工作是一个很大的支持和推动。

我国全国人民代表大会、政府和有关各部门,对在我国举行"亚洲30亿人口日"活动很重视,将组织几项重要活动。

——国务院总理李鹏将于6月30日就"亚洲30亿人口日"发表电视讲话。

——7月1日,由全国人大教科文卫委员会等9个单位联合召开"亚洲30亿人口日"大会,表彰为计划生育工作作出成绩的先进单位和先进个人。

——人口较多的上海、天津、四川、河南、河北、山东、广东、辽宁等省市,也将同时举行这些活动。

民建第五届中央委员会第一次全体会议选举产生新的中央领导机构

会议推选胡厥文任中央名誉主席,选举孙起孟为中央主席。

会议还选举汤元炳、吴志超、陈邃衡、陈铭珊、万国权、冯梯云、黄大能、李崇淮、白大华为中央委员会副主席。后二人是首次担任这项职务。

孙起孟是第七届全国人大常委会副委员长、全国工商联副主席、中华职教社副理事长。他于1930年在苏州东吴大学政治学系毕业,1945年发起组织民主建国会,1949年代表民建赴解放区参加筹备新政协,任筹备会常务委员会副秘书长,并出席政协一届会议。新中国成立后先后担任过二、三、四、五、六届全国政协常委,第一至第五届全国人大代表,以及人大常委会副秘书长、政务院副秘书长等职。他在去年12月举行的民建中央四届七次常委会上,接替胡厥文担任中央主席。

会议还选举产生了中央常委会、中央执行局、中央咨议委员会的领导机构等,通过了中央常委会工作规程和中央执行局工作规程。

中宣部和公安部在人民大会堂召开人民群众见义勇为与犯罪分子作斗争先进分子表彰大会

这次受到大会表彰的134位个人,有工人和农民,有教师和学生,有司机和售货员,还有银行职工、工程技术人员和机关干部。他们当中有共产党员、共青团员，有青年、妇女，有的年过花甲，有的只有十多岁。这些普通公民，在国家财产和人民生命财产受到危害和侵犯时，挺身而出，与犯罪分子展开英勇搏斗。有的犯罪分子，气焰十分嚣张，对他们施以威胁打击，但他们毫不畏惧，对于在光天化日之下行凶的罪犯，他们决不退让，坚持"打死我也要管这个闲事"。他们的英勇行为，使犯罪分子丧胆，受到广大群众敬仰和支持，一位英雄的母亲说："即使我的儿子被打死，只要能对社会风气的好转起作用，也是值得的。"由于这些品格高尚的同志的英勇搏斗，使国家财产少受损失，人民生命财产的安全增强了保障，犯罪分子难逃法网。他们的行为反映了中华民族的优秀精神风貌，反映了当代人民升华的正气。

公安部副部长胡之光在会上宣读了嘉奖令。

中宣部部长王忍之和公安部部长王芳先后在会上讲话。他们在讲话中高度赞扬了受表彰的先进分子的英勇行为，号召广大人民，特别是公安干警，学习他们自觉保卫四化建设，保卫人民利益，以维护社会治安秩序为己任的主人翁精神；学习他们临危不惧、挺身而出，敢于反抗横暴、伸张正义的大无畏精神；学习他们关心他人、扶危济困、友爱互助的社会主义人道主义精神。振奋精神，伸张正义，打击犯罪分子的嚣张气焰。各方面积极行动起来，积极支持和协助公安司法部门，惩治犯罪，维护社会治安，维护法律的尊严，在全社会形成一种惩恶扬善、扶正祛邪的社会风气，为改革开放创造良好稳定的社会环境。

胡启立、习仲勋、刘复之、任建新等同志及有关部门的负责同志出席了表彰大会。

广东各界举行大会纪念何香凝先生诞辰110周年

广东各界800多人在仲恺农业技术学院举行纪念何香凝先生诞辰110周年大会，缅怀何香凝先生为中国民族独立、人民解放和社会主义建设所建树的历史功绩。

广东省政协副主席杨应彬主持了大会。中共广东省省委副书记、广东省省长、仲恺农业技术学院董事长叶选平在大会上讲话说，何香凝先生是伟大的爱国主义者、中国近代民主革命的先驱、国民党革命派的杰出代表、中国妇女解放运动的杰出战士，是中国共产党的挚友。他回顾了何香凝先生为国家的独立、统一、民主和富强而不断奋斗的一生后说，国共合作，共商国是，共建国家，是何香凝先生生前的一贯政治主张。我们热切期望台湾当局，以国家前途、民族大义为重，早日实行国共两党的第三次合作，完成祖国统一大业。

仲恺农业技术学院院长郭宝江在会上聘请海外最早研究廖仲恺的专家、美国迈阿密大学华裔教授陈福霖先生为廖仲恺何香凝纪念馆名誉顾问。大会结束后，与会人士参加了何香凝先生汉白玉雕像落成典礼。出席大会的有全国人大常委会委员霍英东、马万祺；以及有关方面负责人廖晖、陈耀邦、李琦涛、郭荣昌、罗天、方少逸、凌伯棠、卢钟鹤、何宝松等。

全国花木行业双十佳表彰发奖大会在北京召开

由《花卉报》组织的这次评选活动，在我国花木行业还是第一次。被评为"十佳"的企业有：中国花卉进出口公司，江苏省武进县加泽花木公司，山东省龙口市下丁家园艺工具厂，北京市崇文门花店、东北旺苗圃、市环境优美服务公司，四川省成都市温江寿安清水园艺总场，国营河北第一机械厂，甘肃兰州市花木公司，浙江省诸暨县视北花木场。

被评为"十佳"的企业家有：河南省南阳县李文鲜，四川省郫县黄友兴，广东省茂林园余正标，浙江省嵊县王飞罡、温州市张大丁、邵宽，河北省隆尧县乔书颂、馆陶县谭寿鹏，江苏省武进县闵浩焕，江西省南昌市梁国民。

在改革中复苏的我国花卉事业，近十年得到较快的发展，现已初步形成一支由科研、生产、销售组成的产业队伍。中国花卉进出口公司过去每年花鸟虫鱼总出口额最高只有八九百万美元，而近几年出口额逐年递增，1987年达到3200万美元。

沪穗京汉等十大城市城区公安协作网络形成

据《人民日报》报道，公安协作网络的运转，使城市城区公安工作由过去的封闭式转向开放式。公安人员为缉拿人犯、获取线索，均体现出快速反应能力。今年3月14日，新疆流窜人员塔依尔卡德在武汉市江汉区谋财害命，潜逃北京，北京市崇文区分局通过网络获取这一信息后，迅速通报其他分局。3月27日，杀人犯即在北京落入法网。

流窜人员跨省市犯罪，公安部门如何进行动态性的控制、网络状的预防，特别是地处人、财、物流动旋涡中的闹市中心如何进行治安管理，已成为网络今年攻关的"热门"课题之一。

中国文房四宝协会在北京成立

全国政协副主席、中国文房四宝协会名誉主席方毅，和著名书法家、画家启功、董寿平、张仃、白雪石等济济一堂，写字作画，祝贺中国文房四宝协会在北京成立。

以宣纸、徽墨、湖笔、端砚为代表的文房四宝，是中华民族文化的瑰宝，历史悠久，技艺精湛。目前，这个行业已有260多家生产企业,职工4万余人,年产值达2亿多元。1987年,出口创汇达3000多万美元。

中国文房四宝协会是由从事文房四宝生产、科研、经营的企业事业单位组成的社会经济团体。

6月28日

七届全国人大常委会二次会议在人民大会堂举行全体会议

会议听取关于常委会工作要点和各专门委员会工作规划的汇报及财经委员会关于1987年国家决算的审查报告。

全国人大常委会委员长万里主持了会议。

会议首先听取了彭冲副委员长作的关于七届全国人大常委会工作要点的汇报。

会上,全国人大民族委员会副主任委员郁文、法律委员会副主任委员宋汝棼、内务司法委员会副主任委员邹瑜、财经委员会副主任委员叶林、教育科学文化卫生委员会副主任委员张承先、外事委员会副主任委员符浩、华侨委员会副主任委员何英,分别就各自委员会今后的工作规划作了汇报。

会议还听取了全国人大财经委员会副主任委员叶林作的关于1987年国家决算的审查报告。

副委员长习仲勋、乌兰夫、韦国清、朱学范、阿沛·阿旺晋美、班禅额尔德尼·确吉坚赞、周谷城、严济慈、叶飞、廖汉生、倪志福、陈慕华、费孝通、孙起孟、雷洁琼、王汉斌,出席了会议。

国务委员李贵鲜、最高人民法院院长任建新、最高人民检察院检察长刘复之,列席了会议。

全国人大常委会副委员长彭冲向七届全国人大常委会二次会议作关于七届全国人大常委会工作要点的汇报

彭冲说,七届全国人大常委会要把保证和促进改革开放作为首要职责,把加强社会主义民主和法制建设作为中心任务,把加强自身建设放在重要位置,认真履行宪法赋予的职权,紧密结合实际,积极开展工作,为改革开放的顺利进行、建立社会主义商品经济的新秩序创造一个良好的环境。

关于立法工作,彭冲说,当前立法的重点是:(1)抓紧制定有关经济建设,特别是微观放活和宏观控制以及对外开放的法律。要制定预算法、投资法、计划法、金融法、借款合同法、物价法、审计法;制定反封锁、反垄断的法律;制定公司、乡镇企业、私营企业方面的法律;制定劳动法、标准化法、海商法、进出口商品检验法、外商投资企业所得税法等。(2)制定有关行政方面的法律。主要有行政诉讼法、国家赔偿法、行政编制法、国家公务员法、国家安全法、教育基本法、教师法、卫生法等。(3)制定保障公民权利和维护社会公共秩序方面的法律,主要有集会游行法、新闻法、出版法、社团法、工会法等。此外,还要制定全国人民代表大会议事规则。

他说,要根据新情况、新经验对原有法律及时作出修改。当前,需要修改的法律主要有:根据宪法修正案,修改民法通则和土地管理法的有关条款;根据发展经济和扩大对外开放的需要,修改经济合同法、中外合资经营企业法等;根据选举工作的新经验以及干部人事制度改革的需要,修改全国人大组织法、选举法、地方各级人大和政府组织法的有关条款;还要对刑法、刑事诉讼法、民事诉讼法(试行)进行必要的修改。还要修订城市居民委员会组织条例等。

关于加强人大常委会的监督工作,彭冲说,人大常委会依法进行监督,既是对行政、审判、检察机关工作的支持和促进,也是一种必要的制约。它有利于健全国家决策机制,有利于国家政治、经济生活的民主化、法制化。人大常委会行使监督权,必须严格依照法律的规定和程序,属于全国人大常委会监督职权范围内的事情,应严格依法办事,认真履行职责。对于法律规定由行政、审判、检察机关行使的职权,不能越俎代庖,以保证政府工作的高效统一运行,保证审判、检察机关依法独立行使职权。

他说,常委会的法律监督主要是对国务院、最高人民法院、最高人民检察院违反宪法和法律的行为进行监督,对各省、自治区、直辖市的权力机关违反宪法、法律和行政法规的行为进行监督。专门委员会要协助常委会进行监督。做法有:(1)对向常委会备案的地方性法规(包括自治州、自治县的自治条例和单行条例),秘书长分别交给有关专门委员会审查,如发现有同宪法和法律相抵触的情况,由专门委员会报告常委会作出处理决定。对于国务院行政法规,法律委员会和有关专门委员会如果发现有与宪法和法律相抵触的情况,要提出纠正意见,报常委会决定。对于自治区报请常委会批准的自治条例和单行条例,由民族委员会审查,向常委会提出批准或修改意见,由常委会决定。(2)常委会要有选择地对一些重要法律的实施情况进行检查,如发现违宪违法问题,包括司法机关在处理重大案件中的违法行为,要向有关执法部门提出意见,督促其严肃执法。有关执法部门要将处理结果报告常委会。必要时,常委会可组织特定问题的调查委员会,并作出相应的决议。

彭冲说,要认真受理人民群众的申诉、控告和检举。凡属直接控告全国人大及其常委会选举、决定和任命的国家工作人员违宪违法情节严重的，由常委会责成有关部门查清事实，进行处理。其他申诉、控告或者检举交由最高人民法院、最高人民检察院、监察部及地方人大常委会处理，限期向常委会报告处理结果。常委会要健全和完善公民申诉、控告和检举制度，恢复接待人民来访的工作。

他说，常委会在抓好法律监督的同时，要加强工作监督。人大常委会要监督国务院、中央军事委员会、最高人民法院、最高人民检察院的工作。工作监督的重点，是加强对国民经济和社会发展计划、国家预算执行情况的监督。国务院在执行计划和预算过程中所做的部分调整方案，必须报常委会批准。常委会应就现代化建设和改革开放中的重大问题，以及人民群众普遍关心的问题，听取国务院及其部委、最高人民法院、最高人民检察院的报告。各专门委员会也可以听取有关行政、司法部门的汇报，并且可以提出询问。常委会要制定有关监督方面的法律，进一步明确监督的方式，完善监督的程序，使监督工作规范化、制度化。

关于加强同人大代表以及地方人大的联系，彭冲说，要继续坚持全国人大常委会同省级人大常委会共同联系代表的制度，并加强全国人大常委会同代表的直接联系；要加强同省级人大常委会的联系，相互交流经验，推动各级人大工作的进一步开展；代表和委员的视察要密切联系人民群众，听取和反映群众的意见和呼声；常委会要研究制定全国人大代表工作条例，对代表的权利、义务等作出具体规定。

彭冲说，常委会和专门委员会的工作都要提高开放程度。法律草案修改过程中和其他议案审议过程中的意见，可公开发表。对常委会和专门委员会的会议，要有选择地进行电视实况转播或专题报道。这样有利于加强人大同人民群众的联系，及时听取社会各界的意见，接受人民群众的监督。常委会要建立新闻发布会和记者招待会制度及旁听制度。

彭冲还谈到了开展外事工作和搞好自身建设等问题。

全国人大财经委员会副主任委员叶林向七届全国人大常委会二次会议作对《关于 1987 年国家决算的报告》的审查意见

叶林说，财政经济委员会认为，1987 年国家预算确定的收支指标都比较紧，执行中又发生了若干减收增支的因素，但是，经过各地区、各部门、各单位的努力，国内财政收支都完成了原来批准的国家预算，总的情况是好的。特别是在控制支出方面，各地区、各部门根据国务院对基本建设实行“三保三压”的方针以及压缩其他一些方面支出的规定，进行了认真的努力，是有成效的。

叶林说，必须清醒地看到，当前国家财政还相当困难。过去已连续几年出现财政赤字，1988 年的国家预算中仍然留有赤字 80 亿元。这个问题应该引起重视，并依靠各方面的共同努力，逐步加以改变。

他指出，1988 年的国家预算已由第七届全国人民代表大会第一次会议批准。在执行中必须从组织收入和节减支出两个方面狠下功夫，切切实实地把财政赤字控制住。当前最重要的是要抓好以下三点：一是深化改革，提高经济效益。一切全民所有制企业都必须认真贯彻执行国务院发布的《承包经营责任制暂行条例》，挖掘企业内部的潜力，努力增产适销对路的商品。特别是那些有经营性亏损的企业和投入多、产出少、消耗大、成本高的企业，要认真分析原因，采取有效措施，改变落后状况。二是坚决压缩计划外的基本建设投资，制止盲目兴建楼堂馆所，引导用好各种预算外资金。三是加强财政、税收管理，坚决堵塞收入中的漏洞，坚决制止支出中的铺张浪费。国家机关工作人员必须保持廉洁，发扬艰苦奋斗的光荣传统。要依靠广大群众，同一切挖走国家收入、浪费国家资金的违反财经纪律行为作坚决的斗争。

叶林说，根据第七届全国人民代表大会第一次会议关于《授权全国人民代表大会常务委员会审查和批准 1987 年国家决算》的决议，财政经济委员会建议全国人民代表大会常务委员会第二次会议，批准 1987 年国家决算，批准财政部副部长迟海滨代表国务院所作的《关于 1987 年国家决算的报告》。

中央国家机关在中南海怀仁堂举行党员先进事迹报告会

共有 5 位优秀共产党员进行先进事迹报告。他们是：中国科学院三环新材料开发公司总经理王震西、化工部矿山局医院筹建处主管护师吴惠娟、外交部驻南斯拉夫大使馆原参赞李文祥、中国旅行社总社日本部翻译董应烈、航空航天部三院三十一所高级工程师丁振宗。

国务委员、中央国家机关工委书记陈俊生在会上着重讲了国家机关的廉洁问题。陈俊生说，中央已经明确提出党和国家机关保持廉洁的基本要求，根据中央的这一要求，我们必须坚决反对利用职权索贿、受贿、贪污、弄权渎职、敲诈勒索等违法犯罪行为；必须坚决反对和抵制送礼、受礼、大吃大喝等不良风气；必须坚决反对利用职务之便进行贿赂、贪污、偷税、抗税、挪用公款、出卖国家秘密以及其他违法违纪行为，坚决反对利用职权在进行经济活动中索取或接受不正当的收入；政府机关不准办企业，政府各级干部不准经商。陈俊生希望国家机关各部门、各单位都要把廉政工作作为一件大事摆到重要议事日程上，严肃认真、扎扎实实地抓好。

纺织工业部在北京举行新闻发布会

会上说，今年上半年，全国纺织工业通过深化改革，挖掘企业内部潜力，克服了原材料短缺和价格上涨等不利因素，取得了产值、利税、内销、外销全面增长的好成绩。

全国国营纺织企业预计今年上半年完成工业总产值和税利均比去年同期增长8%，销售收入增长14%。广大职工在消化了近30亿元原材料涨价和增加成本等不利因素之后，实现利润仍可比去年同期增长13%以上。在全国出口创汇居首位的纺织品，前5个月创汇达37.83亿美元，比去年同期增长5.1%，其中丝绸增长26%。今年我国纺织品出口有新的突破，即初加工产品比重减少，深加工产品大幅度增加。棉纱、棉布分别比去年下降30%和27%；纺织服装增长21.8%，丝绸服装增长36%。

纺织工业上半年取得全面增长的好成绩，主要是在企业经营机制改革方面迈出了新步伐，形成了一批有较强凝聚力和实力的企业集团；企业通过兼并推动了宏观经济效益的提高。

我国供销社废品回收成绩巨大

据《人民日报》报道，从1958年7月周总理为废品回收工作题词到今年5月，30年间我国供销社系统共收购各种废旧物资2亿多吨，总值达450亿元。5月15日，李鹏总理也欣然为废旧物资工作题词："大力开发利用再生资源，变废为宝，支援建设。"

商业部副部长潘遥说，30年前的7月7日，周恩来总理在广东新会县视察时，高度赞扬了当地的收购利废、变废为宝工作，并欣然题词勉励。30年来，全国供销合作社废旧物资回收利用工作取得了巨大成绩。收购废钢铁1亿多吨，废有色金属250万吨，废纸、破布、废麻等造纸原料3000多万吨，废橡胶、废塑料、杂骨等化工原料1100多万元。这些废旧物资供应给生产企业后，在支持生产发展、节约自然资源、减少能源消耗、降低生产成本以及减少环境污染等方面，都起了很大作用。

他介绍道，30年中收购的废钢铁，如果全部用于炼钢，可产钢8500万吨，相当于目前我国一年半的钢产量。收购的电解杂铜可提炼电解铜120多万吨。

国家副主席王震在人民大会堂会见美国福陆公司董事长塔潘先生和夫人一行

《十年浪迹——三中全会以来优秀通讯选》出版

该书由广州文化出版社出版。该书选的130余篇作品，分人物通讯、事件通讯、工作通讯、风貌通讯、访问记5类，这是我国划时代十年的真实记录。编者是暨南大学新闻系副教授程天敏。

中西科学思想研讨会在厦门召开

来自全国高等院校、科研机构和企业的学者、专家70多人出席了会议，共有40多篇论文提交大会讨论。这次会议将探讨当前西方发达国家的科技发展机制及其战略思想，对中西科学思想进行比较研究，以便探讨它们的差异，讨论近代中国科技落后的原因。

这次研讨会是由厦门大学、中国自然辩证法研究会、中国自然科学史学会和华南师范大学联合召开的。

国务委员李铁映出席在北京召开的《食品卫生法》实施5周年纪念会并讲话

卫生部、中央爱卫会、农业部、化工部、轻工业部、商业部、司法部等在北京召开《食品卫生法》实施5周年纪念大会。

国务委员李铁映强调："只有严格依法办事，才能改善我国食品卫生状况。"他在会上指出，《食品卫生法》实施5年来总的情况是好的，在我国对外开放、对内搞活的关键时刻，起到了保障消费者食用安全卫生、促进食品经济健康发展的好作用。但是，当前我国的食品安全和卫生还存在不少问题和困难。相当多的食品生产经营企业的设备还很落后；集贸市场和各类饮食摊店的食品污染还很严重；少数唯利是图的不法分子采取极为恶劣的手段，往食品中掺假、掺杂、掺有毒有害物质；一些企业违法往食品中乱加药物和非食品物质，进行虚假的夸大疗效的宣传。为此，李铁映重申，必须依法严厉打击不法分子。各级领导要支持执法，决不能以言代法、以言废法、以权压法或错误地干预执法；各食品经营企业和主管部门应认识到保证食品安全卫生是自己应承担的法律责任；广大群众要提高食品安全卫生方面的自我保健能力，监督食品卫生工作。他希望进一步贯彻宣传食品卫生法，切实保障十亿人民吃得安全、吃得卫生。

卫生部部长陈敏章列举了当前食品卫生存在的问题后强调，要使更多人认识到发展食品经济必须依靠法规和科学，把保障人民健康当成首要原则。他提出对食品卫生状况要增强透明度，走专业队伍与群众监督相结合的道路。

为普及宣传《食品卫生法》，卫生部等7个部门还与健康报社联合举办了食品卫生知识竞赛。在纪念会上，向优胜者颁发了获奖证书。廖汉生等出席了会议。

第二军医大学附属长征医院在人体组织器官再造方面初成系列

据《人民日报》报道，迄今该院已进行鼻、颊、耳、舌、唇、下颌、乳房、手指、阴茎、阴道10余种组织器官的再造手术297例，为器官缺损或畸形患者带来了福音。有的手术方法，已臻国内外先进水平。

因工伤、战伤、疾病、遗传等因素造成的人体组织器官缺损或畸形，在临床上并不鲜见。近几年来，长征医院整形科、口腔科、妇产科、骨科、胸外科等多科室展开了多部位的人体组织器官再造术的研究。1979年，该院口腔科在为一位患者切除舌癌的同时，在国内首先用前臂游离皮瓣进行舌体再造术。半年后复查，患者语言清楚，咀嚼、吞咽功能恢复，冷热、疼痛感觉正常。他不久前来院随访，状况良好。

为了不断提高治疗水平，长征医院的军医还勇于创新。阴茎再造，过去常用腹部或大腿部皮管法，手术至少5次，疗程长达1年至2年，患者甚为痛苦。该院整形科自行设计，运用前臂游离皮瓣一次完成阴茎再造手术，创造性地解决了阴茎再造中最关键、最困难的尿道形成部分。以后，整形科的军医又设计了一种新的腹壁双血管蒂筋膜皮肤瓣一次完成阴茎再造的手术，临床应用18例，全部获得成功，其中4位患者术后有了子女。

国家计划生育委员会在北京召开计划生育先进单位先进个人经验交流会

会议是为纪念亚洲30亿人口日而举办的。计生委主任彭珮云等参加了这次会议。

多年来，我国采取国家指导和群众自愿相结合的方针，动员全社会参与和支持计划生育工作，取得了一定的成效。在基层，出现了许多“中心户”、“党员联系户”，帮助群众进行计划生育的自我教育，成为推动这项工作的重要力量。一些地方注意发挥老专家、老教授、老干部的社会影响，通过社会贤达宣传计划生育，收到了很好的效果。很多善于经营、带头致富的人被吸收进基层计划生育协会，他们热心支持计划生育工作，在群众中有一定的号召力。

各级计生干部密切同群众的关系，发动群众进行自我教育，使我国计划生育工作呈现灵活舒畅的新局面。据介绍，在群众来信来访方面，仅国家计生委1987年与1986年相比，来信减少了40%，来访减少了近35%。

丁是娥逝世

卓越的沪剧表演艺术家丁是娥6月28日在上海病逝，享年64岁。

丁是娥曾是第二、三、四届全国政协委员，第五届全国人大代表，全国文联委员。并荣获全国“三八”红旗手、上海市模范共产党员称号。

6月29日

最高人民检察院公布监督电话541850

近年来，少数国家工作人员贪污、受贿、弄权渎职、敲诈勒索等犯罪活动比较严重，败坏着党和政府的声誉，干扰了改革、开放和经济建设的顺利进行。为了及时发现国家工作人员贪污、受贿等经济犯罪线索，从今年开始一些地方的检察机关经当地党委和上级检察机关的同意，开展了举报工作。目前举报受理的范围主要是贪污、贿赂、挪用公款、非法所得、偷税抗税等经济犯罪案件，同时也受理检察机关管辖的其他刑事案件，并接受违法犯罪人员的投案自首。举报的方式主要有电话举报、信函举报和当面举报三种。检察机关为受理群众举报制定了严格的制度和程序，不仅绝对为举报人保密，而且将处理情况用多种方式告知举报人。

各地举报工作开展以来，受到群众的普遍欢迎，成效十分显著。群众通过电话、信函和面谈等方式向检察机关举报不断增多，有的地方出现了老人拄拐杖，残疾人坐轮椅前来举报的场面。广州市一照相经理部经理，在报纸上看到市检察院开展举报工作的消息后，携带3万元赃款到检察院投案自首。许多群众说：“过去看到问题不知道找谁去反映，现在投诉有门了。”

据了解，最高检察院准备在总结经验的基础上，有计划地在全国各大中城市检察机关推广，逐步形成为人民群众控告、检举国家公务人员违法犯罪的一项制度。

全国公安厅局长会议在北京召开

会议6月29日至7月6日召开。会议认为：目前，我国的社会治安秩序基本上是稳定的。一年来，各地公安机关坚持和发展了严厉打击严重刑事犯罪活动斗争中的一些成功经验，抓住当地社会治安中的突出问题和重点地区，积极组织了多种形式的专项斗争，不间断地给予严重刑事犯罪分子以严厉打击，维护了正常的社会治安秩序。

会议同时指出，当前影响社会安定的问题主要有两个方面：一是国内反革命煽动骚乱、群众性闹事，境外敌对组织、敌对势力渗透破坏等影响政治安定的问题；一是直接危害社会治安秩序的问题，包括刑事案件增长、一些社会丑恶现象屡禁不止、封建迷信抬头、重大火灾和交通事故较多等。

国务委员兼公安部部长王芳认为，这两个方面的问题是相互联系的。影响政治安定的问题处理不好，极易引起社会动乱，给不法分子进行各种违法犯罪活动以可乘之机，反之，治安问题得不到及时、正确的处理，也会转化成为政治上的不安定因素。所以，对这两方面的问题都不可掉以轻心。

会议总结了一年来我国公安工作的情况。据统计，仅去年年底以来，全国有16个省、市、自治区组织了集中打击犯罪活动的专项斗争，其余各省、市、自治区也针对当地治安形势，开展了区域性的打击行动。今年入夏以来，各地重点打击拦路抢劫、强奸、持刀伤人、流氓滋扰等夏季多发性犯罪活动。同时加强侦查破案工作，破获了一批影响大的重大刑事案件和反革命案件，震慑了犯罪分子，控制了广大地区的治安局势。

会议部署了公安机关今后的工作重点，认为必须坚持依法从重从快的方针，打击各种破坏改革、开放，破坏商品经济发展的各种犯罪活动，为建立社会主义商品经济新秩序服务。来自30个省、市、自治区的200多名公安厅局长参加了这次为期8天的会议。

国家物资部正式成立

新上任的物资部部长柳随年在成立大会上说，新组建的物资部要坚持政企分开、转变职能，积极稳妥地推进物资体制改革。国家机关工作人员是公务员，要廉洁奉公，全心全意为人民服务。

新组建的物资部是国务院统筹规划和管理全国生产资料流通的职能部门，主要任务是对关系国计民生的重要物资进行综合管理，发展生产资料市场，搞活流通。为了实现这个任务，柳随年说，物资部必须转变职能，就是由过去主要依靠指标的直接管理转向主要依靠政策和经济手段的间接管理；由过去单纯搞统配物资的分配转向搞好重要物资的全社会综合平衡，由过去主要搞产品分配调拨转向全面发展生产资料市场。同时，搞好协调、服务与监督。

在谈到坚持政企职责分开时，柳随年说，物资部坚持把行政管理同经营分开，贯彻管理者不参加经营，经营者不参加管理的原则。各专业司主要任务是承担行业物资管理的政府职能，不搞经营；各专业公司是企业，是自主经营、自负盈亏的经济实体，主要负责经营，同时接受国家委托管理的指令性物资。

柳随年说，物资体制改革是整个经济体制改革的重要组成部分。发展生产资料市场，必须同时加强管理。只管不放不对，只放不管也不对。现在生产资料市场管理比较混乱，工农兵学商、党政机关都经营生产资料，都是为自己的利益。这个问题不解决，不仅搞乱流通，败坏改革，而且党内的某些腐败现象也无法解决。这就要求我们加快立法步伐，通过法律来正确引导市场，制裁投机倒把、贪污受贿等违法乱纪行为。

柳随年最后强调说，物资部实质上是一个服务部门，为国民经济各部门服务为广大企事业单位服务。现在的物资部，责任加重了，权限也扩大了，物资部的每个同志都要坚决执行国家各项政策法令，忠于职守，秉公办事，不徇私情，保持廉结，艰苦奋斗。

财政部发布《关于沿海经济开放区鼓励外商投资减征免征企业所得税和工商统一税的暂行规定》

暂行规定指出：

一、外商在沿海经济开放区投资开办的生产性企业（以下统称经济开放区企业），凡属技术密集、知识密集型项目，或者外商投资额在三千万美元以上、回收投资时间长的项目，或者属于能源、交通、港口建设的项目，经财政部批准，减按百分之十五的税率征收企业所得税。

对于不具备前款减征条件，但是属于下列行业（包括科研项目）的经济开放区企业，经财政部批准，可以按照税法规定的企业所得税税率打八折计算征税：

（一）机械制造、电子工业；

（二）冶金、化学、建材工业；

（三）轻工、纺织、包装工业；

（四）医疗器械、制药工业；

（五）农业、林业、牧业、养殖业以及这些行业的加工工业；

（六）建筑业。

对沿海经济开放区企业减征、免征企业所得税，应当按照上述优惠税率，根据中外合资经营企业所得税法、外国企业所得税法和《国务院关于鼓励外商投资的规定》所规定的范围，条件和期限执行。

二、对经济开放区企业征收的地方所得税，需要给予减征、免征优惠的，由省、自治区、直辖市人民政府决定。

三、外商在中国境内没有设立机构而有来源于经济开放区的股息、利息、租金、特许权使用费和其他所得，除依法免征所得税的以外，都减按百分之十的税率征收所得税。其中提供资金、设备的条件优惠，或者转让的技术先进，需要给予更多减征、免征优惠的，由省、自治区、直辖市人民政府决定。

四、经济开放区企业作为投资进口、追加投资进口的本企业生产用设备、营业用设备、建筑用材料，以及企业自用的交通工具、办公用品，免征工商统一税。

五、经济开放区企业生产的出口产品，除原油、成品油和国家另有规定的以外，免征工商统一税；内销产品，照章征税。

六、经济开放区企业进口的原材料、零配件、元器件、包装物料等，用于生产出口产品部分，免征工商统一税；用于生产内销产品部分，照章征税。

七、在经济开放区企业中工作或者居住的外籍人员，携带进口自用的安家物品和自用的交通工具，凭省辖市及其以上人民政府的主管部门出具的证明文件，在合理数量内免征工商统一税。

八、为了在引进优良品种的同时，利用我国的动植物检疫工作，广东、福建、浙江、江苏、山东可选择一两个海岛(或江心沙地)举办试验农场，对引进的良种、良畜等进行试种、试养。这类试种、试养项目属于科研性质，从获利年度起5年内豁免一切税收。

全国工商联第五届常委会第九次会议在北京开幕

会上，中共中央统战部副部长李定和原国家经委副主任马仪被增选为全国工商联副主席。

这次常委会是为今年11月召开全国工商联第六届会员代表大会做准备的。自1983年召开第五届会员代表大会以来，全国工商联的1300多个地方组织已发展新会员73000多人，会员总数已有35万。

全国工商联主席荣毅仁在会上讲了话。他指出，在改革、开放的新形势下，我们工商联不仅要在内地的经济发展中发挥作用，而且要在港澳台特别要在国外发挥我们的作用，全面发挥工商联民间的对内对外发展经济的功能作用。荣毅仁说，我们目前的任务就是要扎扎实实地干事业，把我们的经济真正搞起来。坚定地在中国共产党的领导下，为建设繁荣昌盛的社会主义国家贡献力量。这样我们才能对得起国家，对得起党和人民，对得起我们的子孙后代。

中国卫生木筷出口居世界首位

据《人民日报》报道，自1982年起我国北方地区引进国外桦木卫生木筷生产设备以来，木筷生产很快成为一项新兴的出口行业，发展十分迅速，仅北方地区去年即出口近百万箱，全国的出口量已居世界第一位。我国木筷生产不仅资源丰富，制作工艺讲究，中低档产品数量已优于其他国家，受到用户欢迎。

国务院副总理吴学谦在中南海会见由主席苏坎达尼率领的印尼工商会代表团

国务院副总理吴学谦在中南海紫光阁会见玻利维亚《最后一点钟报》社长豪尔赫·卡内拉斯

民政部有关负责人就台湾同胞与大陆同胞之间的婚姻问题答《人民日报》记者问

问：自台湾当局允许一般民众来大陆探亲以来，海峡两岸民众之间的交往日渐增多。若台湾同胞在大陆要求与大陆同胞结婚，政府如何处理？

答：政府有关部门已就台湾同胞与大陆同胞之间办理结婚的有关问题作了规定。对已在大陆定居和临时来大陆探亲、旅游、经商的台湾同胞申请与大陆同胞结婚，分别规定了受理机关和所需证件。

问：已在大陆定居的台湾同胞要求同大陆同胞结婚，应该怎样办理？

答：已在大陆定居的台湾同胞要求同大陆同胞结婚，按照1986年3月15日民政部发布的《婚姻登记办法》，由县级以上民政部门受理。

申请结婚登记的台湾同胞一方当事人，应向婚姻登记机关提供其在大陆定居后所在单位或户口所在地的居民委员会或者村民委员会出具的婚姻状况证明，和在大陆定居前的婚姻状况证明。其中，回大陆定居前在台湾居住的，须提供台湾公证机关出具的无配偶证明或经公证的本人户籍登记簿底册复印件；离台后移居港澳地区半年以上来大陆定居的，须提供我司法部委托的香港律师辨认的婚姻状况证明或澳门婚姻及死亡登记局出具的婚姻状况证明；离台后移居国外半年以上来大陆定居的，须提供由其居住国公证机关出具并经我驻该国使、领馆认证的无配偶证明。

无法取得上述证明的，应提供由本人亲自填写的并经大陆居住地公证机关公证的《无配偶声明书》。

问：临时来大陆探亲、旅游、经商的台湾同胞要求与大陆同胞结婚，应如何办理？

答：鉴于海峡两岸的现状，临时来大陆探亲、旅游、经商的台湾同胞与大陆同胞结婚后，会给双方当事人的生活带来诸多不便。因此，对这类申请，应讲清原因，婉言劝阻。

问：经过劝阻，双方当事人仍然坚持要求结婚的怎么办？

答：由省级人民政府指定的婚姻登记机关受理。

省级人民政府指定的婚姻登记机关在受理这类结婚申请时，应要求台湾同胞一方当事人提供下列证件：

(一)香港中国旅行社代办的或公安机关边防检查部门签发的在有效期内的《台湾同胞旅行证明》或我驻外使、领馆(含中华人民共和国外交部驻香港签证办事处、中华人民共和国驻新加坡商务代表处)签发的加注有“台湾同胞”字样的《中华人民共和国旅行证》或《中华人民共和国护照》；

(二)公安机关出具的《暂住户口证明》；

(三)本人身份证件和婚姻状况证明。其婚姻状况证明与定居大陆的台湾同胞申请与大陆同胞结婚时所持来大陆定居前的婚姻状况证明相同。无法取得上述证明的，不得用《无配偶声明书》的方式代替。

(四)婚姻登记机关指定的医院出具的婚前健康检查证明。

如果当事人是从大陆去台湾定居的，在回大陆探亲、旅游或经商期间申请与大陆同胞结婚时，还须提供其在大陆原居住地公证机关公证的本人离开大陆前无配偶或虽有配偶、但已离异或死亡的证明。

问：已经离婚或者丧偶的台湾同胞要求与大陆同胞结婚，是否需要向婚姻登记机关提供离婚证件或配偶死亡证件？

答：在台湾或港澳地区居住的，已离婚或丧偶的台湾同胞申请与大陆同胞结婚时，应提供经过台湾公证机关公证的，或司法部委托的香港律师证明的，或澳门婚姻及死亡登记局出具的离婚证件或配偶的死亡证明。无法提供上述证明的可以提供经公证的台湾或港澳报纸刊登的当事人离婚的声明书或公告，未经公证的影印件不具有法律效力。

在国外居住的，已离婚或丧偶的台湾同胞，其离婚证件或配偶死亡证明应按规定办理公证、认证手续。

问：已在国外或港澳取得永久居住权的台湾同胞，已经加入外国籍的台湾同胞，申请与大陆公民结婚，其身份如何确定？

答：分别按华侨、港澳同胞、外国人的身份，按照《华侨同国内公民、港澳同胞同内地公民之间办理婚姻登记的几项规定》和《中国公民同外国人办理婚姻登记的几项规定》，由省级人民政府指定的婚姻登记机关受理。

中国研制成功国际水平的绝对重力仪

中国计量科学院研制的一台可移式绝对重力仪，测量精确度达到10亿分之15厘米／平方秒，成为世界上有数的几台高精度绝对重力仪之一。

据了解，目前世界上只有美、苏、法、意、日5国能够研制这类高精度小型可移式绝对重力仪。

中国的可移式绝对重力仪，曾于1985年参加国际计量委员会委托国际大地测量协会举办的第二次国际绝对重力仪比对活动。这类活动的目的在于校对各国绝对重力仪的精度，并确定这个精度的国际标准。中国的绝对重力仪得到了与苏、美、法、意等国的绝对重力仪同样的精度。这引起国际重力专家的重视。

今天在这里鉴定的高精度小型可移式绝对重力仪是对1985年仪器的改进。专家们认为，这台仪器在几个方面有我国自己的特色：设计仪器采用的符合法思想，被国际上公认为目前世界上绝对重力测量的三种不同方法之一；它采用了振动检出数据消振方法及先进的碘吸收高稳定激光技术。国际计量委员会委员、中国科学院学部委员王大珩在评价时对记者说：这是我国积18年的努力在计量科学方面的重要成就。

由于地球的吸引力，物体从空中落下具有重力加速度。当伽利略在1589年首次推翻亚里士多德的论点、提出不同重量的物体下落的加速度是一样的时候，他决想不到测量重力加速度的重大科学意义和经济效益。高精度的绝对重力仪对空间技术、测定地震前兆、探明矿藏都有应用价值。王大珩说，许多物理学上的新规律往往靠提高精密测量数据的尾数来验证。中国计量科学院的研究人员得到国家地震局专家的支持，已用这台重力仪在乌鲁木齐、哈尔滨、杭州、昆明等全国23个点进行了测量，为我国工业生产、计量工作、地震研究、测绘研究提供了准确可资参考应用的数据。

这项研究在近期是国家自然科学基金会资助的重点项目。

6月30日

国务院总理李鹏就亚洲30亿人口日发表广播电视讲话

同志们、朋友们：

今年下半年，我们居住的亚洲，人口将达到30亿。为此，亚洲议员人口和发展论坛发出倡议：从7月1日起，开展“亚洲30亿人口日”活动，以进一步唤起各国公众，增强人口意识，采取更加广泛和积极的行动，来解决人口增长过快的问题。这一活动得到了亚洲各国议会、政府和国际社会的重视和支持。

亚洲大多数国家都面临着人口和发展这两个大问题。从本世纪50年代开始，亚洲许多国家和地区致力于发展经济，取得了不小的成绩。事实表明，亚洲经济的发展，具有很大的潜力。但是，在经济发展的同时，人口的增长也十分惊人。1950年亚洲人口还不到14亿，在30多年的时间里翻了一番多，增长到30亿。尽管亚洲近年来经济发展很快，但人均国民生产总值仍不及世界平均值的1/3，许多国家仍然面临着解决人民生活最低需要和进一步改善劳动与生活条件的问题。

中国是世界人口最多的发展中国家，我们深知人口增长过快给经济和社会发展带来的困难。我国的发展目标是，到本世纪末，国民生产总值翻两番，人民生活达到小康水平；到21世纪中叶，力争接近中等发达国家水平。为了实现这一目标，我们要以经济建设为中心，坚持四项基本原则，坚持改革、开放，大力发展生产力。同时，必须实行计划生育，控制人口增长，使人口的增长与经济和社会的发展相适应。多年来，我们采取国家指导和群众自愿相结合的方针，动员全社会参与和支持计划生育工作，取得了一定的成效。但是，对我们这样一个有10亿多人口的国家来讲，控制人口增长，决不是一件轻而易举的事，也不是短时期内可以解决的问题，需要做长期的努力。为此，我们把实行计划生育列为基本国策，把控制人口增长作为一项战略任务。我们首先要力争做到在本世纪末，把人口总数控制在12亿左右，并且还要逐步改善全国人口结构，使之更有利于社会和经济的发展。后一项任务需要经过几代人长期坚定不移地努力才能做到。

我国正在进行社会主义现代化建设，这就需要充分发挥全国人民的聪明才智。现代化建设，无论是物质文明的建设还是精神文明的建设，都需要劳动者具有健康的体魄，一定的文化知识和劳动技能，需要一大批懂得现代科学技术和管理的骨干力量。同过去比，我国人民的健康水平有了很大提高，平均寿命已达69岁，文化科学水平也有提高，教育事业也取得了显著的进展，全国已拥有一支相当规模的知识分子队伍和科技队伍，但还远远不能适应发展的需要。随着现代化建设的发展，我们急需的将不是劳动者数量的大量增加，而是劳动者素质的不断提高。我们要通过立法、宣传教育和采取各种措施，大力提倡优生、优育，加速发展教育、科学、文化、卫生以及社会福利事业，以求更快地提高人民的身体素质、思想品德和科学文化水平。中国人民具有勤劳刻苦的传统，一旦掌握了先进的思想和现代化的科学文化知识，一定能为建设自己的国家作出更大的贡献。

实行计划生育，控制人口数量，提高人口素质，是一项关系到我国四化建设，关系到国家富强、民族繁荣和家庭幸福的伟大事业。各级政府和群众团体，都要以高度负责的精神，把这项工作列入自己的议事日程，坚持不懈地抓紧抓好。我们要争取把中国的人口与发展问题解决得更好一些，对亚洲和世界人口的控制和经济的发展作出我们应有的贡献。

谢谢大家！

国务院发出通知废止部分涉外法规

国务院最近发出的一项通知说，为了加快实施沿海地区经济发展战略，促进我国沿海地区外向型经济的发展，国务院有关部门根据国务院关于清理涉外法规的部署和要求，对国务院发布或者批准发布的现行涉外方面的行政法规和法规性文件(以下简称法规)进行了清理。清理出来的第一批应予废止的法规17件，经国务院清理涉外法规领导小组和国务院法制局逐件复查，国务院审议，决定予以废止。

第一批被废止的涉外法规为：

1965年11月11日发布的《国务院关于供应出口商品统一作价办法的暂行规定》；

1974年1月30日国务院发布的《中华人民共和国防止沿海水域污染暂行规定》；

1979年8月13日国务院发布的《关于大力发展对外贸易增加外汇收入若干问题的规定》；

1979年8月13日国务院发布的《出口商品外汇留成试行办法》；

1979年12月21日国务院批转的《关于使用国外贷款引进技术和进口设备的基本建设项目在外汇、财政、基建计划上的处理办法》；

1980年6月3日国务院批转的《全国外国文教专家工作座谈会纪要》；

1981年6月3日国务院批转的国家进出口委《关于当前对外经济贸易如何为国民经济调整服务的报告》的通知；

1982年1月3日国务院批转的国家进出口委、国家经委《关于建立中国工艺美术行业协会的报告》的通知；

1982年3月26日国务院办公厅转发的原国家进出口委等单位《关于加强珍珠产销协调管理工作的报告》的通知；

1982年5月25日国务院批转国家经委、国家计委的《关于停止进口手表、加强微型电子计算机和录音录像设备进口管理请示的通知》；

1984年8月30日国务院办公厅《关于改进外国文教专家聘请工作》的通知；

1984年8月30日国务院办公厅转发的《外国专家局、国家科委、财政部关于短期邀请国外专家生活待遇和礼遇接待的规定》的通知；

1984年9月15日国务院批转的经贸部《关于外贸体制改革意见的报告》的通知；

1985年9月5日发布的《国务院办公厅关于中外合资经营企业注册资本与投资总额比例问题的规定》；

1985年12月31日国务院办公厅转发的经贸部《关于加强对中药材出口管理报告》的通知；

1987年5月29日国务院办公厅关于南京、镇江、扬州市享受某些对外开放优惠待遇的复函。

上述法规被废止的原因都是由于已被其他相应法规所替代。同时，1982年1月7日国务院批转的外贸部《关于外贸出口商品实行分类经营的规定的请示》的通知，由于与国务院其他法规相抵触而被废止。

国务院同时第一批清理出自行失效的涉外法规11件。

这些法规是因只适应当时情况或适用期已过而自行失效的。

军队交通运输保障管理自动化系统在南京问世

由南京空军后勤部研制的这一自动化系统，可以在两秒钟内回答列车或长途卡车在运行中要经过的站名、路况和运行时间,出示有文字、数据、图形的绘制文件,并提供最佳运行方案。日前解放军总后勤部对这一系统进行了鉴定。10余名军内外专家称赞这个系统的研制成功标志着我国交通运输保障管理进入了一个新阶段。

“小天鹅文艺奖”“小天鹅小说征文”颁奖会在中国儿童报社举行

“小天鹅文艺奖”的获得者有3名:上海的张秋生(作品《小巴掌童话》)、北京的李国良(作品《狐狸种兔子》)、北京的金波(作品《这世界很大很大》)。

“小天鹅小说征文”选出10篇获奖作品,有《西边出太阳》《聪明人不聪明的故事》《万元户的儿子》《和市长对话》《小火车的秘密》等10篇。

“小天鹅文艺奖”是《中国儿童报》设的文艺作品奖,每年评选一次,皆由全国的小读者投票产生。

“小天鹅小说征文”是《中国儿童报》与无锡市小天鹅电器工业公司联合举办的。

《中国知名企业家大辞典》出版

这部为中国优秀企业家立传,并传播他们的改革经验和经营管理知识的大型辞书,是在全国或省、市有较突出经营成果的企业现任厂长、经理,自下而上推选,省、市有关部门讨论决定的。合乎条件就收录,不向企业收取任何费用。

中国企业管理协会和辽宁人民出版社负责大辞典组织、编辑和出版工作,年内出版的头一卷是1988年版,共收录1000名优秀企业家,今后将按年份、版次继续出版。

全国城市区级体委工作研讨会在陕西西安举行

城区在开展体育运动方面有较优越的条件,体育场地和设施相对比较多,青少年参加体育锻炼的机会也多,容易出人才。从过去的情况看,绝大部分的体育苗子都出在城区。

目前一些省市体委忽视发挥城区体委的作用,有了成绩,往往把输送苗子的城市区级体委忘在一边,从而挫伤了他们的积极性。在体育社会化方面,本来城区体委可以做更多的工作,但上一级体委往往不注意调动他们的积极性。

在这次会上,代表们将研究城区体委的体制和在新形势下的任务、工作方法,加快竞技体育和群众体育的发展步伐。

中国第一所预防医学函授学院——中华预防医学函授学院在北京成立

该院先设预防医学、营养和食品卫生2个专业,学制为2年,由中华预防医学会、北京医科大学公共卫生学院和健康报社联合创办。

7月1日

《人民日报》发表社论《共产党员要牢记自己的使命》

中国共产党走过了67年难忘的历程。

67年的道路是不平坦的，它经过了几个不同的阶段。党的十一届三中全会以来的10年，党领导全国人民走上建设有中国特色的社会主义的道路，取得了举世瞩目的成就。这是党史上又一光辉的篇章。广大共产党员为此作出了积极的贡献。

当前，我国的政治、经济形势总的是好的，改革也已发展到一个关键的时刻。物价改革、工资改革等难度很大的课题摆在我们面前。解决这些难题，有很大风险，但是要彻底突破旧的模式，发展社会主义商品经济，促进生产力大发展，这个难关避不开，绕不过，非闯不可。虽然人们对物价上涨等问题有不少意见，但广大工人、农民、知识分子是坚决支持改革的。形势的发展要求我们对改革的成就作足够的估计，对存在的问题作实事求是的具体分析，对改革关键时期的困难和矛盾做充分的精神准备，团结全国人民同心同德，按照中央的决策，艰苦创业，度过改革的关键时期，逐步建立社会主义商品经济新秩序。

闯过改革难关，不仅是党和国家领导机关的任务，也是全党和全国人民共同的任务。齐心合力，是闯过难关的重要条件。合力要有核心，有了核心，各种力量才能有效地凝聚起来。中国共产党是领导我们事业的核心力量。党的凝聚力的大小，取决于它的路线、方针、政策是否正确，也取决于共产党员是否发挥先锋模范作用。当前，党员的先锋模范作用问题是个突出的至关重要的问题。

每个党员自从入党那天起，时时都在接受考验。时代不同，任务不同，考验也不尽相同。党的十三大指出：现在我们必须经得起执政的考验，必须经得起改革开放的考验。这一论断是完全正确的。

应当肯定，大多数党员和党员领导干部牢记共产党员的光荣使命，在改革开放中发挥了先锋模范作用，为我们党增光添彩，增强了党的凝聚力。但是也有少数党员，包括少数党员领导干部，经不起执政和改革开放考验。他们不是利用手中的权力为民造福、为国谋利，而是以权谋私、弄权渎职。在新旧体制交替的时刻，他们不是锐意进取，大胆改革，争取为国为民多作贡献，而是千方百计钻空子，贪污盗窃、走私贩私、行贿受贿、敲诈勒索、执法犯法，为个人捞取不义之财。很明显，这些人完全丧失了共产党员应有的品德，不可能为我们党增添凝聚力，只会制造离心力。还有一些党员革命意志衰退，长期不履行党员义务，不为党工作，不为党分忧，是不合格的党员。这样的党员同样不可能为我们党增添凝聚力。

一个政党的作用和力量，主要不在于党员的数量，而在于党员的质量。现在，我们的党员总数已经达到4700多万。但在党员质量上，则存在着不容忽视的问题。党内外的干部、群众对此多有议论。要使党永远保持工人阶级先锋队的性质，要使党永远保持强大的凝聚力，必须坚决贯彻党的十三大提出的从严治党的方针，严肃执行党的纪律，对于那些败坏党和人民事业的腐败分子，必须坚决清除，决不能姑息养奸。对那些不履行党员义务、不起作用，经过教育仍不能改正的，要劝他们退党，或者从党内除名。

在经济日益开放、搞活的新形势下，党和国家机关中的党员干部保持廉洁的问题变得越来越突出，这关系到人心的向背和改革的成败。在整个改革开放的过程中，我们必须做到两个坚定不移，即改革开放，繁荣经济，要坚定不移；保持廉洁，防止腐败，也要坚定不移。在党和国家机关工作的全体共产党员，特别是担任领导职务的共产党员，应当带头严守法纪，不贪赃枉法；带头秉公尽责，不以权谋私；带头艰苦奋斗，不奢侈浪费。切实做到为政清廉，才能得到群众的衷心拥护，永远立于不败之地。

少数党员经不起新形势下的考验，不能做到为政清廉，最根本的原因是因为他们背弃了远大理想、背弃了共同理想。我们正处在社会主义初级阶段，想问题、办事情必须从当前的实际出发，不应该超越时空做不切实际的空想。但是，不搞空想，要讲理想。不论在任何情况下，我们党的最终目标是实现共产主义的社会制度，这一点是不变的；我们党全心全意为人民服务的宗旨，也是不变的。作为一名共产党员，应当有明确的党员意识，时刻记住自己是一个共产党员，要为共产主义事业奋斗终生。由此出发，在改革、开放，实现现阶段我国各族人民的共同理想——把我国建设成为富强、民主、文明的社会主义现代化国家的伟大事业中，共产党员应当有更自觉的使命感，有更鲜明的开拓精神、献身精神。有理想，有道德，有文化，有纪律，共产党员理应做得更为出色。

在今天这个改革深入发展的关键时刻，全体共产党员要牢记自己的历史使命，以实际行动表明，在“实现四化，振兴中华”的伟大进军中，中国共产党人永远是可以信赖的中坚力量，他们必将为祖国的富强、人民的富裕不断作出新的贡献。

国家主席杨尚昆签署第5号主席令公布《中国人民解放军军官军衔条例》

《中国人民解放军军官军衔条例》已由中华人民

共和国第七届全国人民代表大会常务委员会第二次会议于1988年7月1日通过,现予公布,自公布之日起施行。

中华人民共和国主席　杨尚昆

1988年7月1日

中国人民解放军军官军衔条例

第一章　总　则

第一条　根据《中华人民共和国宪法》和《中华人民共和国兵役法》的有关规定,制定本条例。

第二条　为加强中国人民解放军的革命化、现代化、正规化建设,有利于军队的指挥和管理,增强军官的责任心和荣誉感,实行军官军衔制度。

第三条　军官军衔是区分军官等级、表明军官身份的称号、标志和国家给予军官的荣誉。

第四条　军官军衔按照军官的服役性质分为现役军官军衔和预备役军官军衔。

第五条　军衔高的军官对军衔低的军官,军衔高的为上级。当军衔高的军官在职务上隶属于军衔低的军官时,职务高的为上级。

第六条　现役军官转入预备役的,在其军衔前冠以"预备役"。现役军官退役的,其军衔予以保留,在其军衔前冠以"退役"。

第二章　现役军官军衔等级的设置

第七条　军官官衔设下列三等十一级:

(一)将官:一级上将、上将、中将、少将;

(二)校官:大校、上校、中校、少校;

(三)尉官:上尉、中尉、少尉。

第八条　军官军衔依照下列规定区分:

(一)军事、政治、后勤军官:上将、中将、少将,大校、上校、中校、少校,上尉、中尉、少尉。

海军、空军军官在军衔前分别冠以"海军"、"空军"。

(二)专业技术军官:中将、少将,大校、上校、中校、少校,上尉、中尉、少尉。在军衔前冠以"专业技术"。

第三章　现役军官职务等级编制军衔

第九条　人民解放军实行军官职务等级编制军衔。

第十条　中央军事委员会主席、副主席的职务编制军衔,由全国人民代表大会常务委员会另行规定。

中央军事委员会委员的职务编制军衔为上将至中将,基准军衔为上将。

第十一条　军事、政治、后勤军官实行下列职务等级编制军衔:

人民解放军总参谋长、总政治部主任:上将至中将,基准军衔为上将;

大军区级正职:上将至少将,基准军衔为中将;

大军区级副职:中将至大校,基准军衔为中将;

正军职:中将至大校,基准军衔为少将;

副军职:少将至上校,基准军衔为少将;

正师职:少将至上校,基准军衔为大校;

副师职(正旅职):大校至中校,基准军衔为上校;

正团职(副旅职):上校至中校,基准军衔为上校;

副团职:中校至少校,基准军衔为中校;

正营职:中校至少校,基准军衔为少校;

副营职:少校至上尉,基准军衔为上尉;

正连职:上尉至中尉,基准军衔为上尉;

副连职:上尉至中尉,基准军衔为中尉;

排职:中尉到少尉,基准军衔为少尉。

第十二条　专业技术军官实行下列职务等级编制军衔:

高级专业技术职务:中将至少校;

中级专业技术职务:上校至上尉;

初级专业技术职务:少校至少尉。

第四章　现役军官军衔的首次授予

第十三条　军官军衔按照军官职务等级编制军衔授予。

第十四条　授予军官军衔以军官所任职务、德才表现、工作实绩、对革命事业的贡献和在军队中服役的经历为依据。

第十五条　初任军官职务的人员依照下列规定首次授予军衔:

(一)军队中等专业学校毕业的,授予少尉军衔;

大学专科毕业的,授予少尉军衔,可以按照人民解放军总政治部的有关规定授予中尉军衔;

大学本科毕业的,授予中尉军衔,可以按照人民解放军总政治部的有关规定授予少尉军衔;

获得硕士学位的,授予上尉军衔,可以按照人民解放军总政治部的有关规定授予中尉军衔;研究生班毕业,未获得硕士学位的,授予中尉军衔;

获得博士学位的,授予少校军衔,可以按照人民解放军总政治部的有关规定授予上尉军衔。

(二)战时士兵被任命为军官职务的,按照军官职务等级编制军衔,授予相应的军衔。

(三)军队文职干部和非军事部门的人员被任命为军官职务的,按照军官职务等级编制军衔,授予相应的军衔。

第十六条　首次授予军官军衔,依照下列规定的权限予以批准:

(一)上将、中将、少将、大校、上校,由中央军事委员会主席批准授予;

(二)中校、少校,由人民解放军各总部、大军区、军兵种或者其他相当于大军区级单位的正职首长批准授予；

(三)上尉、中尉、少尉，由集团军或者其他有军官职务任免权的军级单位的正职首长批准授予。

一级上将的授予权限，由全国人民代表大会常务委员会规定。

第五章 现役军官军衔的晋级

第十七条 军官军衔按照下列期限晋级：

(一)平时军官军衔晋级的期限，少尉晋升中尉为三年，中尉晋升上尉、上尉晋升少校、少校晋升中校、中校晋升上校、上校晋升大校各为四年；大校以上军衔晋级为选升，以军官所任职务、德才表现和对国防建设的贡献为依据；

(二)战时军官军衔晋级的期限可以缩短，具体办法由中央军事委员会根据战时情况规定。

军官在院校学习的时间，计算在军衔晋级的期限内。

第十八条 军官军衔一般应当按照规定的期限逐级晋升。

第十九条 军官军衔晋级的期限届满，因违犯军纪，按照中央军事委员会的有关规定不够晋级条件的，延期晋级或者退出现役。

第二十条 军官由于职务提升，其军衔低于新任职务等级编制军衔的最低军衔的，提前晋升至新任职务等级编制的最低军衔。

第二十一条 军官在作战或者工作中建立突出功绩的，其军衔可以提前晋级。

第二十二条 军官军衔的晋级，按照军官职务的任免权限批准。但是，下列军官军衔的晋级，按照以下规定批准：

(一)副师职(正旅职)军官晋升为大校的，担任高级专业技术职务的军官晋升为大校、少将、中将的，由中央军事委员会主席批准；

(二)担任中级专业技术职的军官晋升为上校的，由人民解放军各总部、大军区、军兵种或者其他相当于大军区级单位的正职首长批准；

(三)副营职军官和担任初级专业技术职务的军官晋升为少校的，由集团军或者其他有军官职务任免权的军级单位的正职首长批准。

第六章 现役军官军衔的降级、取消和剥夺

第二十三条 军官因不胜任现任职务被调任下级职务，其军衔高于新任职务等级编制军衔的最高军衔的，应当调整至新任职务等级编制军衔的最高军衔。调整军衔的批准权限与其原军衔的批准权限相同。

第二十四条 军官违犯军纪的，按照中央军事委员会的有关规定，可以给予军衔降级处分。军衔降级的批准权限与首次批准授予该级军衔的权限相同。

军官军衔降级不适用于少尉军官。

第二十五条 军官军衔降级的，其军衔晋级的期限按照降级后的军衔等级重新计算。

军官受军衔降级处分后，对所犯错误已经改正并在作战或者工作中有显著成绩的，其军衔晋级的期限可以缩短。

第二十六条 对撤销军官职务并取消军官身份的人员，取消其军官军衔。取消军官军衔的批准权限与首次批准授予该级军衔的权限相同。

军官被开除军籍的，取消其军衔。取消军衔的批准权限与批准开除军籍的权限相同。

第二十七条 军官犯罪，被依法判处剥夺政治权利或者三年以上有期徒刑的，由法院判决剥夺其军衔。

退役军官犯罪的，依照前款规定剥夺其军衔。

军官犯罪被剥夺军衔，在服刑期满后，需要在军队中服役并授予军官军衔的，依照本条例第十六条的规定办理。

第七章 现役军官军衔的标志和佩带

第二十八条 军官军衔的肩章、符号式样和佩带办法，由中央军事委员会颁布。

第二十九条 军官佩带的肩章、符号必须与其军衔相符。

第八章 附 则

第三十条 预备役军官军衔制度，另行规定。

第三十一条 士兵军衔制度，由国务院和中央军事委员会规定。

第三十二条 中国人民武装警察部队实行警衔制度，具体办法由国务院和中央军事委员会规定。

第三十三条 人民解放军总参谋部、总政治部根据本条例制定实施办法，报中央军事委员会批准后施行。

第三十四条 本条例自公布之日起施行。

七届全国人大常委会二次会议通过关于确认1955年至1965年期间授予的军官军衔决定

第七届全国人民代表大会常务委员会第二次会议审议了中央军事委员会关于确认1955年至1965年期间被授予军官军衔的人员，其军衔予以确认；犯叛国罪或者其他反革命罪的，犯其他刑事罪被依法判处死刑、无期徒刑、三年以上有期徒刑的，被开除军籍的以及按照中央军事委员会的规定不予确认的除外。

七届全国人大常委会二次会议批准中央军委关于授予离休干部功勋荣誉章规定的决定

第七届全国人民代表大会常务委员会第二次会议

决定：批准中央军事委员会《关于授予军队离休干部中国人民解放军功勋荣誉章的规定》，由中央军事委员会公布施行。

七届全国人大常委会二次会议通过关于批准1987年国家决算的决议

根据第七届全国人民代表大会第一次会议关于《授权全国人民代表大会常务委员会审查和批准1987年国家决算的决议》，第七届全国人民代表大会常务委员会第二次会议听取了财政部副部长迟海滨代表国务院所作的《关于1987年国家决算的报告》，经过审议并根据财政经济委员会的审查报告，决定批准国务院提出的1987年国家决算，批准财政部副部长迟海滨所作的《关于1987年国家决算的报告》。

七届全国人大常委会二次会议通过关于海南省人民代表会议代行海南省人民代表大会职权决定

第七届全国人民代表大会常务委员会第二次会议根据第七届全国人民代表大会第一次会议关于设立海南省的决定，审议了国务院报请审议的海南建省筹备组关于筹备召开海南省人民代表会议的请示报告，决定：

一、在海南省人民代表大会召开以前，由海南省人民代表会议代行海南省人民代表大会的职权，选举省长、副省长、省高级人民法院院长、省人民检察院检察长，并行使法律规定的省级人民代表大会的其他职权。

二、由海南省人民代表会议选举海南省人民代表会议常务委员会，行使法律规定的省级人民代表大会常务委员会的职权。法律关于省级人民代表大会常务委员会的其他规定，也适用于海南省人民代表会议常务委员会。海南省人民代表会议常务委员会组成人员的名额为31名至35名。

三、海南省人民代表会议第一次会议由海南建省筹备组进行筹备。海南省人民代表会议代表名额为260名至300名。海南省各市、县、自治县出席省人民代表会议的代表，由市、县、自治县人民代表大会选举产生；各政党、人民团体、国家机关和驻海南省的人民解放军出席省人民代表会议的代表，由海南建省筹备组主持，经民主协商推选产生。代表名额分配方案由海南建省筹备组同各市、县、自治县和各有关方面协商决定。

四、海南省人民代表会议常务委员会组成人员、省长、副省长、省高级人民法院院长、省人民检察院检察长的选举办法，由海南省人民代表会议决定。

五、海南省人民代表大会应当在1993年年初以前召开。

七届全国人大常委会二次会议通过七届全国人大常委会工作要点

七届全国人大常委会任期的5年，是我国社会主义建设和改革开放的关键时期。当前，我国政治、经济总的形势是好的，但前进中也还存在一些困难和矛盾。党的十三大提出了社会主义初级阶段的理论，制定了建设有中国特色的社会主义的基本路线。常委会要以此为指导思想，把保证和促进改革开放作为首要职责，把加强社会主义民主和法制建设作为中心任务，把加强自身建设放在重要位置，认真履行宪法赋予的职权，紧密结合实际，积极开展工作，为改革开放的顺利进行，为逐步建立社会主义商品经济的新秩序，创造一个良好的环境。

一、抓好立法工作

1.立法是常委会的一项重要职责。根据必须一手抓建设和改革，一手抓法制的方针和法制建设必须贯串于改革的全过程的精神，常委会要适应社会主义现代化建设和改革开放的需要，进一步加强立法工作，努力把改革开放的成功经验用法律的形式肯定下来，把适应社会主义商品经济的新秩序建立在法制基础上。建立社会主义商品经济新秩序需要制定大量的法律，这是很大的工程。中央与地方的关系，地方与地方的关系，国家与企业的关系，企业与企业的关系等，都要用法律加以规范。

2.立法工作要制定规划，抓住重点，有计划、有步骤地进行。当前立法的重点是：(1)抓紧制定有关经济建设，特别是微观放活和宏观控制以及对外开放的法律。要制定预算法、投资法、计划法和金融方面的法律；制定物价法、审计法和反封锁、反垄断的法律；制定公司法、私营企业法和乡镇企业方面的法律；制定劳动法、标准化法、海商法、进出口商品检验法、外商投资企业所得税法等。(2)制定有关行政方面的法律。主要有行政诉讼法、国家赔偿法、行政编制法、国家公务员法、教育法、教师法、公共卫生法等。(3)制定保障公民权利和维护社会公共秩序方面的法律，主要有集会游行法、新闻法、出版法、社团法、工会法等。还要制定全国人民代表大会议事规则。(4)中华人民共和国香港特别行政区基本法征求意见稿已经公布，征求意见。基本法草案将于明年报请全国人大常委会审议决定公布征求意见，经修改后提交全国人民代表大会审议。澳门特别行政区基本法的起草工作也将于起草委员会成立后进行。

3.要根据新情况、新经验对原有法律及时作出修改。如需对宪法条款进行修改，要提请全国人民代表大会决定。当前，需要修改的法律主要有：根据宪法修正案，修改民法通则和土地管理法的有关条款；根据发展经济和扩大对外开放的需要,修改经济合同法、中外合资经营企业法等;根据选举工作的新经验以及干部人事制度改革的需要,修改全国人大组织法、选举法、地方各级人大和政府组织法的有关条款;还要对刑法、刑事诉讼法、民事诉讼法(试行)进行必要的修改。还要修订城市居民委员会组织条例等。

4.做好法律解释工作。对各地区、各部门提出属于对法律条文本身需进一步明确界限或作出补充规定的,由秘书长交法律委员会会同有关的专门委员会研究,并征求有关部门的意见,提出解释的方案,经常委会审议,作出法律解释。属于行政工作、审判工作、检察工作中法律的具体应用问题,分别由国务院及主管部门、最高人民法院、最高人民检察院进行解释。最高人民法院和最高人民检察院的解释如果有原则性的分歧,报请常委会解释或决定。属于人大工作中法律的具体应用问题,由常委会有关部门拟出答复意见,由秘书长召集有关人员会议研究决定后答复。

5.为了加强立法工作和加快立法步伐,各专门委员会要进一步开展对法律案的审议和拟订工作。大量的法律草案是由国务院有关部门拟订和提出的,各专门委员会要与有关部门加强联系,进行调查研究,做好法律草案审议的准备工作。作为常委会办事机构的办公厅、法制工作委员会,要为各专门委员会审议和拟订法律案服务。

6.进一步完备法律案的审议程序。全国人大各专门委员会、国务院及其他有关方面提请全国人大常委会审议的法律草案,由秘书长交有关专门委员会和法律委员会审议。审议结果经秘书长报委员长会议决定提交常委会审议或交有关专门委员会继续审议。法律委员会和其他专门委员会在审议法律案时要互相通气,密切协作。法律委员会统一审议提交常委会审议的法律草案,向常委会提出审议结果的报告,报告中要充分反映其他有关专门委员会的主要不同意见。有关专门委员会的审议意见要印发常委会会议。

7.立法要从我国的实际情况出发,同时注意借鉴外国有益的经验。要加强法理研究,加强对实际情况的调查,注意听取各地方、各部门、各方面的意见。对一些重要的法律草案,在常委会通过前要广泛征求意见,或经常委会决定提交全民讨论。

8.常委会要经常检查、推动在公民中普及法律常识的工作。要定期听取司法部门关于普法工作的报告,了解人大常委会普法决议的贯彻情况。普法工作要有重点、有针对性地进行,包括通过典型案例,在公民中进行学法、懂法、守法、用法的教育。普法工作注重实际效果,防止走过场,采取切实可行的措施,扎扎实实地长期坚持下去。

二、加强监督工作

1.监督宪法和法律的实施,监督国务院、中央军事委员会、最高人民法院、最高人民检察院的工作,是宪法赋予全国人大常委会的一项重要职权。要在上届常委会工作的基础上,继续改进和加强。

2.人大常委会依法进行监督,既是对行政、审判、检察机关工作的支持和促进,也是一种必要的制约。它有利于健全国家决策机制,有利于国家政治、经济生活的民主化、法制化。人大常委会行使监督权,必须严格依照法律的规定和程序,属于全国人大常委会监督职权范围内的事情,应严格依法办事,认真履行职责。对于法律规定由行政、审判、检察机关行使的职权,不能越俎代庖,以保证政府工作的高效统一运行,保证审判、检察机关依法独立行使职权。

3.常委会要认真抓好法律监督。常委会的法律监督主要是对国务院、最高人民法院、最高人民检察院违反宪法和法律的行为进行监督,对各省、自治区、直辖市的权力机关违反宪法、法律和行政法规的行为进行监督。专门委员会要协助常委会进行监督。做法有:

(1)对向常委会备案的地方性法规(包括自治州、自治县的自治条例和单行条例),秘书长分别交给有关专门委员会审查,如发现有同宪法和法律相抵触的情况,由专门委员会报告常委会作出处理决定。对于国务院行政法规,法律委员会和有关专门委员会如果发现有与宪法和法律相抵触的情况,要提出纠正意见,报常委会决定。对于自治区报请常委会批准的自治条例和单行条例,由民族委员会审查,向常委会提出批准或修改意见,由常委会决定。

(2)常委会要有选择地对一些重要法律的实施情况进行检查,如发现违宪违法问题,包括司法机关在处理重大案件中的违法行为,要向有关执法部门提出意见,督促其严肃执法。有关执法部门要将处理结果报告常委会。必要时,常委会可组织特定问题的调查委员会,并作出相应的决议。

(3)认真受理人民群众的申诉、控告和检举。凡属直接控告全国人大及其常委会选举、决定和任命的国家工作人员违宪违法情节严重的,由常委会责成有关部门查清事实,进行处理。其他申诉、控告或者检举交由最高人民法院、最高人民检察院、监察部及地方人大常委会处理,限期向常委会报告处理结果。常委会要健全和完善公民申诉、控告和检举制度,恢复接待人民来访的工作。

4.常委会在抓好法律监督的同时,要加强工作监督。人大常委会要监督最高国家行政、军事、审判、检察机关的工作。工作监督的重点,是加强对国民经济和社会发展计划、国家预算执行情况的监督。国务院在执行计划和预算过程中所做的部分调整方案，必须报常委会批准。常委会应就现代化建设和改革开放中的重大问题，以及人民群众普遍关心的问题，听取国务院及其部委、最高人民法院、最高人民检察院的报告。各专门委员会也可以听取有关行政、司法部门的汇报，并且可以提出询问。

5.常委会要制定有关监督方面的法律，进一步明确监督的方式，完善监督的程序，使监督工作规范化、制度化。

三、加强同代表以及地方人大的联系

1.加强同全国人大代表的联系，是做好常委会工作的基础。联系代表的目的，是为了使常委会制定的法律和作出的决议或决定，更加符合人民的愿望和要求，更加符合实际，也是为了使常委会更好地接受代表的监督。

2.继续坚持全国人大常委会同省级人大常委会共同联系代表的制度，并加强全国人大常委会同代表的直接联系，包括：(1)常委会和各专门委员会根据需要，召开代表座谈会，直接听取代表的意见。(2)常委会在审议重要议案和作出重大决议或决定前，根据需要将草案印发全体或部分全国人大代表征求意见。(3)常委会举行会议时，邀请对会议议题比较熟悉的全国人大代表列席会议，参加讨论。(4)常委会和各专门委员会围绕议案进行专题调查时，吸收有关的全国人大代表参加。(5)设立全国人大代表接待室，听取全国人大代表对各方面工作的反映。(6)常委会办事机构要认真负责地办理全国人大代表通过各种途径提出的建议、批评和意见，并答复代表。

3.要加强同省级人大常委会的联系，相互交流经验，推动各级人大工作的进一步开展。常委会举行会议时，依法请各省、自治区、直辖市人大常委会一名负责同志列席会议，发表意见；常委会可根据需要，召开各省、自治区、直辖市人大常委会负责同志座谈会；各专门委员会可召开省级人大对口机构的座谈会；常委会的办事机构也要加强同地方人大常委会办事机构的经常性联系，交流各种文件和资料。

4.代表和委员的视察要密切联系人民群众，听取和反映群众的意见和呼声。视察工作要注重实效，防止形式主义。视察制度要在总结上届经验的基础上加以改进和完善。当前可采取的方式是：(1)在每年全国人民代表大会召开之前，组织代表围绕大会即将审议的议题，采取集中与分散相结合的办法进行视察。(2)继续实行代表持证视察的做法。代表可以就地就近进行视察，了解情况。代表对当地工作提出的意见和建议，有关单位要认真研究办理。(3)在全国人大代表比较集中的城市，可以成立代表小组，开展视察和专题调查等活动。此外，常委会委员的视察也要规定必要的制度。

5.常委会要研究制定全国人大代表工作条例，对代表的权利、义务等作出具体规定。常委会要努力为代表履行职责创造条件，包括提供必要的资料和经费。

四、开展外事工作

1.常委会的外事工作是我国外交工作的组成部分，要适应我国外交工作的需要，认真执行我国外交工作的总方针和各项政策。通过外事交往，增进议会和人民之间的了解和友谊，促进国家关系的发展。

2.外事工作的形式要灵活多样，除了常委会进行对外交往外，各专门委员会，各对外双边友好小组也要有计划地开展对口交往，建立和发展友好关系。

3.要加强对各国议会联盟和其他国际议会组织的工作。为了保持工作的连续性，参加会议的人员和工作人员要相对稳定。

4.常委会的外事工作要加强统一规划和安排。全国人大各部门的出访和接待来访以及涉外活动，由秘书长协调。礼宾接待工作由办公厅外事局承办。

五、提高开放程度

1.常委会和专门委员会的工作都要提高开放程度。法律草案修改过程中和其他议案审议过程中的意见，可公开发表。对常委会和专门委员会的会议，要有选择地进行电视实况转播或专题报道。这样有利于加强人大同人民群众的联系，及时听取社会各界的意见，接受人民群众的监督。

2.常委会要建立新闻发布会和记者招待会制度。

3.要积极创造条件，建立常委会和专门委员会会议的旁听制度。

六、搞好自身建设

1.要实现常委会委员的专职化，这是加强常委会组织建设的一个重要方面。常委会委员要以对国家和人民高度负责的精神，严肃认真地履行宪法和法律赋予的职责。大多数常委会委员和专门委员会委员都应把主要精力放在人大工作上，社会活动要服从人大工作的需要，保证参加常委会和专门委员会工作的时间。专门委员会委员要列席常委会会议。常委会办公厅和其他有关单位要为实现委员的专职化积极创造条件。

2.常委会是集体行使职权，集体决定问题，要严格地执行民主集中制，听取不同意见，进一步健全工作制度。每两个月一次的常委会会议，举行时间可相对固定，一般安排在双月的下旬举行。委员长会议认为必要时，可临时召集常委会会议，及时决定有关事项。

3.专门委员会的工作要经常化。要充实专门委员会的工作内容，健全专门委员会的工作机构，制定工作规则，完备议事程序。

4.常委会各办事机构要明确树立起为开好全国人民代表大会、人大常委会和委员长会议服务，为全国人大常委会组成人员和全国人大代表行使职权服务，为各专门委员会的工作服务的指导思想。

5.人大机关是统一的整体，各部门要在常委会的统一领导下，相互配合，步调一致地开展工作。

6.要加强常委会办事机构的思想建设、组织制度和工作制度建设。要加强思想政治工作，加强干部培训，提高干部的政治、业务素质，努力培养出一批有研究能力并适应人大工作需要的骨干、专家。要制定机关工作条例，明确各部门的职责，建立岗位责任制，定期检查工作。

7.常委会的办事机构要不断地提高服务质量。要加强对国内外重大问题的研究，加强理论研究，加强与常委会审议议案有关问题的调查研究，对有关问题提供论证和可供选择的比较方案，搞好研究和咨询服务。为适应人大工作的需要，应加强图书资料建设，将办公厅图书馆逐步建成全国人大图书馆和资料中心。

8.常委会和专门委员会组成人员，以及人大机关干部，都要努力学习和掌握马克思主义基本理论，学习和掌握法律知识，认真研究改革开放中的新情况和新问题，更新观念，开拓前进，努力把工作做得更好。

上述工作要点将随着我国经济、政治体制改革的深入发展，做必要的修改和补充。

全国开展水法宣传周活动

《中华人民共和国水法》从7月1日起正式施行。即日，全国进入了第一个水法宣传周。

今年1月，第六届全国人大常委会第二十四次会议通过颁布水法以来，各地主管部门都把学习、贯彻这项水的基本大法当作主要任务来抓，通过一系列有声有色而又讲究实效的宣传活动，为水法的实施做了舆论上和组织上的准备。

为开展好水法宣传周活动，许多省、区、市领导亲自部署，抓落实。陕西、山西、青海、江苏、四川等省人大和省政府召集专门会议，研究制定水法宣传的措施，部署学习贯彻水法的各项工作。以举办广播讲座、专家座谈会、新闻发布会、知识竞赛等方式宣传水法。各地在学习宣传水法的同时，还根据水资源的特点，进行了配套法规及水法监督管理机构的建设。四川、陕西、青海、福建、浙江等省抓紧研究制定与水法相配套的地方性法规。

中国国际航空公司在北京正式成立

中共中央政治局常委胡启立在中南海会见保共中央委员博扬·特莱科夫一行

会见时，胡启立说，在平等互利、互相尊重、相互信任的基础上持续、稳定、全面地发展同保加利亚的友好合作关系，是中国党和政府坚定不移的方针。

胡启立说，去年5月日夫科夫访华及6月赵紫阳访保是两国关系史上的重大事件。一年来，两国各个领域的交往更加密切。他说，中保两党两国在建设社会主义和维护世界和平的斗争中并肩前进。中保之间相互交流、相互学习和相互支持是非常有益的。

在谈到中国的改革时，胡启立说，中国要发展社会主义商品经济，就要理顺原来极不合理的价格关系，包括国内外市场的不合理比价，工农业产品的不合理比价，等等。价格改革是中国经济体制改革中一个绕不过去的问题，我们的任务是作出一个通盘的安排，争取在几年之内初步理顺价格体系，逐步建立起社会主义商品经济的新秩序。他说，随着经济体制改革的进行，必须相应进行政治体制改革。总之，中国现在正处在新旧两种体制、两种秩序的交替过程中，这是一个相当长的过程，这个过程也就是改革的过程，我们在这个过程中将力求把工作做得稳妥一些，使新旧两种秩序交替中出现的矛盾和混乱减少到最低限度。

在回答"如何看待各社会主义国家出现的一些新现象，新需求，进行的各种新实验"这一问题时，胡启立说，70年代末和80年代初以来，改革在一系列社会主义国家日益成为强大的潮流。由于各国的国情和具体条件不同，各国的做法各不相同，机械照搬和沿袭一种模式的年代已经过去。多样化，这是当前社会主义国家改革的一个显著特点。

关于国际形势问题，胡启立说，和平与发展是当代世界最大的两个问题。我们认为，虽然战争的危险依然存在，但和平因素在发展增长，超过了战争因素。只要爱好和平的国家和人民坚持努力，世界战争是可以避免的，和平是可以维护的。他说，目前国际上开始出现的缓和势头，是同广大中小国家为裁军与维护和平所作出的努力分不开的。但是要真正实现缓和，看来还需要经过一个长时期的、艰巨的过程，甚至会出现反复。所以，需要各国和各国人民共同努力，推动和平进程的发展。

外交部就柬埔寨问题发表声明

声明全文如下：

越南当局对柬埔寨进行军事入侵已近10年之久。越南的侵略行为违反了联合国宪章和国际关系准则，它不仅给柬埔寨民族带来了深重的灾难，也使越南人民深受其害，并严重影响东南亚地区的和平与稳定。

柬埔寨人民抵抗外来侵略的正义斗争得到全世界人民和国际社会的广泛同情和支持。联合国大会每年都以压倒多数的票数通过关于“柬埔寨局势”的决议。最近关于政治解决阿富汗问题的日内瓦协议签署后，国际社会更强烈地要求越南尽快从柬埔寨撤军，早日解决柬埔寨问题。

中国政府始终认为，解决柬埔寨问题的关键是越南必须尽早从柬埔寨全部撤军，让柬埔寨人民在没有外来干涉的情况下自己决定自己的命运。中国政府一贯赞成政治解决柬埔寨问题，支持为公正合理地解决柬埔寨问题的一切努力和尝试。目前各有关方面正为此寻求解决办法，中国政府愿为促进这一进程作出努力，特声明如下：

一、越南尽早从柬埔寨全部撤军是解决柬埔寨问题的关键。越南方面应该尽早提出一个短期内从柬撤军的时间表。这个时间表应为各方所能接受，并在此基础上达成协议。

二、随着越南撤军，我们赞成在西哈努克亲王主持下建立柬埔寨四方参加的临时联合政府。各方参加临时政府的人选由各方自行提出，同时也要为有关各方所接受。

三、柬埔寨四方临时联合政府成立后，柬各派的军队应当冻结，不参与政治，不干预大选，让柬埔寨人民在没有外来干涉和武力威胁的情况下，进行自由选举。

四、对越南撤军、维持柬埔寨和平和进行自由选举都要有切实有效的国际监督。有关各方如能就柬埔寨问题的政治解决达成协议，中国愿意同其他国家一道对柬埔寨的独立、中立和不结盟地位作出国际保证。

国务院副总理吴学谦在北京会见葡萄牙外交部部长若昂·德德乌斯·皮涅伊罗

中英联合联络小组双方办事处在香港成立

中国古代战争馆和近代战争馆在中国人民军事博物馆开馆

从此，军事博物馆的陈列内容由中国共产党领导下的人民革命武装斗争史扩展为整个中华民族5000年战争史。

这两座新馆经过4年筹建，陈列面积4600平方米，各种展品2000多件，其中有西周“薛师戟”、战国楚全戈等珍贵的军事历史文物，还有古代战场遗址照片和古代兵器系列模型。

中国古代战争、近代战争馆陈列形式富有民族特色。它们分别以战史为主线，通过著名战例介绍当时的军事建制、军事思想、战法、兵器和军事科技及著名军事人物。古代战争馆分六部分，展现了从先秦时期至鸦片战争间的军事发展情况。近代战争馆介绍了1840年至1919年期间鸦片战争、太平天国革命战争、抗击列强瓜分中国的战争和推翻清王朝的革命战争的军事历史。

杨得志、萧克、宋时轮、程子华、郭林祥、韩怀智等出席了开馆仪式。

国家教委在北京召开13个省直辖市党委宣传或教育部门负责人和教委直属院校负责干部会议

会议提出当前高校思想政治教育的迫切任务是深入开展形势教育，使广大干部、教师和学生坚定改革的信心，同心协力，度过改革的关键时期。

会议强调，学校必须加强纪律，整顿秩序，建立良好的校风和学风。要从严治党，搞好学校党的建设，充分发挥学校各级党组织和广大党员在思想政治工作和教育改革中的先锋模范作用。

国务委员兼国家教委主任李铁映在会议讲话时指出，教育战线10年来取得了巨大的成就。青年学生的思想主流是好的，他们希望加快改革，使国家迅速强盛起来。广大干部、教师拥护党和社会主义，拥护改革开放，是社会主义建设的骨干力量。要进一步调动广大干部、教师的积极性，把青年学生培养成为实现四化、振兴中华的生力军。

李铁映强调，改革已经进入关键时期，做好高等学校的各项工作，对于促进全国的安定团结，保证改革开放顺利进行具有重要意义。必须进一步改进和加强学校的思想政治教育，整顿学校秩序，使学校的工作有一个大的提高，以适应改革进入关键时期的需要。

《求是》杂志创刊

该刊物是中共中央委托中央党校主办的全党的理论刊物。邓小平同志为《求是》杂志题写了刊名。

在《求是》杂志编辑部举行的座谈会上，中央党校副校长、《求是》杂志负责人苏星介绍了中共中央关于委托中央党校创办《求是》杂志的决定和这份杂志的创刊宗旨。

据介绍，以县级以上干部和理论、宣传工作者为对象的《求是》杂志将着重研究改革开放和建设中的实际问题，以及新形势下党的建设问题。这份杂志将坚决实行“百花齐放、百家争鸣”的方针，经常研究和介绍社会主义各国改革、开放的经验和资本主义国家建设、管理的经验；并将对党内和社会上的各种消极、腐败现象进行批评。

《求是》杂志仍将是半月刊。

《中国老年报》创刊

邓小平同志为这张报纸题写了报头。中央许多领导同志为该报创刊题词、写了贺词。

《中国老年报》为对开四版。今年出周一刊。为便于老年人阅读,一、四版用较大字体(老五号)排印;二、三版在版面编排上,也力求整齐。

该报由中宣部干管局、中国记协老新闻工作者联谊会主办。名誉社长张平化,社长廖井丹,总编辑姚远方。

《中国计划生育报》更名为《中国人口报》

这是当今世界上唯一的一张公开发行的国家级人口专业报。《中国人口报》负责同志表示,将尽力提高开放度,增大信息量,把这张报纸办得生机勃勃。

全国人大教科文卫委员会 国家计生委等9单位在人民大会堂联合召开亚洲30亿人口日大会

李铁映、周谷城、陈慕华、王首道、宋健等以及有关部门负责人,在北京的有关国际组织代表、驻华使团代表等300人参加了大会。

全国人大常委会委员、"亚洲议员人口和发展论坛"副主席胡克实,国家计划生育委员会主任彭珮云,联合国人口基金驻华代表处副代表拉奎恩,中国计划生育协会副会长吴阶平等在大会上讲了话。

胡克实说,全国人大对我国的人口问题始终予以高度重视,坚决支持国务院提出的把实行计划生育作为我国的一项基本国策,并将其载入宪法。目前已有11个省区的人大常委会制定了地方性计划生育法规,其他地区也将陆续进行有关人口的立法工作,协调群众的生育意愿。

彭珮云说,我国的计划生育工作虽然取得了巨大成绩,但仍面临着沉重的人口压力。从现在到1995年,即使严格控制,全国每年也要平均出生2200万人左右。我们必须坚定不移地执行现行的计划生育政策:提倡晚婚晚育,少生优生;提倡一对夫妇只生一个孩子。农村某些群众确有实际困难,可以有计划地安排间隔几年以后生第二胎。不论哪一种情况都不能生第三胎。少数民族地区也要提倡计划生育,具体要求和做法可由有关省区根据当地的实际情况制定。

拉奎恩在讲话中指出:"没有中国严格的人口政策,世界人口两年前就达50亿了。有些人批评中国的独生子女政策,其实,它不仅对中国,而且对亚洲地区及整个世界都是有益的。尽管中国人均年收入只有300美元左右,但平均寿命接近70岁,婴儿死亡率约在32‰,产妇死亡率极低,这些数字都和发达国家相近。这些成就都是由于低人口增长率的结果。"

在大会上还表彰和奖励了18个计划生育先进集体和先进个人。

7月2日

国务院总理李鹏在人民大会堂接受日本6家新闻机构负责人的采访

这6家新闻机构是共同社、每日新闻、中日新闻、北海道新闻、读卖新闻、日本广播协会。这是李鹏任总理以来第一次正式接受外国记者的采访。

中国工资物价改革将配套进行

国务院总理李鹏在接受日本6家新闻机构的负责人采访时说,中国的工资改革将与物价改革配套进行,将使人民的实际收入平均水平不致因物价改革而下降。

有记者问,您如何考虑经济增长和经济稳定之间的平衡,以及同物价之间的关系?

李鹏说,这个题目问起来很简单,答起来话很长。我认为,不应该把"经济增长"与"经济稳定"这两个概念对立起来,而应该统一起来。我们讲经济稳定,不是说经济不增长,而是指经济增长保持一个持久的、稳定的、合理的增长速度。至于增长速度,我国七届人大一次会议确认今后5年国民生产总值平均每年增长7.5%左右。如果我们能保持这个增长速度,达到本世纪末实现国民生产总值翻两番的目标就有保证。

他说:"实际上,这两年我们的增长速度高于这个数字,大约为10%。如果这样的速度在经济上是有效益的,我们认为那也是一件好事情。"

他说,中国这几年来基本建设的规模是过大了,消费基金的增长也是过快了,这是我们不愿意看到的。我们将采取有效措施来解决这些问题,以求达到总供给与总需求之间的基本平衡。因此,我们需要有一个合理的速度,一个稳定的速度。

谈到中国目前的物价改革时,李鹏说,这是经济体制改革的一个重要组成部分。改革的目标是从过去高度集中的计划经济管理体制转到社会主义有计划的商品经济体制,让价值规律发挥更大的作用。因此,如果价格不理顺,社会主义商品经济就很难形成,价值规律就很难发挥作用。

他说,我们现行的不合理的价格与价格体系,是多年形成的历史产物,进行改革难度很大,也是有风险的。我们对价格改革的态度,一是决心要大,二是方案要稳妥,每一种改革的出台时机选择要恰当,也就是说,要考虑到人民、企业、社会等方面的承受能力。没有人民的支持,物价改革是很难进行下去的。

他说,国务院已经成立了一个专门的物价委员会,它是一个议事机构，正在制订中长期的价格改革方案，比如说，制订一个5年的改革方案。这个方案将要明确改革的目标、步骤和方法以及理顺由价格改革带来的影响，要考虑到综合配套措施。同时还要重点制订明年的改革方案。

他说，理顺价格关系不仅是解决一些不合理的比价，如工农业产品的不合理比价，原材料与加工产品的不合理比价，公用事业和交通运输、能源之间的比价，而且要逐步形成一种适合于社会主义商品经济的价格体系。

李鹏强调说，在重大价格改革方案与措施出台前，我们将采取各种方式与人民群众协商对话，以得到人民群众的理解和支持。他说，我们坚决反对乱涨价，坚决禁止借某一价格方案出台之机“搭车”的现象。价格改革将是有计划、有步骤地进行，各级人民政府和各级商业、企业机构都要严格执行物价纪律，有责任保护生产者与消费者的利益。

他说，工资改革将与价格改革配套进行，其目的是使人民的实际收入平均水平不因为价格改革而下降。在改革工资制度时，要实行按劳分配的原则，反对平均主义，这样就有可能拉大一些收入之间的差距。因此，对高收入者要通过税收来调节，对生活在最低水平线以下的要给予适当补助，采取必要的保护措施。

党和政府将致力克服不良现象

李鹏说，中国共产党和中国政府对国内的官僚主义、腐败现象、收入不公正等问题也是不满意的，要采取积极、有效的措施，逐步解决这些问题。

有记者问：您如何看待一部分大学生和人民群众对物价上涨、知识分子待遇低、官僚主义、干部腐化、党风和社会风气不正的不满现象？如何克服这些问题？

李鹏说，目前我们社会上确实存在上述问题，即教育经费不足、知识分子待遇低、收入不公正、政府中的官僚主义、腐败现象，因此人民群众不满意，大学生不满意，他们提出了批评和建议，我认为这都是正常的。作为执政党和政府，我们对这些现象也是不满意的。但是，作为执政党和政府，我们不能简单地表示不满意。我们要采取积极、有效的措施，逐渐解决这些问题，克服这些不良现象。

他说，产生上述问题的主要根源之一是我们处在新旧体制交替的过程中，旧体制还在起作用，新体制还未建立、健全起来。现在党中央提出建立社会主义商品经济新秩序，其目的就是要从制度上、从根源上来堵塞漏洞，克服不良现象。

他接着说，有些问题受经济发展水平的制约，要随着中国经济的发展才能不断得到解决。

他说，七届人大和政协会议上代表们对知识分子待遇和教育经费问题提了不少意见。会后，我们党中央、政治局和国务院都认真地作了研究，准备尽可能地在现有经济条件下做一些改善。有一些措施将陆续出台。

他说，为了克服官僚主义和干部中的一些腐败现象，需要群众监督，需要进一步发扬民主，需要社会舆论的监督。他说，对社会上出现的收入不公正的现象，如果是搞非法收入的，要依法予以制裁和取缔，还要找出根源，从制度上堵塞漏洞。比如，现在出现了不少公司，其中有些公司对发展生产没有什么好处，而主要是利用两种价格之间的价差进行投机倒把和中间盘剥。在价格改革中要逐步取消价格上的双轨制，就从根本上堵塞了中间盘剥的漏洞。对于合法的高收入，要依法征税，进行调节。以前在征收个人所得税方面执行得不够严格，今后要把这一制度逐步完善起来。

当问到中国领导层是否存在“改革派”与“保守派”的区别时，李鹏说：“邓小平主席和赵紫阳总书记曾多次就这个问题作了回答。我们都是支持改革的。当然，对某一件具体事情，可能有不同的意见，在做法和步骤上可能有不同的意见。在这个问题上有这种不同意见，在那一个问题上也可能有另外一种不同意见。这是很正常的。”

他说：“在总目标一致的情况下，对具体问题允许对各种各样不同的意见进行探讨，我认为这是一种政治民主的正常表现。”

在回答记者问到中国政治改革有没有阻力时，李鹏说，也不能说没有阻力。但是，应该说我们进行政治改革还是比较顺利的。党的十三大确定的几项目标，即党政职能分开、下放权力、政府机构改革、民主协商对话、健全民主与法制等工作，都在顺利地逐步开展。我们还建立了人事部，正在为实行公务员制度做准备。

中日友好相处关系世界和平

李鹏说：“本届中国政府和我本人将同其他中国领导人一样，致力于中日友好事业。”

在被问及中日关系时，李鹏说，中日两国是一衣带水的邻邦，中日两国之间的友谊源远流长，有着长久的友好往来。但在本世纪30年代、40年代，日本军国主义者入侵中国，发动了战争。那场战争给中国人民带来了极大的痛苦和损失。这一段历史是不堪回首的。日本人民在那场战争中也遭受了灾难。但值得我们大家高兴的是，由于中日两国政治家和民间人士的共同努力，两国领导人在16年前作出了中日恢复邦交的决断，并在10年前缔结了《中日和平友好条约》。我们注意到竹下登阁下在担任首相以后多次发表愿意发展中日友好关系的声明和谈话，我们对此表示欢迎。我们认为竹下登首相选择在《中日和平友好条约》缔结

10周年的时候来华访问,这个时间的选择和这件事情的本身就说明它的意义是重大的,是一种愿意继续发展中日友好关系的表示。我和中国的其他领导人热诚地期待竹下登首相的来访。

李鹏说,中国政府现在执行的外交政策是独立自主的和平外交政策。中日友好是这个政策的一个重要组成部分。中日作为亚洲地区的两个大国,彼此友好相处将有利于这一地区的稳定与和平,乃至对世界和平都会产生重要的影响。如果中日两国的政治家在处理两国关系问题时,能本着这样一个大局来考虑问题,那么即使有一些不愉快的事情,彼此有些分歧甚至有些麻烦,都是可以逐步得到解决的。

他说,中日两国在经济、贸易、技术等领域的合作关系是非常密切的,而且这种合作还有进一步扩大的可能性。这种合作是平等互利的,对双方都有好处。他说,日本是中国最大的贸易伙伴之一。中日两国在经济上各有优势。日本经济比较发达、技术比较先进、资金比较雄厚。中国虽然是发展中国家,但资源丰富。由于改革、开放,中国现在经济发展速度比较快。中国有10亿人口,一旦发展起来,市场潜力是非常大的。我们期待日本能够对于中国的现代化建设多提供一些条件。

他说:"我已经接受了日本政府的邀请,将在适当的时候对日本进行访问。访问具体的时间和有关事项,将由双方通过外交途径确定。"

希望苏联促使越尽快撤军为中苏首脑会晤创造条件

李鹏说,中国希望苏联为中苏两国首脑会晤创造必要的条件。

李鹏是在回答有关中苏首脑会晤、中苏关系问题时说这番话的。

李鹏说,近几年来,中苏在许多领域,主要是在经济、贸易、科技、文化、教育等方面的关系有了比较大的改善,但中苏之间在政治关系上迄今没有什么大的进展。当前影响中苏关系正常化的主要原因是柬埔寨问题。我们认为,如果没有苏联在经济上的支持,越南军队入侵柬埔寨,把战争继续进行下去是不可能的。在促使越南尽快从柬埔寨全部撤军问题上,苏联是能够有所作为的。李鹏指出,中国希望苏联能真正为此作出努力,为中苏两国首脑会晤创造必要的条件。他说,关于中苏两国最高领导人会晤,是中方首先提出来的,是邓小平主席亲自提出的。中国对会晤的原则立场至今没有什么改变。

李鹏强调指出,中国一贯主张中苏关系正常化,中国希望中苏关系得到正常化。

他说,中苏之间目前已经进行到副外长级别的会谈。双方可以在这个级别上就所有的问题交换意见。至于外长会晤,那要看副外长级会谈取得什么成果。

李鹏在回答提问时还说,我们认为,苏联领导人戈尔巴乔夫在苏联倡导进行的改革,总的方向是好的。我们希望他们能够克服困难,使改革取得成功。

他说,中国密切注意最近举行的苏共第十九次党代表会议的进展情况。在苏联进行改革的进程中,这是一次重要的会议。从新闻报道看,会议开得很活跃。

雅加达非正式会晤如果达成协议中国愿参加柬埔寨问题国际保证

李鹏说,中国外交部7月1日就柬埔寨问题发表了一个声明。这个声明阐述了中国政府的立场,既坚持了中国一贯的主张,又表明在当前新形势下,中国对公正合理地政治解决柬埔寨问题采取了更加积极、更加灵活的态度。

李鹏指出,中国过去认为,现在仍然认为越南尽早从柬埔寨全部撤军是解决柬埔寨问题的关键。他说,中国注意到越南宣布今年内从柬埔寨撤出5万军队。如果真正能够做到这一点,越南将会受到应有的评价。但这种撤军既无国际监督,又无法核查,它究竟是真撤军还是假撤军,我们愿意再看一看。而且它说的是部分撤军,只撤出5万人,这是远远不够的,越南应该尽快全部撤出它的军队。李鹏说,中国认为,如果越南当局在撤军问题上、在解决柬埔寨问题上真正有诚意,它就应该提出一个短期内从柬埔寨全部撤军的时间表,并接受国际监督,就像苏联在解决阿富汗问题上所做的那样。

他说,随着越南撤军,在西哈努克亲王主持下建立四方临时联合政府,维持和平,组织大选,是政治解决柬埔寨问题一个可行的方案。中国提出这样的建议,表明了中国主张成立四方临时联合政府,不排除四方中的任何一方,也不赞成四方中的任何一方单独掌权。

他说,7月下旬,将在雅加达举行一次关于柬埔寨问题的非正式会晤,中国对此表示欢迎。如果越南对解决柬埔寨问题有诚意,它就应该在这次会议上同西哈努克亲王谈、同民柬联合政府谈。如果有关各方达成协议,中国愿意同其他国家一道参加国际保证。他说,中国欢迎联合国在解决柬埔寨问题上发挥它应有的作用。

中国不准备同南朝鲜建交贸易通过民间渠道进行

李鹏说,中国已决定派遣高级党政代表团应邀参加朝鲜民主主义人民共和国成立40周年国庆活动。

李鹏昨天下午在人民大会堂接受了日本6家新闻机构负责人的采访。他们请李鹏证实他是否将于今年9月率中国高级代表团赴朝鲜参加国庆活动。

李鹏说,中国同朝鲜民主主义人民共和国有着非常友好的关系，是亲密的邻邦。中国已决定派遣高级党政代表团应邀参加朝鲜民主主义人民共和国的国庆活动。他说："至于由中国的哪一位领导人率领代表团，将按照我们的惯例，在出访前的一定时间内予以宣布。因此，我不能证实我是不是将率领这个代表团，但既然是高级代表团，率领代表团的领导人的级别应该是相当高的。"

李鹏在回答有关中国将参加汉城奥运会等问题时说，中国决定参加汉城奥运会，有两个原因：一是因为中国是国际奥委会的正式成员，中国参加奥运会是按奥委会章程行事，这是很自然的事情；二是因为这是一次体育盛会，中国的体育界和广大体育爱好者都愿意看到中国的体育健儿参加这次盛会。通过这次运动会，可以交流技术、提高体育运动水平、加强运动员之间的友谊。

李鹏强调指出，中国在处理朝鲜半岛的问题时是从希望朝鲜半岛能保持缓和与稳定这个大局出发的。中国和南朝鲜没有外交关系，中国也不准备同南朝鲜建立外交关系。

他说，同中国与其他一些没有外交关系的国家和地区一样，中国和南朝鲜之间有贸易往来，但这是非官方的，是民间的。

全国人大常委会委员长万里在七届全国人大常委会二次会议上发表题为《同心同德，推进改革，逐步建立社会主义商品经济新秩序》的讲话

各位委员、各位同志：

这次会议的议程已经圆满进行完毕。会议着重讨论了彭冲同志代表委员长会议提出的全国人大常委会今后5年的工作要点。各位委员就进一步改进全国人大常委会的工作和人民群众所关心的问题提出了很好的意见和建议。特别是对教育问题，委员们发表了很中肯的意见。各级领导一定要提高认识，以实际行动贯彻十三大精神，把振兴教育放在现代化建设突出的战略地位，切实解决教育事业、特别是中小学教育的困难和问题。下面我想就我们国家面临的形势和今后几年的改革任务，以及由此而来的全国人大常委会应尽的职责，谈几点意见。

最近，人们对物价等问题议论纷纷，意见不少。经过十年改革，到底是改好了还是改糟了？我们的社会是前进了还是倒退了？当前形势究竟怎么样？人们都很关心这个问题。我想，正确把握形势需要注意两点：一是对我国十年改革的巨大成就作充分估计；二是对当前存在的问题作具体分析。

十年改革，使我们的国家和社会发生了具有历史意义的变化：由一个本来处于停滞与动乱状态的社会，开始变成一个既充满活力又基本稳定的社会；由一个长期闭关自守的社会，开始变成一个对外开放、勇于迎接世界挑战的社会。是什么力量推动我们社会发生如止巨大的变化？是改革。改革带来了两个大解放：一个是思想的大解放；一个是生产力的大解放。

从世界各国的情况看，在我们这样落后的东方农业大国，进行如此深刻的社会变革，能同时实现经济的持续增长、人民生活的普遍改善和社会的基本稳定，这是很不容易的，兼得改革、发展与稳定的国家也是少见的。10年来，我国国民经济持续增长，国民收入翻了一番多，在占世界7%的耕地上基本解决了占世界21%人口的温饱问题，城乡居民收入成倍增长，人民的生活水平得到明显提高：全国人均食物热量的摄取已超过世界平均水平；城乡共新建住宅近70亿平方米；电视机、电冰箱、录音机、洗衣机等家用电器大量进入了城市居民和富裕农民的家庭；人民的衣着也有显著改观。与此同时，社会主义民主和法制建设取得了很大成绩。所有这些，都与前十年的贫穷和动乱形成了鲜明对比。

国际经验还表明，任何发展中国家要进行改革和搞活经济，不可避免地会带来一些经济问题和社会问题，主要是物价上涨、分配不公和一些官员贪污受贿及其他混乱现象。这些问题的产生，往往是一个国家为改革和发展所付出的代价。到目前为止，与其他发展中国家相比，我们在解决这些问题方面是做得比较好的。就拿物价与经济增长来说，进入80年代以来的7年间，我国扣除物价因素的国民生产总值年均增长9.8%，比同期许多其他发展中国家高得多，而零售物价的上涨率却比这些国家低得多。

但是必须看到，近一两年，物价上涨幅度大和分配不公以及少数国家机关工作人员以权谋私、违法乱纪等问题比较突出，已经引起人民群众的忧虑和不安。对此，党和政府是充分了解、高度重视的，并正在努力采取措施，逐步加以解决。这些问题之所以尖锐起来，根本原因在哪里？不是改革改糟了，而是改革还不彻底，旧体制仍在起障碍作用。拿物价上涨来说，除了社会总需求增长过快，造成供求矛盾突出外，根本原因之一就是在一段时间内，我们不得不采取让计划价格与市场价格并存的办法。价格双轨制是我国价格改革的过渡阶段，起过积极作用，但随着商品经济的进一步发展，它的弊病就越来越明显地暴露出来，因为双轨价格不符合价值规律的要求，它不利于生产者和消费者，也不利于保持国家机关工作人员的廉洁。现在种种违纪违法现象，如流通领域的非法倒卖、中饱私囊、行贿受贿、贪赃枉法等以及社会上的某些不公正现象，都不同程度地与此有关。经过十年改革，旧体制有所破除但尚未完全破除，新体制开始建立但尚未完全建立。问题的根源就在于此。只有把目前的种种问题放在正在发展变化着的历史过程中去观察，才能得出正确的结论。

正是在深刻分析我国改革形势的基础上，中共中央政治局最近指出，我国改革正处于关键阶段，必须在今后几年内闯过物价改革、工资改革等难关。物价、工资改革既然难度很大，能不能放几年再说呢？不能。从国际经验看，物价改革问题拖得越久越难以解决。在商品供不应求的情况下，特别是存在双轨价格的条件下，你不主动改，物价也会上涨。结果，物价上涨的代价付了，市场机制无法形成，价格体系依然混乱，国民经济的发展受到束缚，最后还得被迫改革物价，按价值规律办事。但是如果错过了有利时机，经济增长速度下降，再改价格就会陷入低增长、高物价的困境。有些国家的实践已表明这一点。

特别要指出的是，我们现在闯物价、工资等改革难关，虽然有风险，但更重要的是有诸多有利条件，整个国家对改革的承受能力在增强：经济在持续、协调发展；企业的活力在增强，经济效益在提高；人民群众生活有改善；各级政府初步积累了改革经验，提高了驾驭复杂局面的能力。

什么叫改革的关键时期？就是突破难关既有很大风险，又有巨大希望的时期。疑虑不前，坐失良机，道路将十分崎岖；果断决策，闯过难关，就坦途在望。我们必须迎着风浪前进，后退是没有出路的。

我相信，全国各族人民是会充分理解并支持中共中央的重大改革决策的。只要全国人民同心同德，团结一致，艰苦奋斗，我们就一定能够取得今后几年改革的重大胜利。

从我国目前形势和改革任务出发，今后五年我们人大常委会要做的事情很多，特别需要抓好以下几项工作：

第一，抓紧立法工作，加快确立社会主义商品经济新秩序。

社会主义商品新秩序必须建立在法制基础上，必须是开放的，让人民可以监督、检查的。中央同地方的关系，地方同地方的关系，企业同企业的关系。国家、地方、集体同个人的关系，社会生活中人与人之间关系的基本准则，都要适应发展社会主义商品经济的客观需要，都要用法律加以规范。今后五年的立法工作，要与中央的改革部署配套，适应改革的实际进程，把社会主义商品经济新秩序逐步用法律形式确立起来。要着力于减少各种漏洞、混乱和摩擦，例如，对分配不公和行贿受贿等问题，要通过严密立法和严肃执法来逐步加以解决。要抓住重点，促进市场发育和民主政治的发展。总之，要使我国社会内部的各种关系逐步法律化，使各种经济活动和社会行为都能以法律为准绳。各种公共事业服务机关的工作制度都要向群众公开，便于人民的监督和检查。

改革时期的立法工作，既要抓紧又要慎重。对于改革开放的成功经验要及时地适当地用法律形式肯定下来。有些一时立法条件尚不成熟而又急需的，可以先制定行政法规，然后再制定法律；或者先制定地方性法规，然后再制定行政法规或者法律。立法既要从我国国情出发，又要认真汲取国外经验。不一定什么法律都要自己从头搞，发达国家有些适应商品经济发展的成熟的法律，具有世界通用性，应结合我国实际，大胆吸收和借鉴。

第二，团结全国各族人民，支持改革，共渡难关。

改革是全国人民的共同事业。改革的成果由全国人民共同分享，改革遇到的困难和风险也需要全国人民来共同分担。愈是改革的紧要关头，愈需要全国人民坚定信心，全力以赴支持党和政府的工作。要渡改革难关，没有中国共产党的坚强领导不行。全国人大常委会要接受中共中央政治局及其常委会的政治领导，要维护党和政府的权威，支持国务院独立负责地工作。广大人民的积极支持，是我们改革取得胜利的根本保证。

人大代表和在座的各位委员，都是代表人民利益的。我们要反映人民的要求与呼声。当前，群众对物价、社会治安、一些干部贪污受贿、弄权渎职等问题，意见较多。对这些群众反映比较强烈的问题，我们有责任及时向政府提出建议和意见，对政府的工作实行有效的监督。同时我们还有责任帮助群众更好地了解我国改革的进展情况、改革的困难和前景。要通过我们的工作，使人民群众紧密团结在党和政府的周围，齐心协力把改革搞好。这是我们人大当然的职责，也是全国各族人民最高利益所在。

第三，加强民主与法制，巩固和发展安定团结的政治局面。

逐步建立社会主义商品经济新秩序，必须在努力发展社会主义商品经济的同时，加强社会主义民主政治的建设。没有社会主义民主政治作保障，就不可能顺利地发展社会主义商品经济。民主建设和法制建设都亟须加强。社会主义民主与自由，我们都需要发展。不保障人民的民主权利，不破除妨碍发挥人们聪明才智的种种束缚，不树立适合商品经济发展需要的新思想、新观念，不充分调动一切积极因素，现代化建设就没有希望。但是，社会主义民主与自由的发展，必须服从和服务于改革、建设和振兴中华这个大局。政治体制改革必须循序渐进，按照党的十三大确定的部署进行。谁蓄意制造动乱,破坏安定团结,就是对改革大局的破坏,如触犯刑律,必须坚决依法制裁。鉴于今后几年重大改革措施将陆续出台,因此旗帜鲜明地保障改革秩序,尤为重要。全国人民,特别是各级干部,都要加强法制观念,做遵纪守法的模范。

各位委员,正值我国改革进入关键阶段之际,我们负起了人民的重托。我们的任务是光荣而艰巨的。我们一定要兢兢业业地工作,不辜负人民的期望。

全国近400个市县地区基本完成居民身份证的颁发任务

这395个市、县、地区分属27个省、自治区、直辖市。有关部门将在这些地区开始实施查验居民身份证的制度。

公安部有关负责人介绍,明年10月1日前,居民身份证将在全国范围内使用。公安部将定期公布完成发证任务的地区名单。

公安部有关方面负责人指出,有关部门,尤其是公安、邮电、银行、民航、旅店等,要注意充分利用居民身份证在证明公民身份方面的作用、使居民身份证的使用、查验工作经常化和制度化,更好地发挥居民身份证的社会效益。

公安部还要求凡是已经完成颁发居民身份证任务的地区的公民,外出时应随身携带居民身份证。

财政部发出通知要求各地各部门切实做好耕地占用税征收管理工作

通知指出,开征耕地占用税是国家为保护耕地,增加农业投入,开发建设农用土地资源的一项重大决策。任何人不得干扰或阻挠税收人员依法征税。通知说,今年的耕地占用税征收任务,根据国家计委和国家土地管理局下达各地1988年非农业建设用地计划和国家核定的征税标准,已经核定分配到各省、自治区、直辖市和各计划单列市。对核定分配的税征收任务,要保证完成。1987年应征未征的耕地占用税,必须继续组织征收。补征的税额,在完成核定的今年上交中央任务后,全部留归地方安排使用。从今年起,耕地占用税应上交中央任务,实行包干办法,超收部分全部留给地方,短收由地方财政补足。任何地区和部门不得自行降低征税标准、扩大减免税范围。

通知要求有关部门积极支持和配合做好耕地占用税征收工作。耕地占用税由财政机关负责征收。各级土地管理部门要严格按照先缴税后用地的原则,办理审批划拨用地。通知强调,耕地占用税收入留给地方的部分,必须用于建立农业发展专项资金,纳入各级财政预算管理。

全国税务工作会议在北京召开

国家税务局局长金鑫在会上说,今年前5个月,我国税收收入增长幅度较大,主要税种的收入均保持均衡的增长。1—5月份全国工商税收入完成635亿元,比去年同期增长14.7%,完成了全年计划的42%。

金鑫指出,当前在税收工作中也还存在一些不利于组织收入的问题,有些地方从局部利益出发,对一些该收的税不积极去收,导致收入上不去;有的地方违反国务院的有关规定,把流转税承包给企业,削弱税收的宏观调控作用,影响税收稳定增长;有的地方以解决教育经费不足为由,擅自把一些盈利企业划给学校,逃避税收;有的地方对各类公司减免税失控,使税收大量流失;还有的地方对乡镇企业减免税口子越开越大,互相攀比,给税收带来很大影响。各地区、各部门应增强全局观念,以大局为重,努力增收节支。

金鑫强调,不应把依法征税与发展生产力对立起来。只有国家有了足够的财力,改革和建设才有财力保证,经济发展才有后劲,科学、文化教育事业才能不断发展,国防才能加强。金鑫指出,不能一讲支持生产力发展就都要求减税免税。现在一些企业不是励精图治,挖掘内部潜力,提高经济效益,再是靠减免税过日子;有的企业不是将减免税资金用于技术改革,发展生产,而是用于搞福利发奖金,致使减免税达不到应有的目的。因此必须采取有力措施,加强减免税的管理,建立一套减免税的制约机制。企业申请减免税,必须提出效益目标,限期实现。

金鑫同时指出,当前偷税漏税的问题还没有得到有效控制,因此必须加快税收的征收管理的改革,建设科学严密的征收管理体系。进一步强化征收管理的法律手段,制定必要的强制执行措施,赋予税务机关必要的执法权。同时改革传统的征收管理模式,实行由纳税人按照主动如实申报纳税的办法。

外经贸部下放9项权力深化外贸体制改革

对外经济贸易部副部长沈觉人说,为了配合外贸体制的改革,经贸部已经决定在9个方面进一步下放权力,放宽政策。这9个方面权力是:下放经营外贸企业的审批权;扩大沿海地区吸收外商投资的审批权限;下放在国外设立企业或企业分支机构和某些对外经贸活动的审批权限;减少实行出口许可证和配额产品的品种,改革许可证和配额的管理方法;下放进料进件加工装配业务的审批权;放宽对“三来一补”的品种限制;下放对苏联、东欧国家易货贸易的经营权;改进统一经营的9种进口商品的管理办法;下放出国团组的审批权。

据悉,以上改革措施,有的已经下发实施,有的正在拟议具体办法。

沈觉人还说，经贸部作为国家在对外经济贸易活动中的归口管理部门，要在改革中转变职能，加强研究制定和组织实施外贸发展战略、规划、方针政策、外贸立法，加强行政管理、宏观调节、计划统计、审计监督和信息指导，做好组织协调工作。

全国出现4万多个新兴文化市场

据《人民日报》报道，全国出现4万多个新兴文化市场，这4万多个新兴的文化市场遍布全国30个省、市、自治区，为人民群众提供了崭新的文化天地。

十一届三中全会前30年，“供给制文化”带来这样的后果：每年文化经费只占财政支出的0.4%，全国每人每年只有1元左右的文化经费、5分钱的购书费和看半场戏的机会。

伴随着经济体制改革应运而生的文化市场，打破了文化事业只能由国家包办的旧格局。1980年，广州东方宾馆办起全国第一个业余轻音乐队和音乐茶座后，精神产品和娱乐服务开始以商品形式进入了流通领域，文化新风很快吹遍大江南北。

目前，全国有3.5万个文化事业单位、17万个文化专业户、12万个售书摊档活跃在文化市场上，出现了国家、集体、个人一起兴办文化事业的新局面。其中四川省文化市场就有1.4万个，连西藏自治区也有100多个。

文化市场也给一向经济困难的文化事业单位带来了生机。他们借助这个大舞台开展有偿服务，“以文补文”，增强了自身发展能力。据统计，去年全国约有3.5万个文化馆、群众艺术馆、文化站、图书馆、博物馆等单位进入文化市场，从业6万多人。

纪念大龙邮票发行110周年活动在人民大会堂举行

1878年，清政府海关在六七月间印制、发行了我国第一套邮票——“大龙”邮票，成为中国创办近代邮政的重要标志。

长期以来，大龙邮票是海内外集邮界收藏展出的珍贵邮品。与中国邮票博物馆举行的大龙邮票专题展览同时，纪念活动还发行电视录像片《大龙邮票》和首批学术文献《大龙邮票纪念专集》，7月2日发行一枚《中国大龙邮票发行110周年》小型张纪念邮票。整个活动历时3天。

全国心血管外科协作培训工作会议在北京召开

会议透露：从1984年年末到今年3月底，河南省人民医院等30所协作医院共完成心外科手术6400多例，是这30所医院协作前同类手术总数的3倍。

心血管疾病在我国疾病死亡原因中占首位。据调查，全国心瓣膜病患者约200万人，需要进行瓣膜置换的病人约10万人。每年新出生的婴儿中，6‰—9‰患先天性心脏病。但全国现在仅有200多家医院开展心外科工作，床位总数不足300张。

全国心血管外科协作酝酿于1984年。最先响应北京阜外医院倡议的仅有内蒙古、新疆、山东、河南、吉林5省区11所医院，从1986年年底才开始陆续扩大到21个省、市、自治区的41所医院。协作以民间联系为主，发挥医疗中心的工作经验和医学技术优势，侧重于老少边地区，突出解决技术人才问题，取得了明显成效：

——1986年成立了有41所医院参加的中国心血管技术协作培训中心，在河南、山西、云南等省的心血管空白地区建立了工作点，在协作网点中注意兼顾老少边地区，形成了心血管外科治疗的“大模样”。除西藏、台湾外，全国29个省、市、自治区均已开展心外科工作。

——心外科手术数量不断增长，质量逐步提高，现已有90%的协作医院经过协作与培训已初步建立或健全了心外科工作的技术队伍，心脏外科手术的死亡率保持在3%左右。

——实现了不同层次的协作，方便了病人就医。在协作网中，既有省级医院，也有地市级医院，还有职工医院、部队医院和县级医院。

7月3日

中央军委主席邓小平签署中央军委令公布《中华人民共和国中央军事委员会关于授予军队离休干部中国人民解放军功勋荣誉章的规定》

《中华人民共和国中央军事委员会关于授予军队离休干部中国人民解放军功勋荣誉章的规定》已由第七届全国人民代表大会常务委员会第二次会议于1988年7月1日批准，现予公布，自公布之日起施行。

主　席　邓小平

1988年7月3日

中华人民共和国中央军事委员会关于授予军队离休干部中国人民解放军功勋荣誉章的规定

为了表彰在中国人民革命战争时期入伍或者参加革命工作的军队干部的历史功绩，并激励他们保持和发扬革命传统，中央军事委员会决定授予军队离休干部中国人民解放军功勋荣誉章。为此，特作如下规定：

第一条　中国人民解放军功勋荣誉章分为三种：中国人民解放军红星功勋荣誉章(分为两级)、中国人民解放军独立功勋荣誉章、中国人民解放军胜利功勋荣誉章。

第二条 中国人民解放军一级红星功勋荣誉章,授予下列人员:

(一)1937年7月6日以前入伍或者参加革命工作,并在1965年5月21日以前曾被授予少将以上军衔的军队离休干部;

(二)1937年7月6日以前入伍或者参加革命工作,并在1965年5月21日以前曾任省、部级以上领导职务的军队离休干部。

第三条 中国人民解放军二级红星功勋荣誉章,授予下列人员:

(一)1937年7月6日以前入伍或者参加革命工作,并在1965年5月21日以前曾被授予大校以下军衔或者未被授予军衔的军队离休干部;

(二)1937年7月6日以前入伍或者参加革命工作,并在1965年5月21日以前曾被授予少将以上军衔,但是1965年5月22日以后受降职、降级或者撤职处分的军队离休干部;

(三)1937年7月6日以前入伍或者参加革命工作,并在1965年5月21日以前曾任省、部级以上领导职务,但是1965年5月22日以后受降职、降级或者撤职处分的军队离休干部。

第四条 中国人民解放军独立功勋荣誉章,授予1937年7月7日至1945年9月2日期间入伍或者参加革命工作的军队离休干部。

第五条 中国人民解放军胜利功勋荣誉章,授予1945年9月3日至1949年9月30日期间入伍或者参加革命工作的军队离休干部。

第六条 犯有严重错误,尚未作出结论和处理的军队离休干部,待作出结论和处理后,再依照本规定确定是否授予功勋荣誉章。

第七条 1949年9月30日以前入伍或者参加革命工作,因犯有严重错误,不按照军队离休干部对待的,不授予功勋荣誉章。

第八条 授予军队离休干部中国人民解放军功勋荣誉章,由中央军事委员会决定,中央军事委员会主席颁布命令。

第九条 对授予中国人民解放军功勋荣誉章的人员,在军内给予下列优待:

(一)根据实际情况,安排他们参加重大节日集会和阅兵活动,有的可以安排上主席台、观礼台、检阅台;

(二)根据实际情况,邀请他们观看所在地区部队的军事演习;

(三)根据实际情况,优先聘请在某方面有专长或者有建树的人员担任荣誉职务;

(四)发给定额荣誉金。

第十条 授予中国人民解放军功勋荣誉章的人员,触犯刑律被判刑的,是否剥夺其功勋荣誉章,由中央军事委员会决定。被剥夺功勋荣誉章的人员,不再享受本规定第九条所列各项优待。

第十一条 中国人民解放军功勋荣誉章及其证书,不得伪造、冒领、出卖,违者予以惩处。功勋荣誉章遗失的,不予补发。

第十二条 在中国共产党各级顾问委员会、各级人民代表大会常务委员会、各级政治协商会议等组织担任职务而不在军队继续担任职务的军队干部,依照本规定授予中国人民解放军功勋荣誉章。

第十三条 中国人民解放军总政治部根据本规定制定实施办法,报中央军事委员会批准后施行。

第十四条 本规定自公布之日起施行。

国务院总理李鹏签署第7号令公布《国务院关于鼓励台湾同胞投资的规定》

《国务院关于鼓励台湾同胞投资的规定》已经1988年6月25日国务院第十次常务会议通过,现予发布施行。

总 理 李 鹏

1988年7月3日

国务院关于鼓励台湾同胞投资的规定

第一条 为促进大陆和台湾地区的经济技术交流,以利于祖国海峡两岸的共同繁荣,鼓励台湾的公司、企业和个人(以下统称台湾投资者)在大陆投资,制定本规定。

第二条 台湾投资者可以在大陆各省、自治区、直辖市、经济特区投资。

鼓励台湾投资者到海南省以及福建、广东、浙江等省沿海地带划定的岛屿和地区从事土地开发经营。

第三条 台湾投资者在大陆可以下列形式进行投资:

(一)举办台湾投资者拥有全部资本的企业;

(二)举办合资经营企业、合作经营企业;

(三)开展补偿贸易、来料加工装配、合作生产;

(四)购买企业的股票和债券;

(五)购置房产;

(六)依法取得土地使用权,开发经营;

(七)法律、法规允许的其他投资形式。

第四条 台湾投资者可以在大陆的工业、农业、服务业以及其他符合社会和经济发展方向的行业投资。台湾投资者可以从各地方人民政府有关部门公布的项目中选择投资项目,也可以自行提出投资项目意向,向拟投资地区对外经济贸易部门或者地方人民政府指定的审批机关申请。

国家鼓励台湾投资者投资举办产品出口企业和先进技术企业,并给予相应的优惠待遇。

第五条 台湾投资者在大陆投资举办拥有全部资本的企业、合资经营企业和合作经营企业(以下统称台胞投资企业),除适用本规定外,参照执行国家有关涉外经济法律、法规的规定,享受相应的外商投资企业待遇。

台湾投资者在大陆进行其他形式的投资,以及在大陆没有设立营业机构而有来源于大陆的股息、利息、租金、特许权使用费和其他所得,除适用本规定外,也可以参照执行国家有关涉外经济法律、法规的规定。

第六条 台湾投资者可以用可自由兑换货币、机器设备或者其他实物、工业产权、专有技术等作为投资。

第七条 台湾投资者在大陆的投资、购置的资产、工业产权、投资所得利润和其他合法权益受国家法律保护,并可以依法转让和继承。

台湾投资者在大陆的活动应当遵守国家的法律、法规。

第八条 国家对台湾投资者的投资和其他资产不实行国有化。

第九条 国家根据社会公共利益的需要,对台胞投资企业实行征收时,依照法律程序进行并给予相应的补偿。

第十条 台湾投资者投资获得的合法利润,其他合法收入和清算后的资金,可以依法汇往境外。

第十一条 台胞投资企业在其投资总额内进口本企业所需的机器设备、生产用车辆和办公设备,以及台胞个人在企业工作期间运进自用的、合理数量的生活用品和交通工具,免缴进口关税、工商统一税,免领进口许可证。

台胞投资企业进口用于生产出口产品的原材料、燃料、散件、零部件、元器件、配套件,免缴进口关税、工商统一税,免领进口许可证,由海关实行监管。上述进口料件,如用于在大陆销售的产品,应当按照国家规定补办进口手续,并照章补税。

台胞投资企业生产的出口产品,除国家限制出口的外,免缴出口关税和工商统一税。

第十二条 台胞投资企业可以向大陆的金融机构借款,也可以向境外的金融机构借款,并可以本企业资产和权益抵押、担保。

第十三条 台湾投资者拥有全部资本的企业,经营期限由投资者自行确定;合资经营企业和合作经营企业,经营期限由合资或者合作各方协商确定,也可以不规定经营期限。

第十四条 合资经营企业董事会的组成和董事长的委派、合作经营企业董事会或者联合管理机构的组成和董事长或者联合管理机构主任的委派,可以参照出资比例或者合作条件由合资或者合作各方协商决定。

第十五条 台胞投资企业依照经批准的合同、章程进行经营管理活动。企业的经营管理自主权不受干涉。

第十六条 在大陆投资的台胞个人以及台胞投资企业从境外聘请的技术和管理人员,可以申请办理多次入出境的证件。

第十七条 台湾投资者在大陆投资可以委托大陆的亲友为其代理人。代理人应当持有具有法律效力的委托书。

第十八条 在台胞投资企业集中的地区,台湾投资者可以向当地人民政府申请成立台商协会。

第十九条 台湾投资者在大陆投资举办合资经营企业、合作经营企业,由大陆的合资、合作方负责申请;举办台湾投资者拥有全部资本的企业,由台湾投资者直接申请或者委托在大陆的亲友、咨询服务机构等代为申请。台湾投资者投资举办企业的申请,由当地对外经济贸易部门或者地方人民政府指定的审批机关统一受理。

台胞投资企业的审批,按照国务院规定的权限办理。各级对外经济贸易部门或者地方人民政府指定的审批机关应当在收到全部申请文件之日起45天内决定批准或者不批准。

申请人应当在收到批准证书之日起30天内,按照有关登记管理办法,向工商行政管理机关申请登记,领取营业执照。

第二十条 台湾投资者在大陆投资因履行合同发生的或者与合同有关的争议,当事人应当尽可能通过协商或者调解解决。

当事人不愿协商、调解的,或者协商、调解不成的,可以依据合同中的仲裁条款或者事后达成的书面仲裁协议,提交大陆或者香港的仲裁机构仲裁。

当事人没有在合同中订立仲裁条款,事后又没有达成书面仲裁协议的,可以向人民法院起诉。

第二十一条 本规定由对外经济贸易部负责解释。

第二十二条 本规定自发布之日起施行。

中共中央政治局常委胡启立到黑龙江调研

7月3日至11日,胡启立一行在黑龙江省省委书记孙维本陪同下,先后到哈尔滨市、肇东市、大庆市、牡丹江市、绥芬河市考察了工厂、街道、市场、学校、农村等25个基层单位,召开了不同类型的座谈会,与政工干部、企业家、工人、农民、大学师生、个体商户、棚户区居民以及安度晚年的老人进行了广泛的交谈。

胡启立看到,今春以来,黑龙江省通过开展生产力标准的学习讨论,全省上下进一步解放了思想,加快了改革步伐,促进了经济发展。胡启立提醒大家,开展生产力标准讨论,既不能坐而论道,搞成学术研究,又要注意避免狭隘的功利主义。不要以为只要多赚钱就是发展了生产力,甚至不讲社会效益,单纯追求利润,在经营管理上搞短期化行为。发展生产力,最根本的还是解放思想,调动人的积极性、创造性。他说,当前要注意引导干部群众用生产力标准正确地观察判断形势,统一对形势包括对改革中出现的某些消极腐败现象的认识;同时用发展生产力的观点认识价格和工资改革的必然性和紧迫性,加快改革,为逐步建立社会主义商品经济新秩序创造条件。

胡启立在黑龙江省特地到一个工商行政管理所、一个公安派出所和一个农村信用社作了调查。他对黑龙江省农业银行实行农业贷款对象、用途、数额"三公开"的做法表示赞赏。他一再告诫各级干部,在改革开放的形势下,我们的党政机关和党政干部一定要为政清廉,决不能经济繁荣了政府腐败了。这要有一套制度。现在中央正在拟定中央机关清正廉洁的规定,但你们不要等,要制定出自己的办法。能做到的就写,做不到的就不要写。如果规定得很严格,而检查执行得却马马虎虎,群众就会对我们丧失信心。他说,现在群众对许多直接与人民打交道的管理部门意见很大。在一些公安派出所、税务所、工商所、银行营业所甚至煤气站,不送礼就办不成事,这怎么行!不能搞神秘化,一定要把户口、招工、收税、发执照、贷款等有关的审批制度和执行情况向群众公开,便于群众监督。有了群众监督,有了民主政治,才能制止贪污腐败现象,真正做到为政廉洁。

胡启立一再提倡开展民主协商对话,实行"公开、公平、参与"的原则。他希望各级领导经常到群众中去走一走,直接和知识分子、工人、农民、大学生对话。这种对话应当是不拘形式的交谈,而不要过于拘谨庄重,如进考场。他说,我们的党和政府是为人民服务的,要向人民开放。可以确定领导接待日,可以设立公开的联络电话,也可以试办群众投诉中心,无论采用什么形式,都要真正为群众解决问题,不能徒有其名,更不能再出现新的"踢皮球"现象。民主协商对话搞好了,群众话有地方说,气有地方出,建议有地方提,就可以在党、政府和人民之间架起相互理解、相互信任、相互支持的桥梁。

胡启立还就实行厂长(经理)、校长负责制以后如何改造和加强思想政治工作进行了深入的考察。

国务院决定下放吸收外商投资审批权

为了进一步贯彻对外开放的方针,促进国民经济全面发展,国务院决定今日起适当扩大内地省、自治区和计划单列市,国务院有关部委以及国家建材局、国家医药局、国家技术监督局、国家环保局、中国民航局、国家旅游局、国家海洋局、国家气象局、国家地震局和中国科学院吸收外商投资的审批权限。

吸收外商投资的生产性项目,凡符合国家规定投资方向,建设和生产经营条件以及外汇收支不需要国家综合平衡,产品出口不涉及配额与许可证管理的,上述有关地方和部门的审批权限,由现行项目总投资额500万美元以下提高到1000万美元以下。项目批准后报国家计委备案。

人民团体兴办外商投资企业,由企业所在省、自治区、直辖市或计划单列市审批。

国务院农村发展研究中心 国家统计局对我国农民收入状况提出调查报告

在10年农村改革的历程中,当农村经济生活出现一些正常的波动时,一些人往往归结为农村改革过快或失误,甚至有人认为农村改革取得的成绩是一种偶然现象。因此,很有必要对10年来的农村改革历程作阶段性的回顾。

1978年以来的农村体制改革,第一步目标的实质性成果,是恢复了农户作为传统农业的主体地位,农民焕发了高涨的生产热情,充分发挥了30年来建设起来的农业基础设施的效益,积累多年的生产潜力被释放出来。为改变长期扩大的农工产品价格"剪刀差",国家大幅度提高农产品的收购价格,刺激了农业的生产投入,使农业获得长足的发展,农民收入也出现了一个超常增长时期。1978—1985年农民人均纯收入的年增长速度连续8年保持在两位数,1979年和1980年分别高达19.9%和19.5%。

但是另一方面,在价格高涨和眼前利益的刺激下,多年积累的农业基础设施在近乎掠夺性运转下疲惫衰退;对农业长期发展准备不足,缺乏现代化生产要素的积累,农业生产力水平提高甚微;城市改革出现的工业品特别是农用生产资料价格上升,使农业生产由于农副产品提价而带来的推动力减弱;农村非农产业收入在农民收入中的比重虽然很小,但它产生的比较利益却高,因而使农民对农业生产的兴趣陡降;小规模的土地经营在传统生产条件下难以发挥商品货币刺激。这些因素不断抵消农民收入中的正向推动。农民人均收入的增长速度自1979年起呈递降趋势,到1986年,从19.9%降到6.6%。这标志着农民收入高速增长阶段的终结。

这个阶段使绝大多数农民走出贫困跨进温饱区间,但是从统计整体水平看,还处于低收入阶段。

1986年作为一个转折点,预示着农民收入增长进入了一个新的阶段,它既与改革前的低速增长性质相异,又与改革初期的高速增长内容有别,这是农村改革进一步深化在农民收入问题上的表现。它的基本内容是绝大多数农民将由温饱向小康迈进,是低收入向高收入增长的过渡阶段。它的时间跨度将是漫长的,改革的内容将更复杂,难度将更大。

因此,不能根据1986年农民收入增长速度陡降而简单地得出结论,说农村改革走入困境,农业发展徘徊不前。这个统计现象的后面隐含着更深层的原因,是总量调整和结构调整所诱发的多种因素促成的结果,是城乡关系冲突、变革,农业生产机制转轨过程中出现的正常现象。如果继续保持改革初期的超常增长,就会使城乡之间,地区之间、农村内部和农业内部的各种矛盾激化,最终将可能导致1958年“冒进”的恶果,出现农民收入的第二个低潮。

据统计,1979—1986年这8年间,农民人均纯收入由133.57元上升到423.76元,增加了290.19元。其中,生产增加部分占52.81%,因提高农副产品收购价格而增收的部分占27.75%,因减免税收而增收的部分占6.22%,转移收入增量占13.22%。

我国幅员广大,各地区差异悬殊。从东、中、西三大经济地带农民收入的增长变动,能够看出不同地区农村发展的相异程度。从绝对量看,东、中、西的地区差距在逐渐拉开。这是历史、文化、交通、地理等多种因素共同作用的结果,很难在短期内消除。

从农民收入构成看,经过1982年和1983年的两次飞跃,到1984年,可以说农村改革的第一个目标已经基本实现了。1978年农民家庭经营纯收入占家庭总收入的比重仅为26.8%,集体分配收入份额高达66.3%;1984年以后,农民家庭经营纯收入的份额一直在80%以上,1986年从集体和经济联合体得到的收入仅占纯收入的9.2%,还没有其他非生产性收入所占的比重大。

然而,从1986年起,随着改革的深化,农村新的合作经济组织在引导农民进入市场,联合抵御风险,扩大生产门路,适度规模经营,增加农民收入等方面起到日益重要的作用。

长期以来,城乡经济在相互闭锁的环境下发展,“二元结构”带来了农民收入构成的单一性。1978年,在农民纯收入构成中,农业收入占了88.7%,如果扣除约10%的非生产性收入,非农产业所占份额还不到2%。农村体制改革为农民脱离土地提供了政策条件,农民可以自由支配劳动时间,非农产业“四轮齐转”,农民收入构成发生了巨大变化。在1986年,农民纯收入构成中,农业份额降到65.8%,种植业降到48.4%,非农比重增至22.6%,彻底改变了异常单一的收入构成。在这同时,随着农业商品化的发展,土地逐渐向种田能手集中,部分农民的主要收入仍以农业为主,但总收入却大大提高。

研究农民收入构成不应该忽略的一个重要方面是,实物收入和现金收入的比重变化,它体现的是农民生产经营活动的质量。在改革以前,农产品商品率极低,农村产业结构高度倾斜,从而决定了低水平的单一收入结构中,实物收入占了绝大部分。1978年农民纯收入构成中实物收入的份额仍高达58.1%。随着改革的深入,农村产业结构的调整,市场机制的推动,农村经济注入了商品经济的基本要素——货币,农民收入构成中实物比重不断下降,1986年仅占34.6%。1980年农民纯收入构成中货币收入首次超过实物收入,二者之比为51.7∶48.3,这标志着农村产业结构调整的开始。1986年又是一个转折点,货币收入比重高达65.4%。农民收入中货币占了绝大比重,其背后蕴含的经济意义是农民的生产经营和生活消费将发生质的变化,农民行为将与市场紧密联在一起。它揭示了农民收入增长将进入一个由低收入向高收入增长过渡的阶段。

7月4日

国家主席杨尚昆在人民大会堂设宴欢迎巴西总统萨尔内和夫人及其他巴西贵宾

杨尚昆在祝酒词中说,在萨尔内总统领导下,巴西目前对内致力于巩固宪制和振兴经济,对外奉行独立自主的外交政策,取得了可喜的成就。我们对此感到由衷的高兴,并祝愿巴西政府和人民在前进的道路上不断取得新成就。

他说,中、巴两国在政治、经济、文化、科技等领域的友好合作关系已进入稳定发展的新阶段。他相信,萨尔内总统的这次访问必将为促进两国关系的全面发展作出新贡献。

他说,我们对拉美国家在加强内部团结与合作、促进地区一体化方面所取得的进展感到十分高兴,把它看作南南合作的重要组成部分。中国将一如既往,本着“和平友好、互相支持、平等互利、共同发展”的原则,努力加强同拉美国家的友好合作关系。

杨尚昆指出,我国实行改革开放政策以来,已经取得了巨大的成就。目前,我国的经济体制改革已进入物价和工资制度改革的关键时期。在理顺物价和工资关系之后,新的经济体制就将在全国建立起来,为我国在本世纪末达到小康水平并在下个世纪中叶达到中等发达国家水平创造有利的条件,也将为中国同包括巴西在内的世界各国经济贸易关系的进一步发展开辟广阔的前景。

萨尔内总统在祝酒词中说,改革和开放政策是中国为全世界树立的有远见的范例。它表明,正在革新的中国并没有丢掉其传统的精神。

他说,我们要在坦率和自由的合作中,把我们合作的一切潜力都加以利用。我们之间关系的重点之一是加强科技合作,不但要扩大交流两国在传统科学应用领域中积累的经验,更要交流在先进技术领域的经验。

萨尔内表示相信,今后中、巴两国的关系还将取得重大的进展。两国还将为改善国际秩序作出贡献。

全国人大常委会副委员长廖汉生、国务院副总理吴学谦、国务委员邹家华以及随同萨尔内总统来访的巴西政府官员、国会议员等出席了宴会。

国务院总理李鹏在人民大会堂同巴西总统萨尔内举行会谈

双方认为,两国在贸易问题上应该向前看,采取措施,共同找出解决贸易不平衡问题的办法。

会谈中,宾主对两国友好关系作了积极的评价,并就发展两国贸易和科技合作进行了积极、具体的讨论。双方一致认为,从中期、长期来说,两国贸易应该达到平衡。

李鹏总理说,除了和发达国家进行科技合作外,发展中国家之间也应该开展科技合作。中国和巴西之间的科技合作关系是比较好的。双方在大的方针确定后,可以多做一些具体事情。

双方还就当前国际形势和一些重大国际问题交换了看法。

李鹏说,当前国际形势出现了一些值得欢迎的缓和趋势,但是还存在着潜在的危险,表现在两个方面:一是两个超级大国的军备竞赛向高技术发展;二是还有很多热点。如果处理不好就会加剧紧张局势。

他说,我们不赞成由两个超级大国,或者是两个大国集团控制世界事务。我们主张各国人民用自己的力量保卫世界和平。

萨尔内向李鹏介绍了巴西对裁军问题的立场。他强调应该加强国际讲坛,加强联合国和安理会的作用。

外交部部长钱其琛、冶金工业部部长戚元靖等参加了会谈。

国务院副总理田纪云检查京津冀防汛工作

7月4日至6日,田纪云在水利部部长、国家防汛总指挥部副总指挥杨振怀和国务院副秘书长、国家防汛总指挥部副总指挥李昌安的陪同下,赴北京市、河北省和天津市检查海河流域的防汛情况。几天来,田纪云冒雨先后察看了永定河、小清河、大宁水库、白沟河、白洋淀、大清河、海河等河道的防洪工程设施和清障现场,并重点检查了华北油田的防洪情况。

田纪云强调,各级领导和各个部门必须把防汛工作当作一件大事来抓,提高警惕,加强检查,做好一切应急准备,精心组织和指挥,确保人民生命财产的安全。

他指出,京、津、冀各级领导十分重视防汛工作,及时作了部署,加强了防汛工程建设,在人力、物力、财力等方面保证需要,对防汛是作了积极努力的,取得了很大成绩。但是,决不能松懈,要继续努力,确保安全度汛。

田纪云强调防汛工作要做到防患于未然。他说,那种认为年年搞防汛,年年无汛来,防汛工作得不偿失的观点是错误的,也是十分危险的。防汛工作必须贯彻"安全第一,以防为主"的方针。目前,我们对大的自然灾害的预测还不能完全准确,因此,决不能存在任何侥幸心理和丝毫松懈情绪。有备才能无患,才能将自然灾害带来的损失减少到最低程度。不能以一时一地来看待防汛效益,要全面地看,要看长期效益。防汛搞了多年,形成了防御洪水的能力,这本身就是成绩;如果多年都做准备了,有一年没作准备,来了大水,造成灾难,给人民生命财产带来巨大损失,那就是失职。所以各级领导一定要以对国家、对人民高度负责的精神,理直气壮、坚持不懈地抓防汛工作。他特别指出,干旱少雨的华北地区尤其要克服麻痹思想,做好防大水、抗大洪的各项准备。他要求逐项落实抗洪救灾的应急措施,各级领导要亲临防汛第一线,加强领导和检查。一旦出现紧急情况,要实行强有力的指挥,精心组织部署,从速妥善处理,夺取抗洪救灾的胜利。

在检查防汛工作时,田纪云特别强调坚持依法治水。当北京市的同志汇报一家工厂因违反有关清障规定被处以罚款时,田纪云说,就是要铁面无私,执法如山,不能心慈手软。他指出,在防汛问题上,各级干部要识大体、顾大局,不能搞本位主义。经过论证后定下来的防汛决策就是命令,必须坚决执行,不能讨价还价和打折扣。清障要认真搞,有阻力要排除,有困难要克服,一定保证河道畅通无阻。要消除一切隐患和加强薄弱环节的工作,大城市、水库、油田和大型企业的防汛要特别加强。他还说,要因地制宜地落实防汛措施。今后洪水易发区、泄洪区的建设必须同防汛抗洪相结合,房屋可以建成平顶的,以备洪水来时,人和物的临时转移;油田的井台要有较强的防汛措施。

我国电子产品出口100多个国家和地区6种产品

获国际金奖

据《人民日报》报道，1987年，仅中国电子进出口系统出口额就达2.175亿美元，今年1月至5月，经这个公司出口的电子产品又比上年同期增长128.4%。

近些年来，随着我国经济体制改革的深化，电子行业也采取了一系列改革措施，包括实行企业下放，扩大企业的自主权等等，促使我国电子业产品出口额逐年大幅度增长。

新技术的应用，使我国已由原来出口元器件为主发展到以出口整机为主。电视机、收录机、电冰箱、音响设备等家用电器的出口占出口额的70%。与此同时，我国电子技术亦开始走向国际市场。

国务委员、机械电子工业部部长邹家华说，我国电子产品出口尽管取得显著的成绩，但还大有潜力可挖。从目前进出口比例来看，出口比重仍小于进口。他要求电子行业要树立外向型经济观念，深化改革，引进竞争机制，以不断提高产品质量，扩大出口。

全国首届军警格斗大赛在北京举行

这是我国首次举行军队、武警、公安三大系统的散打格斗大赛，比赛时间为7月4日至8日。参加这次比赛的9支代表队67名选手，将在今后的几天中，分别参加52公斤、56公斤、60公斤、65公斤、70公斤、75公斤级以及80公斤级的7个级别的角逐。参赛选手中，有部队的优秀侦察兵，有公安部门第一线的格斗高手，还有武警防暴队的战士等。

我国研制成世界先进水平的“铠装金属热电阻”

“栾氏兄弟”组成的个体研究所——沈阳市宇光铠装电阻研究所，在摸清产品市场需求的基础上，因陋就简，艰苦攻关，研制成功达到世界先进水平的铠装金属热电阻，使国内50多家大中型企业大大减少购进国外这种元件的外汇支出。

今年3月，由原国家机械委主持召开了“全铠装金属热电阻”鉴定会，认为这种电阻的各项性能指标全部达到了国际先进标准，标志着我国测温材料领域的研究开始进入世界先进行列。

国际数据库人工智能信息系统会议在广州召开

会议7月4日至8日召开。来自挪威、比利时、美国、法国、荷兰、加拿大、苏联、澳大利亚、联邦德国、中国等20多个国家的专家学者160多人出席了这次会议。

在为期5天的会议上，外国专家意外地发现，中国在数据库、人工智能、信息系统这些国际科研尖端和前沿科研领域的研究有许多方面走在前列。

第八届优秀电视剧飞天奖在北京揭晓

《严凤英》(连续剧)、《秋白之死》(单本剧)、《跑跑的天地》(儿童剧)、《九斤姑娘》(戏曲电视剧)等作品荣获一等奖。《秋白之死》的编剧果子、昌炘和导演虞志敏获优秀编剧奖及优秀导演奖;《葛掌柜》中的葛掌柜的饰演者李保田获优秀男主角奖;《严凤英》中的严凤英的饰演者马兰获优秀女主角奖。另外，还公布了男女配角、摄像、照明、音乐等方面的获奖名单和获二等奖、三等奖的电视剧。以耗工巨大、制作精美、拍摄难度甚高而知名的电视连续剧《西游记》被授予特别奖。

第十一届大众电影百花奖和第八届中国电影金鸡奖在北京揭晓

张艺谋在此间再度成为新闻人物，他由于塑造了《老井》中的孙旺泉而一人捧走了“百花奖”和“金鸡奖”两项最佳男主角的桂冠。

在由17万名《大众电影》的读者投票产生的“百花奖”中，《红高粱》《老井》和《原野》获最佳故事片奖;刘晓庆则以《原野》中的金子形象摘走最佳女演员奖。百花奖的最佳男、女配角则分别由陈佩斯和吕丽萍夺得。金鸡奖的最佳女配角也由吕丽萍获得。由八一电影制片厂和香港银都机构有限公司联合摄制的《闪电行动》获得了“百花奖”的特别奖。

以谢晋为首的、由23名中国电影界专家组成的评审团投票产生了本年度的“金鸡奖”。《老井》《红高粱》并列获得最佳故事片奖;最佳科教片奖授予了北京科影厂的《轰击原子核的大炮——粒子加速器》。以改革家而著称的西影厂厂长吴天明执导《老井》而获最佳导演奖。潘虹扮演《老井》中的徐丽莎而获最佳女主角奖。最佳男配角奖由李保田得到，他扮演了《人·鬼·情》中的秋芸父。曾给《红高粱》和《孩子王》担任摄影的顾长卫获得了最佳摄影奖;黄蜀芹、李子羽、宋国勋因《人·鬼·情》而获得最佳编剧奖。

知名度颇高的《红高粱》还夺得了最佳音乐奖和最佳录音奖。最佳美术奖则由《孩子王》的美工陈绍华夺走。“第五代导演”的代表人物陈凯歌被专家们授予了特别奖。同时获得特别奖的还有《最后的疯狂》《买买提外传》，以及《死神与少女》的男主角刘琼。

《中国民间疗法》出版

这是中国第一部民间疗法大典，由北京、上海、河南、湖北的十几位传统医学专家，在长期调查研究的基础上编写的一大巨著，近日由中原农民出版社出版。

该书80余万字，300余幅图。它比较系统地搜集整理了源于民间、传于民间和散见于历代有关书刊资料中卓有成效的民间疗法170余种，可治疗内、外、妇、儿和五官、骨伤以及老年病等近千种病症。该书既有知识性、实用性和科学性，易为民用，又具较高的学术价值。

第五届亚洲单项体育联合会总会代表大会在北京开幕

以促进亚洲各单项体育联合会之间的团结、合作与协调，推动亚洲体育运动发展为宗旨的这个总会，目前已拥有29个会员，其中19个会员协会的负责人参加了此次代表大会。据悉，在为期两天的会议期间，他们将就提高亚洲各项运动水平等问题进行深入研讨。

国家体委主任李梦华、国际奥委会执委何振梁等出席了开幕式，并先后致辞祝贺。

中国药理学会主办的第五届东南亚与西太平洋地区药理学家大会在北京举行

来自30个国家和地区的近千名药理学家将分组交流、讨论1000多篇论文。会议还将分专题组评选并奖励青年优秀论文。

东南亚与西太平洋地区药理学家大会是1976年由澳大利亚和日本药理学家共同倡导召开的，每3年一次，此前已分别在新加坡、印度尼西亚、泰国、马来西亚召开了前4次会议。这次第五届会议规模是空前的，许多该地区之外的国家和地区的代表也前来参加会议。到会的专家多是各国第一流药理学家，其中包括国际药理学会执委会的全体成员。到会的外国专家除家属外共约300人。我国有600多位专家参加会议，其中将近一半是青年药理学工作者和研究生。

药理学是药学的一个重要组成部分，是基础医学和临床医学的一个桥梁。在这次会上，将重点讨论药理学与其他科学的关系、新药的作用机制和老药新释、药物代谢动力学、药理学新方法和动物模型等。

7月5日

中央军委主席邓小平在人民大会堂会见巴西总统萨尔内一行

邓小平说，中国、巴西两国加强合作有很好的政治基础。两国各有优势，但是巴西现在的基础比中国好。我们的困难是起点太低。

萨尔内表示，巴西愿意同中国逐步地、稳定地深化关系。

谈到世界和平时，邓小平说，第三世界的发展是保证世界和平的主力。中国把自己的发展看作是对人类贡献多少的问题，是保证世界和平的问题。这个历史责任还没有完成，现在我们要还这个债。他说，我们要为人类做贡献主要靠自己努力。第三世界国家要加强合作。中、巴两国的历史地位相同，责任相同，应该互相补充，取长补短。

萨尔内表示非常赞同邓小平的透彻分析。他说，根据这个原则，我们要实现拉美团结和拉美一体化。他说，巴西和中国有共同的要求和愿望。我们应该共同为建设自己的国家而努力。

邓小平强调，发展中国家有落后点，但并不是一切都落后。在这方面，中国、巴西有共同之处。他说，在当今世界上，看来仗一时打不起来，可能有一个比较长的和平时期。我们要抓紧这个时机，克服困难，努力发展自己。

萨尔内对中国政府现在奉行的政策表示称赞。他还强调了中国在国际事务中的重要地位。他指出，如果不讲中国的现代化发展就谈不上21世纪的太平洋世纪。

国务院总理李鹏出席全国公安厅局长会议并讲话

李鹏对出席会议的代表们说，中国深化改革，不可避免地会引起一些社会震动，特别是目前的改革，面临着一些如物价、工资和劳动制度等难度很大的问题，各种矛盾增多。

他说："我们的工作不可能没有缺点，每项改革措施也不可能没有不同意见。"少数人想借题发挥，挑拨煽动，制造事端，进行捣乱和破坏。

李鹏要求公安机关要有应付闹事、对付骚乱、对付外来的各种渗透破坏以及严重犯罪活动的长期思想准备和具体措施。

他指出，解决这些问题，既要改善政治思想工作、发扬民主、健全法制，增强政府工作的透明度，又要坚持人民民主专政，依法制止和打击各种破坏政治安定的活动，坚决打击各种严重刑事犯罪活动，维护良好的社会秩序。

李鹏对200多位与会者说，在建立社会主义商品经济的新秩序中，公安工作将发挥重要作用。

他指出，要适应新形势对公安工作的要求，就必须进行公安体制改革，要继续坚持依法从重从快打击各种破坏改革、开放，破坏商品经济发展的严重刑事犯罪和经济犯罪活动。

李鹏说，要加强公安法制建设，提高公安人员的素质，要依靠社会力量维护社会治安的稳定。他要求各级政府要把公安工作的建设纳入国家以及地方的社会发展规划中去，促进公安工作的建设和发展。

中共中央政治局常委乔石也在会上讲了话。会前，李鹏、乔石、国务委员王芳、陈俊生和最高人民法院院长任建新、最高人民检察院检察长刘复之等会见了与会代表。

社会主义初级阶段理论研究联络小组在深圳召开座谈会

此次座谈会题为"加强对当代世界发展的调研、深化社会主义初级阶段理论",于7月5日至6日召开。会议认为,在深入研究国情的同时,进一步了解和研究当代世界的发展,包括当代资本主义国家的发展,第三世界国家的发展和社会主义国家的发展,对于深化和拓展社会主义初级阶段理论,建设有中国特色的社会主义,具有重要的意义。

参加这次座谈会的20多人中,有从事理论研究的,也有从事实际工作和担负着领导职务的同志;既有老同志,也有年轻同志。他们都以研究和探讨理论的平等的身份,自由讨论,各抒己见。新华社香港分社副社长张浚生,中顾委委员任仲夷,中国国际信托投资公司第一副董事长唐克,全国人大法律委员会副主任委员林涧青,中央党校副校长高获,中国社会科学院副院长赵复三,中共广东省委常委方苞,中共四川省委常委许川,都以浓厚兴趣出席了座谈会。座谈会由研究联络小组召集人郑必坚、龚育之主持。座谈会自始至终气氛活跃。与会者认为,这种气氛十分有利于理论研究工作的发展。

座谈会上透露,研究联络小组以后还将召开另一次座谈会,讨论加强国情调研,特别是我国社会不同利益集团的状况和矛盾的调研。与会同志认为,对当代中国的发展和当代世界的发展这两个方面,进行尽可能周密、系统和深入的调查研究,是深化社会主义初级阶段理论的基础一环。

国务院发出通知授权省 自治区 直辖市 经济特区和计划单列市人民政府审批外资企业

国务院这一决定是根据《中华人民共和国外资企业法》第六条的规定作出的,其具体规定有3条:

第一,设立的外资企业投资规模在国务院规定的限额以下,建设条件和生产经营条件不需要国家综合平衡的,由省、自治区、直辖市、经济特区和计划单列市人民政府审批,并发给批准证书。但是,如拟设立的外资企业生产的内销产品属于国家限制进口的,生产的出口产品属于对外经济贸易部及其特派员办事处颁发出口许可证的,属于国家实行配额管理的,以及属于国家限制利用外资的行业、项目,审批前应当征得对外经济贸易部或有关主管部门同意。

第二,设立的外资企业投资规模在国务院规定的限额以上的,以及虽在限额以下,但建设和生产经营条件需要国家综合平衡的,其申请由企业所在的省、自治区、直辖市、经济特区和计划单列市人民政府提出意见后,报对外经济贸易部审批和发给批准证书。

第三,对于按照第一条的规定批准设立的外资企业,审批机构应在批准后30日内将设立外资企业的申请书、可行性研究报告、企业章程和审批机构的批准文件报对外经济贸易部备案。对外经济贸易部在收到上报备案的文件后,如发现批准设立的外资企业不符合第一条规定,有否决权,但必须在30日内通知有关地方,逾期则否决权失效。

航空航天工业部正式成立

新上任的航空航天工业部部长林宗棠在成立大会上指出,新组成的航空航天工业部,一是高效率,二是好作风,坚决实行以航空航天为本,军民结合,军工第一,民品为主,走向世界的工作方针。

林宗棠说,结合航空航天工业的实际,这次机构改革注意体现四个方面的转变:航空航天军工体制向军民结合体制转变;对企业以直接管理为主向间接管理为主转变;计划管理由指令性计划为主向指令性计划、指导性计划和市场调节相结合转变;企事业的组织机构从分散经营向联合经营转变。并且循着这个思路,本着政企分开,"小政府、大集团"的原则,新部机关在组建中加强了行业宏观管理,充实了综合部门和监督检查部门;加强了重大产品研制的组织实施部门,撤销了直接管理企事业的专业局;成立了思想政治工作指导委员会;推进了机关后勤工作企业化。改革结果,新部司局级机构为21个,比原两部的46个减少54%;司局长66人,比原两部151人减少56%;机关干部总数为800人以下,比原两部近2000人减少60%。

航空航天工业部在这次机构变动中,坚持"改革机关、稳住基层、平稳过渡"的措施,一手抓机关机构改革,一手抓科研生产,取得了显著成绩。

国家副主席王震在人民大会堂接受土耳其共和国新任驻中国大使比拉尔·西姆希尔递交的国书

中国SOS儿童村协会与巴西救济协会基金会关于社会救济合作谅解备忘录在人民大会堂签署

中国儿童少年基金会会长康克清和巴西总统若泽·萨尔内的夫人、巴西救济基金会协商理事会主席玛丽·玛西埃拉·萨尔内代表各自一方分别在文件上签字。

根据备忘录,双方将为在社会救济领域开展互助进行努力,以便利用各自在制定和执行保护需要帮助的儿童的各项计划中积累的经验。

中国将为美国麦道公司制造 MD—82 大型喷气客机生产制造机头和水平安定面

中美双方在美国签订这两项合同，这是迄今为止我国为外国飞机制造公司生产的最大的和技术程度最复杂的大部件，它标志着我国生产现代化大型客机的技术水平又有了新提高。

新闻出版署发出《关于重申严禁淫秽出版物的规定》

规定指出，我国《刑法》和《治安管理条例》严厉禁止制作、贩卖、出售、出租或传播淫秽出版物；国务院及有关部门曾多次颁布行政法规，查禁淫秽出版物，限制夹杂淫秽内容的出版物。最近一个时期，有些出版单位违反规定，竞相出版淫秽读物和夹杂淫秽内容的读物，毒害人们的思想，危害青少年的身心健康，诱发犯罪。

为了严肃法纪，保护广大读者特别是青少年的身心健康，维护社会公德，坚持社会主义精神文明建设，“规定”在郑重重申有关法规后说，为了贯彻执行已颁布的法规，根据当前情况，经国务院批准，特作如下补充规定：

一、淫秽出版物应一律查禁。对出版、印制、贩卖、出租、存放淫秽出版物者，根据法律规定，应由公安、司法机关依法惩处。在公安、司法机关惩处之前，可先按此文补充规定第二条给予经济的、行政的处罚。

二、虽不属淫秽出版物，但是色情内容突出，毒害青少年身心健康的，一律不得出版、印制、贩卖、出租、窝藏。如有违反，应给予该单位一项或几项处罚，包括停印、停售、没收所得全部收入、罚款、停业整顿、吊销社号刊号或营业执照。各省、自治区、直辖市新闻出版局有权对本地区的出版物和违法单位与个人作出处理决定，报新闻出版署备案；对外省的出版物可提出处理意见，报新闻出版署作出决定；对中央一级出版单位的出版物和违法单位及个人，由其上级主管单位作出处理决定，报新闻出版署备案。各地方或各部门迟迟不作处理或处理不当的，新闻出版署可以直接或另行处理。

三、对虽有艺术价值但夹杂淫秽内容，对青少年产生不良影响的文艺作品如果安排出版，地方出版单位必须事先将选题、印数和发行范围上报省、自治区、直辖市新闻出版局审核批准，并报新闻出版署备案。中央一级出版单位必须事先报新闻出版署审核批准。如有违反，应给出版单位以一项或几项行政处罚，包括没收所得利润、罚款、停业整顿。对地方出版单位的处罚决定，由省、自治区、直辖市新闻出版局作出，报新闻出版署备案；对中央一级出版单位的处罚决定，由其上级主管单位作出、必要时新闻出版署可以直接处理。

除文艺作品外，其他出版物有违反上述规定的类似问题的，参照此条规定办理。

印制、贩卖、出租单位和个人违反上述规定的，由省、自治区、直辖市新闻出版局给予经济的、行政的处罚。

新闻出版署发出《关于出版物封面插图和出版物广告管理的暂行规定》

暂行规定说，近来，一些出版物（包括书籍、报刊、抄本、录像带、录音带、图片），特别是文艺类出版物的封面插图及内容介绍、广告宣传品中，出现带有色情、淫荡、恐怖凶杀形象的画面，有的还配以刺激性和挑逗性的文字，影响很坏，引起广大群众的不满。为保护青少年的健康成长，使出版发行工作更好地为社会主义精神文明建设服务，特对出版物封面、插图及出版物广告暂作如下规定：

一、出版物封面、插图和出版物广告中，严禁用色情、凶杀的文字和图画招徕读者。

二、出版单位要对自己所出版的出版物的封面、插图、提要和广告宣传品负责，严格把关。各地新闻出版行政机关要加强检查监督。

三、出版单位必须严格遵守国家有关出版管理规定，严禁转让、出卖或变相出卖书刊号；不得用书号出版期刊或变相出版期刊；不得以刊代书或变相出书；也不得用要目代替刊名或扩大要目，不得放弃书刊的编审权，而将书刊承包或部分承包给其他单位和个人，任其决定书刊的内容、封面、提要和广告宣传品等。

四、渲染淫秽、色情、凶杀的出版物的封面、插图、广告、宣传品，凡经出版单位审核同意的，应追究出版者的责任；对未经出版单位审核同意而私自印制的，要追究制作者、张贴者的责任。

五、违反本规定者，按新闻出版署 1988 年 7 月 5 日《关于重申严禁淫秽出版物的规定》的有关条文分别予以处理。

7月6日

国家主席杨尚昆在人民大会堂会见由众议院议长威利·巴尔加斯率领的玻利维亚议会代表团

杨尚昆说，在两国建交 3 周年的前夕见到巴尔加斯一行非常高兴。他说，两个国家的议会互相访问，就彼此感兴趣的问题交换意见、介绍各自的情况，对发展两国之间的友好关系、促进彼此之间的了解都是很有帮助的。

巴尔加斯议长说，我们很高兴访问中国这样的伟大的国家。通过这次访问，无疑会促进两国关系的发展。

全国人大常委会委员长万里在北京会见印度人民院议长巴尔·拉姆·贾卡尔

万里说,中国和印度都是亚洲的大国,是世界上人口最多的国家。在历史上两国有着相似的遭遇,今天又面临着发展民族经济、提高人民生活水平的任务。所以两国没有理由不友好相处。

他说,中国真诚希望在中印两国共同倡导的和平共处五项原则的基础上,发展同印度的睦邻友好关系。他指出,中印边界问题是历史遗留下来的一个复杂问题,早日解决对两国关系的发展有利。两国官员为解决这一问题已进行了八轮会谈,虽然没有取得实质性进展,但增进了相互间的了解。

万里表示相信,中印两国只要本着互谅互让的精神,耐心地进行友好协商,这一问题是不难得到解决的。他说,在积极寻求解决边界问题的同时,双方应努力发展在其他领域里的双边关系,并维护边境地区的和平与安定。积极发展两国关系可以促进边界问题的早日解决。他认为,近年来,中印关系得到了进一步改善和发展,两国在文化、科技、贸易等领域的合作正在稳步前进。

贾卡尔对万里的讲话表示赞同。他说,只有有了和平,才能实现两国的发展计划。合作对两国都有好处。他说,只要两国都有在和平共处五项原则基础上发展关系和解决边界问题的意愿,中印边界问题是会逐步得到解决的。

会见时,万里和贾卡尔都表示要进一步密切两国议会间的关系,促进两国人民间的友谊。

中共中央政治局常委胡启立出席中宣部在大庆召开的宣传思想工作座谈会并讲话

胡启立指出,宣传思想战线要正确引导社会舆论,振奋民族精神,团结全国人民同心同德,艰苦奋斗,共闯改革难关,逐步建立起社会主义商品经济新秩序。

胡启立说,在改革的关键时期,舆论宣传工作要向人民群众正确宣传、解释当前形势,对改革的成就作足够的估计,对存在的问题作实事求是的具体分析,对改革关键时期的困难和矛盾做充分的精神准备。他认为,判断形势必须树立一个科学的衡量标准,即生产力标准。社会主义社会的根本任务是发展生产力。离开发展生产力这个根本任务来判断形势,就可能会被一些枝节问题引导到错误的方向。十年改革给中国带来了思想大解放和生产力解放。如果离开生产力标准,就会脱离我国最基本的实际,违背人民的愿望,对形势作出不正确的判断。最近一个时期,黑龙江、辽宁等地开展生产力标准的学习、讨论,实际上是“实践是检验真理的唯一标准”讨论的继续和发展。它涉及社会主义、中国国情、商品经济、价值观念、思想政治工作等一系列根本问题的再认识,对于进一步解放思想、解放生产力具有重要意义。

他说,对改革的艰巨性、复杂性应有充分的估计,不能理想化地看待改革。我们是在一个经济、文化落后,发展很不平衡,又长期受僵化模式影响和束缚的大国中进行改革和建设的。这就注定了改革过程中必然会遇到很多矛盾、困难。如果期望改革过程一帆风顺,不出任何问题,什么都可以兼得,势必在遇到困难和问题时产生困惑和动摇。同时,我们还必须用发展的观点认识改革,把改革放在一个动态的历史发展过程中来看。在新旧体制转换过程中,由于法制不健全,政策不配套,社会主义商品经济新秩序还未确立,漏洞、摩擦就特别多。社会上出现许多很坏的风气,党内、政府内也出现一些不能容忍的腐败现象。对此,我们当然不能熟视无睹,听之任之,要采取坚决有力措施来防止,力求把它控制到最小范围,减少到最低限度。但是,当前我国处在社会大变革中,出现这样那样一些问题乃至丑恶腐败现象,是难以完全避免的,除非不改革不开放,完全回到过去那种旧模式、旧道路上去。而倒退是没有出路的,我们决不可“因噎废食”。这些问题只有通过深入改革、健全法规和制度,通过建立社会主义商品经济新秩序来解决。

胡启立指出,当前我们尤其需要极大地振奋起民族精神。今天团结、激励人们共同奋斗的强大精神力量就是“实现四化,振兴中华”。为了团结全国人民共闯改革难关,只讲物质需要,只讲个人利益是不行的。世界上许多国家和民族的事例说明,一个没有理想追求,没有精神支柱的民族,是极为可悲的,其结果只能是永远处于被动挨打、落后愚昧的境地。因此,在改革进入关键时期,我们的宣传思想工作要理直气壮地举起“实现四化,振兴中华”的大旗,把10亿人民紧紧地团结在这个伟大旗帜下,以国家的前途、民族的利益为己任,为推进改革而顽强奋斗。

胡启立说,要振奋民族精神,共产党员和各级干部必须以身作则,率先振奋精神,艰苦奋斗。当前要特别强调党和政府的廉洁问题。党政机关是否廉洁,关系到人心向背和改革的成败。党和国家机关带头树立廉洁风气,就会形成一股巨大的精神力量,带动全国。实现为政清廉,从根本上说,要深化改革和加强制度建设。在制度建设中,要体现“公平、公开、参与”的原则。如用人制度要提倡机会均等,公平竞争;办事制度要提倡公开化,提高透明度;监督制度要提倡群众参与,鼓励人民的广泛监督。我们既要发挥各级党组织的监督作用,又要靠社会监督、新闻舆论监督,还要依靠监察、司法、纪检等部门的监督。同时,还要加强对监督部门的监督。

胡启立强调,大众传播媒介要积极推进社会民主协商对话,在党、政府和人民之间架起相互理解、相互信任的桥梁。这也是当前宣传思想战线面临的重要任务之一。他说,在当前和今后相当长的时期内,社会民主协商对话将是保证各项改革方案顺利出台,协调各种社会矛盾,使全体人民齐心协力,推进改革的一项有力措施。我们的党和政府是代表人民的根本利益的,是全心全意为人民服务的。我们全部智慧和力量都来自群众。我们一时一刻也不能脱离群众。我们一定要大力加强人民群众对党和政府的民主监督,让群众话有地方说,气有地方出,建议有地方提。各个地方、部门和单位要尽快建立民主协商对话制度,比如大学的校园民主对话,工厂企业的民主对话。基层单位可以根据各自情况采取不同做法,在实践中不断摸索经验。当前特别要把改革关键时期党和政府的重大决策,通过民主对话形式,让人民群众知道,增强领导与群众之间的相互了解,使广大人民群众自觉地维护和执行中央的重大决策。他指出,一切民主协商对话必须有利于维护正常的社会秩序和生产秩序。社会主义的民主、自由是推进改革和现代化建设所必需的。讲民主、自由必须服从安定团结的大局,民主、自由的宣传,也必须服从实现四化,振兴中华的大前提。

在谈到改造和加强思想政治工作时,胡启立指出,现在我国由产品经济转向社会主义商品经济,思想政治工作也要作相应的转变,我们的思想政治工作有光荣的传统,需要恢复和发扬;也受过"左"的影响有不好的积习,需要进一步改变。说改造思想政治工作,丝毫也不意味着否定过去思想政治工作的优良传统和成功经验,更不意味着否定从事思想政治工作的同志付出的辛勤劳动和作出的宝贵贡献。我们要从建立社会主义商品经济新秩序的高度,积极地理解改造思想政治工作的重大意义,在实践中认真探索新路子,建立新格局。他说,要把能否调动广大职工的积极性,是否有利生产发展和经济效益提高作为衡量企业思想政治工作好坏的根本标准。企业思想政治工作的领导体制要尽快转到新的轨道上来。按照《企业法》规定,企业思想政治工作也要由厂长统一负责。改造企业思想政治工作的关键一点是,要真正做到尊重人、关心人、爱护人,调动广大职工的积极性、创造性和主动精神。

中宣部部长王忍之、常务副部长王维澄主持了这次座谈会并讲了话。与会者就如何适应建立社会主义商品经济新秩序,做好舆论宣传工作,改造和加强企业职工思想政治工作等问题进行了热烈的讨论。

全国政协第七届文史资料委员会正式成立

全国政协副主席、文史资料委员会主任孙晓村主持了会议。文史资料委员会常务副主任黄森宣布了委员会主任、委员的分工和分组情况。新的文史资料委员会下设政治军事、工商经济、科教文、民族宗教、港澳台及海外共5个组。

中国积极参加国际立法活动1978年以来先后加入90多个国际公约

据《人民日报》报道,我国近几年来参加的一系列国际公约内容广泛,分别涉及反对国际恐怖主义、维护航空航海安全、禁止贩运麻醉药物、国际航海、国际金融、国际贸易、海关合作、原子能安全利用、国际卫星通讯、外层空间的探索和利用、濒危野生动植物保护以及维护人权等诸多领域。

自1982年开始,我国代表和专家参加了国际法委员会主持的《关于危害人类和平与安全治罪法草案》的起草,审议工作以及联大法律委员会对该问题的讨论;我国也参与了由国际原子能机构主持的有关核活动的《及早通报核事故公约》和《核事故或核辐射紧急情况援救公约》的起草工作。我国积极参加这些公约的立法活动,尽可能地反映自己的政策、立场和法律观点。最近,在联合国麻醉药品司主持下进行的《禁止非法贩运麻醉药品和精神药物公约》制定工作进入最后阶段,有关该条约的引渡条款,有些国家主张在一定程度上赋予各国以引渡的强制性义务,规定若干不得拒绝引渡的理由,包括缔约国不得因为被请求引渡人是本国国民而拒绝引渡。我国代表则认为"或者引渡、或者起诉"已经成为国际司法实践中一项行之有效的原则,在公约中规定这一原则即可达到惩罚罪犯的目的。这一立场得到了不少国家的赞同和支持。

我国积极参加联合国人权领域的立法活动。自1981年我国当选为人权委员会成员以来,我国一方面坚持反对以"人权"为借口干涉别国内政的立场,同时积极参加联合国关于维护人权问题的公约的起草工作;迄今为止,我国先后加入了反对种族歧视、维护国际难民权利和地位领域内的7个公约。

除了加入有关维护集体人权公约外,近几年来我国还开始加入维护个人人权的国际公约并参加这些条公约的立法活动,我国签署了《禁止酷刑和其他残忍、不人道或有辱人格待遇或处罚公约》,参加了诸如《个人、集体和社会机构对促进和保护公认的人权和基本自由的权利和责任的宣言》《少数人权利宣言》和《保护移徙工人及其家属权利公约》的立法工作。

中国和巴西在钓鱼台国宾馆签署8个文件

这8个文件分别是：中国政府和巴西政府关于核准研制地球资源卫星的议定书、科学技术合作协定在交通领域进行科学研究和技术开发合作的补充协议，关于在防治严重流行病药物领域的科技合作协定、关于在传统医药学领域合作的协定、工业技术合作议定书、关于电力(包括水电)科技合作协定、关于互增领事机构人员的换文、关于简化签证的换文。

国家主席杨尚昆和巴西总统若泽·萨尔内出席了签字仪式。外交部部长钱其琛和巴西外交部部长阿布雷乌·索德雷代表各自政府分别在上述8个文件上签字。

中国科学家首次出任特别国际专家组工作

国家地震局工程力学研究所副所长、研究员谢礼立日前收到联合国秘书长佩雷斯·德奎利亚尔的邀请信，被聘请参加"国际减轻自然灾害10年"特别专家组工作。这是我国科学家第一次出任特别国际专家组工作。

谢礼立长期从事强地震观测和分析研究，现在还是中国灾害防御协会秘书长、中国地震工程联合会秘书长。

"七五"期间国家重点项目QDW60压缩机通过鉴定

北京电冰箱压缩机厂主要产品QDW60压缩机日前通过国家级鉴定。专家们认为，QDW60压缩机各项技术性能指标均符合国家标准要求，达到国外同类产品的先进水平。这次鉴定，扭转了那种认为国产的电冰箱压缩机达不到进口压缩机水平的看法，结束了我国名牌优质电冰箱压缩机主要依赖进口的局面，为我国电冰箱国产化作出了贡献。

文化部部长王蒙在全国政协礼堂与全国政协委员座谈文艺体制改革

王蒙向委员们介绍说，党的十一届三中全会以来的10年间，我国文化工作出现很大变化，思想空前活跃，人才辈出，很多文化工作者都说这10年是他们赶上的最好时期。但是，王蒙指出，改革开放又使中国文艺面临许多新的问题，新的选择。人们对艺术的欣赏水平、选择标准等也都在发生变化，我们不能忽视这种变化所反映的问题。

关于艺术团体实行双轨制问题，王蒙指出，其主要目的在于把社会各方面的积极性调动起来，同时也把广大文艺工作者的积极性调动起来，更好地发展我们的文艺事业。改革要使我们的艺术表演团体成为独立的机构，不能再用国家机关的办法来办艺术团体；要使演员成为以演出为主的艺术人员，把演员从公职人员中分解出来。

会上，李光羲、戴爱莲、刘德海、袁晓园、李世济、王立平等委员就文艺体制改革中的一些具体问题发表了自己的意见。全国政协副主席程思远出席了会议。

中国精美画册在莱比锡连续三年获世界最美图书奖

继人民美术出版社出版的《毛泽东故居藏书画家赠画集》和《故宫博物院藏明清扇面书画集》在1986年、1987年连获莱比锡"世界最美图书"铜牌奖之后，该社出版的《中国古代木刻画选集》今年又在同一书展评比中获银牌奖。新闻出版署和中国出版工作者协会为此举行庆祝会。会上，芮杏文、周谷城、王任重、赵朴初等和首都出版界、新闻界人士一道观赏这些画册和奖牌，并致辞祝贺。到会的还有民主德国驻华使馆成员。

莱比锡书展有200多年历史，已办42届。由莱比锡市市长等组成的评委会对书籍的收选内容、装帧设计水平和印制包装质量进行仔细评审，从2000多种图书中选出10余种获奖者。他们授予《中国古代木刻画选集》"世界最美图书"奖的理由是："为了表彰它在图书艺术化和刻印方面所取得的突出成就。"《中国古代木刻画选集》为郑振铎先生编著，从编者搜集材料到印制成书已历半世纪之久。此书收入唐至清末的木刻画584幅，10册线装本置于外函、中函、内函三层包装之中，珂罗版印刷再现了木版画的古朴丽质。

3种获奖书的装帧设计者都是人民美术出版社现任总编辑刘玉山。

第四届全国优秀剧本奖揭晓

《南唐遗事》《深宫欲海》等16部剧本获奖。中国剧协主席曹禺等向获奖作者颁发了证书。

这些优秀剧本，是从1986—1987年间的剧本中评选出来的，其中包括7部戏曲、1部歌剧和8部话剧。中国剧协副主席胡可评价说，获奖剧本代表了过去两年戏剧创作的水平。

7月7日

全国人大常委会委员长万里在人民大会堂会见并宴请泰国王储玛哈哇集拉隆功一行

国务院批转中国人民银行 国家计委 财政部《关于进一步开展清仓利库挖掘资金潜力工作的请示》并发出通知

这项通知指出，目前一方面生产建设资金严重短缺,另一方面企业资金占用多、周转慢。开展清仓利库、挖掘资金潜力工作,对于缓解资金的供求矛盾,促进产业结构和产品结构的合理化,提高社会经济效益,保证经济体制改革的顺利进行,都具有重要意义。

人民银行、国家计委和财政部在给国务院的请示中说,1987年,经过各地区、各部门的共同努力,各地共挖掘物资和资金潜力约350亿元,占清查出有问题物资和资金潜力总数的60%。目前存在的主要问题是,有些地方、部门和企业对这项工作的重要性和紧迫性认识不足;对企业处理积压物资等形成的损失,没有制定切实的政策措施;老的积压刚处理,新的积压又出现,前挖后压的情况时有发生。这种状况影响到清仓挖潜工作的进一步开展,需要尽快加以改变。

中国人民银行等部门给国务院的请示说,目前,企业占用流动资金贷款达6600多亿元,一方面生产建设资金严重短缺;另一方面企业资金占用多、周转慢、结构不合理,潜力很大。今年国家综合信贷计划确定之后,流动资金仍然比较紧张。现在看来,出路在于狠抓清仓挖潜、搞活物资、提高资金使用效益,缓解流动资金的供求矛盾,促进产业结构和产品结构的调整。

这3个部门对进一步做好清仓利库、挖掘资金潜力工作提出了10条具体意见。

农业部宣布将组织实施"菜篮子工程"计划

这个"菜篮子工程"是经过专家、学者和实际工作者深入调查研究后,提出的一整套中近期内的组织实施措施,它运用系统工程的方法,在理顺副食品价格的基础上,改革生产、流通体制;合理开发利用国土资源;调整副食品供给结构;推广实用技术;强化基础设施等,到1992年争取动物性食品总量在1987年的水平上增加1260万吨,城市蔬菜实现均衡优质上市。

"菜篮子工程"的基本设想和措施是,通过发展生产,调整副食品供给结构,引导消费,逐步实现肉食品消费多样化,增加节粮、高蛋白的禽、兔、蛋、奶、鱼的供给比重;在保证大路菜供应的基础上增加细菜供给。为此要强化良种繁育体系,加强饲料工业、捕捞和养殖以及保鲜、贮运、初加工和分级等基础设施建设。同时,打破行政界限,产区和销区共同规划、投资、受益,建立副食品生产经济协作区和生产基地,比如在城郊建立蛋鸡、肉鸡和牛奶规模生产基地,使这些产品做到基本自给;建设南方亚热带冬季蔬菜、晋鲁豫夏秋菜生产基地,北方发展大棚菜30万亩;建设104个生猪生产基地和中原肉牛带;建设沿海大中城市和13片淡水鱼重点产区为海、淡水养殖基地和东北、河北、苏北等10片奶牛基地;等等。推广应用科学技术,使之组装、配套,形成各种完整的综合配套技术,实行集约化生产,是提高副食品商品率和经济效益的保证,经过筛选,在这期间将推广应用配合饲料、青贮和秸秆氨化等10项成熟的科学技术。

实施"菜篮子工程",将在国家进行物价改革的同时,改革副食品流通和经营管理体制;该方案建议在各大城市建立批发市场,实现多渠道经营,建设一批以大城市为中心,跨省、区的产供销一体化的综合经济组织,逐步把行政管理方式转为企业组织形式。同时,动员组织全社会来共同提菜篮子。生产基地建设,国家提供良种、防疫等基础条件,动员组织广大农民发展禽、畜、鱼、奶等生产专业户、联合体和专业村,并逐步向专业化生产过渡;各大中城市可采取"以工补农"、发行股票、债券等多种形式,广集社会闲散资金,投入副食品基地建设;提倡大中型企业自办、联办各种副食品基地。

农业部副部长刘江指出,"菜篮子工程"是从我国国情出发提出的,是为实现供给和需求的均衡发展,作出较长远的总体布局规划。农业部部长何康在会上表示要把这项工程当作农业部的重点项目加以组织实施,希望各有关部门通力协作支持这项工程。

中国常驻联合国日内瓦办事处代表钱嘉东在联合国经社理事会夏季例会上呼吁纠正世界经济结构性不平衡

钱嘉东指出,由于结构性不平衡的长期积累,世界经济已进入了一个动荡不稳的时期,纠正世界经济结构性不平衡,缩小发展中国家与发达国家之间的差距,恢复发展中国家的经济发展等已成为国际社会的当务之急。

在分析目前的世界经济形势时,钱嘉东说,近几个月来,世界经济出现了一些积极的发展,发达国家的经济增长比预料的快些,主要发达国家之间的贸易失衡略有改善,但是,结构性不平衡仍旧未能消除,种种不稳定因素依然存在。金融的波动、贸易的冲突、发展中国家的债务负担和发展危机,形成了一个又一个危险的火山口。

他指出,当前世界经济结构性不平衡的一个突出表现就是发达国家经济的持续增长和发展中国家的停滞或倒退。

钱嘉东对发展中国家的债务形势和非洲地区的经济状况表示尤为关注。他说,去年以来,债务国、债权国、国际金融机构和商业银行在缓解债务方面采取了一些新的办法,但至今收效不明显,沉重的债务负担已经影响了债务国的经济发展和社会稳定。

他指出,应根据新的情况,对目前的债务战略进行调整、改善和补充。他代表中国政府呼吁债务国、债权国、国际金融机构和商业银行本着共同承担责任的精神，认真进行对话，在相互接受的基础上寻求一切切实可行的、有助于减少发展中国家债务负担的解决方案。

对国际社会应如何采取措施减轻世界经济结构性不平衡对发展中国家的不利影响，钱嘉东提出了几点建议。他说，在贸易方面，发达国家应扩大对低收入发展中国家的贸易优惠，遏止和减少针对发展中国家的贸易保护主义，并在新的一轮多边贸易谈判中充分照顾发展中国家的利益。在资金流入方面，发达国家除了继续扩大官方资金的渠道外，还应鼓励商业银行、私人资本向发展中国家提供种种资金。此外，发达国家在制定经济政策和加强国际协调的同时，应考虑它们的行动对发展中国家的影响，并采取措施减轻由于利率、汇率的波动给发展中国家带来的额外负担。

外交部发言人金桂华在新闻发布会上强调“一国两制”方针不适用于西藏

金桂华在回答记者提出的“一国两制”是否能运用于西藏的问题时说，“一国两制”是解决香港、澳门和台湾问题，实现祖国统一的指导方针。西藏同香港、澳门和台湾的情况完全不同。

他说，西藏在1951年实现和平解放。根据《中央人民政府和西藏地方政府关于和平解放西藏办法的协议》第三条规定，西藏人民要在中央人民政府的领导下实行民族区域自治。西藏从1965年开始实行民族区域自治，至今已有20多年了。

全国政协副主席钱学森等一批科学家受聘进入国防科技高级智囊团

这个“高级智囊团”——国防科工委科技委员会是6年前经国务院、中央军委批准成立的，在国防科技重大决策中起到咨询和参谋的重要作用。

这是国防科工委第一次向全国聘请科技委顾问和兼职委员。钱学森被聘为高级顾问，电子技术科学家陈芳允、物理科学家程开甲、计算机技术科学家慈云桂被聘为顾问。他们曾为我国运载火箭、卫星、导弹、原子弹、巨型计算机等尖端科学技术的发展作出过重要的贡献。

同时受聘的其他28名专家、学者分别来自军内外20多个科研机构和高等院校。他们具有丰富的科研实践经验和较高的学术理论水平，不少人是某些科技领域的权威。

国防科工委主任丁衡高、政委伍绍祖在北京向受聘的顾问和兼职委员发了聘书。

《卢沟桥事变》半景画馆开馆

为纪念“七七”卢沟桥事变51周年，中国人民抗日战争纪念馆举行《卢沟桥事变》半景画馆开馆首映式。

《卢沟桥事变》半景画馆是我国运用绘画、塑型、灯光、音响相结合表现重大历史题材的第一个艺术馆，半景画布置在内壁为半圆形，半径为20米的建筑之内。形成一个高16米、弧长50米的半圆形画面，呈150°展开。半景画不仅仅是一幅画，而是属于三度空间的综合造型艺术。《卢沟桥事变》半景画是由我国著名的军事画家、雕塑家、舞台美术艺术家共同创作的。

《民国高级将领列传》出版

该书由解放军出版社出版。这部由南京军区副司令员王成斌等主编的书共分5册，200多万字，各册人物按姓氏笔画编排，并附有照片。书中对1925年至1949年间国民党军队的150多名高级将领进行介绍，其中主要人物有冯玉祥、李宗仁、张学良、杨虎城、戴安澜及蒋介石、阎锡山、胡宗南、戴笠等，对他们在旧中国剧烈动荡的政治、军事斗争和重大历史变动中的功过，以及在重大战役中的战略战术思想等均作了历史的客观的介绍。

中国美术家协会漫画艺委会在北京主办中国漫画展

画展时间为7月7日至17日。台湾漫画家的作品第一次参加了全国性漫画展。

197件展品中，有不少从不同角度、以漫画特有的方式反映当前我国改革大业的作品，具有强烈的时代感。在题材和艺术形式多样化方面，一些作者进行了种种探索。一大批勤于思考、勇于探索的青年作者的不断涌现，预示着我国漫画艺术发展有着较为美好的前景。

我国第一例用单克隆抗体体外消除白血病人骨髓癌细胞移植手术获得成功

32岁的淋巴细胞白血病女患者白云飞，半年前到北京军区总医院治疗。目前，国内外应用较多的血癌治疗方法是对患者造血机能骨髓进行“兄妹异体移植”，就是把患者骨髓全部抽出，然后植入同胞兄弟、姐妹的骨髓。这种方法虽然有效，但适应范围很窄，即使在同胞兄妹范围内，能配上型应用的也很少。独生子女患者便不能实施。我国血液病专家、主任军医杨科等与军事医学科学院有关专家协作，决定对患者白云飞采取“自身骨髓移入”方法治疗。这种方法是用对癌细胞有强烈杀伤作用的“单克隆抗体”，对患者骨髓进行体外癌细胞清除，然后再将清除癌细胞后的骨髓注回患者体内。

自6月5日实施这一治疗后,经32天的观察护理,病人情况良好,病情平稳,造血、免疫功能恢复快,无排异反应。专家认为,这例单克隆抗体体外清除癌细胞骨髓自身移植,是白血病治疗的重要探索和突破。

7月8日

中共中央总书记赵紫阳致电祝贺李登辉在国民党第十三次代表大会上当选国民党主席

赵紫阳在贺电中由衷希望两党与全国同胞一道,为早日完成中国统一大业而共同努力。

台湾中国国民党十三大于7月7日至13日在台北召开。

国家主席杨尚昆在人民大会堂设宴欢迎几内亚共和国总统兰萨纳·孔戴和夫人一行

杨尚昆在祝酒词中说,在孔戴总统领导下,几内亚在各方面取得了可喜的成果。我们祝愿几内亚在前进的道路上取得更大的成就。杨尚昆说,中国政府和人民始终不渝地站在非洲人民一边,严厉谴责南非当局的种种倒行逆施,坚决支持南非、纳米比亚和前线国家人民的正义斗争,以及他们为政治解决南部非洲问题所进行的努力。他说,中国政府一向把不断加强同包括非洲国家在内的第三世界国家的团结与合作,作为自己对外政策的重要组成部分。我们愿意同第三世界国家一起,为实现共同发展贡献自己的力量。他说,我们十分珍视同几内亚的传统友谊。他说,在继续保持与贵国的传统合作方式的同时,中国政府愿遵循平等互利、讲求实效、形式多样和共同发展的原则,与贵国一道探索经济技术合作的新领域和新方式,把中几友好合作关系提高到一个新水平。

孔戴总统在祝酒词中说,面对当前非洲和世界紧迫的现实问题,我们两国政府可以感到高兴的是,它们在为维护和平与安全、为建立公正合理的国际经济新秩序而进行的斗争中,有着相同的观点。

孔戴说,我们还认为,只有巴勒斯坦人民的一切权利得到承认,以色列从所有被占领的阿拉伯领土撤走,并召开一次由有关各方包括巴解组织参加的中东地区国际会议,才有可能在中东实现和平。他表示,几内亚政府赞赏国际社会为促使外国军队撤出阿富汗和柬埔寨所作的努力。孔戴最后说,我们对中国的访问是扩大几中两国合作与交流的又一良机。几内亚和中国互通有无,取长补短,是没有止境的。

全国人大常委会副委员长陈慕华等出席宴会作陪。

国务院总理李鹏在北京会见泰国王储玛哈哇集拉隆功

国务院总理李鹏在人民大会堂同几内亚共和国总统兰萨纳·孔戴进行会谈

全国政协主席李先念在钓鱼台国宾馆会见泰国王储玛哈哇集拉隆功一行

中央纪委作出《关于处理检举、控告和申诉的若干规定》

党章规定,向党的上级组织直至中央提出请求、申诉和控告,是党员的权利;受理对党员的检举、控告和党员的申诉,是党的各级纪律检查委员会的一项重要职责。做好这一工作,对实现党内外群众对党员和党组织的监督,保障党员权利和促进党风的建设具有重要意义。

1981年6月,中央纪委制定了《关于处理控告、申诉案件的试行规定》发各地试行。现根据几年来的试行情况和党章对涉及党员的控告和申诉的要求,对处理检举、控告和申诉的工作作如下规定:

一、受理检举、控告和申诉的范围

1. 对党员或党组织违反党的章程和其他重要的规章制度,违反党的路线、方针、政策和决议,违犯国家的法律法令,利用职权谋取私利和其他败坏党风的行为的检举、控告。

2. 党员对所受党纪处分不服的申诉。

不属上述范围的问题,按照党政、部门分工的原则转有关部门处理。

二、处理检举、控告的程序

1. 根据党章规定,中央纪律检查委员会发现中央委员会成员有违犯党的纪律的行为,可以向中央委员会检举,在检举时必须将问题调查核实。

中央以下各级纪律检查委员会,收到对同级党委成员的检查、控告,应在调查核实后提出意见,报告同级党委和上级纪律检查委员会处理;对同级党委(党组)及其主要负责人的检举、控告,必须报上一级党委或党的纪律检查常委会检查处理。

2. 对各级党员干部的检举、控告,应按照干部管理权限,属于哪一级党委管理的干部的问题,就由哪一级党委或纪律检查委员会负责检查处理。

3. 对党员的检举、控告,一般的可由党员所在的党组织检查处理;重要或复杂的可由县或相当县一级党委或纪律检查委员会直接检查处理。

4. 检举、控告他人或查处检举、控告的问题,都是十分严肃的事,必须采取认真负责的态度。无论对事实的认定还是对是非的分析，都要坚持实事求是的原则。

5. 对于如实检举、控告或反映情况的，应当予以支持和保护。对于检举、控告不完全真实的，除对不真实的部分予以解释说明外，对真实的部分应予以适当处理。对于检举、控告不实的，必须分清是错告还是诬告。如系错告，应说明情况，澄清是非；对于捏造事实或制造假证，诬陷、诽谤他人的，必须追究责任，根据情节轻重，按照党纪国法处理。

三、处理党员申诉的程序

1. 对受处分党员的申诉，一般由决定或批准处分的党组织复查、复议。原组织已撤销的，应由申诉人现在的县(或相当县)级以上的党组织复查、复议。重要的案件，上级纪律检查委员会可以直接或指定有关的党委或纪律检查委员会复查、复议。

2. 经过复查、复议，需要改变原处分决定的，应经原批准处分的党组织或相应的党组织批准。

3. 经过复查、复议，如果原处分事实清楚、证据确凿、定性准确、处理恰当、手续完备，就无须改变结论，可由原批准处分的党组织批准结案并通知本人和报上级备查。

4. 申诉人如果对复查、复议结论仍然不服，应将本人申诉和复查、复议材料一并报告批准处分的党组织的上一级党委或纪律检查委员会审查决定。

5. 对于党员对党纪处分不服的申诉，必须按照全错全纠，部分错部分纠，不错不纠的原则，实事求是地处理。凡属冤假错案，不管是哪一级组织、哪一个领导人定的和批的，都要实事求是地纠正。对于处理正确，而本人拒不承认错误的，应当批评教育，属于无理纠缠的应正式通知本人不再受理并在适当范围公布。

四、对处理检举、控告和申诉的要求和办法

1. 各级纪律检查委员会处理对党员的检举、控告和党员的申诉，根据分级负责原则，实行责任制。对于需要直接检查处理的，必须及时办理，不得推诿；对需要转办的，必须迅速转出，不得扣压。除匿名信外，承办单位(指直接核查该案的单位，下同)应视情况与检举、控告或申诉人取得联系，交换意见。

2. 对于上级纪律检查委员会要求报告结果的案件，承办单位一般应在3个月内报告，不能如期报告时，要说明理由和办理情况；对没有要求报告结果的案件，承办单位也应及时查处，不得置之不理。对长期拖延不办的案件，转办单位要及时督促检查。

3. 对检举、控告和申诉案件处理后，承办单位应酌情将结果通知检举、控告和申诉人或给以负责的答复。

4. 党内外群众对党员或党的组织进行检举、控告和党员向党组织提出申诉，都是他们的权利，必须予以保护。不准将检举、控告材料转给被检举、控告人处理；不得对检举、控告和申诉人进行压制和刁难，对打击报复检举、控告人的，必须严肃处理。

5. 各级纪律检查机关和各地区、各部门的党组织都有责任处理对所属党员的检举、控告和党员的申诉。任何党的组织和负责人，如果对检举、控告和申诉采取不负责任的官僚主义态度；对党员的申诉不认真复查、复议和对冤假错案坚持不改；对违纪案件无故拖延不办或进行包庇，都要给予批评教育，情节严重的，必须由交办的党组织或纪律检查机关追究责任，给予应得的处分。

6. 对匿名的检举、揭发信，要具体分析，区别对待。对揭发的一般问题，可摘要交被揭发者说明情况或转有关党组织酌情处理；对揭发的重要问题，必须查明究竟，认真处理；对没有具体事实内容，只是空扣帽子的检举材料，可不予处理。

7. 各级纪律检查委员会对有关党组织处理的案件有不同意见时，根据党章第四十五条规定的原则，有权改变下级纪律检查委员会对案件所作的决定或向上级纪律检查委员会提出申诉，请求予以复查或协助处理。

五、要求报告处理结果的案件，必须报送的材料

控告案件要有：

1. 调查报告和组织处理结论。

2. 控告人和被控告人对调查、处理结论的意见。如果控告人或被控告人提出不同意见时，应附有承办单位对这些不同意见的说明。

3. 如果被控告人确有错误，组织上已经令其检讨或给予处分的，应附有本人检讨或处分决定。

4. 呈报机关的审查意见。

申诉案件要有：

1. 原处分决定和复查、复议结论。

2. 申诉人对复查、复议结论的意见。如果申诉人提出不同意见时，应附有承办单位对这些不同意见的说明。

3. 呈报机关的审查意见。

六、本规定从1987年8月1日起施行，1981年制定的试行规定撤销。

民革中央主席朱学范致电国民党第十三次代表大会秘书处祝贺李登辉先生膺选国民党主席

台北市中国国民党第十三次代表大会秘书处：

中国国民党第十三次代表大会在台北召开，李登辉先生膺选主席，特电祝贺。李先生主持国民党工作以来，多次表示“中国只有一个”，“中国必须统一”，反对“台湾独立”，坚持“以法处理”，我们对此深表赞赏，并愿共同遵奉孙中山先生团结奋斗、振兴中华的遗

教，为和平统一祖国作出应有的贡献。

中国国民党革命委员会

中央委员会主席　朱学范

1988年7月8日

新疆棉花 甜菜基地开发建设协议书签字仪式在中南海举行

国务院最近决定将新疆列为国家重点棉花、甜菜开发区。新疆在1995年前将建设成为稳产、高产的国家棉花、甜菜商品生产基地。

国务院副总理田纪云，国务委员陈俊生出席了签字仪式。农业部部长何康、新疆维吾尔自治区人民政府主席铁木尔·达瓦买提等在协议书上签了字。

这项开发由新疆维吾尔自治区向国家总承包，国家土地开发建设基金管理领导小组予以指导和支持。

据介绍，新疆的气候条件很适宜棉花、甜菜生长，新疆有大量可供开发改造的荒地和低产田，新疆的棉纺工业和制糖工业也有一定的基础。在稳定粮食生产的同时，新疆发展棉花、甜菜生产的潜力很大。

据介绍，新疆棉花、甜菜基地开发建设涉及新疆各地州大部分市县、团场，并以南疆为主。为了支持新疆棉花、甜菜基地开发建设，国家对化肥、地膜、农药、柴油等农用物资，除正常分配外，还将给予适当照顾。

全国生产办公电话会议在北京召开

国家计委副主任叶青在会上通报上半年工交生产流通工作完成情况，提出下半年工作安排意见。

上半年，工业生产增长速度比预测的还高一些。全国工业总产值完成5773亿元，比去年同期增长17.2%。轻重工业大体各半，比较协调。

叶青说，上半年形势虽然较好，发展比较正常，但存在的问题也还不少。他说，物价上涨过猛，企业负担较重，适销产品供应偏紧，企业管理落后、效益不高、浪费严重、内部机制不合理等现象普遍存在，应予足够重视。

叶青说，从全年看，上半年各地生产往前赶，速度高一些，比较主动；下半年受一些生产条件和因素的制约，增长速度可能有所放缓。

他强调，对工业速度问题，要坚持实事求是的原则，不要笼统地讲速度的高低，脱离现实和效益状况单纯就速度论速度；既不人为地压低有效益的速度，又不盲目地追求和攀比速度。各地区、各部门组织下半年生产时，要根据各自实际情况，着眼于提高经济效益。产品适销对路，有市场、有效益，生产条件又有可能的，都要抓紧生产，以增加供给。对滞销积压、效益差的产品，坚决限产、停产。

叶青说，改善企业经营管理，处理好物价改革与承包制的关系，提高效益，是目前的一项紧迫任务。这就要加快企业经营机制的改革步伐，引进竞争机制，把承包经营建立在竞争的基础上。他希望各地注意瞻前顾后，留有余地，在搞好三、四季度生产衔接的同时，及早做好前年生产准备，以保持生产持续、稳定发展。

我国第一块出让土地使用权招标在上海揭晓

日本孙氏企业有限公司以美元支付相当于人民币1.0416亿元的出让金获得一块12900平方米土地50年的使用权。

美中双边贸易额可达130亿至140亿美元

美中贸易全国委员会副理事长葛瑞志说，随着中国外汇储备的增多和投资环境的改善，美中双边贸易发展迅速，美国企业比过去更愿意到中国投资。但是，目前仍存在着一些问题。根据美国官方的估计，两国的双边贸易额今年可达130亿到140亿美元，即比去年增加三成到四成。

葛瑞志说，从今年前4个月的情况看，美国出口到中国的化工原料、有机化学产品、木材制品等猛增。中国则增加了石油、食品和活牲畜的对美出口。根据美国政府对今年头3个月情况的统计，美国的对华出口额增加了38%，中国的对美出口增加了18%。美国企业认为今后两年的对华贸易前景很好。现在美国企业比过去更愿意到中国去投资。

葛瑞志认为外汇的获得仍是问题。在这方面，中国政府已采取了一些调剂余缺的办法，这是很好的第一步。中央放权的做法也很好。但目前有些美商抱怨说，一些中国企业有了自主外贸权后不再履行原有的合同。他希望中国政府采取相应的措施。此外，在实行放权和机构改组后，美商有时弄不清新的项目批准的层次，也不知道现在与他们谈判的对手明年是否还在其位，担心谈了白谈。

葛瑞志还谈到另外两个问题。其一，他希望中国防止贸易保护主义的倾向，例如进口许可证的增加就使美商担忧。他认为保护新生工业是可以理解的，但要现代化就得引进外国的竞争，因此保护市场只能是权宜之计。其二，他认为中国专利法不错，改写后应对化学品成分给予保护，而版权法中应保护电脑软件，这样才能吸引美商转让最新的技术给中国。葛瑞志也希望里根政府在任期的最后几个月在放松向中国的出口管制方面有所作为。

葛瑞志对美中贸易关系的现状表示满意。他认为总的形势好，这是主流。他最后建议中国政府对合资企业给予出口信贷,支持它们产品外销。

7月9日

中央军委主席邓小平在人民大会堂会见几内亚共和国总统兰萨纳·孔戴

邓小平说,要深化改革、开放,就会遇到很多问题,如物价、工资问题,相应地也会出现通货膨胀问题。解决这些问题是有风险的,但是我们自己有决心,也有信心碰这些风险,中国10年来成功的经验鼓励了我们。

邓小平说,我们的目标是分三步走。一是解决温饱问题,这已提前两年完成了。二是达到小康水平,现在看来肯定能完成。但在我们实现第二个目标过程中,还要为完成下个世纪的任务,也就是第三步创造条件,这就繁重多了。他说,现在关键在于要进一步深化改革、开放,要深化改革、开放,就会遇到很多问题,如物价、工资问题,以及通货膨胀问题,解决这些问题是有一定风险的。但是我们不能避开风险,这个风险是绕不过的,除非我们不前进。

邓小平接着说,我们遇到的问题是世界上所没有的,从外国找不到答案,外国的经验没有办法搬来,要靠我们自己的实践。

在谈到中几两国关系时,邓小平说,中几两国关系非常好,可以说多年来我们建立了相互信任的关系。他说,中国同非洲国家是很容易理解的,因为我们有共同的命运,有共同的经历。

孔戴表示,几中两国有着友好合作的历史,两国也面临着共同的任务,中国的经验将使几内亚受益。

全国人大常委会委员长万里在人民大会堂会见欧洲议会议长亨利·普卢姆一行

在谈到西藏问题时,万里说,欧洲议会有个别议员在西藏问题上做了一些对中国不友好的事情。万里对普卢姆议长在这个问题上所采取的友好、合作态度表示赞赏。

普卢姆说:"我知道并承认西藏是中国内部的事情,而不是外部的事情。达赖喇嘛最近去了斯特拉斯堡,是私人访问,不是我邀请的,我也没有见他。"

国务院总理李鹏在中南海听取全国税务工作会议情况汇报

李鹏在讲话中首先对全国50万名税务干部在当前税收工作面临种种困难的情况下,能顺利完成国家的税收任务给予了充分肯定。

李鹏指出,税收是国家组织财政收入的主要来源,同时也是国家进行宏观调控的重要手段,特别是在当前我国发展社会主义商品经济的过程中,税收手段和银行等手段一样,在宏观调控中起着越来越重要的作用。各级政府要进一步重视税收工作。

李鹏强调,当前必须树立以法治税的观念。不能认为只有对企业减免税收才能促进生产力的发展。以法治税与发展生产力并不矛盾,从宏观上看,以法治税更能保护和促进生产力的发展,因为只有坚持以法治税才能保证国家的财政收入,才能为我国的经济发展和改革提供资金。他说,当前地方政府和企业不能只想着要求国家减免税收。企业发展的关键在于提高劳动生产率。改善经营管理,提高经济效益,加快企业的技术进步。

李鹏希望税务部门努力工作,加强税收的征收和管理,把今年的税收任务完成得更好。他还要求税务部门加强队伍建设,搞好业务培训。税务干部要努力学习,不断提高业务水平,自觉抵制各种不正之风。

国务院副总理姚依林、田纪云,国务委员王丙乾、李贵鲜以及国务院有关部门的领导人一起听取了汇报。

国办发出通知由国家体改委负责企业改革管理指导工作

最近,国务院办公厅向各省、自治区、直辖市人民政府办公厅,国务院各部委、各直属机构办公厅(室)发出电报通知。通知中说:根据国务院总理办公会议决定,国家经委撤销后,企业改革和企业管理的指导工作由国家体改委负责。目前,移交工作已基本完成。今后,凡有关企业改革和企业管理工作,请与国家体改委联系,并将有关文件送国家体改委。

中国税制改革将取消国营企业调节税开征筵席税印花税等

据《人民日报》报道,前几年经过两步利改税和工商税制改革,我国初步建立了新的税制体系。但是,随着经济体制改革不断深化,现行税制逐渐暴露出与经济发展不相适应的矛盾。现行所得税制按不同经济成分设立税种,实行不同的税率,税负不一,不利于各类企业开展公平竞争。利改税中,国营大中型企业交纳各种税金后的剩余利润,采取分户核定税率,征收调节税的做法,是一种调节企业利润的临时过渡办法,在全面推行承包经营责任制后已不适用。税前还贷,实际上是吃投资的"大锅饭",不利于控制基建规模。涉外税法规定,中外合资企业和外商独资企业所得税实行两套办法,事实证明不利于扩大对外开放和实施沿海经济发展战略的要求。

针对上述情况,国家税务局提出了税制改革方案:

合并几个企业所得税条例，统一国内所得税制；适当降低税率，实行比例税率，取消国营企业调节税，改税前还贷为税后还贷，造成有利于企业平等竞争的市场环境，做到公平税负。实行税利分流，对企业实现利润的分配，国家作为管理者先征收所得税，然后再由资产所有者同经营者对税后利润进行再分配，理顺国家、企业所有者与企业经营者的分配关系。将两个涉外所得税法合并，统一涉外所得税制。

为了充分发挥税收调节产业结构和消费结构的作用，在工业生产环节将全面推行增值税，使征税规范化。对国家政策和宏观经济需要特殊调节的产品，在征收增值税后再征收一道产品税。商业批发环节的营业税逐步改为增值税，并推行发票说明税款扣税制，以解决多渠道经营商业批发带来的税负不平的问题。此外，将调整和开征一些新的税种。今年将陆续开征的有土地使用税、印花税和筵席税。据悉，遗产税、赠与税等的开征也在拟议之中。

国际储协授予中国工商银行行长张肖金质奖章

国际储蓄银行协会最近在悉尼召开理事会决定，授予中国工商银行行长张肖金质荣誉奖章，表彰她在中国储蓄事业改革中所作出的卓越贡献以及为发展中国工商银行所起的重要作用。

据了解，这是国际储蓄银行协会首次向中国金融界颁发荣誉奖章。

中国和卡塔尔国建交

中华人民共和国和卡塔尔国决定从1988年7月9日起建立外交关系。

中国驻法国大使周觉和卡塔尔驻法国大使阿迪亚，7月5日在巴黎分别代表本国政府签署了两国建交联合公报。公报说，从加强和发展两国友好合作关系的共同愿望出发，中华人民共和国政府和卡塔尔国政府决定自1988年7月9日起建立大使级外交关系。

《人民日报》发表社论《中卡友好关系的新发展——祝贺我国同卡塔尔国建交》

从加强和发展两国友好合作的共同愿望出发，中华人民共和国政府和卡塔尔国政府经过协商，决定自1988年7月9日起建立大使级外交关系。这是中、卡两国关系中具有历史意义的一件大事，我们对此表示热烈祝贺。

卡塔尔风景秀丽、石油资源丰富，历史悠久。卡塔尔人民有着反抗外来侵略、保卫国家独立主权的光荣传统。经过长期斗争，卡塔尔于1971年9月1日摆脱英国的控制，宣告独立。从此，卡塔尔的历史进入一个新时期。

独立以来，卡塔尔政府对内强调发展民族经济，对外奉行中立、不结盟的外交政策。卡塔尔是中东地区主要石油生产和出口国之一。近年来，卡塔尔政府采取了自由经济制度和贸易制度，鼓励私人企业参加国家工业发展项目，鼓励外商投资，经济逐年增长，人民生活得到显著改善。在对外关系中，卡塔尔反对大国干涉海湾事务，强调同伊斯兰国家，特别是同阿拉伯国家间的团结与合作，重视同海湾国家的睦邻关系，支持巴勒斯坦人民的正义事业。卡塔尔的外交政策和主张日益受到国际社会的重视，得到广泛的支持。

中、卡两国人民有着悠久的友谊。1971年9月10日，周恩来总理曾致电卡塔尔埃米尔艾哈迈德·本·阿里·阿勒萨尼，祝贺卡塔尔独立并予以承认。此后，两国间贸易、友好访问和人员往来不断增加。卡塔尔政府坚持一个中国的立场，承认中华人民共和国是代表中国的唯一合法政府。中、卡两国建交标志着两国关系进入了一个新的历史阶段，为两国友好关系的发展开辟了新的前景。

我国计量科学工作者测出的一组高精度电磁量数据被国际计量局采纳

我国计量科学工作者采用本国研制的核磁共振和计算电容装置，并新开展了量子化霍尔效应的研究，如期测出了一组高精度的电磁量数据。今年5月，国家技术监督局和国际科学数据委员会中国委员会组织的专家严格审核了这组数据，认为准确可靠，可以代表我国工作的水平。

中国计量科学研究院最近已经正式接到国际计量局通知：数据已被采纳，将在今年9月正式通过新的国际统一的电磁量值标准。

为了实行新的实用温标，中国计量科学研究院等单位已研制成处于世界领先地位的高温铂电阻温度计及高灵敏度的直流光电高温比较仪。

国家教委 国家自然科学奖励基金会 中国科协有关负责人在北京会见在国际奥林匹克物理化学竞赛中获奖的同学

国家教委副主任王明达对我国参加国际中学生物理奥林匹克竞赛获奖归来的同学们说：你们获奖的意义，不亚于体育明星和优秀演员在国际比赛中获奖。

这次竞赛从6月23日至7月1日在奥地利举行，来自英国、罗马尼亚、美国、苏联等27个国家的132名选手参加了角逐。我国参赛的5名中学生全部获奖。

其中，福建师范大学附中陈岩松同学获金奖，浙江鄞县中学徐剑波、江苏江阴市南菁中学陈丰获银奖，北京清华大学附中的丁爱东获铜奖和特别奖，中国人民大学附中陈健获表扬奖。我国自1986年参加物理竞赛以来，这是首次获得金奖。

国家教委副主任王明达在会见时转达了正在外地的国务委员、国家教委主任李铁映对大家的祝贺，并对领队赵凯华教授、副领队朱世嘉副教授的辛勤工作表示感谢。

他说，你们的成绩再次证明中华民族是有智慧的，我们的教育也是有基础的，在世界上有一定的竞争力，能够迎接挑战。

参赛的领队和同学们反映，欧洲国家中等教育的质量很高，特别是在实验教学方面，远远走在了我们的前面。

另据了解，我国还派队参加了7月4日至5日在芬兰举行的第二十届国际中学生化学奥林匹克竞赛。4名中学生以319.00分的优异成绩，获得总分第一。武汉华中师大一附中王深以93.25分的最高分，在13名金牌获奖者中列第一；北大附中黄烯以83.50分获金奖，名列第4；苏州第十中学倪强获银奖；福建莆田一中卢国强获铜奖。本届中学生国际化学竞赛有26个国家的104名选手参加。联邦德国队、美国队名列第二和第三名。

中美合作兴建西安仿唐宫

“西安仿唐宫”将由西安市兴艺公司与美国长安联合实业有限公司合作兴建，总投资约3000万美元，占地约13公顷(197亩)，总建筑面积为50000多平方米。它位于陕西省西安市东郊长乐坡浐河岸边，是前往东线旅游热点“兵马俑”、华清池、半坡博物馆及秦皇陵的必经之路。

全国旅游体育产品博览会在北京开幕

由北京华宇旅游公司主办、中央电视台体育部、中央电视台国际部协办的“1988年全国旅游、体育产品博览会”于7月9日至18日在北京展览馆中央大厅举行。参加这届博览会的有来自全国的23个省、自治区、直辖市和地区的170多个厂商，近千种商品参展。

参加第二十四届奥运会的中国体育代表团在北京正式组成

代表团总人数443人，除由李梦华担任团长外，副团长由中国奥委会副主席何振梁、袁伟民、徐寅生担任，李富荣任秘书长，魏纪中任副秘书长。在本届奥运会上，中国选手共参加除马术、曲棍球和网球以外的20个项目的比赛以及羽毛球、女子柔道两项表演。我各项目代表队名单将于9月上旬最后报名截止期公布。

1988年可口可乐杯全国儿童足球赛在厦门举行

李光灿逝世

著名法学家、教育家，南开大学法学研究所名誉所长李光灿，于6月23日在北京病逝，享年70岁。

李光灿同志1918年生于山东省梁山县。新中国成立后，李光灿同志任中央人民政府法制委员会委员、代理党组书记兼政务院政法委员会董必武办公室主任，参与和主持制定了多项法律、条例，为新中国成立初期立法工作作出了贡献。李光灿同志长期从事哲学、法学研究工作，在法学理论、刑法学、中国法律史和社会主义法制建设的理论和政策等方面的建树，是极为可贵的。1981年以来，李光灿同志主编或参与主编大型著作35部，其中包括《中华人民共和国刑法论》《中国刑法通史》《中国法律思想史》《马克思恩格斯法律思想史》《马克思主义法学原理》等。

7月10日

劳动部发言人就禁止雇用童工问题发表谈话

劳动部发言人分析了雇用童工的原因，强调全社会都来重视这个问题，通力合作，采取强有力的措施，加以阻止。

劳动部发言人说，近年来，雇用儿童做工，经商、当学徒的现象屡有发生。特别是今年，招用数量比往年大。有的县童工人数占全县乡镇企业从业人员总数的10%，个别乡镇企业高达20%；雇用女性童工比例很高；使用童工的地区和企业也有蔓延趋势。在商品经济发达的沿海地区，尽管当地政府三令五申，仍然屡禁不止。违法使用童工，不仅摧残少年儿童的身心健康，造成国家财产的严重损失，而且引起一批批中小学生中途退学，给我国教育事业带来严重后果。

国务院颁布的招工政策，明确规定必须招年满16周岁的青年，去年原劳动人事部也发出通知，严格禁止任何单位和个人使用童工。但一些乡镇企业、私营企业和个体工商户雇用童工的现象又屡屡发生，原因何在？

一、雇用童工的单位和个人，认为童工工资低，听使唤，心灵手巧，学手艺快，所以愿意尽量多雇用童工，少用或不用成年工。也有相当一部分知法犯法，不断变换手法雇用童工。

二、一些少年儿童和他们的家长认为“读书无用”、“远水解不了近渴”，只图眼前赚钱而弃学。

三、政府有关部门对禁止雇用童工监督检查不够，有的乡(镇)、村干部为了多收手续费，甚至置国家政策于不顾，给出去做工的少年儿童开假年龄证明。

四、不少地区中小学结构比例不合理，小学多中学少，一大批小学毕业生上不了中学，流入社会，一些乡镇企业、私营企业和个体工商户则乘机招用他们做工。

从上述原因可以看出，彻底制止童工的现象是一项相当艰巨的任务，必须全社会重视和各有关方面共同努力，采取强有力的措施，才能阻止。

第一，要做好有关劳动政策和义务教育法的宣传教育工作，动员各方面的力量，采用各种形式，宣传雇用童工是一种侵犯少年儿童权益的违法行为，认识禁止雇用童工的必要性和紧迫性。

第二，要严格执法，追究和处理雇用童工的违法行为。

第三，大力发展教育事业，改变目前存在中小学结构不合理的状况，并且不断提高教学质量，以稳定学生队伍，解决在校生流失，弃学做工、经商的问题。

第四，劳动部正会同国家教委、农业部、全国工商行政管理局拟定严格禁止招用童工的通知，争取尽快发布。

中国政府向几内亚政府提供无息贷款的协定以及中国政府和几内亚政府贸易协定在北京签署

国家主席杨尚昆和几内亚总统兰萨纳·孔戴等出席了签字仪式。

中国对外经济贸易部部长郑拓彬和几内亚工业、商业、手工业部部长乌斯曼·索乌以及计划和国际合作部长爱德华·本杰明分别代表两国政府在协定上签字。

据经贸部人士透露，中国现主要向几内亚出口日用工业品，包括轻纺产品、小五金等。

《将帅诗词选》续集出版

《将帅诗词选》是我国第一部大型将帅诗词选集。其首卷于人民解放军建军60周年之际问世后，在军内外引起强烈反响，为了满足读者，特别是离退休老干部的需要，该书编委会和辽宁人民出版社经过几个月的努力，最近又出版了续集。全书共收入我军9位元帅和303位将军的诗词千余首，大部分作品是首次同读者见面。书中的一些诗词有的是老将军们在马背上吟咏而成的，有的是他们离休后的新作，再现了我军各个历史时期的斗争生活，展示了中国革命和建设的宏伟画卷。

王平、杨得志、萧克、廖汉生、迟浩田、张震、杨成武、陈再道等40多位老将军在北京举行集会庆祝《将帅诗词选》续集的出版。

李先念、徐向前、聂荣臻、萧劲光、洪学智等为《将帅诗词选》题了词。

7月11日

国家主席杨尚昆在人民大会堂会见欧洲议会议长亨利·普卢姆及其一行

会见时，杨尚昆主席表示希望通过议长先生对中国的访问，中国人大和欧洲议会的关系会进一步发展，中国和欧洲共同体的关系也会日益紧密。

杨尚昆说，这几年，我们同欧洲议会的关系是好的，双方的高级人员互访很多。他说，欧共体无论在政治上或经济上都是个很有力量的组织，一个强大的欧洲对世界和平是个保障。中国很重视发展同欧共体的关系，近几年，除议会间的来往外，双方经济和贸易的发展也很好，他希望这种关系在今后会提高到更高水平。

普卢姆议长说，欧洲共同体同中国的关系是很紧密的，这本身是件很重要的事情。现在，欧共体各国正致力于取消内部的关税壁垒，这并不意味着建立一个堡垒式的欧洲，恰恰相反，我们期待着继续发展同中国的关系，进一步加强贸易。

全国人大常委会副委员长廖汉生等参加了会见。

国务院总理李鹏在人民大会堂会见冈比亚共和国总统达乌达·凯拉巴·贾瓦拉

会见时，贾瓦拉总统向李鹏总理介绍了冈比亚河开发组织的组成、任务、规划以及开发冈比亚河的重要意义。李鹏也向贾瓦拉介绍了中国水利建设的一些情况。

山西 广东 河南 广西等地率先进行以调整利益关系为核心的粮食购销体制改革

据《人民日报》报道，以区域突破为特征的我国粮食购销体制改革的序幕已经拉开。

各地实际情况不同，上述地区改革粮食购销体制的做法不尽一样，但都是本着“决策分散，风险分担”原则，对生产者、消费者、经营者、加工者和国家之间长期形成的旧的利益结构进行了大胆的调整，并在若干方面取得了一致性的共同突破：

第一，在销售环节上，压缩平价粮销售，或提高平价粮销售价格。山西省除保证城镇居民定量在14公斤以下的基本口粮、军用粮、大中专和中学生口粮继续按平价供应外，工种粮、副食、酿造、糕点、饲料用粮及各种补助粮一律放开，实行改价供应和市场调节，全省共压缩平价粮销售6.45亿公斤。广东和玉林则主要是提高销售价格。

第二,在收购环节上,实行价格补贴,或提高收购价格。广东省规定在"三挂钩"政策不变前提下,对合同定购稻谷给予每50公斤5.84元的生产资料价格补贴,即把定购价提高到每50公斤25元的水平。玉林市规定每50公斤稻谷收购价提高2.41元,农民可选择实物或现金形式的生产资料差价补贴6元,即把定购价格提高到28元。山西粮食定购价没提高,把"三挂钩"物资折价为每50公斤2.3元直接补给农民。

第三,在补贴方式上,改暗补为明补。在这次改革中,为了保证消费者的利益不受损害,各地区都增加了补贴,并由暗补改为明补。

第四,在资金负担上,实行企业财政分级负担。

从已经实施粮食购销体制改革的地区总的情况来看,改革措施基本得到了社会各界的承认。尽管有些地区的局部范围一度出现过抢购粮食的现象,但由于政府加强了对市场的调控管理,粮食部门增加了粮食库存,平抑了市场,震动没有预想的那么大,局势基本保持平稳。在理顺粮食价格关系方面前进了一大步,财政补贴大幅度下降。基本上做到了让生产者、消费者、经营者、加工者和国家都满意。当然,各地改革粮食购销体制也还存在着一些问题,有待完善。

中国企业管理协会与澳中贸易合作委员会在北京共同举办第五次高级管理人员讨论会

会议就企业管理经验进行交流。澳方50名与会者所代表的企业的对华贸易,占澳中两国间贸易量的75%以上。中方参加会议的代表则以大中型企业的厂长、经理为主,不少企业准备了与澳方合作的项目计划。

国家主席杨尚昆根据全国人大常委会的决定任命周刚为中国驻马来西亚特命全权大使

国家副主席王震在人民大会堂会见美国史迪威咨询公司总裁理查德·史迪威

国家教委主任李铁映在青海视察

李铁映是和国家教委副主任柳斌、国家民委副主任江家福等于7月11日开始到青海视察工作。他们先后视察了海南藏族自治州、湟中县、化隆回族自治县和循化撒拉族自治县的民族教育。

李铁映联系青海实际提出,教育的结构、体制、模式、布局不能脱离当地的经济环境,一定要和人民群众的希望、前途、命运、富裕、幸福连在一起,使人民群众感到教育是自己的事业,大家都去办,培养的人才能为当地的经济发展服务;要改变过去那种单纯地为了升学而办教育的旧体制,不能把教育作为跳"龙门",在青海就是跳出"海门"的跳板。他说,全国各个地区经济发展水平不是一般齐的,教育发展水平也有较大差异。教育上千人一面、万人一书的局面再不能维持下去了。

李铁映认为,边远少数民族地区的教育,应该实行"双轨制",即文化教育和职业技术教育同时进行。他说,我们过去教育最大的问题是对技能素质重视不够,现在需要开放职业技术教育的体系,使受教育者都成为具有一定专业技能的劳动者。所以,一定要开展多种形式的职业技术教育,实行一校两制,做到产学结合,企校合一,走出一条教育改革的新路子。

神州书画院在北京成立

"神州书画院"是专业的学术组织,由著名画家、高级编辑朱育莲任院长。该院将与全国各地优秀书画家进行广泛联系,有计划地举办展览和组织各种有关学术活动。

中央戏剧学院代表团在捷克斯洛伐克布拉迪斯拉发第七届国际戏剧院校戏剧节上获奖

中国中央戏剧学院代表团表演的一组节目:《水袖舞》《双刀对花枪》《哈姆雷特》的独白《生存还是毁灭》、川剧《花荣射雕》《培尔·金特》片断、《雨巷》,获最佳演出奖。川剧《花荣射雕》片断获独角戏特别奖。曾在西柏林第三十八届国际电影节获金熊奖的影片《红高粱》中扮女主角的表演系三年级学生巩俐获最漂亮女演员奖。

7月12日

国家主席杨尚昆在人民大会堂会见冈比亚共和国总统达乌达·凯拉巴·贾瓦拉

杨尚昆说,中国的改革目前处在关键的时刻,中央正在研究制定一系列深化改革的方案和规划,我们准备用3年到5年的时间,理顺各方面的关系。

在谈到开发冈比亚河流域问题时,杨主席说,第三世界国家联合起来解决问题是一个好办法。开发冈比亚河流域是一个宏伟的计划,这个计划的实现将使参加冈比亚河开发组织的冈比亚、塞内加尔、几内亚和几内亚比绍等4个国家同时受益,因此,我们希望这个计划能够顺利实现。

国务院总理李鹏在中南海紫光阁会见欧洲共同体

委员会驻华代表团团长皮埃尔·杜侠都

国务院总理李鹏在中南海紫光阁会见中非共和国外交部部长米歇尔·贝泽拉—布里亚一行

国务院总理李鹏在中南海紫光阁会见澳大利亚外交和贸易部部长比尔·海登

国务院在北京召开第12次国务院常务会议

国务院总理李鹏主持会议。会议审议并原则通过了《国务院关于部分地区实行财政包干办法的通知》《中华人民共和国城镇国有土地使用税暂行条例(草案)》。

会议在审议《国务院关于部分地区实行财政包干办法的通知》时指出:从1985年起国务院对各省、自治区、直辖市实行的"划分税种、核定收支、分级包干"的财政管理体制,调动了地方增产节约、增收节支的积极性,但是,也存在一些问题,主要是收入较多、上交比例大的地区,组织收入的积极性不高,个别地区甚至出现收入下降的情况。要从根本上解决这个问题,比较好的办法是实行分税制,并把包干的机制吸收到分税制中来。但考虑到目前条件还不成熟,因此,在实行分税制的财政体制之前,作为一种过渡,从今年起,对收入上交比较多的江苏、辽宁、北京、重庆等13个省、市,实行财政包干、一定三年不变的办法,以便进一步调动这些地方增收节支的积极性,更好地处理中央和地方的财政分配关系。

会议认为,对部分地区实行财政包干的办法,可以增加在财政问题上的透明度,尤其是在当前经济和财政变化较大的情况下,采取这种办法,中央和地方在财政上可以做到利益分享,风险分担,可以促进地方搞活经济,开辟财源,增加收入。但是,实行包干办法也会带来一些问题。中央财政会减少一些收入;有些地区为追求收入增长速度,可能出现经济上的短期行为。这些都必须引起足够的重视,并采取相应措施加以解决。

会议认为,《国务院关于部分地区实行财政包干办法的通知》不是一个"软决定",而是一个"硬决定"。这个文件的透明度应该大一点,要把13个省、市的包干数字都明确地写进文件,一定三年不变。同时,也要把以前决定的所有其他省市包干数字写入文件。

会议强调,对城镇国有土地按不同情况征收不同额度的使用税,其目的是为了合理利用国有土地,调节土地级差收入,加强土地管理,大大节约使用土地和提高土地使用效益。

《国务院关于部分地区实行财政包干办法的通知》《中华人民共和国城镇国有土地使用税暂行条例(草案)》修改后将由国务院发布施行。

中国政治体制改革研究会在北京成立

中国政治体制改革研究会名誉会长薄一波出席会议并讲话。

薄一波说:"改革是一项继往开来的开拓性事业,需要有创新和敢冒风险的精神,同时也需要有求实的态度。二者是统一的,统一于合乎实际的科学基础之上。"

薄一波说:"对于改革这样一个巨大的系统工程,首先要有决心和勇气,但光有决心和勇气是不够的,还要有正确的行动方针、实施方案和充分的保证条件。因此,就很需要组织各方面的专家、学者和实际工作者,深入地进行调查研究,提出各种各样好的建议,帮助制订科学严密、切实可行的方案。"他表示相信,中国政治体制改革研究会的成立,在这方面一定会起到积极的推动作用。他祝愿研究会真正办成一个起作用、有影响的群众性学术团体,以其扎扎实实的工作和新的成果,为中国的改革开放事业作出应有的贡献。

薄一波还在讲话中对研究会提出5点希望:第一,认真贯彻十三大精神,抓住有中国特色的社会主义这个根本问题,积极开展政治体制改革的研究;第二,在研究中注意科学地总结历史经验,以利于继往开来;第三,在人民群众中做好政治体制改革的宣传教育工作;第四,坚持理论联系实际,认真研究和帮助解决目前社会生活中的一些迫切问题;第五,加强团结,亲密合作,共同搞好政治体制改革的研究。

中共中央办公厅副主任、中共中央政治体制改革研究室副主任周杰在大会上被推选为研究会会长。研究会共聘请22名顾问,其中高扬、鲍彤在会上先后讲话。

中办 国办信访局在北京召开信访工作座谈会

19个省、自治区、直辖市的同志出席了于7月12日至14日举行的这次座谈会。

会议提出,信访工作是党和政府接受人民监督的一条重要渠道,信访工作要在保持党政机关廉洁上作出积极贡献。

会议提供的材料表明,近年来,由于各地各部门的努力,党的各项政策得到进一步落实,绝大多数信访问题得到适当处理,特别是来自群众的建议、意见、批评,受到了进一步重视,为深化改革、保持党政机关廉洁起到了一定的作用。今年上半年与去年同期相比,群众要求落实政策方面的信件显著减少,建议信件和批评、监督信件明显上升。从各地情况看,信访工作还存在不平衡的问题,如有些需要领导上过问的工作过问不够,有些应该处理的问题没有及时得到处理;在个别地方和部门还存在推一推动一动的现象。

会议认为,尊重和正确处理人民监督问题是信访工作的一项重要的、长期的任务。为保持党政机关的廉洁,信访部门应当欢迎人民监督,勇于接受人民监督,为人民监督提供方便条件。信访部门的同志要敢于坚持原则,伸张正义。要敢说真话,及时准确地向有关方面反映群众的意见,保证群众通过信访渠道对党政机关和领导干部实施监督。对群众揭发的问题,经调查是事实的,要坚决支持;不是事实的,要配合有关部门向群众做解释工作,同时还应向被揭发人讲清楚。对揭发问题的群众要保护;对确实搞诬告的人,要支持有关部门依照法纪进行处理。

座谈会期间,中共中央办公厅、国务院办公厅的领导同志到会讲了话。

劳动部组建工作完毕提出当前主要任务

劳动部部长罗干说,经过3个月的筹备,劳动部组建工作已经完成,当前的主要任务是,积极推进劳动、工资、保险福利制度的改革。

罗干说,工资改革和物价改革一样,势在必行。研究改革工资制度,有三条原则:一是消费的增长不能超过生产的增长;二是认真贯彻按劳分配的原则,克服工资分配上长期存在的平均主义、“大锅饭”弊端;三是认真调节收入,缓解社会分配不公问题。今后几年的工资改革,要在价格改革的过程中,采取适当措施,保证大多数职工实际工资水平不下降,对低收入的职工继续给予困难补助;全面推行和不断完善工资总额同经济效益挂钩的办法,使企业工资增长机制转到主要依靠本企业发展生产、提高经济效益的轨道上来。在企业内部,进一步把职工工资与劳动贡献联系起来,具体分配形式和办法,由企业自主决定。在企业普遍挂钩的基础上,基本实现企业工资与机关事业单位工资脱钩。同时,有计划地调整脑力劳动和体力劳动者的工资关系,研究缓解社会分配不公的措施,建立工资基金分级管理、分级调控的体制。

当前评比劳动制度改革的关键是搞活固定工制度。罗干强调,重点又是解决企业富余职工的出路,通过优化劳动组合和合同化管理等多种形式,使富余职工撤离工作、生产岗位,近期内先以企业内部消化为主进行安置,并实行企业内部待业制度。同时广开就业门路,积极培育和发展劳务市场,逐步把企业消化不了的富余人员拿到社会上,通过劳务市场转换职业。要允许社会上保留一定数量的机动劳动后备力量,以利于把竞争机制引入就业领域。

随着劳动、工资制度的改革,保险福利制度的改革必须跟上,全盘考虑职工养老、待业、医疗等项保险内容,建立起社会保险基金制度,实行社会化管理。近期内,主要是进一步扩大国营企业职工退休费用社会统筹和职工待业保险范围,继续抓好合同制工人退休养老保险,逐步推行医疗保险制度改革。

为推进上述改革措施,罗干说,劳动部将进一步转变职能,充分发挥综合管理部门的作用。

全国企业承包经营责任制座谈会在北京召开

会议由国家体改委组织并于7月12日至16日召开。会议认为,我国经济体制改革现在进入了关键阶段,今年下半年深化企业改革的工作做得好坏,直接影响着明年价格、工资改革能否顺利出台和健康发展;各地区、各部门要继续按照党中央、国务院的部署,把配套、完善、深化、发展承包制,作为下半年深化企业改革的重点;所有企业从现在开始,就要把自己的注意力放到提高经济效益上,想尽一切办法,进一步发挥承包制的作用,完善企业内部的各项改革,加强管理基础工作,不断增强企业对市场变化的适应能力和对价格调整的消化能力,依靠合法经营和发展生产,尽可能多地增加企业盈利,为明年价格、工资改革创造良好条件。

会议讨论了当前企业承包制发展中出现的问题和困难:除了一些企业承包质量不高,一些地方推行承包制工作粗糙以外,最突出的是企业外部环境不稳定,例如价格较大幅度上涨,原材料、动力、燃料、资金的供应紧张,外贸体制、财政体制的改革与企业承包制不配套,这些都给企业承包制的进一步发展带来新的困难。

会议研究确定了下半年完善发展承包制,提高企业经济效益的几项工作:认真贯彻《企业法》深化改革,依法治厂;普遍建立竞争机制,优选经营者,使企业经营上一个新台阶;通过企业承包企业和企业兼并企业,促使企业面向市场,在优胜劣汰的竞争中发展自己,实现企业结构的优化;加快劳动制度改革,优化劳动组合,建立承包风险机制,形成经营者和生产者利益共享、风险共担的关系;扩大企业资金分账试点,以积累经验、逐步推开,在发展企业集团中进行股份制的探索和试验;抓好企业技术进步,实现产品优化;严格管理工作,挖掘企业内部潜力;加强企业思想政治工作,调动职工的积极性。

外交部部长钱其琛在北京同中非共和国外交部部长米歇尔·贝泽拉—布里亚会谈

全国军队转业干部安置工作会议在北京召开

国务院军队转业干部安置工作小组组长赵东宛、

副组长杨白冰在会上讲话时强调，从国家和军队的实际出发，继续贯彻执行现行的安置政策和规定，努力把今年军队转业干部的安置任务完成好。

赵东宛在总结军队精简整编期间转业干部安置工作时指出，自1985年中央作出军队减少员额100万的重大决策以来，全国共接收安置军队转业干部45.2万余名，基本做到了“热情欢迎，妥善安置，认真培训，合理使用”。赵东宛指出，做好军队转业干部的安置工作，不仅关系到能否充分发挥广大转业干部的作用，而且关系到军队现役干部的思想稳定和国防的巩固。因此，要切实加强领导，继续做好转业干部的安置工作；要保证重点需要，安排好转业干部的工作。为保持政策的连续性，对这批转业干部的工作安排，原则上仍根据地方工作需要和本人的具体条件，参照他们在部队所担任的职务，分配适当工作；要强化培训，使转业干部尽快适应工作需要。

杨白冰代表总政治部和全军指战员向地方各级党委、政府和军转部门表示感谢。他说，这几年，地方各级党委、政府和军转部门在接收、安排使用、培训和帮助转业干部解决实际困难等方面都做到了尽心尽力。他指出，今年军队(包括武警)要安排7.5万多名干部转业。中央军委对安排好这批转业干部极为重视，要求周密地做好工作，使这批转业干部在9月底以前离队报到。部队各单位要切实抓好转业干部的思想教育，引导他们服从大局，体谅地方的困难，不挑选地区，不挑选单位，不挑选工作，自觉服从组织分配，并尽快适应新的环境、新的工作，转变一次分配定终身的观念。杨白冰希望军地双方同心协力，紧密配合，对今年的转业干部做到早定位，早发通知，早报到，早培训，早上岗，保证转业干部走得快、走得好。

国务院军队转业干部安置工作小组成员孟连昆、李昌安、郝建秀、张汉夫、刘仲藜、范宝俊、刘安元，以及各省、自治区、直辖市和人民解放军各大单位有关部门的负责人出席会议。

《解放军烈士传》陆续出版

该书由总政治部组织编写。党一向重视为烈士立传的工作。红军长征刚刚结束时，条件很困难，就出了一本《烈士传》。党的七大召开前夕，编写了《革命死难烈士英名录》和《军队死难烈士英名录》。据当时统计，北伐战争、土地革命战争、抗日战争时期，在战场上牺牲的达76万余人，其中近半数是共产党员。而当时在军队里的共产党员不到总人数的1/3。在刑场上牺牲的共产党员和革命群众，仅1927年至1932年的5年间，至少有100万。1987年，民政部通过除西藏外的29个省、市、自治区的调查统计，全国有名字可查的烈士达820多万人。

这套丛书计划出15卷，约600万字，经过5年的努力，首卷将于今年八一前与读者见面。邓小平同志题写了书名，徐向前、聂荣臻、杨尚昆同志为丛书题了词。

冰心文学创作生涯70年展览在北京图书馆开幕

中国作协党组书记唐达成在开幕式上说，从这次展览，我们可以进一步了解冰心的生活和创作。他高度赞誉冰心为中国文学作出的卓越贡献。参加开幕式的有雷洁琼、张光年、赵朴初、刘白羽、冯牧等文化界人士数百人。巴金在上海特地托人为展览送来了鲜花，表示祝贺。

首届中国围棋棋王赛在北京举行

32名我国棋坛精英将在这里摆开黑白相间的战场。在比赛的预赛、半决赛和决赛3个阶段中，我国7位九段高手全部上场，他们是：聂卫平、马晓春、曹大元、钱宇平、江铸久、刘小光、芮乃伟，其中一线种子为棋圣聂卫平、全国个人赛冠军马晓春、名人和天元赛冠军刘小光和新体育杯冠军俞斌。

本届比赛在半决赛中采用“三番棋”，在决赛中采用“五番棋”，三阶段竞赛规程给年轻选手们提供了奋力一搏、夺取名次的机会，使比赛更少偶然性。比赛还将首次采用“应氏围棋规则”，以使我国选手进一步熟悉这一规则，为参加“应氏杯”世界职业围棋赛做好准备。

本届比赛由中国围棋协会、徐州合成洗涤剂总厂和中国体育报社联合主办。

7月13日

国务院总理李鹏同国务院副总理姚依林 田纪云 吴学谦在中南海会见出席全国企业承包经营责任制座谈会的全体代表

机械电子工业部正式成立

机械电子工业部机关设置司局级机构26个，机关干部人数1300人，分别比原国家机械委和电子工业部减少46.9%和42.5%。

国务委员、机械电子工业部部长邹家华说，原属于机械、电子工业部系统的企业已基本下放，机械电子工业部将不再直接管企业的资金、投资和物资。要打破地区、部门界限，对全行业进行政策指导、统筹规划、宏观控制、组织协调和监督服务。

根据国民经济发展战略和使用部门的要求，机械电子工业部将组织全行业的力量，有计划、有重点地对机械、电子装备进行成套开发、设计、制造、供货、服务。

国办发出通知要求各地采取措施保证外国人 华侨 港澳台胞优先乘机

通知说,国务院决定,在旅游旺季,对民航 18 个点共 56 条旅游热线的票价实行浮动价格。国内旅客和华侨、港澳台胞的机票价格,都一起上浮到与外国人同等价格(票价上浮的航线见注)。今年上述 56 条旅游热线的票价从 7 月 20 日起上浮。今后民航局可根据航线旅客的增减,对旅游热线的范围进行适当调整,并报国家物价局备案。

通知指出,国务院曾三令五申,在旅游旺季禁止用公款组织干部旅游;严格控制到旅游重点城市召开各种会议。各地区、各部门必须顾全大局,严格执行。今后凡在旅游旺季到旅游重点城市召开各种会议的,地方要谢绝接待。

通知要求民航局和各地民航售票处,要按先国外旅客、华侨和港澳台胞,后机关公务出差和一般国内旅客的顺序售票,特别是要保证台胞的机票。国家旅游局和省、市旅游局,要加强对旅游接待的归口管理,加强计划性,搞好旅游组团计划与民航客运计划的相互衔接。旅游部门按规定时间提前提出订票计划,并商得民航部门同意后,民航应予保证机票。各旅行社在招徕旅客时,也要互相协调接待组团计划,不要把很多团组集中在一个时间,挤在一个旅游点或一条旅游热线上。各地公安部门,要严厉打击倒卖机票的非法活动,维护社会秩序,确保空运安全。

甘宁青三省区黄河上游经济开发区建设研讨会在兰州召开

研讨会上,由三省区和民盟中央组织的专家、教授对建立黄河上游多民族经济开发区的构想进行了充分的科学论证。专家们认为,规划的经济开发区有以下几方面的特点:一、在中央给一定投资启动之后,滚动发展,形成良性循环,建成一个充分发挥资源组合优势的高耗能经济区;二、在大力开发水电、火电、有色金属资源、大力发展原材料生产的同时,上一批投资少、效益高、见效快、能富民的短平快项目;三、设计和发展替代产业,既开采地下矿产,也发展地方其他工业。充分利用土地和草原资源,发展农牧业,为国家提供肉、奶、毛等农副产品;四、组成松散型的联合体,实行资源开放,联合开发,取长补短,共同发展;五、国家、集体、个体和“三资”企业多种体制并存,相互竞争;六、地区经济与民族经济相互结合、互相促进、共同富裕。根据这个方案建成的经济开发区到“八五”期间将成为全国最大的镍、铁合金、碳素、核燃料、铅锌的生产基地和全国最大的优质煤、湖盐生产基地之一。

费孝通、钱伟长等参加了研讨会。

国家统计局建议把调整用肥结构视为国策

据《人民日报》报道,国家统计局的报告指出,我国农田用肥结构不合理的状况日趋严重。据统计,去年全国化肥施用量已达 1999 万吨(折纯量),平均每亩耕地施化肥 13.9 公斤,超过世界平均每亩 6.3 公斤 1 倍多。有的省份,如安徽省每农田施化肥达 18.2 公斤,是世界平均水平的 2.9 倍。另据浙江省统计,有机肥与化肥的施用比例,1976 年为 69:31,1986 年下降到 46:54,这一比例大大超过了科学用肥标准。在国际上,用肥结构较好的美国,化肥用量只占用肥总量的 1/3,2/3 是有机肥。

化肥施用量的逐年增多,破坏了土壤的良性结构,造成地力下降。目前,我国耕地有机质含量仅为 1.5%,明显低于美国等其他国家 2.5%—4% 的水平。长江和黄淮流域土壤中有机质一般不到 1%,低的不足 0.3%;素有黑土地带之称的东北,土壤中有机质已从原来的 5%—8% 下降到目前的 1%—2%。地力下降已出现报酬递减现象。农民投入多,产出少,已成为我国农业生产的一个潜在危险。

统计局的报告指出,当农田地力下降之时,城市人粪尿这一可观的肥源却付之东流。以安徽市常住、暂住人口 72 万人计算,一年内人粪尿中就有 2700 多吨尿素,1100 多吨过磷酸钙,1000 多吨氧化钾,而这些肥料中被利用的只有 5%,其余均流入地下污水管道白白地浪费掉。仅在安徽省城镇中,一年就相当于白白丢掉 5 万吨化肥,占全省化肥施用量的 10% 左右。

同时,城市粪便绝大部分未被利用,任其流进城市附近的河流湖泊,严重地污染了环境。这种状况不仅大中城市日趋严重,小城市和县城亦比比皆是。

为了鼓励农民多用农家肥,改变用肥结构,保持土地肥力,增强农业后劲,国家统计局在报告中建议采取以下措施:

一、大力宣传科学施肥,引导农民向土地增施以农家肥、土杂肥为主的有机肥料,保持地力。

二、从管理上方便农民利用城市粪便。一是把城市粪便当作商品卖给农民,改为无偿送给农民。二是改农民进城掏粪为由城市有关部门组织把粪送到郊区农村。

三、增加投资,逐步实现城市粪便工厂化处理。为提高城市粪便利用,减少污染,逐步实现城市粪便处理工厂化,即在城市和近郊区建立沼气池,实行粪便沼气发酵,其副产品——沼气可用管道引出,供城市居民或郊区菜农作燃料。干物质减少后,肥料便于运输,同时速效养分增加,肥效提高。

国家"七五"重点科研攻关项目——基因重组人生长激素通过中国科学院鉴定

人生长激素,是人脑垂体前叶分泌的一种非糖基化蛋白质激素。除神经组织外,它对人体其他所有组织都有促进生长的功能,可用来治疗因生长激素缺乏引起的特别矮小病侏儒症、烧伤、骨折、出血性溃疡、特纳氏综合征、组织坏死、肌肉萎缩症、骨质疏松和肥胖症等疾病;还可用于运动员健身,促进动物生长。

中国科学院上海细胞生物学研究所副研究员郭礼和等科研人员,用人工方法构建的基因重组人生长激素,经中国药品生物制品检定所检测,其纯度、分子量、等电点、紫外吸收光谱等主要理化特性与天然人生长激素完全一致。并证明研究人员使用的提纯工艺已能得到纯度为95%以上的制品,符合临床使用要求,可以进入中试生产。

专家认为,这项成果达到了国际先进水平。据悉,目前世界上只有美国、丹麦、瑞典等国用基因工程方法研制出了人生长激素,并用于临床。

我国最大重离子加速器总装完毕

兰州重离子回旋加速器最近已经总装完毕并开始调试,预计年底将正式投入运转。这一成就将为我国重离子物理的研究提供重要实验手段,同时使我国回旋加速器研制水平进入国际先进行列。

这台重离子加速器是我国能量最高、粒子种类最多、规模最大的重离子加速器,建于中国科学院近代物理研究所内。是世界上第三台同等规模的重离子加速器。

作为中国科学院核物理三大工程之一的兰州重离子加速器,将是我国的国家实验室。

中国古旧书业协会在扬州成立

中国古旧书业协会是全国古旧书业自愿联合、实行民主管理的群众团体。

据不完全统计,现在全国24个省、市、自治区共有36家古旧书店。共有收售门市部110个、从业人员1689人。

纪登奎逝世

国务院原副总理纪登奎在北京逝世。纪登奎生于1923年,山西省武乡县人。

7月14日

党和国家领导人赵紫阳 杨尚昆 姚依林在中南海会见出席全国军队转业干部安置工作会议的全体代表

全国人大常委会委员长万里在人民大会堂会见由委员长金凤柱率领的朝鲜职业总同盟代表团

万里说,今年9月9日是朝鲜民主主义人民共和国成立40周年。中国将派高级党政代表团前往朝鲜,同朝鲜人民一起共同庆祝这一伟大节日。40年来,朝鲜人民在金日成主席的领导下在社会主义建设中取得了伟大的成就。

他说,中朝两国工会之间存在着友好合作关系。他衷心祝愿这种关系不断发展。

万里重申,中国政府和人民坚决支持朝鲜人民自主和平统一祖国的正义斗争。

金凤柱对此表示感谢,并表示相信朝鲜人民一定能克服困难,实现祖国的统一。

全国人大常委会副委员长、全国总工会主席倪志福会见时在座。

全国政协主席李先念在人民大会堂会见匈牙利爱国人民阵线主席卡拉伊·久洛和夫人 阵线书记高劳姆沃尔基·约瑟夫和夫人一行

中央纪委印发《党的纪律检查机关案件审理工作条例》

第一章 总 则

第一条 根据党章和《关于党内政治生活的若干准则》,结合案件审理工作的实践经验,制定本条例。

第二条 案件审理工作,是对违犯党的纪律的案件的审核处理工作,是党的纪律检查工作的重要组成部分,是检查处理党员或党组织违犯党纪案件的重要环节。做好案件审理工作,对于正确地处理违犯党的纪律的案件,维护党的纪律的严肃性,端正党风;对于坚持四项基本原则,保证党的路线、方针、政策、决议的贯彻执行,促进社会主义物质文明和精神文明建设,有着积极的作用。

第三条 审理党员或党组织违犯党的纪律的案件,必须坚持实事求是的原则。以事实为依据,重证据,不主观臆断,不带框框。对于处理错了的案件,一经发现,坚决改正。

第四条 对犯错误的同志,必须坚持"惩前毖后,治病救人"的方针。对他们耐心地进行思想教育,根据其错误,恰当处理,既反对惩办主义,又不得姑息、迁就。

第五条 处理党员或党组织违犯党的纪律的案件,必须坚持严肃慎重、区别对待的原则。违纪必究,严肃处理,不能含糊敷衍。但在处理的时候,必须慎重从事。对具体案件,要具体分析其错误事实、性质、情节和危害,根据不同情况,做不同处理。

第六条 对于违犯党的纪律的党员,必须坚持在党的纪律面前人人平等的原则。不论其职位高低,贡献大小,资历长短,都要严肃查处,决不容许有不受党纪约束的特殊党员。

第七条 对党员或党组织的处分,必须坚持民主集中制的原则,由党委或纪委集体讨论决定。不允许任何个人或少数人决定和批准对党员或党组织的处分。

第八条 审查处理违犯党的纪律的案件的人员,需要回避的,经批准后实行回避。

第二章 任务和职责范围

第九条 案件审理工作的任务是:审查处理党员、党组织违犯党的纪律的案件和复查的案件。实事求是地核对违犯党的纪律的案件的事实材料,审核鉴别证据,根据党的政策和国家的法律法规,分析认定问题的性质,按照党章的规定和党对犯错误党员的一贯政策以及规定的程序,正确地处理违犯党的纪律的党员或党组织。

第十条 职责范围:

(一)审理按照批准权限由本级纪委或同级党委批准的违犯党的纪律的案件;

(二)审理报送上级纪委或党委审批的案件;

(三)审理下级纪委报的特别重要或复杂的案件;

(四)审理下级纪委对同级党委处理案件的决定有不同意见请求予以复查或复议的案件;

(五)审理下级纪委报来的备案案件;

(六)审理领导同志交办的其他案件;

(七)受理本级党委、纪委及上级党委、纪委批准的案件中党员对所受处分或结论不服的申诉;

(八)调查研究案件审理工作和执行党纪的情况,拟定有关案件审理工作规范化的规定,对下级纪律的审理工作进行业务指导;

(九)为进行党性、党风、党纪教育选择典型案例。

第三章 审理案件的基本要求

第十一条 事实清楚

事实是定案的基础。审理案件,必须将错误事实发生的时间、地点、情节、后果、本人应负的责任,以及产生错误的主客观原因等,审核清楚。如发现事实不清,要责成或协同原报案单位重新查证清楚,要使所认定的错误事实符合客观实际。

第十二条 证据确凿

证据是判断事实的依据。对证据必须认真地进行鉴别,去伪存真。认定错误的事实,一定要有充分的证据。没有证据或证据不充分、不确凿,不能认定。证据充分、确凿,即使犯错误的人拒不承认,也可以认定。

第十三条 定性准确

认定问题的性质,必须在事实清楚、证据确凿的基础上,以党章、《关于党内政治生活的若干准则》、党的方针政策和国家的法律法规为准绳,进行具体分析,是什么性质的问题就定什么性质。性质难以确定的,用写实的办法作出结论。

第十四条 处理恰当

在事实清楚、证据确凿、定性准确的基础上,作出恰当处理。既不要处理过头,又不要姑息迁就。

在任何情况下都不得株连无辜。

第十五条 手续完备

处理案件要严格按照党章规定的手续办理,按照处分党员或党组织的批准权限审批。手续不完备的,原报案单位必须补办。

报请审批的案件,须报以下材料:

(1)处分决定;

(2)错误事实调查报告和主要证据材料;

(3)本人检查材料和对处分决定的意见以及党组织对本人意见的说明;

(4)党的纪律检查委员会或组织的审查意见。

复查的案件须报:复查或复议报告和主要证据材料;处理决定及有关党组织的意见;本人意见和党组织对本人不同意见的说明;原处分决定和原定案的主要证据材料。

第四章 保障党员的合法权利

第十六条 基层党组织在讨论决定对党员的处分时,如无特殊情况,应通知本人出席会议,允许他在会上为自己申辩,也允许他人为之辩护。

第十七条 党组织对党员所要作出的处分决定和依据的事实材料必须同本人见面,听取本人说明情况和申辩。当本人对党组织所认定的错误事实有不同意见时 要认真地进行复核,采纳其合理的意见。对事实清楚、证据确凿,本人坚持错误意见或拒不签署意见的,由党组织作出书面说明,并根据事实作出处理决定。需要报上级审批的案件,连同本人意见一并上报。

要切实保障检举人、证明人的权利,检举材料和证人证言,不能给犯错误的人看。

第十八条 党组织作出的处分决定(或结论),需由本人签字,经上级批准后,连同批复给本人一份,并在适当范围内宣布。

第十九条 处分决定一经批准即执行。如果本人不服提出申诉,有关党组织必须负责及时处理或迅速转递,不得扣压,承办单位不得推诿。对于申诉有理,需要改变的,要实事求是地予以改正;对于错误事实清楚,证据确凿,定性准确,处理恰当,而本人坚持错误和无理要求的,要批评教育;对于无理取闹的,要严肃处理。

第五章 审理案件工作程序

第二十条 凡需经本级党委、纪委决定或批准以及需报上级党委、纪委批准的案件,在正式决定或批准前,必须经过审理部门审理。

第二十一条 审理部门在接到需由本部门审理的案件后,应即指定承办人。除案情简单者外,每个案件应由二人共同承办,特别重大复杂的案件,应组成两人以上的审议组办理。

第二十二条 承办人员按照本条例第三章的基本要求,对案件认真审理,提出审理意见。对于重大或复杂的案件,必要时,对主要事实和证据直接进行复查核实。

第二十三条 审理部门集体审议案件。由承办人员汇报案情和审理意见。汇报案情要言必有据,不得随意扩大或缩小事实。讨论中充分发扬民主,畅所欲言,允许为犯错误者申辩。然后根据会议决定写出审理报告。讨论中如有不同意见,同时上报。

第二十四条 一般情况下,批准机关在审理过程中应派专人与受处分人谈话,认真听取受处分人的意见。同时根据情况对犯错误的党员进行必要的帮助教育。做好谈话记录。

第二十五条 需要征求有关部门意见的案件,在常委审定前进行。

第二十六条 经过审理部门集体审议的案件,将案件审理报告和下级纪委或党委报来的有关材料,一并提请本纪委常委会审批。

第二十七条 经本纪委常委讨论决定后,按照批准权限,由本纪委批准的案件,立即办理批复手续;需报同级党委或上级党委、纪委审批的案件,及时办理请示手续。在接到同级党委或上级党委、纪委的批复后,及时办理给有关党组织的批复手续。

第二十八条 已经批复或同意备案的案件,及时抄送同级党委组织部门和其他有关部门。给予党员的处分决定中,有向党外组织建议撤销党外职务和给予其他行政处分时,应将处分决定送党外有关组织。

第二十九条 案件办理完结后,由承办人按照规定立卷归档。

第六章 对案件审理工作人员的要求

第三十条 案件审理工作人员应具有党性原则和工作作风:

(一)要有坚强的党性和高度的责任感,坚持原则,刚正不阿,秉公办案,不徇私情,敢于同一切违反党纪国法的行为作坚决斗争。

(二)坚持实事求是,一切从实际出发,不主观臆断;坚持调查研究,走群众路线,不偏听偏信,善于听取不同意见。

(三)注意总结经验,努力提高工作质量和效率。

(四)模范地遵守党纪国法,严格遵守保密制度,不得向无关人员泄露所办案件的情况。

(五)认真学习党的各项方针政策、党规党法和国家的法律法规,不断提高自己的政治思想水平和政策、业务水平。

第三十一条 本条例是案件审理工作的法规。各级党组织和各级纪委审查处理案件,必须按照本条例办理。

财政部发言人就美国穆迪公司对中国政府债券的评级问题发表谈话

今年5月19日,美国穆迪公司公布了对中国财政部1987年发行3亿西德马克政府债券评为A3信用等级的结果。对此,中国财政部有关负责人于5月21日向穆迪公司提出了不同意见。为了使国际金融界了解我国的观点,中国财政部表示:

一、去年10月,穆迪公司向中国银行表示希望就债信评级问题访问中国。经中国人民银行邀请,穆迪公司于今年3月11日至17日到中国进行访问,访问期间,我国有关单位与穆迪公司进行了积极合作。但是,穆迪公司只作了8天访问,访问结束后两个月,在未同中国方面交换意见的情况下,就发表了评级结果。我们对穆迪公司的这种工作方式,难以理解,表示遗憾。

二、穆迪公司是有影响的信用评级机构,过去在评级方面的业绩是显著的。这次公布评级结果时所发表的消息,对中国的政治、经济方面的评价是客观的。穆迪公司指出:中国目前是低水平的债务,中国未来借款规模能够同国家债务偿还能力相适应,中国有充分的机制和政策杠杆,保持对外借款与政府本身的对外筹资战略相一致;改革加强了政局稳定,中国今天的政局稳定程度在中华人民共和国的历史上是空前的。根据上述评论,理应得出的结论:中国的债信是高的。但是,评级结果同上述评价是不一致的,也是不符合中国实际情况的。这一评级结果,不仅中国,而且国际上著名金融界人士也感到难以理解。

三、10年来,我国实行改革开放政策取得了显著的成就。政局稳定,经济繁荣,国民生产总值平均以9%左右的速度增长,国际收支状况不断改善。在债信方面,中华人民共和国成立以来,保持了良好的债信纪录,这是国际金融界所公认的。我们希望穆迪公司进一步了解研究中国的政治、经济和债信情况,我们愿意同穆迪公司保持良好的合作关系。

外交部部长钱其琛在人民大会堂设宴欢迎美国国

务卿舒尔茨

钱其琛说,自从建交以来中美关系虽然有过曲折,但总的趋势是向前发展的。进一步发展两国友好合作关系的各种努力正在得到越来越广泛的支持。

他说,中美建交以来第一个十年即将过去了。回顾走过的路程,我们高兴地看到中美两国关系发生了深刻的变化。中美两国领导人经常互访。相互交流的渠道不断拓宽。互利合作的领域和规模日益扩大。经济贸易往来迅速发展。相互投资活动日趋活跃。

他说,事实表明,国家关系的好坏既不取决于社会制度和意识形态的异同,也不取决于同任何第三国的关系,而是取决于双方是否严格遵循处理国与国关系的和平共处五项原则。

他说,他深信,只要双方严格遵循中美历次公报所共同确认的原则,加强相互信任,不断克服和消除困难和障碍,中美关系在下一个十年里一定会发展到一个新的水平。

舒尔茨在讲话时说,早在大约20年前美中两国领导人就开始为关系正常化而努力,他们为两国在最近10年中建立起来的稳定、成熟的关系奠定了基础。

他说,美国已经明确表示,欢迎台湾海峡两岸有助于缓和紧张局势、有利于建设性交流的进程。这种进程符合美国对台湾问题的和平解决的关心。

他说,当我们迈向第21世纪时,中国通过对外开放同世界各地发展贸易关系,通过下放经济管理权、通过派遣留学生,已经被公认是一个能够进行世界级经济活动的国家。

舒尔茨说,我们将竭尽全力使先进技术向国外的转移尽量畅通无阻。最近“巴统组织”作出的进一步放宽对中国技术转让的限制就是一个例子。

他说,美中两国的关系所以能够不断发展,是因为我们都愿意寻找共同点,把坚持原则和解决我们双边问题的实际努力结合起来。

国家教委主任李铁映到甘肃考察

李铁映和国家教委副主任柳斌、国家民委副主任江家福7月14日至16日在甘肃先后考察了甘南藏族自治州、临夏回族自治州、定西地区,同各级党政领导、教师、宗教界人士就如何振兴教育多次座谈,肯定了甘肃一些地方鼓励活佛、喇嘛办学,兴办职业教育的做法。

李铁映指出,为了适应社会主义商品经济发展形势,培养成千上万有较高素质的劳动者,从根本上摆脱教育脱离生产实际的现状,除了各级党政部门的大力支持外,首先要有一大批既懂得社会主义商品经济、又懂教育的教育家。我们不仅需要优秀的教师,更需要优秀的校长。校长是办学治校的核心,是教师的教师。教育之本,教书育人,校长负有领教师、管教师、提高教师水平的重任,校长应该是最懂教育的人。各级党政领导要大胆支持校长探索,从最有威望的教师中培养校长。各类教师进修学院,一项重要的任务是培养合格的正、副校长,办校长培训班,请各方面的“专家”讲课争取每年寒暑假各办一次,连续办四五年,使校长能真正胜任自己的工作。李铁映同志还说,农村中小学最好不要另设党支部书记,让乡党委书记兼任学校党支部书记。学校的工作放手让校长去干,有困难请乡党委书记帮助解决,目的是支持校长,共产党就是搞服务的。

李铁映指出,目前兴起的教育热是振兴教育的希望之光。全面提高整个民族的教育科学文化水平,提高中华民族劳动者的素质,是最重大、最有深远意义的基础工程,要彻底改变建立在产品经济基础上的教育观念。一方面,要靠各级党和政府大办教育;另一方面,教育又是人民群众自己的事业,是直接为人民群众的富裕、前途、利益服务的,确立人民办教育、教育为人民的观念至为重要。李铁映说,除了奖励教育工作者外,还要奖励那些积极支持办学的各级政府领导人,如省长、县长。要像战争年代那样大奖有功之臣,把教师节真正变成盛大的节日。

甘青藏川滇5省区藏族教育研讨会在甘肃甘南召开

这次会议是由国家教委和国家民委联合召开的,中心议题是贯彻中央最近召开的民族团结表彰大会及援藏会议精神,交流研讨关于藏族教育的经验。

中共中央政治局委员、国家教委主任李铁映在会上强调,民族地区的教育,既不能生搬国外的经验,又不能仿照城市办学的模式,要从各地区实际出发,走出自己的路子。李铁映谈到,藏族分布广,地处边远山区,经济比较落后,教育搞上去了,不仅能加快商品经济发展步伐,造福藏胞,而且在国家统一、民族团结、繁荣文化等方面有着深远意义。以后每年要开一次会议,专门研究藏族教育问题。

与会同志高度评价甘肃省甘南州发展少数民族地区教育的宝贵经验。近几年,甘南州委和政府从牧区实际出发,探索出符合藏区民族特点的办学路子:牧读小学与寄宿制小学相衔接的办学形式;职业技术教育与基础教育早期结合的模式;把寄宿学校办成当地以教育为主的科技文化推广中学;搞好藏、汉“双语”教学,以及充分发挥宗教界人士办教育的积极性。

来自甘、青、藏、川、滇5省区的100多名省、地、县教育部门负责人,将实地考察,对藏族教育改革问题提出建议和意见,制定具体措施。

青年作曲家谭盾获得首届新西兰国际客席作曲家奖

呼和浩特民族艺术团在卡尔塔尔第四届国际艺术节上获艺术奖

7月15日

中共中央总书记赵紫阳在中南海会见美国国务卿舒尔茨

中央军委主席邓小平在人民大会堂会见美国国务卿舒尔茨

邓小平在会见时介绍了中国改革的情况,并说:中国正在闯关,正在深化改革,更加开放。我们不怕风浪,要迎着风浪前进,闯过难关。

国务院总理李鹏在北京会见美国国务卿舒尔茨

李鹏向舒尔茨介绍中国经济的发展情况。李鹏指出,中国经济体制正在经历一场巨大的转变。为了顺利完成这一转变,中国需要一个安定的政治局面和一个强有力的政府机构,也需要大力发扬民主,取得人民的理解、支持和监督。

李鹏还谈到了中美两国经济关系的发展。他说,目前,中美间的贸易额还不大。但从发展眼光看,两国贸易有着广阔的前景。

国务院在北京举行第二次全体会议

会议的中心议题是通报上半年的经济情况和部署下半年工作。李鹏总理主持会议并作了重要讲话。他说,上半年的经济形势比预料的好。下半年的经济工作要坚持以改革总览全局,继续贯彻进一步"深化改革,稳定经济"的方针,为明年的改革和发展迈出较大的步伐奠定良好基础。

姚依林、田纪云、吴学谦、王丙乾、宋健、王芳、邹家华、李贵鲜、陈俊生等国务院领导人出席了会议。国家计委、农业部、财政部、人民银行的负责人分别对上半年的计划、农业、财政、金融情况系统地向会议作了报告,并对下半年工作提出了一些意见。最后李鹏总理就大家关心的几个问题讲了话。

在谈到经济形势和经济体制改革问题时,李鹏说,上半年的经济形势总的来看是好的,上半年国民生产总值达5500多亿元,按可比价格计算,比去年同期增长11%;工业总产值比去年同期增长17.2%;农业夏收原来估计减产,实际与去年持平或略有增长;外贸进出口呈上升趋势,而且增长幅度较大;由于各地采取了压缩措施,全民所有制单位基本建设投资比去年同期增长13.6%,增长幅度有了减少。从经济效益看,产品质量稳中有升,适销对路产品大幅度增产,基本没有积压,全员劳动生产率提高,利税同步增长,全国财政收入比去年同期增长10.2%,收入大于支出52亿元。

李鹏指出,但是应该清醒地看到,现在的经济效益不是令人十分满意的,有相当一部分财政收入增长是价格因素引起的,不是靠降低物资消耗和提高劳动效率取得的;基建投资增长幅度有了降低,但目前的规模仍是国民经济所难以承受的;今年上半年物价上升幅度较大,达13%到14%左右。

李鹏强调说,要发展社会主义有计划的商品经济,物价改革这一关非过不可,但必须有计划有步骤地进行,不能打乱仗。物价改革如果有计划有步骤地进行,各方面步调一致,而且得到群众的理解和支持,我们就可以比较顺利地过好这一关。李鹏要求各级政府在处理物价问题时,应该采取慎重的和对人民负责的态度,重大的价格调整措施出台时,要经过周密计划与协商,取得群众的谅解、理解与支持。在某一项价格调整措施出台时,要坚决防止其他物价乘机"搭车"现象。这是人民群众最不满意的,它容易扰乱人心甚至影响社会的安定。为此各级政府对"搭车"现象要采取强有力措施予以制止,并在价格措施出台前后认真进行物价检查,保护消费者的利益。当然要保持物价基本稳定,根本问题是要发展生产。目前副食品生产受到价值规律的刺激,生产情况已有起色,猪肉供应情况日趋好转,有些地方已出现一些卖猪难的信号,要引起各地的关注,要防止再度出现卖猪难,挫伤农民养猪的积极性。蔬菜供应也已引起各级政府的重视,整个夏季蔬菜供应情况比较好,现在要有克服秋淡的措施,并重点抓好北方冬季大白菜的生产。

李鹏指出,我国财政收入的90%以上靠税收。税收是我国主要财政收入来源,也是重要的经济杠杆,宏观调节的主要手段。现在税收部门是在非常困难的条件下进行工作的,国务院各部门与各级政府要支持他们的工作。今后各地方在发展经济事业与吸引外资方面不能靠采取新的减税免税办法,主要要靠自己的真本事去提高经济效益;吸引外资主要是靠改善投资环境,包括硬环境与软环境,我国的税收按国际惯例已经比较优惠。

李鹏强调,稳定经济就要适当控制基本建设规模和消费基金的增长,使供求关系基本平衡,财政收支基本平衡,财政赤字不超过预定指标,控制货币发行。这几个措施不是消极的,而是为了保持国民经济持续、稳定增长，防止大起大落。这就要求我们在安排下半年生产时，要考虑明年的生产问题，既要看到有利条件，也要充分估计到不利因素，不要靠拼设备、拼原材料，各地不可盲目攀比，追求高速度，要使明年生产有后劲，使经济能持续稳定发展。

李鹏说，深化企业改革是当前面临的重要课题。物价改革能否顺利进行，根本上要看企业效益是否提高，因为企业是国家财政收入的主要来源，提价要靠它消化，提工资要靠它支付。企业效益进一步提高，还得靠深化企业改革。

深化改革关键之一是进行企业劳动制度与人事制度的改革。现在各地试点单位在这方面已摸索出了一些好的经验，应认真总结加以推广，例如优化劳动组合，将竞争机制引入人事制度中等。如果不能妥善解决企业中多余人员的问题，背着大包袱，那就很难提高经济效益。

在谈到抓好农业生产，做好防汛抗旱工作问题时，李鹏说，农业生产问题，对于我们这样一个有10亿人口、8亿农民的大国来说，始终是经济稳定的一个重要因素。秋季作物从全国范围看问题不少。主要是现在一些地方出现持续高温天气，旱情比较严重；化肥、农药、薄膜等紧俏农业生产资料，一方面市场缺货，一方面还有很大的库存。各地农业和商业部门应及时把这些生产资料供应到农民手中，不要耽误农时。现在全国大汛期已到，防汛工作已进入关键时刻，中国的面积大，气候差别大，旱涝灾害可能同时发生，因此要一手抓抗旱，一手抓防汛。目前，我国7大江河还没有发生大的洪水，汛情平稳，但天有不测风云，不可放松警惕。不要看到现在平安无事，就麻痹大意。

在谈到国务院机构改革问题时，李鹏说，改革的进展总的来说是顺利的，新组建的9个部委已按原定要求时间组建完毕，全部投入运行。机构不作大的调整的52个部门，机构改革工作也都开始进行了。现在要引起大家注意的有两点，一是已经完成"三定"的部委，在工作中要真正转变职能，建立新的工作制度，发扬新的作风，产生新的气象。真正做到由过去的着重于微观直接管理转变为着重于宏观间接管理。二是要注意防止反复。"三定"以后，又要求扩大编制，人员重新膨胀。在这次机构改革中，国务院各部委局都要毫无例外地把直接管理企业事业的职能下放下去，必须完成精简人员20%的任务。

在谈到保持各级政府机构和工作人员的廉洁问题时，李鹏说，为政清廉已反复提过多少次，现在不能只讲空道理，必须见诸行动。当前，一要将压缩楼堂馆所进行到底。中央和北京市带了头，很多省市已开始进行，有的并取得了效果。但有些省市动作迟缓，有的至今没有动。对此国务院有关部门要检查督促，社会舆论也要进行监督，一定要把这件事抓好，进行到底。有不少地方的楼堂馆所是国务院一些部门与地方合资共建的，这些部门不能袖手旁观，要主动与省市商量，共同采取措施。二要抓紧公司的清理、整顿。今年以来，从中央到地方都办了很多公司，说得严重一点已达到泛滥成灾的程度。其中有些公司是办得比较好的，对发展生产，繁荣经济，活跃市场和促进改革，发挥了积极作用。但也有相当一部分公司政企不分，既有行政权，又有公司的钱，也有不少是行政性公司，这些公司在很大程度上不是支持企业的自主权，而是限制甚至剥夺企业的自主权，对生产发展产生不好影响。特别是有的公司利用双轨制价格的差价和手中的权力，转手倒卖紧俏产品，从中盘剥，既损害了国家利益，又损害了消费者利益，滋长了各种腐败现象，引起了人民群众的公愤。党中央和国务院已决定要进行清理和整顿。当前要采取两条紧急措施：暂停审批成立新的公司；公司从事倒卖物资活动的一律停下来。

李鹏还对提高知识分子待遇、加强社会治安以及国际形势中的一些新问题谈了意见。

全国财政工作会议在北京召开

会议于7月15日至24日召开。会议透露，今年上半年，由于各地区采取增收节支、平衡预算的有效措施，国内财政收入995.36亿元，比去年同期增长10.2%，财政收入大于支出，国家预算执行情况是好的。财政部要求各地下半年多增加一些收入，少安排一些支出，留有一定的后备，从财力上支持工资、物价制度改革。

今年年初以来，各地区各部门完善和深化企业承包经营责任制，有计划地组织实施沿海地区经济发展战略，取得了显著的效果。从收入情况看，上半年工商税收增长13.1%，改变了去年同期与工业生产不相协调的状况；关税收入由于进口商品增加和征收管理工作加强，比去年同期增长18%；农业税、能源交通重点建设基金收入也较好。但是，行政经费是今年压缩支出的重点，上半年不但没有压下来，反而比去年同期增长16.1%，成为喜中之忧。

财政部副部长迟海滨在会上指出，下半年要继续深化财税改革，采取新的增收节支措施，把财政赤字控制在80亿元以内，确保今年国家预算的圆满实现。

企业承包要严格按承包协议办事，努力提高经济效益。企业包盈了要执行协议，包亏了也要执行协议，不能包盈不包亏。各级财政部门要硬下一条心，彻底改变那种经营不好的企业靠减免税过日子，经营性亏损的企业靠国家补贴过日子的状况。

加强税收管理,力争多超收一些。目前,乱开减免税口子,截留国家财政收入的现象严重,对财政稳定与平衡影响较大。国家税收不应成为调节企业盈亏的一种手段。下半年必须坚决堵住承包中乱开减免税的口子,使同一类企业在统一的公平的税负下展开竞争。

严格执行财政包干办法,确保上缴任务的完成。各包干地区要积极开辟财源,增加收入,坚持自求平衡的原则,包亏了也不能再向中央要钱。没有实行包干的地区,也要努力把日子过好,保证年终不出赤字。今后,各地区在预算执行中出现问题,除了发生特大自然灾害可由中央适当补助外,都要靠自己的财力解决。

继续严格控制财政支出,不得再开新的增支口子。确需追加的某些特殊开支,必须在各级预算安排的预备费中统筹解决。国务院已决定,中央预备费的动支,要经总理办公会议审批。地方预备费的动支也要从严审批。

坚决压缩行政经费、社会集团购买力和地方自筹基建投资。现在行政经费控制不住,主要是人多、会多、小汽车多。以小汽车为例,1987年年底,全国行政单位的小汽车已达15.1万辆,比1982年增加1.5倍,平均33人就拥有一辆小汽车。为了节减支出,平衡预算,树立廉洁风尚,必须刹住行政经费和社会集团购买力的涨风。

7月23日,国务院领导同志在听取全国财政工作会议汇报时指出,今年下半年,财政工作千头万绪,关键要千方百计增收节支,力争减少财政赤字,以利于今年经济的稳定和发展,并为明年的经济改革提供较好的条件。

会议期间,代表们认真检查了今年国家预算的执行情况,研究了增收节支、平衡财政的措施。7月24日,国务委员、财政部部长王丙乾在闭幕式上讲了话。

王丙乾说,从明年起,国家准备用几年时间改革物价、工资制度,基本上理顺物价、工资关系。为了支持改革闯过难关,财政部门要更多更好地筹集资金。要使国家财政收入有较大增长,最根本的是提高企业经济效益。国家财政资金主要靠企业来提供,提价、提工资主要靠企业来消化。他特别希望国营大企业建立内部竞争机制,加强科学管理,创造出比小企业和乡镇企业更高的效益。

王丙乾指出,现有的财源不可能保证今后建设与改革的需要,必须解放思想,打破常规,研究生财之道,有计划、有组织地培养和开拓财源,使收入增长有后劲。

近年来,中央财政资金的供求矛盾很尖锐,王丙乾认为,一个重要原因,就是经过几年放权,统收的局面打破了,财政收入占国民收入的比例已由1979年的31.9%降为1987年的22%;在1987年的全国财政收入中,中央财政直接组织的收入只占35.3%;地方上上缴中央的收入还补不上中央对地方的各项补助和专案拨款,但是,统支的局面不但基本没有改变,而且包揽支出的项目还在不断增加。

王丙乾说,解决上述矛盾,除进一步调整和改进现行财政包干体制外,要下决心严格控制财政支出:

——有保有压,区别对待,压缩财政支出的总盘子。对于物价和工资改革最低限度的资金需要,财政必须予以保证。对于固定资产投资,要下决心砍一些项目。实行新的财政包干体制的十几个省市,增加的收入不能用于经常性支出,以利于财政平衡。

——改善支出管理,提高资金使用效益。无论是专项资金拨款,还是减税免税,都要改变过去那种一拨了事或者一批了事、不问效益的倾向,推广大连市和青岛市实行专项资金追踪反馈责任制的经验。

——结合价格、工资改革,适当压缩价格补贴。对于价格放开的商品,要逐步取消“暗补”。对于价格尚未放开和尚未完全放开的商品,应在核定供应量的基础上实行定额补贴,不能搞敞口补贴。各地都不能擅自提高补贴标准。

——从现在起,凡属应当停建、缓建的楼堂馆所,财政、银行都要一律停止拨款。

中美经济合作讨论会在人民大会堂开幕

讨论会由中国国际信托投资公司(集团)和美中协会共同发起主办,是中美经济界一次高层次的讨论会。美国新泽西州州长托马斯·基恩、世界著名的美国11位大公司的企业家以及加拿大铝业有限公司企业家出席会议。中国方面出席会议的有国家计委、国家经济体制改革委员会、国务院特区办等9个部委和11个沿海省市的代表。

中信公司董事长荣毅仁欢迎美国朋友在中美建交第10年之际来中国开这个讨论会。他说,我们既为中美经济合作的进展感到高兴,又感到它同两国的人口、资源和总的生产水平相比还很不相称。他希望通过这次深入广泛的研讨,为把中美经济合作推到新高度贡献力量。

美中协会主席基辛格在致辞中说,中国正在把中央计划经济和市场经济结合,这是前所未有的。尽管发展道路有起有伏,他说:“我对中国前途十分乐观。”他表示将在这次会上与中国代表坦率交换意见。

中苏签署公民往来免办签证协定

从今年8月13日起,持各种有效旅行证件的中苏两国公民因公临时进出对方国境将免办签证。这是今天在莫斯科签署的《中华人民共和国政府和苏维埃社会主义共和国联盟政府关于双方公民相互往来的协定》中规定的。

中国驻苏联大使于洪亮和苏联外交部副部长恰普林在协定上签了字。

1985年两国签署的关于互免持外交护照人员签证的协议和简化签证有关细则的备忘录在这一协定生效后即行失效。

国家科委宣布1988年度国家级科技进步奖评定结果

国家科委宣布,1988年度国家级科技进步奖已由国家科技进步奖评审委员会评定核准。518项科技成果获奖,其中,特等奖2项(需报国务院批准),一等奖33项,二等奖153项,三等奖330项。

这次获奖项目技术水平高,有的具有国际先进水平。如获一等奖的"太阳磁场望远镜",是研究太阳磁场和速度场的重大装备。中国科学院北京天文台等单位的科技人员经过20多年的努力,才研制成功。它的总体性能处于世界领先水平,对高层大气、短波通信、近地气象和人类生态的研究将产生重大影响。"非线性光学晶体铌酸钾"是性能优异的铁电晶体,科技人员从理论和实践上攻破了生长晶体的难关,成功地制成了目前国际上最大的铌酸钾单畴晶体,其透明度、相位匹配曲线、晶体尺寸都居国际领先水平。

这次获奖项目具有显著的经济效益和社会效益。如获得特等奖的"包兰线沙坡头地段铁路固沙防护体系的建立",自50年代以来,铁道部、中国科学院和林业部等单位的科技人员面对铁路穿越自然条件严酷的腾格里沙漠那流动的沙丘,采用工程固沙与生物固沙相结合的综合治理技术措施,30多年来,有效地防止了流沙对铁轨、路基的侵蚀和掩埋,保障了包兰铁路畅通。获奖项目"江西省新类型重稀土矿床发现勘探及成矿理论",则建立了稀土矿成矿理论模式,勘探出了新类型重稀土矿床,使我国成为拥有重稀土资源和开发生产重稀土矿物的重要国家,几年来为国家创汇1600多万美元。据不完全统计,仅民口的23项特等、一等奖项目,其增收节支总额达55多亿元,创汇2.37亿美元。这次评选出的二、三等奖项目也同样具有十分可观的经济效益和社会效益。

在这次获奖项目中,有的对于民族工业的发展具有重大意义,如获奖项目"解放CA141型5吨载重汽车及换型投产"。5吨载重汽车的产品换型、技术改造是完全依靠自己的力量完成的,从而结束了解放牌汽车30年一贯制的局面,为大型老企业的换型、技术改造闯出了新路。

1988年度国家科技进步奖特等奖一等奖项目

国家科技进步奖评审委员会宣布:518项(公布421项)科技成果获1988年度的国家级科技进步奖。

特等奖2项(公布1项,需报国务院批准):

包兰线沙坡头地段铁路固沙防护体系的建立(铁道部、中国科学院、林业部)

一等奖33项(公布23项):

锦州至辽阳50万伏输变电成套设备(原国家机械委)

解放CA141型5吨载重汽车的研制及换型投产(中国汽车工业联合会)

低纯度钕稀土铁硼——第三代稀土永磁材料(中国科学院)

太阳磁场望远镜(中国科学院)

长波授时台系统的建立(中国科学院)

二水法磷酸——中和料浆浓缩法制磷铵新工艺(化工部)

"乐凯"(Ⅱ)100日光型彩色胶卷(化工部)

攀钢提钒工艺参数的系统优化—完善提高提钒工艺技术(冶金部)

限流法压裂在薄油层开发中的应用(原石油部)

江西省新类型重稀土矿床发现勘探及成矿理论研究(地矿部)

真丝绸低温染色(纺织部)

乙型肝炎血源疫苗的研制(卫生部)

中国黑白花奶牛的培育(原农牧渔业部)

杂交水稻新组合籼优63(福建省)

宝钢一期工程施工新技术(冶金部)

非线性光学晶体铌酸钾(KNB03)(国家建材局)

福建坑口碾压混凝土筑坝技术(原水电部)

埕北A区油田建造工程(中国船舶工业总公司)

DS—2000程控数字电话交换机(邮电部)

全国农业气候资源和农业气候区划研究(国家气象局)

2000年的中国(国务院经济技术社会发展研究中心)

阿依24发动机振动故障研究(中国民航局)

瞄—5型(Ⅰ波段)频率捷变雷达(总后勤部)

全国文艺工作会议在北京召开

中央书记处书记芮杏文出席会议并讲话。芮杏文的讲话共分5个部分:一、改革正进入关键时刻,需要全党同志、各行各业同心同德,共渡难关;二、文艺对鼓舞人们投身改革、建设四化、维护安定团结有重要作用;三、正确估价文艺界的形势,是我们制定政策、提出和解决问题的基础；四、关于如何长期地稳定地发展和繁荣社会主义文艺事业问题；五、要保证开好第五次文代会。

参加这次会议的有：各省、自治区、直辖市党委的有关副书记或常委，以及党委宣传部的部长、文艺处长，各省、自治区、直辖市文联的党组书记，计划单列市党委的有关副书记或党委宣传部长，全国文联党组、中国作协党组和各文艺家协会党的临时领导小组的负责人，文化部、广播电影电视部、新闻出版署等有关部门的负责人，共155人。

国际科联环境问题委员会(SCOPE)中国委员会在北京成立

国际科联下属的环境问题委员会是一个多学科的国际学术组织，于1969年成立，其主要任务是研究人类对生态环境的影响和全球性环境保护问题。我国于今年6月加入该组织。

7月16日

国家主席杨尚昆在人民大会堂接受新任斯里兰卡驻华大使纳·塞·拉·佩雷拉递交的国书

国家主席杨尚昆在人民大会堂会见美国—中国协会主席亨利·基辛格以及其他正在北京参加中美经济合作讨论会的美国朋友

杨尚昆说，中国改革已进入重要时期，国内有很多问题需要解决。对为政不清廉、贪污腐化、投机倒把等消极现象，决不容忍，一定要花很大力量去克服它。克服之道不是采取过去搞群众运动的办法，那样只能见效于短时，而是用法律的办法来整治，这样会更有效，所起的作用会更长远可靠。

杨尚昆说，中国政府对这次中美经济合作讨论会很重视。美国企业界的朋友们亲自来中国了解、考察，和我们一起探讨发展两国之间经济贸易的好办法，有助于进一步加强中美经济合作。

国务院总理李鹏在中南海紫光阁会见美国—中国协会主席亨利·基辛格和双方全体代表

会见中，李鹏向客人们介绍了中国经济发展情况。他说，中国目前的经济有两个特点：一、保持比较高的速度发展；二、面临大的转变，即价格体系的改革。他说，中国仍是一个发展中国家，正在从高度集中的计划经济向有计划的社会主义商品经济转化。在这过程中，中国还将保留部分指令性计划，但是进行宏观控制，将主要依靠经济杠杆。

在谈到中国的改革时，李鹏说，中国的改革进入了关键时期。目前，中国的价格体系相当不合理，这是由于长期的历史条件形成的。中国的经济要继续发展，必须改变目前不合理的价格体系，并且逐步取消在价格问题上的双轨制。

他强调说，在价格体制改革问题上，大家比较一致的看法是，不进行价格改革，就不能真正在中国实行社会主义的商品经济，中国的经济就不能得到更进一步的发展。

他说，价格改革涉及人民群众的生活。因此，中国在制定政策时必须谨慎，方案和措施要合理，同时必须与人民商量，取得人民的理解和支持。

他说，价格改变会引起物价上涨，因此在进行价格改革时，应配套进行工资的改革，增加职工的工资，给人民以适当补偿，使人民的生活至少不至于下降。

他强调说，增加工资主要靠发展生产，提高企业的经济效益来实现。

谈到中美经济合作的前景时，李鹏说，美国在这方面可做的事情很多。他说，美国是最大的外国在华投资者，但投资的数额还很小。在这方面，发展的余地是很大的。基辛格说，这次与他同行的美国经济界人士都在致力于加强美中关系，都愿意同中国发展合作。

中国国际信托投资公司董事长荣毅仁参加了会见。

美国新泽西州州长基恩等也参加了会见。

国务院总理李鹏在北京会见新加坡副总理吴庆瑞

吴庆瑞在会见时对李鹏说，中国政府制定的改革和开放政策在珠江三角洲取得了很好的效果，那里经济发展很快，效益也好，对外商投资很有吸引力。珠江三角洲正在从劳动密集型地区转变为技术密集型地区，发展潜力很大。

吴庆瑞还提出，中国发展旅游业一定要突出自己的特点，各省都可以有各自的特点。

李鹏对吴庆瑞的意见表示赞赏。他说，中国的投资环境已经有了改善，目前存在的一些问题还要在深化改革中逐步得到解决。

李鹏在谈到发展旅游业问题时指出，中国有丰富的旅游资源，这是宝贵的财富。我们要从实际出发，很好地加以开发利用。我们的旅游设施不宜片面追求高档的、豪华型的，而应向实用的方向发展，要多建些中、低档而又清洁卫生、服务质量好的旅馆、饭店。

国家副主席王震在辽宁考察

王震于7月16日至21日在辽宁省考察了正在建设中的大连经济技术开发区、大连造船厂香炉礁新区、沈阳变压器厂、沈阳第三机床厂、沈阳飞机制造公司等大型骨干企业。

王震指出,我们的改革、开放取得了很大的成绩,各方面变化很大,但也遇到了诸如物价上涨过猛、社会分配不公、腐败现象滋生等不容忽视的问题。我们只有坚定不移地坚持四项基本原则,坚定不移地坚持改革、开放的方针,才能使这些问题得到妥善解决,才能进一步发展社会生产力,把社会主义现代化建设的宏伟事业搞得更好。

中共中央政治局常委胡启立在人民大会堂会见日中青年研修协会代表团

国务院副总理田纪云在人民大会堂会见日本贸易振兴会理事长赤泽璋一

田纪云说,中国政府将采取一系列的配套措施:控制生产发展速度,压缩非生产性建设规模,对社会分配不公平和非劳动收入进行调节,开辟新的税源,对困难企业和困难职工进行适当补偿,使人民生活水平不致降低,用行政和经济手段迫使企业提高经济效益。

田纪云对赤泽璋一说,中国经济改革的成功将为中日经济技术合作的发展开辟新的道路。他指出,当前的中日经济贸易关系不仅没有萎缩,而且正向生产合作和技术合作发展。他相信中日经济关系有广阔的前景。

内蒙古大青山发现包头塬上文化遗址

据《人民日报》报道,包头塬上文化遗址位于包头市郊区沙尔沁乡西园,发掘工作于5月末开始,现已挖出22处原始社会房址。这些房址距今5000年左右;房址柱孔十分清楚,排列整齐。有些房址炉灶中还遗留着烧过的灰迹。房址最大的长8米、宽3.9米,有柱孔17个之多。

著名考古学家、中国考古学会理事长苏秉琦教授曾到西园遗址实地考察。他将内蒙古大青山前的台地称为塬上,认为西园遗址是中国一种新的考古文化——"包头塬上文化"。这处遗址的发现,为研究中国原始社会和北方游牧民族历史增添了新的资料。在西园遗址西面台地,还发现了9座青铜时代墓葬。其中4座墓葬尸骨完好,出土殉葬品有青铜扣、青铜环、骨矢、料珠、绿宝石等精致饰件。

使考古工作者惊喜不已的是,几乎每一座墓葬中都发现了殉葬鹿头。少者七八个,最多的达40余个。这些鹿头都没有石化,有的鹿角清晰可辨。这在国内考古发掘中实属罕见。

《2000年的中国》出版

刚刚荣获国家科技进步奖一等奖的重点软科学研究成果《2000年的中国》,已编纂成15卷本的大型丛书,并开始陆续出版。

《2000年的中国》,是国务院20多个部委所属上百个单位400多位专家两年多时间辛勤劳动的成果。丛书包括《2000年的中国》《2000年中国的科学技术》《2000年中国的社会生活》《2000年中国的经济》《2000年中国的自然资源》等15卷,共约450万字。

7月17日

国家土地开发建设基金管理领导小组与冀 鲁 豫 苏 皖5省人民政府就黄淮海平原农业综合开发建设项目在北京举行协议书签字仪式

国务院副总理田纪云,国务委员、国家土地开发建设基金管理领导小组组长陈俊生和国务院有关部门的负责同志出席了签字仪式。国家土地开发建设基金管理领导小组副组长、农业部部长何康,土地开发建设基金管理领导小组办公室副主任、财政部副部长项怀诚和冀鲁豫苏皖5省副省长及5省的农业开发投资公司负责人分别在协议书上签了字。田纪云副总理就当前农业生产形势、农村改革和农业开发问题讲了话。

黄淮海平原北起燕山南麓,南抵淮河,西自太行、伏牛山麓,东临渤海、黄海和山东丘陵,是由黄河、淮河、海河洪积、冲积形成的我国最大的平原。这一地区,包括冀鲁豫苏皖京津5省2市27个地(市)的298个县。面积32万平方公里,人口1.64亿,其中农业人口1.46亿。解放后,经过30多年的开发建设,农业生产条件有了一定的改善,农业生产比过去有了较大发展。目前,黄淮海地区共有耕地2.9亿亩,占全国耕地总面积18%。主要农副产品产量占全国总产量的比例分别是:粮食19.4%,棉花56.8%,油料18%,肉类14.6%,温带水果40%,是我国主要的农畜产品商品基地。但是,由于这一地区旱涝无常,低洼易涝地区盐碱严重,加之土壤贫瘠,农业生产力发展水平仍是比较低的。目前在2.9亿亩耕地中,有80%左右是中低产田。此外,还有可垦宜农、宜林、宜牧、宜渔的荒地、荒坡、荒滩等7000多万亩。这说明,这一地区进一步提高和发展农业生产力的潜力是很大的。同时,这个地区处在我国东部地带,交通比较发达,近几年有些地区已进行局部的治理与开发,有了一定的基础。这一地区的开发,基本是对现有的大面积的中低产田进行改造,与新开垦耕地相比,具有投资少、见效快、效益高的特点。根据国家的需要和目前财力的可能,为了充分挖掘这一潜力,促进我国农业生产稳步持续发展,国务院于今年2

月份召开会议,研究决定将黄淮海平原列入国家农业重点开发地区,进行大规模的治理开发。经过几个月的规划、论证,冀鲁豫苏皖5省提出了第一期黄淮海平原治理开发方案。协议书签字后,5省将据此逐步实施。

黄淮海平原的治理开发前景令人振奋。据这一地区五省农业部门的规划分析和农业科研部门及院校专家们论证,通过开发治理,到本世纪末这一地区农产品的年产量与现在相比,大体增产粮食500亿斤、棉花2000万担、油料3000万担、肉类200万吨是可能的。经过治理开发,这一地区将建设成为我国最主要的粮、棉、油、肉、果、水产品综合商品生产基地。

为搞好黄淮海平原农业综合开发,国务院提出以下原则性意见:一、黄淮海平原范围大,对其治理开发是一项综合性的系统工程,涉及的方面多。为了搞好开发治理,需要由国务院统一领导,统一规划,统一制定大的政策。在这个前提下,充分发挥地方各级人民政府和其他方面的积极性。国务院责成国家土地开发建设基金管理领导小组调协各部门、各地区的工作,负责审批开发治理规划,监督检查实施情况。二、实行综合开发,综合治理,综合经营,取得综合效益。要治理与开发相结合,以治理中低产田为重点,实行土水田林路综合治理。在发展粮食生产的同时,积极发展棉、油、肉生产,实行农林牧副渔全面发展,振兴整个农村经济,达到经济效益、社会效益、生态效益的统一。三、贯彻改革、开放、搞活的方针,采取承包经营的办法进行开发治理。开发治理工作由省人民政府向国家承包。然后,由省农业开发投资公司向各方面分包,承包方式自定,可以是分片包,也可以按项目包。要引入竞争机制,采取投标招标的方法进行承包。可以集体承包,也可以大户承包。新的开发建设,一开始就要实行适度的规模经营,以利进一步提高经济效益。开发资金要多渠道筹集,原则上实行有偿使用,滚动周转。四、要十分注重科学技术的投入。黄淮海平原开发治理,需要多方面的投入,其中较为重要的一项是科技的投入。要采取措施,制定政策,调动中央和地方科研、教育部门科技人员的积极性,鼓励科技投入。科技部门可以向有关地区搞开发治理承包,承包中要照顾到科技部门的利益。五、开发治理黄淮海平原,应充分调动地方各级人民政府和农民群众的积极性,以地方、群众投入为主;与此同时,国家在财力、物力及政策方面给予重点扶持。

国务院副总理吴学谦在钓鱼台国宾馆会见并宴请新加坡副总理吴庆瑞

由600名中美青年科技爱好者组成的科技夏令营在人民大会堂举行开营式

中国科协名誉主席周培源教授在开营式上代表中方向美国青年朋友表示欢迎。美国东华盛顿大学地理学教授米歇尔·佛森代表"挑战者"号航天飞机候选飞行员之一理查德·麦西亚也在会上致辞。

夏令营是由中国国际科技会议中心、北京市科协和美国国际人民交流协会共同举办的。在京期间,夏令营将分别举办科学知识竞赛、参观有关科研单位、交流学习经验等活动。随后,各团将分赴西安、南京、福州、贵阳等城市开展活动。

无噪音超声导盲镜在上海投入批量生产

由上海机电化工科技公司研制的这种导盲镜形似普通眼镜,是经过对蝙蝠仿生而制成。当前方出现障碍物体时,导盲镜即发出声响,距离愈近,音调愈高;而前方无障碍物时,则毫无声响。盲人即可据此正确判断前方有无障碍物体及大体位置。

经过一段时间训练,盲人还可以较为方便地拿取日常用品。

国家教委高校学生管理司负责人答新华社《光明日报》《中国教育报》和《人民日报》记者问

问:为什么要扩大学校的权限?

答:过去的统一录取对保证录取的公正起了很好的作用。但是,学校权力过小,造成一些缺陷。去年,国家教委颁发了《关于扩大普通高等学校录取新生工作权限的规定》,实行"学校负责,招办监督"的新录取体制,在统一考试、健全法制的前提下,把录取新生的权力交给了学校,使统一招生进入了新阶段。它的目的,是为了更好地贯彻"德智体全面考核,择优录取"的原则。

问:新录取体制的主要内容是什么?

答:根据"录取规定"第二条,在政治思想品德考核和身体健康检查合格、统考成绩达到本批录取学校控制分数线以上的考生中,学校有权决定调阅考生的档案数,有权决定录取与否。录取工作结束后,学校应认真处理遗留问题。凡因学校失误而落选的考生,学校应予补录。

在新体制中,省、自治区、直辖市招生办公室有权根据国家教委的规定,结合本地的实际情况,制定本地录取工作的具体实施意见;划定控制分数线;对学校录取工作实行监督。

有人认为,扩大学校自主权就是学校可以随意录取,想取谁就取谁。这是完全错误的。学校行使录取权,招办行使监督权,都只能在法规允许的范围内。学校无权自立违背国家教委规定的录取标准。

问：学校应该怎样正确行使录取权？

答：学校录取并不等于学校录取人员随意录取。录取人员是代表学校行使录取权，重大问题应由学校领导决定。学校应选政策水平较高、工作认真负责、作风正派、办事公道的人从事录取工作。

近几年，有的学校的录取人员不能正确行使录取权，突出的问题有三个：

1. 歧视非第一志愿的考生。违背相邻志愿的分数最多不得超过20分的规定，拒绝录取非第一志愿的考生。个别学校甚至公开宣布不收非第一志愿的考生。2. 录取人员带了一些条子，只要进入控制分数线，不是择优录取，而是按条子录取。3. 降低标准，用委托培养、自费生拉关系、招子弟。

今年的录取工作就要开始了，国家教委决心把维护录取的公正、排除不正之风的干扰，作为深入录取体制改革的重点来抓。公正，并不等于完全按总分排队，而是根据国家教委的规定，以系、专业为单位，从高分到低分，注意相关科目的成绩，德智体全面考核，择优录取。在选择范围内，学校有权择优。由于德体条件、相关科目成绩、志愿等原因，总分略高而落选，是正常的。但是，决不允许歧视非第一志愿的考生，不允许按条子录取，不允许降低标准，用委托培养、自费生拉关系、招子弟。我们要求各级领导人不得给录取人员批条子，掌握某些权力的人也不得递条子，任何人都不得递条子。我们希望录取人员自珍自爱，坚决拒绝收条子。

为此，国家教委颁发了《普通高等学校招生管理处罚暂行规定》。无论是谁，只要违反招生规定，必须依法惩办，决不姑息。有的高等学校，如继续出现上述三种问题，国家教委将以其无力行使录取权而取消其录取的自主权，由地方招生办公室代录，并通报全国。

问：省、自治区、直辖市招生办公室怎样正确行使监督权？

答：地方招办应如实向学校介绍考生德智体的情况、各分数段考生的人数及考生志愿分布等。及时准确地投递与调配考生档案。要对学校录取工作进行检查。发现有违反规定的情况或不合理落选者，须提请学校复议；如学校坚持原案，地方招办有权报告学校主管部门、直至国家教委裁决。

第三次中美大学校长会议在南京大学开幕

来自太平洋两岸的19所高等学府的首脑们围坐在一起，本着“增进联系与了解，交流经验与设想，发展友谊与合作”的宗旨，深入探讨共同关心的问题。

南京大学校长曲钦岳和美国霍普金斯大学校长史蒂文·穆勒分别担任中、美大学校长代表团团长。今天，他们回顾了自1985年在北京召开首次中美大学校长会议以来两国高等教育的发展与变化，充分肯定中美大学校长会议所起的积极作用。

7月18日

国务院总理李鹏签署第8号令公布《军人抚恤优待条例》

《军人抚恤优待条例》已经1988年6月28日国务院第十一次常务会议通过，现予发布，自1988年8月1日起施行。

总　理　李　鹏

1988年7月18日

军人抚恤优待条例

第一章　总　则

第一条　为保障国家对军人的抚恤和优待，激励军人保卫祖国、建设祖国的献身精神，加强军队建设，制定本条例。

第二条　中国人民解放军的现役军人、革命伤残军人、复员退伍军人、革命烈士家属、因公牺牲军人家属、病故军人家属、现役军人家属（统称优抚对象），依照本条例的规定享受抚恤和优待。

第三条　本条例所称的家属是指军人的父母、配偶、子女，以及依靠军人生活的十八周岁以下的弟妹、军人自幼曾依靠其抚养长大现在又必须依靠军人生活的其他亲属。

第四条　军人抚恤优待工作实行国家、社会、群众三结合的制度，保障军人的抚恤优待与国民经济的发展相适应，使抚恤优待标准与人民的生活水平同步提高。

第五条　一切国家机关、社会团体、企业事业单位和公民应当依照本条例的规定履行各自应尽的职责和义务。

第六条　民政部主管全国的军人抚恤优待工作，县级以上的地方各级人民政府的民政部门，主管本行政区的军人抚恤优待工作。

在抚恤优待工作中成绩显著的单位和个人，由各级人民政府给予表彰和奖励。

第二章　死亡抚恤

第七条　现役军人死亡，根据死亡性质确定为：

（一）革命烈士；

（二）因公牺牲军人；

（三）病故军人。

第八条　现役军人死亡，根据死亡性质和本人死亡时的工资收入，由民政部门发给其家属一次性抚恤金。具体标准由民政部会同财政部制定。

义务兵和月工资低于正排职军官工资标准的其他军人死亡时，按正排职军官的工资标准发给其家属一次性抚恤金。

第九条　立功和获得荣誉称号的现役军人死亡，一次性抚恤金分别按下列比例增发：

(一)被中华人民共和国主席或者中央军事委员会授予荣誉称号的，增发百分之三十五；

(二)被军区(方面军)授予荣誉称号的，增发百分之三十；

(三)立一等功的，增发百分之二十五；

(四)立二等功的，增发百分之十五；

(五)立三等功的，增发百分之五。

第十条　革命烈士、因公牺牲军人、病故军人的家属，按照规定的条件享受定期抚恤金。

前款军人的家属是孤老或者孤儿的，定期抚恤金应适当增发。

第十一条　定期抚恤金的基本标准按照与城乡人民生活水平相适应的原则，由民政部会同财政部制定。

各省、自治区、直辖市可以参照定斯抚恤金的基本标准和当地人民的生活水平，制定具体标准。

第十二条　享受定期抚恤金的人员死亡时，加发半年的定期抚恤金，作为丧葬补助费。

第十三条　在国防和军队建设、科研事业或者作战中作出特殊贡献的现役军人死亡，除按本条例规定发给其家属抚恤金外，国防部可发给特别抚恤金。

第三章　伤残抚恤

第十四条　现役军人伤残，根据伤残性质确定为：

(一)因战致残；

(二)因公致残；

(三)因病致残。

第十五条　革命伤残军人的伤残等级，根据丧失劳动能力及影响生活能力的程度确定。因病评残仅限于在服役期间患病致残的义务兵。

因战、因公致残的伤残等级，分为特等、一等、二等甲级、二等乙级、三等甲级、三等乙级。

因病致残的伤残等级，分为一等、二等甲级、二等乙级。

确定伤残等级的具体条件，由民政部制定。

第十六条　民政部会同有关部门负责建立伤残等级的检查、评定、审批、调整制度，保证伤残等级的确定公正合理。

第十七条　现役军人因战、因公、因病致残，由军队规定的审批机关在医疗终结后负责评定伤残等级，发给《革命伤残军人证》，退役后一般不再办理。

第十八条　退出现役后没有参加工作的革命伤残军人，由民政部门发给伤残抚恤金；退出现役后参加工作，或者享受离休、退休待遇的革命伤残军人，由民政部门发给伤残保健金。

继续在部队服役的革命伤残军人，由所在部队发给伤残保健金。

第十九条　伤残抚恤金的标准，根据伤残性质和伤残等级，参照全国一般职工的工资收入确定。

伤残抚恤金和伤残保健金的具体标准，由民政部会同财政部制定。

第二十条　退出现役的特等、一等革命伤残军人，由国家供养终身。需要集中供养的，由国家设置专门机构供养；分散供养的，由地方人民政府负责妥善安置，并按照规定发给护理费。

第二十一条　因战致残的革命伤残军人在评残发证后，一年内因伤口复发死亡的，按照革命烈士的抚恤规定，发给其家属一次性抚恤金和定期抚恤金；一年后因伤口复发死亡的，按照因公牺牲军人的抚恤规定，发给其家属一次性抚恤金和定期抚恤金。

因战、因公致残的特等、一等革命伤残军人因病死亡后，其家属按照病故军人家属的抚恤规定，享受定期抚恤金。

第二十二条　领取伤残抚恤金的革命伤残军人死亡时，按照国家机关工作人员的丧葬标准，发给其家属丧葬补助费。

第四章　优　待

第二十三条　对服现役的义务兵家属的优待，由省、自治区、直辖市人民政府根据本地区的实际情况，制定具体办法。

第二十四条　义务兵入伍前是农业户口的，他们在农村承包的责任田和分得的自留地(山、林)等继续保留；入伍前是企业事业单位职工的，其家属继续享受原有的劳动保险福利待遇。

第二十五条　义务兵从部队发出的平信，免费邮递。

第二十六条　二等乙级以上(含二等乙级)革命伤残军人，享受公费医疗待遇。

三等革命伤残军人不享受公费医疗待遇的，伤口复发所需医疗费由当地民政部门解决；因病所需医疗费本人支付有困难的，由当地民政部门酌情给予补助。

第二十七条　革命烈士、因公牺牲军人、病故军人、现役军人的家属以及带病回乡的复员退伍军人，不享受公费医疗待遇的，因病治疗无力支付医疗费，由当地卫生部门酌情给予减免。

第二十八条　在国家机关、社会团体、企业事业单位工作的因战、因公致残的革命伤残军人，享受与所在单位因公(工)伤残职工相同的生活福利待遇。

第二十九条　革命伤残军人因伤残需要配制的假

肢、代步三轮车等辅助器械，由民政部门审批并负责解决。

第三十条 革命伤残军人乘坐国营的火车、轮船、长途公共汽车和国内民航客机，凭《革命伤残军人证》准予优先购票，并按规定享受票价优待。

第三十一条 优抚对象在与其他群众同等条件下，享有就业、入学、救济、贷款、分配住房的优先权。

第三十二条 家居农村的革命烈士家属符合招工条件的，当地人民政府应安排其中一人就业。

第三十三条 革命烈士、因公牺牲军人、病故军人的子女、弟妹，自愿参军又符合征兵条件的，在征兵期间可优先批准一人入伍。

第三十四条 革命烈士子女、革命伤残军人报考中等学校、高等院校，录取的文化和身体条件应适当放宽。

第三十五条 革命烈士子女考入公立学校的，免交学杂费并优先享受助学金或者学生贷款；入公办幼儿园、托儿所的，优先接收。

第三十六条 未随军的现役军官、志愿兵的家属住房困难，家属有工作单位的，由所在单位按本单位双职工待遇解决；家属无工作单位的，由当地房管部门统筹解决。

家居城镇的义务兵服役期间，地方安排住房时，应将他们计入家庭住房人口。

第三十七条 经军队师(旅)级以上政治机关批准随军的现役军官、志愿兵的家属，驻军所在地的公安部门应准予落户；随军前家属有正式工作的，驻军所在地的劳动、人事部门应安排适当的工作。

第三十八条 复员军人未参加工作，因年老体弱、生活困难的，按照规定的条件，由当地民政部门给予定期定量补助，并逐步改善他们的生活待遇。

第三十九条 享受本条例规定的抚恤和补助待遇的优抚对象，生活仍有困难的，由所在地的人民政府给予优待照顾。

第五章 附 则

第四十条 优抚对象被判处徒刑、剥夺政治权利或者被通缉期间，停止抚恤和优待。对犯罪情节特别严重的，经省、自治区、直辖市人民政府批准，取消其抚恤和优待。

第四十一条 本条例适用于中国人民武装警察部队。

第四十二条 因战伤亡的民兵、民工和因参加军事训练伤亡的民兵及其他人员，其抚恤参照本条例的规定办理。

第四十三条 本条例由民政部负责解释。

第四十四条 省、自治区、直辖市人民政府可以依据本条例制定实施办法。

第四十五条 本条例从1988年8月1日起施行。1950年12月11日政务院批准、内务部公布的《革命烈士家属革命军人家属优待暂行条例》《革命残废军人优待抚恤暂行条例》《革命军人牺牲、病故褒恤暂行条例》《民兵民工伤亡抚恤暂行条例》同时废止。

全国第十四次法院工作会议在人民大会堂举行

最高人民法院院长任建新在会上指出：改革的深化必然引起社会各方面利益更为深刻的调整，解决这些重大问题难度大，涉及面广，矛盾多，会出现一些不安定因素。法院不仅要依法严厉打击严重刑事犯罪活动，维护社会安定和经济秩序，而且要依法保护公民的民主权利和其他合法权益，调节经济关系，更直接地为改革开放，建立社会主义商品经济新秩序服务。

据任建新在向会议作的报告介绍，当前社会治安状况总的说是基本稳定的。但是，刑事案件不是“稳中有降”，而是“稳中有升”，特别是重大案件上升幅度很大。今年上半年与去年同期相比，法院受理的严重危害社会治安的杀人、抢劫、重大盗窃、流氓等犯罪案件上升了36.4%。

据悉，以图财为目的的暴力犯罪案件显著增加引起人们关注。任建新说，面对当前社会治安的严峻形势，各级法院对严重危害人民生命财产安全，严重扰乱社会治安的犯罪活动，要坚决依法严厉打击。对犯罪集团的首要分子、主犯，以及惯犯、累犯、教唆犯、流窜犯必须依法从重处罚。

最高人民法院的这位院长对青少年犯罪表示关注。他说，近几年来25岁以下的青少年犯罪占整个刑事犯罪的比例，由过去的30%左右上升到现在的50%左右。他认为，对违法犯罪青少年的方针应着眼于教育、挽救和改造。

任建新要求大力强化经济审判工作。他认为，当前急需解决四个问题：一是适应新形势的发展，调整和扩大经济审判庭的收案范围；二是进一步明确审理经济纠纷案件的法律依据；三是坚决克服地方保护主义影响，坚持法律面前人人平等原则，对本地当事人和外地当事人，中国人和外国人一视同仁；四是要认真解决执行难的问题。

这次工作会议指出，各级法院要全面开展审判工作，充分发挥审判机关的职能作用，进一步为深化改革和开放服务，为建立社会主义商品经济新秩序服务。

会议通过讨论和交流认为，今后要进一步抓紧抓好刑事审判工作，继续严厉打击严重危害社会治安和严重破坏经济的犯罪活动，这在当前更有其重要意义。

这次会议对于地方保护主义对严肃执法的影响和

危害,作了较深入的讨论。各级执法人员,遇有压力和阻力,要坚决顶住,坚决排除;上级法院要支持下级法院抵制地方保护主义的正确行为。

行政审判工作是人民法院一项新的任务,与会同志从理论和实际结合上进行了认真研究和探讨。全国已有1087个法院建立了行政审判庭,有511个法院正在筹建。全国法院1987年受理一审行政案件5240件,审结4677件;今年上半年受理一审案件3949件。通过审理这些案件,保护了公民和法人的合法权益,也促进和维护了行政机关依法行使职权。大家期望早日制定行政诉讼法。

会议对法院的自身改革提出了严格要求,强调严肃执法是法院改革的关键,公开审判又是审判工作的重心。为此,建立一支高水平的执法队伍,这是严肃执法的组织保证。会议对法官法的初稿进行了认真讨论。法官们还对改善法院工作条件等提出了建议和要求。

会议于7月28日结束。

全国公安边防工作会议在北京召开

会议指出,在公安边防工作的改革中,要始终贯彻保卫国家安全和为改革、开放服务的宗旨。一切有利于国家经济建设,有利于沿海地区外向型经济的发展,有利于边疆民族地区的开发和建设,有利于国家安全和社会稳定的边防管理办法就要坚持和加强。

边防工作担负着国家口岸、地方口岸、便道的出入境人员的检查管理及边境地区的治安管理任务,既要打击各种刑事犯罪分子,又要打击境外的渗透破坏和武装袭扰。改革、开放以来,公安边防部门在国家开放口岸完成了出入境人员交通工具的检查任务,打击了沿边、沿海的走私、贩毒活动和境内外不法分子的破坏活动,维护了国家的主权和尊严,保证了边境地区的稳定。

公安部副部长顾林昉在讲话中分析了公安边防工作面临的新情况、新问题后说,各级公安机关的边防部门要结合边防工作的实际,进一步改革加强边防工作,保卫国家主权和安全,同时又要维护好边境地区稳定的政治环境,为建立社会主义商品经济新秩序服务。

顾林昉说,边防干警要正确处理边境管理与经济搞活的关系。对那些危害边民生命财产、扰乱边境社会秩序、破坏经济发展、不择手段伪造证件企图非法偷渡的犯罪分子要坚决打击。对合法进行生产、互市贸易和财物流通的活动,要加以保护,提供方便。

共青团中央和国家科委联合决定在农村开展"青年星火带头人"活动

据《人民日报》报道,活动将在全国农村逐步展开,用数年时间发现、培养、扶持一批懂科技、善经营、会管理,有商品经济观念和知识的青年人才,并通过他们带动更多的农村青年成长为新型农民。

这项活动的主要对象是乡镇企业青年厂长(经理)和有一定基础的农村青年专业户、科技示范户。团中央和国家科委将每年从参加这项活动的青年中挑选1000人予以表彰,并授予"青年星火带头人"称号。这些人中的佼佼者还可申报国家星火奖。星火奖中的青年奖由共青团中央推荐人选。

共青团中央第一书记宋德福在新闻发布会上说,开展培养"青年星火带头人"活动,是由共青团的性质和任务决定的,也体现了国家机关对青年工作的关怀和支持。这项活动必将充分发挥青年在思想、文化、组织、身体等方面的优势,提高青年的素质,调动青年建设社会主义现代化的积极性和创造性。他希望各方面都能够为青年的成长做一些扎扎实实的事情。

国家科委副主任蒋民宽在会上介绍了"星火计划"取得的成效后指出,在农村培养青年星火计划带头人,是进一步推动农村改革、开放的有力措施。他称赞共青团中央和国家科委的这一次合作具有深远的意义。

蒋民宽说,"星火计划"实施两年多来已经取得预期效果,现在科技星火已在全国各地普遍点燃,除了个别边远省份的少数县以外,已经覆盖全国两千多个县。

蒋民宽说,1987年年底,全国共安排国家级和省、地、县级"星火"项目9000多项。据不完全统计,目前已完成其中的2500多项,新增产值74亿元,新创利税16亿元。从目前的进展情况预测,这批项目全部完成后,可以新增产值250亿元,新创利税60亿元。

此外,实施"星火计划"两年多来,全国接受"星火"培训的农村科技能人已经超过250万人,另外有几千万人次参加了短期的实用技术培训。

蒋民宽说,在沿海经济发达地区,现在"星火计划"已经从孤立的一个一个点开始向建立成片的星火密集区发展。"星火计划"的实施,不仅取得了显著的经济效益,同时也为科技长入经济增强了生机和活力。

胡启立 李铁映等党和国家领导人在人民大会堂会见支教归来的87届和整装待发的88届中央机关讲师团的部分代表

李铁映在讲话中提出,应进一步深化讲师团的工作,使之在深化教育体制改革和摸索一条发展老、少、边、穷地区教育的路子方面作出贡献。

李铁映听取了87届讲师团部分领队和先进代表的汇报后说,选派讲师团的路子是对的,效果是好的,中央已经决定这一工作要继续坚持下去。他说,讲师团在教书育人,办学支教方面取得了明显的成绩,特别是在为解决老、少、边、穷地区的教育问题方面取得了很好的经验。他指出,中央机关讲师团的同志们到基层去,宣传党的方针政策,在深入进行调查研究的同时,了解了国情。这对于年轻知识分子的成长和造就一批干部,以及促进国家机关工作作风的转变都非常有意义。他特别强调,要认真总结把教育同老少边穷地区的经济发展结合起来的经验。他说,我国的教育改革不可能照搬国外的经验,老少边穷地区的教育发展也不可能照搬大城市和发达地区的模式。他要求讲师团的工作应向深化教育体制改革方向努力,帮助地方研究并促进建立一个适合当地发展需要的教育体系。

据介绍,到目前为止,中央机关已派出三届讲师团近万人。这些讲师团成员分赴全国各地的基层,他们已培训中小学教师近30万人,直接教授中小学生12万人,组织各种讲座7000多次,听讲人数达90多万人。

周谷城、雷洁琼等也参加了会见。

上海第二医科大学附属瑞金医院前院长傅培彬获比利时皇冠旗荣誉勋章

比利时王国驻沪总领事莫顿代表比利时国王博杜安一世,授予上海第二医科大学附属瑞金医院前院长傅培彬教授一枚皇冠旗荣誉勋章。

傅培彬是我国知名的外科专家,早年在比利时留学,1939年获比利时鲁汶大学医学院博士学位,回国后一直从事外科医学领域的工作。1956年,他施行大动脉瘤切除手术,研制冷冻干燥血管保存液,均获成功;1965年开展的胃肠道一层吻合术已在全国推广。1982年7月,比利时皇家医学会曾授予傅培彬名誉会员称号,以表彰他所做的贡献。

7月19日

全国政协主席李先念在人民大会堂会见美国亨利·卢斯基金会会长亨利·卢斯第三一行

国家技术监督局在北京成立

国家技术监督局是在撤销原国家标准局、国家计量局后组建的,是国务院统一管理和组织协调全国标准化、计量和质量监督工作的一个职能部门。近几年来,我国标准化、计量和质量监督工作虽然取得很大成绩,但是,还存在机构重叠、力量分散、效率不高等问题,不再适应改革开放形势的发展。国家技术监督局成立以后,将着重抓的工作是:做好职能转变工作,加强宏观管理和间接调控;建立和健全有关法规体系;强化技术检测手段;通过教育宣传工作,提高全民族的质量意识。

国务委员宋健出席了成立大会并讲了话。他指出,目前我国的政治经济体制改革已进入新的阶段,面临着建立社会主义商品经济新秩序的紧迫任务,政府必须提高对宏观经济活动的调节控制能力,建立完善法规体系和监督体系,具有重大意义。技术监督局要适应国内外大市场商品经济的需要,加强标准规范、计量技术、质量监督管理等基础工作,逐步建立起国家技术监督体系,为提高社会经济效益服务,为促进技术进步服务,为建立社会主义商品经济新秩序服务。他提出,要加强国家技术立法和监督工作的权威性,并发挥社会和舆论监督作用,保护国家、企业和消费者的合法权益。

宋健还指出,国家技术监督局要把提高产品质量工作放在重要位置上,对生产低劣产品、假冒商品的企业和个人,要严厉查处。

外交部发言人发表谈话对伊朗正式宣布接受联合国安理会第598号决议表示欢迎

谈话全文如下:

中国政府对伊朗正式宣布接受联合国安理会第598号决议表示欢迎,我们认为伊朗方面的这一立场对结束旷日持久的两伊战争是有益的。我们希望有关各方同联合国秘书长密切合作,使该决议尽快得到实施,以尽早结束这场战争。我们支持联合国秘书长为实现这一目的而作出的持续不断的努力。

首届熊庆来奖学金授奖仪式在云南大学举行

杨振宁博士专程从美国赶来担任授奖仪式主席并为4名获奖学生授奖。

熊庆来先生是我国著名的数学家,曾任清华大学数学系主任和教授,毕生为发展我国的近代数学和培养人才耗尽了心血。1937年至1947年间,他回到故乡云南任云南大学校长,作出了卓越的贡献。1969年熊先生在北京逝世后,他的夫人姜菊缘女士继承他的遗愿,筹措熊庆来奖学金。经过多年准备,熊庆来奖学金今年在云南大学正式设立。

《芙蓉镇》在第二十六届卡罗维发利国际电影节获水晶球奖

这是中国影片首次荣获卡罗维发利国际电影节最高奖。

在捷克斯洛伐克著名温泉城卡罗维发利举行的电影节,是世界五大电影节之一,每两年举行一次。

7月20日

全国采矿登记发证工作年内完成

地矿部长朱训在国家计委和地矿部今天联合召开的电话会议上强调，要加快全国采矿登记发证工作速度，保证在1988年内基本完成对全国生产、在建矿山采矿登记发证，制止普遍存在的滥采乱挖现象，依法采矿，建立矿山新秩序。

目前全国70%的国营矿山存在不同程度的矿业纠纷。只有依法采矿，才能避免上述问题。但登记发证只靠地矿部门来做是不够的，登记发证涉及国家、地方、矿山和群众的多方利益，处理起来有相当难度。希望各有关方面本着依法采矿的要求，互谅互让促进采矿登记工作。

国家预算将改革沿用30多年的单式编制方法实行复式预算

目前在国际上，大多数发达国家的预算编制，都采取复式预算的形式，即把预算年度内的全部财政收支，按收入来源和支出性质划分，分别编制成两个或两个以上的预算。而我国自新中国成立开始，一直采取单式预算，把全部财政收支编列在一个统一的预算表内，好比收的钱装入一个口袋，花的钱从一个口袋掏。单式预算虽然省事，但收入和支出的透明度不高。而且，因为以前把举借的内外债也当作国家收入，所以财政收支相抵后的差额也不科学，不清晰。不少人大代表反映的“财政赤字算法不合理”，盖出于此。

财政部根据我国的具体情况，参考国外经验，以复式预算的形式试编了1988年国家预算。国家预算划分为经常性预算和建设性预算。经常性预算收入包括各项税收、企业收入等，支出主要有各项事业费、国际费、价格补贴等。建设性预算收入主要有经常性预算的结余、建筑税、征集能源交通重点建设资金收入等，支出包括基建资金、挖潜改造资金等。

复式预算试编的结果表明，本年度经常性预算收大于支，有结余；建设性预算收支相抵后，有赤字。赤字将分别用发行国库券、财政专项债券和向国外借款来弥补。

联合国援助比利时出资培训中国果菜管理人才

据《人民日报》报道，由联合国粮农组织援助，比利时政府出资140万美元建立的中国水果蔬菜流通开发培训中心第一期培训班今日开学。这期培训班将为中国各地培训中高级水果蔬菜管理人才和商业院校教师，并为各地果蔬公司提供咨询服务。

目前我国年产蔬菜1亿吨、水果1700万吨，但由于流通渠道不畅造成很大损失。商业部副部长傅立民在开学典礼上说，抓好水果、蔬菜的流通，一靠科学管理，二靠先进技术，三靠优秀人才。他对联合国粮农组织和比利时政府在我国改革水果蔬菜流通体制的关键时刻所提供的帮助表示感谢。

据悉，这个为期3个月的培训班，将由联合国粮农组织的专家讲授水果蔬菜的收获、贮藏、分级、保存、运输以及冷库、收购点和零售点的设计经营、市场组织等课程。

国内第一台核磁共振成像扫描机由安科公司开发研制成功

这是国内研制生产的第一台核磁共振成像扫描机。

有关专家介绍说，核磁共振成像扫描机是80年代开始在医院使用的先进医疗诊断设备。利用它可以无创伤地得到人体不同截面的断层图像，对发现早期肿瘤和其他病变非常有效，对病人亦无任何伤害。目前国际上只有美国、联邦德国和日本等少数发达国家能够制造，每台售价高达150万美元。由于这种器械系统复杂、技术先进，我国不得不花大量的外汇从国外进口。

为了攻克难关，中国科学院科健公司与美国安那罗辑克公司合资成立了安科有限责任公司，开发这一具有世界水平的高技术医疗电子产品。产品采用科健公司生产的永久磁体和安那罗辑克公司生产的电子部件为主要部件，而系统的设计、装配、调试和庞大的计算机软件系统均由我国技术人员承担。目前，这台仪器已获得具有临床诊断价值的人体截面图像，图像质量达到国外同类产品的水平。据悉，这种国产化达到70%以上的先进医疗设备，明年就有部分产品提供医院使用。

《经济法规“十法六例”汇编》出版

该书由人民出版社出版。这本书共27万多字，由中共中央宣传部宣传局、司法部宣传司、原国家经委经济法规局共同编辑而成。书内除收入与生产经营活动关系最密切的10个重要经济法律和6个单行条例以外，还汇入有关的实施细则等。

中国治疗火器性神经损伤获重大突破

解放军总医院研究的医治由火器造成人体神经损伤的显微外科新技术——神经束膜切开减压术，被医学专家们确认为第二次世界大战以来疗效最为显著的突破性成果。

由火器造成的人体神经损伤又称为火器性周围神经损伤,属于战伤中常见的一种。

自第二次世界大战起,我国和西方医学界对这种伤病的治疗疗效一直不甚理想,许多伤员的灼痛不能清除,治愈率仅为60%左右。

解放军总医院骨科教授朱盛修、卢世璧等首创了神经束膜切开减压术。在已治疗的400余名伤员中,神经功能都恢复正常。

7月21日

中共中央同意并转发中央纪委《关于逐步撤销国务院各部门党组纪检组和中央纪委派驻纪检组有关问题的意见》

中央纪委在意见中提出:撤销党组的部门,党组纪检组或中央纪委派驻纪检组应随之撤销。党组暂缓撤销的部门,党组纪检组或中央纪委派驻纪检组原则上也应撤销。由于工作需要,少数部门保留或设立纪委。党组纪检组撤销的具体事宜由党组决定。中央纪委派驻纪检组报告中央纪委批准后撤销。

纪检组撤销时,要妥善安排纪检组人员的工作,办好工作移交。纪检组原来承担的任务,属于党纪方面的,由机关党委或机关纪委继续承办;属于政纪方面的,由有关的行政机构承办;属于地方的,移交给地方有关部门。纪检组撤销后,要加强各部门机关纪委的工作。

中共中央同意并转发中央组织部《关于逐步撤销国务院各部门党组有关问题的意见》

中共中央在通知中指出,撤销政府各部门现有的党组,是政治体制改革的一项重要措施,有利于政府工作的统一和效能。撤销党组的工作,应结合机构改革有组织、有步骤地进行。要注意工作的相互衔接,避免出现脱节现象。党组撤销以后,要加强机关党委的工作。

中央组织部在意见中提出:国务院各部门的党组,要有计划有步骤地撤销。机构改革中撤销或合并的部门,在新组建的部门正式开展工作后,原机构的党组即行撤销;仍然保留的部门,在内部机构改革基本完成后,党组即行撤销。国务院各直属公司实行经理负责制后,党组即行撤销,参照企业党委的有关规定建立公司党委,由中央国家机关工委领导。根据实际情况,少数部门暂缓撤销党组或设立党委。

在党组撤销后,关于机关党的工作、部门直属单位党组织的领导关系、干部管理等问题,中央组织部在意见中也作了明确的规定。

全国政协主席李先念在人民大会堂会见美国洛杉矶市市长汤姆·布莱德利

李先念说,伊朗最近接受了联合国安理会有关解决两伊冲突的第598号决议,这是一件好事,受到了世界人民的欢迎。因为,战则两伤、和则两利。

布莱德利说,他对中国方面对伊朗接受联合国安理会第598号决议表示欢迎的态度感到高兴。他指出,中国很早就提出希望两伊罢战言和。他说,美国希望两伊忠实执行第598号决议。

在谈到柬埔寨问题时,李先念说,归根结底,柬埔寨问题要获得解决的关键是越南全部从柬埔寨撤军。李先念重申,中国在柬埔寨不谋任何私利,中国历来主张柬埔寨成为一个独立、和平、中立、不结盟的国家。他说,中国外交部7月1日就柬埔寨问题发表的4点声明充分体现了中国对柬埔寨问题的一贯立场。

中国人民外交学会会长韩念龙会见时在座。

国务院总理李鹏签署第9号令公布《女职工劳动保护规定》

《女职工劳动保护规定》已经1988年6月28日国务院第十一次常务会议通过,现予发布,自1988年9月1日起施行。

总 理 李 鹏

1988年7月21日

女职工劳动保护规定

第一条 为维护女职工的合法权益,减少和解决女职工在劳动和工作(以下统称劳动)中因生理特点造成的特殊困难,保护其健康,以利于社会主义现代化建设,制定本规定。

第二条 本规定适用于中华人民共和国境内一切国家机关、人民团体、企业、事业单位(以下统称单位)的女职工。

第三条 凡适合妇女从事劳动的单位,不得拒绝招收女职工。

第四条 不得在女职工怀孕期、产期、哺乳期降低其基本工资,或者解除劳动合同。

第五条 禁止安排女职工从事矿山井下、国家规定的第四级体力劳动强度的劳动和其他女职工禁忌从事的劳动。

第六条 女职工在月经期间,所在单位不得安排其从事高空、低温、冷水和国家规定的第三级体力劳动强度的劳动。

第七条 女职工在怀孕期间,所在单位不得安排其从事国家规定的第三级体力劳动强度的劳动和孕期禁忌从事的劳动,不得在正常劳动日以外延长劳动时间;对不能胜任原劳动的,应当根据医务部门的证明,予以减轻劳动量或者安排其他劳动。

怀孕七个月以上(含七个月)的女职工,一般不得安排其从事夜班劳动;在劳动时间内应当安排一定的休息时间。

怀孕的女职工,在劳动时间内进行产前检查,应当算作劳动时间。

第八条　女职工产假为九十天,其中产前休假十五天。难产的,增加产假十五天。多胞胎生育的,每多生育一个婴儿,增加产假十五天。

女职工怀孕流产的,其所在单位应当根据医务部门的证明,给予一定时间的产假。

第九条　有不满一周岁婴儿的女职工,其所在单位应当在每班劳动时间内给予其两次哺乳(含人工喂养)时间,每次三十分钟。多胞胎生育的,每多哺乳一个婴儿,每次哺乳时间增加三十分钟。女职工每班劳动时间内的两次哺乳时间,可以合并使用。哺乳时间和在本单位内哺乳往返途中的时间,算作劳动时间。

第十条　女职工在哺乳期内,所在单位不得安排其从事国家规定的第三级体力劳动强度的劳动和哺乳期禁忌从事的劳动,不得延长其劳动时间,一般不得安排其从事夜班劳动。

第十一条　女职工比较多的单位应当按照国家有关规定,以自办或者联办的形式,逐步建立女职工卫生室、孕妇休息室、哺乳室、托儿所、幼儿园等设施,并妥善解决女职工在生理卫生、哺乳、照料婴儿方面的困难。

第十二条　女职工劳动保护的权益受到侵害时,有权向所在单位的主管部门或者当地劳动部门提出申诉。受理申诉的部门应当自收到申诉书之日起三十日内作出处理决定;女职工对处理决定不服的,可以在收到处理决定书之日起十五日内向人民法院起诉。

第十三条　对违反本规定侵害女职工劳动保护权益的单位负责人及其直接责任人员,其所在单位的主管部门,应当根据情节轻重,给予行政处分,并责令该单位给予被侵害女职工合理的经济补偿;构成犯罪的,由司法机关依法追究刑事责任。

第十四条　各级劳动部门负责对本规定的执行进行检查。

各级卫生部门和工会、妇联组织有权对本规定的执行进行监督。

第十五条　女职工违反国家有关计划生育规定的,其劳动保护应当按照国家有关计划生育规定办理,不适用本规定。

第十六条　女职工因生理特点禁忌从事劳动的范围由劳动部规定。

第十七条　省、自治区、直辖市人民政府可以根据本规定,制定具体办法。

第十八条　本规定由劳动部负责解释。

第十九条　本规定自1988年9月1日起施行。1953年1月2日政务院修正发布的《中华人民共和国劳动保险条例》中有关女工人、女职员生育待遇的规定和1955年4月26日《国务院关于女工作人员生产假期的通知》同时废止。

国务院发出《关于严格控制召开全国性会议的通知》

通知说,中央曾三令五申要求精简会议,但是各部门召开的各类会议仍有增无减。从根本上解决这个问题,要深化改革,更新观念,转变机关职能和领导作风、领导方法。

通知指出,在一些同志的观念中,似乎解决问题只有靠开会,不开会就无事可干了。许多同志一年到头不知要参加多少会议,而没有时间深入实际调查研究。会议多,开会时间长,给下级单位带来沉重的负担,加剧了交通运输、城市供应和住宿的紧张状况,造成人力、物力、财力的很大浪费,人民群众对此十分不满。

通知强调,当前,有必要通过加强审批把关和控制会议经费等措施,首先把全国性会议精简下来。

通知说,对国务院各部委、各直属机构以及国务院各直属事业单位(以下简称各部门、各单位)召开的,要求各省、自治区、直辖市或本系统在各地的机构来人参加的各种全国性的工作会议、专业会议、座谈会、表彰会等,实行严格的审批制度和经费预算制度。

通知说,各部门、各单位在编制年度预算时,应列明会议经费。由于特殊情况需要临时召开全国性工作会议的,须经国务院批准。

通知强调,会议各项具体经费开支标准,由财政部和国务院机关事务管理局共同制定,各部门、各单位必须严格执行。

通知指出,召开会议要本着精简、高效的原则,尽量压缩出席人员和工作人员。全国性的工作会议一般不超过3天,最多不超过5天。凡可以利用电话、电视、广播等现代化宣传、通讯手段办到的事情,不要召开会议。凡拟召开全国性表彰会议的,须报国务院批准。

通知说,在旅游旺季,不得到旅游热点城市开会。

通知强调,各部门、各单位召开全国性会议,一律不邀请国务院领导同志出席、讲话、接见、照相。确需邀请的,应经国务院办公厅呈请国务院领导同志决定。工作会议讨论的问题需要国务院决策时,可以通过国务院办公厅报告国务院领导同志安排时间听取会议汇报。

通知指出,各部门、各单位要建立、健全会议审批和经费预算制度。各部门、各单位对下属司、局召开全国性会议(包括地区性会议)要从严掌握,由部门领导办公会议审批。各类学会、协会召开全国性会议(包括地区性会议),也要从严控制,由其所挂靠的部门领导办公会议审批。由部门批准召开的专业会、座谈会等,凡出席人员超过100人或会期超过5天的,须报国务院办公厅审批。

中办 国办发出《关于解决公司政企不分问题的通知》

目前,有相当一部分公司(企业,下同)政企不分,既有行政权,又有经营权,还有一些离退休干部担任公司职务,利用在职时的工作关系和影响进行活动,带来很多严重问题。这些公司利用手中的权力,倒卖重要生产资料和紧俏商品,抬高物价,牟取暴利,损害国家和群众的利益,助长不正之风和腐败现象,造成分配不公,已经引起社会不满。这些公司的行为,扰乱社会经济秩序,妨碍价格改革的进行,同时也使刚刚建立起来的干部离退休制度的执行受到很大干扰,发展下去,后患极大。这个问题的根本解决,要靠深化改革,加强立法,把公司的经营活动纳入正确轨道。当前,要采取坚决措施,解决存在的突出问题。根据党中央、国务院的指示,特作如下通知:

一、各级党政机关和群众团体必须严格执行党中央、国务院关于严禁党政机关和党政干部经商、办企业的规定。凡是违反规定的,要立即制止、纠正,已办的公司要撤销。

二、除国务院授权兼有行政管理职能和经营权的少数公司外,其他政企不分、政企合一的公司必须将经营权与行政权严格分开,凡从事企业经营的公司一律不能有行业管理、政府职能的权力,凡有政府职能、进行行业管理的公司一律不准从事企业经营。

三、各级党政机关和群众团体不准从公司抽取资金补充机关经费。所有从事企业经营的公司,其财务必须与主管部门脱钩,同财政部门挂钩,否则停止其经营活动。

四、从现在起,停止审批党政机关离退休干部和已到离退休年龄尚未办理手续的干部担任公司职务,包括名誉职务。离退休干部已在公司任职的问题如何解决,另行通知。

五、从现在起,除涉外企业和私营企业外,暂停审批成立新的公司。

上述通知,请各地区、各部门抓紧贯彻落实,并将情况于今年9月底前报告党中央、国务院。

中共中央办公厅
国务院办公厅
1988年7月21日

财政部宣布严格预备费审批制度

财政部最近召开的会议透露,国务院已经决定,必须严格预备费的审批制度。中央预备费的动支今后经总理办公会议审批。地方预备费的动支也要从严审批。

按我国规定,各级财政预算都应设置预备费,以解决预料不到的特殊开支。

在我国,预备费一般应按各级预算支出总额的2%到5%设置,具体比例则由各级人民代表大会确定。

据财政部负责人最近宣布,今后各地区在预算执行中出现的问题,除了发生特大自然灾害可由中央适当补助以外,都要靠自己的财力去解决。

据宣布,今年的财政支出一定要严格按预算进行控制,从现在开始,不得再开新的增支口子。执行中确需追加的某些特殊开支,必须在各级预算安排的预备费中统筹解决。

中国机电产品进出口商会在北京成立

中国机电产品进出口商会受经贸部领导,也受国务院机电产品出口办公室业务指导。它将为扩大机电出口广泛开拓市场,搞好组织协调,提供信息咨询,健全出口秩序,发展工贸联合,维护会员合法权益。现已有600多个会员。

7月22日

国务院在北京召开第13次常务会议

国务院总理李鹏主持会议,讨论和原则通过了《中华人民共和国城镇国有土地使用权出让和转让暂行条例(试行草案)》。这个文件经过进一步修改,将在近期由国务院颁布试行。

会议指出,根据土地所有权和使用权分离的原则,实行城镇国有土地使用权的有偿出让和转让,将有利于改革我国国有土地的使用制度,合理开发、利用、经营土地,加强土地管理,促进城市建设和社会主义商品经济的发展。

由于在全国实行城镇国有土地使用权有偿出让和转让是一项较大改革,为取得经验,会议决定先颁布试行条例,待实施一段时间后再补充、完善为正式条例。

中共中央政治局常委乔石到吉林考察

7月22日至27日乔石到了长春第一汽车制造厂、长春第一无线电厂、长春电影制片厂和延边朝鲜族自治州进行考察,听取了吉林省委、州委的工作汇报。

乔石在吉林期间,邀请辽宁、吉林、黑龙江三省有关负责同志就当前社会治安问题进行了座谈,并讲了话。他说,党的十一届三中全会以来,我国的改革开放和社会主义建设取得了巨大成就。目前改革正处于关键阶段,必须坚定不移地迎着风浪前进。当前全国社会治安总的讲是稳定的,但是形势严峻,问题不少,重大刑事案件持续上升,一些地方社会丑恶现象显著增多,存在着一些不安定因素。各级党委、政府和政法部门切不可掉以轻心,对于维护社会治安必须树立长期作战的思想。要一手抓改革开放和经济建设,一手抓依法从重从快打击严重刑事犯罪活动,从严惩处严重经济犯罪活动,创造一个稳定的社会环境,保证改革开放和四化建设的顺利进行。各地要针对突出的治安问题,及时开展有声威的专项斗争,给各种犯罪活动以有力的打击,坚决把重大案件持续上升的势头压下去;及时摧毁各种犯罪团伙,坚持不懈地取缔、查禁社会丑恶现象,决不能任其蔓延发展。

乔石指出,各级人民政府要认真抓好社会治安综合治理,这是新形势下治安工作走群众路线、防范和减少治安问题的有效措施。要继续贯彻"谁主管,谁负责"的原则,广泛落实各种形式的治安承包责任制,并通过制定行政法规和地方性法规使综合治理法律化。要通过加强基层党的建设、政权建设和群众治安保卫组织建设,把各项治安管理措施真正落实到群众中去。

乔石强调指出,党政领导要重视了解群众的思想动向,主动与群众对话,倾听群众意见,关心群众生活,克服官僚主义,切实改进工作,并大力加强思想政治工作,广泛进行遵纪守法、维护安定团结的教育,主动缓解各种社会矛盾。同时也要做好处置各种突发事件的充分准备,确保社会治安稳定。乔石说,政法工作也要增加透明度,既要充分运用宣传舆论工具向群众进行社会主义民主与法制教育,又要通过宣传报道使群众了解政法工作,理解政法干警,及时弄清发生的某些治安事件的真相,使任何流言和谣传没有市场,有利于社会安定。

乔石还对加强政法队伍建设提出了重要意见。他指出,各级政法部门要把为政清廉作为"从严治警"的重要内容,各级领导干部作表率,广大干警人人从自身做起。每年要集中抓几次廉洁奉公、遵纪守法的教育和检查,发现违法乱纪行为,及时严肃处理,决不护短,决不养痈遗患。各级政法部门还要从制度上加强自身监督、群众监督、社会监督和舆论监督,健全相互制约机制,从各方面采取措施,使政法队伍始终保持坚强的战斗力,进一步密切警民关系,赢得群众支持。

乔石最后强调说,人民民主专政必须加强,不能削弱。政法工作必须加强,不能削弱。党必须加强对政法工作的政治思想领导和方针政策领导,支持和保证政法各部门依法行使自己的职权。

中组部在北京召开部分县委书记座谈会

这次座谈会于7月22日至26日在北京市昌平县召开。中组部副部长吕枫主持座谈会,并就农村基层领导班子建设、党员队伍建设和县委的职责等问题讲了话。

座谈会对如何加强农村党的基层组织建设,选出一个好的村党支部领导班子,特别是对如何选拔政治素质较好,年纪较轻,文化程度较高,公道正派,能带领群众实现共同富裕的优秀党员担任村党支部书记进行了研究。现在不少农村基层党支部领导成员个人思想素质不错,但缺乏带领群众致富的能力,致使不少村庄面貌依旧,群众还在受穷。这样的党支部,这样的村党支部书记,不符合新形势的要求。

座谈会指出,要适应农村商品经济发展的要求和党员流动性大的新特点,进一步调整和改进农村党的基层组织设置,加强对农村党员的教育和管理,重视乡镇企业中党组织的建设,改变"有党员没有组织,有组织没有活动"的状况,是十分迫切的。

参加座谈会的县委书记还就县委如何抓好农村党的基层组织建设进行了深入的讨论,交流了经验。他们一致认为,县委是最接近农村基层组织的一级地方党委,对搞好农村党的基层组织建设负有更直接、更重要的责任。县委的领导同志要充分认识自己肩负的重任,正确处理经济建设同党的建设的关系,不断解决农村基层建设中出现的各种新问题。

水利部召开新闻发布会宣布水利部组建工作完成

水利部部长杨振怀在新闻发布会上宣布:经过3个多月的筹备,新的水利部组建工作已经完成,各项工作开始按新的组织系统运转。

杨振怀介绍说,这次新组建的水利部,既不是原水利电力部中水利部分的机械分出,也不是过去水利部的简单恢复,它在职能转变上有以下几个特点:一是明确水利部是国务院的水行政主管部门,并负责全国水利行业管理;二是变微观管理为宏观管理,大力贯彻《中华人民共和国水法》,加强政策、法规、规划、协调、监督、服务等宏观调节与控制;三是从过去主要为农业服务,扩大到对水资源的统一管理和综合开发、利用、保护,为国民经济的各部门全面服务。在这次水利部机关设置的14个职能厅、司中,新设立水政司和水资源司,就是为了加强这些方面的职能。

已获国务院批准的水利部"三定"方案,明确了水利部担负的"组织制定水管理行政法规"、"归口管理全国防洪、抗旱工作"等15项主要职责。

杨振怀还在会上宣布：水利部已建立新闻发布制度，确定了部的新闻发言人，以便于人民群众和新闻舆论对水利工作的监督，增加水利工作的透明度。

全国财政工作会议在北京召开

财政部有关负责人提出，要开拓理财领域，发展财政信用事业。通过信用方式筹集和供应财政资金，将采取低息或无息的办法。

财政信用是将部分财政资金的筹集和投放，从无偿变为有偿。财政部在60年代就搞过小额技措贷款。十年动乱中受到干扰，陷于停顿状态。党的十一届三中全会以来，各种形式的财政信用活动相继出现，成为社会主义商品经济条件下国家财政收支管理的一种特殊形式。

目前，加强财政信用工作的重点包括三方面内容：

(一)财政部代表国家在国内外举债，把筹集到的资金采用转贷等方式支援经济建设；

(二)预算内安排的生产经营性开支，如农业发展资金、企业挖潜改造资金、简易建筑费等，改为各种周转金，实行有借有还的方式；

(三)一部分地方财政结余、财政预算执行中的间歇资金，以借贷的办法支持技术改造、出口创汇及科技文教卫生事业的发展等。

财政机关提供财政信用资金，必须按照宏观要求，调整产业结构、产品结构，支持发展农业生产和多种经营。财政信用资金在投放前，应进行可行性研究，借方要努力提高资金使用效益，按期偿还。使用财政信用资金，一般要付息或者付费。对那些经济效益低但社会效益高的项目，可以根据不同情况，给予减息、减费或者免息、免费的优惠。

中央军委批准航空兵改装训练基地列入空军序列

这个决定使空军航空兵初步形成了“飞行学院—改装训练基地—作战部队”三级训练新体制。这个新体制的形成，改变了过去将航校毕业学员直接输送战斗部队的做法，使他们在改装训练基地进行新机种的改装和战斗课目训练，达到能够担负3种气象作战任务的合格战斗员标准后，再补充到作战部队。

实行新的训练体制，有利于航校毕业学员继续接受严格、正规、系统的训练，加快成为合格战斗员的速度。目前，空军正积极改革教育训练的内容、方法和管理，使各方面相互协调，相互促进，保证新的训练体制更加完善。

我国培育出甲肝减毒活疫苗毒种

国家“七五”科技攻关项目——甲型肝炎疫苗的研制，已由浙江省医学科学院及中国医学科学院医学生物学研究所完成。这种被命名为氢减毒株的甲肝活疫苗毒种，是目前国际上经过扩大人体接种观察证明对人体安全并有较好免疫抗体反应的毒种。我国科研人员的这项重大突破，为用疫苗控制甲肝流行创造了有利条件，也为预防此病提供了可能。这项成果今天在北京通过卫生部鉴定。

7月23日

全国政协主席李先念在大连考察

李先念是7月下旬来大连的。他在这里听取了辽宁省和大连市领导同志的情况介绍，到工厂、部队、海港、商店、海珍品养殖场、大连经济技术开发区和农村作了考察。

李先念在考察大连海港和大连造船厂时说，我们中国人是有志气的，也是很聪明的，只要我们有雄心壮志，有科学精神，发扬自力更生，奋发图强，艰苦奋斗的优良传统，外国人能生产的产品，我们也能搞出来，希望大连造船厂在科学技术方面走在前列，为提高我国科学技术水平和推动自己工业的发展发挥重要作用。

李先念在旅顺军港考察时，登上我国自己建造的一艘导弹护卫舰。他在谈话中希望全国军民要增强国防观念。他说，人民解放军担负着保卫国防、维护安定团结、促进四化建设和深入改革的重任，全国人民都要尊重和热爱人民解放军。人民解放军也要加强自身建设，加强思想政治工作，保持和发扬我党我军的优良传统。他指出，科学技术对提高部队战斗力起着主导作用，一定要对部队加强文化教育和科学技术教育，这样才能加快国防现代化的步伐。

在与大连市领导同志交谈时，李先念指出，“民以食为天”，抓好粮食至关重要。他说，大连是工业城市，当然应重视工业生产，但是大连又有几百万亩土地，因此，也不能忽视农业，要使粮食和蔬菜生产有更大的发展。抓好农业，才能稳定经济，稳定市场。要抓好农业，保持农业生产的后劲，除改变农业生产条件外，当前特别应注意施用农家肥料，改良土壤。施化肥是必要的，但忽视施农家肥料，地力会减退，土地会板结。有了肥料，还要有水。要加强水利建设，做到有水能蓄，蓄水能灌，积水能排。

李先念在考察大连秋林公司时，询问了当前市场情况。他说，商业直接关系到千家万户的切身利益，一定要抓好。社会主义国营商业在我国商业中应起主导作用，要不断扩大商品流通领域，调节好市场，保持市场稳定。商业部门要大力提倡为人民服务。

中国远洋班轮已开辟41条国际航线

据《人民日报》报道,中国远洋运输总公司目前已开辟了41条国际班轮航线,每月有109个航班驶往世界各地。这是中远公司副总经理刘祝日前向外界宣布的。

他说,在全公司上下共努力下,中远公司国际班轮的准班率已达98%以上。

中远公司是我国目前最大的远洋运输公司,拥有远洋运输船只600多艘,1.7亿载重吨,航行于世界100多个国家和地区的近600个港口,远洋运输能力已居世界第6位。去年,该公司共运送进出口货物6700万吨,今年上半年运量已达3500万吨,预计全年可达6900万吨。目前,中远公司无论从运输能力,还是从运输数量及运输质量上,都达到了国际标准。

刘祝宣布,中远公司继今年4月开辟天津新港—日本—澳大利亚—新西兰集装箱班轮航线和香港至美国西海岸的班轮航线后,今年下半年将开辟一条上海、天津至地中海沿岸的集装箱航线。

国务院 中央军委发布《中国人民解放军现役士兵服役条例》

《全宋文》出版

一部汇集宋朝320年间所有散文、骈文和除诗词以外的韵文的巨型文集《全宋文》,经古籍工作者4年的辛勤劳动,现已开始出版。《全宋文》首册出版座谈会在北京人民大会堂举行。这套书收录作者1万多名,收文10万篇,共约5000万字,分100册出版,是新中国成立以来最大的古籍整理项目。

中国队在大马士革举行的第六届亚洲男子柔道锦标赛和第三届亚洲女子柔道锦标赛中共获得4枚金牌4枚银牌和3枚铜牌 团体总分列第三

7月24日

国务院作出《关于加强交通运输安全工作的决定》

交通运输业是国民经济发展的重要前提和支柱。改革开放以来,交通运输面临新的形势,任务更加繁重和艰巨。搞好交通运输安全,对于保障人民生命财产,维护社会安定,促进改革开放顺利进行,保证国民经济持续稳定发展,具有十分重要的意义。在最近召开的全国交通安全工作会议上,国务院总理李鹏同志作了重要指示,国务院邹家华同志作了重要讲话,各地区、各部门要认真贯彻执行。

近几年来,交通运输部门深化改革,实行各种形式的承包经营责任制,取得了显著成绩。安全运输工作也取得了一定成效,积累了不少好的经验,涌现出一批先进集体和个人,保证了运输任务的完成。但是,必须清醒地看到,当前交通安全状况还很不好。今年以来,全国重大交通事故接连发生,国家和人民生命财产受到巨大损失,造成了极其不良的影响。更为令人担忧的是还存在着相当严重的隐患。搞好交通安全,已经到了刻不容缓的地步。要扭转当前安全不好的被动状况,开创交通运输安全的新局面,需要坚持不懈地做艰苦、扎实、细致的工作,光治标不行,必须治本。

为了统一思想和行动,确保交通运输安全,必须要有一个共同的目标。全国交通运输安全工作的奋斗目标是:紧急动员起来,加强领导,深化改革,抓好基础,严格管理,建立科学的管理体系,完善必要的技术设备和监控手段,建设一支思想好、作风硬、基本功扎实、纪律严明的职工队伍,坚决防止重大恶性事故,最大限度地减少一般事故,安全优质、高效地为社会主义现代化建设服务。为实现这一奋斗目标,特作如下决定。

一、提高认识,加强领导,狠抓内部管理。

当前交通运输安全状况不好,原因是多方面的,有主观原因,也的客观原因,但主要原因是内部管理问题。突出表现是领导不力,管理不严,安全责任制不落实;劳动纪律松弛,违章违纪严重;设备管理维修跟不上;培训抓得不够,职工技术业务水平下降;维护社会交通治安秩序抓得不够。对此,各级领导要有统一的、明确的认识。

认识不提高,领导不加强,安全则无保障。各级领导一定要提高对交通运输安全重要性和紧迫性的认识,认真贯彻安全第一、预防为主的方针,实行领导负责制。各部门、各单位主要负责同志对安全负第一位的责任,要按级负责,建立安全管理网。要转变领导作风,反对官僚主义和好人主义,坚持"严肃、认真、周到、细致"的工作作风,深入调查研究,狠抓落实工作。要正确处理安全与生产、安全与效率、安全与效益的关系,在保证安全的前提下挖潜扩能,发展生产。

狠抓内部管理,关键和核心问题是要突出一个"严"字,整顿和克服劳动纪律松弛和违章违纪现象。严格管理,首先要从领导干部做起,严于律己,敢抓敢管,不护短、不迁就,不准隐瞒和迟报事故;广大职工应当发扬"一点不差,差一点也不行"的精神,自觉地、严格地、一丝不苟地执行各项规章制度。对于在交通安全工作中作出贡献的先进单位和个人要大力表彰,对于有章不循、违章操作而造成事故的,要坚决处理,触犯刑律的要追究法律责任。切实做到严密组织,严格要求，严明纪律和赏罚分明。

二、深化改革，进一步完善承包经营责任制，建立、健全安全责任制。

铁路大包干和其他交通运输部门实行的承包经营责任制，方向是正确的，成效也是显著的，但要根据交通运输行业的特点，进一步深化和完善。铁路是高度集中的企业，是国民经济的大动脉，具有半军事化的特点。在实行大包干中，铁路局和分局可实行全面承包，基层站段的承包则应采取综合指标管理和考核的办法。在劳动工资方面，主要工种的关键岗位可以实行固定工制，并对其中的主要人员适当提高报酬，但必须严格考核，真正做到符合要求，胜任工作；辅助工种应提倡实行合同工制。其他运输部门也可按照这一精神进行改革。

要克服重效益轻安全的短期行为，把安全指标作为重要内容列入承包经营责任制和任期目标责任制中。凡是没有列入的，要立即列入；不完善的，要加以完善。要加强班组安全管理，把安全措施层层落实到每个岗位和职工，把安全指标与企业和职工个人经济利益挂起钩来。要妥善处理完成生产经营任务与保证安全运输之间的关系，在企业升级，干部考核任免，职工晋级，评选先进单位、个人和发放奖金时，安全指标具有否决权。

要把严格培训，提高职工技术业务素质，作为确保安全、健全安全责任制的一项重要内容。特别要重视对生产第一线的班组长和操作人员的培训。招收新工人时，要严格考核。关键岗位的职工，必须培训合格后才能上岗。平时要组织大练基本功，开展技术表演活动，实行定期轮训考核，做到培训工作经常化、制度化。对领导干部特别是新担任领导职务的同志，要加强安全管理方面的专门培训。要注意改善培训条件，办好技工学校和职工学校。有关的大专院校要开设安全教育课程，使学生在校时就受到系统的安全知识教育，增强安全意识。

三、加强对设备的维护、保养和修理，确保设备完好。

保持设备处于良好状态，是交通安全的重要保证。各单位要把设备和线路的维护、保养和修理放在重要位置，严格执行使用、维护和检修制度。不准扣减计划内的维修费，不准挤占维修材料，不准抽调定编的维修力量，确保按质、按量、按时完成修理任务，使运输设备和线路始终处于良好状态。要树立全局观点，坚决反对只顾本单位的利益，该修不修，能拖就拖，能推就推，以邻为壑的错误做法。有关部门要为交通运输部门生产合格的产品，并要保证供应设备修理所需要的原材料及配件。

今后，在新建和更新改造项目中，要有相应的安全设施专项投资，必须实行安全设施与主体工程同时设计、同时施工、同时验收的原则，对不符合安全要求的，不准投资、不准施工、不准投入使用，以切实保证安全，不留后患。

四、依靠技术进步，优化运输结构。

要加强交通运输安全方面的科学技术研究和新技术的运用。对于已经研制成功的装置和设备，要加速安装，完善配套。对于尚未解决的课题，要加快攻关进度，有的要列入国家重点攻关项目。要认真落实这方面的经费。积极引进、消化国际先进的管理方法、手段，提高安全管理水平。要树立大交通观念，优化运输结构，逐步建立合理的综合运输体系，充分发挥各种运输工具的作用。用经济和行政手段，促使运输的合理分流，缓解铁路严重超负荷状况。由国家计委牵头，组织有关部门，通过设想研究，提出方案。

五、加强安全法制建设和监督监察工作。

交通安全法制建设，当前要着重抓好三方面的工作：一是抓紧制定和完善有关保证交通安全的法规，做到事事有法可依；二是严格执法，做到有法必依，执法必严，违法必究；三是要在全社会大造舆论，大张旗鼓地开展交通运输安全的宣传工作，提高广大人民群众的法制观念，使人人知法、懂法、守法。各地区、各部门都要重视和支持安全监督监察工作，选派熟悉业务、善于联系群众、敢于坚持原则的人员，充实安全监督监察机构。安全监督监察部门要公正、权威地履行职责，把主要精力放在预防事故的工作上。

交通运输系统各单位要立即开展一次安全检查整顿。抓好四查：查思想、查管理、查纪律、查隐患。对查出的问题，凡是能够解决的要立即解决；不能马上解决的，也要采取临时措施加以补救，并提出解决办法，限期解决；对过去隐瞒和久拖不决的事故要抓紧处理。检查整顿要层层进行，落实到每个岗位、每个职工。要充分相信和依靠各单位的领导和职工。不走过场，不搞形式主义，要重在落实，注重实效。检查整顿之后，要使这项工作形成制度，把安全检查列入日常生产管理工作的议程。交通运输部门和各省、自治区、直辖市人民政府，要在第三季度末向国务院正式报告检查整顿结果；同时，要制定本地区、本部门交通运输安全规划，于今年年底上报国务院。

六、加强思想政治工作，关心职工生活。

各单位要根据新时期思想政治工作的新特点，联系实际，采用生动活泼、群众喜闻乐见的形式，把思想工作做到生产和职工生活中去，教育广大职工懂得本职工作同运输安全的密切关系，增强职工搞好安全运输的自觉性。教育广大职工加强主人翁责任感，树立良好的职业道德,发扬艰苦奋斗的精神,顾全国家大局,克服和防止"一切向钱看"的思想,以对人民高度负责的精神,自觉遵章守纪,做好本职工作,保证运输安全。为了加强对思想政治工作的领导,交通运输部门可进行党委书记兼任行政副职的试点。

在加强思想政治工作的同时,各级领导要关心职工生活,依靠自己的力量,努力解决他们的实际困难。要抓紧解决边远地区职工的吃水、供电、医疗卫生、文化生活和子女上学、就业等问题,做好运输第一线职工家属的工作。要为保证运输第一线职工尤其是驾驶人员的休息创造必要的条件,解决他们超劳的问题。

七、落实好几项具体政策。

为了提高交通运输部门自我积累、自我发展、自我改造的能力,国家根据目前条件,决定采取以下措施:根据全国物价改革的总体方案,考虑适当调整部分运价;对保障交通安全所需贷款,银行应优先予以安排;适当提高铁路大修折旧率;民航部分技术骨干跨省调动不受户口限制;公路交通管理经费不足的地区,经省(区、市)财政部门审核并报省(区、市)人民政府批准,可适当增加养路费划拨给公安部门的比例;在主要公路干线的乡镇,设置道路交通管理机构;研究制定运输工具、货物、旅客人身意外伤害和第三者责任的法定保险制度等。有关部门和地方要抓紧提出具体方案,上报批准后实施。

八、地方政府要把交通运输安全工作列入重要议事日程。

各级地方政府要加强对本地区交通安全工作的领导,层层建立安全责任制。除抓好以上各项工作外,要进一步贯彻落实国务院一系列有关搞好交通安全的各项规定;抓好本地区的交通治安工作,对哄抢运输物资、盗窃交通安全器材、破坏交通安全等刑事犯罪活动,要坚决依法予以打击;重要铁路区段、港口、桥梁、隧道、航道和航标,要配合武警部队和交通部门建立保护制度;加强对铁路道口的管理;严禁把易燃、易爆和其他危险品带上车、船、飞机;对农村个体、集体车船要严格管理,尽快扭转失管失控的状况;维护机场秩序,严格执行保护机场净空条件的有关规定;按照《国务院关于改革道路交通管理体制的通知》(国发〔1986〕94号)的规定,要进一步加强对拖拉机交通运输安全的管理;根据国务院已有的规定,对现在各种检查站进行清理整顿,统筹规划检查站的布局,把乱设卡、滥收费的混乱现象限期加以纠正。

九、有计划、有步骤地增加运输能力。

加强交通运输安全,当前主要应从强化管理入手。同时也应看到,交通运输仍然是国民经济的突出薄弱环节,要从根本上改变交通运输安全不好的状况,增加投入,扩大能力,更新设备,增添安全设施和现代管理手段,同样是不可忽视和十分必要的。这不仅是保证安全的需要,也是发展生产的需要。随着国民经济的发展,交通运输的能力和需求之间的矛盾将会更加突出。各地区、各部门都要从长远考虑,采取切实措施,有计划地增加投入,不断提高运输能力,使交通运输进一步适应改革开放的要求,保证国民经济持续稳定地发展。

交通运输安全是关系国计民生的大事,各地区、各部门一定要十分重视,互相支持,密切配合。国务院相信,经过全国人民特别是交通运输战线广大职工的努力,交通运输安全不好的局面一定能够扭转,交通运输事业和交通运输安全一定能够提高到一个新的更高的水平。

国家计委提出限制发展四类产业产品

一是对市场需求量虽然大于加工能力,但加工能力又大大超过原材料供应,而且这种矛盾在短期内又难于得到缓和的,要限制生产能力的进一步扩大。如铝型材加工生产线、小毛纺厂等。

二是对技术水平不高,市场需求疲软,生产能力闲置的产业或产品,要运用综合调节手段,促其提高产品质量、档次或转产适销产品。如普通人造革,大号机械男表等。

三是对盲目布点、盲目建设、盲目生产的技术水平低、消耗高、严重污染环境、经济效益和社会效益明显不好的产业或企业,坚决实行限制和改造政策。

四是对于需求虽然旺盛但不符合我国现阶段消费结构和产业结构发展水平的产品,要采取多种手段,有计划地限制其盲目发展,并对消费进行适当引导。

中国留美学生陈金元在美国举行的第十届生物电磁学会年会上包揽两项最佳学生科学论文奖

中国科技大学赴美博士生陈金元的两篇论文包揽了学会的两项最佳学生科学论文奖——约翰逊纪念奖。

生物电磁学会是一个国际性的学术组织,每年颁发两个约翰逊奖:一个奖给大会的报告论文;另一个奖给大会的展出论文。出席年会的200多位科学家对陈金元的报告论文和展出论文都给予了极高的评价。

陈金元1970年毕业于中国科技大学,1983年赴美国犹他大学电机工程系攻读博士学位。留学期间,他曾指出美国国家标准局制定的微波辐射人体计量标准计算中存在的数量级上的错误。加拿大国家计量标准局据此修正了本国的计量标准。世界卫生组织也正积极推荐陈金元的计算标准。

7月25日

经国务院批准今日起放开名烟名酒价格

经国务院批准,全国各地从 1988 年 7 月 28 日起放开名烟名酒价格,实行市场调节,同时适当提高部分高中档卷烟和粮食酿酒的价格。

放开价格的名烟有中华(金中华)、云烟、玉溪、红塔山、红山茶、茶花、牡丹(包括上海牡丹、金牡丹、北京牡丹)、阿诗玛、大重九、恭贺新禧、石林、上海红双喜、黄人参等品种;放开价格的名酒有茅台、五粮液、郎酒、泸州特曲、古井贡酒、洋河大曲、双沟大曲、全兴大曲、剑南春、董酒、汾酒、西凤、特制黄鹤楼等品种。

在放开名烟名酒价格的同时,为保持各类烟酒价格合理衔接,适当提高部分高中档卷烟和粮食酿酒的价格。卷烟中的甲级烤烟型卷烟产地零售价平均每包提价 0.34 元,提价幅度 38.8%;甲级混合型卷烟平均每包提价 0.2 元,提价幅度 23.1%。乙一级卷烟,平均每包提价 0.07 元,提价幅度 13.4%。乙一级卷烟中部分牌号和乙二级以及丙、丁、戊级卷烟不提价。

粮食酿酒中,部、省(自治区、直辖市)优质白酒产地零售价一般提高 20%多一些;一些知名度高的,提价幅度大一些;现行零售价格每瓶在 3 元(含 3 元)以下的,按普通曲酒的提价额执行。普通曲酒每瓶提价 0.2 元或稍多一些;普通瓶装白酒和散装白酒每瓶(或 500 克)提价 0.1 元或稍多一些;有些地区和有些品种,价格突出偏低的多提一点。易拉罐啤酒每瓶提价 0.6 元,青岛啤酒每瓶提价 0.4 元,其他国家优质啤酒每瓶提价 0.3 元,普通瓶装啤酒每瓶提价 0.2 元,散装啤酒每升提价 0.1 元。

通过放调结合的办法对烟酒价格实行改革,尤其是放开名烟名酒价格,把定价权放给企业,是运用价值规律,逐步形成和完善新的市场机制,能够使卷烟价格及时反映价值和供求。这对于促进烟酒生产结构的调整,调节供求,引导消费,节约粮食,打击黑市交易,增加国家财政收入,都具有重要的意义。

烟酒价格改革是我国人民经济生活中的一件大事,国务院要求各级人民政府切实加强对这项工作的领导,组织物价和轻工业、商业、财政、税收、烟草专卖、工商管理以及宣传等有关部门,认真做好各项工作,特别是宣传解释工作,以取得群众的理解和支持,确保烟酒价格改革的顺利进行。

国务院决定,为了继续保持市场稳定,今年下半年国务院不再出台新的提价项目,同时严格禁止各部门、各地区在烟酒价格变动期间乘机"搭车"涨价。

各级物价、工商行政管理和监察部门,要在当地政府统一领导下,加强监督检查。对扰乱市场,哄抬物价的单位和个人,要依法从严查处。

国务院发言人袁木受国务院委托就放开名烟名酒价格调整部分烟酒价格发表谈话

一、这次放开名烟、名酒价格并提高部分高中档卷烟与粮食酿酒价格,其目的和意义可以概括为:指导生产,调节供求,引导消费,节约粮食,打击黑市交易,增加财政收入。

放开名烟、名酒价格,从国家定价转向市场调节,是价格管理制度改革的一项重要措施。价格改革的目标之一,是要实现少数关系国计民生的重要商品价格和劳务收费由国家规定,大多数商品价格和劳务收费逐步放开,实行市场调节。像烟酒这样的非基本生活必需的消费品,就属于应该放开价格、实行市场调节的范围。由于烟酒的社会消费量比较大,涉及的消费者比较多,其价格变动对市场物价有重要影响,因此,放开烟酒价格又需要有步骤地进行。这次先放开名烟、名酒价格,主要是因为目前在全国被列为名烟、名酒的品类不多,产量很少,而需求量很大,供不应求的情况非常突出。名烟、名酒的消费者主要是社会集团和少数收入水平高的人,价格放开后上涨幅度即使高一些,对社会的影响也不大。

大家知道,随着经济的迅速发展和改革的逐步深入,我国城乡人民生活有了显著改善,同时也出现了社会集团消费增长过快和一部分人追求高消费的问题。这种不合理的消费结构,在烟酒方面表现得更为明显:越是名烟、名酒,越是供不应求。近几年来,名烟、名酒价格名义上没有提高,实际上在市场上却很难买到,许多品种的价格相当混乱,在国营商店根本摆不住,或者搭配销售。另一方面,少数不法分子内外勾结,投机倒把,高价倒卖,牟取暴利,既扰乱市场秩序,又增加消费者负担。名烟、名酒价格被抬高了,生产企业没有多拿到钱,守法的商店也没有多赚钱,这些本来应该是国家财政收入的钱,却白白流入了投机倒把分子的腰包。倒卖烟酒的非法行为,严重违反了价格管理条例、烟草专卖条例和有关的工商行政管理条例,而且造成国家财政流失,于国于民都不利,社会各方面反映强烈。对此,国务院经过慎重考虑,决定放开名烟、名酒的价格,实行市场调节,以逐步消除价格"双轨制"带来的弊端。就是说,今后名烟、名酒的价格,将由生产、经营企业根据市场供求情况,自行定价,真正让价值规律起作用,形成新的市场机制和企业机制。当市场需求旺盛时,生产者和经营者可以主动把价格向上浮动一些;需求转为疲软时,价格又可以及时回落。这样,对黑市的打击除了必要的行政措施以外,又有了重要的经济措施。

在放开名烟、名酒价格的同时，适当提高部分高中档卷烟和粮食酿酒的价格，是为了保持合理的比价，以利于调整烟酒的生产结构，也考虑到了生产成本升高的因素。1985年和1987年，国家先后提高了上、中等烤烟(高中档卷烟的生产原料)的收购价格，燃料和包装物料的价格也在上涨，卷烟成本上升很多。此外，粮食的收购价格陆续有所提高，酿酒用粮一般已由平价改为议价供应。一些烟厂、酒厂出现亏损，影响企业的生产经营，确实需要适当调整价格。

放调粮食酿酒价格，主要是为了节约粮食，限制酿酒用粮。近几年来，粮食酿酒的数量增长过多、过快。1987年，粮食白酒产量已达到420万吨，比1980年增长近一倍，提前3年达到国家1990年的控制目标；啤酒产量524万吨，比1980年增长六倍半；全国酿酒耗用粮食1400万吨，相当于10亿人口一个月的平均口粮。1980年至1987年，我国粮食总产量累计增长8000多万吨，平均每年增长1100多万吨，还不够一年喝酒耗费的粮食。这种状况如不加以控制，将有继续发展的趋势。目前个别省的酒厂已发展到近万家，有的县就有上百家。我国人多地少，人均粮食水平还很低，虽然实行了计划生育，每年还有大量新增加的人口，需要增加粮食供应，不应该也不可能把更多的粮食用于酿酒。因此，需要运用价格杠杆，节制粮食酿酒的消费，把消费引向低度酒和不用粮食的果露酒或其他饮料方面去。这样做，也将有益于人民的健康。

放开和提高部分烟酒价格的另一个重要作用是回笼货币，增加国家财政收入。通过烟酒价格变动，扩大名烟、名酒同其他烟酒的质量差价，各级财政和生产企业都将不同程度地增加收入，这对改善财政情况、增强企业活力和经济的稳定增长，对支持改革，都是有利的。

二、放开和提高部分烟酒价格，对市场及消费者的影响如何，这是人们普遍关心的问题。烟酒属于非基本生活必需品，需求有较大的弹性。这次放调烟酒价格，在卷烟方面贯彻了特优的放开、次优的少提和一般的不提的原则，对平时抽乙等二级和以下等级卷烟的大多数消费者来说，基本上没有什么影响。在粮食酿酒方面，贯彻了名酒放开、优质酒和一般酒适当提价的原则，一瓶普通白酒提一二角钱，普通消费者不至于增加很多支出。对于享用名烟、名酒的消费者来说，价格放开后，他们的支出要增加一些，这是符合优质优价原则的。对于整个社会，这次烟酒价格的放开和调整，应该说是有益的事情。这是因为：第一，对于一部分有支付能力的人来说，要想高消费，就应该多花钱，这是合乎情理的；第二，不具备这种支付能力的消费者，应该克服盲目攀比和追求高消费或超前消费的倾向；第三，有特殊需要(如婚庆喜事等)的消费者，在名优烟酒放开和提价以后，公开买到这些商品的可能性将会逐步加大，非法交易将会随之减少。当然，为了增产好烟、好酒，淘汰劣质烟酒，还需要在生产、经营方面采取积极的措施。

经济改革和价格改革的目的是发展生产，增加供应，改善生活。这是符合广大群众的根本利益的。在具体改革措施中，对国家、企业和消费者个人有个收益再分配的问题。这次放开和提高部分烟酒价格，可能会影响一部分人的利益，但对全局来说是必要的。因此，全社会都需要正确对待和理解这项具有积极作用的改革措施，眼前利益要服从长远利益，局部利益要服从整体利益。人们关心这次部分烟酒价格变动对市场物价的影响，应当说明，烟酒是最终产品，提价对其他商品价格应当不会引起直接的连锁反应。部分烟酒价格变动对市场虽有一定影响，但影响是有限的。

三、今年以来，市场物价上涨较多，广大群众对价格问题十分关注。为了控制物价上涨，国务院已经作出决定：

1.今年下半年，国务院不再出台新的调价措施。各省、自治区、直辖市也要严格控制，与国务院的部署相一致。在烟酒价格放调过程中，严禁属于各地区、各部门管理的价格和收费趁机“搭车”上涨，坚决制止各种形式的乱涨价，还要从严控制有关商品连锁涨价。这里需要说明一下，由于近年来纸张价格大幅度上涨，经有关主管部门批准，报纸将从明年1月1日起提高价格，于今年秋季预收订报费。

2.除个别地方已进行的改革试点之外，供应城镇居民的定量粮、油，价格将继续保持稳定，购销价格倒挂的差额，仍由国家财政实行补贴。

3.安排好商品的生产和供应，尤其是要把与群众生活关系密切的蔬菜、猪肉、禽蛋等副食品和日用工业品的供应搞好。化肥、农药、农用薄膜等农业生产资料的供应，有关部门和地方要加以落实，对转手倒卖、层层加价的，要采取坚决措施予以制止。

4.加强物价监督检查。在这次调整烟酒价格的时候，各级政府及其物价、工商管理部门，必须严格按照《中华人民共和国价格管理条例》的规定，采取得力的、有效的措施，认真查处乱涨价、乱收费和变相涨价等违法行为，并发动职工和街道义务物价监督组织参加检查。欢迎广大干部群众对物价违法问题，进行检举揭发，由物价检查部门具体查处。

中央军委决定《中国人民解放军进行曲》为《中国人民解放军军歌》

《中国人民解放军进行曲》被确定为《中国人民解

放军军歌》。中央军委主席邓小平签署命令,今天正式颁布。这是中华人民共和国中央军事委员会经中共中央批准作出的决定。

《中国人民解放军进行曲》,原名《八路军进行曲》,公木词,郑律成曲,1939年秋作于延安。解放战争中更名为《人民解放军进行曲》,1965年改名为《中国人民解放军进行曲》。《中国人民解放军进行曲》形象鲜明,旋律流畅,音调坚实,节拍规整,集中表现了人民军队豪迈雄壮的军威,具有一往无前的战斗风格和摧枯拉朽的强大力量。

中国人民解放军总参谋部、总政治部为正式颁布军歌联合发出通知。通知指出,《中国人民解放军军歌》体现了我军的性质、任务、革命精神和战斗作风,反映了我军的光辉战斗历程。正式颁布《中国人民解放军军歌》,一定会激励全军指战员在中国共产党领导下,继承和发扬光荣传统,努力加强我军的革命化、现代化、正规化建设,肩负起建设四化、保卫四化的历史重任。高唱《中国人民解放军军歌》,将使广大指战员更加振奋革命精神,激发战斗热情,增强革命军人的光荣感、自豪感和使命感。

第一届系统科学与系统工程国际学术会议在北京开幕

这次会议由中国系统工程学会与国际应用系统分析研究所(IIASA)共同发起,由中国系统工程学会主办。参加这次会议的中外代表近300人,其中外宾100多位,他们主要来自美、日、法、英等21个国家和地区。

在这次国际学术会议上,各国学者将交流系统科学与系统工程理论与方法进展及其在经济、工业、农业、生态、能源、人口、通信、运输、水资源等方面的应用,以及最优化技术、多目标决策、决策分析、人机系统、专家系统、管理信息、决策支持系统等问题。

中国系统工程学会是在钱学森、关肇直、宋健、许国志等几十位专家、教授的倡导下,于1980年成立的。我国的系统科学在理论研究和应用领域都有自己的特色,近些年来发展较快,在国际上有较大影响,有些研究成果如在区域资源开发、人口预测、投入产出技术等方面,已达到国际先进水平。

我国硕士研究生苏桂珍攻下世界分析化学难题

中国地质大学女硕士生苏桂珍在导师林守麟教授的指导下,以攻下世界分析化学界难题——激光全蒸发固体进样ICPES(电耦合等离子体原子发射光谱分析法),饮誉光谱化学界。

苏桂珍完成的这一研究课题,在世界上首次采用连续激光对固体样品进行全蒸发,并且设计出一种理想的蒸发室,使分析测试的灵敏度提高一个数量级以上,取样误差由原来的15%—20%下降到1%—2%。专家们认为,苏桂珍的这一研究结果具有很高的科学价值和学术价值,有广阔的应用前景。

美国医学刊物将向全球公布席忠义首创人工肛门再造术

山西省肿瘤医院副主任医师、全国五一劳动奖章获得者席忠义,最近收到美国在世界颇有影响的医学刊物《外科肿瘤杂志》寄来的待发审阅稿,赞扬他在肛肠医学上取得了重大进展,突破了国际流行80余年的惯例。这家杂志准备近期内将他首创的肛门再造术向全球公布。

席忠义在我国著名医学专家吴阶平教授的帮助指导下,10年探索,首例"麦尔斯根治术后会阴部结肠套叠人工再造肛门"终于在1980年获得成功,一举结束了多少年来直肠癌患者靠挎粪袋治病救命的历史。

席忠义首创的这种新式人工肛门再造术,位置选择在两大腿间的会阴部,在原肛门附近。若原肛门已损坏,还可剜孔再造,而且再造的肛门具有良好的括约肌功能,能按人的意志来排泄大便,骑车走路也不受影响,其功能基本与先天肛门一致。截至目前,席忠义已为500多名患者做了这种手术,成功率达95%以上。

7月26日

国务院在北京召开第14次常务会议

会议审议并原则通过了《楼堂馆所建设管理暂行条例(草案)》《中华人民共和国野生动物法(草案)》和《〈中华人民共和国土地管理法〉修正议案(草案)》。

会议认为,为了适应经济建设发展和对外开放的需要,适当地建设一些旅游宾馆、写字楼、招待所、展览馆等是必要的。但现在有许多部门和地方脱离我国经济发展水平,脱离当地实际需要,大兴土木,兴建高级楼堂馆所,花费了大量资金,扩大了基本建设规模,在广大群众中造成极为不良的影响。因此,有必要制定这样一个条例,以加强对机关、团体、全民所有制企事业单位楼堂馆所建设的管理。条例(草案)对楼堂馆所的含义、项目审批程序、建设资金、建设标准以及检查监督等方面,都作了具体规定。这个条例(草案)将在进一步修改后于近期内发布施行。

会议强调,野生动物是国家的宝贵自然资源,制定野生动物法有利于加强野生动物保护管理工作,维护自然生态平衡,保护、发展和合理开发利用野生动物资源,鼓励对野生动物的保护、驯养繁殖,打击和制止乱捕滥猎、倒卖走私等行为。

会议决定，野生动物法(草案)和土地管理法修正议案(草案)经修改后，提请全国人大常委会审议。

全国总工会十届十三次主席团扩大会议在北京举行

会议原则通过一份“工会改革设想”。根据这个设想，工会改革的目标是：遵循党的纲领和路线，把工会建设成为独立自主、充分民主、职工信赖的工人阶级的群众组织，在国家和社会生活中发挥重要作用的社会政治团体。要实现这个目标必须从两个方面着手，一是理顺外部关系，二是增强内部活力。

党和工会的关系是理顺外部关系中最敏感的问题。长时期来，在高度集中的一元化领导体制下，党、政府和社会组织的职能不分，工会实际上成了党委的一个工作部门或行政的一个附属机构，带有比较严重的“官办”气息和行政化倾向，不同程度地脱离了群众。针对这种情况，“工会改革设想”提出，根据党的十三大精神，今后党对工会实行政治领导，即政治原则、政治方向、重大决策的领导，党支持工会组织上的独立性，不包揽和干涉工会的日常事务，支持工会依照法律和章程独立自主地履行自己的社会职能。

在工会与政府的关系上，这个设想提出，工会在政府行使国家行政管理权力过程中，发挥民主参与和社会监督的作用。工会应维护国家的政令统一，动员职工实现政府提出的各项任务；政府应尊重法律规定的工会的地位和权利，支持和保障工会依法维护职工的合法权益，使工会真正成为政府的亲密合作者和坚强的社会支柱。

今后，工会与政府及有关部委应建立协商对话制度，及时协商解决涉及职工具体利益的重大问题。政府和有关部门在制定劳动、工资、社会保障、物价、住房等政策时，应有工会参与，在充分听取工会意见后再作出决定。对国家行政机关及其工作人员侵犯职工利益的行为和违法乱纪行为，工会有权监督、批评、检举揭发和控告。

在理顺外部关系的同时，工会自身改革的关键在于增强基层工会的活力。为此，“工会改革设想”提出一系列改革措施：实行会员群众办工会，真正做到工会代表职工群众，上级工会是下级工会的代表者和联合体，为基层、为职工服务；在活动方式上，工会的各种活动将主要在基层开展，一般不组织全国或全省性集中活动；在干部制度上，改变事实上存在的委派制，各级工会领导人都要经过严格的民主程序选举产生；在活动范围上，工会将不再局限于国营和集体企业，而更加积极主动地在乡镇企业、外商投资企业和私营企业以及教科文卫事业单位中发挥作用。

会议于8月2日结束。

国务院向各地发出紧急通知要求夺取秋季丰收完成全年粮食增产计划

紧急通知指出，今年上半年农业生产总的形势是好的，棉、糖、烟、茶、果、菜等经济作物面积增加，发展势头不错，但粮油生产面临的问题较多。夏粮、早稻由于灾多、灾重，预计产量仅与去年持平或略有增加，全年粮食增产任务要靠秋粮来承担，任务十分艰巨。抓好粮食生产是稳定大局的需要，不能有丝毫松懈。为此，各级人民政府必须切实抓好以下工作：

一、集中力量抓紧秋季作物的田间管理。秋季粮食和经济作物，由于受多种因素影响，长势很不平衡，各地一定要以秋季粮、油生产为重点，以主攻单产为目标，抓住立秋前关键季节，把增产措施落到实处。

二、努力扩大晚秋作物面积。各地必须认真研究抓好晚秋粮食生产的对策，努力多种、种好。

三、要立足抗灾夺丰收。今年全国气候异常，各种自然灾害频繁发生。当前夏旱高温持续发展，局部地区洪、涝、风、雹灾害也很严重。各级人民政府一定要树立抗灾夺丰收的思想，坚持抗旱防汛两手抓。

四、积极组织群众大积大造农家肥，增施有机肥。秋季雨水多、温度高，要抓紧这一有利时机，积极组织城肥下乡，大搞秸秆还田，广泛开展积造有机肥活动，实行有机肥和无机肥、用地和养地相结合，切实搞好地力建设。

五、及早做好秋冬种的各项准备工作。为了打破近两年夏季粮油生产的徘徊局面，各级人民政府要在抓好当前秋季生产的同时，及早做好秋冬种的各项准备工作。

六、切实加强对农业生产的领导。各级人民政府要把夺取秋季农业丰收、完成全年粮食增产计划，作为下半年经济工作的重点切实抓紧抓好。各级领导要深入生产第一线，帮助农民解决生产中的各种实际问题。各行业各部门都要大力支援农业。

各地开展生产力标准问题讨论

据《人民日报》报道，中共中央政治局常委胡启立最近在谈到这场讨论时说，它涉及对社会主义、中国国情、商品经济、价值观念、思想政治工作等一系列根本问题的再认识，实际上是真理标准讨论的继续和发展，是我们深化经济改革攻坚过关的重要思想准备，这场讨论要继续深入抓下去。

把是否有利于发展生产力当成考虑一切问题的出发点和检验一切工作的根本标准，是赵紫阳在党的十三大的报告中提出的。由于过去十年的改革中,几乎每前进一步都出现是姓“社”还是姓“资”的争议,作为辨别是非、统一认识的思想武器“生产力标准”一经提出,很快受到人们的重视。黑龙江、吉林、辽宁、河北、山西、湖北、湖南、江西等省在落实十三大精神中,都决定要在全省范围内开展生产力标准问题的讨论。今年以来,这些省分别组织研讨会,开办学习班,并在报纸上辟出专栏,为这一讨论提供园地。

在学习讨论中,很多地方注意从以下几个方面把理论同实践紧密地结合起来:一是联系本地本单位改革开放实践中产生的那些“行得通、说不清”或者“想得通、不敢干”的问题进行讨论,清理禁锢人们思想的旧观念;二是同先进地区对比,从生产力发展的差距寻找思想差距,增强改革的紧迫感和责任感;三是用生产力标准来清理那些过时的或不合理的规章制度;该废除的废除,该修改补充的修改补充;四是开展对本地基本情况的调查,明确本地的优势和劣势,制定适合自己特点的经济和社会发展战略。

现在,这场讨论正继续发展。有的地方开始注意引导干部群众用生产力标准正确地观察、判断当前形势,统一对形势包括对改革中出现的某些消极腐败现象的认识;引导干部群众用发展生产力的观点来对价格和工资改革问题作出具体分析,并且认清加快改革、逐步建立社会主义商品经济新秩序的必要性和紧迫性。

全国棉花收购工作会议在北京召开

商业部副部长潘遥在会上要求各级供销社,正确执行政策,坚持收购标准,维持收购秩序,不争购打“内战”,既要保证国家将应掌握的棉花全部收购上来,又要切实保护农民的利益,做到国家满意,农民也满意。

潘遥指出,尽管去年棉花收购情况和今年棉花生产形势良好,但棉花产需之间缺口仍较大,今年棉花购销任务十分艰巨。潘遥说,棉花是重要的工业原料,商品率高,又具有局部地区生产、供应全国需要,季节收购、常年均衡消费的特点,在供不应求的情况下,由国家控制、集中管理,关闭市场,让供销社一家经营,以保证各方面的正常需要,是国家为确保棉花供求平衡而采取的一项重要措施。目前如开放棉花市场,将导致多头争抢资源,引起“棉花大战”。其后果将使国家难以掌握足够的资源,造成市场波动,加大国家建设和改革的难度。这些年一些地区相继出现羊毛、苎麻、蚕茧“大战”,已经给国家和消费者增加了负担,农民也未真正得到好处。这个教训应当认真汲取。

潘遥指出,目前有些地方对不开放棉花市场持不同看法,有的产棉区打算在收购后期或完成定购任务后开放市场,有的企业和个体商贩已做好争购棉花的准备,对此应做好工作,关键是做好部分地区和单位领导干部的工作,统一思想,统一认识。

潘遥说,严格执行国家标准,不压级压价,也不抬级抬价,是贯彻落实收购政策,保护农民利益的核心问题。为此,各级供销社要端正经营思想,增强政策观念和法制观念,决不能在任何环节上损害农民利益。潘遥强调,要坚持谁签合同谁收购的原则、维护好收购秩序,关键是供销社内部不相互争购,不打“内战”。各级收购单位要克服本位主义,树立全局观念,严格执行收购规定,棉花少了不抢购,多了不限收,并把划片、定点、约时、凭证(合同)收购真正落实到植棉户,为棉农履行合同,到签约单位交售棉花提供方便。

潘遥说,国家对棉花的收购、调拨、出口、储备、库存实行指令性计划管理,现在有些地方出现擅自动用储备棉,不执行国家计划调拨,自行销售,自行出口棉花等现象,必须坚决纠正。

国家主席杨尚昆根据全国人大常委会的决定任命杨许强为中国驻乌拉圭东岸共和国特命全权大使

我国青运史研究取得一批新成果

共青团中央书记处书记刘延东说,我国青年运动史研究工作近年来取得很大成绩。

目前,全国已有一半省市成立了青运史研究会或工作委员会、征集编辑委员会。具有高中级学术职称的青运史专职研究人员已达30多名,还有为数不少的具有高中级职称的社会各界兼职研究人员。

刘延东透露,我国青运史工作已结出一批新成果,团中央先后召开了纪念抗日战争时期青年运动暨西北青年救国会成立50周年学术讨论会、解放战争时期国统区学生运动学术讨论会、“九·一八”到“七·七”事变期间青年抗日救亡运动学术讨论会、青运史教学教材研讨会等。

刘延东在今天举行的青年运动历史现状与未来讲习班开学典礼上还透露,团中央书记处已决定建立任弼时青年运动史研究基金,为进一步开展青运史提供一定的物质保证。

由青运史工作者组成的全国性学术团体——青年运动史学会也于今天成立。冯文彬任名誉会长,刘延东任会长。

7月27日

国务院作出《关于表彰奖励参加黄淮海平原农业

开发实验的科技人员的决定》

黄淮海平原农业综合开发试点工作从60年代开始。国家有关科研单位和部属院校等单位先后派出大批科技人员参加试验区的开发建设。他们在地方政府的领导和支持下,与当地群众、科技人员一起,坚持理论与实践相结合,经过多年不懈的努力,通过试点,创造了综合治理旱、涝、沙、碱的成功经验,为全面开发治理黄淮海平原创造了条件。

为了进一步调动和发挥科技人员参加黄淮海平原农业综合开发的积极性,鼓励更多的科技人员投入到我国农业开发第一线,推动科技进步,促进农业发展,国务院决定,对在黄淮海平原农业开发试点中作出突出成绩的科技人员给予表彰、奖励。

国务院总理李鹏等领导同志就治理开发黄淮海平原与16位农业科学家在北戴河裤型座谈会

李鹏、胡启立、姚依林、田纪云等同志参加了座谈会。

参加座谈会的16名农业科学家是:北京农业大学校长、教授石元春,中国农科院农田灌溉所研究员贾大林,北京农业大学教授辛德惠,中国农科院棉花所研究员张雄伟,北京农业大学教授王树安,中国农科院郑州果树所研究员何荣汾,中国农科院畜牧所研究员李炳坦,中科院南京土壤所研究员王遵亲,中科院地理所副研究员程维新,中科院遗传所研究员林建兴,中科院南京土壤所副研究员傅积平,中国林科院林业研究所副研究员陆新育,南京林业大学校长、教授王明庥,水利部原副部长、教授级高级工程师冯寅,水利部水利水电科学院教授级高级工程师黄荣翰,地矿部河北地矿局高级工程师陈望和。

李鹏总理在座谈会上作了重要讲话。他说,我国10亿人口,有8亿农民,农业始终是发展国民经济的基础,吃饭是件大事。近10年来,我国农业取得较快发展,但要上新的台阶,任务非常艰巨。黄淮海平原是我国最大的平原,在全国农业生产中占有重要地位。我们的目标是到本世纪末这一地区要增加粮食500亿斤,棉花2000万担,油料3000万担和肉类200万吨,我们一定要把它作为一项硬仗拿下来。看待农业的好与坏,我们不能光看1年、2年,因为中国面积大,每年总是有旱有涝。要用战略眼光去看,到2000年农业能否形成上述的生产能力和实力。

李鹏说,黄淮海平原的开发试点,由周恩来总理倡导,我们搞了20多年,取得了重大成果,走出了一条中国式的农业综合开发的路子。我代表党中央、国务院感谢长期奋战在黄淮海平原的广大工人、农民、科技人员。今天,党中央、国务院向在座的农业科学家表示亲切慰问,也通过你们向奋战在农业第一线的广大科技工作者表示亲切慰问。

李鹏说,发展农业,一靠政策,二靠科学。没有科技突破,农业就不能稳定发展。希望广大农业科技工作者在农林牧副渔各个方面共同突破,发挥更大的作用,作出更多的贡献。希望有更多的青年立志学农、务农、爱农,在我国形成一种新的社会风尚。农业科技工作者出成果需要有试验室,但更多的要深入生产第一线。我相信会有更多的科技人员投入宏伟的黄淮海平原开发事业,为振兴我国农业作出重大贡献。

国务院副总理田纪云在会上作了题为《希望有更多的科技人员为农业的开发建设贡献智慧与力量》的重要讲话。国务委员、国务院秘书长陈俊生宣读了《国务院关于表彰奖励参加黄淮海平原农业开发实验的科技人员的决定》。有93名优秀科技人员受到表彰奖励。

会上,16名农业科学家向全国科技战线的广大科技人员发出了倡议书。

中央农村政策研究室主任杜润生、农业部部长何康、林业部部长高德占、水利部部长杨振怀、中国科学院院长周光召等参加了会见。

国务院副总理田纪云在农业科学家座谈会上发表题为《希望有更多的科技人员为农业的开发建设贡献智慧与力量》的讲话

同志们:

听了诸位专家的发言,很受启发。大家提了许多很好的建议,这对进一步研究和搞好黄淮海平原的开发和整个农业开发,都是十分有益的。这次国务院邀请你们来北戴河休假,中央和国务院领导同志又同大家一起座谈,这说明两点:一是党中央和国务院对农业是十分重视的;二是对科技在发展农业中的作用是十分重视的。今天在座的16位专家,是治理黄淮海平原的先行者,是为发展我国农业作出了突出贡献的,这次要对包括你们在内的93位科技人员授奖。这是对长期坚持黄淮海平原开发试点的广大科技人员的鼓励。下面我讲几点意见,供参考。

一、科技试点成果为全面开发黄淮海平原创造了丰富经验。

黄淮海平原的开发试点早在60年代就开始了,当时的国家科委根据周恩来总理的指示于1965年部署了第一批试点。20多年来,中间虽有"文化大革命"的干扰,但试点还是坚持下来了,先后参加开发试点的科技人员有1000多人,建立了12个不同类型的综合治理试验区,连同示范区和扩散区总共治理面积达千万亩。由于广大科技人员同广大干部、群众共同努力,开发治理获得显著成效。粮食单产从治理前200

斤增加到 800 多斤，棉花、油料以及林、牧、渔业等都有较大增产，人均收入由 100 元左右增加到 400 至 500 元。其中有几个试验区的成果更为突出：

山东禹城试验区总面积 33 万亩，已治理 26 万亩，粮食单产由 200 斤提高到 1200 斤，棉花单产由 12 斤提高到 150 斤以上，人均收入由 44 元提高到 650 元。

河南封丘试验区总面积 32 万亩，已治理 20 多万亩，粮食单产由 100 多斤提高到 1000 斤以上，人均收入由几十元提高到 500 元以上。

河北曲周试验区治理面积 28 万亩，粮食单产由 362 斤提高到 664 斤，棉花单产由 52 斤提高到 118 斤，人均收入由 66 元提高到 342 元。

河南商丘试验区治理 15.6 万亩，粮食单产由 400 斤提高到 700 多斤，人均收入由 74 元提高到 500 多元。

在节水灌溉和排灌技术研究方面建立了 5 个试验区，面积达 50 多万亩，也取得了较好的效益。

建立了 6 个不同类型的万亩平原区综合防护林试验区，也获得了明显的社会、经济和生态效益。

科技开发试点的成功，不仅创造了巨大的物质财富，而且它的重要意义还在于：第一，各个试验区历史上都是旱、涝、沙、碱“四害”俱全，而各地试点在治理“四害”方面都取得了重要的科研成果和成功的经验，为全面治理开发黄淮海平原闯出了路子，创造了条件。第二，多年来，科研与生产脱节，使大量的研究成果不能转化为直接的生产力，据有关方面反映，目前我国农业方面的科研成果运用到生产中去的只占 30%—40%。黄淮海平原开发试点的成功，为科研与生产密切结合，使大量的科研成果较快地推广应用，为今后科研单位的改革指明了方向。第三，参加开发试点的科技人员常年深入生产第一线，蹲点试验，为广大科技人员树立了榜样。

总之，参加黄淮海平原治理开发的科技人员，包括在座的诸位专家，与广大农民相结合，为我国的农业发展付出了辛勤的劳动和聪明才智，作出了突出贡献。黄淮海人民感谢你们，党和国家感谢你们！希望你们再接再厉，为发展我国的农业作出更多的贡献。

二、加快我国农业发展必须重视科技投入。

近十年来，我国农业取得了较快发展，粮食产量从 6000 亿斤增加到 8000 多亿斤，相当于 1978 年前 20 多年的增产总数，农村出现了农、林、牧、渔以及乡镇企业全面发展的好形势。这主要是一靠政策，也就是依靠改革，调动了广大农民群众的生产积极性；二靠科学技术，提高了农业生产水平。

我国有近百万农业科技人员。长年累月，风里来雨里去，在农业生产第一线，把大量科研成果应用到农业生产上去，对农业增产发挥了重要作用。据估算，全国推广杂交水稻、地膜覆盖栽培、优化配方施肥、病虫害防治等技术。近十年累计增产粮食 1600 多亿斤。有些单项的科技成果的采用推广，其增产效果更为明显。去年全国组织实施了农牧渔业“丰收计划”，如一些科研成果和先进实用技术综合配套应用于生产，对农业实现大面积、大幅度增产增收，起了很好的促进作用，投入产出比达到 1∶12，效益显著。十多年来黄淮海地区农业科研和开发的实践，也充分证实了科技投入在农业发展中的重要作用。

目前，我国农业生产形势总的讲是好的，但要看到，今后我国的农业生产特别是粮食生产要攀登一个新阶梯，实现本世纪末的奋斗目标，任务是十分艰巨的。现在全国耕地面积每年大约减少 700 多万亩，而人口却增加 1000 多万，需要增加相当数量的粮食和其他农产品。这是个很大的矛盾。如何解决这个矛盾？这是我国经济工作中的一个非常重要的战略问题。要解决这个问题，一方面要继续深化农村改革，调整政策，进一步调动广大农民生产积极性和挖掘现有耕地生产潜力，实行集约经营，提高单产；另一方面要搞农业综合开发，补偿资源损失，并尽可能增加一些新的资源。因此，因务院决定从今年开始对我国农业资源进行有计划有步骤地开发。今年列入国家重点开发计划并已付诸实施的有五大片：一是黄淮海平原的大规模开发；二是三江平原的开发；三是新疆南疆糖料、棉花基地开发；四是广西和云南糖料基地开发；五是山东沿海滩涂开发。此外，还重点抓了商品粮和肉类基地建设。新的农业开发，要采取新的指导思想、新的开发方法；一是要用商品经济观点、经营的方法进行开发；二是开发资金靠多渠道、多层次筹集，并采取有偿方法、滚动方法管理和使用，国家扶持资金只作为一种启动力，主要依靠群众劳动投入；三是给政策，从放开搞活中让群众得到实惠；四是新的农业资源开发，一开始就搞适度的规模经营；五是要十分重视科技投入。科技投入是非常重要的。开发利用荒山、荒坡、荒滩、荒水，增加新的农业资源需要科学技术；改造中低产田，挖掘农业内部潜力，提高单位面积产量，离不开科学技术；要使资金投入和物资投入取得更好的效益，同样需要科技投入。科学技术是潜在的也是现实的生产力。要使我国农业有个更大的发展，改革要逐步深化，政策的威力要进一步发挥，物质投入需要相应增加，但从长远看，必须充分发挥科技的作用。用先进适用技术改造我国的传统农业，建立起以科技进步为支柱的现代农业，是我们加速农业发展的一项重要任务。这是根本出路。我们一定要在这方面狠下一番功夫。

三、要为科技投入创造一个有活力的运行机制和良好的环境条件。

我国经济体制改革的目标是发展社会主义有计划的商品经济。因此,科技投入的方式也必须适应这个总的要求,进行必要的改革。黄淮海平原开发和整个农业开发都应如此。应当肯定,黄淮海平原治理旱、涝、沙、碱的经验是成功的。但是,过去科技投入的方式基本上是靠政府推动,科技人员无偿服务,是一种非利益型的结合方式。这种方式,只有投入,没有补偿,缺乏内在的动力和活力,不能充分调动科技人员和科研单位的积极性,不利于科研和生产的发展。因此,增加科技投入的关键是必须建立一个有活力的运行机制,其核心是要让科技投入取得应有的收益,使科技人员及其所在单位都从中得到一定补偿。这样,既能鼓励更多的科技力量投入农业开发,又能通过开发促进科研事业的发展,把更多的科研成果源源不断地应用于生产。

为了鼓励更多的科技人员和科研单位投入黄淮海平原的开发,最近国家土地开发建设基金管理领导小组拟定了"关于中央科研单位和部属院校科技人员参加黄淮海地区农业研究与开发有关问题的试行规定"。这个规定提出:科技投入要采取项目承包、技术入股、技术转让、综合承包经营等多种开发形式,同时对参加开发的科技人员特别是有成绩、有贡献者实行奖励政策。目的就是为了吸引更多的科技人员来参加黄淮海平原的开发,参加农业开发与建设。

各有关部门和有关地方政府都要热烈欢迎、积极支持科技人员参加黄淮海平原开发,参加农业的开发建设,并为他们创造必需的工作环境和生活条件。要为科技人员和科研单位承包的开发项目适时提供一定的资金,及时供应所需的一些生产资料;要有计划地为大批下乡的科技人员建立试验示范基地和必要的生活设施。此外,有关部门应为黄淮海平原和整个农业开发安排必需的科技攻关项目,做好技术储备,以增强开发后劲。

中央和地方参加农业开发的科研单位要把增加对农业的科技投入作为一项重要的任务,列入日程,加强领导。要通过参与开发,把现有科研成果推广出去,迅速转化为直接的生产力。要使科研与生产密切结合,对在第一线工作的科技人员,要关心他们的生活,及时解决他们的实际困难,解除后顾之忧。

四、对科技人员的几点希望。

32万平方公里的黄淮海平原开发是一项宏大的工程,整个农业开发与建设更是一个宏大的工程,需要成千上万的科技人员同亿万农民相结合,才能完成这项伟大的任务。我们殷切希望:

能够参加农业开发的科技人员,应积极投入这项光荣的事业中去,充分发挥聪明才智,把技术知识转化为生产成果,更好地为振兴中华、建设四化服务。

要依靠当地政府,密切联系群众。既要向群众传授先进的科学知识,推广科研成果,又要重视群众的创造,总结群众的经验,使农业开发在当地政府统一领导下,成为广大科技人员和人民群众共同的行动。

参加农业开发的科技人员,要团结协作,密切配合。外地科技人员与本地科技人员要团结合作,各个科研单位之间要团结合作,各个学科之间要合作,老科学家与中青年科技人员要团结合作。只有团结合作,才能产生巨大的力量,才能完成这项光荣的任务。

农业综合开发是一项长期的、艰苦的事业,一定要树立坚持不懈、锲而不舍、艰苦创业的精神。一切为黄淮海平原开发、为中国农业发展而建功立业的科技人员,人民不会忘记你们,党和国家不会忘记你们。希望你们奋发努力工作,相信你们一定会不断传来取得丰硕成果的佳音!

民政部和解放军总政治部在北京联合举行纪念延安拥军优属 拥政爱民运动45周年暨表彰全国"双拥"先进单位 先进个人新闻发布会

全国522个"双拥"先进集体和先进个人在会上受到通报表彰。

在新闻发布会上,民政部副部长张德江宣读了表彰全国"双拥"先进单位和先进个人的通报。通报指出,自1984年全国"双拥"先代会以来,我国城乡群众性的拥军优属活动蓬勃发展,智力拥军优属活动方兴未艾,优抚安置工作逐步走向法制化、制度化、社会化;军队拥政爱民活动广泛开展,支援国家经济建设、抢险救灾、军民共建活动都取得了新的成绩。通报说,在纪念延安"双拥"运动45周年和庆祝建军61周年之际,民政部和总政治部决定通报表彰全国522个"双拥"先进单位和先进个人。其中,先进单位408个,先进个人114名;拥军优属先进单位229个,先进个人89名;解放军和武警部队拥政爱民先进单位179个,先进个人25名。通报希望全国各族人民,解放军和武警部队全体指战员,烈属、军属、革命伤残军人、复员退伍军人,努力学习先进,继承发扬"双拥"光荣传统,扎扎实实做好新时期的"双拥"工作。

在向"双拥"先进单位和先进个人颁发了奖状和荣誉证书后,民政部、总政治部、武警总部、团中央的领导同志和"双拥"先进代表分别讲了话。

全军改文职工作基本结束

据《人民日报》报道,从4月27日中央军委主席邓小平签署命令颁布《中国人民解放军文职干部暂行条例》之日起,改文职工作即在全军展开。在不到3个月的时间里,这项建军史上的重大改革工作进展顺利。总后勤部所属各系统60%的军官要改为文职人员,工作量大。由于机关带头,上下一致,现在已完成定编定位任务。济南军区有万名干部变为文职,文职人员集中的单位有200多个,包括一些地处偏僻海岛、山沟的仓库。目前,都以新的编制开始工作,充满朝气。

在改文职工作中,广大文职干部无论是入伍几十年的老军人,或是刚提拔起来的新军官,欢迎改革,服从大局,斗志不减,表现了高度的革命责任感。在有2300余名现役军官转文职的第四军医大学,经过战争考验的一批老教授、老专家首先带头,他们组织老战士讲传统报告会、老战士文艺演唱会等活动,积极配合学校宣传改文职意义,使全校改文职工作按时完成。

水稻专家邓华凤在籼稻中发现并育成光敏不育系

该项成果在湖南省怀化通过由省科委主持的技术鉴定。

与会的专家、学者认为:邓华凤的这项科研成果,为杂交水稻的生产由三系法转为两系法提供了新的优良种质资源,是杂交水稻发展史上一个新的阶段,使我国在这一领域中继续处于领先地位。

专家们认为,安农光敏不育系还具有生长周期短、米质优良、植株矮、抗稻瘟病等优点,是一个良好的遗传工具,对加速杂交水稻杂种优势的研究和利用具有重要价值。他们建议:尽快开发、利用安农光敏不育系,为使杂交水稻新技术走向世界作出新的贡献。

上海虹桥医院在国内首创血浆置换术治疗重症肝炎

上海虹桥医院是专治肝炎的专科医院。他们用血浆置换的方法治疗重症肝炎患者,在国内尚属首创。在上海血液中心配合下,至今用这种新手段已治疗7例,其中4人已病愈出院。

7月28日

国务院总理李鹏签署第10号令发布《污染源治理专项基金有偿使用暂行办法》

现发布《污染源治理专项基金有偿使用暂行办法》,自1988年9月1日起施行。

总　理　李　鹏

1988年7月28日

污染源治理专项基金有偿使用暂行办法

第一条　为做好污染源治理,合理使用污染源治理资金,提高社会效益,制定本办法。

第二条　国家设立污染源治理专项基金(以下简称基金)。

基金由省(自治区、直辖市)、市、县环境保护部门设立,分级管理,独立核算,可以拆借使用。

基金实行有偿使用,委托银行贷款。

第三条　基金从依照国务院《征收排污费暂行办法》征收的超标排污费用于补助重点排污单位治理污染源资金中提取,提取比例在百分之二十至三十幅度内,由省、自治区、直辖市人民政府确定。

已经大部或者全部实行基金有偿使用的地方,可以继续按照原办法执行。

历年超标排污费的未用部分应当全部纳入基金。

贷款利息、滞纳金和挪用贷款的罚息除按国家规定支付银行手续费外,其余全部纳入基金。

第四条　基金的贷款对象为缴纳超标排污费的企业。

第五条　基金的使用范围:

(一)重点污染源治理项目;

(二)"三废"综合利用项目;

(三)污染源治理示范工程;

(四)为解决污染,实行并、转、迁企业的污染源治理设施。

第六条　在基金的贷款对象和基金的使用范围内,具备以下条件的企业,可以向环境保护部门申请使用基金:

(一)按规定缴纳超标排污费;

(二)项目经过可行性研究,切实可行;

(三)自筹资金占一定比例;

(四)具备偿还贷款能力。

第七条　具备本办法第六条规定的条件,又属于下列情况之一的,应予优先贷款:

(一)限期治理项目;

(二)污染严重、亟待治理的项目;

(三)自筹资金占投资总额百分之六十以上的项目。

第八条　基金由环境保护部门统一管理,会同财政部门下达贷款计划。财政部门根据贷款计划从解缴入库的超标排污费中按季拨入环境保护部门在银行开立的"基金专户"。

第九条　申请贷款的企业必须填写《污染源治理专项贷款申请表》,并附可行性研究报告等文件,经企业主管部门预审,环境保护部门委托银行核实偿还能力后,由环境保护部门审批。

企业主管部门,也可以根据本行业实际情况,预审各所属企业的贷款申请后,统一向环境保护部门申请使用基金,并按环境保护部门批准的各企业贷款数额安排使用。

第十条　贷款申请经环境保护部门批准后，贷款企业与银行签订协议，银行根据双方协议按期如数发放贷款。

银行按规定监督贷款的使用，催收本息，并按季向财政、环境保护部门报送贷款发放、回收报表。

第十一条　贷款期限不得超过三年。贷款月利率一年期为千分之二点四，二年期为千分之二点七，三年期为千分之三点零。利息按季结清。

第十二条　建设项目正式投产或者使用前，贷款企业必须向负责审批贷款的环境保护部门提交“污染源治理项目竣工验收报告”。经验收合格的，环境保护部门可以对贷款企业豁免一定数额的贷款本金。豁免的数额一般不高于其历年纳入基金总额扣除历次豁免额后的余额。

第十三条　贷款本息除本办法第十二条规定可以豁免的部分外，可以用下列资金偿还：

(一)自有资金：国营企业的更新改造资金、生产发展基金，集体企业的公积金、合作事业基金和更新改造资金等自留自用资金；

(二)“三废”综合利用利润留成；

(三)上级拨给的污染源治理资金。

企业还款数额较大、全部使用上款规定的资金还款确有困难的，经当地财政部门批准，从项目投产使用之日起，可按贷款项目正式投产前一年度缴纳超标排污费的方式和数额逐年还贷，但从贷款之日起，最长不得超过三年。

第十四条　贷款企业要求变更或者解除贷款协议，应当通知银行，并报原审批贷款的环境保护部门批准。

第十五条　贷款企业应当按期偿还贷款、结算本息。逾期未还的，银行有权限期扣回，并按贷款最高月利率千分之三点零收取利息，同时按月利率千分之一点五加快收罚息。

第十六条　贷款企业挪用贷款的，银行有权收回部分或者全部贷款。对挪用部分，按贷款最高月利率千分之三点零收取利息，并按月利率千分之六点零加收罚息。对直接责任者及企业负责人，由其所在单位或者上级主管机关给予行政处分；构成犯罪的，由司法机关依法追究刑事责任。

第十七条　环境保护部门工作人员，玩忽职守、徇私舞弊的，由其所在单位或者上级主管机关给予行政处分；构成犯罪的，由司法机关依法追究刑事责任。

第十八条　各省、自治区、直辖市人民政府可以根据本办法制定实施办法。

第十九条　本办法自1988年9月1日起施行。

中国人民银行行长李贵鲜在全国清仓挖潜工作电话会议上强调搞好清仓挖潜调剂资金供需

目前，我国一方面生产和建设的资金十分短缺；另一方面资金损失浪费现象十分严重。现在，国营企业的固定资产已达1万亿元，工商企业流动资金占用也近1万亿元。但有相当一部分设备处于闲置状态，据初步统计，仅工业生产企业的闲置资产就有200亿元。

为确保挖潜任务的完成，李贵鲜强调指出，今年实行“先扣后调”办法，即由各专业银行扣回对企业的贷款，把这部分资金由各地、各行集中起来，调剂使用。

银行要对企业提出处理积压物资和压缩不合理资金占用的计划和要求，对企业超储积压物资，一律按规定加收罚息，对限期内完成挖潜任务的企业，可以退还罚息。

针对有些企业对该摊的成本费用不能按期摊入成本，有的企业搞账面销售，人为制造产成品资金和定额流动资金减少的假象等问题，李贵鲜要求各家银行要严格按照信贷政策发放贷款，切实加强对信贷资金的管理。同时，要重视非定额(非商品)资金的占用。

谈到清查处理企业的闲置设备时，李贵鲜指出，各地方、各部门都要把清查处理企业闲置设备作为清仓挖潜的一个重要内容，切实抓出成效来。

李贵鲜最后指出，今年信贷总规模1560亿元。在国务院没有批准调整规模之前，任何银行、任何地区不能突破。哪个银行突破了，由哪个银行行长负责；哪一级银行突破了，由哪一级行长负责。

他说，解决资金不足问题，只能在控制总量前提下，调整结构。

解放军干部制度改革取得重大成果

据《人民日报》报道，以已经出台的《中国人民解放军文职干部暂行条例》《中国人民解放军军官军衔条例》和即将出台的现役军官服役条例为标志，军队干部制度的改革已推进到新的阶段，具有我军特色的干部制度的基本框架业已在军队确立，这是军队总体改革的一项重大成果。

据了解，我军在50年代实行了军衔制等一系列促进军队现代化正规化建设的干部制度。但在“左”的错误思想指导下，特别是“文化大革命”的浩劫，军队干部工作积累的问题比较多。改革起步时面临的境况是：干部队伍膨胀臃肿；官兵比例失调，官多兵少；各级领导班子年龄老化；干部素质下降；干部进出、升降没有严格制度。邓小平同志重新主持军委工作后，便明确提出，军队要建立军官服役、军官军衔和文职干部这三项根本制度，并说：军队究竟搞不搞军衔制，是组织路线问题。

中央军委为实现军队干部制度的根本性改革，经历了8年的艰苦工作，采取了一系列局部改革措施，主要有：

——实行了经过院校培训才能提拔干部的制度，干部队伍知识结构发生显著变化。军队基层干部过去主要是从战士中直接提拔。1980年起，实行必须经院校培训，有中专文化程度以上才能担任干部的制度。并规定，各级指挥干部必须经初、中、高三级院校培训，才能提升进入相应的领导班子。现在，军队院校毕业生已成为军队干部队伍的主体。1987年年底与1982年比，军、师、团三级领导班子中具有大专以上文化程度的由1.2%、1.6%、2.2%上升到61%、70%、50%。

——基本实现干部队伍年轻化。中央军委坚决贯彻党中央提出的干部“四化”方针，结合军队体制改革精简整编，对各级领导班子进行了调整。经过调整，全军各级领导班子在年轻化方面迈进一大步。1987年，军、师、团领导班子平均年龄已分别减为51岁、45岁、38岁。与此同时，大批戎马一生的老干部以党的事业为重，陆续从领导岗位上退下来。

——实现了消肿，精简了干部队伍。军队裁减员额100万后，45万余名干部转业安置。目前与1982年比，总部机关人员减少近一半，大军区、军、师、团级副职干部大幅度减少；这几级领导班子平均人数分别下降45%、38%、31%、25%；实行士官制度，原由军官担任的76种职务改由士官或士兵担任；官兵比例趋合理。

——实行干部队定编定员。根据规定的编制和结构比例，严格按需要、有计划、定岗位任命干部。

——改革专业技术干部管理制度，实行专业技术职务任命制度。

在此基础上，军队制定三个条例，进一步推进干部制度的全面改革。条例对各级军官和文职干部任职、晋升、退役的年龄或年限分别作了规定，确保了各级军官和文职干部任职和服役的最佳年龄结构。确定了将官的数量及将、校、尉官的比例，从组织编制上科学地规定了各衔级军官的限额，使各级军官数量形成合理结构。贯彻三个条例，对现役军官和文职干部实行科学的分类管理，这是军队干部制度的重要改革。文职干部制度体现了专业技术干部的特点，改变过去用现役军官职务等级去确定专业技术干部等级的做法。部分专业技术干部改文职，评任相应专业技术职务，符合自身成长发展规律，有利于保留专业技术骨干。

中央军委制定的新的干部制度，对军官考核、晋升、奖惩，突出了注重实绩、鼓励进取、民主监督的精神。条例规定对军官实行领导和群众相结合的方法，进行考核。以此作为任免军官的主要依据。军官德才优秀、实绩显著，因工作特别需要，可以提前晋升；对不胜任现职的军官，调任下级职务或改做其他工作。

目前，军队实施文职干部暂行条例工作进展顺利，军衔评定正逐步展开。军队干部制度改革在全军引起强烈反响，指战员们认为，这将进一步推进我军革命化、现代化、正规化建设。

国家教委主任李铁映等在人民大会堂接见留学生回国参观汇报团成员

李铁映对来自美国、加拿大、日本、英国、法国、联邦德国和澳大利亚的49名留学人员代表表示欢迎，并转达了李鹏总理对所有留学生的问候和关怀。

留学生代表汇报了回国参观的感受和体会。李铁映说，向国外派遣留学生是我国改革开放、实现四化、振兴中华的措施之一，今后要继续坚持下去。

他说，近几年来相继派出几万名留学生，取得了很好的效果，许多回国留学生利用学到的现代科技管理知识，在教育、文化、科技等各个领域作出了积极的贡献，我们要继续总结这方面行之有效的政策和做法，继续加强与各国的人才交流和人才培养工作。

周谷城、严济慈、周培源在座谈中谈到了自己的一些体会。他们认为，派遣留学生出国学习的目的是为了促进我国的四化建设，不少留学生回国后作出很大成绩，受到国家、人民的肯定。他们期望留学生早日学成归国，在改革开放中作出更大贡献。

留学生回国参观汇报团是由国家教委组织的。在近20天时间里，参观汇报团的成员分别前往13个省、自治区、直辖市参观和进行实地考察。他们广泛接触了社会的各个方面，比较直接地了解了国内改革和建设发展的情况。

国家教委主任李铁映等在人民大会堂会见参加国际中学生奥林匹克数学物理化学竞赛的我国代表队成员

在数、理、化3项比赛中，我国共获得5项金奖、7项银奖、2项铜奖和1项表扬奖。继去年之后，今年参赛的15名学生又全部获奖；我队化学总分第一，数学总分第二，物理总分第四，均已跃升为世界强队。

李铁映在会见中说，派中学生参加国际智力竞赛，实践证明是有益于我国教育事业发展的。通过比赛，可以比较世界各国中等教育的方式，成为教委研究中等教育问题的窗口，今后应继续参加。他还对我国参赛的组织方式表示赞赏，希望能总结经验，并组织一些国内的竞赛，为1990年由我国主办第三十届国际中学生奥林匹克数学竞赛做好准备。据了解,我国参赛的中学生,是根据其基础知识、智力、能力、心理素质,公开由数学、物理、化学3个学会和大学共同推选出来的,被推举担任领队、教练的,都是有成就的科学家、教授、副教授。参赛经费由中国科协、国家教委、国家自然科学基金委员会共同筹措。目前,国际中学生奥林匹克学科竞赛已得到了各参赛国政府和国际学术界的重视,也是各国进行学科交流和探讨现代化方向的良好场所。

鉴于我国的参赛情况,国际奥林匹克数学竞赛组委会一致通过决议,同意1990年第三十届该项竞赛由中国主办。

7月29日

中央纪委发布《党员领导干部犯严重官僚主义失职错误党纪处分的暂行规定》

第一章　总　则

第一条　为了贯彻党的基本路线,保证社会主义现代化建设和改革、开放的顺利进行,反对官僚主义,根据党的章程和国家的有关法律法规,制定本规定。

第二条　严重官僚主义失职错误,是指由于工作不负责任而不履行或不正确履行职责,致使党、国家和人民的利益遭受重大损失的行为。党员领导干部犯严重官僚主义失职错误,是违犯党的纪律的,应当受到党的纪律处分。

第三条　各级党政军机关、人民团体、企业、事业单位的党员领导干部,由于犯严重官僚主义失职错误应受党纪处分的,都适用本规定。

第四条　在处理严重官僚主义失职案件时,要区分直接责任者和负领导责任的人员。对于负领导责任的人员,要区分直接领导责任者、重要领导责任者和一般领导责任者。

第五条　对严重官僚主义失职案件,要在查清事实的基础上,分清责任,按照下列原则处理:

已触犯刑律被判刑的党员领导干部,一般要开除党籍。

对造成巨大损失负有各种领导责任的人员,要加重处分,即按照对造成重大损失负各种领导责任者应受的党纪处分,加一档处分。

对于造成重大损失负领导责任的党员领导干部,要按照分则条文的规定给予党纪处分。

对于那些构不成重大损失,但给本地区、本单位造成重大不良影响的案件,对负有领导责任者,也应酌情给予党纪处分。

由于不可抗拒或不可预见的因素而造成损失的,不作为官僚主义问题处理。

第六条　对于犯有严重官僚主义失职错误的党员领导干部,应给予撤销党内职务以上处分的,一般应同时建议撤销党外职务;对于按分则规定应受撤销党内职务处分而没有党内职务的,可给予党内严重警告处分或留党察看处分,同时建议撤销党外职务。

第二章　分　则

第七条　党员领导干部在政治、思想工作方面,有下列行为之一,造成重大损失或恶劣影响的,对负有直接领导责任者,给予撤销党内职务或党内严重警告处分;负有重要领导责任者,给予党内严重警告处分。造成巨大损失或特别恶劣影响的,加重处分。

(一)对党和国家的方针、政策,不传达贯彻,不检查督促落实,或作出错误决策,致使某一方面的工作在政治上遭受重大损失或造成恶劣影响的;

(二)对本部门、本单位发生的公开反对四项基本原则、反对改革开放总政策的行为,不报告、不批评、不制止,以致造成恶劣影响或严重后果的;

(三)对本单位人员中的思想问题和实际问题,该管的不管,能解决的不解决,致使矛盾激化,造成闹事、罢工、罢课或其他恶性事件,严重影响了生产、工作、教学、科研和社会正常秩序的;

(四)对本部门、本单位发生的严重违法乱纪案件,不查处或拖延,以致造成恶劣影响或严重后果的。

第八条　党员领导干部在经济建设工作中,违反科学决策程序,盲目决定施工、投产,或盲目批准签订合同,购进不合格及不适用的设备、技术,给国家造成重大损失的,对负有直接领导责任者,给予党内严重警告或撤销党内职务处分,负有重要领导责任者,给予党内严重警告或警告处分。造成巨大损失的,加重处分。

第九条　党员领导干部在生产经营管理工作中,有下列行为之一,给国家、集体和人民利益造成重大损失的,对负有直接领导责任者给予撤销党内职务或留党察看处分;负有重要领导责任者,给予党内严重警告或撤销党内职务处分;负有一般领导责任者,给予党内警告处分或批评教育。造成巨大损失的,加重处分。

(一)由于管理混乱,致使生产和基本建设方面发生重大质量、技术事故,造成重大经济损失或造成人身伤亡事故的;

(二)对下属企业产销假冒产品,长期失察,或发现后不采取措施处理,或措施不力,造成重大损失的;

(三)对下属企业产销伪劣药品、有害食品,或其他危害人民健康的商品,长期失察,或发现后不采取措施处理,或措施不力,以致给人民健康造成严重损害或伤亡事故的;

(四)由于管理混乱、纪律松弛,致使国家或集体财物被贪污、盗窃、诈骗、浪费,造成重大损失的;

(五)对本单位或直属单位违反财务制度和财经纪律的行为长期失察,或发现后不纠正,致使国家利益遭受重大损失的。

第十条 党员领导干部在对内、对外的经济贸易活动中,有下列行为之一,造成重大经济损失的,对负有直接领导责任者,给予撤销党内职务或留党察看处分;负有重要领导责任者,给予党内严重警告或警告处分;负有一般领导责任者,给予党内警告处分或批评教育。造成巨大损失的,加重处分。

(一)盲目进货,或不执行商品验收、检验制度,购进不合格商品,致使商品积压、变质、损坏;造成重大损失的;

(二)不了解对方资信情况,盲目与之签订合同,或擅自改变合同,或未签订合同即预付货款,以及为对方担保贷款而被骗,造成重大损失的;

(三)发现购进商品质量不合格或不符合合同规定的标准,不采取措施,以致延误索赔期,造成重大损失的;

(四)对购进的设备,长期积压,保管不善,造成重大损失的;

(五)工作不负责任,不按合同规定提供商品,以致被对方索赔或退货,造成重大损失的。

第十一条 党员领导干部在物资储藏、运输过程中,由于严重官僚主义失职行为,致使物资丢失、损坏、霉烂、变质,造成重大损失的,对负有直接领导责任者,给予撤销党内职务或留党察看处分;负有重要领导责任者,给予党内严重警告或警告处分;负有一般领导责任者,给予党内警告处分或批评教育。造成巨大损失的,加重处分。

第十二条 党员领导干部在安全工作方面,有下列行为之一,造成重大损失的,对负有直接领导责任者,给予撤销党内职务或留党察看处分;负有重要领导责任者,给予党内严重警告或撤销党内职务处分;负有一般领导责任者,给予党内警告处分或批评教育。造成巨大损失的,加重处分。

(一)不认真执行劳动保护和安全生产方面的法规,不采取措施排除事故隐患,或者批准不具备安全生产条件的企业开工生产,致使发生爆炸、火灾、翻车、翻船、飞机失事、工程倒塌以及其他恶性事故,造成重大损失的;

(二)在灾害面前,未采取必要和可能的措施,贻误时机,使本来可以避免的损失未能避免,造成重大损失的;

(三)在组织群众性活动时,缺乏周密布置,对可能发生的问题未采取有效的防范措施,发生恶性事故,造成重大损失的。

第十三条 党员领导干部,由于严重官僚主义失职行为,致使文教卫生、环境保护、社会福利、社会服务等某一方面发生严重事故或遭受重大损失的,对负有直接领导责任者,给予撤销党内职务或留党察看处分;负有重要领导责任者,给予党内严重警告或撤销党内职务处分;负有一般领导责任者,给予党内警告处分或批评教育。造成巨大损失的,加重处分。

第三章 附 则

第十四条 有关领导责任人员的区分。

(一)直接领导责任者,是指在法定职责范围内,对其直接主管的工作不负责任,不履行或不正确履行自己的职责,对造成的损失负主要领导责任的党员领导干部。

(二)重要领导责任者,是指在法定职责范围内,对自己应管的工作或应由其参与决定的工作,不履行或不正确履行自己的职责,对造成的损失负次要领导责任的党员领导干部。

(三)一般领导责任者,是指对下属单位存在的重大问题失察或发现后纠正不力,以致发生重大事故,对造成的损失负一定领导责任的党员领导干部。

第十五条 本规定所指重大损失和巨大损失的标准。

(一)造成下列结果之一的是重大损失:

直接经济损失 10 万元至 50 万元;

死亡 1 人至 5 人,或重伤 5 人至 30 人;

造成严重政治影响的。

(二)造成下列结果之一的,是巨大损失(本款所列数额不含本数):

直接经济损失 50 万元以上;

死亡 5 人以上,或重伤 30 人以上;

造成特别严重政治影响的。

第十六条 直接经济损失,是指与直接责任者的行为有直接关系而造成财产毁损的实际价值。由直接经济损失引起和牵连的其他损失是间接经济损失。计算经济损失主要计算直接经济损失。

直接经济损失数额是指到立案时为止的实际损失数额。通过办案挽回的经济损失部分仍计算为直接经济损失,在量纪时可作为情节考虑。

第十七条 对于犯有本规定中没有列举其他严重官僚主义失职错误,可根据其错误事实,情节和造成的后果,比照有关条款处理。但须按批准权限报上一级纪委备案。

第十八条 本规定自 1988 年 7 月 1 日起生效。

中共中央政治局常委会组织召开加强监督工作座谈会

会议指出：在我国的改革到了一个关键阶段、若干重大改革措施将有计划地逐步实施的形势下，为了建立社会主义商品经济的新秩序，保证党和国家机关的廉洁，十分需要加强监督部门的工作。各级党委、政府和法律监督部门，必须把加强监督工作摆上重要议事日程，切实抓好，抓出成效。

这次座谈会是根据中央政治局常委会的决定召开的。乔石主持了会议。中共中央书记处候补书记温家宝和中纪委、中组部、最高人民检察院、监察部、审计署、中共中央办公厅国务院办公厅信访局等部门的负责同志参加了座谈会。

会上，最高人民检察院、监察部、审计署、中组部的负责同志介绍了本部门贯彻执行中共中央关于党和国家机关必须保持廉洁的指示精神、做好监督工作的情况和已经或将要采取的一些措施。会议认为，要做好监督工作，最根本的还是要建立和完善监督制度，加强党组织的监督、群众的监督和社会的监督。

会议认为，当前应从以下几个方面进一步加强监督工作：

——理顺各监督部门之间的关系。目前，各级党的纪检部门、政府监督部门和各级法律监督部门之间的分工虽然已经相对明确，但在实际工作中，仍然存在一些交叉、重复的现象；党的机关、国家机关和群众团体的监督体系还不够健全。需要进一步理顺这些关系。各监督部门之间要密切配合，互相支持。要抓住已经发现的重大案件，认真深入地查到底，并按党纪、政纪和国法，严肃处理。我们党是执政党，国家机关工作人员中有很多是党员，发挥党组织的监督作用十分重要。党的纪委要加强纪律检查工作，同时积极配合国家监察部门和司法部门对违犯政纪、法纪案件的查处；各级党的组织要把对党员和党员领导干部的监督，作为组织干部工作的一项重要内容，基层党组织也要将此作为一个重要任务。

——努力做到监督工作制度化、规范化、公开化。所有部门和单位，各级党和政府机关的全体工作人员，都应自觉地置于监督部门和人民群众的监督之下，这应该成为一种制度认真地执行。要加强监督工作的立法，建立和完善各种规章制度，做到各项监督工作有章可循，有法可依，形成规范，严格依法进行。要坚持实行监督工作公开化，使被监督者明确自己应当遵循的行为准则，使广大人民群众明了各监督部门的职责范围，知道什么问题应当向哪里举报、投诉。

——建立和完善必要的监督举报制度。建立举报中心，设立举报电话，是搞好监督工作的一项很重要的措施。已经建立举报中心和举报电话的部门，要及时总结经验，把相应的一系列工作跟上去，使举报工作切实收到实效。在基层，可以考虑几个监督部门联合建立一个举报中心，或者以一个部门为主，其他有关部门参加，这样可以避免工作重复，提高效率。

——加强对监督部门自身的监督工作。各级监督部门，既有做好各项监督工作的权利，又有接受监督的义务。一是要加强上级监督部门对所属下级部门的监督，搞好监督部门自身的建设；二是各监督部门之间要加强监督制约，保证各监督部门带头遵纪守法、廉洁为政；三是经常听取被监督部门的意见，接受被监督部门的申诉，不断改进工作。要从各方面入手，把监督工作提高到一个新的水平。

——充分发挥舆论监督的作用。舆论监督是社会监督、群众监督的一种重要形式，是做好监督工作、保证党政机关廉洁的一种有力武器。监督工作必须增加透明度，要充分利用报刊、广播、电视等宣传舆论工具，把进行监督工作的情况、发现的问题以及解决的办法及时地广泛地告诉人民群众。这项工作做好了，可以大大增强人民群众的责任感和信心，使监督工作得到广大群众的支持和社会各界的关注，使党政机关工作人员更加自觉地接受监督，促进为政廉洁。当然，舆论监督工作也要有领导地进行，公开报道的内容，要遵守保密制度，事实必须准确，要注意社会效果，特别是要有利于安定团结。

全国台联负责人发表谈话希望大陆台胞返乡探亲早日实现

这位负责人说，去年10月17日，我们曾就国民党当局有限度地开放台胞来大陆探亲发表过谈话，表示热诚欢迎台湾乡亲来祖国大陆探亲；同时我们也指出，希望国民党当局进一步取消限制，允许大陆台胞赴台探亲。最近，国民党当局宣布，将准许大陆台胞申请返台奔丧。我们认为，这样做对海峡两岸人民的往来有利，我们表示欢迎。不过，我们不禁要问，活着不准相见，死后才许奔丧，这种做法难道是通情理的吗？

负责人说，我们完全能够理解台湾的外省籍同胞“想家”的心情，为他们终于能够来大陆和亲人相聚感到高兴。我们生活在祖国大陆的台胞，也一样忍受了40年的分离之苦，哪一个不深切地思念亲人，期待着返乡探亲？家乡的高堂白发，他们能等待的时间已经有限了，而我们身居大陆的老台胞，也都年事已高，难道要我们等到老死才能归故乡吗？当年被国民党胁迫到大陆的台湾省籍老兵，也同样“想家”，渴望着回台湾探亲，如今，依然被拒之于自己的家园之外，夙愿难酬。既然是本着人道主义精神,为什么还要设置不对等的障碍,为什么还要有地域的限制?

负责人说,我们感谢台湾舆论界和有关社团为大陆台胞返乡探亲所做的努力。我们希望他们继续敦促国民党的领导人顺应民意,让大陆台胞殷殷盼望40年返乡探亲梦早日实现,让大陆的台湾老兵踏上故乡土地的那一天能够早日到来!

国务院批准建立长沙科技开发试验区

长沙科技开发试验区主要开发信息技术、新型材料、生物技术、激光技术、新能源和节能新技术5大产业。

这个试验区内的企业,实行技工贸、技农贸结合。凡从事高、新技术产品开发、生产和经营的企业;科技人员占职工总数40%以上,高、新技术产品产值(或销售额)占企业总产值(或销售额)50%以上的企业,即可申请进入科技开发试验区。试验区提倡和鼓励各地区科研设计单位、大专院校、企业和企业集团前去开设窗口,兴办实体;欢迎国外和沿海地区联合发展"三资"企业,欢迎科技人员、经营管理人员,以及应届大中专毕业生、大学毕业生、研究生、出国留学生和专利权人到试验区内的企业兼职,或创办、领办、承包、租赁各种形式的新技术企业。

对于试验区内的新技术企业,湖南省、长沙市将从各方面给予优惠政策。

沿黄河7省区经济协作带在青岛成立

沿黄河7省区政府负责人在青岛市正式签署了会谈纪要,宣布沿黄河经济协作带正式建立。他们表示要通力合作,奏出新时期的"黄河大合唱"。中共山东省委副书记、省长姜春云作为东道主主持了签字仪式。

沿黄河经济协作带包括青海、甘肃、宁夏、陕西、山西、河南、山东7个省区。总面积为192.2万平方公里,总人口2.5亿名。参加会谈的7省区负责人一致认为,沿黄河各省区有着地理上的天然联系和经济文化交往的悠久历史,在改革开放和社会主义商品经济大发展的新形势下,加强相互间的协作联合,是实施沿海地区经济发展战略和振兴黄河流域经济的需要,也是各省区的共同愿望。沿黄经济协作带的建立,有利于扬长补短,形成合理的经济结构,发挥整个黄河流域的群体优势和综合优势,取得更大的经济效益。

会谈纪要指出,沿黄河经济协作带的基本指导思想和原则是:"平等互利、真诚合作、优势互补,共同发展"。目前,重点是推动行业与企业间的联合。山东省以半岛开放区的优惠政策和口岸多的便利条件,为内陆省区发展外向型经济服务。内陆省区可以到山东半岛开放区设立"窗口",兴办企业。各省区之间将广泛开展资金转移、物资串换、技术合作、人才交流等方面的协作。

与会的7省区政府负责人还一致认为,黄河流域走联合开发的路子,有着农业资源丰富;矿产资源丰富;能源、原材料、机械和电子工业实力较强;交通运输发达这四大优势。

目前这一协作带内已达成各类合作协议100多项。

与会各省区政府负责人还议定,今后沿黄河经济协作带还将建立定期召开省区负责人会议制度,以利于交流情况和经验,沟通经济技术和政策信息,协调解决协作联合中出现的重大问题,研究开拓新的合作领域和方式。

全国人大常委会副委员长周谷城在人民大会堂会见由劳工部部长安·麦克劳克林率领的美国劳工部代表团

华佗再造丸治心血管偏瘫有显效

获国家科技进步奖的"六五"国家重点科技攻关项目——华佗再造丸自1986年投产以来,总产值已逾5000万元,并进入国际市场,受到医者、患者的一致好评。专家鉴定认为:它对偏瘫的疗效已达国际先进水平,体现了我国中医药理论和方剂组合的先进性和应用价值。

华佗再造丸是根据中国药材公司主任药师冉小峰提供的祖传秘方,由广州奇星药厂研究生产的。

经中国中医研究院西苑医院和中国医科院阜外医院等14家临床单位的使用证实,它对心血管病有效率为93.24%,对出血性和缺血性脑血管病总有效率为94.24%。

7月30日

国家主席杨尚昆 中共中央政治局常委乔石在人民大会堂会见30位全国"双拥"先进单位和先进个人代表

华东第一条电气化铁路建成通车

国家"七五"期间重点工程之一——华东地区第一条电气化铁路——鹰厦线永安漳平段(105公里)建成通车,铁道部"中取华东"战役首战告捷。

永漳段电气化铁路通车后,列车速度和牵引重量大大提高,年输送能力提高近1倍。漳平至鹰潭513

公里电气将于1990年6月开通，鹰厦全线将于1992年全部实现电气化。

中央军委在人民大会堂举行授予军队离休干部功勋荣誉章仪式

党和国家领导人赵紫阳、杨尚昆、李鹏、万里、乔石，中央军委委员洪学智、刘华清、秦基伟、迟浩田、杨白冰、赵南起，出席授勋仪式。

参加授勋仪式的还有李锡铭、李德生、习仲勋、乌兰夫、班禅额尔德尼·确吉坚赞、周谷城、严济慈、荣毅仁、倪志福、孙起孟、雷洁琼、王芳、任建新、胡子昂、周培源、王光英、赵朴初、孙晓村等。

国家主席、中央军委副主席杨尚昆宣布，根据七届人大常委会第二次会议通过的《授予军队离休干部中国人民解放军功勋荣誉章的规定》，中央军委主席邓小平发布命令，授予萧劲光等830名同志中国人民解放军一级红星功勋荣誉章；授予汪荣华等3704名同志二级红星功勋荣誉章；授予贺进恒等47914名同志独立功勋荣誉章；授予邓兆祥等31519名同志胜利功勋荣誉章。

赵紫阳、杨尚昆分别向出席授勋仪式、并在主席台上就座的14名老干部授予一级红星功勋荣誉章。他们是：王平、伍修权、杨得志、萧克、宋时轮、叶飞、廖汉生、王恩茂、刘震、李聚奎、杨成武、张宗逊、陈士榘、钟期光。

中共中央总书记、中央军委副主席赵紫阳在仪式上发表讲话。

荣获功勋荣誉章的老同志代表王紫峰在仪式上讲话。他代表军队离休干部，向党中央、人大常委会、国务院、中央军委，向全国各族人民，表示衷心的感谢！他说，我们作为人民军队的一员，为中华民族的独立、人民的解放和新中国的建立，为保卫祖国和建设现代化国防，做了一些应做的工作，尽了一个共产党员、革命战士应尽的责任，而中央军委却给予了我们崇高的荣誉，这充分体现了党和国家对军队离休干部的关怀与厚爱，充分体现了全国人民、全军指战员对我党我军优良传统和光辉历史的珍视与尊重。他表示，我们决不辜负党和人民的期望，一定要珍惜荣誉，保持晚节，顾全大局，继续发扬我党我军的优良传统，为国家、军队的改革和建设，为实现四化、振兴中华的宏伟大业，努力作出新的贡献。

陆、海、空三军指战员代表兰丁寿在会上讲话，表示要学习老同志崇高的革命理想和坚定的革命信念；学习老同志牢记我军宗旨，全心全意为人民服务的思想；学习老同志忠于党、忠于祖国、忠于人民、勇于自我牺牲的精神；学习老同志从严治军的严谨作风，将我军的革命化、现代化、正规化建设推向前进，以新的业绩为"八一"军旗增添新的光辉。

国防部在人民大会堂举行招待会庆祝建军61周年

中共中央总书记、中央军委副主席赵紫阳，国家主席、中央军委副主席杨尚昆，国务院总理李鹏，人大常委会委员长万里，中共中央政治局常委乔石，出席了招待会，同部队指战员欢聚一堂，共庆人民军队的光辉节日。

国务委员兼国防部长秦基伟致祝酒词。他首先代表党中央、国务院、中央军委，向中国人民解放军全体官兵和文职干部、人民武装警察部队指战员、预备役军人、民兵、国防科技工业战线的同志们，致以节日的祝贺；向坚守边防、海防前线和执行作战值班任务的广大军民，致以战斗的敬礼；向为中国人民武装力量的创建和发展，为建设现代化国防建立了卓越功勋的老一辈无产阶级革命家，致以崇高的敬意；向部队离休、退休人员，复员转业军人，致以诚挚的问候；向烈属、军属、革命伤残军人，致以亲切的慰问；向关心和支持我军建设的各级人民政府、人民群众和国内外朋友，表示衷心的感谢；向为祖国统一和振兴中华作出积极努力的港澳同胞、台湾同胞和海外侨胞，表示良好的祝愿。

秦基伟指出，新的历史时期对我军建设提出了更高的要求。我们要坚持党在社会主义初级阶段的基本路线，进一步解放思想，从国情军情的实际出发，服从国家经济建设大局，积极而慎重地把改革引向深入。我们要建立适应国际战略环境、适应国民经济发展水平和国防建设需要、适应现代战争要求的军事体制和运行机制，把我军建设成为具有中国特色的现代化、正规化革命军队。我们要把提高军队现代作战能力作为改革的出发点和落脚点，搞好军事、政治、后勤、科技装备等各项建设，增强国防实力。我们要发扬我军的光荣传统，始终保持军队的团结和稳定，和全国人民一道，为振兴中华、实现四化，作出新贡献。

他说，当今的国际形势虽然趋于缓和，但是战争的危险依然存在。我们要时刻保持警惕，做好反侵略战争的准备，坚决保卫祖国的主权和领土完整，歼灭任何敢于来犯之敌。我们坚决拥护党中央关于和平统一祖国的大政方针，为实现祖国大陆和台湾的统一作出不懈的努力。我们坚定不移地同世界爱好和平的国家和人民站在一起，为人类的和平进步事业不断贡献自己的力量。

出席招待会的还有：

李锡铭、王平、伍修权、李德生、杨得志、萧克、宋时轮、习仲勋、乌兰夫、班禅额尔德尼·确吉坚赞、周谷城、严济慈、荣毅仁、叶飞、廖汉生、倪志福、孙起孟、雷洁琼、王丙乾、王芳、任建新、周培源、王光英、赵朴初、王恩茂、孙晓村、洪学智、刘华清、迟浩田、杨白冰、赵南起等；

中国人民解放军各总部、军委纪委、国防科工委、各军兵种、军事科学院、国防大学、驻京部分、武警总部及中共中央、国务院各部委的负责人；

军队英模代表、前国民党起义人员代表、首都民兵、烈属、军属代表；

外国驻华使节、武官和他们的夫人应邀出席了招待会。

中央军委在北京召开驻京部队文职干部大会

中共中央总书记、军委副主席赵紫阳，国家主席、中央军委副主席杨尚昆和洪学智、刘华清、秦基伟、迟浩田、杨白冰、赵南起出席了大会。

我军的文职干部制度，是在军委主席邓小平的直接倡导和亲切关怀下建立起来的。自今年5月颁布《文职干部暂行条例》以来，经过全军上下的共同努力，首批现役军官改任文职干部的工作已经圆满完成，我军历史上第一次出现了一支10多万人的文职干部队伍。

军委委员洪学智主持大会。他代表中央军委向战斗在各条战线、各个岗位上的全军文职干部和广大指战员，致以建军61周年的节日祝贺和亲切慰问。

总政治部主任杨白冰代表中央军委在会上讲话。他指出，实行文职干部制度，是加强我军现代化建设的客观需要。文职干部制度的建立，有利于稳定专业技术干部队伍，保留专业技术骨干；有利于加强对他们的管理和培养，更好地发挥他们的聪明才智；有利于拓宽吸收专业技术干部的渠道，以满足我军建设对各类人才的需求。这一制度的日趋完善，必将有力地促进我军的现代化建设。

杨白冰希望文职干部时刻想到自己仍然是人民解放军干部队伍中的一员，自觉遵守纪律，服从管理，听从指挥，处处维护军队的荣誉，以实际行动为我军增添新的光彩。希望各级领导机关和领导干部要关心文职干部的成长和发展，了解他们的愿望和要求，给予更多的关心和帮助。

杨白冰强调，当前我们国家的改革已经进入了一个关键时期，军队的改革也在不断深化。我们对改革的成就要有足够的估计，对存在的问题要作实事求是的分析，对改革关键时期面临的困难和矛盾要有充分的精神准备。全军同志要进一步解放思想，支持改革，投身改革，不但要分享改革的成果，也要分担改革的风险。在党中央、中央军委的领导下，励精图治，艰苦奋斗，共闯改革难关。

他最后说，我军的第一批文职干部，将以开创者的形象出现在人民军队的发展史上。党和人民信任你们，全军同志对你们寄予厚望。相信你们一定会珍惜自己的荣誉，更好地履行自己的职责，在建设现代化正规化革命军队中，大显身手，建功立业。

文职干部代表、军事医学科学院研究员吴祖泽在会上讲话时说，通过深入学习，我们认识到，改文职、授军衔，都是军队建设的需要；文官、武官，都是军队建设不可缺少的力量。我们文职干部，一定以国防现代化建设为己任，与现役军官团结一致，互相学习，互相帮助，互相支持，奋发努力，积极工作，为军队的改革和现代化建设作出新的贡献。

解放军三总部和驻京各大单位负责人出席了大会。

《贺龙元帅》画册出版

这本画册共收入贺龙生平照片近300幅，大部分为第一次公开发表。画册系统地反映了贺龙青少年时代及各个革命时期的战斗历程和生活经历，生动地展示了贺龙两把菜刀闹革命、挥师北伐、指挥南昌起义、万里长征度雄关、驰骋华北抗日战场、率师进军大西南的威武雄姿，记录了贺龙为建设大西南、和平解放西藏、建设现代化的人民军队、开拓新中国体育事业、发展国民经济等所作出的巨大贡献，热情歌颂了他为中国人民的解放和建设事业所建立的不朽功勋。

《祁连雪》出版

这部反映中国工农红军西路军西渡黄河后悲壮历程的《祁连雪》由甘肃人民出版社出版发行。陈云同志题写了书名。书的扉页有徐向前同志的题词："西路军在党中央的领导下，浴血奋战，坚强不屈，他们的历史功绩是永不磨灭的。"本书的序言为伍修权同志所作。《祁连雪》真实地记述了西路军奉命西渡黄河，在甘肃河西走廊陷入敌军重围，几经奋战，最后惨烈失败的情形。

7月31日

我国按照国际惯例建立具有中国特色的建设监理制度

据《人民日报》报道，建设监理是商品经济发展的产物，它是由专门机构和专业人员从事的对新的投资项目的可行性论证、投资决策的制定以及项目建设过程中组织招标活动、项目管理和合同管理等一系列工作。但几十年来，我国的工程建设活动基本上都由建设单位自己组织进行，建设单位不仅负责组织设计、施工、申请材料设备,还直接承担了工程建设的监督管理职能,而独立稳定的建设监理机构和队伍却长期得不到发展,严重阻碍了我国建设管理水平的提高,致使投资规模难控,工期、质量难保,材料浪费现象普遍。随着投资体制、设计与施工管理体制改革的进一步深化,由建设单位自行管理项目的旧模式已越来越不适应,建立新的建设监理制度已势在必行。

据建设部介绍,我国建设监理的范围和对象已初步确定,主要是对投资结构和项目决策的监理,对建设市场及工程建设实施过程的监理等,近期将主要抓好后两项监理工作。其对象包括新建、改建和扩建的各种项目。今后,政府和公有制企事业单位投资的工程以及外资、中外合资建设项目,都要实行招标承包制和建设监理制,其他所有制单位投资的工程,也要引导实行这两种制度。

新疆哈密瓜首次出口日本

据《人民日报》报道,新疆首次向日本出口哈密瓜达800吨。各产地在农科部门帮助下,从选种、选地到选用农家有机肥料等方面,都进行了严格把关,保证了这批哈密瓜的质量。负责进口这批哈密瓜的日本三菱商事(株)食材流通部部长山口宽治,称此瓜为"丝绸之路之宝"。

国务院副总理吴学谦在钓鱼台国宾馆会见柬埔寨西哈努克亲王

《元帅的故事》出版

作为献给人民解放军建军61周年的礼物,由天津新蕾出版社编撰的《元帅的故事》丛书已全部出齐。

这套丛书共9册,分别记述了朱德、彭德怀、刘伯承、贺龙、陈毅、罗荣桓、徐向前、聂荣臻、叶剑英9位元帅戎马倥偬、叱咤风云的战斗生涯,再现了元帅们富有传奇色彩的一生和高超的军事指挥艺术。丛书作者为写好这套丛书,查阅了浩如烟海的历史档案,还深入到元帅们生活和战斗过的地方,采访调查,掌握了过去鲜为人知的第一手史料。

全国首届钢笔书法大赛在北京举行

104万名大中小学生踊跃参加了这一活动,421所学校参加了集体竞赛。

这次大赛从应征的82万幅作品中,评选出1500幅作品获奖,从421所参加集体竞争的学校中评选出100所学校获集体奖。闭幕式上,竞赛评委会向大中小学生、函授中心学员各组获一等奖的40名学生,以及获集体一等奖的7个单位,颁发了锦旗和奖品。竞赛由中国青年报社和中华钢笔书法函授中心主办。

8月1日

国务院发出通知要求各地各部门严格控制新闻发布会和周年纪念活动

通知中指出，最近一个时期以来，一些地方、部门以至企事业单位，争相在京举办新闻发布会和各种周年纪念活动。这类活动往往由领导同志带领大批人员来京进行组织工作，宴请宾客，馈赠礼品，广拉关系，这是一种奢侈、铺张之风，完全违背中央有关为政要廉洁的要求。这种不良风气，恶化人民群众与政府的关系，已经引起广大群众的不满，必须坚决刹住。

国务院的通知提出：

——各级地方政府及其所属部门，未经国务院批准，一律不得在京搞新闻发布会和周年纪念一类活动。

——地方政府及其所属部门在本地区举办新闻发布会和周年纪念活动，也要严格控制，各省、自治区、直辖市人民政府对此应作出明确规定。在本地区以外举办新闻发布会和周年纪念活动，须商有关省、自治区、直辖市人民政府同意。

——国务院各部门举办新闻发布会，应以外交、国内外重大事件、国内重要会议、重大改革措施和人民群众关心的重大问题为主要内容。国务院各部门不要搞周年纪念活动。

——地方和部门必需举办的新闻发布会和周年纪念活动，都应认真贯彻节俭精神，不准请客送礼，规模要适当，讲究实效。

全国司法厅局长会议在北京开幕

会议提供的情况表明，中国司法行政干警队伍近年来不断发展壮大，目前已达45万人。

据最新统计的数字，目前全国律师共为59000多家政府、企事业单位担任法律顾问。仅广东、安徽、湖南、内蒙古等11个省、区、市，今年上半年律师就办理经济法律事务32300多件，担任刑事辩护19300多件。我国律师已开始重视积极为外向型经济发展提供服务，据广东、湖北两省统计，今年上半年律师共办理涉外经济法律事务5320件，为企业和个人挽回和避免损失1.04亿元。公证工作由于不断开拓新的涉外领域，目前已达60多项。上述11个省、区、市公证机关今年上半年共办理涉外公证72300多件，调回非贸易外汇和引进外资2.26多亿元。

今年由司法部领导的律师体制改革已引起国内外关注。目前全国已有合作制律师事务所试点13个，并且首次进行了律师个人开业试点。现行律师事务所管理制度也进行了改革：实行律师事务所主任负责制、律师人员招聘制、扩大律师事务所自主权，实行承包责任和效益工资制等。蔡诚部长认为，作为承担政府法制建设基础工作的部门，除了律师和公证外，司法行政机关提供法律服务还可以从这几个方面显示优势：通过法制教育、调解纠纷，加强对犯人和劳教人员的管理和改造，为商品经济的发展创造良好的法律、社会环境；通过发展劳改劳教生产，直接发展商品经济；通过发挥部属政法院校、科研单位和法学团体法律人才集结的优势，提供立法建议，促进立法工作开展和法制的不断完善。

会议于8月7日结束。

全国政协副主席周培源在全国政协礼堂会见台湾大陆事务观察团

中葡联合联络小组在澳门举行首次专家会议

会议时间为8月1日至4日。

会上，中葡双方专家讨论了关于澳门在有关国际组织和协定中的权利和义务问题，以便为今年9月将在北京召开的中葡联合联络小组第二次会议做准备。

中美就裁军问题在北京进行第五次例行磋商

外交部部长钱其琛在北京会见了来华进行中美裁军第5次例行磋商的美国军备控制和裁军署署长伯恩斯。会见时美国驻华大使洛德在座。

中英学者在北京举行暑期学术交流活动

英国皇家哲学研究所和中国社会科学院哲学研究所共同主办的中英暑期哲学学院正式开学。

这个学院每年将邀请4—5位英国当代著名哲学家来华系统授课，并与中国学者进行学术交流，以开阔哲学研究人员的眼界，提高中青年学者的哲学素养和学术水平。中英两国有名望的学术界和社会人士都十分重视这项学术交流活动。英国著名人士伯林爵士、哈尔斯伯里伯爵、昆顿勋爵、斯特劳森爵士，中国著名人士于光远、汝信等为该学院赞助人。

据学院中方负责人介绍，中英暑期学院今年课程的主题是《分析的哲学和哲学的分析》，任教老师是彼得·斯特罗森、亚当·莫顿教授等。

亚太地区风能学术会在上海举行

这个会议是由中国风能中心、上海市科技协会、日本泛亚细亚文化交流中心、日本风能协会共同发起的。中国学者向会议提出的70多篇论文，反映了中国在风能研究利用方面取得的成绩和存在的问题。专家们指出，“六五”期间，风能利用被列为国家重点科技攻关项目,国内专家开展了风力机基础理论研究,并开始同先进国家开展技术合作。相当数量的小型风力发电机已经在西藏、青海、甘肃和内蒙古牧区广泛使用。仅内蒙古生产的50瓦、100瓦风力发电机累计有5万多台,解决了3万多牧民的用电问题。

《当代中国的石油化学工业》出版

全书分为18章,共38万字,有插图93幅。它记述了我国石油化学工业从无到有、从小到大、从落后到先进的成长过程和历史经验。

我国的石油化学工业在国民经济及人民生活中占有重要地位。此书的出版,对教育职工发扬艰苦奋斗的光荣传统,使石化工业更上一层楼具有重要参考价值。

敦煌舞谱破译有新突破

敦煌舞谱自公元1900年被发现以来,受到国内外敦煌学研究者的普遍关注。这些舞谱记录着唐人的舞蹈,可是如同天书,很难读懂。著名舞蹈史家、北京舞蹈学院教授彭松最近在罗庸、叶玉华两位学者"打令"舞谱说的基础上,经过深入研究、考证,在敦煌舞谱破译方面取得了新的突破。

在向即将召开的国际敦煌—吐鲁番学术讨论会提交的学术论文中,彭松对敦煌舞谱序词作了进一步的解说。论文最重要的突破,一是解决了敦煌舞谱中曲式、舞式二者间同步与错位这一长期为研究者们所困扰的难点;二是首次破译了唐人俗舞"打令"(行酒令之舞)的舞法。这两点重要突破为我们最终走出敦煌舞谱的迷宫提供了新的启示。

8月2日

审计署完成机构改革

据《人民日报》报道,审计署这次机构改革的着重点是,加强对国务院各部门及其直属企业事业单位的直接审计,加强对中央财政影响大的地方财政财务收支的直接审计;加强对地方审计工作的政策指导和业务领导。

为了加强直接审计的力量,审计署已在国务院41个部门派驻审计局或设立审计特派员办公室,负责对各部门归口管理的经济实体和在京的企业事业单位进行审计;同时,逐步在22个城市设立审计特派员办事处,负责对国务院各部门、经济实体所属在外地的企业事业单位进行审计。

根据国务院的决定,审计机关将依法对有国家资金的中外合营企业逐步开展审计,目的是维护合营双方的合法权益;为适应集体经济、个体经济、乡镇企业和横向经济联系发展的需要,全国已建立500多个审计事务所,审计署将对这些社会审计组织的工作进行指导和管理。

至此,审计署的"三定"工作已告一段落,但还有许多工作有待深入。目前审计署正在抓紧建立、健全机关工作的规章制度,以提高工作效率和坚持为政清廉,使机关职工的精神面貌、工作作风有显著的变化;同时要把机关职能进一步分解到每个工作人员,建立岗位责任制,为实行公务员制度作准备。

据了解,当前的审计工作,主要是围绕深化改革和为政清廉抓好四件事。

全国政协副主席阎明复在人民大会堂会见第五届台胞青年夏令营全体海内外营员

中国在南沙永暑礁建成海洋观测站

中国南沙永暑礁海洋观测站装备了目前国内外最先进的水文气象观测仪,自动化程度高,观测项目多,获取资料全,不仅可以全天候观测报告南沙海域的多种水文气象参数,而且向联合国、太平洋平均海面组织提供南沙海域每月水位的平均值,向世界交换低纬度海气资料,为各国来南沙的船只及时提供航海保障。南沙海洋观测站的建成,对于研究太平洋海平面的变化规律和地壳变迁、热带海洋水文气象和北部湾及西南海域台风形成,对南海海洋资源和地理环境研究等,提供重要的科学依据,对和平开发利用我国南沙海洋资源具有重大意义。

在落成典礼仪式上,有关方面负责人说,在南沙建立海洋观测站是中国政府根据联合国教科文组织的要求作出的决定,这是中国行使主权,在南沙建立的第一个海洋观测站。这将会在人类和平利用海洋的事业中显示出巨大的作用。

8月3日

民进1988年工作会议在北京开幕

这次会议为即将召开的民进六大做准备,并研究下半年的工作。

民进中央副主席赵朴初在会上讲了话。他说,民进长期同中国共产党风雨同舟、患难与共,今天更要义无反顾地支持改革、投身改革,与中共同心同德、团结一致,艰苦奋斗、共闯难关,把改革推向前进。

他指出,作为爱国民主党派,民进必须继续贯彻"长期共存、互相监督","肝胆相照、荣辱与共"的十六字方针,敢于代表广大会员和所联系的知识分子的合法利益,反映他们的呼声和要求;敢于就违纪违法的事件要求有关方面严肃政纪法纪，实行有效的监督。

民进中央主席雷洁琼，副主席陈舜礼、楚庄、叶至善出席了会议。

中日国际交流展在北京开幕

为了纪念《中日和平友好条约》签订10周年，日本国际综合美术协会和中国艺苑联合举办了“中日国际交流展”。日本国际综合美术协会共展出了书法、工艺品等124件。

国务院中央军委对永暑礁观测站建设者特予通令嘉奖

全文如下：

海军并转南沙永暑礁建站全体同志：

为了维护我国南沙群岛的领土主权和国家的尊严，为了和平建设南沙群岛，海军在广州军区、广东省、海南省和交通部，国家海洋局、国家气象局的大力支援下，积极组织力量，在条件艰苦、气候恶劣和越军袭击干扰的情况下，以大无畏的英雄气概和吃大苦耐大劳的实干精神，团结协作，连续奋战，高速度、高质量地完成了永暑礁海洋和气象观测站的建站任务，为祖国和人民立了新功。国务院、中央军委特予通令嘉奖。

希望你们戒骄戒躁，再接再厉，为保卫南沙、建设南沙作出更大的贡献。

国务院

中央军委

1988年8月3日

国防科技工业普查数据处理系统在北京研制成功

据《人民日报》报道，一个处理国防科技、工业数据，为领导机关、各国防工业部门和研究人员服务的数据处理系统最近在北京研制成功，这是中国首次建成的大型数值型国防科技和工业基础数据汉字联机检索系统，为国防科技和工业进入实用阶段创造了条件。

专家们一致认为这个由中国国防科技信息中心研究设计的系统为建立国防科技、工业数据网络和实现管理自动化打下了一个良好的基础，同时对促进国防科技、工业改革、制定规划和领导决策科学化将发挥重要作用。

国防科技、工业普查数据包括了国防科技研究所、工业企业的全部重要数据和主要指标，是国家极其宝贵的基础数据资源，充分利用这一宝贵资源，具有重大的经济效益和社会效益。

300米氦氮氧饱和潜水科学实验在上海通过国家级验收鉴定

它标志着我国在这一领域的科学技术水平已进入世界先进行列，为我国饱和潜水技术过渡到实用阶段提供了条件。这对于我国的海洋资源开发、打捞救助及国防建设的发展具有重要意义。

由交通部、石油部承担的这项实验，是一项海洋水下工程领域内多学科综合性科学研究。国产的深海潜水设备、装具及具有独创性的潜水程序、深海医护保障在这次实验中接受了考验，填补了国内空白。

海军总医院海水浸泡伤治疗方法通过鉴定

经有关专家鉴定认为，海军总医院矫形外科的医护人员提出的专治海水浸泡伤的方法，填补了我军创伤外科学上的一项空白，在国际上亦属首创。

过去一般认为：治疗海水浸泡过的伤口要比治疗不浸泡的伤口效果好，但海军总医院矫形外科的叶映祥、巫发祥等所做的实验结果相反。1984年3月至5月，他们专程到我国南海远海区，在100多天时间里，用300多只动物进行了实验，证明海水对陆地创伤细菌无明显灭菌作用。又通过多方面的实验考察，证明应用延期缝合和青霉素治疗海水浸泡伤效果最好，I期愈合率达到了85%以上。

8月4日

监察部公布举报电话开始接受群众举报

监察部公布举报电话：2025391。受理的范围主要是中央国家机关及其工作人员以权谋私、弄权渎职、贪污受贿以及其他违法违纪行为。

监察部副部长徐青说，监察机关设立举报中心，是为了方便广大群众依法监督行政机关及其工作人员的工作，有利于及时揭露各级行政机关及其工作人员利用职务之便进行贿赂、贪污、偷税抗税、挪用公款、出卖国家秘密以及其他违法违纪行为，保证为政清廉。当前，各级监察机关举报中心的工作，要突出两个重点，一是对贪污、贿赂、弄权勒索等方面违法违纪行为举报的受理。二是各级行政机关工作人员中的违法违纪者。

监察部要求各级监察机关在设立举报中心时，要把受理举报同健全、完善查处违法违纪行为所必需的制度、手段结合起来，对立案、受理、销案、保密以及保护举报人的合法权益等，都要有明确的法定程序和保障措施，以利于及时接受举报，有效地查处违法违纪案件。同时，还要定期向社会公开举报中心的工作制度和工作情况，便于人民群众举报和监督。

监察部要求全国县以上各级监察机关在明年6月以前设立举报中心，省会城市、经济特区、沿海开放城市、计划单列城市和其他有条件的中心城市，在今年9月底前设立举报中心。国务院有关部门的监察局和监察专员办公室也可设立举报中心。

目前已设立举报中心的有北京、广西、吉林、福建、湖北、河北、黑龙江等十几个省、市、自治区的部分监察机关。

国务院印发《关于做好一九八八年度棉花收购工作和加强棉花市场管理的通知》

各省、自治区、直辖市人民政府,国务院有关部门:

今年全国棉花播种面积比去年有所增加,虽然部分地区遭受春寒、春旱等自然灾害,但是预计产量仍有增长。为做好今年棉花收购的市场管理工作,特通知如下:

一、加强对棉花收购工作的领导。新棉上市前,各级人民政府要抓紧部署今年棉花收购工作。在收购棉花过程中,要组织有关部门检查收购工作的政策和标准等执行情况。供销合作社要正确执行国家标准,不得压级压价,也不得抬级抬价,防止发生收购"人情棉"和"关系棉"的现象;要正确执行奖售政策,按规定标准兑现奖售物资,不得克扣、挪用和随意涨价;要保证棉农卖棉款的兑现,结算价款时,棉农要现金的给现金,要转账的应提供方便,除收回预购定金和代扣农业税外,不得为任何单位和个人扣款。农业银行要切实做好棉花收购资金的供应工作,其他有关部门也要通力协作,做好棉花收购奖售物资的供应、运输以及加工生产的电力保证等工作。

二、加强棉花收购的计划管理,实行超定购分成。棉花的综合平衡计划由国家计委统筹安排,商业部组织实施,各级人民政府要切实做好工作,保证计划的完成。为了调动地方发展棉花生产的积极性,国务院决定从一九八八年度起,对省、自治区、直辖市实行棉花超定购分成办法,具体办法由国家计委、商业部、财政部另行下达。为了不影响国家棉花收购计划的完成,保证大纱厂原料的正常供应,棉花调入地区不得再增加纺锭,棉花调出地区也不得再新建小纱厂。

三、要维护好棉花收购秩序,加强棉花市场管理。各级人民政府要指导供销合作社做好棉花收购的组织工作,教育干部提高政策水平和法制观念,坚持划片定点、约时凭证(合同)收购,坚持谁订合同谁收购。各地政府要主动组织有关部门进行协调,维护好棉花收购秩序。对抬级、抬价争购棉花的,要采取措施坚决制止。要加强对棉花市场的管理。棉花是关系人民生活的重要物资,目前只能由供销社统一收购,不得开放棉花市场。关于种子棉的收购问题另行解决。要教育广大棉农树立致富不忘国家,支援"四化"建设和思想,把需要出售的棉花全部交售给国家。各级人民政府和领导干部要顾全大局,采取坚决措施,切实做好工作,防止争购、抢购棉花的现象发生。工商行政管理部门要加强市场管理,不允许非棉花经营单位经营棉花,对无照经营、抬价抢购、倒卖棉花的,要依法严肃处理。对已开放的棉花市场,要立即关闭,并做好善后处理工作。

国务院

1988年8月4日

全国税务部门两年促产增收48亿元

据《人民日报》报道,全国各地税务部门在严格执行国家税收政策法规的同时,采取多种形式支持企业发展生产,提高经济效益,从而开辟了税源,增加了税收。据30个省市统计,1986年和1987年两年,税务部门共实现促产项目43.4万个。增加产值369.34亿元,增加税收48.07亿元。

近年来,税务部门适应改革的新形势,破除单纯收税的旧观念,积极为企业提供经济信息,疏通产供销渠道,融通资金,帮助企业加强经济核算、改善企业管理以及在国家政策范围内灵活运用减免税政策,有力地促进了生产力的发展。青岛市税务部门针对青岛啤酒供不应求、瓶装酒长期脱销的问题,通过调查测算,建议青岛啤酒厂调整产品结构,将部分散装生啤酒改瓶装。厂里采纳这一建议,在不增加资金、设备和产量的情况下,每吨啤酒增加利润130元,两年新增税利近200万元。西安市新城区税务局帮助通讯电缆厂、自力中药厂等八个集体企业融通资金、增添设备、更新产品、扩展销路,使这八个企业的销售和利润由1985年的1700万元和163万元增加到1987年的2713万元和354万元,分别增长了58%和116%,上缴税收也增长了近1倍。

北京市预算内企业税后留利中,新产品试制基金仅占5%左右,多数中小企业每年只有几万元试制费,满足不了新产品开发研制的需要。为了支持和鼓励企业开发研制新产品,该市税务部门正确运用新产品减免税政策,加强事前审查和事后监督管理,为企业提供了资金支援。北京东方化工厂用新产品减免税款851万元开发"三元共聚乳液"和"涂布生产线"两个项目,已于去年11月正式投产,预计可年增产值4500万元,增利500万元。

中国又有22个市县对外国人开放

公安部新闻发言人宣布,经国务院批准,从今天起,我国又有22个市、县被列入对外国人开放地区。根据《中华人民共和国外国人入境出境管理法》第四章第二十条规定,外国人持有效的签证或者居留证件即可前往这类地区旅行,无须申办旅行证件。

此次对外国人开放的市、县是:

浙江省:舟山市、黄岩县、临海市、玉环县、温岭县。

宁夏回族自治区:石嘴山市。

福建省:三明市、南平市、邵武市、建阳县、顺昌县、建瓯县、浦城县、光泽县、松溪县、政和县、龙岩市、漳平县、上杭县、长汀县、永定县、连城县。

全国人大外委会副主任委员曾涛发表谈话对美参院无理干涉中国内政表示遗憾

曾涛在这里向新华社记者发表谈话说:7月27日,美国参议院通过了参议院共和党领袖鲍勃·多尔等人提出的一项修正案,就所谓中国"出售武器"问题对中国主权范围内的事情指手画脚、无理干涉,对此"我们不能不表示遗憾和不满"。

多尔参议员就其修正案所作的说明,指责中国向中东地区出售武器破坏该地区的稳定。曾涛说,这是"天大的笑话"。

他说,众所周知,中东地区局势紧张和动荡的根源,是以色列长期推行侵略扩张政策。一些阿拉伯国家要求适当增强常规防御能力,这是合情合理的事情。中国应个别国家的要求,出售少量常规的防御性武器,这只能有利于中东地区的和平与稳定,而不是相反。

他批评美国自己向以色列出售大量武器,使以色列得以横行霸道,欺负别人,却不许别国增强正当的防御力量,这是"毫无道理的"。

曾涛指出:中国有原则地、负责任地出售少量防御性武器,是中国与有关国家之间的事,这与中美关系毫不相干。他说,多尔先生把这个问题同中美双边关系扯在一起,企图借此向中国施加压力,甚至威胁要重新估量中美关系,这是中国人民绝对不能接受的。

曾涛强调,发展中美关系符合中美两国和两国人民的利益。他说,我们真诚希望美国国会议员珍惜中美关系发展的成果,不要违背中美两国人民意愿,做有损中美友好关系的事情。

全国骨髓移植登记组第一次工作会议在北京召开

这个组织是在骨髓移植方面有相当权威的全国性技术组织。此次会议透露,近年来,全国已进行了异基因(患者兄弟姐妹的)骨髓移植54例,同基因(患者同胞胎的)骨髓移植7例。北京医科大学血液病研究所、新疆医学院附属医院等对20例急性白血病移植的成功率(无复发)已达80%以上。第二军医大学、南方医院、301医院、307医院、郑州第三人民医院都有再障贫血和白血病的持久植活病例。这些患者已长期存活或被根治,这样的临床效果与国际先进水平比较差距不大。我国病例数量较少的原因,是缺乏供者和经费困难。专家一致呼吁全社会关注和支持这项事业。

临床证实,采取骨髓移植再配合放疗化疗,已能治疗白血病、再障贫血、某些遗传病和一些恶性肿瘤等20多种病症。在国外,目前已接受异基因骨髓移植的病例已达2万例以上,骨髓供者的年龄从6个月至70多岁。专家们指出,一些国家设置了骨髓库,还有一些群众自愿组织起来捐献自己的健康骨髓。从长远看,我国也应这样做。

会议的主持人、中华医学会副会长、北京医科大学血研所所长陆道培说:"提供骨髓就像献血一样,休息几天就能完全恢复健康。到目前为止,我们还没发现有留下后遗症的。"

上海儿科研究所王跃平副研究员说:"我国儿科死亡率占首位者是白血病、淋巴瘤等癌瘤。按国内大城市的医疗条件,大面积开展骨髓移植挽救这些患儿是有条件的。"

异基因骨髓移植用于我国首例的遗传性免疫缺陷病,已由北医大血研所等单位移植成功,现已观察4个多月。患者的染色体完全为供者类型,免疫功能恢复。

据悉,用自体骨髓移植治疗白血病和某些恶性肿瘤,我国已超过107例。全国已有体外骨髓净化单位8个。这说明在这方面投入力量是必要的。

8月5日

中共中央政治局常委乔石到山西考察

8月5日至11日乔石在山西考察工作期间,就加强党的建设问题,发表了意见。他指出,各级党组织要适应新形势的需要,不失时机地把加强党的建设提到重要议事日程,使我们党在进行社会主义现代化建设和建立社会主义商品经济新秩序过程中,真正成为全国10亿人民的核心领导力量。

乔石指出,现在全国上下都在进一步解放思想,解放生产力,加深加快经济体制改革,同时逐步推进政治体制改革。在改革深入的关键时刻,要加强党在群众中的领导作用,加强党的监督作用,保证党的政治路线和党中央的各项方针政策有步骤地实施。各级党组织都必须十分重视加强党的建设工作,在思想上、组织上、作风上,使党适应新时期的要求,紧紧围绕发展社会生产力和建立社会主义商品经济新秩序这个中心,跟上形势的需要,使党的队伍始终走在社会主义建设事业的最前列。

他说,加强党的建设,要把继承、发扬党的好传统、好经验与改革、开放的新形势结合起来,不断探索和创造出新的经验、新的办法,搞好党的建设。加强党的建设,还需要在全党进行比较系统的马克思主义基础理论的教育,要着重加强对党的十一届三中全会以来路线、方针、政策的教育和关于党在社会主义初级阶段基本路线的教育。要摒弃那些不适应新情况的教育方法。

乔石强调指出,加强党的建设,必须把加强各级领导班子的建设作为重要环节。加强领导班子建设,重要的是要提高领导班子的思想素质和进一步树立起良好的作风。因此要加强学习,特别是联系自己的工作实际,学好党的路线、方针、政策,真正做到融会贯通。

乔石同志还强调指出,加强党的建设,必须搞好党的基层建设,这是党的工作的基础。各级党组织要扎扎实实地抓好基层组织的建设,要深入下去,调查研究,密切联系群众,帮助基层解决具体问题,使基层组织成为团结群众和群众共同前进的战斗堡垒,使每一个共产党员真正发挥出先锋模范作用。

东北重点产粮区草业兴起

据《人民日报》报道,草业在我国重点产粮区的黑龙江、吉林、辽宁3省正在兴起。据初步统计,3个省实行粮草间作、粮草轮作的面积已达400余万亩。

多年以来,东北粮区种植业结构一直是"粮食作物—经济作物"二元结构,许多地方作物结构单一,有的地方大豆或玉米的种植面积分别占农作物播种面积的40%—50%和70%—80%,多年重茬、迎茬,加上大量施用化肥,忽视农家肥,导致地力逐年下降,土地板结。据辽宁省土肥站连续几年的跟踪实践调查,一些地区粮田的有机氮由50年代的64.8%、70年代的58.4%,下降到80年代的31%。黑龙江土壤肥料站王宁研究员深深为农家肥减少、化肥施用量猛增而忧虑。

为了探索农区增加土壤有机质的途径,从80年代初开始,王宁和省内科研单位、大专院校的一批专家、教授和技术人员在玉米主产区的绥化、青冈、双城、依安等地搞玉米间种草木樨试验,即两垄玉米间种一垄草木樨。试验结果表明,当年玉米略有减产或平产,每亩产草木樨鲜草1000公斤。到第二年、第三年,玉米可分别增产8%—12%。草木樨属豆科牧草,蛋白含量高,是各种家禽的好饲料;根茬根瘤又可固氮肥田。实践表明,粮草间作对培肥地力、实现农业生态的良性循环起重要作用。目前这个省粮草间作面积已达15万亩。

辽宁省海城市中小乡、台安县新开河镇粮草间作试验,玉米因边行优势、通风透光,不但不减产,反而增产,还多收两茬草。当年压青土壤有机质比对照田增加,土壤的物理性能如孔隙度、持水量也得到改善,有利于作物生长,提高产量。人均耕地只有1.1亩的鞍山市,根据近几年农肥年年下降的情况,下决心走粮草间作培肥地力之路,今年粮草间作面积由原来的2万多亩扩大到20万亩。

中国纺织品服装出口额居世界前列

据《人民日报》报道,我国纺织品、服装和衣着用品80年代以前在国际市场上还不很显眼,而如今则占世界纺织品、服装市场贸易额的近1/10。这种出口攻势已使我国纺织品出口额在世界的位次跃居第四位,服装出口额上升到第六位。

中国射电天文仪器出口美国

据《人民日报》报道,应美国太空电子系统公司的委托,由中国科学院南京天文仪器厂高级工程师吕韵翎等完成的13.7米毫米波射电天文望远镜机械本体,已于7月中旬在南京通过了出厂验收,将于9月运往美国。这是我国首次为国外制造并安装到国外的天文仪器,从而结束了我国长期以来在现代天文仪器领域只进口不出口的历史。

中日友协会长孙平化在北京会见日本互惠交易株式会社历任会长山本悠夫 黑田明男 永见俊夫和日本中国医学研究协会专务理事铃木武夫一行

中国在酒泉卫星发射中心发射一颗科学探测与技术试验卫星

卫星顺利进入预定轨道,星上仪器工作正常。卫星将按计划在进行科学探测和技术试验后返回地面。

在这颗卫星上还装有联邦德国3家用户的试验装置。这是继去年8月向法国马特拉公司提供微重力试验后,我国卫星第二次向国外用户提供搭载服务。

联邦德国、瑞典、法国、美国的有关用户和公司的代表,在发射现场观看了卫星发射实况。

胡启立 王震等党和国家领导人在北戴河看望度假教师

国家副主席、中国中小学幼儿教师奖励基金会理事长王震对教师们说,今天,我们来看望培养中华人民共和国年轻一代的灵魂工程师,非常高兴。邓小平同志提出,教育要面向现代化、面向世界、面向未来。作为培养青少年的"园丁",教师是最光荣的职业。我向大家致以亲切慰问。

国务委员、国家教委主任李铁映代表李鹏总理,代表国家教委向教师表示慰问,他说,教师是最受尊敬的人。当前党和国家非常重视教育事业。教育事业的总的形势是好的。当然也要看到,教育事业在发展中,还存在着许多尖锐的问题,最主要的是教育事业的发展还不适应改革的形势,教育体制还不适应商品经济发展的需要,教师的待遇还比较低。这些情况中央都知道。正在积极研究解决,也一定能够解决。教师担负着振兴中华的重大责任，我相信广大教师是不会辜负党和人民的希望的。

内蒙古自治区乌海市乌达区第一完小语文教师张美蓉向中央领导同志表示谢意时说：目前改革正处于关键时期，作为人民教师我们深知自己肩上的重任，教育为社会主义建设服务，社会主义建设要依靠教育。21世纪的人才是从我们执教的课堂上走出去的。我们决不辜负党和国家的重托，把毕生精力献给教育事业。

国家教委副主任何东昌、柳斌等陪同中央领导同志看望教师。

这次全国优秀教师夏令营共有4个营区，北戴河主营有来自黑龙江、辽宁、吉林、陕西、内蒙古、福建、四川的近100名中小学及幼儿教师，他们中大多数人受过国家或省、自治区、直辖市级的奖励表彰。

《中国改革大思路》出版

该书由国家体改委综合规划司编，沈阳出版社出版。

我国的改革已经进入一个关键时期。改革向何处去，在关键时期必须作出关键性选择。为了保证选择的科学性和可行性，国家体改委委托一批有关学者和经济主管部门专家，组成若干课题组，对今后8年(1988—1995)我国经济体制改革的指导思想、目标模式、基本思路、配套关系、具体步骤及起步方式进行了全面、系统的研究，并各自提交出既具完整性又各具特色的中期改革规划方案。《中国改革大思路》一书收集了其中8个主要方案，并对各家方案基本思路的共同点及分歧所在进行了全面分析。

1987年全国1%人口抽样调查资料表明中国的家庭结构又有新变化

调查表明全国家庭户平均人数为4.23人，比1982年第三次人口普查时减少了0.18人。经济较发达的北京、天津、上海、江苏、浙江、山东户平均都在4人以下。

大家庭和一人户、二人户比重下降，三人户和四人户家庭比重上升。一人户和二人户的比重分别降至5.53%和9.50%；五人及五人以上户则从1982年的46.35%下降至40.17%。三人户从16.05%上升至21.04%，四人户从19.54%上升到23.84%，四人户从19.54%上升到23.84%。这说明，家庭模式正逐渐向以中小家庭为主转化。而在农村，小家庭较少，五人以上的大家庭较多。

由夫妻和子女组成的两代人家庭仍然是我国家庭户的主体，占全国家庭户的65.86%。一对夫妇户、三代及三代以上的户比重也有提高，分别占5.48%和18.52%。祖孙三代直系家庭比1982年的17.13%上升了1.39%。尤其是在农村，家庭仍然作为一个生产单位存在；三代直系家庭比一对夫妇和未婚子女组成的核心家庭优越。

50.81%的单身户是60岁以上的老人。其中大部分是未婚和丧偶者。在全部单身户中，丧偶者占41.73%，且女性约为男性的两倍。

筛选早期大肠癌的试剂盒在浙江医科大学研制成功

该试剂盒经北京、广州、浙江等地5000余人应用，效果明显优于传统的化学方法。

大肠癌是我国常见的恶性肿瘤之一，它的早期治疗是国家“七五”科技攻关项目，试剂盒的研制是其中的一项内容。试剂盒是应用免疫方法筛选大肠癌的新途径，用于检查人的粪便潜血，有特异、灵敏、重复好等特点，这种方法使我国早期诊断大肠癌进入国际先进水平。目前该试剂盒已投入批量生产。

8月6日

国务院总理李鹏签署第11号令公布《中华人民共和国印花税暂行条例》

《中华人民共和国印花税暂行条例》已经1988年6月24日国务院第九次常务会议通过，现予发布，自1988年10月1日起施行。

总　理　李　鹏

1988年8月6日

中华人民共和国印花税暂行条例

第一条　在中华人民共和国境内书立、领受本条例所列举凭证的单位和个人，都是印花税的纳税义务人(以下简称纳税人)，应当按照本条例规定缴纳印花税。

第二条　下列凭证为应纳税凭证：

(一)购销、加工承揽、建设工程承包、财产租赁、货物运输、仓储保管、借款、财产保险、技术合同或者具有合同性质的凭证；

(二)产权转移书据；

(三)营业账簿；

(四)权利、许可证照；

(五)经财政部确定征税的其他凭证。

第三条　纳税人根据应纳税凭证的性质，分别按比例税率或者按件定额计算应纳税额。具体税率、税额的确定，依照本条例所附《印花税税目税率表》执行。

应纳税额不足1角的，免纳印花税。

应纳税额在1角以上的，其税额尾数不满5分的不计,满5分的按1角计算缴纳。

第四条 下列凭证免纳印花税:

(一)已缴纳印花税的凭证的副本或者抄本;

(二)财产所有人将财产赠给政府、社会福利单位、学校所立的书据;

(三)经财政部批准免税的其他凭证。

第五条 印花税实行由纳税人根据规定自行计算应纳税额,购买并一次贴足印花税票(以下简称贴花)的缴纳办法。

为简化贴花手续,应纳税额较大或者贴花次数频繁的,纳税人可向税务机关提出申请,采取以缴款书代替贴花或者按期汇总缴纳的办法。

第六条 印花税票应当粘贴在应纳税凭证上,并由纳税人在每枚税票的骑缝处盖戳注销或者画销。

已贴用的印花税票不得重用。

第七条 应纳税凭证应当于书立或者领受时贴花。

第八条 同一凭证,由两方或者两方以上当事人签订并各执一份的,应当由各方就所执的一份各自全额贴花。

第九条 已贴花的凭证,修改后所载金额增加的,其增加部分应当补贴印花税票。

第十条 印花税由税务机关负责征收管理。

第十一条 印花税票由国家税务局监制。票面金额以人民币为单位。

第十二条 发放或者办理应纳税凭证的单位,负有监督纳税人依法纳税的义务。

第十三条 纳税人有下列行为之一的,由税务机关根据情节轻重,予以处罚:

(一)在应纳税凭证上未贴或者少贴印花税票的,税务机关除责令其补贴印花税票外,可处以应补贴印花税票金额20倍以下的罚款;

(二)违反本条例第六条第一款规定的,税务机关可处以未注销或者画销印花税票金额10倍以下的罚款;

(三)违反本条例第六条第二款规定的,税务机关可处以重用印花税票金额30倍以下的罚款。

伪造印花税票的,由税务机关提请司法机关依法追究刑事责任。

第十四条 印花税的征收管理,除本条例规定者外,依照《中华人民共和国税收征收管理暂行条例》的有关规定执行。

第十五条 本条例由财政部负责解释;施行细则由财政部制定。

第十六条 本条例自1988年10月1日起施行。

附件:印花税税目税率表(略)

第一份中国服装业发展战略研究报告通过评议

由中国服装研究设计中心命题,纺织工业部立项的《中国服装工业发展战略研究》科研课题,近日在北京通过专家的评议。纺织工业部部长吴文英向参加课题研究和评议的同志们表示祝贺和感谢,并强调要以服装为龙头,更好地带动和发展我国的纺织工业。

"七五"期间,我国服装工业进入战略发展的转折时期,主要标志为:国内市场开始以生理性需求占统治地位阶段转向追求个性与时尚阶段;服装出口中的高档产品比重已有所提高,开始由"初级产品出口战略"阶段向"出口替代战略"阶段转移。由青岛市服装研究所等单位的科研人员组成的课题组,在各有关方面的支持和协助下,用将近一年的时间,完成了我国第一份服装工业发展战略研究报告,系统地分析了我国服装工业的历史和现状,并根据国际服装工业发展的特点和趋势以及我国服装工业的优势和劣势,提出了新时期我国服装工业发展的指导思想、战略目标和战略对策。专家们认为,该报告具有一定的科学性、可靠性和可行性。

纺织工业部部长吴文英在评议会结束时指出,把服装作为战略问题研究,很有必要。她提出要做好以下几项工作:进一步提高包括投计、制作、装备在内的服装工业的技术水平;围绕服装生产,加强面料、辅料及配件的配套能力;积极进行管理体制的改革,为企业创造更好的发展条件;加快服装行业的人才培养。

我国家电产量居世界前列

轻工业部副部长于珍新近透露,我国已经成为世界上家用电器主要的生产国之一。现在我国电风扇产量居世界第一,家用电冰箱和洗衣机产量也居世界前列。

国家科委在北京召开全国第一次"火炬计划"工作会议

会议8月6日至8日召开。国家科委主任宋健在会上说,我国发展高技术、新技术产业必须坚持两条腿走路。一方面,政府部门、大中企业、大院大所和金融机构对创建和发展高技术、新技术产业负有重大责任。另一方面,要采取一切可能的措施,大力支持和鼓励大院大所、高等院校、大中企业及科技人员,自筹资金、自负盈亏,创造各种所有制的技工贸、技农贸相结合的科技型企业。这两方面的积极性应当是相互结合、互为补充、相互促进的。

他说,"火炬计划"要与国家"七五"科技攻关计划、高技术研究发展计划相衔接。后两个计划的凡能够商品化的阶段成果,都要不失时机地通过"火炬计划”进行产品开发，投向市场。

高技术、新技术产业要面向国际市场，为此，需要培养和造就一大批懂技术、会经营、熟悉国际市场的企业家。

国家对建立高技术、新技术产业，坚持精心指导、看准优势、重点突破、典型引导、逐步展开的方针，不能搞一哄而起。要抓好典型产品进入国际市场和典型项目的国际合作工作。

为了实施“火炬计划”，宋健要求全国科技部门，特别是中央各部委所属的大院大所，把深化科技体制改革放在一切工作的首位，改善内部的运行机制，充分发挥科技优势。

成人教育重点转向岗位培训

据《人民日报》报道，我国成人教育中盲目追求学历、学用脱节的弊端正在逐步消除，成人教育开始转向以岗位培训为重点的健康轨道。

目前，岗位培训正在全国各地展开，许多企业切实把开展岗位培训作为成人教育的重点，积极进行试点。据对 9000 多万职工的统计，1987 年参加各类文化技术业务培训 50 学时以上的职工有 2365 万人，占 26.2%。其中，参加岗位培训试点的有 424.5 万人，参加岗位需要的各种技术业务培训的有 1354.9 万人，两者合计 1779.4 万人，占参加学习职工总数的 75.2%，比上年增长 7%。厂长、经理、总工程师、总经济师、总会计师的培训考核与班组长培训已具相当规模，506 万班组长接受培训的已占 30.6%。

岗位培训提高了劳动者的素质，直接有效地提高了经济效益和社会效益，受到社会各方面，尤其是企业的欢迎。

福建省曾在一次会议上对 83 名厂长、经理进行问卷调查，有 80 人认为企业最有效的培训是岗位培训。许多企业把建立岗位培训制度当作是引导职工安心本职工作、提高专业技术水平，以及成为本岗本职的优秀劳动者的有效途径。

高校毕业生分配工作基本结束 43 万名毕业生将陆续走上工作岗位

据《人民日报》报道，1988 年全国普通高校毕业生分配派遣工作到 7 月底已基本结束，全国 45.7 万名毕业生，除考取研究生 2.3 万人以外，43 万余名毕业生将陆续走上工作岗位，投身社会主义现代化建设。

今年的分配工作提高了“透明度”。清华大学、上海交通大学、复旦大学、西安交通大学等院校，扩大了让用人单位到学校公开招聘录用毕业生的范围；许多学校在国家计划和分配方针原则指导下，采取“三公开”的分配办法，将学校分配方案公开，将学生在校期间德智体考核的成绩公开，将特殊困难需要照顾的公开，做到了公平合理。据了解，绝大多数毕业生对今年的分配工作是满意的。各地普遍反映，今年分配到基层的毕业生比历届都多，山西、湖北等地区的高校有 80% 以上的毕业生分配到了基层单位，山西农大有 90% 的毕业生分配到了县和县以下单位，受到了基层用人单位的欢迎。

在今年毕业生分配工作中，也存在一些问题。由于社会需求发生了一些变化，加上一些知识面窄的专业，社会需求不大，分配有一定难度；少数用人单位对已经协商落实的分配方案，在毕业生派遣时还有变动；一些用人单位不愿接收女大学生的现象仍然存在；有些“长线”专业或学习成绩差而个人期望值比较高的毕业生，个别也有难分配或被退回的现象；有的学校也存在不按协商计划派遣毕业生的问题，等等。有关部门和学校正在研究采取有效措施，加以妥善解决。

国务院批准确定 40 处国家重点风景名胜区

这次公布的 40 处国家重点风景名胜区有：河北的野三坡、苍岩山风景名胜区；黄河壶口瀑布风景名胜区；辽宁的鸭绿江、金石滩、兴城海滨和大连海滨——旅顺口风景名胜区；吉林的松花湖、“八大部”——净月潭风景名胜区；江苏的云台山、蜀岗瘦西湖风景名胜区；浙江的天台山、嵊泗列岛、楠溪江风景名胜区；安徽的琅琊山风景名胜区；福建的清源山、鼓浪屿——万石山、太姥山风景名胜区；江西的三清山、龙虎山风景名胜区；山东的胶东半岛海滨、湖北的大洪山风景名胜区；湖南的武陵源、岳阳楼洞庭湖风景名胜区；广东的西樵山、丹霞山风景名胜区；广西的桂平西山、花山风景名胜区；四川的贡嘎山、金佛山蜀南竹海风景名胜区；贵州的织金洞、㵲阳河、红枫湖、龙宫风景名胜区；云南的三江并流、昆明滇池、丽江玉龙雪山风景名胜区和西藏的雅砻河、宁夏的西夏王陵风景名胜区。

李春昱逝世

中国共产党党员、著名地质学家李春昱同志因病于 8 月 6 日逝世，享年 84 岁。

李春昱同志，河南省汲县人。生前是第五、六届全国政协委员、民革中央监委常委及常务顾问、陕西省五届人大代表、中国科学院地学部学部委员、中国地质科学院一级研究员。

作为国内外久负盛名的老一辈地质学家，李春昱早在 20 世纪 20 年代末 30 年代初就投身于我国地质调查研究的实践工作。他对四川中梁山、淮北煤田、太行山东麓煤田、渭北等煤田、华北油田及鞍山铁矿等都曾作过预测，为我国煤炭及钢铁基地的建设作出贡献。他向国家建议并参加编制出版了巨幅国际性地质图件，还在国际上首次采用板块构造的观点主编了八百万分之一的《亚洲大地构造图》，于1982年以中英文形式正式出版。他还是最早把板块构造学说引入中国并作出贡献的学者之一，在生命弥留之际，仍惦念着我国板块构造学的发展，嘱咐子女把他的存款用于推动板块构造的研究。

8月7日

审计署发出通知要求各地审计机关加强审计监督为深化改革服务

审计署指出，今年以来，各地审计机关根据审计署和本级政府的部署，认真贯彻党的十三大和全国人大七届一次会议关于加强审计监督的精神，对深化改革和稳定经济起到了积极作用。但是也有一些地方不能正确理解和处理改革与监督的关系，放松了审计监督。有的不讲依照国家财经法规进行审计，只强调敢于突破和变通；有的不加区别地宣布凡属地方政府和部门的规定都要作为审计依据，甚至企业搞的也要认账；有的提出审计机关的职能要由监督型转向服务型，寓监督于服务之中。这些认识和做法，是不符合党和国家关于审计工作的精神。

审计署要求各地正确认识当前加强审计监督的重要意义。对财政财务收支实行审计监督，是宪法赋予审计机关的职责。当前，我国的改革已进入关键阶段，为了逐步建立社会主义商品经济新秩序和保证为政清廉，十分需要加强审计监督。各级审计机关和广大审计人员一定要认识这个新的形势和自己的责任，切实履行审计监督职能，为深化改革、稳定经济作出贡献。自实行改革开放以来，党和国家制定了一系列政策、法规，依照这些政策、法规进行审计，正是为了保护生产力的发展，它与一切工作以发展生产力为根本标准是统一的。现行的有些法规需要改革、完善，应经过调查研究，依照法定程序进行。但在没有改革以前，除国家批准试点或实行特殊政策的以外，仍应作为审计的依据。特别是对国家制定的关系经济全局的法规，即使不够合理，也不能超越权限自行其是，以保障国家政令的统一和经济生活有秩序地进行。对于改革中出现的一些新问题，应当实事求是处理。总之，在改革过程中必须坚持依法审计的原则，这是我国法制建设不可缺少的一个方面。

审计署指出，要适当集中力量抓好重点工作。当前审计工作的任务相当繁重，各级审计机关要统筹安排，抓住重点。除了审计署已部署的要着重抓好企业承包经营责任审计、外贸企业审计、社会集团购买力审计等重点工作以外，要组织一些力量围绕国家机关保持廉洁问题开展审计工作：一是对新建、在建的楼、堂、馆、所的审计，把它同自筹基建审计结合起来进行；二是对党政机关办的公司进行审计，促进解决政企不分的问题。审计的方法，一般可先开展审计调查，发现有严重问题的单位，再作为重点进行审计。

国库券买卖市场年底全国开放

据财政部有关负责人介绍，今年上半年，全国61个城市试行开放了国库券买卖市场。起初，国库券持有者们急于将国库券脱手，但由于国库券的收益率高于任何一种储蓄，如1985年发行的国库券年利率为9%，1986年和1987年发行的国库券都是10%的年利率，故在北京、上海、深圳等地，有不少精明的人开始大笔购买国库券。

据评论，国库券市场开放的另一结果，是制止了部分黑市交易，避免"票贩子"们以低于票面价值收购国库券，保护了持有者的利益。出于这种考虑，财政部决定在更大范围开放国库券市场。

我国对外承包工程和劳务合作以每年递增50%以上的速度发展

据《人民日报》报道，我国的对外承包工程和劳务合作业务，是在实行开放政策以后逐步发展起来的，经过近10年的努力，现在已初具规模。据熟知这方面情况的经贸部国外经济合作局提供的数字，截至今年上半年，全国共有81家公司开展这项业务，共签订承包工程和劳务合同5900多项，累计合同额达92.4亿美元，已完成的营业额达50.58亿美元，取得了较好的经济效益。近10年来，我国共派出各类劳务人员近30万人次，今年6月底，在国外的承包劳务人员达5.7万人。

我国以前对外承包工程主要集中在少数几个国家，现在已扩大到亚洲、非洲、欧洲的117个国家和地区，还打进了美国的承包市场。过去承包项目以民用住宅、铁路、写字楼、纺织、水利、石油等工程为主，现在发展到设计、勘察、爆破、港口建设、广播通讯、电影电视等知识、技术密集型产业。我国的劳务输出现在也由过去以厨师、海员、针灸、护理、医疗、武术、园林等方面的人员为主，发展到计算机软件、航海、监理、工程技术人员等有较高技能、知识的人才。

动物胚胎工程获得重大成果

21只多父母的小鼠的面世，宣告世界上一种新奇生命的诞生。

领导这个研究中心的蒙古族博士旭日干说,这是一批采用人工嵌合体技术,把小鼠同种品系或不同品系之间的早期胚胎聚合为一体,经过体外培养,再移植给受体小鼠而获得成功的新型动物。

这一课题研究以黑鼠、白鼠为本,创造的黑白花鼠不仅对动物遗传学、免疫学及发育生物学等学科的研究具有重大价值,而且打破了动物种间杂交的障碍,为培养出地球上尚未存在的新物种开辟了可能途径。今年48岁的旭日干曾在4年前培育出世界上第一只试管山羊。

中国女队在米兰1988年世界青年和轻量级赛艇锦标赛中赢得轻量级四人单桨无舵手2000米金牌

《于右任集》出版

为纪念于右任先生诞生109周年和逝世24周年,陕西人民出版社出版该文集。

于右任先生是中国近代史上一位著名的民主革命家,是我国新闻界的老前辈,是一位曾与中国共产党人两度合作共事的国民党元老,是饮誉海内外的大诗人和中华书坛巨匠。于先生的诗词、墨迹,海内外传本较多,只有"文集"部分,尚付阙如。《于右任集》的出版,也旨在填充这一空白。

《于右任集》(刘永平编)编选了于右任1905年至1964年期间撰写的各类篇章170余篇。全书内容翔实,装帧精美。文前有王昆仑同志生前写就的序言,屈武同志以《周总理对于右任先生的关怀和对我的教育》为题的篇章作为代序。

8月8日

全国356个检察机关设立举报机构受理举报案件线索3001件

据《人民日报》报道,自6月29日最高人民检察院公布举报监督电话后,全国各地又有不少检察机关相继设立了举报机构或举报电话,仅在省一级检察院设立举报中心或举报电话的就有12个省、自治区和直辖市。群众举报的内容有经济案件线索、法纪案件线索、刑事案件线索以及属于党纪、政纪等其他方面的一些问题。

据最高人民检察院有关负责人介绍,在群众举报的3001件各类案件线索中,经济案件线索所占比例最大,共1462件。贪污受贿案件线索在经济案件线索中又占比例最大,占47%,涉及金额万元以上的案件线索就有289件,有的高达40多万元。

据了解,最高人民检察院监督电话公布后1个月内,共受理群众举报案件线索243件。目前,全国各级检察机关正在积极对群众举报的案件线索进行调查处理。

第二届亚洲城市化国际会议在南京召开

会议透露:10年来,我国城市化研究与建设取得显著成绩,已经逐步寻找到一条适合中国特色的城市化道路,江苏南部中小城镇的建设模式深得外国学者称道。

我国经济基础薄弱,城市实力不足,农村人口居多,地区之间社会经济发展不平衡,沿海开放地区近阶段发展较快。10年来,专家们对上述情况进行了广泛的讨论和深入细致的研究,并结合全国上百个城市、地区的发展和城市化实践,初步寻找到一条适合我国国情的城市化道路。这就是实行以大城市为中心,以小城镇为纽带,以农村为基础,建立大中小相结合的开放的城镇体系。

不少外国学者对江苏南部有计划、有重点地建设有一定实力的中心城镇,形成带动农村发展的基地这一城市化模式给予高度评价,认为这些经验对发展中国家有直接的借鉴作用。

这次亚洲城市化国际会议是由南京大学、亚洲城市研究会、国际地理学联合会城市化小组共同举办的。会议还将组织中外专家到苏南无锡县小城镇进行实地考察。

宝山钢铁联合(集团)公司在上海成立

国家烟草专卖局作出决定对名烟生产实行计划单列

据了解,国家放开名烟价格以后,需要生产出更多的名烟以进一步稳定市场。为此,烟草专卖局决定调整名烟的计划产量。调整后的13种名烟产量计划比去年实际增长38%,其中"中华"增长51.6%,"云烟"增长51.4%,"红双喜"和"牡丹"分别增长1倍多,"石林"增长39%。去年因原辅材料不足等原因基本上未生产的"红山茶"今年产量也将达3万箱。

在促产名烟的措施中,除了对名烟生产实行计划单列外,国家还将优先供应名烟生产企业的原辅材料和安排技改等。

目前,生产13种名烟的上海、玉溪、昆明、曲靖、长春和北京等烟厂正在落实增产措施,挖掘内部潜力,调整优化劳动组合和降低消耗,力争在完成增产计划的同时提高名烟质量。

我国批准在海外兴办400多家三资企业

据《人民日报》报道,在大量吸收外商来华投资的同时,我国也向海外投资办厂。截至今年上半年,我国批准在海外开办合资、合作和独资企业达458个,总投资额18.38亿美元,其中我方投资6.78亿美元,占投资总额的37%。

实行开放政策以来,我国一些大中企业和外贸公司开始在全球范围内寻找最有利的生产、销售及原料供应基地,纷纷到海外开办企业。据经贸部国外经济合作局介绍,这些海外企业,主要集中在工业生产和资源开发项目上,如炼铝、橡胶、纺织印染、木材、纸浆、远洋捕捞、铁矿、黄金开采等,分布在67个国家和地区,其中有半数以上的海外企业目前已经开工或投产,我国派驻海外企业的管理和技术劳务人员达数千人。

已开业的海外企业,80%以上经营情况良好。中信公司在美国独资兴办的西林公司,从事森林资源开发,采伐的原木大部分进口到中国国内。我国在毛里求斯开办的针织厂,边筹建、边生产,仅用两年时间就收回了全部投资并开始赢利。我国在孟加拉办的蚊香厂,在马耳他办的服装厂、在阿联酋开办的塑料制品厂,在巴西合营的炼铁厂等,都在开业不久便获得了较好的经济效益。也有个别企业因经营不善或投资项目选择不当而出现亏损。

通过在海外投资办厂,使我国获得了国内短缺的某些资源,同时带动了我国技术设备和商品的出口。海外企业在经营过程中,还以优惠价格和优质服务为国内引进了先进适用的技术设备,帮助了国内企业的技术改造,增强了出口创汇能力。

第十一届亚运会指定产品展示展销会在北京展览馆开幕

联合国儿童基金会计划向中国提供5700万美元援助

联合国儿童基金会将在1990年到1994年期间向我国提供5700万美元的援助,作为对中国少数民族和边远贫困地区妇幼保健、教育等方面的援助。

这是今天在京举行的中国与联合国儿童基金会合作方案预审会议的招待会上,由基金会驻华办事处高级项目官员詹姆斯·莫恩先生宣布的。目前,以联合国儿童基金会项目司司长尼·尼博士为首的代表团正在同我国有关部门商洽援助项目的预算计划。

从1980年我国当选为联合国儿童基金会执行局成员后,该会已同我国进行了三期合作,目前又达成第四期合作协议。

国家教委向各地教育部门发出《关于做好新学年始业工作的通知》

最近一段时间,有不少地方中小学生辍学现象比较严重,且有进一步蔓延的趋势。对此,《关于做好新学年始业工作的通知》(以下简称《通知》)认为各地应予足够重视,坚决刹住这股风。各地要在开学前,进一步做好《中华人民共和国义务教育法》的宣传工作,同劳动、农业、乡镇企业管理和工商行政管理等部门紧密配合,依据政策、法规,坚决制止雇用未满16周岁的儿童少年做工的违法活动。地方教育行政部门和学校要加强中小学学籍管理,认真做好新生入学和在校生的注册报到工作。对于学校服务区域范围以内的按规定应当入学的儿童少年,学校不得以任何理由拒绝接受入学,也不得额外向家长或单位收取或摊派费用。违者应进行批评教育,追究其责任,已收取的额外费用应如数退还。按规定应该入学而未入学的儿童少年和流失生,乡、镇人民政府应动员其入学和复学。经教育仍不改正者,要按《中华人民共和国义务教育法》实施办法办理。

在加强中小学德育工作方面,要重视加强爱国主义教育,加强以集体主义为主要内容的道德品质教育、文明礼貌教育、劳动教育,以及民主与法制教育。要加强对教职工的思想政治教育工作,推进学校教育和家庭教育、社会教育的结合。必须同有关部门配合,采取坚决有效措施,收缴清除宣扬淫秽、凶杀、迷信的书刊。

《通知》责成各地教育部门在指导中小学校制订新学年教育教学工作计划时,把中小学教育转到为提高劳动者素质打基础的轨道上来,纠正片面追求升学率的倾向,减轻小学生过重的课业负担。

《通知》指出,各地教育部门要加强中小学劳动教育。勤工俭学活动要有组织地、因地因校制宜地进行。对暂时不具备条件的学校,当地教育行政部门要给予支持和帮助,不要采取硬性下指标、压任务的错误做法。不要提倡中小学教师个人去搞有偿服务和第二职业。发现这样做的,要积极进行工作,加以引导解决。中小学校的校办工厂要实行"两权分离"的管理办法,以使学校领导和教师的精力集中到教育教学工作上来。

《通知》最后希望在新学年开学前,各地教育部门和学校要认真对校舍、设备和其他设施进行一次全面检查。发现不安全的因素,要及时采取措施加以解决,以消除威胁师生生命财产安全的各种隐患。

海峡两岸学术研讨会在北京举行

研讨会就台湾历史的各学术专题以及两岸的学术交流等问题展开了自由坦率的讨论。

中国社会科学院副院长赵复三致辞欢迎来自台湾的学术界人士,并介绍了大陆社会科学事业的发展情况和现状。赵复三说,我们欢迎台湾同仁来大陆参观考察、参加研究,中国社会科学院愿为台湾社会科学同仁服务。他说,我们都在从事同样的工作,对中华民族有共同的责任感,无论是大陆还是台湾学者的学术成就都属于中国。

台湾学者王晓波将台湾史研究会出版的《台湾史研究会论文集》和《台湾社会运动先驱者王敏川选集》赠送给中国社会科学院。

学术研讨会上,两岸学者宣读了论文。

中国跳伞队在瑞典举行的第十九届世界跳伞锦标赛中获得四项亚军 两个第三名和两个青年组冠军

8月9日

国家地震局公布《发布地震预报的规定》

为了加强对地震预报的管理,保障人民生命财产的安全和国家经济建设的顺利进行,作如下规定:

一、地震预报是对破坏性地震发生的时间、地点、震级的预报及地震影响的预测。预报分为长期、中期、短期、临震四种。

(一)地震长期预报,是指几年到几十年或更长时期内的地震危险性及其影响的预测。包括全国或区域性的地震区划;建设规划区及工程场地的地震烈度、地震地面运动参数、地震小区划和震害的预测;全国或区域性的地震活动趋势的预测。

(二)地震中期预报,是指几个月到几年内将要发生破坏性地震的预报。

(三)地震短期预报,是指几天到几个月内将要发生破坏性地震的时间、地点和震级的预报。

(四)临震预报,是指几天之内将要发生破坏性地震的预报或警报。

二、发布地震预报的权限。

(一)地震长期预报,由国家地震局组织其他有关地震部门提出,向国务院报告,为国家规划和建设提供依据。

(二)地震中期预报,由国家地震局或省、自治区、直辖市地震部门提出,经有关省、自治区、直辖市人民政府批准,并对本行政区域内的重点监测区作出防震工作部署,同时报告国务院。

(三)地震短期预报和临震预报,由省、自治区、直辖市地震部门提出,经所在省、自治区、直辖市人民政府批准并适时向社会发布,同时报告国务院。涉及人口稠密地区的,在时间允许的情况下,应经国务院批准后再行向社会发布。

(四)北京地区的地震短期预报和临震预报,由国家地震局负责汇集其他地震部门的预报意见,进行综合分析和组织会商后,提出预报意见,经国务院批准,由北京市人民政府向社会发布。

(五)向各国驻华使领馆、外交机构通告地震短期预报和临震预报的工作,由外交部或地方人民政府外事部门,根据省、自治区、直辖市人民政府发布的预报组织安排。

(六)在已发布地震中期预报的地区,无论已经发布或尚未发布地震短期预报或临震预报,如发现明显临震异常,情况紧急,当地市、县人民政府可以发布48小时之内的地震临震警报,并同时向上级报告。

三、发布地震短期预报和临震预报,要明确提出时间、地点、震级及地震损害估计,以便采取相应的防震抗震措施。该预报在预报期限内有效,到期未震时,有关部门应重新研究,由原发布机关作出撤销或延期的决定,并妥善处理善后事宜。

四、各级地震部门、地震台站及地震工作者、群测点及测报员以及任何单位或个人,在地震预报意见未经人民政府批准发布前均不得向外泄露,更无权对外发布。

五、有关地震预报的新闻及其他与地震预报有关的抗震、防震措施的宣传报道,均由新华通讯社统一供稿,其他任何部门和单位不得擅自报道。

六、新闻、宣传、文艺等部门应实事求是地进行地震知识和地震工作的宣传报道。涉及地震短期和临震预报水平的宣传报道、写实的文艺创作,在发表前应征得国家或省级地震部门的同意。

七、国家鼓励地震预报方面的国际科技合作与学术交流。但未经国务院批准,任何部门和个人不得以任何形式承担和发布涉及他国的地震预报。

八、对违反上述规定的单位或个人,应当根据情节轻重,由其上级主管机关或所在单位,对直接责任人员给予行政处分。构成违反治安管理行为的,由公安机关依照《中华人民共和国治安管理处罚条例》予以处罚;构成犯罪的,由司法机关依法追究刑事责任。

九、本规定自发布之日起施行。1977年8月2日国务院批转《国家地震局关于发布地震预报的暂行规定》即行废止。

国务院发出通知宣布从1988年到1990年期间对包干办法作一系列改进

国务院第十二次常务会议作出的这一决定包括如下内容:

一、全国39个省、自治区、直辖市和计划单列市,除广州、西安两市财政关系仍分别与广东、陕西两省联系外,对其余37个地区分别实行收入递增包干、总额分成、总额分成加增长分成、上解额递增包干、定额上解、定额补助等不同形式的包干办法。

二、财政包干办法确定之后，各地区应当按照国家政策和计划的要求，努力发展经济，挖掘潜力，开辟财源，增加收入，壮大地方的财力。同时，要厉行节约，压缩支出，保证收支平衡。目前收入下降的地区，要积极采取有效措施，及时改变。各地都不得通过不正当的途径，挖中央财政的收入。要认真按照包干办法办事，包盈和包亏都由地方自行负责。地方在预算执行中遇到的问题，除特大自然灾害可由中央适当补助外，都应由地方自己解决。

三、要认真执行现行的预决算制度。实行财政包干办法以后，各地要严格执行国家对地方财政收支范围和收支项目的规定，不得任意采取减收增支措施、提高开支标准和扩大开支范围。中央各部门，未经国务院批准或财政部同意，都不得对地方自行下达减收增支措施。

四、要严格执行财政、财务制度，加强审计监督。各地实行财政包干办法以后，要认真执行国家规定的各种财政、财务制度。凡应当征收的税款要按时、足额收上来，不能违反税收管理权限，擅自减税免税；不能把预算内的收入转移到预算外，或者私设“小金库”；各项开支要严格按照国家有关规定支付，不能违反财务制度、会计制度；所有收支都要按规定如实反映，不得打“埋伏”、报假账。凡是违反财政纪律或弄虚作假的，审计部门要认真检查处理，问题严重的，要给予纪律处分。

五、各级人民政府领导同志要严格按照国家的方针政策，发展经济，管好财政。要进一步加强全局观点，体谅中央的困难，正确处理中央和地方的利益关系。要加强对财政工作的领导，积极支持财政部门履行自己的职责，严肃财经纪律。各级人民政府要带头执行国家的财经制度，不得越权行事，自作主张，影响全局，更不得以或明或暗的方式去指使财政部门违反国家规定处理财政问题。

国办转发国家计委 国家旅游局《关于严格执行合资合作建设旅游饭店审批程序的请示》

计委和旅游局给国务院的请示说，关于中外合资、合作建设旅游饭店审批程序问题，1986年11月17日《国务院关于使用国际商业贷款自建旅游饭店有关问题的通知》作了明确规定。一年多来，多数部门和地区执行的情况基本是好的，控制了合资、合作饭店的发展。但是，也有一些部门、地区没有按照文件的规定办理，自行批准立项，或将文件下达前批准立项的项目自行批准可行性研究报告，自行与外商签订合同，甚至办理了合同批准手续。这些未按申报程序办理审批手续的项目，不符合国家确定的吸收外商投资方向的要求，对我国旅游事业的健康发展也将带来不利影响。为了切实加强旅游饭店建设的宏观管理，有效地控制合资、合作饭店的发展，计委和旅游局提出了一系列的处理意见：

一、凡在1986年11月17日国务院通知下达后，未按文件规定程序申报立项、可行性研究报告而自行批准的合资、合作饭店项目(包括批准合同的)，或者虽已批准立项，但未签合同(包括已草签合同)和已批准合同但重新更换合资或合作对象、内容的项目，要将其全部材料报国家计委、经贸部、国家旅游局审查，根据不同情况进行处理。

二、今后，各省、自治区、直辖市及计划单列市，国务院各部委、各直属机构，如准备采取中外合资或合作方式建设旅游饭店公寓、写字楼(含老饭店改造)，必须严格按规定，征求国家旅游局意见，报国家计委审批。

三、经贸部门要切实把好合资、合作饭店合同的审批关。今后凡违反规定未经国家计委批准的合资、合作饭店项目，中央和地方各级经贸部门不受理合同的审批。工商行政、海关、税务等部门不予办理工商注册登记和减免税手续。

地方中小钢铁企业产量约占全国钢铁总产量的1/3

据《人民日报》报道，我国地方中小钢铁企业绝大多数诞生于50年代末“大炼钢铁”的岁月。由于种种原因，它们长期处于能耗高、产品质量差、亏损大、技术和管理水平低的状况，有些成了地方财政的“包袱”。改革、开放使地方中小钢铁企业焕发了生机。现在它们的产量、产值、质量、经济效益，都已今非昔比：

——钢铁产量大幅度增加。9年多来，全国增加的2423万吨钢中，近1/3是靠地方中小钢铁企业实现的。

——产品质量明显改善。1980年以来，地方中小钢铁企业先后有266个产品获得冶金部优质产品称号，其中18个产品获国家质量银质奖。

——产品结构逐步趋于合理。钢材中，适应市场需要的小型材、线材、焊管等产品成倍增长。

——经济效益大幅度提高。1980年地方中小钢铁全行业实现扭亏为盈后，利润总额平均每年以21%的速度递增。邯郸钢铁厂、安阳钢铁厂、济南钢铁厂等8个企业，去年的利税总额都超过亿元。

——能耗下降，有关技术指标得到改善。据58个地方骨干钢铁企业统计，炼铁焦比1978年为763公斤，1987年下降到625公斤；同期内吨钢可比能耗也由1834公斤下降到1137公斤。

我国地方中小钢铁企业为什么近几年发展如此迅速？冶金部有关负责人认为，一是全行业大面积地推行各种形式的承包经营责任制，使企业增强了活力。二是企业经营机制不断改善，企业素质不断提高。三是横向经济联合的发展和行业管理的加强，为中小钢铁企业开放、搞活创造了条件。

据介绍，今年头7个月，我国地方中小钢铁企业已生产钢807万吨、铁1078万吨、钢材936万吨，其中58个地方骨干钢铁企业克服种种不利因素，利税又比去年同期增长12%。

对外友协在北京举行招待会庆祝中国与利比亚建交10周年

全国政协副主席周培源到会祝贺。对外友协副会长胡洪范和人民委员会秘书阿卜杜勒哈米德·塞德·赞塔尼(大使)在招待会上致辞，对两国10年来的合作和友好关系在和平共处五项原则的基础上所取得的积极发展表示满意。

中、利两国领导人杨尚昆主席和穆阿迈尔·卡扎菲上校分别收到了利中友协和中国人民对外友协的贺电。

全国哲学社会科学规划领导小组第五次会议决定设立青年社会科学基金

会议认为，近年来涌现出一批知识结构新、富有探索精神，并取得一定研究成果的优秀青年研究工作者。为了鼓励39岁以下的年轻研究工作者在科研中创新，会议决定，自明年起，每年从国家社会科学基金中划定50万元，设立青年社会科学基金，并责成国家社会科学基金办公室在会后草拟具体实施办法。

为部分解决有关单位在开展国情调查中的经费困难，会议还决定：从国家社会科学基金中一次划定100万元，作为该项调查费(“七五”期间不再追加)。国家社会科学基金办公室准备组织有关专家成立专门评审组，负责审议此项调查课题的申请工作。

我国制成高精度恒温油槽

据《人民日报》报道，在中国计量科学研究院的协作指导下，由黑龙江省计量仪器实验工厂研制的D34型高精度恒温油槽最近在北京通过技术鉴定。

该油槽的研制采用了主辅槽结构和先进的冷热控制系统，应用微机控制技术，电子定时切换轮流工作，实现了智能连续控制方式。特别是使用了磁力搅拌器及磁屏蔽技术，使其具有不漏油、均温效果好等特点。

专家们认为，油槽设计原理正确，结构合理，精度高，噪声小，达到了目前国际同类产品的先进水平。

高精密的恒温油槽是国家标准电池主、副基准的保存和单位量值传递所必备的设备。这一成果的取得具有较高的社会效益和经济效益。

数字式尿糖测试仪快速准确

在一张1厘米见方的小纸片上滴上一滴尿液，放进一个电话机大小的仪器，它立刻就能准确地用液晶数字显示出尿糖的含量。这种由空军第五研究所研制的数字式尿糖测试仪在北京通过部级技术鉴定。

糖尿病的发病率近来逐年上升，患者已达8000万人。目前，国内诊断糖尿病仍采用比较滴尿试纸颜色的方法，技术落后，误差较大。新型的数字式尿糖测试仪，操作十分简便，测试迅速准确，临床试用准确率达99.1%，性能达到进口仪器指标，适用于医院和家庭，属国内首创。

国家统计局公布中国教育事业十年发展统计资料

我国每万人口中有18.2名是在校大学生

近年来，专门人才培养规模迅速扩大，高等教育结构明显改善。1987年全国普通高等学校达1063所，在校学生195.9万人，分别比1978年增长了77.8%和1.3倍。也就是说，1987年我国每万人口在校大学生数已达到18.2人。这一期间，普通高等学校本专科毕业生累计达271.6万人，加上同期成人高等教育培养的本专科毕业生353.1万人，共培养各类高级专门人才624.7万人，为解放以来前30年累计数的1.3倍。

研究生培养的发展速度更快。1987年，全国招收研究生3.9万人，在学研究生11.9万人，分别比1978年增长2.6倍和9.9倍。这一期间累计毕业研究生8.2万人，相当于解放以来前30年累计数的近4倍。国际间的教育合作与交流也空前活跃，1978年以来我国派出国留学生约3万人，已有1万多留学生毕业回国，外国来我国留学的人数也已超过万人。

在高等教育发展中，国家针对片面追求数量、追求文凭的现象加强了管理，对高校规模和招生数量进行了必要控制，同时注意开展教学改革，提高教学质量和调整科类结构。

中等教育结构趋向合理，中等职业技术学校的学生已占到高中阶段学生的40%

1987年，全国已有中等专业学校、农职业中学和技工学校16024所，在校学生559.6万人，比1978年分别增长2.4倍和3.4倍。这一期间，全国中等职业技术学校共培养毕业生864.3万人，比新中国成立以来前30年的累计数还多170万人，这些毕业生普遍受到社会的欢迎。中等职业技术学校学生占全国中等教育高中阶段学生的比例已由1980年的18.9%提高到目前的40%。

成人中等技术教育经过整顿后也得到迅速发展。1987年成人中等专业学校学生达168.2万人,毕业生34.6万人,均比1984年增长1倍以上。周期短、实用性强的中、初等技术培训更是异军突起,广受欢迎。近两年来,从成人中、初等技术培训学校(班)毕业的学生就有2400多万人次。

基础教育得到进一步巩固,但不少农村的儿童入学率还很低

目前,全国小学学龄儿童入学率已达97.1%,比1978年提高了3.1个百分点,这意味着有400万9年前没有入学的儿童现在已能在校学习。中小学学生的在校巩固率也有一定提高,小学学生巩固率和初中学生巩固率分别达到97.2%和95.3%。全国已有60%的县通过了省级人民政府按照普及初等教育标准进行的检查验收。学前教育及盲聋哑和弱智儿童的特殊教育也有较快发展。

但值得注意的是,有些地方贯彻义务教育法不够得力,追求眼前经济利益而忽视培养下一代、大兴楼堂馆所而置校舍危房于不顾等现象还比较严重,不少农村的学龄儿童,尤其是女孩的入学率还很低。

教师队伍的专业文化素质有所提高,但离建立一支合格教师队伍的要求还有较大差距

1987年全国各级各类学校教师共达1020万人,比1978年增加了146万人。中小学教师文化素质偏低的状况已大为缓解。1978年小学教师中不具备中师、高中以上学历的达52.9%,1987年下降为34.4%;中学教师中仅具备中等学生毕业及中等以下学历的1978年高达80%,现在也已降至57%。但是,这离一支合格的教师队伍要求还有很大差距。尤其是一些地方忽视中等师范教育,近几年中师毕业生有所减少;一些学校的合格教师由于种种原因,反而离开了教学第一线。

教育经费有较快增加,办学条件得到改善

据有关资料估算,1979年至1987年全国教育总支出已超过2000亿元,年平均递增约16%。全国中小学危房面积占校舍建筑总面积的比重也已由1980年的10%下降到目前的7.4%。

8月10日

中华全塑汽车居国际领先水平

据《人民日报》报道,由青年发明家唐锦生和他自筹资金建立的深圳市中华汽车工业公司研制的塑料车身BS—111型小轿车,日前在长春汽车研究所经受了相当于3万公里的模拟强化实验,实验结果表明,全塑车身汽车性能完全可靠。有关专家认为:唐锦生研制的中华全塑车身汽车居于国际领先水平。

全塑车身汽车实际上是一种纤维增强塑料的新型复合材料,由于它具有比钢铁车身重量轻、耗油低、抗撞击、抗振动、抗疲劳、抗腐蚀、噪声小等优点,近20年来已应用于汽车生产,各工业国家为此展开了激烈的竞争。西方工业国家目前只能制成半塑料车身汽车,特别是全车最关键部位的底盘始终不能离开钢铁。而转业军人、原北京工业学院毕业生、青年发明家唐锦生则以复合材料将车身和底盘连为一体,制造出世界第一辆全塑车身汽车,并在中国和美国取得专利权。

去年9月,唐锦生作为新中国的汽车材料专家,第一次应邀在美国汽车城底特律市举行的汽车年会上发表了学术报告,受到国际同行的注意,纷纷要求与其进行合作开发。

我国建成高空科学气球系统

据《人民日报》报道,经过10年努力,我国已建成了一个高空科学气球系统,已能生产和发放20万立方米以下各类高空气球,正在研制试放30万和40万立方米大型气球。

10年来,中科院共放飞150个高空气球,在宇宙线和高能天体物理、大气物理、空间天文、空间物理、遥感、空间化学等项研究中,进行了数十个项目的观测实验,取得重要成果。

在高能天体物理方面,我国科学家利用高空气球,首次成功地进行了对脉冲中子星的观测。对天鹅座X—1硬X射线能谱测量,所得数据引起国际同行的关注。在红外天文观测中,首次获得实测的太阳红外亮度温度值。在空间化学方面,高空气球帮助我国科学家获得了珍贵的宇宙尘埃样品。

中国科学院和国家自然科学基金会对空间科学的研究十分重视。八九月份还将进行一系列实验,如气球微重力模拟实验、30厘米红外望远镜及对天体红外辐射的观测研究、大气离子成分的质谱计观测等重要科研项目。明年还将与有关国家进行合作研究。

第二届国际世界语科技学术会议在北京开幕

从会议上获悉,目前全世界学习和应用世界语的人数已经超过1000万,我国学习世界语的人数达40万,并且出版世界语书刊500多种、近400万册,有27个省、市、自治区成立了世界语协会,71所大专院校开设了世界语选修课或专修班。1984年,中科院成立科技工作者世界语协会,培养了500多名科技世界语人才。1986年,在北京召开了首届国际世界语科技学术会议。中国的世界语运动推动了这种国际语言的发展。

本届会议的规模和参加人数都远远超过上次会议。参加今天开幕式的中外科技世界语学者达1400多人,其中包括23个国家和地区的100多位外国专家学者。在1周的会议期间,代表们将用世界语在大会和小组会上宣读讨论300多篇论文。会议的主题是科技与社会的相互影响。

开幕式首次对推广和应用世界语的13位专家颁发了绿色宇宙奖。我国的语言学家陈原、昆虫学家周尧获了奖。

首届大学生音乐夏令营在北京开营

上海师范大学、天津南开大学、武汉大学、浙江大学、内蒙古师范大学和清华大学等16所学校的500多名大学生欢聚一堂,揭开了音乐夏令营的序幕。

这个夏令营进行以合唱为主的比赛。营员们还将游览首都名胜。

8月11日

1987年10万多名党员被劝退除名和开除出党

中组部有关负责人说,为严肃党纪,纯洁组织,去年共有10.9万多名中共党员因各种原因被劝退、除名和开除出党。这年被开除、劝退出党的人数,是近些年最多的,表明了党中央从严治党的决心,并已正在逐步付诸行动。

在被开除出党的两万多人中,不仅有一般的党员,而且有30多名地市级以上的党的领导干部。这些人中,有的已受到法律制裁。

今年年初,赵紫阳总书记曾在中央的一次会议上说,对于弄权勒索、贪污盗窃、出卖国家利益等严重违法行为,必须严格按照法纪、政纪查办。对党内的腐败分子,必须清除出党。

中组部有关负责人说,经过全国范围的整党,从1983年至去年年底,在总数为4000多万的党员中,共有65.6万多人受到各种党纪处分,其中15.3万人被开除党籍。

他说,这些被开除党籍的人中,有的走私贩私、行贿受贿;有的贪污盗窃、泄露国家机密和情报;还有违反外事纪律的。

他指出,在改革开放的条件下,少数人经不起考验,弄权渎职、腐化堕落、官僚主义严重,引起了党内外的强烈不满。

他说,最近湖南、湖北和山东等20多个省、市、自治区开始了清理不合格党员的试点工作。据这些地方的情况看,今年还将有一批人被清理出党。

他指出,中国共产党是全心全意为人民服务的党,新中国的政府向来是廉洁的政府,4000多万党员绝大部分是中国社会的先进分子。"这是主流,必须予以肯定。"

中国共产党和中国政府正强调从严治党、清廉为政,从群众最关心、意见最大、最有普遍教育意义的事情上动手解决问题。一些人士认为,这无损于执政党的威信,相反,会有助于恢复和提高党的崇高形象和威信。

据称,从1979年以来,中共发展新党员1200多万人。去年,全国共有800多万人要求入党。

国务院批转中国人民银行《关于控制货币、稳定金融几项措施的报告》并发出通知

国务院在批转这份报告的通知中指出,当前经济形势是好的,但上半年出现的货币投放过多、贷款增加较猛的情况,必须引起各地区、各部门高度重视。货币、信贷是整个国民经济活动的综合反映,货币投放是否适量,金融能否保持稳定,对于保证国民经济的稳定发展,促进经济体制改革,尤其是物价改革的顺利进行,巩固安定团结的政治局面,关系极大。各地政府、国务院各部门必须进一步统一思想,把控制货币、信贷作为稳定经济、深化改革的一件大事来抓。

通知强调,为了促进国民经济健康发展,要进一步加强货币、信贷的集中管理,调整信贷结构。对农副产品生产和收购,企业正常生产所必需的流动资金和国家计划内的重点建设项目的合理资金需要,要予以保证,对产品质量差、经济效益低、与大企业争原材料的小纱厂、小烟厂、小炼油厂等企业,要坚决停止贷款。对国家计划外的建设项目,特别是非生产性项目,要下决心压缩。对社会集团购买力和消费基金,要坚决控制。各级政府、各有关部门要采取积极措施,增加生产,清理库存,扩大商品销售,增加货币回笼。

国务院重申,任何单位、个人都不得强迫银行发放贷款或阻挠银行收回到期、逾期贷款;未经中国人民银行总行批准,任何部门都不得以任何名义成立或变相成立金融机构,办理存款、贷款等业务。对各地已经成立的各种信托投资机构,责成中国人民银行会同有关部门进行清理整顿。今年的信贷计划和货币发行计划,各省、自治区、直辖市要严格掌握,不准突破,并实行行政首长负责制,省长、自治区主席、市长要组织当地银行和有关部门共同研究落实。

中国人民银行提出的关于控制货币、稳定金融的几项措施包括:

一、进一步调整信贷结构。二、进一步加强信贷管理,控制货币、信贷总规模。各专业银行和各地区的贷款规模,必须按照人民银行总行批准的计划执行,对违反规定发放贷款的,要追究有关领导人员的责任。三、增加货币回笼,扩大资金来源。各地金融部门要根据实际需要适当增设金融网点,扩大保险业务,改进服务态度和营业设施。并在有关部门协助下,开办紧俏高档商品奖售储蓄业务,以增加储蓄,回笼货币。四、努力挖掘资金潜力。五、督促企业补充自有流动资金。凡由于调整物价引起企业原有库存升值,一律相应调增企业自有流动资金。六、各地银行对自筹固定资产投资项目,一律不准发放贷款,已经贷款的要坚决清理,逐步收回。同时,严禁变相用银行贷款搞自筹计划外项目。七、今年国家确定发行的基本建设债券、财政债券和国家建设债券,各地区、各金融机构必须按照规定的期限,如数完成。八、正确引导资金市场,搞活短期资金融通。同时,要引导企业发行股票、债券,进一步开辟和扩大股票、债券流通市场,搞好有价证券的转让。

国家烟草专卖局发出通知禁止以任何形式支持计划外烟厂

据国家烟草专卖局的调查,目前仍有少数计划内烟厂擅自与计划外烟厂联营或允许计划外烟厂用本厂分厂的名义进行生产,有的向计划外烟厂转让技术或提供原材料,或把自己的卷烟牌号让给计划外烟厂生产,有的默许计划外烟厂用本厂名义经营、销售以及订购设备等,这些做法都违反了《烟草专卖条例》,扰乱了卷烟市场秩序,给国家关停计划外烟厂设置了障碍。

烟草行业的负责人对记者介绍,目前计划外烟厂有增加的趋势,这些烟厂的出现,带来了争原料、争市场、扰乱正常的供销渠道、使不法烟贩有机可乘和降低卷烟质量等一系列问题。

国家烟草专卖局的通知说,对违反通知的单位将视情节分别给予罚款、吊销生产许可证或经营许可证、停止供应原辅材料并收回基建技改投资等处理。

我国土地权属纠纷信访数量成倍增长

据国家土地管理局统计,1988年上半年来访人数与去年同期相比,个人上访增加67%;集体上访激增9倍,占中共中央办公厅、国务院办公厅信访局接待的集体上访数的17%。有的上访人员滞京不归或重复上访,已成为亟待解决的一个社会问题。

因土地问题造成上访的原因,一是土地管理体制存在的弊端尚未消除。长期以来,我国土地管理实行城市、农村、部门分散多头管理。土地缺乏有权威单位管理,造成土地权属紊乱的情况严重。

二是土地法规还不健全。为占有一些归属问题悬而未决的土地,有关省、市、县的国营单位与集体之间、集体与集体形成了很深的用地矛盾。

三是部分基层干部法制观念薄弱,不依法办事。往往把土地所有权和使用权混为一谈,任意改变土地用途。

四是宅基地使用问题突出。这类问题上访量占国家土地管理局信访量的1/3。

劳动优化组合工资总额承包带来新气象

据国家统计局统计,今年上半年全民所有制工业企业全员劳动生产率达9054元,比去年同期提高8.8%。截至6月底,全国职工人数却比去年减少39万人,这是近几年来所没有的。

统计数字表明,目前全国职工结构已发生两个明显变化:一是全民、集体单位人数减少,其他所有制人数增加。上半年全民所有制单位和城镇集体所有制单位职工人数分别减少19万和26万。而各种外资、合营企业职工人数则以每月万余人的速度增强。二是合同制职工增加,固定工、临时工和计划外用工有所减少。今年上半年全民所有制单位合同制职工增加29万人,总数达764万人,占全民所有制单位全部职工的7.9%。

据分析,今年上半年出现的这一新趋势与推行劳动优化组合、实行工资总额随经济效益挂钩浮动及工资总额承包有直接关系。这使一部分富余人员被"剥离"出来。但这一批富余人员的安置已成为一项繁重而迫切的任务。据青岛、沈阳、哈尔滨等市统计,上半年"剥离"出来的富余职工已有数万人,统计年底可达几十万人。这些地区现已实行扶植办企业、厂内待业、停薪留职、提前退休、放长假等多项措施,使部分富余劳力得到安置。但从实际安置去向看,大部分人仍在厂内,并没有减轻企业的负担。专家们推算,在全国企业基本实现优化劳动组合以后,"剥离"出来的富余人员将超过1000万人。企业界人士热切希望能尽快使富余人员进入社会劳动市场,真正实现劳动力的合理流动。

国务院副总理田纪云在北戴河会见美国电视节目主持人靳羽西

外交部发言人金桂华就柬埔寨问题答记者问

国际上有人认为"红色高棉是解决柬埔寨问题的主要障碍,并认为中国应停止向红色高棉提供武器"。金桂华针对这一问题作了下述表示。

金桂华说,中国向包括红色高棉在内的柬埔寨三方爱国力量提供援助,是为了主持正义、维护国际关系准则,支持他们抗击侵略。

他说，政治解决柬埔寨问题的关键是越南尽早地、真正地从柬埔寨全部撤军。不集中力量压越南撤军，而是转移目标，只会帮助越南侵略者实现其战场上达不到的目的，不利于柬埔寨问题的政治解决。

有记者问，中国对越南撤军后柬埔寨政府的组成持什么立场？金桂华说，中国不支持任何一方独家掌权，也不赞成排除任何一方。

我国3部电视片在芝加哥获得1988年度美国电影电视节优秀创作奖

我国3部电视片是《长江第一漂》《乡之魂》和《农家春节》。

共有29个国家的1350部影片参加此次电影电视节角逐。首次参赛的中国一举夺得两项奖：四川电视台拍摄的《长江第一漂》获历史传记类优秀创作奖；山东电视台拍摄的《农家春节》和陕西省宝鸡市文化广播电视局拍摄的《乡之魂》获文化演出艺术类优秀创作奖。

《世界名著鉴赏大辞典》全部译成中文

这部大辞典将由中国书籍出版社出版，新华书店总店北京发行所发行。这部大型文学工具书初版于1949年，后多次增订再版，先后译成24种文字，在43个国家畅销不衰。这一世界名著指南，收入1000多位作家的代表作，其中1/3的人活跃在20世纪文坛上，43位曾获诺贝尔文学奖。在书中可找到远及荷马时代之前、近到本世纪的2010种杰作，有不少作品在我国还未见传闻。

这部700万字的大辞典（中文版）分散文、诗歌、戏剧和小说四大卷，各分册内依作者生年序排列其作品，读者可根据兴趣破套选购。

作为鉴赏类工具书，它编写体例独特，由短评、概要、赏析三部分组成。

内蒙古首次出土幼年甲龙化石

据《人民日报》报道，中国和加拿大的科学家在世界上首次于内蒙古的一个古地层沙丘下发现一批成群死亡的幼年甲龙化石。当清除沙土覆盖物、发现这批珍宝的时候，他们惊喜不已，相信这次发现“将是世界恐龙化石研究的新的里程碑”。

甲龙是一种生长在距今6700万年以前（地质学上称晚白垩纪）的披甲食草恐龙。一般认为，它生长在北美洲。在白垩纪晚期，那里是浅水湖遍布的平原。而在植物稀少、沙丘纵横的内蒙古，则是第一次发现这类恐龙。科学家们认为，中加两国的恐龙化石十分相近，说明了亚洲与北美恐龙在遗传基因上的更换交替性。

这次发现的幼年甲龙属群居，有五六条之多，这改变了以往认为这类甲龙是独居类动物的看法。关于这群幼年甲龙的死因，尚待进一步分析验证。加拿大古生物学家对记者说，它们可能是“由于忽然倒塌的沙丘窒息而死的，抑或是死后被沙丘覆盖的”。

科学家们在巴音满都呼还发掘到50多起不同种类恐龙化石、恐龙蛋、恐龙巢穴，40多起哺乳动物、龟类和蜥蜴类古生物化石，一块4米多长的古生物遗迹化石。在一个挖掘地能挖到45箱约10吨重的古生物化石，这在中国是罕见的，对于研究中生代哺乳动物的进化具有重要意义。科学家们明年将重返故地，希望能找到更多的幼年恐龙化石。

世界线操纵航空模型锦标赛中国队首次获得一项团体冠军

张向东等3人组成的F2B队夺得线操纵特技模型飞机团体冠军。这是中国队自1985年参加世界锦标赛以来第一次获得团体冠军称号。

8月12日

中共中央书记处书记阎明复参加台湾同学会1988年学术讨论会

阎明复说，海峡两岸首先要接触、互见，建立共识，增加信任，逐步探索双方包括台湾人民在内都能够接受的统一方法。

阎明复在谈到两岸经贸关系时说，近期应将间接贸易发展为直接贸易，这样有利于双方，尤其更有利于台湾企业。两岸应当互补互利，进行广泛的贸易接触。

旅美学者李宗哲博士认为，台湾今后的经济贸易出路在大陆，唯有完全开放与大陆投资贸易，台湾的经济贸易发展才有保证。旅美学者谢善元博士对和平统一提出建议。

《人民日报》发表吕东的文章《把乡镇企业的经营机制引入全民所有制企业——关于进一步深入全民所有制企业经营机制改革的若干意见》并配发编者按

编者按：我国经济改革已到了价格和工资制度非改不可的关键阶段。要顺利地闯过价格和工资改革这一关，主要靠提高企业特别是大中型全民所有制企业的经济效益。而提高企业的经济效益，就要通过深化全民所有制企业特别是大中型企业经营机制的改革，使之能真正自负盈亏，放开经营，增加活力。这一点，已为越来越多的同志所认识。

怎样深化大中型企业经营机制的改革？各地都在进行有益的探索。这篇调查，以翔实的材料，对全民所有制企业、乡镇企业和中外合资企业在经营机制上的主要差异作了对比分析，并提出从多方面采取措施，把乡镇企业、中外合资企业的经营机制移植到全民所有制企业中来，使竞争机制不仅作用于企业之间的经济活动，而且作用于企业内部经营管理的各个环节。文字虽长了一点，但很值得从事和关心经济改革的同志们认真阅读。

最近，中国工业经济协会派出调查组，先后到北京、天津、河北、浙江、江苏、辽宁等地，就进一步深入全民所有制企业经营机制改革的问题，进行了调查。这次调查，根据各地企业改革的实践，从对比分析全民所有制企业、乡镇企业和中外合资企业经营机制的差异入手，着重研究如何吸取和借鉴乡镇企业、中外合资企业的经验，进一步推进全民所有制企业的改革。

一、三种企业经营机制的主要差异

近两年来，随着承包经营责任制的普遍推行，我国全民所有制企业的经营机制开始发生深刻的变化。就其发展趋势来说，承包制用契约合同的形式，把政府同企业之间的责权利关系确定下来，弱化了主管部门的行政干预，强化了企业的经营管理自主权；承包制促进了人事劳动制度的改革，经营者招标选聘，管理者择优任用，劳动者按照优选劣汰的原则优化组合，把竞争机制引入了企业；承包制把保证财政上缴和增强企业后劲、实现资产增值结合起来，有利于企业长期经营战略目标的实现；承包制促使企业针对不断变化的外部环境，调整经营决策，深化内部改革，加强各项管理；承包制促进了企业兼并和企业产权的转让，使优势企业的潜力能够得以发挥，劣势企业在竞争中逐步淘汰，有利于产业结构、产品结构和企业组织结构的调整。应当说，承包制为改革企业经营机制创造了前提条件，是适合我国国情的现实选择，是搞活全民所有制企业的根本途径。

但是，全面推行承包经营责任制的时间还不长，全民所有制企业经营机制的改革还有待于深化。根据我们的调查，乡镇企业、中外合资企业的经营机制，明显优于全民所有制企业。就其实质来说，这是经济管理体制所造成的结果。它们盈亏自负，经营自主，用工根据生产需要，分配取决于贡献大小，原材料自行采购，产品自行销售，价格自行确定，在市场竞争中不断追求技术进步，是名副其实的独立的商品生产者和经营者。而全民所有制企业由于体制和政策等方面的原因，经营自主权受到多方限制，企业中蕴藏的巨大潜力远远没有挖掘出来。这三种类型企业经营机制的主要差异，具体表现在以下几个方面：

一是经营观念上的差异。这种差异，主要体现在优胜劣汰、胜者生存的商品经济意识上。乡镇企业和中外合资企业，生产经营以市场为导向，以利润为转移，经营者和职工大都具有利益与风险相对称的观念。他们的利益，直接依赖于企业在市场竞争中的地位；企业经营的风险，可以具体落实为经营者、劳动者的物质利益风险、社会信誉风险和就业风险。这种利益与风险相统一的意识，能够激发人们的事业心、责任感和创造力。这是乡镇企业、中外合资企业所以充满生机和活力的根本原因。而全民所有制企业的效益高低不完全取决于经营的好坏，职工收入的多少不完全取决于劳动贡献的大小，因而企业经营者和职工群众普遍缺乏竞争意识和风险意识。正如著名乡镇企业家鲁冠球同志说的，乡镇企业有风险没有保险，全民企业有保险没有风险。乡镇企业的吸引力在于报酬，这是干出来的；全民企业的吸引力在于福利，这是按照政策规定分配的，人人有份。天津市西郊区许多乡镇企业的厂长到任前都交出了“自留地”，表示要“厂存我存，厂亡我亡”，背水一战。这种情况，在全民所有制企业中是少有的。

二是企业与政府关系上的差异。政府主管部门对乡镇企业、中外合资企业，保护多，关卡少；服务多，干预少。企业是经营的主体、投资的主体、自我发展的主体，企业自行决策，政府不加干预。它们的生产可以根据市场变化灵活组织，物资可以根据生产需要灵活调剂串换，销售可以根据市场行情灵活作价，各种资金可以根据需要灵活调剂使用。而全民所有制企业基本上还没有摆脱对行政部门的依附关系，四面八方向企业伸手，办事关卡太多，企业穷于应付。许多厂长反映，全民所有制企业的经营，还是主管部门和企业双层决策，企业当不了自己的家。有些厂上一个项目，需要在国务院主管部门和省、市、区有关部门中反复请示报告，上面通了，中间不一定通，中间通了有时又被下面卡住，这与许多乡镇企业当年立项、当年建成投产、当年收益相比，不可同日而语。

三是企业内部管理体制上的差异。乡镇企业、中外合资企业是以生产为中心，以质量求生存，办事讲求效率，工作讲求效益，内部管理机构根据需要自主设置。许多企业实行单一首长负责制，不设或很少设副职，不搞越级指挥，一级管一级，一级对一级负责，层层有严格明确的责任制度。而全民所有制企业一线紧、二线松、三线肿的情况相当普遍，企业要随着政府部门的工作运转，设置了不少与上对口、对内无用的管理科室，官僚化、衙门化作风相当严重。企业争行政级别，科室争人员编制，机构越来越大，职责不清，推诿扯皮，办事效率很低。北京锅炉厂合资经营前后的变化，很能说明这个问题。合资经营以后，该厂的科室、车间由原来的43个减少为24个，管理人员由占职工总数的13.6%下降为10%,一线生产工人由占职工总数的29%上升到53%。全民所有制企业不解决这方面的问题,就很难轻装前进。

四是用人制度上的差异。在乡镇企业、中外合资企业,干部普遍实行聘任制,工人普遍实行合同制,基本做到人尽其才、人尽其力、人尽其责,不养闲人。乡镇企业一般根据生产需要招收工人,任务重就多招工,任务少就减人,干不好就辞退。中外合资企业一般是按照先进标准定员定编的,人员也很精干。企业的经理拥有完全的用人权,辞退、解雇工人不需层层请示,也不受现行劳动制度的约束。北京吉普车厂合资后,辞退、开除职工27人。这在合资前是难以做到的。在全民所有制企业,由于历史原因和某些现行政策的影响,到处是人满为患,3个人的活5个人干,企业成了安置就业的场所。据一般估计,全民所有制企业多余人员约占职工总数的20%至30%。这是企业效率低下、效益不高、管理落后的突出表现。实行承包经营责任制之后,随着劳动人事制度的改革,如何使在职"失业"大军真正就业,已成为一个亟待解决的社会问题。

五是分配制度上的差异。乡镇企业、中外合资企业基本上是自主分配,上不封顶,下不保底,较好地体现了按有效劳动进行分配的原则。许多乡镇企业从实际出发,制订包括责任制体系、指标体系、考核体系和奖惩体系在内的分配方案,尽量扩大全额计件和超定额计件工资范围;对非生产人员实行计效工资,扩大浮动工资和奖金的比重。工资、奖金的发放,有的是月清月结,有的是年终连同分红一次发放,优劣勤惰都能在分配上兑现。中外合资企业的工人有工位定额标准,干部有岗位工作标准,甚至对职工的工作效能、理解能力、创新能力、交涉能力、文明礼貌等都做了严格的规定。完成定额标准、工作标准的,就能够得到相应的报酬,完不成或违反工艺规程、岗位规则的,就要受到处罚,直至解雇、辞退。有的企业年年调资,表现好的往上调,表现不好的向下调,使职工感到既有压力又有奔头。而全民所有制企业的分配,是按照一个模式齐步走下来的,要调资一起调,奖金说发到几个月都是几个月,互相攀比,就高不就低,能上不能下。这几年实行工资总额与经济效益挂钩,情况有所改善,但平均主义、大锅饭的问题还没有完全解决,各类人员的收入差距也没有真正拉开。

六是技术进步上的差异。中外合资企业一般起点比较高,有既定的不断引进技术和人才的渠道,有可能使企业处于引进——消化——再引进——再消化的良性循环。乡镇企业基础差一些,但为了生存和发展,能够自主地采取各种手段,甚至不惜重金聘请技术人员,具有一种追求技术进步的内在机制。而全民所有制企业,不仅缺乏必要的资金保证,而且由于分配上的问题,技术人员的积极性也没有充分调动起来,技术进步迟缓。尽管许多厂长认识到参与国内外市场竞争,非抓技术进步不可。但由于机制上的缺陷,办起来困难重重。

七是政策上的差异。国家对乡镇企业、中外合资企业采取扶植政策,税率优惠,并有税收减免期限的规定,为它们的发展创造了十分有利的条件。

天津奥的斯电梯厂,合资经营前,企业所得税、调节税占当年实现利润的81%,留利中能用于更新改造的资金少得可怜,几乎丧失了自我改造、自我发展的能力。合资经营后,按规定所得税税率只有26.4%,现在还享受减半上缴的优惠,税负就更轻了。据一些地方的统计,乡镇企业平均税负仅占企业销售收入的4%左右,而全民所有制企业负担要重得多。这种政策上的差异,实际上是利益上的差异,全民所有制企业难于同乡镇企业、中外合资企业在同一起跑线上开展竞争。

二、深化全民所有制企业经营机制改革的几点意见

全民所有制工业企业特别是大中型企业,在国民经济中居于十分重要的地位。它们是社会物质财富的主要创造者,国家财政收入的主要承担者,社会生产力和经济技术进步的主导力量。我们能不能顺利地解决改革和发展中面临的种种难题,归根结底,取决于全民所有制企业能不能建立起适应社会主义商品经济发展要求的良好机制。全民所有制企业经营机制的改革,其根本点又在于能不能大幅度地提高经济效益,真正成为自主经营、自负盈亏的商品生产者和经营者。这是改革的基本方向和目标模式。企业在商品经济的竞争中,或者发展壮大,或者被兼并、淘汰,完全取决于自身的经营。从上述3种企业经营机制对比分析中,可以看出,全民所有制企业作为自主经营、自负盈亏的商品生产者和经营者的地位并没有完全确立。十一届三中全会以来,国家采取了一系列重大政策措施,包括颁布企业扩权规定、改革企业领导体制、普遍推行承包经营责任制,直至正式颁布实施《全民所有制工业企业法》,企业情况虽有很大改变,但扩大企业经营管理自主权的问题并没有完全解决。许多问题又不是企业自身所能解决的。根据各地实践经验,要把乡镇企业、中外合资企业的经营机制移植到全民所有制企业中来,使竞争机制不仅作用于企业之间的经济活动,而且作用于企业内部经营管理的各个环节,还需要从多方面采取措施,把企业改革不断引向深入。

(一)转变政府机关职能,积极创造条件,让企业完全放开自主经营。

要以完善和深化承包经营责任制为契机,把企业

对政府部门的依附关系，改造成为合同契约关系。企业通过有效地利用国家赋予其经营管理的财产，依照法律和合同，交纳税金、费用和利润，实现资产的更新和增殖，保证国家所有权的实现；国家通过下放权力，转变经济管理职能，保证经营权的让渡，让企业在自主经营、自负盈亏中谋求自身的发展。浙江兰溪在这方面提供了很好的经验。政府对企业只管一个经营者，一个承包合同，一个工资与效益挂钩比例。凡是市政府审批权限以内的问题，企业可以不经过上级主管部门审批自主决定，主管部门不得进行行政干预。在他们那里，市长管厂长，厂长管全厂，企业没有行政主管部门和行政级别，完全放开经营。兰溪市所以能够做到这一点，关键是在企业扩权的同时，裁并主管部门，转变政府机关职能，把政治体制改革与经济体制改革结合起来进行。目前，该市的工业主管局都已撤销，四个行政性公司合并成一个，也准备近期撤掉，只保留一个经委。同时，市里还把能否为搞活企业、增进企业效益服务，作为考核政府机关各部门政绩的主要内容，并采取了奖罚措施。这样，就弱化了政府机关的行政干预，强化了他们的服务和监督功能，减少了中间截留权利的现象。我们认为，全国县属全民所有制工业企业如能参照兰溪的经验去做，这部分企业的经营机制将会显著改观。至于大城市的企业，特别是大中型骨干企业怎么办，沈阳市的做法可供参考。他们的做法是，经过招标选择一批企业进行“特厂”试验，采取一系列特殊政策和保护性措施，使这些企业拥有更充分的经营自主权，更宽松的经营环境。在市长领导下，专门成立了“特厂特区”试验改革指导小组，负责协调企业与政府各管理部门之间的关系，保证企业经营管理自主权的实现。在当前新旧体制交替过程中，采取这种特厂特办的办法，有意识地造成一个“小气候”，分阶段地逐步推进，由特殊到一般，可能是目前深化大中型企业经营机制改革的一条路子。今后，随着物价的改革，凡是产品价格放开的，有关企业的生产经营也可以考虑跟着放开。

(二)深化企业人事劳动制度的改革，确立优选劣汰的机制。

根据我国现阶段生产力发展水平，一定要打破广就业、低效率的传统观念和做法，允许一定数量劳动后备军的存在。这对于开展就业竞争，提高干部职工的素质和企业管理水平大有好处。劳动者要优化组合，管理者、经营者尤其要优化组合。在步骤上，先优化管理科室，然后再优化生产车间。不把生产第一线搞精干，多余人员减下来，就谈不上加强劳动纪律，实施严格管理。不能辞退那严重违纪、表现很差的职工，就会影响和压抑大多数职工的积极性。各地同志都认为，在这方面，全民所有制企业完全可以采用乡镇企业和中外合资企业的经验。企业人事干部管理同政府机关脱钩，干部的行政级别记入档案备查。企业经营者，可以在企业内、行业内招标竞争产生，也可以向全社会公开招标；各级管理人员，可以通过招标选聘，也可以层层择优选聘，变委任制为任期聘任制。在严格考核的基础上，根据干部的德能勤绩决定升降奖惩，做到能上能下，能进能出。职工则在优化组合的基础上实行合同化管理，一年一考绩，使劳动优化组合制度化。这就会形成一种机制，把就业保险变成就业风险。现在，全民所有制企业大都面临着优化组合后多余人员的安置问题，各地也创造了一些初步经验。概括起来，大致有以下几条：(1)企业组织多余人员兴办独立核算自负盈亏的新企业，享受免征所得税两年等优惠政策；(2)建立厂内劳务市场，实行厂内待业。离岗待业职工，一般不再享受原岗位的工资和津贴。在规定期限内仍然未被录用的，一般予以辞退；(3)多余人员中，年龄大、身体差的可提前退休，并享受正常退休待遇；(4)采取招标办法，选定承包人，由他们领办第三产业或其他企事业，负责安置一定数量的企业多余人员。这些办法基本上是立足于厂内消化，不致引起大的社会动荡，比较稳妥。但是，要从根本上解决问题，还需要改革现行劳动保险、社会保障制度。

(三)进一步改革企业分配制度，增强分配的透明度，使工资奖金成为调动职工积极性的有力杠杆。

各地同志大都主张，在当前生产要素市场尚待完善，企业之间、行业之间利润率差别很大的情况下，按照工资总额的增长低于经济效益的增长，职工收入的增长低于劳动生产率增长的原则，对企业工资的管理变总额控制为系数控制，全面推行工资与效益挂钩浮动，有利于贯彻按劳分配的原则。在这方面，各地都有不少好经验，一般的做法是：企业工资浮动比例，根据创利难易、增长快慢、人员结构、工资水平、发展趋势的差别，有的高一些，有的低一些。挂钩形式也根据企业的具体情况有所不同。对上缴税利能稳定增长的企业，实行工资总额与上缴税利挂钩；对产品单一、利润率较低的企业，实行工资总额与实现税利挂钩；对可按实物量计算的企业，实行工资总额与产品实物销售量挂钩；对出口创汇企业，实行工资总额与外贸收购额和实现税利双挂钩。这种做法既增强了分配的透明度，有利于调动职工的积极性，又可以克服企业之间的横向攀比，有利于控制消费基金的膨胀。至于企业内部分配，基本上可以参照目前乡镇企业、中外合资企业的办法，各类人员原来的工资级别记入档案，按照贡献大小，联效计酬。生产工人尽量实行全额计件和超定额计件工资制，非生产人员则实行联系工作实绩计酬，缩小固定工资的比重,扩大浮动工资的比重。

(四)实行"一厂两制",把全民所有制企业的技术和设备的优势,同乡镇企业良好的经营机制结合起来。

根据天津、河北、江苏的经验,在有些经营管理不善甚至连年亏损的企业,可以划出一些车间交由乡镇企业的干部、职工承包,按乡镇企业的办法进行管理。天津染化七厂二萘酚车间就是采取这种办法,实行高工资、高效率、严格管理,改变了原来全民企业职工组织涣散、纪律松弛、生产每况愈下的局面,没有几个月,就使企业扭亏为盈,面貌一新。苏州试验仪器厂,利用多余的场地、设备和精简下来的100多名职工,在厂区内同乡镇企业合办了一个食品机械厂,作为乡镇企业登记注册,被人们称作"国营工厂里的小特区"。新厂的管理制度、分配原则、经营策略,给老厂带来了商品经济意识。这种"一厂两制"的办法,直接引进乡镇的经营机制,有利于根治某些全民所有制企业平均主义、大锅饭的顽症,赋予企业以新的活力。

(五)根据地区、行业情况的不同,有计划、分步骤地把产品定价权放给企业。

根据我们的调查,今年以来,由于原材料持续大幅度涨价,许多加工企业产品价格实际上已经放开。在这种情况下,有区别地把产品定价权放给企业,有利于市场发育和企业经营机制的完善。浙江兰溪把产品价格放给几个加工企业进行试点,促使企业以企业市场为导向,根据变化了的情况调整经营战略,加强内部管理,提高自身的承受能力和消化能力,在动态中求得物价、效益和职工收入的相对平衡。市里对试点企业采取"两个不管"的政策,即不管企业能否承受原材料涨价的压力,也不管企业出厂产品价格,承包基数也不做调整。由于市场竞争日趋激烈,你漫天要价结果是销不出去,企业并不能单纯依靠提价捞取更多好处,这是最大的制约因素。在这次调查中,大家的意见倾向于:按地区来说,对县属全民所有制企业,产品定价权可以先行放开;按行业来说,除垄断性行业的产品以外,指令性计划产品的超产部分,供求基本平衡和供过于求的产品,企业自行组织原材料生产的产品,其定价权原则上应该放给企业。当然,价格放开不意味着放任自流,相应的管理措施必须跟上。价格放开要与紧缩通货相辅而行,中间流通环节的层层盘剥要从严治理,哄抬物价、囤积居奇等非法行为要坚决打击。

(六)在完善承包经营责任制中,发挥市场竞争机制的作用,推动企业技术进步。

依靠技术进步,适应国际、国内市场竞争的需要,这是完善承包责任制所要解决的一个重要问题。放手让企业直接面对市场,就是促进企业在技术进步的基础上,实行自主经营。在市场竞争中,企业没有技术的不断进步,没有产品的高质量、低消耗,最终就会被淘汰。企业技术进步,主要地不是依靠主管部门的政令,而是依靠市场竞争赋予企业的内在动力。要把新产品开发、新技术引进和更新改造的目标和要求,纳入企业长远发展战略和承包合同。要积极创造条件,实现投资主体的转移,让企业自主立项,自筹资金,自行承担投资风险。还要从体制上解决好科研与生产的结合问题,企业应当有自己的技术开发体系,尽量把从事产品设计、工艺开发的科研单位放到生产企业,或者实行联合经营。企业技术人员待遇偏低,也是一个亟待解决的问题。有些企业联系新产品新工艺开发所取得的效益,给有关人员以高额奖励,使他们同一般职工收入的差距拉开,这种做法可以适当推广。

总起来说,全民所有制工业企业经营机制的改革,就是承包经营责任制的配套、完善、深化和发展,它同整个经济运行机制的改革紧密相关。当前,我国的改革已经进入到关键时期,要着力解决物价、工资这两个难度很大的问题。解决物价、工资问题,有赖于在提高产品质量、降低物质消耗的基础上,大力提高企业经济效益;而提高企业经济效益,又有赖于完善企业经营机制。深入进行企业经营机制的改革,使企业真正成为自主经营、自负盈亏的商品生产者和经营者,就可以大大增强企业对物价、工资改革的承受能力,从而尽快改变新旧两种体制交错的状况,建立起"国家调节市场,市场引导企业"新的经济运行机制。

中国目前最大的内河航运建设工程——汉江整治工程获国家计委批准

为开辟北煤南运、西煤东调新通道的汉江航运建设工程,是国家和湖北省"七五"计划能源交通建设的重点项目之一。它对减轻焦枝、京广铁路的运输压力和发展长江中下游湖北、湖南、江西等省水陆综合运输都有重要意义。

国家计委前不久批复的设计任务书表明,汉江整治工程计划5年完成,总投资近2亿元。工程的主要任务是疏浚、裁弯取直襄樊至汉口523公里河道,使500吨级船舶能够常年畅通;扩建襄樊市余家湖港口,建设年装船能力为500万吨的煤炭泊位;配套建设铁路连接线和沿江通信网络。

这项工程建成后,汉江年航运能力可增加3000万吨,水运成本可下降41%,还有利于堤防安全,保护耕地,改善生态环境等。

山东省潍坊市寒亭百万吨盐场进入设计阶段

国家批准立项的山东省潍坊市寒亭百万吨盐场正式通过了国家计委、中国国际投资咨询公司等53个单位的100多名专家参加的可行性研究论证，即可进入设计阶段。这是目前我国第4个百万吨盐场，投产后年产值可达9300万元，年利税达3767万元。这个国家重点工程的建设，对加速渤海莱州湾地下卤水的综合开发，缓解国内工业用盐紧张状况及扩大盐和盐化工产品出口，具有重大的意义。

据了解，这个总投资为1.9亿元的国家重点项目完成后，可成为全国最大的盐及盐化工生产基地。

我国大中企业科技投入逐年增加

据《人民日报》报道，有关部门对全国9681户大中型工业企业的调查，1987年有4549户企业设立了专门技术开发机构，从事技术开发的人员达70万，占职工总数的2.7%，平均每个企业从事技术开发的人数比1985年增长了一倍多。

随着经济体制改革的深入，企业自主权的扩大，技术开发工作也呈现出新的特点。一是企业技术开发经费来源，由政府主体型向企业主体型转变。1987年，大中型工业企业技术开发经费资源总额达94.8亿元，其中，上级拨款占10.9%，专项贷款占39.7%，企业自筹占44.6%，比重最大。二是企业技术开发经费支出额占产品销售收入的比例，也有上升。在技术开发经费支出额中，开发新产品用款的比重，由1985年的37.5%上升到1987年的56.1%。三是企业扩大自主权以后，技术开发活动打破主要靠上级安排的局面，逐步转向按市场需要开发新产品，攻克技术难关。1987年，大中型工业企业接受上级下达项目占50.3%，企业根据市场需要自选项目占42.4%，受其他单位委托占7.3%。其中，以开发新产品为目标的项目投资占48.8%。

当前，企业在技术开发工作中，应引起注意的一个问题是，技术引进与消化吸收费用的比例悬殊，技术引进经费支出额是消化吸收用款的20.5倍。只重视引进，不重视引进技术的消化吸收，这种短期行为应改变。

第二届《外国人眼里的中国》国际摄影展在北京开幕

此次展览由中国人民对外友好协会、中国对外文化交流协会、《人民日报》等18家单位发起，由中国《桥》杂志社和海拉尔市人民政府主办。

这些照片是从60个国家的近千名作者提供的近万张照片中精选出来的。

8月13日

最高人民检察院和国家税务局在长春联合召开全国查处偷税抗税案件工作会议

会议8月13日至18日召开。会议要求各级检税部门进一步加强联系，严肃税收法纪，坚持依法征税，使税收工作在建立社会主义商品经济新秩序、促进各项建设事业发展中发挥更大的作用。

当前税收工作面临的问题很多。据税务部门调查，国营、集体企业偷漏税的面占50%左右，个体户偷漏税的面占80%左右。其主要原因是：一些地方和部门以权代法，用行政命令的方式要求税务机关按照自己的意愿减税免税，使减免税的口子越开越大；偷税漏税的情况仍很普遍，其中不少案件数额很大，情节严重，不少纳税户屡查屡犯，屡禁不止，而且由于各方面的干扰，难以依法处理；税收干部依法征税有时得不到人们的理解和支持；有的人法制观念不强，殴打谩骂税务干部，冲击税务机关的暴力抗税案件也时有发生。仅据最近两年统计，发生暴力抗税案件达5000多起，一些税务干部被打伤致残，有的甚至以身殉职。

对此，会议强调：各级检察机关和税务部门必须坚持有法可依，有法必依，执法必严，违法必究的原则，严厉打击破坏经济发展和改革秩序的犯罪活动。当前要集中力量打击数额大、情节严重的偷税犯罪案件和影响大、情节恶劣的抗税犯罪案件。对国营、集体单位偷税数额大、情节严重的直接责任人员要依法予以追究。

国家体改委副主任高尚全出席在沈阳召开的全国商业改革座谈会并讲话

高尚全说，我国新的经济运行机制，总体上说应当是“国家调节市场，市场引导企业”的机制，他认为，从近期改革的要求看，促进市场发育，应当从以下几个方面进行：

——首先要实现根本性的观念转变，从认识和实践上重视市场作用。要逐步减少按指令性计划分配的商品，不断扩大市场作用的范围，用各种经济杠杆调节市场。

——加快政企分开步伐，把经营权真正交给企业。各级政府部门要结合机构改革转变职能，要从管企业、管物资转向管宏观、管市场。不应该再随意干预企业的生产经营活动。在推进政企分开的过程中，要采取有效措施，整顿政企不分和官商不分的公司。要取消它们现在承担的行政管理职能，剥夺它们享有的各种特权和不合理的特殊待遇。

——打破地区封锁和垄断，逐步培育区域性的和全国的统一市场。现在被封锁和垄断的商品主要是重要生产资料和农产品。要实行产区销区联营，利益均沾、风险共担；对某些短缺的重要农产品通过期货交易所进行公开拍卖，保护合法竞争。

——逐步建立和完善适应商品经济要求的市场规则,促使市场交易活动公开化、规则化。新的市场规则应当坚持市场公开化原则、公平竞争原则、资格检查制度和交易活动申报。

商业部社会商品销售统计报表显示社会集团消费仍居高不下

据《人民日报》报道,商业部系统上半年统计报表表明,上半年国营商业和供销社销售给社会集团的商品分别达41亿元和24.2亿元,比去年同期增长19.6%和27.3%。

社会集团消费居高不下,有其复杂的社会原因。一些地区商业部门反映,中央虽下达控制集团消费文件,但上有政策,下有对策。集团购买以另外的形式和渠道出现,例如一些企业通过给职工发放购物券,到指定商店任意选购商品,而且范围越来越大,包括吃穿用各种商品。一些单位请客送礼之风仍然盛行,规模消费照样失控。有些地方虽然采用对专项控制商品定点供应办法,但购买总量仍上升。一些人认为,控制集团消费,商业部门可以起配合作用,但还不能从根本上解决问题,商业系统出售给集团消费的商品只占整个社会集团消费的1/5。

国家副主席王震在人民大会堂会见莫桑比克国防部部长阿尔贝托·若阿金·希潘德大将

我国在四川省中部地区成功回收8月5日发射的科学探测与技术试验卫星

由酒泉卫星发射中心用"长征二号"运载火箭送上空间轨道的这颗返回式卫星,按照计划在预定轨道上运行了8天,成功地进行了一系列空间科学探测与技术试验。

这是我国自1975年以来成功发射的第11颗返回式卫星。这颗卫星除了为联邦德国3家公司提供搭载服务外,还向中国科学院等国内有关科研部门提供了同类服务。搭载的试验装置,将根据合同规定的要求,近日运往北京,交付用户。

胡风文艺思想座谈会在北京召开

33年来当作"反面教材"的胡风文艺思想,已被专家、学者们称为是"中国文学史上一份可珍惜的遗产"。1955年前后,在批判胡风运动中起过重要作用的《文艺报》举行座谈会,对这位卓有贡献的文艺理论家的文艺思想与文学活动作重新认识和估价。

曾经受胡风一案株连和当年写过批判胡风文章的文艺理论工作者对这位卓有贡献的文艺理论家的文艺思想与文学活动作重新认识和估价。

这些文艺工作者中有绿原、牛汉、邵燕祥、唐因、蓝翎、李希凡、朱寨、许觉民,唐弢、鲍昌作了书面发言。

绿原说,胡风在文艺理论建设方面的贡献是独特的。他强调人的主体精神、人格力量,提倡作家的"主观战斗精神"以及"锐敏的感受力"、"燃烧的热情",这些理论主张正是我们过去文艺学建设中的薄弱环节。

胡风较早地、独树一帜地对左翼文学内部的概念化、公式化倾向进行了理论的批评,鲍昌认为这是他文艺思想中的华彩部分。中国社会科学院的樊骏指出,胡风文艺思想的鲜明个性首先表现在对艺术的执着追求。他始终将自己的理论研究作为一项学术工作,保持独立的学术品格。当革命的文艺愈来愈走上片面地为政治服务的道路时,他不是顺乎潮流,依附政治,虽因此罹难却不改初衷,仍坚持自己的理论主张和艺术追求。

研究胡风的文艺思想和文学活动,不仅仅是平反一件历史错案,也不仅仅是孤立地讨论一个文学理论学派。蓝翎、朱寨、李希凡等认为它的意义还在于通过新中国成立以来的重大事件,认真地记取历史留给我们的教训。

国际寒冷地区经济技术开发学术讨论会在哈尔滨召开

由中国黑龙江、日本北海道和加拿大阿尔伯塔3个友好省共同发起,黑龙江省科学院、省城市经济学会等8个单位主办的国际寒冷地区经济技术开发学术讨论会,共有13个国家300多位代表参加。在5天的会议中,各国专家、学者提交了170多篇学术论文,内容包括自然科学、社会科学20个学科专业,有寒冷地区综合开发和国际经济技术合作、寒地城市建设、基础设施建设及寒冷地区发展的共性问题。

第二届中国舞"桃李杯"比赛结果在北京揭晓

康绍辉、于晓雪、林海、尹蓉、黄雪、陆峻等分获民间舞成年组和少年组"十佳"优秀演员称号;黄启成、张立、陈永佳、丁洁、古梅、林婷娜、海燕、邢亮、汪洌等在古曲舞成年组和少年组决赛中名列前茅;而邓宇、唐孜娣则被授予现代舞优秀表演奖。另外,还评出了教学剧目集体舞表演优秀奖、教学剧目创作奖和钢琴编剧伴奏奖。

中国舞"桃李杯"比赛是由北京舞蹈学院等单位发起的,主要在全国各艺术院校间进行,比赛的主旨在于展示中国舞的创作和表演成就,研讨教学成果和经验,促进中国舞教育体系的完善和发展。这次比赛共有在全国各地的27个代表队,其中包括香港演艺术学院的4名选手。广东舞蹈学校现代舞大专班还为观众表演了现代舞作品。

全国有流动人口5000万

据公安部治安局统计，目前，全国约有流动人口5000万。全国23个百万人口以上大城市的日均流动人口总量已接近1000万人。其中，上海183万，北京115万，广州110万，天津86万，武汉80万。估计今后一个时期内，仍将保持继续增长的趋势。

在流动人口当中，务工、经商等从事经济活动的占总数的2/3以上，其余的则为外出旅游、探亲、治病、投亲靠友以及因公出差者。过去流动人口多居住在旅馆、招待所或居民家中，逗留时间较短。现在，他们还居住在建筑工地、私人出租房屋、农贸市场、个体旅店、自己开的店铺、摊位内，有的甚至露宿街头、车站、码头、公园。逗留时间一般超过3个月。

流动人口的迅速增加，促进了商品经济的发展，活跃了市场；加速了城市建筑业和第三产业的发展；方便了人民生活，调节了城市产业、商业结构的不足；加强了技术、信息和文化的交流。但一些流窜犯罪分子混迹其间，乘机进行各种违法犯罪活动。1987年全国共抓获流窜犯罪分子55843名。而且近几年流动人口的犯罪率是逐年上升的。

8月14日

农业部发出通知要求各地落实各项增产措施

为了贯彻落实国务院关于夺取秋季丰收，完成全年粮食增产计划的紧急通知精神，农业部要求各地认真落实各项增产措施，切实用好这批化肥，保证完成国务院下达的粮食增产任务。通知要求：

1. 对这次国务院增调的平价专项化肥，各有关省农业部门要在各级政府领导下，积极主动地做好安排使用工作，并争取有关部门支持，尽可能相应配套安排一部分专项用肥。

2. 要专肥专用，按照国务院通知的要求，保证用于粮食作物的生产、救灾上，不得挪作他用，不搞平均分配，并抓紧调运，不误农时地售给农民。

3. 各级农业部门必须加强技术指导，做到科学合理使用，使这批化肥发挥最大的增产效益。

国家烟草专卖局发布关于进一步加强烟草专用机械设备和仪器的专卖管理的公告

为进一步加强烟草专用机械设备和仪器(以下简称烟机)的专卖管理，根据国务院发布的《烟草专卖条例》及其《施行细则》和国家有关规定，特公告如下：

一、对烟机试制、生产、销售、进口的有关规定，已在本局1986年1月12日公告中说明。属于由中国烟草总公司批准购销的烟机，除已公布的真空回潮机、打叶机、切丝机、烘丝机、卷烟机、过滤嘴接装机、包装机和烟叶复烤机等8种外，现决定增加滤嘴成型机、压梗机、白肋烟处理机、烟丝膨胀生产线、梗丝膨胀生产线和烟草薄片生产线等6种。

二、属中国烟草总公司管理的14种烟机生产许可证由我局审批颁发，其余烟机由省级烟草专卖局颁发，报我局备案(已颁发烟机生产许可证的企业见附录一)。

三、为了提高烟草行业技术装备水平，决定淘汰一批旧式烟机设备，从公布之日起一律停止制造、销售(第一批淘汰设备见附录二)。

四、凡违反本公告规定者，按违反《烟草专卖条例》及其《施行细则》有关规定处理，没收其产品，吊销生产许可证，并给以经济处罚。

国家烟草专卖局局长　江　明

1988年8月14日

附录一：

已颁发烟机生产许可证的企业

上海烟草工业机械厂　许昌烟草工业机械厂
常德烟草工业机械厂　建昌机器厂
上海轻工机械厂　宁波轻工机械厂
桂林包装机械厂　湖北通城县轻机厂
贵州轻工机械厂　河南襄城县烟草机械厂
天津第二轻工机械厂　常德七一机械厂
昆明市通用机械厂　广州第一汽车制配厂
平水机械厂　昆明市机器厂
临海烟草机械设备厂

附录二：

第一批淘汰设备

YG17型真空回潮机
YA36型立式打叶机
YS11型旋转式切丝机
YG61型、YG62型、YG64型烘丝机
YJ11型(综合式)、新中国式及其他旧式杂牌卷烟机
YJ21型(夹钳式)滤嘴接装机
4—5型、4—5A型小包机
YB64型简易式条包机

中国卫星搭载服务圆满成功交付联邦德国用户

中国卫星为联邦德国3家公司搭载的微重力试验装置，在北京由中国长城工业公司交付用户。在交接仪式上，联邦德国3家公司的代表斯坦尼克博士和齐尔博士逐一验收了安全回收的装置，对中国和联邦德

国首次空间科技合作表示满意。

中国的这颗卫星是8月5日发射的。中国长城工业公司总工程师陈寿椿今天向记者说，这是我国第二次为国外用户提供卫星搭载服务，去年8月我国卫星曾首次为法国马特拉公司提供微重力试验。这次为联邦德国搭载的微重力试验装置共5件，30公斤。搭载服务取得了圆满成功，再一次说明中国的运载火箭和卫星安全可靠，卫星发射和回收技术更加成熟。

据了解，中国和联邦德国两国进行的这次空间科技合作协议是今年3月在北京签订的。联邦德国的5个微重力试验装置免检进入中国境内，装入科学探测与技术试验卫星后，由“长征二号”运载火箭送入近地轨道，在太空运行了8天，于8月13日下午按预定计划在四川中部地区安全返回地面，地面测控系统跟踪正常，卫星回收舱落点准确，舱内设备及搭载的中外实验仪器完好无损。

随卫星返回的3件搭载装置，将由联邦德国的专家在京进行初步处理，然后运送回国。

电视片《中国六大古都》开拍

为了弘扬中华文化，北京、河南、江苏、陕西、浙江电视台最近决定联合摄制关于北京、开封、洛阳、南京、西安、杭州六大古都名城的大型电视片。

电视片分两大系列：一部《中国六大古都》是从纵的方面，从历史、政治、经济、军事、文化、宗教、中外交流等方面反映六大古都即中国历代王朝的兴衰荣辱、发展变化，共20集。

另一部《六大古都奇观》则是从横的方面，以知识性、趣味性、欣赏性取胜，从风景名胜、风土人物、民情民俗、珍贵文物、文化艺术、美味佳肴、奇闻趣事、动人传说等各个角度广泛地展示六大古都的风貌，共60集。

湖南宁远县九嶷山紫霞岩发现诗壁

紫霞岩是不久前正式对外开放的，全长1568米。明代地理学家徐霞客曾在该岩夜宿和游览过，并留有诗文。这次发现的200多首诗位于该岩500米深处的雷洞厅洞壁上。整个诗壁长达230多米，高10米。这些诗词大多属唐、宋、明、清人纪游诗。有10多首是石刻的，其余均为墨写而成，但不知是何原因，这些诗词能保留至今。在这200多首诗词中，不少诗词出自名人之手，其中有唐元结，宋沈绅、蒋之奇的题刻。

8月15日

中共中央政治局在北戴河召开第十次全体会议

会议于8月15日至17日召开。会议讨论并原则通过了《关于价格、工资改革的初步方案》。

这一方案是在充分酝酿和认真准备的基础上制订的。中央政治局第九次全体会议决定要制定价格、工资改革的系统方案。从6月2日起，中央责成专门机构组织有关部门反复研究今后5年特别是明年的价格、工资改革和配套措施问题。经过几上几下的论证，有关机构提出了初步方案。7月11日，赵紫阳同志主持专门会议对初步方案进行了讨论。根据讨论意见，有关机构又进行了测算、修改。8月5日至9日李鹏同志主持国务院第16次常务会议，对初步方案进行了讨论。

这次政治局全体会议讨论的方案的主要内容是：价格、工资改革的必要性；改革需要遵循的主要原则；1989—1993年改革的轮廓设想；1989年改革的初步方案；改革中可能遇到的主要风险和基本对策；必须采取的配套改革措施。

会议认为，价格改革的总方向是：少数重要商品和劳务价格由国家管理，绝大多数商品价格放开，由市场调节，以转换价格形成机制，逐步实现“国家调控市场，市场引导企业”的要求。根据各方面的条件和现实的可能，今后五年左右的时间，价格改革的目标是初步理顺价格关系，即解决对经济发展和市场发育有严重影响、突出不合理的价格问题。工资改革总的要求是，在价格改革过程中，通过提高和调整工资、适当增加补贴，保证大多数职工实际生活水平不降低，并能随着生产的发展而有所改善，同时进一步贯彻按劳分配原则，解决工资分配中一些突出不合理的问题。

会议强调指出，价格、工资改革是整个经济体制改革的关键；价格、工资改革的成功要依靠整个经济体制改革的深入。最重要的是要转换企业机制，加强市场的组织与建设，改进和完善宏观调控机制，从而显著提高企业经济效益和整个经济运行效率。为了保证价格、工资改革的顺利进行，必须同时搞好政治体制改革，特别是继续做好政企分开和精简机构的工作。总之，价格、工资改革实际上是改革的全面深化。搞好这一改革，对于我国确立社会主义商品经济新秩序，加快社会主义现代化建设，具有极为重大的意义。

会议除了审议方案本身的有关问题外，还集中讨论了方案出台后可能发生的问题以及必须相应采取的对策、措施。会议强调指出，目前我国经济正处于充满活力、蓬勃发展的时期。进行价格、工资改革，时机是有利的，尽管面临的问题不少，但克服困难的潜力和回旋余地很大。只要我们把这些潜力充分挖掘出来，就一定能达到改革的预期目标。明年的改革至关重要，迈好这一步将为后几年的改革创造条件。会议认为，明年要围绕价格、工资改革认真抓好以下几项工作：

——加快企业内部改革，切实提高工业企业的效益。企业要完善承包责任制，逐步放开经营，自负盈亏，行政部门不得滥加干预。这是改革得失成败的关键所在。

——采取强有力措施综合治理通货膨胀，特别是要坚决压缩基本建设规模，减少对钢材等生产资料的需求，为改革创造一个较大的回旋余地。

——厉行压缩社会集团购买力，狠刹奢侈、浪费之风，保持党政机关的廉洁。

——认真清理和整顿政企不分、官商不分的公司，依法惩处贪污受贿和非法牟取暴利的行为，反对垄断、封锁、地区分割和囤积居奇，积极治理经济环境和经济秩序。

——改造和加强思想工作，广泛开展协商对话，使广大群众更加理解和支持改革。

会议号召，党的各级组织要更加生气勃勃地工作。当重大措施出台的时候，一定要统一行动，令行禁止。全体共产党员要同心同德，顾全大局，严守纪律，大力发扬我党与人民群众同甘共苦的优良传统，团结带领广大人民群众为争取明年改革和整个改革的胜利而努力奋斗。

会议决定，9月在北京先后召开中央工作会议和十三届三中全会，讨论和审议关于价格、工资改革的方案。在此之前，还要在党外人士和有关专家中就这一方案广泛征求意见。

出席会议的有中共中央政治局委员15人，中央政治局候补委员1人。中央政治局委员2人因公缺席。有关方面负责人列席了会议。

劳动部和国务院贫困地区经济开发领导小组联合发出通知要求把劳务输出作为贫困地区开发重点

通知要求，各级劳动部门，特别是各贫困县的劳动部门，要有计划地建立、健全乡镇劳动服务公司，摸清本地区劳力资源状况，做好牵线搭桥、提供信息、疏通渠道以及建立、健全信息网、协作网等项工作。按照“东西联合，城乡结合，定点挂钩，长期协作”的原则，组织劳动力跨地区流动。沿海经济发达地区、大中城市的劳动部门要有计划地从贫困地区吸收劳动力。还要主动与对外经贸部门取得联系，争取派遣出国劳务的机会。

通知说，要积极开拓劳务市场。除发挥国营、集体劳务组织的作用外，还要重视发挥现有民间劳务组织、能人的作用，通过经济手段，采用联营代理或其他形式，组织农村剩余劳动力进入劳务市场。

为搞好这项工作，通知还要求各地劳动部门认真搞好职业技术培训。

中国工农红军西路军纪念馆开馆仪式和红九军军长孙玉清烈士纪念碑揭幕仪式在青海西宁分别举行

原红军西路军总指挥徐向前特意为此发来了贺电。

新建于西宁市南郊凤凰山下烈士陵园内的红军西路军纪念馆，面积共784平方米，馆内汇集了近600件历史照片、电文、图表及红军西路军战士使用过的武器、衣物等。孙玉清烈士纪念碑建在烈士当年殉难地西宁市新华布鞋厂院内，由一尊安放在朱红色基座上的白色大理石半身雕像和一块刻有孙玉清烈士生平事迹的石碑组成。徐向前同志分别为纪念馆和纪念碑题写了馆名和碑文。

1988年国际区域性土工程学术会议在北京举行

出席会议的有来自美国、英国、法国、日本、荷兰、菲律宾等21个国家和地区的几十名专家学者，他们和我国的研究人员交流了学术成果。

区域性土工程问题主要是对不同类型土，如黄土、软土、崩解土等工程特性的研究，以保证桥梁、水坝、铁路公路、港口等大型工程的施工质量和选择最佳的施工方案。我国在这方面开展研究虽然时间不长，但已具有相当水平。

“万象丛书”问世

为适应广大读者，尤其是对社会问题较敏感的广大青年的需要，《人民日报》出版社最近编辑了“万象丛书”，目前已出版5种。它们是：《啊，老三届》（肖复兴著），《麻风病院的世界》（张德明编），《爱河横流》（麦天枢著），《都市里的保姆世界》（杜卫东著），《鸯楼楼里》（葛象贤著）。即将出版的还有《天涯孤旅》《天桥八大怪》《北京四合院》《失足少女的自白》等作品。

丛书以报告文学的形式，反映了社会上不同经历、不同层次、不同命运普通人的生活、事业、爱情，反映了他们的追求、喜忧、矛盾和困扰。丛书的主人公既有“文革”中的老三届，也有北京青年公寓的现代青年；既有在封建婚姻桎梏下的农村痴情男女，也有鲜为人知的台湾小职员、小市民等。

8月16日

国务院召开第18次常务会议

国务院总理李鹏主持会议。会议讨论和原则通过了《现金管理暂行条例（草案）》。

会议原则通过的这个条例草案，目的是为了加强和改善现金管理，促进商品的生产和流通，加强对社会经济活动的监督，以利于逐步建立社会主义商品经济的新秩序。

条例草案共4章24条,对现金收支的管理和范围以及有关的法律责任等,都作了明确的规定。这个条例草案经修改后,将由国务院在近期内公布施行,届时原1977年11月28日国务院发布的《关于实行现金管理的决定》将同时废止。

中国人民银行决定从9月1日起提高银行各项存贷款利率

这次利率调整的主要内容是:

第一,提高了城乡居民定期储蓄存款利率。1年、3年、5年、8年期的定期存款利率分别由现行的年息7.2%、8.28%、9.36%和10.44%提高到年息8.64%、9.72%、10.8%和12.42%,并增设了2年定期存款档次,利率为年息9.18%。

其他零存整取、存本取息、整存零取、定活两便、华侨人民币储蓄等存款利率也都相应提高。

第二,提高了企业、事业单位存款利率,使其与个人储蓄存款利率取得一致。企、事业单位定期存款1年、2年、3年期的利率分别提高到8.64%、9.18%和9.72%,并增设了5年和8年期档次,利率分别为年息10.80%和12.42%。

第三,提高了流动资金贷款利率。对1年期流动资金贷款利率从现行年息7.92%提高到年息9%,对企业活期存款利率也由现行的年息1.80%提高到年息2.88%。

第四,提高了固定资产贷款利率。

第五,现行银行优惠贷款利率除一部分经国务院同意予以取消外,对扶贫贴息专项贷款、少数民族地区贸易贷款、民族用品生产贷款、民政福利工厂贷款、老、少、边、穷地区经济开发贷款继续给予照顾,其利率只在现行年利率基础上增加1.08个百分点。

中国人民银行新闻发言人今天在此说,这次调整银行存、贷款利率的主要目的,是为了稳定和扩大银行存款,抑制对银行信贷资金的需求,促使企业提高经济效益,以利于稳定金融和物价。

万里黄河第一坝——龙羊峡电站水库大坝崛起

据《人民日报》报道,目前主坝大部分坝段已达到设计高度178米,最低的也已达到161米。

龙羊峡电站被称为锁"龙头"的工程。它的大坝是全国最高的混凝土重力拱坝,到目前,建坝已浇筑混凝土270多万立方米。经有关部门检查验收,混凝土和金属结构质量合格率均达100%。龙羊峡水库是目前国内最大的水库,库容量为247亿立方米。现在,库内已蓄水61亿立方米。

水库建成后,可形成巨大的调节能力,能够随意控制黄河水下泄量,有效地配合下游防洪,度过汛期,保障下游安全。

全国体育好新闻评选活动在广东云浮揭晓

此次评奖活动由中国体育记者协会和广东云浮硫铁矿企业集团公司联合主办。共有全国31家新闻单位的38篇优秀体育作品获奖。

全国体育好新闻评选4年一次。这次是评选1983年至1987年期间的体育好新闻,得奖作品是经过全国各省、自治区、直辖市体育记协与首都各新闻单位初评,推荐出优秀作品,再由体育界、新闻界知名人士组成的评委会进行认真评选而产生的。首都新闻单位获奖作品有:新华社朱世达的《中国乒乓球队失利对世界乒乓球运动的影响》、中新社方远生的《朱建华出了什么问题》《人民日报》黄振中的《泰陵园里起惊雷——亚运会第一块金牌诞生记》《中国体育报》张小柱的《为孩子们呼吁——哪里是我们的活动场地》《新体育》杂志总编辑郝克强的《背水苦战记》等。地方新闻单位许多有特色的作品也获奖,显示了这次评选活动的广泛性。

在揭晓仪式上,主办单位向广东获奖者《南方日报》的郑文杰(作品为《龙凤志——记顺德男女龙舟队》)、《羊城晚报》苏少泉和范柏祥(作品为《临战换将刹歪风》)、《广州日报》严俊君(作品为《世界杯盟主为什么向中国队交学费》)颁发了证书、奖金和奖品。揭晓仪式是由《南方日报》承办的。

国际儿童棒球赛在北京举行

来自美国、日本、菲律宾等9支少年棒球队已来到中国,参加由北京市棒垒球协会和北京体育服务公司举办的国际儿童棒球邀请赛。这次比赛对我国棒球运动的发展将会产生影响。

美国是棒球发祥地,美国人从小爱好棒球,水平较高。这次派来的小球队将展现其风格和球技。

日本队是经过认真选拔的队伍,有足够的实力和美国球队较量,估计会打出好成绩。日本领队对本次比赛表现出很大的兴趣,认为北京国际儿童棒球邀请赛是一次培养棒球后备力量的有意义的活动。

全国残疾人3项康复工作会议在北京召开

会议透露:从现在起至1992年的5年内,全国将有50万白内障致盲者重见光明,30万小儿麻痹后遗症患者得到矫治,3万名聋哑儿童得到听力语言训练。

白内障复明、"儿麻"后遗症矫治、聋儿听力语言训练是一项抢救性的社会工程。国家卫生部、民政部、计委、财政部、中国人民解放军总后勤部、中国残疾人联合会为贯彻实施《中国残疾人事业五年纲要》,今天在北京联合召开会议,部署3项康复工作的实施。

据抽样调查,我国现有残疾人5164万。其中,小儿麻痹后遗症患者183万,白内障致盲者347万,7周岁以下聋哑儿童74万。

近年来,卫生部和各残疾人组织进行了大量的准备工作,并且派出多批医疗队到各地进行试点,取得了经验,培养了人才。目前,我国有150多家医院开展了矫治小儿麻痹后遗症手术业务,手术人数达8.8万。我国的医学能使95%左右小儿麻痹后遗症患者不同程度地改善功能。目前,全国24个省、自治区、直辖市成立了防盲治盲指导组,初步形成防盲治盲网络,1/3县级医院已有眼科设备和眼科医师,大规模施行白内障手术已具备条件。全国有15个省级聋儿语训中心,300多所聋校,加上其他卫生系统、幼儿园等,5年中训练3万名聋儿是可行的。

会议提出,3项康复工作关系着残疾人和他们家庭、亲友的利益,一定要保质保量完成,各地均要组织好验收,“儿麻”和白内障手术后有效率要在95%以上;聋儿语言训练后,其听力语言能力均应改善,保证10%以上的聋童进普通学校或幼儿园。

8月17日

国务院批准同意国家统计局提出的《改革我国农业、非农业人口划分标准的试行方案》

据《人民日报》报道,随着我国农村产业结构的变化,市、镇、郊区及广大农村中的许多劳动力虽属农业户口,但已完全脱离了农业生产活动,他们及其所赡(抚)养的人口已经不是实际意义上的农业人口了。根据从事的主要职业为依据的原则,参照国际粮农组织关于农业人口的定义,国家统计局提出了农业和非农业人口的新标准。今后农业劳动者是指直接从事农、林、牧、渔业的在业人口,非农业劳动者指直接从事农、林、牧、渔业以外各种职业的人口。这个划分标准只供统计使用,户籍管理和其他待遇仍按有关规定执行。

国家安全厅局长会议在北京召开

由国家安全部召开的为期1周的这次会议,根据党的十三大精神,重点分析了当前国家安全工作面临的形势,研究了如何进一步改进和加强国家安全工作,以更好地适应深化改革和更加开放的需要,更好服从和服务于党的社会主义初级阶段的基本路线。国家安全部部长贾春旺在会上作了报告。

1983年成立的国家安全部,在保卫国家安全、促进社会主义现代化建设方面做了大量工作,取得了很大成绩。参加会议的代表们表示,在全国改革的攻坚阶段,国家安全战线上的全体同志要在党中央、国务院的领导下,更有效地履行保护国家安全的职责,为保卫和促进经济建设、改革开放的顺利进行作出新的贡献。

中国科学院南沙科考队完成考察任务

这个考察队是乘中国科学院南海海洋研究所“实验3号”科学考察船前往南沙的。在历时37天的考察中按计划完成了对南沙群岛部分岛礁及邻近海域的多项科学考察任务,获得了大量宝贵的科学资料和数据。

联合国教科文组织亚太地区扫盲教材编写地区研讨会在哈尔滨召开

会议透露,目前世界上15岁以上的文盲有8.84亿人,其中我国占2.2亿人。有关人士指出,文盲已成为当今世界最大的社会问题之一,而中国的扫盲任务亦十分艰巨。

据了解,新中国成立以来我国已累计扫除文盲1.5亿人,使文盲率从新中国成立初期的80%以上降低到目前的20.6%。但是,由于我国人口多,文盲的绝对数仍很大,这对我国的经济建设和社会发展造成了严重的影响。

据出席研讨会的中国联合国教科文组织全委会主任杨海波介绍,中国为了进一步做好扫盲工作,国务院已于今年年初颁发了《扫除文盲工作条例》,把扫盲工作纳入了法制的轨道。他还说,目前中国各地正在根据发展商品经济的新形势,总结扫盲工作的经验教训。

联合国教科文组织亚太地区代表萨克亚在这次会议的开幕式上说,目前世界上文盲人口的75%在亚太地区。扫盲是亚太地区国家重要而艰巨的任务。联合国教科文组织已发出号召,全世界要在2000年之内扫除文盲。这对我们是重大的挑战。

国防知识系列丛书首卷《战争之神纵横谈》出版

邓小平题写了书名。这套丛书融思想性、知识性、趣味性为一体,系统介绍了陆、海、空各军兵种知识。该书由中国广播电视出版社陆续出版。

中国作曲家陈其钢的作品《梦之旅》在联邦德国达姆什塔特国际现代音乐节上获得《奖学金》奖第一名

国家环保局总工程师金鉴明就《污染源治理专项基金有偿使用暂行办法》答《人民日报》记者问

问:我国排污收费制度的建立及实施情况怎样?

答:根据《中华人民共和国环境保护法》的规定,我国从1979年起开始征收排污费的试点工作。我国大陆除西藏自治区外,已全部实施了排污收费制度。

10年来,我国的征收排污费工作取得了很大成绩。据统计,全国年排污费征收额已由初期的1.42亿元增长至1987年的14.28亿元,年平均递增率为22.3%。自开始实行排污收费制度至1987年年底,共向15万个排污单位征收了排污费,累计收费额达65.51亿元。目前,全国已建立各级征收排污费监理机构658个,专门从事征收排污费工作的监理人员6650人。10年来,排污费用于补助防治污染的资金达35.68亿元。

问:为什么要制定《污染源治理专项基金有偿使用暂行办法》?

答:建立污染源治理基金是环保工作上的一项重大改革。排污收费制度虽然在改善环境质量、发展环境保护事业方面发挥了积极作用,但其中有些征收排污费的政策规定随着环境监督管理的不断强化,有待调整、修订和补充。例如,现行收费标准普遍低于各类污染治理设施运转费用,由此导致部分企业宁可缴纳排污费而不愿治理污染,即所谓"花钱买排污权"。另外,在排污费使用上也存在一种不正常现象,一方面污染治理资金严重不足,一方面却有排污费被闲置或挪用。截至1987年,全国各地累计积存排污费13.8亿元,按规定可用于补助污染源治理的就有10亿元。产生资金积存原因很多,但主要的是原来规定以无偿拨款形式补助排污单位治理污染源费用一般不得高于其缴纳排污费的80%,造成资金分散,重点排污单位治理资金缺乏。建立基金制,实行资金有偿使用,可以使这笔资金的使用趋于合理化,有利于重点污染源的治理,有利于对基金使用的监督。

问:排污费改为有偿使用会不会加重企业负担?

答:不会加重企业负担,相反还可以为企业筹集污染治理资金提供方便。按国家政策规定,企业缴纳的排污费可以摊入产品成本,我国目前的排污收费标准很低,只占企业生产成本的0.1%—3‰,大大低于企业因排放污染物而造成资源的消耗、损失和破坏。这次国务院发布的暂行办法,又给排污单位使用这笔治理污染源基金很多优惠,不仅贷款利率从低,而且规定企业按质、按时完成治理任务,可豁免一定数额的本金,为保证企业还款能力,还开辟了四条新的还款渠道。这样,有利于增加排污单位治理污染的责任感和紧迫感。

8月18日

邓小平等党和国家领导人在北戴河会见出席1988年暑期高校会议的全体同志

中国人民银行采取措施严格控制消费基金的过度增长

据了解,今年前7个月,银行货币净投放达183亿元,而去年同期净回笼44亿元。货币的投放和回笼相抵,今年比去年同期实际多投放货币227亿元。上半年,全国职工工资及个人其他支出比去年同期增长23.7%,行政经费,企事业管理费支出比去年同期增长46.5%,而且仍然呈现继续上升的势头。

为控制消费基金的过度增长,中国人民银行最近要求各地银行加强对企事业单位的现金管理,并强调各地银行对超过国务院规定多发物价补贴的,对各类公司、各企事业单位未按国家规定滥发消费基金的,都要坚决停止支付现金。任何不符合使用现金规定而提取现金的,银行都有权拒付。

中国人民银行新闻发言人就调整存贷款利率问题答《人民日报》记者问

问:为什么要调整银行存、贷款利率?

答:目前的银行利率总水平与物价上涨幅度相比偏低,与当前的资金供求关系也不相称,这既不利于抑制过度的资金需求,也不利于银行筹集社会资金和稳定物价。因此,我们对当前经济发展状况反复进行研究和测算,特别是充分考虑到我国近来物价上涨情况和工商企业、农业生产者的承受能力后,经国务院同意作出决定,调高利率。

问:这次调整利率有哪些特点?

与以往的利率调整相比,这次有以下特点,一是存、贷款利率做了全面调整;二是统一了企事业单位存款与个人存款的利率;三是在调整贷款利率的同时,人民银行还扩大了各金融机构浮动贷款利率的权限,即贷款利率上浮幅度由现行的20%扩大到30%,同时允许上浮利率的贷款项目,由现在局限于流动资金贷款项目扩大到包括固定资产贷款在内的几乎全部贷款项目。

问:为什么要统一企事业单位和个人的存款利率?

答:过去按存款人的性质分别确定不同利率的做法,已经不能适应我国当前商品经济发展的要求。因此,今后将不再区别企业、事业单位和个人确定存款利率,对定期存款一律按期限长短确定不同利率。这不仅保护了集体存款者的利益,更重要的是可以堵住利用存款利率不一致把公款改作私人存款从中捞利差的漏洞,防止利用低利率存款搞不正之风。

问:这次利率调整后对我国经济将会产生哪些影响?

答:第一,银行存款将会进一步稳定和扩大。第二,贷款利率提高的幅度虽然不大,但将迫使企业改善经营管理、提高产品质量或减少长线滞销产品的生产规模。第三,由于前两条作用的实现,银行就可以腾出一部分资金支持能源、交通、通信等行业和一些市场急需的短线产品生产的发展,从而促进产业结构的调整。第四,利率调整后,资金价格提高,资金需求和货币供应量减少,将会对抑制物价上涨产生积极的影响。

问:今后你们还有什么打算?

答:这次利率调整的幅度并不大,特别是短期存款利率还不能完全抵消物价上涨给存款人带来的损失。随着物价改革的推进以及其他方面改革深化,我们将更灵活地作出反应,以治理通货膨胀。

我国目前规模最大的石油气具系列产品厂在广东顺德投产

这个厂投资总额达1.2亿元,其自动化生产线,每20秒钟生产1台电子打火燃气炉,每30秒钟生产1台安全型快速热水器或保温式燃气饭煲。年产能力达70万台。

外交部新闻发言人金桂华表示支持港英政府遣返滞港越南难民

发言人说,今年以来,越南难民流入香港的情况日益严重,据香港报纸报道,目前已达2.2万余人。这给香港造成了巨大的压力和沉重的经济和社会负担,影响到香港的稳定和繁荣。对此,我们表示关注。

他说,当然,根本解决办法还是应该从难民的来源国寻找。越南政府应对自己的人民和国际社会采取负责的态度,不要再继续制造难民,增加其他国家和地区的负担,并且应采取切实措施接回已流入香港的越南难民。

金桂华重申,我们一贯不鼓励、不支持越南难民船只经由中国沿海地区流入香港,今后我们也将采取这一态度。

《钢枪铁笔录》出版

这是著名战斗英雄张明所著新闻通讯集,最近由湖南少年儿童出版社出版,40多篇作品是作者从在战争年代和新中国成立初期所写的数百篇新闻通讯中挑选出来的。13岁参军的张明现在是南京军区纪委书记。被誉为新闻名篇的《桌上的表》,就是他在解放洛阳时手吊绷带,在油灯下写就的。

张爱萍同志为此书作序。

全国少儿韵律操赛在北京结束

获决赛前8名的是广西队、中国儿童少年活动中心队、天津队、新疆队、北京队、贵州队、湖南队和宁夏队。获创编奖的是广西队、天津队、中国儿童少年活动中心队。

来自全国21个省、市、自治区基层少年宫和中小学校的近200名小运动员,进行了两天自编集体徒手韵律体操比赛。邀请赛目的在于推动全国广大少年儿童积极参加体育锻炼,丰富孩子们的文化体育生活,培养少年儿童多方面的兴趣和爱好。

比赛由国家体委、国家教委联合举办,中国儿童少年活动中心承办。

8月19日

全国受旱面积达1.7亿亩

水利部防汛抗旱办公室提供的材料表明,尽管局部地区出现洪涝灾害,但是干旱仍然是目前全国总的气候形势。截至8月17日,全国各地受旱面种达1.7亿亩,主要旱区仍在南方沿长江中下游和闽、黔诸省,内蒙古、山东、陕西和东北局部地区也出现旱情。其中湘、鄂、川、赣、皖、鲁和内蒙古等省区受旱面积都超过1000万亩。

有关部门综合全国总的气候形势后认为,今年入夏以来,国内局部地区发生洪涝灾害,有的地区特别是嫩江流域洪涝灾害还很严重,但是全国总的受涝面积低于往年同期。而各地受旱状况却很普遍,对农业生产影响较大。四川东部地区现在受旱面积达2900万亩;湖南省受旱2674万亩,其中受旱严重、枯萎死苗的农田达374万亩;辽宁省因近日降雨缓解了旱情,但已有1200万亩受旱成灾,其中绝收190万亩。

据有关专家分析,今年各地旱情的特点主要有:一是干旱气候持续时间长;二是今年汛期台风对缓解旱情作用范围不大;三是旱区灌溉用水多,而水库蓄水相对不足;四是一些省区的干旱和洪涝现象同时发生。

水利部农水司负责人今天对记者说,在干旱的情况下,各地有关部门积极采取措施,组织群众性的抗旱活动,对于缓解当地旱情起到明显作用。目前各地旱情仍很严重,抗旱的任务依然艰巨,希望各地有关部门继续努力,在防汛同时,加紧抗旱工作。要防汛抗旱一起抓。

国家林业部和公安部联合召开电话会议对乱砍滥伐森林歪风作出紧急部署

林业部部长高德占在分析引起乱砍滥伐的原因时说，除了复杂的经济因素和社会因素外，主要是工作薄弱，执法不严，打击不力。有些案件涉及某些领导干部，处理上手软，有意无意地加以袒护和包庇，从客观上助长了乱砍歪风。有的地方领导对群众毁林致富的错误做法不能及时制止，以至姑息纵容，个别领导干部甚至参与或在后面支持乱砍滥伐。

在电话会议上，林业部和公安部要求各地当机立断，采取最坚决、最有力的措施刹住乱砍滥伐歪风。各省区要坚决贯彻去年中央20号文件精神，对当地乱砍滥伐森林制止不力的，追究县委、县政府领导人的责任。各地要立即组织强有力的工作组，对哄抢盗伐事件，逐件清理，一件也不能放过。对影响面大、查处难度大、久拖不决的大案要案，集中力量，抓紧处理，不论涉及什么人都必须认真清查，严肃处理。

电话会议强调，国营林场和自然保护区经营管理的山场、林木，任何单位都不得以任何借口侵占、破坏。哄抢盗伐国有林木是违法犯罪行为，必须坚决依法处理，该判刑的要判刑，决不能手软。对挑动群众哄抢破坏森林、伤害护林人员的犯罪分子，必须从速从重依法惩办。除个别大案外，一般都应在年末之前有所交待。

针对林权争议往往被作为乱砍滥伐借口的现象，高德占宣布，各地对有争议的林木，先一律冻结采伐，双方听候调解和仲裁。争议各方在林权纠纷未解决之前，都不准进行砍伐，更不得无理纠缠。对借口有林权争议而进行乱砍滥伐的，除追究当事人外，还要追究当地领导的责任。

林业部公安部要求各部门密切配合，协同作战，打好制止乱砍滥伐的总体战。

中国人民银行全国分行长会议在北京召开

刘鸿儒副行长要求各家银行加强货币信贷控制，尽最大努力发挥金融对经济的能动作用，以治理通货膨胀。

今年以来，经济工作中的一个突出问题是物价持续上涨，货币信贷增加过多。8月1日至15日，净投放货币73.14亿元，比去年同期增加26.75亿元。1月至7月，银行各项贷款增加696.4亿元，比去年同期增加448.5亿元。据人民银行的专家分析，往年1月至7月各项贷款一般是下降的，近两年有所增加，也只占全年增加额的20%左右，而今年却占49.1%。货币、信贷增长过猛的局面若不改变，将为明年的改革带来困难，也会使经济发展难以稳定。

刘鸿儒指出，银行既要严格控制货币信贷投放，又要支持经济发展，这就需要把控制信贷规模和调整结构结合起来。

控制规模，即一方面将各专业银行的存款准备金提高到13%，对金融信托机构实行特种存款，以此削弱专业银行和其他金融机构的贷款能力；另一方面，今后各家银行谁增加贷款，谁就必须面向社会挖掘潜力，而不能靠中央银行拿钱弥补信贷缺口，支持高速度。各地区也不可向银行施加压力。

调整结构，即实行分类排队，有保有压的政策。银行主要保农副产品收购和出口产品收购的资金供应；保适销对路的工业品生产；保国家计划内重点建设项目。同时，压缩固定资产投资；压经济效益差的企业的贷款和不适销对路产品的生产；停止非法倒卖物资的各类公司的贷款和抢购、囤积物资的贷款。

这位副行长说，当前，许多非法活动都是通过现金交易，冲击市场的。为此，银行必须加强对现金的管理，改革结算方式。

最后，刘鸿儒强调，各金融机构要把好货币信贷投放关口，就一定要清廉不私。各金融机构在办理存款、贷款和拆借业务时，除收取利息外，不能加收回扣和好处费。

我国对外贸易10年增长两倍多

对外经济贸易部部长郑拓彬说，实行开放政策以来，我国对外贸易以每年递增14.2%的速度发展，1987年进出口贸易总额比1978年增长2.3倍。1979年至今年上半年9年半的进出口贸易总额，是开放前29年总和的2.7倍。

郑拓彬说，实行开放政策，打破了以前外贸工作中的框框、禁区。对外贸体制进行的一系列改革，广泛采用国际通用的各种灵活多样的贸易方式，促进了扩大外贸出口。据经贸部统计，1987年全国出口贸易总额为346亿美元，比1978年增长2.56倍。出口商品中工业制成品的比重由1978年的46.5%上升到1987年的61.2%，初级产品所占比重则相应下降。

出口创汇的增加，为我国扩大进口提供了条件。目前外贸出口创汇已占我国外汇收入的80%以上。1987年我国进口额为334亿美元，比1978年增长2.1倍。我国进口额的80%用于进口生产资料，其中绝大多数是先进技术和设备、国内短线产品和紧缺原材料。进口的技术设备和物资，有力地支持了国内工农业生产，加强了国内生产的基础。近年来我国还进口了不少生活必需品和消费品，直接用于改善人民群众的生活。

郑拓彬说，有人测算，1987年我国的工农业总产值,有20%左右是通过对外贸易实现的。我国出口总额在国民收入中的比重,由1978年的5.6%上升到1987年的12.8%。这标志着我国经济已从封闭、半封闭状态走向全面开放,并且在世界市场上已经占有一定的份额。

国务院副总理吴学谦在北京会见由钱德拉率领的印度全印和平与团结组织代表团

最高人民检察院检察长刘复之在人民大会堂会见并宴请由厅长柯曼·帕他拉披隆率领的泰国最高检察厅代表团

国家教委决定表彰一批对基础教育作出显著贡献的师范学校

受表彰的有119所中等师范学校和26所师范专科学校。国家教委将向它们颁发奖状和奖金。

我国目前有185所师范专科学校和1000多所中等师范学校,它们负担着为基础教育培养教师的重任,它们的工作对实施九年制义务教育起着关键的作用。这次被表彰的学校都是办学思想端正、建设成绩显著、教学质量高、管理好的学校。这些学校的毕业生绝大部分在初中、小学或幼儿园努力工作,为当地基础教育事业作出了很大贡献。

国家教委在教师节即将到来之时表彰这些师范学校,一方面是奖励这些学校的工作成绩,同时也是为了提倡为基础教育做贡献的精神,希望广大青年投身到普及九年制义务教育的事业中来。

全国小学德育整体改革实验工作汇报会在庐山召开

与会代表回顾了近几年来的小学德育工作,总结交流了实验工作经验。一致认为,近年来小学德育工作取得了可喜的进展。

会议要求各省、市、自治区教育行政部门,从实际出发,采取切实措施,贯彻落实国家教委最近颁发的《小学德育纲要》《小学生日常行为规范》。要向广大学生进行以"爱祖国、爱人民、爱劳动、爱科学、爱社会主义"为基本内容的社会公德教育和有关的社会常识教育。

贵州发现巨猿化石

据《人民日报》报道,贵州桐梓县元田区岩灰洞穴中发现了巨猿牙齿化石10余枚,洞穴直立人牙齿2枚。这是省科学院古人类学家曹泽田发现的。贵州大学沈冠军教授认为,这些化石绝对年代在21万年以上,对人类起源和进化研究提供了宝贵依据。

8月20日

国家主席杨尚昆根据全国人大常委会的决定任免驻外大使

一、任命王嵎生为中华人民共和国驻哥伦比亚共和国特命全权大使;

免去李国新的中华人民共和国驻哥伦比亚共和国特命全权大使职务。

二、任命李国新为中华人民共和国驻阿根廷共和国特命全权大使;

免去沈允熬的中华人民共和国驻阿根廷共和国特命全权大使职务。

三、任命赵维为中华人民共和国驻巴布亚新几内亚特命全权大使;

免去高建中的中华人民共和国驻巴布亚新几内亚特命全权大使职务。

四、任命安惠侯为中华人民共和国驻阿尔及利亚民主人民共和国特命全权大使;

免去金森的中华人民共和国驻阿尔及利亚民主人民共和国特命全权大使职务。

五、任命祝幼琬(女)为中华人民共和国驻希腊共和国特命全权大使;

免去唱鸿声的中华人民共和国驻希腊共和国特命全权大使职务。

六、免去许澄骅的中华人民共和国驻吉布提共和国特命全权大使职务。

国务院总理李鹏在大连会见日本三菱重工业株式会社社长饭田庸太郎和日本电源开发株式会社社长藤原一郎一行

中共中央党史研究室重新组建

中共中央最近发出通知,决定撤销中共中央党史研究室、中共中央党史资料征集委员会,组建新的中共中央党史研究室。胡绳任主任,沙健孙、马石江、郑惠任副主任。

环京经济协作区在北京正式成立

这个经济协作区由北京市和河北省环京的唐山市、秦皇岛市、保定市、张家口市、张家口地区、承德地区、廊坊地区、保定地区联合组建。是以北京为依托的开放式、网络型的区域经济协作组织。

协作区的各个地、市,历史上有着广泛的社会联系,在经济发展上亦各有自己的特点。唐山市有煤、钢、电等优势；秦皇岛市有吞吐量居全国第二位的优良港口；张家口地、市是连接中原和北疆的贸易集散地；保定、廊坊、承德地、市在经济上也各具特色。

我国最大的光纤生产线在北京投产

北京六〇五厂从英国引进的石英光导纤维生产线，近日正式投产。这条目前国内产量最高的生产线，每年能生产单模、多模光纤一万公里。

海峡两岸商务仲裁研讨会在香港举行

在研讨会上，双方初步达成几项共识：一、肯定两岸商务仲裁的重要性；二、今后将通过香港台湾贸易协进会加强双方有关资料交换；三、研究在第三地区建立双方司法机构认同的仲裁组织或渠道。

来自大陆的中国对外经济贸易仲裁委员会副会长刘绍山、委员柳谷书、董有淦、驻港副代表刘承雄和来自台湾的台湾商务仲裁协会理事长黄绵绵、秘书长高惠民、副秘书长黄志兴出席了研讨会。

香港台湾贸易协进会主席丁楷恩在会上表示，两岸经贸交流成长很快，在两岸尚无共同承认的法律依据情况下，商务仲裁可说是解决贸易纠纷的最佳途径。

台湾商务仲裁协会理事长黄绵绵希望这次会议能开花结果。该协会已成立30多年，登记获准的仲裁人有100多人。中国对外经济贸易仲裁委员会副会长刘绍山表示，仲裁机构只是民间机构，需要法院的支持。目前内地与台湾仲裁机构正在寻求这方面的支持。

21世纪中国数学展望学术讨论会在天津举行

会议于8月20日召开，于24日结束。李铁映、周培源、著名美籍数学家陈省身到会并讲了话。

由陈省身倡议，程民德、吴文俊等10位数学家发起这次讨论会，并得到国家自然科学基金会资助，以交流国内外数学各领域的发展状况和国家数学重大项目进展情况，讨论如何加快我国数学发展，赶上世界先进水平。来自海内外的近200位中国数学家参加了讨论，其中100余位是青年数学家，有近40位博士后、博士生专程从国外赶来，台湾数学家也参加了讨论。

李铁映对陈省身教授为中国数学所做的贡献表示感谢，他把数学家们对21世纪中国数学的展望——“让数学率先赶上国际先进水平”，称为“陈省身猜想”。他表示，国家教委和有关部门将为这一“猜想”的实现给予支持和帮助。他还当场将丁石孙、谷超豪等9位担任大学校长的数学家介绍给与会者，强调数学界人才济济，并希望与会的青年数学家更好地报效祖国，国家也将制定更加灵活的政策，促进改革开放，繁荣学术研究。

来自海外的与会者除了介绍所在国的数学发展状况外，不少人还利用这次会议，联系将来回国的工作，以及建立一些合作关系。还有一些人开完会后就将留在国内工作。

1988年全国青少年计算机程序设计浪潮杯竞赛在清华附中举行

中国科协名誉主席周培源等向获奖者颁发了证书和浪潮奖杯。国家自然科学基金会等对竞赛活动给予了资助。

这次竞赛，是由中国计算机学会和计算机信息报社联合举办的。28个省、市、自治区和解放军、石油系统共30个代表队的120名中小学生参赛。获Basic和Logo组一等奖的共7名，他们分别是：柴海新（河南）、庄骏（北京）、陈杲（湖北）、余智华（湖北）、薛晓岗（广东）、王强（上海）、马琳（北京）。

全国高等农业院校分配改革工作会议在沈阳召开

农业部教育司有关负责人在会上说，今年，全国高等农业院校3万名毕业生，80%充实到了县以下农业基层单位。但比起来，高等农业院校毕业生分配比其他大学更困难一些。农口县以上用人单位基本已饱和，基层和农业生产第一线由于经费和编制紧张，分去的大学生既难找到岗位又待不住。这种情况由来已久。目前，全国一半以上的乡镇无农技站，2/3的村没有技术服务组织，70%的农业科技成果没有推广使用。

一些专家指出，我国的高等农业教育，既要为发展农业科学、农业教育和迎接农业新技术的挑战培养高层次的人才，更要面向基层和农业生产第一线，为进行农业的技术改造、为传统农业向现代农业过渡培养有用之才。但目前的招生分配制度，统得过死，把农村数以亿计的有中等文化、有一定实践的青年拒之门外，学生毕业后只能面向国家机构这一种用人市场。这样下去，势必导致农业院校的萎缩。所以，高等农业院校要确立新的办学思想，实行多形式入学、多规格培养、多渠道就业。

据了解，为试行改革，这几年各高等农业院校已做了有益的尝试。山东农业大学今年定向招生比例已扩大到55%；西北农业大学试行统招预分制，学生一入学即实行定向培养；华中农业大学、贵州农学院通过加强宣传，扩大招收保送生名额；北京农业大学把过去按专业招生改为按系招生，拓宽学生的知识面。

在沈阳农业大学召开的这次会议，总结了上述经验，认为高等农业院校全部和大部分毕业生立即实行不包分配制度的条件尚不成熟，明年将主要推行定向招生、定向培养、定向就业的改革方案，通过采取配套优惠政策，完善“三定”合同，把大批人才充实到基层和生产第一线，输送到边疆、贫困地区和少数民族地区。

敦煌吐鲁番北京资料中心正式成立

设在北京图书馆分馆的该资料中心由中国敦煌吐鲁番学会与北京图书馆共同创办的。

这个资料中心的主要任务是系统地搜集、整理、入藏敦煌吐鲁番学的有关资料，编辑出版有关目录和论著，为国内敦煌吐鲁番学界提供阅览和咨询条件，并为国外敦煌吐鲁番学文化交流服务。

陕西旬邑发现汉代大型宫殿群遗址

据《人民日报》报道，这个遗址位于西安西北200公里的旬邑县排厦乡沟老头村。它以村为中心，东西长1500米，南北宽1000米。遗址范围内散布着大量汉代早期筒瓦、板瓦、方砖残片和各种瓦当残片。在遗址内采集到的大小不同的完整瓦当10多件，分别刻有“长生未央”、“长乐未央”文字及云纹图案，文字书法流畅，图案线条圆润自然，具有很高的艺术价值。

考古工作者认为：从这个遗址出土的瓦当种类看，绝非一座单一的建筑，而是一组宫殿群。从瓦当上的文字及花纹看，这个建筑群不是一般平民或官吏所能享用，而属皇室享用的一组大型行宫。这组宫殿群遗址的发现，为研究汉代早期宫殿建筑群在咸阳的分布情况，提供了重要依据，对研究当时的政治、经济、文化艺术都具有极其重要的意义。

台湾宜兰地区发生6.7级地震

地震发生在宜兰东部112公里以外的海底，由于海水的缓冲作用，震波不太强烈，这是台湾近两年来最大的地震。

8月21日

全国人大常委会委员长万里在人民大会堂设宴欢迎阿卜杜·卡迪尔·卡杜拉议长率领的阿拉伯叙利亚共和国人民议会代表团

万里对伊朗和伊拉克昨天开始正式停火表示“庆幸和祝贺”。万里在讲话中说，中国一向认为第三世界国家要尽力争取和维护国际和平，集中力量维护国家主权，发展民族经济，努力改善和提高本国人民的物质与文化生活水平。他指出，要完成这一历史任务，离不开一个良好的国际和平环境。

在谈到中东地区局势时，万里指责以色列当局坚持顽固立场，蛮横镇压被占领土人民的反抗斗争，使中东形势继续紧张和动荡。他重申：中国人民一贯同情和支持阿拉伯人民的正义事业，坚决支持阿拉伯国家和巴勒斯坦人民加强团结，反对以色列侵略扩张的正义斗争，支持在联合国主持下，召开中东问题国际会议，全面公正地解决中东问题。

卡杜拉议长在讲话中指出，以色列当局所奉行的侵略扩张政策，不仅威胁中东地区的安全与和平，而且也威胁全世界的安全与和平。

他呼吁在联合国主持下，召开一次中东问题的国际和平会议，交战各方，包括巴勒斯坦人民的唯一合法代表——巴勒斯坦解放组织在内，平等地出席会议。他强调，这次会议的基础是以色列撤出它所占领的阿拉伯领土，保证巴勒斯坦人民的合法权利，其中包括他们返回家园、自决和在其国土上建立独立国家的权利。

中直机构改革进展顺利

据《人民日报》报道，去年12月，中共中央政治局第二次全体会议原则批准中央直属机构改革方案以后，中央书记处经过认真研究，制订了《党中央直属机构改革实施方案》，并认真组织了实施。经过改革后的党中央直属工作机构和事业单位现有：中央办公厅、中央组织部、中央宣传部、中央统战部、中央对外联络部、中央政治体制改革研究室、中央农村政策研究室；中央顾问委员会机关，中央纪律检查委员会机关；中共中央直属机关工作委员会、中共中央国家机关工作委员会；中央党校、人民日报社、中央党史研究室、中央文献研究室、中央编译局。

这次党中央直属机构改革，按照党政职能分开，增强活力，调动积极性，加强和改善党的领导的基本原则，着眼点在于转变职能，着重划清党的工作部门和行政部门的职责，理顺党的工作机构和政府机构的关系，理顺党务工作部门之间的关系，理顺党和群众团体的关系，形成精干、高效的工作体系。改革的主要做法是：撤销与国务院职能部门重叠的领导小组和办事机构；合并业务相近的事业单位；明确直属工作机构的职能，精简内部人员。通过前一阶段的改革，中央直属机构在明确职责、精简机构、提高效能方面迈进了一步，取得了初步成效。目前，各单位正在进行定职能、定机构、定编制的工作，改革的各项配套措施正在落实。

国家税务局发出通知在全国开展检查清理发票工作

通知要求，各级税务机关进一步加强对发票的统一管理，严厉打击利用发票进行偷税和非法经营的行为，维护社会主义商品经济新秩序，并决定于今年9、

10月间在全国范围内开展检查清理发票的工作。

通知规定,凡纳入发票管理的票据,均属这次检查清理的范围。对印票、用票单位和个人印制、使用和管理发票情况进行全面清理检查。重点检查私印私售发票,利用涂改、伪造发票等手段偷税和非法经营以及在财务收支、账务处理中使用非统一发票和白条入账等问题。对基层税务机关管理发票的情况,也要清理检查。中外合资经营企业、中外合作经营企业、外资企业以及在中国境内的华侨和外籍、港澳人员印票用票情况,不属这次检查清理的范围。

通知规定,这次主要检查清理1987年和1988年印制、使用和管理发票的情况,对检查中发现的重大案件可以追溯到1986年。在检查清理中,查出的问题应及时处理,该补税的补税,该罚款的罚款,情节严重、构成犯罪的应移送司法机关依法追究刑事责任。

中国利用外资发展经济10年累计逾400亿美元

外经贸部部长郑拓彬透露,从1979年至今年上半年的近10年间,我国实际使用外资累计超过400亿美元,对我国国民经济发展起到了有益的补充作用。

郑拓彬说,我们采用了国际上吸收外资的各种方式,积极利用不同社会制度国家和国际金融组织的资金为发展我国经济服务。据统计,1979年至今年上半年我国实际利用的410多亿美元外资中,实际使用国外贷款累计达295亿美元:批准举办三资企业1.2万个,外商已实际投资约100亿美元;通过"三来一补"、国际租赁与其他方式利用的外资有22亿美元。

8月22日

国家主席杨尚昆在钓鱼台国宾馆会见柬埔寨诺罗敦·西哈努克亲王和夫人

双方就柬埔寨问题交换了意见。

会见中,西哈努克重申了他对解决柬埔寨问题的立场:(一)越南必须在1989年年底以前从柬埔寨全部撤军。(二)解散金边现政权。(三)成立四方联合政府。杨尚昆对西哈努克的上述主张表示赞赏和支持。

国务院批准国家科委作出的《关于动员和组织科技力量为沿海地区经济发展战略服务的决定》

《关于动员和组织科技力量为沿海地区经济发展战略服务的决定》(以下简称《决定》)针对当前世界经济发展的潮流,指出我国科技人员为实施沿海地区经济发展战略的工作重点是加强出口创汇产品的研究开发。

《决定》说,要把乡镇企业作为推广运用科研成果的重要基地,在沿海地区扶持和创办一批机制灵活、劳动密集与适用技术结合的外向型乡镇企业。继续动员一批科技人员去承包、领办、租赁乡镇企业,或有计划地组织科技人员去乡镇企业承担任务和任职。促进地方科协、技术市场、民间技术经纪人等中介组织为乡镇企业提供信息、人才、成果等多方面服务。

大中型企业要通过推行承包经营责任制,引入竞争机制,朝外向型企业的转变,以及运用科学管理,增强对科技进步的需求,积极组织科技力量攻克关键技术和工艺难点,提高劳动效率、产品质量和出口创汇能力。

与此同时,有步骤、有重点地发展高技术和新技术产业。

《决定》就深化科技体制改革,制订科技开发计划、政策方面提出了10条措施:

——放活科技机构和科技人员,强化市场机制,促进科技与生产的紧密结合和人才合理流动,制定和贯彻保护科技人员和单位合法权益的法规;

——鼓励兴办各种所有制的外向型科技企业,提倡实行股份制;

——从已有的科技优势出发,从有商业开发前景的项目着手,新办技术开发区;

——建立"科技创业服务中心",为新创企业提供政策、信息、资金等方面的综合服务;

——拟定高技术、新技术产品的税收优惠办法;

——鼓励大中企业与科研、设计单位和高等院校组成不同层次与形式的专业化集团;

——"星火计划"着重推进以科技为支柱的联合经济实体,发展一批具有出口创汇示范性的"星火"密集区;

——加强对外合作与交流,做好经济发展预测、评估和市场分析;

——做好各类人才培训工作,努力从科技人员中培养一批懂技术、通外语、会管理、善经营的新型企业家;

——开辟多种筹措资金渠道。

海事法院积极为沿海经济发展战略服务

据《人民日报》报道,大连、天津、青岛、上海、武汉、广州6个海事法院自1984年10月开始办案至今年6月,共收案1018件,其中涉外案件122件,占12%;外国当事人的国籍遍及亚、欧、非、南北美洲的20多个国家;扣押船舶45艘。

我国海事审判机关围绕沿海经济发展战略,积极主动地为在华投资的外商和外向型企业提供充分的法律保障,把沿海经济发展过程中发生的有关大案要案和涉外涉港澳案件作为海事审判工作的重点。

各海事法院在办案中,坚持实事求是,秉公执法,在法律面前人人平等,不论当事人来自哪个国家或地区,也不论有无中国当事人参与诉讼,都注意切实保障他们法定的诉讼权利。在审判工作中,除了适用我国法律和我国参加的国际公约,还大胆适用国际惯例,使案件办得公平、合理,使中国海事执法的严肃性、公正性得到充分的体现。

利比里亚共和国海洋航运公司前不久曾向我国上海海事法院提出申请,由于土耳其玛迪租船公司不履行租船合同规定的义务,拖欠运费,致使"贡诺森"号货轮在上海港滞留,造成重大经济损失,请求法院扣留该轮所载钢材,直至对方提供担保。上海海事法院受理此案后,及时派员调查,并认真审查了申请人所提供的证据,根据租船合同规定,还参照了国际习惯做法,严肃、公正地作出了裁定,仅仅一个月内,便使此纠纷圆满解决。

最高人民法院交通运输审判庭庭长李国堂表示,随着改革的深化、对外开放的扩大和沿海经济发展战略的实施,我国海上运输事业将日益繁荣,各种外向型企业与海运部门签订的运输合同将日益增多,挂靠我国港口的外轮将日益频繁,各种海事海商纠纷也将随之增加,为此,不仅原有的海事法院要扩大收案范围,而且今后还将在某些沿海经济特区的港口城市增设海事法院,以方便当事人诉讼和法院办案。

李国堂介绍,对于目前海事审判工作中存在的一些亟待解决的问题,最高人民法院已根据我国的有关法律规定,结合我国的海事审判实践,参照国际公约和国际惯例,起草了《关于船舶所有人责任限制的规定》《关于涉外海上人身伤亡之损害赔偿的具体规定》,现已广泛征求有关方面意见,待修改后将下发执行。

航空工业开发生产替代进口产品百种产品性能达到或接近国外水平

据《人民日报》报道,航空工业利用的技术、设备和组织系统工程的优势,为能源、交通、纺织、轻工、食品、包装、石化、建材等28个行业的技术改造提供专用设备、仪器仪表及各种生产线500多项(条),开发民品3000多种;研制生产出一大批替代进口的支柱产品。目前,已有100种产品性能达到或接近进口设备和国外同类产品水平,具有一定的生产批量和供货能力,经国家有关部委审核批准,可以替代进口。最近,还有300余种推荐替代进口产品正在报批。

航空工业所开发的先进设备和替代进口产品,具有以下几个特点:

产品质量好、国产化率高。其研制生产的技术装备和耐用消费品大部分质量在国内居领先地位,达到或接近国际先进水平,国产化率平均在85%以上。100项替代进口产品中的技术装备,价格大体相当国外同类产品的2/3。

投入少,产出早,建设周期快。航空工业已竣工的各条生产线,一般比通常建线周期提前1年至2年。投资相当于国内同类生产线的1/3到1/2。

在建设各条生产线中,航空工业挖掘现有厂房、设备的潜力,尽量少进口。哈尔滨东安发动机制造公司建设年产5万台微型汽车发动机生产线,只引进9台高效机械加工设备。航空工业建设的46个技改项目中,有20多项靠调整军品生产线,基本未引进国外设备。

发挥航空工业多专业、多工艺、成龙配套的综合优势,重点抓配套产品和核心部件的开发。对汽车发动机、冰箱压缩机、空调压缩机等"心脏"部件,舍得投资,花气力。庆安宇航设备公司研制的转子式空调压缩机,体积小,重量轻,加工精度高,首家通过国家验收。目前,航空工业生产的电冰箱压缩机质量也达到国际先进水平,做到自给有余。

国家副主席王震在钓鱼台国宾馆会见并宴请日本政治评论家饭岛清和日本前首相中曾根康弘的秘书筑比地康夫

国务院副总理吴学谦在北京会见由卜杜·卡迪尔·卡杜拉议长率领的叙利亚人民议会代表团

外交部部长钱其琛在钓鱼台国宾馆会见并宴请津巴布韦外交部长内森·沙穆亚里拉

黑龙江阿城发现金代大型贵族墓

黑龙江省文物考古工作者最近在阿城市巨源乡城子村发掘一座金代大型贵族墓。墓葬保存之完好,出土文物之丰富均为我国金代考古所罕见。

经专家考证,墓主人为完颜晏。据《金史》载:完颜晏曾仕于太宗、熙宗、海陵、世宗四朝。他受封王之国号先后有葛、宋、许、齐等。世宗大定二年(1162年)进拜太尉,卒于当年。墓中出土遗物达百余件,其中种类繁多、保存完好的金代服饰的出土,在我国尚属首次。

8月23日

国家主席杨尚昆在北京会见阿拉伯联盟7国委员会代表团

杨尚昆说,中国将同国际社会一道,为全面贯彻联合国安理会第598号决议尽最大努力。

在会见阿拉伯联盟7国委员会代表团时，杨尚昆对伊朗和伊拉克经过8年交战终于停火表示高兴。他希望两伊本着互谅互让的精神，在第598号决议的基础上尽早解决争端，实现海湾地区的和平。

代表团团长、科威特副首相兼外交大臣艾哈迈德·萨巴赫向杨尚昆阐述了阿盟7国对贯彻第598号决议和实现海湾地区和平的立场。他强调要实现海湾地区的持久和平。

代表团团员、伊拉克外交国务部部长萨敦·哈马迪说，伊拉克将以谅解和耐心，本着第598号决议的精神，参加将在日内瓦举行的同伊朗的会谈。

新华社全文播发中央纪委公布的《中国共产党纪律检查机关案件检查工作条例(试行)》

第一章 总 则

第一条 检查违犯党纪案件是党的纪律检查机关一项经常性的工作，是严肃党纪的中心环节，在纪律检查工作中占有重要的地位。为了正确执行党的纪律，根据党章有关规定，结合案件检查工作的实践，特制定本条例。

第二条 案件检查的任务是，检查党员和党组织严重违犯党章、党纪的案件，以严肃党纪，保证党的路线、方针、政策的贯彻执行。

第三条 案件检查必须坚持实事求是的原则，重证据，重调查研究，以事实为根据，以党章和党纪为准绳，做到事实清楚，证据确凿，定性准确，处理恰当，手续完备。

第四条 案件检查要贯彻惩前毖后、治病救人的方针，达到既维护党纪的严肃性，又教育本人和广大党员的目的。

第五条 案件检查要依靠党的各级组织，走群众路线，认真听取各方面的意见，取得有关部门的密切配合。

第六条 案件检查要坚持在党的纪律面前人人平等的原则，任何党员和党组织违犯党的纪律都必须受到追究。

第七条 案件检查中，要切实保障党员包括被检查的党员行使党章所赋予的各项权利。

第八条 案件检查实行分级办理、各负其责的工作制度。

第九条 案件检查要贯彻党政分开的原则，党的纪律检查机关负责检查违犯党纪的案件。

第二章 立 案

第十条 纪检机关对反映、检举和控告党员或党组织严重违犯党章、党纪的问题，经分管纪检室(处、科)的书记或常委批准，进行初步核实。核实后，如系一般性问题，应进行批评教育；如确有违纪事实并需给予纪律处分的，予以立案。

第十一条 凡党员或党组织犯有下列错误之一的，均应立案：

(一)拒不执行党的路线、方针、政策和决议，公开诋毁、否定四项基本原则；

(二)抵制、阻挠改革开放，损害国家和人民利益；

(三)严重以权谋私，侵犯国家、集体和群众利益；

(四)严重官僚主义失职错误，给国家和人民利益造成重大损失；

(五)违犯党的组织纪律，任人唯亲，拉帮结派，破坏党的团结统一；

(六)破坏党的民主集中制，严重侵犯党员民主权利，压制民主，打击报复；

(七)违犯党的宣传纪律，造成重大政治影响；

(八)蓄意捏造事实，诬陷他人；

(九)泄露党和国家机密，情节严重；

(十)弄虚作假，骗取名利；

(十一)违犯外事纪律，在涉外活动中丧失国格人格，损害党和国家利益；

(十二)徇私舞弊，包庇严重违法违纪人员；

(十三)奢侈浪费，挥霍国家和集体财物；

(十四)道德败坏，腐化堕落；

(十五)有贪污受贿、敲诈勒索、投机诈骗、欺压群众等违犯国家法律法令的行为，尚未构成犯罪，但需追究党纪责任的；

(十六)其他严重违犯党纪的行为。

第十二条 对党员的违纪问题，实行分级立案。

(一)对反映党的中央委员会委员违犯党纪的问题，由中央纪委进行初步了解，确属违纪的，按党章规定，向党的中央委员会检举，经中央批准后立案。

对反映党的中央顾问委员会委员违犯党纪的问题，由中央纪委进行初步了解，确属违纪的，向党的中央委员会检举，经中央批准后立案。

对反映党的中央纪委常务委员违犯党纪的问题，经初步了解，确属违纪的，向党的中央委员会检举，经中央批准后立案；其他委员违犯党纪的问题，由中央纪委常委会决定立案。

(二)党的地方各级委员会常务委员，党的省、自治区、直辖市顾问委员会常务委员违犯党纪的，由上一级纪委或党委批准立案；其他委员违犯党纪的，由同级党委批准立案。

党的地方各级纪委委员违犯党纪的，除书记应由上级纪委批准立案外，均由同级党委或纪委决定立案。

(三)其他党员干部均按干部管理权限，由相应的纪委决定立案。未设立纪委的,由相应的党委决定立案。

(四)一般党员违犯党纪的问题,由基层党委或纪委决定立案。

第十三条　对于严重违犯党纪、本身又不能纠正的党组织,由上一级纪检机关报请同级党委批准立案。

第十四条　属于下级纪检机关立案检查范围的重大案件,必要时上级纪检机关可直接立案。

第十五条　上级纪检机关责成下级纪检机关立案的案件,下级纪检机关应予立案。

第十六条　需立案检查的案件,由承办案件的检查室(处、科)写出立案报告,并附揭发材料和初步了解的情况,报本级纪委或同级党委审批。

第十七条　各级纪检机关在确定对党员或党组织立案检查时,如与同级党委意见不一致,可请示上级纪委。

第三章　调　查

第十八条　对立案检查的案件,立案单位一般应根据案情,会同被检查人所在单位、地区党组织和有关部门组成检查组。

被检查人系一般党员的,立案机关也可责成其所在单位党组织检查。

第十九条　检查组要熟悉案情,了解与案件有关的政策、规定,研究制订调查方案,通常应向被检查人所在单位党组织通报情况。被检查人所在单位党组织应积极支持办案工作。

第二十条　调查开始时,在一般情况下,检查组应会同被检查人所在单位党组织与被检查人谈话,要求其正确对待组织检查。调查中,应认真听取被检查人的陈述和意见,做好思想教育工作。

第二十一条　检查组发现被检查的党员干部,确犯有严重错误,已影响工作或阻挠、妨碍检查,可报告本级纪委建议有关党组织按照干部管理权限对其采取停职、免职等组织措施。

第二十二条　调查取证:

(一)证明案件真实情况的一切事实都是证据。证据包括:物证、书证、证人证言、被检查人的陈述、视听材料、鉴定结论等。

(二)检查人员有权向知情的单位和个人调查取证。任何党组织和党员有义务如实提供证据。参加调查取证不得少于二人。

(三)检查人员可通过询问当事人、知情人,到现场察看,查阅有关文件资料等,收集证据。也可使用行政、司法机关提供的证据。

(四)收集物证、书证,要尽量收取原物、原件;不能收取原物、原件的,也可拍照、影印、复制,但需注明保存单位和出处。

收集证言,应对出证人提出要求,讲明责任。证言材料要一人一证、一事一证,要用钢笔或毛笔书写。没有书写能力的,可委托他人代写或由调查人作谈话笔录,并经本人认可。所有证言材料都应注明证人的身份,并由证人签字、盖章或押印。

(五)任何人不得涂改或毁弃证明材料。证人要求对原证作出部分或全部更正时,如理由正当应予允许,但不退原证。

(六)要认真鉴别证据,严防伪证、错证。发现证据存在疑点或含糊不清,要重新取证或补证。

第二十三条　认定错误事实须有确凿的证据。只有被检查人的交待,而无其他证据或无法查证的,不能认定;被检查人拒不承认而证据确凿的,可以认定。

第二十四条　检查组应将所认定的错误事实与被检查人进行核对。对被检查人的合理意见应予采纳,必要时还应作补充调查;对不合理的意见,应写出有事实根据的说明。被检查人应在核对材料上签署意见。

第二十五条　调查取证基本结束后,检查组经过集体讨论,要写出调查报告。基本内容:立案依据;主要错误事实及性质;有关人员的责任;被检查人对错误的态度;处理建议。

对调查否定的问题应交待清楚。对难以认定的重要问题可以用写实的办法予以反映。

调查报告须征求被检查人所在单位党组织的意见。

调查报告须由检查组负责人签字。

承办案件的纪检室(处、科)和分管纪检室(处、科)的书记或常委要审议调查报告。

第二十六条　调查过程中发现检举人确属诬告或证人出具伪证的,应建议有关机关严肃追究。

第二十七条　要保护办案人员、检举人、证人。对上述人员进行诬告陷害、打击报复的,应予追究。

第二十八条　属于检举失实的案件,由纪检室(处、科)报请批准立案的机关销案,并向被检查人及其所在单位党组织说明情况。

第二十九条　在案件检查过程中,若发现违纪党员同时又违犯政纪或触犯刑律,可建议有关行政机关或司法机关处理。

第四章　移送审理

第三十条　凡属立案检查需要作出处理决定或审查结论的案件,调查终结后,都要移送审理。由审理室(处、科)按照《党的纪律检查机关案件审理工作条例》进行审理。

第三十一条　调查报告经分管纪检室(处、科)的书记或常委审阅后,纪检室(处、科)应将调查报告连同立案依据、证据材料和被检查人的书面检讨等全部材料整理后，移交本委审理室(处、科)审理，并办交接手续，最后由审理室(处、科)立卷归档。有些重大复杂的案件，经书记或常委决定，审理室(处、科)可派人提前介入进行审理。

在移交审理的同时，检查组还应将调查报告、主要证据和被检查人的书面检讨等材料的复制件，送交被检查人所在单位党组织作出处理决定，按照处分党员的批准权限呈报审批。

第三十二条 审理过程中，如需补充证据，审理室(处、科)可直接调查补证，也可由纪检室(处、科)予以补证。

第三十三条 受政纪或刑事处分的党员，需给予党纪处分的，由审理室(处、科)直接受理。审理过程中，应将案件材料送有关纪检室(处、科)征求意见。需个别补证的，由审理室(处、科)直接补证；需作进一步调查的，经分管纪检室(处、科)的书记或常委同意，由纪检室(处、科)办理。案件的处理结果应告有关纪检室(处、科)。

第五章 对办案人员的要求

第三十四条 案件承办人员应遵守以下纪律：

(一)不准采用逼供、诱供、指供等违犯党章和国家法律的手段；

(二)不准使用拘留、传唤、搜查、侦查、跟踪等司法手段；

(三)不准将检举人、证人的姓名和检举材料、证明材料告诉被检查人和无关人员；

(四)不准向无关人员泄露案情；

(五)不准徇私舞弊，弄虚作假，故意夸大或缩小案情；

(六)不准接受被检查人及其亲属的财物和其他好处；

(七)不准株连无辜。

第三十五条 案件承办人员有下列情形之一的，应当回避：

(一)是本案被检查人的近亲属；

(二)是本案的检举人、主要证人；

(三)本人或近亲属与本案有利害关系的；

(四)与本案有其他关系，可能影响公正查处案件的。

案件承办人的回避，由所在单位的党组织或立案机关决定。

第六章 附 则

第三十六条 属行政监察对象中的党员，违犯政纪同时违犯党纪的，按中央纪委和监察部制定的《关于党的纪律检查机关和国家行政监察机关在案件查处工作中分工协作的暂行办法》办理。

第三十七条 本条例是党的纪律检查机关案件检查的规则，各级党委和纪委都必须严格执行。

第三十八条 各省、自治区、直辖市纪委，中直机关党的工作委员会、中央国家机关纪律检查工作委员会，可根据本条例结合本地区、本部门的情况制定工作细则或具体规定，报中央纪委备案。

第三十九条 中国人民解放军党的纪律检查机关的案件检查工作，可参照本条例的精神另作规定，报中央军委批准。

第四十条 本条例由中央纪委负责解释和修改。

国务院副总理吴学谦在北京会见阿拉伯联盟7国委员会代表团

外交部部长钱其琛在北京同阿拉伯联盟7国委员会代表团会谈

解放军后勤保障改革试点成效显著

据《人民日报》报道，这项由济南军区牵头、在驻鲁豫陆海空军部队中推行的改革试点工作，包括在大军区范围内，陆、海、空三军部队实现油料统一代供，伤病员划区医疗就近收治和装备代修等几项内容。改革试点工作是根据中央军委和总后勤部的有关部署从去年起进行的。过去同在一个地区的陆海空军的后勤保障体制基本是条块分割，自成体系的，结果造成油库、油站、医院、维修点等保障设施重复建设，供应交叉，有的甚至舍近求远，形成物资倒流。改革试点打破了军种界限，实行三军的油库、油站、医院和维修点等通用，部队统一划片就近领油取物、治病和维修装备。有关部门提供的材料表明，改革试点推行一年多，已经取得了显著的成效：一是方便了部队，减少了浪费。以油料供应为例，实行油料代供后，一年车辆少跑120万车公里，节油300余吨；打破军种界限，部队靠近哪个医院就划到哪个医院就诊以后，解决了40个单位、3.3万多人看病舍近求远的问题，光差旅费一年就节约了十几万元；二是增强了部队应急供应保障能力。在试验区内，建成了统一的油料、医疗和装备维修网点，“三军”之间通过统一网点接收供应，彼此增加了了解，有利于在紧急情况下提高后勤保障能力；三是为我军后勤保障体系的合理布局提供了经验和基础，进而为逐步实现我军三军联勤开拓道路。

第二届全国图书金钥匙奖评选在山西太原揭晓

这次获得金钥匙奖的有福建人民出版社出版的《人性的弱点》、百花文艺出版社出版的《战争让女人走开》、昆仑出版社出版的《兴安岭大火》等共50部。获得纪念奖的有80部。此外还有44名获读者奖。

8月24日

国家主席杨尚昆在人民大会堂会见卡塔尔国政府特使哈马德一行

哈马德是7月9日中卡建交后来中国访问的第一位卡塔尔政府官员。

杨尚昆说,两国建交是两国关系发展史上的一件大事,标志着两国的友好合作关系进入了一个新阶段。中国政府愿意在和平共处五项原则的基础上进一步发展与卡塔尔的友好合作关系。杨尚昆表示相信,两国在政治、经济、文化等领域里的合作关系将会得到进一步、全面的发展。

建设部在广州召开沿海城市房地产工作座谈会

据建设部副部长周干峙透露:中央领导同志最近多次指出,城市建设的根本出路就在于实行土地有偿使用,实行房屋商品化,发展中国的房地产业。根据这些指示,建设部将下大力气抓紧住房制度改革、土地有偿使用、房地产市场等项工作,把向职工个人出售商品房和公有旧住宅作为近期改革的突破口。

周干峙说,今年年初国务院住房制度改革总体方案出台以后,各地都加快了商品房建设开发和公有旧住宅的出售准备工作,沿海地区进展更快一些。目前全国商品房年开发工作量已达150亿元,开发面积已超过4000万平方米。周干峙认为,由于前一段房改工作中有关配套措施没有跟上,商品房出售工作中也出现了房价暴涨、贱价出售、普通职工买房难等问题;住房售后服务制度不完善,给买房居民带来了后顾之忧。

这次由建设部主持召开的座谈会讨论了包括“新建商品房出售和价格管理”、“向个人出售公有旧住宅的办法”以及沿海城市房地产市场、房地产行政管理办法等有关政策法规。这些法规对房地产业统一领导、归口管理、商品房价格构成、公有旧住宅的出售范围和对象以及有关优惠条件等都作出了明确规定。

周干峙在讲话中要求沿海地区在我国房地产业改革中先行一步,已经取得的经验要尽快在全国推广。他还透露:作为国家建设工作和房地产业主管部门的建设部机关将在国家机关中率先进行住房制度改革,第一批10幢住宅楼将在近期向职工出售。

中国国际信托投资公司将在新加坡发行日元债券

中国国际信托投资公司(集团)在北京香格里拉酒店签署了发售150亿日元(约合1.13亿美元)债券的协议。在协议上签字的有:中国国际信托投资公司(集团)副董事长兼总经理徐昭隆;主理银行、日本日兴证券公司(新加坡)副社长神崎以及22家联合主理、美国、英国、西德、新加坡和日本的银行或金融机构代表。

这是中国国际信托投资公司(集团)第二次在新加坡金融市场上发行债券。债券为期5年,利息为5.25%,发行价格为101.875%。所筹集的资金将用于国内经政府批准的大型项目。

国家地震局和中国油气总公司召开的科技研讨会在北京开幕

120多位专家开始就油田抗震防灾、注水诱发地震、提高油田采收率等10多个方面高难度课题的研究成果,进行交流审议。

石油和地震两系统的科技合作开始较早,自1987年签订“关于加强合作的协议”以来,这种合作不断深化。双方发挥各自科技专长,互相提供服务,获得可喜成绩。地震系统对江苏、华北、辽河、大港、胜利、玉门、大庆7大油田进行了抗震防灾的基础规划研究,已取得初步成果。在这次会议上,全国地震基本烈度评审委员会将审查江苏油田抗震防灾规划基础资料。

地震部门还对石油开采中往往造成严重损失的油井套管成片破损的机理进行了研究,现已在大庆油田初步建成一个综合监测、试验网。在对注水诱发地震的监测及机理研究、采用多种地震技术提高油田采收率的研究,以及在油田勘探和监测地震等方面的研究中,双方科技人员都进行了积极有效的合作,收到了单方面研究难以取得的效果。科技人员们说,合作研究开阔了思路,今后要进一步扩大研究领域。

全国学校体卫工作会议在江苏南京召开

会议传达了国家教委主任李铁映关于全面加强学校体育的谈话。

国家教委副主任邹时炎谈到学校体育存在的问题时指出,目前全国中等学校的体育教师缺4万余人,城镇及农村中心小学体育教师缺4万余人,学校卫生人员缺额更大。有的地方还在继续侵占本来就缺乏的学校体育场地。如果对这种现象置若罔闻,要追究有关领导干部和当事人的责任。

邹时炎强调,各级学校的校长要像重视数、理、化课程那样重视体育和健康教育;把体育卫生设施作为基本教学设施的一部分予以改善和加强。他还谈到今后要把学生体育的好坏和升学、就业联系起来,体育不及格不能升学。

中国佛教协会会长赵朴初在广济寺会见台湾台北

县无法寺住持施性忠大师和无法寺总干事王兆剑

赵朴初向客人介绍了大陆佛教的情况。他说,大陆各地佛光普照,佛门成为清静的修为之地,佛学教育和研究也有较大发展。台湾几位法师,佛学造诣很深,中国佛教协会的刊物上已刊登过岛内印顺法师和圣严法师的著述。

无法大师施性忠说,台湾佛教源自大陆,两岸制度不一样,但僧人念的都是"一本经"。他表示要用白话文将经义深奥的《金刚经》翻译过来,推动佛学的发展。

8月25日

国务院总理李鹏在人民大会堂设宴欢迎前来进行正式友好访问的日本首相竹下登及其夫人一行

李鹏总理在讲话中首先代表中国政府和中国人民,并以他个人的名义欢迎竹下首相的来访。他指出,10年前,中日两国在中日联合声明基础上,缔结了具有历史意义的中日和平友好条约。这一条约进一步巩固了中日关系的政治基础,和中日联合声明一道,构成了指导两国关系发展的基本准则。10年来,中日关系克服了时而出现的一些曲折,获得了有益的发展,给双方都带来了重要利益。实践使我们深切认识到,严格遵守并切实履行中日联合声明、中日和平友好条约的原则和精神,是两国关系得以健康发展的基本保证。

李鹏总理赞扬竹下首相为中日邦交正常化的实现所作的宝贵努力。他说,阁下就任首相以来,多次表示重视日中关系,并对进一步加强两国的友好合作倾注了很大的热情和精力。对此,我们表示钦佩并给予高度评价。李鹏表示希望双方能共同努力,加强合作,使两国关系能够在老一辈政治家建立起来的良好基础上,开创出新的局面。

在谈到国际形势问题时,李鹏指出,最近以来,国际形势发生了一些积极变化,东西方关系出现的缓和势头,使我们这个世界正朝向有利于和平的方向发展。争取国际局势的进一步缓和、维护持久和平和促进共同发展仍是各国人民面临的共同任务。中国政府真诚希望中日友好合作能够造福于两国人民,并为维护亚太地区乃至世界的和平与发展发挥积极作用。

竹下首相在致辞中首先说,维持和发展日中两国间良好、长期和稳定的关系是日本的重要政策。日本政府遵循日中联合声明、日中和平友好条约及日中关系四项原则,为两国关系的发展竭尽全力的方针是不会改变的。他表示相信,体制不同的两国如能以这样的精神合作,两国间产生的任何问题没有不能解决的。

竹下首相接着说,日本对中国为贯彻现代化政策所进行的努力给予高度评价,日本今后将继续给予尽可能的合作。除了两国间以往的政治、经济关系的发展以外,日本还希望使文化方面的交流得到充实。

竹下首相指出,今年是日中和平友好条约缔结10周年,日中关系始终维持着良好的状态,并获得很大发展。今后两国为世界和平与繁荣继续作出积极贡献的领域是极其广泛的。

参加今晚欢迎宴会的有:人大常委会副委员长荣毅仁、国务委员兼财政部部长王丙乾、政协副主席王光英、外交部部长钱其琛、中国政府陪同团团长、文化部部长王蒙及有关部门负责人。

国务院总理李鹏在人民大会堂同日本首相竹下登举行会谈

竹下登说,日中和平友好条约缔结以来,两国关系发展顺利,他强调,日中友好是日本外交的主要支柱之一。日本政府以对过去历史进行严肃反省为出发点,以日中联合声明、日中和平友好条约及日中关系四项原则为依据,继续重视和发展日中关系的政策不变。日本高度评价中国改革开放取得的成就,将继续对中国的现代化建设给予力所能及的合作。

李鹏指出,同日本发展长期稳定的睦邻友好关系是中国独立自主、和平友好外交政策的重要组成部分,我本人也十分重视中日关系,希望同阁下一道,共同努力,使两国关系在老一辈政治家建立起来的良好基础上,开创出新局面。

在谈到光华寮问题时,竹下登表示,日本政府已多次表示重视这一问题,将按照"一个中国"原则予以对待。李鹏表示,这一问题涉及两国关系的基本原则,希望这一问题能够切实按照中日联合声明、中日和平友好条约以及国际法准则得到合理妥善的解决。

竹下首相宣布,日本政府将从1990年开始的6年间向中国提供约8100亿日元的新的政府贷款。

李鹏对日方给予的资金和资金合作表示感谢,他说,日方的这种做法对中国有好处,从长远的观点看,对日本也有好处。李鹏并表示欢迎日本企业家来华投资,他说,中国政府将进一步改善投资环境。

全国人大常委会委员长万里在北京宴请卢森堡议会代表团

万里称赞卢森堡在推动西欧联合、促进欧洲共同体的繁荣和发展、努力开拓同第三世界国家关系方面所发挥的积极作用。他说,中国十分重视同欧洲共同体和西欧各国在各个领域里发展长期稳定、平等互利的合作关系。万里说,随着改革、开放进程的发展,中国同包括卢森堡在内的世界各国的经济合作一定会进一步扩大和加强。博伦多夫议长赞扬中国在政治和经济改革方面所做的努力。他说，一个繁荣的中国是当今世界稳定的一个基本因素。他对卢中建交20年来两国富有成果的交往感到满意。他表示，卢森堡要在促进卢中两国的友谊与合作道路上继续前进。

中央纪委书记乔石在山东考察

8月25日至31日，乔石先后考察了山东省济南、淄博、潍坊、威海、烟台等市，听取了中共山东省委、省政府领导同志的工作汇报，与省、市和一些县的领导同志进行了座谈，并看了一些工厂企业和农村。乔石指出，最近中央政治局已原则通过了价格、工资改革方案，这是我们整个经济体制改革进一步深化的关键。这个改革，难度是很大的，但是非改不可，并且一定要取得成功。他说，现在我们处在一个比较好的时期，十年来，经济发展的形势是好的，人民的生活水平也有了提高，使加快改革、深化改革有了比较好的条件，但是现在我们要解决的是一些非常困难的问题，对此，必须有充分的认识，并准备做大量的、艰苦的工作。他说，搞好价格、工资的改革首先要靠党的领导，这是我们最大的优势之一。党的各级领导干部和全体共产党员要在思想上、行动上与党中央保持高度的一致，充分发挥党组织的领导和监督、保证作用，使党在人民群众中产生强大的凝聚力，团结广大群众齐心协力地加快改革、深化改革，闯过难关；各级党的组织和全体党员要在深化改革中经受住新的锻炼和考验。

乔石说，在经济体制改革的关键时期，党的各级领导干部和全体共产党员要把加强党的建设，从严治党，放在一个很重要的位置上。他说，我们党历来有很多好的传统和作风，在新的形势下仍然需要保持和发扬，并结合深化改革的实际使其有新的发展。在深化改革的关键时期，全体共产党员、特别是领导干部必须坚持群众路线，注意密切联系群众，要经常深入基层，调查研究，了解情况，搞好协商对话，倾听群众的意见和建议，加强工作的透明度，同时注意总结和宣传群众中出现的好的经验和典型，不断改进我们的工作。他说，我们尤其要注意加强基层党组织和基层政权的建设，要把基层工作看成是一切工作的基础，把基层工作做好了，党的各项方针政策才能真正落到实处。

乔石在山东考察中，希望党的各级组织和全体共产党员在深化改革的过程中，坚决贯彻落实党中央和国务院已经制定和即将制定的有关决定，真正做到令行禁止，统一行动，并努力做好思想政治工作，使广大群众理解和支持改革，为改革创造一个良好的社会环境。

《人民日报》发表民革中央主席朱学范的文章《两岸工会合作 共同振兴中华——纪念第六次全国劳动大会40周年》

今年是第六次全国劳动大会40周年，这次大会在我国工人运动史上具有重大历史意义。它充分体现了全国工人大团结的强烈愿望。今天在纪念这次大会的时候，历史在呼唤：海峡两岸工会要合作，全国工人要团结，共同为振兴中华而努力。

（一）

在我国工人运动中每次出现巨大的发展，无不与全国的工会团结合作密切相连。所以全国工人把“团结就是力量”作为口碑，这是历史经验的概括。1922年1月至3月的香港海员大罢工，是我国工人第一次同帝国主义针锋相对的大规模斗争，也是我国第一次罢工高潮的起点。孙中山给了这次罢工很大的帮助。1924年1月，中国国民党第一次全国代表大会在广州举行后，实现了第一次国共合作，在纪念五一国际劳动节的大会上，孙中山向各工会代表演说，鼓励工人组织大团结，要同世界各国工人联合起来，去和外国资本家对抗，废除不平等条约。中国工人要担任提高国家地位的责任。他的演词，给了各工会的代表极大的鼓舞，广州各派工会在反对帝国主义、反对封建军阀的共同目标下，团结合作。1925年5月，第二次全国劳动大会召开，成立了中华全国总工会，不久，我国工人运动出现了以上海五卅大罢工为起点的第二次高潮。上海五卅大罢工掀起了席卷全国的反帝爱国群众运动，全国参加运动的有1200万人，其中，各派工人团体动员了50多万工人。在上海，国民党上海执行委员会工人部积极参加，各学校的国民党区分部在国民党上海执行委员会的支持下，发动学生支援罢工工人。在全国反帝爱国大浪潮中，影响最大的是香港和广州爆发的省港大罢工，这次罢工所以能够坚持16个月的一个重要原因，就是广东革命政府的援助，廖仲恺热情支持省港大罢工，主动帮助解决香港工人到广州的食宿和其他困难。我是在五卅运动中开始从事工人运动的，当时我代表上海邮局栈房间职工把支援罢工的捐款送到上海总工会，交给了李立三。上海总工会为了反抗帝国主义的镇压，在8月决定商务印书馆、报界、邮局工人实行罢工。邮局罢工委员会主席是共产党员顾治本，成立罢工委员会的当晚，由我将罢工宣言稿送给我的小学同学、邮局职员、国民党员凌其翰修改，后交给罢工委员会委员宋并镜。第二天（8月17日）在民国日报全文发表。1926年7月，国民革命军北伐，把吴佩孚、孙传芳等军阀的数十万部队，打得落花流水，其中一个重要原因，就是得到了工农群众的支援。广九、广三和粤三铁路总工会组织了工程队、电话队、运输队和铁路交通队，随军出征。国民革命军第四军军长张发奎说，铁路工人的配合作战缩短了战场上的空间。当北伐军进入湖南、湖北、福建、浙江、江苏、安徽等地区时，工人群众组织运输队、纠察队支援北伐军。上海工人举行三次武装起义，配合北伐军进军上海。1927年3月，我参加了周恩来、罗亦农、赵世炎等领导的第三次武装起义，担任上海邮局工人纠察队小队长，当时东方图书馆是闸北工人纠察队的主要据点。有一天，在一间大屋子里放着一张桌子，桌子两端都放着纸张笔砚。一位纠察队领导对大家宣布，志愿加入共产党的在这边签名，志愿加入国民党的在那边签名，两边都排着队依次上前签名。当时我是怀着打倒军阀，为死难工友报仇的激情参加武装起义的，既没有想到加入共产党，也没有想到加入国民党，所以没有上前签名。这种各派工人在一个共同的目标上合作，团结战斗的情况，到了抗日战争全面爆发，国共第二次合作后，更为明显。为了民族存亡，各派工人万众一心，团结抗日。中国劳动协会同陕甘宁边区总工会坚持合作。从我的亲身经历中，深刻地体会到在我国解放前这个半殖民地半封建社会里，各派工人为了保护切身利益，为了民族存亡，必然要联合起来，共同奋斗。这是历史潮流，谁也阻挡不住的。

（二）

1948年8月，在哈尔滨举行的第六次全国劳动大会是全国工人大团结的盛会。为召开第六次全国劳动大会和恢复全国总工会，实际上从1938年就开始进行准备工作了。当时，陕甘宁边区总工会副主席兼组织部长刘群仙和劳保部长廖似光来到武汉，与我共同筹备中国工人抗敌总会。周恩来对她们说过，要在共同发起组织中国工人抗敌总会的基础上准备召开第六次全国劳动大会。以便广泛号召团结全国工人参加抗日救亡运动，掀起全面抗战的高潮。由于中国工人抗敌总会的建立受阻，战局变化，这件事没有能够进行下去。抗日战争胜利后，1945年4月，中国解放区职工联合会筹备委员会成立，邓发为主任。9月8日，中国劳动协会重庆工人福利社举行开幕典礼，周恩来和王若飞应邀参加。周恩来向我对战后我国工人运动的团结合作，作了深入的交谈。他向我主要谈了组织中国工会统一代表团参加世界工联成立大会，解放区各工会加入中国劳动协会。中国劳动协会扩大组织，准备在1945年年底召开年会，陕甘宁边区总工会和各解放区工会参加，共同筹备成立全国职工联合会，由于局势的变化，除了邓发参加中国劳动协会代表团出席在巴黎举行的世界工会代表大会得以实现外，共同筹备成立全国职工联合会不得不推迟了。1948年2月，我到了哈尔滨，与李立三久别重逢。不久，他把解放区职工联合会筹委会已发出召开解放区职工代表大会的通知，决定于6月成立全解放区职工联合会的情况告诉了我，并且征求我的意见。我向李立三建议，由解放区职工联合筹备委员会、中国劳动协会和各地工会共同发起召开第六次全国劳动大会，实现十年来全国工人的共同的宿愿。大会筹备委员会根据中共中央的决定同意了我的建议，通知在香港的劳协书记长易礼容增派劳协代表参加六次劳大。中国劳动协会增派了廖似光、易礼容、张光岱、顾锡章、周颖、徐弦、李寰英、叶维民、姜松龄、冉瑞武为出席六次劳大的代表。8月1日，六次劳大开幕，出席大会的除了各解放区工会代表和中国劳动协会代表以外，还有上海、武汉、天津、唐山等国民党统治区城市的工人代表和铁路、矿山、军工、电业、纺织等各产业部门的工人代表，代表全国有组织的工人283万多人。这是中国工会历史上一次人数多、代表广泛的大会。

大会由李立三致开幕词，陈云作关于职工运动当前任务的报告，我作关于国民党统治区职工运动的报告，刘宁一作关于国际职工运动工作的报告，最后，我致闭幕词。大会着重讨论了陈云的报告，总结了新民主革命时期中国工人运动的基本经验。规定了中国工人阶级的总任务，制定了解放区和国民党统治区工人运动的具体任务和方针政策。恢复了中华全国总工会。中国劳动协会加入全国总工会，在选出新的执行委员会中，我和易礼容、廖似光、周颖、顾锡章（即郭焕文）、张光岱（即王光启）、徐弦当选为执行委员，李寰英、陈爵、叶维民、姜松龄、冉瑞武当选为候补执行委员。在全国总工会六届执委会首次会议上，陈云当选为中华全国总工会主席、李立三、刘宁一和我当选为副主席。第六次全国劳动大会充分体现了国共两地区工会真诚合作，全国工人团结。对完成当时工人运动总任务，加强中国工人和世界工人的团结，作出了重要贡献。

（三）

第六次全国劳动大会一年后，新中国宣告成立，占人类总数四分之一的中国人从此站起来，中国人民扬眉吐气的一天终于到来了。几十年来，我国的国际地位日益重要，祖国大陆经济建设的发展和十亿人民得到温饱，港澳问题相继解决，获得海内外一致赞许。我们高兴地看到台湾岛内经济的崛起，最近国民党第十三次代表大会在有关的决议案和报告中提到，“只有团结一致谋求统一，国家才有生机和出路。”要以全民族的力量“共同努力达成国家中兴的历史任务。”我们对此甚为赞赏。今天，中华民族的振兴，已为全世界所注目。每一个中华儿女，都应当为全民族的安宁富裕和光明的未来作出努力，我们如能尽快结束目前的分裂状态，把力量凝聚在一起，经过共同努力，定能与世界发达国家并驾齐驱。

祖国大陆与台湾在经济上本是一个整体。台湾经济长期发展，需要祖国大陆的丰富资源为后盾。台湾目前要从澳大利亚、美国、加拿大以及南非进口煤，从海外进口各种原料。运费贵，商品的成本增加，不利于在国际市场上的竞争，威胁着有关产业部门职工的职业保障，增加了人民生活的费用。而祖国大陆的原料价格低，质量佳，运费少，直接用祖国大陆的资源，可以降低成本，增强台湾商品在国际市场上的竞争能力，有利于改善台湾职工的待遇和减轻台湾人民的生活费用。

实现祖国和平统一，振兴中华是中华民族的根本利益所在。一个中国两种制度的构想，既符合国家民族长治永安的要求，也是维持台湾同胞现有生活方式和现实利益的保障，既有利于台湾经济发展的长远前景，也使台湾同胞为祖国大陆的"四化"大业助一臂之力。我们广大职工群众是祖国物质财富和精神财富的创造者，在实现祖国统一、振兴中华的事业中肩负着义不容辞的光荣职责。我们广大职工群众从来是热爱自己的祖国的，理所当然地站在和平统一祖国、振兴中华的最前列。海峡两岸工会应当为实现全国广大职工群众的共同心愿，携手合作。我们深信，通过共同努力，振兴中华，一定能够实现。

海南省人民代表会议第一次会议选举许士杰为省人大常委会主任 梁湘为省长

国务院港澳办公室主任姬鹏飞在人民大会堂会见香港青年协会代表团

姬鹏飞指出，未来属于青年，香港也不例外。1997年中国政府收回香港的主权后要实行港人治港，现在30—40岁的年轻人届时要担负重大责任。香港的青年人要多了解世界，关心整个国家的建设，关心香港的前途。姬鹏飞希望香港和内地的青年多接触，互相取长补短。

姬鹏飞说，香港基本法征求意见工作还在进行，香港同胞提出了不少很好的意见。待征询意见工作完成后，将对基本法草稿做进一步修改，使之更加适合香港的情况。

代表团团长、香港青年协会会长劳勤说，几天来代表团在内地参观建设情况，很是兴奋。他表示，香港青年协会要动员青年更加踊跃地对基本法发表意见。

1987年全国预算外收入为2028亿元比上年增加291亿元

财政部有关人员说，在去年的预算外收入中，数额增加较多的主要是国营企业及其主管部门的预算外收入，其中，仅更新改造资金、大修理基金和企业留利3项就比上年增加187亿元，占全部预算外收入增加额的64.4%；另外，在各级事业、行政单位的预算外收入中，养路费收入、城乡教育事业费附加和教育费附加等收入增长幅度也比较大。

财政部有关人员说，去年预算外收入增长幅度大，除有生产增长、流通扩大、事业发展和物价上涨等因素外，国家为进一步搞活企业，支持科教等事业发展而采取的一些政策性措施，也是一个重要原因。

随着预算外资金的不断壮大，预算外资金在支持生产和事业发展方面，起着越来越大的作用。据有关部门统计，从全国来说，现在全民所有制单位的更新改造投资有2/3、基本建设投资有近1/5、奖励支出有3/4左右来自预算外资金。

但是财政部有关人员也指出，现在预算外资金的管理工作还比较薄弱，预算外资金的收支中还存在不少问题。从收入方面来看，一些地方、部门和单位擅自提高收费标准，扩大收入范围，或搞名目繁多的摊派等，把预算内的资金转移到预算外，挖走了国家的收入。在支出方面，主要是非生产性支出，尤其是个人消费支出部分增长过快。一些地区和部门用预算外资金超计划修建职工住宅，滥发奖金、补贴，助长了消费膨胀。

国家技术监督局公布1988年第二季度国家监督抽查产品质量公报

这次抽查的产品共53类1209种，企业865个；合格产品957种，抽样合格率为79.2%，与去年同期和今年第一季度相比，抽样合格率有所提高。

抽查结果表明，从整体上看，大型企业合格率比中小型企业高，中小型企业又比乡镇企业高，它们的合格率分别为85.4%、77.1%和69%。在抽查的53类产品中，黑白电视机、长途客车等6类产品合格率为100%。

国家技术监督局负责人介绍说，虽然第二季度的抽查结果表明企业产品质量总的趋势是稳定的，但是仍有21%的产品不合格，这些产品中，有的是劣质产品，有的屡次抽查不合格，河南开封耐火材料厂生产的1种加热器和3种规格的加热板，这次抽查无一合格，而且每种都有5项以上指标不合格，这种低劣的产品不仅浪费能源，还可能危及人身安全。

少数民族贫困地区专利发布会在广西都安举行

针对少数民族地区、边疆地区、贫困地区经济发展的特点，中国专利技术开发公司选择了机械、化工、建材、电子仪器、生活用品等 300 多个专利技术项目在会上发布,其中有关化工、生活用品的一些项目备受欢迎。

来自四川、云南、贵州等 7 个省区的 300 多人参加这次发布会。会上,代表们共洽谈 126 个项目,签订意向书 326 份,总转让费近 80 万元。单是都安瑶族自治县签订使用专利技术意向书 27 份,并争取在近期签订其中 5 个项目的正式转让合同。还有 4 个个体户在会上签订了购买专利技术意向书。

外交部发言人金桂华谈中苏首脑会晤条件

金桂华说,中苏首脑会晤的条件是要苏联促使越南尽早地从柬埔寨全部撤军。

他说,中苏首脑会晤首先是中国领导人提出的。金桂华说:"我们希望苏联真正为政治解决柬埔寨问题作出努力,为中苏首脑会晤创造必要的条件。"

他说,三大障碍,尤其是苏联支持越南侵略柬埔寨这个主要障碍消除了,中苏国家关系正常化就好办了。

我国将在南极圈内建中山科考站

国家南极考察委员会办公室主任郭琨说,我国于 1985 年 2 月 20 日,在南极洲西南极乔治王岛上建立了我国第一个南极考察长城站。限于当时的条件,长城站建在南极圈外 100 余公里的地方。今后要扩大科学考察成果,必须进入南极圈内建站,这也是为将来伸入南极腹地考察创造条件。

新站地点初步定在位于南纬 69 度、东经 76 度附近普里兹湾内拉斯曼丘陵地带,若这里不行,阿蒙森湾内的沿岸也是备选地点。就气候状况来看,这两处夏季的温度比长城站低些,而海况要复杂得多,冬季狂风怒吼,比长城站气象环境恶劣得多。

出于科学考察与生活配套的原则,这个站拟建成中型规模的常年站,能容纳 50 人左右,总建筑面积为 2296 平方米。有宿舍、餐厅、车库、发电房、通讯电台、贮油库、码头等。这次准备完成 1250 平方米的建筑面积。

这个站将以"中山"命名,是为了纪念伟大的革命先行者孙中山先生、弘扬民族精神,发展中国的南极事业。

国家教委决定从 9 月 1 日起在全国中小学普遍试行《中学生日常行为规范》和《小学生日常行为规范》

国家教委中学司和初教司就此专门给学生家长和各行各业的同志发出了公开信。

信中说,这两个《规范》是国家对中小学生日常行为的基本要求,提出这些要求的目的在于加强对中小学生的基本伦理道德教育和基本文明行为训练,使他们养成良好的行为习惯,促进他们身心健康发展,进而提高他们的思想道德素质。

这封信解释说,两个《规范》的核心内容是教育中小学生懂得如何做人,懂得在漫长的人生旅途和纷繁复杂的社会中怎样立足,怎样生活,怎样交往,如何珍爱自己,又怎样尊重别人。贯彻《规范》,虽然主要靠学校老师,但也离不开家长的配合和社会的支持。因此,信中希望中小学生家长首先要转变思想观念,变"望子成龙"为"教子做人",为孩子们打好成才的基础;注意以身作则,要求学生做到的,家长先要做好,如勤劳俭朴,孝敬父母,礼貌待人,遵守公德等;许多事情不允许学生做的,家长也不要做,如打架、骂人、说脏话、赌博、参加封建迷信活动等。信中还希望各行各业的同志在基本道德和文明行为等方面给中小学生作出榜样,特别是公共场所要加强管理,为中小学生身心健康发展创造良好的社会环境。

国家教委在试行这两个规范之前,曾广泛征求各地意见,进行了修改。

著名画家常书鸿百幅佳作在中国美术馆展出

常书鸿早年毕业于上海美术专科学校,后又赴法国留学,潜心于欧洲文艺复兴时期绘画艺术的研究。数年中,他的油画作品曾多次在法国的一些重要展览中获奖,并为一些著名美术馆收藏。世界著名艺术评论家莫克莱评价他的作品富有"深沉的意境"。我国艺术大师徐悲鸿也称其为中国"艺坛之雄"。

第三届全国大学生运动会主席团会议在南京召开

国家教委主任李铁映在会上指出,从今年年底起,将认真研究建立体育强国战略的体制问题。今后要通过全民性体育活动的普遍开展,培养具备世界水平的尖子选手。体育界许多工作没有理顺:运动员出国外流,一些运动项目发展机制不健全,部分有才能的运动员得不到施展等。

李铁映说,改革开放时期,学校体育工作应认真研究。校园里多种多样的体育活动是学校教书育人的重要组成部分,不容忽视。大学生体育活动大学办的方法很好,既省钱,又减少政府负担。

第三届全国大学生运动会在南京五台山体育场开幕

1853 名运动员代表全国 208 万名大学生前来南京参加决赛。中共中央政治局委员、国务委员、国家教委主任兼大学生运动会主席团主席李铁映致开幕词,他代表党中央、国务院向大会致以热烈的祝贺,向全体运动员、教练员、裁判员和工作人员表示亲切的问候。

李铁映说：这次运动会是对我国大学生体育运动水平的盛大检阅，它必将有力地推动高等学校的体育工作，促进大学生德智体全面发展，成长为体魄健壮的优秀的社会主义事业建设者。

本届大学生运动会，设有田径、篮球、排球、乒乓球、艺术体操5个项目。

江苏省省长顾秀莲在开幕式上致欢迎词，她表示江苏要努力为大运会增光彩，搞好学校体育工作，推进体育、教育事业的发展，培养、输送更多的合格人才。

运动员代表在主席台上庄严宣誓：要为实现大会提出的“团结、拼搏、文明、科学”的宗旨而努力，创新纪录，出好成绩，夺取比赛成绩和精神文明双丰收。

8月26日

中共中央总书记赵紫阳在中南海会见日本首相竹下登

中央军委主席邓小平在人民大会堂会见日本首相竹下登及其夫人一行

国家主席杨尚昆在人民大会堂会见日本首相竹下登

杨尚昆说，自从1972年中日邦交正常化、1978年《中日和平友好条约》缔结以来，两国关系全面发展，情况是令人满意的。中日友好关系如此令人鼓舞的局面来之不易，需要我们加倍珍惜。对双边关系中存在的某些问题，只要我们彼此以诚相待，以大局为重，既注重历史，又注重现实，及时妥善加以解决，两国关系就能在现有基础上更好地发展下去。两国政治家都有责任巩固和发展现有的良好关系。

他说，竹下登首相是我们尊敬的老朋友，自从阁下就任以来，对加强两国的友好作出了很多努力。我们表示感谢。今年正值《中日和平友好条约》缔结10周年，在这喜庆的日子里，首相来访，我表示热烈欢迎。

国家主席杨尚昆在人民大会堂会见卢森堡议会代表团

杨尚昆说，我们在改革中碰到一个很大的问题，即物价上涨。因物价上涨，工资得到调整，调整工资又将带来财政等方面的问题。我们现在处在改革的关键时刻。我们要攻过这一关，要理顺物价，使之不过猛增长；要理顺工资，使之不像以前吃“大锅饭”那样，要拉开工资的档次。

杨尚昆指出，我国现在处在低水平的发展情况下，需要发达国家在经济、科技等方面的合作。现在，我们全国一齐努力，发展国家经济。中、卢两国在过去的合作，特别是在钢铁和广播电视等方面的合作是很有成效的。杨尚昆主席希望卢森堡的企业家到中国来考察，商讨进一步的合作项目。

卢森堡议会代表团团长、议会议长雷奥·博伦多夫表示愿意进一步发展两国在各个领域的合作，并相信中国能够成功地解决在经济等方面所遇到的问题。

国务院总理李鹏在联合国纳米比亚日之际致电声援联合国纳米比亚理事会主席彼特·祖泽

中央森林防火总指挥部在北京召开第三次会议

会上，国务院副秘书长、中央森林防火总指挥部副总指挥李昌安提醒各地和各有关部门，对森林火灾形势应当具有清醒的估计，当前要特别抓紧各项措施的落实，常抓不懈，不要因为春季无大火就麻痹大意。

李昌安在会议上传达了田纪云副总理关于森林防火工作的批示。田纪云指出：今年春季森林防火工作抓得紧，抓得扎实，没有发生大的问题，成绩显著。希望森防战线的同志们，继续努力把秋防工作搞好，特别要抓好各项防火措施的落实和检查工作，防火设备、工具的生产也要及早作出安排。

林业部部长、中央森林防火总指挥部副总指挥高德占在总结今年春季森林防火工作情况时说，绝大多数省、市、自治区取得了多年来少有的好成绩。

与上年同期相比(不含去年大兴安岭特大森林火灾)，森林火灾次数下降32.9%，受害森林面积下降85.9%，森林火灾受害率下降86%。

高德占在分析今年森林火灾减少原因时说，除了各地抓得比较紧外，今年大、小兴安岭林区，阴雨天气较多，大风天气较少，“天帮忙”也是一个重要因素。像今年春季这样森林火灾大幅度减少能否持续下去，还需要经历三五年乃至更长时间的严峻考验。

会议调整和增补了中央森林防火总指挥部的部分成员，通过了《关于处理特别重大森林火灾事故预案》。

气象研究专家发出呼吁今后发展工农业生产更应节水

据《人民日报》报道，近200年来，我国主要干旱半干旱地区尽管年年有旱有涝，但总的情况是降雨量在逐步下降，干旱频率加快。兰州干旱气象研究所的一份报告已证实这一点，专家们据此呼吁：今后发展工农业生产更应节约用水。

全球大陆面积中约有1/3属于干旱半干旱地区，雨量稀少，水资源贫乏。我国干旱半干旱面积比重更大,约占国土总面积的47%。其中西北一些省、自治区竟高达80%以上。日趋严重的干旱,成为影响我国这些地区经济发展的制约因素。

在过去的3年中,担负我国干旱气象研究任务的兰州干旱气象研究所,对全国主要的半湿润半干旱地带,包括内蒙古东部、宁夏全部、甘肃东部、陕西北部、山西北部和河北西部等大片地区自1932年有气象观测记录以来的气象资料,用科学方法进行分析,发现这一地带近50年中,降水量呈较明显地减少趋势。在1932年至1951年的20年中,这一地带比多年平均降水量偏少的年份为8年,占40%,而1952年到1982年的31年中,这种少雨年份就达到19年,占60%,比上一个对照期增多20%以上。

与此同时,气象科学工作者发现这个地区19世纪后半期以来,干旱频率明显加快。历史上相对潮湿的19世纪前期,干旱频率仅为16%,而20世纪以来的80多年中,干旱频率则增加到35%以上。若以近200年同前一个200年相比,近200年干旱频率增快20%左右。

专家们建议,有关地区和部门在制定长远建设规划时,一定要考虑气象变旱这一重要情况,及早采取相应对策,进一步加强研究,以减少干旱带来的不利影响。

《英国古典经济理论》出版

该书由商务印书馆出版。古典经济学家的著作提出并研讨了经济科学领域中几乎所有的重大理论问题。本书对这些理论问题分章进行了叙述和评论,同时探讨了马克思经济理论对古典经济理论的批判和继承的关系。

8月27日

中共中央政治局常委胡启立在中南海会见由政治局委员吉博·卡率领的塞内加尔社会党代表团

全国妇联五届六次执委会议在北京召开

全国妇联主席康克清在会上告诫全国姐妹和妇女干部:我国的改革已进入了一个关键时刻,妇女工作正随着改革的深入而前进,只有坚持改革,闯过难关,促进社会生产力不断发展,国家才能富强,妇女才能进一步解放。

康克清指出,增强自身的历史使命感和社会责任感是广大妇女的首要任务,积极参与改革是广大妇女的重要职责。她希望广大妇女干部要充分认识妇联是党和政府联系妇女群众的桥梁和纽带,要担负起引导广大妇女投身改革的历史责任。

在即将召开的妇联六大上将进行机构换届、人事变动。对此,康克清说,新老交替是必然的规律,历史的发展总是一代胜过一代,中青年同志思想活跃,富有开拓精神,她相信新上来的同志一定能把工作做好。她希望即将退下来的妇女干部要胸怀全局,支持新班子的工作,要采取新的方式,继续为妇女儿童服务。她说:"我们只有全心全意为人民服务的义务,党和人民的利益高于一切。"她希望中青年妇女干部要继续发扬党的优良传统,深入基层,面向群众,全心全意为人民服务,为妇女儿童服务。

中国地方铁路协会年会在哈尔滨召开

铁道部部长李森茂估计"国家建路,地方建路,合资建路,将成为我国铁路发展的新格局"。

4年来,我国地方铁路发展很快,共新建地方铁路804公里。地方铁路以其投资省、工期短、经营活、效益好的突出特点,显示出生命力。目前,全国已有26个省、市、自治区建设和正在筹建地方铁路,到1987年年底,正式运营的地方铁路有3200公里,在建的1250公里。

4年来,地方铁路完成客、货运量分别达4570万人和1.3亿吨,利润总额1.27亿元,缓解了国家运输紧张的状况。

许多省、市、自治区多渠道筹集资金。4年中基本建设投资累计完成7.1亿元,其中地方自筹资金占81%,新建地方铁路平均每公里造价90万元,大大低于国营铁路。

大力发展地方铁路,改变由国家独资修路、独家经营的旧模式,是加快我国铁路建设的重要途径之一。为了扶持地方铁路的发展,国家对地方铁路实行优惠政策,如允许地方铁路自定运价、免收所得税等,并从1984年起恢复了对地方铁路的投资补助。当前,各地政府与群众自筹资金兴修铁路的积极性很高,到2000年预计还将新建地方铁路6000公里。

《中华人民共和国和日本国关于鼓励和相互保护投资协定》在北京签字

签订这项协定的目的是,通过给予投资、与投资有关的业务活动和投资财产以良好的待遇和保护,进一步加强中日两国的经济合作和技术交流。

迄今为止,中国已同包括联邦德国、英国、法国在内的21个国家签订了这样的协定。

国务院总理李鹏和日本首相竹下登出席了签字仪式。

对外经济贸易部部长郑拓彬和日本国驻中国大使中岛敏次郎分别代表本国政府在协定上签了字。

国际辨识和系统参数估计会议第八届会议在北京开幕

辨识和系统参数估计是为了实现适应控制。所谓适应控制，是指通过仪器设备一边采集数据、识别参数，一边控制对象，对工业过程进行最优化自动控制。这种技术现已被广泛应用于工业过程控制、生态系统、社会经济系统等。如在造纸过程中通过适应控制，以保证纸张的均匀厚度；通过不断量测、辨识对地角度等参数，实现对卫星姿态的控制；通过辨识参数，预报天气等。

这种国际性会议每3年举行一次，是国际自动化控制联合会组织的，我国是这个联合会的发起国之一。在此前两届会议上，我国代表宣读的论文数目已在前5名之内。这次在我国举行会议，由国际程序委员会审选了376篇论文，有我国科学工作者的论文114篇，外国科学工作者的262篇。

中国踩伞队在法国维希举行的第二届世界踩伞锦标赛中夺得1金1银

全国第二届优生科学讨论会在兰州召开

会议透露，我国每年大约有38万异常胎儿。对此，专家们呼吁，为了提高整个中华民族的人口素质，重视和加强优生优育工作，已经刻不容缓。

据了解，1984年以来，我国优生工作稳步发展，全国30个省区市全部成立了优生协会、研究会或协作组。但目前全社会对优生工作仍然重视不够。医院缺乏专门人才，优生知识宣传很不普及，产前诊断很难全面开展，有些群众至今对优生优育认识不清，先天性残疾患儿仍在大量出生。

专家们呼吁：发动和团结各方面的专家、学者和有识之士，开展广泛的多层次的横向协作，用群众喜闻乐见的形式普及优生知识，不断提高产前诊断水平。特别要面向农村，面向基层，切实解决群众在婚、孕、产、育、教中遇到的实际问题。

8月28日

全国大企业股份化与证券市场研讨会在辽宁沈阳举行

国务委员兼中国人民银行行长李贵鲜在会上说，企业发行股票是有利于稳定金融，引导社会消费走向的一项措施。

李贵鲜说，目前金融方面存在的主要问题是货币投放过多，贷款增加较猛，储蓄增长缓慢，资金供求矛盾突出。如果货币投放失控，就会给明年经济稳定增长和经济体制改革的顺利进行增加困难和风险，对于稳定市场、安定社会生活是极为不利的。为了促进经济建设健康发展，防止出现恶性通货膨胀，必须进一步采取从紧的方针和必要的紧急措施。国务院最近批转了中国人民银行关于控制货币、稳定金融的几项措施。这些措施除了强调进一步调整信贷结构，控制货币信贷总规模，增加货币回笼，增加企业自有流动资金外，也提出了引导企业发行股票、债券，进一步开辟和扩大股票、债券流通市场的要求，并把它作为控制货币、稳定金融的一项措施。他认为，这项措施不仅会对当前货币金融的稳定起一定作用，而且对于我国金融市场的形成和发展，对于金融体制改革的深化，对于经济生活的稳定都会起到积极作用。

李贵鲜特别强调要通过发行股票来引导人们的消费走向，推迟、分散、转移购买力，使人们的观念有所转变，不能只管吃、穿、用，而且要考虑住，考虑生老病死，也要考虑投资。

李贵鲜说，现在人们有存款不如存物的想法，所以必须尽快提高存款的利率，目前出台的才是一小步，下一步还要提高利率，增加资金来源，稳定金融。同时，还要实行住房商品化，引导居民购买住房，参加保险。还可以出卖一部分企业，可以考虑出卖一部分国营大企业的股票，这样可以减少国家的投资和贷款，减轻国家和企业的负担。他认为，在物价上涨较快的情况下，购买股票是一种较好的保值方法，因为在物价上涨时，股票所代表的资产价值也在不断地上升，股票会因此而增值的。

全国民航运输服务工作会议在新疆乌鲁木齐召开

这次会议为期4天，从8月27日至30日。会议专门讨论制定体现“旅客第一”这唯一宗旨的各项规章制度，其中包括严格航班管理的规定、地面服务工作质量标准、航班不正常时的服务和赔偿、客运飞机上服务质量标准以及与售票、行李、货运有关的规章制度等等。

国家民航总局负责人在会上对目前民航运输服务工作中存在的种种弊端，进行了严厉的自我解剖。这位负责人对今年以来全国民航运输服务质量的基本估计是，比去年整顿后的情况有所下降，和世界及亚洲各航空公司相比，属于下等水平。其中航班不正常、货物积压、服务态度不热情等，是广大旅客最为不满且较普遍存在的突出问题。这位负责人要求与会代表，主要从主观上查找原因，总结经验，吸取教训，研究问题，改进工作。他疾呼：“每个中国民航工作人员，包括各级领导和普通工作人员，只要还有点民族自尊心的，都应为此感到羞辱，都应该立志，迅速扭转这种落后局面。”

据民航总局统计，今年1月至7月，国内航班正常率比去年同期下降2.6%，行李运输差错5月至7月比去年同期增加58%。

国家民航总局负责人在会上诚恳希望新闻单位监督批评民航的各项工作，欢迎将有关正常率、行李差错率、货运差错率等运输服务指标，定期在报刊上公布。

第二届亚非地区石油地球化学和勘探国际会议在北京召开

会议召开时间为8月28日至30日。出席这次会议的15个国家的100多位科学家就煤成气等最新研究理论、方法和手段进行交流讨论。

会议透露，近年来我国在"煤成气"研究中不断取得令人振奋的成果。油气地球化学界1985年曾提出我国蕴藏10万亿立方米煤成天然气资源的估算，这些天然气的热值相当于100亿吨石油。由于近年来陆续在各地打出煤成气，使这种估算不断得以证实。

石油地球化学是近十几年发展起来的一门新兴学科，主要研究沉积盆地中有机质向石油、天然气转化的地球化学作用，对石油勘探具有重要的指导作用。应用这种地球化学手段可以有效地确定生油岩、生气岩的情况以及盆地的含油远景。我国目前已经发现一批煤成油气田，主要分布在北方各陆相盆地中。

我国的煤成气研究自1983年列为攻关项目，工作进展较快，曾于1987年获得国家科技进步一等奖。这次会议，中外代表将交流90余篇论文。

珠江口流域首座长桥正式通车

据《人民日报》报道，大桥总长1916.04米。桥面行车道足有13米宽，行车道两旁是人行道，各宽1米，人行道边缘都有宽达0.25米的护桥栏。这是目前为止的广东第一长桥。

站在江畔看大桥，水中有直径28米的"防撞岛"，护卫着两座主桥墩，如出水擎天柱，撑着6米厚的大桥架身。大桥主跨长度180米，在目前东南亚独此一桥。水面至桥底，净高34米，加上大桥架身的厚度，全高达40米。

北京青少年音像出版社正式成立

这是国内第一家以青少年为服务对象的音像出版单位。该社向广大青少年奉献的首批原声磁带《寻求美》《晨光》《天鹅湖——少儿配乐故事》等已投放市场。

金开芳逝世

我国评剧奠基人之一、评剧表演艺术家、戏曲教育家金开芳8月28日因病在沈阳逝世，享年88岁。

金开芳是河北省滦县人，出身于贫苦农民家庭。少年时代，与成兆才等人创建了第一个评剧班社——"警世戏社"。17岁时，首演了新戏《杨三姐告状》。他一生共演出100多出戏，其中经他首演的就有40余出。在他的影响和熏陶下成长起来的评剧艺术人才达300多人。

8月29日

七届全国人大常委会三次会议在人民大会堂举行

全国人大常委会委员长万里主持了会议。

会议开始，彭冲副委员长兼秘书长就委员长会议关于这次会议议程的建议草案作了说明。按照这个建议草案，这次常委会议的主要议程是审议8个法律方面的草案，并听取社会治安情况、文物保护法实施情况的汇报。

在讨论这次常委会会议议程时，委员们进行了热烈的讨论。有些委员提出这次会议应增加听取关于价格、工资改革方面情况介绍的议程。委员长会议研究了大家的意见，建议在原来的议程草案上增加一项议程：听取国务院副总理姚依林关于制定价格、工资改革初步方案的情况介绍。会议通过了委员长会议原来提出的议程和新增加的这一议程。

在今天的会议上，全国人大法律委员会副主任委员宋汝棼、项淳一分别代表法律委员会对保守国家秘密法草案和人民解放军现役军官服役条例草案审议结果作了报告。他们在报告中讲到，这两个草案基本可行，也提出了一些修改意见，建议常委会对草案修改稿审议通过。

保守国家秘密法草案曾经六届全国人大常委会第二十四次会议审议，委员们提出了一些修改意见，各省、自治区、直辖市和中央有关部门也对这个法律草案的修改提出了意见。人民解放军现役军官服役条例草案曾经七届全国人大常委会第二次会议审议，委员们提出了一些修改意见，各省、自治区、直辖市和中央有关部门对这个法律草案也提了一些修改意见。全国人大法律委员会认真研究了各方面对这两个法律草案的修改意见，提出了草案修改稿。这次常委会会议继续审议的就是这两个法律草案的修改稿。

国务院总理李鹏向全国人大常委会提交了国务院关于提请审议标准化法草案的议案、关于提请审议野生动物法草案的议案和关于提请审议修改土地管理法的议案。

受国务院委托，国家技术监督局局长徐志坚、林业部部长高德占、国家土地管理局局长王先进，分别向会议作了关于标准化法草案的说明、关于野生动物法草案的说明和关于土地管理法修正案草案的说明。

李鹏总理向全国人大常委会提交了国务院关于提请审议批准禁止酷刑和其他残忍、不人道或有辱人格的待遇或处罚公约的议案，关于提请审议批准南太平洋无核区条约第二号和第三号议定书的议案，关于提请批准中国和比利时关于民事司法协助的协定的议案。今天，外交部副部长朱启祯受国务院委托，就上述3个议案作了说明。

全国人大常委会副委员长、代表资格审查委员会主任委员倪志福在今天下午的会议上作了关于补选的七届全国人大代表的代表资格的审查报告。

彭冲副委员长在会上作了中华人民共和国澳门特别行政区基本法起草委员会名单草案的说明。

习仲勋副委员长向会议提交了关于全国人大代表团访问朝鲜民主主义人民共和国情况的书面报告。

全国人大常委会副委员长习仲勋、乌兰夫、韦国清、朱学范、阿沛·阿旺晋美、班禅额尔德尼·确吉坚赞、周谷城、荣毅仁、廖汉生、陈慕华、费孝通、孙起孟、雷洁琼、王汉斌出席了会议。

国务委员王芳、最高人民检察院检察长刘复之列席了会议。

国务院总理李鹏慰问吉林抗洪前线军民

李鹏总理委托国家防汛总指挥部办公室，打电话给吉林省省委、省政府、81021部队、省军区负责同志，转达他对战斗在吉林省抗洪前线的12万军民的慰问。

李鹏同志说："7月中旬以来，嫩江上游及其支流洮儿河相继发生暴雨洪水，嫩江干流连续出现较大洪峰，嫩江及月亮泡长时间处于高水位，加上多次遭到大风袭击，防汛抢险任务十分艰巨和繁重。你们率领十多万军民，发扬勇敢战斗和连续作战的作风，克服种种困难，顶风冒雨，夜以继日地战斗在250公里的堤防上，取得了重大胜利，特向你们和战斗在防汛抗洪前线的全体同志表示亲切慰问和热烈祝贺。"

"目前，虽然洪峰已过下岱吉，但由于堤防长期被水浸泡，水位回落时容易出现险情，希再接再厉，加强防守，夺取全胜。"

中国核安全监督逐步规范化

据新华社报道，今年以来，国家核安全局在国务院《民用核设施安全监督管理条例》的指导下，又制定了《核电厂安全监督实施细则》《核电厂营运单位报告制度》和《地区监督站报告制度》，为核安全监督规定了原则、目标和基本要求。

同时，核安全局组织苏州核安全中心参考国外有关文件编译了《监督员手册》和《监督手册》，并根据国际原子能机构的有关文件着手编辑一套质量保证监督用的文件，规定了核安全监督具体的范围、内容和方法。

以上法规类文件和实施文件构成了核安全监督的两级配套文件，为实施核安全监督提供法律和章程，为核安全监督规范化奠定了基础。

国家副主席王震在人民大会堂会见以日本笹川和平财团名誉会长笹川良一为团长的南太平洋岛国会议访华团

全国人大常委会副委员长荣毅仁在人民大会堂同刚果全国人民议会议长让·冈加—赞祖举行会谈

我国着手研制3种大型运载火箭90年代初可发射国内外各种应用卫星

据《人民日报》报道，自1970年以来，我国多种型号的运载火箭进行了数十次飞行试验和卫星发射，成功率达到世界先进水平。其中，先后用"长征一号"、"长征二号"、"长征三号"运载火箭发射的低轨道科学试验卫星、返回式卫星和地球同步轨道通信卫星，创造了优良的成功纪录。大量事实证明，我国各种型号的运载火箭技术成熟完善，性能稳定可靠。迄今，已有20多个国家和地区的公司、机构与我进行了联系，洽谈为其发射卫星，或愿与我合作开发空间工程项目。

为适应国内外商业卫星发射的需要，航空航天工业部第一研究院已经制订计划并开始实施三种大型火箭的研制：

第一种，以3次成功发射同步通信卫星的"长征三号"运载火箭为基础，研制"长征三号A"运载火箭，使其同步转移轨道运载能力达到2.5吨。

第二种，研制一种采用火箭捆绑技术的新型号——"长征二号E"，这是以"长征二号"运载火箭为主体捆绑4个助推火箭，使其发射低轨道卫星的运载能力达到8.8吨。

第三种，利用"长征二号E"运载火箭配上"长征三号A"运载火箭的第三级，形成一个新的三级大型运载火箭，其同步转移轨道运载能力达到4吨。

列为改进的火箭是把原发射低轨道小型卫星的"长征一号"运载火箭改进为"长征一号D"运载火箭，使其运载能力达到700公斤至750公斤。

对于这个新的研制和改进火箭计划，专家们十分自信地说，根据我们目前的技术水平，完成上述任务已不存在技术难关，到90年代初就可推出这批新的长征系列火箭。

东亚南亚死亡率转变国际讨论会在北京开幕

来自五大洲的50余名中外代表向会议提交了论文，他们之中，许多是国内外著名的人口学家。这是我国人口学研究机构第一次与国际人口学会联合举办国际学术会议。

死亡率水平是反映一个国家或地区人口健康水平和生命素质的重要标志。东亚和南亚是世界人口最稠密的地区。近年来，这一地区死亡率的迅速降低对世界人口形势产生着重要影响，引起了国际人口学界的高度重视。

中国国家计划生育委员会主任彭珮云、联合国人口活动基金驻华副代表拉奎思出席了开幕仪式。

8月30日

国务院总理李鹏在人民大会堂会见以日本笹川和平财团名誉会长笹川良一为团长的南太平洋岛国会议访华团

全国人大常委会委员长万里在人民大会堂设宴欢迎由议长让·冈加—赞祖率领的刚果全国人民议会代表团

万里说，安哥拉、古巴和南非就在安哥拉南部实现停火和南非军队撤出安哥拉以及开始执行安理会第435号决议的时间等问题达成了协议。这是广大非洲国家和人民长期斗争取得的成果。

万里在讲话中表示希望有关各方继续努力，使谈判取得新的进展，最终实现纳米比亚的独立和南部非洲的持久和平和稳定。

在谈到两国关系时，万里说，中刚两国一贯相互同情，相互支持。两国友好合作关系在各个领域都取得了令人满意的发展。他高度评价刚果政府和人民在为发展生产、改善人民生活等方面所进行的不懈努力和刚果在国际事务中奉行的和平中立的不结盟政策。

全国人大常委会副委员长荣毅仁等出席了宴会。

《人民日报》发表社论《改造我们的思想工作》

中共中央政治局第十次会议在明确要认真抓好的几项工作中，提出了改造和加强思想工作的任务。思想工作只有通过改造才能切实加强，这是一个很重要的思想，它不但对今后的思想工作，而且对整个现代化建设都将产生深远的影响。

在新的历史时期，既要讲经济规律、按劳分配，又要讲理想、道德、纪律；既要抓改革、开放，又要抓思想工作，要用“实现四化，振兴中华”这个精神支柱把全民族的力量凝聚起来。思想工作不能削弱，必须加强。这是没有疑义的。

但是，对于“改造思想工作”，有些同志却提出疑问：是不是对思想工作中存在的问题估计得过于严重了？会不会把我们过去的成绩和经验都否定了呢？

有这些疑虑是可以理解的。但是我们必须认识到，“改造思想工作”并不是随意提出的一个口号，而是在对形势的发展和思想工作的历史和现状做了全面客观分析后提出的一个符合实际的富有开拓精神的方针。

我们现行的思想工作的体制、制度、方法，源于革命和战争年代行之有效的一整套政治思想工作体系。它是在全党特别是在党领导下的人民军队中经过长期实践、付出了重大的代价而总结出来的，是切合当时形势和任务需要的。

建国初期的思想工作，保持了过去的好传统，为保证当时的路线、方针、政策的实现起了重要的作用。但是，正当全党着手探索思想工作怎样适应社会主义建设时期的新形势和新任务的时候，党内的“左”倾思想逐渐抬头，以致发展到十年浩劫，思想工作的优良传统遭到严重的扭曲和极大的破坏。

十一届三中全会以来的近十年中，党恢复了实事求是这一条马克思主义的思想路线，停止使用“以阶级斗争为纲”的口号，把全党工作重点转移到社会主义建设上来。党客观地、科学地评价了新中国成立以来的重大历史问题，平反了历史上的冤、假、错案。党在改革、开放、搞活方面迈出许多重大步伐的同时，通过了建设社会主义精神文明的决议。去年，党的十三大提出了社会主义初级阶段的理论和基本路线，规划了经济体制和政治体制全面改革的蓝图。这一系列重大行动，为思想工作纠正“左”的错误，防止右的偏向，恢复优良传统和保证今后的健康发展，提供了根本的前提条件。

在这段时间中，我们的思想工作紧密配合党在指导思想上的根本转变，做了大量的工作，为保证党在各条战线上工作任务的完成起了积极的作用。广大的思想工作人员为宣传和贯彻党的十一届三中全会以来的路线尽心尽力，作出了重要的贡献。这一切，都应该明确地加以肯定。

同时也应该看到，由于近十年来我们的工作极其紧张、繁重，思想工作战线不得不把主要精力放在保证当前各项任务的完成上，还来不及腾出手来，系统地分清思想工作中哪些是应该保持和发扬的优良传统，哪些是在历史上曾经起过良好作用但不适应当前新形势的做法，还有哪些是属于应该剔除、摒弃的不好的传统。从这个意义上说，在思想工作上拨乱反正的任务还没有彻底完成。

现在，我们国家正处在一个政治、经济、文化全面而深刻的伟大转变时期。思想工作正面临一场空前严峻的挑战；全党中心任务的历史性转变，要求思想工作必须更加自觉更有成效地服从服务于社会主义现代化建设；产品经济向社会主义商品经济的转变，要求思想工作必须确立新的思维方式、价值观念和是非标准，形成新的机制和功能；企业领导体制从党委“一元化”领导向厂长全面负责的转变，要求思想工作必须建立新的工作秩序和队伍；大众传播媒介的现代化，要求思想工作更加迅速、及时地跟上形势的需要；社会主义民主政治建设的推进、对外开放中各种思想文化的交流和人们思想的空前活跃，要求思想工作必须采取群众乐于接受的新的内容和方式方法。目前的思想工作远远不适应这些要求。因此，思想工作必须和经济体制改革、政治体制改革相适应，来一番深刻的改造。

所有这一切，就是今天提出“改造思想工作”的根据。改造是为了加强，而不是削弱、更不是否定和取消。改造是为了使我们的思想工作形成新的格局，出现新的局面，从而有效地保证具有中国特色的社会主义建设任务的完成。

那么，怎样改造我们的思想工作呢？这是一个有待于大家进行深入讨论的大问题，现在还没有一套现成的、完整的方案。但从各方面初步总结的经验来看，以下几点是值得注意的。

第一，思想工作的任务就是保证党的基本路线和当前具体任务的实现。我们的任务是发展社会生产力，思想工作的成功与否，其根本标准就是要看它是否把广大干部、群众的主动性、积极性、创造性充分调动起来，有效地保护生产力，提高生产力，解放生产力。我们已进入了全面改革的攻坚阶段，思想工作必须从属于并服务于改革深化和发展的任务，舍此以外，没有什么思想工作的独立任务。真正明确了这一点，才能有效地克服思想工作和经济工作(或其他各项业务工作)的“两张皮”现象，才能彻底肃清林彪的“四个第一”、“政治可以冲击一切”等残余影响。

第二，思想工作要密切联系实际。这本来是我们的一项优良传统，但被林彪、“四人帮”破坏得不像样子。现在情况虽然已有了很大的变化，但是思想工作与现实生活脱节的现象仍然比比皆是。在改革开放和新旧体制转换过程中，干部和群众特别需要寻求对各种新问题的答案或思路。大至怎样认识现代的资本主义，怎样认识社会主义，怎样认识改革的形势、问题和发展的阶段性，近至怎样认识人生的价值、个人的前途、工资和物价、家庭生活、人际关系……而我们却常常遗憾地发现，从概念到概念的抽象说教往往多于生动活泼的理论联系实际的分析。这就要求我们的思想工作者花大力气，下苦功夫，深入实际，钻研理论，用马克思主义的立场、观点、方法，来研究、分析、解答现实生活中人们关心的各种问题。

第三，要把理解人、关心人、尊重人作为思想工作的一项基本原则。我们党和军队本来就有干部尊重、关心、爱护战士，干部和战士互相平等相待……优良传统，在新时期继承和发扬这个传统，就要明确认识思想工作的对象是人，人是进行社会主义现代化建设的基本力量。要把“以阶级斗争为纲”时期把侧重点放在限制、禁锢，堵截以至抓辫子、扣帽子、打棍子的一套彻底转变到以服务、引导、帮助为侧重点上来。要在挖掘、调动人民群众的积极性和主观能动性上多下功夫。理解人、关心人、尊重人当然并不意味着对于错误的思想和不合理的要求作无原则的迁就和迎合，但是，在坚持正确的原则和指出某些要求的不合理时，仍然要以理解、关心、尊重的态度耐心加以说明。

第四，思想工作应当从封闭转向开放。即使在革命和战争的年代里，我们的军队只要有条件时，就实行“三大民主”(经济、政治、军事)，把宜于向群众公开的事情交由群众公开讨论，取得了很好的效果。在改革开放的年代，在重大问题和涉及群众切身利益的问题上不断提高开放的程度，克服神秘化和少数人说了算的倾向，这有利于提高人民群众的主人翁意识和责任感，有利于协调和解决各部分人之间的利益关系，有利于克服少数人以权谋私、假公济私的腐败现象。当然，提高公开程度要根据实际情况有步骤地进行，也不是取消应有的保护国家机密范围的规定。

第五，要改变思想工作只是少数人向多数人单向灌输的旧模式，建立领导者与被领导者双向交流、干部群众之间横向交流的新模式。在新的模式里，领导者和被领导者都既是思想工作的主体，又是思想工作的对象，既是教育者，又是受教育者。与此相关联，一个单位设不设、设多少专门的政工机构、政工人员，应当由那个单位的性质、任务与其他实际情况决定。

第六，思想工作的领导体制应当改变。过去在企业里厂长抓生产，书记抓政工是天经地义。现在《企业法》明确规定，企业思想工作必须由厂长统一领导，厂长对企业两个文明建设全面负责，厂党委起保证和监督作用。这样有利于使思想工作更紧密、更有效地服务于经济工作。党政机关、文化、教育、科研单位的情况当然与企业有所不同，但是同样需要对思想工作的领导体制进行改造。

这几点意见，远远不足以概括目前正在许多地方、部门和单位中进行的思想工作的大胆探索中已取得的经验，也远远不能概括历史上的经验教训。我们把它们提出来，只是为了引起大家对这个问题的关心和重视，展开广泛深入的讨论。同时我们要申明，在这里所提出的思想工作中存在的问题，在本报的工作中也不同程度地存在着，我们愿同各方面的同志们一起，为改造包括新闻工作在内的思想工作而共同努力。

全国人大常委会副委员长习仲勋向全国人大常委会提交全国人大代表团访问朝鲜的书面报告

报告中说，应朝鲜最高人民会议常设会议的邀请，以习仲勋副委员长为团长的全国人大代表团，于1988年7月8日至15日对朝鲜进行了友好访问。这次访问达到了加深友谊，增进了解，相互学习的预期目的。

报告指出，访问期间，代表团热情赞颂了中朝两党、两国和两国议会之间的友好合作关系以及两国领导人和两国老一辈无产阶级革命家之间的深情厚谊，热烈祝贺了朝鲜人民在社会主义建设中取得的巨大成就，再次阐明了我党、我国政府和我国人民坚决支持朝鲜自主和平统一祖国的一贯立场。对代表团的访问，朝鲜同志也给予了高度评价。访问期间，代表团在所到之处，均受到朝鲜同志热情欢迎和真诚款待，使我们再一次感受到了中朝两国人民之间兄弟般的友情。

报告说，金日成主席在清津会见并宴请了习仲勋副委员长和代表团全体同志，进行了十分亲切友好的谈话。金日成主席问候了邓小平、赵紫阳、杨尚昆、李鹏等中央领导同志，习仲勋副委员长也转达了以上几位领导同志以及万里、李先念、彭真、邓颖超等同志对金主席的问候。金主席以朝鲜劳动党中央、朝鲜政府、朝鲜人民和个人的名义热烈祝贺中国人民在改革开放和四化建设中所取得的成就，并预祝今后取得更大的成就。金主席对杨尚昆主席将率代表团访问朝鲜表示热烈欢迎。金主席的谈话，再一次体现了朝鲜劳动党和政府重视发展与我友好合作的一贯立场。

报告说，通过这次访问，大家都感到，近些年来朝鲜的社会主义建设规模依然很大，不断取得新的成就。今年9月9日是朝鲜建国40周年纪念日。年初，朝党中央号召全体党员在各条战线大力开展“二百天战斗”，以新的劳动成果迎接国庆40周年。访问期间，我们到处可看到一片繁忙的建设场面。一些大建筑群能在短短两年多时间内初具规模，充分显示了朝鲜人民的聪明智慧和吃苦耐劳精神。

报告说，通过参观访问，我们还感到，朝鲜人民的组织性、纪律性，令行禁止，文明礼貌，道德修养，这些都是值得我们学习的。此外，朝鲜重视文化教育和革命传统教育，重视绿化，城市建设规划设计方面有自己的创新等，也给代表团留下了很深的印象。

公安部部长王芳向全国人大常委会作关于公安工作和当前社会治安情况的汇报

谈到近几年公安工作的主要情况，王芳说，“严打”战役结束以来，公安机关围绕着保卫改革、开放和社会主义现代化建设这个中心，坚持一手抓打击犯罪，一手抓治安管理和安全防范，保持了社会治安秩序的基本稳定。主要办了以下几件事：

——严厉打击严重刑事犯罪活动。近两年来，各地公安机关抓住社会治安中的突出问题和治安不好、问题比较多的重点地区，积极组织多种形式的专项斗争，不间断地对严重刑事犯罪予以严厉打击，同时狠抓侦查破案工作，努力提高破案率。鉴于近几年国际犯罪活动渗透越来越突出，我们通过国际刑警组织，在打击国际犯罪活动方面，加强了与一些国家和地区警方的合作，联合侦破和协查了一批走私、贩毒等案件。1986年全国公安机关共立刑事案件54.7万多起，破获43万多起，查获作案成员48万余人；1987年共立刑事案件57万多起，破获46万多起，查获作案成员53万余人。各地公安机关都配合检察院、法院部门依法严惩了一批严重刑事犯罪分子。

——加强治安管理和安全防范工作。去年全国公安机关依法查处各类治安案件112万多起，治安处罚204万人次。为了有效地维护社会秩序，一些大中城市公安机关抽调部分公安干警和武警指战员，并争取各机关单位的支持和协助，组织专门力量开展治安巡逻、治安联防；很多地方创办了保安服务公司；一些大型厂矿企业加强了保卫组织，建立了护厂队、经济民警；在少数重点高等学校设立了公安派出所，还有一些学校组织了护校队；在城市居民中，组织群众护街、护院、护楼，开展自防自治活动。采取这些措施，增强了社会防范机制，对于预防、发现、控制和打击犯罪活动，起到了良好作用。

——妥善处理了少数群众闹事、骚乱事件。一年多来，各级公安机关与有关部门密切配合，制止和平息了多起少数群众扰乱社会秩序的闹事事件，公安机关始终坚持以教育疏导为主的方针，尽量缓解矛盾，平息事态，同时积极维护好治安秩序和交通秩序。

——加强了公安法制建设。几年来，公安部主持草拟或参与制定了一系列有关公安工作的法律、法规，报经全国人大常委会或国务院批准实施，还有一些有关公安工作的法律、法规正在拟订中。公安部还制定了一些公安工作规章，并全面清理了新中国成立以来有关公安工作的法规、规章。今年以来，进一步清理了沿海地区的涉外公安法规，以便为实施沿海经济发展战略创造良好的治安环境，为进一步扩大对外开放提供方便。近两年各级公安机关普遍组织干警开展了普法学习，公安机关的执法水平有了明显提高。

——加强公安队伍建设。各级公安机关认真地坚持了从严治警的方针,严肃查处各种公安干警违法乱纪案件,促进了公安队伍纪律作风的好转。近几年公安干警违法乱纪案件有所减少。在打击犯罪、维护治安以及抢险救灾中,广大公安干警和武警指战员英勇顽强、艰苦奋斗,许多同志为保卫国家和人民利益流血牺牲。去年,全国公安干警因公牺牲的有168名,负伤的2197名。1983年以来,全国公安机关共涌现出81名一、二级英雄模范,还有12000多个集体和37000多名干警立功受奖。

——改革公安业务工作。县以下公安机关特别是城市的派出所,多数都在下放权力、改革工作方法和勤务制度、试行岗位责任制和目标管理等方面,进行了改革。各级公安机关在增加公安工作的开放程度方面做了不少尝试。这些做法加强了公安机关同社会各界的联系,密切了警民关系。

他说,我们的工作还存在许多缺点和不足,主要是:一、对新形势下公安工作面临的新情况、新问题,调查、分析、研究得不够,缺乏有效的解决办法。二、由于警力不足、经费困难、装备落后、培训不够、人员素质不高等原因,整个队伍的战斗力还没得到充分发挥。三、公安队伍的纪律作风还存在一些严重问题,亟待克服。个别干警违法乱纪的现象仍然存在。

王芳在谈到当前全国的社会治安形势时说,总的看当前全国社会治安秩序基本上是稳定的。据了解,世界上许多国家在经济起飞的过程中,都曾遇到过犯罪猛增的问题。相比之下,我国的刑事案件占总人口的万分比是很低的,多数城市和农村的社会秩序也是好的。各项重大政治、经济和文化体育活动的安全是有保障的。但是,由于各种主客观原因,我们面临的治安形势仍然相当严峻,不可掉以轻心。

王芳在汇报中谈到的主要问题有:

——刑事案件特别是重大特大案件呈上升趋势。据统计,近几年全国公安机关每年立刑事案件50多万起,重大刑事案件今年上半年立案比去年同期上升34.8%。目前绝对数增加最多、占比重最大的仍是盗窃财产的案件。在一般刑事案件中,盗窃案占70%—80%;在重大刑事案件中占50%以上。重大杀人、伤害、诈骗、抢劫、爆炸案件也明显上升。在杀人、伤害、爆炸案件中,多数是图财害命或因民间纠纷激化引起的,还发生了一些报复杀害厂长、经理和残害无辜群众的案件。国际贩毒集团经我境内贩毒的案件增多,有的贩运量很大。在查获的各种犯罪案件的作案成员中,一是青少年占的比例大,二是流窜犯罪分子作案的增多。

——赌博、卖淫、传播淫秽物品等社会丑恶现象屡禁不止。近几年来赌博活动在各地相当普遍,参赌人员越来越多,赌注越来越大,有的竟以万元计算,而且有不少干部带头甚至动用公款参加赌博。由赌博诱发的盗窃、抢劫、杀人案件不断发生。卖淫嫖娼前几年主要发生在沿海开放城市,现在内地的一些城市也有发现。淫秽录像及其他淫秽物品虽经多次查禁、收缴,仍然禁而不止,继续传播蔓延,值得高度重视。

——影响社会秩序的游行、请愿,械斗、哄抢事件增多。当前的改革必然触及一些人的切身利益,一些群众对物价、工资、住房等问题反映强烈,社会矛盾和不安定因素增多,加之国内外都有极少数别有用心的人乘机散布谣言,挑拨煽动,有的地方和单位已经发生了一些职工群众影响社会秩序和办公秩序的游行、请愿等事件,今后还可能发生各种影响社会安定和治安的事件。农村一些群众性械斗、哄抢事件也不断发生。这些问题,如果处理不好,也会影响社会安定。

——火灾、交通事故仍然较多,损失严重。今年上半年,全国发生火灾16006起,死1264人,伤1675人,损失折款1.48亿元。上半年全国城乡道路共发生交通事故126697起,死24276人,伤78537人,直接经济损失折款约1.32亿元。

他指出,造成当前这些突出的治安问题的原因是多方面的。从根本上说,社会治安问题是社会生活各方面消极因素的综合反映,它受社会政治、经济、文化、教育、道德、法律、和国际环境等诸方面因素的制约和影响。在社会主义初级阶段,我国社会还存在着产生犯罪的复杂的历史根源、社会根源和阶级根源。

谈到今后一个时期社会治安的发展趋势,王芳说,国家实行的改革、开放政策已取得巨大成就,现代化建设事业迅速发展,这是稳定社会治安的根本保障。但在深化改革的关键时期,前面谈到的那些影响社会治安的因素和问题,短期内不可能从根本上解决;相反,有的还会发展,这是与改革的"阵痛"相联系的,因而在一个时期内某些治安问题可能还会增多,刑事案件发案数也不可能很快降下来,整个治安形势在今后几年仍将是严峻的。面对这样的治安形势,公安机关必须下大力量,努力控制严重暴力犯罪案件和扰乱公共秩序、直接威胁群众安全感的流氓滋扰案件,把发案增长的势头压下去,同时严格治安管理,加强预防犯罪的工作,以保持社会治安的持续稳定。

关于今后公安工作的重点,王芳提出要集中力量抓好以下几方面的工作:

——继续坚持依法从重从快的方针,深入开展严厉打击严重刑事犯罪活动的专项斗争。针对当前严重刑事案件增多的实际情况,公安机关要继续严厉打击各种严重刑事犯罪活动。打击的重点是,严重暴力犯罪、团伙犯罪和流氓滋扰、抢劫、强奸、重大盗窃等直接威胁群众安全、危害经济建设的犯罪活动。

——继续探索新形势下坚持群众路线的新方法，加强治安管理和安全防范工作。要进一步加强各项公安基层基础工作，充实基层的警力，改善装备，依法加强各项治安管理和交通、消防管理工作。

——继续加强公安法制建设。今后公安法制建设的重点任务，还是抓紧有关公安工作的法律、法规、规章的草拟、制定、修改和完善工作。还有一些有关公安工作和公安基层组织建设的法律、法规需要修改、完善。各级公安机关要组织干警认真学法，严格执法，真正做到有法必依，执法必严，违法必究。同时加强执法监督工作，不断提高干警的执法水平。

——把坚持为政清廉、为警清廉作为一件大事来抓，继续加强队伍建设。对发现的各种违法乱纪案件，一定要认真查清，严肃处理，决不姑息迁就，更不得袒护、包庇。同时，要继续扩大公安工作的开放程度，听取各方面对公安工作和社会治安的意见，不断改进工作，并争取社会各界更广泛的理解和支持。

——加快公安体制和公安工作改革的步伐。为了适应当前形势，更好地发挥公安机关的整体作战功能，必须对现行公安体制进行改革，逐步建立起一个统一的、具有高效能的、符合公安工作的性质和任务要求的人民警察体制。在公安干警和武警部队中实行统一的警衔制度。

文化部副部长王济夫在七届全国人大常委会三次会议上作关于中华人民共和国文物保护法实施情况的汇报

王济夫说，中华人民共和国文物保护法自 1982 年颁布实施 5 年多来，有力地推动了文物事业的发展，对我国文物保护工作走向依法管理的轨道，发挥了重大作用。为切实使法的各项条款得到贯彻，解决实施过程中遇到的各种矛盾和问题，几年来，文化部依据文物保护法有关条款的基本原则，制定、颁发了一些法规性文件。与此同时，地方各级人民政府也报请地方人大颁发了一些文物保护条例，有些省、市已形成了地方文物保护管理工作的法规体系。

王济夫说，去年内针对各地走私文物、盗掘古墓、盗窃馆藏文物的犯罪活动极为猖獗，大量珍贵文物被盗运出境的情况，国务院发布了关于打击盗掘和走私文物的通告，有力地打击了盗掘和走私文物的活动。关于进一步加强文物工作的通知，明确了在改革开放新形势下文物工作的方针和任务。最高人民检察院、最高人民法院联合发布了关于当前办理盗窃、盗掘、非法经营和走私文物的案件具体应用法律的若干问题的解释，对各种破坏文物的违法犯罪案件的定性量刑标准作出了具体明确的规定。

他说，文物保护法公布前后，国务院还审批颁布了第二、第三批全国重点文物保护单位名单，第一、第二批全国历史文化名城，地方各级人民政府也相继公布了一批省、县级文物保护单位。现在全国共有全国重点文物保护单位 500 处，国家历史文化名城 62 座，省级重点文物保护单位 3400 余处。我国的长城、故宫、敦煌石窟、秦始皇陵和北京猿人遗址还被联合国教科文组织列入“世界遗产清单”。

他说，从 1980 年以来，在全国范围内开展了文物普查工作，进一步摸清了全国地上地下文物的分布情况。为我国文物保护工作的依法管理和科学管理打下了初步基础。

王济夫说，目前，存在的最突出的问题是一部分人对文物保护法和文物保护工作的意义认识不足。也还有些地方和单位的领导没有把文物保护放在应有的地位，法制观念不强，甚至以言代法，以权代法。有的地方发生了大规模的群众盗挖古墓事件，有的基层单位的领导竟说：“文物埋在地下，不如挖出来换几个钱”，甚至认为这是条“搞活致富”的门路。

他说，存在问题之二，是文物保护与基本建设、农田水利建设、群众生产生活的矛盾比较突出。农村实行生产承包责任制以后，一些社队企业和群众在生产活动和日常生活中破坏古遗址、古墓葬的情况不断发生，一些生产、生活设施的建设也严重地影响文物景观和环境风貌。工业生产排放的废气、污水、有害尘埃以及酸雨等，更加剧了自然力对文物的损害。

王济夫说，存在问题之三，是有些文物博物馆单位没有认真执行《文物保护法》，保护管理不善，给盗窃分子以可乘之机。全国文物博物馆单位失盗案件逐年增加，被盗的珍贵文物也越来越多，发案率 1987 年情况尤其严重，文物被盗数上升一倍。

他说，存在问题之四，是文物保护管理机构不健全，管理体制不顺，行政事业经费短缺、设施简陋落后。

王济夫指出，在改革开放的新形势下，针对文物管理工作中的薄弱环节，文化部拟在今后加强以下几方面的工作：大力加强文物保护工作的法制建设；加强文物保护管理的基础工作；以改革总揽全局，理顺文物管理体制；深入持久地打击各种文物违法犯罪活动；与有关部门密切协作，共同做好文物保护工作。

他说，加强对我国历史文化遗产的保护是全民族的共同责任。在文物保护和宗教活动、旅游事业发展的关系上，只要处理好，是可以相得益彰的。

国务院在北京召开第 20 次常务会议

国务院总理李鹏主持会议。会议认真讨论和分析了当前的市场和物价形势,并一致通过了关于做好当前物价工作和稳定市场的若干重要决定。

一、经中共中央政治局第十次会议原则通过的价格、工资改革初步方案中所讲的"少数重要商品和劳务价格由国家管理,绝大多数商品价格放开,由市场调节",指的是经过5年或更长一点时间的努力才能达到的长远目标。目前改革方案还在进一步修订和完善之中。明年作为实现5年改革方案的第一年,价格改革的步子是不大的,国务院将采取有力措施,确保明年的社会商品零售物价上涨幅度明显低于今年。各地应据此向群众做好宣传解释。

二、各地区、各部门必须继续贯彻执行国务院关于今年下半年不出台新的调价措施的决定。国务院有关部门管理的商品价格和收费标准,各地一律不得擅自提高。地方管理的商品价格和收费标准,也不得任意提高。对乱涨价、变相涨价的企业和单位,以违犯财经纪律论处,必须严肃追究主要负责人的责任。

三、为了稳定市场、稳定金融和保护人民群众的利益,责成中国人民银行开办保值储蓄,使3年以上的存款利息不低于以至略高于物价上涨幅度。具体办法由中国人民银行近期内制定公布。

四、为了继续贯彻执行"稳定经济、深化改革"的方针,各地区、各部门必须采取有力措施,坚决压缩固定资产投资规模,停建缓建一批楼堂馆所,控制社会集团购买力,抓紧清理整顿公司,清理整顿非银行的金融机构。要把今年的信贷和货币发行控制在国家要求的数额之内。银行和非银行的金融机构对非生产性建设项目要按照国务院规定停止贷款,对于生产性建设项目的贷款,也要从严掌握。

五、必须切实做好粮、棉、油的收购工作,确保合同订购任务的完成。在粮食增产和丰收的地方,要力争多收购一些议价粮。省、市、自治区之间议价粮、油的调拨由商业部和省、市、自治区之间有组织地进行,调入地区不得自行派采购员到外地收购。棉花的收购与经营,要坚决按照国务院的规定办理,由供销社统一收购,不得开放棉花市场。对违反上述规定的,必须严加惩处。

六、各级人民政府要认真组织好市场供应,严格市场管理。要努力增产工业消费品,切实保证人民日常生活必需品的供应,特别要抓好城市肉、蛋、菜等副食品的生产和供应工作。要认真整顿市场秩序,坚决取缔和打击哄抬物价、囤积居奇、投机倒把、中间盘剥等行为。

李鹏总理在会上发表了重要讲话。他说,国务院在决定放开和调整部分名烟名酒价格时就已经明确宣布,国务院今年下半年不再出台新的调价措施。从现在起,各地政府必须切实负起责任来,采取强有力措施,包括经济的和行政的措施,坚决控制物价上涨。同时,欢迎广大人民群众和舆论机构予以监督。在改革中必须加强和改善宏观控制,做到令行禁止。中央一声令下,全国统一行动,这个好传统不能丢。现在有些部门、有些地区、有些单位有令不行,有禁不止,只考虑本部门、本地区、本单位的局部利益,置国家利益、人民利益于不顾,这是不能容许的。李鹏强调说,从严治政,建立、健全各种制度和法规,逐步建立社会主义商品经济的新秩序,是当前和长期的一项重要任务。

李鹏指出,今年气候异常,旱涝灾害并存,粮食可能减产,虽然减产的幅度不会过大,但应当引起我们的充分认识和高度重视。必须千方百计加强大秋作物的后期管理,力争秋季作物在没有遭灾的地方有一个好的收成,在有灾的地方把灾情减到最低限度。他还说,大城市蔬菜的生产和供应好坏,对人民生活至关重要。各级政府必须切实加强对大白菜和其他秋菜生产、收购、销售和贮存工作的领导,努力做到市场稳定,改善供应。

这次国务院常务会议,还对国务院已经和将要采取的坚决压缩基本建设规模、压缩楼堂馆所等非生产性建设、压缩集团购买力、保持政府机关廉洁和反对铺张奢侈之风、清理和整顿公司等治理经济环境、稳定发展经济的各项措施,作了进一步的检查和落实。

国务院副总理姚依林、田纪云、吴学谦,国务委员李铁映、王丙乾、宋健、王芳、李贵鲜和有关部委的负责同志,参加了会议。

国办就贵州省乡镇煤矿发生特大瓦斯爆炸事故发出通报

通报指出,1988年5月6日,贵州省毕节地区威宁县猴场镇政府与六盘水市大湾区二塘乡安乐村一农民联合开办的乡镇煤矿发生特大瓦斯爆炸事故,死亡45人,重伤2人,轻伤2人。这是一起重大责任事故,也是近几年来全国乡镇煤矿发生的最大一起伤亡事故。

通报说,这个矿于1986年7月未经主管部门批准开始建矿。在管理极为混乱,人身安全毫无保障的情况下,于1987年10月投产。今年1月至4月,六盘水市大湾区政府煤管站曾先后3次令其停产整顿,但这个矿不顾禁令强行冒险生产,结果发生这起特大瓦斯爆炸事故。事故的直接原因是白天停电停风,井下聚集大量瓦斯,傍晚送风,人即下井采煤,当电工整修照明线时产生火花引起瓦斯爆炸。

国务院办公厅的通报指出,贵州省这起事故伤亡惨重,教训深刻,暴露了当前乡镇煤矿安全生产所存在的严重问题。贵州省人民政府应立即组织由省政府和地、市有关部门参加的事故联合调查组，进一步查清事故原因，按照谁办矿、谁受益、谁负责安全管理和承担责任的原则，尽快澄清事故责任，根据情节轻重、分别进行严肃处理。特别是对威宁县猴场镇政府带头违法办矿、顶着上级指示不办的有关负责人，要依法从严处理，以严肃政纪、法纪，避免再次发生类似事故。

通报指出，贵州省乡镇煤矿产量只占全国乡镇煤矿总产量的5%，而死亡人数却占全国乡镇煤矿死亡总数的18%，特大事故占30%。其主要原因是当地政府对安全生产重视不够，没有认真贯彻落实《矿产资源法》和国务院有关清理、整顿乡镇煤矿的指示精神，对整顿乡镇煤矿决心不大，领导无力。到目前，该省违法办矿的现象仍相当严重。这些矿井不但自己事故多，伤亡重，而且严重威胁国营煤矿的安全生产。

国务院办公厅的通报说，近几年来，我国乡镇煤矿发展很快，对缓和能源紧张状况，支援国民经济建设作出了很大的贡献。但随之也带来严重的安全问题。全国各地区、各有关部门应从贵州省这起事故中吸取教训，采取坚决措施，解决乡镇煤矿的安全问题。

首先，要切切实实加强对乡镇煤矿的领导和管理，认真地进行清理和整顿，坚决刹住非法开矿之风。今后，凡无证开采和不具备起码安全生产条件的矿井一律停产整顿，任何单位、个人不得冒险生产，否则，如发生事故，除追究直接责任者外，还要追究有关地方政府主要领导人的责任。经过整顿，原来没有办理开矿手续的，如已具备安全生产条件可予补办手续，发给开采证和营业证；对不具备起码安全生产条件的，应令其停止生产，如已发开采证和营业证，要坚决予以吊销。其次，要进一步加强对乡镇煤矿的行业管理。各级煤炭工业管理部门要加强对乡镇煤矿的行业管理，明确安全责任，建立、健全各项管理制度，合理开发和利用国家的煤炭资源、制止争抢资源、乱采滥掘和不顾后果违章蛮干的错误做法，要采取有力措施，进一步促进乡镇煤矿的健康发展。

中国工业亏损企业超过6000家

据《人民日报》报道，截至7月底关于我国工业企业亏损情况的统计数字令人不安：作为国家财政收入主要来源的国营预算内工业亏损企业数达6364家，亏损面达17%；亏损额36.37亿元，超过1985年全年亏损数字26.78亿元的1/3强，比去年同期增亏27%。对此，国家有关部门已给予充分重视，业已拟定一系列企业配套改革措施，以扭转这一不利情况。

据了解，我国的亏损工业企业主要集中于煤炭、机械、化工、食品、建材、纺织等行业上，近年来，石油也开始出现亏损。有些如煤炭、石油等属于全行业性的亏损，煤炭工业尽管产品几经提价，仍逐年增亏。从地区看，中、西部地区的亏损率比东部地区高出一倍多。特别值得重视的是，中央军工和中央直属企业亏损面和增亏速度都大大高于地方工业。

一些经济专家分析指出，近十年来不断大起大落的工业增长速度是工业企业亏损的直接动因。此外，企业经营管理落后，缺乏形成良好经营机制的基本条件；一些产业发展政策不明确，部分加工工业的一哄而上、盲目建设；生产资料轮番涨价，企业增支减利因素不断增加，推动工业成本大幅度提高等也都是造成工业企业亏损的重要原因。

据悉，国家有关部门及许多经济专家对扭转一些长期由于政策原因亏损的行业和企业，寄厚望于在理顺价格的过程和整顿经济秩序中，使之出现转机。在商品经济逐渐发达起来的今天，如何建立企业扭亏机制亦是解决亏损企业问题的重要一环。国家体改委企业体制司负责人日前向记者说，明年将采用招标方法使亏损企业进入市场、亏损企业放开经营、优势企业兼并亏损企业，拍卖部分中小亏损企业直到宣布破产等一系列措施，把企业真正推进市场，从而建立并完善企业扭亏机制。

全国农村水电座谈会在北京召开

会议透露，我国小水电装机容量达到1110万千瓦，10年（1978—1987年）翻了一番。发电量由100亿千瓦小时，增长到290亿千瓦小时，增长190%；2.5万千瓦以下的小水电站已建成6.3万多座，10千伏以上的高压线路达68万多公里。小水电建设进入蓬勃发展的时期。

党的十一届三中全会后，中央领导对小水电建设极其重视。李鹏总理为小水电的发展提出了“三自”（自建、自管、自用）方针，指出发展小水电的核心问题是要有自己的供电区、自己的电网，提高了各地对发展小水电的认识。几年来，在改革、开放、搞活的大环境下，小水电建设遵循中央提出的方针，逐步理顺管理体制，突出经济效益，大大促进了小水电建设的发展。目前小水电发展，规模已相当可观，它的装机容量已占全国电力总装机容量的1/9，全国1/3的县、40%的县办工业、乡镇企业、农田排灌、农副产品加工以及农民生活用电，主要依靠小水电供电。小水电已成为全国电力系统的第三支柱。

小水电促进了我国农村电气化事业的发展。从国务院1983年决定建设100个小水电电气化试点县，到今年上半年为止，已有24个县达到原水电部颁发的初级电气化县标准（人均用电200千瓦），到年底还将有24个县达标，到1990年将要达到100个县的目标。

1988年全国图书交易会暨首都第四届社科书市第六届科技书市在北京开幕

中国国际广播电台将从9月1日起正式开办对国内的日语 德语广播

两种语言广播除及时播报当天国内外最新消息外,还设有"中国建设"、"中国旅游"、"中国话讲座"等专题节目。

日语广播的播出时间是19:30—20:30;德语播出时间为23:00—23:30。

从1984年起,中国国际广播电台陆续开办了以在华外国人为对象的英语、西班牙语、法语广播。

即将开播的日语、德语广播同上述3种外语广播一样,均使用调频91.55兆赫和中波1251千赫播出。

第三届新闻纪录电影周在陕西西安举行

近两年来,中央新闻电影制片厂、八一电影制片厂等厂拍摄长、短、纪录影片60多部,从各个侧面反映了我国改革和四化建设的最新成就、重大事件,部队革命化、现代化、正规化的崭新风貌,以及祖国古老文化、锦绣河山。一批介绍外国风情、人情的影片,也给人们打开了观察世界的窗口。

8月31日

国家主席杨尚昆在人民大会堂会见由议长让·冈加—赞祖率领的刚果全国人民议会代表团

杨尚昆说,中国重视发展同刚果的友好合作关系,并对中刚两国间的经济合作表示满意。

他说,代表团在访问中同全国人大常委会领导人举行了会谈和会晤,增进了两国领导人之间的相互了解。这有助于中刚友好关系的进一步发展。

在谈到南部非洲局势时,杨尚昆重申中国政府和人民支持南非人民反对种族主义和纳米比亚人民争取民族独立斗争的立场,并对刚果为解决南部非洲问题所做的努力表示赞赏。

冈加—赞祖说,刚果和中国在许多问题上有着一致的目标。刚中两国都主张和平、裁军,为一个更公正的世界而奋斗。

他表示希望两国间的友好合作关系继续发展。全国人大常委会副委员长荣毅仁参加了会见。

全国政协主席李先念在人民大会堂会见朝鲜祖国统一民主主义战线代表团

李先念说,和平共处五项原则不仅适用于社会制度不同的国家,同时也适用于社会制度相同的国家。

代表团团长、朝鲜祖国战线中央委员会书记局长刘诰俊说,这次在中国参观访问,他们看到了中国人民坚持四项基本原则、坚持改革和开放、坚持建设有中国特色的社会主义的斗争中所取得的成绩。

他说,朝鲜人民十分重视同中国人民的关系。

李先念说,中朝友谊确实是用鲜血凝成的。在长期革命斗争中,中国人民帮助了朝鲜人民,朝鲜人民也帮助过中国人民。

全国政协秘书长周绍铮参加了会见。

中办 国办发出《关于重申严格控制建立纪念设施的通知》

通知说,1980年7月30日《中共中央关于坚持"少宣传个人"的几个问题的指示》中,曾对建立纪念设施问题作过明确规定。以后,中央又多次强调要严格控制建立纪念设施。但是,至今仍有一些地方和部门无视中央的规定,继续新建纪念设施,占用了大量的人力、物力和财力。经党中央和国务院同意,现重申:

一、建立纪念设施必须从严控制。今后,非经党中央、国务院特许,不得再新建个人纪念馆和设立个人故居。经党中央、国务院批准正在建立和已经建立的纪念馆不得再扩建。未经党中央、国务院批准,也不得修建任何历史事件的纪念设施和个人塑像、纪念碑、纪念亭等。对在世的人,一律不准建任何个人纪念设施。

二、建立纪念设施,必须严格按照规定程序报批,任何领导个人不能批条子上项目。任何单位和个人均不得利用领导同志的题词、题字代替规定的报批手续,更不得将其作为筹集、摊派资金的依据或借此向财政、规划、建筑等部门施加压力。

三、经过批准修建纪念设施的费用,要从严掌握,并纳入当地基本建设的审批项目,严格按照基建程序办理。

四、已故近代名人的故居,除经党中央、国务院批准的以外,一律坚持正常使用,不得专门腾出作纪念馆。可以在这些地方建立简易纪念标志,但这种纪念标志的设立,不得影响其他设施的正常使用。

通知说,各省、自治区、直辖市党委和政府要根据上述要求,对当地纪念设施的修建情况作一次认真检查,凡不符合规定的在建项目一律停建,并于年底前将情况报告党中央、国务院。

国家副主席王震在人民大会堂接受匈牙利新任驻华大使内梅特·伊万和古巴新任驻华大使阿塞·阿曼多·格拉·门切罗递交的国书

BD8828型超声定位干式体外震波碎石机研制成功

BD型碎石机是由广东省汕头一洲医疗器械有限公司与上海交通大学合作研制成功的。采用超声定位的碎石机，准确率高，便于冲击波击中位置不固定的结石，治疗时间大大缩短。冲击波通过一套特殊的耦合装置作用在病人身上，只需用一只小水袋。一个多月来，共治疗83例，效果达到100%。其中被碎的最大结石2.4厘米 ×1.8厘米。许多患者在第三天就把碎成细砂状的结石全部排出。人们称这种机器为“病人无痛苦，医生免用刀”的神奇医械。

9月1日

中国妇女第六次全国代表大会在人民大会堂开幕

赵紫阳、杨尚昆、李鹏、万里、邓颖超、乔石、胡启立、姚依林等同志出席开幕式。

中共中央政治局委员、国家主席杨尚昆代表中共中央向大会致祝词。

第五届全国妇联副主席、书记处第一书记张帼英受康克清委托,向大会作了题为《自尊、自信、自立、自强,为深化改革、振兴中华建功立业》的工作报告。

大会由会议主席团常务主席陈慕华主持。

7个人民群众团体和解放军向大会致了辞。300名首都少年儿童向大会献词献花。出席今天大会的还有:李铁映、薄一波、宋任穷、阎明复、温家宝、刘澜涛、习仲勋、彭冲、倪志福、雷洁琼、王任重、康克清、钱正英、司马义·艾买提以及中央国家机关、中央直属机关、各人民团体、各民主党派和中国人民解放军总部的负责人。

大会还通过了中国妇女第六次全国代表大会选举办法。

国家主席杨尚昆在中国妇女第六次全国代表大会上发表题为《中国妇女是建设和改革的一支伟大力量》的祝词

各位代表、同志们:

中国妇女第六次全国代表大会,今天开幕了。我代表中共中央,向大会致以热烈的祝贺!向在改革和建设中作出贡献的全国各族各界妇女,表示崇高的敬意!向广大妇女工作者表示衷心的感谢!我还要借此机会,向台湾、港澳女同胞和海外女侨胞,致以良好的祝愿!

党的十一届三中全会以来的十年,是我们国家经历伟大变革的十年。在党的领导下,亿万妇女发扬中华民族勤奋劳动、艰苦创业的优良传统,在推进改革、开放,发展社会主义商品经济中;在加强社会主义民主和法制建设,维护安定团结中;在繁荣教育、卫生、科学、文化事业,实行计划生育,倡导文明健康科学的生活方式中,都发挥了重要作用。各条战线涌现出大批有胆有识、精明强干、出类拔萃的妇女人才。历史证明,无论革命战争年代还是社会主义现代化建设时期,勤劳智慧的中国妇女都无愧于"半边天"的光荣称号。

这次全国妇女代表大会,是在我国深化改革的重要时期召开的。建立社会主义商品经济新秩序,是一场伟大的变革,需要相当长的时间才能完成。我们要清醒地估计到可能遇到的各种困难和风险,重要的是要增强信心,充分认识克服困难、取得成功的有利条件和巨大潜力。特别是党的坚强领导,令行禁止的严明纪律,局部服从全局的光荣传统,共产党员和先进分子吃苦在前、享受在后的模范行动,历来是我们胜利的政治优势。我们应当高度重视和充分发挥这些政治优势,把全民族的力量凝聚起来,保证改革的顺利发展。

这场改革的成功,对本世纪末和下世纪初我国经济发展和社会进步将产生巨大的积极影响,同时也将大大促进我国妇女的自身解放。改革的深入,为广大妇女的学习、劳动和多方面发展开辟了更为广阔的天地。在新体制下,她们的智慧、才能和创造精神将得到进一步的发挥。妇女自身的进一步解放,势必极大地推动我国整个生产力的大解放。这就是说,改革是完全符合广大妇女切身利益的。广大妇女是我国改革的一支伟大力量。当然,随着社会主义商品经济的发展,竞争机制广泛进入社会生活的各个领域,对社会的每一个成员,也包括对广大妇女提出了新的更高的要求。在新形势面前,广大妇女要进一步解放思想,积极参加改革和建设,发扬艰苦奋斗、勤俭持家的优良传统,努力提高自身的素质,做到自尊、自信、自立、自强;同时,由于妇女担负着养育下一代的崇高职责,国家和社会要从她们的生理特点和特殊困难出发,予以应有的关心和照顾,切实维护而不许损害广大妇女的利益。

我国宪法规定,婚姻、家庭、母亲和儿童受国家的保护。但是,由于种种原因,旧社会遗留的歧视妇女的丑恶现象依然存在,虐待、侮辱、残害妇女儿童的犯罪行为屡有发生。这是绝对不能容忍的。我们必须同一切歧视妇女的丑恶现象作斗争,必须依法惩处一切侵害妇女儿童权益的犯罪行为。尊重妇女、保护儿童,是人类文明的表现。维护妇女儿童权益是全社会的共同任务。我们是社会主义国家,在这方面应当做得更好。我们不仅应当在全社会形成这种良好的社会风尚,并且应当制定完备的法律,给妇女儿童以更加有效的保护。

中国妇联是我国妇女自己的组织,妇联作为中国妇女运动的组织者和指导者,继承和发扬了革命战争年代艰苦奋斗、密切联系群众的优良传统,为维护妇女的合法权益和促进儿童的健康成长,为团结广大妇女投身建设和改革,作出了重要贡献。各级妇联一定要把工作重点放在基层。这是妇联自身改革的关键之一,也是贯穿妇联全部工作的一条重要方针。妇联只有把自己的工作重点放在基层,密切同基层妇女的联系,才能更好地团结、吸引广大妇女投身建设和改革,才能更有效地维护妇女儿童的合法权益,也才能把妇联真正建设成为广大妇女信赖的群众组织。党和国家以及社会各界都要关心妇女儿童事业,满腔热忱地支持妇联的工作。

妇女工作是党的群众工作的重要组成部分，各级党委要认真研究现阶段妇女运动的特点和规律，改善和加强对妇女工作的领导。要放手让妇联按照自己的章程独立自主地开展活动；帮助妇联培养一支热爱妇女解放事业、相对稳定的妇女干部队伍，关心她们的工作、生活和进步；协调妇联同各方面的关系，从而使妇女工作更加生气勃勃地开展起来。

同志们！英雄的中国各族妇女，具有无穷的智慧和力量。我们深信，在改革、开放的伟大时代，我国妇女一定能够为民族的振兴和祖国的统一，为维护世界和平和促进人类进步，作出新的贡献，谱写中国妇女运动壮丽的新篇章。

祝大会圆满成功。

第五届全国妇联副主席张帼英在中国妇女第六次全国代表大会上作题为《自尊自信自立自强，为深化改革振兴中华建功立业》的工作报告

各位代表、同志们：

我受康克清主席委托，代表中华全国妇女联合会第五届执行委员会，向大会作工作报告，请予审议。

我们这次代表大会，是在党的十三大之后，改革进入攻坚阶段的关键时期召开的。大会的主要任务，就是以社会主义初级阶段的理论和党的基本路线为指导，总结新时期妇女运动的经验，确定妇女运动的任务，加快妇联的改革，动员和组织广大妇女同全国人民一道团结奋斗，共闯难关，为实现四化振兴中华建功立业。

报告共分四个部分。

一、改革开放形势下妇女运动的新发展

党的十一届三中全会开创了我国社会主义现代化建设的伟大时代。近十年来，我国各族人民在中国共产党领导下，从社会主义初级阶段的实际出发，以经济建设为中心，坚持四项基本原则，坚持改革开放，在具有中国特色的社会主义道路上开拓前进，使我们国家的经济、政治和社会面貌发生了举世瞩目的深刻变化。

改革开放给新时期的妇女运动注入了新的活力。从中国妇女第四次代表大会开始，经过第五次代表大会，到这次代表大会，妇女运动不断清理“左”的思想影响，在改革开放中探索前进，开拓出一派蓬勃发展的新局面，显示出无限生机。

中国妇女在改革浪潮中激流勇进，成为经济建设和社会发展中一支举足轻重的力量

投身改革，为发展社会生产力作出重大贡献。改革开放冲破了僵化的经济体制，为妇女提供了施展才能的广阔天地和发挥优势的良好机遇。广大妇女以极大的热情和气魄投身社会大变革，拓展了参与社会经济生活的深度和广度。在农村，随着家庭联产承包责任制的推行和农村产业结构的调整，妇女劳动力开始了战略性转移。她们从种植、养殖业跨入到加工、服务、纺织、电子和传统工艺等多种行业，从生产领域迈进到流通领域，在多种经营、乡镇企业和外向型经济中大显身手，成为商品经济发展中一支活跃的生力军。目前我国农村以妇女为主的专业户占专业户总数的三分之一；进入乡镇企业的妇女已有3500万，占乡镇企业从业人员总数的40%左右。在城市，妇女就业结构趋向合理，参与改革和建设的热情日益高涨。全民和集体企事业单位已有女职工4800多万人，占职工总数的36.8%。她们积极参加企业改革、民主管理和技术革新，发挥了不容忽视的作用。一批敢担风险的女性，闯入了合作经济、个体经济、私营经济领域，在2100万个体劳动者中，妇女约占24%。许多有胆有识的女厂长、女经理，勇敢参与市场竞争，投标租赁、承包企业，大刀阔斧地进行改革，成为精明强干的女企业家。今年在全国和一些省市评选出的许多优秀女企业家，就是她们中的佼佼者。我国女科技人员占科技人员总数的近三分之一，其中许多人已经跻身于高技术领域。她们勤奋钻研，刻苦攻关，为发展我国的科技事业作出了重要贡献。十年来，我国有1456名卓有建树的女科技人员获国家科技进步奖：在国家自然科学奖、国家发明奖获得者中，女同志也占相当比例。人民解放军、人民武装警察部队的女指战员以及女民兵，投身卫国戍边的战场和抢险救灾的前线，为保卫四化、建设四化立下了功勋。在发展社会生产力的伟大事业中，巾帼群英各展风姿，显示了中国妇女的社会价值和时代风采。

积极参政，在社会民主政治生活中影响日益扩大

改革开放进一步激发了妇女参与社会主义民主政治建设和法制建设的热情。广大妇女的公民意识、民主意识、参政意识和法制观念不断增强。她们关心国家大事，关心社会变革，努力通过各种渠道参与对社会事务的管理和监督。目前在全国人民代表大会和省级人民代表大会中，女代表已有4826人，在各级人大和政协会议上，女代表、女委员提出的议案、提案数，超过以往各届。女干部队伍在改革中不断发展，全国已拥有各类女干部800多万人，占干部总数的28.8%。在改革人事制度、实行差额选举的情况下，仍有一批优秀女干部靠顽强奋斗和出色政绩登上政治舞台，担任了各级党委、政府、人大、政协的领导职务。在村民委员会、居民委员会等基层群众自治组织中，大批女工作人员发挥了积极作用。作为各族各界妇女利益的代表，妇联的参政议政作用不断增强。男女平等的原则日益渗透到社会民主政治生活的各个方面。近年来国家颁布的宪法、婚姻法、继承法、企业法等各项法律中,都制定了保护妇女的条款;到目前为止,已有26个省、自治区、直辖市公布了保护妇女儿童权益的地方法规。

倡扬新风,在社会主义精神文明建设中发挥积极作用

在改革开放环境中,亿万城乡妇女以自身的文明进步,对社会主义精神文明建设产生了广泛影响。一大批献身事业的女教育工作者、女文化艺术工作者、女新闻工作者、女医务工作者,用心血和智慧为时代奉献了丰硕的精神文明成果。在荣膺世界冠军的我国体育健儿中占46%的优秀女运动员,以顽强的拼搏振奋了民族精神。商业、财贸、邮电、交通以及各种服务行业中的优秀女劳动者,以良好的职业道德弘扬了为人民服务的时代精神。各行各业的"三八"红旗手、女先进模范人物不断涌现,集中展示了中华儿女奋发向上的崭新面貌。在一些地区,妇女积极参加的"婚姻家庭理事会"、"新风理事会"等群众自治组织。促进了社会风气的好转。城乡普遍开展的"五好"家庭活动,在建设文明健康科学的生活方式方面起到了积极作用。婚事新办、勤俭持家、科学育儿、为国教子,已为越来越多的妇女所接受;民主和睦、邻里团结、敬老爱幼、助人为乐,成为千万家庭的良好风尚。

奋发进取,在丰富的社会实践中自身素质不断提高

改革开放开阔了广大妇女的眼界。她们的思想观念和精神风貌发生了深刻变化,焕发出日益增强的自主意识和进取精神,努力提高思想道德素质和科学文化素质。一个学文化、学技术、学管理的热潮,在城乡妇女中勃然兴起。据1987年统计,有9500万名农村妇女踊跃参加实用技术培训。其中60%的人掌握了一门以上的实用技能;近41万名城乡妇女参加函大、电大等各类成人高等学校学习,占学员总数的32.9%。我国妇女接受高等教育的人数呈现上升趋势。1987年高等院校在校女大学生有64万多人,比1978年增加两倍多,在大学生总数中所占比例达30%以上;攻读硕士学位的女研究生有22297人,攻读博士学位的女研究生有789人,这是我国教育史上的空前盛事。在广大城乡,众多具有"四有"、"四自"精神的新女性,充分运用改革开放提供的良好机遇,勇敢迎接改革开放带来的竞争与挑战,不断调整社会角色和家庭角色的关系,努力按照时代要求塑造自己。

同志们,我们欣喜地看到,中国妇女在改革开放中作出的贡献和取得的进步,赢得了党、政府和人民群众的赞誉,进一步为社会所承认,中国妇女在政治、经济、文化、社会和家庭生活中的地位得到了相应的提高。这一切标志着中国妇女运动有了新的发展。

妇联工作在改革开放中日趋活跃,产生了广泛的社会影响。

——在大力动员和组织妇女投身经济建设的同时,坚持把维护妇女儿童合法权益放在重要位置上。各地妇联注重引导妇女参加商品生产,促进妇女学习生产技能,帮助妇女缓解后顾之忧,推动贫困妇女脱贫致富。与此同时,从依法保护妇女的高度出发,广泛建立了法律顾问机构,普遍开展了普法教育,接待和处理了大量的来信来访,协同司法部门查处了一些残害妇女儿童的大案要案,并且促进了保护妇女儿童政策法规的制定和实施。

——坚持把提高妇女素质作为战略任务,促进了妇女人才的成长。在全国各条战线广泛开展的"四自"教育和"三八"红旗手(集体)创评活动,成为推动妇女提高素质的很有特色的活动。各种学习培训、读书演讲、知识竞赛、科技展览等越办越好。妇联自办和推动社会创办的妇女干部院校、女子职业学校已发展到42所,培养了一批妇女专业人才,促进了妇联干部的知识化。一些地方建立的妇女人才开发中心、妇女人才信息网络,在发现、宣传、推荐妇女人才方面发挥了很好的作用。近年来,各级妇联向党委、政府推荐了一大批优秀女干部,其中一部分已被选入各级各界领导班子。

——协调社会力量做好儿童工作,为抚育、培养、教育儿童少年作出了重要贡献。家庭教育、托幼事业以及其他为妇女儿童服务的事业不断发展。妇女儿童活动阵地逐渐增多。全国和省、市儿童基金会相继建立。由妇联倡导兴办的各类家长学校已成为社会事业。各类托幼园所,特别是民办园所有了较大发展。

——妇女理论研究、政策研究、历史研究工作,妇女报刊、出版事业迅速发展,为提高妇女运动的水平奠定了基础。目前由妇联创办公开发行的妇女报刊共32家,发行总量达1124万份。妇女图书出版事业受到社会重视。妇女理论研究的热潮正在全国兴起。妇女问题的政策研究日益引起有关部门的关注。妇女运动历史的编纂取得了新的成果。

——各级妇联工作领域逐步拓宽,活动方式日趋多样,对妇女群众的吸引力和凝聚力逐渐增强,妇女联合会的特色更加鲜明。农村妇女工作在引导妇女发展商品经济方面取得了经验。城市妇女工作在面向各界妇女的同时的,注重以职业妇女为重点。各种形式妇女横向联合组织,开拓了妇联组织联系各界妇女的新的渠道。党政机关、科教文卫等单位的妇女工作得到了加强。丰富多彩的社会性活动,打破了比较单一的工作方式,扩大了妇联工作的覆盖面。

——各级妇联的组织建设日益加强,适应新形势需要的妇女工作者队伍正在成长。各级妇联增添了新

的血液，焕发了新的活力。目前，妇联干部队伍年龄结构较为合理，文化素质不断提高，精神状态积极向上。广大妇联干部特别是基层妇联干部和妇女代表，艰苦奋斗、任劳任怨、开拓进取、积极奉献，以出色的成绩赢得了妇女群众的爱戴。许多妇联组织被评为先进单位，许多妇女工作者被授予各种荣誉称号。

——各族各界妇女大团结更加广泛。少数民族地区妇女工作水平有了新的提高，各民族妇女互相学习，团结奋进。妇女界爱国统一战线有了新的发展，妇联与各民主党派、宗教界妇女组织的联系进一步加强，内地与港澳妇女之间的姐妹联谊进一步密切，大陆与台湾妇女之间的联络交往正在发展。妇女组织为实现祖国统一作出了应有的贡献。

——中国妇女与国际妇女的友好交往更加活跃。我们已与130多个国家和地区，近300个妇女、儿童组织建立了多种形式的联系。与国际多边双边援助机构的项目合作有了较大发展。我们还配合联合国“妇女十年”、“国际和平年”开展了不少活动，发挥了积极作用。

同志们，改革开放的十年，是中国妇女运动史上一个重要的时期。在这个时期，我们逐步明确了社会主义初级阶段妇女运动的指导思想，初步形成了与改革开放相适应的妇女工作方针，并且对具有中国特色的妇女解放道路进行了新的探索。

改革开放以来我国妇女运动的新发展，是在党中央正确领导和亲切关怀下，在社会各方面大力支持下，广大妇女和妇女工作者顺应时代潮流，奋发努力的结果。在这里，请允许我以大会的名义，向亲切关怀我国妇女运动的党中央、国务院和地方各级党委、各级政府表示崇高的敬意！向大力支持妇女工作的部门和团体，向工会和共青团等兄弟单位表示衷心的感谢！向在各条战线上建功立业的各族姐妹和为妇女进步事业呕心沥血的广大妇女工作者表示亲切的慰问！

我国妇女运动的老一辈领导人蔡畅、邓颖超、康克清等大姐，是德高望重的无产阶级革命家，是中国妇女的光辉典范。在回顾妇女运动的发展道路时，我们永远不能忘记她们的杰出贡献。在这里，我代表全国各族各界妇女，向她们，向所有妇女运动的老前辈，表示崇高的敬意和亲切的问候！

我们在为妇女运动的新发展而欢欣鼓舞的时候，应该看到，当前社会上仍然存在着不少妇女问题。这主要是已经走上社会的广大妇女，承受着社会生产和人类自身生产双重负担，前进中有许多特殊困难；部分妇女文化素质不高，竞争起点较低；改革开放以来妇女在受教育、就业、参政等方面遇到了新的挑战；侵犯妇女权益的违法行为，甚至某些残害妇女身心健康的丑恶现象屡有发生；不同地区、不同层次妇女之间的解放程度仍很不平衡。产生这些问题的原因是十分复杂的。主要是：社会生产力不发达，全民文化科学素质偏低，男尊女卑的封建传统观念影响很深，资产阶级腐朽思想也有一定市场；保护妇女权益的法规不够完善，社会服务和福利事业不够发达，等等。

同时还应看到，当前妇女工作中也有许多困难和问题。一方面妇联组织在体制上存在弊端，上层机关不同程度地存在“官”气和行政化倾向，代表和维护妇女的利益不够，为基层和为妇女服务不够，对妇女在发展社会主义商品经济中面临的新情况调查研究不够；另一方面，妇女工作尚未得到一些党政领导的足够重视，开展工作所必需的物质条件亟待改善。为了解决这些问题，我们呼吁社会各有关部门进一步关注妇女问题，把妇女的发展作为社会发展的重要标志，纳入改革和建设的总体规划之中。同时，我们要加快妇联的体制改革，以便更好地代表和维护妇女利益。

二、社会主义初级阶段妇女运动的基本指导思想

妇女的进步与发展，是社会进步与发展的一个重要方面。妇女运动的发展，历来同一定社会历史阶段的物质生产水平和精神文明程度紧密相连。社会主义初级阶段的妇女运动，既具有社会主义的性质，又具有生产力不发达社会的特点。社会主义制度确认了妇女与男子具有平等地位，党和国家一贯注重保护妇女权利的实现。但受物质条件和精神文明程度的制约，法律上的男女平等还难以完全成为事实上的男女平等；在建立社会主义商品经济新秩序的同时，建立保护妇女权益的新机制还需要一个过程。妇女的彻底解放仍是长期而艰巨的。只有正确分析和估价妇女解放程度，才能正确制定妇女运动的目标、方针和任务。有人认为中国妇女已经解放得差不多了，也有人认为中国妇女连解放运动的起点还没有踏上，这些看法都不符合我国妇女运动的现状，因而是片面的。我们必须从实际情况出发，以党的十三大确立的理论和路线为指针，在具有中国特色的社会主义道路上，继续推进妇女解放事业。其基本指导思想有以下几点。

第一，必须围绕经济建设开展妇女运动，从社会发展中求妇女解放。在社会主义条件下，解决妇女问题的根本出路，在于发展社会生产力，促进社会的文明与进步。必须把维护妇女利益同促进社会生产力发展统一起来，促使妇女工作自觉地服从、服务于改革和建设的全局，发动广大妇女积极投身改革和建设的实践。

第二，必须根据社会主义商品经济的特点和规律，更好地代表和维护妇女利益。在社会主义商品经济形成的过程中，存在着新旧两种体制的碰撞和交替，多种所有制、多种经营形式和分配方式的并存和竞争，各种

社会利益关系的矛盾和协调。为了更好地维护妇女利益,必须在有利于社会主义商品经济发展的条件下,建立保护妇女利益的新机制。

第三,必须把引导妇女进步作为妇女运动的根本任务。法律上关于男女平等规定的逐步实现,不仅需要社会提供必要的客观条件,还需要妇女自身作出积极的努力。妇女只有投身改革和建设,在经济建设中实现劳动权利,在民主政治建设中实现参政权利,才能充分展示自身价值,赢得社会尊重,获得真正的男女平等。因此,妇女运动的着眼点,必须始终集中到帮助妇女提高自身素质、增强竞争能力方面来。

第四,必须坚持不懈地清除封建传统观念和各种不健康思潮在妇女问题上的影响。我国经历过几千年的封建社会,男尊女卑的传统观念有着广泛的影响,并且极易和资本主义腐朽妇女观相混合。在对外开放的新形势下,我们既要坚决抵制国外文化思想中有害成分的侵袭,又要始终不渝地把反对封建主义思想作为妇女运动长期而重要的任务,以形成有利于妇女解放的文化环境和社会条件。

第五,必须在党的领导下独立自主地开展妇女工作。坚持党的领导,就是坚持党在社会主义初级阶段的基本路线,执行党的各项方针、政策;独立自主地开展工作,就是要代表和维护妇女的利益,根据妇联的章程和有关规定,行使应有的自主权利,开展适合妇女特点的活动。只有坚持党的领导,才能保证妇女运动的正确方向;只有独立自主地开展工作,才能保持和发扬妇女运动的特色,在党的领导下独立自主地开展工作,是妇女运动健康发展的正确道路。

三、改革攻坚阶段我国妇女运动的光荣使命

我国已经进入了全面改革攻坚阶段。党中央提出,要用大体五年左右的时间,搞好价格、工资改革,逐步建立起社会主义商品经济新秩序,确立起我国改革的基本框架。到那时,我国社会生产力将会有新的发展,我们将跨出建设富强、民主、文明的社会主义国家的历史性的一步。这是一项十分重大的战略决策。我们这次代表大会之后的五年,正好是党中央带领全国人民攻坚克险的五年,是我国从旧的经济体制转为新的经济体制的极为重要的五年。在这个关系到国家命运和前途的关键阶段里,我国妇女运动的总任务是:在党的基本路线指引下,各族各界妇女团结起来,自尊、自信、自立、自强,全面提高素质,积极投身改革和建设,为夺取改革攻坚阶段的胜利,促进妇女的进一步解放而奋斗。主要任务有以下四项。

(一)投身改革和建设,在经济振兴中大显身手。

投身改革和建设,是时代对妇女的要求,也是妇女自身解放的要求。动员妇女投身改革和建设,为发展社会生产力做贡献,是妇女运动的中心任务。

要理解改革、支持改革。改革开放给妇女带来了良好的机遇,也向妇女提出了严峻的挑战。一方面,竞争机制的引入,打破了旧有体制对妇女聪明才智的束缚,经济结构的调整和第三产业的发展,为妇女从繁重体力劳动岗位向适合妇女特点职业的转换提供了有利的条件,妇女劳动力从而获得了新的解放,大批优秀妇女人才得以脱颖而出。这一点已为改革十年来妇女的巨大变化所证明。另一方面,商品经济的发展,对社会的每一个成员包括对广大妇女,提出了新的更高的要求。一些身体素质差、思想文化水平低、参与能力弱、家务负担重的妇女,在竞争中处于不利地位。当前正在进行的价格、工资以及劳动制度的改革,也会不同程度地影响到妇女的工作和生活。对于这一切,我们必须有清醒的认识和充分的理解。改革作为一场深刻的社会革命,最终会使社会生产力得到极大的发展,会使全体人民达到普遍的富裕,但在其长期、复杂的过程中,不可能使所有人同时得到均等的好处。特别是在新旧体制交替,社会主义商品经济秩序尚未建立起来的过渡时期,还会出现某些经济生活的困难,一些人的具体利益甚至会受到暂时的影响。改革带来的矛盾以及由此付出的代价。只有在改革的深化中才能得到解决和补偿:保护妇女利益的物质基础,只有在社会生产力迅速发展的条件下,才能逐步增强。我们必须用发展观点、全局观点和生产力标准来看待改革。对改革的成就要作足够的估价,对改革中出现的问题要作实事求是的分析,对改革关键时期的困难和矛盾要作充分的精神准备,对改革的前景充满必胜的信念。要以深刻理解改革、坚决支持改革的积极态度,充分利用改革提供的有利条件,做攻坚克险和维护社会安定团结的积极力量,与党同心,为国分忧,同全国人民一道共闯难关,共建振兴中华大业。

要艰苦奋斗,积极奉献。在改革的关键阶段,减少风险、增强承受能力的根本途径在于发展生产,提高经济效益。各族各界妇女要在本职岗位上,为提高经济效益、发展社会生产力而努力工作。城镇女职工要以主人翁的姿态,与企业改革同呼吸、共命运,积极参加优化劳动组合、社会主义劳动竞赛和“双增双节”活动,把自己锻炼成为素质优良、纪律严明、勇于创新的妇女劳动大军。各条战线的知识妇女,在改革和建设中负有重任,要充分运用智能优势,发挥创造潜力,推动科技、教育、文化领域各项事业的发展。商业、服务行业的女劳动者,要牢固树立社会主义的职业道德,改善服务态度,探求现代服务艺术,为人民的生活提供优质服务。农村妇女要适应国家建设和人民生活对农副产品的需要,开拓发挥优势的新途径,积极参与“星火计划”的实施,推进农村商品经济的发展。少数民族地区、山区和贫困地区妇女,要按照本地区的开发建设计划,找准便于发挥自身优势的位置,用辛勤的劳动实现脱贫致富。沿海地区妇女要充分利用对外开放的良好时机,积极参与外向型经济的发展。

(二)全面提高素质,做自尊、自信、自立、自强的新女性。

在改革竞争的大环境中,当代妇女要争取自身的进一步解放,必须努力提高思想道德素质和科学文化素质,树立自尊、自信、自立、自强的新女性意识。自尊,就是尊重自己的人格,维护自己的尊严,反对自轻自贱;自信,就是相信自己的力量,坚定自己的信念,反对妄自菲薄;自立,就是树立独立意识,体现自己的社会价值,反对依附顺从;自强,就是顽强拼搏,奋发进取,反对自卑自弱。“自尊、自信、自立、自强”,是“五大”提出的“自尊、自重、自爱、自强”口号的进一步发展,是从我国现阶段的实际出发,有鲜明中国特色的妇女自己的口号。我们的“四自”口号,完全不同于资产阶级以自我为核心的个性解放口号。它的意义在于唤起女性自我意识的觉醒,促使广大妇女增强历史使命感和社会责任感,走向有理想,有道德,有文化,有纪律的“四有”境界,为社会主义现代化建设作出贡献。

提高科学文化素质,增强在改革中的竞争能力。随着我国经济建设转到依靠科技进步的轨道上来,劳动者的科学文化素质对于生产力发展的影响越来越明显。当前,我国妇女的科学文化素质从总体上讲仍然偏低。这种状况限制着妇女对社会的贡献,也妨碍着妇女社会地位的提高。广大妇女应以强烈的社会责任感,主动接受各级各类文化科技教育,提高科学文化水平。处于文盲半文盲状态的青壮年妇女,要积极参加各种形式的扫盲学习,尽快达到脱盲标准。具有初、中等文化水平的女劳动者,要尽快掌握生产技能和管理知识,使自己符合生产岗位的要求,在需要实行职业转换时也能较快适应。女大学生要珍惜青春年华,发愤攻读专业,理论联系实际,为成为祖国的有用之才奠定坚实的基础。已经具有一定专业知识和实践经验的女知识分子,也应不断更新知识,保持知识结构的先进性,增强竞争能力。

提高思想道德素质,树立现代意识,陶冶高尚情操。我们的民族要振兴,社会要变革,需要有凝聚全民族力量的精神支柱,需要有适应社会主义商品经济要求的思想观念和道德风貌。广大妇女要坚决摒弃阻碍生产力发展的平均主义、不讲效益、狭隘保守、不求进取等落后思想,牢固树立与社会主义商品经济新秩序相适应的价值观念、竞争观念、时效观念、信息观念等现代意识。要有效抵制封建主义和资本主义腐朽道德的侵袭,大力发扬顾全大局、诚实守信、互助友爱和扶贫济困的精神,自觉维护民族尊严和妇女尊严。当代妇女要做文明、健康、科学生活方式的推动者。要坚持文明进步的婚恋观,倡扬诚挚的爱情,反对封建包办婚姻和资产阶级“性自由”、“性解放”,坚持文明进步的家庭观,倡扬民主和睦、互助互敬的家风,清除封建宗族和狭隘家庭观念的影响;坚持正确的消费观,倡扬勤俭持家的优良传统。力戒婚嫁丧葬中的铺张浪费,坚持正确的生育观,自觉实行计划生育,消除“多子多福”、重男轻女等封建残余思想的影响。

改善心理素质,锻炼坚强的意志。改革开放的形势,要求人们具备良好的心理素质,能够经得起社会变革的冲击。几千年封建社会遗留给我国妇女的某些心理弱势,仍然是部分女性自主意识觉醒和创造精神发扬的主要障碍。因此,新时代的女性要克服自卑心理,充分发掘女性的优势和潜能;克服依附心理,坚持在改革的实践中实现女性价值,克服弱者心理,在激烈的竞争中积极进取。要主动进行心理的锻炼和意志的培养,逐步形成符合时代要求的健康的心理品格。

(三)维护妇女合法权益,推动全社会为妇女的发展创造良好的环境。

妇女问题是社会问题。妇女权益的维护,除需要妇女群众和妇女组织的努力之外,还需要全社会的关注和支持。因此,妇女运动的重要任务之一,就是要动员和协调社会各方面的力量,共同维护法律确认的妇女在政治、经济、文化、社会和家庭生活五个方面与男子平等的权利,为妇女的进步与发展创造良好的环境。

推动全社会共同树立文明进步的妇女观,抵制歧视妇女的思想和行为

文明进步的妇女观是以马克思主义为指导的社会主义妇女观。其基本观点是,承认妇女和男子同是社会生产力中最活跃的因素,同是革命和建设的伟大力量,确认人类自身生产的社会价值,从而主张男女平等,提倡尊重妇女,宣扬男女具有同等人格、价值和尊严。这种妇女观,是反对封建主义妇女观和资本主义妇女观的有力精神武器。它不仅应当成为妇女自身世界观、人生观的重要组成部分,而且应当成为社会意识的重要组成部分。我们呼吁各级党委和政府,将文明进步妇女观的宣传,列入社会主义精神文明建设的总体规划,贯穿到社会公共生活的各个方面,使之成为检验社会文明程度和公民道德水准的重要标尺。要清除各种歧视妇女的思想,坚决与侮辱、虐待、残害妇女的行为作斗争。对于一些地区出现的拐卖妇女等犯罪行为,以及死灰复燃的某些社会丑恶现象,各级妇联要协同社会有关部门予以严厉打击,并帮助妇女学会运用法律武器进行抵制。

调查研究妇女问题，协同有关部门解决妇女在劳动、参政、受教育等方面遇到的新问题

改革开放为妇女的学习、劳动和多方面发展提供了更为广阔的天地，但也使妇女在劳动、参政、受教育等方面遇到许多新情况和新问题。妇联组织要认真进行调查研究，向有关部门提出建议，求得这些问题的逐步解决，促使广大妇女以更充沛的精力和更高涨的热情投身改革。

在劳动就业方面，一些地方出现了把妇女的生理特点视为负担，因而限制招收女职工，拒收女大学生等现象，也有个别单位在优化劳动组合中不愿选用合格的女工。这些问题都需要在深化改革中加以合理解决。妇女应当满腔热情地支持改革劳动制度，实行优化劳动组合，因为这是解决企业人浮于事，提高经济效益的重要措施，也是妇女按其所长合理就业的重要途径。为了避免歧视妇女的现象，维护妇女的劳动权利，必须增强招工和优化组合的透明度，实行男女平等、竞争、择优的原则。凡适合妇女从事的工种、行业，应尽量吸收女职工。对于在同一岗位上工作的男女职工，应实行同工同酬，体现多劳多得。对于企业富余的女职工，妇联要推动有关部门拓宽就业门路，加强职业培训，使她们得到妥善安置。在社会主义初级阶段，妇女参加社会生产的具体形式，应该而且必然是多种多样的。我们要抓住当前我国调整产业结构，改革劳动制度的有利时机，引导妇女转变就业观念，并配合有关部门，研究发展妇女就业的优势工种和行业，研究女职工在不同年龄段按照不同行业、不同岗位的需要进行合理流动的办法，探索一套适合于社会主义商品经济发展的灵活多样的妇女就业制度。例如实行弹性工作制、半日制、工时制、计件制等等，使妇女能够根据自己的具体情况，找到参加社会生产的最佳职业和最佳方式。

在劳动保护方面，一些企业特别是有些私营企业和个体工商户，出现了片面考虑经济效益、忽视女工劳动保护的情况，例如缺乏劳保设施，滥行加班加点，甚至打骂、虐待、侮辱、残害受雇女工，非法雇用童工等等。这些现象严重危害了妇女儿童的身心健康，影响了生产力的发展。妇联要协调有关部门进行干预。我们反对雇用童工；我们还要督促企业从保护劳动力、发展生产力的角度出发，坚决贯彻国务院新颁发的《女职工劳动保护规定》，注意解决妇女在经期、孕期、产期、哺乳期以及更年期中存在的实际问题。

在妇女参政议政方面，也出现了一些新的情况。进行民主选举时，实行差额选举、取消对候选人事先确定各种比例，有利于发扬党内民主和社会民主。但是在一些地区，妇女当选为党代会、人代会代表及参加各级各界领导班子的比例，却有所下降。这主要是由于历史和现实的原因，女干部中参政人才较为缺乏，同时与重男轻女的封建思想影响也有一定关系。我们认为，占人口半数的妇女参与国家和社会事务，是国家民主政治生活的一项重要内容，是社会文明进步的一个重要标志，应当给予足够重视。要帮助广大妇女增强公民意识，提高议政能力，正确行使民主权利；要大力加强妇女干部的选拔，特别是对她们的培养和扶持，造就大批妇女参政人才；要拓宽妇女参政议政的渠道，促使更多的优秀女干部通过竞争走上各级领导岗位。对于在改革中涌现出来的女企业家，要给以热情支持，关心她们的命运，维护她们的权益。妇联作为培养、选拔女干部的重要渠道，应把发现、培养和向社会推荐、输送各种类型的妇女人才作为一项经常性的任务。

在教育方面，许多地方出现了女童辍学增多和任意提高女生录取分数线等问题，导致了妇女新文盲的产生，影响了妇女受教育权利的实现。我们呼吁各级政府重视教育，尊重教师，增拨教育经费，在社会各方面密切配合下，积极创造条件贯彻九年义务教育法。家长应将送子女入学作为对国家应尽的责任。凡迫使子女辍学做工、务农或经商的家长，应该受到批评教育，有关部门应该研究对他们进行处罚的措施。中等以上学校凡无特殊要求的专业，录取新生时，在分数上应对男女学生一视同仁。有关部门还应发展各级各类适于妇女参加的成人业余教育，使城乡不同文化需求的妇女都能得到受教育的机会。

妇女的生理特点不应被当作妇女的弱势，人类自身生产不应被当作家庭的私事。妇女的这些特殊问题，不应成为妇女实现劳动、参政、受教育权利的障碍。社会有责任研究解决妇女的社会保障问题，妇联对这方面的研究工作更要作出努力。要以马克思主义关于两种生产的理论为依据，确认人类自身生产的社会价值；要协同有关部门制定切实可行的政策和措施，更为合理地解决人类自身生产的社会补偿问题。目前有些地区和单位，正在试行设立生育基金或者女工生育期工资由夫妻单位分担等方式，解决企业之间由于男女比例不均造成经济负担不平衡的问题。建议有关部门加快这方面的研究和实施。同时，要推动有关部门研究发展社会服务事业和福利事业，提高家务劳动社会化、现代化程度，逐步缓解职业妇女的后顾之忧，解决失去劳动能力妇女的生活困难。还要重视老龄妇女问题的研究，使她们能够老有所养、老有所乐、老有所为。

随着改革的深化，社会上还会不断出现新的妇女问题，需要我们及时进行理论上的探讨和对策上的论证，逐步形成在商品经济条件下保护妇女的新机制。在研究妇女问题的时候，一定要从实际出发，要把眼光

放长远一些,加强前瞻性和预见性,要分清哪些是有条件解决的,哪些是需要创造条件争取解决的,哪些是现阶段没有条件解决的。在加强对于具体妇女问题研究的同时,一定要加强对妇女运动的宏观研究,改变妇女运动理论落后于妇女运动实践的局面。

关心儿童的健康成长,提倡尊重母亲的社会风尚

儿童关系到民族的未来和国家的前途,关心儿童的健康成长是全社会共同的事业。妇女作为母亲,为抚育、培养、教育儿童作出了特殊贡献,理应受到社会的尊重。为此要在全社会提倡"爱护儿童、教育儿童、为儿童作表率、为儿童做实事"的公民意识,并树立热爱母亲、尊重母亲的良好风尚。妇联作为妇女利益的代表者,要积极参与儿童事业的社会协调工作,促进托幼园所的兴办、儿童活动场所的建造、儿童发展的科学研究、儿童基金的征集和保护儿童法规的制定;要开展多种形式的活动,宣扬母亲的伟大作用,激发子女热爱、尊重母亲的感情;并帮助家长不断提高家庭教育和科学育儿水平,特别要重视对独生子女的教育。

(四)为祖国的统一与世界的和平做贡献。

随着改革开放的深入和"一国两制"构想的提出,妇女界的统一战线已经展成为社会主义的劳动妇女、拥护社会主义的爱国妇女和拥护祖国统一的爱国妇女的广泛联盟,其中包括台湾女同胞、港澳女同胞和海外女侨胞。各族各界各阶层妇女要紧密团结在爱国主义的旗帜下,以统一祖国、振兴中华为己任,发扬各自的优势和特长,促进妇女界统一战线的新发展。妇联作为各族各界妇女的联合会,要继续加强同民主党派、宗教界及其他各界妇女组织的团结协作;要树立"求大同存小异"的统一战线新观念,积极开展各种联络乡情、亲情、友情的活动,不断扩大同爱国妇女,特别是海外爱国妇女的联谊交往。

我国是一个多民族国家,少数民族妇女工作是妇女工作的重要组成部分。做好少数民族妇女工作,直接关系到祖国的统一和民族的团结。要大力培养少数民族妇女干部,提高少数民族妇女素质。

中国妇女运动是世界妇女运动的组成部分。在不断推动我国妇女运动发展的同时,我们要遵照独立自主的和平外交政策,继续扩大与世界各国妇女的友好交往,积极参加国际上妇女界的和平友好活动,为维护世界和平、消除对妇女的歧视、保卫和争取妇女权益而努力。要继续发展同联合国有关妇女儿童机构的联系,积极而有步骤地扩大国际双边、多边援助项目合作。要加强对国际妇女运动的研究,宣传和借鉴联合国通过的《内罗毕提高妇女地位前瞻性战略》和《消除对妇女一切形式歧视公约》等文件,将"平等、发展与和平"的战略目标与提高我国妇女地位结合起来。

四、积极进行妇联的体制改革

妇联改革是社会主义民主政治建设的重要内容,是政治体制改革的组成部分。妇联改革的目标是:把妇联建设成为社会职能明确,充满活力,能够代表和维护妇女利益,对广大妇女具有吸引力和凝聚力,带领广大妇女在两个文明建设和民主政治建设中发挥重要作用的妇女群众团体。

妇联是各族各界妇女在中国共产党领导下,为争取进一步解放而联合起来的社会群众团体,是党和政府联系妇女群众的桥梁和纽带,具有广泛的群众性、社会性和统战性。在男女之间存在事实上不平等的社会主义初级阶段,需要有这样一个社会团体,在维护全国人民总体利益的同时,协助党和政府解决涉及妇女利益的各种问题,直接组织和推动妇女运动发展。

妇联组织按其性质,应该遵循妇女运动的指导思想,在党的领导下独立自主地进行工作。但是长期以来,由于受到政治体制中党政不分、党群不分等弊端的影响,妇联组织在某些方面往往难以与党委的工作部门或政府的职能部门相区别,群众团体的特色不够鲜明,在相当程度上存在着"官办"色彩和行政化倾向。自上而下的要求多,反映群众的呼声少,表达和维护妇女的利益不够,在一定程度上脱离了妇女群众,从而也削弱了党和政府与妇女群众的联系。要使这种情况得到根本扭转,必须从明确妇联组织的职能人手,积极进行妇联的体制改革。

妇联的基本社会职能应该是代表和维护妇女利益,促进男女平等。具体来说,可以分解为:1. 参与职能,发动和组织妇女参与改革和经济建设;2. 教育职能,引导妇女提高素质,促进妇女人才成长;3. 代表职能,代表妇女参与民主管理和民主监督,保护妇女儿童合法权益不受侵犯;4. 服务职能,推动有关部门为妇女发展提供服务,创造条件。

当前,妇联的改革要根据自身的性质和职能,着重围绕以下八个方面来进行。

(一)理顺妇联与各方面的关系。妇联是党和政府联系妇女群众的桥梁和纽带。要在党的政治领导之下,保持和发扬妇女群众团体的特色,独立自主地开展工作。要在支持政府工作的同时,监督关于保障妇女权益法规的执行情况。妇联要与各群众团体平等协作,互相支持,互相配合;要与各民主党派妇女组织密切联系,增进了解,加深友谊。

(二)加强妇联的法律保障。妇女组织和妇女工作在国家民主政治生活中的地位和作用,应有法制保障。妇联要努力促成关于妇女问题的法律法规的制定和完善,将妇联组织代表妇女群众参与民主管理、民主监督的权利、义务及实施方法等加以制度化,并以法律的形

式确定下来。在各级人大、政协中的妇联代表要积极发挥作用,就涉及妇女和妇女工作的重要问题适时提出议案提案,对有关妇女儿童利益的法规的制定和执行认真进行审议和监督。

(三)改进妇联的领导机制。改进领导机制的着眼点在于,加强领导机构的活力,提高工作效能和决策的民主性、科学性。这就需要充分发挥常委会、执委会的作用。常委会作为妇联的领导机构,要按照民主集中制的原则,对重大问题作出决策。执委会除一年一次听取并审议关于妇联工作的报告外,委员们还可根据需要和可能,有组织地进行某些专题调查研究。各级妇联组织的领导成员应经常深入群众,调查研究,加强民主作风,自觉接受妇女群众的监督。各级妇联机关要将组织形式和活动方式转向为基层服务的轨道,克服“官”气和行政化倾向。

(四)改革妇联的组织制度。妇联是各族各界妇女的联合会,要通过灵活多样的组织形式,加强同广大妇女的联系,形成多层次多渠道的组织网络。乡镇、街道妇联和城乡基层妇代会是妇联的基层组织。厂矿企业基层工会女工委员会以及各级工会女工委员会,党政机关、科教文卫等事业单位中的妇女委员会,是妇联的团体会员。全国性和地方性的各种妇女团体,是妇联联系不同界别、不同行业、不同阶层妇女的重要渠道,妇联欢迎她们作为团体会员。妇联要支持和帮助团体会员开展工作,并进行必要的业务指导;团体会员要切实履行权利和义务。各地还可因地制宜探索更为有利的组织形式。

(五)增强基层组织的活力。城乡基层妇代会和各类团体会员,是直接联系各界妇女群众的基层组织。是妇联工作的基础和活力的源泉。各级妇联都要立足基层、面向基层、服务基层,层层建立自己的联系点。领导机关要激发基层的积极性,尊重基层的自主权,重视提高基层干部的业务水平,帮助基层组织克服工作中的困难,为基层增强活力创造良好的环境。各类基层妇女组织,要按照妇联章程及有关规定,结合本地区、本单位妇女的具体情况,开展富有创造性的、具有吸引力的活动,为妇女解决各种实际问题,并及时向妇联机关反映妇女的意愿和要求。

(六)加强和改造思想工作。群众团体的重要任务之一就是要做群众的思想工作。妇联组织和妇女干部要作为妇女群众的知心朋友,从关心妇女、爱护妇女、尊重妇女出发,针对不同层次妇女的心理特点、思想追求和接受能力。采取寓理于情,寓教于乐的工作方式,帮助妇女解决在改革中遇到的最紧迫的问题。要不断提高各种“三八”红旗竞赛和“五好”家庭活动的水平,教育引导妇女进步;充分发挥妇女报刊及其他现代传播工具的作用,向社会宣传妇女,向妇女宣传社会。要加强妇女儿童活动阵地的建设。

(七)改革干部人事制度。各级妇联要逐步实现干部管理的民主化、规范化,建立和完善干部的选举、聘任、考核、奖惩制度,努力创造一个有利于妇女干部成长的环境。各级妇联组织的领导成员,应由各级妇女代表大会民主选举,实行任期制。各级妇联机关的工作人员,应逐步实行聘任制,并公开向社会招聘,择优选用。妇女工作的队伍,应该由精干的专职干部、热心的兼职干部和众多的积极分子三种力量构成。妇女工作者应是热爱妇女事业,熟悉妇女工作,知识面较宽,参政议政能力较强,并且具有开拓创新意识、自强奋斗精神和朴实廉洁作风的妇女社会活动分子。

(八)扩大妇联活动经费来源。妇联活动经费,主要依靠政府拨款。同时各地妇联还可在党和政府的支持下。在政策允许的范围内,运用群众团体的优势,多渠道地扩大来源,例如创办为妇女儿童服务的事业和实业、建立妇女发展基金等。

以上八项是妇联体制改革的基本内容。改革是一个艰巨的、复杂的过程,不可能一蹴而就。我们既要坚决勇敢,又要稳妥慎重,以期在国家政治体制改革和经济体制改革加快进行不断深化的大背景下,胜利实现妇联改革的构想。

代表们,同志们!实现四化、振兴中华是亿万中华儿女的共同理想。今天,在经过爱国志士一百多年的勇敢探索和中国共产党人60多年的艰苦奋斗之后,一条通向理想境界的具有中国特色的社会主义光明大道已经展现在我们面前。包括港澳、台湾在内的各族各界中国妇女,应该在祖国统一和振兴中华的伟大旗帜下携手共进。大会盼望海峡两岸的姐妹能够早日会聚一堂,畅抒爱国之情怀,激扬报国之志向。

代表们、同志们!改革开放是实现四化、振兴中华的必由之路。改革充满希望,也面临风险。要使改革之船迎着风浪驶向成功的彼岸,需要社会每一个成员,包括占人口半数的中国妇女齐心协力。大会号召全国各族各界妇女团结起来,坚定不移地投身到改革的洪流之中,奋力拼搏,开拓前进,在建设有中国特色的社会主义的伟大实践中,在闯关克险的改革攻坚战中,推进妇女解放事业,谱写无愧于伟大时代的中国妇女的创业之歌!

《人民日报》发表社论《改革需要妇女,妇女需要改革——热烈祝贺中国妇女第六次全国代表大会召开》

今天,中国妇女第六次全国代表大会在北京召开。这次代表大会是在我国进入全面改革的攻坚阶段召开的,大会将以社会主义初级阶段的理论和党的基本路线为指导,总结改革十年来我国妇女运动的基本经验和存在的问题,确定今后妇女运动的任务,动员和组织妇女投身改革和建设的伟大实践,推进妇女解放事业的发展。

回顾十年来我国的妇女运动,归结一点,就是妇女的命运与国家的命运、民族的命运紧紧地联系在一起。实现四化系于改革,民族振兴系于改革,妇女的解放也系于改革。改革既为妇女施展才能开辟了更加广阔的天地,提供了发挥妇女优势的良好机遇,拓展了妇女参与经济、政治、社会生活的广度和深度,同时,也是对妇女的严峻考验和挑战。近年来妇女在劳动、参政、受教育等领域都面临着许多新矛盾、新问题。妇女只有投身于改革,才能解决改革中出现的新矛盾、新问题,只有坚持改革,深化和完善改革,才是解决妇女问题、促进妇女解放的根本途径。

提高妇女思想道德素质和科学文化素质,对于妇女投身改革,推进我国妇女运动的发展,具有十分重要的意义。"自尊、自信、自立、自强"是从我国的实际出发,具有鲜明特色的中国妇女自己的口号,"四自"也是按照有理想、有道德、有文化、有纪律的"四有"标准,向妇女提出的具体要求。广大妇女要努力更新观念,克服自卑心理,摒弃阻碍生产力发展的平均主义、不讲效益、狭隘保守、不求进取等旧意识,树立与商品经济新秩序相适应的价值观念、竞争观念、时效观念、信息观念等现代意识,做"四有"、"四自"的当代新女性。

妇联是各族各界妇女自己的组织。妇联要进一步解放思想,加快自身改革的步伐。今后要在党的领导下,独立自主地开展工作,克服"官办"色彩、行政化倾向和单纯当"配角"的现象;要广泛联系各族各界各层次的妇女群众,并加强同社会各方面的联系,在不放松农村妇女工作的同时,加强同职业妇女、知识妇女的联系,充分发挥她们的作用,提高广大妇女的素质;要敢于代表和维护妇女的特殊利益,开展丰富多彩、适合妇女特点的活动,增强妇联组织对妇女的吸引力、凝聚力和自身的生命力。妇联还应加强同台湾、港澳和海外女同胞的联系,继续扩大与世界各国妇女的友好交往,为祖国统一和世界和平作出新贡献。

在十年前召开的第四次全国妇代会上,曾提出"妇女需要四化,四化需要妇女"的口号,激发了广大妇女投身祖国现代化建设事业的热情和信心。现在我国已进入全面改革的攻坚阶段,在这个重要的历史时期,让我们响亮地提出:改革需要妇女,妇女需要改革。

秦山核电站开始全面安装设备

据《人民日报》报道,我国自行设计建造的秦山核电站的核心设备之一——反应堆压力容器(亦称"反应堆压力壳")顺利地吊装成功。这一设备的吊装标志着秦山核电站工程建设土建阶段基本结束,进入全面安装阶段。

反应堆压力壳是个重约230吨、高10.7米的圆筒形高压容器。它的壳体由厚度达175毫米的特种钢制成,能承受350摄氏度的高温和每平方厘米155公斤的高压以及大剂量中子和 γ 射线的辐照。在这个容器里将安装核燃料和控制棒组成的堆芯等。核电站的原动力将从这里发出巨大的能量。

据中国核工业总公司副总经理兼秦山核电公司总经理赵宏表示,现在核电站的主要设备已基本齐全,全面安装阶段已经开始,预计可以按计划在1990年年底以前发电。中国跨入世界由自己设计建造核电站国家行列的日子已为期不远了。

外交部部长钱其琛在北京会见前来参加中苏副外长柬埔寨问题工作会晤的苏联副外长罗高寿

中苏副外长工作会晤在北京结束

外交部发言人金桂华在新闻发布会上说,今天在这里结束的中苏副外长就柬埔寨问题所举行的工作会晤是"有益的。会晤增进了相互之间的了解"。

他希望这次会晤能有助于中苏两国关系的改善。当记者问到会晤的具体情况时,金桂华说,在这次会晤中,中苏副外长共举行了"4次为时较长的会议,主要讨论了柬埔寨问题,特别是越南尽早从柬埔寨全部撤军的问题"。

他说,这次会晤是在"认真、坦率、求实"的气氛中进行。会晤中,双方都主张柬埔寨问题"应该通过政治手段予以公正、合理的解决,并且都表示将尽力促使这个目标的实现"。

金桂华说,这次会晤表明,中苏双方有共同点,也有分歧。但他不愿意向记者透露具体的分歧是什么。

他说,在越南侵略柬埔寨问题上,苏联是"唯一的直接支持者"。在促使越南尽快从柬埔寨全部撤军问题上,苏联应该而且可能发挥它的作用。他告诉记者,这次中苏副外长没讨论下次进行会晤的具体时间。有关这次会晤的情况,双方准备很快发布消息。

当记者问他对越南外长阮基石8月30日对越通社的谈话有何评论时,金桂华说,越南作为侵略者只有尽快地从柬埔寨全部撤军。这才是它唯一的出路。阮基石的那次讲话再次表明,越南至今对政治解决柬埔寨问题缺乏诚意。

有记者问中苏两国外长何时能够举行会晤时,金桂华说:"中苏两国外长的会晤是件重要的事情,当然需要适当的气氛和条件。条件成熟了，中苏外长就可以实现互访。至于什么时候有条件和可能实现外长互访，现在我还不好说。”

第二届北京国际图书博览会在北京展览馆开幕

这次展出摊位共有444个，其中外国和香港地区为276个，国内为168个。展出图书近9万种，绝大部分为1987年和1988年的新出版物，其中外文图书为6万种，中文图书为3万种。

这次博览会的展品编目、订货、销货与查目咨询全部采用计算机管理。为鼓励读者、单位多订新书，将根据不同的订货方式和订购金额给予不同的优惠。

周谷城、宋健、方毅、周培源、钱学森等领导同志，以及各有关部门负责人出席了开幕式。

中央爱卫会发出通知要求各地研究部署秋冬季的爱国卫生工作

——深入开展健康教育工作。

——进一步推动创建卫生先进单位和地区的活动。

——积极搞好各种生活废弃物的无害化处理。要协助、配合有关部门，积极抓好垃圾、粪便的收集、清运、处理等各个环节的工作，尽量减少环境污染和病害孳生繁殖条件，预防各种传染病的发生与流行。在三四季度中再安排一次群众性劝阻吸烟宣传活动。

——治标与治本相结合，大力消灭病媒虫害。各地都要在整治环境铲除孳生条件的基础上，动员群众，采取扑打、药杀等各项综合措施，大力消灭蚊、蝇、鼠等害虫，并把其密度降到不足为害的程度，灾区和疫区尤其要把除害工作列为重点，努力抓好。已经实现基本无鼠害的地区，要巩固成果提高质量；计划创建无鼠害的地区，要认真落实措施，力促早日实现目标。

——以改水为重点，搞好农村卫生工作。许多地区农村改水工作已经取得了很大进展。要对已建成的改水设施加强管理，防止水源的污染与浪费。同时，要充分利用秋冬季节的有利时机，进一步扩大改水面，提高自来水的普及率。改水工作发动较晚的地区，更要做好计划安排，组织群众积极行动起来。介水传播的传染病的防治任务，仍较繁重。要加强消毒等项措施，控制其流行，保护人民群众的健康。

毛文书逝世

著名眼科专家、中山医科大学中山眼科中心主任毛文书9月1日逝世，享年78岁。

毛文书教授是四川省乐山县人。新中国成立后，先后任广州岭南大学医学院、华南医学院、中国医学科学院、中山医科大学等学校教授，是第三、四、五、六、七届全国人大代表和主席团成员。她还是美国眼科学会国际会员、国际防盲组织候补委员、亚洲及太平洋地区人工晶体植入协会创办人之一。

50多年来毛文书教授为祖国的眼科教育、科研、医疗和防盲治盲事业的发展献出了全部精力。她主持建立我国第一间规模最大的眼科医院，主持创办了我国第一个从事眼科教育、研究、医疗和预防工作的综合体中山医科大学中山眼科中心。她对眼科基础实验、临床诊治、普查分析等许多领域都有精心的研究，尤其专长于白内障、眼遗传病、眼生化学和流行病学的研究。

9月2日

中共中央政治局在北京举行第十一次全体会议

会议讨论并原则通过了关于加强和改造企业思想政治工作的文件。会议决定，这一文件在进一步征求意见加以修改后，提请党的十三届三中全会审议。

出席会议的有中共中央政治局委员13人，中央政治局候补委员1人。中央政治局委员4人因公缺席。有关方面负责人列席了会议。

国家主席杨尚昆在人民大会堂会见高等学校一批杰出的青年教师

这些青年教师分别获得了霍英东先生提供的科研基金和教师奖。

杨尚昆在颁奖时对这些青年教师说，希望你们再接再厉，努力工作，成为学科带头人，把我国的科学技术搞上去。

李铁映、周谷城、费孝通、雷洁琼、方毅、周培源等出席了颁奖仪式。

霍英东先生在颁奖仪式上说，各位领导、特别是杨主席出席这个仪式，说明了国家对教育这个立国之本是多么重视。目前在国内高等院校任教以及即将从国外回到高等院校工作的青年，肩负着特殊使命，为了鼓励他们在教育及教学研究中更好地、更快地取得成果，本教育基金会设立了青年教师基金及奖金。首次获奖者都是在学术上已有一定成就并有很强创造潜力的青年教师。他还介绍说，基金会的各位顾问都是海内外的著名学者和专家，参加这次选评工作的，有近2000位教授。

霍英东教育基金会是1986年12月成立的，获奖者要取得博士学位或具有同等水平。首次获得青年教师基金的有北京师范大学陈术法博士等44人，资助额为5000美元至2万美元，资金用于从事研究工作。首次获得青年教师奖者有北京大学陈章良博士等40人，奖金1000—5000美元，发给受奖者本人。两种受奖者都还获得了基金会金质奖章1枚。国家教委有关负责人及陈省身、杨振宁、谢希德教授等也在颁奖仪式上讲了话。

农工党中央在北京举行集会纪念黄琪翔诞辰90周年

中共中央书记处书记阎明复在农工民主党召开的黄琪翔先生诞辰90周年纪念会上说，黄先生的一生，对中国的民主革命和社会主义建设事业作出了重要贡献。我们隆重纪念他，缅怀他对人民事业作出的业绩，对启迪后人发扬爱国主义思想，坚持推进社会主义事业，是有重要意义的。

阎明复赞扬黄琪翔先生的一生，是坚持民族独立、反帝爱国的一生，是追求真理追求进步的一生。他的思想品德和革命精神，永远值得大家学习和纪念。

邓颖超同志在纪念会结束前来到人民大会堂，亲切会见了黄琪翔先生散居在国内外的亲属。

黄琪翔先生是中国农工民主党的创始人和领导人之一。他早年毕业于保定军校，1922年响应孙中山先生的号召回广东追随革命，参加东征和平讨诸役。1926年7月，他任北伐军团长，同独立团叶挺团长一起，在主攻平江、汀泗桥、贺胜桥及夺取武昌等战役中，英勇奋击，屡建战功，被擢升第四军军长，誉为北伐名将。

新中国成立后，黄琪翔历任中央政法委员会委员，中南军政委员会委员兼司法部部长，国防委员会委员，国家体委副主任，全国人大代表，全国政协常委，农工民主党副主席等重要领导职务。

全国人大常委会副委员长、农工民主党中央主席周谷城在会上说，琪翔同志有长期指挥国民革命军为反帝反封建而战的历史，热望祖国的统一。我们深信，在中国共产党领导和全国人民的努力下，祖国终将统一，四化必会完成，琪翔同志的遗愿一定能够实现。

方毅代表全国政协，朱学范代表民革中央、张彩珍代表国家体委分别在会上讲了话。

在会上讲话的还有黄琪翔先生的夫人郭秀仪和黄先生生前好友张文松。

各界人士300多人参加了纪念活动。

公安部发出通知要求各级公安机关必须保持廉洁

通知说，公安机关是人民民主专政的重要工具，掌握着打击犯罪、管理治安的特殊权力，能否保持廉洁，防止腐败，直接关系到国家和人民的安危，对人心的向背有重大影响。中央领导同志最近指出：公安机关必须提倡为政清廉、为警清廉。

通知说，近几年，公安队伍经过不断整顿、建设，纪律作风逐步好转，主流是好的。绝大多数干警能够做到廉洁奉公，遵纪守法，勤奋工作，恪尽职责。但是确有少数干警弄权渎职，以权牟私，徇私枉法，贪污受贿，敲诈勒索等等，严重败坏了公安机关的声誉，损害了人民警察的形象。对此，我们必须予以重视，按照党中央、国务院的指示精神，把廉政工作作为一件大事摆到重要议事日程上，严肃认真、扎扎实实地抓，坚持不懈地抓。

通知强调，根据公安机关的具体情况和当前群众反映多的问题，要求全体公安干警和武警指战员在为政清廉、为警清廉方面必须做到：(1)不利用处理刑事案件、治安案件和监管、押解人犯的职权、徇私舞弊，贪赃枉法；(2)不利用管理治安、交通等职权，谋取私利，或乱扣滥罚，中饱私囊；(3)不利用审批户口、出入证以及办理其他各种证件、牌照等职权，索贿受贿、敲诈勒索；(4)不利用公安、武警特权经商办企业，或从事投机倒把、走私贩运活动；(5)不利用管钱管物的机会，化公为私、贪污盗窃，侵吞、挪用赃款赃物、罚没款物和拣拾款物；(6)不利用工作和职务之便，捞取不正当收入，或白吃白拿，强占强要，收受礼物，接受宴请；(7)不以任何借口播看淫秽录像，私存淫秽书刊和其他淫秽物品；(8)不利用公款请客送礼，大吃大喝，游山玩水，铺张浪费。对于弄权渎职，违反上述各项规定的行为，要敢于抵制和制止，或向上级领导机关举报。

通知指出，为了达到上述要求，各级公安机关应当认真落实以下几项措施：深入开展为政清廉教育；建立、健全廉政工作的规章制度；加强各方面的监督；严肃查处违法违纪行为；领导机关、领导干部要做表率。

中国人民银行决定废止托收承付的结算方式

中国人民银行有关负责人在谈到银行这次结算改革时说，取消托收承付，将使企业之间的商品交易逐步实现依法管理，建立起交易双方正常的经济责任。另外，银行对开户条件的放宽，将更加方便个体工商户、专业承包户在银行开户和办理转账结算。

托收承付是50年代初我国实行产品经济时期形成的一种结算方式，随着经济生活的变革，这种结算方式的弊端日益明显。由于它规定销货方发货后就可以委托银行收款或取得贷款，企业可以利用银行信用把不符合质量和要求的商品推销出去，强制购方接受；购方也可以没有资金盲目采购，不讲信用任意拖欠货款，把应由企业双方建立的信用和承担的责任转嫁给了国家银行。结果造成企业之间大量拖欠货款。

这位负责同志说，经国务院批准停止执行托收承付这一结算方式后，主要是以推行商业汇票来替代，要求企业之间的商品交易都能取得合法的票据，逐步实现依法管理，建立起交易双方正常的经济责任。为便于企业单位做好准备和过渡，托收承付结算方式将于明年逐步取消。

为方便、引导多种经济成分的单位和个人开户、办理转账结算，中国人民银行规定，个体工商户持有营业执照，城镇承包单位和农村承包户、专业户持有承包协议或有关单位出具的证明，银行或信用社都要允许开立账户，并要下放审批权限，简化手续，改进服务，对开立的账户负责保密。

国家土地管理局新闻发布人曾悟先就土地登记发证试点工作答《人民日报》记者问

问：请你谈谈为什么要扩大进行土地登记、发证试点和开展城镇国有土地使用权申报登记工作？

答：根据我国《土地管理法》规定，凡“权属合法、界址清楚、面积准确”的，可以依法确认权属，发给土地使用者和集体土地所有者土地证书。土地登记、发证是维护我国土地公有制度，保护土地所有者、使用者的合法权益不受侵犯，保护土地依法使用的重要监督措施。城镇国有土地使用权申报工作是依法进行国有土地登记发证的第一步。

从国家来说，进行土地登记是依法管理土地的最基础的工作，能够从中获得国家经济建设和进行土地使用制度改革所必需的基本资料，这个资料也是国家征收土地税的依据。

这项工作政策性很强，考虑到各地情况的差异，国务院责成国家土地管理局先行试点。去年，国家土地局在上海市、广东省花县和山东省青州市进行了试点工作。这3个地区的试点工作已经圆满结束。今年，国务院批准扩大试点。7月，福建省厦门市的龙海县发了证；8月，黑龙江省双城县、天津市武清县发了证。所有试点地区都经过发动、调查、勘丈、审核，发了公告，进行了使用权和所有权的确认，还展开了广泛的宣传，工作是很有成绩的，为进一步在全国开展土地登记发证工作提供了实践经验。

问：土地使用证的作用是什么？

答：国家土地管理局根据《土地管理法》制定，并已向国务院备案的土地证书，共有3种：即《国有土地使用证》《集体土地建设用地使用证》和《集体土地所有证》。土地证书是确认土地所有权、使用权的法律文件。必须明确指出，所有权和使用权是截然不同的两个概念，也就是说使用证的持有者在所登记的土地上，只有受法律保护的使用权，而没有所有权，不能把使用权当成所有权。

问：针对目前有些地方乱发证的现象，国家土地管理局怎样加强土地证书发放监督管理？

答：土地管理部门是代表政府统一管理土地的职能部门，只有它能够代表政府负责组织土地登记、发证工作。过去，由于土地法制和土地管理机构不健全，曾经出现多部门发证的情况，造成了一些混乱，引起了不少权属纠纷。近两年来，由于广泛宣传贯彻《土地管理法》，建立、健全土地管理机构，在全国开展非农业建设用地清查工作，先后解决了40多万起土地纠纷，情况有了很大改进。但是，现在个别地方又出现了擅自印制发放土地证书的情况。最近国家土地管理局已发出通知，要求各地加强土地证书印制管理工作，坚决纠正违法活动。

国家科委和国家计委公布14个领域技术政策要点

这14个领域的技术政策要点，以政府《蓝皮书》的形式出版发行，这是我国第一次系统公布国家的技术政策要点。

14个领域的技术政策要点是国家科委、国家计委和国务院其他有关部委共同制定的。1986年5月，国务院批准其中的能源、交通运输、通信、农业、消费品工业、机械工业、材料工业、建筑材料工业、城市建设，村镇建设、城乡住宅建设、环境保护12个领域的技术政策。今年4月，又批准了信息和生物两个领域的技术政策。这些政策受到各地各部门的普遍重视，纷纷要求公开发布以利贯彻执行。

全国实施“燎原计划”工作会议在河北南宫市召开

会议透露，经国务院批准，国家教委决定推行“燎原计划”，使农村的教育更好地为社会主义建设服务。

国家教委负责人说，“燎原计划”的主要任务就是在做好普及义务教育的基础上，充分发挥农村各级各类学校智力、技术的相对优势，积极开展与当地建设密切结合的实用技术和经营知识的教育，培养大批有文化、有技术、会经营的新型农民。农村学校开展技术培训和技术服务，重点是大面积推广当地现成的适用技术。开始阶段应以提高农牧渔业生产和改进农副产品初加工为主，力求见效快、收益大，切实建立起一批真正依靠教育、科技致富的乡和村。

“燎原计划”的第一阶段目标是，“七五”期间在全国几百个县内建起1500个示范乡。到“八五”期间，争取扩大到1万个示范乡。示范乡要在教育改革和经济发展上有明确的目标，要实现九年制义务教育，改革教学内容，适当增加乡土教育，坚持教育和生产相结合，扫除青壮年文盲，对在乡的初、高中毕业生普遍进行技术培训。要综合利用教育设施，协调发展基础教育、职业技术教育和成人教育，职业学校要成为培训人才、科学实验、技术推广的基地。

“燎原计划”的实施办法，由各省、自治区、直辖市负责制订和组织实施，并使这一计划同“星火计划”、“丰收计划”紧密配合，把它纳入总体经济计划中。实施“燎原计划”所需资金，主要由各级地方政府多方筹集和银行贷款。

国家主席杨尚昆根据全国人大常委会的决定任免驻外大使

一、任命高建中为中华人民共和国驻塞拉利昂共和国特命全权大使；

免去罗嘉蘆的中华人民共和国驻塞拉利昂共和国特命全权大使职务。

二、任命周振东为中华人民共和国驻乍得共和国特命全权大使；

免去杨永瑞的中华人民共和国驻乍得共和国特命全权大使职务。

中央军委副主席杨尚昆在中央军委办公厅会见出席中国妇女第六次全国代表大会的解放军代表

《中国概况》发行仪式在北京举行

《中国概况》是中英合作出版的大型工具书，由中国社会科学院主编并与培格曼出版公司合作出版。它是第一部英文版的全面系统地介绍中国的简明百科全书，向世界介绍了中国的地理、历史、文化，特别是近几年改革开放后我国经济、文化等方面的情况。

这本书约相当于160万汉字，提供了许多过去未公布过的最新材料和信息，附有印制精美的图片1000多幅。

施奈德先生和该书总编、中国社科院副院长汝信在发行仪式上讲了话。施奈德先生在讲话中特别感谢两位主要编辑人李凌和杰姆斯的辛勤工作。

英国驻华大使唐纳德出席了这次活动。

全国青年越剧演员电视大选赛遴选结果在浙江杭州揭晓

越剧是仅次于京剧的全国第二大剧种。中央电视台继去年举办京剧青年演员大奖赛之后，今年4月又和浙江、上海、江苏、福建电视台联合举办了这次越剧青年演员大选赛。

当选的24位精英是从来自全国7省、市118名参赛越剧新秀中遴选出来的，他们是浙江的周明、夏赛丽、方雪雯、张伟患、何英、黄依群、吴素英、颜恝、董柯娣、华渭强、乐彩珍、陈依娜，上海的赵志刚、钱丽亚、陈颖、华怡青、胡敏华、江苏的郑国凤、王蓓、王雅美、应虹、陈少君，福建的李敏，贵州的陶卉。越剧素以“女扮男装”为传统在这次大赛中有了新的突破，24名越剧精英中就有1/6是男性演员。

据大选赛办公室介绍，这些越剧精英将于10月29日至11月5日汇集杭州，分不同行当决赛，中央电视台将现场直播。这24名越剧精英将分别获得全国最佳青年越剧演员和优秀演员的称号。

9月3日

七届全国人大常委会三次会议举行全体会议

会议听取了国务院副总理姚依林关于价格、工资改革初步方案制订情况的汇报。

姚依林说，对这个初步方案，还将召开一些会议，征求意见，以便进一步修改和完善。下午，委员们分组对这个汇报进行了热烈的讨论。

国家主席杨尚昆在人民大会堂设宴欢迎捷克斯洛伐克总统古斯塔夫·胡萨克

杨尚昆在宴会上说，胡萨克是近30年来第一位对中国进行正式友好访问的捷克斯洛伐克国家元首。他的访问是中捷关系史上的一件大事，必将对加强两国友好合作关系和增进两国人民的友谊作出新的贡献。

他赞扬捷克斯洛伐克人民在捷克斯洛伐克共产党的领导下，根据本国国情，进行经济体制改革和实现社会生活民主化所取得的重大成就以及在改善东西欧关系、维护世界和平所作出的积极贡献。

杨尚昆说，当前，国际形势发生了一些积极的变化，出现了对话代替对抗的新潮流，和平解决国际争端的趋势在发展。国际形势这一新特点的出现，是世界各国人民为维护和平、谋求发展进行坚持不懈斗争所取得的结果，是第二次世界大战后40多年历史发展的必然趋势。

在谈到双边关系时，杨尚昆说，中捷两国都是社会主义国家，两国人民有着共同的奋斗目标。全面、持久、稳定、深入地发展中捷友好合作关系符合我们两国人民的根本利益。我们相信，中捷两国各方面的友好合作关系一定会在相互尊重、平等互利的原则基础上继续前进。

胡萨克说，捷克斯洛伐克在进行经济和社会生活其他领域的改革时，同所有社会主义国家加深相互了解，交流经验和加强合作，是非常重要的。

他说，捷克斯洛伐克决心全面促进捷中两国在党、国家、经济机构、社会团体之间的友好关系。

胡萨克指出，捷中两国对于当前国际形势根本问题的看法是一致或接近的。"我们两国人民都在集中力量进行社会主义建设,因此都明白,这个目标只有在和平的条件下才能实现。"

他说,捷克斯洛伐克坚决主张用政治手段解决国家与民族之间的一切争端。

随同胡萨克总统来访的联邦副总理兼斯洛伐克总理彼·佐洛特卡,外交部长博·赫努佩克等,应邀出席了宴会。

全国人大常委会副委员长廖汉生,国务院副总理吴学谦,全国政协副主席钱正英,外交部部长钱其琛等出席宴会作陪。

中国人民银行发布关于开办人民币长期保值储蓄存款的公告

中国人民银行根据国务院常务会议决定,从今年9月10日起开办人民币长期保值储蓄存款。

全国各银行、城市和农村信用社以及邮政办储蓄等部门对城乡居民个人3年期以上定期存款均予以保值。具体保值措施是:人民银行规定的现行利率不变,对3年、5年、8年期的储蓄存款,在现行利率的基础上,按照储户所得利益不低于物价上涨幅度的原则,由中国人民银行参照国家统计局公布的零售物价指数,公布全国统一的保值贴补率。即3年期储蓄的年利率加上保值贴补率,相当于同期的物价上涨幅度。5年和8年期储蓄存款年利率加上保值贴补率后,高于同期物价上涨幅度。

长期储蓄存款的保值贴补率跟随物价浮动,如果出现物价指数下降到银行规定的3年、5年、8年定期存款利率以下时,仍按原规定储蓄利率计息。

实行保值措施后,如储户提前支取,仍按实存期限利率计息,不予保值补贴。保值储蓄存款到期后不取,从存款到期日至提取存款日按原利率计息,不予补贴利息。

中国人民银行

1988年9月3日

中国人民银行新闻发言人就开办人民币长期保值储蓄存款问题答新华社记者问

问:中国人民银行决定从9月10日起开办人民币长期保值储蓄存款,您能谈谈对3年以上定期储蓄存款实行保值的具体办法吗?

答:可以。保值的原则是使3年以上定期储蓄存款的实际利息收入不低于以至略高于同期物价上涨幅度,也就是对3年以上的储蓄存款,随着物价上涨幅度给予浮动的利息补贴。具体方法是,对3年、5年、8年定期储蓄存款,除按银行现行利率标准支付利息外,再按照物价上涨幅度与现行利率的差数,分别给予利息补贴,我们称之为保值贴补率。保值贴补率由人民银行总行参照国家统计局公布的零售物价指数,按季平均计算,全国统一公布执行。例如某储户于今年9月10日存入3年期存款100元,以今年第三季度的零售物价指数为100,3年后到期,假如那时物价上涨了52.4%,也就是说那时要付给储户152.4元才能保值。但按现行银行3年定期存款年利率9.72%计算,3年共支付利息为29.16元,储户只能得本利129.16元,与152.4元相比,少了23.24元,为了保护储户利益,银行再以保值补贴形式给储户增付利息23.24元,使储蓄存款得到保值。在上述条件下,用同样方法计算,5年和8年期存款不仅可以保值,还能够适当增值,100元定期5年存款除保值外,5年共增值5.4%;8年期存款除保值外共增值21.6%。

问:上面举的例子是物价上涨幅度高于规定的存款利率的情况,如果在存款期内物价上涨幅度低于规定的存款利率怎么办?

答:如果在存款到期时比在存入时,零售物价上涨幅度低于规定的存款利率,仍按现行规定的利率计付利息。

问:给储蓄存款保值为什么要以零售物价指数作为标准,而不以某些个别商品的价格上涨幅度为标准?

答:储蓄存款来源于城乡居民的货币收入,人们的消费需求是多方面的,零售物价指数是按人们生活消费中所必需的多种商品价格加权计算的,这个指数反映了货币的升值或贬值,单以某种个别商品的价格的变化是不能全面反映货币价值变化的。因此,选用零售物价指数作为存款保值的参照依据是比较符合实际的。

问:现在已存入银行的3年以上定期存款,是否还需要办理转存手续?

答:如果现在已存入3年以上定期存款,并且在9月10日之前不到期,就不需要办理转存手续,从9月10日起,凡未到期的3年以上定期存款全部可以享受保值补贴。但是,9月10日后,如果提前支取未到期的3年以上定期储蓄存款,则不享受保值贴补,只按原规定利率支付利息。

问:对到期不取并不办理转存手续的存款是否继续享受保值补贴呢?

答:实行储蓄存款保值措施以后,对到期不取并不办理转存手续的存款,从存款到期日起保值补贴自动停止,但仍按规定利率计息,直至提取存款日或办理转存日为止。

问:对今年9月10日以后至12月31日之前到期

的3年以上定期存款将如何予以补贴?

答:参照今年第二季度的零售物价指数比上一季度上涨幅度确定,我们将在近日内公布9月10日以后至12月31日期间执行定期储蓄存款的保值贴补率,各办理储蓄存款的金融机构据此支付到期存款的保值补贴。例如:储户的一笔5年定期存款,10月30日到期,5年期存款的年保值贴补率为3%点,则5年期存款按规定应得利息外,还要从9月10日至10月30日给储户50天的保值补贴。

问:对3年以上定期储蓄存款实行保值措施的都有哪些银行和金融机构?

答:凡是3年期以上的城乡居民定期储蓄存款,不论存在哪一家银行、信用社或邮政储蓄部门以及其他允许办理人民币储蓄存款的金融机构,都实行保值措施。

问:对企业、机关、部队、学校等单位3年期以上定期存款是否也实行保值措施?

答:对城乡居民个人储蓄存款以外的企业、机关、部队、学校、事业单位等的定期存款不实行保值措施。并且严禁将国家资金或集体资金以个人名义存入保值储蓄,如发现将公款存入保值储蓄的一律不予计息。

国家烟草专卖局发出紧急通知要求各地加强专卖监督稳定卷烟市场

通知要求各地采取有力措施,努力增产名优卷烟。总公司对名优烟实行计划单列,对增产名烟所需原料、辅料、技术改造和引进设备给予优先保证。13种名烟今年要生产65万箱,28种优质烟生产113万箱,以满足市场的需要。

通知要求烟草行业坚决贯彻执行国务院关于下半年不再出台新的调价措施的决定,除国家规定放开价格的13种名烟外,其他卷烟要严格执行国家牌价,不得搭车提价;烟叶价格不得提级松档变相涨价。各地要加强烟叶收购调拨和卷烟调拨、批发价格的管理,认真检查监督,对擅自涨价的企业和单位,要以纪律论处,没收非法所得,并追究主要负责人的责任。

各级烟草专卖局要大力加强专卖管理和监督。烟草系统所有企事业单位要模范执行专卖法规,遵守纪律。坚决打击投机倒把、哄抬烟价、扰乱市场的不法分子。严厉制裁内外勾结、为不法商贩提供货源的单位和个人。对本系统内违章案件拖着不办的,要严肃追究主要领导人责任。

全国政协副主席谷牧在人民大会堂同美国密西西比州州长雷·梅巴斯进行会晤

梅巴斯此次来华首先访问了海南省,并同海南省省长梁湘签署了密西西比州和海南省建立友好省州关系的意向书。谷牧称"这是一件好事",并希望双方尽快就此达成协议。

当谷牧问及梅巴斯对海南省的发展有何看法时,梅巴斯说,海南省有着很大的发展潜力。他认为海南省必须重视教育、公路、交通等事业的发展。密西西比州同海南省可在农业方面,特别是在水产养殖、林业、教育等方面开展合作。

谷牧说,海南省和密西西比州不仅可探讨在具体领域里的经济技术合作,海南省的开发还可以借鉴密西西比州的发展经验。

对外友协在北京举行集会纪念印度援华医疗队来华50周年

全国政协副主席赵朴初在纪念会前会见全印柯棣华大夫纪念委员会代表团团长拉蒂菲时说:"50年前印度人民为支援中国人民抗战,派医疗队来华。我以为这是佛的精神。再过50年、500年,我们也会纪念他们。"

印度驻华大使任嘉德在会上说,医疗队来华是印中两国人民之间源远流长的无数次友好往来的一部分。这样的往来增进了人民之间的了解和友谊。今天印中两国正在致力于经济和社会的发展,相互间有许多东西可以学习和借鉴。

世界未来研究联合会第十届世界大会在人民大会堂开幕

本届会议的主题是"发展的未来"。世界未来研究联合会在中国召开大会这还是第一次。在为期6天的会议中,特设了中国主题会讨论"中国发展的未来。"黄华、费孝通等出席了开幕式。

篆刻艺术家邓散木书刻艺术作品在上海展出

故于1963年的邓散木,是我国当代著名书法篆刻艺术家,其生前工作于北京人民教育出版社。他一生治学严谨,著述丰富,所书篆、隶、真、草各体,自成一家。我国几代学生使用的字帖便是由邓散木先生书写,制成铜模的。

1983年,邓先生夫人张建权将他的书法篆刻作品及其他纪念文物计2000余件全部捐献给国家。

缪云台逝世

中国人民政治协商会议第七届全国委员会副主席、著名爱国民主人士和政治活动家缪云台同志,因病于9月3日12时30分在北京逝世,享年94岁。

缪云台同志是云南昆明人,早年留学美国。曾任个旧锡务公司总经理，国民党云南省政府委员兼农矿厅厅长。抗日战争期间任国民参政会参议员，云南省经济委员会主任。1946年以“社会贤达”身份参加旧政协。1949年去香港，转赴美国。1979年6月回国定居。曾任第五届全国人大常务委员会委员，第五届全国政协常务委员、第六届全国政协副主席，对外经济贸易部特约顾问，中国国际信托投资公司(集团)董事。为我国“四化”建设与和平统一事业，为巩固和发展爱国统一战线作出了重要贡献。

9月4日

中共中央总书记赵紫阳在中南海会见捷克斯洛伐克总统古斯塔夫·胡萨克

国务院总理李鹏在人民大会堂同捷克斯洛伐克总统古斯塔夫·胡萨克举行会谈

在会谈中，李鹏总理和胡萨克总统相互通报了国内改革的情况。

李鹏说，中国正在继续进行并深化国内改革。“我们致力于建立社会主义有计划的商品经济，这就需要调整价格。因为如果价格不合理，就不能调动工人、农民的积极性，不能使企业在平等的基础上进行竞争，形成不了真正的商品经济。”

他说：“我们知道这项工作很困难。我们采取了非常慎重的态度。总之，改革是一项伟大的事业。”他强调，改革的方向要坚定不移，出台的方案要稳妥，要充分注意人民群众的承受能力、企业和社会的承受能力，使国民经济稳定发展。稳定经济是为了更好的前进。

李鹏说，深化企业改革要解决提高企业经济效益的问题，主要是实行经济责任承包制，把企业的责、权、利很好地结合起来。另外还有实行优化劳动组合等措施。

李鹏还告诉胡萨克，中国人民正在党的领导下稳步地进行政治体制改革。

胡萨克总统说，捷克斯洛伐克非常关注中国正在采取的改革措施，包括价格调整。“我们认为，价格调整是必不可少的一步。我们愿意同中国同志交流经验，相互学习，以使我们在工作中少走弯路。”

胡萨克向李鹏介绍了捷克斯洛伐克在加深民主化、经济改革和加强法制建设等方面的情况。

他们还就共同关心的国际问题、地区形势问题交换了意见。

捷克斯洛伐克副总理彼·佐洛特卡，外长博·赫努佩克等，参加了会谈。

中国方面参加会谈的有：全国人大常委会副委员长廖汉生，外交部部长钱其琛等。

国务院副总理姚依林在钓鱼台国宾馆会见捷克斯洛伐克总统古斯塔夫·胡萨克

中国选手囊括曼谷555世界杯羽球赛5项冠军

中国羽毛球选手杨阳、韩爱平、林瑛/关渭贞、王朋仁/史方静在曼谷举行的555世界杯羽毛球赛决赛中分别战胜各自的对手，取得男、女单打，女子双打和混合双打的冠军。李永波/田秉毅因马来西亚西德克兄弟因病弃权不战而获男子双打冠军。

中国男子体操选手在第三届伊斯坦布尔国际体操邀请赛单项决赛中赢得6枚金牌

中国解放军选手乔良以56.70的总分获得男子全能冠军，还分别取得吊环和跳马的第一名。在自由体操的决赛中，他和队友金卫国并列冠军。乔良还和波兰的雷库莱基分享双杠的金牌。

国际法医学术讨论会在北京举行

来自27个国家和地区的法医界著名学者约300余人参加了会议。大会共录用论文176篇，内容涉及法医病理学、法医生物学、法医毒证学、临床法医学、法医精神病学、犯罪现场勘察以及各国法医现状、教育、训练等方面。

我国目前分布在公安、检察、法院、有关院校及科研所的法医工作者，达7000余人。他们在揭露犯罪、证实犯罪、处理民事纠纷、鉴定医疗事故等方面做了大量工作。

9月5日

中央军委主席邓小平在人民大会堂会见捷克斯洛伐克总统古斯塔夫·胡萨克

会见时，邓小平谈到如何总结党的历史的问题。他说：每个党、每个国家都有自己的历史，只有采取客观的实事求是的态度来分析和总结，才有好处。我有一个观点，如果一个党、一个国家把希望寄托在一两个人的威望上，并不很健康。过分夸大个人作用是不对的。在会见中，邓小平还提出了“科学技术是第一生产力”的重要论断。

七届全国人大常委会第三次会议在人民大会堂闭幕

会议通过了保密法、现役军官服役条例等议案。

万里委员长和彭冲副委员长主持了闭幕会议。万里说，今天的会议应到人数155人，因病因事请假47人，实到108人，符合法定人数。

在这次会议期间,委员们审议了保密法草案修改稿和现役军官服役条例草案修改稿,法律委员会根据委员们在审议中提出的修改意见,对这两个草案修改稿又做了一些修改。委员们对最后的修改稿表示满意。会议通过了《中华人民共和国保守国家秘密法》和《中国人民解放军现役军官服役条例》。

彭冲说,保密法草案原规定,故意向境外人员泄露国家秘密、情节特别严重的,依照《刑法》第九十七条处罚。最高人民法院、最高人民检察院等提出,向境外人员泄露国家秘密,与《刑法》第九十七条规定的为敌人窃取、刺探、非法提供情报不同,主张另行规定刑罚。法律委员会建议由常委会专门通过关于惩治泄露国家秘密犯罪的补充规定,并已起草了补充规定草案。根据宪法规定,在全国人大闭会期间,常委会可以对全国人大制定的法律,在与法律基本原则不抵触的前提下,进行修改、补充。这个补充规定草案已印发委员们审议。委员们普遍表示赞同。会议表决通过了关于惩治泄露国家秘密犯罪的补充规定。

会议分别通过决定,批准了禁止酷刑和其他残忍、不人道或有辱人格的待遇或处罚公约,批准了南太平洋无核区条约第二号和第三号议定书,批准了中华人民共和国和比利时王国关于民事司法协助的协定。

会议还通过了关于补选七届全国人大代表的代表资格的审查报告,通过了中华人民共和国澳门特别行政区基本法起草委员会名单。

会议通过了任免事项,任命周杰、李钟英为全国人大常委会副秘书长,还通过了批准任命的名单。

出席会议的副委员长有:习仲勋、乌兰夫、韦国清、朱学范、阿沛·阿旺晋美、班禅额尔德尼·确吉坚赞、周谷城、严济慈、叶飞、倪志福、雷洁琼。

国务委员宋健、最高人民检察院检察长刘复之列席了会议。

国家主席杨尚昆签署第6号令公布《中华人民共和国保守国家秘密法》

《中华人民共和国保守国家秘密法》已由中华人民共和国第七届全国人民代表大会常务委员会第三次会议于1988年9月5日通过,现予公布,自1989年5月1日起施行。1951年6月公布的《保守国家机密暂行条例》同时废止。

中华人民共和国主席 杨尚昆

1988年9月5日

中华人民共和国保守国家秘密法

第一章 总 则

第一条 为保守国家秘密,维护国家的安全和利益,保障改革开放和社会主义建设事业的顺利进行,制定本法。

第二条 国家秘密是关系国家的安全和利益,依照法定程序确定,在一定时间内只限一定范围的人员知悉的事项。

第三条 一切国家机关、武装力量、政党、社会团体、企业事业单位和公民都有保守国家秘密的义务。

第四条 保守国家秘密的工作,实行积极防范、突出重点、既确保国家秘密又便利各项工作的方针。

第五条 国家保密工作部门主管全国保守国家秘密的工作。县级以上地方各级保密工作部门在其职权范围内,主管本行政区域保守国家秘密的工作。

中央国家机关在其职权范围内,主管或者指导本系统保守国家秘密的工作。

第六条 县级以上国家机关和涉及国家秘密的单位,根据实际情况设置保密工作机构或者指定人员,管理本机关和本单位保守国家秘密的日常工作。

第七条 在保守、保护国家秘密以及改进保密技术、措施等方面成绩显著的单位或者个人,应当给予奖励。

第二章 国家秘密的范围和密级

第八条 国家秘密包括符合本法第二条规定的下列秘密事项:

(一)国家事务的重大决策中的秘密事项;

(二)国防建设和武装力量活动中的秘密事项;

(三)外交和外事活动中的秘密事项以及对外承担保密义务的事项;

(四)国民经济和社会发展中的秘密事项;

(五)科学技术中的秘密事项;

(六)维护国家安全活动和追查刑事犯罪中的秘密事项;

(七)其他经国家保密工作部门确定应当保守的国家秘密事项。

不符合本法第二条规定的,不属于国家秘密。

政党的秘密事项中符合本法第二条规定的,属于国家秘密。

第九条 国家秘密的密级分为"绝密"、"机密"、"秘密"三级。

"绝密"是最重要的国家秘密,泄露会使国家的安全和利益遭受特别严重的损害;"机密"是重要的国家秘密,泄露会使国家的安全和利益遭受严重的损害;"秘密"是一般的国家秘密,泄露会使国家的安全和利益遭受损害。

第十条 国家秘密及其密级的具体范围,由国家保密工作部门分别会同外交、公安、国家安全和其他中央有关机关规定。

国防方面的国家秘密及其密级的具体范围,由中央军事委员会规定。

关于国家秘密及其密级的具体范围的规定,应当在有关范围内公布。

第十一条　各级国家机关、单位对所产生的国家秘密事项,应当按照国家秘密及其密级具体范围的规定确定密级。

对是否属于国家秘密和属于何种密级不明确的事项,由国家保密工作部门,省、自治区、直辖市的保密工作部门,省、自治区政府所在地的市和经国务院批准的较大的市的保密工作部门或者国家保密工作部门审定的机关确定。在确定密级前,产生该事项的机关、单位应当按照拟定的密级,先行采取保密措施。

第十二条　属于国家秘密的文件、资料,应当依照本法第九条、第十条、第十一条的规定标明密级。不属于国家秘密的,不应标为国家秘密文件、资料。

第十三条　对是否属于国家秘密和属于何种密级有争议的,由国家保密工作部门或者省、自治区、直辖市的保密工作部门确定。

第十四条　机关、单位对国家秘密事项确定密级时,应当根据情况确定保密期限。确定保密期限的具体办法由国家保密工作部门规定。

第十五条　国家秘密事项的密级和保密期限,应当根据情况变化及时变更。密级和保密期限的变更,由原确定密级和保密期限的机关、单位决定,也可以由其上级机关决定。

第十六条　国家秘密事项的保密期限届满的,自行解密;保密期限需要延长的,由原确定密级和保密期限的机关、单位或者其上级机关决定。

国家秘密事项在保密期限内不需要继续保密的,原确定密级和保密期限的机关、单位或者其上级机关应当及时解密。

第三章　保密制度

第十七条　属于国家秘密的文件、资料和其他物品的制作、收发、传递、使用、复制、摘抄、保存和销毁,由国家保密工作部门制定保密办法。

采用电子信息等技术存取、处理、传递国家秘密的办法,由国家保密工作部门会同中央有关机关规定。

第十八条　对绝密级的国家秘密文件、资料和其他物品,必须采取以下保密措施:

(一)非经原确定密级的机关、单位或者其上级机关批准,不得复制和摘抄;

(二)收发、传递和外出携带,由指定人员担任,并采取必要的安全措施;

(三)在设备完善的保险装置中保存。

经批准复制、摘抄的绝密级的国家秘密文件、资料和其他物品,依照前款规定采取保密措施。

第十九条　属于国家秘密的设备或者产品的研制、生产、运输、使用、保存、维修和销毁,由国家保密工作部门会同中央有关机关制定保密办法。

第二十条　报刊、书籍、地图、图文资料、声像制品的出版和发行以及广播节目、电视节目、电影的制作和播放,应当遵守有关保密规定,不得泄露国家秘密。

第二十一条　在对外交往与合作中需要提供国家秘密事项的,应当按照规定的程序事先经过批准。

第二十二条　具有属于国家秘密内容的会议和其他活动,主办单位应当采取保密措施,并对参加人员进行保密教育,规定具体要求。

第二十三条　军事禁区和属于国家秘密不对外开放的其他场所、部位,应当采取保密措施,除依照国家有关规定经过批准外,不得擅自决定对外开放或者扩大开放范围。

第二十四条　不准在私人交往和通信中泄露国家秘密。

携带属于国家秘密的文件、资料和其他物品外出不得违反有关保密规定。

不准在公共场所谈论国家秘密。

第二十五条　在有线、无线通信中传递国家秘密的,必须采取保密措施。

不准使用明码或者未经中央有关机关审查批准的密码传递国家秘密。

不准通过普通邮政传递属于国家秘密的文件,资料和其他物品。

第二十六条　未经有关主管部门批准,禁止将属于国家秘密的文件、资料和其他物品携带、传递、寄运至境外。

第二十七条　国家秘密应当根据需要,限于一定范围的人员接触。绝密级的国家秘密,经过批准的人员才能接触。

第二十八条　任用经管国家秘密事项的专职人员,应当按照国家保密工作部门和人事主管部门的规定予以审查批准。

经管国家秘密事项的专职人员出境,应当经过批准任命的机关批准;国务院有关主管机关认为出境后将对国家安全造成危害或者对国家利益造成重大损失的,不得批准出境。

第二十九条　机关、单位应当对工作人员进行保密教育,定期检查保密工作。

第三十条　国家工作人员或者其他公民发现国家秘密已经泄露或者可能泄露时,应当立即采取补救措施并及时报告有关机关、单位;有关机关、单位接到报告后,应当立即作出处理。

第四章 法律责任

第三十一条 违反本法规定,故意或者过失泄露国家秘密,情节严重的,依照《刑法》第一百八十六条的规定追究刑事责任。

违反本法规定,泄露国家秘密,不够刑事处罚的,可以酌情给予行政处分。

第三十二条 为境外的机构、组织、人员窃取、刺探、收买、非法提供国家秘密的,依法追究刑事责任。

第五章 附 则

第三十三条 国家保密工作部门根据本法制定实施办法,报国务院批准后施行。

第三十四条 中央军事委员会根据本法制定中国人民解放军保密条例。

第三十五条 本法自1989年5月1日起施行。1951年6月公布的《保守国家机密暂行条例》同时废止。

附:《刑法》第一百八十六条条文

国家工作人员违反国家保密法规,泄露国家重要机密,情节严重的,处七年以下有期徒刑、拘役或者剥夺政治权利。

非国家工作人员犯前款罪的,依照前款的规定酌情处罚。

国家主席杨尚昆签署第7号令公布《全国人民代表大会常务委员会关于惩治泄露国家秘密犯罪的补充规定》

《全国人民代表大会常务委员会关于惩治泄露国家秘密犯罪的补充规定》已由中华人民共和国第七届全国人民代表大会常务委员会第三次会议于1988年9月5日通过,现予公布,自公布之日起施行。

中华人民共和国主席 杨尚昆

1988年9月5日

全国人民代表大会常务委员会关于惩治泄露国家秘密犯罪的补充规定

第七届全国人民代表大会常务委员会第三次会议决定对刑法补充规定:为境外的机构、组织、人员窃取、刺探、收买、非法提供国家秘密的,处五年以上十年以下有期徒刑;情节较轻的,处五年以下有期徒刑、拘役或者剥夺政治权利;情节特别严重的,处十年以上有期徒刑、无期徒刑或者死刑,并处剥夺政治权利。

国家主席杨尚昆签署第8号令公布《中国人民解放军现役军官服役条例》

《中国人民解放军现役军官服役条例》已由中华人民共和国第七届全国人民代表大会常务委员会第三次会议于1988年9月5日通过,现予公布,自1989年1月1日起施行。1978年8月18日第五届全国人民代表大会常务委员会批准、1978年8月19日国务院和中央军事委员会颁布的《中国人民解放军干部服役条例》同时废止。

中华人民共和国主席 杨尚昆

1988年9月5日

中国人民解放军现役军官服役条例

第一章 总 则

第一条 为了建设一支革命化、年轻化、知识化、专业化的军官队伍,以利于人民解放军完成国家赋予的任务,制定本条例。

第二条 人民解放军现役军官是被任命为排级以上职务或者初级以上专业技术职务,并被授予相应军衔的现役军人。

军官按照职务性质分为军事军官、政治军官、后勤军官和专业技术军官。

第三条 军官的选拔和使用,坚持任人唯贤、德才兼备、注重实绩的原则,实行民主监督。

第四条 国家按照优待现役军人的原则,确定军官的各种待遇。

第五条 军官符合本条例规定的退出现役条件的,应当退出现役。

第六条 人民解放军总政治部主管全军的军官管理工作,团级以上单位的政治机关主管本单位的军官管理工作。

第二章 现役军官的基本条件和培训

第七条 军官必须具备下列基本条件:

(一)忠于祖国,全心全意为人民服务,自觉献身国防事业;

(二)遵守宪法和法律、法规,执行国家的方针、政策和军队的规章、制度,服从命令,听从指挥;

(三)具有胜任本职工作所必需的理论、政策水平,科学文化、专业知识,组织、指挥能力和健康的身体;

(四)爱护士兵,公道正派,廉洁奉公,艰苦奋斗,不怕牺牲。

第八条 人民解放军实行经院校培训提拔军官的制度。

军事、政治、后勤军官,担任营级以下指挥职务的,应当经过初级指挥院校培训;担任团级和师级指挥职务的,应当经过中级指挥院校培训;担任军级以上指挥职务的,应当经过高级指挥院校培训。

在机关任职的军官应当经过相应的院校培训。

专业技术军官应当经过与其所任专业技术职务相应的专业技术院校培训。

优秀士兵经过院校培训,可以提拔为军官。

第九条 战时根据需要,可以从士兵、征召的预备役军官和非军事部门的人员中,直接任命现役军官。

第三章　现役军官的考核和职务任免

第十条　各级首长和政治机关应当按照分工对所属军官进行考核。

考核军官,应当采取领导和群众相结合的方法,根据军官的基本条件和中央军事委员会规定的军官考核标准,以工作实绩为主,全面考核。考核结果作为任免军官职务的主要依据。

任免军官职务,应当先经考核;未经考核不得任免。

第十一条　军官职务的任免权限:

(一)正师职以上军官职务,由中央军事委员会主席任免;

(二)副师职(正旅职)、正团职(副旅职)军官职务和高级专业技术军官职务,由总参谋长、总政治部主任、总后勤部部长和政治委员、大军区及军兵种司令员和政治委员或者相当大军区级单位的正职首长任免;

(三)副团职、正营职军官职务和中级专业技术军官职务,由集团军军长和政治委员或者其他有任免权的军级单位的正职首长任免,独立师的正营职军官职务由独立师师长和政治委员任免;

(四)副营职以下军官职务和初级专业技术军官职务,由师(旅)长和政治委员或者其他有任免权的师(旅)级单位的正职首长任免。

第十二条　在执行作战、抢险救灾等紧急任务时,上级首长有权暂时免去违抗命令、不履行职责或者不称职的所属军官的职务,并可以临时指派其他军人代理;因其他原因,军官职务出现空缺时,上级首长也可以临时指派军人代理。

依照前款规定暂时免去或者临时指派军人代理军官职务,应当尽快报请有任免权的上级审核决定,履行任免手续。

第十三条　作战部队的军事、政治、后勤军官平时任职的最高年龄:

担任排级职务的,三十岁;

担任连级职务的,三十五岁;

担任营级职务的,四十岁;

担任团级职务的,四十五岁;

担任师级职务的,五十岁;

担任军级职务的,五十五岁;

担任大军区级职务的,六十五岁。

在舰艇上服役的营级和团级职务军官,任职的最高年龄分别为四十五岁和五十岁。

作战部队的师级和军级职务军官,少数工作需要的,按照任免权限经过批准,任职的最高年龄可以适当延长,但是延长的年龄最多不得超过五岁。

第十四条　省军区(卫戍区、警备区)系统、后勤基地和分部、院校、科技单位的团级以下职务军官,任职的最高年龄依照本条例第十三条第一款的相应规定执行;师级和军级职务军官,任职的最高年龄分别为五十五岁和六十岁。

第十五条　人民解放军各总部机关、大军区级机关的营级以下职务军官,任职的最高年龄依照本条例第十三条第一款的相应规定执行;师级和军级职务军官,任职的最高年龄分别为五十五岁和六十岁。总部机关的团级职务军官,任职的最高年龄为四十五岁,工作需要的,可以延长五岁;大军区级机关的团级职务军官,任职的最高年龄为四十五岁,少数工作需要的,可以延长三岁。

担任总部主要领导职务的军官,任职的最高年龄由全国人民代表大会常务委员会另行规定。

第十六条　专业技术军官平时任职的最高年龄:

担任初级专业技术职务的,四十三岁;

担任中级专业技术职务的,四十八岁;

担任高级专业技术职务的,六十岁。

担任中级、高级专业技术职务的军官,少数工作需要的,按照任免权限经过批准,任职的最高年龄可以适当延长,但是延长的年龄最多不得超过五岁。

第十七条　各级主官平时任职的最低年限:

担任排级主官职务的,三年;

担任连级主官职务的,四年;

担任营级主官职务的,三年;

担任团级主官职务的,四年;

担任师(旅)级主官职务的,三年。

军级以上主官任职的最低年限,由中央军事委员会另行规定。

四级舰艇、飞行中队、导弹连队的主官,任职的最低年限为三年;三级舰艇、飞行大队、导弹营的主官,任职的最低年限为四年。

第十八条　机关和院校的股长、科长、处长、部长及相当领导职务的军官,任职的最低年限参照本条例第十七条第一款的规定执行。

机关和院校的参谋、干事、秘书、助理员、教员等军官,每个职务等级任职的最低年限为三年。

第十九条　专业技术军官任职的最低年限,由中央军事委员会另行规定。

第二十条　军官任职满最低年限后,才能根据编制缺额和本人德才条件逐职晋升。

军官德才优秀、实绩显著、工作特别需要的,可以提前晋升;个别特别优秀的,可以越职晋升。

第二十一条　军官职务应当按照编制员额和编制职务等级任命。

第二十二条 军官不胜任现任职务的，应当调任下级职务或者改做其他工作，并按照新任职务确定待遇。

第二十三条 根据国防建设的需要，军队可以向非军事部门派遣现役军官，执行军队交付的任务。

第二十四条 军官可以按照中央军事委员会的规定改任军队文职干部。

第四章 现役军官的奖励和处分

第二十五条 军官在作战和军队建设中作出突出贡献或者取得显著成绩，以及为国家和人民作出其他较大贡献的，按照中央军事委员会的规定给予奖励。

奖励分为：嘉奖；记三等功、二等功、一等功；授予中央军事委员会规定的荣誉称号以及其他奖励。

第二十六条 军官违犯军纪的，按照中央军事委员会的规定给予行政处分。

行政处分分为：警告、严重警告；记过、记大过；降职、撤职；开除军籍以及中央军事委员会规定的其他行政处分。

第二十七条 对被撤职的军官，根据其所犯错误的具体情况，任命新的职务；未任命新的职务的，应当确定职务等级待遇。

第二十八条 军官违法乱纪、构成犯罪的，依法追究刑事责任。

第五章 现役军官的待遇

第二十九条 军官实行由职务薪金、军衔薪金和军龄薪金构成、以职务薪金为主的结构薪金制度，并对在特殊地区、特殊岗位工作或者有其他特殊情况的军官给予补贴。具体办法由中央军事委员会规定。

军官按照规定离职培训、休假、治病疗养以及免职待分配期间，薪金照发。

第三十条 军官享受公费医疗待遇。有关部门应当做好军官的医疗保健工作，妥善安排军官的治病和疗养。

第三十一条 军官每年休假一次。

执行作战任务部队的军官停止休假。

国家发布动员令后，按照动员令应当返回部队的正在休假的军官，应当自动结束休假，立即返回本部。

第三十二条 军官具备家属随军条件的，经师（旅）级以上单位的政治机关批准，其配偶和未成年子女、无独立生活能力的子女可以随军，是农村户口的，转为城镇户口。

部队移防或者军官工作调动的，随军家属可以随调。

军官年满五十周岁、身边无子女的，可以调一名有工作的子女到军官所在地。所调子女已婚的，其配偶和未成年子女、无独立生活能力的子女可以随调。

随军的军官家属、随调的军官子女及其配偶的就业和工作调动，按照国务院和中央军事委员会的有关规定办理。

第三十三条 军官牺牲、病故后，其随军家属移交政府安置管理。具体办法由国务院和中央军事委员会规定。

第六章 军官退出现役

第三十四条 军官达到平时服现役的最高年龄的，应当退出现役。

军官平时服现役的最高年龄：

担任作战部队师级职务的，五十五岁；

担任作战部队军级职务的，六十岁；

担任其他职务的，服现役的最高年龄与任职的最高年龄相同。

第三十五条 军官未达到服现役的最高年龄，有下列情形之一的，应当退出现役：

（一）伤病残不能坚持正常工作的；

（二）受军队编制员额限制，不能调整使用的；

（三）调离军队，到非军事部门工作的；

（四）有其他原因需要退出现役的。

第三十六条 军官退出现役的批准权限与军官职务的任免权限相同。

第三十七条 担任师级以上职务和高级专业技术职务的军官，退出现役后作退休安置，有的也可以作转业安置或者其他安置。

担任团级以下职务和初级、中级专业技术职务的军官，退出现役后作转业安置或者其他安置。

对作转业安置的军官，可以根据需要进行职业培训。

军官未达到服现役的最高年龄，基本丧失工作能力的，退出现役后作退休安置。

军官服现役满三十年以上或者服现役和参加工作满三十年以上，或者年满五十周岁以上，本人提出申请，经组织批准的，退出现役后可以作退休安置。

第三十八条 军官转业、退休后，由政府安置管理。具体办法由国务院和中央军事委员会规定。

第三十九条 军官达到服现役的最高年龄，符合国家规定的离休条件的，可以离职休养。因工作需要或者其他原因，经过批准，可以提前或者推迟离休。

第四十条 初级专业技术职务军官任职不满八年的，排级职务军官未达到服现役最高年龄的，连级以上职务军官未任满本级任职最低年限的，除组织安排或者经组织批准外，不得退出现役。

平时军官要求提前退出现役、未获批准，经教育仍坚持退出现役的，给予降职处分或者取消其军官身份后，可以作退出现役处理。

第七章　附　则

第四十一条　人民解放军总政治部根据本条例制定实施办法,报国务院和中央军事委员会批准后施行。

第四十二条　本条例自1989年1月1日起施行。1978年8月18日第五届全国人民代表大会常务委员会批准、1978年8月19日国务院和中央军事委员会颁布的《中国人民解放军干部服役条例》同时废止。

七届全国人大常委会三次会议通过中华人民共和国澳门特别行政区基本法起草委员会名单

主任委员

姬鹏飞

副主任委员

胡　绳　王汉斌　马万祺　何鸿燊　雷洁琼(女)

钱伟长　何厚铧　薛寿生　李　后　周　鼎

委　员(按姓氏笔画为序)

万国权　马万祺　王汉斌　王叔文　毕漪文(女)

刘焯华　许崇德　孙琬钟　李成俊　李　后　李钟英

李　康　李裕民　肖蔚云　吴荣恪　吴建璠　何厚铧

何鸿燊　宋玉生　陈炳华　邵天任　武连元　林家骏

周小川　周　南　周　鼎　经叔平　项淳一　赵汝能

胡厚诚　胡　绳　柯　平　饶不辱　勇龙桂　钱伟长

郭丰民　诸　桦(女)　姬鹏飞　黄汉强

曹其真(女)　崔德祺　康冀民　彭清源　鲁　平

雷洁琼(女)　廖泽云　黎祖智　薛寿生

秘书长

鲁　平

副秘书长

诸　桦(女)　胡厚诚

七届全国人大常委会三次会议关于批准中比关于民事司法协助协定的决定

第七届全国人民代表大会常务委员会第三次会议决定:批准外交部副部长周南代表中华人民共和国于1987年11月20日在布鲁塞尔签署的《中华人民共和国和比利时王国关于民事司法协助的协定》。

七届全国人大常委会三次会议关于批准《禁止酷刑和其他残忍、不人道或有辱人格的待遇或处罚公约》的决定

第七届全国人民代表大会常务委员会第三次会议决定:批准中华人民共和国代表李鹿野于1986年12月12日签署的《禁止酷刑和其他残忍、不人道或有辱人格的待遇或处罚公约》(以下简称《公约》),同时声明对该《公约》第二十条和第三十条第(一)款予以保留。

七届全国人大常委会三次会议关于批准《南太平洋无核区条约》第二号和第三号议定书的决定

第七届全国人民代表大会常务委员会第三次会议决定:批准我国政府于1987年2月10日签署的《南太平洋无核区条约》第二号和第三号议定书,并重申中国政府代表在签署上述议定书时所作的声明。

全国妇联六届一次执委会议选举陈慕华为全国妇联主席 推选康克清为全国妇联名誉主席

最高人民法院行政审判庭正式建立并开展工作

最高人民法院行政审判庭的主要任务是:一、审理在全国范围内有重大影响依法应由最高法院管辖的和各高级法院依法移送的第一审行政案件;二、审理不服各高级人民法院一审判决、裁定而上诉的行政案件;三、监督和指导地方各级人民法院的行政审判工作;四、指定跨省、自治区、直辖市的行政案件的管辖;五、审理按审判监督程序决定由最高人民法院再审的行政案件;六、调查研究行政审判工作中的情况和问题,总结行政审判工作的经验。

行政诉讼制度的建立,是社会主义民主政治和社会主义法制建设的重要发展,是促进和保障行政机关依法行政的一个重要手段。从1983年到1988年6月,全国各级法院共审理一审行政案件近13000件,二审案件1217件。这些案件涉及治安、土地、城市规划、环境保护、海关、渔业、税务、邮政等近20个行政管理部门。人民法院通过对这些案件的审理,保障了公民和法人的合法权益,支持了行政机关依法行使职权,增强了行政机关的自我约束机制,促进了行政管理制度的不断完善,收到了明显的社会效果。

截至今年6月底,全国各地已有21个高级法院、224个中级法院、1154个基层法院已正式建立了行政审判庭。

铁道部发布通令要求全国铁路不得随意提价

铁道部要求,坚决贯彻执行国务院关于今年下半年不出台新的调价措施的决定,属于中央管理的价格,不得擅自改动;属于地方管理的价格,不得随意提高。车站、列车供应的食品要坚持规定的利率,做到公平合理。严厉打击票贩子。坚持集体审批车皮制度,保证国家重点物资运输,不给利用车皮牟私的"倒爷"以可乘之机。铁路要以贯彻国务院常务会议精神的实际行动维护广大旅客货主的利益。

铁道部还要求,铁路运输要发挥搞畅流通,活跃市场,平抑物价的作用。凡是人民生活的必需用品、季节性商品、国家收购的农副产品、市场调剂的紧俏商品,以及急需的救灾物资、支农物资等,要优先安排,优先运输。

第一届全国分析仪器展览会在北京民族文化宫开幕

中国仪器仪表学会主办这次展览会,参展单位56个,展出各种分析仪器成套装置、附件及配套产品和其他测试仪器共300多台件。

第二炮兵司令部通信部研制的通信工程施工图预算自动化管理系统通过鉴定

研制该系统,是为了加强通信工程建设管理、合理确定工程造价、适应工程投资包干建设、简化工程预算的编制和审核工作。通过将人、设备、材料、资金、信息等有限资源有机地组织起来,经过微机处理而实现上述目的。据悉,该系统目前在国内军工生产中尚属首创。

世界气象组织第二(亚洲)区域协会第九届会议在北京召开

会议召开时间为9月5日至16日。国务委员宋健代表李鹏总理到会祝贺。这是新中国成立以来在我国召开的第一次政府级大型国际气象会议。

宋健说,中国一方面处在全球大气系统的控制之下,另一方面又是受地区性灾害天气影响比较频繁的国家之一,干旱、洪涝、台风、暴雨、冰雹等每年都给我国国民经济和人民生命财产造成一定的损失。气象工作对避免和减轻这种损失起着至关重要的作用。充分利用天气、气候对国民经济的有利方面,可以直接或间接地为开发自然资源、积累社会财富发挥积极作用。因此,中国政府一贯非常重视气象工作,把气象事业的发展列为国家社会经济发展的重要项目之一,力求气象事业的发展与整个国民经济建设相适应。

世界气象组织是联合国的专门机构之一。该组织按地理分布划分为6个区域协会(非洲、亚洲、南美洲、北中美洲、西南太平洋和欧洲)。这届第二(亚洲)区域政府级大型国际气象会议,由该区协代主席马继德先生主持,包括中国在内的23个国家会员和地区会员代表、其他区域的代表及有关国际机构的来宾100多人出席了这次会议。世界气象组织秘书长奥巴西教授专程到会。国家气象局局长、世界气象组织中国常任代表邹竞蒙也在开幕式上讲了话。

国际园艺植物种质资源学术讨论会在北京开幕

20多个国家和地区的300多位科学家共聚一堂,交流国际园艺植物(果树、蔬菜、观赏植物)种质资源利用方面的研究成果和经验。大会收到学术论文260余篇。

我国素有"园林之母"的美称,极为丰富的园艺植物资源令世界瞩目。中国园艺学会理事长沈隽教授告诉记者,我国得天独厚的地理和生态环境为不同类型的高等植物提供了滋生、繁衍、进化的良好条件,成为数以万计植物种类的起源地。世界上的果树,包括野生种约60科2800种,其中1/4以上原产我国。我国又是世界上最大的花卉起源中心之一。我国的园艺植物资源和栽培品种被各国引进,对世界农业的发展作出了贡献。沈教授说,发起并组织这次国际性学术讨论会是中国的种质资源工作走向世界新的一步。

《少年儿童研究》在北京创刊

这是全国第一家专门研究少年儿童教育和少先队教育的公开发行的理论杂志。

《少年儿童研究》以全国中、小学校内外教育工作者和共青团、少先队工作者为主要读者对象。

《万里长城》画册出版

这是我国第一部以反映长城为专题的大型艺术摄影画册,由中国长城学会编辑、河北美术出版社出版。

画册载入作品260幅,是从59位摄影艺术家提供的5000余幅作品中精选出的上乘之作,把长城沿线的景观表现得雄伟瑰丽、多姿多彩。这也是对1988年1月联合国教科文组织确定万里长城为世界文化遗产的呼应。

亚太地区第十二届人口普查讨论会在北京召开

会议由中国国家统计局和美国东西方中心联合主办。

这次会议将就1990年亚太地区的人口普查的组织实施、数据处理、资料的开发使用等问题展开讨论,交流经验,以推动这一工作的开展。

出席这次会议的有中国、美国、印度、日本、加拿大、澳大利亚等18个国家的代表和联合国的有关专家。

9月6日

国家主席杨尚昆率领中国党政代表团离开北京前往朝鲜参加朝鲜民主主义人民共和国国庆40周年活动

国务院总理李鹏在中南海紫光阁同来北京参加世界未来研究联合会第十届世界大会的部分中外专家和学者座谈

李鹏首先对来自近40个国家和地区的与会代表表示欢迎。他介绍了中国当前的经济形势和未来的发展目标,以及正在进行的改革情况包括物价改革的设想。

李鹏说,我们的经济改革的目标是要把高度集中的计划经济转变为宏观控制下的商品经济,就是有计划的商品经济。在谈到对世界未来的看法时,李鹏说,我们对中国的未来充满信心,中国是世界大家庭的成员,同样关心世界的未来,特别是关心世界的和平与发展。

世界未来研究联合会主席马西尼、南斯拉夫马尔科维奇教授、美国葛理伦教授、埃及前总统顾问阿普杜勒—拉赫曼等在谈话中高度评价了中国的改革开放政策。

国务院总理李鹏在北京会见美国国防部部长卡卢奇

李鹏说,最近,外国新闻界有的人说中国的改革后退了,这种说法不符合事实。我们在前进,我们的目标不会改变,中国的改革在深化。

李鹏总理说,在实行改革和对外开放的过程中,我们欢迎外国、包括美国的企业来中国投资,欢迎他们来中国独资办企业。中国将创造更好的投资环境,包括不断改善能源、交通、通信条件以及提高工作效率和管理水平。

卡卢奇部长表示,中国对外国的投资者是有吸引力的,相信美国的投资者愿意到中国投资。宾主还就共同感兴趣的其他问题交换了看法。国务委员、国防部部长秦基伟会见时在座。

中国妇女第六次全国代表大会在全国政协礼堂闭幕

此次妇代会,在总结妇女运动的基础上,提出了深化改革时期妇女运动的方针和政策,制定了妇联体制改革的方案,修订了《中华全国妇女联合会章程》,选举产生了全国妇联新的领导机构。这在政治、思想、组织上为今后妇女运动的发展创造了有利条件。

闭幕会上全体代表一致通过了全国妇联第五届执行委员会工作报告的决议。

代表们还通过了修改全国妇联章程的决议。

会上,还通过了全国妇联会徽图案的决议。会徽图案为圆形,中心是“女”字形、外围由英文字母“W”组成的花朵形状,会徽的色彩为红色和金色。

国务院组成新一届环境保护委员会

国务委员兼国家科委主任宋健任国务院环境保护委员会主任。能源部长黄毅诚、农业部部长何康、国家科委副主任李绪鄂、国家计委副主任陈光健、国家环境保护局局长曲格平任副主任。委员有33人,由国务院有关部、委、局、直属机构和有关事业单位领导人担任。

国务院环境保护委员会是全国环境保护工作的领导机构,主要任务是研究、审定、组织贯彻国家环境保护的重大方针、政策和措施,组织协调、检查和推动全国的环境保护工作。它的办事机构是国家环境保护局。在此之前,国务院环境保护委员会主任由李鹏总理兼任。

《人民日报》发表评论员文章《生产力标准也是选拔干部的根本标准》

党的十三大提出,要把是否有利于发展生产力作为检验一切工作的根本标准。这个标准对于选拔干部的工作是否适用呢?应该说,同样适用的。

任用一个干部,就要看他能不能对发展生产力作出较大贡献;评价一个干部,就要看他是否对发展生产力作出了较大贡献。我们常说选拔干部要看实绩,什么是实绩?能不能促进生产力的发展,才是实绩。

那么,选拔干部还要不要坚持德才标准,要不要坚持革命化、年轻化、知识化、专业化的标准呢?当然要,今后仍然要坚定不移地坚持这些标准。而坚持这些标准是为了什么呢?不是为了别的,归根结底还是为了发展生产力。从这个意义上说,德才标准、“四化”标准都离不开生产力标准。正因为这样,我们才说生产力标准也是选拔干部的根本标准。自从中央提出干部“四化”的标准以来,我们的干部工作取得了很大的成绩,但是在少数地方也出现过一些偏差,例如片面地强调年轻、强调文凭等。工作中的偏差来自认识上的偏颇。究其原因,从根本上来说,都是因为离开了生产力标准来看干部“四化”标准。因此,着重指出生产力标准也是选拔干部的根本标准,对于把干部工作再提高一步,大有好处。

用生产力标准来衡量我们的干部工作,可以看出,有一些地方和单位至今未能全面掌握德才兼备的标准,重才轻德和重德轻才的偏向都存在。有些同志只重品德,漠视才干。而他们对品德的理解又很陈旧、褊狭,总认为那些老实、听话、上面说什么就是什么、但不能结合实际正确贯彻党的政策的干部才是好干部,同时又喜欢把一些同志并不属于政治或思想品德问题的缺点“上纲”为政治问题、思想品德问题。这样就把很多有独立见解、有创新精神、有开拓才能的干部,特别是把一些善于在商品经济的大海里游泳、能够在企业竞争的环境里发展自己的好干部排除在外了。另外一些同志，只看“才干”，不重视品德。而品德恶劣的人，“才干”越大，危害也越大。任用这样的人，同样不利于生产力的发展。按照这两种片面性的标准选拔出来的新干部，又会按照同样标准选拔更新的干部，如此循环下去，那些确实德才兼备的好干部就很难脱颖而出，工作也就很难有大的起色。

河南省淮阳县以生产力为标准，大胆选拔干部，很能给人一些启示。不难设想，如果用离开生产力标准的眼光来看干部，那几位有所谓“文革问题”、“经济问题”的干部显然是不能重用的。但是淮阳县用生产力标准来实事求是地认识这些“问题”，那些所谓“问题”或者是已经克服的缺点，或者不能算什么了不起的大问题，并不妨碍对这几位干部的重用，这样，蕴蓄在他们身上的聪明才智就得到充分发挥，产生了很大经济效益和社会效益。

振兴中华靠人才。要使大批优秀的人才都得到合理的使用，最根本的当然要靠干部人事制度的改革。而当前，进一步更新观念，真正树立以生产力标准为根本标准的观点，克服一切不符合这一标准、违背这一标准的观点，则是完全必要的。

国家烟草局召开紧急电话会议要求采取措施狠刹烟叶抢购风

烟叶抢购主要表现：提级收购。仅湖南零陵、郴州地区供销社代购的烟叶今年因等级质量问题，大约就要使国家损失3亿元。烟贩插手抢购。他们携带巨款，到产地收购，在受到有关部门检查时，还煽动农民闹事。少数烟厂不顾三令五申，到产区加价抢购、混级收购。仅湖北当阳烟厂就私购烟叶8万公斤。

国家烟草专卖局要求：

一、严格贯彻国务院规定，加强专卖管理，严禁非法收购。各地烟草公司对烟叶收购站、点要立即进行组织检查，没有许可证的一律取消，对非法设点收购的要坚决取缔。

二、严格执行国家烟叶收购标准，不压级压价也不提级提价，严禁掺杂使假。对不按标准收购和接收烟叶的单位要进行经济处罚。

三、农民出售烟叶一律凭合同在本地收购站交售，在收购结束后，凭合同兑现当地政府规定的生产扶持补贴。

四、层层建立责任制。所辖地区出了问题，要追究烟草公司主要领导人责任。地方政府不得进行不恰当干预，要报上级政府处理。

外交部部长钱其琛致电祝贺塞浦路斯尼科西亚不结盟国家外长会议开幕

国防部部长秦基伟在人民大会堂与美国国防部长弗兰克·卡卢奇举行会谈

双方就柬埔寨问题深入地交换了意见。卡卢奇认为，美中在这个问题上有共同的目标：迫使越南从柬埔寨撤军，实现柬埔寨人民自主地解决柬埔寨问题。他表示，美国赞成以西哈努克亲王为首同越南进行直接谈判。

秦基伟强调，解决柬埔寨问题的关键是越南尽早从柬埔寨全部撤军。越南提出要把撤军同阻止波尔布特重新掌权联系起来，这是个阴谋。当前柬伪企图一派掌权，这是最现实的危险，国际社会应对此保持警惕。秦基伟重申，越南撤军以后，中国只支持以西哈努克亲王为首的四方联合政府。

两位部长认为，应当努力缓和朝鲜半岛的紧张局势，保持那里形势的稳定。

秦基伟还介绍了中国军队的建设、改革情况。

双方对中美两国和两军关系的发展情况表示满意，同时希望在平等互利的基础上保持并增进两军之间的交往。

美国方面参加会谈的有驻华大使温斯顿·洛德、助理国防部长理查德·阿米塔奇和詹姆士·哈沃德、总统特别助理詹姆士·凯利等。

中国方面参加会谈的有中国人民解放军副总参谋长徐信、国防科工委政委伍绍祖、海军司令员张连忠、空军司令员王海等。

国家副主席王震在人民大会堂与农垦教育战线的教师代表座谈

来自全国农垦系统22个垦区的先进教师、在边疆农垦教育战线上工作20年以上的老教师、北京农垦管理干部学院师生代表参加了座谈。

农业部部长何康说，农垦系统的教育事业是在王震同志关怀下，在极其艰苦的条件下发展起来的，目前共有高等院校9所，在校学生9000人，教师6500人；有中小学、中专1.3万多所，在校学生260多万人，教师20万人。已形成从幼儿园到小学、中学、大学、研究生一个完整的农垦教育体系。30多年来，农垦教育为垦区经济建设培养人才23万多人，成为垦区高、中级人才的主要来源。

王震说，他代表党和国家领导同志向来自祖国最艰苦地方的农垦系统先进教师代表致意、问候。他说，教师是最受尊敬的人，尤其是从事农垦教育事业的教师，在艰苦的工作条件下几十年如一日，贡献了青春年华。目前，一方面要改善教学条件，提高教师的社会地位；一方面在比较困难的条件下，要提倡献身精神。

中国大学生体联致函世界大学生体联申请举办第十七届世界大学生运动会

世界大学生运动会是仅次于奥运会的世界综合运动会,有"小奥运会"之称,许多著名运动员都是先在世界大学生运动会上初露锋芒,而后在奥运会或世界锦标赛上一举成名的。1989年和1991年世界大学生运动会现已定在巴西和英国举行。按照世界大学生体联的规定,举办国的确定将视正式申请举办国家的情况,由世界大学生体联执委会在四年前确定。

1993年第十七届世界大学生运动会曾在美国、希腊等国家表示有意承办,但目前尚未向世界大学生体联正式申请。我国是第一个正式申请承办第十七届世界大学生运动会的国家,这也是我国承办1990年亚运会之后,第一次承办世界性综合运动会。

具体承办第十七届世界大学生运动会的上海市,计划从现在起到1992年完成一系列重大的市政建设、通信设施和体育场馆的改扩建,为世界大学生运动会的顺利进行创造条件。上海市政府负责人表示将在以往大型国际比赛组织工作的基础上,总结经验,吸取教训,以热情的服务和严密的组织工作欢迎世界各地大学生运动员。

国家体委副主任何振梁希望国际体育界人士理解和支持中国大学生体联的申请,并希望届时能在上海同世界各国体育健儿和朋友们相聚。

国际整形外科学术会议在北京举行

会议透露:我国整形外科许多项目目前居国际领先地位,尤其在面部整形方面,已创造出许多适合中国人特点的方法,鼻、唇、外耳、唇腭裂再造、面部肿瘤术后整形,均可一次手术完成。

唇裂又称兔唇,修复比较困难,当前国际上通常采用上唇各式各样组织瓣修复,效果不理想。我国著名教授、中国医学科学院整形外科医院院长宋儒耀,发明在下唇形成一个带有血管神经的组织瓣,用血管神经作为蒂,一次手术移植至上唇修复缺损,效果很好。宋教授还发明了腭裂"上提"修复全新方法,比传统"后推"治疗更易恢复器官最佳状态。一般术后12天,患者发音功能可基本正常。这两项新技术已引起国际同行关注,普遍认为是目前最理想的方法。

这次由中国组织召开的国际整形外科学术会议,吸引了美国、英国、瑞典、加拿大、日本、波兰、新加坡和国内200多位专家与会。会议将着重研讨唇、腭裂的病因和手术问题。

《全国2000年环境保护规划纲要》通过评审

由中国环境科学学会协调组织,中国环境科学研究院和中国科学院生态环境研究中心共同承担的《全国2000年环境保护规划纲要》(以下简称《纲要》)通过评审。这项纲要提出了我国在本世纪末基本控制环境污染的环保总目标。

在研究编制纲要的过程中,专家们提出了贯彻执行与经济社会发展相适应的环境保护战略,把环境综合整治与经济建设、资源利用融为一体,确定了符合国情的环境目标和相应的对策措施。

《纲要》突出城市和重点经济区的环境综合整治,强调资源的综合利用,同时提出了农村以经济发展带动环境建设的方针,走治穷致富与保护生态相结合的道路。为有效地控制污染,提出要重视科学技术和环境管理的作用,应随着国民经济的发展逐年增加环保投资。

《纲要》提出,到2000年,我国工业废水排放量每年要控制在500亿吨左右,城市生活废水排放量要控制在200亿吨左右。森林覆盖率要增加3%。为此,《纲要》还制定了切实的措施。

专家评审委员会认为,这是一项有创见性的高层次的宏观战略决策研究,同国外同类科研课题相比,有自己的国情特色。

9月7日

中央军委主席邓小平在人民大会堂会见美国国防部部长卡卢奇

邓小平说,中国正集中精力进行现代化建设,全心全意地维护世界和平,这是我们提出问题和解决问题的出发点。

邓小平对卡卢奇部长说,亲自到中国看一看,你就可以发现,中国是一个守信用的国家,是个负责任的国家。

邓小平说,在国际问题上,我们欢迎谋求缓和的趋势,我们反对谋求霸权。最近几年的历史证明,所有谋求霸权的都遭到了失败或正在失败。

在谈到中美两国关系时,邓小平说,中美关系近几年的发展是比较平稳的,我们应该按照中美三个联合公报的精神,进一步发展两国之间的友好关系,这是两国人民的共同愿望。他表示相信,卡卢奇国防部长的这次访华,将有助于中美两军、两国友好关系的进一步发展。

国务委员、国防部部长秦基伟等会见时在座。美国驻华大使洛德和卡卢奇的主要随行人员也参加了会见。

对外友协和中朝友好协会在人民大会堂举行招待会庆祝朝鲜建国40周年

对外友协副会长黄世明在祝词中赞扬了朝鲜人民

在金日成主席的领导下,在工农业等各条战线和外交方面所取得的巨大成就,并预祝他们今后取得更大的胜利。

他说,半个多世纪来,在反对帝国主义侵略、捍卫民族独立的斗争和建设社会主义、争取国家和平统一的事业中,中朝两国人民始终互相关心、互相支持、并肩战斗,用鲜血凝成了伟大的战斗友谊。

黄世明表示,中国人民将一如既往,坚决支持朝鲜人民争取祖国自主和平统一的正义斗争。

朝鲜驻华大使馆临时代办崔琫哲在讲话中感谢中国党、政府和人民对朝鲜人民在精神和物质上的一贯支持。他说,朝鲜党和人民将为巩固和发展经过40年斗争考验的中朝两党、两国和两国人民之间的友谊和团结,作出一切努力。

国务院副总理吴学谦、全国人大常委会副委员长习仲勋和全国政协副主席马文瑞出席了招待会。

应邀出席招待会的还有正在中国访问的朝鲜客人和朝鲜留学生代表。

中国启用"长征四号"运载火箭首次成功发射一颗试验性气象卫星

北京夏令时9月7日5时30分,我国成功地发射了一颗试验性气象卫星。卫星顺利进入近圆形太阳同步轨道,星上仪器工作正常。

卫星进入预定轨道后不久,我国的气象卫星地面站就收到了卫星发送的气象信息。目前,西安卫星测控中心和国家气象局正在按计划对卫星进行在轨测试。

这颗命名为"风云一号"的气象卫星,是在我国太原卫星发射中心,用"长征四号"运载火箭发射的。它是我国自行研制和发射的第一颗极地轨道气象卫星。填补了中国应用气象卫星的空白,使我国跨入世界上少数几个有能力自己研制、发射和运行气象卫星的国家的行列,结束了中国只能从地面观测天气的历史。

星上装有两台甚高分辨率扫描辐射仪,共有5个探测通道,可探测白天和夜间的云图、地表图像、海洋水色图像、水体边界、海洋面温度、冰雪覆盖及植被生长。卫星主要任务是获取全球的气象信息,并向全世界气象卫星地面站发送气象资料。此外,这颗卫星还具有探测空中粒子成分的功能,为空间物理研究提供资料。"风云一号"卫星正式投入试用后,对于提高我国天气预报水平,特别是灾害性天气的监测和预报能力,更好地为国民经济建设服务有重要意义。

国务委员宋健、中央军委副秘书长刘华清等领导同志分别在国防科工委北京指挥所和太原卫星发射中心观看了卫星发射实况。卫星发射成功后,国务院、中央军委向全体参试人员致电祝贺。

国务院和中央军委致电祝贺气象卫星发射成功

贺电全文如下:

参与我国气象卫星研制、试验的全体同志:

在国庆39周年即将到来之际,我国成功地发射了自行研制的第一颗极地轨道气象卫星。这是你们在党的十一届三中全会以来的路线指引下,贯彻独立自主、自力更生方针,大力协同、团结奋战的结果,国务院、中央军委向全体从事研制、试验的科学工作者、工程技术人员、工人、干部、解放军指战员表示热烈的祝贺和亲切的慰问!

这次卫星发射成功,填补了我国应用气象卫星的空白,标志我国航天和气象卫星技术有了新的进步,对促进国民经济的发展,具有十分重要的意义,对全国各族人民也是一个鼓舞。

希望你们谦虚谨慎,再接再厉,为我国的四个现代化建设作出更大的贡献。

国务院

中央军委

1988年9月7日

首都庆祝教师节优秀教师代表座谈会在人民大会堂举行

国家副主席王震以中小学幼儿教师奖励基金会理事长的身份出席座谈会,向所有的教师表示崇高敬意。

王震说,尊师重教是中华民族的传统美德,要继续发扬。提高全民族的素质,任务落在教师身上。教师要教书育人,为人师表,为社会主义现代化建设培养大批人才。

来自首都高教、普教、幼教、成人教育等系统的100名优秀教师代表参加了座谈。10多名教师畅谈教育改革成就,并对深入教育改革、改善办学条件等方面提出了有益的意见。

李锡铭、周谷城、何东昌在会上讲了话。

这次座谈会是由国家教委、北京市委和北京市人民政府联合召开的。

国务院环委会第十三次会议在北京召开

这次会议原则通过了《关于城市环境综合整治定量考核的决定》和《关于32个重点城市防治烟尘污染的决定》,不久将正式公布实施。

把强化环境管理作为环境保护工作的指导方针,是一条适合国情的成功经验。国务委员兼国务院环委会主任宋健说,要进一步强化管理,强化监督,加强法制建设和环保队伍建设,树立环保工作的权威,提高全民族的环境意识,促使环境保护成为全社会的行动准则。同时,还要加强环境保护科学技术的研究和开发,按照社会主义商品经济的机制,努力推动环保产业的形成和发展。

宋健还说,我国面临的环境问题很多,环境保护的任务十分艰巨,目前国家经济和技术力量又有限,所以我们的工作必须突出重点,紧紧抓住那些危害最大、迫切需要解决的问题。城市是人口集中、工业集中、污染也集中的地区,城市环境以烟尘、污水、废渣和噪声"四害"为主,其中又以烟尘、污水危害最大。我们要把防治城市大气和水污染放在突出地位,作为最主要的工作来抓。对重点城市的环境状况要进行考核,并按照考核结果排队公布于众,接受群众监督,增加环保工作透明度。市长要对城市的环境质量负责,把这项工作列入市长的任期目标,并作为考核政绩的重要内容。每一位省长、市长、县长、厂长在任期内,都要在环境保护方面为人民群众办几件实事。

宋健要求32个重点城市和其他城市积极行动起来,一方面让群众了解这项工作的意义,另一方面要扎扎实实地做工作。各地各部门都要研究制定具体措施,落到实处。

9月8日

党和国家领导人赵紫阳 杨尚昆 万里 李鹏联名致电朝鲜国家主席金日成和政务院总理李根模祝贺朝鲜建国40周年

国务院总理李鹏签署第12号令公布《现金管理暂行条例》

《现金管理暂行条例》已经1988年8月16日国务院第18次常务会议通过,现予发布,自1988年10月1日起施行。

总 理 李 鹏

1988年9月8日

现金管理暂行条例

第一章 总 则

第一条 为改善现金管理,促进商品生产和流通,加强对社会经济活动的监督,制定本条例。

第二条 凡在银行和其他金融机构(以下简称开户银行)开立账户的机关、团体、部队、企业、事业单位和其他单位(以下简称开户单位),必须依照本条例的规定收支和使用现金,接受开户银行的监督。

国家鼓励开户单位和个人在经济活动中,采取转账方式进行结算,减少使用现金。

第三条 开户单位之间的经济往来,除按本条例规定的范围可以使用现金外,应当通过开户银行进行转账结算。

第四条 各级人民银行应当严格履行金融主管机关的职责,负责对开户银行的现金管理进行监督和稽核。

开户银行依照本条例和中国人民银行的规定,负责现金管理的具体实施,对开户单位收支、使用现金进行监督管理。

第二章 现金管理和监督

第五条 开户单位可以在下列范围内使用现金:

(一)职工工资、津贴;

(二)个人劳务报酬;

(三)根据国家规定颁发给个人的科学技术、文化艺术、体育等各种奖金;

(四)各种劳保、福利费用以及国家规定的对个人的其他支出;

(五)向个人收购农副产品和其他物资的价款;

(六)出差人员必须随身携带的差旅费;

(七)结算起点以下的零星支出;

(八)中国人民银行确定需要支付现金的其他支出。

前款结算起点定为一千元。结算起点的调整,由中国人民银行确定,报国务院备案。

第六条 除本条例第五条第(五)、(六)项外,开户单位支付给个人的款项,超过使用现金限额的部分,应当以支票或者银行本票支付;确需全额支付现金的,经开户银行审核后,予以支付现金。

前款使用现金限额,按本条例第五条第二款的规定执行。

第七条 转账结算凭证在经济往来中,具有同现金相同的支付能力。

开户单位在销售活动中,不得对现金结算给予比转账结算优惠待遇;不得拒收支票、银行汇票和银行本票。

第八条 机关、团体、部队、全民所有制和集体所有制企业事业单位购置国家规定的专项控制商品,必须采取转账结算方式,不得使用现金。

第九条 开户银行应当根据实际需要,核定开户单位三天至五天的日常零星开支所需的库存现金限额。

边远地区和交通不便地区的开户单位的库存现金限额,可以多于五天,但不得超过十五天的日常零星开支。

第十条 经核定的库存现金限额,开户单位必须严格遵守。需要增加或者减少库存现金限额的,应当向开户银行提出申请,由开户银行核定。

第十一条 开户单位现金收支应当依照下列规定办理：

(一)开户单位现金收入应当于当日送存开户银行。当日送存确有困难的，由开户银行确定送存时间；

(二)开户单位支付现金，可以从本单位库存现金限额中支付或者从开户银行提取，不得从本单位的现金收入中直接支付(即坐支)。因特殊情况需要坐支现金的，应当事先报经开户银行审查批准，由开户银行核定坐支范围和限额。坐支单位应当定期向开户银行报送坐支金额和使用情况；

(三)开户单位根据本条例第五条和第六条的规定，从开户银行提取现金，应当写明用途，由本单位财会部门负责人签字盖章，经开户银行审核后，予以支付现金；

(四)因采购地点不固定，交通不便，生产或者市场急需，抢险救灾以及其他特殊情况必须使用现金的，开户单位应当向开户银行提出申请，由本单位财会部门负责人签字盖章，经开户银行审核后，予以支付现金。

第十二条 开户单位应当建立、健全现金账目，逐笔记载现金支付。账目应当日清月结，账款相符。

第十三条 对个体工商户、农村承包经营户发放的贷款，应当以转账方式支付。对确需在集市使用现金购买物资的，经开户银行审核后，可以在贷款金额内支付现金。

第十四条 在开户银行开户的个体工商户、农村承包经营户异地采购所需货款，应当通过银行汇兑方式支付。因采购地点不固定，交通不便必须携带现金的，由开户银行根据实际需要，予以支付现金。

未在开户银行开户的个体工商户、农村承包经营户异地采购所需货款，可以通过银行汇兑方式支持。凡加盖"现金"字样的结算凭证，汇入银行必须保证支付现金。

第十五条 具备条件的银行应当接受开户单位的委托，开展代发工资、转存储蓄业务。

第十六条 为保证开户单位的现金收入及时送存银行，开户银行必须按照规定做好现金收款工作，不得随意缩短收款时间。大中城市和商业比较集中的地区，应当建立非营业时间收款制度。

第十七条 开户银行应当加强柜台审查，定期和不定期地对开户单位现金收支情况进行检查，并按规定向当地人民银行报告现金管理情况。

第十八条 一个单位在几家银行开户的，由一家开户银行负责现金管理工作，核定开户单位库存现金限额。

各金融机构的现金管理分工，由中国人民银行确定。有关现金管理分工的争议，由当地人民银行协调、裁决。

第十九条 开户银行应当建立、健全现金管理制度，配备专职人员，改进工作作风，改善服务设施。现金管理工作所需经费应当在开户银行业务费中解决。

第三章 法律责任

第二十条 开户单位有下列情形之一的，开户银行应当依照中国人民银行的规定，责令其停止违法活动，并可根据情节轻重处以罚款：

(一)超出规定范围、限额使用现金的；

(二)超出核定的库存现金限额留存现金的。

第二十一条 开户单位有下列情形之一的，开户银行应当依照中国人民银行的规定，予以警告或者罚款；情节严重的，可在一定期限内停止对该单位的贷款或者停止对该单位的现金支付：

(一)对现金结算给予比转账结算优惠待遇的；

(二)拒收支票、银行汇票和银行本票的；

(三)违反本条例第八条规定，不采取转账结算方式购置国家规定的专项控制商品的；

(四)用不符合财务会计制度规定的凭证顶替库存现金的；

(五)用转账凭证套换现金的；

(六)编造用途套取现金的；

(七)互相借用现金的；

(八)利用账户替其他单位和个人套取现金的；

(九)将单位的现金收入按个人储蓄方式存入银行的；

(十)保留账外公款的；

(十一)未经批准坐支或者未按开户银行核定的坐支范围和限额坐支现金的。

第二十二条 开户单位对开户银行作出的处罚决定不服的，必须首先按照处罚决定执行，然后可在10日内向开户银行的同级人民银行申请复议。同级人民银行应当在收到复议申请之日起30日内作出复议决定。开户单位对复议决定不服的，可以在收到复议决定之日起30日内向人民法院起诉。

第二十三条 银行工作人员违反本条例规定，徇私舞弊、贪污受贿、玩忽职守纵容违法行为的，应当根据情节轻重，给予行政处分和经济处罚；构成犯罪的，由司法机关依法追究刑事责任。

第四章 附 则

第二十四条 本条例由中国人民银行负责解释；施行细则由中国人民银行制定。

第二十五条 本条例自1988年10月1日起施行。1977年11月28日发布的《国务院关于实行现金管理的决定》同时废止。

国务院成立长江上游水土保持委员会

长江上游地区共有西藏、青海、甘肃、陕西、四川、云南、贵州、湖北8个省区，总土地面积100.5万平方公里，最新统计表明，水土流失面积已达到35.2万平方公里，占总土地面积1/3以上，其中30%多的面积流失情况严重，每年侵蚀物总量约15.6亿吨，与黄河流域相近。8个省中尤以四川、云南、贵州、甘肃、湖北的情况最为严重。因此，新成立的水土保持委员会以这5个省1位省长、5位副省长，以及与水土流失治理密切相关的国家计委、农业部、林业部、水利部、国家土地管理局、国务院贫困地区经济开发领导小组、中国科学院7个单位的15位副部长、主任、司长和局长组成。

就任委员会主任委员的四川省省长张皓若说，近几年，长江流域和长江上游地区无视法纪滥伐、哄抢林木的恶性事件越来越多。陡坡开荒、铲草烧灰也未能被有效制止。而且开矿、修路、基建等作业又造成新的水土流失。这些情况表明，当务之急是必须有一个水土保持的权威机构。

在长江上游地区，水土保持工作除5个省都有各自的项目外，还包括林业部正进行的长江上游水源涵养林工程；农业部的各种耕作制度的改革和农村新能源的开拓；国家土地管理局的土地管理工作；贫困地区经济开发领导小组的扶贫工作等，新组成的委员会要加强这些工作的统筹和协调，以便保证治理计划的完成。

委员会成立后，举行了第一次会议，研究和落实防治水土流失方面的有关问题。

1988年秋季全国生产资料交易会在沈阳召开

物资部部长柳随年在会上宣布为了稳定物价，明年钢材等重要生产资料的分配和价格都不放开。

柳随年说，当前大家最关心的一个问题是物价大幅度上涨，一些生产资料比生活资料问题更尖锐，涨价幅度大、交易混乱。产生这种现象的原因：一是固定资产投资规模过大，工业生产增长太快，总需求超过总供给；二是一些企业怕将来开放钢材市场后，本企业吃亏，便争先抢购生产资料；三是流通环节混乱。部分生产资料价格的上涨有一定客观原因，但上涨这样多是不正常的，也不应该再继续下去。

柳随年说，国家已经决定，要采取有力措施，确保明年全国零售物价指数要明显低于今年。明年钢材等重要生产资料的分配和价格都不放开。

他强调，在目前供求矛盾突出的情况下，少数重要生产资料不仅不能放开，还要加强管理，有些要从生产企业管起。指令性任务一定要保证完成，这是企业对国家应尽的义务。我们要下功夫整顿流通领域秩序，解决目前流通中的混乱现象。

国家副主席王震在人民大会堂接受蒙古国新任驻中国大使云登·奥其尔和塞内加尔共和国新任驻中国大使马迪·恩岛递交的国书

外交部发言人金桂华重申中国政府对朝鲜半岛问题的立场

金桂华说，从有利于朝鲜半岛局势的缓和与稳定、有利于朝鲜的自主和平统一的原则立场出发来处理朝鲜问题，是中国政府对朝鲜半岛问题的一贯立场。

金桂华说："中国和朝鲜民主主义人民共和国是亲密的友好邻邦，我们历来都是互相支持、互相帮助的，我们之间是互相理解的。"他指出，中国同南朝鲜没有外交关系，也不准备同南朝鲜建立外交关系。

金桂华表示，中国政府反对一些国家提出的在今年联大增加一项纪念南朝鲜建国40周年议题的要求。

他在新闻发布会上说，中国政府认为，增加此议题必将引起争论，不利于在朝鲜半岛创造缓和气氛，也不符合当前总的国际形势发展。因此，中国政府反对增加这一补充项目。

外交部发言人金桂华重申中国政府在军品贸易问题上的立场

金桂华说，近年来，我国的国防工业部门，根据我国的对外政策，同一些友好国家的厂商，在科技、贸易等方面开展了一些交流。这是国际上很正常的贸易活动。他强调说，中国的军品出口的数量是十分有限的，同一些国家相比简直是微不足道。

金桂华说，中国是个负责任的国家。在军品出口问题上，我们一贯采取严肃、慎重、负责的态度。在这方面，我们严格遵循三项原则：一是我们的军品出口要有助于增强有关国家的正当自卫能力；二是要有助于维护和促进有关地区的和平、安全和稳定；三是我们不以军品出口为手段，干涉别国内政。所以，对中国军品出口的担心是完全不必要的。

国家民委民族问题研究中心在北京正式成立

这个研究中心协调和加强民族问题的研究工作，为党和国家民族工作决策的民主化科学化服务。

全国人大常委会副委员长班禅额尔德尼·确吉坚赞、全国政协副主席、国家民委主任司马义·艾买提以及汪锋、杜润生、吕东、袁宝华、于光远等出席成立大会。班禅大师在会上发表了热情洋溢的讲话，他说作为一个少数民族成员，对民族问题研究中心成立非常高兴，热烈祝贺它在民族工作中发挥积极作用。

据了解,我国少数民族和民族自治地方贯彻党和国家的民族政策,维护祖国统一,加强民族团结,在政治、经济和文化等方面都获得了很大发展。从1979年到1986年,民族自治地方的工农业总产值年平均递增8.12%。1987年民族自治地方工农业总产值完成970.18亿元(按1986年不变价格计算),比1986年增长10.4%。1987年,少数民族在校大学生、研究生达12.1万多人,是1978年的3.3倍。中学生为307.3万人,小学生为1051万人,分别比1978年增长21.1%和39.8%。

但是,有关人士指出,目前还存在着一些应该重视的问题。大多数少数民族地区经济文化落后状况还未改变,经济发展水平同全国发展水平相比,还有较大差距,并且呈现继续拉大的趋势。至今还有29%左右的人温饱问题尚未解决,1000万人在住房、饮水方面还有较大困难。一些小区牧区和偏远地区少数民族文盲占很大比重。

司马义·艾买提在会上说:当前,我国民族工作的主要任务是,要加快发展少数民族和民族地区的经济、文化,向着各民族共同繁荣的伟大目标奋勇前进。我们要加快民族问题的研究,为党中央、国务院制定民族政策提供科学的依据、咨询、建议和参考资料。

国家民委副主任、民族问题研究中心总干事赵延年,在会上介绍了关于民族问题研究中心开展工作的一些情况和意见。

《中国现代教育家传》全部出齐

我国目前收录最多、叙述最详的教育家传记集《中国现代教育家传》,最近已由湖南教育出版社全部出齐。这部8卷本的传记集收录了自五四运动至今123位我国著名教育家的传记,共250万字。

陈云为此书题写了书名,周谷城副委员长撰写了序文。全书反映了中国现代教育的形成、发展过程,披露了不少鲜为人知的中国现代史史料,涉及中国现代史上的各类人物达500多名。不少教育界人士指出,这部书具开创性,它首先为叶圣陶等一批中国现代的杰出人物立传;它第一次从教育家的角度为李大钊、陈独秀、鲁迅、胡适、竺可桢、王瑶卿等一大批政治、文化、科学名人立传;第一次收入吴大猷、钱穆、钟期荣等现居台湾、香港的教育家传记。在该书中立传的教育家,有近半数还健在。

1988年全国城市运动会组委会组成

国家体委透露,1988年全国城市运动会组织委员会已经组成,国家体委主任李梦华任主任,山东省省长姜春云任执行主任。

组委会由88名委员组成,何振梁、袁伟民、徐寅生、张彩珍、赵志浩、马长贵、季明春、翟永溥和韩新民任副主任,袁伟民兼任秘书长,田健、胡玉亮、杨季泉和朱章苓任副秘书长。

中国运动员在布赖滕巴赫举行的第四届世界无线电测向锦标赛上获4枚金牌

在80米波段的比赛中,吉林运动员韩春荣以53分37秒夺得女子个人金牌。由韩春荣、李如红和朱建华3人组成的中国女队坐上了女子团体冠军的宝座。17岁的宁强和王俏分别获得青年组的第一、第二名,并以85分20秒的总成绩获得该项青年组团体冠军。

9月9日

国务院在北京召开第21次常务会议

国务院总理李鹏主持了会议。会议审议并通过了《中国人民解放军现役士兵服役条例》《中华人民共和国筵席税暂行条例》《国家行政机关工作人员贪污贿赂行政处分暂行规定》。《中国人民解放军现役士兵服役条例》将由国务院和中央军委公布施行,其余条例、规定将由国务院公布施行。

最高人民检察院建立民事行政检察厅

民事、行政检察厅的主要任务是:负责全国民事、行政审判监督工作的调研、检查、指导;协调下级检察院办理重大民事、行政案件;研究民事、行政诉讼监督工作中的政策、法律问题;制定民事、行政监督业务工作细则、规定等。

最高人民检察院检察长刘复之说,在改革、开放和商品经济日益发展的新形势下,建立民事、行政检察厅是检察机关法律监督职能的进一步完善和加强,是对检察机关更好地为社会主义经济建设服务的有力促进,是社会主义民主法制建设的重要发展。

国家副主席王震在人民大会堂会见日本文物保护振兴财团访华团领导成员

《人民日报》发表李铁映的文章《光荣属于人民教师——庆祝一九八八年教师节》

今年是我们第4次热烈庆祝教师节。

千百万教师像辛勤耕耘的园丁,担负着培育两亿多青少年儿童的重任,他们的工作牵动着全国10亿人民的心。教师所从事的事业是神圣的事业,是最应当受到尊重的事业。教师节应当成为像其他全国性节日一样的盛大节日。今天,在为人民教师庆贺节日的时候,我们向广大教师致以热烈的祝贺和亲切的慰问,并致以崇高的敬意!

党的十一届三中全会以来,我国的教育走上了健康发展和改革的道路,取得了很大的成就。这里凝聚着千百万教师的心血,融汇着他们的艰辛劳动和创造。多少年来,广大人民教师不为名、不为利,含辛茹苦、甘为人梯,他们的崇高品格和光辉业绩,将载入中国人民为实现四化、振兴中华而奋力拼搏的史册。要使我们的人民,特别是青年学生和少年儿童懂得,没有教师,就没有一批又一批合格的社会主义建设者,更谈不上国家的富强和人民的幸福。尊师是我们民族的优良传统,也应当是今天社会的美德。为了国家和人民的根本利益,全社会要形成强烈的尊师重教的风尚。

教育事业关系着现代化建设的成败,关系着我们国家和民族的前途命运。邓小平同志早就指出:"我们要实现现代化,关键是科学技术要能上去。发展科学技术,不抓教育不行。"百年大计,教育为本。把我国的教育事业尽快搞上去,是历史赋予我们的责任。教师是教育发展与改革的实践者、开拓者,是教育工作的中坚力量。党、国家和人民寄厚望于广大教师。当前,我国的改革进入了攻坚阶段。经济和社会的发展,要求教育加快和深化改革。我们衷心地希望所有的教师站在教育改革的前列,充分发挥聪明才智,搞好教育思想、教育内容和教育方法的改革,为建设适应商品经济发展的、能够迎接新技术革命挑战的、具有中国特色的社会主义教育体系作出新的贡献。在改革的攻坚阶段,新旧两种体制交替,会遇到一些难以预料的困难。我们衷心地希望每一位教师要理解改革、支持改革、宣传改革,在改革的大潮中与党同心,为国分忧,努力做理解、支持、宣传改革的模范,使学校成为攻坚克险的坚强阵地。

教育是全社会的事业,社会各方面都要关心和支持教育工作。各级党委和政府要认真贯彻党的十三大的精神,切实把教育工作放在经济发展战略的首要位置。在我国这样一个经济和文化基础薄弱的大国,发展教育事业会有许多特殊的困难,我们必须本着"少讲空话,多干实事"的态度,一个一个地去认真解决。几年来,各地涌现了一批重视教育、发展教育的先进典型,例如这次表彰的37个教育工作先进县(市)。他们采取一系列行之有效的措施,增加教育经费,改善办学条件,提高教师待遇。应当很好地总结这些经验,加以推广,把尊师重教真正在全社会得到落实。我们相信,有全社会的大力支持,有广大教师的不懈努力,我国的教育事业一定会更加生机勃勃,前景无限光明。

祝愿人民教师在新的学年里意气风发,开拓前进,取得新的、更大的成绩。光荣属于人民教师!

国家教委主任李铁映到首都部分高校同教师座谈

9月9日下午,李铁映和国家民委主任司马义·艾买提等领导同志一起,来到中央民族学院,向各族教师祝贺节日,并与教师代表座谈。

座谈中,李铁映同志充分肯定了中央民族学院在为国家培养大批少数民族干部工作中作出的贡献,并希望中央民族学院在为发展少数民族经济和发展商品经济等方面作出新的贡献。

9月10日下午,李铁映同志在对外经济贸易部副部长李岚清等陪同下,在对外经济贸易大学和学校领导、教师代表一起参加了庆祝教师节座谈会。

离开对外经济贸易大学之后,李铁映同志又兴致勃勃地来到清华大学,认真听取了清华大学有关领导同志关于新生入学工作和学生暑期实践活动等情况的汇报,并不时插话、询问。

李铁映同志在充分肯定清华大学所取得的成绩的基础上,一再鼓励清华大学大胆深化高等教育的各项改革,希望他们走在我国改革大潮的前面,闯出一条适应发展商品经济的、能够迎接世界新技术革命挑战的、具有中国特色的社会主义大学的新路子,为其他高校提供经验。

全国中小学教改评选活动在北京结束

由中国教育学会和《教师报》共同发起、举办的全国中小学教改"金钥匙"奖评选活动,经过一年半的工作,日前在北京降下帷幕。李吉林、刘维汉等21名个人,成都市实验小学、山西芮城县风陵渡中学等14个集体荣获"金钥匙"奖。

这次评奖是为了鼓励和表彰近年来立志改革、勇于探索,在教书育人中作出新贡献的先进个人和集体,总结和推广先进的教改新成果,以深化教改,促进群众性教改活动更加广泛地开展。

《改革的脚步》出版

该书由人民日报出版社出版。本书提出,对商品经济要重新认识。商品经济是人类社会经济活动(生产、分配、流通、消费)的一种运行方式,而不是一种社会经济制度,不能看成是资本主义的"专利品"。商品经济可以为不同社会制度所运用。商品经济与不同的社会制度相结合就具有不同的特征。

香港《文汇报》庆祝创刊40周年

党和国家领导人赵紫阳、邓小平、李鹏、杨尚昆、李先念、田纪云等为香港《文汇报》40周年题词祝贺。香港总督卫奕信亦写信祝贺。香港《文汇报》社长李子诵先生在酒会上致辞说,《文汇报》一贯本着"以文会友、以文报国”的宗旨,宣扬中华文化、鼓吹爱国、民主。近年来,中国实行改革、开放,报纸着重报道大陆新闻。

该报创刊于1948年9月9日,是由上海《文汇报》来港同仁与在港的爱国民主人士所创办的。

第三届“《十月》文学奖”发奖大会在北京举行

周谷城、王任重、王蒙等到会祝贺。

北京十月文艺出版社出版的《十月》,记录了新时期文学从复苏到繁荣的历程。10年来耕耘,它结出了丰硕的成果,已有31篇作品获国家级优秀文学奖。

第三届“《十月》文学奖”获奖作品有《亚细亚瀑布》《雪城》《红橄榄》《多思的年华》等30篇,获奖作者32人;另有获荣誉奖的作品18篇,作者20人。

9月10日

国务院总理李鹏在人民大会堂会见世界气象组织第二(亚洲)区域协会第九届会议代表

李鹏代表中国政府对各国代表来华参加会议表示热烈欢迎。他说,中国政府很重视气象工作,人民也很注意气象预报的发布。中国是一个多自然灾害的国家,经常受到旱、涝、台风、寒流等自然灾害的袭击。这对中国的农业生产带来一定的不利影响。因此,中国政府支持对气象工作进行的研究。

他说,气象是没有国界的,需要国际间的合作。最近,中国成功地发射了一颗极轨气象卫星,欢迎世界气象组织各会员及有关国家使用中国气象卫星资料。希望各国代表对中国的气象工作提出建议。

区协代主席马继德说,各国与会代表正在讨论亚洲区协气象合作事宜。会议的成果将对亚洲各国具有特别重要的意义。

国务院副总理 国家防汛总指挥部总指挥田纪云到水利部慰问国家防汛总指挥部办公室全体工作人员

田纪云副总理亲切地对大家说,你们的任务艰巨,工作非常辛苦,日夜操劳,度过了多少个不眠之夜,为防汛抗旱作出了很大贡献。今年全国虽然灾情严重,但没有出现大事故。这是在党中央、国务院领导下,各级政府、各级防汛机构共同努力的结果。

田纪云说,今年防汛工作有许多经验值得总结,嫩江和西江的洪水暴露了城市防洪方面的很多弱点。要借总结之机,找薄弱环节,把能做的工作尽早布置,不要等明年汛期来了临时抱佛脚。田纪云察看了防汛值班室后说,你们的指挥值班室很简陋,现代化程度不高,要逐步提高。防汛值班室的现代化设施很重要,要改善值班条件。

国务院副总理田纪云到国家森林防火总指挥部办公室看望全体工作人员

田纪云指出,秋季森林防火工作就要开始了,不能有丝毫的松懈、麻痹,要保持高度警惕,争取秋防不出大问题。

田纪云副总理说,今年春季森林防火期间,国家防火总指挥部办公室的同志和全国各级防火办的同志,尤其是工作在防火第一线的同志,日夜操劳,使春防工作取得了很大成绩。现在,秋防工作就要开始了,要继续发扬这种精神,把各方面的工作抓紧抓好。

田纪云副总理指出,当前林业上有三件大事要抓紧抓好:一是森林防火,二是病虫害防治,三是制止乱砍滥伐。他说,森林病虫害与森林火灾一样,危害很大,又常常容易被人忽视,要很好地抓一抓。关于制止乱砍滥伐,中央和国务院去年专门发出了文件,各地必须认真贯彻执行。目前,有些地方贯彻不力。对乱砍滥伐严重的地方,要向他们打招呼,必须采取坚决措施加以制止。如果打了招呼还不行动,还不办,就要严肃处理。一定要下决心把这件关系到国家利益和子孙后代的大事抓好。

全国政协副主席谷牧在人民大会堂会见由贺来龙三郎社长率领的日本佳能公司访华团

外交部发言人就外国卫星在中国发射安全问题回答记者提问

有记者问:“美国国务院发言人9日说,美国政府同意由中国发射美制卫星,但最后批准与否取决于中美能否就中方保证不扩散卫星技术和发射服务价格合理达成协议。中国政府对此有何反应?”

外交部发言人说:“我们注意到美国国务院发言人这一谈话。我们对美国政府支持中国为外国提供卫星发射服务表示赞赏。”他说,中国提供卫星发射服务的价格较低,是由综合因素造成的。主要是:火箭设计实用可靠;发射成功率较高;全部采用国产材料和元器件;中国劳动费用较低;中国长城工业公司不追逐高额利润等。在中国运载火箭进入国际市场的初始阶段,对用户提供比较优惠的服务,符合国际惯例。今后的发射服务价格并不是一成不变的,将来可能有所调整。

中国与联邦德国科技合作议定书在北京签署

中国—联邦德国科学技术合作联合委员会第八次会议纪要以及中国国家科委和联邦德国联邦研究技术部关于生态研究和环境技术发展领域合作的议定书在

北京签署。国务委员兼国家科委主任宋健出席了签字仪式。

国家科委副主任阮崇武和联邦研究技术部国务秘书阿尔贝特·普罗布斯特分别代表双方在纪要和议定书上签字。

中国大力推广应用光纤通信

据《人民日报》报道,国务院电子信息系统推广应用办公室,遵照李鹏同志关于发展光纤通信要借鉴开发卫星电视试点工作的办法和经验的指示,从光纤通信的8个重点应用领域中选定15个试点示范工程,现已获得可喜成果。这15个试点示范工程中,已经通过验收合格的有公用网二级干线汉荆沙三次群多模架空光缆通信工程、鞍钢光纤传输系统等4项;已开通使用,通过部级鉴定的有3项;另有8项工程或已开通试用,或正在积极兴建。

首都举行慰问教师游园联欢会

国家副主席、中国中小学幼儿教师奖励基金会理事长王震,全国人大常委会副委员长雷洁琼和全国政协副主席周培源、吕正操等领导同志来到联欢会场与40余位优秀教师代表亲切见面。全国人大教科文卫副主任、中国中小学幼儿教师奖励基金会副理事长张承先主持了今天的联欢会。雷洁琼、周培源、吕正操等同志向首都教师们表示节日的祝贺和亲切的慰问,赞扬他们的奉献精神。他们在讲话中都谈到:我国四化的实现靠教育,教育问题已愈来愈得到全社会的关心和重视。目前教育界面临的一些困难只是暂时的,随着党和国家的重视、国民经济的好转,这些问题是会解决的;教师的地位也会一天天提高,尊师重教一定蔚然成风。两位中小学教师代表表示了他们献身教育事业的决心,会场上报以热烈的掌声。

联欢会后王震等国家领导人同教师们一起观看了儿童画展。万名教师饶有兴致地参加了中国儿童少年活动中心内的游艺、舞会等项活动,观赏了电影、音乐会和老年迪斯科表演。

这次活动是由中国中小幼儿教师奖励基金会、中国儿童少年活动中心、北京市教育局和北京市公安局联合举办的。

中华医学会血液学会第二届血细胞学术会议在北京召开

会议透露,我国医学界在白血病诊断治疗方面,近年获较大进展。白血病诊断准确率达到95%左右,急性白血病治疗后5年生存病例超过1000例。

据介绍,近年来,白血病的分型更细致、准确、科学。在临床诊断上,采用了骨髓穿刺、化学细胞染色、单克隆抗体标记、电子显微镜诊断等多种方法,使诊断准确率从过去的70%至80%,提高到95%左右。在临床治疗上,化学疗法由过去的药物种类少、剂量小,发展到目前的药物种类多、剂量大,同时辅以免疫疗法,使急性白血病人的病情缓解率大大提高。同时,我国医学界对作为白血病前期的骨髓异常增殖综合征进行了深入的研讨,并在临床中普遍开始对这一病症的诊断,为白血病的前瞻性诊断和前期的有效治疗创造了条件。

专家们认为,我国在白血病诊断、治疗方面,已经接近国际水平,某些领域已经达到国际先进水平。

中国化学制药工业协会在北京成立

这家协会第一批共接纳了188个团体会员,318个单位,占整个行业工业总产值的70%以上。它将成为政府与西药生产企业之间的桥梁和纽带。

9月11日

解放军驻福建部队发言人宣布从即日起停止执行1962年颁布的对驾机、驾艇起义的国民党官兵给予奖励的两个《通告》

发言人说,在1962年台湾海峡两岸处于严重军事对峙状态下,我福建前线司令部、政治部颁布了对驾机、驾艇起义的国民党官兵给予奖励的两个《通告》,即:对驾驶飞机起义的台湾空军人员和对驾驶舰艇起义的台湾海军人员的奖励规定及联络办法。最近几年,我方主动停止对金、马诸岛的炮击,停止向台湾海漂、空飘宣传品,促进了台湾海峡局势日趋缓和。现在,我们正式宣布停止执行上述两个《通知》,以期两岸关系出现更为祥和的气氛。

第三十六届国际军体理事会军事五项比赛在北京开幕

本届比赛由17个国家14个代表队参加,84名选手将在这里进行射击、障碍赛跑、实用游泳、投弹和越野5个项目的角逐,比赛将于15日决出团体和个人冠亚军。

中国军事五项代表队曾获第三十一、三十二和三十四届国际军事五项比赛的团体冠军。

国际科学联合会理事会第二十二届全体大会在北京开幕

"国科联"主席、诺贝尔奖获得者、英国牛津圣约翰学院肯珠爵士主持大会开幕式并作工作报告。中国科协主席钱学森和中国科学院院长周光召分别代表中国的科学团体和科学工作者致欢迎词。周光召应邀作了《中国科学和技术发展的历史、现状和展望》的讲话。

"国科联"是一个已有50多年历史、具有高度权威性的国际学术团体,现有74个国家会员、准会员和观察员;下属20个科学联合会会员和24个科学团体准会员。它所属各级机构的主要领导人和成员都是各国乃至国际上知名的学者,其中有一部分是诺贝尔奖获得者。

"国科联"在推动全世界的科学技术进步方面发挥了重要作用,所以各国都争取该组织每两年一次的理事大会能在自己国家召开,并以此为荣。

促进国际科学事业的发展是该组织的根本宗旨。它把倡议和组织跨学科的国际合作,协调国际间跨学科的研究项目作为实现其宗旨的主要手段。

党的十一届三中全会以来,中国科协及其所属学会与世界上200多个国际学术团体、包括"国科联"下属的20个联合会建立了联系并成为其会员。

出席这次大会的共有60个国家和地区的代表200多人。他们大多是国际知名学者和各国科学院或主管科学发展的全国性机构的主要负责人。按照惯例,会议东道国设立荣誉委员会和组织委员会。中国科协主席钱学森和中国科协副主席庄逢甘分别率领两个委员会的著名科学家参加大会。

作为代表参加这次大会的中国科学家有16位,其中3位来自我国台湾。

本届大会的重点议题是全球大气变化和基础科学研究的重要性。

9月5日至10日,"国科联"执行局总委员会和其他有关委员会已先期在京开了一系列工作会议。本届大会到9月17日闭幕。

中国队在新加坡举行的第二届亚洲青年田径赛上共夺得14枚金牌

这是中国队第二次获得亚青赛团体总分冠军。

继前3天夺得11块金牌之后,今天,中国队又在3个项目中夺标:张彤以1米82获女子跳高第一;祁红以12秒04获女子100米跑第一;孔涛以44分49秒2获男子10公里竞走第一。

金牌数名列第二的是日本队,共得12枚金牌。中国台北队以7枚金牌列第三。

1988年夏时制结束

1988年夏时制定于9月11日(星期日)凌晨2时结束,届时将钟表从2时拨回到1时。广播电台等报时单位报时,应将"北京夏令时"改称北京时间。各地方和铁道、民航、交通、邮电、广播电视、气象等部门,应提前精心安排好各项工作和生产活动。

根据1987年国务院办公厅作出的安排,今后每年全国夏时制的起始时间从4月中旬第一个星期日的凌晨2时开始,到9月中旬第一个星期日的凌晨2时结束。

9月12日

中央军委主席邓小平强调改革成功要有领导有秩序地进行

邓小平在听取关于价格和工资改革初步方案的汇报时强调:中央要有权威。改革要成功,就必须有领导有秩序地进行。我赞成边改革、边治理环境整顿秩序。要创造良好的环境,使改革能够顺利进行。他说:我们要定一个方针,就是要在中央统一领导下深化改革。不仅是价格一个方面的改革,而且是多方面的、综合的改革。他再次强调:马克思讲过科学技术是生产力,这是非常正确的,现在看来这样说可能不够,恐怕是第一生产力。从长远看,要注意教育和科学技术。否则,我们已经耽误了20年,影响了发展,还要再耽误20年,后果不堪设想。他说:我们要千方百计,在别的方面忍耐一些,甚至于牺牲一点速度,把教育问题解决好。

全国人大常委会委员长万里在人民大会堂设宴欢迎由国会主席兼上院议长乌吉·蒙空纳温率领的泰国国会代表团

万里高度评价泰国在政治、经济、文化等领域里取得的成就。他说,中国人民对于泰国人民取得的各项成就感到由衷的高兴。他说,中泰两国有着亲戚般的友好关系。1975年两国建交以来,中泰关系在各个领域里得到迅速、全面、深入的发展。两国领导人以诚相待,通过多次互访建立了相互信任的关系。两国在双边关系和国际事务方面进行了富有成效的合作,两国人民间的传统友谊与日俱增。

乌吉主席说,他一到北京就有一个特殊的感觉:好像回到了自己家里。

他说,中泰两国的关系亲如兄弟。"在任国会主席5年内,我访问了20多个国家,中国是我访问过两次的第一个也是唯一的国家。"

全国政协考察团到湖北 四川考察

考察团以全国政协副主席周培源为团长。由189名全国政协委员组成的这个考察团将在湖北、四川进行为期12天的考察工作。在这期间,他们考察了工厂、学校、医院、农村以及农贸市场等。政协委员们还将听取长江流域规划办公室的情况介绍，并将实地考察有关长江三峡水利枢纽工程的问题。

台湾准许大陆同胞申请赴台奔丧探病

台湾“行政院大陆工作会报”召开会议，修正通过了由台湾“内政部”拟定的“大陆同胞申请来台奔丧及探病作业规定草案”，准许有父母、子女、配偶在台患重病、重伤的大陆同胞申请来台奔丧或探病，申请人数不予限制。

“草案”规定：一、申请人于申请时应提供保证书及申请人依限离境具结书等文件。二、申请奔丧以死者死亡后六个月内申请一次为限，探病则限于医院开具病情诊断书之日起一个月内申请一次为限。三、在台停留时间以二个月为限。四、申请人入境查验，应备有回程机、船票，及第三地区有效再入境签证。五、申请人得向台湾驻外机构申请核转或由其在台亲友代为申请。六、申请人有妨害“国家安全”或社会治安之虞者，不许可入境。

全国第十次质量管理小组代表会议在中南海怀仁堂开幕

国务委员宋健在会上指出：改革开放，发展外向型经济，从根本上说，必须要有高质量的产品和高质量的服务。质量是经济工作的生命线。要克服不重视质量的短期行为，努力提高产品质量、运输质量、工程质量、服务质量。

今年是我国企业推行全面质量管理10周年。10年来，我国已形成数十万人的质量管理工作者队伍。1988年，全国注册登记的质量管理小组达62万个。10年累计，全国质量管理小组的活动为增收节支创造的经济效益达274亿元，仅今年即创造74亿元效益。

尽管质量管理工作取得了很大成绩，但是，目前质量差、消耗高、浪费与污染严重，仍是摆在我们面前的一个十分突出的问题。据今年1月至4月对全国重点工业企业统计，92项质量指标中，有42项比去年同期有不同程度的下降，下降面达45.7%，104种单位物耗指标中，有50种有不同程度的增加，增加面为48%。

宋健说，随着改革、开放的深化，质量问题的重要性越来越突出，对发展外向型经济、高技术产业具有决定性影响。把产品质量放在企业一切工作的第一位，这个问题怎么说都不过分。

宋健说，现在，世界上有一种通行的说法，叫作“在质量大堤的保护下生存”，我们国家更需要建设和巩固质量大堤。如果我们的产品质量好，花色、品种齐全、新颖，交货期、价格做到用户满意，那么我们的产品就会在国际市场上，甚至在外国的超级市场上出现并有竞争力，就能有较高的增值，企业经济效益才能有较大提高。

全国政协副主席谷牧在人民大会堂会见由日本企业家邱永汉率领的日本经济考察参观团

中国和蒙古在北京签署气象科学技术合作议定书

以国家气象局局长邹竞蒙为首的我国代表团同以蒙古人民共和国自然保护部第一副部长米格玛尔扎布为首的代表团，签署了中国国家气象局和蒙古自然环境保护部关于气象科学技术合作议定书。这标志着中蒙两国在气象领域的合作进入了一个新的阶段。

航空航天部 国家气象局在北京联合召开新闻发布会宣布中国向世界公开气象卫星资料

会上获悉，“风云一号”气象卫星进入轨道运行5天来，基本达到预期试验效果。我国政府决定，气象卫星资料对全世界公开，并欢迎台湾同行分享祖国气象卫星资料。

国家气象局副局长骆继宾在会上说，气象卫星发射成功，说明我国跨入世界上少数几个有能力自己研制、发射和运行气象卫星的国家行列，结束了我国仅仅从地面观测天气的历史。

“风云一号”的主要遥感仪器是5通道可见光和红外扫描辐射仪。仪器每秒钟对地扫描6次，扫描宽度可达3000公里，星下点分辨率为1.1公里。卫星探测资料可以实时连续发送，也可以延时回放。延时回放资料是先把星上观测资料存入星上磁带机，当卫星飞经我国指定接收站接收范围时，回放发送下来，这是我国获取全球气象资料的一种手段。

会上展示了卫星传回的图像。第一次拼制的覆盖全国云图清晰，在一张图片上可以清楚看见腾格里沙丘的走向、黄沙向内地输送的山口。7日16时17分拍摄的图片上，可以看到造成大连市白天出现“黑夜”的那块白色大云团。骆继宾说，我们现在是边试验、边应用，希望各部门广泛利用气象卫星资料，以不断开拓卫星资料的应用领域。

在这次发布会上，航空航天工业部副部长孙家栋还宣布，在发射“风云一号”时所启用的“长征四号”运载火箭，将投放国际市场，承担对外发射卫星的任务。

孙家栋说，“长征四号”运载火箭，是航空航天部上海航天局研制的一种多用途的常温燃料三级火箭。火箭总长41.9米，最大直径3.35米，起飞推力300吨。它可将1.5吨重的有效载荷送入900公里高的太阳同步轨道；可将3.8吨重的有效载荷送入高为400公里、倾角为70度的圆轨道。“长征四号”火箭在动力系统、制导稳定系统、测量系统等方面采用了比较先进的技术。发射费用比较低廉，适合于发射不同类型的应用卫星和科学与技术试验卫星。

文化部作出关于在中央实验话剧院试行公开招标引入竞争机制聘任院长的决定

中央实验话剧院是1956年成立的有影响的艺术团体，拥有一批优秀编、导、演人才。在这样一个中央级艺术单位公开招聘院长，在我国艺术管理史上尚属首例。

文化部公开招聘方案规定：中标者（院长）须对剧院现有人员实行全员承包；可分离演出实体（受聘人员）和非受聘人员两部分，两者脱离关系。前者实行优化组合，由中标院长从现有人员和文化部其他直属院团中招聘，实行岗位责任制；后者由中标院长聘任专人负责，或成立自负盈亏的民营演出团结，或兴办第三产业，或转业。剧院演出实体须保证年首演4台新戏（第一年可3台），年演出总场次不低于200场。

文化部将向中标院长年提供经费80万元（其中演出实体约50万元），对超百场和有很高艺术质量的首演剧目保证给予重奖。

中标院长任期为3年，享受文化部直属院团正院长待遇，拥有经营管理、艺术生产、人事任免等全权。

方案还规定，如截至年内尚无人投标，文化部将取消中央实验话剧院建制。

记者获悉，目前已有一人前往文化部投标，尚有数人正在酝酿投标计划，竞争的态势即将形成。

文化部艺术局局长方杰告诉记者，文化部此项措施，旨在从外部造成一个环境，促使中央实验话剧院内部尽快形成一个充满活力的艺术生产的核心，促使他们早出好戏，多出人才。

9月13日

中共中央总书记赵紫阳在中南海会见美国未来学家阿尔温·托夫勒及其夫人

国务院总理李鹏签署第13号令公布《国家行政机关工作人员贪污贿赂行政处分暂行规定》

《国家行政机关工作人员贪污贿赂行政处分暂行规定》已经1988年9月9日国务院第21次常务会议通过，现予发布施行。

总　理　李　鹏

1988年9月13日

国家行政机关工作人员贪污贿赂行政处分暂行规定

第一条　为了严肃政纪，监督国家行政机关工作人员清正廉明、尽职尽责地工作，保障社会主义建设和改革开放的顺利进行，制定本规定。

第二条　国家行政机关工作人员利用职务上的便利，贪污公共财物、挪用公款、收受贿赂以及行贿或者介绍贿赂的，依照本规定给予行政处分。

行政处分分为警告、记过、记大过、降级、降职、撤职、开除留用察看、开除。

第三条　国家行政机关工作人员犯有贪污罪、挪用公款罪、贿赂罪，已经人民法院判处刑罚的，以及被依法免予起诉或者免予刑事处罚的，给予撤职直至开除处分。

第四条　国家行政机关工作人员贪污数额不满2000元的，应当根据其个人所得数额及其他情节，给予下列行政处分：

（一）贪污数额不满500元的，给予警告直至降级处分；

（二）贪污数额在500元以上、不满1000元的，给予记大过直至撤职处分；

（三）贪污数额在1000元以上的，给予撤职直至开除处分。

多次贪污未经处理的，按照累计贪污数额处分。

二人以上共同贪污的，按照个人所得数额及其在实施贪污中所起的作用，分别处分。

第五条　国家行政机关工作人员在对外交往中接受礼物，按照国家规定应当交公而不交公的，依照本规定第四条的规定处分。

第六条　国家行政机关工作人员利用职务上的便利，挪用公款的，应当根据其数额及其他情节，给予行政处分。

第七条　国家行政机关工作人员收受贿赂的，应当根据其个人所得数额及其他情节，依照本规定第四条的规定处分。

第八条　国家行政机关工作人员，在经济往来中，违反国家规定收受各种名义的回扣、手续费，归个人所有的，依照本规定第七条的规定处分。

第九条　国家行政机关工作人员为谋取不正当利益，行贿或者介绍贿赂的，应当根据其数额及其他情节，给予警告直至撤职处分；致使国家利益遭受较大损失的，给予撤职直至开除处分。

非国家行政机关工作人员向国家行政机关工作人员行贿或者介绍贿赂的，依照有关法律、法规处理。

第十条　国家行政机关为谋取不正当利益而行

赂,或者违反国家规定,给予个人回扣、手续费,或者索取、收受他人财物,为他人谋取利益的,对其直接负责的主管人员和直接责任人员,根据情节,给予警告直至撤职处分。因行贿取得的违法所得或者索取、收受他人财物归个人所有的,依照本规定第九条、第七条的规定处分。

第十一条 有下列情形之一的,应当从重处分:

(一)共同贪污负有主要责任的;

(二)屡犯不改的;

(三)索贿或者在涉外活动中受贿的;

(四)贪污或者挪用救灾、抢险、防汛、优抚、救济、扶贫、防疫款物的;

(五)使国家利益遭受较大损失的;

(六)伪造、毁灭证据或者阻挠他人坦白的或者对检举人、控告人、证人、办案人打击报复的;

(七)有贪污、挪用公款、贿赂行为,同时又有其他违法行为的。

第十二条 有下列情形之一的,可以从轻、减轻或者免予处分:

(一)数额较小,情节明显轻微的;

(二)主动交代贪污、挪用公款、受贿行为,退还赃款赃物和违法所得的;

(三)行贿后,在被发现前主动交代的;

(四)揭发或者检举他人贪污、挪用公款、贿赂行为情况属实的。

第十三条 国家行政机关工作人员的财产或者支出明显超过合法收入、差额较大的,可以责令其说明来源。本人不能说明其来源是合法的,差额部分以非法所得论,由其所在单位或者上级主管机关给予行政处分,并没收其财产的差额部分。

国家行政机关工作人员在境外的存款,应当依照国家规定申报。隐瞒不报、数额不大、情节较轻的,由其所在单位或者上级主管机关酌情给予行政处分。

第十四条 依照本规定给予行政处分的,可以同时通报。免予行政处分的,应当给予批评教育。

第十五条 贪污、挪用的公共财物,一律追缴;贿赂财物及其他违法所得,一律没收。

追缴的财物退回原单位;依法不应退回原单位的,上缴国库。没收的财物,一律上缴国库。

第十六条 国家行政机关工作人员包庇贪污、贿赂行为的,根据情节轻重给予行政处分。

第十七条 对检举、揭发贪污、贿赂行为的有功人员,由行政监察机关或者其主管机关给予表彰或者奖励。

第十八条 国家行政机关对有贪污、挪用公款、贿赂行为的工作人员给予行政处分,必须重证据,重调查研究,严格按照国家行政机关工作人员行政处分程序的规定办理。行政监察机关认为必要时,可以直接对案件进行调查并作出处理。

第十九条 在查处贪污、挪用公款、贿赂行为时,行政监察机关有权决定对被审查对象采取下列措施:

(一)建议主管机关暂停其职务;

(二)查阅或者复制与贪污、挪用公款、贿赂有关的合同、发票、账册、单据、记录、业务函件和其他资料;

(三)经县级以上行政监察机关负责人批准,可以按照规定程序对其银行存款进行查核,并可以通知其开户银行暂停支付;

(四)经县级以上行政监察机关负责人批准,可以对其与贪污、挪用、贿赂有关的财物暂予扣留。

第二十条 被处分人员对主管机关作出的处分决定不服的,可以向同级行政监察机关申诉,并可以向上一级行政监察机关申请复核。

对行政监察机关直接作出的处分决定不服的,可以向作出处分决定的行政监察机关申诉,并可以向上一级行政监察机关申请复核。

在申诉或者复核期间不停止处分的执行。

第二十一条 行政监察机关对被处分人员的申诉或者复核请求,应当在三个月以内作出处理。不能在三个月以内作出处理的,应当将原因通知本人。

第二十二条 行政监察机关发现原处分决定不适当或者错误的,应当建议原处分机关作出变更处分的决定或者直接作出变更处分的决定。

第二十三条 行政监察机关在查处贪污、挪用公款、贿赂行为时,认为构成犯罪的,应当移送司法机关依法处理。

第二十四条 企业、事业单位中由国家行政机关任命的领导人员,依照本规定执行。

第二十五条 本规定由监察部负责解释;实施细则由监察部制定。

第二十六条 本规定自发布之日起施行。

全国政协主席李先念在人民大会堂会见并设宴招待台湾"立法委员"胡秋原先生及其一行

宾主希望早日实现祖国统一。

中共中央在北京召开各民主党派负责人及无党派爱国人士民主协商会和在京经济专家座谈会

座谈会9月13日至17日召开,分别就《关于价格、工资改革的初步方案》广泛征求意见。

9月13日上午,民主协商会和经济专家座谈会在人民大会堂联合举行全体会议。中共中央政治局常委、书记处书记胡启立主持了会议。中共中央政治局常委、国务院副总理姚依林,就《关于价格、工资改革的初步方案》作了详细说明。中共中央书记处书记、中央统战部部长阎明复,中共中央书记处候补书记温家宝出席了会议。

全体会议以后,民主协商会和经济专家座谈会分别分组对《关于价格、工资改革的初步方案》进行了认真热烈的讨论。大家本着知无不言、言无不尽的精神,肯定了改革十年来的巨大成就,深入分析了我国当前的经济状况,回顾了改革、开放和建设的经验和教训,增强了信心。大家认为,《关于价格、工资改革的初步方案》中提出的改革的指导思想明确、实施步骤和配套措施积极稳妥,符合我国的实际情况,但某些部分需要进一步充实、完善。大家对治理经济环境、整顿经济秩序、继续深化改革,其中特别是对压缩基本建设规模和社会集团购买力,控制消费基金的增长和控制通货膨胀等,提出了具体的建议。

出席民主协商会的有各民主党派负责人和无党派爱国人士、全国政协各专门委员会负责人和部分在京委员,有关人民团体的负责人,以及社会科学界、自然科学界、少数民族等方面的知名人士共240多人,他们中间有:朱学范、阿沛·阿旺晋美、班禅额尔德尼·确吉坚赞、周谷城、严济慈、雷洁琼、孙起孟、方毅、谷牧、康克清、钱昌照、周培源、王光英、赵朴初、屈武、马文瑞、钱学森、钱伟长、孙晓村、程思远、卢嘉锡、钱正英、贾亦斌、侯镜如、孙越崎、彭清源、李赣骝、楚图南、李文宜、高天、叶笃义、陶大镛、关梦觉、罗涵先、马大猷、冯之浚、万国权、冯梯云、黄大能、白大华、葛志成、叶至善、沈其震、方荣欣、姚峻、章师明、田光涛、黄鼎臣、伍觉天、伍禅、许志猛、陆榕树、黄清渠、杨纪珂、金善宝、孙承佩、徐采栋、郝诒纯、赵伟之、苏子蘅、李纯青、林盛中、蔡子民、吴国桢、李铁铮、孙孚凌、黄凉尘、马仪、王艮仲、张春男、许嘉璐、吴大琨、林毅夫、杨纪琬、康振黄、王文元等。

出席经济专家座谈会的经济专家、教授、学者有薛暮桥、童大林、廖季立、陶力、季崇威、吴敬琏、段应碧、刘芳棫、萧灼基、赵履宽、胡昌暖、张卓元、戴园晨、刘志澄、牛若峰、俞家宝等60多人。

中国受理的国际仲裁案件数居世界第二位

据《人民日报》报道,中国贸促会所属的外贸仲裁委员会和海事仲裁委员会受理的国际仲裁案件日增,目前正在审理的案件超过200起,居世界第二位。鉴于两个仲裁委员会业务的扩大和职能的完善,最近经国务院批准,两个仲裁委员会分别更名为"中国国际经济贸易仲裁委员会"和"中国海事仲裁委员会",并对沿用了30多年的仲裁规则进行了修改。

国家副主席王震在人民大会堂会见以泰国正大集团总裁谢国民为团长的正大集团高级访华团

外交部部长钱其琛在钓鱼台国宾馆设宴欢迎布基纳法索对外关系部部长让—马克·帕尔姆一行

钱其琛在宴会讲话中说,在建设各自国家的事业中,中国愿意同包括布基纳法索在内的非洲国家相互学习、取长补短、密切合作,共同发展。

他指出,最近,南部非洲形势出现了缓和的势头。中国政府对有关各方就实现安哥拉和平和纳米比亚独立进行的和谈取得重大进展表示欢迎,对安哥拉等非洲国家和其他有关方面为谋求实现南部非洲地区和平与稳定所做的努力表示赞赏。他说:"我们坚决支持非洲各国人民反对南非种族隔离制度和支持纳米比亚人民争取独立的正义斗争,希望有关各方继续努力,使谈判取得新的成果。"

帕尔姆在讲话中说,布中两国人民高兴地看到,两国在反对帝国主义和不发达状况的斗争中具有共同点。15年来,两国政府和人民相互信任,相互支持。他们在各个方面以多种形式进行了经得起时间考验的、堪称典范的友好合作。

帕尔姆指出,布基纳法索人民阵线及其革命政府在建设新社会的战斗中希望加强同一切爱好和平的国家的友好关系,强调被压迫者之间的团结,以便为发展而采取一致行动。

中葡联合联络小组第二次会议在北京召开

中国社科院新闻所建所10周年学术讨论会在北京召开

会议就新闻改革的突破口问题进行了讨论。许多同志认为,首先在于新闻界自身,在于新闻工作者要按照新闻规律办事,减少自我束缚,使新闻界成为政治与经济、理论与实际、领导者与被领导者、几代人之间沟通的桥梁。

与会者认为,要按新闻规律办事,首先要认识新闻规律。比如说,在新闻报道中习惯于人为造成某种"热点"。其实对于一个问题,哪怕很重要的问题,宣传过于集中,效果并不好,不利于受众正确和全面认识世界。

在稿件的选择中,不重视新闻价值的问题也是存在的。比如说,我们有些同志认为国际新闻不能上头条,致使许多重大国际新闻也没有受到突出处理。对此,广大受众表示难以理解,认为这与我国的对外开放很不相称。

与会者认为,我国的产品经济正向商品经济转变,这个大环境已向新闻改革提出了转变的要求，即：新闻报道既要宣传鼓动，又要沟通信息；既要有指导式新闻报道，又要有客观的多种声音的报道等。大家还就多层次报业结构、舆论监督、新闻法制等问题展开了讨论。胡绩伟、谭文瑞、李普等到会并发言。

全国马列文论研究会第十届年会在呼和浩特举行

这届年会的主题是马克思主义和当代文艺思潮。许多代表就马克思主义美学、文艺学和当代中、外文艺思潮的关系发表了意见。会议还就一元论和多元论及“西方马克思主义美学和文艺学”等问题进行了认真的探讨。

中国大众文学理论研讨会在太原召开

会议对大众文学的兴起、现状和今后发展中要解决的问题进行了热烈的讨论。

《文学四季》创刊

由作家出版社编辑出版的大型文学季刊《文学四季》于9月问世。该刊专发长篇小说和纪实文学。

《突厥史》出版

第一部完整的《突厥史》最近在内蒙古正式出版发行，它标志着我国少数民族历史研究有了新的突破。

突厥是我国古代的北方游牧民族之一，崛起于距今1400余年前，并于公元552年在大漠南北建立了突厥汗国，全盛时期辖区扩至今天的新疆与中亚地带。在中国、土耳其、苏联、日本、法国、美国有不少学者从事突厥学的研究，但突厥史著作很少。内蒙古大学教授林干的这部著作的史料价值和学术价值均臻上乘。

傅懋勣逝世

中国当代中国著名语言学家傅懋勣于9月13日在北京逝世，享年77岁。

这位语言学大师1911年生于山东聊城县，在几十年的中国少数民族语言的研究中，这位语言学家著述宏富。除对纳西语和东巴文研究取得了举世闻名的成就外，傅懋勣的研究领域还涉及彝、羌、傣、佤等多种中国少数民族语言和汉语，并发表了许多学术论文。傅懋勣在中国少数民族语言规划工作中发挥了重要作用，曾参与制定并指导了10多个少数民族创制和改革文字的工作，并在培养少数民族语言研究人才方面作出卓越贡献。

9月14日

国家主席杨尚昆在人民大会堂会见由国会主席兼上院议长乌吉·蒙空纳温率领的泰国国会代表团

杨尚昆高度评价中泰两国的友好合作关系。他说，近几年来两国间政府的、民间的各种代表团来往很多。乌吉主席两次来华，说明泰国十分重视同中国发展关系。“我们两国间没有争论的问题，只有友谊。”

杨尚昆接着说，泰国在引进、管理外资方面成绩很大，中国很重视泰国在建设方面的经验。

乌吉说，中泰两国关系很密切。“我们之间的关系是兄弟般的关系。”

他说：“我们在困难时互相帮助，我们的友谊是真诚的。现在两国发展都很好，我们共享快乐。祝愿泰中两国经济更繁荣，人民生活更好。”

国家主席杨尚昆在钓鱼台国宾馆会见泰国正大集团副董事长兼总裁谢国民一行

谢国民向杨尚昆介绍了正大集团在华投资情况。他说，正大集团在1979年中国实行对外开放时就开始在华投资，到现在已搞了14个项目，目前正准备在海南岛投资，搞养虾，养猪和石油化工。

杨尚昆对正大集团与中国的合作表示感谢。他说：“我们的政策会越变越好，在中国投资是大有作为的。”

中国国际友好联络会首席顾问黄华会见时在座。

国务院总理李鹏在中南海会见布基纳法索对外关系部部长让—马克·帕尔姆一行

李鹏在向客人们介绍中国国内形势时指出，改革的内容不仅包括价格体系、工资制度的改革，而且还有一系列的配套改革。他说：“我们要适当放慢生产速度、压缩基建规模、节约行政开支、提高企业效益、治理通货膨胀，为改革创造一个良好的环境。”

李鹏说，这几年来，中国改革的成绩是很大的，也存在一些困难，但我们有信心克服这些困难。改革的方向是不会改变的。

在谈到双边关系时，宾主对两国关系的顺利发展表示满意。李鹏说，中国注意到布基纳法索国内形势的变化。“我们希望你们经过努力能渡过难关，发展生产，繁荣经济，改善人民的生活，取得形势的稳定。”他说，中布两国都是发展中国家，有很多共同语言。他表示希望通过帕尔姆部长的访问能加强中布两国之间的友好合作关系。

帕尔姆说，布基纳法索人民十分关注中国在改革方面所取得的进步。他说，布中两国在国际问题上有很多一致和相似观点。布基纳法索政府希望进一步加强同中国友好关系。

我国审计机关成立5年查出违纪额400亿

据《人民日报》报道，截至今年6月底，我国审计机关查出各种违纪金额400多亿元，其中应上缴财政的有105亿元，同时追还许多被挪用的专项资金。各级审计机关自1983年9月成立以来，为保证国家资金的合理使用，监督财政收支，促进政府机关廉洁奉公，做了大量工作。

——严肃财经纪律。几年来通过审计，查出挤占挪用教育经费4.2亿元；查出挤占、挪用、克扣、贪污扶贫支农资金1.78亿元；查出外贸企业截留国家利润、偷漏关税等金额6.8亿元。

——压缩基建投资。据不完全统计，1986年至1987年，经审计共压缩自筹基建投资10亿多元。

——促进增收节支。去年全国共审计工交企业减盈增亏大户1400多个，他们针对决策失误，盲目引进，跑冒滴漏等问题，提出了改进建议，帮助企业增收节支3.9亿元。

——帮助完善经营责任制。近年来各级审计机关共对7500余名厂长的经济责任进行了审计，其中遵守财经纪律、经营管理得当或较好的厂长约占94%，有严重违反财经纪律问题或经营不善的约占6%。

目前，我国已建立审计机关3000多个，配备审计人员近5万人。

个人进口的家用电器税率调整为100%

经国务院税则委员会批准，海关总署已向各地海关发出通知，从1988年9月15日起，旅客个人进口的电冰箱、洗衣机、音响组合、收录音机、收音机、电唱机，进口税的税率由50%调整为100%。

轻工业出口创汇先进生产企业和优秀出口产品评选揭晓

全国轻工业出口创汇工作会议评选出轻工业出口创汇先进企业1948个，其中上海玩具进出口公司、青岛啤酒厂、广州美特容器有限公司、天津自行车厂等31个年创汇1000万美元以上的企业获“金龙腾飞金杯奖”。同时，还评选出2270种优秀出口产品，其中万宝牌冰箱、蝴蝶牌缝纫机、凤凰牌自行车等256种出口产品获金牌奖。不少获金龙腾飞金杯奖的先进企业，同时获得优秀出口产品金牌，像青岛啤酒厂、上海自行车三厂、协昌缝纫机厂、万宝电器公司和梅林罐头食品厂等。

获1987年轻工业产品出口创汇前10名的省市是广东、上海、山东、浙江、天津、福建、河北、四川和湖南。今年上半年的顺序变为：广东、山东、上海、浙江、江苏、福建、天津、四川、辽宁和河北。

全国首届科技实业家创业奖颁奖仪式在人民大会堂举行

获得金奖的10名科技实业家是：王震西、李太航、庄火荣、金燕静、万润南、王洪德、王永民、奚同庚、徐灿根和温邦彦。另有31名科技实业家获得银奖。

芮杏文、宋健、马洪、童大林、吴明瑜等为获奖的科技实业家颁发了证书和奖杯。宋健在祝贺他们获奖的时候说：你们所从事的事业代表了体制改革的方向。全国科技界从你们取得的成就中受到鼓舞。为了实现沿海经济发展战略，党中央、国务院希望若干年内在中国大地上造就一大批科技企业家，创建一批外向型的新技术、高技术产业。一方面带动传统产业的技术改造；另一方面发挥科技优势，使我们高技术、高增值的产品进入国际市场。

科技实业家是在改革大潮中涌现的创业者。据有关方面提供的材料，目前中国有1万多家由科技人员走出研究院所和高等院校创办的科技实业。科技实业家们懂技术、善经营、会管理，取得了令人瞩目的经济效益和社会效益。今天获奖的科技实业家是经过全国27个省、市、自治区的推荐或申报，经24名各方面专家评选出来的。

科技实业家创业奖是由科技日报社和中国新技术创业投资公司共同设立的。

国家副主席王震在人民大会堂会见并宴请日本自民党前副总裁二阶堂进和日本前大臣大坂善太郎 江崎真澄一行

国务院副总理吴学谦在钓鱼台宴请埃塞俄比亚总理菲克雷·塞拉西·沃格德雷斯一行

国务院副总理吴学谦在北京会见蒙古大人民呼拉尔主席洛敦·林钦

中央军委在中南海怀仁堂举行授予上将军衔仪式

17名被授予上将军衔的军官，穿着威武的新式军服，佩带令人瞩目的军衔肩章、符号，在主席台上同大家见面。

国家主席、中央军委副主席杨尚昆宣读中央军委主席邓小平签发的授予上将军官军衔的命令；中共中央总书记、中央军委副主席赵紫阳和杨尚昆向被授予上将军衔的军官授衔。

被授予上将军衔的17位高级军官在主席台下第一排就座。他们是中央军委委员洪学智、刘华清、秦基伟，中央军委委员、总参谋长迟浩田，中央军委委员、总政治部主任杨白冰，中央军委委员、总后勤部长赵南起，副总参谋长徐信，军委纪委书记、总政治部副主任郭林祥，军委纪委第二书记尤太忠，军事科学院政治委员王诚汉，国防大学校长张震、政治委员李德生，北京军区政治委员刘振华，南京军区司令员向守志，成都军区政治委员万海峰，海军政治委员李耀文，空军司令员王海。

赵紫阳在仪式上发表了热情洋溢的讲话。

出席授衔仪式的领导同志有：李鹏、万里、乔石、胡启立、姚依林、田纪云、李铁映、吴学谦、宋平、丁关根、薄一波、宋任穷、芮杏文、阎明复、温家宝、习仲勋、彭冲、韦国清、朱学范、阿沛·阿旺晋美、班禅额尔德尼·确吉坚赞、周谷城、严济慈、叶飞、廖汉生、倪志福、雷洁琼。

中顾委主任陈云提出保护环境的三点意见

国务委员、国务院环境保护委员会主任宋健透露，得知"卫星上看不见的城市"本溪严重的烟尘污染，以及已经被人口问题困扰的四川省又面临日趋严峻的环境污染挑战，中央顾问委员会主任陈云呼吁："治理污染、保护环境，是我国一项大的国策，要当作一件非常重要的事情来抓。这件事，一是要经常宣传，大声疾呼，引起人们重视；二是要花点钱，增加投资比例；三是抓监督检查，做好落实。"

宋健认为，陈云同志的意见，言简意深，符合国情，切中我国环境保护工作的要害。他说，总的来说，我国环境保护发展形势是好的。"六五"期间，是新中国成立以来政治和经济形势最好的时期，也是环境保护事业发展最快和最好的时期。在工业产值增长60%以上的情况下，主要工业污染物排放不仅没有相应增长，反而有所下降。"七五"前两年，在国民生产每年以11%的速度增长的情况下，工业污染物排放量和环境质量的状况，大体保持在1980年的水平。这说明我们的政策是对头的。

宋健强调，必须清醒地看到，我国环境污染和生态破坏还很严重，环境保护的任务相当艰巨，目前有些同志的环境保护意识还很淡薄。环境保护是项基本国策，已纳入今后5年要努力完成的十项主要任务之一。他要求各省市区、部委、工厂、企业都要在本职工作中切实落实这项国策。在工业特别是乡镇企业蓬勃发展的今天，必须一开始就要严格注意环境保护。陈云早在1982年就指出："治理费用要放在前面，否则后患无穷。"这是一个十分重要的问题。如果我们现在不及时抓好，将来一定会积重难返，造成危害，再回过头来治理，就要付出十倍百倍的代价。

宋健认为，治理污染需要大量资金，要广开资金渠道。除了继续严格实行"谁污染，谁治理"的政策外，国家、地方政府和企业都要把治理环境和防治污染列入发展计划，同步实施。据专家论证，治理资金如果控制在国民收入的1.5%以内是适当的。目前，我们的治理资金仅占国民收入的0.6%左右，太少了。国家规定技术改造资金中不低于7%用于环境保护，但目前只占2%左右。国家对企业上等级有考核标准，但有的至今没有落实环境保护的内容。其实，加上这条，国家不用花很多钱，就可以收到事半功倍的效果。

加强管理，一要有法，二要有人执法。宋健要求在继续建立和完善有关环境保护法规的同时，各级环保部门要进一步强化环境管理，严格依法办事，大胆管理，负起国家和人民赋予的光荣职责。

他最后说，要认真落实陈云同志的指示，就必须正视我国目前环境保护工作面临的重大课题。建议环保部门在新闻单位的配合下，与有关部门一起协力，在抓好先进典型的同时，能在近期解剖几个环境保护工作比较落后地区或企业，以引起全社会的重视。

9月15日

中共中央政治局在北京召开中央工作会议

会议时间为9月15日至21日。会议讨论了治理经济环境，整顿经济秩序，全面深化改革的问题。中共中央总书记赵紫阳主持会议并作了重要讲话，中共中央政治局常委姚依林作了关于价格、工资改革初步方案的说明，中共中央政治局常委李鹏、乔石、胡启立也在会上讲了话。

会议认真研究了全面深化改革的指导方针和配套措施。会议认为，深化改革不仅是价格、工资改革，而且是多方面的改革。明后两年要把改革和建设的重点放到治理经济环境、整顿经济秩序上来。这既是深化改革的必要条件，也是深化改革的重要内容。会议分析了当前的经济形势，并提出了坚决抑制通货膨胀、深化改革的若干重要政策建议。

会议强调指出，十一届三中全会以来的十年，我国改革开放的成绩是巨大的。现在要认真总结经验，进一步加强党的领导，切实解决面临的问题，继续把改革和建设推向前进。

出席这次中央工作会议的有中央党政军各方面的负责同志和各省、自治区、直辖市、各大军区负责同志共217人。

国家主席杨尚昆在人民大会堂会见蒙古大人民呼拉尔主席洛敦·林钦及其一行

会见时,杨尚昆主席首先对洛敦·林钦主席的来访表示欢迎。他说,中蒙两国是非常亲密的邻邦,两国的合作应进一步向前推进。他还说,我们两国都在用最大力量发展经济,只有经济发展了,人民生活才能提高。

在谈到国内问题时,杨主席说,我们正集中精力发展经济,尽管我们的经济发展很不平衡,但总的来讲都在发展之中。我国地方大,人口多,困难还不少。但现在全国人民团结很好,社会是安定的,所以困难可以克服。

全国人大常委会副委员长彭冲等参加了会见。

国家主席杨尚昆在人民大会堂会见国际科学联合理事会第二十二届全体大会执行委员会成员

杨尚昆主席说:“国际科联大会代表都是在科学领域有所贡献的学者和专家。本届大会能在北京举行,我们感到十分荣幸。”他说,在现代化建设中,中国十分重视科学技术的发展,希望科技界的外国朋友能给予我们经常的合作与帮助。

国际科联主席肯珠爵士在会见中对中国为本届大会的成功召开所做的努力表示感谢。

国务委员兼国家科委主任宋健、中国科协主席钱学森、副主席卢嘉锡和中国科学院院长周光召等会见时在座。

国务院总理李鹏在人民大会堂与新加坡总理李光耀举行会谈

李鹏指出,当前我国的改革不仅是抓物价、工资方面的改革,而且要配套进行,这包括人事制度、企业效益等方面的改革,并大力治理通货膨胀。我们对自己的改革事业是充满信心的。

在会谈中,李鹏满意地指出,中、新两国关系很好,可以说我们两国关系中没有什么问题,我们企望通过双方的共同努力把这种关系继续推向前进。李光耀也高兴地说,自从3年前访问中国以来,新、中两国各方面的友好合作关系都发展得顺利、迅速。

宾主双方就今后进一步扩大和加强双边经贸、科技等方面合作的新途径进行了深入具体探讨。李光耀说,新加坡的商界对到中国来投资是很感兴趣的。李鹏说,新加坡对中国的投资是积极的。你们也希望中国进一步改善投资环境,就我们方面来说,我们正在这方面采取有效的措施,例如改善和加强基础设施、改善软投资环境、改变过去繁琐的审批手续,一个窗口对外。我们希望发挥中国劳动力的优势和技术潜力。

宾主双方还就当前的国际形势和亚洲地区形势比较广泛深入地交换了意见。在谈到柬埔寨问题时,双方互相通报了情况,双方都真诚地希望柬埔寨问题能够早日得到公正合理的解决。李鹏强调说,越南撤军是关键问题,我们真诚地支持成立以西哈努克亲王为首的四方联合政府,尽快实现柬埔寨和平。

陪同团团长、商业部部长胡平等参加了会谈。

新加坡方面参加会谈的有:交通及新闻部长兼第二国防部部长杨林丰博士,律政部长兼内政部长贾古玛教授,外交部长兼社会发展部长黄根成等。

全国城镇国有土地申报登记工作会议在辽宁抚顺召开

会议上获悉,凡是在城镇国有土地上从事生产经营的企事业单位和个人,都需到当地政府土地管理部门办理申报登记。

国家土地管理局局长王先进在会上说,开展国有土地使用申报登记,在我国还是第一次。

这次申报登记的范围既包括全国各城市、建制镇的建城区及独立的工矿企事业单位使用的国有土地,同时也包括国营农、林、牧、茶场的建设用地。申报登记后,由县级以上人民政府的土地管理部门核准,发给土地使用证,依法管理。

王先进说,随着社会主义商品经济的发展和经济体制改革的进一步深入,土地的商品属性越来越受到人们的关注。目前国务院已原则通过了《中华人民共和国城镇国有土地使用税暂行条例》,其中规定:土地管理部门向税务部门提供的地籍资料,是征收城镇国有土地使用税的依据。

国有土地使用申报登记工作要求在今年年底完成。

中国队在北京举行的第三十六届国际军事五项锦标赛上囊括个人和团体两项冠军

在8公里越野赛跑上,中国队6名选手团结一致,囊括了本届军事五项锦标赛“戴布鲁斯杯”和“塞夫勒瓶”,并以21974.6分的成绩打破了国际军体军事五项团体总分21779.6分的纪录。这是我国自1981年参加国际军体军事五项锦标赛以来首次同时摘取两项桂冠。

中国队的杨春义夺得本届锦标赛的个人冠军。

9月16日

中共中央总书记赵紫阳在钓鱼台国宾馆会见并宴请新加坡总理李光耀

中央军委主席邓小平在人民大会堂会见日本自民党前副总裁二阶堂进一行

国家主席杨尚昆在人民大会堂会见新加坡总理李光耀

杨尚昆向贵宾介绍了当前中国的情况。他说，主要任务是搞经济建设和开放改革。我们正从单一的高度集中的计划经济体制向多种结构的商品经济体制过渡，深感缺乏管理经验。在这方面，新加坡的建设经验对我们是有帮助的，欢迎总理阁下对我国的改革、开放以及四化建设提出宝贵建议。

在谈到物价、工资改革时，杨主席说，这是涉及千家万户利益的大事情，我们需要用5年或更长的时间来理顺这方面的关系，而且谨慎从事，稳步前进。我们既有长远目标，又有具体稳妥的步骤，并且及时总结经验，我相信我们的事情是能够办好的。

李光耀也介绍了新加坡在管理、建设方面的主要经验。他认为，中国是一个人口众多的大国，在前进中遇到一些困难和问题是完全可以理解的。中国为赶上时代的发展，实行开放政策是完全必要和正确的。杨主席最后说，希望李光耀总理今后能经常向我们提出一些建议。

国办发出《关于在接待中不摆烟酒等问题的通知》

各省、自治区、直辖市人民政府，国务院各部委、各直属机构：

根据中央关于党和国家机关必须保持廉洁的指示精神，现将在接待中不摆烟酒等问题通知如下：

一、在内部接待活动(包括会议)中，招待客饭时，不上各种白酒、进口酒和易拉罐饮料；

二、不用公款购买香烟招待客人；

三、接待外宾时，按外交部礼宾改革的有关规定，也不摆茅台等烈性酒和香烟。

四、违反上述规定的，财务部门不予报销。

特此通知。

国务院办公厅

1988年9月16日

国家主席杨尚昆根据全国人民代表大会常务委员会的决定任免部分驻外大使

一、任命唐龙彬为中华人民共和国驻瑞典王国特命全权大使；

免去吴家淦的中华人民共和国驻瑞典王国特命全权大使职务。

二、任命沈允熬为中华人民共和国驻巴西联邦共和国特命全权大使；

免去陶大钊的中华人民共和国驻巴西联邦共和国特命全权大使职务。

国务院副总理吴学谦在中南海紫光阁会见前来为中日楼兰探险旅游壮行的日本参议院议员宇都官德马众议院议员奥田敬和以及日方探险队员代表

由中华全国青年联合会、中国青年旅行总社与日本朝日新闻社、朝日电视台共同举办的楼兰探险旅游活动，于9月15日到16日在北京、兰州、嘉峪关、敦煌、米兰、楼兰、吐鲁番、乌鲁木齐等地进行为期1个月的探险旅游。这次活动是为纪念《中日友好条约》签订10周年而组织的。

会见时，众议员奥田敬和向吴学谦转交了竹下登首相给李鹏总理的亲笔信，他称"楼兰"是全人类稀有的古迹。吴学谦说，中日文化交流是中日友好的重要方面，这种交流将是长期的。

楼兰古城在新疆若羌县罗布泊西岸，是汉代通西域南路必经之地，在东西文化交流上曾起过重要作用，后被沙漠埋没，有"沙漠中的庞贝"之称。它1900年被我国维吾尔人爱尔迪克发现。由于那里地理环境极差，气候恶劣，交通不便，人们很难接近它，至今楼兰文化还有许多未解之谜，诸如古城人迹为何突然绝迹？古城中的民族是全部死亡，还是迁移到别处？……这些引起了中外考古学家和探险家们的极大关注。1986年以来，中国青年旅行社先后3次对楼兰探险旅游线进行了考察，现已基本探明了道路。

解放军总参谋长迟浩田在人民大会堂会见法国空军参谋长莱什上将一行

5名女军官被中央军委授予少将军衔

新华社报道，人民解放军实行新的军衔制，有5名女军官被中央军委授予少将军衔。这5名女将军是国防科工委科学技术委员会副主任聂力、解放军总医院副院长廖文海、第一军医大学副校长吴晓恒、第三军医大学副校长李希楷、解放军洛阳外语学院副院长胡斐佩。

国际电介质材料性能与应用会议在北京召开

会议透露，我国电介质理论及应用研究近年来在学科的前沿，特别是在能源技术和高技术等不同工业领域的应用方面取得可喜成果，我国已自行开发研制了500千伏级超高压输变电设备和大功率发电设备，成功地解决了其中的电气绝缘问题。

我国目前已研制成大吨位线路绝缘子、高强度瓷套、防污绝缘子、复合材料绝缘子;电力设备固体绝缘的击穿机理及老化现象研究也取得较大进展,这为超高压电力设备的研制奠定了基础;还研制成功了电气强度高、介电常数大的电容器陶瓷、压电陶瓷等。随着超导技术的发展,我国也开始了低温下绝缘研究,在低温下真空击穿现象、大分子聚乙烯的研制及其在低温下电气性能的研究方面已取得初步成果。

在清华大学召开的国际会议上,来自20个国家的240名代表对中国同行取得的成绩表示赞赏。

94名青年获得中国科协首届青年科技奖

中国科协设立青年科技奖,每两年评选一次。评选的范围是在科协和学会活动中涌现出来的年龄在35周岁(含35岁)以下的优秀青年科技工作者。这次获奖者的平均年龄为33.1岁,最小的25岁。其中具有高级职称的21名,中级职称的60名。取得博士学位的34名、硕士学位的28名。有10位只具有中专以下学历,是通过自学作出突出贡献的。

国家教委发出《关于改进1989年毕业研究生分配工作的通知》

国家教委透露,1989年毕业的研究生,将实行学校推荐、学生选择职业、用人单位择优录用的“双向选择”的分配方法。

国家教委在《关于改进1989年毕业研究生分配工作的通知》中说,国家教委直属高等学校明年毕业研究生分配实行这一方法。国务院各部委,各省、自治区、直辖市所属高等学校和科研单位,1989年毕业研究生分配方法,由主管部门参照本通知,结合实际情况,自行规定。

通知要求,“双向选择”应在学校的指导下进行,并在学校规定的时间内落实工作单位。在规定时间内未落实工作单位的毕业研究生,应服从学校的统一分配。既不参加“双向选择”,也不接受学校分配而自谋职业或自愿个体开业的,均应向学校交纳培养费。来自边远省区的毕业研究生,如原地区需要,又能发挥专业特长的,原则上应回原地区选择工作单位。但对支边干部子女以及有特殊情况的,也可分配到其他地区工作。师范院校的毕业研究生,一般应在教育系统范围内选择工作单位。带薪上学的研究班生毕业生和定向、委托培养的毕业研究生,均应回既定单位工作。

通知强调双向选择是一项严肃的工作,毕业研究生和用人单位双方都要加强信用观念,在形成分配计划后不得随意变动。为保证派遣工作的顺利进行,有条件的学校,可试行签订协议的办法,明确毕业研究生和用人单位双方的权利、义务和执行协议的保证措施。

为使双向选择工作顺利开展,通知要求切实防止不正之风的干扰,为研究生在国家分配方针、政策指导下通过公开、平等的竞争选择职业创造有利条件。

通知规定,1989年研究生毕业后,仍应继续充实高等学校,特别是高等师范院校、基础薄弱院校的基础课师资,充实科研机构的研究力量;加强国家重点建设项目的科研攻关和设计、生产部门以及企业技术改造所需人员的配备。党政领导机关和经济管理部门确属需要的,也可选拔有一定实践经验的毕业研究生予以补充。

全国打击文物违法犯罪活动成果展览在北京举行

两件国宝陈列在中国历史博物馆中央大厅,一件是刻有秦始皇和秦二世诏书的“两诏量”,这是秦朝统一全国度量衡的标准量器;一件是商代兽形铜面具,这是迄今发现的人类最早使用的舞蹈用面具。这都是公安部门近年来从文物盗窃走私犯罪分子手中缴获的。

同时展出的还有精美绝伦的宋代龙虎瓷枕、秦将军俑头等从27个省送来的从文物盗窃、走私犯罪分子手中查获的1500多件珍贵文物,其中90%以上是国家一、二级文物。这个展览由国家文物局、公安部、海关总署和国家工商行政管理局联合举办。

据公安部、国家文物局的有关负责人介绍,10年来被查获的走私、盗窃、盗掘文物共有20多万件,仅去年由公安部门查获的就达5万件左右。但他们指出,目前文物违法犯罪活动并未停止,文物走私从西藏出境的增多,有些地方如湖南、四川等地盗挖墓葬的事件仍未得到有效的制止,对这些犯罪活动各地仍要继续打击。

全国人大常委会副委员长班禅额尔德尼·确吉坚赞、周谷城和首都各界300多人参加了展览开幕式并参观了展览。

东北 华北 西北地区社联第三次协作会议在大连召开

三北地区和上海、广东、四川、河南、湖北、江苏、江西、山东等21个省、市、自治区社联的负责人出席了会议。

这次协作会议,是在党的十一届三中全会召开十周年前夕举行的。与会同志认真总结了十年来各地社联及其所属各学会的经验。一致认为,社联是组织协调社会科学界各学会的广泛群众性的学术团体,是党和国家同广大社会科学工作者联系的桥梁和纽带。与会代表认为,十一届三中全会以来,全国各地社联和各学会得到迅速恢复和发展,在开展真理标准讨论,清除“左”的影响和推动思想解放方面;在依据建设有中国特色的社会主义的总要求,探讨农村和城市经济体制、政治体制改革,发展社会主义商品经济和社会主义民主,以及制定各地区经济社会发展战略方面;在加强社会主义精神文明建设、党的建设和社会科学各学科建设等方面,都开展了大量活动,作出了积极贡献。它不仅受到广大社会科学工作者的欢迎,也赢得各地党委和政府的重视与好评,许多地方党委、政府和企业已经把社联及其所属的学会看作自己科学决策的重要参谋和助手。

根据十三大提出的马克思主义理论需要有新的大发展的时代要求,以及各地社联及其所属学会在我国深化改革、加速社会主义现代化建设中发挥更大作用的愿望,与会同志在总结过去经验的基础上,着重研究了今后如何加强社联和所属学会的自身建设问题。与会同志认为,进一步搞好社联和所属学会的建设,需要成立全国社联,以便加强党对社联和社会科学各学会的领导,增强省际社联之间的联合与协作,活跃思想,繁荣学术,促进社会科学事业的发展。

9月17日

中央军委主席邓小平在人民大会堂会见新加坡总理李光耀

邓小平强调指出,集团政治已到了该结束的时候了。霸权主义也到了该结束的时候了。目前世界从对抗转向对话,由紧张转向缓和的趋势今后还会发展。

邓小平在向客人介绍中国国内形势时说,中国10年发展、10年改革成绩是不错的。当然,在良好的发展过程中也有一些问题。我们对存在的问题是谨慎对待的。现在正总结10年的经验,制定进一步发展的政策。规划和措施也要进一步落实。

邓小平强调指出,进展是令人满意的,出现这样那样的问题是我们预料之中的事。因为我们缺乏经验,但本领是可以学会的,其中包括向新加坡学习。我们的总目标是不会改变的。

邓主席在向李光耀总理介绍对当前国际形势的看法时指出,全世界正从对抗转向对话,由紧张转向缓和。这一趋势是明显的,今后还会发展。其中的道理就是超级大国谁也不敢发动战争,谁搞霸权主义,谁侵略别的国家,最终都得收缩回来。绝对优势也没有用,到头来还得搞和平共处五项原则。

国务院总理李鹏在钓鱼台国宾馆会见欧洲共同体委员会副主席兼农业委员会主席弗朗斯·安德里森一行

李鹏对欧洲共同体各国在农业方面所取得的成就表示赞赏。他说,中国农业的进步也不慢,粮食年产量已从解放时的2亿吨增加到80年代的4亿吨。现在中国的农业生产要上一个新的台阶,到本世纪末,粮食年产量要达到5亿吨。李鹏说,这有不少困难,如耕地面积的扩大将是有限的,同时中国的农业生产受自然灾害的影响较大。下一阶段中国农业的发展主要靠科学技术、增加对农业的投入和改善农业生产条件,以提高粮食的单位面积产量。

安德里森说,他对中国农业发展所取得的成就,特别是这10年来所取得的成就非常欣赏。

安德里森一行是应农业部的邀请于昨天抵京对中国进行访问的。据农业部有关人士介绍,安德里森此行目的是为了解中国农业情况,并就加强欧洲共同体同中国在农业方面的合作交换意见。这位人士说,近几年来,双方在农业方面的合作日益发展。1984年以来,欧洲共同体在蔬菜育种、橡胶加工、海水养殖、水果保鲜加工、饲料加工、奶制品生产等方面向中国提供了援助。

会见时,李鹏感谢欧洲共同体对中国农业在科技和经济等方面所提供的合作和援助。安德里森表示,欧洲共同体愿继续加强同中国在这些方面的友好合作关系。

农业部部长何康会见时在座。

国务院总理李鹏在钓鱼台国宾馆会见由董事长威廉·基廷和社长路易斯·博卡迪率领的美联社董事会访华团

谈到中苏关系问题时,李鹏说,中国愿同苏联实现关系正常化,但不会回到50年代那种结盟的状况。

他说,中苏关系正常化对中国和苏联、乃至世界和平都是有利的。他认为,中苏实现最高级首脑会晤首先要解决柬埔寨问题,更具体地说,苏联促使越南从柬埔寨撤军。

李鹏说,最近,中苏副外长举行了会晤。双方在一些问题上增加了共同点,但在另一些问题上仍然存在着分歧,还需要继续进行磋商。他表示相信,如果双方在重大问题上继续取得重要进展,两国最高级首脑会晤将会提到议事日程上来。他强调说,中苏关系的正常化不会影响和损害中国同其他国家之间的关系,只会有利于世界和平。

李鹏在谈到中国的国内问题时说,10年来,中国的改革已取得了不小的成绩。中国的改革方向不会改变,但改革的具体步骤与方法将根据情况随时进行调整。他说:“改革会遇到一些困难,但只要我们所作的决定符合实际,符合人民的利益并取得人民的支持,我们就能克服困难,把改革逐步推向前进。”

李鹏指出,中国领导人在改革的方向、原则等重大问题上的观点是一致的,但有时对改革的一些具体步骤和方法有这样或那样的看法,这是正常的。他强调说,中国高层领导是团结的,种种谣传是不可信的。

新华社社长穆青、副社长郭超人等参加了会见。

国家科委和国务院贫困地区经济开发领导小组发出联合通知决定进一步加强科技扶贫工作

通知指出,贫困地区经济开发工作的实质是将贫困地区农民引向社会主义现代商品经济的发展轨道,提高他们的自我发展能力和贫困地区生产力的发展水平。这就必须依靠科技进步,大力发展以科技为支柱的商品经济。从发展来看,贫困地区经济开发将逐步从主要解决千家万户的温饱问题,转向发展区域经济、稳定脱贫的新阶段。

从事贫困地区经济开发工作的各级领导同志,都要认真贯彻落实国务院关于"依靠科技进步,开辟脱贫致富门路,把发展以科技为支柱的商品经济摆上突出地位"的精神,进一步切实加强对贫困地区科技开发工作的领导。各地科委、科协和有关科技部门要紧密配合,做好这项工作。

这份通知要求改变仅靠大量消耗资源、资金、物资和劳动力发展外延型生产,扶贫资金使用效益不高的状况。各地改革扶贫资金的使用,并请银行、财政部门协助,优先支持具有较高技术水平、有较强的技术依托单位和科技人员承包、有较高经济效益的开发项目,以及先进、适用技术的引进、推广项目。

通知指出,科技扶贫应服务于在贫困地区发展商品经济的总方针。要加快和深化贫困地区的经济和科技体制改革,坚持放活科研机构和放宽放活科技人员管理的政策,支持和鼓励更多的科技人才到贫困农村承包、领办乡镇企业,创办各种所有制形式的经济实体。结合"星火计划"、"丰收计划"的实施,组织科技攻关,引进、推广适用技术成果,培养和造就一大批农民企业家,发展和完善贫困地区独立经营、综合配套服务的新型技术服务体系。

中国石油天然气总公司在北京成立

这是石油工业管理体制的一项重大变革。原石油工业部已撤销,总公司建立以后,原石油工业部制定长远规划、重大方针政策和法规,确定石油对外合作区域等职能,移交能源部行使。原石油工业部在国家陆地全境石油、天然气的生气建设和经营管理职能,由总公司行使。总公司按照政企分开的原则,逐步办成真正的经济实体,继续实行并不断完善原油产量包干和天然气商品量包干政策,确保今后5年每年增产原油300万吨。

全国最大壁画群在南通港客运大楼落成

今年暑假中央工艺美术学院装饰艺术系师生完成的南通港客运大楼的850平方米的壁画,是迄今为止我国最大的壁画群。

旅客们经过南通港客运大楼时将可以欣赏到袁运甫教授的壁画《继往开来》(上下篇)、杜大恺副教授的壁画《乡情》、朱曜奎副教授的壁画《船歌》,以及老艺术家张仃教授、吴冠中教授的水墨新作及青年教师的木雕、漆画、唐三彩工艺壁挂等艺术精品。

南通市府领导认为这批独特而新颖的壁画的顺利完成,说明了企业文化正向专业作家、艺术家们招手。

陕西延安发现大型龙山文化遗址

据《人民日报》报道,最近,陕西延安地区文物普查队在延安发现两处新石器时代的龙山文化遗址,出土了一批陶、玉器物和珍贵的"导流壶",从而填补了黄土高原新石器时代考古调查的缺环与空白。

一处大型龙山文化遗址是在延安市碾庄乡芦山峁村发现的。该遗址占地达80万平方米,遗址内发现有灰层、灰坑、居住面、墓葬等,采取的标本十分丰富,主要为夹砂灰陶和夹砂红陶。纹饰为蓝纹,附加条带纹和交错绳纹,可辨器型为罐壶等,同时还发现了石镰等器物。在此之前,文物工作者曾在该村征集到龙山文化遗址的一批玉器,特别是7孔玉刀,长54.6厘米,宽10厘米,刃部两面磨制,有使用痕迹,实属国内罕见。

另一处龙山文化遗址是在延安市蟠龙镇纸坊沟村。遗址中出土的两件完整器物,十分珍贵。一件为夹砂红陶盆,另一件为夹砂红陶"导流壶",外饰绳纹,内素面。

山西长子县发现罕见木化石群落

据《人民日报》报道,山西文物工作者最近在山西长子县境内发现一种世界罕见的景观——木化石群落。木化石数量之多,保存之完整,令人惊叹。

据文物工作者考证,远古时代长子县南陈乡豁子村一带,曾是一片茂密的原始森林。由于造山运动等地质变化,森林被埋没,形成了大量木化石。早在1983年,长子县南陈乡一农民就在附近的山头上发现两棵木化石,引起了文物工作者的重视。今年,长治市文物工作者对南城乡一带进行文物普查时,在方圆5公里之内,发现暴露在地面的木化石就有32棵。它们有的横陈在山坡上,有的倒卧在灌木丛中,最长的达18米,最粗的直径有1.5米,姿态各异,蔚为奇观。

经专家初步考证,认为这批木化石时代为中生代三叠纪,距今2亿多年。

大批木化石的发现,对于研究我国地质、地貌、气候及生物分布都有十分重要的科学价值。

9月18日

国办发出《关于立即制止擅自统一着装的通知》

通知说,近年一些地区、部门和单位不顾国务院三令五申,擅自批准着装,致使统一着装之风在全国再次蔓延,财政开支越来越大。据反映,不少地方的物价、司法、城建、国土、环保、交通、电力、安全生产、农机、畜牧等部门擅自统一着装,有的制装标准高达1000多元。对此,人民群众意见很大,强烈要求予以纠正。为维护国务院规定的严肃性,制止擅自着装,特通知如下:

一、国务院再次重申,批准统一着装的权限集中在国务院,各部门和各级人民政府都无权批准。国务院任何部门不得以任何方式指使或暗示下属单位统一着装,否则,地方政府和财政部门有权拒绝执行。

二、未经国务院批准擅自着装的,一律无效,要立即纠正。对一些情节严重、影响较大的,要追究批准机关领导人的责任。对擅自着装的单位,应采取扣减预算、压缩开支等办法予以制裁。着装费用一律由个人自理。

三、各省、自治区、直辖市人民政府对本地区统一着装问题要认真进行清理,并于今年10月底以前将结果报财政部,由财政部汇总报国务院。各级地方政府要责成审计、监察、财政部门严肃查处擅自着装问题,新闻、宣传部门要加强舆论监督。

许艳梅在汉城举行的第二十四届奥运会女子跳台跳水比赛中以445.20分的成绩为中国夺得第一枚金牌

9月19日

国务院总理李鹏在人民大会堂设宴欢迎斯里兰卡总理拉·普雷马达萨

李鹏说,南亚各国是中国的近邻。中国关心南亚地区的和平、稳定与发展,坚决支持南亚各国维护独立和主权,发展民族经济所作的努力,我们真诚希望南亚国家在和平共处五项原则基础上友好相处。

在谈到国内形势时,李鹏说,我国正在深化改革,继续开放,稳定经济,发展生产力,推动现代化建设的进程。国家的发展需要稳定的国内环境和和平的国际环境。我国政府和人民特别珍惜来之不易的安定团结局面,并为维护世界和平进行不懈的努力。

拉·普雷马达萨总理在答词中赞扬斯中两国的友好关系,他说,斯中两国是老朋友,中国一直是斯里兰卡伟大而真诚的朋友,我们感谢贵国坚定不移和真诚的支持。

他强调说,今天,中国是各国的榜样。中国实行现代化政策取得了巨大的发展。中国的强大不仅是亚洲,而且也是世界上其他地区和平的源泉。

李鹏总理的夫人朱琳,政协全国委员会副主席赵朴初,外交部部长钱其琛,中国政府陪同团团长、物资部部长柳随年及有关部门负责人出席宴会作陪。

国务院总理李鹏在人民大会堂会见斯里兰卡新任驻华大使纳·塞·拉·佩雷拉

国家副主席王震在人民大会堂接受卢旺达共和国新任驻华大使卡拉马盖·奥古斯坦和瑞典王国新任驻华大使比约恩·英瓦尔·斯卡拉递交的国书

国务院副总理田纪云在人民大会堂同由副总理哈米德·米尔扎德率领的伊朗政府经济贸易代表团举行会谈

国务院副总理吴学谦在中南海紫光阁会见英国海外发展大臣克里斯多弗·帕顿和夫人一行

中央军委首次授予一批专家教授学者专业技术将官军衔

据全军军衔办公室介绍,人民解放军在实行新的军衔制中已有20位专家、教授、学者,被中央军委授予专业技术少将军衔。还有一些专业技术干部身任指挥军官,被授予中将或少将军衔。这在我军历史上是第一次。

据介绍,根据全国人大常委会通过的《中国人民解放军军官军衔条例》,在新的军衔制中设有专业技术军官,它是我军军衔制度中的一项重大改革。目前被授衔的专业技术将官,主要分布在军事院校、国防科工委、海军、空军、总参等单位的教育、医疗、科研部门。这批被授衔的将官,加上一大批被授予校官、尉官的专业技术军官,使我军干部队伍在知识化、专业化方面达到新的水平。

已被授衔的专业技术将官中,有许多人是著名的教育家、科学家。其中被誉为"将军摇篮"的国防大学,被授予专业技术少将的就有10多位。该校战役教研室主任王厚卿是全军优秀教员,对中外战史有深入系统的研究,对战略、战役理论颇有造诣,曾出版70多万字的《中国人民解放军战役战例选编》,还主编了200

多万字的专著专论，获得有关部门颁发的学术奖。现年59岁的军兵种教研室主任陈访友是军委海军学术委员会的特邀会员，经过战争的考验，担任过海军舰艇大队的指挥员，不但对海军舰艇的训练、作战有丰富的经验，而且从教30年，对战略理论有较深的研究，所著《海军战略》一书，不仅对海军战略，而且对整个军事战略均有较高的参考价值。这次王厚卿、陈访友都被中央军委授予了专业技术少将军衔。

国家教委公布机关改进作风保持廉洁的若干规定

规定要求教委各级机构和全体工作人员，特别是担负领导职务者，严守法纪，不贪赃枉法；秉公尽责，不以权谋私；艰苦奋斗，不奢侈浪费，并以此作为考察干部的重要内容。

教委的规定还包括，严禁机关和工作人员经商办企业，已在企业兼职的必须立即辞职，否则就辞去机关职务；反对和抵制送礼、受礼和大吃大喝，严禁以出差为名，搞公费旅游；任何会议一律不搞宴请，不赠送纪念品；严格外事纪律，对擅自提前出国、出境，延长在国外、境外期限或变更路线，或违反其他外事纪律的，据情节轻重予以必要的处分。

国家教委最近设立了监察局，负责查处机关工作人员的索贿、受贿、贪污、弄权渎职、敲诈勒索等违法行为。此外，监察局还设立了举报中心，公布了电话(653269)，受理群众的检举、揭发和控告。国家教委强调，中心在接受举报后，一般要求在15天内有结果。

对群众反映比较集中的教委机关官僚作风问题，教委规定指出，担负领导职务的机关工作人员，由于工作不负责任而不履行或不正确履行职责者，必须按党纪国法追究责任。

此外，国家教委还决定压缩会议，转变会风。据了解，从1983年到1987年的5年间，教委平均每年会议都在100个以上，年均会议费超过100万元，仅去年一年会议费支出就高达159万元，是国家核准会议费的4倍多。

国家教委有关负责人还提出，对群众来信来访要改变过去那种照收照转，把人打发走了事的状况。他说，群众反映的问题，凡政策有明确规定的一定要抓紧落实，必要时应派人进行调查，真正解决问题。

全国优秀广播电视播音作品评选在广州揭晓

10个播音作品获"天河最佳奖"，44个获"登峰优秀奖"。

这次评选活动是对新中国广播诞生39年、电视开播30年来播音界取得成果的首次检阅。参选的优秀作品是在中央和地方各级电台、电视台各自评选的基础上推荐出来的，反映了广播、电视播音改革的新风貌。

9月20日

国务院总理李鹏在人民大会堂与斯里兰卡总理拉·普雷马达萨举行会谈

李鹏说，中国执行独立自主的和平外交政策，愿意在和平共处五项原则基础上同各国发展关系，包括愿同所有南亚国家友好相处。他说，中国正致力于四化建设，希望有一个持久和平的国际环境。

普雷马达萨指出，斯里兰卡坚持不结盟的原则，根据事情的是非曲直作出自己的判断。他说，斯中两国在重大国际问题上的观点是一致的。斯里兰卡对中国为维护世界和平所作出的努力表示赞赏。

在谈到世界经济秩序时，普雷马达萨说，工业国应该帮助发展中国家加快发展，因为事实上这对双方都有好处。李鹏总理表示同意斯里兰卡总理的看法。他强调，发达国家对发展中国家进行一些援助和支持不是施舍，而是他们应尽的义务。从长远观点看，如果发展中国家越来越穷，发达国家将会失去市场和原料供应。这将制约发达国家的经济发展，同时也会增加世界上不安定的因素。

普雷马达萨总理高度赞扬斯中友好关系。他说，不论我们遇到什么困难，中国总是及时地作出反应，并给予帮助和支持。我们非常珍视中国对斯里兰卡的善意和友好感情。他表示，斯里兰卡将作出进一步努力，发展斯中两国经济、贸易合作关系。

李鹏总理也表示，中斯关系有着牢固的基础，建立30多年来，双方在各个领域的友好合作关系不断发展。李鹏总理希望双方有关部门继续努力大力推动这种友好合作关系进一步前进、发展。

普雷马达萨还向李鹏介绍了斯里兰卡在发展经济方面所取得的进展。李鹏总理也向客人介绍了中国发展经济和深化改革的情况。

全国政协主席李先念在人民大会堂会见斯里兰卡总理拉·普雷马达萨

农工党九届中央常委会第十三次会议在北京举行

会议召开时间为9月20日至26日。会议决定今年11月9日在北京举行农工民主党第十次全国代表大会。这次会议主要是为农工党十大做好各项准备工作而举行的。

会议要求全体农工民主党党员要以理解改革，关心改革，支持改革，投身改革的实际行动，迎接农工党

"十大"的召开并做好各项工作。

出席并主持常委会的有周谷城、沈其震、卢嘉锡、方荣欣、姚峻、章师明、田光涛等。

中国人民银行发出通告新版人民币拾元 伍元和壹角券9月22日起发行

根据1987年4月25日《中华人民共和国国务院关于发行新版人民币的命令》,中国人民银行将发行第三批新版(1980年版)人民币。现通告如下:

一、自1988年9月22日起在全国陆续发行拾元、伍元和壹角券新版人民币。

二、第三批发行的新版人民币的主要特征:

拾元券:使用农民头像水印纸印制。幅长155毫米、宽70毫米。主色调为黑蓝色。正面右侧主景是汉族、蒙古族人物头像,中间偏左是多色图案衬托的面值"拾圆"字样,左侧上方印有"中国人民银行"字样,左上角印有中华人民共和国国徽,右上、右下、左下角分别印有面值"10"字样,左下方印有盲文面值符号。背面中央主景是珠穆朗玛峰,上、下方分别印有"中国人民银行"和面值拾圆的汉语拼音,下方印有蒙古、藏、维吾尔、壮四种民族文字书写的"中国人民银行"和面值,右上、左上、左下角分别印有面值"10"字样,右下角印有"1980"字样。

伍元券:使用古币满版水印纸印制。幅长150毫米,宽70毫米,主色调为棕色。正面右侧主景是藏族、回族人物头像,中间偏左是多色图案衬托的面值"伍圆"字样,左侧上方印有"中国人民银行"字样,左上角是中华人民共和国国徽,右上、右下、左下分别印有面值"5"字样,左下方印有盲文面值符号。背面中央主景是长江巫峡,上、下方分别印有"中国人民银行"及面值伍圆的汉语拼音,下方印有蒙古、藏、维吾尔、壮四种民族文字书写的"中国人民银行"和面值,右上、左上、左下角分别印有面值"5"字样,右下角印有"1980"字样。

壹角券:用无水印钞票纸印制。幅长115毫米、宽52毫米。主色调为深棕色。正面左侧主景是高山族、满族人物头像。右侧是面值"壹角"字样,上方印有"中国人民银行",左下、右下角分别印有"1"字样。背面中央主景是多色民族图案托出的中华人民共和国国徽,上方和右侧分别印有"中国人民银行"和面值壹角的汉语拼音,下方印有"1980"字样和蒙古、藏、维吾尔、壮四种民族文字书写的"中国人民银行"和面值,左下和右上方分别印有面值"1"字样。

特此通告。

行　长　李贵鲜

1988年9月20日

民盟中央就开发大西北致函中共中央 国务院建议黄河上游应建立多民族经济开发区

民盟中央主席费孝通、副主席钱伟长不久前以民盟中央的名义致函中共中央总书记赵紫阳和国务院总理李鹏,建议中央以优惠政策在黄河上游建立多民族经济开发区,以此作为全面开发大西北的突破口和落实民族区域自治法的试验点,与沿海地区发展战略措施相配套。

中共中央和国务院领导同志对民盟中央的建议给予了充分肯定。

黄河上游多民族经济开发区包括从龙羊峡到青铜峡之间1000公里的河段及两岸经济辐射带,涉及甘宁青部分地区,是西北新疆、西藏、内蒙古三大民族自治区联结部的核心区。总面积近15万平方公里,人口1000万,除汉族外有藏、回、蒙少数民族,约440万人。

民盟中央建议的总开发方针是:以水电为龙头(15个梯级电站,总容量为1400万千瓦),发展原材料工业及其深加工工业,带动全区中小企业;利用电力提水,扩大灌溉面积,开发黄土高原,稳定和发展农业,建立粮食基地。贯彻"共同规划,分别落实,互通信息,有无相济,互利互惠,共同繁荣"协作原则,加快这一地区的经济开发。其目的在于有效地缓解国内原材料总供给和总需求的尖锐矛盾,推动国营大企业深化改革,同时带动附近各民族自治地区的发展。通过改变民族地区经济落后的面貌,巩固民族团结。

今天下午,甘肃、宁夏、青海三省区的负责人李子奇、贾志杰、沈达人、白立忱、尹克升、宋瑞祥专程到民盟中央机关,向民盟中央负责人钱伟长、高天、罗涵先、冯之浚等表示感谢,同时和他们研究了建设"黄河上游多民族经济开发区"的具体途径。

国家副主席王震在人民大会堂接受埃及新任驻华大使巴德尔·哈马姆·穆罕默德·巴德尔递交的国书

丹麦政府向中国政府1988年度第一批赠款协定在人民大会堂签署

这批总额为1.65亿丹麦克朗(约折2500万美元)的赠款将用于新疆维吾尔自治区达坂城风力发电厂和四川省重庆肉联厂等10个建设项目。对外经济贸易部副部长沈觉人和丹麦驻华大使阿纳·贝林分别在协定上签字。国务院副总理田纪云出席了签字仪式,并同贝林进行了友好的谈话。

自1982年以来,丹麦政府向中国提供了4批混合贷款用于43个建设项目,共计14.8亿丹麦克朗,其中政府长期无息贷款为7.8亿丹麦克朗。

国家科委 财政部联合公布《科研单位实行经济核算制的若干规定》

一、总 则

第一条 为深化科技体制改革,适应科技成果商品化的需要,提高科研经营管理水平和资金使用效益,保障科研单位的合法权益,推动科学技术的迅速发展,科研单位都要实行经济核算。

第二条 全民所有制独立科研单位,依照本规定执行。其他科研单位可参照执行。

第三条 经济核算制的基本任务是,根据价值规律,运用成本、价格和收益等经济范畴,核算科研活动中活劳动和物化劳动的消耗以及经济收益,合理安排和节约使用人力、物力、财力,降低成本,改善科研经营管理,提高经济效益,正确处理国家、单位和职工三者之间的经济关系。

第四条 科研单位实行经济核算责任制由院(所)长领导下的总会计师负责,组织各职能部门分工合作,分级管理和考核。

第五条 科研单位的经济核算由国家科委、财政部归口管理。

国务院主管部门按照本规定负责所属科研单位的经济核算管理。

二、成本开支范围

第六条 科研课题的下列费用开支,列入成本:

(一)劳务费:包括工资、补助工资、福利费、特定原材料及燃料节约奖、技术改进和合理化建设奖等;

(二)研制、经营过程中实际消耗的各种原材料、辅助材料、低值易耗品、化学试剂、零配件、外购件、燃料、动力、包装物的原价和运输、装卸、整理等费用;

(三)科研用仪器、设备的折旧费(或使用费)、维修费、租赁费;

(四)科研课题的专用仪器设备、样品样机购置费,以及非标准仪器的调研、设计、加工、外协、试验等费用;

(五)按规定比例计提的工会经费,按规定列入成本的职工教育经费,为本单位培养人员的经费;

(六)科研经营过程中补充试验所发生的费用,物质产品包修、包换、包退费用,削价损失;

(七)财产和运输保险费,契约、合同公证费和鉴证费,咨询费,法律顾问费和诉讼费,专利费和专有技术使用费,应列入成本的环境治理和排污费;

(八)科技成果转让、推广和物质产品销售所发生的广告费、运输费、包装费和经营机构的管理费,以及委托代理人发生应列入成本的手续费;

(九)科技贷款和周转金贷款利息;

(十)办公费、资料费、差旅费、劳动保护用品费、外事活动费、学术交流活动费、会议费、商标注册费、检验费、展览费、冬季取暖费、修缮费等费用;

(十一)经国家科委、财政部审查批准列入成本的其他费用。

第七条 下列费用开支不得列入成本:

(一)应在基本建设资金、各种专项基金和专项资金中开支的费用;

(二)应在收益留成中开支的各种奖金、职工集体福利支出;

(三)应在收益留成中开支的赔偿费、违约金、滞纳金、罚款等;

(四)基本建设贷款和专项贷款利息,自筹基本建设投资及税金;

(五)与科研经营活动无关的其他费用。

三、成本核算

第八条 各种类型科研单位原则上以科研课题(包括项目、产品,下同)为主要对象进行成本核算,并按资金不同来源分别结算。

第九条 根据课题在计算期内完成的实际工作量(或产量),实际消耗和实际价格,按照权责发生制的原则核算成本。

科研单位不得以计划成本、估计成本代替实际成本;计算过程中对按计划成本、估计成本或计划价格进行核算的,要在规定的成本计算期内,及时调整为实际成本。

第十条 成本费用的划分、归集和分配,成本计算的程序和方法,可按照“归集准确、分摊合理、程序简便、方法易行”的原则进行。成本计算的程序和方法报主管部门审定后,不得随意变动。

第十一条 科研课题原则上以课题周期为成本计算期,周期长的可以年度或阶段为计算期;物质产品以月为成本计算期,在同一个计算内各成本核算对象的收入与消耗,起止日期必须一致。课题周期一般以技术合同的规定为准。

第十二条 科研单位的成本核算,必须严格遵守国家财经法规。

第十三条 实行成本核算的科研单位,必须建立或健全相应的基础工作,主要包括原始记录、物资计价、计量、统计、成本制度等。

第十四条 科研单位各职能部门成本核算的职责是:

(一)正确做好科技发展、科研计划和成本的预测、决策;

(二)按照目标成本,合理组织科研工作,采取技术组织措施,合理控制成本支出,降低消耗,节约能源;

(三)准确提供科技成果评审和鉴定的成本资料,

做好技术转让和推广工作；

(四)编制科研经营计划和物资采购计划，努力降低经营成本和采购成本；

(五)制订仪器设备的使用、维修计划，提高其利用率和完好率；

(六)改进科研组织，提高科研效率；制定劳保费用计划，完善科研条件；

(七)检查成本计划执行情况，做好成本计划和目标成本的分析工作。

四、事业收入和收益的核算

第十五条　各种类型科研单位事业收入和经济收益的核算方法是：

(一)已完成课题拨入的各项资金，包括预算拨款和合同预收款、咨询服务等各种技术收入、其他收入为科研单位的事业收入(毛收入)；

(二)事业收入减去成本和应交税金为收益。其收益按国家有关规定自主分配使用。

五、固定资产折旧或使用费

第十六条　技术开发类型科研单位，根据其承受能力和实际情况，可试行固定资产或部分固定资产折旧或提取一定比例的使用费制度，作为国家对固定资产投资的一种补充。

第十七条　为加强固定资产管理，提高其使用效率，社会公益类型和基础研究类型科研单位，可根据实际情况，试行提取一定比例的仪器设备使用费。

第十八条　财政部、国家科委拟在总结有关部门和科研单位实践经验的基础上，共同制定固定资产折旧或使用费具体的试行办法。

六、技术合同计价

第十九条　根据《中华人民共和国技术合同法》，技术合同计价以成本预测为基础，实行议价成交。

合同价款包括成本、税金和经济收益。

(一)部分减拨事业费的技术开发类型科研单位，有关技术合同中的人员工资、管理费按所得事业费的比例折减。

(二)事业费自立的科研单位，其管理费一般不应超过全部费用(不包括专用仪器设备购置费)的20%。

(三)技术合同价款中应包括一定的经济收益，具体由双方商定。

第二十条　合同经费一经确定，科研单位则包干使用。

七、附　则

第二十一条　国务院各主管部门可根据本规定制定实施细则。

第二十二条　本规定由国家科委和财政部负责解释。

第二十三条　本规定自发布之日起实行。

水稻亩产700公斤栽培日历问世

据《人民日报》报道，河北省水稻集中产区的唐海县农艺师李世华、技术员李绍志，经过3年来潜心研究，探索出“水稻亩产700公斤栽培模式”，农民称之为“栽培日历”。按“模式”种地，效益十分明显。

李世华、李绍志根据水稻生育特点和当地地力水平、气候、土壤状况等情况，从1985年春开始拟定高产栽培模式方案，经过多年试验，获得大量可靠数据。

这项总体模式从4月育秧开始至10月水稻收割。包括有：产量结构模式；苗株群体消长规律模式；培育壮秧四期受理模式；验土配方施肥结构模式；按期限量灌溉受理模式；病虫草除治模式6个分模式。1985—1987年实践证明，该模式重演性强，45亩定位实验田3年亩产持续超700公斤，40亩示范田亩产均达700公斤以上。这项模式；在3.6万亩生产田推广应用后，1985—1987年平均亩产由423.5公斤提高到490公斤，3年累计增产稻谷869.59万公斤，增收效益591.3万元。

宋庆龄基金会在人民大会堂举行9.20国际和平日中国儿童与和平文艺晚会

会上，联合国开发计划署驻华助理代表哈尔曼代表联合国秘书长德奎利亚尔讲了话，并宣读了他的贺电。

李铁映、宋任穷、阎明复、习仲勋、孙起孟、康克清、屈武，以及一些驻华使节、联合国驻华机构代表参加文艺晚会。

中国青年艺术剧院实行艺术总监负责制

文化部副部长英若诚在中国青年艺术剧院宣布：文化部决定从即日起，青艺实行艺术总监负责制，由陈颙出任首届总监，原代院长毛金刚任总经理，任期各为3年。这是我国艺术团体体制又一改革。

长期以来，我国多数艺术团体管理体制实行院长、党委书记集体负责制。这种与官本位有紧密联系的体制党政不分、艺术生产和经营管理不分，很难适应改革开放的新形势和社会主义初级阶段商品经济的新环境，阻碍了艺术生产力的发展。实行艺术总监负责制，将艺术生产与经营管理实行剥离，由艺术总监全权负责剧院的人员优化组合，艺术创作和演出，由总经理全面筹划剧院的经营管理和创收活动，并由艺术总监代表剧院和文化部主管部门签约履行合同，将大大冲破官本位体制的局限，改变剧院官僚主义作风，强化剧院艺术生产的核心力量。

首次出任青艺艺术总监的陈颙，是青艺著名的女导演，1959 年毕业于莫斯科国立卢那卡尔斯基戏剧艺术剧院，先后执导了《伊索》《红鼻子》《伽利略》《街上流行红裙子》《高加索灰阑记》等 30 部话剧。

英若诚表示，文化部在青艺实行艺术总监负责制，主要是根据青艺自身的实际情况决定的，这并不是意味着其他艺术团体也要实行这种体制，决不能再搞“一刀切”。

卫生部医学实验动物管理委员会正式成立

实验动物在生物医学研究中作为人类的“替代性动物模型”，承担着生命科学诸多领域的安全评价和效果试验课题。近 5 年来，根据医学科学研究工作的需要，全国建立了 6 个医学实验动物中心和 7 个区域性繁殖场以及实验动物种子库，初步形成了一支专业骨干队伍。我国医学实验动物的质量和监测技术有的已经接近国际水平，但发展很不平衡，与世界先进水平相比差距还相当大。特别是有些地区的领导对这个新学科不够重视，认为“无非是喂养些耗子”，人力、物力、财力得不到安排，导致一些单位生产使用品系不清、质量低劣的动物，严重影响评价药物的安全性、有效性试验，影响科研成果的准确性。新成立的卫生部医学实验动物管理委员会，将按照国家有关法规，加强这方面的监督管理。

9 月 21 日

中央军委主席邓小平在人民大会堂会见斯里兰卡总理拉·普雷马达萨

邓小平强调，中国坚定不移的对外政策是反对霸权主义，维护世界和平。既要建立国际经济新秩序，又要建立国际政治新秩序。

邓小平说，在国际关系中最经得起时间考验的是和平共处五项原则。他说，有了建立在和平共处五项原则基础上的国际关系，我们就可以一心一意地搞现代化建设，争取尽早摆脱贫困，改善人民生活。

邓小平指出，好的国际环境就是没有战争的国际环境，和平共处的国际环境。我们发展中国家要利用好的国际环境；主要靠自己努力发展。

普雷马达萨总理说，斯里兰卡赞成和平共处五项原则，并且一直在行动上实行这一原则。他表示愿意和中国一起为此共同努力。

邓小平向客人介绍了我国国内情况。他说，十一届三中全会以来的 10 年，我们发展得不错，成绩可喜，预定的目标已经实现，基本上解决了人民的温饱问题，到本世纪末达到小康生活的目标也可以实现。

他指出，发展快是好事，但在发展快的形势下，也产生了通货膨胀问题。现在我们正在总结经验，采取措施，解决这一问题。

在谈到两国关系时，邓小平高兴地说，中国和斯里兰卡自 50 年代建交以来关系一直很好。不管政治变革如何，我们都是很好的朋友关系。普雷马达萨说，我们两国人民的友谊可以追溯到多少个世纪以前，我们一直把这可贵的友谊保持了下来。这种友谊今后还必将进一步得到巩固和加强。说到这里，普雷马达萨总理将两枚中国古钱赠送给邓小平主席。

国家副主席王震率中央代表团到银川参加庆祝宁夏回族自治区成立 30 周年纪念活动

受党中央、全国人大常委会、国务院的委托，以国家副主席王震为团长、全国人大常委会副委员长雷洁琼为副团长的中央代表团，离开北京赴银川，参加庆祝宁夏回族自治区成立 30 周年纪念活动。

中央代表团团员有：全国政协副主席杨静仁，全国政协副主席、国家民委主任司马义·艾买提，中央军委副秘书长洪学智上将，全国人大民族委员会副主任委员李学智，中共中央统战部副部长武连元，国家民委副主任赵延年。代表团秘书长由赵延年兼任。

中共中央政治局委员、国务院副总理田纪云，中共中央书记处书记、中共中央统战部部长阎明复，全国人大常委会副委员长、全国人大民族委员会主任委员阿沛·阿旺晋美，全国政协副主席程思远，有关部门负责人平措旺杰、宋堃、江家福、卓加、包玉山等，前往机场送行。

本着既热烈又节俭务实的原则，这次中央派出了人数少规格高的代表团，除正副团长外，包括秘书长只有六位团员。中共中央、国务院除有关部委外，其他部委和各省、自治区、直辖市都没有派人参加代表团。同时，随团工作人员、随行人员、随团记者等也比过去大为减少。

中国和伊朗政府经济贸易和科学技术合作联合委员会第四次会议协议纪要在北京签署

国务院副总理田纪云和伊朗副总理哈米德·米尔扎德分别代表本国政府在协议纪要上签字。

中伊经贸科技合作联委会第四次会议于 9 月 19 日至 21 日在北京举行。会议期间，双方满意地回顾了两国友好合作关系的发展，特别是近几年来，双方交往频繁，以诚相待，建立了相互信任的关系，两国政府和人民的友谊也不断发展。双方还就如何进一步发展和推动两国经贸和科技合作关系问题广泛而又坦率地交换了看法，并取得了一致的意见。双方认为，两国进一步扩大合作还有很大潜力。

9月22日

国务院总理李鹏在钓鱼台国宾馆会见伊朗副总理哈米德·米尔扎德以及由他率领的伊朗政府经济贸易代表团

李鹏对中伊经济、贸易和科学技术合作联合委员会第四次会议的成功召开表示祝贺,并希望双方共同努力,落实已达成的协议。

他说,中国高兴地看到两伊接受联合国安理会第598号决议,并实现了停火。他希望这一决议能得到顺利实施,使两国人民回到和平的环境中生活。

李鹏说,中国对两伊问题一贯持公正的立场,并将继续为第598号决议的实施作出努力。他重申,中国历来主张,国与国的争端,特别是第三世界国家之间的争端,应通过和平谈判来解决,而不应诉诸武力。

李鹏说,中国愿意在力所能及的范围内参加伊朗的重建工作,在平等互利的基础上发展同伊朗的友好合作。

全国人大常委会委员长万里在人民大会堂会见由法国巴黎大区议会主席米歇尔·吉罗率领的巴黎大区议会代表团

万里在会见时说,北京市同巴黎大区建立友好关系不仅有利于加强双方的友好合作,也有利于加强中法两国之间的友好合作关系。他说,中法1964年建交以来,两国在政治、经济、文化等方面的合作与交流的发展是令人满意的。两国在经贸等领域的合作还有很大的潜力。

吉罗说,法中建交,旨在发展两国在政治、经济、文化等方面的友好合作关系。正是本着这个精神,巴黎大区同北京市建立了友好关系。这件事本身也是法中两国关系合乎逻辑的发展。

国务院总理李鹏签署第15号令公布《楼堂馆所建设管理暂行条例》

《楼堂馆所建设管理暂行条例》已经1988年7月26日国务院第14次常务会议通过,现予发布施行。

总　理　李　鹏

1988年9月22日

楼堂馆所建设管理暂行条例

第一章　总　则

第一条　为了对楼堂馆所基本建设加强管理,控制楼堂馆所建设,制定本条例。

第二条　本条例所称楼堂馆所分为非经营性的和经营性的两类:

(一)非经营性的楼堂馆所包括:办公楼、会议楼、大礼堂、招待所、展览馆、纪念馆、俱乐部、干休所、疗养院、有较高级装饰的干部宿舍和干部病房以及各种中心为名的此类项目;

(二)经营性的楼堂馆所包括:旅游旅馆(含宾馆、饭店,下同)、涉外公寓、写字楼、游乐场以及其他经营性楼堂馆所项目。

第三条　属于经营性的涉外旅游旅馆、公寓、写字楼,根据旅游事业发展的需要,有计划地进行建设,除特殊批准的以外,主要建设一些中、低档标准的项目。

第四条　下列建筑物,按当地一般民用建筑标准建设的按基本建设程序办理,高于当地一般民用建筑标准或者建设总投资3000万元以上(含3000万元,下同)的依照本条例的规定进行管理:

(一)文教、卫生、体育单位根据事业发展和业务需要建设的教学楼、档案馆、研究楼、资料楼、实验楼、影剧院、博物馆、科技馆、图书馆、排演场、文化站、体育馆;

(二)科研设计单位的业务用房;

(三)工矿企业建设的劳动保护用房、文化福利设施;

(四)商业服务业的旅馆、餐馆、商场、综合性商业服务楼;

(五)银行系统的储蓄网点;

(六)行政机关、群众团体的简易招待所、食堂兼礼堂。

第五条　本条例适用于机关、团体、全民所有制企业事业单位。

第六条　楼堂馆所的建设必须经过严格的审批程序,经批准建设的楼堂馆所必须列入部门、地方基建投资计划。任何单位未经报批程序不得擅自建设,不得搞计划外工程。

第二章　楼堂馆所项目的审批

第七条　进行楼堂馆所建设,必须报批项目建议书和项目开工报告。

第八条　建设总投资3000万元以上的项目建议书,按下列程序审批:

(一)地方项目,由省、自治区、直辖市和计划单列市人民政府审查后,报国家计委审批;

(二)中央单位在北京地区建设的项目,由首都规划建设委员会审查后,报国家计委审批;

(三)中央单位在北京地区以外建设的项目,由主管部门审查,并经项目所在地的省、自治区、直辖市和计划单列市计委同意后,报国家计委审批;

(四)建设总投资2亿元以上(含2亿元,下同)的项目和建设总投资2亿元以下的某些项目，由国家计委提出审查意见报国务院审批。

第九条　建设总投资3000万元以下的项目建议书，按下列程序审批：

（一）中央各部委，各省、自治区、直辖市和计划单列市领导机关的建设项目（含与其他单位联合建设的项目和以其下属单位名义建设的项目），报国家计委审批，其中某些项目，由国家计委提出审查意见报国务院审批；

（二）前项以外的建设项目，按隶属关系分别由主管部门或者省、自治区、直辖市和计划单列市人民政府审批。

第十条　有行业归口部门的楼堂馆所项目，其项目建设书在报送审批前，必须经行业归口部门同意；中外合资、中外合作建设楼堂馆所项目，其项目建议书在报送审批前必须经对外经济贸易部门同意。

第十一条　楼堂馆所项目实行"先审计，后建设"的原则。项目开工报告必须按下列程序，经审计部门审计后方可报批：

（一）须经国务院或者国家计委审批的，由国家审计署审计；

（二）须经主管部门或者省、自治区、直辖市和计划单列市人民政府审批的，由该主管部门或者人民政府的审计局审计。

第十二条　楼堂馆所项目的开工报告，按下列程序审批：

（一）建设总投资3000万元以上的项目，由国家计委每年7、8月份统一审查、平衡、汇总后报国务院审批；

（二）建设总投资3000万元以下的项目，按隶属关系分别由主管部门或者省、自治区、直辖市和计划单列市人民政府每年7、8月份统一审批，并报国家计委备案。国家计委对不同意建设的项目，在收到备案文件两个月内提出处理意见；

（三）北京地区的项目，由首都规划建设委员会统一报国务院审批。

第十三条　军队的楼堂馆所项目按下列程序审批：

（一）在北京地区建设的项目，其项目建议书由军队主管部门征得首都规划建设委员会同意后，报中央军委审批。开工报告由首都规划建设委员会统一报国务院审批；

（二）在北京地区以外的项目，建设总投资3000万元以上的，其项目建议书和开工报告报中央军委审批；建设总投资3000万元以下的，其项目建议书和开工报告由军队主管部门审批。

第十四条　中外合资、中外合作的旅游旅馆项目（含建设总投资3000万元以下项目）的项目建议书、可行性研究报告和开工报告由主管部门或者省、自治区、直辖市和计划单列市计委送国家旅游局、对外经济贸易部审查后，报国家计委审批；其中建设总投资2亿元以上的项目建议书和开工报告，由国家计委报国务院审批。

第十五条　建设总投资是指该项目从筹建到投产所需要的全部建设资金，包括设施勘察费、征地拆迁费、市政配套费、内外装修费、设备用具费以及附属建筑投资等。采取分期建设的，建设总投资是各期建设投资的总额。

第十六条　新建、扩建大中型基本建设项目，需要建设楼堂馆所的，应当作为单项工程由主管部门或者省、自治区、直辖市和计划单列市计委审查核定建设规模、标准和投资额，在上报设计任务书或者可行性研究报告时一并审批。这部分单项工程投资包括在该项目总投资规模之内。

第十七条　经过批准的楼堂馆所项目，建设时必须列入部门、地方的基本建设计划。

第十八条　对现有楼堂馆所提高标准，重新进行内外装修、增添设备，属于社会集团购买力范围内的，按隶属关系报财政部门审批。

第十九条　机关、团体不得建设经营性的楼堂馆所，也不得以其直属单位的名义或者其他名义建设经营性的楼堂馆所。

第二十条　楼堂馆所项目必须依据国家批准的文件进行规划、设计、施工、拨款，任何单位和个人不得擅自扩大建设规模，提高建设标准，增加投资概算。

第三章　楼堂馆所项目的建设资金

第二十一条　楼堂馆所项目的资金来源必须符合国家的有关规定。下列资金不得用于楼堂馆所项目建设：

（一）企业流动资金；

（二）企业生产发展资金；

（三）各类救济资金；

（四）扶贫资金；

（五）教育经费；

（六）其他专项资金。

第二十二条　需要由国家预算内投资安排楼堂馆所建设的，中央单位项目必须经国家计委批准，地方项目必须经省、自治区、直辖市和计划单列市计委批准。银行贷款按计划可以用于安排涉外的旅游旅馆、写字楼等经营性项目，非经营性的项目不得安排使用。

第二十三条　楼堂馆所的建设资金，必须存入中国人民建设银行，实行统一管理，其他银行不得办理楼堂馆所项目的资金拨付。

第二十四条　不得将全民所有制单位的资金转移到集体所有制单位,以集体所有制单位的名义兴建楼堂馆所;不得以资金购买或者以物资等换取集体所有制单位的楼堂馆所。

第二十五条　用自筹资金建设楼堂馆所的,按年度投资额的30%征收建筑税。

第四章　楼堂馆所项目的建设标准

第二十六条　楼堂馆所项目的建设必须贯彻厉行节约和经济实用的原则。

第二十七条　办公楼的建设标准按照国家计委关于行政办公楼建设标准的规定执行。

第二十八条　旅游旅馆的建设标准按照国家计委关于旅游旅馆设计标准的规定执行。

第二十九条　办公楼、旅游旅馆以外的楼堂馆所建设项目,在国家颁发建设标准之前,由审批部门在审批项目时确定建设标准。

第五章　监督与处罚

第三十条　各级审计、监察、银行、计划、统计部门,应当按照各自的职责,对楼堂馆所建设进行监督。

第三十一条　违反本条例,有下列行为之一的,给予主要负责人和直接责任者以经济处罚、行政处分:

(一)楼堂馆所项目未列入部门、地方基本建设计划或者开工报告尚未批准,擅自进行建设的;

(二)擅自提高建设标准的;

(三)挪用企业流动资金、生产发展资金、各类救济资金、扶贫资金、教育经费和其他专项资金进行楼堂馆所建设的;

(四)其他违反本条例的行为,造成经济损失的。

第三十二条　违反本条例,有下列行为之一的,全部或者部分没收建设项目,并给予主要负责人和直接责任者以经济处罚、行政处分:

(一)项目建议书未经批准,擅自进行建设的;

(二)将全民所有制单位的资金转移到集体所有制单位,以集体所有制单位名义修建楼堂馆所的,以资金购买或者以物资等换取集体所有制单位楼堂馆所的;

(三)未经有关部门批准,用国家预算内投资和银行贷款进行楼堂馆所建设的;

(四)机关、团体以各种名义建设经营性楼堂馆所的;

(五)擅自扩大建设规模的。

第三十三条　第三十一条、第三十二条规定的处罚,由监察部门。审计部门按照各自的职责实施。

第三十四条　违反本条例规定,构成犯罪的,由司法机关依法追究刑事责任。

第六章　附　则

第三十五条　开发公司进行商业性的楼堂馆所建设,依照本条例的规定进行管理。

第三十六条　军队楼堂馆所建设的具体管理办法,由军队有关部门根据本条例精神另行制定。

第三十七条　本条例由国家计委负责解释。

第三十八条　本条例自发布之日起施行。

国务院总理李鹏签署第16号令公布《中华人民共和国筵席税暂行条例》

《中华人民共和国筵席税暂行条例》已经1988年9月9日国务院第21次常务会议通过,现予发布,施行日期由各省、自治区、直辖市人民政府确定。

总　理　李　鹏

1988年9月22日

中华人民共和国筵席税暂行条例

第一条　为引导合理消费,提倡勤俭节约社会风尚,制定本条例。

第二条　凡在我国境内设立的饭店、酒店、宾馆、招待所以及其他饮食营业场所举办筵席的单位和个人,为筵席税的纳税义务人(以下简称纳税人),应当依照本条例的规定缴纳筵席税。

第三条　筵席税按次从价计征,税率为15%—20%。

筵席税的征税起点为,一次筵席支付金额(包括菜肴、酒、饭、面、点、饮料、水果、香烟等价款金额,下同)人民币200—500元;达到或者超过征税起点的,按支付金额全额计算征收筵席税。

省、自治区、直辖市人民政府可以结合本地实行情况,在上述规定的幅度内确定适用税率和征税起点。

第四条　个别需要免征筵席税的,由省、自治区、直辖市人民政府确定。

第五条　承办筵席的饭店、酒店、宾馆、招待所以及其他经营饮食业的单位和个人,为筵席税的代征代缴义务人(以下简称代征人),负责筵席税的代征代缴。

第六条　对纳税人一次筵席支付金额达到或者超过征税起点的,代征人应当在收取筵席价款的同时,代征筵席税税款。

代征的税款,交地方财政。

第七条　代征人代征税款时,应当填写税务机关印制的代征筵席税专用凭证,交给纳税人。

第八条　对依照规定履行代征代缴义务的代征人,税务机关可按其代缴纳税金额的大小,在省、自治区、直辖市税务局规定的幅度内,提取并付给一定的代征手续费。

第九条　纳税人阻挠、刁难或者抗拒代征人代征税款的,由税务机关依法处理。

第十条 筵席税的征收管理,依照《中华人民共和国税收征收管理暂行条例》及其有关规定执行。

第十一条 本条例由财政部负责解释;施行细则由省、自治区、直辖市人民政府制定,报财政部备案。

第十二条 本条例施行日期由各省、自治区、直辖市人民政府确定。

中国和平统一促进会在北京召开成立大会

中国和平统一促进会经过多方推荐与协商,产生了由189位理事组成的理事会为该会最高领导机构。他们中有各民主党派的领导人、著名无党派爱国人士,有少数民族和宗教界的代表人物,以及有关人民团体和部门的负责人、各界代表,具有较广泛的代表性。经各方面协商推举,卢嘉锡、孙越崎、吴国祯、荣毅仁、侯镜如、宦乡、钱伟长、程思远担任了中国和平统一促进会会长。

全国政协副主席阎明复出席了成立大会,并讲了话。他说,今年以来,海峡两岸关系不断趋向缓和,两岸统一的前景较之以前清晰多了。但统一的道路上还有很多障碍和困难,台湾同胞同大陆长期分离,对大陆存有误解、隔阂,需要加强往来、对话和合作,增加了解,增进共识。中国和平统一促进会可以全方位、多层次、多渠道地同台湾各界人士接触,推动祖国的和平统一。他最后祝愿,祖国的和平统一事业在两岸各界朋友的支持下,取得更大的进展和成功。

伍修权、朱学范、屈武、林丽韫、孙晓村等近400人出席了大会。

国办发出《关于严禁滥发钱物和赠送礼品的通知》

国务院办公厅向各省、自治区、直辖市人民政府,国务院各部委、各直属机构发出关于严禁滥发钱物和赠送礼品的通知,要求各地各单位坚决贯彻党中央、国务院关于治理经济环境、整顿经济秩序、深化改革和保持党政机关廉洁的指示精神,彻底纠正滥发钱物、铺张浪费之风。

通知要求各地区、各部门、各单位一律不得违反规定,在平日或中秋、国庆、元旦、春节等节日不准以任何借口、任何形式滥发奖金、补贴、津贴,不准随意扩大补贴、津贴范围或提高标准。不准以各种名义和形式(包括无偿、单位补贴、公款垫付和长期挂账等)发放或变相发放各种食品、生活用品。违反者要追究主要领导人和当事人的责任。

通知严禁中央各部门、各单位到外地以低于当地规定的价格采购过年、过节用品。

通知严禁中央各部门、各单位索要或无偿接受地方和下属单位的工业品、农副土特产品,严禁地方和部门的下属单位用公款向上级机关(或个人)馈赠土特产品、工业品和其他礼品。

通知要求各地区、各部门、各单位的主要领导同志要亲自负责,教育广大干部群众发扬艰苦奋斗的精神,廉洁奉公,自觉遵守本通知的各项规定。

国务院发出通知宣布茧丝收购和出口全部实行统一经营管理

通知说:今年6月6日国务院发出《关于加强蚕茧管理防止抬价抢购的通知》后,不少地方、部门贯彻执行不力,继续抬价抢购,“蚕茧大战”未能制止,甚至愈演愈烈,严重影响丝绸生产和国内外丝绸市场的稳定,必须采取坚决果断的措施,立即加以制止。为此,国务院决定对茧丝绸收购和出口全部实行统一经营管理。

国务院宣布的有关事项包括:

一、蚕茧由中国丝绸进出口总公司统一经营,由所属省分公司直接收购或委托供销社代理收购。供销社收购后,必须如数及时将蚕茧交给中国丝绸进出口总公司,不得私自出售。其他任何单位、部门或个人一律不得插手蚕茧收购经营。对违反本规定的非经营单位和商贩要坚决取缔,没收全部货物或货款。对非授权单位收购蚕茧,银行不给贷款。

二、丝类产品和坯绸由中国丝绸进出口总公司及所属有关省分公司统一经营,工厂不得自行出售。任何单位、部门或个人一律不得收购经营。如有违反,一经查获,全部没收货物或货款。

三、蚕茧和厂丝价格属国家管理。今年秋茧收购要规定最高限价。具体分省价格,国家物价局和经贸部要在近日内制定下达执行。同时,地方自行确定的生产扶植费一律取消。各级政府必须严格执行最高限价,不准突破,也不得以任何形式变相提价或给予价外补贴。如有违反,由上一级政府严肃查处,并追究领导责任。在蚕茧重点产地的毗邻地区,有关省区要主动协商,做好价格衔接工作。

四、丝类(包括蚕茧及短纤维)出口一律由中国丝绸进出口总公司统一成交;坯绸出口由中国丝绸进出口总公司及所属的有关省分公司统一成交。对经过批准的有坯绸出口经营权的中外合资企业,应严格按照国家下达的出口计划,向经贸部申领出口许可证,否则不予出口。其他任何单位、部门或企业不得经营丝类和坯绸出口业务。

五、严格执行国家出口计划,加强出口许可证管理。未经国务院批准,一律不得超计划出口。出口许可证只发给承担国家出口计划任务的丝绸进出口公司和已批准的合资企业。

六、各地工商、物价、银行、海关和商检部门要密切配合,加强对茧、丝、绸市场和出口监督管理。要加强缉私工作,严防假报商品名称以及以假染色绸代替坯绸出口。一经查出,除没收全部货物外,应追查有关人员的责任。海关和银行要加强对出口许可证的审核,做到单、证、货相符,并加强结汇监督。

七、中国丝绸进出口总公司负责全国茧、丝原料统一安排和调拨。在蚕茧和生丝的供应安排上,要首先保证产品质量和经济效益好的大中型出口生产企业,并适当照顾乡镇企业。各地不得再增加新的生产能力。各地政府要对没有原料保证、经济效益不好、产品质量差的企业实行关、停、并、转。从现在开始,暂停审批设立以丝类、坯绸为原料的中外合资企业。

国务院指出,各级人民政府要统一思想,顾全大局,认真执行本通知的各项规定。对不执行国家规定的,要坚决给予制裁,做到政令统一、畅通,保证国民经济协调发展。

党和国家领导人致函祝贺中国科协成立30周年

李鹏在信中勉励科技群众团体要在科技繁荣、经济发展、社会进步中发挥更大的作用。

万里、李先念、邓颖超、聂荣臻、胡启立、王震、李铁映、薄一波、芮杏文、宋健、王任重、方毅、周培源等也在致贺的同时,希望广大科技工作者要充分发挥科学技术在社会主义物质文明和精神文明建设中的作用,向四个现代化进军。

中国科协是我国科学技术社会集团的联合组织,成立于1958年9月23日。它既是党和政府联系科技工作者的纽带,又是科技工作者之家。30年来,在学术交流、科技普及、国际交往等工作中取得很大成绩,对促进整个中华民族科学文化素质的提高作出了贡献。著名科学家李四光、周培源曾任科协主席,现任主席是钱学森。

中国第一座大型全国性科技馆——中国科学技术馆在北京正式开放

新疆塔里木盆地北部发现高产油气流

地质矿产部日前宣布,我国在新疆塔里木盆地北部的油气勘探又获重大突破,位于盆地北部沙雅隆起带的沙14和沙7两口钻井,在新的储油构造及新的含油层位上发现高产油气流。

据石油地质专家们的预测,塔里木盆地是我国一个有很大油气远景的沉积盆地,对改变我国油气后备储量不足的局面、发展石油天然气工业,具有重要意义。这两口钻井的新发现,为勘探程度很低的塔里木盆地的油气资源潜力的评价提供了依据,同时也丰富了地质工作者寻找油气田的理论。

这两口钻井的新发现还进一步证明:塔北隆起及其斜坡带是塔里木盆地的一个很重要和现实的油气富集带。由于这里的自然地理条件及交通条件都比较好,因此,油气田的开发利用将产生现实的经济和社会效益。

上海推出电视片《东亚经济纪实》

这部电视片是由我国第一家民办社会科学研究机构——亚洲研究所发起并同其他单位一起拍摄制作的。第一集《崛起在中国身边》,概述了被称为"亚洲四小龙"的东亚国家和地区的经济起飞,给人类世界带来的剧烈震荡。接着,每一集介绍一个国家或地区的经济发展实况,揭示这些国家和地区成功的奥秘。最后一集《跨入世界经济主流》中,著名学者对这些国家和地区经济崛起作了令人信服的分析。

9月23日

中共中央 全国人大常委会 国务院致电祝贺宁夏回族自治区成立30周年

宁夏回族自治区党委、人大常委会、人民政府:

值此宁夏回族自治区成立30周年之际,党中央、全国人大常委会、国务院谨向宁夏各族人民致以热烈的节日祝贺和亲切问候!

具有光荣革命传统的宁夏各族人民,在中国共产党的领导下,为了宁夏的解放和各民族的新生,为了中国革命的胜利,进行了长期英勇的斗争,作出了自己的贡献。1958年宁夏回族自治区的成立,是宁夏人民政治生活中的一件大事,标志着宁夏历史的新开端。30年来,自治区党委和人民政府率领各族人民,团结奋斗,努力开发建设,以自己的辛勤劳动和创造精神,取得了宁夏社会主义事业的辉煌胜利。特别是党的十一届三中全会以来,广大干部和各族人民坚定不移地贯彻执行党的路线、方针和政策,坚持四项基本原则,坚持改革开放,各项建设事业取得了重大成就。党中央、全国人大常委会、国务院对所有为宁夏的解放和建设事业作出贡献的各族干部,各族人民,驻宁夏人民解放军部队和宁夏武警部队指战员,表示衷心的感谢!

开发建设宁夏,实现各民族的共同进步与繁荣,是历史赋予宁夏各族人民的伟大使命,也是宁夏各族人民的共同愿望。宁夏广大干部和各族人民要根据自己的情况,发挥自己的优势,制定和实施适合宁夏实际的发展战略，继续深化改革，进一步对外开放，促进生产力的提高，加快宁夏的经济发展。同时，要大力发展教育、科技、文化事业，培养各方面的建设人才，不断提高各族人民的思想道德素质和科学文化素质。要在深化经济体制改革的同时，积极而又慎重地进行政治体制改革。要坚决、全面地贯彻执行《民族区域自治法》，加速培养少数民族干部，认真贯彻落实好党的民族政策和宗教政策，进一步调动各族群众的社会主义积极性。要始终不渝地维护祖国的统一和民族团结，巩固和发展社会主义的民族关系。要广泛持久地向各族人民进行爱国主义、集体主义、社会主义和共产主义的思想教育。宁夏的广大党员和各族干部，都要全心全意地为人民服务，进一步发扬艰苦奋斗、勤俭建国的光荣传统，严格遵守党纪、法纪，保持清正廉洁，以自己的模范行动把宁夏的社会主义现代化建设事业、民族大团结事业不断推向前进。我们相信，宁夏的广大干部和各族人民，在党的领导下，一定能够同心同德，再接再厉，努力奋斗，把素有“塞上江南”美称的宁夏建设得更好，在祖国大西北的建设中不断作出新的更大的成绩。

宁夏是大有希望的。宁夏一定会更快地繁荣富裕起来。祝宁夏各族人民团结、幸福！

中共中央
全国人大常委会
国务院
1988年9月23日

国家副主席王震在宁夏回族自治区成立30周年庆祝大会上的讲话

同志们：

宁夏回族自治区成立30周年了。今天，我们中央代表团来到塞上凤凰城，同宁夏400多万各族人民一起欢庆这个盛大的节日，感到由衷的高兴。在这里，我代表中共中央、全国人大常委会、国务院，向宁夏各族工人、农牧民、干部、知识分子、各界爱国人士，向人民解放军驻宁夏部队和宁夏武警部队全体指战员，致以热烈的祝贺和亲切的问候！

宁夏回族自治区成立的30年，是各族人民在自治区党委和人民政府领导下，认真执行党的路线、方针和政策，团结奋斗，克服困难，胜利前进的30年。特别是最近10年，宁夏广大干部和各族人民，认真贯彻执行党的十一届三中全会以来的路线、方针和政策，坚定不移地以经济建设为中心，坚持四项基本原则，坚持改革开放，使各项事业取得了突破性的进展。宁夏这片土地焕发了勃勃生机，整个面貌发生了深刻的变化。

我们高兴地看到，宁夏的经济建设取得了重大的成就。落后的农牧业单一经济结构有了相当大的改变，在塞上原野崛起了现代工业，并逐步形成了自己的优势。随着生产的发展，各族人民的生活明显改善，教育、科技、文化、卫生和体育等事业迅速发展。少数民族的平等权利和自治权利得到了保障，社会主义的民族关系进一步巩固。

宁夏回族自治区成立30年以来的历史告诉我们，我国的民族区域自治制度完全适合我国国情，具有强大的生命力。宁夏的发展是和整个国家的发展紧紧联系在一起的。各个民族的命运是和整个中华民族的命运紧紧联系在一起的。各族人民在中国共产党的领导下，团结奋斗，锐意改革，开拓进取，就一定能实现各民族共同理想与追求，实现各民族的共同发展与繁荣。

同志们，当前我国各族人民正在为建设具有中国特色的社会主义现代化国家而努力奋斗。具有光荣革命传统的宁夏各族人民应当也完全能够在这个伟大历史潮流中大有作为，在建立社会主义商品经济新秩序、发展社会生产力的伟大事业中取得更大的成就。宁夏有丰富的煤炭和其他矿藏，有横贯境内“唯富一套”的黄河，还有大片可开发的土地，构成了煤、电和水、土结合的有利条件与优势。要充分发挥这些优势，实行生产力的合理配置，大力发展能源工业和其他工业，继续使农牧业有一个较大的发展。宁夏的自然条件南北相差很大，生产力发展很不平衡，应当因地制宜，各有侧重，各展所长。西海固地区是我国贫困地区之一，中央对贫困地区人民的生产、生活历来十分关心，我们一定要通过扎实的工作，采取正确的措施，使贫困地区尽快脱贫致富。

要加快宁夏的发展，必须继续坚持和加快改革。民族地区的改革要充分考虑当地的实际，采取适合民族特点和地区特点的政策、措施和步骤。沿海和其他地区的先进经验可以学习借鉴，但不能机械地套用。要根据情况，审时度势，走出一条适合民族地区发展的路子。要进一步解放思想，以创业的锐气和胆识，勇于探索，勤于实践。在深化经济体制改革的时候，还必须重视政治体制改革。不论进行经济体制改革还是进行政治体制改革，都要适合民族地区的社会环境，有利于生产力的发展，有利于《民族区域自治法》的贯彻落实和民族区域自治制度的完善，有利于各民族的团结进步和共同繁荣。

实行对外开放，是改革的重要内容，也是加快宁夏发展的紧迫问题。我国进一步开放沿海地区，发展外向型经济，为宁夏与沿海地区的交流和合作，提供了良好的机遇和有利条件。要努力学习现代技术和经营知识，发展社会主义商品经济。在扩大国内交流的同时，还要积极发展国际交流与合作，特别是要重视利用回族同伊斯兰国家的人民在宗教信仰和生活习惯许多方面相同或相近的条件,开展同伊斯兰国家的经济联系,打开国际合作的渠道。

民族区域自治是解决我国民族问题的基本政策,是国家的一项重要政治制度。《民族区域自治法》的颁布,标志着我国社会进入了用法律规范调整民族关系的时期。各级党政组织、各个部门,都要全面地、坚决地、认真地贯彻执行。贯彻执行好《民族区域自治法》的一个重要问题,是培养大批政治思想好、热爱祖国、密切联系本民族群众、有文化、有能力的少数民族干部。要采取多种形式、多种途径,努力提高少数民族干部的素质,并在实际工作中不断增长他们的才干。

要加快宁夏的建设步伐,必须高度重视人们的思想道德素质和科学文化素质的提高。要通过发展教育事业,培养有一定科学文化知识、劳动技能的劳动者和各种专门人才,真正使教育成为推动经济发展、民族进步的一个强大动力。

宁夏是回族聚居区,同时还有汉、满、蒙古等民族在这里共同生活、共同建设。要开发建设好宁夏,必须继续做好民族工作和宗教工作,不断增进各民族的团结。各个民族之间要团结,各民族内部同样要团结,不论是哪一种职业、哪一种宗教信仰、或者是同一宗教中的哪一个教派的公民,都要自觉地维护民族团结。这对于巩固和发展宁夏安定团结的政治局面,加快各项建设事业的发展,具有头等重要的意义。各级党政干部对于加强团结尤其负有重大的责任。今天在座的,有老干部也有新干部,有少数民族干部也有汉族干部,有外来的干部也有本地的干部,有军队的干部也有地方的干部。长期以来,各民族的干部团结合作,为回、汉等各民族的繁荣和发展,为宁夏的解放和建设,呕心沥血,作出了很大成绩。希望你们继续发扬这种团结合作的优良传统。

同志们!当前,我国正处于深化改革的关键时期,必须坚持改革,艰苦奋斗,加强团结,克服困难,争取改革的全面胜利。希望宁夏全体党员,各级领导干部,要更加紧密地团结起来,以自己的模范行动,带领各族人民,锐意进取,奋力拼搏,把宁夏这个"塞外江南"建设得胜似江南,让这颗西北的灿烂明珠更加光彩夺目,为宁夏的振兴,中华民族的振兴作出新的贡献!

1988 年 9 月 23 日

《人民日报》发表社论《团结求实奋进——庆祝宁夏回族自治区成立三十周年》

玫瑰花盛开,"凤凰城"欢腾,宁夏回族自治区成立 30 周年的喜庆日子来到了。我们谨向宁夏的回族和其他各族工人、农民、知识分子、干部及驻宁夏人民解放军、武警部队全体指战员表示热烈的祝贺!

在祖国多民族的大家庭中,回族是一个重要成员。在我国各族人民团结奋斗的革命历史中,无论是在抗日战争中还是在解放战争中,回族人民都是一支重要的力量。今天,在向四化进军的宏大队伍中,回族人民都是一支作出重要贡献的方队。宁夏是回族人民集中聚居的地区之一。30 年来,在党的民族区域自治政策的光辉照耀下,宁夏的面貌发生了历史性的变化。特别是近 10 年来,贯彻执行党的十一届三中全会路线和各项方针、政策,自治区的经济、文化等各项事业更是以前所未有的速度向前发展。改革、开放给宁夏人民带来了利益,也给改变那些至今仍然比较贫困地区的面貌带来了希望。

历史的经验告诉我们:整个国家不改革开放,没有出路;各个民族不改革开放,不能发展。近 10 年来宁夏前进的步子比较大,最根本的就是因为坚持社会主义方向,贯彻改革开放的总方针,进一步加快和深化改革,打破长期形成的僵化体制和经济的封闭半封闭状态,为振兴宁夏开辟更广阔的前景。

在改革开放的总题目下,每个地方都可以作出各有特点的好文章。宁夏回族自治区,作为一个实行民族区域自治的地方,更可以在紧密结合当地的实际,突出自己的地方特色、民族特色,创造性地实行改革开放方面大做文章。建设有中国特色的社会主义,不但不排斥地方特色、民族特色,还要提倡和鼓励地方特色、民族特色。地方特色、民族特色发挥得越好、越充分,中国特色的社会主义就越绚丽多姿、生机勃勃。现在的问题不是地方特色、民族特色发挥得太多了,而是发挥得还很不够。要进一步打破自然经济和产品经济的旧模式,大力发展社会主义的商品经济,就必须大力提倡各地发扬求实作风,突出自己的优势和特色。

突出特色、发挥特色,首先要认清本地区的实际情况。近年来,宁夏的党政领导同志强调要进一步解放思想,深化对宁夏区情的认识,是完全正确的。内陆地区同沿海地区不同,少数民族自治地区同非民族自治地区不同,宁夏又与其他四个少数民族自治区不同,即使在宁夏区内,干旱缺水的西海固地区与沟渠纵横的宁夏平原也不同。如果照搬外地经验,套用一个模式,势必作茧自缚。制胜之道在于因地制宜,走自己的路。宁夏的面积不算大,人口也不算多,发展经济有独特的优势。"贺兰山下果园成,塞北江南旧有名"。较好的自然地理环境,丰富的水力资源和煤炭资源,是发展农林牧业和其他产业的有利条件。悠久的历史,富有民族特色的文物古迹和现代人文景观,驰名中外的红黄蓝白黑"五宝"(枸杞、甘草、贺兰石、滩羊二毛皮、发菜),更增加了宁夏的魅力。当然,宁夏也有自己的困难和问题。这就需要因地制宜,扬长避短,千方百计,艰苦努力。

坚持民族区域自治制度,加强各兄弟民族的亲密团结,是民族地区繁荣兴旺的基本保证。宁夏回族自治区成立以来,回族、汉族及其他兄弟民族互相团结,互相尊重,互相帮助,平等和睦相处。自1984年《民族区域自治法》颁布以来,民族团结又有新的发展。一大批政治思想好、热爱祖国、密切联系本民族群众、有文化、有能力的少数民族干部陆续走上各级领导岗位,为更好地贯彻民族区域自治法,促进宁夏的繁荣提供了切实的保证。宁夏各级政府要大力培养当地民族干部,同时要充分发挥各民族干部的积极性,继续发扬互相尊重,互相信任,互相学习,亲密合作的优良传统,为巩固和发展区内各民族人民的团结,为加速自治区各项事业的发展,不断作出新的贡献。

当前,我国面临着治理经济环境,整顿经济秩序,全面深化改革的艰巨任务。这副重担同样落在宁夏各族人民的肩上。我们相信,勤劳、勇敢、智慧的宁夏各族人民,一定能够发扬当年红军长缨在手,敢缚苍龙的英雄气概,不畏艰险,斩关夺隘,取得新的更大的成就。

国务院总理李鹏在人民大会堂会见以日中经济协会会长河合良一为团长的日中经济协会访华团

李鹏在谈到国内形势时说,10年的改革开放给中国带来了很大变化,取得的成绩是巨大的。我们改革的方向不会改变。为了解决目前遇到的一些问题,明后两年改革和建设的重点是治理经济环境,整顿经济秩序。要把过高的经济发展速度适当地降下来,降到原来计划的7%—8%。要压缩基本建设规模,特别是压缩那些楼堂馆所及计划外项目。交通、能源、通信和原材料工业还要适当发展。

李鹏在谈到中日经济关系时说,竹下登首相访华时双方签订的中日投资保护协定,为促进两国经济合作的发展创造了有利条件。中国方面将为进一步改善投资环境而努力。对于双方确定的中日技术交流会议,中国政府将给予支持。

国务院总理李鹏 中央军委主席邓小平签署第14号令公布《中国人民解放军现役士兵服役条例》

《中国人民解放军现役士兵服役条例》已经1988年9月9日国务院第21次常务会议和1988年8月13日中央军委常务会议通过,现予发布施行。

国务院总理　李　鹏
中央军委主席　邓小平
1988年9月23日

中国人民解放军现役士兵服役条例

第一章　总　则

第一条　为了完善士兵服役制度,提高士兵队伍素质,加强中国人民解放军的革命化、现代化、正规化建设,根据《中华人民共和国兵役法》的有关规定,制定本条例。

第二条　现役士兵按兵役性质分为义务兵和志愿兵,并依照本条例授予相应军衔。

第三条　士兵必须忠于祖国,热爱社会主义,全心全意为人民服务;忠于职守,刻苦钻研军事技术,熟练掌握手中武器;严格执行国家的法律、法规和军队的条令、条例,尊重领导,服从命令,听从指挥;随时准备打仗,抵抗侵略,保卫祖国。

第四条　中国人民解放军总参谋部主管全军的兵员工作,各级司令机关主管本单位的兵员工作。

国务院有关部门和地方各级人民政府,根据本条例及有关法律、法规的规定,协助军队做好兵员工作。

第二章　士兵的服役管理

第五条　公民依照法律规定,在中国人民解放军履行兵役义务,须经县级兵役机关批准。

第六条　义务兵服现役的期限,从兵役机关批准之日算起;调往服现役期限不同的军种,服现役期限随之改变。

第七条　义务兵超期服现役,由团以上机关批准。

超期服现役的义务兵,必须政治素质好,身体健康,专业技术熟练。

超期服现役的义务兵,不得超过士兵编制总数的百分之十五。

第八条　志愿兵从义务兵中选取。义务兵选取为志愿兵,必须具备下列基本条件:

(一)志愿献身于国防事业;

(二)能胜任本职工作;

(三)具有初中毕业以上文化程度;

(四)身体健康。

第九条　志愿兵担任基层行政或者专业技术领导管理职务,须经军事院校培训。

志愿兵担任专业技术工作职务,须经六个月以上的专业技术培训,连续从事本专业不少于二年。

第十条　士兵担任副班长、班长或者相当于班长职务,由营或者相当于营的单位和主官任免。

战斗中,因伤亡影响作战指挥时,连或者相当于连的单位的主官可以任命副班长、班长或者相当于班长的职务,但战斗间隙应当立即上报备案。

第十一条　士兵的调配使用,应当严格按照编制的规定执行。

士兵不得分配到军队企业、事业单位服现役。

第十二条　士兵在师(旅)范围内调动,须经上一级主管首长批准;跨师(旅)以上单位的调动,由军以上司令机关办理,报上一级领导机关备案。

第十三条　新入伍的士兵,必须经过共同科目基础教育训练;专业技术兵必须经过六个月以上的专业技术培训;班长必须经过三个月以上的集训。

第十四条　部队应当每年对士兵进行训练考核,对专业技术兵进行技术等级标准考核。考核成绩应当作为使用、晋升和奖惩的依据。

第三章　士兵的军衔

第十五条　士兵军衔按等级分为:

(一)士官:军士长、专业军士。

(二)军士:上士、中士、下士。

(三)兵:上等兵、列兵。

第十六条　士兵军衔按兵役性质分为:

(一)志愿兵役制士兵:军士长、专业军士。

(二)义务兵役制士兵:上士、中士、下士、上等兵、列兵。

第十七条　海军、空军士兵在军衔前分别冠以"海军"、"空军"二字。

第十八条　士兵军衔的授予与晋升,以本人所任职务编制军衔、德才表现和服现役年限为依据。

第十九条　士兵军衔的授予与晋升规定如下:

(一)军士长:经过军事院校培训、被任命担任基层行政或者专业技术领导管理职务的士兵。

(二)专业军士:服现役满五年以上、自愿继续服现役,经批准担任专业技术工作职务的士兵。

(三)上士:服现役第四年的班长,服现役第五年的副班长。

(四)中士:服现役第三年的班长,服现役第四年的副班长,服现役第五年的下士。

(五)下士:服现役第二年的副班长,服现役第三年的上等兵。

(六)上等兵:服现役第二年的列兵。

(七)列兵:服现役第一年的兵。

在编制上职务相当于班长的,按班长的军衔授予、晋升。

第二十条　士兵军衔应当按规定期限晋升。士兵由于职务晋升,其军衔低于新任职务编制军衔的,提前晋升至新任职务编制军衔的最低军衔。

第二十一条　士兵军衔授予、晋升的批准权限规定如下:

(一)军士长、专业军士,由团或者相当于团的单位的主官批准。

(二)上士、中士、下士,由营或者相当于营的单位的主官批准。

(三)上等兵、列兵,由连或者相当于连的单位的主官批准。

第二十二条　兵的军衔的授予与晋升,由连或者相当于连的单位的主官队前口头公布。军士、士官军衔的授予与晋升,由连或者相当于连的单位的主官提名,填写军衔报告表上报审批,由批准单位的主官以命令公布。

第二十三条　士兵在训练机构学习期间军衔的晋升,学制六个月以上的,由训练单位办理;学制不满六个月或者送地方学习的,由原单位办理。

士兵住院治疗期间军衔的晋升,由原单位办理。士兵因病和非因公致伤致残住院或者病休的时间,连续计算超过半年的,暂缓晋升,暂缓期限不得少于半年。

第二十四条　士兵在受审查期间,军衔暂不晋升。经审查没有问题的,应当按期晋升。

第二十五条　军衔高的士兵对军衔低的士兵,军衔高的为上级。当军衔高的士兵在职务上隶属于军衔低的士兵时,职务高的为上级。

第二十六条　士兵必须按规定佩带与其军衔相符的肩章、符号。

第二十七条　士兵编制军衔和首次军衔评定、授予工作,由中国人民解放军总参谋部规定。

第四章　士兵的奖惩

第二十八条　对在作战和训练、执勤、工作中表现突出,取得显著成绩的士兵,应当根据其具体情况,给予奖励。

第二十九条　奖励分为:嘉奖;记三等功、二等功、一等功;授予荣誉称号以及中央军事委员会确定的其他奖励。

对荣获二等功以上、科学技术进步三等奖以上奖励的士兵,其军衔或者级别,可以提前晋升。

第三十条　对违反纪律和故意或者过失给国家、军队和人民造成损失,或者在群众中产生不良影响的士兵,应当根据其具体情况,给予行政处分。

第三十一条　行政处分分为:警告、严重警告;记过、记大过;降职或者降衔(降级)、撤职;除名;开除军籍以及中央军事委员会确定的其他行政处分。

降职仅适用于班长,降衔仅适用于军士和上等兵,降级仅适用于志愿兵,撤职仅适用于副班长、班长或者相当于班长职务的士兵。

第三十二条　士兵受降衔或者降级处分后,其军衔、级别的晋升期限按照处分后的军衔、级别重新计算。

士兵受降衔或者降级处分后,对所犯错误已经改正,并在作战或者工作中有显著成绩的,其军衔或者级别晋升的期限可以缩短。

第三十三条 给予士兵奖励和行政处分的权限，由中央军事委员会另行规定。

第三十四条 士兵被除名、开除军籍、劳动教养或者判处徒刑的，应当根据具体情况，取消或者剥夺其军衔。

第五章 士兵的待遇

第三十五条 义务兵享受供给制生活待遇，按军衔和服现役年限发给津贴。

志愿兵享受供给制和薪金制相结合的生活待遇。薪金由基本薪金和补贴构成。

第三十六条 军士长、专业军士的薪金级别各为八级。一级至四级，晋升期限各为三年；五级至八级，晋升期限各为四年。薪金级别晋升，由团或者相当于团的单位的主官批准。

军士长的级别薪金标准，应当高于相同级别专业军士的级别薪金标准。

第三十七条 担任副班长、班长或者相当于班长职务和授予军士长军衔的士兵，按规定发给职务津贴。

第三十八条 士兵在服现役期间，享受公费医疗待遇。

第三十九条 士兵生活有困难的，应适当给予补助。

第四十条 志愿兵家属符合随军条件未随军的，由军队发给分居补助费和医疗补助费。

第四十一条 义务兵在服现役第二、三年内，给予探亲假一次，假期十天。第四、五年内，给予探亲假一次，假期二十天。

志愿兵未婚同父母远居两地不能在公休假日团聚的，或者已婚但夫妻远居两地不能在公休假日团聚的，每年给予探亲假一次，已婚的假期三十天，未婚的二十天。当年未探亲的，第二年增加探亲假十五天。夫妻在一地、父母在异地的，每四年给予探望父母假一次，假期二十天。

探亲假期不含途中时间，往返路费按照规定标准报销。

第四十二条 执行作战任务的部队的士兵停止探亲。

国家宣布战争状态、发布动员令以后，一切探亲的士兵应当立即返回部队。

第四十三条 志愿兵的家属一般不随军。个别具备家属随军条件，经师(旅)以上政治机关批准，其配偶和未成年的子女、无独立生活能力的子女可以随军，是农村户口的转为城镇户口，当地政府应当准予落户。

家属随军的志愿兵，其休假、住房、家属就业、子女入托、入学等待遇与家属随军的营职以下军官相同。

第六章 士兵退出现役

第四十四条 士兵服现役期满，一般应退出现役。义务兵超期服役期满未被选取为志愿兵的，必须退出现役。志愿兵服现役满十七年或者年满三十五周岁，除个别具有特殊专长、经批准继续服现役的外，一律退出现役。

第四十五条 服现役期限未满的士兵，符合《中华人民共和国兵役法》第二十条和其他有关规定的，经师(旅)以上机关批准，可以提前退出现役。

第四十六条 战时，士兵因伤病住院治疗后，经医院证明不宜继续服现役的，不再介绍回原部队，由军队医院或者后方团以上单位办理手续退出现役。

第四十七条 士兵退出现役时，按规定发给退出现役补助费；患有慢性病的，按规定发给医疗补助费。

第四十八条 士兵退出现役在返家途中违法乱纪的，沿途军事机关应当协同当地有关部门劝阻制止；构成犯罪的，由当地司法机关依法处理。

第四十九条 士兵从批准退出现役之日起，必须在三十天内到原征集地退伍军人安置机构报到。逾期不报到的，应当按照《中华人民共和国户口登记条例》《中华人民共和国治安管理处罚条例》和其他有关规定，由户口管理机关给予批评教育或者适当的行政处罚。

第五十条 义务兵退出现役，按照《退伍义务兵安置条例》和其他有关规定，妥善安置。

志愿兵退出现役，实行转业、复员、退休制度，按照国家有关规定，妥善安置。

第五十一条 士兵退出现役后分配参加工作的，其军龄按照《退伍义务兵安置条例》第十五条的规定计算；工资标准，按照不低于现岗位同工种、同工龄大多数工人的标准工资的原则确定。

第五十二条 士兵退出现役时，按照《中华人民共和国兵役法》的有关规定服预备役的，由部队确定其预备役军衔。

第七章 附 则

第五十三条 本条例由中国人民解放军总参谋部负责解释。

第五十四条 本条例自发布之日起施行。

1987年新产品产值在工业总产值中的比重已达60%

据《人民日报》报道，国家计委、财政部、物价局、税务局、工商银行等部门联合向新闻单位通报情况时提出，动员各方面力量，推进新产品开发走上一个新阶段，是提高企业经济效益的一个重要途径。新产品产值在我国工业总产值中的比重，1984年只有3.3%，

1986年提高到6.1%，1987年达到了60.9%。

当前，我国试制成功的新产品投产率已达70%以上。据初步统计，1987年新产品产值达724亿元，利税103亿元，比1986年新产品产值、利税分别增长31%和33%，大大超过工业产值、利税增长速度。新产品开发提高了我国工业产品的水平，目前已有30%的机械产品和20%以上的化工产品达到国际70年代、80年代先进水平。

新产品开发虽然取得不小进展，但总的看来，水平高的不多，换代型的不多，改进型新产品不少，企业还缺少开发新产品的足够压力和动力。据统计，1987年开发的新产品达到国际水平的只有3415项，占总开发数的5.8%。

国务院副总理姚依林在人民大会堂会见由价格委员会主席帕浦洛夫率领的苏联价格考察团

姚依林说，中国目前已有50%的商品的价格已经放开，另外50%的商品，包括粮、棉、油等农产品和重要生产资料的价格仍由国家控制。中国目前不准备继续放开这部分商品的价格。对已经放开了的商品的价格也不准备收回，因为这有利于调节生产和消费。

姚依林说，中国准备花两年的时间，改善阻碍经济发展的环境，整顿经济秩序。他说，如果不治理经济环境、不整顿经济秩序，中国的经济将会遇到许多困难。

国务院副总理姚依林在人民大会堂会见联邦德国汉堡州州长海宁·弗舍劳博士一行

首都科技界在中南海怀仁堂集会纪念中国科协成立30周年

中央书记处书记芮杏文向大会发表讲话，充分肯定科协30年来取得的成绩，评价中国科协已经成为促进我国四化建设的一支重要社会力量。

他说，中国科学技术协会的诞生，开辟了中国科技群众团体历史上新的一页。许多老一辈科技工作者，多少年来一直紧密地与党战斗在一起，风雨同舟，安危与共，值得钦佩。在促进我国社会主义物质文明和社会主义精神文明建设中，中国科协做了大量的工作，无论在学术、科普和社会服务方面都有了许多新的进展。

芮杏文指出，对中国来说，新技术革命既是一次机遇，也是一次挑战。我们要充分认识与发达国家在科学技术上的差距，要有危机感、紧迫感和责任感，要不甘落后，奋起直追，尽快缩短与发达国家之间的差距。

他说，我们不是没有科学技术传统的民族，在若干重要的科学技术领域，我们也取得了令人瞩目的成就。我们应该发扬民族自信心和自豪感，在全球性的科技交流、合作、竞争中，把我国的科学技术推向前进。

出席大会的还有倪志福、方毅、宋德福等领导同志及中国科协负责人。中国科协主席钱学森作了《为科技兴国而奋力工作》的报告。

纪念会上，对94名首届“青年科技奖”的获得者颁了奖。

国家教委重申中小学收费规定要求各地及时制止乱收费现象

对少数学校确实存在的乱收费现象，国家教委发言人重申：“对于学校服务区域范围以内的按规定应当入学的儿童少年，学校不得以任何理由拒绝接受入学，也不得额外向家长或单位收取或摊派费用，违者应进行批评教育，追究其责任，已收取的额外费用应如数退还。”他还强调说：现在有些学校无视这一规定，巧立名目，收取繁多的费用的做法是错误的。各地政府和教育行政部门应按照义务教育法及有关规定，加强对学校的管理和引导，发现问题要及时予以制止和纠正。

全国第一批译成白话文的古代中医典籍出版

它们是《黄帝内经素问》《灵枢经》《难经》《伤寒论》《金匮要略》和《温病条辩》6部，纯白话文共120多万字。

由全国中医界30多名教授、专家、学者翻译编辑的这6部医书，出版前又经全国60多名中医学专家进行了审核，现已被收入《白话中医古籍丛书》。据丛书的主编、前卫生部部长崔月犁和中国中医研究院教授冉先德透露，这套白话中医古籍丛书计划出书120部，预计5年出齐，这套书是传统中医学的精华，能较完整地反映中医的理论体系，全部译成白话文后，将使文词古奥、医理难求的中医学从文言文的束缚中解放出来，成为识字人皆可阅读的医学工具书。

这套丛书由中外文化出版公司和春秋出版社联合出版。

丛书还将分别译成英、德、日、法、意等各种文字对国外发行。

王首道、伍修权、周谷城、楚图南等出席了丛书第一批书出版发行的座谈会。

9月24日

中共中央政治局在北京召开第十二次全体会议

会议决定，中国共产党第十三届中央委员会第三次全体会议于9月26日在北京召开。

会议讨论并同意赵紫阳代表中央政治局《在中国共产党第十三届中央委员会第三次全体会议上的工作

报告》,决定提请党的十三届三中全会审议。

出席会议的有中共中央政治局委员15人,中央政治局候补委员1人,中共中央政治局委员2人因公缺席。有关方面负责人列席了会议。

中央军委主席邓小平在人民大会堂会见日中经济协会会长河合良一为团长的日中经济协会访华团

邓小平说,中日邦交正常化以来,两国经济贸易的发展总的来说是满意的,他希望日本方面加快在中国投资的步伐,特别是在技术转让这个方面,希望日方能够采取更加开放的政策,帮助中国提高创汇能力。他说,这要比单纯地向中国贷款更为重要。

斋藤英四郎说,中国解决目前的问题、特别是通货膨胀问题所采取的一些方针政策,像改善投资环境、压缩非生产性建设都是可行的。总的来说,要搞好经济,就要有一个长远的观点。

斋藤先生说,要发展经济,首先要解决钢铁问题。因为钢铁工业发展了,随之而来的像汽车工业、造船工业、电子工业和电气工业都会随着发展。现在中国的钢铁工业还不够。目前世界上人均钢铁产量165公斤,中国要达到这个水平,至少每年的产量要达到1.5亿—1.6亿吨。因此,中国应下一些力气发展钢铁工业。

邓小平表示赞同斋藤先生的意见。他说,要搞好经济建设,就要解决好供和求的矛盾,原材料工业的发展速度就不能太慢。他建议日本经济界人士探讨一下在向中国投资时搞一些合资、独资钢铁厂的可能性。

斋藤先生表示,日本企业家将会协助中国发展钢铁业。他说,目前日本正在和中国有关部门探讨这些问题。虽然在具体实施的过程中会遇到各种各样的困难,但是只要双方共同努力,是可以克服这些困难的。

国务院发出《关于清理固定资产投资在建项目压缩投资规模调整投资结构的通知》

国务院决定开展一次全社会固定资产投资的清理工作,要求各地区、各部门顾全大局,令行禁止,坚决地、认真地、过细地进行清理工作,决不允许走过场。通过全面清理在建项目,做到大幅度压缩投资规模,进一步调整投资结构,为抑制通货膨胀,为价格、工资改革创造条件。

通知说,近几年来,全社会固定资产投资增长很快,超过了社会财力、物力供应的可能。这是造成通货膨胀的重要原因之一。投资结构也不合理,一方面相当一部分加工工业能力不能充分发挥,或者产品不符合市场需要,造成社会财富的极大浪费;另一方面,能源、重要原材料供应和运力紧张的状况不仅得不到改善,而且更加突出,不利于今后国民经济长期稳定发展。

通知明确指出,这次清理对象包括全社会固定资产投资项目,即不论是全民所有制建设项目,还是集体所有制建设项目;不论是基本建设项目,还是技术改造项目,不论是生产性建设项目,还是非生产性建设项目;不论是大中型或限额以上项目,还是小型或限额以下项目;不论是计划外项目,还是计划内项目;不论是沿海经济开发区项目,还是经济特区项目,一律纳入清理范围。

通知指出,这次清理在建项目总的要求是,保证能源、交通、通信、重要原材料和农业等短线产品项目,压缩一般加工工业长线产品的项目;保证国家计划内安排的、各方面配套条件已落实的项目,停建计划外项目;保证必需的生产性建设项目,压缩非生产性建设项目,特别是楼堂馆所建设项目;保证重要引进技术、列入国家计划的重大企业改造和生产市场急需产品所必需的技术改造项目,压缩一般技术改造项目,特别是以外延扩大再生产为主的项目。

通知对基本建设和技术改造在建项目、城乡集体所有制单位在建项目、非生产性建设项目和城市建设项目、涉外项目、银行贷款项目的清理原则,以及对停建项目中1988年能提前投产项目的外理原则,作了具体规定。通知对停建项目的外理也提出六条原则。

通知说,清理工作由国务院总理李鹏领导,并由有关部门的负责同志组成国务院清理固定资产投资项目领导小组负责具体工作。国务院各部门由部长负责,组成清理固定资产投资项目小组。各省、自治区、直辖市和计划单列市由省长、自治区主席、市长负责,组成清理固定资产投资项目小组。

通知对清理的时间提出了要求:各地区、各部门对该停建的项目,清理一批停建一批,至迟在11月底清理结束。对少数是否应该停建有争议的项目,最晚在12月底提出处理意见,该停建的立即停建。

通知要求各地区,各部门对新开工项目进行严格控制。除已经国务院批准今年新开工的40项基本建设大中型项目和国家计委已下达的限额以上技术改造新开工项目外,其他基本建设项目、技术改造项目,城乡集体项目,不论大小项目今年一律不再开工。

为确保清理固定资产投资在建项目、压缩投资规模、调整投资结构工作的顺利进行,通知提出了4条监督措施:国务院和各部门,各省、自治区、直辖市、计划单列市,要尽快派出工作组进行大检查;各地区、各部门要将清理结果登报公布,接受群众监督;各级监察部门要设立清理在建项目的群众举报电话、信箱,对举报有功人员要给予保护和鼓励；对不执行本通知，或执行不力、隐瞒情况、弄虚作假、阳奉阴违的地区、部门和单位，由监察、审计部门追究直接责任者和主要领导人的责任，并从严给予经济和行政处罚。

中共中央政治局常委胡启立在北京会见南非进步联邦党全国主席科林·埃格林

全国人大常委会委员长万里在人民大会堂会见摩洛哥国王哈桑二世的特使艾哈迈德·奥斯曼议长

国务院副总理吴学谦在钓鱼台国宾馆会见摩洛哥国王特使艾哈迈德·奥斯曼议长

国务院总理吴学谦在北京会见阿曼外交次大臣海塞姆一行

外交部部长钱其琛赴纽约出席联合国大会第四十三届会议

首都文化理论界举行座谈会纪念谭嗣同等六君子就义90周年

这次座谈会是《新观察》、首钢研究开发中心法律与社会发展研究所和《中国病》丛书编委会联合举办的。与会者还联名向有关方面建议，在戊戌六君子殉难的北京菜市口为他们立碑。

9月25日

国务院决定从10月份开始在全国范围内开展信贷大检查

据悉，这次信贷大检查是国务院直接部署和领导的，由人民银行具体组织，着重要解决以下问题：

——各地区执行今年信贷计划的情况，各银行信贷资金包括人民银行短期贷款的使用和投向是否合理，有无不符合信贷政策，违反规定滥放贷款问题。

——各银行和非银行金融机构，有无违反政策和规定，以贷谋私，违法乱纪的问题。要注意检查在发放贷款、拆借资金等金融活动中，单位或个人违反国家政策和有关规定，收取各种名义的回扣和“好处费”的问题。

——检查各地清理整顿非银行金融机构的情况。

——各地清仓挖潜任务完成情况。主要检查节约流动资金、挖掘资金潜力的计划完成情况，检查各银行清理回收逾期贷款、呆滞贷款和其他各项清仓挖潜任务完成情况。

国务院为开展1988年税收财务物价大检查发出通知

国务院指出，在检查中，要特别强调按照国家财经政策和法律、法规办事，严肃财经纪律。要把收缴各项违反法纪的收入同严格查处各种违反法纪的行为结合起来，该收的钱要及时足额地收缴入库，该处理的违反法纪问题要严肃处理；要把开展检查同遵纪守法的宣传教育结合起来，增强广大干部群众的全局观念、法制观念和纪律观念；要把查处违反法纪案件同总结经验、完善规章制度结合起来，研究制定新形势下防止违反财经法纪的有效措施。各级财政、税务、审计、物价和其他有关部门，要在当地政府的领导下，加强协作，密切配合，把1988年的大检查工作一抓到底，抓出实效。

国务院指出，这次大检查，主要是检查国营、集体、私营和联营企业，以及行政事业单位和个体工商业户的下列违反法纪问题：非法侵占、偷漏、截留、私分应交国家的税款和收入，以及虚报亏损、骗取国家财政补贴的；违反国家物价政策和法规，乱涨价、乱收费，钻“双轨制”价格的空子，高价转手倒卖铜、铝、镍、钢材、石油、化肥等重要生产资料和紧俏消费品，或以物易物，非法牟取差价收入的；滥发奖金、补贴、实物，用公款请客送礼，游山玩水，擅自购买专控、禁购商品或超过控购指标购买商品，任意扩大消费基金的。此外，对外经济交往较多的地区、部门和单位，还要检查截留应交外汇收入、私自将外汇存放境外等违反外汇政策和法规的问题。检查的重点是：中央企业、省（自治区、直辖市）属企业和其他大型企业；各类公司，包括各种贸易性公司、金融性公司、技术开发公司、劳动服务公司和综合性公司等；各级经济主管部门和有罚没收入的机关单位。重点检查面，一般不少于30%。其中对中央企业、省（自治区、直辖市）属企业、各类公司、经济主管部门和有罚没收入的机关与单位的检查面要达到50%左右。

国务院强调，1986年和1987年经国务院批准的国务院大检查办公室《关于税收、财务、物价大检查处理经济违纪问题的若干政策界限》及其《补充规定》，要继续贯彻执行。根据当前的实际情况和存在的主要问题，今年的大检查，特别要掌握好以下几点：

（一）坚持“自查从宽，被查从严，实事求是，宽严适度”的原则，对有违反法纪行为和屡查屡犯的单位及其直接责任人员，一定要严格按照《国务院关于违反财政法规处罚的暂行规定》和《中华人民共和国价格管理条例》处以罚款，并给予必要的行政处分，构成犯罪的由司法机关追究其刑事责任，决不能姑息迁就。与此同时，也要防止出现对某些问题处理过严的现象。

(二)加强地方对中央企业的检查,做到秉公办事,实事求是,严格掌握政策。

(三)检查承包企业(包括实行财务包干的部门和企业,下同)仍应坚持两条原则;一是对承包企业按照国家政策和承包合同应得的经济利益,要坚决保护,不得侵犯;二是对承包企业违反财经法纪和弄虚作假、投机取巧、非法经营、牟取暴利的行为,要认真查处。

(四)为了协调工作,防止重复检查,在今年大检查期间,凡是年度财务收支经过审计部门审计的,不再进行重点检查;凡是年度财务收支经过大检查重点检查的,审计部门也不再进行审计。

国务院要求:今年10月份突出抓一下对物价的检查,以平抑物价,稳定市场。在此以后到明年春节前,全面开展各项检查。各级政府和有关部门要合理调配力量,妥善安排各项工作,确保大检查和日常工作的顺利进行,确保今年大检查的声势、规模、深度和成效好于往年。各级大检查办公室及其工作人员要保持稳定,机构不能撤销,人员不能解散,工作不能中断。在今后若干年内,各级大检查办公室既要抓好每年一次的大检查工作,也要有组织、有重点地搞好日常的监督检查工作。在开展大检查期间,各级财政、税务、审计、物价部门,除了搞好日常工作外,要集中力量投入这一活动。各级计经委、银行、工商行政管理、监察、公安及业务主管部门要相互协作,积极支持和参与大检查工作,并请各地检察、法院和纪检部门给予大力配合和协助。国务院将继续从中央各部门抽调一批得力的干部,组成工作组,到各地指导和推动这项工作。今年大检查结束后,要表彰一批工作组和检查组成员中有显著成绩的先进个人,同时,还要对1985年以来经过严格检查确无违反法纪行为的遵纪守法户进行表彰。

西藏地热勘探取得突破进展

我国迄今温度最高的一口地热井——西藏羊八井地区202.2℃千米深井引喷出高温热气流。这一成功标志着西藏地热勘探的重大突破,展示了这一地区深层地热的巨大前景。

羊八井地热田距拉萨市88公里,是西藏重点能源基地之一,但目前已开发利用的仅限于300米左右的浅层地热,出口温度在140℃左右,千米以下的深部热储一直是中外地热专家关注的重要课题。

地矿部中南石油地质局第四普查勘探大队8月21日在钻达1000米深处时获得202.2℃的高温井温曲线,9月25日18时15分引喷成功,随着一声巨响,地热水标喷出地面50多米。

中国人民银行副行长邱晴在国际货币基金组织临时委员会会议上呼吁发达国家尽快把缓解穷国债务负担的政治意愿付诸行动

邱晴希望主要工业国抵制贸易保护主义压力,为发展中国家的商品出口开放市场,在增加向发展中国家的官方资金援助和降低利率等方面采取切实可行的措施,为解决第三世界国家的债务问题创造一个良好的外部环境。

邱晴说,今年以来,虽然国际商品市场价格有所回升、世界贸易量有所扩大,但发展中国家的债务负担并未得到根本性缓解。

她说,值得重视的是,由于债务国还本付息加重,外来资金不足,资金向工业国倒流的现象没有扭转,一些国家到期不能还债的情况更趋严重。许多发展中国家,特别是重债务国,由于承担着经济调整和还债的双重负担,其经济仍处于停滞状态。如何尽快恢复经济活力和增长,仍是当前这些国家所面临的严重挑战。如得不到有利的国际环境的支持,这些国家经济的复苏和发展在可预见的未来是难以实现的。她说,为促进发展中国家的经济调整、改革,克服债务困难,中国赞成国际货币基金组织已付诸实施的给低收入发展中国家增加结构调整贷款以及应急贷款等措施。与此同时,为了加强国际货币基金会的作用,中国赞成增加其基金份额并希望能尽快就份额增加的规模达成协议。

解放军总参谋长迟浩田阐述《中国人民解放军现役士兵服役条例》的意义

迟浩田说,我军有几百万士兵,制定一部完整、统一的士兵服役的基本法规是巩固国防的需要。《中国人民解放军现役士兵服役条例》(以下简称《条例》)体现了改革精神。

迟浩田说,新中国成立以来,对士兵服现役的有关问题,除在兵役法中作过原则规定外,没有制定过一部完整、统一、综合性的士兵服役基本法规。自50年代以来,国家和军队有关部门制定颁发了大量的文件规定,对保障我军兵员工作的实施,加强军队建设起了积极的作用。但是,随着形势的发展,这些文件规定有的内容已不适用。特别是与当前深化改革的要求很不适应,工作实践中出现了许多新的矛盾和问题,亟须通过加强法制建设的途径加以调整和解决。《条例》的颁发对实现士兵服役制度化,增强士兵纪律、法制观念,促进安心服役,激励进取精神,自觉履行权利和义务,提高士兵队伍军政素质,加强军队革命化、现代化、正规化建设,具有重要意义。

迟浩田介绍,《条例》的制定颁发,得到国务院、中央军委的极大重视。从1983年1月起,总部和海、空军等有关部门组成起草小组，深入调查研究，广泛征求军内外意见，草拟了初稿。1986 年 12 月召开的军委扩大会议讨论修改了条例草案。经军委常务会议于 1988 年 1 月和 3 月的两次讨论，此条例草案 4 月送国务院领导审批。

《条例》受到几百万士兵和广大人民群众的关注。在谈到士兵服役制度有哪些改革时，迟浩田说，《条例》规定士兵实行军衔制，由 1955 年我军实行军衔制时的二等五级增至三等七级，士兵的军衔为上等兵、列兵二级；军士军衔为上士、中士、下士三级；士官军衔为军士长、专业军士二级。比 50 年代增设了军士长、专业军士二级，这是我国兵役制度改革的需要，有利于调整官兵比例，减少军官数量，稳定专业技术力量。实行军衔制后，士兵津贴、薪金改为按军衔（级别）和服役年限发给，既体现了以军衔（级别）为主，又照顾了服役年限。条例制定了鼓励士兵上进的措施，明确规定了作战有功或有特殊贡献的士兵，其军衔可提前晋升；退出现役后的安置与部队表现挂钩，根据不同情况，采取不同安置办法等。这是积极的措施，体现了改革精神。

全国首次专门研究对外汉语教学工作会议在北京召开

国家对外汉语教学领导小组组长、国家教委副主任何东昌在会上指出：我国对外汉语教学的开放政策要长期坚持下去，过去都由政府包下来的办法不符合商品经济的发展。他主张政府渠道与民间渠道同时并举。

据了解，我国对外汉语教学，已初步形成教育、侨务、广播、外交、文化、函授等多渠道、多层次、多种类型的教学体系。目前，全国有 20 多个城市 100 多所高等院校接受外国留学生。从 1973 年恢复招生到 1987 年，总共接受来自 130 多个国家和地区的 1.3 万多名留学生（不包括校际交流数），大体相当于“文革”前 15 年接受外国留学生总数的两倍。尤其是短期汉语教学发展迅猛，10 年来累计招生 2.7 万多人。函授对外汉语教学的生源已扩展至 53 个国家和地区。此外，全国现已拥有一支 1500 人的对外汉语教师队伍，除在国内教学外，还向国外派遣汉语教师。

中国选手高敏在汉城举行的第二十四届奥运会上以 580.23 分的成绩夺得女子跳板跳水项目金牌

中国选手李忠云在汉城举行的第二十四届奥运会上夺得 48 公斤级女子柔道表演赛项目金牌

国际植物园学术讨论会在江苏南京召开

来自 22 个国家和地区的 258 名学者出席讨论会，这是我国、也是亚洲植物园史上首次召开的国际性学术会议。与会代表呼吁：制止世界性野生植物种质流失、保护人类赖以生存的植物生态环境，已成为一项刻不容缓的世界性战略任务。

这次会议是由中国国家自然科学基金会、中国环境科学学会植物园协会、自然和自然资源保护国际联盟、世界自然基金会、人与生物圈中国国家委员会、国际植物园协会以及江苏省对外科技交流中心、江苏省植物学会联合举办的。一些世界著名植物学家、著名植物园领导人出席了会议。与会代表共提交报告 180 多份，其中外国代表提交 60 多份。

许多学者指出，植物是人类赖以生存的基础，而由于人类生产活动的不断扩展和人为破坏，大量野生植物已经灭绝或处于稀有、濒危状态。据世界保护监测中心估计，地球上大约有 6 万种植物受到不同程度威胁，每天平均有一个种灭绝，这种状态持续下去势必威胁人类自身的生存。他们号召全人类投入到保护植物种质的运动中来，特别是为重要经济植物和珍稀危植物的种质保存作出贡献。

全国卫生改革报告会在北京召开

卫生部部长陈敏章在会上说：“我认为卫生单位实行承包是可行的，但关键是承包的效益应反映在社会效益和经济效益两方面，宗旨是应让群众得到更多更好的优质服务。目前，有些单位只突出经济承包而不顾其他，这是对承包的错误理解和片面认识。我从来就不赞成把医疗卫生的经济指标直接承包到医务人员个人。”

对有些医疗单位巧立名目乱收费问题，陈敏章指出：我们对医院都有基本的正常服务要求，不能所有服务都另收费。但也要看到，我国长期以来不少医疗项目收费不合理的状况。1985 年，卫生部和财政部、物价局曾联合对医疗成本和医疗收费情况作过调查。结果是：门诊收费只够门诊成本的 29%（不含工资的成本），住院收费只够成本的 36%，手术费仅占成本的 40%。现在，各种医用材料都在涨价。这使有的医疗单位对一些服务项目采取分解收费的办法，以获取一部分补偿。这种分解收费的办法，有些是合理的，有些是借分解搞不正当收费。没有医疗收费的合理调理，改革中医疗机构的运行就会受阻，因为干得越多，亏损就越多。

对开大处方问题，陈敏章说：“据我了解，总的比例很小，最多不超过 2% 至 3%。但一张不合理的大处方，对社会影响很大，必须加强监督，尽量杜绝。”

陈敏章认为：医务人员适当的兼职有利于充分发挥技术骨干作用，但兼职应有一定限度，应以完成本单位的岗位责任和任务为前提。高年资医务人员的岗位责任中,应有培养年轻人才的任务。

谈到一些医务人员吃请、受礼拿红包、收回扣等问题,陈敏章说:"这类事是存在的,面多大?吃请受礼的情况很复杂,一时不易查清。虽然以技术或医疗权进行敲诈勒索的医务人员是极少数,但一经发现,我们就要坚决查处,公布于众。"

陈敏章强调,改革促使我们转变管理职能,今后除医疗机构内部有监督管理体系,还应聘请社会群众协助监督。医务人员的职业道德教育一定要制度化,这是职业特点决定的。人家把幸福、安危都交给我们,我们的一举一动都关联着医疗队伍整体和卫生改革的声誉。

9月26日

中共十三届三中全会在人民大会堂开幕

中共中央总书记赵紫阳代表中央政治局作了《在中国共产党第十三届中央委员会第三次全体会议上的报告》。

出席今天会议的,有中共中央委员162人,候补中央委员103人。列席会议的,有中共中央顾问委员会委员184人,中共中央纪律检查委员会委员67人和有关负责同志59人。

会议预定开5天,从今天下午起进行分组讨论。

中共中央总书记赵紫阳代表中央政治局作《在中国共产党第十三届中央委员会第三次全体会议上的报告》

同志们!

十三届二中全会以来的半年中,中央政治局及其常委会多次讨论了我国的政治经济形势和全面深化改革的问题。最近,又为此召开了中央工作会议。中央政治局认为,我国正处在新旧体制的转换时期。不理顺价格就谈不上真正确立新经济体制的基础,但深化改革又不仅仅是一个价格改革问题,而是多方面的综合改革。为了创造理顺价格的条件,把改革的风险减少到最低限度,必须在坚持改革、开放总方向的前提下,认真治理经济环境和整顿经济秩序。改革的方向必须坚定不移,步骤和方法应当审时度势,力求稳妥。现在我向全会报告中央政治局在讨论过程中形成的意见,提请全会审议。

一、治理经济环境、整顿经济秩序是明后两年改革和建设的重点

我国改革已进行了十年。十年改革,为国民经济注入了强大的活力,促进了经济和社会的发展,提高了人民的生活水平。没有改革,我国就不会有这十年的大发展、大前进。改革对于中国的意义,不仅在于它已经给我们带来了什么,更重要的在于它结束了封闭和停滞的局面,开辟了新的历史发展时期。

我国当前总的经济形势是好的,但存在的困难和问题也不少,突出的是经济生活中出现了明显的通货膨胀,物价上涨幅度过大。造成这种情况的根本原因是经济过热,社会总需求超过总供给。总需求超过总供给,是多年积累下来的,在新旧体制转换时期还可能从机制上解决这个问题,这就更需要从工作上加强管理和控制。近几年我们在控制预算内基本建设规模方面取得了一定成效,但预算外基建规模的膨胀远远没有控制住,而且愈演愈烈。如果今年年初抓紧解决这个问题,就会更好一些。看来,我们还是见事迟了,抓得晚了。当然,现在解决还来得及,如果再犹犹豫豫,当断不断,那就会出大问题。我们必须充分认识到坚决遏制通货膨胀这个问题的重要性和紧迫性,当机立断,下最大的决心,把明后两年改革和建设的重点突出地放到治理经济环境、整顿经济秩序上来。否则,不但价格改革很难进行,其他改革也难以深入,整个建设的发展就会受到严重影响,甚至会损害我们十年改革所取得的成果。

治理经济环境,主要是压缩社会总需求,抑制通货膨胀。第一,明年全社会固定资产投资规模要压缩500亿元,大体相当于今年实际投资规模的20%,只能多压,不能少压。要对重点产业采取倾斜政策,对涉外项目采取保护政策,切切实实合理调整投资结构,把全社会的投资规模真正管起来。第二,控制消费基金的过快增长,特别要坚决压缩社会集团购买力。在集团购买力的使用中,虽然相当部分是合理的、正常的,但其中确有严重的挥霍浪费,必须坚决砍下来。第三采取一系列措施稳定金融,严格控制货币发行,办发保值储蓄,开辟多种渠道,包括出售公房和发行股票、债券,吸收社会游资,引导购买力分流。第四,克服经济过热现象,把明年工业增长速度降到10%甚至更低一些。这是就全国范围来说的,各地都要实事求是,从本地实际出发,不要相互攀比速度。

控制投资规模和社会集团购买力,过去所以屡禁不止,教训有两条:上面的原因主要是手软,抓得不实;下面的原因主要是本位主义作怪,有令不行,有禁不止。这两条教训不允许再重复。明年要采取非常措施,要真压、真砍,而不是假压、假砍。坚决砍掉不必要的非生产性建设和重复建设,砍掉集团购买力中用于铺张浪费的部分,一不会影响有效供给,二不会削弱发展后劲,三不会降低人民生活水平,而得到的是深化改革的必要条件和人民群众的真诚拥护。这

个问题事关改革和建设的大局，现在就要预先给各地区各部门各单位的领导人打招呼，不要在这个问题上犯错误，明年必须照办，今年第四季度更不许突击上项目、乱花钱。

整顿经济秩序，就是要整顿在新旧体制转换中出现的各种混乱现象。现在流通领域中问题很多。物价上涨助长了流通领域的违法乱纪，流通领域的混乱又推动了物价上涨，两者相互助长，情况越来越严重。对此，决不能听之任之。必须坚决整治流通领域的混乱。首先要坚决刹住乱涨价风。国务院已经部署在全国范围内开展物价、财务、税收大检查。各地必须认真组织力量，加强领导，依靠群众，切实抓好，坚决制止一切违反国家规定哄抬物价的行为。非法涨价收入必须上缴国家财政，严重违法乱纪的必须依法惩处。要通过检查，进行教育，严肃法纪，堵塞漏洞，把物价、财务、税收监督制度和市场规则建立、健全起来。第二要整顿公司，政企分开，官商分开，惩治"官倒"。所有公司，除极少数经国务院特别批准行使一定的行政管理权的以外，都必须限期同党政机关脱钩，依法经营，否则就吊销营业执照。第三要尽快确立重要产品的流通秩序。对流通秩序混乱的重要产品，尤其是紧缺的重要生产资料，要一个一个排队，认真解决多头和多环节经营的问题，有的要实行专营，有的只准在国家统一市场上交易。高价抢购粮食、棉花和生丝等产品的"大战"，必须立即制止。第四要加强宏观监督体系。必须在中央集中统一指挥下，强化计划、银行、财政、税收、海关、铁路等部门的宏观控制职能，充分发挥这些部门的监督作用，同时加强对它们的监督，形成严密的监督系统。第五要制止各方面对企业的摊派、抽头和盘剥。所有这些都应当作为当前建立社会主义商品经济新秩序的重要工作。

解决总需求大于总供给的问题，一方面要抑制总需求膨胀；另一方面要用很大力量来改善和增加有效供给。否则，市场供应就会出大问题。必须努力发展生产，特别是农产品、轻纺产品和其他生活必需品的生产，以及紧俏产品的生产。压缩基本建设规模腾出来的能源、原材料、运输能力，就要用到这些方面去。国内短缺的原材料和必要的消费品，要减少出口量，保证国内市场供应。特别要解决好粮食和"菜篮子"的问题。今年我国自然灾害较多，预计粮食比去年略有减产。今年农业歉收是世界性的，大量增加粮食进口对我不利。总的说，目前我国粮食储备的情况是好的。为确保在粮食问题上不出乱子，一是必须坚决制止高价抢购、哄抬粮价、扰乱粮食市场的行为；二是中央在全国各地的粮食储备，必须服从中央的统一调度。在粮食调度这个重大问题上，务请地方同志以大局为重，支持中央。如果出现拒绝中央统一调度的无组织无纪律行为，唯省委书记和省长是问。这一点现在就要说清楚。"菜篮子"问题，涉及千家万户，大意不得。去年零售物价指数上升，"菜篮子"涨价因素占2/3。今年以来这方面涨价也较多。全国城市特别是大中城市，要确保今年第四季度特别是春节的市场供应。有关农村改革和农业发展的问题，今年将召开农村工作会议，专门进行研究。

这次治理经济环境、整顿经济秩序，必须同加强和改善新旧体制转换时期的宏观调控结合起来。邓小平同志最近指出：宏观控制要体现在中央能够说话算数。这几年我们走的路子是对的。现在是总结经验的时候。这几年，我们如果不放，能搞出这样一个规模吗？过去我们是穷管，现在不同了，是向小康社会过渡的宏观管理。邓小平同志的这些话告诉我们，在经济生活中，既要搞活，又要制约，既要放开，又要管理，宏观控制的任务十分艰巨。必须综合运用经济的、行政的、法律的、纪律的和思想政治工作的手段，五管齐下，进行宏观调控。在新旧体制转换时期，尤其不能过早地轻率地放弃行政手段，以免出现经济生活的混乱。加强行政手段的目的，是为了更好地推进改革，而不是走老路，对这一点必须有明确的认识。我们要在实践中努力学习，积累经验，逐步掌握和提高宏观调控的本领。

治理经济环境和整顿经济秩序是长期要注意的大问题，最要紧的是明后两年，首先要确保明年的物价上涨幅度明显低于今年。能不能做到这一点，已成为对我们党和政府的领导能力和驾驭局势能力的考验。人民现在就看这一条。说到做到，取信于民，深化改革就好办了。所以，这不仅是一个严重的经济问题，而且已成为一个重大的政治问题。小道理要服从大道理，明年物价上涨幅度明显低于今年就是当前的大道理，明年一切工作都要服从这一点。

二、有领导有秩序地推进相互配套的全面改革

我们要从根本上解决前进中面临的复杂问题，逐步建立社会主义商品经济新秩序，必须有领导有秩序地、坚决而稳步地全面深化改革。

姚依林同志代表中央政治局将向全会作关于价格、工资改革初步方案的说明。关于价格改革，这里着重讲两个问题。

第一，明年物价上涨幅度必须明显低于今年，此后几年每年物价上涨幅度必须控制在10%以内。这是衡量我国价格改革是否积极而又稳妥的一个尺度。从当前我国社会的承受能力和企业的消化能力来看，一般地说，如果物价上涨幅度达到两位数，企业就消化不了，势必造成轮番提价，影响经济和社会的稳定，搞得人心惶惶。

那么,在上述物价上涨的控制幅度以内,用5年或较多一点的时间能否达到初步理顺价格的目标呢?这就要看我们能否有效地控制住社会总需求。只要总需求与总供给的缺口不大,自发涨价的压力就会相对缩小,价格改革的回旋余地就会相对扩大。因此,紧紧抓住治理经济环境和整顿经济秩序这两个环节,切实控制住社会总需求,我们就有可能在物价上涨幅度不太大的情况下,用5年或较多一点的时间初步理顺价格。我们要力争把这种可能性变成现实性。

第二,某些重要初级产品和原材料价格双轨制不可能也不应当在短期内取消。我们实行的是有计划的商品经济。价格改革的目标,是逐步做到少数重要商品和劳务价格由国家定价,绝大多数商品价格放开,由市场调节,以适应"国家调节市场,市场引导企业"的要求。但是,这是需要经过长期努力才能实现的目标。从我国的实际情况出发,放开价格,实行市场调节,只能逐步进行。近期可以放开的,应当是供大于求和供求矛盾不大的产品,主要是为数众多的消费品和工业制成品。国家垄断的公用事业,例如铁路运输、通信、电力等,仍由国家定价。对极端重要并将长期短缺的初级产品和原材料,包括粮食、油料等农产品,煤炭、原油等燃料,钢、有色金属等原材料,不能硬性地过早取消双轨制。这些产品,如果没有市场调节这一轨,整个经济就无法搞活,特别是占工业产值1/4的乡镇企业就无法生存;但如果没有国家定价这一轨,就会造成包括人民生活必需品在内的众多产品的价格全面暴涨,物价上涨就无法控制,并将大大提高整个工业生产成本,使我国工业在国际市场上很快丧失竞争力。价格双轨制是我国一定历史条件下的产物,在商品经济还很不发达,市场远未发育的情况下,硬性取消看来是行不通的。既然双轨制在一定时期内不可避免,就必须强化管理和监督,减少混乱现象,尽量限制它的弊端。这是对国家宏观调控提出的一个非常重要的课题。

工资制度和社会分配是大家普遍关心的问题。在价格改革过程中,必须保证绝大多数职工生活水平不下降,并能随着生产的发展有所改善,这是我们既定的方针。工资制度要有步骤地进行改革,着重克服平均主义。教育工作者、科技工作者、医疗卫生工作者和国家机关工作人员待遇偏低的问题,要有计划地解决。有些新办的国有公司,工资待遇过高,国家要加强管理,严格控制。对合法的高收入,要通过税收加以调节。对一切非法收入,必须依法严加取缔。

深化改革是多方面的综合改革,必须互相配套。价格改革不应当也不可能离开其他方面的改革而孤军深入。在多方面的综合改革中,必须特别注意认真贯彻执行《企业法》,深化企业改革,尤其是大中型国有企业的改革,使它们真正建立起在国家宏观控制下的自主经营、自负盈亏、自我约束的机制。有了这样的机制,企业的经济效益就能提高,消化能力就能增强,轮番涨价和比价复归的现象才能避免,国家的宏观调控也才能更加奏效。明年,价格改革的步子应当放慢,企业改革则必须抓紧,着重从以下两个方面深化。

一是进一步推动政企分开,使有条件的企业真正放开经营。目前严重影响企业活力的,主要是:应该下放给企业的权力被部门或地方截留;各种各样的行政性公司或中间环节对企业进行种种限制或盘剥;四面八方对企业的摊派名目繁多。为了改变这种状况,给企业造成更好的外部环境,关键是实行彻底的政企分开。今后,政府对绝大多数国有企业的要求应当是:依法经营;照章纳税;履行合同。对违法的,偷税漏税的,不执行合同的,必须严肃查处。国家不干预企业的正当经营,也不包它的亏损。企业放开经营,可以首先在那些全行业产品供求大体平衡的国有企业,以及县属国有企业中推行。

二是认真完善承包制,逐步推行股份制。企业改革,我们已经走了两步。第一步是放权让利,对增强国有企业的活力起了重要作用。第二步是实行所有权和经营权分离,普遍推行企业经营承包制。这个方向是正确的,取得了相当的成功。当前要继续搞好企业承包的配套、深化、完善、发展,包括真正引进竞争机制,优化劳动组合,提高经营管理水平,大力促进科技进步。要注意借鉴和吸取乡镇企业和外资企业有益的经营管理经验。对以公有制为主体的股份制,要认真研究,逐步推行。我国国有企业决不走私有化的道路。以公有制为主体的股份制,不是私有化,而是把笼统的、不够明确的产权变为比较明确的产权,以利于促进企业机制和企业行为的合理化。发展企业集团是一件好事,应当通过自愿联合、兼并、改组、参股等方式进行,切忌硬性捏合。推行股份制和发展企业集团,都应进一步试点,制定具体的实施方案,规定明确的政策界限,不要一哄而起。

我们办的是社会主义企业,整个企业是一个利益共同体。办好企业,要靠经营者和工人共同努力。既要保证企业经营者独立行使经营权,又要保证工人能够充分行使民主权利。经营者的管理权威和工人的主人翁作用是一致的,而不是对立的。在深化企业改革的各项工作中,都应当掌握并体现这个原则。

全面深化改革,还包括计划、劳动、商业、物资、外贸、财政、金融、投资等各个方面。特别要抓紧推进那些对治理通货膨胀有重大作用的改革。加快出售公房,逐步实现住房私有化,坚持数年,有可能回收一批巨额资金,并有力地促进消费结构和产业结构的合理调整。

有领导、有步骤地公开出售国有小企业的产权，允许和鼓励有条件的大中型国有企业发行股票，可以将一部分消费基金转化为积累基金，抑制市场商品价格的上升，还可以促进生产要素向效益好的方面流动，优化资源配置。以上这些改革，同有偿转让国有土地的使用权一样，都不会削弱公有制的主体地位，恰恰相反，可以充分利用社会游资，减轻国家财政负担，于国有益，于民有利，应该以更加积极的态度，切实抓紧抓好。

三、加强党的领导，充分发挥我们的政治优势

治理经济环境，整顿经济秩序，全面深化改革，任务十分艰巨。全党必须统一思想，统一行动。党的领导作用、核心作用和保证监督作用，必须切实加强。党的每一个基层组织，都应该成为坚强的战斗堡垒。每一个共产党员，都必须在群众中起先锋模范作用。全党要有铁的纪律，个人服从组织，少数服从多数，下级服从上级，全党各级组织服从党中央。过去，我们依靠这些政治优势，战胜了许多比现在严重得多的困难。现在，我们必须继续充分发挥这些政治优势，从严治党，强调党的作用，强调党的纪律，把全党和全国人民的力量凝聚起来，同心协力，克服困难，为实现这次全会确定的各项任务而奋斗。

这里有一个极其重要的问题，就是能否正确处理局部利益同整体利益的关系。近几年来，中央把一部分权力下放给地方，调动了地方的积极性，这是正确的。今后，中央仍将尊重和照顾地方的利益。但是，应当属于中央的权力，必须集中，不得分散和削弱。各地区、各部门，都有责任维护和服从国家的整体利益。这种局部利益同整体利益之间的关系，不能模糊，更不允许颠倒。在治理经济环境过程中，尤其要注意这一点。全国的经济环境是一个整体。中央财政过不去，全国日子都不好过。货币控制不住，全国市场都会受到冲击。治理经济环境，不是一件轻松的事，需要忍受一定的痛苦，作出必要的牺牲。越是困难，越要同舟共济，不能各顾各，各行其是，更不能做于局部有利而于全局有害的事，搞什么“你有政策，我有对策”。近几年来，各地兴起了一股攀比之风。真要比，应该比治理经济环境、整顿经济秩序、全面深化改革的决心和实绩，这对全局和局部都有利，中央是赞成和支持的。但是，决不能盲目攀比建设规模和增长速度，更不能竞相攀比楼堂馆所、工资福利和涨价收入。这种攀比，带有极大的盲目性和破坏性，此风不止，中央的决策和宏观的调控就无法贯彻。各级党组织都是党的组成部分，都必须维护党中央的权威，执行党中央的号令。这是一个重大的政治原则问题。最近，邓小平同志在谈到治理经济环境时指出：党中央、国务院要有权威，没有这个保证不行。措施定下来，要坚决执行，宁可从严，不可从轻。就是过分一点，也得这样做。中央政治局认为，今后各级党政领导机关对于顾全大局、模范地执行中央政令的党员和干部，应该给以支持和表彰；而对那些不顾大局、自行其是、目无组织、违反纪律的党员和干部，必须严肃处理。我们一定要用事实使全党同志特别是担负领导工作的同志都知道：党的纪律是一定要执行的，决不能言者谆谆，听者藐藐。中央政治局相信，我们党的绝大多数领导骨干都能认清形势，认清自己的责任。能否以大局为重，坚决执行中央关于治理经济环境、整顿经济秩序和全面深化改革的各项决策，这是当前对领导干部党性的最实际的检验和考核。

党的基层组织建设，也要紧密结合治理经济环境、整顿经济秩序、全面深化改革来进行。最近，中央发出关于加强党的纪律、维护改革大局的紧急通知后，各级党组织立即传达，把广大党员动员起来，对刹住提款抢购风起了重大作用。经验再次表明，基层党组织和党员能否起作用，关键在于上级党组织抓得紧不紧。从总体上来说，我们的党是一个有战斗力的党，绝大多数党员是守纪律的，在关键时刻是能够起作用的。重要的是，党组织必须讲清道理，讲清形势，把任务和要求及时地明确地告诉大家。重大改革措施出台时，一定要首先并着重做好党员特别是领导骨干的工作，使他们心中有底，便于他们向群众做工作。在治理经济环境、整顿经济秩序的任务面前，一切共产党员都应当诚实劳动，增产节约，艰苦奋斗，严守法纪。一切违法的事情，都不能做。一切中央明令禁止的事情，都不能做。如果连这些要求都做不到，就没有资格当共产党员。这也是对共产党员党性的最实际的考验。

总之，当前在党的建设问题上，要牢牢掌握两条：一是充分发挥党组织和党员的作用，切实保证治理经济环境、整顿经济秩序、全面深化改革的胜利；一是通过治理经济环境、整顿经济秩序、全面深化改革的实践，切实提高党组织的战斗力，提高党员的觉悟。

用生动的思想政治工作团结广大群众，也是我们党历来的政治优势。我们的力量在于群众。当前，要以治理经济环境、整顿经济秩序和全面深化改革为中心内容，向全党和全国人民进行一次广泛、深入的形势教育。广大群众是拥护改革的。群众中意见最多的，集中在三个问题上，一是物价上涨，二是社会分配不公，三是党政机关中的某些腐败现象。这些问题是可以通过工作逐步解决的，也是可以说清楚的，应当在形势教育中使大家了解党的方针政策。改革十年的巨大成绩，要如实地向群众讲够。我们面临的种种困难，要明明白白地向群众讲透。克服困难的办法，应当同群众一起商量。要求大家完成的任务，应当向大家交

底。提倡什么,反对什么,为什么提倡,为什么反对,都要道理讲清楚。对群众提出的疑问,要根据党的方针政策,一一加以分析和解答。这样的形势教育,是最现实、最受群众欢迎的思想政治工作。群众掌握了真理,大家齐心来干,我们就没有克服不了的困难。要把这次形势教育作为我们加强和改进思想政治工作的新的起点,并从此经常坚持下去。思想政治工作,要做得实际,生动,有吸引力,有说服力。要彻底抛弃过去在"左"的路线下形成的脱离实际、形式主义、教条主义那一套,恢复和发扬我们党在战争年代形成的思想政治工作的优良传统。要在新形势、新任务面前,在党政分开的条件下,探索思想政治工作的新路子。企业、农村、学校、机关,对象不同,思想政治工作应从各自的特点出发,认真总结经验。这次提请全会审议的《关于加强和改进企业思想政治工作的通知》,就是这种探索在企业范围内的初步总结。思想政治工作,不但宣传工作干部要做,全党都要做。全党干部,全体党员,包括从事全面领导工作的同志和从事经济工作的同志,都要把思想政治工作作为领导工作和群众工作的一部分,为加强和改进思想政治工作作出贡献。

保持党政机关的廉洁,是现阶段党的建设中一个极为重要而紧迫的问题。从历史的经验看,一个国家在发展商品经济的一定阶段,法制、规则和各种秩序尚未确立,政权机关往往难以避免发生各种腐败现象。但是,我们是社会主义国家,有共产党的领导,党和政府应当而且有能力约束自己的党员和国家公职人员,使他们奉公守法,为政清廉,从而把各种腐败现象减少到最低限度,决不能听其泛滥。十三届二中全会郑重地提出必须保持党政机关廉洁,表明我们党对这个问题的认识是清醒的,态度是严肃的。共产党员必须经得起执政的考验和改革开放的考验。能否做到为政清廉,就是这样一种考验。我们既要学会在商品经济的海洋中游泳,又不要被腐化的漩涡所吞噬。目前,发生在某些党政机关工作人员中的贪污、受贿、勒索、倒买倒卖紧俏物资,以及挥霍公款、奢侈浪费等等,是群众最痛恨的。影响所及,已经不只是党员、干部个人的品德问题,而且损害了党和政府的形象。这个问题不解决,就会失掉人心。近几个月来,各级党委、政府已经行动起来,做了不少工作,包括尽可能公开办事制度和办事结果,建立各种举报中心,完善有关制度和纪律,查处违法乱纪案件等,都取得了好的效果。最主要的经验,一是要把廉政工作真正提到领导机关的重要议程上来,不能熟视无睹,麻木不仁;二是要提高办事的透明度,接受群众监督;三是要切切实实进行制度建设,使行政管理工作一步一步走上规范化、程序化,使弄权营私者无可乘之隙。各地在廉政方面已经开始的试点和其他各项工作,都要坚持进行下去,做到办一件,成一件,整一片,治一片。

政治体制改革和社会主义民主政治建设,必须在党的领导下,按照十三大提出的原则,扎扎实实地推进。治理经济环境,整顿经济秩序,全面深化改革,都迫切要求保持安定、团结、民主、和谐的政治局面。必须妥善地处理社会矛盾。要总结近年来处理局部性风潮的经验教训,努力扩大基层民主,认真开展社会协商对话,学会在民主和法制的范围内解决可能出现的摩擦和冲突,把矛盾解决在基层,解决在萌芽状态。为了确保社会稳定,不排除在必要时采取强硬措施。力求不出乱子,出一点乱子也要坚定不移地推进改革和建设,我们应该采取这样的方针。

四项基本原则是我们立国之本,必须坚持。我们固有的政治优势,必须继续发扬。我们的政治体制改革,是为了更加充分地发挥社会主义政治制度的优越性。要坚持党政分开,使党组织从行政事务中摆脱出来,更好地加强和发挥党组织的领导核心作用和保证监督作用。要理顺国家权力机关和行政机关的关系,使权力机关和行政机关都能依法行使自己的职权,并进一步提高政府的行政效率和行政权威。要完善在中国共产党领导下的多党合作制和政治协商制度,发展我党同各民主党派和非党人士之间更加亲密的合作共事关系,增强全民族的凝聚力。这些根本道理,应该使全党和全国人民都懂得。牢牢掌握这些宗旨,我们的政治体制改革就可以进展得更加顺利,经济环境的治理、经济秩序的整顿和经济体制改革的全面深化,也就有了坚强的保证。

全国人大常委会委员长万里在人民大会堂会见由副总理哈米德·米尔扎德率领的伊朗政府经济贸易代表团

台湾"立法委员"胡秋原发表声明对国民党中常会开除其党籍甚感惋惜

台湾"立法委员"胡秋原在乌鲁木齐发表声明说,他对国民党中常会对他的大陆之行所作的处理"甚感惋惜",并希望国民党"勿作株守偏安一岛之计,自误其前程"。

声明说,半月以来,他自北京以至西安及敦煌、乌鲁木齐,与学界人士和中共领导人士以及各地的政协人士谈话,探讨民主统一的途径,谈话的内容不仅为全民族之将来计,而且也是为台湾及国民党的前途计,他准备回台以后,将所闻所见报告国民党中央及有关方面,以供大陆政策决策之参考,"不料在由西安前往敦煌之前夕,忽闻台北国民党中常会有对秋原开除党籍之决议”,他“对今日台湾国民党当局对秋原大陆之行一事之处理甚感惋惜”。

外经贸部负责人发表谈话希望海峡两岸实现直接贸易

这位负责人说,近来,台湾当局进一步放宽了对大陆贸易的限制,允许台湾厂商间接进口大陆产品,并公布了首批可以进口的50种农工原料项目。前不久,两岸商务仲裁机构在香港进行了接触,并取得了一些共识。另据报道,台湾当局还准备允许台商以间接方式到大陆投资,对进口的大陆产品在税率上给予优惠。对此,我们表示欢迎。

这位负责人说,两岸携手合作,发展民族经济,双方都有这个需要。我们欢迎台湾的公司、企业和个人,来大陆投资设厂,兴办多种经济事业。我们将保障他们的合法权益。

这位负责人强调,当前两岸间的贸易还只是停留在间接的阶段,这是不正常的,应当改变这种状况,实行直接贸易。为此,希望双方的经贸主管部门或其授权的民间机构,尽早进行接触和磋商,解决当前贸易中出现的运输、结汇、商检、仲裁、索赔以及商标注册、专利保护、双重征税、投资保护等问题。我们还希望与台湾经贸机构洽谈年度贸易计划或长期贸易协定。对于上述问题,我们愿意在台湾方面认为适宜的时间和地点进行接触、洽谈。

财政部部长王丙乾在西柏林举行的国际货币基金组织和世界银行共同发展委员会会议上发言

王丙乾呼吁发达国家切实改善发展中国家所处的国际经济环境,并希望发达国家增加官方发展援助,为减少贫困提供额外的资金。

他说,减少贫困是经济发展的一项主要任务。要减少以至最终摆脱贫困,根本的出路在于争取持续的经济发展。目前,许多发展中国家经济增长停滞,有些国家人均国民生产总值仍在下降,这些现象与它们所处的外部环境直接有关。

在谈到发达国家的工业政策对发展中国家的影响时,王丙乾说,80年代以来发达国家工业保护措施的范围和深度不断发展。目前,发达国家对发展中国家制成品的实际平均税率高于对发达国家制成品的税率,发达国家对发展中国家制成品的非关税壁垒比对发达国家制成品的非关税壁垒也要多得多,近年来对发展中国家制成品征收所谓反倾销税和反补贴率的事例也不断增加。贸易保护主义已成为扩大南北贸易的主要障碍,严重损害了发展中国家的经济增长和调整以及民族工业建立,特别是使那些出口初级产品、债务负担沉重的低收入国家受到更大打击。

他指出,这些限制发展中国家制成品出口的工业政策,也有损于发达国家自身的长远利益,它将使必要的经济结构调整人为地推迟,使相对价格发生扭曲,使资源的有效利用和国际市场容量的扩大都受到不利的影响。他希望发达国家加快本国的经济结构调整,对发展中国家的制成品提供更多的市场机会,特别是对从低收入国家的进口,应该主动采取更为开放的优惠政策,同时也希望世界银行对发展中国家的贸易、金融以及出口行业的发展,在经济分析、投资贷款等方面提供更多的帮助。

中国机车生产已跃居世界第二位

机车保有量居于世界第三位。到9月26日为止,我国今年已生产内燃、电力和蒸汽机车592台,仅次于苏联。同时,目前奔驰在我国万里铁路上,作为牵引能力的各种机车达1.2万多台,这使我国成为仅次于美国、苏联的世界第三大机车保有国。

全国人大常委会在人民大会堂设宴欢迎以杰弗里·洪恩为团长的欧洲议会对华关系代表团

全国人大常委会副委员长廖汉生在宴会上说,同欧洲共同体各国发展长期稳定的友好合作关系,是中国对外政策的一个重要方面,进一步发展这种关系也是双方的共同愿望。

他说,1975年中国同欧洲共同体建交以来,双方关系不断发展,政治联系日益密切,经贸合作进一步加强,其他领域的交往也不断扩大,并取得了令人满意的成果。

洪恩说,中国和欧洲共同体都致力于维护和平与稳定,提高人民生活水平。在对外关系方面,双方有着相似的观点和政策。他对中国所取得的成就和为进一步开放与发展国际合作所做的努力表示赞赏。

卫生部授予国际主义战士马海德“新中国卫生事业的先驱”荣誉称号

马海德1910年生于美国。1933年毕业于日内瓦大学,并获博士学位,同年到上海开业。1936年经宋庆龄介绍参加红军。新中国成立后,历任军委卫生部顾问,国家卫生部参事、顾问等职。

9月27日

国务院总理李鹏在人民大会堂会见联邦德国戴姆勒—奔驰汽车公司董事长劳伊特一行

李鹏向客人们介绍了中国汽车工业的情况。他说,目前中国的小汽车生产主要集中在3个生产点：长春第一汽车制造厂，上海大众汽车制造厂，湖北第二汽车制造厂。不可能全国各地都搞小汽车。他说，没有集中生产的批量也就没有质量，没有效益。

李鹏希望中国北方工业（集团）总公司同戴姆勒—奔驰公司在重型卡车生产方面进行很好的合作，保证产品质量，加速国产化。

劳伊特希望他的公司能同中国进行长期合作。

李鹏还向客人们介绍了中国当前的经济形势。他说，中国明后两年重点抓治理经济环境和整顿经济秩序，这并不意味着中国的改革开放政策有什么变化。他说："我们今后要适当降低经济发展速度，这是为了更好地前进。"

国务委员兼机械电子工业部部长邹家华等参加了会见。

会见后，李鹏、邹家华、劳伊特等出席了中国北方工业（集团）总公司和戴姆勒—奔驰公司关于重型载重汽车生产许可证合同的签字仪式。

在中国按戴姆勒—奔驰公司许可证生产重型载重汽车是中国"七五"计划中的重点项目。这一项目的建成将提高中国重型汽车的产品水平和国际竞争能力。

根据合同，第一期5年内将达到6000辆生产能力，国产化率达到95%。1989年即可批量供应国内外市场。

全国人大常委会委员长万里在北京会见欧洲议会对华关系代表团

万里在会见时重申西藏是中国不可分割的一部分的立场。他说，对任何分裂中国的活动我们都坚决反对。西藏不能独立，也不能半独立。

万里对今年2月欧洲议会扩大执行局会议在西藏问题上所持的正确的立场表示赞赏。

在谈到中国同欧洲共同体间的合作关系时，万里希望进一步巩固并加强双方在政治、经济、科技、文化等领域的合作关系。

欧洲议会对华关系代表团团长杰弗里·洪恩也重申了欧洲共同体维护中国主权的立场。

中共中央政治局常委乔石在人民大会堂会见以副总书记巴希尔·奥马尔为团长的苏丹乌玛党代表团

国务院总理李鹏签署第17号令公布《中华人民共和国城镇土地使用税暂行条例》

《中华人民共和国城镇土地使用税暂行条例》已经1988年7月12日国务院第12次常务会议通过，现予发布，自1988年11月1日起施行。

总　理　李　鹏

1988年9月27日

中华人民共和国城镇土地使用税暂行条例

第一条　为了合理利用城镇土地，调节土地级差收入，提高土地使用效益，加强土地管理，制定本条例。

第二条　在城市、县城、建制镇、工矿区范围内使用土地的单位和个人，为城镇土地使用税（以下简称土地使用税）的纳税义务人（以下简称纳税人），应当依照本条例的规定缴纳土地使用税。

第三条　土地使用税以纳税人实际占用的土地面积为计税依据，依照规定税额计算征收。

前款土地占用面积的组织测量工作，由省、自治区、直辖市人民政府根据实际情况确定。

第四条　土地使用税每平方米年税额如下：

（一）大城市5角至10元；

（二）中等城市4角至8元；

（三）小城市3角至6元；

（四）县城、建制镇、工矿区2角至4元。

第五条　省、自治区、直辖市人民政府，应当在前条所列税额幅度内，根据市政建设状况、经济繁荣程度等条件，确定所辖地区的适用税额幅度。

市、县人民政府应当根据实际情况，将本地区土地划分为若干等级，在省、自治区、直辖市人民政府确定的税额幅度内，制定相应的适用税额标准，报省、自治区、直辖市人民政府批准执行。

经省、自治区、直辖市人民政府批准，经济落后地区土地使用税的适用税额标准可以适当降低，但降低额不得超过本条例第四条规定最低税额的30%。经济发达地区土地使用税的适用税额标准可以适当提高，但须报经财政部批准。

第六条　下列土地免缴土地使税：

（一）国家机关、人民团体、军队自用的土地；

（二）由国家财政部门拨付事业经费的单位自用的土地；

（三）宗教寺庙、公园、名胜古迹自用的土地；

（四）市政街道、广场、绿化地带等公共用地；

（五）直接用于农、林、牧、渔业的生产用地；

（六）经批准开山填海整治的土地和改造的废弃土地，从使用的月份起免缴土地使用税5年至10年；

（七）由财政部另行规定免税的能源、交通、水利设施用地和其他用地。

第七条　除本条例第六条规定外，纳税人缴纳土地使用税确有困难需要定期减免的，由省、自治区、直辖市税务机关审核后，报国家税务局批准。

第八条　土地使用税按年计算，分期缴纳。缴纳期限由省、自治区、直辖市人民政府确定。

第九条 新征用的土地,依照下列规定缴纳土地使用税:

(一)征用的耕地,自批准征用之日起满一年时开始缴纳土地使用税;

(二)征用的非耕地,自批准征用次月起缴纳土地使用税。

第十条 土地使用税由土地所在地的税务机关征收。土地管理机关应当向土地所在地的税务机关提供土地使用权属资料。

第十一条 土地使用税的征收管理,依照《中华人民共和国税收征收管理暂行条例》的规定办理。

第十二条 土地使用税收入纳入财政预算管理。

第十三条 本条例由财政部负责解释;实施办法由各省、自治区、直辖市人民政府制定并报财政部备案。

第十四条 本条例自1988年11月1日起施行,各地制定的土地使用费办法同时停止执行。

国务院总理李鹏签署第18号令公布《基金会管理办法》

《基金会管理办法》已经1988年9月9日国务院第21次常务会议通过,现予发布施行。

总 理 李 鹏

1988年9月27日

基金会管理办法

第一条 为了加强对基金会的管理,以利于基金会的健康发展,制定本办法。

第二条 本办法所称的基金会,是指对国内外社会团体和其他组织以及个人自愿捐赠资金进行管理的民间非营利性组织,是社会团体法人。

基金会的活动宗旨是通过资金资助推进科学研究、文化教育、社会福利和其他公益事业的发展。

由国家拨款建立的资助科学研究的基金会和其他各种专项基金管理组织,不适用本法。

第三条 建立基金会,必须具备下列条件:

(一)性质、宗旨和基金来源符合本办法第二条的规定;

(二)有人民币10万元(或者有与10万元人民币等值的外汇)以上的注册基金;

(三)有基金会章程、管理机构和必要的财务人员;

(四)有固定的工作场所。

第四条 基金会可以向国内外热心于其活动宗旨的企业事业单位、社会团体和其他组织以及个人募捐以筹集资金,但必须出于捐赠者的自愿,严禁摊派。

第五条 基金会的领导成员,不得由现职的政府工作人员兼任。

基金会应实行民主管理,建立严格的资金筹集、管理、使用制度,定期公布收支账目。

第六条 基金会的基金,应当用于资助符合其宗旨的活动和事业,不得挪作他用。基金会不得经营管理企业。

第七条 基金会可以将资金存入金融机构收取利息,也可以购买债券、股票等有价证券,但购买某个企业的股票额不得超过该企业股票总额的20%。

第八条 基金会对接受资助者使用资助资金的情况有权进行监督。如果发现不按原定的协议使用资金,基金会有权减少、停止或者收回资助的资金。

第九条 基金会工作人员的工资和办公费用,在基金利息等收入中开支。

第十条 国外捐赠给基金会的外汇,归基金会所有,允许开立外汇存款账户。

国外捐赠给基金会的物资,免征关税,归基金会所有;基金会有权将其作为资助,无偿转让给与其宗旨有关的其他单位或者个人,但不得出售。

第十一条 建立基金会,由其归口管理的部门报经人民银行审查批准,民政部门登记注册发给许可证,具有法人资格后,方可进行业务活动。

全国性的基金会,报中国人民银行审查批准,向民政部申请登记注册,并向国务院备案。地方性的基金会,报中国人民银行的省、自治区、直辖市分行审查批准,向省、自治区、直辖市人民政府的民政部门申请登记注册,并向省、自治区、直辖市人民政府备案。

基金会改变名称、合并或者撤销,按照申请成立的程序办理。

第十二条 基金会应当每年向人民银行和民政部门报告财务收支和活动情况,接受人民银行、民政部门的监督。

基金会的活动违反本办法时,人民银行有权给予停止支付、冻结资金责令整顿的处置,民政部门有权给予警告、吊销许可证的处罚。

第十三条 本办法由中国人民银行和民政部负责实施,并可制定相应的实施细则。

第十四条 本办法自发布之日起施行。

最高人民法院发出通知要求各级人民法院严惩严重经济犯罪分子 及时审理经济犯罪案件

通知说,最近一个时期,经济犯罪仍很猖獗,特别是"官倒"活动,严重地破坏了正常的经济环境和经济秩序,妨害改革和建设事业的顺利举行,广大群众对此反应强烈。

通知要求各级人民法院都要认真学习、领会中央最近提出的明后两年要把改革和建设的重点放到治理经济环境、整顿经济秩序上来的重要意义。要坚决打击严重破坏经济环境和经济秩序的犯罪活动。对企事业单位、机关、团体进行投机倒把活动(即“官倒”)数额特别巨大,或者给国家造成重大损失,以及情节严重,构成犯罪的,要坚决依法惩处,追究其直接负责的主管人员和其他直接责任人员的刑事责任,不能仅仅因为他们没有“中饱私囊”而不予追究,或者只给予罚款了事。

通知要求各级人民法院要继续坚持对大案、要案的登记立卡制度,以便及时掌握情况,心中有数。起诉到法院的,要抓紧及时审理,早日结案,避免久拖不决。要坚持依法公开审理;坚持宣告判决一律公开进行。对一些重大案件、典型案件,审结后,可以公开报道。

国务院副总理吴学谦在中南海紫光阁会见联合国教科文组织总干事费德里科·马约尔一行

吴学谦说,中国将继续加强同联合国教科文组织之间的合作。他指出,中国同联合国及所属组织采取友好合作的态度,其目标有两个:一是通过国际组织和世界各国一起共同努力,维护世界和平;二是通过和国际组织开展教育、科学及文化等专门领域的多边或双边合作,以求整个世界的发展。

马约尔感谢中国在国际合作中所持的立场。他说,中国这一立场对世界和平、和平解决争端和开展国际合作都是有益的。

中国联合国教科文组织全国委员会主任杨海波会见时在座。

上午,国家教委副主任何东昌和马约尔签署了中国与联合国教科文组织合作备忘录。

财政部部长王丙乾在第四十三届国际货币基金组织和世界银行年会发言希望各方协力减轻债务

王丙乾说,目前,沉重的债务负担成了发展中国家发展道路上的一大障碍,也威胁着世界经济的稳定发展。因此,希望债权国、债务国、商业银行和国际金融机构本着共同负责、共同受益的精神,认真地进行对话,在相互接受的基础上寻求各种切合实际的、能够减少债务总额和减轻债务负担的办法。

他说,中国政府历来认为,解决债务问题要着重考虑如何恢复债务国的经济发展,增强其偿债能力,而不能只是考虑从债务国收回本息。他对有些发达国家关于减免贫穷国家债务所作出的承诺表示赞赏,并希望其他还没行动的发达国家能将这些承诺尽快付诸实施。

他要求发达国家制止和减少贸易保护主义,进一步向发展中国家开放市场。他说,中国认为,发达国家,特别是主要发达国家除了加强相互间的政策协调,尽快解决贸易失衡和加速结构性的调整外,还应同发展中国家加强磋商和合作。这样做,有助于发达国家在制定经济政策和发展本国经济的同时,考虑发展中国家的需要,为其发展提供一个较为有利的国际经济环境,同时为自己的继续发展奠定基础。

他指出,同一年前相比,世界经济的发展继续处于不平衡的状况。发达国家维持了相当的增长势头。但是应该看到,世界经济的改善主要集中在工业国家,没有给许多发展中国家带来多大的起色。影响国际经济的稳定与阻碍发展中国家经济发展的不稳定因素并没有消除。他说,除非国际社会加强合作,特别是发达国家及时采取必要的措施,世界经济前景仍不容乐观。

他对近年来基金组织和世界银行在促进世界经济稳定发展,帮助发展中国家克服债务国困难等方面所做的大量工作表示赞赏。他希望关于国际开发协会第九次补充资金的谈判能及时开始。并取得进展,以适应低收入国家调整和发展经济的需要。

他对基金组织的增资工作进展缓慢表示遗憾。他希望基金组织第九次份额总检查尽早完成,使会员国的份额有较大的增加。在份额的分配上,应坚持公正和合理的原则,维持和提高发展中国家所占的比例。特别提款权的分配问题,应本着国际合作和谅解的精神,尽快地达成协议。

我国自行研制的核潜艇从水下向预定海域发射运载火箭的试验获得圆满成功

我国从9月14日开始的向预定海域发射运载火箭试验,今天已全部结束。这次试验的运载火箭,是由我国自行研制的核潜艇从水下发射的,火箭准确溅落在预定海域,整个试验获得圆满成功。

我国国家法规数据库和产品信息库开始向外国客户提供服务

国家法规数据库是由全国人大法制工作委员会、国务院法制局、最高人民法院、最高人民检察院、国家经济信息中心和上海交通大学等单位共同开发的。这个数据库包含有新中国成立以来的全部有效法律、政府法规及司法解释、案例1268篇。外国客户只要购买数据库软件,就能在自己的计算机上查询我国的任何国家法规。

产品信息库是由国家经济信息中心和北京市信息公司联合开发的,它包含有全国5400个企业近4万种产品的名称、规格、型号、商标、年产量等各种数据。

国家经济信息中心的这一服务,已受到外国驻华使馆和外国商团驻华机构的欢迎。

文化部决定在全国艺术表演团体中逐步实行双轨制

所谓“双轨制”，是指在艺术表演团体的组织运行机制上改变由国家统包统管的旧体制，采取少数需要国家扶持的团体由政府文化主管部门主办，多数可以实行多种所有制形式的团体由社会主办的新体制。

国务院近日批转了文化部《关于加快和深化艺术表演团体体制改革的意见》(以下简称《意见》)，并且在《通知》中指出，加快和深化艺术表演团体体制改革，对于克服长期以来国家对大多数艺术表演团体实行统包统管体制的弊端，增强艺术表演团体的经营机制和竞争机制，提高艺术表演人员的积极性和创造性，使政府文化主管部门更好地履行间接管理艺术表演团体的职能，促进社会主义艺术表演事业的繁荣和发展，具有十分重要的意义。《通知》要求各级人民政府应当根据这个《意见》所提出的原则和方向，从本地的实际情况出发，把艺术表演团体体制改革当作一项重要工作来抓，分散决策，加强领导，使艺术表演团体体制改革能够稳步前进。

文化部的总体设想明确指出，由政府文化主管部门主办的艺术表演团体，应当是代表国家和民族艺术水平的、或带有实验性的、或具有特殊的历史保留价值的、或少数民族地区的专业团体，它们可以实行全民所有制形式；还可以采取由政府文化主管部门聘任的院(团)长全面负责制，或由政府文化主管部门公开招聘的院(团)长合同承包制等经营方式。对这些艺术表演团体和艺术表演人员要采取要求从严、待遇从优的方针，鼓励他们进行优胜劣汰的竞争，不吃“大锅饭”，不捧“铁饭碗”。由社会主办的艺术表演团体，可以采取由艺术表演人员自愿结合、集体组团、自主经营，或由艺术表演人员个人组团、自主经营，或由演出经纪人临时性组团、自主经营等经营方式。这些艺术表演团体在党的文艺方针、政策的指导下，在国家现行的法律、法规和规章制度允许的范围内，在业务活动和经营活动中有充分的自主权，可以依法进行任何营业性的创作和演出活动。

文化部的《意见》说，实行“双轨制”，国家不减少拨给政府文化主管部门用于发展艺术表演事业的经费，“减团减人不减钱”；并且将随着国家经济的发展有所增加。但对事业经费的支出结构要作改变，即把过去主要用于养人的“人头费”改变为促进艺术表演事业发展的贷款、基金、奖励等。

文化部的《意见》特别指出，在这次改革中，一些有严重违反国家现行的法律、法规和规章制度等问题，经过整顿无效的团体；因经营管理不善造成严重经济亏损，以致资不抵债的团体；部分原主办部门决定不再主办，无法以其他方式继续存在的团体，应被宣告解体。

《意见》中还指出，要建立完善的文化市场体系，为艺术表演团体和艺术表演人员提供良好的竞争环境。具体措施包括：开放演出市场；开放演出人才市场；放开演出票价，允许艺术表演团体自定票价；建立演出经纪人制度，组建和发展国家、集体、个人演出公司；充分利用现有条件，积极开展各种有偿服务和多种经营活动。

文化部的《意见》强调，加快和深化艺术表演团体体制改革，在指导方针上需要明确：坚持把社会效益作为艺术表演团体体制改革的最高标准，处理好社会效益和经济效益的关系，力求做到社会效益和经济效益的统一。努力提高创作和演出的数量和质量，不断丰富和提高广大群众的文化生活，为加强物质文明和社会主义精神文明建设作出贡献。

文化部的《意见》指出，加快和深化艺术表演团体体制改革，是一项复杂的社会系统工程，必须从试点开始，取得经验，逐步配套，逐步推开，防止一哄而起。1988年下半年，可以把国务院确定的进行经济体制综合改革试点的部分大中城市，作为艺术表演团体体制改革的试点城市。其他大中城市，也可以有重点地选择一些艺术表演团体进行改革试点。

9月28日

《人民日报》发表社论《发挥我们的政治优势——论在全面深化改革中加强党的领导》

刚刚结束的中央工作会议指出，明后两年要把改革和建设的重点放在治理经济环境、整顿经济秩序上，以深化包括价格、工资改革在内的全面改革，加速推进社会主义商品经济的新体制的确立。这个任务的提出，对于我国经济、社会发展具有重大意义。无疑，完成这一任务也有许多困难。我们有没有能力克服困难、深化改革？怎样克服困难、深化改革？三中全会在讨论，人民在关心，世界在注视。

我们并不是第一次遇到艰巨的困难。在历史上，我们党战胜过许多比现在严重得多的困难，靠的是全党统一意志，统一行动，局部服从整体，全党服从中央。目前，我们的困难较之过去要小得多，有利条件却多得多。现在主要的不利因素是纪律比较松弛，行动不那么一致。我们要发挥政治优势，加强党的领导，严肃党纪、政纪、法纪，以保证改革在党的领导下克服困难、顺利推进。

在深化改革中加强党的领导,关键是要解决好局部和整体、小局和大局的关系问题,局部要服从整体,小局要服从大局。随着改革的深化和社会主义商品经济的发展,各阶层、各群体的利益日渐呈现多元化的趋势,这是社会进步的表现。在这种新的情况面前,各级党组织决不能忘记整体利益的大局。早在100多年前,马克思、恩格斯在《共产党宣言》中就明确指出:"共产党人强调和坚持整个无产阶级的不分民族的共同利益","共产党人始终代表整个运动的利益"。我们党是全中国各族人民利益的忠实代表。各级党组织都是党的整体中的一个组成部分,决不能成为只顾局部利益而将全局利益置之不顾的"地区党"、"部门党"和"单位党"。作为我们立国之本的四项基本原则,最根本的一条是坚持党的领导;党的领导,首先是党中央的领导。这是我们凝聚全党、全民族的力量克服任何困难的最大政治优势。对于中央作出的重大改革决策,党的全部组织和全体成员必须坚决执行,同党中央保持一致,在中央的号令下统一行动,并在各自的岗位上努力保证中央的决策得以实施。我们各级党组织,向来有顾大局、识大体的高度觉悟和水平。在新的形势下,发扬优良传统,强化全局观念,把局部利益与全局利益很好地结合起来,是党的领导在改革中得以有力贯彻的重要保证。

党的领导力量是不是坚强有力,取决于党的队伍本身的纪律是否严明。纪律严明、行动一致,这是我们党的优良传统和力量所在。个人服从组织、少数服从多数、下级服从上级、全党各级组织服从党中央,是我们党的组织原则,也是各级党组织和全体共产党员最起码的义务。在这四条中,当前特别需要重申和强调的是"全党各级组织服从党中央"。我们相信大多数的党组织是保持了这个优良传统的,但也不能忽视,在一些地方、部门和单位中,有令不行、有禁不止、扯皮推诿、讨价还价的现象,已经发展到令人难以容忍的地步。像压缩基本建设规模、控制社会集团购买力、禁止党政机关经商等等问题,党中央和国务院三令五申而仍然禁而不止,反倒有不断蔓延之势,其重要原因之一就是我们有些党组织和党员领导干部纪律松弛,自行其是。为了保证全局利益,必须严肃党的纪律。谁不遵守党纪、政纪法纪,谁就要受到处罚,决不能再出现违纪者得利、遵纪者吃亏的不正常现象。

加强党的领导,改善党的领导,长期以来一直是我们政治生活中的一个重要主题。十三大提出的一系列关于党的领导制度的改革设想,作为政治体制改革的重要内容,都是以改善并加强党的领导为目的的,要在全面深化改革中有领导、有步骤、有秩序地继续贯彻执行。要坚定不移地继续贯彻党政分开、政企分开等原则,并积极探索在新的体制下发挥党组织的核心作用的方式方法,以配合、支持并促进经济体制改革。要按照十三大提出的通过改革和制度建设来从严治党的思路,加强党的建设,发挥党组织的核心作用和共产党员的先锋模范作用,以保证并加强党的战斗力。我们要在全面深化改革中,以加强党的领导、严肃党的纪律为契机,把党的建设提高到一个新水平。

在深化改革中加强党的领导,很重要的一个涵义,就是要在政治上、全局上、宏观上加强中央调控能力。新旧体制交替之际的宏观调控问题是一个很大、很重要的课题。新的调控手段要强化,在新的调控手段还不够健全有力的情况下,长期行之有效的原有的调控手段也不能放弃,否则就会出现失控、混乱局面。在改革的关键时期,我们更加不能忽视行政手段和法律手段的作用。行政手段,重要的就是纪律手段。纪律包括党纪,也包括政纪。所以,在严肃党的纪律的同时,还要严肃政纪、严格执法。宪法和法律是人民意志和党的意志的体现,党要在宪法和法律范围内活动,这是我们严格执法以加强党的领导的根据。我们党是执政党,中央政府的意志也代表了党的意志。所以,我们在强调党中央的领导的同时,同样强调和维护政府即国务院的权威。一个运行自如的行政系统,有效的行政手段,是保证党的方针、政策得到贯彻的重要手段。这是我们严肃政纪以加强党的领导的根据。总起来说,严格遵守法律、政纪,与严肃党的纪律一样,都是十分重要的,是保证党的领导作用得以发挥的有力手段。

在中国,共产党的领导是历史形成的,也是国家利益和人民利益的需要。我们的改革,只能在党的领导下进行。加强党的领导、严肃法纪与搞活经济并不矛盾,与发扬民主并不矛盾,与调动各级党组织乃至全体党员、全体人民的主动性、创造性并不矛盾。加强党的领导正是为了坚决有力地推进改革、开放。中央工作会议和三中全会的举行,使我们有理由相信,全党将在深化改革中更好地团结在党中央周围,更好地发挥党的领导作用、党组织的核心作用和共产党员的模范作用,领导我们伟大艰巨的社会主义改革事业取得胜利!

中共中央政治局常委乔石在人民大会堂会见并宴请由主席雅罗斯拉夫·哈因率领的捷克斯洛伐克共产党中央检查和监察委员会考察团

我国试行羊毛拍卖销售制度

据《人民日报》报道,长期以来,我国国产羊毛销售渠道存在工牧分离、中间环节多、原毛管理混乱等弊端。近一两年来,"羊毛大战"硝烟四起,致使国产羊毛掺假日趋严重。据介绍,刚开始仅是掺砂、掺土、后来有的地方甚至发展到渗水泥、碎石。这种恶劣行为直接影响了工厂的正常生产和广大消费者的利益。

为了有效地制止羊毛掺杂掺假行为,纺织部物资局率先实行羊毛拍卖销售制度。1987年9月,他们在新疆尝试把价格竞争机制引入羊毛流通领域,举行羊毛拍卖。今年8月,纺织部物资局开始扩大试点,在新疆、内蒙古、南京开辟了3个羊毛拍卖市场。

纺织部有关人士对记者说,羊毛拍卖的最大特点是交易过程公开:"一分价钱一分货",有利于杜绝弄虚作假。据介绍,羊毛拍卖前一般要进行分级、分支,然后双方按净毛率报价和成交。整个拍卖过程有工商、税务、公证等部门监督。这种做法由于产销直接见面,流通环节的费用大大减少,"倒爷"无处插手,成交双方都可受益。

国务院副总理田纪云在北京会见以杰弗里·洪恩为团长的欧洲议会对华关系代表团

中共中央书记处书记芮杏文在人民大会堂会见并宴请巴黎《欧洲时报》社长杨咏桔女士

《欧洲时报》是一家华文日报,1983年创刊于巴黎,现销往欧洲和非洲地区。《欧洲时报》共12版,其中专辟"中国消息"2版,介绍中国情况。

芮杏文在会见时对杨咏桔说,办《欧洲时报》是一件很好的事情。他称赞《欧洲时报》版面比较活跃。

杨咏桔表示要尽力办好这家报纸。国务院侨务办公室副主任李星浩、国务院外事办公室副主任隋勤会见时在座。

杨咏桔是应国务院侨办邀请来华访问的。

中国申请加入联合国维持和平行动特委会

中国常驻联合国代表李鹿野最近写信给联合国秘书长,申请中国加入联合国维持和平行动特别委员会。

信中说,联合国维持和平行动是维持和平与安全的有效手段之一,对缓和地区冲突、提供和平解决争端的条件起着积极作用,中国愿意加入委员会,与其他成员国一道,为提高联合国维持和平行动的效能作出贡献。

目前拥有33个成员国的联合国维持和平行动委员会根据第十九届联大在1965年2月作出的决议而成立,任务是全面审查维持和平行动各方面的问题。

全军军容风纪整顿工作情况汇报会在北京召开

解放军总参谋长迟浩田在会上说,党和国家治理经济环境,整顿经济秩序,给军容风纪整顿工作提出了更高的要求。他希望全军指战员一定要抓好自身作风纪律的整顿,为支持和协助国家治理经济环境,整顿经济秩序创造良好条件。

会议听取了有关单位的情况汇报。会议提供的情况表明,最近一个时期,首都驻军和全军各大单位认真学习、贯彻条令条例,纠正"松、散、乱"现象,特别是抓机关,抓干部,抓"小、远、散"单位的整顿工作,初步取得成效。据北京卫戍区9月初统计,首都市面军人流动量比去年同期减少68%;流动军人军容风纪合格率比去年同期上升18.4%。

9月14日,赵紫阳同志在中央军委授予上将军官军衔仪式上的讲话中指出:"希望全军在实行新的军衔制以后,展现出新的雄姿和新的风貌,把我军建设推向更高的水平。"会议根据这一要求,分析了全军面临的新情况,指出军容风纪整顿工作,不是抓一阵子,而是要经过一段时间的整顿后,逐步同军事训练、管理教育等工作结合起来,长期抓下去。会议要求各级领导机关高度重视,发挥率先垂范作用,使我军军容风貌来一个彻底的改观。

参加会议的有人民解放军副总参谋长何其宗、总政治部副主任周文元、总后勤部副部长宗顺留及驻京各大单位有关负责同志。

全国最佳首日封评选结果揭晓

此次评选活动由中国集邮总公司、《集邮》杂志社、《集邮博览》杂志社联合举办。

"首日封"是指在邮票正式发行的首日,用纪念信封或普通信封贴有一枚或全套当日发行的邮票,加盖上发行日当天的邮戳或纪念邮戳,未经邮局实际寄递的信封。

这次全国最佳首日封评选的内容为中国集邮总公司1983年至1987年发行的纪念邮票和特种邮票首日封及小型张首日封,共计135种。评选采取群众投票的方式,票数最多的前八名为最佳首日封。它们是:T99·中华全国集邮展览1983·北京、J117·抗日战争和世界反法西斯战争胜利40周年、T83·天鹅、T89·簪花仕女图(小型张封)、T102·乙丑年(牛)、T105·中国残疾人、T155·风筝(第二组)、T121·中国历代名楼(小全张)。

9月29日

国务院总理李鹏在人民大会堂会见9国新任驻华大使

他们是:老挝大使蓬沙瓦·布法,土耳其大使比拉尔·西姆锡尔,匈牙利大使内梅特·伊万,古巴大使何塞·阿·格拉，蒙古大使云登·奥其尔，塞内加尔大使马迪·恩岛，卢旺达大使卡拉马盖·奥古斯坦，瑞典大使史凯乐和埃及大使巴德尔·哈马姆。

李鹏代表中国政府对9位大使表示欢迎。他说，大使们在履行职务期间一定会得到中国政府和外交部的支持和合作。

李鹏在谈到国内情况时说："10年来我们的改革取得了很大成就，现在正处在关键时刻。明后两年我们将以治理经济环境、整顿经济秩序为重点来深化改革。"

李鹏重申，中国的改革和对外开放政策不会改变。中国同各国的经济技术合作不仅不会削弱，而且将会得到巩固和加强。

中央纪委书记乔石在中纪委第三次全会上作题为《加强党的纪律保证全面深化改革目标的顺利实现》的工作报告

同志们：

党的十三届三中全会和在此之前的中央工作会议开得很好。会议本着要总结经验，改革的方向必须坚定不移，步骤和方法应当审时度势力求稳妥的精神，提出了在坚持改革总方向的前提下，认真治理经济环境，整顿经济秩序的任务；强调要充分发挥我们的政治优势，加强党的领导，贯彻民主集中制，严肃党的纪律。在会议的讨论中，大家顾全大局，服从整体，充分体现了全党团结一致的精神。

中央纪律检查委员会第三次全体会议的任务是，认真贯彻党的十三届三中全会精神，加强党的纪律，使党更好地发挥领导核心作用，保证治理经济环境，整顿经济秩序，全面深化改革任务的实现。

下面，我主要讲三个问题。

第一，增强纪律观念，加强党的组织纪律性

明后两年改革和建设的重点是治理经济环境，整顿经济秩序。这是摆在全党面前的一项十分重要而紧迫的任务，也是对党的一次新的严峻考验。能否顺利完成这个任务，关系到党和政府的威望，关系到改革和建设的成败。十年来，我国改革开放取得的成绩是巨大的，目前经济仍处在继续增长的时期。我们有许多有利条件，但也面临着不少困难，任务十分艰巨。要克服这些困难，确保全面深化改革按照已经确定的措施和步骤有领导、有秩序地进行，最根本的是靠党的坚强领导，靠全党思想认识上的高度一致，靠党的严明纪律，来保证全党在行动上的高度一致。这是我们的政治优势。

我们党六十七年的历史充分证明，无论是战争年代还是和平建设时期，正确的思想、政治路线，严格的纪律，党的团结统一，是我们战胜艰难险阻，夺取革命和建设胜利的力量源泉。我们之所以能迅速结束十年动乱，完成拨乱反正的历史任务，集中力量进行社会主义现代化建设，在十年改革和建设中取得举世瞩目的成就，一个根本的原因就是因为有党的坚强领导，有业已证明是正确的马克思主义的思想路线和政治路线，同时也由于有铁的纪律作保证。没有严格的纪律，党的正确路线就无法得到贯彻执行，党的团结和统一就无法实现，就不可能团结和带领亿万人民群众去夺取胜利。当前，改革进入关键阶段，面临治理经济环境，整顿经济秩序，全面深化改革的极为繁重和复杂的任务。在这种情况下，加强党的建设，严格党的纪律，增强党的凝聚力和战斗力，充分发挥党的核心领导作用，尤其具有特殊重要的意义。

正如党的十三届三中全会指出的，我国当前总的经济形势是好的，但存在的困难和问题也不少，突出的是经济生活中出现了明显的通货膨胀，物价上涨幅度过大。有些地区和部门置中央号令于不顾，各行其是，盲目攀比，大搞楼堂馆所，预算外基建规模不断扩大，奢侈浪费，滥发实物，社会集团购买力一再膨胀，搭车涨价，变相涨价，党政机关经商办企业等现象相当普遍。这些问题，严重地扰乱了经济秩序，引起广大党员和群众的强烈不满。如不严加整饬，任其发展下去，不仅败坏党和政府的声誉，而且使改革和建设无法顺利进行，会把国家搞乱。正因为如此，在全面深化改革的过程中，必须增强全党的纪律观念，加强党的组织纪律性。

增强纪律观念，必须在民主和集中、局部和整体的问题上澄清一些模糊认识。赵紫阳同志在中央工作会议上说，统一认识的关键是解决好局部和整体的关系问题。改革开放十年来，我们不断加强民主建设，扩大地方、企业的自主权，允许各地区、各部门根据自己的实际情况，采取一些因地制宜的政策和措施，这是完全必要和正确的。但是，有的同志只从本地区、本部门、本单位的眼前利益出发，认为放权让利，搞活经济，就可以不讲集中统一，就可以置纪律于不顾，甚至为了局部利益，可以无视中央的三令五申，另搞一套。现在流行一种"红灯"、"绿灯"之说，借口"变通"，对党中央、国务院的决定和政令采取实用主义态度，合意的就执行，不合意的就变相抵制，有的甚至搞"先斩后奏、边斩边奏、斩而不奏"。这些思想和行为是非常错误的。邓小平同志最近说，要改革成功就必须有领导、有秩序地进行。不能搞"你有政策我有对策"。党中央、国务院要有权威，没有这个保证不行。措施定下来，要坚决执行，宁可从严，不可从轻。就是过分一点，也得这样做。在十三届三中全会和中央工作会议上，根据邓小平同志和赵紫阳同志的重要讲话精神,大家进一步统一了思想,强调在改革和建设中,必须坚持民主集中制的重要原则,局部利益服从整体利益,甚至为了整体利益不惜牺牲局部利益,保持全党在思想上、行动上的高度一致,把党中央的决心变成全党的自觉行动。

党的民主集中制是党的基本组织原则。它要求:个人服从组织,少数服从多数,下级服从上级,全党服从中央。党的各级组织和每个党员都要自觉地同中央保持一致,维护中央的权威。我们党历来有这样的传统,就是依靠全党团结一致,在中央的统一号令下,克服面临的困难和问题。党员干部尤其是党员领导干部,要以高度的党性自觉维护改革的大局,无条件地服从党和国家的利益,坚决同一切违犯党纪国法的行为作斗争,使党组织在改革中充分发挥战斗堡垒作用。每个共产党员都要加强党性锻炼,增强纪律观念,充分发挥先锋模范作用。

第二,严格执行党的纪律,严肃查处违纪行为

党的十三届三中全会和中央工作会议提出了治理经济环境,整顿经济秩序,全面深化改革的任务,确定了实现上述任务的一系列重要措施。会议对加强党的领导,从严治党,严肃党纪,也提出了很高的要求。这都是目前形势的迫切需要,也反映了全党和全国人民的强烈愿望,必须坚决贯彻执行。

为了贯彻落实会议提出的各项要求,党中央、国务院已经和正在制定一些具体规定。这些规定一经颁布,必须严格执行。对于有令不行、有禁不止、不顾大局、损害国家整体利益的党组织和党员,不管是哪一级和什么人,都要严肃查处。对于那些哄抬物价、囤积居奇、敲诈勒索、中间盘剥、贪污受贿、奢侈浪费等严重违法乱纪的党员和党员干部,要给予必要的纪律处分,直至开除党籍。触犯法律的,要由司法机关依法惩处。

执行党的纪律,要坚持在纪律面前人人平等。越是党的高、中级干部越应严守党的纪律,带头执行党中央、国务院的决定。赵紫阳同志在十三届三中全会上讲,我们一定要用事实使全党同志特别是担负领导工作的同志都知道:党的纪律是一定要执行的,决不能言者谆谆,听者藐藐。希望各级领导班子和领导干部,都要以身作则,从严要求自己,严格遵守和执行党的纪律。每个共产党员,都要遵守党章,从自身做起,决不允许有任何例外和特殊。

严格执行党的纪律,必须充分依靠全体党员和广大人民群众的监督和支持,贯彻群众路线。对于来自党员和人民群众的各种批评意见和检举揭发,都必须认真对待,该查处的要严肃查处,该澄清的要及时澄清。对执纪过程中必须处理的问题,凡是不涉及党和国家机密的,要尽可能以适当方式公开处理,以提高执纪工作的透明度。要发挥各个监督部门的作用,充分运用各种监督形式,包括运用广播、电视、报刊等宣传舆论工具进行监督。监督工作要积累经验,逐步制度化,使党组织和共产党员真正置于人民群众的监督之下。监督部门本身也要建立相应的制度,接受监督。

执行党的纪律,查处违纪案件,始终要坚持实事求是的原则,注意掌握政策界限。中央纪委第二次全会曾经指出,对那些破坏改革开放、违法乱纪的人,必须毫不留情地严肃处理;对那些真心实意地从事改革,但因缺乏经验而出现失误的同志,要帮助他们总结经验,继续前进;当然也不允许借口“缺乏经验”来掩盖违法乱纪。在执纪办案中,定性量纪要严格依据党章和有关的规定、条例,处分党员要严格按照必须履行的程序进行,使每个案件的处理都做到事实清楚、证据确凿、定性准确、处理恰当、手续完备,经得起历史的检验。这样做了,不仅能使违纪者本人受到教育,也能使广大党员受到遵纪守法的教育。

第三,纪检队伍要勇于承担起党和人民赋予的重任

十三届三中全会把加强党的纪律提到了突出重要的位置,说明党和人民对我们寄予很大的期望。各级纪检机关和全体纪检干部的任务更重了,责任更大了。我们要有强烈的使命感和高度的责任感。广大纪检干部要努力提高思想政治素质和工作水平。当前,要认真学习十三届三中全会文件,振奋精神,深入实际,努力工作,为治理经济环境,整顿经济秩序,全面深化改革作出应有的贡献,同时也使我们的纪检队伍在这个过程中得到锻炼和提高。

各级纪检机关和广大纪检干部要从党和人民的利益出发,敢于坚持原则,敢于碰硬。对于违纪案件,发现一起就严肃查处一起。对重大案件,领导干部要亲自抓,一级抓一级。在执纪办案中,不回避矛盾,不徇私情,要顶住说情风,排除关系网的干扰。对秉公执纪的同志,要给予支持和保护。对违纪案件该查不查,有失职行为的,要追究领导者的责任。

纪检机关要坚持经常性的监督检查,特别要加强对同级党委和同级党员领导干部执行中央决策情况的监督检查。发现错误倾向的苗头,要及时提醒,帮助改正。重大问题要按组织程序向党委和上级纪委报告。党委和上级纪委要抓紧弄清情况,及时解决,不要拖延。同时,纪检机关也要加强对自身的检查,自觉地接受党和人民群众的监督,不断改进自己的工作。

纪检机关的监督检查,同组织、宣传、行政监察、国家司法等方面的工作,既有联系、交叉,又有各自的职能。要加强相互之间的密切协作,逐步形成监督体系,这对治理经济环境,整顿经济秩序,全面深化改革是非

常重要的。搞好协作的关键在于相互支持，密切配合。我们要积极主动地支持有关部门的工作，建立必要的联系制度，发挥监督机制的整体效能。

同志们！中央纪委第二次全会以来，中央纪委和各级纪委做了大量的工作，制定、颁发了一些规章和条例，促进了纪检工作的制度建设；加强了执纪办案工作，查处了一批违反党纪的案件；按照党政分开的原则，初步划清了党纪检查和政纪监察的职能。这些工作对于贯彻党的基本路线，落实从严治党的方针，起到了积极作用。现在，面对党和人民赋予的光荣而艰巨的新任务，我们要在各级党委统一领导下，以新的姿态和卓有成效的工作，为保证全面深化改革目标的顺利实现，作出最大的努力。

外交部部长钱其琛在纽约谈中美关系

正在纽约出席第四十三届联大的我国外交部长钱其琛在美国对外政策协会午餐会上说，目前国际形势有了明显的改善，对话在增加，对抗在减弱，热点在降温；在推动国际形势向对话、缓和的方向发展方面，中美两国都作出了并可以继续作出自己的贡献。

钱其琛说，中美建交10年来，两国关系总的说来是向前发展的。中美两国间各方面交往的扩大和加深，给双方都带来了利益，并在国际上发挥着稳定的作用。钱外长希望未来的10年"是中美关系稳定发展、互利合作进一步扩大的十年"。

他重申，中美关系的基础是两国政府间达成的3个公报所确定的各项原则。严格遵循这些原则办事，排除种种干扰，中美关系就能健康顺利地发展。反之，就会出现摩擦，损害中美关系。

在谈到中美经济关系时，钱其琛说，在中国广泛扩展的对外经济关系中，中美经济关系占有重要的地位。中美贸易发展迅速。多年来，美国对华私人投资一直名列外国对华投资的首位。但是，这些投资只占我国吸收外商直接投资总额的13.3%，中美贸易总额只占美国进出口总额的1%，显然还有更大的发展余地。

他说，中国是最大的发展中国家，美国是最大的发达国家。中美在互利的基础上进行更大规模的经济交流，可以成为南北合作的范例。

钱其琛外长还介绍了中国经济及政治体制改革的形势。他说，实行改革和开放政策的中国，对世界来说是一个巨大的市场，是国际上一个重要的稳定与和平的因素。

国务委员邹家华在钓鱼台国宾馆会见美国西方石油公司董事长兼首席执行官哈默博士

邹家华说，煤炭是中国的主要能源。他对哈默博士为发展中国的煤炭工业所做的贡献表示感谢。

他说，中国的电力工业主要靠煤，但当前影响电力发展的主要是运输问题。他说，现在中国每年至少要增加1000万千瓦的电，也就是说每年要新增2500万至3000万吨煤，这给铁路运输造成了很大压力。

他告诉哈默博士，中国正在考虑在建设新的铁路的同时，建设新的公路，并进一步开发水路，以增加公路和水路运力来缓解煤炭运输的紧张状态。他还说，中国将考虑加快水电发展，以及在煤矿附近建设发电厂。

哈默对此表示赞赏。他说中国应加快石油开发的步伐，并愿意与中国扩大在开发石油资源方面的合作。

中央军委纪委常委扩大会议在北京举行

会议要求全军进一步加强党的纪律，令行禁止，保证党中央和中央军委各项改革决策的顺利执行。

经中央军委批准召开的这次会议，总结和部署了全军纪检工作。参加会议的同志认为，今年以来全军各级纪委贯彻党的十三大精神，在中央军委、中央纪委和各级党委的领导下，围绕军委纪委四次全会提出的任务，贯彻从严治党的方针，自觉地服从和服务于中心工作，抓紧查处案件，加强调查研究，认真地协助党委抓党风，取得了明显的成效。当前从党风党纪方面来说，总的情况是好的，但也有一些问题值得重视，主要是有些同志组织纪律观念差，自由主义、无组织无纪律现象比较严重；有的领导机关、有些同志特别是少数高中级干部不廉洁，这是脱离群众、破坏纪律、败坏党风的主要倾向；执纪不严的状况还没有改变。这些问题必须引起各级党委、纪委的高度重视。

军委纪委书记郭林祥在讲话中强调指出，当前，我国已进入全面改革、深化改革的关键时期，没有党的坚强的集中统一的领导，没有严格的纪律，就不能闯到难关，取得胜利。军队要坚决贯彻中央制定的方针政策，严格遵守党纪、国法、军纪。保持高度集中统一，在思想上、行动上确实与党中央保持一致，全军各级党委、纪委必须旗帜鲜明地反对政治上的自由主义，自觉地维护党的政治纪律，同损害党中央的威信、违背四项基本原则和违背改革开放总方针的行为作斗争。

他说，中央决定明后两年要把改革和建设的重点，放到治理经济环境，整顿经济秩序上来。军队在这方面应当要求更严，做得更好。各级领导机关和党员领导干部要做遵守党的纪律的模范。凡是中央和军委提倡的，就认真去做，中央和军委明令禁止的，就坚决不做。要树立全局观念，反对小团体观念。要特别注意纠正那些打着"为公"的幌子，违法违纪和搞不正之风的问题。

郭林祥指出,执纪不严仍然是纪律检查工作需要解决的一个重要问题。在社会主义初级阶段,对共产党员的要求不能降低,越是改革开放,越要严肃党的纪律。在一些单位存在的“老好人”吃香、坚持原则的人受气的状况必须改变。违背党的优良作风的人,不能重用,更不能在党内担任重要职务。对执纪不严、有失职守的党组织,要追究正副书记的责任。要贯彻在党纪面前人人平等的原则,对违纪案件和严重不正之风,不管涉及什么人,都要及时查处,不能久拖不办。全军各级纪委当前要特别注意检查那些违反政治纪律、弄权渎职、奢侈浪费,以及钻改革的空子违法乱纪的案件和问题。凡是违反党纪应当给予处分的,一定要给予处分。对情节严重、该给重处分的,不能给轻处分。对严重败坏党和人民事业的腐败分子,要坚决清除出党。

军委纪委第二书记尤太忠在会上也讲了话。

中信出版社在北京成立

经新闻出版署批准,中国国际信托投资公司中信出版社在北京成立。中信出版社的任务是围绕中信公司生产、技术、金融、贸易、服务等业务出版国内外现代经济思想、经营管理、科学技术等方面的各类图书以及围绕国际经济的发展趋向,出版国际经济未来发展,国际市场预测方面的书刊。据悉,在我国,由企业集团办出版事业为数还不多。中信出版社的成立是出版体制改革的探索。

9月30日

中共十三届三中全会公报

中国共产党第十三届中央委员会第三次全体会议,于1988年9月26日至30日在北京举行。

中共中央政治局常委赵紫阳、李鹏、乔石、胡启立、姚依林主持了这次全会。

全会听取并审议通过了中共中央总书记赵紫阳代表中央政治局作的报告。

全会同意中央政治局对我国当前政治经济形势的分析,批准中央政治局向这次全会提出的治理经济环境、整顿经济秩序、全面深化改革的指导方针和政策、措施。

全会确定,把明后两年改革和建设的重点突出地放到治理经济环境和整顿经济秩序上来。当前,我国总的经济形势是好的,但存在的困难和问题也不少,突出的是物价上涨幅度过大。为了创造理顺价格的条件,为了经济建设持续、稳步、健康地发展,必须在坚持改革、开放总方向的前提下,认真治理经济环境和整顿经济秩序。治理经济环境,主要是压缩社会总需求,抑制通货膨胀。整顿经济秩序,就是要整顿目前经济生活中特别是流通领域中出现的各种混乱现象。在这两方面都要采取坚决有力的措施。治理经济环境,整顿经济秩序,必须同加强和改善新旧体制转换时期的宏观调控结合起来,必须同努力增加农副产品、适销的轻纺产品以及能源原材料等方面的有效供给结合起来。治理经济环境和整顿经济秩序是长期要注意的大问题,最要紧的是明后两年一定要抓出成效。明年价格改革的步子较小。务必确保明年的物价上涨幅度明显低于今年,明年一切工作都要服从这一点。

全会指出,必须有领导有秩序地推进相互配套的全面改革。不理顺价格就谈不上真正确立新经济体制的基础,但深化改革又不仅仅是一个价格改革问题,而是多方面的综合改革。在多方面的综合改革中,应当特别注重深化企业改革,尤其是大中型国有企业的改革。明年企业改革必须抓紧。一要进一步推动政企分开,使有条件的企业真正放开经营;二要认真完善承包制,进行以公有制为主体的股份制试点和发展企业集团试点。通过建立在国家宏观控制下的企业自主经营、自负盈亏、自我约束的机制,提高经济效益。那些对治理通货膨胀有重大作用的改革要抓紧推进。

全会指出,为了保证治理经济环境、整顿经济秩序和深化改革任务的顺利完成,必须加强党的领导,充分发挥我们的政治优势。要特别强调党的领导核心作用和党的纪律,特别强调局部利益服从全局利益。同时,通过治理环境、整顿秩序和深化改革的实践来加强党的建设,提高党组织的战斗力,发挥党员的先锋模范作用。要以治理环境、整顿秩序和深化改革为中心内容,进行一次广泛、深入的形势教育,并以此作为加强和改进思想政治工作的新起点,要充分发挥民主监督的作用,并运用法律的、制度的、纪律的、教育的手段,综合治理,克服腐败现象,保持党政机关的廉洁。

全会强调指出,发展生产力是社会主义的根本任务,四项基本原则是我们立国之本,改革开放是我们的总方针总政策。任何时候都必须牢牢掌握党的基本路线的一个中心两个基本点。我国十年改革的成就是巨大的,改革为国民经济注入了强大的活力,促进了经济和社会的发展,提高了人民的生活水平。没有改革,我国就不会有这十年的大发展。现在要总结经验,克服困难,继续前进。全会号召:全党全国各族人民更加紧密地团结起来,统一思想,统一行动,艰苦奋斗,增产节约,努力完成这次全会提出的各项任务,夺取改革、开放和社会主义现代化建设的更大胜利。

全会原则通过了《关于价格、工资改革的初步方案》,建议国务院在今后五年或较长一些时间内,根据严格控制物价上涨的要求,并考虑各方面的实际可能,逐步地、稳妥地组织实施。

全会还原则通过了《中共中央关于加强和改进企业思想政治工作的通知》。

出席这次会议的，有中央委员165人，候补中央委员103人，列席会议的，有中央顾问委员会委员184人，中央纪律检查委员会委员67人，不是上述3个委员会成员的有关方面主要负责同志63人。

中共十三届三中全会通过《中共中央关于加强和改进企业思想政治工作的通知》

一、加强和改进企业思想政治工作是现代化建设和改革开放顺利进行的重要保证

（一）我国人民正在按照党在社会主义初级阶段的基本路线，以经济建设为中心，坚持四项基本原则，坚持改革开放，建设有中国特色的社会主义。推进这一宏伟而艰巨的事业，全党必须高度重视和大力加强思想政治工作，这是一个长期的战略方针。用实现四化、振兴中华的精神支柱，去凝聚全民族的力量，激发全体人民的劳动热情，改革开拓，艰苦创业，为建设富强、民主、文明的社会主义现代化国家而奋斗，是时化赋予全党的重大使命，也是思想政治工作的崇高任务。

十三届三中全会确定了治理经济环境、整顿经济秩序、全面深化改革的指导方针，要求把明后两年改革和建设的重点，突出地放到治理经济环境、整顿经济秩序上来。要完成全面深化改革关键时期的各项艰巨任务，必须充分发挥我们党的政治优势，统一思想，统一行动。党的每一个基层组织都应该成为坚强的战斗堡垒，每一个共产党员都必须在群众中起先锋模范作用。要用生动的强有力的思想政治工作，动员和团结全国人民，振奋精神，顾全大局，克服困难，夺取全面深化改革和现代化建设的胜利。

（二）企业思想政治工作是企业现代化管理不可缺少的重要组成部分，是实现企业各项任务的重要保证。经济振兴的基础在于企业进步，企业的进步取决于技术进步、管理完善和职工素质的提高，而职工素质的提高又同职工的精神状态、教育培训密切相关，企业思想政治工作对此负有重要的任务。目前，我国许多企业产品质量和经济效益不高，职工的劳动积极性未能充分发挥，除了企业新的机制没有完全形成，社会的改革措施还不配套，企业技术和管理落后等原因外，企业思想政治工作薄弱也是一个重要原因。这就迫切需要大力加强企业的思想政治工作。那种认为思想政治工作万能的观点固然是不对的，但认为在发展商品经济条件下思想政治工作已经过时、可有可无的观点更是错误的。

（三）要加强思想政治工作，必须改进思想政治工作。思想政治工作历来是革命和建设不断取得胜利的重要保证，无伦在革命战争年代还是社会主义建设时期，都发挥过极其重要的作用。但在“左”的指导思想影响下，思想政治工作也出现了一些弊端，十一届三中全会以后虽进行了纠正，总的看，这些弊端还没有完全消除。与此同时，又出现了相当普遍的软弱涣散、不敢严格要求的现象。在许多企业中，思想政治工作与生产经营“两张皮”的状况仍然存在，思想政治工作从内容到方式方法，都与新的形势和任务的要求不相适应，缺乏应有的凝聚力和吸引力。这种状况不改变，思想政治工作就无法担负起它的历史重任。

现在，我们国家正处在一个全面而深刻的伟大变革时期。思想政治工作面临着空前严峻的挑战：全党中心任务的历史性转变，要求思想政治工作必须更加自觉更有成效地服从、服务于社会主义现代化建设；产品经济向社会主义商品经济的转变，要求思想政治工作必须树立一些新观念：企业领导体制从党委“一元化”领导向厂长全面负责转变，要求思想政治工作必须建立新的体制和工作秩序；社会主义民主政治建设的推进和职工队伍结构的变化，要求思想政治工作必须注入新的内容，采取群众乐于接受的方式方法；各种思想文化的交汇，要求思想政治工作既积极吸收有益成果，又注意抵制错误思想；现代大众传播工具的日益普及，要求思想政治工作要善于运用这些手段。目前的思想政治工作远远不适应这些要求，必须大力改进。思想政治工作的“改进”、“改造”、“改革”，目的都是为了更有力、更有效地得到加强。

（四）改进思想政治工作应从两方面入手：一方面，要继承、恢复和发扬思想政治工作的优良传统，包括紧紧围绕党的中心任务的传统、实事求是的传统、群众路线的传统、平等待人的民主传统、干部以身作则的传统、全党做思想政治工作的传统，摒弃那些历史上形成而至今仍有影响的错误观念和不适当的做法。另一方面，要根据全面改革和对外开放的要求，从体制、内容、方法等方面改进思想政治工作，使之成为社会主义商品经济新秩序的组成部分和重要保证。通过改进，逐步形成以马克思列宁主义、毛泽东思想为指导，继承优良传统又充分体现时代精神，与社会主义商品经济和民主政治发展相适应的新时期思想政治工作的新观念和新方法。

（五）加强和改进企业思想政治工作要促进两个文明建设，把是否有利于生产力的发展作为根本标准。社会主义企业不仅要创造更多更好的物质产品，而且要培育一代又一代的社会主义新人。人是生产力中最活跃的因素。企业要生产出更多更好的产品，就需要有良好技术业务素质和思想道德素质的职工队伍。思

想政治工作对于提高职工素质有着极其重要的作用。因此,企业思想政治工作必须立足于造就有理想、有道德、有文化、有纪律的职工队伍,促进生产的发展和经济效益、社会效益的提高。

二、建立在厂长(经理)全面负责下的企业职工思想政治工作的新体制

(六)按照《企业法》的规定,厂长作为企业的法人代表,对企业的物质文明和精神文明建设负全面责任。为了与企业新的领导体制相配套,厂长必须对企业职工思想政治工作全面负责。这种体制适应了思想政治工作是整个企业管理工作的重要组成部分的要求,为改变思想政治工作与生产经营"两张皮"的状况,为思想政治工作和经济工作的密切结合、融为一体,提供了组织和制度的保证。根据十三大通过的党章部分条文修正案和中央关于贯彻《企业法》的通知的规定,企业党组织应行使保证监督职能,把思想政治工作作为自己的工作重点。一般地说,党委书记可以兼任主管思想政治工作的副厂长,以适应厂长全面负责思想政治工作新体制的要求。

(七)厂长在企业思想政治工作方面的主要职责是:1. 从企业发展和培养"四有"职工队伍的要求出发,确定思想政治工作的总思路,制定思想政治工作的总体规划和各种制度;2. 负责企业各级行政领导班子的思想建设;3. 推动各行政业务部门、车间班组结合生产经营活动去做思想政治工作,把思想政治工作与承包经营责任制的检查考核、干部的奖惩升降结合起来;4. 健全民主管理,加强班组建设,支持职代会的工作,保障职工民主权利,发扬职工的主人翁精神;5. 改善企业精神文明建设的物质条件。

(八)党组织在企业思想政治工作方面的主要职责是:1. 抓好党的思想建设,加强对党员特别是党员干部的教育和监督,发挥党支部的战斗堡垒作用和党员的先锋模范作用,发动全体党员做好职工的思想政治工作;2. 组织干部职工进行党的路线、方针、政策和理论学习,保证党的方针政策和国家的法律政令的贯彻执行;3. 密切联系群众,经常了解掌握职工的意愿、要求和思想情况,主动做好群众工作;4. 支持职代会和指导工会、共青团做好职工的思想政治工作。

(九)企业工会和共青团组织在职工思想政治工作中担负着重要责任。工会要广泛组织职工开展自我教育和自我管理活动,参与企业的民主管理和民主监督。共青团组织要按照青年的特点,采取生动活泼的形式,通过开展吸引青年和为青年服务的各项活动,培育新一代职工队伍。

(十)企业职工思想政治工作机构纳入行政序列。企业党的组织机构和干部配备,按照《中共中央关于贯彻执行〈中华人民共和国全民所有制工业企业法〉的通知》中对大、中、小型企业的不同规定执行。

(十一)做好企业思想政治工作只靠少数人不行,要建设一支包括专职干部和广大行政业务干部,以及党员、团员、先进模范人物、班组长和工会、妇女工作积极分子组成的宏大队伍。还要注意邀请有学识、有威信、善于做思想政治工作的各方面专家和社会活动家来参与企业思想政治工作。要注意发挥企业职工思想政治工作研究团体的作用。

思想政治工作是一门科学。从事思想政治工作是一项十分光荣而重要的事业。要注意挑选一批优秀的同志作为思想政治工作的骨干。所有从事思想政治工作的人员包括行政业务干部,都要以高度的责任感和饱满的政治热情,努力提高自身素质,学习用马克思主义说明实际问题的本领,学会运用社会学、心理学、行为科学和现代管理科学等知识做人的工作。对于专门从事思想政治工作的人员合理的切身利益应当给予关怀和保障。对于他们的待遇,应当同本企业的其他干部一视同仁,妥善解决。他们的职称问题,由党中央、国务院有关部门尽快研究提出意见。

三、从实际出发确定思想政治工作的任务和内容

(十二)企业思想政治工作的任务是:按照党的基本路线的要求,从实际出发,培养与社会主义现代化生产相适应的"四有"职工队伍,调动职工从事建设和改革的积极性、创造性,不断提高企业的经济效益,促进生产力的发展。

(十三)企业经常性的思想政治工作的主要内容和要求是:1. 大力培育富有特色的企业精神,把实现四化,振兴中华的共同理想同企业承担的特定任务结合起来,把爱国与爱厂紧密联系起来,以国家大局为重,处理好个人利益与企业利益、国家利益的关系;2. 按照建设"四有"职工队伍的要求,制定职业理想、职业道德、职业纪律、职业技能的具体规范,加强对职工基本行为的训练;3. 围绕生产经营中心,对职工在生产、经营、管理、分配过程中反映出来的思想问题,适时加以正确引导;4. 根据建设和改革不同时期的实际情况,有的放矢地进行形势政策教育。

(十四)当前,要以治理经济环境、整顿经济秩序、全面深化改革为中心内容,进行广泛深入的形势教育。要结合实际,有说服力地宣传十一届三中全会以来建设和改革的巨大成就,实事求是地分析存在的问题和一些消极现象,同群众一起商量克服困难的办法,根据党的方针政策认真解答群众的疑问。通过形势教育,提高职工执行党和政府的方针、政策和措施的自觉性,积极投身改革事业。

(十五)企业思想政治工作要根据职工中的不同对

象分层次地提出要求。对广大职工,应要求他们树立主人翁思想,热爱集体,服从全局,遵守纪律,诚实劳动,提高技能,恪守职业道德,做一个好职工。对共产党特别是党员干部,则应要求他们坚定共产主义信念,实践为人民服务的宗旨,奋力开拓,廉洁奉公,发挥先锋模范作用。要把先进性的要求同广泛性的要求结合起来,把教育的目标同具体的行为规范结合起来。

(十六)思想政治工作的具体内容和安排,原则上由企业从实际出发自行确定。上级部门对企业的思想政治工作,主要是加强宏观指导和舆论引导,抓好干部的培训。重大的问题需做统一的宣传教育部署,统一认识,统一步调。一些共同性、基础性的教育,包括基本路线教育,爱国主义、集体主义、革命传统、理想道德和纪律、民主法制、国防等教育,在具体组织实施时可由企业自主地安排教育的时间和重点,采用适合企业情况的步骤和做法。

四、采取正确的方针和方法,注重思想政治工作的实际效果

(十七)要把尊重人、理解人、关心人作为思想政治工作必须遵循的一个基本指导原则。思想政治工作是做人的工作,要以诚待人、以理服人、以情感人。要积极开发人的潜力,调动人的积极性。要真心实意地爱护职工,关心群众生活,尽力为他们排忧解难,增强他们对企业的向心力。不应把职工看成单纯受教育的对象,要相信群众,依靠群众,鼓励职工进行自我教育,在思想政治工作中发挥他们自身的能动作用。

要把尊重人、理解人、关心人和严格要求统一起来。目前企业中存在的纪律松弛、管理不严的状况必须切实改变。要综合运用经济的、行政的、法律的、教育的手段,进行有效的管理。要坚决反对“好人主义”,改变思想政治工作软弱涣散的状况,敢于批评不良倾向,抵制封建主义、资本主义腐朽思想对职工队伍的影响,在全体职工中形成健康的舆论,树立严格遵章守纪的良好风气。

(十八)广泛开展民主协商对话。要及时地向职工介绍党和政府的政策、主张、通报企业的重大情况和解决重要问题的方案,让职工对企业的重大决策充分发表意见。要经常通过协商对话进行双向交流,在企业领导人和职工之间、职工和职工之间架起相互理解、相互信任的桥梁。对话、交流贵在讲事实,讲真话,平等相待,坦诚相见,不要搞形式主义。要支持群众批评工作中存在的缺点错误,反对官僚主义,同各种不正之风和腐败现象作斗争。对职工提出的不正确的意见不能迁就附和,而要耐心疏导,做好工作。

(十九)寓教于文,寓教于乐,寓教于各种健康有益的活动之中。要办好职工业余学校、图书馆、俱乐部、文化室,开展学习研讨、读书演讲、知识竞赛、心理咨询、社会调查、影评书评、文艺演出、体育锻炼等活动,满足职工开眼界、得信息、学技术、求新知等要求,充实、丰富职工的业余文化生活。思想政治工作借助生动活泼的文化形式,采取群众喜闻乐见的方法,会显著增强吸引力和感染力。

(二十)全党全社会都应关心、支持、配合企业做好职工思想政治工作。报刊、电视、广播等舆论工具,信息量大,时效性强,覆盖面广,党要加强领导并善于运用这种重要手段和渠道来做思想政治工作。一切新闻、出版、文化、理论等精神产品的生产和传播部门,都要以坚持党的基本路线和实现四化、振兴中华为基调,积极宣传广大职工在改革和建设中的贡献,表扬他们当中的先进人物和先进事迹,反映他们的呼声,正确回答他们关心的问题。这些部门必须增强社会责任感,把社会效益放在首位,提供更多健康有益的精神食粮,充分发挥引导舆论和教育职工的作用。

(二十一)严于律己,以身作则,言教与身教相结合,身教重于言教,这是我们党的思想政治工作者的本色。企业领导干部和所有思想政治工作者都要坚持全心全意为人民服务的宗旨,做群众的表率,从自己做起。凡是要求群众做到的,自己必须带头做到;凡是要求群众抵制的,自己必须首先抵制。这种“无声”的思想政治工作是最有说服力的。思想政治工作者要以自己的模范行动影响职工,成为受群众信赖的知心人。

五、积极稳妥地向新体制过渡,不断总结企业思想政治工作的新经验

(二十二)贯彻《企业法》,建立企业职工思想政治工作的新格局,要坚持既积极又稳妥的方针。厂长要把思想政治工作列入自己的工作日程,负起全面责任。党委书记更应责无旁贷地把自己的工作重点放到思想政治工作上,主动与厂长密切配合,积极做好工作,保证不出现“空档”现象。

(二十三)地方党委要切实加强对企业思想政治工作的领导,各级党委宣传部门要负起指导、协调、服务的责任。经济主管部门要积极配合地方党委和宣传部门,推动企业做好思想政治工作。

(二十四)企业的机构的人员调整,要按照《企业法》的规定进行,从实际出发采取多种形式。除了党委书记兼任主管思想政治工作的副厂长这种基本形式外,有的企业如条件适宜也可以由厂长兼任书记,还可以采取企业认为合适的其他形式,不搞“一刀切”。对不再专门从事思想政治工作的干部,要分别情况安排好他们的工作。

我们的企业思想政治工作干部过去做了大量的工作,付出了辛勤的劳动,作出了宝贵的贡献。这些同

志无论是继续专门从事思想政治工作还是改做别的工作,都要以党和国家的大局为重,努力学习,提高素质,熟悉经济,增长才干,在加强和改进企业思想政治工作中,在改革和现代化建设事业中,作出新的贡献。

(二十五)企业思想政治工作要不断进行新的探索。实行厂长负责制已经几年,但企业思想政治工作的新格局还处在初创阶段,有待于进一步实践、充实、发展。全党同志和全体思想政治工作者,要进一步解放思想,大胆实践,加强研究,总结经验,逐步完善思想政治工作新体制。

本通知在全民所有制企业中试行。集体所有制企业可参照本通知的精神,采取适合自己情况的做法。

中顾委第三次全会公报

中国共产党第十三次全国代表大会选举产生的中共中央顾问委员会第三次全体会议,于1988年9月30日在北京举行。出席全会的委员有184人。

中顾委副主任宋任穷主持会议并讲了话。

全会一致拥护中共中央总书记赵紫阳代表中央政治局在党的十三届三中全会上作的报告,赞同十三届三中全会原则通过的《关于价格、工资改革的初步方案》和《中共中央关于加强和改进企业思想政治工作的通知》。

与会全体委员认为,党的十三届三中全会提出的治理经济环境、整顿经济秩序、全面深化改革的指导方针和各项政策、措施,是正确的、稳妥的。大家表示,一定要牢牢掌握坚持四项基本原则、坚持改革开放这两个基本点,积极发扬党的政治优势,加强党的领导,坚决维护党中央和国务院的权威,统一思想、统一行动、严守纪律、服从大局、廉洁奉公、艰苦奋斗,同全党同志和全国各族人民紧密地团结在一起,为夺取全面改革和社会主义现代化建设的新胜利作出应有的贡献。

中顾委副主任宋任穷在中顾委第三次全体会议上的讲话

同志们:

党的十三届三中全会和全会前的中央工作会议,是在关键时刻召开的十分重要的会议,开得很成功,充分体现了民主、团结和实事求是的精神。会议在认真总结经验,正确分析当前形势的基础上,提出了治理经济环境,整顿经济秩序,全面深化改革的指导方针和一系列果断措施。它对于全党同志和全国人民进一步统一思想、统一行动,保证改革的顺利进行和经济的稳定发展,必将产生深远的影响。

在这次全会以前和全会期间,我们中顾委的同志对价格、工资改革方案及配套改革措施,对加强党的领导、从严治党、为政清廉,对加强思想政治工作和精神文明建设等重要问题,提出了许多中肯的意见和积极的建议,大部分已被党中央采纳。这次提交全会审议的赵紫阳同志的报告和《关于价格、工资改革的初步方案》,是经过反复酝酿、讨论之后形成的,吸收了党内外各个方面的意见,是集体智慧的产物。指导方针是正确的,措施是得力的。我们中顾委的全体委员一致拥护赵紫阳同志的报告,赞同全会原则通过的《关于价格、工资改革的初步方案》和《中共中央关于加强和改进企业思想政治工作的通知》。现在关键是要认真抓好落实。能不能落实好,直接关系到下一步改革的成败利钝。因此全党同志一定要在党中央的统一领导下,团结和依靠广大人民群众,以最大的决心和最有力的措施,坚决落实党中央提出的任务,闯过难关,夺取改革和建设的新胜利。

在实现这一艰巨的任务中,中顾委作为党中央在政治上的助手和参谋,应该发挥应有的作用。我们全体委员都要以自己的实际行动,努力推动改革的顺利进行,努力起好支持、促进和表率作用。

一、积极向群众进行宣传,使大家正确认识形势,振奋精神,团结一致,坚定不移地把改革和建设推向前进。首先,我们要充分肯定十年改革取得的巨大成就,充分估计取得成功的经验和有利因素,并且理直气壮地向群众讲清楚。同时,对面临的困难和解决困难的办法也要向群众讲清楚。对于可能出现的困难和问题,估计得充分一点,设想得多一点,有好处。可以使我们提前做工作,防止一些问题的发生,即使发生了,也能及时和妥善地加以处理。通过实事求是的形势教育,让群众比较全面地了解情况,正确地认识形势,使他们增强对改革的信心,和我们一起共渡难关。

二、努力发扬党的政治优势,加强党的领导,这是建设和改革成功的根本保证。当前,最重要的是要全党统一思想,统一行动,充分发挥各级党组织包括每一个基层党支部的战斗堡垒作用,发挥全体共产党员的先锋模范作用。党的队伍整齐了、坚强了,就能团结和带领广大群众奋发前进。在座的老同志都清楚,在历史的关键时刻,我们党克服困难,争取胜利,靠的都是这一条。现在,我们要治理经济环境,整顿经济秩序,闯过物价、工资改革这一关,也要靠这一条。党心齐了,民心齐了,上下一致,严守纪律,服从大局,就没有战胜不了的困难。这是我们党的政治优势,千万不能丢。我们老同志在这方面有深刻的体会和丰富的经验,在发挥政治优势中,可以多起一些作用。这里还要特别强调一下,在当前的关键时刻,没有强有力的集中统一领导,不实行铁的纪律,就不可能有效地驾驭局势,也不可能顺利完成治理经济环境、整顿经济秩序、全面深化改革的任务。因此,我们要高度重视和坚决维护党中央和国务院的领导权威,带头同一切无视党中央、国务院指示和有令不行、有禁不止的现象作斗争,同各种造谣惑众、破坏党和政府威信的言行作斗争。

三、要以身作则,克勤克俭,廉洁奉公,艰苦奋斗。这是党对我们中、高级干部的一贯号召和要求,赵紫阳同志最近又特别强调了这一点。我们老同志们一定要带头保持党的过种优良作风,还要不断教育和监督自己的子女、亲友和周围工作人员这样做。这是保持我们的晚节和维护党的声誉的一个重要表现。

我们每个委员,每个老同志,从参加革命起,就矢志在共产主义的旗帜下奋斗终生。正是这种崇高的理想和坚定的信念,激励我们克服了前进道路上的一个又一个困难,始终同党和人民的事业同呼吸共命运。一息尚存须自奋,倾心随力报乾坤。今天,我们仍然在用这种精神激励自己。愿我们大家在支持、促进改革和社会主义现代化建设中,继续作出力所能及的新成绩。

中纪委第三次全会公报

中国共产党中央纪律检查委员会第三次全体会议,于1988年9月29日至30日在北京举行。

出席这次全会的中央纪律检查委员会委员67人。中央机关有关部门、军队纪检机关的主要负责同志,中央纪委机关各厅室主任列席了会议。

中共中央政治局常委、中央纪律检查委员会书记乔石主持了这次会议。

全会听取并审议通过了乔石同志代表中央纪律检查委员会常务委员会作的《加强党的纪律,保证全面深化改革目标的顺利实现》的报告。

全会一致拥护党的十三届三中全会通过的治理经济环境、整顿经济秩序、全面深化改革的指导方针和政策、措施,要求各级纪检机关认真贯彻执行。

全会认为,为了保证治理环境、整顿秩序、深化改革的顺利进行,全党必须增强纪律观念,加强组织纪律性,坚持党的民主集中制原则。党的各级组织和每个共产党员都要自觉地同中央保持一致,维护中央的权威,发挥党的领导核心作用,增强党的凝聚力和战斗力。

全会强调,要严格执行党的纪律,严肃查处违纪行为。对违抗中央方针、政策和决定,扰乱经济秩序和其他违纪行为,都要严肃查处,并按照党章的规定给予必要的纪律处分,直至开除党籍。

全会提出,必须加强纪检队伍的建设,努力提高思想政治素质和工作水平。各级纪检干部要认真学习党的方针、政策,振奋精神,深入实际,努力工作,坚持原则,秉公执纪,承担起党和人民赋予的重大责任。

全会号召,各级纪检机关和全体纪检干部要在各级党委统一领导下,以新的姿态和卓有成效的工作,为保证治理经济环境,整顿经济秩序,全面深化改革目标的顺利实现,作出新的贡献。

中央纪委书记乔石在中纪委三次全会上作题为《加强党的纪律 保证全面深化改革目标的顺利实现》的工作报告

同志们:

党的十三届三中全会和在此之前的中央工作会议开得很好。会议本着要总结经验,改革的方向必须坚定不移,步骤和方法应当审时度势力求稳妥的精神,提出了在坚持改革总方向的前提下,认真治理经济环境,整顿经济秩序的任务;强调要充分发挥我们的政治优势,加强党的领导,贯彻民主集中制,严肃党的纪律。在会议的讨论中,大家顾全大局,服从整体,充分体现了全党团结一致的精神。

中央纪律检查委员会第三次全体会议的任务是,认真贯彻党的十三届三中全会精神,加强党的纪律,使党更好地发挥领导核心作用,保证治理经济环境,整顿经济秩序,全面深化改革任务的实现。

下面,我主要讲三个问题。

第一,增强纪律观念,加强党的组织纪律性

明后两年改革和建设的重点是治理经济环境,整顿经济秩序。这是摆在全党面前的一项十分重要而紧迫的任务,也是对党的一次新的严峻考验。能否顺利完成这个任务,关系到党和政府的威望,关系到改革和建设的成败。十年来,我国改革开放取得的成绩是巨大的,目前经济仍处在继续增长的时期。我们有许多有利条件,但也面临着不少困难,任务十分艰巨。要克服这些困难,确保全面深化改革按照已经确定的措施和步骤有领导、有秩序地进行,最根本的是靠党的坚强领导,靠全党思想认识上的高度一致,靠党的严明纪律,来保证全党在行动上的高度一致。这是我们的政治优势。

我们党六十七年的历史充分证明,无论是战争年代还是和平建设时期,正确的思想、政治路线,严格的纪律,党的团结统一,是我们战胜艰难险阻,夺取革命和建设胜利的力量源泉。我们之所以能迅速结束十年动乱,完成拨乱反正的历史任务,集中力量进行社会主义现代化建设,在十年改革和建设中取得举世瞩目的成就,一个根本的原因就是因为有党的坚强领导,有业已证明是正确的马克思主义的思想路线和政治路线,同时也由于有铁的纪律作保证。没有严格的纪律,党的正确路线就无法得到贯彻执行,党的团结和统一就无法实现，就不可能团结和带领亿万人民群众去夺取胜利。当前，改革进入关键阶段，面临治理经济环境，整顿经济秩序，全面深化改革的极为繁重和复杂的任务。在这种情况下，加强党的建设，严格党的纪律，增强党的凝聚力和战斗力，充分发挥党的核心领导作用，尤其具有特殊重要的意义。

正如党的十三届三中全会指出的，我国当前总的经济形势是好的，但存在的困难和问题也不少，突出的是经济生活中出现了明显的通货膨胀，物价上涨幅度过大。有些地区和部门置中央号令于不顾，各行其是，盲目攀比，大搞楼堂馆所，预算外基建规模不断扩大，奢侈浪费，滥发实物，社会集团购买力一再膨胀，搭车涨价，变相涨价，党政机关经商办企业等现象相当普遍。这些问题，严重地扰乱了经济秩序，引起广大党员和群众的强烈不满。如不严加整饬，任其发展下去，不仅败坏党和政府的声誉，而且使改革和建设无法顺利进行，会把国家搞乱。正因为如此，在全面深化改革的过程中，必须增强全党的纪律观念，加强党的组织纪律性。

增强纪律观念，必须在民主和集中、局部和整体的问题上澄清一些模糊认识。赵紫阳同志在中央工作会议上说，统一认识的关键是解决好局部和整体的关系问题。改革开放十年来，我们不断加强民主建设，扩大地方、企业的自主权，允许各地区、各部门根据自己的实际情况，采取一些因地制宜的政策和措施，这是完全必要和正确的。但是，有的同志只从本地区、本部门、本单位的眼前利益出发，认为放权让利，搞活经济，就可以不讲集中统一，就可以置纪律于不顾，甚至为了局部利益，可以无视中央的三令五申，另搞一套。现在流行一种“红灯”、“绿灯”之说，借口“变通”，对党中央、国务院的决定和政令采取实用主义态度，合意的就执行，不合意的就变相抵制，有的甚至搞“先斩后奏、边斩边奏、斩而不奏”。这些思想和行为是非常错误的。邓小平同志最近说，要改革成功就必须有领导、有秩序地进行。不能搞“你有政策我有对策”。党中央、国务院要有权威，没有这个保证不行。措施定下来，要坚决执行，宁可从严，不可从轻。就是过分一点，也得这样做。在十三届三中全会和中央工作会议上，根据邓小平同志和赵紫阳同志的重要讲话精神，大家进一步统一了思想，强调在改革和建设中，必须坚持民主集中制的重要原则，局部利益服从整体利益，甚至为了整体利益不惜牺牲局部利益，保持全党在思想上、行动上的高度一致，把党中央的决心变成全党的自觉行动。

党的民主集中制是党的基本组织原则。它要求：个人服从组织，少数服从多数，下级服从上级，全党服从中央。党的各级组织和每个党员都要自觉地同中央保持一致，维护中央的权威。我们党历来有这样的传统，就是依靠全党团结一致，在中央的统一号令下，克服面临的困难和问题。党员干部尤其是党员领导干部，要以高度的党性自觉维护改革的大局，无条件地服从党和国家的利益，坚决同一切违犯党纪国法的行为作斗争，使党组织在改革中充分发挥战斗堡垒作用。每个共产党员都要加强党性锻炼，增强纪律观念，充分发挥先锋模范作用。

第二，严格执行党的纪律，严肃查处违纪行为

党的十三届三中全会和中央工作会议提出了治理经济环境，整顿经济秩序，全面深化改革的任务，确定了实现上述任务的一系列重要措施。会议对加强党的领导，从严治党，严肃党纪，也提出了很高的要求。这都是目前形势的迫切需要，也反映了全党和全国人民的强烈愿望，必须坚决贯彻执行。

为了贯彻落实会议提出的各项要求，党中央、国务院已经和正在制定一些具体规定。这些规定一经颁布，必须严格执行。对于有令不行、有禁不止、不顾大局、损害国家整体利益的党组织和党员，不管是哪一级和什么人，都要严肃查处。对于那些哄抬物价、囤积居奇、敲诈勒索、中间盘剥、贪污受贿、奢侈浪费等严重违法乱纪的党员和党员干部，要给予必要的纪律处分，直至开除党籍。触犯法律的，要由司法机关依法惩处。

执行党的纪律，要坚持在纪律面前人人平等。越是党的高、中级干部越应严守党的纪律，带头执行党中央、国务院的决定。赵紫阳同志在十三届三中全会上讲，我们一定要用事实使全党同志特别是担负领导工作的同志都知道：党的纪律是一定要执行的，决不能言者谆谆，听者藐藐。希望各级领导班子和领导干部，都要以身作则，从严要求自己，严格遵守和执行党的纪律。每个共产党员，都要遵守党章，从自身做起，决不允许有任何例外和特殊。

严格执行党的纪律，必须充分依靠全体党员和广大人民群众的监督和支持，贯彻群众路线。对于来自党员和人民群众的各种批评意见和检举揭发，都必须认真对待，该查处的要严肃查处，该澄清的要及时澄清。对执纪过程中必须处理的问题，凡是不涉及党和国家机密的，要尽可能以适当方式公开处理，以提高执纪工作的透明度。要发挥各个监督部门的作用，充分运用各种监督形式，包括运用广播、电视、报刊等宣传舆论工具进行监督。监督工作要积累经验，逐步制度化，使党组织和共产党员真正置于人民群众的监督之下。监督部门本身也要建立相应的制度，接受监督。

执行党的纪律，查处违纪案件，始终要坚持实事求是的原则，注意掌握政策界限。中央纪委第二次全会曾经指出，对那些破坏改革开放、违法乱纪的人，必须

毫不留情地严肃处理；对那些真心实意地从事改革，但因缺乏经验而出现失误的同志，要帮助他们总结经验，继续前进；当然也不允许借口“缺乏经验”来掩盖违法乱纪。在执纪办案中，定性量纪要严格依据党章和有关的规定、条例，处分党员要严格按照必须履行的程序进行，使每个案件的处理都做到事实清楚、证据确凿、定性准确、处理恰当、手续完备，经得起历史的检验。这样做了，不仅能使违纪者本人受到教育，也能使广大党员受到遵纪守法的教育。

第三，纪检队伍要勇于承担起党和人民赋予的重任

十三届三中全会把加强党的纪律提到了突出重要的位置，说明党和人民对我们寄予很大的期望。各级纪检机关和全体纪检干部的任务更重了，责任更大了。我们要有强烈的使命感和高度的责任感。广大纪检干部要努力提高思想政治素质和工作水平。当前，要认真学习十三届三中全会文件，振奋精神，深入实际，努力工作，为治理经济环境，整顿经济秩序，全面深化改革作出应有的贡献，同时也使我们的纪检队伍在这个过程中得到锻炼和提高。

各级纪检机关和广大纪检干部要从党和人民的利益出发，敢于坚持原则，敢于碰硬。对于违纪案件，发现一起就严肃查处一起。对重大案件，领导干部要亲自抓，一级抓一级。在执纪办案中，不回避矛盾，不徇私情，要顶住说情风，排除关系网的干扰。对秉公执纪的同志，要给予支持和保护。对违纪案件该查不查，有失职行为的，要追究领导者的责任。

纪检机关要坚持经常性的监督检查，特别要加强对同级党委和同级党员领导干部执行中央决策情况的监督检查。发现错误倾向的苗头，要及时提醒，帮助改正。重大问题要按组织程序向党委和上级纪委报告。党委和上级纪委要抓紧弄清情况，及时解决，不要拖延。同时，纪检机关也要加强对自身的检查，自觉地接受党和人民群众的监督，不断改进自己的工作。

纪检机关的监督检查，同组织、宣传、行政监察、国家司法等方面的工作，既有联系、交叉，又有各自的职能。要加强相互之间的密切协作，逐步形成监督体系，这对治理经济环境，整顿经济秩序，全面深化改革是非常重要的。搞好协作的关键在于相互支持，密切配合。我们要积极主动地支持有关部门的工作，建立必要的联系制度，发挥监督机制的整体效能。

同志们！中央纪委第二次全会以来，中央纪委和各级纪委做了大量的工作，制定、颁发了一些规章和条例，促进了纪检工作的制度建设；加强了执纪办案工作，查处了一批违反党纪的案件；按照党政分开的原则，初步划清了党纪检查和政纪监察的职能。这些工作对于贯彻党的基本路线，落实从严治党的方针，起到了积极作用。现在，面对党和人民赋予的光荣而艰巨的新任务，我们要在各级党委统一领导下，以新的姿态和卓有成效的工作，为保证全面深化改革目标的顺利实现，作出最大的努力。

国务院总理李鹏在人民大会堂举行招待会庆祝中华人民共和国成立39周年

乔石、胡启立、姚依林、田纪云、李铁映、吴学谦、丁关根、姬鹏飞、习仲勋、彭冲、费孝通、孙起孟、雷洁琼、宋健、王芳、邹家华、王任重、周培源、程思远、司马义·艾买提等，出席了招待会。

在京访问的外国来宾，外国驻中国使节，在华工作的外国专家，台湾、港澳同胞和海外侨胞以及古巴共产党代表团、圣马力诺共产党代表团、也门社会党干部修假团、马里人民民主联盟代表团、日本社会党日中特别委员会代表团的团长等，应邀出席招待会。

出席招待会的还有：中共中央、国务院、人民解放军有关部门负责人，各民主党派、人民团体和北京市的负责人。

国务院总理李鹏在庆祝中华人民共和国成立39周年招待会上的祝酒词

各位来宾，各位同志：

在庆祝中华人民共和国成立39周年之际，我代表党中央和国务院，向全国各族人民，向在各条战线上努力工作的工人、农民、知识分子、广大干部、人民解放军和人民警察，向全体劳动者和一切爱国人士，向台湾同胞、港澳同胞和海外侨胞，致以节日的祝贺和亲切的问候！我代表中国政府和人民向出席今晚招待会的各国来宾和驻华使节表示热烈的欢迎！向关心和支持我国社会主义现代化建设事业的国际友人表示衷心的感谢！

今年是我国改革的第十个年头。十年来的改革和开放取得了巨大成果，它使得我们国家的面貌发生了显著变化，国民经济持续发展，广大人民的生活有了不同程度的改善。

当前，我国已经进入全面深化改革的时期。我们进行经济体制改革的目标，就是要促进社会主义有计划商品经济的发展，逐步实行“国家调节市场，市场引导企业”的经济运行机制，建立社会主义商品经济的新秩序。我们准备在今后一个时期内，逐步和稳妥地推进价格、工资改革，进一步深化农村改革和企业改革，同时认真搞好计划、劳动、商业、物资、金融、财政、外贸等多方面的综合配套改革。这对于保证我国社会主义现代化建设的顺利进行，具有重大的意义。

目前我国经济正处于充满活力的发展时期，深化改革的时机是有利的。当然，我们在前进中也存在着不少新的困难和问题，突出的是经济生活中出现了明显的通货膨胀，物价上涨幅度过大。我们必须正视面临的困难。采取正确的方针、政策和措施，努力克服这些困难，把改革和建设不断推向前进。

治理经济环境和整顿经济秩序，既是深化改革和稳定经济的必要条件，也是深化改革和稳定经济的重要内容，是明后两年改革和建设的首要任务，关键是控制社会总需求，抑制通货膨胀。为此，必须坚决克服经济过热现象，把目前过高的工业发展速度降下来，保持合理的增长速度；必须坚决压缩基本建设的过大规模，控制消费基金的过快增长，大力压缩社会集团购买力中铺张浪费的部分，严格控制货币发行和信贷规模，调整投资结构、调整信贷结构和消费结构；必须进一步深化企业改革，特别是大中型国有企业的改革，使它们真正建立起在国家宏观控制下自主经营、自负盈亏、自我约束的机制，努力提高经济效益。

我国是一个有10亿人口的国家，发展农业始终是关系国计民生的重要问题。今年我国不少地区遭受不同程度的旱涝灾害，粮食有所减产。但是，从国家和人民掌握的粮食贮备来看，我们是完全有条件做好粮食的正常供应的。各级政府要切实加强对粮食市场的管理，继续安排好城市居民的肉、蛋、蔬菜等副食品的生产和供应，以保证城乡人民生活的基本需要。

目前我国大部分零售商品价格已经放开，一些重要生产资料实行了价格双轨制。这对发展生产和搞活经济起到了促进作用，但也增加了控制物价的难度。各级政府必须下大力量整顿流通环节，清理和整顿各种公司，坚决制止乱涨价，依法取缔和打击哄抬物价、囤积居奇、投机倒把、中间盘剥等非法行为。对于重要的生产资料和人民生活必需而又短缺的用品，要实行有效的管理和监督，努力发展生产和改善供应，各级政府、生产企业、商业流通部门、物价管理部门和工商管理部门，都要为确保明年全国零售物价上涨幅度明显低于今年而尽最大的努力。

在改革和建设的重大问题上，举国上下必须统一认识，统一行动。一切部门、地区和单位，特别是各级领导干部，都必须顾全大局，严守纪律，做到令行禁止，决不能各行其是。所有的部门、地区和单位，都不能只从本地区、本部门、本单位的利益出发而损害国家和人民的整体利益，必须坚决遵循局部利益服从整体利益的原则。这是我们的改革和建设获得成功的重要保证。

刚刚闭幕的中国共产党十三届三中全会，分析了当前的经济形势，指出了治理经济环境、整顿经济秩序的重要性，对今后的全面深化改革和稳定发展经济做了部署。这是一次极为重要的会议。让我们按照会议的精神，齐心协力，团结奋斗，去夺取改革和建设的新胜利！

统一祖国、振兴中华是海内外同胞的共同愿望。我们高兴地看到台湾海峡两岸关系正在向缓和的方向发展。我们真诚希望双方消除分歧，增进共识，进行和扩大经济、文化、体育等方面的交流，以促进两岸共同繁荣，推动祖国和平统一的进程。

当前国际形势出现了缓和的趋势。美苏签署了中导条约，苏联已开始从阿富汗撤军，世界上其他一些热点地区也出现了政治解决的可能。所有这些都是值得欢迎的。我们主张对话，赞成缓和。我们将同一切爱好和平的国家一道，为进一步推动裁军，为地区冲突早日获得解决而共同努力。无论现在和将来，中国都坚持独立自主的和平外交政策，致力于世界的和平与发展。我们希望中美关系继续发展，也希望中苏关系早日实现正常化。我们愿意在和平共处五项原则的基础上同世界一切国家发展友好合作关系。

最后，我提议：

为庆祝中华人民共和国成立39周年，

为祖国的统一和振兴，

为世界的和平与发展，

为中国人民和世界各国人民的友谊与合作，

干杯！

国家主席杨尚昆在人民大会堂接受莱索托王国新任驻华大使塔博·伯纳德·莫凯西和朝鲜民主主义人民共和国新任驻华大使朱昌骏递交的国书

国务院总理李鹏在人民大会堂会见在华工作的57位外国专家及其夫人

这些外国专家是专程应邀前来首都北京参加国庆活动的。

近几年来，我国引进国外人才工作有了很大进展。1987年应聘来华帮助建设的技术和管理专家有2000人，文教专家和外籍教师4000多人，为执行引进项目合同来华的经济专家有21100人，他们分布在全国各地、各个行业和部门。

李鹏在讲话中首先代表中国政府向在华工作的外国专家表示感谢。他说，中国正在进行四个现代化建设，社会主义现代化事业的成功要依靠改革和开放，这就需要学习和引进世界先进技术和先进管理经验，包括先进的思想和文化。

李鹏说，中国是一个发展中国家。一些外国专家在中国，特别在中国边远地区的工作和生活条件不是太好。专家的奉献精神使我们深受感动。

李鹏说,外国专家在中国不仅帮助建设,还培养了人才,并同中国同事们和人民建立了深厚的友谊。当前世界的主要问题是和平和发展。为实现这两个目标,全世界各国人民的友谊和合作比什么都重要。

会见时,国务院副总理吴学谦,国务院引进国外智力领导小组顾问,中国国际人才交流协会主席张劲夫在座。

国务院决定将吉林省松辽平原列入国家重点农业开发区

从现在起到1990年国家和吉林省将向松辽平原投资3.8亿元,综合治理中低产田500万亩,增加粮食生产能力5亿公斤。国务院已决定将吉林省松辽平原列入国家重点农业开发区,并于近日在京签署了开发协议书。

松辽平原的开发建设,是国务院今年决定开发三江平原、黄淮海平原之后,为发展农产品商品生产作出的又一个重要决策。

吉林省松辽平原上有30个县(市),耕地面积5351.6万亩,其中76%是中低产田。农业人口1232万人,人均占有耕地4.3亩。

协议书规定,吉林省依照国家拨给资金数额,按1:1的比例安排配套开发资金,同时大力吸引省外、国外的投资。除3年综合治理中低产田500万亩,还将造林20万亩。同时规定,国家每投入1元钱,吉林省向国家交售5公斤商品粮。1988年到1990年向国家累计交售15亿公斤粮食。

为支持松辽平原开发建设,国家将提供相应的物资条件,并给予一定的优惠政策。对于国家安排的开发资金,除用于兴修水利、科技推广、人才培训、贷款贴息等非经营性投入部分外,对经营性投入部分实行有偿滚动使用。

郑州至西安电气化铁路正式建成通车

国家重点工程——陇海线郑州至宝鸡电气化铁路的三门峡西至西安东复线234公里区段,正式建成通车。至此,由电力机车牵引的列车可从郑州直达西安。

郑州至宝鸡电气化铁路是国家1982年批准立项的重点工程。按照国家确定的"分期投资,分段收益"的建设原则,郑州至三门峡西区段已于1986年年底先期建成。三门峡西至西安东区段跨越豫、陕两省,穿越豫西丘陵。担任这项工程设计和施工任务的铁道部第一设计院和郑州铁路局西安工程公司等单位,仅用一年零两个月的时间完成这项工程,节约投资2000多万元。经过两个月的试运行,工程质量良好。

郑州铁路局一位负责人告诉记者,三门峡西至西安东电气化铁路正式投入运行后,郑州至西安之间的铁路运输能力将提高1倍,燃料消耗节省60%。

《成仿吾传》出版

为纪念成仿吾同志诞辰90周年而撰写的《成仿吾传》,已由中共中央党校出版社出版。书中除赵遐秋写的传,还有张傲卉和宋彬玉编纂的《成仿吾年谱》。陈云同志为本书题写书名,聂荣臻同志作了序。

该书对这位无产阶级革命家、新文化运动的重要代表、无产阶级教育家、社会科学家战斗的一生作了真实的描述和实事求是的评说。

聂荣臻在序言中说:"书中记述了仿吾同志青年时代如饥似渴地追求革命真理、探索革命道路的进取精神,并着重记述了他在党的领导下,以马列主义、毛泽东思想为指导,终生勤勤恳恳、全心全意为人民服务的光辉历程。我相信年轻的同志们必定能够从中吸取激励自己前进的无穷力量。"

国家防汛总指挥部致电六省市祝贺长江中下游地区防汛抗洪取得胜利

国家防汛总指挥部致电湖北、湖南、江西、安徽、江苏省及武汉市防汛指挥部,长江中下游防汛总指挥部,转达中央和国务院领导同志对为战胜洪水作出重大贡献的各级领导、广大军民的热烈祝贺和亲切慰问。

电文说,今年,长江中下游发生了罕见的秋季洪水,自9月初以来,监利至安庆河段及洞庭湖区,洪水超过警戒水位1—2米,历时12—20天。洪峰水位居新中国成立以来的第三位。目前,长江全线水位均已退至警戒线以下。

在这次抗洪中,沿江地区各级党委和政府动员组织城乡广大群众,依靠人民解放军的大力支持,发扬不怕疲劳和连续作战的作风,夜以继日地守卫在大江两岸,排除了数百起险情,确保了江堤安全,把灾害损失减少到最低限度,取得了重大的胜利。

电文说,在我国,防汛抗洪是一项长期、艰巨的工作。长江中下游是我国防洪任务较重的地区之一,更要随时做好迎战洪水的充分准备。当前要认真总结经验,组织力量进行汛后检查,对今年出险的堤段及检查出来的薄弱环节,组织城乡广大群众,发扬自力更生、艰苦奋斗的精神,抓紧有利时机修复处理,为夺取明年防汛抗洪的胜利做好准备。

10月1日

《人民日报》发表社论《我们的力量在于群众》

中国共产党十三届三中全会刚刚闭幕，中华人民共和国第三十九个国庆日就来到了。这是我们的共和国历史发展的重要关头。

赋予共和国以无穷生机和活力的改革事业，给我们带来了十年的大发展、大前进，使我们来到了新旧体制转换的特定历史时期，也使我们面对着这个时期所特有的困难与问题。怎么办？是知难而进还是知难而退？全党和全国人民将目光投到了党中央身上。党的十三届三中全会的公报就是党中央向全党和全国人民作出的明确的回答。

这个回答是切合实际、符合民心的。它的指导思想可以归结为一句话：改革的方向必须坚定不移，步骤和方法应该审时度势，力求稳妥。

经过近10年改革的实践，越来越多的同志认识到，不理顺价格就谈不上真正确立新经济体制的基础，但深化改革又不仅仅是一个价格改革问题，而是多方面的综合改革。这就决定了价格改革不能孤军深入，不能一步到位，只能逐步进行，而且要在群众能够承受的范围内进行。为了创建理顺价格的条件，为了经济建设持续、稳步、健康地发展，必须在坚持改革、开放总方向的前提下，认真治理经济环境和整顿经济秩序，这既是全面深化改革的保证，又是全面深化改革的一个重要内容，这要成为明后两年改革和建设的突出重点。首先要确保明年的物价上涨幅度明显低于今年。明年一切工作都要服从这一点。与此同时，要努力增加农副产品、适销的轻纺产品以及能源、原材料等方面的有效供给，要有领导有秩序地推进相互配套的全面改革，特别注重深化大中型国有企业的改革以及那些对治理通货膨胀有重大作用的改革。全会原则通过了中央政治局提出的关于价格、工资改革的初步方案，建议国务院在今后5年或者较长一些时间内，根据严格控制物价上涨的要求，并考虑各方面的实际可能，逐步地、稳妥地组织实施。十三届三中全会通过的这些指导方针和政策、措施，一定要认真坚决落实。完成全会提出的各项任务，必将使我国改革和建设事业稳步推进，而决不是后退。

无疑，这些任务是艰巨的。那么，我们靠什么力量来完成它呢？靠党的领导，靠人民群众。几天前，在中央工作会议结束之后和三中全会召开之际，本报已经发表社论，阐述了发挥我们的政治优势、在全面深化改革中加强党的领导的问题。团结群众、相信群众、依靠群众，也是我们历来的政治优势。我们党的历史表明：我们的力量在于群众。无论什么时候，只要得到人民群众的理解与支持，就没有克服不了的困难。

在新旧体制交替之际，难免要出现各种各样新的问题。这些问题，从根本上说，不是改革带来的，而是改革所要解决但一时还难以根本解决的。由于多年的习惯力量，群众中出现一时不能适应这种局面的现象，以至产生对某些问题的误解，是难以完全避免的。这并不意味着人民群众不支持改革，而只是意味着应当用改革自身的进展和生动的思想政治工作来获得群众进一步的支持。十三届三中全会把加强和改进企业思想政治工作列入议程并原则通过了相应的文件，说明中央对于这个问题的高度重视。当前，我们要以治理环境、整顿秩序和深化改革为中心内容，向全党和全国人民进行一次广泛、深入的形势教育。它的实质，就是要进一步密切人民群众与改革的不可分割的联系，把改革事业交给人民。

要如实地、生动地、恰如其分地向群众讲够改革十年的巨大成绩，引导群众将身受的实惠上升到全局的、理性的高度，认识到改革不仅已经给我们国家带来了巨大发展，给人民生活带来了很大的改善，而且只有继续改革才能有进一步的发展与改善，认识到改革不光是带给大家实惠，而且要靠大家的努力，改革并不是什么神奇法术，可以不费心力就点石成金，它是要形成一种机制与环境，使群众力气有地方使，智慧有地方用，从而通过辛勤劳动乃至暂时牺牲而获取美好生活的权利。改革与人民群众的长远利益之间有着必然的联系，要以清晰严谨的逻辑，把它展现在群众面前，使人民群众明确改革的方向，树立对改革的信心。

要把我们面临的种种困难，我们工作中的缺点、不足和失误，以及我们在十年改革中总结出来的主要经验和教训，都向群众讲清楚，同群众坦诚相见，同群众一起商量克服困难的办法。这不是泄劲，是提高透明度，是自信与力量的表现，是现实态度与奋斗精神的表现。

透明度提高了，使群众监督有了可能。我们各级党组织和政府，我们的共产党员和国家公职人员，要取得群众的理解、信任和支持，首先一条就是要能代表群众利益，为群众办事。目前，发生在某些党政机关工作人员中的贪污、受贿、勒索、倒买倒卖紧俏物资，以及挥霍公款、奢侈浪费等现象，深为群众所痛恨。如不及时解决，势必成为影响党和政府与人民群众之间关系的重大破坏因素。我们要有力量，就要依靠人民群众来医治我们肌体上的病变，克服我们自身的惰性与不健康因素，提高党组织和政府在人民群众中的信任程度。

明年今日是中华人民共和国成立40周年纪念日。展望前景，我们充满信心，充满期待。我们是有无穷力量的,因为我们脚踏在母亲——人民的大地上。在党的领导下,在全体人民的努力下,牢牢掌握党的基本路线的一个中心、两个基本点,我们的改革事业一定会胜利,我们的社会主义事业一定会更加兴旺发达、充满勃勃生机!

首都举行国庆联欢晚会庆祝新中国成立39周年

联欢晚会在首都体育馆和工人体育馆举行。党和国家领导人和首都各界人士,港、澳、台胞,海外华侨及少数民族代表同首都群众一起参加了联欢活动。

据了解,今天的国庆活动一改往常在人民大会堂进行,旨在遵循勤俭节约的方针。

在首都体育馆,联欢晚会一开始,北京军区仪仗大队158名战士和军乐手的表演就吸引了观众。经过23年之后,中国人民解放军重新实行了军衔制。身穿新装的陆、海、空三军仪仗队员步履矫健,或揽枪在怀,或持枪上肩,展示出当代军人的崭新风貌。

团结、振奋,是这次联欢晚会的特点。

国务院向各省 自治区 直辖市政府所在地派驻物价特派视察员并发出通知

国务院办公厅为此事发布的通知说,为了使国务院能迅速掌握全国市场物价的变化趋势,经国务院领导同志批准,决定在省、自治区、直辖市政府所在地派驻物价特派视察员。物价特派视察员由国务院物价委员会和国家物价局联合向地方委派,在国家物价局直接领导下进行工作。其任务是:迅速、准确地报告国务院关于物价的政策、指示和价格改革方案的执行情况;各地政府、部门和企业在物价方面酝酿或采取的重要政策措施;调查研究并及时报告驻在地的市场物价动向和群众的反映;及时了解并反映驻在地区的政府、部门、企业以及社会各界对价格改革的要求、建议和意见;办理国务院物价委员会和国家物价局交办的其他事项。

国务院办公厅的通知指出,物价特派视察员无权批准或决定任何价格问题,也无权改变或干预驻在地政府和物价局对价格的决定。他们依托派驻地区的省、自治区、直辖市和地、市物价部门开展工作,可以列席当地政府和物价局(物价委员会)以及有关业务部门讨论物价工作的内部会议。有权要求有关部门、企业和经营单位如实汇报有关物价情况,并提供有关资料。当地政府和有关部门涉及物价的文件、简报、资料、信息等,应及时抄送物价特派视察员。

通知还指出,各级政府和各有关部门现有的物价信息、统计报告制度和渠道不变。各级物价局要进一步加强请示报告,做好价格信息的通报交流工作。

国务院副总理田纪云察看首都市场和大白菜生产

田纪云到北京市百货大楼和北京市顺义县察看节日市场供应情况和大白菜生产情况时指出:生产部门和商业部门都要认真贯彻落实最近召开的中央工作会议和党的十三届三中全会精神,积极发展生产,增加货源,整顿市场秩序,切实搞好市场供应。

田纪云与北京市5大百货、副食品商场的经理进行了座谈。他首先向商业战线的全体职工致以节日的问候。他说:十三届三中全会和中央工作会议确定明后两年改革和建设的重点放到治理经济环境、整顿经济秩序、全面深化改革上来。这是非常正确的指导方针。商业部门要坚定不移地贯彻这个方针,为稳定市场、抑制通货膨胀、稳定经济作出积极的贡献。

针对座谈中反映的问题,田纪云对商业企业提出以下要求:要千方百计组织货源,把市场商品搞得丰盛些。尤其是人民生活必需品,必须保证供应,不能因为赚钱少,就不经营,要做到不断档,不脱销。商业企业绝对不准内外勾结套购商品,乱涨价,从中盘剥群众。如发现这种情况,必须严肃处理。归市和商店管理出售的肥皂、火柴、食糖、食盐、卫生纸、洗衣粉等商品,凡属同一品种、同一牌号、同一质量的,全市必须统一销价,不准卖多种价格。座谈会上,新近成立的东安(集团)股份有限公司总经理赠送一本集团简介给田纪云副总理,田纪云阅后,在上面写下“遵纪守法,文明经商”8个字,希望商业企业和职工严守纪律,搞好服务。

随后,田纪云来到北京市顺义县沿河乡,听取了市、县关于冬储大白菜生产情况的汇报,并到菜地察看了大白菜的生长情况。北京市今年种植大白菜19.8万亩,预计上市量将比去年有较大幅度的增加。目前大白菜长势好于往年,一、二级菜达90%。对此,田纪云很高兴。他说,稳定市场,稳定物价,首先要稳定居民的“菜篮子”。群众不能一天没有菜吃。大白菜是北方居民冬季的当家菜,更要抓好。目前农村应注意搞好大白菜的后期管理,特别要注意防冻,防止烂菜,尽量减少损失。要及早抓好蔬菜收购、贮存、销售方面的工作。不要让菜农出现“卖菜难”。收购价格要合理,既要考虑城市居民的承受能力,又要考虑菜农的利益。中间环节要少,实行产销直接挂钩,以减少损失。销售价格要合理,要鼓励城市居民多储大白菜。大白菜价格低一点有利于稳定低收入市民的生活。他对北京市不调升冬储大白菜销售价格的决定表示赞同。田纪云还强调,要加强冬储菜的市场管理。他说,要整顿市场秩序,坚决制止任何地区和单位私自到产地抬价抢购大白菜,违者要严肃处理。大白菜的市场调节,要有计划有组织地进行。

国务院副秘书长白美清、商业部副部长潘遥和北京市负责同志王宪、黄超等参加了活动。

中巴公路国内段全线竣工

中巴公路国内段全程415公里,起于古城喀什,止于中巴两国交界的红其拉甫山口,盘旋在喀喇昆仑山和帕米尔高原,途经海拔8611米的世界第二高峰乔戈里峰山麓,以及举世闻名的公格尔和慕士塔格山脉,大部公路段在海拔3000米至4000米的冰山峡谷,最高点海拔5000米,缺氧,风狂,沙大。这项工程1986年3月开工以来,新疆公路工程一队、三队、桥梁工程队,以及武警交通四支队5200名筑路勇士,战胜无数的雪崩、塌方和泥石流,保证了这条公路提前1年建成。

中巴公路国内段改建工程全线竣工通车,对于促进我国与世界各国的经济文化交流有着重大意义。参加庆典活动的巴基斯坦交通国务部部长哈斯尼高兴地说:中国为世界交往又架起了一座金桥,中巴公路要永远开放。新疆维吾尔自治区党委副书记、人大常委会主任阿木冬·尼牙孜和交通部副部长郑光迪为通车仪式剪彩。自治区政府副主席托乎提·沙比尔参加了竣工通车典礼。

外交部部长钱其琛在纽约接受纽约苹果电视台采访

钱其琛说,他在年内访问苏联时将同苏联方面继续讨论柬埔寨问题以及苏联在蒙古境内和中苏边境驻军的问题,希望通过讨论使中苏关系向改善的方向发展。

但是,他又说:“现在不能说中苏关系有什么突破。”

他说,今年8月中苏两国副外长在北京会晤时专门就柬埔寨问题进行了详细的探讨。

中苏在柬埔寨问题上有了一些共同点,同时也还存在一些重大的分歧。当时商定在联合国大会开会期间,中苏两国外交部部长继续就这个问题进行讨论。

他说,昨天他同苏联外交部部长谢瓦尔德纳泽会晤时集中讨论了柬埔寨问题。苏联方面表示,他们愿意为促进越南从柬埔寨撤军作出努力。

根据这一情况,我们觉得柬埔寨问题的讨论应当继续下去,所以中国外交部部长将在今年年内访问苏联。

钱部长说:过去苏联一直说柬埔寨问题与他们没有任何关系,不愿讨论,现在他们讲柬埔寨问题是中苏关系中的一个阴影,所以他们愿意讨论这个问题。也可以说,双方都愿意看到柬埔寨问题尽早得到公正、合理的解决。

钱外长在回答关于中美关系的问题时说,中美关系的主要障碍仍然是台湾问题,因为美国有一个《与台湾关系法》。但双方如能严格遵守中美之间的三个联合公报和确定的原则,中国和美国之间的关系是会顺利发展的。

解放军换着新式服装

新式服装设置了礼服、常服和作训服三大类。

新式系列军服是根据我军将实行军衔制的情况制作的。军官礼服为西服式,分冬、夏两种制式,军官在重大庆典和重要外事活动等场合将着这种毛料服装。平时和一般礼仪场合,军人则穿常服。专供军人在作战、训练和劳动时穿的是作训服。

今年从“八一”起首先发放军官夏常服。夏常服为小翻领。男军官系藏青色领带,女军官系玫瑰红色领带;军士长、专业军士、学员、士兵配针织衫,不系领带。军官夏常服颜色,陆军为棕绿色,海军上身白下身藏青色,空军上身棕绿下身藏青色。

在新式系列军服中,初级军官的服装质量将有较大的改善。

指战员着新式系列军服将展现我军良好的军容仪表。这种服装适应气候调节和防护的要求,具有识别和象征功能。

解放军官兵佩带军衔标志

军人佩带军衔标志是我军实行新的军衔制的重要内容,主要通过肩章星徽等标明军人的衔级。

我军军官常服、礼服硬肩章,采用纵向彩杠标志衔级(将军无彩杠),分3等11级,清晰明显,便于识别。肩章版面颜色为金黄色,以彩杠颜色区分军种,陆军为正红色,海军为黑色,空军为天蓝色。一条纵向彩杠为尉官,少尉缀钉1颗银白色星徽,中尉2颗星,上尉3颗星。两条纵向彩杠为校官,少校缀钉1颗银白色星徽,中校2颗星,上校3颗星,大校4颗星。将军无彩杠,少将缀钉1颗金黄色星徽,中将2颗星,上将3颗星,一级上将4颗星(横排2颗竖排2颗)。将军礼服肩章外端加缀金黄色松枝叶。

军士长、专业军士、学员常服硬肩章版面的颜色,陆军为正红色,海军为黑色,空军为蓝色。军士长有两条金黄色纵杠,专业军士有一条金黄色纵杠,学员无纵杠而有两条金黄色镶边。

军官、军士长、专业军士、学员作训服套式软肩章。军官肩章版面颜色,陆军、空军为棕绿色,海军为黑色,其衔级标志与常服肩章相同。军士长、专业军士和学员肩章的衔级标志与常服相同。

士兵常服、作训服套式软肩章。用金黄色横向彩杠标示，列兵一道杠，上等兵二道杠，下士为一道宽杠一道窄杠，中士为一道宽杠二道窄杠，上士为一道宽杠三道窄杠；陆军、空军肩章版面颜色为棕绿色，海军为黑色。

除肩章外，我军还采用礼服领花、礼服帽檐花标志衔级。将军礼服领花由五星和松枝叶组成，帽檐花采用松枝叶；校官礼服领花由五星和麦穗组成，帽檐花采用麦穗；尉官礼服领花由五星和宝剑形光芒组成，礼服大檐帽无帽檐花。

解放军官兵新式军服服饰开始佩带

我军服饰包括帽徽、军种符号、肩章、牙线等，是军人仪表和军威的外在标志，具有装饰军容、区别军种、标示衔级等作用。

缀于大檐帽的帽徽为圆形，主体为“八一”红五星，八片松枝叶环抱着麦穗、齿轮和天安门，陆军底衬海蓝色，海军底衬藏蓝色和金黄色铁锚，空军底衬天蓝色和金黄色飞翅。“八一”红五星、齿轮、麦穗和天安门，象征着解放军是工人阶级领导的以工农联盟为基础的人民民主专政的社会主义国家的武装力量，与中国各族人民同心同德，保卫祖国，建设祖国。采用松枝叶，是因为松树具有傲风雪，抗严寒，不怕风吹雨打，苍劲有力，永葆青春的性格，最能体现当代军人的素质和特点。

军种符号缀于常服的衣领角上。分陆、海、空军三种，都以“八一”红五星为主体，陆军衬托宝剑形光芒线，海军衬托铁锚，空军衬托飞翅。“八一”红五星是我军军徽，代表在中国共产党的领导下、南昌起义以后成长壮大起来的军队，是保卫祖国的钢铁长城。宝剑是陆地战斗武器，宝剑形光芒象征英勇善战、所向无敌；铁锚和飞翅是国际公认的海、空军标志。另外，设专业技术军官符号，其符号由五星和原子环图案组成，五星代表中国人民解放军，原子环表示科学技术。

肩章分硬肩章和套式软肩章两种。军官肩章分3等11级；士兵肩章分两等7级。

大檐帽牙线，陆军为正红色，海军为黑色，空军为天蓝色。军官冬、夏礼服的领边、裤中缝镶有军种牙线，陆军为正红色，海军为白色，空军为天蓝色。

首届北京国际服装基础理论研讨会召开

此次研讨会由中国服装研究设计中心和《中国服装》杂志社主办。来自法国、日本、美国、中国香港的国际知名服装专家，同国内同行一起就“服装的民族化与时代感”这一主题进行了探讨，并展示了各自的服装设计作品。

10月2日

国务院总理李鹏在北京看望银行职工并同金融界同志进行座谈

李鹏总理看望了中国工商银行北京市西城区三里河储蓄所的职工，同首都金融界的同志进行了座谈，并向全国金融战线上的160多万名干部、职工表示节日祝贺和慰问。

李鹏指出，我们搞社会主义有计划的商品经济，要加强宏观控制。在搞宏观控制的诸多经济手段中，十分重要的环节是靠银行。他希望全国金融界的广大职工明确自己肩上的重担，努力提高自己的思想觉悟和业务水平，把金融工作做好，为社会主义现代化建设作出更大贡献。

慰问完职工后，李鹏与中国人民银行副行长刘鸿儒、邮电部副部长朱高峰等，一起同首都一些金融机构负责人以及一些基层储蓄所的同志就如何加强金融工作的问题进行了座谈。有的同志在座谈会上反映，前些日子受物价上涨和一些谣传影响，社会上刮起了抢购风，银行存款一度下降。国家采取了提高存款利率和开展保值储蓄等措施后，同时加强了宣传工作，近来储蓄额又有回升，仅9月28日至9月30日3天内北京城近郊区共增加储蓄存款2275万元。

李鹏说，要把我们的方针、政策和经济形势多向人民群众做宣传，让大家了解形式，了解我们的方针政策。人心就安定了。他说，其实群众也清楚购物保值并不是好办法，一是买了不一定马上能用得上；二是过几年有些东西就过时了。需要更新换代，有的东西还变质了、贬值了，并不一定能起到保值的作用。

李鹏说，我们的政策是鼓励人民把余款存到银行里，尽量把短期存款变为长期存款，这样于国于民都有利。

李鹏强调指出，我们党的十三届三中全会已经确定要治理经济环境、整顿经济秩序。完成这个任务，金融界是关键环节之一。无论是控制信贷规模、适当控制消费基金，还是治理流通领域中的一些混乱现象，银行部门都肩负着重担。银行部门把工作做好了，对稳定社会、稳定人心、稳定经济，稳定秩序都是非常重要的。

李鹏希望银行部门腰杆要硬一些，更好地发挥国家调控手段，加强现金管理、控制消费基金和固定资产投资，在近两年内把环境治理好，把秩序整顿好，使我们的社会主义有计划的商品经济更加健康地向前进。各级政府都要大力支持银行的工作，邮电部门要同银行部门密切配合，为汇款提供方便，共同做好现金管理工作。

全国集市贸易额9年增长8倍多

据《人民日报》报道，我国城乡集市贸易进入新中国成立以来最兴旺时期，到今年上半年城乡集贸市场已达7万多个，比1978年增加近1倍，超过了历史上数量最多时的1956年。

据国家工商行政管理局统计，改革10年来，城乡集市贸易成交额先以年增50多亿元、继而以年增200多亿元的速度上升，到去年年底年成交额达到1157.89亿元，比1978年增长8倍多。今年上半年成交额又达716亿元，占社会商品零售总额的比例也由1978年的8.2%上升为18.26%。

据有关人士分析，我国集市贸易的发展，已引起三个方面的深层变化：

一是集市贸易由小农经济向商品经济转变。由于大宗商品的交易，农副产品批发市场应运而生。到今年上半年，全国已有1150个农副产品批发市场。

二是集市贸易向多种类、多层次、多功能转变。现在的集市贸易，除了传统农副产品和手工业品之外，还出现了日用工业品市场、旧货市场，以及多种专业市场。据统计，到1987年年底，全国已有5000个专业市场。

三是集市贸易的市场机制日益显示生机和活力。我国现有的集贸市场，通行国家统一的市场规则和行为规则。它打破了条块分割和行业界限，已初步形成了统一的、开放的、体现公平竞争和价值规律的市场网络。

国务院副总理姚依林出访联邦德国和捷克斯洛伐克两国

这次出访是为了加强中国同上述两国的友谊和经济联系，同时与两国领导人就重大国际问题交换意见。

姚依林是应联邦德国副总理兼外长汉斯·迪特里希·根舍和捷克斯洛伐克副总理兼计委主席斯瓦托普卢克·波塔奇的邀请，分别于10月3日至12日和10月13日至18日对两国进行访问的。

中国奥委会副主席何振梁就中国台北奥委会制造事端致函国际奥委会主席萨马兰奇

何振梁要求国际奥委会向中国台北奥委会提出严重警告。

何振梁是在研究了萨马兰奇转达的一份合众国际社9月30日报道的中国台北奥委会的一位官员“抨击”国际奥委会关于中国台北问题决议，并要求国际奥委会应重新考虑这一问题的消息后致函给萨马兰奇的。

信中说：“我也注意到9月30日《奥林匹克村报》刊登的中国台北奥委会代表团团长同样内容的谈话。”

“对于上述讲话，我感到惊讶。此事发生在中国台北奥委会代表团抵达时，在引导牌上发生了严重错误，受到国际奥委会的严肃警告之后，这就不得不令人认为，这是中国台北奥委会中有人无视国际奥委会的庄严决议，蓄意制造事端。”

信中说：“台湾是中国的一部分。基于这一事实，国际奥委会于1979年作出了关于中国台北奥委会的名称、旗、歌的决议。这个决议已被各个国际体育组织遵循，中国台北奥委会也已正式接受了国际奥委会的有关安排，中国台北奥委会有责任严格遵守。”信中最后说：“我对中国台北奥委会代表团团长的上述讲话，表示严重关注，并建议国际奥委会就此事向中国台北奥委会提出严重警告。”

第二十四届汉城奥运会闭幕中国队获5金11银12铜

国际奥委会主席萨马兰奇在闭幕式上发表简短讲话，他评价本届奥运会“获得了巨大成功”。13000名运动员相逢在五色环下，显示了奥林匹克的感召力，而33人次创造27项世界纪录，227人次刷新86项奥运会纪录的空前成果，则证明了体育运动水平的新发展。尽管发生了约翰逊丑闻，并不能抹杀本届奥运会的光彩。

本届奥运会的激烈角逐，也使人们认识了当今世界体育的新格局。苏联选手以55枚金牌、31枚银牌和46枚铜牌的优异战绩，高踞各国之首；美国体育代表团虽人才济济，但其整体实力仍居民主德国之后，排在三强之末。南朝鲜选手显示了长足进步，已取代中国，登上亚洲体坛盟主之席。中国此次仅获5枚金牌、11枚银牌和12枚铜牌，退到奖牌榜第十一位。

10月3日

国家主席杨尚昆 全国人大常委会委员长万里致电祝贺戈尔巴乔夫当选苏联最高苏维埃主席团主席

国务院总理李鹏在钓鱼台国宾馆会见德意志联邦共和国前总理赫尔穆特·施密特

李鹏总理向客人介绍了中国经济情况和最近召开的中共十三届三中全会。他说，十三届三中全会的精神就是要用两年时间治理经济环境，整顿经济秩序，全面深化改革，把通货膨胀降下来，使经济健康地发展。

李鹏说：“有些外国朋友对我们的改革有些误解，

认为中国搞市场经济就是搞资本主义市场经济，这种理解不正确。中国的改革是要把市场经济的机制引入中国的经济生活中来，但是从宏观上要进行有计划地指导，要实行社会主义的有计划的商品经济。”

施密特同意李鹏总理的看法，他相信中国的改革政策没有变。他对中国最近采取的治理措施表示理解。他说任何一个国家如果出现通货膨胀这样的情况，都会采取紧缩货币发行量等措施。

在亲切友好的气氛中，李鹏总理和施密特还就国际形势和双方共同关心的国际问题交换了意见。

在介绍中国独立自主的和平外交政策时，李鹏强调，中国不依附于任何大国或大国集团。他认为，美苏主宰世界的时代已经过去了，将来是一个多极的世界。多极的世界有利于世界和平。李鹏还说，中国欢迎美苏关系缓和，但是也不把和平的希望寄托在美苏两家身上，主要的还是要依靠世界各国和各国人民为争取和平而共同努力。

中共中央国务院作出《关于清理整顿公司的决定》

决定指出，近几年来，全国成立了一大批新的公司，在生产、流通领域中起了一定的作用，但其中有相当一部分公司政企不分，官商不分，转手倒卖，牟取暴利。这些问题的存在和发展，损害国家和群众的利益，造成社会分配不公，扰乱经济秩序，败坏社会风气，严重干扰和阻碍改革。为了治理经济环境，整顿经济秩序，加强对商品流通的管理，保障改革的顺利进行，必须对各类公司进行清理整顿。

中共中央、国务院的决定规定：

一、这次清理整顿的重点是 1986 年下半年以来成立的公司，特别是综合性、金融性和流通领域的公司。在此之前成立的公司，凡问题严重的，也要进行清理整顿。通过清理整顿，主要解决公司政企不分、官商不分、转手倒卖、牟取暴利等问题，进一步明确经营方针、经营范围，使之走上健康发展的轨道。

二、坚决纠正公司政企不分的问题，取消公司的政府行政职能。除国务院直接授权极少数公司承担某些行政管理工作外，其他所有的公司都不得兼有政府的物资和投资分配、基本建设和技术改造立项审批、进出口商品和外汇计划审批、行业管理以及其他行政管理职能。

三、各级机关（包括各级党的机关、国家权力机关、行政机关、审判机关、检察机关，下同），均不得用行政费、事业费、专项拨款、预算外资金和银行贷款投资开办公司。已经开办的公司，必须限期在财务和物资上与机关彻底脱钩。已向公司投入的资金，一律作为国有资产，由各级财政部门统一管理。各级机关不得以任何名义向公司收取资金和实物，用于本机关的财务开支和职工福利、奖励、补贴等开支。

四、严格执行中央、国务院关于党和国家机关干部不得经商办企业的规定。党和国家机关的在职人员不得到公司（企业）兼职（含名誉职务，下同），已经兼职的，应限期辞去公司（企业）职务，或者辞去所任的党和国家机关职务。党和国家机关退（离）休干部办公司和在公司任职问题，按中央有关规定执行。无论是在职干部还是退（离）休干部，均不得利用权力和关系进行商业经营、金融等活动，从中牟利。凡违反者，由主管机关没收其不正当收入，并给予处分，构成犯罪的，由司法机关追究其刑事责任。

五、各类公司必须按照核定的经营范围依法经营，严禁转手倒卖重要生产资料和紧俏耐用消费品，赚取非法利润。重要生产资料和紧俏耐用消费品的供应业务，应由国营商业、物资供销部门、供销合作社和生产这类商品的企业依法经营。对违反者，按《投机倒把处罚暂行条例》处理。

六、所有公司都必须依法纳税。一律取消对公司特批的减免税优惠待遇和银行贷款优惠利率。

七、严格公司审批手续。除外商投资企业按有关法律执行外，成立新的公司，必须由各级主管部门进行审核，按业务性质分别向有关部门提出申请，经审查同意后，报工商行政管理部门核准，并办理登记注册。大型综合性公司，须报国务院批准。公司的注册资本必须与实有资金相符，经营范围要从严核定。任何单位和个人不得凭借权力和关系，通过批条子、说情甚至行贿等手段干扰审批工作，对违反者要严肃处理。

八、本决定同时适用于工会、妇联、共青团、文联和各种协会、学会、基金会等群众组织、社会团体及其人员。

九、公司的清理整顿工作，由各省、自治区、直辖市人民政府和中央各部门分别负责。各级人民政府和有关部门应确定一位负责人领导清理整顿公司的工作，并成立专门的工作班子。各地区、各部门要在调查摸底的基础上，提出所属公司撤销、合并和保留的具体方案。凡不具备条件和没有存在必要的公司，要坚决撤并，其财产不得转移，资金不得抽走。同时要边整顿，边建设，明确各类公司的经营方针和范围，建立、健全公司的财务、人事、工资、奖金、福利和经营管理等各项规章制度。

十、各级人民政府要采用一般清理和重点整顿相结合的方法，突破重点，推动全局。对问题比较严重的公司，要列出清单，组织力量进行重点整顿。整顿后，认为有必要予以保留的，要重新登记注册。各级干部和广大群众均可向有关部门举报揭发违反本决定的单位和个人。

中共中央、国务院的决定规定，全国清理整顿公司的工作要在今年年底前基本结束。

中办 国办作出《关于县以上党和国家机关退离休干部经商办企业问题的若干规定》

严禁党和国家机关及机关干部经商办企业，是党中央、国务院的一贯方针。机关退休(含离休，下同)干部从事经商活动，容易助长官商不分，使有的人利用原来的工作关系和影响参与倒卖活动，损害国家和群众利益，滋生腐败现象，必须坚决制止。为了保持党政机关的清正廉洁，保证治理经济环境、整顿经济秩序和全面深化改革的顺利进行，更好地发挥老干部的表率作用，遵照党中央和国务院的指示，在严禁党和国家机关及机关在职干部经商办企业的同时，对县以上机关的退休干部经商办企业问题作如下规定：

一、党和国家机关的退休干部，不得兴办商业性企业，不得到这类企业任职，不得在商品买卖中居间取酬，不得以任何形式参与倒卖生产资料和紧俏商品，不得向有关单位索要国家的物资，不得进行金融活动。

二、党和国家机关的退休干部，不得到全民所有制企业和外商投资企业(公司)担任任何领导职务(含名誉职务)和其他管理职务，企业也不得聘请他们任职。已经任职的，必须辞去职务。

三、党和国家机关的退休干部，可以应聘到非全民所有制的非商业性企业任职，但到本人原所在机关主管的行业和企业任职，必须在办理退休手续满两年以后。到这些企业任职的，要经所在机关退休干部管理部门批准，并与聘用单位签订合同。

退休干部应聘到这些企业任职期间，原所在机关应即中止其享受的各项生活待遇，改由企业负责。本人在企业所得报酬数额，最高不得超过其原工资与原机关干部平均奖金之和。退休干部到企业任职，应向原机关如实呈报自己的收入。按此规定执行的，在退出企业后由原机关恢复其原生活待遇；不按此规定执行的，应取消其退休待遇，并不再恢复。

四、党和国家机关的退休干部从事养殖业、种植业生产，进行技术开发、咨询、服务，讲学、写作、翻译，以及从事为改善机关后勤服务而开办小卖部、洗衣房、理发室等经营服务活动，继续按中发〔1984〕27号文件的有关规定执行，取得合理报酬，严格照章纳税，其原享受的退休待遇不变。

五、党和国家机关要加强退休干部的管理工作。对违反本规定的退休干部，其原所在机关应及时纠正；不按规定纠正的，要追究该机关主要负责人的责任。退休干部管理部门和工商行政管理、税务、监察、纪检等部门，要经常检查执行本规定的情况。机关党组织和企业党组织，要切实负起监督的责任。

六、本规定同时适用于县以上工会、妇联、共青团、文联以及各种协会、学会等群众组织的退休干部。

军队机关的退休干部经商办企业问题，由中央军委参照本规定制定具体办法。

台湾当局决定受理大陆同胞赴台奔丧探病

据《人民日报》报道，台湾"内政部"正式决定，大陆同胞自10月11日起，可申请到台奔丧探病，"境管局"也自这一天起，受理申请。

《中国时报》谈到此事时称："这项决定，对于海峡两岸人民间的双向交流，可谓是一项极大的突破。因为在此之前，大陆民众除了75岁以上和16岁以下在台湾有直系血亲的人外，一直无缘来台和亲人相会。""在开放大陆民众来台奔丧或探病之后，使原来以单项为主的大陆政策，转变为双向交流，大陆民众得以有更多的机会来台探望亲人。"

国务院副总理吴学谦在钓鱼台国宾馆同巴勒斯坦解放组织执行委员会主席亚西尔·阿拉法特举行会谈

阿拉法特主席向吴学谦副总理通报巴解组织对最近中东局势的看法和巴解对政治解决中东问题的立场。他感谢中国对巴解组织的支持。阿拉法特强调，被占领土巴勒斯坦人民的斗争将继续下去，直至恢复自己的权利。他还强调有必要召开由巴解组织参加的关于中东问题的国际会议。

吴学谦副总理高度赞扬10个月来被占领土巴勒斯坦人民的英勇斗争，他说，被占领土巴勒斯坦人民的斗争是正义的，意义是重大的，斗争的意志是坚定的。吴学谦重申，中国政府和人民过去、现在和将来都坚决支持巴勒斯坦人民的正义斗争。他表示，一切有助于恢复巴勒斯坦人民合法权利、有助于反对以色列侵略扩张的选择都将得到中国支持。他赞同阿拉法特关于召开中东问题国际会议的立场。

外交部部长钱其琛在联合国会见阿尔巴尼亚外长雷兹·马利列

这是中阿两国外交部部长多年来的第一次会见。双方在会见中同意意识形态的分歧不应妨碍国家关系的改善。

钱外长表示两国在国内问题上的分歧应本着和平共处五项原则的精神互不干涉，在国际问题上双方可以交换意见、增进相互了解，但不必强求一致，双方可采取步骤发展经济和科学技术等方面的关系。

马利列外长对钱外长的意见表示赞同。

国务院批转卫生部《关于全面深入贯彻预防为主方针进一步加强预防保健工作的若干意见》

这个意见提出了到“八五”期末全国初级预防保健工作达到的目标，以及实现这些目标应着手抓好的几项工作。

“八五”期末全国初级预防保健工作应达到的目标是：全国有一个不同层次、布局比较合理、适应经济和社会发展的预防保健网；急性传染病总发病率“八五”期间比“七五”期间下降15%；加强儿童计划免疫，1988年以省为单位、1990年以县为单位，接种率均达到85%以上；疟疾年发病人数控制在20万以内；麻风病现患病人减少75%；孕产妇死亡率城市降至万分之二，农村降至万分之四以下；婴儿死亡率城市降到15‰，农村降到35‰以下；80%的全国农村人口饮水卫生条件得到不同程度的改善等。

为了实现上述目标，卫生部提出，在今后5年至7年或更长时期内，各级政府应着重抓好下面几项工作：

——进一步提高对贯彻预防为主方针的认识，切实加强对预防保健工作的领导。各级政府必须把预防保健工作的主要指标纳入当地社会经济发展和脱贫致富规划，从政策上、经济上对预防保健事业的发展给予更多的重视和支持。

——深化改革，加强预防保健机构的建设。各级预防保健机构都要进一步充实、调整和加强。各级医疗机构要增强预防观念，从医疗型逐步向医疗、预防、保健型转化。设立、健全乡镇预防保健组织机构，积极推行预防保健多种形式的有偿服务和保偿制度。村卫生组织、乡村医生都要承担预防保健任务。民办医疗机构和个体开业医生也应担负预防保健任务。

——加强卫生立法，建立、健全监督执法体系，用法律手段，保护人民健康和生命安全。

——大力开展群众性的爱国卫生和健康教育工作。要积极推行除四害等综合防治措施，积极开展农村改水工作。要加强健康教育，普及卫生科学知识，使全社会和广大人民群众自觉、广泛地参与各项预防保健活动，提高人民群众的自我保健能力。

马海德逝世

著名医学专家马海德同志因病医治无效于10月3日在北京逝世，享年78岁。

马海德1910年生于美国，祖籍黎巴嫩，1933年来到中国参加革命，1937年加入中国共产党，1950年加入中国国籍。现任第七届全国政协常委、卫生部顾问、中国麻风防治协会会长、中国麻风病防治研究中心主任。

10月4日

中央军委主席邓小平在人民大会堂会见德意志联邦共和国前总理赫尔穆特·施密特

国家主席杨尚昆在人民大会堂设宴欢迎肯尼亚总统莫伊

杨主席在讲话中首先对莫伊总统的来访表示热烈欢迎。对莫伊总统领导下的肯尼亚人民在国内经济发展中所取得的可喜成就和在国际事务中所起的积极作用，给予了高度的评价。

在谈到国际形势时，杨尚昆说，当前，国际形势朝着有利于世界和平的方向发展，非洲地区也出现了值得欢迎的和缓势头。这无疑有利于非洲的经济恢复与发展。

他说，中国同广大的非洲国家有着类似的历史遭遇，又面临着相同的发展任务。加强和巩固同非洲国家的团结与合作，是我国外交政策的重要组成部分。我们支持非洲各国人民反对南非种族隔离制度的斗争。我们愿根据平等互利，讲求实效，形式多样，共同发展的原则，继续发展和加强同非洲国家的经济技术合作。同时，我们愿同非洲国家一起，为废除南非种族隔离制度，实现纳米比亚的独立，争取国际形势的进一步缓和，为建立国际经济新秩序，促进经济繁荣而共同奋斗。

莫伊总统在致辞中说，我很高兴能与这个伟大国家的朋友在一起。8年前，我访问过你们伟大的国家。我很高兴能在10年中两度访华。

莫伊总统在讲话中对中国继续向肯尼亚提供发展援助表示深切感谢。他说，中国作为发展中国家尽管受条件限制，却仍向国际社会中条件更差的国家提供援助。

莫伊总统指出，肯尼亚人一直怀着很大的兴趣关注着中国在实行调整和改革方案方面的进展。作为发展中国家，我们也面临着相似的问题。在我们寻求办法解决我们在发展经济过程中所面临的问题时，我们从贵国成功的经验中学到很多东西。

出席今晚宴会作陪的有：全国人大常委会副委员长朱学范，国务院副总理吴学谦等。

国务院总理李鹏在人民大会堂与肯尼亚总统莫伊进行会谈

李鹏在会谈中强调，美苏签署中导条约只是迈出的第一步，还有许多事情要做。当前美苏军备竞赛正向高科技的方向发展，这对人类的威胁更大。目前世界上虽然出现了缓和形势，但世界人民不能放松警惕。

李鹏指出，我们注意到，最近南部非洲形势发生了一些变化。中国政府欢迎有关方面在政治解决安哥拉问题和纳米比亚问题上取得的进展，但问题并未解决，国际社会应对南非当局施加更大压力，促使南非彻底改变种族隔离政策，实施联合国安理会第435号决议。中国政府将一如既往地支持前线国家和人民进行的斗争。李鹏总理还应莫伊总统的要求介绍了中国对柬埔寨问题的看法。他说，中国政府一贯认为解决柬埔寨问题的关键是越南尽早从柬埔寨撤出其全部军队。中国政府支持真正的以西哈努克亲王为首的四方临时联合政府。我们既不支持红色高棉一方单独掌权，更要防止韩桑林一派单独掌权。

国家防汛总指挥部第四次会议在北京召开

会议由国家防汛总指挥部总指挥田纪云主持召开，总结今年防汛抗旱工作，部署明年兴修水利任务。

国家防汛总指挥部副总指挥、水利部长杨振怀在会上介绍了今年的防汛抗旱情况。他说，今年全国大江大河干流洪水中等偏大，除辽河外，六大江河都发生了洪水。全国有14个省、自治区发生了较大的局部洪涝灾害。受灾情况与近5年同期相比，属中等偏重年份。今年我国的旱情尤其是南方的夏旱比较严重，到目前为止，全国受旱面积达4.8亿亩，其中成灾面积2亿亩，旱情与大旱的1972年相当。

杨振怀说，虽然全国今年遭受了较重旱涝灾害，但由于党中央、国务院的重视和各地的努力，把旱涝造成的损失减少到了最低限度。

杨振怀在谈到今年防汛抗旱中暴露出来的一些问题时指出，河道行洪障碍严重，城市建设中忽视防洪，防洪通信设施不健全，病险水库的除险加固进度缓慢，水利投入减少，一些地区存在麻痹侥幸思想等，这些都给防汛抗旱工作带来了隐患。

田纪云作了总结发言。他说，今年防汛抗旱的胜利，是各级领导高度重视、广大军民共同努力的结果。在防汛抗旱中，各部门齐心协力、团结合作的精神值得赞扬。人民解放军在防汛抗洪中充分发挥了骨干力量和突击队作用，作出了很大贡献。对防汛抗洪中涌现出的大批先进单位和模范人物，要给予表彰奖励，大力宣传他们的先进事迹。

在谈到今后防汛抗旱工作时，田纪云指出，各地区、各部门要把抓好防汛抗旱工作提高到为治理经济环境、整顿经济秩序、全面深化改革创造良好条件的高度来认识，认真总结经验，落实各项措施，为明年的防汛抗旱做好充分准备。他说，治理经济环境、整顿经济秩序，不是空话，要从搞好每件具体工作抓起。防汛抗旱对稳定和发展农业生产，保护国家和人民生命财产安全、社会安定至关重要，一定要认真抓好。他强调，要增加对水利的投入。水利是农业的命脉。经济越发展，水利工作越重要。现在国家决定压缩基建项目，但兴修水利设施与兴建楼堂馆所是不一样的，水利工程是国家和人民生命财产安全之所系，在这上面投点资、花点钱是必要的。

针对今年防洪抗旱中暴露出的问题，田纪云指出，蓄滞洪区的建设要加快，宁可不上或少上新的工程，也要把病险水库加固和除险工程搞上去。要限期完成，谁不完成就追究谁的责任。各级政府今冬明春要狠抓一下河道清障工作，坚决清除有碍泄洪的各种障碍。他要求城市防洪和防治泥石流、滑坡的工作要加强。

外经贸部采取五项措施整治外贸环境和秩序

这五条措施是：

一、结合税收、财政、物价大检查清理整顿外贸企业，重点是“皮包”公司。对那些不具备资金、业务人员等条件、经营方向不明确的外贸企业，要撤销其经营权或调整其经营范围；经营作风不正的企业，要根据情节轻重予以处理。

二、整顿出口商品收购秩序。对容易引起抢购“大战”的商品，一个一个整顿。对发生“大战”而又屡禁不止的商品，经营权要收上来，实行统一经营管理。凡是从抢购得来的好处都要退出来，有关人员要给予纪律处分，直至追究法律责任。

三、加强计划、配额、许可证和海关监管的综合治理。对分散和放开经营的出口商品，凡国内紧缺而需限制出口的，严格实行计划和许可证管理。健全有关管理制度，并提高管理制度的透明度，接受监督、堵塞漏洞。

四、调整部分鼓励出口的政策，逐步创造平等竞争环境。为了促进外贸企业提高管理经营水平、改进经营作风，并在一定程度解决跨地区争购货源问题，积极推行自由委托代理。各地都不得设置任何障碍，进行阻拦。

五、加强进口管理，不该进口的坚决不进，特别是高档消费品。进口商品在国内的售价，要严格遵守物价管理规定，不得随意抬价。

中国编制重大新产品试产计划

国家计委科技司透露，国家计委和国务院其他有关部门正在组织编制一项“国家级重大新产品试产计划”，推动技术成果尽快转化为商品。

国家计委同税务、银行、物价部门商定，对于列入这项试产计划的项目,国家将在税收方面给予优惠,贷款方面给予优先,自行定价的产品试销期适当延长。

对外友协名誉会长邓颖超在中南海会见以名誉主席陈淑卿为名誉团长的泰国泰华妇女联合会代表团

国务院副总理吴学谦在中南海紫光阁会见由副主席安格尔·季米特洛夫率领的保加利亚国民议会外交政策委员会代表团

中国常驻联合国日内瓦办事处代表钱嘉东在联合国难民署执委会第三十九届会议上发言

钱嘉东说,为了谋求东南亚难民问题全面、持久的解决,中国赞成召开一次讨论印支难民问题的国际会议。他说,召开印支难民国际会议的建议是东盟国家提出来的,中国认为这一建议是可取的,并希望在适当时候召开这一会议。

在谈到东南亚难民局势时,钱嘉东说,在过去一年里,越南难民外逃风潮再次高涨,达到了5年以来的最高水平。

他指出,越南结束其侵柬战争并从柬埔寨撤军,是公正合理解决柬埔寨问题的前提,也是从根本上解决印支难民,包括越南难民外逃问题的唯一办法。

他要求越南政府对国际大家庭负责,对自己的人民负责,停止其制造难民的政策,为东南亚各国和国际社会卸去这个沉重的包袱。

钱嘉东说,中国已接受和安置了28万名印支难民,为此花费了大量的物力和人力。他重申,中国将继续对国际人道主义事业作出自己力所能及的贡献。

钱嘉东在讲话中还谈到了阿富汗难民问题。他说,阿富汗问题虽然已经达成了政治解决的协议,但是,阿富汗的局势仍不稳定,大规模的难民遣返还未开始。

他认为,解决阿富汗难民问题的关键在于,有关方面严格遵守协议,按时撤出军队,这样才能真正使阿富汗难民安全、自愿、体面地返回家园。

解放军总政治部 中央军委纪委在北京召开加强正规化建设动员大会

会议强调军队实行新的军衔制度以后,领导机关要带头搞好自身的正规化建设。

军队实施新的军衔制,从10月1日起,全军将士都换穿了佩带军衔的新式军装,这标志着人民解放军的正规化建设进入了一个新的阶段。

总政治部主任杨白冰上将主持了大会。总政副主任兼军委纪委书记郭林祥上将在会上讲话。

郭林祥说,军队的正规化是国威、军威的形象体现,是军队素质和战斗力水平的外在表现形式,它反映了军队的士气、团结、训练、纪律的基本状况。加强正规化建设,是我军建设不断向高级阶段发展的需要,是和平时期军队建设的客观要求。总政和军委纪委是高级领导机关,搞好自身的正规化建设具有更为重要的意义。我们要通过卓有成效的工作,使总政和军委纪委的干部战士精神振奋,上上下下团结统一,军容风纪规范严整,工作生活井然有序,营区环境优美舒适,建立起适合总政和军委纪委工作性质和特点的正规化新秩序。

郭林祥提出,从现在开始到春节之前,要相对集中一段时间着重抓好三个方面的工作:一是整顿军容风纪。每个干部战士都要自觉做到严守纪律,举止端正,谈吐文明,讲究礼节礼貌,军容整洁规范。二是建立良好的办公秩序。一定要严格工作纪律,严格工作责任制,严格请假、销假,值班、警卫等制度,做到岗位责任明确,工作制度完善,办公秩序井然,提高工作效率。三是严防各种事故发生。这几项工作,各单位、各部门都要高度重视,切实抓紧、抓好、抓出成效,使机关和直属单位的军容风纪迅速出现一个新的面貌。

国家科委发出关于科学技术成果鉴定办法若干问题的通报

通报中强调,今后应充分发挥《技术合同法》的作用,凡可以通过市场机制鉴别的科技成果,尽可能不组织专门的鉴定。这样,既可发挥社会公认的作用,又可以减少各类鉴定会。

国家科委的这项通报指出,被鉴定的科技成果今后拓宽为3个方面,即科学理论成果,应用技术成果以及软科学研究成果。

鉴定包括3种形式和3种视同鉴定形式,前者为检测鉴定、验收鉴定、专家评议,后者为已经生产实践证明技术成熟,取得经济效益的;已按技术合同实施并达到合同要求的;已获得专利权并得到实施的,这6种情况都具有同等效力。今后不再采用鉴定级别,如实写明由何部门组织或委托组织鉴定就可。

在此之前,国家科委曾于去年10月和今年3月先后颁发了《科技成果鉴定办法》和《科技成果鉴定办法若干问题的说明》,就保证科技成果鉴定的科学性和公正性,纠正鉴定工作中的不正之风,以及严格控制鉴定会规模等作出了规定。

中国首次发现腺病毒基因组型群

发现者为解放军302医院的李泉根博士,这次发现为揭示病毒世界的奥秘作出了贡献。

李泉根的发现,使腺病毒有了更准确的分类法,使过去被认为杂乱无章的病毒的变异,变得有规律可循,同时也为寻找病毒疫苗株找到了方向。

李泉根毕业于复旦大学生物系。1985年,他到瑞典攻读博士学位期间,分析了六大洲190株4个血清型的腺病毒,在世界上已发现的15个基因组型的基础上,又发现了43个基因组型。经进一步用统计学和电子计算机研究,证实这58个基因可以分成15个"基因组型群"。他指出,据此可以抓到病毒传播的信息,在分子流行病学上具有十分重要的意义。

李泉根还完成了58个腺病毒基因组型的图谱,在临床运用中,可以像查字典一样,迅速、准确地鉴定所遇腺病毒的种类。

四川文物普查发现四大新宝

新华社报道,这四大新发现是:崖墓、摩崖造像、宋桥以及藏画唐卡,它们被称为巴蜀文化的"四大新宝"。

"四宝"中的崖墓俗称"蛮子洞",据调查这种汉代崖墓遍及全川,登记在册的就有2514处共37019座。其形制多种多样,为四川特有。从墓内出土有石棺、铜器、陶俑等大量古物,墓壁上有内容丰富、形象生动的雕刻。摩崖造像是靠人力在山冈悬崖上雕造释迦牟尼像,较为典型和精致的就有1555处,分属于隋、唐、五代、宋、元、明、清各代。据文物专家称,摩崖造像的数量以四川为多,且宋以后的造像代表作均在四川被发现。我国留存的古桥多为明清所造,宋桥仅发现10座。其中两座在四川。最令人瞩目的是被誉为民族文物瑰宝的唐卡。唐卡是一种古代织绣藏画。这次普查发现的10多幅散藏于藏区寺庙的唐卡多为明代作品,最大的宽27米多、长30多米。唐卡上释迦牟尼像雍容华美,还配有神话传说和佛经故事图案,色彩绚丽,气势宏大。

山东龙口市建成中国沿海第一座地下水库

该水库为八里沙河地下水库,坝长740米、高24米,断面为5500平方米,可增加复蓄水量60万立方米。

地下水库是在补水充足的地下松散含水层中,建造地下水泥板墙,拦截地下水径流,形成有一定回流面积和库容量的地下蓄水体工程。

龙口地处北方缺水区,降雨期集中,径流不能充分利用。针对这种状况,市委和市政府修在下水库补源,缓解水的供需矛盾。继八里沙河工程建成之后,还将在黄河流域再建3座地下水库。

10月5日

中共中央总书记赵紫阳在中南海会见肯尼亚总统莫伊

中央军委主席邓小平在人民大会堂会见肯尼亚总统莫伊

邓小平指出,多年来,第三世界提出要建立国际经济新秩序。这个建立国际经济新秩序的要求,不仅是发展中国家的要求,也应该是发达国家的需要。发达国家应把解决南北问题放在自己的日程上。因为发达国家也需要发展。从长远讲,发达国家的发展不能建立在发展中国家继续落后的基础上。如果发达国家与发展中国家的差距越来越大,发达国家就不可能获得市场。

邓小平强调,当前世界上存在着两个根本问题:一个是东西问题;一个是南北问题。东西问题是和平问题,南北问题是发展问题。

他说,现在国际形势趋向缓和,这是总的趋势。我们可以判断和平可以赢得,战争可以避免。他说,我在这里讲战争是指世界战争。和平是可以看得见的,我们是可以争取到一个较长时间的和平的。和平环境的赢得是全人类,特别是第三世界共同努力斗争的结果,它并不是超级大国发善心的结果。

莫伊总统赞成邓小平主席对国际形势的看法。他说,建立国际经济新秩序必须是既包括发展中国家,又包括发达国家。因为两者是相互联系的。因此,南南合作也是必不可少的。他认为,发达国家的发展不能离开发展中国家。

莫伊说,国家的发展很大程度上取决于全人类能否获得和平与安全。只有在和平与安全的条件下发展才能更快。

在谈到我国情况时,邓小平指出,我们的发展战略第一步是沿海地区先发展,第二步是让沿海地区帮助内地发展,达到共同富裕。共同富裕是社会主义制度不可动摇的原则。

他说,在10年前,我们制定了一个70年的发展战略,现在才走了10年,还有漫长的道路。

莫伊总统说,他很高兴能够再次来中国这个伟大国家。这次来华后发现,中国出现了非常大的变化。肯尼亚希望中国在自己的努力中获得成功。肯尼亚很愿意进一步加强同中国的良好关系。

国家体委全国体总中国奥委会在人民大会堂为参加第二十四届奥运会的中国体育代表团举行招待会

杨尚昆、李鹏、胡启立、李铁映、秦基伟、宋任穷、程子华、习仲勋、彭冲、荣毅仁等出席招待会。

招待会开始前,杨尚昆、李鹏等同志在福建厅,认真听取了袁伟民副团长介绍运动员在本届奥运会上的比赛情况。随后，副团长徐寅生向杨尚昆、李鹏等同志一一介绍了获得金牌的许艳梅、高敏、楼云、陈静、陈龙灿、韦晴光，以及在乒乓球、游泳、赛艇、举重、田径、女子排球等项目的比赛中获得奖牌的运动员，大厅里掌声此起彼伏。

中共中央政治局委员、国务委员李铁映在招待会上首先代表党中央、国务院向为祖国荣誉而奋力拼搏的体育健儿表示亲切问候和祝贺。他称赞我国运动员遵循和平、团结、进步的奥林匹克宗旨，结识了许多朋友，增进了相互了解，交流了技艺，为弘扬奥林匹克精神作出了努力。

李铁映说："我们有些强项保持或发挥了优势，有些弱项跃居或逼近了世界先进水平，尽管有些项目未能取得预期的成绩，但从总体上看基本上反映了我国竞技运动的实力。"

李铁映指出，现代奥林匹克运动发展到今天已有92个年头了。本届奥运会是强手云集、群雄纷争的高水平体育盛会，全世界的体育明星几乎全部登场献技。在这种情况下取得优异成绩的运动员，应当受到尊敬，受到赞扬；对某些名将落马，人们也应予以理解和谅解。

李铁映说，第二十四届奥运会开幕以来，社会各界对我国选手的成败得失，有喜有忧，有褒有贬，这反映了群众对体育事业的热情关切，体现了他们对运动健儿的真诚期待。人民的积极参与是推动体育事业前进的一个动力，他们的评论不应被忽视而应受到尊重。体育场上没有永恒不败的常胜将军，我们不能单纯以胜负论英雄，而要共同创造一种"胜固然可喜，败亦欣然"的有利于竞技体育发展的宽松环境。

李铁映向我国广大体育工作者提出，要科学地实事求是地总结经验教训，采取有力措施才能把失去的优势夺回来，把落后的项目赶上去，以提高我国体育运动的整体实力。今后的工作首先要搞好体育体制的改革，建立、健全既竞争又联合的机制，协调好"奥运战略"和"全民健身战略"的发展，加强体育队伍的建设，改善优秀运动员队伍的管理教育，推进训练科学化。他希望体育战线的同志们同心同德，再接再厉，加快建设世界体育强国的步伐，战胜困难，奋勇前进！

国家体委主任、中国体育代表团团长李梦华说，从这次奥运会我们看到我国的体育水平同世界体育强国还有较大的差距，也暴露出不少工作中的缺点和问题。他认为，我们还没有真正掌握体育训练的规律。今后，体育界需要进行深化改革。

运动员代表、跳水选手许艳梅也在招待会上讲了话。

全国经济体制改革理论会在北京召开

会议由中宣部国家体改委和中国社科院联合召开，召开时间为10月5日至10月8日。这次研讨会的主要议题包括：

——回顾总结10年来经济体制改革在理论上取得的重大突破和进展，特别是讨论经济体制改革的一些基本问题；

——正确认识当前经济体制改革的形势和改革进入关键时期的特点、矛盾和问题，探讨如何顺利地解决前进中面临的复杂问题的思路和对策；

——研究全面深化经济体制改革的主要课题，开展不同理论观点和改革思路的讨论，为制订中长期经济体制改革规划提供理论依据。

107篇论文的作者获得了出席这次为期5天的理论研讨会的代表资格。他们来自中国各地的理论研究部门、宣传部门和经济体制改革等实际工作部门。会议特邀的67位知名专家、学者、企业家和中青年理论工作者中，也有许多人向会议提交了论文。

提交大会的论文主要涉及社会主义基本经济理论，公有制产权关系和企业经营机制改革，价格、工资改革，计划、财政、税务、金融等体制改革，对外开放和外向型经济等。

会议认为，我国的改革理论10年来已取得一系列重大突破，改革以来形成和发展起来的一些重要理论观点已成为指导和推进我国这场伟大变革的理论支柱。其中最主要、最具代表性的有：关于我国目前还处在社会主义初级阶段的理论；关于发展社会主义商品经济的理论；关于社会主义条件下政企分开和两权分离的理论；关于建设有中国特色的社会主义的理论等。

174位与会者的发言和提交的100多篇论文从不同角度探讨了社会主义基本经济理论和深化企业改革、市场培育与价格改革、加强宏观调控、发展外向型经济等问题。多数代表认为，全面深化改革，首先是深化企业改革，改善大中型企业经营机制，提高经济效益。为了贯彻中央提出的治理经济环境、整顿经济秩序、全面深化改革，大家认为应采取有力措施，控制基建规模和货币发行量，控制集团消费，抑制通货膨胀。同时明确各级权责利，实行分层调控。

这次会议还提出了当前要深入研究的一些重大新课题，其中包括：价格和工资改革，体制改革与经济发展的关系，社会主义公有制的实现形式，计划与市场的关系，社会收入分配中公平与效率的关系，劳动就业市场化，建立全国大市场，关于政府机关责权结构的改革等。

闭幕会上，中宣部副部长王维澄作了发言。

邮电部调查研究结果表明现有客运量1/3能用通信替代

邮电部最近结束的一项调查研究表明：每100次长途电话和电报中，分别有84次和38次可替代乘坐交通工具前往对方所在地进行面对面的交流。而每100次市内电话呼叫，有69次可替代挤公共汽车。

快速、高效、低耗的现代通信技术，是信息传递的重要手段，但因其社会经济效益难以计量而被长期忽视。1984年，邮电部经济技术发展研究中心开始对此进行研究。他们采取上门座谈的方式，在北京地区调查了工厂、农场、商店等包括一、二、三类产业的电话33个。同时，又对京、沪、杭、青四城市的1928个电话用户进行函调，收函642封。此外，还对全国11个省市进行卡片抽样调查，发出3万张卡片，回收1.87万张。

分析表明，现代通信替代交通工具可以节约交通费用和时间，节约下的资金和时间又可以创造出新的价值。这种替代程度愈高，社会节约量就愈大；通信业务量愈大，节约的总量也愈大。

现有客运量中究竟有没有通信替代的可能？研究者们在飞机、火车、轮船上发出1550张调查表，回收821张。据测算，如果将39.9%的飞机客运量、47.2%的火车客运量、29.7%的轮船客运量改为以现代通信方式交流，每年可形成社会节约100亿元以上。研究结果表明，大约有1/3的现有客运量能被替代。这一比例与英、美类似的研究结果相近。

主持这项研究的陈韵倩副研究员认为，我国通信能力严重不足，一直是薄弱环节，“六五”期间通信能力的年增长速度略高于国民生产总值的增长速度。但由于改革、开放，需传递的信息量增长更快、更猛，通信仍然是国民经济发展的制约因素。她说，要改变这种状况，除了加强管理、改善经营外，需要国家从全社会高度进行战略决策，逐步增加通信投资。

全国人大常委会副委员长廖汉生前往越南驻中国大使馆吊唁越南共产党中央委员会顾问长征逝世

欧共体驻华代表团在北京开馆

欧洲共同体委员会驻华代表团在长城饭店举行招待会，庆祝该团在北京正式开馆。

参加招待会的有对外经贸部部长郑拓彬、外交部副部长刘述卿及有关方面负责人。欧共体负责对外关系的委员维利·德克莱克及欧共体驻华代表团团长杜侠都参加了招待会。

欧洲共同体于1975年9月同中国建立了正式外交关系。十几年来，双方的政治和经济关系有了很大发展。欧共体委员会驻华代表团的正式开馆必将对推动双方关系的进一步发展作出积极的贡献。

汽车“黑匣子”QJ—A型汽车运行状态判读系统由中国人民大学青锋机库厂研制成功

这个系统由存储式车速记录器、车速判读器和最高时速显示器3部分组成。车速记录器安装在汽车驾驶室内，在汽车启动、行驶过程中，每隔0.2秒测量并记录一次行车速度，超过限制时速即向车内外发出视觉和听觉信号。在刹车或发生事故时，能记忆停车前12.6秒内每0.2秒的车速值，以及停车前2.5分或5分钟内每5秒或10秒的车速值，直到下一次启动。最高时速显示器由值勤交通民警随身携带，它与车速记录器连接时，可以显示停车前汽车开行的最高速度值。车速判读器由交通管理部门掌握，与车速记录器连接，可将12.6秒内每0.2秒的车行速度值打印出来，为确认违章、处理事故提供数字依据。

这种汽车运行状态判读系统的研制成功，为公路交通管理提供了现代化手段。

中国作协会员总数超过3000人

据中国作协创联部介绍，这批新吸收的会员共357人。其中，35岁以下的占12%，35岁到55岁的占67%。新会员中有少数民族会员49人，女会员41人。

进入新时期以来，文学创作和研究十分活跃，涌现了一大批有成就的作家。中国作协书记处每年都把吸收会员作为一项重点工作。自第四次作协会员代表大会以来，已经发展了5批会员。今后发展会员工作将逐步规范化。

中国作协会员以作家、评论家为主，但从事编辑和文学翻译、研究的学者也可以申请加入。

《朱自清全集》出版

该全集由江苏教育出版社出版。

中顾委常委胡乔木、全国人大常委会副委员长雷洁琼出席了发行仪式。

全国人大常委会副委员长习仲勋为《朱自清全集》前三卷的出版写了贺信，著名作家谢冰心为全集出版题了词。

朱自清先生是我国著名的现代文学家、教育家、学者。他在新诗、散文、文艺评论和古典文学研究等方面成绩卓著，在我国文学史上留下了宝贵的文学财富。《朱自清全集》的出版，是我国现代文学史、教育史上的一件大事，对中国文化积累和继承珍贵的文化遗产具有十分重要的意义。

《朱自清全集》共10卷、300余万字，内容包括散文、诗歌、学术论著、日记、书信等部分，由朱自清之子朱乔森编辑。这次出版的第一、二、三卷是散文编，收入了作者生前编定的12个集子。

10月6日

国务院总理李鹏致函第四届亚洲农村医学会议

李鹏在信中代表中国政府向大会表示热烈的祝贺，并希望大会在交流学术成就、增进友谊和发展区域合作方面作出贡献。

李鹏在信中说，“2000年人人享有卫生保健”是世界卫生组织提出的全球战略目标。我国政府已宣布支持世界卫生组织为之所做的一切努力，积极促进这一目标的实现。我国有8亿农村人口，发展农村的医疗卫生事业一向是我国医疗卫生工作的重点，也是实现“2000年人人享有卫生保健”的关键。

李鹏在信中指出，在我国政治经济体制改革深入发展的新形势下，我国政府将把深化农村卫生改革，保障农民健康，提高人口素质纳入社会经济发展总体目标，使卫生事业与经济的发展同步增长，努力开发利用卫生资源，提高科学管理水平和医疗技术水平，满足群众日益增长的卫生需求，争取实现“2000年人人享有卫生保健”的战略目标。

国务院总理李鹏在钓鱼台国宾馆会见香港环球航运集团主席包玉刚

国务院作出《关于从严控制社会集团购买力的决定》

从严控制社会集团购买力，不仅有利于抑制需求膨胀，缓解市场供需矛盾，有利于增收节支，平衡国家预算，而且对于实现清廉从政，扭转目前社会上的奢侈浪费之风，都具有重大意义。为了从严控制社会集团购买力，特作如下决定：

一、凡属社会集团购买力范围的支出，各地区、各部门、各单位都要从严控制，坚决压缩。对今明两年的社会集团购买力，要在上年实际支出的基础上，按实际可比口径计算每年压缩20%。各地区、各部门必须按照下达的控制指标，逐级核定，层层落实。

二、实行直接控制和间接控制两种管理办法。对于县以上的党政机关、人民团体、全民和集体企事业、基本建设单位以及职工在200人以上的乡镇企业、城市街道企业的社会集团购买力，由上级机关分配指标，按计划管理，实行直接控制；对于县以下的单位，包括职工在200人以下的乡镇企业和城市街道企业，由上级机关提出压缩要求，自行安排落实，实行间接控制。

三、将现在的19种专项控制商品扩大到29种（见附件）。不论实行直接控制还是间接控制，凡购买上述专项控制商品的，都必须报经社会集团购买力管理机关审批，到指定的商店购买；未经批准的，一律不得购买。在今明两年内，严禁购买彩色电视机、国产13种名牌卷烟和进口烟、国产13种名牌酒和进口酒。其他专项控制商品，除直接用于生产、经营、科研、教学、医疗和特殊需要必须购买的要从严审批外，一律停止审批。

四、建立、健全管理制度。要建立严格的会议审批制度，一切会议都不准住高级旅游宾馆，不准举行宴会，不准用烟酒招待，不准发纪念品和土特产品。要严格控制招待、交际费开支。企业在经济业务交往中的正常招待费用，可在企业管理费中单独反映，但要从严控制，年终审计。有些地方自行规定，按销售收入提取企业招待、交际应酬费，浪费很大，应一律停止执行。各级人民政府要按规定清理各单位的小汽车和大轿车，对超编车辆和违纪购买车辆，一律没收。各省、自治区、直辖市要尽快重新制定职工劳动防护用品发放范围和标准，按金额进行控制。财政部、卫生部要改进公费医疗管理办法，堵塞漏洞，节约开支。

五、对直接控制的社会集团购买力单位，各级财政部门和主管机关要根据集团购买力压缩指标，相应核减单位预算和企业管理费计划。财会部门要建立社会集团购买力的辅助账。要按照规定的期限，按月、按季、按年报送社会集团购买力执行情况，报表要经主管领导审核。

六、实行首长负责制。为了加强对控制社会集团购买力工作的领导，国务院已调整了全国控制社会集团购买力领导小组，确定由国务委员王丙乾同志担任组长。县以上各级人民政府都要成立控制社会集团购买力领导小组，指定一位负责同志担任组长。各机关、团体、企事业单位也要确定一位负责人抓这项工作。要加强和充实控制社会集团购买力的办事机构。县以上各级政府要尽快设立控制社会集团购买力办公室，所需人员从现有党政机关中调剂解决。大型企业、事业单位要设专职人员管理控购工作，一般单位也要有人兼管。

七、各有关部门要各司其职，密切配合，共同做好控购工作。工业、商业、物资部门和银行对单位购置的非生产性用品，要认真审查，严格把关。单位购买专控商品，供货部门凭社会集团购买力管理机关签发的准购证供应；银行凭准购证办理结算；财会部门凭准购证办理支付和报销；车辆管理部门凭准购证发放车辆牌照。财政、审计、监察机关要加强监督检查,对违反控购规定的,必须严肃处理。

八、对突破控购指标的,应根据情节轻重,处以超指标数额50%以下的罚款。凡不经批准擅自购买专项控制商品的,一律没收,变价款上交财政,并处以所购商品金额50%以下的罚款。对单位领导人和有关责任人员的处罚,按国务院《关于违反财政法规处罚的暂行规定》和其他有关规定严肃处理。供货部门违反规定出售专项控制商品的,除没收其违章销售所得利润外,对有关人员要按规定予以罚款。

九、各地区、各部门应根据本决定,结合实际情况制定具体控制办法。军队系统控制社会集团购买力的办法,由总后勤部根据本决定自行规定,并报全国控制社会集团购买力领导小组备案。国务院今年2月24日《关于严格控制社会集团购买力压缩开支的紧急通知》与本决定不一致的,以本决定为准。其他有关压缩各项开支的规定,仍继续执行。

附:国家规定的专项控制商品目录

1. 小汽车(包括小轿车、吉普车、旅行车、工具车以及用于更新的车辆)

2. 大轿车(包括用于更新的车辆)

3. 摩托车(包括用油及电动的各种摩托车、轻骑以及用于更新的车辆,不包括后三轮货运摩托车)

4. 沙发

5. 地毯(包括纯毛、含毛混纺和化纤地毯)

6. 沙发床(包括沙发床垫)

7. 空气调节器(指窗式、柜式的制冷或制冷制热机)

8. 录音机和多用机

9. 录像机(包括摄影机、放像机、编辑机、监视器和投影机)

10. 照相机和放大机(包括扩印机和各种镜头)

11. 大型或高级乐器(单价在500元以下的)

12. 家具(单价在100元以上的钢、铁、木、藤等制作的各种家具)

13. 呢绒毛料及其制品(包括混纺制品。海轮旗帜免于审批)

14. 毛毯(包括混纺和纯化纤毛毯)

15. 彩色电视机

16. 电冰箱(300升以上的)

17. 洗衣机(不包括工业用洗衣机)

18. 各种电取暖、电煮水设备(包括电热水淋浴器)

19. 复印机

20. 电子打字机

21. 电传机

22. 羽绒服

23. 风雨衣

24. 吸尘器

25. 丝绸及其制品

26. 50元以上的各种钟表

27. 100元以上的各种灯具

28. 国产13种名牌卷烟和进口卷烟

29. 国产13种名牌酒和进口酒

全国外贸计划工作会议在北京召开

国务院副总理田纪云在会上指出,目前我们治理经济环境、整顿经济秩序,是在坚持改革、开放总方向的前提下进行的,不会影响对外开放。已签约的合资合作项目都要信守合同,明年的外贸出口也要保持稳定增长。

田纪云说,为了给改革、开放创造一个良好的环境,使国民经济持续、稳定、健康地发展,认真治理经济环境和整顿经济秩序、遏制通货膨胀是十分必要的。需要指出的是,治理经济环境、整顿经济秩序必须在坚持改革、开放的前提下进行,目的是更好地推进改革。治理、整顿也是通过深化改革的办法来进行,而不是走老路。我们的改革取得了巨大成就,决不能因为出现点这样那样的问题就不搞改革了,必须坚定不移地走改革之路,倒退回去是没有出路的。

他说,党的十三届三中全会后,有些外国朋友担心我们国内经济发展速度放慢,对外开放是不是也要收缩。这可以请他们放心,坚持对外开放是我们的一项基本国策,是不会改变的。对外已签约的合资合作项目,要认真执行合同,今后仍要继续发展对外合作。我们对基建大规模的压缩和调整,重点是非生产性项目和一些重复多余的加工项目,不是"一刀切"。

在谈到今年年初开始进行的外贸体制改革时,田纪云说,在今年物价上涨幅度较大的情况下,外贸出口还有较大幅度增长,而且出口经济效益不错。这说明党中央、国务院关于加快和深化外贸体制改革的决定是正确的,改革的主要措施是可行的、成功的,外贸系统和各行各业是作出了很大努力的。

田纪云指出,明年的外贸出口仍要采取积极的方针,争取继续稳定增长。总的指导方针是,内外销兼顾,关系国计民生的重要商品,外销服从内销。在出口商品的结构上,要逐步做合理调整。

田纪云强调说,外贸部门是国家的重要经济部门,在治理经济环境、整顿经济秩序方面起着重要的作用,一定要认真贯彻好中央两个会议的精神。

他强调要加强外贸宏观管理。他指出,凡是统一经营的商品,除国家指定的公司外,其他任何部门都不得经营,经贸部不得发给许可证。要加强许可证和配额管理。许可证要严格做到一批一证，证货相符，证企相符，严禁转让倒卖。要建立海关反馈检查制度，对违者严惩。配额管理要做到科学化、法制化、公开化，引进竞争机制。要加强进口管理，不该进口的坚决不进，特别是高档消费品。要加强外贸收购价格管理，坚决制止抬价抢购。明年经济部门要把制止抬价抢购作为重要工作来抓。对容易发生抬价抢购的商品要逐个整治，要行政、经济、法律、纪律手段一起用。要从严掌握市批外贸经营权，认真整顿外贸公司。今后主要是授予那些有条件的出口生产企业和真正的企业集团出口本企业产品的外贸权。目前不要盲目批准建立新的外贸公司。对已经成立的这类公司要认真整顿。对那些专搞投机倒把、倒买倒卖的公司和不需要的公司，要坚决取缔和撤销。

全国电视机逾1亿台现有电视观众6亿人

据《人民日报》报道，我国目前平均每10个人就拥有1台电视机。

正在北京召开的全国广播电视厅局长会议提供的材料表明，全国电视机社会拥有量已达1.16亿台，比1978年增加了37倍。

我国现有6亿电视观众。据调查，在有电视机的家庭中，经常看电视的人占83.5%。中央电视台每天一次的《新闻联播》节目，平均收视率为42.5%。这个台1986年举办春节晚会节目，收视率高达96%。看电视已成为人们一个主要的消息来源和娱乐形式。

据介绍，电视的覆盖目前主要集中在城市和经济发达地区，广大农村只有约1/3的人能看到电视。

中国和肯尼亚两国政府经济技术合作协定在北京签署

国家主席杨尚昆、肯尼亚总统丹尼尔·阿拉普·莫伊出席了签字仪式。

外经贸部部长郑拓彬、随同莫伊总统来访的肯尼亚外交和国际合作部部长奥乌科代表各自政府分别在文件上签字。

中苏两国友协领导人在北京举行工作会谈

在会谈中，中国人民对外友好协会会长章文晋、中苏友协会长伍修权和苏联对外友好和文化协会联合会主席捷列什科娃、苏中友协主席齐赫文斯基回顾了两国友好协会过去一段时间的工作。

他们认为，两国友好协会一直保持着友好的关系，就是在两国关系处于困难时期，也保持了这种关系。特别近两年来，两国友协交往有很大增加。双方友协的工作为两国关系的发展作出了贡献。

双方还表示，今年5月双方签订的合作计划正在顺利进行，并希望扩大双方合作交流的领域。

酒泉卫星中心发射成功率世界居前

据《人民日报》报道，这个发射中心位于内蒙古阿拉善盟额济纳旗和甘肃省酒泉地区金塔县的浩瀚戈壁里，是我国建立最早、规模最大的导弹和卫星试验基地，担负着完成导弹、卫星的测试发射和主动段飞行测量、并对试验数据进行事后处理等艰巨任务。30年来，他们首次用国产燃料成功地发射了近程弹道导弹，揭开了我国导弹试验史的第一页；之后，我国第一次自行研制的导弹核武器试验、第一颗人造卫星“东方红”、第一枚远程运载火箭、第一枚“一箭三星”运载火箭、第一颗返回式卫星、第一次承揽为外国提供搭载业务的卫星，都是从这个中心发射的。据统计，他们共成功发射了多种型号的卫星19颗；试验发射各种运载火箭。战略战术导弹近千发，成功率达87%。其中，从这里发射的11颗可回收卫星，成功率达100%，居于世界前列。

这个中心的发射成功率之所以高，是由于拥有一支技术过硬、责任心强的工程技术人员和指战员队伍。创建初期从祖国四面八方分配到此的许多名牌大学的高材生，如今还有40多名战斗在试验第一线。数千名大专毕业生和中专毕业生，已成为完成各项试验任务的中坚力量。

大力开展设备改造和技术革新活动，不断更新知识，提高广大工程技术人员的科技水平，是这个中心取得发射成功率的另一个重要原因。据不完全统计，从1976年到1987年，他们共取得各项科技成果404项，其中获全国、全军、国防科工委奖励的有107项。这些先进成果的获得，不仅大大提高了科技人员的科技水平，而且也提高了设备的利用率和可靠性，增强了试验的能力，使中心发展成为一个举世瞩目的综合卫星发射基地，为祖国航天事业立下了丰功伟绩。

随着改革开放的发展，这个中心已先后公开接待了美、法、联邦德国、瑞典等国代表团的参观访问。1987年至1988年，还分别为法国、联邦德国4个公司提供卫星搭载服务，取得了圆满的成功。今年8月18日，联邦德国探空公司总裁霍夫曼给酒泉卫星发射中心致电：“你们所体现的技术成就令人难忘，这是具有高度责任感的工作人员努力的结果。”

无融合生殖水稻“84—15”投入生产试种

据《人民日报》报道，这是在世界上第一个把无融合生殖系水稻品种投入大面积生产试种，并取得明显的高产效果。最近，这项研究已通过中国科学院等单位专家、学者所做的鉴定。

所谓无融合生殖基因就是一种控制植物生育方式的基因，在它的操纵下，不经过雌雄配子的结合就可以产生种子。无融合生殖水稻“84—15”是中国农科院作物所陈建三副研究员等花了10年工夫，用种间杂交的方法选育出来的远缘杂种。该水稻品种的选育成功，填补了世界育种史上用无融合生殖基因固定远缘杂种优势，并把它直接用于生产的空白，标志着我国水稻育种继矮化育种、三系杂交水稻、花约组织培养之后，又在第4个领域里取得世界领先成果。

这种无融合生殖水稻株型紧凑、剑叶挺拔、穗大粒多，早熟抗倒，适应性较广泛，且抗性较好(可抗稻瘟病、中抗白叶枯病和纹枯病)。由于这一品种无须年年制种，因此省种省时，减少投入，杂种优势明显，单位面积产量优于杂交粳稻或相当于杂交粳稻，具有极大的推广价值。

近年来，在全国9个省、市所进行的2年至4年的试种结果表明，“84—15”本身具有很高的丰产性，1987年在河南偃师县品质比较试验，第六代稻种亩产792公斤，比对照“郑粳107”增产22.2%。1988年在黄淮、江淮地区试种第七代稻种3万亩，单季亩产普遍在550—600公斤，在长江流域作双季晚稻亩产500公斤左右，比当地品种增产10%至15%以上。

中国新法规汇编将定期出版

自国务院决定改文件形式为国务院令公开发布行政法规以来，经国务院总理签署公开发布的行政法规，国务院不再另行文。为此，大量的法规除有关新闻、报刊播发刊载一部分外，各地区、各部门亟须新公布的法规标准文本。为适应这一形势和各方面工作上的需要，国务院法制局决定编辑《中华人民共和国新法规汇编》，定期由新华出版社出版，向国内外公开发行。

《中华人民共和国新法规汇编》计划每年出版4辑，每季度出1辑。该汇编由国家法定的机关编辑出版，取材一律采用法律、法规被通过时的原本，准确无误，因此可作为各级国家机关、社会团体、企事业单位工作用的标准文本，也是公、检、法及仲裁机关审判和办案时依据的标准法规文件。汇编第1辑(第1、2季度合辑)于10月下旬公开发行。

中国音乐家陈自明获巴西维拉·洛博斯奖章

陈自明现任中央音乐学院副研究员，长期从事巴西音乐研究，并为在我国介绍巴西音乐做了大量的工作，特别是去年9月在北京成功地组织了纪念巴西著名音乐家维拉·洛博斯诞辰100周年活动。

中日佛教学术交流会议在北京举行

两国学者就中国佛教文化的形成、传播等学术问题进行了交流。全国政协副主席、中国佛教协会会长赵朴初在会上发表祝词，称赞这是中日两国学者研究中国佛教文化的一次盛会。

陈先 宋中 张钧汉获国际乒联金质奖

国际乒联主席荻村伊智朗日前函告中国乒协，国际乒联执委会决定授予中国乒协前任主席陈先，亚乒联盟前任秘书长、现任名誉主席宋中和中国乒协副主席张钧汉国际乒联金质奖，以表彰他们为乒乓球运动的发展所作出的贡献。

中国的陈先、宋中和张钧汉列获这个奖的首批人士之中，同时获奖的还有澳大利亚、巴林、巴西、加拿大、捷克斯洛伐克、英格兰、联邦德国、中国香港、匈牙利、爱尔兰、黎巴嫩、新西兰、波兰、葡萄牙、沙特阿拉伯、瑞士、突尼斯和土耳其等国家和地区的乒协人士。

第四届亚洲农村医学暨初级卫生保健学术会议在北京开幕

中国农村卫生专家报告了加强和完善农村三级医疗保健网建设和以多种形式办医疗的情况。外国专家赞颂中国的成就为亚洲乃至第三世界各国农村卫生事业的发展提供了经验。

目前，我国近90%的村庄都有了医疗点(卫生室)。这个以县级医疗卫生机构为技术指导中心、以乡镇卫生院为中间枢纽、以村卫生室为基础的三级医疗卫生网形成了一个完整的卫生服务体系，承担了农村患者84.6%的门诊和86.3%的住院医疗服务。据统计，我国农村居民中约有6950万人患有慢性病，农村居民一年患病日数约占99亿天，其中有37.8%是在村卫生室接受诊治的；由村级卫生人员接生的产妇人数，则占新法接生人数的60%以上。

村卫生室隶属村民委员会领导，为村民集体所有。近年来，国家根据其工作特点、经营方式和活动规律，相继制订了管理办法，加强了规范建设。许多省市按分类指导原则，通过考评开展了“文明卫生室”、“甲级卫生室”等活动。我国还明确规定：1990年全国的村卫生室覆盖率将达100%，甲级村卫生室数占70%；受农民欢迎的集资合作医疗人口覆盖率达50%；村卫生室还要成为三级卫生情报信息网的基层信息点。

参加会议的400多位中外专家，还将到怀柔县农村实地参观考察三级卫生机构。

中国肠道传播的非甲非乙型肝炎研究取得重大进展

以北京医科大学为首的非甲非乙型肝炎国家

“七五”科技攻关协作组联合北京第二传染病医院，从患者粪便中找到了非甲非乙型肝炎病毒，并已初步建立简便的血清学诊断方法。

据国内外报道，在急性病毒性肝炎患者中，非甲非乙型肝炎患者占9%—45%。近年来肠道传播的非甲非乙型肝炎的流行地区有扩大趋势，亚洲、非洲、北美洲已有16个国家发生此病流行。

北京医科大学等单位经过3年的研究，已从肠道传播的病人粪便中用免疫电镜方法检测到27毫微米至34毫微米的病毒颗粒，现已初步证明其正是近年流行性肝炎的病原。最近他们又建立了酶联免疫试验，检测急性期病人的血清IGM抗体和粪便中病毒抗原，均获满意成果。这一方法对急性非甲非乙型肝炎病人血清抗体检出率达90%左右，它较传统的免疫电镜检测更为简便、快速，并易于推广应用。

这两项成果标志着我非甲非乙型肝炎研究进入国际水平。

中国草原每年退化2000万亩

据《人民日报》报道，近30年来，我国累计退化草地已约10亿亩，占可利用草场的1/3，而且退化速度日益加剧。

我国是世界上草地资源丰富的国家之一，与澳大利亚、苏联、美国的草原面积相近。但是就生态环境和经济效益来讲，我国与上述国家相比，差距日益扩大。

一些从事草原研究的专家对我国草原退化的主要原因作了如下解释：

一是过度放牧。据统计，我国50年代初大小牲畜不足3000万头，现在已发展到近1亿头。过去每头混合畜占有草地115亩，现在只有34亩。内蒙古每头混合畜目前只占有13亩草地。不仅如此，产草量也大幅度下降。一般草场低矮稀疏。与50年代末比，全国产草量普遍下降30%—50%，在内蒙古，“风吹草低见牛羊”的景象已不复存在。由于草原不足，造成牲畜大量死亡。

二是盲目开荒。50年代末以来先后开垦1亿多亩草场作粮田。搂割柴草和滥挖药材对草场破坏也十分严重，内蒙古每年有8000万亩草地因搂割柴草而不同程度受损。宁夏盐池县每年挖甘草破坏草场就达10万亩，相当于当地人工种草面积的两倍。

三是管理不严，使用无度。许多牧民法制观念不强，任意放牧。加上经营无方，只索取、不建设，草场利用强度过大，使草场再生能力加速减弱。就目前我国百亩草场载畜量来说，同美、苏等国相差几倍甚至十几倍。

专家们指出：按目前产草量下降幅度，到90年代和下世纪初，我国产草量还将下降15%—30%。虽然近几年各地开展人工种草，但累计面积只有1亿多亩，仅相当于退化面积的1/9。

中国农科院草原研究所所长李博提出防止草原持续退化的对策：

一、控制载牧量。首先，各地根据草场资源状况确定资源容量，以草定畜，利用强度一般不超过当年产量的50%；其次，开辟新饲料源；最后，破除以牲畜头数衡量牧业发展的传统观念，科学养畜，节约用草，提高牲畜周转，发展季节畜牧业，充分利用牧草。

二、沙化和水土流失严重地区，必须大大压缩旱作农田，退耕还草或粮草轮作。

三、控制草原区人口。根据能量平衡的观点，一个地区的人口数量应该与该地区绿色能源相适应。草原区在缺乏外来能源补给的情况下，每平方公里只能养5个人。而我国大多数牧区超过这个标准。因此必须加以控制。

四、加快人工种草。人工草场单位面积产量高、质量好，是天然草场的10倍左右。

五、发展地方畜产品加工业，为治理草原提供资金。

六、开发新能源，减少砍搂柴草的现象。

10月7日

国务院总理李鹏在北京会见捷克斯洛伐克人民监察委员会主席弗兰蒂谢克·翁德日赫一行

国务院总理李鹏在中南海紫光阁会见法国法马通公司总裁让·克洛德·莱尼一行

民盟五届六次全会在北京举行

会议通过了向民盟六大所作的《中国民主同盟第五届中央委员工作报告》《中国民主同盟章程(修改草案)》《中国民主同盟中央参议委员会组织条例》。

民盟中央主席费孝通主持了会议。民盟中央常务副主席高天在会上作了关于民盟第六次全国代表大会筹备工作的报告。

民盟中央副主席彭迪先、李文宜、钱伟长、叶笃义、谈家桢、陶大镛、千家驹、关梦觉、罗涵先、马大猷、冯之浚，参议委员会主任苏步青，副主任闻家驷、潘大逵、冯素陶、林亨元等出席了会议。

国务院信贷检查办公室正式成立

国务委员兼中国人民银行行长李贵鲜到会并作了动员。该办公室将在10月份，对全国各省、直辖市的金融机构及在京中央级的信托投资公司开展信贷、现金方面的大检查，10月9日起，8个工作组启程开赴全国各地，这项工作是在国务院直接布置和领导下，由中国人民银行具体组织实施的。

国产乘用汽车展览会在北京举办

展览于10月7日开始15日结束。严格控制轿车进口，提倡使用国产汽车，扩大服务领域，满足国内多层次的用车需要，是举办乘用车展览会的目的。这次展出的180多辆各种品种和车型的汽车，都是近年从国外引进技术、合作生产和自行开发的更新换代产品，并具有批量生产和组装能力。

全国商业系统首届新技术新成果交易和名特优产品展销会在北京开幕

在这次会上展览、交易的有属于高技术、新技术领域的成果；有进入世界先进水平的200种实用技术；有中式快餐设备和150种机械装备；还有各类名、特、优产品近千个品种。展览会由商业部科技情报研究所等4个单位联合主办。

国家教委主任李铁映在人民大会堂会见美国美中学术交流委员会主席柯莱伦斯·阿兰博士和副主席麦克·奥森伯格博士一行

李铁映说，派遣留学人员出国学习，是我国改革、开放政策的重要组成部分。我国将根据经济和文化建设的需要，继续选派出国留学人员，以加快人才的培养和增进我国同世界各国在经济、科技、教育、文化等各个领域的交流与合作。

李铁映告诉美国朋友，10年来，我国共有6万多人出国学习。目前，已有两万多人学成回国，他们在不同的岗位上发挥了重要的作用，不少人已成为四化建设的骨干。例如，国家教委直属的36所高等院校的校院长中，就有17人是近几年留学回国后走上学校领导岗位的。李铁映说，为实现我们的奋斗目标，国家需要更多的人掌握先进的科学技术。派遣留学人员出国学习，是一个已为实践证明了的好政策、好办法。这两年，我们适当调整派出留学人员的层次、结构，目的是为把选派工作做得更好，更符合国家建设对人才的实际需要。有人说我们在派出留学人员上“收缩”了，这是误解。一个好的政策和办法，我们是不会改变的。实际上，这几年在派出留学人员的总数上是逐年上升的。

李铁映说，国家对公派留学人员的权利和义务作出必要的规定，这是许多国家的通例。我们的广大留学人员是爱国的，有为祖国和民族服务的责任感。现在，在美国的有些公派留学人员由于各种原因，希望在获得学位以后继续进修和深造，是可以理解的。我们对此采取通情达理的政策，允许根据实际情况灵活对待。只要他们向国内派出单位和我驻外使领馆，提出申请，是会得到充分的尊重和考虑，并得到合情合理的解决。当然，我们还要尊重所在国的法律规定。

李铁映说，实行开放政策，大批派遣留学人员已经10年。从今年开始，每年将有近千名留学研究生学成回国。祖国的建设需要他们。我们要努力改善国内环境，为回国留学人员尽可能创造良好的工作和继续深造的条件，以有利于充分发挥他们的作用。我们正在研究制定拓宽留学生回国就业门路的政策，鼓励国内的部门、企业积极聘用留学归国人员。我们要尊重他们的意愿，搞好“双向选择”，鼓励人才流动。同时还要解决好科研经费、高级职务职称，以及他们的住房和家属户口等等问题。现在，国内已经开始组建留学生服务中心，帮助留学生解决实际问题。我们支持回国留学人员继续同国外学术单位保持密切的联系，并要根据他们工作的实际需要，为他们提供再次出国进修或进行学术交流的方便。现在已经这样做了，今后要安排得更好一些。

外交部部长钱其琛在北京会见由外事秘书梅农率领的印度外交部官员代表团

钱其琛说，中国政府欢迎拉·甘地总理访华，这是中印关系中的大事。中国和印度作为亚洲的两个大国，当前都面临着发展问题。改善和发展两国关系不仅有利于两国，而且对地区和世界和平与稳定将产生积极影响。

梅农表示同意钱外长的看法。他说，时隔30多年，印度总理将首次来华访问，希望这次访问能为两国关系的进一步发展指明道路。代表团在京期间以刘述卿副外长为首的中国官员就拉·甘地总理访华和双边关系等问题进行了会谈。

国务委员宋健前往德意志联邦共和国驻华使馆吊唁联邦德国基督教社会联盟主席弗朗茨·约瑟夫·施特劳斯逝世

北京军区调整压缩预算内消耗性费用

据《人民日报》报道，北京军区从维护改革大局出发，对预算内的消耗性费用重新进行调整压缩。据统计，到8月，全区共停建缓建了70个基建项目，48个生活设施，取消了购买49辆小汽车和299件录像机、电视机、照相机、复印机、空调器和高级地毯等专控商品的计划，减少开支2049万元。

北京军区消耗性费用能够得到有效控制，关键是领导重视,措施有力。今年年初,军区党委在部署全年工作的时候,就把艰苦奋斗、勤俭建军作为改革开放形势下部队建设的一个重要指导思想在全区高中级干部中加以强调,并首先对军区本级的预算安排逐项进行审查,把开支计划一压再压,最后核定的数字仅为申报数字的35%。在此基础上,各级财务部门对全区团以上单位的预算经费逐级进行审查,本着能停则停,能缓则缓,能减则减的原则,对各单位不够合理的经费开支计划作了调整压缩,使全区的经费开支从宏观上得到了控制。

在管好用好正常经费的同时,军区加强了对生产收益使用的管理和监督,并对全区生产经营账目进行检查,克服自收自支,私设"小金库",把生产资金挪作消费经费的现象。一些自筹资金上马的基建项目也分别作了停建或缓建处理。

首届全国农民运动会第一次主席团会议在北京举行

一封来自北京一市民的信,引起了出席会议的中央领导同志以及各代表团团长们的议论。根据主席团主席田纪云的意见,主席团秘书长黄超向与会者宣读了这封信。信中谈到,据了解,有一位曾参加全运会的优秀运动队队员也报名参加了农运会的比赛,希望杜绝此类现象,实现公平竞争。主席团主席田纪云特别谈了赛风问题。他说,本届农运会要高度重视体育道德和精神文明,严格遵守农运会的要求,真实反映出农民体育的状况。

田纪云说他很担心出现弄虚作假的丑闻。

全国除台湾以外,各省、自治区、直辖市共派来1432名运动员进京参加足球、田径、篮球、摔跤、自行车、射击、乒乓球7个项目和武术、蒙古式摔跤两个表演项目的比赛。

农村群众体育活动的蓬勃开展,使一批具有体育天赋的农村青年在体坛上崭露头角,许多省、区、市的运动员队伍中有相当一部分运动员来自农村,人们所熟悉的体坛精英何灼强、何英强、江嘉良、郑海霞、李玲蔚等都来自农村。首届农运会为发掘和培养更多的优秀体育人才创造了机会。

本届大会主席团名誉主席王震,副主席李铁映、王任重等出席了主席团会议。

中国选手在朝鲜第五届国际射击比赛中获3枚金牌

中国运动员参加了15个项目的比赛,获3枚金牌、4枚银牌、3枚铜牌。

中国的安徽选手刘学杰在男子自选手枪速射比赛中,以595环的成绩平了亚洲纪录,但在争夺冠军的决赛中失利,获得亚军。中国19岁的重庆选手蔡智勇在移动靶混合速射比赛中,以388环的成绩夺得桂冠。在女子标准步枪3×20项目决赛中,17岁的黑龙江选手许艳华以582环的成绩夺得冠军。四川选手胡杰在女子多向飞碟比赛中,以163中夺得冠军。

10月8日

国务院总理李鹏在中南海会见由董事长嘉道理勋爵率领的香港中华电力公司代表团

在亲切友好的交谈中,李鹏赞扬嘉道理在广东核电站项目中表现了与中国合作的远见卓识。

李鹏说,这个项目的合作体现了中英两国的友好关系,反映了双方对香港的繁荣和稳定充满了信心。他说:"我们希望香港继续发挥国际金融中心和贸易中心的作用。"

全国人大常委会委员长万里同北京清洁工人共度周末

万里同北京近两万名环卫职工一起,欣赏了"圆明园金秋科技灯会",共度了一个愉快的周末。

北京是举世闻名的国际都市,随着经济的发展和人口的增加,垃圾清扫量也与日俱增。为了保持北京的环境美,清洁工人每天早出晚归,付出了艰辛的劳动。据1987年统计,这一年他们清运垃圾298.3万吨,清运粪便181万吨,清扫道路2651.5万平方米。

北京市政府一位负责人说,北京旅游事业的发展,人民身心的健康,都离不开环卫职工的奉献。环卫职工的劳动需要得到社会的尊重和理解。

全国政协在中南海召开第九次主席会议

会议决定于10月12日至16日在京举行全国政协七届常委会第三次会议。全国政协主席李先念主持了会议。

会议开始时,全国政协秘书长周绍铮汇报了关于召开政协七届常委会第三次会议准备工作的有关情况。

会议研究决定,这次政协常委会的主要议程是:协商讨论关于贯彻中国共产党十三届三中全会精神的问题;通过人事任命事项;听取全国政协代表团出国访问和赴外地视察的情况报告。

李先念主席在会上讲了话。他希望委员们在协商讨论贯彻中国共产党十三届三中全会精神时,既要在政治上同党中央保持一致,又要充分发表意见,畅所欲言,发扬民主。

会议还讨论并原则通过了七届全国政协工作要点(草稿),决定提交政协七届常委会第三次会议讨论通过。

全国政协副主席王任重、方毅、谷牧、杨静仁、康克清、屈武、马文瑞、钱学森、钱伟长、胡绳、孙晓村、程思远、钱正英、司马义·艾买提出席了会议。

民盟第六次全国代表大会在北京开幕

这次会议将总结民盟"五大"以来的工作,确定今后5年的任务,修改章程,选举产生新的一届中央委员会和中央参议委员会。

民盟是以中上层知识分子为主要成员、致力于社会主义事业的政治联盟性质的政党,它的前身是1941年3月在重庆创建的中国民主政团同盟。我国著名爱国民主人士黄炎培、张澜、沈钧儒、杨明轩、史良、胡愈之、楚图南等分别担任过民盟的主席或代理主席。

会议由五届中央主席费孝通和副主席李文宣主持。五届中央名誉主席楚图南致开幕词。

中共中央书记处书记、统战部部长阎明复在会上宣读了中共中央的贺词。

贺词说,中国民主同盟有着光荣的革命历史。它在抗日战争和爱国民主运动的烈火中诞生以后,一直同中国共产党风雨同舟,患难与共,团结爱国的知识分子,为争取民主革命的胜利,建立新中国,进行了英勇的斗争,写下了光辉的篇章。中共十一届三中全会以来,民盟为发展中国的社会主义现代化建设,健全社会主义民主政治,促进祖国和平统一事业,作出了重大的贡献,受到了人民的赞誉。

贺词指出,刚结束的中共十三届三中全会,全面分析了当前的政治经济形势,制定了治理经济环境、整顿经济秩序和全面深化改革的方针和政策措施。在这个时期,爱国统一战线要充分发挥自己的优势,调动一切积极因素,加强民主监督,协调社会矛盾,增强凝聚力,巩固和发展安定、团结、民主、和谐的政治局面,为深化改革、稳定经济和促进社会主义精神文明建设作出积极的贡献。

贺词重申,中国共产党将继续坚定不移地贯彻同民主党派"长期共存、互相监督,肝胆相照、荣辱与共"的方针,完善在中国共产党领导下的多党合作制度和政治协商制度。当前,要进一步发扬社会主义民主,采取切实有效的措施,支持民主党派和无党派人士扩大参与国家事务的决策、执行和检查监督,发展我们党同各民主党派和无党派人士之间更加亲密的合作共事关系。

中共中央在贺词中还希望近年来进入民主党派及其领导班子的新一代,大力发扬各自所在的民主党派的优良传统,为我国的社会主义现代化事业和社会主义民主政治建设,作出新的贡献。

民革中央主席朱学范受各民主党派中央和全国工商联的委托,向大会宣读了贺词。

民盟五届中央副主席钱伟长代表第五届中央委员会向大会作工作报告。这个报告共分四部分,内容分别是:一、五年来全盟工作的回顾;二、在推进社会主义民主政治建设和完善共产党领导的多党合作与协商制度的过程中,肩负起民盟的历史使命;三、发挥政党功能,努力开拓新的工作领域;四、不断加强民盟的自身建设。

民盟五届中央参议委员会副主任林亨元代表民盟中央参议委员会也向大会作了工作报告。

解放军海军司令员张连忠在人民大会堂设宴欢迎美国海军作战部部长卡莱尔·特罗斯特海军上将和夫人

张连忠在祝酒时说,近几年来,随着中美两国关系的稳步发展,两国军队之间的友谊,特别是两国海军之间的友好交往和技术合作也有了进一步的发展。这不仅符合中美两国人民的共同利益,而且有益于太平洋地区的稳定和世界和平。

特罗斯特在祝酒时说,他这次访问有助于增进两国海军的相互了解,促使双方更好地合作。

中国科学院长春净月潭遥感实验场正式对外开放

这是目前我国第一个对外开放的野外遥感实验场。

这个遥感实验场位于吉林省东部山地与松辽平原过渡地带。场内建有大型模拟遥感实验室、太阳光和天空光辐射自动测试站,还设置遥感车,可进行地物光谱测试和在大面积实验区对几种固定农作物和树种等进行定点观测。

国际矿物委员会将中国学者在世界上首次发现的一种氧化物类新矿物命名为彭志忠石

中国地质大学青年讲师陈敬中在世界上首次发现一种含锡、铝、镁、铁、锌、锰、钛、硅等多种元素的氧化物类的新矿物。该矿物已正式被国际矿物联合委员会命名为"彭志忠石——6H"。

"彭志忠石"产于我国湖南安化县白钨矿区的花岗岩与白云质泥灰岩的内外接触带。1980年,正在攻读硕士学位的陈敬中首次发现了这种以镁为主要组分的尼日利亚石族的新矿物。此后几年间,他按照国际矿物联合委员会的规定,对该矿物进行了严格的分析测试和深入研究,获得了大量系统可靠的数据,并计算出晶体中各种原子的坐标位置,受到国际矿物联合委员会新矿物和矿物命名委员会委员的一致好评。

这项成果，不仅丰富了国际矿物学宝库，而且对研究复杂氧化物的晶体结构、晶体化学都具有重要意义。

“彭志忠石”是以我国著名的结晶矿物学家、中国地质大学已故彭志忠教授的名字命名的。迄今为止，以我国人名命名的新矿物还不多见。

《人之由来》在北京展出

筹备了5年之久的《人之由来》陈列，汇集了国内外近50个学术单位的805件展品。今日在北京自然博物馆正式展出。

该陈列采用标本、模型、绘画、全息照片、录像和景箱等方法，以人体体质形态的变化为主线，从自然与社会相互作用的角度，力图使人们对人类体质进程有个立体的认识。

展品分6个部分，以单元组合的方式排列，各部分之间既互相联系，又相对独立。前5部分从自然史的角度，演示了作为物种的人的起源；第6部分则从两性结合到人的孕育、诞生，科学地展示了人作为个体的由来。

在预展中，已有欧美日等200多名外国专家和学者来馆参观，均予以较高评价。

汝光 邓梅荣在1988年全国室内射箭锦标赛上打破全国纪录

新疆选手汝光在男子25米预赛中，以582环的成绩打破了575环的全国纪录。

男子18米预赛中，汝光以575环的成绩，打破568环的全国纪录。广东选手邓梅荣在女子18米预赛中，以567环打破了全国纪录。

10月9日

首届全国农民运动会在北京开幕

杨尚昆、李鹏、万里、王震、田纪云、李铁映、李锡铭、习仲勋、彭冲、王任重、康克清等领导人出席开幕式。

本届大会主席团主席、国务院副总理田纪云代表党中央、国务院向全国8亿农民表示热烈的祝贺。他说，农运会反映了党的十一届三中全会以来，我国农村改革和建设兴旺发达的大好形势，体现了党和政府对发展农村体育、增强农民体质的关怀和重视。他指出，广泛深入地开展农村体育活动，不仅对富国强民、提高劳动者素质有重大意义，而且对移风易俗，培养文明、健康、科学的生活方式，造就有理想、有道德、有文化、有纪律的新型农民，有着深远意义。

北京市市长代表首都1000万人民向兄弟省、自治区、直辖市各族农民体育健儿及各位来宾表示热烈欢迎。

全国总工会十届六次执委会会议在北京召开

会议决定中国工会十一大10月22日召开。

这次为期5天的会议，传达和学习了党的十三届三中全会精神，讨论并通过了十一大代表资格审查委员会建议名单和有关决议。会上，万绍芬、郑万通被增选为中华全国总工会副主席。至此，工会十一大的各项工作基本准备就绪。

中国工业生产过热增长亟待解决

据国家统计局提供的正式统计材料表明，我国工业生产处在过热增长的巅峰状态。9月份，在过旺需求推动下，全国工业生产继续超高速发展，当月完成工业总产值1080亿元，比去年同月增长20.2%，日产水平比上月提高11.1%，都是近几年增长最快的。其主要表现是：

多数地区工业生产增长速度继续加快。与8月份相比，全国20个地区的增长速度不同程度加快，有13个地区的增长速度在20%以上。

轻工业生产加快，特别是滞销产品的生产大幅度增长。9月份轻工业产值544亿元，比去年同期增长23%，比前8个月的增长加快4.6个百分点。一些滞销产品如缝纫机、自行车、表、洗衣机、电风扇等，前7个月已呈减产趋势，8月份以来，迅速增长，9月份增长幅度达4.4%到55.2%。

集体所有制工业、乡办工业增长速度越来越快。9月份集体所有制工业总产值363亿元，增长29.8%，比前7个月加快5.7个百分点，比8月份又加快2.3个百分点。其中乡办工业增长37.9%，比前7个月加快5.1个百分点，比8月份又加快2个百分点。

纵观今年以来我国工业生产的情况，其特征是轻工业增长逐季加快，重工业增长逐季趋缓。1月至9月累计全国工业总产值8833亿元，比去年同期增长17.5%。

在强大的市场需求拉力下，工业生产增长居高不下，一快再快，主要是加工工业增长过于超前，能源、原材料工业增长相对不足，工业生产结构不合理的矛盾日益突出了。

9个月来，一方面市场畅销的耐用消费品旺产不衰；另一方面一些已经滞销的产品在市场抢购风影响下，生产回升。在重工业生产中，机电产品增长势头猛，汽车增长38%，冶炼设备增长65.2%，电子工业系统生产增长33.4%，其中投资类增长11.3%，元器件类增长36%，消费类增长37.7%。

与整个加工工业增长过快相对应的是，能源、原材料生产增长不快。前9个月能源生产总量增长4.4%，其中原煤增长4.7%、原油增长1.9%。

国家统计局和有关专家认为，对过热的工业生产增长速度必须加以控制，但也应看到，巨大的惯性仍将带动工业生产继续保持一段较高的发展势头。要控制工业增长速度，根本上讲要控制过旺的社会需求。

当前首要的是通过控制贷款投放，调整生产结构，特别是对那些生产长线和滞销产品的企业和行业，要严加控制，否则一旦市场平稳下来，就必然导致产品积压，造成浪费。

国务院副总理田纪云在中南海紫光阁会见前来北京参加国际合作社联盟执行委员会会议的各国代表

全国人大常委会副委员长廖汉生在人民大堂会见并宴请由主席米歇尔·阿基利率领的意大利参议院外交委员会代表团

中央军委副秘书长刘华清和国防部部长秦基伟在北京分别会见美国海军作战部部长卡莱尔·特罗斯特一行

刘华清和秦基伟对特罗斯特第一次来中国访问表示欢迎。他们说，这次访问有助于加强中美两国和军队之间，尤其是海军之间的友好关系。

交谈中，宾主都认为中美各界领导人需要更多接触和对话，这样可以增进了解和信任。他们指出，中美友好关系的发展符合两国人民的利益，有利于世界和平与稳定。

秦基伟在谈到中国军队建设时引用了中国一句名言：害人之心不可有，防人之心不可无。他说，中国加强军队现代化建设完全是为了保卫祖国，维护世界和平。

特罗斯特对刘华清说，他希望尽早看到中国的军舰访问美国的港口。刘华清表示，这一天总会到来的。

中国人民解放军海军司令员张连忠中将参加了这两次会见。

中国科学家陈创天获第三世界科学院1987年度化学奖

由于在发展新的非线性光学材料方面作出的突出贡献，中国科学院福建物质结构研究所副所长、研究员陈创天荣获第三世界科学院1987年度化学奖。

举行这一活动的主要目的在于鼓励那些在自然科学各个领域，尤其是在物理、化学、数学和生物学领域作出杰出成就的第三世界科学家。

第五届中日两国电影文学讨论会在江西南昌举行

《红高粱》获阿特拉斯大奖

第一届国际电影、电视、录像联欢节10月1日至9日在摩洛哥的马拉喀什举行。中国电影《红高粱》在本届联欢节上获制片和导演两项“阿特拉斯大奖”的金质奖。

首届中国象棋棋王赛在哈尔滨举行

这次比赛是由中国体育报、黑龙江日报等单位联合主办，比赛时间为10月9日至15日。

参加本次棋王争夺战的共8名选手，他们是：12次夺得全国象棋冠军的特级大师胡荣华，3次获得全国象棋冠军的特级大师李来群，特级大师柳大华、王嘉良、赵国荣，大师卜凤波，亚洲棋联秘书长、菲律宾著名棋手陈罗平和曾获香港冠军的曾益谦。

上海特级大师胡荣华在首届中国象棋棋王争冠之战中，战胜黑龙江赵国荣，荣登棋王宝座，成为新中国第一位棋王。

获得第三至八名的是：柳大华(湖北)、李来群(河北)、卜凤波(辽宁)、王嘉良(黑龙江)、曾益谦(香港)、陈罗平(菲律宾)。

10月10日

民盟六大在北京举行全体会议

会议听取大会主席团常务主席罗涵先作的关于修改中国民主同盟章程草案的说明、常务主席潘大逵作的关于起草中国民主同盟中央参议委员会组织条例草案的说明。

这次修改盟章是在1983年修改过的盟章基础上进行的，修改稿进一步明确了民盟的性质、地位、作用和政治主张，突出了中国民主同盟作为共产党领导下多党合作体制中政党的特点。

民盟中央参议委员会是1987年1月成立的。这个组织条例是根据民盟新章程草案的有关规定在参议委员会暂行条例基础上加以修改、补充而产生的。马大猷主持了全体会议。

中国人民银行公布我国国际收支概况

据《人民日报》报道，我国国际收支在连续两年逆差之后，于1987年转为顺差。去年国际收支总收入为597亿美元，总支出为548.5亿美元，顺差48.5亿美元。

据中国人民银行公布的一份正式材料表明，我国外贸出口形势看好，1987年出口额为347.3亿美元，比上年增加34.9%，进口额为364亿美元，比上年增加4.3%。进出口贸易逆差16.6亿美元，比上年减少74.8亿美元。出口增加的主要原因是：日元、西德马克、南朝鲜元等货币升值，美元贬值，增强了中国出口商品在国际市场的竞争能力，国际市场石油价格上涨，中国因之收汇额比上年增加10.8亿美元；国家有关政策的落实，调动了各方面经营出口的积极性。

在非贸易往来方面，1987年收入为54.1亿美元，比上年增长9.8%，其中，国际旅游收入增加3.2亿美元，对外贸易运费收入增加2亿美元。非贸易支出为36.8亿美元，比上年增长15%。全年非贸易顺差为17.4亿美元。此外，1987年我国还接受单方无偿转让3.9亿美元，对外转让1.7亿美元，顺差为2.2亿美元。

这家银行公布的材料还表明，1987年我国同海外的各种资本往来项目增多，全年资本流入量为191.7亿美元，比1986年减少15.7亿美元；资金流出量为131.6亿美元，比1986年减少16.3亿美元。在60亿美元的资本净流入量中，长期的占96.5%，说明我国对外债务长期、短期比例更趋合理。

1987年我国的储备资产比上年增加48.5亿美元，到1987年年末，外汇储备达到152.3亿美元。

全国贫困地区经济开发经验交流会北方片会议在山东临沂召开

会议通报，我国贫困地区已经实现了从单纯分散救济向经济开发的根本性转变，据统计，在1986年、1987年两年时间里，各地农村共有3136万人摆脱了贫困，占农村总人口的比重从12.2%下降为8.24%。今年贫困面又有较大幅度减小，这意味着始于1986年的国家“七五”期间治贫计划近3年来进展顺利，并开始转入向温饱问题最后攻坚为主，同时推动区域经济发展的新阶段。

会议在总结经验、分析形势的基础上，提出了在阶段性转折的新背景下，明后两年贫困地区经济开发的主要任务。

从此次会议获悉：1986、1987两年里，我国农村人均年纯收入200元以下的低收入人口从10200万人减少到7064万人，下降30.7%，占农村总人口的比重从12.2%下降为8.24%；其中150元以下的贫困人口从3840万人减少到2786万人，下降27.4%，占农村总人口的比重由4.6%下降到3.25%。同期，在国家重点扶持的贫困县中，人均收入150元以下的县由84个减少到36个；有201个县已超过200元，77个县超过300元。

国务院贫困地区经济开发领导小组强调，根据目前形势，“七五”后两年贫困地区经济开发的主要任务是，集中力量实现国务院确定的“七五”期间解决贫困地区大多数群众温饱的战略目标，在这个前提下，按照分类指导原则，引导和扶持越过温饱线的贫困县，逐步实现从扶持千家万户解决温饱问题向区域经济开发新阶段的战略转折。

根据这一重大的方针性调整，国家将继续对这两类贫困地区实行扶持政策。不同的是，对未解决温饱问题的地区，在强调保证扶贫资金优先用于解决温饱问题，落实一系列治贫措施同时，将提出新的治贫措施。

国际精油香料及化妆品会议在北京开幕

这次会议是轻工业部与国际精油和香料贸易协会共同召开的。参加会议的有美国、英国、法国、联邦德国等25个国家和地区的专家、企业家，以及我国有关工厂、研究所、大学的代表500多人。

公安部部长王芳在人民大会堂会见由秘书长伊夫·穆尔率领的法国核安全部际委员会代表团

王芳在会见代表团时介绍了中国核安全方面的工作。他说，中国在核电站建设中实行安全第一、质量第一，以确保在核安全方面万无一失。王芳说，中国愿加强同法国在和平利用核能和核安全方面的合作。伊夫·穆尔介绍了法国的核能事业，并表示愿同中国同行交流经验、进行合作。

全国第二期科技信息发布会在江苏东台举行

此次发布会由国家科委中国技术市场信息联络部和东台市信息开发实业公司主办。

会上提供的3项国内最新专利项目和适用技术十分抢手。各地带来的新技术、新产品近2000项也加入了竞争的行列。国外小商品馆内更是人头攒动，首次在江苏展出的600件国外最新轻工小商品吸引了各地乡镇企业厂家的注意力。所有技术信息均可通过洽谈转让，并可代为发布物资供求信息、投资与借贷信息。

《走出现代迷信》出版

为纪念党的十一届三中全会召开10周年，湖南人民出版社将出版《走出现代迷信——真理标准讨论始末》(陶铠、张文德、戴晴著)一书。

该书前半部分生动地记述了10年前在全国范围内开展的真理标准问题讨论的全过程；后半部分记述了当年这场讨论中的当事人、我国理论界著名学者回答记者提出的与现实密切相关的各种问题。

首届国际医学气功学术交流会在北京举行

来自世界四大洲19个国家和地区的600多位专家和学者在北京图书馆切磋一项有着2000多年历史的医疗技术——医用气功学。这个由中、美、日、法、意、澳和新加坡等7国发起的第一届国际医学气功学术交流会,表明世界性医用气功普及活动正在兴起。

据考证,有关气功的最早记载,是约在公元前380年我国春秋战国时期的《行气玉佩铭》;在第一部中医药学的经典著作《黄帝内经》中,也明确地著有气功锻炼方法,1973年在长沙马王堆发掘的汉墓中,"医学帛书导引图及其说明"证实当时我国已能针对不同病种和症状采用不同的气功方法治疗疾病。1978年以来,我国科技工作者从生理学、生物物理学、生物化学、心理学领域研究气功机理,证明了"气"的物质性。

这次大会共收到气功理化效应、生物医学基础、临床医学和传统医学理论研究等方面的学术论文395篇。

10月11日

国家主席杨尚昆在人民大会堂设宴欢迎芬兰总统科伊维斯托和夫人一行

杨尚昆主席在祝酒词中说,中芬两国人民有着传统的友谊,芬兰曾为恢复我国在联合国的合法权利作出过宝贵的贡献。对此,中国人民是铭记在心的。他说,近年来,中芬两国的政治往来不断增加,贸易持续增长,双方在各个方面的合作都取得了长足的发展。

杨主席说,科伊维斯托总统一向关心芬中关系的发展。总统阁下的来访揭开了芬中关系史上新的一页,必将把业已存在的两国友好合作关系推进到更高的水平。

杨主席还向客人们介绍了我国10年来实行改革和开放政策所取得的巨大成绩以及在前进过程中所遇到的困难和问题。他表示,中国政府和人民决心治理经济环境,整顿经济秩序,全面深化改革,为我国社会主义现代化建设的顺利进行和在下一世纪的更大发展打下牢固的基础。他说,我们对改革的前景充满信心。

杨主席说,中国将继续执行对外开放政策,加强同世界各国的合作与交流。中国愿意同芬兰进一步发展经济技术合作。

科伊维斯托总统在祝酒词中说,我们两国经济合作的基础不断巩固和扩大。这次访问将使我们有机会进行进一步交谈。我们两国贸易和经济合作的前景一片光明。

科伊维斯托总统说,我们怀着极大的兴趣注视着中国近期的迅速发展。我们还怀着极大的兴趣期待着我们就当前的世界政治问题进行会谈。我们非常重视中国领导人对这些问题的看法。中国作为联合国安理会的常任理事国在努力维护世界和平方面具有重要作用。他说,芬兰十分重视中国表示尊重芬兰奉行的中立政策。他说,致力于维护世界和平、实现各国平等是芬兰和中国外交政策的共同特征。他还就欧洲安全等问题发表了看法。

芬兰外交部部长卡莱维·索尔萨和外贸部部长佩尔蒂·萨洛莱宁等也应邀出席了宴会。中国方面出席欢迎宴会的有陈慕华副委员长、吴学谦副总理、钱其琛外长和中国政府陪同团团长、卫生部部长陈敏章等。

中共中央在中南海怀仁堂举行党外人士座谈会

会上,中共中央领导人同各民主党派领导人、无党派爱国人士坦诚对话,共商国是。

许多人士在会上发表了见解。先后发言的有民建中央主席孙起孟和副主席万国权、陈邃衡,九三学社中央副主席徐采栋、郝诒纯,农工民主党中央主席周谷城,全国工商联主席荣毅仁,民革中央主席朱学范,民盟中央主席费孝通和副主席千家驹、谈家桢、关梦觉,民进中央主席雷洁琼和副主席陈舜礼等。

有些人士在发言中谈了自己党派对中共十三届三中全会精神的看法。最近有的党派正在开全国代表大会,有的开了中常会,有的专门开会讨论了中共十三届三中全会精神,普遍反映是:在此之前对国家的经济形势有疑虑、有担心,传达讨论中共十三届三中全会精神之后增强了信心,看到了希望。

有的人士说,看方针、政策、措施对不对头,主要应该看抓的工作重点对不对头,战略重点对不对头。中共十三届三中全会决定明后两年把改革和建设的重点突出地放到治理经济环境、整顿经济秩序上,确定明年物价上涨幅度必须明显低于今年,并为此制定了若干政策和措施,这就抓住了当前问题的关键,说出了人民渴望听到的话,所以是顺乎人心的。只要狠抓落实,当前的困难是能够克服的。

有些人士建议,在贯彻中共十三届三中全会精神的过程中,要紧紧抓住两条:一是抓党风政纪的整顿,从严治党,坚决克服和纠正党政机关的某些腐败现象,各级领导干部和共产党员要起模范带头作用;二是坚决按照两个文明一起抓的方针,在搞好社会主义物质文明建设的同时,狠抓社会主义精神文明建设,这样才是体现了建设有中国特色的社会主义的原则。有的人士在发言中认为,近来建设社会主义精神文明的工作讲得不多,抓得不够,今后应当改变这种状况。

有些人士在发言中提出,当前我国的经济形势是好的,出现的问题是前进中的问题。对这些问题,一方面要采取针对性政策措施治标，更重要的是要治本。压缩基本建设等措施都是完全必要的，同时还要努力发展生产，改善供给。要抓紧企业改革的深化，提高企业的经济效益和产品质量。

许多发言者提出，希望各级党和政府的领导人要进一步认识教育事业的重要性，把发展教育事业放在战略任务的位置上。

发言的人士还对国家其他工作提出了不少意见和建议。

参加座谈会的各民主党派领导人、全国工商联领导人、无党派爱国人士还有侯镜如、彭清源、钱伟长、苏步青、高天、陶大镛、彭迪先、冯之浚、陆榕树、林盛中、程思远、古耕虞。

国务院召开全体会议部署落实十三届三中全会精神

会议要求国务院各部委进一步动员起来，同心同德，齐心协力，坚决贯彻中国共产党十三届三中全会精神，全面落实各项措施，认真做好第四季度的工作，并为明年的改革和建设做好准备，创造更好的条件。

会上，国家计委、财政部、人民银行、物价局、物资部、商业部、农业部、体改委、铁道部、能源部和国务院办公厅的负责同志，分别就压缩基建规模、控制财政赤字和集团购买力、稳定金融和稳定物价、整顿流通环节和清理公司、加强粮食工作和市场管理，以及增加有效供给，搞好秋、冬农业生产，加强冬季运输和改善电力供应等问题作了专题汇报，讲了从各方面落实三中全会精神的措施和情况。田纪云、吴学谦副总理在会上发了言。李鹏总理最后讲话，着重讲了以下 5 个问题：

一、正确领会三中全会精神

三中全会是一次非常重要的会议。这次会议分析了当前我国的经济形势，确定了治理经济环境、整顿经济秩序和全面深化改革的方针，并且要突出地把明后两年改革和建设的重点放到治理经济环境和整顿经济秩序上来。会议还相应地提出了抑制通货膨胀，控制物价上涨幅度的各项具体要求，同时对包括价格、工资改革在内的全面配套改革做了部署。

现在各地区、各部门都在传达贯彻全会的精神。从初步反映来看，广大干部和人民群众普遍认为这次全会开得很及时，所确定的各项方针是正确的，是符合党心和民心的，得到了普遍的拥护和支持。当然，要真正做到用全会精神统一各级干部和广大群众的认识，并且落实到各项工作中去，还有大量的艰巨的工作要做。当前，首先需要领会全会精神，解决好一些思想认识上的问题。

有的同志担心：把治理环境、整顿秩序作为明后两年工作的重点，是否意味着改革受阻，改革会不会倒退？某些外国舆论也有这方面的反映。还有的同志认为，现在经济情况没有这么严重，是不是需要用两年时间来治理环境、整顿秩序？这些疑虑反映了我们一些同志对治理环境、整顿秩序同稳定经济、深化改革之间的关系还缺乏正确的认识。

当前，我国经济生活中的突出问题是出现了明显的通货膨胀，物价上涨幅度过大。这个问题是几年来经济过热积累下来的，群众承受不了，企业承受不了，国家也承受不了，已经引起了社会的普遍关注和群众的严重不安，已经成为影响社会安定和群众对改革的信心的重大因素。在这种情况下，如果让通货膨胀继续发展下去，不仅经济无法稳定和发展，而且改革也不可能顺利进行。

治理经济环境和整顿经济秩序是在坚持改革、开放总方向的前提下进行的。从总体上说，是为全面深化改革创造更好条件的，这决不意味着改革受阻，更不是改革的方向变了。

10 年的改革已经取得巨大的成果，改革的方向不仅不能变也不应当变。但是，改革的具体步骤和方法应当根据实际情况的变化，及时加以调整。价格改革对建立我国新的经济体制，即社会主义有计划商品经济的体制，作用是重要的。但价格改革不能孤军深入，必须与其他各项改革配套进行，在实施步骤上，要充分考虑到人民、企业和社会各方面的承受能力，只能逐步地和稳妥地进行。明后两年价格改革的步子必须放慢，服从治理通货膨胀和控制物价上涨的要求。

深化改革是多方面的综合改革。治理经济环境、整顿经济秩序既是深化改革、稳定经济的必要条件，其中的许多措施本身也是改革的重要内容。例如，整顿流通领域的各种混乱现象，清理公司，惩治“官倒”，这不仅有利于刹住乱涨价风，也有利于社会主义商品市场的健康发育，有利于社会主义商品经济新秩序的建立。在治理环境、整顿秩序的过程中，加强各级政府对经济的宏观调控，逐步建立完整的宏观调控体系，这本身就是改革的内容。在治理经济环境和整顿经济秩序当中，我们将更多地利用银行、税收、海关等经济调节手段，充分发挥各种法律、法规、条例的法治作用，同时也要使用一些必要的行政手段。

有一些同志担心：采取治理经济环境和整顿经济秩序的一系列措施以后，会不会限制经济的活力，影响增长速度，甚至出现萎缩的局面。对这个问题要具体分析。当前明显的通货膨胀，是国民经济各种矛盾的综合反映，总的根子是经济过热，社会总需求大于总供给，造成能源、原材料、交通运输和市场上某些人民生活用品的紧张。在这种情况下，勉强地维持现在这么高的经济增长速度是不可能的。因此，把过高的经济增长速度即国民生产总值的增长速度适当地降下来，降到原来计划要求的7%—8%是必要的，是治理经济环境的关键性措施之一。增长速度降下来以后，可能使各级财政更加紧张，这只能依靠大力开展增产节约、增收节支，提高经济效益，提倡为政清廉，反对铺张浪费等办法来加以解决。从总体上说，我们企业的经济效益是不高的，原材料、能源和劳动力消耗水平都很高，潜力是巨大的。因此，各级政府必须把提高企业经济效益作为改善财政状况的根本途径，而不是靠拼设备、拼原材料和攀比速度。当然，我们在调整经济增长速度时，必须注意调整产业结构和产品结构，增加有效供给，把那些适销对路、市场上短缺、人民生活必不可少、经济效益好的产品促上去，在原材料、能源和交通运输上给予支持。

基建规模过大是经济过热最集中的表现，压缩基建规模是治理经济环境最中心的环节，地方、部门的同志，从本地本部门的需要出发，想多保留一点项目，多照顾自己一点，少压一点。这种想法和愿望是可以理解的。但是，这是绝对不可取的。因为明后两年治理经济环境能否真正取得成效，取决于压缩基建规模的程度。要真正把基建规模压下来，不影响一些地方和部门的利益是不可能的，想完全不伤筋动骨也是不可能的。如果这也要求保，那也要求保，结果什么也压不下来，压缩基建规模也就成为一纸空文了。为了保持经济发展的后劲，在这次压缩基建规模中，对一些基础设施，如能源、交通、原材料和农业项目要适当保留。但要完全保留也是不可能的。对中外合资项目，已签约的和已经开工的要予以保留，但对新开工项目也要控制。特别是楼堂馆所，即便是中外合资项目，也要严格控制，这两年一般不再开工新的项目。

为了使治理经济环境、整顿经济秩序取得切实的效果，必须强调严格的纪律和一致的行动。不论经济比较发达的地区还是经济比较不发达的地区，都不应当片面强调自己的需要而违背国家的统一决策和统一部署，局部利益必须服从整体利益。

二、增强贯彻执行三中全会各项方针和措施的信心

现在还有一种反映，认为三中全会对当前形势的分析是符合实际的，制定的方针和措施是正确的，但是担心这些方针和措施能不能贯彻下去，担心过大的规模、过旺的需求能不能压下来，通货膨胀能不能抑制住，物价能否控制住。一句话，就是信心有些不足。应当说，这种担心不是没有道理的。投资膨胀、需求膨胀是我们这几年虽然想解决，而没有真正下决心解决的问题，并且今年以来还有所发展。这些问题解决起来难度确实很大，但是，我们更应当看到，现在解决这些问题有很多有利条件。

第一，经过中央工作会议和三中全会，从中央到各省、市主要负责同志的认识比较一致了。对治理经济环境、整顿经济秩序的必要性、紧迫性，对怎么治理、怎么整顿的办法和措施，认识也基本一致了。大家都吃到了通货膨胀的苦头，都感到不治理、不整顿不行了。这就为我们上下一心贯彻三中全会精神，提供了认识上的基础。

第二，这次治理和整顿，不仅提出了方针、政策和原则，而且确定了一整套具体的规定和措施。到目前为止，党中央、国务院及其有关部委已经发布了5个方面，15项具体的条例、规定、决定和通知。一、在压缩建设规模方面，国务院发布了《国务院关于清理固定资产投资在建项目、压缩投资规模、调整投资结构的通知》和《楼堂馆所建设管理暂行条例》。二、在制止乱涨价方面，发布了《国务院关于开展1988年税收、财务、物价大检查的通知》，并决定向地方派驻物价特派视察员，即将发布关于控制物价的通知。三、在稳定金融方面，国务院发布了《现金管理暂行条例》和《关于进一步控制货币和稳定金融的决定》，中国人民银行已经采取了开办长期保值储蓄存款等措施。四、在为政清廉方面，国务院发布了《国家行政机关工作人员贪污贿赂行政处分暂行规定》和《中华人民共和国筵席税暂行条例》，国务院办公厅还发出了在接待中不得摆烟酒的通知。五、在治理流通环节方面，中共中央、国务院发布了《中共中央、国务院关于清理整顿公司的决定》，国务院发布了《国务院关于化肥、农药、农膜实行专营的决定》《国务院关于做好1988年度棉花收购工作和加强棉花市场管理的通知》《国务院关于加强粮食管理稳定粮食市场的决定》。今后，国务院及其有关部门根据实际需要，还将制定一系列具体规定。由于有了一系列具体规定，政策界限明确了，不再是无法可依，无章可循了，这样既便于执行，又便于检查、督促。

第三，这次确定的方针和措施是符合实际的，是有利于深化改革和坚持开放的，也是符合广大人民群众的愿望的。只要各级政府严格贯彻执行，又能得到广大人民群众、社会各界人士的支持和监督，是能够做好的，是会取得成效的。

总之，我们应该有信心。做一件事情，如果没有信心，特别是领导干部没有信心，肯定是做不好的。我们不仅自己要有信心，而且应该通过我们的努力工作，不断取得成效，用榜样和事实来增强各级干部和广大群众的信心。

三、当前需要特别抓紧做好的几项工作

为了贯彻三中全会精神，落实全会提出的各项任

务和措施,摆在我们面前的工作是很繁重的。国务院各部委、各直属机构、各级地方政府都必须紧急行动起来,下最大的决心,用最大的力量,认真做好第四季度的工作,为明年治理环境和整顿秩序打下一个良好的基础。

总的讲,治理环境、整顿秩序要见到成效,首先要把目前经济生活中一些严重的混乱现象控制住。这就要煞住乱涨价风,稳定住市场;要稳定住储蓄,控制住货币发行和信贷规模;财政赤字必须控制在计划以内,还要力争多减少一些。

1. 从现在起,坚持执行国务院的有关规定,立即着手压缩投资规模,清理在建项目;压缩集团购买力,严格控制消费基金,特别是要采取有力措施,防止年终、过节突击花钱,滥发钱物。要使党中央、国务院提出的今年没有新的涨价措施出台真正落到实处,以取信于民。由于目前大部分零售商品价格已经开放,企业有权自行定价,在批发环节和零售环节都存在乱涨价的可能;特别是商品易地涨价,不但扰乱市场,损害人民的利益,而且造成商品不合理的大旅行,增加交通运输紧张程度。对此,各级政府必须采取有效措施加以解决。对那些人民生活必不可少而又短缺的日用商品,必要时各级政府可采取行政手段,对价格和供应量加以限制。目前已经开始的财务、税收、物价、金融大检查,是治理和整顿的一项重要措施。不但各级政府要下大力气抓紧抓好,而且还要动员群众检举揭发,取得群众的支持和配合。

2. 要切实抓好第四季度的工业生产。特别是要抓好轻纺产品和其他生活必需品的生产以及紧俏产品的生产。要组织好冬季运输,保证生产特别是发电、机车用煤以及城市生活用煤的供应。

3. 抓好今冬明春农业生产。今年我国旱涝等自然灾害频繁,粮食有所减产。入秋以来,气候条件正常,各地要做好秋收和冬播工作,争取多打一点粮食,多收一点经济作物,以尽可能减少由于自然灾害所带来的损失。各级地方政府,要实事求是地估计粮食产量,并动员广大农民努力完成合同订购任务。要抓紧今冬明春有利时机,发动农民增加农业投入,开展农田水利基本建设,为争取明年有个好收成创造必要的条件。

4. 安排好市场。要组织好货源,切实保证粮食、各种副食品和生活必需品的供应,并千方百计地组织紧俏商品和适销对路商品的供应,繁荣节日市场。大、中城市尤其要抓好"菜篮子",保证冬季特别是春节的肉、禽、蛋和蔬菜的供应。

四、把深化企业改革放在重要的位置

要继续深化企业改革,特别是大中型国有企业的改革。通过深化改革使企业逐步形成自我约束的机制,增强经济活力,提高经济效益,为治理经济环境和整顿经济秩序作出更大的贡献。在压缩建设规模、投入相对减少的情况下,要使生产发展,增加有效供给,也必须依赖企业改进技术,加强管理,提高质量,减少消耗,走挖掘潜力扩大再生产的路子。要继续搞好承包制的完善和配套,把竞争机制引入承包制;逐步推行以公有制为主体的股份制和发展企业集团的试点。在企业内部,要积极抓好优化劳动组合,发挥工人的积极性、创造性,提高劳动效率。

其他方面的改革也要稳步推进,尤其要积极推进那些对治理通货膨胀有重大作用的改革。

五、国务院和各部委要对实施各项措施切实负起责任

现在治理环境、整顿秩序的方针明确了,大部分措施也有了,当前的关键就在于落实。能不能落实,落实得好不好,首先要看我们领导机关的态度和行动。党中央和国务院确定的方针,作出的决定,各级政府和各部门一定要严格执行。现在是群众看领导,地方看中央。国务院和各个部门一定要带好头,作出表率。凡是要求下面做到的,首先我们自己要做到。例如,压缩建设规模、清理楼堂馆所,凡是在自己管辖范围内的或与自己有关系的项目,该压该下的,就要坚决压、坚决下,不要等查出来再下。又如整顿流通环节,清理公司,凡是国务院各部委办的公司,或者同各部委有关系的公司,都要主动地、坚决地去清理整顿。再如控制消费基金,为政清廉,从国务院机关起直到各个部门,都要严格执行各项规定,不得再滥发钱物,铺张奢侈,挥霍浪费。这次税收、财务、物价大检查和其他检查,国务院各部委都要派人下去,参加检查与督促。派下去的人一定要精干、得力,一定要以身作则,遵守各项规定,不能住高级宾馆、大吃大喝,给地方和企业增加负担。

作为领导机关,我们不仅要带好头,而且必须抓好本身业务范围内的工作。这次治理经济环境、整顿经济秩序,各部委肩负重大责任,需要各司其职,努力地做好执行、检查、督促的工作。压缩投资规模,计委要负责。控制信贷和货币发行,银行要负责。控制财政赤字,压缩集团购买力,财政部要负责。冶金部要管好十大钢厂,管好钢材出厂价。惩治生产资料流通中的"官倒",物资部要负起责任。商业部要管理好粮食市场和一般商品市场。各地的物价上涨,物价局要及时掌握各地物价信息,加强督促检查和管理。治理环境、整顿秩序是关系全局的事,每个部门都有事情做,都要主动去做。我们要充分发挥领导机关的作用,来保证治理环境、整顿秩序的各项方针政策的贯彻落实。与此同时,要切实转变领导机关的作风,层层建立起严格的责任制。哪项工作哪个环节出了问题,该由谁负责,

就由谁负责。出了问题就要根据情况,分别追究责任,决不能相互推诿,不了了之。

国家税务物价部门拟订扶持技术开发的优惠政策

据《人民日报》报道,国家税务局负责人牛立成最近向记者介绍,我国现行开发新产品的税收优惠政策,对推动企业科技进步起了很大作用。但也存在不少问题,比如,给予优惠的对象还比较笼统,重点不够突出,范围也有所限制;优惠期只限于试制期间,不利于吸引企业应用科技成果;在优化社会产品结构、鼓励扩大出口创汇、促进外向型经济发展方面,没能很好地同新产品开发结合起来。另外,近几年来新产品减免税额度增长过快,不利于国家财政收入的增长。

牛立成说,为了进一步完善新技术开发政策,国家税务局拟改进现行新产品税收优惠政策:

——对新产品的税收优惠由一律免税改为减税或免税;对新产品减免税期限区别对待,国家级的改为三年以内,地方级的改为二年以内;将重点支持高技术、新技术产品的研制开发。

——对试产的新产品给予减免税,期限从第一次销售之日算起。

——对有利于优化社会产品品种结构,扩大出口创汇和外向型经济发展的新产品,给予较大的税收优惠。

——从1989年起,对新产品的减免税采取坚持减免税条件,与“额度控制”相结合的办法进行管理,即先确定全国新产品减免税总额度,再据此确定各项新产品的减免税额度。

国家物价局物价检查司负责人在约见记者时说,新产品一般都应经过一段时期的试销价格,再定正式价格。新产品试销价格的制定权,除重大新产品国家另有规定外,原则上归试制企业。试销价格的执行期分为两类:民用类新产品为一至二年,国家级重大新产品为二年,生产资料类新产品为一至三年,国家级重大新产品为三年。对技术难度很大,试产期较长的国家级特别重大新产品,经国务院业务主管部门提出申请,国家计委综合平衡提出意见,经请国家物价局批准,可适当延长试销期。新产品试销期满后,依照有关规定和原则,报物价部门核定正式价格。

中国康华发展总公司清理整顿工作全面开始

为贯彻党中央和国务院决定,中国康华发展总公司清理整顿工作全面开始。

10月11日到14日,康华发展总公司在北京召开了所属33个专业子公司、25个地区综合性子公司负责人会议。会议认为康华在经济实力上是小公司,但在影响上是大公司,率先进行清理整顿,收缩机构,调整经营范围,整顿各种制度,很有必要。

根据国务院批示,康华发展总公司决定与中国残疾人基金会彻底脱钩,公司不再承担为残疾人基金会筹集资金的任务。鉴于此,康华发展总公司不再享受特批的减免税待遇,而按国家税法的有关规定纳税或享受减免税待遇。康华发展总公司是以实业开发为主的集团公司,经营范围明确为5条:实业投资、技术开发、承包工程、咨询服务和信托投资业务,不再经营进出口业务,如在经营中涉及这方面业务,须报国家主管部门逐项审批。开展实业投资要与国家、部门或地方的计划相衔接,限额以上的项目要经国家主管部门审批。公司不得经营非本公司系统生产的重要生产资料和紧俏耐用消费品。

按照国务院规定的经营范围,会议提出了以下收缩整顿的原则:

——三级子公司一律与总公司脱钩。凡没有康华投资的、没有实业实体的、以贸易活动为主的三级机构,一律脱钩或者撤销。挂靠的公司一律脱钩。脱钩后不得再用康华名义活动。凡有康华投资的、有实体的三级机构,原则上可以保留,但不以康华名义活动,是工厂、农场的就叫工厂、农场,是商店、饭店的就叫商店、饭店,不叫公司。

——地方子公司,一个城市只设一个独立法人机构,凡一个地方有若干个康华公司的,要撤销或合并。

——地方子公司,凡不是经营重要生产资料和紧俏耐用消费品,有条件生存下去,并逐步发展实业的,原则上可保留;若近期就难以维持的,可以与地方协商,或撤销,或以股份形式转让给地方经营,转让后不得再用康华名义活动。

——专业子公司中业务重点和性质相同的要合并;有些可以撤销。

——有些子公司如要独立出去、另找主管挂靠单位的,在处理好资产关系和债权债务的情况下,可以同意,但同样不能再以康华名义活动。保留下来的子公司也要精简机构,调整业务范围,精减人员,建立严格制度,节约开支。

——香港公司,在处理好合同和资产后,坚决撤回。

据了解,除这次出席会议的58家二级子公司外,康华还有三级子公司113个。但由于多种原因,有些地方其他机构也组建一批名叫康华的公司,虽与康华总公司无隶属关系,会议呼吁各主管单位妥善处理。

会议对全面清理整顿经营业务和财务、税收检查也作了具体安排,要求各公司抓紧,力争11月底基本完成整顿任务。

沿海6省8个月出口创汇117.7亿美元比去年同期增长21%

据《人民日报》报道，我国对外开放前沿地带的沿海主要省、市，在实施沿海地区经济发展战略以后，出现了出口创汇和利用外资同时并进的局面。据来自粤、闽、浙、苏、鲁、辽6个省的消息，今年前8个月总计出口额达117.7亿美元，比去年同期增长了21%以上，占全国出口额的44%；据了解，今年前8个月全国新批准的3085个外商投资项目，也主要集中在沿海，外商在沿海地区的实际投入资金比去年同期有明显增长。

率先开放的沿海地区，近几年来陆续引进的资金、管理、技术和建成的出口商品生产基地和专厂，今年以来较有成效地发挥了创汇优势，在出口、来料加工和对外经济合作发展速度上比以往任何时候都快，广东、福建、辽宁3省提前4个月超额完成全年出口计划。1月至8月，福建省出口创汇出现了3个倍增：厦门经济特区创汇比去年同期增长9.4倍；中外合资、合作企业和外商独资企业出口额比去年同期增长3.7倍；各地市外贸公司出口额比去年同期也增长3倍多。

沿海地区经济发展战略推动了外贸体制改革，各地不仅涌现了一批信息灵、决策快、竞争能力强的外向型企业和贸工农联合企业，还在“以进养出”工作上取得了良好的开端。辽宁省252家外贸单位新办的参股企业加强了该省的出口实力，1月至8月辽宁省已完成出口额12.2亿元(除石油出口额)，超过全年出口计划的7.9%。

沿海地区经济发展战略的实施，也使沿海农副业生产和乡镇企业的潜力得到充分发挥。今年以来，沿海一些省进一步调整农业结构，加快传统农业向创汇农业转化。广东省已建成创汇型农业商品基地700个以上，提供出口鲜活商品占全国的80%。今年1月至8月，全省完成出口额48.4亿元，超过全年计划的17.9%，其中相当一批货源来自农副业。

海峡两岸建筑界学者首次在香港举行交流会

大陆和台湾建筑界学者通过这次活动，互相增进了了解。

参加这次交流会的专家学者共46人，其中15人来自台湾中原大学、淡江大学等，20多人来自大陆清华大学、天津大学、北京建筑设计院等单位。

国际著名建筑大师贝聿铭给交流会发了贺信。

中国国际武术节在杭州开幕

中国国际武术节遍邀世界武林朋友，成为至今为止规模最大，参赛人数最多的一次国际武术活动。应邀参加武术节的有33个国家和地区180余名武林人士。

中国国际武术节第一阶段在杭州，内容有武术拳路比赛和国际武术会议，颁发国际武术优秀运动员和教练员奖等。

参加开幕式的有中顾委常委李德生、浙江省省长沈祖伦、国家体委主任李梦华和中国武术协会主席徐才等。李德生在贺词中说，“让武术成为和平和友谊的桥梁”。

国际水文地质学家协会第二十一届大会在广西桂林召开

会议着重讨论岩溶水文地质和岩溶环境保护等问题。

参加这次大会的有来自30多个国家和地区的岩溶水文地质专家、学者近200人。会上，代表们提交了200多篇学术论文，其中很多论文是结合实践的科研成果。

国务委员宋健、地质矿产部部长朱训等出席开幕式。目前，我国已有15位水文地质学家加入了国际水文地质协会。

中国乒乓球队在悉尼举行的国际乒乓球团体赛决赛中获得冠军

卫生政策与发展管理程序研讨会在长沙开幕

该研讨会由卫生部、湖南省人民政府和世界卫生组织合作举办。

这次研讨会，是为了实现世界卫生组织提出的“2000年人人享有卫生保健”的全球目标，促进我国卫生事业的发展，根据世界卫生组织的建议召开的。会议将介绍国际卫生情况和发展趋势；世界卫生组织提出的“2000年人人享有卫生保健”的全球战略意义、要求及国际现行卫生政策与卫生发展管理程序的概况；论证我国卫生事业发展战略问题和当前卫生改革的有关政策；交流省、自治区、直辖市把初级卫生保健纳入政府规划，参与卫生发展管理的经验和做法。卫生部副部长何界生在会议上讲了话。

中西医结合成为中国独特医学优势

据《人民日报》报道，目前我国医疗队伍中，西医学中医者已有13万人，其中有高级职称的5000余人。他们和中医密切结合，应用现代科学方法开展研究和临床治疗，取得了显著成绩，使我国这一独特的医学科学优势受到世界瞩目。

——创立了一些新的疗法。新生儿ABO溶血(由于夫妇的ABO血型不合，妻子妊娠后常发生流产、早产、死胎及新生儿溶血),西医一直缺乏有效的防治方法。据93名妇女共275次妊娠计,婴儿存活着仅11例,其中6例还有后遗症。这93名妇女再次妊娠后,采用中西医结合方法预防治疗,结果有87名足月顺产,婴儿无一例有后遗症。从中药青蒿中提纯的"青蒿素"、"蒿甲醚",已被世界卫生组织确认为抗疟新药,为恶性疟的治疗开辟了新途径。"消痔灵"治疗内痔、"联苯双酯"治疗转氨酶增高,都在国际上荣获金奖。

——突破某些西医治疗的定论。对硬皮症、角膜瘢痕、瘢痕疙瘩等疾患,西医一向认为无有效疗法,用中西医结合的活血化瘀的"通脉灵"等治疗,取得80%以上的有效率,打破了西医"结缔组织增生不可逆"的定论。宫外孕是被西医认为一经确诊就必须手术的急腹症,而用中西医结合方法治疗,90%可不必手术,有的愈后还能正常妊娠。

——显著提高了单纯西医或单纯中医的疗效。据430例急性心肌梗死的随机对比,中西医结合治疗的病死率为6.5%,而单纯西医治疗为14.9%,单纯中医对急性抢救的优势则发挥不出来。三期胃癌术后用中西医结合治疗,5年生存率为51.65%,而单存西医化疗仅为32.2%。

——中西医结合的基础理论研究方兴未艾,除阴阳学说、肾本质研究以外,经络本质、活血化瘀治疗研究及针麻原理研究都取得较大成绩。中医辨证微观化已使宏观的中医理论与侧重微观的西医理论开始了突破性的结合。国外有学者说:"中西医结合已成世界潮流。"

10月12日

国务院总理李鹏在人民大会堂同芬兰总统科伊维斯托举行会谈

针对西方某些学者认为中国在发展资本主义的说法,李鹏总理指出,我们是把高度集中的计划经济转到有计划的社会主义商品经济,也就是在宏观控制下的市场经济。

李鹏总理向贵宾们介绍说,党的十三届三中全会决定,明后两年的改革主要是治理经济环境,整顿经济秩序。我们改革的方向是对头的。我们所遇到的问题是在前进道路上发生的。我们目前所进行的调整是方法和步骤上的调整。调整的目的是为了更好的前进。李鹏强调指出,西方一些国家说我们的改革倒退了,这是没有根据的,也是不符合实际的。

李鹏总理说,我们对北欧一些国家提出的北欧无核区的建议表示尊重。美苏两国应首先承担对北欧不使用核武器的义务。他说,芬兰对该地区存在的海基巡航导弹所构成的威胁表示担忧,这是可以理解的。我们不希望看到在北欧出现紧张局势。李鹏还赞扬芬兰在国际事务中所发挥的作用。

芬兰总统科伊维斯托说,芬中两国之间不存在任何问题。他向李鹏总理介绍了北欧地区的形势和芬兰的外交政策。他表示,芬兰愿同所有国家保持友好关系,不介入大国的冲突,以维护本地区的和平和安全。他表示愿意同中国进一步发展政治和经济关系。

国务院总理李鹏在中南海会见美国斯坦福国际研究院院长威廉·米勒

在谈到中国各省市的发展情况时,李鹏对客人说,这些省市的发展各有特点,它们又都希望自己发展得快一些,这种想法是可以理解的。但是这些地方必须服从整体,从全局出发考虑问题。希望你们在帮助这些省市研究发展战略时注意这一点。

李鹏还说,中国搞建设或改革都必须从实际情况出发。他说,10年来我国的生产发展了,人民生活改善了,这说明我们的改革、开放搞对了。所以,改革、开放的方向是不会改变的。但是具体步骤和方法应当根据实际情况的变化及时作必要的调整,从而使改革继续进行下去。

斯坦福国际研究院是世界上著名的研究机构。米勒博士在会见时对李鹏说,中国过去10年改革的方向是正确的,这是全世界普遍承认的。他认为,中国一方面放慢经济增长速度,同时注重提高劳动生产率,这对中国的经济发展会产生积极的影响。

国务院经济技术社会发展研究中心总干事马洪会见时在座。

上午米勒同马洪签署了双方在科技政策、经济及社会发展政策等方面进行合作研究的备忘录。

全国政协主席李先念在人民大会堂会见塞拉利昂总统事务国务部部长阿布杜尔·卡里姆·图雷一行

李先念向客人们介绍了中国在建设和改革方面的情况。双方还就共同关心的国际问题,包括南部非洲形势问题交换了意见。

李先念和图雷对两国关系的发展表示满意,并希望这种关系进一步发展。

全国政协七届常委会三次会议在北京召开

全国政协主席李先念主持了会议。中共中央书记处书记、政协副主席阎明复在会上讲话,通报十三届三中全会精神。

200多名政协常委和列席会议者首先起立默哀1分钟,对最近去世的缪云台副主席和梁漱溟、赵君迈、杨士杰、贾石、马海德常委表示深切悼念。

这次常委会是在中国共产党十三届三中全会以后召开的。李先念主席说,中共十三届三中全会是在我国的全面改革进入重要时刻召开的一次十分重要的会议。会议指出了当前存在的困难和问题,提出了明后两年治理经济环境、整顿经济秩序、全面深化改革的指导方针和各项政策、措施,对我国经济、社会的发展具有很重大的意义。李先念主席希望常委们本着"肝胆相照,荣辱与共"的精神,充分发挥政治协商、民主监督的作用,对贯彻中共十三届三中全会精神的问题多提建设性意见和建议。

会议还对常委在全体会议上的发言实行新规定:发言不得超过15分钟。政协秘书长周绍铮说,实行这项新规定,是为了充分发扬民主,提高议事效率,使更多的代表有发言的机会。

会议向常委们印发了全国政协代表团关于访问卢旺达、布隆迪、喀麦隆3国情况的报告,全国政协赴山东省视察团关于视察青岛、烟台和威海市的情况报告,全国政协赴辽宁省视察团关于视察大连、营口两市情况的报告。

出席这次常委会的还有全国政协副主席王任重、方毅、谷牧、杨静仁、康克清(女)、帕巴拉·格列朗杰、胡子昂、王光英、邓兆祥、屈武、马文瑞、刘靖基、钱学森、钱伟长、胡绳、孙晓村、程思远、钱正英(女)、苏步青、司马义·艾买提,政协秘书长周绍铮。

民盟第六大通过新章程政治纲领有重大修改

民盟的政治纲领写在今天正式通过的新章程上。这个章程规定,中国民主同盟是以中上层知识分子为主的具有政治联盟特点的致力于社会主义事业的政党。这是对旧章程中规定的民盟"是以从事文化教育方面工作的知识分子为主的社会主义劳动者和拥护社会主义的爱国者的政治联盟"的重大修改。

政治纲领包括基本任务、奋斗目标和十二条政治主张。其中政治主张的基本思想是维护宪法、厉行法治;坚持共产党领导的多党合作制度;促进政治协商的制度化、法律化;坚持改革开放;维护公民权利和知识分子合法权益;实现政治民主、言论自由,提倡思想解放、独立思考,实事求是、服从真理;发展教育事业;加速发展科学技术;创建有中国特色的社会主义新文化;提高全民族的思想道德素质;推进决策民主化、科学化;推进海峡两岸关系、促进祖国统一;加强国际交往,推进世界和平与发展事业。

公布的政治纲领是民盟的第四个纲领。第一个纲领是中国民主政团同盟于1941年通过的,主要内容是坚持民主,坚持抗战,争取民族解放;第二个纲领是1945年民盟一大通过的,核心内容是实施宪政、厉行法治,保障人民基本自由,发展社会生产力;1949年在北京召开的新政协制定了共同纲领,这个纲领也就成了民盟的第三个纲领。这次大会制定的新纲领,表示民盟的发展进入了一个新的阶段,也反映了我国统一战线的新形势和社会主义民主政治的新局面。

公布的新章程还在推进盟内民主,实现盟的活动自主化,加强盟的组织建设等方面作了重要修改和新的规定。

民盟中央主席费孝通在民盟六大第三次主席团会议上讲话

费孝通说,民盟同志要发扬民主,敢于直言,同中国共产党一起治理经济环境,整顿经济秩序,积极参加对党政机关克服和纠正腐败现象的监督工作。

他说,提倡敢于直言,是指为国家直言,为人民直言,把知道的情况和自己的意见提出来,请有关部门去调查核实处理。但是,对那些没有根据的小道消息不能传播。

费孝通强调指出,有意见就可以提,不管是提对了还是提错了,不要怕"出格"。我们决不整人。现在的情况同民盟在昆明活动时的情况截然不同了,那时是针对国民党反动政权,现在是同共产党合作共事,并肩战斗。民盟的同志要学习民主,认清责任,特别要关心、帮助、爱护青年同志,支持他们挑起民盟工作的重担,顺利实现民盟工作的新老衔接和交替。

他希望民主党派继续发展壮大,成为推进中国民主政治建设的一支重要力量。

中央部门财务司局长会议在北京召开

国务院税收、财务、物价大检查办公室负责人强调,中央各部门和所属企事业单位在大检查中要严于律己,认真检查、纠正各种违法违纪问题,为全国作出表率。

这位负责人要求中央各部门和所属大企业、大公司严格按照国家财经政策、法律和法规进行对照检查,把各种违法违纪问题解决在自查之中。对于自查不力的企业和单位,要及时采取措施纠正,严防自查工作走过场。他说,在10月份,各部门、各单位要首先检查在价格问题上的各种违法乱纪行为,特别要注意清查重要生产资料、耐用消费品和群众反映比较强烈的违反价格规定问题。不得隐匿不报,或以少报多。

这位负责人还要求中央各部门抓紧组织工作组分赴所属企事业单位进行监督检查,帮助工作。对查出的各项违法违纪金额要及时上交国库,并调整账目和会计决算。另外,要严格掌握政策,做到自查从宽,被查从严，实事求是，宽严适度。对于有严重违法违纪行为，屡查屡犯和边查边犯的单位及其直接责任人员，一定要按照国家有关规定严肃处理，构成犯罪的，由司法机关追究其刑事责任，决不能迁就姑息。

外交部长钱其琛和芬兰外交部部长卡莱维·索尔萨在钓鱼台国宾馆举行会谈

中葡土地小组第四次全体会议在澳门召开

会后发表的公报说“按照中葡联合声明的有关规定，双方就新的土地契约(包括续期契约和修订契约)的形式达成了协议”。公报接着说：“双方还就澳葡政府1988年度批地计划达成了协议，同意批出土地总面积为38公顷，其用途分配如下：九澳深水港首期工程、工业、住宅、商业路环发电厂扩建、直升机维修场、松山水库和其他用地。”

中国与罗马尼亚政府经济技术合作委员会第九次会议在人民大会堂开幕

由国务委员邹家华率领的中国政府代表团同由第一副总理杨·丁卡率领的罗马尼亚政府代表团举行了会谈。双方积极评价了第8次会议以来两国贸易、生产技术合作的情况，并提出了发展两国贸易和生产技术合作的新建议。

郑成陶在1988年全国摩托艇锦标赛上破两项全国纪录

福建省运动员郑成陶，在男子B组OB级5公里比赛中两次打破他本人保持的全国纪录后，在男子B组OB级10公里第一轮比赛中，又以106.66公里／小时的成绩，打破江西章小文在1986年创造的104.203公里／小时的全国纪录。

10月13日

中央军委主席邓小平在人民大会堂会见芬兰总统科伊维斯托

邓小平说，将来中苏关系正常化以后，两国应在和平共处五项原则基础上建立新型的政治关系和新型的经济关系。他说，中苏关系正常化不损害同其他国家的关系。

在谈到双边关系时，邓小平说，我们两国在50年代就建立了良好的关系。芬兰是第一批承认中华人民共和国的国家之一。他说，在70年代，你们有你们的处境，我们有我们的问题，两国关系处于停滞状态。70年代以来，我们两国的关系发展得不错。

邓小平说，芬兰的政策正确、政治稳定、经济繁荣，已成为第一流的发达国家。我们对你们所取得的成就表示祝贺。

邓小平主席和科伊维斯托总统还就一些重大的国际问题交换了意见。

国务院总理李鹏在钓鱼台国宾馆会见由董事长雅科卡率领的美国克莱斯勒公司代表团

李鹏在向客人们介绍中国的汽车工业时说，中国目前还不可能大量使用小轿车。但是，几年前中国就开始注意发展小轿车工业。他强调说，发展小轿车工业也要实行开放政策，引进国外技术和管理经验，进行批量生产，加速国产化的进程。

克莱斯勒公司是世界上较大的汽车制造公司，已经同中国的长春第一汽车制造厂和北京吉普汽车公司建立了合作关系。

国务委员兼机械电子工业部部长邹家华参加了会见。

民进七届常委会第十七次扩大会议在北京召开

会议召开时间为10月13日至18日。

这次会议是为筹备中国民主促进会第六次全国代表大会而举行的。会议就提交六次大会的《会章修改草案》和《工作报告草稿》进行了认真的讨论。会议决定民进第六次全国代表大会于11月19日在北京召开。

会议通过了《关于学习贯彻中共十三届三中全会精神的决议》。决议要求民进各级组织和全体会员继续发扬与中国共产党同甘苦、共患难，同舟共济的传统，贯彻“长期共存、互相监督，肝胆相照、荣辱与共”的方针，与党通力合作，把我们国家的工作搞好。

民进中央主席雷洁琼在会上讲了话。副主席陈舜礼、葛志成、楚庄等出席了会议。

全国法院干部业余法律大学首届学员毕业典礼在北京举行

会议通报，全国已有2.9万余名人民法院干部从没有围墙的大学获得了高等法律专业专科毕业证书。

据了解，法律业余大学学制为三年，属于成人高等法律专科，是专门为培训全国法院在职干部而设立的，首届学员3万多人，约占目前全国法院干部总数的1/6。

首届毕业生2.9万余人，在数量上相当于从1949年到1979年建国30年普通高校法律专业毕业生的总和，相当于从1982年到1987年间普通高校法律专业毕业生总数的90%；10倍于这6年间分配到法院系统工作的普通高校法律毕业人数的总和。

3年来，在首届学员中陆续淘汰跟不上班或不遵守校纪的学员近5000人，占学员总数的15%，保证了毕业生质量。

国家教委、最高人民检察院、司法部、中央组织部等有关单位负责同志到会祝贺，最高人民法院院长兼法律业大校长任建新在毕业典礼上表示，通过目前已在全国初步形成的多层次的，正规化的、比较完整的法院干部教育体系，要争取在1995年，使法院干部中的70%、审判人员中的80%、院级干部中的90%达到法律专业大专以上知识水平，真正建立起一支适应社会主义现代化建设需要的新型法官队伍。

国务院作出《关于化肥、农药、农膜实行专营的决定》

《关于化肥、农药、农膜实行专营的决定》(以下简称《决定》)说，化肥、农药、农膜是重要的农业生产资料。在目前供不应求的情况下，为了制止多头插手倒买倒卖，解决市场、价格混乱的状况，维护农民利益，促进农村商品经济的发展，国务院决定对化肥、农药、农膜实行专营。

《决定》的主要内容是：

一、国家委托商业部中国农业生产资料公司和各级供销合作社的农业生产资料经营单位对化肥、农药、农膜实行专营，其他部门、单位和个人一律不准经营上述商品。专营部门要坚持为农业服务的宗旨，进一步转变企业机制，减少经营环节，合理组织运输，降低费用开支，提高企业和社会经济效益。

大、中型化肥厂生产的优质化肥，均由专营部门统一收购。计划外超产化肥由工商企业签订合同，按优惠价格收购。地方小化肥厂生产的化肥，实行专营部门与工厂合同订购或联销、代销，或由工厂直接销售给农民使用。农药厂、农膜厂生产的农药、农膜，凡纳入统一分配计划的，由专营部门统一收购。非统配计划的品种，原则上实行当地专营部门与工厂合同订购，也可实行联销或代销。

进口化肥、农药、农膜(含原料)由国家实行计划管理。国家、地方和有关部门进口的化肥、农药、农膜，均由经贸部的有关进出口总公司按国家计划统一对外订货。除农垦系统和外贸出口基地自用部分外，全部交中国农资公司和各级供销合作社统一经营。省间集资、与国外合资生产的化肥、农药在国家计委平衡后，由专营部门经营。对地方进口的化肥、农药、农膜要委托中国农资公司代办。农药及其原料的进出口计划由国家计委牵头与有关部门商定，经贸部颁发许可证。

为及时支援农业救灾，国家必须储备一定数量的化肥、农药、农膜。此项储备任务由中国农资公司和省(区、市)供销合作社两级专营单位承担。

二、化肥、农药、农膜实行统一计划，分级管理。国家统一分配的化肥、农药、农膜计划，由国家计委下达。地方的分配计划，由地方计委下达。国家统一分配计划有：国产大化肥厂生产的化肥，国家进口化肥、农药；国产农药中的敌百虫等20个骨干品种；国产、进口农(地)膜(含救灾储备原料)。

三、主要品种实行综合价。国产大、中型化肥厂生产的优质肥和进口肥，由各地物价部门会同有关部门根据国家核定的出厂价、进口价和计划外同品种的进价，以省为单位加权平均制订综合销售价。地方小化肥厂生产的化肥和地区间调剂的化肥，由当地物价部门核定最高出厂限价和销售价。农药品种较多，各地可选择若干影响大的品种实行综合销售价。农膜也实行综合销售价。

四、整顿市场，取缔非法经营。本决定公布后，凡非专营单位和个人都必须在今年年底前到工商行政管理部门办理变更登记，并立即停止经营这些商品。逾期继续经营者，由工商行政管理部门依法查处，并吊销其营业执照。其库存，凡价格符合规定，质量合格的可移交给专营单位，或者限期于今年年底前销售完毕。生产主管部门对生产企业要严格实行“生产许可证”制度。对没有生产许可证的生产企业，要坚决取缔；对制造、销售伪劣产品坑害农民的企业和个人，有关部门要依法严处。

五、严格执行政策，加强群众监督。各生产企业、供销合作社对做好化肥、农药、农膜的生产、供应负有重要责任，必须按计划生产、收购、调拨，按政策及时做好供应，不误农时。有关部门要加强对计划、物价执行情况的监督检查。生产企业、供销合作社要模范执行国家各项规定，不准以权谋私，不准走后门搞不正之风。对违反者要没收全部非法所得，并给直接责任者和单位领导人以行政处分。构成犯罪的，由司法机关追究其刑事责任。基层供销社分配供应计划和价格要张榜公布，接受社员代表、农民群众的监督。鼓励人民群众向有关部门揭发检举高价倒卖化肥、农药、农膜以及制售假劣产品的单位和个人，并对揭发检举人予以保护。

为加强对专营工作的领导，国务院决定由国家计委牵头，农业、商业、经贸、轻工、化工、物价、石化等部门、单位参加，成立农业生产资料协调小组，负责研究、协调化肥、农药、农膜生产、进口、分配中的问题。

国务院这一决定从1989年1月1日起实施。

国务院发出通知要求各级人民政府抓紧发动和组织城乡广大干部群众大力开展冬春水利建设

通知说，今年我国大部分地区遇到严重干旱，相当一部分地区遭受洪涝,工农业生产和人民生命财产都受到一定损失。虽然经过各级领导和广大军民共同努力,取得了抗旱防汛斗争的胜利,但也暴露了水利基础设施薄弱,远不能适应农业生产和国民经济发展需要的问题。前几年一些地方放松了对水利设施的管理和建设,使工程严重失修、老化,有的甚至遭到人为的严重破坏,因此在干旱和洪涝面前无能为力,教训是深刻的。

通知提出,今冬明春水利建设的重点,要放在恢复、巩固和提高现有水利工程的效益上。对水毁和人为损坏的工程,要尽力修复,以恢复应有的排灌能力。在水源条件差的地方,应广泛开展农田基本建设,平整土地,整修梯田,进行小流域治理,搞好水土保持。在人畜饮水困难的地方,要抓紧兴建饮水工程。

国务院的通知指出:今冬明春水利建设任务重、季节性强,需要动用大量人力、物力和财力,各级人民政府要加强领导,组织各行各业,大力支持水利建设。水利建设所需的钢材、水泥、木材、炸药、油燃料,有关部门要纳入计划及时供应,所需资金,应本着“谁受益、谁负担”的原则,实行多层次、多渠道集资,由受益单位和受益户合理分担。各级财政也应增加对水利的投入。

第二届全国彩电电视机质量评比结果在北京揭晓

获得一等奖的47厘米彩电有熊猫、金星、牡丹、昆仑、黄河、球宇等58个牌号,海燕、金星、宇航3个牌号的56厘米彩电也获得一等奖。一等奖彩电占参加评比总型号数的74%。评比结果表明,国产彩电的整体性能和可靠性已接近80年代世界先进水平,部分产品已达到80年代世界先进水平。

24个省、自治区、直辖市的52个企业生产的83种型号的彩电参加了这次评比。

参加这次评比的彩电国产化程度较高。获一等奖的彩电都达到了机电部关于39种元器件必须国产化的规定,产品质量可靠。有80种型号的彩电最低平均无故障时间达到或超过两万小时。

国家副主席王震在人民大会堂会见由主席瓦·捷列什科娃率领的苏联对外友好和文化协会和苏中友协代表团

捷列什科娃是世界上第一位乘宇宙飞船登上太空的女宇航员,在太空停留了两昼夜22个小时50分钟。会见时,王震称捷列什科娃是女宇航英雄,并对她和代表团的来访表示欢迎。

王震说,中苏两国人民间有着传统的友谊,发展这种友谊,实现两国关系正常化,符合中苏两国人民的愿望,也有利于维护世界和平。他赞扬中苏两国的友协为促进两国友好关系的发展作出了贡献。

国防部部长秦基伟被授予委内瑞拉国防勋章

委内瑞拉国防部长伊塔洛·德尔瓦列·阿列格罗受委内瑞拉总统海梅·卢辛奇的委托,将委内瑞拉最高级“国防勋章”授予中国国务委员兼国防部长秦基伟上将,以表彰他在维护世界和平、发展中委两国友好关系方面作出的卓越贡献。

首都少先队员在天安门广场举行主题队会纪念中国少先队建队39周年

首都4000名中小学少先队员在天安门广场举行“时刻准备着,做建设祖国的新主人”主题队会,纪念中国少先队建队39周年。

主题队会上,12名少先队员为人民英雄纪念碑站了两班岗;39名少先队员向人民英雄纪念碑献上了39束鲜花。

中顾委委员焦若愚等前来向1000名优秀少先队员颁发了“红领巾奖章”;向200个少先队集体授予“星星火炬奖”。

南京发现民国银行第一种钞票

据《人民日报》报道,中华民国国家银行发行的第一种钞票——中国银行的“南京券”最近在南京第二历史档案馆被发现。

“南京券”分1元券和5元券两种。1元券长13.4厘米,宽8.1厘米,正面上额有“中国银行”4字,下边框内有“南京”2字。反面为英文,只有经理邹颂丹、副经理叶济仙签字中文。5元券长14.9厘米,宽9.4厘米,图案与1元券大同小异。1元券和5元券正面两边有“中华民国元年吉日”和“中国银行发行”两排中文字。

据“南京券”的发现者中国钱币学会会员、中国银行行史专家、副研究员孔祥贤介绍:中华民国建立之初,国家银行只有中国银行和交通银行,交通银行成立于前清,中国银行是新建的,并取得了中央银行的地位,所以中国银行的第一种钞票就是中华民国国家银行发行的第一种钞票。

海内外钱币学家历来认为,中国银行于1912年2月草创时来不及自行印制钞票,因而利用大清银行李鸿章象券加盖行名及年份后发行。孔祥贤说,中国银行南京分行于1912年2月14日开业,南京券就是那天发行的。南京券的发现,否定了“李象券”是中国银行第一种钞票的成说,从而修正了货币史上的一个讹误。

《公务员手册》出版

该书由黑龙江人民出版社出版。这是我国第一部具有较强指导性和知识性的公务员工具书。

10月14日

中共中央在中南海怀仁堂再次举行党外人士座谈会

出席七届全国政协常委会三次会议的各民主党派、无党派、宗教界的一些人士在会上畅所欲言,陈述己见,对国家的大政方针提出了许多宝贵意见和建议。

中共中央总书记赵紫阳主持了座谈会。

中共中央政治局常委李鹏、胡启立,政治局委员万里、宋平,书记处书记芮杏文、阎明复,候补书记温家宝出席会议听取意见。

座谈会开始后,党外人士争先发言。先后陈述看法的有全国政协副主席、全国工商联副主席王光英,全国政协副主席刘靖基,监察部副部长、民建中央副主席冯梯云,民建中央副主席陈铭珊,民盟中央常委赵超构,九三学社中央常委陈明绍,无党派爱国人士丁轸宇,中国国际信托投资公司(集团)常务董事、全国工商联秘书长经叔平,民革中央副主席李赣骝,九三学社中央委员、北京大学教授金开诚,上海市政协副主席严东生,民盟中央副主席叶笃义等。

发言的同志普遍反映,中共十三届三中全会提出的治理经济环境、整顿经济秩序、全面深化改革的指导方针和政策、措施,切中要害,符合实际,只要按此坚决贯彻,国家的改革和建设一定能够搞好,前途光明。但也有不少人担心这样好的方针、政策和措施能不能得到贯彻执行。

有的人士认为,贯彻中共十三届三中全会精神,一要加强群众监督,二要严肃党纪、政纪和严格执法。许多人士谈到,当前有些公职人员以权谋私、腐败现象严重。要抓典型案件进行严肃处理,以增强人民的信心。要从严治党、从严治吏。

有的人士提出,现在我们有些改革的政策、措施不配套,容易使一些人钻空子,应当在深化改革中加强法制建设,健全各方面的法律、法规,堵塞各种漏洞。

许多人士建议国家加强行政手段,对一些重要的生产资料和供不应求的物资实行国家统管。对实行价格双轨制的商品由市场销售的部分要加强管理,要下决心整顿流通领域里的混乱现象。

有些发言者提出,当前纠正和克服腐败现象应首先抓三件事,一是坚决刹住用公款大吃大喝的歪风,一是抓一些大案要案严肃处理,一是坚决清理各种公司。

有些人士谈到,加强群众监督和民主党派、政协组织的监督,是贯彻好中共十三届三中全会精神的保证措施之一,还要增加政府工作的透明度,加强舆论的监督,政府部门也应主动加强同各民主党派、政协组织的联系。

许多人士在发言中还对深化企业和农村的改革,合理开发资源,严格控制人口增长,提高全民文化素质等方面,提出了积极的建议。

出席座谈会的还有孙晓村、谭惕吾、张毕来、葛志成、方荣欣、李纯青、雷天觉、罗冠宗等。

国家主席杨尚昆在人民大会堂设宴欢迎罗马尼亚共产党总书记尼古拉·齐奥塞斯库和埃列娜·齐奥塞斯库

杨主席指出,当前,国际形势出现了对话代替对抗的缓和趋势,这是世界各国人民为反对霸权主义,维护世界和平进行坚持不懈斗争的结果。形势表明,现在不但需要建立国际经济新秩序,而且也需要建立国际政治新秩序。国际政治新秩序不是强权政治,不是集团政治,而是要把国际关系建立在和平共处五项原则的基础之上。

他说,我们高度评价罗马尼亚坚定不移地奉行独立自主、和平与合作的对外政策,为建立新的国际经济和政治新秩序所做的不懈努力。

齐奥塞斯库总统在致辞中说,我们坚决把罗中友好合作关系建立在崇高的社会主义原则,完全平等、尊重民族独立和国家主权、不干涉内政、互利的原则基础之上。罗中两国的友谊和合作,即便是在困难的条件下也经受住了考验并得到了发展。

齐奥塞斯库总统说,罗马尼亚共产党和罗马尼亚人民高度评价中国人民在中国共产党的领导下,在社会主义建设年代里所取得的重大成就,高度评价中华人民共和国在国际舞台上,在争取和平与合作的斗争中所起的重要作用。

在谈到国际形势时,齐奥塞斯库总统说,目前,国际形势依然是非常复杂和矛盾的。在这种条件下,罗马尼亚认为有必要树立一个新的思想和建立一个新的国际政治秩序,其出发点应该是,必须竭尽全力消除新的世界大战的危险。

随同齐奥塞斯库总统和埃列娜·齐奥塞斯库同志来访的政府第一副总理杨·丁卡,外交部部长伊万·托图等罗马尼亚贵宾应邀出席了宴会。

中共中央政治局常委胡启立,中共中央政治局委员、国务院副总理田纪云,全国人大常委会副委员长习仲勋,国务委员、中罗政府经济技术合作委员会中方主席邹家华,全国政协副主席钱正英,外交部长钱其琛等出席作陪。

国务院总理李鹏在中南海紫光阁会见由部长会议副主席汉斯·赖歇尔特率领的民主德国水利代表团和由国家计划委员会副主席哈拉尔德·罗斯特率领的民主德国国家计委代表团

李鹏向客人们介绍了中国水利建设等方面的情况。他说,中国农业的发展和水利建设有很大的关系。赖歇尔特表示,民主国愿在环境保护、水利建设等方面同中国进行合作。

李鹏说,中国和民主德国有很好的关系。"我们相信在双方共同努力下,两国关系必将发展到一个新的水平。"他说,两国虽然国情不同,但都是社会主义国家,在许多领域可以互相借鉴。水利部部长杨振怀、国家计委副主任刘中一等会见时在座。

全国政协七届常委会三次会议在全国政协礼堂举行第二次全体会议

中共中央政治局委员、国务院副总理田纪云向常委们介绍了当前的经济形势和经济工作的指导方针及其落实情况。

全国政协主席李先念出席了会议。会议由方毅副主席主持。

田纪云在会上讲话。

会议开始时,全体常委起立默哀1分钟,对今早逝世的钱昌照副主席表示深切悼念。

常委会还进行了大会发言。

出席会议的全国政协副主席还有:王任重、阎明复、谷牧、杨静仁、康克清、帕巴拉·格列朗杰、王光英、邓兆祥、屈武、马文瑞、刘靖基、钱学森、胡绳、孙晓村、程思远、钱正英、司马义·艾买提。

国务院副总理田纪云在全国政协七届常委会三次会议上作经济问题报告

田纪云在政协常委会的讲话中,重点介绍了当前经济形势和经济工作的指导方针及其落实情况。

要客观地、实事求是地分析经济形势

田纪云说,当前,我国总的经济形势是好的,社会生产持续增长,同时也存在不少困难和问题,突出的是出现了明显的通货膨胀,物价上涨幅度过大。田纪云从三个方面分析了当前的经济形势:

——我们改革的方向和目标是正确的,十年改革取得了巨大成就,当前存在的矛盾和困难,是前进过程中出现的问题。

——当前经济生活中的问题,是在新旧体制转换中出现的,有些是难以避免的,有些是由于我们的工作没有跟上或没有做好,有些问题见事迟,抓得晚了。

——经济生活中存在的困难和问题,虽然是前进中出现的,有些也是难以避免的,但是必须充分认识解决这些问题的重要性和紧迫性。

田纪云说,总起来说,我们对当前经济形势需要作客观的、实事求是的估量和分析,既不盲目乐观,又不悲观失望。这是我们解决各种经济问题的基本态度,也是采取相应对策的立足点。

治理经济环境、整顿经济秩序、全面深化改革是积极的方针

田纪云在谈到明后两年经济工作的指导方针和重点时说,根据对当前经济形势的全面分析,针对存在的主要问题,中央提出了治理经济环境、整顿经济秩序、全面深化改革的指导方针,并确定把明后两年改革和建设的重点,突出地放到治理经济环境和整顿经济秩序上来。这是在我国经济改革和经济发展的关键时刻作出的重大决策。

他说,治理经济环境,主要是压缩社会总需求,抑制通货膨胀;整顿经济秩序,就是要整顿在新旧体制转换中出现的各种混乱现象,特别是解决流通领域的混乱现象;要解决当前经济生活中的复杂问题,从根本上说,从长远看,必须靠全面深化改革。

田纪云强调,把治理经济环境、整顿经济秩序作为明后两年经济工作的重点,并不意味着改革的方向变了,也不是改革停步不前了,而是稳定经济、深化改革的内在要求。治理环境、整顿秩序是在坚持改革、开放总方向的前提下进行的,从总体上说,是为全面深化改革创造必要条件的,许多措施本身就是改革的重要内容。

同时,治理环境、整顿秩序、深化改革是一个完整的方针,治理环境、整顿秩序不是孤立进行的,而是与深化改革紧密联系、相辅相成、互相促进的。

他说,治理经济环境、整顿经济秩序、全面深化改革的指导方针,不是消极的,而是积极的方针,不是后退的,而是前进的方针。把过大的社会需求压缩下来,消除经济过热现象,砍掉一批项目,速度是会降低一些,但这不是坏事情,而是好事情,是稳定经济,使整个经济健康协调发展所必需的。压基建、控消费、紧信贷、降速度,不是简单地"一刀切",而是同调整经济结构结合进行的,有压有保,有所不为正是为了有所为,这样做有利于经济结构的优化,有利于经济效益的提高。总之,在当前形势下采取上述指导方针,是符合客观实际的正确的方针。

党中央、国务院提出的一整套措施,已经取得一些效果

在谈到各项措施落实的情况和前景问题时,田纪云说,为了解决当前经济生活中的问题,根据中央确定的指导方针和基本政策,国务院已经提出了一整套相应的措施,并且正在坚决地、全面地加以贯彻落实。经过这一段工作,初步有了一些效果。

——在控制物价、稳定市场方面。物价上涨过猛的势头在有些地方开始得到控制,前一段波及许多城市的抢购风大体平息。随着税收、财务、物价、信贷大检查和其他检查的展开,以及物价管理的加强,情况将会继续向好的方面发展。

——在稳定金融方面。从9月份开始,特别是从9月中旬以来,银行各项贷款增长过猛的势头受到抑制。城乡居民储蓄存款扭转了8月份下降的局面,从9月中旬开始回升,各地群众挤兑储蓄的现象已经有所减少。货币投放从9月底以来,出现了比去年同期少投放的情况。

——在压缩投资规模、清理在建项目方面。国务院已经成立清理固定投资项目领导小组,即将派出10个工作组,各由一名副部长级干部率领,分赴各地进行全面大检查。对北戴河、兴城楼堂馆所项目的清理已有结果,决定停建39个项目和12个单项,面积为21万平方米,占在建项目总面积的61%。不少地方也已经行动起来,相继停建、缓建了一批项目。

他说,从各方面情况看,只要我们思想统一,坚决贯彻落实中央确定的指导方针和各项措施,当前经济生活中的困难和问题是可以逐步解决的。

田纪云最后说,政协集中了许多老前辈、老同志和有识之士。多年来,政协对国务院的工作一直十分关心和支持,经常提出很好的建议和中肯的批评。在这次解决关系我国改革和建设进程中的重大问题上,还希望得到大家的大力支持和协助,同舟共济,同心协力,共同把我国的改革和建设事业推向前进。

中央军委副主席杨尚昆在北京会见参加首次全军军事立法工作研讨会的全体军官

中央军委其他领导同志洪学智、刘华清、秦基伟、赵南起参加了会见。

会见时,杨尚昆等听取了有关我军法制建设情况的工作汇报。他们指出,军队法制工作是一项新的工作。首先要抓立法,如抓好军队转业干部安置条例、军队设施保护法等紧迫问题,为军队革命化、现代化、正规化建设服务。军队的立法工作要从我国、我军实际情况出发,同时借鉴外军的经验,军队法制工作者要勇于创新、努力工作。

首次全军军事立法工作研讨会是10月10日召开于10月21日结束。

中宣部民政部国家教委解放军总政治部联合发出通知要求各地推广山东省开展国防教育的经验

山东省各级党委,政府认真贯彻党中央、中央军委关于加强国防建设的重要指示,大力加强对全民国防教育的领导。他们采取宣传、民政、教育、人武部门和驻军“五位一体”通力协作的领导方式,把全民国防教育纳入到全民宣传部教育、拥军优抚、学校教育、人武工作、军民共建等各项工作中去,逐步形成了各级党委、政府部门协调一致、齐抓共管的局面,进一步扩大了国防教育的辐射面,使宣传教育与具体工作紧密结合,关心支持国防教育成为实实在在的行动。

通知指出,实践证明,这个做法行之有效,值得推广。

通知说,李鹏总理在七届全国人大第一次会议《政府工作报告》中要求:“在人民群众中广泛进行国防教育,增强国防观念,形成热爱和尊重军队,关心和支持军队改革和建设的良好风尚。”国防教育是一项涉及社会各个方面的多层次的社会化教育,是保证经济建设和改革开放顺利进行的一项战略措施,是关系到国家和民族长治久安的大事。希望各有关部门按照职能分工,密切协作配合,积极进行全民国防教育社会化、经常化的探索,进一步促进军政军民团结,提高全体人民的国防观念,振奋民族精神,为加强国防建设而共同努力。

中国行政管理学会在北京成立

国务院总理李鹏为学会成立题词:政府行政管理必须讲科学、求效率、守法制、重廉洁。

中国行政管理学会是对行政管理的理论和实践进行科学研究的学术团体。它的宗旨是,促进行政管理改革,提高行政效率,实现行政管理科学化、法制化、现代化,建立具有中国特色的行政管理体制,为我国社会主义现代化建设事业作出积极贡献。

国务委员王丙乾到会祝贺。他说,在全面深化改革的关键时期成立中国行政管理学会,是非常适时和必要的。长期以来,我们忽视了对国家政权重要组成部分的政府行政部门的管理职能、管理方式、组织结构、权责划分、人事制度、行政法制等问题进行系统科学研究。10年改革的经验证明,只有实现行政管理的科学化,才能更好地推动社会主义现代化建设事业的发展。他希望学会能够紧密结合我国国情和改革实践开展研究工作,为领导决策提供咨询建议,努力使学会成为改进政府工作的一个咨询参谋机构。

会上选举国务委员、国务院秘书长陈俊生为会长,张文寿、张策、夏书章、黄达、刘怡昌为副会长。

孙犁创作讨论会在天津召开

这次会议是由河北省文联、天津市文联、天津社科院文研所、南开大学中文系等13个单位联合于10月14日至16日在天津召开的。

与会同志对孙犁文学活动50年来的业绩，在创作、理论和培养文学新人等方面对中国现当代文学的贡献，对他在为人和为文方面，以及新时期以来孙犁创作的芸斋小说、散文、杂文进行了深入的探讨；同时，对孙犁文艺思想与创作中存在的问题与局限，本着百家争鸣的精神，进行了讨论。

《西藏概况》出版

综合性大型画册《西藏概况》(藏汉、藏英对照本)已由西藏人民出版社出版并向全国发行。

画册用大量的图片资料介绍了西藏壮丽的河山、独特的民族风情、奇特秀丽的自然景观、丰富的自然资源；介绍了西藏从远古社会到民主改革时期的历史概况；介绍了西藏独特的藏民族科学文化和民俗；也介绍了西藏近年来取得的成就。

钱昌照逝世

中国人民政治协商会议第七届全国委员会副主席、中国国民党革命委员会中央副主席、著名爱国民主人士钱昌照，因病于10月14日在北京逝世，享年90岁。

钱昌照同志是江苏常熟人，1899年生，早年留学英国，曾任国民政府外交部秘书，教育部常务次长，资源委员会副秘书长、副主任委员、主任委员、委员长，1948年出国考察。1949年6月由香港来北平，参加全国政协第一届全体会议。

新中国成立后，钱昌照历任全国政协委员，政务院财经委员会委员兼计划局副局长，全国人大常委会法制委员会委员，第五、六届全国政协副主席，为我国四化建设和和平统一事业，为巩固和发展爱国统一战线作出了重要贡献。

10月15日

国务院总理李鹏在人民大会堂与罗马尼亚共产党总书记尼古拉·齐奥塞斯库举行会谈

李鹏总理说，1982年他曾访问过罗马尼亚，那次访问给他留下了深刻印象。他说，中罗关系很好。中国不仅愿意同罗马尼亚进一步发展政治关系，而且还愿意进一步发展经贸、科技和文化关系。

齐奥塞斯库总统表示，在扩大罗中合作方面，存在着很多可能性。他邀请李鹏总理访问罗马尼亚，李鹏总理愉快地接受了邀请。

全国人大常委会委员长万里在北京设宴欢迎匈牙利国民议会主席什塔丁盖尔·伊斯特万一行

万里在宴会上说，中匈两国人民在长期的革命斗争中和社会主义建设事业中互相帮助，结下了浓厚的友谊，中国人民十分关注匈牙利的发展。以伊斯特万为首的代表团是时隔27年后首次来访的匈牙利议会代表团。

万里指出，经过双方共同努力，两国间的关系已经走上正常化的轨道，并得到迅速发展。两国领导人的互访和不同层次，不同部门的人员往来和接触，增进了双方的了解和友谊，促进了两国在政治、经济、科技和文化等领域的友好合作不断扩大。

他强调说："持续、稳定、全面地发展同匈牙利的友好合作关系，是我们党和政府坚定不移的方针。"

万里在祝酒词中还表示相信，伊斯特万主席一行的来访将对推动两国关系的进一步发展，扩大和密切两国议会间的联系作出新的贡献。

在介绍中国当前的政治经济形势时，万里说，十年改革促进了中国经济和社会的迅速发展，人民生活有不同程度的改善，但也存在新的困难和问题。因此，党的十三届三中全会提出了治理经济环境，整顿经济秩序，全面深化改革的指导方针。

他说："我们愿意同匈牙利同志们交流经验、互相学习、共同前进。"

全国人大常委会副委员长廖汉生和匈牙利驻华大使内梅特·伊万宴请时在座。

共青团中央常委扩大会议在北京召开

中央书记处书记阎明复在会上提出，共青团要发扬光荣传统，正确看待十年改革的成果，以自己的诚实劳动、积极参与，同党和全国人民一起克服改革中的困难，加快改革的进程。

阎明复在讲话中说，党中央正在制订改善党对群众团体的领导的文件。群众团体的权利和义务将用法律形式固定下来。中央要创造条件保证群众团体更好地发挥作用。

会议在学习党的十三届三中全会的基础上，讨论、部署了明年团的工作，通过了关于进一步发挥团组织作用的决议。

共青团中央书记处第一书记宋德福在讲话中提出，最近一段时间，共青团要开展生动的形势教育、广泛的社会监督和诚实的劳动创造。各级团组织要根据自己的实际情况，采取措施，搞出实效。

共青团中央书记处书记刘延东在会议结束前作了总结讲话。

中直机关党的基层工作经验交流会在中南海召开

中共中央书记处候补书记、中直工委书记温家宝在会上指出，全面深化改革的形势对基层党组织建设提出的新要求，一是充分发挥党组织的作用，切实保证治理经济环境、整顿经济秩序、全面深化改革的胜利；一是通过治理环境、整顿秩序、深化改革的实践，切实提高党组织的战斗力，提高党员的觉悟。党的基层组织建设，要紧密结合治理环境、整顿秩序、深化改革来进行。

温家宝说，为了保证治理环境、整顿秩序和深化改革目标的实现，必须加强党的领导，发挥党的领导作用、核心作用和保证监督作用，发挥基层党组织的战斗堡垒作用。这是我们克服困难，完成党的任务的根本保证。

在改革开放时期，为什么仍然要把党的基层组织建设成坚强的战斗堡垒呢？温家宝在讲话中认为，基层党组织包括基层党委和党支部是党的基本单位，是党的基础。它是党的各项工作的落脚点，是党的力量增长的主要源泉。党的基层组织承担着宣传和执行党的路线、方针、政策的任务，要通过对党员和群众的日常组织教育工作，把党员和广大群众团结在党的周围来，完成党的各项任务。基层党组织处于教育、管理和监督党员的直接组织者和实施者的地位，党的路线、方针、政策和各项决议要真正贯彻下去，最终要落实到基层。基层组织要发展党员，扩大党的力量；教育党员，发挥先锋模范作用；监督党员奉公守法，廉洁清正，保持党的先进性和纯洁性。要做好这些工作，没有坚强的基层党组织是不行的。尤其在改革和建设时期，在治理环境、整顿秩序、深化改革的工作中，把基层党组织建设成坚强的战斗堡垒，不仅是仍然需要的，而且是十分紧迫的重要任务。

温家宝说，要把基层党组织建设成坚强的战斗堡垒，当前必须抓好教育和管理好党员、健全和活跃基层党组织生活、加强纪律和监督、团结和联系群众4个环节。他强调，党内监督要突出严守党的纪律和为政清廉两个重点；要把基层党的领导班子建设，放在党的建设的战略高度来加以认识和解决，把思想觉悟高、党性强、热心党的工作又有一定经验的同志选拔到基层领导班子中来。

温家宝说，在改革开放时期为什么仍然要强调发挥共产党员先锋模范作用？他说，党员的模范作用直接关系着党的坚强领导的实现，关系着党的威信，关系着党的凝聚力以及党同人民群众的联系。新形势、新任务对党员觉悟、意志、知识和能力提出的要求不仅没有降低，而是更高了。他说，目前，有些党员不知道如何在新形势下发挥先锋模范作用，有的自觉不自觉地放松对自己的要求，极少数党员以权谋私、违犯党纪国法，败坏了党的声誉。因此，应该而且必须进一步提出做合格党员的问题。夺取中国革命的胜利是伟大的，把中国建设成为现代化的社会主义强国任务更伟大、更艰苦。要使每个党员懂得，在今天做一个共产党员也是不容易的。

温家宝提出，落实中共十三届三中全会精神，中央机关要带头。中央直属机关的各级领导干部、基层党组织和全体共产党员要在完成三中全会各项任务中发挥作用。

中直各机关行政领导同志和党委、纪委负责人，以及基层党支部书记1300多人出席了会议。9个单位的机关党委和党支部代表在会议上介绍了机关基层党组织建设的经验和体会。中直工委常务副书记顾云飞代表中直工委，就加强基层党组织建设发挥党组织作用谈了8点意见。

民盟六大推举楚图南为第六届中央委员会名誉主席

楚图南是云南文山人，1926年加入中国共产党，1943年加入中国民主同盟。先后担任过民盟中央副主席、代主席、主席，全国人大常委会副委员长。

会议还选举产生了新的一届民盟中央参议委员会。149名长期与共产党风雨同舟、共同奋斗的老民盟盟员被选举为这个荣誉机构的成员。几十年来，他们为中国革命和建设，为民盟事业的发展作出了重要贡献，出任参议委员会委员将能使他们继续发挥参议、咨询作用，为民盟组织献计献策。

冶金部决定加强对钢材价格监督管理

冶金工业部部长戚元靖说，“十大钢铁企业的钢产量占全国钢产量的一半以上，统配钢材数量占全国统配钢材总量的85%左右，对全国经济形势有举足轻重的影响。为此，我们遵照国务院领导指示精神，决定尽快向十大钢厂派出驻厂巡视员，监督国家计划和合同计划，监督国家物价制度的执行。同时要求十大钢厂从现在起就立即着手进行财税物价自查工作，尤其是在钢材价格双轨制继续存在的情况下，更要模范地遵守国家有关规定”。

这十大钢铁企业是：鞍钢、本钢、包钢、首钢、太钢、武钢、马钢、攀钢、宝钢、唐钢。

戚元靖说，冶金部还准备认真搞好部机关大院11个公司和冶金行业各级公司的清理和整顿。

首届中国对外技术交易会在深圳召开

来自亚洲、欧洲、美洲及国内的1000多名客商参加了开幕式。交易会召开时间为10月15日至25日。

外经贸部副部长沈觉人在开幕仪式上说:“这届对外技术交易会是首届全国性的大型技术交易会,是我国对外技术贸易固定性的交易会,今后每年将定期在深圳举办一次。”他强调,本届交易会的宗旨是组织全国力量,广泛介绍我国新技术、新产品及各个领域的科学技术成果,促进我国的对外技术贸易,特别是促进技术出口。

国内29个省(区)、直辖市、9个计划单列市、27个部委及直属总公司参加了本届交易会,此外,香港及日本的一些公司也赴会参展。目前共有68个交易团展出了3435项新技术和新产品,其中有许多是在国内外获奖和获得专利的新技术和高技术产品,参展技术及产品涉及机械、电子、化工、轻工、纺织、食品、建材、冶金、航空、航天、医药以及计算机等行业。在一定程度上反映了我国科学技术发展的水平。

据统计,这届技术交易会共有65个项目成交,合同金额达2400万美元;同时签订29项意向书,协议金额820万美元。其中上海成交数额最大,达503万美元,其次是甘肃、湖南及宁波市。成交项目涉及机械、冶金、船舶、化工、电子、五矿、轻工、农用技术及产品。

交易会期间,来自美国、法国、联邦德国、日本、泰国、印度、新加坡及香港、台湾等20多个国家和地区的近千名客商参观了交易会的技术项目和设备,他们对多年一直从外国引进技术的中国,今天能推出如此之多的先进技术出口项目,既感到惊奇,又很感兴趣。不少外商通过参加这届交易会,不仅选择了技术项目及产品,也觅到了合作伙伴。

由于首次举办这样的对外技术交易会尚缺乏经验,确也存有不尽如人意之处,如在为外商服务的资料、通信、交通等诸多方面还有不少亟待解决的问题。

第六十四届广交会在广州开幕

在交易会上,国内业务人员比上届增加了近3成,交易会内业务洽谈面积增加4000多平方米。在各个展馆所见,出口商品多如繁星,花团锦簇。由全国各地140多家合资企业组成的中外合营企业交易团,阵容比上届大了2/3,展出的多是新产品。据悉,来会客商踊跃,约有3.8万人,比历届都多,成交势头很好。

国务院副总理田纪云在北京会见匈牙利国民议会主席什塔丁盖尔·伊斯特万

43名中国伤残人运动员在汉城参加第八届国际伤残人奥运会

林乐义逝世

我国著名建筑学家林乐义于10月15日在北京逝世,享年72岁。

林乐义,1916年出生于福建省南平市。半个世纪以来,林乐义设计的工程遍及各地,南京储汇大楼、北京首都剧场、北京电报大楼、中南海怀仁堂、紫光阁改建工程及北京国际饭店等都是由他主持设计的。林乐义在建筑设计、城市规划、园林艺术等方面造诣深邃,构思新颖,独树一帜,在我国建筑界享有盛誉。

10月16日

中共中央总书记赵紫阳在人民大会堂同罗马尼亚共产党总书记尼古拉·齐奥塞斯库进行会谈

全国政协七届常委会三次会议在全国政协礼堂闭会

全国政协主席李先念主持会议。

会议通过了《关于贯彻执行中国共产党十三届三中全会精神的决议》。

会议原则通过了《政协第七届全国委员会工作要点》。

全国政协秘书长周绍铮在会上分别就《关于贯彻执行中国共产党十三届三中全会精神的决议》和《政协第七届全国委员会工作要点》,作了说明。

会议决定任命中共中央文献研究室室务委员会委员卢之超,全国工商联常委经叔平,民建中央秘书长冯克煦为全国政协副秘书长。

王任重副主席在会议结束时讲了话。他说,这次常委会充满了民主、团结的气氛。委员们本着“肝胆相照,荣辱与共”的精神,围绕贯彻中共十三届三中全会精神的中心议题,对中共十三届三中全会确定的方针、政策和措施,以及各方面的问题,进行了深入的讨论,提出了许多中肯的、建设性的意见和建议,对推动三中全会精神的贯彻落实将会起到积极的作用。

王任重说,通过这次会议,委员们对当前我国的形势有了更全面的了解,基本上统一了思想认识,增强了胜利信心。委员们对从严治党,反对腐败现象,加强社会主义精神文明建设,治理经济环境,整顿经济秩序,压缩基建投资,控制消费基金的增长和抑制严重的通货膨胀,努力发展生产,保证供给,抓紧企业深化改革,发展教育事业,发挥知识分子作用等问题,提出了许多意见和建议。我们已将这些意见和建议向党中央、国务院及有关部门作了反映。我们相信,只要大家团结一心、共同努力,就一定能够克服目前存在的困难,把我们的改革和建设推向前进。

王任重说，中国革命和建设的长期实践证明，中国共产党同各民主党派、无党派爱国人士、各人民团体和各界人士是同命运、共患难、风雨同舟的。今天更应该进一步团结起来，同心同德地贯彻和落实中共十三届三中全会制定的方针、政策和各项措施，克服前进中的困难，把我们国家的事情办得更好。

出席会议的全国政协副主席还有：阎明复、方毅、谷牧、杨静仁、康克清、帕巴拉·格列朗杰、王光英、邓兆祥、屈武、马文瑞、刘靖基、钱学森、胡绳、孙晓村、程思远、司马义·艾买提。

全国政协七届常委会三次会议通过《关于贯彻执行中国共产党十三届三中全会精神的决议》

中国人民政治协商会议第七届全国委员会常务委员会第三次会议，学习了中共十三届三中全会公报、赵紫阳总书记的报告和姚依林副总理关于《价格、工资改革的初步方案》的说明，听取了中共中央书记处书记阎明复同志关于中共十三届三中全会精神的传达和田纪云副总理的讲话，并在民主的气氛中以高度负责的精神进行了讨论。会议赞同和拥护中共中央提出的治理经济环境、整顿经济秩序、全面深化改革的指导方针和政策措施，并提出许多有益的意见和建议。会议期间，部分常委还应邀参加了中共中央举行的党外人士座谈会，就如何贯彻落实中共十三届三中全会精神，积极发表了意见，并听取了赵紫阳总书记的重要谈话。

会议认为，中共十三届三中全会是在我国的全面改革进入关键时刻召开的，是一次十分重要的会议。全会深入分析了当前经济发展和改革的形势，充分肯定了10年改革的成果，明确指出了当前面临的困难和问题。全会提出的明后两年要把改革和建设的重点突出地放在治理经济环境、整顿经济秩序上来，以深化全面改革，推进社会主义商品经济新秩序的确立的决策，对于我国经济、社会的健康发展具有重大意义。

会议指出，治理经济环境、整顿经济秩序和全面深化改革是一项十分艰巨的任务，直接涉及广大群众的切身利益。这就要求全国各族人民和各级政府以国家和改革的大局为重，在中国共产党的领导下，统一意志，统一行动，遵守法纪，令行禁止，共同努力克服困难，顺利前进。

会议号召，人民政协的各级组织要认真学习和贯彻执行中共十三届三中全会的精神，进一步完善共产党领导下的多党合作制度和政治协商制度，通过政治协商对改革中的重大问题提出建设性的意见和建议，并以主人翁的精神充分发挥民主监督的作用，积极协助政府认真治理经济环境、整顿经济秩序，避免和减少工作中的失误，从严处理各种违法乱纪案件，坚决克服腐败现象。人民政协的各级组织要高举社会主义和爱国主义的旗帜，广泛团结各方面力量，增强在中国共产党领导下的统一战线的凝聚力，维护安定团结的政治局面，同心同德，艰苦奋斗，为夺取改革和建设的更大胜利作出贡献。

全国政协七届常委会三次会议通过《政协第七届全国委员会工作要点》

中国人民政治协商会议第七届全国委员会要以中国共产党在社会主义初级阶段的基本路线作为指导思想，把调动一切积极因素，团结一切可以团结的力量，坚持四项基本原则，坚持改革开放，认真贯彻执行中共十三届三中全会精神，促进经济建设作为中心任务。把发扬社会主义民主，完善共产党领导下的多党合作制度和政治协商制度作为主要职责。当前要紧紧围绕治理经济环境，整顿经济秩序，全面深化改革，积极开展工作。

一、健全、充实政治协商和民主监督有关制度

政治协商和民主监督是政协的主要职能，根据中共十三大的精神，对国家大政方针和群众生活重大问题的协商和监督需要进一步加强。为了逐步实现政治协商和民主监督的经常化、制度化，要建立和健全各种必要的制度，认真贯彻执行。

1.根据以往的经验和工作发展的需要，研究制定政治协商和民主监督工作暂行条例，对政治协商、民主监督的内容、形式和工作程序作出规定。

2.切实执行《政协全国委员会常务委员会工作规则》和《政协全国委员会秘书长副秘书长工作规则》。要坚持各种会议制度，对重要建议的审议和处理以及文件的审批要按照规定程序进行。对已经建立的各种制度，要在执行中不断总结经验，逐步充实和完善。

二、加强专门委员会的工作

1.专门委员会是政协全国委员会组织委员进行经常活动的工作机构，要健全领导体制，充实工作内容。各专门委员会依据《政协全国委员会专门委员会组织通则》开展活动，每个专门委员会根据自己的特点制定工作简则。

2.专门委员会在常务委员会和主席会议领导下具体组织实施全国委员会全体会议和常务委员会议提出的各项任务，并就国家政治、经济、科学技术、教育文化、法制建设、民族、华侨、宗教、外事、社会生活以及统一战线内部的重要问题进行专题座谈或专题调查。专门委员会的重要建议可分别提交常务委员会议或主席会议讨论。

3.专门委员会要组织尽可能多的委员参加活动。广泛听取各方面的意见，并同有关部门取得密切联系，

相互支持,相互配合。

4. 文史资料委员会要组织和推动委员及其所联系的人士积极撰写文史资料,为社会主义精神文明建设服务。

三、密切同委员的联系,组织好视察活动

1. 加强同委员的联系,是做好本会工作的一个重要环节。把这项工作做好,有利于调动委员的积极性,使政治协商和民主监督的工作更加深化。

2. 继续坚持政协全国委员会和省级地方委员会共同联系委员的做法,进一步加强政协全国委员会同委员的直接联系。联系的方法包括:

(1)定期举行委员活动日,充实政协礼堂的活动内容,使委员相互之间、委员同本领导同志以及各个组织的负责人增加接触,加深了解;

(2)常务委员会举行专题座谈会时,邀请有关专门委员会的委员列席,参加讨论;

(3)各专门委员会进行专题座谈或专题调查时,吸收有关的委员参加;

(4)对没有参加专门委员会的委员,由各专门委员会依据委员本人志愿,分别保持联系,通报活动情况,并就某些专题向他们征求意见;

关于同港澳委员加强联系、进一步发挥港澳委员作用的问题,要同港澳委员交换意见,制定具体办法;

(5)本会委员除在全国委员会全体会议期间可以提出提案外,平时可随时向本会提出提案,也可以给本会来信或以其他方式同本会联系。对委员的提案和来信,要认真负责地处理,做到件件有着落有交代。

3. 政协全国委员会要帮助委员知情,包括不定期的举办报告会,印发学习材料和参考资料,帮助委员学习中国共产党和政府的方针政策,了解各条战线的工作情况。

4. 委员视察可采取以下方式:

(1)根据全国委员会全体会议的决议和委员的建议,由本会办公厅每年选定若干地区和若干视察项目,组织委员分批视察;

(2)每次全国委员会全体会议召开前,委托省级地方委员会组织在本地区的全国政协委员围绕大会即将讨论的主要议题就地进行视察。

四、发挥民主党派、无党派爱国人士和人民团体的作用

1. 政协全国委员会要积极贯彻在中国共产党领导下的多党合作制度,进一步发挥各民主党派、无党派爱国人士和人民团体的作用。

2. 依据“长期共存、互相监督”,“肝胆相照、荣辱与共”的方针,政协全国委员会全体会议、常务委员会议、主席会议在协商重要问题时,要充分听取各民主党派负责人、无党派爱国人士代表和人民团体负责人的意见。各专门委员会的活动,包括外事活动、祖国统一联谊活动以及政协组织的其他重要政治活动,都要吸收政协委员中有关的民主党派人士、无党派爱国人士和人民团体的代表参加;有些活动,专门委员会可以同有关的民主党派或人民团体联合举办。

3. 政协全国委员会积极支持各民主党派和人民团体兴办各种有利于四化建设的事业,协助它们同有关部门加强联系,为它们开展工作创造条件。

4. 对各民主党派的共同性事务和工作中的关系问题,政协全国委员会应当进行协调工作。

五、促进祖国统一工作

1. 促进祖国统一是政协的一项重要任务,政协全国委员会要依据中央的方针和部署,发挥自身的优势,积极地开展工作。

2. 当前工作的重点,是要积极促进海峡两岸各界人士的接触和了解,不断增强两岸在经济、科技、文化、教育、体育等方面的交流、联系与合作。要充分发挥对台湾有影响或在台湾社会关系较多的委员的作用,采取灵活多样的形式开展联谊活动。

3. 加强对台湾情况的调查研究,适时提出促进祖国统一工作的建议。

六、做好外事工作、发展友好关系

1. 政协全国委员会的外事工作,要适应改革开放的形势与要求。要对开放中的重大涉外问题和有关政策,进行研究,提出建议。积极配合政府外交工作,对一些重大国际问题,发表政协全国委员会的见解。

2. 政协全国委员的外事工作要突出人民外交的特点,广泛建立同各国有关组织和人士的联系。通过交往,增进了解,宣传我国人民政协的地位和作用,宣传我国各项方针政策,加强同各国人民的友好往来与合作。同时,要注意与国内有关团体、有关部门配合、协助它们做好接待工作。

3. 外事工作的形式要灵活多样,除了全国委员会进行重要的外事活动外,专门委员会亦可根据需要有计划的与外国相应组织进行对口交往,广交朋友,建立和发展友好关系。对外事工作要加强统一领导和协调,严格遵守外事纪律。

七、加强对地方政协的联系与指导

1. 政协全国委员会要进一步加强同各级地方委员会特别是同省级地方委员会的联系,了解情况,交流经验,推动地方的政治协商、民主监督逐步向经常化、制度化发展。有些重要会议邀请地方政协负责人列席。

2. 政协全国委员会同地方委员会的专门委员会(含工作组)要加强对口联系和经验交流,有些项目可联合组织专题调查。

3. 根据需要不定期地召开全国性的政协工作座谈会，就政协工作中的共同性问题进行研讨。

八、提高开放程度

1. 政协全国委员会的工作要逐步提高开放程度。大会、常务委员会、专门委员会开会时，可邀请记者采访，大会的小组会可全部或部分开放。政治协商过程和专题座谈过程中的各种意见、建议和批评一般应公开了发表。对大会、常务委员会和专门委员会的开会情况可以有选择地进行电视实况转播或专题报道。

2. 政协全国委员会根据需要不定期地举行新闻发布会和记者招待会。

3.《人民政协报》要充分体现政治协商、民主监督的主要职能，成为委员和各界人士发表政见、开展争鸣的园地，要充分反映政协全国委员会和各级地方委员会以及各民主党派、无党派爱国人士和有关人民团体的活动情况，加强社会主义、爱国主义和统一战线理论、政策的宣传。

九、加强机关建设

1. 为了进一步开展政协全国委员会的各项工作和活动，必须加强机关办事机构组织制度的建设。要进一步完善各种工作制度，明确各部门的职责，加强科学管理，提高工作效率，并定期总结和检查工作。

2. 政协全国委员会各办事机构和一切工作人员都要明确树立为全国委员会全体会议、常务委员会议和主席会议服务，为各专门委员会的工作服务，为委员履行职责服务的指导思想。行政部门还要搞好为机关工作人员的工作和生活服务。一切工作人员都要树立廉洁奉公、办事严谨的作风，严禁以权谋私。

3. 政协全国委员会机关是统一的整体，各部门都要树立全局观点，在秘书长的统一领导下，相互配合，步调一致地开展工作，不断地提高服务质量。

4. 发扬民主协商精神，进一步搞好共产党与各民主党派及无党派人士的合作共事。在机关工作中，要充分发扬民主，认真听取不同意见，贯彻执行民主集中制。对在机关中担任领导职务的民主党派和无党派人士，要尊重他们的职责权限。在机关干部中，要注意增加民主党派成员和非党干部。

5. 认真做好信访工作。群众来信来访是政协联系群众的重要渠道之一，对群众反映的问题要认真负责地处理，信访工作中反映出来的重要动态和重大问题要及时上报。

6. 政协全国委员会各办事机构要加强调查研究。当前要着重研究治理经济环境、整顿经济秩序和全面深化改革中出现的新情况、新问题，研究中共十三大以后政协如何更好地发挥作用的问题，研究在政治体制改革中政协工作如何改进的问题。

7. 政协全国委员会机关的工作干部，都要努力学习马克思主义和社会主义初级阶段的理论，学习和领会党的方针政策，特别是新时期的统一战线政策，以不断地提高政治和业务素质。根据中央职务改革领导小组的统一部署和规定，结合政协机关的实际情况，认真开展专业技术职务的评定工作，进一步调动广大干部的积极性。

民盟六大在北京闭幕

会议以差额选举的方法选举产生了新的一届民盟中央委员会。这届中央委员会由250名中央委员和50名候补中央委员组成，平均年龄为59.2岁，比上届中央委员会年轻5.6岁。

这次大会还通过了新的中国民主同盟章程，明确地提出了中国民主同盟作为中国共产党领导下的多党合作制度下政党的基本任务、奋斗目标和十二条政治主张，并以此作为民盟的政治纲领。

9天来，出席大会的800多名代表审议了第五届中央委员会的工作报告，学习、讨论了中共中央致大会的贺词和中共中央十三届三中全会精神的传达报告，围绕我国新旧体制转换、全面深化改革时期的新任务和民盟组织的自身建设，提出了许多意见和建议。代表们认为，在过去的5年里，民盟紧紧围绕经济建设这个中心，坚持四项基本原则，坚持改革开放，努力为两个文明建设服务，不断开拓前进，取得了新的成绩。

大会执行主席苏步青、谈家桢主持了闭幕式。

闭幕式上，通过了《中国民主同盟第六次全国代表大会的决议》。决议指出，全体代表一致拥护中共十三届三中全会制定的治理经济环境、整顿经济秩序和全面深化改革的方针和政策措施。大会认为，只要举国团结一致，坚持贯彻以上的方针和措施，克服困难，继续前进，我国的改革事业必能获得成功。

决议提出，民盟要努力发挥政党功能，推进社会主义民主化的进程。要继续发扬与中国共产党亲密合作，共同前进的光荣传统，积极推进政治协商制度，通过参政议政，扩大参与国家事务的决策、执行和检查监督。同时要继续推动全盟同志积极投身于改革开放的实践，为社会主义现代化建设服务。

闭幕式上，通过了民盟第六次全国代表大会给彭迪先、李文宜等老同志的致敬信，向这些民盟的前领导人致以崇高的敬意和诚挚的问候。

全体代表还为今天上午逝世的民盟第五届中央副主席萨空了起立默哀，表达对这位高风亮节的老前辈深深的哀思。

费孝通致了闭幕词，他表示相信，民盟组织一定能团结一致，在社会主义、爱国主义旗帜下，为改革开放、为建设社会主义民主政治、为建设有中国特色的社会主义作出新的更大的贡献。

国务院批准深圳实行计划单列

国务院的批复指出，深圳市是我国的经济特区，又是毗邻香港的重要沿海城市，在实行对外开放、发展外向型经济中占有重要地位。为了进一步搞活深圳特区经济，加快实现沿海经济发展战略，国务院同意深圳市在国家计划中包括财政计划实行单列，并赋予其相当于省一级的经济管理权限。

国务院要求深圳市实行计划单列后，广东省人民政府要继续加强领导，国务院有关部门要积极给予支持。

中国第一座高能加速器北京正负电子对撞机首次对撞成功

这是我国继原子弹、氢弹爆炸成功、人造卫星上天之后，在高科技领域又一重大突破性成就。

北京正负电子对撞机是党中央、国务院决策建设的高科技工程。它包括电子注入器、贮存环、探测器及数据处理中心、同步辐射区等4个主要组成部分，是由数百种、上万台件高精尖专用设备组成的复杂的系统工程。它的建成和对撞成功，为我国粒子物理和同步辐射应用研究开辟了广阔的前景，揭开了我国高能物理研究的新篇章。

这项被认为是中国科学技术史上最大的科研工程，是邓小平同志在1984年10月7日奠基破土动工的。4年来，在党中央、国务院委托的北京正负电子对撞机工程领导小组卓有成效的组织指挥下，中国科学院高能物理研究所同中央10多个部委及所属的几百个工厂、研究所、高等院校近万名科技人员、工人、干部、解放军官兵，发扬自信、自立、自强的精神，充分吸取了世界先进技术，自力更生，艰苦奋斗，顽强拼搏，克服了重重困难，出色地完成了自行设计、研制、生产、安装、调试任务，创造了建设速度快、投资省、质量好、水平高的奇迹。昨日来京参加中美高能合作会议的李政道教授说，北京正负电子对撞机对撞成功，是国际高能物理界的一件大事。仅用4年时间就完成了如此复杂的高技术工程，这样快的速度在国际上是不多的。它能一次对撞成功，表明对撞机的各种设备、部件的质量、安装调试的水平在世界上也属一流。

据中国科学院有关人士说，北京正负电子对撞机今后将建设成为对外开放的国家实验室，根据它同时具有粒子物理和同步辐射应用研究的特点，它将成为跨部门、跨学科共同享用的实验研究基地。

目前，高能物理研究所的专家们正在继续进行调试和进行物理实验的准备工作，以求不断提高各种设备的稳定性，使亮度等各项指标尽快达到设计要求，并作出有意义的物理实验。

《彭德怀军事文选》出版

为纪念著名的政治家、军事家彭德怀元帅诞辰90周年，由彭德怀传记组编辑的《彭德怀军事文选》一书，由中央文献出版社出版，在全国公开发行。邓小平为本书题写了书名，杨尚昆撰写了序言。

《彭德怀军事文选》收入了彭德怀从1929年至1963年的军事著述和电报共65篇，其中绝大部分是第一次公开发表。这些文电反映了彭德怀在各个革命战争时期的军队建设思想和作战指挥艺术，反映了他在建国以后关于正规化、现代化军队建设和国防建设的基本方针和具体政策。

有关人士认为，这本书是彭德怀数十年战争实践的经验总结，是国内和平时期军队建设和国防建设的系统论述。它对于研究我军发展壮大的历史，研究我军克敌制胜的战略战术具有重要参考价值。

首届全国农运会在北京闭幕

国家副主席王震和李锡铭、彭冲等出席闭幕式，并向参赛的30个省、自治区、直辖市分别颁发了竞赛优胜奖、体育道德风尚奖和纪念奖。

四川温江篮球预赛区等6个赛区被评为“最佳赛区”，山东田径选手谢芳等10名运动员被评为“最佳运动员”。

肖鹏代表主办单位农业部、国家体委和中国农民体协向承办运动会的北京市政府赠送了纪念杯。

王震在致闭幕词时说，这次全国农民体育健儿进京比赛，表现出相当高的水平。可以说，一些未来的体坛新星，已经在这次农运会上闪光了。通过这次运动会，把农村群众性的体育活动更好地开展起来，必将有力地促进我国体育运动水平的提高。

他指出，通过这次盛会，我们高兴地看到，在党的十一届三中全会路线指引下，十年坚持改革，使我国农村充满了生机与活力，使广大农民焕发了新的精神风貌。

王震希望各级党和政府都要重视发展农村体育，增强农民体质，以促进农村改革的深化和经济的振兴，同时，发挥农村的优势使它成为输送体育人才的宝库，培养体育明星的沃土，为中华体育的腾飞作出积极贡献。王震最后称赞说，首届全国农民运动会的胜利举行，为我国农村体育运动史揭开了新的一页。

第二届全国农民运动会于1992年在湖北省举行。

国务院环境保护委员会发布《关于32个重点城市防治烟尘污染的决定》并发出通知

通知说，城市大气污染严重是人们普遍关注的问题，而防治烟尘污染是控制大气污染工作中的一项紧迫任务。现在确定先从32个重点城市做起。这32个重点城市是我国政治、经济、科学技术、文化教育和旅游的中心城市。先行做好这些重点城市防治烟尘污染工作，具有重要的意义。

被国务院环境保护委员会列为防治烟尘污染的32个重点城市是：上海、杭州、苏州、昆明、广州、南宁、海口、南京、武汉、成都、长沙、桂林、贵阳、南昌、福州、合肥、北京、天津、大连、哈尔滨、长春、郑州、银川、西宁、西安、沈阳、乌鲁木齐、太原、济南、石家庄、兰州、呼和浩特。国务院环境保护委员会的决定把上述城市分成5个类别，规定了各类城市到1990年必须达到的防治烟尘污染的具体目标。

国务院环境保护委员会的决定规定，各重点城市人民政府应根据所规定的目标，认真组织制订烟尘污染防治规划，结合城市不同功能区的要求，制订有关部门和单位的烟尘污染防治措施及烟尘排放削减量，并纳入城市总体规划、经济社会发展年度计划和各行业的实施计划。要把防治烟尘污染作为政府每年为人民群众办实事的重要内容，做到有部署、有检查，切实作出成效。

决定指出，位于重点城市的工矿企业，在1990年前，烟尘的排放必须达到国家或地方规定的标准。特别对位于城市居住区、文教区、游览区、商业区的企业，应从严要求。

决定指出，燃用型煤是防治烟尘污染的重要措施，也是节煤的有效途径。重点城市人民政府应当做好型煤的宣传、组织、推广工作，还应切实施行低硫、低挥发份、高热值的煤炭优先供应民用的方针。机械工业部门要组织生产定型的热效率高、排放烟尘少的新型锅炉和配套的除尘器，积极研制开发排污少的新产品，并会同有关部门做好推广工作。要限期淘汰污染重、热效率低的锅炉，加快锅炉的更新换代。重点城市的新建工业区和新建住宅区，应当结合热电联产或集中锅炉房实行集中供热，不得建分散的供热锅炉；对现有的住宅区和工业区，应结合城市建设和技术改造加快集中供热步伐，取代分散的供热锅炉。

决定规定，重点城市环境保护部门应加强对烟尘防治工作的监督，对限期达不到烟尘控制要求和违反有关规定的单位和个人，应视情节轻重，依据国家和地方有关环境保护的法规分别给予警告、通报批评、加收排污费、罚款、封炉等处罚。

国务院环境保护委员会发布《关于城市环境综合整治定量考核的决定》

按照这一决定，各城市将从1989年1月1日起实施环境综合整治定量考核，考核范围包括：大气环境保护、水环境保护、噪声控制、固体废弃物处置和绿化5个方面，共20项指标。

这一决定规定，各级人民政府组织有关部门检查各城市环境综合整治定量考核工作。各城市人民政府每年将定量考核结果报省级人民政府。省级人民政府将每年的城市环境综合整治定量考核结果向群众公布，接受群众的监督。

决定指出，实施城市环境综合整治定量考核将使城市环境保护工作逐步由定性管理转向定量管理。

国务院环境保护委员会是为了落实环境保护"七五"计划和七届全国人大一次会议通过的政府工作报告中提出的环境保护任务而作出以上决定的。

10月17日

中央军委主席邓小平在钓鱼台国宾馆会见罗马尼亚共产党总书记尼古拉·齐奥塞斯库

会见中，邓小平向齐奥塞斯库介绍了中国国内的情况。他说，我们总的情况是好的。1978年十一届三中全会制定的方针政策，经过10年努力，证明是正确的。10年前我们重新估价了国际形势，确定了内外政策。我们的对外政策是反对霸权主义，维护世界和平，目的是为了赢得一个国际的和平环境。我们根据这个判断，决定把我们的国内政策转到一心一意地搞四个现代化上去。邓小平接着说，10年中我们取得了可喜的发展，但是发展中也带来了问题。问题之一是我们的速度太快，所以，我们召开了又一个三中全会，来控制发展速度，治理经济秩序。我们要加强管理，要努力消除所有的腐败现象。

齐奥塞斯库祝贺中国在发展道路上所取得的重大成就。他说，现在罗马尼亚已经达到了相当好的生产力发展水平。党的十三大罗马尼亚决定，国民经济要搞集约化发展，要着重提高产品质量，提高科技水平。

邓小平说，社会主义的发展，要根据自己的实际，要多种形式，但是只能根据自己国家的具体情况，来制定发展战略和符合实际情况的政策。我们社会主义国家之间的经验可以相互参考借鉴，但是决不能照搬。成功的经验或失败的教训要自己去总结。

全国政协主席李先念在人民大会堂会见罗马尼亚共产党员总书记尼古拉·齐奥塞斯库和埃列娜·齐奥塞斯库

李先念在谈到国际形势时说，时代潮流要求和平，要求发展,现在谈战争不得人心了。他指出,两个超级大国现在既对话,也有争夺的地方。

李先念接着说:"中苏关系向好的方向发展,我们高兴;美苏关系改善,我们也高兴。"他强调,只要国与国的关系建立在和平共处五项原则的基础上,关系就可以搞好。几十年的经验证明,和平共处五项原则是经得起时间考验的。

民盟六届一中全会再次选举费孝通为民盟中央主席

著名社会学家、全国人大常委会副委员长费孝通再次当选为民盟第六届中央主席。

费孝通是江苏吴江人,早年就读于燕京大学、清华大学、伦敦大学,1944年加入民盟。几十年来,他先报发表各类专著50余种,并多次获国际性学会的奖章和高等学府的荣誉博士称号。

当选为民盟六届中央副主席的14人中有10人是再次当选。他们是:钱伟长、高天、叶笃义、谈家桢、陶大镛、千家驹、关梦觉、罗涵先、马大猷、冯之浚。新当选的副主席是:61岁的北京大学校长丁石孙、68岁的成都科技大学教授康振黄、64岁的山东大学女教授孔令仁和50岁的佛山大学校长谢颂凯。

新的一届民盟中央常务委员会由73人组成,他们的平均年龄为67.7岁,比上届中央常务委员会年轻9.7岁。

民盟六届参议委员会选举苏步青为参议委员会主任。

著名数学家、全国政协副主席苏步青再次当选为参议委员会主任。苏步青1952年加入民盟,曾任民盟中央副主席、复旦大学校长。

冯素陶、李文宜(女)、沈兹九(女)、陈敏之、林亨元、闻家驷、彭迪先、潘大逵当选为这个委员会的副主任。

常务委员共有39人,他们是(按姓氏笔画为序):田一平、冯素陶、刘开渠、许杰、江泽涵、苏延宾、苏步青、李文宜(女)、李何林、吴廷谬、吴春选、余瑞璜、沈兹九(女)、张乔啬、陈彦之、陈敏之、陈碧笙、林亨元、罗雄才、金锡如、赵今声、赵访熊、赵汝翼、赵超构、胡一声、闻家驷、贺麟、莫乃群、原政庭、顾敬心、钱端升、徐铸成、郭翘然、唐哲、常迥、章振乾、彭迪先、韩学章(女)、潘大逵。

费孝通参加了中央参议委员会第一次会议。他在讲话中希望参议委员会更好地发挥咨询和监督作用,帮助中央委员会做好民盟的各项工作,使新老同志能够密切合作,共同奋斗。

中央纪委发出通知要求各级纪委配合搞好税收财务物价大检查

中纪委发出关于配合有关部门搞好税收、财务、物价大检查的通知,要求各级纪委积极配合和大力协助税收、财务、物价大检查。

中纪委向各省、自治区、直辖市纪委,中直工委,国家机关纪工委发出的通知说,最近,国务院发出《关于开展1988年税收、财务、物价大检查的通知》,决定从今年10月起在全国范围内开展税收、财物、物价大检查。这是保证党的十三届三中全会关于治理经济环境,整顿经济秩序,全面深化改革决策顺利实施和加强纪律,做到令行禁止的重要措施。各级纪委必须积极配合、大力协助。在大检查中发现重要案件要配合有关部门,排除阻力,认真查清,严肃处理。

通知要求各省、自治区、直辖市纪委要将这项工作中的情况及发现的重要问题及时报告中央纪委。

第五十三届普格瓦什讨论会在北京开幕

会议的主要议题是"亚太地区和平与安全"。中国、美国、苏联、英国、日本等13个国家的44位专家和学者出席会议。

会议就区域安全概念、地区冲突、科学交流与合作、停止亚太地区军备竞赛等问题展开讨论。

普格瓦什会议是由东、西方科学家参加的国际和平组织。1957年7月,在加拿大的普格瓦什小渔村举行了第一届国际科学家会议。普会的目的是促进对和平与裁军的研究,使科学与技术的成果造福人类。

会议列举了影响本地区的中心问题和难题,其中包括:

——经济安全是保障军事安全和政治安全的重要先决条件。

——北太平洋是苏、美、中、日4国日益关注的焦点。北太平洋地区受苏、美海空军备竞赛和争夺的影响最为严重。

——促进亚太地区的共同安全必须要考虑其独特的文化和政治特征。

——有必要降低东西方海空竞争,继续争取本地区非核化,使朝鲜半岛的非军事区切实非军事化,降低中苏边界双方的军事水平,遏制日本的防务开支,以及探讨外国军事基地在本地区的积极和消极影响等问题。

由普格瓦什科学与世界事务会议和中国人民争取和平与裁军协会共同举办的这次讨论会在其总结报告中指出,只是实现消极和平(即没有发生战争)而不进一步争取积极和平(即经济发展和环境安全),将不会带来长期稳定。

报告还指出,北太平洋地区是偶发冲突危险最大和核军备最严重的地区之一。

这次在北京举行的会议讨论了地区安全、地区紧张局势和冲突、科技合作和交流,以及停止太平洋地区军备竞赛等问题。讨论会收到了26篇论文。

政协全国委员会副主席、中国人民争取和平与裁军协会会长周培源出席了闭幕式并致闭幕词。

重水反应堆冷中子源装置在中国原子能科学研究院建成

新华社报道:中国和法国科技合作项目重水反应堆冷中子源装置最近在中国原子能科学研究院建成。在亚洲,我国是唯一建成这种装置的国家。

国防科工委在北京举行授奖大会

大会表彰了长期奋斗在国防科技工业战线、为国防现代化作出杰出贡献的6000多名优秀工作者和先进集体。

长期以来,国防科技工业战线上的广大科技人员默默奉献,使我国国防事业取得了举世瞩目的成就。他们不仅完成了数千项常规武器试验,生产了大量的武器装备,而且在突破尖端技术方面,掌握了原子弹、氢弹、洲际导弹、人造卫星和核潜艇技术,使我国成为世界上5个独立掌握核技术和空间技术的国家之一。在国防科研方面,他们也取得了一系列重大成果,仅"六五"期间,就获得国家发明奖300多项、国家自然科学奖11项、国家级科技进步奖近500项,占全国获奖总数的27%。

为了表彰他们的英雄业绩,军委和国防科工委向长期战斗在国防科研第一线的6000名科技工作者颁发了"献身国防科技事业"荣誉证章和证书;向40多名在航空、航天、核武器、舰艇、枪支弹药、火炮、装甲、电子、计算机、测控、光学、材料、理论物理等方面的优秀专家颁发了荣誉状;给为国防科技事业作出重大贡献的14个单位和个人分别授予荣誉称号或记一等功。

刘华清、钱学森等出席了授奖大会,国防科工委主任丁衡高讲了话。

中国科协设立振华杯奖

振华基金会是继宋关龄基金会、残疾人福利基金会之后的又一个全国性民间基金会。

据介绍,创建振华基金会目的在于促进科技人员的学术交流、技术开发和人才培训。资助的重点是参加中国科协所属各种科技群众团体的会员,从事社会化的创造发明和研究开发活动。近期主要资助新技术、新工艺、新材料、新产品等应用性较强的开发项目,有重要科学意义,并为我国经济建设迫切需要的研究项目,特别是属于新概念、新构思、新方法等创造性较强的项目,以及近期可望取得经济效益的短平快课题。

基金会的经费依靠各全国性科技社团自筹和海内外民间渠道的捐赠。

基金会将设立几项奖励,"振华杯"是其中主要的一个。

国际食品安全问题讨论会议在北京召开

我国著名食品卫生专家戴寅教授在开幕式上说:"中国的食品卫生监督工作正在步履艰难地前进,从1973年开始建立食品管理体系,现在已初步形成。但这支队伍仍十分弱小,只有3万人,其中检验人员1.2万,监督人中1.8万。"

我国食品行业近年来发展很快,在国民经济总产值中已从"文革"前的第32位,上升到目前的第3位。全国已注册的企业约410万个,其中多半是分散的个体商贩。监督管理队伍人少力单,管不过来。因此,10多年来,我国一般大中型企业的食品合格率始终徘徊在70%左右,有相当多的乡镇企业生产的食品不合格。

戴寅说,我国每年食物中毒患者10万人次,其中1%死亡;在法定的传染病中,肠道传染病占65%。这说明食品卫生安全保障还存在较大问题,其中最严重的是个体摊商的卫生安全问题。

戴寅认为,健全和加强监督机构,制定覆盖面更大的法规细则,加强对群众自我保健能力和1000多万从业人员自觉守法的教育,是当前最需要抓的工作。我国掌握了世界最新的一些检测检疫方法,问题在于保障条件。

来自13个国家和地区的140多位食品卫生专家参加的这个国际学术会议,是由中国预防医学科学院和美国毒理学论坛联合举办的。

中国的60多位代表中,有近一半人来自各基层单位。

10月18日

国务院总理李鹏在人民大会堂会见即将离任和新任驻华大使

他们是即将离任的尼日尔驻华大使奥塞尔、厄瓜多尔驻华大使阿吉雷、阿拉伯也门驻华大使贾拉勒、波兰驻华大使邓鲍夫斯基、巴西驻华大使保罗·佛朗哥,朝鲜新任驻华大使朱昌骏,联合国系统发展业务活动新任驻华协调代表茅瑞。

李鹏说,即将离任的5位大使在他们的任期内对促进他们各自国家同中国的友谊和经济、技术、文化等方面的合作做了许多工作。李鹏希望他们回国后继续为加强这种友谊和合作关系作出贡献。

李鹏对朝鲜新任驻华大使和联合国系统发展业务活动新任驻华协调代表表示欢迎。他说,在他们履行他们的崇高职责中,中国政府和外交部将提供各方面的协助和方便。

李鹏说,中国实行改革、开放政策10年来取得了很大的成就,但当前也遇到了一些困难。他相信能克服这些困难。他说,中国明、后两年集中力量治理经济环境,是为了更好地前进,而不是停顿。

李鹏说,中国将继续贯彻执行独立自主的和平外交政策。中国希望在和平共处五项原则的基础上,保持和发展同世界各国的友好合作关系。

全国政协民委第一次全会在北京举行

会议根据党的十三届三中全会精神和七届全国政协常委会第三次会议精神,讨论了民族区域自治法的贯彻情况,研究了如何开展民族委员会的活动等问题。

全国政协副主席、全国政协民族委员会主任杨静仁在会上讲话说,维护祖国统一,坚持民族平等、民族团结和各民族的共同繁荣,是党和国家民族工作的基本方针和基本政策,也是全国政协民族委员会工作的出发点。

会上,国家民委有关方面的负责人介绍了全国民族经济、教育发展情况。全国政协副主席、国家民委主任、全国政协民族委员会副主任司马义·艾买提主持了会议。

中共中央政治局常委胡启立在人民大会堂会见日本民间工会联合会会长竖山利文一行

日本客人是应中华全国总工会邀请访华的。日本民间工会联合会成立于1987年,由日本原分属4大全国性工会的主要私营企业工会组成。它有会员550万人,是日本最大的工会组织。

胡启立称曾多次访问过中国的竖山利文是中国的老朋友,赞扬竖山利文长期以来致力于日中友好事业和日中两国工会之间的友好合作关系的发展。

竖山利文说,这次是他担任日本民间工会联合会会长以来首次访华。他指出,应当重视发展日中友好关系。日中友好,开展经济合作有利于世界和平。他表示日本民间工会联合会愿与中国工会一道,为世界的和平与发展作出自己的贡献。

胡启立对日本民间工会联合会的成立表示祝贺,并介绍了中国当前的改革等方面的情况。全国人大常委会副委员长、全国总工会主席倪志福会见时在座。

中罗发表联合新闻公报

在罗马尼亚共产党总书记、共和国总统尼古拉·齐奥塞斯库和埃列娜·齐奥塞斯库结束访华之际,中罗双方发表了联合新闻公报。全文如下:

应中国共产党中央委员会总书记赵紫阳同志和中华人民共和国主席杨尚昆同志的邀请,罗马尼亚共产党总书记、罗马尼亚社会主义共和国总统尼古拉·齐奥塞斯库和埃列娜·齐奥塞斯库同志于1988年10月14日至18日,对中华人民共和国进行了正式友好访问。

访问期间,罗马尼亚贵宾参观了北京的经济和社会文化单位,所到之处,受到了热烈的欢迎,这体现了中罗两国人民之间相互怀有的友好和尊重的感情。

中国共产党中央委员会总书记赵紫阳同志、中华人民共和国主席杨尚昆同志、国务院总理李鹏同志同罗马尼亚共产党总书记、罗马尼亚社会主义共和国总统尼古拉·齐奥塞斯库同志进行了会见和会谈。

中央军事委员会主席邓小平同志和全国政协主席李先念同志分别会见了尼古拉·齐奥塞斯库同志,并同他进行了友好的谈话。

在会谈中,双方相互介绍了本国的社会主义建设情况,深入研究了中罗关系的现状及其继续发展的前景,并就当前国际重大问题、国际共运和工运问题富有成效地交换了意见。会谈是在亲切、友好、相互尊重和相互谅解的气氛中进行的。

两国党和国家领导人特别满意地指出,中罗两党、两国和两国人民之间的传统友谊和团结合作关系不断得到巩固和发展,并指出,这完全符合两国社会主义建设利益和世界和平的利益。双方决心今后仍使这种关系建立在尊重民族独立和国家主权、权利平等、不干涉内政、互利和同志般的互助的原则基础上。

双方强调了高级会晤和会谈以及发展两党之间的关系,对于扩大和加深中罗在共同感兴趣的各个领域的合作的决定性的作用。双方强调,继续促进政治接触和对话,继续促进两国政府、议会和群众团体之间的合作具有重要意义。

双方对近年来,在扩大经济和科技合作并使之多样化和发展贸易方面所取得的成果给予积极评价。

同时,双方强调,两党两国决心为长期稳定地持续发展互利的经济关系而努力。双方认为,两国的经济、科学和技术的潜力,近几年所积累的经验,为两国在工业、能源、农业、运输和其他共同感兴趣的领域发展与扩大生产合作和科研合作,提供了新的可能性。

双方满意地看到,在扩大文化、教育、科学、新闻、卫生、体育及其他领域的相互联系与合作方面取得了重要的成果。双方认为,继续发展中罗两国在这些领域的合作,对于加强中罗友谊具有重要意义,并一致同意进一步促进这些合作。

两国党和国家领导人就当前国际生活中的问题广泛交换了意见,双方满意地看到,中国共产党和罗马尼亚共产党,中华人民共和国和罗马尼亚社会主义共和国对当今世界所面临的主要问题的立场是一致的或非常接近的。

两国党和国家领导人指出,在国际生活中,在核裁军和通过谈判解决争端问题等方面迈出了一些步子,世界出现了走向缓和的趋势。双方认为,这是世界人民反对强权政治和发号施令政策、为维护世界和平和国际安全进行坚持不懈斗争的结果。

同时,双方指出,国际形势仍然是矛盾和复杂的。通过改进和制造新式核武器,军备竞赛不仅在数量上,而且在质量上仍在继续;世界各地区的某些严重冲突没有消除;世界经济形势,特别是发展中国家经济形势恶化;强权政治和武力威胁政策、干涉别国内政和践踏其他国家和人民的独立和自由的政策依然存在。双方深信,只要全世界人民和所有进步力量联合斗争,就能制止爆发新的战争,维护世界和平。

双方表示希望,苏美通过谈判将达成关于停止军备竞赛、大幅度削减军备,首先是核军备的协议。这将符合世界各国人民的正当要求,符合世界和平与缓和的利益。

两国党和国家领导人强调,所有国家,首先是苏联和美国,必须作出一切努力,在实现一项分阶段的一揽子裁军计划方面达成新的谅解和采取新的行动,这个裁军计划应导致完全彻底销毁核武器、停止核试验和防止太空军事化。

中国和罗马尼亚主张消除化学武器和其他大规模杀伤武器,主张大量减少常规武器和军事费用。

在会谈中,两国党和国家领导人对于欧洲、亚洲、非洲、中美洲存在的问题给予特别的注意。双方讨论了欧洲裁军和加强信任、安全与合作的问题。双方指出,中东、波斯湾、柬埔寨、阿富汗、朝鲜半岛、南部非洲和中美洲存在的问题应该在没有任何外来干涉的条件下,根据这些地区各国人民的利益,和平、公正、持久地加以解决。

双方主张,通过和平途径和谈判解决国际争端,消除各个地区的紧张和冲突的根源,以利于世界和平、稳定与缓和。

中国和罗马尼亚强调,各国关系必须持久地建立在严格尊重民族独立和主权、权利完全平等、互利、互不干涉内政、不使用武力和以武力相威胁的原则基础上。双方表示坚决反对对它国内政的任何干涉,认为各国人民有权自己选择发展道路。

考虑到世界经济形势的严重性,中罗双方主张全面解决不发达问题,消除富国与穷国之间的差距,建立在国家关系完全平等与公正基础上的国际经济新秩序。双方表示,愿为实现这一目标而继续努力。

中国和罗马尼亚认为,中小国家、不结盟国家、发展中国家参加国际生活,加强它们在解决当代问题方面的作用,对于各国人民的利益和世界和平事业,具有十分重要的意义。

中国和罗马尼亚主张加强联合国在按照各国人民的利益解决当代世界重大问题方面的作用,主张联合国应为维护和平、促进发展、加强国际合作作出更大贡献。

两党和两国领导人对两国在国际舞台上的密切合作感到满意,并决心加强双方在这个领域中的接触和磋商,扩大双方在联合国和其他国际组织中的合作。

两党领导人认为,共产党、工人党之间的关系应当建立在独立自主、权利平等、相互尊重、互不干涉内部事务的原则基础上,应当尊重各党根据本国条件自主地制定政策、革命战略、策略和选择社会革命性变革道路的权利。

两党两国领导人对会谈和罗马尼亚共产党总书记、罗马尼亚社会主义共和国总统尼古拉·齐奥塞斯库同志和埃列娜·齐奥塞斯库同志访问中华人民共和国的成果,对所达成的协议表示完全满意,认为这是中罗友谊与团结的又一生动体现。相信这次中罗高级会晤将有力地推动两党两国之间全面合作的扩大并使之多样化,以利于中罗两国人民,以利于社会主义、和平、国际安全与合作的事业。

罗马尼亚共产党总书记、罗马尼亚社会主义共和国总统尼古拉·齐奥塞斯库同志和罗马尼亚社会主义共和国政府第一副总理埃列娜·齐奥塞斯库同志对在访问期间所受到的十分热情的和兄弟般的款待,表示衷心的感谢。

罗马尼亚共产党总书记、罗马尼亚社会主义共和国总统尼古拉·齐奥塞斯库同志和埃列娜·齐奥塞斯同志邀请中国共产党中央委员会总书记赵紫阳同志、中华人民共和国主席杨尚昆同志、中华人民共和国国务院总理李鹏同志访问罗马尼亚社会主义共和国。邀请被愉快地接受。访问日期将通过外交途径确定。

国办 中央军委办公厅发出通知专职武装干部着装仍按有关规定各地不得提高标准扩大范围

通知指出专武干部的服装,不属于国务院办公厅通知的清理范围,仍按中国人民解放军总参谋部今年4月16日《关于专职人民武装干部佩带人武工作专业符号的通知》规定执行。

通知说，各地不得提高服装标准，扩大发放范围。专武干部在参加集会、集训和带领民兵参加作战、执勤、训练等军事活动时，着规定的服装，佩带人武工作专业符号，其他时间着便服。

中国档案管理向现代化迈进

据《人民日报》报道，我国现藏档案约1.3亿卷左右。由于档案纸质酸性高，油墨、墨水质量低以及保管不善等原因，约有1/3的档案资料受到损毁的威胁，亟待抢救。为此，档案部门近年来致力于档案保护技术的研究。

国家档案局档案科研所研制成甲基碳酸镁液相去酸技术，对进馆档案进行去酸处理。中央档案馆等单位研制成长效抗霉驱虫灵。上海档案馆研制成库房相对湿度自动控制记录仪和多功能自动控制库房防护装置。这些科研成果都取得了良好的效果。

目前，各级档案部门已开始用计算机管理档案，缩微摄影技术也被应用到档案事业中来。与此同时，《档案著录规则》等也在档案界实行。

国家教委主任李铁映到上海考察教育工作

10月18日和19日，李铁映在考察上海教育工作时指出，教育系统师生员工要认真学习贯彻党的十三届三中全会精神，继续深化教育改革，改善教育秩序，健全约束机制，进一步提高教育质量和科研水平，培养出更多符合"四化"建设要求的"四有"新人。

李铁映听取了上海市教育领导部门关于教育改革和青春期教育试点情况的汇报，专门了解了华东化工学院开展教育改革的情况，并与上海教育界的人大代表、政协委员座谈，听取大家对深化教育体制改革和发展教育事业的思路。

在座谈中，人大代表和政协委员对目前教育界存在的一些严重问题提出了尖锐批评，对如何搞好教育改革、提高教育的地位提了建设性意见。李铁映肯定了大家关心教育事业的热忱，并就加强教育理论研究、发展社区教育和改革中小学教材等问题，共同进行了探讨。

上海市负责同志江泽民、朱镕基等参加了调查活动。

国务院学位委员会第八次会议在北京召开

会议透露，为加强大学本科教育，稳定博士、硕士学位授予单位，我国目前一般不再新增博士、硕士学位授予单位；并要逐步使博士生导师队伍年轻化，新增加导师要以中青年为主，年龄一般不超过60岁。

自1980年成立国务院学位委员会以来，目前，我国博士生在学人数已达近万人，截至去年年底，所授予的博士达1286人，超过同期国外学成归国的博士；所授予的硕士74182人。这标志我国高级专门人才的培养发展到一个新阶段。我国有权授予博士的学科、专业点已达1830个，博士生指导教师3798名；有权授予硕士学位的学科、专业点已达6407个。从1983年至今，我国还向美国、英国等10个国家和地区的30位著名学者、科学家、政治家授予名誉博士学位。这对加强我国对外学术交流和友好合作发挥了积极作用。

鉴于我国现在已有189所高等学校是博士学位授予单位，占本科院校的30.2%；有396所高等学校是硕士学位授予单位，占本科院校的63.2%，本届学位委员会认为，这个比例目前不宜再扩大，除个别高等学校确需新增为博士或硕士学位授予单位外，一般不应新增。我国博士生导师年龄老化问题比较严重，现在博士生导师平均年龄为64.6岁，年龄在65岁以上的达博士生导师总数的46.7%，而55岁以下的只占12.6%。因此，增加一批中青年博士生导师，改变导师队伍的年龄结构是非常必要的。

为此，本次会议决定，审核规定博士生导师的申报年龄，一般不超过60岁；在条件、水平相当的情况下，优先考虑55岁以下的中青年专家为博士生导师。

这次会议也是国务院正式批准调整后的国务院第二届学位委员会的首次会议。这届委员会80%都是新委员，平均年龄比上届下降15岁。会议还讨论了关于授予名誉博士的暂行规定，及学位委员会议事规则等。

国家教委颁布《全国各类成人高等学校招生考试大纲》(试用本)

这是我国制定的第一部考试大纲。据了解，这部大纲作为明年成人高考命题的依据之一，将于10月下旬与考生见面。明年命题工作将按《考试大纲》中规定的各种知识内容比例、各种题型比例及试题难易程度比例安排试卷。《考试大纲》中规定的"能力层次"部分，明年暂不要求。为了方便考生了解试卷结构，考纲中还附录了试题示例。

国家教委考试管理中心的有关人士介绍说，对于成人高考这样的全国性大规模考试，需要依赖一个科学的《考试大纲》对命题、考试内容、形式予以约束。他说，《考试大纲》的制定不仅为试题的稳定提供了必要的保证，并且增加了考试的透明度，这也是对现有考试制度的一项改革。

周恩来研究国际学术研讨会在天津举行

来自苏联、美国、日本、英国、法国、联邦德国、朝鲜和国内的100多位周恩来研究方面的专家学者，聚集周恩来的母校——天津南开大学，参加由南开大学发起的"周恩来研究国际学术研讨会"。

这次研讨会将围绕周恩来与中国革命；周恩来与中国社会主义建设；周恩来思想及品德等专题进行认真的、实事求是的讨论。

全国水资源与水土保持工作领导小组成立

这个新成立的领导小组，是国务院协调、审议全国水资源与水土保持工作的机构。其主要职责是：审核全国大江大河综合规划；处理协调省际的重大水事矛盾；处理部门之间有关水资源综合利用方面的重大问题；审定全国水土保持工作的重要方针、政策和重点防治中的重大问题。

全国水资源与水土保持工作领导小组办公室设在水利部，不另增编制，办公室主任由水利部一位副部长兼任，其日常工作由水利部的有关职能司承担。

领导小组组长由国务院副总理田纪云担任，水利部部长杨振怀任副组长，全国政协副主席钱正英任顾问。

10月19日

国务院总理李鹏在钓鱼台国宾馆会见日本投资环境考察团团长池浦喜三郎一行

在谈到中共十三届三中全会关于治理经济环境、整顿经济秩序的决定时，李鹏说，中国在压缩基本建设规模中，压缩的重点是非生产性的、重复的建设项目。他说，对已签约的中外合资和合作项目以及已商定的政府贷款项目都要继续执行。

李鹏指出，在新的合资项目中，也要注意避免重复性项目，但对某些生产出口产品的项目还是欢迎的。

池浦喜三郎谈了对中国投资环境的看法。他希望中国能进一步改善投资环境，如加强立法、电力生产等，以便吸引更多外国投资者。

全国政协主席李先念在人民大会堂会见日本日中友好会馆会长古井喜实一行

李先念应古井的要求谈了中苏关系问题。他说，中苏关系正常化目前主要的障碍还是柬埔寨问题。苏联在促使越南尽早全部从柬埔寨撤军的问题上是能够有所作为的。他说，中国外长将于今年内访问苏联。如两国外长会晤有积极成效，中苏两国首脑有可能明年会晤。但这只是一种可能性，因为这不是一厢情愿的事，要互相谅解，互相信任，解决问题才行。

李先念还回答了古井先生提出的有关当前中国经济形势的问题。古井表示，在中国的经济建设中，日本方面愿努力加强合作。

古井一行是应中日友好协会邀请于18日抵京对中国进行友好访问的。85岁高龄的古井先生是中国人民的老朋友，自1959年以来曾多次访华。他曾是中日备忘录贸易的日方主要负责人之一，并曾担任日中友好议员联盟会长。

日中友好会馆设在东京，是一个在中日两国政府关心下，为中国留学生和进修生提供服务的设施。

全国宣传部长会议在北京召开

讨论和部署了将在全国城乡广泛深入开展的形势教育，以使全国上下统一思想，统一行动，齐心协力地完成党的十三届三中全会提出的各项任务。

中共中央政治局常委胡启立、中央书记处书记芮杏文就如何进行形势教育、做好宣传工作到会听取了意见。胡启立在会上说，十三届三中全会是很重要的会议，会议作出的决策是符合实际的，受到了人民群众的普遍拥护。他要求各级党委切实加强对形势教育的领导。通过广泛深入的形势教育，把广大干部、群众吸引到治理经济环境、整顿经济秩序，全面深化改革的工作中来。芮杏文强调，要帮助人们正确理解三中全会的精神实质，正确理解治理、整顿与深化改革的关系，增强大家克服困难、做好改革建设工作的信心。他们还要求加强社会主义精神文明的宣传，发挥我们的政治优势，加强和改进思想政治工作。形势教育和宣传工作都要注意效果，讲究方法。

在这次由中宣部召开的为期4天的会议上，各省、自治区、直辖市、计划单列市党委和中直机关工委、中央国家机关工委、解放军总政治部的宣传部长及有关部门负责人就如何广泛深入地开展形势教育，进行了热烈认真的讨论。中宣部部长王忍之、副部长王维澄、李彦在会上讲了话。

会议认为，中央决定，党的十三届三中全会后在全国城乡开展一次形势教育是非常必要和及时的。这次形势教育的主题应是学习、贯彻党的十三届三中全会精神，努力把治理经济环境、整顿经济秩序、全面深化改革的任务变成全国广大干部和群众的共同认识和积极行动。

会议强调，形势教育要坚持实事求是。改革十年来，我们的社会主义现代化建设取得很大成绩，但当前在前进道路上也存在不少困难和问题。要向干部和群众实事求是地把成绩讲够，把困难讲透，把办法讲明，把前景讲清。要力求用科学清醒的分析、判断和观察问题的正确观点、方法，统一党内外的认识，增强克服困难的信心和勇气，同心同德地完成中央提出的任务。

与会同志认为，形势教育是党的基本路线教育的进一步深化。进行这一教育要同理想、道德、纪律教育结合起来,依靠党的领导的政治优势,加强和改进思想政治工作,发挥精神力量、道德力量对人民的鼓舞、凝聚作用。要通过正面教育、民主对话、多种形式的群众自我教育和广泛的疏导、交流,提高形势教育的针对性和有效性。要加强和改进报刊、广播电视的形势宣传,对社会舆论正确引导。要坚持辩证法,防止片面性。同时,要坚持边教育边整治,用扎扎实实解决问题的行动提高形势教育的说服力。

会议确定,今冬明春要着重抓好对党员,特别是对县级以上党员领导干部的形势教育。当前首先要抓好对城市党政机关党员、干部的教育;在此基础上向高等院校和大中型企业展开;然后再在农村和其他方面进行形势教育。

中组部在大连召开加强后备干部培养工作座谈会

这次加强后备干部培养工作座谈会认为,在干部工作中,如果没有竞争,就难以广泛地发现人才,另一方面,如果没有对优秀人才有意识、有计划的培养,也不能保证高层次竞争的需要。片面强调人才自然成长的观点,是不符合人才成长规律和人事管理学的一般原理的。

座谈会提出,当前应主要抓以下工作:

——认真做好领导干部需求预测和组织结构分析,根据领导班子建设的近期和远期需要,制订好后备干部的培养计划。要采取特殊办法,加强对妇女干部、少数民族干部、非党干部的选拔、培养。

——对后备干部实行交流,使他们能在多种岗位和不同地区任职。后备干部的轮岗交流要注意结合领导班子的换届选举进行。

——根据需要,有计划地选送后备干部到党校、行政学院或其他管理干部学院培训。

——对后备干部的考核,在注重实绩的同时,还要重视他们的政治素质和发展潜能。

国办批转国家税务局《关于加强批发扣税工作的请示》报告

要求各级政府把批发扣税作为加强税收征管,保护合法经营,保证国家财政收入的一项有效措施来抓。

国家税务局给国务院的请示报告说,批发扣税是根据中共中央对个体商贩和一部分集体商业零售企业在进货时,由批发单位代扣代缴零售税的办法。这一办法在执行中有效地制止了偷税漏税,自1983年10月到1987年年底为止,批发扣税额总计达41.1亿元,其中1987年扣税额为13.3亿元。

请示报告说,一段时期以来,批发扣税工作出现了一些值得注意的问题,主要是有的地方政府为了本地区的利益擅自停止执行批发扣税;一些企业,特别是工业企业和集体商业企业,为了拉生意,不按规定扣税;有些税务机关监督检查不严,处罚不力,造成漏洞。

对此,国家税务局的请示报告提出,各级政府和企业主管部门要树立全局观念,加强对本地区、本部门批发扣税工作的领导,凡擅自停止扣税的地区,要立即纠正过来;对于管理偏松的地区,要组织有关部门认真研究加以改进。一切经营批发业务的工业、商业企业及其他企业,都必须遵守国家有关批发扣税的规定,认真履行代扣营业税义务,不得以不扣税作为招揽生意的手段。对不按规定履行代扣义务的,一律按偷税漏税处理。各级税务部门要进一步完善批发扣税的办法,采取切实有力的措施,加强对批发扣税工作的管理和监督。对玩忽职守或徇私情而导致漏扣税款的要追究责任,严肃处理。

国务院副总理田纪云在上海视察养鸡业

在中共上海市市委书记江泽民、市长朱镕基陪同下,田纪云同志视察了上海大江有限公司。

田纪云在视察时说,肉鸡营养价值不比猪肉低,而且饲料用粮比猪省得多,又适于规模经营。要积极发展养鸡业,争取使鸡肉价格低于猪肉价格,逐步调整我国居民的肉食结构。

上海大江有限公司是中泰合资企业,1986年创办以来,依靠"外引"带动内联,推广大规模集约化经营和分散经营相结合的方式发展养鸡业,形成饲料生产、种鸡繁育、肉鸡饲养、屠宰加工、内外销售、技术服务的综合体系,被称之为"农牧业现代化的一项实验工程"。两年间,公司已先后上市肉鸡1291万羽,其中出口1103万羽,占全市冻鸡出口量的80%以上,成为我国冻鸡出口的一个重要基地,田纪云副总理称赞说:"你们走出的这条路子方向是对的,养殖业搞规模经营,实践证明效果是好的,而且也可以把农民吸引进来,带动他们走上致富道路。"

公司董事长杜述古汇报说,目前中泰双方对这个项目的合作关系是满意的,企业的生产经营状况很好,双方利润均分,赚人民币分人民币、赚外汇分外汇。田纪云同志说:"出口多、外汇也多,这是合情合理的。可以说,你们是合资经营企业中比较成功的一家。"

台籍老兵返乡探亲协进会在北京成立

这个协进会由滞留在大陆的台湾省籍原国民党军人组织建立的。其成员均是1946年年底被国民党军队欺骗、胁迫而到大陆打内战的,目前大约幸存千余人。

协进会会长、原国民党军七十师二七九团士兵徐光麟表示，该会将分批派代表与台湾当局驻外包括第三地区机构进行直接交涉，为实现返乡探亲愿望而竭尽全力。

会议宣读了协进会宣言以及致国民党主席李登辉的信。宣言说，我们这些尚存的老兵今生最大的愿望就是能够回到久别的故乡，探望自己的父母妻儿，为生者尽孝尽责，为死者扫墓致哀。

宣言说，台湾当局至今仍不允许当年为国民党效劳的台湾省籍老兵回乡探亲，我们年迈的父母日夜盼儿归，而花甲之年的儿子却只能在梦里泪见双亲，难道这符合人道原则吗？宣言表示，协进会愿同台湾岛内和海外支持大陆台籍老兵返乡探亲的团体及各界人士共同努力，为争取返乡探亲的实现而奋斗。

协进会在致国民党主席李登辉的信中说，开放大陆台胞回台探亲，是我们台籍老兵的强烈愿望。但是，台湾当局的"大陆政策"对此却作了种种不合理的限制。这完全是违背人道主义的。这封信最后说，您作为在台执政的国民党首脑，应该为改善两岸人民的往来多做有益的工作。

台盟中央、全国台联、台盟北京分部、北京市台联、台湾同学会、黄埔同学会、中国红十字会代表参加了成立会。

国务院教育工作研讨小组邀请首都各界人士座谈深化教育改革

中共中央政治局委员、国务委员、国家教委主任李铁映同志主持了情况介绍会，向各界人士介绍了《关于深化教育体制改革和发展教育事业若干问题的思路》。

阎明复、胡乔木、周谷城、雷洁琼、方毅等参加了情况介绍会，并分别主持了全国人大、中央顾问委员会、全国政协和各民主党派的座谈会。

连日来，各界人士畅所欲言，各抒己见，对如何改革和发展我国的教育事业，提出许多宝贵的意见和建议。

与会的许多人士对中央着手制定从现在起到本世纪末12年内我国教育事业发展战略感到振奋，认为在广泛征求意见的基础上，总结教育事业发展和改革的经验，探索深化改革和发展教育事业的新路子，做法是好的。这样下去，我国教育事业的振兴和发展是有希望的。

同时，许多人士对教育界近来出现的诸如厌学情绪、师生流失、思想品德教育和政治思想工作薄弱等问题表示忧虑。对各行各业存在着的劳动者素质不高的现象表示担心。一些人士认为，党的十三大提出了"百年大计，教育为本"，但是有相当一部分领导，并没有从思想到行动把教育事业摆在战略的首要位置上，在经费的分配上，许多地方依然是"一工交，二财贸，有了余力抓文教"。现在，必须把各级领导的认识统一到"教育必须为社会主义建设服务，社会主义建设必须依靠教育"上来。对发展教育事业要有强烈的紧迫感，否则实现经济腾飞是不可能的。一些人建议，应采取过硬措施，把办教育好坏，作为考核各级党政干部政绩的重要标准之一。

对于社会普遍关心的教育经费问题，大家一致认为国家应下决心增加教育投入。坚决压缩基本建设规模，特别是楼堂馆所建设，抑制高消费，把节省下来的钱用于办教育。同时，教育经费的筹措不能只依靠国家，应调动社会各方面的积极性，把教育事业当成人民自身的事业，通过多种渠道增加教育投入。还有人提出，目前有限的教育经费使用效益不高，学校人员臃肿，结构不合理，要深化和加速教育内部机制的改革，提高教育经费的使用效益。

不少人士提出，发展教育事业的关键是建立一支合格稳定的教师队伍，当前急需解决的问题是提高教师的社会地位和工资待遇。同时，还要优化教师队伍的劳动组合，减少冗员，改变目前师生结构不合理的状况。

各界人士认为，教育是一切发展的基础，而中小学教育则是整个教育的根基。发展教育要把基础教育放在首要位置，同时要刻不容缓地发展职业技术教育，这是提高千百万劳动者素质的根本措施。

许多人士还建议，要依照宪法规定，把精神文明建设作为教育的重要职能，必须强化学校教育中的思想品德和公民意识的教育。

李铁映同志参加了各界人士的座谈会，听取意见。他代表国家教委对各界人士所提的意见、建议，对教育事业的关心、支持表示感谢。他说，我们的民族能否在下个世纪摆脱被动的历史地位，关键之一是解决好教育问题。我们的教育担负着培养适应21世纪社会、经济、科技发展所需人才和提高全民族素质的重大使命。从现在起到本世纪末的一段时间里，我们要构筑起符合下个世纪需要的教育体系。经济和科技的竞争，说到底是民族素质的竞争。谁能掌握21世纪的教育，谁就真正进入了21世纪。教育是一项巨大的社会基础工程，需要全社会的参与和支持。对教育重要性认识程度的提高，能够真正做到尊师重教，标志着一个民族意识上的觉醒。对于发展教育事业的问题，今后将继续听取各界意见，希望各界积极参加教育问题的讨论。

参加座谈的还有国务院20个部委、团中央、北京市和中国教育工会的负责同志。在京的国家教委副主任、兼职委员和部分司局领导也到会听取意见。

高技术开发区研究课题在中国科学院通过专家鉴定

著名科学家钱三强出席并主持了鉴定会。

这项研究是国家科委于1986年委托中国科学院科技政策与管理科学研究所承担的。

课题组组织北京理工大学、北京大学等25个单位的100多名科技工作者，借鉴国外的经验和有关理论，紧密结合我国实际，对建立具有中国特色的高技术开发区所应采取的战略思想、发展模式、选址方案、选项准则、管理体制和政策环境等进行了分析研究。

课题组组长赵文彦、陈益升在介绍这项成果时说，建立高技术开发区不能一哄而起，经过3种方案的比较选择，应以北京中关村、上海漕河泾、武汉东湖、深圳科技工业园和天津南开作为我国第一批高技术开发区的试点。希望国家在有关政策方面给予必要的支持。

10月20日

国家主席杨尚昆在人民大会堂设宴欢迎安哥拉人民共和国总统若泽·爱德华多·多斯桑托斯一行

杨尚昆在讲话中高度评价了安哥拉政府和人民为实现国内和平、发展经济所进行的不懈努力和为支持南非人民、纳米比亚人民的正义斗争作出的积极贡献。

杨尚昆指出，目前通过谈判对话谋求和平解决南部非洲问题的趋势在增强。我们希望有关的谈判和对话能导致南部非洲问题的公正合理解决。中国政府和人民赞赏和支持安哥拉和其他前线国家为缓和地区紧张局势、实现纳米比亚独立所进行的各种努力和提出的合理建议与主张。中国政府谴责南非当局继续推行种族隔离制度，呼吁国际社会向南非当局施加更大的压力，迫使其彻底废除种族隔离制度，尽早结束对纳米比亚的非法占领，完全停止对安哥拉等邻国的威胁和侵扰，以实现南部非洲地区的和平与稳定。

杨尚昆强调，中国对外奉行独立自主的和平外交政策。巩固与发展同广大非洲国家的团结合作始终是我国外交政策的一个重要组成部分。

在谈到双边关系时，杨尚昆说，建立在和平共处五项原则基础上的两国之间的友好合作关系得到了良好的发展。我们高度赞赏多斯桑托斯总统为此所作出的重要贡献。继续加强中安友谊与合作是中国政府坚定不移的方针。

多斯桑托斯总统在致答词中回顾了两国关系的发展历史之后说，我们在密切关注着贵国的社会变革和现代化进程。因为我们也正在执行一项整顿经济财政的计划，此次访问能亲眼看到你们进行的非凡试验对我们来说是很重要的。

他说，对安哥拉来说，最重要的是了解中国执行的发展战略和使用中等技术方面的经验，以利于我国的经济发展。我们愿就共同感兴趣的领域内的合作同中国进行完全开放的深入探讨。

全国人大常委会副委员长彭冲，国务委员王芳、外交部部长钱其琛、陪同团团长、铁道部部长李森茂等出席宴会作陪。

国家主席杨尚昆在北京会见由主席什塔丁盖尔·伊斯特万率领的匈牙利国民议会代表团

在会见时，杨尚昆说，中国改革十年取得了很大成就，也出现了问题，这些问题有的是预料中的，有的是没有预料到的。

在谈到当前出现的生产发展速度过快、基本建设规模过大，通货膨胀等问题时，他告诉代表团中共十三届三中全会已作出决定，要采取措施解决这些问题。但克服这些困难还需要时间。

杨尚昆说，社会主义的道路并不是一直平坦的，搞社会主义建设也没有一个固定的模式。每个国家应根据自己的国情来决定如何进行经济建设。中国过去曾受过一定的模式限制。那种模式有积极的方面，也有消极的方面。

他认为，消极方面主要是不能把人民的积极性充分发挥出来。所以，10年前，中国决定首先在农村进行改革，把占人口80%的农民的积极性调动起来。农村改革取得一定成绩后，才开始进行城市改革。

在谈到两国关系时，他说，中匈两国、两党关系很好。匈牙利在改革方面有许多好的经验值得学习。

什塔丁盖尔主席说，他的代表团在访问中看到了中国人民在坚定地进行改革。问题在每一个社会主义国家都有，但要发现的越早越好，并能有具体措施解决这些问题。

他说，匈中两国有共同点，也有不同点，加强两国间的友谊和合作是有益的。

全国人大常委会副委员长廖汉生等参加了会见。

国务院副总理吴学谦在中南海紫光阁会见国际青年旅游组织联合会执委会部分成员

这些成员是来中国参加国际青年旅游组织联合会在北京召开的第三十八届年会。

吴学谦对他们说，国际青年旅游组织联合会的年会在非正式成员国的中国召开，还是第一次，我们很高兴能和世界上最大的青年旅游联合组织交流、合作。

他说，中国的旅游业是新兴事业，经过短短 10 年的发展，接待外国游客的客房基本解决，住的问题不大了，但交通供不应求。现在我们正在着手解决管理和服务的问题。我们欢迎世界各国的朋友到中国来旅游，更希望同世界各国的青年广泛交流。

当该联合会秘书长拉冯先生谈到，他对中国的建设成就感到惊讶，称北京是世界上变化最快的城市之一，到处是新建筑时，吴学谦说，目前我们的经济存在过热现象，并在着手纠正。我们也注意到了高档饭店多，中低档饭店少的问题，今后我们将重点发展中低档饭店。

这位秘书长还称赞中国青年旅行社为此次会议提供的技术服务达到了国际标准。

外交部发言人李金华在新闻发布会上谈柬埔寨等问题

李金华说，在越南从柬埔寨撤军以前，中国将继续向柬埔寨三方抵抗力量提供力所能及的援助。这种援助是支持他们抵抗越南侵略的。

这位发言人在回答记者提问时还指出，至于柬埔寨三方内部的事情，那是他们之间协商的问题，中国不干预。

她指出，当前，解决柬埔寨问题的关键是越南尽快从柬埔寨全部撤军。越南撤军后，柬埔寨的内部事务应当由柬埔寨人民自己协商解决。中国不希望柬埔寨打内战。

关于中苏关系，李金华说，如果中苏外长莫斯科会谈进行顺利的话，中苏高层会晤就能早日举行。她还说，中苏两国关系现在还没有正常化，就是因为还存在三大障碍。目前所做的努力就是为了消除这三大障碍，从而使两国关系得以正常化。

中国建成现代化干部统计系统

据《人民日报》报道，我国最近首次采用“全国干部统计微机汇总系统”软件，顺利完成了 1987 年度全国干部定期统计汇总工作。这是我国在实现干部统计手段现代化方面迈出的可喜一步。

过去，我国干部统计工作都采用手工方式，既费时费力又不够准确。近几年来，随着干部、人事制度改革的深化，干部统计内容的不断充实和调整，统计工作的难度和复杂性日趋增加。为确保准确及时提供统计数据，1986 年中央组织部委托上海市委组织部，组织上海市政工程局计算中心研制“全国干部统计微机汇总系统”软件，并于 1987 年年初投入试运行。之后又进行软件调整、优化和人员培训。在进行 1987 年度全国干部定期统计汇总工作中，全国除一个自治区外，其他省、市、自治区都运用这一软件报送了数据软盘。汇总结果表明，这套系统运算准确、逻辑关系严密，操作方便，而且具有输入、查询、修改、打印等多种功能。

海峡两岸图书展览会在上海举行

这是首次在沪举办海峡两岸大型图书展览会。共有 2.4 万余种图书参展。

展览会是由中国同源公司、中国出版对外贸易总公司、台贸国际有限公司联合举办的。大陆 300 家出版社提供了数千种图书，台湾 100 家出版社带来了新版书籍 4000 余种。举办这次书展是为了增进大陆同胞对台湾的了解，使台湾民众有更多的机会了解大陆，为弘扬中华文化而努力。

《海南岛综合开发规划》编制完成

这部规划是由中日专家合作编制，对海南岛经济条件和开发现状进行了比较详尽地介绍。

这个规划经国家批准，由国家计委国土局和日本国际协力事业团合作编制。它科学地分析和评价了海南岛的开发潜力，借鉴国内外经济发展的经验，提出了海南岛开发的方向、目标、战略和项目，并进行了经济开发的布局。

规划以 2005 年为目标年度，设定海南岛的经济发展目标：按 1980 年价格计算，社会总产值从 1985 年的 60 亿元增加到 344 亿元，人均约 4400 元；国民收入从 1985 年的 30 亿元增加到 150 亿元，人均约 1900 元，稍高于当时全国平均水平。

中国国际武术节在深圳闭幕

中国国际武术节最后一项活动——武术散打邀请赛在深圳结束。中国选手获得 52 公斤级、56 公斤级、60 公斤级、65 公斤级和 70 公斤级冠军。75 公斤级和 80 公斤级冠军分别由墨西哥和比利时选手夺得。

北京医学工作者首次证明人脑含脑钠素样物质

北京市神经外科研究所和北京医科大学在世界上首次证明了人脑中含有脑钠素样物质，这一成果 10 月 20 日通过了专家鉴定。

脑钠素是由 26 个氨基酸组成的一种生物活性多肽。今年 3 月，日本学者在猪脑中发现了一种新的多肽，命名为脑钠素。从今年 5 月开始到 8 月，我国医学研究人员就用可靠的方法首次证明了人脑组织和脑脊液中含有脑钠素样物质，并确定其为两种分子形式。经研究：人体的脑钠素样物质具有扩张血管、利尿等作用，能显著增加脑血流量。

10月21日

中共中央总书记赵紫阳在中南海会见安哥拉总统若泽·爱德华多·多斯桑托斯

国务院总理李鹏在人民大会堂与安哥拉总统若泽·爱德华多·多斯桑托斯进行会谈

李鹏总理在向客人介绍我国经济建设发展情况时说,中国搞社会主义将近40年。这40年中,我们取得了很大成就,但也有不少错误,走了不少弯路。最大的错误是夺取政权后,对我国的中心任务不清楚。就是说,是搞经济建设呢,还是继续搞阶级斗争。在一个相当长的时间内搞了阶级斗争。这个错误政策,直到1978年我们党十一届三中全会时才得到纠正。三中全会决定我们集中力量搞经济建设,执行改革开放政策。

多斯桑托斯总统也向李总理介绍了安哥拉国内的经济建设情况。他说,我国政府已通过了整顿财政、经济纲要,决心改善经济领导体制,调整建设政策,整理财务,目的是要改善人民生活,增强生产能力。李总理对安哥拉政府为恢复和发展自己的经济所做的努力表示欣赏。

全国人大常委会委员长万里在北京会见由新加坡总检察长陈文德率领的新加坡检察代表团

在会见时,万里说,中国同新加坡有着很好的关系,两国在各个领域内都有良好的合作。他指出,新加坡在法制建设方面有丰富的经验,很值得中国学习。

陈文德表示,在法制建设领域里新加坡同中国应该相互学习。他说,一个健全的法律秩序是经济发展的保证。

万里在会见时赞扬了新加坡的国内政策。他说,新加坡根据本国国情,制定了正确的政策,在政治、经济、贸易等领域取得了很大的成就。

在谈到目前中国改革中出现的一些问题时,万里说有些问题是由于中国的法律制度不健全,出现了许多有法不依,执法不严的现象。所以在加强法律的监督和检察作用,特别是加强法律在经济建设中的作用上,我们还有很多工作要做。他希望陈文德一行在中国访问期间,多介绍一些新加坡在这方面的经验。

最高人民检察院检察长刘复之会见时在座。

全国政协主席李先念在全国政协礼堂会见出席全国政协民族委员会第一次全体会议的委员

国务院在北京召开第22次常务会议

会议审议并原则通过了《中华人民共和国审计条例(草案)》和《土地复垦规定(草案)》,决定修改后公布施行。

中国工会第十一次全国代表大会预备会议在人民大会堂举行

会议通过了大会主席团、秘书长名单,以及大会选举办法等7项议程。大会主席团由157人组成。

预备会议结束后,新选出的大会主席团举行了第一次会议,听取并通过了大会代表资格审查委员会的代表资格审查报告,推选出大会主席团17位常务主席和9位副秘书长名单。

审计署 监察部 财政部联合发出通知提出地方财政收支大检查内容

通知规定,这次大检查的主要内容是:有无政策上乱开口子和违反规定越权减免税的问题;有无弄虚作假,截留、隐瞒和转移财政收入,虚列财政支出,决算不实的问题;有无乱拉预算内、外资金搞国家计划外基本建设,特别是建楼堂馆所的问题;有无擅自扩大税收分成范围,提高分成比例,多提多留以及违反规定乱支乱花、铺张浪费等问题;财税机关自身财务收支有无违纪问题。

这次检查仍采取普遍自查与重点检查相结合的方法。在普遍自查的基础上,由审计机关组织对下一级财政收支进行重点检查,重点检查面要求达到30%。自查工作要在明年2月底结束,并同时将自查和纠正的结果报上一级审计、监察和财政部门。重点检查工作要在明年5月底结束。对检查出的违纪问题,按有关规定予以经济处罚和政纪处分。

"联想—科印"微机排版系统问世

据《人民日报》报道,北京两家技术力量雄厚的科技开发实体——中科院计算所公司和中国印刷科技研究所,日前组成高科技联合体,并推出它们的首批产品——"联想—科印"微机排版系统。

这两家科技开发实体组成高科技联合体后,将致力于以最新计算技术为手段,联合开发先进、实用的印刷排版系统。现已推出的"联想—科印"系统,综合了联想式汉字系统与科印排版系统的优势,是对电脑排版工艺的重大突破。它把排版工作由照排机转移到普通微机组成的前端系统。整个系统在联想式汉卡环境下工作,稿件的输入、编辑、排版工作方便、迅速。

国家教委就当前社会力量办学中存在的问题发出通知要求各地教育部门贯彻执行

通知指出，社会力量办学属地方教育事业，主要应为本地区经济建设和社会发展服务，社会力量举办面向社会招生的各级各类学校（举办具有颁发国家承认学历证书资格的各级各类学校除外）或教学管理机构，均须由其所在地教育行政部门根据国家有关规定和程序审批，并纳入地方教育行政部门统一管理。未经地方教育行政部门批准不得办学，其他部门或单位无权审批这类学校。

通知说，前一个时期，一些社会力量举办了在一地设总校、由总校或总校主办单位自行批准跨省（市）设置分校的"学院"或"大学"，并自行决定在各地招生。几年来办学情况表明，这种自成体系、脱离当地教育行政部门领导和管理的办学形式，存在较多弊端。有的已给社会造成不良影响。通知规定，今后，不能再举办和审批跨省（市）设分校招生的学校。对已经举办了分校或其他教学管理机构的学校要进行整顿：分校或其他教学管理机构须到所在省、自治区、直辖市的教育行政部门办理审批手续，一经当地教育行政部门批准，即成为独立的办学实体。分校或教学管理机构与"总校"是平等关系，不存在从属关系。社会力量及其所办学校无权批准建立分校或教学管理机构。

通知指出，前几年，有的学校未经教育部门许可，擅自向学员许诺了文凭，而且还作了包括安排工作在内的许多其他许诺。现学员已经或即将结束学习，要求政府承认其学历和给他们分配工作，这类问题带有一定普遍性。通知强调，学历文凭是国家教育水平的标志，体现了国家对劳动者素质的要求。因此，必须加强管理，确保其规格和质量，不能搞滥。通知重申，这些年来，国家和地方政府已制定一系列教育法规，依照这些法规举办各类学校或其他教学管理机构，国家和地方政府保护其合法权益，违反规定办学，出了问题，谁许诺谁负责；该负法律责任，应负法律责任。

全国已有十大森林公园

据《人民日报》报道，继1983年国家正式批准张家界森林公园后，我国又陆续兴建了9个大型森林公园。这些公园以其特有的自然景观吸引了大批中外游客。

这十大国家森林公园是：湖南张家界，浙江天童、千岛湖，广东沙头角、流溪河，陕西楼观台，山东泰山、威海，安徽琅琊山，河南嵩山。这些公园大多地处深山密林，靠大森林的自然风光吸引游客，具有浓厚的乡土气息和地方风味。

10月22日

中央军委主席邓小平在人民大会堂会见安哥拉总统若泽·爱德华多·多斯桑托斯

邓小平指出："中国是一个又大又穷、又大又小的国家，要解决中国这样一个拥有10亿人口国家的问题不是很容易的事。"但目前"我们总的情况不错"。

邓小平在向安哥拉贵宾介绍了中国社会主义建设分三步走的发展战略后说，我们都属于第三世界，都是发展中国家。我们要抓住目前国际上出现缓和这一有利时机很好的发展自己。

多斯桑托斯总统对中国取得的建设成就表示祝贺，并向邓小平介绍了南部非洲形势和安哥拉内外政策。他说，安哥拉经历了26年的战争。和平是当前的首要目标。安哥拉准备通过谈判来实现这个目标。

邓小平说，我们支持安哥拉反对南非的种族隔离政策。他说，对话比对抗好，缓和比紧张好。你们在对话中有灵活性是明智的，希望你们成功。

在谈到双边关系时，邓小平说，两国建交后，两国之间的关系是良好的。总统阁下率团来访就是一个例证。但好的关系也需要发展。

他说，欢迎同志们来认识一下中国。彼此加深认识是加强友好关系的重要基础。相信总统阁下和代表团的访问定会促进中安关系的进一步发展。

国务院总理李鹏和日本首相竹下登就《中日和平友好条约》缔结生效10周年互致贺电

李鹏总理在贺电中指出：10年前缔结的《中日和平友好条约》确认双方严格遵守中日联合声明中宣布的各项原则，规定发展两国间持久的和平友好关系，并且提出了两国各自在对外交往中应当遵循的准则，具有十分重要的意义。10年来的实践证明，条约的缔结符合两国人民的愿望和根本利益，不仅推动了中日友好关系的发展，也为维护亚洲太平洋地区的和平与稳定作出了贡献。李鹏总理表示相信，双方继续恪守条约的原则和精神，中日睦邻友好关系必将沿着正确的方向长期稳定地发展下去。中国政府将为此而积极努力。

竹下首相在贺电中表示，日中关系自1972年邦交正常化以后，特别是1978年《中日和平友好条约》缔结以来，在各个领域里取得了惊人的发展。条约的缔结，不仅为两国关系带来了显而易见的辉煌成果，亦为亚洲及世界的和平与繁荣作出了重要贡献。竹下还表示，通过访问贵国，更加坚定了日中两国无论何时都必须维护和平的信念。愿为实现日中长远友好的崇高目标而共同努力。

钱其琛外长和宇野外相也互致了贺电。

中国工会第十一次全国代表大会在人民大会堂开幕

赵紫阳、杨尚昆、李鹏、万里、胡启立、王震等同志出席开幕式。

中共中央总书记赵紫阳代表中共中央和国务院向大会致祝词。

第十届全国总工会主席倪志福受十届执行委员会的委托，向大会作了题为《推进工会改革，团结亿万职工，在全面深化改革中发挥主力军作用》的工作报告。

会上，共青团、妇联等7个群众团体代表和解放军代表向大会致了祝词。

出席大会的还有：李铁映、李锡铭、吴学谦、秦基伟、丁关根、宋任穷、芮杏文、阎明复、温家宝、王平、刘澜涛、段君毅、习仲勋、彭冲、阿沛·阿旺晋美、陈慕华、王任重、方毅、谷牧，以及中央有关部委、群众团体、解放军三总部和北京市委、市政府的领导同志等。

大会由会议执行主席万绍芬主持。

第十届全国总工会主席倪志福在中国工会第十一次全国代表大会上作题为《推进工会改革，团结亿万职工，在全面深化改革中发挥主力军作用》的工作报告

中国工会第十一次全国代表大会，是在我国进入全面深化改革的重要时刻召开的。我们这次代表大会的主要任务是：贯彻中国共产党第十三次代表大会和十三届三中全会精神，总结工会十大以来我国工人运动和工会工作的新经验，提出工会在全面深化改革中的主要任务，确定工会改革的目标、原则和要求，选举产生新的一届全国总工会领导机构。

一、工人运动在改革开放中开拓前进

从中国工会九大经过十大到现在，已经整整十年了。这十年，是我国在党的十一届三中全会以来的路线、方针指引下，拨乱反正、全面改革的十年；是我国社会发生历史性伟大变革的十年；是改革和建设取得举世瞩目成就的十年。

十年前，在工会九大开幕时，邓小平同志曾经郑重指出："工人阶级最重要的特点之一就是同社会化的大生产相联系，因此它的觉悟最高，纪律性最强，能在现时代的经济进步和社会政治进步中起领导作用。"十年来，全国职工以主人翁的姿态，登上了改革开放的舞台，发挥了自己的积极性、智慧和创造力，在胜利完成"六五"计划和实施"七五"计划中作出了重要的贡献。十年来，我国的国民生产总值、国家财政收入和城乡居民人均收入都翻了一番。国民生产总值的70%以上，国家财政收入的90%以上，来自全国职工的劳动创造。

广大职工积极投身改革，参加改革，围绕着增强企业活力，积极参与各种经济承包责任制的推行，支持厂长负责制，参加企业民主管理，参与企业内部的各项配套改革，成为深化企业改革的重要力量。

作为工人阶级重要组成部分的广大知识分子，以高度的社会责任感，积极推进我国的科技、教育以及文化、卫生领域的体制改革，为提高全民族的科学文化、思想道德和健康水平作出了重要的贡献。

全国职工有力地支持了农村改革和农业生产的发展。从技术、智力和物质上，给乡镇企业的崛起以巨大的支持，对农业生产的现代化、商品化和农民生活的改善，促进城乡经济协调发展，起了重要的推动作用，巩固和发展了新时期的工农联盟。

我国各族职工坚持四项基本原则，坚持改革开放，在维护社会安定团结中发挥了关键性的作用。面对复杂的社会矛盾，面对改革过程中出现的困难和干扰，广大职工识大体，顾大局，始终保持了自己队伍的团结和稳定，保证了改革和建设的顺利进行。

随着改革和建设的发展，我国工人阶级队伍不断壮大，全国职工总数已达1.3亿人。在乡镇企业蓬勃兴起的过程中，又有几千万农业劳动者成为工人阶级队伍的新成员。我国工人阶级热爱祖国、艰苦创业的光荣传统和追求科学、勇于创新的时代精神得到了继承和发扬，对整个社会的精神风貌起着重要的影响和带动作用。

改革和建设的实践证明，我国工人阶级不愧是国家的领导阶级，不愧是推进改革开放的主导力量，不愧是社会主义现代化建设的主力军。如果没有工人阶级的积极参与和推动，我国的改革和建设不可能取得今天这样的伟大成就。改革开放也给我国工会工作带来了生机和活力。工会十大以来的5年，是我国工会在改革开放中开拓前进，在国家和社会生活中日益发挥重要作用的5年。我们的主要进展是：

——坚持新时期工会工作的方针，使工会成为推动改革的重要社会力量。5年来，我们的工会工作服从于、服务于改革的全局，旗帜鲜明地支持改革，投身改革，把改革作为主题贯穿到工会的各项工作中去，团结广大职工积极推进改革，认真处理改革和建设中涉及职工利益的各种问题，维护职工的合法权益，有力地推动了生产力的发展。

——推进工会多层次参政议政，工会在国家和社会生活中的参与和监督作用日益加强。全国总工会、各产业工会和地方工会积极参与党和政府涉及职工利益重大决策的讨论，表达职工群众的意愿和要求，推动了《企业法》等重要法律和政策的制定。在处理工资与物价关系、保障低收入职工生活、提高城镇职工生活困难补助标准和退休职工待遇、加强安全监督和女职工特殊保护等方面，工会都积极提出了意见，得到党和政府的重视，有些重要的建议已被采纳。随着企业改革的逐步深化，以职工代表大会为基本形式的企业民主管理不断得到加强。科教文卫等事业单位的民主管理也取得了可喜的进展。

——适应社会主义商品经济的发展，加强了职工队伍建设。开展了全国规模的职工队伍状况调查，在职工中进行了建设有中国特色的社会主义的基本理论和基本政策教育，进行了加强劳动纪律和培养职业道德的教育，改进了职工思想政治工作，加强了职工队伍的精神文明建设。

——把工会工作的重点放到基层，基层工会和城市工会建设取得了明显成效。历时4年的"整顿基层组织，建设职工之家"的活动，达到了抓基层、打基础、促改革的目的。城市工会工作有了新的发展，对于推进企业改革和城市经济体制改革，搞好工会参政议政，加强对基层工作的指导，起了重要的作用。

——在改革的全局中探索前进，工会自身改革迈出了可喜的步伐。组织体制改革、自管干部的试点、直接民主选举工会领导人等，在一些地方逐步展开，为工会的群众化、民主化进行了可贵的探索。各地工会还兴办了一批为职工服务的经济实体，既利国利民，又增强了工会的吸引力。工会开展的扶贫工作，已帮助数十万户职工家庭脱贫。职工法律顾问工作、职工物价监督、退休职工管理服务、工会干部教育工作等也有新的发展。

——遵循独立自主、广泛联系的方针，工会的国际活动开创了新局面。我国工会已同130多个国家和地区的工会组织建立和发展了友好关系，参与了当代国际工运重大问题的讨论，扩大了中国工会的国际影响。

我们所以能够取得这些进展，首先是党的十一届三中全会以来的路线、方针，为工会工作指明了方向；全面改革的形势，为工会工作创造了良好的发展环境。各级工会组织和广大工会干部，在改革开放的新形势下，不断解放思想，勇于研究新情况，解决新问题，积极探索社会主义商品经济条件下工会运动的新路子，为工会工作的开拓前进作出了卓有成效的努力。

二、工会在全面深化改革中的任务

当前，我国已经进入了全面深化改革的重要时期。不久前召开的中国共产党十三届三中全会，正确地分析了我国目前的政治经济形势，制定了全面深化改革的指导方针和政策、措施。党中央作出治理经济环境、整顿经济秩序、全面深化改革的重大决策，是符合党心、民心，符合工人阶级利益的，得到了广大职工的积极拥护。工会坚决支持党和政府采取果断措施，抑制通货膨胀，控制投资规模，压缩集团购买力，稳定金融，克服经济过热现象，惩治"官倒"，打击投机倒把，坚决刹住乱涨价风，整顿经济生活中的混乱现象。

全国亿万职工，要坚决响应党的十三届三中全会的号召，维护改革的大局，维护全民族的总体利益，维护党和政府的领导权威，统一思想，统一行动，艰苦奋斗，增产节约，努力提高经济效益，在改革、开放和社会主义现代化建设中，继续发挥主力军作用。

当前，摆在各级工会面前的一项重要任务，就是要认真学习和宣传党的十三届三中全会精神，在广大职工中进行生动活泼、富有成效的形势教育。要充分发挥工会的社会监督和广大职工的群众监督作用，披露腐败现象，抵制不正之风，为治理经济环境、整顿经济秩序而斗争。

面对新的形势和艰巨任务，各级工会组织和广大工会干部，一定要努力做好工作，团结各族职工推动改革和建设的发展，在维护全国人民总体利益的同时，更好地代表和维护职工群众的具体利益，为职工说话、办事，把工会改革推向前进。我们今后一个时期工会工作的方针是：以经济建设为中心，立足改革全局，把发展社会生产力和维护职工具体利益结合起来，增强基层工会活力，实现工会的群众化、民主化，团结教育广大职工为建设有中国特色的社会主义而奋斗。根据这个方针，我们今后一个时期，要着力地做好以下各项工作。

(一)发挥职工群众积极性，提高企业经济效益。

全面深化改革，最重要的是深化企业改革，提高企业经济效益。办好企业，要发挥经营者的积极性，但是，归根到底取决于广大职工积极性的发挥。只有充分调动两个积极性，企业才能充满生机和活力。在我们的社会主义企业中，国家的总体利益和企业的具体利益，经营者的利益和生产者的利益，当前利益和长远利益都应当得到合理的体现和统一，整个企业是一个利益共同体。经营者和生产者在根本利益上是一致的，但由于所处地位不同，分工不同，利益上也存在差异。只有建立和完善生产者与经营者相互依靠、利益共享、风险共担的合理机制，才能使企业在商品经济的风浪中生存和发展。企业工会特别要加强职工的民主管理，保护职工的政治荣誉和物质利益，把维护职工利益和维护企业利益统一起来，团结广大职工同心协办把企业办好。

为了完善企业内部经营机制，企业工会要积极参与本企业承包、租赁的全过程，大力提倡全员承包、集体租赁、群体经营和职工参股。企业的承包、租赁方案必须经过职工代表大会的充分讨论和认真审议。工会和职工代表有权参与对经营者的公开招标和评审、选定。企业工会应通过制定具体的实施细则或议事规则，使职工代表大会的职权规范化，切实落实职代会的五项职权。要实行由工会代表职工与企业经营者签订集体合同的制度，把实现企业的生产经营目标和增加职工收入、改善劳动条件、提高职工文化技术素质、增进职工福利等要求和措施具体化、契约化，从而使企业的发展具有强大的内在动力和广泛的群众基础。

提高企业经济效益，必须贯彻行政管理和民主管理相结合的原则，依靠广大职工改变我国企业管理落后的面貌。企业重要的规章制度应该按《企业法》的规定，经过职工代表大会审议同意，做到严得合理，奖罚合法，执法公平。广大职工群众要以主人翁姿态，积极推进企业管理现代化，生产优质产品，提高劳动效率，以严明的纪律和出色的劳动，为提高企业经济效益而奋斗。

提高企业经济效益，必须依靠技术进步。要更广泛地开展群众性的合理化建议、技术革新、技术协作、创造发明等技术创造活动，依靠群众的智慧，努力挖掘企业的内部潜力。职工技协活动要积极为本厂的技术改造做贡献，并进入技术市场，为挽救濒临破产的企业服务，为支持乡镇企业服务，为“老、少、边、穷”地区脱贫致富服务。

要切实加强劳动保护工作，不断提高安全生产、文明生产水平。工会要担负起群众监督的责任，贯彻执行国家的法规和全国总工会制定的劳动保护3个条例，把劳动保护措施落实到班组和作业现场。要坚决制止违章指挥和违章操作。当职工人身安全受到明显威胁时，工会有权组织职工撤离现场。要坚决制止非法签订“生死合同”等摧残劳动力的行为，切实扭转尘毒危害和职业病严重的状况。对那些官僚主义、玩忽职守、强迫工人冒险作业而造成重大事故的责任者，必须追究其法律责任和行政责任。

大力树立和表彰先进，深入持久地开展劳动竞赛、“双增双节”和创建先进班组活动。党中央和国务院决定在新中国成立40周年前夕隆重召开全国工业、交通、财贸、基本建设战线职工劳模大会。我们希望全国职工振奋革命精神，人人为改革开放争做贡献，个个为四化建设建功立业，用优异的成绩和丰硕的成果迎接这次群英盛会！

(二)参与协调社会矛盾，促进全面深化改革。

全面深化改革，将会引起社会利益的调整，关系人民的切身利益。工会要积极反映群众意见，参与协调社会矛盾，保护职工群众参加改革的热情。我们的主张和建议是，在物价和工资改革中，要充分考虑职工的经济和心理承受能力，坚持有利于调动广大职工的生产积极性，使绝大多数职工的生活水平随着生产的发展而有所改善的原则，建立合理、可行的物价补偿制度，推行工资与经济效益挂钩浮动的效益工资制，并逐步解决科教文卫和国家机关工作人员工资待遇偏低的问题。劳动制度的改革，要引进竞争机制，实现企业选择职工和职工选择企业的双向自主权，建立有利于劳动力合理流动和相对稳定相结合的劳动用工制度。劳动组织合理化，应当坚持公开、平等、竞争、择优的原则，工会应组织职工实行民主监督。同时，督促和协助企业发展多种经营，广开就业门路，妥善安置富余人员，控制社会待业率。坚决制止非法使用童工。社会保障制度改革，应本着有利生产、保障生活的原则，逐步建立适应多种经济成分、多种用工制度、适合我国国情的社会保障体系，提高社会化程度，实行社会化管理，使职工的退休养老、疾病医疗、伤残死亡和女工生育都能得到法定的基本经济保障。对生活困难职工建立低收入家庭的经济保障制度。按照《企业破产法》的规定，保障破产企业待业职工的利益。建议国家制定鼓励和扶持职工自建公助、合作建房的政策，逐步建立职工住宅基金，以加快解决职工的住房困难。对涉及职工利益的重大改革应提交社会讨论，提高政策透明度，取得职工群众的理解和支持。

工会要参与各种与职工利益有关的法律、法规的制定。加快劳动立法，使各项改革都能够用法律来规范。要健全和完善劳动争议仲裁法规，建立有法律权威的仲裁机构，使各种劳动争议能够依法得到及时处理和合理解决。同时要发动职工举办住房合作社、互助保险等福利事业，自己动手谋福利。

全面深化改革中，涉及女职工特殊利益的问题很多。各级工会要建立女职工委员会，和妇联等团体紧密合作，大力加强女职工工作。保护女职工的特殊利益，反对各种歧视女职工的现象，坚决与侮辱、虐待、残害妇女的行为作斗争。

(三)推进民主政治建设，维护社会安定团结。

全面深化改革，需要有一个安定团结的社会政治环境。职工队伍的稳定，对于全社会的安定团结起着关键性的作用。

社会主义民主政治建设的基础，是健全基层的民主制度和民主生活。在企事业单位中，职工代表大会制度是基本的民主制度。只有职代会的职权真正得到落实，职工的积极性才能得到充分的发挥。在完善职工代表大会制度的同时，要积极探索民主对话和民主监督等各种民主形式，使广大职工委屈有处诉，意见有处说，建议有处提，群众关心的问题能在基层得到解决。当职工的正当权益受到严重侵犯，通过基层正常的民主渠道不能得到解决时，工会要代表和支持群众公开揭露、举告，引导职工进行各种形式的合法斗争。在遇到局部冲突时，工会应该站在群众之中，体察群众的情绪和要求，在不损害国家利益和企业长远利益的前提下，敦促行政和有关方面尽可能地满足职工的正当要求，也要说服群众放弃某些过高、过急的要求，缓解以至消除摩擦和冲突，维护社会安定团结。工会干部为维护职工利益而受到打击报复和其他不公正对待时，上级工会要给予坚决的支持，有关方面必须给予纠正，严重的要作出严肃处理，直至追究法律责任。

工会要促进建立多层次、多形式的社会协商对话制度，包括工会和政府或政府部门之间，行政领导人与职工代表之间的协商对话，相互沟通，增进理解，共商解决难题的办法。

克服经济和社会生活的混乱现象，需要严肃法纪、政纪、党纪，也需要来自人民群众的监督。各级工会和广大职工要积极支持和参加反腐败的斗争。对那些以权谋私、敲诈勒索、贪污受贿、打击报复等腐败现象，要举报揭露，诉诸舆论，诉诸法律，进行坚决斗争。

全国职工要努力加强自身队伍的团结，加强各民族职工的团结，加强不同宗教信仰职工之间的团结。使大家在团结的、和谐、合作的气氛下，齐心协力搞好改革和建设。

(四)加强精神文明建设，提高职工队伍素质。

要改变我国经济文化落后的面貌，关键在于提高全民族的素质，特别是提高职工队伍的素质。工会要团结全体职工努力奋起，把我们的队伍建设成一支有理想、有道德、有文化、有纪律的素质优良的劳动大军。

工会要同行政和党组织一起搞好四个方面的教育：一是进行以“治理经济环境、整顿经济秩序、全面深改革”为中心的形势政策教育，二是进行职业道德和劳动纪律教育，把实现四化、振兴中华的共同理想和本职工作结合起来，增强职业责任，培养职业道德，加强职业纪律，提高职业技能，努力培育各具特色的企业精神。三是进行科学文化技术教育，努力提高职工的文化、技术、业务素质。四是进行遵纪守法和社会公德教育，提倡社会主义的新风尚。企业思想政治工作要把能否调动广大职工的积极性，是否有利于生产发展和效益提高作为根本标准，把尊重人、关心人、爱护人作为基本指导原则，坚持理论联系实际，从大多数职工的实际思想状况出发，按照不同层次提出不同要求，注意先进性与广泛性的结合。

按照全面改革和对外开放的要求，思想政治工作正在从体制、内容、方法等方面建立新的格局。工会的思想政治工作，要在新格局中体现自己的特点，在广泛组织职工开展群众自我教育和自我管理活动，参与民主管理和民主监督方面担负起重要责任。

三、积极稳妥地推进工会改革

我国经济体制改革和政治体制改革的不断深化，给工会改革提出了紧迫的任务，使工会工作面临着历史性的转变。这就是：要从产品经济条件下的工会工作，转变为社会主义商品经济条件下的工会工作；从权力过分集中、党群不分的政治体制，转变为在党的领导下独立自主地开展工作的新体制；从组织制度和活动方式上比较严重的行政化倾向，转变为群众化、民主化。这样，工会才能适应社会主义商品经济新秩序的要求，正确地参与协调新的劳动关系和错综复杂的利益矛盾，在全面深化改革中更好地履行自己的社会职能，发挥自己在国家和社会生活中的重要作用。

工会改革是整个政治体制改革的一个重要组成部分，必然要随着国家政治体制改革的深化而逐步推进。

我们的改革目标是：把我国工会建设成为中国共产党领导的，独立自主、充分民主、职工信赖的工人阶级群众组织，在国家和社会生活中发挥重要作用的社会政治团体。

(一)进一步明确工会的社会职能，充分发挥工会的社会政治作用。

工会是社会经济矛盾的产物，是职工群众为着保护自己的利益而自愿联合起来的工人阶级群众组织。党的十三大指出了在全国人民根本利益一致基础上，存在着社会利益的多样化，明确地提出工会要在维护全国人民总体利益的同时，更好地表达和维护自己所代表的群众的具体利益。在社会主义条件下，不能没有工会这样的群众组织来维护职工的合法利益，工会也不能没有维护职工利益的社会职能。

工人阶级在取得政权以后，已经成了新社会的主要建设者。工会的整个活动也发生了根本的变化。工会工作必须明确以经济建设为中心，把是否有利于社会生产力的发展作为衡量自己工作成效的根本标准。

工会是社会主义国家政权的重要支柱。工会代表和组织职工群众参与国家和社会事务管理，参与企事业单位民主管理的职能，既对维护职工利益有着重要作用，更是建设社会主义民主政治的客观需要。

在改革开放的新形势下，广大职工迫切要求提高自身的素质，实现自身的社会价值，增强自身的竞争能力，满足民主参与的愿望。工会应当为实现职工群众的这种要求，为职工的全面发展和自我完善，作出更大的努力。

因此，在社会主义初级阶段，我国工会要遵循以经济建设为中心，在维护全国人民总体利益的同时，更好地表达和维护职工群众具体利益的基本指导原则，履行自己的社会职能。这些社会职能是：(1)维护职工群众的合法利益和民主权利；(2)吸引职工群众参加改革,努力完成经济与社会发展任务;(3)代表职工参与国家和社会事务的管理,参与企业、事业单位的民主管理;(4)引导和教育职工提高自身的思想道德和文化技术素质。工会的维护、建设、参与和教育的职能,是互相联系的有机整体。由于历史和社会的原因,过去,忽视了工会必须维护职工具体利益的一面,给工会建设带来了不应有的消极影响。在全面深化改革中各种利益矛盾大量发生,需要突出地强调工会的维护职能,以保护职工群众的社会主义积极性,促进改革顺利健康地进行。

(二)理顺工会与党和政府的关系,依法独立自主地开展工作。

党是工人阶级的先锋队,是社会主义事业的领导核心。工会只有在党的领导下,才能坚持正确的政治方向。工会是工人阶级的最广泛的群众组织,它必须从大多数职工的要求出发,代表会员群众的利益,为会员群众服务。工会是独立的社会团体,不能在组织隶属关系上等同于党的一个工作部门。工会要善于把党的方针、政策和广大职工群众的意愿结合起来,通过自己的民主程序,变成工会的决议,贯彻到广大职工群众中去。

我们的政府是人民的政府。工会和政府在保护工人阶级和全国人民总体利益上的立场是一致的,但在处理国家和社会生活中各种问题的认识上也会存在差别和矛盾。工会维护政府的权威和政令的统一,成为政府的亲密合作者和坚强的社会支柱。政府尊重工会的法律地位和权利,保障工会依法履行职责和开展活动。工会对政府主要是民主参与和社会监督的关系。要通过立法和建立制度,确定工会在国家生活中的民主参与和社会监督的权利和义务。(1)全国总工会、产业工会或地方工会,参加政府和政府部门的有关会议或工作,研究制订有关国民经济和社会发展计划,研究制定涉及职工利益的重大方针政策;(2)政府或有关部门在制定劳动、工资、物价、社会保障、住房等政策时,要在充分听取工会意见后再作出决定;(3)工会领导人作为正式成员,参加政府设立的工资、物价等有关职工利益的专门机构或委员会的工作;(4)有些决定可由政府部门与工会联署发布。工会对国家行政机关及其工作人员侵犯职工利益的行为和违法乱纪行为,有权进行监督、批评、举发和控告,有关部门应当认真对待和处理。

工会和企事业单位的行政是平等合作和协商对话关系。企业工会依法独立自主地开展工作,有权代表职工与行政方面进行协商和谈判,有组织职工参加民主管理,在审议企业重大决策、监督行政领导、维护职工合法权益等方面的权力和作用。

工会经费、财产及文化福利设施依法自行管理,任何组织和个人都不能侵占、挪用,或划归政府部门、行政方面管理。

(三)增强基层工会的活力,密切工会同职工群众的关系。

把工作重点放到基层,增强基层工会的活力,对于搞好工会改革具有特别重要的意义。工会的基础在基层,职工群众在基层,基层工作的好坏,与职工息息相关。各级工会领导机关一定要真正把工作重点放到基层,放到企业,一切工作都要有利于增强基层工会的活力。基层工会活力的主要标志是:能够在错综复杂的社会矛盾中,根据本单位的实际情况和职工群众的意愿,独立地决定自己的工作,自主地开展各种活动,敢于维护职工的合法权益,善于吸引和团结职工为推动本单位的改革和发展共同奋斗。

同职工群众建立密切的联系,诚心实意地为职工说话、办事,是工会工作的生命线。增强基层工会的活力,必须健全工会的民主制度和民主生活,实行会员群众办工会,把一切工作和活动置于群众的参与和监督之下。健全基层工会领导机构的民主选举制度,改变事实上的委派制。基层工会的工作任务和计划应根据广大会员群众的愿望和要求,结合本单位的具体情况来制订,并做到工作计划、重大活动、经费收支“三公开”。

(四)改革工会的组织制度与活动方式,充分体现工会的民主、自愿的原则。

工会组织制度改革的方向是,逐步向联合制、代表制过渡,即各级工会的领导机构由其所属基层工会或下级工会的代表联合组成,真正做到工会代表职工,上级代表下级,各级工会为基层、为职工服务。工会领导机关的主要活动方式应该是:反映职工群众的意见和要求,搞好民主参与和社会监督,进行理论政策指导,培训工会干部,协调工会活动。工会的各种群众活动应主要在基层开展,城市工会可根据需要开展一些群众性活动,以增强工会和职工群众的联系,增强工会的社会影响。一般不组织全国和全省性集中的活动。

(五)改革工会的干部人事制度,加强工会干部队伍建设。

工会干部人事制度改革的方向,是由党委主管、工会协管的体制,积极创造条件,逐步改为由工会按照工会章程和条例自行管理工会干部的制度。当前首先是完善各级工会领导人的选举制度。

在进行干部人事制度改革的同时,必须加强工会干部的培训,大力提高工会干部的素质,努力建设一支具有较高理论政策水平,熟悉工会业务,真心实意为职工群众服务的工会干部队伍。要重视培养少数民族工会干部。各级工会和工会干部院校要加强工会干部的培训和教育,逐步形成体现工会干部教育特点的教育体系。

(六)办好文化福利和经济事业,增强工会的吸引力和凝聚力。

在大力发展社会主义商品经济的条件下,工会应当充分利用自身的组织优势和人才优势,利用工会在国内外的经济技术交流渠道,举办为职工、为社会服务的文化福利和经济事业。这是动员群众力量自谋福利,减轻国家负担的重要措施,也是增强工会吸引力和凝聚力的长远方针。

(七)加强工会的理论建设和政策研究,提高工会工作的整体水平。

在我国工会改革的长过程中,必须把工会的理论研究和政策研究,作为实现自己奋斗目标的一项基本建设。今后一个时期,工会的理论研究应当主要集中在两个方面:一是重大经济政策和社会政策的研究。二是社会主义初级阶段工人运动和工会改革基本问题的研究。

为了推动工会的理论研究,我们必须倡导工会理论工作者和实际工作者紧密结合,以有重要理论价值和实践价值的课题为导向,把队伍组织起来。各级工会领导干部,一切有志于为工会理论发展作出贡献的同志,都应当走出机关,投入到改革和建设的现实生活中去,在更广阔的领域和更深入的层次上开展理论研究,逐步使自己成为即有理论修养,又能解决实际问题的专门人才。

实现祖国统一,建设富强、民主、文明的新中华,是包括香港、澳门、台湾同胞在内的全国各族人民的共同愿望和根本利益所在。我们愿意在爱国团结、振兴中华的旗帜下,同香港、澳门工会组织在相互平等、相互尊重、相互支持、互不干涉内部事务的基础上,进一步发展往来,增进友谊。我们真诚欢迎更多的台湾工人兄弟来大陆探亲访友,希望海峡两岸的工会组织和工会工作者本着互相尊重、求同存异的原则发展接触,互相沟通,交流工会工作经验。

中国工会运动是国际工会运动的一个重要部分。中国工会将继续本着独立自主、广泛联系的方针,超越意识形态的差异和所属国际工会组织的不同,在独立、平等、互相尊重、互不干涉内部事务的原则基础上,发展同各国工会的关系。为维护世界和平、促进经济发展、捍卫工人权益、促进国际工运的发展而共同努力。

我们正处在伟大的历史变革时期,我们的国家正在全面深化改革中沿着具有中国特色的社会主义道路胜利前进,我国工人阶级肩负着历史的重任。让我们紧密地团结起来,同心同德,为建立社会主义商品经济的新秩序,为“实现四化、振兴中华”而努力奋斗!

《人民日报》发表社论《加快工会改革步伐——热烈祝贺工会第十一次全国代表大会开幕》

全国各族职工关注的中国工会第十一次全国代表大会今天在首都隆重开幕,我们谨向大会致以热烈的祝贺。

我国工会是中国共产党领导的工人阶级最广泛的群众组织。改革10年来,工会在团结动员广大职工投身改革,推动社会主义两个文明建设方面做了大量工作,在民主参与和社会监督方面也取得了可喜的成绩。但是,由于历史的、社会的原因,我国工会应有的社会作用还未能充分发挥出来,与广大职工对它的要求和期望还相差较远。加快工会改革的步伐,开创工会工作的新局面,已成为全国职工的强烈呼声。

长期以来,在权力过分集中的领导体制下,工会事实上已等同于党的一个工作部门或行政的附属机构,带有比较浓重的“官办”色彩和行政化倾向,相当程度地脱离了群众。随着改革的深入,这种状况虽然正在得到改变,但是要求工会听命于厂长,甚至由党政方面任意改组和撤销工会的事情也时有发生。这说明,工会要想成为独立自主、充分民主、职工信赖的工人阶级的群众组织,成为在国家和社会生活中发挥重要作用的社会政治团体,首先要处理好工会与党和政府的关系。

党的十三大文件已经明确,今后,党对工会实行政治领导,即政治原则、政治方向、重大决策的领导,和向全国及地方工会推荐主要领导人,不包揽和干涉工会日常事务;工会在组织上要坚持依照法律和章程履行自己的社会职能,同时要善于按照工会的民主程序,把党的方针、政策变成工会的决议和广大职工群众的意志。

在与政府的关系上,工会主要是在政府行使国家行政管理权力的过程中,发挥民主参与和社会监督的作用。工会应维护国家政令的统一,动员职工实现政府提出的各项任务。政府应尊重法律规定的工会的地位和权利,支持工会依法维护职工的合法权益;重要情况要向工会通报;涉及职工利益的重大政策要同工会协商对话,使工会真正成为政府亲密的合作者和社会支柱。

在理顺工会与党和政府关系的同时,工会内部改革的关键是增强自身的活力。各级工会要密切同群众的联系,要敢于代表和维护职工群众的合法权益,旗帜鲜明地同一切损害职工合法权益的现象作坚决的斗争。

在历史上,我国工会代表和维护工人合法权益,曾被看成是犯了“经济主义”、“工团主义”的政治错误，多次受到错误的批判，十一届三中全会后，党中央纠正了这一错误。但是，在现实生活中，工会要为工人说话，还会遇到一些阻力。在一些担负各级党政领导工作的同志的心目中，一讲工会要维护职工利益，就认为是同党委和行政唱“对台戏”。一些工会干部也心有余悸，害怕再被扣上“经济主义”、“工团主义”的帽子，产生了“对党负责保险，对群众负责危险”的思想，不敢替工人讲话，或者想讲又怕挨整。

我们应当明白，工会为工人说话的权利是职工群众给的。职工群众组织工会，就是要求工会能代表自己的利益。如果我们的工会看到危害职工利益的现象熟视无睹，听之任之，那么工人和工会的关系就会疏远。一个不能赢得职工信任的工会，怎能团结和动员广大职工为振兴中华、实现四化而奋斗呢？

诚然，我们的党和政府是代表工人阶级利益的。但是党和国家是从全局出发制订方针、政策，协调各方面利益的。而工会的职责则是及时反映职工群众的呼声、要求和愿望，维护职工的合法权益。我们决不能因为党和国家代表工人阶级的利益，就不需要工会来代表和维护职工的利益。在当前新旧体制转换时期，强化工会代表、维护职工合法权益的职能，有利于国家的改革和建设事业，也有利于社会的安定团结。

当然，工会为工人说话，替工人办事，也必须有全局观念，坚持实事求是的原则。必须坚持把维护全国人民的总体利益和维护职工的具体利益统一起来，对职工中的一些不合理要求，要多做思想工作，说服职工群众放弃某些过高、过急的不现实的要求。当前，要认真贯彻落实党的十三届三中全会精神。我国改革已进入治理经济环境，整顿经济秩序，全面深化改革的重要时期。要想顺利地度过这一关口，广大职工的理解和支持是极为重要的。工会要通过自己的工作和影响，教育职工正确认识形势，增强对改革的心理承受能力，发扬艰苦奋斗，顾全大局，积极劳动，严守纪律的光荣传统和革命精神，同心同德，夺取全面深化改革的更大胜利。

中国共产党和安哥拉人民解放运动—劳动党在北京签署 3 项协定

中国共产党和安哥拉人民解放运动—劳动党合作协定，中安两国政府关于成立经济、技术和贸易合作混合委员会的协定，中国政府和安哥拉政府文化协定，在北京签署。

国家主席杨尚昆、安哥拉总统若泽·爱德华多·多斯桑托斯出席了签字仪式。

中安两党合作协定指出，两党同意在独立自主、完全平等、互相尊重、互不干涉内部事务的原则基础上加强友好关系。

中安两国政府关于成立经济、技术和贸易合作混合委员会的协定规定这个混合委员会的职能是，研究和确定缔约双方发展经济、技术和贸易合作的领域和方式，研究和解决经济、技术和贸易合作中的问题。

根据中安文化协定，两国将发展在文化、教育、科学、卫生、体育、出版和新闻等方面的交流与合作。

对外友协名誉会长邓颖超在北京会见英国女作家韩素音

中国边疆史地学术讨论会在北京大学开幕

新中国成立 39 年第一次举行的这次学术会议，表明边疆史地问题将不再是一个学术禁区。

中国边疆史地研究的内容包括中国疆域史、中国近代边界史、中国历代边疆治理与开发政策等。受“左”的思想影响，过去这一研究领域一直被视为禁区，一些数百年前的档案史料被作为“机密”，查阅受到种种限制。在解放思想和改革开放大潮的拍击下，这一封冻数十年的坚冰终于被逐渐打破。

近年来，中国边疆史地研究工作者经过艰苦努力，完成了一批重要学术成果。中国边疆史地研究中心主任吕一燃呼吁：首先要进一步放宽研究人员查阅边界档案资料的限制；其次要放宽对疆域和边界问题研究成果发表的限制；最后对于国外一些歪曲中国疆域史和边界变迁史的观点，要允许中国学者作出反应。他再次申明，学术研究的成果反映的只是学者个人的意见，不代表政府的观点和政策。

这次为期 5 天的学术讨论会有来自全国 17 个省、市、自治区，包括 7 个民族成分的 100 多位代表参加。

《十二大以来重要文献选编》下册出版发行

由中共中央文献研究室编辑、人民出版社出版的《十二大以来重要文献选编》，在上、中册已经发行之后，下册从今日起在全国新华书店陆续发行。这是继《三中全会以来重要文献选编》出版后的又一部当代重要文献集。

按照中央批准的中央文献研究室编辑当代文献的计划，今后还将编辑出版党的十三大以来的重要文献，以形成从十一届三中全会开始的大型当代文献集系列。

1988 年上海国际电视节开幕

来自 37 个国家和地区的 92 家电视台、影视公司参加了本届电视节，共有 100 多部电视剧和纪录片参赛。据节目评委会初评，获得提名的 15 部电视剧和 16 部纪录片将在电视台播出。在为期 1 周的电视节期间,上海及邻近地区的几千万观众可通过2个电视频道,欣赏到一大批反映各个不同国家、不同民族风格、不同生活方式的电视片。我国这次获提名的有《花鸽子》等3部电视剧和《中国一绝》等4部纪录片。

由国际评委组成的复评委员会将从中评出"白玉兰奖"电视剧、纪录片大奖各1部,最佳男女演员各1名。

10月23日

全国政协主席李先念在人民大会堂会见日中友协全国本部会长宇都宫德马和日本经济协会常任顾问冈崎嘉平太

李先念对两位年逾古稀的日本朋友说:"现代的中日友好关系先从民间开始。你们从50年代起就为中日恢复邦交和发展友好事业操劳奔忙。在日本民间人士中,你们算得上是中日友好事业的奠基人。中国人民永远会记住你们的功绩。"

他说,日本前首相田中和大平也为日中关系的发展作出过很大贡献,他们是伟大的政治家。

宇都宫先生说,虽然日本以前干过坏事,有痛苦的回忆,但日本人民现在为发展日中友好事业的意识是很强的。他说,日中友协将继续致力于推进世界和平与日中友好。

我国又有38个市县对外开放

公安部新闻发言人宣布,经国务院批准,从今天起,我国又有38个市、县被列入对外国人开放地区,至此开放地区已达542个。

根据《中华人民共和国外国人入境出境管理法》第四章第二十条规定,外国人持有效的签证或居留证件即可前往这类地区旅行,无须申办旅行证件。

此次对外国人开放的市、县是:

湖北省:恩施市、利川市、枝城市、巴东县、咸丰县、建始县、当阳县、枝江县、宜昌县、兴山县、秭归县、长阳土家族自治县、五峰土家族自治县、嘉鱼县、郧县。

云南省:洱源县、剑川县、宾川县、巍山彝族回族自治县、禄丰县、武定县、元谋县、南华县、永仁县、大姚县、姚安县、个旧市、开远市、建水县、弥勒县、泸西县、永胜县、江川县、澄江县。

黑龙江省:黑河市、五常县、尚志县、绥棱县。

国家副主席王震在人民大会堂会见并设宴欢迎日中友协全国本部会长宇都宫德马和日中经济协会常任顾问冈崎嘉平太

王震说,事实证明,中日两国虽然社会制度不同,但只要严格遵守中日联合声明和中日和平友好条约的原则和精神,遵照和平共处五项原则办事,两国的友好关系就一定能够不断地、顺畅地发展下去。

他说,当前国际形势发生了很大变化。对话代替对抗,和平解决国际争端的趋势正在发展。但是,反对霸权,维护世界和平的斗争并没有结束,它们仍然是中日两国、亚洲和世界各国人民面临的共同任务。

王震接着说:"因此,中日和平友好条约不仅具有重要的历史意义,而且具有重要的现实意义。"

他说,冈崎和他都希望日中和平友好条约成为日中两国不断发展友好合作关系的永久性条约。

宇都宫呼吁日中两国和两国人民进行"心交心"的友好交流,为推进两国友好合作关系,促进两国的繁荣,而共同努力。

中日友协会长孙平化参加了会见和宴会。

吉林"皇封参"荣获北京国际发明展览会金奖

吉林靖宇县第一参场研制的"皇封参"日前在1988年北京国际发明展览会上荣获金奖,这一成果是该场"人参夫妻"杜尔逊、刘玉珍15年心血的结晶。

靖宇一带曾是清皇室的发迹之地,清康熙帝下令对靖宇人参产地实行封禁,"皇封参"因此得名。

中国电视剧《小船》在保加利亚普罗夫迪夫第十六届国际电视节上获少儿组"金匣子"奖

参加这次电视节比赛的有27个国家提供的66部电视片,英国BBC摄制的《约翰的讯问》获得成人组"金匣子"奖。《小船》这部少儿电视剧是广东电视台摄制的,《小船》电视剧将在保加利亚全国放映。

民族史诗《格萨尔王传》搬上荧屏

世界最长的民族史诗《格萨尔王传》,已由青海电视台拍制成20集连续剧《格萨尔王》。

国宝《格萨尔王传》卷帙浩繁。它源于青藏高原,流传中外,被誉为"东方的伊利亚特"。甘肃人民出版社42岁的赵邦楠创作了电视剧本。青海电视台1986年7月开拍前7集,全国人大常委会副委员长班禅额尔德尼·确吉坚赞看片后给予肯定。今年5月续拍后13集。该剧剧情跌宕起伏,格调粗犷清新,既可使观众饱览青藏高原风情,又可领略笨拙、大度、雕塑般的艺术美。

格萨尔王,是中世纪藏地内除奸雄、外御强敌的民族神话英雄,被称为"藏族之魂"。《格》剧中的角色,由西部汉、藏、蒙、回、撒拉等10多个民族的演员扮演。

全国艺术科学规划领导小组在人民大会堂举行全国艺术集成志书首届表彰大会

被列为“六五”、“七五”和“八五”计划期间国家艺术科研重点项目、我国文艺史上的空前壮举——十大文艺集成志书编纂工程,经过全国各地20万从事搜集整理的文艺工作者及5万余名编纂人员近10年的艰巨努力,已有部分工程竣工。《中国民族民间舞蹈集成·江苏卷》和《中国民间歌曲集成·湖北卷》于近日同时出版发行。

卷帙浩繁、绚丽多彩的十大文艺志书集成编纂工作由文化部会同国家民委和中国文联的有关文艺协会联合发起,从1979年起逐渐展开。这十大文艺集成志书是:《中国民间歌曲集成》《中国戏曲音乐集成》《中国民族民间器乐曲集成》《中国曲艺音乐集成》《中国民族民间舞蹈集成》《中国戏曲志》《中国民间故事集成》《中国歌谣集成》《中国谚语集成》和《中国曲艺志》。

十部文艺集成志书按现行行政区划立卷,每个省、市、区各一卷,每卷约100万字左右,共计310卷、3亿余字。预计这次工程将于下世纪初全部结束。

这次在京举行的全国文艺集成志书工作首届表彰会上表彰的43个先进集体、187名先进工作者就是其中的代表。另外有数千名领导同志和文艺工作者分别获得荣誉奖和纪念奖。

1988年全国城市运动会在济南举行

党和国家领导人李铁映、余秋里、杨静仁,以及国家体委、全国体总、山东省和济南军区等方面的负责人出席开幕式。

李铁映代表党中央和国务院向大会表示热烈祝贺。他说,城运会是体育改革过程中的一个尝试,是体育社会化的一项措施,也是对城市竞技体育运动的一次检阅。他希望体育战线的同志们共同努力“促进以青少年为重点的全民健身战略和以奥运会为最高层次的竞技体育战略协调发展”。

中顾委常委余秋里在开幕式上将1988年城市运动会会旗授予山东省省长姜春云。姜春云和济南市运动员杨文海分别代表山东省人民和全体运动员在开幕式上致辞。

10月24日

邓小平等党和国家领导人参观北京正负电子对撞机实验室

在位于北京西郊的北京正负电子对撞机国家实验室里,中央领导同志首先会见了参加工程建设的我国科学家和专程从美国赶来参加中美高能物理会议的李政道教授,同他们互致问候。

中国科学院院长周光召汇报了北京正负电子对撞机工程的建设情况。邓小平接着发表了重要讲话。

邓小平说,世界上许多国家都在制订实施高科技发展计划,下个世纪将是高科技的世纪。任何时候,中国都必须发展自己的高科技,在世界高科技领域占有一席之地。高科技的发展和成就,反映了一个国家和民族的能力,也是国家兴旺发达的标志。现代世界的发展,特别是高科技领域的发展,一日千里,中国也不能不参与。我们不仅要搞加速器,还要参与其他高科技领域的发展。

邓小平说,虽然我们还比较落后,但不是在一切领域都落后。我们在学习、吸取世界先进技术的基础上,是有能力在高科技领域搞出一些达到世界先进水平的东西的。我们搞成加速器就证明了这一点。

中央领导同志随后会见了参加对撞机建设的科技人员、干部和工人的700多位代表,同他们合影。

会见之后,中央领导同志在周光召、李政道等科学家的陪同下,参观了北京正负电子对撞机国家实验室的各项设施。

中央领导同志还在对撞机国家实验室会见了前来参加中美高能物理联合委员会第九次会议的美国科学家,并和他们合影留念。我国著名科学家钱三强、赵忠尧、张文裕、王淦昌等参加了会见。

李铁映、李锡铭、芮杏文、温家宝、张劲夫、张爱萍、胡乔木、严济慈、方毅等领导同志和中央有关部门负责人也参观了北京正负电子对撞机国家实验室。

国务院总理李鹏在中南海紫光阁会见伊朗政府特使穆罕默德·侯赛因·拉瓦桑尼

李鹏说,中国政府对两伊问题的立场是明确的、一贯的。中国历来主张国与国之间的争端的解决不应诉诸武力。所以,在两伊战争期间中国一贯采取了严守中立、积极劝和的政策。

他说:“我们高兴地看到两伊双方都接受了联合国安理会第598号决议,并且实现了停火。当然,两伊战争历时8年,积累了很多问题,一下子解决是不可能的。我们希望两伊双方能够本着共同协商、互谅互让的精神,在联合国秘书长的斡旋下实施第598号决议。”

他说:“中国政府将一如既往,支持联合国秘书长的努力,在联合国安理会中发挥应有的作用。我们希望第598号决议能够得到实施,希望海湾地区实现持久的和平。”

李鹏对中国同伊朗的友好关系表示满意。他希望在和平共处五项原则的基础上，在两伊战争结束后，中国同伊朗的经济贸易和其他领域的关系进一步发展。

全国政协主席李先念在人民大会堂会见由社长渡边广康率领的日本东京佐川急便公司访华团

东京佐川急便公司主要经营长途运输业务，自1985年开始已向中国赠送了1310辆卡车，分配在全国各地使用。

李先念对此表示感谢，并对他们在《中日和平友好条约》生效10周年之际来中国访问表示欢迎。

会见时，宾主回顾了中日关系正常化的历程，希望两国永远友好下去。

中日友协会长孙平化等参加了会见。

《人民日报》发表社论《形势教育要入耳入脑》

党的十三届三中全会提出，要以治理经济环境、整顿经济秩序和全面深化改革为中心内容，向全党和全国人民进行一次广泛、深入的形势教育，并以此作为加强和改进思想政治工作的新起点。最近，中宣部召开全国宣传部长会议对此做了部署。一次广泛、深入的形势教育将在全国城乡逐步展开。

如何把形势教育切实搞好，以取得明显的成效呢？

首先，各级领导干部对这次形势教育的必要性、重要性要有深刻的认识。三中全会提出的治理经济环境、整顿经济秩序、全面深化改革的指导方针是克服我们面临的困难和问题，把改革和建设事业胜利地推向前进的正确方针。要使之顺利实施，既需要自上而下的部署和安排，也需要广大干部和群众自下而上的支持和积极贯彻。通过形势教育，使党的正确主张为干部、群众所理解、所接受，是完全必要的。三中全会的指导方针是形势教育的中心内容，形势教育是实现三中全会的指导方针的重要保证。拥护三中全会的指导方针，就应当重视形势教育；要真正贯彻三中全会的指导方针，就应当把形势教育认真抓起来。那种认为贯彻三中全会精神只要靠行政命令、行政措施就行了，形势教育似乎可有可无、可抓紧可放松的看法是片面的，必须坚决克服。

要使形势教育确有成效，关键是要在入耳入脑上多下功夫。如果不入耳、不入脑，人们不愿听，或者听了也不信，那么这种形势教育就是失败的。只有入耳入脑，才能使广大干部、群众提高认识，增强信心，鼓舞斗志，自觉地为实现党中央的方针、政策而奋斗。

形势教育要入耳入脑，最根本的是坚持实事求是的原则，摆实情、讲实话。我国10年改革的成就是巨大的，改革为国民经济注入了强大的活力，促进了经济和社会的发展，提高了人民的生活水平。没有改革，我国就不会有这10年的大发展。当前，我国总的经济形势是好的，但是存在的困难和问题也不少，突出的是物价上涨幅度过大。三中全会正是基于对成绩和困难的全面分析，才确定把明后两年改革和建设的重点突出地放到治理经济环境和整顿经济秩序上来，并且强调一定要抓出成效。各地在进行形势教育中，应当结合当地的实际，实事求是地把成绩讲够，把困难讲透，把办法讲明，把前景讲清，用科学的清醒的分析统一大家的认识，提高克服困难的信心和勇气。有的同志认为，一讲抓形势教育，就是又要讲“形势大好，不是小好”那一套空话了。这完全是一种误解。中央文件上没有这么讲，中央领导同志也没有这么讲。相反，中央要求我们在形势教育中一定要实事求是，既要充分肯定取得的成绩，也要正视存在的困难和问题。有些同志只看到困难和问题，看不到已经取得的巨大成绩，这种看法不符合实际。用这样的观点来进行形势教育，只会使人们把形势看得漆黑一团，对改革的前途丧失信心。这种片面的悲观的看法是应当坚决克服的。另外有些同志对于摆困难和问题有顾虑，担心这样做会否定成绩，会影响群众的信心。这种顾虑是不必要的。困难和问题是客观存在，讲明它们产生的原因以及克服和解决的办法，只会使人们更深刻地认识中央提出的指导方针和各项政策、措施的正确性、必要性，增强战胜困难的勇气和信心。如果遮遮盖盖，讳言困难和问题，那倒是会产生相反的效果。党的十三大提出的“重大情况让人民知道，重大问题经人民讨论”的原则，在形势教育中应当更好地贯彻。

形势教育要入耳入脑，必须有的放矢，紧密结合干部群众的思想实际进行。一讲进行形势教育，有些同志总盼着上级领导机关能拿出个现成的形势教育宣传提纲、形势教育宣传材料来，认为照本宣科就能搞好形势教育。这种看法是很片面的。进行形势教育，确实需要有一些文件、材料。而最重要的文件、材料是什么呢？是十三届三中全会和中央工作会议的文件，是最近一个时期党中央、国务院领导同志有关的重要讲话。这些文件和讲话，对形势和任务做了全面、精辟的分析和论述，是进行形势教育的最重要的教材。一些领导机关编写的宣传提纲和报刊上发表的一些材料当然应该利用，但是不能主次颠倒，更不能取代对中央文件和领导同志讲话的学习。组织干部群众认真学习这些重要文件和讲话是否就够了呢？也还远远不够。每个人的社会地位不同，利益不同，实践也不同，因而会自觉不自觉地对形势作出自己的分析和判断，形成自己对形势的看法。这些看法各不相同，困惑和疑虑也各有特点。通过学习文件、讲话，能够解决一些带普遍性的问题，但是并不能解决每个人认识上的所有问题。这就需要引导大家把自己对形势的看法、疑问统统摆出来，通过对话、讨论等方式，解疑答难，各抒己见，这样就能使形势教育更有针对性。对话也好，讨论也好，有领导教育群众，也有群众教育群众、群众教育领导，双向交流，多向交流，对某些问题的看法暂时不一致也不要紧，允许保留，让实践去检验。这样形势教育就搞活了。目前，一些地方、部门和单位已经开始这样做了，收到了好的效果，这种做法应当推广开去。三中全会提出要以这次形势教育作为加强和改进思想政治工作的新起点，我们应当为此而努力。

形势教育要入耳入脑，还要求各级领导机关和领导干部必须拿出坚决贯彻三中全会方针的切切实实的行动来。这是这次形势教育中一个十分尖锐的、有决定意义的大问题。对于十三届三中全会对形势的分析以及制定的方针、政策、措施，党内外干部、群众是衷心拥护的，他们最关心的是：这些方针、政策、措施能不能贯彻下去，过大的基建规模、过旺的需求能不能压下来，通货膨胀能不能抑制住，物价能否控制住，腐败现象能不能受到严厉的惩治，也就是说，群众还有些担心。要解决这个问题，当然也要进行教育，但是仅仅靠教育是不能使人们消除担心、增强信心的，最重要的还是拿出行动，拿出治理环境、整顿秩序、深化改革的一个又一个切实有力的行动。一步实际行动胜过一打纲领。扎扎实实解决问题的行动是最有说服力的教育。中央工作会议和三中全会以来，党中央、国务院围绕治理环境、整顿秩序、深化改革的指导方针，制定了一系列具体的政策、措施。各级领导机关和领导同志务必通过努力工作，把党中央、国务院制定的政策、措施一项一项地落实，在整顿、治理中取得明显的成效，用榜样和事实来增强干部、群众的信心。

在十三届三中全会确定的指导方针的指引下，在党中央、国务院采取了一系列坚决有力的措施之后，一度出现的令人担忧的局面开始扭转。但是这仅仅是个开端。还有大量艰巨的工作有待我们去做。在这样的时刻，进一步抓紧抓好形势教育，将为推动整个形势进一步向好的方向发展发挥重要的作用。

首都举行座谈会纪念彭德怀元帅90周年诞辰

国家主席杨尚昆、副主席王震会见了出席座谈会的人员，并合影留念。

参加座谈会的有当年跟随彭德怀参加平江起义的老战士，有各个革命时期在彭总身边工作过的老同志，还有参加彭德怀生平研究的人员共60余人。他们深情地回顾了彭德怀对中国革命和党的事业的杰出贡献，盛赞他卓越的军事指挥才能，更对其刚正不阿、铁骨铮铮的高贵品德由衷地敬佩。

中顾委常委王首道说，彭总坚持真理像钢铁一样坚，敢于碰硬，敢于直言，这是我们在改革开放中保持党政机关廉洁，清除腐败现象的宝贵精神财富。中顾委常委张爱萍把彭德怀高尚品德概括为：为真理不畏权，不徇私，不居功。彭总不仅立言，而且立德、立行，三立俱全，发扬这种言行一致的作风当前具有深刻的现实意义。

出席座谈会的有王平、伍修权、习仲勋、廖汉生、康克清、李聚奎、张震以及张闻天的夫人刘英、任弼时的夫人陈琮英、滕代远的夫人林一、黄克诚的夫人唐棣华等。彭德怀同志的夫人浦安修和彭总的几位亲属也参加了座谈会。

国务院作出《关于加强物价管理严格控制物价上涨的决定》

国务院《关于做好当前物价工作和稳定市场的紧急通知》发出后，各地区、各部门认真贯彻执行，并收到了一定成效。但目前市场价格尚未完全稳住，一些商品的价格涨势未减，各地对此必须引起高度重视。要进一步采取坚决有力的措施，加强物价管理，整顿市场秩序，严格控制物价上涨，确保明年的物价上涨幅度明显低于今年。为此，特作如下决定：

一、坚决稳定群众生活基本必需品的价格。要严格按照国务院国发〔1988〕67号文件的有关规定，坚决稳定市场粮价。城市居民定量供应的粮食、食油的价格一律不动。大中城市要由市长负责，增加肉、蛋、菜等主要副食品的生产和供应，保持“菜篮子”价格的基本稳定。大城市的大路菜，要实行计划价格，不能放开。北方大城市冬储菜的零售价格，今年一般不提高。现已对猪肉定量供应的大城市，定量供应部分不准涨价。要进一步搞好大中城市蔬菜批发市场和农贸市场，物价和工商行政管理部门要切实加强价格管理和指导。

同群众日常生活密切相关的棉纱、涤棉纱、棉布，涤棉布、食盐、食糖、民用煤、洗衣粉、肥皂、卫生纸、火柴等工业品，要安排好生产和供应，不能断档脱销。对这些商品的价格，国家物价局和各级地方政府要按管理权限，分别进行整顿，严格管理。有些商品的价格要向社会公布，接受群众监督。

二、坚决制止农用生产资料乱涨价。各省、自治区、直辖市人民政府要在年底以前，对实行专营的化肥、农药、农膜核定综合零售价格，公布执行。在春耕之前，要组织农用生产资料价格大检查，严禁乱涨价和变相涨价。

三、严格执行计划外重要生产资料的最高限价。

凡超过最高限价的,均属价格违法行为,任何地区,包括广东、福建、海南以及经济特区,都不得例外。对石油、铜、铝、紧俏钢材等实行统一经营,严禁倒卖。国家物价局应尽快会同主管部门向大型企业派驻物价督察员,监督企业严格执行国家的价格政策、规定。国务院有关部门定价的生产资料出厂价格可由地方审批临时价格的规定,暂停执行。

四、对已经放开的工业消费品价格,也要进行管理和引导。大中城市应选择一批比较重要的品种,最迟在11月15日前,实行工商企业提价申报制度。对企业申报的提价要求,物价部门可根据控制物价水平的需要,制止提价或推迟提价。

五、整顿流通领域的价格,取缔中间盘剥。重点是整顿经营批发业务的各类公司。各级物价部门要会同有关部门,对重要的紧俏工业品和耐用消费品规定合理的流通环节,核定合理的进销差率、地区差率和批零差率,国营、集体和个体经营者(包括工业企业自销)都要执行。零售商店包括个体摊贩,要明码标价,文明经商,接受消费者的监督。工业品在同一城市市区,批发不得超过一道环节,零售单位不得按零售价进货再加价销售。为制止商品旅游,易地涨价,同一商品不得对当地和外地实行两种价格。

六、整顿城市公用事业和服务行业收费。同群众生活关系密切的公用事业和服务行业收费,明年不得提高。对群众反映强烈的某些医院、学校等单位乱收费的问题,各级政府要认真组织检查,切实纠正,并建立严格的财务管理制度。各级行政部门和事业单位,明年不得擅自增加收费项目和提高收费标准。

七、严肃物价法纪。国家统一安排的调价项目,必须严格按照国务院规定的调价范围、幅度和时间执行。各级政府和物价部门、业务主管部门要严格按照物价管理权限办事,不得越权擅自调价或变相提价。各级政府和物价部门管理价格的权限明年不得继续下放,放开价格的品种范围也不得扩大。对国务院有关部门管理价格的执行情况,国家物价局要负责进行全面检查。各地区、各部门如有越权擅自涨价,或以变通为名擅自涨价的,要在文到后一个月内清理纠正,并向国家物价局作出报告。有些地方自行规定的"价格特区"、"价格特厂"、"价格特店"等,要立即取消。国务院各业务主管部门对主管商品的价格,除了国务院决定调价的之外,一律不许变动,不得自行发涨价文件。

八、依靠广大群众、搞好物价检查。要重点查处生产资料、紧俏消费品和生活必需品的转手倒卖、哄抬物价和乱涨价行为。要充分发挥专业物价检查队伍的骨干作用,同时组织消费者协会以及各种群众物价监督组织,对物价和收费实行经常性的监督检查。要认真贯彻执行《中华人民共和国价格管理条例》,违者要从严惩处,决不让其在经济上得到好处。构成犯罪的,要追究刑事责任。对典型案件要公开报道,扩大宣传,以儆效尤。

九、1989年物价上涨幅度要明显低于今年。各省、自治区、直辖市人民政府和国务院各有关部门,要为实现这个目标,共同分担责任,并作为政绩的主要考核指标。控制明年物价,必须从现在起就采取措施。国务院关于今年下半年不出台新的涨价措施的决定,延续到明年市场基本平稳以前,各地必须坚决执行。

各级人民政府和国务院有关部门应根据本通知,迅速制定具体实施办法,认真贯彻执行。过去国务院和有关部门的规定,凡与本通知不一致的,一律按本通知执行。

全国税务局长紧急会议在北京召开

国家税务局局长金鑫在会上强调,整顿纳税秩序,严格征收管理,确保今年税收超收30亿元。

金鑫说,国务院要求税务部门今年超收30亿元,但1月至10月上旬,全国工商税收累计完成1193.57亿元,比上年同期只增长12.1%,按超收30亿元考核,仅完成计划的76.9%,完成情况很不理想。

金鑫要求各级税务部门认真落实中央治理经济环境、整顿经济秩序、全面深化改革的指导方针,整顿纳税秩序,建立以法治税新规范。第一,全国税法要统一、税权不能分散,任何地区、部门和个人都无权变更、修改国家税法,乱开减免税口子。现在有的各项减免税规定将全面清理整顿,地方各级人民政府所作的减免税规定,要逐项审查,凡违反税法规定和超越权限的,要立即纠正;在管理权限以内但减税免税不当,或由于价格变动、政策调整没有必要再给予减免税的,要停止执行;定期减免税到期的立即恢复征税;对国家严格控制的特殊消费品,一律不得减税免税;对限制出口的紧缺产品,出口时不予退税。各类企业都不能搞包税。第二,企业、单位和个体经营者取得的一切销售收入都必须依法征税,对随同产(商)品销售取得的各种收入,都应计入销售收入依法征税。第三,任何地区、部门都不得截留挪用国家税款。企业、单位应保证国家财政收入及时足额入库。第四,严格账簿和发票管理,对不按规定建账、记账或弄虚作假、偷税漏税的,除税务机关按有关规定处罚外,由工商行政管理机关责令其停业整顿或吊销营业执照。第五,赋予税务机关必要的检查权和强化税务机关查处偷漏税强制执行的权力。

全国获奖成果推广交易会在武汉召开

交易会从10月24日开始至27日结束。由国家科委主办的这次交易会，旨在促进科技与生产的结合，让获奖成果所蕴藏的潜在生产力转化为现实生产力。

据统计，参加交易会的有中央有关部门和部分省市自治区及计划单列市的38个展团，参展项目1600多项，包括机械化工、电子电器、冶金动力、粮油加工、植保、轻纺食品等30多个门类。据对其中50个项目投入生产应用后的经济效益抽样调查表明，它们每年可为国家新增利税3亿元以上。

交易会上，1250余项新技术、新产品找到了“婆家”，占全部上市成果的3/4，成交额超过4亿元。

据大会负责人介绍，会上大批企业以供方身份进入技术市场，一些有眼光的科研设计单位不惜重金向大专院校、工矿企业购买技术成果，以便进行再开发。一批适合中小企业的技术备受欢迎。这些特点说明我国技术市场正处于稳定发展阶段。

据了解，这次交易会共有3.5万人次前来参观洽谈。

中共中央政治局常委胡启立在人民大会堂会见匈牙利社会主义工人政治局委员卢卡奇·亚诺什一行

共青团中央 国家教委 文化部 国家新闻出版署在长沙联合召开全国“红领巾读书读报奖章”活动经验交流会

1982年，针对一些地方黄色书刊泛起、损害少年儿童身心健康的情况，团中央、原教育部和文化部发起组织了“红领巾读书读报奖章”活动。7年来，全国有近2亿少年儿童参加了这一活动，近5万名少年儿童荣获全国“红领巾读书读报奖章”；6000个红领巾集体荣获全国“红领巾读书读报奖章”活动先进集体的光荣称号。这一活动，在把少年儿童培养成一代新人方面收到明显的效果。

这次会议，主要是总结、交流“红领巾读书读报奖章”活动的经验，分析存在的问题和困难，促使这一活动更加广泛、深入、持久地开展下去。

《平江起义前的彭德怀》出版

今天是彭德怀同志诞辰90周年纪念日，湖南人民出版社为此出版了《平江起义前的彭德怀》专辑。该书由湖南省政协文史委员会编辑。王震题写了书名。

10月25日

中共中央政治局常委胡启立在人民大会堂与匈牙利社会主义工人党政治局委员卢卡奇·亚诺什进行会谈

澳门特别行政区基本法起草委员会第一次全体会议在人民大会堂召开

会议于10月25日至26日召开。

国务院港澳办公室主任、澳门基本法草委会主任委员姬鹏飞在会议上发表了讲话。

姬鹏飞说，根据中葡两国政府关于澳门问题的联合声明，中国政府将在1999年12月20日对澳门恢复行使主权时，依照《中华人民共和国宪法》第三十一条的规定，设立澳门特别行政区。全国人民代表大会将制定并颁布澳门特别行政区基本法，规定澳门特别行政区不实行社会主义制度和政策，保持现行的社会、经济制度和生活方式，50年不变。

姬鹏飞认为，必须从澳门的实际出发，广泛地听取各界人士的意见，深入地调查研究。才能起草出一部体现“一国两制”方针的、符合澳门实际的基本法。姬鹏飞建议由起草委员会委托的澳门的委员筹组一个民间性的基本法咨询委员会，吸收更多的各界有代表性的人士参加。

这次会议的议程有两项：一、研究并确定澳门基本法起草工作的大体规划和步骤；二、研究起草委员会如何进行工作。预计澳门基本法的起草工作需用4年多的时间，即从现在到1993年年初，在经过多次会议讨论和反复征求意见和修改之后，提请全国人大审议通过。

全国人大常委会委员长万里和一些在京的副委员长到会会见澳门基本法委员，万里委员长向澳门基本法草委会主任委员、副主任委员和委员颁发了任命书，勉励委员们为制定好澳门基本法、保持澳门的稳定、繁荣和发展作出贡献。

澳门基本法起草委员会的48位委员除1人因事请假外全部出席了会议。起草委员中有不少熟悉澳门情况的澳门地区委员，还有一些参与香港基本法起草的内地委员。

在26日的闭幕会上，委员们一致通过了会议公报。

为了配合基本法的起草工作，会议决定委托在澳门地区的22位委员发起筹组基本法咨询委员会，这是一个民间的、有广泛代表性的咨询组织，它和基本法草委会的性质和职能不同，彼此没有隶属关系。

澳门基本法草委会第二次全体会议定于1989年5月在北京举行。

中国工会十一大代表在北京举行中外记者座谈会

当记者问到开展反腐败斗争，工人阶级应该怎样做时，北京宣武浴池修脚工人、全国劳模杜德顺感情激动地说，我们工人坚决响应党中央号召，因为这同我们工人切身利益相关。天津海河塑料厂厂长张世伦更是旗帜鲜明。他说,作为厂长,我对当前社会上的一些消极腐败现象深恶痛绝。开放改革是好政策,但由于法制不健全等原因,也出现不少问题,应该引起重视。从我们天津的情况看,群众对物价上涨过猛有气,对社会分配不公有气,对党政机关中的某些腐败现象有气。他举例说,今年1月,一个有来头的公司到他们厂推销紧缺的化工原料,条件是100吨化工原料,额外要另付好处费数万元。工厂没有接受这无理要求。他气愤地说,这样下去怎么得了,我举双手赞成开展反腐败斗争。

在回答记者问到如果工人罢工,工会是支持还是反对时,河南省洛阳铜加工厂工会副主席李铁珍说,我们不主张工人罢工。因为在我们的企业,企业、厂长和职工整个是一个利益共同体。罢工影响企业经济效益,对企业、厂长和职工都不利。有问题,可以做工作,协商解决。目前,我们厂还未出现罢工现象。如果有一天真的出现工人罢工,工会当然要站在工人当中,支持工人的合理要求。但对工人提出的不合理要求,我们要做工作,说服工人放弃过高、过急的不现实的要求。

座谈会上,有的记者请张世伦回答:前一时期社会上出现企业家被杀事件,你本人现在是否有安全感?

张世伦说我这个厂长是投标竞争来的。开始职工对我不信任,我同职工签订了共保合同,将厂长和职工的权利和责任规范化和契约化,有福同享,有难同当,风险共担。企业、厂长和全体职工形成一个命运共同体。这样职工对我越来越信任,现在我没有什么不安全的感觉。个别职工虽然还有点不满意,但这可以通过做思想工作来解决。

座谈会上,代表们还实事求是地回答了记者们提出的有关劳动制度改革、科技人员工资低、企业不愿多招女工等问题。

参加座谈会的代表中,有工人、服务员、厂长、工程师、工会主席、劳动模范,还有乡镇企业、合资企业的代表。他们大都未经历这样的场面,但在回答问题时毫不吞吞吐吐。整个座谈会虽然显得拘谨一些,但仍给中外记者留下较深印象。

《人民日报》和首都10多家报纸的记者及安莎社、路透社等外国通讯社的记者参加了座谈会。

监察部 国家工商行政管理局查处3起"官倒"案

国家监察部会同国家工商行政管理局近日严肃查处内蒙古自治区赤峰市金属材料公司、湖南省长沙市纺织工业物资供销公司、河南省许昌市石油分公司及其劳动服务公司三起"官倒"案,3家公司分别受到没收全部非法所得、处罚款等处理,有关责任者分别受到撤销职务、行政降级等政纪处分。

海关总署制定5条措施加强进出口物品管理

这5条措施是:

一、加强对实行许可证管理商品的监管。凡属许可证管理商品,海关一律凭有效证件验放,证件与货物、领证人与收发货人必须相符。对无证到货、伪造、涂改、冒用许可证以及伪造品名、规格等逃避许可证管理的行为,予以严肃处理。对签证机关违反国家规定签发的许可证,视为无效证件,货物不准放行。各地海关建立反馈检查制度,对凭许可证验放货物的情况实行定期专报。

二、全面加强关税和代征税的税收管理工作。严肃税收法纪、坚持依法征税,严格减免关税的审批制度。根据国务院决定,凡是申请临时减免进口汽车、家用电器、外国烟酒等高档消费品关税的,必须报国务院审批。

三、从严打击重大走私犯罪活动。各地海关公布专用举报走私电话,除抓好海上和陆路边境走私的查缉外,目前要集中力量打击企事业单位的走私活动。对于倒卖许可证以及内外勾结、抗拒查缉走私等违法活动,从严惩处。

四、加强海关信息的收集、传递、反馈和处理。当前要跟踪、反映进出境活动的新情况、新问题,并运用统计数据和各类信息,进行综合分析,以强化海关的宏观调控职能。

五、加强对海关本身的监督。实行公开办事制度,自觉接受社会监督,设立并公开海关监督举报电话,全面推广海关现场人员挂牌上岗制度。

国务院副总理田纪云在中南海会见智利经济部部长曼努埃尔·孔查一行

国家科委主任宋健就如何实施"火炬计划"发表谈话

宋健要求各有关地区和部门为发展高技术、新技术产业制定必要的政策措施,努力创造有利的环境和条件。

宋健说,今年3月党中央国务院向科技部门提出的发挥科技优势,参加沿海发展战略实施的要求,使全国科技工作出现崭新的局面。许多部门和地区制定了深化科技体制改革,加速发展高技术、新技术产业的配套政策和鼓励措施。成千上万的科技专家响应中央号召,率领科技工作者筹建以科技为先导的、技工贸相结合的经济实体,勇敢地迎接世界性的科技竞赛。

他说,目前我国在科研机构、高等院校和大中企业从事研究和开发的科技人员约有130万人，除去从事国家经费支持的基础研究和应用基础研究、从事“863”计划、从事“七五”攻关计划的以外，其他100多万科技人员中工作不饱满的占2/3。所以，发挥我国科技优势，参加沿海发展战略，发展外向型高技术、新技术产业，潜力很大。

“火炬计划”的目标，主要是为了全国研究机构、高等院校和具有较强技术开发力量的大中企业、军工企业以及数十万科技人员进入沿海发展战略，发展高技术、新技术产业提供政策性保护，进行组织指导，培训干部，疏通技术、资金、人才合理组合和流通渠道，创造有利的国内外社会环境，以形成适宜的气候。“火炬计划”和“星火计划”一样，不是单纯安排产品任务、定项目、拨款分钱的那种指令性计划，而是一项宏观指导性计划。在初始阶段，“火炬计划”的具体实施措施有：制定吸引资金、人才和创办高技术、新技术产业的政策和管理办法，在条年成熟的地方建立高技术、新技术园区，建立一批创业者服务中心，即高技术、新技术产业孵化器，对科技型企业和创业者提供各种服务；为高技术、新技术产业培训人才；为科技型企业和创业者寻求资金和疏通信贷渠道等等。

宋健指出，实施“火炬计划”，要把深化改革放在一切工作的首位。沿海发展战略和“火炬计划”的实施，对大院大所、高等院校和大中企业的科技体制改革是一个有力的推动。中央和国务院寄希望于各部委的科技部门，寄希望于研究机构、高等院校。我们千万不要放过这个历史上难得的机会。要有魄力、有勇气，充分发挥自己的科技优势，主动出击，长入经济。

他说从科技发展的观点看来，“火炬计划”是为高技术成果商品化搭桥铺路，为“863”计划、攻关等计划的阶段成果进入市场创造良好的环境条件。因此，承担攻关计划、“863”计划和自然科学基金会项目的科学家和技术专家们，应充分利用“火炬计划”所创造的环境条件，不放过每一个机会，主动地、及时地拿出和推荐自己的新成果。从事基础研究、应用研究的科学家们，要充分注意发现和抓住那些有市场商品价值的新思想、新概念、新理论、新技术和新方法，为新技术和高技术产业的形成和发展提供源源不断的新知识和新信息。

宋健提出了实施“火炬计划”应该遵循的4条基本方针。

第一，必须坚持两条腿走路。一方面，中央各部委、各大中企业、各大院大所、名金融机构都应该有计划地兴办高技术、新技术产业。另一方面，还要采取一切可能的措施，大力支持和鼓励大院大所、高等院校、大中企业及科技人员，自筹资金、自负盈亏，创造各种所有制的技工贸、技农贸相结合的科技企业，以市场为目标，开发高技术、新技术产品。

第二，由国家和各级政府部门拨款实施的各项科技计划，如攻关计划、“863”计划等，都要坚持阶段成果商品化的方针。凡是有可能转化为商品、能够占领市场的阶段性成果，都要组织力量进行产品开发。

第三，发展高技术、新技术产业必须坚持对外放的方针，高技术及其产品一开始就带有国际性，必须走国际化的道路。

第四，高技术、新技术产业的建立，“火炬计划”的执行，要坚持“精心指导，认识优势，重点突破，典型引路，逐步展开”的做法，不要一哄而起。

中国队在第八届国际伤残人奥运会获17枚金牌居十四位

10月15日开始的本届伤残人奥运会，是有史以来规模最大的一次伤残人奥运会。在历时10天的比赛中，来自60多个国家和地区的4000多名运动员，不分性别、种族、肤色，共同参加了这次挑战与征服、和平与友谊的大联欢。大会进行了16类729项的比赛，决出729枚金牌。各有数百名选手、参赛类项多、阵容强大的美国、联邦德国和英国队，分别获得金牌92枚、77枚、62枚，名列前三位。在上届伤残人奥运会上夺得两枚金牌的中国队，这次42名参赛运动员在所参加的田径、游泳、乒乓和射击等4类107项的比赛中，共获得金牌17枚，居第十四位，人均获奖牌数名列前茅。

比赛期间，国际奥委会主席萨马兰奇前来观看了比赛。他表示，国际奥委会正考虑把伤残人奥运会的部分项目列入国际奥林匹克运动会的比赛项目。

国务院环保委员会部分委员考察北京市环境

国务院环境保护委员会副主任黄毅诚（能源部部长）、李绪鄂（国家科委副主任）、曲格平（国家环保局局长）带领部分委员，在北京市副市长张百发陪同下，考察了首都环境污染情况。

委员们登上位于西郊的中央电视台彩电中心24层大楼的平台、观察北京上空浮尘。据测，全市总悬浮颗粒和可吸入尘常年超过国家标准一两倍，总悬浮颗粒物年平均浓度达每立方米400微克。金秋十月，虽然北京还未进入采暖期，空中浮颗粒物浓度较低，但在晨雾中仍可看到东西长安街上方淡淡的汽车尾气烟雾和西面石景山区薄薄的一丝黑纱般乌云。环保部门同志介绍，到冬季，在高层建筑物上观察大气，污染情况要比这严重得多。

接着，环委会委员观看了被工业废水、城区生活污水污染的莲花河、通惠河。乌黑发臭的污水河面，时时泛起白沫；沿河望去，两边可见一堆堆垃圾。像这种污水河，北京有30多条，占全市监测河段的一半还多。

委员们在听取北京市环保部门汇报后，就治理首都污染问题展开了热烈的讨论。大家同意张百发的意见，认为北京在治理污染方面，成绩很大，问题很大，困难很大。怎样解决首都污染问题，黄毅诚说，一是要有改革精神，改变老的管理办法和传统的旧观念；二是要给政策，要给一定的投资，当前的重点是采取有力措施治理大气污染、水的污染。

曲格平在座谈会上说，在北京市环境面临的问题中，应该首先抓好大气污染的治理，而大气污染又主要来自煤燃的污染。黄毅诚部长主张把优质煤优先供应城市居民，这是一项很好的措施。他谈到城市规划、环境管理时强调指出，地方政府要给环保部门城市规划布局监督权、管理污染行政权，环保部门也要敢于管，善于管。李绪鄂赞成曲格平的意见。他说，治理污染的办法、管理环境规定现在都有，关键的问题是严格执行。

对北京的考察，是这届环委会第一次有计划地组织委员对环境问题作的调查。这种调查还将继续进行。

10月26日

邓小平等党和国家领导人在人民大会堂会见澳门特别行政区基本法起草委员会第一次全体会议的委员

国家主席杨尚昆在人民大会堂会见并宴请专程从美国赶来参加中美高能物理会议的李政道教授

杨尚昆主席感谢李政道教授对建设北京正负电子对撞机国家实验室工程提供的帮助，并赞扬他多年来为促进中美科技交流和发展中国科学事业作出的贡献。

李政道教授说，中国之所以能够取得包括正负电子对撞机建成在内的科技成就，是因为政府实行了正确的方针政策。

李政道还向杨尚昆主席介绍了当前世界科技发展的一些新情况。

中组部和人事部在北京共同举办中国公务员制度及人力资源开发国际研讨会

30多位来自美国、加拿大、联邦德国、法国、匈牙利、日本、新加坡、瑞士、英国等国家和地区主管公务员管理工作的高级官员、人事管理方面的高级专家和大公司的人事主管，联合国行政管理发展司、国际劳工组织、欧洲共同体经济委员会、国际公职协会的高级官员，将和80多名中国的企业家、研究人事管理的专家以及干部人事管理工作者，在历时4天的会议中就中国公务员制度和人力资源开发问题进行理论研讨，交换意见。

国家人事部部长赵东宛在会上致开幕词。他说，在我国实行国家公务员制度，将有利于提高政府工作人员的素质，保证政府工作人员队伍的优化、精干、廉洁、稳定，使他们能够卓有成效地管理国家行政事务，从而提高政府工作效率，真正形成强有力的行政指挥系统。

赵东宛说，从中国共产党第十三次全国代表大会决定建立国家公务员制度以来，我们已经作了一系列的准备工作，比如拟定了国家公务员暂行条例草案，成立了公务员管理机构——中华人民共和国人事部，筹办国家行政学院和高级公务员培训中心，培训了一批推行公务员制度骨干。我们还注意研究了各国公务员制度的做法，吸取了有益经验。

中组部副部长、中国高级人事管理官员培训中心主任刘泽彭在会上致祝词。英国内阁办公室次官、弗里·托马斯·摩根，联合国计划发展署的代表也分别致祝词。

商业部在北京召开全国化肥农药农膜专营工作会议

商业部部长胡平在会上说，要把专营工作作为治理经济环境、整顿经济秩序的一件大事来抓。这项工作抓得好不好的标志，就是看供应是否及时对路、价格是否合理、农民是否满意。

胡平强调，对重要、紧俏的农业生产资料实行专营，不是一般的业务调整，而是改善国家同农民的关系，调动农民生产积极性，更好地发展农业生产的一项重大决策。

胡平提醒说，不要以为实行了专营，就天下太平了。供销合作社作为农业生产资料市场上的主渠道，肩负重任。应建立有效的监督检查体系。要严格执行政策，加强供销社自身的制度建设。不准以权谋私、凭借专营的地位搞不正之风；不允许同一商品在同一时间又进又出，不允许互挖墙脚，竞相抬价抢购；基层供销社分配供应计划和价格要张榜公布，接受社员代表和农民群众的监督，切实保护农民利益。在商品调拨供应中，哪个环节出现问题，就追查哪个环节的责任。对于群众揭发检举专营中的问题，要严肃认真处理，取信于民。

轻工部公布扶优限劣八条措施

这八条措施是：

成立轻工部质量领导小组，并设立质量标准司，负责轻工产品质量的监督管理工作。

改革传统的评优办法,实行由产品质量监督检测中心来评定产品质量。

实行公开发布质量信息的制度,及时向社会发布“质量公报”和出版《消费指南》。

从明年起,从电冰箱入手,对轻工生产企业的生产任务安排和计划物资分配,以质量为主要依据,并和售后服务挂钩。

大力推行采用国际标准化。

依靠社会监督促进产品质量。

采用先进科学技术,带动产品质量提高。

积极推进以名优产品为龙头的联合。

国家主席杨尚昆根据全国人大常委会的决定任免驻外大使

任命祝有容为中华人民共和国驻贝宁人民共和国特命全权大使;

免去朱显松的中华人民共和国驻贝宁人民共和国特命全权大使职务。

国家科委主任宋健在兰州考察并同近20位著名科学家及有重大贡献的学者举行座谈

宋健在考察时说,科学研究系统之间应该打破目前的自我封闭,相互封锁的状态,提倡科研成果共享的好风尚。这个问题应提到治理科研环境的高度来认识。

座谈中,有不少科学家对当前各科研单位之间科研成果和资料封锁,或漫天要价,相互掣肘,阻碍了科学研究的正常进展的现象,提出了批评。宋健在听取这个意见时说,这是在吃科学经费的老本。科研单位之间都这么相互封锁,百害无一利。在科研经费短缺的现阶段,各科研单位更应该相互协调,提倡成果共享的好风尚,以减少不必要的人力、财力的浪费。

他还说,国家科委也充分了解到科研成果专著出版无经费的困难,这也从客观上给成果共享带来了阻力。国家科委将尽快研究解决这个问题。

贾平凹以其近作《浮躁》获“美孚飞马文学奖”

“美孚飞马文学奖”致力于推广世界各国优秀文学作品的翻译,加强各国间的文化交流。此奖创立于1977年,在国际上享有盛誉。操地道陕西口音的作家贾平凹以其近作《浮躁》获此殊荣,成为该奖的第一位汉文得主。

1988年北京国际水墨画展开幕

来自14个国家和地区的140件水墨画佳作,荟萃在中国画研究院展览馆。至此,一年多以前倡议举办这次国际性画展的北京和香港等地一些画家的愿望,在海内外200多名艺术家和有关人士的支持下终于实现。

在送交300多件近作的画家中,不仅有中国的画坛名宿李可染、刘海粟、吴作人、朱屺瞻、叶浅予、张仃、黄永玉、吴冠中,也有在海外享有盛誉的水墨画家赵无极、何塞·万徒勒里、陈其宽、陈文希等。

台湾的画家对这次展览也给予了很大的关注,李义弘、洪根深、楚戈、黄朝湖等13位画家亲自或委托友人送来了展品。

宋任穷、方毅、王光英、杨成武、张国基等,英国、法国、南斯拉夫驻华使馆和一些国家、地区应邀前来的艺术家出席了开幕式。

云南出土完整巨型恐龙化石

新华社报道,一条完整的巨型恐龙化石,日前在“恐龙之乡”云南禄丰县出土。这条恐龙化石是在地表下1米左右的“三叠纪”红色地层里发现的。化石长8.7米,高3.5米,头、尾、椎、干和四肢保存得很完整。从化石的形态看,恐龙似成痛苦的挣扎样,头部和腹部有明显的被挤压痕迹。

10月27日

全国政协主席李先念在人民大会堂会见印度尼西亚红十字会主席依卜努·苏多沃和夫人一行

全国总工会十一届执委会第一次会议选举倪志福为主席朱厚泽为第一书记

新当选的全总主席倪志福讲了话。他说,在当前的政治和经济形势下,我们担子不轻,尤其是我个人,作为新一届的全总主席,更是感到责任重大,压力很大。但是,我坚定地相信,有党中央的正确领导,有全国职工群众的有力支持,有广大工会工作者的辛勤工作,依靠执委会、主席团的集体努力,我们一定能够开创工会工作的新局面。

全国总工会十一届执委会主席团委员名单

(按姓氏笔画为序)

于庆和 王振江 方嘉德 冯祖椿 刘玉娥(女)

关 怀 江 荣 买买提色依提·热依木(维吾尔族)

李生林 李国忠 李星万 李 冀 张富有

罗淑珍(女) 赵景岐 骆胜安 黄启璪(女)

商保坤 董蕴琦

中国干部人事制度改革取得进展

据《人民日报》报道,5年来我国各级领导班子换了一茬人,基本上实现了新老交替的正常化。我国干部人事制度改革取得了很大进展,干部人事工作的民主化程度有了很大提高。

据中共中央组织部介绍,近几年我国干部人事制度改革取得的进展主要是:

——废除了领导职务终身制,确立和执行了干部革命化、年轻化、知识化、专业化方针,使干部队伍,特别是各级领导班子的状况发生了巨大的变化。1982年到1987年,有55万中青年干部走上县处以上领导岗位,有287万老干部离休退休。

——改变了干部管理权限过分集中的状况,下放了干部管理权限。从1984年开始,各级党委由过去下管两级变为原则上下管一级,企业、事业单位和群众团体除主要领导干部以外的所有干部,基本上都由本单位自行管理,使下级和单位、特别是企业有了较多的用人自主权。党的十三大又进一步确定了对干部实行分类管理的原则。

——进一步健全了干部选举制度。凡规定由选举产生的党、国家机关和部分群众团体的领导人,都由代表大会选举产生。在选举中,不仅经过反复酝酿和民主协商产生候选人,而且实行了差额选举;人民代表可以联合提名候选人,进一步扩大了代表的民主权利,提高了代表参政议政的政治热情,为扩大人民民主和加强群众对领导干部的监督提供了新的形式。

——提高了干部任免升降工作的公开程度、开放程度和透明程度。中共中央先后就干部选拔的民主程序和党政干部的民主考核,作了明确规定。在提拔干部时,先在适当范围内进行民主推荐和民意测验,或提出若干人选交群众讨论遴选,根据民意测验和群众遴选的结果确定选拔对象。

——一些部门和单位贯彻公开、平等、竞争、择优的原则,实行了职务靠竞争、待遇靠贡献的选人用人制度。许多企业的经营者,已不再由上级任命,而是通过公开招标的方式选聘;部分事业单位,通过民主选举和民主推荐,产生本单位的领导者;乡镇干部全面推行了选任制和聘任制。

——广大干部和群众的民主意识大大增强。干部接受民主监督的思想准备和民主承受力不断强化,人民群众积极行使民主权利的政治热情和进行民主监督的水平不断提高,整个干部人事管理工作,正在从集权式、封闭式、单一化、神秘化的状态,向着公开平等、竞争择优方向发展。

中共中央组织部认为,干部人事工作的民主化建设,还存在许多亟待研究解决的问题。一是民主化建设的理论研究还跟不上改革形势发展的需要。有些改革措施的推行,缺乏必要的理论阐述和理论指导;二是有些领导干部的思想作风和工作作风,还不适应民主发展的要求,在选人用人上还存在个人说了算、凭主观意志和个人好恶办事的现象;三是目前还没有形成社会均等的社会环境,在用人上还难于充分体现公平和竞争;四是干部人事工作的法制还不健全,对于违反民主秩序、违背法纪的现象还缺乏有力的监督措施。

中国政府和加拿大政府第二批混合贷款议定书以及关于这批贷款的信贷协议在人民大会堂签署

国务院副总理田纪云出席签字仪式。

加拿大政府以优惠的利率和条件向中国政府提供的这批贷款总额约为7亿美元。这批将通过加拿大出口发展公司向中国提供的贷款主要用于购买加拿大的资本货物及有关服务。

同时签署的还有中国技术进出口总公司和加拿大北方电讯公司关于陕西省引进数字程控电话项目合同、中国石化国际事业公司和加拿大克洛克纳公司关于湖南省引进年产5万吨己内酰胺设备的协议书。这两个项目都将使用中加两国政府1986年签署的第一批混合贷款。签字仪式前,田纪云会见了加拿大出口发展公司高级副总裁贝克尔先生一行。田纪云说,这些文件的签署将推动两国间的合作。

首届影视十佳歌手评选结果揭晓

这次活动是在纪念淮海战役胜利暨徐州解放40周年之际举办的,是我国影视界广大观众第一次为自己的影视歌手颁奖。

由《中国电影报》、徐州市文化局联合主办的全国首届"淮海杯"新时期影视歌手评选结果今晚在徐州揭晓。获得十佳歌手称号的有刘欢、蒋大为、陈力、郭峰、李谷一、何纪光、骆玉笙、殷秀梅、李双江、郑绪岚。

广播电影电视部副部长陈昊苏等向十佳歌手颁发了奖品和证书。

解放军总医院攻克举世罕见威勃尔氏症

威勃尔氏症是一种以消化道及关节症状为主的慢性全身系统损害性疾病。至今全世界仅有过200例报道。在此之前,我国仅发现过1例。

全国生育节育抽样调查部分结果公布去年人口增长率逾16‰

由国家计划生育委员会、国家统计局、国家计委、财政部、公安部共同组织进行的全国生育节育抽样调查的部分结果,向在北京的中外记者公布。

有关发言人说,这次共调查了分布在全国(除台湾省外)2633个县(区)的500372户、2114591人。

调查表明：在人口自然变动方面，1987年出生率为23.26‰，死亡率为7.10‰，自然增长率为16.16‰。1988年上半年平均每千人中出生8.84人，死亡3.39人，自然增长率为5.45人。这位发言人说，根据这次调查数据及进入婚育年龄人数的变化和1987年以来计划生育工作的情况，预计1988年全年出生人数将比1987年有所减少。调查还显示各省、自治区、直辖市1987年出生率差异显著。在3个直辖市中，上海市出生率最低，为14.72‰。在26个省、自治区中，浙江、吉林、辽宁、黑龙江、江苏出生率低于20‰。另有11个省、自治区出生率高于25‰。

在孩次构成方面，调查表明：1987年全国出生婴儿中的一孩占52.72％，二孩占32.33％，多孩占14.95％。1988年上半年出生一孩占53.83％，多孩占14.39％。

这位发言人公布的调查结果还显示了城乡的生育差异。调查的自然变动和孩次构成数据表明：计划生育工作的成效，城市街道优于农场，农场优于镇，镇优于乡，乡内郊区乡略优于县属乡。城市街道出生率最低的为14.3‰，最高的为农村县属乡24.94‰。

孩次构成也同样反映出城乡的生育差异。从1988年上半年出生婴儿的孩次构成看，城市街道一孩比率已达89.3％，多孩比率最低，为1.19％。县属乡一孩比率最低，为48.94％，多孩比率最高，达17.63％。

10月28日

中国工会第十一次全国代表大会在人民大会堂闭幕

大会宣布了全国总工会第十一次执行委员会主席、副主席、主席团委员、书记处书记名单；宣布了全国总工会第十一次经费审查委员会主任、副主任、常务委员名单。

大会通过了关于第十届执行委员会工作报告的决议、关于中国工会章程部分条文修正案的决议、关于第十届执行委员会财务工作报告的决议、关于第十届经费审查委员会工作报告的决议。

会上还宣布了关于表彰237个模范职工之家、621名优秀工会工作者和971名优秀工会积极分子的决定。这是历时4年来深入开展“整顿工会基层组织，建设职工之家”活动取得的成果。

乔石、阎明复、耿飚等同志出席闭幕式并向受表彰者的代表颁奖。

新任全总副主席、全总书记处第一书记朱厚泽致闭幕词。他说，大会开幕时，党中央、国务院向我们这次代表大会作的祝词，高度评价我国工人阶级在改革开放和社会主义现代化建设中的巨大贡献和重要作用，充分肯定了我国工会在团结广大职工投身改革和建设事业，促进国家经济繁荣和维护社会安定团结中的重要作用。这是党中央、国务院对全国职工和工会工作者的热情鼓励和极大信任。我国工人阶级和广大工会工作者，一定不辜负党的期望，一定能在我国历史性伟大变革中，继续贡献自己的热情、智慧和创造力量。

朱厚泽说，全国广大职工群众和工会干部，热切地关注着我们这次代表大会，以不同形式，向大会表示了他们殷切期望。大会的进程和成果充分表明，我们这次代表大会，确实是一次改革的大会，民主的大会，团结的大会，是我国工人运动和工会运动史上有着重要影响的大会。

新当选的全国总工会主席倪志福主持了闭幕式。

中国残联主席邓朴方获联合国特别奖

联合国社会发展和人道主义事务中心副司长沙里夫先生受联合国秘书长佩雷斯·德奎利亚尔委托，在北京向中国残疾人联合会主席邓朴方颁发特别奖，表彰他对残疾人事业和联合国残疾人10年所作出的杰出贡献。获此奖者在我国邓朴方是第一位。

邓朴方任联合国残疾人10年中国组织委员会副主任委员、中国残疾人联合会主席、中国残疾人福利基金会理事长等职务，他不顾身体残疾，为推进残疾人事业夜以继日地工作，取得了很大成绩，对中国的残疾人事业作出了贡献。

邓朴方在接受奖状时发表了讲话。他说，这一荣誉的获得，应归功于我国5164万残疾人的共同努力。他表示今后要为发展残疾人事业作出更大贡献。

中国10种食品在巴黎第十三届国际食品博览会获金奖

获金奖的中国食品有10种：山东的山福得牌模拟蟹肉、北京丰收牌啤酒、广东珠江桥牌生抽王、江苏金梅牌镇江酱菜、天津长城牌芦笋罐头、广西象山牌豆浆晶、河南长城牌贵人香葡萄酒、四川文君酒、安徽古井贡酒和上海梅林牌即食面。本届博览会还向为中国食品进入法国市场作出贡献的巴黎友和公司颁发了推销金奖，向中国粮油进出口公司颁发了经营金奖，向中国粮油进出口公司颁发了经营金奖。博览会秘书长皮埃尔·德拉摩特、我驻法大使周觉等共500多人参加了授奖仪式。

皮埃尔·德拉摩特在颁奖仪式上高度评价了获奖的中国食品，他希望有更多、更丰富的中国美食在法国市场上出现，以满足广大消费者的需求。他说，法国和中国均以独特的烹饪技术闻名于世,两国之间食品贸易有着广阔的前景。

参加巴黎第十三届国际食品博览会的中国展团团长、中国粮油食品进出口总公司代表陈金洛在讲话中感谢博览会对中国食品颁奖,并希望中法两国间食品贸易往来能够进一步加强。巴黎第十三届国际食品博览会于10月17日至21日举行,有59个国家和地区的2000多家公司参展。

首届全国青年高温超导会议在湖北武汉召开

会议通报,今年以来,我国青年科学工作者在高温超导研究领域取得十几项重大成果。

参加会议的70多名代表,来自各地科研单位和高等院校,年龄都在35岁以下,平均只有25岁左右。向会议提交的100多篇学术论文,涉及高温超导材料的制备、结构、性能、电磁学和光学特性、超导机制及超导器件工艺等方面的最新成果。浙江大学28岁的青年教师赵勇,从今年1月开始,在著名超导物理学家管惟炎教授指导下,首次在高温超导体中观察到负磁阻效应和反常回滞等新现象,仅10个月便先后在国内外一些重要学术刊物上发表70多篇学术论文,成为我国高温超导研究的一名新秀。华中理工大学青年教师邢彪完成的"无序超导体"研究,是一项基础理论成果,受到国内外同行的高度评价。这批青年科学工作者的研究成果,在一定程度上反映了我国目前高温超导研究的现状和学术水平。

这次会议于10月30日结束。

中外合拍电影《秦俑》开拍

这部暂定名《秦俑》的影片在空军领航学院举行了开拍仪式。《秦俑》是一部荒诞电影,围绕秦始皇兵马俑坑兴建、发掘、展览,描绘了从秦王朝至20世纪80年代的一系列悬念丛生的故事情节。张艺谋出演影片男主角,女主角由巩俐担任,香港程小冬为导演。

中国康复研究中心落成典礼在北京举行

王震、田纪云等中央领导同志参加了典礼。王震为"中心"落成剪彩。

位于北京市南三环外马家堡地区的中国康复研究中心,是中国残疾人联合会所属的我国第一个对残疾人进行全面康复的综合性研究机构,为全国培训康复专业人才的教育机构,是由我国政府投资、国际无偿援助、中国残疾人福利基金会募集的基金进行建设的。

占地10万平方米的中国康复研究中心,由北京市建筑设计院、日本伊藤喜三郎建筑事务所联合设计。全工程仅用29个月,便以优良质量交付使用。

中国康复研究中心附属医院收治的对象主要是创伤性截瘫、偏瘫、大脑性瘫痪、截肢、小儿麻痹后遗症。预计1989年4月开始收治病人。

在落成典礼上,中国残疾人联合会主席邓朴方和日本国厚生省事务次官吉原健二分别致了辞。

参加落成典礼的还有张劲夫、赛福鼎·艾则孜、谷牧、康克清、胡子昂、赵朴初、黄鼎臣、崔乃夫、陈敏章,以及联合国社会和人道主义事务中心残疾人处处长沙里夫、香港复康联会主席方心让先生和台湾《残障人》杂志社的瞿平洋先生等1000多中外客人。一些国家的外交部、外交官员发来了贺电。

10月29日

中共中央政治局在北京举行第十三次全体会议

会议就从现在起到"八五"计划期间深化农村改革和加速农业发展的问题,特别是明后两年农村工作问题进行了讨论。

会议认为,我国农村经济改革已经走过了10年的历程,改革促进了农村经济体制的转换,使农村面貌发生了重大变化。农村改革的巨大成就,支持了国民经济的发展,为整个经济体制改革创造了有利的环境并提供了有益的经验。但是也要看到,最近几年来,由于人口的增长,消费水平的提高,主要农产品供求矛盾在新的水平上继续存在。

会议指出,农业是整个国民经济的基础。对于农业生产,特别是粮食生产,任何时候都不能放松。搞好农业生产,增加农产品供给,对于平衡市场、稳定大局至关重要,对于治理经济环境,整顿经济秩序,全面深化改革,保证国民经济长期稳定的发展也具有重大意义。因此,应当采取得力措施解决当前农业面临的问题,并对中长期农业的改革和建设及早作出安排,努力把农业生产提高到新水平。

会议指出,解决农业问题的根本途径,是通过进一步完善联产承包责任制、深化农村改革、增加农业投入和推广农业科学技术来加快农业发展。会议着重讨论了明后两年搞好农业生产的措施。

出席会议的有中共中央政治局委员15人,中共中央政治局候补委员1人,中共中央政治局委员2人因公缺席。有关方面负责人列席了会议。

国务院总理李鹏在中南海会见参加中国公务员制度暨人力资源开发国际研讨会的联合国和国际组织的官员以及十几个国家的专家学者

李鹏说,推行公务员制是政治体制改革的重要内容。建立公务员制度的目的是为了从人事制度上服务和保证国家的改革、开放事业。

他说,推行公务员制的前提是对政府进行机构改革。中央一级的机构改革要在今年内完成。明年要开始进行地方的政府机构改革。

李鹏说,在机构改革基础上建立的公务员制度,将有利于提高政府的工作效率,可以使有业绩、能力的人员在参加各级政府工作中有平等的竞争机会,从而有利于造就一大批有作为的国家公务员,同时也有助于克服、抵制目前仍然存在的某些腐败现象。

据了解,国家将用10年时间在全国范围内全面推行公务员制度。1992年以前,要首先在中央和省、自治区、市两级政府中建立这种制度。

目前,全国各级政府机关工作人员约有420万,其中,中央和省级政府机关工作人员50万。

李鹏指出,实行公务员制度要先立法。可能的做法是,先制定有关公务员的暂行条例。在条件成熟时,再制定公务员法,报全国人大或全国人大常委会审议。

自1984年以来,国家公务员暂行条例已起草,修改了15稿。

这项包括16章、84条的暂行条例对国公务员的范围、职位分类、考试录用、奖惩、职务的升降和任免、培训、回避以及工资福利等十几个方面的问题作出了明确规定。

李鹏说,要建立具有吸引力的公务员工资制度,但这种制度要适合国情。要在公务员的报酬方面改变目前政府机关工作人员收入低于企业同类人员水平的状况,同时,还要提倡公务员的献身精神。

第二届科技立法工作会议在北京召开

上一届科技立法工作会议是在1985年8月召开的。3年多来,我国颁布了技术合同法和技术合同管理暂行规定,10多个省、市、自治区制定了技术市场管理办法,国务院先后发布了改革科技拨款管理等10多个行政法规,同科技体制改革相配套。

此外,还就科技人员的业余兼职、科技成果鉴定,以及核安全领域发布了许多行政法规。

与此同时,逐步加强了科技法律的实施和监督工作。专利法促进了专利制度的健康实施。各省、市、自治区设置了技术合同法管理机关,实行技术合同登记制度。技术合同法实施细则将在近期内发布。

为了促进立法决策的科学化、民主化,全国组织了20多个单位300多名专家,开展25项科技立法的软课题研究。一门新兴的科学技术法学正在崛起。

但是,全国人大及常委目前通过的76个法律,直接关系到调整科技活动中社会关系的,只有专利法、技术合同法等很少几个。国务院发布了600多个行政法规,直接关系科技的只有30多个。国家科委副主任阮崇武说,现在的科技立法同建立适应社会主义商品经济发展、体现科技发展规律的新秩序相差很远,需要我们一步一个脚印地探索、创造和完善。

全国人大教科文委员会副主任胡克实在讲话中说,逐步做到科技法制的完善和配套,大约需要10年或更多一些时间,但现在毕竟有法了。国家立法机关和行政机关应把监督法律的实施放在极为重要的地位。这是我们整顿党风的一项重要内容。

当代中国丛书《抗美援朝战争》卷出版

这部由军事科学院编写,由中国社会科学出版社出版发行的史书,第一次全面系统地记述了中国人民志愿军参加抗美援朝的历史。全书共30余万字。它真实生动地反映了这场战争的历史背景,反映了中共中央、中央军委和毛泽东、周恩来、彭德怀等老一辈革命家的军事指挥艺术,反映了中国人民和志愿军高度的爱国主义、国际主义、革命英雄主义精神,反映了中朝两国人民在反侵略战争中用鲜血结成的战斗友谊,论述了志愿军参战并取得胜利的重大意义和基本经验。

聂荣臻元帅为这本书作序指出,写一部书全面、系统、如实地反映抗美援朝战争这段不平凡的历史,对全国人民,尤其是广大青年进行革命传统教育,是非常必要的。

四川首次出土蜀人船棺葬群

据《人民日报》报道,一个古老的蜀人船棺葬群,前不久在距成都75公里的什邡县城西工地上被发现。省文物管理委员会为此组织专家星夜奔赴现场清理。

船棺其形如船,系由树龄千年的古楠木刳掏成棺,外形粗糙原始。全棺长740厘米,棺头宽100厘米,身宽80厘米,尾宽60厘米。由于船棺无盖,尸体早化为泥土,只剩少许残骨,尸骨旁,有很多铜兵器。

据专家推测,什邡船棺葬群,不会晚于春秋战国时期。这对蜀史的研究将起到弥补历史"缺环"作用。

船棺葬是四川古代民族中的一种特殊葬式。据说有权势的人死后,害怕沧桑巨变、被洪水淹没,故采用此葬。以前四川只零星出土过一些船棺独棺。

国家体委和中国伤残人联合会在北京联合举行欢迎庆功会祝贺我国运动员在第八届伤残人奥运会上取得佳绩

李铁映、宋任穷、习仲勋、廖汉生、王任重等领导同志出席庆功会,并与代表团全体成员合影留念。

李铁映在会上讲了话。他首先代表党中央、国务院向获得优异成绩的我国伤残人运动员、教练员表示热烈的祝贺。李铁映说，我国伤残人体育健儿获得17枚金牌、17枚银牌、10枚铜牌，并打破了6项伤残人世界纪录和伤残人奥运会纪录，是令人可喜的。你们为祖国争得了荣誉，党和国家感谢你们，全国人民和全国5000多万残疾人及其亲属感谢你们。李铁映指出，残疾人的体育运动是我们国家整个体育运动的一个组成部分。他希望各级党政机关以及社会各界都来重视、关注和支持残疾人的体育事业，为他们与健康人一样平等参与社会生活和体育运动提供必要的环境和条件。

会上，中国伤残人体育代表团团长和运动员代表汇报了在汉城的参赛情况，有关部门还向获得奖牌的运动员颁发了"天府可乐"奖杯。

10月30日

首届电视版权讨论会在浙江杭州举行

此次讨论会由杭州电视台、北京版权事务所发起举办。会议就电视版权的保护客体、权利主体、权利内容等法律问题进行了初步讨论，并针对目前一些现实问题，归结出一些可行性意见。

《辽沈决战》出版

该书由人民出版社出版，即将向全国发行。陈云同志为该书作序并题写了书名。

今年11月2日是辽沈战役胜利40周年。《辽沈决战》一书记录了自1945年8月日本投降至1948年11月2日沈阳解放这3年多我军的战斗历程。这部书不仅是战争史，也是一部党史、军史和反映创建东北根据地艰苦历程的重要文献。全书共10编。第一编为中共中央和东北局的重要文电、指示、报告、决议，大部分为首次发表。该书收进了60篇回忆录。

10月31日

七届全国人大常委会四次会议在人民大会堂举行

全国人大常委会委员长万里主持了会议。

会议开始时，彭冲副委员长就这次会议的议程草案作了说明。委员们通过了这个议程。

根据议程，这次会议将学习讨论中共十三届三中全会精神，审议《全国人民代表大会常务委员会关于加强民主法制维护安定团结保障改革和建设顺利进行的决定(草案)》，审议行政诉讼法草案。同时，在上次常委会审议基础上，委员们还将对标准化法草案和野生动物法草案作继续审议。会议还将听取农业部部长何康关于农业情况的汇报。

在预计8天的会议上，委员们还将审议国务院关于提请审议批准《中华人民共和国和捷克斯洛伐克社会主义共和国领事条约》的议案，审议国务院关于提请审议决定加入"外空三条约"(《关于援救航天员，送回航天员及送回射入外空之物体之协定》《外空物体所造成损害之国际责任公约》《关于登记射入外层空间物体的公约》)的议案，审议代表资格审查委员会关于补选的第七届全国人民代表大会代表的代表资格的审查报告，审议民族委员会、内务司法委员会、财政经济委员会、教育科学文化卫生委员会，分别作的关于第七届全国人大第一次会议主席团交付审议的代表提出的议案审议结果的报告，听取全国人大代表团访问新西兰、澳大利亚的情况报告，听取关于出席各国议会联盟第八十届大会的工作报告，通过一些任免事项。

全国人大常委会副委员长习仲勋、乌兰夫、韦国清、朱学范、阿沛·阿旺晋美、赛福鼎·艾则孜、周谷城、严济慈、叶飞、廖汉生、倪志福、陈慕华、费孝通、孙起孟、雷洁琼、王汉斌，出席了会议。

最高人民法院院长任建新列席了会议。

全国人大常委会委员长万里在人民大会堂会见由副议长克林顿·克鲁克香克·斯密斯率领的哥斯达黎加立法大会代表团

中哥两国迄今尚未建交。在交谈中，宾主都认为，通过议会之间的来往，可以加深彼此之间的了解和信任，从而有利于发展国家之间的关系。

谈到中美洲局势时，万里希望那个地区的和平与稳定在有关国家的共同努力下不断取得进展。

叶飞副委员长参加了会见。

沪嘉高速公路正式通车

沪嘉高速南起上海市区祁连山路，北至嘉定南门，全长20.5公里，是一条全立交、全封闭、设施齐全的高级公路。全线设有3个数据采集系统，可以采集到车型、车速和过路汽车数量的数据，每隔一定距离，设有紧急电话和勤务电话系统，使公路管理人员和中央控制室能经常保持联络。

沪嘉高速公路是中国大陆上第一条按高速公路标准施工、沿线设施、设备齐全，带有试验性的高速公路。

林业部部长高德占出席在北京召开的森工企业工作会议并讲话

高德占在会议上结合东北、内蒙古国有林区的实际，从加强行业管理的角度出发，提出以控制森林资源消耗为基础，以整顿木材流通渠道为重点，从6个方面治理森工经济环境的意见：

——对国有林区的森林资源，从生产、销售两个环节上实行双轨控制。林业主管部门要向林业局派驻森林资源监督员，行使监督管理的职能；建立森林资源管理档案，执行木材生产"一本账"计划。

——整顿木材流通环节，建立正常的木材流通。木材调运、销售归口，由木材调运部门统一管理，统一入账，不准多头经营，多头销售。

——育林基金的使用计划必须与营林生产任务挂钩。直接用于营林生产的资金不得少于所提育林基金总额的60%。

——木材调运，首先要保证国家调拨任务的完成，不得将计划内木材转到计划外，或以次充好。

——国有林区木材价格，明年继续执行国家规定的国拨价和非统配材的省定价，没有新提价方案出台，任何人不得擅自提价、转手加价。

——清理进入林区的外流人员，压缩非林区工程施工承包单位在林区承包。推动森工企业劳动优化组合。

中日石油工程建设第五次技术交流会在山东胶州召开

参加这次交流会的有我国专家、学者及日本技术交流访华团的专家等共100多人。

会上就工程总承包管理、企业经营战略和信息管理等多方面课题进行了交流。双方专家对世界新的管理技术以及世界经济技术发展的动向和趋势进行了探讨。

这项技术交流活动，是4年前中国石油工程建设公司与日本工程技术振兴协会共同倡导的，每年举行一次大型交流会。1984年来已就大型贮罐建造技术、质量保证体系与质量管理、浅海与沼泽地带软弱地基处理技术及工程项目管理等进行了交流。通过交流活动，促进了双方在国际工程承包和我国技术引进项目上的有效合作。

中国工程物理研究院由经济封闭型军工转为开放型民用

据《人民日报》报道，中国工程物理研究院是国防科研单位，有职工1.9万多人，其中高中级专业技术人员达3600多名。曾为国防尖端科学作出杰出贡献。但是，长期的封闭型的军工科研体制，束缚了技术力量的发挥。中央关于"军民结合"的方针，促使他们在保证完成国防任务的同时，把很大一部分技术力量转到为国民经济和人民生活服务上来。

近几年，该院很多民用技术开发和产品，如控制爆破拆除、爆炸焊接、爆炸切割，以及综合爆破采石等，已为许多单位提供了令人满意的技术服务。在上海、青岛、成都爆破拆除了楼房、烟囱等高层建筑，为大庆油田设计加工了石油射孔弹爆轰试验中心。

该院在核技术应用、电子技术和机械制造等方面，也取得显著的成绩，一些产品逐渐进入全国市场，有的填补了国家空白。比如，镅241警源在各宾馆、大楼广泛使用，在国内市场已占70%以上。

中国和联邦德国在人民大会堂签署3个有关成立合资企业和技术转让的文件

国务院副总理姚依林、联邦德国副总理兼外长根舍等出席了签字仪式。这3个文件的内容是：

由中国航空技术进出口公司和联邦德国MBB飞机公司合作成立MPC(多用途支线客机)飞机公司，总部设在汉堡。

联邦德国MBB飞机公司向中国航空技术进出口公司转让飞机设计制造技术。

北京有线电厂和联邦德国西门子公司合资经营北京信息交换系统有限公司，计划年产30万门EWSD程控数字交换机。

中国重大技术装备研制工作取得突破性进展

据《人民日报》报道，列入"七五"计划的12项重大装备研制项目，有些已经完成或接近完成。

国务院在1983年确定集中力量进行重大技术装备的研制。目前，北京正负电子对撞机已对撞成功；上海宝钢二期工程2030毫米冷连轧机已负荷试车成功；预计明年6月可投产；大型露天矿设备中的154吨电动自卸车已发运矿山，108吨高寒型电动自卸车已完成一年的工业性考核试验，达到了考核指标；引进技术制造的30万千瓦火电机组已安全发电一年多，引进技术制造的我国首台60万千瓦火电机组也已安装到位，年内可望并网发电；秦皇岛煤码头三期工程装卸设备中的国内制造部分已全部交货。

列入12项重大装备的核电站、超高压输变电、30万吨乙烯、大型复合肥料、煤化工、石油等成套设备，也在积极研制中。

这些装备的研制对国民经济建设具有举足轻重的作用。

我国首次发现新型单克隆抗体

北京宣武医院内科免疫室研究人员在世界上首次发现一种新型单克隆抗体——XW—1，并证明了它的应用价值。该成果日前通过专家鉴定。

研究人员发现，这种抗体能与巨核细胞反应，可检测人体是否患有恶性血液疾病，并具有聚集血小板的功能。

11月1日

国家主席杨尚昆在人民大会堂设宴欢迎孟加拉国总统侯赛因·穆罕默德·艾尔沙德及其代表团

在谈到孟加拉国当前面临的困难时，杨主席说，作为孟加拉国人民的亲密朋友，我们对今年贵国因特大水灾蒙受重大损失深表同情，我们相信，在总统领导下，依靠本国人民，是能够克服面临的灾害和困难的。

艾尔沙德总统在致答词中说，孟中之间有着传统友谊。他指出，我此行的目的是在朋友之间寻找解决洪水灾害的办法。中国在治理和控制洪水灾害方面的经验和成就对我们有着难以估量的价值，我坚信我的这次访问会使我们之间业已存在的良好关系进一步发展。

国务院总理李鹏在中南海紫光阁会见德意志联邦共和国副总理兼外长汉斯—迪特里希·根舍

李鹏在会见时指出，中国决定在明后两年治理经济环境、整顿经济秩序的目的是为了更好地前进，这不会改变我们的对外经济合作关系。

李鹏说，我们两国关系一直是比较好的，我们希望这种友好关系能够发展和巩固。根舍表示，联邦德国政府也具有同样的愿望，可以说，我们两国关系的特点是：一直向上发展，没有任何挫折。我这次访问也表明了这一点。

国务院总理李鹏在中南海紫光阁会见世界银行主管亚洲地区副行长阿蒂拉·卡拉斯曼那古鲁一行

全国政协主席李先念到无锡市城乡考察

从11月1日到5日，李先念在江苏省省委书记韩培信、省长顾秀莲的陪同下，考察了无锡的城市工业、市政建设和乡镇企业，听取了省、市负责同志关于贯彻党的十三届三中全会精神，搞好当前工作的汇报。全国政协副主席王任重参加了头两天的考察和座谈活动。

李先念在考察中十分关心农业生产的形势。当他听到无锡农村近年来不仅乡镇工业有了长足的发展，而且农业生产水平不断提高，粮食产量保持稳定局面时，十分高兴。他说：我国是个10亿人口的大国，吃饭问题是个大事。尽管我国的农业生产有了较快发展，但仍然一时一刻不能放松农业和粮食生产。要依靠科学技术提高农业水平，推广优良品种。要认真搞好农业生产资料的供应，多积农家肥料，增加农业后劲。要依靠正确的政策调动和保护农民的积极性，当前特别要做好农副产品的收购工作。

针对经济工作中出现的一些问题，李先念说，现在要强调中央的适当集中统一，地方的局部要服从全国的大局。要抑制社会过热的需求，治理通货膨胀。他勉励大家，只要一切从实际出发，认真总结经验教训，并发扬我们党的政治优势，加强党的领导，做好思想政治工作，我们面临的困难和问题都是可以得到克服的。他说，要在全国人民特别是干部中提倡艰苦奋斗、勤俭建国的革命风尚，振奋民族精神。

国务院召开第24次常务会议

会议由李鹏总理主持。会议审议并原则通过了《国务院关于加强钢材管理的决定(草案)》。

钢材是重要的生产资料。近几年我国钢材生产有很大增长，国家对钢材的计划管理也进行了较大改革，扩大了钢铁企业的自主权，开放了钢材市场，进入市场交易的钢材品种和数量逐年增多，对活跃流通、促进生产、保证国民经济持续发展起了积极作用。但与此同时，也存在着市场混乱、转手倒卖、价格暴涨等问题，严重影响经济的稳定和改革的深入。为了整治生产资料流通领域中的混乱状况，国务院有关部门在沈阳、武汉、重庆、江苏等地作了调查，并邀集部分省市物资局和鞍钢、首钢、武钢、太钢等单位的负责人进行了座谈。在深入调查研究和广泛征求意见的基础上，起草了决定草案，提请国务院常务会议审议，以进一步加强对钢材的计划管理和市场管理，促进钢材生产，稳定钢材市场，保证国家生产建设的需要。

决定草案根据这次会议审议中提出的意见修改后，将由国务院公布施行。

出席会议的国务院常务会议成员10人，因公请假3人。

全国检察长工作会议在北京开幕

最高检察院检察长刘复之在会议上提出：从今冬到1989年，各级检察机关要在实现中央确定的把贪污、受贿犯罪减少到最低限度这个战略要求上作出明显的成效。

刘复之在会议上披露，贪污、受贿问题确实严重，仅从3个月来举报工作成果看，全国2156个举报中心，受理线索4.7万多件，其中贪污、受贿线索1.7万多件，已基本抓到证据、立案侦查的1600多件，已逮捕犯罪分子520多人。被检举的有贪污、受贿嫌疑的人中，国家工作人员1.3万多人，其中共产党员4700多人，处级以上干部900多人，这些人绝大多数是手里有实权的在各个单位里管人、财、物的干部。

据悉，从1982年以来，检察机关一共查处贪污、受贿案件12万件。今年1月至8月，全国立案侦查的贪污案11026件，受贿案3062件，占这8个月中立案侦查的经济案件的66.32%。

刘复之要求扎扎实实地把反贪污、受贿斗争进行下去，掌握好重点，取得成效。其中包括，检察机关要积极参加税收、财务、物价大检查和整顿公司。他说，在这场斗争中，大量的是触犯行政法律、法规与违反制度的问题，是罚款、没收、取缔、对负责人作行政处罚等等。检察机关在大力支持的同时，要积极受理移交过来的应依照刑法惩处的案件。

刘复之还要求各级检察机关坚持依法从重从快严厉打击严重刑事犯罪活动。他指出，这个方面不但决不能丝毫放松，而且在今后的一个很长时期内都要当作重点抓下去。

成渝高级公路开始建设

国家"七五"重点建设项目——重庆至成都高级公路工程今日投入建设。

这一工程总投资11.4亿元，其中世界银行贷款1.25亿美元，其余资金由交通部和四川省、重庆市筹集。整个工程分为17个项目段，分别进行国际国内招标，分段施工，预计1993年建成。

建成后的成渝公路将由现在的438公里缩短为340.2公里，其中一级公路88.1公里，二级公路252.1公里。这条公路建成后，重庆到成都乘车只需5小时，比铁路运输速度快1倍。

外交部部长钱其琛在钓鱼台国宾馆和联邦德国副总理兼外长汉斯·根舍进行会谈

双方对最近世界形势中出现的对话取代对抗，世界正日益朝着多极化方向发展的趋势表示欢迎，认为这是各国人民共同努力的结果。

根舍还向钱其琛介绍了欧洲形势和欧洲共同体一体化的进展情况。

钱其琛对欧洲共同体的发展表示欢迎和支持，并希望这一发展将有利于欧洲共同体同中国关系的发展。

会谈后，两国外长签署了两国外交部关于建立两部间磋商制度的议定书。根据这一议定书，双方将"更广泛、更深入地就双边关系问题和共同感兴趣的国际问题进行磋商"。

中国代表团向第四十三届联合国大会正式提交一份有关核裁军的决议草案敦促美苏率先进行核裁军

这是中国政府连续第三年向联大提交核裁军决议草案。中国在上两届联大提出的核裁军决议草案得到了一致通过。

在今年的草案中，中国政府对美苏两国签署和批准《中导条约》表示欢迎，并呼吁两国严格遵守和全面实施这一条约。

草案指出，在解决军备竞赛数量方面的问题的同时，还要注意质量方面的问题。在联大关于裁军问题的辩论中，不少国家的代表都指出，两个核大国在进行核裁军谈判的同时，都在加紧研制新一代的核武器，努力提高武器的机动性和杀伤力。

草案认为，国际社会当前面临的最紧迫任务是消除世界大战、特别是核战争的威胁。草案重申核裁军的最终目标是消除核武器。

中央军委纪委向全军发出《关于实行抓党风责任制的暂行规定》

《关于实行抓党风责任制的暂行规定》(以下简称《规定》)包括"党委的责任"、"纪委的责任"、"机关部门的责任"和"检查制度"4个部分共16条。

《规定》指出，执政党的党风问题是有关党的生死存亡的问题。搞好党风建设是全党的任务，是各级党组织的一项经常性工作。《规定》是为落实中央提出的全党抓党风的要求，进一步完善在各级党委统一领导下的各职能部门抓党风的责任制，从军队的实际情况出发制定的。

关于"党委的责任"规定，搞好党风建设是各级党委的重要职责。各级党委要把党风建设作为一项重要任务，要从群众意见最多的问题入手，通过制度建设和从严治党，逐项加以解决。党委的正副书记要抓好党委"一班人"的党风建设，自己要以身作则，要定期对党委成员的思想作风进行检查，发现问题，及时批评纠正。党委成员要带头执行党中央、中央军委、中央纪委有关加强党风建设的指示、规定，严格执行党章和《关于党内政治生活的若干准则》，自觉接受党委监督，保持清正廉洁。上级党委对下一级党委领导成员特别是正副书记中发生的违纪案件和党风方面的严重问题，不护短，不迁就，及时检查，严格按政策规定处理。防止和纠正各业务部门利用职权和工作之便搞不正之风。

关于"纪委的责任"规定，协助党委管好党风是纪委的一项重要任务。要经常深入实际，调查研究，了解和掌握所属单位的党风党纪状况，针对本单位党风方面存在的主要问题或主要倾向，及时提出端正党风的措施或要求，并督促检查落实。组织调查下一级党委主要成员的违纪案件和不正之风问题，提出处理的建议。对同级党委成员实行党章规定范围内的监督。对党委成员中贪赃枉法、以权谋私、奢侈浪费，以及在党内生活中违反民主集中制原则，侵犯党员民主权利等问题,有权向党委反映或在党的会议上进行批评;在同级党委不给予解决或不给予正确解决的时候,有权向上级纪委报告,请求协助处理,任何人不得阻拦、刁难。

关于"机关部门的责任"规定,各级领导机关的主要负责人,对本机关的党风建设负有直接领导责任。应根据党委、纪委对端正党风工作的要求,经常了解本机关执行党中央的路线、方针、政策和军委、总部的指示、规定的情况,抓好本机关领导自身和各业务部门的党风建设。机关部门特别是管理人、财、物的部门,要在执行制度规定上秉公尽职、严格把关,认真抓好本部门、本系统工作纪律和职业道德的教育、检查和落实,防止不正之风的发生。

《规定》在关于"检查制度"方面指出,各级党委、纪委和机关部门,要按照抓党风责任制的要求,认真履行职责。凡发生严重不正之风和重大违纪问题的单位,应根据情节轻重和责任大小追究有关领导的责任。

第二届全国科技立法工作会议在北京召开

国务委员、国家科委主任宋健在会上说,科技进步迫切需要法律保护。科技战线的治理环境,整顿秩序,要把健全竞争规则、规范市场行为、保护合法交易、制裁违法行为作为工作的重点。

他说,良好的现代法律制度,能为科技进步创造更好的环境条件,从而促进科学繁荣和技术进步。在中国当前的历史时期中,科学技术进步迫切需要法律的保护。不仅是科技立法,包括经济立法、行政立法,都要从现代科学技术发展的水平和趋势出发,尊重科技工作的客观规律,推动科技成果形成生产力,有效地发挥科技人员的才能和智慧。争取法律保护,就可以使科学技术的发展避免走曲折的道路。

宋健谈到,在强调法律应当保护科技进步的同时,还要求科技人员自觉地接受法律的约束。只有在法律的约束和保护下,我们才能享受充分的自由,包括学术自由。我们应当坚持不懈地努力,提高科技界对法律的了解,熟悉法律的条款,自觉地遵纪守法。

今天是《技术合同法》施行1周年。中国技术市场管理中心、四川、天津、辽宁等代表在会上介绍了近几年来技术市场、技术合同的发展情况。宋健指出,技术市场发展是健康的,势头是好的,但在少数地区和单位也出现了利用技术交易的名目,进行欺诈行骗、倒买倒卖、非法经商等活动,侵害他人合法权益的行为也屡有发生。

宋健还说,在某种意义上讲,科学技术和法律是现代文明的双翼。一个文明进步的社会,应该是科学和法律并茂的社会。实现这个目标,有待于科技战线和法律战线的通力合作,协同作战。法律科学的发展需要科学技术的支持,需要吸收先进的科学技术思想;科学技术的进步需要法律制度的保护,需要借助法制的强大武器进行调控。这是我们时代的特征。他尤其希望科技界有人转向搞法律,去考律师,介入法律界,为完善科技法制作出贡献。

国家重点实验室——西安交通大学结构强度与振动实验室建成并对外开放

这是一个结构强度与振动研究方面的第一流的实验室,它采用理论和实验相结合的方法,研究解决结构的强度和振动问题,为设计和研制成套大型装备提供有效的理论分析和试验测试技术,保证设备处于最佳工作状态。实验室在建设过程中采取边建边实验的方法,3年来,有11项科研成果分别获国家科技进步奖、国家发明奖和部级省级奖,为社会创造经济效益达1亿元以上。

醇类代燃技术获重大突破可使汽车节油10%以上

据新华社报道,国家"六五"重点攻关项目——醇类代燃技术的研究,最近在云南获重大突破。由云南省专利事务所工程师董银谈和昆明工学院副教授赵维智等人发明的"余热制氢发动机"装置系统,不仅成功地解决了甲醇代燃研究中的许多难题,而且能使汽车节约汽油10%以上。

甲醇代燃技术是当前国内外能源开发研究热点。余热制氢发动机装置只需在甲醇箱和汽油箱之间装上一只小型裂解器,利用汽车发动机排放出的尾气,使甲醇生成大量氢气与汽油混合燃烧,达到甲醇代燃节油的目的。

甲醇是国际上公认的清洁高效的发动机代油燃料。煤炭是生产甲醇的主要原料,云南省拥有丰富的煤资源。据有关部门测算,云南省目前有各种汽车10万多辆,如全部采用"余热制氢发动机"装置,每年至少可节约汽油12万吨。云南省政府负责人对这一发明成果十分重视,要求有关部门尽快推广。

中国教育电视台开通第二个卫星电视频道播出第二套电视教育课程节目

这套节目是以培养中初级人才的职业技术教育、基础教育为主的,优先安排职业技术教育、电视中专的课程,同时适当增播大专教育层次和师资培训的课程。开始每天播出11小时,播出内容有:职业技术教育的课程、农业广播电视学校的课程、电视中专的课程、电视中等师范、电视大学的课程和教育综合节目、农业教育综合节目等。经一段试播后,每天将增播至15小时。

自第一套教育节目 1986 年 10 月 10 日正式开播以来,已播出 12240 小时。

据了解,到 1987 年年底,全国教育系统已建收转站 368 座、接收站 1607 座、放像点 15385 个;广播电视大学、电视师范学院、农业广播电视学校三校录取学生 150 万人,有组织收看 50 余万人,自学收看达百万人以上。

歌德学院北京分院举行开院典礼

联邦德国副总理兼外长汉斯·根舍前往北京外国语学院参加开院典礼。

根舍在开院典礼上说:“歌德学院北京分院的建立,揭开了我们两国文化关系史上新的一页。”他在讲话中还回顾了德意志民族与中华民族之间历史悠久的文化往来。

根舍表示希望,中国也能在联邦德国建立类似的分院。

中国国家教育委员会副主任何东昌在致辞中说,近年来,中国和联邦德国在文化教育领域的交流与合作取得了令人满意的成果,分院的建立必将进一步促进这种合作。

据分院院长阿克曼介绍,分院已开设一个基础德语班和一个强化教学讲习班。他说,北京分院将争取成为歌德学院“最有特色的一个分院”。

据悉,联邦德国的歌德学院已在世界各地建立了 140 多所分院。

环境生命元素与健康国际讨论会在北京开幕

这是首次在中国召开的以环境与健康为主题的国际学术会议。历时 5 天的会议将着重讨论环境中与人体、动物生命有关的微量元素及微量物质同健康的关系。来自西欧、北美、拉美和亚洲 16 个国家的 250 名专家学者出席了会议。

卫生部部长陈敏章到会祝贺并在发言中指出:中国正处于发展之中,自然资源的开发利用和人们饮食、生活方式的改变,将影响环境生命元素的结构变化。因此,当前贯彻对疾病“预防为主”方针所要采取的最重要的措施之一,就是要引导这种变化,使之有利于增进人民健康并使有益于人类的环境生命元素得到保护。

11 月 2 日

七届全国人大常委会四次会议在人民大会堂举行第二次全体会议

会议听取有关法律草案的审议情况的汇报和议案的说明。

万里委员长出席了会议。彭冲副委员长主持了会议。

会议听取了全国人大法律委员会副主任委员宋汝棼、林涧青,分别作的对标准化法草案审议情况的汇报和对野生动物法草案审议结果的报告,听取了全国人大常委会副委员长、法制工作委员会主任王汉斌作的关于行政诉讼法草案的说明。

受国务院委托,外交部副部长朱启祯分别就关于提请审议批准中捷领事条约和关于提请审议决定加入“外空三条约”的议案作了说明。

会议还听取了代表资格审查委员会副主任委员宋一平作的关于补选第七届全国人民代表大会代表的代表资格的审查报告,民族委员会副主任委员郁文、内务司法委员会副主任委员孟连昆、财政经济委员会副主任委员李朋、教育科学文化卫生委员会副主任委员张承先,分别作的关于第七届全国人大第一次会议主席团交付审议的代表提出的议案审议结果的报告。孟连昆说,从目前情况看,法律监督工作在我国法制建设中还是比较薄弱的环节,需要进一步调查研究,完善立法。

会议还向委员们印发了全国人大代表团访问新西兰、澳大利亚的情况的书面报告和关于出席各国议会联盟第八十届大会的工作的书面报告,请大家审议。

全国人大常委会副委员长习仲勋、韦国清、朱学范、阿沛·阿旺晋美、赛福鼎·艾则孜、严济慈、荣毅仁、叶飞、廖汉生、倪志福、陈慕华、费孝通、孙起孟、雷洁琼、王汉斌,出席了会议。

国务委员王芳、最高人民法院院长任建新,列席了会议。

中共中央 国务院在北京召开全国农村工作会议

中共中央政治局常委、国务院总理李鹏主持会议。他在开幕会上说,党的十三届三中全会决定,在明后两年内,经济改革和经济发展要以治理经济环境、整顿经济秩序为重点。这是涉及全局的重大战略决策,所有农村同全国一样,必须按照党中央和国务院的部署,统一思想,统一步调,坚决而切实地贯彻执行这个决策。10 月 29 日,中央政治局召开第十三次会议,就今后深化农村改革和加速农业发展的问题,特别是明后两年农村工作问题进行了讨论。会议确定,这次全国农村工作会议的中心议题是,着重研究深化农村改革,大力发展农业,特别是明后两年搞好农业生产的措施,千方百计夺取明年的农业丰收的问题。

中共中央政治局委员、国务院副总理田纪云在会上作了题为《必须充分重视和大力发展农业》的讲话。

胡启立、姚依林、李铁映、吴学谦、秦基伟、温家宝、宋健、邹家华、李贵鲜和杜润生等出席了会议。

各省、自治区、直辖市分管农业的负责同志，各计划单列市负责同志和中央、国务院有关部门的负责同志，出席了会议。他们将在今后的几天中，认真学习讨论中央领导同志的讲话，全面分析农村改革与农村经济发展中出现的新情况、新问题，在此基础上提出深化农村改革、加速农业发展的具体措施。

国务院副总理田纪云在全国农村工作会议上发表题为《必须充分重视和大力发展农业》的讲话

同志们：

这次农村工作会议，是在全党和全国人民认真贯彻党的十三届三中全会精神的形势下召开的。会议的中心议题是：结合农村实际，贯彻三中全会精神，着重研究深化农村改革，大力发展农业，特别是力争夺取明后年农业丰收的问题。现在，我就以下四个问题讲点意见，请同志们讨论。

一、正确认识农村形势和农业的基础地位

党的十一届三中全会以来，在改革的推动下，我国农村经济取得了突破性的进展。农业打破了长期的停滞局面，1987年与1978年比较，粮食年产量从3亿吨增加到4亿吨，增长32.8%；非农产业迅速发展，产业结构逐步优化；农民人均年收入从133元增加到463元，增长近2.5倍。我们已经基本解决10亿人民的温饱问题。我国农村正在逐步由自然经济半自然经济向商品经济转变。这是具有历史意义的变化。

总的看，这些年农村形势是好的，是必须充分肯定的。但是也要看到，当前农村还存在着不可忽视的严重问题。

当前的农村问题或农业问题，主要是粮食问题。我国面积大，每年各种自然灾害在所难免，年度间粮棉等主要农产品生产出现丰歉，产量出现点波动是正常的。问题在于，我国粮棉生产自1984年登上新的台阶之后，出现了新的徘徊。如果这种局面不改变，继续下去，将会给改革、给整个国民经济的发展和人民生活的稳定与改善带来严重影响。问题的严重性就在这里。

关于农业特别是粮食问题，这几年中央和国务院领导同志多次强调过。邓小平同志说："农业主要是粮食问题。农业上如果有个曲折，三、五年转不过来。"陈云同志尖锐地指出："无粮则乱"。赵紫阳同志强调，"农业生产对整个国民经济的发展起着极大的制约作用。""粮食问题一定要抓紧。"李鹏同志在七届全国人大一次会议的政府工作报告中指出："农业特别是粮食生产的稳定增长是整个国民经济长期稳定发展的基础。"中央领导同志把问题讲得很深刻，完全符合实际。这些重要论述是我国经济发展正反两方面经验的正确总结，也是发展我国国民经济的重要指导思想。我们必须深刻领会和认真贯彻这些指示精神，充分重视和大力发展农业。

解决农业特别是粮食问题，需要做多方面的努力，但首先还是要加深对农业基础地位的认识。这虽然是个老问题了，但在新的历史条件下有进一步深化认识的必要。农业是我国国民经济的基础，这是符合我国国情的客观经济规律。我们只能认识它，自觉地运用它，而决不能违背它。否则，就要受到惩罚。在这方面，几十年来我们是有过不少经验教训的。在新的历史条件下，是不是农业的基础地位已发生变化，不需要加强了呢？我们认为，决不是的。为了在新的形势下加深对农业基础地位的认识，这里可能有这么几个观念必须明确起来。

第一，决不能认为，我国工业有了很大发展，农业的基础地位就变了。目前，我国工业产值与农业产值在工农业总产值中所占的比重，已大体从建国初期的3:7变为7:3。这是一个显著的变化。但这个变化并不说明农业已不处于基础地位了，恰恰相反，农业的基础地位只能加强，不能削弱。这是因为，随着工业的发展和非农产业人口的增加，必然要求农业为其提供数量更多、质量更高的原材料和食物。更重要求的是，我国工业的进一步发展必须依赖于拥有8亿农民的农村这个最广阔的市场。我国工业的发展，无疑要面向世界市场，积极扩大对外贸易，但主要的是要立足于国内市场，尤其是农村这个最大的市场。只有农业进一步发展，农民进一步富裕，才能进一步加大这个市场的容量，从而进一步促使我国工业蓬勃发展。发达的工业必须以发达的农业为基础，从我国来讲，必须是这样。而且，农业还担负着出口创汇的重要任务，它直接关系到我国进出口贸易状况和引进技术设备的能力。

第二，决不能认为，温饱问题基本解决了，农民收入明显增加了，农业问题就解决了。党的十三大报告指出，我国经济建设的战略部署大体分三步走。经过几年的努力，我们基本解决了10亿人口的温饱问题，这确实是个巨大的成就。但是，事情往往有两面性。也许正是因为绝大多数人现在都能吃饱饭，有些人吃得还比较好，再加上发展农业同发展某些加工业和服务业比较起来，增加收入来得不那么快，因此就把大力发展农业特别是粮食生产看得不那么紧迫了。其实，我们必须看到，我国还有相当一部分人的温饱问题没有解决，为此还需要作出进一步的艰巨努力，而实现第二步、第三步目标，然后在这个基础上继续前进，还会对农业不断提出新的更高的要求，我们必须开阔视野，把目光放得更远一些。

第三,决不能用小农经济的思想去指导现代农业的建设。农业作为农村经济和整个国民经济发展的基础产业,必须建立多元化、多层次的产业结构。我们要发展的是大农业,要逐步实现农业的专业化、商品化、现代化。这个转变才是根本性的转变。而我们朝着这个目标才只是走出了第一步,任重而道远。

总之,在新的形势下,农业仍然是国民经济的基础,粮食是基础的基础。俗话说,"民以食为天"。在我们这样一个10亿多人口的国家,如果不首先解决吃饭问题,不解决温饱问题,一切都无从谈起。随着人口的逐年增加和人民生活水平逐步提高及食物结构的逐渐变化,对粮食的需求将会越来越多。尽管我国人民的食物结构一定要符合我国的实际情况,但是对粮食需求的增加则是不可逆转的趋势。现在我国人口每年以一千几百万的速度在增长,耕地每年以三四百万亩的速度在减少,粮食消费每年以100亿到150亿公斤的速度在增加。因此,从长远看,我国粮食的主导方面不是多,而是不足。我国又是一个大国,解决粮食问题,必须立足于自力更生。当然,我们现在每年都进出口一定数量的粮食,作为丰歉和品种之间的调剂,但决不能长期靠大量进口粮食过日子。还要看到,由于多种原因,目前我国的农业生产条件没有多大改善,特别是农业投资近七八年来没有增加,水利建设投资也减少很多,以致物质、技术基础薄弱,原有设施老化,抗御自然灾害能力不强,资源利用过度,地力下降,老天稍不作美,农作物产量就会下降。

概括起来说,我国农业特别是粮食生产面临的形势,一是需求量不断增长,二是供应量增长有限,三是发展后劲不足。这就是基本情况。这说明,我国农业这个基础还是很脆弱的。应该看到,农业问题,决不是局部问题,而是一个事关全局的问题;不是一般经济工作问题,而是一个重大的经济战略问题,也是一个政治问题。我们的基本国情是,有10亿多人口,正处在社会主义初级阶段,生产力水平不高,吃饭需要农业,轻纺工业发展需要农业提供原料,出口创汇需要农业,因此,必须下决心、花力气、下本钱大力发展农业。这既是目前保证人民生活安定、社会安定的需要,也是保证我国经济长期稳定发展的一项战略任务。对这个问题,我们必须统一认识,认识越早越主动,认识越深刻行动越自觉。如果等到农业出现全面萎缩时被迫进行调整,那就更为艰难,所需时间将会更长,付出的代价要更大,就有可能发生历史性的失误。当然,这并不是说我国农业生产前景暗淡,甚至无所作为了。看形势要全面地看,还应看到,我国农业包括粮食的增产潜力还是不小的。因此,在这个问题上,过分乐观和悲观都是没有根据的。重要的是,采取有力措施,加强农业基础地位,不断增强农业发展后劲,作出长期不懈的努力。这样,我国的农业生产特别是粮食生产才能够实现持续稳定发展,登上新的台阶,开创新的局面。

二、逐步推进和深化农村经济体制改革

解决农业问题,必须充分调动广大农民的生产积极性,不断增强农业本身的活力,而要做到这一点,就要依靠改革,深化改革。

邓小平同志最近提出,要认真总结我们10年来改革的经验。这是非常正确的。为了进一步深化和搞好农村改革,很有必要全面系统地总结经验,以利统一认识。在这里,具体的改革经验我不讲了,大家可以总结,我只简要地讲一下对10年农村改革总的看法。

我国农村改革搞了10年了,确实取得了很大的成绩。头几年主要是搞联产承包责任制,进展较快,效果明显;近几年主要是改革农村流通体制,建立市场机制,调整农村产业结构。这方面的改革也有了一定进展,取得了一定成绩,但比较起来没有前几年改革进展那么快。这是不是就说明农村改革的形势不好了呢?甚至就踟蹰不前了呢?不能这么看。我认为,总的讲,这几年农村改革的形势也是好的,基本是健康的。当然,也还存在一些需要解决的问题。至于为什么这几年改革进展没有头几年那么快?这要作具体分析。头几年的改革,主要是在农业内部进行的,与城市牵连不大,因此进展要快些。这几年的改革已经与城市改革融为一体,不可能在农业领域单独完成。这步改革遇到的一些问题,如价格问题、流通问题等,很复杂,要同整个经济体制改革同步配套进行,不是农业本身所能解决的。同时,还要看到,调整农村产业结构,完善市场机制,发展农村商品经济,这是一项长期任务,是一个渐进的过程,不是短期内所能完成的。改革既有连续性,又有阶段性。具备现实可能性的改革任务,必须以积极的进取精神促使其变为现实;不具备现实可能性的长远的改革任务,就不能硬性提前实施,否则,就会犯错误,使改革遭受挫折。总之,我们要把农村改革这个棋子放在整个经济体制改革的棋盘上来统筹考虑和安排,态度既要积极,步子又要稳妥。

根据党的十三届三中全会关于有领导有秩序地推进相互配套的全面改革的精神,下一步要着重抓好以下几个方面的工作,积极稳妥地把农村改革继续向前推进。

(一)稳定和完善联产承包责任制。以家庭经营为主的联产承包责任制,符合目前我国大多数地区农业生产力发展水平,仍具有旺盛的生命力,应保持稳定,使之进一步完善,充分发挥其优越性。

要积极发展和加强社会化服务。现在农民十分需要提供产前、产中、产后服务,应引导和大力提倡通过联合形式加强社会化服务,逐步建立多层次、多种形式、多种经济成分的社会化服务体系,为农民提供信息、技术、资金、植保、机械、仓储、流通、管理等多方面的服务;并且注意改善服务手段,制定相应政策,促进社会化服务的进一步发展。这是完善以家庭经营为主的多种形式联产承包责任制的重要措施。

在有条件的地方,实行适度的规模经营。实行适度的规模经营,有利于提高土地生产率和劳动生产率,从根本上解决种粮比较效益低的问题,是实现农业专业化、商品化和现代化的重要步骤,也是对家庭联产承包责任制的完善和发展。实行规模经营的前提条件有两个:一是剩余劳力有充分的就业机会,二是有一定的积累。在经济比较发达、乡镇企业发展较快、农工商一体化程度比较高的沿海地区、大城市郊区和工矿区附近,条件具备了,可以因势利导,逐步实行适度的规模经营。养殖业实行适度规模经营,没什么危险,可以积极地搞。实行规模经营,形式可以多种多样,可以是集体市场,也可以是专业队,也可以是家庭农场或专业大户。经营规模要适度,要走集约经营的路子,这样才能提高土地生产率。实行规模经营不能搞行政命令,不能操之过急,要坚持自愿。特别要注意,必须坚持改革的方向,在分配等方面不能走过去吃"大锅饭"的老路。

在坚持以家庭经营为主的联产承包责任制的同时,注意发展多种成分、多种形式的农村经济组织,实行不同层次、各个环节上的联合与合作。当然,这不是简单的生产资料合大堆,要坚持自觉自愿原则,尊重农民的自主权,不能侵犯农民的利益和搞强迫命令。

我们国家大,各地生产力发展水平差距较大,因此,生产经营方式不可能是一个模式,也不能照搬照套其他地区的办法,不能"一刀切"。全国不能"一刀切",一个地区内也不能"一刀切"。否则,必然造成生产力的破坏。

(二)加强对主要农产品和重要农用生产资料的宏观调控和市场管理。这几年,我们把某些农副产品放开了,这是必要的;但是,放开后对一些农产品缺少必要的配套调控和管理措施,也缺少对流通秩序的治理办法,这是出现各种各样的"贸易大战",扰乱市场秩序,推动价格大幅度上涨的重要原因之一。粮、棉、油等主要农产品是关系国计民生的重要商品,在相当长的时期内供需矛盾将是突出的。为了控制物价大幅度上涨,抑制通货膨胀,稳定经济,安定人民生活,稳定社会秩序,对这些商品需要加强宏观调控和管理。最近,中央、国务院对这方面已经作出了一些规定,主要是加强粮食、棉花、生丝等农产品的市场管理,对化肥、农药、农用薄膜实行专营。国务院对此已分别发了文件,我就不具体讲了。

这里需要特别强调的是,放开搞活和加强宏观管理不是矛盾的,是一致的。放,不等于不管。放开搞活是改革,加强宏观调控和管理也是改革,目的都是为了促进经济健康发展。当然,我们说管,并不是把全部商品管死,也不是走回头路。而是在坚持改革、开放总方向的前提下,通过深化改革的办法加强宏观调控和管理,保证改革顺利进行,经济健康发展。

(三)逐步推进农产品流通体制和价格改革。改革农产品流通体制和价格,是在商品经济条件下保证农业稳步发展的基本条件。但是,这两项改革都涉及全体社会成员经济利益关系的调整和国家、企业及消费者等各方面的承受能力,直接关系社会安定和经济的正常运转,难度很大。在目前主要农产品供求关系偏紧的情况下,一下子全部放开不现实,如果那样做,只能进一步恶化供求关系,加剧供求矛盾,引起物价进一步上涨,助长通货膨胀。因此,改革农产品流通体制和价格必须有一个过程,不可能一蹴而就,只能审时度势,有计划、分步骤、积极稳妥地逐步推进。看来,从我国经济发展的实际情况出发,主要农产品流通和价格实行计划管理与市场调节相结合的"双轨制"短期内还取消不了。

作为深化改革的一个实际步骤,国务院决定明年这方面的改革,要迈出适当的步伐。这里需要说明,发展农业,要重视运用价值规律,目前有些农产品特别是粮食的合同定购价格偏低,不利于农业生产发展,确实需要进行改革。但是,实施这些措施是需要一定条件的。明后两年我们经济工作的中心任务是控制物价大幅度上涨,抑制通货膨胀。这是大局。在这种情况下,农产品提价幅度过大是不可能的,对全局是不利的。我们要服从这个大局。对这个问题,应向广大基层干部和农民多做一些思想工作,讲清楚。同时,还应明确,发展粮食生产,只靠调整粮食价格是不行的,必须辅之以行业之间的利益调整。不能认为理顺价格,就是单纯提高农产品价格。提价只是一个方面;另一方面对某些盲目发展的价格过高的农林特产品,要采取适当措施加以必要的限制,并在农业内部进行必要的利益调节。这样才能保护生产者和消费者的利益,保证供求关系的基本稳定,有利于实现产业结构和农作物结构的合理化。还要看到,把粮食价格提高到水果、水产品的价格水平及第二、三产业的收益水平也是不现实的,是办不到的;否则,就可能引起价格攀比,轮番涨价,形成在更高价格水平上的不合理的比价复归。因此,必须把粮食作为农产品价格的一个基准,通盘考虑各种农产品价格,通过国家职能和税收等经济手段,采取以工补农、以工建农等多种形式,合理调整各行业之间的利益关系,确定农村诸产业及各种农产品之间合理的收益比例。

农产品价格改革要与流通体制改革配套进行。今后在价格改革时,尤其是对大宗农产品价格进行改革,一定要与治理经济环境、整顿市场秩序结合起来,逐步建立社会主义商品经济新秩序,保证农产品市场的健康发展。因此,在调整计划内农产品价格的同时,要逐步完善已经放开的农产品的市场交换条件,建立新的流通体制。为了保证各省、市、自治区之间的粮食批发交易正常进行,要在粮食主要集散地建立政府管理下的粮食中央批发市场和地方批发市场。这项工作要抓紧进行,不然大宗的主要的粮食品种的正常交易和流通就难以进行。加强粮食管理是必要的,但决不是管死。有些品种和小量的交易,要灵活些,适当放宽。集市交易,照常进行。全统、全包是不应该的,也是办不到的。管理工作要不断改进,办法要逐步完善。同时,有计划地在大中城市建立各种类型的蔬菜、水果、畜产品批发市场,并注意发展农民兴办的批发市场,逐步形成开放式的市场网络。为了增加市场透明度,减少市场风险,控制农产品价格动荡和生产波动,应积极发展期货贸易和各种长期合同贸易。可以先在几个传统的农产品集散地试办,探索经验,成熟了再推开。此外,还要改变产供销彼此隔绝、相互脱节的状况,逐步建立产供销管理和经营一体化的新体制。现在不少地方已在进行试点,取得了明显的效果,明年可进一步扩大试点范围。供销社是城乡商品流通的主要渠道之一,要进一步推进供销社体制改革,加快企业化的进程,完善经营机制,使其成为具有自主经营权力和独立利益的商业企业,更好地为农民服务,促进农村经济发展。

(四)从实际出发,逐步而又稳妥地调整农村产业结构。随着我国农村经济的不断发展,调整农村产业结构,使之逐步合理化,这个方向是正确的,这几年也有了一定进展,要坚定不移地搞下去。调整农村产业结构,一定要正确处理发展农业与发展二、三产业的关系。发展乡镇企业是对的,但决不可以轻视农业。如果丢掉农业,丢掉粮食生产去务工、经商、最终是要吃亏的。调整农村产业结构,必须把农业即第一产业作为基础产业。这是由我国农村经济的根本特点决定的,也是农村分工分业的客观要求。多元化的农村产业结构,必须建立在商品性农业基础之上。不论经济比较发达的地区,还是比较后进地区,都是如此。经济比较发达的地区,应该逐步建立发达型农业,成为农业专业化、商品化、现代化的先行地区,而决不能削弱农业。调整农村产业结构,一定要因地制宜,从实际出发,宜粮则粮,宜林则林,宜牧则牧,宜渔则渔,不能违背经济规律和自然规律。我国现阶段农村生产力水平总的讲是不高的,这就决定了我们的农村产业结构调整将是一个较长的渐进过程,要有计划、分步骤地进行,不可操之过急,不可一哄而起。

同时,要正确处理发展粮食生产与发展多种经营的关系。发展粮食生产与发展多种经营不是对立的,而是互为条件、互相促进的。不要一讲发展多种经营,就削弱或限制粮食生产;也不要一强调发展粮食生产,多种经营又不搞了。要把两者有机地结合起来。我国有那么多的荒山、荒坡、草原、水域和地上地下资源,发展多种经营的门路广得很,决不要把发展多种经营建立在减少粮食作物种植面积和削弱粮食生产上面。发展多种经营要在广开门路、综合开发上做文章。发展粮食生产同发展商品经济是一致的,不能对立起来。在发展商品经济中,不能忽视和削弱粮食生产。通过正当途径增加附加值高的商品的生产是无可非议的,但如果大家都不去种粮食,粮食从哪里来?粮食是关系国计民生的大商品,不发展这个大商品,其他商品生产都要受到制约。即使讲赚钱,也不能只算小账,还要算社会效益大账;不能只看眼前利益,还要兼顾长远利益。这几年刮起的这个"热"、那个"风"是不少的,特别是把大量高产粮田挖成鱼塘,种上水果,尽管从眼前看是有利的,但从长远考虑,后果是值得忧虑的,有的地方已经开始认识到这个问题的严重性。

三、积极促进农业特别是粮食生产有个较快较大的发展

农业是整个国民经济发展的最大制约因素。农业特别是粮食生产的发展状况如何,不仅对实现"七五"计划和本世纪末经济发展目标有着重要的影响,而且对明后两年治理经济环境,整顿经济秩序,抑制通货膨胀,控制物价大幅度上涨是至关重要的。赵紫阳同志在这次三中全会的报告中指出:"解决总需求大于总供给的问题,一方面要抑制总需求膨胀,另一方面要用很大力量来改善和增加有效供给。"增加有效供给,首先必须稳定和进一步发展农业,尤其是粮食生产。有了粮食,解决好"菜篮子"问题,社会基本就安定了。明后两年我们的经济发展速度要适当放慢,基本建设规模要适当压缩,但农业特别是粮食、棉花生产不仅不能放慢,不能压缩,而且发展步子要加快,工作要加强。特别是要千方百计,从各方面做好工作,组织各行各业大力支援农业,为夺取明后年尤其是明年农业的丰收作出不懈的努力。这是关系经济全局的一件大事,务必引起全党各级政府及社会各界的高度重视。

(一)下决心增加对农业的投入。农民的生产积极性只有同相应的投入结合,才能促进农业发展。近3年来,粮食产量增长不快,一个重要原因是对农业的投

入减少了。到本世纪末,要使我国农业特别是粮食生产登上两个台阶,必须增加对农业的投入,创造农业长期稳定发展的物质基础。这是一个不容回避而又急待解决的问题。

增加农业投入,首先要通过多种渠道增加对农业的资金投入。要采取相应的政策吸引、鼓励集体和农民增加对农业的投入,这应是农业投入的主体。今后国家要继续增加对农业的投资,主要用于大江大河治理、大型商品基地建设和大面积的中低产田改造等具有战略意义的开发建设项目。但是,现在国家财力有限,一下子增加很多投资不现实。因此,对农业的投入应更多地依靠地方和农村自身的积累。地方的机动财力要更多地用于农业。要坚持“取之于农,用之于农”的原则,想办法多筹集一些资金用于发展农业。在这方面,国务院将作出具体规定。

江河治理、植树造林、防汛抗旱对稳定和发展农业生产,改善生态环境,保护国家和人民生命财产安全极为重要。但是,“六五”期间,不少地区水利投资大幅度减少,基本靠吃五六十年代兴建的水利工程的老本。林业资金不足,植树造林进度慢,而森林资源的破坏却十分严重。这种状况必须改变。要通过多种渠道,增加对水利的投入,确保大江大河、水库不出问题,增强防洪抗旱能力。要动员和组织广大农民大搞农田水利建设,增加劳动积累。林业建设应该加强,要多渠道筹集资金,增加对林业的投入,特别要搞好长江中上游、“三北”和沿海地区防护林、平原绿化及速生丰产林的建设。要坚决刹住乱砍滥伐歪风,做好森林防治病虫害和防火工作,确保森林资源安全。在积极发展种植业的同时,要重视和发展养殖业,加强主要副食品基地建设,尤其要采取措施稳定发展生猪生产,防止出现新的波动,并且大力发展草食动物。对投入农业的资金,必须加强管理,只能用于发展农业,不准挪作他用。要相对集中使用,千方百计提高资金使用效益。

投入的另一方面,是增加对农业的物质投入,扩大农用生产资料的供应。这是当务之急。解决这个问题,关键是发展农用工业,扩大供给能力。今后10年要有计划有重点地兴建一批农用工业的骨干企业,加速农用工业现代化建设,主要是要扩大化肥、农膜、农药、农机的生产能力和供应量。国务院已经决定,明年要增加化肥供应,对化肥、农膜、农药生产所需的原材料要优先给予保证。当然,发展农业,只重视使用化肥不行,还必须重视使用有机肥。近几年来,由于种种原因,各地不重视施用有机肥、单纯施用化肥的现象相当普遍。如此发展下去,对我国土壤养分结构的改善和土地肥力的培养十分不利。因此,要把增施有机肥作为发展农业的一条重要方针政策来抓。应研究一些新的办法,采取有力措施确保增加有机肥的投入。要把施用农家肥、保养地力作为土地承包合同的一项基本内容,明确承包者的责任;对大中城市的有机肥料可逐步实行工厂化处理,加工成为质优价廉、运输方便的颗粒或粉末有机复合肥施用。

(二)充分发挥科学技术在农业发展中的作用。科学技术是潜在的也是现实的社会生产力。我国属于耕地资源紧缺国家,必须注意节约用地,严禁乱占耕地,这是完全必要的,是我们的一项基本国策,必须坚持认真抓,决不能放松。但是,不论从现实讲,还是从长远看,今后要使我国农业有个更大的发展,必须更多地依靠科学技术的进步,这是加速我国农业发展的根本出路。

现在农业科技人才严重缺乏,这是个大问题。要采取多种形式加强人才培养,尤其要加强中等农业技术人才的培养,这更适合目前发展我国农业生产的需要。要加强农业科研机构,充分发挥县以下农业技术推广站的作用,使之成为农村基层重要的科技服务咨询组织。要尽可能地逐步改善农业科技人员的工作条件和生活待遇,稳定和加强农业科技队伍。为了扩大科学技术在促进农业发展中的作用,当务之急是深化科技体制的改革,为科技投向农业创造一个有活力的机制和良好的环境条件。应逐步推行科技成果和科技的有偿转让与服务,把科技服务与经营服务结合起来。

要积极推广投资少、效益高的先进的农作物栽培技术,并且注意发挥我国传统农业技术的优点。这两年,地膜覆盖、良种、滴灌等技术在农业增产中显示出强大威力,有条件的地区要积极推广。科技部门实施的“星火计划”和农业部门实施的“丰收计划”,对促进农业生产的发展起到了很好的作用,要进一步搞好。在农业科技方面,我们的引进工作还很薄弱,需要加强。沿海开放地区应利用其有利条件在这方面多做一些工作,逐步向内地辐射,带动内地农业科学技术的发展。

(三)积极推进农业开发。为了满足我国人口增长和出口创汇对农产品不断扩大的需求,仅仅依赖现有耕地和在常规农业中打圈子是不够的,还必须充分利用我国丰富的自然资源和人力资源,积极进行农业开发和发展创汇农业。这是我国农业发展中一件具有战略意义的事情,是实现本世纪末我国农业发展目标的重要的一着。所谓农业开发,一是改造中低产田,提高现有耕地的效益;二是开发利用新的农业资源。我国农业开发的潜力很大。全国现有中低产田占全部耕地的一半以上,而且还有大量可供开发利用的荒地、荒山、荒水、荒滩。近海养殖、远洋捕捞的发展前景也很广阔。这些方面搞得好,有可能使我国农业出现一个新的局面,对此要有足够的认识。

农业开发是一项新的事业,应以发展商品经济为指导思想,贯彻改革的精神,走出一条符合我国实际情况的新路子。要改变过去农业投资方面基本是只有投入,没有回收,不能增值,缺乏内在的动力和活力的做法,实行经营式开发。开发资金的投入要与经济效益挂钩。凡属经营性的资金,要有偿使用,定期收回,循环滚动。但需注意,不要层层办公司。要统筹规划,确定项目,公开招标,引进竞争机制,实行开放式开发。目前国家财力有限,主要从政策上给以扶持,更多的是依靠地方的力量、群众的力量、全社会的力量,以及适当利用国际力量,广泛地聚集资金。北京市、苏州市和宁波市已经参与了黑龙江省三江平原的开发,这说明农业开发对经济比较发达地区和大中城市是很有吸引力的。开放式的开发也包括鼓励当地农民参与开发,承包开发项目,兴办开发企业。

需要强调,对新开发的土地不能再简单地分到一家一户,一开始就要适当集中,搞规模经营。要实行综合立体开发,积极发展从初级产品生产到产品加工、销售一体化的开发系列,兴办农林牧结合、农工商一条龙的开发企业,把农业开发和经济结构的全面优化结合起来。要注意运用现代科学技术,做到开发与保护并重,正确处理短期效益与长期效益、经济效益与生态效益、微观效益与宏观效益的关系。农业开发要有重点、有计划地逐步推进。全国可供开发的资源很多,但目前资金有限,不能全面铺开,今年三江平原、黄淮海平原、松辽平原等地区的开发以及广西、云南、新疆的糖棉基地的开发已经起步,今后要搞好开发规划,逐步扩大开发范围。

在加强农业开发的同时,要下力量搞好主要农产品商品基地建设和旱作农业,这是发展我国农业的一个重要方面,要抓紧,不能放松。沿海地区的广大农村,要按照国际市场的要求,努力把创汇农业搞上去。

(四)在治理、整顿中稳步发展乡镇企业。乡镇企业已经成为我国农村经济的支柱产业,在提高农民收入、转移农村剩余劳力、调整农村产业结构、扩大农业积累等方面发挥了巨大作用,而且为整个国民经济发展作出了重要贡献。对亿万农民群众兴办的这一新兴事业,我们一定要热情支持,正确引导,使其健康发展。需要指出的是,目前乡镇企业面临的经济环境正在发生变化。随着城市国营企业的逐步搞活,乡镇企业增加了许多强大的竞争对手;随着消费结构的变化和消费层次的提高,对产品质量的要求越来越高。同时,能源、原材料价格上升,资金紧缺,乡镇企业原有的某些优势正在逐步削弱。明后两年,国家将压缩基本建设规模,适当放慢工业发展速度,抑制通货膨胀,紧缩银根,这对乡镇企业也是个严峻的考验。

在这种情况下,乡镇企业应充分发挥经营机制灵活的特点,克服自身弱点,适应新的形势,在治理经济环境、整顿经济秩序中稳步发展。要以效益求生存,以效益求发展。现在有些地区乡镇企业基建规模过大,战线拉得很长,加工项目搞得过多,存在较大的盲目性。这种发展,主要是依靠贷款和其他负债支撑的。这个局面是很难维持的。因此,要坚决把基建规模压缩下来,特别是对那些没有能源、原材料保证和现在加工能力已经多余的项目,以及严重污染环境的项目,要坚决进行清理和整顿,下决心关停并转一批,今后决不可盲目上这类项目。当然,对于那些搞能源、原材料的乡镇企业,还是要积极发展的。今后乡镇企业必须在提高经济效益上下功夫,增加积累,主要依靠自己的力量发展生产,扩大经营。要结合"星火计划",加快乡镇企业技术改造,提高产品档次和质量,增强竞争能力。要进行股份制的试点,发展广泛的多种形式的横向联合,以经济效益好、管理水平高的企业为联合中的主体企业,促进乡镇企业整体的发展。

(五)切实做好扶贫工作,加强贫困地区经济开发。近几年,扶贫工作逐步实现从单纯分散救济向经济开发的整体性转变,并对扶贫和经济开发方式进行了一系列改革,取得了明显效果。全国农村的贫困人口逐年减少,一部分发展较快的贫困县,已经解决了温饱问题,进入经济开发阶段。但是,应该看到,虽然现在没有解决温饱的贫困户数量减少了,而剩下来的大多分布在各方面条件很差的地区,这意味着解决贫困地区群众温饱问题的扶贫工作进入了攻坚阶段。

国务院确定,"七五"期间解决贫困地区大多数群众的温饱问题。今年已经是"七五"计划的第三年,明年又是新中国成立40周年,解决温饱问题必须大见成效,时间紧迫,任务艰巨。因此,各地一定要根据国务院总的要求和部署,以对贫困地区人民高度负责的精神,加倍努力工作。各级政府一定要把扶贫作为一项重要的经济任务和政治任务提上日程,主要领导亲自过问,派得力干部抓这项工作,要抓紧,抓实,切实抓出成效。一定要管理好、使用好来自各条渠道的扶贫资金,统筹安排,集中使用,努力提高经济效益。严禁贪污、私分和挪用扶贫资金,违者必须严惩,决不姑息。这几年,动员社会各界参加扶贫,效果很好,要坚持下去,并注意总结经验,不断改进工作。只要各级领导重视,措施有力,工作抓紧,争取实现"七五"期间解决贫困地区大多数群众温饱问题的目标,是有希望的。

四、切实加强领导,保证农村各项工作顺利开展

贯彻党的十三届三中全会精神,逐步推进农村改革,促进农村经济持续稳定发展,特别是促使粮食生产

有较大的发展，任务是十分艰巨的，必须充分发挥我们的政治优势，切实加强领导。

（一）各级党委和政府必须把农村工作和农业生产放到十分重要的位置上。我国10亿多人口，8亿在农村，农村工作搞得如何，关系国家大局；农业是国民经济的基础，农业生产状况如何，关系整个经济的大局。因此，各级党委和政府必须把农村工作提上重要议事日程，主要负责人要经常深入基层，调查研究，切实加强对农村工作和农业生产的领导与指导。不能因为工业比重的扩大而放松农村工作，不能只是为了追求产值，为了多赚钱，就忽视农业生产和粮食生产。农村工作千头万绪，发展农村经济涉及方方面面，但必须把农业放在首位去抓，这个次序不能变。市带县的地方更要注意，决不能忽视农业，要充分发挥城市优势，带动农村经济和农业生产稳步发展。各地对中央和国务院关于加强和发展农业的政策和决定，要认真贯彻执行，不能打折扣。在安排计划和投资时，应把农业放在首位，不能口头讲重要，安排计划时不挂号。各级农业工作机构，应从实际出发设置，原则是有利于加强农业，而不能削弱农业，要选派得力的干部抓农业工作。各行各业大力支援农业的口号是正确的，要继续提倡，动员和组织各方面的力量积极为发展农业做贡献。

（二）加强农村思想政治工作，搞好精神文明建设。党的十一届三中全会以来，广大农民和基层干部，为改革、为国家的建设和发展作出了巨大贡献。今后实现农村改革逐步深入，农村经济持续发展，仍然要依靠广大农民和农村基层干部。要使他们充分理解党的方针、政策，理解治理经济环境、整顿经济秩序的重要意义，同心同德，艰苦奋斗，为国家作出更大的贡献。要摆事实，讲道理，不断加强对农民的思想政治工作和形势教育。讲明我们已经取得的巨大成就，讲明当前存在的困难，讲明解决困难的办法，讲明方向和前途，使广大农民坚信改革，积极支持改革。要提倡顾全大局。应该说明，目前合同定购粮食价格偏低，这是事实。但提高粮食等农产品价格只能在国家和消费者能够承受的条件下逐步进行。目前的合同定购，既是经济合同，又是国家下达的任务，也是农民应尽的义务，应该积极完成。还应该看到，在社会农产品收购总额中，国家定价收购的只占一小部分，其他都已经基本放开价格了。即使是合同内粮食收购价格，这10年国家也进行了多次调整，同时采取措施制止农用生产资料乱涨价。这说明，党中央、国务院对农民的利益是非常关心的。应该说，党的十一届三中全会以来，农民在改革中是受益的。在目前的情况下，农民对通过农产品提价增加收入的期望不能过高，而应该树立全局观念，为国家抑制通货膨胀，控制物价大幅度上涨，治理经济环境做贡献。此外，还要克服小富即安的思想，处理好积累与消费的关系，把更多的钱用到发展生产上去。要加强农村精神文明建设，提倡移风易俗，发扬高尚的道德风尚，遵守法律，严守纪律。

（三）加强农村基层党组织和领导班子建设。要建立、健全党的基层组织，加强对党员的教育，发挥农村党支部的战斗堡垒作用和党员的模范带头作用。这方面的工作，目前十分薄弱，需要特别加强。农村广大基层干部处在第一线，许多工作要靠他们去作，工作十分辛苦。在基层组织建设中，要抓好干部队伍建设，努力提高干部政治、业务素质，特别要抓好基层领导班子建设。要选拔政治素质好、具有商品经济观念和一定的经营管理能力，又能密切联系群众的优秀干部到基层领导岗位上来。广大农村青年，是推进改革的先锋，是建设社会主义新农村的希望所在，要充分发挥他们的作用，注意从他们当中选拔和培养基层干部。要加强对基层领导干部的培训，教育他们树立为人民服务的思想，为政清廉，奉公守法，密切联系群众，带领广大农民发展社会主义商品经济，走共同富裕的道路。

同志们！虽然目前我国农业在前进中遇到了一些困难，但是只要我们认真贯彻党的十三届三中全会精神和党中央、国务院的统一部署，全国上下、党内党外统一认识，齐心协力，扎扎实实地工作，依靠亿万农民群众的支持和努力，就会使农村改革进一步深入、农业生产和农村经济进一步发展，整个农村形势必定会越来越好。

国务院总理李鹏在北京同孟加拉国总统侯赛因·穆罕默德·艾尔沙德进行会谈

艾尔沙德总统向李鹏总理详细地介绍了孟加拉国今年遭受特大洪水灾害的情况以及孟加拉国政府和人民为抗灾救灾所做的英勇努力。

艾尔沙德总统说，孟加拉国政府正在研究减少、防治水患的途径，已采取短期治理措施，并正在探讨长远的根治办法。为此，孟加拉国愿意同有关国家进行合作。他说，我们很愿意借鉴中国与水患进行斗争的经验，例如中国多年来治理黄河的经验。

李鹏总理说，中国也是一个水患频繁的国家。中国人民长期同水患进行斗争。因此，我们很能理解你们所遭受的水患之苦。我们向孟加拉国政府和人民表示深切同情和慰问。

李鹏总理向艾尔沙德总统介绍了中国政府和人民多年来治理江河、防治水患的情况。并说，我们愿意同孟加拉国就防洪和水利建设问题进行技术交流和技术合作。

李总理还向艾尔沙德总统介绍了布拉马普特拉河

上游雅鲁藏布江的水文气象情况，及其同布拉马普特拉河水流的关系。

应孟方的要求，李鹏总理表示同意成立两国联合专家小组以交流防洪经验。他说，我们愿意在平等互利的基础上进一步加强中孟两国在经济、贸易、技术等各方面的友好合作。

国务院副总理姚依林在中南海会见由新日铁代表董事社长斋藤裕率领的日本新日铁代表团

中央军委发出《关于开展全军税收财务物价检查的通知》和《关于清理整顿生产经营和公司的通知》

中央军委在《关于开展全军税收、财务、物价检查的通知》中说，这次检查，是贯彻中央关于治理经济环境、整顿经济秩序决策的一项重要措施，对于进一步严肃军队财经纪律，增强法纪观念，加强作风建设，深化各项改革，具有重大意义。通知规定，检查的范围是全军团以上单位和生产经营单位，重点是检查总部和军区、军兵种机关办的各类公司、企业。通知要求，通过检查总结经验教训，健全规章制度，加强管理，堵塞漏洞，防止和纠正不正之风，促进生产经营健康发展，把有限的军费和生产经营收益分配好、管理好、使用好，更好地保障军队建设。

中央军委《关于清理整顿生产经营和公司的通知》要求，对全军所有生产经营单位，重点是各类公司和贸易性活动，普遍进行一次认真的清理整顿。

通知说，近年来，军队生产经营取得了很大成绩，对保障部队生活，弥补经费不足，减轻国家负担，起到了重要作用。但也有一些单位存在军企不分、无照经营、转手倒卖、铺张浪费等问题。通知规定，机关办的公司和职能部门改挂公司牌子的，立即停止商业活动，予以撤销；没有固定经营场地、设施、从业人员和与经营规模相适应的资金的皮包公司，立即撤销；未经工商行政管理机关批准登记注册的公司，一律撤销；利用本单位现有专业技术人员，经批准并在工商行政管理机关登记注册的科技、教育、信息、咨询等服务性公司，允许继续从事相关的经营活动，不准任意扩大经营范围；所有公司都要严格按照批准的经营范围办事；现役军人(含文职人员)、离退休干部，一律不准个人进行任何形式的经商活动，如有违反，严肃处理；严格执行军队的有关规定，不准随意动用部队、装备和军用设施进行劳务、运输等生产经营活动。通知要求，通过清理整顿，使军队生产经营和公司真正做到：依法经营，军企分开，加强管理，提高效益。

全军税收、财务、物价检查和清理整顿生产经营与公司领导小组召开电话会议，传达赵紫阳同志关于军队生产经营要把主要力量放在发展农副业生产上，原则上不经商的指示，传达邓小平、杨尚昆同志有关清理、整顿工作的指示，传达中央军委决定的精神，具体安排部署清理、整顿工作，要求全军各级党委和领导同志以及广大指战员，一定要提高认识，统一思想，把检查、清理、整顿的工作抓紧抓好，保质保量完成任务，严防草率收兵走过场，保证党中央、国务院、中央军委的决策真正落到实处。

中国科技法学会在北京成立

这是一个中国科技工作者、经济工作者和法律工作者组成的全国性学术团体，是科技界和法律界的联盟。学会将团结有志科技法制建设的各界人士，参加创立科技法学的理论研究和健全科技法制的社会实践，为促进科技进步和经济社会发展服务。

全国人大教科文卫委员会副主任委员胡克实当选为中国科技法学会会长，国务院经济技术社会发展研究中心副总干事长吴明瑜、全国人大法律委员会副主任委员江平、国家科委顾问杨浚当选为高级顾问。

国家教委在北京召开全国扫除文盲工作会议

会议召开时间为11月2日至5日。会议表彰了100个扫除文盲先进县，并提出近几年内每年力争脱盲400万人的任务。

新中国成立以来，我国共扫除文盲1.57亿人，总人口中的文盲比例由历史上的80%以上降到目前的20.6%，有过半数的县已经普及初等教育和基本扫除文盲，还有一部分县接近这一目标。但是，目前全国尚有文盲2.2亿人，其中2.1亿人在农村，其中，15—40周岁的青壮年文盲有7200万。新文盲每年增加200万以上。另外，文盲中妇女占70%。今后扫盲和堵盲的任务主要在农村尚未普及初等教育的地区和边远地区，特别是扫除妇女文盲的任务相当艰巨。

1985年以来，全国出现了脱盲人数连年下降的趋势。国家教委副主任王达明在会上要求，切实扭转这种局面，加快扫盲步伐。当前最重要的是提高各级政府和教育行政部门领导对扫盲工作的认识，增强扫盲的紧迫感和责任感。动员社会各方面力量，积极参加扫盲；把识字教育与学校技术相结合，把扫盲与农村的脱贫致富密切结合；必须因地制宜，从实际出发，采取灵活多样的形式，注重实效；扫盲还必须和普及初等教育、脱盲后的继续教育密切结合，协调发展。

王达明提出，实现普及初等教育的地方，都应按照5年内扫除文盲的要求来计划扫盲工作。对于那些还没有普及初等教育的地方，更要采取积极态度抓紧扫盲和堵盲工作。

到90年代中期,我国除极少数地区外,基本上可以普及初等教育。按照普及初等教育5年内扫除文盲的目标测算,在今后十几年内平均每年应扫除文盲400万人左右,近几年还要力争突破这个数字。王明达说,我们应该有信心在本世纪末或稍多一点时间内完成扫盲的历史任务。

会议强调,我国的扫除文盲工作面临的任务非常艰巨,这首先是经济任务,也是文化、政治、教育任务。

根据会议代表们提出的问题,何东昌提出了几点意见:首先,要进一步认识扫除文盲的重要性和迫切性。其次,要高标准做好扫盲工作。根据农村经济发展的需要,加强各级领导对文化的重视,凡是普及初小的地方,应不失时机地开展扫盲工作。再次,认真总结经验,落实责任制。必须加强地方政府的责任,特别是县级政府的责任。制定一些经过努力切实能达到的目标,层层落实。政府要统一管理,搞好协调。

全国妇联、团中央、农业部的领导联系各自的实际,对扫盲工作发表了看法。

在闭幕会上,国家教委副主任王明达宣布:对今年获联合国教科文组织颁发的"国际阅读协会"扫盲荣誉奖的贵州省松桃苗族自治县,1984年获联合国教科文组织"野间"扫盲奖的四川省巴中县,1985、1987年分获"野间"扫盲荣誉奖的吉林省、湖南省,1986年获联合国教科文组织"娜杰达·克·克鲁普斯卡娅"扫盲奖的山东省五莲县,各奖励5万元。国家教委决定今后凡获得国际扫盲奖的单位,也照此奖励。

1988年全国城市运动会在济南闭幕

由40个城市参加的本届城运会,取得体育比赛和精神文明双丰收。获得金牌总数前8名的代表队依次是广州、大连、武汉、青岛、沈阳、福州、重庆、西安。获得体育道德风尚奖的是:济南、武汉、广州、南京、郑州、成都、南昌、青岛。

通过激烈的角逐,有1人1次打破1项世界纪录,3人3次刷新3项亚洲纪录,3人4次改写4项全国纪录,4人2队6次超过全国青年纪录。

中顾委常委余秋里,以及国家体委、山东省和济南军区等方面的负责同志,向取得优异成绩的团体和个人发了奖。国家体委主任李梦华向为全国城运会作出贡献的山东省政府、省体委赠送了纪念品。

李梦华在热烈的掌声中发表了简短的讲话,他说,这次城运会作为改革过程的一个尝试和体育社会化的一项措施,达到了预期目的,对推动城市体育的发展一定会产生深远的影响。

11月3日

七届全国人大常委会四次会议在人民大会堂举行第三次全体会议

会议听取农业部部长何康关于当前农业生产形势和明年工作安排的汇报。

全国人大常委会委员长万里出席了会议。习仲勋副委员长主持了会议。

何康在受国务院委托作的汇报中说,从总体上看,今年农村经济是有发展的,农村社会总产值和农业总产值继续增长,预计水产品总产量增长8%,畜禽生产回升后稳定发展,乡镇企业产值、税收、利润同步增长。但主要作物粮,油比上年减产,棉花持平,糖料、烤烟增产。

他指出,为了促进明年农业的增产增收,国家在压缩基本建设投资规模的情况下,决定要增加对农业的投入,加强农业的基础设施建设,调动农民的积极性。要继续深化农村改革,加强社会化服务,完善联产承包责任制,以增强活力。继续加强农业科研、教育、推广工作,发挥科学技术的作用。力争粮食生产有较大幅度增长,提高经济作物和养殖业的生产水平,引导乡镇企业健康发展,促进农村经济稳定协调增长。

全国人大常委会副委员长乌兰夫、彭冲、朱学范、阿沛·阿旺晋美、班禅额尔德尼·确吉坚赞、赛福鼎·艾则孜、周谷城、严济慈、荣毅仁、叶飞、廖汉生、倪志福、陈慕华、费孝通、孙起孟、雷洁琼、王汉斌出席了会议。最高人民法院院长任建新列席了会议。

全国商业厅局长供销社主任会议在北京召开

会议由商业部组织召开。会议强调采取具体措施,强化宏观调控,增加有效供给,确保今冬明春市场的稳定。

会议认为,解决和落实粮食、棉花、生猪等农副产品的收购资金,确保完成收购计划。同时积极组织工业品下乡,凡适合农村需要的工业消费品优先供应农村。这是商业工作的当务之急。

确保大中城市节日供应和市场的基本稳定,首先安排好今冬明春特别是元旦、春节的节日市场。抓好粮油、蔬菜、其他生活必需品的调度和供应。群众所需蔬菜、食糖、食盐、火柴、肥皂及烟筒、炉子等生活必需品要力争不断档、不脱销。大件耐用消费品要压缩库存扩大供应,不得待价惜售。某些高档紧俏品应配合银行开展预购储蓄。这是今后一段商业部门要重点注意抓好的工作。

会议要求,各地商业部门要加强价格管理,任何商业部门、供销社不得擅自出台新的提价措施，售货要明码标价。对批发公司要进行经营资格重新审查。对哄抬物价的“官倒”、“私倒”，要从严查处。

沈阳桃仙机场竣工试航

人民日报社和日本经济新闻社在北京联合举办第三次中日经济讨论会

会议11月3日至4日召开。

会上，国务院副总理田纪云代表中国政府致辞时说，坚持对外开放是我国的一项基本国策。治理经济环境，整顿经济秩序不仅不会影响对外开放，而且更加有利于促进改革的深化和对外开放的进程，使其健康发展。

田纪云指出，当前压缩基建规模，重点是压缩非生产性项目和一些重复多余的加工项目，不是“一刀切”。这样做对外国企业家来讲，在华投资方向可以更明确，所办企业的原材料、资金等将会更有保证。我们对已签约的合资合作项目将认真履行合同，同时要继续发展对外经济技术合作。

田纪云说，中日两国在经济上各具优势，开展互补合作具有巨大潜力和广阔前景。展望21世纪，亚洲太平洋地区有希望成为世界上发展最快的地区，中日两国的经济合作也一定会更加密切。他希望日本工商界、金融界人士既着眼于现实又面对未来，采取更加积极的态度和切实步骤，进一步发展中日之间的贸易，使中日双方进出口能够基本平衡，同时逐步提高合作水平。

由中日两家有代表性的舆论机构举办的这次讨论会，是继1984年、1986年两次会议之后的第三次，受到了两国政府和各界有关人士的重视和支持。日本首相竹下登发来的贺词说，人民日报社和日本经济新闻社迄今通过举行讨论会在两国国民的相互了解和经济交流上取得了良好的成就。基于日中两国友好关系将对亚洲以至世界的和平与稳定作出贡献这样一个共同认识，我们今后还要为构筑日中友好新时代作更大的努力。

开幕式上，人民日报社长钱李仁和日本经济新闻社长新井明先后致辞。

在为期一天半的讨论会上，中日双方与会者在3个方面展开了热烈讨论。日本丸红株式会社会长春名和雄坦率地指出，日本投资者“对中国的对外开放政策和经济政策的连续性和稳定性有所担心”。对此，中方与会人士认为整治经济环境会为外国投资创造更好的环境。有的日本朋友担心遏制通货膨胀的目标能否实现。中国方面则认为，中国具有50年代和60年代初两次治理通货膨胀的经验，对此可以抱有信心。

日本方面在肯定近几年中国投资环境有所改善的同时，也提出了一些仍然存在的问题。如基础设施不完善、中方对于技术和技术诀窍评价不足、信息资料提供不充分等。对于这些问题，中方作了说明和澄清，同时认为日方所指出投资环境中存在的一些缺陷，正是中国政府要在治理经济环境中设法解决的。双方共同认为，日本首相竹下登访华时，与中国政府签订了中日投资保护协定，这对于促进日本来华投资将起到积极作用。日本朋友还建议在北京设立一个统一为外资提供信息服务的窗口。

在技术转让问题上，双方意见发生“交锋”。中国方面坦率地希望日方在转让技术方面更加积极。

这次讨论会无论在探讨问题的深度和广度上都比前两次讨论会有明显的进步。

中国代表袁士槟在联大特别政治委员会发言敦促建立世界新闻传播新秩序

中国代表袁士槟在联大特别政治委员会关于新闻问题的专题讨论中发言指出，建立世界新闻和传播新秩序对发展中国家和发达国家都是至关重要的问题。

袁士槟说，在当今的世界上，信息的传播和流通已成为促进各国社会和经济发展不可缺少的因素，也是维护世界和平与安全的一个重要条件。

袁士槟说，一个平衡的、双向的和自由的国际信息流通必将促进各国经济发展，加强各国之间的相互了解和睦邻关系。他呼吁各国利用当前国际局势缓和的良好势头，以一种相互理解、妥协及合作的新精神来解决建立世界新闻和传播新秩序过程中的问题。

外交部发言人李金华在新闻发布会上谈中苏边界问题

李金华说，在上月31日结束的中苏边界第三轮谈判中，双方就东段大部分地段的边界线走向取得了一致意见。

她在新闻发布会上回答记者提问时说：“我们希望中苏边界问题能够早日得到公平、合理的解决，但这需要双方的努力。”她说，对于尚未取得一致意见的地段，双方将继续进行讨论。李金华还说，中苏双方都主张以目前中苏边境的有关条约为基础，根据公认的国际法准则，互谅互让、公平合理地解决中苏边界问题。

外交部部长钱其琛在钓鱼台国宾馆设宴欢迎朝鲜民主主义人民共和国政务院副总理兼外长金永南一行

钱其琛说：“中朝两国现都在根据各自的国情建设社会主义和为实现国家的统一而斗争。我们两国一向互相支持，互相帮助。”他希望在双方的共同努力下，中朝友好合作关系不断得到加强和发展。

在谈到金日成主席提出的关于朝鲜统一的三项原则和建立高丽民主联邦共和国的统一方案和缓和朝鲜局势、促进朝鲜统一的建议时，钱外长说，中国党和政府一贯支持朝鲜党和政府为实现祖国自主和平统一所提出的原则和各项主张。

他认为，缓和朝鲜半岛紧张局势，不仅可为朝鲜的自主和平统一创造必要的条件，而且也有利于维护亚洲乃至世界和平与稳定。当前国际形势出现的缓和趋势和地区热点的政治解决势头的加强，对于缓和朝鲜半岛的紧张局势是有利的。今后中国将一如既往，为促进朝鲜半岛局势的缓和，为支持朝鲜自主和平统一而竭尽自己的努力。

金永南说："朝中两国人民以非同一般的特殊友情紧紧相连，这种关系随着时间的推移在进一步加深。"

他赞扬中国人民在为实现全国安定团结，进行社会主义现代化建设中所表现出的创造性力量。他认为，中国的国际威望的提高是由于所奉行爱好和平的对外政策，并高度评价中国在联合国等国际舞台上对朝鲜统一大业的支持。

国防部部长秦基伟在人民大会堂会见玻利维亚陆军司令罗梅洛·梅尔卡多·加尔尼卡上将和空军司令吉列尔莫·埃斯科瓦尔·乌里上将一行

上海研制成新型氢原子钟

据《人民日报》报道，一种1000万年误差不过秒的新型氢原子钟近日在上海天文台研制成功并投入使用，标志我国氢原子钟的研制技术已进入国际先进行列。

氢原子钟又称实用型氢频标，是一种高精度的现代时间频率标准，在现代国防、空间技术和现代科学实验中有重要应用价值，目前已广泛用于人造卫星和导弹制导、深空跟踪、宇宙通信等领域。

11月4日

国务院总理李鹏在中南海紫光阁会见朝鲜民主主义人民共和国政务院副总理兼外长金永南

李鹏重申，中国将一如既往坚决支持朝鲜自主和平统一事业，支持朝鲜民主主义人民共和国为缓和朝鲜半岛局势所做努力。

金永南外长向李鹏总理介绍了对朝鲜半岛局势的看法。

国务院总理李鹏在中南海紫光阁会见香港总督卫奕信一行

李鹏对卫奕信总督的来访表示欢迎。双方就当前香港的局势和香港的前途等问题坦率地交换了看法，对中英关于香港问题的联合声明签订以来香港的持续繁荣和稳定局面表示满意。

会见中，李鹏还重申了中国政府对香港问题的一贯方针。双方一致表示要为全面贯彻执行中英联合声明继续进行密切合作，要进一步加强和发展内地同香港的经济关系。

会见是在亲切友好的气氛中进行的。外交部副部长周南、国务院港澳办公室副主任李后及英国驻华大使唐纳德等会见时在座。

国家副主席王震到深圳考察

11月4日至7日，王震在深圳视察。在谈到治理经济环境，整顿经济秩序同改革开放的关系时，王震说，治理环境，整顿秩序，是为深化改革，更进一步开放，创造一个良好的外部环境。如果环境很混乱，改革、开放的方针，就很难全面贯彻执行。同样，需要治理、整顿的一些问题，要通过深化改革来解决，目的是使各项经济工作更健康更协调地发展。

王震特别强调要分清"官倒"与正常经营的界限。他说，"官倒"没有那么多。正当经营要支持、保护。在治理经济环境、整顿经济秩序中，要注意把流通领域搞活，切实按经济规律办事。

在谈话中，王震同志一再强调要维护党和政府的权威，加强纪律性，做到令行禁止。

王震同志充分肯定深圳特区经济建设已取得的成就，十分赞赏深圳市中小学教育改革成果。他在谈到特区今后工作时说，深圳经济特区是全国最早办的特区；特区建设要搞快点，就要掌握世界经济发展动向、趋势、抓住战机，积极引进外资，搞好内联，发挥我们的优势，勇于改革、开拓。

中国有了首批国家质量监督员

146人获得国家质量监督员的证件和证书。

国家技术监督局近日在京举办了国家级质量监督员培训班。学员来自全国各省、自治区、直辖市，多是当地标准计量部门和国家级产品质量检测中心的负责人。

经过系统的培训和严格考核，他们成了我国首批国家质量监督执法人员。他们有权对我国生产、流通、运输、储存领域的各类产品进行监督和管理，以加强国家对产品质量的宏观控制，维护消费者和生产者的合法权益。

外交部部长钱其琛在北京与朝鲜民主主义人民共和国政务院副总理兼外长金永南会谈

中央军委主席邓小平签署命令授予广州军区某守备师侦察连“英雄侦察连”荣誉称号

命令说，广州军区某守备师侦察连，自1979年5月组建以来，一直驻守在广西边防前线。全连官兵坚决贯彻执行中央军委和上级的命令、指示，发扬高度的爱国主义和革命英雄主义精神，舍生忘死，不怕艰险，机智灵活，英勇善战，先后参加边境自卫还击作战51次，出色地完成了任务，为维护祖国尊严、保证坚守防御作战的胜利，作出了重要的贡献。为表彰该连的英雄事迹，中央军委决定：授予广州军区某守备师侦察连“英雄侦察连”荣誉称号。

命令说，全军指战员都要向他们学习。学习他们为保卫祖国、保卫四化、扎根边疆、献身国防的高度政治觉悟；学习他们不畏艰险、不怕牺牲的献身精神；学习他们令行禁止、严守纪律的战斗作风；学习他们刻苦训练、一专多能的过硬本领。要认真贯彻落实党的十三届三中全会精神，坚决服从党中央的统一号令，牢固树立全局观念，在改革中加强思想政治工作，加强基层建设，为加速我军革命化、现代化、正规化建设而努力奋斗！

第六届国际创伤弹道学术会在重庆举行

会议透露：经过科技工作者的不懈努力，我国创伤弹道学研究已跻身世界前列。

创伤弹道学是介于创伤学和弹道学之间的一门边缘学科。1979年，第三军医大学野战外科研究所和原兵器工业部208所在国内首先开展了这一学科的研究。之后，全国又有一些单位相继投人。仅这两个研究所，9年来就完成研究课题25项，取得科技成果奖14项，主编专著2本，发表论文80余篇。

出席这次学术会议的150名专家、学者，分别来自瑞典、美国、西德、瑞士、新加坡、芬兰、丹麦、英国、中国等11个国家。会议共收到论文210篇，其中我国就占173篇。

11月5日

国家主席杨尚昆在人民大会堂设宴欢迎乌拉圭东岸共和国总统胡利奥·玛丽亚·桑吉内蒂和夫人一行

杨尚昆在讲话中高度评价中乌两国关系的发展。他说，中乌两国建交虽然只有短短的几个月，但双边关系的发展是令人满意的，并且展示了良好的前景。他说，不断加强中乌友谊与合作是中国政府明确而坚定的方针。我们愿本着“和平友好、互相支持、平等互利、共同发展”的精神，同乌拉圭政府和人民一道继续努力把两国的友好合作关系不断推向新的水平。

杨尚昆在讲话中说，拉丁美洲是一个充满生机和活力的大陆，在国际事务中正发挥着越来越重要的作用。他说，刚刚闭幕的第二届拉美8国集团首脑会议，取得了积极的成果。它充分反映了拉美国家在维护地区和平与合作、捍卫自身权益、发展民族经济的崇高事业中加强团结的趋势。

桑吉内蒂总统在讲话中说，我们两国正在开创一条联系与理解的道路，它必将卓有成效地使相互间积极接近并建立起合作与交流的机制，我深信不疑，这一机制将有益于彼此都获得发展。

他说，我们两国历史，意识形态和文化间的差异丝毫没有阻碍我们把进行现代化改革作为当务之急。尽管差异如此显著，但我们有改善各自面对的现实的共同决心。

桑吉内蒂总统认为，今天大多数国家都意识到，为了给本国人民提供充分享有尊严、安定和有希望的生存条件，必须开创一种充满生机的生产和贸易局面，以强有力地促进多方位贸易往来。他说，这就要求各国在坚实的基础上重新制定有关的政策，理所当然也要调整其对国际社会的态度。

全国人大常委会副委员长班禅额尔德尼·确吉坚赞、国务院副总理吴学谦等出席宴会。

国家主席杨尚昆到天安门派出所看望首都公安干警

国务院总理李鹏在人民大会堂同乌拉圭东岸共和国总统胡利奥·玛丽亚·桑吉内蒂进行会谈

李鹏总理首先向客人介绍了中国的对外政策和对重大国际问题的立场。他说，中国是一个发展中国家，要逐步发达起来，就需要一个长期的国际和平环境。我们奉行独立自主的和平外交政策，致力于维护世界和平。

李鹏总理说，中国政府重视拉美国家的团结和合作以及拉美8国集团的作用，重视世界上一些地区组织的形成和发展。他说，这种情况表明，各国人民要把命运掌握在自己手中，这有利于维护世界和平。

桑吉内蒂总统说，在国际问题上，乌拉圭和中国有着广泛的合作机会，乌拉圭愿意作中国的长期的对话者。他介绍了乌拉圭的对外政策。

在谈到双边关系时，李鹏总理高度评价桑吉内蒂总统和乌拉圭政府对发展乌中关系作出的努力和贡献。李鹏说，中国愿意同乌拉圭其他拉美国家进一步发展友好关系。桑吉内蒂总统说，乌拉圭重视对华关系。

应客人的要求，李鹏总理还向客人介绍了中国国内经济发展情况。桑吉内蒂总统说，人们都看到了中国取得了迅速发展。当然，任何国家在发展中都会遇到一些困难，这是很自然的，我们对中国的发展前景持乐观态度。

外交部部长钱其琛，陪同团团长、民政部部长崔乃夫等参加了会谈。

农工党第十次全国代表大会在北京举行预备会

农工民主党中央副主席田光涛向会议代表汇报了第十次全国代表大会筹备经过。会议通过了第十次全国代表大会议程和主席团、秘书长名单。

人事部在沈阳召开关于企事业人事制度改革问题的专题座谈会

人事部副部长程连昌在会上说，目前企事业人事制度改革进展很快。已有20%至30%的企业采取了公开招标选聘企业经营者的做法，事业单位也正在推行所长、院长、校长、主任负责制和技术职务聘任制，有些单位已开始通过竞争承包的办法，公开选聘事业单位的领导人。但是，就全国范围来看，这项改革的进展还不平衡，有些地方和企业在招标聘任企业经营者的过程中还不同程度地存在走形式、走过场的现象，企事业内部的配套改革还不完善。

关于企业人事制度改革的重点，程连昌说，目前要进一步抓好企业领导体制的改革，真正实行公开、平等、民主、竞争、择优的用人原则，企业内部要搞整体优化，事业单位要继续落实行政首长负责制，搞好技术职务聘任制。

程连昌提出，企事业人事制度改革，涉及2000多万企事业干部的切身利益，一定要慎重稳妥地进行，要做好思想工作。他要求人事部门在企事业人事制度改革中，尽职尽责，转变观念，协调好同有关部门的关系，密切配合，共同把这项改革搞好。

参加这次会议的有20多个省、直辖市和计划单列市的人事部门的负责人，部分企业家和有关事业单位的负责人等。

劳动部 国家教委等重申严禁任何单位和个人使用童工

劳动部负责人指出，我国法律和政策明确规定，企业招用工人必须年满16周岁，严格禁止任何单位和个人使用童工。但是近几年来不少地方，特别是一些沿海地区的城乡集体企业、私营企业和个体工商户，无视国家法律和政策，擅自招用未满16周岁的少年、儿童做工、从商、当学徒，个别乡镇企业使用童工的人数甚至高达20%。国家有关部门和地方政府虽然对此三令五申，但仍屡禁不止。这种违法行为的出现和发展，不仅使被雇用的少年、儿童的身体受到损害，精神承受痛苦，妨碍他们健康成长，而且引起一批批中小学生辍学，影响《义务教育法》的贯彻实施。如果听任这种现象蔓延，必将带来极其严重的后果，这是我国社会主义制度绝对不能允许的。

劳动部负责人强调指出，彻底制止使用童工的现象，既是加强劳动管理的一项必要措施，也是当前整顿经济秩序的一项重要内容。做好这项工作，需要各有关方面共同努力，通力合作，采取有力措施进行综合治理。要通过国家法律和劳动政策的宣传教育，使各级干部认识到，使用童工是一种侵犯少年、儿童合法权益的严重违法行为，如果继续有令不行、有禁不止，有关当事人要承担法律责任。各级人民政府应加强对招工、用工的管理，对无视国家法令擅自使用童工者，除责令立即退回外，要视情节轻重给予处罚，直至吊销营业执照。对诱骗虐待童工的包工头，要依法追究其刑事责任。对因违法使用童工造成伤亡事故和使国家财产遭受重大损失的，更要从严处罚。对那些迫使16周岁以下少年、儿童做工、从商、当学徒的家长，要进行批评、教育，使其改正错误。

劳动部、国家教委、农业部、国家工商行政管理局和全国总工会联合就严禁使用童工一事发出了通知。

国家计委发出《关于控制当前全国工业生产过快增长的通知》

通知要求各地区、各部门采取切实有力的措施，在今后一段时间内，把过高的工业增长速度降下来，根据各地的不同条件，保持合理的增长速度。

通知指出，今年以来，尤其是八九月份，在过旺需求的推动下，工业生产增长过快。全国工业总产值8月份比去年同月增长18.3%，9月份又比去年同月增长20.2%，1月至9月累计比去年同期增长17.5%。全国工业生产仍处于过热状态，这不仅使能源、原材料供应和交通运输紧张，而且使产业结构不合理矛盾日益突出。

通知要求从现在起，对于那些消耗紧缺原材料和电力而非人民生活必需的产品，如易拉罐、铝合金门窗、非名牌自行车、空调器等，要下决心停止生产和转产。对那些管理落后、长期亏损、产品质量不过关和产品滞销的企业，要停产、转产或兼并。对于高能耗、效益差的小硅铁、小铝合金等产品，也要限产或停产。对已提前超额完成全年生产计划的一般机床、汽车、内燃机、工业锅炉等机电产品，今后两个月要限制生产，并根据明年较大幅度地压缩建设规模的要求及时进行调产。

通知还要求通过控制银行贷款等措施,适当放慢城乡集体所有制工业和村办及村以下工业的发展速度。特别是对那些与大企业争原料,而且消耗高、质量差的小棉纺、小毛纺、小卷烟厂等,要限制发展,已投产的要坚决关停或转产一批。

通知对沿海一些工业增长速度过快的地区,也提出要从能源、原材料供应可能和有利于安排明年一季度生产的要求出发,适当调低工业生产速度。希望这些地区切实把提高经济效益放在首位,努力降低能源、原材料消耗,提高产品质量、性能,加速资金周转,增收节支,注意防止片面追求速度而影响社会效益。

通知还强调在控制工业生产过快增长的同时,要积极调整产品结构,组织增产短线产品和适销对路产品,挖掘交通运输潜力,以增加有效供给。各地区、各部门要重点抓好人民生活必需的日用工业品、冬令产品和小商品等的生产供应,安排好元旦、春节商品供应和明年春耕必需的农业生产资料的生产。

通知在谈到抓好安全生产和明年第一季度生产准备工作时强调说,各地区、各部门要瞻前顾后,加强生产组织与调度工作,做好计划用电和节约用电,认真抓好能源、原材料的生产和运输,力争在上冻前使发电、冶金企业等的煤炭库存能达到正常需要水平。要抓紧农副产品收购工作,确保完成国家合同订购任务,增加轻纺工业用原料供应。切实搞好设备维护及检修,特别是电厂要利用当前控制工业速度过快增长的时机,有计划地多安排一些机组检修,消除各种事故隐患,以保证明年正常生产。

中国丝绸在哈瓦那国际博览会上获金奖

上海生产的"青春纱"和江苏出产的"晚霞沙"在哈瓦那国际博览会获金牌奖。

古巴部长会议副主席安东尼奥·埃斯基维尔宣布获奖展品名单。同时获金牌奖的还有其他国家的28种展品和一系列古巴产品。

安东尼奥·埃斯基维尔副主席在参观中国馆时说,他是代表古巴政府和党前来祝贺的。他表示希望古巴和中国之间的贸易和友好关系继续前进。

中国27年来第一次参加哈瓦那博览会,展出了轻工、纺织、电子和机械产品。

中共中央政治局常委乔石在人民大会堂会见由总检察长巴吉奇·姆勒奇科夫率领的保加利亚总检察院代表团

对外友协和中苏友协在对外友协举行电影酒会庆祝伟大的十月社会主义革命胜利71周年

国家教委主任李铁映在中国教育电视台发表讲话

李铁映指出:"在全国范围内开展卫星电视教育,标志着我国在发展现代化教育技术、促进教育现代化方面,取得了新的进展。这是教育改革的重要成果。"他热烈祝贺中国教育电视台第二套教育节目的开播。

李铁映说,我们面临着日趋激烈的国际竞争和新技术革命的挑战,教育担负着培养适应21世纪社会、经济、科技发展所需人才和提高全民族素质的重大使命。为完成这样繁重而紧迫的任务,就要牢固树立"面向现代化、面向世界、面向未来"的思想,在发展普通教育的同时,大力发展广播电视教育。中国教育电视台的第一套教育节目,将继续搞好中小学师资的培训;还要通过教育电视为培训200万中小学校长提供课程和教材。第二套教育节目要优先安排播出职业教育和中等学校的课程,以适应培养大批初、中级人才和提高劳动者素质的需要,也要为扫盲教育和培训大批扫盲教师服务。有些课程还要直接面向中小学的学生,这对改变教育环境,打破一些地区自然条件形成的封闭状态,促进教学质量的提高,都是大有益处的。

他希望各级政府要继续抓好卫星电视接收网点的建设。重点要放到县和乡镇,主要是建收转站、接收站,使大多数乡镇能收看到教育电视。这些站均属教学设施,一般宜放到条件较好的学校,便于学员收看和教学管理。

各级教育行政部门要负责统筹协调和组织实施,并有精干的机构来承办日常的管理工作。

日前,国家教委曾在京就中国教育电视台第一、二套教育节目的播出召开座谈会,国家教委副主任何东昌在会上讲了话。

《中国邮政编码图集》出版

该书经过国家测绘局与邮电部邮政总局专家的共同努力,已向国内外公开发行。

有关专家介绍,编制邮政编码图集,将邮政业务与地图学相结合,这在世界尚属首创。该图集以地图的形式,表示出全国邮政编码的地理位置,其中还对156个城市详细标绘了街道名和编码分区,读者可以根据地址迅速查找到所需要的邮政编码。它的发行,对于邮政编码在我国更快、更广泛地推行,实现邮政现代化,将起促进作用。

《中国邮政编码图集》不仅表示了我国大陆全部6位邮政编码,还表示了台湾现行的全部编码,它必将有力促进海峡两岸的通邮。

首届全国青年越剧演员电视大选赛结果在杭州揭晓

上海赵志刚、浙江夏赛丽、江苏郑国凤和浙江周明获小生组最佳演员奖；浙江何英、黄依群、吴素英和上海陈颖等获得花旦组最佳演员称号，浙江小百花越剧团的董柯娣、上海越剧院的胡敏华、贵阳市越剧团的陶卉分别获得了老生组、老旦组与丑角组最佳演员奖。方雪雯等12人获得以上各组“优秀演员获”。

青海唐古拉山发生7.0级地震

据国家地震局测定：上午10点14分，在我国青海唐古拉山，北纬34度、东经91.9度的地方，发生了7.0级地震。

张希陆逝世

石油大学著名数学教授、中国民主同盟盟员张希陆先生于11月5日在北京病逝，享年88岁。

张希陆早年毕业于清华学校(现清华大学前身)，后赴美国留学。1928年学成归国后，任南开大学数学系教授、厦门大学理学院院长兼数学系主任等职。1953年春参加北京石油学院数学教研室的筹备创建工作，任数学教研室主任、教授。

张希陆是我国著名爱国教育家、南开大学创始人张伯苓先生的长子。在60年的教学生涯里，他治学严谨，一丝不苟，育才兴国，甘为人梯，培养的学生，许多已成为国内、外杰出的科学家。特别是近30多年来，张希陆培养的学生遍布全国各石油厂矿。

11月6日

中共中央政治局常委胡启立和文化部部长王蒙在北京看望中国文联主席周扬副主席冰心

物资部将推出系列整顿措施整治生产资料流通领域的各种混乱现象

国务院物资部新闻发言人谢明干最近宣布，物资部在国务院领导下，会同有关部门正在制定一系列政策、办法和条例，加强市场管理，禁止倒买倒卖，对4种钢材和3种有色金属实行专营。有的近日将出台实施。

谢明干向新闻界通报说，一个时期以来，生产资料流通领域经营渠道混乱，一股经商热席卷全国，许多企事业单位和社会团体热衷于办公司，经营生产资料。其中经营钢材最多。沈阳市有营业执照的达5000多家，南京市城区也有1047家。他们大部分与生产建设没有多大关系，而是在经营中倒来倒去，层层加价，从中盘剥牟利。今年以来，主要生产资料价格直线上升，冷轧薄板、马口铁等价格成倍上涨。不少大型企业不堪重负。在各类短缺生产资料的交易中，不正当竞争更是愈演愈烈，“官倒”、“私倒”各显神通，从倒买倒卖、囤积居奇、抬价抢购、行贿送礼，发展到现金交易、炒卖批文和计划指标、买空卖空等等。既损害了国家利益，败坏了社会风气，又腐蚀了一批干部。

据了解，物资部即将推出的政策、法规和措施主要内容是：从价格双轨制近期不可能取消的实际情况出发，对有限的物资实施统筹管理，把重要短缺的生产资料管住，部分极短缺的钢材实行国家专营，确保“好钢用在刀刃上”。取缔各种非法或不正当经营的中间环节，重新安排钢材市场布局，一个城市最多只能设1—2个钢材市场，对计划外钢材实行最高限价，对哄抬物价，采取非法手段牟取暴利的给予重罚，没收全部货款。清理行政性公司，坚决取缔“官倒”。办法是公司自查和部里派员到公司核查相结合，重点检查有无把计划内物资转向市场高价出售，有无倒卖计划指标，有无超规定高价销售，有无在联营中用不正当手段返还利润等。在“官倒”问题上，物资部的态度是坚决查处，发现一个处理一个，决不手软。

国务院副总理吴学谦在钓鱼台国宾馆会见并宴请朝鲜民主主义人民共和国政务院副总理兼外长金永南一行

解放军总参谋长迟浩田在人民大会堂会见并宴请葡萄牙武装力量总参谋长莱莫斯·费雷拉上将一行

中国文联在北京举行四届三次全委会

1500名代表将于11月8日至12日集会北京，对文坛今昔作回顾与展望。

中国文联副主席夏衍主持会议，会议通过了召开五次文代会决议，还通过了第五次文代会的三项议程：审议中国文联第四届全委会主席团会务工作报告；修改中国文联章程；产生新的领导机构。

对于经过缜密考虑后拟定的《中共中央关于进一步繁荣文艺的若干意见》(征求意见稿)，本次大会将进行深入讨论并提出修改意见。

全委会拥护党中央对召开第五次文代会的指导方针，将同心协力开一个团结、向前看和繁荣文艺的会议。

吴祖强代表第五次文代会筹备组，作关于文代会筹备工作的说明。

有465人的中国文联全国委员会，今天到会的269人，123人因病、因事或别的原因未能出席。包括文联主席茅盾在内的73名成员近年谢世。夏衍代表全国文联对在中国文学艺术事业中留下业绩的前人，表示深切怀念。

会议上，13名委员坦率发表意见，就文联这一群众团体如何防止衙门化，对有威望的文艺家作出适当的安排、对文联的性质、任务乃至“说明”中的个别词句，提出各自的看法。

在主席台上就座的还有中国文联副主席林默涵、贺绿汀、陶钝、康巴尔汗。

《淮海战役》出版

为纪念淮海战役胜利40周年，中央党史资料出版社出版了该书。全书共3册，100余万字，是目前国内第一部全面、系统反映淮海战役的史料书。书中收录的毛泽东、邓小平等起草的电报，大部分是首次发表。

冯建新摘取第十五届全国彩色摄影金牌

北京军区某部新闻干事、中校冯建新的《无名小站》，获第十五届全国彩色摄影金牌。

这幅照片反映了当代军人为了保卫祖国默默无闻、无私奉献的崇高精神。

由文化部 广电部 中国音协联合主办的全国第六届音乐作品评奖揭晓

19首作品获奖。鉴于目前音乐创作现状不能令人满意，此次评奖决定一等奖空缺。徐昌俊的《剑器》(柳琴独奏)、詹永明的《听泉》(笛子独奏)、王建民的《第一二胡狂想曲》(二胡独奏)获二等奖，另有16首作品获三等奖，38首作品获纪念奖。

0—14岁儿童智力低下流行学调查结果公布

全国0—14岁儿童智力低下流行学调查披露：我国儿童智力低下患病率为1.07%，也就是说，每100个儿童中，就有一个是弱智儿！

调查提供的信息还有：我国儿童智力低下患病率城市为0.75%，接近发达国家的调查结果；农村为1.46%，略高于发达国家的调查结果；男性儿童智力低下患病率为1.13%，女性儿童为1.01%；从年龄分布上，婴幼儿最低，学龄前次之，学龄期最高；从智力低下程度上，轻度最多，轻比重为1.7∶1。

列入国家“七五”重点科技攻关项目的全国0—14岁儿童智力低下流行学调查是由北京医科大学和四川省计划生育研究所牵头，组织有关单位共同设计的。共抽样调查了81396名0—14岁儿童，抽样框架总人数达90万，接近我国总人口数的1‰。

0—14岁的儿童是一个非常重要的人群组，约占我国人口数量的1/3。当代医学已经证明，智力低下患病率高，危害性大，是造成儿童身心残疾和影响儿童素质最重要的因素之一。专家们指出，调查儿童智力低下的现状，探讨其流行学因素，制定防治措施，从而最大限度地降低智力低下患病率，是提高人口素质的有效步骤。他们希望全社会进一步关心优生优育工作，以使国家更加富强，民族更加兴旺。

云南西南部发生强烈地震

21时零3分和21时16分，在云南省西南边界思茅地区的澜沧县和临沧地区的耿马县一带连续发生了7.6级和7.2级两次强烈地震。震灾波及5个地(州)的19个县，受灾总人口516.8万余人，其中少数民族人口185.2万余人。

谭政逝世

党和军队的优秀领导人，杰出的无产阶级革命家、军事家，我军卓越的政治工作领导人，中央军事委员会原顾问谭政同志，因病于11月6日在北京逝世，享年82岁。

谭政同志是湖南湘乡县人，1927年参加湘赣边界秋收起义，历任红四军军委秘书长，红十二军政治部主任，军委总政治部副主任，八路军陕甘宁晋绥联防军副政委兼政治部主任，东北民主联军政治部主任，第四野战军副政委兼政治部主任，中南军区第三政委，中国人民解放军总政治部副主任、主任，国防部副部长，中央军委常委、顾问。1955年被授予大将军衔。他是中国共产党第七届中央委员会候补委员，第八届中央委员、中央书记处书记。

11月7日

中央军委主席邓小平在人民大会堂会见应邀来访的乌拉圭东岸共和国总统胡利奥·玛丽亚·桑吉内蒂

邓小平表示，中国的政策是同拉美国家建立和发展关系，我们要同拉美国家一起，建立南南合作的范例。他说，我们同拉美国家之间有共同的处境、共同经历，也有共同认识。

邓小平主席向客人们介绍了中国国内的形势。他说，近10年来，我们的发展是可喜的，我们做了一些好事。事实证明我们制定的路线、方针、政策总的来说是正确的，也就是说我们一心一意搞四个现代化建设是正确的，服务于四个现代化建设的政策、特别是改革开放政策看来也是正确的。他说，过去10年，我们没有犯大的错误，但是这样或那样的小的缺点，小的毛病是不断发生的。最近中国就存在着通货膨胀问题，物价涨得太快。

邓小平说，四个现代化的道路我们要走几十年。80年代达到温饱水平这个第一步的目标基本上已经实现，我们提前两年实现了第一步计划。现在开始走第二步，也就是在本世纪末达到国民生产总值人均800—1000美元，国民生产总值超过1万亿美元，第二步比第一步要困难一些，但是可以比较有把握地说，希望很大，能够完成。下一个世纪30年到50年，也就是说第三步比前两步困难大一些，所以还要努力奋斗。我们有自信心，我们充满信心。

国务院总理李鹏在全国农村工作会议闭幕会上发表重要讲话

李鹏总理的讲话共分5个部分。

第一部分是"不失时机地做好粮食征购工作"。李鹏说，今年我国有些地区遭受了比较严重的旱涝自然灾害，由于地方领导和广大农民群众努力抗灾保产，秋季农作物长势普遍良好，粮食减产比原来预计的要少，棉花产量持平、油料减产，其他经济作物都有增加，只要做好粮食的收、购、贮、运和调剂工作，明年我国粮、油供应是有保证的。当前各级政府必须全力以赴不失时机地做好粮食征购工作。各地收购资金困难，中央是知道的。目前，我国货币发行量已很大。通货进一步的膨胀，将使得明年物价难以控制，对实现上涨幅度"明显低于今年"将造成困难。因此，国家和地方要共同努力，挖掘内部潜力，收集各种资金，以最大限度地满足收购的需要。中国人民银行对资金特别困难的省、市，应给予必要的支持。

李鹏在讲话的"多渠道增加对农业的投入"部分中说，发展农业生产要靠增加投入。三中全会以来，由于实行联产承包责任制调动了广大农民积极性，使我国粮食生产增加1亿吨、棉花增加4000万担，取得举世瞩目的成就。其原因也包括农民新的投入和30年来我国农田水利建设、农用工业投入作用的发挥。

今后国家对农业的投入，主要用在大江大河的治理、农用工业(化肥、薄膜、农药和农机)的发展，农业基地的建设。明后两年属于治理经济环境时期，基本建设规模要大力压缩，国家不可能更多地增加农业投资，但有几项措施是可以而且应该做到的。

——在制订年度计划时，特别是"八五"计划时增加农业投资比重。

——开辟若干农业投资稳定的渠道。如从预算外资金中提取一些作为农业发展基金等。

——在利用对外贷款中尽可能地争取更多的农业开发项目和农用工业项目。

我们希望各级地方政府也要挖掘自己的潜力。把更多的财政收入和自筹资金投入农业。值得注意的是有的省市实行财政包干后，减少了对水利的投资，因而降低了防涝抗旱的能力，教训是深刻的。今冬明春要动员广大农民参加农田水利基本建设，进行劳务投入，改善防汛、防涝、抗旱条件，为夺取丰收奠定一个好的基础。

当然最主要的投入靠农民自己。农村政策的稳定与连续性，农产品比价的合理可以调动农民对农业投入的积极性。按照党的十三届三中全会原则通过的深化改革方案，国家准备逐步理顺农产品价格，但明年步子能迈多大，将根据国家财力和人民承受能力的情况加以确定。

"重视化肥的生产、专营和使用"是李鹏讲话的第三部分。他说，化肥是最重要的农业生产资料，我国化肥使用量已达到1亿吨以上，国内生产能力8500万吨左右，其中大多是小化肥。为了增加化肥的供应，为明年粮食增产创造一些必要的条件，国内各大小化肥企业都要努力增加生产。增加与合同定购粮挂钩的化肥的数量，对促进生产保证收购必将起到积极作用。但化肥总量只能逐步增加，挂钩化肥主要在原有分配基数中调剂解决。因此，挂钩的数量不能一下子搞得很多，只能逐步增加。

用化肥不能只看数量，还要注意肥效，各地要大力推广科学施肥的经验。目前我国化肥的氮磷钾比例十分不合理，今后要注意发展复合肥，但这也需大量的投入和一个相当的过程。为了保护地力，要大力提倡使用我国传统的有机肥料，鼓励秸秆还田。

对部分农用生产资料实行专营，是保护农民利益，打击中间盘剥的一项重要措施。各级政府要加强对专营工作的领导和监督，防止经营单位由于垄断而产生的官商走后门等不正之风。专营工作本身也要提高透明度，接受群众的监督。国家对专营只规定一个原则，具体实施细则可由各省根据自己的情况自行制定。

李鹏在"要进一步深化农业改革"部分中指出，10年的改革与开放，使中国面貌发生了巨大的变化，明后两年我们执行"治理经济环境，整顿经济秩序"的方针，不是要改变改革与开放政策，而是为克服前进道路上的困难，使改革更加深化，建设更加健康地向前发展。

农村深化改革在全国大多数地区，将以完善家庭承包责任制为主要内容，在有条件的地方，特别是乡镇企业和农村服务行业有了相当发展的地区，可以提倡各种形式的农业生产的适度规模经营，但必须尊重群众的自愿选择。开发性农业要尽可能实行规模经营。

这几年来，乡镇企业有了很大的发展，已经是农村经济一支重要的力量。应充分估计到明后两年乡镇企业可能发生的困难，国家和地方对乡镇企业还要给予必要的支持。扶植某些地区乡镇企业的发展，特别是出口创汇的产品和执行沿海发展战略，真正能做到大进大出的产品。各地乡镇企业应充分利用治理环境的机会，调整产业结构，加强企业管理，关掉和停止一批缺乏材料和耗能大的，污染环境严重的企业和商品，使企业在竞争中具有更强大的生命力。

“做好城市副食品的生产与供应”是李鹏讲话的最后部分。他说，广大农村和城市郊区是为城镇提供副食品的地方。今年以来，由于副食品价格的调整，提高了农民发展生猪、禽、蛋、水产和蔬菜的积极性，城市供应状况开始有所改善，这一好的势头应继续保持下去。值得重视的是某些地区由于饲料供应紧张，出现一些养猪积极性下降的征兆。养猪要发挥两个积极性，一个积极性是农民的，包括家庭饲养和适度规模经营，是主要的；另一个是在条件适合的地区建立较大规模的养殖基地。养猪的粮食消耗较大，今后，我们必须注意发展消耗粮食较少的禽、蛋生产，充分利用我国丰富的淡水资源，发展水产品，向人民提供更多的蛋白营养。保证城市蔬菜充分供应，关键在于建立稳定的蔬菜供应基地。只有发展“菜园子”，才能保住“菜篮子”。现在各大中城市都注意了蔬菜的生产和供应工作，要继续抓紧抓好。

李鹏在讲话结束时强调，农业的发展，归根到底要靠科技进步。由于我国科技工作者辛勤的劳动，已经出现许多经过实践考验，有极大经济效益的科技成果，有的还未做到普及和大面积推广，各级政府要大力做好宣传、组织和推广工作。我国有许多干旱半干旱地区，发展旱作农业和节水型农业对提高粮食产量有特殊重要意义。

广大农村基层干部，工作在农业第一线。这些年来，我国农业的发展与他们辛勤工作是分不开的，为了贯彻执行党和国家的方针政策，他们在工作中克服了许多困难，党和政府是知道的，人民也是理解的。就拿计划生育这项工作来说，难处就不少。计划生育是我国一项基本国策。到本世纪末，就是我国粮食生产再上两个台阶达到1万亿斤，但由于人口增长，人均粮食占有量也只能保持现在800斤的水平。在农村推行计划生育政策，会遇到许多困难，但从中华民族生存大计着想，我们必须坚决地毫不动摇地做下去。

我国耕地面积本来就不多，每年还大量地被占用，一个是人口增加，一个是耕地减少，两者加在一起，后果就更严重了，所以我们各级政府和各级干部都必须高度重视这个问题，采取开征农业耕地占用税、限制宅基地的占用等措施，以保护现有耕地。

农业既是国民经济的基础又是一个薄弱环节。因此，从中央到地方都要把发展农业生产，特别是粮食生产作为自己重要的任务。明后两年我们治理经济环境能否顺利进行，在很大的程度上也取决于农业特别是粮食是否有稳定的增长。我们希望这次大会，能够为争取明年全国农业生产有一个好的收成，作出应有的贡献！

国务院副总理田纪云主持了闭幕会。姚依林、李铁映、吴学谦、秦基伟、王芳、邹家华、李贵鲜等领导同志出席会议。

全国政协主席李先念在上海会见意大利全国游击队员协会代表团

意大利老战士们向李主席介绍了意大利游击队在第二次世界大战中的情况。

李先念高度赞扬意大利游击队在反法西斯斗争中的业绩。他在介绍了中国的经济发展情况后说：“我们的改革取得了很大成绩，但对此估计不能过于乐观，也不能过于悲观，任务还很艰巨，还有很多工作要做。”全国政协副主席苏步青会见时在座。

第二次全国统战理论工作会议在北京召开

会议提出，当前统战理论研究必须把社会主义国家的政党问题作为一个重大课题提到日程上来。

会议认为，要深入研究如何坚持和完善共产党领导下的多党合作制度和政治协商制度，充分发挥这两个制度固有的优势。同时还要深入研究社会主义初级阶段的民族问题和宗教问题，以利于维护祖国统一，团结各民族共同建设四化，振兴中华。

这次会议是11月2日开幕的，中国统战理论研究会理事会第二次会议也同时进行。中国统战理论研究会会长杨静仁在会上作了工作报告。全国人大常委会副委员长周谷城、费孝通、孙起孟，中央统战部副部长李定、宋堃，到会讲了话。

会议认为，对社会主义初级阶段的统一战线的新发展作出科学的理论概括，建立和发展科学的统一战线理论体系，这是摆在统一战线理论工作者面前的一个重大课题。

会议提出，如何在统一战线中坚持四项基本原则，发扬社会主义民主，协调社会矛盾，扩大民主党派和党外人士对国家事务的决策、执行和检查监督的参与，使不同党派、团体，不同阶层、群体、集团，具有不同政治观点、价值观念、不同民族和宗教信仰的社会成员，在中国共产党的领导下，同心同德，为深化改革作出贡献，这也是当前统一战线理论研究亟须探讨和回答的重大课题。

会议强调，今后统战理论研究的开展要以社会主义初级阶段的理论为指导，坚持党在社会主义初级阶段的基本路线。要坚持理论和实际相结合，普及与提高相结合。要坚持“双百”方针，发扬学术民主，提倡创新，提倡独立思考和独立研究，提倡不同意见的自由争论。要壮大统战理论研究队伍，发挥统战理论研究会的作用。要加强领导，搞好协作。

来自各民主党派、大专院校及部分省市的200多名从事统一战线理论研究的专家和学者，在会上就社会主义初级阶段统一战线问题，坚持和完善共产党领导下的多党合作制度和政治协商制度问题，“一国两制”与和平统一祖国问题，民族与宗教问题等，进行了热烈的讨论。

致公党八届中常会第20次会议(扩大)在北京召开

会议召开时间为11月7日至12日。致公党中央代主席董寅初主持了会议。会议决定12月12日在北京召开第九次全国代表大会。

会议学习了中国共产党十三届三中全会精神，一致表示赞同和拥护。会议号召在致公党内进行形势教育，正确理解和认识当前的形势和面临的困难，坚定和中国共产党共渡难关的信心。

会议要求致公党各级组织积极协助政府认真治理经济环境、整顿经济秩序，并以主人翁的精神充分发挥民主监督作用。会议还要求各级组织和全体党员遵纪守法、廉洁奉公，协助中国共产党和政府清除腐败现象，促使治理经济环境和整顿经济秩序的工作，取得全面的成功。

会议检查了“九大”筹备工作的进程，对“九大”的筹备工作表示满意，并决定今年12月12日至18日在京召开中国致公党第九次全国代表大会。

国务院发出通知决定黄金矿产实行保护性开采

为加强对黄金矿产的管理，保护国家的宝贵资源，国务院发出的通知决定：一、将黄金矿产列为实行保护性开采的特定矿种，实行有计划的开采，未经国家黄金管理局批准，任何单位和个人不得开采，不再向个体发放黄金矿产采矿许可证；二、对现在从事黄金矿产开采的个体采矿者应当停采清理；对无证开采的，依法处罚；对持有许可证的，由原发证机关负责限期收回；三、取缔个体选冶、加工黄金及倒卖黄金矿石等非法活动，查封所有浪费资源、污染环境的小氰化池、小汞板和溜槽等黄金选冶点。

国家黄金管理局局长徐大铨在为落实国务院这个通知而举行的新闻发布会上说，清理整顿个体采金，是一项复杂艰巨而又政策性很强的工作，因此，要在各级政府的领导下，各部门大力协同，紧密配合，做好这项工作，推动我国黄金生产持续稳定健康地发展。

1979—1988年中国10年经济改革的回顾与展望国际研讨会在深圳举行

来自美国、日本、英国、苏联、南斯拉夫、匈牙利和中国香港等15个国家和地区的专家、学者、企业家169人，集聚一堂。我国著名经济学家马洪、童大林分别以《中国经济体制改革的回顾与前瞻》《中国经济体制改革十年简述》为题，首先发表演说。

这次国际研讨会，为期7天，将从中国改革方向与目标；改革与发展、改革与环境的关系如何协调；改革在开放中的位置3个方面进行研讨。

解放军总参谋长迟浩田在北京会见并宴请吉布提武装部队总参谋长阿里·梅达勒·瓦依斯准将

《人民战争必胜——抗日战争中的晋察冀摄影集》出版

该影集由辽宁美术出版社出版。这部影集收入500幅作品，真实地再现了根据地军民的光辉业绩和日寇的残暴兽行，揭示了人民战争必胜的真理。

彭真、聂荣臻、王平、刘澜涛、萧克、耿飚、程子华、吕正操、舒同、杨成武等同志为影集题了词。

福建省基本消灭丝虫病

据《人民日报》报道，1987年全省抽查考核269个乡镇、645个行政村，血检49.4万人，平均微丝蚴率下降到0.15%，其中105个乡镇368个村无微丝蚴发现。今年年初，福建省正式宣布基本消灭丝虫病。卫生部组织丝虫病防治抽查复核组，于10月22日至11月2日，在福建省进行了丝防工作的抽查复核，结果各项指标均达到卫生部颁布的基本消灭丝虫病的标准。

湖南医科大学生殖工程研究室的体外受精胚胎移植及供胚移植技术通过鉴定

专家们认为这一成果已达到国际水平。

从1981年开始，湖南医科大学在卢惠霖教授的指导下开展了对人类生殖工程领域的探索，并建立了国内第一个人类冷冻精子库，以后又与临床妇产科合作，共同承担了这项国家“七五”科技攻关课题。几年来，他们对人类的卵冠丘复合体、体外受精、胚胎移植及供胚移植技术等方面进行了反复试验和深入探讨，终于取得了突破性进展。今年6月在长沙诞生了两例试管婴儿，其中有一例为我国大陆首例体外受精异体移植试管婴儿，从而促进了我国生殖医学的开展。湖南医科大学的研究者们还结合我国具体情况建立了人类卵母细胞和移植前胚胎染色体制备技术，较快地掌握了腹腔镜取卵技术、胚胎及供胎移植技术和人胚早期发育技术。这项研究工作对我国的计划生育和优生优育都有着现实和深远的意义。

11月8日

七届全国人大常委会四次会议在北京闭幕

会议以114票赞成,1票弃权,0票反对,通过了野生动物保护法。另一部法律标准化法草案,因委员们意见分歧较大而未交付表决。

万里委员长和彭冲副委员长主持了全体会议。万里委员长在会议结束时讲了话。

《中华人民共和国野生动物保护法》共5章42条,包括总则、野生动物保护、野生动物管理、法律责任、附则。这个法将于1989年3月1日起施行。

会议还通过了《全国人民代表大会常务委员会关于加强民主法制,维护安定团结保障改革和建设顺利进行的决定》,《全国人大常委会关于惩治捕杀国家重点保护的珍贵、濒危野生动物犯罪的补充规定》。

会议决定将行政诉讼法草案全文公布,广泛征求意见,以便进一步修改,提请明年七届全国人大第二次会议审议。

会议通过了关于批准《中华人民共和国和捷克斯洛伐克社会主义共和国领事条约》的决定,关于我国加入《关于援救航天员,送回航天员及送回射入外空之物体之协定》的决定,关于我国加入《外空物体所造成损害之国际责任公约》的决定,关于我国加入《关于登记射入外层空间物体的公约》的决定。

经过表决,会议还通过了关于补选的七届全国人大代表的代表资格的审查报告,通过了关于第七届全国人大第一次会议主席团交付民族委员会、内务司法委员会、财政经济委员会、教育科学文化卫生委员会审议的代表提出的议案审议结果的报告。

会议还通过了任免事项。

万里委员长在讲话中说,这次会议认真学习讨论了党的十三届三中全会精神,作出了决定。我相信,这个决定对于贯彻三中全会确定的治理经济环境、整顿经济秩序、全面深化改革的方针,落实国务院的措施,将会起到积极的作用。各位委员在讨论中对如何贯彻三中全会的方针,提出了许多好的意见和建议。这些意见和建议会后将由国务院、最高人民法院、最高人民检察院认真加以研究。

他说,这次会议还通过了其他一些议案,初步审议了行政诉讼法草案,决定将这个法律草案全文在报上公布,广泛征求意见。这是一个很重要的基本法律,对保障公民的合法权益,维护和促进行政机关依法行使行政权力,改进和提高行政工作,都有重要积极意义。

万里说,会议期间,大家还对加强人大工作,提出了一些好的意见和建议,我们将认真研究,进一步做好工作,使人大常委会在国家政治生活中更好地发挥作用。

全国人大常委会副委员长习仲勋、韦国清、朱学范、阿沛·阿旺晋美、班禅额尔德尼·确吉坚赞、赛福鼎·艾则孜、周谷城、严济慈、荣毅仁、叶飞、廖汉生、倪志福、陈慕华、费孝通、孙起孟、雷洁琼、王汉斌出席了会议。国务委员王芳、最高人民法院院长任建新列席会议。

国家主席杨尚昆签署第9号令公布《中华人民共和国野生动物保护法》

《中华人民共和国野生动物保护法》已由中华人民共和国第七届全国人民代表大会常务委员会第四次会议于1988年11月8日通过,现予公布,自1989年3月1日起施行。

中华人民共和国主席　杨尚昆

1988年11月8日

中华人民共和国野生动物保护法

第一章　总　则

第一条　为保护、拯救珍贵、濒危野生动物,保护、发展和合理利用野生动物资源,维护生态平衡,制定本法。

第二条　在中华人民共和国境内从事野生动物的保护、驯养繁殖、开发利用活动,必须遵守本法。

本法规定保护的野生动物,是指珍贵、濒危的陆生、水生野生动物和有益的或者有重要经济、科学研究价值的陆生野生动物。

本法各条款所提野生动物,均系指前款规定的受保护的野生动物。

珍贵、濒危的水生野生动物以外的其他水生野生动物的保护,适用渔业法的规定。

第三条　野生动物资源属于国家所有。

国家保护依法开发利用野生动物资源的单位和个人的合法权益。

第四条　国家对野生动物实行加强资源保护、积极驯养繁殖、合理开发利用的方针,鼓励开展野生动物科学研究。

在野生动物资源保护、科学研究和驯养繁殖方面成绩显著的单位和个人,由政府给予奖励。

第五条　中华人民共和国公民有保护野生动物资源的义务,对侵占或者破坏野生动物资源的行为有权检举和控告。

第六条　各级政府应当加强对野生动物资源的管理,制定保护、发展和合理利用野生动物资源的规划和措施。

第七条　国务院林业、渔业行政主管部门分别主管全国陆生、水生野生动物管理工作。

省、自治区、直辖市政府林业行政主管部门主管本行政区域内陆生野生动物管理工作。自治州、县和市政府陆生野生动物管理工作的行政主管部门，由省、自治区、直辖市政府确定。

县级以上地方政府渔业行政主管部门主管本行政区域内水生野生动物管理工作。

第二章　野生动物保护

第八条　国家保护野生动物及其生存环境，禁止任何单位和个人非法猎捕或者破坏。

第九条　国家对珍贵、濒危的野生动物实行重点保护。国家重点保护的野生动物分为一级保护野生动物和二级保护野生动物。国家重点保护的野生动物名录及其调整，由国务院野生动物行政主管部门制定，报国务院批准公布。

地方重点保护野生动物，是指国家重点保护野生动物以外，由省、自治区、直辖市重点保护的野生动物。地方重点保护的野生动物名录，由省、自治区、直辖市政府制定并公布，报国务院备案。

国家保护的有益的或者有重要经济、科学研究价值的陆生野生动物名录及其调整，由国务院野生动物行政主管部门制定并公布。

第十条　国务院野生动物行政主管部门和省、自治区、直辖市政府，应当在国家和地方重点保护野生动物的主要生息繁衍的地区和水域，划定自然保护区，加强对国家和地方重点保护野生动物及其生存环境的保护管理。

自然保护区的划定和管理，按照国务院有关规定办理。

第十一条　各级野生动物行政主管部门应当监视、监测环境对野生动物的影响。由于环境影响对野生动物造成危害时，野生动物行政主管部门应当会同有关部门进行调查处理。

第十二条　建设项目对国家或者地方重点保护野生动物的生存环境产生不利影响的，建设单位应当提交环境影响报告书；环境保护部门在审批时，应当征求同级野生动物行政主管部门的意见。

第十三条　国家和地方重点保护野生动物受到自然灾害威胁时，当地政府应当及时采取拯救措施。

第十四条　因保护国家和地方重点保护野生动物，造成农作物或者其他损失的，由当地政府给予补偿。补偿办法由省、自治区、直辖市政府制定。

第三章　野生动物管理

第十五条　野生动物行政主管部门应当定期组织对野生动物资源的调查，建立野生动物资源档案。

第十六条　禁止猎捕、杀害国家重点保护野生动物。因科学研究、驯养繁殖、展览或者其他特殊情况，需要捕捉、捕捞国家一级保护野生动物的，必须向国务院野生动物行政主管部门申请特许猎捕证；猎捕国家二级保护野生动物的，必须向省、自治区、直辖市政府野生动物行政主管部门申请特许猎捕证。

第十七条　国家鼓励驯养繁殖野生动物。

驯养繁殖国家重点保护野生动物的，应当持有许可证。许可证的管理办法由国务院野生动物行政主管部门制定。

第十八条　猎捕非国家重点保护野生动物的，必须取得狩猎证，并且服从猎捕量限额管理。

持枪猎捕的，必须取得县、市公安机关核发的持枪证。

第十九条　猎捕者应当按照特许猎捕证、狩猎证规定的种类、数量、地点和期限进行猎捕。

第二十条　在自然保护区、禁猎区和禁猎期内，禁止猎捕和其他妨碍野生动物生息繁衍的活动。

禁猎区和禁猎期以及禁止使用的猎捕工具和方法，由县级以上政府或者其野生动物行政主管部门规定。

第二十一条　禁止使用军用武器、毒药、炸药进行猎捕。

猎枪及弹具的生产、销售和使用管理办法，由国务院林业行政主管部门会同公安部门制定，报国务院批准施行。

第二十二条　禁止出售、收购国家重点保护野生动物或者其产品。因科学研究、驯养繁殖、展览等特殊情况，需要出售、收购、利用国家一级保护野生动物或者其产品的，必须经国务院野生动物行政主管部门或者其授权的单位批准；需要出售、收购、利用国家二级保护野生动物或者其产品的，必须经省、自治区、直辖市政府野生动物行政主管部门或者其授权的单位批准。

驯养繁殖国家重点保护野生动物的单位和个人可以凭驯养繁殖许可证向政府指定的收购单位，按照规定出售国家重点保护野生动物或者其产品。

工商行政管理部门对进入市场的野生动物或者其产品，应当进行监督管理。

第二十三条　运输、携带国家重点保护野生动物或者其产品出县境的，必须经省、自治区、直辖市政府野生动物行政主管部门或者其授权的单位批准。

第二十四条　出口国家重点保护野生动物或者其产品的，进出口中国参加的国际公约所限制进出口的野生动物或者其产品的，必须经国务院野生动物行政主管部门或者国务院批准，并取得国家濒危物种进出口管理机构核发的允许进出口证明书。海关凭允许进出口证明书查验放行。

涉及科学技术保密的野生动物物种的出口，按照国务院有关规定办理。

第二十五条　禁止伪造、倒卖、转让特许猎捕证、狩猎证、驯养繁殖许可证和允许进出口证明书。

第二十六条　外国人在中国境内对国家重点保护野生动物进行野外考察或者在野外拍摄电影、录像，必须经国务院野生动物行政主管部门或者其授权的单位批准。

建立对外国人开放的猎捕场所，必须经国务院野生动物行政主管部门批准。

第二十七条　经营利用野生动物或者其产品的，应当缴纳野生动物资源保护管理费。收费标准和办法由国务院野生动物行政主管部门会同财政、物价部门制定，报国务院批准后施行。

第二十八条　因猎捕野生动物造成农作物或者其他损失的，由猎捕者负责赔偿。

第二十九条　有关地方政府应当采取措施，预防、控制野生动物所造成的危害，保障人畜安全和农业、林业生产。

第三十条　地方重点保护野生动物和其他非国家重点保护野生动物的管理办法，由省、自治区、直辖市人民代表大会常务委员会制定。

第四章　法律责任

第三十一条　非法捕杀国家重点保护野生动物的，依照关于惩治捕杀国家重点保护的珍贵、濒危野生动物犯罪的补充规定追究刑事责任。

第三十二条　违反本法规定，在禁猎区、禁猎期或者使用禁用的工具、方法猎捕野生动物的，由野生动物行政主管部门没收猎获物、猎捕工具和违法所得，处以罚款；情节严重、构成犯罪的，依照《刑法》第一百三十条的规定追究刑事责任。

第三十三条　违反本法规定，未取得狩猎证或者未按狩猎证规定猎捕野生动物的，由野生动物行政主管部门没收猎获物和违法所得，处以罚款，并可以没收猎捕工具，吊销狩猎证。

违反本法规定，未取得持枪证持枪猎捕野生动物的，由公安机关比照治安管理处罚条例的规定处罚。

第三十四条　违反本法规定，在自然保护区、禁猎区破坏国家或者地方重点保护野生动物主要生息繁衍场所的，由野生动物行政主管部门责令停止破坏行为，限期恢复原状，处以罚款。

第三十五条　违反本法规定，出售、收购、运输、携带国家或者地方重点保护野生动物或者其产品的，由工商行政管理部门没收实物和违法所得，可以并处罚款。

违反本法规定，出售、收购国家重点保护野生动物或者其产品，情节严重、构成投机倒把罪、走私罪的，依照刑法有关规定追究刑事责任。

没收的实物，由野生动物行政主管部门或者其授权的单位按照规定处理。

第三十六条　非法进出口野生动物或者其产品的，由海关依照海关法处罚；情节严重，构成犯罪的，依照刑法关于走私罪的规定追究刑事责任。

第三十七条　伪造、倒卖、转让特许猎捕证、狩猎证、驯养繁殖许可证或者允许进出口证明书的，由野生动物行政主管部门或者工商行政管理部门吊销证件，没收违法所得，可以并处罚款。

伪造、倒卖特许猎捕证或者允许进出口证明书，情节严重、构成犯罪的，比照《刑法》第一百六十七条的规定追究刑事责任。

第三十八条　野生动物行政主管部门的工作人员玩忽职守、滥用职权、徇私舞弊的，由其所在单位或者上级主管机关给予行政处分；情节严重、构成犯罪的，依法追究刑事责任。

第三十九条　当事人对行政处罚决定不服的，可以在接到处罚通知之日起15日内，向作出处罚决定机关的上一级机关申请复议；对上一级机关的复议决定不服的，可以在接到复议决定通知之日起15日内，向法院起诉。当事人也以在接到处罚通知之日起15日内，直接向法院起诉。当事人逾期不申请复议或者不向法院起诉又不履行处罚决定的，由作出处罚决定的机关申请法院强制执行。

对海关处罚或者治安管理处罚不服的，依照海关法或者治安管理处罚条例的规定办理。

第五章　附　则

第四十条　中华人民共和国缔结或者参加的与保护野生动物有关的国际条约与本法有不同规定的，适用国际条约的规定，但中华人民共和国声明保留的条款除外。

第四十一条　国务院野生动物行政主管部门根据本法制定实施条例，报国务院批准施行。

省、自治区、直辖市人民代表大会常务委员会可以根据本法制定实施办法。

第四十二条　本法自1989年3月1日起施行。

附：有关法律条文

一、刑法有关规定

《刑法》第一百一十六条　违反海关法规，进行走私，情节严重的，除按照海关法规没收走私物品并且可以罚款外，处三年以下有期徒刑或者拘役，可以并处没收财产。

《刑法》第一百一十七条　违反金融、外汇、金银、工商管理法规，投机倒把，情节严重的，处三年以下有期徒刑或者拘役，可以并处、单处罚金或者没收财产。

《刑法》第一百一十八条　以走私、投机倒把为常业的，走私、投机倒把数额巨大的或者走私、投机倒把集团的首要分子，处三年以上十年以下有期徒刑，可以并处没收财产。

《刑法》第一百三十条　违反狩猎法规，在禁猎区、禁猎期或者使用禁用的工具、方法进行狩猎，破坏珍禽、珍兽或者其他野生动物资源，情节严重的，处二年以下有期徒刑、拘役或者罚金。

《刑法》第一百六十七条　伪造、变造或者盗窃、抢夺、毁灭国家机关、企业、事业单位、人民团体的公文、证件、印章的，处三年以下有期徒刑、拘役、管制或者剥夺政治权利；情节严重的，处三年以上十年以下有期徒刑。

《全国人民代表大会常务委员会关于严惩严重破坏经济的罪犯的决定》第一条　对《刑法》第一百一十八条走私、套汇、投机倒把牟取暴利罪，第一百五十二条盗窃罪，第一百七十一条贩毒罪，第一百七十三条盗运珍贵文物出口罪，其处刑分别补充或者修改为：情节特别严重的，处十年以上有期徒刑、无期徒刑或者死刑，可以并处没收财产。

《全国人民代表大会常务委员会关于惩治走私罪的补充规定》第二条　走私国家禁止出口的文物、珍贵动物及其制品、黄金、白银或者其他贵重金属的，处五年以上有期徒刑，并处罚金或者没收财产；情节特别严重的，处无期徒刑或者死刑，并处没收财产；情节较轻的，处五年以下有期徒刑，并处罚金。

二、《海关法》有关规定

第四十七条　逃避海关监管，有下列行为之一的，是走私罪：

(一)运输、携带、邮寄国家禁止进出口的毒品、武器、伪造货币进出境的，以牟利、传播为目的运输、携带、邮寄淫秽物品进出境的，或者运输、携带、邮寄国家禁止出口的文物出境的；

(二)以牟利为目的，运输、携带、邮寄除前项所列物品外的国家禁止进出口的其他物品、国家限制进出口或者依法应当缴纳关税的货物、物品进出境，数额较大的；

……

第四十八条　有本法第四十七条第(二)、(三)项所列行为之一，走私货物、物品数额不大的，或者携带、邮寄淫秽物品进出境不构成走私罪的，由海关没收货物、物品、违法所得，可以并处罚款。

三、《治安管理处罚条例》有关规定

第二十条　有下列妨害公共安全行为之一的，处十五日以下拘留、二百元以下罚款或者警告；

(一)非法携带、存放枪支、弹药或者有其他违反枪支管理规定行为，尚不够刑事处罚的；

……

国家主席杨尚昆签署第10号令公布《全国人大常委会关于惩治捕杀国家重点保护的珍贵、濒危野生动物犯罪的补充规定》

《全国人民代表大会常务委员会关于惩治捕杀国家重点保护的珍贵、濒危野生动物犯罪的补充规定》已由中华人民共和国第七届全国人民代表大会常务委员会第四次会议于1988年11月8日通过，现予公布施行。

中华人民共和国主席　杨尚昆

1988年11月8日

全国人民代表大会常务委员会关于惩治捕杀国家重点保护的珍贵、濒危野生动物犯罪的补充规定

第七届全国人民代表大会常务委员会第四次会议决定，为了加强对国家重点保护的珍贵、濒危野生动物的保护，对刑法补充规定：非法捕杀国家重点保护的珍贵、濒危野生动物的，处七年以下有期徒刑或者拘役，可以并处或者单处罚金；非法出售倒卖、走私的，按投机倒把罪、走私罪处刑。

七届全国人大常委会四次会议通过关于加强民主法制维护安定团结保障改革和建设顺利进行的决定

第七届全国人民代表大会常务委员会第四次会议认为，中国共产党第十三届中央委员会第三次全体会议确定的治理经济环境、整顿经济秩序、全面深化改革的指导方针是正确的，符合全国各族人民的根本利益和要求。贯彻执行上述指导方针，应当成为各级国家机关和全国人民的共同任务。为了保障这一重大任务的顺利实现，必须进一步发展社会主义民主、健全社会主义法制，维护安定团结，创造更好的政治和社会环境。各级国家机关必须从自身做起，团结人民，努力做到：

一、正确认识当前我国的经济形势。我国十年来改革和建设取得了巨大成就，国民经济蓬勃发展，国家实力大为增强，人民生活明显改善。同时在前进中也出现了一些困难和问题，主要是社会总需求超过社会总供给，出现了明显的通货膨胀，物价上涨幅度过大；社会分配中存在某些不公正现象；一些国家工作人员中出现了腐败行为。要充分估计改革和建设的复杂性、艰巨性，认真总结经验教训。对改革和发展中必须实行的政策，一定要坚持；对因工作缺乏经验或失误而带来的问题，一定要认真加以解决；对危害国家和人民利益的违法乱纪行为，一定要严肃处理。通过对形势实事求是的分析，使干部和群众正确理解改革和建设中出现的困难和问题，进一步增强信心，坚定前进的目标和方向。全国各族人民要更加紧密地团结在中国共产党周围，同心同德，艰苦奋斗，勤俭建国，开拓创新，使我们的社会既充满活力，又秩序井然，实现长期稳定发展。

二、加强集中统一领导，真正做到令行禁止，行动一致。各地方、各部门、各企业事业单位必须严明纪律，切实负起责任，严格执行国务院加强宏观调控的各项决定。要坚决压缩社会总需求，特别是压缩基本建设规模和社会集团购买力，降低过快的工业生产发展速度，严格控制货币发行和信贷规模，抑制通货膨胀；大力抓好农业生产，努力增加农副产品、适销的轻纺产品以及能源、原材料等方面的有效供给；认真整顿经济生活中特别是流通领域中存在的各种混乱现象。务必使国务院提出的明年全国物价上涨幅度明显低于今年的措施得到落实。凡属应由中央集中的权力，必须集中。各地方、各部门必须顾全大局，维护和服从国家的整体利益，不得越权行事。要认真贯彻《全民所有制工业企业法》，深化企业改革，尤其是大中型企业的改革，增强企业的活力，凡下放给企业的权力，任何中间层次一律不得截留。对那些目无组织，违反纪律的单位和负责人，要严肃处理。同时，要高度重视教育和科技事业的发展，使经济建设转到依靠科技进步和提高劳动者素质的轨道上来。

三、充分运用法律武器，打击各种经济犯罪和其他犯罪活动。各级国家机关和领导干部必须一手抓改革和建设，一手抓法制。

全国人大及其常委会通过的刑法、关于严惩严重破坏经济的罪犯的决定、关于惩治走私罪的补充规定、关于惩治贪污罪贿赂罪的补充规定以及其他有关法律，对维护经济秩序和社会秩序，惩治走私、贪污、盗窃、投机倒把、偷税抗税、行贿受贿等犯罪活动，作了明确规定，为治理经济环境、整顿经济秩序和为政清廉，提供了有力的法律武器。必须坚决做到有法必依、执法必严、违法必究。对经济犯罪活动，要坚决打击，不管涉及什么人，都要一查到底，只要构成犯罪就必须绳之以法。要坚决同腐败行为作斗争，对国家工作人员中利用手中权力敲诈勒索、贪污盗窃、行贿受贿、倒买倒卖、走私贩私的，一定要依法严肃处理，该追究刑事责任的必须坚决追究刑事责任，任何人不得干扰和包庇。国家工作人员尤其是各级领导人员必须为政清廉，遵纪守法，切实履行人民赋予的职责，全心全意为人民服务。

四、发展社会主义民主，充分发挥全国人民的积极性。要保障公民参与管理国家事务、经济和文化事业以及社会事务的民主权利，依靠广大干部和群众的智慧和力量，克服面临的困难，做好各项工作。要逐步提高各级国家机关活动的开放程度，认真开展社会协商对话，努力做到下情上达，上情下达，彼此沟通，互相理解。国家机关及其工作人员要自觉接受人民的监督，充分支持人民群众行使民主权利。对于公民的申诉、控告或者检举，有关国家机关必须查清事实，认真处理，任何人不得压制和打击报复。监察和执法机关及其工作人员更应当接受监督。各种公共事业服务机关的工作制度要向群众公开，便于人民进行监督。

五、巩固和发展安定团结的政治局面。安定团结是治理经济环境、整顿经济秩序、全面深化改革不可缺少的条件。各级国家机关必须加强和改进思想政治工作，善于运用民主和法制的手段解决社会生活中各种矛盾，力求把问题解决在萌芽状态，每个公民都应当从维护安定团结出发，正确行使宪法赋予的民主权利，同一切危害安定团结的现象作斗争。各级司法部门要切实履行职责，对破坏改革和建设、危害社会治安的犯罪分子，必须依法制裁，以维护正常的社会秩序、生产秩序、工作秩序、教学科研秩序和人民群众生活秩序。

六、全国人大常委会和地方各级人大常委会要把保证和促进治理经济环境、整顿经济秩序、全面深化改革作为当前的首要任务。全国人大常委会要进一步加强立法工作，使各种经济活动逐步纳入法制轨道。对于同治理经济环境、整顿经济秩序有关的法律，更要抓紧制定。省一级人大及其常委会也要根据本地区的实际情况和需要，积极制定有关的地方性法规。全国人大常委会要有选择地对一些重要的经济法律的实施情况进行检查，督促有关部门严肃执法。全国人大常委会要采取听取工作报告、组织全国人大代表和常委会委员视察、调查等方式，支持政府、法院、检察院对治理经济环境，整顿经济秩序的方针的贯彻执行，依法并实行有效监督。全国人大代表和地方各级人大代表要密切联系群众，及时了解和反映人民的要求，积极提出建议和意见，有关部门要认真研究，作出处理和答复。全国人大常委会和地方各级人大常委会都必须以中国共产党十二届三中全会确定的方针为指导思想，按照宪法和法律赋予的职权，努力做好工作。

当前我国总的形势是好的，对存在的问题正在采取有力措施逐步加以解决。只要举国上下团结一致，共同努力，就一定能够达到预期的目标。全国各族人民要满怀信心，自觉投身到治理经济环境、整顿经济秩序和全面深化改革的工作中来，在搞好物质文明建设的同时加强精神文明建设，为我国社会主义现代化建设的伟大事业作出应有的贡献。

国务院总理李鹏签署第19号令公布《土地复垦规定》

《土地复垦规定》已经1988年10月21日国务院第22次常务会议通过,现予发布,自1989年1月1日起施行。

总 理 李 鹏

1988年11月8日

土地复垦规定

第一条 为加强土地复垦工作,合理利用土地,改善生态环境,制定本规定。

第二条 本规定所称土地复垦,是指对在生产建设过程中,因挖损、塌陷、压占等造成破坏的土地,采取整治措施,使其恢复到可供利用状态的活动。

第三条 本规定适用于因从事开采矿产资源、烧制砖瓦、燃煤发电等生产建设活动,造成土地破坏的企业和个人(以下简称企业和个人)。

第四条 土地复垦,实行"谁破坏、谁复垦"的原则。

第五条 土地复垦工作,任何部门、单位和个人不得阻挠。

第六条 各级人民政府土地管理部门负责管理、监督检查本行政区域的土地复垦工作。

各级计划管理部门负责土地复垦的综合协调工作;各有关行业管理部门负责本行业土地复垦规划的制定与实施。

第七条 土地复垦规划应当与土地利用总体规划相协调。

各有关行业管理部门在制定土地复垦规划时,应当根据经济合理的原则和自然条件以及土地破坏状态,确定复垦后的土地用途。在城市规划区内,复垦后的土地利用应当符合城市规划。

第八条 土地复垦应当与生产建设统一规划。有土地复垦任务的企业应当把土地复垦指标纳入生产建设计划,在征求当地土地管理部门的意见、并经行业管理部门批准后实施。

第九条 有土地复垦任务的建设项目,其可行性研究报告和设计任务书应当包括土地复垦的内容;设计文件应当有土地复垦的章节;工艺设计应当兼顾土地复垦的要求。

建设单位违反前款规定的,土地管理部门审批建设用地时不得批准。

第十条 土地复垦应当充分利用邻近企业的废弃物充填挖损区、塌陷区和地下采空区。

对利用废弃物进行土地复垦和在指定的土地复垦区倾倒废弃物的,拥有废弃物的一方和拥有土地复垦区的一方均不得向对方收取费用。

利用废弃物作为土地复垦充填物,应当防止造成新的污染。

第十一条 复垦后的土地达到复垦标准,并经土地管理部门会同有关行业管理部门验收合格后,方可交付使用。

复垦标准由土地管理部门会同有关行业管理部门确定。

第十二条 企业(不含乡村的集体企业和私营企业)在生产建设过程中破坏的集体所有土地,按下列情况分别处理:

(一)不能恢复原用途或者复垦后需要用于国家建设的,由国家征用;

(二)经复垦不能恢复原用途,但原集体经济组织愿意保留的,可以不实行国家征用;

(三)经复垦可以恢复原用途,但国家建设不需要的,不实行国家征用。

第十三条 在生产建设过程中破坏的土地,可以由企业和个人自行复垦,也可以由其他有条件的单位和个人承包复垦。

承包复垦土地,应当以合同形式确定承、发包双方的权利和义务。土地复垦费用,应当根据土地被破坏程度、复垦标准和复垦工程量合理确定。

第十四条 企业和个人对其破坏的其他单位使用的国有土地或者国家不征用的集体所有土地,除负责土地复垦外,还应当向遭受损失的单位支付土地损失补偿费。

土地损失补偿费,分为耕地的损失补偿费、林地的损失补偿费和其他土地的损失补偿费。耕地的损失补偿费,以实际造成减产以前三年平均年产量为计算标准,由企业和个人按照各年造成的实际损失逐年支付相应的损失补偿费;集体经济组织承包复垦其原有的土地,补偿年限应当按照合同规定的合理工期确定。其他土地的损失补偿费,参照上述原则确定。

地面附着物的损失补偿标准,由省、自治区、直辖市规定。

第十五条 土地损失补偿费的具体金额,由破坏土地的企业和个人与遭受损失的单位根据第十四条确定的原则商定;达不成协议的,由当地土地管理部门会同有关行业管理部门作出处理决定。

当事人对土地损失补偿费金额的处理决定不服的,可以在接到处理决定之日起十五日内,向人民法院起诉。

第十六条 基本建设过程中破坏的土地,土地复垦费用和土地损失补偿费从基本建设投资中列支。

生产过程中破坏的土地,土地复垦费用从企业更新改造资金和生产发展基金中列支;经复垦后直接用于基本建设的，土地复垦费用从该项基本建设投资中列支；由国家征用并能够以复垦后的收益形成偿付能力的，土地复垦费用还可以用集资或者向银行贷款的方式筹集。

生产过程中破坏的国家不征用的土地，土地损失补偿费可以列入或者分期列入生产成本。

第十七条　生产过程中破坏的国家征用的土地，企业用自有资金或者贷款进行复垦的，复垦后归该企业使用；根据规划设计企业不需要使用的土地或者未经当地土地管理部门同意，复垦后连续二年以上不使用的土地，由当地县级以上人民政府统筹安排使用。

企业采用承包或者集资方式进行复垦的，复垦后的土地使用权和收益分配，依照承包合同或者集资协议约定的期限和条件确定；因国家生产建设需要提前收回的，企业应当对承包合同或者集资协议的另一方当事人支付适当的补偿费。

生产过程中破坏的国家不征用的土地，复垦后仍归原集体经济组织使用。

第十八条　生产建设过程中破坏的国家征用的土地，经复垦后土地使用权依法变更的，必须依照国家有关规定办理过户登记手续。

第十九条　国家鼓励生产建设单位优先使用复垦后的土地。

复垦后的土地用于农、林、牧、渔业生产的，依照国家有关规定减免农业税；用于基本建设的，依照国家有关规定给予优惠。

第二十条　对不履行或者不按照规定要求履行土地复垦义务的企业和个人，由土地管理部门责令限期改正；逾期不改正的，由土地管理部门根据情节，处以每亩每年二百元至一千元的罚款。对逾期不改正的企业和个人，在其提出新的生产建设用地申请时，土地管理部门可以不予受理。

罚款从企业税后留利中支付，依照国家规定上交国库。

第二十一条　当事人对土地管理部门作出的罚款决定不服的，可以在接到罚款通知之日起十五日内，向作出罚款决定的土地管理部门的上一级机关申请复议；对复议决定不服的，可以在接到复议决定之日起十五日内向人民法院起诉。当事人也可以在接到罚款通知之日起十五日内，直接向人民法院起诉。当事人期满不申请复议也不向人民法院起诉又不执行罚款决定的，由作出罚款决定的土地管理部门申请人民法院强制执行。

第二十二条　扰乱、阻碍土地复垦工作或者破坏土地复垦工程设备，违反《中华人民共和国治安管理处罚条例》的，由当地公安机关给予治安管理处罚；构成犯罪的，由司法机关依法追究刑事责任。

第二十三条　负责土地复垦管理工作的国家工作人员玩忽职守、徇私舞弊的，由其所在单位或者上级主管机关给予行政处分；构成犯罪的，由司法机关依法追究刑事责任。

第二十四条　各省、自治区、直辖市人民政府可以根据本规定，结合本地区的实际情况，制定实施办法。

第二十五条　本规定由国家土地管理局负责解释。

第二十六条　本规定自一九八九年一月一日起施行。

九三学社在北京召开中常委扩大会议

会议决定第五次全国代表大会12月26日在北京举行，这次大会将进一步实现领导班子的年轻化。

九三学社这次中常委扩大会议学习讨论了中共十三届三中全会文件，一致拥护全会的重要决策。会议通过的决议要求该社各级组织和全体会员认真学习和贯彻中共十三届三中全会精神，发扬民主和科学的优良传统，积极参与治理经济环境、整顿经济秩序的工作，充分发挥政治协商、民主监督的职能，为全面落实中共十三届三中全会提出的各项任务作出贡献。

这次会议还对社章和工作报告征求意见稿进行审议，提出了修改意见，讨论通过了选举产生九三学社第八届中央委员会、中央参议委员会的决定等。周培源主持了会议。

中国文联第五次代表大会在北京开幕

邓小平同志走到千余名文学家、艺术家中间。继1979年以来的又一次会面，揭开了中国文学艺术界联合会第五次代表大会的序幕。

接过一位新疆代表赠送的维吾尔族小帽，邓小平顺手将它戴在头上而后微笑着绕场向人们致意。在人民大会堂参加会见并一起合影的党和国家领导人还有赵紫阳、杨尚昆、李鹏、万里、彭真、乔石、胡启立、姚依林、田纪云、李铁映、李锡铭、宋任穷、芮杏文、温家宝、伍修权、胡乔木、习仲勋、彭冲、周谷城、倪志福、方毅、康克清。

大会在国歌声中宣布开始。

胡启立代表党中央和国务院致祝词。

文艺家们等待这次聚会已近10年。对文艺战线这一个10年，作何估价？夏衍在开幕词中称这“只是短暂的一瞬”，但却是“一个极不平凡的年代”。作为文学前辈和中国文联的负责人，他的评价是“文学艺术在崭新的历史条件下，感应着时代的脉搏而产生了深刻变化”。

胡启立肯定这10年是“文艺战线新中国成立以

来思想活跃、成果丰硕、人才辈出的一个时期”。

尽管是一次盛会,人们并不沉溺于以往的成绩。夏衍承认,中国文艺界走过的曲折、艰险的路上从30年代直到今天,“有胜利,也有失败,有欢乐,也有忧伤”。时代的变化必然反映到文艺创作当中,有许多教训值得记取。他说:“那种认为文艺比政治经济更为重要的看法是不科学的,那种用行政命令来管理文艺的方法是不明智的”,“创作自由是尊重艺术规律的表现,创作自由和尊重艺术个性又是建立在文学家、艺术家的良知的基础上的。”面对当前某些值得思考的文艺现象,他指出:“那种脱离生活、游离现实、淡化矛盾的倾向是偏颇的;那种片面强调民族性而泥古不化,反对吸收借鉴外来文化的观念是褊狭的”;当然,那种主张全盘西化、生吞活剥、东施效颦的做法是有害的。

中国文学艺术的起落沉浮,还可以从再远一些的“五四”时代去求索经验。夏衍以为:“这就是文学艺术和科学技术一样,只能在学术自由、科学探讨无禁区的环境中才能进步和发展。”

全国总工会、共青团中央、全国妇联、中国科协、全国台联、全国侨联向大会发来贺词。中国人民解放军总政治部副主任周克玉、文化部部长王蒙、广播电影电视部部长艾知生向大会致贺词。吴祖强主持开幕式并作了《关于修改〈中国文联章程〉的说明》。

代表们听取了《中国文联(1979—1988年)会务工作报告》。

包括文学、戏剧、音乐、舞蹈、美术、电影、电视、民间文艺、曲艺、杂技、摄影、书法12个门类的1500名第五次文代会代表,平均年龄为59岁。

中央政治局常委胡启立在中国文联第五次代表大会上的祝词

各位代表,各位同志:

今天,大家欢聚一堂,在这里举行中国文学艺术界联合会第五次代表大会,共商繁荣社会主义文艺和文联体制改革等问题。我代表中共中央、国务院,向大会表示热烈的祝贺!向对我国文学和艺术事业作出贡献的作家、艺术家,向全体文艺工作者表示崇高的敬意!向台湾、港澳文学家、艺术家表示诚挚的问候!

同志们!我们国家在改革开放的道路上走了10年。10年改革,带来了思想的大解放和生产力的大解放,使我们国家显示出前所未有的蓬勃生机和创造活力,开辟了新的发展时期。前不久闭幕的中国共产党十三届三中全会,全面分析了我国政治经济发展形势,确定了明后两年在坚持改革开放总方向的前提下,认真治理经济环境和整顿经济秩序的任务。这是全面改革走向深化的重要一步。尽管我们面临着不少困难,比如经济生活中的通货膨胀,社会分配不公,以及党内和社会上出现的各种腐败混乱现象等等,只要我们下定决心,团结一致,步骤稳妥,措施得力,就一定能够解决矛盾,克服困难,把改革和建设推向胜利的坦途。

我们正处在经济、政治、文化和社会生活急剧变革的重要历史时期。新旧体制的摩擦,各种观念的冲突,利益关系的调整,使我们这个民族经历着深刻的激荡,同时又孕育着振兴的前景。机遇和风险,成功和挫折,希望和困惑,牵动着千百万人民群众的心,也考验和造就一代又一代为实现四化、振兴中华献身的志士仁人。改革开放和社会主义现代化,作为10亿中国人民生气勃勃的实践和坚定执着的追求,是不可逆转的大趋势,将决定中国在本世纪和下世纪的历史方向和国家面貌。一个占世界五分之一人口的大国,以不可动摇的意志和决心,奔向社会主义现代化的伟大创举,必将成为中华民族发展史上的壮丽篇章。

我国的文艺事业是整个社会主义事业中一个不可缺少的重要组成部分。邓小平同志《在中国文学艺术工作者第四次代表大会上的祝词》,提出了新时期文艺工作的基本纲领,我们要结合实际认真贯彻执行。同亿万人民共呼吸、与社会主义事业共命运的我国作家、艺术家和所有文艺工作者,要在社会主义建设和改革、开放的进程中清醒地认识到自己肩负的重大社会责任。鲁迅曾经说过:“文艺是国民精神所发出的火光,同时也是引导国民精神的前途的灯火。”文艺作品对于国民精神、社会风气乃至下一代的思想文化素质都具有巨大的熏陶渐染、潜移默化的作用。处在伟大历史变革中的中国人民,需要强大的意志凝聚力和精神推动力。文艺工作者的光荣任务和崇高使命,就是积极投身于改革开放和现代化建设的伟大洪流,把个人的艺术追求同民族振兴的历史运动结合起来,用高质量的艺术创作,来激发社会理想,振奋民族精神,提高人民素质,启迪人们的智慧,美化人们的心灵,满足人民群众对文化生活多方面、多层次的需要,团结、鼓舞和激励人民,为实现四化、振兴中华、建设有中国特色的社会主义而英勇奋斗。曾经和正在继续为此目标而忘我劳动、潜心创作的文学家、艺术家,都应受到全社会的爱戴和尊重。党和人民深切地感谢你们!

为了更好地担负这一光荣任务和崇高使命,文艺工作者要同人民一道,跟随时代前进,不断总结经验,不断提高自身素养。我们的文艺是为人民的文艺,为社会主义的文艺,它不能是无理想、无目标、无社会责任的。社会主义现代化建设和全面改革十分需要文艺家的理解和支持。我们需要对陈规陋习的批判,更需要对时代精神的讴歌;需要对消极丑恶现象的揭露,更需要对英雄壮举的赞颂;需要对历史深刻的回顾和思索，更需要对未来前途的展望和憧憬。无论我们的文艺创作的品种和色彩多么不同，它的社会效果应该只有一个，那就是唤起人民对于民族振兴和社会进步的历史责任感，弘扬中华民族勤劳勇敢、团结奋斗和改革创新的精神，提高我国人民的民族自尊心和自信心，以崭新的风貌屹立于世界民族之林。我相信，我国广大的作家、艺术家和所有文艺工作者，能够在为国家富强、民族昌盛、人民幸福的共同奋斗中，产生创作的灵感和激情，获得越来越丰富的创作源泉和广阔的创作自由。

文艺事业的兴旺繁荣，有赖于文艺工作者积极性、创造性的发挥。为此，要进一步加强和改善党对文艺事业的领导。十一届三中全会以来的十年，我国社会主义文艺有了可喜的进展，文学艺术的各个领域都有大量优秀成果问世；文艺评论和理论探讨日趋活跃；老一辈的作家、艺术家重新焕发出艺术青春，一大批中青年作家、艺术家以旺盛的创作力和引人注目的才华涌进文坛、艺坛。事实证明，十一届三中全会后的十年，尽管还存在着这样那样的问题，有待进一步克服和解决，但总的看来，还是文艺战线新中国成立以来思想活跃、成果丰硕、人才辈出的一个时期。回顾10年，一个很重要的收获，就是党和文艺家共同努力，牢牢确立建设意识，从总体上保持了一个使文艺事业稳定发展和繁荣的、民主和谐的环境和气氛。

10年的经验告诉我们，党对文艺实行正确领导，首先要认真贯彻党的基本路线，坚持一个中心两个基本点。共产党的领导和社会主义道路，是中国人民经过长期摸索所作出的历史选择，是中国人民的根本利益和长远利益之所在。没有共产党的领导，离开了社会主义道路，中国就会陷于混乱和两极分化。四项基本原则是立国之本，不能丢。改革、开放、搞活是我们的总方针、总政策，不能变。不能用僵化的观点看待四项基本原则，也不能用自由化的观点看待改革、开放、搞活的总方针、总政策。实践证明，坚持一个中心、两个基本点的自觉性越高，民主、和谐的秩序就越稳定，文学艺术事业就越能够有一个良好的社会环境和安定团结的政治局面。

党对文学艺术事业的正确领导，只能建立在充分尊重作家艺术家的劳动，充分尊重文艺发展的规律，充分理解文学艺术的需要和文艺工作者的需要的基础之上。文学艺术是一种特殊的精神劳动，特别需要发挥个人的创造才能和创造精神。要恰当地估计文艺的功能，实事求是地分析和看待文艺领域中的是非问题。必须切实贯彻执行百花齐放、推陈出新、洋为中用、古为今用的方针，保障作家、评论家的创作自由和评论自由。在艺术形式上提倡不同形式和风格的自由发展，在艺术理论上提倡不同观点和学派的自由讨论。

党对文艺实行正确领导，还要积极推动和发展健康活跃的文艺评论。在改革、开放的条件下，在贯彻“双百”方针的过程中，出现各种不同风格和形式的作品，出现各种不同的认识和意见，是必然的。这是文艺事业繁荣兴旺的表现。要提倡不同风格、不同形式、不同流派的作品展开竞赛，鼓励文艺问题上各种观点的自由争论。报刊在文艺评论方面，要真正贯彻“二为”和“双百”方针，采取客观公正的态度，使各种不同的意见、不同的观点都能发表，形成一种健康、民主、互相尊重、平等讨论的气氛。即使某些意见、观点不能取得一致也不要紧，可以在实践中再思考，再认识，也可以在长期共存中互相吸收，或者由历史进行选择。但是一定要允许批评，也允许反批评。科学的实事求是的批评，中肯的旗帜鲜明的评论，对繁荣文艺创作，帮助作家健康成长，以及增进文艺界内部同文艺界和社会公众之间的相互理解，都具有巨大的推动作用。这是在艺术实践中互相促进，取长补短，坚持真理、修正错误，发展社会主义文艺的必由之路。

党对文艺实行正确领导，还要探索新的工作方法。各级党委要模范地执行党关于文艺的路线、方针和政策，加强同文艺工作者的交往和对话，经常向他们介绍国家的情况和党的政策，同时也听取文艺工作者的意见和要求，并尽力为他们深入了解社会生活和从事文艺创作提供所需要的帮助。既要坚持原则，又不要横加干涉。各级党委对文学艺术的指导应着眼于总体的发展方向，对具体的文艺观点和文艺作品的评论，要少干预、少介入。文艺作品的优劣，艺术品位的高低，应当由广大人民群众和文艺家们自己通过正常的民主讨论去评判。要相信人民群众的艺术鉴赏力和审美力。领导者作为读者和观众对文艺作品可以发表个人的意见，但不应成为必须执行的规定和指令。处理学术和艺术中的矛盾和争端，应当尽可能避免用行政命令的方式，更不应当用搞政治运动的方式。我们应当学会通过自由的、民主的、平等的从容讨论，来求得认识的深化和艺术水平的提高。要通过发展健全的社会物质文化条件和适当的舆论环境，制定和实施有关的规章制度、必要的法律条令以及各种文化方面的经济政策，来提倡正确的东西，纠正不正确的东西，抑制消极、有害的东西，以利于学术和艺术的健康发展。我们相信，党和文艺界同志共同合作，认真吸取历史的经验教训，那么，党对文艺的领导就会更加成熟起来，进入一个新的更高的境界。

同志们！中华民族是有悠久历史和文化的伟大民族，在古代文明史上长期处于世界的前列，拥有宝贵丰富的优良传统和文化财富。在近代，由于封建制度的腐朽和帝国主义的侵略而落后了。辛亥革命、五四运动和中国共产党领导的人民革命,带来了中国历史和中国文化的巨大变化。新中国的成立,在社会主义基础上开始了伟大的民族文化的复兴。十一届三中全会以来的改革开放,更赋予这个复兴以新的强大的生机。人类历史证明,文化从来就是在各民族间互相影响、互相渗透、互相冲击和融汇中发展的。任何一个伟大民族的文化,总是有所继承,有所创新,有所吸收,有所扬弃。对本民族的传统文化,我们要吸取精华,剔除糟粕;对外来文化,则要吸收和借鉴一切于我有益的东西,同时拒绝和抵制一切丑恶腐朽的东西。在文化演变这一复杂的历史过程中,我们要努力避免陷入片面性、自流和空想。我们完全应该也必将创造出以马克思主义为指导的,继承民族优秀传统而又充分体现时代精神的,立足本国而又面向世界的有中国特色的社会主义新文化,为人类文化的发展和丰富作出新的贡献。

同志们! 20世纪是风云变幻的世纪。以艰苦卓绝的革命斗争赢得独立、自由走上社会主义道路的中华民族,在本世纪的后20年,正以空前广阔、丰富、深刻的社会变革,向全世界展示着一幅波澜壮阔的历史画卷。中国人民所进行的伟大社会改造工程,将在21世纪放出夺目的光彩。认识它、理解它、表现它,建造起与之互相辉映的社会主义文化大厦,是当代特别是青年一代文艺家的责任和光荣。党和人民殷切期望:广大文艺工作者特别是中青年文艺工作者要顾全大局,增进团结,刻苦努力,不断提高自己的思想认识能力和艺术表现能力,创作出无愧于时代、无愧于人民、无愧于生活的作品来。

这次大会要研究文联体制的改革。中国文联作为全国性文学艺术家协会和各省一级文联的联合组织,应该更好地发挥联络、协调和服务的职能,积极推动各团体会员认真贯彻党和政府的文艺方针,发展文艺界同党和政府之间的协商对话,加强文艺界的团结,密切文艺同人民群众的联系,维护文艺界的合法权益,促进对外民间文化交流,以新的姿态和方式,更好地为文艺界服务。

各位代表,各位同志!

我们的事业正在前进。我们前进的路上还有许多困难。但是,没有任何困难能够阻挡我们。我们的国家一定能够繁荣强盛起来。我们的人民一定能够富裕幸福起来。同时代和人民紧紧地联系在一起的文学艺术,也一定能够实现进一步的发展和繁荣。

全国各民族的作家、艺术家及其他文艺工作者团结起来,以自己艰辛的劳动和丰硕的成果,迎接我国社会主义文艺壮丽的明天!

祝大会圆满成功!

《人民日报》发表社论《创造良好环境促进文艺繁荣——祝贺第五次全国文代会隆重开幕》

广大文艺工作者期待已久的中国文学艺术界联合会第五次代表大会,今天在北京隆重开幕。我们对文艺界的这次团结、向前看、繁荣社会主义文艺的盛会表示热烈的祝贺!

我们的文艺事业同整个社会主义事业一样,在改革开放的道路上走了10年。党的十一届三中全会精神带来的思想大解放和生产力大解放,促使我国的文艺事业呈现出新的蓬勃生机和创造活力。从上一次文代会到这次大会召开的9年间,我国文艺战线思想活跃,硕果累累、人才辈出,其间虽不无波澜,也存在着许多不能忽视的问题,但从总体上说,还是我国文艺事业处于稳定发展和繁荣的一个最佳时期。我们应该珍惜在党的领导下广大群众和文艺工作者共同努力所取得的这些成果,并把这种良好的势头推向前进,促使我们的社会主义文艺事业进入一个新的更高的境界。

当前,我们正处在经济体制全面深化改革的重要历史时期,与此相适应,政治、文化、社会生活各个领域也在经历着深刻的变化。我们要认真贯彻党所提出的"坚持一个中心,两个基本点"的立国之本,坚持文艺为人民服务、为社会主义服务的方向,坚持"百花齐放、百家争鸣"的方针,维护安定团结的政治局面,创造良好的环境,使我们的文艺事业在深化改革的历史进程中取得更大的成就、更大的繁荣。

文学艺术事业的繁荣兴旺,首先有赖于广大文艺工作者的共同努力。作家、艺术家是灵魂的工程师。文艺工作者要继承和发扬我国革命文艺的优良传统,把国家和人民的利益摆在首位,摆正个人同国家、社会的关系,顺应历史的发展规律,认识自己在社会主义精神文明建设中的神圣使命,充分发挥自己的艺术创作才能,努力创作出具有高度思想性和艺术性,有利于激发人们奋发图强、开拓创新、积极进取的精神,有利于陶冶人们道德情操的优秀之作,为帮助人们特别是青少年成为有理想、有道德、有文化、有纪律的一代新人作出应有的贡献。

文学艺术事业的繁荣兴旺,需要有稳定的政策以及民主、和谐的环境和气氛。这就有赖于我们各级领导和全体文艺工作者的共同努力。进一步加强和改善党对文艺事业的领导,是创造繁荣文艺良好环境的重要保证。邓小平同志在第四次文代会上的《祝辞》中所提出的关于党对文艺工作领导的基本原则和要求,今天仍然具有现实指导意义。我们要把这些要求进一步贯彻到实际行动中去。

为发展健康的活跃的文艺评论提供一个良好环境,是党对文艺实行领导的一个重要方面。科学的实事求是的中肯的文艺评论对于文艺事业的发展、文艺创作的繁荣具有巨大的推动作用。我们应当在贯彻党的百花齐放、推陈出新、洋为中用、古为今用方针的基础上,保障作家、评论家的创作自由和评论自由。在创作上要提倡不同风格、不同形式、不同流派的作品开展竞赛;在理论上要鼓励对文艺问题的各种不同观点的自由争论。有关领导要模范地执行党的关于文艺的一系列方针政策,加强同文艺工作者的联系,互相交心、坦诚相见。对具体的文艺创作问题和文艺作品,要少干预、少介入,对文艺作品的得失的评价,应当由广大读者和文艺家自己,通过正常的、民主的、平等的讨论,去辨别和评断,逐步求得正确的认识和结论。这是我们总结历史教训得出来的重要经验。少干预、少介入,并不妨碍党和政府领导人与作家交往,就文艺创作和具体作品谈个人的看法。领导个人的看法仅仅是作为一个普通读者的意见,而不是党和政府的决定。作家对这些意见,与对广大读者的意见一样,可以接受,也可以不接受。作家、艺术家的作品是否赢得读者,主要靠自己的作品是否打动读者,自己的评论是否正确。企图借助党组织或领导人的一句话、一篇文章,来推销一本书、一出剧、一幅画,从来都是不成功的。报刊上开展对某一理论问题的讨论和对某一作品的评论,要真正贯彻"双百"方针。报刊要为持各种不同意见的读者和评论家提供平等讨论的条件。报刊(包括本报在内),特别是党的报刊,不能只发表与自己观点一致的评论,拒绝发表不同观点的评论。报刊要通过全面反映各种观点的评论,推动健康的文艺评论的发展,促进文艺界作家的团结,推动文艺的繁荣。

我们的事业正在前进,我们的文艺正在前进。让我们全国各民族的作家、艺术家们团结起来,在20世纪的改革的历史大潮中,冲浪前进,创作出无愧于我们的时代、我们的民族、我们的人民的杰出作品,以充满自信的姿态走向世界!

中国科学院基础研究工作会议在北京召开

老科学家师昌绪在会上大声疾呼:"我们一直说要把科学技术转化为生产力,但是再不真正重视基础研究,若干年后我们就拿不出什么可转化为生产力的成果了。"这番话,被淹没在一片情不自禁的掌声之中。

在基础研究队伍于种种眩惑之下受到各方面冲击之际,中科院召开这一会议,无疑给来自全国各分院和所心事重重的科研负责人以一吐为快的机会。他们今天下午认真地倾听了院长周光召的一个长篇讲话。

周光召认为,基于基础研究对社会发展具有革命性影响,因而必须在改革中争取稳定发展。他提出中科院基础研究工作的主要目标是:以开放、流动、联合和面向全国的精神,通过择优和竞争,理顺基础研究的管理和研究体制,加强协调、统一规划,逐步形成一支优秀中青年学术带头人为主的、结构合理的基础研究队伍,努力在若干重要前沿领域形成活跃的有国际影响的学派,作出世界水平的成果,为解决我国社会、经济发展中的重大科研问题,为应用开发领域输送高级人才作出贡献。

随后,周院长用坚决的口气说道,基础研究工作一定要树立国际竞争的思想,要走向世界。任何"填补国内空白"、"国内先进水平"的提法都不应是基础研究工作追求的目标。

他说,基础研究队伍要少而精,要在不断流动中保持相对稳定。

周光召要求从事基础研究的带头人要学识渊博,思想敏锐,有较好的组织能力和合作精神。他强调要在继续发挥老一辈科学家指导作用和中年科学家骨干作用的同时,努力发现和培养青年科技人才。对少数可望作出第一流工作的优秀青年科学家,要拨出专款重点支持,大力培养优秀的学术带头人。同时,鼓励一部分有经验的优秀基础研究人员走向应用研究和开发领域,或转变学科方向跟别的专业结合,促进学科间的交叉联合。

周光召还谈到基础研究要项目精选,树立有限的目标。未来10年内,中科院基础研究应特别注意发展迅速而投入较少的重要领域和能发挥我国自然条件特色的领域,如凝聚态物理、生命化学、生物大分子结构与功能、神经科学、全球变化、非线性科学和国土学等。

为达到预期目标,基础研究机构要不要建立新的体制?周院长的回答是肯定的。他对新体制有一些基本要求,即:面向全国和世界的开放体制;宽松民主的学术气氛;易于人才竞争、流动的环境;装备优良的科研设施和良好的工作条件;人员精干、配置合理、协调工作、效率高的组织管理工作。

周光召说,最近几年以开放、流动、联合和面向全国的方式建立起来的几十个开放实验室,是基础研究较好的组织形式。从明年起对面向全国公开招聘开放实验室主任进行试点,使它们成为具有科学优势的国家实验室。

周光召透露,科学院正在探讨对原有研究工作和机构加以调整改组,以争取在本世纪最后10年间。在基础研究方面形成若干科学中心。初步设想,这些中心将精选由中青年杰出学术带头人主持的、以博士生和博士后为主体的、进行最富有生命力的学科前沿基础研究的少量研究组进入科学中心工作。

周院长指出,中科院拥有一批实力雄厚、各具特色、以基础研究为主的机构,形成了一支学科齐全、水平较高、经验丰富、事业心强的基础研究队伍，具备了解决综合性重大问题的能力。他充满激情地说，中国的知识分子即使在最困难的条件下，也仍然有那么一批坚忍不拔的优秀人才能够一如既往地坚持自己的研究事业。这些优秀人才，正是将来中国成为发达国家的希望所在。

中国兽药监察所在世界上首次培育成功猪喘病弱毒苗

据《人民日报》报道，猪喘病，国外叫猪地方性肺炎、猪霉形体肺炎，是猪的一种慢性呼吸道传染病，流行世界各养猪区域，破坏力很大。我国自 1953 年出现此病后，已蔓延全国，发病率达 30%—50%。

中国兽药监察所的李继庚研究员等，从 1959 年就开始研究治疗此病的新药。经过大量试验，采用生物诱变的方法，培育出猪肺炎霉形体弱毒株。这种疫苗经过多代接种猪试验证明，不影响增重，无不良反应，不感染同居的健康猪，免疫率达 77.6%，免疫期达 8 个月以上。这种安全可靠的疫苗，已被批准生产。国内专家认为这是一项突破性的成就。

11 月 9 日

国家主席杨尚昆和国务院总理李鹏致电祝贺乔治·布什当选为下届美国总统

贺电表示，希望在布什担任总统期间，中美关系在遵循中美三个联合公报的原则基础上持续、健康、稳定地向前发展。

中共中央国务院电慰震区人民希望奋发图强生产自救重建家园

慰问电全文如下：

中共云南省委、省政府，成都军区、云南省军区并思茅、临沧、保山、西双版纳、德宏等地震灾区的各级党委、政府、广大干部、群众和支援灾区的人民解放军、武警部队指战员：

1988 年 11 月 6 日，云南省思茅地区的澜沧一带发生 7.6 级地震，人民的生命安全和财产受到很大损失，党中央、国务院对此极为关怀，特向遭受地震灾害的人民群众致以亲切的慰问，向战斗在抗震救灾第一线的广大干部、群众、医护人员和解放军、武警部队指战员，表示衷心的感谢和慰问！

党中央、国务院希望灾区人民发扬艰苦奋斗的革命精神，团结一致，奋发图强，自力更生，尽快恢复和发展生产，搞好生产自救，重建家园。

中央号召灾区的共产党员、共青团员、广大干部，在抗震救灾中要发挥先锋模范作用，团结广大群众，站在抗震救灾第一线。人民解放军、武警部队广大指战员，在救灾工作中要充分发挥主力军和突击队的作用，积极配合当地政府搞好抢险救灾工作。

党中央、国务院相信，在云南省委、省政府和灾区各级党委、人民政府的领导下，在各有关部门和人民解放军、武警部队的积极支持配合下，灾区人民一定能够迅速战胜地震灾害，取得抗震救灾的胜利。

中共中央

国务院

1988 年 11 月 9 日

中央慰问团抵达昆明今日赶赴灾区

以中共中央委员、国务委员宋健为团长，国务院副秘书长李昌安、民政部副部长张德江为副团长的中共中央、国务院慰问团 25 人抵达昆明。

宋健等同志就向中共云南省委和省人民政府的领导同志传达中央领导同志的指示，询问抗震救灾情况，商谈救灾事宜。晚上，慰问团听取了关于抗震救灾的情况汇报。

全国人大常委会办公厅发出关于公布行政诉讼法草案征求意见的通知

通知说，第七届全国人大常委会第四次会议审议的《中华人民共和国行政诉讼法(草案)》，是保障公民、组织的合法权益，维护和促进国家行政机关依法行使行政权力，改进行政工作的重要法律。全国人大常委会决定把草案全文在报上公布，广泛征求意见，以便进一步研究修改，提请七届全国人大二次会议审议。

通知请各省、自治区、直辖市人大常委会负责征求、收集本地区人民政府有关行政部门、人民法院、人民检察院、法律院校、法学研究部门以及各界人士、人民群众的意见，可以采取座谈会的方式，也可以采取其他方式，于 1988 年 12 月底以前，将汇总意见报送全国人大常委会法制工作委员会。请特别注意收集本地区各级法院行政审判庭、经济审判庭和公安、司法、工商、税务、海关、卫生等政府行政部门以及法律专家的意见。

通知说，各界人士、人民群众可以将意见寄送省、自治区、直辖市人大常委会汇总上报，也可以寄送全国人大常委会法制工作委员会。

通知说，全国人大常委会有关专门委员会和有关部门将安排召开在京的各有关方面、各界人士和法律专家的座谈会，听取意见；有重点地到一些地区调查研究听取意见；并将在适当的时候举行专门会议，对法律草案进行研究、修改。

通知还请中央和省级报刊、广播电台组织发表讨论这个草案的文章,并适当报道讨论情况和意见。

中共中央书记处书记阎明复到西藏考察

阎明复同西藏自治区党委、政府、人大、顾委、政协的领导同志以及拉萨、昌都、那曲、阿里等地的负责同志就"怎样发展西藏经济"、"怎样进一步提高西藏人民生活水平"、"维护祖国统一"等问题进行了座谈。

阎明复在考察期间指出,解放30多年来,尤其是十一届三中全会以来,在西藏自治区党委的领导下,经过广大共产党员和各族干部的努力,西藏各项事业都有新的发展和明显进步。在改革深入的情况下,只有把经济建设搞上去,才能从根本上稳定西藏局势,不断提高人民的生活水平。为此,必须依靠翻身的西藏人民,依靠我们党培养起来的各族干部,扩大爱国统一战线,团结一切可以团结的力量。

阎明复说,中国人民解放军进军西藏,驱逐帝国主义在西藏的反动势力,奠定了祖国领土完整、民族团结的基础,这是历史的丰碑。平叛、民主改革是西藏人民生活中和西藏历史上最值得歌颂的一个伟大事件,它使广大翻身农奴变成了西藏的主人。在党的关怀下,一大批维护祖国统一、具有共产主义觉悟、愿为西藏人民的幸福贡献自己一切的共产党员和优秀的民族干部已成长起来,这是西藏的希望所在。

阎明复说,西藏30多年的历史进程同全国一样,取得了伟大成就。但是,在前进中也有曲折,在"左"的影响下曾出现过失误。党的十一届三中全会以来,正是广大干部贯彻中央的指示精神,作了纠正。

阎明复指出,西藏永远是西藏翻身人民的西藏,西藏永远是我们统一的祖国各族人民的西藏,任何分裂祖国的企图都是不能得逞的。在西藏所进行的经济建设、文化建设、发展教育事业以及维护祖国统一的斗争中,西藏人民决不是孤立的,党中央在支持你们,国务院在支持你们,10亿祖国各族人民在支持你们。

阎明复强调指出,200多万西藏人民是西藏经济走向繁荣富强的主体力量;相信、依靠、爱护自己的干部队伍是发展西藏事业的一个重要因素。要团结爱国上层人士,扩大统一战线,调动一切积极因素,为西藏的发展和进步做贡献,西藏的民族宗教上层人士在同党长期合作共事中经受了考验。要充分发挥包括工、青、妇等群众团体和政协、佛协等爱国统一战线的作用。特别是这几十年中,在我们党培养下成长起来的藏族干部和远离家乡为西藏的建设事业作出无私奉献的汉族等其他民族干部,克服、战胜了许多内地同志想象不到的困难,长年累月地坚持在这里工作,才使西藏的各项事业有了巨大的变化和发展。

阎明复代表党中央向建设西藏、保卫西藏的各族干部群众、人民解放军、武警指战员表示崇高的敬意和亲切的慰问,并希望全国各省、市、自治区按中央"全国支援西藏"的精神,树立"给西藏提供更多便利"的观念。

阎明复希望西藏自治区党委、政府及各级领导要经常深入实际、深入基层、深入群众,脚踏实地为人民办实事。他表示对西藏的前途充满信心,对西藏的繁荣充满信心,对西藏人民生活的不断提高充满信心。

农工党第十次全国代表大会在北京开幕

中共中央书记处书记芮杏文代表党中央在中国农工民主党第十次全国代表大会开幕式上宣读贺词时提出,中共中央建议各民主党派建立举报制度,对中国共产党和政府机关的某些腐败现象进行监督和检查,参加当前治理经济环境、整顿经济秩序的工作。

党中央的贺词还重申,中国共产党要全力支持各民主党派的工作,积极创造条件,扩大民主党派和无党派人士参与国家事务的决策和执行,举荐更多的民主党派和无党派人士参加政府工作。

贺词说,在当前形势下,爱国统一战线要充分发挥自己的优势,进一步调动一切积极因素,巩固和发展安定、团结、民主、和谐的政治局面,以保证治理经济环境、整顿经济秩序和深化改革的胜利进行。

在谈到共产党和民主党派之间的关系时,贺词强调,在我国的改革和建设事业的关键时期,更需要中国共产党同各民主党派紧密团结,风雨同舟,共同肩负起历史重任。中共将继续坚定不移地贯彻同民主党派"长期共存、互相监督,肝胆相照、荣辱与共"的方针,坚持完善、丰富中共领导下的多党合作制度和政治协商制度,更充分地发挥它的固有优越性。

中共中央的贺词还高度评价农工民主党在新民主主义革命和社会主义革命、社会主义建设中的重大贡献,称她是中国共产党的亲密友党。

中国农工民主党是我国8个民主党派之一。它的前身是1930年创建的国民党临时行动委员会,现有党员3.5万人。

会议审议了第九届中央委员会的工作报告,通过新章程,选举新的一届中央领导机构成员。

大会主席团常务主席周谷城主持会议并讲了话。民建中央主席孙起孟代表民革、民盟、民建、民进、致公党、九三、台盟和全国工商联致了贺词。

农工党九届中央副主席卢嘉锡代表上届中央委员会向大会作了工作报告。报告共分3部分,先后谈到了农工党5年来取得的成绩,提出了今后工作的5项建议,要求加强自身的组织建设和思想建设。

中共中央政治局委员、国务院副总理吴学谦,以及芮杏文、宋任穷、彭冲、杨静仁、程思远等到会祝贺,并与全体代表合影留念。

全国建设用地管理会议在江苏南京召开

国家土地管理局副局长陈业在会上说,在当前整顿经济秩序、治理经济环境的工作中,各级土地管理部门要发挥职能作用,通过控制建设用地,积极配合有关部门正在开展的清理在建项目、压缩固定资产投资规模的工作,使基本建设的规模得到有效的控制。

会上提供的大量情况表明:一些地区基本建设规模过大,经济过热,一个重要原因是建设用地控制不严,严重违法用地。突出表现为:未批先用,批少用多,甚至不批照用。

陈业说,土地是经济建设的重要生产资料,取得土地使用权是进行基本建设的先决条件。压缩固定资产投资,控制基建规模,直接与土地供应计划有关。因此,有效地控制建设用地是抑制投资过猛、基建膨胀的重要手段。各级土地管理部门一定要根据国务院颁布的一批停建项目的目录,加强土地统管体制,实行城乡地政统一管理,制止建设用地的大量增加。为此,国家土地管理局近期已向各级土地管理部门发出《关于贯彻党的十三届三中全会精神,加强建设用地管理的通知》。各级土地管理部门要认真把好基本建设用地关口,做到:

对国家明确必保的能源、交通、农业等建设项目的用地,要按照规定的审批程序和权限,积极服务,确保建设用地。

对明确停建的项目,要分别采取停止征地、停止使用、收回土地等措施,避免土地浪费和荒芜。

对压缩投资规模的建设项目,要重新核定用地面积,多余土地根据情况或停止使用或回收。

对楼堂馆所等非生产性建设项目用地,3年内严格控制。

全国建设用地指标要作相应压缩,各地根据这一精神先行对今年的建设用地指标做相应的调整。

城乡建房(包括各类开发公司)用地计划指标要严格控制,不得突破。

中国房地产交易市场初步形成

据《人民日报》报道,建设部最近的统计资料表明,我国房地产市场已初步形成。目前,全国共有275个房地产交易所。一些城市还出现了私人换房市场。据对100个房地产交易所调查,近3年,全国已经达成的房地产交易有17万起,交易金额逾16亿元,交易面积突破1000万平方米。

作为一种特殊商品,房地产一旦与市场联姻便显示出强大的活力。现在,全国已有170个城市建立了专门的房地产交易机构,房地产交易所遍布了我国20多个省、自治区和直辖市。今年1—7月份,天津市房地产交易所、长春市房地产交易所等八个经营机构的交易金额都超过了1000万元。交易面积居全国首位的武汉市房产交易所已突破100万平方米。

3年来,房地产市场的业务不断扩大。各城市房地产市场的交易业务已由过去单纯的私房买卖、登记向多项综合发展。重庆市房屋交易中心,为客户提供旧房买卖和租贷、商品房出售和预售、集资建房、法律咨询、房屋互换及房地产开发经营等5类12项服务。武汉市把银行的抵押和贷款业务引进了交易市场。另外,土地有偿出让的工作也取得实质性进展。上海一块1.29万平方米的土地,在土地使用权出让的国际招标中,以2800万美元成交。

有关人士指出,房地产流通环节薄弱是房地产发展的重要制约因素。突出表现为市场管理机制不健全。

国家科委主任宋健在人民大会堂同苏联国家科学技术委员会主席鲍·列·托尔斯特赫进行会谈

蒙古文版《资本论》出版

马克思的《资本论》已由中央马列著作毛泽东著作民族语文翻译局翻译成蒙古语文,最近由民族出版社出版,由新华书店发行。

这个局的蒙古语文翻译人员用了5年时间,才翻完了这部205万字的巨著。他们还用蒙古文、朝鲜文翻译出版了48万字的《资本论》节选本。

中国工艺美术协会在北京成立

这是轻工系统最大的工艺美术行业协会。目前仅轻工系统就有工艺美术企业3600多个,职工77万多人。该协会是企业自愿组成的社会经济团体,它成立之后,中国工艺美术总公司不再承担行政管理职能,这部权力交给轻工部,本身改为生产经营和外向型的企业,同地方工艺美术主管部门和企业不再有领导或指导关系。

11月10日

国务院总理李鹏应邀对泰国 澳大利亚 新西兰3国进行正式友好访问

动身前,李鹏总理在首都机场举行了中外记者招待会,谈他的3国之行,并回答了记者的问题。

李鹏总理说,这次3国之行,是本届政府成立后他的首次出访，在访问期间，他将和3国的领导人就国际局势和双边关系的问题广泛深入地交换意见。他说："我希望我此行能够对加强中国和这些国家业已存在的友好关系作出一定的贡献。"

澳大利亚记者问，李鹏总理"第一次出访为什么就选定了澳大利亚？这次出访是否期待着跟澳大利亚进一步增加贸易关系？"

李鹏说："今年是澳大利亚200周年国庆。我们受到了澳大利亚政府和霍克总理的多次邀请，所以这次对澳大利亚进行访问。当然，在访问期间，我们愿意就加强两国的经济关系问题进行广泛深入的交谈，我们希望获得成功。"

越南通讯社记者问，总理先生为什么选择泰国作为第一个访问的国家？

李鹏说："我感到有点奇怪，就是为什么这个问题不是泰国记者提出来，而是越南记者提出来。当然我还是要回答这个问题。"李鹏说，我们和泰国是近邻，我们有着非常良好的关系，两国领导人经常互相进行友好访问。另一方面，我们和泰国在政治解决柬埔寨问题上有着相似或者是相同的观点。我们愿意就解决柬埔寨问题交换意见。

在回答关于中国为什么继续向柬埔寨的红色高棉提供武器的问题时，李鹏总理说，中国支持柬埔寨三方组成的联合政府，中国的武器是向三方供应的，目的是为了对付外来的侵略者。中国是否停止对柬埔寨三方抵抗力量的武器供应，取决于越南何时从柬埔寨撤军。

在回答有关乔治·布什当选为美国总统和中美关系的问题时，李鹏总理说，乔治·布什当选为美国总统，这是美国人民的选择。作为美国的朋友我们也感到高兴。布什对中国事务有比较多的了解，我愿意继续和美国在三个联合公报文件的基础上进一步发展关系。

有记者问："戈尔巴乔夫先生将于何时到北京来"时，李鹏说："我们还没有就这个问题进行具体的交谈。如果一切顺利的话，明年上半年也许能够进行高级会晤。"

当问及中国对苏联暂停从阿富汗撤军有何反应时，李鹏说，我们已经表示了我们的态度。我们希望苏联能够按照日内瓦协议的规定，如期从阿富汗撤出它的军队。

陪同李鹏出访的有外交部部长钱其琛、冶金部部长戚元靖、劳动部部长罗干和国务院农村发展研究中心主任杜润生等。

国务院总理李鹏在曼谷宣布发展同东盟各国关系的四项原则

李鹏总理在泰国总理差猜·春哈旺为欢迎他访泰而举行的晚宴上说，无论现在和将来，中国都坚定不移地奉行独立自主的和平外交政策。他指出："为了和平与发展的共同目标，中国也十分重视同东盟国家的睦邻友好关系，不仅现在，就是将来柬埔寨问题解决之后，我们这一政策也不会改变。"他宣布中国政府积极发展同东盟各国关系的四项原则是：

第一，在国家关系中，严格遵循和平共处五项原则。中国和东盟各国虽然社会制度不同，但这不应影响彼此间建立和发展真正的睦邻友好关系。事实证明，决定国家关系的好坏并不取决于社会制度的异同，而在于能否严格遵守和平共处五项原则。中国将坚定不移地把和平共处五项原则作为同东盟各国建立、恢复和进一步发展关系的政治基础。

第二，在任何情况下，都坚持反对霸权主义的原则。中国现在和将来都决不称霸，也反对任何谋求霸权的企图，中国在本地区不谋求自己的势力范围，不以任何方式干涉别国内政，对于国与国之间某些历史遗留下来的问题，我们愿意通过友好协商加以解决。

第三，在经济关系中，坚持平等互利和共同发展的原则。中国和东盟各国都是发展中国家，虽然国情不同，经济发展和技术水平也有差异，但彼此各有优势，需要取长补短、互通有无、互相补充。中国将努力加强与东盟各国在经济、贸易和科技领域的合作。中国希望与东盟各国发展成为重要的经济合作伙伴。

第四，在国际事务中，遵行独立自主，互相尊重、密切合作、相互支持的原则。我们高兴地看到，在当今的世界上，由少数国家主宰世界事务的时代已经过时，东盟等区域性组织在国际舞台上正日益发挥着重要作用，中国将一如既往支持东盟为维护地区和平和加强区域经济合作所做的努力，支持东盟关于建立东南亚和平、自由和中立区的主张。

国务院代总理姚依林在中南海会见联邦德国城建部部长奥斯卡·施奈德一行

姚依林对两国建设部门之间的合作表示支持。他说，中国在城市发展和改造方面的任务很艰巨，联邦德国在城市规划上的经验值得中国借鉴。姚依林希望两国的建设部门能在广泛的领域里进行合作。

施奈德介绍说，上午他同中国建设部部长林汉雄就合作问题进行了深入的讨论，取得了令人满意的结果。他说，双方表示愿意在城市建设和环境保护等方面进行合作。

建设部部长林汉雄会见时在座。

《人民日报》发表社论《治理整顿务必抓紧》

党的十三届三中全会确定了治理经济环境、整顿经济秩序、全面深化改革的指导方针。一个多月来,为了实施这一方针,党中央召开党外人士座谈会,征求意见;国务院召开全体会议,进行部署。党中央、国务院还制定了一系列具体文件,如关于清理整顿公司的决定,关于清理固定资产投资的通知,关于从严控制集团购买力的通知,关于全面彻底清查楼堂馆所的通知,关于加强物价管理、严格控制物价上涨的决定,等等。与此同时,国务院还采取一系列有力措施,把这些决定、通知付诸实施。如向各地派驻物价特派视察员,成立专门工作组清查北京地区楼堂馆所,对影响很大的康华总公司进行清理整顿,等等。

"这下动真格的了!"党中央、国务院制定的政策、采取的措施,使全国人民受到了鼓舞,增强了信心。国务院各部委,各地党政领导机关也纷纷制定自己的决定、通知,把党中央、国务院的政策化为具体行动。从全局来看,中央的宏观调控正在加强,开端是好的。

但是,目前存在的一些问题也不容忽视,必须抓紧解决。

有些地方的领导同志信心不足。他们觉得治理和整顿头绪多,任务重,难度大,表现在行动上一般号召多,狠抓落实少。这种畏难情绪亟待克服。多年积累下来的社会总需求超过总供给等问题,解决起来确实难度很大,要从很多方面做大量艰苦的工作。对困难估计不足显然是不对的,但是如果丧失战而胜之的信心更不可取。党中央、国务院的领导同志已多次阐明了克服困难的有利条件,其中最重要的是中央下了大的决心,群众又有强烈的要求。只要各级领导干部统筹安排,认真负责,勤于督促,严加检查,并且身体力行,清理、整顿工作是能够取得预期成效的。现在的问题,不在于中央的决心大不大,不在于群众的决心大不大,而在于你们自己的决心大不大。

几年来的实践告诉我们,每当中央有一项好的政策出台时,总有那么一些地方和单位善于搞"上有政策,下有对策",使党的政策变味、走样,甚至流于形式。这一次也要注意。确有一些地方和单位的领导,不是考虑如何雷厉风行地贯彻中央的政策,而是想方设法对付中央的政策。能硬顶的就硬顶,不能硬顶的就变着法子软磨。你要党政机关与企业脱钩,他来个明脱暗不脱;你要压缩楼堂馆所,他来个突击施工以造成非上不可之势;你要从严控制集团购买力,他来个大量抢购非专控商品。对于那些坚决按照中央精神办事、敢于抵制和揭发他们错误的同志,他们就进行排挤和打击。这种现象某些地方已经出现了。对这样的违纪行为一经查实,一定要严加处分。那种谁按中央决定办事谁吃亏、谁让中央决定搁浅谁沾光的现象,决不允许继续下去。

要使三中全会确定的指导方针全面有效地实施,必须综合利用经济的、行政的、法律的、纪律的和思想政治工作的手段,五管齐下。其中,特别重要的是严格执行法纪。现在有一种怪论调,说什么中央的政策、决定刚下来,对新犯者处理可以从轻。这是一种什么论调?如果说在中央的决定下来之前,确因是非不明、政策界限不清而做了某些错事,在处理时可以考虑从轻的话;那么,在中央已有明确规定之后再犯者,就决不能从轻。如果继续从轻,中央的政策、决定还有什么严肃性、权威性可言呢?邓小平同志说:措施定下来,要坚决执行,宁可从严,不可从轻。这是一语中的。一个时期以来,一些地方"有令不行,有禁不止"的歪风之所以有愈演愈烈之势,盖源于对那些"不行"、"不止"者的处理总是偏轻。在治理和整顿中,首先要整治这种"从轻"病。此病不除,中央提出的任务就难以实现,满怀希望的群众就会失望。

三中全会确定,治理经济环境和整顿经济秩序是明后两年改革和建设的重点,但是,很多工作不能等明后年才开始做,必须现在就抓紧进行。党中央、国务院的态度是鲜明的,方针、政策是明确的,规定、要求是具体的,没有任何理由观望、拖延。对于某些工作,中央有明确的期限要求,例如:城市对楼堂馆所的清查工作要在11月底前完成;对该停建的项目至迟在11月底清理结束;全国清理整顿公司的工作要在今年年底前基本结束,等等。这些任务,都必须如期完成。各地、各部门的领导同志应当检查一下自己的工作进度,看看是否能如期实现中央的要求。须知,完成这些工作对于实现治理、整顿的最终目标来说,还是初步的、浅层的,是为以后的工作打基础、创条件的,也是比较容易做到的,如果这些工作都做不好,势必为今后的工作增加障碍。现在距年底只有一个多月了,我们必须把工作抓得很紧很紧。

赵紫阳同志在十三届三中全会上的报告已经公开发表了,党中央、国务院的各项有关政策、规定也已经陆续颁布了,这就是说,已经交给了党内外广大干部和群众。每个地区、每个部门、每个单位究竟做得如何,人民群众将予以监督并作出公正的评价。

农工党第十次全国代表大会通过新章程

农工民主党"十大"通过的新章程规定,它"主要由医药卫生和科学技术、文化教育界的中、高级知识分子所组成,具有政治联盟的特点,是致力于社会主义事业的政党"。

农工民主党的一位负责人认为,这一提法客观、正确地反映了该党组织的现实,既反映了原有的特点和优势,也如实地表达了党员的组成结构,有利于今后同知识分子的联系和组织建设。

新的章程还提出了现阶段的政治纲领。表明该党“以《中华人民共和国宪法》为活动准则,高举社会主义和爱国主义两面旗帜,以社会主义初级阶段的基本路线为指导,努力促进社会生产力的发展,为把我国建设成为富强、民主、文明的社会主义现代化国家而奋斗。”

参政议政、咨询服务、协调关系,联络“三胞”,是农工民主党近年来开展的工作。旧章程对这些工作很少提到。为适应新情况,今天通过的该党新章程在基本任务中规定:坚持中国共产党领导下的多党合作制度和政治协商制度,遵循“长期共存、互相监督、肝胆相照、荣辱与共”的方针,参加国家政权,参与国家事务的管理,参与国家大政方针和群众生活重大问题的协商,实行民主监督,充分发挥在国家政治生活中的积极作用;支持和参与改革开放,积极推进经济体制改革和政治体制改革,维护安定团结、民主、和谐的政治局面,努力为社会主义经济建设和民主、法制建设服务。要“致力于医药卫生事业的改革和发展,提高人民的健康水平,促进科学技术和文化教育事业的发展,提高全民族的思想道德素质和科学文化素质。”

新章程还根据该党特点和优势,提出“代表党员及所联系的知识分子的合法权益”,“主张尊重知识、尊重人才,提高知识分子的社会地位,充分发挥他们献身四化、振兴中华的积极性”。

新党章还对旧党章的其他条款做了修改。

人事部副部长程连昌在北京出席中国公务员制度及人力资源开发国际研讨会并讲话

程连昌在会上透露:我国公务员制度的基本框架已初步形成,准备用10年左右的时间,在我国全面推行公务员制度。

他介绍说,近几年来,我们在总结人事制度改革成果,吸收和借鉴国外经验的基础上,拟定了国家公务员暂行条例(草案),制定了推行公务员制度的规划。

中国公务员制度的基本框架

程连昌说,中国公务员制度是在改革旧的干部人事制度中提出的。新中国成立后,我们沿用了战争年代的做法,在人事管理中采取了高度集中统一的管理体制,其主要问题是;管理对象过于庞杂,缺乏科学分类,管理权限过分集中,管人与管事脱节;管理方式陈旧单一,阻碍了人才成长;管理制度不健全,用人缺乏法治。这就使我们长期面临两大问题;一是年轻优秀的人才难以脱颖而出;二是用人问题上的不正之风难以避免。

他说,1978年以来,为适应经济体制改革的需要,我们在干部制度上进行了一系列改革的探索。1987年召开的中国共产党第十三次全国代表大会提出,建立科学的分类管理体制,在政府系统中,建立和推行国家公务员制度。根据这一精神,我们经过探索和研究,初步形成中国公务员制度的基本框架,其主要内容是:

——制定法律和规章,对政府中行使国家权力、执行国家公务的人员,依法进行科学管理。

——国家公务员分为政务类和业务类。政务类公务员是指由人民代表选举产生和决定任命的各级政府组成人员,业务类公务员是指除政府组成人员以外的政府工作人员。

——政务类公务员按照宪法和组织法进行管理。业务类公务员由政府人事机构根据公务员法进行管理。

他说,我国业务类公务员管理的方式是:1.公开考试,择优录用。凡符合条件的中国公民,都可以参加考试。国家根据考试成绩择优录用。考试分三种方式:第一种,录用非领导职务的公务员,采用公开竞争性考试;第二种,从持有专门技术资格证书者中录用专门技术类公务员,通过审查资格证书和考核专业技能,择优录用;第三种,从行政机关以外的其他机关或单位的公职人员中录用担任领导职务的公务员,采用特种考试办法,考试合格者还要经行政学院培训方可任职。2.实行职位分类制度。即将行政机关的各个职位按性质、难易程度、责任大小及所需工作人员的任职资格划分为若干门类和等级,制定职位标准,明确每个职位的任务、职权、责任及任职条件等。3.按法定的标准和程序,对每个公务员进行考核。考核包括德、能、勤、绩4个方面,重点考核工作实绩。考核结果作为对公务员升、降、赏、罚的基本依据。4.实行功绩晋升制。5.实行正规的培训制度,包括岗前培训和在职培训。任职或晋升前必须进行岗前培训,所有在职公务员要定期轮训,更新知识。6.建立与公务员的地位、作用及工作特点相适应的工资制度,以吸引优秀人才进入公务员队伍,保持公务员队伍的稳定。

他说,除上述管理方式外,在公务员的转任、辞退、辞职、退休等方面,也要建立相应的法律规范,使公务员的各项管理有法可依,依法办事。

我国公务员制度的特点

程连昌说,我国公务员制度既借鉴和吸取了世界许多国家的经验,又有很多自己的特点。

——公务员的范围。我国的公务员是指代表国家行使权力,执行国家公务的人员,即中央和地方各级行政机关中除工勤人员以外的工作人员。不包括行政机关以外的其他国家机关如审判机关、检察关的人员,也不包括国营企事业单位的人员。按照上述范围,我国公务员队伍约有420万人,他们分布在国务院和地方各级政府中,其中国务院各部门约5万人。

——政务类与业务类公务员的划分。政务类公务员指各级政府组成人员,政府其他工作人员为业务类公务员。根据我国宪法和《地方各级人民代表大会和地方各级人民政府组织法》的规定,各级政府组成人员是由各级人民代表大会及其常委会选举产生或决定任命的。实行任期制。这些人员主要是负责制定政策,承担相应的政治责任,不同于政府机关其他人员。把他们作为政务类公务员,实行不同于业务类公务员的管理制度,既能更好地反映我国政治制度的特点,又能使管理制度更加适合这些人工作性质的要求。

——业务类公务员不实行所谓的"政治中立"制度。业务类公务员可以参加党政和其他社会组织,并积极参与国家政治生活;但不得参与反对政府或有损于政府声誉的活动。

程连昌说,此外,在业务类公务员的考试、考核等管理制度上也有一些特点。所有这些,都体现了中国公务员制度的主要特色。

推行国家公务员制度的目标、步骤和方法

程连昌说,建立并基本完善国家公务员制度,需要一个相当长的时期。根据我国经济体制、政治体制改革进程和人事工作的实际情况,我们准备用10年左右的时间,全面推行公务员制度。

前五年是搭框架,打基础。包括:第一,初步建立起以《国家公务员法》为核心的较为完备的公务员制度的法规体系;第二,在国务院部门和大多数省级政府机关、大城市政府和机关全面推行国家公务员制度,基本完成这些机关现有人员向国家公务员过渡的工作;第三,基本建成国家行政学院和若干地方行政学院,形成以行政学院为主体的公务员培训网络。

后五年,全面推行,巩固发展。包括:第一,在全国地市、县级政府普遍实行公务员制度,完成所有行政机关中符合条件的人员过渡为国家公务员的工作;第二,健全各项公务员管理法规,使公务员管理完全进入新的轨道,正常协调地运行,并在运行中不断加以完善。具体来说有以下几方面:

——搞好法规建设。除拟定像《国家公务员法》这样基本法外,还要拟定考试、职位分类、考核、奖惩、职务升降、工资待遇、保险福利、工作纪律、培训、转任、辞职辞退、申诉控告等各单项法规。目前,我们正拟定《国家公务员暂行条例》和考试录用、考核、奖惩、职务升降、工作纪律6个法规草案,其他法规正在研究起草之中,争取在1992年前全部完成。

——搞好试点,逐步推行,争取在1992年在中央和省、区、市两级政府中建立公务员制度。

——点面结合,为全面推行创造条件。我们准备从明年开始,所有政府机关都要逐步实行"新人"新办法,"老人"按新办法逐步过渡,凡进入政府机关工作的,都要按照公务员件和录用程序,通过考试,择优录用,把好入口大门口。同时对公务员制度中凡现在可以普遍实行的单项法规,如纪律、考核等。所有政府机关也应在现有人员中实行,以改进人事管理工作,为全面推行创造出良好的条件。

——建立和健全公务员培训体系。目前,正在着手建立国家行政学院,并在拟定地方行政学院筹建规划。准备经过三五年的努力,基本建成国家行政学院和五六所地方行政学院。

谈到现有机关工作人员如何过渡问题时,程连昌说,我国现有政府机关工作人员420多万人。其中,中央和省两级政府近50万人。这些人中的大多数经过多年的培养教育和工作实践,文化水平、业务能力等素质都比较好,目前正在政府机关各岗位上发挥作用。但是由于某些原因,其中也有少数难以适应机关工作的要求。另外在有些机关还不同程度地存在人浮于事的现象,需要进行一定的精简。

程连昌说,过渡工作要防止两种倾向:一种是降低要求,草率过渡,走过场;一种是要求过高,脱离实际,影响正常工作。特别是要防止走过场。

全国人大常委会副委员长雷洁琼就凤阳惨案向新华社和《人民日报》记者发表谈话

雷洁琼说,这是一起严重的刑事案件,我们感到十分愤慨,应当引起全社会的重视。这几年来,社会上中小学教师被侮辱、殴打甚至致死的事件屡有发生,反映了在某些地方教师连起码的人身安全都得不到保障。这一事件也说明我国的法制建设亟须加强,法制教育更应普及,使广大人民群众切实做到知法、守法、护法。我们强烈呼吁有关部门对凤阳这次打死教师的罪犯蔡士林、蔡士亮等依法严惩,妥善安抚被害人家属,并从中吸取教训,防止殴打教师事件再次发生。我们还呼吁各地各级政府切实落实国家尊师重教的号召,维护教师的安全的合法权益。

我国的"星火计划"成为振兴农村经济的一面旗帜

据《人民日报》报道,自1985年试点以来,我国的"星火计划"取得显著成绩。3年中,已安排各级示范项目9655个。截至1987年年底,已完成2500多项,新增产值74亿元,新增利税16亿元。这个计划已成为促进乡镇企业技术进步、振兴农村经济的一面旗帜。

"星火计划"突出先进适用技术,改革农村产业结构,开发新型产品。很多产品已获得国优、部优和省优称号，畅销国内市场，一些产品如吉林红参、河南淮山药、上虞风机、五粮液系列低度酒等，已进入国际市场并享有盛誉。很多项目发挥了意想不到的示范效果和带动作用，一项技术常常带动一批乡镇企业，带动千家万户发家致富。

星火计划推动了各种形式的联合，全国目前已筹建近百个各种类型的产业集团和联合体，在发展商品经济、优化产业结构中产生了积极广泛的影响。

全国已有36万科技人才被这个计划吸引，进入农村建设的主战场，并为农村培养了250万技术和管理人才，在引导农民树立科技意识、发展商品经济中发挥了作用。

这项计划正到受国际社会的重视。联合国专门拍摄了电视片。很多国家提出与“星火计划”合作的愿望和要求。世界银行决定给“星火计划”贷款1.1亿美元，联合国决定提供60万美元的资助。

“星火计划”成功的主要原因在于，它一开始就植根于商品经济的土壤里，完全靠市场机制推进计划的实施，并求得自身的发展。“星火计划”在实施过程中，体现出以下几个特点：一、以乡镇企业为突破口。二、在资金的筹集和使用上，采用金融机制，调动社会力量集资。三、以市场为导向开发“星火”项目，准备开发的技术具有开拓性和示范性，所开发的产品必须经过市场预测，有可靠的市场需求。四、贯彻“双放”政策，吸引和动员了一大批科技人员进入乡镇企业，到农村开展承包、领办、创办企业和定点技术服务，促进科技进步与经济效益的良性循环。

目前，“星火计划”已在原有基础上开始进入提高水平、扩大规模的新阶段。国家已决定将它作为一项基本政策长期坚持下去。

李家峡水电站全面施工

这座电站是国家“七五”重点建设工程，属于“保”建项目。它位于青海省尖扎县和化隆县交界处。这里河谷狭窄、两岸陡峭，建坝条件优越。电站装机200万千瓦，仅次于葛洲坝水电站，在国内居第二位。它靠上游110公里处的龙羊峡电站水库调节发电，淹没损失小，造价低廉，每千瓦所需投资仅830元，是国内水电站中最少的。

今年4月，电站工程正式开工。目前，通过招标投入施工建设的有中国水利水电建设总公司第四工程局、陕西水电工程局和青海路桥公司等9支队伍，已有3000多名建设者、上千台各类机械开赴工地。1000多米长的导流洞从4个工作面同时开挖；上坝公路和搅机平台项目齐头并进。根据施工计划，导流洞工程明年下半年竣工，同时实现截流。

全国农业科技情报会议在北京召开

会议透露，近年来，我国农业科技情报工作在文献积累、情报报道体系、情报网络、情报研究、国际农业数据库引进、情报专业队伍培养方面取得重要进展。预计到2000年，我国将建成拥有100万条农业情报文献的大型数据库。

随着经济建设的发展，农业系统对信息的需求越来越迫切。目前，我国农业科技情报和文献系统已搜集国内外农业文献3560万条；开始建立农业情报文献数据库，并由国家中心牵头，分别在辽宁、江苏、河北、湖北、陕西、四川、广东成立了7个大区的分中心，形成全国农业情报检索网络；在统一规划协调中，创办50多种农业科技情报刊物，基本形成了学科比较齐全、类别比较配套的报道体系，年传递的情报信息达11万余条。这对于掌握国内外农业科技发展水平和趋势、避免科研课题设置的重复浪费、传播先进生产技术和经验产生了重要作用，创造了很好的经济和社会效益。

为了给各级领导提供决策参考依据，农业科技情报工作者还积极开展情报研究，仅4年就取得一批研究成果，其中有31项获得国家和农业部成果奖。这支队伍也在不断壮大。目前，省级以上的专职科技情报文献人员达5700人。在改革、开放方针的指引下，我国农业科技信息中心先后与英联邦农业局、加拿大国际发展研究中心建立了合作关系，并参加了联合国粮农组织国际农业科技情报系统，还分别引进了情报文献的磁带数据库。

为了进一步加强农业科技情报文献工作，到本世纪末，我国要建立一个拥有100万条农业情报文献题录的大型数据库。它的建立，将更及时、系统地向各类用户提供所需信息，在全国形成一个功能更齐全、效率更高的现代化农业科技情报文献服务系统。

农业部部长何康在会上讲了话。

国家科委 国家计委决定对14个领域的技术政策解密

包括能源、交通运输、通信、农业、消费品工业、机械工业、材料工业、建筑材料工业、城市建设、村镇建设、城乡住宅建设、环境保护，以及生物、信息在内的14个领域的技术政策，是从1983年开始制定的。国家科委、国家计委和原国家经委先后组织了国内几百个单位、2000多名专家和管理干部参加了这项巨大的社会工程。这是一项开创性的工程，为我国科技人员参与决策，实现决策的科学化、民主化创造了良好的范例。

前12项技术政策的要点早在1986年已由国务院向国内外发布。今年年内，国家科委和国家计委对各部门,各省、自治区、直辖市执行12项技术政策的每一条及子项的情况进行了检查。结果表明,95%的条文已经开始执行或阶段执行,并且取得显著的经济效益。去年7月,12个技术政策研究荣获全国科技进步一等奖。今天,国家科委和国家计委联合召开会议,给其中10个代表单位和12名代表人物颁了奖。同时,对参与研究的994位专家与65个单位分别给予表彰。

国务委员李铁映在表彰这项工程时说,这些技术政策规定了各领域的发展方向,以提高经济和社会效益为宏观奋斗目标。这同"治理经济环境,整顿经济秩序,全面深化改革"的指导方针目标是完全一致的,贯彻这个方针,要把贯彻执行技术政策作为一项重要内容。

李铁映就执行技术政策的问题讲了5个方面的意见:首先要指导好各项技术政策的具体实施工作;继续努力制定乡镇企业、资源、航天航空等领域的技术政策,既符合国际科技发展的趋势,又符合我国的国情;把产业政策研究与技术政策紧密结合起来,研究技术政策的同志应积极参与产业政策的制定工作;各地方、各部门要把已经公布的各项技术政策作为制订各项经济工作和科技工作规划的依据。

他还说,这项重大成果标志着我国软科学研究的崛起。近两年来,软科学研究为我国决策科学化作出了可喜的贡献。各级领导同志要十分重视和支持软科学,发挥它的作用,为科学工作者创造必要的环境条件。

《缅怀刘少奇》和《刘少奇论工人运动》出版

这两本书是中央文献出版社为纪念刘少奇诞生90周年而出版的。

《缅怀刘少奇》一书收集了刘少奇同志的战友和曾在他身边工作过的同志撰写的回忆文章41篇,其中18篇是第一次发表,其余各篇在这次重新发表时,都经作者重新校阅或做了修改补充。邓小平为这本书题写了书名,陈云、李先念、彭真为这本书的出版题了词。

《刘少奇论工人运动》一书收集了刘少奇自1923年至1964年论中国工人运动的重要著作共57篇,其中绝大多数过去没有公开发表过。

中国选手在印度尼西亚班达尔楠榜举行的第八届亚洲羽毛球锦标赛中夺得3项冠军

女子单打决赛在两名中国新秀之间进行,唐九红以2:0战胜黄华,夺得桂冠。

熊国宝在男单决赛中同马来西亚的傅国强交锋,摘取男子单打桂冠。

男子双打中国的周金灿和张强与朴柱奉、李相福苦战一个多小时,终于以2:1战胜了过去从未赢过的这对南朝鲜名将。

北部湾海域发生地震

据我国地震台网测定,北京时间9时17分我国北部湾海域(北纬21度26分,东经108度15分)发生5.1级地震。

据初步了解,广西钦州地区震感强烈,个别建筑物出现裂缝。广东湛江地区感到晃动,南宁市等地震感强烈,广州市亦部分有感。根据地震部门的分析研究,这一带近期不会发生更大的地震。

民政部 财政部拨款200万元救济云南地震灾区群众

民政部和财政部拨给云南省应急自然灾害救济费200万元,用于解决因澜沧县强烈地震造成的群众生活困难。民政部和财政部希望云南省按照专款专用、重点使用的原则,切实把灾民生活安排好。

中国儿童少年基金会向云南灾区捐款捐物

中国儿童少年基金会会长康克清代表全国妇联和中国儿童少年基金会向云南地震灾区的广大人民群众特别是儿童少年表示亲切的慰问,同时决定将中国儿童少年基金会各理事单位以及中央机关的领导及同志们捐助的65000余件救灾衣物和10万元救灾专款拨给云南地震灾区,直接用于救护儿童少年和恢复儿童少年的福利设施。

11月11日

国务院代总理姚依林在中南海会见由国际货币基金组织亚洲部高级顾问道格拉斯·斯科特率领的国际货币基金组织磋商代表团

民进中央在北京举行周建人100岁诞辰纪念会

周建人是鲁迅先生的胞弟,因家境衰落,幼年辍学,刻苦攻读,自学成才。从1921年至新中国成立前,他先后在上海大学、神州女学、暨南大学、安徽大学讲授生物学,并任商务印书馆、新知识书店编辑,是我国最早接受马克思主义的一位自然科学家,曾编译十几种生物学方面的书籍,以进步的生物学家闻名。他还是我国为数不多的、经历了自清末以来各个不同时代、最终无私地献身于共产主义事业的优秀知识分子代表之一。

全国人大常委会副委员长、民进中央主席雷洁琼,全国政协副主席屈武、胡绳、楚图南与各界人士300多人参加了纪念会。会上,雷洁琼、宋堃、胡绳、楚图南、柳斌、宋木文、梅益、孙起孟(书面)和周建人的女儿周瑾先后讲话。

在周建人诞辰100周年之际,由民进中央宣传部编辑的《周建人文选》最近出版发行。

国务院发布《关于加强钢材管理的决定》

钢材是重要的生产资料。近几年来,钢材生产有很大发展,国家对钢材的管理也进行了较大改革,开放了钢材市场,进入市场交易的钢材品种和数量逐年增多,这对活跃流通、促进生产、保证国民经济持续发展起了积极作用。与此同时,也存在着市场秩序混乱,价格上涨过猛,有些单位和个人转手倒卖,牟取暴利等问题,严重影响经济的稳定和改革的深入。为了整治钢材流通领域中的混乱现象,促进钢材生产,稳定钢材市场,保证国家生产建设的需要,国务院决定进一步加强对钢材的计划管理和市场管理。

一、钢铁企业必须保证完成国家下达的指令性计划任务。全面完成国家指令性计划是稳定国民经济、保证重点需要的重要条件,也是每个企业应尽的义务。所有企业必须按指令性计划规定的数量、品种、规格接受订货,严格按合同交货,不得拖欠。要把完成指令性计划作为考核企业经营好坏的一项主要指标,对没有完成指令性计划而将产品自销的企业,要追究企业领导人的责任,其自销多得的收入由物价部门予以没收并对企业处以罚款,上缴国家财政,这样的企业不能评为先进企业。

钢铁企业承担国家指令性计划所需的燃料、电力、炉料、运输等主要生产条件,有关主管部门在计划上应予以保证,有关企业、单位要在主管部门的组织下,严格完成计划,按合同保证供应。如有关企业、单位不执行合同造成钢铁企业损失,除由其承担应负的责任、赔偿损失外,还要追究领导人的责任,这样的企业也不能被评为先进企业。这方面的问题,由国家计委会同冶金部、物资部处理,或由合同管理机关依法仲裁。

钢铁企业要按季向国家计委和冶金部、物资部报告合同执行情况,以及完成国家指令性计划所需生产条件的落实情况,由国家计委会同冶金部、物资部按季通报。

对重点钢铁企业,分别由冶金部、地方冶金厅(局)派出巡视员,督促企业执行国家计划和合同,指导企业自销钢材流向,反映企业生产经营的情况和问题。

二、对冷轧薄钢板、冷轧硅钢片、镀锡薄钢板、镀锌薄钢板实行专营。对极短缺的冷轧薄钢板、冷轧硅钢片、镀锡薄钢板、镀锌薄钢板四种钢材(包括国内生产和进口的)由国家委托物资部中国黑色金属材料总公司和各省、自治区、直辖市及计划单列市物资厅(局)所属金属材料公司专营,其他部门、单位和个人一律不准经营。生产这些钢材的企业,其产量除经有关主管部门核实留作本企业生产使用的四项用料和为换取必不可少的生产条件、承接主管部门批准的来料加工、偿还企业集资所需的以外,一律由国家统一分配,组织产需直接见面。钢铁企业已签订的集资、协作、补偿贸易、代加工等合同(协议),由冶金部和物资部进行清理。专营钢材的价格,国内生产部分可按利润率高于生产其他品种钢材的原则加以调整,进口部分实行代理价,国家规定有最高限价的要执行最高限价。专营办法由国家计委、物资部、冶金部、物价局等有关部门制定。

三、对部分计划外钢材实行定点定量供应。这类钢材主要是:重轨、轻轨、各种型材、中厚板、汽车大梁板、螺纹钢、无缝管、轮网钢、轴承钢、高速工具钢、齿轮钢、弹簧钢、焊条钢、电机硅钢片、冷镦钢等。冶金部门、物资部门要从钢铁企业自销的部分中划出一定数量,组织钢铁企业和重点用户进行产需衔接,实行定点定量供应,价格由供需双方在国家规定的最高限价范围内协商确定。

四、清理整顿钢材经营企业。以下几类单位允许经营钢材:(一)物资部门所属经营金属的企业;(二)有直属直供企业的主管部门按物资体制改革方案规定承担供应任务的供应机构;(三)钢铁企业的销售机构和经物资部、冶金部批准的为冶金企业组织炉料的专业公司;(四)供销社的废金属回收企业;(五)受物资部门委托的县乡镇企业供销公司和县以下的供销社。其他单位和个人,一律不准经营钢材。

上述单位,应按照在工商管理部门登记的经营范围从事经营。企业主管部门的供应机构只限于供应本系统企业和单位需要的钢材;钢铁企业销售机构只限于销售本企业指令性计划外的自销钢材;冶金专业公司只限于为钢铁企业组织炉料的钢材,其品种和数量由冶金部、物资部核定;供销社的废金属回收企业只限于销售用废钢铁加工、串换来的钢材;县乡镇企业供销公司只限于供应本县乡镇企业所需要的钢材;县以下的供销社只限于供应本地区乡镇企业和私人企业需要的钢材以及农民建房用材。

清理整顿工作由各省、自治区、直辖市人民政府和国务院各有关部门分别负责,成立专门的工作班子。具体工作可由工商行政管理部门和物资部门组织进行。全部清理整顿工作,要求在今年内基本结束,并向国务院报告。

经过清理整顿,批准保留的,由县以上工商行政管理部门发给企业法人营业执照;需要新建的,向主管部门提出申请,报物资部门审查同意并经工商行政管理部门核准,发给企业法人营业执照。其他任何部门和个人，一律无权审批经营钢材的企业。

五、有领导有组织地建立钢材市场。钢材市场，原则上每个中等城市设一个，直辖市和省会城市可设二个，对超过的要予以合并或撤销。此外，物资部在北京、上海、天津、沈阳、武汉、成都、西安市各设一个地区市场。

钢材市场由物资部门主办，以为生产建设服务为宗旨，不以盈利为目的。为了便于用户就地采购所需的少量钢材，物资部门还根据实际需要设立若干经营网点。

六、严格钢材市场管理。以下钢材的销售必须通过钢材市场：(一)重点钢铁企业和县以上钢铁企业的自销钢材(由物资等部门组织产需衔接的除外)；(二)国家和地方投放市场的钢材；(三)进口的钢材(经贸部门以进养出的除外)；(四)使用钢材单位库存多余的钢材；(五)用废钢铁加工、串换的钢材。

进入钢材市场的单位，应是经过审批具有钢材经营资格的企业和使用钢材的生产企业及建设单位。进入市场的企业可以直接购销，也可委托物资企业代购代销。对停缓建项目的钢材，清理后由项目主管部门调剂使用，或交物资企业收购、代销。经清理整顿被取消钢材经营资格的企业，其积存的钢材，要限期销售，超过期限的，交物资企业收购或代销。

以下交易行为为非法交易：(一)无经营资格的单位经销钢材；(二)加价倒卖订货合同或提货票证；(三)不开发票的现金交易；(四)不在指定场所公开交易。

钢材市场的交易一律通过银行结算，使用国家统一发票，加盖钢材市场专用章，没有盖章的，银行不予结算转账。严禁用行贿、给“好处费”及其他非法手段购销钢材，违反者要予以严惩，对检举人要予以奖励，并给以保护。

钢材市场上的交易活动，由工商、物价、税务等部门依法监督。

物资企业要充分发挥中介作用。目前从事钢材交易的经纪人活动利少弊多，一律暂停，进行整顿。

县及县以下钢铁企业用自产钢生产的钢材的销售，可以不通过钢材市场，但必须执行国家的价格政策和其他有关规定，使用国家统一发票。

七、加强钢材价格管理。要严格执行物价部门核定的计划内钢材出厂价格和钢材流通中各项收费标准，任何单位不得随意加价和多收费。对计划外钢材及炉料实行最高限价，其办法由国家物价局会同有关部门拟定并监督执行。在钢材市场销售钢材，一律明码标价，公开销售。对不执行最高限价办法、哄抬价格、采用非法手段牟取暴利的，由物价、工商、税务等部门查处，没收其全部货款，并给予处罚。

八、严格控制钢材及原料出口，限制国内不合理的消费。钢材、钢锭、钢坯、生铁、铁合金、焦炭等，除计划内出口总量、品种由国家计委会同物资部、冶金部、经贸部确定外，对计划外临时需要出口的，要报经物资部、冶金部审定，经贸部批准并发放许可证。废钢铁的出口管理，按有关文件规定执行。

要制定限制不合理消费的政策。对供内销的和出口换汇率极低的产品(如饼干、糕点、糖果、香烟、罐头、药品等)包装、装潢使用镀锡薄钢板，要加以限制；对各类不锈钢用具，要适当控制消费量；对质量低劣、市场滞销的电扇、自行车、洗衣机、各类改装车辆、电动机、变压器、电工仪器等产品，要限产或停产。生产企业要持有省级主管部门发放的生产许可证，方能生产销售。有关部门要制定限制不合理消费的办法和节约、代用、回收、综合利用的措施。

九、物资部门和所属企业要遵纪守法，搞好服务，做执行政策的模范。要把钢铁企业按指令性计划上缴的钢材，及时按计划供应给用户，不得擅自转为计划外销售。要掌握一定数量的钢材和资金，增强调控能力，发挥好主渠道的作用。要切实搞好服务，尽量减少中转环节，凡能够直接供应到用户的就不要中转。钢材经营企业购进的短缺品种，原则上直接供应到用户，不得销售给其他经销单位；县物资企业购进的钢材，应直接销售给用户，不得销售给其他经销单位；联营单位的成员之间，不得相互销售钢材。

十、加强对钢材市场的宏观调控。计划、物资、冶金、经贸、工商、银行、物价、税务、海关等有关部门要相互配合，统一政策，及时根据市场情况，灵活运用信贷、税收、价格、物资投放等手段，以及调整产业政策和生产建设计划等，调节供求，保证重点，稳定市场。各有关部门还要及时向物资部门提供钢材资源、需求、价格和进出口等信息，以便加强宏观管理，统一发布信息，及时指导生产和市场交易。

加强钢材管理，做好清理整顿工作，是治理经济环境、整顿经济秩序的重要内容，各地区(包括广东、福建、海南等沿海地区和经济特区)和国务院各主管部门，要切实加强领导，周密部署，认真贯彻落实本决定。

中共中央政治局常委乔石在人民大会堂会见并宴请以全国组织书记S.K.穆希奥卡为团长的肯尼亚非洲民族联盟代表团

外交部就中印边界问题举行新闻发布会

外交部发言人李金华在新闻发布会上说，中国和印度在寻求解决边界问题的同时，应该努力加强在其他领域内的友好往来与合作。

她指出,中印边界问题是历史上遗留下来的,中国一贯主张本着互谅互让的精神,通过友好协商,使边界问题早日得到公平合理的解决。

李金华还表示,中国希望印度总理拉吉夫·甘地12月对中国的访问将增进中印两国的了解,促进双方友好关系的发展。

中国留学服务中心在北京成立

这个服务中心是根据广大留学人员的要求,在国家教委的支持下成立的。

中心将根据留学人员的意愿,重点为各类留学生回国工作和国内用人单位录用留学人员提供服务。他们将本着努力拓宽回国留学人员的就业范围,实行择业自由,贯彻“人才流动、合理竞争、双向选择”的原则,尽量在留学人员回国前就安排好他们的工作。

拓宽回国留学人员在国内就业范围包括:政府部门、各省、市、自治区、公司、企业,以及驻外机构;高等院校和科研单位;集体所有制单位和“三资”企业;按政府有关规定集资办公司和企业;各特区和我在港澳的一些单位;应聘到国际组织工作等。

据悉,随着我国改革、开放政策的实行,近10年已有6万多名中青年学者以公派或自费的形式出国留学,留学地域遍及70多个国家和地区。从现在起,每年将有数千名留学人员学成归国。具有法人资格的非营利组织——中国留学服务中心将以“快速、准确、热情、周到”为目标,除为国内外学人的就业提供服务外,还承办其他业务,如:为各类留学人员出国、回国休假以及学成回国提供食宿和交通服务,为公派留学人员及对外教育交流人员办理护照、签证和有关出国事务等。

首届中国漫画金猴奖颁奖仪式在天津塘沽举行

中国美术家协会漫画艺术委员会向数十年来为我国漫画事业作出卓越贡献的著名老漫画家华君武、叶浅予、张乐平、丁聪、廖冰兄、张仃、方成、特伟授予首批“金猴奖”荣誉奖。

获二等奖的有王大光、刘雍、张鼓峰、王尊农;获三等奖的有李滨声、朱森林、赖尚平、王迪、杨秋宝。一等奖空缺。

“中国漫画金猴奖”是中国美术家协会漫画艺术委员会为繁荣我国漫画创作而设立的。

中国说唱文艺学会在北京成立

这个学会是热心说唱文艺的理论家、作家、艺术家和编辑出版家等有关人士自愿结合的学术团体。为了促进说唱文艺的繁荣,将有计划地举办说唱文艺研讨活动;编辑出版大型丛书《中国说唱文库》,抓紧筹备恢复出版《说说唱唱》杂志。

罗扬担任会长;王波云、许邦、李希凡、周良、程永玲任副会长;马骥、陶钝、周巍峙、骆玉笙、王朝闻、高元钧任顾问。

11月12日

国家主席杨尚昆在人民大会堂会见美国福茂集团董事长兼总经理赵锡成夫妇

全国政协主席李先念在上海会见美国夏威夷波利尼西亚文化中心代表团

民革第七次全国代表大会在北京开幕

田纪云、阎明复、程子华、习仲勋、费孝通、杨静仁、程思远、卢嘉锡出席了开幕式。阎明复在会上宣读中共中央的贺词。贺词回顾了民革的历史业绩,赞扬民革在中共十一届三中全会以来,积极支持改革开放的路线,参与国家大政方针的协商决定,动员广大成员和所联系的群众为社会主义物质文明和精神文明建设贡献力量,在活跃国家政治生活中发挥了重要作用。中共中央建议并支持各民主党派建立举报制度,并相信随着我国社会主义民主政治建设的进展,民主党派将在我国的政治生活和社会生活中发挥更加积极的作用。

费孝通代表其他各民主党派中央、全国工商联向民革“七大”致贺词。

成立于1948年的民革,今天已拥有38000多名党员,其中超过半数的成员是1983年以来发展的。这次代表大会将通过中国国民党革命委员会章程,通过中央监察委员会组织条例,推举名誉主席、名誉副主席,选举第七届中央委员会和中央监察委员会。

大会主席团常务主席朱学范主持开幕式。第六届民革中央名誉主席屈武致开幕词。大会主席团常务主席贾亦斌在会上作第六届中央委员会工作报告,谭惕吾作中央监察委员会工作报告。

首都各界在北京中山公园纪念孙中山诞辰122周年

周谷城、严济慈、费孝通、雷洁琼、杨静仁、康克清、胡子昂、周培源、马文瑞、孙晓村、程思远等参加了在中山公园中山堂举行的纪念仪式。

全国政协副主席、民革中央名誉主席屈武主持纪念仪式。

肃穆的中山堂里摆放着孙中山先生的半身铜像,

铜像下面环簇着鲜花和翠柏。各界人士在孙中山先生铜像前肃立、静默，行鞠躬礼。全国政协副主席方毅、民革中央主席朱学范、中共中央统战部副部长武连元、北京市副市长何鲁丽，分别代表全国政协、民革中央、中共中央统战部和北京市人民政府，向孙中山先生铜像敬献了花篮。

中国农村经济转上商品经济轨道

据《人民日报》报道，就我国农村经济已经开始进入商品经济轨道问题，专家们谈了以下几个方面：

农产品市场扩大，农副产品商品率大幅度提高。国家统计资料表明，1987年农村工农业产品商品率已由1978年的53.7%增加到69%，其中农副产品商品率由45.2%增长为58.2%。现在，每个农业劳动力每年平均向社会提供粮食达416.4公斤，棉花13.2公斤，水产品21.6公斤。与商品率提高相适应，以农民为主体的城乡贸易市场增加近1倍，总数达7万多个，成交总额1157.89亿元，比改革前增加8倍多；1000多万农民进入流通领域，1150多个农产品批发市场应运而生。

构成统一市场体系，长期被视为禁区的生产要素市场也有了较大突破。近几年，城市和乡村、东部地区和西部地区、经济发达地区和不发达地区以及一、二、三产业之间，农村劳动力和技术以空前规模和多样形式流动。据估计，目前仅在城市做工的农民就有1500多万。与此同时，数以万计的城市科技人员下乡传授技术。今年4月，七届人大一次会议修改宪法，允许土地使用权有偿转让，土地也开始合法地进入要素市场。

农民从事商品生产活动的空间扩大，产业结构由单一农业向农工商运建综合经营方向发展。去年，以商品生产为主的非农产业产值达4756亿元，比1978年增长6.4倍，在农村社会总产值中发生了非农产业超过农业产值的历史性转变。被誉为异军突起的乡镇企业尤其令人注目。10年来，乡镇企业不仅平均每年以20%以上的速度增长，吸收了近9000万劳动力就业，而且突破了"三就地"原则，突破了离土不离乡、进厂不进城原则，并从国内市场进入国际市场。去年全国出口产品收购总值的14.3%是乡镇企业创造的，创汇达50亿美元。

作为商品经济的基本要素货币，在农民的收入和支出中占有的比重越来越大。目前，全国农民人均现金收入已占总收入的83%以上，而10年前还不到30%。在农民的消费中，商品性消费已成为主体。去年农民生活消费中商品性支出已由10年前的39%提高到64%。

市场机制对农业生产的调节作用增强，每一种农产品比较利益发生稍大的变动，都会灵敏地引起产量的波动。1986年饲养生猪的成本收益率为10%至19%左右，农民大量宰杀母猪，养猪出现波动。1985年棉花和甜菜每亩成本收益率分别从1984年约93%和190%下降到66.9%和71.1%，第二年棉花、甜菜生产都大幅度下降。安徽省农民反映现在有"三种三不种"：市场畅销的愿意种；市场滞销的不愿种；价格高的愿意种，价格低的不愿种，效益快的抢着种，效益慢的不愿种。这表明农民市场意识、商品意识、价值观念增强了。

许多经济专家认为，农村经济虽然转上商品经济轨道，但仅仅是开始，真正完成从自给经济向商品经济的转化，还要经历很长时间。这一方面是由于各地发展不平衡，大约还有几千万人口的贫困地区自给半自给生产经济格局基本上没有改变；另一方面由于价格不合理，市场机制不完善，不同程度地存在抬价抢购、地区封锁、中间流失等无序状态。这些应当作为今后农村进一步深化改革的重要内容。

中国建成饱和潜水实验训练设备系统

据《人民日报》报道，我国规模最大、模拟深度最深的海洋模拟装置——500米饱和潜水实验训练设备系统，经过10年研制，已于11月初在海军医学研究所建成。这套设备的气密试验性能超过国际标准。它的问世，为我国向海洋深度进军提供了重要的物质基础，对于我国海洋开发和提高救生能力具有重大意义。

跨进这个宽敞、高大的实验大厅，映入眼帘的是一座座奶油色的加压氧舱群——饱和居住舱、过渡舱和巡回潜水舱，无论是外形还是"内脏"，都酷似潜艇舱室。它们能模拟人在500米以内各种不同深度的水下生活作业环境，其中巡回潜水舱的最大工作深度可达620米。为亚洲之冠。

据介绍，海军将于近期利用该设备系统，进行国内深度最大的饱和潜水实验。

中国女数学家郑晓静接近攻下"门方程"

兰州大学力学系女博士郑晓静以其《任意载荷下轴对称卡门方程的精确解及其近似解析求解法》论文，首次推出了圆薄板大挠度方程的精确解，成为50年来这项课题最完备的一项研究。

圆薄板大挠度方程是1910年由德国科学家冯·卡门针对板壳的大位移问题提出的，因而又称"卡门方程"。30多年来，许多学者致力于方程求解的研究，但由于方程非线性的繁杂性，找不到一个简捷可行的解答。

郑晓静经过4年多的苦心研究，终于给出了卡门方程的精确解，终于独立地将这个难题推到了接近解决的状态。我国著名科学家钱伟长高度赞扬她的这项成果是“板壳大挠度问题具有里程碑性质的研究”。

1987年度青年化学奖颁奖大会在北京举行

获奖的9位青年化学工作者为：北京大学化学系博士研究生曾杰，北京大学化学系教员郭新秋，南开大学高分子化学研究所博士研究生金仁华，北京医科大学药学院博士后研究生李根，吉林大学化学系副教授冯守华，四川师范大学化学系助教邝小渝，中科院上海有机所博士研究生杨建华，中国医学科学院药物研究所孙放，浙江大学化学系讲师费增祥。他们中年龄最小的只有25岁，年龄最大的35岁。

国家自然科学基金委员会唐敖庆等著名化学家为他们颁发了证书和奖品。

这9位获奖者在化学科学领域研究中都有新的观点和新的发现。有的在化学应用领域中解决了某一方面的技术难题，并对国民经济建设和国防建设作出了贡献。比如，曾杰对生物分子的复合晶体结构的研究，不但成功地得到了合格的单晶，而且取得了X射线衍射数据，并根据这一数据得到电子窗密度图，解决了一系列理论问题，为今后进一步开展胰蛋白酶抑制剂的蛋白质工程打下良好的基础。

青年化学奖是由中国化学会和国家自然科学基金委员会联合设立的，对于培养化学科技、教育人才，开发智力资源，鼓励我国广大青年投身科技事业具有积极意义。

中国文联第五次代表大会在全国政协礼堂闭幕

在5天的会议中，代表们畅所欲言，热门话题是：文艺同政治的关系、创作自由、社会责任、文艺体制改革等等，其中如何贯彻“双百”方针，更是关注的热点。虽然观点不尽相同，目标却是一个：团结、向前看。

上次文代会以来的近10年间，文艺创作、演出及理论批评取得的成果有目共睹。文艺家们在这次会上的讨论中强调了自己的社会责任。他们提出，我国正处于变革的时代，文艺家不能不思考如何从新的历史高度对社会、对生活进行观察、判断和反映。在讨论中，文艺家们并不回避存在的各种矛盾和问题，同时企望着彼此融合，提高自身的素养。

林默涵在会上致闭幕词。他回顾了这次文代会的成就后说，代表们迫切希望有关方面进行认真的、科学的、全面的调查研究，制定出相应的文化发展规划以及必要的文化经济政策。

唐达成主持闭幕式。大会原则上通过了中国文联第四届主席团所作的会务工作报告和中国文联新章程。周扬、傅钟、阳翰笙、谢冰心、贺绿汀、林默涵、俞振飞、陶钝、康巴尔汗9位文艺界前辈被推举为文联全国委员会名誉委员。大会还同意接纳中国电视艺术家协会为中国文联团体会员。

胡启立、芮杏文出席了的闭幕式。

十年法制建设理论研讨会在北京举行

中国法学会会长王仲方在开幕词中指出，10年来，我国的法学理论研究取得了重大进展：阐明和澄清了过去长期被颠倒了的一些根本性理论是非；探索、研究、论证了我国改革、开放和民主与法制建设中遇到的许多法学理论问题和重大实际问题，一些传统学科都得到充实和发展，一些新的法学学科也已经或正在从无到有地建立起来。

为期4天的研讨会上，来自全国的80多位法学理论工作者将就我国法制建设的近期目标、完善立法制度、司法工作的改革、政府法制建设的加强、法律监督制度的健全、法学教育的改革等法制建设实践中提出的问题，进行交流和探讨。

《孙中山军事思想史》出版

这是一部全面、系统地研究孙中山军事思想的专著，由军事科学出版社出版发行。

神话连续剧《封神榜》在陕西西安开机

据《人民日报》报道，大型神话电视连续剧《封神榜》最近在陕西西安开始拍摄。《封神榜》是继《西游记》之后又一部大型神话历史电视连续剧。著名导演吴天明任这部剧的艺术总指导，强小陆、鱼尚承任导演，他们又是这个连续剧的编剧。这个剧预计拍摄30集。

林业部部长高德占就全国人大常委会通过的《中华人民共和国野生动物保护法》答记者问

问：为什么要颁布野生动物保护法？

答：野生动物是国家的宝贵自然资源，是生态系统中不可缺少的组成部分。保护好野生动物资源，对于发展经济、维护生态平衡、开展科学研究和丰富人民文化生活，都具有重要意义。随着经济的发展和社会进步，世界上许多国家都十分重视野生动物的保护，并颁布了这方面的法规。

我国地域辽阔，自然环境多种多样，有丰富的野生动物资源，是世界上野生动物种类最多的国家之一。新中国成立以来，国家在保护野生动物方面做了大量工作，取得了一定成绩。但是，由于各方面的原因，破坏野生动物资源的现象仍十分严重，甚至发生乱捕滥猎、倒卖及走私珍稀野生动物或其产品的犯罪行为，造成了不良影响。因此，迫切需要通过立法来改变这种状况，保护好野生动物资源。野生动物保护法的颁布，是我国法制建设和野生动物保护事业的一件大事。

问：野生动物保护法的主要内容是什么？

答：现在颁布的这个法，内容比较全面，重点是突出了保护方面的内容，明确了国家对野生动物实行“加强资源保护，积极驯养繁殖、合理开发利用”的方针，对国家重点保护的珍贵、濒危野生动物作出了明确的规定。与此同时，对猎捕、驯养、经营、运输和进出口等也作了相应的规定。它既坚持了国家对野生动物资源的所有权，明确了每个公民都有保护野生动物的义务和责任，又体现了国家鼓励群众依法开展驯养繁殖和合理开发利用这项资源的积极性，是一部适合我国国情的重要法规。

问：这次全国人大常委会对惩治捕杀国家重点保护的野生动物犯罪作出了补充规定，意义是什么？

答：在野生动物保护法的法律责任一章中，对各种破坏野生动物资源的违法犯罪活动作出了明确的处罚规定，必须坚决贯彻执行。

按照刑法的有关规定，非法猎杀国家重点保护野生动物者，最多只能判两年以下有期徒刑。各地反映，由于量刑偏轻，起不到震慑犯罪分子的作用。国家虽然三令五申，但一些地区乱捕滥猎、酷渔滥捕的现象仍然屡禁不止。全国人大常委会考虑到这种情况，在审议通过野生动物保护法的同时，作出了补充规定：“非法捕杀国家重点保护的珍贵、濒危野生动物的，处7年以下有期徒刑或者拘役，可以并处或者单处罚金；非法出售倒卖、走私的，按投机倒把罪、走私罪处刑。”这样就提高了量刑幅度，有利于惩治捕杀、倒卖和走私国家重点保护野生动物或其产品的违法犯罪活动，体现了国家对这方面工作的高度重视。

问：在野生动物保护法正式实施前，应该做好哪些工作？

答：野生动物保护法将于明年3月1日正式实施。当前首要的是广泛深入开展宣传教育工作，认真学习，掌握野生动物保护法的基本精神，提高人们依法保护野生动物的自觉性和责任感，做到遵法守法。在野生动物保护法实施前，各地要采取坚决措施，制止乱捕滥猎和酷渔滥捕现象。同时，各部门要依法办事，执法必严，违法必究。各级林业，渔业部门和执法部门，要先走一步，主动做好宣传工作，加强管理，认真执法，维护法律的严肃性。我相信，随着野生动物保护法的贯彻实施，我国的野生动物保护事业将得到新的更大的发展。

11月13日

农工党第十次全国代表大会在北京闭幕

大会通过的决议要求农工民主党各级组织和全体党员认真学习中共十三届三中全会文件，积极参加治理经济环境、整顿经济秩序的工作；建立举报制度，积极参加对党政机关某些腐败现象的监督工作；不断增强政党功能，搞好自身建设。

大会主席团常务主席方荣欣致闭幕词。他说，加强政党意识，发挥民主党派职能，积极参政议政，是我国民主进程中的重要方面，我们今后的工作将着重在这方面下功夫，为完善共产党领导下的多党合作制度更好地发挥作用。

大会还号召农工民主党各级组织和全体党员，在中国共产党领导下，高举社会主义和爱国主义的旗帜，以社会主义初级阶段基本路线为指导，坚持和完善共产党领导下的多党合作制度和政治协商制度，努力维护安定团结、民主和谐的政治局面，积极投身改革开放的实践，为建设有中国特色的社会主义，为实现振兴中华、统一祖国的宏伟目标而努力奋斗。

大会通过了第九届中央委员会工作报告和中央咨监委员会组织条例等。

大会主席团常务主席卢嘉锡主持了闭幕大会。

黄河入海口治理工程取得成效

据《人民日报》报道，山东黄河河务局东营修防处有关人员表示：今年，胜利油田和山东黄河河务局东营修防处联合对黄河口进行的综合治理，收到显著效果。今年黄河口受到8次洪峰袭击，安然无恙。

黄河是世界上含泥沙量最高的河流，这条大河每年从上游——西北黄土高原裹携16亿吨泥沙东下，其中近10亿吨进入黄河口地区。由于入海口不断淤积、抬高、摆动，平均10年左右黄河就变更一次入海流路。黄河泥沙沉积虽然塑造了广袤的黄河三角洲，但黄河“摆尾”却直接影响着位于入海口一带的胜利油田的安全。没有黄河水，油田就无法组织有效的勘探、开发，黄河入海流路不稳，整个油田就无法安定生产。因此，综合治理黄河口是油田发展和黄河三角洲开发的迫切需要。

黄河现行入海流路——清水沟，是1976年实行第一次人工计划改道后形成的，已行水12年之久，进入了衰亡期：河口有巨大的拦门沙，河道分岔严重，河道内有鸡心滩和沙岗，河床抬高。今年5月，胜利油田和东营修防处联合组织80多部机械、船只，1500多名民工和70余名职工，开赴黄河河口，在不影响整体防洪的前提下,对黄河口进行综合治理。他们先后堵截6条支流,使河道归一;清除了河道中三处大障碍;修筑起长3500米、宽5米、高1.2米的导流堤;在河口巨型拦门沙上开挖了一条45米宽、2米至3.5米深、2000多米长的新河槽,初步实现了河归正道、打通河口的治理要求。

第一期治理工程7月份刚刚完工,黄河连续8次洪峰便接踵而来,流量一次比一次大,河口最大流量达5660立方米/秒。令人惊奇的是,第7次洪峰比第1次洪峰流量增大1倍,然而,濒临黄河入海口的长堤、红柳等油田全部安然无恙。

彩色漂定液提银再生机在深圳问世

该种机器可以将冲洗彩色照片的药水提银后又反复再生使用。这一具有世界先进水平的机器的推广应用,打破了长期以来被国内外摄影界认为漂定液只能提银不能反复再生使用的说法。为我国冲印行业开辟了一条降低成本、提高综合效益的新途径。

由深圳国际经济信息公司和深圳大学应用化学系联合研制开发的这种机器,具有工艺先进、操作简便、体积小、无污染等优点。该机1小时处理漂定废液能力达40公升,白银回收率达98%以上,为电解提银法和硫代物提银法之冠。提银过程本身不破坏漂定液的原有成分,只需补少量添加剂,漂定液便可再生使用。

中国文联第五届全委会第一次会议选举曹禺为中国文联执行主席

文化部外文局和中国对外出版集团在北京举办第二届中国外文书刊展览

新中国成立以来,我国外文出版部门共出版1.8万种外文图书,共发行6.7亿册,并发行7种、41个文版外文期刊。我国目前在国外共有1000多个书刊发行点,分布在182个国家和地区。本届书展共展出20个文版的书刊3000多种,包括中国历史、政治、经济、文化、教育、科技、体育、医学、旅游、汉语教学及儿童读物,显示了我国外文出版的成就及水平。

台湾首次展出大陆邮票

据台湾《中国时报》报道,台湾大学集邮笔友社已征得校方同意,将在本月13日、14日举办中国邮票展览,在台湾首次展出大陆邮票。

集友社这次展出的大陆邮票,主题包括千古名人、历代文物、稀有动物、风景名胜等,共计有近百套邮票或首日封。

内蒙古鄂尔多斯高原发现西汉墓葬及壁画

新华社报道,内蒙古考古工作者最近在伊克昭盟鄂托克旗发现了9座西汉晚期墓葬。

这些墓葬中有一座里边有保存完好的壁画。这座墓洞长3米,宽3米,墓道长12米,是座穹顶式石结构墓,四壁用石头垒砌而成,壁上用石灰粉刷,三面绘有壁画,内容有宫廷宴乐图、牧羊图和射猎图,还有冶铁作坊。

考古工作者认为,从这些壁画的内容可以看出,西汉晚期的内蒙古高原,同时存在着养殖业和种植业。这从一个侧面证实了当时中原文化和游牧民族文化的互相交流和融合。

中央慰问团向党中央 国务院报告赴云南慰问地震灾区的情况

党中央、国务院:

我们受党中央和国务院的委托,于11月9日出发赴云南地震灾区慰问。到达云南后,从昆明到灾区,沿途听取了省、地、县人民政府关于抗震救灾情况的汇报。在灾情最严重的思茅地区澜沧县和临沧地区的耿马县等地,对受灾人民和战斗在救灾前线的各级干部、医务人员、解放军指战员、公安干警、武警部队等进行了慰问。慰问团分赴灾情最严重的澜沧县竹塘、富邦、木戛、上允等乡,耿马县城和郊区以及沧源县勐省镇等,察看了县城、村寨、工厂、农场、仓库、医院、学校等遭受地震灾害的情况。处于困苦和悲痛中的灾区少数民族人民对党中央、国务院给予少数民族人民的关怀,对代表团的到来非常激动,热泪盈眶。拉祜族等少数民族群众激动地说:"共产党是我们的救命恩人!"慰问团所到之处,受到了广大干部和各族群众的热烈欢迎。他们纷纷表示,一定要迅速恢复生产,重建家园,用实际行动感谢党中央、国务院和全国人民对灾区的关怀和支援。现将有关情况报告如下:

一、1988年11月6日晚9时零3分和9时16分在云南省西南边界地区连续发生7.6级和7.2级两次强地震。这次地震灾害非常严重。由于震级高、烈度大、余震多,特别是位于震中的澜沧拉祜族自治县、耿马县和沧源县损失惨重,震中地区城乡通信、供电和交通一度全部中断,村寨住房几乎全部倒塌,人民的生命和财产遭到重大损失。截至11月12日的统计,这次受灾的有思茅、临沧、保山、德宏和西双版纳5个地(州)的19个县,震中分布在范围为150公里长、50公里宽的地带内,第一次震中在澜沧县竹塘、富邦、木戛乡一带,第二次震中在沧源县与耿马县的交界处。受灾总人口5168300余人,其中少数民族人口1852800余人,占35.9%。整个受灾农户50余万户,

250多万人，其中重灾户20多万户，100多万人，特重灾户8万多户，40多万人。到12日为止，已发现死亡722人，伤3364人，其中重伤2825人，轻伤539人。重灾区的澜沧县死亡629人，重伤2590人。农民住房倒塌186000余间271万平方米，毁坏488000余间692万平方米；乡、村政府房屋倒塌8500间128000余平方米，毁坏9032间135000余平方米；城镇居民住房倒塌106000余间1600000平方米，毁坏166000余间2491000平方米。工交邮电、农林水和乡镇企业、财贸金融、教育、卫生、文化、公、检、法、司、边防武警以及农田毁坏等损失共折款6.96亿元。

上述惨重损失主要发生在拉祜族、佤族、傣族、布朗族等8个少数民族区域。由于这些区域经济发展比较缓慢、交通不便、人民对自然灾害的承受能力较弱，加重了地震灾害的后果。

二、灾情发生后，省委、省政府根据地震局测出的震中坐标，连夜研究对策，几小时后即制定了抗震救灾方案，通告各方，要求灾区各级党组织和政府部门，并吁请成都军区调动部队，立即组织力量，赶赴灾区抢救人民生命财产。省长和志强同志和省、地干部当夜率队去灾区现场指挥。当地驻军部队和各医疗卫生单位，都闻讯而动，由主要领导同志带队，连夜赶赴灾区，立即投入救人、救火的战斗。紧张的抢救工作持续了5天5夜，至12日还在各山寨灾区继续紧张地工作。他们全力以赴，在省委、省政府和成都军区、云南省军区的指挥下，率领广大干部、各族群众同地震灾害进行了顽强的斗争，抢救群众，救护伤病员，抢救、保护国家、集体和群众的财产。目前，死难者的遗体已经全部处理完毕，绝大多数重伤员已得到治疗，火灾已扑灭，通信交通已全部恢复。由于工作抓得比较扎实，重灾区的各族群众已从悲痛和恐慌中醒来，社会治安良好，救灾物资和人民群众的日常生活用品组织调运比较及时，群众情绪已开始稳定，精神面貌较好。灾区的群众生活已初步得到安排，对没粮吃，无衣穿的群众，救济了一些粮食、衣物；地方政府和部队正在组织力量为无家可归的群众搭草棚，使他们暂时得到安置；12日，澜沧县城的商店、粮店、银行、信用社、供销社、邮电所等已恢复营业，有的学校已开课；医疗卫生单位在重灾乡建立了3个临时医院接收重伤员，紧张地组织医疗，医疗器械和药品已得到保证；没有发生疫病流行和群众流离失所的现象。在抓紧安排灾区群众生活的同时，省、地、县政府已开始布置下一步的工作，把救灾工作的重点逐步转移到恢复正常生活和生产秩序，开展生产自救、互救、重建家园上来。

三、在这次抗震救灾斗争中，各级干部、人民解放军、公安干警、武警部队、广大医务工作者发扬了我党的优良传统，和群众同生死、共患难，与地震灾害进行了顽强的斗争。事实再次说明了我们的广大干部、党团员是人民忠诚的勤务员，是全心全意为人民服务的公仆，是完全经得起考验的。

这次抗震救灾，人民解放军、公安干警和武警部队指战员又一次发挥了主力军、突击队的作用。他们以震情为命令，自动地、迅速地赶赴震灾现场，争分夺秒地抢救人民生命财产、抢修公路桥梁、通讯设施，维护社会治安和协助政府安排群众生活，在这次抗震救灾中起到了决定性作用，再现了为人民利益无私奉献的光辉形象。最先到达灾区的部队领导向全体指战员提出“四有”要求：第一批到达灾区的有我们；最艰巨的任务有我们；最困难的地区有我们；最危险的地区有我们。事实表明，人民解放军是国家的柱石，灾区人民的靠山。通过抗震救灾斗争，正进一步密切着党群、干群、军政、军民和各族人民之间的亲密关系。各族人民群众从现实的生活中，再次体会到社会主义制度的优越性。拉祜族人民激动地说：天上有多少颗星星，拉祜人有多少支芦笙，支支芦笙歌颂党，永远也唱不完共产党对各族人民的恩情。

在这次抗震救灾斗争中，从事地震科学活动的科技工作者，作出了很大贡献，对这次地震的预报预测是准确的。地震发生后，在通信、交通完全中断、灾区与外界完全隔绝的情况下，地震部门根据各台站测定的地震波数据，准确地报告了震中的地理坐标，为省政府的救灾决策提供了重要的科学依据，保证了省政府救灾方案的准确无误。国家地震局发动全国地震网，从江苏、安徽、北京等地组织了140多名专家，分赴灾区各地，进行监测、分析、预报工作，并协助地方政府进行地震知识的宣讲，解除群众的恐慌心理，为迅速恢复正常生活和生产秩序，为机关、厂矿企业、服务业迅速恢复生产，开展营业服务，人民群众重建家园起到了积极的作用。地震部门科技工作者的贡献是明显的，是突出的。

四、11月13日上午，中央慰问团在与省委、省政府交换意见时，金人庆副省长代表省委、省政府正式请中央慰问团转达他们对党中央、国务院的谢意，表示决不辜负全国人民的期望，有决心、有信心，尽快恢复灾区的正常生活、工作秩序，领导各族人民群众发展生产，重建家园。此外，省里还提出了需请国家帮助解决的问题。

五、通过实地观察和与省、地、县各级领导同志及各业务部门反复交换意见，经中央慰问团全体同志讨论研究，对这次救灾工作的方针提出下列建议，供党中央、国务院决策时参考。

第一，这次地震给灾区带来的破坏是巨大的，给灾区人民带来的危害是惨重的。冬季即将到来,当务之急是先安排好群众的生活,然后尽快恢复生产和开始重建家园。建议国务院和省、地各级政府继续对灾区给予必要的救济。

第二,灾区为少数民族杂居区,拉祜等少数民族的人民十分纯朴善良。由于经济发展比较缓慢,人民生活还比较困难。特别是家庭中主要劳力在震灾中死亡的困难更大。建议对这些群众从优给予抚恤。

第三,为了保持边疆的稳定,民族的团结,使人民群众的生产、生活、工作有所保证,并逐步有所改善,建议中央各部门和省政府加强对灾区的灾后建设和社会发展的指导。在救灾和恢复生产的过程中,尽量做好规划,合理使用救灾物资,为灾区人民以后的进步和经济发展创造条件。

第四,建议请国家计委、建设部、国家教委、财政部、民政部、交通部、水利部、地震局等部门,组织专家组赴灾区,协助地方政府进一步实地查清受灾情况,对危险房屋、道路、水库、学校等设施进行安全鉴定,提出具体可行的解决方案。

第五,目前,全国各地一些机关、学校,企事业单位、社会团体和个人,纷纷要求捐助钱物支援灾区人民。这是我国人民高尚风格的具体体现,是一方有难,八方支援的好传统的继续发扬,是精神文明建设的巨大成果。我们建议这方面的工作由民政部负责处理。

现国际上已有一些组织、团体和国家提出向灾区提供援助。建议由民政部和中国红十字会负责处理这方面的事宜。

第六,此次抗震救灾工作,应当区别轻重缓急、重灾区与轻灾区、城镇与乡村等不同情况,按照中央、省、地、县各级分级负责和全社会共同负担的原则,在各级政府财政给予适当帮助的基础上,充分发动灾区各族人民群众,发扬自力更生、艰苦奋斗的革命精神,积极开展生产自救、互救,从而使灾区人民迅速恢复生产,重建家园,夺取抗震救灾斗争的胜利。

中央慰问团

1988 年 11 月 13 日

11 月 14 日

国家主席杨尚昆在人民大会堂会见科摩罗伊斯兰联邦共和国总统艾哈迈德·阿卜杜拉·阿卜杜拉曼一行

杨主席说,总统阁下在中科两国建交 13 周年的喜庆日子里来华访问我们感到非常高兴。近年来,两国关系的发展很好,中国愿意进一步加强同科摩罗的合作。

阿卜杜拉总统说中国是最早承认科摩罗的国家之一。两国建交以来,科中两国一直手拉着手。我们愿同中国站在一起,同所有发展中国家站在一起。阿卜杜拉总统感谢中国对科摩罗的支持。

全国人大常委会副委员长赛福鼎·艾则孜参加了会见。

国务院代总理姚依林在人民大会堂同科摩罗总统艾哈迈德·阿卜杜拉·阿卜杜拉曼会谈

全国人大常委会委员长万里在人民大会堂设宴欢迎由议长维托尔·克雷斯波率领的葡萄牙议会代表团

万里在宴会上祝酒时对中葡两国友好合作关系正朝着积极、全面的方向发展表示高兴。

万里说,澳门问题的圆满解决,使中葡两国友好合作关系的发展翻开了新的一页,它不仅为澳门的长期稳定和发展奠定了坚实的基础,也为通过和平谈判的方式解决国与国之间的争端提供了一个新的成功范例。万里赞扬葡萄牙议会为促进两国友好合作关系的发展,为澳门问题的圆满解决作出了积极的努力。他相信葡萄牙议会代表团这次访问必将为增进两国人民的友谊,为推动两国友好关系的发展作出新的贡献。

克雷斯波在祝酒时说,代表团这次访问的目的是要表达葡萄牙议会要发展两国友好关系的愿望。葡中两国在缓和国际紧张局势和维护世界和平方面有共同的观点,在其他许多根本性的问题上也有共同点。两国间有着稳定的政治关系。他希望两国其他方面的关系也不断发展。

克雷斯波指出,澳门问题的解决为葡中两国进一步加强双边关系的努力带来了光明的前景。他强调,葡萄牙将认真履行葡中两国签署的关于澳门问题的联合声明。

全国人大常委会副委员长王汉斌等出席了宴会。

农工党十届一中全会选举卢嘉锡为农工党中央主席

卢嘉锡,福建厦门人,1939 年获伦敦大学化学博士学位,后在美国加州大学伯克利校部和美国国防研究委员会一研究室工作。他于 1945 年年底回国后,在厦门大学任教授、研究部长、校长助理等职。他还担任过福建省政协副主席、省人大常委会副主任,曾任中国科学院院长,现任第七届全国政协副主席、中国和平统一促进会会长、中国科学院主席团执行主席等职。

物资部部长柳随年就国务院颁布《关于加强钢材管理的决定》答《人民日报》记者问

问:请您谈谈《关于加强钢材管理的决定》(以下

简称《决定》)对贯彻党的十三届三中全会提出的治理经济环境、整顿经济秩序、全面深化改革的方针有何重要意义?

答:钢材是重要的生产资料。近年来,随着经济体制改革的不断深入,钢材流通突破了过去单一的计划调拨的模式,开始转入有计划的商品经济运行轨道,这对搞活经济、促进生产,起到了积极作用。但也出现了一些亟须解决的问题。突出的是,钢材经营渠道混乱,价格上涨幅度大,各种非法交易泛滥,计划外资源分散,形不成公开市场等。这些问题的存在极大地影响了经济的稳定增长和改革的深化。为了解决这些问题,国务院作出了这个《决定》。正如国务院领导同志指出的那样:这是一个治理经济环境、整顿经济秩序的重要文件,各部门要加强协作,认真贯彻执行。

问:《决定》的主要精神和基本内容是什么?

答:《决定》从钢材流通的实际情况出发,制定了十条综合治理的措施。总的原则是大的管住,小的放开;既要管,但又不要管死。《决定》中的十条措施,归纳起来,主要有以下三方面内容:一是加强计划管理,较具体地规定了钢铁企业必须保证完成国家下达的指令性计划任务,对极短缺的冷轧薄板、冷轧硅钢片、镀锡薄钢板、镀锌薄钢板4种钢材实行专营,对重轨、轻轨、各种型材、中厚板等十几个品种从企业自销中划出一部分,组织产需衔接,实行定点定量供应。二是清理整顿钢材经营企业,有领导有组织地建立钢材市场,严格钢材市场管理和价格管理,取缔各种非法交易和不正当经营等。三是限制不合理消费,发挥好物资企业主渠道作用,加强对钢材市场的宏观调控等,重点是从宏观上运用政策来抑制盲目需求和限制不合理的出口,增强国家对钢材市场的调控能力和实物吞吐调节功能,稳定钢材市场。

问:加强对钢材的管理,同改革的精神是否相悖?

答:《决定》的颁布实施,目的是在搞活流通的同时,建立市场新秩序,加强宏观调控,这既是改革的重要内容,又是深化改革的条件。所以说,加强对钢材的管理与深化改革的精神是一致的。这几年,物资体制改革针对旧体制的弊病,采取缩小指令性计划范围,相应放开计划外物资的价格,扩大市场流通等一系列措施,取得了较大的成效。但是,放开、搞活只是改革的一个方面,目的在于解放生产力,发展生产力;另一方面,还要加强管理,合理组织经济,才能使国民经济持续、稳定地发展,这也是发展生产力的要求。《决定》贯穿了放管结合的精神,兼顾到国家利益和企业的正当利益,一方面确保了国家重点生产企业和建设项目的需要;另一方面又维护了钢铁企业必要的自主权和增产节约的积极性。

问:通过贯彻《决定》,明后两年钢材流通中会出现什么新的趋势?

答:切实贯彻《决定》,做到令行禁止,过高的工业速度降下来,过分膨胀的基建规模压下来,加上国内钢材生产持续增长,钢材的供需矛盾会有所缓解。但几个钢材品种的短缺现象还不会改变。由于采取了一系列加强管理的措施,钢材的配置会更合理。多数钢材品种的价格也将趋于稳定,有的还会稳中有降。这对实现明年零售物价指数上涨幅度明显的低于今年的要求是个有力的保证。

问:加强钢材管理,物资部门负有重大责任,请您谈谈物资部门的职工应该如何加强自我约束,保持廉洁,更好地完成国家交给的任务?

答:这个问题非常重要。物资部门是国务院统筹规划和管理全国生产资料流通的职能部门,它在连接产需双方,保持经济稳定发展中负有重要责任。赵紫阳同志最近指出:在目前价格"双轨制"还不能取消的情况下,物资部门是个集中被腐蚀的对象,要有一套反腐蚀的办法。为此,我部在认真学习三中全会文件和紫阳同志指示的基础上,制定了关于保持职工廉洁的十条规定,已经公开颁布执行。我们准备今后每季度检查一次,好的给予表扬,违反的严肃处理。此外正在制定一个物资部门工作服务守则,也要公布,希望新闻界和广大人民群众对我们进行监督。

中国先后同20个国家签订避免双重征税协定

据《人民日报》报道,截至今年10月底,我国已先后同日本、英国、法国、美国、联邦德国等20个国家分别签订了对所得避免双重征税和防止偷漏税协定。此外,我国同罗马尼亚、瑞士等11个国家的避免双重征税协定,有的已草签,有的正在谈判之中。

我国是从1981年开始有步骤地同一些国家签订避免双重征税协定的。根据各国不同情况,这些协定对消除双重征税分别采取免税法和税额扣除法(抵免法),即对居民在境外的营业利润和个人劳务所得所交纳的税款,或在本国不再征税,或准其从本国缴纳的税额中扣除。有的还规定按我国税法规定的营业利润减免税,可按假如未减免的税额,给予饶让抵免;对从我国取得的股息、利息、特许使用费等项投资所得,不论我国是否已征税,可分别按15%、10%、20%的税率给予定率税收抵免。这些做法,保证了外国投资者从我国税收优惠中确实得到实惠,起到鼓励来华投资的积极作用。

国家科委公布《实验动物管理条例》

《实验动物管理条例》是我国适应新技术革命的

一项重要立法。实验动物是指人工饲育的、对其携带的微生物进行控制的、遗传背景明确或者来源清楚的用于科学研究、教学、生产、鉴定以及其他科学实验的动物,如小鼠、大鼠、豚鼠、地鼠、兔、猫、犬、恒河猴等。它既是生命科学研究的基础和条件,又是医药、卫生、农业、化工、环保、国防等部门发展的保证和必备条件。在生命科学领域中,几乎所有课题的确定,成果的评价、研究水平的衡定,无不取决于实验动物的质量和动物实验的效果。据统计,我国"七五"科技发展规划的课题中,直接与实验动物有关的占17%左右,间接有关的近1/3;卫生部需进行动物实验的科研课题占一半左右;医学科学院80%以上的课题要通过动物实验来完成。

我国实验动物科学起步较晚。国家科委自1981年负责这项工作的组织协调任务以来,多次组织有关人员对国内实验动物科研、饲养、应用情况调查,结果表明,这门科学虽然近几年发展较快,但与先进国家相比,目前我国实验动物的科技水平低,质量较差,品种较少,管理水平较落后,还没有统一的标准和规范,管理工作处于无章可循、无法可依的状况,影响了科研和有关产业技术的发展。为了建立和健全我国的实验动物质量标准和管理标准,并逐步接近和达到国际标准,使之具有科学性和权威性,实验动物管理条例规定国家实行实验动物质量合格认证制度,在饲养管理规范化方面提出了要求。这个共分7章35条的条例,还规定由国家技术监督局制定实验动物的遗传学、微生物学、营养学和饲养环境等方面的国家标准,国家设立实验动物保种、育种和质量监控单位,以确保实验动物品种纯正和质量优良。

第一次国共两党关系学术讨论会在湖北武汉开幕

由民革中央《团结报》社和武汉统战理论研究会等单位发起并组织的这次学术讨论会,将本着"百花齐放、百家争鸣"的方针,从国共两党两次合作与分裂的经验教训及海峡两岸现况等方面,深入研究和探讨两党第三次合作的必要性与可能性,以及两党第三次合作途径与模式。

专家们认为,在近70年的中国近代史上,国共两党时而患难与共、情同手足;时而刀兵相见,血海深仇以至不共戴天。透过错综复杂、扑朔迷离的历史现象,史家们看到,两党的合作与分离,不以某个杰出人物的意志为转移,也不是历史的偶然,其中蕴藏着深刻的内在规律。从"合则两利,分则两伤"的历史经验中,专家们得出结论,国共第三次合作已成为历史必然。

史学家们探讨了第三次合作的历史必然性和现实可能性之后,认为有远见的政治家应该具有广阔胸怀,勇于丢掉历史包袱,面对现实,放眼民族未来,顺应和推动历史潮流向有利于祖国统一的方向发展。

11月15日

国家主席杨尚昆在人民大会堂会见由议长维托尔·克雷斯波率领的葡萄牙议会代表团

杨尚昆说,近几年两国领导人多次互相访问,这对促进双边关系进一步发展很有益处。我们两国政府和议会加强友好关系,是为了推动两国经济、文化、科技等方面合作的发展。杨尚昆希望两国议会经常交流经验,互相学习。

克雷斯波说,葡萄牙人都关注同中国的关系。我们议会代表团来中国访问正是为了加强同中国全国人大的关系,加深对中国人民的了解,以便扩大两国在经济、文化、科技等领域的合作。

杨尚昆在介绍中国情况时说,我们提出治理经济环境和整顿经济秩序,就是对中国的经济建设进行内部调整。这不影响对外经济技术合作,更不意味着中国对外开放政策的改变。

全国人大常委会副委员长王汉斌会见时在座。

国务院召开第25次常务会议

听取国务委员宋健关于中央慰问团赴云南地震灾区慰问情况的汇报,讨论并原则通过了《医疗用毒性药品管理办法》和《精神药品管理办法》。

会议认为,11月6日云南省西南地区发生强烈地震后,整个救灾工作是及时、扎实、有效的,灾民生活已初步得到安排,受伤人员已得到治疗,遭到破坏的公路已经修复,通信已经畅通,各种救灾物资正源源运往灾区,广大灾民的情绪已经稳定,并开始重建家园。在抗震救灾过程中,云南省各级干部、医务人员、人民解放军和武警部队指战员、公安干警、地震科技人员,以对人民生命财产高度负责的精神,与地震灾害进行顽强斗争,作出了重大贡献。

鉴于这次地震发生在云南少数民族地区,波及范围大、灾情严重,会议决定:成立国务院抗震救灾领导小组,指导和帮助灾区人民恢复生产,重建家园。

会议指出,整个救灾工作,要分清轻重缓急,目前应着重解决灾区群众的吃饭、穿衣、医疗和居住问题,并积极为恢复生产做必要的准备。在此基础上,统一筹划整个地震灾区的重建工作。

《医疗用毒性药品管理办法》和《精神药品管理办法》,是根据《中华人民共和国药品管理法》制定的,目的在于防止这类药品的乱生产、乱销售、乱使用,保护人民群众的健康。这次国务院常务会议经过讨论,原则通过了这两个办法。

国家行政学院筹建领导小组在北京举办第一期政府秘书长和办公厅主任培训班

中共中央政治局委员宋平在开学典礼上作重要讲话。

这个学院是适应我国政治体制改革和经济体制改革的需要,为实施国家公务员制度,经国务院决定建立的一所新型学校,是培养国家高级公务员的摇篮。本期培训班的中心课题是学习、研讨“政府科学管理和国家公务员制度”。

宋平在讲话中指出:“今后,所有拟晋升高级和中级职务的国家公务员,在任职之前,除了要严格考核其政绩和德才等条件之外,都必须经过国家行政学院一定时期的任职资格培训,只有学习成绩合格者,才能取得任职资格,这一条谁都不能例外。所有国家公务员必须把平时学习和参加培训摆在重要位置上,不断补充学习任职所需要的管理知识和管理技能,不断提高担任较高领导职务应该具备的素质。只有这样,才能树立起良好政风,提高工作效率,才能逐步实现政府管理的科学化和现代化。”

参加首期培训班学习的有国务院各部委、直属机构和各省、自治区、直辖市、计划单列市政府的秘书长或办公厅主任,共70名学员。

胡绳、赵东宛、高扬、程连昌、郝建秀、邹时炎等出席了开学典礼。

铁道部发出通令停止办理国内团体旅游票同时严格控制会议团体车票

据10月18日北京站对京沪、京广、京山三大线8趟列车乘客的抽样调查,发现乘客中旅游者和开会出差者分别占36.7%和25%,两者占了乘客总数的60%以上。铁道部认为,停止办理国内团体旅游票(外宾、华侨、港澳台胞除外)和严格控制团体会议票,将有助于遏制客流暴涨的势头。有关人士指出,要从根本上控制客流暴涨还得限制公费旅游和泛滥成灾的各种会议。

中共中央书记处书记芮杏文在人民大会堂会见由徐东范副总编率领的朝鲜《劳动新闻》代表团

国务院副总理吴学谦在北京会见以议长维托尔·克雷斯波为首的葡萄牙议会代表团

中国海商法协会在北京成立

我国是海运大国之一,远洋轮船总吨位居世界第8位。1981年以来,我国批准公布了一批海运法律、法规和行政规章,还加入了有关海运国际条约30多项。由各方专家组成的中国海商法协会问世,对进一步完善我国海商法制,加快中国海商法的出台及促进海峡两岸通商通航都有重要意义。

中国驻美大使韩叙就中美建交10周年等问题接受记者采访

中国驻美国大使韩叙接受《人民日报》、新华社、北京电台和中国新闻社常驻华盛顿记者采访时就中美建交10周年、中美关系的现状和今后展望回答了记者的提问。下面是韩大使谈话的全文:

问:1989年1月1日是中美建交10周年,请大使阁下谈谈您对10年来中美关系的发展和对前景的展望。

答:在庆祝中美建交10周年的日子里,我高兴地看到,中美关系10年来得到了很大发展,两国领导人经常互访,里根总统、布什副总统、舒尔茨国务卿、温伯格和卡卢奇国防部长等都访问过中国,赵紫阳总书记、李先念主席、李鹏总理、杨尚昆主席等我国领导人都访问过美国,他们的互访有效地增进了两国间的互相了解,推动了两国友好合作的发展。

10年来,两国在经贸、科技、文化方面的交流和合作有广泛的进展,达到了新的广度和深度。到1987年度,中美贸易额已达78.58亿美元,是建交时的8倍。今年上半年,中美贸易额已达41亿美元。美国已成为中国的第二大外国贸易伙伴,美国对华私人投资的协议金额为30.4亿美元,占中国吸收外商直接投资总额的13.3%,名列外国对华投资的首位。中国目前有3.2万名学生和访问学者在美学习或从事研究工作,两国间的人员交流也有很大增加,1987年美国访问中国的旅游者达到了30万人,无数友谊纽带把两国的许多省、州、城市和人民联结在一起。

中美关系之所以能平稳发展,是由于中美两国政府和人民有着发展两国友好关系的共同愿望,并作出了共同的努力。我认为,中美两国关系的稳定发展,符合中美两国人民的根本利益,有利于世界,特别是亚太地区的和平与稳定。

中美建交后第二个10年即将到来,我对两国关系的进一步加强和发展抱有充分的信心,因为中美两国的友好合作不仅有了深厚的基础,而且有着广阔的前景。

随着我国经济的发展和改革的深化,我们同世界各国的贸易往来、经济合作和科技交流将会有更大规模的发展。中国拥有大量的资源、劳动力和有待开拓的广阔市场,而美国有雄厚的资金、先进的科学技术和现代化管理经验。双方在经济上的这种互补性,为两国进行广泛的合作提供了现实的可能性。中美两国在平等互利基础上发展经贸关系将对世界经济,特别是对亚太地区的繁荣和发展作出重要贡献。

当前,国际形势正在发生重大变化,对话代替对抗,和平解决国际争端的趋势在发展,军备控制也有所进展,这为世界的和平和发展提供了有利条件,也为中美之间的合作创造了更多的机会。

诚然,我们必须看到,中美两国关系中仍然存在着一些消极因素。阻碍中美建立新型关系的一个最根本的问题,是台湾问题。尽管美国政府一再重申信守"一个中国"的立场,但建交以来,违背中美三个联合公报原则的事情却时有发生。美国的"与台湾关系法"始终是两国关系中的一片阴云。我希望在建交后的第二个10年中,双方能严格按照中美三个联合公报的原则和精神,妥善处理台湾问题,推动海峡两岸的接触和交往,顺应中国和平统一的历史潮流,促使中美关系的稳定发展。

中美两国都是主权国家,为了巩固和发展中美友好合作,在两国关系中切实遵守互相尊重、平等互利的原则是十分必要的。但遗憾的是,美国有少数人仍然对中国内部事务妄加指责,甚至想让中国的事情按照他们的旨意来办,这是不利于中美关系发展的。对于国际和双边关系中的一些重大问题,中美双方既有共同看法,也存在着不同见解,这是正常的。只要双方坦诚相见,充分协商,就能求得谅解,消极因素就能克服,两国关系就能发展。

目前,中美两国经贸关系发展的水平同中美两国的人口、资源、市场和总的生产力水平相比,还很不相称。中国对美国的出口占美国进口总额还不到1%;美国在华投资占美国在海外投资总额还不到0.3%。美国的贸易保护主义是影响中美贸易进一步发展的一个因素,因为中美贸易发展的速度很大程度上取决于中国对美国出口的增长速度,中国出口增长了,中国就有能力更多地购买美国产品。另外,美国在出口管制方面的一些歧视性限制,对中美贸易的发展也很不利。我希望在中国改进外贸体制、加强外资立法、改善投资环境的同时,美国政府将继续减少贸易限制、开放市场、放宽对华技术的出口限制,以利于美国新产品的出口和中美经贸关系的进一步发展。

在庆祝中美建交10周年的日子里,看到10年来中美关系的巨大发展,我感到由衷的高兴。最近美国大选选举出了新的总统,中国政府衷心希望同美国新的一届政府加强合作,共同努力,使中美两国关系在未来的岁月里得到更进一步的发展。

问:钱其琛外长不久将访苏,明年可能举行中苏首脑会晤。请大使阁下谈谈中苏关系的改善对中美关系的影响。

答:钱外长访苏,将与苏方继续就柬埔寨问题等交换意见。中方注意到苏联表示愿意促使柬埔寨的尽早解决,现在出现了一些有利于消除柬埔寨问题这个主要障碍的迹象。从钱外长访苏到中苏高级领导人的会晤之间,还有许多艰巨工作要做。中国愿在和平共处五项原则基础上与苏联实现国家关系正常化。中国奉行独立自主的和平外交政策,不同任何大国或大国集团结盟,中苏不会恢复50年代的关系。因此,中苏关系的改善不影响中美关系的发展。

问:布什已当选美国第51届总统,请大使阁下谈谈对布什就职后的中美关系的展望。

答:11月8日,美国人民选举布什先生担任美国下届总统,我已向布什副总统表示热烈的祝贺。布什先生是中国人民的老朋友,我对布什执政期间中美关系的平稳发展抱有信心。

第二届国际防务技术展览在北京举行

该展览由香港现达技术交流专业协会有限公司和华进有限公司联合主办,展览于11月15日至20日在北京中国国际展览中心举行。包括中国在内的13个国家和地区的113家厂家展出了陆海空军各式武器、国防电子、各种国防生产机械及设备、国防专用设备以及后勤补给设备等。展出期间还将举办多项技术交流会。本届展览会是继1986年的国际国防工业展览会之后又一次在京举办的大型防务技术展览。据悉,今后每两年将定期在我国举办国际防务技术展览。

中美海气相互作用学术讨论会在北京举行

近百名中外科学家出席了这次会议。

海气相互作用是当今世界海洋和气象科学研究的重大课题。发生在印度洋和太平洋的"南方涛动"和"厄尔尼诺"现象,是大尺度海气相互作用中的结果,对全球的海洋和大气环境,尤其对太平洋沿岸各国的海洋环境有很大影响。3年来,中美科学家合作进行了热带西太平洋海域考察,已完成4个航次的海洋综合调查,通过现场辐射观测、诊断分析,获得大量海洋环境资料。

这次中美学术讨论会的内容涉及整个西太平洋海域,共发表论文75篇,展示了一批令人欣慰的成果。

脱毛灵在上海研制成功

只要按每公斤用药30毫克的比例给需要取毛的绵羊灌服"脱毛灵"片剂溶液,12—15天后羊毛便会自然松动,用手一撸,羊毛即落。

经黑龙江省21个县、15个农场近10万只绵羊推广试用表明,采用药物脱毛的方法几分钟便可完成手工半小时的工作量,平均每只羊可增产羊毛0.5公斤,羊毛长度平均增加1.8厘米,还能提高羊毛质量和等级,净增收入4.73元。这种一用即灵的药物是由上海第十二制药厂研制的,它将结束我国沿用千年的手工剪羊毛的历史。

中国当代文学研究会在江苏无锡召开学术讨论会

来自全国和海外的专家、学者、评论家、编辑家百余人出席。

讨论会集中地探讨我国近年文学发展的态势,指出在经历80年代前期文学的繁荣和反思后,1985年以来面对创作和评论自由,面对市场竞争机制和人们思想情趣、审美风尚的嬗变,文学创作和研究都出现一个新的格局,其标志是主体意识的高扬,文化批判的深入,多元探索的活跃,文学热点的转移。纪实文学的崛起引人注目,通俗文学再次对艺术文学形成冲击,也堪人忧虑。文学在发展中,先锋性探索性的作品与时代和群众有所疏离,性表现的过热过滥也有损文学的健康审美旨趣。当前纯文学的创作出现低谷,许多作家感到困惑和痛苦。

与会者认为,在肯定文学前进的成绩时,也应充分注意研究存在的问题,许多发言指出,文学虽有商品的属性,但它毕竟是崇高的事业,一部卓越的伟大的作品,影响垂于后世,其价值决非金钱可以衡量。党和国家应该创造条件促使这种作品得以产生。对一次性消费的浅价值的文学,在出版上应有宏观调控。文学家自身则应树立崇高的价值观,避免急功近利的粗制滥造,努力提高文学的质量,使文学真正有益于社会主义精神文明建设,坚定地攀向艺术的高峰。

会上,中国当代文学研究会还颁发了第二届当代文学研究成果表彰奖。

裘祖源逝世

我国近代防痨事业创始人之一、著名防痨专家裘祖源教授11月15日在北京逝世。

裘祖源30年代初先后毕业于燕京大学和协和医学院,获理学学士和医学博士学位,其后留学美国。归国后,他任职于协和医学院公卫系,创建了第一所结核病门诊部,进行了一系列结核病流行病学调查与防治工作,为我国早年防痨工作奠定了基础。新中国成立后,裘祖源筹建中央结核病研究所,获得了多项重大科研成果。他致力于防痨事业50年,历任协和医院院长,协和医学院教务长,亚非学生疗养院名誉院长,中国防痨协会总干事、副理事长,中华医学会结核病科学会主任委员,全国结核病咨询委员会副组长,并为推动国际间的防痨学术交流作出贡献。

11月16日

民革七大全体会议推举屈武为民革名誉主席 裴昌会 赵祖康为名誉副主席

《人民日报》发表社论《力争明年农业丰收》

夺取明后年特别是明年的农业丰收,是刚刚结束的全国农村工作会议向全党全国人民提出的一项紧迫任务。

我国粮棉生产自1984年登上新的台阶之后,已经连续四年徘徊不前了,应当力争明年有一个新的转机,以适应人口和粮食消费量日益增长的需要,给改革、给整个国民经济的发展、给人民生活的稳定与改善,创造良好的条件。

年年岁岁盼丰收,明后两年的收成尤其紧要。根据中央的部署,明后两年改革和建设的重点放在治理经济环境、整顿经济秩序上。争取明后年农业丰收同实现中央的这个部署是密切相关的。很显然,大力发展农业生产,增加农产品有效供给,对于平抑物价、稳定大局至关重要。党的十三届三中全会提出,解决总需求大于总供给的问题,一方面要抑制总需求膨胀,另一方面要用很大的力量来改善和增加有效供给,特别是农产品的有效供给。有了粮食,解决好"菜篮子"问题,社会基本就安定了。明后两年我们的经济发展速度要适当放慢,基本建设规模要压缩,但农业特别是粮棉生产不仅不能放慢,不能压缩,而且发展步子要加快,工作要加强。否则的话,农业不顺利,"半路上杀出个程咬金",治理经济环境的目标必然要受到严重的干扰。

还应当看到,如果说造成通货膨胀的根本原因是经济过热的话,那么这种"过热"主要表现为工业过热,而相形之下却是农业热度不够。这种冷热失衡的状况,是农业出现连年徘徊的一个重要因素。一个突出的现象是,近几年农业投入不足。一些同志虽然知道农业重要,知道离了农业、离了衣食温饱,改革和建设的一切都将无从谈起,并且也在喊以农业为基础,而实际上只热衷于追逐工业增长速度,在他们头脑里,"工业来钱快,农业来钱慢"的观点根深蒂固。农业作为一个无可替代的基础产业的地位,在许多地方摆得不正,得不到应有的重视。改变这种工业过热、农业偏冷的状况,协调工农两大产业的关系,大力发展农业,是符合治理经济环境的总要求的,并将对其产生积极有利的影响。无论从哪个角度来说,夺取农业丰收都是明后两年工作中具有全局性意义的大事,这一点必须引起全党各级组织的高度重视。农业徘徊的局面再也不能继续下去了。

夺取明后年农业丰收有没有把握呢？有的同志对此是有怀疑的。我们认为，农业徘徊的局面是不容忽视也不容盲目乐观的，但也决没有理由悲观。农村改革历时10年，农村经济和农业生产已经出现了重大转折，我们已经基本解决了10亿人民的温饱问题，并且使农村经济的活力与实力大大地增强了。今年粮食生产虽然受到灾害的影响，但农村的其他产业和大多数经济作物，仍有较大发展，农民的收入将进一步增加。当前，农业发展面临的新问题，已引起全国上下的密切关注，重视农业的空气日渐浓厚，在治理经济环境的新形势下，一个更加有利于农业发展的新局面开始形成。我国农业从总体上来看还处于开发阶段，农业包括粮食和棉花的增产潜力很大。为了夺取明后两年的农业丰收，党和政府业已制定了不少有力的政策和措施，包括投入有所增加，粮食收购适当调价，生产资料供应会好于今年，这些都是冲破农业徘徊的有利条件。

一些同志看到，有些农民种粮种棉的积极性不高，气不大顺，因而对于粮棉生产信心不足。不可否认，由于粮棉产品比较利益下降，农民种粮种棉的积极性确实受到很大影响。但这种情况不是不可改变的。我们应当相信，在革命战争和今天建设中作出过重大贡献、真心拥护改革并在改革中得到实惠的我国农民，是通情达理的。只要我们把所遇到的困难和为了长远利益必须分担困难的道理，原原本本地告诉农民，是能够得到他们理解的。我们的原则是，一方面国家包括地方政府要想方设法增加对农业的投入，通过切实有效的措施包括提供必要的服务，尽可能地帮助种粮种棉的农民解忧排难，使他们能顺心顺气地投入生产，并在收入利益上得到一定的照顾；另一方面，又要说服、动员农民，积极完成国家安排的粮棉生产、销售任务，为了支持改革与建设的大局，继续为国家尽一些义务。如果把这两方面的工作都做好了，农民种粮种棉、发展农业生产的积极性是能够进一步提高的。

各级党委和政府，要切实加强农村工作的领导，把发展农业放在十分重要的地位。尤其明后两年经济调整时期，要把更大的精力和注意力放到发展农业方面来。党中央、国务院决定，今冬明春要在农村开展一次形势教育，引导农民正确认识形势，全面理解改革；同时要发动和组织农民，掀起以治水改土为中心的农田基本建设高潮。抓紧今冬明春的这两件大事，对奠定明年丰收的基础是十分重要的。

当前全国农村总的形势是好的，改革和发展中出现的一些问题，都是可以解决的。只要全党重视，各方协力，扎扎实实做好工作，依靠政策依靠科学，增加农业投入，争取农业稳步发展，首先夺取明年丰收，是完全有条件的。

解放军总参谋部 总政治部 总后勤部联合发出电报慰问参加云南抗震救灾部队的指战员

电报说，在云南省西南地区遭受强烈地震灾害后，参加救灾的部队迅速奔赴灾区，奋勇抢救人民生命财产，运送救灾物资，抢修公路和公共设施，协助维护社会治安，帮助群众安排生活，为抗震救灾作出了突出的贡献。在抗震救灾工作中，许多官兵哪里困难，就出现在哪里，主动放弃休假、探亲；驻灾区的部队，在自己受灾的情况下，首先想到的是人民群众的生命财产安全，自觉投入重灾区的抢救工作；许多指战员在余震不断的情况下，奋不顾身，抢救伤员。在抗震救灾中，部队充分发挥了突击队的作用，体现了人民军队对国家和人民的高度责任感，体现了我军无私奉献的精神。电报说，这次抗震救灾，成都军区、云南省军区及部队各级领导高度重视，组织严密，指挥得力。

电报指出，目前，抗震救灾工作已基本转入帮助群众安排生活、生产自救、重建家园阶段，任务还很艰巨。希望参加抗震救灾部队的全体官兵，继续保持旺盛的斗志，在地方各级党委和政府的领导下，紧紧地同灾区各族人民群众团结在一起，为夺取抗震救灾的全面胜利作出更大的贡献。

国防部部长秦基伟在人民大会堂会见前来北京参观第二届国际防务技术展览的19个国家的代表团

秦基伟对客人们说："我们历来主张，发展武器装备以自力更生为主，但这并不影响我们开展对外交流。"他说，在当前世界上国防科技迅速发展的新形势下，中国更需要加强同国外的合作与交流，互相学习、互相促进、取长补短、共同提高。

秦基伟对客人们说："诸位从展览会的中国馆中可以看出中国自力更生的方针是正确的。"他说，中国是一个独立的国家，不能没有自己的国防。中国生产武器装备是为了满足中国人民解放军保卫祖国安全的需要。当然，中国也应一些友好国家的要求，向他们提供少量的军品。他重申，中国在出售军品问题上所遵循的原则是：应有利于加强友好国家的防御自卫能力；有利于维护地区和世界的和平；不以出售军品为手段干涉别国内政。他强调指出，在出售军品方面，中国始终是慎重、负责的，而不是随意的。秦基伟还告诉客人们，为适应经济建设的需要，中国用于国防工业的投资是很少的。最近几年，中国还将一部分军事工业转为生产民用产品。

国防科工委主任丁衡高、政委伍绍祖等会见时在座。

社会保障问题研讨会在北京举行

会议就现行社会保障体制的弊端、改革的迫切性以及如何建立新型的社会保障体制等问题展开了热烈的讨论。崔乃夫、朱厚泽、于光远等出席这次研讨会。

中国选手在马尼拉举行的第六届亚洲杯乒乓球赛中夺得男女单打冠军

韦晴光和他在奥运会上夺得男子双打冠军的搭档陈龙灿之间的夺魁战,双方打出了不少对攻好球。韦晴光击败了陈龙灿,夺得冠军。

年仅15岁的邓亚萍猛打猛冲,直落三局战胜了奥运会女子银牌得主李惠芬,成为历届亚乒赛中获得女单冠军的最年轻选手。

福建省中医学院在福州主办首届海峡两岸中医药学术研讨会

贾慎修逝世

我国杰出的草地科学家、北京农业大学贾慎修教授于11月16日因病在北京逝世。

贾慎修1937年毕业于北平大学农学院,1950年起在北京农业大学任教。他一生与草原结下不解之缘,是我国草地资源全面考察和系统研究的先导与奠基人之一。他曾收集了数万份牧草标本,撰写了70余篇考察报告和论文,提出了中国草地分类系统和理论,为全国草地资源的普查、开发及进一步研究奠定了基础。他首先倡导和主持了现代遥感技术在草地资源调查中应用的研究,曾在湖南省城步苗族自治县和河北省围场县,成功地建立起两个山区草地综合改良、发展畜牧生产的科研示范基地,分别获得农业部科技进步一、二等奖。

11月17日

在京老同志在北京召开座谈会纪念刘少奇诞辰90周年

曾经同刘少奇共同战斗和工作过的老同志及各界知名人士杨尚昆、王首道、伍修权、刘澜涛、张爱萍、陈丕显、胡乔木、程子华、方毅、康克清、马文瑞、阿沛·阿旺晋美、周谷城、倪志福、胡绳等出席了座谈会。会上,人们还见到了刘少奇的夫人王光美及女儿刘爱琴和刘平平。

中央文献研究室主任李琦主持座谈会。程子华、周谷城、薛暮桥、张爱萍、胡乔木、张平化等先后发言。

《共和国主席——刘少奇》画册发行式也于今天举行。画册选用360余幅照片,刘少奇在共和国领导岗位上孜孜不倦地工作的情形跃然纸上。

国务院转发水利部《关于依靠群众合作兴修农村水利的意见》并发出通知

国务院在通知中说,发展农村水利,改善生产条件,是增强农业后劲的重要措施之一。依靠群众兴修农村水利是我国的传统做法,今后兴修农村水利,仍应贯彻自力更生为主、国家支援为辅的方针,实行劳动积累,多层次、多渠道集资兴修农村水利,并逐步做到常年化、制度化。

水利部《关于依靠群众合作兴修农村水利的意见》说,近两年来,各地大力开展冬春农村水利建设。农村水利工程年久失修、效益衰减的局面有所改善,全国灌溉面积1980年以来逐渐下降的趋势开始得到缓解。但是,农村水利仍然不能适应农业发展的需要。

为了进一步巩固和发展农村水利,为农业增加后劲,在有条件的地方,必须发动群众进行劳动积累,坚持常年兴修水利,搞好农村水利建设。水利部在反复调查研究的基础上,并征得有关部门同意,对依靠群众合作兴修农村水利问题,提出以下意见:

一、为了提高抗御水旱灾害的能力,改造中低产田,增强农业后劲,促进农业持续稳定发展,必须依靠和组织群众长期坚持兴修农村水利。

二、兴修农村水利,应本着需要、自愿、量力、实效的原则,贯彻自力更生为主、国家支援为辅的方针。

三、兴修农村水利,应按受益范围分级举办。在一村、一组范围内,由村、组举办;跨村的由乡或联村举办;跨乡工程由县、区举办或联乡举办。

国家提倡和鼓励农户或联户按照当地政府的统一规划兴修农村水利,坚持"谁建设、谁经营、谁受益"的原则。各地水利部门要做好服务,加强技术指导。

四、兴修农村水利主要靠农村水利劳动积累工,这是农民用劳力投入发展水利、改善生产条件的重要方式。凡农村劳力,都要承担农村水利劳动积累工。劳动积累工的分摊,可按劳力,也可按土地承包面积,或两者结合等群众认可的办法确定。一般每年出10到20个工日。烈军属、五保户、民办教师和有特殊困难的农户,可酌情减免。

农村水利劳动积累工日,应尽量出工,如不出工,可以等价替代,以资代劳。农村水利工程受益区(包括间接受益区)内的城镇居民、企事业单位也要承担相应的任务。各地可分别不同情况,分配一定数量的劳力负担任务,或以资代劳。

五、农村水利劳动积累工，要用于县、乡、村范围内的防洪、灌溉、排水、供水、水土保持等小型工程的兴修和已建工程的维修、更新改造，以及流域面积在30平方公里以下小河流的整治。不包括国家大中型水利基建工程、江河防汛抢险和农民承包田范围内的土地平整、田间沟渠整修用工。

六、兴修农村水利应贯彻"谁受益，谁负担"的原则，主要由直接受益区的劳力完成。确需动用非受益区劳力支援时，应采取以工换工或以资顶工的办法，在自愿的基础上签订合同，按期兑现。

七、建立农村水利劳动积累工清账结算制度。做到当年指标当年完成，当年结清。确实完成不了的，可以结转到下年度继续使用或以资顶工。

八、建立县、乡两级农村水利建设发展基金。资金来源，应从以下渠道解决，并实行专户存储，专款专用：

（一）县、乡两级机动财力的拨付款；

（二）乡镇企业税前列支的一部分社会性开支费用；

（三）耕地占用税县、乡两级留成部分，按一定比例提取的农村水利建设资金；

（四）农村水利工程按运行年限提取的折旧费、大修理费；

（五）农村水利工程受益区（包括间接受益区）内以资代劳部分的资金；

（六）其他用于农村水利建设的资金。

九、农村水利建设所需物资（包括集资部分），各地物资部门除从计划内农业用物资中统筹安排一部分外，不足部分，要协助从市场调剂解决。

十、兴修农村水利占压土地、青苗和拆迁房屋的赔偿资金，应在当地人民政府领导下，由兴办单位自行调剂合理解决，国家不予补偿。

建设部决定整顿建设市场给个人回扣将以行贿受贿论处

据《人民日报》报道，建设部最近明确指出：今后在建设市场交易中，任何单位都不得以任何名义或方式给个人回扣，任何人不得以任何名义或方式索取或收受回扣，否则按行贿受贿论处。在工程承发包中，也不允许存在处于居间地位的经纪人；国家机关和企事业单位的干部职工，都不得以介绍工程的名义，索要和收取佣金。

近年来，建设市场同其他经济领域一样，也存在着比较严重的混乱现象，最突出的表现是：少数政府机关工作人员，利用手中掌握的建设项目开工权、工程发包权和资金、物资分配权等，索贿受贿、收取回扣或参与经营，从中牟取暴利。据建设部透露：四川省商业厅基建处，从1984年至1987年的4年中，倒卖国家调拨的钢材、水泥等物资，牟取非法所得325万元。此外，一些公司、掮客，不负任何经济技术责任，利用关系倒手转包工程，从中渔利。还有少数干部直接插手承发包工程业务，指定不合格的施工单位承包工程，导致工程质量低劣甚至倒塌。

针对这些问题，建设部最近发出通知，决定从整顿建设市场秩序入手，带动整个建设领域的治理和整顿工作。整顿的重点是整"倒"治贿、清查违法经营，主要包括的内容有：纠正官商不分的问题，查处各种公司倒手转包转卖、牟取暴利的行为；查处利用职权索贿受贿、枉法肥私、索要回扣的行为；查处无证设计、无照施工等行为。

中国注册会计师协会正式成立

国务委员兼财政部部长王丙乾在该协会的成立会上，对注册会计师制度予以高度评价。

王丙乾指出，在产品经济的体制转变为有计划商品经济的体制，闭关锁国转变为对外开放之时，建立与完善我国的注册会计师制度，加强社会公证和社会监督，具有重大的经济意义。

从1980年重建注册会计师制度以来，我国注册会计师事业稳步发展。会计师事务所和会计师在近几年对外开放、对内搞活的经济活动中，承办了大量的会计查账验证和会计咨询业务，在发展有计划商品经济中发挥了积极的促进作用。

王丙乾在协会成立大会上说，注册会计师制度是商品经济发展到一定阶段的产物，我国的注册会计师，一方面要为对外开放服务，在承办中外合资、中外合作以及外资企业的验资、查账和解散清算等业务中，担负着法定的重要职责。另一方面，在对内搞活经济中，完善宏观调控机制，建立、健全包括资金市场、证券交易市场在内的市场体系，都离不开经过公证的、准确无误的财务会计信息；治理经济环境，整顿经济秩序，清除腐败现象，必须健全和完善包括注册会计师制度在内的社会监督机制。在这一切经济活动中，都需要注册会计师以独立的第三者身份，进行合法性、真实性的财务审查。

王丙乾强调，注册会计师的法定业务，不是面向某一个企业或单位，而是面向整个社会。

中国最大的井盐矿进入工业性开采阶段

据《人民日报》报道，年前全国地质普查中发现的江苏淮阴盐矿，试采的朱桥和谢碾两个矿区，已步入大规模开采阶段。其中谢碾矿区试采的盐卤，已用于淮阴电化厂的烧碱生产。

据淮阴市盐化公司介绍，这个盐矿由淮安、洪泽两个盐盆组成。岩盐总储量达4000亿吨，为我国已发现的井盐储量之首。1986年进行试采。今年8月，省矿产部门邀请专家40余人实地审查，通过地质勘探报告。获准进入工业性开采的谢碾矿区，可开采的盐岩矿石储量为3.4亿吨。

淮阴市领导把岩盐开发作为振兴淮阴经济的一项重要措施。最近，市府还颁布了一系列优惠政策，欢迎国内外各界投资开发岩盐资源。

国务院副总理田纪云在中南海会见蒙古人民共和国部长会议副主席乔·苏伦

第一届国际计量测试仪器学术报告会和展览会在北京举行

中国计量科学研究院和北京机床研究所分别展出的双频激光干涉测量系统，测量精度等主要技术指标达到国际先进水平。

北京第二光学仪器厂的自吸收原子吸收分光光度计，曾在一次国际招标中击败国内外的竞争对手。

中国科学院北京电子显微镜实验室展出的扫描隧道显微镜是国内今年新研制的仪器，其精度可以同国际先进水平相媲美。

为期1周的展览会展出了11个国家和地区、55个厂家和公司的技术产品。其中，包括国际上著名的瑞士PE公司、美国珀金一埃尔默公司、日本岛津制作所的产品。

严济慈等出席了开幕式。

首届国家"星火"奖评审结果揭晓

国家科委发言人吴武封宣布，共有138个单位、个人和项目获得奖励。

过去，获得科技奖励的，不是科研单位就是高等院校的科技人员，还有部分大中企业的技术人员。"星火"奖则面向8亿农民，不仅奖励某些科技成果，而且奖励那些运用科技的示范典型、通过辐射扩散形成一定规模的发展农村经济的楷模。

内蒙古的稀土永磁器件在石油工业中的应用、山东苍门大蒜深加工技术开发、上海的同轴电视电缆、福建的香菇综合开发、广东的优良香蕉试管苗生产基地开发、山西的沙棘资源利用及系列产品开发等88个项目获"星火"科技奖。

由农民集资兴办的天津市机动车驾驶员培训学校及培训改革、苏州市乡镇企业人才培训、四川星火培训统编教材的组织编审应用等9项获"星火"人才奖。

辽宁省的"一二三工程"组织管理研究、吉林星火计划"一三六管理法"、河北太行山区开发研究、湖南山区综合技术开发、农业部乡镇企业技术进步发展战略研究等13项获"星火"管理奖。

获"星火"优秀青年奖的有北京昌平县以科技带动农民致富的左权，河北在太行山区推广果树丰产管理技术的杨建秋，在法国获得博士学位、归国到商洛山区传播科学技术的陕西青年李华等12人。

获得"星火"示范企业奖的有，北京平谷县周村羊毛衫厂、杭州保灵有限公司、河南郑州市密县第二耐火材料厂和广西桂林乳胶厂等16个企业。

4名组织实施"星火计划"有突出贡献的省地级领导干部获得国家"星火"奖特别荣誉称号。

"星火计划"自1985年试点以来，共安排了9655个项目。据不完全统计，这些项目能新增产值74亿元，创利税16亿元。

按这个计划，3年多来还培养了250万名懂技术的能人干才。

国家教委第十三次全体委员扩大会议在北京召开

会议研究和部署了进一步改进出国留学工作的问题。

国务委员、国家教委主任李铁映在会议上强调，出国留学政策是我国改革开放总方针总政策的重要组成部分。为建设具有中国特色的社会主义现代化国家，我们需要派出一批又一批留学人员出国学习、观察和体验，就像"蜜蜂"一样去博采先进的科学技术之"蜜"，博采具有普遍适用性的经济行政管理经验和有益文化之"蜜"。对出国留学工作，要站得高一点，看得远一点，不仅要着眼于当前国家建设的需要，而且要同我国争夺21世纪在国际上的有利战略地位联系起来。

李铁映说，十一届三中全会以来是我国派遣留学人员规模最大的时期，已经取得了显著成绩。广大留学人员具有强烈的民族自尊心，热爱祖国，勤奋努力，许多人以优异的学习成果为祖国赢得了荣誉，也增进了同各国人民的友谊。不少已回国工作的留学人员，在四化建设中作出了突出的贡献。他说，我国现在还处在社会主义初级阶段，各方面比较落后，物质条件差，但我们相信广大出国留学人员能够理解和体谅国家的困难，具有为实现共同理想而艰苦奋斗的历史责任感。

李铁映指出，帮助回国留学人员解决工作和生活上的问题，做好安排，是当前和今后一个时期出国留学工作的重点。要努力创造条件，造成一个使回国留学人员能够充分发挥聪明才智，为实现四化、振兴中华作出贡献的良好环境。

他希望各地、各部门要进一步总结经验,完善政策,以改革开放精神把出国留学工作提高到一个新水平。

会议提出,要进一步拓宽回国留学人员的就业范围,贯彻"人才流动、合理竞争、双向选择"的原则。会议还对有步骤地建设一批研究所和实验室,安排好回国留学人员所需的编制和高级专业技术职务,以及解决好他们的生活条件等问题,提出了具体意见。会议要求各地。各部门、驻外使领馆和各有关单位,要满腔热情地做好对出国留学人员的服务、教育和管理工作。

国务院各有关部门、京津沪及部分沿海省市的负责同志出席了这次会议。

全国首次出入境管理学术讨论会在北京举行

会议召开时间为11月17日至11月21日。

由于对外开放政策的实行,中国出入境管理工作近年来有了重大变化。据了解,从新中国成立初期到"文化大革命"前,中国虽然先后制定过5个出入境法规,但每年来中国大陆的外国人仅几万,最多时也只达到10余万,中共十一届三中全会以后,前来大陆的外国人急剧增加,每年已达200万人左右。1985年以来,中国相继制定和公布了外国人入出境管理法和中国公民出入境法,从法律上进一步放宽了外国人和中国公民出入境限制。据悉,上一年度共有11.23万多中国公民申请因私出国,未获批准仅占2%。1987年从国家对外开放口岸入境的中外籍人员近5905万人次,其中外国人356万多人次。今年仅上半年出入境人数就达到3362万人次,外国人199万多人次。

在这次为期5天的会议上,专家和学者探讨了出入境管理如何适应对外开放形势的需要,保障公民出入境权利,外国人在中国的法律地位及管理,出入境管理处罚中的行政诉讼等问题。

公安部副部长陶驷驹在会上讲话指出,目前中国已有500多个地区对外国人开放,今后还会开放更多地方。因此,管理工作一定要跟上。

在谈到内地公民因私前往港澳地区问题时,这位副部长介绍说,近年来已做了不断放宽。但是,由于该两地区人口众多,面积狭小,不可能承受外来人口大量涌进。因此,出于维护香港澳门的繁荣和稳定,并考虑到当地的实际困难,对前往港澳地区的人数进行严格的控制,是完全必要的。

他认为,目前仍然存在非法偷渡出境问题,公安部门将采取措施加强管理,妥善处理。同时,他希望公民加强法制观念,以免上当受骗,对国家和个人造成不必要的损失。

中国作协四届三次理事会全体会议在北京举行

会议于11月17日至19日召开,听取了作协领导关于作协工作、作协体制改革等方面的报告,原则通过了于明年(争取上半年)召开第五次全国会员代表大会,并在会上选举产生新的作协领导机构的决议。

在中国作协理事会上,文化部部长王蒙以作家的身份向他的同行们提出的希望。王蒙说,作家作为社会上最敏感的神经、能影响社会舆论的一支力量,有责任、有义务关注和支持国家的改革,关心国家的文化建设,关心文学事业的健康发展。

王蒙认为,中国的改革取得了很大成绩,但也遇到不少困难。一个时期以来,社会上产生了一些对改革不利的舆论。作家的笔不论是否描写了改革,但他对改革的态度都会通过作品反映出来,并影响社会舆论。因而,作家不可能置身于改革之外,置身于社会现实、国计民生之外。他面临着是支持改革,抑或对此熟视无睹的选择。

对于我国文化建设面临的复杂情况,王蒙作了分析。他认为,商品经济引入文化事业,一方面使我国娱乐性文化生活比过去丰富得多,这有益于调节社会神经,平衡社会心理;但如一味听任市场法则冲击,只考虑精神产品的票房价值,不考虑文化、艺术本身的价值,也会带来文化的混乱、倒退,使我国本来就不发达的文化出现鄙俗化的倾向。现代化不可能建立在贫困的基础上,同样也不可能建立在愚昧、鄙俗的基础上。作家,作为社会上一支文化层次较高的力量,对于促进我国文化事业的健康发展有着不可推卸的责任,这是客观现实造成的,而不是别人强加的。

王蒙还批评了一些作家把文学只作为个人的发泄,或揭露别人隐私,或当成一块敲门砖,捞取些什么的工具。这种种丑行亵渎了文学事业的崇高。他强调:"文学具有崇高的意义,我仍赞成这一传统的观念。"

在谈到应建立良好的文艺讨论、争鸣的风气时,王蒙说,最近中央再次强调了党政领导对文艺的具体问题要"少干预,少介入"。然而文艺界内部一些人出于某种习惯,在文艺争鸣时总是希望权力介入,希望有权力的人支持自己。王蒙呼吁,对于艺术观是非的争鸣,一方面,有权力的人应少介入;另一方面,文艺界自己也要少告警,少吁请权力干预,从而使我们的文艺争鸣更具有民主风度,更健康,更积极,更具有价值。

北京国际新闻摄影周开幕

该摄影周由中美两国摄影界、新闻界及实业界人士共同促成。应中方主办单位中国国际友谊促进会、《人民日报》、《中国日报》、《中国青年报》、中央电视台和中国当代摄影学会邀请,首都各大报刊的编辑记者与来自美国、荷兰、法国的一批国际著名新闻摄影专家及活动家出席了招待会。

在“北京国际新闻摄影周”活动中,除举办《目击者:世界新闻摄影30年》《联系图片社新闻摄影10年》和新闻摄影采编业务的专题讲座外,百余名中国新闻摄影记者还将与外国同行们一起进行定点选题采访拍摄,并及时讲评和互相交流技艺。摄影周于11月30日拉下帷幕。

《牛津法律大辞典》中译本出版

由光明日报出版社出版的该辞典在国际上与《布莱克法律辞典》齐名,是世界公认的权威法律百科全书,素以收词量大、涉及面广、释文详略得当著称。共收词约8400余条,292万字,不仅包括法学理论和法律哲学、制度、历史、思想,以及刑法、民法、国际法、法学流派、法学家等内容,还涉及与法律有关的政治学、社会学、经济学等方面的内容。我国自清末法律改革以来,从法学理论到法律制度主要受大陆法系影响,对英美法系知之甚少,而该辞典以介绍英美法系为主,恰恰填补我国法学研究这一空白。

北京社会与科技发展研究所前后组织近百位法学工作者,仅用一年半时间,就全部完成这部巨著的翻译、审校、编辑和出版。

首都医学专家向社会呼吁要求对高血压心脑血管病的防治研究工作给予重视和支持

据《人民日报》报道,我国目前有高血压患者6000万人,高血压的主要合并症——“脑卒中”每年的新发病例约为130万人,其中不同程度丧失劳动能力者达75%。由此造成的直接和间接损失无法估计。令人痛心的是,心脑血管病主要侵犯最富创造力、对社会最有贡献的40—60岁年龄组。据临床统计,如不经治疗,患高血压病后的自然寿命仅为19年,生理学家称该病为“悄悄的凶手”。

专家们指出:运用当今的科学技术,防治高血压病、减少心脑血管病死亡是可以做到的。美国从60年代初起在全国广泛开展心脑血管病的预防工作,1968年就显露出成效。到1981年,冠心病的死亡率下降了33%,“脑卒中”死亡率下降45%。开始,美国花在这项工作上的投资约2亿美元,而获得的收益是每年节约医疗费用40亿美元。

专家们认为:我国目前正处在心脑血管病发病率和死亡率不断增高的时期,尽管卫生部门已尽力采取措施,但若不协调有关部门共同努力,及早预防,一二十年后高血压病患者将数以亿计!因此,急需把高血压、心脑血管病的防治列入国家重点项目,拨出专款,一抓到底。

11月18日

中共中央政治局常委乔石到湖北考察

11月18日至29日,乔石在中共湖北省委书记关广富陪同下,先后到武汉、十堰、郧阳、襄樊、神农架、宜昌、荆州、沙市等地市了解贯彻执行党的十三届三中全会精神的情况,并到一些基层单位、山区农村、乡镇企业、农贸市场,同干部群众坦诚交谈,听取建议。

乔石指出,广大干部和群众是拥护党的十三届三中全会的决定的。各地正在认真贯彻全会精神,总的情况是好的。治理经济环境,整顿经济秩序的工作,要搞两年,现在刚刚开始。要密切结合经济领域的整治工作,以坚决的态度认真查处严重违法乱纪案件。政法工作要继续抓紧,决不能放松。要严惩危害社会治安的犯罪分子,为整治工作的顺利进行创造良好的社会环境。从现在起就要抓紧安排好明年的农业生产。农业仍然是我国国民经济的基础,粮食是基础的基础。要千方百计,克服困难,争取明年的农业、特别是粮食和棉花等获得好收成。

乔石强调说,治理经济环境,整顿经济秩序,不是要停顿改革,更不是要改变改革方向,而是要通过适当调整和整顿,为全面深化改革创造条件。治理环境、整顿秩序的有些任务和措施,本身就是改革。10年改革,10年巨变,这个事实就有很强的说服力,证明我们的改革方向是正确的。改革中出现的问题,只能靠深化改革去解决。要注意总结改革的实践经验。

乔石指出,要认真按照党的十三届三中全会精神切实加强党的领导,加强党的思想、组织和作风建设,加强民主集中制和党的纪律。他说,党的领导作用、核心作用和保证监督作用,历来是我们的政治优势,在社会主义初级阶段尤其要坚持和加强。要通过贯彻执行三中全会精神,使各级党组织和全体党员进一步加强党的观念,明确自己的历史责任和应起的作用。党政职能分开,是为了加强和改善党的领导,使党委能更好地去管党的工作,抓好党的建设,充分发挥党组织的作用和广大党员的先锋模范作用。全体党员和党的干部都要有很高的自觉性,努力把党建设成为团结和带领人民群众建设有中国特色的社会主义的坚强核心。各级党组织要用十一届三中全会以来的路线和政策教育党员、干部。各级领导干部要带头在新时期的实践中继承和发扬我们党理论联系实际、密切联系群众、批评与自我批评和自力更生、艰苦奋斗的优良传统,坚持全心全意为人民服务的宗旨,保持清正廉洁。党的团结、统一和行动一致,要靠认真实行民主集中制,活跃党内生活。

全国农业技术推广项目工作会议在北京闭幕

从会议上获悉,在提高农田单位面积产量过程中,科学技术显示出巨大威力。据全国36个省、自治区、直辖市及计划单列市的不完全统计,今年农技推广面积4.9亿多亩,增产粮食1845万吨,棉花3万吨,油料和糖料分别增产52万吨、81万吨,共增效益75亿元。这样,仅近3年我国推广各类农业技术重点项目已达342项次,面积为14.2亿亩,增产粮食4711万吨,增值328亿元。

1983年以来,农技推广领域里,充分利用有限资金,以国家重点科技项目带动地方项目,有计划、有组织、有检查地安排推广农业科研新成果和先进技术,并签订合同,引进承包机制,克服了过去"推而不广"的弊病,加快了科技转化生产力的步伐。

实践证明,围绕重点项目分工协作搞推广,优势很多:农业行政部门、科研单位、大专院校等推广大军携起手来,易于做到步调一致;技术、信息、资金、物资、劳动力之间可以有效地粘合起来。这样做,还有利于调动科技人员积极性。

农业部副部长相重扬在会议上总结经验后,针对当前农业生产形势,提出明后年技术推广六大重点:进一步开发中低产田;改革耕作制度;推广旱作农业技术;推广农作物模式化栽培技术;继续推广地膜覆盖技术;推广杂交水稻及其配套高产栽培技术。

这技术推广的六大重点,将为明后年夺取农业丰收打下坚实的基础。

中国橡胶工业大步走向国际市场

据《人民日报》报道,我国橡胶工业开始以新的姿态步入世界经济舞台,近几年出口额年增长23%,去年换汇达2.8亿美元,成为化学工业出口创汇的主要方面。

橡胶工业是化工的一个重要分支。最近几年,化工部把扩大橡胶产品出口作为化工发展外向型经济的突破口,并在引进新技术、新设备和科研、技术攻关上下了功夫,产品更新换代比较快。如胶鞋行业改变老的热硫化工艺,采用冷粘、注塑、二次模压硫化等新工艺,生产的中高档胶鞋,成为国内外市场的适销品;胶带行业发展全塑型和橡塑型难燃运输带、尼龙和钢丝绳高强力运输带,较好地满足了煤矿井下安全生产的需要。再如,轮胎行业率先采用国际标准和一些国家先进标准,上海大中华、正泰和青岛橡胶二厂的产品获得了美国DOT或欧洲ECE质量认证。还有,天津乳胶厂生产的避孕套获美国FOA许可证。

为了进一步发展外向型产品和外向型企业,目前,化工部提出,要与地方主管部门一起研究制定更为优惠、实际的产业政策,吸引外资,改造现有橡胶厂,或建立合资、外资独资企业,或联合开发新产品。化工部还决定于本月24日至28日在北京农业展览馆举办国际橡胶工业展览,通过展览增进中外橡胶行业了解和合作。

中央书记处书记芮杏文在人民大会堂会见保加利亚《工人事业报》总编辑拉多斯拉夫·拉德夫一行

中法联合建成地震观测台网

由我国和法国联合建设的祁连山中部地震观测台网最近开始工作,并且已将首批观测到的数据送到有关部门供分析研究。

这个观测台网是根据1984年国家地震局和法国宇宙科学院协商建成的,旨在合作开展定量地震学研究。这一观测台网包括一个中心台和10个辅助观测台,分别建在祁连山中段的张掖、高台、临泽、山丹、民乐、肃南裕固族自治县等市县,大都建在祁连山北麓,最高的鸡心山观测台在祁连山深处,海拔近4000米。

小麦原生质体再生植株育成

据《人民日报》报道,中国科学院遗传研究所遗传操作实验室与河北省农业科学院粮作所协作,利用推广小麦品种"徐州211"的原生质体,培养出完整的再生植株。这是我国植物遗传工程领域继水稻、玉米原生质体成株后的又一重大进展。这一成果是河北农科院青年科研人员王海波在遗传所李向辉研究员和孙勇如副研究员指导下取得的。

民政部 中国残联 国家教委在北京联合召开全国特殊教育工作会议

会议将于11月18日至23日召开。

李铁映、程子华、朱学范、周谷城、方毅、康克清等领导同志出席了开幕式。

据悉,1987年,全国盲、聋、弱智儿童学校已从建国前的42所发展到504所,普通学校附设特教班500多个。在校学生从新中国成立前的2000余人发展到5.2万余人,教职工1.4万多人。但是,我国特殊教育的发展还远远滞后于社会经济和教育事业的发展水平,特别是残疾少年儿童教育,已成为普及初等教育最薄弱的环节。目前全国7—15岁盲童入学率仅为3%,聋童入学率为5.5%,弱智儿童入学率为0.33%。这一状况,已引起有关部门和社会各界的普遍关注。召开会议专门研究部署特殊教育，在我国尚属首次。

国家教委副主任何东昌在会上讲了话，他说：随着改革、开放和社会主义现代化建设的发展，人民生活水平的提高，社会各界和广大残疾人对于特殊教育事业的要求越来越高。我国的特殊教育事业在数量和质量上都跟不上客观形势发展的需要。为了认真改变这种状况，切实保障残疾少年儿童受教育的权利，必须采取积极的态度和有力的措施，使我国的特殊教育得到进一步发展。

全国残疾人联合会理事长邓朴方在会上呼吁全社会关心重视残疾人的教育问题，强调要为他们创造一切条件和可能，调动一切积极因素，多形式、多层次、多渠道兴办特殊教育事业的重要性。

这次会议将讨论、修改国家教委、民政部、中国残疾人联合会共同起草的《关于发展特殊教育的若干意见(征求意见稿)》，力求使我国特殊教育事业进入一个新的发展阶段。

国家教委副主任柳斌在闭幕上指出：发展我国特殊教育事业应坚持以一定数量的特殊教育学校为骨干，以大量的特教班和普通学校随读为主体，形成残疾少年儿童教育格局。

他在为会议所作的总结中还指出，要坚持以特教师范院校培养合格新师资与抽调大批素质良好的在职教师进行短期特教专业培训相结合的师资队伍建设方针；要坚持学文化与学技术相结合的办学方向，使残疾儿童少年掌握文化知识和一技之长，为就业打下必要的基础；再加上各级政府认真重视，社会各界密切配合。只有这样，我国的特殊教育事业才能在基础薄弱的困难条件下，求得迅速发展。

从会议上获悉，我国为了缓解残疾少年儿童入学难问题，将从明年起设立2300万元的专项补助费。

由财政部、国家教委、中国社会福利有奖募捐委员会、中国残疾人福利基金会共同筹集的专项补助费，从明年起以每年2300万元拨出。作为基建投资和设备购置费不足部分的补助资金，它主要用于新建的各类残疾儿童学校或特教班，新建或改建的特教师资培养、培训机构和残疾青年职业培训机构，以及特教统编教材的编写费和出版补贴费。

此外，财政部决定在国家预算收支科目中的教育经费内，将特教经费专项列出，并使它随教育经费的增加而逐步增加。

这次由国家教委、民政部、中国残疾人联合会三家联合开会的形式是一次成功的尝试，体现了全社会关心支持教育事业的精神，有利于推动特殊教育事业的发展。这种新的工作方式得到与会代表的称赞。

国家计委 财政部 劳动部和国家教委在北京联合召开全国勤工俭学工作会议

会上表彰了738个中小学勤工俭学先进集体、250名先进个人，并提出到1995年全国中小学勤工俭学的开展面达到80%以上、力争年收入达到40亿元的任务。

近10年来，勤工俭学活动在全国迅速发展，取得了显著成绩。据1987年统计，全国已有65万余所中小学开展了这项活动，占总数的72%。全国共兴办校办工厂5万多个，农村勤工俭学基地36万个，第三产业网点5万多个；形成了89万多人的勤工俭学职工队伍；去年纯收入19亿元，全国中小学生人均10元。勤工俭学较好地体现了“教育为社会主义建设服务”的思想，促进了当地经济发展，也增加了学校收入，改善了办学条件和教师待遇；提高了学生思想素质，也巩固了书本知识，增强了实践能力。但是，当前这一活动的发展还很不平衡，对正确处理育人与创收的关系还缺乏有效的经验，有关勤工俭学的政策还不够完善，管理机构不够健全等。

国家教委副主任邹时炎在会上指出，要进一步明确勤工俭学的指导思想，把育人放在重要的地位，育人是教育的根本目的。在明确育人这个根本目的的前提下，勤工俭学又必须十分注重经济效益。在义务教育阶段，中小学生不搞有偿服务，更不能从事经商活动。任何地方和部门，不得向学校摊派创收指标；任何学校也不得向师生摊派创收指标。

邹时炎说：要进一步放宽政策，为勤工俭学创造良好的环境。首先，勤工俭学的范围要扩大，第一、第二、第三产业都可以搞，一样按勤工俭学的优惠政策对待。其次，对中小学开展勤工俭学兴办的各类企业，在税收、财政、金融等方面要给予适当优惠。

中国国际展览中心成为国际博览会联盟新成员

这标志着我国跨入了世界展览业先进行列。

国际博览会联盟是国际展览界最有影响的世界组织，现有来自世界57个国家和地区的会员140多个。加入国际博览会联盟，对争取更多的国际贸易和技术交流机会，完善我国的展览会管理及服务，都有积极的意义。

中国国际展览中心拥有我国目前最大的国际展览场地，自1985年成立以来，成功地组织接待了80多个国际专业展览会。

《中国走向2000年》中文版出版

意中经济文化交流协会主席维托里诺·科隆博，将自己1971年以来6次访华的经历和感受写进《中国走向 2000 年》一书。该书中文版的首发式在人民大会堂举行。

中华全国总工会主席倪志福、中国人民对外友协会长章文晋出席了仪式。

中国女队在第二十八届南斯拉夫国际乒乓球锦标赛中夺得团体冠军

全国射击锦标赛有 10 队 11 人超 9 项亚洲纪录

此次比赛共有 10 个队超 4 项亚洲团体纪录，11 人超 5 项亚洲个人纪录，8 人平 4 项亚洲纪录。

女子项目的比赛于 15 日结束。广东队、上海队、河北队分别以 1148 环、1145 环和 1143 环超过女子气手枪 40 发 1138 环的亚洲团体纪录。江西队、河北队、山东队、广东队分别以 1763 环、1763 环、1762 环和 1755 环的成绩超过女子小口径手枪 60 发 1751 环的亚洲团体纪录，河北王军英以 387 环超过女子气手枪 40 发 385 环的亚洲个人纪录；南京军区钱美芳、上海金瑛以 591 环的相同成绩超过女子小口径手枪 60 发 590 环的亚洲个人纪录。

在男子项目比赛中，解放军队以 1779 环的成绩超男子自选手枪速射的亚洲团体纪录；解放军队还以 1762 环超中心发火手枪亚洲团体纪录，该队的石召礼并以 594 环超这一项目的亚洲个人纪录。

总裁判长王祖岳说，这样大面积的丰收是前所未有的。但尖子选手成绩不突出，飞碟项目的成绩也不理想。

塞克逝世

为我国文艺事业的发展作出重要贡献的诗人和话剧、电影表演艺术家塞克因病于 11 月 18 日在北京逝世，享年 82 岁。

塞克 1906 年出生于河北省霸县，早在 20 年代，他就以年青诗人的姿态出现在中国新文学的早期文坛上。1927 年，塞克在上海参加田汉领导的“南国社”，演出《南归》一剧，声名大著，从此开始话剧表演生涯。嗣后在上海明星公司担任演员，并在“新地剧社”、“狮吼剧社”担任领导、导演，为我国早期的电影、话剧艺术作出了贡献。他还翻译了高尔基的《夜店》和许多苏联歌曲的歌词，创作演出了《流民三千万》《铁流》等抗日剧目。塞克是中国救亡歌曲的重要词作者，也是新音乐运动的旗手之一。著名的抗战救亡歌曲《救国军歌》《心头恨》《抗日先锋队》等，歌词都出于他之手。1935 年以后，他参与组织中国歌曲作者协会和救亡演剧第一队，并参加了中华全国戏剧界抗敌协会、西北战地服务团。1938 年，塞克到延安鲁迅艺术学院任教授，导演了话剧《九·一八前后》《钦差大臣》。以后，他任延安青年艺术剧院院长、陕甘宁边区参议员、陕甘宁边区政府文化工作委员会委员。他还与冼星海共同创作了《生产大合唱》战斗歌曲。

11 月 19 日

民进第六次全国代表大会在北京开幕

民进成立于 1945 年 12 月 30 日，是由从事教育、文化、科学和其他工作的知识分子组成的，具有爱国革命传统的政党。马叙伦、周建人、叶圣陶、雷洁琼先后担任过领导人。民进的这次大会将总结五大以来会务工作的新经验，提出今后 5 年的方针和任务，修改会章，选举产生新的一届中央领导机构。

大会主席团常务主席葛志成、陈舜礼先后宣布大会开幕和宣读开幕词后，中共中央书记处书记芮杏文代表党中央宣读了贺词。

贺词充分肯定了民进在新民主主义革命和社会主义建设时期的重要贡献，指出，加强社会主义精神文明建设，大力发展教育事业，是中国共产党的具有长远意义的指导方针，也是全国人民的迫切要求。长期以来，民进为振兴我国的教育，提高民族的文化素质进行了不懈的努力，民进老一代领导人为此奋斗终生，创造了辉煌的业绩。中共中央相信，民进一定会在倡导尊师重教、加强教师队伍建设和培养一代新人方面发挥自己的优势，取得更大的成绩。

九三学社中央主席周培源代表其他 7 个党派和全国工商联向大会表示热烈祝贺。

大会主席团常务主席雷洁琼代表上一届中央委员会向大会作了题为《发挥政党职能，推进全面改革，为建设有中国特色的社会主义贡献力量》的工作报告。报告共分 3 部分，内容分别是：过去 5 年工作的回顾、现阶段民进工作的基本指导思想、今后 5 年的方针和任务。中国民主促进会今后 5 年的基本任务是：在社会主义初级阶段基本路线指引下，高举爱国主义和社会主义的旗帜，调动全会力量，发挥政党职能，加强自身建设，为改革开放、建设社会主义“两个文明”服务，为完善社会主义民主和法制服务，为发展安定团结的政治局面和促进“一国两制”完成祖国统一大业服务，在建设有中国特色的社会主义伟大事业中作出更大贡献。这是民进中央主席雷洁琼在该会“六大”作工作报告时提出来的。

雷洁琼指出，在社会主义初级阶段，民进应当认清自己的历史方位，担负起自己的历史使命，努力作出比过去更大的贡献。为此，她提出了 6 条基本指导思想。

第一，要坚持生产力标准，服从于并服务于改革和建设的全局,把国家的方针政策同民进的具体实际紧密结合,为发展生产力服务。

第二,要坚定不移地接受中国共产党的领导,独立自主地开展工作。民进同中央在保持政治方向一致的前提下,享有宪法范围内的政治自由、组织独立和法律上平等地位,可以充分发挥自己的积极性、主动性和创造性。

第三,要正确认识民进的政党职能,处理好参政议政同为社会服务的关系。

第四,要继续保持民主党派具有广泛政治联盟的特点,正确认识民进的先进性和广泛性的关系。

第五,要把代表和维护会员群众的合法权益同加强思想政治工作结合起来,更好地调动知识分子的积极性。

第六,要把认真贯彻民主集中制作为加强民进自身建设的一个重要内容。

雷洁琼在工作报告中透露,民进已在全国建立了205个地方组织,3200多个支部,总人数接近4万。在这些成员中,有39个当选为全国人大代表,71人担任全国政协委员,3000余人参加地方各级人大和政协。

中共中央政治局委员宋平,以及芮杏文、余秋里、陈慕华、方毅、周培源到会祝贺并同全体代表合影。

下午,大会继续举行全体会议,听取修改会章的说明报告和第一届参议委员会的工作报告。

民革七届一中全会选举朱学范为民革中央委员会主席

九三学社中央和开发大西南战略研究协作中心在北京联合召开大西南经济振兴研讨会

大西南人口超过2亿,面积占全国1/5,水能居全国首位,矿藏、森林、生物资源十分丰富。来自全国各地和西南地区的区域经济、数量经济、工业经济、农业经济、土地经济、旅游经济、国土整治、环境保护、水文水利、地质矿产等方面的数十名专家和学者,对振兴大西南经济的对策作了全面研究和论证,并将提出总体对策。研讨会由九三学社主席周培源主持。

国家副主席王震在珠海会见香港上海汇丰银行中国业务部总经理罗素先生和香港聚利发有限公司董事长吕振坤先生

国防部部长秦基伟上将在钓鱼台国宾馆会见由吉布提武装部队总参谋长阿里·梅达勒·瓦依斯准将率领的军事代表团

国家统计局抽样调查表明全国学前儿童入托率13.5%

对此,幼儿教育专家们呼吁,应当加快发展我国城乡托幼事业。

入托难、入园难,是人们呼吁多年的老问题。

最近5年间,各地兴办了一批托幼设施,0至5岁儿童入托入园逐年有所上升,入托率提高了3.9%。现在我国城市入托率约为38.9%,农村入托率是6.7%。但这种比例远还不够理想。据推算,全国0至5岁儿童中86.5%的人未能入托入园,这大约意味着有七八千万儿童很难接受较正规的学前教育。而造成儿童入托难的首位原因是托幼设施不足,大约10个未入托儿童中有7人是因为“入托无门”。

幼教专家们指出,这种状况对儿童的早期教育、智力开发、人才培养是极为不利的。他们向社会各方面呼吁“少搞些高级宾馆饭店,多投资点托幼设施”——这才是真正的“百年大计”。

国家教委和国家语委在全国政协礼堂召开纪念《汉语拼音方案》公布30周年座谈会

汉字的历史源远流长,而汉语拼音的历史却比较短。现存最早的拼音方案是300多年前明代末年提出的,但是,此后的众多设想始终没有形成比较理想的方案。新中国成立后,我国政府十分重视文字改革工作,成立了专门机构进行研究。1958年,第一届全国人民代表大会第五次会议决定推行《汉语拼音方案》。30年来,这个方案在教育工作者、语文工作者和社会各界的共同努力下,得到了广泛的应用,已经成为我国学校教育和社会生活不可缺少的语文工具。

据专家估计,从1958年起全国小学进行汉语拼音教学开始,我国学过汉语拼音的人数至少已有2亿人,为汉语拼音的应用打下了广泛的群众基础。汉语拼音发挥了为汉字注音的功能,在扫盲和语文教学中起了重大作用。特别是近年来,一些省市开始“注音识字、提前读写”的教学实验,表明它不仅可加快儿童认读汉字过程,也能早期开发智力。它在对外汉语教学、民族文字改造和创立中也起到很好作用。在推广普通话工作中,汉语拼音成为主要工具。随着我国科学技术的发展、对外交流的扩大,汉语拼音也开拓了新的领域。科技工作者在汉语信息处理工作的研究开发中,利用《汉语拼音方案》取得了显著的经济效果;汉语拼音作为拼写汉语的标准也得到了国际承认。专家认为,实践已经证明了这个方案的科学性和实用性,推行它是社会的需要,是利国利民的事业。

国家教委副主任柳斌主持了纪念座谈会,滕藤、陈原、钱学森、杨泰芳、吕叔湘、艾知生、胡绳、胡乔木等先后在会上发言。

四川发现200万年前人类化石

据《人民日报》报道，中国科学院古脊椎动物与古人类研究所长江三峡考察队近日结束在野外的考察工作返京。该队负责人黄万波透露：经过近4年的野外挖掘工作和古地磁测定，可以肯定，在四川三峡巫山县大庙区龙坪村发现的人类化石，距今200万年，是我国迄今发现的最古老的人类化石。

这次在龙坪村挖掘出的珍贵人类化石包括有一个刚萌出的恒门齿和一段下颌骨，颌骨上带有第四前臼齿和第一臼齿。同时出土的还有巨猿化石和数十种哺乳化石。这些化石的发现，为人类起源于亚洲的见解提供新的依据，并把我国人类起源于170万年前的元谋人的传统说法又向前推进了30万年。同时，通过地层古生物及三峡地区自然环境的考证，将为探讨长江及三峡的形成和演化以及对三峡工程建设都具有重要现实意义。

黄万波说，这项工作已经取得了重要的阶段性成果，现已被列入国家自然科学基金项目。

北京房山发现10万年前古人类居住处

据新华社报道，北京市房山区文物保管所最近在坨里乡半壁店，发现了一处旧石器时代古文化遗址，年代属于距今10万年前后的更新世中晚期。

经中国科学院古脊椎动物与古人类研究所和北京猿人遗址管理处有关专家初步考察，这处遗址有两米左右的灰烬层，是古人类用火的证据；灰烬层里含有烧骨、烧石。出土的古动物化石比较破碎，初步鉴定有啮齿类、鹿类、犀牛类、马等种类。

房山地形属于北京平原西南缘，有众多山洞，气候、地理环境极适宜古代人类生息繁衍，闻名于世的北京猿人、山顶洞人等，就是在周口店龙骨山的石灰石溶洞中发现的。

11月20日

民革第七次全国代表大会在北京闭幕

闭幕式上，通过了中国国民党革命委员会章程、大会决议和向退出中央领导机构的老同志们的致敬信。

民革新章程规定，废除领导职务终身制，实行任期制度。民革中央主席、副主席、秘书长，地方各级委员会主任委员、副主任委员、秘书长，连选连任原则上不超过两届。

民革新章程明确提出了民革在现阶段的政治纲领是：在社会主义初级阶段基本路线指引下，发扬孙中山先生爱国革命和不断进步的精神，领导全体党员，团结国内外拥护祖国统一的爱国者，为统一祖国、振兴中华而奋斗。这是过去的章程中所未曾规定的。

新通过的章程指出，民革是由中国国民党民主派和其他爱国民主人士创建的一个民主党派，是所联系的一部分社会主义劳动者和一部分拥护社会主义的爱国者的政治联盟，是致力于社会主义和中国统一事业的政党。

新章程重申了民革的工作重点是促进祖国统一，民革赞同通过中国共产党和中国国民党的对等谈判，实现祖国和平统一，反对"两个中国"、"一中一台"、"台湾独立"等分裂祖国的企图。

民革七大提出了今后5年的5项任务：充分发挥民革的政党职能，提高参政议政的能力和水平，坚持和完善共产党领导的多党合作制度；继续发挥民革的特点和优势，大力开展海内外联谊工作，为促进祖国和平统一贡献力量；努力开拓为改革、开放和两个文明建设服务的新领域，为建设具有中国特色社会主义多做贡献；坚持自我教育的优良传统，加强和改善思想政治工作；提高党员素质，健全基层组织，改进领导作风，逐步实现新老合作和交替。

闭幕式由民革中央主席朱学范主持。民革中央副主席侯镜如致闭幕词。

国务院代总理姚依林在中南海会见前来参加北京国际新闻摄影周活动的外国代表

外交部发表声明宣布中国政府承认巴勒斯坦国

声明全文如下：

1988年11月15日在阿尔及尔召开的巴勒斯坦全国委员会第19次特别会议宣告成立巴勒斯坦国。中国政府充分尊重巴勒斯坦人民所作出的选择，决定承认巴勒斯坦国。

中国东南极考察队乘坐"极地号"万吨轮从青岛启程开始首航东南极的万里航程

中国东南极考察队由40名船员和76名队员共116人组成，年龄最大的58岁，最小的22岁，其中60人曾参加过南极考察。国家海洋局副局长陈德鸿担任总指挥。

"极地号"科学考察抗冰船，长152米，宽20米，排水量15000吨，能抗90—100厘米的海冰，装备精良。

全国考试改革试验取得成果

据《人民日报》报道，我国对现行考试制度和考试内容、形式方面的改革试验，现已取得阶段性成果。有关部门负责人透露，目前在试点地区进行的这两方面的改革，将于今后几年内在全国展开。

国家教委考试管理中心主任杨学为在接受采访时说，我国现行的考试制度和方式在许多方面已不能适应现代化建设的需要，必须改革。目前的改革目的在于使高考有利于普通中学的教育和教学，有利于高等学校选拔优秀新生，从而使教育事业更好地为现代化建设服务。杨学为介绍了1985年以来国家分别在上海和广东进行考试制度改革和高考标准化试验的情况。

他说，作为考试制度的改革，实行普通高中会考合格证书制度将改变目前高考同时兼有选拔性考试和水平性考试两种职能的状况。用会考这种水平性考试来衡量和检验中学教学的水平和效果，可以改变用高考升学作为评价中学唯一标准的不合理状况，从机制上对片面追求升学率的倾向进行约束。

据了解，上海实行了高中会考合格证书制度后，学生已不再进行文理科分班，学校施教的重点也开始出现由面对少数尖子向面对全体学生的转变，许多学校还增设了选修课。此外，由于高考要参照会考的成绩，现在上海的高考科目已由过去的7门减少到了4门。

杨学为说，试行标准化考试是运用心理测量和教育统计理论对传统考试的重要改革，也是考试科学化、规范化、现代化的重要步骤。广东省的试验表明，由于采用了一定比例的客观题，扩大了考试的覆盖面，减少了评分误差，为机器阅卷提供了可能。同时，实行标准化考试在考试的许多环节上都实现了电脑化，提高了考试的客观性和准确性。此外，标准化考试还在一定程度上减少了学生死记硬背和压题猜题的现象。

日前，来自全国各地的几十位专家在教委考试中心的主持下对广东的改革成果进行了评估。他们认为，改革中取得的一些成功经验已具备了推广的条件。

据悉，我国目前已有17个省、市、自治区开始部分进行标准化考试的试验。有关部门已决定，明年全国高考的英语科将实行标准化的试验，其他科目的改革步伐也将加快。

《中国县镇年鉴》出版

这是由国家民委、民政部、文化部、农业部等有关部门编纂、学术期刊出版社出版的我国第一部介绍县镇全面情况的百科全书。

这本书的内容包括全国各县镇的经济、科研、社会、文化等的发展情况和资料；侧重介绍各县镇的资源优势、名特优新产品、待引进待开发的项目等。

中国选手在第二十八届南斯拉夫国际乒乓球锦标赛上获混双冠亚军

混合双打决赛在两对中国选手间进行。王涛、刘伟以2:1击败了于沈潼、陈子荷获冠军。

国务院环委会部分委员到江南水乡考察

11月中旬，国务院环境保护委员会部分委员在考察秦淮河，京杭大运河无锡段、苏州段等处时指出：治理水污染迫在眉睫，污水横流的状况不能再拖下去了。

"六朝古都"南京的秦淮河，曾是桨声灯影、轻歌曼舞、游人乐至之处。但如今来到西水关，远远就有浓重的腥臭味扑面而来。污黑的河水里，气泡翻腾，令人作呕。

流经无锡市内的古运河，当年百姓淘米洗菜的情景一去不返。大量工业废水带着呛人的气味源源排入河中，五花八门的生活垃圾翻腾在这条"黑龙江"中。腥臭味、烂菜味，欲避不能。

江苏省及宁锡苏等地政府和环保部门对此十分关注。主管环保工作的副省长张绪武带着深深的忧虑，介绍说：因经济发展带来全社会的环境污染十分严重，全省10万多平方公里的范围内，每年要接纳23亿吨工业废水及其他污染物。70%以上的农村饮用水不符合卫生标准。除长江中泓和太湖主体外，其余被监测的水域有98%受到不同程度的污染。水污染构成了对经济发展和人民群众日常生活的严重威胁。他们认识到把环境保护作为一项基本国策来抓十分必要。近几年来，省市各级有关部门集中人力、财力，在综合整治环境污染、降低水污染程度上做了不懈的努力，取得了一定的成绩。

南京市政府抓环保的重点之一，是整治城市水污染。从1985年至今，这个市已经疏浚、护砌、覆盖河道10多公里，在古秦淮河上建起了排灌泵站、橡胶坝、埋设截流管道和污水干管等设施。今年10月1日，十里秦淮的夫子庙段，已初步达到"改善水质、河中行舟"的目标。

无锡市注重环境法规的建设，近年相继颁发了《污染治理设施管理办法》等一系列文件，使环保法规具体化。目前，大中型建设项目已全部执行环保设施与主体工程同时设计、同时施工、同时投产使用的"三同时"制度。全市已建成150套治污工程，处理能力达7.5万吨/日，占实际需处理水量的一半左右。

苏州市则根据市情，对位于古城区、水源保护区、生活居住区、文物风景区内污染重、治理难的工厂，进行坚决的布局调整。近10年来，他们已对80余家工厂(车间)实行关、停、并、转、迁，使城区废气、废水的排放量大在减少。

国务院环委会委员考察地方环保工作尚属首次。参加这次考察的李绪鄂、俞雷、张宏仁、李仁臣等肯定了三市的成绩，对三市的水污染防治方针发表了具体意见。委员们强调，直接关系人民生活的饮用水一定要严格予以保护，不能掉以轻心。在国家、地方财力物力有限的条件下，首先要突出点源污染的治理，同时，搞好城市环境的综合治理，不仅要处理污水，还可以在治理中走综合利用的路子，变废为宝，使发展经济和环境保护齐头并进。

11月21日

全国人大常委会委员长万里在人民大会堂会见由土耳其大国民议会第一副议长哈里姆·阿拉斯率领的祖国党友好代表团

中国城市住房困难户逾600万

据新华社报道，目前我国城市中的无房户、不方便户、拥挤户尚有600多万户，占城市总户数的19%。其中，人均居住面积不足2平方米的特别困难户为65万户，占城市总户数的2%。虽然各级政府重视解决城市居民住房困难问题，但由于住房制度等不合理的原因，进展不尽如人意。

据了解，上海、广州、武汉、天津等市已成立了专门的工作机构，层层落实，加快解决居民住房困难问题。同时，各级总工会也积极协作，组织职工集资建房，设立住房互助基金等，为解困工作创造条件。近两年来，全国每年解决城市住宅困难户达100万户。

各地在解决资金、房源时还充分发挥政府、企业、单位及个人4方面的积极性。上海市采取单位包干、系统内调剂平衡的做法，单位承担70%、财政补助占20%、个人拿出10%。仅1年零5个月，全部解决了1986年以前的15000特困户。浙江根据本省特点，打破了“国家包不少，企业包不了，职工包不起”的建房困难局面。1987年，全省个人购建住宅达到261万平方米，占同期住宅竣工面积的49.3%。

但是，由于我国城镇住房原来基数低，欠账多；人口增长速度快，近几年又处于青年婚龄高峰，新户增多；再加上各单位之间住宅建设不平衡和分配上存在不正之风等因素，致使城镇居民住房困难的问题未得到彻底解决，供求矛盾仍然十分突出。

有关人士认为，解决城镇住房问题的根本出路在于坚决实行商品化、私有化，推进住房制度的改革。

供销社官转民出现生机

据《人民日报》报道，围绕“官办转民办”的6年体制改革，给供销合作社带来了活力和生机，经济效益明显好转，购销业务日益繁荣兴旺，为农民服务能力不断增强，在农民中的信誉日益提高。6年累计实现利润194.4亿元，纳税255亿元。目前，85%的农民在供销合作社入股，社员股金和集资34.8亿元，比1981年增加9.4倍，自有资金397亿元，比1981年增加60%以上。

6年来，供销合作社的变化主要有以下几个方面：

——正逐步实现由全民所有制的官办商业向集体所有制的民办商业的转变。恢复供销合作社组织上的群众性、管理上的民主性、经营上的灵活性的三性原则。在密切农民与供销合作社经济利益的同时，各地普遍召开了社员代表大会，选举理、监事会，近10万名农民社员被选入供销合作社各级管理机构，直接参与领导和管理。县以上供销合作社开始实行独立核算，自负盈亏的管理体制。

——建立和完善为发展农村商品生产服务的综合体系。逐步把供销合作社从过去单纯购销组织办成农村供销、加工、储藏、运输、技术等综合服务的中心，目前已建立各类专业合作社2500多个，不同类型服务组织1.5万多个，年产值1000万元食用菌生产县12个，年产肉鸡100万只县10个。

——经营范围不断拓宽，经营方式不断改进，经营设施不断充实。1987年粮油经营额达63.3亿元，水产品经营额达2.1亿元。每年组织“南菜北运”5亿公斤，向北京调运蔬菜2.6亿公斤。广泛推行了合同制、代理制、农产品分购联销和工业品联购分销制。

——为国家提供出口不断增加。1987年由供销合作社向外贸部门提供出口达77亿元，自办加工业出口产品创汇6亿美元。

目前供销社存在的问题，主要表现在，很多供销合作社没有完全摆脱与当地政府的隶属关系，还残存一些官商作风，在农副产品收购和农业生产资料的供应上，为农民服务得还很不够。供销社的民主管理，目前还不能满足农民真正当家做主的要求，有待进一步完善。

中国政府为世界难民捐款25万美元

中国常驻联合国副代表丁原洪大使在联合国难民署1989年度一般援助方案认捐会上宣布了这项决定。

他说，中国政府和人民还为妥善安置28万印支难民，为解决好他们的生活、就业和社会保障作出了巨大努力。目前世界各地仍有1200万难民需要国际社会提供保护和救援。

中宣部 解放军总政治部联合发出通知强调要加强

民兵预备役人员国防教育

通知指出,加强国防教育,提高人民的国防观念,是党的十三大提出的要求。实现这一要求,对于加强国防建设,促进经济的发展,具有重要意义。民兵是我国武装力量的重要组成部分,是人民解放军的助手和后备力量,肩负着建设祖国、保卫祖国的双重责任。以党的基本路线为指导,在民兵、预备役人员中深入进行国防教育,其目的在于提高他们的爱国主义觉悟,增强国防观念,自觉履行建设祖国、保卫祖国的崇高义务,积极支持国防建设,为"实现四化,振兴中华"做贡献。

通知强调指出,在和平时期,人们的麻痹思想容易滋长,国防观念容易淡化。因此,有组织、有领导地通过民兵、预备役人员的国防教育促进全民国防教育的开展,使全体人民特别是青少年增强国防观念,振奋民族精神,关心和支持国防事业,提高适龄青年履行兵役义务的自觉性,是和平时期加强我国国防,保证国家长治久安的一项战略措施。它对于提高我国国民素质,增强中华民族的向心力和凝聚力,推动改革开放,促进我国社会主义的物质文明和精神文明建设,都有着十分重要的意义。

通知指出,民兵、预备役人员的国防教育,包括国防一般理论知识和国防后备力量知识两部分。主要有:国家与国防;我国国防的历史与现状,国防的性质与职能,国防领土,国防武装力量和领导机构,积极防御的战略,国防建设的基本法规,国防经济;我国国防的后备力量及领导体制,我国民兵的伟大历史作用,现代国防的全民防御,国防动员,现代国防精神的培养等。民兵、预备役人员的国防教育,可使用总政群工部委托国防大学新编印的《国防知识》教材。

通知规定了民兵、预备役人员进行国防教育的时间和要求,指出教育的重点是基干民兵、一类预备役人员和民兵、预备役干部。教育要贯彻理论联系实际的原则,实施分类指导,注重实效。民兵、预备役人员的国防教育,要在各级党委、政府的统一领导下,结合党的基本路线教育,形势教育,加以统筹安排,认真抓好落实。各地驻军要发扬我军做民兵工作的光荣传统,主动配合当地党委、政府和人武部门搞好驻地民兵、预备役人员的国防教育;各级领导机关要加强指导,建立必要的检查制度,总结经验,认真抓好落实。

国家教委有关部门负责人就明年硕士研究生招收工作情况回答记者提问

国家教委研究生司和考试管理中心负责人回答记者提问时说我国明年硕士研究生招收工作不是收缩,而是稳定发展,并提高质量。明年计划招生 3 万多名。

这两位负责人指出:目前在校硕士研究生有 12 万人,他们的学习情绪总的说是稳定的,虽然有几百人退学,但所占比例极小;当然,确实造成了不小的影响,存在的问题不容忽视。

近几年来,国家教委和各院校积极筹措资金,建设重点学科,尽可能帮助硕士生解决困难,硕士生的学习、生活条件,都有不同程度的改善。对于目前的一些困难,国家将尽力解决。

国家教委有关部门负责人回答了记者的一系列提问。

问:明年硕士生招生工作的方针是什么?全国将招收多少硕士生?

答:方针是按需招生、保证质量和继续扩大招收在职人员。明年计划招生规模将与今年实际录取数大体持平,即 3 万多名。

问:明年硕士生招生有什么新的特点?

答:除继续招收毕业后由国家指导就业的硕士生(即非定向生)以外,将大力推行定向培养和委托培养的制度。

问:明年硕士生招生计划中,定向培养和委托培养硕士生将占多大比例?

答:国家教委等单位编制的招生计划规定,各高等学校应拿出招生计划限额的 50%,科研机构则主要根据本单位的用人需要来编制硕士生招生计划。

问:定向培养和委托培养硕士生有什么区别?哪些用人单位可要求定向培养硕士生?

答:两者区别仅在于前者学习期间由国家提供培养费用,后者主要由用人单位提供培养费用。按照国家教委、国家体委、财政部、人事部联发的有关文件规定,以下用人单位对研究生的需求,可列入国家招生计划,包括定向培养招生计划:高等学校,以基础研究为主的科研机构,由财政拨款的文化、医疗药卫生等公益事业单位,党和国家机关,人民解放军以及原国家经委等单位 1988 年公布的第一批大型工业企业。

问:对定向培养和委托培养硕士生的招生对象是如何规定的?

答:定向培养和委托培养硕士生主要从用人单位推荐的为本单位定向培养或委托培养的本单位在职人员中招收,也可从应届大学本科毕业生和其他考生中招收;对本单位在职人员考生和报考为边远地区定向培养和委托培养的其他考生,在录取时将采取优先政策。对为本单位定向培养或委托培养的,大学本科毕业后工作满 4 年(从毕业报到时到明年 9 月 1 日止)的本单位优秀在职人员,可报考国家教委批准的 98 所高等学校,学校可为他们单独组织硕士生入学考试。在硕士生期间,为本单位定向培养和委托培养的本单位在职人员,不转工资关系。享受原工资、福利待遇;其他考生,要求定向培养或委托培养的用人单位为其提供部分生活补贴。

问:对大学应届本科毕业生报考硕士生有什么新政策?

答:对考取应用学科、专业的大学本科毕业生,鼓励他们先参加本科毕业生分配,到工作岗位工作一段时间,一般1—3年,招生单位可保留他们的硕士生入学资格。

问:明年硕士生的报考时间是如何安排的?

答:报名时间是今年12月1日至5日,入学统一考试(初试)时间是明年2月17日至19日。

考试管理中心负责人还介绍了明年硕士研究生招生考试的有关情况,他说,为适应考试标准化趋势,从明年开始,硕士生的政治、数学、外语考试将由考试管理中心负责统一命制题目。

为保持题目的连续性、稳定性,考试管理中心基本维持了原来的命题队伍;待明年考试后将进行总结,以后可能进行一些改革。

全国出版改革理论研讨会在成都召开

会议时间为11月21日至26日。

近几年,出版改革取得了很大成绩,同时也遇到了许多问题,随着外部条件的变化,明年出版界面临的形势将更加严峻。在这种情况下,必须加强出版工作的基本理论和操作层次的理论研究,克服由于理论准备不足所造成的出版改革中的某些盲目性。

与会者认为,对出版工作的社会职能缺乏研究,对图书的特点、图书的商品性及特殊性的关系等没有进行深入、认真的探讨,这不能不影响到出书的质量。因此,要为出版改革提供较为清晰的思路,以便提出一个合理、健全和适合我国政治、经济、文化发展状况的出版体制。

有的与会者对目前出版社实行的承包制提出了不同的看法。他们认为,承包是把经济指标落实到人,但书籍的精神价值却往往并不等同于它作为一般商品所体现出的货币价值,加之社会效益很难量化。也有的同志认为,不能一般地否定承包制,从目前的状况来看,主要是如何完善、改进。

会议还就出版社优化选题和图书结构、出版界的劳动优化组合、图书作为商品的一般性与特殊性的关系、图书定价、差别税率等一系列问题进行了探讨。这次会议是由四川人民出版社等8个单位联合发起召开的。

《俯瞰中国》出版

中澳合作出版大型画册《俯瞰中国》发行仪式在北京中国人民革命军事博物馆举行。程子华、周谷城、徐信、周克玉,澳大利亚前总理、澳中友协主席惠特拉姆和澳大利亚访华友好代表团的朋友们出席了发行式。

这本画册由长城出版社、中国出版对外贸易总公司与澳大利亚威尔顿国际集团直属的洲际出版公司共同合作完成。

中国实施阿佩尔环保演习计划

河南省新乡市日前在1013化工厂进行一次液体泄漏而起火爆炸的扑救演习。这次演习,是国家环境保护局实施联合国环境规划署阿佩尔计划的一个行动步骤。

阿佩尔计划是联合国环境规划署今年年初制订的。它是针对近几年来不断出现恶性环境污染事故的现状,为保障公众健康和环境安全,提高公众对恶性事故的了解、认识,组织地区性救援组织机构和队伍的地区性防范环境污染事故而制订的计划。中国是5个试点国家之一。河南、湖北、山西3省和哈尔滨、沈阳两市则被国务院确定为第一批试点省和城市。

国家环境保护委员会副主任、国家环保局局长曲格平说,全国近年来环境污染事故呈上升趋势,去年达3600起,造成大量经济损失和人员伤亡。他希望全社会都要关心环保事业。

11月22日

国务院召开第26次常务会议

会议讨论并原则通过了《禁止国家行政机关及其工作人员在国内公务活动中赠送和接受礼品的规定(草案)》(以下简称《规定(草案)》)。这一规定是为了严肃政纪,保持国家行政机关及其工作人员的廉洁而制定的。

《规定(草案)》指出,国家行政机关及其工作人员不得借鉴定会、评比会、业务会、订货会、展销会、招待会、茶话会、新闻发布会、座谈会、研讨会等形式赠送和接受礼品,也不许以祝贺节日以及试用、借用、品尝、鉴定等名义赠送和接受礼品。对于违反这一规定的国家行政机关工作人员,将根据情节轻重,除令其退赔外,分别给予警告、记过、记大过、降级直至撤职处分。

这个《规定(草案)》经进一步修改后,将由国务院公布施行。

国务院清理固定资产投资项目领导小组会议在北京召开

国务院代总理姚依林主持会议。会议听取全国固定资产投资项目清理进展情况和北京、天津、山东、河北、黑龙江等地检查组工作的汇报。会议强调,要进一步提高认识,增强决心,主动地、切实地把建设投资规模压下来。

国务委员邹家华等出席会议并讲了话。会议就清理工作有关问题进行了认真讨论。

近两个月来,清理工作的进展情况总的来说是好的。由于中央各部门、地方各级政府比较重视,清理工作已经全面展开,并取得了初步的成绩。

从不少地区、部门已清理出来的一批项目看,多数为楼堂馆所,基本建设、技术改造方面的生产性项目较少;已确定停缓建的楼堂馆所项目中,又多数是尚未开工的,在建项目较少;至于集体所有制和乡镇企业的固定资产投资项目,还刚刚开始清理。情况表明,全社会固定资产投资项目清理工作尚处于起步阶段,任务还很艰巨,即使楼堂馆所的清理也不彻底。

起步成绩虽然不小,但清理的任务还很艰巨。其原因,客观上是由于在建项目数量大,多头审批,投资渠道复杂,给清理工作带来不少困难;而更主要的是在主观上还存在着种种思想障碍。有的认为,别的地区经济过热,自己地区不热,有"别人热自己冷"之说;有的认为自己地区起步晚,刚热起来就碰上了治理和整顿;有的声称自己"有点热而未过热","投资规模偏大而不过大";有的中央部门对自己扶持的地方项目不仅不按照国务院规定认真清理、压缩,调整投资结构,相反地还要求追加投资。

会议结束前姚依林作了重要讲话。他指出,经济建设有其自身客观规律,不依人的意志为转移。过去几年,搞的楼堂馆所多了,建设标准高了,还搞了一些重复建设,超前发展,欠下了账。今天清理、压缩,实际上就是要放慢速度,把过热的投资需求压缩下来,依照经济发展的客观规律办事。他强调说,对此认识得早一些,决心、主动性就大一些,就可以早一点主动;认识得晚一点,决心、主动性就差一些,就不能早日争取主动。原定的清理时间不够,可以适当延长。

会议认为,清理工作还是刚刚开始,有些部门、地区的领导在认识上还有差距。随着清理工作逐步深入,到了"真砍真压"、"伤筋动骨"的时候,思想阻力还会增加。因此,进一步提高认识,清除疑虑,增强决心,是搞好这次清理工作的关键所在。通过清理,不仅要砍一批楼堂馆所,而且要砍重复建设的长线工业,有一些资金、建设条件不落实的基础工业、基础设施项目也要放缓建设进度。各地区、各部门都要做好牺牲一点速度、牺牲一点后劲的思想准备。

会议重申,清理工作不能草草了事,必须防止走过场。鉴于这次清理工作涉及面广,任务重,11月底难以完成,会议决定将清理期限延长至1989年1月底。

外经贸部 文化部在人民大会堂举行宴会庆祝《中朝经济及文化合作协定》签订35周年

中共中央政治局委员、国务委员李铁映,文化部部长王蒙,有关方面负责人以及朝鲜驻华使馆全体外交官出席了宴会。

王蒙在祝酒词中说,《中朝经济及文化合作协定》签订35年来,两国的经济和文化关系在友好互助、平等互惠的基础上得到不断巩固和发展,有力地增强了两国人民的传统友谊和团结,促进了两国的社会主义建设事业。

他表示希望两国的经济文化交流和友好合作继续得到良好发展。

朝驻华使馆临时代办崔瑧哲在讲话中表示,35年来朝中两国政府和人民出色地履行了经济文化合作规定所规定的内容,加强了双方在经济、文化及其他领域内的交流和合作。他希望两国为进一步发展这些领域内的合作而努力。

《中朝经济及文化合作协定》是1953年由已故的周恩来总理和金日成主席签订的。

国家海洋局"向阳红16号"远洋科考船完成调查任务返抵上海

今年5月27日离上海赴东太平洋预定海域进行锰结核资源调查的国家海洋局"向阳红16号"远洋科学考察船,圆满完成了该航次调查任务,于今日胜利返抵上海。包括本航次在内的多年调查结果,已圈定出数十万平方公里的远景矿区。

自1976年以来,国家海洋局先后组织了多次大规模大洋资源环境综合调查。调查面积100余万平方公里,累计航程10余万海里,获取锰结核样品若干吨。在历次的探矿调查中,采用了多频探测、深海照相、无缆取样等当今世界新型的深海底调查技术,成功地进行了海底地形测定,基本探明了调查海区锰结核的丰度、品位和必要的海洋环境要素,同时,锻炼与造就了一支深海底矿产资源调查与研究专业队伍。

富含铜、钴、镍、锰等金属的海底锰结核是一种宝贵的潜在性战略资源。鉴于目前国际上已探明的潜在锰结核矿床均位于国际海底区域,它的勘探开发已涉及国际海底资源开采制度的建立与完善。

鄱阳湖区综合考察和治理研究科技攻关项目在北京通过国家鉴定

鄱阳湖是全国最大的淡水湖,但长期以来,因洪涝等灾祸频繁,血吸虫为害,湖区经济发展和人民生活,低于全国和江西省平均水平。

从1983年1月起,江西省人民政府成立了鄱阳湖综合科学考察领导小组及其办公室,负责组织领导,并由江西科学院具体实施。600多名科学工作者,5年如一日,呕心沥血,进行跨地区、跨部门、多学科的联合科学考察。他们采用遥感、电子计算机等现代技术方法和严谨的科学试验程序,按综合的系统的观点对鄱阳湖地区的自然资源、社会资源、社会经济条件进行考察研究,在反复分析对比、综合归纳中提出开发整治的建议方案:

开发整治鄱阳湖要以相对稳定湖水水位,治理洪涝灾害,合理布局生产力,促进农业工业化,建立,建设农业商品生产基地和鄱阳湖经济区,整治环境,建立良性循环的水陆相生态系统和控制人口、培养人才等为战略重点,而近中期则要努力建立商品粮、淡水鱼、水禽、经济作物、欧美杨速生用材林等生产基地,建设以长江沿岸、南浔铁路、浙赣铁路三条工业密集带和南昌、九江两个工业中心。

目前,他们已经完成综合研究报道,专题研究报告、试点工作报告共300多万字。还有国土经济学专著《鄱阳湖研究》88万字,已出版发行。此外还完成了湖区25个县市国土资源近10万个数据库一座,拍摄科教电影《鄱阳湖》等。

江西省在这项考察研究中,对专家们提出的建议,及时作出决策,边推广,边应用,边改进,有的已产生了很的大经济效益。建立吴城候鸟保护区,制定禁渔区、休渔期,取缔酷渔滥捕,禁止盲目围垦,建立防护林、推广欧美速生杨以及农业高产,优质、低耗模式的建议都已被采纳。据不完全统计,9处试点和推广各类生产技术已取得1.3亿多元的收益。

今年,有关方面的专家对这一考察研究进行了评议,认为对一个淡水湖区进行如此全面考察和综合研究,在世界上是少见的。其成果有很高的实用价值和科学价值,具有国际先进水平。

劳动部和中国残联联合发出通知放宽技工学校招生体检标准

为使残疾青年进入普通技工学校学习,给他们创造更多的就业机会,劳动部门对招生体检标准作出补充规定。

通知对1984年下发的《技工学校招生体检标准及执行细则》作出如下补充规定:凡上肢完好,下肢残疾、畸形但仍能运用的残疾青年,可报考工艺美术、排字、制版、服装、照相、电器和仪表维修、无线电整机装调、电子计算机装调和使用等工种;胸廓畸形、脊柱侧突者除上述专业外,还可报考食品发酵、养殖、园艺等工种;双眼矫正视力之和在1.0以上者,除有特殊要求的专业工种外均可录取。

中国话剧艺术研究会主办的“首届振兴话剧奖”评奖在北京揭晓

黄佐临荣膺导演荣誉奖,于是之、李默然、朱琳荣膺演员荣誉奖,荣誉奖是此次评奖所设最高奖。白峰溪等12人获优秀编剧奖;翟剑萍等3人同获优秀编剧集体奖;徐晓钟等15人获优秀导演奖;林连昆等26人获优秀演员奖。

全国通俗文学座谈会在桂林召开

这是新中国成立以来第一次由中国作家协会筹备组织的全国性通俗文学会议。联合发起单位还有宝文堂书店、花城出版社和广西文联等。这次会议的主题是正确估价通俗文学在当代社会主义文学总体中的地位、价值和作用,正确估价当前通俗文学发展的现状,研究通俗文学创作中出现的问题,研究如何进一步加强通俗文学创作队伍的建设,提高通俗文学的质量和促进通俗文学的研究与评论工作。

王蒙、陈荒煤和一些通俗文学作家、评论家、研究工作者参加了会议。

11月23日

民进六大第三次全体会议推举谢冰心为民进中央名誉主席

《人民日报》发表社论《企业改革要抓紧》

党的十三届三中全会指出:在多方面的综合改革中,应当特别注重认真贯彻执行《企业法》,深化企业改革,尤其是大中型国有企业的改革。因此,在当前重点治理经济环境、整顿经济秩序的时候,企业改革必须抓紧。这一点必须明确。

目前经济环境和经济秩序中存在的一些问题,同我们企业机制的现状有极大关系。我国的工业企业,尤其是大中型全民所有制企业,现在还缺少自主经营、自负盈亏、自我约束的良好机制。在所有权不明确、财务约束软化、供应普遍短缺、市场竞争不能充分展开的条件下,许多企业,往往不是千方百计降低成本、自我消化投入品涨价因素,而是倾向于减少上交利税,提高销售价格,将负担转嫁给国家和消费者。同时,又有一种尽量扩大本企业消费基金的冲动。这种倾向也使许多经济效益确实比较好的国有企业受到很大压力,使国有企业优胜劣汰、合理调整产业结构的步伐十分艰难。这就告诉我们,不注意解决企业机制问题,环境治理和秩序整顿都难收到根本性的成效。

抓紧企业改革,一是要进一步推动政企分开,使有条件的企业真正放开经营;一是要认真完善承包制。

十年改革，我国企业改革已经走了相当长的路。放权、让利是一段，搞承包经营责任制是一段。应当说，承包制是相当成功的。但是，承包制推行的时间还比较短，还很不完善，承包制所能发挥的效用还没有来得及真正发挥出来，承包制的推选也带来了一些新的问题。因此，还必须继续在承包制的配套、完善、深化和发展上下功夫。特别是在物价变动较大的情况下，如何坚持承包，还有一系列问题要解决。我们一定要明确，完善承包仍是当前企业内部机制改革的主要内容，一定要"咬住不放"，花大力气坚持抓下去。

在企业深化改革中，股份制的试点工作提到议事日程上来了。对此应该采取认真的态度，审慎地进行。我们所说的股份制是坚持公有制为主体这个前提下的股份制，不是搞私有化。实行股份制还有许多问题需要研究、探讨。现在搞股份制的试点工作，也需要有个章法，逐步做到规范化。目前，有的地方把一些筹集资金的办法认定为股份制，也有把一般的合作入股等同于股份制的。这说明在这方面还缺乏必要的知识和经验，需要我们以严肃认真的态度来对待股份制的试点工作。在试行股份制的过程中，要特别注意防止投资膨胀和消费膨胀，否则将不利于治理经济环境和整顿经济秩序。

在企业改革中，还有一个问题也要明确，那就是不应把完善承包制同股份制试点对立起来。承包制是根据所有权和经营权分开的原则着重解决企业经营权的问题，股份制是着重解决把不够明确的产权变为比较明确的产权的问题，承包制同股份制并不矛盾。因此，不要因为现在提出股份制的试点工作，而对承包制产生疑虑和动摇。

企业机制改革，并不只是企业的事，政府主管部门要转变职能，积极创造条件，让企业有可能真正放开，自主经营。在这一点上，乡镇企业、中外合资企业提供了经验。政府主管部门对它们保护多，关卡少；服务多，干预少；企业真正是经营的主体，投资的主体，自我发展的主体。乡镇企业、中外合资企业给人的一个重要启示是，对国有企业的行政干预必须逐步减少。在条件具备的地方，对那些产品供求关系不紧张的企业可以进一步放开，国家只要求它们依法经营，照章纳税，履行合同，对违反这三条的严肃查处，而不干预企业的正当经营，也不包它们的亏损。企业还可以通过自愿联合、兼并、参股、控股等方式，组成跨地区、跨行业的企业集团，优化产业结构，增强企业活力，提高到国际市场去竞争的能力。

国有企业的改革，既要保证企业经营者独立行使经营权，又要保证工人能够充分行使民主权利；既要改善企业经营管理工作，又要改善企业思想政治工作。这些工作是一致的，而不是对立的。要正确处理企业中行政组织、党的组织和职工群众组织之间的关系。十三届三中全会原则通过的《关于加强和改进企业思想政治工作的通知》已经在党内逐级向下传达，贯彻执行这个通知，也应看作是企业改革的一个重要组成部分。

企业是创造社会财富的源泉。企业搞好了，生产发展了，有效供给增加了，反过来也就有力地支持和推动了治理经济环境，整顿经济秩序的工作。

中国生产建设破坏土地严重已复垦利用的不到破坏总量的1%

据《人民日报》报道，国家土地管理局副局长陈业在国务院颁发《土地复垦规定》之后，请记者吁请全社会注意，我国一些生产建设对土地破坏严重，目前大多没有得到整治利用，造成土地大量浪费，各地应该运用法律手段促进土地的复垦。

对土地的破坏现象多种多样，但较为主要的是矿产资源开发造成的。我国现有采矿企业几万家，年采矿总量十几亿吨，其中以煤炭开采为最大，对土地破坏最严重。据对部分煤矿的调查，井下开采每万吨原煤造成的土地塌陷面积平均为二至三亩。淮南、淮北、徐州、大屯等40个矿区，截至1984年，塌陷农田累计已达135.6万亩。露天开采对土地和环境的破坏更为严重。

开发矿产时排出的各种废弃土石，尾矿也要占用大量土地。目前，全国煤矿矸石的积存量已在12亿吨以上，占地约6万多亩。全国金属矿山排弃的土石、尾矿堆积总量，已达到100多亿吨。

火电厂排灰占地和烧制砖瓦取土用地，也破坏了大量土地。有关部门1982年统计了155个大中型电厂，贮灰场用地达75000亩。建材工业的砖瓦生产更是吃地"老虎"，估计每年要"吃掉"十几万亩土地。

粗略计算，全国累计破坏土地已有2000多万亩。大量土地被破坏，不仅减少了可利用的土地，也带来了一系列的社会、环境和经济问题。赔偿费和征地安置费用的大幅度上升，大大增加了生产成本和企业负担。如开滦矿务局因土地塌陷而支付的赔偿费和征地拆迁费，60年代平均每万吨原煤80元，到1984年上升到1774元，预计今后还要增加。

征用土地使一些农民失去了生产、生活基地，因而引起他们的不满；他们说："国家征地给我们钱，可有钱也买不到地。"许多矿区因此同农民关系紧张，影响建设。

环境恶化也是一大问题。在土地破坏严重的地方，土地荒芜，生态失调。废弃土石、尾矿和粉煤灰的堆积，不仅大量压占土地，而且会产生粉尘、有害废水和有毒气体。

这些被破坏的土地，绝大多数本可以通过复垦等办法，重新恢复和利用。国外已经有许多成功的经验。我国已有一些矿山企业开展土地复垦工作，取得了良好的经济效益和社会效益。如淮北电厂利用煤矿塌陷区作为贮灰场，比原设计的山谷型贮灰场减少征地78%，贮灰量增加54%，节约投资2587万元，还可恢复耕地5830亩。

遗憾的是，土地复垦这项有重大经济效益和社会效益的工作，长期被忽略。据现有资料估计，在全国开展复垦工作的矿山和企业中，已复垦利用的土地占被破坏土地总量的比例，还不到1%。而苏联、联邦德国、加拿大等国复垦率均在50%以上，美国则超过75%。

国务院副总理吴学谦在北京会见由梅农外事秘书率领的印度官员代表团

吴学谦指出，几年来中印两国关系在不断发展，无论是经济关系、文化交流和人员往来，中印两国都加强了接触，这方面中国是满意的。

在谈到中印边界问题时，吴学谦说，中印边界问题是历史遗留下来的问题，我们的态度是一贯的，就是双方本着互谅互让精神，通过友好协商，和平地求得公正合理的解决。

拉·甘地的来访，将是34年来印度总理首次来华访问。梅农说，印中两国有许多共同点，两国应当很好地合作，在发展两国经济的过程中可以很好地合作。

会见时，我国外交部副部长刘述卿、印度驻华大使任嘉德等在座。

解放军总参谋长迟浩田在北京会见泰国武装部队代理最高司令差瓦利·荣猜育一行

JW—1型激光刻划切割机问世

据《人民日报》报道，为非晶硅太阳能电池的攻关而研制的专用设备——JW—1型激光刻划切割机，日前在北京通过部级鉴定。

由机电部第11研究所研制成功的该设备，采用模块化设计，安装、调试、维护十分方便。该机能自动刻划长宽各为320毫米的非晶硅太阳能电池中的透明导电膜、非晶硅膜和金属膜，也可刻划硅片，陶瓷基片、超导材料等。

据悉，经过实际应用，新研制的这个切割机激光功率稳定，频率可调范围宽，定位精度高，刻划速度快。

《共和国主席刘少奇》出版

这是为纪念刘少奇同志诞辰90周年，由中央文献研究室和新华通讯社编辑，中央文献出版社出版的。

这本画册以其丰富的内容引人注目。鲜明的思想性，是画册的重要特色。画册通过照片，表现刘少奇对新中国建设的探索，如新中国成立初期他主张多种经济成分并存；如他关于国家工业化的设想和努力，如利用自由市场和实行责任制等。在国民经济遭受暂时困难的时候，他主持国民经济调整，取得了世人瞩目的成就。生动的照片雄辩地说明了刘少奇是共和国的卓越领导者。

浓郁的生活气息也是画册的显著特点。画册编者从数以万计的照片中精心挑选了360余幅照片，经过反复斟酌，细心编排，使刘少奇在共和国领导岗位上，和毛泽东、周恩来、朱德、邓小平、陈云等同志一起，孜孜不倦地工作的情形跃然纸上。读者可以看到刘少奇就任国家主席时的庄严场面，看到他活跃于内政外交舞台上的繁忙身影，看到他与同志和朋友亲密交往的感人形象，还可以看到他置身于人民群众之中的生动镜头。

为了全面反映少奇同志的一生，画册最后附了两万余字的“刘少奇生平大事年表”，并配有十几幅十分难得的少奇同志在民主革命时期的留影。

这本画册在装帧设计上也颇有特色。全书采用网格色、规范化设计，在艺术形式上统一、和谐，章节分明，脉络清晰，用色淡雅，明快大方，使人易懂易读，给人以美的感受。

第四届全国茅盾学术研究讨论会在厦门大学召开

参加会议的有中国、苏联、加拿大、日本的70多名学者，提交论文50多篇。会议的主题是“茅盾与中外文学”。

经国务院批准中央爱国卫生运动委员会改组为全国爱国卫生运动委员会

全国爱国卫生运动委员会是国务院统筹协调全国爱国卫生和防治疾病工作的领导机构，负责对涉及社会各部门的卫生防病工作进行高层次协调和统一领导。它的主要任务是研究、审定和组织贯彻国家爱国卫生和防治疾病的重大方针政策和措施；统筹协调国务院有关部、委和社会部门，发动广大群众，开展除四害讲卫生防治疾病活动；广泛进行健康教育，普及卫生知识，提高人口卫生素质；开展群众性卫生监督，不断改善城乡生产、生活环境的卫生质量；检查和进行卫生效果评价，提高人民健康水平。

新组建的爱卫会有40位委员。国务委员李铁映兼任主任，陈敏章、赵南起、郝建秀、何康和叶如棠任副主任。

上海大规模制备血清获成功可代替人血制品

中国科学院上海细胞生物研究所和上海市血液中心应用细胞工程技术，在体外大规模培养制备、生产抗A抗B定型血清获得成功。用这种血清完全可以代替人血制造的血清。经临床11万例对照试验，无1例差错。鉴定人的血型所需的定型血清，过去一直采用正常人血制造，仅上海一年就需要20万毫升，价格较贵，而且血源紧张，常常供不应求。

为此，各国学者都在寻求新的技术途径。上海市血液中心血型参比实验室从1984年开始建立单克隆抗体杂交瘤细胞株，接种在小白鼠身上，培养、提取单克隆抗A、抗B试剂，1986年应用临床。

为了推广应用体外大规模生产及程序控制，中科院细胞生物研究所和血液中心合作，应用中空纤维系统和大载体生物反应罐生产和繁殖抗A抗B单克隆细胞株，然后收集细胞培养液作为原料，制备成抗A抗B定型血清。

上海医学专家对这项成果进行鉴定，认为已达到80年代国际水平。

11月24日

国务院总理李鹏圆满结束对泰国 澳大利亚和新西兰的正式友好访问返回北京

刘少奇同志纪念馆开馆典礼在湖南省宁乡县举行

国家主席杨尚昆来到湖南省宁乡县花明楼乡炭子冲和群众一起参加纪念刘少奇同志诞辰90周年的活动，为刘少奇同志纪念馆开馆典礼剪了彩，并为少奇同志的铜像揭幕。

邓小平同志题写的“刘少奇同志纪念馆”的匾额悬挂在纪念馆的大门上。

新落成的刘少奇同志纪念馆坐落在宁乡县花明楼炭子冲，坐北朝南，傍山而建，建筑面积3100平方米，呈分散自由群体型建筑。在青山绿水的映衬下，整个纪念馆与刘少奇同志故居连成一片，显得庄重、朴实、典雅。

纪念馆西南方的山坡上，耸立着一座高4米的刘少奇同志的全身铜质立身塑像。这是我国著名的雕塑家刘开渠和程允贤精心雕塑而成的。纪念馆8个展室，展出了660多种展品，包括珍贵的文物、照片、手稿、题词、实物等，向人们展示了刘少奇同志光辉而伟大的一生。音像厅收集了许多珍贵的音像资料，再现了刘少奇同志的音容笑貌，使观众倍感亲切。

在刘少奇同志纪念馆开馆典礼和刘少奇同志铜像揭幕式上，国家主席杨尚昆发表了讲话。他高度评价了刘少奇革命和战斗的一生，称赞刘少奇同志同毛泽东、周恩来、朱德同志一起，是新中国的伟大缔造者。

杨尚昆说，刘少奇同志是中国共产党内的著名理论家和实干家，他总是脚踏实地、深入实际，进行调查研究，工作抓得十分细致扎实。他一生表里如一，言行一致，严于律己。他长期是党和国家的主要领导人之一，在工作中勤勤恳恳，在生活上艰苦朴素，数十年如一日，把自己的一生无私地奉献给党和人民。刘少奇同志是值得我们永远学习的榜样。

杨尚昆最后说，我们纪念刘少奇同志，学习刘少奇同志，一定要坚持不懈地为建设具有中国特色的社会主义而奋斗，把刘少奇等老一辈革命家的未竟事业不断推向前进！

参加纪念活动的还有：中顾委副主任宋任穷，全国人大常委会副委员长朱学范、倪志福，全国政协副主席王光英，刘少奇同志的夫人王光美和儿子刘源，以及江西、广东、湖南等省的领导同志。

涉外行政法规基本理清已废止56件尚有71件需修改

据《人民日报》报道，国务院法制局局长孙琬钟近日在北京宣布，清理涉外法规工作已经基本结束，第二批应予废止的12件涉外行政法规，已经国务院审议决定予以废止。

据介绍，这次从今年2月开始的清理涉外法规工作，共清理出国务院发布或者批准发布的涉外行政法规502件，其中，应予废止或自行失效的56件，已由国务院先后于6月18日和9月27日分两批发出通知，明令予以废止和宣布失效；需要修改的71件，国务院各有关部门正在抓紧修改，争取尽快将修改草案报国务院审定；继续有效的375件，已由国务院法制局选编成《中华人民共和国涉外法规汇编》，交出版社公开出版发行。

孙琬钟说，法规清理对立法、执法，都是不可缺少的。

国际橡胶工业展览在北京开幕

展览由中国化工建设总公司、化工部橡胶司和香港国际展览咨询公司联合承办。来自联邦德国、美国、日本、瑞典等国家和地区的45家厂商展出了先进的压延、压出技术、设备、合成橡胶和助剂；国内126家橡胶厂、橡胶机械厂、橡胶科研单位参展。展览期间，中外橡胶界同行将举行15场专项技术交流。

外交部部长钱其琛就李鹏总理3国之行取得的积极成果对新闻界发表谈话

钱其琛在飞机上对随行记者说，这是李鹏担任总理后的首次出访,国内外对此都很关注。

钱其琛说,这次访问是在整个国际局势趋向缓和、对话代替对抗成为潮流的形势下进行的。李鹏同泰、澳、新3国领导人在会谈时对国际形势的看法是一致的。

他们都认为现在世界在向多极化方向发展,由少数国家垄断、主宰国际事务的时代已经过去或正在过去。这种形势既有利于维护世界和平与地区的安全和稳定,也为各国的经济建设和谋求发展创造了较好的条件。

访问期间,李鹏同3国的领导人进行了广泛接触和坦诚的会谈,包括进行单独会晤和小范围会谈。领导人之间建立起来的这种互相信任关系对发展中国同这些国家的关系将起重要的推动作用。

李鹏总理和代表团成员参观了不少生产、科研项目,接触了工商业以及其他各界人士,对这些国家有了进一步了解。泰、澳、新3国各有所长,各具优势。泰国正在努力开拓的新的工业技术领域,澳大利亚的矿业和新西兰的农、牧、林业等都给李鹏一行留下了很深的印象。这些国家在运用和开发适用于本国条件的新技术方面的经验值得中国重视和参考。

在政治会谈中,李鹏同3国领导人着重讨论了地区问题。各国对保持本地区的安全与稳定特别表示关切。中国关于越南早日从柬埔寨撤军,支持以西哈努克亲王为首的柬埔寨四方临时联合政府,实行包括派遣国际维持和平部队在内的有效的国际监督等主张,得到了广泛的赞赏。在尽快公正、合理地解决柬埔寨问题,以求得地区的安全和稳定方面,各方的观点是相同的。

李鹏在访问期间还提出了中国对东盟国家的4项政策,表明中国决心同东盟国家保持长期、稳定的合作关系。这受到了国际舆论的欢迎。

泰、澳、新都有不同数量的华裔居民,已经取得了所在国的国籍。李鹏总理所到之处,都出现了感人的欢迎场面。李鹏总理亲切地同他们交谈,同时明确地阐述了中国政府对取得了当地国籍的华裔公民的政策,希望他们和当地人民和睦相处,安居乐业,并严格遵守这些国家的法律,为当地的经济发展作出努力。李鹏说:"你们的先人为当地的经济发展作出了贡献,希望你们继续这样做,以不辜负先人们漂洋过海前来这里的抱负,这就是中国政府对你们的期望。"

钱其琛说,李鹏总理的3国之行取得了积极的成果。中国同泰、澳、新3国分别达成了一些协议并签署了一些文件,包括中澳避免双重税收协定和中新投资保护协定等。特别值得一提的是,在澳大利亚,双方签署了关于利用中国"长征二号"火箭发射澳大利亚通信卫星的备忘录。澳方对中国的空间技术的可靠性表示了高度信任,支持中国在高技术领域以可靠的技术、良好的服务进入国际市场。

外交部发言人李金华说中国与沙特互设的商代处是非官方机构

记者问:在沙特与台湾有外交关系的情况下,中国与沙特互设商代处是否构成中国处理同未建交国家关系的一种模式?

李金华说,中国与沙特互设的商代处是非官方机构。既然商代处为非官方性质,就不存在所谓的模式问题。她接着说,中国政府一贯反对任何制造"两个中国"或"一中一台"的图谋。沙特阿拉伯王国政府对中国政府在台湾问题上的立场是清楚的。

潜水机器人在上海问世

4种型号的"潜水机器人"在上海交通大学游泳池中作了有趣的表演,博得了观众的一致好评。

参加表演的"潜水机器人"可分为"小个子"和"大块头"两类。"SJT—5"和"JH—01"无人遥控潜水器属于"小个子",体重分别为12公斤和37公斤。他们虽然还没有灵巧的"手",但都有明亮的"眼睛",能提供清晰、鲜艳、分辨率高的电视图像,可代替潜水员潜入水下150米和60米进行作业。"SJT—10"型无人遥控潜水器和"SJTU—40"无人遥控潜水器的体重分别为350公斤和1080公斤。可称得上是"大块头"。它们身上都装有计算机自动控制系统,能分别在水下200米和400米自动控制方向和深度,自由行走、活动。两"人"分别装有全液压5功能和7功能机械手,能从事海底录像、取样、打捞等作业。"大块头"是由上海交大水下工程研究所和加拿大一家公司联合研制的,有人称它们是"混血儿"。

4个型号的"潜水机器人"有很好的素质,技术性能都达到了国际先进水平。它们来到"人间"就投入了紧张的工作,"JH—01"先后在安徽丰乐水库和河北潘家口水库对大坝进行过观察与检查,取得很有价值的资料;"SJT—10"在东海海域水下93米深处找到了一座失踪的井口,"SJTU—40"已参加了南海海域平台作业开发投标,打破了我国海洋石油勘探依靠引进深潜器的局面。

重印《乾隆版大藏经》首批发行仪式在北京举行

为这部大藏经题词的全国人大常委会副委员长、中国佛教协会名誉会长班禅额尔德尼·确吉坚赞,撰写序文的全国政协副主席、中国佛教协会会长赵朴初参加了仪式。

被誉为佛教百科全书的《乾隆版大藏经》内容十

分丰富，不仅是佛教界研究佛学的重要典籍，也是一般学者研究古代东方语言、文学、艺术、哲学、逻辑、医学和历史等多学科的珍贵资料。

这部世界上最大的木板典籍，原有板片7.9万多块，重约400吨。共收佛藏7240卷，分装724函，约6700多万字。

由文物出版社首批重印的《乾隆版大藏经》，共50部2000卷，装200函。预计明年年底将全部完成724函的任务。

火车头体协获联合国教科文组织荣誉奖

正在莫斯科举行的联合国教科文组织第二届体育部长和高级体育官员国际会议号召大力发展群众性的体育活动，加强体育方面的国际合作，共同努力克服体育商业化、在体育比赛中使用暴力和服用兴奋剂等不良现象，为体育健康发展作出贡献。

大会向中国火车头体育协会颁发了“发展体育突出贡献奖”。这种荣誉奖由联合国教科文组织每两年评发一次。

中华人民共和国体育运动委员会主任李梦华在会议发言时指出，中国一贯反对体育领域里的种族隔离和种族歧视，谴责在比赛中为追求成绩而使用危害运动员身心健康的兴奋剂，反对商业干预和控制体育，并呼吁发动社会力量制止体育比赛中出现暴力行为。李梦华说，中国把“促进以青少年为重点的全民健身战略和以奥运会为最高层次的竞技战略协调发展”作为现阶段的体育发展方针，并大力促进体育的社会化和科学化，使其向新的广度和深度发展。

全国举重冠军赛才力再创新纪录

亚洲头号大力士辽宁队才力在110公斤以上级举重比赛中，以抓举177.5公斤的成绩打破了他本人刚刚在全国城运会上创造的175.5公斤的全国纪录。

卫生部部长陈敏章呼吁加强防病除害

据《人民日报》报道，全国爱卫会副主任、卫生部长陈敏章在谈到我国近年来除害灭病取得巨大进展的同时，通报了一些令人担忧的情况。

陈敏章说，从今年10月23日中国预防医学科学院的25种法定传染病疫情分析报告反映，虽然今年1月至9月全国的发病数372万例，较去年同期的414万例有所下降，但伤寒和副伤寒、病毒性肝炎等肠道传染病的发病率却有所上升。如浙江的伤寒和副伤寒，1985年发生2090例，1986年3290例，1987年6290例，今年仍呈上升趋势。肠道传染病发病率的上升，反映我们的饮食、环境卫生和个人卫生还存在不少问题。像人所共知的今春上海甲肝暴发流行，发病率始终比较高的菌痢，断续流行了两三年的新疆的非甲非乙型肝炎，都主要是水源性污染所造成。

今夏流行的红眼病，虽很快被控制住了，但仅京津沪穗杭等地报告的病例就达107万例，造成很大社会震动和经济损失，这反映公共卫生条件相当差，个人防保知识也很贫乏。

一些原已得到一定控制的人畜共患的传染病，如血吸虫病等又有回潮。

食物中毒事件连年不断，原因涉及食品的制造、包装、运输、销售监督检验等很多环节，是个综合性社会问题。

随着核技术越来越广泛的应用，各种核污染的隐患应当及早引起我们高度重视。据今年1月至10月报告，由于各种核源保管不善而引起放射性污染的事件已有发生。

在谈到“四害”情况时，陈敏章说，据一些专家估算，我国约有老鼠30多亿只，每年吃掉的粮食相当于我国粮食总产量的5%至10%，同我国每年进口的粮食总数差不多。老鼠造成的对幼林的危害，有的省达20%至40%，严重的甚至达80%，种植赶不上损害。老鼠传播的流行性出血热，1986年至1987年间我国发病曾达17万多人，1988年1月至9月，已减少至2.8万人，但如不巩固治理鼠害的效果，发病率还会回升。

上海市曾对8个行业的1195个单位进行调查，发现受蟑螂侵害的占78.9%，医院几乎无一幸免。苍蝇和蚊子问题就更为严重。

陈敏章提醒人们，这些令人担忧的病害现状，形成问题严重的大卫生环境，不抓紧综合治理，传染病、地方病、各类中毒事件就难以控制，随时可能暴发疾病大流行。铲除疾病温床，需要全社会共同协力，需要对全民族大力进行卫生健康宣传教育，以增强群众自我的卫生健康意识并积极参与治理大家共同赖以生存的环境安全和健康问题。

中国利用国内繁育的恒河猴进行非甲非乙型肝炎病毒感染实验在世界上首次获得成功

据《人民日报》报道，以前一般用黑猩猩和狨猴等做非甲非乙型肝炎的实验动物模型。这些动物价格昂贵，且不易得到。最近，由北京医科大学牵头的国家“七五”科技攻关课题组(包括中国医学科学院医学实验动物研究所、中国预防医学科学院病毒学研究所和新疆维吾尔自治区防疫站)共同协作，用特异诊断确诊的非甲非乙型肝炎病人的大便纯化物，感染恒河猴。感染后6周左右，血清转氨酶水平升高，可维持4周左右，以后逐渐转为正常。

非甲非乙型肝炎动物模型的研究，对于进一步证实病原体，预防、治疗药物的筛选，诊断制品的研制，弄清发病机理等研究，都具有重要意义。

11月25日

中共中央 国务院发出《关于夺取明年农业丰收的决定》

党的十三届三中全会确定，我国明后两年改革和建设以治理经济环境、整顿经济秩序为重点。大力发展农业特别是粮食生产，增加农副产品的有效供给，对于平抑物价、稳定大局至关重要。各级党委和政府必须加强对农村工作的领导，采取切实有力的措施，争取明后两年特别是明年农业有一个好的收成。

近10年来，在改革开放政策的推动下，我国农村经济取得了突破性的发展，农业生产出现了重大转折。它不仅支持了整个国民经济的发展，而且为全面经济体制改革创造了有利的条件，意义是重大的。但是，近几年，由于多方面的原因，我国粮食生产出现了新的徘徊，棉花产量下降幅度较大，生猪生产也出现过波动。而人民生活消费、工业加工原料和外贸出口对主要农副产品的需求却增长较快，致使供求关系出现了新的矛盾。农业特别是粮食问题，已经引起全党和全国人民的关注。为了加快农业发展，夺取明年农业丰收，增加农副产品的有效供给，中共中央、国务院特作如下决定：

一、今冬明春在农村广泛开展形势教育。我国广大农民是改革的积极支持者，又是改革的直接受益者。10年来，农业生产有了很大发展，农民生活有了较大改善。广大农民真诚拥护党的政策，对改革和建设事业作出了重大贡献。要引导广大农民和农村基层干部，回顾改革的历程，摆事实，讲道理，联系切身体会，正确认识形势，正确认识治理经济环境、整顿经济秩序和全面深化改革的必要性，正确认识改革和建设中所遇到的问题和暂时困难，坚定信心，发挥创造精神，自力更生，艰苦奋斗，为深化改革和夺取农业丰收作出积极贡献。

二、发动和组织农民进行农田基本建设。今冬明春，各地要根据实际情况，对现有的水利工程和排灌系统进行整修，并因地制宜地兴建一批投资少、见效快的治水改土工程和农业开发项目，同时积极开展植树造林。要普遍建立劳动积累制度，鼓励农民积极投工投劳，增加劳动积累。

三、增加化肥等农业生产资料的供应。对化肥生产所需的原料、能源要优先保证供应，充分发挥化肥厂的生产能力，并加速小化肥厂的改造，争取完成明年生产化肥8500万吨的任务。对农药、农膜、柴油等其他农用生产资料的生产，也要抓紧、抓好。要认真执行化肥、农药、农膜专营的决定，精心组织，搞好供应，加强监督，防止不正之风，保持价格水平的稳定。

要把增施有机肥作为发展农业的一项重要措施来抓，广泛动员和组织群众扩种绿肥，大造农家肥，研究并采取新的办法和有力措施增加有机肥的投入。

四、为了调动农民发展粮食生产的积极性，确定全国粮食合同定购任务不变，明年适当提高合同定购粮食的价格。合同定购以外的粮食，实行市场交易。商业部和省、自治区、直辖市要认真组织好全国和地区的粮食批发市场，防止发生抬价抢购粮食的情况，保证粮食市场的正常交易。

继续实行合同定购粮与平价化肥、柴油和预购定金“三挂钩”的政策。从明年起，中央和地方都要适当增加挂钩化肥的数量。对粮食调出省的化肥补贴不变，对粮食调出数量较大的省、区要尽可能在投资、信贷、农用物资等方面给予照顾。

要稳定扶持棉花生产的各项政策，并采取措施进一步促进棉花生产的发展。

五、积极发展肉、蛋、菜生产，做好副食品供应。要使生猪生产稳定发展，防止出现大的波动。特别是母猪，要保持合理的饲养数量。要千方百计保证供应发展饲养业所需的饲料粮。要建立稳定的蔬菜生产基地，保持足够的蔬菜种植面积，保证城市蔬菜的充分供应。

六、要以推广良种、改良施肥技术和发展节水农业、旱作农业为重点，搞好农业技术推广服务工作。要鼓励科技人员深入农村基层，做好对农民的技术培训和服务工作，重视发挥民间科技组织和农民技术员的作用。

七、必须增加对农业的资金投入。计划内农业生产基本建设投资要逐步增加。在利用外资方面，农林水建设项目应占有一定的份额。农业事业费和支援农业生产资金占国家财政预算支出的份额、地方财力用于农业的资金比例以及农业生产信贷资金比例，也应有所增加和提高。要按照“取之于农，用之于农”的原则，多方筹集一些资金用于发展农业。从明年起，逐步建立农业发展基金，由各级财政纳入预算，列收列支，专款专用。

八、乡镇企业已经成为农村经济的支柱产业，要在治理经济环境、整顿经济秩序中稳步发展。乡镇企业要根据国家的宏观要求和市场需要，主动调整产业和产品结构，大力提高企业管理水平和产品质量，以效益求生存，求发展。乡镇企业发展所需的资金，应主要靠向农民集资筹措。有条件的集体企业，可以实行股份制。

九、以家庭经营为主的联产承包责任制，符合目前我国大多数地区农业生产力的发展水平，仍具有旺盛的生命力，应保持稳定并不断完善。在按照中央已经确定的政策，提倡通过联合形式，建立多层次、多形式的服务体系，做好对农户多方面的服务，促进农村商品经济的发展。少数确实具备条件的地方，要尊重群众意愿的情况下，可以引导农民实行适度的规模经营，以进一步提高农业劳动生产率。

农村改革还有很多方面需要继续探索，已经建立起来的农村改革试验区应继续办好。

十、加强对农村工作的领导。各级党委和政府要认真贯彻发展国民经济以农业为基础的指导思想，把发展农业放在十分重要的地位。尤其在治理经济环境、整顿经济秩序中，要把更多的精力放到发展农业方面来，切实加强对农业生产的领导和指导。省、地、县的农村和农业工作机构及干部队伍，要保持稳定并充实加强，不能削弱。要加强基层组织和干部队伍建设。农村的党员和干部，绝大多数是顾全大局、辛勤工作、任劳任怨的。目前一部分农村基层组织涣散，原因很多，但主要是领导抓得不力。要下决心，采取有力措施改变这种状况。各级党政干部要深入实际，勤奋工作，为政清廉，作出表率。要动员和组织各行各业大力支援农业，积极为发展农业做贡献。

当前，全国农村总的形势是好的，改革和建设中出现的一些问题，都是可以解决的。现在农村已经初步建立起具有活力的经营机制，农业包括粮食生产的发展仍有很大潜力，明年农用生产资料的供应也将有进一步的改善。只要各级党委和政府重视，各方协同配合，靠政策，靠科学，靠增加农业投入，扎扎实实做好工作，争取明年农业丰收和农业稳步发展是完全有条件的。在这方面，盲目乐观固然是不对的，但消极悲观也是没有根据的。

中共中央和国务院要求，各级党委和政府，广大党员、干部和群众，在党的十三届三中全会精神的指引下，统一思想，统一步调，全力以赴，同心协力，为夺取明后两年首先是明年的农业丰收而努力奋斗。

国家副主席王震在珠海国际贸易展览中心会见参加珠海特区湾仔滨海区规划建筑设计方案招标评议会的建筑设计专家

第二次全国纪检信访工作会议在北京召开

会议透露，尽管纪检信访工作还有某些不尽如人意的地方，但由于全国各级纪委的辛勤努力，此项工作取得明显成绩。5 年来通过交办、督办、直接查处等形式处理信访案件 360 多万件，平均每天 2000 件左右。这些案件主要涉及党员干部以权谋私、敲诈勒索、贪污盗窃、违反财经纪律、欺压群众、打击报复等问题。据统计，在检举控告信件中，匿名信一般占 30% 左右。这些匿名信反映的情况，经查属实和基本属实的所占比例与署名信大体相当，占 70% 以上。

中纪委副书记陈作霖、李正亭、肖洪达和各地纪检部门有关负责同志出席了这次会议。

会上，中纪委信访室主任张均法作了工作报告。他总结了近年来纪检信访工作取得的成绩，主要包括：第一，向领导机关和有关部门反映、输送了大量党风、社情、民意等方面的情况和信息；第二，提供了大量违纪案件的线索；第三，加强了信访案件的督办工作。

会议透露，近年来基本改变了信访工作忙于应付的被动局面。据统计，到 1987 年年底，在全国 2830 个县、区、市纪委中，已有 1794 个建立了信访机构；纪检信访干部已由 1984 年的 3744 人增加到 7958 人。

与此同时，各地纪委还注意抓了县、乡、村三级信访网的建设，信访渠道更加畅通，使就地解决基层的问题有了组织保证，为信访问题的综合治理创造了条件。其结果，一是来自基层的信访量明显下降，一些省、区比 1984 年下降了 40%，二是提高了信访案件结案率，多数省、区、市的县一级纪委，当年结案率和初信初访结案率平均提高到 90% 以上。

农业部部长何康出席在北京召开的纪念丁颖诞辰 100 周年大会上谈农业科技工作

何康对在京的 700 多名农业科技工作者说，农业科研单位除了主要从事各种农业科技问题的研究之外，要积极从事农业宏观经济和发展战略问题的研究，为领导决策服务。

在谈到目前大家关心的农业生产形势和发展农业要采取的主要措施时，他说，解决目前我国农业徘徊的问题，全体农业科技工作者责任重大。对关系到我国农业发展和国民经济发展的重要问题，如农业产业结构调整、农业经营规模、农业商品基地建设、农产品价格和流通等问题和荒地滩涂的开垦利用、提高复种指数、提高投资效益、资源的开发与保护等科技开发战略问题，农业科研单位尤其是综合性科研单位，都要积极组织人力进行深入研究和科学论证，为领导决策提供科学依据。

何康认为，要发展农业科技，必须制定优惠政策，稳定和充实基层科技人员。要建立科技人员待遇与贡献挂钩的机制。鼓励科技人员下乡进行技术承包，领办乡镇企业，开发农业资源。对在第一线工作的农业科技工作者，在下乡补贴、评聘技术职务、工资和晋升及成果奖励方面都要制定优惠政策。

何康强调，要使我国农业获得进一步的发展和突破，还必须跟上新技术革命的步伐，21世纪将是以生物技术为主导的世纪。我们面临着严峻的挑战，必须有强烈的紧迫感和责任感，采取切实措施，迎接新的技术革命。

沿海城市开发区首届经济技术成果展览会和经济理论研讨会在天津举行

300多家三资企业和内联企业，在展览会上推出300多种展品，均属近年来引进、吸收国外先进技术生产的产品。据悉，到1987年年底，全国13个开发区吸引外商直接投资的各类项目290项。国内60多位知名经济学家和美国、香港、南朝鲜十几名代表对此进行多侧面、多角度的探索。

解放军空军在北京举行表彰大会表彰优秀飞行人员和空勤家属

总政治部主任杨白冰上将到会讲话，他热情勉励出席会议的代表牢记全心全意为人民服务的宗旨，怀着崇高的理想和信念，在本职工作岗位上，兢兢业业，埋头苦干，乐于奉献，为国防事业作出新贡献。

空军司令员王海上将、政委朱光中将签署命令，分别授予强击机某团二大队大队长孙文庆、运输机部队某团四大队大队长赵京战“模范飞行大队长”荣誉称号。

被树立为优秀飞行人员标兵的是大队长许忠伟，团长刘国旦、曾松福，副团长洪连珍、陈锁良、刘健、姬有明，领航副主任魏国江，飞行教员马世超，飞行员白焕荣。被树立为优秀空勤家属标兵的是飞行大队长张彦冰的妻子吕齐力、师参谋长助理魏洪茂的妻子马喜凤、领航主任孔繁斌的妻子李江跃、飞行中队长高茂成的妻子樊晋和团副参谋长卢俊国的妻子姚英莉。

国防科技工业初步转向军民结合

据新华社报道，我国国防科技工业初步实现向军民结合转变，取得明显经济效益。今年截至10月底，工业总产值比去年同期增长19%，实现利润增长31%，提前两个多月完成全年计划。

据了解，1986年中央明确提出国防建设从临战状态转到和平时期现代化建设的轨道以来，国防科技工业民品生产发展迅速。1987年民品产值比上年增长32%，今年1月至10月又比去年同期增长42%，已占军工企业工业总产值的59%。目前，全国已开发出上千种技术密集程度较高的支柱民品，为能源、交通、机械、纺织、石化、冶金等行业提供了一批先进的技术改造装备。军工企业生产的气流纺纱机、剑杆织机、制冷设备等正逐步替代进口产品，精密量具、航空零部件、摩托车、微型汽车、电视机等近千种产品远销美国、法国、英国等40多个国家和地区。

军工技术向民用转移取得新进展，卫星遥感、核技术、精密加工、制冷等技术正应用于地质勘探、机械、轻纺等国民经济建设部门。据不完全统计，去年以来实现1万多项军工技术转为民用，成交额近10亿元。军工技术出现向沿海地区转移的势头，国防科研生产单位在沿海地区开办工厂或设立“窗口”近千个，建立起一批以沿海为枢纽、向内外辐射的企业集团，形成了军工企业参与和支持沿海地区经济发展战略的基础。

首都科学家举行集会纪念核裂变发现80周年

我国著名核物理学家钱三强作主题报告。他回顾了核裂变发现前后的历史，和我国核科学技术与核工业发展的状况。钱三强指出，1938年核裂变现象的发现，为人类进入原子能时代打开了大门。目前，世界各国都在大力开发利用原子能。我们要积极开展核电站和核安全工作，在农、工、医、理、考古等方面大力推广应用放射性同位素和加速器技术，增加经济效益和社会效益。

这次纪念会是由中国核学会主办的，周培源等出席了会议。

刘少奇研究学术讨论会在湖南长沙召开

此次研讨会由中共中央文献研究室和中共湖南省委联合主办。

中共中央文献研究室主任李琦在开幕式上说，作为一代历史巨人，刘少奇同志给我们留下了十分丰富的精神遗产。而在过去，我们对他的研究，实在太不够了。使人高兴的是，近几年来，各地报刊陆续发表了不少研究刘少奇同志的文章。到这次开会以前，据不完全统计，包括回忆文章在内，已有上千篇之多。

李琦提出，我们不仅要了解刘少奇同志提出过哪些具体的思想和主张，更重要的是，要了解他是如何运用马克思主义的立场、观点、方法来观察、思考和解决中国革命和建设中的实际问题的。我们还应该联系当前实际，深入研究刘少奇同志关于党的建设的思想，探索如何加强新时期的党的建设。

这次学术讨论会在筹备期间共收到论文100多篇，来自全国各地从事理论、宣传、教学和党史研究工作的专家、学者，各部门富有实际工作经验的思想理论工作者，一些同刘少奇同志有过密切交往的老同志和刘少奇的亲属等参加了会议。

《中国城乡开发报》创刊

该报由国务院经济技术社会发展研究中心主管，

由中央有关部门、部分省市和企业联合创办，暂为周二刊，对开8版，彩色胶印，国内外公开发行。

全国爱卫会第八次委员扩大会议在北京开幕

国务委员、全国爱卫会主任李铁映要求全国树立大卫生的观念，把各个部门、各个系统、各行各业的积极性都调动起来，分工负责，各司其职，统一协调行动，建立国家和地方两级责任制，共同搞好卫生防病工作。

李铁映说，爱国卫生工作也面临着如何搞好治理整顿、深化改革的繁重任务。上海甲肝的大流行，新疆非甲非乙型肝炎的大流行，城乡环境卫生还不尽如人意，都说明了这点。卫生防病工作不仅具有艰巨性、长期性，而且还具有群众性和社会性，决不是卫生部门一家所能完成的。全面地领导协调卫生防病工作，已成为新形势下各级爱国卫生运动委员会的主要职责。

全国爱卫会副主任陈敏章在工作报告中谈到，新时期如何围绕着发展生产力、保护生产力开展卫生防病工作，在社会卫生方面给我们提出了许多新问题。

他说，“大卫生”包含两方面意义，一方面是各级领导要充分认识卫生防病对促进四化建设的重要作用，从而加强对这项工作的领导；另一方面是各部门也要认识到，只有在政府统一领导下，经各有关部门的共同努力，卫生防病工作才能奏效。

全国人大常委会副委员长周谷城、全国爱卫会副主任叶如棠出席了开幕式。上届爱卫会主任廖汉生作了书面发言。

李铁映在会上提出今后爱国卫生的几项重点工作：

扩大农村改水受益人口数。力争到1990年达到使80%农村人口喝上清洁卫生水的指标。

进一步提高环境卫生质量。最近几年要集中精力先从全国418个城市搞起，发动群众坚持开展持之以恒的卫生治本活动，尽快使每个城市达到卫生清洁、环境优美的标准。

降低蚊蝇鼠等病媒生物公害密度。这项工作必须提倡科学除害，把除害的先进科学技术手段教给群众，坚持不懈地开展除“四害”工作，逐步达到专家制定的降低“四害”密度的标准。

制定对重大疫情和中毒事故的应急对策，切断传染病的传染途径，保护人民健康。各种烈性传染病、急性传染病的暴发流行和中毒事故的发生，和火灾水灾一样属于国家和地方的突发事件，实行中央和地方两级责任制。各级政府必须把防治这类突发事件作为首要紧急任务对待，不能有任何疏忽大意。

当前，某些传染病还时有发生和暴发流行，受地方病和寄生病虫威胁的人口还比较多，要下大力气加强对各种疾病的防治工作。

对待防病和控制疫情，责任在政府，措施要落实到单位和家庭，一旦发生传染性疾病，要立即采取措施及时进行隔离防治，切断传播途径，把疫情控制在县、乡以下的最小范围内。

建立“爱国卫生月”和开展评比竞赛活动。从明年起，在全国范围内每年开春要建立开展“爱国卫生月”活动的制度，这项活动要以开展健康教育和治理改善环境卫生为重点。

11月26日

全国工商联在北京召开五届执委会第四次会议

全国工商联主席荣毅仁主持了会议。

会议同意第五届常务委员会第八次会议关于接受胡子昂辞去主席职务、推选荣毅仁任主席和推举胡子昂为名誉主席的决议。同意第五届常务委员会第九次会议关于增选李定、马仪任副主席的决定。还同意第五届常务委员会第八次会议关于推选孙孚凌为常务副主席、经叔平任秘书长的决定。

会议听取工商联秘书长经叔平关于第六届会员代表大会筹备工作的报告。几个月来，全国工商联和各地工商联组织经过充分酝酿，反复协商，从多种经济成分的企业、经济团体和工商经济界推选出第六届会员代表大会代表694名，其中有120名华侨、港澳等方面的代表。

中国8年接受贷款72亿美元

据新华社报道，财政部一位负责世界银行贷款的官员在接受新华社记者采访时说，世界银行向中国承诺的72亿美元贷款中，有息贷款(通称硬贷款)44亿美元，占61%；无息贷款(通称软贷款)28亿美元，占39%。迄今为止，中国已实际使用27亿美元。

中国于1980年5月恢复在世界银行的合法席位。现在使用世界银行的贷款已成为中国利用外资的一个重要渠道。中国政府和领导人对中国与世界银行间的合作曾多次给予高度的评价。李鹏总理在会见世界银行行长科纳布尔时评价双方的合作是富有成效的，并表示希望这种合作能得到继续发展。

用世界银行贷款所建的68个项目涉及农业、能源、交通、教育、工业、医药卫生和水利等领域。在一定程度上，利用世界银行贷款弥补了我国建设资金的不足。

这位官员告诉记者，世界银行贷款的特点有：利率较优惠；贷款期限较长，一般是硬贷款偿还期20年，宽限期为5年。软贷款偿还期为35年,宽限期为10年。这有利于优化中国的债务结构,按现在的借款规模测算,中国对世界银行的大部分还款将在2000年以后。他还特别指出,世界银行贷款项目成功率很高,因为它在对每个项目贷款前,都要进行严格审查,包括可行性研究和实地考察。

最近,世界银行主管亚洲地区副行长阿蒂尔·卡劳斯曼诺古率团在中国进行了第二次贷款项目执行情况的检查。卡劳斯曼诺古认为这次检查是有益的,发现了一些问题,探讨了解决办法。他提出有些项目的贷款使用偏慢,主要是因为中国方面对世界银行的采购程序不熟悉,工作跟不上。还有的项目是由于修改了原设计,延缓了工程进度。

中国方面表示将通过对业务人员的强化培训,把采购工作抓上去,对已签约的项目则要尽量避免改变设计等。据悉,今后年间中国从世界银行的贷款将以每年10%以上的速度递增。

全国人大常委会副委员长雷洁琼约见《人民日报》记者谈教育问题

雷洁琼约见记者时指出,我国教育事业成绩不小问题不少,各级领导一定要关心教育、重视教育,宁可作出其他方面的牺牲也要把教育搞上去。

雷洁琼认为,目前有些地方教师队伍不稳定,一些青年不愿报考师范院校,有的优秀教师弃教经商,教师素质下降。造成这种状况的根本原因是教师待遇较低。为了使中小学教师的职业具有吸引力,就必须增加教育经费。

雷洁琼指出,教育的另一个突出问题是某些地方又出现少年儿童失学问题。她说,我国法律、政策都规定,企业不许招收年龄不满16周岁的少年儿童,义务教育法也不允许中途辍学。但是,近年来不少地方特别是沿海地区的乡镇企业、私营企业、个体工商业,纷纷招收未满16周岁的少年儿童,女童失学现象更为严重。这种情况不仅使被雇佣的少年儿童的健康成长受到损害,而且还严重影响义务教育法的实施。如此下去,农村文盲将继续增加。

她认为,少年儿童辍学的根本原因,是"读书无用论"作祟。有些父母急功近利,不让孩子上学;有些中小学经费不足,收的学杂费越来越高,造成经济困难的家庭无力供孩子上学。

雷洁琼说,尽管我国的教育经费逐年有所增长,但仍严重不足。许多中小学处于"穷维持"的状态,在通货膨胀、物价上涨的冲击下,许多学校处于"穷维持"也难以维持的状况。因此,希望国家在治理经济环境、整顿经济秩序的时候,要调整投资比例,增加对教育的投入,不论怎么困难也要提高教师的待遇。

首届绿色杯全国环境好新闻评选在北京揭晓

190篇优秀的环境新闻作品获奖。13家中央新闻单位、25家省市报社和部分地市级报社推荐了他们所发表的优秀环境新闻作品。

中国电影《人鬼情》在巴西获"金鸟奖"

由上海电影制片厂摄制的故事片《人鬼情》夺得第五届里约热内卢国际电影电视最高奖——金鸟奖。

马坝人化石发现30周年学术讨论活动在曲江县马坝镇召开

马坝人头骨化石是1958年6月广东韶关马坝镇郊的农民挖出来的。此后,又在狮子岩和罗坑、灵溪、枫湾、大塘等乡镇,相继发现同期或稍早、稍晚的化石地点,并挖掘出豪猪、鬣狗、熊、大熊猫、犀、鹿、剑齿象和猩猩等近40种哺乳动物化石。

距今12.9万年左右的马坝人头骨是华南地区最早发现的最重要的人类化石,是亚洲地区原始类型早期智人的代表。

中国选手在亚洲蹼泳邀请赛上获得全部19个项目的15枚金牌

青海唐古拉山地区发生6.0地震

国家地震局提供消息:根据我国地震台网测定,北京时间早晨6点29分青海省内发生6.0级地震。震区位于唐古拉山地区北纬34.3度、东经91.9度。

11月27日

全国工商联第六次会员代表大会在北京开幕

这次会议将听取和审议全国工商联第五届执委会的工作报告,听取和审议关于中国工商业联合会章程(修改草案)及说明,选举新一届领导机构。

全国工商联成立于1953年,它是我国统一战线组织和民间对内对外商会。目前,它已建立了1495个县级以上组织。

大会由主席团常务主席荣毅仁主持。中共中央书记处书记阎明复宣读了中共中央的贺词。

贺词高度赞扬全国工商联在团结广大工商界、积极参加国家事务和经济决策的协商、参与对外经济技术合作和交流等方面的贡献。

贺词指出,对于工商联适应改革开放需要所进行的各项开拓性工作和取得的成绩,中共中央感到由衷的高兴,并给予积极的支持。

中共中央在贺词中表示相信,全国工商联和各级工商联能够适应我国形势发展的要求,加强自身建设,团结教育全体会员遵守国家的政策法令,努力发展生产,改善经营管理,同时代表和反映他们的利益和要求,协助政府协调与会员的利益,在改革开放中作出新的贡献。

周谷城代表7个民主党派,万国权代表民建中央、孙起孟主席,李容光代表全国总工会,分别向大会表示热烈的祝贺。

大会主席团常务主席孙孚凌代表第五届执委会作了工作报告。报告共分3部分,内容分别为:一、在改革中探索前进的5年;二、新形势下工商联的性质、地位、任务和作用;三、在新形势下加强工商联的自身改革与建设。

孙孚凌在报告中指出新时期工商联的根本任务是:团结工商业界,在国家改革开放方针指导下,积极参加社会主义建设,维护会员的合法利益,开展对外经济联系和友好往来,为实现社会主义现代化建设和促进祖国统一贡献力量。

孙孚凌认为应当在五个方面发挥工商联的职能和作用。一、参加国家重大经济社会决策的协商和有关经济政策的咨询;二、代表会员的合法权益,沟通会员与政府的联系;三、发挥广大会员的积极性,为经济建设服务;四、在国家宏观调控的方针政策指导下,发挥自我调节作用;五、积极开展对外联络,为促进对外开放服务。

孙孚凌透露,近5年来,全国工商联积极参加国家大政方针的政治协商和民主监督,就经济体制改革、科技体制改革、教育体制改革等方面提出的意见和建议,受到党和政府的重视。最近,他们还派人参加治理经济环境、整顿经济秩序和对党政机关纠正腐败现象的监督工作。

大会主席团常务主席黄凉尘作了关于全国工商联章程(修改草案)的说明报告。

中共中央政治局委员田纪云以及张劲夫、习仲勋、杨静仁、马文瑞、孙晓村、钱正英到会祝贺,全国工商联名誉主席胡子昂也出席了大会。

国防部部长秦基伟在人民大会堂会见由国防国务秘书巴隆戈·利库里亚上将率领的扎伊尔武装部队代表团

国家科委主任宋健出席湖南省科技工作会议并讲话

宋健在会上说,由于需求膨胀和物资短缺,有些科研单位、有些人打着科技部门的招牌,倒买倒卖,卖假种子、假农药等,做损害人民利益和社会利益的坏事。这些现象必须坚决克服,予以查清,严肃处理。今后也决不能让这些人继续败坏科学技术的名声和信誉。

宋健认为,科技工作应该把增加市场供应作为工作重点。要加大对农业生产、副食品增产、原材料供应等方面的科技力量投入;要给予从事交通运输和能源研究开发的科技部门和科技工作者更大更多的支持;在直接为经济建设服务的主战场上,也应适当限制效益低的科研项目,多上一点"短、平、快"的项目。

宋健说,就全国范围来讲,在今后两年内,科技工作的总部署不变。一要坚定不移地调动大部分科技工作者到经济建设主战场上去,直接为经济建设服务。二要投入一部分优秀的科技力量,从事跟踪世界高技术的研究与发展工作,为建立和发展我国高技术、新技术产业而努力。三要坚决执行"继续加强对基础研究的支持"的方针,保证有一支精干的不断更新的科学家队伍,在世界科学前沿战斗。

中日合作调查太平洋黑潮"实践"号科考船完成任务返航

据《人民日报》报道,由国家海洋局东海分局派出的"实践"号科学考察船,自10月8日从上海港起航,在东海、日本本州南部海域进行中日合作黑潮调查,经过50昼夜的艰苦作业,圆满完成了1988年第二航次的调查任务,现已从太平洋胜利返回长江口的鸭窝沙锚地。

所谓"黑潮",是北太平洋中的一股巨大水流,也叫"黑潮暖流"或"北太平洋西部边界强流"。它的源头是从东向西流动的北赤道流,当它抵达菲律宾以东海区时,因受海岸阻挡,大部分水转向北流,从我国台湾东侧流入东海,后经吐噶喇海峡,沿日本南部海区向东北流去,其流经全程约6000公里。黑潮流幅的宽度平均为150公里,深度约1000米,流速为每小时4至8公里。黑潮的水色一般看起来幽深发黑,这是由于水分子对光的散射作用,其实黑潮水并不黑,不仅不黑,比一般海水还清澈透明。因为黑潮水来自赤道地区,所以具有高水温、高盐度的特点。黑潮对于流经区域特别是对中国和日本的沿海气候、海况、渔场、船只航行,污染物的漂移等均有重大影响。

"实践"号考察船上共有120人,包括1位指挥员,1位中方首席科学家、3位日方科学家,调查队队长、副队长、队员和船员等。这次调查是整个中日合作黑潮调查的一部分。整个调查是按中日两国政府签署达成的协议进行的。调查的目的是为了搞清黑潮的特性及其对中日两国海洋环境、水产资源、气象等方面的影响。这次“实践”号考察船曾在日本长崎靠岸补给。在停靠期间,中日双方科学家进行了学术交流,同时船上的3位日本科学家下船,另有3位日本科学家上船。

“实践”号是在21号台风刚刚过后出海的。这次调查在海上经历了22号、23号、24号台风、气旋和北方强冷空气活动的干扰,虽然曾8次驶入海湾避风和检修机械,但多数时间是在大风大浪中工作。

这次调查总航程5000多海里,东西跨越23个经度,南北跨越12个纬度,对11个断面测线的66个测站进行了多种要素的测量和样品采集,获得了上万组数据。这些数据和样品在船上进行了一些初步处理和分析,深入的研究工作将在陆地实验室中进行。

中国3部纪录片在意大利获奖

据《人民日报》报道,中国3部纪录片在意大利桑德里奥举行的第二届国家公园纪录片影视展上获奖。这次参赛的36部影片来自世界25个国家,共有15部影片获奖。我国获奖的3部片子是:《不能消失的颜色》《中国珍稀动物》和《褐马鸡》。其中前两部是由中央电视台社教部制作的。

《不能消失的颜色》是为1988年3月12日“中国植树节”特意制作的。该片以保护人类生存环境的鲜明主题和生动形象的画面,以及抒情诗般的解说词触动了千百万观众,引起了人们的共鸣。

杜任之逝世

忠诚的共产主义战士、中国共产党优秀党员、著名哲学家杜任之同志11月27日因病在北京逝世,享年83岁。

杜任之是山西省万荣县人,1956年杜任之调任北京中国科学院编译出版委员会副主任兼党组书记;1958年到中国科学院哲学研究所任研究员,创办并主编了《哲学译丛》。杜任之同志的主要论著有《孔子思想精华体系》《现代西方哲学的基本特点》《论主观能动性》《全面开展社会学研究,为社会主义服务》《关于现代西方哲学研究和批判方法论问题》,他还主编了两卷本《现代西方著名哲学家述评》等,编译了《分析的时代》。

11月28日

国务院在北京召开全国计划会议和经济体制改革工作会议

国务院总理李鹏主持会议。国务院副总理姚依林作了题为《认真贯彻十三届三中全会精神,安排好1989年计划》的报告。

这两个会议的主要议题是:按照党的十三届三中全会精神,讨论安排1989年国民经济和社会发展计划;讨论部署1989年经济体制改革工作。

据认为,这两个会议的召开,对我国逐步摆脱通货膨胀的困扰,使改革健康深入,早日出现国民经济新局面,具有重要意义。

李鹏总理在会议开始时讲了话。

他说,前不久举行的党的十三届三中全会,提出了治理经济环境、整顿经济秩序、全面深化改革的方针,并且确定把明后年改革和发展的重点突出地放到整治经济环境和经济秩序上来。近两个月来,国务院按照三中全会的精神,在财政、金融、生产建设、商业流通、人民生活等方面,采取和制定了一系列的措施和规定,使中央的方针具体化。各地区、各部门在贯彻三中全会精神,落实国务院各项措施和规定方面,也做了许多工作,并开始取得一定成效。但这仅仅是开始,而且进展不平衡。这次全国计划会议和全国经济体制改革工作会议,它的中心内容就是进一步贯彻落实三中全会精神。

李鹏说,现在看来,由于经济过热、需求过旺的势头还没有得到制止,为了确保明年的物价上涨幅度明显低于今年,在明年国民经济和社会发展计划的安排上,有不少的矛盾,难度比较大。如果对面临的问题和困难认识和估计不足,不下大决心、花大力量去解决它,就会拖长克服困难的时间。相反,如果正视困难,对它有足够的估计,坚决贯彻执行三中全会的决策和方针,那么问题和困难就有可能较快地得到解决,使国民经济出现新的局面。因此,这次会议首先要解决的,仍然是认识问题。只有认识统一了,才能坚定克服困难的决心和信心,才能制订好明年的计划。

李鹏指出,治理经济环境、整顿经济秩序实质上是一次经济调整。根据以往的经验,在调整中一定要有所舍有所取,不可能样样都保。这种调整必然要求某些局部作出暂时的必要的让步,以换来整个经济长期稳定发展。如果所有地方、部门、企业的既得利益都不能动,那么经济调整就要落空,通货膨胀的局面将会拖延下去,造成更大的困难。因此,党中央、国务院要求各地区、各部门都能通过这次会议,进一步把思想统一到三中全会精神上来,并在行动和措施上真正加以落实,坚持局部服从全局的原则,上下一心,统一步调,克服困难,促使改革和建设走上正常的健康发展的轨道。

李鹏说,治理经济环境、整顿经济秩序与全面深化改革是密切相关的,我们不但要用深化改革的办法来治理和整顿,而且许多治理和整顿本身就是深化改革的内容。所以计划会议与经济体制改革会议同时召开,也会使这两方面更加密切地结合起来。

姚依林副总理在报告中首先对今年的经济形势作

了评价。他说,今年总的经济形势是好的,主要表现在社会生产持续增长。初步预计,国民生产总值可以达到13000亿元左右,比去年增长12%;国民收入达到11100亿元,增长10%。在生产增长的基础上人民生活继续有所改善。但是经济生活中也存在着不少困难和一些不容忽视的问题。突出的是,通货膨胀明显加剧,物价上涨过猛。十三届三中全会以来,由于贯彻党中央、国务院的各项措施,物价上涨过猛的势头有所减缓,居民储蓄逐渐回升,信贷规模有较大压缩。但是,经济过热、需求过旺的现象还没有得到遏制。当前各级领导干部中存在的主要问题是,对经济生活中面临的困难估计还不够,对治理通货膨胀要付出必要的代价,还缺乏应有的思想准备,因而有些地方和单位还在等待观望,敷衍应付;多数地方和单位则表现为决心不大。他希望各地区各部门的同志进一步提高思想认识,从行动和措施上真正落实三中全会精神,坚定不移地搞好治理经济环境、整顿经济秩序和经济改革的工作。

根据三中全会确定的指导方针和当前实际情况,姚依林在报告中提出明年计划安排要遵循的指导思想:

第一,明年计划的主要目标和任务是,逐步消除经济过热,确保物价上涨幅度明显低于今年,力争农业有一个好收成。

第二,切实压缩过大的社会总需求,实行从紧的财政金融政策。

第三,合理调整结构,理顺经济关系,提高经济效益,避免在紧缩需求过程中出现经济滞胀现象。

第四,把治理经济环境、整顿经济秩序同全面深化改革结合起来,逐步建立新旧体制转换时期宏观调控体系。

第五,明年的计划安排,必须瞻前顾后,考虑与后年和以后几年的衔接。

姚依林介绍了1989年计划安排的主要轮廓:国民经济保持适度的增长率。通过切实控制需求,增加和改善有效供给,做到全国零售物价指数上涨幅度明显低于今年。农业生产对整个国民经济的发展起着极大的推动作用和制约作用,明年务必使农业生产,特别是粮食、棉花生产有较大增长。要大力调整工业产品结构,坚决把过高的工业速度降下来。要坚决压缩固定资产投资规模,合理调整投资结构。控制消费需求过快增长,努力安排好人民生活。合理调整进出口商品结构,进一步扩大对外贸易。要进一步发展科学技术和教育文化卫生事业。

姚依林说,明年计划安排得是否妥当,对于逐步实现三中全会提出的治理经济环境、整顿经济秩序的目标至关重要。治理经济环境、整顿经济秩序同全面深化改革是统一的、相辅相成的,不仅要在坚持改革方向的前提下进行,而且从根本上说,只有依靠改革的深化才能取得应有成效。根据明年的具体条件,深化经济体制改革要积极推进企业改革,大力整顿流通领域秩序,有步骤地推进那些对治理通货膨胀有重大作用的改革措施。同时,要根据新旧体制转换时期经济运行的特点和经济生活中存在的问题,切实加强和改进宏观经济调控。

出席会议的领导同志还有田纪云、李铁映、丁关根、张劲夫、王丙乾、李贵鲜、邹家华等。

民进第六次全国代表大会在北京闭幕

大会通过的新章程表明,民进是由从事教育、文化、出版、科学和其他工作的知识分子组成的,致力于建设有中国特色的社会主义的政党,是中国共产党领导的多党合作制中具有政治联盟特点的一个民主党派。

新章程规定,民进以国家宪法为一切活动的准则,遵守中国人民政治协商会议章程。民进的宗旨是:以我国社会主义初级阶段基本路线为指导,促进和完善社会主义民主,健全社会主义法制,提高中华民族素质,发展社会生产力,为把我国建设成为富强、文明、民主的社会主义现代化国家而奋斗。

新章程强调民进坚持贯彻中共提出的“长期共存、互相监督”,“肝胆相照、荣辱与共”的方针,积极参加国家政治生活,参加国家政权,参加国家事务的管理,维护和发展安定团结的政治局面,对国家大政方针和社会主义现代化建设中的重大问题提出政治主张,积极发挥政治协商、民主监督的作用。

新章程还在总纲部分提出要积极推进“一国两制”方针的实施,促进和维护祖国统一大业;积极参加人民外交、对外文化交流和友好活动;主张教育为立国之本,坚持把发展教育和科技事业放在经济发展战略的首要位置;主张文化出版工作要为人民、为社会主义服务;主张尊重知识,尊重知识分子,改善知识分子的工作条件和生活条件,代表和维护会员及所联系的知识分子的合法权益。

民进中央副主席赵朴初致闭幕词。新当选的副主席冯骥才、邓伟志也在会上讲了话。

民进六大选举雷洁琼为民进中央主席

中国农科院在北京举办首次科技开发产品展览订货会

全院所属27个所室参展的400多种科技开发产品,显示了该院科研与科技开发工作结合的成绩。

从1978年以来,农科院已有1185项科研成果获各级政府奖励，其中64%的成果应用于生产，仅51项重要科研成果的推广，累计经济效益已达140亿元以上。与此同时，科技开发工作出现了3个趋势：从“小打小闹”向多层次、多途径、多形式建立科技开发、实体转化、从种植业向多种经营转化，从初级产品向知识技术密集型转化。

目前，农科院和有关单位在全国各地建起50多个科技经济开发实体。如吉林特产所新建年产千吨的山葡萄酒厂、人参加工车间，院品资所以技术入股方式与天津静海县、北京朝阳区、山西大同市联合筹建以开发燕麦加工产品为主的“保健食品厂”，杭州茶叶所与有关企业联办的“茶叶饮料联营厂”，等等。院生防室研制的“120”农药深受用户好评。

中蒙两国政府关于中蒙边界制度和处理边境问题的条约在钓鱼台国宾馆签字

这是中国同邻国签署的第一个有关边界制度和处理边境问题的条约。

条约指出，两国政府签署这个条约是为保持两国边界的稳定和边境地区的安宁，为使双方遵守边界制度、本着相互谅解和合作的精神处理边境问题。

条约对处理边界问题和边境事务等作了规定。

外交部副部长刘述卿、蒙古外交部第一副部长达·云登代表各自政府在条约上签字。

外交部部长钱其琛等出席了签字仪式。

中国失窃的战国铜敦将在美被拍卖 有关方面希望美方暂停这一活动

据新华社报道，我国有关部门确认美国索斯比公司计划明天拍卖的一件战国铜敦是今年6月在湖北省失窃的中国文物，并希望索斯比公司暂停这一珍品的拍卖。

公安部刑事侦查局的一位高级官员在接受新华社记者采访时说，国际刑警中国国家中心局为此已于上周六致电美国国家中心局，公安部的有关官员还在上午约见了美国驻华使馆的一位外交官，请求美方予以适当干预，协助暂时中止这件文物的拍卖。他还表示，我方愿意在拍卖暂时中止后，通过适当途径使这一珍贵文物尽快回归祖国。

根据索斯比公司最近出版的一份刊物，这件战国铜敦连同其他226件精美的中国陶瓷和艺术品一起，于本月25日起在纽约市展出4天，并计划在29日向公众拍卖。

这份刊物登载了这件铜敦的彩色照片。我国专家仔细研究了照片及文字介绍，认为它同已在湖北省失窃的战国铜敦在通高、结构和花纹上完全一致，尤其在锈蚀的各种细节特征上也完全吻合，从而断定两者实为一件文物。我国文物专家认为，这件铜敦不存在一模两件的可能性。

这件铜敦是于1983年在湖北省秭归县出土的，曾收藏于当地的屈原纪念馆。今年6月4日晚，窃贼搭梯攀上纪念馆的二楼撬窗进入展厅，盗走了这件铜敦。

中国体视学学会在北京成立

体视学是一门尚不广为人知的新兴边缘学科，它是把平面观察到的物体数据，用现代数理统计方法，结合图像分析，完整准确认识物质内部结构的本质。体视学已推广到许多领域，特别为冶金、矿产、生物、医学、能源、环境保护、气象、农业部门所重视。如运用体视学诊断肿瘤，可以通过精确定量的分级标准区分轻、中、重的程度，避免以往靠经验判断的不准确性。

首届中国戏剧节在北京开幕

党和国家领导人杨尚昆、李先念、邓颖超、薄一波、宋任穷等为戏剧节题词祝词。

宋任穷、习仲勋等出席了开幕式。

来自京、黑、吉、津、晋、豫、湘、陕、川、贵、浙、赣、闽、沪、苏、粤以及中直、解放军等30多个单位的剧团参加了这次规模盛大的民间戏剧节，他们将演出话剧、歌剧及京、昆、川、评、豫、蒲、赣、婺、湘、粤、梨园戏、河北梆子等20台节目，一展我国作为戏剧大国那传统深厚、姿态万千的民族戏剧的绚丽色彩。

中国文联执行主席、中国剧协主席曹禺在献词中指出：戏剧的生命力在民间，在人民中，让戏剧走向社会、走向民间、走向人民群众，还戏于民，这是戏剧生存和发展的真正沃土。

在开幕式上，由上海昆剧团的《游湖》、江西省赣剧团《盗草》、四川省川剧院的《金山寺》、浙江省婺剧团的《断桥》这4出驰名全国的折子戏组成的《白蛇传》，使观众久久地沉浸在载歌载舞、美轮美奂的艺术氛围之中。

首届中国戏剧于12月16日闭幕。

《中国哲学发展史》出版

这是一部中国哲学发展史专著，由中国社会科学出版社出版。全书共分7卷，已经出版的有《先秦卷》《秦汉卷》《魏晋南北朝卷》。关于魏晋南北朝时期哲学发展的阶段性问题，作者从思想史的角度和认识史的角度进行了考察，把近四百年历史的魏晋南北朝哲学划分三个阶段：一、玄学时期；二、玄学与佛教般若学时期；三、佛教经学形成时期。作者认为，玄学在中国哲学史上产生有着重要的意义，但以往的中国哲学史只讲玄学,很少注意去研究这一时期的儒教、道教和佛教思想。本书在这方面做了较为深入的探索。

考古证实冀东 4 万年前就有人类活动

据新华社报道,考古专家对河北迁安县爪村出土的古脊椎动物化石和石器、骨器考证后认为,大约 4 万年以前冀东地区就有古人类活动。

1958 年,这里滦河渡口西南方的山坡上曾发现了许多埋藏在被称为第四纪地层中的古哺乳动物化石和 10 多件石、骨类器具。在 1986 年的文物普查中,人们在爪村老发掘点附近又发现两个石器点。去年 10 月,文物部门对两点进行了试掘。

目前,在两个地点已出土了大量马、驴、赤鹿、转角羊、牛、披毛犀等动物化石和上千件石器、骨器。石器有刮削器、尖状器、硬砸器等。石器多是燧石,有明显的人工打击痕迹,有的制作很精致。这些出土物埋藏在深 3.3 米至 4.5 米的黑灰色土层中,地质年代被认为属于第四纪晚更新世。出土物所处的时代暂被专家定为旧石器时代或稍晚。

中国计划生育协会在纽约荣获争取美好世界协会授予的争取美好世界奖章

"争取美好世界协会"主席特纳说,这是表彰中国计划生育协会在世界上人口最多的国家控制人口增长工作中所取得的成就。

中国计划生育协会副会长王伟在这里接受奖章后作了简短发言,感谢"争取美好世界协会"对中国计划生育事业的理解和支持。

"争取美好世界协会"是美国特纳广播系统董事长特纳等人在 1985 年建立的国际组织。

林业部 农业部和中国野生动物保护协会在北京联合召开座谈会

会上,许多专家、学者向社会呼吁,加强保护濒临灭绝的野生动物物种,要赶快挽救濒于衰竭的动物科学研究工作。

专家们指出,要使刚颁布的《中华人民共和国野生动物保护法》不成为一张空文,要对野生动物加强管理,首先要了解野生动物资源情况。然而我国目前连维持自然保护区管理人员的人头费都缺乏正常渠道,至于对野生动物资源作系统普查更列不上国家计划。许多国家,早在四五十年前甚至 100 年前就把本国生物资源调查清楚了,而我国至今连一部《动物志》都因缺乏资金而难产。要执行《中华人民共和国野生动物保护法》,全国没有一本权威性生物资源基础图志,谁知道哪些动物属珍贵?哪些动物为稀有?专家希望国家尽快落实资源调查经费,主管部门安排人力物力早日建立资源档案库。

中国科学院动物研究所十几位参加会议的专家在发言中谈到严峻的现实:我国动物科学研究方面出现断层,动物研究人才出现断层。高级工程师钱燕文说,美国的昆虫种类有 15 万种,从事昆虫分类研究的 2000 多人,我国昆虫种类大致与美相同,从事分类研究的只有 400 人左右;日本鸟类学会会员达千余人,每年 5 月间对国内鸟类进行一次统一调查,我国鸟类学会会员只有 360 多人,其中进行鸟类学研究的仅 80 多人。别说对资源作普查,全国动物研究重要机构中国科学院动物研究所,一般性的科研经费还要到外面"化缘"。由于动物科研工作不被重视,许多大专院校有关专业纷纷转向,研究野生动物的科研人员更是奇缺。全国只有东北林业大学设有野生动物系,学动物分类的越来越少,如果现在不采取措施,有人担心等这批 50 岁左右科研人员退休后,我国这方面的专门人才可能要到国外去找。

林业部科技委主任、野生动物保护协会副会长董智勇在座谈会上说,要加强国内外横向联合,为科研部门筹集经费,提供工作环境和条件。林业部副部长刘广运在会上透露,正在拟订国家重点保护野生动物名录、印制有关图谱,积极准备拟订野生动物保护法实施条例。

11 月 29 日

国务院总理李鹏在中南海会见津巴布韦外交部部长内森·沙穆亚里拉博士

李总理在听了沙穆亚里拉外长关于南部非洲形势最新发展的介绍后,重申了中国支持前线国家、南非人民和津巴布韦人民正义斗争的一贯立场,并希望有关的会谈能取得新的进展,以便纳米比亚尽快实现独立,西南部非洲能够出现和平和稳定。

宾主双方还讨论了柬埔寨问题,一致认为,越南撤军是解决柬埔寨问题的先决条件,李总理重申了我国对解决柬埔寨问题的一贯立场。

会见时外交部部长钱其琛等在座。

第一次全国人事厅局长会议在北京召开

人事部部长赵东宛在会上说,今后几年,理顺工资关系的重点是解决脑力劳动者收入不合理的问题,使他们的收入增加得快一些。同时还要适当调整机关、事业单位内部各类人员的工资关系,特别要解决突出不合理的职务工资"平台"问题。他还透露,用大约 5 年时间,初步建立体现机关、事业单位包括教育、科研、卫生等系统各自特点的不同工资制度,逐步建立正常的工资增长机制,机关、事业单位工资总额与国民收入保持合理的增长比例关系,并按照物价上涨水平适时调整工资标准,同时,离、退休人员的待遇问题也将给予妥善解决。

这次会议将研究今后一个时期机构改革、人事制度改革和机关事业单位工资改革的设想,部署明年的工作,讨论加强人事部门的自身建设。

赵东宛在会上介绍了机构改革的情况。他说,国务院的机构改革进展顺利,新组建部委都已投入正常运行,保留部门"定职能、定机构、定编制"的"三定"工作接近完成,一些部门的深化改革正在进行。据统计,非常设机构从原来的75个减少到44个,司局级机构减少了20%多,改革后的定编人员比改革前实有人数减少近1万人。他还透露,从明年开始,地方的机构改革将相继展开,大体用三四年的时间完成。明年主要在省一级进行,1990年至1991年在地、市、县展开,1991年以后,再考虑乡镇一级的机构改革。

谈到人事制度改革,赵东宛强调,重点是建立国家公务员制度。他谈到,今后5年的基本目标是:搭起框架,打好基础,也就是初步建立起以《国家公务员法》为核心的较为完整的公务员法规体系;在政府部门要分期分批地推行国家公务员制度;基本建成国家行政学院和若个地方行政学院,初步形成以行政学院为主体的公务员培训体系。

职称改革是知识分子十分关心的问题。赵东宛介绍说,预计首次专业技术职务聘任工作结束后,受聘高级专业技术职务的约80万人,中级职务的约550万人,分别比1983年增加8倍和2.5倍,有600多万人增加了工资。他还说,尽管如此,脑力劳动者收入低的问题仍然没有解决。我们要采取多种措施,争取在今后5年,使脑力劳动者平均工资有较大的提高。

国务院发言人袁木向全国工商联六大代表介绍国内经济形势

袁木说,过去的10年是我国经济发展最充满活力、充满生机的时期,这不仅国内而且国际上都是公认的。他介绍说,10年改革的成就最重要的有5个方面:

——从经济形态来讲,已经打破了以指令性计划为主的调拨产品经济的模式,逐步转上了发展在公有制基础上的有计划商品经济的轨道。——从所有制结构来讲,已经打破了过去那种单一的、以"一大二公"为特征的所有制结构,逐步形成了以公有制为主体的多种经济形式、多种经营方式并存的所有制结构。——从国家同企业的关系来讲,过去那种国营企业基本上是行政单位的附属物的状况,已经逐步得到改善。——在宏观管理上,过去的指令性计划为主,以财政统收统支和劳动统包统配为特征的"统"字当头的一套管理方式,已经基本上瓦解了,地方、部门和企业的积极性得到了调动。——从分配关系来讲,过去那种平均主义、"吃大锅饭"的分配方式正在改变之中。

谈到当前经济生活中最突出的矛盾和问题时,袁木说,无论是投资的膨胀,还是消费的膨胀,以至这两个膨胀带来的社会需求大于社会供给,货币过量发行,导致物价上涨过猛等等这样一些问题,我们现在还没有可能立即从机制上加以解决。相反地,新旧体制转换过程中产生的种种摩擦和漏洞,恰恰是由于新的运行机制还不健全,旧的运行机制尚未退出历史舞台,因此这样那样的矛盾愈益显现出来。流通领域的混乱现象促进了物价上涨和通货膨胀;物价上涨和通货膨胀,反回来又为流通领域的混乱现象提供了土壤和条件,于是二者相互推动,愈演愈烈。

袁木指出,在分析当前经济生活中出现的种种困难和混乱现象的时候,千万不要忘记在两种体制转换期间的不可避免性。这样的认识,不是为了把我们工作上的失误通通推到机制上,只是要告诉我们在新旧体制交替时期,新体制还不能充分发挥作用,旧体制还没有完全失灵,以至必然产生种种矛盾、摩擦和漏洞,这恰恰是改革时期不可避免的一个历史过程。人们对这样一个历史过程认识得越自觉,越深刻,就越能主动地、积极地、自觉地坚持改革,推动旧体制向新体制的转换。袁木说,对改革过程中已经发现的措施不配套,制度不健全,法制建设跟不上,管理监督工作没有及时加强等问题,必须在新旧体制转换过程中适时地加以解决。

袁木说,目前出现的明显的通货膨胀,物价上涨幅度过大,经济秩序混乱,已经引起社会各阶层的普遍不安,成为稳定经济、深化改革的严重障碍。对此决不能掉以轻心。必须当机立断,要下最大的决心,坚决遏制通货膨胀,扭转流通领域的混乱局面,只有这样,改革才能深化,整个经济建设的发展也才能纳入健康的轨道。如果不这样做,改革10年所取得的成果有丧失的可能,广大干部和群众对改革的信心和积极性将会受到严重挫伤。

袁木说,应该看到,这两年来,人们对改革政策的拥护和支持已呈现出某种程度的下降趋势。当然从总体来说,10年改革给人民带来了实惠,给经济注入了强大的活力,人民是拥护的,但是由于碰到这样那样的问题,人民对改革的信心和支持程度,并不是越来越高涨。现在,特别需要通过我们的工作,使人民进一步增强信心。十三届三中全会的方针政策公布以后,人民普遍反映好,就是担心落实不了。在这种情况下,我们更应该加强责任心，从我做起，认真做好各项工作，使党的方针政策真正得到全面落实，这样人民的信心就会增强，积极性、主动性和创造性就会更好地发挥出来。这是我们克服困难和争取新胜利的力量源泉。

美国停止拍卖我国失窃的战国铜敦

据公安部透露，美国纽约索斯比拍卖行原定于今天拍卖的一件中国战国时期的铜敦，由于我国警方正式确认为今年6月4日在湖北省失窃的中国文物，决定停止拍卖，并暂时不退给卖主。

公安部刑侦局负责人说，美国驻华使馆和美国警方对我国公安部刑侦局通告的这一事件迅即进行了干预，我国警方对美国驻华使馆和美国警方的合作表示赞赏。

他表示，我国有关方面将就此事继续寻求美方的配合，使被盗文物铜敦尽快归还我国。

对外友协在人民大会堂举行招待会纪念声援巴勒斯坦人民国际日

对外友协会长章文晋首先讲话。他说："独立的巴勒斯坦国的正式成立，有助于推动中东和平进程。中国人民强烈要求以色列当局顺应历史潮流，放弃其侵略扩张政策，以早日实现中东问题公正、全面的解决。中国人民将永远站在巴勒斯坦人民正义事业一边。"巴勒斯坦解放组织驻京办事处主任尤素夫·拉吉布在招待会上发表了长篇讲话。在谴责了以色列的种种罪行后他说："巴勒斯坦革命从开始到现在，一贯得到中国真诚的、始终不渝的坚强支持，巴勒斯坦国一宣布成立，就得到了中国的承认。我们十分珍视同中国的友好关系。"

全国人大常委会副委员长彭冲和北京各界友好人士及在京的巴勒斯坦朋友100多人出席了招待会。中国煤矿文工团和巴勒斯坦朋友在招待会上演出了精彩的文艺节目。

《文心雕龙》国际研讨会在广州举行

来自日本、苏联、瑞典、意大利等国家和地区的汉学家与国内的"龙学"专家张光年、王元化、杨明照、牟世金等40余人会聚一堂，各抒己见，就《文心雕龙》与中国古代文学理论的民族特色、《文心雕龙》怎样走向世界等问题进行了热烈而富有成效的讨论。台湾学者寄来了论文在会上宣读。

与会者一致认为，产生于我国中古时期的《文心雕龙》是文学理论的瑰宝，它不仅是中国的，也是世界的。要使世界了解、认识《文心雕龙》的理论价值，不仅需要海外学者的努力，而且更需要国内专家拓宽研究领域，开阔学术视野，在中西文学理论的参照系统中寻找《文心雕龙》的理论意义与西方文学理论的结合点。许多专家从中国古代文化氛围中的宇宙观、思维方式以及《周易》、儒、道、佛思想对《文心雕龙》的影响方面，探讨了刘勰文学理论的特质。

与会者认为，应该拓展《文心雕龙》的研究领域，从多层次、多侧面去认识这部"体大思精"的文艺理论专著。不管是宏观还是微观研究，不论是文字考证还是理论阐释，都是必要的。有人提出，对待包括《文心雕龙》在内的文化遗产所具有的批判意识，是使《文心雕龙》具有当代意义，从而使"龙学"研究成为"活雕龙"的关键。

中国天主教自选自圣主教30周年庆祝大会在北京举行

吴学谦、阎明复、习仲勋、杨静仁等出席了庆祝大会。

30年来，中国天主教已经成为一个独立自主的中国神长教友自办的、符合中国国情和人民利益的教会。迄今为止，有92位爱国爱教的司铎被选圣为主教，使广大教友有了自己的善牧。全国已恢复、开放圣堂和祈祷公所3000多处，创办了修院12所，修女初学院近30所，已祝圣了90多位新神甫，平均每年有4万多教友领洗入教。同时，还印制发行了圣经、圣书和圣物；有些教区还兴办了社会福利事业。广大教友在教会爱主爱人精神的熏陶下，和全国人民一道，积极为祖国两个文明建设勤奋工作，涌现出了数以千计的先进生产者，提高了我国教会的社会声誉。

中共中央政治局委员、国务院副总理吴学谦在会上讲了话。他对我国天主教的发展和所取得的成绩给予了很高的评价，表示热烈祝贺。在谈到关于我国和梵蒂冈关系问题时，吴学谦说，中国政府的态度是：一、梵蒂冈必须断绝同台湾的所谓"外交关系"，承认中华人民共和国政府是中国唯一的合法政府；二、梵蒂冈不得干涉我国内政，包括不干涉我国的宗教事务。中国天主教主教团代团长、中国天主教教务委员会代主任、中国天主教爱国会主席宗怀德主教在会上致辞并作业务报告，上海、北京等8个教区负责人发了言。

11月30日

国务院总理李鹏签署第21号令发布《中华人民共和国审计条例》

《中华人民共和国审计条例》已经1988年10月21日国务院第22次常务会议通过，现予发布，自1989

年1月1日起施行。

总　理　李　鹏

1988年11月30日

中华人民共和国审计条例

第一章　总　则

第一条　为加强对财政、财务收支以及经济活动的审计监督,严肃财经法纪,提高经济效益,加强宏观控制和管理,保障社会主义现代化建设的顺利进行,制定本条例。

第二条　国家设立审计机关,实行审计监督制度。

审计机关对本级人民政府各部门、下级人民政府、国家金融机构、全民所有制企业事业单位以及其他有国家资产单位的财政、财务收支的真实、合法、效益,进行审计监督。

第三条　审计机关依照国家法律、法规和政策的规定,进行审计监督。

审计机关依法独立行使审计监督权,不受其他行政机关、社会团体和个人的干涉。

审计机关作出的审计结论和决定,被审计单位和有关人员必须执行。审计结论和决定涉及其他有关单位的,有关单位应当协助执行。

第四条　审计机关实行双重领导体制,对本级人民政府和上一级审计机关负责并报告工作,审计业务以上级审计机关领导为主。

第五条　属于国家审计范围、审计机关未设立派出机构的单位,可以根据需要设立内部审计机构或者审计工作人员,实行内部审计制度。

第六条　依法成立的社会审计组织,可以接受委托开展审计查证和咨询服务业务。

第二章　审计机关和审计工作人员

第七条　国务院设立审计署。审计署是国家最高审计机关,在国务院总理领导下,组织领导全国的审计工作,负责审计署审计范围内的审计事项。

第八条　县级以上地方各级人民政府设立审计机关。地方各级审计机关分别在省长、自治区主席、市长、州长、县长、区长和上一级审计机关的领导下,组织领导本行政区的审计工作,负责本级审计机关审计范围内的审计事项。

第九条　审计机关根据工作需要可以在重点地区、部门设立派出机构,进行审计监督。

第十条　各级审计机关的领导人员,依照干部管理权限的规定任免。地方各级审计机关负责人(包括正职和副职)的任免,应当事前征得上一级审计机关的同意。

第十一条　审计工作人员应当依法审计、忠于职守、坚持原则、客观公正、廉洁奉公、保守秘密。

审计工作人员依法行使职权,受法律保护,任何人不得打击报复。

第三章　审计机关的主要任务

第十二条　审计机关对下列单位的财政、财务收支进行审计监督:

(一)本级人民政府各部门和下级人民政府;

(二)国家金融机构;

(三)全民所有制企业事业单位和基本建设单位;

(四)国家给予财政拨款或者补贴的其他单位;

(五)有国家资产的中外合资经营企业、中外合作经营企业、国内联营企业和其他企业;

(六)国家法律、法规规定应当进行审计监督的其他单位。

第十三条　审计机关对前条所列单位的下列事项,进行审计监督:

(一)财政预算的执行和财政决算;

(二)信贷计划的执行及其结果;

(三)财务计划的执行和决算;

(四)基本建设和更新改造项目的财务收支;

(五)国家资产的管理情况;

(六)预算外资金的收支;

(七)借用国外资金、接受国际援助项目的财务收支;

(八)与财政、财务收支有关的各项经济活动及其经济效益;

(九)严重侵占国家资产、严重损失浪费等损害国家经济利益行为;

(十)全民所有制企业承包经营责任的有关审计事项;

(十一)国家法律、法规规定的其他审计事项。

第十四条　各级审计机关根据国家财政体制,按被审计单位的财政、财务隶属关系,确定审计范围。

上级审计机关可以将其审计范围内的事项,授权下级审计机关进行审计;下级审计机关审计范围内的重大审计事项,上级审计机关可以直接进行审计。

审计机关可以将其审计范围内的事项,委托内部审计机构、社会审计组织进行审计。

第四章　审计机关的主要职权

第十五条　审计机关在审计过程中有下列监督检查权:

(一)要求被审计单位报送财政预算、财务计划、决算、会计报表以及有关资料;

(二)检查被审计单位的有关账目、资产、查阅有关文件资料,参加被审计单位的有关会议;

(三)对审计中的有关事项,向机关、团体、企业事业单位和有关人员进行调查,上述单位和人员应当提供有关资料及证明材料；

(四)对正在进行的严重损害国家利益、违反财经法规行为，提请有关主管部门作出临时的制止决定。制止无效时，通知财政部门或者银行暂停拨付有关款项；

(五)对阻挠、破坏审计工作的被审计单位，可以采取封存有关账册、资产等临时措施。

第十六条 对违反财经法规的被审计单位，审计机关可按下列规定处理：

(一)警告、通报批评；

(二)责令纠正违反国家规定的收支；

(三)责令退还或者没收非法所得；

(四)收缴侵占的国家资产；

(五)对违反规定使用财政拨款或者银行贷款、严重危害国家利益的被审计单位，作出停止财政拨款或者停止银行贷款的决定；

(六)按照有关法规的规定处以罚款。

被审计单位拒不缴纳应缴的违法款项、罚款的，审计机关可以通知银行扣缴。

第十七条 对前条被审计单位的直接责任人员和单位负责人，审计机关认为应当给予行政处分的，移送监察或者有关部门处理。情节严重、构成犯罪的，提请司法机关依法追究刑事责任。

第五章 审计工作程序

第十八条 各级审计机关应当根据国家政策以及上级审计机关和本级政府的要求，确定审计工作的重点，编制审计项目计划。

第十九条 审计机关确定审计事项后，应当通知被审计单位。

被审计单位应当配合审计机关的工作，并提供必要的工作条件。

第二十条 审计工作人员通过审查凭证、账表，查阅文件、资料，检查现金、实物，向有关单位和人员调查等进行审计，并取得证明材料。

证明材料应当有提供者的签名、盖章。

第二十一条 审计工作人员对审计事项进行审计后，应当向其所属的审计机关提出审计报告。

审计报告应当征求被审计单位的意见。被审计单位应当在收到审计报告之日起十日内提出书面意见。

第二十二条 审计机关审定审计报告，作出审计结论和决定，通知被审计单位和有关单位执行。

审计机关对重大事项作出审计结论和决定前，应当征求有关部门的意见。

财政部门或者主管部门应当依照有关财政、财务决算的审计结论和决定，核批决算或者在下一年度处理。

第二十三条 被审计单位对审计机关作出的审计结论和决定不服的，可以在收到审计结论和决定之日起十五日内，向上一级审计机关申请复审。上一级审计机关应当在收到复审申请之日起三十日内，作出复审结论和决定。特殊情况下，作出复审结论和决定的期限可以适当延长。

复审期间，原审计结论和决定照常执行。

第二十四条 上一级审计机关的复审结论和决定或者审计署的审计结论和决定，为终审结论和决定。

被审计单位对终审结论和决定不服的，可以向终审机关或者其上级审计机关提出申诉。

第二十五条 审计机关应当检查审计结论和决定的执行情况。

第二十六条 各级审计机关对办理的审计事项必须建立审计档案，按照规定管理。

第六章 内部审计

第二十七条 国家金融机构、全民所有制大中型企业、大型基建项目的建设单位和财务收支金额较大的全民所有制事业单位以及审计机关未设立派出机构的政府部门等，可以根据需要设立内部审计机构或者审计工作人员。

第二十八条 内部审计机构或者审计工作人员在本单位负责人领导下，依照国家法律、法规和政策的规定，对本单位及本单位下属单位的财务收支及其经济效益进行内部审计监督。

内部审计机构或者审计工作人员，应当接受审计机关的业务指导。

第二十九条 内部审计机构或者审计工作人员对本单位及本单位下属单位的下列事项进行内部审计监督：

(一)财务计划或者单位预算的执行和决算；

(二)与财务收支有关的经济活动及其经济效益；

(三)国家和单位资产的管理情况；

(四)违反国家财经法规的行为；

(五)本单位领导交办的其他审计事项。

内部审计机构或者审计工作人员负责指导本单位下属单位的内部审计工作。

第七章 社会审计

第三十条 社会审计组织是依法独立承办审计查证和咨询服务的事业单位，实行有偿服务，自收自支，独立核算，依法纳税。

第三十一条 社会审计组织，经审计署或者省、自治区、直辖市审计机关批准成立。

经批准成立的社会审计组织，应当依照国家规定向当地工商行政管理机关办理登记，领取营业执照后，始得开业。

第三十二条　社会审计组织接受国家机关、企业事业单位和个人委托，承办下列业务：

(一)财务收支的审计查证事项；

(二)经济案件的鉴定事项；

(三)注册资金的验证和年检；

(四)建立账簿、建立财务会计制度以及提供会计、财务、税务和经济管理咨询服务；

(五)培训审计、财务、会计人员。

社会审计组织接受委托，承办对外商投资企业的有关查证业务时，应当依照《中华人民共和国注册会计师条例》的规定执行。

社会审计组织在执行业务中取得和了解的资料、情况，应当按照规定严格保守秘密。

第三十三条　社会审计组织应当接受审计机关的管理和业务指导。

社会审计组织承办审计机关委托的审计事项所作出的审计报告，应当报送审计机关审定。

第八章　法律责任

第三十四条　违反本条例，有下列行为之一的单位、单位直接责任人员、单位负责人以及其他有关人员，审计机关可给予警告、通报批评，并可酌情处以罚款；审计机关认为应当给予行政处分的人员，移送监察或者有关部门处理：

(一)拒绝提供有关文件、账簿、凭证、会计报表、资料和证明材料的；

(二)阻挠审计工作人员行使职权，抗拒、破坏监督检查的；

(三)弄虚作假、隐瞒事实真相的；

(四)拒不执行审计结论和决定的；

(五)打击报复审计工作人员和检举人的。

第三十五条　违反本条例，有下列行为之一的审计工作人员，审计机关可酌情处以罚款，并可按照干部管理权限的规定，给予行政处分或者提出给予行政处分的建议：

(一)利用职权，谋取私利的；

(二)弄虚作假，徇私舞弊的；

(三)玩忽职守，给国家或者被审计单位造成较大损失的；

(四)泄露国家秘密的。

第三十六条　被处罚的单位和个人对依照第三十四条、第三十五条规定作出的处罚决定不服的，可向作出处罚决定机关的上级机关提出申诉。

第三十七条　对有第三十四条、第三十五条所列行为，情节严重、构成犯罪的直接责任人员、单位负责人、审计工作人员和其他有关人员，审计机关提请司法机关依法追究刑事责任。

第九章　附　则

第三十八条　中国人民解放军审计工作的具体办法，由中央军委另行制定。

第三十九条　本条例由审计署负责解释；施行细则由审计署制定。

第四十条　本条例自1989年1月1日起施行。1985年8月29日发布的《国务院关于审计工作的暂行规定》同时废止。

国家副主席王震到广东湛江考察

11月30日至12月3日，王震同农业部部长何康、中共广东省委副书记谢非等同志，到当地的粮食、水果、蔬菜生产基地和水产养殖场等地方了解生产发展情况，看望那里的工人、农民和农垦系统的干部、职工，并同当地干部进行了座谈。

王震指出，农业问题，说到底主要是粮食问题。粮食生产不仅关系到亿万人民的温饱，而且关系到整个国民经济的发展和国家的长治久安。

在同湛江市领导座谈时，王震说，你们在不放松粮食生产的同时，充分利用自然资源的优势，根据国内外市场的需要，“上山下海”，开发荒坡、滩涂，种果、养虾和发展畜牧业等开发性农业生产，从一开始就进行适度规模经营，经济效益、社会效益、生态效益都很显著，实践证明，这是沿海和丘陵山区群众治穷致富的有效途径，有利于增收、创汇，是一项潜力很大、很有发展前途的事业，是从小农经济、自然经济向商品化大农业、创汇型农业的转移。

王震指出，农业生产发展要向生产的深度和广度进军。他说，全华南地区13个省共有冬闲田两亿多亩，但只利用了1亿多亩，还有一半没有充分利用。如果我们利用南方冬季优越的光热条件，开发冬季农业，种蔬菜、油菜、绿肥，这对增加复种指数，会有积极作用。今年，你们这里种了几十万亩的红薯，一定要加强管理，确保丰收，支援内地缺粮地区。

全国工商联第六届会员代表大会通过新章程

新章程规定：“中国工商业联合会是中国工商业界组织的人民团体，民间的对内对外商会。”明确了工商联既是人民团体，又是民间商会两者结合的性质。

与原章程相比，新章程作出重大修改。新章程明确了中国工商业联合会是统战性、民间性、经济性相结合的具有中国特色的工商业联合会。

新章程规定工商联的宗旨是“团结工商业界，在国家改革、开放方针指导下，积极参加国家经济建设，维护会员的合法权益，开展对外经济合作和友好往来，为实现社会主义现代化建设和促进祖国统一贡献力量。”

对于工商联的主要职能，章程规定：一是参政议政，积极参加国家事务和经济社会重大决策的政治协商，发挥民主监督作用；二是对政府的有关政策、经济法规的制定提供咨询并协助贯彻执行；三是维护会员的合法权益，反映会员的意见要求，成立会员与政府之间协商对话的民主渠道，发挥桥梁作用；四是加强与台湾、港、澳和世界各国工商社团的及工商界经济界人士的联系，促进经济技术和贸易合作的发展。

新章程还对工商联的企业会员、团体会员、个人会员分别作了具体的规定，同时规定工商联将设名誉主席、名誉副主席、顾问和咨议。地方各级工商业联合会可根据需要设荣誉职务。

国办发出通知要求各地立即关停计划外烟厂

通知说，国务院1982年决定整顿计划外烟厂以来，多数地方认真执行国务院的决定，关停了近300家计划外烟厂，基本控制了烟草工业盲目发展的混乱局面。但是，有的地区为了局部利益，拒不关停计划外烟厂，并借各种名义继续生产；有的地方擅自恢复计划外烟厂；还有的地方自行决定新建或准备新建计划外烟厂。这些做法，严重违反了国务院的决定，干扰了国家《烟草专卖条例》的实施。根据中央、国务院关于治理经济环境、整顿经济秩序的精神，必须采取有力措施，认真清理整顿，坚决关停计划外烟厂。通知要求：

一、各省、自治区、直辖市人民政府要立即组织有关部门对国家计划外办的烟厂(包括未经国家批准的各种形式的分厂、车间和新建烟厂)进行清理。对在国家计划外办的烟厂，不准再安排生产任务；银行要坚决停止固定资产和流动资金货款，已发放的贷款要清理收回；工商行政管理机关要吊销营业执照、撤销注册商标。所有计划外烟厂在1989年1月底前要一律关停。

二、烟草专卖、工商行政管理、公安、税务等部门要加强市场监督和管理，不准计划外烟厂的产品进入市场，一经发现，要坚决按《烟草专卖条例》及其《施行细则》和其他有关规定严肃处理。

三、要组织有关部门做好计划外烟厂关停后的善后工作。要妥善安排计划外烟厂的人员；原辅材料、设备要按质论价，统一调剂给计划内烟厂；对应该淘汰或无使用价值的设备，要监督销毁。在适宜种植烟叶的贫困地区，由烟草主管部门有计划地帮助建立烟叶生产基地，促进当地经济和烟叶生产的发展。

四、要组织计划外烟厂所在地人民政府及计委、烟草专卖部门对关停计划外烟厂工作加强检查监督，必须做到令行禁止。对逾期仍不关停和继续建设的计划外烟厂，要强行查封，责令关停，其税利全部上缴中央财政。同时，要追究当地主要领导人的责任，直至给予必要的纪律处分。为严格制止计划外烟厂的盲目发展，严禁以任何借口重新恢复计划外烟厂生产，任何单位和个人都不得批条子同意恢复、新建各种形式的计划外烟厂。

全国安全生产委员会会议在北京召开

会议透露，今年以来，重大恶性事故不断发生，而且势头不减。前三季度，全国国营矿山因工死亡人数比去年同期上升7.9%；乡镇矿山因工死亡人数几近国营矿山的两倍。全国道路交通事故共发生20多万起，死亡39175人。

下半年来，铁道部门又连续发生7起货车颠覆、相撞，起火爆炸恶性事故。10月7日，山西地方航空公司一架旅游机失事，死亡45人。公路交通恶性事故也不断发生，9月份以来仅客车翻车、坠江的就有6起。此外，船舶翻沉、火灾爆炸、矿山事故也屡有发生。吉林龙井县一纤维厂一次大火就造成1300万元的直接经济损失。

国务委员邹家华在会上指出：从最近发生的这些重大事故可以看出，今年以来，全国安全生产的状况是不好的。这些重大恶性事故大都是责任事故。领导不力，管理人员失职，作业人员素质低下，规章制度不健全，是导致事故发生的主要原因。

邹家华要求各部门、各地区都要积极行动起来，严加控制重大恶性事故发生，为治理经济环境、整顿经济秩序创造良好条件。

公安部出入境管理局有关负责人表示希望台湾当局进一步放宽对大陆同胞去台探病奔丧的限制

台湾当局规定，大陆同胞有在台父母、配偶、子女因患重病、受重伤而有生命危险或者患病、受伤年逾八旬而行动困难者，以及父母、配偶、子女在台死亡者，方能去台探病或奔丧。对此，这位官员说：“这么多的限制，不大合乎人情，有违天伦之常。”

公安部有关负责人说，台湾当局的这一规定，同过去完全阻绝大陆同胞去台探亲情况相比，“是一个进步，只是步子小了些”。

当记者问到台湾当局规定“共产党员不准入台探病、奔丧”以及由所谓“大陆灾胞救济总会”来办理接待大陆同胞赴台事宜时，这位负责人说，这种故意设置障碍的无理规定，是不值一驳的，对此，自有公论。

负责人说，大陆对于台湾同胞到大陆来探亲、访友、旅行观光，不管是平民百姓，还是党政军要员，从不加以限制，来去自由。对自去年以来到大陆探亲旅行的30多万台胞，大陆都是给予妥善安排，提供方便的。

这位负责人还说,对大陆同胞去台湾探病、奔丧,我们已经作出安排。可以就近向公安机关的出入境管理部门提出,凡是能顺利进入台湾的都会获得允许并及时签发给旅行证件。

有关大陆同胞出入香港的手续问题,这位负责人说,据报载,香港方面有关人士表示,将给予支持和提供方便。对此我们表示欢迎。我们认为,目前大陆同胞去台湾以取道香港为好。取道香港的,要按照香港规定的手续办理。大陆同胞去台湾后需经香港返回大陆的,应尽早办理好香港的再入境手续。

他说,为了帮助大陆同胞经香港去台湾,解决语言、生活、旅行方面的困难,已委托香港中国旅行社做好接待工作和协助办理有关旅行事宜。

4 种机器人将走上汽车生产线

据《人民日报》报道,由航空航天部所属单位研制的 4 种工业机器人不久将出现在哈尔滨星光机械厂的汽车生产线上,这将是国内第一条工业机器人生产线。

专家们认为,这标志着我国已经掌握了第一代工业机器人的生产技术。

这 4 种机器人是由哈尔滨工业大学同航空航天部所属哈尔滨风华机器厂、星光机器厂等联合研制的。其中的华宇 2 型弧焊机器人、华宇 1 型点焊机器人和星光 1 型直角坐标点焊机器人已分别在星光机器厂和长春第一汽车制造厂的汽车生产线上进行了生产考核。焊接质量远远超过了人工焊接,可以满足汽车生产工艺要求。东方 1 号喷漆机器人具有 6 个自由度,处于国内领先地位。

该机器人国产化程度达到了 90%。4 种机器人的技术性能指标都达到了 80 年代初国际同类产品的水平。

专家们透露,我国将在"八五"期间进入工业机器人商品化阶段,基本满足汽车工业的需求。

国家教委第十五次全委扩大会议在北京召开

会议指出,高等学校现在培养的大学生将是 90 年代和下个世纪 20 到 30 年间国家建设的骨干,各个学校的党委和领导干部一定要充分认识加强学校管理、创造良好育人环境的重要意义,努力做到教师教书育人,学校管理育人,后勤服务育人,学生自我服务、自我教育,从而为国家输送高质量的人才。

国家教委的这次会议,着重就如何深入贯彻党的十三届三中全会的精神,进一步统一对形势的认识,加强高等学校的思想政治教育,优化教书育人环境,做了安排和部署。

国务委员、国家教委主任李铁映和国家教委副主任何东昌分别在会上讲了话。

会议指出,三中全会的召开和全会提出的任务的逐步落实,为做好高等学校的工作奠定了基础。各个学校应当抓住这一有利时机,加强各方面的工作。

会议强调,要进一步加强思想政治工作、加强学校管理和整顿高校秩序,努力做好学校的各项工作。几年来,高等学校各方面的工作取得了很大进展,同时也存在一些问题。应当明确提出治理环境、整顿秩序同样是今后一段时间高等学校的一项重要任务。治理环境、整顿秩序同深化改革是相辅相成的。治理和整顿既是改革的必要条件,其中许多措施也是改革的主要内容。高等学校工作中存在的一些问题,也只有通过深化改革才能从根本上解决。

会议要求高等学校把形势教育进一步引向深入。要利用多种形式及时向广大师生介绍国家各方面工作的进展情况。为了帮助高等学校做好形势教育工作,各级党政领导应当经常与师生座谈、对话。

会议还要求高等学校关心师生生活,在各级党政部门的关心支持下努力解决师生生活、学习条件上的困难。当前,各地政府部门和各个学校要认真落实国务院办公厅有关通知的精神,保证电、煤、粮、菜等供应,搞好过冬和其他后勤保障工作。会议提出,对一些生活比较困难的学生,各地和各学校要采取措施,尽可能帮助他们解决实际困难。

会议认为,做好学校的各项工作,关键要在于要切实加强党的领导,加强党组织建设,充分发挥学校党团组织的战斗作用。高等学校党委特别是主要领导干部一定要振奋精神,从严治党,努力工作。党组织和广大党员要通过自己的模范作用,影响和团结师生们自觉维护安定团结,努力创造良好的育人环境。

西藏民族教育形成体系文盲半文盲占全区人口比例下降

据新华社报道,西藏自治区已建立起具有一定西藏特色的社会主义民族教育体系,随着近几年教育事业的发展,文盲半文盲占全区人口的比例由民主改革前的 95%降至目前的 70%。

据国家民委教育司统计,西藏各类学校职工已达 15000 多人;1987 年小学已发展到 2388 所,在校学生 12.1 万人,其中藏族学生 10.9 万人占 90%;普通中学 64 所,在校学生 2.2 万人,藏族学生占 65.2%;中等专业学校 14 所,在校学生 3060 人,藏族学生占 69.6%;高等院校 3 所,在校学生 2860 人,藏族学生占 66.4%;还有佛学院 1 所,在校生 200 人;内地 18 个省市为西藏办的 80 多个中学班有学生 5278 人。这就是说,目前西藏有大、中、小学学生共16.6万人，每100个青少年中有41.5人在上学。

另据教育部门统计，自1980年以来，西藏各类学校已培养出有一定科学文化知识的劳动者9万多人，其中大中专毕业生7295人，使全自治区各级干部和各行业人员的科学文化素质有了明显提高。

由于长期处于封闭状态和封建农奴制社会，西藏直到民主改革前夕还几乎没有现代的学校教育。民主改革30年来，特别是党的十一届三中全会以来，党中央、国务院非常重视西藏的教育事业，在财力、人力、物力等各个方面给予特殊巨大的支持，西藏自治区党委、政府和各级教育部门，也把发展教育作为西藏发展之本，采用多种灵活措施，积极探索发展西藏民族教育的路子，大力培养以藏族为主体的各民族人才。据统计，1980年至1987年间，中央向西藏的教育拨款就达7亿多元；与此同时，内地许多省市都对发展西藏教育事业伸出了援助之手，据有关部门测算，到本世纪末，内地省市将为西藏培训出中专毕业生10400多人，大专毕业生1500多人。

西藏是个藏族人口占90%以上的多民族聚居区。为了发展民族教育，党和国家很重视藏族和其他少数民族学生的入学、培养问题，除了注重藏语文的教学、学习之外，自治区各类学校招生，都贯彻以招收藏族和其他少数民族学生为主的原则，现在自治区的中专学校招收的藏族和其他少数民族学生达到70%以上。

《周易参同契》英译本出版

汉代古籍《周易参同契》已由湘潭师范学院教授周士一译为英文在国内出版。《周易参同契》为汉代炼丹家魏伯阳所著，是中国炼丹术的经典著作。该书以隐喻的方式写成，翻译难度很大。1984年周教授应英国剑桥东亚科技史图书馆之邀，在那里完成译作。汉学家李约瑟博士为之作序。

国务院批准由国家计委国家教委民政部财政部劳动部卫生部及中国残联编制的《中国残疾人事业五年工作纲要(1988年—1992年)》

1. 残疾人事业是我国社会主义事业的一个组成部分。为了适时地推动这项事业与社会经济协调发展，国家制定并实施本纲要。

一、背景

2. 在我国，残疾人是指生理功能、解剖结构、心理状态的异常或丧失，部分或全部失去以正常方式从事活动的能力，在社会生活的某些领域中不利于发挥正常作用的人。

3. 1987年，我国依据五类残疾标准，进行了残疾人抽样调查。在被调查的36.9816万户，157.9314万人中，有残疾人的家庭占18.10%，残疾人占4.90%。据此抽样调查结果推算总体，全国五类残疾人总数约为5164万人，其中约有听力语言残疾1770万人，智力残疾1017万人，肢体残疾755万人，视力残疾755万人，精神病残疾194万人，综合残疾(有两种或多种残疾)673万人。

4. 残疾人有参与社会生活的愿望和权利，绝大多数残疾人具有一定的参与社会生活的能力。事实表明，残疾人同样是物质文明和精神文明的创造者，是推进社会发展的力量。

5. 由于残疾的存在和影响，残疾人是人类社会中一个特殊困难的群体。社会有责任为他们能力的充分发挥，创造必要的条件。

6. 新中国成立以后，特别是近10年来，在党和政府的关怀及社会各界的支持下，残疾人的社会地位提高，参与社会生活的意识增强，受教育机会、医疗卫生条件、劳动就业、精神文化生活等方面的状况改善，国际交往增多，我国残疾人事业有了明显的发展。

7. 由于历史原因和生产力水平的限制，我国残疾人事业滞后于社会经济发展的水平，残疾人受教育程度低，文盲、半文盲占多数；大多数残疾人还没有得到必要的康复医疗；相当一部分有劳动能力的残疾人没有劳动就业，已经就业的还不够稳定、合理；社会上依然不同程度地存在着对残疾人的歧视和偏见；残疾人参与公共生活存在环境障碍；残疾人的生活状况落后于社会平均水平，存在大量亟待解决的问题。

8. 我国社会正在由温饱向小康水平过渡。残疾人能否跟上社会发展的步伐，与全国人民一道前进，共同富裕，不仅关系到5000多万残疾人，影响到全国近1/5的家庭和数以亿计的亲属，而且牵动着社会的各个方面，是关系国家发展、社会稳定和生产力进一步解放的重要问题，必须予以重视。

9. 残疾人问题，日益引起国际社会的普遍关注。1982年12月，第三十七届联合国大会通过第52号决议，确定1983—1992年为联合国残疾人十年，制定了《关于残疾人世界行动纲领》，呼吁世界各国采取行动。对此，我国政府予以高度重视，成立了由政府部门和社会团体参加的"联合国残疾人十年中国组织委员会"。各国残疾人事业的发展，反映了人类社会的进步。

二、原则

10. 社会主义人道主义是我国社会的基础思想之一，是人际关系的一个准则。做好残疾人工作，发展残疾人事业，是全社会义不容辞的责任。是社会进步和人类文明的标志。全社会要发扬社会主义人道主义，理解、尊重、关心、帮助残疾人，维护他们的合法权益。

11. 残疾人事业的宗旨和目标是：创造良好的物质条件和精神条件，使残疾人在事实上成为社会平等的一员，享有全面参与社会生活的权利，履行公民义务，共享由于劳动和社会经济发展所带来的物质文化成果。

12. 残疾人事业的发展，寓于国家发展和社会进步之中。实现残疾人事业的目标，需要通过政府、社会、残疾人事业工作者和残疾人的共同努力，经过有步骤分阶段的长期奋斗。发展残疾人事业，要从我国生产力水平低、人口众多的国情和残疾人事业的实际状况出发，兼顾残疾人的近期利益与长远利益，遵循讲求实效、打好基础的原则，分层次，多渠道，通过多种办法，集中力量抓好涉及面大、受益广、见效快、效益好、残疾人迫切需要解决的问题，逐步改变残疾人事业滞后的局面，使之与社会经济发展相协调，走具有中国特色的残疾人事业发展道路。

13. 随着国民经济的发展，各级政府要逐年增加对残疾人事业的投入。同时，注意开发社会潜能，以多种形式筹集资金，拓宽资金渠道。残疾人组织可以兴办经济实体，通过经济活动为残疾人事业提供资金，探索以企业养事业的途径。要创造条件，使更多的残疾人劳动就业，发挥主观能动性，走劳动福利型道路，使他们依靠自己的劳动，获得相对稳定的收入，由原来靠社会负担的人，变成为社会做贡献的人，既改善生活和地位，又促进经济建设和社会稳定。

14. 残疾人事业涉及社会生活的各个方面，是一项社会性很强的事业。要充分发挥各方面的作用，进一步完善以政府为主导，团体为纽带，街道、乡镇、企事业单位为基础，残疾人家庭、邻里为依托的残疾人工作体系，推进社会化管理。

15. 各级政府要加强对残疾人事业的领导，将残疾人事业纳入社会经济发展计划，整体研究，统筹安排，制定政策、法规和规划，落实行动措施，做好协调、分类指导和检查监督。

16. 中国残疾人联合会是全国性残疾人事业团体，要发挥协助政府、联系残疾人、动员社会的作用。中国残疾人联合会及其地方组织，要更好地代表残疾人的共同利益，加强政府、社会与残疾人之间的联系，协助国家研究、制定和实施有关法律、法规、政策和规划，承担政府委托的任务，动员社会力量，推进残疾人事业的发展。

17. 街道、乡镇、企事业单位要把基层残疾人工作搞实、搞活，因地制宜地开展残疾预防与残疾人康复、教育、劳动就业、文化体育、福利救济、社会服务等工作，逐步形成与我国社会结构相适应，体现中华民族互助互济美德的良好社区环境和基层社会保障网络。

18. 在我国，残疾人与家庭关系密切，他们更需要家庭的温暖和支持。残疾人的家庭承受着很大的精神和物质负担，为残疾人和国家分忧解难。残疾人家庭要从生活、身心康复、学习和工作等方面，给残疾人以更多的帮助，使他们从亲属的鼓励和支持中汲取力量，克服困难，增强自立能力。

19. 残疾人参与社会生活，有赖于社会的帮助，也取决于自身的奋斗。残疾人要珍惜人生的价值，热爱生活，热爱事业，以爱国主义和乐观主义精神激励自己，自尊、自信、自强、自立，努力为祖国建设贡献力量。

20. 残疾人事业是崇高的事业。从事这一事业的保育人员、教育工作者、医护和康复工作者、福利企事业职工，民政与残疾人组织、政府和社会各方面的工作者，为此付出了艰辛的劳动，受到了人们的尊敬。一切从事残疾人事业的工作者，要以人道精神，满腔热情地献身这一事业，通过自己兢兢业业、卓有成效的工作，肩负起政府和社会赋予的光荣而艰巨的任务。

三、任务

21. 建立、健全保障残疾人权益的法律、法规体系，是我国法制建设的一项任务。今后五年要特别抓好这项工作。尽快制定《中华人民共和国残疾人社会保障法》，提请全国人大常委会通过；制定《残疾人劳动保障条例》《残疾人教育条例》《方便残疾人的城市道路和公共建筑设计规范》等法规。各地应根据实际情况，积极制定地方性法规和规章，以体现对残疾人的保护和优惠。

22. 近年来，国务院及有关部门，相继就残疾人劳动就业、福利企业的税收、进出口货物和物品的关税、残疾人入学，特教津贴、福利救济等作出了政策规定，各地应认真执行。随着残疾人事业的发展，有些政策规定需要进一步修改和完善；同时，要制定新的政策，为残疾人事业注入活力。

23. 积极开展预防残疾的工作，提高我国人口素质。要制定相应政策、法规和措施，动员社会力量，坚持优生优育，加强计划免疫，防治地方病，搞好环境保护，控制污染和公害，减少事故，改进保健服务，防止滥用药物，严禁生产低劣药品，以减少残疾的发生。同时，积极推广补救控制技术，减少二次损伤。

24. 保障残疾人的劳动权利，为残疾人劳动就业创造条件，提供机会，使其获得相对稳定的经济收入。要本着集中与分散相结合的原则，采取优惠政策和扶持措施，多渠道、多层次、多种形式安排残疾人劳动就业，使其朝着普及、稳定、合理的方向发展。

25. 提高残疾人的文化素质，有利于从根本上改善残疾人的状况。要采取有力措施，尽快扭转残疾人教育的落后局面。残疾人教育要结合实际，面向社会，增强残疾人自立能力；贯彻普及与提高相桔合，以普及为重点的原则；实行国家、集体、个人多种渠道办学。在教育层次上，以普及初等教育为重点，抓好职业教育，逐步发展中等教育和高等教育。在教学内容上，把基础文化教育与职业技能教育结合起来。在办学形式上，采取特教学校与混校、混班相结合。

26. 盲、聋和弱智儿童特殊教育，是我国普及初等教育最薄弱的环节。今后五年，要采取多种措施，使盲童、聋童入学率从现在的不足6%，分别提高到10%和15%，弱智儿童入学率要有大幅度提高；发达地区的残疾儿童入学率应有更大的提高。

27. 科学技术的进步，使残疾人的功能和能力可以通过医疗的、工程的、心理的、社会的以及其他手段，得到恢复和补偿。康复工作在我国刚刚起步，要贯彻从实际出发，面向残疾人，注重实效，奠定基础，稳步提高的原则。着重进行广大残疾人亟待解决的白内障复明、小儿麻痹后遗症矫治、聋儿听力语言训练等康复工作。同时，借鉴国外经验，结合我国传统医学，充分利用现有医疗卫生网和社会保障网，充实康复内容，增加康复功能，开展康复工作，逐步形成以康复机构为骨干，以社区康复为基础的符合我国国情的康复体系。

28. 据抽样调查结果推算，我国约有白内障致盲患者347万人；小儿麻痹后遗症患者183万人；0至14岁聋儿182万人，其中零至6岁74万人。根据我国现有条件，通过手术和训练，他们中的大多数可以复明、说话、改善功能。不失时机地使他们得到康复，是一项紧迫任务。有关部门和各地要立即制订实施方案，组织力量，五年内，为50万名白内障患者施行复明手术，进行30万人次的小儿麻痹后遗症矫治手术，对3万名聋儿进行听力语言训练。

29. 随着物质生活的改善，残疾人对精神生活有了新的需求。丰富残疾人的精神文化生活，既能增强身心素质，陶冶情操，锤炼意志，又能促使残疾人融于公众社会之中。要抓好群众性文化体育活动，搞好残疾人文学、艺术、影视作品的创作和书刊的出版发行。现有文化、娱乐、体育、商业及各种活动场所和公共设施，要为残疾人提供方便。同时，因地制宜地为残疾人开辟一些活动场所。

30. 增进社会和残疾人之间的相互理解，是宣传工作的重要任务。利用报刊、广播、电视等大众传播媒介，宣传残疾人渴求理解、渴求奉献的心愿和顽强拼搏的先进事迹，进一步激发广大残疾人自强不息的意志，努力成为有理想、有道德、有文化、有纪律的公民；宣传社会主义人道主义和扶残助残的先进事迹，着重在青少年中开展社会主义人道主义教育，倡导良好的社会风尚，创造友爱和谐的社会环境；宣传残疾人事业，使全社会深刻地理解这一事业，真诚地关心和支持这一事业。

四、措施

31. 残疾人事业渗透许多领域，涉及许多部门，为加强领导和综合协调，建议由一名国务委员负责此项工作。

劳动就业

32. 要严格执行已经制定的有关残疾人劳动就业的政策，如对福利企业的税收优惠、自筹生产性建设投资免征建筑税和信贷给予优惠利率的规定；对农村残疾人贫困户，减免农业税、义务工、各种公益事业费、子女学杂费，个体或集体从事工业、商业、运输业、建筑业的税收减免；对残疾人个体开业免征营业税的规定。在进一步完善这些规定的同时，研究、制定有利于残疾人劳动就业的措施和对农村残疾人体现优惠的政策。

33. 福利企业是安排各类残疾人就业的重要渠道，要继续巩固和发展。在各级民政部门办福利企业的同时，大力提倡街道、乡镇、企业、机关、团体、事业单位办福利企业或劳动服务公司，安排残疾人和本单位职工的残疾子女就业；鼓励残疾人组织办经济实体；扶持残疾人集体或个体开业。

34. 给福利企业必要的保护。各地区和各有关部门要在技术改造、原材料供应、资金、信贷、产品销售等方面给福利企业以照顾。对那些适合残疾人生产、工艺相对简单、销路比较稳定、在福利企业具有生产优势的产品，优先安排或调剂给福利企业生产，经过探索和实践，逐步划定某些产品为福利企业专产专营。福利企业要注重社会效益和经济效益，选择适销对路产品，进一步提高管理水平，增强竞争能力。

35. 机关、团体、企事业单位分散安排残疾人就业，既方便残疾人，有利于他们融于社会之中，又能使他们充分发挥所长，是残疾人劳动就业的发展趋势。各单位有义务依据各自特点，选择适宜的岗位，录用残疾人。一些地方进行了按比例录用残疾人的尝试，有关部门要总结经验，研究制定相应的政策。

36. 在残疾人中，盲人劳动就业尤为困难。要巩固现有的盲人按摩医院（诊所），新建一批盲人按摩机构，并通过多种途径发展盲人按摩。办好盲人按摩学校和培训班。对符合条件的从事按摩工作的人员评定专业技术职务。同时，进一步开辟电话接线、手工编织等多种就业渠道。

37. 企事业单位、机关、团体在录用大专院校、中专、技校的毕业生时，对残疾学生要一视同仁，对于适宜他们的工作岗位，应给予优先录用机会。

38. 在农村，要因地制宜，通过多种形式，扶持残疾人参加养殖业、种植业和家庭手工业等多种力所能及的劳动。鼓励专业户、能工巧匠和乡镇企业发扬互助精神，带动残疾人发展生产。安排残疾人参加农村公益性辅助工作。在生产物资的供应和分配方面给残疾人以必要的照顾。将贫困残疾人的劳动和生活，纳入扶贫工作，帮助他们治病、掌握生产技能。提倡以储金会等形式集资，安排好残疾人的生活。乡、镇、村兴办福利企业，吸收残疾人参加劳动。

教育

39. 各级政府要健全残疾人教育的职能管理机构，充实工作人员，制定中长期规划和年度计划，采取切实有力的措施，加强对残疾人教育工作的领导。

40. 财政部在国家预算收支科目中的教育事业费内，已将特教经费专项列出，各地要执行这一规定，妥善安排。国家教委从中央已拨给的专项补助中，划出一定款额加强残疾人教育；财政部增加特教补助费；中国社会福利有奖募捐委员会从有奖募捐资金中，中国残疾人福利基金会从社会筹集资金中，拨出专款，支持残疾人教育。各地教育经费中包括特殊教育经费，应予安排，并随着教育经费的增加而逐步增加。

41. 在各级教育部门兴办残疾人教育的同时，提倡有关部门、社会团体、企事业单位、集体和个人集资办学或捐资助学。

42. 坚持多种形式办学。办好现有的盲、聋和弱智学校，新建一批特教学校。同时，采取有力措施，积极推动普通学校和幼儿园附设特教班；及普通班中吸收肢残、轻度弱智、弱视和重听(含经过听力语言训练达到三级康复标准的聋童)等残疾儿童随班就读。

43. 加强特教师资培训。各省应创造条件，兴办特教师范学校；并有计划地在部分高等师范院校开设特教专业；各地的普通中等师范学校积极开设特教师资班；举办各种特教师资培训班。按照混校、混班的需要，对普通学校的教师进行特教知识培训。注意从残疾人中选拔、培养特教师资。通过多种途径，增加特教师资数量，提高质量。

44. 开展特殊教育的研究，进一步完善特教的教学大纲，改进课程设置、教学内容和教学方法。根据社会需要和残疾人的特点，编写、修改特教教材，加强劳动技能教育，使学生既学到文化知识，又掌握劳动技能。做好盲文、手语的研究、推广和应用工作。

45. 要切实把残疾人基础教育纳入九年义务教育的轨道，作为各地普及初等教育的任务之一。采取积极措施，在宣布普及初等教育的地区，应使适龄的残疾少年儿童全部入学；尚未普及初等义务教育的地区，要努力提高残疾少年儿童的入学率。

46. 学前教育对残疾儿童尤其重要。大力提倡在残疾儿童家庭、特教学校附设的学前班、普通幼儿园增设的特教班中，对残疾儿童进行行走定向、听力语言、心理康复、智力开发和功能训练。

47. 各地教育、劳动、民政部门及残疾人组织等要共同抓好残疾人职业教育。各地的职业培训机构，要注意吸收残疾人或开办残疾人培训班；特教学校的低年级要加强劳动教育，高年级要进行职业技能教育；试办残疾人职业高中；省一级创办残疾人职业培训中心。搞好在职职工的扫盲和职业培训。

48. 认真执行中专、高等学校招收残疾青年的规定，制定技工学校招收残疾青年的试行办法，使具备条件的残疾青年进入中等和高等学校学习。

康复

49. 培养康复人才，传授康复知识，开展康复研究，编写康复教材、书刊和社区康复手册。在现有医科院校和护士学校中开设康复课程，有条件的应设置康复医学和康复治疗专业，并纳入教育和卫生部门的计划；通过培训班和临床实践，从现有医护人员中培养康复工作者。加强康复工作者的业务训练和医德培养，使他们掌握从事伤残服务的知识和技能，理解残疾人的疾苦、心理和需求，更好地为残疾人服务。注意向残疾人、残疾人亲属、社区工作人员和志愿工作者传授康复知识，提高康复技能。

50. 有计划地改造和建立一些骨干康复机构，进行科研、临床实践、技术指导和人员培训。逐步在现有医院开设康复部(科、室)。充分发挥基层卫生网、社区服务网和残疾人家庭的作用，发展社区康复，使更多的残疾人在社区和家庭环境中得到有效的康复服务。

51. 把五年内实施白内障复明、小儿麻痹后遗症矫治和聋儿听力语言训练的任务，按比例落实到省、自治区、直辖市。为完成这一任务，民政部、卫生部、解放军总后勤部和中国残疾人联合会等部门要密切配合，制订实施方案，统一部署，动员组织力量，进行协调和检查。各省、自治区、直辖市人民政府要制订本地实施方案，组织医务人员、民政和残联干部，保质保量地完成任务。

52. 为配合三项康复工作，要制定质量验收标准，编写小儿麻痹后遗症康复手册、聋儿听力语言训练大纲和教材、白内障手术技术资料，组织好人员培训，做好与之配套的助听器、眼镜、支具、手术车及医疗器材设备的生产和供应。聋儿康复在我国刚刚起步，尚未建立聋儿听力语言康复中心的省份要尽快建立，以此为骨干，带动街道、幼儿园、聋校、福利院、残疾儿童寄托所和残疾儿童家庭，多种形式地开展聋儿听力语言训练。

53. 三项康复费用，属公费医疗、劳保范围内的，按现行规定由公费负担；不属此范围的，由本人、亲属或合作医疗负担；确属贫困的残疾人，经当地有关部门批准，用救济款、扶贫款予以补助。财政部和中国社会福利有奖募捐委员会、中国残疾人福利基金会，对三项康复工作予以经费支持。各地也要给以相应支持。

其他

54. 开展残疾预防和残疾人事业领域的科学研究和技术开发。研制和生产先进适用、优质价廉，利于普及的残疾人专用生活物品、教具、辅助器具、康复器械、生产设备和交通工具；建立残疾人专用物品的质量标准和质量检测系统：完善残疾人用品的销售、维修服务网点，逐步在大中城市设立假肢装配及维修服务站。

55. 逐步为残疾人创造良好的环境条件。新建的城市道路和公共建筑设施应实行方便残疾人的设计规范。对省会和特大城市的主要道路、公共设施、公共建筑，在合理可行的范围内，应有计划分步骤地加以改造，为残疾人活动提供方便。

56. 做好伤残军人优抚和工伤致残人员的社会保障工作，办好荣军院、疗养院，使他们得到良好的治疗、康复和生活照顾。办好福利院、精神病院、工疗站，逐步完善在其中生活的残疾人的状况。

57. 没有条件从事劳动、鳏寡孤独和生活困难的残疾人，通过国家、集体等多渠道给予社会救济和困难补助，以保障他们的基本生活。

58. 残疾人乘坐车、船、飞机等，应提供方便。残疾人必需的辅助器具，应准予免费携带。盲文邮件免费邮递。

59. 发展国际(地区)间残疾人事业的交往，在劳动就业、教育、康复、文化体育和物质环境等方面进行交流与合作，开阔视野，借鉴经验，引进技术，增进友谊。

60. 各地方、各部门应以高度负责的精神，承担起各自的责任，调动社会各方面的力量，齐心协力，采取切实有力的措施，实施本纲要。

云南澜沧发生6.7级强余震

云南省澜沧拉祜族自治县16时13分又发生一次较大的余震。据我国地震台网测定，地震中心位于该县竹塘和富邦乡一带，北纬22度43分，东经99度50分，震级为6.7级。本月27日这里曾发生过5.9级余震致使11月6日的大地震后倾斜和震裂的房屋继续倒塌，一小女孩受伤。

12月1日

国务院总理李鹏签署第20号令公布《国家行政机关及其工作人员在国内公务活动中不得赠送和接受礼品的规定》

《国家行政机关及其工作人员在国内公务活动中不得赠送和接受礼品的规定》已经1988年11月22日国务院第26次常务会议通过，现予发布施行。

总　理　李　鹏

1988年12月1日

国家行政机关及其工作人员在国内公务活动中不得赠送和接受礼品的规定

第一条　为了严肃政纪，保持国家行政机关及其工作人员廉洁，制定本规定。

第二条　国家行政机关及其工作人员在国内公务活动中，不得赠送和接受礼品。

第三条　国家行政机关及其工作人员不得假借名义或者以变相形式赠送和接受礼品：

(一)以鉴定会、评比会、业务会、订货会、展销会、招待会、茶话会、新闻发布会、座谈会、研讨会以及其他会议的形式；

(二)以祝贺春节、元旦、国庆节、中秋节和其他节假日的名义；

(三)以试用、借用、品尝、鉴定的名义；

(四)以祝寿、生日、婚丧嫁娶的名义；

(五)以其他形式和名义。

第四条　本规定所称的礼品，是指礼物、礼金、礼券以及以低价收款的物品。

第五条　国家行政机关违反本规定第二、三条的规定，对负直接责任的机关有关领导人和直接责任者，根据数额多少，情节轻重，分别给予警告直至撤职处分。

第六条　国家行政机关工作人员，违反本规定第二、三条的规定，接受礼品的，根据数额多少，情节轻重，分别给予警告直至撤职处分。

国家行政机关工作人员，违反本规定第二、三条的规定，赠送礼品的，应当给予批评教育；影响很坏的，给予警告或者记过处分。

各级国家行政机关的领导人违反前两款规定的，从重处分。

第七条　国家行政机关及其工作人员违反本规定第二、三条的规定，数额较少、情节轻微，经批评教育表示悔改的，可以免予行政处分。

第八条　国家行政机关及其工作人员为谋取不正当利益而赠送、接受或者索取礼品的，按照国家有关惩治行贿、受贿的法律、法规处理。

第九条　对接收的礼品必须在一个月内交出并上交国库。所收礼品不按期交出的，按贪污论处。

第十条　对国家行政机关工作人员赠送和接受礼品的行政处分，依照国家行政机关工作人员的管理权限和行政处分程序的规定办理。

第十一条　本规定由各级国家行政机关执行，各级监察部门负责监督、检查。

第十二条　各省、自治区、直辖市人民政府可以根据本规定制定的实施办法。

第十三条　本规定自发布之日起施行。

中共中央书记处书记胡启立到湖南考察

12月1日至5日，胡启立在中共湖南省委书记、省长熊清泉和国家民委副主任赵延年陪同下考察了湘西土家族苗族自治州和大庸市考察。

胡启立在考察时指出，湖南经过十年的改革，结束了封闭和停滞的局面，经济有了大的发展，人民生活有了显著改善，民族地区也进入了一个黄金时期，就连边远的民族山寨，也开始有了发展商品经济的观念，出现了新的发展势头。今年以来，尽管湖南省湘西和湖区灾情严重，但全省各族人民和解放军驻湘部队，在省委、省政府的领导下，齐心协力，奋起抗灾，减轻了灾害造成的损失。党的十三届三中全会后，省委、省政府认真贯彻中央精神，采取有力措施，治理环境、整顿秩序，物价趋于平稳，前一段群众中的紧张情绪有所缓解，信心有所增强。但是，必须看到，我们面临的困难还很大，特别是贫困民族地区经济脆弱，承受能力很低，困难更多一些。

胡启立说，民族地区的扶贫工作，不只是个经济问题，而且是关系促进各民族的共同繁荣进步、增强民族团结的大事。各级党委、政府必须高度重视，抓紧抓实。他说，要认真贯彻执行《民族区域自治法》，在法律规定的范围内，从本地区的实际情况出发，自主发展本地区的经济。为了减轻民族地区、特别是贫困地区的人民负担，党、政机构要按照党中央、国务院的指示精神，实行精兵简政的原则。“食之者众，生之者寡”是脱不了贫的。州、县、乡的机构设置要从实际需要出发，不应强调上下对口。为了不影响上下沟通，便于工作，可以允许一人兼数职、一个机构挂几块牌子，提高机关工作效率，加强和充实生产第一线。他说，扶贫要把富县与富民结合起来，集中资金和力量，抓那些既能富县又可富民的龙头产业和龙头产品，把附近村寨千家万户的生产门路开发出来，带上去。他说，要注意发展有民族特色的手工业和小手工业产品，发展人民生活必需品的小作坊，它适合民族贫困地区生产力发展水平和生活水平,可以增加群众的收入。他说,湘西有发展旅游业的好条件,要通过发展旅游业带动起一批产业。不要看不起小商品,小商品一旦同旅游业结合起来,就可能做成大生意。

胡启立还强调,要把治贫与治愚结合起来。他说,脱贫致富是个改变自然与社会条件的系统工程,货币收入与粮食占有量是标准之一,但只用这个标准衡量我们的工作是不完全的,而且会随着年景的丰歉而变化。要讲求综合的社会生产力发展水平,要制定近期目标和长远规划。他说,要彻底摆脱贫困,就要大力发展教育事业,把着眼点放在提高全民族的素质上来。湖南有历史悠久的学堂——岳麓书院,有尊师重教、社会各界办学的好传统,要发扬这个传统,提倡社会办学,国家支持、帮助,尊重知识,尊重人才,形成社会风尚,县里、乡里、村里最好的房子应该是校舍。要在普及基础教育的同时,大力发展多形式、多层次、长短结合的职业技术学校。他说,办教育一定要从社会主义建设的需要出发,特别是在贫困地区,更要考虑当地经济和社会的实际需要。因需设校,按需施教,不拘一格,要避免脱离实际的可能去追求升学率。培养出来的学生,绝大多数要能在脱贫致富、发展地区经济和各项建设事业中发挥骨干作用。否则,农民就不会有送子女上学的积极性。

胡启立说,我国的少数民族同汉族一样,都是勤劳勇敢、充满智慧的民族,都是祖国大家庭的光荣成员。党和政府历来都十分重视民族工作,制定了一整套正确的民族政策。今年4月,在全国民族团结进步表彰大会上,赵紫阳同志代表党中央所做的讲话传达后,受到各族人民的衷心拥护,希望进一步贯彻落实。他说,在少数民族地区工作的干部,特别是基层同志,待遇微薄,工作辛苦,长期以来为促进各民族的团结和共同繁荣进步,作出了巨大贡献。对此,党和各族人民是十分感谢的。希望大家继续发扬优良传统,密切联系群众,开拓前进,为民族地区,特别是贫困地区早日脱贫,早日富裕起来,做更大的努力。

沿海地区对外开放工作座谈会在北京召开

会上,国务院副总理田纪云要求沿海地区一是治理、整顿要坚定不移;二是实施沿海地区经济发展战略要坚定不移,坚持改革开放的总方向,为稳定与发展全国经济作出积极贡献。

田纪云说,要把治理经济环境、整顿经济秩序与实施沿海地区经济发展战略结合起来。两者不是对立的,而是相互促进的。沿海地区发展外向型经济,固然需要较好的国际经济环境,但国内经济环境则起着极为重要的作用。治理经济环境、整顿经济秩序,实质上是我国经济发展中一次必要的调整。这个任务的顺利完成,将给实行对外开放、实施沿海地区经济发展战略创造良好的环境和条件。同样,继续和更好地实施沿海地区经济发展战略,将会有力地促进治理、整顿任务的完成。他指出,沿海地区基础较好,有条件生产更多的适销对路商品,为国家创更多的外汇;有条件适当引进国家急需的、对经济发展作用较大的项目。而且,沿海地区发展“两头在外”,可以让出部分国内原材料,缓解国内某些资源紧张状况。这些事情抓好了,就能增加有效供给,增强我们治理、整顿的手段和能力。

田纪云要求继续积极扎实地实施沿海地区经济发展战略。他说,中央和国务院确定实施沿海经济发展战略将近一年,发展势头不错。投资环境有了较大改善,外商来华投资增加。外贸出口增长,出口计划提前完成,出口产品结构有了很大变化。当然,也存在一些问题,主要是有的地方对抓住机遇的紧迫性还认识不足,有些措施还没有跟上;对“两头在外”下的功夫不够;在一些地方还有要求过急的问题。当前国际环境对我国沿海地区发展外向型经济十分有利。对这样一个关系我国经济发展全局的战略方针,我们必须不失时机地把它贯彻实施好。在实际工作中,则要强调扎扎实实、有计划、有步骤地进行。发展外向型经济,是需要一定条件的,不能齐步走,得有先有后,不能一哄而起,把战线拉得太长。

田纪云指出,今年全国外贸出口形势不错。为了稳定国内经济,明年外贸出口要采取积极方针,力争做到稳定增长。沿海地区在全国出口创汇中占有极其重要的地位。必须进一步抓好外贸出口工作。出路主要是两条:一是坚决调整出口产品结构,二是积极发展“两头在外”。明年全国外贸出口要内外销统筹兼顾。调整出口产品结构,就是要在深加工增值上做文章,对此要抓紧时机,及早动手。同时,还必须把发展“两头在外”作为拓展外贸出口的重要手段。发展“两头在外”是实施沿海地区经济发展战略的关键,也是是否能带动、支持中西部经济振兴的关键。在这方面,经济特区、经济技术开发区更要走在前头;要把一切有利于扩大外贸出口的积极因素调动起来,引入正确的轨道。对于那些容易发生“大战”的商品,必须强化管理,坚决杜绝各种各样的“大战”。

田纪云说,要把吸收外商投资工作继续推向前进。中央“两会”之后,我国经济发展速度要适当放慢,国外有些人士担心我们对外开放要收缩,吸收外资的方针要改变。田纪云表示,坚持对外开放,吸收利用外资,是我国的一项基本国策,是不会改变的。在治理、整顿中,对外商投资项目,我们要信守合同,保护涉外项目,不断完善投资环境,维护对外开放的形象和声誉。由于当前国内经济过热的情况，资金、物资、能源和交通运输都较紧张，因此必须把有限的财力、物力用在刀刃上。要着重引进技术水平高、经济效益好，有利于扩大出口和增强我国经济发展后劲的项目。鼓励外商多办独资企业，多办些利用我们的老企业嫁接国外资金、国外先进技术和管理经验的合资企业。

田纪云还强调沿海地区要把发展农业特别是粮食生产放到十分重要的位置上。我国粮食资源总的讲是短缺的，靠大量进口也不行。要坚决稳住种粮面积，同时要大力发展创汇农业。

田纪云最后说，10年改革、开放，是循着下放权力，发挥地方和企业积极性这个思路推进的。这个路子是对的。实践证明，与此同时必须搞好宏观调控和加强监督管理。不能把管理监督与开放搞活对立起来。我们说的开放搞活，是在国家必要管理监督下放开搞活，这是为了保证放开搞活正确健康地发展。在治理、整顿中，必须加强纪律性，对违法乱纪行为，必须进行整顿，坚决制止。各地对中央、国务院的指示和规定，要结合实际情况贯彻执行，不能搞"上有政策，下有对策，"这是纪律所不允许的。

沿海地区的省、区、市负责同志和中央、国务院有关部门的负责同志参加了会议。

国家计委副主任叶青在全国计划会议全国经济体制改革工作会议上提出明年工作重点

明年是治理经济环境、整顿经济秩序的第一年，工交生产任务很重。根据初步安排，能源、原材料等供应紧张。如何把有限的资源用在刀刃上，用在增加适销对路产品上，发挥其最佳作用？国家计委副主任叶青从全国产业政策的要求，提出明年要保的重点：

一是化肥、农膜、农药和优质名牌农机具等支农产品，支持农业增产；

二是轻纺机电行业的优质名牌耐用消费品、人民生活必需的日用工业品和小商品，增加市场供应；

三是能源、原材料工业中的紧缺产品、化工原料和机械工业中的发电设备等，缓和生产、建设对这些紧缺产品需求的紧张状况；

四是深加工和高附加值的出口产品，增加出口创汇。

叶青说，对这些产品，各地区、各部门要结合自己实际，采用行之有效的办法，在生产条件上予以优先安排，并有计划地组织实施。在保重点的同时，对消耗高、质量次、污染严重的产品和企业，要整顿、限产、转产或停产。例如铝门窗、杂牌自行车、高度低质白酒、普通低效机床、耗能高的家用电器以及明令公布的限产产品，对那些没有原料来源的重复建设、重复布点的家电、易拉罐、小毛纺、小烟厂、小铝材厂等，要坚决关停一批、转产一批。

叶青还提出，要按计划要求，通过各种有效手段，把乡镇工业和村办工业不适宜的增长速度降下来。

农业部 财政部 国家物价局联合发布《渔业资源增殖保护费征收使用办法》

办法规定了渔业资源增殖保护费的征收对象、征收和使用原则、征收部门、征收标准、具体征收和使用程序等。该办法明年1月1日起施行。

1988年国家工艺美术奖优质工程奖质量管理奖优质产品奖评选在北京揭晓

大连电机厂、民丰造纸厂等14家企业被授予1988年国家质量管理奖。这些质量管理的先进企业不仅在提高质量、降低消耗、提高经济效益上取得了显著成效，而且为深化企业内部改革、增强企业素质、促使企业上等升级提供了有益的经验。

太重牌WK—10B挖掘机、飞跃牌47厘米彩色电视机等256种产品获优质产品金、银牌奖。值得指出的是，今年创优产品品种比往年增多，竞争性有提高。突出的是冰箱、洗衣机、47厘米彩电3种产品，质量普遍提高，如果按以往的评价标准，国优产品就太多了，在检测中很难拉开档次。

发丝绣《竹林七贤》等19个品种，分别获得1988(第七届)中国工艺美术品珍品奖、金杯奖和银杯奖。这些产品质量过得硬、经济效益高、出口创汇好。

同时揭晓的还有国家优质工程评选结果。23项工程被评为1988年国家银质奖优质工程(金奖缺)，100个建设、设计、施工单位获奖。国务委员宋健主持评审会。

外交部部长钱其琛在莫斯科和苏联外长谢瓦尔德纳泽进行第一轮会谈

这是1957年以来中国外长首次正式访苏。两国外长会谈的内容包括国际问题、双边关系和地区冲突问题。柬埔寨问题在这次会谈中占重要地位。

钱其琛在会谈时指出，柬埔寨问题是中苏间一直在讨论的问题，也是他这次访苏时要谈的主要问题。中苏双方都表示希望早日公正合理地解决柬埔寨问题，越南尽快从柬埔寨撤出军队。中国方面认为关键是越南方面要提出一个能为各方所接受的撤军时间表。

钱其琛还指出，越南全部撤军后，所有国家都应停止对柬埔寨各派的军事援助，这是使柬埔寨保持和平、稳定的重要保证。就中国而言，我们支持柬埔寨三派抵抗力量是为了反对侵略。在越南全部撤军后,这个问题就不存在了。他强调,中国不支持柬埔寨任何一派打内站。越南撤军后也应停止对韩桑林一洪森集团的军事援助,中国也希望苏联停止对越南用于侵柬站争的援助。

会谈中,双方既有一致和相似的看法,也有一些分歧。

双方同意成立工作小组,进一步讨论尽早地、公平合理地解决柬埔寨问题。

中国驻苏联大使于洪亮和苏联驻华大使特罗扬诺夫斯基参加了会谈。

外交部发言人李金华在新闻发布会上重申南沙群岛历来是中国领土

李金华是针对一项菲律宾、越南外长的联合公报而作此评论的。最近,菲律宾外长曼格拉普斯访问越南,菲越外长讨论了南沙群岛问题,并发表了联合公报,表示南沙群岛争端必须用“各种和平手段”加以解决。

李金华说,南沙群岛历来就是中国的领土,中国对南沙群岛及其附近海域拥有无可争辩的主权。今年以来,南沙群岛海域的紧张局势完全是由越南当局继续非法侵占中国岛礁并不断进行军事挑衅造成的。越南应当从它非法占领的岛礁上撤出去。

全国改革题材优秀电视节目表彰大会在北京举行

活动由中国电视艺术家协会主办,由来自改革第一线的企业和文艺界人士联合组成的评委会,从新时期10年来改革题材的电视节目中,评出了24个优秀节目。

《新星》获电视剧(连续剧)一等奖,二等奖为《雪野》《风尘硬汉》。

电视剧(单本)一等奖是《新闻启示录》,二等奖为《太阳从这里升起》《大角逐序曲》。

专题片一等奖是《明天的浮雕》,二等奖为《横断的启示》《差距、机会、选择》。

专题系列片一等奖是《三百六十万人的试验》,二等奖为《蓬莱新八仙》《时代大潮》。

由企业家和艺术家联合评奖,在我国电视史上尚属首次。

文化部部长王蒙在北京给国际芭蕾舞比赛获奖演员颁发荣誉证书

文化部部长王蒙给在第三届巴黎国际芭蕾舞比赛获奖的演员颁发文化部“荣誉证书”时说,“中国也能成为芭蕾舞强国”。

11月下旬在巴黎香榭丽舍大剧院举行的这届比赛,在规模和规格上均属国际一流,上海芭蕾舞团演员杨新华、辛丽丽在比赛中获双人舞一等大奖。另一名上海演员蔡丽君获女子单人舞二等奖、18岁的北京舞蹈学院附中女学生李颜获表演奖。

全国汉语叙词表发展方向研讨会在北京举行

研讨会从12月1日至4日,全国各叙词表编制单位的代表、情报检索语言的专家和论文作者130人到会。

汉语叙词表是一种检索信息的汉语语言工具,是检索系统中描述文献全题的标准用词汇集。

会上展示了已编出的叙词表65部,交流和总结了编制经验,研讨了我国汉语叙词表的发展方向。代表们呼吁,为达到信息资源共享,应建立国家叙词库,即经过规范处理的用词集合。在各行各业纷纷建立文献型和事实型的检索系统的新形势下,这次会议对形成国家检索系统将发挥作用。

研讨会是由中国图书馆图书分类法编委会、中国科技情报编译出版委员会情报检索分委会、《军用主题词表》编制委员会召开的。

《中国历代名医图传》问世

苏州著名老中医陈雪楼主编的该书,近日由江苏科技出版社出版。

该书由130篇传记和130幅画像构成。以著名医家图传的形式勾勒了4000多年来中华医药文化发展的历史。传记记述了上至上古时代的伏羲神农、下至清末的曹沧洲、唐宗海等历代130位名医的生平及其主要医学成就。他们的画像由刘国辉、杨云清等著名画家绘制。全书用汉繁体字铸版印制。

国家物价局和卫生部发出通知要求各地全面检查清理坚决制止医疗单位巧立名目乱收费

今年以来,一些医疗单位巧立名目,乱收费用,加重了群众和企业的负担,引起了社会各界的强烈反应。遵照国务院关于加强物价管理、严格控制物价的决定精神,国家物价局、卫生部要求各级各类医院(包括向社会开放的部队、企事业单位医院)均应执行当地物价和卫生部门制定的统一收费标准。凡未经物价及其授权部门批准,其他部门和医院擅自增加的收费项目和收费标准,须在检查清理的基础上重新核定,合理的予以保留;不合理的要取消;标准过高的,要坚决降下来。

通知要求医疗单位不得巧立名目乱收费。需要设立新收费项目或提高原标准的,必须经物价、卫生部门批准。开设专家挂牌门诊,须经上级卫生主管部门同意。专家挂牌门诊收费标准,须经物价、卫生部门审定。超定额医疗服务,必须执行统一的收费标准,不得以任何形式搞“优先优价”。业余医疗服务(主要指劳务部分)收费可适当高一些,具体标准由物价、卫生部门核定。

通知要求各医疗单位(包括个体诊所)均应执行国家规定的药品批零差率。各医疗单位自制的药品、制剂,其规格、含量与医药部门销售的药品相同的,执行当地医药公司规定的零售价格;医药公司无售价的,由省级物价部门会同卫生部门规定作价办法。各医疗单位要根据患者的病情因病施治,合理用药。不得销售非医疗性物品。

通知还要求各级物价、卫生部门根据分管权限,对清理过的医院的主要医疗项目收费,逐步公布于众,接受群众监督。对违反规定擅自增加收费项目和提高收费标准,或搞不正之风者,要认真查处。

卫生部和北京市卫生局在北京举办艾滋病性病防治知识展览

尽管到目前为止,我国公民中还没有发现艾滋病患者,但到今年9月底,我国境内已发现18名艾滋病毒感染者,其中14名是外籍人士,4名是因使用进口血液制品而感染病毒的浙江血友病患者。有关专家认为,随着我国与国际上的交往日益频繁,艾滋病传入我国的可能性随时存在,必须抓好管理,逐项落实艾滋病监测管理规定,做到及早预防。

据介绍,今年年初在伦敦召开的世界艾滋病高级会议确定12月1日为第一个“世界艾滋病日”。这一天,世界上各个国家、不同文化的人民都将获得有关艾滋病的知识。

为了配合世界艾滋病日的宣传,辽宁、广东等地都举办了有关艾滋病、性病知识的宣传活动。在北京进行的活动还有:卫生部部长陈敏章发表预防艾滋病电视讲话;在协和医院等6处设立咨询点,提供咨询服务和发放艾滋病宣传品;举办专题文艺演出等。

李铁映、朱学范等参观了北京的艾滋病、性病防治知识展览。

12月2日

中央军委主席邓小平在人民大会堂会见以樱内义雄为团长的1988年度日本国际贸易促进协会访华团

在回答日本客人所询问的有关中国外交部部长访苏情况时,邓小平指出,中苏两国没有理由不改善关系。中苏关系的改善不会妨碍中国同其他国家友好关系的继续发展。他说,中苏之间像50年代那种“同志式”、“同盟式”的关系已经过时了,现在需要用和平共处五项原则来确定新的中苏关系。

邓小平对樱内义雄说,目前是建立国际政治新秩序的时期。国际政治领域由对抗转为对话,由紧张转向缓和,出现了许多新的情况,因此应该提出一个建立国际政治新秩序的理论。他指出,在新的国际形势下,超级大国的霸权主义和地区性霸权主义应该停止了,它们应该用和平共处五项原则来代替霸权政治。不管是国与国也好,还是这一部分与另一部分也好,都应按和平共处五项原则来处理国际事务。和平共处五项原则是有生命力的。

樱内义雄高度评价了邓小平对国际问题所作的精辟论述。在谈到香港、台湾问题时,邓小平说,“一国两制”是我们的一个新发明,中国存在香港和台湾这样的问题,“一国两制”是唯一可行的解决办法。“一国两制”的方针是不会改变的。

会见中,邓小平还向客人介绍了中国的经济发展战略。他说,改革开放政策是我们的发展战略,尽管目前我们遇到了一些暂时性麻烦,但不会因此而改变这个政策。改革开放我们搞了10年,这10年应该说是成功的。邓小平满怀信心地对日本客人说,我们能够克服面临的问题和困难。这主要靠我们自己努力,同时需要加强与世界各国的合作,特别是与我们的近邻日本的合作,邓小平表示中国欢迎日本经济界来投资和进行技术转让,他认为这比贷款更为重要。

樱内义雄说,日本国际贸促协会对中国海南省的开发和其他经济特区的建设都很感兴趣,他表示要为发展日中友好和经济贸易关系作出新的贡献。

中组部发出通知要求各地对地市县党政领导干部认真进行年度考核

通知说,全国地(市、州)、县(市、区)党委和政府领导干部,省(区、市)、地(市、州)、县(市、区)党委和政府的各工作部门的领导干部,今年原则上都要进行一次考核或评议。

这次对干部的年度工作考核、评议,要贯彻德才兼备、注重实绩的原则,对被考核者的德、能、勤、绩进行全面考察。通知强调,当前,要十分注意按照从严治党和为政清廉的要求,考察干部在治理经济环境、整顿经济秩序、全面深化改革中,是否以身作则,顾全大局,廉洁奉公,遵纪守法,努力做好工作。

通知要求各地从实际情况出发,立即进行具体部署。考核、评议工作,应在各级党委的统一领导下,按照干部管理权限组织实施。考核、评议结果,分别存入文书档案和本人档案。考核工作,要求明年一季度基本结束。

全国工商联第六届执委会第一次全体会议选举荣毅仁为执委会主席推选胡子昂为名誉主席

大陆台籍前国民党军人可返台定居

据新华社报道,台湾"行政院大陆工作会报"召开会议,通过了台湾"内政部"提出的允许大陆台籍前国民党军人返台定居案。

这项议案规定,凡曾经在台湾省、台北市、高雄市登记入伍的前台籍国民党军人,可向台湾有关机关申请返台定居;申请人可携带配偶和未满20岁的未成年子女随同回台定居;申请人身在大陆,可由在台亲属代为申请;申请人在香港的,可直接向台湾设在香港的"中华旅行社"申请。台湾"行政院大陆工作会报"昨天驳回了由"交通部"提出的一项议案,议案中建议放宽外籍商船及民用航空器必须经靠第三地,不得直航海峡两岸的限制。

中国公路交通检查人员执行公务时将佩戴全国统一式样的检查证

为了保障道路交通畅通和驾驶人员的正当权益,制止乱设卡、滥收费的混乱现象,公安部发出通知规定,自12月1日起,在公路上执行检查任务的公安人员应当佩戴臂章、警号;参加公安检查站的其他部门工作人员和有关部门经批准单独设置的检查站工作人员,在执行检查任务时,应佩戴全国统一式样的检查证,在有效区域内按照检查证标明的类别进行专项检查。

通知强调,除执行检查任务的公安人员和佩戴检查证的检查人员外,其他人员无权拦截过往车辆,遇有无证人员拦截时,驾驶人员有权拒绝检查。

国际税收研讨会在深圳召开

会议透露,我国原来的单一税制已被改革成为复式税制,初步建立了一套比较适应我国社会主义商品经济发展需要的税收制度。

从1958年以来,我国税收制度由于受"非税论"的影响,长期实行的是一个税种、一次课税的单一税制,对国营企业除开征一些地方税外,长期只征收一个工商统一税。1979年以来,国务院有关部门在广泛调查研究的基础上,在全国10多个省市的1300多个试点进行了税收制度改革的试验。经过几年的探索与努力,我国已成功地将单一税制改革成为适应商品经济发展需要的复式税制,初步建立了一套既具有中国特色又符合国际惯例的税收制度。

所谓复式税制,就是多税种、多次征,使税收活动深入到商品经济活动的各个领域,以正确发挥税收对经济发展的杠杆作用。在这次税制改革中,我国对国营企业首次开征了企业利润所得税,解决了国营企业长期存在的税利不分的现象。我国还根据本国实际和国际惯例,建立了一套涉外的税制改度。此外,我国还恢复开征了一些地方税种,并开征了如奖金税、建筑税、烧油特别税等特殊税种。

新的税收制度的建立,扩大了税收基础,增加了我国的税收收入,保证了国家的财政收入。

据参加这次会议的有关人士提供的资料表明,从1979年以来,我国税收每年平均以10%左右的速度稳定增长,基本与国民经济的增长同步。目前我国税收已占国家财政收入的90%以上。

苏共中央总书记戈尔巴乔夫在克里姆林宫会见外交部部长钱其琛

双方就中苏关系正常化及其他相互关心的问题进行了谈话。双方认为,在1989年上半年举行中苏最高级会晤是有可能的。

会见时,钱其琛指出,解决好柬埔寨问题对中苏两国,对本地区的稳定与和平,对越南和柬埔寨人民都是有利的。他还强调,中苏两国有必要在和平共处五项原则的基础上建立新型的国家关系。

戈尔巴乔夫重申了苏联方面希望尽早实现两国关系正常化的愿望。戈尔巴乔夫说,从各方面的情况看,柬埔寨问题是到了该解决的时候了,苏联希望早一些解决这个问题。戈尔巴乔夫表示苏联愿意在和平共处等原则的基础上同中国建立新型的关系。

戈尔巴乔夫还向钱其琛详细地介绍了苏联国内改革的进展情况。

会见时,双方谈到了中苏高级会晤问题,并同意为此进行认真的准备。双方商定,谢瓦尔德纳泽外长将于明年年初访问中国。

苏联外长谢瓦尔德纳泽、苏联驻华大使特罗扬诺夫斯基,以及中国驻苏联大使于洪亮参加了会见。

外交部部长钱其琛在莫斯科和苏联外长谢瓦尔德纳泽举行第二轮会谈

双方就中苏关系中的一些重要问题坦诚地交换了意见。

双方认为,两国经济合作的前景是广阔的。钱其琛说,中国执行的对外开放政策是全方位的。即对西方开放,也对东方开放;即对资本主义国家开放,也对社会主义国家开放;即对发达国家开放,也对发展中国家开放。理所当然,对苏联我们也是开放的。中苏经济合作潜力很大,可以做的事情很多。中国方面赞成在平等互利的基础上扩大双边经济贸易关系。

谢瓦尔德纳泽说，苏联现在也实行经济开放政策，苏中经济合作存在着很大的可能性，可以采用多种形式，包括办合资企业。

高功率锁模信频激光系统在北京通过鉴定

由机械电子工业部十一所研制的这个激光系统，各项指标已达到迄今同类产品指标最高的美国西尔凡尼亚公司的产品指标，具有设计合理、结构简单、产品性能稳定可靠、耗电少、激光器热效应小、抗光损伤强度大等优点，而价格仅为上述美国产品的1/7。

据悉，该产品对于距地球9000公里远的卫星，测距精度可达厘米级。已生产3台，其中安装在长春卫星地球站的1台已运行了1年11个月，工作稳定可靠，测量卫星距离精度达5厘米至8厘米。

专家说，该激光系统的研制成功，能推进我国精密卫星测距工作，对开展大地精密测量，地壳运动、地震预报的研究，以及在非线性光学、超快物理、生物化学、激光光谱等领域也具有重要意义。

《社会主义初级阶段党员教育手册》出版

由中国政法大学出版社出版的这本书有42万字，该书力求反映党的十一届三中全会以来党员教育的新内容、新观点，对于党的建设中遇到的现实问题，作了简明扼要的解答。

中日合拍大型电视系列片《长城内外》签字仪式在人民大会堂举行

这是继电视片《丝绸之路》《话说长江》《黄河》之后，中日电视工作者的再度合作。曾经8次同中国方面一起成功直播了国际马拉松实况的东京电视台(TBS)，是首次同我合拍电视系列片。

《长城内外》将以新的视角和风格，反映中国北方各族人民的生活现状、历史、未来、风俗习惯等。与以往同类电视片不同的是，该片以表现人物为主。

据悉，中日两国电视工作者将共同采访拍摄、分别编辑成片。中方创作班子已经竞争答辩产生，这种方式在国内电视片制作中尚属首次。

中国选手在比利时安特卫普举行的第八届世界技巧锦标赛上获两项世界冠军

中国运动员冯涛获得男子单人全能冠军。这是中国队自1980年首次参加世界技巧锦标赛以来第一次获得这个项目的全能金牌。

另外，中国选手周再军、杜彪、赵杰和周传彪在男子四人全能决赛中，以29.56的总分夺得冠军。这是中国选手在本届比赛中夺得的第二块金牌。

中国队员登上南极文森峰

中国登山队员李致新和王勇峰在北京时间12月2日凌晨成功地登上南极最高峰——文森峰。

文森峰主峰高度海拔5140米，眼下虽时值暖季，但气温常在零下40摄氏度，而且时有狂风怒吼，其登顶难度与珠峰不相上下。

登山队副队长李致新和另一名中国队员王勇峰从3号营地出发，在征服二峰之后继续向主峰进发，分别于北京时间12月2日凌晨3时30分和6时08分登上文森峰顶。李致新从3号营地到达顶峰只用了7小时02分，创造了用最短时间攀登此峰的纪录。

这次由中美双方组成的南极文森峰登山科学考察队共有6名队员。队长、美国的迈克·唐和另外两名美国队员12月2日也攀登顶峰，但没有成功，次日，这个队的加拿大向导登顶成功。

公安部与国家计生委联合发出通知要求加强出生登记工作

通知指出，近年来，出生婴儿不登记户口的现象日趋严重，特别是农村地区，已成为户口管理和人口统计工作中的一个突出问题。有些地方违反国家户口管理规定，搞"土政策"，不给超计划生育的婴儿申报户口；有些地方为降低出生率，无视户口管理规定，弄虚作假，对新生儿不作出生登记，而作为迁入人口进行登记。此外，由于一些群众法制观念淡薄，不主动申报、登记出生的情况也很突出。上述问题严重影响了户口管理制度的实施和人口统计数字的准确性，同时也影响了社会安定和人民日常生活。

通知要求各地公安、计划生育部门要密切配合，结合本地的实际情况，采取切实可行的具体措施，认真核对户口，凡出生未登记户口的，应按有关规定办理入户手续。任何地方都不得自立限制超计划生育的婴儿落户的法规。对未办理独生子女证、没施行节育手术、超计划生育婴儿的人，以及早婚、非婚生育婴儿的人，应当给予批评教育直至进行行政和经济处罚，但对婴儿都应当准予落户。

通知强调，在人口统计工作中，要认真贯彻《中华人民共和国统计法》，坚决纠正将出生人口作为迁入人口进行统计的错误做法，对弄虚作假瞒报出生人口数字的要依法严肃处理。对经教育仍不登记新生儿户口的户主及阻止登记户口的人，应根据《户口登记条例》和《治安管理处罚条例》的有关规定予以处罚。

《公元2000年中国环境预测与对策研究》通过鉴定

该课题运用系统工程方法和信息论原理，将经济、人口、环境作为一个大系统来研究，预测论证和描述了国家和各省市区2000年的环境前景，并提出了相应的对策。

这个有千余人参加历时4年的研究课题预测，我国环境污染按现在的发展趋势，到本世纪末将会更加严重。若采取强有力的措施，治理投资为国民收入的1%左右，届时废水排放量将从1985年的348亿吨增加到490亿吨，治理率从1985年的20%增加到53%；大气污染物工业粉尘排放量从1985年的518万吨降低至190万吨，烟尘排放量由1883万吨增加到2417万吨，二氧化硫排放量由1303万吨增加到2200万吨；酸雨将会进一步发展；固体废弃物排放总量将比1985年增加1.3倍。

"预测研究"表明，自然资源不合理利用，生态环境不断恶化是比我国的环境污染更为严重的环境问题。若不采取强有力的措施制止日趋扩大的森林、草原破坏，水土流失，土壤盐碱化和沙漠化，不扭转珍稀和濒危物种快速消失的局面，到本世纪末，我国生态环境将继续恶化，成为影响和制约社会经济发展的关键因素。

"预测研究"运用市场价值法、机会成本法、工程费用法等，对目前的环境污染和生态破坏造成的经济损失作了估算。环境污染每年造成的经济损失为360亿元，其中大气污染101亿元，水污染157亿元，农药污染为96亿元；生态破坏每年造成的经济损失为500亿元，其中农业资源363亿元，森林资源破坏115亿元，水资源破坏19亿元。

"预测研究"课题是个跨学科、跨部门、跨地区的庞大系统工程。它分析了国内外环境问题的发展过程和环境保护经验，提出了坚持经济与环境协调发展、依靠科学技术进步、把环境保护纳入有计划的经济建设轨道、建立节约和合理利用资源型的环境发展战略、强化环境管理、健全法制和大力提高全民族的环境意识等战略措施。由著名生态学家马世骏教授为主任的鉴定委员会认为，这项由国家环保局下达、中国环境科学研究院承担并组织全国环保部门开展的课题，为确定正确的环境保护战略和目标、制定环境政策提供了重要的依据。

12月3日

中共中央在中南海怀仁堂召开出席全国计划会议和全国经济体制改革工作会议的各省 自治区 直辖市负责同志座谈会

赵紫阳、杨尚昆、李鹏、万里、乔石、姚依林等领导同志出席了座谈会。

座谈会上，国家计委副主任甘子玉首先汇报了全国计划会议和全国经济体制改革工作会议的情况和与会同志反映的在治理经济环境、整顿经济秩序中出现的一些问题。河南、内蒙古、河北、江苏、云南、湖南、沈阳等地的负责同志也先后发了言。

出席座谈会的领导同志还有宋平、丁关根、阎明复、张劲夫、陈慕华、王丙乾、宋健、邹家华、李贵鲜等。

杨尚昆李鹏等党和国家领导人在人民大会堂会见53名优秀回国留学人员代表

参加会见的还有李铁映、宋任穷、阎明复、严济慈、宋健、方毅、钱学森等。

参见会见的回国留学人员，分别来自高等院校、科研机构、金融机构及其他企事业单位，大部分在京工作，有6位来自上海、南京等地。他们都是1978年以后出国学习、进修或从事科研工作的。这些同志回国后在各自的工作岗位作出了显著成绩，是教学、科研、管理、生产岗位上的骨干，不少同志有发明创造并在国内外获得多种荣誉、奖励。他们中具有副教授、副研究员、高级工程师以上高级职称者44人，有10多位担任了高校、科研院所及金融、实业部门的负责人。

会见结束后，李铁映、宋任穷、严济慈、宋健、方毅、钱学森等同大家在安徽厅进行座谈。回国留学人员在座谈中谈到。留学人员中绝大多数是爱国的，愿意用自己所学报效祖国，同时也希望得到社会各界的理解和支持。清华大学校长张孝文以自身经历说明留学回国人员大有用武之地。中国人民大学软科学研究所所长李忠尚提出，回国人员最关心的是学以致用，如果有关部门能够妥善解决这一问题，将使他们更好地报效祖国。中国科学院自动化所副研究员马颂德建议更大范围地扩大博士后流动站，或者扩大为人才流动站，创造较好的科研条件吸引留学归国人员。座谈会上，大家争相发言。

李铁映在座谈会上讲了话。他再次强调出国留学政策是我国改革开放总方针总政策的重要组成部分，要长期坚持下去，决不可能再回到闭关锁国的时代。党和政府非常关心出国留学人员，认为他们素质是好的，学习是卓有成效的。祖国建设急需人才，希望他们学成归国尽快投入建设。当然，如需继续深造的可以提出申请，有关部门将合情合理地予以解决。他指出，当前和今后一个时期出国留学工作的重点，就是帮助回国留学人员解决工作和生活上的问题，创造良好的物质条件及配套政策，吸引、安排留学人员为祖国建设出力。

参加座谈会的还有国家教委、国家科委、中国科学院、卫生部、农业部等有关部门的负责人。

国家主席杨尚昆在人民大会堂接受索马里民主共和国新任驻华大使穆哈默德·哈桑·赛义德 尼日尔共和国新任驻华大使约瑟夫·迪亚塔递交的国书

中国高级公务员培训中心在北京成立

中国高级公务员培训中心是人事部的一个教育培训研究咨询机构,是国家公务员培训体系的重要组成部分。它的任务是:(1)组织培训中央国家机关和省、自治区、直辖市人事行政中高级公务员,为推行和建立公务员制度培养骨干;(2)组织培训企事业单位从事人事管理工作的中高级管理人员;(3)培训各省、自治区、直辖市人事管理院校的师资骨干;(4)负责国家公务员培训的研究和咨询工作;(5)开展公务员培训的国际合作与交流。

全国工商联第六届会员代表大会在北京闭幕

闭幕式上,通过了关于第五届执委会工作报告的决议,通过了向多年为工商联作出贡献的老同志的致敬信。

全国工商联执委会主席荣毅仁致闭幕词。他说,今后面临的客观要求是:国家事务的参政议政需要我们,经济建设需要我们,促进祖国统一需要我们,发展海外经济技术的联系合作需要我们,我们不是无所作为,而是大有作为。他希望全体会员为把工商联办成名副其实的对内对外民间商会而共同努力。

大会总结了工商联过去5年的工作,选举产生了以荣毅仁为主席的新的领导班子。会议通过的决议要求工商联全体成员今后要认清新形势,担当新任务,健全新组织,开创新局面,在当前治理经济环境、整顿经济秩序、全面深化改革的工作中,发挥积极性、主动性和创造精神,发扬与党风雨同舟、同心同德的光荣传统,高举社会主义、爱国主义两面旗帜,为振兴中华、统一祖国作出新贡献。

国家物价局决定定期监测公布21个城市菜价

这是国家物价局贯彻国务院《关于加强物价管理,严格控制物价上涨的决定》而采取的一项措施,它将及时为地方人民政府和城市居民提供蔬菜行情,以利稳定"菜篮子"价格。

受到监测的大中城市北方有5个,南方有12个,他们是:北京、天津、石家庄、太原、西安、沈阳、哈尔滨、济南、郑州、上海、南京、杭州、武汉、长沙、福州、南昌、成都、重庆、贵阳、昆明、广州。

具体监测的方法是,每10天由这些城市的物价人员到国营菜场和集贸市场采一次价,采价的品种主要是当旬市场的大路菜;然后各地将采得的本市大路菜的国营和集市各类平均价格报给国家物价局;国家物价局汇总后在报纸上列表公布,并发表一旬菜价综述。

据悉,21城市菜价行情表将首先在《中国消费者报》上刊出。

建设部发出紧急通知要求各有关单位做好停缓建项目善后工作力争把损失降到最低限度

通知说,最近以来,各地区、各部门按照国务院的要求对在建项目进行了认真的清理,不少单位较好地进行了停缓建工程的善后处理工作,但也有一些地区和单位措施不力,善后工作问题较多。

通知要求,各级建设主管部门要本着把损失降到最低限度的原则,合理确定停缓建工程的停工部位与日期,施工单位不得擅自撤走施工力量;确定停工后施工与建设单位需在15天内共同提出善后处理方案,报建设主管部门备案;各级建设银行、材料供应等单位应及时批拨出在确定合理停工部位前的工程费用和停缓建后的工程维护费用,拖欠施工单位工程款的建设单位,应还清欠款,一时还不起的要作出还款计划,限期还清;各有关单位要保证停缓建工程的现场安全、防火、防盗等工作,保管好工程技术档案资料,施工单位要根据实际情况分期分批撤离现场;对属于停缓建范围但还没有决定停缓建的工程,各施工单位不得突击抢点赶工、忽视质量。

通知说,对在停缓建工程善后工作中玩忽职守、给国家造成经济损失的单位与个人要追究经济与行政责任。

外交部部长钱其琛在莫斯科同苏联外长谢瓦尔德纳泽举行第三轮会谈

钱外长说,现在世界上出现了对抗转为对话、紧张转向缓和、人民要求和平与发展以及社会主义国家正在普遍进行改革的历史潮流。这一总的趋势有利于维护世界和平,也为建立国际政治新秩序创造了条件。

钱其琛说,历史的发展证明,依靠军事力量,搞集团政治和霸权主义是行不通的。一个国家必须发展经济、技术、科学、文化,才能增强国力,在国际事务中发挥积极作用。

他指出,在经济方面,南北关系、发展中国家和发达国家的差距在扩大是一个尖锐问题,这涉及债务、贫困、贸易保护主义等等。这些世界性的问题,没有国际社会的共同努力,没有国际经济新秩序的建立,是不能解决的。

苏联外长谢瓦尔德纳泽表示,近几年来国际形势确实发生了很大变化,苏联方面对这些变化的评价同中国方面是近似的。他还介绍了苏联对裁军和禁止化学武器等问题的立场以及苏美裁军谈判的情况。

双方还就阿富汗和亚太地区形势等问题交换了意见。

我国首台国产彩色巨型显示屏在北京通过鉴定

我国首台777.6平方米彩色巨型显示屏，在北京通过国家计经委、科委、体委组织的专家鉴定。

彩色巨型显示屏是80年代诞生的高新科技产品，可广泛用于体育场馆、大型公共场所和军事方面，具有现场直播、转播、慢镜头、解析、重放等10多种功能。

这台显示屏的总设计师是河南省冶金规划设计院37岁的高级工程师李超。它的关键件——显示屏长10.8米、宽7.2米，由31104个红、绿、蓝三色泛束发光管组成。据测试，成都红光电子管厂生产的泛束发光管，长度短于日本产品，发光亮度与日本产品相比，绿管亮度是日本的2.96倍，红管亮度是2.44倍，蓝管亮度是1.8倍，发光寿命也不低于日本管，从而保证了国产巨型显示屏的优越质量，主要指标功能可与当今国际水平相比拟，图像逼真稳定，已达实用水平，成功地用于今年的全国首届农运会开幕式。该显示屏国产化率已达90%，造价仅为进口同类显示屏的1/3。

国际电视卫星地球站在北京投入建设

据《人民日报》报道，我国自行设计制造的第一个跨洲际电视节目卫星地球交换站，目前已基本完成工程的前期准备，即将在北京云岗卫星测试场正式投入施工。中央电视台与航空航天部卫星通信电视设备联合体签订了为期10年的租用合同。

该卫星地球站在1989年年底建成后，将用于中央电视台和苏联及东欧各国进行国际间电视节目的直接发收交换，除承担向国际太空卫星通信组织印度洋上空卫星发送一套电视节目及两路伴音、接收卫星转发的电视节目外，还兼有通信功能，可逐步开通20路以上话音，用于建立我国和国际广播电视组织各成员国之间的通信渠道。

航空航天部的专家介绍说，建成后的电视卫星地球站，可靠性指标将达99.99%，能确保为中央电视台提供24小时的连续服务，同时使用微机系统进行监视检测和部分控制，具有较高的自动化水平，重要设备发生故障时能自动主备切换。

中央电视台有关负责人说，在第十一届亚运会期间，该卫星地球站将为中央电视台向东欧传送比赛盛况提供有力保证。

中国专家首次发现硒制剂可抑制肝癌细胞增殖

中国医学科学院肿瘤研究所最近公布一项成果，口服硒制剂可抑制肝癌细胞的增殖，为硒防治肝癌提供可能性。这在国内外属首次发现。

这项内容为“硒对肝癌细胞的增殖分化、恶性表型及相关基因表达的逆向调节作用”的研究课题，从生化、分子生物学及细胞学角度，证实了人体必需的微量元素硒具有调整癌细胞膜流动及膜偶联的信号传递作用。用亚硒酸钠注射，不仅在生癌的小鼠身上有效地发现硒能抑制癌细胞的增殖，在体外培养的人肝癌细胞株上试验也产生了抑制作用。这项研究成果在理论上证明硒是细胞癌基因的调控剂，有希望以硒为“探针”，深入探索细胞癌基因开关机制，从而揭示癌的奥秘。

12月4日

国家副主席王震在海南考察

12月4日至13日，王震同农业部部长何康、中共海南省委书记许士杰一起，在海口市、儋县、琼海县等地了解特区开发、建设和农业生产情况。在同海南农垦系统干部座谈时，王震指出，海南农垦是建设海南的一支重要力量。过去几十年，农垦系统广大干部、职工艰苦创业，勇于开拓，对开发海南起了关键作用。现在，海南面临大办经济特区的新形势，农垦工作要积极为改革、开放、搞活服务，以改革促开放，以外向经济为引导，立足大农业，大办工业和第三产业，逐步把海南农垦建成综合型、外向型经济实体。

他强调，农垦生产在发展适度规模经营的同时，还要大力发展庭院经济，再以农场带农民，分片包干，场乡结合。

在海南期间，王震还代表中共中央、国务院专程看望了华南热带作物学院、华南热带作物科学研究院的教学、科研人员及全体职工。他说，30年来，你们艰苦奋斗，发奋图强，打破了北纬15度以北不能种植橡胶的传统论断，创造出在北纬18度至24度大面积植胶的一整套科学技术，建成了海南、云南西双版纳和广东湛江3个橡胶生产基地及广西、福建两个植胶区。他强调说：“为我国社会主义现代化宏伟大业作出贡献的广大知识分子，理所当然地赢得了党、政府和广大人民群众的尊敬。”

他说，国家实力的增强，人民生活水平的提高，很大程度上有赖于科学技术的发展。海南要发展热带大农业，必须依靠科技。希望你们在大力开发新技术成果的同时，积极推广现有的科技成果，尽快将科技成果转化为生产力，以带动海南整个大农业进一步发展。

全国人事工作会议在北京召开

会议透露，国家公务员制度明年将在国务院和省政府少数部门开始试点。

进行试点的单位是经过机构改革、人员优化组合的单位。试点的内容包括考试录用、职务晋升、考核奖惩等全套管理制度以及新旧体制过渡问题。

人事部部长赵东宛在会上透露，明年在抓好公务员制度试点的同时，对新进机关的人员要按照公务员暂行条例及有关法规的精神通过考试，择优录用。对新晋升领导职务的人员，要开始按照职务升降法规的精神，实行功绩制原则。他说，对公务员制度的一些单项法规，凡立法和实行条件基本成熟的，都要在现有人员中逐步实行；特别是与国家机关廉政建设较为密切的考核、奖惩、纪律等法规，要先实行起来。

国产核磁共振谱仪在国际招标中一举中标

据《人民日报》报道，由中国科学院武汉物理研究所生产的大型精密仪器核磁共振谱仪日前在世界银行的一次国际性招标中中标，一举赢得近400万美元的订货合同。

参加这次世界银行为中国高教发展的贷款项目招标的还有日本日立公司和日本电子株式会社。但由于这两家日本公司的产品在分辨率、自动控制性能，以及价格方面比不及武汉物理所，世界银行最后批准了武汉物理所的投标。

这项合同实施后，武汉物理所将在明年内为中国一些大学提供22台核磁共振谱仪。

文献纪录片《邓小平在广西》摄制完成

反映邓小平同志青年时期革命斗争的文献纪录片《邓小平在广西》，已由广西电影制片厂和广西电视台联合摄制完成。国家副主席王震担任此片的总顾问，并题写了片名。

这部长90分钟的文献片，记录了邓小平从1929年被中央委派前往广西组织和领导百色起义，创建红七军、红八军，建立左右江革命根据地，到1930年率领红七军转战千里，到达江西苏区与中央红军会合的历史过程。

12月5日

中共中央书记处原则同意共青团组织参与社会监督的请示报告

请示报告要求各级共青团组织积极正确地引导广大共青团员和青年参与广泛的社会监督，通过共青团与社会各方面的积极配合和共同努力，形成一个监督机制，形成一种互相关心、互相监督的社会良好风气。

报告认为，共青团具有参与社会监督的组织优势。它拥有5600万团员，200多万个支部，15万个基层委员会。这么一支宏大的力量参与社会民主监督，对于推进我国社会主义民主政治建设和四化建设，必将产生深远的积极作用。

这个报告提出，当前共青团参与社会监督，主要是监督违反党和政府的政策、违反国家法律法规以及违反党纪政纪的行为，对中央和上级已经明文规定的经济改革政策、措施，拒不执行或变相抵制的，也应加以监督。

关于参与社会监督的具体做法，报告认为，可以建立一些青年监督网点，如监督岗、监督哨、举报箱等等，尤其是在价格、税务、财政部门工作的团员和团干部，更应积极行动起来，当好社会监督的耳目。

报告指出，各级团组织参与社会监督必须在党和政府的领导下，按照国务院和各级政府的政策和部署，在团组织所在地区和单位内，配合党的纪检和政府监察等部门进行，必须依靠法律手段、运用组织渠道和正常民主的渠道有领导、有秩序地进行。

全国计划会议和全国经济体制改革工作会议在北京闭幕

会议由姚依林主持，国务院总理李鹏作了题为《把建设和改革的重点切实放到治理经济环境和整顿经济秩序上来》的重要讲话。田纪云、李铁映、吴学谦、丁关根、张劲夫、王丙乾、宋健、邹家华、李贵鲜等领导同志出席了会议。

党中央和国务院对这两个会议十分重视，会议期间，赵紫阳同志同出席会议的各地负责同志进行了座谈，并发表了重要意见。李鹏同志在会议开始时也讲了话。姚依林同志作了关于明年计划安排的报告。出席这两个会议的代表经过认真的学习和讨论，对十三届三中全会的精神有了进一步认识，提出了不少好的建议，基本上确定了明年的计划盘子和经济体制改革的部署。会议达到了预期的目的。

国务院总理李鹏在全国计划会议和全国经济体制改革工作会议闭幕会上作题为《把建设和改革的重点切实放到治理经济环境和整顿经济秩序上来》的讲话

同志们：

全国计划会议和全国经济体制改革工作会议开了7天，今天就要结束了。由于大家的共同努力，会议开得是好的，达到了预期的目的。经过认真的学习和讨论，大家对十三届三中全会的精神有了进一步认识，提出了不少好的建议，基本上确定了明年的计划盘子和经济体制改革的安排。当然，明年计划安排中还遗留一些问题，生产、投资、财政、信贷、外贸等方面还有些矛盾,需要会后进一步研究和协调。大家回去以后,按照这次会议确定的计划盘子和改革安排,抓紧部署本地区和本部门工作,务必使明年的改革和建设取得扎扎实实的进展,使治理经济环境、整顿经济秩序、全面深化改革的工作取得明显成效。下面,我再讲几点意见。

一、坚决把改革和建设的重点切实地放到治理经济环境、整顿经济秩序上来,确保明年物价上涨幅度明显低于今年。

十年来的实践证明,我们改革和建设的方向是正确的,所取得的成绩也是举世公认的,就今年总的经济状况来看也是向前发展的,但确实存在不少的困难和问题。突出的是出现了明显的通货膨胀,物价上涨幅度过大。这已经引起了社会的普遍关注和群众的严重不安。如果我们不采取坚决有力的措施,遏制通货膨胀,不仅各项改革难以深入,整个建设的发展会受到严重影响,甚至会损害十年改革所取得的成果。党的十三届三中全会正是根据对形势的这种正确分析和判断,提出了治理经济环境、整顿经济秩序、全面深化改革的指导方针,并确定明后两年改革和建设的重点,要突出地放到治理经济环境、整顿经济秩序上来。治理经济环境、整顿经济秩序,要做好许多方面的工作,首先要确保明年的物价上涨幅度明显低于今年。这个目标,已经向全国人民宣布了,能不能做到,是关系到能否取信于民的重大问题,是对我们各级党委和各级政府能否驾驭经济局势的严重考验。正因为这样,明年改革和建设的各项工作都要服从和服务于这个目标。有利于实现这个目标的工作,就必须积极地毫不动摇地去做,不利于甚至妨碍实现这个目标的事情,就坚决不做或者推迟进行。我们说,要把思想和行动统一到十三届三中全会精神上来,在明年最要紧的,就是要统一到这一点上来。

近两个月来,各地区、各部门在贯彻十三届三中全会精神,落实国务院制定的各项规定和措施方面,做了不少工作,取得了一定成效。物价上涨过猛的势头有所减缓,群众对市场物价的紧张心理有所缓和,居民储蓄逐渐回升,信贷规模有所压缩,楼堂馆所项目停建缓建了一批,企业改革也在深化。但是应当指出,这些进展与中央提出的要求还有不少差距。从10月份和11月份的情况看,全国固定资产投资、工资、奖金的增长和货币投放仍居高不下,经济过热、需求过旺的势头还没有得到遏制。特别是有些省、市不仅对在建项目没有认真清理,而且还在突击施工,抢上新项目,这是很不应该的。

行动上的差距,反映了认识上的差距。有些同志怕速度降下来影响财政收入,日子不好过;有些同志舍不得辛辛苦苦上的项目砍下来,怕影响后劲;有些同志总说自己情况特殊,强调"你热我不热";还有些同志甚至抱着拖一拖、风就过去了的侥幸心理。凡此种种,都说明这些同志对经济过热和通货膨胀的严重危害还认识不够,对我们面临的困难、克服困难的艰巨性和所需要的时间还估计不足,因而对十三届三中全会的决策和国务院采取的一系列治理、整顿措施理解不深,执行不力,左顾右盼,犹豫观望。应当看到,通货膨胀是多年积累下来的经济过热、社会总需求大于总供给的反映,现在已经发展到危及改革和发展全局的严重程度。解决这个问题,不是轻而易举的,不是几个月时间所能办到的,而是必须花很大力气,付出必要代价,需要相当一段较长时间坚持不懈的努力,才有可能办到的。我们必须充分认识治理通货膨胀的重要性、紧迫性和艰巨性,进一步增强执行十三届三中全会方针的自觉性和坚定性。

二、当前必须着重把过大的社会总需求压缩下来,同时改善和增加有效供给,以逐步实现社会供需总量和结构的大体平衡造成通货膨胀的根本原因,是经济过热,社会总需求超过总供给。治理通货膨胀,首先要把过大的社会总需求坚决压缩下来。

压缩社会总需求,最直接、最有效的措施是压缩固定资产投资规模特别是预算外投资规模。投资规模膨胀,是导致社会总需求膨胀的重要原因。现在全民所有制单位固定资产投资在建项目总规模已超过1万亿元,按照现在的投资能力,今后即使一个新项目不上,也要四五年时间才能全部完成。不仅投资规模远远超过国力所能承受的可能,而且投资结构也很不合理。初步预计,今年用于能源、交通、重要原材料等基础工业和基础设施的投资,还不到全社会固定资产投资总额的20%。这就使许多加工工业因为缺煤少电,原材料和运力不足,不能发挥作用,造成投资的巨大浪费。为了改变这种比例失调的状况,如果不把过大的非生产性建设和加工工业建设的规模压缩下来,就必然要求更大幅度地增加对基础工业和基础设施的投资,迫使社会总需求进一步膨胀。控制投资规模,这次必须动真的,要真砍、真压,不能假砍、假压。不仅要砍掉一大批在建的楼堂馆所和其他不必要的非生产性建设项目,还要停建缓建一批生产性的建设项目;不仅那些不应该上的项目要坚决压下来,就是一些应该上的项目,甚至包括能源、交通和原材料工业在内,也要根据财力、物力的可能重新安排,有的也要停建缓建,以缩短建设战线,尽快发挥投资效益。我们力求少伤筋动骨,但要完全不伤筋动骨也不可能。明年计划安排,全社会固定资产投资规模比今年预计完成的规模要压缩22%。在这次会议上,经过各地区和各部门的努力,已压缩了19%。看来还有一定的差距,要进一步做工作。许多地区和部门的同志都提出不要“一刀切”。如果说这是指压缩投资规模应当同调整投资结构结合起来,有压有保,那当然是对的。但是如果以不要“一刀切”为理由,不愿意下决心压缩自己地区和部门的投资规模,那就不对了。应当指出,区别对待,不搞“一刀切”,只能在“切一刀”的前提下来进行。如果各地区、各部门都强调自己的特殊情况,这也不能切,那也不能切,压缩投资规模就会成为一句空话,投资结构也无法改善。我们这次清理在建项目、压缩投资规模,一个与过去不同的特点,就是根据产业政策对号入座,该保的保、该压的压,力求做到在压缩规模的前提下调整结构,使压缩与调整密切结合。在这个事关全局的问题上,要求各地方和各部门一定要下更大的决心,通力合作,确保党中央、国务院的要求真正落到实处。

消费需求膨胀,也是当前经济生活中的一个突出问题。治理通货膨胀,不仅要压缩投资规模,还必须严格控制消费需求的过快增长,坚决扭转延续多年的消费增长超过生产增长的现象,并逐步解决社会分配不公的问题。要采取更为严厉的措施,压缩集团性消费,坚决克服各种铺张浪费现象;严格控制发放工资、正常奖金以外的消费性基金,同时,要改进工资和奖金的发放办法。总之,我们一定要把消费基金的过快增长控制住。除了因为压缩投资、降低过高的工业生产速度和清理整顿公司等措施的实现必然会相应减少一部分消费需求外,还必须采取经济的和行政的手段,转化和推迟实现一部分消费基金,特别要下决心把那些过高的消费压缩下来。国务院将在广泛听取各方面意见和认真研究的基础上,制定一个切实可行的消费基金管理办法,并严格付诸实施。

千方百计稳定和增加城乡居民储蓄存款,合理引导购买力分流,对于稳定金融、控制当前的消费需求、稳定市场,具有十分重要的意义。在明年计划平衡中,市场商品供应与城乡居民多年积累的购买力之间还有不小的差额。在这种情况下,如果不稳定和增加储蓄,只靠控制信贷规模,还不能有效地抑制通货膨胀。大力吸收居民储蓄,既可以增加银行资金来源,减少货币投放,又可以减轻市场商品供应的压力,有利于控制物价的上涨。为了做到这一点,需要扩大保值储蓄范围或者逐步提高存款利率,增加储蓄网点,改进服务质量,同时,还要做好提倡储蓄的宣传和组织工作。各级政府都要把这件事放到十分重要的地位上,认真抓好。

在压缩和控制社会总需求的同时,必须下大力量抓好明年的生产,改善和增加有效供给。我们所说的增加有效供给,是指增加粮棉油肉禽蛋等重要农副产品,人民生活必需的日用工业品,能源和短缺原材料,适销对路的轻纺产品和回笼货币多的紧俏商品,以及出口创汇产品等的生产和供应,而决不是笼统地增加所有产品的生产。保持与追求过高的工业增长速度,同增加有效供给决不能混为一谈。明年,各级政府要认真贯彻全国农村工作会议确定的各项政策与措施,以及这次计划会议确定的支援农业的各项安排,力争农业有一个好收成。农业丰收了,粮食、棉花和其他重要农副产品增产了,稳定市场、稳定物价,就有了基础,整个改革和建设就主动得多。工业生产在降低增长速度的同时,要大力调整产品结构。要控制和压缩那些长线滞销产品、质量低性能差的产品、过多消耗能源和原材料的一般加工产品,把节省下来的能源、原材料用于积极增产能够增加有效供给的各种产品。这件事从国务院各部门到各地方都要加以具体化,对该保该玉的产品都列出目录,并且认真加以落实。只有这样,才能真正把有限的资源用在刀刃上,在调整中提高工业企业的素质,把工业生产的结构提到一个新的合理水平。

明年煤炭的生产和调运,关系社会生产的全局,各有关部门和地区一定要同心协力,继续认真抓好。铁路的煤炭运输实行统一计划、统一运价,并进行严格管理。电力的分配要根据增加有效供给的产品序列安排,在农忙季节要给农业用电让路。

许多同志担心明年生产会滑坡,从而造成财政收入减少,困难更加严重。这种担心不是没有道理的,需要我们加以重视。但是,把目前过高的工业增长速度降到计划要求的水平,不能叫作生产滑坡。工业速度的这种下降,是消除经济过热的要求,也是合理调整经济结构的需要。只有工业的增长速度下降得过低,连应有的有效供给也难以保证,这才是我们应当极力避免的。既要把过高的工业增长速度降下来,又要增加有效供给和财政收入,关键在于努力降低物质消耗、提高劳动生产率、改善产品质量、增进经济效益。要做到这一点,就必须深入持久地开展增产节约、增收节支运动,并努力取得切实成效。在经济调整的过程中,既会遇到许多困难,也提供了一种机遇,促使在组织生产的指导思想上真正实现一个根本转变,从主要靠增加投入、扩大规模、提高速度来增加财政收入,转到主要靠加强管理、改进技术、提高效益来增加财政收入的路子上来。这样,才能使我们的经济工作提高到一个新的水平。为了把大家的注意力从盲目追求和攀比产值增长速度,引导到提高经济效益上来,今后考核地方、部门和企业的工作,主要不是看速度的高低,而是看效益的大小。国务院决定从明年起,由国家统计局按月公布各省、自治区、直辖市的八项重要经济指标,其中包括工业全员劳动生产率、工业销售利税率、工业资金利税率、工业可比产品成本降低率、工业能源消耗综合降低率等经济效益指标。如果说比的话，希望大家在这些方面认真地比一比。

三、切实组织好市场商品供应，严格物价管理，安排好人民生活。这是明年经济工作的一项十分重要的任务，必须予以高度重视。它直接关系到人心稳定、社会安定，关系到治理经济环境、整顿经济秩序工作能否顺利进行。

安排好明年市场，突出的是要搞好粮食、副食品和基本日用工业品的生产与供应；同时，努力增产回笼货币比较多的紧俏商品。当前，要切实抓紧粮、棉、生猪等重要农副产品的收购，并且认真组织好地区之间的调运。总的说，今年农副产品收购情况是好的。到11月底为止，国家粮食定购任务已经完成84%，比去年同期多收购80多亿斤，棉花收购完成70%以上。现在看，粮食减产没有原来预计的那么多，今年的粮棉收购任务是完全可以完成的。这对明年安排好市场是一个重要保证。当然，现在收购任务还没有完成，各级政府还必须全力以赴，继续做好工作，争取多收购一些粮食和棉花。各地反映，当前收购农副产品的主要困难是缺资金。解决收购资金问题，主要靠地方自己挖掘潜力，把该压缩的基本建设尽快压下来，腾出资金支持农副产品收购。人民银行也要给予适当支持，但这是很有限的，而且主要是靠资金调剂，不能再增发多少票子。所以，资金仍然是相当紧张的，大家不要因为人民银行准备给予适当支持，就松了一口气，纷纷伸手向上要钱。银行也有难处，希望大家谅解。

大中城市和重要工矿区一定要保证蔬菜种植面积，增加蔬菜供应。各地区和有关部门要认真抓好日用工业品的生产，尽可能地多拿出一些能源、原材料和运力用于发展轻纺工业，增加市场供应。国家和地方计划安排进口的粮食和其他市场物资，要抓紧组织订货，搞好运输和供应。城乡居民最基本的日常生活必需品，必须采取有效措施，保证不断档、不脱销。特别要注意安排好元旦、春节的市场供应，尽可能搞得丰富一点。

为了使明年物价上涨幅度明显低于今年，除了从宏观上压缩需求、增加供给以外，还必须严肃物价纪律，加强市场物价管理。凡是实行国家统一定价的商品，各地方各部门必须严格执行国家规定的价格，不得随意提价和变相涨价。实行“双轨制”价格的生产资料，计划外部分的价格不得超过国家规定的最高限价，任何地方、部门和企业都不能违反。对已经放开价格的比较重要的商品，也要进行适当控制，一是对企业实行提价申报制度；二是规定合理的地区、进销、批零的差价率，防止易地涨价、不合理的长途贩运和层层加价。要继续搞好清理、整顿公司的工作，大力减少流通环节和中间盘剥，特别是要严肃整治各种违法经营。各地方可以选择若干种人民生活必需品，明确规定不准涨价，并公诸于众。要加强市场物价的监督检查，对违反物价法纪的单位和个人都要严肃处理。

四、把深化改革、坚持开放同治理经济环境、整顿经济秩序密切结合起来。

要顺利实现明年治理经济环境、整顿经济秩序的任务，必须继续深化改革，充分利用对外开放的有利条件。同时，明年改革、开放的具体步骤和方法，也要服务于治理经济环境、整顿经济秩序的要求。这次全国经济体制改革工作会议，正是根据这个精神对明年改革工作做了部署。现在看来，明年改革要着重抓好以下几个方面：

第一，要深化企业改革。消化涨价因素，增加财政收入，保证市场供应，归根到底，要靠企业特别是大中型国有企业提高经济效益。大中型企业在我国经济生活中占有举足轻重的地位，拥有较好的技术装备和管理经验，拥有众多的人才，希望它们在提高经济效益方面作出更多的贡献。明年燃料、运力和主要原材料供应都相当紧张，资金供给也紧张。在这种条件下，企业面临着很多困难，必须靠深化企业改革来克服这些困难。明年企业改革的重点是，继续完善和发展经营承包责任制，加强和改进企业内部管理，优化劳动组合，真正把广大职工的积极性引导到挖掘内部潜力，提高经济效益上面来。同时，要逐步推进企业之间的联合、兼并，有领导有步骤地发展企业集团，优化企业组织结构。要稳妥地进行以公有制为主体的股份制试点。这些问题，体改工作会议作了具体研究，各地区、各部门要认真落实。

第二，积极推进那些对治理通货膨胀有重大作用的改革。住房商品化、出售部分国有小企业产权等改革措施，对于转移和分流社会购买力、改善消费结构和产业结构，都具有一定的作用。这些改革，需要有一个过程，但都要制订方案，进行试点，总结经验，为逐步深入这方面的改革创造条件。

第三，治理经济环境、整顿经济秩序，要求加强和改进宏观经济调控。这也是发展社会主义有计划的商品经济的要求，本身就是改革的一项重要内容。为了有效地治理通货膨胀，调整经济结构，宏观调控要通过经济的、行政的、法律的、纪律的和思想政治工作的手段来加以实现。无论经济手段还是行政手段，都要尽可能规范化、法制化，以减少主观随意性。在宏观调控中，运用经济手段能够见效的，要尽可能用经济手段；经济手段难以迅速见效的，则要采取必要的行政手段，包括一些过去用过的行之有效的手段和办法。采取这类措施，从总体上来说，也是为了给深化改革创造更好的环境，是有利于改革健康发展的。

要坚持对外开放的方针，充分利用对外开放的有利条件，以减少治理和整顿工作的困难。应当充分利用当前的时机，进一步发展对外经济合作和技术交流，继续贯彻执行沿海地区发展战略，使之与治理、整顿互相促进。对已经签约的涉外项目合同，要继续执行，严守信誉，要按照我国产业政策的要求，引导国外资金的投向，鼓励外商兴办独资企业和利用我国现有厂房、设备的合资企业，积极发展“两头在外”的、不消耗国内紧缺原材料的外向型经济。

同志们，明年经济建设和改革工作的任务相当艰巨，有许多复杂的矛盾和困难需要我们去解决与克服。有些问题我们现在想到了，有些问题可能还没有想到。各级政府和经济管理部门一定要尽可能考虑得周全一些，精心筹划，谨慎从事，进行大量的、细致的组织工作和思想政治工作。要密切注视经济生活中的新情况、新问题，深入调查研究，及时采取切实可行的解决办法。治理经济环境、整顿经济秩序，是一次经济调整。要搞好调整，势必要触及现有的利益分配格局，有一些局部利益需要作一些必要的让步，甚至受一点损失。因此，在治理、整顿、调整、改革中，必须做到局部服从全局。在改革和建设的重大问题和重要措施上，必须令行禁止，决不允许讲价钱、打折扣，更不允许各行其是。我们既要对调整中的困难有足够的估计，又要充分看到克服困难的有利条件。我们的社会生产在持续增长，整个国家的经济实力比过去大大增强了，生产、建设、流通各个领域都蕴藏着巨大的潜力。把这些有利条件充分发掘和利用起来，就能够克服困难，达到稳定经济、深化改革的要求。我们还要抓住这次调整的机会，使我国经济发展出现一次新的转机。只要努力做好改革和建设两个方面的工作，并使它们紧密结合，就有可能在优化经济结构、提高经济效益这个我国经济根本出路的问题上，取得意义深远的新的突破，为我国经济长期稳定发展开辟道路。我们相信，只要认真贯彻落实十三届三中全会精神，坚决执行党中央、国务院制定的一系列政策措施，各级政府领导干部和工作人员振奋精神，同心协力，清正廉明，与广大群众一道努力奋斗，前进中的困难是可以克服的，治理经济环境、整顿经济秩序、全面深化改革的工作一定能够取得越来越明显的成效。

国务院作出决定明年按月公布地方8项重要经济指标

国务院决定，从明年起，由国家统计局按月公布各省、自治区、直辖市的8项重要经济指标，其中包括工业全员劳动生产率、工业销售利税率、工业资金利税率、工业可比产品成本降低率、工业能源消耗综合降低率等经济效益指标。

国务院总理李鹏谈到这项决定时说，这是为了把大家的注意力从盲目追求和攀比产值的增长速度，引导到提高经济效益上来。

今后考核地方、部门和企业的工作，主要不是看速度的高低，而是看效益的大小。

国家税务局作出《关于清理各类公司减免所得税的若干规定》

规定要求取消原对各类公司特批的减免所得税优惠待遇。各类公司除应照章交纳流转税等税种的税款外，亦应按照规定要求，上缴所得税。

《关于清理各类公司减免所得税的若干规定》(以下简称《规定》)指出，清理各类公司减免所得税的范围是：党、政、军各部门、民主党派、社会团体和各种协会、学会、基金会举办的各类公司(包括类似公司的中心、开发部)，尤其是那些非生产性、综合性、金融性和流通流域内的各类公司，凡过去经各级政府、各级财税部门批准给予临时性所得税减免的，都在清理之列。

清理整顿各类公司减免所得税按以下规定办理：

第一，对凡属违法经营或严重违反财经纪律的公司，应立即撤销减免税照顾，除违纪收入依法没收外，对其正常的收入应按有关规定追补已减免的税款；

第二，对享受了减免所得税照顾，经过清理整顿，已决定撤销或停止营业的公司，应撤销减免税照顾并补征1988年度所得税；

第三，对各级政府及有关部门超越税收管理权限给予公司特批的减免税，一律停止执行，并从1988年10月1日起恢复征税；

第四，对根据国务院有关文件精神，给予中国科学院系统全民所有制新技术开发公司的减免税，仍按原规定执行。

《规定》要求各级税务部门严格按照有关精神，抓紧对各类公司减免所得税进行清理整顿，并将清理结果于今年年底以前上报国家税务局。

国家税务局决定全国实行个人调节税应税收入申报制

这项制度的具体内容是：凡纳税人工资薪金月收入达到400元以上者(承包、转包、劳务报酬、专利权转让等取得的收入另有规定)，都必须按照税务机关规定的日期和申报手续，逐项如实填写申报纳税，对不按规定申报纳税，不向税务机关报送纳税资料，拒绝税务机关监督、检查的，税务机关将按有关规定给予处罚。

据了解，近几年来，我国人民的个人收入状况发生了很大变化，个人收入的来源也从过去单一的工资薪金转变为劳务报酬、承包、股息和红利等多渠道收入，有相当一部分人的个人收入已大大高于我国目前的人均收入水平。与此同时，社会分配上也出现了少数人收入过高、社会成员间收入差距过大和消费基金增长过快的问题。这就需要运用税收杠杆调节个人之间收入过分悬殊问题，有效地控制消费基金的过快增长。

依法向国家交纳税收是每个公民应尽的义务。但目前在个人收入调节税的纳税过程中，偷税、漏税的现象十分普遍和严重。据国家税务局透露，到10月底，全国个人收入调节税仅征收8400万元，估计全年个人收入调节税的征收收入也只有1亿元左右，远远低于个人实际应交纳的调节税。

商业部就组织地区间议价粮食调剂有关问题作出新规定

新规定在议价粮的经营上较前有松动，采取了不同粮食品种区别对待的办法。其主要内容有：

——在保证完成国家粮食调拨计划的前提下，积极开展议价粮的调剂。国家对省间“议价转平价”的大米调拨实行指令性计划，各地必须保证完成。其余的大米可以在省级粮食部门之间直接成交，也可以在交易会上或批发市场上成交。

——完成合同定购以后的议价小麦、玉米、大豆继续允许多渠道经营。属于地区之间调剂的部分，可以在经过工商行政管理部门批准的省或地(市)粮食经营单位之间直接成交，也可以在交易会或批发市场上成交。小杂粮继续实行多渠道经营，自行成交。

——各地已经建立的横向联系渠道，大米属于省级粮食部门之间的，小麦、玉米、大豆属于省或地(市)粮食经营单位之间的都可以继续保持，不要切断。上述地区、单位之间和大型制药厂、大型名酒厂，过去已经签订交易合同、符合经济流向的，可以继续履行。

对于省间议价粮调剂价格，商业部要求坚决执行国家规定，产区以对农民的议购价格为基础，加必要的费用和合理的利润，从严掌握；销区要规定合理的进销差率，不得超过。产区和销区都不得任意抬高价格。此外，省间议价粮的运输，按商业部、铁道部、交通部有关规定办理。

航空航天部在北京召开工作会议提出10年发展方向

航空航天部部长林宗棠在该部工作会议上透露，我国航空航天领域今后10年内将致力于研制新型歼击机，与国外合作生产干线客机，完成运七飞机的进一步改型，以及人造卫星、导弹和火箭的研制计划，保持中国运载火箭的国际领先地位。

在谈到1989年任务时，林宗棠强调说，“航空航天为本，军民结合，军工第一，民品为主，走向世界”是中国航空航天工业的指导方针。对于航空航天方面，必须有计划、有重点地开展预先研究工作，改善科研条件，突破关键技术，增加技术储备，增强发展后劲。要一手抓新型号的研制，一手抓开发应用。特别要加强民用飞机和卫星的应用工作，并大力发展外向型经济，办好高级技术外向型企业集团，千方百计把产品推向国际市场。他认为，航空航天产品、技术密集型的高档机电产品、航空零部件产品、替代进口产品以及一些高技术，是今后航空航天工业的出口重点。其中，机电产品出口，应有更快的发展。

我国大陆架卫星定位网布设成功

据《人民日报》报道，经国家测绘局、国家海洋局、中国石油天然气总公司、地矿部等部门所属科研机构联合攻关，我国大陆架卫星定位网布设成功，从而填补了我国海洋大地测量的空白，标志着我国卫星定位技术进入了一个新阶段。

卫星定位，即利用人造卫星传递的信息，精确测定地面点的坐标，这是当今世界的尖端技术。

我国大陆架卫星定位，从11月1日开始，采用全球卫星定位系统(GPS)测定，在南起北部湾，北抵渤海的范围内，共布设卫星定位点52个，点位设置在海洋站、导航站、国家大地点以及沿海经济特区独立网起始点上。大陆架卫星定位网的形成，对我国沿海地区经济发展、海岛联测与开发、海域划界、维护我国海洋权益以及统一我国陆地海洋大地基准，都有十分重大价值。

据悉，目前我国陆地、海洋卫星定位点总共已达309个，成为世界上卫星定位点最多的国家。

福建省明溪县发掘出更新世晚期华南动物群化石和史前人类居住遗址

据《人民日报》报道，在明溪县城关附近一个长6米，宽2米多的石灰岩裂隙里，挖掘出大量动物化石。经专家考察鉴定，这些动物有大熊猫、剑齿象、中国犀、梅花鹿、水鹿、猕猴、野猪、野马、羚羊、狼、豺、虎、豹、獐、麂、豪猪、水牛等20多种。这是福建省迄今发现的化石最丰富、种类最多的一个地点，是典型的华南动物群化石，它生活在更新世晚期距今约两三万年。

史前人类居住遗址是在县城东面约3华里的“南山塔”下洞穴里发现的。该洞穴长8米，宽高各2米多，坐北朝南、前面有河、居住地面用火烧烤、呈淡红色。经初步挖掘暴露出的遗物有陶片、石器、石刀、石斧、石剑头、石锛、石铲、纱轮、网堕等90余件。这是福建省首次发现保存最完好的史前人类洞穴居住遗址。据专家们考证,这个遗址距今约4000余年。当时居住在这里的人类以渔、猎、采集为主,兼营农业。它的发现,对福建省尤其是闽西北地区史前社会人类活动有重要研究价值。

12月6日

全国人大常委会在京委员和全国人大专门委员会部分委员座谈会在北京召开

全国人大常委会委员长万里在会议开始时讲话说,制定全国人大议事规则,对于进一步健全全国人大的工作制度,更好地体现和保障决策的民主化,提高代表大会的议事效率,具有重要意义。我们已经制定了全国人大常委会议事规则,委员长会议议事规则,考虑到明年春天要召开七届全国人大二次会议,需要尽快把全国人大议事规则搞出来,准备在这次座谈会征求意见并加以修改后,提请常委会审议,然后再提请明年的代表大会审议通过。我们还组织了力量研究起草全国人民代表大会代表工作条例。制定这几个规章制度,有利于全国人大及其常委会更好地依法行使职权,使工作走向法律化、制度化。

万里指出,社会主义民主政治的本质是人民当家做主。政治体制改革的核心是调动人民群众的积极性,致力于基本制度的完善。人民代表大会制度是我国的根本制度,是我们党对国家事务实施政治领导的一大特点和优势。继续完善人民代表大会制度是进行政治体制改革的内容之一。我们制定这项规则、工作制度和程序的目的,都是要既保障充分发扬社会主义民主,保障委员和代表们在会上畅所欲言,各种不同意见都可以得到充分发表,又能按照民主集中制的原则和法律程序决定问题。决策民主化和提高议事效率,二者兼得并取,是我们必须坚持和发挥的优势。

关于加快立法问题,万里说,为了适应社会主义现代化建设和改革开放的需要,要加强立法工作。明后两年立法工作的部署定下来以后,就要分清轻重缓急,一件一件地抓紧落实。

万里说,法制建设必须保障建设和改革开放的顺利进行。无论是新法律的规定,还是现行法律的修改,都要既考虑当前又考虑长远,保持法律的尊严和相对稳定,力求避免时紧时松,此抑彼起的现象发生。法制健全了,我们国家生活的各方面都能有法可依,同时便于人民监督。这样,我们的社会就能充满活力,又秩序井然,长期稳定发展。

万里要求人大常委会不仅要加强立法,还要加强法律监督和工作监督,以加强各级干部的法制观念,首先是各级领导干部带头守法执法。他说,最近除了加强工作监督外,还准备对几个重大的有影响的案件进行调查,切实把法律监督工作抓起来、抓下去。

陈宗基、黄顺兴、秦川、陈舜礼、陈鹤桥、胡绩伟、叶笃正、古耕虞、林丽韫、莫文祥、徐采栋、周谷城、邹瑜、杨波、何英、段苏权、区棠亮、胡克实、扎喜旺徐等先后在座谈会上发言。

他们普遍认为,全国人民代表大会议事规则应尽快通过实施,这将有利于我国民主政治的建设,同时也有利于人民代表大会制度走上法律化、科学化、民主化的道路。委员们认为议事规则中应更好地体现开放的精神,增加会议的透明度。要使更多的人对人民代表大会有更多的了解。

委员们还就议事规则中一些具体条文提出了修改意见。

彭冲、周谷城、雷洁琼副委员长参加了座谈会。

国务院总理李鹏在中南海会见尼泊尔外交大臣赛伦德拉·库马尔·乌帕德亚雅

李鹏说,国家不分大小,人口不论多少,国家不分强弱,都应该和平友好,平等相处。他说,我们愿意在和平共处五项原则的基础上和所有南亚国家发展睦邻友好关系。

李鹏说,中尼是友好邻邦,高高的喜马拉雅山没有挡住我们的友好交往,相反却成为我们友谊的象征。他表示相信,乌帕德亚雅外交大臣这次来访,必将增进两国的相互了解,加强两国的友谊。

乌帕德亚雅外交大臣说,中国是尼泊尔的友好国家,我们对中国所取得的成就感到很高兴,我们很愿意了解中国的经验。乌帕德亚雅还表示感谢中国对尼泊尔发展经济、维护主权所给予的支持和援助。

外交部部长钱其琛会见时在座。

国务院召开第28次常务会议

会议由国务院总理李鹏主持。会议讨论了《中华人民共和国进出口商品检验法(草案)》。会议原则通过了这个法律草案,决定修改后提请全国人大常委会审议批准。

会议认为,1984年发布的《中华人民共和国进出口商品检验条例》,几年来执行情况是好的。随着我国对外开放和外贸体制改革的发展,现行《商检条例》需要补充修订。在对《商检条例》执行情况进行总结的基础上,尽快制定出一部比较完备的进出口商品检验法，对促进我国生产和对外贸易的发展，保护人民健康，维护国家信誉和对外贸易有关各方的合法权益，将起重要作用。出席会议的10人，请假的3人。

香港特别行政区基本法起草委员会主任委员扩大会议在广州举行

会议由国务院港澳办公室主任、基本法起草委员会主任委员姬鹏飞主持。

这次会议为期3天，主要讨论基本法草委会的五个专题小组提交的专题讨论结果和意见的报告，进一步对基本法(草案)征求意见稿进行修改，为明年1月召开的基本法草委会全体委员会议审议基本法(草案)征求意见稿做好准备。

会议一致同意把经过这次会议修改的香港特别行政区基本法(草案)征求意见稿提交明年1月举行的基本法草委会第八次全体委员会议讨论。

会议决定向全国人大常委会建议，设立一个香港特别行政区基本法委员会，属于全国人大常委会下的一个工作委员会，这个委员会的成员为12人，内地和香港的委员各占一半。

会议还决定把香港各界人士对征求意见稿所提的修改方案和意见，印发给基本法草委会委员作为下次全体会议讨论时参考。

交通部新机构开始运转机关编制人员减少40%以上

历时8个月的交通部机构改革基本完成。从今天起，新机构开始运转。国务委员邹家华称这一事件是交通系统、交通行业改革中的一件历史性大事，是一个重要的转变。

交通部机构改革是在国务院的直接领导下，从今年4月份开始的。改革后的交通部确定机关厅、司、局13个，比原有的21个减少了8个，机关编制比现有人数减少40%以上。

钱永昌部长在新机构开始运行大会上说，这次改革的主要特点和基本原则有7条：一是以转变职能为核心，加强了宏观调控和行业管理；二是淡化对企业直接控制的职能，强化对行业间接调控的功能；三是优化运输结构，发展综合运输体系，充分发挥公路、水运的优越性；四是进一步下放权力和搞活交通运输企业，理顺运输、基建、工业、科研、教育、通信等企事业管理体制；五是精干机构，减少层次，划清权限，明确职责；六是机构改革与整体交通运输体制改革相结合，保持改革的连续性；七是促使交通运输安全保障体系的建立和发展。

国务委员邹家华希望交通部新机构运行后，要进一步做好工作，更好地担负起改革赋予交通的历史使命。

水利部在北京召开首次全国区乡镇水利水保先进单位和优秀水利水保员表彰会

共有244个先进水利水保管理服务站和609名优秀水利水保员受到了表彰。

我国农村已建有大批水库、塘坝、水闸、机电排灌站、小水电站以及沟、渠、堤、坝等田间工程，灌溉着7.2亿亩耕地和3000万亩林草地。这些工程设施绝大部分由分布在全国区、乡(镇)的10万多名水利水保员保护维修、经营管理。他们长期在基层，风里来，雨里去，冒严寒，战酷暑，不辞辛劳，既抓管理和维护，又抓建设和治理，既抓防汛又抓抗旱，为我国农村水利和水保事业作出了难以估量的贡献。山东省安丘县景芝镇水利站站长陈世科，20多年勤勤恳恳，管好用好全镇的640多座水利设施，使水浇地面积发展到8.6万亩，对全镇粮食单产由过去的100公斤提高到去年的750多公斤起了重要作用。

许多水管站还积极开展多种经营，做到一水多用，增加收入，不少站已做到了收入自给有余，还有资金投入水利工程维修。

全国完善承包制研讨会在北京举行

由中国企业管理协会、求是杂志社、中国人民大学、首都钢铁公司和世界经济导报共同发起的这个研讨会，主题是研究在治理经济环境、整顿经济秩序期间，怎样进一步稳定、完善、发展企业承包制。会议从12月6日至8日。

会议提供的情况表明，目前全国预算内工商企业的承包期限普遍改为3—5年，承包中各项工作开始按国务院颁发的《承包条例》逐步走向规范，承包企业的经济效益有了明显提高。但是，由于承包制推行时间较短，机制不够完善，推行中也还存在一些问题，致使一些企业承包效果不够理想。需要进一步研究、改进。

会议提出：主要依靠稳定、完善、发展承包制来搞活大中型企业，是遏制通货膨胀，增加有效供给，缓解当前困难，完成经济调整的稳妥而有效的一项措施，应该提到战略的高度来认识和对待。

这次研讨会是在全国计划会议和经济体制改革工作会议结束后的第二天举行的。继6日大批知名人士出席会议发表讲话之后，7日和8日，国家体改委党委书记安志文、中共中央党校第一副校长高狄等参加了会议。与会代表通过广泛讨论认为，明后两年遏制通货膨胀，降低涨价幅度，增加财政收入，保证市场供给，归根到底要靠企业特别是大中型企业挖掘内部潜力，提高经济效益。而目前，调动企业挖掘潜力、提高效益的最有效、最现实的办法，就是稳定、完善、发展承包制。

关于稳定承包制。从总的方面来说，治理经济环境，整顿经济秩序，将给深化企业改革创造一个好的外部条件；但从当前来看，承包制却面临严峻的形势和严重的考验。这不仅表现为能源、运力、主要原材料以及资金的供应紧张，而且表现为《企业法》和《承包条例》规定授给企业和各种自主权在许多地方不落实，陆续被上边截留和收走了。例如，有些部门提出的调控措施单纯强调限制、干预，而没有反映改革、开放的内容，也没有体现党的十三届三中全会关于进一步推动政企分开的精神；还有的部门作出的规定很不利于发挥承包机制自我激励、自我发展、自我约束的作用，甚至连简单再生产的权力也要收走。这样，企业的生产、经营难以正常运行，承包制也难以坚持下去，其后果将是不堪设想的。会议认为，目前上上下下应该统一认识：稳定承包就能稳定企业，稳定企业就能稳定经济，稳定经济就能稳定市场，稳定市场就能稳定大局。

关于完善承包制。会议认为，完善承包制是为了更好地发挥承包制的威力。从外部来讲，一是要明确大中型企业实行承包长期不变，因为承包期越长，短期行为越少，承包效果越好；二是要结合产业结构的调整，对那些能提供有效供给的企业，实行“放水养鱼”政策，允许像首钢、二汽那样超基数全留；三是实行工资总额与经济效益挂钩，鼓励职工多劳多得；四是推进包括经营者、生产者在内的全员承包，以发挥企业全体职工的积极性。从企业内部来讲，则要实行“纵包包到底，横包包到边”的内部承包制，加强和改进企业管理，优化劳动组合，推进技术进步，等等。

关于发展承包制，主要包括两个方面。一是变行业投入产出包干为企业承包。目前，冶金、铁道、煤炭、石油、石油化工、有色金属等8个实行行业包干的部门，除冶金、铁道外，其余行业所属企业在人财物、产供销、外经贸方面都没有自主权，还在变相地吃着大锅饭，致使中央企业实现利润连年下降的局面至今没有扭转。而这些企业可挖掘的潜力很大，要求实行承包制的愿望十分强烈，应当把行业承包改为企业承包，以促进这一大批能源、交通、原材料骨干企业的进一步发展。二是以承包制为中心，进行计划、投资、物资、财政、外贸等体制改革，首先对那些承包以来经济效益和社会效益都很好的大中型企业，授予投资、外贸自主权。

中尼边界第二次联合检查议定书在北京签字

外交部部长钱其琛和尼泊尔外交大臣赛伦德拉·库马尔·乌帕德亚雅代表各自政府分别在文件上签字。

中尼边界联合检查是根据中尼两国政府于1963年签署的两国边界议定书进行的。第二次边界联合检查是今年2月开始，于12月4日结束的。这次联合检查主要对边界部分地段损坏的界桩进行了检查和维修。今天签署的议定书是对这次联合检查结果的确认。

第一次联合检查是1978年至1979年进行的。乌帕德亚雅应钱其琛邀请于昨晚前来签署第二次边界联合检查的议定书并对中国进行友好访问。

外交部部长钱其琛在钓鱼台国宾馆同尼泊尔外交大臣赛伦德拉·库马尔·乌帕德亚雅进行会谈

钱其琛说，中尼两国数十年来一直和睦相处，是国与国之间在和平共处五项原则基础上发展友好合作关系的范例。他说，巩固和发展同尼泊尔的友好合作关系是中国坚定不移的政策。

乌帕德亚雅说，尼中友谊有着深厚的基础。尼泊尔非常赞赏两国之间实行的共存和平等的原则。他说，历史证明，尼中两国是平等的伙伴。尼中友谊已成为国家关系的典范，这种关系今后将不断发展。

乌帕德亚雅介绍了南亚区域合作的情况。钱其琛对尼泊尔为维护南亚地区稳定、推动南亚区域合作所作的积极努力表示赞赏。他说，中国将继续支持南亚国家为维护独立、国家主权和发展经济所进行的努力，支持尼泊尔国王比兰德拉关于宣布尼泊尔为和平区的建议。

中英联合联络小组第十一次会议在香港举行

这次会议于12月6日至9日召开。

新闻公报说，联合联络小组继续讨论了关于未来香港与有关国家移交逃犯的安排，并就此类安排的基本原则问题达成了协议。双方同意有关细节继续由专家进行讨论。

公报说，联合联络小组高兴地看到国际权利和义务常设专家小组就香港继续参与国际货币基金组织(IMF)、国际复兴开发银行(IBRD)、国际金融公司(IFC)和国际开发协会(IDA)的活动问题所取得的广泛一致意见。常设专家小组将继续进行有关讨论。

公报指出，联合联络小组对在法律本地化方面所取得的进展表示满意。在联合联络小组第10次会议上就有关香港海事管辖权立法本地化的问题达成协议之后，有关立法工作即将进行，这是香港第一项本地化立法。联合联络小组就有关商船法本地化和民航法律本地化的问题继续交换了意见。

公报还指出，联合联络小组讨论了在签订香港民航运输协定方面取得的进展情况，并就有关问题取得了共同的谅解；就香港防务和维持社会治安的实际安排问题充分和有益地交换了意见，并同意继续进行专家级讨论。此外还就香港设立终审法院的问题继续交换了意见。

公报最后说，联合联络小组决定下一次会议将于1989年3月14日至17日在北京举行。

国防部部长秦基伟在人民大会堂会见巴基斯坦陆军代表团

秦基伟说，中巴两军在平等互利的原则下开展军事技术交流与合作，是为了增强各自的国防力量，不会影响第三国。他说，两军的合作发展得很顺利，双方是可以信赖的朋友。

代表团团长、巴基斯坦陆军参谋局长夏米姆·阿拉姆·汗中将说，代表团同中国人民解放军副总参谋长何其宗就共同感兴趣的问题进行了成功的会谈。他说："我们巴基斯坦人对于同中国和中国军队的良好关系感到自豪。"

何其宗等会见时在座。

国家科委决定明年重点建设30个国家级"星火"技术密集区

据《人民日报》报道，国家科委决定明年重点建设30个国家级的"星火"技术密集区。各省市也可以根据本地需要与可能，建设省市级"星火"技术密集区。

国家科委认为，"星火"技术密集区是科技全面长入经济，实现对农村工农商学进行科技综合治理的一个重大部署，它的发展对深化农村经济体制改革，繁荣适度规模的商品经济具有十分重要的意义。各地应该相对提高投资强度，并给予政策指导和配套服务，将密集区的建设方向逐步转向建设全面的综合性的"星火"科技示范区。

明年还将加快推动各类"星火"产业集团的发展，逐步巩固提高，向紧密型和股份集团公司的方向发展。明年准备在化工，建材，养殖业及其深加工，山区、滩涂开发，轻纺服装，农副产品深加工，机电产品及食品等方面完善和发展产业集团，开发各种名牌产品，每个产品达到千万元或亿元产值。在此基础上，把更多的同行业企业组织起来，提供更加广泛的服务与交流。

国家科委强调，要充分发挥"星火计划"自身的优势，运用灵活的运行机制，不断地开创"星火计划"新局面。在当前引导资金不足，信贷紧张的情况下，主要应靠"星火"自身的高效益，聚集信贷、企业和个人手中的资金。要鼓励把消费资金投向生产，鼓励把外延性投资转向内涵发展。

12月7日

外交部部长钱其琛在钓鱼台国宾馆设宴欢迎匈牙利外交部部长瓦尔科尼·彼得一行

中国代表团团长沈觉人在蒙特利尔出席关贸总协定部长级会议并发言

出席关税及贸易总协定乌拉圭回合多边贸易谈判中期审评部长级会议的中国代表团团长、经贸部副部长沈觉人，在大会上发言，阐述中国政府对这次会议的立场，希望这一轮谈判能取得成功。

沈觉人指出，自埃斯特角会议以来，世界经济虽然存在不少积极因素，但发展仍然很不稳定，很不平衡，尤其是多数发展中国家的经济形势依然严峻，债务负担沉重。国际贸易虽然有了进一步的增长，但贸易保护主义依然是当前世界发展和加强多边贸易体制的主要威胁。我们衷心希望新一轮多边贸易谈判能够按照《埃斯特角宣言》所确定目标，为制止和扭转保护主义，维护关贸总协定的基本原则和建立一个更加开放的、具有生命力的和持久的多边贸易体制作出贡献。

他说，纺织品和服装贸易是发展中国家关心的重要议题之一。我们希望发达进口国家尽快对发展中国家的建议作出积极反应，就纺织品服装贸易回到关贸总协定上来的方式方法，进入实质性谈判。中国政府赞同就总协定体制作用、争端解决和热带产品等议题达成早期协议。

沈觉人最后指出，中国作为一个低收入的发展中国家，愿意遵守《宣言》所确定的各项基本原则，积极参加多边贸易谈判。

中国航海学会在福州通过关于保障船舶在台湾海峡航行安全的再次倡议

中国航海学会曾于1984年3月提出了"关于保障船舶在台湾海峡安全航行的倡议"。几年来，随着海峡两岸形势的缓和，台湾海峡渔船作业数量增多，过往船舶密度增大，加大了船舶航行避让的难度。鉴于这种情况，中国航海学会于12月7日至9日在福州召开"台湾海峡航行安全研讨会"。这次会议向海峡两岸的有关部门和航海界同仁再次倡议：通力合作，加强海峡航行安全管理，保障船舶航行安全；维护与完善海峡的助航设施；全部开放海峡两岸及岛屿的原有灯标、航标，必要时可增设新航标，并随时交换航行通告；加强海峡导航系统设施的建设，共同建设海峡无线电导航台，构成海峡导航网络；在海峡内实施分道通航制；航行在海峡中的船舶，相遇时应遵守国际海上避碰规则和海上惯例,互相礼让,共保安全;保障两岸渔船及商船在海峡的航行作业安全,两岸军警和设防岛屿的驻军,发现船舶误入禁区时,可发出促其离开的警告信号,不要对其伤害;尽力为航行在海峡的船舶提供就近避风的便利条件,福建省已公布一批渔船避风停泊点和客轮,货轮避风锚地,希望台湾方面也尽早公布一些供船舶避风的锚地和停泊点;救助在海峡内遇难的船舶是两岸军民义不容辞的责任。

这项倡议最后说,上述倡议望能得到海峡两岸有关方面及航海界人士的重视和支持。这项倡议还建议双方派出人员,具体协商实施办法。

国家科委在北京召开中日废水处理与回用技术交流会

会议12月7日至9日召开,日本造水促进中心的一批专家和我国从事废水污染治理工作的几十位专家参加会议。

会议透露,一批城市污水处理技术成果推广应用后,在水污染治理和缓解城市供水紧张等方面都取得了显著效果。目前,全国已有73座大型污水处理厂。

我国许多城市,尤其是一批北方城市中的水污染和供水紧张的局面日趋严重,成了不少城市发展中一个"卡脖子"的关键性问题。为了解决这个问题,在国家"六五"和"七五"科技攻关项目中都设置了有关课题。一批研究成果推广应用后取得良好的社会效益和经济效益。农药厂里流出来的废水往往造成大面积水体污染。中国科学院武汉水生生物所研究设计的藻菌共生氧化塘净化污水工程,不必消耗其他能源,就能使农药厂废水净化达到可以养鱼的标准。一批高技术成果也在水污染治理中得到应用。中国科学院生态研究中心从1975年开始研究的反渗透和超滤膜水处理技术,既可以回收彩色显影液中的有用成分,又可以防止水环境污染,已被20多家电影制片洗印厂采用。我国一批沿海城市守着大海却被水荒困扰。大连市每年工业用水达10多亿吨,民用水不足。大连化学物理所研究的一套利用海水作工业冷却水技术推广后,每年可以替代出4亿吨淡水,从而缓解了该市供水紧张局面。

1988年我国有32部影片在国际上获奖

据《人民日报》报道,今年以来,我国有32部影片(包括故事片、纪录片、美术片、科教片)在31个国际电影节上获得46项奖,其中8部获大奖。11月26日,上海电影制片厂摄制的《人·鬼·情》在巴西第五届里约热内卢国际电影电视录像节上获得金鸟奖,这是继《老井》《红高粱》和《芙蓉镇》之后,中国电影在14个月里第四次在比较重要的国际电影节上获大奖。

1988年度医药卫生科技进步奖在北京揭晓

1988年度获奖数量超过历年,其中1等奖8项,2等奖41项,3等奖75项。

获奖成果的一个重要特点是医药基础理论研究项目占38%,明显高于往年。如糖尿病视网膜病变致盲的主要原因及发病机理,以往一直搞不清。北京协和医院眼科李维业等人首次提出肌醇——肌醇磷脂代谢紊乱是导致糖尿病视网膜毛细血管周细胞衰亡的直接病因,并取得了各个环节上的证实。它有力动摇了国际上80年代初已被普遍接受的"山梨醇代谢"导致发病机理的学说,并获得该学说创始人认可。

在临床医学研究方面,北京阜外医院的"大动脉炎与继发性高血压研究"在国际上首先提出缩窄性大动脉炎的概念,取代了以往医学界一些"无脉症"、"不典型主动脉缩窄"等含义不准的病名,同时发现我国肾血管性高血压的病因主要为大动脉炎,提出诊断治疗方案,使我国对继发性高血压的诊治达到相当水平。

在预防医学方面,"我国乙脑主要传播媒介和主要宿主动物的确定及在疫区区划和流行病学监测中的应用"获得了一等奖。这项经过30余年的艰苦研究才完成的成果,是中国预防医科院病毒所已故研究员王逸民带领完成的。它确认了猪是乙型脑炎的扩散宿主,三带喙库蚊是我国乙脑的主要传播媒介,提出了不同年代乙脑病毒力无明显变化、乙脑流行无明显周期性规律等观点。令人高兴的是,藏医药科研人员今年首次获奖。

中国第一座特大型矿井——开滦矿务局钱家营矿正式投产

12月8日

国务院总理李鹏在中南海紫光阁会见匈牙利人民共和国外交部部长瓦尔科尼·彼得及其一行

会见时,双方介绍了各自国内政治经济体制改革的经验和今后改革的设想。李鹏说,我们两国都在搞改革,也都遇到了一些困难,但是,改革还要继续进行下去,因为不改革就不能发展生产力。瓦尔科尼外长说,匈牙利要改变过去40年形成的政治体制,在经济方面还要进一步吸收私人资本和外国资本。

会见时钱其琛外长在座。

香港特别行政区基本法起草委员会主任委员扩大会议公报

香港特别行政区基本法起草委员会主任委员扩大会议于1988年12月6日至8日在广州举行。主任委员、副主任委员、正副秘书长及各专题小组负责人共 21 名委员出席了会议。

会议参考了香港特别行政区基本法咨询委员会的咨询报告,逐条审议了中央与香港特别行政区关系、政治体制、居民的基本权利和义务、经济、科教文等五个专题小组在广泛征求意见基础上对《香港特别行政区基本法(草案)征求意见稿》所做的修改,一致同意将修改后的征求意见稿提交基本法起草委员会第八次全体会议讨论。

会议期间,委员们还收到了香港各界对政制方案提出的各种意见。会议经过讨论后决定,把这些意见印发全体委员,供大会讨论时考虑。

会议认为,香港特别行政区基本法咨询委员会根据咨询期内,香港各界人士对基本法(草案)征求意见稿的意见和建议,编辑而成的五册咨询报告,内容详尽,对基本法的起草工作很有帮助。会议对香港特别行政区基本法咨询委员会所做的大量工作表示赞赏和感谢。

国务院副总理田纪云就长江上游水土保持工作发表谈话

国务院副总理田纪云最近在研究长江上游水土保持问题会议上强调,必须下决心,采取有力措施,加强长江上游水土流失的预防和治理,认真抓上数年,切实抓出成效。

长江上游,包括云南、贵州、四川、湖北等八省、自治区,总面积为 100 万平方公里。多年来,由于上游一些地区乱垦滥伐,造成严重水土流失。80 年代以来,虽然进行了一些治理,但规模较小,进展缓慢。特别是近几年来,陡坡开荒、乱砍滥伐林木问题未能有效制止,植被破坏日趋严重,水土流失加剧,致使一些耕地丧失了农业利用价值,生态环境恶化,水源涵养能力降低,水利设施效益下降,自然灾害频繁。

针对这种情况,国务院今年 4 月已经批准将长江上游列为全国水土保持重点防治区,并成立了长江上游水土保持委员会负责抓治理工作。最近,田纪云副总理主持会议,对长江上游的水土保持工作做了具体部署。

田纪云指出,长江流域在我国国民经济发展和改善生态环境中占有重要地位,搞好长江上游水土保持,不仅关系到当地社会经济发展和生态环境的改善,也关系到中下游地区的长治久安;不仅关系到农村,也关系到城市;不仅关系到这一代,也关系到子孙后代。长江上游水土流失的防治问题,必须引起重视,加强长江上游水土保持刻不容缓。中央和有关省、自治区的各级人民政府,都要下决心把长江上游的水土治理列入议事日程认真抓,持之以恒,坚持数年,抓出成效。

田纪云提出,长江上游的水土保持工作,要坚持"因地制宜,综合治理;防治结合,以防为主;重点突破,积极推进"的方针。他说,目前长江上游普遍存在的问题是,边治理边破坏,破坏大于治理。首先要抓好预防保护,通过行政的、法律的、经济的手段,坚决扭转边治理、边破坏的局面,特别是滥垦乱伐之风,必须坚决刹住。长江上游地域辽阔,自然情况复杂,治理工作要积极稳妥,治理措施要因地制宜。要采取封山育林、坡地改梯田、小流域治理、沿等高线耕种等适应性强、见效快的措施。治理水土流失,工程庞大,任务艰巨,要有组织、有领导、有计划、分步骤地进行。首先要重点治理金沙江下游及毕节地区、陇南地区、嘉陵江中下游、川东鄂西的三峡库区这四片水土流失严重区。

田纪云说,长江上游的治理,要采取国家、地方和群众相结合的办法。要重视发动群众进行劳动投入,把群众的劳动积累作为治理的重要措施。在主要依靠地方和群众的基础上,国家给予适当扶持。他说,在治理水土流失的同时,必须解决好群众的吃粮、烧柴等实际生活问题。有煤的地方,提倡烧煤;没有煤的地方,积极推广节柴灶和发展小水电,实行多能互补;有些耕地退耕还林还牧后,更要重视提高其他耕地单产;特别要重视发展多种经营,增加农民收入。他要求,有关地区要健全水土保持机构,层层落实责任制,各有关部门要通力协作,密切配合,共同搞好长江上游的水土保持工作。

全国财政工作会议在北京召开

会议的任务是检查今年国家预算执行情况,安排明年财政收支计划。国务委员兼财政部部长王丙乾出席了会议。

财政部副部长迟海滨在会上介绍了今年的财政形势。他说,今年财政工作的任务繁重,原定的预算比较紧,执行中又出现了一些减收增支的因素,但国家财政预算执行情况总的说是比较正常的。1—10 月份,国内财政收入完成 1794.6 亿元,为年度预算的 74%,比去年同期增长 7.1%;财政支出完成 1817.5 亿元,为年度预算的 69.9%,比去年同期增长 10.7%。收入中工商税收完成 1281.6 亿元,比去年同期增长 11.5%;支出中,由于各地重视教育、科学事业的发展,在这方面增加拨款增多,文教科学卫生事业费支出 368.4 亿元,比去年同期增长 19.1%。他指出,各地区、各部门都要抓紧年前最后 1 个月的时间,千方百计组织收入,严格控制支出,防止年终突击花钱,努力完成今年的预算任务。

在谈到明年财政收支计划安排时,迟海滨强调,要坚决贯彻治理经济环境、整顿经济秩序,全面深化改革的方针,实行紧缩的政策。根据这个要求,明年财政收支安排的原则,一是要调整分配政策,适当集中资金,保证改革和重点建设的需要;二是紧缩财政支出,做到有保有压,区别对待;三是加强管理,挖掘潜力,提高经济效益,充实财源;四是坚持量力办事,努力把财政赤字控制在最低限度。

迟海滨指出,这几年财政收入增长主要靠生产速度来维持,明年生产速度要降下来,有些同志担心会影响财政收入增长幅度。实际上,消除经济过热,把过高的速度降到适当的水平,有利于缓和供需矛盾,调整产业结构,提高经济效益。现在必须统一认识,转变理财思想。要明确,今后必须靠加强管理、改进技术、提高效益来开辟财源,使财政收入能有一个稳定的增长。

中国展品在第三十七届布鲁塞尔尤里卡世界发明博览会上获奖71项

中国科学院生物物理所的心电多相信息心脏病早期鉴别诊断仪荣获首相奖,这是本届博览会的第四位大奖,也是中国自1986年连续三次参展以来所获的最高奖。淮南矿业学院的煤层厚度探测仪获大臣奖,国家科委科华技术贸易公司获瓦隆区大臣奖,北京现代中医临床免疫所和河北省环境保护研究所分别获联合国欧洲协调局和平大学证书。

发明者方丹群教授、封根泉教授、史悠彰、朱汉章分别荣获军官勋章,这也是我发明者参展以来首次获得的个人奖别。白侠斌、戴绍泉、陈霞雯、王天祥分别获得一级骑士勋章。另外,青岛的陈鑫选获得布鲁塞尔圣—若斯区区长荣誉奖。

博览会共展出600个项目,有166项获奖,我国共占71项,其中金奖22项,银奖30项,铜奖19项。

星汉超精密激光排版系统问世

由中国航空工业科技公司天维计算机应用研究所研制的这一排版系统,采用首创的第三代排版技术,在编辑过程中可见最终版式,故效率大大高于需抽象思维的排版语言系统;它的压缩汉字库精度比国内水平高4—6倍,输出精度高1.54—2.4倍,平均无故障工作时间达1万小时,是国际最高水平。其编辑方式简单易学,能处理丰富多彩的版面,在排复杂版面时,劳动生产率比旧的计算机排版系统高3—5倍。该研究所正与海外合作,有希望在明年年初将装入繁体汉字的排版系统推向国际市场。

首届全国儿童美术作品展在北京开幕

该作品展由中国美术家协会、全国儿童少年工作协调委员会、文化部少儿文化艺术委员会主办。

儿童美术是指画家、雕塑家、工艺美术家等名种美术工作者为儿童创作的、以儿童为服务对象的各类美术作品。

这次共展出141位作者141件作品,大多数是儿童读物插图,其中包括著名儿童美术画家温泉源、俞理等人的作品;此外还有独幅画、雕塑工艺品等。康克清为展览会题词"要重视对儿童的美育教育",并参加了开幕式。

北京图书馆举办展览纪念郑振铎诞辰90周年

郑振铎是我国著名作家、文学评论家、文学史家、考古学家和藏书家。解放后他曾担任国家文化部门的领导工作,为发展我国的文化事业作出了卓越贡献。1958年10月,在出访途中因飞机失事不幸遇难。

展览用150多幅珍贵的历史照片,通过编年体的方式,介绍了郑振铎光辉的一生。展览还展出了郑振铎著译和编辑的部分书籍,以及一些信件、手稿和家属根据他的遗愿向北京图书馆捐献的近10万种藏书的一部分。

1988年全国游泳跳水"双十佳"评选揭晓

由近10万名体育爱好者直接投票选出的最佳游泳和跳水运动员各10名,他们是:杨文意、庄泳、钱红、黄晓敏、沈坚强、林莉、夏福杰、阎明、王晓红、楼亚萍;高敏、许艳梅、谭良德、熊倪、李青、李德亮、陈晓丹、李孔政、童辉、蓝卫。同时受奖励的还有29名游泳教练员和26位跳水教练。

69位放射学专家在第三次全国中青年医学学术交流会上受到表彰和奖励

目前,中青年医师已占我国放射医学队伍的50%左右,近年来发表的学术论文有1/4出自中青年之手,他们已成为放射医学领域的主角。老专家们在会上称赞他们"学术素质颇佳"。

放射学从诊断介入治疗,已大大提高了临床效果。此次获一等奖的新型脑立体定向装置及CT导引脑立体定向活检是同济医院25岁的硕士医师及其同事共同完成的。这一先进装置的穿刺精度能达到 ±1毫米,所作的32例CT导引立体定向脑活检确诊率达93.7%。他们还提出"旋转手动切种割"的新活检原理。放射医学已成为非手术治疗的有效手段,在肝癌、肾癌及各种血管狭窄的治疗中均获显著疗效。

全国中青年医学学术交流会自1986年开始举办,每年以一个医学领域为主,今年的主题是放射医学。

乌兰夫逝世

久经考验的共产主义战士、党和国家优秀的领导人、杰出的无产阶级革命家、卓越的民族工作领导人、第七届全国人民代表大会常务委员会副委员长乌兰夫同志，因病经抢救无效，于12月8日在北京逝世，享年82岁。

乌兰夫同志是内蒙古土默特左旗人，1923年参加革命，1925年加入中国共产党。历任中共西蒙工作委员会书记、陕甘宁边区政府少数民族事务委员会主任委员、中共内蒙古自治区委员会书记、自治区政府主席、内蒙古军区司令员、政委。建国后，先后担任中央人民政府委员、民族事务委员会主任、国务院副总理、中共内蒙古自治区委员会第一书记、自治区人民委员会主席、中共中央华北局第二书记、中共中央统战部部长、中华人民共和国副主席等职。

他是第一至七届全国人民代表大会代表，第四、五、七届全国人大常委会副委员长，第五届全国政协副主席，中共第七届中央候补委员，第八届中央委员、中央政治局候补委员，第十、十一、十二届中央委员，第十一、十二届中央政治局委员。

12月9日

中国国际法学会和中国联合国协会在北京召开座谈会纪念《世界人权宣言》发表40周年

座谈会由中国联合国协会会长毕季龙主持。全国人大常委会副委员长费孝通首先在会上讲话。他说，1948年12月10日通过的《世界人权宣言》是第一个关于人权问题的国际文件，它首次提出了人权的具体内容，为联合国人权领域的实践奠定了基础，对后来产生的一系列其他国际人权文件的制定产生了深远影响。

在谈到我国关于人权方面的主张、原则和立场时，他说，中国一贯赞赏和支持联合国为普遍促进人权和基本自由所做的努力，我们一贯同情和支持亚非国家反对种族歧视、要求基本人权，反对殖民主义、要求民族独立，维护国家和领土完整的正义斗争。我国还本着独立自主、坚持原则、维护正义和实事求是的态度，参加了一些国际人权领域的活动。他强调指出，我们积极支持符合发展中国家人民利益的、经过发展了的人权概念，并为促进其进一步发展和充分实现而不懈努力。

来自北京大学、中国政治大学、中国人民大学等单位的10位专家和学者在会上发言。他们一致认为《宣言》在人类历史的发展过程中具有重要意义，对战后蓬勃兴起的民族、民主运动产生了积极影响。

约150多位有关人士参加了座谈会。

国务院批准监察部三定方案

我国恢复行政监察体制后组建的监察部是国务院负责行政监察工作的职能部门。其主要职责是，监督检查国家各级行政机关及其工作人员、企事业单位中由国家行政机关任命的领导干部执行国家政策、法律法规、国民经济和社会发展计划的情况，调查处理其违法违纪行为，以保证政府廉洁、防止腐败，改善和加强行政管理，提高行政效能，保证党在社会主义初级阶段的基本路线的贯彻执行。

为了使机构设置更加科学合理，该方案对监察部现有机构做了适当调整，共设立14个职能厅、司。其中，政策法规司、案件审理司、宣传教育司是新设置的。为了公正、有效地审理大案、要案和专业性较强的案件，加强和改进行政监察工作，监察部还设立案件审理委员会和监察工作咨询委员会。

全国劳动厅局长会议在北京召开

劳动部部长罗干在上说："劳动制度改革取得了重要突破，截至10月底，国有企业合同制工人已达805万，占国有企业职工人数的8.3%；全国有2.6万个国有企业、960万固定工进行了优化劳动组合，长期以来的'铁饭碗'制度开始动摇。"

党的十三届三中全会明确提出明后两年改革和建设的重点要突出放到治理经济环境、整顿经济秩序上来，劳动部门的改革一定要服从这个大局。在治理、整顿中，全民所有制职工不仅不能增加，而且必须通过压缩投资规模、调整产业结构以及优化劳动组合减少一批职工。罗干提出今后五年的劳动制度改革，主要是围绕企业经营机制的转变，改革企业用工制度，在搞活固定工制度上要有突破性进展；培育、发展劳务市场，发挥市场机制的调节作用；允许社会上保留一定数量的劳动后备力量，把失业率控制在社会可以承受的水平上；继续搞好劳动就业制度的改革，调整就业政策和就业结构。

罗干说，明年劳动制度改革需要做好5个方面的工作：

一、在有条件的地区普遍推行优化劳动组合。优化组合要在做好定额定员工作的基础上，坚持条件公开、严格考核、择优录用的原则。企业人事制度和劳动制度的改革要统筹规划，同步进行；企业管理人员的任用，不仅要逐步破除所有制界限，而且要逐步破除干部、工人的界限，实行公开招收，择优选聘。

二、妥善安置富余人员。当前主要在企业内部消化。

三、选择少数几个城市进行企业辞退富余职工和职工辞职的试点,在此基础上逐步制定和完善有关"双辞"的政策规定,明确辞退、辞职的条件和手续。

四、培育和发展劳务市场,为企业择优用人、调剂劳动力余缺和劳动者竞争就业创造条件。

五、进一步巩固和完善劳动合同制,改进和完善劳动合同签订办法,健全各项管理制度,加强履行劳动合同的监督检查。

罗干特别指出,今后几年面临着相当繁重的劳动就业任务,必须进一步重视和加强就业工作。

中国科学院自动化所研制的手写体汉字样本库在北京通过鉴定

手写体汉字识别是汉字信息处理的关键问题,而建立手写体汉字样本则是研究手写体汉字识别的必不可少的基础工作。该样本库包括1000套样张,每套样张包括国家标准一级汉字3755个,以及部分二级汉字常用简体字和繁体字225个,并有常用符号80个,总计4060个字。每个字1000个样本,共构成400万字样的样本库。该库收集的范围、对象、规格,均具一定的广泛性和代表性。

我国首次建立的这一手写体汉字样本库,将促进手写体汉字识别技术的发展。

1988年度国家发明奖授奖大会在北京举行

严济慈、宋健、方毅和武衡等同志向217个获奖项目的发明者代表授予奖状和证书。衣着鲜艳的少先队员向他们献花。

以"坩埚下降法工业生产锗酸铋大单晶方法"获得一等奖的发明人何崇藩,代表获奖者讲了话。他说,我们的许多重大发明来自国家"六五"攻关项目或国家重点课题,有的经过5年、10年,甚至更长时间的应用基础研究才取得突破。这就告诉人们,只有根深才能叶茂。但近年有迹象显示,这些基础研究和应用基础研究由于经费来源减少而有所削弱。我们借此机会呼吁各方面予以重视。

国家科委副主任、国家发明奖励评审委员会主任郭树言在讲话中指出:为了促进每年一度评选出的获奖项目及时应用推广,希望各级有关行政主管单位、企事业单位积极关心和支持。对于那些前景好、效益高的发明,尤其要进一步挖掘潜力,使之充分发挥在发展生产中的先导作用,尽快在国内开花结果。

中国藏学研究中心干事会议在北京举行

藏学是中华民族文化的重要组成部分。现在藏学已成为世界性学科。我国是藏学的故乡,我国的藏学研究工作者要充分利用这一得天独厚的有利条件,认真研究藏文和藏文经典,脚踏实地,不尚空谈,把藏学研究进一步发展起来。这是阿沛·阿旺晋美和班禅额尔德尼·确吉坚赞两位副委员长在12月6日上午在北京开幕的中国藏学研究中心第一次干事(扩大)会议上向70多位汉、藏及其他民族藏学专家提出的要求和希望。

杨静仁、司马义·艾买提等有关方面负责人出席了会议。

中国藏学研究中心是1986年在北京成立的,中国藏学研究中心总干事多杰才旦在会上作了两年来的工作报告。

两年来,我国藏学研究取得可喜的进展。"元朝以来西藏地方与中央政府关系问题研究",是中国藏学研究中心承担的全国哲学社会科学"七五"期间重点科研项目之一,现已从大量的藏、满、蒙古文档案中整理汇编出《西藏与祖国关系档案史料汇编》(初选稿),全书100余万字,预计1990年完成,将用汉、藏、英3种文字出版。在此基础上并着手撰写《元朝以来西藏与祖国关系史》等专著。其次是《中华大藏经》藏文部分校对编辑工作,截至目前,礼赞部和续部等16部已校对完毕。还有《西藏现存贝叶经的整理研究》,已完成了大批贝叶经缩微胶卷的制作。此外,还创建了中国藏学出版社和《中国藏学》杂志,重点进行《王明精选丛书》(藏文)、《中国藏学史料丛刊》(汉文)和《西藏知识小丛书》三套丛书的编辑出版工作。

这次会议还将讨论1989—2000年藏学研究重点项目规划等问题。

大型人文纪录片《万里藏北》摄制完成

第一部以藏北为内容的大型人文纪录片《万里藏北》已由中国年轻的电影工作者摄制完成。

这部电影是由北京科学教育电影制片厂忻迎一等4名电影工作者在平均海拔5000米以上的藏北那曲地区拍摄的,历时8个月。他们在面积近50万平方公里的土地上奔波了上万公里,拍摄到大量珍贵的镜头。

担任该片导演兼摄影的忻迎一说,人们了解月球,却不了解藏北。中国电影工作者不能允许在20世纪80年代,地球上还有50万平方公里的空白。

全国人大常委会副委员长班禅额尔德尼·确吉坚赞说:"这部影片总的说拍得很好,在国外放映会有很好的社会和经济效益。"据悉,中国电影公司将向国内外发行该片。

中国男选手在深圳举行的太平洋联盟体操赛上摘取团体和全能冠军

中国男队出场的是去年参加世界锦标赛队员李春

阳、李舸和新手李敬、张伟，他们在24项次上的比赛，只有两次失误，最后以174.700分获得冠军。18岁的李敬，在鞍马和双杠表演中十分出色，均获9.9分，最后6项总分58.40分夺得第一。

黎澍逝世

著名的马克思主义理论家、历史学家，新中国新闻出版事业的开拓者，中国共产党久经考验的优秀党员黎澍同志，12月9日因病在北京逝世，享年76岁。

黎澍同志1912年生于湖南醴陵。1935年他在北平大学法商学院读书时便参加了“12·9”运动，1936年加入中国共产党。1937年“7·7”事变后，他投身抗日救亡事业，始终战斗在新闻战线上，为发展抗日进步事业做了大量卓有成效的工作。1947年后他先后在上海和香港从事新闻工作，在此期间开始研究中国历史。1950年至1955年，他先后担任中共中央宣传部秘书室主任、报纸处处长、出版处处长等职，为发展新中国的新闻出版事业辛勤开拓。1955年以后黎澍开始致力于社会科学研究和编辑工作，历任中共中央政治研究室历史组组长、《历史研究》主编、中国社会科学院近代史研究所副所长、《中国社会科学》总编辑、国家学位委员会委员、中国史学会常务理事、中国现代史学会会长等职。

12月10日

国务院总理李鹏在北京会见参加全国劳改劳教工作会议的代表

会见时李鹏说，我们一方面要严厉打击破坏改革和建设的犯罪分子；另一方面要努力把他们改造成合格的社会主义新人。

李鹏代表党中央和国务院向辛勤工作在劳改劳教战线的30多万名干警表示慰问。他说，劳改劳教工作是一项很重要、很辛苦、很复杂的工作，党中央一直非常重视和关心劳改劳教工作，没有这项工作，我们的社会主义建设和改革开放就没有可靠的保障。他希望全体劳改劳教干警努力学习，努力工作，继续发扬顾全大局、为国分忧、艰苦创业、无私奉献的光荣传统，把我国的劳改劳教工作提高到一个新水平。

乔石、王芳、任建新、刘复之、蔡诚等一同参加了会见。

为期1周的这次会议总结、交流了5年来劳改劳教工作的经验，特别是改革的经验，研究了如何在新时期加强劳改劳教工作和进一步深化改革的问题，同时讨论了《监管改造罪犯法》草案和《劳动教养法》初稿。

广西壮族自治区成立30周年民族团结进步表彰大会在南宁召开

会上，500名为推动广西民族团结与繁荣进步作出积极贡献的先进集体和先进个人的代表，受到了自治区党委和政府的表彰。

中共广西壮族自治区委书记陈辉光在大会上说，广西的民族团结有光荣的历史传统和坚实的社会基础。聚居在广西的壮、汉、瑶、苗、侗等12个兄弟民族，无论是开发建设，还是保卫边疆；无论是抢险救灾，还是共建家园，处处体现了民族团结的强大力量。他强调，改革开放是各民族共同繁荣的根本出路，各族干部群众要坚持生产力标准，大胆改革那些不适应少数民族地区生产力发展，不利于少数民族繁荣昌盛的东西，大力发展社会主义商品经济，加快全区经济建设步伐。

中央代表团团长宋任穷和成员出席大会，并向大会表示祝贺。副团长费孝通称这次盛会是发展民族团结进步事业的进军会，希望把广西的民族团结进步事业推进到一个新的水平。

《人民日报》发表社论《充分发挥优势　开拓新的天地——庆祝广西壮族自治区成立30周年》

广西壮族自治区各族人民的盛大节日——自治区成立30周年的喜庆日子来到了。我们从首都北京，向远在祖国西南边陲的4000万广西各族人民以及人民解放军和武警部队驻桂指战员，致以热烈的节日祝贺！

30年来，广西各族人民同中华民族大家庭的其他成员一样，走过了一段不平凡的历程，有过节节胜利的喜悦，有过3年困难的熬煎，有过同室操戈的内乱，有过共图振兴的豪情。党的十一届三中全会为共和国的历史掀开了新的一页，也为广西壮族自治区的发展开辟了广阔的前景。10年来，广西各族人民在三中全会路线的指引下，积极从事改革、开放，更加自觉地实行民族区域自治制度，各方面都取得了显著的成就。全自治区的国民生产总值增长96.7%，教育、文化、科技、卫生和体育事业有很大的发展，各族人民的生活也有了明显的改善，“八山一水一分田”的广西大地所发生的变化是以往任何时候都无法比拟的。30年的历史，更长远的历史说明，广西各族人民的命运与全国各族人民的命运是紧密相连、息息相通的。

在中华民族的大家庭中，各民族都有各民族的特点，各民族自治地方又有各民族自治地方的特点。广西壮族自治区聚居着壮、汉、瑶、苗、侗、仫佬、毛南、回、京、彝、水、仡佬共12个兄弟民族，是全国5个自治区中人口最多的一个。壮族，是构成我国社会主义多民族大家庭人口最多的一个少数民族。由于历史的原因和地理条件的影响，经济基础比较落后，加之长期处于国防前线，广西的发展受到较多的限制，近10年来虽然发展较快，但是人均国民生产总值和财政收入等重要经济指标，仍然相当低。近几年，自治区的党政领导和全区广大人民，立足于广西的实际，积极探索在改革开放的形势下扬长避短，发展得更快一些、更好一些的新路子。

发挥优势，就要认清优势。广西地处亚热带，盛产多种具有经济价值的作物——这是农业的优势。境内水力资源极为丰富，横贯东西的红水河，水流急，落差大，平均流量相当于黄河的2.86倍，被称为我国水电的“富矿”之一——这是能源的优势。地下资源丰富，锡、钛、铅、锌等矿物储量可观，被称为“有色金属之乡”——这是金属矿产的优势。石灰石、大理石等分布广、储量大，有“天然水泥库”之称——这是非金属矿的优势。风景甲天下的桂林山水，独具特色的壮族“三月三”歌节、苗族芦笙节等少数民族风情——这是旅游的优势。毗邻广东、有连通五大洲的北海港、防城港，有数量仅次于粤、闽两省的海外侨胞——这是对外开放的优势。这些优势有的是与其他省区相似的，有的则是广西所独具的。认清这些优势，认真贯彻改革开放的总方针，充分运用《民族区域自治法》赋予民族自治地方的自治权，积极引进人才，引进资金，引进技术，就能闯出一条富有广西地方特色的富裕繁荣之路，为具有中国特色的社会主义增添新的光彩。

广西的优势还在于，区内壮、汉等各族人民历来情同手足，亲密团结，这是把广西建设好的力量源泉。十年浩劫，广西曾是重灾区。但是粉碎“四人帮”以后，通过拨乱反正，转入以经济建设为中心的新的发展时期，各族人民之间大大加强了团结，发展和巩固了新型的民族关系。在党和政府的亲切关怀和大力培养下，一大批热爱祖国、密切联系各族群众、有文化、有能力的少数民族和汉族中青年干部走上了各级领导岗位。他们继承了老一辈少数民族干部和汉族干部的好传统、好作风，互相信任，互相尊重，互相学习，携手并肩，为广西的发展作出了新的积极贡献。各族人民亲密团结，各族干部亲密团结，各族领导干部亲密团结，这是民族自治地方迅速发展的重要保证。

当前，全党和全国人民正在贯彻党的十三届三中全会提出的治理经济环境、整顿经济秩序、全面深化改革的指导方针。这实际上是一次新的调整。紧密结合广西的实际，认真贯彻中央的方针，就能在克服困难、解决问题的过程中，使广西改革开放出现新的局面。

在过去闹翻身、求解放的革命斗争中，广西各族人民曾经写下可歌可泣的壮丽史诗，涌现出许多叱咤风云的英雄。在实现四化、振兴中华的伟大进军中，广西也一定能绘出多姿多彩的美丽画卷，涌现出大批装点江山的巧匠。祖国这样期望，时代这样呼唤。

国家统计局将逐级委派特派员

为了加强县级以上统计局的统计法规检查，便于查处重大统计违法案件，国家统计局日前决定，逐级委派统计检查特派员。

统计检查特派员的职责、权限是代表上级委派机关行使统计检查权，履行统计法规中的有关统计检查人员的职责，代表委派机关查处驻在地区有重大影响和难于处理的违反统计法规案件。

中国目前最大的水电工程——葛洲坝电厂宣告基本建成

葛洲坝电厂安装的最后1台机组今天投产发电。至此，这家电厂总容量为271.5万千瓦的21台机组基本建成，滔滔江水正通过这些机组变成强大电流源源输向大江南北。

中国国防科学技术和武器装备研制通过实行合同制开始纳入有计划商品经济轨道

据《人民日报》报道，近年来我国在武器装备研制方面以改变拨款办法、实行合同制为中心内容进行了一系列改革和调整，新的经费管理渠道已基本建立。在国家指令性计划基础上引入经济、法律手段，对于新型坦克、飞机、远程雷达、防空导弹、军舰等近1000项武器装备型号研制实行了合同制。今年已有80%计划实行合同制的项目正式签订了合同，其中部分项目实行了招标。

在应用研究、先期技术开发等预先研究领域试行合同制，也取得明显进展。到目前为止，已签订数百项以新一代武器装备研制为目标的先期技术开发项目合同；在红外、激光、计算机、电子对抗等新技术，以及新材料、新工艺的应用研究方面，签订了近1000项合同。这些预先研究项目有的已出成果，开始运用于我国武器装备的研制和改进，其中机器人、冲翼艇等科研成果还在民用技术开发中取得良好效果。

据了解，国防科技系统目前实行的合同制主要有定价合同、成本补偿合同和分阶段签订合同等多种形式，有的项目实行基金制和经费包干制。同时，有关主管部门已初步建立起一套合同管理机构和制度，实行分级分类管理，从而使我国国防科研逐步形成了以指令性计划下合同制为主体的新管理机制。

第二届电视十佳演员评选揭晓

《西游记》中孙悟空扮演者六小龄童章金莱以123

万多张票而荣居榜首。

这次进入电视十佳的演员，都是去年6月至今年5月间全国电视台播出的电视剧中的主要演员。在94名角逐者中，章金莱、马兰、马德华、胡亚捷、申军谊、郭凯敏、徐良、熊长贵、孙飞虎、冯巩当选。本届评选由《电视月刊》杂志社、湖北省文化艺术中心、湖北广播电视报联合全国35家广播电视报共同主办，共收到观众选票140余万张。

新型人工皮肤批量投产

据《人民日报》报道，由青岛海洋大学生物材料研究所楼宝成等研制成的新型医用人工皮肤已在山东省威海新华药厂批量生产。经国家科委推荐，这种新产品于12月初在比利时布鲁塞尔国际展览会上展出。

有关专家认为，这种人工皮肤为国内首创，达到国际先进水平，为治疗大面积深度烧伤解决了一大难题。

这种新型医用人工皮肤，是用甲壳胺、角朊乙酸盐及添加珍贵的中草药有效成分等天然原料制造而成。临床应用效果表明：它具有同种异体皮肤的功能，对烧伤创面无刺激，不过敏，不致癌；对肝肾的生化指标及生理功能无影响。它适用大面积烧伤创面、供皮区创面、切削痂创面和皮肤溃疡创面的治疗，并具有与创面结合牢固，透气、渗出性能好，止痛，止痒，消肿化瘀，促进新生皮肤的生长，抑抗真菌感染等功能。当创面愈合后，所形成的硬痂可自行脱落而不留疤痕。

12月11日

中共中央 全国人大常委会 国务院致贺电庆祝广西壮族自治区成立30周年

广西壮族自治区党委、人大常委会、人民政府：

值此广西壮族自治区成立30周年之际，党中央、全国人大常委会、国务院谨向广西各族人民致以热烈的祝贺和亲切的问候！

勤劳勇敢、具有光荣革命传统的广西各族人民，半个多世纪以来，在中国共产党的领导下，为全国人民的革命事业和广西的解放与繁荣，进行了长期英勇的斗争，作出了巨大的贡献。1958年广西壮族自治区的成立，标志着广西的历史翻开了新的一页。

30年来，广西各族人民在自治区党委和人民政府的领导下，团结奋斗，克服困难，开拓进取，取得了社会主义建设事业的巨大成就。特别是党的十一届三中全会以来，广大干部和各族人民坚定不移地贯彻执行党的路线、方针和政策，坚持四项基本原则，坚持改革开放，使广西的各项建设事业得到了迅速的发展，自治区的面貌发生了深刻的变化。长期以来，广西各族人民在保卫边疆、建设边疆的斗争中，为国家作出了巨大的贡献，建立了不朽的功勋。党中央、全国人大常委会、国务院向为广西的建设事业、为保卫祖国的边疆作出贡献的各族干部、各族人民、人民解放军和武警部队指战员，表示崇高的敬意和衷心的感谢！

广西壮族自治区地处祖国的南疆，临近东南亚，背靠大西南，幅员辽阔，资源丰富，具有重要的战略地位和发展经济的良好条件。进一步开发和建设广西，实现广西各民族的共同发展繁荣，对巩固国防，增强民族团结，实现我国的社会主义现代化建设事业，都具有十分重要的意义。这是历史赋予广西各族人民的伟大使命。中央希望，广西广大干部和各族人民牢牢掌握党在社会主义初级阶段的基本路线，全面理解和认真贯彻执行党的十三届三中全会精神，认真治理经济环境，整顿经济秩序，全面深化改革，从广西的实际出发，因地制宜，扬长避短，发挥优势，大力发展教育、科技、文化事业，加速人才培养和智力开发，合理调整产业结构，抓紧实施并逐步完善广西的经济和社会发展战略，促进社会生产力的迅速发展。要认真贯彻落实《民族区域自治法》，加速培养少数民族干部，进一步调动各族群众的社会主义积极性，不断巩固和发展社会主义的新型民族关系。要广泛、深入地开展马克思主义民族观和党的民族政策的教育，进一步加强广西各族人民的大团结。

加强党的核心领导作用和党的纪律，提高党组织的战斗力，发挥党员的先锋模范作用，坚决反对一切腐败现象，保持党政机关的廉洁，是推进我国改革开放和社会主义现代化建设事业胜利发展的重要保证。我们相信，广西广大干部和各族人民，在党的领导下，在党的十三届三中全会精神指引下，一定会更加奋发图强，同心同德，把广西壮族自治区建设得更加美好。

祝广西各族人民团结、幸福！

中共中央
全国人大常委会
国务院
1988年12月11日

广西壮族自治区成立30周年庆祝大会在南宁举行

中央代表团团长宋任穷、副团长费孝通和成员程思远、司马义·艾买提、刘华清、李定、平措汪杰、江家富在主席台上就座。

广西壮族自治区党政军领导陈辉光、韦纯束等和应邀前来参加庆祝活动的内蒙古、新疆、西藏、宁夏等兄弟省、区、市代表，出席了大会。

广西壮族自治区人大常委会主任甘苦主持庆祝大

会。司马义·艾买提向大会宣读了党中央、全国人大常委会、国务院的贺电。

为了表达对广西各族人民的关怀,中央代表团向自治区党委、顾委、人大常委会、人民政府、政协、纪委和广西军区赠送了锦旗。锦旗上用壮汉文字绣着邓小平同志的题词:"加速现代化建设,促进各民族共同繁荣。"中央代表团还向自治区赠送200万元人民币,作为少数民族教育发展基金。广西各族青年代表向中央代表团全体成员敬献了壮锦。

宋任穷在大会上讲话。

自治区政府主席韦纯束也在会上讲了话。

中央代表团团长宋任穷在广西壮族自治区成立30周年庆祝大会上的讲话

同志们:

今天是广西壮族自治区成立30周年纪念日,我们中央代表团来到祖国美丽的南疆邕城,同广西各族人民一起欢庆这个盛大的节日,感到由衷的高兴。在这里,我代表党中央、全国人大常委会、国务院向广西各族工人、农民、干部、知识分子、各界爱国人士,向人民解放军驻桂部队和广西武警部队的全体指战员,致以热烈的祝贺和亲切的问候!

广西各族人民,勤劳智慧,富有光荣革命传统。在长期的历史发展过程中,广西各族人民为创造灿烂的中华文明作出了重要的贡献,在开发、建设、保卫祖国南疆的事业中创造了无数可歌可泣的英雄业绩。中国共产党成立以后,广西各族人民就在党的领导下进行了英勇卓绝的革命斗争。大革命时期,壮族人民的优秀儿子韦拔群同志发动了轰轰烈烈的右江农民运动,为以后的革命斗争奠定了良好的基础。1929年和1930年,邓小平等同志在广西先后组织和领导了震撼全国的百色起义和龙州起义,创建了红七军、红八军和左右江革命根据地,为中国革命的胜利作出了巨大的贡献。全国解放后,在党的民族区域自治政策的光辉照耀下,于1958年成立了广西壮族自治区。从此,广西的历史翻开了新的一页。

广西壮族自治区成立30年来,走过了光辉而又不平坦的战斗历程。党的十一届三中全会以后,广西各族干部群众在党中央的领导下,坚定不移地以经济建设为中心,坚持四项基本原则,坚持改革开放,使自治区的各项事业有了很大发展。近几年来,广西在外引内联,发展外向型经济方面取得了突破性进展,传统的经济结构发生了很大的变化,经济发展的形势越来越好。随着生产的发展,各族人民的生活不断得到改善,教育、科技、文化、卫生、体育等各项事业也得到了显著的进步。平等、团结、互助的社会主义民族关系进一步巩固。

长期以来,广西各族人民在戍边御敌、保卫边疆、建设边疆的斗争中,作出了重大的贡献和牺牲,涌现了一大批各族人民的英雄模范人物,谱写了光辉的篇章。广西各族人民为维护国家安全和中华民族的尊严所付出的巨大代价,将载入史册,永志千秋。中央和全国各族人民向你们表示崇高的敬意和衷心的感谢!

广西壮族自治区的成立和发展,30年来所取得的成就和对国家的贡献,归根结底是党的民族区域自治政策的伟大胜利,最基本的一条经验就是坚持共产党的领导和社会主义道路。没有共产党的领导,离开了社会主义道路,就没有广西各族人民的翻身解放,更没有今天的发展、兴旺和繁荣。广西各族人民克服一切困难和挫折,以顽强的意志建设和保卫祖国的南疆,靠的是对党和对社会主义道路的坚定的信念。这是极其宝贵的精神财富,是我们过去,现在和将来克服困难、开拓进取、胜利前进的强大动力。

同志们,我们正处在现代化建设的重要历史时期。在这个新的历史时期,我们的根本任务是大力发展社会生产力,提高各族人民的物质文化生活水平。广西地处亚热带,气候条件得天独厚,土地肥沃,资源丰富,发展潜力很大。只要依靠各族人民和干部的团结奋斗,扬长避短,发挥优势,因地制宜地制定经济和社会发展战略,并积极付诸实施,一定能够在建设具有中国特色的社会主义、振兴广西的伟大事业中大有作为。广西在发展蔗糖、亚热带作物、有色金属、水电、建材等方面,具有很大的优势。要充分发挥这些优势,进一步加以综合开发和利用,使这方面的资源优势转化为经济优势。要大力发展农业,抓好粮食生产,大力发展能源工业、乡镇企业和其他工业,增强广西经济发展的后劲。要把广西东部地区的人才、技术优势和西部地区的资源优势结合起来,互补互济,共同发展。桂西和桂西北一些少数民族聚居的地方,还是我国贫困地区之一,要采取切实有效的措施,帮助这些地区的人民尽快脱贫致富。

为了使广西的各项事业有一个大的发展,必须继续坚持和全面深化改革。在新旧体制转换时期,改革尤为重要,不改革就没有出路。民族地区的各项改革,必须从实际出发,采取切合当地实际的步骤,各种有利于生产力发展的做法,都可以试验。民族地区如何搞社会主义,是建设有中国特色的社会主义的重要课题。希望广西各民族的干部群众大胆探索,勇于实践,积极改革,走出一条适合民族地区发展的路子,促进各民族的共同繁荣发展。

对外开放是少数民族地区振兴经济,发展生产力,推动民族进步的重要条件。广西是我国唯一有沿海开放城市的自治区,发展外向型经济具有十分便利的条件。要不失时机的利用国家实施沿海地区经济发展战略所提供的机遇和有利条件,积极开展对外经济技术合作,加强出口商品生产基地的建设,改善区内开放城市的投资环境,增强在国际市场上的竞争能力。

要加快广西的建设步伐,必须大力发展教育、科技、文化等事业,加速人才培养和智力开发,不断提高各族人民的思想道德素质和科学文化素质。要多渠道、多形式培养各方面的建设人才,这是提高民族素质,振兴广西经济的希望所在。

不断巩固和发展社会主义的新型民族关系,增进各族人民的团结,是维护祖国统一和社会安定,顺利进行改革和建设的重要保证。希望广西的同志们继续发扬民族团结的优良传统,在各族干部群众中经常地进行马克思主义民族观和党的民族政策的教育,进行"汉族离不开少数民族,少数民族离不开汉族"的教育,尊重民族风俗习惯,尊重各民族使用和发展自己语言文字的权利,大力宣扬民族团结的先进典型,开展民族团结进步表彰活动,在整个自治区中把各族人民互相友爱、互相信任、互相支援的和谐气氛提高到新的水平。

《民族区域自治法》是国家的一项基本法律。要根据《民族区域自治法》的精神,结合广西的政治、经济、文化和民族特点,制定自治条例和单行条例,认真贯彻实施,以体现自治机关真正行使自治权利,充分调动自治地方和人民群众的积极性,搞好改革和建设,实现繁荣兴旺。必须采取多种方式、多种途径继续大力培养少数民族干部,既要培养党政干部,也要培养各种专业技术干部,以适应自治机关行使自治权利和少数民族经济文化建设事业日益发展的需要。

前不久召开的党的十三届三中全会,提出了治理经济环境整顿经济秩序、全面深化改革的指导方针和政策、措施。要完成这一艰巨任务,必须加强党的领导,充分发挥我们的政治优势。广西各族人民要在自治区党委和人民政府领导下,同心同德,和衷共济,为进一步加强民族团结,为改革开放和四化建设大业,为中华民族的振兴,作出更大的贡献。

同志们,广西壮族自治区成立的30年,是各族人民在自治区党委和人民政府领导下,认真执行党的路线、方针和政策,团结奋斗,克服困难,勇于进取,胜利前进的30年。回顾过去,展望未来,我们充满信心。我们的改革事业一定会取得胜利,我们的社会主义事业一定会更加兴旺发达,广西壮族自治区一定会建设得更加美好!

林业部推出保护建设森林总体规划

据《人民日报》报道,经过反复论证,林业部制定的全国造林绿化规划的主要目标是:从明年到2000年,在保证采伐迹地及时更新的前提下,全国增加森林面积4.5亿亩,抚育中幼林4.5亿亩。实施这一目标的中心环节在于抓好面上各类造林的同时,营造1亿亩速生丰产用材林基地和建设五大防护林体系。营造一亿亩速生丰产用材林基地是经过国务院原则同意的一项林业重点建设工程。这项工程建成后,每年可向国家提供大量的木材,从而大大改变我们数十年延续的砍天然林、吃祖宗饭的状态。五大防护林体系是:被誉为"世界生态工程之最"的"三北"防护林二期工程、京津周围绿化工程、沿海防护林工程、长江中上游防护林一期工程、太行山绿化工程和平原农田防护林工程。

在加快培育新的森林资源的同时,林业部将组织各地切实抓紧建立、健全森林防火、防治病虫害和制止乱砍滥伐的管理体系,使森林保护工作步入规范化、制度化的轨道。

林业部已初步确定,在1990年建成国家森林资源监测体系,1991年建成地方森林资源监测体系。今后将定期公布各类森林面积、蓄积和消长量,预测资源发展趋势。

中国队在保加利亚1988年维克羽毛球国际冠军赛中夺得5项冠军

获得冠军的选手是:男子单打,金锋;女子单打,林燕芬;男子双打,李剑和傅强;女子双打林燕芬和张婉玲;混合双打,李剑和高美凤。

12月12日

国家主席杨尚昆致电伊沙克·汗祝贺其当选巴基斯坦总统

致公党第九次全国代表大会在北京开幕

致公党名誉主席黄鼎臣在开幕词中宣布这次大会的主要任务是:总结工作,确立今后一段时期的基本任务和奋斗目标,他号召致公党8000多同志从国家和民族的整体利益出发,振奋精神,艰苦奋斗,同心同德,同闯难关。在全面深化改革中作出应有的贡献。

李锡铭、黄华、芮杏文、廖汉生、雷洁琼、谷牧等同志到会祝贺。芮杏文宣读中共中央贺词。贺词中赞扬中国致公党是同海外侨胞和归侨、侨眷有着广泛联系并享有声誉的政党。新时期致公党在参与国家大政方针的协商和国家事务的管理,参与民主监督,参加社会主义建设以及巩固和扩大爱国统一战线等方面发挥了重要作用。中共中央希望各民主党派充分发挥自己的优势,进一步增强团结,发扬民主,扩大参与,协调关系，调动一切积极因素，巩固和发展安定、团结、民主、和谐的政治局面，保证改革和建设的顺利进行。

全国人大常委会副委员长、民进中央主席雷洁琼代表7个民主党派和全国工商联致贺词。

开幕式由主席团常务主席、第八届中央委员会副主席伍觉天主持。

致公党代主席董寅初受第八届中央委员会委托作了题为《热爱祖国，致力为公，在建设有中国特色的社会主义旗帜下开拓前进》的工作报告。董寅初在报告中回顾了5年来致公党的各项工作，指出在新的历史时期致公党全体同志要进一步积极参与完善中国共产党领导下的多党合作和政治协商制度，推进社会主义民主和法制建设，调查研究，实事求是，知无不言，言无不尽。

这次大会还将修改党章和选举第九届中央委员会。

台盟中央四届二中全会在北京召开

台盟中央主席团委员蔡子民主持开幕式。他致开幕词说，台湾民主自治同盟本着"长期共存、互相监督，肝胆相照、荣辱与共"的精神，积极参政、议政，扎扎实实做好工作，推动了海峡两岸交流的进一步发展，为社会主义建设和祖国和平统一作出新的贡献。

台盟中央主席团主席林盛中在会上作了工作报告。他说，自去年换届以来，台盟在促进两岸交流和祖国和平统一的事业中，加强联络。宣传工作，取得了很大的成绩。据不完全统计，今年以来，台盟中央接待了来自岛内和海外的台胞364人，台盟各省市委接待了1443人次。通过互相沟通和了解，使台胞对大陆有了比较完整的认识。

林盛中说，一年来，台盟在加强自身建设、发展组织方面有了新的进展，新建了陕西省支部和重庆、成都两个盟小组。

在谈到今后的工作时，林盛中认为，台盟今后工作的重点将放在做台湾岛内各界人士的工作和吸引台资，特别是做好中小企业的工作。

这次会议将审议工作报告，选举台盟中央主席团主席，通过台盟组织发展条例以及讨论明年的工作计划。

澳门特别行政区基本法起草委员会在澳委员举行第二次会议

会议继续讨论有关基本法咨询委员会的筹组事宜。

会议听取了咨委会章程起草小组召集人何厚铧的工作报告，经过认真讨论，原则通过了章程草稿，并决定由咨委会章程起草小组根据会议提出的意见对草稿进行修改，提交下次会议细则通过。

会议由澳门基本法起草委员会副主任委员薛寿生主持。

中国最大的饲料添加剂厂通过验收并正式投产

据《人民日报》报道，列入国家"星火计划"的广东顺德县华星饲料添加剂厂12月初通过验收并正式投产。

饲料添加剂是添加于配合饲料中的各种微量元素，它能提高饲料的利用率，促进动物生长。我国饲养水平低，经济效益差，主要原因是饲料营养成分不全，收益低，没有形成一个与饲养业发展相适应的工业体系。这个厂是我国目前规模最大的饲料添加剂工厂。

中央军委扩大会议在北京举行

中国最大的重离子加速器在兰州建成并引出碳离子束

这是继北京正负电子对撞机对撞成功后，我国在高科技领域中取得的又一重大成就。聂荣臻同志向中科院兰州近代物理研究所发来贺电，祝贺重离子加速器的建成出束。

重离子核物理是60年代发展起来的一门新学科。用重离子加速器产生的重离子束轰击原子核，可以帮助人们揭示物质结构和运动的奥秘；经重离子束辐射可以改变材料性能，改变生物遗传特性，在原子物理、分子物理、固体物理、材料科学、辐射医学和辐射生物学方面都具有广阔的应用前景。

70年代初，中国科学院兰州近代物理研究所开展了重离子物理基础研究和应用研究，以后又提出了建造大型重离子加速器的设想。经过方案论证和初步物理设计，于1976年11月列为国家重点科研建设项目动工兴建。

兰州重离子加速器系统由注人器、主加速器、8个实验终端和前后束流输运线组成，可加速元素周期表中钽之前的73种元素的离子。是我国能量最高、加速离子种类最多、规模最大的重离子加速器，国外也只有法国和日本建成了这样的加速器。

兰州重离子加速器的建设，受到国家的高度重视和支持，全国100多个单位参加了设计、制造和安装，所有部件全部国产。它的建成将为我国重离子物理基础研究和应用研究提供重要的实验手段，标志着我国的回旋加速器技术已经进入国际先进行列，将在世界科技界产生重大影响。

前不久，国务委员兼国家科委主任宋健到现场视察时指出："这台加速器建成后要向全国高等院校、科研单位和工业部门开放，而且要向国外开放，特别是向第三世界开放。"兰州重离子加速器将作为国家实验室，实行客座研究员制度，建立博士后流动站。

全国最大的地震模拟振动台问世

由天水红山试验机厂和国家地震局工程力学研究所联合研制的"5米×5米双水平向地震模拟振动台"，集中体现了机械、液压、电子控制、土建等方面的先进技术，达到了80年代初期的先进水平。

地震模拟振动台是研究减轻地震灾害工作的重要试验设备。它可以在试验室内再现地震破坏现象，使地震破坏研究周期大大缩短。用模型来替代原型结构，也可以使试验费用大大降低。更为重要的是，随着核能在我国的广泛利用，为了保证在地震区建设核电站的绝对安全，必须进行抗震安全性的试验。这就使地震模拟振动台充分显示特有的的优越性。

据了解，由于各种机电产品和设备等在地震作用下的安全可靠性要求愈来愈高，对人体在地震作用下的反应、家庭用具的抗震性能等研究也相继发展，地震模拟振动台在国内外正获得更加广泛的应用。

剧作家刘树纲成为文化部系统第一位通过公开答辩竞争中标的院长

文化部自确定中央实验话剧院为"院长公开招聘制"试点单位、并于8月26日发布招标公告后，先后有27人报名投标。经资格审查有7人符合招标条件，除1人弃权外，6人参与了11月21日由文化部召开的公开答辩会。期间，文化部组织调查组，赴中央实验话剧院进行了民意测验。12月7日，文化部评标委员会，以无记名方式投票表决，刘树纲以多数票中标。

文化部部长王蒙到会向中标者和未中标的投标者表示祝贺和感谢。他指出，这次试行的公开招标答辩方式，对今后文化系统体制改革、人事制度改革、从人治走向法治等，都具有重大的意义。

《大特区》杂志创刊

这是我国第一家反映经济特区改革风貌的综合性时事期刊志。该刊实行开放式办刊方针，注意上情下达和下情上达，深入实际，服务于改革。

该刊辟有"决策者信箱"、"来自小政府的报告"、"大社会透视"、"跨越琼州海峡的一代"、"是非之地"等26个栏目。

云南省元谋县出土大批人猿化石

据《人民日报》报道，我国考古工作者经过近1个月的大规模发掘，新近在古猿之乡云南省元谋县又出土了250多枚人猿牙齿化石和1件颌骨化石。这一成果为进一步证实滇中高原是人类起源的关键区域提供了更加丰富的实物资料。

据考古工作者研究后确定，这些牙齿化石中240多枚属于人科，10多枚属于猿科。颌骨化石也属人科，上面还留存着4枚牙齿化石。这些人猿生活在三四百万年前。

这次发掘面积为300多平方米，开挖土石方1000多立方米。化石埋藏最浅处距地表1.4米，最深处达6.6米。同时出土的还有三趾马、大唇犀等1000多件动物化石标本。基发掘规模之大、收获标本之多，在我国古人类发掘史上实属罕见。

中宣部和国家计生委联合发出通知部署在今冬明春开展计划生育宣传活动

通知指出，自1986年以来，我国人口出生率连续出现回升，如不从严从紧控制人口增长，势必对四化建设造成沉重的人口压力，严重影响改革和建设事业的顺利进行。为使全党和全国人民高度重视我国的人口问题，进一步抓紧抓好计划生育工作，为我国治理经济环境、整顿经济秩序、全面深化改革创造一个良好的人口环境，今冬明春各地要结合形势教育认真开展一次计划生育宣传活动。

通知说，这次计划生育宣传活动，主要是进行人口与计划生育的形势和政策宣传，使之成为各地进行形势教育的重要组成部分。通过宣传活动，使各级领导和广大干部、群众充分认识我国面临的严峻的人口形势和严格控制人口增长的重要性和紧迫性，坚决执行现行的计划生育政策，切实加强计划生育工作。

计划生育政策的宣传要全面、准确，要着重讲清现行政策是长期稳定的政策，引导干部、群众克服"怕变"、"盼变"和简单攀比等模糊认识。

为使全党和全国人民高度重视我国的人口问题，元旦至春节期间，党和国家领导人将发表关于人口与计划生育电视讲话。

通知提出，这次宣传活动要扎实深入，注重实效。要着重抓好党团员和干部，特别是各级领导干部的宣传教育，使他们充分认识控制人口增长的重要性，增强人口意识和人均观念，使各级领导坚持做到"两种生产"一起抓，"两个文明"一起建。对群众的宣传，在农村要重点做好工作基础差、早婚早育和计划外生育多的地区的宣传工作，在城市要重点做好对流动人口、个体户、无业户的宣传教育。宣传活动期间，城镇要组织较大规模的街头宣传活动，造成强大的社会舆论，农村要把宣传计划生育形势、政策与普及避孕节育知识，落实避孕节育措施和建立乡、村计划生育协会结合起来。

12月13日

党和国家领导人杨尚昆 李鹏等在北京会见出席核技术发展工作会议的150多位代表

中央领导同志见到核技术工作者非常高兴，并发表了热情洋溢的讲话。

杨尚昆同志在讲话中感谢大家在科研工作中取得的新成绩。他要求我国的科技队伍继续作出不懈的努力，今后若干年在科技领域，尤其是在高科技领域，取得新的成绩，使我国在国际上的地位更加名副其实。

李鹏同志说，同志们工作的地方非常辛苦，你们的工作非常有意义，国务院尽可能支持好同志们的工作。

会见前，中央领导同志还专门听取了核技术专家的汇报。专家们向中央领导同志汇报了当前我国核技术研究的情况、取得的新成绩及其发展前景。中央领导同志边听边询问了核技术研究工作中的情况和问题。

参加会见的有中央军委负责人洪学智、刘华清、秦基伟、迟浩田、杨白冰、赵南起，国防科工委负责人丁衡高、伍绍祖和有关方面负责人朱光亚、黄毅诚、蒋心雄等。

国务院举行第29次常务会议

会议在李鹏总理的主持下，讨论并原则通过了《中华人民共和国传染病防治法》草案，修改后将在近期提请全国人大常委会审议批准。

这项法律草案是在总结多年来执行《急性传染病管理条例》经验的基础上，对国内现状反复进行调查，并参考了国外的有关法规、资料，经过反复研究、修改而形成的。

会议在讨论中认为，尽管新中国成立以来我国的传染病防治工作已经取得了很大成绩，但传染病的严重危害依然存在。制定这样一部法律，对我国传染病防治工作法律化，对提高我国的传染病预防、控制和管理水平，保障人民群众的身体健康和我国社会主义现代化建设事业的顺利发展，有着十分重要的意义。

会议还听取了国务院教育工作研讨小组办公室关于1989年教育经费安排问题的汇报。

中联部发言人就党的外事工作向新华社记者发表谈话

中联部发言人吴兴唐说，到目前为止，已有250多个各种类型的外国政党同中国共产党有接触和往来，其中一半是所在国的执政党和参政党，还有许多重要的在野党。

吴兴唐说："现在，各种意识形态相同或意识形态不同的政党之间的交往已成为一种普遍的国际现象。政党本身有强烈的意识形态的特点，但在政党之间的国际接触和交往中，已在逐渐超越意识形态的鸿沟。"

他重申，中国共产党按照独立自主、完全平等、互相尊重和互不干涉内部事务的四项原则同世界上一切愿意和自己接触与交往的政党、组织发展友好合作关系。

吴兴唐认为，意识形态的异同不是发展党际关系的条件，以独立自主为核心的四项原则是中国共产党处理党际关系的准则。同任何政党发展关系包括同执政的共产党的关系都不能违背独立自主的原则。

他说，中国奉行独立自主的和平外交政策，不同任何大国结盟或搞战略关系，即使以后中苏两国、两党关系正常化了，也不会回到50年代那种状况。

他说："以执政党为重点的党的对外工作，同政府外交工作起着相辅相成的作用，但党的外事工作又有自己的特色。中共中央对外联络将根据党的路线和党中央的指示，努力做好党的对外交往工作，为现代化建设、国内经济和政治体制改革、对外开放服务。"

吴兴唐说："党的外事工作也是为和平和发展两大目标服务。通过同各种政党联系，同一切愿同我们友好的力量一起，支持世界人民维护世界和平和争取社会进步事业，以利于争取较长时间的和平国际环境。"

据统计，今年中国共产党接待了各国政党派遣的159个代表团来访，与此同时，也派出50个代表团到国外访问。

在谈到今年党的对外交往的特点时，吴兴唐说，今年中国共产党同欧洲社会主义国家的政党交往频繁。罗马尼亚、捷克斯洛伐克、匈牙利等国党的领导人先后来访。乔石同志不久前访问了匈牙利、民主德国、波兰，姚依林同志访问了捷克斯洛伐克，李锡铭同志访问了南斯拉夫和保加利亚。通过互访，中国党的领导人同东欧国家党的领导交流改革方面的经验，以促进各自国家社会主义建设。

他说，今年党的对外交往的另一个特点是同第三世界国家政党的交往正在向广度和深度发展。中国共产党的领导人同第三世界国家政党领导人会晤时多次指出，发展中国家在建设中，正在探索和寻找适合自己国情的道路和制定建设自己国家的政策。此外，中国共产党在同各国政党交往时注意就党的组织建设等方面工作交流经验，并就争取建立国际经济、政治新秩序广泛地交换了意见，对第三世界各国人民的正义斗争表示同情和支持。

在谈到新的一年的打算时，吴兴唐说，中国共产党将继续同各国共产党、社会党和第三世界友好政党以及其他各种类型友好政党进行广泛联系。

中国家用电器协会在北京成立

该协会的成立标志着我国家用电器工业管理体制进入行业管理的新阶段。轻工业部副部长于珍指出，明年轻工业工作的主题是治理环境，希望协会能够适应当前经济改革的需要，协助政府部门加强行业管理。

于珍指出，当前家用电器行业的主要任务是，发挥现有企业潜力，增产市场紧缺的优质名牌产品。为了保证国家有限的外汇和资源能充分发挥最佳作用，对技术条件差、产品质次价高及重复建设的企业，坚决关停一批，转产一批。要在继续扩大电扇、电熨斗等传统产品出口的同时，积极发展高附加值产品出口。要进一步打破部门、地区和所有制的界限，发展横向联合，加快零部件国产化的步伐。

近年来，我国家电工业发展迅速，今年预计全国电冰箱产量达600万台，洗衣机1000万台，电风扇3900万台，出口创汇2.5亿美元以上。中国家用电器协会作为一个"民间"团体的成立，改变了企业由政府机构直接指挥干预的状况，有利于面向全行业，为全行业服务，同时，能更好地在政府机构和企业之间发挥"桥梁"和"纽带"作用。

首届国家"星火"奖在北京举行授奖大会

国家领导人李鹏、田纪云、周谷城、严济慈、宋健等在首届国家"星火"奖授奖仪式之前，同获奖者一起合影留念。

应大家要求，李鹏作了即席讲话。他说，农业对中国的经济、中国的现代化非常重要，也是当前的薄弱环节。发展农业，一靠政策，二靠科技，三靠投入，三个环节离开哪一个都不行。同志们正在担负着巨大的系统工程，即把农业和其他战线的科技成果转化为生产力，并对乡镇企业发挥巨大作用。希望继续办好这件事。

"星火计划"是一项以科学技术振兴和发展农村经济的科技计划。这个计划实施以来，吸引了40万科技人员到中小企业、乡镇企业和贫困地区大显身手。据不完全统计，已完成的2500个"星火"项目，新增产值74亿元，新创利税16亿元。今天，国家科委在人民大会堂举行授奖仪式，对今年11月评出的138个项目、企业和个人颁发了奖杯和证书。还有4名对"星火计划"实施和决策有突出贡献的领导者获得了特别荣誉奖。

国务委员、国家科委主任宋健在讲话时指出，要牢固确立振兴与发展农村经济必须依靠科技的观念。"星火计划"的初步成功，证明了在我国农村目前实行的以家庭经济为主的联产承包责任制的情况下，用科技这根无形的纽带有可能把个体农户联合起来，发展农村商品经济，大幅度提高农村劳动生产率，使农民走向共同富裕。这是农民容易接受的道路。

他说，"星火计划"要坚定不移地实施下去，不断提高"星火计划"的目标，积极推进农村开发，落实"星火"密集区的建设，推动各类产业集团的形成，实现农村工、农、商、学和科技的综合发展。

中国科学院紫金山天文台发现一颗新彗星

国际小行星彗星中心已确认了这一发现，并正式编号为1988O。

紫金山天文台行星研究室的中青年天文工作者汪琦、葛永良等于11月4日首次发现了这颗新彗星。国际小行星彗星中心接到报告后，通知世界上其他天文台进行观测，很快确认了这一发现。国际小行星彗星中心依据新彗星以观测发现者名字命名的规定，迅即将这颗彗星命名为"葛永良—汪琦彗星"。

这颗彗星于1988年5月23日过近日点，亮度为16星等，绕日周期为11.4年，属于短周期彗星。这类彗星为数不多，它的发现对研究彗星的道演变和物理性质有重要的意义。

这次发现的"葛永良—汪琦彗星"是第4颗，也是我国首颗以人名命名的彗星。

中国珠算协会第三届理事会在北京召开

国务委员兼财政部部长王丙乾在会上提出，不能满足于珠算事业已取得的成绩，要进一步做好普及和提高工作，为加强经济核算，提高工作效率作出更多的贡献。

近几年来，在财经工作中不会或不熟悉珠算操作、靠计算器进行加减法，造成工作效率低的状态相当普遍。王丙乾对珠算协会的今后工作提出三方面意见：从实际出发，稳定发展珠算事业；把普及和提高结合起来，在普及的基础上提高；有计划地开展国际合作和交流活动，认真吸取国外的经验。

12月14日

国家主席杨尚昆在人民大会堂分别接受3国新任驻华大使递交的国书

他们是阿拉伯也门共和国大使加利卜·赛义德·阿杜菲、贝宁人民共和国大使陶菲克·马利基、布隆迪共和国大使热尔韦·恩迪古马根格。

国务院总理李鹏和夫人朱琳在钓鱼台国宾馆会见并宴请泰王国公主朱拉蓬·哇莱拉

李鹏说："不久前我访问了贵国，受到贵国政府和人民非常热情的款待,我和我的同事都深受感动。贵国美丽迷人的自然景色,热情好客的人民,以及经济发展所取得的成就,给我留下了深刻而美好的印象。”

李鹏说,中泰两国间能建立像今天这样密切的友好关系,是中泰两国政府和人民长期共同努力的结果。今天公主殿下前来中国进行友好访问,再一次给我们带来了泰国人民对中国人民的友好情谊,我们表示感谢。

朱拉蓬公主说,泰中两国之间有着十分悠久的历史联系,无论是国家关系还是两个民族、两国人民之间的关系,都是非常密切的,不可分割的。他说,我们双方在各个历史时期一贯相互帮助,并在文化方面进行了深入的交流,因此,我们两国之间悠久的关系为当今泰中两国关系的发展奠定了坚实和稳固的基础。他相信这种友好关系一定能够更加密切和发扬光大。

国务院总理李鹏到北京松下有限公司工地视察

李鹏总理在北京市市委领导的陪同下,视察了这家企业的总装厂厂房和动力厂配电站工地。他对中日双方的工作人员说:“希望你们把企业办成中外合资企业的典范。第一步是在建设过程中成为典范,做到质量高、工期短、造价低。从目前进展情况看,你们做到了这一点。希望你们在保证质量的前提下按期或提前投产。”

李鹏接着说:“更重要的是,你们要办成具有竞争能力的企业,并在合作过程中成为合资企业的典范。除了有良好的、第一流的设备,还要有训练有素的工人和管理人员,以及先进的管理。松下公司在这方面积累了丰富的经验。”

参观完工地,李鹏总理听取了这家企业的日方总经理蜷川亲义和中方副总经理张仲文的汇报。当听到这家企业的实事求是、改革发展、团结一致、奋发向上、自觉守纪等“十大精神”时,李鹏予以充分肯定。他说:“人要有点精神,企业也要有点精神,如果没有精神,就什么事情也办不成。你们企业的‘十大精神’,应贯穿整个企业的全过程。”

谈到这家企业的产品,李鹏说:“中国是需要彩色显像管的,因为我国已形成了装配能力,而且有很大的市场。随着生活水平的提高,人民对电视机的需求越来越大。中国还是个刚刚开放的市场。你们企业生产的彩色显像管,一方面将满足国内市场需要;另一方面当然希望能进入国际市场。”

李鹏说:“我同意这样的观点,核心问题在于提高国产化比率。国产化比率越高,所需外汇就越少,造价也可降低。但国内供应的零配件应是一流的、符合质量要求的。”他要求北京市组织好零配件的供应,并希望这家企业能实现外汇的自我平衡。

北京·松下显像管有限公司的建成,是与松下幸之助老先生的关心分不开的。李鹏对日方人员说:“欢迎松下幸之助在方便的时候到中国来,看看他所关心的这个企业。”

李鹏最后强调说:“中国明后两年,要治理经济环境、整顿经济秩序,建设速度要放慢一些,项目要削减一些,但改革开放政策要继续下去。已签约的项目将继续进行,特别是对能够增加市场有效供给、节省外汇、有重大意义的项目,要予以保证。”

1988年度国家质量奖授奖大会在北京举行

大连电机厂、天津探矿机械厂等14个企业获得今年国家质量管理奖;金鸟牌精梳高密防羽绒布等265个产品获国家优质产品金、银质奖;发丝绣《竹林七贤图》等20种产品获中国工艺美术品百花奖珍品、金杯、银杯奖;河北邢台电厂三期扩建工程、天津中环线(东半环)道路工程等23项工程获国家优质工程银质奖。

张劲夫、严济慈、宋健等出席了会议并向获奖单位颁奖。

国务委员宋健在讲话中说,要端正经济工作中的指导思想,改变经济工作中热衷于上基本建设,重产值、产量,忽视科技、品种、质量的倾向。尤其要提高企业领导的质量意识,把最新的科技成果,应用于产品的生产工艺技术中。

宋健强调,评优创优推动了企业的技术进步,要把这项工作坚持下去。在评优创优活动中,要重点抓那些在国民经济中、行业中影响比较大的产品,把关系到发展外向型经济、增加出口创汇和提高市场供给能力的产品质量搞上去。

中国科学院国际合作局局长薛士蓥就中国科研实行全方位对外开放问题接受新华社记者采访

薛士蓥说,中国科学院继去年对外开放了40个实验室后,今年又批准开放6个,接待了美国、日本、苏联、西欧和第三世界国家的研究人员。据透露,还有14个准备开放的实验室正在审批之中。

薛士蓥说,今年10月,通过同美国科学家合作,中国第一座高能加速器——北京正负电子对撞机建成和对撞成功,为中国粒子物理和同步辐射应用研究开辟了广阔前景。

同年,在与法国合作了近6年之后,中国也是亚洲第一个重水反应堆冷中子源装置建成。通过与国外的合作,利用国外资助,中国在聚变研究方面也作出了受到国际重视的成果。

薛士蓥说:“这些成就证明只要充分利用对外开放

政策带来的良好条件和环境，广泛开展国际科技合作与交流，我国的科技队伍是能够干出一番事业的。”今年，由中科院协调的中国与“世界实验室”的合作，又开始了若干研究项目，如黄河下游汛情预报与管理系统、食品改良计划、水煤浆设计、沙漠与干旱化治理和生物技术等，并取得了不同程度的进展。

在以国际市场为导向搞研究开发方面，中国的科学家也取得了可喜的进展。中国开发的一些技术产品进入了国际市场，如偏硼酸钡非线性光学晶体、锗酸铋晶体、大尺寸钛酸钡晶体、计算机联想汉卡等。偏硼酸钡非线性光学晶体被评为国际激光高技术10大新产品之一。

薛士鋆说，今年中科院与国外的合作研究和参加国际学术会议、讲学、考察等往来人数比去年的5000人次有显著增长，并且正在从一般性人员交往发展成以合作研究为主。同时，中国科技界也积极开辟和国外各类基金会、工商界、金融界的合作，使中国的科技事业得到更快的发展。

作为官方渠道的补充，民间科技交流也日趋活跃。中国科协今年接待来华讲学、作专题考察的外国科学家600多人；接待外国科技旅游团和青少年科技夏令营团几十批，近2300人。中国国际会议中心主办了28个国际会议，约有3900名外国代表参加。

与苏联、捷克斯洛伐克、匈牙利和波兰等国家的民间科技交往明显增多。今年科协与苏联互派10名专家作学术报告。中国专家作了丝绸、纺织、水稻种植等专题讲学。

为了促进国民经济的发展，科协今年向日本、英国和香港地区派遣300多名学员。他们到对方中小企业边工作，边结合自己企业的需要，学习适用生产技术和管理经验，推动了本单位生产的发展，收到很好的效果。

12月15日

中共中央批转中组部《关于建立民主评议党员制度的意见》并发出通知

中央同意中央组织部《关于建立民主评议党员制度的意见》，现转发给你们，请结合本地区、本部门的具体情况组织实施。

建立民主评议党员制度，是从严治党，提高党员素质的一项重要措施，是通过制度建设加强对党员进行经常性教育、管理和监督的有效方法，对于在治理经济环境、整顿经济秩序、全面深化改革中充分发挥党的领导核心作用和党员的先锋模范作用，具有重要的意义。

民主评议党员制度要在试点的基础上逐步推行。基层党组织领导班子不健全的，首先要把领导班子整顿调整好。各级党委要加强领导，协调组织、宣传、纪检等部门的力量，共同把这项工作搞好。

中共中央

1988年12月15日

关于建立民主评议党员制度的意见

党的十三大提出了从严治党的任务，并要求党的建设走出一条不搞政治运动，而靠改革和制度建设的新路子。十三届三中全会强调在治理经济环境、整顿经济秩序、全面深化改革的关键时刻，尤其要发挥党的领导核心作用和党员的先锋模范作用。为了贯彻落实上述任务和要求，目前许多地方的党组织，在加强对党员领导干部实行民主监督的同时，开展了民主评议党员的活动，把教育、管理和监督党员融为一体，对于提高党员素质、发挥党员作用收到了很好的效果。我们建议，从今年年底开始，在试点的基础上，在全国城乡基层党组织中逐步建立和实行民主评议党员的制度。具体意见如下：

一、评议目的

通过对全体党员进行做新时期合格共产党员的教育，通过民主评议和组织考察，检查和评价每个党员在坚持党的基本路线的实践中，特别是在当前治理经济环境、整顿经济秩序、全面深化改革中发挥先锋模范作用的情况，表彰优秀党员，推动清除腐败分子和处置不合格党员的工作，提高党员素质，增强党组织的凝聚力和战斗力。

二、评议内容

在新的历史时期，共产党员应当忠诚于共产主义事业，坚定不移地执行党在社会主义初级阶段的基本路线，为建设有中国特色的社会主义而努力奋斗。按照这个总的要求，着重从以下5个方面对党员进行评议：

1. 是否具有坚定的共产主义信念，能否坚持四项基本原则，坚持改革开放，把实现现阶段的共同理想同脚踏实地地做好本职工作结合起来，全心全意为人民服务。

2. 是否坚决贯彻执行党在社会主义初级阶段的基本路线和各项方针、政策，在政治上同党中央保持一致，为推动生产力的发展和社会主义精神文明建设作出贡献。

3. 是否站在改革的前列，维护改革的大局，正确处理国家、集体、个人利益之间的关系，做到个人利益服从党和人民的利益，局部利益服从整体利益。

4. 是否切实地执行党的决议，严守党纪、政纪、国法，坚决做到令行禁止。

5. 是否密切联系群众，关心群众疾苦，艰苦奋斗，廉洁奉公，在个人利益同党和人民的利益发生矛盾时，自觉地牺牲个人利益。

各地、各部门要结合实际情况，确定评议党员的具体内容。党政机关和大中型企业评议党员干部，要把顾全大局、清正廉洁、严守法纪作为重要内容。

三、基本方法

民主评议党员工作，要在党委的领导下，以支部为单位有步骤地进行。方法要简便易行，时间要相对集中，不要拖得过长。

1. 学习教育。对党员普遍进行在新形势下坚持党员标准的教育。这项教育要同形势教育结合起来。学习内容以《中国共产党章程》《关于党内政治生活的若干准则》、党的十三大报告的有关章节和十三届三中全会文件为主。学习方法可以多种多样，要讲求实效。

2. 自我评价。在学习讨论的基础上，对照党员标准，总结个人在思想、工作、学习等方面的情况，特别要检查对深化改革、保持廉洁、加强纪律的认识、态度和行动，肯定成绩，找出差距，明确努力方向。

3. 民主评议。一般应召开党小组会或党支部会，进行民主评议。评议中，要是非分明，敢于触及矛盾，认真地而不是敷衍地开展批评和自我批评。还要采取适当的方式，听取非党群众的意见。

4. 组织考察。支委会对党内外评议的意见，进行实事求是的分析、综合，形成组织意见，转告本人，并向支部大会报告。

5. 表彰和处理。对民主评议的好党员，由党组织通过口头或书面形式进行表扬。对模范作用突出的党员，可经过支部大会讨论通过，报上级党委批准，授予优秀共产党员的称号。对评议中揭露的违法乱纪等问题，要认真查明，严肃处理。经评议认为是不合格的党员，支委会应区别不同情况，提出妥善处置的意见，提交支部大会，按照民主集中制的原则进行表决。对党员进行组织处理，应当十分慎重，原则要坚持，方法要得当。对被劝退和除名的，党组织要做好思想工作。在他们出党以后，仍要继续关心和团结他们，在工作中继续发挥他们的作用。

四、加强领导

民主评议党员是对党员进行教育和加强监督的重要措施，也是扶持和发扬党内的积极因素，克服消极因素，消除腐败分子和妥善处置不合格党员的一种有效办法。各级党委要认真讨论研究，作出具体部署，加强调查研究，进行督促检查，及时指导，防止形式主义。基层党组织要事先了解党员的情况，做到心中有数，并做好必要的准备工作，避免仓促从事。今后，民主评议党员每年进行一次，形成制度。

国家主席杨尚昆在人民大会堂会见美国驻华大使温斯顿·洛德

杨尚昆说，在中美建交10周年前夕请你转达我对里根总统和当选总统布什的亲切问候。我代表中国政府和人民向美国政府和人民表示热烈的祝贺。

他说，10年来，中美关系发展平稳，在许多领域里的交流与合作都取得了显著进展。进一步发展中美友好合作关系是符合两国人民的根本利益的。在今后10年里，我们期待着同美国政府一起继续在中美三个联合公报的基础上把两国关系推向一个新水平。

洛德大使向杨主席转达了里根总统和当选总统布什的亲切问候。洛德大使说，里根总统把美中友好合作关系的发展作为他任总统职务8年中的重要成就之一。

洛德大使对美中关系的发展前景表示乐观。他相信，当选总统布什就职后将进一步巩固和加强两国之间业已存在的友好合作关系。

国务院总理李鹏在人民大会堂会见伊朗外长阿里·阿克巴尔·韦拉亚提

李鹏说，中国希望伊朗和伊拉克继续保持和谈势头，并在联合国秘书长的调解下，早日实施安理会第598号决议。

韦拉亚提外长向李鹏总理通报了两伊在日内瓦最近一轮和谈的情况和伊朗对两伊争端的立场。

李鹏说，中国对两伊战争一直采取“严守中立，积极劝和”的立场。他说：“我们高兴地看到两伊都接受了安理会第598号决议，实现停火，进行和谈。”

在谈到双边关系时，李鹏和韦拉亚提对中伊两国友好关系的发展表示满意，并强调，中伊两国应该继续扩大和进一步发展这种关系。

李鹏和韦拉亚提还就中国参加伊朗战后重建工作的途径和方式进行了详细的探讨。

外交部部长钱其琛参加了会见。

台盟中央四届二次全体会议上选举蔡子民为台盟中央主席

纪念收复南沙群岛42年座谈会在广州举行

1946年12月12日，当时的中国政府依照《开罗宣言》和《波茨坦公告》，派遣海军舰队收复被日本非法侵占的南沙群岛，这是载入中华民族史册的历史事件。

应邀参加座谈会的部分原国民党海军人员，回顾了亲身经历的这一段历史。广州市海运局高级工程师、原国民党“太平舰”副舰长何炳材、上海水产学院教授、原国民党海军舰队参谋林焕章等在发言中指出,南沙群岛领土主权自古属我中华,捍卫南沙主权是海峡两岸同胞的共同心愿。他们希望人民海军和台湾海军以民族大义为重,携手合作,共同保卫祖国海疆,确保领土完整。

人民解放军海军副参谋长王祖尧少将在座谈会上说,南沙群岛是我国领土不可分割的一部分。人民海军有责任,为保卫祖国的南沙群岛作出贡献。在会上发言的还有海军军事学术研究委员会常务副主任方强,广东省政协副主席杨应彬、何宝松,海南省政协副主席陈宏,广州市政协副主席麦扬,以及当年参加收复南沙群岛的人员和原国民党海军人员徐时辅、张君然、李景森、戴熙愉、韩敏学、黄克夫等。当年参加收复南沙群岛的原国民党专员、91岁的麦蕴瑜送来了书面发言。

历时两天的座谈会由广东省、广州市政协和海军军事学术研究委员会联合举办。广东省、广州市政协的负责人吴南生、王屏山、张汉青参加了座谈会。

国务院对衡广铁路复线全线开通发出贺电

全文如下:

铁道部和湖南、广东省人民政府,并转衡广铁路复线建设指挥部以及参加建设的工程技术人员、工人和干部同志们:

衡广铁路复线全线开通,是我国铁路建设的又一重大成就。国务院特向你们表示热烈的祝贺和亲切的慰问!

衡广复线是国家重点建设工程,技术要求高,施工难度大,建设任务艰巨。几年来,在全国各地区、各部门的大力支持下,所有参建单位和全体建设者坚持改革开放的方针,以极大的政治热情和高度的责任感,团结协作,顽强拼搏,精心设计,精心施工,战胜了重重困难,安全、优质、高效地实现了开通目标,并在复线建设中,做到施工、运输双丰收,创造了营业铁路技术改造的新经验;坚持既建路又育人,加强精神文明建设,谱写了铁路建设史上的新篇章。

希望你们认真贯彻党的十三届三中全会精神,继续发扬艰苦奋斗、勤俭建国的光荣传统,谦虚谨慎,再接再厉,为我国社会主义现代化建设作出更大贡献!

国务院

1988年12月15日

能源部推出电力体制改革方案

经国务院批准,我国电力工业管理体制将作重大改革,能源部今天正式推出改革方案:在现有以跨省电网为独立核算单位、集中统一基础上,所有省电网都实行独立核算、成为经济实体。

这一改革方案是根据国务院制定的"政企分开、省为实体、联合电网、统一调度、集资办电"的方针,在华东电力局改革试点两年的基础上提出来的。其目的在于增强电力企业的活力,调动各方面办电的积极性,以加快我国电力工业的发展。全国各电力局将陆续全面推行这一改革方案。

按照上述方案,省电力局将改建为省电力公司,跨省网局将改为电力联合公司。省电力公司和联合电力公司都是独立核算、自负盈亏的经济实体,具有法人地位。

各电力企业的内部经营机制也将进行配套改革。

——电力企业将全面实行承包经营责任制,即:包上交国家利润,包完成技术改造任务,按售电量提取工资总额。

——各类新建电厂均实行独立核算,电价要保证其具有还本付息的能力。

——实行调解电价。鼓励有调解能力的电厂调解,按其调解的能力和时间分档计价。

农业部 国家计委 国家科委 国家教委联合在北京召开全国乡镇企业技术进步会议

会议提出乡镇企业要从依靠增加劳力、设备、资金扩大再生产,转移到依靠科学技术进步上来,实现从外延到内涵的战略转移。

我国的乡镇企业目前已拥有近9000万农民职工,去年实现产值4700多亿元。

近年来,乡镇企业虽然加快了技术进步的速度,但总的来看还是以外延扩大为主,技术水平低的状况未能根本改变。有关方面提供的数字表明,目前,乡镇企业职工中工程技术人员仅占0.83%,大专水平的占0.068%,初中水平的占职工总数的51.2%,还有37.5%是小学以下水平。科技人员比例是国营企业的1/10,大学学历的人员比例是国营企业的1/56。乡镇企业的主要设备大多数是70年代以前的产品,有些是三四十年代的水平。

由于技术素质差,1980—1985年,全国乡办工业产值年平均递增22.7%,物耗率年平均递增7.5%,技术进步对总产值增长的贡献仅为26.5%,和国营工业有一定的差距。

何康在讲话中指出,乡镇企业面临严峻的挑战。尤其是原来在税收、信贷等方面的优惠政策取消了,低工资的劳动力优势也逐渐丧失,生产资料价格上涨和能源、原材料紧张对乡镇企业冲击更大。目前,国家对国民经济进行整顿、治理和调整,乡镇企业首当其冲。

面对这样的形势,出路何在?何康指出,就在依靠科技进步,增强竞争能力和应变能力。何康说,今后乡镇企业要服从国家宏观指挥和产业政策,压缩投资规模和过快的增长速度,主动调整产业结构和产品结构,重点放在落实"星火计划",加快技术进步改造、降低物耗、治理污染、提高效益上。

会议提出了分地域、分层次、因地制宜分类指导的原则。要求各地正确地选择先进的但同时也是本地区适用的技术;多渠道培训和引进人才;有计划地对现有企业进行技术改造;把有限的物力、财力投入到出口创汇和短线产品上,投向能源、原材料、农副产品加工业等。要以产品更新换代带动生产工艺、设备的更新。要求把高耗能、污染严重、不能保证质量的陈旧设备分批淘汰。

外交部部长钱其琛在北京同伊朗外长阿里·阿克巴尔·韦拉亚提举行会谈

中华美国学会和中国社科院美国研究所在北京联合举办中美建交10年学术讨论会

150多位中国学者和美国驻华使馆官员以及在京美国知名学者参加了开幕式。

在为期两天半的学术讨论会上,与会学者将就外交与军事战略、经济贸易和社会文化3个专题进行讨论。

开幕式由中国科学院副院长、中华美国学会会长李慎之主持并致开幕词。美国驻华大使洛德在会上发表讲话,美国研究所所长资中筠作了学术报告。李慎之指出,中国和美国建交是当代国际关系中的一件大事。总的说来,10年来中美两国是在合作不断发展、友谊继续增进的道路上前进的。洛德大使对10年前的今天美中两国宣布建立外交关系表示祝贺。

《中华人民共和国药典》英文版全球发行

中国药典已出过4版。这部英文版药典选择了1985年版的绝大部分品种,收载传统药575种、现代药636种,基本反映了中国药品的现状。它的发行,为我国医药制品进入国际市场创造了条件,也为国外药厂向我国出口提供了方便。

这部药典由我国30多位医药学专家编译,由人民卫生出版社和香港中国医药图书公司出版。

12月16日

国务院总理李鹏和美国总统里根互相致电致函祝贺中美建交10周年

李鹏总理在贺电中说,中美建交是两国关系发展史上的里程碑,也具有重大国际意义,它不仅为两国在各个领域的友好交往开辟了广阔的前景,而且有利于亚太地区以及世界的和平与稳定。10年来,由于两国政府和人民的不懈努力,中美关系得到了显著的发展。

他说,10年的历史证明,尽管中美两国社会制度和意识形态不同,只要双方严格遵守和平共处五项原则,两国关系能够不断克服困难和障碍,健康地向前发展。

他表示希望,在今后的岁月里,中美关系将能得到"长期、稳定的发展"。

里根总统在贺信中认为,中美关系在建交后的10年中不断发展并日趋成熟,并为今后更加牢固的关系打下了基础。

他说:"我特别引以为自豪的是,两国关系在我任总统的8年内成绩显著。在此期间,美中两国在重要国际问题上所保持的高层对话,不仅为美中两国,也为其他国家带来了一个更为安全和更加稳定的世界。"

里根希望扩大美中两国的"友谊和合作",并深信两国在这方面将能获得更大的成就。

国家确定大规模开发利用长江

据《人民日报》报道,即将出台的国家国土总体开发规划已确定沿长江发展一批大产业,并把长江中游地区列为本世纪末全国综合开发的重点地区之一。据悉,"七五"计划期间,经国家批准的沿江省、市基建投资共安排了1040亿元,约占国家投资总额的21%。

长江是我国第一大江,长江流域是我国近代工业的发祥地之一,它横跨东、中、西三大地带,拥有100多个大、中、小城市,在振兴我国经济中具有特殊地位和作用。

这些年来,当长江沿岸的省、市看到沿海开放地区经济充满了活力、发展迅猛的时候,已有些惴惴不安了。这些省、市强烈地意识到扩大沿江对外开放、协力建设沿江经济带的紧迫感。1985年,上海、南京、武汉、重庆4个沿江城市首次召开了长江沿岸中心城市经济协调会,共同探讨长江沿岸经济带建设的横向联合问题。而今协调会的工作已进入第4年,参加协调会的城市已发展到23个。沿江城市的横向经济联合,促进了沿岸经济的发展,出现了以上海、南京、武汉、重庆等沿江重点城市为中心的经济网络。

目前,已确定由沿江城市分别牵头,对冶金、机械、建材、石化、纺织、轻工、旅游、水产等产业开展专题调查,为调整长江中游沿岸经济结构、建立区域产业密集带作前期准备工作。

中国进出口消费品质量检测中心在上海对外开业

这是我国商检机构与外国合作开展商检业务的新

尝试。

“中国进出口消费品质量检测中心”是由中国进出口商品检验总公司和瑞士日内瓦通用公正行及日本三井物产株式会社合作兴办的项目，也是新中国成立以来我国商检部门与外国公司一种新的合作。这个“中心”的成立旨在通过中外检验界的合作，加强对我国进出口消费品的质量把关，使进出口消费品均能符合各项国际标准。

这个“中心”是在中国进出口商品检验总公司上海分公司检验实验室的基础上扩建而成的。“中心”配备了现代化的检测设备，并拥有一支高水平的检测队伍，它还同国外检验机构保持密切联系，完全能胜任按国际标准检验进出口消费品的任务。

煤电油完成全年生产计划供需矛盾仍将十分突出

据《人民日报》报道，今年我国能源生产稳步增长，煤炭、石油、电力都能完成和超额完成全年生产计划，但是能源供需矛盾依然十分尖锐，今冬明春的能源紧张局势将更加严峻。能源部希望能尽快把过高的工业发展速度降下来。

今年1—11月份，超计划产煤2836万吨，比去年同期增长4.2%，预计全年可比去年增加煤炭3000万吨。原油1—11月已产12500万吨，预计今年可实现增产原油300万吨的目标。电力生产增长速度远远超过了计划增长速度，比去年同期增长10.13%，今年比去年增加电量400亿千瓦时。

在能源生产稳定增长的同时，能源供应却越来越紧张，形成强烈反差。全国到处缺电，连过去不缺电的西北地区、贵州等省也出现了前所未有的缺电局面，全国工业企业待电投产、停产待电、“开五停二”、“开四停三”比比皆是。能源紧张最主要的原因是过热的经济发展速度没有得到有效控制。以电力为例，连续3年增长速度都接近或超过10%，但是全国工业增长速度今年达到17.7%。另外，运输紧张、能源利用效率低，也是造成能源紧缺的主要因素。

解决我国能源紧张状况，当务之急是坚决压缩固定资产投资规模，调整产业结构、能源消费结构，把过热的工业发展速度降下来。能源部还提出，除要增加国家对能源的投入外，还应把现有的能源基本建设资金用好，缩短建设工期，降低造价，力争少投入、多产出、早产出，同时千方百计抓好能源节约。

首届中国食品博览会在北京开幕

全国各地5000多个厂家为博览会提供了上万种名优食品，其中既有代表我国饮食文化的传统名特食品，也有集现代食品工业技术于一身的现代食品。这是食品行业的首次盛会。

全国人大常委会委员长万里、副委员长阿沛·阿旺晋美参加了开幕式。

外交部部长钱其琛在人民大会堂举行招待会庆祝中美建交10周年

钱其琛在招待会上讲话时说，10年前，中华人民共和国同美利坚合众国正式建立外交关系是当代国际关系中具有广泛影响和深远意义的一件大事，也是两国关系具有历史意义的重大转折。10年来，中美关系发生了深刻变化，两国在许多领域里的交流与合作都取得了显著进展。

钱其琛向所有为实现中美建交、为发展两国关系作出过有益工作的两国领导人和各界人士表示衷心的感谢和崇高的敬意。他说，中美关系尽管有过一些曲折起伏，总的趋势是不断向前发展的。只要双方能顺应和平与发展的历史潮流，恪守中美三个联合公报，两国关系就可以不断地克服困难和障碍，得到稳定的发展。

他强调说，“我们应该按照‘上海公报’的精神，继续把互相尊重主权和领土完整、互不侵犯、互不干涉内政、平等互利、和平共处的原则作为指导两国关系的根本原则。”

他说：“我们应该进一步努力发扬两国关系中积极因素，消除妨碍两国关系发展的障碍。台湾问题依然是影响中美关系稳定的重大因素。”

钱其琛还说，在当前国际形势不断变化的情况下，中美之间应当加强磋商，互通情况，增进了解，继续为世界和平、人类进步和经济繁荣作出贡献。

美国驻中国大使洛德在讲话时回顾了10年来美中关系的发展。

他说，我们两国政府始终坚持“上海公报”所阐述的各项目标，决心使我们的关系能够对亚洲和整个世界的和平事业有帮助。

出席招待会的有国务院副总理吴学谦，国务委员兼国防部部长秦基伟，中顾委常委黄华、黄镇，全国人大常委会副委员长荣毅仁，全国政协副主席周培源等。

美国驻华使馆外交官员、在京的一些美国朋友也出席了招待会。

对外友协 中美友协在人民大会堂举行文艺晚会庆祝中美建交10周年

解放军环境科学研究中心在北京成立

该中心是我军高级环境科学研究机构，主要任务是承担重大的环保科研课题，侧重于军队环境保护基础理论、污染治理应用技术和环境质量评价方法的研究。

《中国监察》杂志创刊

由监察部主办的《中国监察》杂志新近创刊。邓小平为杂志题写刊名。

《中国监察》是为监察工作服务的业务指导性刊物，是对各级监察对象进行遵纪守法教育和实施舆论监督的重要工具，同时也是群众了解监察工作的窗口。

12月17日

第九次全国民政会议在中南海怀仁堂开幕

李鹏、乔石、张劲夫、廖汉生、王丙乾、王芳等领导人在开幕式前会见了会议代表并合影留念。全国政协副主席杨静仁出席了开幕式。

李鹏首先代表党中央、国务院向工作在全国民政战线上的全体同志表示亲切的慰问。他说，民政工作在我们整个政府工作中是一项很重要的工作，也是一项很困难的工作。它关系到群众的利益和社会的安定。进一步做好民政工作的关键在于深化改革。李鹏说，现在国家经济情况并不富裕，但随着国民经济的不断发展，国家和地方用于这方面的费用会有所增加，但不能只依靠国家和各级政府，还必须依靠社会保险事业的发展，用社会力量来扩大社会保障。

民政部部长崔乃夫作了《认清形势，深化改革，发挥稳定机制作用，为社会主义现代化建设贡献力量》的报告。崔乃夫在报告中总结了自第八次全国民政会议来这五年中取得的成绩和经验，分析了当前民政工作遇到的许多困难。崔乃夫指出，今后五年，民政工作的主要任务是：加强基层政权和基层自治组织建设，推进基层政治民主；进一步加强和改进优抚、安置工作；改革救灾工作，继续探索农村基层社会保障；巩固和发展社会福利事业、福利生产；加强行政区划和地名管理；制定社团法规，强化社团管理；完善婚姻法规，加强婚姻管理；加强殡葬改革和收容遣送工作；做好指导中国残疾人联合会、中国老龄问题全国委员会和领导中国社会福利有奖募捐委员会的工作；进一步加强国际交往，拓宽国际合作的渠道。

参加开幕式的还有国务院有关部委的负责同志、14个部委的代表及解放军代表。

据会议秘书处透露，参加会议的500名正式代表有89%来自基层，会议期间不安排旅游观光活动。大会将于12月21日闭幕。

国务院副总理姚依林在中南海会见参加全国建设工作会议的部分代表

姚依林说，压缩基本建设规模是一项韧性工作。对于这项工作，我们下的决心越大、越早，经济好转越快、损失越小。

他说，这次全国建设工作会议开得很好，集中研究了明后两年建设战线治理环境、整顿秩序的问题，这个问题确实是当前最紧迫的问题。首先是压缩基建规模，到目前为止，压下来的规模离我们的要求还很远。

他强调指出，能不能把基建规模压下来，关键是决心问题，决心的关键是认识问题。认识要深入，对当前面临的严重困难，有了足够认识，才会下决心。

他指出，对压缩基建规模和企业进行优化劳动组合而产生的富余人员，国家应给予妥善安排。解决施工队伍"窝工"问题，光靠建设部门难以办到，还要依靠各级党委、政府，包括省、市、县，直到农村。姚依林副总理还听取了部分代表关于市政基础设施建设、住房制度改革等方面的情况汇报。

为期6天的全国建设工作会议降下帷幕。

致公党新一届中央委员会产生

第九届致公党中央委员会经差额选举产生。这一届中央委员会共100人，平均年龄55岁，约一半中央委员、中央候补委员属首次进入中央委员会。

致公党第九次全国代表大会选举办法原拟实行差额预选、等额选举，经代表提议后改为直接差额选举。选举结果，中央委员候选人中有5位落选，候补中央委员候选人中有1人落选。

新当选的中央委员中，有安徽省人大常委会副主任、中国科技大学教授杨纪珂，骨科专家陈忠和，南开大学教授陈荣悌，国际机械研究协调中心理事长段昌国，福建师范大学教授刘文湖等。

资深的侨界社会活动家董寅初，上届致公党中央副主席黄清渠、郑守仪、湖南省湘潭市人民政府副市长王宋大、37岁的女科学家卞伯仲等，继续当选为中央委员。

第九届致公党中央委员会100名成员中，74%以上年龄在60岁以下，90%以上的成员具有大学以上文化程度。

首都各界人士在人民大会堂举行集会纪念蒋光鼐诞辰100周年

蒋光鼐先生是广东省东莞县人，青年时代立志救国，加入同盟会，参加了辛亥革命武装起义。大革命时期，他先后参加东征、北伐，屡建奇功。"九一八"事变后，他与蔡廷锴等爱国将领一起率领十九路军，不顾国民党当局的禁令，坚决抗日，浴血奋战，给敌人以沉重打击，赢得了全世界进步舆论的广泛赞扬，成为受人尊敬的抗日英雄。新中国成立后，他长期担任纺织工业部部长，1967年在北京去世。

全国政协副主席、民革中央名誉主席屈武主持纪念会。

中共中央书记处书记芮杏文代表中共中央到会向蒋光鼐先生表示深切的怀念,并向蒋光鼐先生在海内外的亲属致以亲切的问候。芮杏文说,蒋光鼐先生是中国国民党革命委员会的一位卓越的创始人和领导人,是同中国共产党长期合作的亲密朋友,他把自己毕生精力献给了中国民主革命和社会主义事业。他的爱国精神和历史功绩,坚定不移的政治节操,严于律己、宽以待人的品德,永远值得我们学习和纪念。

全国人大常委会副委员长、民革中央主席朱学范在纪念会上说,蒋光鼐先生一生高举孙中山先生的旗帜,坚持革命的"三大政策",为我国的民主革命和社会主义事业耗尽了精力,作出了杰出的贡献。人民是不会忘记的。

朱学范说,蒋光鼐先生能从民主主义革命者转变为社会主义革命者,是由于他能顺应历史的潮流和人民的需要,始终明辨方向、不断前进的结果。他是我们学习的光辉榜样。

蒋光鼐先生的朋友及家属代表吴文英、覃异之、李新、张克明、龚彬若、蒋建国等也在纪念会上发了言。

全国人大、全国政协、各民主党派中央和全国工商联、人民团体以及有关部门的负责人王汉斌、马文瑞、叶笃义、周同善、楚庄、方荣欣、许志猛、金善宝、陈仲颐、叶宝珊、郭平坦、孙越崎、程元等出席了纪念会。

国务院总理李鹏 中央军委主席邓小平签署第22号令发布《中国人民武装警察部队实行警官警衔制度的具体办法》

现发布《中国人民武装警察部队实行警官警衔制度的具体办法》,自发布之日起施行。

国务院总理 李 鹏

中央军委主席 邓小平

1988年12月17日

中国人民武装警察部队实行警官警衔制度的具体办法

中国人民武装警察部队是国家武装力量的组成部分,执行公安保卫任务,实行义务兵与志愿兵相结合的兵役制度,执行人民解放军的条令、条例。为加强中国人民武装警察部队的革命化、现代化、正规化建设,有利于部队的指挥和管理,增强团结,提高战斗力,根据第七届全国人民代表大会常务委员会第二次会议通过颁布的《中国人民解放军军官军衔条例》第三十二条规定,结合武警部队的特点,制定本办法。

一、中国人民武装警察部队警官警衔,是区分警官等级、表明警官身份的称号、标志和国家给予警官的荣誉。

二、中国人民武装警察部队现役警官警衔等级的设置,比照《中国人民解放军军官军衔条例》第二章第七条的规定执行。

警官在警衔前冠以"武警"。专业技术警官在警衔前冠以"武警专业技术"。

三、中国人民武装警察部队现役警官按照职务等级编制警衔:

(一)武警部队司令员、政治委员:中将至少将;

(二)武警部队副司令员、副政治委员:中将至大校;

(三)正军职以下警官职务等级编制警衔,依照《中国人民解放军军官军衔条例》第三章第十一条的规定执行。

四、下列单位的现役警官,符合中央军事委员会规定的评定授予现役军官军衔范围的,评定授予警衔:

(一)中国人民武装警察部队总部、总队、院校;

(二)武警边防部队、消防部队、警卫部队;

(三)武警水电指挥部、黄金指挥部、交通指挥部及所属部队,武装森林警察总队。

五、评定授予现役警官警衔的基本原则和标准按照中央军事委员会的有关规定执行。

六、首次授予现役警官警衔的批准权限:

(一)中将、少将、大校、上校,由国务院总理、中央军事委员会主席批准授予;

(二)中校、少校,由公安部部长、中国人民武装警察部队第一政治委员,司令员、政治委员批准授予;

(三)上尉、中尉、少尉,由省、自治区、直辖市公安厅(局)长、中国人民武装警察部队总队第一政治委员,总队长、政治委员或者其他有警官职务任免权的军、师级单位正职首长批准授予。

七、现役警官警衔晋级的批准权限:

(一)武警部队司令员、政治委员、副司令员、副政治委员和正军职警官警衔晋级,由国务院总理、中央军事委员会主席批准;

(二)副军职以下警官警衔晋级,按照现役警官职务的任免权限批准。但是,下列警官警衔晋级,按照以下规定批准:

副军职、正师职警官和担任高级专业技术职务的警官晋升为少将的,由国务院总理、中央军事委员会主席批准;

副师职警官和担任高级专业技术职务的警官晋升为大校的,由公安部部长批准;

正团职警官和担任中级专业技术职务的警官晋升为上校的,由中国人民武装警察部队第一政治委员、司令员、政治委员批准;

正营职警官晋升为中校、副营职警官和担任初级专业技术职务的警官晋升为少校的，由省、自治区、直辖市公安厅(局)长、中国人民武装警察部队总队第一政治委员，总队长、政治委员或者其他有警官职务任免权的军、师级单位的正职首长批准。

八、现役警官警衔的降级、取消和剥夺，按照《中国人民解放军军官军衔条例》第六章的规定执行。

九、现役警官授衔仪式在公布授予警衔命令的同时举行。授予将官警衔的仪式，由武警总部组织实施，国务院、中央军事委员会领导同志或受国务院、中央军事委员会委托的有关同志前往授衔。授予校官、尉官警衔的仪式，由武警总部机关、总队、支队、院校和其他军、师级单位根据具体情况组织实施。

十、中国人民武装警察部队警官警衔的肩章、符号式样和佩带办法，由国务院和中央军事委员会颁布。

十一、上述各条未作规定的事项，均按《中国人民解放军军官军衔条例》的有关规定执行。

十二、中国人民武装警察部队实行警官警衔制度的同时，依照中央军事委员会颁的《中国人民解放军文职干部暂行条例》，实行文职干部制度。部分现役警官改任文职干部，由武警总部结合实际情况组织实施。

十三、中国人民武装警察部队士兵，依照《中国人民解放军现役士兵服役条例》，实行士兵警衔制度，在称谓上应与人民解放军有所区别，授予士官警衔的改称为“警士长”、“专业警士”、“警士”，士兵在警衔前冠以“武警”。其他士兵的警衔等级区分与中国人民解放军士兵等级区分相同。

中国人民武装警察部队士兵警衔制度，由武警总部组织实施。

1987 年全国教育好新闻评选揭晓

该评选由中国教育新闻工作者协会举办，共有 203 件作品获奖，其中一等奖 34 篇(报纸、通讯社、广播系统 12 篇)。

参加这次评选活动的有全国数十家报纸、电台和通讯社以及 30 家教育期刊、400 余家大学校报，选送作品达 1400 多件。

《简明编辑出版词典》问世

这是国内第一部为编辑出版工作编撰的工具书，由王业康主编，近日由中国展望出版社出版。这部词典以收入有关图书编辑、出版工作中最主要、最常见和通用的名词、术语、知识为主，适当收入报刊编辑出版的有关词目，共 1380 余条，具有科学性、系统性、稳定性和实用性。

中国选手在多伦多第一届世界杯短池游泳赛上获两枚金牌

中国选手陈剑虹在男子 50 米蛙泳决赛中，以 28 秒 40 的成绩战胜了匈牙利、加拿大、瑞典和英国的全部对手，夺得第一名，并刷新了这个项目的全国短池纪录。接着，他在 17 日进行的男子 100 米蛙泳决赛中，以 1 分 1 秒 87 的最快速度第一个抵达终点，夺得了第二枚金牌。

12 月 18 日

纪念党的十一届三中全会召开 10 周年理论讨论会在北京开幕

赵紫阳、杨尚昆、李鹏、万里、乔石、胡启立、姚依林、芮杏文、温家宝等领导人来到纪念党的十一届三中全会召开 10 周年理论讨论会上。他们代表党和国家向全国的理论工作者们致意。

中共中央总书记赵紫阳在会议开幕式上讲了话。

中宣部部长王忍之在开幕式上致辞说，社会实践的进步，必然伴之以理论上的发展。10 年来，理论研究工作实现了从“以阶级斗争为纲”到为现代化建设服务的转变，由封闭状态到开放状态的转变。他指出，我们党在建设和改革的实践中，在对社会主义再认识的过程中，发挥和发展了一系列科学理论观点。它标志着马列主义、毛泽东思想在我国有了发展，为马克思主义理论宝库增添了新内容。同时他也指出，我们的理论研究，同社会主义现代化建设和改革开放实践还很不适应，落后于实践的要求。他认为，我们国家的改革，必须有理论上的强有力的指导和支持。他希望理论工作者拿出有真知灼见、有科学价值的成果，给奋进中的人民以强大的理论力量。

这次会议是党中央委托中宣部、中央党校和中国社会科学院联合召开的。全国社会科学战线上的理论工作者为会议选送了 900 多篇学术论文。最近遴选出的 191 篇入选论文内容涉及社会主义商品经济理论、国情调查、体制改革研究等诸多方面。会议进行 5 天。

致公党九届一中全会选举董寅初为致公党中央主席

致公党第九次全国代表大会在北京闭幕并通过新章程

闭幕式上，通过了大会决议、向退出中央委员会的老同志的致敬信和关于党章的决议。

大会要求全党各级组织和全体党员，坚持改革，积极投身于改革和经济、文教、科技等工作的实践，为治理经济环境、整顿经济秩序作出贡献；参加对党政机关腐败现象的监督和检查工作，和中国共产党一起，同心同德，共渡难关，夺取改革和建设的更大胜利。大会号召全党同志致力为公，高举爱国主义和社会主义旗帜，广泛联系海外侨胞、台湾同胞、港澳同胞，扩大和发展海外爱国统一战线，开创致公党工作的新局面。

致公党中央常务副主席杨纪珂在闭幕词中提出了对党员的要求：严格地廉洁奉公，致力为公；随时准备接受人民对自己工作的监督。

修改后的致公党章程，扩大了致公党的吸收面。不仅在归侨、侨眷中发展党员，致公党今后还将吸收港、澳、台属和与海外有联系的各界人士(如留学人员等)中有代表性的人士、专家学者。

新章程首次提出了致公党的政治纲领：高举爱国主义和社会主义两面旗帜，以社会主义初级阶段的基本路线为指针，团结全体党员以及所联系的归侨、侨眷和海内外亲友，发扬爱国爱乡的光荣传统，共同为统一祖国、振兴中华，把我国建设成为富强、民主、文明的社会主义现代化国家而奋斗！

闭幕式由副主席王宋大主持。

民盟中央在北京举行农业问题研讨会

有30多位专家参加的这次研讨会，肯定了10年来我国农业取得的成就，同时重点研讨了粮食、土地制度、农产品价格问题以及治理经济环境、整顿经济秩序对农村经济的影响。会议呼吁，必须从根本上改变工业倾斜政策，增强农业是国民经济基础的认识，大幅度增加物质投入，发展粮食生产和多种经营，改变总供给落后于总需求的现状。

这是民盟中央首次举行农业问题研讨会，民盟中央负责人说开展这类活动是民主党派参政议政的一个新形式。

中央农村政策研究室主任杜润生和民盟中央副主席高天、叶笃义、陶大镛、罗涵先、冯之浚等参加了会议。

我国农业利用外资成效显著前景乐观

据新华社报道，自1980年以来，我国农业(包括林、畜牧、水产等)利用外资总额已达20多亿美元。其中，由农业部组织签约的有17亿美元，用于270多个项目。

农业利用外资的渠道主要来自世界银行、国际农业发展基金会和世界粮食计划署等国际组织的多边项目，以及日本、加拿大、联邦德国、澳大利亚等20多个国家政府的双边贷款。这些外资贷款期长，利息优惠。此外，还有无偿援助的设备。

外资为我国农业发展注入了活力。

——弥补了农业资金的不足，增强了农业的投入能力。“六五”期间，农业部平均每年引进的外资为1.5亿美元，这个数额相当于同期国家给农业部基建拨款的60%。“七五”期间利用外资仅世界银行贷款已经签约执行的大型项目就有5个，总金额达3.73亿美元。它们包括：北京、上海、哈尔滨、沈阳、成都、重庆、杭州和南昌8城市淡水养殖项目，江西、福建红壤开发项目，新疆农业综合发展项目，浙江沿海滩涂开发项目和北方灌溉项目。

——成功地开发了华北平原、三江平原和北大荒等一批重点农业项目。如世界银行1982年签约的华北平原农业开发项目，贷款6000万美元。经过5年的综合治理，涉及山东、安徽、河南三省九县的300万亩盐碱地农作物产量大幅度增长，粮棉单产均比项目评估时提高1倍；又如1983年签约的黑龙江农垦项目由世界银行贷款7000万美元，加上国内配套资金，改造了北大荒300万亩荒地，从1983年到1987年共生产粮食60多万吨，上交国家40多万吨。

——引进了一批先进技术设备，加快了我国农业技术的改造。如北京市引进匈牙利的养鸡设备，建立了从品种繁育、饲料加工、畜牧工程、兽病防治等整个养鸡生产体系，大大缓解了北京市居民吃蛋难问题。

利用外资引进的一批具有国际先进水平的科教仪器设备，重点装备了全国7所农业高校和9个农业科研中心，为加强我国的农业科研工作创造了良好条件。

——利用外资培训了大批管理和技术人才。据不完全统计，1980年至1986年，我国派出农业访问学者410多人，分别到16个国家进行合作研究和进修。通过世界银行的农业科教项目，共派出留学生1500人。

有关专家对我国农业利用外资给予了很高的评价。世界银行驻中国代表处代表林重庚先生认为，华北平原农业开发项目是世界银行在中国搞得较成功项目的范例。

全国医药管理局长会议在北京召开

会议提出，目前医药流通环节混乱，特别是多方插手医药批发业务，扰乱了医药市场，因此要把整顿医药市场秩序，严格批发管理，增加有效供应，保证人民用药需要作为明年医药工作的基本任务。

国家医药管理局局长齐谋甲说，一个时期以来，多方插手医药批发业务，干扰了主渠道经营。一些单位不具备条件也经营药品，个别单位抬价抢购、加价倒卖紧缺药品，增加了患者负担，人为地加剧了这些药品的紧缺程度。一些不法分子搞掺杂使假，以次充好，甚至出售过期失效、伪劣和禁售药品，严重危害人民健康和生命安全。

齐谋甲指出,医药商品是治病救人的特殊商品,必须严格按照《药品管理法》和有关规定生产和经营。要加强行业管理,全面整顿医药市场,重点整顿批发环节,坚决纠正多方插手医药批发的混乱现象,理顺医药流通渠道,充分发挥国营医药商业的主导作用。

齐谋甲强调,要严格药品价格管理,稳定药价。医药工商企业必须严格执行国家价格管理规定,属于国家管理的品种要严格执行规定的出厂价、批发价和零售价,不得随意变动。要坚决制止各种乱涨价、变相涨价和易地涨价、及商品迂回运输、囤积居奇等行为。化学原料药应直供制剂厂,不得增加中间环节,层层加价,不得越权提价。国营医药工商企业要起模范作用。

12月19日

国务院总理李鹏在人民大会堂同印度总理拉吉夫·甘地进行正式会谈

李鹏指出,中国和印度都是亚洲具有古老文明的国家,也是世界上两个人口最多的发展中国家,中印两国高级领导人在中断了长达30多年的相互交往之后,今天拉·甘地总理率团访华,这个举动本身就值得称赞。

在谈到国际形势时,李总理说,当前世界形势发生了很大变化,出现了一种缓和的趋势。世界上越来越多的人认为应建立国际政治新秩序和国际经济新秩序。这种形势对世界人民、对发展中国家、对中国和印度都是有利的。

李总理强调,中印两国领导人过去倡导的和平共处五项原则有强大的生命力,不论社会制度相同与否,在处理国家关系时,只能按照和平共处五项原则。中印两国作为和平共处五项原则的倡导者,应成为执行和平共处五项原则的典范。50年代时,中印关系曾非常友好。以后由于众所周知的原因,中印关系恶化,甚至发生冲突,这是不幸的。我们希望这种事今后不再发生。和平与发展是当代世界的潮流,我们应顺应这个潮流。中印改善关系不仅对两国有利,也有利于亚洲和平。中印两国有许多地方可以相互借鉴,相互学习。

在谈到双边关系时,李总理说,妨碍两国关系改善的问题是中印边界问题,只要双方有诚意,本着互谅互让的原则寻求解决边界问题的途径,经过不懈努力,这一问题是可以解决的。

李总理还说,中国政府注意到历届印度政府的原则立场是:西藏是中国的一部分;印度不干涉中国的内政;印度不允许西藏的分裂主义分子在印度进行分裂中国的政治活动。我们赞赏印度政府这一原则立场。

拉·甘地总理在会谈时说,当前国际形势确实发生了很大变化,但也存在着一些“陷阱”。就国际形势而言,最基本的问题是要消除紧张的根本因素,因此,他同意李鹏总理所说的要在世界上建立国际政治新秩序和国际经济新秩序的主张。要用和平共处来取代扼制的概念。他说,中印之间最困难的一个问题是边界问题,我们应以和平友好协商的方式来解决这个问题。印度方面有决心通过互利互惠来解决这个问题。他认为在这个问题解决前,在维持边界的和平与安宁的同时,两国可在双边关系中的其他领域增加来往与合作。

在会谈中,拉·甘地总理还重申,印度政府关于西藏问题的政策没有变。西藏是中国的一个自治区,印度政府不允许任何政治势力在印度进行有害于中国、被视为干涉中国内政的政治活动。

拉·甘地总理感谢中国政府对他的邀请和友好接待。他说,毫无疑问,我这次访华将是一次难忘的访问。他希望这次访问能给印中关系带来一个新的友好的开端。

随同拉·甘地总理访华的印度外交部部长纳拉西姆哈·拉奥、商业部部长迪内希·辛格、司法兼水利资源部部长B.尚卡阿南德参加了会谈。中方参加会谈的有:外交部部长钱其琛、中方陪同团团长、冶金工业部部长戚元靖、对外经贸部部长郑拓彬等。

国务院总理李鹏在人民大会堂举行记者招待会就中印关系建立国际政治新秩序及柬埔寨等问题答中外记者问

李鹏总理在回答关于中印关系的改善是否会影响中国同南亚国家的关系问题时强调,中国同南亚各国有着非常友好的合作关系。中印两国关系的改善和发展不会影响中国和南亚国家的友好关系。南亚国家之间确实存在一些问题和分歧。这些分歧我们希望能按照和平共处五项原则通过友好协商加以解决。

有记者问,中国提出建立新的国际政治新秩序,其含义是什么?印度应起什么作用?

李鹏总理说,新的国际政治新秩序就是用和平共处五项原则来处理国与国之间的关系。这一原则是中印两国领导人共同倡导的,因此,中印都应为建立这一新秩序作出自己的贡献。拉吉夫·甘地总理来华访问就是实行这一原则的具体行动。对此,我表示赞赏。

在回答记者提出的关于中印边界问题时,李鹏总理说,边界问题确实是影响两国关系的一个重大问题。甘地总理来访为解决这一问题创造了一个良好的机会,是一个好的开端。今天两国总理就这个问题作了长时间的会谈,而且会谈还要继续进行下去。为了给继续会谈创造一个良好的气氛,我不宜作具体的回答,请原谅。

关于柬埔寨问题,李鹏说,我们主张柬埔寨成立一个以西哈努克为首的四方联合政府,缺任何一方都不行。中国同意进行国际监督,而且同意派国际维持和平部队。如果越南撤军的话,包括中国在内的各方面都应停止对柬各方的军事支持,为了使国际社会放心,随着越南撤军的进行,我们将逐渐减少对柬埔寨的军事援助。中国在柬埔寨不谋求自己的任何利益。

外交部发言人就台湾当局弹性外交发表谈话

全文如下:

最近一个时期,台湾当局一些人士接连发表讲话,表示要加强推行所谓"弹性外交",公然声称要同一些与我建交的国家发展"官方关系",包括设立所谓"中华民国商务办事处",把一些民间机构升格为"总领事馆",甚至建立或恢复"外交关系";还力图重返政府间国际组织,制造"两个中国"或"一中一台"。台湾当局的上述动向,不能不引起人们的严重关注。

对此,外交部发言人受权发表如下谈话:

中华人民共和国政府是代表全中国的唯一合法政府,台湾是中国领土不可分割的一部分,这早已为国际社会所公认。在国际交往中,中国政府历来坚持在和平共处五项原则的基础上发展与各国的友好合作关系,反对与我建交的国家同台湾建立官方关系和进行具有官方性质的来往。对完全属于民间性质的经济贸易和文化来往我们向来不持异议。我们的上述立场得到世界各国的尊重。我们同各国的友好关系正在进一步发展和深化。对于绝大多数国家恪守双方建交时在台湾问题上达成的协议或谅解,拒绝与台湾建立官方关系和进行具有官方性质的来往,我们深表赞赏。我们相信,台湾当局所推行的"弹性外交"的图谋是难以得逞的。

中国政府一贯反对在国际组织中出现"两个中国"或"一中一台"的严正立场是十分明确的,也得到了各国政府的充分理解和支持。早在1971年联合国就通过决议,恢复了中华人民共和国的合法席位。据此,联合国已把台湾从其所有机构中驱逐出去,联合国系统的机构决不能与台湾发生任何联系。这一原则也应适用于其他政府间国际组织。个别政府间国际组织,例如亚洲开发银行,在我国政府与有关国际组织协商同意后,允许台湾当局以"中国台北"的名义参加。这只是一种特殊安排,决不能被认为是可以普遍适用于其他政府间国际组织的模式。

应当指出,台湾当局竭力推行所谓的"弹性外交",就是在制造"两个中国"或"一中一台"。这不仅违背了它一再声称"中国只有一个"的立场;也与海内外关心祖国统一的中国人的心愿相悖。我们希望,台湾当局能认清形势,顺应潮流和民心,以中华民族的利益和大局为重,停止不利于祖国统一的活动,并进而与我们一起,为实现中国的和平统一作出努力。只有这样,台湾才能与大陆一起共享我们伟大祖国的尊严和地位。

司法部有关部门负责人就律师资格标准问题答记者问

该负责人说,律师资格考试是一项重要改革。它符合"公开、平等、竞争、择优"选拔人才的原则,也是保证律师人员质量、杜绝在发展律师队伍中的各种不正之风的有效办法。

据他介绍,目前世界上大多数国家取得律师资格都需要通过严格的考试,我们借鉴国外律师管理工作的有益经验,实行律师资格考试,不仅受到社会各界的欢迎,而且在国际上引起反响。

在谈到今年律师资格考试达到什么样的标准才可以取得律师资格这个问题时,该负责人说,今年实际参加律师资格考试的人数为77617人,取得律师资格的标准应当定得实事求是,既要保证质量,又要符合当前考生的实际情况,不能定得过严或过宽。我们经过全面、深入、细致的调查研究后,决定把今年取得律师资格考试的标准定为:1. 各科考试成绩都及格的。2. 总平均分每科成绩在65分以上的(即考5门的,总分在325分以上;考4门的,总分在260分以上)。有的省、自治区、直辖市司法厅(局)还可以结合本地区的实际情况,在此标准分数线以上适当掌握,并报司法部备案。3. 考虑少数民族地区的实际情况,予以适当照顾,对在民族自治区、自治州、自治县内应考人员采用每科加5分的办法,对自治区首府一般不实行加分,采用此项办法授予律师资格的有关省、自治区应提出具体方案报司法部批准后,方可开始授予律师资格的工作。

他还说,当前在授予律师资格时,各地司法局应对被授予资格人员的政治表现和道德品质等情况着重进行考查。希望律师管理部门应对此进行监督,加强管理工作。

全国清查涉外经济合同工作告一段落

据《人民日报》报道,历时1年的全国清查涉外经济合同工作现已基本告一段落。监察部组织、推动的这项清查工作取得了明显成果,共发现有疑点和问题的合同5498份,占合同总数的0.4%。对有疑点和问题的合同,监察部立案查处214件,处分了一批违法违纪人员,其中处级以上干部56人,为国家挽回了大笔经济损失。

监察部从1987年7月起，组织、协助有涉外经济合同清查任务的60个部委、局和30个省、自治区、直辖市人民政府对1984年以后签订的涉外经济合同进行了全面的检查和清理。同时，还配合林业、机电行业对引进设备情况进行了系统的专项清查。一年来，先后清查了进出口贸易和设备技术引进等方面的合同171万份，涉及金额1584.4亿美元。已经查清结案的严重违法违纪行为，除报刊已披露过的外，还有一些比较典型的案例。如，铁道部南口工厂一位原副总工程师为让其子赴日留学，向外商提供我内部有关引进设备的技术资料，给技术引进工作造成了困难。又如，湖南省茶叶进出口公司与联邦德国埃克公司签订出口240多吨红碎茶合同，我方在未收到信用证的情况下就发货，对方以质量不好为由压价近30%，使我方损失9.8万英镑。沧州市无线电三厂与外商签订引进片状电阻合同，规定以美元结算，但其擅自应外商要求改为日元结算，结果损失上百万元。太原铝材厂为1个引进项目，1年之中先后派出14个考察团组，71人次出国，花费80万元人民币，其中有两个考察组在分别考察了美国、法国、意大利和英国后竟在日本碰头，实际上是假公济私、搞公费旅游。

清查涉外经济合同发现的问题说明，我国在涉外经济工作管理上还存在薄弱环节和漏洞，涉外经济干部队伍中确实存在腐败分子，他们在政治上、经济上给国家造成了很坏的影响。但是，从总的清查结果看，我国自改革开放以来，绝大部分涉外经济合同的签订和执行情况是良好的，对促进我国国民经济的发展、科学技术的进步和扩大对外经济交流起了重要作用。绝大多数干部忠于职守、廉洁奉公，是经得起改革开放考验的，为发展我国的外向型经济作出了积极贡献。

监察部组织的这次清查涉外经济合同工作，是我国各级监察机关恢复组建后接受的第一项重要任务，它不仅使广大涉外经济工作干部受到了实实在在的法纪和政纪教育，促使涉外工作部门改进管理和加强廉政建设，而且也为监察部门今后全面开展以廉政为重点的行政监察工作锻炼了队伍，积累了经验。

海南发射场成功发射探空火箭

上午9时8分43秒，中国自行研制的“织女一号”火箭从海南岛西海岸的发射场腾空而起，乳白色的火箭喷着红色的火焰冲上蓝天。

2分10秒后，火箭上升到预定高度，箭头与箭体自动分离，5分钟后，箭体溅落在北部湾预定的海域之内。装在箭头内的探测仪器脱离头锥后，在大气层中漂移两个半小时后在距发射场64公里处着陆。

设在海南岛儋县富克地区的发射场总指挥部报告说，参试的火箭、探空仪器、发控系统、雷达跟踪系统和遥测系统以及数据采集处理系统工作良好。探空仪在高空漂移期间发回所有信息被地面系统接收。

在场专家们指出，这次探空实验使中国科学家第一次直接获得了赤道区域中层大气参数，对发展中国的空间科学和航天技术以及促进中外空间合作具有重要意义。

由国防科技大学和中国科学院联合研制的“织女一号”火箭系统是中国探空火箭系列的一种新型号，这次是首次正式投入使用。

关于治理环境整顿秩序思路的经济学术研讨会在武汉举行

全国高教系统的经济理论工作者在研讨会上着重谈了以下5个方面的问题。

一、治理环境、整顿秩序与深化改革的关系

主要有三种观点：(1)目前经济环境不好，经济秩序紊乱的原因，是中央放权太多和过快，因而需要通过治理和整顿，重新协调中央、地方、企业各自的权力。这种协调本身就是改革，因此，治理和整顿也就是改革。(2)改革就是要改变旧的体制，但治理环境和整顿秩序不是改革旧体制，而是为进一步深化改革创造有利条件，因此，治理、整顿本身并不是改革。(3)经济环境不好和经济秩序紊乱，主要是由原有体制造成的，是一种体制病。这种体制病只有通过改革才能消除。因此，治理、整顿既是为深化改革创造条件，同时，治理环境和整顿秩序也只有通过改革才能达到目的。

二、治理经济环境的思路与方法

与会同志认为，治理环境的核心是治理通货膨胀，并对如何治理通货膨胀提出了不同的看法。部分同志认为，治理通货膨胀的关键是稳定物价，因而主张通过稳定物价减缓通货膨胀的压力。有的同志认为，只有增加供给，才能消除通货膨胀，因而主张通过提高利息率、发展轻纺工业、挖掘企业潜力等办法增加有效供给，以减缓货币多而物资短缺的矛盾。还有一些同志认为，超量发行货币是目前体制推动的，因而要消除通货膨胀就必须推进经济体制改革。也有同志认为，消除通货膨胀的主要办法是回笼货币，但在如何回笼的方式上又有分歧。

三、整顿经济秩序的思路与方法

对整顿经济秩序的内涵，与会代表理解不一，因而，提出整顿的重点、思路与方法也各异。概括起来有4种思路：(1)要消除不符合商品经济运行规则的“官倒”、“私倒”，打击非法倒买倒卖的经济活动，因而整顿的重点是整顿行政性公司，完善和健全社会主义法制。(2)双轨制是舞弊的温床,因而整顿秩序的目标应该是逐步消除双轨制,深化价格改革。有的同志还提出,整顿的主线是严肃价格制度。(3)整顿是为了克服企业行为的短期化和不规范化,因而,整顿的重点应是协调企业的市场行为秩序。企业的市场行为秩序紊乱在于产权关系不明晰,而后者又是由所有制形式不合理引起的,因此,整顿秩序的关键是推进所有制改革。(4)经济生活紊乱的原因之一,是宏观决策失误,整顿的着眼点应落在改革现行的宏观经济管理体制上。

四、治本与治标的关系

有3种理解:(1)在治理环境和整顿秩序中,行政性措施是治标,但收效快;深化改革是治本,但收效慢。因而在一定条件下,采取行政措施是必要的,但行政措施达到一定目的后,就应不失时机地推进经济体制改革。(2)采取行政措施本身就是治本。持这种观点的同志认为,这几年经济秩序紊乱,就是中央放权太多,因而必须采取有效的行政手段。(3)用行政措施治理环境和整顿秩序会有一定的收效,但行政措施不宜用得过多,否则会产生影响供给、损害企业的正常运行、损害市场发育等不良后果。因此,行政措施的运用,应以不影响改革的深化为前提。

五、协调总供给与总需求关系的思路

第一种思路:增加供给是重点。认为传统体制的弊病是无所不包的供给管理,改革开始后我们往往注重增加需求,却没有解决增加供给方面的问题,这就出现了宏观控制断层,缺乏调节供给能力的状况,因此,要以改革宏观管理体制,增加供给为出路。第二种思路:抑制需求是第一位的。认为"增加供给是治本,抑制需求是治标"的观点缺乏辩证法。我国不仅存在需求盲目增长,也还存在供给不足,从目前来看,是需求增长过快,因此,重点是抑制需求。第三种思路:对于不同性质的总需求膨胀应采取不同的治理措施。认为对需求推进型总需求膨胀,要以抑制需求为治本;对结构型总需求膨胀,主要通过需求分流导向和供给结构调整来治理;对于供给缺位型总需求膨胀,解决问题的重点应放在改革束缚有效供给增加的僵化体制上;对于由需求增长过猛和有效供给不足引起的双向型总需求膨胀,则应特别注意抑制总需求与促进总供给之间的有效配合。

郑振铎学术研讨会在北京举行

郑振铎是我国现代文学史上第一个新文学社团——文学研究会的创始人之一,曾主编对中国新文化运动产生很大影响的《小说月报》《文学周报》等刊物,并留下了《中国文学史》《中国俗文学史》等百余种论著和译著。文化部副部长高占祥在发言中称他是一位好作家、好学者、好领导者,一生追求光明和进步,是共产党最亲密的朋友。

作为共度艰难岁月的同代人,夏衍追忆了郑振铎在极其困难的条件下,为革命事业和民族文化作出的努力及贡献。夏衍称道他身上表现着中国知识分子的勇气和胆识。

这次研讨会由文化部和中国社会科学院主办。出席开幕式的有黄镇、周谷城、雷洁琼、赵朴初及有关方面负责人。

"方志文库"丛书出版

黄山书社最近出版方志系列著作——"方志文库"丛书。1988年内首次推出5部:《中国地方志综览(1949—1987)》《中国地方志争鸣》《新编方志点评》《方志记事技巧》《傅振伦方志文存》。其中,《中国地方志综览》聚集了全国方志界和部分高等院校的专家、学者100余人编成,由来新夏教授主编。该书资料宏富,门类齐全,是中国方志史上第一部大型综合性文献。附录部分载有中国历代方志发展史,堪称"中国地方志百科全书"。

中国选手在马来西亚羽毛球公开赛上获男女单打和双打4项冠军

高士其逝世

著名科学普及作家、科普活动家、中国科协荣誉委员高士其同志,因久病医治无效,于12月19日6时30分在北京去世,享年83岁。

高士其,1925年毕业于清华大学,1927年获美国芝加哥大学化学学士学位。1930年又毕业于美国芝加哥大学医学研究院。1931年回国历任中央医院检验科主任,桂林盟军服务处技术顾问、食品研究所所长,《自然科学》副主编,一级研究员。全国第一、二、三、四、五届人大代表,中国科协顾问、常委,中国科普创作家协会名誉会长,全国文联委员,中国作家协会理事,中国人民保护儿童全国委员会委员。1934年开始发表作品。1952年加入中国作家协会。其主要作品有《高士其科普创作选集(上、下集)》《高士其全集》等。

12月20日

国家主席杨尚昆在人民大会堂会见印度总理拉吉夫·甘地

会见时杨主席说,中国和印度都是世界上少有的文明古国,两国人民和政府过去关系是很好的。和平共处五项原则就是已故的周恩来总理和尼赫鲁总理共同倡导的，它为处理国际关系提出了重要的原则。这是周恩来总理和尼赫鲁总理的很大贡献。杨主席说，中印友好有利于亚洲和世界的和平与稳定。中印两国人口加在一起占世界人口的1/3，两国应该友好合作，相互学习，取长补短。至于两国间存在的问题，只要双方开诚布公地友好协商，总会找出解决的办法。

拉·甘地总理对杨尚昆主席说，尽管印中之间仍有相当的差距，但我们在对一些问题的看法上有很多共同点，我们都认为和平共处五项原则是全球发展和全人类最佳原则，印中合作会推动全球和平共处。

会见中，拉·甘地总理再次重申了西藏是中国的一个自治区、印度不干涉中国内政的立场。他说，他这次同中方领导人进行了很好的会谈，他对会谈的结果感到满意。他希望通过这次访问，印中能在众多的领域内建立两国之间的合作。

杨主席说，这也是我们的希望。

全国人大常委会委员长万里在人民大会堂邀请首都部分大专院校和科研单位的法律专家学者举行座谈

全国人大法律委员会、中国法学会、中国社会科学院法学所和政治学所、北京大学法律系、中国人民大学法律系、中国政法大学法律系、公安大学法律系等单位的13位法律专家参加了座谈会。

万里委员长在会议开始时讲了话。他说，现在中央提出了治理经济环境、整顿经济秩序的方针。要保障这项工作顺利完成，重要的一条是要有健全的法律制度，依法治理、依法整顿。

谈到立法工作，万里认为，做好立法工作除了全国人大及其常委会和国务院的努力外，还需依靠大专院校、科研单位的法律专家、学者的帮助，依靠大家的力量来加快立法工作。

万里说，议事规则本身就是一个很重要的法律，制定这个规则，对于进一步健全全国人民代表大会的工作制度，提高人民代表大会的议事效率，有着重要的意义。明确规定议事的法律程序，即能保障发扬社会主义民主，使委员和代表们在会上能够畅所欲言，提高决策的民主化程度，又能按照民主集中制的原则和法律程序决定问题，使全国人大及其常委会更好地依法行使职权，使人大工作逐步走上法律化、制度化的轨道。他请专家们就议事规则草案初稿充分发表意见，以便在进一步修改后提请全国人大常委会议审议决定，然后再提请明年召开的七届全国人大二次会议审议。

专家们在座谈会上发言认为，制定全国人大议事规则很有必要，现在的草案经过多次修改后比较完善。他们提出，全国人民代表大会要进一步开放，增加透明度，使人民群众对代表大会有更多的了解。议事规则应进一步明确人民代表的监督权，以利于人大及其常委会实行法律监督和工作监督。

专家们还就全国人民代表大会会议举行的时间、提前印发会议文件、旁听、预备会议、审议议案、审查计划和财政预决算、选举和任命国家机构领导人员、国家机构领导人员的辞职和代理人选、罢免案、询问和质询、特定问题的调查委员会、发言和表决等问题，提出了许多中肯的意见和建议。专家们还就如何加快立法工作提出了各自的见解。

全国人大法律委员会副主任委员江平、顾问黄嘉华，中国法学会副会长王叔文，中国社会科学院研究员吴大英、副研究员尤春梅、研究员周延瑞，北京大学教授龚祥瑞、沈宗灵，中国人民大学副教授董成美，中国政法大学副教授廉希圣、教授孙丙珠，公安大学教授吴杰等在座谈会上发了言。全国人大法律委员会顾问、中国法学会名誉会长张友渔作了书面发言。

彭冲、王汉斌副委员长出席了座谈会。

商业部就抓紧棉花后期收购工作发出紧急通知

通知说，今年棉花受灾减产，收购资金紧缺，收购难度较大。各地供销合作社在当地政府的领导和有关部门的大力支持下，克服困难，努力工作，目前全国已收购皮棉300多万吨。江苏、山东、安徽、新疆等省、区进度较快。预计农民手中还有相当数量的存棉待售。现少数地方出现了零星交易的棉花市场和用棉单位插手收购的情况。

商业部的紧急通知要求各地加强领导，抓紧后期收购工作，动员棉农把棉花交售给国家。要认真兑现各项收购政策，积极配合银行解决收购资金，尽快把打给农民的欠条兑成现金。后期棉花品质复杂，要严格执行国家政策和标准，加强监督检查。配合工商行政管理部门，继续加强棉花市场管理，不能有丝毫放松。棉花由供销社统一收购，不准其他单位和个人收购，对抬价抢购、倒卖棉花的，要依法严肃处理。

中国纺织品市场空前繁荣

据《中国纺织报》报道：改革10年来，我国纺织品市场有了巨大发展，预计今年衣着商品零售额将突破1000亿元，比10年前增长2.6倍。

随着人民生活水平的改善，城乡市场对于纺织品的需求日益提高。今年各种布的预计零售量将达130亿米左右，约比1978年增加80%，而同期化纤混纺布增加近4倍，呢绒、绸缎增长约3倍，毛线增长近5倍。这说明10年来消费结构有了明显的改变，中高档穿着用品的消费比重有了很大的提高。服装不仅在销售数量上有了较大幅度的增长,品种、款式、色泽等方面向多样化、流行化发展,商业网点遍布城乡,更是有目共睹的事实。

今年以来,国内纺织品市场全面畅销,并且出现过几次购货热,纺织工业系统把搞好国内市场供应作为头等大事来抓,在部分原材料和电力供应紧张的情况下,千方百计开源节流,加强宏观调控,同时努力提高加工深度和精度,用有限的资源,生产出尽可能多的适销产品,增加有效供给。

各地纺织工业部门还狠抓企业内部挖潜,消化原材料涨价等增本减利因素,力求稳定纺织品的价格。

当前纺织品市场存在的主要问题,是市销白布、棉毛衫裤、纺织小商品等供应偏紧,规格不全。有关部门已经采取措施,组织增产,搞好供应。

外经贸部规定明年起铜 铝等6种商品禁止出口 12种紧缺物资出口须申请审核

外经贸部近日作出规定,从明年1月1日起,禁止铜、铝等6种商品出口,并限制聚丙烯、铬矿等12种紧缺物资出口。

除原规定禁止出口的麝香、天然牛黄、聚乙烯(原料)、独居石外,从明年1月1日起,铜及铜基合金、铝及铝基合金、白金、黄磷、镍及镍基合金、镍材也被列入禁止出口名单。这6种商品原已签发的出口许可证在有效期内仍然有效,但最长不超过明年2月28日,届时一律作废,不予延期。

根据国内供需情况,外经贸部还规定聚丙烯、铬矿、钼矿、金属镁、金属锰、ABS树脂、聚苯乙烯、甲苯、二甲苯、铬铁、锰铁、橡胶等12种物资为紧缺物资。这些商品的出口须申请审核。

中国太平洋经济合作全国委员会第二次会议在北京召开

来自各界的60多位全国委员会委员及专家、学者出席了会议。名誉会长荣毅仁副委员长致开幕词。会议就近年来的工作和今后的发展进行了热烈的讨论。

原电子部部属大型三线企业新光电工厂被实力雄厚的红光电子管厂兼并

这是我国电子工业系统第一例大型企业之间的兼并。国务院三线办公室主任鲁大东在兼并仪式上说:"三线企业之间的兼并,有助于促进整体经济效益的提高。'红光'兼并'新光'的经验值得推广。"

新光电工厂现有职工1600人,拥有固定资产和新建厂资产近5000万元,在开发集成电路、太阳能器件、传感器产品、节能电子整机等4大类产品上具有一定的技术优势和产品优势。但由于地处四川北部深山区,交通不便,信息不灵,没能形成大宗主导产品和规模生产能力。在企业搬迁和新产品开发调整中,又遇到资金不足的困难,遂于今年10月向红光电子管厂提出了要求兼并的报告。

红光电子管厂是我国最早建成的大型综合性电子束管企业,目前在产品开发和现代化管理方面有明显优势。"新光"被兼并后,将成为"红光"的一个分厂。

首座大型太阳能干燥装置通过鉴定

由中国科学院广州能源所承担的"大型太阳能干燥示范装置"经过一年多的运行,前不久通过了鉴定。

该装置采用日晒过程和热风干燥相结合,以及通风系统等设计,使成品干燥时间从原来的3天减为2天,并节电节煤20%—40%。产品卫生无污染,优质率达99%以上。运行一年来,已收回全部投资。

广州这座复合式装置采光面积达620平方米,是目前亚洲地区最大的太阳能干燥装置,也是世界上为数不多的大型太阳能干燥装置之一。它的建成投产,为我国太阳能干燥技术的应用并商品化提供了经验。

地理图像数据库系统研制成功

国家自然科学基金资助研究的地理图像数据库系统"SYSTEM—W",由北京大学数学系和遥感研究所研制成功,并在今天通过了该委员会主持的鉴定。有关专家认为这套软件系统是一项突破性成果,具有当代世界的第一流水平。

这套软件系统是基础研究,同时具有十分广阔的应用前景。它采用了研制过程中提出的线性四元树CD表示法这种新型数据结构,并与世界上先进的DF表示法数据结构相互转换,使数据压缩率、运算能力与速度超过了国内外已有的任何地理信息系统。它不仅具有快速检索地理实体的综合信息的功能,还具有空间数据信息的复合功能,几秒钟内便可屏幕显示所检索的地图,还可在几分钟内准确地生成各种专题地图。

这套软件系统目前已被全部移植到VAX系列计算机上,可以用于资源管理、区域规划、环境监测、旅游线路确定、重大工程选址和军事部门的作战指挥辅助决策等许多方面。

据了解,这项成果是国家自然科学基金委员会主持鉴定的第15项科研成果。

国土观念教育电视系列片《土地》摄制完成

由国家土地管理局和广西青年音像中心联合拍摄的全民国土观念教育电视系列片《土地》,最近已摄制完成并向全国发行。

电视系列片《土地》包括“家园”、“社稷”、“近忧”、“远虑”4集,它以大量令人警醒的事实使人们了解我国人地矛盾的紧迫性,以富于哲理的形象阐明了“大自然是朋友不是敌人,土地是母亲不是奴隶”的依存关系,引导人们认识到土地问题是关系到中国改革能否成功和子孙后代的生存这一严峻现实,使每个公民充分认识到加强土地管理工作的重要性。人大常委会副委员长严济慈为《土地》题写了片名。

中国医学研究进入使用无菌动物时代

中国医学科学院医学实验动物研究所培育成功的无菌动物——无菌豚鼠、无菌兔,今天双双通过卫生部部级鉴定,我国医学研究从此进入使用无菌动物时代。

人与普通动物的体表、体内有许许多多的正常微生物。每克大肠内容物中,微生物的数量在10的13次方左右。人体中微生物数量比人体细胞总数还多。用普通动物作医学实验,均是动物及其携带的其他生命体共同作用产生的结果,实验精度受到干扰。能否有一种不携带其他生命体的无菌动物用于实验?科学界于上世纪末开始进行饲养研究。1946年,美国圣母大学劳邦德实验室育成无菌大鼠并建立了繁殖种群。到目前为止,国外已育成无菌的鼠、兔、猫、狗、猪、羊、牛、猴等。

我国无菌动物研究始于80年代初,经过七八年的努力,终于育成30批共261只合格的无菌豚鼠、3批14只合格的无菌兔。现在,已经可以向科研部门提供小批量无菌动物,用于医学和环境科学的广泛领域。

以中国医学科学院基础医学研究所余铬鹏教授为主任的鉴定委员会认为,无菌豚鼠、无菌兔的这一研究,设计严谨,数据可靠,科学性较强,填补了我国无菌动物的空白,达到了国际水平。

12月21日

中共中央总书记赵紫阳在钓鱼台国宾馆会见印度总理拉吉夫·甘地

中央军委主席邓小平在人民大会堂会见印度总理拉吉夫·甘地

邓小平说,中印两国人口加在一起超过18亿,占世界人口1/3还多,我们两国对人类负有共同的责任,我们应该利用现在和平的国际环境,发展自己。人们都在议论说下一个世纪是“亚太世纪”,好像这个世纪已经来到,其实,真正的“亚太世纪”要等中国、印度和这个地区其他发展中国家发展起来后才能到来。

邓小平说,我们两国共同倡议的和平共处五项原则,是最经得起考验的原则,它非常明确、干脆、清清楚楚,我们向国际社会推荐这个原则来指导国际关系,首先我们两个倡导国要实行起来,我们同各自的邻国也应该实行和平共处五项原则。邓小平说,世界上现在有两件事情要同时做:一个是建立国际政治新秩序;一个是建立国际经济新秩序。

拉·甘地总理说,现在世界上的紧张局势虽然有所减少,但仍然存有霸权主义、集团政治。国际政治新秩序应该以和平共处五项原则为基础。除此之外,我们认为,现在的经济秩序是附属关系,是对发展中国家不利的秩序,在建立国际经济新秩序领域里,我们也可以共同努力。

拉·甘地说,印中之间多年的分歧并没有减少我们之间的共同纽带,我们两国曾进行了争取政治独立的斗争,现在又正在进行争取经济独立的斗争。中国的现代化建设是一场新的伟大革命。

外交部部长钱其琛、冶金工业部部长戚元靖以及拉·甘地的主要随行人员会见时在座。

全国政协七届常委会在全国政协礼堂举行第一次专题座谈会讨论教育经费教师待遇等问题

全国政协副主席、全国政协教育文化委员会主任方毅主持会议。方毅在会议开始时说,教育经费和教师待遇问题是目前社会上普遍关心的问题之一,也是我们政协委员经常谈论的话题。全国政协教育文化委员会在年初制订工作计划时,把这个问题作为今年的工作重点,并经过了主席会议批准。

方毅说,为了实施这个工作计划,教育文化委员会9月份派出了一个调查组,会同山东省政协在山东对中小学实施义务教育中如何解决教育经费和教师待遇问题进行了调查。10月份又会同北京市政协对北京10所高等学校的教育经费和教师待遇情况进行了调查。现在调查工作已结束,并写出了调查报告。今天把调查情况向第一次常委专题座谈会作个汇报,请各位常委以及其他与会的同志座谈讨论,提出补充建议和意见,以便对调查报告做进一步修改。

方毅说,为了集思广益开好座谈会,请大家本着知无不言、言无不尽的精神敞开交换意见。对于大家的意见和建议,我们将负责地向党中央和国务院有关领导反映,目的是为了协助党和政府了解实际情况,把教育工作搞好。

全国政协教育文化委员会副主任陆平在会上作了《关于高等院校教育投资、教师待遇问题的调查报告》。

全国政协副主席杨静仁、康克清、胡子昂、周培源、屈武、马文瑞、钱学森、孙晓村、卢嘉锡和部分在京常委、全国政协教育文化委员会成员、教育调查组成员以及京、津、沪、鲁、苏5省市政协负责人及其教育文化委员会负责人出席座谈会，有关部门的负责人也参加了会议。

第九次全国民政会议在北京闭幕

民政部副部长张德江在会上透露，今年，我国自然灾害频繁，损失严重。据不完全统计，农作物受灾面积有7亿多亩，灾区粮食减产100多亿公斤，成灾人口2亿多，需要救济面积很大，重灾区缺钱缺粮。目前，部分省、区的旱情持续发展，今冬明春面临着严峻的救灾形势。

会议要求各地民政干部发扬"俯首甘为孺子牛"的精神，立即行动起来，深入村寨，对灾区群众的生活安排情况进行全面检查，及时发现问题，及时反映问题，及时发放救灾粮款，保证灾民有饭吃、有衣穿、有房住，防止出现逃荒要饭、饿死人等非正常现象。同时，还要妥善安排好特困户、五保户的生活。

第九次全国民政会议为期5天，各地代表讨论了崔乃夫部长关于民政工作的报告，分析了民政工作面临的救济费减少，事业费用短缺等突出困难。代表们认为，在目前的形势下，民政部门要积极寻找出路，加强自身建设，行使社会行政管理职能，做好各项社会福利工作，发挥社会稳定机制作用。

在闭幕式上，中国有奖募捐委员会副主任章朋作了关于有奖募捐工作的发言。他说，今年全国已有28个省、自治区、直辖市和11个计划单列城市在当地有关部门配合下成立了募委会，并发行了社会福利奖券。到年底可发行奖券5亿元，预计销售奖券4亿多元，全国可筹集社会福利资金1.5亿元左右。许多地区筹集的社会福利资金已经或正在投入使用。到年底，中国有奖募捐委员会资助的福利项目可达20个，扶持福利企业技术改造项目150多个。省、地、县的社会福利资金已投入到20多个百万元以上的福利项目和数百个中小项目，有的已产生很好的社会效益和经济效益。

中央防汛抗旱总指挥部 农业部 水利部联合召开电话会议

电话会议，动员抗旱保苗，加强越冬作物田间管理，争取明年夏季粮油丰收。

今年粮油秋冬种面积比去年增加近2000万亩，播种质量也较好。但是，近两个月来，夏季粮油产区基本无雨雪，气温偏高，蒸发量大，旱情急剧发展，受旱面积由2.6亿亩发展到3.2亿亩，其中严重受旱面积达1.4亿亩，是近10年来最严重的一年，威胁着越冬作物的生长。

会议指出，在治理经济环境，整顿经济秩序的今天，农业有举足轻重的作用，要把抗旱保苗，夺取明年夏季粮油丰收与经济全局联系起来。各级领导、各有关方面的负责同志都要把抗旱工作放在突出地位。优先落实抗旱所需的能源、化肥、农药等物资，必要时，甚至压缩其他方面的需要来保证抗旱之需，柴油、化肥等可按计划提前使用；国家的水利投资也拟打破常规，优先安排，尽可能多改善和扩大一些灌溉面积。各级领导和广大农村干部，要紧急行动起来，带领和组织农民群众抗旱保苗。各地要结合水利冬修，充分发挥现有水利设施的作用，扩大冬春灌溉面积。

根据长期天气预报，今冬明春夏粮油产区降水将持续偏少，各地要树立长期抗旱的思想，立足于春旱冬抗、春冻冬防，采取切实有力措施，打好冬春抗旱保苗这一仗。国家计委、事业、物资、运输等部门的有关领导同志参加了会议。

国务院副总理姚依林在人民大会堂会见老挝贸经部部长炮·本纳喷

国务院副总理姚依林在人民大会堂会见由外贸部部长里卡多·卡布里萨斯率领的古巴经济贸易代表团

全国乡镇企业工作会在北京召开

农业部副部长陈耀邦在会上说，如今的乡镇企业和人们原来头脑里想的乡镇企业有很大差别。

今年年初，主管部门提出的5个战略转移，即从过去主要靠扩大规模转向靠科学技术；从重产值增长转向注重产品质量；从单一依靠国内市场逐步转向跻身国际市场，沿海地区逐步以外向型为主；从分散经营转向专业化、社会化协作生产；从传统小生产经营管理转向现代企业经营管理。这5个转变已取得初步成果。

一年来，乡镇企业的70多项科研成果得到了鉴定和推广，填补了国内空白，其中有20项已达到国际先进水平。乡镇企业系统职工培训达700多万人次。1000多项产品获国家、部优称号，还有一批在国际上获奖。有19家企业被评为国家二级企业，200多家迈入省级企业行列。

外向型企业获得明显发展，全国已建成213个出口基地企业，今年出口创汇额可达60亿美元，比去年增长30%。在横向联合方面，仅与国营企业联营的乡镇企业就有1.4万多个。更有一大批企业和大专院校、科研单位联合办科研、推广和生产相结合的经济实体。乡镇企业内部跨地区、跨行业的企业集团和企业群体也在涌现。最大的浙江桐乡青石制鞋公司，在全国有21个分厂。预计，今年乡镇企业总产值可达6000亿元(约占农村经济总产值的55%左右)，其中工业产值

4200亿元,利润490亿元,税金270亿元。

关于当前形势和今后一两年战略,陈耀邦认为“治理、整顿”是治“乱”而不是治“活”,也不是旧体制的复归,因此不能看成是对乡镇企业发展的限制。今后尽管遇到的困难要比国营企业大得多,但也不能丧失信心;对发展乡镇企业不能产生动摇和疑虑。乡镇企业要主动进行清理、调整和整顿,把握机遇,迎接挑战,上新的水平。陈耀邦说,今后对东、中、西3个不同经济地带的企业,在发展方向、重点、速度方面将采取不同的政策;防止“一刀切”带来不良后果;该压的压,该保的保。

全国民办科技机构管理工作经验交流会在北京举行

会议透露,目前我国的民办科技机构发展迅速,分布广泛,管理工作已走向正规。

据统计,目前我国民办科技机构已达11000多家,从业人员近30万人。机构分布从原来的中心城市扩展到边远省市的县镇;从事开发经营的行业由过去以电子信息技术为主,扩大到化工、机械、医药、农林、新材料等20多个领域;经济性质也朝着集体、个体、股份制等多元发展。

参加这次经验交流会的代表们认为,我国民办科技机构发展较快的一个原因是,近两年各地科技管理部门本着“宏观控制、微观搞活”的方针,加强了对这些机构的领导。北京、上海、天津、武汉、大连、桂林等市已从以往科委、科协、经委、工商、财政等多头领导,变成了由科委设立实体部门统一审批管理。科委主要通过制定政策、法规等方式,对民办科技机构进行宏观管理和引导、使其活而不乱。云南省科委采取“官”与“民”结合的方法,由科委、工商、民办科技企业共同组成联合会,负责对民办科技机构的审批、职称评定、项目评定等管理服务,受到民办科技机构的欢迎。

由于加强了管理,大多数民办科技机构工作效率高,经营效益好。据统计,目前国内已有485家民办科技机构有了出口创汇项目,有的已为国家换回了外汇。不少地区的民办科技机构创造的效益对当地经济产生了较大影响。

大型文献纪录片《决定命运的时刻》摄制完成

为纪念具有伟大历史意义的中共十一届三中全会召开10周年,中央新闻纪录电影制片厂摄制的大型文献纪录片《决定命运的时刻》近日完成。

这部长70多分钟的影片,追述了百余年来中国人民为实现强国之梦而付出的艰苦努力和巨大牺牲;再现了中华人民共和国成立后,那交织着胜利欢欣和失误痛苦的蹉跎岁月,从而揭示了改革之路的历史必然性。

影片的镜头伸向20多个省、自治区、直辖市,比较全面地反映了农村改革、城市改革、对外开放等方面的成就。影片中既有改革的总设计师邓小平等党和国家领导人的写照,也有首创分田承包的凤阳农民等的实例。在展示成功经验的同时,影片也没有回避当前通货膨胀等种种困扰。

影片首次披露了1959年庐山会议和王洪文指挥武斗等电影资料镜头。

这部影片由王维澄、高尚全担任顾问,王相武任编导,曹远征、王鲁湘、阎晓中撰稿,张家声解说。

12月22日

纪念党的十一届三中全会召开10周年理论讨论会在人民大会堂闭幕

中共中央政治局常委胡启立、书记处书记芮杏文等出席闭幕式,并向入选的191篇论文、其中包括22篇优秀论文的作者发奖。

中国社会科学院院长胡绳致闭幕词。他说,“用十三大的理论进一步武装全党”的任务,极其重要,极为适时。理论工作者要充分认识和理解10年来逐步形成并继续发展的十三大的理论对于我国现代化事业的重大意义。我们只有坚持不懈地面向当代中国和当代世界的实际,运用马克思主义的立场、观点、方法,研究新情况、分析新问题、总结新经验,才能提出新见解、发展新观念,使我们对社会主义的再认识不断深化,适应时代的需要。

胡绳强调,贯彻执行百家争鸣的方针,是繁荣和发展理论的必要条件和重要途径。理论问题、学术问题上的是非,不是任何人、任何机构所能最后裁决的,而要经过不同观点、不同见解的交流、讨论、质疑问难的过程,并且经受实践的考验才能确定。这是我们必须执行百家争鸣方针的出发点。他说,马克思主义要发展就要继续克服教条主义,克服因循守旧习气。要在自己内部展开不同意见的讨论,同时要善于从人类文明的一切成果中汲取养料。百家争鸣的方针和马克思主义所固有的批判精神是完全一致的。他认为,百家争鸣方针有明确的目标,那就是为建设有中国特色的社会主义服务,为现代化建设和改革开放服务,就是要有利于造成安定、团结、民主、和谐的社会环境,有利于提高整个民族的文化素质,有利于马克思主义理论在我国的发展和加强它在意识形态中的主导地位。

胡绳说,党的十一届三中全会以来,我们的理论队伍迅速发展和壮大,就全国而言,已经初步形成了一支学科门类比较齐全的、老中青结合的理论队伍。但是,现有的理论队伍同历史所赋予的任务来说还是很不相称的，这支队伍的数量还需要发展，政治思想素质和业务素质还需要提高。

在这次为期5天的会议上，与会者回顾了10年来理论研究取得的进展，并分别就经济、哲学、文史、政法、军事等各个领域，交流了建设有中国特色的社会主义的理论研究成果，探讨了现代化建设和改革开放中的一系列重要理论问题，还就如何进一步繁荣理论研究工作进行了讨论。

大会从191篇入选论文中评选出了《中国经济改革理论十年回顾》《论产权制度改革》《论马克思主义战争与和平理论在现时代的重大变化》等22篇优秀论文。

《人民日报》发表社论《伟大的十年》

十年前的今天，中国共产党第十一届中央委员会第三次全体会议，在北京闭幕。这次会议，标志着中国的历史进入了一个新时期。这是一个结束“以阶级斗争为纲”，把全党工作重点转移到社会主义现代化建设上来的新时期，是一个解放思想、实事求是、团结一致向前看的新时期，是一个改革、开放，建设有中国特色的社会主义的新时期。

回顾十年来的历程，我们迈出了多么大的步子啊！长期束缚着我们的“左”的精神枷锁解脱了，实事求是的马克思主义的思想路线，引导我们正确地分析中国国情，清醒地认识到我们国家还处在社会主义初级阶段，从这个实际出发提出一系列指导方针、政策。亿万人民以巨大的热情投身到遍及城乡的改革大潮中去，把一项项改革设想变成了多姿多彩的生活实践。社会主义商品经济以不可阻挡之势蓬勃发展，十亿人口的绝大多数生活水平有所提高，我国经济建设发展战略第一步的任务已经基本实现。社会主义民主和社会主义法制的建设都达到前所未有的高度，社会主义精神文明建设跨入新的天地，民族精神获得巨大的解放。中国正以充满活力的、开放的形象，崛起在世界的东方，这是举世公认的。当年即使是思想很解放的同志，也未必敢于设想会有今天这样巨大的变化和发展。

十年的成就是巨大的，十年的道路是难忘的，十年的经验是可贵的。十年创造的物质成果为今后的发展打下了良好基础，十年积累的精神财富是我们继续前进的可靠参照。

十年的经验告诉我们，能够给全国各族人民带来巨大利益的正确的路线、方针、政策，既不来自其他国家的现成模式，也不来自某个圣贤的先知先觉，而只能来自实事求是，一切从实际出发，理论联系实际。必须始终不渝地坚持实事求是的思想路线。

十年的经验告诉我们，要使祖国富强，人民富裕，靠“阶级斗争为纲”，根本不灵，讲大话、唱高调，也无实效，最可靠的是扎扎实实、专心致志地把经济建设搞上去。必须以生产力为根本标准，以经济建设为中心，大力发展社会主义商品经济。

十年的经验告诉我们，社会主义社会中一些封闭、僵化的体制，已经成为生产力发展的障碍，必须通过改革、开放，增强社会主义的活力。四项基本原则是我们的立国之本，必须坚持；改革、开放是我们的总方针，决不能动摇。改革、开放赋予四项基本原则以新的时代内容，是实现四化、振兴中华的必由之路。

十年的经验告诉我们，安定团结的政治局面，民主、开放的政治气氛，蓬勃向上的精神风貌，是建设四化、克服困难的必不可少的条件。必须大力发展社会主义民主，健全社会主义法制，加强社会主义精神文明建设，坚决维护安定团结的政治局面。

十年的经验还告诉我们，执政党在改革开放、商品经济日益发展的新形势下，面临的考验更为严峻。不谋私利，为政清廉，才能大大增强党和政府的凝聚力、号召力，使正确的方针、政策得到顺利实施。必须从严治党，从严治政，大力加强党的建设。

这些最主要的经验，已经概括成为我们党在社会主义初级阶段建设有中国特色的社会主义的基本路线。这既是十年巨变的由来，也是今后继续胜利前进的正确指针。不管在任何情况下，我们都要牢记这条基本路线，坚定不移地贯彻这条基本路线。

在取得巨大成就和宝贵经验的同时，我们在前进的道路上也遇到很多困难，很多问题，当前突出的是经济生活中明显的通货膨胀，物价上涨幅度过大。为此，十三届三中全会提出治理经济环境、整顿经济秩序、全面深化改革的方针，国务院为贯彻这个方针制定了一系列的措施和规定，雷厉风行地付诸实施，并取得一定的成效。但是，我们应该清醒地看到，造成通货膨胀、物价上涨的根本原因——经济过热，社会总需求超过总供给，并不是轻而易举就能解决的，治理经济环境、整顿经济秩序，还仅仅是开始，任务还很繁重。

对于存在的困难和问题，尽管广大干部和群众有这样那样的议论，甚至发发牢骚，但是，他们仍然坚信，从总体上讲，改革的方向是对的，成绩是主要的。改革已经使全国绝大多数人得到好处。今天，谁也不可能想象从有计划的商品经济再回到大一统的计划经济去，从公有制为主体的多种经济成分再回到单一的公有制去，从联产承包责任制再回到“一大二公”的大锅饭去，也没有人提出这样的主张。历史前进到这一步，是不可能倒退的，也不允许倒退。

改革是历史的潮流，是人民的选择，这就是我们对改革毫不动摇的缘故。赵紫阳同志在十三届三中全会上传达了邓小平同志讲过的一段话：这几年我们走的路子是对的，现在是总结经验的时候。据此，赵紫阳同志提出：改革的方向必须坚定不移，步骤和方法应当审时度势，力求稳妥。要做到这一点，当然不容易，但是只要全党统一思想，统一行动，团结广大群众，大家齐心来干，并没有克服不了的困难。群众是改革的受益者、支持者，也是改革的参与者。在参与改革中，群众对改革的认识和承受力也在提高。重要的是4000多万共产党员，特别是在各级领导岗位上的党员干部，要振奋精神，模范地贯彻执行党中央、国务院的一系列措施和规定，真正做到令行禁止，并且在为政清廉的问题上作出表率，坚决同各种腐败现象作斗争，这样才能使治理经济环境、整顿经济秩序、全面深化改革的工作收到更切实的效果。

十年改革，我们取得了不曾料到的巨大成就，也遇到了不曾料到的严峻问题。改革的确是极为艰巨复杂的伟大事业。我们自己的经验，其他社会主义国家的经验，都昭示了这一点。我们持有清醒的认识，对前途充满必胜的信心。完全可以预期，再过十年，到本世纪末，当纪念党的十一届三中全会20周年的时候，我们可以更加自豪地说，这一代中国共产党人、这一代中国人，没有辜负历史的重托！

轻工业系统1989年将实行轻工产业倾斜政策

即以增加轻工市场有效供给为目标，适当集中有限的物力和财力，培育和扶持市场缺口较大的重点行业和产品，抑制长线产品的发展，实现生产要素的有效配置。这是轻工业部负责人在全国轻工业厅局长会议上提出的。

轻工业部负责人说，明年全国抑制经济发展速度，轻工业发展速度也要“砍一刀”，由今年增长16%降到明年增长10%。这一刀要砍在无效供给、长线产品和超前消费品上。安排明年生产建设，要有取有舍，有保有压，优胜劣汰，截有余而补不足。轻工行业倾斜政策的内容包括：

——对有些产业和产品，要开“绿灯”，使其通行无阻。其中包括：城乡人民基本生活必需品和市场短线产品，如纸、糖、盐等；轻工原材料产品；高回笼货币的轻工消费品，如名优电冰箱、自行车、高档卷烟；对国内市场供给影响不大的轻工出口创汇产品，如地毯、高档玩具等。

——对有些产业和产品开“黄灯”，限制生产。包括市场需求疲软的产品；加工能力超过原材料供应、短期内又难以缓和的产品；高耗能、高耗粮产品；不符合当前国情及消费水平的产品。

——凡达不到国家标准和专业标准、不符合国家有关法规、条例规定的产品，特别是损害消费者健康的食品、饮料等则要亮“红灯”，禁止生产。

中国政府同印度政府在北京签署3项合作协定

中国政府同印度政府签署了民用航空运输协定、科学技术合作协定和文化合作协定1988年、1989年和1990年执行计划。

国务院总理李鹏和印度总理拉吉夫·甘地出席了签字仪式。

中国政府和老挝政府贸易协定等3个文件在北京签字

中国政府和老挝政府贸易协定、中老两国政府关于1989年相互供应货物的议定书、中老双方关于开展边境贸易的换文在北京签署。

外经贸部部长郑拓彬，老挝贸易和对外经济联络部部长炮·本纳喷代表各自政府分别在这3个文件上签字。

中老两国政府贸易定是两国建交以来所签署的第一个贸易协定。协定指出，双方愿采取一切可能的措施发展两国间的贸易。双方在征收进口、出口和转口商品的关税和费用方面以及在进口和出口的规章手续方面相互给予最惠国待遇。

外交部发言人李肇星披露中美卫星发射谈判取得进展

李肇星在新闻发布会上说，中美两国政府经过两轮谈判，正式签署了《关于卫星技术安全的协议备忘录》《关于卫星发射责任的协议备忘录》，并草签了《商业发射服务的国际贸易问题协议备忘录》。

李肇星是在有记者问及中美最近举行的关于卫星发射贸易问题的谈判的进展时，宣布这一消息的。

他还说，在中美建交10周年之际，两国政府签署这些文件，标志着两国在航天技术领域的合作迈出了新的一步。

中国成功发射一颗实用通信卫星

北京时间20时40分，我国西昌卫星发射中心又成功地发射了一颗实用通信卫星。

卫星由“长征三号”运载火箭送入大椭圆轨道。这颗通信卫星和今年3月7日发射的通信卫星属于同一型号。

国务院总理李鹏、中央军委副秘书长洪学智、刘华清以及国家有关部委的负责同志，在西昌卫星发射中心观看了卫星发射实况。卫星发射成功后，李鹏总理代表党中央、国务院、中央军委向参加研制、生产和发射这颗卫星的解放军指战员、技术专家和干部、职工表示热烈祝贺和亲切慰问，并勉励大家再接再厉，认真做好下一步通信卫星的定点工作。

美国、法国、联邦德国、巴基斯坦、伊朗、澳大利亚、巴西等国家和地区的政府部门或公司代表，也在西昌卫星发射中心观看了卫星发射实况。这是该中心首次对外公开通信卫星发射全过程。

油画人体艺术大展在北京举行

这个展览由中央美术学院部分中青年油画家自筹资金主办，28位画家的120件人体作品参加了展出。

人体美术是绘画艺术中一个重要组成部分，而在我国，人体艺术曾长期被视为禁区。此次以人体为专题的绘画大展，将对中国美术的发展产生一定影响。对这次展览所引起的轰动，文化部副部长英若诚表示：反应热烈，这很好，但不要刮风，希望人体艺术能正常发展下去。展览的主要策划者之一、著名画家葛二鹏说：希望这是广大群众正常接触人体艺术的一个开始。这次展览将延续到1月8日。

上海医科大学黄鹤年首创新喉再造术

上海医科大学黄鹤年教授首创的“新喉再造术”，成功地解决了新喉的发音、呼吸、吞咽三功能不能协调的难题。

以往对喉癌患者进行治疗，一般是采用全喉切除后利用颈段气管重建喉部。这种手术方法虽然能恢复发音功能，但是，由于缺乏正常的喉部解剖结构，难以协调发音、呼吸、吞咽三种功能，容易发生误咽和肺部感染。采用人工喉、电子喉，说话费力，难以“得心应口”，病人承担着很重的心理压力。

黄鹤年教授积30年临床诊治1000余例喉癌患者的经验，比较了国内外各种喉癌切除后重建手术的优劣，利用喉癌患者自体可保留的舌骨、胸骨舌骨肌膜、带蒂的神经肌肉瓣等组织，重建成新喉。这种新手术方法，既根除了病变，又恢复、协调了喉的功能，它的效果比目前国内外一般喉重建方法要好得多。

新喉再造术经与联机检索，证明属国际首创。这项发明被评为1988年度国家发明奖二等奖。

12月23日

七届全国人大常委会五次会议在人民大会堂举行

全国人大常委会委员长万里主持了会议。

彭冲副委员长就委员长会议提出的会议议程草案作了说明，委员们通过了这个议程。

中华人民共和国标准化法草案和土地管理法修正案草案在前几次常委会审议时，委员们提出了许多修改意见，全国人大法律委员会根据委员的意见进行了修改，提请本次会议继续审议。在上午的全体会上，法律委员会副主任委员宋汝棼、林涧青分别就这两个法律草案的审议结果作了报告。

国务院总理李鹏向这次会议提交了关于提请审议进出口商品检验法草案和传染病防治法草案的议案。会上，受国务院委托，国家进出口商品检验局局长朱震元、卫生部部长陈敏章分别就这两个法律草案作了说明。

会议还听取、审议了全国人大常委会代表资格审查委员会副主任委员孟连昆作的第七届全国人大常委会代表资格审查委员会关于补选代表的代表资格的审查报告。

会议还向委员们印发了外交部部长钱其琛关于李鹏总理访问泰国、澳大利亚和新西兰的情况报告；全国人大代表团访问玻利维亚、乌拉圭、巴西，访问埃及、叙利亚、塞浦路斯，访问欧洲议会和瑞典的情况报告。

会议听取了全国人大法律委员会副主任委员顾明、华侨委员会副主任委员何英分别就七届全国人大一次会议主席团交付这两个委员会审议的代表提出的议案的审议结果的报告。

受国务院委托，司法部部长蔡诚在会上就普及法律常识工作的情况作了报告。

全国人大常委会副委员长习仲勋、韦国清、朱学范、阿沛·阿旺晋美、班禅额尔德尼·确吉坚赞、赛福鼎·艾则孜、周谷城、严济慈、叶飞、廖汉生、倪志福、陈慕华、雷洁琼、王汉斌，出席了会议。

列席会议的有：国务委员李贵鲜、最高人民法院院长任建新、最高人民检察院检察长刘复之和各省、自治区、直辖市人大常委会负责人。

全国人大法律委员会副主任委员宋汝棼向七届全国人大常委会五次会议作关于标准化法草案审议结果的报告

宋汝棼说，根据委员们对草案的修改意见，法律委员会建议全国人大常委会审议通过。

他说，在第七届全国人大常委会第四次会议上，法律委员会作了对标准化法(草案)审议情况的汇报。经过审议，委员们提出了许多很好的意见。会后，法律委员会会同财经委员会和教科文卫委员会召开了三次座谈会，征求中央、北京市有关部门和企业的意见，并派调查组到天津市征求有关部门和企业的意见。法律委员会于1988年12月15日、16日召开会议，根据全国人大常委会第四次会议上委员们的审议意见、财经委员会的审议意见和地方、部门的意见,审议了标准化法(草案),提出了一些修改意见。

关于标准化法是否规定专业标准和地方标准的问题,他说,关于专业标准,有些委员和地方认为,专业标准和国家标准都是全国适用的标准,不应因批准的部门的不同而规定两个名称,应当删去关于专业标准的规定;有些委员和部门则认为,在目前情况下,除国家标准外,由国务院有关行政主管部门组织行业协会、科学研究机构和有关企业制定若干行业标准,还是必要的。"专业标准"可以改为"行业标准"。因此,建议规定:"对没有国家标准而又需要在全国某个行业范围内统一的技术要求,可以制定行业标准。行业标准由国务院有关行政主管部门制定,并报国务院标准化行政主管部门备案。"

关于地方标准,有些委员和部门认为,规定地方标准必要性不大,特别是机电、化工产品,不宜制定地方标准。各省制定地方标准,不利于不同地区的商品交流,不利于商品经济的发展,主张不作规定。有些委员和部门则认为,根据我国目前情况,除机电、化工产品外,仍可制定一些地方标准作为对国家标准和行业标准的补充,但制定地方标准的范围可以限制得更窄一些。因此,建议规定:"对没有国家标准和行业标准而又需要在省、自治区、直辖市范围内统一的工业产品的安全、卫生要求,可以制定地方标准。地方标准由省、自治区、直辖市标准化行政主管部门制定,并报国务院标准化行政主管部门和国务院有关行政主管部门备案,在公布国家标准或者行业标准之后,该项地方标准即行废止。"法律委员会审议时,有的委员主张,对地方标准不作规定,多数委员认为上述修改意见还是可以的。

关于是否规定制定农产品标准的问题,宋汝棼说,草案修改稿提出了两个方案:一是本法对农产品标准不作规定,二是重要农产品的品种、规格、质量、等级或者卫生要求可以制定标准。国务院法制局和国家技术监督局认为有些农产品标准仍需要制定。因此,建议增加一款:"重要农产品和其他需要制定标准的项目,由国务院规定。"

宋汝棼说,有些委员提出,法律委员会关于标准化法(草案)审议情况的汇报中对强制性标准和推荐性标准应当明确规定的意见比较好,但是,草案修改稿中对此规定得还不够明确。因此,建议增加规定:"国家标准、行业标准分为强制性标准和推荐性标准。保障人体健康,人身、财产安全的标准和法律、行政法规规定强制执行的标准是强制性标准,其他标准是推荐性标准。"同时,在标准的实施一章中增加规定:"强制性标准必须执行。不符合强制性标准的产品,禁止生产、销售和进口。推荐性标准可以自愿采用。"

他说,有些委员提出,对已经授予认证证书的产品不符合国家标准或者行业标准而使用认证标志出厂销售的,应当给予处罚。因此,建议在法律责任一章中增加规定:"已经授予认证证书的产品不符合国家标准或者行业标准而使用认证标志出厂销售的,由标准化行政主管部门责令停止销售,可以处以罚款;认证部门可以撤销其认证证书。"

全国人大法律委员会副主任委员林涧青向七届全国人大常委会五次会议作关于土地管理法修正草案审议结果的报告

林涧青说,法律委员会认为,为了使土地管理法与宪法修正案的有关规定相衔接,适应经济体制改革的需要,加强对耕地的保护,对土地管理法有关条款进行修改很有必要,草案基本上是可行的。同时,提出了一些修改意见。根据这些修改意见,法律委员会建议全国人大常委会审议通过。

林涧青说,根据一些部门和地方的意见,建议将修正案(草案)第一条第二款修改为:"国有土地和集体所有的土地的使用权可以依法转让。土地使用权转让的具体办法,由国务院另行规定。""国家依法实行国有土地有偿使用制度。国有土地有偿使用的具体办法,由国务院另行规定。"

他说,修正案(草案)第四条建议将土地管理法第五十一条修改为:"破坏耕地,或者因开发土地,造成土地沙化、盐渍化、水土流失的,责令限期治理,可以并处罚款;破坏耕地,构成犯罪的,依照《刑法》有关规定追究刑事责任。"有些地方和最高法院、最高检察院以及法律专家提出,破坏耕地的含义不够清楚,在司法实践中难以认定,而且不好追究刑事责任。因此,建议将修正案(草案)第四条修改为:"违反法律规定,在耕地上挖土、挖沙、采石、采矿等,致使耕地丧失种植条件的,或者因开发土地,造成土地沙化、盐渍化、水土流失的,责令限期治理,可以并处罚款。"

林涧青说,修正案(草案)第五条建议在土地管理法第五十二条中增加第二款:"建住宅的个人,对受到限期拆除所建住宅或者退还非法占用土地的行政处罚不服的,在向人民法院起诉之前,必须停止施工,维持地上附着物原状。对继续施工的,作出处罚决定的机关有权制止。拒绝、阻碍土地管理工作人员依法执行职务,尚不够刑事处罚,应当给予治安管理处罚的,依照《治安管理处罚条例》有关规定处罚;构成犯罪的,依照《刑法》有关规定追究刑事责任。"有些地方和委员提出,这里所说受到限期拆除地上建筑物处罚而又继续施工的,有的是建住宅的个人,还有建住宅和其他建筑物的单位；有的继续施工的是在向法院起诉之前，有的继续施工的可能是并不打算向法院起诉的。此外，对拒绝、阻碍土地管理工作人员执行职务的，可以只规定治安管理处罚，不必规定刑事处罚。因此，建议将修正案(草案)第五条修改为："受到限期拆除新建建筑物和其他设施的处罚的单位和个人，必须立即停止施工。对继续施工的，作出处罚决定的机关有权制止。拒绝、阻碍土地管理工作人员依法执行职务的，依照治安管理处罚条例的有关规定处罚。"同时，建议将《土地管理法》第五十二条规定的"当事人对行政处罚决定不服的，可以在接到处罚决定通知之日起三十日内，向人民法院起诉"中的"三十日内"修改为"十五日内"。

国家商检局局长朱震元受国务院委托向七届全国人大常委会五次会议作关于进口商品检验法草案的说明

国务院总理李鹏向七届全国人大常委会五次会议提交了国务院关于提请审议《中华人民共和国进出口商品检验法(草案)》的议案。议案说，制定这一法律的目的，是为了进一步加强进出口商品检验工作，维护对外贸易有关各方的合法权益，促进生产和对外贸易的发展。

受国务院委托，国家商检局局长朱震元作了说明。

关于制定商检法的必要性和《商检法(草案)》的主要内容，他说，1984年1月，国务院发布了《商检条例》。4年多来，《商检条例》在促进生产、发展对外贸易和维护对外贸易有关各方的合法权益等方面发挥了积极作用。实践证明《商检条例》的主要内容基本符合我国实际情况，是可行的。但是，随着我国对外开放和对外贸易的发展，商检工作面临着新情况、新问题，现行的《商检条例》有些规定的内容不能适应形势发展的需要，需补充修订。

朱震元说，国务院认为，在总结经验的基础上，将《商检条例》上升为商检法，是十分必要的，立法条件亦已成熟。

他说，《商检法(草案)》共分7章37条，即：总则；进口商品的检验；出口商品的检验；对外贸易公证鉴定；监督管理；法律责任；附则。主要内容包括四个方面，一是国家商检部门的性质和任务，商检工作的管理体制；二是进出口商品检验的内容、原则和依据，对外贸易公证鉴定业务；三是进出口商品检验工作的监督管理；四是法律责任，包括对商检人员滥用职权行为的处罚。

卫生部部长陈敏章受国务院委托向七届全国人大常委会五次会议作关于传染病防治法草案的说明

国务院总理李鹏向七届全国人大常委会五次会议提交了国务院关于提请审议《中华人民共和国传染病防治法(草案)》的议案。议案指出，起草这一法律的目的，是为了预防、控制和消除传染病的发生与流行，保障人体健康。

受国务院委托，卫生部部长陈敏章向人大常委会委员作了关于传染病防治法草案的说明。

关于立法的必要性，他说，传染病历来是我国危害人民身体健康、威胁人民生命安全最严重的因素之一。建国以后，党和政府为了防治传染病，提出了"预防为主"的方针，组建了各类卫生防病机构，为预防、控制和消除传染病，在全国范围内做了大量工作，取得了显著成绩。仅以近年的情况为例，1980年我国传染病的发病数为2031万人，到1987年下降为593万人。在传染病病种方面，已经消灭了天花，对一些危害严重的传染病如鼠疫、霍乱、性病、麻疹、百日咳、黑热病、回归热、疟疾、流行性乙型脑炎、流行性脑脊髓膜炎等，都取得了较好的控制效果，有的达到了较低的发病水平。根据抽样调查，传染病在人的各种死亡原因当中的顺位，也从第一位下降到第六位，成绩是显著的。

陈敏章说，尽管我国传染病防治工作取得了很大成绩，但并非已经大功告成，传染病对人民群众的危害依然存在，传染病防治工作的形势仍十分严峻。因此，制定传染病防治法，很有必要，对提高我国人民的身体素质，保护社会主义生产力，促进对外开放，建立社会主义商品经济新秩序，都将起重要的保障作用。实践证明，只有加强卫生法制建设，使传染病的防治工作由依靠行政手段向依靠法律手段过渡，才能取得持久的成效。我国把传染病防治工作法律化，既适应保护人民群众健康的客观形势的需要，也符合世界传染病管理法制化的一般趋势。

关于立法的基础，他说，(一)在传染病防治管理方面，党和国家一直十分重视，1955年国务院批准颁发了《传染病管理办法》，1978年国务院又将《办法》修订为《急性传染病管理条例》。这两个行政法规的实施，对我国传染病的预防、控制和管理工作，特别是为在我国消灭天花、控制鼠疫和其他一些严重传染病的流行方面，起到了非常重要的作用。30多年来的实践经验，为制定并施行传染病防治法奠定了制度上的基础。(二)随着社会主义物质文明和精神文明建设的深入发展和国家多年推行卫生防疫工作，人民群众的健康意识不断增强，迫切要求不断改善物质和精神生活的条件。虽然在我国对部分地区和部分人群还有待普及健康教育，但从总体上看，我国人民讲究卫生，要求自身及环境健康的意识，是历史上前所未有的。在传染病的防治方面，群众也表现出了空前的积极主动精神，例如对计划免疫，在许多地方，甚至在边远农村，群众已自觉参加,蔚成风气。对本法来说,人民群众既是法保护的对象,又是法的遵守者,群众自身觉悟的提高,是本法制定和施行的群众基础。(三)新中国成立以来,国家在建立医疗体系的同时,也建立了卫生防疫体系。我国现已拥有一套比较完整的三级防疫网,现有各种卫生防疫机构5252个,专业人员21.3545万人,是我国卫生防疫工作的主力军。各类医疗单位的医护人员,也是我国卫生防疫工作的重要力量。多年来,国家还为卫生防疫工作配备了大批仪器、设备和设施,开发并引进了许多先进技术。这些是我国制定和施行传染病防治法的组织和物质基础。

陈敏章还就这部法律草案规定的管理的病种和管理方法、疫情的通报和公布、传染病人的管理、传染病暴发流行时的紧急措施、管理监督体制、奖励与处罚、政府的责任等几个具体问题,作了说明。

外交部部长钱其琛受国务院总理李鹏的委托向七届全国人大常委会五次会议作关于李鹏访问泰国 澳大利亚和新西兰的情况报告

报告中说,这次出访,不仅为今后进一步发展同泰、澳、新3国的友好合作关系打下了牢固的基础,而且进一步加深了我国领导人与3国领导人之间的互相信任关系。访问达到了预期目的,获得了积极的成果。

书面报告说,应泰王国总理差猜·春哈旺、澳大利亚总理罗伯特·霍克和新西兰总理戴维·朗伊的邀请,李鹏总理于1988年11月10日至24日分别对上述3国进行了正式友好访问,并参加了澳大利亚建国200周年庆祝活动。这次访问是我国新一届政府总理首次出访,也是中共十三届三中全会后我国领导人的首次出访,又是到亚太地区友好国家,受到了国内外的普遍重视和广泛关注。

钱其琛在书面报告中指出,李鹏总理与3国总理的会谈表明,上述3国同我国对当前国际形势和许多重大国际问题的看法是一致的。李鹏总理分别同3国领导人就政治解决柬埔寨问题深入地交换了意见,全面阐述了我国政府关于政治解决柬埔寨问题的立场和主张;介绍了对改善中苏关系的基本立场;介绍了对朝鲜半岛局势的看法和立场,强调中国希望朝鲜半岛局势缓和和稳定,希望南北朝鲜实现统一,支持南北朝鲜双方直接接触和对话。

李鹏总理还依据我国独立自主的和平外交政策,进一步阐明我国对不同地区的政策主张。

报告说,在会谈和会见中,3国领导人都把双边经济贸易关系作为重点问题来谈,都希望中国成为它们长期合作的重要伙伴。

李鹏总理分别同3国领导人探讨了经济技术合作的新领域、新途径、新方式,指出了我国同3国进一步发展合作关系具有潜力。3国领导人都表示愿意把同中国的友好合作关系推向新的水平。泰国政府表示愿意鼓励工商界到中国特别是海南省投资;澳大利亚把维护和发展澳中关系作为其外交政策的中心内容之一,表示愿积极参加中国的现代化建设,不断开辟新的合作领域,采取措施扩大从我国的进口,逐步缩小我国在双边贸易中的逆差;新西兰视中国为可靠的朋友,表示除继续加强在农牧业、林业方面的合作外,还将积极开拓新的合作领域。

报告说,访问期间,李鹏总理还向3国领导人和各界人士介绍了中国改革、开放的情况,阐述了十三届三中全会提出的治理经济环境、整顿经济秩序、全面深化改革的指导方针和政策、措施。

全国人大代表团向七届全国人大常委会五次会议书面提交访问南美中东欧洲的情况报告

全国人大常委会副委员长班禅额尔德尼·确吉坚赞、廖汉生、陈慕华,分别就全国人大代表团访问南美、中东、欧洲的情况向七届全国人大常委会第五次会议提交了书面报告。

以全国人大常委会副委员长班禅额尔德尼·确吉坚赞为团长的全国人大代表团,于10月8日至26日对玻利维亚、乌拉圭、巴西3国进行了为期17天的正式友好访问。报告指出,这次访问增进了相互了解,加强了友谊;进一步密切了全国人大同3国议会的联系,达到了预期目的。

报告中建议,今后应重视和加强同拉美国家议会间的友好交往。同时指出,玻利维亚的高原地区和我国西藏自治区在地理气候等自然条件方面有许多相似之处,在高原农牧业、高原医学方面存在着互利合作的可能性,建议国务院有关部门关心支持玻利维亚同我国西藏自治区开展技术交流和经济合作。

以全国人大常委会副委员长廖汉生为团长的全国人大代表团于1988年11月16日至12月2日应邀对阿拉伯埃及共和国、阿拉伯叙利亚共和国和塞浦路斯共和国进行了友好访问。报告说,这次访问是友好的、成功的,达到了预期目的。

报告中说,代表团在访塞期间,重申了我对塞问题的一贯立场,表示我对塞问题一直关注,对塞人民的遭遇非常同情,对塞的独立、主权、统一、领土完整和不结盟地位一贯尊重。希望他们能够按照联合国有关决议,谈判成功,使问题得到公正合理的解决。

应欧洲议会和瑞典议会的邀请,以陈慕华副委员长为团长的全国人大代表团于12月10日至18日先后访问了斯特拉斯堡和瑞典,并在此前顺访了英国,在丹麦过境期间还同其议会进行了接触。报告认为，这次访问加深了了解，增进了友谊，推动了双方关系的发展。

报告建议，今后应加强议会交往，推动同各国之间的友好合作。此外，还应进一步改善我国投资环境，以利吸收外国资金来华投资。建议在这些方面继续研究采取必要的措施，并完善涉外经济方面的立法。

司法部部长蔡诚向七届全国人大常委会五次会议作关于普及法律常识工作情况的报告

蔡诚说，到目前为止，在全国7.5亿普法对象中，约有5.2亿公民参加了普法学习。

他说，按照1985年11月第六届全国人大常委会第十三次会议作出的《关于在公民中基本普及法律常识的决议》的要求，从1986年开始，普法工作在全国城乡陆续展开，至今已经整整3年了。3年来，在党中央、全国人大常委会、国务院的领导和监督下，得到了全国广大干部、群众的积极拥护和支持，在全国范围内形成了广泛的学法用法活动，进展比较顺利，开展得比较扎实，而且正在继续健康、深入的发展。

蔡诚说，3年来的普法工作有两个显著的特点：一是各级领导干部带头学法。上至党和国家的领导人、中央党、政、军、民各部门的负责人，下至各县、区、乡领导干部，绝大多数能按照普法规划的要求认真学习法律常识，为群众作出了榜样，带动广大群众积极学法。二是紧密联系实际，学法用法相结合，在学法过程中注意运用法律解决问题。经过全国人民的共同努力，普法工作取得了显著的成绩。到目前为止，在全国7.5亿普法对象中，约有5.2亿参加了普法学习。其中约48万名县团级以上领导干部，已在1987年年底基本学完了规定的“十法一例”；约938万名一般干部将于今年年底基本学完；1.3亿国营企业职工中将有约9000万人于今年年底学完规定的普法内容；农村普法对象4亿人中，约有50%的人正在进行普法学习，其中约有1亿人已初步学完了规定的普法内容；全国95%的中小学校对学生上法制课或结合品德课进行法制教育；90%的高等院校已开设法制课，现在正创造条件力争明年所有高等院校全部开设法制课；中国人民解放军将于今年年底完成全军的普法学习任务；中国人民武装警察部队已于去年年底完成了普法学习任务。

他说，3年来的全民普法工作取得了初步的成效，增强了干部群众的法律意识，提高了法制观念，懂得了一些必要的法律常识。现在越来越多的人认识到加强我国的民主与法制建设，严格依法办事，是顺利进行社会主义四化建设的重要保证。国家工作人员通过学法，开始考虑如何运用法律管好政府的工作；企业单位的领导干部在学法以后，大胆探索依法管理企业的路子，建立法律顾问机构，聘请法律顾问，依法健全各项管理制度，依法经营生产，发展横向联合，提高了企业经济的效益。许多企业在学习《经济合同法》后，制定了合同管理制度，完善了合同审批程度，建立了合同管理机构，大大提高了合同履约率；广大群众通过学法，懂得了用法律规范自己的行动，处理生活中遇到的各种法律关系，维护自己的合法权益；通过普法，人民解放军广大官兵增强了法制观念，学会用法律处理工作中的问题，处理婚姻问题、家庭纠纷和相互关系问题。

蔡诚指出，3年来的普法工作虽然取得了一定的成绩，但也存在一些问题，主要是发展不平衡。据调查，搞得比较好的地区和单位大约占50%，搞得一般的地区和单位占30%，搞得差走了过场的占20%。

走过场的单位和地区，主要是那里的领导干部不重视，不带头学法，不积极抓普法工作。有的表面上轰轰烈烈，实际上很不扎实，单靠在高音喇叭里播几次录音，普法工作就算结束了；有的以考代学，一张考卷大家抄，人人“成绩优良”。由于普法工作在这些单位和地区没有很好地深入下去，所以有法不依，执法不严，违法不究的现象比较突出，广大群众对此很不满意。这种状况，不仅影响法律的权威，影响党和政府的威信，而且也严重影响普法工作的效果，必须坚决改变。

蔡诚说，按照全国人大常委会决议的要求，今后全国范围内的普法工作的任务是，在明后两年内基本完成“十法一例”的普及工作，以养成全体公民遵纪守法、依法办事的习惯。根据目前全国普法工作的进度，我们计划在明后两年的普法工作中，具体抓好以下几项工作：第一，要认真宣传七届全国人大常委会第四次会议通过的《关于加强民主法制维护安定团结保障改革和建设顺利进行的决定》(以下简称《决定》)。在宣传《决定》中，要注意充分发扬社会主义民主，保护公民的合法利益。第二，要继续抓好各级干部，主要是领导干部的法律学习。第三，要扎扎实实地完成农村普法任务。在几亿农民中进行普法是明后两年的重点。第四，国营企业职工在学完“十法一例”后，要立即转入与企业密切相关“十法六例”的学习。“十法六例”包括:《全民所有制工业企业法》《经济合同法》《环境保护法》《矿产资源法》《商标法》《专利法》《会计法》《计量法》《统计法》《企业破产法》《工业产品质量责任条例》《价格管理条例》等。第五，要加强青少年的法制教育工作。

他强调，针对前一段普法工作中存在的问题，今后在普法工作中要特别强调深入扎实、善始善终地完成原定的普法任务和学法要密切联系实际、解决实际问题。凡是在前一阶段普法工作中走过场的单位，都要重新补课。要看到明后两年的普法任务更加艰巨。因为后两年普法工作的重点是在农村(特别是少数民族地区和边远地区),这些地区往往交通不便,人员居住分散,人口流动性也大,文化素质偏低,普法工作力量较弱。另外,近来一些地区、一些部门出现了松劲情绪,有的撤销了普法机构,裁减了普法工作人员,减少了普法经费,这些对完成下一阶段的工作非常不利。我们希望各地区、各单位,要继续加强对普法工作的领导,不要撤销机构、裁减人员和经费,应该尽量在人力财力方面继续给予大力支持,争取按照规定的时间善始善终地完成这项具有历史意义的重要任务。

国务院总理李鹏在中南海与全国监察工作会议的代表座谈

李鹏指出,我国正处于由产品经济向商品经济的过渡阶段,由于法制还不完备,宏观调控体系还没有建立起来,出现了种种腐败现象,严重影响经济建设的健康发展,群众很不满意。要清除腐败现象,促使政府机关为政清廉,建立社会主义商品经济新秩序,监察机关起着重要的监督、保障作用。

李鹏说,监察机关在恢复一年多时间内,在比较困难的情况下,边组建边开展工作,取得了一定的成绩。要进一步搞好行政监察工作,一是要依靠法制,要以事实为依据,以法律为准绳,办案要经得起历史的检验;二是要依靠群众,群众举报是一个很好的制度,可以提供许多办案线索,群众对各种腐败现象是非常愤恨的,他们有这个积极性。要完善这一制度,特别要使检举者受到保护,要提高举报在群众中的声望,使他们感到举报有用;三是加强同纪检机关、司法机关和经济监督部门的协作配合。

李鹏说,现在案子很多,监察部门要抓住重点,要形成一种对违法乱纪分子的威慑力量,该公之于众的要公之于众,让群众来监督,让舆论来监督,以起到惩一戒百的作用。

谈到新组建的监察机关的领导、权限、队伍建设时,李鹏说,监察机关实行的是双重领导,各级地方政府的行政首长要重视对监察机关的领导并支持他们的工作,即使在财政比较困难的情况下,也应为监察部门创造必要的工作和生活条件,在办理一些重大案件时,监察机关在向同级政府汇报工作时,也有责任向上级监察机关报告工作。国家给监察机关一定的直接处分权,监察机关要慎重地运用这些权力。作为监察人员,应该是品格高尚、有献身精神的人。

乔石、姚依林、宋平出席了座谈会并讲了话。乔石说,监察队伍建设是一项长期的任务,除了缺编的要补齐外,对现有人员也要加强教育培训,提高素质。

中共中央政治局常委胡启立在中宣部宣传干部培训中心同新闻研修班的同志进行座谈

胡启立强调,要将正在全国进行的形势教育进一步引向深入。他说,在我国的改革进入全面深化的关键时期,新闻战线当前的任务是,坚持党的基本路线,正确引导社会舆论,宣传当前改革形势,为整顿经济秩序、治理经济环境、全面深化改革创造良好的舆论环境。

他认为,正确引导社会舆论,首先要引导人们正确认识形势,正确认识改革。他说,进行形势教育,其实质就是要结合当前实际,在广大干部、群众中进行改革开放总方针、总政策的教育,进行十三大确定的基本路线的教育。10年改革,使我们国家发生了历史性变化,要使广大群众认识10年改革的巨大成绩,增强对改革的信心。他说,我们在改革中遇到一些困难和问题,是发展中的困难,前进中的问题,是完全可以克服的。如果以偏概全,只看问题的一面,不看成绩的一面,就容易产生对改革开放的悲观失望情绪。为此,要理直气壮地、有说服力地宣传建设和改革的巨大成就,实事求是地分析和正确对待前进中存在的问题和困难,引导人们用辩证的方法看形势,用历史发展的观点看改革,增强对改革中困难和问题的承受能力,坚定克服困难的勇气和信心。

胡启立强调,正确引导社会舆论,就要正确处理歌颂和揭露的关系。他说,当改革遇到困难的时候,尤其需要提倡同心同德,振奋精神,艰苦奋斗。气可鼓而不可泄。揭露问题也要有一个有助于解决问题的积极态度。10亿人民正在党的领导下,创造着生机勃勃的社会主义,这是我们生活的本质,是我们时代的主旋律。一定要突出这个主调。既要讲成绩,也讲困难和问题,还要讲前景和希望。无论是歌颂还是揭露,都只能是为了一个目的,即增强党和政府在人民中的凝聚力,增强全民族的凝聚力,振奋民心民气,推动历史的车轮前进。

他指出,正确引导社会舆论,还要正确理解和实行舆论监督。他说,为了保证党和政府工作人员的廉洁,我们需要来自人民的各种监督,包括舆论监督。要通过各种渠道,采取各种措施,使舆论监督以及解决问题的程序逐步做到规范化、制度化。当然,这种监督也要在法律范围内进行。

胡启立说,正确引导社会舆论,就要提倡辩证法,防止片面性,讲究宣传艺术。

在谈到努力造就一支德才兼备的新闻队伍的问题时,胡启立说,随着人们物质、文化生活水平的提高,报纸、广播、电视正迅速大量地进入千家万户,新闻事业在整个社会生活中发挥着越来越重要的作用。我们必须从面向现代化、面向世界、面向未来的战略高度，考虑加强新闻队伍建设问题。

他说，我们的新闻队伍从总体上说是一支有战斗力的能打硬仗、胜仗的好队伍。另一方面，随着时代的发展，新闻工作也面临着种种新情况、新问题。为了更好地完成党和人民赋予的任务，新闻工作者要努力加强职业道德建设，进一步提高政治思想素质和业务素质。他说，在发展商品经济的条件下，新闻工作者要经得住各种思潮的冲击和考验。新闻工作是很崇高、很神圣的事业，新闻工作者应当有很高尚、很严格的操守和职业道德。新闻事业的威信、声誉是和新闻工作者的公正廉洁、刚直无私联系在一起的。他要求新闻工作者确立良好的新闻道德，增强社会责任感，防止和克服“拜金主义”的腐败和影响。

中央书记处书记芮杏文参加了座谈会并讲了话。王忍之、朱穆之等同志也在会上发了言。

中宣部司法部发出通知要求各地加强法制教育县团级以上干部将受考核

通知希望各地宣传部门和司法部门会同当地党委、政府组织好这次法制宣传教育。县团级以上干部要学习包括《中华人民共和国全民所有制工业企业法》《中华人民共和国价格管理条例》《中华人民共和国企业法人登记管理条例》《中共中央、国务院关于清理整顿公司的决定》《中央办公厅、国务院办公厅关于县以上党和国家机关退(离)休干部经商办企业问题的若干规定》等在内的16个法律、法规。党政机关、工交、财贸、农林、文教、卫生、科技等部门的一般干部和职工，将根据工作需要选学上述法律、法规的有关部分，城乡个体工商户和农村干部、群众也将有针对性地学习有关的法律、法规。

通知要求各地在学习中要做到边学习，边检查执行情况，边纠正违法行为，边制定改进措施，使法制教育成为治理经济环境、整顿经济秩序的重要组成部分和基础工作。

这几年，我国已制定了不少经济、行政的法律和法规。当前的主要问题不是无法可依，而是有法不依，违法不究。各地调查表明，许多违法事件，主要是因为领导干部不懂法、缺乏法制观念造成的，因此这次法制教育的重要是县(处)级以上的领导干部。为了保证学习质量，在学习结束时将对领导干部进行必要的考核。

国务院扶贫工作南方片会议在福州召开

会议透露，明年的扶贫工作将在扶贫资金不减、优惠政策不变、使用县办企业贷款优先安排的情况下，合理调整经济开发项目，把脱贫致富与增加市场有效供应结合起来，逐步转到以区域经济开发为重点的脱贫致富新阶段。

自国务院提出“七五”期间解决贫困地区大多数人民温饱的目标以来，经过 3 年努力，全国农村人均收入 200 元以下的贫困人口已经从 1 亿人减少到 7000 多万人，下降 30.7%，其中人均收入 150 元以下的贫困人口由 4000 多万人减少到 3000 多万人，下降 27.4%。国家重点扶持的贫困县中，已有 77 个县人均收入超过 300 元。

参加国务院贫困地区经济开发经验交流南方片会议的代表谈道，南方诸省虽然在扶贫工作上取得一定的成绩，但也存在一些问题，如工作发展不平衡，扶贫基础不稳固。已经基本解决温饱问题的贫困户，标准还很低。贫困地区教育落后、交通不便、缺医少药、缺水缺电的状况尚未得到大的改变。如果扶贫工作方针不适时作出调整，就会使这些县失去经济发展的良机。按照全国农村工作会议的精神，明后两年用于农业开发和扶贫的贷款，要列入信贷计划，切实予以保证。

会议针对扶贫工作中的问题，提出了下阶段扶贫工作的要求。会议强调指出，扶贫工作要适当调整经济开发项目，通过发展商品经济，把解决温饱、脱贫致富和增加市场有效供应密切结合起来。要重点发展种植业、养殖业、原料开发、农副土特产品加工、劳动密集型的手工业加工及劳务输出等项目。对于集中在自然条件比较差、水库移民较多、人畜饮水困难和地方病高发地区的贫困人口，要采取更有力的措施，保证在“七五”期间解决贫困地区大多数群众的温饱问题。已经基本解决温饱的县，要在继续巩固温饱的基础上逐步转到以区域经济发展为重点的脱贫致富新阶段。

国务院贫困地区经济开发领导小组 财政部等 7 单位联合发出通知要求加强和整顿扶贫资金物资管理工作

通知说，近几年，国家为了帮助贫困地区尽快解决温饱问题，逐步脱贫致富，向这些地区投入了大量的资金和物资，发挥了重要的作用，使用效益不断提高。但也确有少数地区的个别部门、单位和干部无视党纪国法，置群众饥寒于不顾，挪用、私分、贪污扶贫资金，倒卖扶贫物资，影响十分恶劣，阻碍了贫困地区经济开发进程，延缓了群众温饱问题的解决，扰乱了经济秩序，损害了党和政府的声誉。

为严惩、制止以至从根本上杜绝此类现象，根据中央治理经济环境、整顿经济秩序的精神和国务院领导同志的指示，国务院贫困地区经济开发领导小组等 7 个部门要求各地做到：

一、全面检查扶贫资金、物资的使用情况。从今年

12月至明年2月，各地要组织开发办(扶贫办)、监察、物资、财政、人行、农行等有关部门，对1985年以来的扶贫资金、物资的使用情况进行一次全面、深入、严格的检查。检查由省、自治区统一部署，分级进行。省、区检查地、市，县检查乡、村。检查的重点是国家扶持的贫困县。各部门要互相配合，协同行动。

二、对违法乱纪事件要严肃处理。各省、区在检查中，如发现挪用、私分、贪污扶贫资金和倒卖扶贫物资事件，要迅速核实，严加惩处，不得手软，不得搪塞敷衍，批评了事。对私分、挪用、贪污扶贫资金的，要限期退回资金，加收利息，对倒卖物资的非法所得，要全部没收，上缴国家财政，并根据问题性质和情节轻重分别给予行政处分，直至追究当事者和有关部门的法律责任，依法制裁。对于存在此类现象而又整顿、查处不力的地方和单位，不得投入新的扶贫资金和物资。

三、加强对扶贫资金、物资的检查监督工作，尽快形成制度，逐步纳入法制轨道。各地审计、监察部门特别是县的审计、监察机关要把对扶贫资金、物资使用情况的检查、监督作为业务工作中一项重要内容，并尽快使之制度化。各省、区可根据本地的具体情况和国家有关扶贫资金、物资使用管理的要求和规定，制定具体的管理办法，尽快实施，并通过立法形式稳定下来，保证顺利执行。同时，要提高扶贫资金、物资分配管理透明度，列入举报范围，鼓励群众揭发、检举在扶贫资金、物资方面的违法乱纪行为。

四、为从根本上杜绝分配使用扶贫资金、物资管理方面违法乱纪行为，所有扶贫资金、物资的分配、管理、使用部门和单位，都要根据国家和主管部门有关规定，建立和完善各类扶贫资金、物资管理责任制，要严格和完善扶贫资金、物资的申请、审批、发放、使用、监督、收回等项程序，使扶贫资金、物资的使用和解决群众温饱、提高经济效益直接挂钩，形成有效的规则，明确各主管部门和负责人的职责。尚未建立的，要尽快建立；已经建立的，要进一步加强和完善，彻底堵塞漏洞。各级银行和财政要认真、严格把关，凡不符合条件的，一律拒拨、拒贷资金。今后如再发现挪用、私分、贪污等事件，不仅要追究项目审批、执行单位的责任，而且要追究拨款、贷款和物资分配单位的责任。

中印发表联合新闻公报

应中华人民共和国国务院总理李鹏的邀请，印度共和国总理拉吉夫·甘地于1988年12月19日至23日对中华人民共和国进行了正式友好访问。陪同拉吉夫·甘地总理阁下来访的有索尼亚·甘地夫人、外交部部长纳拉西姆哈·拉奥阁下、商业部部长迪内希·辛格阁下、司法兼水利资源部部长尚卡阿南德阁下、外交国务部部长纳特瓦·辛格阁下和其他印度官员。

李鹏总理同拉吉夫·甘地总理在友好、坦率和相互谅解的气氛中举行了会谈，中华人民共和国主席杨尚昆、中央军委主席邓小平、中共中央总书记赵紫阳先后分别会见了拉吉夫·甘地总理。访问期间，两国政府签署了《科学技术合作协定》《民用航空运输协定》和《文化合作协定1988年、1989年和1990年交流执行计划》，两位总理出席了签字仪式。拉吉夫·甘地总理和夫人一行还在北京、西安和上海参观了历史文化和其他名胜。

在会谈和会见中，两国领导人就双边关系及双方共同感兴趣的国际问题广泛地交换了看法和意见。双方认为会谈是有益的，增进了互相了解，有利于两国关系的进一步改善和发展。双方对近年来在贸易、文化、科技、民航等方面的合作、交流情况给予积极的评价，对两国达成的有关协议表示满意，并认为双方可以在广阔的领域里互相学习。

双方强调，经过历史检验、最具有生命力的由中印两国共同倡导的互相尊重主权和领土完整、互不侵犯、互不干涉内政、平等互利、和平共处五项原则，是搞好国与国关系的基本指导原则，也是建立国际政治新秩序和国际经济新秩序的基本指导原则。双方一致认为，在这些原则基础上恢复、改善和发展中印两国睦邻友好关系，是双方的共同愿望，不仅符合两国人民的根本利益，而且对亚洲和世界的和平与稳定也将产生积极的影响。双方重申将为进一步发展两国友好关系作出努力。

两国领导人就中印边界问题进行了认真、深入的讨论，同意通过和平友好方式协商解决这一问题。在寻求双方都能接受的边界问题解决办法的同时，积极发展其他方面的关系，努力创造有利于合情合理解决边界问题的气氛和条件。为此，将采取一些具体措施，如建立关于边界问题的联合工作小组和经贸、科技联合小组。

中方对一些西藏人在印度进行反对祖国的活动表示关切。印方重申印度政府长期和一贯的政策，即西藏是中国的一个自治区，印方不允许这些西藏人在印度进行反对中国的政治活动。

关于国际形势，双方认为当前世界出现了从对抗转向对话、由紧张转向缓和的趋势，这是全世界爱好和平的国家和人民为反对强权政治所进行的长期坚持不懈斗争的结果，这一趋势有利于世界和平和地区问题的解决，也有助于世界各国，特别是发展中国家为发展本国经济所做的努力。中印两国将为维护世界和平、推动全面裁军、谋求共同发展作出各自的贡献。

拉吉夫·甘地总理阁下和夫人一行对中华人民共

和国政府和人民给予他们的热情、友好的款待，表示衷心的感谢。

拉吉夫·甘地总理邀请李鹏总理在方便的时候访问印度共和国，李鹏总理愉快地接受了邀请，访问日期将通过外交途径商定。

中国首次公布通信卫星测控数据

西安卫星测控中心在对我国昨天发射的实用通信卫星进行测量、计算和控制后，下午2时，首次公布了对这颗卫星的测控数据。

根据西安卫星测控中心公布的数据，目前正在大椭圆轨道上运行的实用通信卫星，近地点高度为205.5公里，远地点高度为35835.7公里，轨道倾角为31.06度。现在，测控中心已完成了对卫星姿态、转速的调整，并建立了对卫星远地点发动机实施太空点火的目标姿态。

计划在24日上午9时54分，西安卫星测控中心将对实用通信卫星实施远地点发动机点火。

第二届全国"星火杯"创造发明竞赛评选在北京揭晓

123个项目获奖，其中1项获一等奖，2项获二等奖，21项获三等奖，99项获鼓励奖。

全国"星火杯"创造发明竞赛，是倡导并扶持、激励非职务创造发明的群众性活动。在中国专利局每年批准授权的专利中，非职务发明就占65%—70%以上。

国家教委在北京召开制止中小学学生流失经验汇报会

会上，与会代表呼吁，必须坚决采取有效措施解决中小学学生辍学问题。这就要认真贯彻执行《中华人民共和国义务教育法》，政府、社会各界、家庭和学校都要严格履行法律规定的义务和职责。

近两年来，我国不少地方中小学学生中途辍学的人数增加。有些地方经过努力，情况已有好转，但从全国看，这种现象尚未得到有效制止。上一学年度，全国城乡小学在校学生流失378万多名，平均流失率为2.9%；初中在校学生流失361万多名，平均流失6.1%，均比1986年至1987学年度有所上升。

来自12个省市教育部门的与会代表认为，中小学学生辍学现象，其原因是多方面的，既有家庭和社会的因素，也有教育自身的因素。当前，尤应注意的是：城乡一些集体企业、私营企业和个体工商户无视国家法律和政策，擅自招用童工；一些家长只顾眼前利益，迫使子女去当学徒、做生意，或在家参加辅助劳动。此外，学校办学形式单一，教育内容又存在着脱离实际的弊端，一些学生失去学习兴趣和信心，从厌学导致弃学。还有一些地方收费项目、办法不合理，收费标准过高，加重了学生家长的负担，使家庭经济困难的学生被迫停学。

会议认为，中小学生辍学现象应引起社会各界的广泛注意，今天的流失生，就是明天的新文盲。会议提出，要制止中小学学生流失问题，应当采取坚决措施。首先，要认真贯彻执行《中华人民共和国义务教育法》。在当前，要注意把《中华人民共和国义务教育法》的宣传，同解决"读书无用"、"重男轻女"等思想认识结合起来，同处理违法案例、制止招用童工、动员失学生复学等工作结合起来。各地还应根据职责范围，制定有关实施义务教育的地方法规和规章，组织广大农村制定乡规民约。其次，地方教育行政部门要指导中小学端正教育思想，改进教育教学工作，大面积提高教育质量。留级生的比率要严格控制，在一般情况下不得超过学生数的5%。学校更不得歧视、排斥品学有缺陷的学生，将他们赶出学校。

同时，要认真贯彻执行劳动部等6部门《关于严禁用童工的通知》。各地发现城乡企业单位和个体工商户违反国家规定，擅自招用童工的，应即交当地劳动行政部门强行退出，并由工商行政部门对招用单位和责任人员给予重罚；情节严重、屡教不改的，应责令其停业整顿，或吊销其营业执照。诱骗、虐待童工的包工头，应交人民法院依法追究刑事责任。此外，还要重视解决造成农村中小学女童流失的特殊问题；加强对中小学收费工作的管理；对地方负责、分级管理的基础教育建立责任制和检查制度等。

国家教委在中国儿童少年活动中心举办全国中小学品德教育演讲大会

广东潮州市市委书记林锡荣介绍了他们调动社会力量，形成社会网络培养一代"四有"新人的经验。自1984年以来，该市近17万名中小学生，没有一个因犯罪受到刑事处分。潮州市金山中学校长周勤延，"国家级有突出贡献的专家"、潮州市六联小学教师丁有宽介绍了教书育人、进行教学改革和教育科学研究的情况。

牡丹江市立新实验小学党支部副书记高红岩通过生动事例，谈了他们1958年以来利用操场四周空地，坚持对学生进行劳动教育的体会。

北京市教育局局长陶西平作了"认真贯彻《中小学日常行为规范》，培育社会需要的好公民"的演讲。

国家教委副主任何东昌在会上讲了话。他说：全国中小学学生有1.8亿名。随着九年义务教育的普及，进入中小学学习的学生会更多。他们的思想道德情况，对我们民族的思想面貌、道德行为有着极大的影响，要引起各方面的重视。学校首先抓好，同时家长、社会都来重视，德育工作是可以做好的。

新时期10年金曲和1988金星评选在北京揭晓

《少年壮志不言愁》《血染的风采》《黄土高坡》等24首大陆创作歌曲；《我的中国心》《故乡的云》《龙的传人》等12首港台歌曲以及《北国之春》《草帽歌》等12首外国歌曲获奖。董文华、刘欢、苏红、成方圆、王虹、李玲玉、韦唯、郁钧剑、吕念祖、屠洪刚获1988金星奖，此外，杭天琪、田震、孙国庆、崔健获优秀歌手奖。

这次活动由中国国际文化交流中心、《人民日报》文艺部联合举办。评选活动得到社会各界和歌迷们的热情支持，在评选开始后的一个多月时间里，共收到30多万张选票，还有3000多位歌迷写信表示支持或提出一些建议。评选结束后的颁奖大会将于12月31日在济南举行。

1988年中国十大新闻评选结果揭晓

参加投票的11家报纸是：《人民日报》《解放军报》《光明日报》《经济日报》《中国日报》《人民政协报》《工人日报》《农民日报》《中国青年报》《中国妇女报》和《经济参考报》。当选的十大新闻，按得票多少的次序是：

中共中央召开十三届三中全会，批准治理经济环境、整顿经济秩序、全面深化改革指导方针和政策。七届全国人大一次会议选举杨尚昆为国家主席，决定李鹏为国务院总理。

从昆明开往上海的一次特快列车于1月24日发生颠覆事故，死亡88人，铁道部部长丁关根引咎辞职。

中国国民党主席蒋经国逝世，中共中央总书记赵紫阳发表谈话表示悼念，中共中央致电吊唁。

中国第一座高能加速器——北京正负电子对撞机10月16日首次对撞成功。

中国外长31年来第一次出访苏联。中国领导人说，中苏首脑会晤可能于明年上半年举行。

中国发生新中国成立以来最严重的一次通货膨胀。

印度总理34年来第一次访华。

中共中央政治局提出沿海经济发展战略，发展外向型经济。

海南岛正式成为中国第31个省。

一辆大客车与298次列车相撞46人死亡54人受伤

12月23日23点50分，由丹东开往北京的298次直快列车行驶到伊马图—清河门间94公里960米无人看守道口处时，辽宁省大洼县运输公司的一辆满载民工的大客车抢越道口，结果猛烈相撞。截至24日14时，已死亡46人，还有54人受伤。机车和一节车厢颠覆，3节车厢脱轨。

沈阳铁路局和阜新市以及当地驻军的领导同志带领有关人员及时赶赴现场组织抢救。

12月24日

中共中央政治局在北京举行第十四次全体会议

会议讨论了当前国际形势和我国的对外工作。

会议认为，当前国际形势正在发生转折性的变化。全世界正从对抗转向对话，由紧张转向缓和，有可能出现一个有利于维护世界和平、促进发展的新时期。但同时还必须看到，导致局势动荡、紧张的各种因素并未消失，东西关系和南北关系，即和平问题和发展问题，仍将是影响今后国际形势进程的两个全球性战略问题。

会议指出，国际形势的变化，总的来说对我国是有利的。我国有可能争取到一个长期稳定的国际环境，以集中力量搞好改革和四化建设；各国改革和调整的潮流也为我国积极开展外交、扩大对外经济联系，进行互利合作提供了广阔的活动天地。

会议强调，党的十一届三中全会以来，我国的对外政策进行了重大调整，已取得了明显成效。实践证明，我国奉行的独立自主的和平外交政策是正确的，今后应继续贯彻执行。同时为了适应形势的变化，我们应在总结经验的基础上，对独立自主的和平外交政策加以发展和丰富。我们要积极推动国际形势朝着长期缓和的方向发展，继续反对霸权主义和强权政治，积极倡导在和平共处五项原则的基础上建立国际政治新秩序和在平等互利的基础上建立国际经济新秩序，大力发展同世界各国的政治关系、经贸关系、科技合作、文化交流和民间往来。我们要继续坚持对外开放的政策，并把加强国际经济、科技合作摆到对外工作的更加重要地位。

会议要求外事部门的同志努力学习，扩大视野，勤奋工作，在工作中加强集中统一领导和协调配合，把我国对外工作做得更加活跃、灵活，在新的国际形势下争取更大的成绩。

国务院批准发布《城市节约用水管理规定》

据《人民日报》报道，我国的淡水资源每人平均占有量只有2630立方米，仅为世界人均占有量的1/4。特别是北方和某些沿海城市周围，可被利用的淡水资源更为短缺。近年,随着经济的发展和人民生活水平的提高,城市居民和工业生产用水迅速增加,供水紧缺矛盾日益尖锐。用水高峰季节,一些城市工厂限水、停水,居民排队等水的现象经常出现。今年夏季,北京市曾对319个工业企业及用水大户采取了限量用水办法。城市地区水源污染严重,现有水资源不断遭到破坏;一些城市地下水超量开采,地下水位大面积大幅度下降,甚至出现地面下沉。工业、居民用水的节约意识还远未树立起来,“一吨水不如一根冰棒贵”,水的珍贵还没有引起人们足够的认识。

国务院最近批准发布了《城市节约用水管理规定》,并决定从1989年1月1日起正式施行。

这个规定强调,今后,工业用水重复利用率低于40%(不包括热电厂用水)的城市,新建供水工程时,未经上一级城市建设行政主管部门的同意,不得新增工业用水量;城市的新建、扩建和改建工程项目,应当配套建设节约用水设施;超计划用水必须缴纳超计划加价费,这项费用应从税后留利或预算包干经费中支出。

财政部部长王丙乾在全国财政工作会议上谈明后两年财政工作指导思想

王丙乾指出,明后两年财政工作必须坚决实行紧缩的政策,努力抑制资金需求,压缩财政支出,增强宏观调控,力争把财政赤字压缩到最低限度。

王丙乾说,国家预算应坚持量入为出、收支平衡的原则。但多年来我国财政连续出现赤字,其中有些年度的赤字是由于宏观失控,经济过热,投资与消费膨胀引起的。因此,明后两年一定要下决心压缩资金需求总量,同时合理调整分配结构,适当集中资金,做到有保有压,区别对待。明年增加的收入主要用于价格、工资改革和必要的农业、教育、科学等支出,其他各项支出只能维持今年水平,有些项目还要压缩,力争明年赤字少于今年。

王丙乾指出,这几年由于宏观控制不力,在处理收入分配关系时,减税让利过多,税前还贷数额激增,产品涨价收入大量流失,造成国家资金过于分散,财政收入占国民收入的比重逐年下降。为了改变这种状况,明年要按一定比例集中预算外资金,并要通过整顿税收和清理企业涨价收入等措施,堵塞漏洞,把流失的资金收回来。他强调,必须强化预算外资金管理,引导使用方向。今后不论地方、部门还是企事业单位的预算外资金,都不准用于向职工滥发钱物,不准用于请客送礼,不准用于搞违背产业政策的重复建设和盲目建设。

在谈到财政改革时,王丙乾说,重点是通过完善企业承包经营责任制,建立企业财务自我约束机制,同时增强国家财政对宏观经济的调控能力。要进行改税前还贷为税后还贷的试点,建立企业投资的自我约束机制;要积极试行全员风险抵押承包,企业发生亏损,应用自有资金和风险基金弥补,不能躺在国家身上。

民政部门改革传统救灾方法

据《人民日报》报道,我国农村84个实行救灾合作保险试点的县(其中22个县经受特大自然灾害的考验),现已全部理赔兑现,收支相抵,资金节余200多万元,保障了灾民的基本生活和简单再生产。

为了增强基层抗灾救灾能力,改革单纯依靠国家拨款救灾的传统做法,从1986年开始,民政部就在浙江、江苏、黑龙江等7省的9个县实行农作物、房屋、劳动力意外伤害、大牲畜等险种的合作保险。共收保费271万元,理赔208万元,收支相抵节余63万元,受到当地政府和群众的欢迎。今年试点范围扩大后,有400万户投保,投保房屋966间,农作物927万亩,劳动力125万人,大牲畜105万头。

救灾合作保险属社会保险事业,不以盈利为目的,由国家扶持,个人、集体多渠道筹集的保险基金,留在基层,不上交,上级不提成,灾情发生后可以迅速投入使用,较好地克服了虚报灾情、款项下拨缓慢、层层克扣、优亲厚友等弊端,具有报灾准确、理赔合理、周期短、救助标准高的优点,社会效益和经济效益明显。据主管这项业务的民政部救灾救济司长陈虹介绍,明年在巩固完善已有试点的基础上,将增加16个试点县(市)。

全国性各类社会团体已近千个

据《人民日报》报道,我国全国性的各类社会团体已达近千个,民政部社团管理司负责全国性社团,跨省、自治区、直辖市社团的审批登记和管理工作;依法对所登记社团进行监察等。现有99个社团向民政部社团管理司提出了成立申请,经过审批同意成立的19个社团中,有行业协会类12个,基金会类2个,学会、研究会等3个,商会2个。民政部新成立了婚姻管理司,负责制定有关婚姻登记和管理及保护妇女、儿童等方面的政策、法规。

12月25日

中共中央发出《关于改革和加强中小学德育工作的通知》

把我国建设成为富强、民主、文明的社会主义现代化国家,实现全国各族人民的共同理想,需要经过几代人的不懈努力。现在的中小学生是21世纪社会主义建设的主力军。他们的思想道德和科学文化素质状况,不仅是当前社会文明程度的重要体现之一，而且对我国未来的社会风貌、民族精神有着决定性的影响。从现在起，就必须努力把他们培养成为有理想、有道德、有文化、有纪律的一代新人。

在中小学教育中，德育即思想品德和政治教育，对坚持学校的社会主义性质，促进学生德智体美全面发展，具有重要的作用。中小学教育阶段是青少年儿童长身体、长知识的时期，是对他们进行道德情操、心理品质和行为习惯养成教育的最佳时期，也是为他们树立科学的人生观、世界观和形成正确的政治态度奠定基础的重要时期。抓紧这一时期的德育工作，对他们的一生将有重要的积极的影响。

"百年大计，教育为本"。在各项工作中要十分重视教育工作，教育工作中要十分重视中小学教育工作，中小学教育工作中要十分重视德育工作。各级党委和政府要有战略远见，以对民族的未来高度负责的态度，加强对中小学德育工作的领导。中小学校必须把德育工作放在重要位置，始终如一地抓紧抓好。全社会都要努力关心青少年儿童的健康成长。

一、中小学德育工作必须适应全面深化改革的新形势

党的十一届三中全会以来，中小学德育工作经过拨乱反正，在指导思想上抛弃了"以阶级斗争为纲"，在内容和方法上进行了积极的探索，创造了许多新鲜经验。广大中小学教师严于律己，为人师表，对中小学生的健康成长作出了很大的贡献。必须充分看到中小学德育工作取得的成绩和进步，充分肯定广大中小学教师和教育工作者为此付出的辛勤劳动。

我国的改革开放正在深入发展。在新旧两种体制交替过程中，新的理论体系、思想观念，文化条件和社会环境逐渐形成的同时，资本主义、封建主义的腐朽思想、历史遗留的半殖民地奴化思想和其他落后习俗的影响会长期存在。在改革开放和发展商品经济的过程中，也不可避免地会出现某些消极现象。这种状况使中小学德育工作面临许多新的课题。现在的德育工作还很不适应新形势的要求，存在的主要问题是：一些党政部门和学校受片面追求升学率的影响，对德育的地位和作用缺乏足够的认识；中小学德育工作的指导方针还需要进一步明确，工作制度需要健全；德育内容和方法存在着一些脱离实际和呆板生硬、成人化等倾向，缺乏实效和吸引力；德育工作队伍的素质还需要进一步提高；社会和家庭教育同学校教育配合不够，对为青少年儿童健康成长创造良好的社会环境还缺乏统一认识和有力措施。由于这些原因，中小学生在理想情操、道德风貌、行为习惯、法纪观念和政治认识等方面存在着不少值得重视的问题，极少数学生甚至走上歧途。这些问题说明，努力建立适应社会主义商品经济和民主政治不断发展需要的德育工作新格局，是摆在我们面前的一项十分紧迫的任务。

二、进一步明确中小学德育工作的指导思想

中小学德育工作必须坚持以马克思主义为指导，认真贯彻党在社会主义初级阶段的基本路线，遵循党关于社会主义精神文明建设的指导方针。

德育在我国有悠久的历史和良好的传统，在革命战争年代和社会主义建设时期，我们又积累了丰富的经验。中小学德育工作要在继承和发扬这些好传统、好经验的基础上，适应不断发展变化的新情况，赋予德育具有时代气息的新内容和新方法。

中小学德育工作要坚持实事求是的思想路线，从我国社会主义初级阶段的实际出发，从中小学教育工作的实际出发，从青少年儿童的实际出发。

要用共同理想教育全体学生。在共同理想的旗帜下振奋中华民族的民族精神，必须从中小学生抓起。中小学校要采取多种形式，善于运用社会主义建设和改革的现实成就，运用优秀人物的榜样力量，进行生动的理想教育。要引导学生把自己的理想抱负同祖国的前途、民族的命运紧密地联系在一起，激发、调动他们为实现四化、振兴中华而努力学习的积极性、主动性和创造性。

要培养学生适应改革开放和发展社会主义商品经济的社会环境。中小学教育必须面向世界、面向未来、面向现代化，注意培养学生的改革开放意识，使他们从小养成讲求质量和效率，勇于进取，忠于职守等同发展现代化大生产相适应的观念。要善于利用改革开放提供的有利条件，加强教育和引导，使学生在现实生活中逐步增强辨别是非和抵制不良影响的能力。

三、实事求是地确定中小学德育工作的任务和内容

中小学德育工作的基本任务是，把全体学生培养成为爱国的具有社会公德、文明行为习惯的遵纪守法的好公民。在这个基础上，引导他们逐步确立科学的人生观、世界观，并不断提高社会主义思想觉悟，使他们中的优秀分子将来能够成长为坚定的共产主义者。中小学德育要以爱祖国、爱人民、爱劳动、爱科学、爱社会主义为基本内容，注意抓好以下几个方面的教育：

第一，进行爱国主义教育。在德育工作中，要把爱国主义教育放在突出的位置，使学生从小就了解中华民族的光辉历史和革命传统，了解百多年来中华民族的深重灾难和共产党领导人民进行的反帝反封建的英勇斗争，了解我们现在从事的社会主义现代化建设是中国历史上最伟大的事业，以培育他们的民族自尊心、自信心、自豪感和自强不息的奋斗精神，树立祖国利益

高于一切的观念，憎恶一切丧失国格的行为。为此，要搞好教村改革，各科教学都要有计划地结合学科特点进行爱国主义教育。要通过组织生动活泼、形式多样的活动，把爱国主义的教育融会进去。学校要升国旗。重要集会要唱国歌。重要纪念日前后要集中进行爱国主义教育。要把爱国主义教育同热爱中国共产党、热爱社会主义的教育联系起来，使学生逐步懂得党是领导全国各族人民实现四化、振兴中华大业的核心力量，社会主义制度是建设现代化中国的根本保证。

第二，进行集体主义教育。教育学生尊重他人，理解他人，帮助他人，从小懂得自私自利是不好的品质。在此基础上，教育他们逐步学会正确处理个人利益同集体利益和国家利益的关系。当前，中小学生中独生子女的比例增大，加强集体主义的教育尤为重要。中小学校要广泛组织学生参加文娱、体育、社会服务和公益劳动等集体活动，并在这些活动中开展竞赛，评选先进集体，表扬为集体做好事的行为，培养学生的集体荣誉感，树立团结互助的风尚。要在学生中开展尊师爱校的教育和活动。

第三，进行社会主义民主和遵纪守法的教育。要从小学开始进行民主、法制和纪律的教育，培育学生具有民主意识和社会主人翁的精神，养成少数服从多数和尊重他人的人格等民主习惯，树立在真理、法律面前人人平等的观念。同时，要教育学生懂得民主和法制、纪律不可分，懂得必须维护宪法的尊严，了解公民的基本权利和义务，知道刑法等法律的基本知识，树立公民的法制观念。中小学校都要有严格的校纪校规，树立良好的校风，要把对学生的关怀和爱护同严格要求结合起来。

第四，进行劳动教育。认真培养学生的劳动观点、劳动习惯和勤俭节约、艰苦朴素的精神，不仅是实现学校教育目标的重要方面，而且关系着我们民族优良传统的发扬光大。要认真纠正当前一些学校忽视劳动教育的现象，从鼓励小学生参加力所能及的自我服务性劳动和家务劳动开始，把劳动和劳动技术教育作为中小学教育的一个重要内容，列入教学计划并进行考核。开展劳动教育要因地因校制宜，根据学生的不同年龄段加以安排。

第五，进行道德教育和良好心理品质的培养。德育对中小学生特别是小学生，更多的是养成教育。要制定并组织试行中学生和小学生的“日常行为规范”，使学生牢记规范要求，逐渐养成文明的行为习惯。对学生的道德情操、心理品质要进行综合的培养和训练，使他们具有诚实正直、谦虚宽厚、勇敢坚毅、惜时守信、开拓进取等良好品质。中学阶段是学生身体逐渐发育成熟的时期，要结合生理、心理卫生教育适时地进行青春期道德教育。

四、改革中小学德育工作的方式方法，注重实效

德育工作是塑造学生心灵的工作。必须遵循中小学生身心成长的规律，在具体目标设计上要分层次，对中学生、小学生分别提出不同的要求。

德育要与传授科学文化知识相结合，渗透、贯穿在各科教材和教学过程及学校各项活动中，并力求生动和形象化，对低年级学生还要有故事性。要寓德育于丰富多彩的活动和社会实践之中。校园生活要活跃，富于吸引力。要努力为学生特别是高年级学生创造参加社会实践的机会，使他们在接触社会、接触工农中受到教育。

从事德育工作的人员，要热爱和关心学生，与学生平等相处，理解他们的心理，尊重他们的人格。要在民主、平等、和谐的气氛中增强教育效果，做到以理服人，以情感人，入耳入脑。要倡导学生自己管理自己，培养他们的自主精神和独立思考、自我教育的能力。

要研究改进学生操行评定办法，健全优秀学生评选和奖励制度。

五、建立校长负责德育工作的体制，加强德育工作队伍的建设

中小学校长对德育工作负有领导责任。校长不仅应当精通教学业务，而且应当具有正确的教育思想，重视学生的全面发展，保证党和国家教育方针的贯彻执行。德育工作状况应作为考核校长工作成绩的重要依据。

在学校教育中，要把“教书”和“育人”统一起来。要强调全体教师和职工都是德育工作者，都要在不同的岗位上担负起育人的职责。班主任、思想品德课和政治课教师、共青团专职干部和少先队辅导员要在德育工作中积极发挥骨干作用。学校党支部要支持校长的工作，发挥保证监督作用，并通过党员的先锋模范作用，影响和带动广大教职工做好德育工作。

教师要以身作则，为人师表。今后，对学生进行思想品德教育的情况，应作为考核教师和职务评聘、工资晋升的一项必备条件。要加强对教师的培训，不断提高他们的思想业务水平和道德素养。要制定相应的政策，鼓励优秀的教师担任思想品德课或政治课的专、兼职教师，并为他们创造进修提高的条件。高等和中等师范学校要搞好教学改革，加强德育的教学和实践环节，使师范院校的学生懂得如何当好一名合格的人民教师。

少先队、共青团组织、学生会要根据自己的特点，积极配合学校做好德育工作，团结广大学生走健康成长的道路。教育工会要在本职范围内做好教师的工作，充分调动教师教书育人的积极性。

中小学校要聘请工人、农民、干部、知识分子、解放军战士中的优秀分子担任校外辅导员，努力建设一支稳定的校外德育工作队伍。

六、全社会都要关心中小学生的健康成长

关心和保护中小学生健康成长，不仅是教育部门和学校的职责，而且是全社会的责任和义务。要把社会和家庭教育同学校教育密切地结合起来，形成全社会关心中小学生健康成长的舆论和风气。

家长是孩子的启蒙教师，所有家长都应对社会负责，对后代负责，身体力行，教育好子女。要转变陈旧落后的家庭教育观念和方法，提高家庭教育的水平。教育部门和学校要积极主动地指导家庭教育。中小学要吸收善于教育子女的家长代表参与学校的教育工作。广播、电视、报刊等新闻工具应开辟家庭教育节目，普及家庭教育知识。

新闻出版、广播影视、文化艺术等一切从事精神产品生产的部门，要把为广大中小学生提供丰富健康的精神营养作为义不容辞的责任。广大作家、艺术家、理论家应努力创作为中小学生所喜爱的有益的作品。要积极做好青少年儿童出版物、影视片的发行工作。要切实加强对社会文化事业的管理，反对只顾牟利、无视社会效果的行为。要坚决查禁淫秽书刊、淫秽录像等非法出版物。要建立对影视片的审查定级制度，对中小学生不宜观看的影视片作出明确的规定。要发挥广大德育工作者和中小学教师对上述部门的监督作用。各级党委和政府要支持开展社会评议活动，组织中小学教师、学生和社会各界有关人士对影视和文学作品进行评议。广播、电视、报刊等可就青少年思想品德教育问题开展讨论，对社会教育进行指导。

要采取多种方式加强学校和社会的联系。城市的区或街道可通过试点，逐步建立社区(社会)教育委员会一类的社会组织，以组织、协调社会各界支持、关心学校工作，优化社会教育环境。充分发挥离退休老干部、老工人、专家学者、模范人物、社会知名人士等在培养教育青少年儿童中的积极作用。

七、加强对中小学德育工作的领导

各级党委和政府要切实加强对中小学德育工作的领导。领导干部要深入中小学，及时解决学校德育工作中的问题，并亲自抓好德育工作改革的试点。各地要组织教育部门、宣传部门、共青团、妇联、工会等单位定期研讨学校德育工作，密切配合做好工作。要健全各级督学机构和制度，加强对学校德育工作的检查、督促和评估。各地还要逐步创造条件，发挥中小学德育研究机构的作用。

要重视青少年儿童活动场所和劳动教育基地的建设。城镇建设的长期规划中，要注意安排少年之家、少年宫、儿童活动中心等校外教育设施。对青少年儿童有教育意义的一切地方，如博物馆、展览馆等，要减免收费，对中小学生开放。影剧院等营利性的文化设施，每年也应安排一部分时间免费或低费为中小学生服务。各地要努力帮助学校建立劳动教育基地，确定一些企事业单位接受学生参观和参加社会实践活动。严禁挤占青少年儿童活动场所和劳动教育基地。

各级教育行政部门要端正教育思想，认真贯彻党和国家的教育方针。要坚决纠正片面追求升学率的倾向，抵制某些领导部门向学校压升学指标等错误做法。为使中小学德育工作制度化、规范化，并落到实处，国家教育委员会要抓紧制定和组织试行中小学德育纲要、中小学生日常行为规范。要尽快制定有关法规，运用法律武器保护青少年儿童健康成长。

各类中、初级职业技术学校也应按照上述精神，改革和加强学校德育工作。根据职业技术学校的特点，还要注意加强对学生的职业道德的教育和培养。

国务院总理李鹏 副总理姚依林在中南海接见出席全国财政工作会议的部分代表

李鹏指出，党的十三届三中全会确定的治理方针得到了全国人民的拥护，实施3个月来已取得初步成效。这几个月物价稳中有降，清理基本建设全面展开，已停建了一批项目，社会集团购买力有所控制，粮食收购情况较好，进度超过去年同期。但是也存在不少问题，如银行资金紧缺，货币投放量仍然很大，基建投资、消费基金和生产速度仍居高不下。对治理任务的艰巨性和长期性必须有足够的认识。现在，中央财政和地方财政都有困难，我们既要看到困难，也要树立克服困难的信心，坚定不移地贯彻三中全会的方针，通过开展增产节约，增收节支，挖掘各方面的潜力来克服财政上的困难。

李鹏说，现在财力相当分散，从长远看，应适当增加财政收入占国民收入中的比重，增加中央财政收入占国家财政收入的比重。我们是统一的国家，树立国家的权威要有经济基础，没有经济基础就没有国家的权威。他指出，增加财政收入就要加强税收工作。现在税收法制不健全，管理不严格，偷税漏税，乱开减免税口子相当普遍，税收还有很大潜力，各级政府都要支持税收工作。在治理经济环境时期企业不能再靠减税让利过日子，而应当在改善经营管理、提高产品质量、降低消耗、提高经济效益上下功夫。各地对过去的减免税要进行一次清理。

李鹏强调，要加强财经纪律，强化预算观念。预算经各级人民代表大会通过以后就不能随便改变。各级领导人随意批条子，是一个不好的习惯，这个做法要改。国务院要从自己做起。各级政府都要支持财政工作，要做财政部门的后盾。李鹏还要求，通过治理经济环境，财政工作要建立起适应社会主义有计划的商品经济的新制度和新办法。

李鹏说，这几年财政税收工作有很大成绩。明年财政工作困难多，任务重，他要求各级财税部门和全体财税干部认真学习，努力工作，增强信心，克服困难，为治理环境、整顿秩序、深化改革作出新贡献。

姚依林说，这次财政工作会议开得是很好的。我们强调紧缩财政，这是治理经济环境、整顿经济秩序的需要。现在财政工作难度很大，在紧缩财政的同时一定要想办法找到解决问题的路子。党的十一届三中全会以后的十年，经济情况发生了很大变化，预算外资金增长很快，预算内资金增长很慢，许多应该征的税没有征上来。今后必须要开辟新的财源，这不仅是增加财政收入的需要，也是建立社会主义商品经济新秩序的需要。

姚依林说，治理经济环境，整顿经济秩序是一次调整，这也包括财政税收的调整。在调整中要很好发挥税收的调节作用。征收个人收入调节税，征收农林特产税，不仅是为了增加财政收入，更重要的是为了调节社会分配不公，调节农产品不合理的比价。现在很多同志没有很好认识到税收是调节经济、平衡社会收入的重要杠杆。我们一定要重视财政工作的调整，探索开源的路子、增收节支的路子。

参加接见的领导同志还有：吴学谦、丁关根、王丙乾、李贵鲜等。

中共中央政治局常委胡启立在人民大会堂会见由罗共中央政治执行委员会委员杜米特鲁·波佩斯库率领的罗马尼亚共产党中央社会政治学院代表团

中国北方工业(集团)总公司工作会议在北京召开

国务委员、机械电子工业部部长邹家华在中国北方工业(集团)总公司工作会议上指出：开发民品是兵工企业生存的关键。兵工企业不能幻想国家给更多的军品任务，只能下大力量发展民品。

兵器工业从 70 年代末期开始，加速由仿制向自行研制转变，使重点兵器装备已基本更新了一代，特别是一批高技术产品已形成工业生产能力。在军品任务逐年减少的情况下，积极开发民品，现在已能成批生产运输车辆、能源机具、仪器仪表、光电产品、耐用消费品等 16 大类 700 多个品种的民品，并出现了一批国优、部优产品。1988 年兵器工业民品产值是 1980 年的 5.4 倍。

中国北方工业(集团)总公司总经理来金烈提出，兵器工业到 1990 年民品产值要占总产值 2/3 以上，到 1992 年基本建成军民结合型的新体制，保留的军品生产能力要时刻处于完好状态，满足平时部队装备需要，并有重点地进行技术改造，打基础，上水平；所有企业都要形成多品种的产品结构，在没有军品任务情况下可以做到经济自立。

京杭运河徐扬段改建完成

据《人民日报》报道，北接津浦、东陇海铁路干线、南通长江的京杭大运河徐州至扬州段，经过 6 年多的建设通过国家验收。人们期待已久的京杭大运河北煤南运、南水北调的新格局已初步形成。

京杭运河徐扬段全长 404 公里，是大运河中历史最悠久的河段。新修的 10 道船闸使运输船队可以常年畅通无阻，年运煤能力可提高 1000 万吨。

最后一枚“织女一号”火箭在海南成功发射

上午 9 时 07 分，海南探空火箭发射场成功地发射了最后一枚“织女一号”火箭，至此，中国低纬度区第一次火箭探空试验圆满结束。

这次为期两周的试验共发射了 4 枚火箭，直接获得了赤道区域中层大气资料数 10 万组。

专家们认为，这些数据将对校订和完善中国现用的大气模式标准、促进国民经济建设和国防建设发挥重要作用。

中国科学院空间中心主任孙传礼研究员在火箭发射场指挥部向记者透露，国防科技大学和中科院空间中心等单位目前正在积极研制一种更复杂的、用于高层大气探测的探空火箭系统“织女三号”。

孙传礼还宣布，联邦德国马普高层大气研究所作为第一家外国科学机构已定于 1990 年与中国科学院空间中心联合在海南探空基地进行为期 6—12 个月的近赤道区电离层电子密度不均匀结构观测，获得的原始数据将为双方共享。

中国人口年龄结构发生深刻变化

据新华社报道，有关统计表明，1987 年全国 0—14 岁少年儿童人口比重为 29%，65 岁以上老年人口比重为 5% 稍多，我国人口的年龄结构正发生深刻的变化。

我国人口的年龄结构曾以少年儿童最多为特点。70 年代中期，少年儿童人口比重达 40%，占全国总人口 1/3 以上。

但是，近年来随着人口出生率和增长率的持续下降，我国开始了由传统社会所具有的年轻型人口结构向现代社会所必须经历的成年型人口结构的转变。尽管我国 65 岁以上老龄人口在缓慢上升，但在未来几十年内我国人口年龄结构将以中青年为主体。

据联合国不久前预测，如果中国的总和生育率今后一直下降，并维持到2025年，则到本世纪末，中国老龄人口比重也只占6.8%，至2025年升为12.7%，仍明显低于目前许多欧美国家的水平。

据介绍，由于人口年龄结构的积极变化，在今后相当长时期内我国将保持全社会被抚养人口比重较低、劳动人口比重较高的人口状况。有关专家就此指出，如果在经济和技术结构的变革中充分发挥劳动力资源的优势，我们就能把人口年龄结构的历史性变化过程变成得天独厚的经济和社会发展的“收获季节”。

12月26日

中国人民银行公布1989年第一季度3年以上储蓄存款的保值贴补率

根据国家统计局统计的1988年第三季度社会商品零售和服务项目价格总指数计算，1989年第一季度3年以上储蓄存款的保值贴补率为年率16.13%。凡1989年1月1日至3月31日内到期的3年、5年、8年储蓄存款，除按原规定利率计付利息外，再按上述保值贴补率给储户贴补。

全国煤炭连续7年增产

据《人民日报》报道，今年煤炭产量达到9.6亿吨，预计比去年增产煤炭3000多万吨。

今年，煤炭工业整顿劳动组织，提高工作效率有新的进展。不少煤矿大力采用机械化，提高单产效率。山东新汶煤矿、山西晋城煤矿全部实现机械化采煤，做到用人少，产煤多。全国煤矿已精简3.3万人，超额完成了精简指标。统配煤矿原煤全员效率比计划提高8.9%，比奋斗目标提高2.7%。

据了解，今年全国煤炭出口可比去年增加290万吨，达到1600万吨，创汇4.6亿美元。

第六次中日青少年学生交流大会在北京开幕

始于1983年的日中青少年学生交流大会访华团，是由中华全国青年联合会邀请、中国青年旅行社接待的。迄今为止已有6000多日本青少年学生自费来华交流。

在今晚的开幕式上，中华全国青年联合会副主席李克强对日本青少年朋友表示热烈欢迎。他说，今年是《中日和平友好条约》缔结10周年，年根岁末，1200多名日本青少年朋友自费来到中国，进行广泛的友好交流活动，使这个值得纪念的年代又增添了中日友好的新光彩。

访华团总团长、日本每日新闻社常务董事佐治俊彦也在会上发表了热情的讲话。

日本国驻华使馆公使久保田穰和夫人出席了开幕式。中华全国体育总会秘书长刘兴、中国音协副主席严良堃、北京市青联代主席姚望等有关方面负责人也和首都青少年一起，观看了日本中、小学生表演的女子花棍操、现代舞蹈、艺术体操和女排比赛等精彩节目。

据悉，日本青少年近日将在中国剧院、朝阳剧场、海淀剧场等公演吹奏乐、现代舞、爵士乐、吉他、曼陀林等。在京期间，他们还要同北京部分中学、大专院校进行百余次友好交流活动。然后，日本朋友将去上海、天津、南京、杭州、西安等地。

陕西省岐山县发现西周时代古砖

专家认为这是中国迄今发现的时代最早的砖。

宝鸡市文物部门最近在岐山县进行文物普查时，在县北蒲村乡的一处西周陶窑遗址中发现了暴露于地面的一批空心砖和条形砖，绝大部分已残破，但其中有一件梯形空心砖经黏合后非常完整，它长1米，厚20.5厘米，砖的正面中部有一孔，似为连接之用，其造型之独特，形体之巨大，均属罕见。专家认为，这批西周砖的发现，将我国砖的烧制使用年代又提早了好几百年。

卫生部颁发《中华人民共和国医务人员医德规范及实施办法(试行)》

这一规范指出：医务人员的医德规范首先是救死扶伤，实行社会主义的人道主义，时刻为病人着想，千方百计为病人解除病痛。而且应该尊重病人的人格与权利，对待病人，不分民族、性别、职业、地位、财产状况都应一视同仁。

近年来，很多就医者反映医院的服务质量差，各地区因医院服务态度不好引发医患矛盾的事件时有发生。医德规范要求医务人员文明礼貌服务，举止端庄，语言文明，态度和蔼，同情、关心和体贴病人。

规范还包括：廉洁奉公。自觉遵纪守法，不以医谋私；

为病人保守医密，实行保护性医疗，不泄露病人隐私与秘密；

互学互尊，团结协作，正确处理同行同事间的关系；

严谨求实，奋发进取，钻研医技，精益求精，不断更新知识，提高技术水平。

关于实施办法，卫生部提出：各医疗单位都必须把医德教育和医德医风建设作为目标管理的重要内容；建立医德考核与评价制度，建立医德考核档案；对医务人员医德考核结果，要作为应聘、提薪、晋升等的首要条件；接受人民群众的监督，奖优罚劣。

医德规范是指导医务人员进行医疗活动的思想和行为的准则。现在颁发我国的医德规范及实施办法，必将促进医务人员职业道德素质的提高，改善医疗服务质量，更好地为人民服务。

甘肃临泽县发生5.1级地震

15点46分，甘肃省临泽县境内发生一次5.1级地震。这次地震的震中在北纬39.1度，东经100.0度，即临泽县城西南约30公里处。临泽县城、张掖市和肃南裕固族自治县有强烈震感，但尚未发现有人员伤亡。

陶峙岳逝世

第六届全国政协副主席、湖南省第六届原人大常委会副主任陶峙岳同志，因病于凌晨1时45分在长沙逝世，享年97岁。

陶峙岳同志系湖南省宁乡县人，早年参加辛亥革命、北伐战争，1937年参加上海淞沪抗战，1949年在新疆担任国民党新疆警备总司令部司令时率部起义。建国后，他曾任中国人民解放军新疆军区副司令员兼生产建设兵团司令员、国防委员会委员，1955年被授予上将军衔，历任第四、五届全国人大常委、第三、四、五届全国政协常委，1982年，他加入中国共产党。

12月27日

国务院总理李鹏签署第23号令发布《医疗用毒性药品管理办法》

《医疗用毒性药品管理办法》已经1988年11月15日国务院第25次常务会议通过，现予发布施行。

总理 李鹏

1988年12月27日

医疗用毒性药品管理办法

第一条 为加强医疗用毒性药品的管理，防止中毒或死亡事故的发生，根据《中华人民共和国药品管理法》的规定，制定本办法。

第二条 医疗用毒性药品（以下简称毒性药品），系指毒性剧烈、治疗剂量与中毒剂量相近，使用不当会致人中毒或死亡的药品。

毒性药品的管理品种，由卫生部会同国家医药管理局、国家中医药管理局规定。

第三条 毒性药品年度生产、收购、供应和配制计划，由省、自治区、直辖市医药管理部门根据医疗需要制定，经省、自治区、直辖市卫生行政部门审核后，由医药管理部门下达给指定的毒性药品生产、收购、供应单位，并抄报卫生部、国家医药管理局和国家中医药管理局。生产单位不得擅自改变生产计划自行销售。

第四条 药厂必须由医药专业人员负责生产、配制和质量检验，并建立严格的管理制度。严防与其他药品混杂。每次配料，必须经二人以上复核无误，并详细记录每次生产所用原料和成品数。经手人要签字备查。所有工具、容器要处理干净，以防污染其他药品。标示量要准确无误，包装容器要有毒药标志。

第五条 毒性药品的收购、经营，由各级医药管理部门指定的药品经营单位负责；配方用药由国营药店、医疗单位负责。其他任何单位或者个人均不得从事毒性药品的收购、经营和配方业务。

第六条 收购、经营、加工、使用毒性药品的单位必须建立、健全保管、验收、领发、核对等制度，严防收假、发错，严禁与其他药品混杂，做到划定仓间或仓位，专柜加锁并由专人保管。

毒性药品的包装容器上必须印有毒药标志。在运输毒性药品的过程中，应当采取有效措施，防止发生事故。

第七条 凡加工炮制毒性中药，必须按照《中华人民共和国药典》或者省、自治区、直辖市卫生行政部门制定的《炮制规范》的规定进行。药材符合药用要求的，方可供应、配方和用于中成药生产。

第八条 生产毒性药品及其制剂，必须严格执行生产工艺操作规程，在本单位药品检验人员的监督下准确投料，并建立完整的生产记录，保存五年备查。

在生产毒性药品过程中产生的废弃物，必须妥善处理，不得污染环境。

第九条 医疗单位供应和调配毒性药品，凭医生签名的正式处方。国营药店供应和调配毒性药品，凭盖有医生所在的医疗单位公章的正式处方。每次处方剂量不得超过二日极量。

调配处方时，必须认真负责，计量准确，按医嘱注明要求，并由配方人员及具有药师以上技术职称的复核人员签名盖章后方可发出。对处方未注明"生用"的毒性中药，应当付炮制品。如发现处方有疑问时，须经原处方医生重新审定后再行调配。处方一次有效，取药后处方保存二年备查。

第十条 科研和教学单位所需的毒性药品，必须持本单位的证明信，经单位所在地县以上卫生行政部门批准后，供应部门方能发售。

群众自配民间单、秘、验方需用毒性中药，购买时要持有本单位或者城市街道办事处、乡（镇）人民政府的证明信，供应部门方可发售。每次购用量不得超过二日极量。

第十一条 对违反本办法的规定，擅自生产、收购、经营毒性药品的单位或者个人，由县以上卫生行政部门没收其全部毒性药品，并处以警告或按非法所得的五至十倍罚款。情节严重、致人伤残或死亡，构成犯罪的，由司法机关依法追究其刑事责任。

第十二条 当事人对处罚不服的，可在接到处罚通知之日起十五日内，向作出处理的机关的上级机关申请复议。但申请复议期间仍应执行原处罚决定。上级机关应在接到申请之日起十日内作出答复。对答复不服的，可在接到答复之日起十五日内，向人民法院起诉。

第十三条 本办法由卫生部负责解释。

第十四条 本办法自发布之日起施行。1964年4月20日卫生部、商业部、化工部发布的《管理毒药、限制性剧药暂行规定》，1964年12月7日卫生部、商业部发布的《管理毒性中药的暂行办法》，1979年6月30日卫生部、国家医药管理总局发布的《医疗用毒药、限制性剧药管理规定》，同时废止。

国务院总理李鹏签署第24号令发布《精神药品管理办法》

《精神药品管理办法》已经1988年11月15日国务院第25次常务会议通过，现予发布施行。

总 理 李 鹏

1988年12月27日

精神药品管理办法

第一章 总 则

第一条 为了加强精神药品的管理，根据《中华人民共和国药品管理法》的规定，制定本办法。

第二条 精神药品是指直接作用于中枢神经系统，使之兴奋或抑制，连续使用能产生依赖性的药品。

第三条 依据精神药品使人体产生的依赖性和危害人体健康的程度，分为第一类和第二类，各类精神药品的品种由卫生部确定。

第二章 精神药品的生产

第四条 精神药品由国家指定的生产单位按计划生产，其他任何单位和个人不得从事精神药品的生产活动。

精神药品的原料和第一类精神药品制剂的生产单位，由卫生部会同国家医药管理局确定。

第二类精神药品制剂的生产单位，由省、自治区、直辖市卫生行政部门会同同级医药管理部门确定。

第五条 精神药品的原料和第一类精神药品制剂的年度生产计划，由卫生部会同国家医药管理局联合下达。第二类精神药品制剂的年度生产计划，由省、自治区、直辖市卫生行政部门会同同级医药管理部门联合下达。

精神药品的生产单位未经批准，不得擅自改变生产计划。

第六条 精神药品的原料和制剂，按国家计划调拨，生产单位不得自行销售。

第七条 精神药品的原料和制剂的生产单位必须建立严格的管理制度，设立原料和制剂的专用仓库，并指定专人管理；建立生产计划执行情况的报告制度，按季度报省、自治区、直辖市卫生行政部门和同级医药管理部门，并报卫生部和国家医药管理局备案。

在生产精神药品的过程中产生的废弃物，必须妥善处理，不得污染环境。

第三章 精神药品的供应

第八条 精神药品的原料和第一类精神药品制剂，由卫生部会同国家医药管理局指定的经营单位统一调拨或者收购；第二类精神药品制剂，由县以上卫生行政部门会同同级医药管理部门指定的经营单位经营，其他任何单位和个人均不得经营。

第九条 精神药品的原料和第一类精神药品制剂的供应计划，由卫生部会同国家医药管理局，根据省、自治区、直辖市医药管理部门提出的计划，综合平衡后与生产计划一并下达。第二类精神药品制剂的供应计划，由省、自治区、直辖市卫生行政部门会同同级医药管理部门联合下达。

第十条 第一类精神药品只限供应县以上卫生行政部门指定的医疗单位使用，不得在医药门市部零售。第二类精神药品可供各医疗单位使用，医药门市部应当凭盖有医疗单位公章的医生处方零售。处方应留存两年备查。

医疗单位购买第一类精神药品，需持县以上卫生行政部门核发的《精神药品购用卡》在指定的经营单位购买。

《精神药品购用卡》由卫生部统一制定。

第十一条 科研和教学机构因科研和教学需要的精神药品，需经县以上卫生行政部门批准后，由指定的医药经营单位供应。

第四章 精神药品的运输

第十二条 生产单位和供应单位托运精神药品（包括邮寄），应当在货物的运单上，写明该精神药品的具体名称，并在发货人记事栏内加盖“精神药品专用章”，凭此办理运输手续。

第十三条 运输单位承运精神药品，必须加强管理，及时运输，缩短在车站、码头、机场存放时间。铁路运输不得使用敞车，水路运输不得配装舱面，公路运输应当苫盖严密，捆扎牢固。

第十四条 精神药品在运输途中如有丢失，承运单位必须认真查找，并立即报告当地公安机关和卫生行政部门查处。

第五章　精神药品的使用

第十五条　医生应当根据医疗需要合理使用精神药品，严禁滥用。除特殊需要外，第一类精神药品的处方，每次不超过三日常用量，第二类精神药品的处方，每次不超过七日常用量。处方应当留存两年备查。

第十六条　精神药品的处方必须载明患者的姓名、年龄、性别、药品名称、剂量、用法等。

精神药品的经营单位和医疗单位对精神药品的购买证明，处方不得涂改。

第十七条　精神药品的经营单位和医疗单位应当建立精神药品收支账目，按季度盘点，做到账物相符，发现问题应当立即报告当地卫生行政部门，卫生行政部门应当及时查处。

医疗单位购买的精神药品只准在本单位使用，不得转售。

第六章　精神药品的进出口

第十八条　精神药品的进出口业务由对外经济贸易部指定的单位按照国家有关对外贸易的规定办理。

精神药品进出口的年度计划应当报卫生部审批。

第十九条　因医疗、教学和科研工作需要进口精神药品的，应报卫生部审查批准，发给《精神药品进口准许证》后，方可申请办理进口手续。

第二十条　出口精神药品，应当向卫生部提出申请，并交验进口国政府主管部门签发的进口许可证，经卫生部审查批准，发给《精神药品出口准许证》后，方可办理进口手续。

第二十一条　精神药品的进口、出口准许证由卫生部统一印制。

第七章　罚　则

第二十二条　凡违反本办法的规定，有下列行为之一的，由当地卫生行政部门没收全部精神药品和非法收入，并视情节轻重，给予非法所得金额五至十倍的罚款，停业整顿，吊销《药品生产企业许可证》《药品经营企业许可证》《制剂许可证》的处罚：

(一)擅自生产精神药品或者改变生产计划，增加精神药品品种的；

(二)擅自经营精神药品的；

(三)擅自配制和出售精神药品制剂的；

(四)将兽用精神药品供人使用的；

(五)未经批准擅自进口、出口精神药品的。

第二十三条　对利用职务上的便利，为他人开具不符合规定的处方，或者为自己开具处方，骗取、滥用精神药品的直接责任人员，由其所在单位给予行政处分。

第二十四条　凡违反本办法的规定，制造、运输、贩卖精神药品，构成犯罪的，由司法机关依法追究其刑事责任。

第二十五条　当事人对行政处罚不服的，可在接到处罚通知之日起十五日内，向作出处理的机关的上一级机关申请复议。上一级机关应在接到申请之日起十五日内作出答复。对答复不服的，可在接到答复之日起十五日内，向人民法院起诉。对处罚决定不服而逾期又不起诉的，原处理机关可向人民法院申请强制执行。

第八章　附　则

第二十六条　对兽用精神药品的管理，由农业部会同卫生部根据本办法制定具体办法。

第二十七条　本办法由卫生部解释。

第二十八条　本办法自发布之日起施行。

全国党员教育工作会议在中南海怀仁堂召开

这次会议是中共中央委托中央组织部、中央宣传部联合召开的。会议主要研究新形势下如何加强改进党员教育工作问题。

中共中央宣传部部长王忍之在会上作了专题报告。他指出，我们党的队伍的主流是健康、积极向上的。1987 年和 1988 年，15 名荣获国务院授予的全国劳动模范称号者，都是共产党员。全国总工会、农业战线、国家科委、国家教委和中央军委以及各总部、各军兵种、各大军区近几年所授予的各类奖章或荣誉称号获得者中，党员均占大多数。我国 10 年改革、建设成就的取得，同广大党员的努力分不开。但是必须清醒地看到，在如此广泛、深刻的历史转变中，党员中普遍存在着思想、理论准备不足的问题。一些党员社会主义、共产主义信念动摇，理想模糊，纪律松弛，经不起金钱、权力的诱惑和错误思想的侵袭，甚至出现极少数腐败分子。这些问题尖锐地说明，加强党员教育工作刻不容缓。

出席会议的有来自各省、自治区、直辖市党委副书记和组织部、宣传部、纪委负责人，中纪委、解放军总政治部、中央直属机关和中央国家工委负责人，以及国务院有关部委党务工作的负责人，共计 150 人。

国务院电贺大秦铁路开通

贺电全文如下：

铁道部和山西省、河北省、北京市人民政府，并转参加大秦铁路建设的工程技术人员、工人和干部同志们：

全国第一条重载运煤干线大秦铁路一期工程胜利开通，使我国铁路向重载技术装备与运输组织指挥现代化迈出了可喜的一步。这对于开发山西煤炭基地，促进国民经济发展具有重大作用。国务院特向你们表示热烈的祝贺和亲切的慰问！

大秦铁路一期工程设计标准高，控制工程多，技术设备新，施工难度大。在党中央、国务院的关怀和各有关部门及沿线各省、市大力支持下，所有参建单位和7万余名建设者，坚持改革开放的方针，发扬能吃苦敢拼搏的精神，精心设计，精心施工，团结协作，艰苦奋战，攻克道道难关，实现了按期开通的目标。大秦铁路一期工程的建成，为我国修建重载运输铁路和新线一次复线电气化，创造出新的经验，是我国铁路建设的又一重大成就。

希望你们认真贯彻党的十三届三中全会精神，继续发扬艰苦奋斗、勤俭建国的光荣传统，不断总结经验，再接再厉，高速度、高质量、高效益地完成大秦铁路二期工程建设任务，为发展国民经济，加快我国社会主义现代化建设作出更大贡献！

国务院

1988年12月27日

国务院作出《关于整顿税收秩序和加强税收管理的决定》

税收是国家财政收入的主要来源，是国家进行宏观调控的重要经济杠杆和监督手段。各省、自治区、直辖市人民政府对此要高度重视，支持和加强税收工作。在治理经济环境、整顿经济秩序和全面深化改革中，必须采取有力措施，整顿税收秩序，加强税收管理，坚持以法治税，切实保障国家财政收入。为此，特作如下决定：

一、严格执行国家税法，认真清理整顿减税免税。国家税法必须统一，税权不能分散，统一税法的原则必须始终如一地坚持而不能有任何动摇和变通。任何地区、部门和个人都无权变更国家税法，不得乱开减税免税的口子。地方各级人民政府所做的减免税规定，都要逐项审查。凡违反税法规定和超越权限的，要立即纠正；在管理权限以内减税免税不当的，也应停止执行。定期减免税到期的，要立即恢复征税。对国家严格控制的某些特殊消费品、长线产品，一律不得减税免税。具体清理整顿减税免税的政策规定，经国务院批准后另行下达。各级政府和税务机关所做的减税免税规定，都必须下达正式文件。税务机关对超越权限的减税免税规定有权拒绝执行，并及时向上级税务机关报告。今后，对越权批准减税免税的，要严格按照《国务院关于违反财政法规处罚的暂行规定》严肃处理。

二、企业、单位和个人都必须依照税法规定纳税。对于纳税人取得的一切经营收入，包括随同产品（商品）销售取得的各种收入，都必须如实计入销售收入照章征税。对于纳税人取得的其他应税收入和从事其他应税项目，都要按照有关税法规定征税。对于纳税人取得的其他应税收入和从事其他应税项目，都要按照有关税法规定征税。一切纳税人，都要按照税法规定办理税务登记，进行纳税申报，接受税务检查，依法缴纳税款。凡有代扣代缴义务的单位和个人，都要认真履行代扣代缴义务。

三、任何地区、部门都不得截留、挪用、挤占国家税款。企业、单位取得的收入，应当严格按照国家税法规定先交纳税款。对截留、挪用、挤占国家税款的，除追缴税款外、要按照《国务院关于违反财政法规处罚的暂行规定》严肃处理，保证国家税收及时足额入库。各级银行应按规定保证国家税款及时足额划解入库，不得占用。

四、严格账簿、发票管理。一切从事生产经营的企业、单位和个体经营者，都必须按照规定建立、健全账簿，使用合法凭证，如实决账，正确核算。对不按规定建账、记账或弄虚作假、偷税漏税的，税务机关要按照有关规定给予处罚；情节严重的，由工商行政管理机关令其停业整顿或吊销营业执照。未经县级或县级以上税务机关批准，任何企业、单位和个人都不得自行印刷、出售和承印发票。对违反发票使用、管理规定的，应按税法规定严肃查处。

五、赋予税务机关必要的检查权。为了有效地掌握纳税情况，查处偷税漏税行为，税务人员可以到纳税人的经营场所依法检查商品货物的销售和纳税情况；可以检查纳税人在铁道、交通、民航、邮电等部门运寄商品、货物的纳税情况。按时国家有关规定可以在车站、码头、机场、交通要道和货物集散地，会同有关部门设置联合检查站；未设联合检查站的地方，经公安机关批准，也可以单独设置税务检查站，执行税收稽查任务。

六、强化税务机关的强制执行权力。纳税人偷税漏税和拖欠税款经税务机关依法认定后，仍拒绝缴纳税款和滞纳金、罚款的，经县（市）以上（含县、市）税务局长批准，正式书面通知纳税人开户银行扣缴入库。对临时经营者，可以按照规定扣留纳税人的部分货物，限期缴纳；对逾期仍未缴纳的，经县（市）以上（含县、市）税务局长批准，可将所扣留的货物变价抵缴其应缴纳的税款、滞纳金、罚款。

七、切实保障税务人员正常履行公务。对冲击税务机关，围攻殴打、侮辱税务人员，干扰税务人员依法执行公务的，公安机关应依照《中华人民共和国治安管理处罚条例》的规定给予治安处罚；构成犯罪的，依法追究刑事责任。

八、进一步加强税务机关。为了保证税务机关独立行使职权，全国税务系统实行上级税务机关和同级政府双重领导，以税务机关垂直领导为主。地、市、县税务局的机构设置、干部管理、人员编制和经费开支，应立即由省、自治区、直辖市税务局垂直领导。国家税务局对省级税务机关实行垂直领导的有关事项，将另行通知。税务所是市、县税务局的派出机构，要坚持按经济区划设置。

九、加强税收的宣传和社会监督，搞好协税护税。要利用各种宣传工具，大力宣传税收政策、法律，提高纳税人的纳税观念。各级公安、金融、铁道、交通、民航、邮电等部门，以及企业、企业主管部门和单位、个人都要切实支持和配合税务机关的工作。要发动广大群众维护国家税收，对协税护税有功人员要给予表彰和奖励。

十、税务机关要为政清廉。各级税务机关应坚持原则，秉公执法，认真贯彻国家税收法令，依法办事，依率计征。税务人员不准接受纳税人赠送的礼物，不准利用职权压低价格购买商品、索贿受贿，不准向纳税人借钱借物，不准擅自减税免税。各级税务机关要建立举报制度，主动接受群众监督。对贪污受贿，少收或不收税，以及违法渎职的，要严加追究，依法从重处理。

解放军武警部队文职干部大会和离休干部授勋仪式在人民大会堂举行

李鹏、乔石、秦基伟、李德生、彭冲、王芳、杨静仁、洪学智、刘华清等领导同志，接见了出席文职干部大会和授勋仪式的全体代表。李鹏代表党中央、国务院、中央军委向武警部队全体授勋人员表示热烈祝贺。他希望退出一线的老干部要继续努力，关心国家大事，关心武警部队的成长，为这个战线的工作作出新的贡献。李鹏勉励改文职的干部说，改文职是工作的需要，虽然改为文职，但和挂警衔的同志一样，工作同样重要，同样光荣，希望你们为武警部队现代化建设作出贡献。

武警部队部分干部改任文职的工作，是依据《中国人民解放军文职干部暂行条例》和武警部队的特点进行的。武警部队第一批改文职的干部有9128人，他们当中有专家、教授、医务工作者、文体工作者和后勤保障人员。

授予武警第一批离休干部红星功勋荣誉章的有2215人，其中荣获一级红星功勋荣誉章的1人，二级红星功勋荣誉章9人。授勋仪式上，武警部队司令员李连秀宣读了国务院、中央军委授勋命令。在欢快的《八月桂花遍地开》的乐曲声中，李鹏、乔石等领导同志高兴地向荣获一级、二级红星功勋荣誉章的离休干部授勋，少先队员献了鲜花。

国务委员、公安部部长王芳和武警部队司令员李连秀分别在会上讲话。

中国科学基金制度逐步完善

据《人民日报》报道，我国科学基金把自己的资助范围确定在基础研究(包括理论与实验)，应用基础研究与应用研究中创造性、开拓性工作，基础数据3个方面。1982年，国家拨给的科学基金是2800多万元，以后逐年增加，1988年增至1.1亿元。

3年来，共有近万项基础研究和应用基础研究项目得到资助。国家自然科学基金委在组织评审和批准资助这些项目的时候，注意以学科发展和未来市场为引导，适当提高单项的投资强度，积极支持交叉学科的研究，培植新学科的生长点。

对于高技术新概念、新构思探索课题的资助已经实施。1987年、1988年两年，共资助这类课题392项。这类项目与高技术研究发展计划的项目相衔接，将不断地为我国发展高技术提供新颖的科学思想和科学储备。

如果说，前两年国家自然科学基金处于初创阶段，忙于指导、组织申请基金、评审和批准资助等前期管理工作，那么，现在已注意并着手加强后期管理工作。国家自然科学基金委引入竞争机制，对已资助的项目实行动态管理，优胜劣汰。据了解，国家基金委对1982—1985年科学基金资助的项目进行了清理，中止和撤销35个迟迟不能开展研究和难以继续进行研究项目的资助，另有2项受到通报批评。

历年科学基金资助的项目已经获得相当成果。有54项成果获1988年国家自然科学奖，获国家发明奖、科技进步奖的项目达59个，914项获省部级奖。国家基金委还支持了25项成果(其中6项为科学基金资助项目)转化为生产，为国家创造产值2000万元，使科学基金略有增值。

12月28日

国家主席杨尚昆在人民大会堂会见8个国家新任驻华大使

他们是：布基纳法索大使迪亚洛、土耳其大使西姆锡尔、匈牙利大使内梅特、古巴大使格拉、塞内加尔大使恩岛、卢旺达大使卡达马盖、瑞典大使史凯乐和埃及大使巴德尔。

民政部在北京召开行政区划变更新闻发布会

发布会上宣布：截至1988年年底，我国有省级行政单位31个；地级行政单位151个；市431个，其中地级市183个，县级市248个；县级行政单位1936个；

市辖区644个。

据介绍，今年我国行政区划有较大调整，除4月13日七届人大一次会议决议撤销海南行政区，设立海南省外，还经国务院批准新设市53个；撤销地区实行市领导县体制6个；新设地区2个；县级市升格为地级市8个。

据了解，近几年来，民政部适应经济体制改革发展需要，及时调整设镇标准和设市标准，推进了中小城市和小城镇发展。仅近两三年，建制镇就新增加5400多个，市新增加100多个。

全国检察机关着力查处贪污受贿案追缴赃款赃物价值3亿多元

最高人民检察院有关负责人披露：全国检察机关查处贪污、受贿案件取得显著成绩，今年1月至10月，各级检察机关共立案侦查经济犯罪案件25804件，其中贪污案13081件，受贿案3870件，追缴赃款和赃物折价共计3亿多元。

据介绍，在立案侦查的贪污案件中，万元以上的1908件，10万元以上的100件，20万以上的30件，50万元以上的18件。贪污最多的是广东省珠海支江电子工业公司总经理张小明，贪污港币468万元(已侦查终结)。在已经侦破的贪污万元以上的大案中，党政机关工作人员559人，企事业单位工作人员2330人；中共党员438人；县处级干部55人，司局级干部2人。

在立案侦查的受贿案件中，万元以上的365件，10万元以上的22件，20万元以上的6件，50万元以上的4件。受贿最多的是深圳市九龙海关关员胡少坤、曾兆祥，受贿人民币90多万元、港币180多万元，走私放私3300多万元(已侦查终结，追回赃款，提起公诉)。在已经侦破的万元以上的受贿大案中，党政机关工作人员192人，企事业单位工作人员491人；中共党员148人；县处级干部45人。

最高人民检察院有关负责人说，在反贪污、反受贿斗争中，检察机关得到了各级党委、政府和人民群众的大力支持。特别是各级人民检察院开展举报工作以来，广大群众以极大的热情和认真负责的态度，踊跃举报某些党政机关和少数国家工作人员的贪污、受贿行为，许多重大贪污、受贿案件就是根据群众的举报查获的。

国务院副总理田纪云在北京同出席全国农业厅局长会议的代表座谈

田纪云指出，今年我国农业生产总的形势是好的，农村经济又有了新的发展，农村社会总产值和农业总产值持续上升，农民的收入进一步增加，虽然粮、棉、油产量比去年有所下降，但比预计的要好。粮食合同定购和粮食议购进度比往年快，已接近完成任务。这说明广大农民是顾全国家大局的。

田纪云指出，当前农业生产确实存在一些问题，最主要的粮食生产连续几年徘徊。要使我国农业再上一个新的台阶，必须认真贯彻落实全国农村工作会议制定的一系列方针、政策和措施。总起来说，就是一靠政策，二靠科学，三靠投入。当前治理经济环境、整顿经济秩序对农业提出更高的要求，这既是一种压力，同时也给农业发展带来了良好的机遇。治理经济环境，不是一律紧缩，而是结合产业结构的调整进行。有的产业要降温、紧缩，有的则要加温、伸展，农业就是要加强，要伸展，这一点必须十分明确。

田纪云强调，下定决心，千方百计，排除困难去夺取明年农业丰收是当务之急，其意义之大是不可估量的。全国上下，各级、各部门，特别是农业部门，要为实现这一目标作出不懈的努力。他说，夺取明年农业丰收困难是不少的，但同时也要看到有许多有利条件。一是全党上下，党内党外，各级领导对农业基础地位的认识更加深刻了，这是最好的思想基础。二是全国农村工作会议精神的贯彻落实，使发展农业、特别是粮食生产的方针、政策、措施更加完善了，将会对农业生产起极大的推动作用。要稳定与完善农村家庭联产承包责任制，积极发展多层次、多形式的有效服务，少出"花点子"。三是国家和各级地方政府对农业的投入增加了，并且有了较为稳定的资金渠道。四是农业开发和扶贫措施有利于夺取明年农业丰收。五是党的政策和有关经济措施的落实，进一步调动起了广大农民的积极性，各地今冬兴修水利规模之大效益之好是近年所没有的。

田纪云要求，为夺取明年农业丰收，各地必须加强对农业生产的领导；要坚决落实中央、国务院制定的政策、措施，决不能打折扣，农业生产资料的供应必须做到不误农时，保证春耕生产的需要，哪个部门在这个问题上失误，就追究哪个部门领导者的责任，要组织各行各业大力支持农业。

1988年国库券发行超额完成

中央国库券推销委员会办公室告知新华社，1988年的国库券发行任务已超额完成。

截至12月20日的统计，全国已交款入库90.72亿元，超过计划0.8%。其中单位购买34.68亿元，城乡人民购买56.04亿元。

胜利油田又发现上亿吨新油田

据新华社报道，胜利油田又发现一个储量上亿吨的大油田。油田会战指挥部已命名它为呈岛油田。

呈岛油田位于黄河入海口北岸的渤海浅海海域，经地质专家反复论证，石油地质储量已在1亿吨以上。

呈岛油田是中国浅海海域发现的第一个大油田，它标志着中国浅海石油勘探取得了重大突破。

测绘部门服务经济建设取得显著成效

据《人民日报》报道，与国民经济建设密切相关的测绘信息产品，近年来在经济发展中发挥了重要作用。

据悉，迄今我国测绘部门已布测了一等水准网9.3万公里，二等水准网13.7万公里，完成了全国基本重力网57个点和全国多普勒卫星网37个点；还完成天文大地网5万个点的整体平差。上述各种测量基准的建立以及控制系统的统一，均居于世界先进行列，从而有效地为经济建设与科研提供了测量保障。

据了解，我国测绘部门提供的信息产品，是国家资源开发与管理，城乡规划建设以及环境保护与监测的重要依据。近年来，各地测绘部门根据本行业服务特性，逐步树立起商品经济观念，把工作重点转到为经济建设服务上来。

不久前完成的全国农业资源调查测图，即是国务院下达的重要任务。全国测绘系统调集了70%的力量，经过5年艰苦努力，终于获取了全国各类土地资源等重要资料。在此基础上完成的320多万平方公里农业资源调查测图，已成为国家及各省规划部门实行宏观管理的重要依据。

测绘部门还围绕国家重点经济开发区和重点项目的需要，及时提供测绘资料。近年来，分别为仪征化纤厂、秦山核电厂、石臼港、广深和沪宁高速公路等一批国家重点工程提供服务。还与水利部门合作，完成了全国主要河流中下游带状高程数字地形模型的建立工作，为国务院组织防汛救灾工作提供了依据。

外交部部长钱其琛就1988年中国外交成果答新华社记者问

钱其琛说，1988年，中国继续执行独立自主的和平外交政策，并取得了重要成果。

钱其琛在回答新华社记者提问时说，“我们为推动国际局势的缓和作出了积极努力，特别是开始了中苏关系正常化的进程。我们在促使公正合理地政治解决地区冲突方面作出了新的重要努力，比如在柬埔寨问题上”。

他说，今年中国在同世界各国发展友好合作关系，同周边国家改善和发展睦邻友好关系，加强同第三世界国家的团结与合作、积极开展同各国和各个地区的经济贸易交流等方面，都取得了新的进展和明显的效果。

在谈到当前国际形势缓和的趋向时，钱其琛说，“从对抗转向对话、由紧张转到缓和的趋势正在成为一股世界性的潮流。估计这种趋向将会持续较长时期，我们对此表示欢迎。但是，这并不意味着天下太平、万事大吉。固有的矛盾和不稳定的因素依然存在，军备竞赛并未终止，地区热点尚待解决”。

他说，特别值得提出的是，南北差距在继续拉大，发展中国家面临经济困难的压力在增高。大多数国家和大部分人口长期处于不发达甚至贫困状态的情况，是不利于世界的和平与稳定以及人类的进步与发展的。

记者问：“你如何评价你不久前对苏联的访问？中苏关系的改善将对世界局势产生什么影响？”

钱其琛说：“几年来，我们一直主张消除障碍，实现中苏关系正常化。经过长期努力，事态开始朝着消除障碍、解决问题的方向发展。这一进程将继续进行下去。我12月访苏的目的是同苏联方面深入讨论柬埔寨问题，并推动两国关系正常化的进程，为中苏高级领导人会晤做准备。这次访问是有成果的，它表明中苏两国关系正常化已经开始了一个新的进程。当然，双方还存在一些分歧。为此，在两国高级会晤之前还有许多工作要做。”

钱其琛认为，中苏两个邻国在和平共处五项原则的基础上发展政治关系，在平等互利的基础上发展经贸关系，符合两国人民的根本利益，有利于亚太地区的稳定与发展，有利于世界的和平与安全，而不影响各自同其他国家的关系。

在谈到中美关系的发展前景时，钱其琛说，1989年1月1日，将开始中美建交后的第二个十年。在第一个十年里，经过双方的共同努力，中美关系总的来说发展是平稳的，两国在许多领域里的交流与合作获得了显著进展。历史证明，尽管两国社会制度和意识形态不同，经济发展水平也不一样，但只要双方能顺应和平与发展的历史潮流，恪守中美三个联合公报，不断的克服困难和障碍，两国关系就得以长期稳定地发展。

他说，在国际局势出现对抗转向对话、紧张趋于缓和的新形势下，维护和促进中美关系的顺利发展，具有十分重要的意义。

关于中国同第三世界国家的关系，钱其琛说：“加强同第三世界国家的团结和合作是我国对外政策的一个基本立足点。中国的开放也面向第三世界。1988年有18位第三世界国家的元首和政府首脑来我国访问，加强了同我国的友好合作关系。”

他说，在新的一年里，中国将继续和第三世界国家进行多层次、多领域和多种形式的交流，积极扩大与深化同它们的友好合作关系。中国和第三世界国家都面临着充分利用当前和平的国际环境加速经济发展的共同任务。这当然要依靠各国自身的力量,但推动南南合作、促进南北对话,建立以平等互利为基础的国际经济新秩序也是必不可少的。中国愿继续同它们一起为此而不懈努力。

今年1—11月全国19个省区市文博单位失盗68起丢失文物775件

据新华社报道,今年以来馆藏文物被盗情况依然严重。1—11月,全国19个省、区、市的文博单位失盗68起,其中河南11起,陕西10起,湖北8起,四川7起,江苏、安徽、青海、广西等地的文物盗窃案也比较多,共丢失文物775件。

同往年相比,今年的文物失盗案件在数量上有所下降,但失盗的珍贵文物数量却在上升。1986年失盗的一、二级文物仅为失盗总数的0.04%,今年上升到50%。

国家文物局局长张德勤告诉记者,当前文物保管和安全防护工作中,存在着经费短缺、设备陈旧、技术落后等问题。但他认为,不能把频频失盗的原因仅仅归结于物质条件和技术手段的不足,而应着眼于管理工作自身。

据介绍,全国3000多个文博单位中,博物馆有800个。其中有些单位对加强文物安全防范工作,采取敷衍塞责的态度。湖北秭归屈原纪念馆今年发生的战国铜敦等珍贵文物被盗大案,主要原因是馆内纪律松弛,管理混乱,原馆长对文物管理工作缺乏应有的责任感。有些博物馆的值班制度形同虚设,文物失盗时,值班人员却在关灯睡大觉。

国家文物局就当前的文物安全防护工作已作出具体要求,力争将馆藏文物的失盗案件减少到最低限度。

李双良获"全球500佳"金奖

被誉为"当代愚公"的太钢老工人、共产党员李双良,在太原接受了由联合国颁发的"全球500佳"金质奖章,成为1988年我国唯一的保护、改善环境"全球500佳"个人金质奖章获得者。

李双良是1983年5月承包治理太钢废渣山的。当时,建厂50多年的太钢,已经堆起占地两平方公里,高达23米的废渣山。排渣难成为太钢生产中的一大难题,废渣山也成为污染太原市的一大公害。李双良主动向公司要求承包治理废渣山:不要国家投资,个人不多要一分钱报酬,保证7年内搬走太钢的渣山。承包后,50多年来年年增高的废渣山开始变小。到如今,堆积量约为1500万吨的废渣山已搬走4/5,1172万吨废渣被处理,回收废钢铁47万吨,为国家创造财富6600万元,盈利2464万元。

12月29日

七届全国人大常委会五次会议在人民大会堂闭幕

会议由万里委员长和彭冲副委员长主持。

会议通过了《中华人民共和国标准化法》,这部法律将于1989年4月1日起施行。

会议通过了《全国人民代表大会常务委员会关于修改中华人民共和国土地管理法的决定》,根据这一决定,土地管理法将做相应的修正,重新公布。

会议通过了七届全国人大常委会代表资格审查委员会关于补选代表的代表资格的审查报告,确认补选的七届全国人大代表王树芳、曹宝生的代表资格有效。现在,七届全国人民代表大会共有代表2962人,还缺16名代表尚待有关选举单位补选。

会议还先后通过了关于第七届全国人大第一次会议主席团交付法律委员会和华侨委员会审议的代表提出的议案审议结果的报告。

会议根据国务院总理李鹏提交的任免议案,任命罗干为国务院秘书长,免去国务委员陈俊生兼任的国务院秘书长职务,同时免去罗干的劳动部部长职务。任命伍绍祖为国家体育运动委员会主任,免去李梦华的国家体育运动委员会主任职务。

会议还通过了其他任免事项。全国人大常委会副委员长习仲勋、韦国清、朱学范、阿沛·阿旺晋美、班禅额尔德尼·确吉坚赞、赛福鼎·艾则孜、周谷城、严济慈、荣毅仁、叶飞、廖汉生、倪志福、陈慕华、雷洁琼、王汉斌,出席了会议。

列席会议的有:国务委员王丙乾、最高人民法院院长任建新、最高人民检察院检察长刘复之,以及各省、自治区、直辖市人大常委会的负责人。

国家主席杨尚昆签署第11号令公布《中华人民共和国标准化法》

《中华人民共和国标准化法》已由中华人民共和国第七届全国人民代表大会常务委员会第五次会议于1988年12月29日通过,现予公布,自1989年4月1日起施行。

中华人民共和国主席 杨尚昆

1988年12月29日

中华人民共和国标准化法

第一章 总 则

第一条 为了发展社会主义商品经济,促进技术进步,改进产品质量,提高社会经济效益,维护国家和人民的利益,使标准化工作适应社会主义现代化建设和发展对外经济关系的需要,制定本法。

第二条 对下列需要统一的技术要求,应当制定标准:

(一)工业产品的品种、规格、质量、等级或者安全、卫生要求。

(二)工业产品的设计、生产、检验、包装、储存、运输、使用的方法或者生产、储存、运输过程中的安全、卫生要求。

(三)有关环境保护的各项技术要求和检验方法。

(四)建设工程的设计、施工方法和安全要求。

(五)有关工业生产、工程建设和环境保护的技术术语、符号、代号和制图方法。

重要农产品和其他需要制定标准的项目,由国务院规定。

第三条 标准化工作的任务是制定标准、组织实施标准和对标准的实施进行监督。

标准化工作应当纳入国民经济和社会发展计划。

第四条 国家鼓励积极采用国际标准。

第五条 国务院标准化行政主管部门统一管理全国标准化工作。国务院有关行政主管部门分工管理本部门、本行业的标准化工作。

省、自治区、直辖市标准化行政主管部门统一管理本行政区域的标准化工作。省、自治区、直辖市政府有关行政主管部门分工管理本行政区域内本部门、本行业的标准化工作。

市、县标准化行政主管部门和有关行政主管部门,按照省、自治区、直辖市政府规定的各自的职责,管理本行政区域内的标准化工作。

第二章 标准的制定

第六条 对需要在全国范围内统一的技术要求,应当制定国家标准。国家标准由国务院标准化行政主管部门制定。对没有国家标准而又需要在全国某个行业范围内统一的技术要求,可以制定行业标准。行业标准由国务院有关行政主管部门制定,并报国务院标准化行政主管部门备案,在公布国家标准之后,该项行业标准即行废止。对没有国家标准和行业标准而又需要在省、自治区、直辖市范围内统一的工业产品的安全、卫生要求,可以制定地方标准。地方标准由省、自治区、直辖市标准化行政主管部门制定,并报国务院标准化行政主管部门和国务院有关行政主管部门备案,在公布国家标准或者行业标准之后,该项地方标准即行废止。

企业生产的产品没有国家标准和行业标准的,应当制定企业标准,作为组织生产的依据。企业的产品标准须报当地政府标准化行政主管部门和有关行政主管部门备案。已有国家标准或者行业标准的,国家鼓励企业制定严于国家标准或者行业标准的企业标准,在企业内部适用。

法律对标准的制定另有规定的,依照法律的规定执行。

第七条 国家标准、行业标准分为强制性标准和推荐性标准。保障人体健康,人身、财产安全的标准和法律、行政法规规定强制执行的标准是强制性标准,其他标准是推荐性标准。

省、自治区、直辖市标准化行政主管部门制定的工业产品的安全、卫生要求的地方标准,在本行政区域内是强制性标准。

第八条 制定标准应当有利于保障安全和人民的身体健康,保护消费者的利益,保护环境。

第九条 制定标准应当有利于合理利用国家资源,推广科学技术成果,提高经济效益,并符合使用要求,有利于产品的通用互换,做到技术上先进,经济上合理。

第十条 制定标准应当做到有关标准的协调配套。

第十一条 制定标准应当有利于促进对外经济技术合作和对外贸易。

第十二条 制定标准应当发挥行业协会、科学研究机构和学术团体的作用。

制定标准的部门应当组织由专家组成的标准化技术委员会,负责标准的草拟,参加标准草案的审查工作。

第十三条 标准实施后,制定标准的部门应当根据科学技术的发展和经济建设的需要适时进行复审,以确认现行标准继续有效或者予以修订、废止。

第三章 标准的实施

第十四条 强制性标准,必须执行。不符合强制性标准的产品,禁止生产、销售和进口。推荐性标准,国家鼓励企业自愿采用。

第十五条 企业对有国家标准或者行业标准的产品,可以向国务院标准化行政主管部门或者国务院标准化行政主管部门授权的部门申请产品质量认证。认证合格的,由认证部门授予认证证书,准许在产品或者其包装上使用规定的认证标志。

已经取得认证证书的产品不符合国家标准或者行业标准的,以及产品未经认证或者认证不合格的,不得使用认证标志出厂销售。

第十六条 出口产品的技术要求,依照合同的约定执行。

第十七条 企业研制新产品、改进产品,进行技术改造,应当符合标准化要求。

第十八条　县级以上政府标准化行政主管部门负责对标准的实施进行监督检查。

第十九条　县级以上政府标准化行政主管部门，可以根据需要设置检验机构，或者授权其他单位的检验机构，对产品是否符合标准进行检验。法律、行政法规对检验机构另有规定的，依照法律、行政法规的规定执行。

处理有关产品是否符合标准的争议，以前款规定的检验机构的检验数据为准。

第四章　法律责任

第二十条　生产、销售、进口不符合强制性标准的产品的，由法律、行政法规规定的行政主管部门依法处理，法律、行政法规未作规定的，由工商行政管理部门没收产品和违法所得，并处罚款；造成严重后果构成犯罪的，对直接责任人员依法追究刑事责任。

第二十一条　已经授予认证证书的产品不符合国家标准或者行业标准而使用认证标志出厂销售的，由标准化行政主管部门责令停止销售，并处罚款；情节严重的，由认证部门撤销其认证证书。

第二十二条　产品未经认证或者认证不合格而擅自使用认证标志出厂销售的，由标准化行政主管部门责令停止销售，并处罚款。

第二十三条　当事人对没收产品、没收违法所得和罚款的处罚不服的，可以在接到处罚通知之日起十五日内，向作出处罚决定的机关的上一级机关申请复议；对复议决定不服的，可以在接到复议决定之日起十五日内，向人民法院起诉。当事人也可以在接到处罚通知之日起十五日内，直接向人民法院起诉。当事人逾期不申请复议或者不向人民法院起诉又不履行处罚决定的，由作出处罚决定的机关申请人民法院强制执行。

第二十四条　标准化工作的监督、检验、管理人员违法失职、徇私舞弊的，给予行政处分；构成犯罪的，依法追究刑事责任。

第五章　附　则

第二十五条　本法实施条例由国务院制定。

第二十六条　本法自1989年4月1日起施行。

国家主席杨尚昆签署第12号令公布《全国人民代表大会常务委员会关于修改〈中华人民共和国土地管理法〉的决定》

《全国人民代表大会常务委员会关于修改〈中华人民共和国土地管理法〉的决定》已由中华人民共和国第七届全国人民代表大会常务委员会第五次会议于1988年12月29日通过，现予公布施行。

中华人民共和国主席　杨尚昆

1988年12月29日

全国人民代表大会常务委员会关于修改《中华人民共和国土地管理法》的决定

第七届全国人民代表大会常务委员会第五次会议根据宪法修正案和国务院关于提请修改《中华人民共和国土地管理法》的议案，决定对《中华人民共和国土地管理法》做如下修改：

一、第二条第二款修改为："任何单位和个人不得侵占、买卖或者以其他形式非法转让土地。"

第二条增加两款，作为第四款、第五款：

"国有土地和集体所有的土地的使用权可以依法转让。土地使用权转让的具体办法，由国务院另行规定。"

"国家依法实行国有土地有偿使用制度。国有土地有偿使用的具体办法，由国务院另行规定。"

二、第四十条修改为："乡(镇)村公共设施、公益事业建设，需要使用土地的，经乡级人民政府审核，向县级人民政府土地管理部门提出申请，按照省、自治区、直辖市规定的批准权限，由县级以上地方人民政府批准。"

三、第四十七条修改为："买卖或者以其他形式非法转让土地的，没收非法所得，限期拆除或者没收在买卖或者以其他形式非法转让的土地上新建的建筑物和其他设施，并可以对当事人处以罚款；对主管人员由其所在单位或者上级机关给予行政处分。"

四、第五十一条修改为："违反法律规定，在耕地上挖土、挖沙、采石、采矿等，严重毁坏种植条件的，或者因开发土地，造成土地沙化、盐渍化、水土流失的，责令限期治理，可以并处罚款。"

五、第五十二条修改为："本法规定的行政处罚由县级以上地方人民政府土地管理部门决定，本法第四十五条规定的行政处罚可以由乡级人民政府决定。当事人对行政处罚决定不服的，可以在接到处罚决定通知之日起十五日内，向人民法院起诉；期满不起诉又不履行的，由作出处罚决定的机关申请人民法院强制执行。"

第五十二条增加第二款："受到限期拆除新建建筑物和其他设施的处罚的单位和个人，必须立即停止施工。对继续施工的，作出处罚决定的机关有权制止。拒绝、阻碍土地管理工作人员依法执行职务的，依照治安管理处罚条例的有关规定处罚。"

本决定自公布之日起施行。

《中华人民共和国土地管理法》根据本决定做相应的修正，重新公布。

海峡两岸1988年间接贸易额达24亿美元

据新华社报道，海峡两岸的经济贸易正在向公开、合法和双向交流的趋势发展，取得的成果令人瞩目。今年两岸间接贸易额达24亿美元，比去年增加近60%；台胞到大陆投资的项目300多个，投资额达4亿多美元。目前大陆已成为台湾第五大贸易伙伴，台湾也已成为大陆第六大贸易伙伴。

今年是海峡两岸经贸关系发生重大转折的一年。随着台湾当局开放民众到大陆探亲，两岸关系的日益密切，台湾民众及工商业者积极推动两岸通商，强烈要求台湾当局减少对两岸贸易和到大陆投资的限制，从而使两岸的经贸往来成了一种势不可当的潮流。今年5月，由36位台商组织的访问团较早地来到厦门访问，考察投资环境。随后，“大陆建筑考察团”、“台湾经济文化探问团”也相继前来大陆考察访问。据不完全统计，今年台湾工商界到大陆的考察访问团达50多个，仅福建省9月在厦门举办的外商投资洽谈会上，就有140多名台商正式报名参加会议。春秋两季广交会，前来参加的台湾客商人数更是相当可观。

今年以来，台湾当局对两岸经贸的限制不得不逐步放宽。2月25日，台湾当局解除了对大陆经贸资料的禁令，除在去年年底已核定公布开放30种大陆原料间接进口外，8月又开放包括煤、生铁、铝锭、锡锭、天然橡胶、稀土矿原料、制浆原料、天然樟脑、桐油及蚕丝、羊毛等20种大陆产品间接进口。台湾“行政院”还决定，对准许间接进口的这50种大陆工、农原料，享受优惠关税。

今年海峡两岸的经贸出现了有限度的公开、合法和双向交流的新局面。过去，台湾商人进口大陆产品，都是偷偷摸摸进行，甚至被台湾当局认为是“犯罪”。如今，台商可以在香港等第三地区签约，采用“转单不转货”的方式，从大陆港口经第三地直接将货物运往台湾。台湾商人来大陆投资实际也是在“不公开”地公开进行，从投资项目看，也是在不断地向深度和广度发展，初期的投资项目都是一些简单的装配加工和劳动密集型生产，现在逐步向技术密集型发展。

中国专利代理业迅速崛起

据《人民日报》报道，专利法实施近5年来，我国专利代理人队伍从无到有，发展到4800余人，除美国外，居世界第二位。本月中旬成立的行业性团体“中华全国专利代理人协会”，标志着我国专利事业正在健康成长。

专利代理人有“第二发明人”之称。从1985年专利法实施至今，中国专利局接受专利申请9万多件，其中通过专利代理机构办理的占60.39%。

专利代理机构不仅是“发明人之家”，而且为对外开放提供了许多有价值的咨询。鞍山钢铁公司引进一项技术时，鞍钢专利事务所经过检索，发现外商声称的10项专利技术中，仅有3项与项目有关，避免了国家400万美元的损失。

虽然我国专利年代理量逐年上升，今年可望突破5000件，但同发达国家如日本年专利申请量54万件水平相比，差距还很大。

1988年我国十大科技新闻揭晓

该评选由《科技日报》编辑部选出。

一、中国共产党十三大提出把发展科学技术和教育事业放在经济发展战略首要位置的决策后，1988年内，辽宁、陕西、山东、黑龙江、河北、江苏等省及武汉、淄博等城市相继提出科技或科教兴省、兴市的发展战略。

二、国务院表彰93名在黄淮海平原综合治理试验中为我国农业发展作出突出贡献的农业科学家。

三、国家科委部署实施“火炬计划”，以促进高技术、新技术成果商品化，并推动高技术、新技术产业的形成和发展。

四、我国启用“长征四号”运载火箭，于9月7日首次成功发射了第一颗自行研制的“风云一号”试验性极地轨道气象卫星。

五、我国核潜艇水下发射运载火箭于9月中旬试验成功，火箭准确溅落预定海域。

六、我国第一座高能加速器——北京正负电子对撞机，于10月16日首次对撞成功。

七、中国科学院提出“一院两制”的设想，使科学研究和技术开发都能得到大的发展。

八、争论30多年之久的三峡工程，经过14个专家组两年半的工作，11月30日论证工作告一段落。参加论证的大多数专家认为，建设三峡工程技术上是可行的，经济上是合理的。但是，也有一些专家持不同意见。

九、据国家计划生育委员会等部门组织的全国生育节育抽样调查推算，1987年全国出生和净增人数比国家统计局统计的2258万人和1544万人还多。

十、铁道部大同机车工厂于12月21日向用户交付了该厂制造的最后一台前进型7207号蒸汽机车。这意味着我国生产蒸汽机车时代已经结束。

1988年海峡两岸体育交流十件大事评选揭晓

该评选由中央人民广播电台台播部《体育天地》节目编辑部评出。

一、5月1日，中国台北奥委会“大陆体育研究小组”成立。该研究小组的职能是研究和评估台湾与大陆进行体育交流的各种问题。

二、6月15日，台湾悬挂滑翔运动家王容南驾驶简易滑翔翼，在北京慕田峪长城进行悬挂滑翔获得成功。

三、7月12日，中国台北奥委会主席张丰绪宣布：台湾将派遣体育代表团参加1990年北京亚运会。7月14日，中国奥委会主席李梦华发表谈话，对此决定表示欢迎，并希望大陆选手能到台湾参加比赛。

四、8月2日，台湾“教育部”驳回台北体操协会要求参加1988年12月在深圳举行的第四届太平洋地区体操赛的申请。台湾体育界和舆论界对此深感不解和失望。

五、8月20日到23日，由台湾实业家应昌期创办、中国围棋协会承办的首届“应氏杯”围棋赛在北京举行，台湾棋手林海峰与北京棋手聂卫平等16位世界围棋高手参加。

六、9月17日至10月2日，海峡两岸选手共同参加汉城奥运会。大陆选手夺得5枚金牌，台湾选手在表演赛中获得两枚金牌。

七、11月7日，台湾当局拒绝聂卫平赴台参加“应氏杯”围棋赛半决赛，棋赛被迫易地汉城举行。

八、11月到12月，台北体操协会、游泳协会、羽毛球协会和乒乓球协会等相继宣布明年将邀请大陆选手和教练前往台湾比赛、表演和讲学。

九、12月1日，台北奥委会负责人宣布，可以审查通过各单项运动协会明年赴大陆参加国际体育组织正式比赛的申请。

十、12月13日到21日，海峡两岸中国象棋高手首次共同参加在新加坡举行的第五届亚洲杯象棋赛。中国队和中国台北队分获男子团体冠亚军。

国务院环境保护委员会第十四次会议在北京召开

会议宣读了环委会顾问名单，审议了《国务院环境保护委员会各成员单位环境保护主要职责》，就关于治理本溪市环境污染问题作出了决定。

本溪市是我国钢铁、水泥和煤炭等原料的重要生产基地，为国家经济建设作出了很大贡献。由于过去在经济发展中忽视了环境保护，大气污染十分严重。在仅有43.2平方公里的市区内，每年接纳排放有毒有害气体875亿立方米，烟尘9.1万吨，二业粉尘10.2万吨，二氧化硫9.6万吨。水体、噪声和废渣的污染也十分严重。本溪市采取了积极整治措施。在“六五”期间，用于环保的总投资1.73亿元，占全市国民收入64亿元的3.33%，是同期全国平均率0.67%的5倍。

根据“谁污染、谁治理”的原则，会议决定污染治理资金分别由本溪市人民政府、辽宁省政府和冶金、建材、能源等部门及其所属企业组织落实。国家将给予必要的优惠政策支持。

会议要求本溪市从1989年开始到1995年，使大气质量不低于环境三级标准，水体质量不低于5类地面水环境标准。国务委员、国务院环委会主任宋健说：环委会将定期组织对本溪市污染治理情况的检查并最后验收。

宋健在会上宣布，根据工作需要，于光远、侯学煜、马世骏、顾明、马仪、厉以宁被聘请为这届国务院环境保护委员会顾问。

国务院环委会副主任曲格平就环保职责等问题讲了话。

12月30日

中共中央书记处召开会议讨论党和国家机关在新形势下保持廉洁的问题

会议在如下9个方面达成共识：要正确认识当前党和国家机关的廉洁状况；把廉政建设作为一件大事来抓；综合治理，突出重点，运用法律、行政、制度、纪律、教育手段五管齐下，互相补充；集中力量查处一批严重经济犯罪案件；加强制度建设；建立和完善监督体系；舆论监督；发挥民主党派和群众团体的监督作用；从严治党。

纪念全国人大常委会《告台湾同胞书》发表10周年座谈会在人民大会堂举行

座谈会由全国人大常委会副委员长彭冲主持。他代表全国人大常委会向两千万台湾同胞致以节日祝贺和亲切问候。他说，《告台湾同胞书》体现了海峡两岸人民的共同愿望，得到全中国人民，包括台湾同胞、港澳同胞以及海外侨胞的热烈赞同。1981年9月30日叶剑英委员长发表的“九条”及1982年9月邓小平同志提出的“一国两制”构想，符合海峡两岸历史现状，保障海峡两岸共同利益，已获广泛共识，必将产生深远的影响。

中共中央政治局委员、国务院副总理吴学谦在座谈会上讲话。

丁关根、阎明复、习仲勋、阿沛·阿旺晋美、班禅额尔德尼·确吉坚赞、周谷城、严济慈、雷洁琼、谷牧、康克清、周培源、屈武、程思远、汪锋出席座谈会。

朱学范、荣毅仁、钱伟长、孙晓村、卢嘉锡、孙越崎、蔡子民、傅学文、林丽韫、英若诚等先后发言。

张春男、叶仁寿、彭培根、黄翔、李文生、田麦久等在发言中谈到，要实现中国统一，中华民族要大团结，大陆、台湾人民要站在一起；文化是统一的重要基础；两岸律师、会计师要加强往来，共同研讨两岸往来中出现的法律问题；要支持中青年间的往来；金门和厦门近在咫尺，更要加强往来。

出席座谈会的还有中央党政军各部门、各民主党派、各人民团体和北京市负责人及首都各界人士共300多人。

国务院副总理吴学谦在纪念《告台湾同胞书》发表10周年座谈会上发表题为《中国必须统一，国家不应分裂》的讲话

各位同志、各位朋友：

1989年元旦，是全国人大常委会发表《告台湾同胞书》10周年。我谨代表中共中央、国务院，向台湾同胞、港澳同胞、海外侨胞以及关心中国统一的朋友们致以崇高的敬意和节日的祝贺！向今天来参加座谈会的同志们、朋友们表示衷心的欢迎和诚挚的问候！

10年前发表的《告台湾同胞书》，郑重宣布了我们党和政府关于和平统一祖国的大政方针。这个文告及以后中央领导人提出的“九条”和“一国两制”的主张，得到两岸同胞和一切热爱中华民族的人们的理解和支持。文告发表10年来，海峡两岸的关系发生了令人瞩目的变化。长期军事对峙的紧张局势趋向平静，台湾海峡出现了缓和气氛。特别是近年来，数10万台湾同胞来大陆探亲、旅游，畅叙骨肉别离之情，踏足祖国的大好河山，初步改变了咫尺天涯、生死隔绝的不正常状态。两岸各个领域的交往事实上已在进行。今年，两岸的间接贸易额已超过20亿美元；来往信件已超过200万封；来大陆港口的渔船数以万计。两岸的文化、学术、体育等多种形式的民间交流日益展开。今天，岛内出现了一股“大陆热”，充分反映了台湾同胞渴望加强对大陆的了解和沟通，这决不是什么“浪漫的憧憬”，而是同胞之情和祖国之爱的真切流露。随着两岸间形势的缓和及相互联系的增多，大陆同胞关心台湾，台湾同胞关心大陆，从而增进了实现国家统一、振兴中华的共识。事实证明，文告发表10年来，两岸关系的这种变化，是民心所向，大势所趋，是不可逆转的。

这些年来海峡两岸关系的发展变化，是大陆同胞和台湾同胞共同努力的结果。台湾同胞是优秀的中华儿女，历史上英勇抗击外来侵略，有着光荣的爱国传统；他们开发和建设台湾宝岛、捍卫祖国领土完整的伟大业绩，在中华民族的历史上增添了光辉的篇章。今天他们关心台湾前途，盼望国家和民族的振兴；他们积极呼吁当局摒弃“三不”政策，解除两岸来往的限制；他们冲破种种障碍，为海峡两岸经济、文化、学术、体育等各方面的交流作出努力。今后，在进一步实现“三通”、加速祖国统一的进程中，台湾同胞一定会作出更大的贡献。我们寄希望于台湾人民，寄希望于所有关心祖国统一事业的台湾党政军各界人士。

当前，台湾局势正处于新的变化之中。一方面，谋求统一的力量在增长；另一方面，分离意识和“台独”倾向也有所发展。值得注意的是，台湾当局尽管在缓和两岸关系方面，采取了一些松动措施，但仍坚持反共拒和的立场，继续强调所谓敌对意识，为两岸关系的顺利发展设置人为的障碍，力图长期维持分离局面。这种局势如不改变，必将助长“台独”倾向的发展，既有违国家民族的利益，也不利于台湾的安定和发展。对此，我们不能不表示严重的关切。

中国必须统一，国家不应分裂。当前中国和世界的形势已为祖国统一提供了更加有利的环境和条件。国际上，对抗转向对话、紧张趋向缓和已成为时代的潮流。在大陆，十年改革开放和建设已取得伟大的成就，这是世界各国公认的。祖国的国际地位空前提高，在国际事务中发挥着越来越重大的作用。香港、澳门问题已获得圆满解决。台湾的经济有显著的发展，政治有所改革，但也遇到了许多问题和困难。台湾与大陆实现统一，两岸可以互通有无，取长补短，不仅全中国可以更快地兴盛富强，台湾也才能长期稳定发展，并共享伟大祖国的尊严和地位。台湾若与大陆分离，偏安一隅，就会前途莫测。这个道理是不言自明的。至于台湾当局企图推行“弹性外交”、“双重承认”，制造“两个中国”和“一中一台”，这完全是无视当前国际形势的现实，是不可能达到目的的。我们希望台湾当局不要再制造种种借口，为两岸关系的发展设置人为的障碍，本着对子孙后代负责任的精神，共同为祖国统一和民族振兴贡献力量。

众所周知，我们提出和坚持的“和平统一、一国两制”的方针，是从实际出发的，是符合包括台湾人民在内的全体中国人民的根本利益的。我们坚决反对任何可能导致台湾独立和分离的言论和行动。我们诚挚地愿意同台湾各党派团体、各界人士共商国是，就统一问题进行接触和协商。我们主张国共两党在平等的基础上，尽早接触谈判，可以谈国家统一问题，也可以先就两岸关系的具体问题进行磋商，只要谈起来，一切问题都好商量。当务之急，国民党当局必须顺应民心，消除各种人为的、不合情理的障碍，使两岸人员得以双向对等往来；使目前半明半暗的“三通”，变成公开、直接、合法的“三通”；使两岸间文化、体育、科技和学术等各种交流广泛全面地开展。我们热忱欢迎国民党党政要员、社会精英，无论是大陆籍的或是台湾籍的，老一辈的或新一代的，都能回大陆来看看，我们保证他们的安全和来去自由。我们热忱欢迎台湾企业家，无论是大企业还是中小企业，来大陆投资设厂，兴办各种实业，并可协商在沿海地区设立合作经济区；也可在沿海划出专门地区，供台胞独资开发建设。我们将切实保障他们的利益，以加强两岸经济合作与贸易往来，互利互惠，发展民族经济。目前有许多台湾同胞旅居海外，从事经贸和学术等活动，我驻外使领馆愿意维护他们正当合法的权益。

各位同志、各位朋友：

在纪念《告台湾同胞书》这个历史性文告发表10周年之际，我们深感祖国统一的前途是光明的。我们由衷地期望，一切热爱中华民族的人们联合起来，为早日结束海峡两岸的分离局面、实现祖国统一和民族振兴共同奋斗。

国务院第四次全体会议在北京召开

李鹏总理主持会议。会议回顾中国共产党十三届三中全会以来国务院的工作，同时布置了明年、主要是明年一季度的工作。

李鹏总理在会上作了重要讲话。他说，今年是我国实行改革、开放的第10年。10年来，我国发生了很大变化，社会生产力有了比较迅速的发展，国家的经济实力有了很大的增强，人民生活有了明显的提高。在此同时，我们还存在着不少困难和问题。正是在这种情况下，中国共产党召开了十三届三中全会，坚持了十一届三中全会所确定的实事求是的思想路线，在充分肯定改革开放以来所取得的伟大成就的同时，勇敢地面对现实，客观地分析了经济生活中存在的问题，制定了“治理经济环境，整顿经济秩序，全面深化改革”的方针，确定了要把明后两年改革和建设的重点放到治理和整顿上来的部署。

他说，治理和整顿，实际上也是对国民经济进行一次新的调整，目的是克服经济过热的现象，同时下大力量合理调整经济结构，提高经济效益，从而使连续多年的由于社会总需求大于社会总供给而造成的通货膨胀逐步得到控制，使经济建设工作得到持续、稳步、健康的发展。上述方针不是要改变改革、开放的总方针、总政策，而是为了把改革和开放更加健康地进行下去。

李鹏认为，十三届三中全会以来，治理、整顿工作已经取得一些成效。全国物价上涨趋势减缓，城乡储蓄逐步回升。合同定购粮食收购已接近完成，现在已完成95%以上。今年旱、涝灾害较多，使粮食产量损失不小，但由于秋季作物普遍获得丰收，弥补了由于旱涝灾害所带来的部分损失。但是，经济生活中过热的现象并没有得到消除，生产增长速度仍居高不下，消费基金继续膨胀，压缩基建规模虽然已全面展开，但距国家要求相差甚远，而且一面压缩、一面突击施工和新开项目的情况还相当严重。种种事实说明，治理整顿工作还刚刚开始，决不能估计过高，必须对治理整顿的艰巨性和长期性有足够的认识。

他说，为了落实十三届三中全会的方针，中共中央、国务院制定了一系列具体措施，已经出台的各种条例、法规、办法、决定、通知就有30多项，并且还要陆续出台一批。紫阳同志提出治理和整顿要五管齐下，即综合运用经济、行政、立法、纪律和思想政治工作5种手段。我们要尽量用经济办法，但也要采取一些必要的行政手段，在使用经济和行政手段时也要使之法制化，以减少治理中的随意性。

李鹏说，十三届三中全会以后，中共中央和国务院召开了一系列重要会议，对明年工作已从总体上做了部署。此后又召开了一系列的会议，确定了明年经济工作的具体安排：

一、明年要把过高的经济发展速度降低到比较合理的水平，大力压缩过大的基本建设规模。压缩建设规模的任务十分艰巨，也十分重要，是贯彻治理整顿方针成败的关键，必须全力以赴抓紧抓好。在压缩规模的同时，着重在调整经济结构上下功夫，按照产业政策，该压的压，该保的保。国务院派出的有各部委负责同志参加的清理固定资产投资项目工作组的工作是有成效的，起到督促、检查、推动的作用，这些工作组的工作要坚持下去。国务院各部委在清理基建工作中要起带头作用。

二、把农业生产放在十分重要的位置，争取明年有一个好的收成。在政策上，要进一步稳定家庭联产承包责任制，只在有条件的地方提倡各种形式的适度规模经营。为了鼓励农民种粮的积极性，已决定适当提高粮棉的收购价格，提高定购粮与供应平价化肥的比例，并对化肥、薄膜、农药实行专营，以减少中间环节，避免层层加价。国家和地方即使在明年财政十分困难的情况下，也要注意增加对农业的投入。提高农业生产的根本出路在于发展科学技术，当前特别要在推广良种，合理施用化肥和有机肥，发展节水型农作物上下功夫。

三、明年要全面深化改革。自企业承包责任制实行以来，总的看效果是好的，要进一步配套完善。要通过深化改革，真正把企业的注意力引向技术革新、降低能源和原材料消耗、降低成本和提高产品质量上来。目前企业人员普遍过多，优化劳动组合无疑是提高劳动生产率的有效途径，但对多余人员要妥善安置，力争厂内消化和就地消化，不要推给社会。由于资金、原材料和电力短缺，明年企业在组织生产时会遇到一些困难。各部门各地区在组织生产时，要把原材料和能源优先供应能增加适销对路产品和人民生活必需品，而效率又高的企业。改革分配制度是一个大课题，总的方向是完善企业工资基金同企业效益特别是同劳动生产率挂钩的原则。

四、明年要继续发展对外贸易和执行沿海发展战略。在压缩基建规模中,应不涉及独资企业和已签约的合资合营企业。对新引进的三资企业项目,则要执行国家的产业政策,避免多头重复引进。我们欢迎外商到中国来投资,并努力发展真正两头在外的外向型企业和产品。要进一步控制进口,这几年我国引进了大批先进技术,在许多领域里使我国产品的质量和性能有了提高,提倡多用国货,凡是国内能生产的,就不要进口或限制进口数量。

五、明年我国财政和金融都比较困难。为了治理、整顿的顺利进行,必须实行金融和财政双紧方针。现在减税免税相当混乱,必须进行一次清理。偷税漏税也相当严重,必须切实改进征管工作。农林特产税、土地占用税,个人所得税的征收工作要加强。从明年起对乡镇企业和个体工商业户的管理要严格起来,对合法所得要予以保护,对过高的收入要通过税收加以调节,对违法所得要依法予以惩处。这项工作要从各大城市开始做起,从经济发达地区做起。要严格控制消费基金的增长,为此,国务院准备在调查研究的基础上,制定具体办法。明年国家还决定从预算外收入中征收一定比例的基金,以解决教育、科技农业等必不可少的增加开支的需要。教育经费的增加只靠财政拨款是难以为继的,必须努力增加教育经费在国民生产总值中的比重,动员社会、企业、家长等各方面的力量来办教育。

中国人民银行属国务院正式序列,是国家对经济进行宏观调控的主要手段。今后中国人民银行要更多地利用经济杠杆,如实行差别利率,开展保值储蓄,提高准备金等措施来强化对整个金融的调控,国务院各部委与各级地方政府有责任支持银行,不得施加压力,干预正常业务。

六、努力做到明年物价上涨幅度明显低于今年,是明年治理整顿工作的中心任务,一切经济工作都应围绕这个中心来做。在控制物价上涨的同时,要努力增加市场适销对路的,与人民日常生活有密切关系的产品。各级政府要努力做好副食品的生产与供应,特别要重视大城市蔬菜的生产和销售,建立稳定的蔬菜供应基地,以“菜园子”来保“菜篮子”,这是保持物价稳定的重要因素。一年一度的元旦和春节即将到来,这是零售市场需求旺盛的季节,各地要组织好节日市场的供应,让广大人民群众高高兴兴地过个年。

七、在春节前后正是各项运输繁忙的时候,特别是铁路任务更为繁重,一定要加强运输管理,保证安全运行。必须进一步加强社会治安工作,严厉打击各种刑事犯罪分子,保证节日安全。

八、为了有效地治理经济环境,在全国已开展了清理整顿公司的工作。这项工作是有进展的,已查出不少问题,有的已经结案,进行了处理,并公之于众。考虑到清理工作的艰巨性和复杂性,清理的时间将再延长一段时间。各级政府、各监督部门要秉公执法不讲情面,务必使清查工作抓出成效来。要结合明年工商年检工作,对一批公司,特别是某些流通领域的公司,或有严重违法行为,或因经营管理不善和缺少足够的资金,或纯属从事官倒、私倒违法经营活动的公司,将停止营业和吊销执照。在一季度前除生产或科技型企业外,各级工商部门仍应停止对公司的审批。对各类公司的监督是一项长期任务,即使在清理工作告一段落后,各级审计、工商、税收部门也要把这一任务作为经常性的工作。

九、国务院各部委和直属机构的机构改革工作已按预定计划完成。通过这次改革初步达到了转变职能、精简人员和提高工作效率的目的,并为推行公务员制度打下了基础。为了巩固改革的成果,保持机构的稳定性,明年国务院的机构主要是在建立机关新的运行机制,理顺各方面关系,提高工作效率上下功夫。我们的各级政府都是为人民服务的。我们的工作人员,特别是各级政府和部门的负责人,为政要清廉,要求自己要严格,要求下级做到的事,首先要从自己做起,提倡识大体、顾大局,遵守纪律,学习钻研问题的新风尚。

李鹏最后要求国务院各部门对上述工作要认真研究,作出具体安排,把中共中央、国务院发布的关于治理、整顿的各项政策、措施,坚定不移地贯彻下去,同时在实践中积极探索对国民经济进行宏观控制的手段和方法,为明年全年治理经济环境、整顿经济秩序、全面深化改革和生产建设的稳定发展,打下良好的基础。明年各项工作都很艰巨和繁重,各部门一定要加强责任感,转变工作作风,深入调查研究,与地方密切配合,保证各项任务顺利完成。

在这次会上,外交部部长钱其琛汇报了国际形势的新变化和对外政策的有关情况,人事部部长赵东宛汇报了国务院机构改革的实施情况。

国务院副总理姚依林、田纪云、吴学谦,国务委员李铁映、王丙乾、宋健、王芳、邹家华、李贵鲜等出席了会议。

国防科技工业1988年大型科研试验任务全部胜利完成

12月30日中午12时,我国新近发射的实用通信卫星已成功地在东经110.5度赤道上空定点。至此,我国国防科技工业今年的大型科研试验任务全部胜利完成,取得了令人瞩目的成果。

我国武器装备的科研试验这一年也取得可喜进展。9月份进行的核潜艇水下发射火箭试验,射击精度比历次试验都好。此外,还成功地进行了常规武器装备的科研试验。

国防科技工业的生产今年出现良好势头。到11月底,核、航空、兵器、航天4个行业总产值已完成全年计划的118.3%,比去年同期增长19.12%。其中民品产值已超过军品产值,国防科技工业军民结合的势头已经形成。国防科技预先研究也取得了一批具有先进水平的技术成果。

1988年中国运动员共获54个世界冠军

据新华社报道,中国运动员在1988年的奥运会和其他世界性比赛中,共夺得54个世界冠军。

这其中,女子举重选手获得26个,技巧选手获得8个,羽毛球选手获得7个,乒乓球、跳水、航空模型、航海模型、无线电测向选手各获得2个,体操、跳伞、赛艇选手各获得1个。

12月31日

《人民日报》发表社论《和平统一祖国是大势所趋——纪念全国人大常委会〈告台湾同胞书〉发表十周年》

明天是1989年元旦,又欣逢全国人大常委会发表《告台湾同胞书》十周年。值此良辰吉日,我们特别怀念海峡彼岸的父老兄弟姐妹,冀望早日实现祖国和平统一的心情倍加殷切。

十年之前,台湾与大陆隔绝近三十年,咫尺天涯,同胞饱受骨肉分离之苦。出于对国家、民族的高度责任感,为了早日结束祖国分裂的局面,中国共产党毅然提出和平统一的大政方针,全国人大常委会为此发表了《告台湾同胞书》。文告倾诉骨肉同胞之衷情,力陈民族团结之大义,发自肺腑,情真意切。在此之后,中共中央领导人又相继提出"一国两制"的构想和其他一系列主张,光明磊落,合情合理,为和平统一祖国开辟了新的途径。这些重大举措所产生的深远影响,对改善海峡两岸关系、促进祖国统一所起的重大作用,是任何人都无法否认的。

纵观十年来台湾海峡形势,确有令人欣慰和鼓舞的巨大变化。两岸之间长期军事对峙的局面已见缓和,相互隔绝的状态开始解冻。数十万台胞来到大陆,探亲访友,寻根认同;两岸经贸往来日益增多,文化、学术、体育等多方面的民间交流,步步展开。两岸人民在各种联系和交往中,不断增进了解,逐渐消除隔阂。这一切乃是两岸人民共同努力的结果。其中台湾同胞所起的重要推动作用人所共见,功不可没。在民众的强烈要求下,台湾当局亦采取了一些有利于改善两岸关系的步骤;蒋经国先生生前作出了开放台湾民众到大陆探亲的决定,这也是人们不会忘记的。

十年来的事态发展充分证明,祖国的和平统一是大势所趋,人心所向。越来越多的人清楚地看到,结束分裂、实现统一这一历史潮流不可逆转。

诚如中共中央总书记赵紫阳曾经指出的,海峡两岸无论在政治上、经济上和文化传统上,都有着不少共同的认识和深厚的基础:海峡两岸都坚持一个中国的立场,都认为台湾是中国不可分割的一部分;海峡两岸都需要相互合作,共同发展民族经济,提高人民的生活水平;海峡两岸都需要继承和发扬我们民族文化的优良传统,使凝聚中华民族的这一灿烂文化继续对世界文明作出伟大贡献。台湾与大陆,有千万条理由应当统一,而无任何道理保持分裂。况且当今世界,紧张转向缓和,对抗转向对话,整个国际形势有利于中国实现和平统一,也要求中国实现和平统一。实现国家统一,有利于发挥两岸各自的发展优势,增强中国的综合国力,在世界各国竞先争进中不落他人之后。这的确关系中国未来的命运,也是台湾前途之所寄。只有实现国家统一,台湾才能稳定发展,持续繁荣。晚统一不如早统一,那种认为台湾可以永久偏安一隅的想法显然是不切实际的。历史遗留下来的香港和澳门问题,已先后在"一国两制"的原则基础上圆满解决,这两个长期脱离祖国怀抱的地区回归有日,台湾与大陆实现统一的问题已更突出地摆在全体中国人民的面前。

令人遗憾的是,国民党当局中仍然有人至今抱着反共拒和的短见,渲染所谓"敌我意识",寻找种种借口,企图阻碍两岸关系的发展,长期维持分裂的局面;甚至从原来所持的"一个中国"的立场后退,主张要搞实为"两个中国"、"一中一台"的所谓"弹性外交"、"双重承认"。这些做法是极不得人心的,对国民党的前途也是有害的,而且纯属徒劳。中华人民共和国是中国的唯一合法政府,已为世界上绝大多数国家所承认。任何一个国家,都不可能接受在一个国家之内由两个政府行使国家主权的荒谬主张。至于那股"台独"势力,逆潮流而动,置国家民族根本利益于不顾,变本加厉鼓吹分离主义,是绝对不会有出路的,如果长此执迷不悟,只能沦为民族的罪人。

统一祖国,人人有责。十年前发表的《告台湾同胞书》中,强调"寄希望于台湾人民,也寄希望于台湾当局"。我们这一原则立场至今未变,今后仍将坚持不渝。实现国家统一,有赖于两千万台湾同胞争取和平统一的坚强意志以及他们发挥有力的推动作用。事实上在台湾岛内,已有越来越多有识之士,排除种种阻力,为促进两岸的接触对话，探求和平统一祖国的途径尽心尽力。台湾人民是能够促使台湾当局采取明智的政策的。我们愿意同台湾各党派、团体和各界人士共商国是，共同促进和平统一。毋庸讳言，对于实现祖国的和平统一，台湾当局的态度是个关键性的因素，它负有不可推卸的历史责任，是可以有所作为的。中国古语有云："识时务者为俊杰"。我们希望国民党的决策者能顺应潮流，改弦易辙，放弃不合时宜的"三不"政策，尽快实现国共两党的正式接触和谈判。而当前急切需要做的，是彻底拆除人为的藩篱，实现直接的"三通"，全面开放两岸人民的往来，扩大经济、文化、学术等各方面的交流和合作，以便通过加强联系、增进共识，加速统一的进程。

在纪念《告台湾同胞书》这个历史性文告发表10周年之际，回顾过去，展望未来，我们争取祖国统一的决心更坚，信心更强。我们强烈呼吁：一切热爱中华民族的人们，携起手来，共同努力，完成统一祖国、振兴中华的大业！

全国政协祖国统一联谊委员会和中国和平统一促进会在全国政协礼堂举行座谈会纪念全国人大常委会《告台湾同胞书》发表10周年

座谈会由全国政协副主席、全国政协祖国统一联谊委员会主任、中国和平统一促进会会长钱伟长主持。

全国政协副主席、全国政协祖国统一联谊委员会副主任、中国和平统一促进会会长程思远代表促进会和统一联谊委员会，向参加座谈会的同志致以新年问候。他说，十年前《告台湾同胞书》的发表，是改善海峡两岸人民关系的起点；自此以后，中共领导人又就统一问题提出了一系列富有建设性的具体建议；1984年邓小平同志明确提出用"一国两制"的构想来解决台湾与大陆的统一问题。这些正确方针和构想得到台湾人民的积极支持，从而使海峡两岸的关系发生了令人瞩目的变化，开始出现了祥和的气氛。这是两岸人民共同努力的结果，也是不可逆转的历史潮流。

程思远说，台湾当局迄今仍囿于成见，对两岸交往施加限制，其所作所为未尽人意，吾人对此深表遗憾。我们认为，中国是所有中国人的中国，民族振兴，国家统一，是所有中国人共同关心的大事。他介绍说，为了适应当前时代需要，特在3个月前，成立了中国和平统一促进会。我们愿与海内外各界人士，不分信仰、党派，不分宗教、民族，大家坦诚相见，就统一问题进行接触和会谈，共同探索中国和平统一的途径，以促进这一神圣使命的早日实现。他说，我们努力促进两岸人民之间的探亲、旅游、经贸、科技、教育、学术、文化、艺术、体育等各种交流广泛全面地开展，以增进共同的认识。程思远对祖国和平统一的前途充满希望。他说，让我们同海内外各界人士联合起来，集中华民族之大智慧，共建繁荣、富强、和平、民主、统一的中国。

全国政协常委、全国政协祖国统一联谊委员会副主任万国权在发言中说，近年来海峡两岸各种民间贸易往来已经有了相当的发展。现在，大陆和台湾都在谋求经济发展的时候，台湾当局为什么不能抛弃偏见，开放直接通商呢？海峡两岸应当取长补短，互助互利，促进大陆和台湾的经济发展，为祖国的统一、富强做贡献。他希望海峡两岸的各党派、团体和工商界人士共同推进和平统一的进程，并能看到愈来愈多的台湾企业家到大陆经商和投资办厂。

全国政协常委、老体育工作者钟师统说，《告台湾同胞书》是一篇具有巨大民族感召力的文告。在这篇文告的推动下，海峡两岸体育关系的发展也在这10年中得到了很大进展。在世界性体育比赛中，两岸运动员情同手足，互相祝福，彼此声援，许多热烈场面令人难以忘怀。他说，大陆主张两岸体育往来不附加任何条件。大陆方面热情欢迎台湾体育工作者来大陆参观、访问，参加亚运会、全运会以及一切台湾同胞愿意参加的体育活动；大陆也随时愿意派运动员去台湾参加各种体育活动。我们希望台湾当局以奥林匹克精神和原则为准绳，拆除人为樊篱，允许两岸运动员、教练员和体育工作者自由往来，共同发展祖国体育事业。

全国政协委员、著名京剧程派传人李世济说，自《告台湾同胞书》发表以来，两岸文化艺术交流便半公开地进行着。我们希望这种交流、往来公开化、直接化，希望台湾京剧工作者早日登上大陆舞台，而我们也能尽早地为台湾观众奉献我们的艺术果实，共同保护和发展京剧这个民族文化遗产。

全国政协常委黄维在讲话中说，我铭记着孙中山先生的教导："'统一'是中国全体人民的希望，能够统一，全国人民便享福，不能统一便要受害。"台湾当局现今小步开放，还不能适应世界趋向和平发展与改革的大潮流，更不适应炎黄子孙要求祖国统一的迫切心愿。台湾当局以"反共拒和"、"敌我意识"自我设限，为两岸关系的发展设置人为障碍，企图维持长期分离局面，这既有违国家民族利益，更不利于台湾的安定与发展。他说，海峡两岸应争取今天国内、国际有利条件，完成统一大计。他以黄埔军校第一期学生身份，希望台湾的黄埔同学争做"统一派"，促进祖国统一。

全国政协委员李燕杰在会上即席赋诗一首，其中道"海峡难阻隔，元旦共相思。神州统一日，高歌祝酒时"。

郭平坦、钱三强、张廉云、萧乾等先后在座谈会上发了言。

九三学社第五次全国代表大会在北京开幕

中共中央书记处书记、统战部部长阎明复代表中共中央向大会致贺词。贺词说,长期以来,九三学社为推进社会主义建设,巩固和扩大爱国统一战线,发展我国科技、教育事业,作出了重要贡献。在促进科技和教育体制改革、反映知识分子利益和要求以及调动他们的积极性等方面,做了大量工作,取得显著成绩,赢得社会的尊重和赞誉。九三学社是同中国共产党并肩战斗、风雨同舟的亲密友党,是我国革命和建设事业中一支重要的政治力量。

贺词指出,我国经济的振兴和发展要依靠科技,而科技的进步取决于人才,人才的造就取决于教育。九三学社拥有许多专家学者和科技、教育战线上的优秀人才,是社会主义现代化建设的一支重要力量。贺词希望九三学社继续推动广大成员和所联系的知识界人士,为发展我国科技事业和教育事业,为我国社会主义现代化事业作出新的贡献。

全国政协副主席、农工民主党中央主席卢嘉锡代表各民主党派和全国工商联也向大会致贺词。

大会主席团常务主席严济慈主持会议。常务主席周培源致开幕词。他说,这次大会有三项任务,一是审议第七届中央委员会的工作报告,总结工作的成绩和新鲜经验,找出缺点和不足,以利继续前进;二是修改社章,进一步明确九三学社的性质、任务、地位、作用,完善社的组织制度;三是选举新的中央领导机构,向年轻化和新老合作的体制迈进。他要求代表着全社3.7万多名社员的484位会议代表,本着民主与科学的精神把大会开好。

年已99岁高龄的九三学社前中央主席许德珩卧病在床,不能参加大会。他向大会发来了一封充满感情、语重心长的信,希望九三学社的同志在各自岗位上发挥光和热。当周培源宣读这封信时,会场上不时响起热烈的掌声。

大会主席团常务主席孙承佩代表第七届中央委员会,在会上作了题为《发扬民主科学精神,为建设有中国特色的社会主义而努力奋斗》的工作报告。孙承佩在回顾过去五年的工作后指出,九三学社现阶段的任务是:在爱国主义和社会主义的旗帜下,广泛团结知识界人士,坚持民主和科学,致力于改革开放,为统一祖国,振兴中华,使我国成为富强、民主、文明的现代化国家而奋斗。

大会主席团常务主席徐采栋在会上作了关于《九三学社章程》修改草案的说明。

田纪云、黄镇、习仲勋、宋健、杨静仁以及有关部门负责人彭清源、叶笃义、陈舜礼、万国权、杨纪珂、吴克泰、黄凉尘等到会表示祝贺。

大会主席团常务主席茅以升、金善宝、柯召、郝治纯、安振东等出席会议。

1988年国民生产总值预计突破1.3万亿元

据国家统计局介绍,1988年国民生产总值预计突破13000亿元,比1987年增加2000多亿元,增幅为11%左右。

今年我国农村经济活跃,除粮棉油减产外,大多数农产品增产。农业总产值预计比上年增长3.5%。工业有效供给增强,彩电、电冰箱、录音机、电风扇、啤酒、罐头等市场紧俏产品增长2—8成。钢产量逼近6000万吨,发电量可达5400亿千瓦时,预计分别比上年增长4.8%和8.6%。全民所有制单位共竣工基建、技改项目1.3万多个,一批大中型项目建成投产,提高了生产能力。1988年我国在高科技领域有了新的突破,目前我国尖端工业技术已开始步入世界先进行列。

中国新闻学研究基金会正式成立

根据章程,这项基金将用于奖励全国好新闻作品,奖励优秀新闻学论著,奖励优秀新闻研究工作者、新闻教育工作者、新闻记者和编辑,以及有特殊贡献的新闻团体、新闻学会活动分子,资助新闻学术刊物和新闻学论著的编辑出版,资助新闻学术活动。

前不久在河北承德举行的基金会会员代表大会确定胡绩伟任主席,张文达、李华忠、杨伟光、赵阜、杜祖亮、乔俊峰任副主席,何光先任秘书长。这些同志均任常务理事。常务理事还有王德祥、刘惠德、李居阳。